第二辑·第四卷

钱端升全集

黄进 高浣月 主编

钱端升日记（1937—1956）上

Chien Tuansheng's Diary

王改娇 — 整理校注

中国政法大学出版社

2022·北京

钱端升日记（上册）

《钱端升全集》（第二辑）
编委会

顾 问
俞可平 | 张小劲 | 王荣声
王玉声 | 钱大都 | 钱仲兴 | 钱召南

主 任
黄进 | 高浣月

成 员
王改娇 | 尹钛 | 钱元强 | 谈火生
陈夏红 | 白晟 | 尹树东 | 冯琰 | 许玺铮 | 刘旭

▲ 20世纪40年代的钱端升。

▲ 1937年9月,钱端升(右四)与胡适(左三)、张忠绂(左四)抵达美国后同中国朋友合影。

▼ 1940年1月参加太平洋国际学会会议日记手迹。

▲ 1937年11月赴美日记手迹。

▲ 1946年5月，钱端升（前右三）在西南联大政治系执教时，偕教师同仁与1947级同学合影。

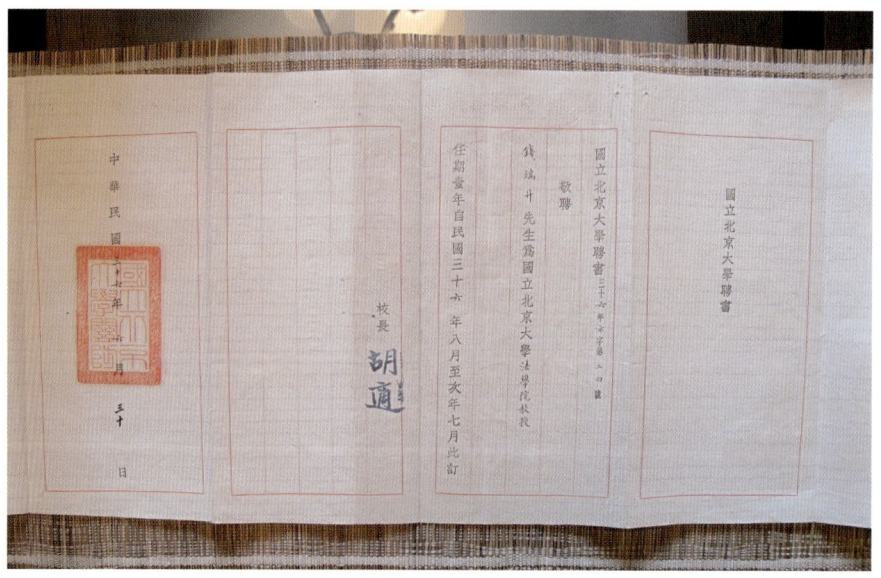

▲ 1947年北京大学给钱端升的聘书。

▲ 1948年，国立中央研究院第一届院士名录（由中国第二历史档案馆提供）。

▼ 1949年2月日记手稿。

▲ 1949年10月，钱端升出席政务院中央文化教育委员会成立大会留影［钱端升（后右二）、潘光旦（前右二）、吴晗（前右六）、沈雁冰（中左六）、马叙伦（中左五）、胡愈之（中左四）、竺可桢（后右三）、徐特立（前中央）、郭沫若（前左五）、李德全（前左四）、雷洁琼（前左一）］。

▼ 1950年7月5日钱端升给费正清的信函（由哈佛大学档案馆提供）。

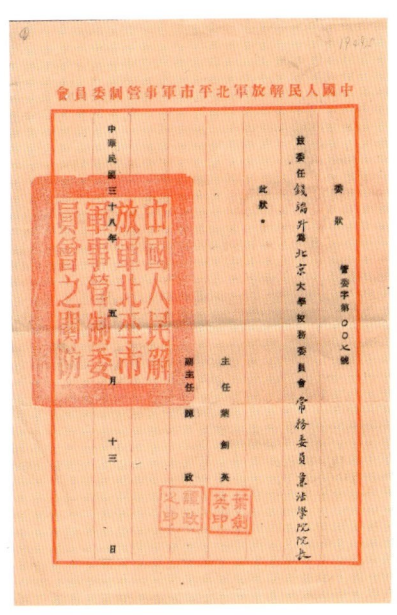

▲ 1949年北大校务委员会常务委员兼法学院院长委任状。

```
July 5, 1950
Dear John,
    My last letter was dated June 30, and today yours of June 19 came. The eight copies sent to Gans and others were well sent. Please also sent one each to Holcombe, Holland, Fairbank, Mckay, Peffer, and Lerner, if the Press themselves are not going to do so. Send also a copy each to the Ravenholts, the Wrights, Frank Scott, Richard Black, and Dorothy Borg. Also procure for yourself as many copies as you are in need of. All the above are to be sent with my compliments and pay for them out of my fund. This of course supercedes the instructions in my last letter.
```

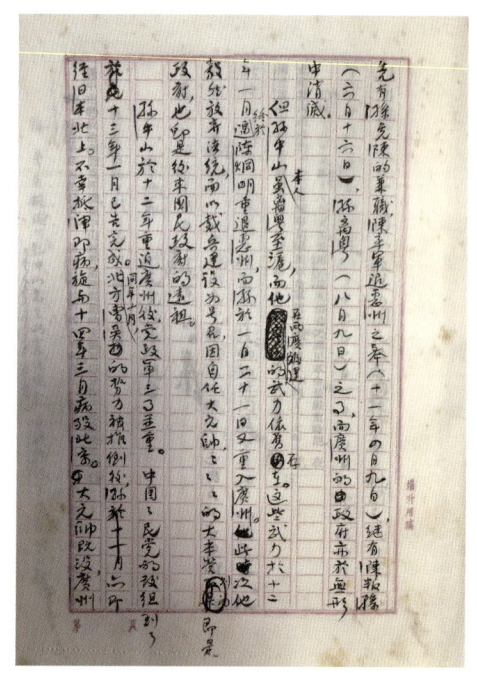

▲《比较宪法》手稿。

1950年,哈佛大学出版社出版的《中国政府与政治》前言。

▲ 1951年8月，钱端升（前右四）与全国政协西南区土地改革第一团川南队全体成员返京前合影。

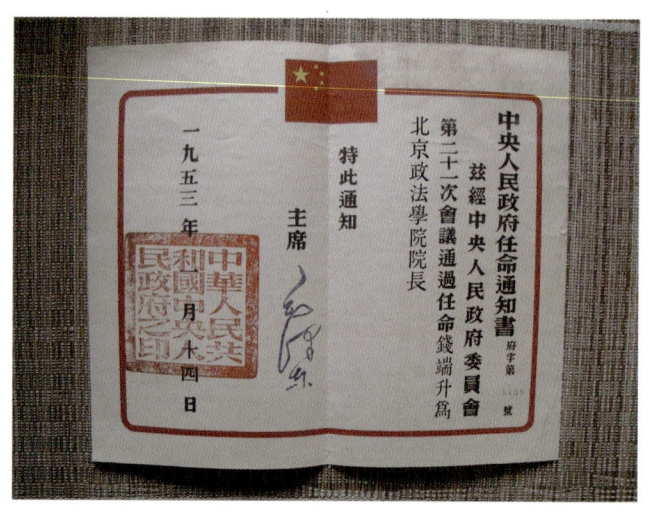

▲ 1953年1月，北京政法学院院长任命书。

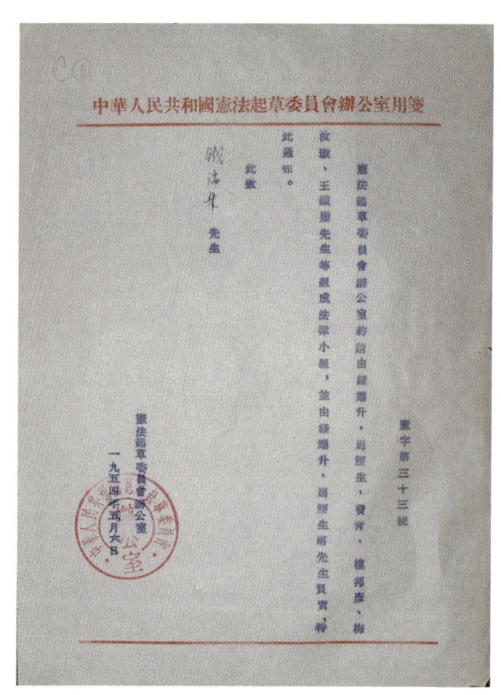

▲ 1954年5月，钱端升被聘为宪法起草委员会法律
小组负责人的函。

▲ 1954年9月，中华人民共和国第一届全国人民代表大会法案委员会成立会议代表合影［钱端升（前左五）、周鲠生（前右六）、武新宇（前右五）、雷洁琼（前右三）、许德珩（前右一）、钱昌照（中左二）］。

▲ 1956年2月，钱端升出席比利时人民争取缓和世界局势及裁军会议。这是会议期间，在东道国友好人士家中做客。

▲ 1956年的钱端升。

总　序

　　钱端升先生是我国著名的政治学家、法学家、教育家和社会活动家，也是中国政法大学前身北京政法学院首任院长。2017年5月，为纪念钱先生，迎接建校65周年，中国政法大学出版社出版了由陈夏红主编的《钱端升全集》（第一辑）。转瞬五年过去了，法大建校70周年大庆在即，《钱端升全集》（第二辑）历经四载编辑，终于付之梨枣。

　　钱端升先生，字寿朋。1900年生于上海，1990年卒于北京。钱先生少时适逢科举废除，新学勃兴。10岁前，入私塾，诵四书，兼习国文、数学、英文、史地等新学科目。中西融通的教育，为他打下了坚实的国文基础，也开启了放眼世界的一扇窗。1913年，钱先生考入松江府省立三中就读，他天资聪敏，品学兼优，三年级时进入前三名，四年级时还做了级长。[1]随后转入被誉为"中国之伊顿公学"的上海南洋中学。1917年，他得偿所愿，考入清华学校。两年的清华园学习和生活，使他熟习法语、德语、英语，为日后研究各国历史、各国宪法、比较政治学奠定了扎实的语言

---

[1] 钱端升：《读书不忘救国》，载《南洋中学八十六周年校庆特刊》1982年。

功底。1919年，钱先生考取庚款留美生，远渡重洋，赴美国北达科他州立大学，插入政治系四年级就读，一年后获学士学位。1920年秋，他被哈佛大学录取，师从美国著名政治学家亚瑟·N.何尔康攻读博士学位。1923年11月，他在完成博士学业和论文后，经时任校长艾伯特·劳伦斯·罗威尔介绍，到欧洲各国游学，先后拜访英、法、德、奥等国政治学学者、议会议员，同时熟悉了解各大图书馆情况，并于1924年5月获哈佛大学哲学博士学位。

  1924年，钱端升先生学成归国。学生时代就信奉"欲救今日之纷扰，在根本之教育"[1]的他回国后"以教书为业，也以教书为生"，[2]先后任清华大学、中央大学、北京大学、西南联合大学等校教授，讲授西洋近百年史、近代政府、各国宪法、国际关系、近代政治制度、战后问题、议会政府、集权政府等多门课程，为国家和社会培养了一大批法政人才和社会栋梁。著名法学家王铁崖、陈体强、龚祥瑞，著名政治学家楼邦彦、邹谠、杜汝楫、薛谋洪、赵宝煦等都曾受教于他。钱先生教风严谨，讲课内容丰富，条理清晰，深得学生敬佩。授课之余，他还关注国家教育问题，主张"士愈多，则世愈盛，而国愈治；反是，则世愈衰，而国愈乱"，"大学教育首以造就读书知礼之士人，次则与此种士人以一种专门之学问"。[3]关于教育政策，他提出"教育的精神不能与民族的精神分离"，主张"教育的目的在使人人得为中国人，得知为中国人之荣"。[4]钱先生倡导的这些教育理念，对当前以立德树人为宗旨的高等教育改革，依然具有重要的现实

---

  [1] 钱端升：《联邦制可否行于中国论》，载《清华周刊》1918年第133期。
  [2] 钱端升：《我的自述》，载《钱端升学术论著自选集》，北京师范学院出版社1991年版，第696页。
  [3] 钱端升：《清华改办大学之商榷》，载《清华周刊》1925年第333期。
  [4] 钱端升：《我们需要的教育政策》，载《今日评论》1940年第4卷第21期。

意义。

钱先生毕生怀抱推动中国政治进步和制度昌明的理想，在教书育人的同时，专事政治学、法学研究，在各国政府与政治制度史和宪法学方面造诣精深。他博闻强识、学贯中西、治学谨严、著述丰硕，学术专著、合著、译著达十余部，如《法国的政治组织》（1930年）、《英国史》（译）（1933年）、《德国的政府》（1934年）、《法国的政府》（1934年）、《民国政制史》（1939年）、《建国途径》（1942年）、《战后世界之改造》（1943年）、《中国政府与政治》（英）（1950年）等，并与王世杰合著《比较宪法》（1938年）等。

鉴于钱先生卓越的学术成就，1948年，他被遴选为当时全国最高学术研究机关中央研究院院士。在人文组的28名成员中，法政学界仅有钱端升、王世杰、王宠惠、周鲠生、萧公权等5人当选。

此外，钱先生以"兼济天下"的情怀，对社会和时局始终保持密切关注，他凭借手中之笔，自1925—1949年，先后在《益世报》《现代评论》《今日评论》《观察》《晨报》担任编辑、主笔或撰稿人，发表政论文章六百余篇，评析时局，纵论天下，在宪法、人权、民主、集权、党治、中外关系、政治制度、教育等多个领域发表真知灼见，努力践行知识分子言论救国的政治理想。柳亚子先生当时曾赋诗《怀人》一首盛赞钱先生："钱郎才气颇纵横，抵掌能谈政与兵。揽辔澄清吾已倦，论坛一臂汝能撑。"

1949年后，钱先生抱着"对新政权的极大地热情"，积极投入新中国的政治、外交、法律、教育工作中。1949年5月，他被北平军管会委任为北京大学校务委员会常务委员兼法学院院长，参与组织高等院校课程改革。在1952年院系调整过程中，他领命筹建北京政法学院并出任首任院长，为新中国法学教育事业作出了开创性贡献。同时，他还在政务院文教委员会、

全国人大法案委员会、中国人民外交学会、华北高等教育委员会、北京市各界人民代表会议协商委员会、北京市教育工会等单位兼职,为了国家和民族的富强昌盛,不知疲倦地工作。他在担任中国人民外交学会副会长期间,积极推进和发展我国与各国非政府组织之间的外交关系。特别值得一提的是,1954年5月,钱先生被聘为中华人民共和国宪法起草委员会法律顾问,参与新中国第一部宪法的起草,为这部后世评价甚高的"五四宪法"作出了重要贡献。

20世纪70年代初期,中美关系开始解冻,在周恩来总理的安排下,钱先生调任外交部国际问题研究所顾问和外交部法律顾问,参与起草中美两国冻结资产解冻问题的谈判方案。改革开放后,钱先生虽年事已高、体弱多病,但他仍以高昂的政治热情投身于社会主义法治建设,为我国政治学、法学学科的恢复重建和全面复兴大声疾呼、献计献策。1984年,他在给有关领导人的信函中写道:"自问以身许国绝无二心,如容我请缨再裨以某种任务,则老骥伏枥义不容辞。不胜翘企待命之至。"真诚表达了一位老知识分子始终与祖国同呼吸共命运的眷眷中国心、悠悠爱国情!

在钱先生90年的人生经历中,他除撰写了十余部学术著作和六百余篇文章外,还留存了大量的作业、日记、法案建议稿等未刊手稿,《钱端升全集》(第一辑)主要收录了钱先生已经公开发表的部分文章、公开出版的学术著作。2018年春,经钱先生家人的授权许可,我们开始筹划整理《钱端升全集》(第二辑)。本辑包括《哈佛课业》、《英国史》(上下册)、《钱端升日记》(上下册),共五卷。

《哈佛课业》为钱先生1920—1924年在哈佛大学攻读硕士、博士学位期间的八篇习作。习作原文为英文,此次由专业学者译成中文,并择要简注,以便世人品鉴。内容广泛涉略法学、政治理论、政治思想、西方思想史、外交政策、美国公共政策等领域。钱先生早在清华读书期间，就对政治学表现出浓厚兴趣，主修课程以中国制度史成绩最佳，文学写作、文学评论、经济学等科成绩亦均为优良。他1921年的日记本上清晰地记载着其早年的立志名言："不以欲而害学。学者，吾唯一之希望也！"钱先生在哈佛大学求学期间，博览群书，刻苦攻读，三学年的政府学课程成绩均为A或A+。[1]同时，他还在节假日参加社会活动，发表演讲。本辑中的《哈佛课业》八篇习作均为首次面世，读者从中可以感知青年时代钱先生扎实的学术功底和广泛的学术志趣。

《英国史》是钱先生于1931年翻译的一本60万字的巨著。原作者屈勒味林·乔治·马可雷（George Macaulay Trevelyan，1876—1962年，今常译为特里维廉），英国自由主义史学家，毕业于剑桥大学三一学院，1927年任剑桥大学近代史讲座教授，1940年任三一学院院长。《英国史》为屈勒味林于1926年所著，内容兼具学术性和普及性，被当时的《泰晤士报》评为"近十年来英国最伟大的著作"。该书依照年代顺序，阐述了自远古至1918年的英国要人大事之经过，同时兼以国家的经济状况、政治制度及海外事业为根据而论列到社会发展的各个方面。钱先生对此书推崇备至，认为其包纳范围广大，引用材料宏博，行文流畅生动。译文则讲求忠实于原文，力求通达，且对文中未能注明出处者，择其要者查明出处，加以注释。该书在民国时期也被列为"大学丛书"之一。钱先生晚年教诲学生："搞国际政治，能够把握国际动态，首先要深知各国历史，特别是欧美各国历史。如果你不熟悉外国近百年的恩怨史，是很不容易把握国际动态的。"钱先生的治学态度和理念透过《英国史》的翻译即可窥见一斑。

---

[1] 钱端升在哈佛大学就读期间的成绩单，据哈佛大学档案馆馆藏。

《钱端升日记》主要记载了钱先生 1937—1956 年的工作和生活轨迹。1937 年，抗日战争全面爆发，为了争取英美等西方国家的援助，正值盛年、通晓五国语言、兼具雄辩之才的钱端升，经时任国民政府教育部部长、国防最高会议委员王世杰的举荐，陪同胡适、张忠绂等人以学者身份赴美法英等国开展国民外交，宣传抗日。临行前，同窗陈师经赋诗一首《寄寿朋美洲——七七事变后奉派赴美宣传》，为钱先生壮行："奋身欲撞自由钟，回首山河战血红。天下是非谁管得，伤心却在不言中。断牙和血深深咽，天问无灵莫启唇。倘有苏张三寸舌，还须尝胆识酸辛。"在欧美期间，他通过导师和同行的介绍，与胡适等人拜访议员、发表演说、奔走呼号，力图影响英美等国对中日战争的政策干预。回国后直至抗战结束，钱先生一边在西南联合大学执教，一边担任国民参政会参政员，围绕抗日战争及战后重建等问题提交诸多议案，被黄炎培先生誉为"最肯卖力的参政员"。1945 年日本投降，历经十四年战争摧残的人们渴望和平，钱先生面对当局的贪腐无能和专制横暴，毫无畏惧，积极参加西南联合大学教授反内战反独裁活动，支持"一二·一"学生爱国运动。这场运动成为钱先生政治立场的重要转折点，此后他与国民党逐步决裂。中华人民共和国成立之初，百废待兴，钱先生对"共产党创造的新中国感到欢欣鼓舞"，他满怀激情，积极参与各项社会活动，为我国的法制建设、文教事业和外交工作作出了卓越的贡献。

《钱端升日记》真实记录了钱先生赴欧美宣传抗日、西南联合大学任教、哈佛大学作客座教授期间的所闻所见，也再现了他在 1952—1956 年牵头筹备北京政法学院、创立新中国法学高等教育的艰难历程，以及他以极大的政治热情参与祖国文教、立法、外交等各项社会活动的精神风貌。

钱端升先生不仅是法大的掌门先贤，更是中国学术界的泰山北斗。我

总 序

最初认识钱先生是从他和王世杰先生合著的《比较宪法》开始的,这部著作是民国时期的法学经典,至今在海峡两岸仍有极大的学术影响。因为王世杰先生曾出长国立武汉大学,故这部著作在武汉大学法律学人中是津津乐道的。记得当年在武汉大学求学和工作时,不时就有人向我说起,在中国只有读了这部著作,学习和研究宪法才算入了门。2009年我北上赴法大任职后,对法大这位先贤有了更多更深的了解,深知他是法大的文化富矿和宝贵财富,是法大的一座历史丰碑,其人格魅力、教育理念、人文精神、求真品质和学术贡献将长久影响法大、惠泽法大、激励法大、鞭策法大。因此,我一直积极推动、支持整理、收集、珍藏钱先生的个人物品资料,编辑出版《钱端升全集》,建立"钱端升纪念馆",筹措资金继续开展"钱端升法学研究成果奖"评奖活动。经过多年的文献整理、史料挖掘、实物收集,在学校和钱先生家人共同努力下,钱先生的日记、笔记、中英文信件、手稿及其用过的实物等珍贵资料2300多卷(件)已基本整理完毕,为法大编辑出版《钱端升全集》和建立"钱端升纪念馆"夯实了基础。特别值得一提的是,在整理钱先生的往来信件中,我的恩师韩德培先生写给钱先生的两封信原件被发现。当我看到这两封信的原件,可谓激动万分,展读多时。两封信的一封写于1980年,寄自青岛;另一封写于1984年,寄自武汉。前者告知武汉大学恢复法学教育,拟设置法学、国际法学专业,期待钱先生指导;后者则禀告解放后燕树棠先生在武汉大学的情况及其仙逝前后经过。在这两封信中,韩先生对钱先生执弟子之礼,毕恭毕敬,信的开头称"端升师座""端升吾师",结尾则写"生 韩德培敬上",信中还写道"久违教诲,时切驰念""吾师目力欠佳,务望多多保重",其师生之深情厚谊跃然于字里行间。作为韩先生的亲学生,我能有机会为在老师的老师钱先生曾经治下的法大的赓续传承添砖加瓦,何其幸哉,何其善哉!

编辑出版《钱端升全集》是为了承前启后、继往开来。就钱先生这一辈学人的人品、学识和成就而言,说他们是中国近现代人文社会科学界的"异数",当不为过。我相信,当读者翻阅了《钱端升全集》之后,一定会与我有同感。在我看来,钱先生他们这一辈学人有一些深深打上时代烙印的共同特点:一是饱经风霜,阅历丰富。他们历经清朝、民国、新中国三个时代,又游学中外,任教于国内多所大学,时代风起云涌,个人大起大落,一生跌宕多姿,事迹可圈可点。二是学养深厚,学贯中西。他们所在的家庭不算十分富裕,但都能供他们求学,有诗书传家传统。因此,他们从小就受到良好的教育,中学基础扎实。后其又因聪颖好学,在全国学子激烈的竞争中考取公费留学海外,在国外大学受到系统的高等教育,大多懂几门外语,对西方国家的文化尤其是对其专业有深刻的理解,西学功底坚实。三是不限一隅,涉猎甚广。他们既是某一领域的专家、权威,又是学术大家或杂家。比如,钱先生的研究和著述,不仅涉及政治学和法学,而且还涉及时政、国际政治、世界史、国际关系史、国别史、外交学、教育学、文学等领域。四是关心时政,热心公益。他们所处的时代多为战乱、动乱或变革的时代,社会、国家和世界不断在发生着巨大的变迁。他们没有"躲进小楼成一统,管他冬夏与春秋",而是关心时政,热心公益,以读书人的良知和学识,为社会的进步、国家的发展和世界的和平鼓与呼。五是与时俱进,坚守良知。面对"中国处于三千年未有之大变局",可以肯定地说,中国的读书人有过犹豫,有过彷徨,有过摇摆,也有过激动。孙中山先生曾说:"世界潮流,浩浩荡荡,顺之则昌,逆之则亡。"以天下为己任的中国读书人在这样的大变局面前焉能无动于衷?从钱先生他们这一辈学人的身上我们不难看到这一点。他们的著述,或有时而不章;他们的言行,或有时而可商。但我们看到,他们始终恪守了做人的道德底线,坚守

总　序

了读书人的良知理性，敢讲真话、实话，讲真心话而不讲假话。在当下，这正是我们后辈应该学习和传承的。我们这些后辈，特别是法大人，活在当下，积极作为，对未来充满着期待，但我们不能忘记过去、忘记历史、忘记先贤。不了解过去，我们或许会认为自己已赶超前人。其实，我们有可能在重复走前人走过的路，甚至没有达到他们曾经抵达的高度、曾经去过的远方。《钱端升全集》（第二辑）的问世，至少为我们打开了一扇回首过去、回望历史、回忆先贤之窗，让我们能够从钱先生的个人学术思想史窥探中国近现代学术思想史、教育史、外交史、法制史的发展演变轨迹，拓展新的研究领域。

纸短情长，难以言尽。匆匆成文，是为序。

黄　进

2022 年春　北京

整理说明

钱端升先生是我国著名的政治学家、法学家、教育家和社会活动家,也是中国政法大学前身北京政法学院的首任院长。钱先生1900年出生于上海,1990年在北京去世。九十年的人生经历中,先生主要从事教书育人、政治学与法学研究、外事外交等活动,其间留下大量的日记、演讲、著作等手稿。经过四年多的编辑研究,我们先整理了先生1937—1956年的日记,分为上下两册,主要内容包括钱端升在抗战期间赴欧美宣传、哈佛讲学、参与新政权建设以及筹备北京政法学院过程中的思想主张与实践活动,对于研究钱端升生平、学术、思想,以及外交史、政治学史、法学史等均具有极重要的史料价值。

本日记的整理以年月为章节,原日记中民国纪年与公元纪年混用,整理体例以公元纪年统一之,用汉字公元纪年以表章(括注民国年代),以汉字月份以表节,日期前加月,日期数字后补"日"字,星期的标录则忠于原文,有则照录,无则阙如,仅在排列上予以统一,便于读者查阅。日记原文大量使用当时通行的俗写字、草写字以及部分异体字,这些字其字形多数与今天规范的简体字相同,故编辑转录时,除部分人名用字和易生歧义的个别用字,以及使用较多的专用名词等保留原词形、原字体(繁异)外,其余繁体、异体、古体等罕见字一律改用简体字。报刊文章的名称、标题、剧目等,为方便阅读,均增添书名号。整理过程中使用的转录加工符号如下:

[ ] 用于注释及改错。如:诺威[挪威]、皮酒[啤酒]、纪[记]载;

【 】 用于增补漏字。如:巴黎14【日】陷;

□ 用于空缺或模糊文字。如:后又同去□□[原文置空];

(?) 用于存疑,提示读者存在不确定性。如:照纭(?);

〈 〉用于去衍和隐略,如:〈删略〉。

另,日记中大量存在的部分习惯性称述,如"外部""教部""法院",分别指"外交部""教育部""法学院",易令读者误解或引生歧义,但注释太多又不利阅读,故在集中出现时,仅在首次予以夹注,并以"下同"提醒读者。如"外部[外交部,下同]""教部[教育部,下同]""法院[法学院,下同]"等。对日记的整理,编者力求忠实于原作。日记中除中文外,尚有大量的外文人名、地名、语句,均照原文录入。为便于读者阅读理解,除部分难以辨识考证者外,编者对日记中的外文人名、地名、艺术作品等,择要予以中文翻译和注解。而有些用词用语,囿于环境俗习带有时代印记,但在当时的语境下并不含政治立场或情感褒贬,整理中除个别处加注说明外,其余如"国党""共党""国立中央大学"等,一如其旧,保留原貌。

整理日记是一项耗时、耗力、耗神之工作,它需要不断地释读考订、校对纠错。钱端升先生自1937年至1956年,先后出国访问、访学11次,日记中相当一部分是中英文混用,也有个别法文词汇,因而,编者邀请了几位专业人士相助。山西大学历史系教授王荣声翻译了英文部分,并对主要人名、地名、机构、刊物等加以注释，山西省档案馆研究馆员、《山西档案》原主编王玉声对日记的中文进行了审校，国家档案局国际合作交流司副司长赵丛对苏联人名、地名予以录入和审校，北京大学外国语学院院长陈明教授对印度人名作了校注，日记的英文、法文录入初校、外文资料查询由郭子昂、方可心完成。附录的人名索引由朱亚峰、韩馨惠整理。日记的整理还得到了钱端升家人的大力支持与协助，钱端升长子钱大都先生、次子钱仲兴先生、钱端升次孙钱元强先生审核了日记全文，并提出了诸多宝贵建议。此外，尹钛、程涛、范静怡、白晟、马建钧、金富军以及上海市松江区委研究室的程志强等也提供了大量可靠资料。中国政法大学出版社的冯琰编辑在本书的策划、编辑出版过程中全程跟进，徐梦鸽编辑对日记文稿悉心核校。在此，编者对所有朋友的慷慨帮助表示诚挚敬意，同时也衷心感谢家人的理解支持和陪伴。

　　由于日记部分手稿字迹模糊、书写潦草、难于辨认，加之编辑水平有限，错讹难免，敬请读者不吝赐教（wgj222@163.com）。

王改娇
2022年2月

目 录

总　序 ………………………………………………………………… 001
整理说明 ……………………………………………………………… 010

上　册

一九三七年（民国廿六年） ………………………………………… 001
一九三八年（民国廿七年） ………………………………………… 037
一九三九年（民国廿八年） ………………………………………… 119
一九四〇年（民国廿九年） ………………………………………… 151
一九四一年（民国三十年） ………………………………………… 167
一九四三年（民国卅二年） ………………………………………… 171
一九四四年（民国卅三年） ………………………………………… 175
一九四五年（民国卅四年） ………………………………………… 179
一九四六年（民国卅五年） ………………………………………… 183
一九四七年（民国卅六年） ………………………………………… 187
一九四八年（民国卅七年） ………………………………………… 199

下　册

一九四九年 …………………………………………………… 243
一九五〇年 …………………………………………………… 273
一九五一年 …………………………………………………… 303
一九五二年 …………………………………………………… 341
一九五三年 …………………………………………………… 397
一九五四年 …………………………………………………… 437
一九五五年 …………………………………………………… 479
一九五六年 …………………………………………………… 515

中文人名索引 ………………………………………………… 545
外文人名索引 ………………………………………………… 561

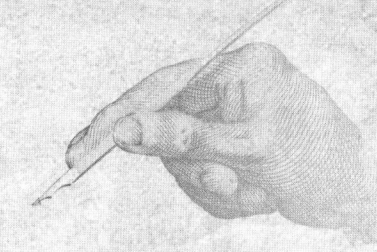

一九三七年
（民国廿六年）

9月26日

San Francisco［旧金山］。——此次偕胡适之于本月八日由京启程，十一日到汉，十三日由汉飞港，二十日由港飞菲，于今晨九时半到 Alameda［阿拉米达市］。适之来，西报早有纪［记］载，故华侨西字报记者及黄总领事恩琴均来欢迎，且有华人僱数飞机在上空表示欢迎。上岸手续清后，即被驱至中华会馆由总董以茶点欢迎。中午则在黄宅便餐，黄民夫妇均为厦门人。晚党部欢迎，中委林垦兼为我等洗尘。余随林、胡后贺发数言。

九月

9月26日

San Francisco［旧金山］。此次偕胡适之﹝1﹞于本月八日由京启程，十一日到汉，十三日由汉飞港，二十日由港飞美，于今晨九时半到 Alameda［阿拉米达市］。适之来，西报早有纪［记］载，故华侨西字报记者及黄总领事朝琴﹝2﹞均来欢迎，且有华人偕数飞机在上空表示欢迎。上岸手续清后，即被驱至中华会馆由总董以茶点欢迎。中午则在黄宅便餐，黄氏夫妇均为厦门人。晚党部欢迎，中委林叠﹝3﹞兼为我等洗尘。余随林、胡后稍发数言。

住 St. Francis Hotel［圣弗朗西斯酒店］，客甚多。

华侨及报馆记者迎适之甚盛，余几无地可站，但此本为预料所及者。

9月27日

晨，适之邀马如荣﹝4﹞夫妇来早餐，马为华侨，在加大任副教授，〈删略〉，其夫人则崇拜适之至于极点者。十一时，偕访 S. F. Chronicle［《旧金山纪事报》］﹝5﹞主笔 Chester H. Rowell［切斯特·H. 罗威尔］﹝6﹞，适之好友，与中国感情极洽，其指示颇得体。下午购零物，物价比从前高多矣。晚饭前，黄朝琴夫妇偕钟太太来，似即上海有名之钟太太，云将回国，同晚餐，至近午夜，始与黄夫妇辞去。

﹝1﹞ 1937年全面抗战爆发，胡适、钱端升、张忠绂受命以非官方身份出使欧美宣传抗战，争取世界正义力量对中国抗战的支持。

﹝2﹞ 黄朝琴，字兰亭，福建南安人，民国政治家。时任国民政府驻旧金山总领事。

﹝3﹞ 林叠，号景斐，上海交通大学管理学院创办人。曾任国民政府中央政治会议外交专门议员，兼中央海外侨务计划委员、国民政府侨务委员等。

﹝4﹞ 马如荣，美籍华侨。曾任国民政府立法委员、美国加州大学伯克利分校政治系教授。

﹝5﹞《旧金山纪事报》，亦称"旧金山新闻"，创办于1865年，是北加利福尼亚地区发行量最大的报纸。

﹝6﹞ 切斯特·H. 罗威尔（Chester H. Rowell），1932—1939年任《旧金山纪事报》主笔。

9月28日

晨与适之访 I. P. R［太平洋国际学会］[1]分会主持者 Fredie Field［弗雷德里克·菲尔德][2]，年轻人但甚有脑力。午，马如荣夫妇邀适之及余便餐，颇觉过勤。下午译电甚倦，电为陶希圣[3]、高宗武[4]等所发，欲挽罗总统说和者。去埠一行，船已到，但公与[5]不能上船。晚，黄朝琴家请客，毕后，去华侨统一救国会之宣传委员会谈话。今晚二时始睡，连日均如此，颇劳苦也。

9月29日

下午，偕适之往见 Hiram W. Johnson［海勒姆·W. 约翰逊][6]，谈甚久。彼对中国颇有同情，但不愿做空人情，亦不愿做任何可以使美难于避免战争之事。四时，遇公与于领馆，后同彼晚饭，送之上轮渡。

9月30日

San Francisco［旧金山］。晨偕适之去加利福尼【亚】大学教职员之晨餐会，后又遍访各处，中午则副校长 Monroe E. Deutsch［门罗·E. 多伊奇][7]

---

［1］ 太平洋国际学会（The Institute of Pacific Relations，简称"IPR"），是一个非政府组织的国际民间机构，始建于1925年。其旨在为环太平洋地区各国之间的关系及存在的问题提供一个讨论的平台。学会前后举办了13次以亚太地区政治、经济、外交、文化、民族等问题为内容的国际会议，出版了千余种相关书籍，并在14个国家设立了分会，可谓当时太平洋地区一个较活跃的国际组织。学会大多数参与者，均为各国的商界、学界精英，资金主要来自商界和慈善事业，特别是洛克菲勒基金会。该组织的英文名称为"The Institute of Pacific Relations"，但中文名称繁多。20世纪20年代主要称之为"太平洋国交讨论会"，20世纪30年代以后则有多种称谓，如"太平洋国际学会""太平洋学会""太平洋关系学会""太平洋国际协会""泛太平洋学会""太平洋会议""太平洋关系研究所"等。

［2］ 弗雷德里克·V. 菲尔德（Frederick V. Field），美国政治活动家、亚洲问题专家，太平洋国际学会美国理事会干事。

［3］ 陶希圣，毕业于北京大学，"低调俱乐部"主要成员之一。曾任北京大学教授、汪伪中央常务委员会委员兼中央宣传部部长、蒋介石侍从秘书，《中央日报》总主笔。

［4］ 高宗武，浙江乐清人。早年留学日本，抗战前期进入外交领域，担任外交部亚洲司司长，专门从事对日外交工作。抗战全面爆发后在香港负责对日情报工作。

［5］ 陈公与，钱端升夫人陈公蕙之兄长。

［6］ 海勒姆·沃伦·约翰逊（Hiram Warren Johnson），美国政治家，共和党成员。曾任加利福尼亚州州长、美国参议员。

［7］ 门罗·E. 多伊奇（Monroe E. Deutsch），时任加州大学副校长。曾任加州大学文理学院院长等职。

便饭，在座有研究院院长 Charles B. Lipman［查尔斯·B. 李普曼］〔1〕及东方学教授德人 Lessing［莱辛］〔2〕等，谈中国学生经济事。晚偕适之及 Mrs. McLanghlin［麦克朗宁夫人］去斯丹福［斯坦福］大学，参加其校长 Wilbur［Ray Lyman Wilbur，雷·莱曼·威尔伯］之招待会，深晚始返。

十月

10月1日

午，General Gilmore［吉尔默将军］请在 Bohemian Club［波希米亚俱乐部］中餐，下午往视 Miss Anna Bille［安娜·拜尔小姐］。

10月2日

晨，加利福尼亚大学有若干人来谈。午偕黄朝琴夫妇吃中餐，餐后坐车游览。五时，汪［汪精卫］派国民党支部于上海楼设宴欢迎。午接 Salisbury［索尔兹伯利］〔3〕电，云家人安吉，较慰，盖多日焦虑矣。

10月3日

午，加省大学 Ralph W. Chaney［拉尔夫·W. 切尼］〔4〕邀午饭。饭后，客来，茶叙者更多，此行 Chaney 及 Rowell［罗威尔］殆为所遇中最有见识和诚意之人。晚，本地中国青年邀适之。

10月4日

晚，George T. Cameron［乔治·T. 卡梅伦］〔5〕请客，彼为此间财阀，极豪盛。

---

〔1〕 查尔斯·B. 李普曼（Charles B. Lipman），时任加利福尼亚大学植物生理学教授、研究生院院长。

〔2〕 费迪南·迪德里奇·莱辛（Ferdinand Diedrich Lessing），柏林大学东方语言学院中文教授。1935—1938年任加利福尼亚大学汉学教授。

〔3〕 劳伦斯·索尔兹伯利（Laurence Salisbury），时任美国驻华大使馆秘书。

〔4〕 拉尔夫·W. 切尼（Ralph W. Chaney），美国古植物学家。

〔5〕 乔治·T. 卡梅伦（George T. Cameron），美国记者兼商人。

10月5日

San. Francisco to New York ［从旧金山到纽约］。下午一时，东飞，机高下不停且沿路多停，余呕吐不堪，夜宿机中。

10月6日

San. F. to New York ［从旧金山到纽约］。晨七时后抵 Newark ［纽瓦克机场］。孟治〔1〕、于焌吉〔2〕来接，住 Ambassador ［使节酒店］。午，翰笙〔3〕来，又召其夫人同餐焉。下午偕适之往见 R. L. Buell ［R. L. 布尔］〔4〕，哈佛旧识也，后 Roger Green ［顾临］〔5〕来谈，皆劝勿作宣传及希冀美人参助事。盖 Roosevelt ［指罗斯福总统］昨在支［芝］加哥演说，痛诋蔑视条约及人道者，已一扫孤立主义，暂正可静观变化也。晚李国钦〔6〕夫妇请吃夜饭，顺遇林语堂〔7〕。

10月7日

New York ［纽约］。晨偕翰笙访——Wm. W. Lockwood Jr. ［小威廉·W. 洛克伍德］〔8〕——谈华府情形。晚于焌吉请客，有旅此华人十余。

10月8日

Washington ［华盛顿］。昨晚三时车来此，今晨抵此，住 Mayflower ［五

---

〔1〕 孟治，字君平，河北廊坊人。1919 年赴美留学。1923 年当选北美中国学生基督教协会主席。1930 年任华美协进社社长。

〔2〕 于焌吉，字谦六，河北文安人。时任国民政府驻纽约总领事。

〔3〕 陈翰笙，原名陈枢，江苏无锡人，农村经济学家、历史学家、社会活动家。20 世纪 30 年代中国农村经济研究会的创始人。时任太平洋国际学会《太平洋事务》季刊编辑。

〔4〕 雷蒙德·L. 布尔（Raymond L. Buell），美国《时代》周刊记者，时任美国纽约外交政策协会会长。钱端升在哈佛大学就读时，布尔任助教。

〔5〕 顾临（Roger S. Green），1902 年获哈佛大学文学硕士学位。1907 年开始在中国任职，先后在大连、哈尔滨、汉口等地任领事、总领事。1928—1935 年任北京协和医学院代理校长。1938 年曾担任民间组织"美国不参与日本委员会"主席。

〔6〕 李国钦，字炳麟，湖南长沙人，国际军火原料巨商。早年创建华昌贸易公司，并将其发展成为中美之间最大的进出口贸易公司。二战时，任国华昌贸易公司董事长，在美国实业界颇有声望。

〔7〕 林语堂，福建龙溪人，作家、翻译家。1919 年赴美国哈佛大学学习。1923 年回国，先后任北京大学英文教授、北京女子师范大学教务长。1936 年赴美执教。

〔8〕 小威廉·W. 洛克伍德（William W. Lockwood, Jr.），曾任太平洋国际学会美国理事会干事，后加入美国战略情报局远东部。

月花酒店]。上午去使馆晤王儒堂[1]，于谦六亦同来。午，于请吃便饭，晚应尚德[2]请吃便饭。

10月9日

今日读报未出，晚谭绍华请吃饭，谭本驻墨公使，今在此协助使馆事。

10月10日

今日国庆。下午赴使馆之招待会，即晚王儒堂在其家请吃饭。在茶会时晤杨汝金[3]、韩权华[4]等。李功原[5]住王家，王氏诸女亦在此也。来此颇久，但王［指王儒堂］至今不愿谈多国家事，懒乎？抑不愿乎？不知也。

10月11日

下午偕适之去外部［外交部］访 Stanley K. Hornbeck［斯坦利·K. 霍恩贝克］[6]及 Maxwell M. Hamilton［麦克斯韦·M. 汉密尔顿］[7]，无甚可说。

10月12日

上午访 Charles West［查尔斯·韦斯特］[8]，内政次长也，彼约明日再谈，更云将介绍若干人云。适之与王儒堂今午见 Roosevelt［罗斯福］，态度颇诚恳，用意亦佳，云如日本不出席九国公约会议[9]，中国亦可自请退席，请公决方策，以博更大同情云。晚容揆[10]请便饭，容以事十九公使

---

[1] 王正廷，字儒堂，浙江奉化人。历任北洋政府参议院副议长、南京国民政府外交部部长等职。1936年出任驻美国大使。

[2] 应尚德，字润之，浙江奉化人，民国学者、外交家。

[3] 杨汝金，1929年毕业于清华大学政治系，后在美国国会图书馆工作。

[4] 韩权华，天津人，国民党将领卫立煌将军的夫人。

[5] 李功原，钱端升夫人陈公蕙的表兄弟。

[6] 斯坦利·K. 霍恩贝克（Stanley K. Hornbeck），美国外交家、远东经济与历史专家。1928—1937年任美国国务院远东司司长。1937—1944年为美国国务卿赫尔的特别顾问。

[7] 麦克斯韦·麦戈伊·汉密尔顿（Maxwell McGaughey Hamilton），美国外交官。

[8] 查尔斯·韦斯特（Charles West），时任美国内政部副部长，后晋升部长。钱端升就读哈佛大学时期的同学。

[9] 此处罗斯福所说"九国公约会议"，即指随后于1937年11月3日—24日在比利时首都布鲁塞尔举行的"布鲁塞尔会议"。钱端升在日记中常简称之为"九国会"或"比京会""京比会""比会"等。

[10] 容揆，字赞虞，广东新会人，容闳的族弟。曾作为监管执行人参与庚款留美的开创工作。1908年被派往驻美使馆工作。

矣。晚，Roosevelt 于 Fire Side Talk［罗斯福的"炉边谈话"］[1]中言及世界和平事。

10月13日

上午偕适之访 W. W. Willoughby［W. W. 韦罗壁］[2]。下午偕访 West［韦斯特］，彼约其 Assistant Sec'y Oscar Chapman［部长助理奥斯卡·查普曼］及 Arthur Flemming［亚瑟·弗莱明］[3]共谈。晚梁友松夫妇请适之，有 Washington Post［《华盛顿邮报》］之 Felix Morley［菲利克斯·莫莱］[4]及 Brooks Institute［布鲁金斯学会］之 Moulton［莫尔顿］[5]等。

10月14日

午偕适之、王儒堂去见 Cordell Hull［科德尔·赫尔］[6]，人甚诚，当不至在九国会中有抑中国以免［勉］求和平之事，盖观察所得，似有一部分人（外部中）欲牺牲中国利益以勉成和平也。中午请王儒堂、应尚德及谭绍华来午饭。下午三时往谒 Francis B. Sayre［弗兰西斯·B. 赛尔］[7]，彼对九国和会前途亦殊无把握。五时，Jose【p】h M. James［约瑟夫·M. 詹姆斯］来谈，彼亦 State Department［国务院］中人。

---

〔1〕罗斯福的"炉边谈话"：1933年3月12日，即罗斯福就职总统后的第8天，在总统府楼下外宾接待室的壁炉前，他接受美国广播公司等三家公司的录音采访，双方随意交谈，史称"炉边谈话"。此处所指的"炉边谈话"，即1937年10月12日罗斯福的第八次"炉边谈话"。他指出，国内的危难已经渐渐远去，而世界性的灾难正笼罩着东亚和欧洲的上空。他意识到，文明社会和人类幸福的发展是基于个人之间在互相关系上接受某些基本行为准则。世界和平的发展同样依靠国家之间在互相关系上接受某些基本的行为准则。"炉边谈话"拉近了总统与民众之间的距离，罗斯福亦被公认为是美国历史上最会利用新闻媒介的政治家之一。

〔2〕W. W. 韦罗壁（W. W. Willoughby），约翰·霍普金斯大学教授，人称"现代政治学之父"。20世纪二三十年代曾多次担任中国政府顾问，并获嘉奖。

〔3〕亚瑟·S. 弗莱明（Arthur S. Flemming），美国共和党人。任富兰克林·罗斯福到罗纳德·里根执政时期，历届总统的助手，以对福利、医疗等关键社会问题的处理而著称。

〔4〕菲利克斯·莫莱（Felix Morley），时任《华盛顿邮报》编辑。1940年后曾任哈弗福德学院院长。

〔5〕哈罗德·格伦·莫尔顿（Harold Glenn Moulton），美国经济学家，布鲁金斯学会首任主席。布鲁金斯学会是美国著名智库之一，创建于1916年。

〔6〕科德尔·赫尔（Cordell Hull），1933—1944年任美国国务卿。

〔7〕弗兰西斯·B. 赛尔（Francis B. Sayre），美国哈佛大学法学院教授、律师、外交家、教育家。时任美国助理国务卿。

一九三七年（民国廿六年）

10月15日

下午去使馆辞行，晚约使馆中人晚餐。晚车去 Boston［波士顿］，适之在纽约下车。

10月16日

Cambridge［剑桥］[1]。晨抵此，学生多人来接，住 Comnander Hotel［科芒德酒店］。晨访 Holcombe［何尔康］[2]于图书馆，长谈。午周世述[3]等约饭。晚 Holcombe 请吃饭，有 Blakeslee［布莱克斯利］[4]及 Hornbeck［霍恩贝克］，谈甚久，美国似极怕采与舆论不容之事。

晚在 Holcombe 家谈话所得（曾以快函告适之）[5]：

1. Hol［何尔康，下同］不预备日参京比会。Hol 谓如日不来，则舆论更反日，中宜 make a sincere effort for conciliation，but need and prepare terms for peace other than terms for armistice［尽力争取调停，但除了须准备停战条款外，亦须准备和平条款］，以博同情。

2. 察众意，美不会提反 open door［门户开放］及领土主权完整等原则之建议，Horn［霍恩贝克，下同］决无此。但闻诸 Hol，1932年 Horn 助 Stimson［史汀生］[6]采强硬政策，Hoover［胡佛］[7]不谓然，结果固无成，故今次不欲自毁声望，但仍仇日。

3. 众意比会不能以武力加诸日本，使其就范。

4. Horn 最惧调解不成，而中又不能支持下去。

5. Horn 意，如日来，调节成功，亦不能有条约，因恐参院不通过。余

---

［1］剑桥（Cambridge），与美国马萨诸塞州波士顿市紧邻的一个市，属于波士顿都市区，是哈佛大学和麻省理工学院的所在地。

［2］亚瑟·N. 何尔康（Arthur N. Holcombe），美国哈佛大学政治学系主任，政治制度和现代政治思想领域的著名学者，钱端升1920—1924年在哈佛大学就读时的导师。

［3］周世述，浙江德清人，政治学家、行政管理学家。1936—1939年就读于哈佛大学，获硕士、博士学位。1940年受钱端升之邀，任教于西南联合大学。

［4］乔治·哈伯德·布莱克斯利（George Hubbard Blakeslee），时任美国世界和平组织的受托人董事会会长，美国克拉克大学历史学和国际关系学教授。

［5］此处6条意见为后追记。

［6］亨利·刘易斯·史汀生（Henry Lews Stimson），美国政治家、外交家。1929—1933年任美国国务卿，曾两度出任美国战争部长。

［7］赫伯特·克拉克·胡佛（Herbert Clark Hoover），1929—1933年任美国第31任总统。

谓欲调解成功，中必有大让步，如让步而又无公约，非中所愿。Horn 反问何有此，日本可以随时废止之条约？

我们讨论 Econ. Boyc.［Economic Boycott，经济上的联合抵制］，似美非不愿，但恐德、意不加入，便少效力。

6. Horn 屡问让步限度，我告以恐不多；且告以中国是预备抵抗到底的，彼似不甚相信者。

10月17日

晨访 John Fais Lamles［约翰·费斯·兰勒斯（？）］，在其丈家饭。晚 Cambridge［剑桥］清华学生开会欢迎，兼聚餐。今日阅报知，月底九国在华盛顿开会，Hornbeck［霍恩贝克］亦去，故电适之，嘱注意昨晚所发函。下午接蕙〔1〕九月十七自平来信，极慰。

10月18日

晨访 Henry A. Yeomans［亨利·A. 约曼斯］〔2〕，午 Willis G. Briggs［威利斯·G. 布里格斯］请吃中饭，遇 Langdon Warner［兰登·沃纳尔］，谈及中国参加展览会事。下午访法学院新旧院长 Roscoe Pound［罗斯科·庞德］及 James M. Landis［詹姆斯·M. 兰蒂斯］，MIT［麻省理工学院］校长 Karl T. Compton［卡尔·T. 康普顿］〔3〕，此人甚精明能干，今任 New England Compton for China Relief［新英格兰开普敦中国救济处（负责人）］。晚童大维〔4〕等若干人请吃饭，辞不去也。晚后与 Holcombe［何尔康］长谈。

10月19日

晨访 Lowell［洛厄尔］〔5〕校长，年已八十一，仍健在。彼意战事不至即在欧发生，但比京会议恐仍无结果。回 Cambridge［剑桥］拜新校长

---

〔1〕 陈公蕙，钱端升之妻。

〔2〕 亨利·A. 约曼斯（Henry A. Yeomans），美国作家。时在哈佛大学政治系任教。

〔3〕 卡尔·T. 康普顿（Karl T. Compton），美国著名物理学家。1930—1948 年任麻省理工学院校长。

〔4〕 童大维，燕京大学毕业。1939—1941 年任北美学生会总干事。

〔5〕 阿伯特·劳伦斯·洛厄尔（Abbott Lawrence Lowell），美国教育家、法学家。1909—1933 年任哈佛大学校长。

Conant（James B.）［詹姆斯·布莱恩特·柯南特］〔1〕，示敬而已。下午访 Felix Frankfurter［菲利克斯·弗兰克福特］〔2〕，彼出介绍书甚多。又历至 Hocking［霍金］〔3〕及 Fairbank［费正清］家，均有茶，更偕 Fairbanks［费正清夫妇］至中国饭店饭。又中饭后去访 McIlwain［麦基文］〔4〕，示敬而已。晚车离 Boston［波士顿］，巫宝三〔5〕等送行。

10月20日

New Haven〔6〕-New York［从纽黑文到纽约］。晨2:40抵 New Haven［纽黑文］，住 Taft Hotel［塔夫脱酒店］。晨八时访李方桂〔7〕，在其家早餐午餐，住处颇佳，但其夫人治家不无过劳耳。下午车返纽约，仍住 Ambassdor［使节酒店］。张子缨〔8〕已于前日到矣。

10月21日

New York［纽约］。晚 Council on Foreign Relation［美国外交关系委员会］〔9〕请适之，Jerome Green［杰罗姆·格林］〔10〕主席，有 Stimson［史汀生］及 Polk［波尔克］等在座。

---

〔1〕 詹姆斯·布莱恩特·柯南特（James Bryant Conant），美国科学家、教育家。1933—1953年任哈佛大学校长。

〔2〕 菲利克斯·弗兰克福特（Felix Frankfurter），美国最高法院大法官，哈佛大学法学院教授，以研究劳动法著称。

〔3〕 W. E. 霍金（W. E. Hocking），美国哈佛大学哲学教授。

〔4〕 查尔斯·霍华德·麦基文（Charles Howard McIlwain），美国著名历史学家和政治理论家，精于宪法思想史研究，在哈佛大学任教逾30载。

〔5〕 巫宝三，江苏句容人，中国经济学家。1936—1938年被派往美国哈佛大学学习农业经济理论。

〔6〕 纽黑文市（New Haven），美国康涅狄格州的第二大城市，别名为"榆木市"或"榆城"（Elm City），世界著名的耶鲁大学就坐落在此。

〔7〕 李方桂，山西昔阳人，著名语言学家，有"非汉语语言学之父"之誉。

〔8〕 张忠绂，字子缨，我国近代著名政治学家、外交家。胡适于1937年9月赴美，原定三人，包括张忠绂。起初张因家事未能成行，后复加入，故有"张子缨已于前日到矣"之记。

〔9〕 美国外交关系委员会（Council on Foreign Relations，简称"CFR"）是美国最具影响力的外交政策智库之一，成立于1921年，是专门从事外交政策和国际事务的非营利、无党派的会员制组织、出版商和智库。

〔10〕 杰罗姆·格林（Jerome Green），顾临之弟。时任美国外交关系委员会主席、哈佛大学董事会秘书长、太平洋国际学会美国理事会成员。

10月22日

晚无聊,偕子缨去看电影"Zda"(?),原意看新闻片,未见也。

10月23日

下午,偕翰笙夫妇看"Radio City"[无线电城]之电影,吃中国饭,又看新闻片,对我颇表好感。

〈删略〉。

10月24日

晨,李国钦以车接至其 Long Island[长岛]之 Glen Core[格伦克尔]家中餐,有螃蟹吃;到者皆华人,领馆中人及商人之外,有王儒堂及同来之应、俞二君,沿途枫红至佳,回已天黑矣。

10月25日

午,C. C. Burlingham[C. C. 伯林厄姆]〔1〕请我及适之午饭。此公年已79,但健步如飞,身心两壮,为纽约著名律师,不多见之人也。午饭在 Down town Club(D. T. A)[城区俱乐部]。下午适之邀 I. P. R. 之 Edward Carter[爱德华·卡特]〔2〕来茶叙,来者甚多。晚偕翰笙夫妇及子缨同餐。

10月26日

下午见【The】Nation[《民族周刊》]〔3〕主笔 Max Lerner[马科斯·伦纳尔],Frankfurter[弗兰克福特]之介绍也。此人年轻,思想左倾,但颇有趣。

10月27日

午,李方桂夫妇自 New Haven[纽黑文]来,由张乔啬〔4〕约去中国街

---

〔1〕查尔斯·卡尔普·伯林厄姆(Charles Culp Burlingham),美国纽约著名法学家,纽约市律师学会会长。

〔2〕爱德华·卡特(Edward Carter),毕业于美国哈佛大学,曾长期从事教会工作。时任太平洋国际学会总干事。

〔3〕《民族周刊》(The Nation),1865年创刊,主要报道政治和文化,是美国最古老的连续出版的周刊杂志。

〔4〕张乔啬,张澜之长子。抗战时期曾任交通部造船处副处长等。

午饭。晚 N. Y. Times [《纽约时报》] 之 Charles Merz [查尔斯·梅兹][1]请客，同座有 Archibald MacLeish [阿奇博尔德·麦克利什][2]及 Judge Augustus Noble Hand [奥古斯都·诺布尔·汉德法官] 等，前者在哈佛曾教予宪法，今为名诗人矣。

10月28日

午吃中国饭时，适于总领事请黄某饭；黄为黄埔军官，但对国内事已不了了。下午访 Dr. Alfred E. Cohn [阿尔弗雷德·E. 科恩博士][3]于 Rockefeller Institute of Medical Research [洛克菲勒医学研究所]，未多谈也。又访 New Republic [《新共和》][4]之 Bruce Bliven [布鲁斯·卜理文]，似忙亦未多谈，但约日后再谈。又访 Asia [《美亚》杂志，Amerasiai 的缩写] 之 J. W. □，司 Asia 之美术部分。

适之以南京多日不理会，甚不高兴，欲早日返国，且不欲多活动；因函孟真[5]告以实情，劝对适之多些礼貌（自政府）。子缨为人似极平庸，子缨〈删略〉，凡适之所主张者皆顺之，心谓然耶，抑仅顺之耶？

10月29日

下午去 Columbia [哥伦比亚大学] 访 Lindsay Rogers [琳赛·罗杰斯][6]，彼约日后吃饭，未暇详谈也。

10月30日

发一电与雪艇[7]、孟真，略告适之消极情形。下午与翰笙去 Central

---

[1] 查尔斯·梅兹（Charles Merz），《纽约时报》记者、社论主笔。

[2] 阿奇博尔德·麦克利什（Archibald MacLeish），美国诗人、作家和国会图书馆馆长，曾三次获普利策奖，钱端升在哈佛大学就读时的老师。

[3] 阿尔弗雷德·E. 科恩（Alfred E. Cohn），1937年为纽约洛氏基金会文化部门经理。

[4] 《新共和》（New Republic），1914年创刊，主要介绍政治、书籍与艺术等相关的观点和看法。

[5] 傅斯年，字孟真，山东聊城人，著名历史学家、教育家，中央研究院历史语言研究所的创办者。时任国民政府国防参议会参议员。

[6] 琳赛·罗杰斯（Lindsay Rogers），美国哥伦比亚大学教授，擅长研究宪法、政治制度等。

[7] 王世杰，字雪艇，湖北崇阳人，民国时期著名政治家、教育家。历任武汉大学校长、教育部部长、国民党中央宣传部部长、外交部部长等。时任国民政府教育部部长、国防最高会议委员。

Park［中央公园］散步。上午则林良桐与曾炳钧[1]来谈天，且邀之饭；气派俱不甚佳。

10月31日

下午，随适之等去Bronxville［布朗克斯维尔］，应James G. McDonald of N.Y. Times［《纽约时报》］之詹姆士·G. 麦克唐纳］之茶，客近一百；太晚无车，晚饭后始返。在此种集会中，美人每以适之为偶像，颇肉麻；适之亦居之不疑，不使我侪稍有表示可能，而美人（土生的中国人亦然）亦以随员视我侪，殊乏味也。且适之与人接触，出口品每多于入口品，几次次出超，亦殊不利。此种环境愈久愈苦。

十一月

11月1日

晚去Student's Union of the City College of N.Y.［纽约城市学院学生联合会］，讲China and Neutrality［中国与中立］，约有三四百人，掌声甚烈，殆不坏也。该Union［联合会］为左倾份［分］子之组织，尚有生气，且对中国感情极佳。

11月2日

今日译电较繁，晚看"［The］Good Earth"［《大地》][2]，不甚佳。

11月3日

晨去中国银行。午Buell［布尔］请在Princeton Club［普林斯顿俱乐部］吃中饭，所谈较多。饭后又去League of Nations Society［国联协会］一视。日来南京电报甚多，但多不甚切实。

---

［1］曾炳钧，我国著名政治学家。时在哥伦比亚大学攻读博士学位。回国后历任清华大学教授兼政治系主任，北京大学、北京政法学院教授等。

［2］《大地》电影改编自赛珍珠的普利策奖小说，是好莱坞在20世纪30年代开始注意东方题材的代表性作品，1937年8月在美国上演。

一九三七年（民国廿六年）

11月4日

晨访 Dr. Henry A. Atkinson［亨利·A. 阿特金森博士］，接洽适之与 Vincent Cecil［文森特·塞西尔］见面事。Cecil［塞西尔］将为总统之家客，欲有以左右之也。

适之无西去计划，余本拟西去；但今晚似彼又有意西去。

11月5日

午 J. W. □ of Asia［《美亚》杂志的（？）］请我等在 Director's Club［德雷克特俱乐部］午餐，适之有演说，甚草草。

晨报载 Hitler［希特勒］调停，内容不详。告适之，电国内阻止，适之并不重视；至下午始肯发电，电文又不佳。后 Charles Merz［查尔斯·梅兹］来电话，适之始稍稍重视此事，卒得去一电孟真等。

11月6日

午偕适之去 Huntington, Long Island, Henry L. Stimson［位于长岛亨廷顿之亨利·L. 史汀生］宅中饭，除主人主妇外，尚有 Allen Klots［艾伦·克劳茨］〔1〕夫妇。S. 为人正直有正义，其夫人亦极大方，真可敬爱。其对中国同情悉出正义，且甚坚强。临别时并嘱适之，不提承认满洲国事；盖适之上次在 Council on Foreign Relation Dinner［美国外交关系委员会晚宴上］曾答客问，谓满洲国可以承认也。适之至此始受感动。晚甚烦厌，独看 Garbo's "Conquest"［嘉宝的《征服》］〔2〕，述 Napoleon［拿破仑］与 Countess Walewska［伯爵夫人瓦莱夫斯卡］故事。

11月7日

下午，访翰笙夫妇，同访林语堂未值，后看电影。

---

〔1〕 艾伦·T. 克劳茨（Allen T. Klots），美国国务卿史汀生的助手，当时主要负责收集苏联方面的信息，并调查日本侵华情况。

〔2〕 葛丽泰·嘉宝（Greta Garbo），瑞典籍好莱坞影视演员。曾主演电影《茶花女》《安娜·卡列尼娜》等多部电影，并多次获最佳女主角提名。电影《征服》主要讲述拿破仑与一位在华沙舞会上认识的伯爵夫人短暂地相识相恋的故事。

11月8日

上午，偕适之看 Colonel E. M. House［E. M. 豪斯上校］，老而病，且喜讲彼之重要；适之不乐与之言，无甚益也。然彼实相当重要，失传达意见之机，极可惜。

11月9日

报载我军已退上海，难过不置。

午后访 Shotwell James G.［詹姆斯·G. 肖特维尔］，美国联同志会会长也。

11月10日

访 Buell［布尔］要介绍信；Waller W. Van Kirk of World Peace Conference［世界和平会议之沃勒·W. 范·柯克］，彼于旬前代表其机关递一陈请书于总统，总统云将使比京会议有成，如无成则进一步须视舆论。继又云彼知日本言和之条件，此为"impossible situation"［不可能的情况］；据 Van Kirk［范·柯克］意，比京会议结果或将停止供给日本借款等等云。又访 Bruce Bliven［布鲁斯·卜理文］，彼近已流为孤立派，甚难得其助也。下午，适之约纽约中国人知识阶级若干，谈宣传事，未得要领。

11月11日

New York-Washington［从纽约到华盛顿］。晨车去美京，子缨偕行，仍住 Mayflower［五月花酒店］。下午访使馆中人，后访 Willoughby［韦罗壁］，晚与谭绍华及应尚德家在中国馆中晚餐。

11月12日

Washington［华盛顿］。晨访 Lynn J. Frazier［利恩·J. 弗雷泽］[1]，甚诚挚客气。彼对远东事不甚关心，且似以从众为原则。彼意国会对远东事尚无一定意见或动作。彼云彼极乐于介绍 Nye［奈伊］[2]。二人均 North

---

〔1〕 利恩·J. 弗雷泽（Lynn J. Frazier），美国北达科他州政治家。1917—1921 年任第 12 任北达科他州州长。1923—1941 年任美国参议员。

〔2〕 杰拉尔德·P. 奈伊（Gerald P. Nye），美国北达科他州政治家，孤立主义派的领袖。时任美国北达科他州参议员。

Dakota［北达科他州］之参议员。下午访 State Department［国务院］之经济顾问 Herbert Feis［赫伯特·菲斯］〔1〕，Frankfurter［弗兰克福特］之介绍也。彼似为犹太人，聪明而不太持重。彼〈甚〉对远东事甚抱歉，似美不预备有何动作，legend private help which you doubtless know［传说中的私人帮助（是什么）你无疑知晓］。然此为何种事，余并不知也。又言战事如稍久，则 situation［形势］似可不同，而有有利之变化。又言 Pittman［皮特曼］〔2〕意，可有把握使国会不借中立事出问题。

11 月 13 日

晨起，*Washington Post*［《华盛顿邮报》］之 Morley［莫莱］，彼极同情，并作介绍信与国会议员。

11 月 14 日

下午去 Baltimore［巴尔的摩］〔3〕看韩权华，晚饭后，始返美京。Baltimore 并不佳，不如 Boston［波士顿］等城远矣。

11 月 15 日

上午去使馆，收信若干，有蕙二信，甚慰。见王儒堂，谈去国会事，允为介绍，但至晚无信来，其乏效率可见也。下午去下院见 David J. Lewis of Maryland［马里兰州的戴维·J. 刘易斯］，系由 Felix Morley［菲利克斯·莫莱］介绍，极热心。

11 月 16 日

连日消息欠佳，极不高兴。上午去参院见 Robert M. La Follette, Jr.［小罗伯特·M. 拉·福莱特］〔4〕，彼甚同情，但反战甚激，且谓一切有效办法均可使美卷入战事。此人，余对之向有好感，如此甚失望也。旋入 Nye

---

〔1〕 赫伯特·菲斯（Herbert Feis），美国经济学家，外交史学权威。1931—1946 年间担任美国国务院和陆军部经济顾问。

〔2〕 基·皮特曼（Key Pittman），美国民主党人，内华达州参议院参议员。曾任参议院外交关系委员会主席。

〔3〕 巴尔的摩（Baltimore），美国马里兰州首府，美国大西洋沿岸重要海港城市。

〔4〕 小罗伯特·M. 拉·福莱特（Robert M. La Follette, Jr.），美国政治家。1925—1947 年任参议员，支持罗斯福新政。

[奈伊]之office[办公室]，有一似日人者在，未谈即出，约定明日。下午大使馆有茶，去一行，贵宾不多也。傍晚访大法官Louis D. Brandeis[路易斯·D. 布兰代斯]〔1〕，年逾八十一，而甚健在，亦人瑞也。彼自极表同情。余问以调和政府权力及人民自由之方，彼坚主政府权力须有控制，此原则不能改，不然文化无价值。

11月17日

晨去参院，访Senator Gerald P. Nye of N. D.[北达科他州参议员杰拉尔德·P. 奈伊]，候久始见。彼对中国亦云表同情，更言美人十九同情。余告以不问与作战之外，尚有折中办法？彼似亦谓愿考虑美之各种obligation[职责、行动]。余又谓欧亚情形不同，中立法之宜于欧者，不见得宜于亚。此次之事，你如有新表示，我不知能否有understanding that you would take this difference into consideration[理解为你会考虑这种不同]，彼允然。谈话之结果似尚不恶。余所讲者甚多。又去Carter Glass of Va.[弗吉尼亚州的卡特·格拉斯]〔2〕想表敬意，未多谈；又去George Norris of Neb.[内布拉斯加州的乔治·诺里斯]〔3〕处留片；彼新愈，书记等不愿多见客，但谓极感余意，参议员亦极愿一见。

午电适之，知孟真、宗武联名，欲请美总统调停；但我意此绝不可能，适之仍重视调停派意见也。子缨即赶回。

下午去见Senator Key Pittman of Nev.[内华达州的参议员基·皮特曼]，由大使馆之约。彼为外交委员长，并于1931【年】去过中国。（1）彼个人意见美应单独Ostracize[孤立]日本，断绝贸易往来，但此将妨及Foreign commerce[对外贸易]，有repercussion[反响]，且为repressive measure[抑制性措施]，虽今岁US[美国]最高法院于某案中有总统有外交权，全权之dictum[权威意见]，仍需国会授权。（2）此时英应有initiative[新方案]，美人distrust[不信任]英；虽英云帮忙，但仍不可信，须英出力，舆

---

〔1〕路易斯·D. 布兰代斯（Louis D. Brandeis），美国律师。1916—1939年任美国最高法院助理大法官。

〔2〕卡特·格拉斯（Carter Glass），美国弗吉尼亚州的出版商，民主党人。曾任美国财政部长。

〔3〕乔治·W. 诺里斯（George W. Norris），美国共和党人，内布拉斯加州的参议院反对党领袖。

论较可赞成美有行动。(3) 如战持久，相信必可有 help develop [有助进展]。(4) 极讨厌日本，某年美海军在太平洋演习，Matsuoka [松冈洋右]〔1〕自日内瓦来，劈头问在太平洋何为，彼被问倒以海洋甚大，不会相冲言；M [松冈洋右] 谓对日增恐慌及 hate [仇恨]；彼谓日海大，将鼓励海军增加，谓日本贸易须向菲美进行，云云，亦增加恨。且彼谓下次海战必在太平洋。M [松冈洋右] 此即是了。又今岁在本乡讨论远东事，报纸偶有载及，日大使 Saito [斋藤博]〔2〕即来抗议，余遂在参院公然演说。临行彼嘱星五 [星期五] 尚可来一谈，此二日，或午 [许] 有 development [进展]。又嘱见 Borah [波拉]〔3〕等，可问以日征服中国三四年后，对美国关系又将如何？余则告以 Nov. 22 [11月22日] 前，美最后决定 aid or promise for aid [援助或许诺援助]。

下午又看 James P. Pope of Idaho [爱达荷州的詹姆斯·P. 蒲柏]，彼赞成有点动作，对作战者应助 victim [受害者] 以抑 aggressor [侵略者]。彼问 Statement [国务院] 有何决定；彼谓当不至有坚求 invoke [援引] 中立法之事。

晚杨汝金约至其未婚妻 Jane Lybland [简·利伯兰] 家晚餐，在乡下；返时月大亮，盖月望也。

11月18日

上午访 Sen. Morris Sheppard, Tex. [得克萨斯州参议员莫里森·谢泼德]，上院之军事委员会主席也。彼意 (1) 中国作战太早，殆由去年西安事变来，民意迫政府所致；(2) 美恐须待 Saito [斋藤博] 回国报告后，再定政策。继访 Sen. Arthur Caffer, Kan [堪萨斯州参议员亚瑟·卡富尔]，彼为孤立派健将，谓美国无论如何不入战，亦不愿顾是非，如中立法实行而中国吃亏，亦非美之过。美对中有类欧战时美对 allies [协约国]，但此次决不战。如无欧战，或后此十五年，美或较肯助华。

上午又访 Sol. Bloom [所罗门·布罗姆]〔4〕，下院外委之第二委员也。

---

〔1〕 松冈洋右（Matsuoka），第二次世界大战前日本外交官，人送外号"五万言先生"。

〔2〕 斋藤博（Saito），日本外交官，日本著名的美国问题专家。先后任日本驻西雅图、纽约领事，外务省情报局长，荷兰公使及驻美大使等。

〔3〕 威廉·E. 波拉（William E. Borah），美国政治家。曾任爱达荷州共和党参议员、参议院外交委员会主席。

〔4〕 所罗门·布罗姆（Solomon Bloom），美国纽约州众议员。曾任众议院外务委员会主席等职。

彼犹太籍，极亲华，彼主助华；但以为，如国会未至通过修改中立法助华决议时期，而即一试，则议会中一有反对，转增日之胆气。彼谓德意日犹强盗。

午与谭绍华同餐，欲找王儒堂，而王已走矣。

下午访外部 Hamilton ［汉密尔顿］，彼谓昨大使已见次长 Wilson ［威尔逊］，一切重要表示，彼不能发言。

又访 Sam D. McReynolds, Tenn ［田纳西州的塞缪尔·D. 麦克雷诺兹］[1]，下院外委主席也。彼亦去过中国，彼赞同总统政策，与 Sheppard ［谢泼德］似均为总统派人也。

11月19日

Washington-Boston ［从华盛顿到波士顿］。上午等 Borah ［波拉］电话，竟未出去，午再电问，云可去上院求见，去递片则又云不能见。此种事殊苦也。

下午往见 Pittman ［皮特曼］，云无新发展，昨 Moore ［摩尔］求见，亦未成。问以能 advise us ［给我们点忠告］否，云未知形势前，不能。形势在变化，美政府与各政府间正有接触，报纸不必信。告以中国情形极恶，advice ［建议］南京者甚多，我等则 adv. ［advise 劝］政府努力守战线之外，在此际不必于外交方面有新的动作。答此时此为唯一 adv. ［忠告］，大有余亦云然之意；继谓望能守，国际趋势究有利于中国，国会和平派亦无捣乱意，此时应避与日本谈判。彼又谓须 additional legislation ［补充立法］；中立法不充足，须有 repressive measures ［抑制措施］；问以时机成熟否，答恐尚未至其时，但国会意见有进步。临别道再见，余亦留纽约址。

又见 Lewis ［刘易斯］。彼今提议案，准总统于不同程度内，抵制日货，礼拜一将演说；此人较粗。彼谓提出后悉听命于政府。

晚与绍华同餐。

晚九时车去 Boston ［波士顿］。

11月20日

Cambridge ［剑桥］。晨抵 Boston ［波士顿］即去 Cambridge，住 Fairbank

---

〔1〕塞缪尔·戴维斯·麦克雷诺兹（Samuel Davis McReynolds），美国田纳西州的民主党众议员，律师出身。1923年当选为国会众议员。

[费正清] 家。上午去 Holcombe [何尔康] 处，偕适之同访 Manley O. Hudson [曼利·O. 哈德森]〔1〕，Pound [庞德]，James [詹姆斯]，及 Frankfurter [弗兰克福特]。于 Frankfurter 处知总统旬前阅读美外部 [外交部] 关于安南〔2〕禁运军火报告事，大震动。

Harvard-Yale [哈佛-耶鲁] 足球赛一时半起，初半阴，下半雨电，但场无虚座，主人外适之及 Bruning [布鲁宁]〔3〕亦同座。H [哈佛] 队本弱于 Y [耶鲁] 队，竟以 13∶6 胜 Y [耶鲁] 队，全场大阅 [悦]；余本谓如 H [哈佛] 可胜 Y [耶鲁]，中亦可以胜日，是时，喜可知也。

球毕，在主人家茶，后多人去 Holcombe 家茶。Holcombe 太太留晚饭。十时半回家，则主人等又正预备去跳舞；初去 Mrs Walter E. Clark [沃尔特·E. 克拉克夫人] 家，后去 Kirkland House [柯克兰家]，又去 Lowell House [洛厄尔家]，午夜始回。Miss Charlotte Tyler [夏绿蒂·泰勒小姐] 亦为住客。

11月21日

近午，随主人至 Elliot [艾略特] 之乔迁 Cocktail Party [鸡尾酒会]。Elliot 为旧校长 Elliot〔4〕之孙。午去 Prof. Cannon [坎农教授]〔5〕家饭。下午又去 Holcombe [何尔康] 家，Holcombe 告我适之来请教，但彼意，我们应从事 Radio [无线电广播] 宣传。

后与主人夫妇，Miss Tyler [泰勒小姐] 及 Miss Marian Cannon [玛丽安·坎农小姐]〔6〕去看电影，即在醉楼饭，饭后送 Tyler [泰勒] 上车。

11月22日

晨又去 Holcombe [何尔康] 处谈昨谈事。

午 Frankfurter [弗兰克福特] 约共餐。彼告今日、昨日英美两政府正彼此责备比京会议失败之责任云。彼意我辈亦可大胆宣传。

---

〔1〕 曼利·O. 哈德森（Manley O. Hudson），美国律师，专事国际公法研究。
〔2〕 安南即今之越南。
〔3〕 海因里希·布鲁宁（Heinrich Bruning），德国政治家。1930—1932 年任德国总理。1937—1952 年先后在美国哈佛大学政治系、德国科隆大学任教。
〔4〕 查尔斯·威廉·艾略特（Charles William Elliot），1869—1909 年担任哈佛大学校长。
〔5〕 沃尔特·布拉德福德·坎农（Walter Bradford Cannon），哈佛大学医学院生理学家，费正清之岳父。
〔6〕 玛丽安·坎农（Marian Cannon），美国画家、作家，费正清之妻妹，曾在中国学画。

下午三时车返纽约，适之已先我而返。

11月23—24日

New York［纽约］。今日整理信件等，未做事也。

11月25日

今日为感谢节［感恩节］，午去 Scarsdale［斯卡斯代尔］[1]，应 Lailler McClintock［拉耶·麦克林托克］夫妇之招。此人为哈佛同学，前于 Holcombe［何尔康］家见之。太太之妹"Boby Bartor"亦在座。饭后游乡一小时，天气甚佳，返纽约已七时矣。

11月26日

晨访 Van Kirk［范·柯克］，索介绍书若干。

午 Oswald Garrison Villard［奥斯瓦尔德·加里森·韦拉德］[2]请吃饭，约有林玉堂［即林语堂］及 Miss［小姐］□□［原文置空］等。

Villard 亦主孤立，甚使余失望也。

下午5:35车西行。

11月27日

Ann Arbor［安娜堡］[3]。晨到此，公与及杨庆堃[4]等来接，住 Michigan Union［密歇根大学联合大楼］。

晨访 J. Ralston Hayden［J. 罗尔斯顿·海登］[5]，James K. Pollock［詹姆斯·K. 波洛克］[6]及 Roderick D. McKenzie［罗德里克·D. 麦肯齐］[7]，

---

［1］ 斯卡斯代尔（Scarsdale），美国纽约威斯特彻斯特郡的城镇，位于纽约市北部郊区。

［2］ 奥斯瓦尔德·加里森·韦拉德（Oswald Garrison Villard），《民族周刊》《纽约晚邮报》主编，20世纪美国最著名的自由主义者之一。

［3］ 安娜堡（Ann Arbor），是美国密歇根州第六大城市，底特律城市圈（底特律-弗林特-安娜堡）的组成部分之一。安娜堡市成立于1824年。1837年，世界顶尖大学密歇根大学迁于此，成为安娜堡的一张名片。

［4］ 杨庆堃（C. K. Yang），著名社会学家、人类学家。

［5］ 约瑟夫·罗尔斯顿·海登（Joseph Ralston Hayden），美国远东问题专家，长期执掌密歇根大学政治学系。钱端升1920年在密歇根大学暑期学校就读时曾受教于海登。

［6］ 詹姆斯·K. 波洛克（James K. Pollock），美国政治学家。1949—1950年曾任美国政治学会主席。时任密歇根州公务员研究委员会主任。

［7］ 罗德里克·D. 麦肯齐（Roderick D. McKenzie），美国社会学家。时任密歇根大学社会学系主任。

Nelson［纳尔逊］等，并为 Jesse Reeves［杰西·里弗斯］[1]及 Arthur E. Wood［亚瑟·E. 伍德］[2]留片。下午二时中国学生会请讲演，有外人二三十，讲 Origin of the War［战争的起源］，用子缨稿，不佳也。四时半去 Hayden［海登］家细谈，彼偏向孤立，但尚帮忙。晚张沅长[3]约至其家便饭。

11月28日

Ann Arbor–Detroit［从安娜堡到底特律[4]］。午 James Inglis［詹姆斯·英格里斯］请至家午饭，Detroit［底特律］大商也，保守，共和，人尚佳。

下午访 C. F. Remer［C. F. 雷麦］[5]，前圣约翰[6]教授，今在密大教经济，尚同情。

晚中国学生聚餐，稍讲国内情形；后又去 Students' Liberal Club of the University Church［大学教堂学生自由俱乐部］，殊无聊，讲亦无精彩。

晚车去 Detroit［底特律］。

11月29日

晨访 Gustavus D. Pope［古斯塔夫斯·D. 波普］[7]，从事红十字有年，去过中国，并不主张有行动。午 Econ. Club of Detroit［底特律经济俱乐部］餐演讲，其会长为 Allen B. Crow［艾伦·B. 克劳］，亦一商人；在该处并遇 Harry M. Robinson［哈利·M. 罗宾逊］，均 Buell［布尔］所介绍，亦商人也。后者为此间各和平团体之主要人物；颇以为大战终将不免。

---

[1] 杰西·S. 里弗斯（Jesse S. Reeves），美国法学与政治学家，密歇根大学教授。

[2] 亚瑟·E. 伍德（Arthur E. Wood），密歇根大学社会学教授。

[3] 张沅长，罗家伦之内弟。曾任国立武汉大学、国立中央大学外文系教授。1935年赴美国北卡罗来纳大学讲学。

[4] 底特律（Detroit），美国密歇根州最大的城市。1701年由法国毛皮商建立，是美国东北部、底特律河沿岸的一座重要的港口城市，世界传统汽车中心和音乐之都。

[5] C. F. 雷麦（C. F. Remer），美国经济学者，先后在上海圣约翰大学和美国密歇根大学任教。

[6] 圣约翰大学（St. John's University），指上海圣约翰大学，诞生于1879年，1952年院系调整时被撤销。

[7] 古斯塔夫斯·D. 波普（Gustavus D. Pope），美国企业家。1921—1942年为美国红十字会成员。

下午访 General Motors［通用汽车］之 Stephen Dubrul［斯蒂芬·杜保罗］，此人甚有 Culture［文化］，不类普通商人。彼意人民无所谓，惟国会恐十分反对行动耳。后又访 Detroit News［《底特律新闻》］的 Fred Gaertner Jr［小弗雷德·盖特纳］〔1〕及 Russell Barnes［拉塞尔·巴尔内斯］，一为主笔，一为编辑；彼等亦认不易有行动，且云 Poll of Institute of Public Opinion［民意测验］最可为测量云。

综观今日所得，似人民不注意，商人急自己问题。

11月30日

晨又访 Robins［罗宾逊］。午 Judge Homer Harvey［荷马·哈维法官］请在 Athletic Club［体育俱乐部］午餐，人甚和，其见解则亦谓美国不动也。

下午 Free Press［自由新闻］人来访。

下午五时余，去 Lansing［兰辛］〔2〕，住 Hotel Olds［奥尔茨酒店］。

十二月

12月1日

Lansing-Milwaukee［从兰辛到密尔沃基〔3〕］。晨访 Governor Frank Murphy［弗兰克·墨菲州长］〔4〕，畅谈一时余。此公曾为菲岛总督有年，有侯［候］补总统希望，与罗斯福接近。有为有力人物也。彼知远东形势严重，数言 distressed［忧虑］。问及事亦多内行。云不日可见总统。彼意余意对上海事列强须强硬以示威。至于其他助力，则美国现时政治形势所能容许者不多。彼问及且商及何者为可能之事，惜余只知彼而不知己，甚难答复。

---

〔1〕 小弗雷德·盖特纳（Fred Gaertner, Jr.），美国记者。时任《底特律新闻》执行编辑。

〔2〕 兰辛（Lansing），美国东北部城市，位于底特律西北134公里格兰德河畔，1847年成为密歇根州首府。

〔3〕 密尔沃基（Milwaukee），位于美国威斯康星州东南部，密歇根湖西岸，是威斯康星州最大的城市和经济中心。1818年建立白人定居点，1846年建市，大批欧洲人移入（德国人居多），工商业日渐繁荣。

〔4〕 威廉·弗兰克·墨菲（William Frank Murphy），美国法学家、政治家。曾任底特律市市长、菲律宾总督、密歇根州州长、美国司法部部长和美国最高法院大法官等。

函子缨电布雷〔1〕直告，过 Chicago［芝加哥］时并电何淬廉〔2〕问实容，有效否不敢知也。

午一时，车过 Chicago 来 Milwaukee，住 Hotel Wisconsin［威斯康星酒店］。过 Chicago 时先电代总领事王恭行来接，王派廖某代，一事不知；王家之态度真不合作之至。

Milwaukee 极不可爱。

12月2日

晨访 Mayor Daniel W. Hoan［丹尼尔·W. 霍安市长］，社会党人，长市已自 1916。彼主不战，但谓应想法求资本及共和党与政府一致行动，谈甚久，颇有意思。

下午至 Mount Mary College［玛丽山学院］〔3〕，为天主教徒之女校；有中国女生三，均自去年来，其一名林崇德者，公葳〔4〕同学。此校房舍设备异常讲究。

晚 George A. Morison［乔治·A. 莫里森〕〔5〕请其家饭，此人数世哈佛，为大实业家，共和党人也。临别约下次来，当为设法介绍多人会谈。

Milwaukee-Madison［从密尔沃基到麦迪逊〔6〕。晚七时廿五分车去 Madison［麦迪逊］，黄开禄〔7〕来接，住 Hotel Park［公园酒店］。

12月3日

晨访 Walter R. Sharp［沃尔特·R. 夏普］教授，未多谈；访 Frederic A. Ogg［弗里德里克·A. 奥格〕〔8〕教授致敬；又访 Pres. Clarence M. Dykst-

---

〔1〕 陈布雷，1935 年后任蒋介石侍从室第二处主任、最高国防委员会副秘书长等职，长期为蒋介石的幕僚。

〔2〕 何廉，又名何淬廉，湖南邵阳人，著名经济学家。

〔3〕 玛丽山学院（Mount Mary College），位于美国威斯康星州密尔沃基市，建立于 1850 年，是威斯康星州第一所四年制的女子学院，也是美国著名的天主教女子大学。

〔4〕 陈公葳，钱端升之妻妹。

〔5〕 乔治·A. 莫里森（George A. Morison），美国密尔沃基市采矿机制造商。

〔6〕 麦迪逊（Madison），美国威斯康星州首府，威斯康星大学主校区所在地。

〔7〕 黄开禄，1934 年清华大学经济系毕业，后留美获威斯康星大学经济学硕士、哲学博士学位。1938 年回国后任国民政府资源委员会委员。

〔8〕 弗里德里克·奥斯汀·奥格（Frederic Austin Ogg），美国著名的历史学家、政治学家。自 1914 年起执教于威斯康星大学政治学系，并于 1925—1939 年任系主任。1941 年任美国政治学学会主席。

ra［克拉伦斯·M. 戴师德校长］〔1〕，甚圆滑。

下午，Gov Philip F. La Follette［菲利普·F. 拉·福莱特州长］〔2〕，约至其家茶，其夫人及 Prof. John Gaus［约翰·高斯教授］〔3〕夫妇均在座，谈甚洽；但畏战甚坚决。但彼云，美所畏者，系欧洲各国之是非；对华问题，如英国态度较率直，尚不难有合作之行动。今日未及具体问题。又彼主中国飞机炸日，以促日人反省。

12月4日

Madison to Minneapolis［从麦迪逊到明尼阿波里斯市］。今日在家作文，至下午五时始去中国学生会会谈，晚 9:45 车北上。

12月5日

晨抵 Minneapolis［明尼阿波利斯市］〔4〕，住 Dyckman Hotel［戴克曼酒店］。下午访 Mrs Arthur Brein［亚瑟·布莱因夫人］，Van Kirk［范·柯克］所介绍，犹太和平会中人，无味亦不诚。

晚中国学生开会，稍讲，后即至 Harold S. Quigley［哈罗德·S. 魁格雷］〔5〕家长谈。此人昔在清华教书。

12月6日

上午访 Tribune［《论坛报》］〔6〕主笔 Thomas J. Dillon［托马斯·J. 狄龙］，午 Quigley［魁格雷］请中饭，有 Journal［《日报》］〔7〕主笔 Jefferson

---

〔1〕 克拉伦斯·M. 戴师德（Clarence M. Dykstra），1937—1945 年任威斯康星大学校长。1945—1950 年任加州大学洛杉矶分校教务长。

〔2〕 菲利普·F. 拉·福莱特（Philip F. La Follette），美国政治家，进步党人。1931—1933 年、1935—1939 年担任威斯康星州州长。

〔3〕 约翰·M. 高斯（John M. Gaus），美国政治学家。先后任威斯康星大学政治系教授、哈佛大学政治系教授。

〔4〕 美国明尼苏达州最大城市，位于该州东南部，横跨密西西比河，与紧邻的该州首府圣保罗，合称"双子城"，构成明尼阿波利斯-圣保罗都会区的核心。

〔5〕 哈罗德·S. 魁格雷（Harold S. Quigley，又名桂克礼），明尼苏达大学政治系教授。20 世纪 20 年代曾在清华大学任教。

〔6〕《论坛报》（Tribune），即《明尼阿波利斯论坛报》（The Minneapolis Tribune），创刊于 1867 年，后多次转手与易名，今名《明尼阿波利斯星坛报》。

〔7〕《日报》（Journal），即《明尼阿波利斯日报》（The Minneapolis Journal），创刊于 1878 年，初名"晚报"，1888 年改称"日报"，1939 年与《明尼阿波利斯星坛报》合并。

Jones［杰弗逊·琼斯］及教授多人，今晨所见者均劝有具体办法甚要紧。

晚有学生十余人公请吃饭。

12月7日

晨访 St. Paul Dispatch［《圣保罗先驱报》］之 Roy J. Dunlap［罗伊·J. 邓拉普］及主笔 Herbert Lefkovitz（L. Lewis）［赫伯特·L. 刘易斯］[1]，均尚知事，又访商人 Harold E. Wood［哈罗德·E. 伍德］，甚佳，St. F. P. A（?）之主持人也。

午 Jefferson Jones［杰弗逊·琼斯］约午饭，有 Journal［《日报》］之 Wakefield［韦克菲尔德］及 Charles B. Cheney［查尔斯·B. 切尼］在座；后者去过中国，均尚佳。

下午去 Quigley［魁格雷］家座谈，后 Wood 来接至其家晚餐，有 Ames［艾姆斯］夫妇在座，Law book publisher, Harvard, 1906? 也。

晚9:45自 St. Paul［圣保罗］[2]北上。

12月8日

Grand Forks［大福克斯］。晨8:30到，住 Ryan［瑞恩酒店］。

晨 E. T. Towne［E. T. 汤恩］来，偕去 N D［北达科他］大学[3]，先为 Benton［本顿］的国际班讲中国政府组织，后拜 Orin G. Libby［奥林·G. 利比］，G. M. Gillette［G. M. 杰莱特］，及 Wm Beck［威廉·贝克］。

午 Lions Club［狮子会］请讲 China's Progress［中国的进步］［1927—1937年］。

晚 Men's Club of Episcopal Church［新教圣公会男子俱乐部］，讲 Univ. life in China［中国的大学生活］，甚累。

---

〔1〕赫伯特·L. 刘易斯（Herbert L. Lewis），美国记者和报纸编辑。长期供职于《圣保罗先驱报》，也是《纽约时报》的撰稿人。

〔2〕圣保罗（Saint Paul），美国明尼苏达州首府，该州第二大城市。

〔3〕北达科他大学（University of North Dakota，简称"UND"），位于美国中西部的北达科他州和明尼苏达州的交界处的大福克斯（Grand Forks），创办于1883年。钱端升于1919—1920年在该校就读，E. T. 汤恩与 G. M. 杰莱特均为钱端升早年读书时的老师，奥林·G. 利比、E. T. 汤恩为北达科他大学政治系主任，G. M. 杰莱特为社会系主任。

12月9日

晨去 ND［北达科他］大学之 convocation［集会］讲 The Undeclared War in China［在中国的不宣之战］，人颇满，今岁第一次人多云。

访 Wm P. Davies of G. F. Herald［《大福克斯先驱报》[1]的威廉·P. 戴维斯］[2]，态度甚佳，该报态度亦佳。

下午访 Gillette［杰莱特］及 Towne［汤恩］两家。

晚 Internation Relations Club［国际关系俱乐部］及社会科学社联请，讲适之之 Issues Behind the War I［一战背后的议题］，有一 Nazi［纳粹分子］质问颇凶，幸有以对之。

晚又去 Franklin Club［富兰克林俱乐部］，社交式，未讲也。

12月10日

Grand Forks to Des Moines［从大福克斯到得梅因[3]］。午十二时车去 Fargo［法戈］[4]，Mrs George E. Black［乔治·E. 布莱克夫人］同行。Fargo 换车，由周慧泉女士来接。彼在农学院，来自暨南，口口声声言 Fargo 农院美国最佳，恐其未见其大也。

四时换车至 St Paul［圣保罗］，车中遇伍中亚，偕春新自国来，云服务财部，将去纽约。不能何干也。

晚十时半抵 St Paul［圣保罗］，十一时二十分换车去 Iowa［爱荷华州］。

12月11日

晨 Des Moines, Iowa［爱荷华州之得梅因］。晨八时抵此，住 Hotel Fordes Moines［得梅因酒店］。

晨访 D. M. Register［D. M. 罗吉斯特］及 Tribune［《论坛报》］之主笔 W. W. Waymack［W. W. 威马克］，乃 Buell［布尔］介绍，并得见前主笔

---

〔1〕《大福克斯先驱报》（Grand Forks Herald），创刊于1879年，是北达科他州大福克斯市的日报。

〔2〕威廉·P. 戴维斯（William P. Davies），《大福克斯先驱报》主笔。

〔3〕得梅因（Des Moines），位于州西南部得梅因河和雷科恩河汇合点，美国爱荷华州（依阿华州）首府，是该州最大的城市和政治、经济中心。

〔4〕法戈（Fargo），美国北达科他州最大的城市和经济中心。

Harvey Ingham［哈维·英厄姆］〔1〕。继访 Look［《展望》杂志］〔2〕总编 Vernon Pope［弗农·波普］及主编 Charles Burns［查尔斯·伯恩斯］〔3〕；后者颇知中国事，并与中饭。

下午访 Mrs Harry E. Terrell［哈利·E. 特雷尔夫人］，请晚餐焉。

12月12日

晨 Terrell［特雷尔］来接，去见 Gerald S. Nollen［杰拉尔德·S. 诺龙］，保险商也，态度甚佳，且尚新颖；继至 Jay E. Tone［杰伊·E. 托恩］家，接 Miss Hubbard［哈伯德小姐］及 Mrs Terrell 共午餐等。

午后与 Terrells［特雷尔夫妇］及 Hubbard［哈伯德］去 Grinnell College［格林内尔学院］〔4〕，Hubbard 讲其 Carnegie Peace Foundation［卡内基和平基金会的］工作；余未多谈。

晚 Charles Burns［查尔斯·伯恩斯］请饭；饭后有 Clarence Cosson［克拉伦斯·科松］来，新与 Irene Daniel［艾琳·丹尼尔］订婚者也。

12月13日

Des Moines-Iowa City［从得梅因到爱荷华市］〔5〕。晨 7:15 车东去 Iowa City，Terrell［特雷尔］来送。9:25 抵 Iowa City，Mrs Andrew Woods［安德鲁·伍兹夫人］来接，即去 Prof. Benjamin F. Shambaugh［本杰明·F. 香博教授］〔6〕之班，稍讲 Nationalism［民族主义］之害。

嗣 Mrs. Woods［安德鲁·伍兹夫人］接至其家稍息，又送去 Union［协会］，有 ministers group［州牧师团队］约饭，且讲。牧师中多主和者，无味也。

---

〔1〕 哈维·英厄姆（Harvey Ingham），美国律师、报纸编辑。

〔2〕《展望》（Look），系大众化的双周刊杂志。

〔3〕 查尔斯·伯恩斯（Charles Burns），1937—1948 年任《展望》杂志国际编辑。

〔4〕 格林内尔学院（Grinnell College），创建于 1846 年，是一所位于美国爱荷华州的私立文理学院。

〔5〕 爱荷华市（Iowa City），位于美国爱荷华州中东部，初为爱荷华州的首府，1857 年被得梅因取而代之。

〔6〕 本杰明·富兰克林·香博（Benjamin Franklin Shambaugh），1896—1940 年任教于爱荷华州立大学。自 1900 年起任政治学系主任，并长期担任爱荷华州历史学会的负责人和编辑。1930 年任美国政治学学会主席。

下午四时又为 Shambaugh［香博］之国际关系某组织，讲中国事，讲毕，有中国学生一谈。

晚 The Woods［伍兹夫妇］请客，有 Deans Wiley B. Rutledge［法学院院长威利·B. 拉特里奇］〔1〕（法）及 Francis M. Dawson［工学院院长弗朗西斯·M. 道森］（工）夫妇等。Dr. Woods［伍兹博士］〔2〕曾在岭南及协和多年，似一学校政客，其夫人较和易，颇善［擅］长交际；此次招待则出于 Terrell［特雷尔］之约，亦甚难能也。饭毕更约 Iowa［爱荷华］大学较著教授夫妇三四十人，余讲亦较佳。

主人留住，余以急于南行，十一时即告辞，至 Jefferson Hotel［杰弗逊酒店］稍候，中国学生衣复得、邢丕绪〔3〕等来陪谈；二时始上车。

12月14日

Iowa City-Topeka, Kansas［从爱荷华市到堪萨斯之托皮卡］。下午 3:10 抵 Topeka［托皮卡］〔4〕，住 Jayhawk Hotel［杰豪克酒店］。连三晚少住，今日又肚泻，似有烧，甚不适也。

闻 William Allen White［威廉·艾伦·怀特］〔5〕不在 Emporia［恩波里亚］〔6〕，而 Jordan［乔丹］也不在此，此行虚矣。

下午访 J. C. Mohler 省［州］农委也。此人为共和党，彼言 Coffer［资金］随民意，但不问是否；又言民意似离 Isolation［孤立］而向 Trade reciprocity［贸易互惠］。

前日，日炸沉美军舰于南京上游，则形势或有变化。

---

〔1〕 小威利·B. 拉特里奇（Wiley B. Rutledge, Jr.），1926—1935 年在华盛顿大学圣路易斯法学院任教授、院长，后又到爱荷华大学任法学院院长，并讲授行政法、司法程序等课程。

〔2〕 安德鲁·H. 伍兹（Andrew H. Woods），1890 年进入华盛顿和李大学（Washington and Lee University）学习，3 年后获得学士学位。1895 年入宾夕法尼亚大学医学学习。1899 年受广东基督教学院医学系的邀请，来到中国广东开展工作。1907 年回到美国继续临床学习和工作。1919 年受洛克菲勒基金会邀请到新成立的北京协和医学院建立并主持神经科工作。1928 年伍兹教授回到美国，担任爱荷华大学精神科主任直到 1941 年。

〔3〕 邢丕绪，山东临清人，著名水利专家。1937 年获美国爱荷华大学研究院水利工程博士学位，1938 年回国。曾任导淮委员会主任工程师，西北工学院、西北农学院教授，国民政府水利部视察工程师。

〔4〕 托皮卡（Topeka），位于美国堪萨斯州东北部，临堪萨斯河，是该州首府。

〔5〕 威廉·艾伦·怀特（William Allen White），美国政治家、小说家，《恩波利亚公报》编辑。

〔6〕 恩波里亚（Emporia），位于美国堪萨斯州东南角的一个小城市。

晚睡后，Mohler［莫勒］来电话，云在 Dr. Arthur D. Gray［亚瑟·D. 格雷博士］家，约去谈谈，遂来接去；其处尚有新闻记者某，皆共和党人，反总统甚烈，无 Mohler［莫勒］之合理也。

12月15日

晨访 Marco Morrow［马尔科·莫罗］，Capper Publication［卡珀出版物］之总办，据云 Capper［卡珀］[1]确从民意，且知民意所在；更云 Kansas［堪萨斯州］之反战或比 Wisconsin［威斯康星州］无愧色也。

头痛脚酸，午起睡床，且约 Dr. Miller［米勒医生］来，云无病，较慰也。

适之有电云，子缨将返国，催东返。

12月16日

Topeka-Kansas City-St. Louis［从托皮卡经堪萨斯城到圣路易斯］。晨 9:18 去 Kansas City[2]，9:30 到，留 Hotel Muehlebach［墨勒拜克酒店］。

Buell［布尔］有信给 *Journal Post*［《邮报》］主笔 Dick Smith［迪克·史密斯］，已退休，见其子及新主笔 Duncan［邓肯］，孤立派也。又访 Pres. J. Duncan Spaeth of University of Kansas City［堪萨斯市大学校长约翰·邓肯·斯佩思］，老人也，极无礼；且亦为孤立派人。初疑为独逸人[3]；继查明曾在 Princeton［普林斯顿］教书，斯人也而有斯态也；可惊也。访二人如此，余人亦不愿访矣。

下午 5:25 车去 St. Louis[4]，晚 10:55 到，住 Park-Plaza［公园广场酒店］。

12月17日

St. Louis-Chicago［从圣路易斯到芝加哥］。晨访 *Post-Dispatch*［《圣路易

---

[1] 亚瑟·卡珀（Arthur Capper），美国政治家、慈善家、新闻记者。1919—1949 年任美国参议院参议员、参议院农业与森林委员会主席等。

[2] 堪萨斯城（Kansas City），位于美国密苏里州西部，密苏里河与堪萨斯河交汇处，密苏里州最大城市。

[3] 独逸人，即德国人。Deutschland（德文，英文为 Germany），中译为"德意志"，日译为"独逸"。

[4] 圣路易斯（St. Louis），位于美国密西西比河中游河畔，密苏里州第二大城市。

斯邮报》]〔1〕之主笔 Charles Ross［查尔斯·罗斯］〔2〕及 Charles F. Edmundson［查尔斯·F. 埃德蒙森］〔3〕。此报态度尚佳，但言民意倾向于和，恐不易有何行动。

【访】午 J. Lionberger Davis of Security National Bank Savings and Trust Co.［国家安全银行储蓄信托公司之约翰·莱昂伯格·戴维斯］〔4〕。此人在民主党中似有势力，且主国联〔5〕；惟去日二次，与日交情甚厚，对华无甚好感；学艺尚高。Company［公司］之司电女 Miss Ridley［里德莉小姐］夏间在沪，避难返国；将于一月返华；但 Davis 则谓去 Manila［马尼拉］云。

下午 4:30 车去 Chicago［芝加哥］，误点，10:15 始到，住 Stevens［斯蒂文斯酒店］，自称为世界最大旅馆云。

12月18日

Chicago-New York［从芝加哥到纽约］。晨访 Daily News［《芝加哥每日新闻》］之 Carroll Binder［卡罗尔·宾德］，彼最亲华，彼劝我们须力抗，无论有无国际协助，又劝如 League of Women Voters［美国妇女选民联盟］等之团体，须往演说。

午领馆总领事王恭行等约至中国餐馆便饭，此辈识见均极有限也。

下午去支加哥［芝加哥］大学之 International House［国际馆］访中国学生，无所得。

晚 10:00 车去纽约。

12月19日

Chicago-New York［从芝加哥到纽约］。

下午 5:45 抵纽约，仍住 Ambassador［使节酒店］。

---

〔1〕《圣路易斯邮报》(Post-Dispatch)，美国密苏里州主要的城市报纸，也是美国中西部最大的报纸之一。

〔2〕查尔斯·罗斯（Charles Ross），美国《圣路易斯邮报》编辑，1932年曾获普利策奖。

〔3〕查尔斯·F. 埃德蒙森（Charles F. Edmundson），美国《圣路易斯邮报》社论作家。

〔4〕约翰·莱昂伯格·戴维斯（John Lionberger Davis），曾任美国圣路易斯国家银行储蓄与信托公司董事会主席。

〔5〕国联，国际联盟（League of Nations）的简称，它是《凡尔赛条约》签订后组成的国际组织，成立于1920年1月10日，解散于1946年4月。二战结束后，国联被联合国取代。

允[1]上月廿三来信，云廿二晨三时四十四分，又获一男，母子均安。即晚航函慰蕙。

12月20日
New York［纽约］。晨函孟真、布雷。对宣传内容，及使馆之不合作有所进言。

12月21日
韦卓民[2]来，尚第一次见，彼已于八月来此。
寄美金三百暨物事若干于蕙。

12月22日
下午适之处有茶，招国人谈，无要领。
晚请Buell［布尔］来吃饭，适之讲话，总不Keen［尖锐］。其观察亦多误，而又每不让别人谈，斯可畏也。

12月23日
下午去Mrs. Gwyneth King Roe［格温妮丝·金·罗夫人］家茶，盖John Fairbank［费正清］之姑，而Fairbank［费正清］夫妇在也。
晚约翰笙夫妇饭，饭后灌一片与蕙及都［钱大都］[3]，并看时事电影。

12月24日
下午Fairbank［费正清］夫妇来，共参观画所若干。
晚饭后，偕子缨、许仕廉[4]等人看电影，后又去Paradise［天堂］，夜俱乐部也。
近思家之至，盖耶诞节美人多放假，省亲等等，而我等则留外，嫌孤寂也。今日如此过法，亦无聊之至。

---

［1］钱允仪，钱端升之胞妹。
［2］韦卓民，广东中山人。20世纪二三十年代先后在哈佛大学、伦敦大学获硕士、博士学位。后曾多次应邀赴美讲学，并受聘为耶鲁大学、芝加哥大学、哥伦比亚大学哲学、伦理学客座教授。
［3］钱大都，钱端升之长子。
［4］许仕廉，湖南湘潭人，中国著名社会学家，主要从事社会学、人口学的调查研究与教学工作。1931年赴美芝加哥大学社会学系，任研究导师。抗战前夕赴美定居。

12 月 25 日

下午偕 Fairbanks［费正清夫妇］去 Belasco［贝拉斯科］看"［The］Golden Boy"［《金童》］，甚佳。Odets［奥德茨］〔1〕之剧本，Luther Ader［卢瑟·阿德］及 Frances Farmer［弗朗西丝·法默］〔2〕演。

晨晚起，晚早睡。

12 月 26 日

为适之写一文，名 Whether Chinese Democracy or Dictatorship?［中国式的民主，还是中国式的独裁?］

12 月 27 日

晚与 Fairbanks［费正清夫妇］及 Dolly Tyler［杜利·泰勒］共餐，后去 Shubert［舒伯特剧院］看"Amphitryon"［《安菲特律翁》］〔3〕，Alfred Lunt［阿尔弗雷德·朗特］及 Lynn Fontanne［琳·芳丹］所演也。

12 月 28 日

Philadelphia［费城］。晨去费城，住 Ritz-Carlton［丽思·卡尔顿酒店］。适之先一日去，美政治学会开会，我未被请，故今日始去。上午去一圆桌，讲欧洲新宪，不佳；午请一电话公司经理讲 Business［商界］方面之政治态度，更不佳；下午 Louis Douglas［路易斯·道格拉斯］，William Elliott［威廉·艾略特］等讲政府对工商业之态度，较佳；晚 Gowin［科文］，Borchard［博查德］等【讲】最高法院与社会立法，较专门矣。

12 月 29 日

Philadelphia-New York［从费城到纽约］。晨为适之电华府与霍【恩】

---

〔1〕克利福德·奥德茨（Clifford Odets），20 世纪 30 年代美国最著名的青年剧作家，《金童》（"The Golden Boy"）是克利福德·奥德茨于 1937 年写的剧本。

〔2〕弗朗西丝·法默（Frances Farmer），美国好莱坞女演员，1937 年参演奥德茨创作的话剧《金童》。

〔3〕安菲特律翁（Amphitryon），是希腊神话中提伦斯王阿尔凯厄斯之子。古罗马剧作家普劳图斯以安菲特律翁的故事为题材创作的滑稽剧《安菲特律翁》，大受欢迎，并多次登上舞台。该剧由阿尔弗雷德·朗特和琳·芳丹主演，于 1937 年 11 月 1 日在纽约舒伯特剧场演出。

一九三七年（民国廿六年）

贝克约时间。晨去听远东之圆桌，Peffer［裴斐］[1]与 Quincy Wright［昆西·莱特][2]取不同意见，后者甚佳。午司法次长讲政府对工商业态度，极激，似受听众欢迎。

下午一访 Wilma Fairbank［威尔玛·费尔班克（费慰梅）][3]之妹 Mrs. Douglas Bond［道格拉斯·邦德夫人][4]，未□；但 Wilma 有电来，因坐 4:00 车返纽约。共至 Dolly Tyler［杜利·泰勒］家便饭，后又去 Mrs John Levy（Dr.）［约翰·利维夫人（医生）］家，盖主人请印度跳舞团，而 Wilma 之友 Am Bell［安·贝尔］也在请客者也。〈删略〉

12月30日

New York-New Haven［从纽约到纽黑文］。午偕 Wilma［威尔玛（费慰梅）］去 New Haven，1:35 到；方桂来接，住其家。晚有客来，为 Kennedy［肯尼迪］夫妇，通中文及沪语。

12月31日

New Haven［纽黑文］。下午偕方桂看关于"Panay"［《帕奈号》］之电影，不佳。晚偕方桂夫妇去 Kennedy［肯尼迪］家，后又同 Pullman［普尔曼］夫妇于午夜同去 Hotel Taft［塔夫酒店］喝酒，时下雪也，回又至 Pullman［普尔曼］家饮酒跳舞，无甚味，备想家。

---

［1］ 纳撒尼尔·裴斐（Nathaniel Peffer），美国远东问题专家。芝加哥大学毕业，曾任《纽约先驱论坛报》驻远东记者，在中国生活 25 年。1937 年后回哥伦比亚大学任教直至 1958 年退休。

［2］ 昆西·莱特（Quincy Wright），美国国际政治学家，芝加哥大学教授。

［3］ 威尔玛·坎农·费尔班克（Wilma Canon Fairbank），即费慰梅，美国汉学大师费正清的夫人。曾任美国驻华大使馆文化参赞。

［4］ 即费慰梅的小妹海伦·坎农（Helen Cannon），后与道格拉斯·邦德（Douglas Bond）博士成婚。

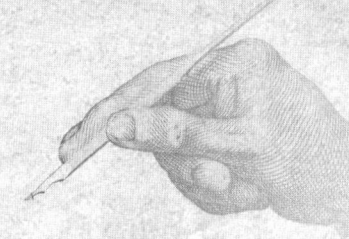

一九三八年
（民国廿七年）

1月1日

元旦。在 New Haven［纽黑文］，晏起，作书于蕙，久不用中国墨笔矣。下午郭任远夫妇搬来，郭今又为科学家，可佳也。下午与晚俱打"桥"为戏。

一月

1月1日

元旦。在 New Haven［纽黑文］，晏起，作书于蕙，久不用中国墨笔矣。下午郭任远〔1〕夫妇搬来，郭今又为科学家，可佳也。下午与晚俱打"桥"为戏。

1月2日

New Haven［纽黑文］。上午偕李、郭夫妇至树林中赏雪，下午又打桥，不得走。

1月3日

New Haven-New York［从纽黑文到纽约］。9:00离，10:40到纽约，仍返 Ambassador［使节酒店］，适之、子缨均也在，又来一朱懋澄〔2〕，亦宣传者也。

1月4日

午去 Town Hall Club［市政厅俱乐部］听朱懋澄讲，极坏。

1月5日

晚于竣［焌］吉请王大使等饭，仍无所谈。

1月6日

午 Peffer［裴斐］约在哥大教授俱乐部餐，彼自辩（1）非孤立派；（2）美国不入，战较易免，欧亚事均如此；（3）中不请求助，自立较易。

晚去 Karl N. Llewellyn［卡尔·N. 卢埃林］〔3〕家饭，其妻 Emma

---

〔1〕 郭任远，广东汕头人，中国现代心理学家。1933年任浙江大学校长。1936年赴美讲学，先后在加州大学伯克利分校、耶鲁大学以及华盛顿的卡耐基研究所等进行研究工作。

〔2〕 朱懋澄，四川资中人。1908年赴欧，留学于英、德、比三国。1916年获英国格拉斯哥大学海军建筑与机械土木工程学士学位。回国后曾出任工商部劳工司司长、国际劳工大会副会长。

〔3〕 卡尔·N. 卢埃林（Karl N. Llewellyn），曾任耶鲁大学、芝加哥大学、哥伦比亚大学法学教授。

Corstvet［艾玛·考斯特弗特］[1]与 Lilian Taylor［莉莲·泰勒］[2]皆北平旧友，Karl［卡尔］甚 intelligent［聪明］，哥大教授也。

1月7日

晚去 Dolly Tyler［杜利·泰勒］处饭，后偕 Marian Cannon［玛丽安·坎农］看 Ruth Garden's Doll's house［露丝花园的玩偶房］。

1月8日

晚王儒堂在 Port Arthur［阿瑟港酒店］请客，三大桌皆华人，颇有酗酒状态。

1月9日

下午去 Lilian［莉莲］之茶，后在其家饭；彼与 Mary M. McConnell［玛丽·M. 麦康奈尔］同住。彼在 Bonwit Teller［邦威特·特乐百货公司］做事，McC［麦康奈尔］较 Intelligent［聪明］。过纽约不看她不大方；看她，又惧她殷勤，时间化得太多也。

1月13日

晨访 Lenner［伦内尔］欲一探，如看 Robert La Follette［罗伯特·拉·福莱特］有益否，知孤立甚，看亦无益也。

晚在 Port Arthur［阿瑟港酒店］请 Llewellyn［卢埃林］、Lilian［莉莲］and Dolly［杜利］等，适之亦去，尚洽。

1月15日

午 Lilian Taylor［莉莲·泰勒］邀饭，〈删略〉。晚与潘看电影，后又去 International Casino［国际游乐场］，地方甚大，但技术甚俗。

1月16日

下午去看翰笙太太未值，但遇曾炳钧，与之步行呼桑河畔若干时，时

---

[1] 艾玛·考斯特弗特（Emma Corstvet），美国人，莉莲·泰勒的好友。时在美国一女子学院任副教授。

[2] 莉莲·泰勒（Lilian Taylor），中文名"秦丽莲"，曾在中国教英文，与金岳霖相识。

天阴凉,上午在房中又吹风,竟着冷矣。

1月20日

十七日起头疼,似有热,睡床未出,昨虽延馆医来,云无病,但此人喜打针,甚不投机,二日来三次,厌之矣。今日下午试外出步行,胃口及神气仍不佳。

1月21日

下午请 Dr. Farn B. Chu[法恩·B. 朱大夫]看,云无病,但肺或不佳,近所苦者出汗及头闷,不知易疗否?

晚去 Llewellyn[卢埃林]处晚饭。

1月22日

昨晚睡无汗,但早醒再睡又有汗,胃口不佳,神亦不佳,颇焦虑。

1月23日

仍不佳,饭后许仕廉、子缨、潘学彰及其女友等在旅舍打牌,Artificial Stimulus[人为刺激]也。

1月24日

午去 Brooklyn[布鲁克林][1]看张煜,书妹[2]之夫也,在英商新购之货轮 Hetteras[和特拉斯(?)]为二副,将领船返国,但须经欧。此人尚能干。

接蕙满月后书,知二儿均吵,又疲瘦,甚为怅然,为书慰之。

晚送适之西去后,与子缨、潘学彰及其女友林如意等先去 Savoy[萨沃伊]观黑人舞,又去 Plantation[庄园],黑人之 Night Club[夜总会]也,俱不佳,返甚晚。

1月25日

今日忙搬家,搬至适之房中睡,极秽,清理需时。

---

〔1〕 布鲁克林(Brooklyn),位于美国纽约市曼哈顿岛的东南边,是纽约市五大区中人口最多的一区。

〔2〕 钱书仪,钱端升之堂妹。

1月26日

New York-Cambridge［从纽约到剑桥］。晨接蕙上月廿五航信，云儿吵体弱入医院，极不放心，寄300元电汇，并催电复等。

午车去 Cambridge［剑桥］，住 Fairbank［费正清］家，F［费］夫人约去译思成［即梁思成］文也。

1月28日

Cambridge［剑桥］。午与 Frankfurter［弗兰克福特］同餐，云 Liberals［自由派］皆主孤立，已认F［弗兰克福特］之态度太偏政府矣。

1月29日

Cambridge-Franklin, N.H［从剑桥到新罕布什尔之富兰克林〔1〕］。晨与 Fairbank［费正清］夫妇，Marian Cannon［玛丽安·坎农］，Myron Gilmore［麦伦·吉尔摩］车去 Franklin［富兰克林］附近 Cannon 之乡屋，Donald Michel John［唐纳德·米歇尔·约翰］亦来，均哈大有关系者也。下午在附近溪中溜水。

1月30日

Franklin-Alexandria-N.Y.［从富兰克林经亚历山德里亚到纽约］。午去 Alexandria［亚历山德里亚］之 Cardigan［卡迪根］山 Ski［滑雪］，余观观而已，但附近风景极佳，晚八时车返纽约。

1月31日

New York［纽约］。晨7:15抵此，子缨已于三日前走矣。晚于竣［焌］吉请王大使，中美人士陪者二十左右，为认生也。蕙仍无信电来，允有信，说蕙在道济〔2〕已一月；发电慰之，并催复焉。

---

〔1〕 富兰克林（Franklin），指位于新罕布什尔州梅里马克县的一个小城。坎农家在此附近有"乡屋"。

〔2〕 指道济医院。其前身为美国基督教长老会于1885年创办的"妇婴专科医院"，1917年更名为"道济医院"，以纪念医院的创建者长老会传教士道济女士（Deborah Matilda Douw）。

一九三八年（民国廿七年）

二月

2月1日
今日终日译电，虽得林良桐助，仍甚累也。

2月2日
晚 Lilian［莉莲］约去饭，遇 Mr. Clews［克鲁斯先生］夫妇等。

2月3日
晚 Dolly［杜利］约去饭，与其女友 Edith Thatcher［伊迪丝·撒切尔］及女友之友，在 Port Arthur［阿瑟港酒店］，结果我做主也。

2月4日
午林语堂来访，彼明日走，邀之饭等。晚与潘学彰及 Daisy Margaret［黛西·玛格丽特］看"Julius Caesar"［《凯撒大帝》］[1]，不甚喜之，后又去 Paradise［天堂］无味矣。

2月5日
午去 Foreign Policy Association［外交政策协会］之 Luncheon discussion［午餐讨论］，在 Asia［《美亚》杂志］，讲者 T. A. Bisson［T. A. 比森］[2]，George Soule［小乔治·苏勒］[3]，Maxwell Stewart［麦克斯韦·斯图尔特］，Yates Stirling［小耶茨·斯特林］[4]（Ail），和平孤立空气仍甚浓厚也。

深晚许仕廉请潘学彰及 Daisy Margaret［黛西·玛格丽特］去 Hotel New Yorker［纽约人酒店］舞，即闭门，坐一时即回。

---

〔1〕 盖乌斯·尤利乌斯·凯撒（Gaius Julius Caesar），史称凯撒大帝，罗马共和国末期杰出的军事统帅、政治家，罗马帝国的奠基者。1937 年，奥森·威尔斯（Orson Wells）根据莎士比亚的剧本改编的舞剧《凯撒大帝》（"Julius Caesar"）在纽约上演，引起了轰动。本处所记的观看《凯撒大帝》当指此剧。

〔2〕 托马斯·亚瑟·比森（Thomas Arthur Bisson），美国作家、记者、政府官员，《美亚》杂志创始编委之一。

〔3〕 小乔治·苏勒（George Soule, Jr.），美国劳动经济学家，长期任《新共和》编辑。

〔4〕 小耶茨·斯特林（Yates Stirling, Jr.），美国海军少将，专栏作家。

2月7日

连日作文，Far East after the War [《战后之远东》]，甚苦，今晨始毕初稿。晚看"Snow White"[《白雪公主》]，在 Radio City [无线电城]，为 Cartoon [卡通] 式之新电影，大成功也。

2月8日

今日忙了昨日之文，兼预备明日之演讲，晚遇林叠，方东来也，对王儒堂亦极不满。

2月9日

New York–Washington [从纽约到华盛顿]。赶二文，极忙。

下午二时半车去美京，抵 Mayflower [五月花酒店] 已七时，闻乔治华成 [盛] 顿大学 Freshman Forum [新生论坛] 主席 Irina Gilman [伊莉娜·吉尔曼] 始知，所给讲者有五十分，而所预备者仅十五分之短稿，窘极。稍增加后，即赶去大学，与日人对讲，日人名 Toshiro Shimanouchi [俊郎岛之内]，甚和，美日侨也，不甚为人反对。余因临时加，讲得不好。

去使馆遇张仲述[1]，彼日来大找大官，总是如此，奈何？

2月10日

Washington [华盛顿]。午何培元请张仲述。

仲述在此看人甚多，恐二人连找不便，欲避之，故昨问仲述已见何人。彼找 Pittman [皮特曼] 未得。今晨余与其秘约，云有电告我时间。电至时仲述适在我房电话旁，彼一手包办；告以我来接亦不让，结果同约在三时，彼则云早定三时见张，特来问我是否即张，但当我打电话时，因讲清楚，知我为何人也。此种情形至可笑。下午见 Pittman，仲述背其一大套，如唱戏，又如 Salesman [推销员]，间有好处，〈删略〉。察毕[2]意，仍反日反英；仲述提第二华府会议，毕顺之，但其意未可知。余又无机问其态度，至不幸也。但其桌旁有反日及言日在美 Propaganda [宣传] 之剪报各一，

---

[1] 张仲述，即张彭春，天津人，中国教育家、外交家。1947年任联合国安全理事会中国代表。1948年任联合国人权委员会副主席，参与起草《世界人权宣言》。

[2] "毕"即指"皮特曼"，钱端升将其译为"毕德门"。

一九三八年（民国廿七年）

其对日态度可知也。

2月11日

Washington［华盛顿］。晨访 William Philipp Simms［威廉·菲利普·西蒙斯］，Scripps-Howard［斯克里普斯-霍华德］【报】系〔1〕之外交记者也，此人不主有干涉行动，且有礼貌，而不肯深谈。

下午使馆有茶，特客于斌〔2〕、颜雅清〔3〕、张仲述，无大客。

晚郭武官德权〔4〕请客。

2月12日

Washington to New York［从华盛顿到纽约］。晨见 Norris［诺里斯］未着，即乘十一时车返纽约。

蕙一月十日信，云二次进医院，将愈，又因都都晚上狂哭，早回，又疲累，闻之甚难过。

晚 Llewellyn［卢埃林］请便饭，允晤新外次 Adolph［Adolf］Berle［阿道夫·伯利］〔5〕，谈中国事云。晚又去 Prof. Julius Goebel［朱利叶斯·戈贝尔教授］〔6〕家闲谈。

自哥大回，又与潘学彰、Daisy［黛西］及其友 Sara Yoder［莎拉·约德］去 Rainbow［彩虹］跳舞，地甚上等。

2月13日

发电 Miss Ida Pruitt of PUMC［北京协和医学院之艾达·普鲁伊特小姐］，嘱为照料蕙，不知会有复否？

---

〔1〕指美国新闻记者、报刊出版商罗伊·威尔逊·霍华德于1925年同罗伯特·斯克里普斯一起创建的斯克里普斯-霍华德报系。

〔2〕于斌，字冠五，号希岳，黑龙江兰西人。抗战期间曾八次前往欧美国家发表演说，争取国际上的同情和援助，三次面见美国总统罗斯福。1938年被国民政府聘为国民参政会参政员。

〔3〕颜雅清，上海人，中国第一代女飞行家。抗战爆发后，到纽约学习飞行技术，取得飞行执照后，在美国开展募捐飞行活动。

〔4〕郭德权，国民党陆军中将。曾任驻美国大使馆武官、驻联合国军事参谋团团员、参军处参军等职。

〔5〕小阿道夫·奥古斯都·伯利（Adolf Augustus Berle, Jr.），美国律师、教育家、外交家和政府官员。

〔6〕小朱利叶斯·戈贝尔（Julius Goebel, Jr.），德裔美籍学者，美国伊利诺伊大学法学教授。

2月14日

接允上月十九信,知蕙及二儿已痊,但蕙似未复原,较慰。晚明月当空,备想家也。

下午访 Allen T. Klots[艾伦·T. 克劳茨],Stimson[史汀生]之助手也。Stimson 方在假,故托转告美方应于汉口未下前有所表示。回途一看 Dip Lucer[迪普·路斯]。

2月15日

午偕 Lilian[莉莲]在 Chow Mien Inn[炒面馆]饭。

2月16日

今日连接蕙二信,一为上月十五,云身体较好;一上月二十,则言都都十九夜进医院割小肠气,云发展甚佳,但殊使人担心也。

2月17日

下午去 Dr. Jo Fournier[乔·福尼尔医生]处治牙,须去多次也。

晚 Dolly[杜利]女友 Miss Thatcher[撒切尔小姐]之友 Hurd□□[赫德,原文置空]请吃法国饭,后又去看电影。

2月18日

晨去 Princeton Club[普林斯顿俱乐部]应 Buell[布尔]之早饭约,彼对美国之即有行动,认为不大可能。

2月19日

晨 Boycott Committee[联合抵制委员会]之 Robert Natter[罗伯特·纳特]来访,似日人宣传贿赂甚力。晚去 Lilian[莉莲]处晚饭,饭后客颇多。

2月20日

晚在 Chow Mien Inn[炒面馆]请韩权华、张仲述、翰笙夫妇及郑宝南[1]夫妇。下午一访 Emma[艾玛]。

---

[1] 郑宝南,广东番禺人。自1936年起任国民政府驻美国纽约总领事馆副领事。

晚在 Chow Mien Inn［炒面馆］请王儒堂等，乃因原请于竣［焌］吉陪韩，于以王至迟疑，因请王，而王偏欲今日来。如是花钱多，花时间多，而主人苦矣。王外，有其侄恭守及张仲述、于竣［焌］吉、孟治等。

晨去公共图书馆阅旧杂志。

2月22日

午于斌答请于莲花洞，人多，但无聊。

近与适之通信甚洽，张仲述为共同目标。但上次告以致雪艇雪【电】，中有批评适之对美事观察。今日得适之信，语气至坏，借题发挥处亦甚多。上信讽及愿至 Cincinnati［辛辛那提］及 Montreal［蒙特利尔］等事，则置不论。此君之 vain［自负］，真是没法。余知适之久而不切，虽向知其 vain［自负］，而总以为气量甚大。以近月情形观之，疑其极小气，且有嫉妒心。就其好友之口碑而言，彼当无此，我之观察应误。然对于成名之熟友，向有心知而口仍袒之者，其然乎，其不然乎。然适之而如此，亦真失望至矣。我复信，一方声明我所批评者为舆论佳转不大，非政府态度不佳转［原文如此］；更借张仲述以告彼，〈删略〉。

2月23日

晚饭后看"Tom Sawyer"[《汤姆·索亚历险记》]，均与许仕廉、潘学彰偕，电影甚不恶。

2月24日

晚去 Lilian［莉莲］处饭，饭后与 Mary McConnell［玛丽·麦康奈尔］去 Labor Stage［劳工剧院］看"Pins and Needles"[《针毯》][1]，musical show［音乐剧］也。极佳，Lilian［莉莲］因不适，未能去。

2月25日

今日生日，但殊不乐。晨做一书与蕙，下午去牙医处，彼主拔去二牙，出血多，回后接允信，知蕙又伤风，发二十八日电时固未起床，嗣后余又头痛牙痛矣。今日亦为正月廿六日。

---

[1]《针毯》（"Pins and Needles"），一部时事讽刺剧。

2月26日

晨沈守泽〔1〕来访，清华级友也，从未返国，亦实无聊。午与翰笙及Fred Field［弗雷德里克·菲尔德］同餐。

晚仲述请南开、清华学生，亦甚沾沾自得之至。

2月27日

晚与许仕廉、潘学彰、Daisy Margaret［黛西·玛格丽特］等饭，饭后潘本请听音乐，临时取消，改看电影，名"Goldurn（？）Ladies"，胡闹影也。

2月28日

前晚起，牙作痛，清晨访牙医，云无害，然精神坏极矣。

三月

3月1日

访 Walter Lippmann［沃尔特·李普曼］〔2〕，Holcombe［何尔康］之介绍也。彼以为英意可洽，英德或英日不能洽，甚乐观。不甚 keen［敏锐］，未深谈。

牙又出血，痛甚，访牙医，彼又漠视之，至晚二时尚不能入睡。

3月2日

牙仍痛，去访牙医，置药品于牙根中；下午药出，自六时起便流血，历六七时不止，又不能睡，止痛药无效，晚十一时购安眠药，服一丸无效，服二丸后始于晚二时入睡，苦极矣。被服均为血沫所沾。

适之来信，极不客气。彼或极不痛快，借我出气；或仍因致雪艇寒电〔3〕，

---

〔1〕 沈守泽，天津人。1921年获密歇根大学经济学学士学位，曾在纽约学习音乐。

〔2〕 沃尔特·李普曼（Walter Lippmann），美国新闻评论家和作家。曾任《新共和》副总编，纽约《世界报》编辑、主编。

〔3〕 "寒电"指14日来电，前文"艳电"指29日发电。中国开通电报之初，发送电报按字论价，非常昂贵，为此发明了一种用地支代替月份、用韵目代替日期发送电报的方法，前后使用了70余年。

评其观察不当为祟。〈删略〉。余今日适亦极不快,但觉不值生气,或辩论;故一方遵其嘱,往见李国钦,一问 Warren Pierson[沃伦·皮尔森][1]供款矣,一方则以客气短信覆之。据 P[皮尔森]言,借款事不易有望也。

3月5日

今晚华府 Schoolmen's Club[经院学派俱乐部]本约讲演,以身体如此,昨电辞之,并请许仕廉代。

今日星期六,本星期日去牙医处,至今日仍微痛而头晕也。昨今 Lilian[莉莲]及 Emma[艾玛]先后来访,翰笙及潘学彰亦多所助焉。

3月9日

New York-Schenectady[从纽约到斯克内克塔迪][2]。下午3:00车去 Schenectady,6:29到,Danton[丹唐][3]来接,住其家。晚饭俱其家人,与学生二。D[丹唐]惜[昔]为清华教授,人品不高,教书甚佳。来美不访不佳,故日前去信,其校长如有电来邀。

3月10日

Schenectady- New York[从斯克内克塔迪到纽约]。晨十时在 Union College[联合学院][4]之 Chapel[小教堂]讲和战事十分钟,此地 T. Z. Koo[顾子仁][5]及韦卓民俱来过,盖小教会学校也。校长 Dixon Ryan Fox[迪克森·瑞恩·福克斯][6]闻为历史家,但不可取。午 Danton[丹唐]请中饭,有教职员十余人,其中有物理家 Peter I. Wold[彼得·I. 沃尔德],早

---

〔1〕 沃伦·皮尔森(Warren Pierson),美国律师、银行家。1938—1945年任美国进出口银行行长。

〔2〕 斯克内克塔迪,位于美国纽约州中东部的一个城市,是纽约州府都会区(Capital District)的第二大城市。

〔3〕 乔治·H. 丹唐(George H. Danton),钱端升在清华大学学习时的德语教师及在清华大学执教时的同事。1938年,丹唐在纽约州斯克内克塔迪联合学院任德文教授。

〔4〕 联合学院(Union College),始建于1795年,是第一所被纽约州政府特许的高等教育机构,以出色的工科和海外交流项目闻名。

〔5〕 顾子仁(T. Z. Koo),生于上海的一个基督徒家庭。早年入上海圣约翰大学读书,兼修神学。自1917年起献身于中华基督教青年会工作。1948年退休后受聘于美国爱荷华州立大学宗教学院,讲授"中国文化"。

〔6〕 迪克森·瑞恩·福克斯(Dixon Ryan Fox),美国教育家、历史学家。1934—1945年任联合学院院长和联合大学校长。

年去过清华，较漂亮。

下午返，7:50抵纽约；仍无家信颇焦急，不欢矣。

适之有电来，索翁泳［咏］霓[1]电本，此种事亦窘人而已。

岱孙[2]来信。

3月11日

晨，看牙医后，一访韩权华，行止无定，亦殊苦也。下午请 Clarence Stein［克拉伦斯·斯坦因］[3]夫妇及 Dolly［杜利］吃茶，为 Wilma［威尔玛（费慰梅）］所介绍，盖对于思成来美事极有兴趣者也。

晚去 Dolly［杜利］处饭。

上午接允信，以蕙无信，更急。下午蕙有信来，甚慰。彼因又去过协和，今似甚弱也。致 Pruitt［普鲁伊特］电似未收到。

3月12日

New York to Red Hook N. Y.［从纽约到纽约之雷德胡克[4]］。上午赶一函，交于总领事于明交 Roger S. Green［顾临］，提起美设讲座，救济国内大学教授事。此事适之料必不赞成，故不敢先提。

午1:15车去 Hudson［哈德逊河］上游之 Rhinecliff［莱茵克里夫］，然后转至 Red Hook, Llewellyn［卢埃林］之农庄，LL［卢埃林］夫妇及 Lilian［莉莲］偕行，亦二小时也。庄大138 acres［英亩］，可种果树，但今则荒芜之至。寄食于 Curtis Freleigh［柯蒂斯·弗雷莱］家，旧荷兰移民也，虽不富而小康，一家夫妇及子女各一，均事农，家庭怡乐而独立性大，好百姓也。

晚月色极佳，备思家矣。

---

［1］翁文灏，字咏霓，浙江鄞县（今浙江省宁波市鄞州区）人，我国著名的地质学家。抗战期间主管国民政府矿务资源与生产。

［2］陈岱孙，福建闽侯人，著名经济学家、教育家。抗战期间任西南联合大学经济系教授、系主任等。

［3］克拉伦斯·斯坦因（Clarence Stein），美国城市规划师、建筑师和作家，美国公园城市运动的倡议者。

［4］雷德胡克（Red Hook），亦译红钩区（镇），是纽约市布鲁克林区的一个小镇（街区）。

一九三八年（民国廿七年）

3月13日

Red Hook to New York［从雷德胡克到纽约］。终日散步闲坐，颇得。晚与 Lilian［莉莲］坐 7:16 车返 New York［纽约］，盖余牙痛，而又想见 Green［顾临］也。回后觅 Green 不着，与一电由美京转。

3月14日

New York［纽约］。晨视牙医。彼漫不在意，非但不止痛，更流血甚多，信用全失，奈何？

晚独去听歌剧，一为"Amelia goes to the Ball"［《阿梅利亚赴舞会》］[1]，又一为"Salome"［《莎乐美》］[2]，唱、做及剧院俱不如欧陆多矣。

3月15日

晚沈守泽约去莲园饭，尚有朱、马二君。沈确颓唐，不易在国内找事矣，但人甚老实。

见上海《时报》[3]，知《时报》态度尚佳，但沪人仍沉醉，不知国难。

3月16日

今日去牙医处，将牙桥装上，一时甚痛。此行为第七次治牙，此外则去过七次止痛，颇苦。

晚与许仕廉去 Flower Show［花展］，诚美不胜收，老金［指金岳霖］见之必将狂喜。

---

[1]《阿梅利亚赴舞会》是一部轻松有趣的滑稽喜歌剧。剧情大致是年轻的妻子阿梅利亚一心要去参加舞会，却因此和丈夫发生了争执，最后竟把丈夫打昏在地而自己实现了去参加舞会的愿望。

[2]《莎乐美》，根据《圣经》故事改编的戏剧。剧中，莎乐美是个年仅16岁的妙龄少女，由于向约翰求爱被拒，愤而请希律王将约翰斩首，把约翰的首级拿在手中亲吻，以这种血腥的方式拥有了约翰。

[3]《时报》（*Eastern Times*），1904年在上海创刊，是戊戌政变后保皇党在国内创办的第一份报纸，由康门弟子狄葆贤（即狄楚青）和罗普分任该报经理和主笔，梁启超也参与过策划。该报最有影响的是对报刊业务的改革，重视新闻、言论，紧密配合时事要闻，专辟《时评》栏目等。

3月17日

下午同 Dolly［杜利］去 B. Preston Schoyer［B. 普勒斯顿·斯科耶］[1]之茶，晚方桂夫妇来访。

3月18日

适之今晨回，晚与之商，云电翁泳［咏］霓，云将于四月初返国。
午请方桂夫妇、韩权华及魏菊峯[2]夫妇及适之于广东村。
晚潘学彰请其教授 Klemin［克莱明］[3]等，作陪焉。

3月19日

New York-Cambridge［从纽约到剑桥］。晨与 Dolly［杜利］乘 10 车去剑桥，住 Fairbank［费正清］家，天气至佳，下午散步焉。

3月20日

Cambridge［剑桥］。随费夫妇到处溜溜［遛遛］，未做事，盖星期也。

3月21日

Cambridge［剑桥］。上午去哈佛图书馆阅书；下午访 Holcombe［何尔康］及 Frankfurter［弗兰克福特］，得汉电未能译。

3月22日

Cambridge［剑桥］。上午访 Yeomans［约曼斯］，午去 Boston［波士顿］，Stein［斯坦因］夫妇请吃饭也。晚主人请 Laski［拉斯基］[4]及 Frankfurter［弗兰克福特］夫妇，甚欢。译汉电。蕙亦有信。

---

〔1〕 B. 普勒斯顿·斯科耶（B. Preston Schoyer），美国作家、记者，热心于社会活动，长期为《纽约客》（*The New Yorker*）、《纽约时代杂志》（*The New York Times Magazine*）等媒体撰稿。

〔2〕 魏菊峯，时任永泰生丝公司驻美办事处负责人。

〔3〕 亚历山大·克莱明（Alexander Klemin），美国麻省理工学院航空系主任，纽约大学工程学院古根海姆航空学院院长。

〔4〕 哈罗德·约瑟夫·拉斯基（Harold Joseph Laski），英国工党领导人之一，政治学家、西方"民主社会主义"重要理论家。曾在加拿大麦吉尔大学和美国哈佛大学、伦敦政经学院教授政治学，并以极大的热情从事政治活动。1945 年当选为英国工党全国执行委员会主席。

一九三八年（民国廿七年）

3月23日

Cambridge［剑桥］。午与 Holcombe［何尔康］饭，介见 Carl J. Friedrich［卡尔·J. 弗里德里希］〔1〕。盖昨日所译电，乃雪艇欲我去德二月，侯朱骝先〔2〕来，骝先特使至德，计必求德接近。在某种程度下之接近，固不恶，但我畏无代价之太接近。故欲知些不太 Nazi［纳粹］之人也。

下午更访 Hudson［哈德森］。

晚巫宝山、王遵明〔3〕等十余人请共餐。

晚更与 Wilma［威尔玛（费慰梅）］看 Noel Coward［诺埃尔·科沃德］〔4〕之"Scoundrel"［《恶棍》］。始去乘夜车返纽约。

3月24日

New York［纽约］。晨返此。

下午偕适之访 Paxton［帕克斯顿］，看 Panai［巴奈］及 Fitch［菲奇］携来之南京电影，极惨。

晚，耶鲁同学会公饯韦卓民，加入焉，示好感也。深晚拟电雪艇，定四月六日去欧。

3月25日

晚 Llewellyn［卢埃林］请吃饭，介见 Joseph P. Chamberlain［约瑟夫·P. 张伯伦］〔5〕、Philip C. Jessup［菲利普·C. 杰赛普］〔6〕及 Huger

---

〔1〕 卡尔·J. 弗里德里希（Carl J. Friedrich），美国著名德裔政治学家。时在哈佛大学政治学系任教，同时兼海德堡大学的政治学教授。

〔2〕 朱家骅，字骝先，中国近代地质学的奠基人之一，中国国民党内亲德国派人士。时任中央研究院总干事、国民党党务委员会主任委员。

〔3〕 王遵明，机械工程专家、机械工程教育家，中国球墨铸铁的开拓者之一。1936—1939 年在美国麻省理工学院冶金系攻读 MIT 冶金博士学位。

〔4〕 诺埃尔·科沃德（Noel Coward），英国剧作家、流行音乐作曲家、演员，电影《恶棍》的主演。

〔5〕 约瑟夫·P. 张伯伦（Joseph P. Chamberlain），美国哥伦比亚大学国际公法教授。1933—1950 年先后担任政府间难民事务高级委员会成员、国家难民署主要负责人、罗斯福总统政治难民顾问委员会的成员等多种职务。

〔6〕 菲利普·C. 杰赛普（Philip C. Jessup），美国外交家，国际法领域的著名法官。1925—1961 年执教于哥伦比亚大学法学院，先后任国际法讲师、教授。20 世纪四五十年代，他曾担任联合国救济和复兴管理局（UNRRA）助理秘书长、美国国务院外国救济和康复行动部人事和训练司司长、联合国国际法编纂委员会美国代表、美国驻联合国代表团副主任等多种职务。

W. Jervey［休格·W. 杰尔维］〔1〕，皆哥大法【学】院教授也。

3月26日
决于下月六日去欧，电蕙告之。

3月27日
New Haven［纽黑文］。晨由潘学彰开车去 New Haven［纽黑文］，访方桂夫妇；晚饭后返家，约走三小时，十一时始到家。

3月28日
New York［纽约］。接蕙信又头痛失眠，真令人难以释然。晚方桂来访，住此处。

晨购若干物送蕙及岳母等。

3月29日
晨访 Buell［布尔］，辞行也。此行 Buell［布尔］助甚多。

晚车去美京。

3月30日
Washington［华盛顿］。晨抵美京，住 Willard［威拉德酒店］，适之先日到。于许仕廉家早餐。

晨与适之访林行规〔2〕，来美未久，送子去威省大学也。又去使馆辞行。

午与林及梁友松饭。

下午随适之访 Hornbeck［霍恩贝克］，Hamilton［汉密尔顿］，Mckay［麦凯］〔3〕等，偶值 Sir Arthur Salter［亚瑟·索尔特爵士］〔4〕。Hornbeck 谓

---

〔1〕休格·W. 杰尔维（Huger W. Jervey），美国律师。1923—1949 年任哥伦比亚大学法学教授。

〔2〕林行规，字斐成，浙江鄞县人。先后担任中华民国司法部大理院推事、司法部部长、调查治外法权委员会专门委员等职。曾自设律师事务所，常为穷人提供司法援助。

〔3〕唐纳德·C. 麦凯（Donald C. Mckay），美国教育家和历史学家，哈佛大学历史学教授。1946—1953 年任哈佛大学国际与区域研究学科主任。

〔4〕亚瑟·索尔特（Arthur Salter），英国政治家和学者。20 世纪 20 年代在国际联盟秘书处负责经济与金融事务，40 年代任联合国救济与复兴管理署副总干事等。

借款事不能讨论，亦不能成功。

四时去 Brookings Institution［布鲁金斯学会］，梁约 Moulton［莫尔顿］等多人讨论银问题，惟适之讲话太外行，又不 keen［敏锐］，与在 State Department［国务院］时一样，不得要领也。

晚王儒堂约适之、仲述及余便饭，似饯别。饭后略谈红十字会事，借款事。虽不深，但尚为第一次正经。

3月31日

Washington-New York［从华盛顿到纽约］。此行本为晤 Pittman［皮特曼］，今日始见之，适国会际忙令也。余告以辞别意，且为适之留后会之约后，告以在美国有物质之助以前，遇中国大困难之时，盼以词令助之。彼谓了解余意，愿于必要时帮忙。彼继谓，美形势及国际形势终必有利于我，不签合约，终不至失败也。

午去看樱花，已谢矣。

一时车返，4:45 抵纽约。

四月

4月1日

New York［纽约］。

晨请林行规等早餐，林为平津名律师，送子入学，顺游美欧，谦温长者也。

下午学彰开车，导林游，过 Washington［华盛顿］桥，入 N.Y.［纽约］，由 Hudson Tunnell［哈德逊河隧道］返，甚累。

晚于总领事请 Julean Arnold［朱利安·阿诺德］[1]，人多而热，苦之。

4月2日

晨去牙医处，内盘牙处似尚未收口。

又去税关，了出国手续。

---

[1] 朱利安·赫伯特·阿诺德（Julean Herbert Arnold），美国外交官。曾任美国驻上海商务参赞。

晚 Lilian［莉莲］在家请饭，有 Llewellyns［卢埃林夫妇］及 Strauss［施特劳斯］[1]，哥大人种学教授也。

4月3日

今日星期。晨与许仕廉夫妇等耗时甚多。午前由潘学彰开车去 Princeton［普林斯顿］，其友赵女士同行，Princeton 甚美。

晚，学彰请许太太等，客甚多，但甚无味也。

4月4日

晨料银行等杂事，午 Dolly［杜利］请饭，话别也。

咏霓、孟真来电，知骝先行期较迟，但余展期不便，故决如期行。

晚林行规请吃饭，深晚多闲话客，睡极迟。

4月5日

晨去领馆辞行，但领馆人殊不甚客气。

下午又去牙医处，似已痊矣。顺访张 Dorothea［多萝西娅］，颇勤而有心，此间女学生不可多得也。

晚适之饯行，顾毓瑞[2]夫妇，潘、林、赵、林斐成，于竣［焌］吉作陪。

4月6日

New York-Europe［从纽约到欧洲］。乘 Queen Mary［"玛丽皇后"号］去欧，船十二时开，十时半即上船，送行者适之、翰笙、潘学彰，领馆于、卢、郑、汪及顾夫妇，及学生数人。临行下雪，离思颇甚。

船上无熟人，船大而无甚 character［特色］，余坐二等舱，极适。

4月6—11日

Queen Mary［"玛丽皇后"号］。七日晚起有浪，八日极大，客跌伤者有之，而船上毁物亦极多，云多年未有之恶浪。余虽未睡未吐，但亦不甚

---

〔1〕克劳德·列维-施特劳斯（Claude Lévi-Strauss），法国人类学家，结构主义创始人，被誉为现代人类学之父。

〔2〕顾毓瑞，江苏无锡人，外交家。1932—1935年赴英国伦敦大学和美国哥伦比亚大学研究政治外交。抗日战争爆发后，入中国驻纽约总领事馆工作。

适。船上伙食无味,食量亦不佳也。船上所识人极少,有 John P. Gardiner [约翰·P. 加德纳] 及 George A. Blowers [乔治·A. 布洛尔斯],均哈佛而在华经过商者,有 M. C. Cronwright [M. C. 科伦莱特],Cape Times [《开普时报》][1]记者也;有 Edward G. Hopkins [爱德华·G. 霍普金斯],澳人,其子在怡和[2]为舰长;有 Charles Davey [查尔斯·戴维],纽人,自称左派。除 Gardiner 及 Cronwright 外,似均无甚味道。

4月11日

船迟到五小时,于 8:02 抵 Plymouth [普利茅斯][3],4:00 抵 Cherbourg [瑟堡][4],10:10 抵 Southampton [南安普敦][5],晚宿船上。乘客多半于 Plymouth [普利茅斯] 下去。今日首日大睡,天气至佳;晚将近岸,左右皆灯,日月交明,倍思家矣。

上岸电话之与复初[6]。

4月12日

Southampton-London [从南安普敦到伦敦]。9:00 车去伦敦,10:45 到,住 Langham Hotel [朗豪酒店],使馆谭葆慎[7]来接,未晤。访复初,于该处便饭。此间与在欧之中国人较多接洽,但对国内消息亦不太熟。

下午偶见蒋百里[8],后于斌来访,相与应徐传保之邀,去探花楼饭,徐为徐景微之侄,与其内弟杨□□ [原文置空] 举家来伦敦,似避难者。

---

〔1〕《开普时报》(Cape Times),南非开普敦市最有影响的英文日报,创办于1876年,着重刊登经济新闻和时事评论。

〔2〕怡和,指怡和集团,成立于1832年,是一家建基于亚洲的多元化跨国集团,经营多项具有市场领导地位的业务,并拥有丰富的营运经验。

〔3〕普利茅斯(Plymouth),英国英格兰西南区的港口城市。

〔4〕瑟堡(Cherbourg),法国西北部重要军港和商港。

〔5〕南安普敦(Southampton),英国南部港口城市,面向英吉利海峡,是英国重要的远洋海港、海军基地,也是连接英国与世界的大门,乘火车约1个小时可达伦敦,渡轮从这里出发可抵达法国和欧洲其他国家。

〔6〕郭泰祺,字复初、葆东,湖北广济(今武穴)人。时任国民政府驻英国大使,兼任国际联盟中国代表。

〔7〕谭葆慎,字敬甫,广东新会人。1932年任国民政府驻英国公使馆一等秘书。1933—1949年兼驻伦敦总领事。

〔8〕蒋百里,名方震,字百里,浙江嘉兴市海宁人,民国时期著名军事理论家、军事教育家。

4月13日

London［伦敦］。今晨移住 Berners Hotel［博内尔思酒店］，亦不佳，且仍很贵也。

4月14日

下午谭总领事请喝茶，有齐大校长刘铭传［笔误，应为刘世传〔1〕］等，齐［当指齐鲁大学校长刘世传］到未久，有若干鲁省新闻，〈删略〉。晚复初请孙哲生〔2〕一行，孙开口诅资本主义，闭口骂英美无用，一味敷衍苏联，但苏联诚能信孙乎？且外交亦不如是简单也。复初又将我与彼关于儒堂之一段美报与孙，孙顿嘱复初将彼书之附片寄宋子文，快则快矣，但是否应如是办不可知也。但今晚人多，仍不及谈俄事。

4月15日

今日 Good Friday［耶稣受难日］〔3〕，假性甚大。

晨王元照〔4〕及梁鋆立〔5〕来，同去饭；梁对一切均不满。

晚去复初处饭，闻俄方相助处甚多，经济事亦不了了。

4月16日

周如松〔6〕，楼邦彦〔7〕，王铁崖〔8〕等来，共游 Kew Garden［邱

---

〔1〕 刘世传，字书铭，山东蓬莱人。自1935年开始任齐鲁大学校长。七七事变后，学校停课，他因精通英、德、法多国语言被派往国外开展抗日宣传工作。

〔2〕 孙科，号哲生。

〔3〕 耶稣受难日（Good Friday），亦称"耶稣受难瞻礼"，是基督教纪念"耶稣受难"的节日，即每年的3月末到4月初，春分以后的第一个星期五。

〔4〕 王元照，江苏沭阳人。1930级清华大学经济系毕业生，后到哈佛大学留学。1938年与钱端升同船回国。曾任国民政府中央银行秘书。

〔5〕 梁鋆立，浙江绍兴人。1937—1946年任国民政府驻英国大使馆参事、国际联盟中国代表团顾问。

〔6〕 周如松，金属物理学家、教育家。1936年赴英国伦敦大学留学，1939年获哲学博士学位，是民国时期我国物理学界仅有的几位女博士之一。

〔7〕 楼邦彦，浙江鄞县人，长期从事司法行政和政法教学。1936年毕业于清华大学政治系，同年留学英国。

〔8〕 王铁崖，福建福州人，国际法学家。1937年赴英国伦敦政治经济学院攻修国际法学。

园〕[1]，Richmond Park［里士满公园〕[2]，几去大半日，后又与之饭。

4月17日

今日 Easter［复活节〕，午梁鋆立来，饭后同去访王礼锡[3]及熊式一[4]，晚又去复初处饭。王甚有条理。殆此间华人中最清楚者也。

4月18日

去使馆发电未成，但得蕙函（四月一日），极慰。

下午与如松、楼、王等游动物园，人太多；后又吃饭看电影。

4月19日

午王景春[5]等在上海楼聚餐，闻为与宣传有关者；但在英之人似均极力省钱，而于所做事转不甚注意者。

去礼锡【处】言于China Campaign Committee［英国援华运动委员会〕[6]之Clegg［克莱格〕[7]，此人电我去一见，无甚味。

晚龚祥瑞[8]来，同饭。

4月20日

晨赵德源来访。

下午访China Association［（英国）中国协会〕[9]之 E. M. Gull［E. M.

---

〔1〕 邱园（Kew Garden），英国皇家植物园（Royal Botanic Gardens），是世界上著名的植物园之一。

〔2〕 里士满公园（Richmond Park），英国伦敦最大的皇家园林。

〔3〕 王礼锡，江西安福人，诗人、社会活动家。抗战爆发后，在英国参加组织全英援华会，并任副会长。

〔4〕 熊式一，江西南昌人，双语作家、戏剧家。1932年底远渡重洋到英国深造，后回国。七七事变后，他再赴英国宣传抗日。

〔5〕 王景春，字兆熙，河北滦县人。1931年至全面抗战期间任国民政府派驻伦敦购料委员会委员。

〔6〕 1937年秋，英国的一批进步人士为了支援中国人民的抗日战争，成立了"英国援华运动委员会"（China Campaign Committee，简称"援华会"）。该组织通过多种形式的义卖、义演捐钱筹款支援中国抗战。

〔7〕 亚瑟·克莱格（Arthur Clegg），英共机关报《工人日报》外事记者，援华会创始人之一。

〔8〕 龚祥瑞，浙江宁波人。1936年赴英留学。1938年获英国伦敦政经学院政治学硕士学位。1939年获法国巴黎大学法学院比较法研究所法学博士学位。

〔9〕 中国协会（China Association），成立于1887年，是一个英国促进中英经贸合作组织。

格尔][1],由彼领见Sir John William Pratt[约翰·威廉·普拉特爵士][2]茶,更介见Dudley D. Braham[达德利·D. 布雷厄姆],Gull[格尔]为中国通,无甚见识,但对中国尚不恶。Pratt任中国领务有年,后返外部为顾问,今方告退〈删略〉,其女Diana[戴安娜]更甚,固Die Hard[顽固]之至。彼以为承认满洲国与中国无害,英意冲突为不幸,完捷克太不智,满洲将永属日本。其所言多自用,而又完显出完全不能看清局面,且极顽固不讲理想。闻此人对于中国事有力,诚不幸也。Braham为Times[《泰晤士报》]的外事组主任,极言放弃理想之不当,张伯伦[3]之无远见,英美之应合作,对法西斯极恶之;Times有此不易也。彼约再谈。

4月21日

下午访Yorkshire Post[《约克郡邮报》]之Charles Tower[查尔斯·托沃][4],后Gull[格尔]亦来。此报代表Eden[艾登][5],Tower对Chamberlain[张伯伦]估计亦低,且痛诋之,彼认为政府不会有意卖中国,但Sliding down[降低调门],以求意德日之和则为可能。彼嘱见Winston Churchill[温斯顿·丘吉尔]一谈,且云彼亦可于报中预防有此类事也。

晚复初请刘维炽[6],与之言欲见Churchill[丘吉尔]事;彼云已替孙哲生约,有难色矣。

---

[1] 爱德华·曼尼科·格尔(Edward Manico Gull),英国中国协会秘书,英国远东贸易商业利益的代表。

[2] 应为约翰·托马斯·普拉特(John Thomas Pratt),英国外交家。曾任驻济南、南京、上海等地的副领事、领事或总领事。1925—1941年任英国外交部远东事务顾问等。其经历与钱端升日记所言"Pratt任中国领务有年,后返外部为顾问,今方告退"等完全契合。而约翰·威廉·普拉特(John William Pratt),则是一位苏格兰自由党政治家,早年做过议员,与中国却无关联。此处显然系"约翰·托马斯·普拉特"之误。

[3] 亚瑟·内维尔·张伯伦(Arthur Neville Chamberlain),英国政治家,20世纪30年代绥靖政策的代表人物。1937—1940年任英国首相。

[4] 查尔斯·托沃(Charles Tower),时任《约克郡邮报》主笔。《约克郡邮报》是当时外相艾登的机关报,对英国外交政策有较大影响。

[5] 罗伯特·安东尼·艾登(Robert Anthony Eden),英国政治家、外交家。第二次世界大战时期,曾任英国国防委员会委员、陆军大臣、外交大臣和副首相等职。

[6] 刘维炽,字季生,广东台山人。历任国民实业部常务次长、国民党中央党部海外部部长、中央执行委员、行政院政务委员兼侨务委员会委员长、工商部部长等。

4月22日

晨出席英国联同志会所召集之 International Conference of Teachers［国际教师会议］。今晨为大会，有 Prof. Gilbert Murray［吉尔伯特·默里教授］〔1〕及 Viscount Cecil［塞西尔子爵]〔2〕等之演说，下午又出席伦敦大学之茶，并参观新总校舍。

接雪艇电，云骝先不来，因拟即作归计，但又无法与复初今晚作接洽也。

4月23日

晨出席国际教师会议，讨论防止战争法，发言者均不高明，午餐无亦［笔误，应为"亦无"］味，招待并不周也。

晚约如松饭，后更看电影。

4月24日

午傅筑夫〔3〕来，后在北京饭店与龚、楼、王吃饭。

下午又出席国际教师会议，H. G. Wells［H. G. 威尔斯]〔4〕演说，不好；后余及其他四人讨论，时间短，不能有何讨论也。

晚复初请饭，孙哲生等又回，我为陪客，当然无话可说。二日来欲与复初一谈国事、自己事，均不可得也。

4月25日

London［伦敦］。晨继续出席国教会议。午 City Branch［市分会］国联同志会在 Guildhall Crypt［行会会馆］请客，下午未去。

---

〔1〕吉尔伯特·默里（Gilbert Murray），出生于澳大利亚，英国著名古希腊语言和文化学者、公共知识分子，格拉斯哥大学、牛津大学希腊语教授，曾在国际联盟和联合国担任要职。

〔2〕罗伯特·塞西尔（Robert Cecil），英国律师、政治家、内阁大臣和议会议员，也是国际联盟创始人之一。

〔3〕傅筑夫，河北邯郸人，中国经济史学家。1937年1月—1939年5月，在伦敦大学政治经济学院研究经济理论和经济史。

〔4〕赫伯特·乔治·威尔斯（Herbert George Wells），英国著名小说家，尤以科幻小说创作闻名于世。

4月26日

午访 Chatham House［查塔姆研究所］〔1〕之 Ivison S. Macadam［艾维森·S. 麦克亚当］〔2〕及 Ernest Hubbard［郝播德］。后者主远东事，不客气，且 Die Hard［颇为顽固］之〈删略〉也。午一时，伦敦经济学院 C. K. Webster［C. K. 韦伯斯特〕〔3〕请吃饭，并请 R. H. Tawney［R. H. 托尼］〔4〕作陪。据 Webster 言，英不能卖我就日。

下午访 Eileen Power［艾琳·鲍尔］〔5〕，亦上校教授。

4月27日

午访 Viscount Cecil of Chelwood［切尔伍德的塞西尔子爵］，蔼然长者，极为心折。谈不甚久，除空言外，彼云中国仍可向国联求借款。

4月28日

晚在 Frederick Brown［弗里德里克·布朗］家饭，夫妇均 Emma［艾玛］之友也。Brown 在伦敦经济学院教统计。

4月29日

午王景春请中饭。

今日连得蕙三信，甚高兴，然赶写寄国内报告亦甚苦也。

4月30日

连日草一"美国与中日战争"之报告，长约万五千言，已毕而尚未缮成，昨今龚、楼、王铁崖三人帮我，仍未毕。

---

〔1〕查塔姆研究所，原名皇家国际事务研究所（The Royal Institute of International Affairs），成立于1920年，是目前英国规模最大、世界最著名的国际问题研究中心之一。

〔2〕艾维森·史蒂文森·麦克亚当（Ivison Stevenson Macadam），英国皇家国际事务研究所首任总干事，也是伦敦大学国王学院的首位学生会长，英国大学学生会联盟（National Union of Students）的首任主席。

〔3〕查尔斯·金斯利·韦伯斯特（Charles Kingsley Webster），英国威尔士大学史学教授。毕业于剑桥大学，曾任英国外交官。20世纪20年代在哈佛访学时曾任费正清的老师。

〔4〕R. H. 托尼（R. H. Tawney），英国著名的经济学家、历史学家、社会批评家、教育家。曾先后执教于格拉斯哥大学、牛津大学，并担任伦敦大学经济史教授。

〔5〕艾琳·鲍尔（Eileen Power），伦敦大学政经学院教授，经济社会史学家、妇女史学家和女权主义活动家。

一九三八年（民国廿七年）

五月

5月1日

London［伦敦］。今日为 May day［"五一"］，午去 Hyde Park［海德公园］，散步甚久，欲观游行。宁知在下午未见也。

5月2日

午在复初处饭。

下午看 Laski［拉斯基］，彼介绍多人，但未能谈。彼初自美回。

5月3日

下午去上海楼，China Publicity Committee［中国宣传委员会］聚餐也。〈删略〉。

5月4日

下午访 Sir Arthur Salter［亚瑟·索尔特爵士］，忙未多谈，然因彼所约之时间也。晚 Sir Stafford Cripps［斯塔福德·克里普斯爵士］[1]请吃饭于众院。激烈之智识阶级也，谈颇洽。彼以为英国反对党无组织，政府甚有法西斯化之危险。据云此次英法磋商，并不满意，法不肯放助弃［放弃助］捷克、反联俄之主张，使英大感棘手。又云去年 Baldwin［鲍德温］[2]之下台，系出于阴谋，因鲍太近民主云。

5月5日

晨访 Buell［布尔］，彼见已过［已见过］孙、顾、郭等。彼颇以望今岁或有召集第二府华［华府］会议希望；又云彼九、十月间或可去远东一行。

午在复初处饭，复初今夏可能［获得］牛津学位，甚高兴。W. G. S. Adams

---

[1] 斯塔福德·克里普斯（Stafford Cripps），英国政治家。1931年为工党下院议员，曾是工党极左翼，倡议与共产党人结成反法西斯的统一战线。

[2] 斯坦利·鲍德温（Stanley Baldwin），英国保守党政治家。1923—1924年、1924—1929年、1935—1937年期间曾三次出任英国首相。

[W. G. S. 亚当斯]〔1〕亦在坐。

下午一看 Burlington House［伯灵顿大厦］之画展，题材及做法均古，怪不得近有如许大风潮也。

觅旅馆，无一当意者。

晚十时车去巴黎。

5月6日

Paris［巴黎］。晨九时住 Hotel George V［乔治五世旅馆］，时髦旅馆也。

梁鋆立来，欲余同饭。

Paris［巴黎］。下午看孙哲生及顾少川〔2〕，孙哲生谈王儒堂骗南京政府事，余劝及重视美英，及不使国内有主和份子起作乱国主张。顾总给人白皙书生印象。

往看林语堂未着；又看吴一飞及傅秉常〔3〕，云孙又将去俄。似英之借款可能较大，后同傅及刘维炽去申江饭，吴秀峯亦在。

今日巴黎天气景物俱佳，在伦敦来者倍觉赏心悦目，益思蕙。如蕙在此，正可游赏共一切也。报载国军逼近北平，日军守城严，且有搜，更使我难放怀。

5月7日

Paris to Neuchâtel［从巴黎到纳沙泰尔］。晨 10:20 车去 Neuchâtel［纳沙泰尔］，下午 5:52 到。入瑞士后风景甚佳。淑娴〔4〕偕其妹淑芳〔5〕来接。先是四日前曾告以将至日内瓦，昨至巴黎后电，云今明当候，故即来。〈删略〉。

---

〔1〕 威廉·乔治·斯图尔特·亚当斯（William George Stewart Adams），牛津大学政治理论教授。

〔2〕 顾维钧，字少川，江苏嘉定（今上海市嘉定区）人，外交家。自1932年起先后任国民政府驻法、英、美大使和驻国际联盟代表等职。

〔3〕 傅秉常，广东南海人，民国时期著名的外交官。曾任国民政府驻比利时公使，驻苏联大使、外交部次长等。

〔4〕 萧淑娴，广东中山人，我国杰出的作曲家，钱端升之前妻。

〔5〕 萧淑芳，广东中山人，中国当代画家。1929—1930年在南京中央大学艺术系师从徐悲鸿先生。1937年到瑞士和英国学习，并举行个人画展。

Neuchâtel［纳沙泰尔］风景不恶，有山有湖，且恬静异常；惜无游兴，亦无游伴。

寓 Hotel Terminus［界标酒店］。

5月8日

Neuchâtel［纳沙泰尔］。〈删略〉。

5月9日

Neuchâtel-Genève［从纳沙泰尔到日内瓦］。晨去市购花（white iris and red rose）［白鸢尾与红玫瑰］送淑娴，祝其姊妹旅欧康健愉快，但并未电话告别。

晨七时车去日内瓦，11:45 到，住 Hotel de la Paix［佩克斯酒店］。

午在中国饭馆，陈定[1]请客，客甚多。

晚与复初同去 Globe［全球酒店］，后同访顾少川，对承认意占阿国事[2]，我国态度似不够斩钉截铁。

适之有电，云咏灏［咏霓］要其来英，除电复外，并请复初去电欢迎。

日来报载，北平战事又在卢沟桥，甚以为虑。但函娴、芳，则未以实告也。

5月10日

Geneva［日内瓦］。上午去国联听行政院首次会。先由英外相讲英意协定[3]，除立维诺夫［李维诺夫］[4]外，皆敷衍之谈而已。次由顾少川提请助中国事，文长而无火气，且乏信仰，不太佳也。后稍观国联新屋，亦不太佳。

---

[1] 陈定，民国时期曾任国民政府驻苏公使。

[2] 1935年10月3日，意大利入侵埃塞俄比亚（阿比西尼亚），埃军迅速溃败。1936年5月7日，意大利正式吞并埃塞俄比亚。

[3] 英国和意大利两国政府于1938年4月16日在意大利首都罗马签订协定（同年11月16日生效），其主要内容为，意大利同意停止反英宣传，削减驻利比亚的意军，保证埃塞俄比亚境内的塔邓湖对英、埃、苏丹供水；英国则同意不妨碍国联会员国承认意大利吞并埃塞俄比亚等。

[4] 马克西姆·马克西莫维奇·李维诺夫（Maxim Maximovich Litvinov），犹太人，苏联革命家、外交家，苏联历史上的第三位外交部长。1934—1938年任苏联驻国际联盟代表。

下午谢嘉[1]来，散步甚久。

5月11日

Geneva［日内瓦］。午访 Rappard W. E.［W. E. 拉帕德］[2]于国际学学院，邀至其家午饭；以彼问太多，未能多谈。

下午又参观行政院等，讨论西班牙问题；要以李维诺夫为最有精彩。

晚国联秘书厅吴秀峯请客。

5月12日

Geneva［日内瓦］。晨国联行政院讨论承意占阿事，阿皇[3]亲出席，甚庄严可敬，而为亡国之君又可悯，甚矣国之不可亡也。英、法等意见极不合理。会不能毕，午后续开。反对者仅苏、中、纽西兰及玻利维。苏俏皮而纽理直气壮。我方声明多次斟酌，总嫌太软，午饭后，力向顾少川一说，即李维诺夫及复初又主硬，故较佳。

晚杨石湖[4]请客，少川又请客，两均赴之。

〈删略〉。

5月13日

Geneva［日内瓦］。晨中国国际图书馆看报，见四月底北平报，有迪明[5]将东渡观光之信。〈删略〉。

下午国联开会，西班牙代表 Del Vayo［德尔·瓦约］[6]极能干，会众屡欲结束，而无法结束。中国代表不如多矣。

---

[1] 谢嘉，安徽合肥人，经济学家。1937年以顾问身份出席日内瓦国际劳工大会，会后赴巴黎大学从事研究工作，后被国际劳工局聘为中国专家。

[2] 威廉·艾曼纽·拉帕德（William Emmanuel Rappard），第二次世界大战期间著名的经济史学家、国际法专家和外交家、日内瓦大学经济史教授。曾任国际联盟秘书处托管部主管等，早年曾在哈佛大学执教。

[3] 阿皇，指阿比西尼亚（埃塞俄比亚帝国）末代皇帝海尔·塞拉西一世（Haile Selassie I）。1936年意大利吞并埃塞俄比亚后，海尔·塞拉西一世流亡伦敦，呼吁国际联盟和西方大国阻止法西斯侵略。1942年随英军回国。1974年在宫中被政变的陆军部队逮捕，并宣布退位。

[4] 杨荫溥，字石湖，江苏无锡市人。1936年被国民政府外交部委任为驻日内瓦中国国际联盟办事处经济专员。

[5] 钱迪明，钱端升之堂妹。

[6] 德尔·瓦约（Del Vayo），西班牙社会党左翼政治家、记者。时任西班牙外交部长。

访拉西曼[1]，彼对中国代表之不争，甚表不满。彼谓（1）法今为省俄之实力计，或能比英多助我一些，（2）战事恐极长，（3）俄完全为己，如日能与之妥协亦可不我助，（4）我宜改组政府扩大基础，（5）增强对外接触。拉对中国及国际情势均极熟，不可多得也。

5月14日

Geneva［日内瓦］。下午国联讨论瑞士中立案，智利求改盟约案及中国求助案。对前者，苏联李维诺夫有极好演说。此人一切演说有见地，国联第一大人物也。关于中国案，通过决议案甚空，但口气甚佳。哈立发［哈里发］[2]之措词极诚；此人盖亦正人君子也。

晚李平衡[3]请客。

5月15日

Geneva-Neuchâtel-Geneva［从日内瓦去纳沙泰尔再返日内瓦］。晨去Neuchâtel［纳沙泰尔］，午始到。因误快车，而坐慢车，在Lausanne［洛桑］又等一小时也。〈删略〉。

多日不接家信，不知伦敦有否？昨晤国联同志会之Captain Lothian Small［洛锡安·斯莫尔上尉］[4]，云望我早回，同志会年会殊不重要，淑娴亦以早回为言，真想即回。

晚，与复初及其内侄女夫妇饭。中国代表团办事处则有大批大使公使造桥；已第二晚矣。中心满肚不适，焉得多做心事，以忙我心身？

今日天阴雨，幸阴多于雨，尚能游散。

---

[1] 路德维克·维托尔德·拉西曼（Ludwik Witold Rajchman），波兰医生、细菌学家。1918年创建波兰国家卫生研究所。1921年协助国际联盟建立了卫生组织，并负责有关工作。曾任中国政府公共卫生体系的顾问。1947年，在他的倡议下，联合国儿童基金会成立，并任基金会第一任主席。

[2] 哈里发（Khalifah）为阿拉伯文的音译，是穆罕默德去世以后伊斯兰阿拉伯政权元首的称谓，是伊斯兰政治、宗教领袖。

[3] 李平衡，安徽怀宁人。1934年以国民政府首席代表身份出席国际劳工大会，当选为国际劳工局理事，常驻日内瓦。

[4] 洛锡安·斯莫尔上尉（Captain Lothian Small），英国劳工运动活动家。20世纪二三十年代，他积极参与国际联盟，在国际联盟最高委员会任职。

5月16日

Geneva-Paris［从日内瓦到巴黎］。上午，偕杨荫溥访Rappard［拉帕德］，回看李平衡，在杨家饭；李讲关于Rajchman［拉西曼］之闲话甚多。

不知何故，竟日不快之至，但思家甚切。

晚9:20车去巴黎。

5月17日

Paris-London［从巴黎到伦敦］。晨，6:40到巴黎，去California Hotel［加利福尼亚酒店］。觅刘锴〔1〕，偕去一看复初。复初先行，本定坐夜车，因无卧铺，故与吴一飞饭后乘4:25车，经Boulongne［Boulogne，布洛涅］〔2〕- Folkestone［福克斯通］〔3〕，于11:00抵伦敦。天气亦欠佳。住Mt Royal［皇家山酒店］。

5月18日

London［伦敦］。晨迁至Wigmore［威格莫尔］之Norfolk Mansions［诺福克大厦］，亦不佳。

5月19日

晨去Chatham［查塔姆］，为Rotary Club［扶轮社］〔4〕讲演，尚不恶，但无聊也。

晚龚祥瑞等请清华同学十数人。

5月20日

张天开〔5〕来，同吃午饭，费时甚多。

晚与复初饭后，去Old Vic［老维克剧院］看沙氏之"Coriolanus"［《科

---

〔1〕 刘锴，别号亦锴，广东中山人。1937年任国民政府驻英国公使。

〔2〕 布洛涅（Boulogne），位于法国北部加来海峡省的港口城市。

〔3〕 福克斯通（Folkestone），英格兰南部肯特郡的一个城市，距法国加来港仅有40公里的航程。

〔4〕 扶轮社是一个由商人和职业人员组织的全球性慈善团体，在全球范围内推销经营管理理念，并进行一些人道主义援助项目。此"扶轮社"系指依循国际扶轮的规章所成立的英国地区性社会团体。

〔5〕 张天开，1937年就读于伦敦大学政治经济学院，主修社会立法及行政，1940年获哲学博士。返国后，1945年赴加拿大蒙特利尔出任联合国国际劳工局劳动专员。

利奥兰纳斯》][1]，由 Sylvie Thorndike and Laurence Olivier（赛尔维·桑代克和劳伦斯·奥利弗）主演，甚佳。

5月21日
下午与复初等去球场，观打高尔夫，天气好，等于散步也。
捷克有军队制止德种人，不服抢杀事，形势紧张，战事有爆发危险。

5月23日
昨今觅房均无结果。

5月24日
偕龚祥瑞去 Cambridge［剑桥］，徐枬楠来接。先访 Harold Temperley［哈罗德·坦珀利][2]，请至其家饭，下午由 Miss J. O. McLachlan［J. O. 麦克拉克伦小姐］陪观大学图书馆及其 Girton［格顿］女子学院[3]等。与龚、徐晚饭后，返伦敦。

5月25日
今日迁至 May Fair Hotel［梅菲尔酒店］，较贵亦较方便。
下午访问英国联同志会，见 Judd［贾德］，Maj. Freshwater［弗雷什沃特少校］，及 Figgures［菲格雷斯][4]，冀其为我介绍议员及接洽讲演。

5月26日
晚伦敦中国国联同志分会请讲演，略讲美国情形。人太少，殊无味也。

5月28日
布雷来信，客气一阵，对易王儒［指王儒堂］事，似不赞成，因函中

---

[1]《科利奥兰纳斯》，是英国剧作家威廉·莎士比亚晚年撰写的一部悲剧。该剧讲述了罗马共和国的英雄马歇斯（被称为"科利奥兰纳斯"），因性格多疑、脾气暴躁，得罪了公众而被逐出罗马的经过。

[2] 哈罗德·坦珀利（Harold Temperley），英国剑桥大学历史学教授、彼德学院院长。

[3] 剑桥大学格顿学院（Girton College, Cambridge），是剑桥大学31个学院成员之一，也是英国第一所寄宿制女子学院，初建于1869年。

[4] 弗兰克·E. 菲格雷斯（Frank E. Figgures），英国律师。曾出任英国财政部副部长等职。

有热情重要、资格无用之语,但亦可视为反对王也。又谓国内多数人不愿我即回,望我为耳目喉舌云。此种表示真使我苦;苟有事做,何以不留;苟无事做,徒增精神痛苦而已。

晚傅筑夫约吃饭,有童秀明[1]及李泰华[2]作陪。

5月29日

下午与邦彦等去如松处喝茶。

晚在复初处饭。每次见复初,总望谈如何工作事;但每次见之,彼总不谈,且空气亦不对。甚苦之。

5月30日

下午访国联同志会 Epstein[爱泼斯坦],首作 Cecil[塞西尔]私人秘书;彼允为接洽国会议员若干。

又访 Charles Tower[查尔斯·托沃],彼云将以所谈者转与 Churchill[丘吉尔],Churchill 近已主张暂被政府采纳,故预备培植此势力,而不生风潮;故亦不愿多与外人直接接洽云。余告以,此时以大借款为最急要。又云此次英政府所取态度,极为 Simon[西门][3]等所不满云。

5月31日

午访 Laski[拉斯基],谈极短,彼嘱致力 City[城市]之宣传;晚函布雷、雪艇,告之。

下午访 Kinsley Martin[金斯利·马丁][4]。此人极左倾,且对在欧洲反法西【斯】运动较注意,不甚热心英国干涉华事也。

---

[1] 童秀明,河北宣化人。南开大学毕业,后赴英国伦敦大学政治经济学院学习。回国后,曾任国民政府行政院善后救济总署晋察绥分署副署长、河北省政府委员和省立河北大学教授等职。

[2] 李泰华,历任民国重庆中央大学社会学系主任、山东省教育厅厅长、中山大学教授。

[3] 约翰·西门(John Simon),英国政治活动家、律师。时任英国财政大臣。

[4] 金斯利·马丁(Kinsley Martin),英国记者。1930—1960年任左倾政治杂志《新政治家》(后改名《新政治家与国家》)编辑,并一度执教于伦敦政治经济学院。

一九三八年（民国廿七年）

六月

6月1日

London［伦敦］。晨约郭秉文[1]早餐，〈删略〉。

下午访A. V. Alexander［A. V. 亚历山大］[2]，谈甚洽，亦多帮忙处；且未失工党身分。据云工党已逼政府宣言将为守香港而战；又告我希特勒有嗾日攻南华以牵英法，然后于七八月中乘机在中欧发展之模样。彼望我方对City［城市］多致力。又见James Griffiths［詹姆士·格里菲斯］[3]，矿工出身之议员也。彼等对工党之胜利，均不甚乐观。

6月2日

午访Victor Gollancz［维克多·格兰茨］[4]，系China Campaign Committee［英国援华运动委员会］主席，由Laski［拉斯基］介绍，但此人一见即作谢客模样，虽为左派之大发行家，然太商人气也。但亦不足责，彼亦恶知同我谈有意义哉。彼与大部分左派人似均较注意于西班牙之事[5]。

关于在外地位之特殊，觅人之不易，真感使领人员之太不得力。要在外尽宣传之功用，宣传者如非为外人习知之人如适之之流，似应有一较崇之地位，而由政府令使领官优予尊崇，不然难有机会宣传。然在美之时，适之可以接洽，而必高其架子，闹其别扭；子缨无此机会，索性闭门不出；

---

〔1〕 郭秉文，字鸿声，江苏南京人。20世纪三四十年代曾任国民政府工商部国际贸易局局长、国民政府财政部常务次长、联合国善后救济总署副署长兼秘书长等。

〔2〕 艾伯特·维克多·亚历山大（Albert Victor Alexander），英国工党政治家。1922—1931年、1935—1950年当选会议员。

〔3〕 詹姆士·格里菲斯（James Griffiths），英国威尔士工党政治家、工会领导人。曾任威尔士事务大臣等多种职务。1936—1970年为英国下院议员。

〔4〕 维克多·格兰茨（Victor Gollancz），犹太人，英国左翼出版商。时任英国援华会会长。

〔5〕 指西班牙内战（Spanish Civil War）。1936年2月16日，西班牙举行大选，人民阵线获胜，成立联合政府，进行了一系列改革。同年7月18日，西班牙军官F. 佛朗哥发动武装叛乱，开始了西班牙内战。希特勒、墨索里尼派20万军队协助叛军作战，国际进步力量则支持西班牙联合政府，约3.5万名志愿军组成国际纵队，与西班牙人民并肩作战，苏联政府也给西班牙人民以支持。而英、法等国在"不干涉政策"的名义下，对西班牙政府进行封锁。1939年3月底，F. 佛朗哥军队在德、意法西斯支持下占领了西班牙大部分地区，马德里失守；4月1日，共和国政府被推翻，F. 佛朗哥在西班牙建立军国主义独裁政权。

我则东撞西撞，在美如是，在英亦如是。〈删略〉。因今日之见 Gollancz，〈删略〉，与夫使领官之只认官，不认人之害事矣。

下午看 Reynold's News［《雷诺新闻》］之主笔 Sydney R. Elliott［西尼·R. 艾略特］[1]，此报为合作社之报，共有读者 600 000 人，因 Alexander［亚历山大］介绍而来，但 Elliott 主民族阵线，大诋 Alexander 之反动。文章须缴后再说，盖亦只有我愿乱撞矣。

6月3日

竟日在 Chatham House［查塔姆研究所］看书，二月来，美国舆论又大有进步矣。

下午访 Herbert Morrison［赫伯特·莫里森］[2]于 County Hill［郡府山］。彼今任伦郡议会多数党领袖，亦工人出身，但极能，而亦相当漂亮。彼大概是工党方面之首相。彼谓政府不变，难有助力；美则外交方面随英为进退，故更不易有所主动。彼新自美返，当知其详。

6月4日

今日与许宝騄[3]等多人游 Hampton Court［汉普顿宫］，坐船去，坐公共汽车回，天气佳，花草多，甚佳。

6月5日

晨与复初游动物园，后在其家饭，但于公事仍无愿作介绍之表示。

6月6日

晚在复初处饭，饭后偕看 Regent's Park［摄政公园］[4]之 Open Air Theater［露天剧场］之"Cosi Fan Tutte"［《女人心》］[5]。盖 Mozart［莫扎

---

〔1〕西尼·罗伯特·艾略特（Sydney Robert Elliott），英国记者。20 世纪二三十年代任合作社党的报刊（如《米尔盖特月刊》《雷诺新闻》等）编辑，并组织开展反对佛朗哥的活动。

〔2〕赫伯特·斯坦利·莫里森（Herbert Stanley Morrison），英国工党活动家。二战期间，历任丘吉尔联合内阁的供给大臣、内政大臣、国内安全大臣等。

〔3〕许宝騄，字闲若，数学家。1938 年获伦敦大学哲学博士学位。1940 年获科学博士学位。回国后，任北京大学数学系教授。

〔4〕摄政公园，一座 19 世纪风格的大花园，占地 500 多英亩，1812 年围起成为公园。

〔5〕《女人心》，莫扎特后期创作的意大利歌剧（Opera Buffa）。1790 年 1 月 6 日于维也纳布尔格剧院首演。

特〕之小歌剧也。环境至佳，且有月色，但音乐太平常。

6月7日

午去 Margery Fry［玛杰里·弗莱］[1]家饭。此为知识界有数女子，在中国即识之。彼告我，中国应谋取得投资一类之借款，甚切实。且告我，国会对孙哲生之印象不佳。

6月8日

下午又访 Times［《泰晤士报》］之 Braham［布雷厄姆］。彼告我，英政府以欧洲局势更恶化，或将变政策趋于强硬，晚走告复初留心。

6月10日

午在复初处饭，为 Freda Utley［弗雷达·厄特利］[2]及 Betty Sze［贝蒂·斯兹］饯行。Utley 为左派反日作家，由孙哲生促之去华，备回作宣传之用。同座尚有 Ben Tillett［本·蒂利特］[3]，老工党议员也。

作一文为 "China going to the Democracy?"［《中国会走向民主吗?》］，今日毕，为合作党 Reynolds News［《雷诺新闻》］也。

6月11日

今日午后，大觉无聊，独看 "Blockade"［《封锁》][4]一片，述西班牙内战，颇伤心。无聊之故，则使馆之绝不赞助，几使我无活动地也。

6月12日

今日星期，下午访王礼锡、傅筑夫。

---

〔1〕萨拉·玛杰里·弗莱（Sara Margery Fry），英国监狱改革家、女权运动者，英国第一批女性地方官之一。曾任霍华德刑法改革联盟秘书、牛津大学萨默维尔学院院长及英国援华会副会长等。

〔2〕弗雷达·厄特利（Winifred Utley，俗称 Freda Utley），英国学者、政治活动家。

〔3〕本杰明·蒂利特（Benjamin Tillett），英国政治家。

〔4〕《封锁》，电影名。剧情大致是，在西班牙内战中，一个淳朴农民被迫拿起武器保卫自己的农庄，不期与一个苏联姑娘相爱，而姑娘的父亲却又卷入了一起间谍案。

6月14日

下午访 Dr. Waldo G. Leland［瓦尔多·G. 利兰博士］[1]，承 Temperley［坦珀利］之嘱也。彼欲劝中央研究院加入世界学会。

复初新自巴黎见孙哲生回此，云国内政治空气不佳。战事如此紧，政治又不良，真令人急。适之有信来，总觉其精神不好。

6月15日

晨访 Harold Nicolson［哈罗德·尼克尔森］[2]，Temperley［坦珀利］之介绍。彼为外交家出身，为政府工党，人甚能，为律师；但似畏有所举动。

下午出席英国联同志会代表会，讨论要案甚多，颇认真。

晚 China Campaign Committee［英国援华运动委员会］及国联同志会合开抗议日本炸广东大会于 Queen's Hall［女王厅］，尚热烈，惟左派色彩甚重。英国左派方面除宣传作用外，仅有消极责难之作用，难成事也。

Viscount Cecil［塞西尔子爵］下午及晚之会均为主席，历时五时半，说话亦甚多，老当益壮，殊可敬佩。

6月16日

晨访 Prof. Arnold J. Toynbee［阿诺德·J. 汤因比教授］[3]，Chatham House［查塔姆研究所］之研究主任也。且为 Prof. Gilbert Murray［吉尔伯特·默里教授］之婿。年尚不老，甚和气可亲，亦极诚。彼认为中日之战颇

---

[1] 瓦尔多·吉福德·利兰（Waldo Gifford Leland），美国历史学家、档案学家。曾长期在欧洲档案馆中收集、研究美国历史原始资料，在欧洲档案界声名远播。他在卡内基研究院和国会图书馆的工作经历，为美国建立国家档案发挥了重要作用，被尊为"美国档案工作专业化之父"。同时，他还在历史和档案学会，包括美国学术团体协会、美国档案学会、国家档案馆第二分馆及富兰克林罗斯福图书馆等各种机构担任过领导工作。二战期间，利兰为国联工作，并作为国联的代表参与了联合国的创立工作。

[2] 哈罗德·乔治·尼克尔森（Harold George Nicolson），英国外交家。1935—1945年任英国国会议员。

[3] 阿诺德·约瑟夫·汤因比（Arnold Joseph Toynbee），英国著名历史学家，被誉为"近世以来最伟大的历史学家"。由于他的伯父也是一位历史学家，专门研究经济发展史，也叫阿诺德·汤因比，为了区分两者，人们通常称呼二人的全名，以免混淆。

可于土希之争〔1〕比，而当时土之保守派之主和，与各国之同情希，尤较不利于土，愿我努力。彼信英不久总须变对德意之态度，惟何时有望则尚不敢言。

下午访自由党领袖 Sir Archibald Sinclair［阿奇博尔德·辛克莱爵士］〔2〕，由国联同志会介绍，彼年尚轻，甚漂亮，但分量不甚重。彼言英处境不良，我应力说美国云云。

又访 Sir Walter Layton［沃尔特·雷顿爵士］〔3〕，由使馆介绍，为［The］News Chronicle［《新闻纪事报》］〔4〕主人。人甚静，闻为［The］Economist［《经济学人》］〔5〕主笔。彼言 political loans［政治贷款］不易，我方应想法增加 securities［抵押物］。谈甚久，关于英美合作，美方不能放弃原则等等，彼意，我应详告外部［指外交部］，惜我因未得使馆介绍也。

又访 Philip Noel Baker［菲力普·诺埃尔·贝克］〔6〕。彼为研究外交之教授，比较乐观，认为 Pol. Loans, embargo on import and on export oil to［政治贷款、对石油进出口禁运］日本，俱可做到，如政府愿做。彼知孔庸之主和，殆 Rocjwar（?）告之。

6月17日

〈删略〉。

晚听国际近代音乐于 Queen's Hall［女王厅］，有数节不差。〈删略〉。

---

〔1〕希土战争（Greek-Turkish War），指1919—1922年期间希腊与土耳其（奥斯曼帝国）之间发生的战争。第一次世界大战结束后，协约国支持希腊对奥斯曼土耳其小亚细亚的领土要求，导致第二次希土战争爆发。土耳其人民在凯末尔的领导下开展了反抗外族入侵、捍卫领土完整、争取国家独立的民族解放战争。最终土耳其军队将希腊军队驱逐出领土，土耳其成为共和国，凯末尔为第一任总统。

〔2〕阿奇博尔德·辛克莱（Archibald Sinclair），英国政治家、自由党领袖。1935—1945年为自由党领导人，他直言不讳地批评绥靖政策，是这一时期英国政界的头面人物。1940—1945年任丘吉尔联合政府的战时空军国务大臣。

〔3〕沃尔特·托马斯·雷顿（Walter Thomas Layton），英国著名经济学家、编辑、报纸发行人和自由党政治家。1930—1940年任《新闻纪事报》主笔。二战中还曾在供应部、生产部任职，并负责联合军工生产处的工作。

〔4〕《新闻纪事报》，英国日报，创刊于1930年，1960年停刊，合并于《每日邮报》。

〔5〕《经济学人》，一份由伦敦经济学人报纸有限公司出版的杂志，创办于1843年。该杂志主要关注政治和商业方面的新闻。

〔6〕菲力普·诺埃尔·贝克（Philip Noel Baker），英国政治家，外交家。时任伦敦政治经济学院教授。

6月18日

午偕孙静录[1]饭，下午与之又看"Snow White"［《白雪公主》］，且送之回。

此人轻视国人，重视洋人，且据其所言，一若成绩至佳，极为人宠重者。彼学乐，为慰慈[2]之小姨。〈删略〉。

晚中央大学同学会聚餐，主其事者为郭骥[3]及蒋百幻[4]，政治及历史系学生也。

6月20日

晨偕复初众至 Kenwood［肯伍德］[5]野餐，地至佳，惜二时即散。

6月21日

午访 Vernon Bartlett［弗农·巴特利特］[6]，News Chronicle［《新闻纪事报》］之外交访员也。

6月20日[7]

新去中国，所知欧事亦多，惟与使馆似不甚接近。据云，上周阁议，外交力主助华以钱，而财部不赞成。

午约 Scherchen［舍尔兴］[8]来午饭，此人反 Nazi［纳粹］极烈，对西班牙同情亦大，欧洲国际式之左倾者也。

下午又访 Gull［格尔］。

---

[1] 孙静录，曾任上海美专音乐系主任。

[2] 张慰慈，字祖训，江苏吴江人，政治学家。20世纪三四十年代先后在国民政府财政部、铁道部、经济部、战时生产局等部门供职。

[3] 郭骥，字外川，浙江龙泉人。1936年在英国伦敦大学政治经济学院学习。回国后，任国民政府社会部人事室主任、国民党中央训练团教育委员会主任秘书等。

[4] 蒋百幻，又名蒋孟引，字百幻，湖南新宁人，著名史学家。1936—1939年在英国伦敦大学留学。

[5] 此处指伦敦肯伍德庄园（Kenwood House），伦敦南部著名的景点。

[6] 查尔斯·弗农·欧菲尔德·巴特利特（Charles Vernon Oldfield Bartlett），英国新闻记者、政治家和作家。早年曾任《每日邮报》《泰晤士报》及BBC等报纸或电台记者。从1933年起任《新闻纪事报》外事记者20余年。1938—1950年为英国议会下院议员。

[7] 此处再次出现20日、21日，原文如此。

[8] 赫尔曼·舍尔兴（Hermann Scherchen），德国音乐指挥家。

一九三八年（民国廿七年）

6月21日

晨去Scherchen［舍尔兴］处早饭，彼谓昨人告彼，我住旅馆，多德探，甚悔多谈，盼我能去瑞一行，再细谈云云。

下午出席万国红十字会大会[1]（四年一次）之教育委员会。中红派林康侯[2]，政府未派人，昨使馆临时加入王景春、刘锴及余三人为政府代表。委员会殊乏味。

6月22日

上午下午均去会，颇无味也。

下午六时访Viscount Cranborne［克兰伯恩子爵］，盖Salisbury［索尔兹伯利］之长子也。极和气，与Eden［艾登］之佐，且有理想，惟非领袖人才。谈一小时，所生印象似甚佳，但不知有实效否。彼与Eden俱相戒，少发言；且望美对远东居主动地位。如美愿，即以武力作威胁，彼亦似愿。

晚本与王景春约林康侯等，但Bank［班克］李作主人，故余等为客。Artist Chiu［艺术家邱］夫妇亦来，但Chiu［邱］寡言语，若有忧也。

6月23日

午E. M. Gull［E. M. 格尔］约去中饭；谈英方之中国文化事。

6月24日

上午St James［圣詹姆斯］红十会开会，应卯[3]未终即走。

午Eileen Power［艾琳·鲍尔］请客，其夫□□［原文置空］亦在。

下午访Sir John A. R. Marriott［约翰·A. R. 马里奥特爵士］[4]，颇似A. B. Hart［A. B. 哈特］[5]，曾为议员，今已老矣。彼言（1）美太自私，

---

〔1〕 即红十字国际委员会（International Committee of the Red Cross）会议。

〔2〕 林康侯，上海人。1914年进入金融界，曾蜚声沪地银行界。1934年在中国红十字会第四次全国会员代表大会上被选为理事。1938年初以中国代表团身份赴英国伦敦参加世界红十字会第十六届大会。

〔3〕 应卯，指旧时官吏每日清晨卯时到达官署听候点名；引申为照例到场，敷衍了事。

〔4〕 约翰·亚瑟·兰塞姆·马里奥特（John Arthur Ransome Marriott），英国教育家、历史学家，议会保守党议员。

〔5〕 阿尔伯特·布什内尔·哈特（Albert Bushnell Hart），美国历史学家、作家和编辑，就职于哈佛大学。

决不助人；(2) 英民主反法、西，(但法、西交于意)；(3) 惜英之取消日英同盟[1]，不然英可制日；(4) 借款难有望。余意此人过分保守，是Tory[2]，但安知政府党中大多数不作如是想乎？

晚与如松看"Robert's Wife"[《罗伯特之妻》]，主角为Edith Soares[伊迪丝·苏亚雷斯（?）]，极佳。

6月25日

晨访Gustavus Pope[古斯塔夫斯·波普]一谈。

晚约Fred Brown[弗雷德里克·布朗]于上海楼饭。

6月26日

午傅筑夫来，同去饭。

下午访如松，同出，至复初处饭。

6月27日

晨接雪艇快函嘱暂留，云中央通讯社特约员事已办妥，钱已寄出，且云国民参政会我亦在内。与复初一商后，复电告以欲归理由，但未坚持即回也。

午，复初宴林康侯等，我作陪。

午后，去国会见Kenneth Pickthorn[肯尼斯·皮克索恩][3]，剑桥议员也，隶保守党。据云英人之引英日联盟之中断为憾事者仍多，美不可靠，英不能在远东有行动，不承认主义不能永不变云云。于此亦可见保守党态度之一班[斑]矣。

晚刘锴约饭。

晚十时车去巴黎，刘锴、筑夫、复初及韦卓民来送。

6月28日

Paris[巴黎]。晨九时到，住California[加利福尼亚酒店]。

---

〔1〕即英日同盟（Anglo-Japanese Alliance），英国和日本为维护其各自在中国与朝鲜半岛的利益，以对抗俄国在远东扩张，分别于1902年、1905年和1911年签订《英日同盟》条约。1921年12月13日，在美国的压力下，《英日同盟》宣告终止。

〔2〕托利党（Tory），即英国保守党之称。

〔3〕肯尼斯·威廉·默里·皮克索恩（Kenneth William Murray Pickthorn），英国学者、政治家。曾任剑桥大学基督圣体学院教务长、院长等职。1935—1966年为议会保守党议员。

一九三八年（民国廿七年）

晨访顾少川，略及法国之宣传事。

下午访 Mme Reclus ［雷克吕夫人］，甚穷困样，但极有脑筋。

6月29日

Paris ［巴黎］。晨访 Étienne Dennery ［艾迪安·丹纳里］[1]，Centre d'Études de Politique Étrangère ［外交政策研究中心］之主任也，尚帮忙。

午杨光泩约饭，有 Paris Soir ［《巴黎晚报》][2]之上海访员在，名 Laurent ［劳伦特］，无甚脑筋。

晚与吴一飞、傅秉常、夏晋麟[3]弟兄等同饭，坐咖啡店，后又与一飞看一拉丁区[4]之 Carbaret ［歌舞表演］。

6月30日

午访外部情报司司长 Comert ［科默特][5]，曾任国联情报事，人尚比一般官僚为宽广也。

午顾少川请饭，有国劳出席之王志华等。

下午在使馆见众院外交副委员长 Salomon Grumbach ［所罗门·格鲁姆巴赫][6]，闻彼与 Blum ［布鲁姆][7]代表社会党，主外交政策。据云，英苏不易接近，社会党与急进党对西班牙事有不一致，彼以为，对华采较强政策不致有问题。

晚与傅、夏等在拉丁区饭后，观学生节之火焰游行及 Jeu de L'eau ［水上游戏］。

---

[1] 艾迪安·丹纳里（Étienne Dennery），法国学者、外交家。1935年受英国皇家国际事务研究所的启发，与路易斯·若克斯合作建立了法国"外交政策研究中心"。1940年德国入侵法国后，加入了戴高乐的自由法国运动，从事信息服务。

[2] 《巴黎晚报》，是1923—1944年法国一家发行量较大的报纸。

[3] 夏晋麟，字天长，浙江宁波人。1938—1940年任国民党中央宣传部驻英代表。1940—1946年任宣传部驻美代表，创立中国新闻社。

[4] 拉丁区，处于巴黎五区和六区之间，从圣日耳曼德佩教堂到卢森堡公园，是巴黎著名的学府区。

[5] 皮埃尔·科默特（Pierre Comert），法国记者、外交官。

[6] 所罗门·格鲁姆巴赫（Salomon Grumbach），犹太人，政治家、新闻记者，德国社会民主党和法国社会党成员。1918年成为法国公民，进入政界，并赢得了法国下院的选举。

[7] 安德烈·莱昂·布鲁姆（André Léon Blum），法国政治家和作家，为法国政坛温和左派的代表人物，三次出任法国总理。1936—1937年成为法国第一位社会党籍总理。

七月

7月1日

晨访 Pertinax（André Girauld）[应为 André Géraud，佩蒂纳克斯（安德鲁·热罗）][1]*L'Europe Nouvelle*[《新欧洲》][2]主笔也，Dennery [丹纳里]介绍；偏向右，主稳健，认法右派之反共为事实，故远东事不易进行。

访孙哲生，于英美俄法已无歧视，话亦较相得，或者较熟之故欤？

访 Marius Moutet [马吕斯·穆特][3]，曾任殖长[殖民地部长]，使馆介绍。彼告我越南孔道务须不闭，军火顾问亦可行，且云已使政府知（1）日本不能轻易挑衅，前日，法英之联合警告然也；（2）中国抵抗愈成功则法之远益（法苏强于轴线）及近益俱保，（安南）俱保全。且云比京会议事，伊主四和平强国较强硬，惜 Chautemps [肖当][4]太软。

下午又访顾少川，第一次较为深谈也；似少川亦尚能兼顾各方，可慰也。

下午 7:15 通车去丹麦，经比、德入丹。

7月2日

Paris-Copenhagen [从巴黎到哥本哈根]。午前入丹境，地平坦，多海港，农地约如江南，甚整洁而密。须过桥并渡海，始于晚八时许抵京城，住 Hotel de l'Angleterre [安格特瑞酒店]。

7月3日

晨去使馆访吴南如[5]，未值。

---

[1] 佩蒂纳克斯（Pertinax），是法国新闻记者安德鲁·热罗（André Géraud）的笔名。安德鲁·热罗，长期担任保守的天主教《巴黎回声报》的驻外记者，是研究国际关系的专家，在业界颇有影响。

[2] 《新欧洲》（*L'Europe Nouvelle*），法国评论周刊，主要关注外交、经济和文学问题。

[3] 马吕斯·穆特（Marius Moutet），法国社会党外交家。20世纪三四十年代作为殖民地问题专家，曾在法国政府中担任四届殖民地部长。

[4] 卡米耶·肖当（Camille Chautemps），法国激进党政治家，三次出任法国总理，因在第二次世界大战中在法国向纳粹德国投降上所起作用而备受争议。

[5] 吴南如，字炳文，江苏宜兴人。早年曾任驻英国公使馆一等秘书等。1936年12月任驻丹麦公使，后任国民政府外交部礼宾司、欧洲司司长等。

一九三八年（民国廿七年）

下午去热闹处晒太阳，晚作 night-tour［夜游］，到 Larry's Tivoli［拉里蒂沃利］, National Scala［民族斯卡拉］and Valencia［和瓦伦西亚］等处。

7月4日
下午去代表会。
晚吴南如设宴。

7月5日
上午大会，上下午皆有委员会，中国问题亦已讨论。
下午市府招待茶，晚吴公使又请去 Wivex［微维克斯酒店（？）］饭。

7月6日
终日开会，晚丹麦国联同志会于 Mint［明特酒店］请客，盛宴也。余为第一讲人，谢丹后，以中国抵抗精神赠同志会同人，颇得各方欢迎。

7月7日
上下午会。
午偕刘锴请 Carl Eichelberger［卡尔·阿奇伯格］[1]及 Miss Jessie Suner［杰西·斯诺尔小姐］饭，在 Wivex［微维克斯酒店］，交际意也。Eichelberger 为美同志会总干事，极助中国。
上午汉各团体有电来大会，大会经劝后，亦电复励我方继续抗战。
下午参观 Taberg［塔博格］皮酒厂［即啤酒厂］，然后坐船游海，在船上饭。

7月8日
上下午均有会。
下午参观 Carlsberg［嘉士伯啤］酒厂所设之美术院，异事也。
晚周典礼（兵工署）夫妇邀宴，吴公使夫妇及毛毅候等作陪。

7月9日
上午有会，通过各重要议案，对中国者亦在内。对中国案实甚缓和，

――――――――――

[1] 卡尔·阿奇伯格（Carl Eichelberger），曾任美国纽约同志会总干事。

081

但关于劝人民抵货事，荷代表竟公然反对。余对中国及西班牙案俱发言。

午请 Captain Lothian Small ［洛锡安·斯莫尔上尉］夫妇，渠为总会副秘书长，今似已被攻击，此会亦有人事之暗潮，颇黑暗。

晚吴公使又设饯。

深晚又与刘锴去 Arena ［竞技场］一坐，余倦甚。

7月10日

午送刘锴行。Copenhagen-Berlin ［从哥本哈根到柏林］。

下午 5：15 飞柏林，7：00 到，无人接，住 Eden Hotel ［伊顿酒店］；电告程天放〔1〕，亦不来视，其做人殊不周也。

机中看地下，无甚可观。有德人某，欲谈中日事，一方表好意望我胜，一方又说 Bolshevik ［布尔什维克］为中德疏之原因，可笑。问以此地为普〔2〕，或 Meckl. ［梅克伦堡〕〔3〕，则云是普，但"今无关系"。此种态度，亦不快也。

7月11日

晨访大使馆，做纪念週〔4〕，访谭伯羽〔5〕及谭葆端〔6〕。午程天放接去郊外 Schloss Margrart ［玛格丽特酒店］饭并游园。访徐道邻〔7〕太太未值。晚许伯州〔8〕来访，留之饭。

7月12日

晨许武官接去看水闸，午始回。余拯及高疏明同行。

---

〔1〕 程天放，江西新建人。1935—1938 年为国民政府驻德国大使。

〔2〕 "普"指普鲁士（Prussia），位于德意志北部，通常指 1525—1701 年的普鲁士公国、1701—1918 年的普鲁士王国。

〔3〕 梅克伦堡（Mecklenburg），梅克伦堡-什未林公国是 1348 年在北德意志地区建立的一个公国，直属于罗马帝国皇帝。

〔4〕 週，周的异体字。

〔5〕 谭伯羽，名翊，湖南茶陵人，国民党元老谭延闿之长子。1934 年任国民政府驻瑞典使馆代办，后任驻德国商务参事。

〔6〕 谭葆端，时任国民政府驻古巴公使兼海地公使。

〔7〕 徐道邻，安徽萧县人，法律史学者，国民政府官员，民国名将徐树铮的三子。曾获柏林大学法学博士。1938 年任国民政府驻意大利使馆代办。徐氏德籍妻子中文名徐碧君（Barbara B. E. J. Schuchardt）。

〔8〕 许伯州，四川成都人。1935—1938 年任国民政府驻德国大使馆武官。

午谭葆端邀饭，观世运场。

下午一走 Unter den Linden ［菩提树大街］[1]，独行也。

晚接徐道邻太太，有蕙二信，云都病而捣乱，极悲观；闻之甚不怪。继请徐太太去 Harsher ［哈舍尔］馆饭，有名而贵，但菜不太佳，后又同去 □□ ［原文置空］舞场，不佳，即出，亦已二时矣。

7月13日

晨访 Prof. Viktor Bruns ［维克多·布伦斯教授］[2]，Prof. Ernest Schmitz ［厄内斯特·施米茨教授］[3]亦在座。本国及国际政治对绝不愿做事，谈法律亦不甚有味。

午 Otto A. Friedrich ［奥托·A. 弗里德里希］[4]在 Eden ［伊顿酒店］请吃饭，谈极畅；彼为 C. J. ［即卡尔·J. 弗里德里希］之弟，常识颇佳，为 Goodrich ［古德里奇公司］之代表者。德人能如此谈，已不易矣。伊云希公[5]并不如何得民情，但人民决不能放弃之，德国现处 Peace-Time War ［和平时代的战争时期］，无代者，则希便不会倒也。

下午访 Major a. Dr. H. C. Alfred von Wegener ［少校 H. C. 阿尔弗雷德·冯·韦格纳博士］，彼为 Fay ［费］[6]介绍，与 Fay 同治欧战史；人尚温和，极一切为德人辩。认英德难和；虽大家不战，而战殆难免，但亦并不想免之。又谓战必暴，难日之暴若不信，且亦不重视。对中德国交恶化不愿置谈。此人为德国式之优秀分子，但此种德国不易和平也。

晚许武官接去 Trepto ［特雷普托］看焰火。

7月14日

下午天放约去游 Wannsee ［万湖，又称万塞湖］[7]，晚许武官请吃便

---

［1］ 菩提树大街（Unter den Linden），柏林著名的林荫大道。
［2］ 维克多·布伦斯（Viktor Bruns），德国著名律师、法学家。
［3］ 厄内斯特·施米茨（Ernest Schmitz），德国化学家。
［4］ 奥托·安德烈斯·弗里德里希（Otto Andreas Friedrich），德国企业家。
［5］ 指希特勒。
［6］ 西德尼·B. 费（Sidney B. Fay），时任哈佛大学历史系教授。
［7］ 万（塞）湖（Wannsee），柏林的最西端的一个分区。

饭,同座有□元,端壮[1]好友也,曾为第八军之军官,甚牢骚。非幼年人所宜交也。饭后许夫妇约去 Femina[费米娜],舞场也,也不大佳,一时即出。

7月15日

晨许武官约去看 S. A. 之运动会,在世运场,不佳。

午前访 Prof. Schmitz[施米茨教授],为研究所之副所长,彼约来餐,中国法之 Karl Bünger[卡尔·宾格][2],并导游图书馆,颇佳。

下午访 Prentiss Gilbert[普伦蒂斯·吉尔伯特][3],Buell[布尔]介绍,美大使馆参事也。人甚爽,言下亦谓我国未尽努力此间之外交。彼意如捷克能解决,德英关系较佳,则德或平心静气而与俄妥协,如是,德日不必接近,而中德关系可佳转云。

晚大使馆宴林康侯等,余作陪,道邻太太亦在;毕后与道邻太太等坐茶馆。

7月16日

晨夏坚白[4]来,陪往购物。

下午去姚锦新[5]处,夏、姚均清华学生,本嘱出来玩玩,而姚邀去茶。〈删略〉。

吴南如来函,云骝仙[先]、雪艇等有电,同意回去,亦佳。

晚雨,在旅舍独膳。

7月17日

晨接淑娴信,叫一长途电话别之,〈删略〉。访许武官辞行。

午请道邻太太在 Venezia[威尼斯酒店]饭,饭后坐咖啡馆甚久。

---

[1] 钱端壮,钱端升之堂弟。早年在德国格来弗斯瓦得(Greifswald)大学数学系博士毕业,随后在法国索邦(Sorbonne)大学任研究员,研究弹道学。1939—1949年历任北京大学、北京师范大学、西北师范学院(兰州)、中国大学(北平)等院校数学系教授。

[2] 卡尔·宾格(Karl Bünger),德国学者、中国法专家。

[3] 普伦蒂斯·吉尔伯特(Prentiss Gilbert),时任美国驻德国临时代办。

[4] 夏坚白,江苏常熟人,中国当代测绘事业开拓者。1937年及1939年在德国柏林工业大学测量学院攻读特许工程师和工学博士学位。

[5] 姚锦新,生于上海,祖籍安徽贵池,音乐教育家、音乐理论家。1932年到柏林国立音乐学院主修钢琴,兼修作曲理论。1939年转赴美国,在耶鲁大学、加利福尼亚大学音乐学院学习作曲理论。

晚天放请在 Wannsee［万湖酒店］饭。9:28 夜车去巴黎，天放及许武官送行。

7月18日

Paris［巴黎］。晨 10:45 到，住 Califonia［加利福尼亚酒店］。

午施德潜请吃饭，梁云□夫妇亦在，盖应孙哲生召而来者。

下午随梁夫妇购物，无成。

晚约壮弟未来，因与王元照、黄开禄饭。

晚车去 Cherbourg［瑟堡］，无卧铺，甚累。

7月19日

Cherbourg -Paris［从瑟堡到巴黎］。晨五时到 Ch.［瑟堡］，接适之自 Aquitania［阿奎塔尼亚号］来，下午一时馀余抵巴黎，顾少川等来接。

今日英王及后访法〔1〕，下午观热闹焉。

晚与适之、傅秉常、吴一飞饭，后仍坐茶馆以观。

7月20日

午顾少川请适之，人甚多。

下午购物，访壮弟未着。

适之接蒋电，嘱为驻美大使，有允意，但不知其够政治头脑，而差为之否？

7月21日

晨去使馆辞行。

午 St. Dennery［在圣德纳里饭店］请适之，有 Pelliot［伯希和］〔2〕，Boyer［博耶］〔3〕，Laurent［劳伦特］，Tonzet［图泽特］〔4〕，Montel［蒙泰尔］〔5〕等。

下午 5:50 车去马赛，适之及郭节之参事送行。

---

〔1〕 1938 年 7 月 19 日，英国国王乔治六世（1936—1952 年在位）和王后伊丽莎白访问法国，意在向德、意轴心国显示英、法的团结。

〔2〕 保罗·伯希和（Paul Pelliot），法国著名汉学家和东方学家。

〔3〕 保罗·博耶（Paul Boyer），法国拉斯夫主义者，创立了《拉斯夫研究》杂志。

〔4〕 安德烈·图泽特（André Tonzet），法国经济学家。

〔5〕 保罗·安特万·蒙泰尔（Paul Antoine Montel），法国数学家。

7月22日

Marseille-Hong Kong［从马赛到香港］。

晨4:50抵马赛，在Hotel Splendide［辉煌酒店］稍留。

晨十时上船"Aramis"［阿拉米斯号］，法邮船公司最大船也。船展期至下午开，故下午与周世正[1]、及陶□□［原文置空］及周□□［原文置空］夫妇去Plage［海滨］一游，坐Café［咖啡馆］看海而已。

船下午六时开，同船者学生甚多，有王元照、黄开禄等。

7月26日

午前十一时半抵Port Said［塞得港］。自马赛至此，愈南愈热，但无风浪。因左眼患偷针眼，除写信外，无所事事。

下午与多人下埠，稍作游览；新建筑、新马路甚多。非复十四年前[2]之秽乱矣。在Casino de Paris［巴黎考西诺］品茗甚久，颇凉。

晚十一时左右船开。因天热，费又贵，开罗之行放弃未果去。

7月27日

Suez［苏伊士］。晨九时半船已经运河而至Suez，下午六时半开，未下船。晚为学生们讲"抗战前途"。

7月29日

今日热，下午有浪，且苏丹方面有大沙蔽天，天气又奇热，船行不甚适也。眼今日出脓，明日起当可工作。

7月30日

Djibouti［吉布提］[3]。晚十二时半到此，次晨七时开。

---

〔1〕周世正，又名周锡卿，字仲瀛，湖南宁乡人，翻译家、教育家。1936年赴美留学，1938年获美国宾夕法尼亚大学经济学硕士学位，是年回国参加抗日战争。

〔2〕1920—1924年，钱端升在哈佛大学攻读博士学位。1923年底，钱端升提前完成学业，在校长洛厄尔的推荐下，前往欧洲各国进行为期半年的游学，期间曾到访法国塞得，故有"十四年前"一记。

〔3〕吉布提（Djibouti），地处非洲东北部亚丁湾西岸，扼红海进入印度洋的要冲曼德海峡。1896年法国在吉成立"法属索马里"殖民政府。1977年宣告独立，定国名为吉布提共和国（The Republic of Djibouti）。

一九三八年（民国廿七年）

八月

8月2日
昨起有浪，即晚睡；今晨一起又睡。或者因身体不甚佳，故至此；盖仅头痛而未吐也。

8月5日
Colombo［科伦坡］[1]。船 8:30pm 抵 Colombo［科伦坡］，下船发电与星洲[2]高总领事[3]，嘱来接船，并发信与蕙，由港转。后与若干人坐车游 Colombo 市。船次晨九时东航。

8月9日
Singapore［新加坡］，7:30 抵此，副领事邝达及林琼光[4]来接，余并给新闻界谈话。后与大部人游植物园、博物馆及民用飞机场，并在南天酒楼饭，皆由邝陪。下午一时行，高凌百来送。

8月12日
Saigon［西贡］，6:30 抵此。下午访领馆卓还来[5]，晚去□中国粤菜馆，钱王元照、蒋佐真［蒋硕真］[6]等。

8月13日
Saigon［西贡］。午卓还来请吃饭，下午送花为答，晚卓夫妇、沈□□［原文置空］及周□□［原文置空］夫妇又来船上话别，周之新妇盖

---

〔1〕 科伦坡（Colombo），位于锡兰岛西南岸，濒印度洋，为进出斯里兰卡的门户，素有"东方十字路口"之称，是斯里兰卡的最大城市与商业中心，印度洋的重要港口，世界著名的人工海港。

〔2〕 新加坡（Singapore），旧称星洲或星岛，别称狮城。

〔3〕 高凌百，江苏江阴人。1936—1946 年出任中华民国驻新加坡总领事。

〔4〕 林琼光，广东人，国立中央大学毕业，曾在钱端升主持的行政研究室工作过。1937 年后任爪哇吧城（今印尼雅加达）《新报》编辑、副总编辑、总编辑。

〔5〕 卓还来，福建闽侯人。1936 年担任国民政府外交部一等科员。1937 年出任国民政府驻越南西贡副领事。

〔6〕 蒋硕真，湖北应城人，辛亥革命元勋蒋作宾之女。1938 年获巴黎大学地理学硕士学位。

王铁崖之妹也。王妹云,四月见过公蕙,兴儿[1]身体亦不甚佳云。

8月14日

船清晨4:30行。

8月16日

Hong Kong[香港]。船下午3:00到。船上此次中国学生甚多,除清大汤泉龙,王元照,黄开禄外,尚有蒋硕真,陶逸钟[2],周世正,及邬越夫妇等。有法人□□、□□、□□,比人□□及英人□□等。

伯夏[3]、森哥[4]夫妇来接船,住九龙饭店。

访慰慈,知消息甚多。

晚访茝姊,见蕙信,知伯父[5]逝世,又未能发电,甚恸。

8月17日

Hong Kong- Gloucester[从香港到格洛斯特],晨迁港Gloucester Hotel[格洛斯特酒店],见文伯[6]、新六[7]等,闲谈。晚王文伯请客,在大华,熙熙攘攘,无国难气也。

---

[1] 钱仲兴,钱端升之次子。

[2] 陶逸钟,上海人,高级工程师。1936年毕业于交通大学土木工程系。1938年获美国康奈尔大学研究院土木工程硕士学位。曾任云南大学教授兼云南省企业局专员。

[3] 陈伯夏,钱端升夫人陈公蕙的大堂兄。

[4] 陈德森,陈公蕙胞姐陈公茝的丈夫。

[5] 钱桐,钱端升之伯父。早年留学日本,曾出任民国北京政府参谋部国防科科长、陆军中将,后任北平古物陈列所主任。

[6] 王徵,字文伯,吉林宁安(今属黑龙江省)人,银行界人士。曾先后任职于劝业银行、中央银行等。抗战胜利后,一度出任中东铁路董事长,并致力于中国古代书画的收藏。

[7] 徐新六,字振飞,祖籍浙江余杭。1902年入南洋公学。1908年赴英国留学,获伯明翰大学理学士和维多利亚大学商学学士。后又在巴黎国立政治学院学习国家财政学一年。回国后,历任复旦大学校董(一度兼任校长),《时事新报》《大陆报》董事长,交通银行、中华教育基金会等多个单位的董事,以及上海市商会公债基金保管委员、中国太平洋国际学会副委员长等职,常参与政府有关经济问题的决策。抗战爆发后,受财政部部长孔祥熙指派负责维持上海租界内的金融秩序。1938年8月,国民政府组织代表团拟赴英国商谈借款事宜,电邀在香港的徐新六参加。8月24日,徐新六搭机从香港飞往重庆,该机在广东上空被日机击落,其不幸罹难。

一九三八年（民国廿七年）

8月18日

Hong Kong［香港］，晨王文伯接孟邻[1]夫妇于海中，未着。后见之，孟邻此次专来接余返昆明，任务简，令我有不得不去之势。但此时教书究为尽我之长乎？有切实之政治之工作，不应教书；挂名做官又不如教书。此则我之难处也。

午道邻约饭，互谈。道邻去意，陈介[2]去德，皆日内行，国内外交如此！

下午偕慰慈访孟余[3]于九龙，甚消极。

顺访张企泰。

晚德森夫妇留饭。

8月19日

晨访宋子文，后至孟邻处，住周象贤[4]家，饭后始走。孟邻邀返昆明，甚诚。

下午公荪夫妇来造访，邀之楼下茶，亦时髦地也。

文伯在金龙请孟邻，遇任光夫妇等。

8月20日

午文伯、陈伯庄等八人宴孙哲生于香港饭店，约四五十人。饭后与温源宁[5]过江。

访蔡先生［当为蔡元培］，其夫人代见，又以小不适不许见客也。

晚理东西，几无时睡。

---

［1］ 即蒋梦麟，号孟邻。

［2］ 陈介，字蔗青（清），湖南湘乡人，通晓日、德、英、拉丁等外文。1935年任外交部常务次长。1938年后相继担任国民政府驻德国、巴西、墨西哥、阿根廷大使。

［3］ 顾孟余，早年就学于京师大学堂译学馆，后留学德国。1916年出任北京大学德文系主任、教授，后又任经济系主任；还担任过中央大学校长、中国国民党宣传部部长。

［4］ 周象贤，别名企虞，浙江定海人。曾任北京大学工科讲师、杭州市市长。1938年3月携眷居香港。

［5］ 温源宁，广东陆丰人，英国剑桥大学法学硕士。1937年任国民党中央宣传部国际处驻香港办事处主任。

8月21日

Hong Kong-Hankou［从香港到汉口］。晨六时半自九龙起飞，应十一时到，以有警报，在空中绕圈，至12:20始到，搭坐人家车，过江至汉，住德明饭店。

下午见朱骝仙［先］、甘介侯[1]、吴国桢[2]，汉口已无多人矣。

此地热甚，余怕热又倍甚于前，甚苦之。

8月22日

汉口。下午访谷冰[3]、书诒[4]等，晚复与书诒作长谈。书诒尚乐观，而无骝仙［先］之夸大，或较可靠也。大概政治机构问题仍是主要。

8月23日

上午与布雷做长谈，似左右中明瞭，孔之不成及政治之乱者不乏其人。

晚，吴国桢、董显光[5]合宴英方在汉之使领海陆军，发言亦不甚得体。

8月24日

晨访何敬之[6]，略谈，应酬而已。

午立夫邀去饭。对德仍有好感，而对蒋之办事方法，及夫人之干政，则颇不以为然。殆立夫之观点近亦较独立欤？

杨公达[7]来商国联同志会事，亦有困难在。

---

[1] 甘介侯，江苏宝山人。1932年1月任南京国民政府外交部常务次长；后任外交部驻广东、广西特派员，1936年5月辞职。1938年6月被选为第一届国民参政会参政员。

[2] 吴国桢，字峙之，湖北建始人。1927年进外交部工作。时任汉口市市长。

[3] 曹谷冰，民国报人。曾长期在《大公报》就职。

[4] 段锡朋，字书诒，江西永新人，五四运动学生领袖。自1930年起任国民政府教育部次长、中央大学代理校长、中央训练团教育委员会主席、国民党中央执行委员等。

[5] 董显光，民国时期著名报人、记者和外交家。抗日战争期间曾任国民政府军事委员会第五部副部长、国民党中宣部副部长，专门负责国际宣传。

[6] 何应钦，字敬之。

[7] 杨公达，四川长寿人。1937年任国际联盟中国同志会理事、总干事。

一九三八年（民国廿七年）

8月25日

下午谒蒋于中央银行。本约后日，又提早。由布雷陪往。所谈限于国外情形。窥其意若仍不能舍德者。为言将返北大，则已得其诺。

布雷先告我，彼已与蒋谈及适之事，蒋谓应催孔早发表，王不应再留。布告以函孔时所提及，则笑应之。蒋今始知王有给假二月之事。又发电告适之。

晚，郭泰桢〔1〕于西商赛马会请客。

8月26日

前晚得报，谓中航机自港飞渝，被日机所袭，新六等死于非命。得此息变动多次，今完全证实，可恸事也。

午骝仙［先］宴于美的，本约与宣传者谈，结果董显光未到，萧同兹〔2〕则一来即去，亦未能多谈。

下午剑脩〔3〕接过江，为湖北中学教员之暑假军训团讲抗战期内国际形势，汗流浃背，不暇干也。

今为第四日大热，幸下午有雨，较冷。

晚与书诒、伍俶傥〔4〕便饭谈天，及青年团事。

8月27日

汉口。午约博生〔5〕来同膳，兼谈中央通讯社分社事。

晚去一郭家，盖甘介侯等约李郯德［笔误，当为李德邻，即李宗仁］，夫妇饭也。

晚又去王德芳〔6〕家，盖邀吃便饭。

---

〔1〕 郭泰桢，郭泰祺之弟。长期任职于国民政府外交部。
〔2〕 萧同兹，湖南常宁人。抗日战争期间曾在重庆当选为全国新闻联合会主席。
〔3〕 陈剑脩，名宝锷，字剑脩，江西遂川人。民国时期历任国民政府大学院社会教育处处长、北京大学、武汉大学教授，广西大学校长。
〔4〕 伍俶傥，曾任中央大学中文系教授。
〔5〕 陈博生，字渊泉，福建闽县（今福州市闽侯县）人，民国时期著名记者、报人。抗战期间曾任中央通讯社总编辑、《中央日报》（重庆版）社长兼主笔。
〔6〕 王德芳，湖北崇阳人，王世杰之侄。曾在国民政府外交部工作。

8月28日

下午偕奚东曙〔1〕一游旧日租界，即可见许多轻伤兵踯躅道上，甚惨状。

8月29日

晨访 Freda Utley［弗雷达·厄特利］，洋人在国内视察之机会殊佳。
午杨公达邀去饭，晚独看电影。

8月30日

汉口。今日拟一关于外交及宣传之方案，未及缮也。

下午德芳来电话云，明日有飞机，即走访立武〔2〕、布雷、书诒等告辞。布雷云雪艇、适之使美事至今未完全解决。蒋意未变，而孔仍未应即发表。

8月31日

汉渝。晨五时起即赶至机场。本定6:45飞，因机坏，至10:45始起飞。余返德明早膳。机名福建，水机矣，沙市、宜昌、万县皆停，殊不适。3:30（即重庆2:30）时，由立武派人来接，蒋慰堂〔3〕亦来。

先至立武处，后志希〔4〕来，陪至雪艇处。晚抚五〔5〕约饭，见通伯〔6〕、鲤生〔7〕等。

宿南京饭店，秽、闹、虫、烟气，使我竟夜未睡。

---

〔1〕 奚伦，字东曙，安徽当涂人。1920年、1921年分获哈佛大学银行学学士、硕士学位。回国后任职于上海商业银行天津分行、天津协和贸易公司。抗战期间任贸易委员会云南办事处副主任。

〔2〕 杭立武，安徽滁县（今滁州）人，教育家、政治家、外交家、社会活动家。抗战期间任国民参政会参议员、美国联合援华会会长。

〔3〕 蒋复璁，号慰堂，图书馆学家。

〔4〕 罗家伦，字志希，著名教育家、思想家和社会活动家。

〔5〕 王星拱，字抚五，安徽怀宁人，著名教育家、化学家、哲学家。

〔6〕 陈通伯，本名陈源，字通伯，笔名陈西滢，江苏无锡人，文学评论家、翻译家。

〔7〕 周鲠生，又名周览，湖南长沙人，国际法学家、外交史家、教育家。民国时期历任北京大学、东南大学、武汉大学教授。

一九三八年（民国廿七年）

九月

9月1日

重庆。晨在雪艇处遇枚荪[1]、召亭[2]、子缨、之迈[3]等。志迈[之迈]约去生生饭。

下午以雪艇言，访孔庸之，甚表联络意，但所言Sina等事不尽当。明知儒堂不成，而有袒护意，至对K.C.Li[李国钦]则更推重矣。

又访咏[咏]霓，对国内事极悲观，对适之事不尽知。

晚宿都城饭店，寄寓廷黻处，长谈至晚二时。彼对苏联太悲观，对孔则太重情感，有好感矣。

9月2日

午，廷黻约咏[咏]霓、淬廉等来饭；刘百闵[4]、陶希圣等亦来访。

下午五时，访汪先生，彼衰老已增，颇袒蒋百里，对德意未放弃欤？

晚与之迈夫妇去何淬廉处饭；后郭志杰夫妇来访谈。

9月3日

晨缮"关于外交及宣传之意见书"，约五千字，寄布雷。

下午为中英庚款董事会阅请求协助研究之社会科学部分。

晚，汪先生请吃饭，除雪艇、鲠生等外，为曾琦[5]、李璜[6]、左舜生[7]等。汪对外事之情报不太佳，而对苏联尤怕；故颇亲德、意，欲藉德

---

〔1〕 周炳琳，字枚荪，浙江台州人，法学家、教育家。抗战时期担任西南联合大学教授、法学院院长，国民政府教育部常务次长。

〔2〕 燕树棠，字召亭，河北定县（今河北省定州市）人，法学家和教育家。

〔3〕 陈之迈，广东番禺人，政治学家。先后任教于清华大学、北京大学、南开大学、西南联合大学及中央政治学校。

〔4〕 刘百闵，名学逊，浙江黄岩人。1948年当选"行宪"第一届立法委员，继任中国文化服务总社社长。

〔5〕 曾琦，字慕韩，四川隆昌人，学者、政治活动家。早年与同学左舜生、李璜等成立中国青年党。抗日战争爆发后，他呼吁国民党结束训政，实行宪政。

〔6〕 李璜，字幼椿，号学纯，四川成都人，学者、政治活动家，中国青年党创始人之一。

〔7〕 左舜生，字舜生，别号仲平，湖南长沙人，学者、政治活动家。1925年加入中国青年党。1935年任该党中央执行委员会委员长，与曾琦、李璜并称中国青年党三巨头。

意以抵消苏联。其看法甚不适。国家主义者亦然。

9月4日

晨廷黻拉去看王亮畴[1]；外部情报不佳，王太悲观，且亦不甚积极，一若中国必败，最好早和，故德希不能放弃。廷黻之意亦大多如此。

午去郭志杰家饭。

9月5日

竟日为中英庚款会审查请受津贴者。

晚雪艇请武大同人。

9月6日

晨入城看人，兼促雪艇等电蒋，关此次在日内瓦之行动，应以不失国联立场为要。

午与鲠生等在浣花饭。

晚立武宴客，又去子缨之邀；胃杂，殆有恶食也。

9月7日

今日肚泻，窘甚，服药亦未见效。晚去万家宝[2]家进稀饭少许。

9月8日

仍泻。晚仍应戴克光[3]之宴，惟未吃也。

9月10日

四日来，天天去行政院杨医官处取药。

---

[1] 王宠惠，字亮畴，祖籍广东东莞，民国时期著名法学家、政治家、外交家。曾参与起草《联合国宪章》。

[2] 曹禺，原名万家宝。

[3] 戴克光，江苏阜宁人，英国剑桥大学博士毕业。回国先后到清华大学、北京政法学院任教，是议会政治学说的代表人拉斯基的嫡传学者。

晚景超[1]请宴，去吃稀饭。饭后看顾一樵[2]之《故城烽火》，由戏专学生排演。

9月11日

泻今日止，惟疲极。

晨与鲠生等去浩徐[3]处吃稀饭。下午去雪艇处，劝不去滇。又共去志希处，余又稀饭焉。

二周来已决去滇，未为众议所移。惟迩来闻北大有许多困难，且枚荪似仍欲返滇，对北大法学院多所主张，争聘人亦烈。召亭畏去。既如此，余似亦不能不有所考虑。

9月12日

晨与之迈谈联大校事。彼对昆明法院同人感想奇恶，此殆因彼今离该校做官，有被批评之故。之迈目下，不做一些切实工作，而东西奔走，但求捷径，可惜也。

下午与鲠生又谈出处事，并拟电蒋，劝勿退国联。

晚去乙藜[4]处饭，乙藜大骂孔、张，甚及蒋之用人。彼今已走入宋子文之路线。

9月13日

下午搬聚兴村18号蒋慰堂处。

下午七时为中央电台广播《今日之国际形势》二十分钟。

晚去谢济生处饭；谢今已离教部而入监院。

---

[1] 吴景超，安徽歙县人，中国社会学家。抗日战争期间，他先后出任行政院经济部秘书，战时物质管理局秘书长。

[2] 顾毓琇，字一樵，江苏无锡人，集科学家、教育家、诗人、戏剧家、音乐家和佛学家于一身，中国电机、无线电和航空教育的奠基人之一。自1938年起任国民政府教育部政务次长。

[3] 彭学沛，字浩徐，江西安福人。曾任北京大学政治学教授、《中央日报》主笔。自1932年起先后任国民政府代理内政部部长、全国经济委员会委员、交通部常务次长、交通部政务次长等。

[4] 钱昌照，字乙藜，江苏张家港鹿苑（原属常熟）人。1932年任国防设计委员会副秘书长，后国防设计委员会改建为资源委员会，任副主任委员。

9月14日

晨往视枚荪，商北大事，彼对此殊不爽快，若不肯放。余与彼间，对人与事各有不同之看法。余实对放手做去［原文如此，"对"疑为"当"之误］。

又访保樵[1]，因病未能早日访之，颇歉。

梅校长[2]来渝，往访之。彼依然慢吞吞地，亦无表见，令我对联大益不热心。

晚詠[咏]霓、廷黻、淬廉合邀《独立评论》之留渝者（除子缨、一樵）及吴承洛[3]与余，谈出《新经济》半月刊事。似由廷黻主动，但事前未与余谈过也。余不长经济，且颇有意在滇办—非为个人出风头之刊物，一护抗战到底，二筹战后建设，故益难以措辞矣。

晚去张岳军[4]处，谈颇久。张甚机灵，谈吐亦不恶，其为主和或主战，措辞中颇不易测。我惟尽我心，告以抗战必须坚决，及国联必须拥护而已。

9月15日

下午往教部一行，视旧人，三长俱不在，其乱可知也。

晚崔唯吾[5]请"文化人"之迈及萧一山[6]等。崔为《时事新报》[7]总经理，无甚道理，但其主笔薛农山尚佳。

---

[1] 谢保樵，别号宝潮，广东南海人，钱端升的清华同学。历任北平法政大学、交通大学、天津北洋大学及广东大学教授，国民政府外交部、交通部及财政部科长，国民党中央党部国际宣传委员会委员等。

[2] 梅贻琦，字月涵。

[3] 吴承洛，别号涧东，福建浦城人。1918年获里海大学化学工程师。在美期间曾任中国工程学会副会长，并与陈裕光、侯德榜等留美同学商议组织中国化学会，为中国化学会创始人之一。抗日战争爆发后任经济部工业司司长，负责工厂迁川事宜。

[4] 张群，字岳军，四川华阳（今属四川省成都市）人，国民党元老，政学系之代表人物。抗战期间历任国民党中央政治会议秘书长、行政院副院长、四川省政府主席等职。

[5] 崔唯吾，山东文登人。自1936年起任上海《时事新报》总经理。

[6] 萧一山，江苏徐州人，历史学家，专治清史。1938年任东北大学（时已内迁至四川三台）文学院院长，后改任西北大学文学院院长。

[7] 《时事新报》，由著名出版家张元济、高梦旦等于1911年5月18日筹组创办，由《时事报》和《舆论日报》两个小报合并而成。该报以"独立、学究"为特点，注重文艺、青年修养及财经报道，并以政论和编排新颖为世人瞩目，在上海地位仅次于《申报》和《新闻报》，后于1949年5月停刊。

9月16日

晨杭立武、雪艇来，劝就中央通信社事，未之应。

下午去外部访刘琴五等，又看徐维明[1]。

晚在万家饭，午在雪艇处饭。

9月17日

午在浩徐处饭；晚雷儆寰[2]请客。

下午，清华同学会欢迎梅校长，报告极坏；到者多为新制生。

9月18日

与乙藜等七八人过江至汪医生窪及黄山看桂。风景尚佳，但颇吃力，傍晚始归。晚仍在杨家饭。

9月19日

晨去中央大学，为四川中等学校教员讲国际大势。人少，精神不佳，殊不值。然因此而得伤风。

时日易过，昨为9.18，明则为去年离港远飞之日，感触系之矣。

9月20日

今日来客极多。

晚张岳军约谈外交，有子缨、雪艇、王亮畴、徐叔谟[3]、廷黻及外部司长吴颂皋[4]、李迪俊[5]、刘师舜[6]等。蒋先生恐欧战发生，嘱预筹。雪艇先主遵国联决定；余谓如英德战，我应与德宣战。王、蒋则反对，且对德意之感情仍佳。子缨助我，外部司长未发言也。

---

[1] 徐维明，浙江桐乡人。时任中国银行重庆分行经理。

[2] 雷震，字儆寰，出生于浙江长兴，民国时期政治家、政论家和出版家。早年留学日本，1917年加入中华革命党，在抗日战争中担任国民参政会副秘书长等职。

[3] 徐叔谟，时任国民政府外交部次长。

[4] 吴颂皋，江苏苏州人，法国巴黎大学法科毕业。1935年7月任外交部国际司司长。

[5] 李迪俊，美国威斯康星大学政治学博士毕业。回国后任中央政治学校、中央大学兼职教授。曾任外交部情报司司长。

[6] 刘师舜，江西宜丰人，获美国哥伦比亚大学哲学博士学位。1931年后在国民政府外交部供职，代理国际司司长，次年出任外交部欧美司司长一职。

9月21日

晨与梅先生、顾一樵（教次）谈，联大亟应统一。

下午去雪艇处，彼明日去汉，商外交事。子缨亦在座。将昨晚讨论者作更细密之讨论，以便明日雪艇携去。

晚淬廉、廷黻、咏[泳]霓等又邀上周三之同人聚餐，商出杂志事。

9月22日

午陈石珍〔1〕宴客，于寓中饭后始去。于陈处，读《公民及历史》大一联合招考试题。

晚一樵请立夫、梅先生等，余去作陪，返过晚，恐增伤风矣。

9月23日

昨晚甚咳，晨访杨医官，食其药，午睡后竟大出汗，疑有热，遂睡以休息，亦未出。

昨晚在一樵处，照纮（？）告我，适之方有电来，升崔存璘〔2〕为一等秘书，调游建文〔3〕为二等秘书。参事则早定陈长乐。崔、游俱好人，但无分量，闻之极为适之急。晨访咏[泳]霓，劝有以讽其改良之。

9月24日

病卧床上，盗汗不止，但无烧也。

9月25日

晨关亦齐来诊视，云无病，打 Omnadin［奥姆纳丁］助精力，又给药止汗。

9月26日

昨晚、今日大汗，甚苦之。

下午出席汪、张（伯苓）招待参政员之茶会，汪报告甚详，皆泛泛言。

---

〔1〕 陈石珍，江苏江阴人。曾任西北大学代理校长、文学院院长、国民政府教育部参事等。

〔2〕 崔存璘，浙江鄞县人，民国资深外交家。曾长期派驻美国。

〔3〕 游建文，时任中国驻美使馆二等秘书。在宋美龄访美期间，任宋的随行秘书。

访严佐兴[1]，云房子或有办法。

晚陪廷黻夫妇等去万家饭，精神甚佳。

9月27日

昨晚未出汗，下午出一访人，晚去陈可忠[2]之宴，累甚早走。

9月28日

旧感冒未愈，似得第二感冒，懊丧甚。

9月29日

昨昆明遇炸，而欧战又有爆发可能，迁家事殊苦无妥善办法。欧战大概不至发，以英方态度颇坚决也。

连日带病拟好《比较宪法问答60则》，今日去叫人代抄。

顺访严佐兴。

晨接茝姊转来蕙八月底信，晚接伯夏转来蕙寄欧二信，稍慰。平中多家事，都［钱大都］又善病，而蕙又不洒脱，其苦可以想见。

9月30日

下午首次出席中政会之法制专门委员会，雪艇为主任委员，但今由副甘乃光代。委员不懂法制者居多。

晚廷黻为夫人钱于生生。昆明前日遇炸，住昆明者亦成问题。蒋太太急于回视其儿辈，而余之迁家亦成问题。

捷局已由德、意、英、法四相和平解决，迫捷克于十日内割让苏台德区了事。今后欧局进入一新阶段。

---

[1] 严继光，字佐兴，云南大理人。1920年获斯坦福大学政治学学士学位。历任国民政府实业部司长、云南东陆大学教授、中山文化教育馆研究部组长、云南大学教授。

[2] 陈可忠，福建闽侯人，教育家，南洋中学时比钱端升低一级的校友。1926年获芝加哥大学化学博士学位。曾任民国时期编译馆馆长、中山大学校长。

十月

10月1日

下午法制、财政、经济三专委会合开会，讨论 War Profiteer [战争获利者] 税事，财次徐堪〔1〕主席。讨论未毕，余因事即先离。此事必扰民，殊不必也。

四时，去孙哲生处约谈；伊谓苏联或可单独益出力助我，因德攻苏及欧战可能，应视前为小。谈甚洽，余希其能联合一切抵抗到底之人也。

晚慰堂请文化界人。

10月2日

晨与甘乃光、高廷梓〔2〕乱走，至郭家中饭而回。余累甚，出冷汗不止，甚以为苦。

10月3日

上午王元照来，谈贸易委员事，有弊。

下午看汪先生，谈国际事。彼对苏联及共党仍极端痛恶。甚重美国，对孔亦憎恶。然关于政治外交，成见比年前深，不甚易于进言也。

草一短文，论《Munich 协定》，送《时事月报》。

10月4日

上午在都城早饭，有警报来，时在之迈太太处，万家宝来，约避其家，未达，而高射炮声大作，遂入附近中央党部地室。约半小时始除警报。闻牛角沱处已有死者。重庆经此，民心殆亦难镇定矣。

下午去关亦齐处看病，云无病，开补药等，几达五十元。余所病者，乃累而多汗。

---

〔1〕徐堪，字可亭，四川三台人。曾任国民政府金融管理局副局长、财政部常务副部长、粮食部部长、财政部部长等。

〔2〕高廷梓，广东新会人。抗战期间任中央政治委员会交通委员会专门委员、党务委员会秘书兼教育委员会专门委员。

10月5日

昨今草一文《论外交基本政策》，予志希之《新民族》[1]。

午去立武处饭。

下午开法制经济联席会，讨论陕北特区分田事。专员何绍年亦出席。大家反共甚炽，但所定法不彻底，亦少实行可能。

熙若[即张奚若][2]来信，责我不应去滇教书，甚感之。日前傅孟真来，云联大法院[法学院]又将迁乡，余已开始觉联大之无可为，今得知联大状况益恢心。

10月6日

下午六时，汪先生招子缨、孟真、沧波[3]、廷黻及陈甘彭曾及余谈外交事。汪因哲生一派近苏联而急。汪究为近德、意者。余告以外交政策仍应拥国联，不必变，亦无变之必要。一场讨论，傅孟真话最多，但未有结果也。

汪谓二十九，美使来嘱赞助罗总统言和，急商蒋，迟未复，遂至不成。此事至可惜，但廷黻亦似为破坏者。

饭后，孟真来谈，闻我摇动，大怒。彼言彼拟回联大教书。然意气用事，联大之价值亦不尽为彼所言之价值。

伯夏来电，云蕙暂难行，不知其意何在。

10月7日

午在万家饭。

下午去济生家。

晚倪绍卿请客，客甚杂。

---

〔1〕《新民族》，抗战时期的一份时政评论刊物，中央大学校长罗家伦于1938年2月在重庆创办。刊物旨在发扬民族精神，树立建国意识，增进抗敌力量，从而助力于"抗战建国"和"民族复兴"。

〔2〕张奚若，字熙若，陕西大荔人。历任国民政府大学院（教育部）高等教育处处长，中央大学、清华大学和西南联合大学教授暨清华大学、西南联合大学政治系主任。抗战期间任国民参政会参政员。

〔3〕程沧波，江苏武进人，著名报人。上海复旦大学毕业，后留学英国。曾任《时事新报》主笔，时任《中央日报》社社长。

10月8日

渝—蓉。

晨4时,有警报,警醒,坐楼下,倦甚。

7:15飞渝[笔误,应为蓉];8:25到。王叔培[1]未来接,迳至其家。叔培南中、清华旧同学,蓉人也。久别重逢甚惬。惟彼前年丧妻,家中匮乏人,殊见独然耳。

今日中秋,为便叔培返母家计,余在赵守愚[2]家晚饭,后又看公权[3]。

10月9日

成都。

下午偕叔培行街,遇雨去张东泉处,叔培妹夫,在清华时即相识者。

10月10日

午前又偕叔培行街。成都无大建筑,人亦甚贫苦,以比杭州、济南,俱不如也。

晚去看川戏,济公大讲国事,川人能说话,信然信然。

10月11日

下午出散步,访莘觉[4]太太。

10月12日

上午与守愚同去华西大学,本欲看戚寿南求诊,但近日盗汗及咳嗽似俱已愈。故访而未求诊也。华西甚大,但未必讲究。

在赵家饭后,又去看徐元奉及川大。

晚,张东泉夫妇请看王泊生之《游月宫》,不佳。张太太王少真,叔培之妹,均旧识也。

---

〔1〕王国澍,字叔培,四川人,钱端升在南洋中学、清华留美预备学校时期的同窗好友。

〔2〕赵守愚,抗战时期燕京大学在成都办学,赵曾被聘为经济系教授。

〔3〕萧公权,字恭甫,号迹园,江西泰和人。历任清华大学、北京大学、四川大学、私立光华大学、华西大学等校教授,讲授中外政治思想史等课程。

〔4〕钱昌祚,字莘觉,江苏常熟人,钱昌照的堂弟,钱端升的清华同学,中国近代著名航空工程师,民国时期中国航空工业重要奠基人。

一九三八年（民国廿七年）

10月13日

上午去市府访杨全宇[1]市长及郭子雄。

孟邻有书到，说联大不搬乡下；既如此，自可去，然而搬家事又早已延迟矣。

晚叔培设宴于"古女菜"，名馆也，但不佳。

10月14日

晨去城外，访罗清生[2]，看 Grant Panda ［大熊猫］，去薛涛，望锦江吃茶，如是而已。

晚与叔培、罗清生、容启兆[3]看□文杂耍，后又饭，无聊也。

接蕙九月二十四信，对北平之无聊，同居之重要，彼居平之不便，似甚少感觉；而诸事之处理，亦多违我意，且不甚理我之嘱，颇感烦恼。思以信责之，则又徒增不快。其听之耶，抑予以细密严格之嘱咐也，我不知其可也。

10月15日

下午郭子雄来，偕往文殊院，甚宽整，惜无树。

10月16日

今日星期未出；但晚赴张东泉之宴。

适之有信，九月二十五日发，道人事经过。

10月17日

晚罗清生约吃"不醉无归"小酒家，亦不佳。

---

〔1〕杨全宇，四川西充人。1938—1940年任成都市市长，后因"抢米事件"于1940年被国民政府处决。

〔2〕罗清生，广东南海人。1923年获美国堪萨斯州立大学兽医学博士学位。回国后历任东南大学、中央大学教授、中央大学农学院院长等。

〔3〕容启兆，又名道兰，广东珠海人。1921年获美国塔夫脱士大学化学学士学位。1923年、1924年分获弗吉尼亚大学化学硕士、博士学位。回国后历任私立光华大学化学系教授、系主任，理学院院长，教务长，副校长等职，后出任暨南大学化学系教授、系主任。抗战期间任上海新亚制药厂副厂长，兼总化学师及生产管理处处长。

10月18日

晨去华西大学，看牙，未洗也。

午约叔培、清生、启兆在枕江楼饭。

午后同清生游武侯祠，园林将毁矣。

晚杨全宇市长请客，有志希夫妇等，极秘诡。

10月19日

晨去华西大学，洗刷，不甚佳。

午后公权、守愚来，同看川大农院菊花，又去望江楼一坐。今日大太阳，绝好少有天气也。

晚邓锡侯[1]以王孟甫（其亲）名义请客。邓遇外面较知名人来，必邀之无爽。言及徐元奉多次来，故与守愚同去。但今晚莘觉太太本有约，既去莘觉太太处后，又接回电欲谈天。二次去时，志希亦在，我自可少说话。邓尚灵动，不粗；但无过人处。

志希拉去公博处；公博云广州垂危，日人出不意不足奇，最奇者我无备耳。

10月20日

晨又与公权、守愚出北门，走郊外，茗于野店，天气好，颇畅。毕一文《论国联政策》，为《世界政治》也。

10月21日

下午，与守愚游道教二圣庵、青羊宫等。

晚叶石荪[2]请客；饭后以莘觉方到，与叔培访之。

10月22日

蓉—渝。

清晨飞渝 8:40 起飞，9:50 到。张岳军行营主任也，亦返。仍寓聚兴村。

---

[1] 邓锡侯，字晋康，四川营山县人，民国陆军二级上将、军事家、著名抗日将领。抗战胜利后在川军中被视为领袖。

[2] 叶石荪，亦称叶麐，四川兴文人，心理学家、教育学家、诗人。曾任清华大学、山东大学、武汉大学、四川大学教授等职。

午有警报，未到。

广州昨已失。此次日人攻粤，九日而得广州，粤空虚外，内部亦有问题云。广州之失，影响战局甚巨，殊可畏。

下午汪先生招待参政院，有孔、孙（哲生）及张彭春等报告。

晚孟真约去晚饭，与张维翰〔1〕等谈。张，滇人，孟真似重视之，但似旧官僚，而加【入】过民党［国民党］者也。

10月23日

晨——看乙藜及杨若宪，前者为问慰慈行止，后者即半月前路上见过，嘱去一视者也。

下午彭春、杨公达来访。彭春抓不着痛痒，公达浮躁，国联同志会在其手，无幸也。

晚去看雪艇，比较镇定。在彼处饭。

晚看抚五，知此次统一招生，联大所得者尚佳。访金甫〔2〕、元照等，俱未晤。

10月24日

午孔祥熙请美大使等，交际而已。美参赞问粤事，孔未置覆。

下午访孙哲生、傅秉常，亦一筹莫展，惟为粤当局辩护。

晚抚五请客，客多故宫博物院人。

盛传粤余［与］汉谋降日，大概惠阳已失，或有陈炯明旧部为祟，但余当不致降。此次广东空虚，实为失败主因，而慕尼黑协定则为日侵广东之促成因素。

10月25日

晨访Buck［卜凯］〔3〕。Buck为美财部代表，但不肯多谈也。午孟真及王毅候请朱骝仙［先］。汉口今退今陷。

---

〔1〕 张维翰，字季勋，云南昭通人，民国政治人物、法学家。

〔2〕 杨振声，字今甫，亦作金甫。

〔3〕 卜凯（John Lossing Buck），美国著名农业经济学家和教育家。曾在金陵大学任教，自1935年起被聘为美国财政部驻中国代表。

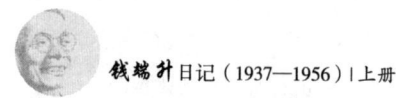

10月26日

上午参政会有谈话会,首言开会手续,余亦发言,发言人甚多,不高明者居多也。后汪先言不能和,极动听。

午在金甫处饭,谈武大事,甚可危。

下午在子缨处,希圣等来谈适之主"诚"事及罗、蒋往来电文等。

今日毕《论建设期内的行政改善》一文,送《新经济》半月刊,此为吴景超等所办。

10月27日

上午,熙若[张奚若]来,惜未能细谈也。

午徐维明请清华级友,到者八人。

下午参政员谈话会,通过致函蒋先生,请易孔;孟真最起劲,已签者卅人。

10月28日

晨八时参政会开会,汪先生词漂亮,林主席词正派,蒋词(代读)坚昂,〈删略〉。

疏通鲠生等署名致蒋信,未成功。

下午林主席茶会,颇严整。

晚参政十六七人宴美使及 Peck[裴克][1],如此而已。

10月29日

上下午均有会,听孔(政治)、王宠惠(外交)、张岳军(军事)、何健(内政)诸报告,以张为佳。

午博生请吃饭。

晚参政员若干宴俄大使 Luganets Orelsky[卢干兹·奥尔斯基]及赞参[参赞],人极粗,无话可说也。

后又去清华同学会,大半散矣。

---

[1] 威利斯·R. 裴克(Willys R. Peck),出生于中国天津,美国外交界的著名人物。抗战期间担任过美国驻华大使馆参事和美国驻泰国公使。

10月30日

晨参政会，孔报告财政，质询时笑话百出，态度如小丑，可奇也。下午行政院各长茶会，孔强张岳军说笑话，自己亦说笑话，极不尊严。但张及张仲仁[1]笑话皆痛骂之。

午杭立武请吃饭。

10月31日

晨外交审查会王外长来报告，不得要领。

下午大会，交通及教育报告，前者佳，后者坏。

十一月

11月1日

晨审查会；下午大会，以讨论陈嘉庚[2]不唯言和案，致共产党陈绍禹[3]与青年党左舜生、余家菊[4]对骂。

晚孙哲生请沈钧儒、张季鸾[5]等，几尽为莫斯科路线者，但亦有陈裕光[6]、于斌等。晚孟真来，谓人传我与孙哲生接近，亦莫斯科路线，疑即孟真有以虎〔唬〕我者，一笑置之。

11月2日

晨审查会。

午在济生太太处饭。

下午大会，共产党与梁实秋对骂。余提临时动议，请置特种审查会，

---

[1] 张一麐，字仲仁，江苏吴县人，著名爱国人士。曾任国民参政会参政员。

[2] 陈嘉庚，福建泉州集美（今福建省厦门市集美区）人。抗日战争时期任南洋华侨筹赈祖国难民总会（简称"南侨总会"）主席。

[3] 陈绍禹即王明。

[4] 余家菊，字景陶，湖北黄陂人，中国近代教育家、思想家、社会活动家。1924年加入中国青年党。抗战开始后被聘为国民参政会参政员，并成为中国青年党主要领导之一。

[5] 张季鸾，名炽章，陕西榆林人，政论家。先后任北京、上海《中华新报》总编辑，天津《大公报》编辑。

[6] 陈裕光，号景唐，浙江宁波人，中国化学家、教育家。

审查贸易委员会之事，引起争论不少，祖孔者多谋有以阻挠之。

晚，李迪俊请若干有趣外交人员，如子缨、希圣、孟真、彭春、季鸾、博生、鲠生等，颇一致认为，战则非远德意、联苏联不可也。

11月3日

晨审查会。

午外王及侨委陈树人〔1〕请外交组，无高论。

下午四时，特种审查会，由第四组召集，余亦参加。6:45休会，晚9p.m［9:00］-1:30又开。贸会邹秉文〔2〕火气甚大，徐堪财次较瀰，但所言皆无要领。余第一人发言，就国家人民立场，道明讨论查明必要，并分政策、管理、舞弊三方面发言。争执不少，徐柏图则祖孔者也。

11月4日

晨十时审查会，较迟也。

午去沙利文，徐堪与端六等谈贸会事。后孟真来，徐亦遂而骂孔，可笑也。

下午大会。大会前汪谈不愿寄信攻孔。

晚刘季陶、孟实初请客，又去暇娱楼，则孟真与右派有所团结也。

晚又开特种审查会，近午夜始毕。

11月5日

上午全体审查会，有共党及国社党〔3〕政治提案，闹了一下，无结果也。

下午及晚大会，零碎案甚多，与国民党摩擦亦有数起。

午饭，浩徐告我，国党颇不满若干教授；晚饭与右派商明晨诋孔事，

---

〔1〕陈树人，广东番禺人，民国时期著名政治家、画家，与高剑父、高奇峰开创岭南画派，被称为"岭南三杰"。

〔2〕邹秉文，字应崧，江苏吴县人，近代农业教育家、中国植物病理学家。1915年获美国康奈尔大学农士学位，1916年回国。时任国民政府财政部贸易委员会常务委员代主委，抗战后期任联合国粮农组织筹委会副主席。

〔3〕中国国家社会党，前身是再生社，简称"国社党"，由张东荪、张君劢、罗隆基等于1931年10月在北平发起成立。国社党标榜国家社会主义，其理论基础为"绝对的爱国主义与渐进的社会主义"。抗战时期曾加入统一建国同志会及由它演变而成的中国民主政团同盟、中国民主同盟。1946年8月与海外的民主宪政党合并，改名为"中国民主社会党"。

一九三八年（民国廿七年）

言无成也。

11月6日

晨全体审查会，孔态度奇恶。中有一段，谓一方欲借款成功，一方又说负责人贪污而弹劾之。余大气，起立剥[驳]之，谓第一，任何行政机关可以查之；第二他们负拉入陈光甫[1]之责，而余未说贪污一类事。但发气总无好处，应自励也。今日之会一场无结果，但孔则显[落]魄而已。

下午大会，议长茶会，及闭会。

晚鲠生、立武请中立分子二桌，欲一商；但陶希圣演说太多。

11月7日

午孟真请马君武[2]等饭。饭后访谷冰、今甫等。

晚与王元照、黄开禄等同餐，又去景超、济生家，为杂事也。

11月8日

上午去郭家，适遇警报。下午又有警报。

访汪先生及骝仙[先]，谈通信赴英美事。汪和朱战，极显，但均反共甚烈。朱以为，反共与联俄为二事，或亦太乐观也。

晚郭斌佳[3]请客，后又去沙利文、鲠生处一行。

11月9日

竟日看浩徐、雪艇等，晚吴景超请客。

11月10日

本定今日行，以汪先生欲请客谈国事，故展期二日，但晚饭并未能谈，到者为《现代评论》、加子缨、廷黻也。

---

〔1〕 陈光甫，江苏镇江人，银行家。抗日战争时期历任国民参政会参政员，国立复兴贸易公司董事长，中、美、英平准基金委员会主席等，其间受蒋介石指派赴美国谈判借款事宜。

〔2〕 马君武，字厚山，广西桂林人，政治活动家、教育家。抗战期间任国民政府国防参议会参议员、第一届国民参政会参政员、广西大学校长。还与李四光开办过科学实验馆。此外，他通英、法、德、日四国文字，翻译过《法兰西革命史》、卢梭的《社会契约论》、达尔文的《物种起源》等著作。

〔3〕 郭斌佳，江苏江阴人，历史学家、外交学家。1938年6月任武汉大学"抗战史料编辑委员会"主任委员。后代表国民政府参加开罗会议，并且在英国伦敦召开的第一届联合国大会任安理会事务部首席司长。

下午访立夫，立夫主和而欲留蒋。对学校谋外汇颇同情。

11月11日

午雷震请客，下午在城内，晚骊仙［先］请客，未到。

11月12日

渝—滇。

晨9:40由渝飞昆明，奚若同行；甘乃光及高廷梓送。1:25到达，雾大降亦不易。无人来接，先至联大办公处，已搬；乃至奚若家饭，后至思成家，思成住处不安，全家亦健，颇慰。

晚岳霖接风，均熟人也。

11月13日

岱孙来，至孟邻、月涵、正之［1］、逵羽［2］、迪之［3］、叔玉［4］、化成［5］、子坚［6］、莆斋［7］、嘉炀［8］、枚荪太太、培源等处拜之。

11月14日

上午孟邻、罗钧任［9］来，后同钧任至庚市长［10］处饭焉；庚即思成房

---

［1］吴有训，字正之，江西高安人，物理学家、教育家，中国近代物理学研究的开拓者和奠基人之一。1929年在清华大学建立中国第一个近代物理学实验室，进行中国国内X射线问题的研究。1936年被德国哈莱（Halle）自然科学研究院推举为院士。他为我国物理学人才培养做出了巨大贡献，钱三强、钱伟长、杨振宁、邓稼先、李政道等著名学者都曾是他的学生。

［2］樊际昌，字逵羽，中国近代著名心理学家、教育家。先后在清华大学、北京大学执教，时任西南联合大学教务长。

［3］熊庆来，字迪之，云南弥勒人，中国现代数学先驱。1937—1949年出任云南大学校长。

［4］萧蘧，字叔玉，江西泰和人。历任南开大学法学院院长、教务长，清华大学教授，云南大学教授兼法学院院长，西南联合大学教授，主要研究经济学、国际贸易和金融。

［5］王化成，江苏丹徒（今江苏省镇江市丹徒区）人，芝加哥大学政治学博士。回国后任清华大学、西南联合大学政治学系教授。

［6］黄钰生，字子坚，湖北沔阳人。时任西南联合大学师范学院院长。

［7］沈履，字莆斋，四川成都人。时任西南联合大学总务长。

［8］施嘉炀，福建省福州人，水力发电学家、工程教育家。1937—1946年任清华大学及西南联合大学教授兼工学院院长。

［9］罗文幹，字钧任，广东番禺人，民国外交官。1938年任国防参议会参议员、第一届国民参政会参政员，兼任西南联合大学教授，讲授《罗马法》和《中国法制史》。

［10］庾恩锡，字晋侯，云南墨江人。喜爱园林，留日期间即攻读园艺。1920年出任云南水利局局长，后任昆明市市长。

东,止园主人也。

下午培源来,陪往联大办公处;访芝生[1]、守和[2]处,又访秦瓒、周作仁、林同济[3]、王赣愚[4]、柳无忌、赵凤喈、廷黻太太、严慕光[5]于其家,张佛泉于医院。最好[后]至培源家饭。

综观昆明,起居尚适,天气虽非有晴无雨,但亦气爽宜人也。

11月15日
奚若来谈政系事,后又偕出访友。

11月16日
晨搬农校,与刘寿民同屋,住洋油箱床,兼过其他一切不规生活。
晚在正之家饭,自制,甚美。

11月17日
晨进城与孟邻商校事,适有警报,饭等。
下午遇张伯勉,云上月廿五六见过蕙,云小兴入医院,尚未知何病。

11月18日
晚去梁家,陈意请吴贻芳[6]及美领Paul Meyer[保罗·迈耶][7]夫妇也。

---

〔1〕 冯友兰,字芝生,河南南阳人,哲学家、教育家。

〔2〕 袁同礼,字守和,河北徐水人,华裔美国图书馆学家、目录学家。时任已移址昆明的北平图书馆副馆长。

〔3〕 林同济,笔名耕青,福建福州人。1937—1942年任云南大学文法学院院长。抗战时期与雷海宗、贺麟等创办《战国策》半月刊。

〔4〕 王赣愚,字贡予,福建福州人,政治学家、经济学家。早年留学美国,获哈佛大学博士学位。曾在南开大学、西南联合大学、美国华盛顿州立大学等校任教授。

〔5〕 严济慈,字慕光,浙江东阳人,物理学家、教育家。

〔6〕 吴贻芳,号冬生,江苏泰兴人,中国第一届女大学生,第二位大学女校长。1928年受聘于金陵女子大学,先后主校23年。1945年出席联合国成立大会,成为在《联合国宪章》上签字的第一位女性。

〔7〕 保罗·迈耶(Paul Meyer),抗战时期任美国驻昆明领事馆官员。

11月19日

晨访戴君亮[1]等。

午 Meyer[迈耶]请客，饱食一顿，谈亦尚乏味。

晚嘉炀请多人吃羊肉等。

11月20日

晚与岱孙等饭后，与叔玉商出杂志事，获其赞同。

11月21日

下午访于斌，谈印刷事，无结果也。

11月22日

下午访林同济，亦为印刷事。

晚樊逵羽及章矛尘[2]请客，皆联大要人也。

11月23日

下午进市觅房；后梅校长请客，又联大要人而已。

11月25日

进城又为房子事忙。

接允上月廿九信，闪烁其词，不知兴儿病究如何，焦灼甚。

11月26日

今日进城忙发柬请客商出版周刊事。

11月27日

午雨生[僧][3]宴企孙、寅恪等，下午思成夫妇有大茶会等；晚在培源

---

[1] 戴修瓒，字君亮，湖南常德人，著名法学教授。历任北京法政大学教务长、京师地方检察厅检察长、河南司法厅厅长、国民政府最高法院首席检察官、西南联合大学法律系主任、中国公学法律系主任。

[2] 章廷谦，字矛尘，笔名川岛，浙江上虞人。抗战时期在长沙临时大学、西南联合大学任秘书。抗日战争胜利后回北京大学中文系任教。

[3] 吴宓，字雨僧、玉衡，陕西泾阳人，中国现代文学家、国学大师、诗人。

家吃面，兼为房子事忙。大概茶会时着冷，晚肢酸，头痛，寒热交作，即服药睡。

11月28日

今日微疲，但无他疾。如无疟，则已愈矣。

11月29日

下午访化成，劝其加些功课；逖生[1]亦在，未接受我之精神。大概此辈将愈趋消极。梁家饭后始回。

接蕙信，中间尚漏多信，兴如何，未及之，使我万分焦灼。

11月30日

晚为出周刊事与叔玉、丁佶[2]、从文[3]假梅宅请客廿余人，均到。暂定名为"中论"。头痛、喉痛、微哑，苦极。

十二月

12月1日

今日殊欠健。但晚孟邻请法院［法学院］同人。傍晚王与罗钧任同来，故仍去蒋家晚【饭】。

12月2日

汪先生来函，允半数经费；故访《朝报》王公弢[4]，商印刷事；彼颇刁难，以余助《朝报》为交换条件，亦只能受之。

12月3日

下午与企孙、岱孙游大观楼，甚佳；晚与岱孙至Mock［莫克］处饭。

---

〔1〕 浦薛凤，号逖生，江苏常熟人。早年获哈佛大学硕士、翰墨林大学法学博士。回国后历任清华大学政治系教授兼系主任、西南联合大学教授。

〔2〕 丁佶，西南联合大学经济系教授，《今日评论》发起人之一，除撰稿外还负责会计事务。1940年10月在昆明跑警报时不幸溺水身亡。

〔3〕 沈从文，湖南凤凰人，中国著名作家。抗战爆发后在西南联合大学任教。

〔4〕 王公弢，民国报人，《朝报》总经理。

12月4日

晨与岱孙、福田、培源夫妇坐船去西山之高桥，住姚医生别墅，思成夫妇及老金等则在杨家村，尚幽静，多田家味。

12月6日

下午偕培源夫妇及老金等返校，二陈昨已走矣，思及房子尚无着，亦甚焦灼也。

12月7日

晨去城内一访周佛海及孟鄰，下午忙选课事。

晚熊迪之请任隽［任鸿隽］[1]，余作陪。

岳父[2]来信，云兴已出院；较慰。

12月8日

晨又拨至昆华师范，与老舍同室，更陋矣。

下午访从文、召亭等。忙周刊及法系二事。

晚与老金等六人致书联大当局，说明校舍不应为私人占作宿舍，盖因陈铨[3]、曾昭伦［抡］[4]等十八人有霸占行为也。

12月9日

晨去大观楼庚庄，访庚晋候［侯］，为房子事也。

下午忙催稿事。

---

[1] 任鸿隽，字叔永，四川垫江（今重庆市垫江县）人，著名学者、科学家、教育家和思想家，北京大学化学教授。1935年担任四川大学校长，对校务进行多方面的改革。1938年任中央研究院秘书长、总干事兼化学所所长。

[2] 陈石舫，钱端升之岳父，原名陈祖光，娶李氏为妻生二子三女。清宣统二年（1910年）在江西赣州任县长，辛亥革命后回福建出任民政厅厅长。

[3] 陈铨，四川富顺人。先后在武汉大学、清华大学、西南联合大学教英文或德文。

[4] 曾昭抡，字叔伟，湖南湘乡人，化学家。1926年获麻省理工学院科学博士学位。回国后先后在南京中央大学、北京大学任化学系主任。

一九三八年（民国廿七年）

12 月 10 日
城内忙催稿事；又迎孟和[1]、性存；晚去化成、逖生之宴。

12 月 13 日
首日上课，担任"宪法"及"近代政治制度"二课，学生尚多。

12 月 15 日
今日毕一文，论《国联政策的实施及运用》，送《世界政治》。
晚吴可读[2]请吃饭。

12 月 16 日
下午访美领事。
晚宴客三桌，仍为周刊事；到者不多也。

12 月 17 日
午请周佛海吃饭，孟邻、奚若、金甫作陪，希圣未到。
北大40週纪念，有会有聚餐，后者在蒋家。

12 月 18 日
今日星期，闭门写《统一与一致》一文，为《今日评论》也。

12 月 19 日
上午与钧任访任志清，亦为周刊。
中午蒋、梅、袁请美大使[3]，客甚多。
下午四时首次编辑会议。
晚美使馆有 Cocktail Party［鸡尾酒会］，欢迎美大使。晚省府大请客，亦为此事。
汪先生昨来，今去港，周佛海、陶希圣同行，或商和，或决裂，均非

---

[1] 陶孟和，原名履恭，祖籍浙江绍兴，社会学家。抗战期间主持中央研究院社会科学研究所工作。其夫人沈性仁，曾在日本长崎活水女学求学，后入北京女高师。1917年二人结为伉俪。
[2] 吴可读（A. L. Polland Urpuhart），英国人，西南联合大学外语系教授。
[3] 即纳尔逊·T. 詹森（Nelson T. Johnson），美国外交官。1935—1941年任美国驻华大使。

佳事也。

12月20日

下午留美同学会茶会接待美大使。孟真及徐景微云亦不知汪走事，殆为决裂无疑。

12月21日

晨忙房子事。

下午去省党部及省府，为登记也。

晚请□二二合作社，同居者属一□夫妇。

12月23日

仍忙杂志事，累极。晚陈序经请客，乾极。

12月24日

晚黄子坚、杨石先请客。

雪艇来电，劝缓出杂志，对经费及战事不提只字也。

12月25日

晨搬邱家巷二号孟邺宅，作客数日。

下午去省党部云南起义纪念，与唐继禹[1]作一点讲话，口哑，由甘某代读。

晚陶逸钟请客。

12月26日

晨去校，见校医，今日哑甚。

12月27日

哑较愈。晚王之政请客，有《云南日报》陈某等。今日请假。

---

[1] 唐继禹，湖南江华人。抗战爆发时率部开往上海，在吴淞口、狮子林炮台、江苏、安徽等地与日军作战长达四个月。上海淞沪战役结束后调任第九十八师第五八八团副团长。

一九三八年（民国廿七年）

12月28日

与王［之］政看龚自知〔1〕，甚机警也。

晚陈玉科〔2〕请王礼锡。

《今日评论》〔3〕已印出。

12月29日

晚请时昭强、吴国桢夫妇、一樵夫妇、蒋夫妇、岱孙、老金等陪。

12月30日

今日又大忙杂志事。

接汪先生自河内来电，已决提和议之请于中央。料此必多纠纷。汪殊未善于自处。

午梁□□请客，有吴国桢夫妇及其小姨等，似为岱孙介绍也。

12月31日

《朝报》印《今日评论》，以余代为写文为条件，不得勉为一文，《朝报》实可恶之至。

晚龚自知请客，谈甚多，馀客任叔永、沈□□、孟真及三校长也。

---

〔1〕 龚自知，字仲钧，云南大关人。自1928年起任云南省政府秘书长、省教育厅厅长。1935年受龙云委托，创办《云南日报》，任常务董事，主持编务近十年。

〔2〕 陈玉科，字振之，云南屏边人。1922年昆明师范学校毕业。曾赴美国哈佛大学、英国剑桥大学留学，1934年回国。1939年任国民党云南省执行委员、监察委员。1945—1946年任昆明市市长。

〔3〕 《今日评论》是抗战时期创办于西南联合大学的一份知识分子政论周刊，由钱端升发起和主持。1939年1月1日在昆明创刊，1941年4月13日停刊，历时两年零四个月，共出版5卷114期。刊物以抵抗外来侵略、挽救民族危亡为宗旨，汇聚了200多位国内各界的专家和学者，成为战时知识分子关注思考时事的重要阵地。

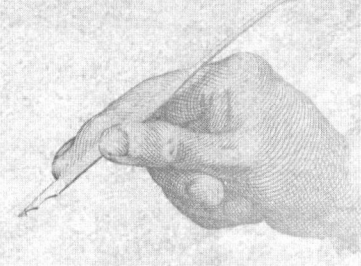

一九三九年
（民国廿八年）

1月1日

元旦，访人而已。晓默思国事如此，而此间过览［密］之友人则又十分漠然或 cynic［犬儒］，殊不怪。

一月

1月1日

元旦，访人而已。晚默思国事如此，而此间过觅［密］之友人则又十分漠然或 cynic［犬儒］，极不怿。

1月2日

汪已被开党籍，昨事也。晚学生觅罗钧任及余讲演，人多意见杂，且似有 C. P.［1］。

1月3日

今日又为周刊之经费及编事忙。

1月4日

下午反侵略协会筹备会，王礼锡演说，余亦稍有说。
晚枚荪太太请客。

1月5日

日来事多，而多不如意，极不快。

1月6日

下午编辑会议，文少，颇困难。
晚徽因请 Mrs. Johnson［詹森夫人］and Meyer［迈耶］。

1月7日

晚今甫请客，联络各校也。

1月8日

今日欲休息，上午与孟邻夫妇去黑龙潭；下午有清华校友茶，在性存处晚饭；但下午及晚又因无文而大忙。

----

［1］ 指 the Communist Party，共产党之简称。

1月10日

今晚有赵深请客，清华同级也。

日来极累，原因则周刊之文靠不住，故多奔走，〈删略〉，纵观联大同人，实与我以文化界偷安的感想。又党部之审查亦殊无意义可言。文章一左便挑剔，结果只有共党有自由，国民党又如何能拉拢人哉？

1月11日

上午接洽欧亚航空公司运今评〔1〕事，下午又访袁秘书长〔2〕等。仍为杂志事。

1月12日

晚去联大讲《国际情势与抗战》，仅百余人而已。晚蒋家请客，有枚荪等，甚多，谈亦甚畅。

1月13日

接蕙书，知兴儿病已稍痊可，颇慰。

今日又大忙，苦甚。

1月14日

下午草一文与《云南日报》。

蒋宅有茶会，招待吴达铨〔3〕；其议论仍有过于聪明者。

晚华秀升〔4〕请级友，张西林〔5〕又大宴客，均甚累。

1月15日

下午看枚荪、西林、思成等，又极忙矣。

---

〔1〕 即《今日评论》。

〔2〕 袁丕佑，字蔼耕，云南石屏人。时任云南省政府秘书长。

〔3〕 吴鼎昌，字达铨，笔名前溪，原籍浙江吴兴（今浙江省湖州市吴兴区），著名实业家。曾任民国《大公报》总办。1938—1945年任贵州省主席兼滇黔绥靖公署副主任。

〔4〕 华秀升，名时杰，蒙古族，云南通海人。1921年获密苏里大学政治经济学学士学位。1922年获佛罗里达大学政治经济学硕士学位，并入哥伦比亚大学学习。回国后历任东陆大学教授兼文科主任、高等师范学校校长和美术学校校长、云南省审计处处长、云南省财政厅厅长。

〔5〕 张西林，时任云南省建设厅厅长。

1月16日

日来生一疖子，开刀敷药，更增我忙，本将痊愈。

1月19日

日来多酬应，今午请枚荪、乙藜、巽甫[1]、之迈；晚又与人请孟邹夫妇；事又忙，甚苦也。

1月20日

晚孟邹生日客多；下午编辑会甚苦；晨访巽甫谈较快。

1月22日

今多应酬，午梅月涵请，晚《益世报》及企孙请；企孙请汪德熙[2]，从事冀中游击工作者也。

1月27日

连日以枚荪在，忙应酬，苦甚。今日与梅先生夫妇及枚荪夫妇游温泉，尚畅。但返太晚，又为《今日评论》聚餐（在蒋宅），讨论不得要领，苦矣。

二月

2月1日

今日孟邹、枚荪等去渝，但立武在此，应酬仍多，而周刊事务方面迄今未上轨道，苦甚。

2月2日

今日"今日"［《今日评论》］开会，编辑事卸给岱孙。

---

[1] 丁西林，原名丁燮林，字巽甫，中国剧作家、物理学家、社会活动家。历任北京大学物理系教授、中央研究院物理研究所所长。

[2] 汪德熙，高分子化学家。1935年毕业于清华大学化学系。1938年后任中国大学化学系讲师、西南联合大学化工系助教。后在八路军冀中军区供给部从事化工技术工作。

崔书琴[1]请英记者 Samson［萨姆森］，中人喜交接外人，有如是也。

2月5日

今日此地有婚事，工作殊难。

2月6日

公超[2]带 William Chamberlain［威廉·张伯伦］来，[The] Christian Science Monitor [《基督教科学箴言报》][3]之主笔也，殊多书生气。

预备去渝，更忙乱之至。

2月7日

本定今日行，以重庆有雾，机未至，故未果；得乘此机会休息一日，亦快事也。

2月9日

昆明—重庆。

今日清晨始飞成，7:10起飞，9:20到。同行者孟和、金甫、奚若、钧任等。住英年会。

晨即看雪艇等，后至顾毓琇家饭，孟邹偕等。下午张伯苓有茶，由雪艇报告，请对消息秘密。

晚立武、鲠生等请教授团。

2月10日

晨访一樵、廷黻、浩徐、骝仙[先]、布雷等，饭于一樵处。

下午讨论提案事，余草制度化及参政会二案。

晚同人聚餐，后又去访慰堂。

---

[1] 崔书琴，河北故城人，南开大学毕业。1934年获美国哈佛大学政治学博士学位。历任中央政治学校、北京大学、西南联合大学教授。

[2] 叶公超，祖籍浙江余姚。早年毕业于南开中学，后留学美国、英国，获剑桥大学文学硕士学位。回国后任职于北京大学、清华大学。时任西南联合大学外文系主任。

[3] 《基督教科学箴言报》(The Christian Science Monitor)，由科学基督教创始人玛丽·贝克·埃迪夫人（Mrs. Mary Baker Eddy）于1908年11月在美国波士顿创立的一份报纸，由基督教科学出版社出版，报名便由此而来。

一九三九年（民国廿八年）

2月11日
晨看可忠、书诒，书诒未晤。
午去中国银行，淬廉处饭。
下午又商提案事，晚仍聚餐。

2月12日
晨八时参政会[1]开会，蒋主席。
上午及午聚餐时又商提案事。
下午出席党团，指导者不得人，而限制自由亦甚。
晚蒋先生请参政员吃饭，极简。

2月13日
晨至各书局为"今日"［《今日评论》］事也。
午聚餐讨论提案事。
下午第二次会，蒋主席、孔等报告，蒋极力为孔撑腰，不欲人置喙，殊少议会味。

2月14日
晨大会，各部报告，无精彩可言。
下午至上清寺访友，晚蒋碧薇[2]等宴客甚多。

2月15日
晨外文组审查会，下午大会厅交财报告，俱无足道。
午蒋请客若干人，叙叙而已；晚《新经济》聚餐。

2月16日
晨审查会。午聚餐，下午无会，访客。晚雪艇、枚荪（1）及刘季陶、金国宝（2）请饭。

---

[1] 这里指1939年2月12日—21日在重庆召开的第一届第三次国民参政会。出席会议的参政员有116人，蒋介石主持会议，代表国民政府提出《国民精神总动员纲领》并获通过。

[2] 蒋碧微，江苏宜兴人，徐悲鸿之夫人。

2月17日

晨审查会。午王亮畴请同组起草人,下午大会,无要案,蒋态度较佳,晚吴国桢请客。

书诒来作长谈。

2月18日

晨审查会。午聚餐,下午大会,张主席[1],民主案通过,无讨论失用意。

晚谢济生请过旧年,雨中往返亦殊苦也。

2月19日

今日旧元旦,晨无处吃,至王家;午聚餐;下午大会。前半蒋发言,下午张主席,胡闹极多。晚在雪艇家饭。

蒋演说:首言抗战为世界,已引起世界上大变动。次言抗战不可泄机,若所谓最后关头者即占平津,占平津则敌必败,故抗之。[敌]近冲东亚新秩序为最后法宝,此机泄,敌亦败。设如敌以恢复七七前状态为言,则我方必窘。故所谓抗战到底者,亦必某时有某时之步骤,不能先说定。虽最后必收复台湾,朝鲜独立,但何时军事主,外交从,何时外交主,军事从,则另为一事。七七前之抗战,外主军从,七七后则军主外从,乃至于七七状态恢复。恢复后如[仍]须外主军从[2]。

2月20日

晨下午均大会,晨张【主】席,争执甚多,下午蒋主席。

午聚餐,晚陈立夫等请客。

2月21日

午大会,张主席,闭会式,蒋主席,辞中力斥自由,其所主张之民主诚非一般人所主之民主也。

下午林主席茶会,无事而散;访骝仙[先]等,均未着,觅饭吃,甚苦。

---

[1] 张伯苓,时任国民参政会副议长。
[2] 此段为追记。

晚政治部有晚会，游艺味也。

2月22日
晨偕济生夫妇去于右任处，后至慰堂处饭，下午各方留片而已。
晚李璜约若干人饭，谈党事。
晚访程沧波，总不得劲。

2月23日
晨来客甚多，午企泰、元照约去饭。
晚邵力子、朱骝仙［先］、蒋廷黻请客，奔走甚忙。

2月24日
清晨偕雪艇、枚荪游黄山、南山等，在雷儆寰家吃饭。山景尚可。
晚甘介侯、高惜冰[1]、奚伦三人请饭，同处杭立武、杨公达、郭斌佳亦请饭，甚累而已。

2月25日
今日两去正中[2]，耗去时间甚多，但仍无结果。
晚张道行[3]请我，似借此以联络雪艇意。之迈亦请客。

2月26日
渝至航。
晨10:20-1:35飞昆，呕四次，苦甚。

2月28日
今日恢复上课。
晚饯王化成、浦逖生，此二人就最高国防委员会之聘，急遽而去。

---

〔1〕 高惜冰，名介清，字惜冰，辽宁岫岩县人。抗日战争全面爆发后出任国民党第四部轻工业组组长，并受聘为湖北省纱布丝麻四局整理委员会主任委员，负责为抗战提供军需物资。此后连续四届当选为国民参政会参政员，为驻会委员。
〔2〕 当指正中书局。
〔3〕 张道行，江苏张家港人，教育家、法学家和社会活动家。20世纪30年代初赴美深造，获政治学硕士学位、国际法学博士学位。抗日战争期间从事外交工作，历任国民政府驻外使节和驻联合国代表团顾问。

三月

3月2日

见陈玉科,谈话间疑中央与云南近不甚睦。

3月3日

回后首次"今日"[《今日评论》]编辑会,作文者不甚多,一般人似不热心也。

3月5日

今日元宵,亦只走走串门而已,不足言赏。但下午去黑龙潭赏花。

3月6日

日来接若干洋信,今接 Sinclair[辛克莱]& Cranborne[克兰伯恩],恐英仍忙于欧洲局面。

3月9日

日来又大伤风,且致头痛。

下午,徐柏图请客,有张伯谨[1]者方自欧回,亦言老孔舆论不佳,且宣传无用云。

3月12日

中央研究院开评议会,雪艇、咏[咏]霓、骝仙[先]均来,且将住孟邻宅,益闹热。但我苦伤风文债。

3月17日

今晨,多人陪雪艇去黑龙潭。

---

[1] 张伯谨,名吉唐,河北行唐人,著名教育家、收藏家,直隶第八师范首任校长。七七事变后任抗战军事委员会政治部设计委员。1938年被选为第一届国民参政会参政员。1939年主持三民主义青年团团务,后任北平市副市长。

一九三九年（民国廿八年）

3月18日

午后咏［咏］霓、雪艇等行，送之机场焉。

3月20日

日来疲倦之至，而在此亦必有事，甚困也。

3月21日

刘锴介一 Jereme Beatty［杰里米·比蒂］者，闻为 Literary Digest［《文学文摘》］之 feature writer［专栏作家］，邀之午饭，彼问甚多，但均无甚大味。

3月22日

晨与培源一家去西山，住姚大夫宅，继侗〔1〕、岱孙同行。

3月26日

留多日去三清阁、太华寺等处。三清阁风景极佳。26日孟鄰来接始返。

3月30日

日来，又相当事多，且又伤风，颇狼狈也。

第二学期，今日上课，已假半月矣。本学期多教一门国际关系，代化成也。

四月

4月3日

自上月中以来，德并捷克，形势极紧，深为中国虑。

午 Meyer［迈耶］请 Quentin Roosevelt［昆廷·罗斯福］〔2〕，一学生也。作陪者皆此间留学要人。

---

〔1〕 李继侗，江苏兴化人，著名植物学家、生态学家。1921年入耶鲁大学林学研究院读研究生，1923年获硕士学位，1925年获博士学位。回国后先任教于金陵大学，后在南开大学、清华大学任教授。

〔2〕 昆廷·罗斯福二世（Quentin Roosevelt Ⅱ），美国第26任总统西奥多·罗斯福（Theodore Roosevelt，人称"老罗斯福"）之孙，曾参加过二战并获得紫心勋章。他19岁时在哈佛大学艺术历史系读书，故钱端升日记中说是"一学生也"。后来到中国，成为今中国国际航空公司的前身"中国航空公司"的总裁。

今日稍适，稍能用功矣。

4月5日

法人 Alfred Fabre Luce［阿尔弗雷德·法布尔·卢斯］来访，据闻为有名作家，且持 Buell［布尔］函来云。

午请慰堂等，龚仲钧则长谈甚久。

4月8日

日来又忙累之至。下午 1:30 在新雅时遇空袭，4:30 始解除。在家避，尚适云。

4月9日

今午又有警报，未来；闻昨损失极大，飞机即有八架云。

下午茶，招待 Fabre Luce［法布尔·卢斯］及 Jean Rouvier［让·鲁维埃］，因信未送到，来者仅面邀者八九人矣。

晚看俞珊〔1〕之义务戏，不恶，惟太晚耳。

4月10日

今日以去车站送孟邻至港，起极早；午又有虚警。

4月12日

日来课多，又须找房，甚以为苦。且自从吾〔2〕走告，公蕙将于二日南下后，吾至今未得信。如不即定房，来时恐无屋可住。如即定房，则又恐白费定金。颇觉蕙太不知事。且自去秋起，我心中总以此搬家事蕙处理未当，令我不愿多思，思辄头痛也。

下午由龚仲钧介见龙〔3〕，适韦卓民〔4〕亦然。谈甚长而不累。此人机

---

〔1〕 俞珊，浙江山阴（今属浙江省绍兴市）人，表演艺术家。20 世纪 20 年代中期毕业于南京金陵大学，精通英语，热爱戏剧。1929 年应田汉之邀入南国社。1930 年俞珊参加南国社的第三期公演，在田汉改编的《卡门》一剧中任主角。20 世纪 30 年代在京、津，抗战时至重庆，常作业余演出。

〔2〕 姚从吾，原名士鳌，号从吾，河南襄城人，著名历史学家，主要研究匈奴史和蒙古史。抗战时期任西南联合大学史学系教授。

〔3〕 此处当指龙云。

〔4〕 韦卓民，时任国民参政会第一届参政员。

警聪明绝无问题。

4月18日

龙请英大使 Clark Kerr［克拉克·卡尔］[1]。近谣传英大使将提和，膳后访之，似彼决助抗战，抗战局面可无问题也。

4月28日

今日去海防[2]，至第三日始到。首晚宿开远[3]，次晚宿老街[4]。沿途颇累，法人待越人亦不好。

4月30日

海防，住 Hotel de Commerce［商务酒店］。

五月

5月1日

海防。蕙等十一时由和生到，与二儿均健。

5月2日

海防。昨今忙行李、护照等事，乱累之至。

5月3—5日

海防—昆明。慢车行，余押行李坐四等，蕙等坐二等，宿老街之四川旅行社，开远之 Bungalow［平房］，五日下午六时到昆明，仍住蒋宅。

5月21日

到滇后，合家住蒋宅，不甚适也。今日合家迁至民生街民生巷三号，月租八十元云。

---

〔1〕 阿奇博尔德·克拉克·卡尔（Archibald Clark Kerr），英国著名外交官。曾先后出任过英国驻华、驻苏、驻美大使。

〔2〕 海防，越南北部的沿海城市。

〔3〕 开远，位于云南省东南部，是滇东南地区的交通要塞和中心城市，今隶属红河哈尼族、彝族自治州。

〔4〕 老街，越南北部边境的城市，坐落在越南境内的红河岸边。

六月

6月25日

昨今二日有二事足述。

《今日评论》半年来颇有焦头烂额之现象，经济、经理、印刷、校对皆有问题。上半年支出目约千元，六七取之于银行，其余取之于社员。以后不能如此。商于布雷，今得电言蒋已批三千元，目前自可继续。

下半年楼邦彦及龚祥瑞返联大教书，而中央大学时代之《民国政制史》亦出版，因拟继续旧日行政研究工作〔1〕。请款联大五百元，仅见百元，颇不怿。今得杭立武函，愿以2500【元】补助，自可继续矣。

八月

8月22日

Nehru［尼赫鲁］〔2〕游华，昨自 Calcutta［加尔各答］起飞，今晚到此，明晨飞渝。中央党部派杨公达来接。今日先闻 incognito［隐瞒身份］。今晚饭，杨邀余、黄金涛〔3〕、郭心崧〔4〕作陪。N.［尼赫鲁］甚英和干达，出言亦极中肯。此行对国民党或有助之现代化之力。杨等对 N. 了解太

---

〔1〕 20世纪30年代，钱端升在国立中央大学任教时，曾组建行政研究室，组织青年教师和学生开展专题性研究工作，《民国政制史》即为成果之一。钱端升到西南联合大学任教后，提议恢复该机构，该机构主要职责是：其一，以研究中国现代及过去各种行政问题为目的。其二，由在西南联合大学法商学院担任行政部门之教授与研究助理员若干人组成。其三，主任由西南联合大学政治学系主任兼任。其四，研究助理员以各大学毕业生中曾任行政研究工作或对行政研究确有兴趣及能力者担任，其人选由担任研究的教授审核推荐。其五，经费由西南联合大学担负，并受各学术机关之补助。1940年，西南联合大学常委会第一四六次会议决定聘请钱端升为西南联合大学行政研究室主任，第一五五次会议聘请周世述、龚祥瑞、戴修瓒、秦瓒为行政研究室委员会委员。

〔2〕 贾瓦哈拉尔·尼赫鲁（Jawaharlal Nehru），印度开国总理。早年留学英国，1929年当选为印度国大党主席。1947年任印度总理。

〔3〕 黄金涛，字清溪，福建厦门人，冶金专家。1911年入美国哥伦比亚大学采矿冶金专业学习。回国后曾任汉阳钢铁厂冶金工程师、大冶钢铁厂冶炼总工程师。后任汉阳钢铁厂厂长兼总工程师、汉口市政府工程顾问、经济部专门委员、实业部矿产司司长等职。

〔4〕 郭心崧，字仲岳，浙江温州人，毕业于日本京都帝国大学经济学院。1926年受聘任国立中山大学法科教授，并任经济系主任。时任国民政府交通部邮政总局局长。二战后任驻日代表团文化参事。

一九三九年（民国廿八年）

浅，或转足减 N. 对我华之了解。

8月29日

贵阳。廿七日由昆明动身来筑[1]。车为滇缅公路车，由徐柏图接洽租借。同行者孟和、金甫、钧任、黄元彬[2]、伍智梅[3]、罗衡[4]及老金、性存、刘士能[5]、陈维汉及杨□□［原文置空］太太及仆孩，前六人参政也。

九时二十分动身，晚五时到平彝，宿中旅招待所，走230公里，次日晨七时走，六时到安南，又宿中旅。今日七时半走，七时到城门，微有麻烦。八时到贵阳招待所。三日午膳地，为曲靖、盘县及安顺。第二日走192公里，第三日走240公里。

三日所经地为昆明、马龙、曲靖、平彝、盘县、普安、安南、永宁（镇）、关岭（镇）、镇宁、安顺、平坝、青镇，皆县也。大概滇境少人烟息地，而自普安至筑，则人烟较密。由安宁到筑，土地颇饶，安顺甚富。

以政治言，滇境各县甚无生气，贵境颇不同，党部工作尤显而易见，独恐见诸纸上者太多耳。

贵境见赶市及赶节之苗人甚多，女子服装甚整。

公路不恶，惟路上所见覆车仍多。西南运输车返滇多空车，亦不经甚矣。

8月30日—9月1日

贵阳本定留三夜二日，后以孟和发烧，俟其退后再行，因多留一日。

---

[1]"筑"是贵州省省会贵阳的简称。

[2] 黄元彬，广东台山人。历任国立中山大学经济系主任、中央大学法学院院长。时任国民参政会参政员。

[3] 伍智梅，早年与丈夫黄建勋一起追随孙中山从事国民革命，长期致力于争取女性选举权及襄助女性教育、就业、育婴等公益事业。抗战时期她在战时救护、收养遗孤、救济贫困等方面均做出了贡献。

[4] 罗衡，字侠斋，原名罗云英，云南盐丰人。抗战期间任国民党中央党部干事、国民参政会参政员。

[5] 刘敦桢，字士能，建筑学家，中国建筑史学的开拓者。1927年参与筹组中央大学建筑系，后加入中国营造学社，致力于古建筑文献的发掘和考订。1943年以后任重庆中央大学建筑系教授、系主任、工学院院长。20世纪30年代，中国建筑界有"南刘北梁"之说，"南刘"指的是刘敦桢，"北梁"指的是梁思成。

住贵阳招待所一切尚适。

贵阳自二、四空袭后，省府令于各家在马路先造平房，故市面恢复甚快，物价亦低于昆明约百分之二三十。吴鼎昌等力向前进，虽有时过重宣传，然成绩已斐然可观矣。

在贵三日。第二日晨游黔灵山，有庙颇佳；第三日游花溪，距城约35公里，有山有水，清华中学在焉。在花溪时遇警报，苦于预行疏散也。

在贵应酬多，吴达铨、周寄梅〔1〕、刘咸章、程觉生等皆请，而杨太太之饭尤为年来稀得之菜。

九月

9月4日

渝。二日晨6:30起行，下午6时到桐梓，宿中旅。三日晨7:00行，下午5时到綦江。四日晨7:30行，晨10:55到海棠溪。三日路程如下：230；188；80。仍多山，第一【天】、第三【天】较平。桐梓过后之花家坪，下山极弯曲而险。

在綦江，晚遇警报。

桐梓生活程度最低，愈北愈高。

到海棠溪余先过江，住油市街四号，枚荪、鲠生亦在。

自三日起，天气奇热，到渝更破眼镜，窘极。

9月5日

渝。一日晚，吴达铨告，谓今晨德已轰炸华沙，大战起矣。沿路打听消息，极难。至渝，则知英已于3日上午11:15宣战矣。

又一日晚，风闻昆明有空袭，至渝知其无，始释然。

鲠生告，谓外部主中立，雪艇主 benevolent［仁慈的］中立，蒋主对德宣战。余力主后者，政治作用重于军事也。因草一函致蒋。由余及金甫、孟和、枚荪具名送去。

---

〔1〕 周诒春，字寄梅，安徽休宁人。1907年毕业于上海圣约翰大学。1912年任清华学校副校长，1913年8月任校长，1918年1月去职。抗战期间担任贵州省政府委员兼卫生委员会主任委员、贵州省财政厅厅长等职。

9月7日

渝。午蒋请参政员二十名左右,多人来[自]学界。蒋甚欲知外交意见,余答以函中所陈者,然座上似无多以参战为然者。

9月8日

渝。下午迁重大住。

9月9日

渝。晨十时参政会开会,蒋先生主席,演词要大家注重建设及外交方面,供献意见,比上次稳当得多。

9月14日

渝。连日开会,报告为多。今日较多事。上午,在审查会中打击沈钧儒以苏为外交中心之案。晚在党团发表关于宪治之论,不为所采。反孔事[1]亦至紧张。

关于宪治,各小党初有此主张,蒋先生颇怒。但前日蒋又嘱国民党提结束训政案。今晚党团所讨论者,不具丝毫诚意,应付而已。

关于反孔,孟真主动,将提临时动议。今晚党团提议,俟动议提出时,将假今晚出席者名义,发表意见书,请议长不议。此种背信之事,自不能做,故署名反孔提案之党员皆大声反对。党团会议之空气大见紧张。

9月16日

渝。今日下午蒋先生主席,草草通过请政府剋期实行宪政一案。反攻案交而未议,由秘书长复函,谓议长以职权问题欲待面商云云。

9月17日

渝。晨议长致训。首对外交,谓我国仍在美、英、法、苏之和平阵线上。除此外,未表意见。昨晚公布之日苏停战协定更使政府胆怯。实则此后演变,如苏助德,美将助英法。如苏不助,英法更可致胜。而苏之对我,恐将益趋冷淡。故最后我必与英法共战。既如此,何不今日即战耶?

---

[1] 即倒孔运动。

对于内政,蒋谓立宪后仍训政,即立宪而遗教仍不能变。所谓训政,乃指参政会及国代之流训政府。欲训者必须知礼仪廉耻,也不能无法律根据。词侵国会议员及隐含昨提反孔案者在内。总观,极不 coherent〔条理〕。

9月18日

渝。下午闭会,议长致辞,又较客气,谓对各函所言事,将以有则改之,无则加勉态度处之。

今日进城,仍住油市街。

9月19日

渝。下午蒋先生邀茶,论外交。先与多人谈过,余之意由张子缨言过,未直接发表。各方情报不同,情感不同,故立论甚歧。大体言之,有观望、依苏、及依英法美三派。蒋先生既直接采取意见,不由固定机关,而意见又如此分歧,宜乎外交政策之不易即定也。

9月21日

渝。雪艇欲鲠生及我去美助颜骏人〔1〕一事,已应之。雪艇亦电刘驭万〔2〕定住。

9月23日

渝—滇。晨七时飞返昆明,十时到。昆明仍在雨季中。二儿均较肥硕,弥可爱。

十月

10月4日

昆—渝—港。连日忙飞机,今晨六时欧亚机起飞,9:10抵渝。鲠生先

---

〔1〕 颜惠庆,字骏人,上海虹口人。国民政府时期先后任驻英大使、驻苏大使,出席国际联盟大会首席代表。1939年8月,以中国首席代表的身份赴美,出席于美国弗吉尼亚海滩港举行的第七次太平洋国际学会会议。会后继续留美协助胡适拓展对美外交。

〔2〕 刘驭万,湖北宜昌人,民国政治人物、学者。1933年任中国太平洋国际学会执行干事,主持学会日常事务。1939年底随总部移往香港。1945年以后从事外交工作。

日走，仅晤雪艇。

雪艇言，二日鲠生见介公[1]，介公以若干事为嘱：(1) 如美提和平，我们有若干浮泛条件；(2) 努力劝美借款，且 Embargo [禁运][2]；(3) 婉告适之较[时]策力。

下午 3:27 起飞，桂林停半小时，8:40 抵港。宿九龙酒店。

10月7日

港—洋[从香港到太平洋]。下午 6 时与鲠生、刘驭万乘诺威 [挪威]货船 lvaran [伊瓦峦] 放洋。文伯等送行。船净重二千余吨，连货 4500 吨，惟尚新。晚即开广播，谓大风将至，船长意欲先大风而东行。八日有 Monsoon [季风]，尚勉可起。九日大风至，至晚而剧。自九日下午起，船长在台上者十五小时不断。是晚，次晨，船多处受伤，余亦卧而少起。十日下午决折回。十一日晨一时抵港，十时上岸，仍住九龙酒店。

10月12—19日

港。连日忙吃，且常感头痛，欲作文而无成。

10月19日

港—菲[从香港到菲律宾]。9:45-13:20 California Clipper [加利福尼亚快船号] 飞菲，鲠生、刘驭万偕。

10月20日

菲[菲律宾]，甚热。

10月21日

菲—Guam [从菲律宾到关岛[3]]。

---

[1] 即蒋介石之尊称。

[2] 指对日禁运。

[3] 关岛（The Territory of Guam），位于西太平洋马里亚纳群岛的南端，面积 549 平方公里，首府阿加尼亚。

10月22日

Guam-Wake Island［从关岛到威克岛〔1〕］。

10月23日

留 Wake［威克岛］。

10月24—23日〔2〕

Wake-Midway I.［从威克岛到中途岛〔3〕］，浪大。

10月24日

Midway-Honolulu［从中途岛到火奴鲁鲁（檀香山）〔4〕］。晚华人及 I. P. R.［太平洋国际学会］有宴。

10月25—26日

Hon-San F.［从火奴鲁鲁（檀香山）到旧金山］。

10月26日

今晨8:20到旧金山。此行虽风较上次大，但安适甚于前次，或因船较大也。

住 Bellevue［贝悦酒店］，到后即与适之通电话。定29日起行。

下午由 Pardee Lowe［帕迪·洛维］〔5〕陪视 Intenational Exposition［国际博览会］。或因身处困难之中，故亦不见其奇异之处。

〈删略〉。

---

〔1〕 威克岛（Wake Island），旧称哈尔西恩岛（Halcyon Island）或赫尔西恩岛（Helsion Island），1898年归美国，是美国的无建制领地。东距夏威夷3200公里，西距关岛2060公里，具有重要的战略地位。

〔2〕 此处日期顺序遵从日记原稿。

〔3〕 中途岛（Midway Island），位于太平洋中部，1867年中途岛被美国首先发现，是美国无建制领地。自1903年起由美国海军部管辖，1939年建航空站和潜艇基地，成为美国重要海军基地之一。

〔4〕 火奴鲁鲁（Honolulu），即檀香山，位于北太平洋夏威夷群岛中瓦胡岛的东南角。

〔5〕 帕迪·洛维（Pardee Lowe），时任美国加利福尼亚州州长。

一九三九年（民国廿八年）

10月27日

San Fran［旧金山］。今日下午见 Rowell［罗威尔］。彼意最好国会有 Embargo［禁运］，但难不可言，以国会即将通过 Repeal of the Embargo in the Neutrality Act［《废除〈中立法〉禁运条款》］〔1〕。

10月28日

下午由 Wing N Mah（马如荣）接去加大玩玩。上午有一群加大学生来谈。

综数日闻见，美方注意者：（1）中苏同盟确否；（2）国共冲突如何；（3）汪组织〔2〕影响如何，也有惧；（4）英国接近妥协者。

10月29—30日

San. F.-New York［从旧金山到纽约］。下午七时，与鲠生飞行，次日2:30到，余［于］总领事〔3〕等来接。住 Ambassador［使节酒店］。颜骏人前日到；适之方到。颜对国事极不接头。适之甚努力，美政府对我亦似尚积极。

10月31日

N.Y.［纽约］。昨今多次与颜谈，彼对中国事极不接头，适之不欢迎久住意，亦有表示。政府愿欲颜小住，从旁补适之不及。如此，又乌可能？

---

〔1〕《中立法》，指20世纪30年代美国国会内外的孤立主义派利用美国人民不愿卷入新的战争的情绪，防止美国卷入西半球以外的战争的立法。《中立法》的规定，实际上把美国的对外政策以法律的形式固定了下来，它要求政府在推行对外政策时，采取不偏不倚的中立立场。钱端升日记中称"国会即将通过 Repeal of the Embargo in the Neutrality Act"，即指废除上述《中立法》中的有关禁止把武器、弹药等运往交战国等条款，还谈不上对日"禁运"的问题。1941年美国对德、意、日宣战后，《中立法》才被正式废除。

〔2〕1939年4月，日本特务秘密护送汪精卫等进入上海，着手组织伪中央政府。此处所指"汪组织影响如何"，即指汪精卫一系列的投降活动。1940年3月30日，南京举行所谓"国民政府"还都仪式，正式成立傀儡政权，汪精卫在日本的支持下成为汪伪国民政府行政院院长，后兼主席。1944年汪精卫死，陈公博继任。1945年8月15日，日本投降，汪精卫政权作为日本在中国建立的傀儡政权之一，也随之灰飞烟灭。

〔3〕"余总领事"，为"于总领事"之笔误，即时驻纽约总领事于焌吉。

139

下午五时，往看 Fair［世博会］[1]，雨中如此热心，亦极难得也。美国各陈列重工业，各国陈列重宣传。大概苏联宣传工业化，大英宣传英美同趣。此 Fair 远佳于 San. F.［旧金山］者。

十一月

11月1日

午与鲩生、与李国钦饭。李极恭维适之，但彼留适之电。孔之复并不 warm［热情］，亦不 positive［积极］，仅云将尽其所能以不令更动而已。又李对国家之外交，妄参末议之处亦过多。

晚去 Llewellyn［卢埃林］家。论及美国对外势之看法，亦复杂之至。

11月3日

午同 Buell［布尔］饭。彼意中日不易解决，中国似须接受调解。彼谓美或可先定条件，如日本不受，或可于明年二月通过 embargo［贸易禁运］，但彼所拟条件已太苛。

今日，美国会通过中立法新法，取消 embargo on arms［（《中立法》中的）武器禁运］[2]。

11月4日

New York-Washington［从纽约到华盛顿］。今日去美京，住大使馆，适之邀，不便却也。

---

〔1〕1939年4月30日—10月31日在美国纽约市皇后区法拉盛草原可乐娜公园举行的世界博览会。这次博览会是纪念华盛顿就任美国第一任总统150周年纪念活动的一部分，主题为"建设明日世界与和平"。

〔2〕1939年欧洲战争爆发前后，罗斯福总统认定美国的防线在欧洲，多次向国会提出修改《中立法》。国会经过长期争论，于1939年11月3日通过修正的《中立法》，废除武器禁运的条款，允许交战国在美国购买军火，但实行"现款自运"原则。新法案在武器和物资上支持了英、法；在东方则有利于日本而不利于中国，因中国无力自运。

一九三九年（民国廿八年）

11月5日

雨未出，颜骏人来使馆颇久，有雀戏〔1〕。晚写四信寄重庆。

11月6日

晨随鲠生周旋，午在颜处饭。颜自幼受美教育甚深。其人固 gentlemen[绅士]，但太平凡，见解亦不太佳。鲠生大概原来以为老官僚必不堪，故觉其甚佳。一若留此必有事做，仍望其在此。适之根本讨厌一切人，对颜自无大好感。但彼总觉施肇基〔2〕强，则又是偏见。大概年愈老者，对过去愈尊重，颜、胡殆俱坐此病。

晚崔秘书存璘请颜，客甚多。余坐 W. W. Willoughby[W. W. 韦罗壁]及 Arthur Young[亚瑟·扬]间，皆至 Mediocre[平庸]。

11月7日

晚适之宴出席太平洋学会诸人，Carter[卡特]、Field[菲尔德]，及 State Department[国务院]若干人。Welles[威尔斯]〔3〕及 Messer-Smith[梅塞尔-史密斯]〔4〕均为初次见。Welles 颇贵族气，但识见尚不恶，至 Messer-Smith 则属于老公务员派。并无机会多谈，仅与 Hornbeck[霍恩贝克]有所谈而已。

11月8日

晤李功原，为言殊无着落，颇难达其母欲其早返之意。

11月9日

适之今日去纽约，晚，其参事秘书陈、崔等各有说，或述其办事之苦，或述适之如何受攻击。大概适之极不为此之中国人所喜，其事极显明。

---

〔1〕 麻将又称麻雀牌，"雀戏"即指打麻将，亦称"竹城之战""方城之战"，胡适称之为"国戏"。

〔2〕 施肇基（Alfred Sao-ke Sze），字植之，苏州吴江人，民国时期外交官。曾两次出任驻英、驻美全权公使、大使。1941年赴美任中国物资供应委员会副主任委员。1945年出席旧金山会议任高等顾问。

〔3〕 本杰明·S. 威尔斯（Benjamin S. Welles），美国外交官。时任美国副国务卿。

〔4〕 乔治·S. 梅塞尔-史密斯（George S. Messer-Smith），美国外交官。曾任美国驻古巴、墨西哥、阿根廷大使。

午 Larry Salisbury［拉里·索尔兹伯利］邀午餐，Joseph James［约瑟夫·詹姆斯］亦来。窥 James 之意，似 State Department［国务院］知中国之难以克日，及日经济之虽奢而不易即溃。

11月10日

今日与鲠生往看 Willoughby［韦罗壁］，彼对 embargo［禁运］太乐观。

11月11日

午游建文夫妇邀颜、鲠生及余与□□Md.［马里兰的？］吃饭。今日 Armistice Day［停战日］〔1〕，大家放假，但感触倍增也。

11月13日

连日草一文，名"China's unity: An Examination"［《中国之统一：一场考验》］，今日始毕，明日尚需打缮也。

11月14日

今日首次出去走走，上午观国会及法院，下午游 Mt. Vernon［弗农山庄］〔2〕及 Arlington Cemetery［阿灵顿国家公墓］。上午去 State Department［国务院］，偏［遍］访熟人；本与 Hornbeck［霍恩贝克］约谈话，但彼未之守也。

11月15日

上午去见 Archibald MacLeish［阿奇博尔德·麦克利什］，彼今为 Librarian of Congress［国会图书馆馆长］，未能谈起国事也。

下午再与鲠生见 Hornbeck［霍恩贝克］，H［霍］对国内战事乐观，且对援助事不热心。〈删略〉。

---

〔1〕 停战日（Armistice Day），1918年11月11日上午11时，德国政府代表埃尔茨贝格尔同协约国联军总司令福煦在法国东北部贡比涅森林的雷东德车站签署停战协定，宣告德、奥、土、保同盟国集团的彻底战败，第一次世界大战至此结束。1919年11月7日，经提议，将11月11日定为"停战日"。

〔2〕 弗农山庄（Mount Vernon），美国国父乔治·华盛顿的故居，占地8000英亩，位于弗吉尼亚州北部的费尔法克斯县，距离首都华盛顿特区仅24公里。

一九三九年（民国廿八年）

11月16日

竟日未出，欲见之国会议员，多已离京，无从见也。

11月17日

午 Y. S. Leong［梁友松］约 Brookings Institution［布鲁金斯学会］若干人同餐。下午访 Charles Ross［查尔斯·罗斯］，彼谓美对 embargo［禁运］确有兴趣，但不见得能通过。美当不至加入战争，但日后之和，也不见得会说话。

11月18日

今晨往晤 Willoughby［韦罗壁］，谈求书事。

11月19日

竟日为 I. P. R. delegates［太平洋国际学会代表］集会故，甚忙，但无重要事也。

11月21日

晨与鲠生访 Frankfurter［弗兰克福特］，彼谓美政府决不因惧日苏接近而与日协，亦不会因中依苏而疏中。

午后访 Brookings Institution［布鲁金斯学会］之 Moulton［莫尔顿］，承允助书，极高兴。

11月22日

午看 Frank Murphy［弗兰克·墨菲］，未能多谈。

下午四时，偕鲠生去 Virginia Beach［弗吉尼亚海滩］，晚到，住 Cavalier hotel［骑士酒店］；路中多次换车，不甚适也。

11月23日

Va Beach［弗吉尼亚海滩］。首日开会，我属 Round Table A［圆桌A］，论日本方面。大家甚同情，但讨论经济等问题时，太像煞有介事，而对扼要之政治问题则太抓不住。主席 Blakeslee［布莱克斯利］甚好说话。大会主席 Jessup［杰赛普］不差也。

11月24日

今日圆桌继续讨论日本,外人总以日本永为强国为前提而欲其和平,而华人议论亦多外交家及 Y. M. C. A.［基督教青年会］〔1〕味。我因告以日本将来不能为大国,而只能为大荷兰,众似未能领会我之意也。我又为将来须世界各国,尤其是各大国待日以厚道,而道之为商业国,此点众亦未觉其重要。

今日开始讨论中国,外人问者多。国人太喜说得天花乱坠,一若中国了不得,亦不甚佳也。

11月25日

中国晨晚均有讨论,戴保鎏〔2〕喜多说,而冀朝鼎〔3〕则好宣传左倾。

Norfolk［诺福克］〔4〕有华侨百三四十人,生活不恶。今日以车接同人去,表示欢迎意。

11月26日

今日,全体游 Williamsburg［威廉斯堡］〔5〕,盖由 Rockefeller［洛克菲勒］〔6〕以二千万美金将十七、【十】八世纪 Viginia［弗吉尼亚］旧都三街复旧而成者。地离 Va. B.（Virginia Beach）［弗吉尼亚海滩］约六七十 miles［英里］,费时全日。

11月27日

今日讨论西方各国与中日战争。澳十分畏日,不愿美英对日有不利行

---

〔1〕 "YMCA",是 Young Mens Christian Association 的简称,中文译为"基督教青年会",是一个普世基督化青年运动。"YMCA"主要培养基督教的伦理观念于生活中付诸实行,增进个人身心健康,在社会上做良好的公民。1925 年,太平洋国际学会由檀香山的基督教青年会及一些学者、实业家发起,总部最初设在檀香山,后于 1934 年迁至纽约。

〔2〕 戴保鎏（又作戴宝鎏）,曾任沪江大学教授、国民政府驻智利大使、国际问题研究会总干事等职。

〔3〕 冀朝鼎,号筱泉,山西汾阳人。1927 年加入中国共产党。1929 年被派到美国,参加美共《工人日报》和美共中国局工作,创办《今日中国》和《美亚》杂志。先后在美国共待了 17 年,他在美国的政治、经济、学术界均有广泛的人脉。

〔4〕 诺福克（Norfolk）,是美国弗吉尼亚州第二大城市和港口。

〔5〕 威廉斯堡（Williamsburg）,位于美国弗吉尼亚州,是美国历史最悠久的城市之一。

〔6〕 小约翰·戴维森·洛克菲勒（John Davison Rockefeller, Jr.）,美国慈善家,洛克菲勒家族的重要人物。

动。加消极，英方代表似亦畏日，故偏妥协，但又说英不会变。至美能否进行某种援助，亦无确定表示。

下午同 E. J. Tarr ［E. J. 塔尔］[1]细谈，极细远可爱。有二点堪记。(1) 英澳等以自危故，或不喜美采积极行动；(2) 英恐失美同情或不敢与日妥协。

十二月

12月2日

太平洋［指太平洋国际学会会议］今午结束。下午5:45。

此次中国代表有颜骏人、陈光甫、李国钦、周鲠生、张彭春、温源宁、冀朝鼎、戴保銮、陈炳章及余，及秘书刘驭万、刘□章、王世熊、颜雅青［颜雅清］等。颜骏人已老，不 Keen ［敏锐］，也不甚接头。陈、李仅到数天。冀较左，戴、陈较稚，不算强也。

各国，美之 Yarnell ［亚内尔］[2]，McCoy ［麦考伊］[3]颇强，Greene ［顾临］，Wright ［莱特］，Bisson ［比森］颇偏我。Jessup ［杰赛普］为主席，有大志而能，不轻表示。加方 Tarr & Dafoe ［塔尔］和［达福］[4]俱大器，亦亲我。N. Z. Condliffe ［新西兰的康德利弗］[5]颇有力，但颇为英国着想。英帝国方面馀子均偏"realistic"［现实］，Fahs ［法斯］[6]祖日，Von Trott ［冯·特罗特］[7]放烟幕弹，意女子 Boggeri ［博格瑞］则 fuse

---

〔1〕 埃德加·J. 塔尔（Edgar J. Tarr），加拿大温尼伯市君王人寿保险公司董事长。

〔2〕 哈里·欧文·亚内尔（Harry Ervin Yarnell），美国退役海军少将，曾任美国亚洲舰队司令。

〔3〕 弗兰克·罗斯·麦考伊（Frank Ross McCoy），美国退役陆军少将、美国外交政策协会会长。1897年毕业于西点军校。1932—1933年曾随国联李顿调查团（Lytton Commission of Inquiry）来华调查九一八事变。1938年退休，1941—1942年又应招服役。二战后曾任远东委员会主席。

〔4〕 约翰·卫斯理·达福（John Wesley Dafoe），加拿大温尼伯市自由出版社董事长、总编辑，马尼托巴大学校长。

〔5〕 约翰·贝尔·康德利弗（John Bell Condliffe），新西兰最著名的国际经济学家之一。1925年，他作为新西兰的代表之一出席首次太平洋国际学会会议，并于次年组建了新西兰分会。1926年底，他任职于太平洋国际学会新建的研究秘书处，遍历中国、日本及欧美等地，探访研究项目、组织国际会议等。1939年任加州大学伯克利分校教授，同时仍积极参与各种学术及商业会社的活动。

〔6〕 查尔斯·H. 法斯（Charles H. Fahs），美国宣教研究图书馆馆员。

〔7〕 弗里得里希·亚当·冯·特罗特·祖·索尔兹（Friedrich Adam von Trott Zu Solz），德国律师、外交家，纳粹主义反对者。

［调和］，皆可鄙也。

12月3日
Washington ［华盛顿］。今晨七时到晚九时北上。
适之招待中晚餐，又赐 I. P. R. ［太平洋国际学会］同人 cocktail ［鸡尾酒］。

12月4日
Cambridge ［剑桥］。7:45 到，鲠生偕行，住 Hotel Comnander ［科芒德酒店］。整日忙，与周世述编一书目，以便向人索取。周将去联大。午 Holcombe ［何尔康］邀 Yeomans ［约曼斯］及 Elliott ［艾略特］后用饭。晚则裘开明[1]约。

12月5日
Cambridge ［剑桥］。晨访 President Lowell ［洛厄尔校长］，下午访 Pound & Landis ［庞德和兰蒂斯］，晚在 Holcombe ［何尔康］家饭，有东方专家多人。

12月6日
Cambridge ［剑桥］。昨今忙书目事，未毕也。
晚哈佛中国学生开会欢迎。

12月8日
Cambridge-New Haven-New York ［从剑桥经纽黑文到纽约］。晨去纽约，午 12:30 到 New Haven ［纽黑文］。元任处留半天，晚到纽约住 Ambassador ［使节酒店］，12:30 始到也。

12月9日
New York ［纽约］。午约 Max Lerner ［马科斯·伦纳尔］来饭。

---

〔1〕 裘开明（Alfred Kaiming Chiu），美籍华人，祖籍浙江镇海，图书馆学家。1924 年赴美国进修图书馆学和经济学，1933 年获哈佛大学博士学位。1931—1965 年任哈佛-燕京图书馆馆长，主要从事图书编目分类及古籍版本等方面的研究。

一九三九年（民国廿八年）

晚约王世熊看 Muni［穆尼］[1]之 Maxwell Anderson's "Key Largo"［马克斯韦尔·安德森的《基拉戈》］[2]。

12月13日

晨为 American Newsreel［美国新闻片］对话，听之颇不恶。

午 Field［菲尔德］请我与鲠生饭，Field［菲尔德］偏 C.P.［共产党］甚，难以理解。

12月14日

午 Peffer［裴斐］约饭，下午访 Villard［韦拉德］，彼言德之力极大云。

12月15日

午 Jessup［杰赛普］约饭。

12月16日

晚 Karl［卡尔］约饭，见 Ascoli［阿斯科利］[3]及 Levy［利维］[4]等。

12月17日

Washington［华盛顿］。适之生日，早车偕鲠生去贺寿，宿焉。

12月18日

Washington-New York［从华盛顿到纽约］。

12月20日

下午于总领事有一 Reception［招待会］，招待颜骏人及 Butler［巴特勒］及 Dewey［杜威］。

晚陈光甫约去饭，长谈。此人清楚明达，有见解，知退步，确一人材。

――――――――

〔1〕保罗·穆尼（Paul Muni），出生于奥匈帝国（今乌克兰），1929年初登银幕，多次荣获奥斯卡最佳男主角提名。此处系指由穆尼担任主演、由玛克斯韦尔·安德森写的戏剧《基拉戈》。

〔2〕马克斯韦尔·安德森（Maxwell Anderson），20世纪前期美国最重要的剧作家之一。1939—1940年，他写的剧本《基拉戈》（Key Largo）曾在纽约百老汇剧院演出百余场。

〔3〕马科斯·阿斯科利（Max Ascoli），美国新社会研究学院政治学、法学教授。

〔4〕罗杰·利维（Roger Lévy），法国政治学家、史学家。

12月21日

上午见 Charles Merz［查尔斯·梅兹］及 R. J. □［R. J. □］。

下午 Lockwood［洛克伍德］有 Cocktail［鸡尾酒会］，晚孟治请颜，有五六洋人。

颜留此无用，而颜、胡间易生磨擦，且使胡不安。鲠生对此始终不肯说话。他觉得颜尚可为。此则盲从重庆见解。更觉得胡太不合作。此诚然。但又有何法？胡为周帮忙也不多，周亦未尝不觉得。然如认胡为最相宜之大使，则此类小事又岂能顾之。如周不肯助胡抑颜，我一人又安能使重庆知胡之应倚而颜之不能有为？中国人事真不易办也。

12月22日

午 Bruce Bliven［布鲁斯·卜理文］请吃饭，已无从前反战之甚矣。

晚 Llewellyn［卢埃林］夫妇请饭。晚看"Gone with the Wind"［《乱世佳人》］。

12月23日

晨访 Eichelberger［阿奇伯格］，彼对 embargo［禁运］甚乐观。

晚 Llewellyn［卢埃林］家节宴，皆哥大法系人士。晚中国学生请颜说话。

12月24日

午女生赵继振及李雪夏请去便饭，皆芝大［芝加哥大学］女生也。

晚林语堂请晚饭，饭后看电影。

12月25日

与潘学彰去许仕廉处，午饭；晚始回。

12月26日

下午与元任观 Museum of Modern Arts［现代艺术博物馆］。

访 C. C. Burlingham［C. C. 伯林厄姆］，已聋矣，家事致其 shock［受打击］也。

晚与鲠生请领馆全体及孟治夫妇，酬答也。

12月27日

New York-Washington［从纽约到华盛顿］。下午至京，鲤生同行，住Wardman Park Hotel［华德曼公园酒店］，仍未接家书，极念。Sinclair［辛克莱］有信，云英政策不变。

12月30日

28【日】起，政治学会开会，今午始毕。藉此见见人，但所见人不多。到会之人异常之多，则因首都之故。余之请书，则据 Holcombe［何尔康］云，已分头请人相助。

12月31日

今日过大年，无聊之至。写家信。晚则与鲤生避年于共和馆及电影馆。

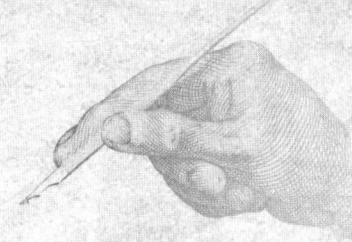

一九四〇年
（民国廿九年）

1月1日

在 Washington［华盛顿］，Wardman Park Hotel［华德曼公园酒店］。

一月

1月1日

在 Washington［华盛顿］, Wardman Park Hotel［华德曼公园酒店］。

1月2日

今日接家信，渝信颇多，渝方情形似又欠佳，至虑。

1月4日

今日访 Bishop of Smithsonian Institution［史密森学会[1]之毕安祺[2]］，及 Senator Sheppard［谢泼德参议员］，关于美之行动，Sh.［谢］推宜由总统主动，不加意见。

1月5日

上午与鲤生访 Sol Bloom［所罗门·布鲁姆］，乱说，无话也。下午以 Holcombe［何尔康］之介见 Senator Elbert D. Thomas［埃尔伯特·D. 托马斯参议员］[3]。彼甚不以战为然，也惧中国胜后成帝国主义者，其志则在停战，然对日极坏，或能赞成促进借款。

1月9日

下午访 Lippmann［李普曼］。此人在为文中主西欧国家相联，似偏美少过问远东事。今告我（1）美不能许英和日；（2）美将一方进行谈判商约，一方乘机要挟；（3）日本所订钢，近已转芬，最近或会停止钢运日；（4）日大使礼拜前告彼，已极急；（5）日人见彼者颇多；（6）日人对汪有大望。

　　Emma［艾玛］友 Mildred Parten［米尔德里德·帕滕］[4]约饭。

---

〔1〕 史密森学会（Smithsonian Institution），美国政府资助的半官方性质的博物馆机构，由英国科学家詹姆斯·史密森（James Smithson）遗赠捐款，根据美国国会法令于1846年创建于首都华盛顿。

〔2〕 毕安祺（Carl Whiting Bishop），美国考古学家，以东亚研究见长。

〔3〕 埃尔伯特·邓肯·托马斯（Elbert Duncan Thomas），美国犹他州的民主党政治家。1933—1951年为参议员。

〔4〕 米尔德里德·伯尼斯·帕滕·纽霍尔（Mildred Bernice Parten Newhall），美国社会学家，明尼苏达大学儿童发展研究所研究员。

1月11日

下午访 Pittman［皮特曼］，谈二十分钟，彼言为多。伊述提 SF123 [1] 经过。(1) 彼谓当时提出此案，本与中立法分途。大家赞同，惟或疑美亦违法。商约取消后则无问题。(2) 最近 Borah［波拉］谈话，欲成新法，似又将反对。当时则无异言。彼尚未与委员们谈及此时［事］，欲待 Jan 26［1月26日］后再谈。(3) State Dep.［国务院］未商谈，Seeing Hull observed with recip. treaties［看到赫尔关注互惠条约］，which［这个条约］他曾反对，非反对商约，而反对不交上院批准。当于商约过后谈之。惟 St. Dept.［国务院］曾言可由国会自动。(4) 将来不预备再公开采资料，惟当商有关人 confer［协商］。(5) 即无 embargo［禁运］，或可有零碎禁运。废铁价高。sted［替代］商甚反对出售，而赞 licensing［授权］。此 licensing［授权］已讨论过，但无 bill［议案］。(6) 正抗议政府买日银，以致财长信见示。(7) 彼不"quit"［退出］。

又访 Frazier［弗雷泽］，敷衍而已。

1月13日

晨访 Villard［韦拉德］早餐。渠有意大选后去华住二三月。惟伊赞成 Gandi［甘地］式之抵抗，且正反战争，对中国将作如何说法甚难言也。伊谓与总统无暇谈起中日战争，亦未与国会谈，但信国会忙于欧事，不易通过 embargo［禁运］。

前日，*N. Y. Times*［《纽约时报》］登 Stimson［史汀生］长信，主 embargo［禁运］。Times'［《时报》的］社论于道义方又附和之，但为实行易起见，主与各国合作。今日该报载多信，除一人外，均赞 Stimson，而驳该报。但该报今日社论仍不变主张。Lippmann［李普曼］亦有文，道义上赞成 Stimson，但为缓和日本，不酿起美实力尚不敷应付之战争起见，主 alarm measures［报警措施］，此与 logic［逻辑］皆不通也。

1月15日

晨访 Arthur S. Flemming［亚瑟·S. 弗莱明］，Civil Service Commissioner

---

[1] "SF123"，疑系提案的编号。

[行政部门专员]也。午与 Charles Ross［查尔斯·罗斯］饭，伊谓总统或于春间有惊人言和举动。

下午访 Wm C. Johnstone Jr.［小威廉·C. 约翰斯通］，亦有若干观点，如国会或通过责美商售军用品于日之举，即其一也。

1月16日

晚约 Mildred Parten［米尔德里德·帕滕］等饭。

1月17日

Morley［莫莱］约中饭，鲠生偕焉。彼对 embargo［禁运］亦不太悲观。此数日，为便李功原回家事亦忙了数下。

1月18日

午在适之处饭，见 Greene［顾临］及 K. P. Chen［疑为陈光甫］一谈。Greene 在此将设局办 embargo［禁运］事，似尚有希望进行也。

下午6:10 车离美京。

1月19日

Chicago-Milwaukee［从芝加哥到密尔沃基］。车迟到，至十时后才到，大雪故也。

Carroll Binder［卡罗尔·宾德］在家，去 Highland Park［高地公园］午餐。彼问事甚多，云 Daily News［《芝加哥每日新闻》］，尚未对 embargo［禁运］表示意见。至 Tribune［《论坛报》］[1]则亲日之至。

下午4:15 到 Milwaukee，Sir Morison［莫里森爵士］接至其家。晚 Harvard Club Dinner［哈佛俱乐部晚餐］，到者五六十人，作非正式谈话。听众感想尚不恶。会长为 Helman B. Wells［赫尔曼·B. 威尔斯］，其弟 Mackey Wells［麦基·威尔斯］亦在。

1月20日

Milwaukee［密尔沃基］。上午访 Mayor Hoan［霍安市长］，伊忙选举，

---

〔1〕 即《芝加哥论坛报》（*Chicago Tribune*），创办于1847年，是芝加哥地区和美国中西部的主要日报。

未及中国事。午 Morison［莫里森］在 Milwaukee Club［密尔沃基俱乐部］请午餐，到者约十二三人，都实业界巨子及律师。W. W. Coleman［W. W. 科尔曼］[1]，Bucyrus-Erie［比塞洛斯-伊利电铲公司］之董事长；W. C. Frye［W. C. 弗莱］，Chain Belt Co［链条公司］之董【事】长；Max W. Babb［马克斯·W. 巴布］[2]，Allis Chalmers Mfg Co［埃利斯·查莫斯制造业公司］之董事长，至重要者。此辈对世事尚熟，惟反 New Deal［新政］[3]甚烈，对美京进行事，恐无多大同情也。

下午游城北，颇美。

晚 M.［莫里森］家宴，有 Coleman［科尔曼］夫妇，Frye［弗莱］，及女 Sear Gilbert of Downing College［唐宁学院[4]的西尔·吉尔伯特］等。

1月21日

晨 10:20 去 Chicago［芝加哥］，即转 Panama Limited［巴拿马有限公司］南下，1:00pm 开行，为加价车，但不佳也。路中尽 prairie［大草原］，无可观。

1月22日

New Orleans［新奥尔良］[5]。车迟到一小时，9:55 始到，王副领事恭行来接，住 Roosevelt［罗斯福酒店］，将到百余里尽 Swamps［湿地］，未开发利用，可惜甚。南方家路中可见之。

下午王君[6]开车游城，法旧城，少进步可言。晚饭后看 show boat［演艺船］，无可看。

---

〔1〕 威廉·惠勒·科尔曼（William Wheeler Coleman），美国采矿业界巨头，1911—1957 年担任比塞洛斯国际公司的董事长和主席。

〔2〕 老马克斯·威灵顿·巴布（Max Wellington Babb, Sr.），艾利斯·查默斯制造公司董事会主席。

〔3〕 "新政"（New Deal），指 1933 年富兰克林·罗斯福任美国总统后实行的一系列经济政策，通称"罗斯福新政"（The Roosevelt New Deal）。

〔4〕 剑桥大学的唐宁学院（Downing College, Cambridge），始建于 1800 年，由唐宁爵士（Sir George Downing）出资建立。学院坐落在英国剑桥市中心偏南，处于学术区和商业区的结合部。

〔5〕 新奥尔良（New Orleans），是美国路易斯安那州南部的一座海港城市，同时也是该州最大的城市。

〔6〕 "王君"，指驻新奥尔良的副领事王恭行，下同。

一九四〇年（民国廿九年）

1月23日

New Orleans［新奥尔良］，今日冷甚。

下午王君开车游城外，有太阳，较佳。

晚请王夫妇在 Arnaud［阿诺德］饭店饭。饭后看 Krewe of Iris［（饰演）彩虹女神的克鲁］[1]之表现［演］。此为 Mardi Gras［狂欢节］之节目之一，女 Krewe［克鲁］之女演之。本定今晚去 Houston［休斯敦］[2]，王君不能开车门取行李，临时折回。

会 Arnaud［阿诺德］，又请去 Super Dance［超级舞会］。此 Dance［舞］乃 Krewe［克鲁］所组，颇热闹。12:30 始，至 4:30 始毕。有老太太们坚约舞。南人甚以 hospitality［好客］自夸，然确甚 hospitable［热情友好］。惟于工业社会或不相宜也。晚改住 Jung Hotel［荣格酒店］，即舞所在。

1月24日

New Orleans-Houston［从新奥尔良到休斯敦］。8:55 行，晚在 Houston［休斯敦］。7:25-9:30，停二时余，汪清沦（儒浦）[3]副领事夫妇请去会新闻记者，且吃饭焉。Houston 不小，但无甚新奇。

1月26日

昨整天在车上，且大地平坦，农居陋滥，无可观。今晨9【时】半抵 Grand Canyon［大峡谷］[4]，三餐在 El Tovar Hotel［阿尔托瓦尔酒店］，且上午下午均坐车看 Canyon［峡谷］，大而无变，微感失望。

晚 8:00 车行。

1月27日

Los Angeles［洛杉矶］。车迟到，下午一时始到，领事张紫常接焉。今

---

［1］ 彩虹女神（Iris），在古希腊神话中，彩虹女神"伊丽丝"是联系众神与凡间的使者。

［2］ 休斯敦（Houston），是美国得克萨斯州的第一大城市，全美国第四大城市，墨西哥湾沿岸最大的经济中心。

［3］ 汪清沦，四川人。曾任中国大学出版部编辑，《晓光》《批判与自由周刊》杂志编辑。

［4］ 指科罗拉多大峡谷（the Grand Canyon），位于美国亚利桑那州西北部，科罗拉多高原西南部。

晨过 San Bernadino［圣伯纳迪诺］〔1〕。即气候热，果树多，房屋整，及抵 Los Angeles，更有一番新富气象，天暖可不穿大衣。

住 Biltmore Hotel［比特摩尔酒店］。

1月28日

Los Angeles［洛杉矶］。今日星期，下午张君〔2〕接去四郊游览，过 Anna May Wong［黄柳霜］〔3〕宅一访。回至陈受康夫人所开饭肆晚饭，陈夫妇主人也。

1月29日

Los Angeles［洛杉矶］。上午张君接去看 Columbia Studio［哥伦比亚演播室］。

午去 Pasadena［帕萨迪纳］〔4〕访 Munro［芒罗］〔5〕教授，与之饭，彼不主 embargo［禁运］，但所知远东事甚多。

晚7:00 车行。

1月30日

San Francisco［旧金山］。晨9:50 到，住 St. Francis［圣弗兰西斯酒店］，理行程事。晨访领馆，至冷淡也。

下午冯总领事有 Cocktail［鸡尾酒会］，余陪洋宾。

晚马如荣夫妇来约去饭。

1月31日

晨取放行证后由孙碧奇〔6〕送 Berkeley［伯克利］，访 S. C. May［S. C.

---

〔1〕圣伯纳迪诺市，加利福尼亚州最古老的社区之一，位于洛杉矶以东55英里左右。

〔2〕张君，指驻洛杉矶领事张紫常。

〔3〕黄柳霜（Anna May Wong），祖籍广东台山，出生于美国洛杉矶，美籍华人好莱坞影星，第一个获得国际声誉的亚裔美籍女演员。

〔4〕帕萨迪纳（Pasadena），是大洛杉矶地区一个中等大小的卫星城市。

〔5〕威廉·本尼特·芒罗（William Bennett Munro），加拿大历史学家和政治学家，曾在哈佛大学和加州理工学院任教。

〔6〕孙碧奇，号璧奇，浙江奉化人。1929年毕业于国立清华大学。1931年进入南京国民政府外交部任职。不久奉派至驻美国旧金山总领事馆工作，并在斯坦福大学选读经济学等课程。1938年12月任驻美国旧金山总领事馆副领事。1940年调任马来西亚吉隆坡总领事馆副领事。

梅], 无甚味。

访 Condliffe [康德利弗], 约饭, 也见 Alsberg [阿尔斯贝格]。

晚在 I. P. R. Oake [太平洋国际学会的奥克] 处饭, 饭后讲"美废约与远东均势", 余以卅年长期计划为主, 颇引起若干波浪, 但似有所得。

二月

2月1日

San Francico - Honolulu [从旧金山到火奴鲁鲁（檀香山）]。午坐 Matson Line [美森轮船] 之 "Lurline" [璐尔兰号] 去檀香山, N Wing Mah [马如荣] 送行。

2月2日

Los Angeles [洛杉矶]。晨 10:45 船抵 L. A. [洛杉矶], 坐电车去 L. A. 城, 晚与陈受康饭, 返抵船。午夜行, 蒋孝棠[1]同房。船大甚适。

2月7日

Honolulu [火奴鲁鲁（檀香山）]。船今午到。有机已先行, 次机至 10 日始飞。船行颇适, 惟非平顺无浪之谓。

船到领馆及韩权华及 Mrs Min Hin Li [李明兴[2]夫人] 来接。中夜饭皆李请之。

住 Young Hotel [青年酒店]。

2月8日

Honululu [火奴鲁鲁（檀香山）]。今日, 梅总领事[3]接去各处游览, 并去海空港场等。

---

[1] 蒋孝棠, 浙江奉化人, 其父蒋国英系蒋介石族侄。

[2] 李明兴, 美籍华侨名医, 钱端升在北达科他州立大学的同窗。

[3] 梅景周, 广东台山人, 岭南大学毕业, 后赴美留学。1929 年任国民政府外交部条约委员会委员。1934 年担任国民政府驻美国檀香山总领事。1946 年任古巴公使。

午阮君请客，晚 Hawaii［夏威夷］大学陈荣捷[1]、陈受颐[2]、李绍昌[3]等请客。

2月9日

Honolulu［火奴鲁鲁（檀香山）］。看 Bille［比勒］及韩。晚中华会馆公宴，晚与受颐长谈。

2月10日

Honolulu［火奴鲁鲁（檀香山）］。晨又去中山中学演说。午大学诸人又请客。下午访韩权华，异地遇熟人，话特多，且其处境也极不幸。

2月11日

Honolulu-Midway［从火奴鲁鲁（檀香山）到中途岛］，晨8时坐 China Clipper［中国快船］行，蒋孝棠仍同行。

2月15日

Manila［马尼拉］。12【日】离 Midway［中途岛］，13【日】到 Wake［威克岛］，14【日】到 Guam［关岛］，今日下午二时到 Cavite［甲米地］[4]。此行甚适，惟昨今已觉甚累。同行有少女二，乃就婚此间者，一路有说有笑，生色不少。Captain［船长］为 Bancroft［班克罗夫特］，亦甚和悦。

抵 Manila［马尼拉］后，觅 Larry Salisbury［拉里·索尔兹伯利］不着，乃改觅 Goodling Villoughby［古德灵·维洛比］，结果被邀至 Francis B. Sayre［弗兰西斯·B. 赛尔］High Comission［高级委员会］招待领团之会。Sayre［赛尔］云拟入渝一行。美人在此多深切反日。

晚，杨光泩约饭，与蒋俱住 Manila Hotel［马尼拉酒店］。

---

[1] 陈荣捷，广东人，美籍华人学者、哲学史家。1936年去美国夏威夷。自1942年起任新罕布尔什州达特默尔学院中国哲学和文化教授，后任荣誉教授。

[2] 陈受颐，广东番禺人，毕业于岭南大学。1925年留学美国芝加哥大学，获比较文学哲学博士学位。历任岭南大学中文系教授兼系主任、北京大学史学系教授兼系主任、美国夏威夷州立大学东西文化研究所教授等。

[3] 李绍昌，1918年毕业于哥伦比亚大学，获硕士学位。1922—1943年在美国夏威夷大学任中国语言和文学教授。

[4] 甲米地（Cavite），菲律宾吕宋岛南部港市。

一九四〇年（民国廿九年）

2月16日

Hong Kong［香港］。下午二时半到港，先至澳一留，澳门小，但在山上，亦颇可观。住Kowloon Hotel［九龙酒店］。行李至廿三始到，火车已极难行，如何返滇，仍使我焦急。且文伯不在，亦无多人可谈者。

晚，驭万、李芝均、温源宁夫妇等共饭。翰笙亦见过矣。

2月17日

Hong Kong［香港］。今日筹走事。中晚在翰笙、源宁处饭。旧报已见过，失地已甚多矣。

2月19日

Hong Kong［香港］。昨今看人颇不少。今见张景文，彼事少而较多时间看书，适之如以诚意恳之为参事，必可大补也。

晚在林同曜[1]处（吴鹄飞太太）饭，佳饭也。

2月21日

Hong Kong［香港］。昨今上午请Miss □□［□□小姐］打若干洋信，费时颇多。

2月24日

Hong Kong［香港］。昨访孟余，对汪极叹息愤恨，明白人也。

慰慈与文伯先后来港，多人谈，极慰。

2月25—27日

Hong Kong-Haiphong［从香港到海防］。下午坐海坛走，法船也，极平静。27晨到，许和美副领事来接，示海关法大使信，未检也。下午即去河内，住招待所。中行高□□［原文置空］招待，颇殷。

2月28日

Hanoi—昆明［从河内到昆明］。晨飞滇，8:15起飞，10:45到，天气

---

[1] 林同曜，女，美国列克立夫大学毕业，嫁浙江留美硕士吴卓（吴鹄飞）。

恶极。蕙及毕正宣[1]俱误时,未能赶到。至梅家始见蕙,下午仍宿民生巷。

2月29日

龙头村。[2] 今晨与蕙走下乡。新居未成,寄居北大清华校舍。兴久病甚弱,甚为之难过。

三月

3月2日

昆明。下午进城,独迁住北大公舍。

3月5日

今日上课,两堂六小时,一为宪法,一为中国政府。
晚听无线电,蔡先生病逝。上月廿四见时仍健在,颇怪其速也。

3月6日

下乡取教科用材料,当日即回。

3月10日

晨公祭蔡先生后,下乡住一晚。

3月11日

下午返城。
日来颇闻外间讥行政研究室无成,楼邦彦既求去,龚祥瑞又若与我有间隙,事无可进行,殊使我十分难过。

3月16—18日

星六去乡下,已于十三移新居。新居费三千元,其大无比。且近来兴儿多病,亦愁甚。

---

[1] 毕正宣,时任西南联合大学总务处事务主任。
[2] 1939年,为了躲避日本飞机的狂轰滥炸,西南联合大学的很多知名教授和学者迁至城外的龙泉镇,龙头村即属现在的龙泉镇。

3月18日
翰笙自港来，相访乡下；至城后又陪之访人，忙甚。

3月21—22日
下乡一行，兴儿愈，较慰。

3月23—26日
今日起试飞渝，无机未成。

3月24—25日
乘机下乡一行。

3月26日
下午1:40康定号飞渝，4:05到，大吐。

住油市街四号。

到即开宪政期成会。会中人多持成见，或则过草率，以此议宪，离题千里矣。

3月27日
晨宪政期成会，十余人谒蒋先生，彼对前进尚有决心。

3月30日
连日开宪政期成会，修正草案，筑室道旁，无善果也。

四月

4月1日
重庆。今日起开参政会，人到甚多。

4月6日
连日开会。今日对宪法案匆匆了事，议长词多，且多独断，言与议场制不合。期成会稿，少讨论，无表决，俱送政府。

物价为又要事。今日特种委员会两次讨论，亦无结果，则参政员方面亦鲜见鲜能力也。

4月10日

会今日闭。又言亡中国者知识阶级，以此为讽，盖不容知识阶级多起主意也。

4月12日

重庆—昆明。今晨10:00飞滇，奚若、今甫、枚荪、钧任、孟和同行，下午一时，又吐二次。

此行累极，又少结果。

4月13日

今晨即上课，下午偕蕙返乡。蕙系前日进城者。

六月

6月4日

楼邦彦今日去渝。去春以浦逖生、王化成去渝，政系缺人，遂同时请楼及龚祥瑞。二人均专行政，行政本功课无多，且行政研究亦极重要，遂设行政研究室。二人来，余去美；二人之书尽焚，遂加请周世逑（在美时）。满以为如此，三人皆可从事研究，而研究室亦可猛进。余在美，室事归奚若，及回，则楼与学生有恶感，决去渝。二人对行政及室均无趣，且对我又极不愿见面。多方劝导无效。教书以来，与同事相处，从无如此次可伤者；至室之不能进行，及人之讥责，犹其馀事。

6月17日

晚听广播，法由Petain［贝当］组阁[1]，Petain已求armistice［停战协

---

〔1〕 亨利·菲利普·贝当（Henri Philippe Pétain），法国元帅，维希法国首脑。1940年5月，德军开始进政法军，作为永久性防御工事的马奇诺防线不攻自破，法军节节败退。贝当应召回国出任内阁副总理，成为主和派的领袖。6月16日晚，贝当奉命组阁，随即请求西班牙政府充当法国与德国谈判的中间人。次日，贝当下令法军停火，使法国在同德国谈判停战和议和条件时处于极为不利的地位。6月22日，法德停战协定在第一次世界大战结束时的法德（当时法国是战胜国）"停战车厢"里正式签字。

定]。闻之痛哭。巴黎14【日】陷,德人侵法,方逾一月,即已如此。一旦德胜,天下为墟,颇有万念皆灰之慨。我人究如何献身为国,而力挽狂澜乎?

九月

9月21日

自法溃后,越南受日威胁,昆明极度不安。中央严催联大迁川,但令文化机关迁,而不令生产及军需机关迁,其意极不可解。校中当局,始不肯迁,严令后始预备迁,但始终无负责人去渝闻实情。如为使学者们离都较近,较易统制而迁,则不值之至,徒毁校而已。此迁移问题二月来殊恼人。

《今日评论》下半年经费多半由缪云台[1]担任。此事迳者为潘光旦,斡旋者为罗努生[2]。余颇踌躇,但终接受之。缪无条件,颇见宽大。从杂志本身言,无不利;从自己言,稍感窘状。外界不谅,颇多微言,老友尤然,颇令人感觉世人善于责人,而少责任心及助成心也。

七月初,旧随皖役夏姓夫妇闹走,至廿四挟钜资行。中经许多瞎闹,走后又觅不到役,二月来奔走城内外在觅役中,苦甚。

9月30日

第一次大空袭,余适以事留云兴巷三号,前后皆有炸弹,房中五孔,幸无恙。

十月

10月14日

本学期首次上课。余任《宪法》及《近代政治制度》两门。惟昨联大

---

[1] 缪云台,原名缪嘉铭,字云台,云南昆明人,政治活动家。1913年留学美国堪萨斯州西南大学、伊利诺大学、明尼苏达大学。1920年回国后任云南个旧锡务公司经理、云南省政府委员兼农矿厅厅长、云南富滇新银行行长、云南锡业公司董事长兼总经理等职。抗日战争期间任国民参政会参政员,云南经委主任。

[2] 罗隆基,字努生,江西安福人,中国民主同盟创始人之一。抗战时期在西南联合大学任教。

被炸一部，今后工作之难可知也。

十一月

11月8日

去冈［岗］头村蒋宅辞北大法学院院长及政治系主任。前者已准由孟邻兼任，后者未准，查法【学】院三系，经济系素未以事相商，且有Boycott［抵制］之势；法律系内部甚糟，亦未容顾问；政治系亦不能做主加以若干人闲话多，离间语亦多，故以解除兼职，与公与私或两有便利。最苦者如北大再若干年无长进，我不能促其改进，我殆亦有离去之必要，此则苦事也。

日来，敌在各处撤退，外边传说将和，政府则缄默，人心不安之至。今外部［外交部］辟谣，人心始慰。

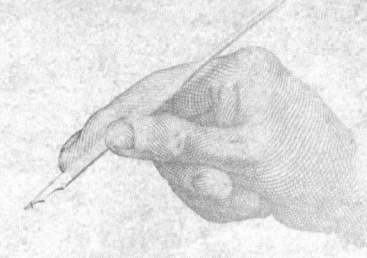

一九四一年
（民国三十年）

四月

《今日评论》出版二年余，原欲藉以代表一部分独立知识阶级之言论，兼以策励联大同人。但发行后，同人均报以消极或疑忌，虚既不够佳，本身亦劳累之至。故乘印刷无法准期之会，停止发行。计出114期。

四月

《今日评论》出版二年余,原欲藉以代表一部分独立知识阶级之言论,兼以策励联大同人。但发行后,同人均报以消极或疑忌,质既不够佳,本身亦劳累之至。故乘印刷无法准期之会,停止发行。计出114期。

七月

四月一日,外长易人。郭复初继王亮畴。复初欲以我为政次[政务次长],六月底返滇时仍以为言,只能以必不得已当就之为答。七月中,政次由傅孟秉[傅秉常]兼,自以为此事可了。但复初、雪艇复以去渝为言。屡辞未获。适孟余就中大,邀去中大,乃应短期去中大。九月底决定。然留家在此,去渝本不能久,渝方亦必无适当事可做,故联大方面劝应半年。此半年必于个人劳而无功,于家诸多不便,可预言也。

十月

10月11日

今日得三男[1]。

暑中勉将《比较宪法》之最后部分改写。但初稿虽成,完事尚有待。

---

[1] 钱召南,钱端升之三子。

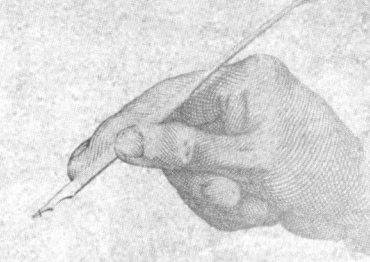

一九四三年
（民国卅二年）

六月

廿八年[1939年]秋，成立行政研究室。原为楼、龚亦为行政研究，楼、龚次夏即已大生麻烦，所留助理若干亦一一化去，故自三十一年[1942年]起，以维持名义搜集资料为务，而不求研究。但三十一年冬，龚又要求入室，且要求增助理多人，且擅自约人。至三十二年[1943年]夏，不得已严拒之。研究事至今无成，而人事纠纷难以措置，甚不快也。龚旋离校，纠纷较小。

六月

廿八年［1939年］秋，成立行政研究室。原为楼、龚亦为行政研究，楼、龚次夏即已大生麻烦，所留助理若干亦一一他去，故自三十一年［1942年］起，以维持名义搜集资料为务，而不求研究。但三十一年冬，龚又要求入室，且要求增助理多人，且擅自约人。至三十二年［1943年］夏，不得已严拒之。研究事至今无成，而人事如此难以措置，甚不快也。龚旋离校，纠纷较小。

三十一年夏，撰一书约十四万言，讨论战后新秩序问题。十月携至渝，由郭斌佳采为宣传部刊物，旋雪艇去职，该书何在，竟无确息。至六月则宣传部正式复函，谓渝市图书杂志会认为与国策亦出入，且刺激盟邦，故不付印。急函孟鄰，求乞索回，并还稿费。检去之故，乃因为于民族主义不过浓厚，既如此，则此后便无写文可能。近年，除"世"序外不写文，亦所以避免检去，乃此题亦无法写，则生机绝矣。

自二十八年［1939年］初起，得朱骝仙［先］（中秘）及雪艇（中宣）之托及资助对外通信未辍。雪艇离中宣后已无经费，然今岁犹勉为之，并由外部李惟果[1]由外邮寄信，费则自负。如此半年信似无到者。如此，则通信事亦无可再续矣。

七月

年来，雪艇数邀留渝，今岁正月又约为设计局[2]副秘书长，即坚辞之。三月赴渝，则以夏间襄助数月为言，故七月初即去渝，旋雪艇于八月中卸秘长任，我亦得脱。

---

〔1〕 李惟果，贵州开州（今贵州省贵阳市开阳县）人。美国柏克莱大学硕士和哥伦比亚大学国际关系学博士毕业。1941年末任国民政府外交部总务司司长。

〔2〕 中央设计局是抗战期间国防最高委员会为有效行使职权、加强对国家事务的管理，根据"行政三联制"的原则，于1940年9月设立的机构。其主要职责是负责党政机关的设置与组织、人事制度、行政区域调整、土地、财政金融、经济、交通、教育、战后复员和各种经济建设计划的设计，研究相关建设规划文件及各方的建议，审议与考核中央和地方各机关拟制的年度工作计划，预算、战后复员与建设计划等文件。

"战后世界之改造"一书在渝与审查者多方接洽,幸获通过。改交商务,终得于十一月下旬出版。

一二月间,宋子文以外长资格约余及多人赴美研究战后问题。宋出后,其事由外部办理。三月,外次以蒋命邀去重庆一行,云即须出国;以学期居中辞之。蒋云尚拟于夏间请一行。六月接正式电,则嘱访英;乃一面应允,一面摒当[摒挡]下学期功课。在渝,八月初突发生伦敦告密事,谓我致函英方,力肆诋毁;又云事由Cripps[克里普斯]发动,我之去函,比较妥当。此话殊不经,疑为伦敦国人取好之一套,经解释后亦即了然。请辞访英命亦未获。讵至九月底,参会开过后,蒋又告雪艇,谓我不必去英可去美,去英则与Cripps[克里普斯]不好见面云云。在此以前,则有英使告外次,谓我反英之事,根据则为《外交季刊》一文。此事亦极不经,第此种事不值争,故即折返校。后访英团由雪艇等组成,于十一月十八日成行。成行后,我始函布雷,告以二事俱不经也,以私言不去至佳,惟待人之道未免亏矣。

十一月

召儿生即弱,去夏七月便泻,后从未复原。本月由蕙携之入城,诊察西医九人,中医二人,X光多次,似仍为营养不足之病。

今年来,生活日趋艰苦,售物售稿补绌,商务二书固有小补,但只能从译文入手,同事亦苦极,无有效补救法也。

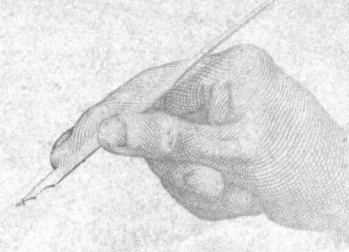

一九四四年
（民国卅三年）

上半年，南儿育起乏，丑转常态，憾事也。

下半年，乡居宁寂，终于十月八日移城内住民强巷五号，为觅房，费力甚大。

上半年，南儿有起色，身转常态，慰事也。

下半年，乡居宁寂，终于十月八日移城内住民强巷五号，为觅房，费力甚大。

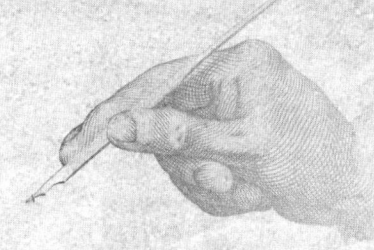

一九四五年
（民国卅四年）

去冬随孟邻等出国，出席太平洋学会，会议在 Vinginia Hot Spring [弗吉尼亚温泉] 举行。十二月十九离昆，经印非，渡大西洋，于廿五晨到纽约，后于卅月十一日离纽约，仍循原道返昆，于卅月卅日抵达。仍到太平洋沿岸 Los Angles settle [洛杉矶] 等地。战时意味奇重，美人进步多矣。

去冬随孟邻等出国，出席太平洋学会，会议在 Vinginia Hot Spring［弗吉尼亚温泉］举行。十二月十九离昆，经印非，渡大西洋，于廿五晨到纽约，后于卅月[1]十一日离纽约，仍循原道返昆，于卅月卅日抵达。仍到太平洋沿岸 Los Angles settle［洛杉矶］等地。战时意味奇重，美人进步多矣。

国事日非。七月参政会议中，益难，采敷衍态度，政府中人极不满。后于十月一日，与奚若、枚荪等电蒋毛，更招疾恶。八月之胜利，忧喜交集，而施政益倒逆，有志之人本难自处也。

返国前，蕙仍患瘰，此为旧疾。卅三年［1944年］五月曾大发，入城住院；今岁夏间又发，初疑肺疾，后始知是旧瘰，医疗休养，前后四月，累事也。

---

［1］ 太平洋国际学会第九次年会于1945年1月6日—17日在美国弗吉尼亚温泉举行，国民政府派出了以蒋梦麟为主席，胡适、张忠绂、陈序经、钱端升、周鲠生、夏晋麟、李幹、李卓敏、刘驭万、蒲薛凤、吴文藻、叶公超等19人组成的代表团出席了会议。会议的中心议题是：战后太平洋地区的安全与发展。钱端升于1945年3月11日离美回国，3月30日抵昆明，此处"卅月"指"三月"，"卅月卅日"指三月三十日。

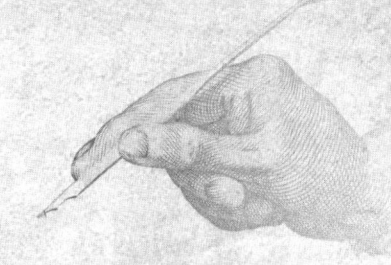

一九四六年
（民国卅五年）

联大学生于十一月廿五日晚，有反内战之集会，军警放枪，次日罢课。十二月一日，又杀四学生，风潮扩大。余参加第一次之演讲会，嗣后，身虽不佳，无法躲避。前后三四月，备极紧张。一多及学生有不智处，然迫者实过甚，且愚蠢。一多必是被刺，联大教授亦大大分裂。历史上，此当为大事，或大事之先导也。

联大学生于十一月廿五日晚，有反内战之集会，军警放枪，次日罢课。十二月一日，又杀四学生，风潮扩大。余参加第一次之演讲会，嗣后，身虽不佳，无法躲避。前后三四月，备极紧张。一多[1]及学生有不智处，然迫者实过甚，且愚甚。一多坐是被刺，联大教授亦大大分裂。历史上，此当为大事，或大事之先导也。

一月底，政协成功，颇寄和平之望，乃先后辞参会及新成立之宪草宪议会事。一则为节省时间用功，再亦以为可以不顾问，但日后事态恶化，所期者皆虚。

自四月起，在搬动中，蕙等先经渝返沪，我于七月二日亦以葳事匆卒去沪，夏间两度入京。到平后，亦作京行，均为此事。到平后，无适当地可住，至十二月廿二日，搬入贡院头条三号后，稍得安居。

北大新役人多，少次序，我功课重于往昔，诸事均少满意，所谓出力不讨好者也。中心甚望去美补习，但哈佛至十一月始来聘电，中途不能离校，却之。

三十三年（1944年）秋，太平洋学会即欲我与王贡予写《中国政府》[2]，且寄若干款来，历年多事迄少进行，殊自愧。

---

[1] 即闻一多。
[2] 即《中国政府与政治》（*The Government and Politics of China*），该书是钱端升于1944年动议，并于1948年完成的一部英文学术著作。该书由哈佛大学出版社于1950年出版。

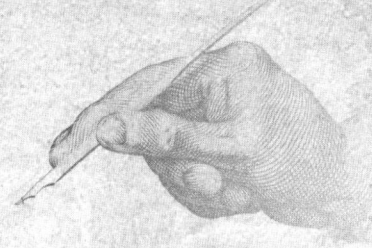

一九四七年
（民国卅六年）

6月26日

近来无疾病，但每日工作力的延续持久性极短小，疑肾亏所致。今起戒烟，清心，抄华一书，再及他事。

六月

6月26日

近来无疾病,但每日工作力的延续持久性极短小,疑嗜好所致。今起戒烟,清心,先毕一书,再及他事。

写《中国政府》,自开始至今,将及三年,首年工作二月,以去美而辍。前年返后,蕙病,冬又多事,去年春夏又大移动,返平后又课忙安家忙。今起拟专心致力,期于数月内能完成。

七月

7月1日

上月廿七日起,腹不适,即辍工,今始复工。

7月19日

上周忙大考后,阅卷多日,甚劳累。十六日携南去清华住三日,今日始返。

八月

8月4日

Wedemeyer[魏德迈]使团〔1〕一日到平,四日离平。先是有二事发生:一,平方教授拟联名致书,余未愿获闻。二,美领〔2〕约共饭,与Phil Sprouse[菲尔·斯普劳斯]〔3〕等酬应,并约与W.[魏德迈]谈。卅一日方约定次日饭,而一日晨,各报访员似有已知此事者,询问无已。三十一

---

〔1〕 阿尔伯特·科蒂·魏德迈(Albert Coady Wedemeyer),美国军人。1944年底接史迪威任盟军中国战区参谋长及驻中国美军指挥官,1946年3月卸任。1947年7月23日—8月24日,魏德迈作为美国总统杜鲁门的特使,率团来中国考察,先后到了南京、北平、天津、沈阳、抚顺、青岛、台湾等地,8月1日—5日考察了平、津地区。

〔2〕 指美国驻北平总领事馆。

〔3〕 菲尔·D. 斯普劳斯(Philip D. Sprouse, Phil 是 Philip 的昵称, 中文名石博思),美国外交部官员。20世纪40年代曾任美国驻昆明领事,后任美国国务院中国事务部主管。

日杭立武亦到平，亦以教授们与使团之接触为工作对象。一日晚宴有奚若、枚荪等六人为客，Phil 及 Walker［华克］等为美客，乱谈甚久。入门时，地方机关群守门外，未及要名片，而嗣后又坚要名片，主人与守候大门者发生不快。二日，Phil 偕 Watson［华森］来访。三日下午往访 W.，则系依卅一日所约定者。从谈话中测知，已决定从经济方面有所援助，从军事方面有所提供。官方各报登载此事。往往暗示我为代教授递公函者，我亦未便更正。事前事后，友辈及访员多来问询。辍写作者又多日。

8月13—22日

大伤风，头痛，不能做事。

九月

9月7日

上月廿六日飞沪，廿七夜车飞京［1］，出席联合国文教科学组织中国委员会成立大会，会期二日（廿八，廿九），一日下午偕公葳返沪，七日飞平。

南京为 Wedemeyer［魏德迈］之声明［2］正在发气，又为选举而热闹。廿九下午蒋有茶会，被强迫参加，又被蒋强邀说话，不得已乃说和平之必要，蒋顿改色且示不听状。次日午邀饭，请适之，不欲遭眉睫之忌，亦赴之。

在沪天热未多出，多参加允仪、公葳之事，未及作访问也。

十月

10月31日

二月来，本应对写作及功课之预备有所努力，杂事多。而检验身格及

---

〔1〕 指南京。

〔2〕 1947年8月24日，魏德迈一行在飞东京转往韩国考察前发表的离华声明中，明确指出：为重获并保持人民的信任，国民党政府须立即实施大刀阔斧且广泛的政治及经济改革，如纯作诺言，不见诸行动将无济于事。魏德迈的声明在国民党内部引起一片哗然。

签署护照二事亦殊费事，最后则有应酬，故等虚度。

今日飞沪。

十一月

11月12日

住沪旬余，除若干应酬外，最后数日始有机访问作政谈。下午二时乘General Meigo［梅高将军号］行，岳母、葳、允等多人送行，《益世报》杨□为照，照相若干。

11月15日

晨八时到横滨。驻日代表团陈宏振[1]派王棱来迓。下船已九时一刻，乘车直达代表团办事处，看吴半农[2]、吴文藻[3]夫妇等，高启宇留饭，饭后绕皇宫一圈即返船上。时为三时，但船至七时始开。东京风景、建设颇佳，人民衣着、秩序亦整。代表团人在精神上不甚痛快，盖与美人总相形见绌，且政府政策压日与顺美亦多矛盾，有以致之。

11月22日

15【日】晚六时，自日开船，至今晨十时半始到Honolulu［火奴鲁鲁（檀香山）］。天气日热，且多日风浪，今晴，但又太热。在Hon［火奴鲁鲁（檀香山）］由M. F. Chung［M. F. 钟］请其兄及芝生先在埠迎候，后同至店中餐，Dick Black［迪克·布莱克］[4]、M. H. Li［李明兴］等作陪。后闲谈、郊游，饱餐而返。Black来送，船启椗乃午夜后二三时。

11月24日

移民局人已经来船办公。昨晚，我已被临时拒绝登岸，因旅行签证与

---

[1] 陈宏振，时任中国驻日代表团办公厅主任。

[2] 吴半农，安徽泾县人，中国现代经济学家。先后担任中央研究院社会研究所研究员、国民政府经济部统计长、太平洋国际学会美国分会客座研究员等。抗日战争胜利后任国民政府驻日本代表团经济组组长和中国驻盟军总部赔偿归还代表团首席代表。

[3] 吴文藻，江苏江阴人。1946年任中国驻日代表团政治组组长，兼任出席盟国对日委员会中国代表团顾问。

[4] 迪克·布莱克（Dick Black），美国海军军官。

教授身分［份］不符之故，当时颇愤其无理，几以折返为快。今日自制之余，始不在乎。盖欲期以为，此种事总以争气勿泄为宜也。

11月26日

前昨今三晚，船上学生辈之人约卅余，大多在三等，有所组织，意图讨论国事但并不踊跃，原因之一为所知太少，其一则为有所畏惧也。

11月28日

晨9:15抵金山，张紫常来接，即得下船，住 H. Washington［华盛顿酒店］，竟日与紫常及王绍垓[1]饭及长谈，锡予[2]等下午亦来。

11月29日

晨去移民局，问讯甚长，以无负责人者能签字，后又去海关，家人托带之衣上税甚多，二行均紫常陪。

下午访孟余，来接至其家，长谈。晚，元任夫妇自墨返，说返金山。

11月30日

午马如荣来，共餐后接去 Berkeley［伯克利］与其家人面，后又约锡予、元任夫妇去金山饭。饭后紫常来长谈，极累。

十二月

12月1日

晨又去移民局，即领回护照。

午马如荣来接去加大，与 Dean Stuart［斯图尔特院长］、Hans Kelsen［汉斯·凯尔森］[3]等午餐，毕后返金山，晤及张沅长等，以飞机迟故由绍

---

〔1〕 王绍垓，1939年曾为西南联合大学学生自治会干事，1942年毕业。时在中国驻旧金山领事馆任职。

〔2〕 汤用彤，字锡予，祖籍湖北黄梅。1947年赴美国加州大学伯克利分校讲中国佛教史一年，次年回国。

〔3〕 汉斯·凯尔森（Hans Kelsen），美籍奥地利裔犹太人，法学家，在法哲学、宪法学与国际法学等领域颇有建树。1940年赴美，后成为加州大学伯克利分校的全职教授。

垓等送机场，United Airlines［美国联合航空公司］机八时始开，误二时矣，路上颇颠波不适。

12月2日

纽约时下午一时即去与兄［1］家休息。

12月3日

午应张仲述约共餐，曾至 U.N.［联合国］中国代表团一行，团中 morale［士气］不佳也。

下午晤 Bill Holland［比尔·霍兰德］[2]，Lawrence Salisbury［劳伦斯·索尔兹伯利］，Peffer［裴斐］等。

晚 Emma［艾玛］生日，共餐并看 Ballet［芭蕾舞］。

12月4日

晨。下乡访复初，返已七时三刻，费时过多，复初病态甚重，亦无大志矣。

12月5日

晨约萧叔玉于银行，未竟谈。中午李国钦饭，后见翰笙夫妇购物，又去 Llewellyn［卢埃林］饭去晚膳。晚归后，叔玉又来长谈，颇累也。

12月6日

午12【时】去 Boston［波士顿］，与及汝其[3]、逸华[4]送行。4:45到，不得车，电 J. K. Fairbank［费正清］来接，住其家。房子未找到，功课亦重，颇为不快。

12月7日

下午 John［费正清］有 tea［茶］，请若干人来，有 Holcombe［何尔

---

［1］ 指钱端升之妻兄陈公与。
［2］ 比尔·霍兰德（Bill Holland），新西兰人，经济学家。时任太平洋国际学会秘书长。
［3］ 指赵汝其，1941年从西南联合大学物理系毕业，后赴美留学。
［4］ 陈逸华，钱端升夫人陈公蕙的堂妹，赵汝其之妻。

康]等。后去方桂、之恭[1]等处；在方桂家饭。后莹[2]及如兰来访。

与美人谈国事极难，以美人均以苏为敌，且认苏确有敌意，故美不可不进取也。

12月8日

晨去 Littauer Center［立陶尔中心（大楼）][3]看 Holcombe［何尔康]、Fainsod［芬索德][4]、Mckay［麦凯]等，接洽书室，又去图书馆，中文图书馆，接洽借书事。又去 Faculty Club［教员俱乐部]饭，Holcombe 介绍入会。

晚 Holcombe［何尔康]宴，有 William Lough［威廉·劳]，David Solvash［戴维·索瓦石]，William Henry［威廉·亨利]诸夫妇及 Mrs Greenough［格里诺夫人]，L. S. H.［指 William Lough，David Solvash，William Henry 三人]，皆异常右倾。

12月9日

晚方桂请吃饭，有孟真等，Holcombe［何尔康]夫妇亦作陪。

12月10日

孟真约去，竟日胡谈，并送之。

晚 Ravenholts［雷文霍特][5]临时约去晚饭，即返。

12月11日

晨访 Wilde［威尔德]，Lambie［兰比][6]等。晚看 Iris［赵如兰]、莹等。

---

[1] 任之恭，山西沁源人，著名物理学家。1926年从清华学校毕业。1928年获麻省理工学院电机学士学位。1929年获宾夕法尼亚大学无线电硕士学位。1931年获哈佛大学物理哲学博士学位。回国后在清华大学任教。1946—1950年任美国哈佛大学物理学客座教授。

[2] 莹，指钱端升夫人陈公蕙的表妹李莹。钱先生在日记中有时也将"莹"写作"滢"。

[3] 指立陶尔中心（大楼）(Littauer Center)。1936年，哈佛大学校友卢休斯·N. 立陶尔(Lucius N. Littauer)捐赠200万美元成立了公共管理研究生院（GSPA)。1939年，该院以捐赠者立陶尔之名来命名，改称立陶尔中心。

[4] 梅尔·芬索德（Merle Fainsod)，美国政治学家，哈佛大学政治系主任。

[5] 阿尔伯特·雷文霍特（Albert Ravenholt)，美国新闻记者，抗战期间为美国《纽约先驱论坛报》驻华记者，与钱端升交往甚密。钱端升日记中，雷文霍特、阿尔，均指此人。

[6] 威尔德（Wilde)、兰比（Lambie)，均为美国哈佛大学政治系教授。

一九四七年（民国卅六年）

读完 J. K. F. ［费正清］"*The US and China*"［《美国与中国》］[1] MSS［手稿，manuscript 的缩写］，颇佳，但不够透。

12月12日

今日起，本欲入室用功，因立武来，访之于波城亦未晤；旋访王恭守于领馆，约罗孝超[2]饭。下午费家有 Cocktail［鸡尾酒会］，本是为我；但转为立武。饭后去立武处一谈。

12月13日

今日入 Littauer［立陶尔（中心大楼）］317 用功，甚慰。午在 Faculty Club［教员俱乐部］遇郭子杰[3]及瞿菊农[4]，故下午 Dean Holmes［霍姆斯院长][5]之 Reception［招待会］不能不去。晚王恭守请立武及我等。

12月14日

晨卞学璜［鐄][6]、Iris［赵如兰］请郭子杰、瞿菊农饭，我亦被邀。

下午 J. K. F. ［费正清］拉我去 Nieman Fellow［尼曼学者][7] Rundle［伦德尔］之 Cocktail［鸡尾酒会］。

12月15日

晚之恭请客。

---

〔1〕《美国与中国》(*The United States and China*)，是费正清的第一部著作，由哈佛大学出版社于 1948 年出版。钱端升此时看到的是尚未出版的该书的手稿。

〔2〕罗孝超，福州人。清华大学毕业后赴美留学，获博士学位。曾任纽约市立大学教授。

〔3〕郭有守，字子杰，四川资中人。曾赴法国巴黎大学留学，获博士学位。1930 年回国后在教育部工作。1939 年任四川省教育厅厅长。1946 年被选为驻联合国教科文组织筹委会组长，后任该组织第一任教育处处长；两年期满后，1948 年又改任远东教育顾问。

〔4〕瞿菊农，原名世英，江苏武进人，瞿秋白的远房叔叔，中国近现代教育家。哈佛大学哲学博士，曾任清华大学、北京大学、北京师范大学等校教授，中华平民教育促进会研究部主任、代总干事长，联合国教科文组织中国代表团顾问兼秘书长等。

〔5〕亨利·W. 霍姆斯（Henry W. Holmes），曾任哈佛大学教育学院院长。

〔6〕卞学鐄，生于上海，航空航天专家、固体力学和结构力学专家。早年毕业于南开中学和清华大学，时在麻省理工学院攻读博士学位。其夫人为赵元任之女赵如兰。

〔7〕指获得尼曼奖学金的研究员或学者。尼曼奖学金（Nieman foundation），是由美国《米尔沃基新闻报》创办人卢修斯·W. 尼曼（Lucius W. Nieman）的遗孀艾格尼丝·尼曼（Agnes Wahl Nieman）于 1936 年捐款 100 万元在哈佛大学设立，意为在职的新闻从业人员提供进修机会。

12月16日

晚去方桂处饭,又聊天也。

12月17日

晨去波城购贱物,人太多,无法也。

John Davies［约翰·戴维斯］住此,有 Cocktail［鸡尾酒会］须参加,晚饭又须去,饭后又谈颇不便。此君仇苏轻苏,其危险性太甚。

12月20日

J. K. W.［费正清夫人威尔玛］去华府[1]。下午与方桂太太去 B.［波士顿］购物,不顺手。晚与李家看电影。

12月23日

今日大雪。

12月24日

今日晴,晚在方桂处饭。

12月25日

Cambridge-New Haven［从剑桥到纽黑文］。午 12:38 与方桂全家动身去 New Haven,车有 travels［旅行车］,七时才到。先至李安溪家饭,又看傅孟真。晚宿 Hotel Duncan［邓肯酒店］。

12月26日

New Haven-N. Y. C.［从纽黑文到纽约市］。大雪,车不能走,在孟真处饭。四时余独去纽约,雪更大,应走一时有半之程,成为七时余。11:45AM 到纽约。去与兄家。纽约1888【年】来未有之大雪,且大于1888年。

12月27日

N. Y. C.［纽约市］。交通不便,访客无成。晚饭后去翰笙家。晚1:15车去美京。

---

[1] 华府,指华盛顿哥伦比亚特区,英文全称 Washington District of Columbia,简称"WDC",美利坚合众国的首都,简称"华盛顿",又称华都、华府。钱端升日记中也常以"美京"名之。

12月28日

N. Y. C. -D. C. ［从纽约市到华盛顿哥伦比亚特区］。晨8:15抵美京，住Staller Hotel［施塔勒酒店］。开政治学会，午约谭绍华来饭，下午访之迈，又去宗武处饭，见郭鸿声、郭斌佳等多人。

12月29日

去Brookings Institution［布鲁金斯学会］见Cally［卡莉］商赠书事。午绍华请客，下午看汝金太太。

晚去Phil Sprouse［菲尔·斯普劳斯］家饭，谈甚久，不甚相投，盖一味反共反苏者也。

12月30日

D. C. -N. Y. C. ［从华盛顿哥伦比亚特区到纽约市］，晨与李芝均在余竞玄早饭。

十一时访Inverchapel［男爵，即英国驻美大使阿奇博尔德·克拉克·卡尔］长谈，尚洽，惟亦反苏也。

午去使馆一视之迈、绍华、崔存璘等。

午在高宗武处饭。彼主张coup d'Etat［法语，意指军事政变］，甚见狂妄。

下午五时去N. Y. C. ［纽约市］，九时十分到，尚住与兄处。

政治学会人多而乱，诸小组讲演者不见佳，会长MacMahon［麦克马洪］〔1〕之词亦甚琐屑。惟年轻者对世事尚不见一致顽固。

Wallace［华莱士］宣布为第三党竞选人。大报均讥笑之轻视之，但实力似远大于零，或可有有利之变化。

12月31日

午去孟治处饭。北大购书事，迄未见办好。

下午偕叔玉访嘉炀，见联大人若干。留美之人实在太多。

饭吃年饭，汝其夫妇来。

思家之至。

---

〔1〕亚瑟·W. 麦克马洪（Arthur W. MacMahon），美国政治学家，哥伦比亚大学教授。1946—1947年任美国政治学会会长。

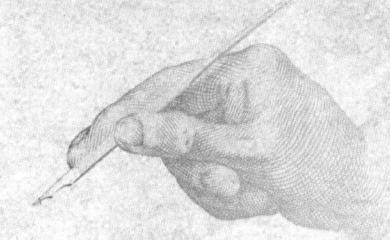

一九四八年
（民国卅七年）

1月1日

午请与兄嫂及其岳母及汝其夫妇吃中国饭。

下午访陶维大及其夫彭克诚。

晚在 Emma Corstvet［艾玛·肯斯特弗特］处饭，Lilian Taylor［莉莲·泰勒］亦在。Emma 与 Karl Llewellyn［卡尔·卢埃林］已离矣。

一月

1月1日

午请与兄嫂及其岳母及汝其夫妇吃中国饭。

下午访陶维大及其夫彭克诚[1]。

晚在 Emma Corstvet [艾玛·考斯特弗特] 处饭，Lilian Taylor [莉莲·泰勒] 亦在。Emma 与 Karl Llewellyn [卡尔·卢埃林] 已离矣。

1月2日

晨访 Roga Evans [罗加·伊万斯][2]，天气劣，来[未]来也。

本想今日返康桥，亦以天气之故未返。

1月3日

N. Y. C-Cambridge [从纽约市到剑桥]。晨去 Penn [宾州] 站[3]扣行李。访 Evans [伊万斯]，不有承诺，但能有办法，必有帮忙。尚慰。一时半北返，五时半到。行李未到，即返家。J & W [费正清夫妇] 均他适。晚又去 B. [波士顿] 取行李。

1月4日

下午去看雪华[4]。晚杨联陞[5]在醉仙楼请董彦堂[6]，约作陪。

1月5日

今日仍未能用功，因信件未了。

---

〔1〕 陶维大、彭克诚均系 20 世纪 40 年代西南联合大学的学生。陶维大系陶孟和之女。

〔2〕 罗加·伊文斯，洛克菲勒基金会工作人员。

〔3〕 纽约宾夕法尼亚车站（New York Pennsylvania Station），简称"纽约宾州车站"（Penn Station），是位于纽约市曼哈顿中城的地下铁路车站，美铁所有服务于纽约市的长途城际列车都停靠于此。

〔4〕 王雪华，王世杰之长女。

〔5〕 杨联陞，原名莲生，后以莲生为字，原籍浙江绍兴，生于河北保定。1937 年毕业于清华大学经济系。1940 年赴美就读于哈佛大学，1946 年获博士学位。时在哈佛大学远东语言系执教，有"汉学界第一人"之誉。

〔6〕 董作宾，原名作仁，字彦堂，生于河南南阳，甲骨学家、古史学家。1947—1948 年被聘为美国芝加哥大学客座教授。

晚方桂请董彦堂，有洪煨莲[1]，Elisseeff［叶理绥］[2]夫妇等。

1月7日

晚在任家饭，嘉炀等在也。

1月8日

下午 Peffer［裴斐］来 F.［费正清］客［家］作客，陪之；又同去 F. Club［教员俱乐部］饭，又听演讲，为时甚久，极累。

1月9日

晚 Tsing Hua［清华］同学会，亦费甚多时间。

1月10日

晨 Scalapino［斯卡拉皮诺］[3]来长谈，将任助教，不恶也。

晚洪煨莲请客，甚杂无味。

1月11日

午在 Iris［赵如兰］处中饭。

1月13日

下午去 Boston［波士顿］接洽 Incorse Tar［英考斯·塔尔］，未获见人也，购物而返。

晚 Fainsod and Dean Mason［芬索德和梅森院长］请 Lapham［拉帕姆］[4]、overseers' Corn M. Gair［督导科恩·M. 盖尔］，全系作陪。

---

[1] 洪煨莲，原名业，字鹿岑，号煨莲，英文学名 William，福建闽侯人，著名历史学家。1915年赴美留学，先后获哥伦比亚大学文学硕士学位、纽约协和神学院神学学士学位。自1923年起在燕京大学执教23年，其间先后任夏威夷大学、哈佛大学客座教授，哈佛燕京学社研究员等。

[2] 叶理绥（Serge Elisseeff），法籍俄国人，著名汉学家。时任美国哈佛燕京学社社长。

[3] 鲍勃·斯卡拉皮诺（Bob Scalapino），美国著名的亚洲问题专家。1936年入圣巴巴拉大学，主修政治学和国际关系。太平洋战争爆发后曾在美国海军服役。1946年1月重返哈佛大学继续攻读博士学位。钱端升在哈佛大学访学期间，斯卡拉皮诺兼任其助教。1949年斯氏回到加州，执教于加州大学伯克利分校政治系。1978年创立东亚研究所，退休前一直担任所长。

[4] 罗杰·D. 拉帕姆（Roger D. Lapham），早年曾就读于哈佛大学，1944—1948年担任美国旧金山市市长。

一九四八年（民国卅七年）

1月15日

Donald C McKay［唐纳德·C. 麦凯］请 Cocktail［鸡尾酒会］，我为主客也。颇 formal［正式］。

1月16日

晚请 Karl［卡尔］太太 Soia Mentschikoff［索娅·门希科夫］〔1〕饭。

1月17日

今日费氏夫妇又南下。

晚戴振铎〔2〕请吴正之，我作陪，正之有心病，其态度更怪而不正，无可与谈。

1月18日

星期日。昨起又大雪尺余，竟日未出，晚始去方桂处吃饺子，正之亦来，幸得作桥戏至深夜。

偶翻《鲁迅全集》，其笔之辛辣今读之犹昔，但他的反士大夫之空气及态度则深获我心。二十年前不直之而今能直之，则我前之看法必为环境所囿，未能超脱而客观也。

1月21日

今日起向 Martha Henderson［玛莎·亨德森］〔3〕默写，尚快！

1月23日

Fri.［星期五］。

晚在 Rulan［赵如兰］处饭。

---

〔1〕 索娅·门希科夫（Soia Mentschikoff），俄裔美国律师、法学学者，以起草美国《统一商法典》而闻名。曾担任美国迈阿密大学法学院院长，也是第一位在哈佛大学法学院任教的女性。

〔2〕 戴振铎，字叔闻，原籍江苏吴县。1937年毕业于清华大学物理系。1947年获美国哈佛大学博士。曾任美国密歇根大学教授、美国国家工程科学院院士、美国电子和电气工程师协会无线和传播学会主席，入选美国无线电工程师协会研究员。

〔3〕 玛莎·亨德森·柯立芝（Martha Henderson Coolidge），1947年自美国拉德克利夫学院毕业。时任哈佛大学国际与区域研究学科秘书。

1月24日

Sat.［星期六］。

Martha［玛莎］只工作21、22二日，以公忙今改由Ann Pratt［安·普拉特，即指安德］〔1〕代之，稍不如。

1月25日

李家请吴正之，中午客甚多。

下午同Wilma［威尔玛（费慰梅）］一访其妹Arthur Schlesinger［亚瑟·施莱辛格］〔2〕夫妇。

1月26日

午政系有Luncheon Meeting［午餐会］。

1月27日

在李家午饭，饭后去城购物，并不顺也。

晚请吴达元〔3〕在F. Club［教员俱乐部］饭。

1月29日

晨访Cambridge［剑桥］之所得税人，亦无结果也。

午与J. & W.［费正清夫妇］同至Miss Bernice Cannon［柏妮丝·坎农小姐］处饭。

1月30日

今日整日默书，甚累。

---

〔1〕 安妮·D. E. 普拉特（Anne D. E. Pratt），钱端升在哈佛大学执教时的打字员兼秘书，简名Andy（安德）。普拉特在同学中、家中或自称都是"安德"，故钱端升、费正清等也常以"安德"称之。钱端升日记中则以Ann（安）、Anne（安妮）、Andy（安德）、Pratt（普拉特）等交替出现。

〔2〕 费慰梅姐妹四人，其为大姐，此处是指三妹玛丽安·坎农（Marian Cannon）。1940年，玛丽安与著名历史学家小亚瑟·施莱辛格（Arthur Schlesinger, Jr.）结婚，1970年离异。小亚瑟·施莱辛格，美国著名历史学家和政治评论家，后任美国总统肯尼迪的白宫助理，以《杰克逊时代》和《肯尼迪在白宫的一千天》两次获得普利策奖。

〔3〕 吴达元，原籍广东中山。曾任清华大学外语系教授、西南联合大学教授等。1947—1948年在清华大学任教期间，曾赴美学术休假一年。

Gandi［甘地］被刺，恸之。

1月31日

晚去卞家［指卞学鐄家］饭，与 Laura［劳拉］去 Boston［波士顿］听 Shapiro［夏皮罗］及 Schumann［舒曼］in B Flat minor［B 降调小夜曲］，不太佳。

二月

2月4日

首日上课，在一、三、五下午三时，不甚满意。

Seminar on Revolutions of Asia［亚洲革命研讨会］，John［费正清］主持，也要我参加，在一、四、五下午四至五时半。

晚，主人坚留陪 Laurence Sharp of Cornell［康奈尔大学的劳伦斯·夏普］〔1〕，全晚未能用功也。

2月6日

今日上课甚佳。

晚 Ravenholts［雷文霍特夫妇］请饭，晤一 Ernest Brown［厄内斯特·布朗］，法系讲师也。

2月7日

晚裘开明请晚饭，客至多。

2月8日

晨早餐主人有客；下午 Mrs. A. F. Wang［A. F. 王夫人］请茶；又随主人看 Arthur Schlesinger［亚瑟·施莱辛格］，Mrs. Wise's Cocktail［怀斯夫人有鸡尾酒会］to pay a formal call on Perkins［正式拜访珀金斯］〔2〕；又至 B.［波士顿］城听 N. Y. U. N. Sponsorship a Claim［纽约联合国资助的一个演说］，又看 Sierra Nevade［？·内华达］；太累矣。

---

〔1〕 疑指劳斯顿·夏普（Lauriston Sharp），美国康奈尔大学人类学、东亚研究学教授。

〔2〕 弗朗西斯·珀金斯［Fannie (Frances) Perkins］，美国民主党成员。曾任美国劳工部长。

2月9日

Lowell House High Table［洛厄尔宾馆贵宾席］：所见人亦不太有意思。
任家请年饭，又去一坐，幸回来尚早。

2月10日

John［费正清］外出，约 Wilma［威尔玛（费慰梅）］至 Window Shop［橱窗酒店］饭。

2月15日

午在李家饭，饭后一兜风。后费家有桥戏。

2月18日

晚饭在李家，后同方桂同看孟真，费时太多也。

2月20日

今日累甚，如有病然。然仍上课。
晚跟 F.s［费正清夫妇］至 Parson［帕森］家晚饭。

2月21日

晚饭时晤清华多人来康打桥，亦累甚。

2月22日

又下雪。晚与 F.s［费正清夫妇］去李家饭，陪孟真，仍累。

2月23日

今日补昨日华公诞辰[1]，有假。
晚 F.［费正清］家请孟真，且有酒会，巫宝山［当作巫宝三］亦住此，真累。晚失眠矣。

---

[1] 2月22日是华盛顿的诞辰，故钱端升于23日记曰"补昨日华公诞辰"。美国从1885年开始，为了纪念首任总统华盛顿，将其诞辰2月22日设定为法定节假日。

2月25日

今日生日，请巫宝山［巫宝三］、W.［威尔玛（费慰梅）］在 Faculty Club［教员俱乐部］饭。

晚 Holcombes［何尔康夫妇］请 Vera Dean［维拉·迪恩］[1]饭。

2月26日

午请孟真、杨联陞饭。

2月27日

中午请 E. R. Hughes［休斯］[2]夫妇在 Club［俱乐部］饭。

2月28日

晚约费夫妇、Ravenholt［雷文霍特］夫妇、Latimore［拉铁摩尔］父子及 David□［戴维·？］在中国城饭。

2月29日

今日星期，晚 Bob Skalapino［Scalapino，鲍勃·斯卡拉皮诺］约晚饭，甚晚始走。

三月

3月1日

晨去 Boston［波士顿］访君励[3]，彼所约去也。

3月2日

午请张君励、郭秉文，请 Holcombe［何尔康］，Emma［艾玛］、□作

---

〔1〕 维拉·米歇尔·迪恩（Vera Micheles Dean），俄裔美国政治学家，美国外交政策协会负责人。

〔2〕 E. R. 休斯，疑指 Ernest Richar Hughes，中文名修中诚，英国著名汉学家。1948—1952 年任美国加利福尼亚大学教授。

〔3〕 张君励，字士林，号立斋，江苏宝山人。早年曾在日本、德国学习法律与政治学。归国后，投身政治运动。1932 年与张东荪等人组织国家社会党。抗日战争时期与黄炎培等人组织中国民主同盟。抗战后，被举为民社党主席。1946 年担任政治协商会议代表，参与起草《中华民国宪法》。

陪；馀未□，在 Club［俱乐部］。

晚 Ravenholts［雷文霍特夫妇］约去饭。

3月3日

累极，独看电影。

3月5日

晚为中华耶教[1]学生会讲时事。

3月6日

晚政系请 D. E. Cass［D. E. 卡斯］，英教授也，系中人颇有主攻苏者。晚在 Ravenholts［雷文霍特夫妇］家饭。

3月7日　星日

大伤风头痛。

3月9日　星二

〈删略〉。

3月11日　星四

Rupert Emerson［鲁帕特·爱默生］[2]请吃饭，有英人 Victor Purcell［维克多·珀塞尔］[3]在。

3月12日　星五

晚 Ravenholts［雷文霍特夫妇家］晚饭，Marjorie［玛乔丽］[4]将返家云。

3月13日　星六

晚林家翘[5]请客。

---

[1] 耶教，即基督教。

[2] 鲁帕特·爱默生（Rupert Emerson），美国哈佛大学政治学、国际关系学教授。

[3] 维克多·珀塞尔（Victor Purcell），英国历史学家、汉学家。

[4] 玛乔丽（Marjorie），雷文霍特的夫人。

[5] 林家翘，出生于北京，原籍福建福州，著名流体力学、天体物理学家。1937年毕业于清华大学物理系，留校任教。后到加拿大、美国求学，1944年获美国加州理工学院博士学位。自1947年起历任麻省理工学院副教授、教授等。

一九四八年（民国卅七年）

3月14日
午在方桂家饭，晚在卞家饭。

3月15日　星一
送 Marjorie［玛乔丽］返 Sunnyside［森尼赛德］，其母病也。在 Taylor［泰勒］饭，三时行，遇 Ravenholts［雷文霍特夫妇］，殊密过往，Marjorie 亦聪颖，返，情颇怅然也。

3月17日　星三
午在 F. Club Harvard Conference［哈佛大学教员俱乐部协会］讲中国事。晨请 Dr. Bob［鲍勃医生］诊肠病弱矣，惟云血色身体均好。

3月18日
下午去 Peter Bent Brigham［彼得·本特·布里厄姆医院］照肠像，Dr. Lassman［拉斯曼医生］主之，甚苦也。

3月19日　星五
晚 Emerson［爱默生］请 Ein Trip［埃英·特里普］，UN［联合国］人也，不甚有意思。

3月20日
午后去李家同看电戏[1]，二餐均在李家也。

3月21日　星日
W.［威尔玛（费慰梅）］返家后工作，故又去李家，几全日。

3月23日　星二
晨考日侨，John Maki［约翰·真希］[2]，成绩不佳，而 Friedrich［弗里德里希］定要 Pass［通过］。

---

[1] 指电视戏、剧一类。
[2] 约翰·M. 真希（John M. Maki），美国日裔记者、教师。

3月24日　星三

晚主人请 Vera Dean［维拉·迪恩］，奉陪。

3月25日　星四

Wallace Club［华莱士俱乐部］请 Wise［怀斯］及 Sweezy［斯威齐］[1]讲演，平稳无事。

3月26日　星五

昨少睡，今不甚适。

晚 Reischauer［赖肖尔］[2]有 party［派对］会，Charles B. Fahs［查尔斯·B. 法斯］曾一去。

3月28日

今 Easter［复活节］，天阴冷，午及晚在李家及任家饭，身体如有病者然。

3月30日

晚请 Skalapinos［Scalapinos，斯卡拉皮诺夫妇］及 Al. R.［阿尔·雷文霍特］及 Muffy［墨菲］[3]及 Anne［安妮，即指安德］在醉香楼晚【饭】。

四月

4月1日

晚访 skalapina［Scalapino，斯卡拉皮诺］，其妻留饭。

4月2日

本周春假，但全日用功。

---

〔1〕保罗·马勒·斯威齐（Paul Marlor Sweezy），美国马克思主义经济学家、政治活动家、出版商，《每月评论》杂志创始人之一。

〔2〕埃德温·O. 赖肖尔（Edwin O. Reischauer），生于东京，出身传教士家庭，美国历史学家，教育家，外交家，东亚、日本问题专家，哈佛大学教授。曾任哈佛燕京学社第二任社长、美国驻日大使等。

〔3〕墨菲（Muffy），美国哈佛大学国际与区域研究学科秘书。

午后12:30车偕李莹去Laconia［拉科尼亚］[1]，住Steele Hill Inn［斯蒂尔·希尔旅馆］，在乡间多湖山，旅馆亦佳，甚满意。

4月3日
晨有长途散步，中至一农家小坐。

4月4日
晨游Winnisquam［温尼斯夸姆］湖，甚佳，天气亦转佳。
下午偕莹坐Bus［公交车］返Cambridge［剑桥］。

4月5日
晚Lowell House［洛厄尔宾馆］之High Table［贵宾席］有Archbishop Cushing［大主教库欣］，甚滑。

4月6日
晚Al. Ravenholt［阿尔·雷文霍特］请去Continental［洲际酒店］，后去Sanders Theatre［桑德斯剧院］[2]听Koussevitzky［库舍维茨基］[3]演Mozart C Maj［莫扎特C大调］及Beethoven 7th［贝多芬A大调第七交响曲］，甚佳。

4月7日
晚W.［威尔玛（费慰梅）］留饭，有酒佐馋，我暗自庆婚纪念日也。

4月8日
Ariss［疑为Iris之笔误，即赵如兰］及莹来，同返下家饭。

4月9日
晚在任家饭。

---

〔1〕 拉科尼亚（Laconia），位于美国新罕布什尔州的中部，坐落于温尼珀索基湖（Lake Winnipesaukee）和温尼斯夸姆湖（Lake Winnisquam）之间。

〔2〕 桑德斯剧院（Sanders Theatre），位于哈佛大学校园中心，是哈佛大学最大的讲堂，也是美国历史最悠久的剧院之一。

〔3〕 谢尔盖·亚历山大洛维奇·库舍维茨基（Sergey Aleksandrovich Koussevitzky），俄罗斯作曲家、指挥家。1924—1949年担任波士顿交响乐团音乐总监。

4月11日

下午去李家饭等。晚所谓 Littauer Working Party［立陶尔工作组］者在41有会，傻事也。

4月12日

晚请 J.+W.［费正清夫妇］在 Continental［洲际酒店］饭。

4月14日

晚在李家饭，饭后与方桂看"Gentleman's Agreement"［《君子协定》］[1]。

4月15日

晚偕 Al［阿尔］饭。

4月16日

晚请卞家 Continental［洲际酒店］饭，莹妹未去。

4月17日

午在卞家，饭后同去看 Katherine Cornell's 之"Anthony and Cleopatra"［凯瑟琳·康奈尔[2]主演的《安东尼与克里奥佩特拉》］，后王恭守请饭。

4月18日

下午同李家去 Wellesley［韦尔斯利学院］[3]，后在 Lowell House［洛厄尔宾馆］饭，又看"Three Charming Daughters"［《三个迷人的女儿》］。

4月19日

今日假日，星一。

下午坐车去 Franklin［富兰克林］，F.s［费正清夫妇］接至 Cannon

---

〔1〕《君子协定》（"Gentleman's Agreement"），是美国20世纪福克斯公司于1947年推出的一部戏剧电影。

〔2〕凯瑟琳·康奈尔（Katherine Cornell），美国女演员。

〔3〕韦尔斯利学院（Wellesley College，亦译"卫斯理女子学院"），位于美国马萨诸塞州。1870年由当地乡绅杜兰特（Durant）夫妇注册，只招收女生而不招收男生，是著名的"七姐妹女子学院"之首。韦尔斯利学院培养了许多优秀女性，如希拉里·克林顿、宋美龄、冰心、马德琳·奥尔布赖特等。

［坎农］乡屋〔1〕住。

4月20日
上午与 F. s［费正清夫妇］开车去 Bennington, Vt.［佛蒙特州的本宁顿］。四时为 B. College［本宁顿学院］〔2〕讲 Modernization of China: Pol. Approach［《中国的现代化：政治途径》］。Thomas Brockway［托马斯·布洛克韦］〔3〕介绍其校长为 Frederich Burkhardt［弗莱德里希·伯克哈特］。此为三百人之女校，有进步性者也。晚 J.［费正清］讲，酬应甚忙，宿 Overlea Inn［奥佛里旅馆］。

4月21日
晨坐车返 Boston［波士顿］，下午上车。

4月22日　星四
晚在李家饭。

4月23日　星五
Wilma［威尔玛（费慰梅）］生日，晚在其姑家饭。

4月24日　星六
下午与李家去波城购物赠其子女并饭等。

4月25日　星日
用功后，下午 Muffy［墨菲］家 cocktail［鸡尾酒会］；晚清华周年祝，在卞家，我说话。

4月26日　星一
晚去卞家饭。

---

〔1〕　富兰克林是美国新罕布什尔州的一个小城，费慰梅的父亲沃尔特·布拉德福德·坎农（Walter Bradford Cannon）在附近有房，故钱端升称之为"Cannon 乡屋"。

〔2〕　本宁顿学院（Bennington College），私立学院，位于美国佛蒙特州，1932年建校。

〔3〕　托马斯·布洛克韦（Thomas Brockway），美国佛蒙特州本宁顿学院历史系教授，1952—1961年担任院长。

4月28日

午与J.［费正清］去 Bernice Cannon［柏妮丝·坎农］处饭，晚看"Bishop's Wife"［《主教之妻》］[1]，倦极也。

4月29日　星四

有印人 Baysan［巴伊桑］在 F.［费正清］家 Cocktail［鸡尾酒会］，无味。

4月30日　星五

今日末一课，昨今又为 J.［费正清］之 seminar［研讨课］讲课，似尚佳，晚 Bob Shipley［Bob Shaplen，鲍勃·夏普利］请饭。

五月

5月2日　星期日

昨今均在家休息，主人去 Franklin［富兰克林］也。

下午去 Conant［柯南特］之例茶，政系人极多，但男性主客似均自顾之至，不理生客。

晚张迺维[2]请吃晚饭。

5月3日

Keats 朱[3]来美参加 Rotary Conference［扶轮社会议］，张思候[4]邀吃饭。

5月4日　星二

晚请 Keats［朱］在 Club［俱乐部］饭，卞学鐄及张思候夫妇作陪，后朱请看"Sitting Pretty"［《妙人奇遇》］，尚有趣。

---

[1]《主教之妻》（"The Bishop's Wife"），美国1947年上演的一部情节荒诞离奇的影片。

[2] 张迺维，江苏人。1940年毕业于国民党中央政治学校。后赴美留学，1948年获哈佛大学法学博士学位。

[3] 朱继圣，曾任天津扶轮社社长。

[4] 张思候，原名庆观。1948年获哈佛大学应用物理学博士学位。

一九四八年（民国卅七年）

5月6日　星四
晚 J.［费正清］请 Latimore［拉铁摩尔］在 Club［俱乐部］饭，并有讲演。

5月7日　星五
晚哈佛中国学生有会。

5月9日
昨今二晚，李、任二家请清华吴达元等，我作陪也。
今日下午与之恭游 Arnold Arboretum［阿诺德植物园］〔1〕。

5月10日　星一
今日大头痛写书无力。

5月11日　星二
卞家请费家，我陪。

5月12日　星三
Bill Holland［比尔·霍兰德］昨来，多谈益少时间，午 J.［费正清］请之，我陪。
晚 Holcombe［何尔康］请我去 Hartwell Farm［哈特韦尔农庄酒店］饭，Reid［里德］夫妇作陪。

5月13日
晚 Bob Shaplen［鲍勃·夏普利］饯 Walter Rundle［沃尔特·伦德尔］夫妇，F. s［费正清夫妇］去，我亦同去，深晚始返。

5月14日　星五
下午六时车去 N. Y.［纽约］，十一时半到 Emma Llewellyn［艾玛·卢埃林］家。

---

〔1〕阿诺德植物园（Arnold Arboretum），位于哈佛大学内，建于1872年，占地265英亩，是一个专门供树木研究的植物园。据说，每年5月的第二个周日为"丁香花周日"，是植物园一年中唯一可野餐的一天。

5月15日　星六

午，毛春金[1]来，同去新亚，后去汝其处，开车去与兄嫂处，又同去购物未成，又同返与家饭。

晚与Emma［艾玛］去Bernice Kammler［柏妮丝·卡姆勒］家坐。

5月16日

午看杨西昆，去汝其家饭。

下午与Emma［艾玛］去Sarah Lawrence College［莎拉·劳伦斯学院］[2]，Willson Coates［威尔逊·科茨］[3]之茶宴，晚返。

5月17日

上午去I. P. R.［太平洋国际学会］看Holland［霍兰德］等，午与维大饭。

下午看Peffer［裴斐］、Rogers［罗杰斯］等。

晚六时车返Cambridge［剑桥］。

5月18日　星二

晚下午请J.［费正清］、中国系学生Cocktail［鸡尾酒会］，到者甚多。

5月19日　星三

晚请若干中国客人及若干美人作陪。

5月20日

任家饯行，晚我作陪。

5月21日　星五

午为W.［威尔玛（费慰梅）一家］及其母姊饯行。

---

〔1〕　毛春金，1944年西南联合大学政治系毕业，后自费赴美留学。

〔2〕　莎拉·劳伦斯学院，位于美国纽约州的布朗士维尔（Bronxville），是美国一所私立文理学院。该学院创办于1926年，创办之初是女子学院，1969年开始实行男女同校教育。

〔3〕　威尔逊·科茨（Willson Coates），美国历史学家。曾任罗切斯特大学教授、莎拉劳伦斯学院客座教授。

一九四八年（民国卅七年）

5月23日　星日
白天工作，晚与 J.［费正清］看"Unconquered"［《胜利者》］[1]。

5月24日　星一
午系有会，若干人讲得太多，晚约 Anne［安妮，即指安德］，工作尚佳。

5月25日　星二
晚 Al［阿尔］做中餐，约甚多。

5月26日　星三
晚 Harvard［哈佛］学生募书损［捐］北大清华，约若干人饭。

5月27日　星四
下午考 Richter［里克特］，亦不甚佳。

5月28日　星五
今日大考看卷至忙。

5月29日　星六
下午购衣无成，无聊之至。
晚李家请 Kallgren［卡尔格伦］，极晚返也。
午请梁銶立饭。

5月30日　星日
上午 Al［阿尔］来早饭，久不走。下午 Muffy［墨菲］家请客，会其兄 Greg［格雷格］。

5月31日　星一
今日补假，累极。

---

[1]《胜利者》（"Unconquered"），一部于 1947 年在美国上演的电影。

六月

6月1日　星二

今日 J.［费正清］西去。昨夜竟夜有扰，今日累之至。

6月2日　星三

晚请 Al［阿尔］饭，Al 请我及 Rebecca J. Gross［丽贝卡·J. 格罗斯］[1]听 Pop Concert［流行音乐会］。

6月3日　星四

晚，首次晚邀 Andy［安德］默书。

6月5日　星六

毛春金、陈玛琍昨来康桥，住旅舍，今日起无地可住。
寄居 41，早晚时间不无损失也。
晚在李家饭，偕二女同去。

6月6日　星日

晚张逎维请吃晚饭。

6月7日　星一

Al［阿尔］亦要求住此处，人多杂矣。

6月8日　星二

晚杨联陞饯李家，作陪。

6月10日　星四

毕业典礼看看而已。晚 Clease Cram［克里斯·克拉姆］夫妇请 Bob［鲍勃］夫妇茶。

---

〔1〕 丽贝卡·J. 格罗斯（Rebecca J. Gross），美国宾夕法尼亚州报纸编辑协会主席，洛克哈文快报记者。

6月11日　星五
晚请春金等吃饭，看"State of the Union"［《联邦一州》］[1]。

6月12日　星六
午饯Muffy［墨菲］，由Anne［安妮，即指安德］及友作陪。

6月13日　星日
饯方桂夫妇，联陞作陪。

6月14日　星一
今日李方桂去Ann Arbor［安娜堡］，春金等亦去Ithaca［伊萨卡］，颇感冷寂。

6月15日　星二
元任夫妇已返，又得热闹些时候也。

6月16日　星三
晚在元任处饭，仍嘱Andy［安德］工作。巫宝三又来坐，更晚矣。

6月18日　星五
昨晚去元任处饭，今日请其全家在Chez Dreyfus［切斯·德莱夫斯酒店］饭。

6月19日　星六
晚在任家饭。

6月21日　星一
昨日用功。今日任家请赵家，我作陪。

6月22日　星二
晚同Andy［安德］及其女友Anna William［安娜·威廉］在Faculty

───────
〔1〕《联邦一州》（"State of the Union"），是1948年上演的一部经典政治喜剧片，亦译作《三十功名尘与土》。

Club［教员俱乐部］饭。

6月23日　星三
晚请Mrs. Bob［鲍勃夫人］饭，在Belvata［贝尔瓦塔酒店］。

6月24日　星四
晚Republic Convention［共和党大会］举出了Dewey［杜威］〔1〕，甚怅□，此后美国对华政策或更将入于反动之阶段矣。

6月25日　星五
去赵家晚。

6月26日　星六
晚Andy［安德］未约成，被去其住处饭。

6月27日　星日
午巫宝三请客；晚莹来，去杨利饭，遇胡刚复〔2〕。

6月28日　星一
晚看刘豁轩〔3〕，亦花政府美金游欧美者。

6月29日　星二
下午完初稿共24章，约200 000字。
晚约Skalapino［Scalapino，斯卡拉皮诺］，饭后独看电影。

6月30日　星三
元任家请刚复，作陪。

---

〔1〕 托马斯·埃德蒙·杜威（Thomas Edmund Dewey），美国政治家。1943—1955年任纽约州州长。1944年、1948年两度作为共和党候选人参选美国总统，但均败选。1948年总统大选中，他败给了民主党的哈里·S. 杜鲁门（Harry S. Truman）。

〔2〕 胡刚复，江苏无锡人，物理学家、教育家。1918年获哈佛大学哲学博士学位后回国，历任南京高等师范学校、东南大学等多所大学的教授、系主任、理学院院长等职。1948年赴美考察美国的战后科学研究进展。

〔3〕 刘豁轩，名明泉，天津蓟县（今天津市蓟州区）人，民国时期著名的报人和新闻教育家。

一九四八年（民国卅七年）

七月

7月1日　星四

晚请张迺维夫妇在 Club［俱乐部］饭。

7月2日　星五

午偕 Andy［安德］在 St. Clair［克莱尔酒店］饭。晚请杨联陞夫妇在 Club［俱乐部］饭。

7月3日　星六

晨陈立夫偕陈石孚[1]来访，亦未先通知。此君来美有何作用不可知也。

午后，公与夫妇去 Maine［缅因州］[2]过此，逸华偕来小住，陪之去中国城吃饭并去听 Pop［流行音乐］。

7月4日　星日

晨清早过看陈立夫，此人连从前之 openness［率真］及诚俱无有矣。陪逸华理东西，未做学也。

7月5日　星一

今日仍放假。

下午，偕逸华听"Oklahoma"［《俄克拉荷马》］[3]。

7月7日　星三

下午偕华去 Museum［博物馆］。

搭五时车同去纽约住其家。

---

［1］陈石孚，又名陈德缄，四川人。曾任清华大学法学院院长，《中央日报》总主笔，中国政治学会发起人之一。

［2］缅因州（Maine），位于美国东北角的新英格兰地区。

［3］《俄克拉荷马》音乐剧，描写了20世纪初发生在美国西部原印第安人居住地的女主角劳瑞（Laurey）和她的两个倾慕者之间的爱恨情仇。它被认为是美国音乐剧史上的开山之作，奠定了后来的音乐剧发展。

7月8日　星四

午去 Montclair, N. J.［新泽西州的蒙特克莱尔］，应孟治 N. J. Teachers College［新泽西州立教师学院］〔1〕China Program［中国项目］之讲［邀］，讲中国政治，饭后始返。

下午，看太平洋学会之 Lilienthal［利林泰尔］〔2〕，又去 UN［联合国］中国代表团看多人，张彭春等饭，偕 Peffer［裴斐］在哥大饭，并谈稿事。

7月9日　星五

晨去 UN［联合国］中国代表团看廷黻。本约去成功湖〔3〕，以车不得要领，遂与保颐〔4〕、保生〔5〕饭，后由保生开去成功湖看刘锴等，又去看子缨、斌佳，折至曹家饭，又探叔玉病。

7月10日　星六

午约看张听聪饭等，后看维大及翰笙，在后处饭。

7月11日　星日

午汝其约饭于中国城，后与华妹看电影。卧车返波城。

7月12日　星一

归 C.［剑桥］，F.［费正清］等已返。晚去 Nashart［纳什亚特］游水，同吃晚饭。

---

〔1〕 新泽西州立教师学院（New Jersey State Teachers College），初名"新泽西州立师范学校"（New Jersey State Normal School），始建于1855年。20世纪30年代改名为"新泽西州立教师学院"，1996年更名为"新泽西学院"（The College of New Jersey）。

〔2〕 菲利普·N. 利林泰尔（Philip N. Lilienthal），美国银行家和慈善家。

〔3〕 成功湖（Lake Success），位于美国纽约长岛，在联合国大厦1952年落成之前，这里是联合国总部的临时所在地，当年提及联合国时，一般以"成功湖"代称之。

〔4〕 曹保颐，清华大学政治系毕业，钱端升的学生。时任中国出席联合国禁烟委员会第一届会议代表。

〔5〕 田保生，清华大学毕业，国际法学家。任职于国民政府外交部，20世纪40年代在联合国办事处任职。新中国成立后，应老师钱端升的召唤，回国在外交学会从事国际法的编译工作。

一九四八年（民国卅七年）

7月13日　星二
下午 Iris ［赵如兰］ drove ［开车］去 Duxbury ［达克斯伯里］〔1〕看 Hol-combe ［何尔康］。阅稿后去 Andy Pratt ［安德·普拉特，即指安德］祖【母】处。茶后同 H. ［何尔康］夫妇出去饭，深晚方得归。

7月16日　星五
晚在张洒维处饭。

7月17日　星六
晚杨联陞请去饭。

7月19日　星一
与兄嫂遇之，约之饭。

7月20日　星二
Biggerstaff ［毕乃德］〔2〕夫妇来，时间去了不少。

7月21日　星三
Anne ［安妮，即指安德］心不在意，做事慢，天又热，几欲 crazy ［发疯］。

7月22日　星四
昨失眠，今日几狂，幸晚上 Anne ［安妮，即指安德］之好好工作，毕了 UNESCO ［联合国教科文组织］之文，论《中国比较政府》，稍安矣。

7月24日　星六
连日仍不能用功。
晚去任家，饭后去 Reischauer ［赖肖尔］家，其岳乃 Danton ［丹唐］也。

7月25日　星日
午请邓强及赵锡礼大夫饭。

---

〔1〕达克斯伯里（Duxbury），位于美国马萨诸塞州波士顿和科德角之间的一个海滨小镇。
〔2〕毕乃德（Knight Biggerstaff），美国康乃尔大学教授，也是该校汉学研究的奠基人，出身燕京学社。20世纪40年代中期担任美国政府中国问题专家。

7月29日　星四
今午主人去加〔1〕。
但昨晚 Bingham［宾板桥］〔2〕、今晚 Rand［兰德］〔3〕作客在此。
晚与 Scalapino［斯卡拉皮诺］晚饭。

7月30日　星五
晚与之恭请 Danton［丹唐］夫妇及 Reischauer［赖肖尔］夫妇及 Rand［兰德］。

7月31日　星六
晚在元任处饭。

八月

8月1日
下午去杨联陞家造桥。
近日出盗汗甚以为苦也。

8月3日
在赵家饭。

8月6日　星五
朱继荣〔4〕请吃饭。

8月8日　星六
晚看电影。

---

〔1〕　"主人"指费正清夫妇，"去加"当指去加拿大。
〔2〕　宾板桥（Woodbridge Bingham），加州大学伯克利分校史学名誉教授，美国东方学会、亚洲研究协会、美国历史协会会员。先后任加州大学伯克利分校历史研究员、副教授、教授，东亚研究所所长，香港大学亚洲研究中心客座教授，美中关系全国委员会成员等。
〔3〕　克里斯多夫·兰德（Christopher Rand），美国新闻记者，《纽约先驱论坛报》驻华记者。
〔4〕　朱继荣，河北人。1944年国立中央大学政治系毕业，后赴美留学。

一九四八年（民国卅七年）

8月9日　星日
去杨家造桥吃饭。F. & W.［费正清夫妇］今日返。

8月13日　星五
陶二官夫妇来。
晚主人请 Ralfon Clough［拉尔夫·克拉夫］，增忙。

8月14日　星六
Phil Sprouse［菲尔·斯普劳斯］来，午前与 F. & W.［费正清夫妇］去 Concord［康科德］〔1〕canoeing［划独木舟］，没顶而返，又看电影，九时后始饭，颇累。

8月15日　星日
四人去 Manchester Youngman［曼切斯特之杨曼］〔2〕家，其妻 Elsie Perkins［埃尔西·珀金斯］为波城［波士顿］望族，阔无比，游水杂耍。晚返，饭后又送 Phil［菲尔］上机，又一日，甚累。

8月16日　星一
郭斌佳夫妇来，中午请在 Faculty Club［教员俱乐部］饭。
晚张迺维请饭。

8月17日　星二
晚陆能源来，有友二偕来，约之饭。

8月18日　星三
Elma Newton［艾尔玛·牛顿］同饭于 Club［俱乐部］。

8月19日　星四
下午同任之恭购 radio［收音机］，去半天，返后同在 Club［俱乐部］饭。

---

〔1〕　康科德（Concord），美国新罕布什尔州东南部城市，州首府。
〔2〕　小威廉·斯特林·杨曼（William Sterling Youngman, Jr.），美国律师，抗战时期宋子文的美国顾问。1941—1945 年任中国国防供应公司执行副总裁、总裁。1944—1947 年任美国行政院自然资源委员会总律师。

8月20日

下午与 J. K. & W［费正清夫妇］去 Essex. CT［康涅狄格州的埃塞克斯镇］[1]，宿 Nat Peffer［纳撒尼尔·裴斐］家（Annalice）［安娜丽丝］。

8月21日　星六

上午去〈去〉Collingrowth Lary Salisbury［考林格罗斯之拉里·索尔兹伯利］处饭。

下午同去 Westport Richard Lauterbach［韦斯特波特之理查德·劳特巴赫］[2]家（Beltane［贝尔塔尼］）。人甚多。晚十一时返家，三时到。次日星日，独自用功。

8月26日　星四

连日大用功。Anne［安妮，即指安德］亦每晚在，下午更加 Miss Rice［莱斯小姐］帮忙，Wilma［威尔玛（费慰梅）］亦如此。昨今大热，今日下午与 J. W.［费正清夫妇］及 Anne 及其友同去 Anne 家附近大洋泳水，晚在 Farmingham［法明翰酒店］饭，仍回工作，甚累也。

8月23日　星一

Andy［安德］甚不乐，工作又重，伤之竟泣，慰之始平。

8月24—25日

方桂返。两晚去其家饭。饭后仍用功。

8月26日[3]

下午与 J. W.［费正清夫妇］及 Andy［安德］及 Steven［史蒂文］去 Chestrunt Hill［切斯特兰特山］浮水后，请 F. s［费正清夫妇］在 Abrer Wheeler House［阿波雷·惠勒酒店］饭。

---

［1］埃塞克斯镇（Essex. CT），在纽约以北约 200 公里的康涅狄格州境内。

［2］理查德·E. 劳特巴赫（Richard E. Lauterbach），美国《时代》周刊主管。

［3］本月有两个 26 日记录，原文如此。

8月27日
上午去B.［波士顿］，买票并办Income Tax［个人所得税］事。
晚在赵家饭。
天气奇热，给Andy［安德］假。

8月28日　星六
下午又同J.+W. & Andy［费正清夫妇与安德］去Chestnut Hill［栗树山］浮水，晚请他们在杨利饭，饭后用功。

8月29日　星日
下午与Andy［安德］+Steven［史蒂文］去Chestnut Hill［栗树山］浮水。

8月30日　星一
晚吃晚饭，看Laurence Olivier［劳伦斯·奥利弗］之"Hamlet"［《哈姆雷特》］，乃请Andy［安德］。

8月31日　星二
午去城一行，与Andy［安德］验相，饭在Howard Johnson［霍华德·约翰逊酒店］。晚在赵家，饭后去看Museum［博物馆］之Exhibition［展览］，与Andy［安德］及Steven［史蒂文］偕。

九月

9月1日
下午莹及受受来住此，为理东西，可爱之至。晚在赵家饭。

9月2日　星四
平贡予来，晚汝金全家来，招待吃饭，其忙无比。

9月3日　星五
行李大者完了，打字光了。
午与莹、受、Steven［史蒂文］、Andy［安德］同饭。

下午六时半离办公室，与 A.［安德］出游，无踪跡，深晚方回。

9月4日

行李大件者走。

晨候 A.［安德］来，早饭后同校稿，下午二时半去 Duxbury［达克斯伯里］，先至其祖母家；后去 Holcombe［何尔康］家作客，晚去其儿处看画。

9月5日

晨与 Waldo Holcombe［沃尔多·何尔康］及其父及另一客坐小机四处看看。

下午三时，由 A.［安德］开车返城，七时达城，同得 Blessed［祝福］一字。晚杨联陞请吃饭。

9月6日　星一

假日晨，杨连生［杨联陞］、巫宝山［巫宝三］、刘广京[1]来帮助理稿。

晚，A. & Steven［安德与史蒂文］请在 Viking［维金酒店］吃饭。Muffy & Willy［墨菲与威利］作陪。

9月7日　星二

晨 Andy［安德］到，陪做杂事，又去 Boston［波士顿］饭，四时同至 Litt［立陶尔中心（大楼）］，四时半别。

下午 J.［费正清］返，办理出版代理等事。

晚中国各家辞行。

J. W.［费正清夫妇］请客极晚，始睡已四时半矣。

9月8日

Cambridge- Montreal［从剑桥到蒙特利尔］。

晨九时走，J. W.［费正清夫妇］及联陞送行。路上无可观，寂甚。

晚7:40 到，Frank R. Scott［弗兰克·R. 斯考特］来接，住其家。F.［弗

---

〔1〕刘广京，台湾研究院院士，经济史学家。西南联合大学肄业，1956年获哈佛大学博士学位，师从费正清；后于美国加州大学戴维斯分校执教。

一九四八年（民国卅七年）

兰克］为 McGill［麦吉尔大学］[1]宪法教授，CCF［平民合作联盟］[2]领袖之一，其妇 Marian［玛丽安］画家也，谈甚欢。

9月9日

Montreal-Ottawa［从蒙特利尔到渥太华］。

晨8:40走，12:40分到，刘锴、邹和[3]接住使馆。下午去一处使馆招待其首相之酒会。长途G. A.，未值。

9月10日

Ottawa［渥太华］。晨刘锴陪看国会。

午刘与我与外部［外交部］Menzies［明明德］[4]在 Ridan Club［里丹俱乐部］饭。

晨长途 E. J. Tarr［E. J. 塔尔］。

下午4:30去支加哥［芝加哥］。

9月11日

Chicago［芝加哥］，晨4:30到，晚9:00走。

邹谠[5]夫妇，邓嗣禹[6]、杨西孟[7]、李树青[8]等接送。

---

〔1〕 麦吉尔大学（McGill University），简称 "McGill" 或 "麦大"，始建于1821年，坐落于加拿大魁北克省蒙特利尔，是一所蜚声全球的世界顶尖学府，被视为 "北方哈佛" 或者 "加拿大哈佛"。

〔2〕 平民合作联盟（the Co-operative Commonwealth Federation，简称 "CCF"），是加拿大第一个正式的工人、社会主义者组织。麦吉尔大学政治学系的弗兰克·R. 斯考特曾是平民合作联盟的领导人之一。他还是加拿大法学教师协会的第一任会长。

〔3〕 邹和，邹鲁之子。时任国民政府驻加拿大大使馆秘书。

〔4〕 明明德（Arthur Menzies），加拿大著名传教士、汉学家詹姆士·梅隆·明义士之子。1940年加入加拿大外交部工作，负责远东事务。后于1976—1980年任加拿大驻华大使。

〔5〕 邹谠，广东大埔人，政治学者。毕业于西南联合大学，1946年就读于芝加哥大学研究院，主攻美国政治学，1951年获博士学位。之后一直任教于芝加哥大学政治学系，直到1988年退休。

〔6〕 邓嗣禹，字持宇，湖南常宁人，著名历史学家、汉学家。留学哈佛大学，师从著名汉学家费正清先生。曾先后在哈佛大学、芝加哥大学、印第安纳大学等多所大学讲授远东历史和中国近代史。

〔7〕 杨西孟，四川江津（今重庆市江津区）人，著名经济学家。1934年去美国留学，攻数理统计和经济统计等，1937年获密歇根大学硕士学位。归国后历任中央研究院社会科学研究所研究员、西南联合大学和北京大学教授。1947年秋再度赴美国，入芝加哥大学研究院专攻经济计量学。

〔8〕 李树青，著名的土地经济学家和社会学家。20世纪30年代在美国威斯康星大学获土地经济学硕士学位。抗战胜利后又到马里兰州立大学和芝加哥大学求学和研究，1950年毕业于芝加哥大学社会学系，获得博士学位。后在美国高校任教近30年。

午在 International Club［国际俱乐部］饭，晚邹、邓连［联］合在家请客。

9月12—13日
Chicago-San Fr.［从芝加哥到旧金山］。13【日】晚7:50到金山，紫常及张迺维夫妇来接，住 Hotel Washington［华盛顿酒店］。

9月14日　星二
San F.［旧金山］。问船公司不得要领也。闲溜［遛］各处，无所事事。

9月15日　星三
欧阳采薇[1]、应荣[2]等先后来，未做他事。

9月16日　星四
下午去 Berkeley［加州大学伯克利分校］，晚赵家[3]吃饭，郝更生[4]恶酒，返后大吐。

9月17日　星五
昨吐后竟日不适，下午移 Yolanda Hotel［尤兰达酒店］。

9月19日　星日
晨王绍垓驾去 Stanford［斯坦福大学］，视 Wright［莱特］[5]，晚乘车返。Wright［莱特］介绍 Harold Fisher［哈罗德·费舍尔］[6]有留我意。

---

[1] 欧阳采薇，女，翻译家。清华大学西洋语言文学系1932届学生。1947年赴美留学，先后在洛杉矶加州大学英国文学系和哥伦比亚教育学院英语教学专业学习，获英语学硕士。后与清华大学政治系教授吴之椿结婚。

[2] 罗应荣，广东兴宁人。1938年考入西南联合大学政治学系。1942年入清华大学研究院。毕业后赴美加州大学伯克利分校留学。

[3] 即赵元任家。1947—1963年赵元任执教于美国加州大学伯克利分校，并在伯克利退休。

[4] 郝更生，生于江苏淮安。早年就读于美国春田大学专攻体育。学成回国后，先后在清华大学、东北及山东等地大学担任体育教授。1932年任国民政府教育部体育督学。1938年任中华体育学会主席。1941年任教育部国民体育委员会主任委员，掌管全国体育行政。

[5] 玛丽·C.莱特（Mary C. Wright），美国斯坦福大学胡佛研究所图书馆中文馆藏部主任。

[6] 哈罗德·费舍尔（Harold Fisher），时任美国斯坦福大学胡佛研究所所长。

一九四八年（民国卅七年）

9月20日　星一

张紫常在 Berkeley International House［伯克利国际宾馆］请客，加大客甚多，政系有 Oedgand［厄德高］〔1〕及 Gettelle［季特尔］〔2〕等，Gettelle 问我可留否，云明日将电我也。

蒋慰堂过此，晚与之作闲谈。

9月21日　星二

去 Berkeley［加州大学伯克利分校］找 Gettelle［季特尔］，多次未值，后通电话，始知伊未知原欲请我之事已由 Bisson［比森］任而别无他事也。

下午在赵家，郭子杰晚始返寓。

9月22日

晨去 Stanford［斯坦福大学］，由 Wright［莱特］接去，见 Easton Rothwell and Graham Stuart［伊斯顿·罗思韦尔与格林厄姆·斯图尔特］〔3〕，商工作事，未大定。午 Wright［莱特］约饭，下午同之看 Radin［雷丁］，下午返。

9月23日　星四

晨介绍学生见总领事，商坐海军运输船事。

下午电 Andy［安德］。

晚，紫常请吴正之等在远东。

9月24日　星五

下午与洒维夫妇开车去 Stanford［斯坦福大学］，未访人，游息而已，甚适。

9月25日　星六

下午元任接至 Berkeley［伯克利］，住其家。

---

〔1〕彼得·H. 厄德高（Peter H. Odegard），时任美国加州大学伯克利分校政治系主任。

〔2〕雷蒙德·G. 季特尔（Raymond G. Gettelle），美国加州大学伯克利分校政治系教授。

〔3〕查尔斯·伊斯顿·罗思韦尔（Charles Easton Rothwell），时任美国斯坦福大学胡佛研究所副所长。格林厄姆·斯图尔特（Graham Stuart），美国斯坦福大学政治系教授。

9月29日　星三

今日去 S. F. ［旧金山］，加长护照居留期，决去 Cambridge ［剑桥］矣。

9月30日　星四

午 Woodbridge Bingham ［宾板桥］夫妇请中饭，仅 Miss Huff ［胡芙小姐］陪。

十月

10月1日　星五

晨去 S. F. ［旧金山］，来回极累。

本想东行，又变计划想飞。到 S. F. ［旧金山］，又说有英船，遂又不能定。闷极。

午到一 Far East American Council ［远东美国委员会］之宴，乃请 Charles Stillman ［查尔斯·斯蒂尔曼］〔1〕者，听其援华【口】吻，亦极乏味，但中国人乞援于人，亦真可怜。

10月4日　星一

又去 S. F. ［旧金山］，仍是英船 Chinese Prince ［中国王子号］与 CNAC ［中国航空公司］飞机之争。

10月6日　星三

下午去 S. F. ［旧金山］，宿 Yolanda ［尤兰达酒店］，晚与 John ［费正清］电话。

10月7日　星四

晨在 S. F. ［旧金山］，去机场，一遇王云五〔2〕，官气殊甚，殊不快。

---

〔1〕查尔斯·斯蒂尔曼（Charles Stillman），美国经济救济公署主管。

〔2〕王云五，广东中山人，现代出版家，商务印书馆总经理。1946年后出任国民政府经济部部长、行政院副院长、财政部部长等。

一九四八年（民国卅七年）

10月8日　星五
得知 Chinese Prince［中国王子号］无位，懊丧之至。

10月9日　星六
本定再返 Cambridge［剑桥］，第接 Wilma［威尔玛（费慰梅）］信，颇以我之不能定为怪，决即飞返；但晚有人告谓 Naval Tramper［海军运输船］又有微望，坐［座］是又不能即定矣。
晚陈益夫妇请客。

10月10日　星日
下午陈世骧[1]同去 Stanford［斯坦福大学］，在 Hermann Frankel［赫尔曼·弗兰克尔][2]家饭，晚过 Wright［莱特］家一访。

10月13日　星三
又去 S. F.［旧金山］一行，船事仍未有分晓。

10月14日　星四
Naval Tramper［海军运输船］有着，为之一喜。今日又去 S. F.［旧金山］。

10月15日　星五
去 S. F.［旧金山］打针，但行李未弄好。

10月16日　星六
去 S. F.［旧金山］弄行李。打针后疲甚。

10月17日　星日
马如荣太太请去吃饭，后听"Carman"［《卡门》］。
晚张紫常在家请客。

---

〔1〕陈世骧，字子龙，号石湘，祖籍河北滦县，美籍学者。1935年获北京大学文学学士。1941年赴美深造，在纽约哥伦比亚大学专攻中西文学理论。自1945年起长期执教于加州大学伯克利分校东语系。

〔2〕赫尔曼·F. 弗兰克尔（Hermann F. Frankel），德裔美国古典学者，美国斯坦福大学古希腊语言学教授。

10月18日　星一
又进城弄行李。

10月19日　星二
进城购票。
晚赵家饯行。

10月20日　星三
搬入城，扣[托]行李。
下午去 Frank M. Russell[弗兰克·M. 拉塞尔][1]家，系预约者相左，极不欢。
竟日欲与 A.[安德]一通电话未果，情绪不佳，身亦劳止。

10月21日　星四
早去领馆候 A.[安德]电，未至，费大劲卒得通，时已届上船时。午紫常、元任夫妇等在远东饭。
下午二时，坐 Naval Tramper（NTS）U. S. S[美国海军运输船]"General Butonar"[布托纳将军号]启程。吴正之同行，毕业学生多人同行，船与 Meigo[梅高号]相若，大多为海陆军家属，甚挤，但尚适。

10月21—26日
廿二、廿三，有浪，船上苦，小孩太多，房室太热。

10月26日　星二
船次 Honolulu[火奴鲁鲁（檀香山）]，八时到，Dick H. Black[迪克·H. 布莱克]来船探视。
十时上岸，正之及居载春[2]、刘世衡、锺昭华[3]同行去领馆，后由

---

〔1〕 弗兰克·M. 拉塞尔（Frank M. Russell），美国加州大学伯克利分校历史学、政治学教授。
〔2〕 居载春，居正之女。
〔3〕 锺昭华，浙江湖州德清人，著名幼儿教育家。1935年赴美国，在密执安西部州立大学、纽约哥伦比亚大学师范学院进修。1948年归国，历任南京师范大学教授、中国民主促进会中央委员、全国幼儿教育研究会理事长等。

领馆吴君道［导］游各处。

午，吴及 H.［火奴鲁鲁（檀香山）］大【学】谭先生请客。

晚 Black［布莱克］夫妇请客，均本地人，不甚有味。

10月27日

与同船人上岸，看铺子吃中饭。

10月28日　星四

独去领馆看信，无也。

下午二时启碇。

十一月

11月1日

船过 180°Meridian［子午线］，船众向首次西渡者浇水打股取栗。

11月3日　星三

无二日及星二[1]。

美国今日大选（即二日），船上亦投票：头等【舱】Truman［杜鲁门］[2]以多一票胜 Dewey［杜威］；二等【舱】则 Wallace［华莱士］大胜；美方亦 Truman［杜鲁门］全胜，于以证实美之报纸杂志及民意测验之大不可靠[3]，而罗斯福新政之效果仍在。

11月5日

今日毕 Laski's *The American Democracy*［拉斯基的《美国民主》］，好书也。重复处甚多，或不可免。因彼以说明 Americanism［美国精神］之弄种于 Business［商业］之 free enterprise［自由企业］为不良，不能不有重复。

---

〔1〕船过日期变更线，故云。下文今日大选（即二日），亦同。

〔2〕哈里·S. 杜鲁门（Harry S. Truman），1945—1953 年任美国第 33 任总统。

〔3〕1948 年 11 月 2 日，美国大选即将揭晓的前夜，《芝加哥论坛报》在头版刊出通栏标题，宣布"杜威击败杜鲁门"。然而，第二天宣布的选举结果却是杜鲁门获胜。这件事，连同那幅杜鲁门当选后拿着宣告他被击败的《芝加哥论坛报》摆拍的照片，成了美国新闻史上最大的笑话之一。

惟著者易着重于其所知较多之事，往往失平衡。全书至佳。书出时 Schlesinger［施莱辛格］及 Commager［康马杰］〔1〕等评实在不公。

11月6日　星二［六］

Guam［关岛］，船上午九时靠岸，大多客在此下船。整日忙，热甚。

11月7日

Guam［关岛］，上午移至小舱，较适。

下午，此地 Bosey（物资供应局）有中【国】大三学生刘光华、王塨、陶昌夫接正之出游，顺访处长丁天雄〔2〕。

11月8日

Guam［关岛］，仍竟日游，中午刘等请便饭，晚丁请客。

关岛美人海陆空花钱甚多，似于军事不实际，而土人则奢懒之至。

11月9日

Guam［关岛］，下午五时启碇。

11月13日　星六

晨八时停 Manila［马尼拉］外之 Sangley Point［桑莱岬］，使馆派主事黄荣德接，未下船。

下午一时半抵 Subic Bay［苏比克湾］〔3〕，美海军租借地海军李寿镛、吴贻经接，下【船】游览并吃饭［晚］饭。

11月14日　星日

Subic Bay［苏比克湾］，下午去一 beach［海滩］，游水甚佳。

11月15日　星一

上午八时自 Subic Bay［苏比克湾］折回 Manila［马尼拉］，下午二时

---

〔1〕亨利·斯蒂尔·康马杰（Henry Steele Commager），美国著名历史学家。先后执教于纽约大学、哥伦比亚大学和阿莫斯特学院等。

〔2〕丁天雄，浙江人。民国时期曾任兵工专员。

〔3〕苏比克湾（Subic Bay），位于菲律宾吕宋岛的中西部，马尼拉西北约100公里处，南临中国海。

到，黄主事接去使馆先游览，后在中央饭店应代办孙碧奇之宴，又游览而返。

11月16日　晨［星］二
晨七时开船。

11月18日　星四
连日有风浪，船行迟。

11月20日　星六
下午四时靠岸，葳、苴、民兄及世述来接，晚大舅、直舅等来。

11月21日　星日
晨二去海军码头取行李，未得。
晨去 Dorothy Borg［多萝西·博格］[1]处。

11月22日　星一
午去 Borg［博格］处饭，见 Peffer Martin［裴斐·马丁］夫妇。
下午取回行李，由谭镇黄及张□□［原文置空］帮忙。

11月23日　星二
下午去中央航空访查阜西[2]。
晚谭、张请吃饭饮。

11月24日　星三
连日重理行李，疲极烦极。
晚去公振[3]处饭。

---

[1] 多萝西·博格（Dorothy Borg），太平洋国际学会秘书处工作人员。
[2] 查阜西，江西修水人，古琴演奏家、音乐理论家和音乐教育家。时任中央航空公司副经理。
[3] 陈公振，钱端升之内弟。

11月25日　星四

晚查阜西、邓士章[1]请客,有张向华[2]、黄琪翔[3]等,晨访张菊生[4]。

11月26日　星五

下午访王受培[5],晚储安平[6]约张志让[7]饭。

11月27日　星六

访叔通、诸舅,三接机场 Marjorie［玛乔丽］未值。

11月28日　星日

晨去 Al［阿尔］处饭,下午直舅处茶,晚道鄰夫妇请客,京官多观悲观。

11月29日　星一

晨偕许亚芬[8]去 Cat,未果行,及购 CATC［英联邦航空运输委员会］机票,临时送行李,至忙。

11月30日　星二

清晨起飞,二次折返。

---

[1] 邓士章,广东惠阳人。曾先后任黄埔军校军械处处长、国民革命军总司令部少将高级参议等。1946年退役后,任上海中央航空公司营业组副主任、主任。

[2] 张发奎,字向华,广东始兴人,军事家。时任国民政府军事委员会广州行营主任。

[3] 黄琪翔,字御行,广东梅县人,政治家、军事家、中国农工民主党创建者之一。自1931年起为中国国民党临时行动委员会(即第三党)领导人。抗战后第三党改成为"中国农工民主党",曾任秘书长、副主席。

[4] 张元济,字菊生,号筱斋,浙江海盐人,中国近代杰出的出版家、教育家与爱国实业家。1902年进入商务印书馆,历任编译所所长、经理、监理、董事长等职。

[5] 王崇植,号受培,江苏常熟人。1945年始任开滦总经理兼国民政府国家经济计划委员会委员。

[6] 储安平,江苏宜兴人,中国近代学者、知识分子。民国时期著名评论家,《观察》社长和主编。

[7] 张志让,江苏武进人,法学家、法学教育家。历任北京大学、东吴大学教授。新中国成立后,出任复旦大学校务委员会主任委员,参加了中国人民政治协商会议第一届全体会议,先后担任最高人民法院副院长、中国政治法律学会副会长等职。

[8] 许亚芬,1934年毕业于清华大学,后赴美在斯密丝女校(Smith College)攻读硕士。

十二月

12月1日　星三

偕葳北飞至京[1]，京机场遇张岳军亦悲观可怜。

下午一时到平，蕙及召南来接。

晚 Marjorie［玛乔丽］来长谈。

12月2日　星四

晨送 Marjorie［玛乔丽］走，并电美。

12月4日　星六

适之及北大诸负责人请客，适之有走意。

12月6日　星一

晚南苑有炸，城内作屋倒像。

12月7日　星二

开始上课，授《议会政府》及《中国政府》。

12月8日　星三

书箱昨晚空军飞到，今日取回。

晚请政系全体夫妇饭。

12月10日　星五

晚政治系系会欢迎会。

12月12日　星日

午率诸孩至 WRSC 饭，补二儿生日。

---

〔1〕 这里指南京；"京机场"亦指南京机场。

晚，李润章[1]请客，有许惠东[2]等，谈战局逼紧。

12月13日　星一
林彪军近平郊，形势紧。
经津行李今日由周纪荣[3]取回。

12月14日　星二
今晨仍上课。
下午，军人二次图入住，大见紧张，晚邀周纪荣、陈冠庸来住。

12月15日　星三
今日水电断，四郊中央军尽撤守，晚由津发电稍有水，水方得恢复，有守城形态。
下午访 Bill Dummond［比尔·杜乐武］[4]及 Clubb［柯乐博］[5]。晚作信数封，备寄出用。
适之终南下。
昨今晚电话多，备忙。

12月16日　星四
清华电断，似已被放。

12月17日　星五
北大五十周年纪念典礼，凄惨冷落，讲演未举行，会亦落得取消。

12月18日　星六
昨晚至今晚无炮声。

---

　　[1]　李书华，字润章，生于河北省昌黎县，物理学家、教育家。曾任北京大学教授、物理系主任，中法大学、北平大学代理校长，北平研究院副院长，南京国民政府教育部部长，中央研究院总干事等。

　　[2]　许惠东，河北武清（今天津市武清区）人。1931年5月当选国民会议代表，并出席国民会议。1938年12月—1941年3月任湖北省第一行政督察专员兼保安司令。时任北平市参议会议长。

　　[3]　周纪荣，北京大学政治学系毕业，主攻国际关系。

　　[4]　比尔·杜乐武（Bill Dummond），美国战略作战部驻华军官。

　　[5]　埃德蒙·柯乐博（Edmund Clubb），时任美国驻北平总领事。

下午看东 Sun［疑为张东荪］。

自星二起，诸生相值，晚上来住，今晚起嘱不必来。

12月19日　星日

下午看 Steele［斯蒂尔］〔1〕，又在 Jim Burke［吉姆·柏克］〔2〕处，与 Fred Garwin［弗雷德·高尔温］大谈一阵。

12月20日　星一

午 Clubb［柯乐博］请客，为武官及傅方之人。

下午教授会，无结果也。

12月21日　星二

今日因校舍乱，上课未成。

在外访友，以军人入屋要养马，午即返。闻梅贻琦今日走未告即去也。

下午 Doak Barnett［鲍大可］〔3〕来访，Crane Foundation［克兰基金会］人也。

12月22日　星三

昨下午起，炮声又顿少。

12月23日　星四

今日起又上课。

报载梅任教长，南京又传决设联大抢运平方教授之讯，将产生极度不安。

12月25日　星六

今日圣诞，仍上课。

晨警局来拉伕，无可免，以厨役应之。

---

〔1〕A. T. 斯蒂尔（A. T. Steele），美国《时代》周刊记者。

〔2〕吉姆·柏克（Jim Burke），美国新闻记者。

〔3〕阿瑟·多克·巴乃特（Arthur Doak Barnett，鲍大可），生于上海，中国问题专家，毕生致力于当代中国研究。1942年毕业于耶鲁大学，获文学学士学位。1947年以后，以美国当代世界事务中国及东南亚研究所研究员和《芝加哥每日新闻》记者身份，数度来华采访。

午许惠东约枚荪、焦实斋[1]、高文伯、□□［原文置空］等在北京饭店商安定局面办法，人心思和而苦不得其手也。

12月28日　星二

有和及放弃之谣。

12月31日　星五

日前之行动已因南京方面之所酝酿不成为事实，但日来各方乃大现其紧张及期望之态。

午邓宝珊[2]约饭，有北大多人谈平局，本由徐盈[3]请［讲］，乃徐君突受十余时之窘，仍在继续中，竟日紧张。

---

〔1〕 焦实斋，名蕴华，字实斋，河北井陉人。1949年受傅作义之托，任国民党"华北总部"副秘书长，并担任了傅作义的和谈代表。同年成为"北平联合办事处"的成员，分管党政机关、财经、文教方面的移交工作。

〔2〕 邓宝珊，甘肃天水人。早年参加同盟会，西北军的重要将领。1948年8月任华北"剿总"副总司令，年底代表傅作义同人民解放军代表谈判，达成和平解放北平协议。

〔3〕 徐盈，原名绪桓，山东德州人，著名新闻记者。曾任上海《大公报》记者、重庆《大公报》采访部主任等。

国家出版基金项目
NATIONAL PUBLICATION FOUNDATION

钱端升全集

黄进 高浣月 主编

第二辑·第三卷

英国史 下

British History

［英］屈勒味林－著　钱端升－译

中国政法大学出版社
2022·北京

英国史(下册)

《钱端升全集》（第二辑）
编委会

顾 问

俞可平 | 张小劲 | 王荣声

王玉声 | 钱大都 | 钱仲兴 | 钱召南

主 任

黄进 | 高浣月

成 员

王改娇 | 尹钛 | 钱元强 | 谈火生

陈夏红 | 白晟 | 尹树东 | 冯琰 | 许玺铮 | 刘旭

目 录

下 册

第四卷 国会的自由及海外膨胀 斯图亚特时期

419 | 概　说

425 | 第一章　詹姆斯一世及查理一世时的政治宗教

444 | 第二章　苏格兰的叛乱　长国会

455 | 第三章　大内战　1642—1646

466 | 第四章　共和政治及护国政治

484 | 第五章　农村经济　美洲的移殖

499 | 第六章　复辟及查理二世

522 | 第七章　詹姆斯及 1688—1689 革命

534 | 第八章　苏格兰及爱尔兰

545 | 第九章　英法的争雄　安之死及朝代之争

第五卷 海权华族政治及工业革命的初期 自乌得勒支迄滑铁卢

567 | 概　说

571 | 第一章　早期汉诺威时的英吉利

001

594 | 第二章 辉格党的寡头政治

612 | 第三章 乔治三世的御揽政治

628 | 第四章 民主运动的开始　法兰西革命时的党争

641 | 第五章 法兰西革命及拿破仑之战

659 | 第六章 乔治三世后期的帝国　奴隶贸易的禁止

671 | 第七章 乔治三世时的经济生活

第六卷　机器时代的海权及民主政治的趋近　汉诺威王朝的后期

689 | 概　说

694 | 第一章 托立的压制及辉格的改革

716 | 第二章 维多利亚朝的上半期

737 | 第三章 最近时期的对外发展

755 | 第四章 维多利亚朝的下半期

774 | 结　论　1901—1918

786 | 1770年以来的内阁

788 | 参考书目

803 | 译名对照表

第四卷

国会的自由及海外膨胀　斯图亚特时期

概　说

政治上的特异进步　单就英吉利人民的人生观及习惯而论，推铎尔时期所引起的变动也许要比后继的斯图亚特时期所引起者为多为大。但于政治方面，则在后期中的发展尤富特彩。使推铎尔英人丕变的文艺复兴，宗教改革及海洋事业，其发展固甚重要，然都为世界的运动，而非英吉利一国的运动，不像英人在斯图亚特时获得的种种政治上的进步则纯为英吉利所独有，既无外人的参加，又无别国的前例可供摹式。当专制君权，中央集权，官僚政治，方在大陆诸国大得其势，而个人屈伏于国家之下，无可仰伸之时，英人则在从事于国会政府，地方行政，言论及身体自由之取得。当法兰西，亚拉刚及卡斯提尔的等级会议，连他们中古的职权也将无从行使之时，当德意志的政治生活因帝国数百小邦的割据分裂而枯萎待毙之时。英之众议院则因得乡绅的领导及受商人和通常法法家的联盟，而能努力于新国家的统治权的攫获。它之获得此权，由于两道：一为发达院中委员之制以充实内部的力量；二为和国王争执而打倒其权力。争执的主要原因本为宗教的，但其主要结果却为政治的。

英吉利自由本基于岛国的特性，故欲有充分的发展，必须先有相当时期的隔离，在此时期内能不被欧洲的势力所危害或波及。依利萨伯及掘类

克的功绩，使这样的一个隔离有实现的可能。欧洲当时的情形，尤其是30年之战，亦能助成英人的志愿；英人藉了海军的遮隔，可丝毫没有被侵或被邻国干涉之虞，因得一心一意的解决本身的许多问题。

自由及国力 英吉利之重入欧洲的战场，盖已在解决国内问题之后。宪法的演化于1688—1689年的解决告一满意的段落后，威廉三世及马尔巴罗才统率以宗教及政治自由为基础，而以国会为主力团体的新英吉利，以和举世所崇拜的法兰西雄主（Grand Monarch of France）路易十四所统率的，且充满"朕即是国"一类的专制思想，而又声威显赫，称霸大陆的法兰西，决一雌雄。那一次比武的结果一方使欧洲逃出了法兰西的罗网，一方又使英吉利的舰队初次成为全球海洋的无敌主翁。古时有"战审"〔1〕（ordeal by battle）以决曲直之法，英和路易之战直可视为战审，而自由的群社及专制的国家将于以一较其上下。

比武的结果使向持和英制绝对相反之权力论的世界大为震惊，且骤然觉悟。世人向以专制为效能的秘密，而自由则仅为小邦如瑞士各州及荷兰七省等一类纤小群社所可享受的奢侈品，而况即以荷兰而论，它经了一度的光荣以后，已将有经不起法王方张的权力而有萎靡之势。所以国会英吉利的战胜专制法兰西实是一等重要的事实；18世纪自孟德斯鸠而后在国外盛行而以反对教国专制为目标的知识运动，实以这事实为首要的起因。不列颠的海军及马尔巴罗的拉和格（La Hogue）及布林亨（Blenheim）之战，使洛克（Locke）及其他英吉利哲学家得在大陆上享受英吉利哲学家鲜能根据自身的价值而享着的崇拜。英吉利的制度亦得首次作全世界的典型，虽则它们（制度）仍带些奥秘之气而不能为世人所通盘了解。

国王国会的均势及国力 不列颠在威廉及安时的成功尤其能使人惊奇，因为在1688年的革命以前，国会及国王间的争雄不特没有增加效能，而且尝使英国在欧洲国际的地位低落。初在詹姆斯及查理一世之时，继又在查

---

〔1〕 见上第174~175页。

理及詹姆斯二世之时，国会及国王间的平衡使英国绝对无影响国外政治的可能。

惟一的例外是清教共和国（Puritan Commonwealth）时的几年，然例外适足以证明定律的可靠。在那时候，国会党——至少可说是圆头党——大权在握，惟我独雄，立法及行政合而为一；所以在格伦威尔独人政治的以前几年及当今几年中，共和国的政府得享斯图亚特诸王所从不能享的赋税及海陆军备大权。在那时候，英吉利的意见可以得外国的尊重，而且也为外国所畏惧。但圆头党之集中一切大权于一身，实基于强力而不基于协调；以力服人者非心服，故只为暂时的现象而不能持久。

英国于1666年又恢复了国会及国王间，立法及行政机关间的均势。克拉稜敦（Clarendon）以均势为我们混合宪法的至境，故引为快事。但财政上的亏绌及不一致的朝议，亦随这完美的均势以俱来，驯至军备废弛，政策无定，仇敌当我做笑柄，友好见我而忧心。查理二世朝的种种祸根伏于此不幸的均势者，比伏于他自己的暴戾或疏忽者更深。世上没有一个国家能长为半国会半君主的国家，而又可以不受因缺乏实力而生的种种恶果之累者。

革命解决　一举而使英吉利兼获自由及效能两美者为1688年打破均势，归权国会的革命。此次国会之重握大权，乃由于辉格及托立两党的协调，而不像40年前完全凭一党的武力来取得，故局面可以持久。至于两党之所以能有协调，则由于詹姆斯二世的无状。[1]

自此而后，行政及立法机关间，国王及国会间，一般的大政复能如推铎尔时之有一致；不过倡随之势则今昔不同，在昔国王倡而国会随，今则国会倡而国王随而已。只有在两者的协调之下，政府才能整理国家的赋税及信用而使之近代化，才能维持一小小的常备军和一大大的舰队，才能发

---

〔1〕译者按，Whigs 及 Troies 固可译为自由党人及保守党人。但如此译法，则 Whigs 和 Liberals 间，Tories 和 Conservatives 间将无可分。此为历史书，似未便埋没历史上的变迁，故不得已而从音译。

展并完善大帝国所必需的组织，而不虞有猜忌——曾经破坏斯屈拉福德（Stratford）及克伦威尔之种种相类努力的猜忌——发生。只有在两者的协调之下，政府才能使苏格兰人自愿的合并他们的国会于韦斯敏斯忒，有如克伦威尔曾以武力强迫他们采择的办法。同时，酿成过去数代中发生种种党争及流血的强迫国教政策（即强迫全体英人尽奉国教的政策），终亦为1689年的《容忍法》所视为不可实行而永远放弃。宗教和平及宽阔主义（latitudinarianism）的新时代很能增厚不列颠的商业，军事，及殖民权力，而法兰西的则未免相形见绌。法兰西因缺乏容忍之故，竟把它人民中最长于工业的呼格诺徒，逼出国境而转为英吉利，荷兰及普鲁士方兴的制造业之助力。

大不列颠　在斯图亚特时期中我们更突破英吉利历史的范围，而进入最广义的不列颠历史之较大的空间。近代英吉利和苏格兰间及和爱尔兰间的关系，在论及依利萨伯时已经叙过。这种关系在斯图亚特时更因连列的几件大事而深印于子孙后代的脑海中。经许多的变迁以后，我们终于威廉三世及安之世永定了英吉利和苏格兰间的关系，且我们至今犹视为满意的解决。我们和爱尔兰间的关系，固为日后种种不幸之所由起，然不幸所由起的方向实亦定于那时。

美洲殖民　在同一的斯图亚特时期中英吉利复于北美建立繁殖的自治群社。英人开始向地球的另一面居住，但他们仍在英吉利的旗帜及英吉利的自由制度之下。在17世纪告终以前，他们已知改善在纽约及别地的此种制度，所以荷兰人及别的外人能居住于英旗之下而不感不便。当此之时我们已可看出一自由帝国，一包括多种种族及宗教的共和国之在胚胎；日后美洲合众国及不列颠帝国所异途同归以实践的也就不过是这个自由大邦的理想。在17世纪之末，欧洲别的国家的殖民地则另有发展的途径。法兰西的加拿大及西班牙的美洲既无政治的自由，也无宗教的自由；荷兰在非的殖民地则没有政治的自由，在美的也不甚大。英吉利则为首先树立自由的旗帜于海外者。

殖民的原动力 容忍各式宗教在英吉利国内，虽为 1689 年以前所未闻；但在海外则为整个斯图亚特时期殖民政策的一部，国王或对敌的国会俱能体会容忍的精神。不论盎格力干，清教或公教教徒，如果不满意于在祖国的遭遇，俱可得政府的赞助而移往美洲；在此他们虽仍居英旗之下，但可随己意而祷告。在国内视为捣乱多事之徒，去美洲便可发扬英吉利的国力及光荣。这个比较自由的原则，为英吉利竞争殖民霸权时之一大胜着。

斯图亚特时期政府奖励殖民——纵为政敌所主持的殖民——的又一理由为国内英吉利政策工商业性之增加。国内政策之工商业性愈重，则殖民地愈欢迎。在国会当国之世，商业益为对内对外政策中的首要考虑，而马萨诸塞特，纽约，维基尼亚及西印度群岛则被视为英吉利制造品的重要市场。

地方自由的牢固 1688 年的革命虽为众议院得了最高的权力，但仍任他为"朽腐城市"（"rottenboroughs"）之制所拖累而不加纠正，故历时愈久，则他愈不能代表全国。随人口的变动来重新分派国会的议席固尝为克伦威尔主张，然终随克伦威尔而受长时期的埋没。因此，国会及国会所控制的政府愈久而愈和能操纵"朽腐城市"的地主阶级混而为一。如果圆头党能获全国其余各部的赞助，则英吉利国家也许早可让一部分的平民势力加入主政。但自 1660 年而后，平民政治的精神竟如死去，直到下一世纪的工业革命给他以一种新生命后始再有所闻。半因这个理由，大西洋彼岸生气勃勃的平民政治竟日积月累地和国内的华族（aristocraftc）国会失了衔接；两者间的区别更因新英格兰及旧英吉利主要宗教仪式的不同而加甚。

查理，清教共和国及末了詹姆斯二世的相继覆灭，俱为政府无法镇压乡绅阶级及特许会社（指城市）的表示，因此之故，国家对于地方政府及四乡的权力亦比依利萨伯时为狭小。塞西尔及窝尔星干对于治安法官的经济及其他作为所施的一种监督在斯图亚特时日趋放弛，而在早期汉诺威时则更显然的无存。国会之攻击国王自始本伏于地方自由和中央集权之争，故不啻即乡绅之反叛朝廷及枢密院。在这个竞争之中自由农民及市民尝助乡绅，尤其是乡绅中反对国王最力的一部分。国会的胜利固足以使英吉利比前更能一致地有力地对外，但就内政而言，则中央的权力自后不能不更服从地方的意志。因为清教革命失败之故，自 1660 年而后，乡绅的意志，即为地方的意志。

反对斯图亚特王室的最后政治胜利固属于辉格党人——即乡绅中于国家大计能和伦敦及商人群社同盟一致的一部分——然社会上的权力则仍在治安法官及全部分的乡绅手中，而乡绅的大体固托立多于辉格。

社会上的专制　君主的政治及宗教上的专制权总算受了有效的约束。从此而后，国教教社不敢再求和全民族同一范围。国会胜了国王，通常法法家胜了特权法院，故个人的言论及身体自由也得受国会及通常法法家的保护。从政府方面看起来，人民尽可从心所欲而发言，其自由为欧洲别国所不能及，也为英国前此所未之见。废除社会上的专制则为较难之事。但在工业革命以前世人并没有怎样感觉到社会解放及破除乡绅势力的必要。在乔治一世二世时，英人以人类的自由为他们已经完全阐明的一种科学。这个观念，言之无论若何成理，或大陆各国无论若何的尚处于帝王，僧侣及贵族的统治宰制之下，更无论英人自骄之心若何可以谅解，当然是错误的；然而自马拉逊及萨拉密斯（Marathon，Salamis）的胜利者以降，是否有一群人，其对于基于实际的人类自由之建树可与圆头党及骑士党，斯图亚特国会中的辉格党及托立党之功业等量齐观，尚是一个疑问。

第一章
詹姆斯一世及查理一世时的政治宗教

国王：詹姆斯一世，1603—1625（苏格兰詹姆斯六世，1567）；查理一世，1625—1649。

尊王主义及专制政治 推铎尔政府的主要音调为尊王而非专制。内无常设军队可供驰驱调度，外无有给吏僚可代统治郡县的人君，决不能为专制之君，因为他绝无可以威迫臣民之力。拱卫王宫的武士之所以能监押载运谋叛贵族或被革大臣的驳船，由槐特和尔[1]的阶沿以至于伦敦塔的叛贼门（Traitors' Gate）者，亦因伦敦工徒从不想中途拦劫之故。但拱卫军如何能威迫好多在农屋的椽桷上常满挂弓，刀，钩镰等等武器的500万人民？

简而言之，推铎尔诸王的权力不是物质的而是玄秘超乎自然的。他们有时得力于臣民的爱，但他们老靠着臣民的忠及"自由敬畏"（"free awe"）。在以摩尔·托玛斯爵士始而以莎士比亚终的一世纪内，"由主所推举出的代表"（指国君）固俨然王者的威严，而当他的面前，无论如何高的品级，无论如何富的天才，无论如何神的宗教，都得低首下心而莫敢自骄；如其逢君之怒而有牺牲的必要时，他们且须俯首就戮，而莫敢有怨怼之态。

---

[1] 译者按，槐特和尔（Whitehall）为推铎尔及斯图亚特两朝所居之宫。

但在下一世纪则天才及宗教并不这样易与了。

英吉利的尊王主义为一姓的秘密，而尤为时代的精神。他深得亨利父子及依利萨伯的政治天才之力，然尤得力于过渡时期——由中古至近代——领袖的需要。因为全国需要有力的领袖，故尊王主义得应时而生。此所以当推铎尔的最后一君死后，无精无彩的詹姆斯一世想把尊王主义化为君权神圣世袭的政治定理时，在把主义的精华只有蒸发而无存。

推铎尔诸王能充分代表英吉利的精神及政策；但斯图亚特诸王一方既根据于高于英吉利法律习惯的来源以为更大权力的要求，一方复采用在大体上不能获得英吉利社会中最重要部分的同意之对内对外政策。众议院为自卫起见，也只有替他自己为种种在宪法上尚属创闻的要求，一如国王所要求的君权神圣世袭之亦为创闻。

众议院的领袖地位　国会及国王间的冲突，要是没有宗教的问题来混杂其间且激动一切，是否会至短兵相接，诚可发生疑问；我们须知宗教问题在那个宗教意味浓厚的时期是有力的原动力。但要是没有如科克及塞尔登（Coke, Selden）等一班伟大的宪法律师及如厄力奥特，罕普登及庇姆（Eliot, Hampden, Pym）一班伟大的国会党人（Padiamentarians）——新的一种职业——则替下议院争的种种创闻的权利决不会提出来，更不会成为事实。在詹姆斯及查理一世当朝时，英国尝产生有名的一类人物以出席于国会。他们博通旧日的典型而又笃信法律，习惯及成例；他们自以为，他们并告国人，他们仅在要求旧有的特权，且执行《大宪章》的精神；他们就连《大宪章》的文字也未超过逾越[1]。历史学本尚在幼稚时期，他们的要求之缺乏历史根据自然难免；在事实上，他们尽是创新者，于无意中他们在摸向一种英吉利所未见，而举世所未闻的政体上去。他们不是投机冒险之徒，他们也不是但求自利者；他们之舍田园大厦而就国会本是害多益少之事；那时的国会只是引人入监的绝路，而非取得权力的大道。他们信抗议教，他

---

〔1〕　见上第188～189页。

们又为集英吉利文艺复兴的大成之绅士；抗议教的诚笃性格和绅士思想及礼貌上的文雅在他们而兼备。这两种性质到了国会党于长国会（Long Parliament）的第二次会中分裂时，始分道扬镳而成为对峙的圆头党及立宪保王党。

詹姆斯一世之为人 当苏格兰后玛利和达恩利间可悲婚姻的可笑子嗣，苏格兰王詹姆斯六世，继依利萨伯而为英吉利王詹姆斯一世，并由爱丁堡缓缓的向伦敦进发时，远近的英人争趋集于过路上以一瞻新君的天颜。凡因品极较高而得挤在米德兰诸城市的群众前之人，其所见者为一和易的，自负的，唠叨的，长于书本智识而绌于知人之明的国王。至于英吉利的国情国法，则他更毫无所知，所以在纽窝克（Newark）他竟会不加审讯而命把当场捕获的剪绺贼绞死。苏格兰他固熟知，且能有部分的了解，然他又如何可据所知于苏格兰者而为阐释南首王国的政治地图之用？

詹姆斯的继立 但他的新收臣民雅不想多所批评。四十余年以来他们常处于"女王天年之后我们将安所之"一问题的黑影之中，他们惴惴然不安之态，更因依利萨伯之厌恶讨论继承问题而加甚，而延长。她厌恶讨论这问题，她一见这问题即呕气，她不愿有公认的嗣君，因为她深恐于她未死之前他即可以分享臣仆的忠心。一半政治的，一半撒娇的，她总不喜人家提起这问题。但塞西尔·罗伯（Robert Cecil，即威廉之子）曾和詹姆斯有过协商，而他之继位之方亦早经相当的讨论及预备，故依利萨伯死后，一切得以平稳的继续下去，而英吉利人民亦如顿释重负。观乎钦定《圣经》的序言中铺张失实的言辞，我们犹可见当时人民额手称庆的一斑。

詹姆斯自幼即代他的母亲统治苏格兰，但他并没有替她雪耻，或承继她的政策。他之来英，本以继续依利萨伯的局面为涵蓄着的条件；他当然不能了解这局面真正性质，但在他所能了解的范围以内，他却没有违背条件。塞西尔·罗伯继续为他的首卿，且膺萨利斯布里（Salisbury）伯的荣封。倍根·法兰西斯为詹姆斯的又一大臣，虽然他（倍根）劝他在教社及国家内采用容忍的谠论，他（国王）常充耳不闻。所变更的，为依利萨伯

战舰的取消，而剌里之被禁。剌里昔为海军的重臣，今则被禁于塔中。每当散步高台，从雉堞间窥见泰晤士河的樯杆，或闻着海员工作时的歌声及杂声之时，抚今思昔之情又安能免？

英吉利苏格兰的合并　新君带来了一件只他能致送的礼物——和苏格兰的合并。两国的皇冕既戴在一人的头上后，悠久而且浪漫的边疆史亦告结束。边境流寇的洪荒地昔尝为流寇出入之地，但今则变为牧羊者的牧羊地；牲群可以至哲威倭特的山麓及可争地（Debateable Land）[1]的中心而不虞有丝毫的危险。但两国的国会，教社及法律仍没有合并，而苏格兰人且因麇集朝中以和英人争位之故，而为后者所不喜。要等到18世纪之时，帝国才开始得着合并所赋与的新力量。但斯图亚特时政治及宗教上的错乱及嗜杀，幸赖英吉利及苏格兰两国事务之得互相影响而差获补偿。

詹姆斯的苏格兰政策　苏格兰转因国王之不驻本国而就范起来，且空前的受制于王权。他的国王詹姆斯六世所在之地虽离爱丁堡有400哩之遥，但他今为权力伟大的人君，从槐特和尔他可以镇慑苏格兰贵族，同时并防止刻克（Kirk）之僭夺政权，凌驾国家。为达到后者的目的起见，他常煽动贵族对于小地绅及低级教士的嫉妒心，他常使前者对于后者之藉宗教组织以侵夺政权发生愤慨。这种挑拨政策常见成功，他更委派若干谦卑听命而俸给又微的主教以抵制民主的教侣会议及评议会（Synod）[2]；前者之权愈增，则后者之权益减。他的办法固收防止僧侣专制而保护苏格兰宗教生活中的缓和派及自由派之效，但当时苏格兰人民惟一的自己表示自己之法亦被摧折于无形，惟他尚不至于连牧区中的长老组织也想破坏，他也不至于强迫苏格兰的会众采用英吉利的礼拜书。劳德（Laud）可为"苏格兰无宗教"的谬见所包蔽而身败名裂，但詹姆斯一世尚不至于让这样的一个谬见来蛊惑他。他知苏格兰有宗教，而且正嫌其太有宗教，他惟一的志愿在把

---

〔1〕　译者按，此为英苏互争之地，介于Sark及Esk两河之间。

〔2〕　译者按，在苏格兰的长老教中评议会亦为最高团体之一，但普通总在教侣会议（Assembly）之下。译名恐不甚妥。

他收纳于相当的范围之中而不使他太跋扈。他之知苏格兰犹之他之不知英吉利,犹之他儿子查理之不知任何一国。

詹姆斯与英吉利 如果不知为不知,那倒也是知了,然詹姆斯不特永不知英吉利,且永不知他之不知。当他来到槐特和尔执政之时,他已早有定见,他在那里所受的谄谀,更坚他自以为是之心,而自信识见的参透。政治宁非他已经熟谙的科学?天子圣明,他岂不常在以天子之所知教诲他无知的臣民?既没有一人敢当面和他答辩,他自然以为他的见地足以驳倒群伦。而且在苏格兰时他从未得过类似英吉利众议院一类的经验。苏格兰的所谓国会实则仅一记录法院,他如何能了解领略同名的英吉利机关所占不同的地位?在苏格兰所有的反抗皆自男族的庄产上及教士的经台上发出,那么在众议院中终日讨论"特权""成例"及"国家基本大法",拒绝他不依他们的条件而征收赋税,且决定最重要的宗教及外交政策而强他遵从的一班乡绅固又何种样人?他尝枉顾地,自屈地,指出他们的昏愦,而欲他们觉醒;然他们既不听话,则他舍盛怒而发作外,更有何种别的办法?

詹姆斯与清教徒 斯图亚特王室和英吉利清教运动的关系决定于新朝的首先几个行动之一。盎格力干教社在此时尚为清教活动的主要用武地,换言之,清教主义尚想站在国教之内来图改良,而尚没有于国教之外另树旗帜之意;此所以几许国教的领袖僧侣会去罕普吞王宫会议(Hampton Court Conference)以恳求国王正式包容持清教主义的教徒于国教之内,而不仅为事实上的容忍。他们的态度极谦卑,他们和昔年卡特赖特或彭立之敢要求主教制度之推翻或《祈祷书》之大大修改者迥不相同。他们深知欲违反国王的意志而夺得教社为不可能之事,他们之所请求者仅为仪式上及牧区工作上若干为法律所许的变化,庶几他们可有固定的地位。

当时诚是解决清教问题的最好机会。国教依创立者的原意本是富有伸缩余地的一种制度;只消范围稍稍扩大,当时的宗教问题便可藉包容(Comprehension)为根据而得以解决。而且当时的犹为教外无教的教社,故

教内有教更为事理上所应有。清教运动是时对于世俗社会,尤其对于国会,有最大的势力;不许它有任何合法的活动,在国教外固不许,在国教内也不许,便是播下内战的种子。但詹姆斯在罕普吞宫之所为,就是播下不祥种子。他之呼"如没有主教,便没有国王"固未尝超过他的权利,然那时哪有发生主教制存在的问题。他之继作"我将令他们完全遵从国教,违教者我将摧之折之而使之出境"之盛怒语,则更为不幸剧之开始,而使三世英人流血流泪,附带的又把主权自国王移至国会的内战终莫可逃免。

詹姆斯之拒绝国教以外或国教以内之有容忍,并不由于他个人坚持高教社〔1〕宗教的结果,他儿子查理才为此种宗教所感动。在教义上他仍为喀尔文派。但他于民主的及诚恳的一派宗教在苏格兰所见已太多,故深畏其在政治上所发生的连带关系。他在罕普吞宫中呼着:"苏格兰长老会之不能和君主协调,犹之上帝之不能和魔鬼协调。……雅克、托姆、威尔、狄克〔2〕都可开起会来,而任意纠弹朕及朕顾问官的行为"。此一场无结果的会议散后,300名清教僧侣竟被政府革斥而失了禄食,而大规模的"违教"("Non-Conformity")〔3〕亦于此时开始。但在此后之84年内,不遵从国教的礼拜犹为非法的而且可以致罪受罚的礼拜,所以各党益不能不竭全力以争这教外无教的国教之把持。

詹姆斯与罗马公教徒　有好些人尽管自身为争斗的厉阶,而恒自以为和平的创造者,詹姆斯即是这样的一个人。他颇以能排难解纷为自得,实则他所视为排解不啻是煽动,而人民间本有的斗争更甚于昔。他许以容忍待信罗马公教的臣民,然他对清教主义既采诛除的态度,则待公教的容忍终亦莫可维持。私下信奉公教者为数本众,但在向日尚为人所不知。自惩

---

〔1〕译者按,High Church 及 Low Church 本指盎格力干教社中极端及和平的两种倾向;因意译流弊滋多,故直译为高教社及低教社。

〔2〕原文为 Jack, Tom, Will and Dick,即张三、李四、赵大、王二一班庶民可以藉民主的组织侵占王权之意。

〔3〕译者以违教译 Non-Conformity,表示虽不遵国教,而犹未离异之意;以异教译 Dissent,表示已和国教离异之意。

罚公教徒的诸法律稍弛于执行而后，世人始知其为数之众，而民众遂亦大为震惊。耶稣会徒的政策在推翻现有局面，并在以武力消灭英吉利的抗议主义，所以自当局及人民看起来，依利萨伯朝诛除耶稣会徒的精神及手段自应沿用而不稍轻减；但自许多的罗马公教徒看起来，欲报复这样的诛除亦只有采用耶稣会徒的政策。这诚是一个恶劣的循环，而无可如何者。

火药计划 国王允许宽容之后，公教徒本有所希冀，所以惩罚不从国教者之重又实行，竟使耶稣会党中一部分的公教绅士愤怒万分，因而更有火药计划（Gunpowder Plot）之组织，其目的在一举而杀国王及国会的全体。在推铎尔的早期，世人尚以为去国王即可以使政府瘫废，故作乱者只害国王；但今则作乱者觉得国会也有被杀的必要。阴谋的物质方面都已布置妥贴，且由曾在西班牙尼德兰的驻军中做过军官者担任一切；但事发之前有一个较富恻隐之心者忽向政府告密，故计遂破获。"行为的恶毒固无足奇，然而这样一个毒谋之发生则诚足奇异"；然而罗马公教徒自推铎尔·玛利迄詹姆斯二世间所受道德上的打击盖无过于此者。自头脑简单的英人看起来，所有关于耶稣会徒教训的恶劣影响之预测皆一一应验，而抗议教徒所举行的福克斯·盖（Guy Fawkes，即主谋者）节及11月5日节不但在教堂中有慎重的仪式，而在街道旁亦有平民化的仪节，即最恶神秘气的人亦能尽情参加。自此而后，反罗马的情感复一发而不可收拾，终斯图亚特混乱多变之世。它成为一常存的史因，有时且为举足轻重的史因。

战备之不修 詹姆斯厌弃一切海陆战备。在他衰老将死的数年中他固尝任好动而有雄图的巴京汗（Buckingham）去经营一切，但他自己始终厌弃兵事，他为英吉利诸王中之最主和平者。他喜用他的笏及笔，且以为两者都胜过10万军。对于钢器他尤有看见不得的害怕；这也许是因为他诞生之日，适为武装暴徒突破他母亲的晚餐聚会，并当她之面杀死里切奥后[1] 3月的那日。詹姆斯不但本身不好战争，且因是一个十六七世纪的苏格兰人之故，他

---

[1] 见上第373~374页。

对于海权的重要也毫无所知。他是斯图亚特王中惟一的完全忽略海军者。

英人和西班牙的美洲 因为忽略海军之故，他虽和西班牙媾和而不能尽收媾和的好果。在结束依利萨伯之战的和约中，英国固为它的商人取得了和西班牙及其欧洲属地间公然贸易之权，且限止了西班牙在它的港埠中任意查考英商的权力，但条约中于英人和西班牙美洲的贸易，及和被葡萄牙所把持的亚非两洲的贸易则一语没有提及。依利萨伯时英吉利海员的要求（claims），此坐视海军不振的政府实无法坚持，不特它自己不去坚持，它且不容人民自动去维护。政府对于私船武装劫掠之风转尽力加以禁止。

处这种情境之下，英人和西班牙人及葡萄牙人的私战虽仍继续下去，但得不着政府的暗助或嘉许。在亚美利加印度（American Indies）方面，一班所谓"熏烤海贼"（"buccaneers"）〔1〕只消他们能窘西班牙而能维持英吉利的尊严，无论他们的行为如何非法，总可到处得到援助者及同情者，且更能于西印度群岛及北美大陆建立殖民地。但他们不特专掠西班牙人，在斯图亚特时的末期他们已由掘类克及剌里们的高尚传习降而为提次（Teach）及黑旗海盗的下流劫贼行为。同时，南美的贸易在法律上至少是门户不开放的。除了西班牙人以外，无人可以问津，虽则北美因掘类克的胜利，英人，法人及荷人在事实上是可以去居留的。

英人和葡萄牙的非洲及印度 在非洲及东印度的沿岸，当时犹臣服于西班牙王的葡萄牙人力想抵制詹姆斯一世的人民和土人通商；即和平恢复以后，葡人仍不许他们通商。东印度公司因令船只一律武装以应战，柏斯特及丹吞（Thomas Best, Nicholas Downton）两舰长复杀败葡萄牙人于近苏拉特（Surat）的海上。因此英人和亚洲土人间的贸易转可比和有兵守护的西班牙美洲殖民地之沿岸居民间的贸易为繁盛而有规则。

于抵御东方的葡萄牙人时，英荷两国的商人为声气互通的盟好。但除

---

〔1〕译者按，buccan 为熏烤鱼肉之架，乃美洲土人食肉取皮之一法。但所谓"熏烤海贼"者乃指十七八世纪专劫西班牙人的海盗，已失熏烤的原意。

此而外，两抗议国的经商人民恒彼此仇视；葡萄牙人在东方海洋中之势力不振后，英荷商人间的仇视亦更甚。当詹姆斯及查理一世之时，荷兰东印度公司商人的富力比英公司商人的为大。当时荷兰适处最安全的时期，西班牙侵吞的危险已成过去，而法兰西欺压的危险尚属未来，故虽蕞尔小国，而富强惊人，科学艺术居世界之首，且为海上的主人翁。荷兰人成为人类的运货者；然他们的贸易愈盛，则英人愈形见绌，依利萨伯时英人所开发的俄罗斯贸易也被他们所夺去。他们更随处捕鱼，即本为英人捕鱼的地方，他们亦敢有喧宾夺主的行为。他们复驱逐锡兰岛及麻剌甲海中丁香群岛的葡萄牙人。在1623年他们复屠戮群岛的英人于安波衣拿（Amboyna）。詹姆斯竟无法可施。直到克伦威尔当国时英人始能强迫荷人赔偿一代以前的耻辱及损失。

英吉利东印度公司被逐于丁香群岛而后，改向印度大陆进行。在詹姆斯一世时，它已在苏拉特地方设立一个贸易场所，在查理一世时更于玛德拉斯（Madras）建立了圣乔治要塞（Fort St. George），而在孟买设立了其他的贸易场。不列颠之统治印度盖即起于这种微末的商市。惟这班东印度的商人自始即非"摇笔者"流；他们尝在本地君侯的庙堂中以外交手段来破坏葡萄牙人的垄断，又能在大海上用列炮来轰毁他们的船只。

詹姆斯之忽视海军 同时詹姆斯则将王家海军向争的利权逐一放弃。在英吉利领海中外国的船舰可不复向英旗致敬礼。来自北非巴巴利沿岸的海盗可自由在海峡中掠劫而不虞有任何的惩创。詹姆斯对于荷兰人及西班牙人虐待英人的抗议则被两国嗤之以鼻。为缓和西班牙大使的咆哮起见，詹姆斯复把剌里斩首。我们虽仍为航海的群社，但我们失海权国的地位者几有30年之久。

詹姆斯忽略海军之又一结果为商人及航海者之怨恨斯图亚特王朝；渡海人民浓厚的抗议情感更增加他们对于王室的恶感。依利萨伯在海上及对付西班牙的传习新君竟弃之不问，这当然足以使上列的人民愤慨万分。查理一世固尝拨非法的船税以重建他父亲所忽略的海军，然仍不能挽回人民已失之感情或改善人民已有的恶感。在紧急之时，查理所造之船竟会造反而加入乱党，而英吉利的诸海港在第一次的内战时竟瞻伦敦及众院的马首而随同作乱。剌里的英灵竟紧随斯图亚特王室而逼之登断头台。[1]

卅年之战　詹姆斯和平政策之无力因卅年之战（The Thirty Years' War）的爆发而益显。因为他忽视战舰之故，他的和平外交虽用意甚佳而丝毫不能生效。他既任英吉利的军舰颓废，他既无实力以阻止西班牙军队之通过海峡以至尼德兰，他又乌能强西班牙或奥大利，法兰西或葡萄牙以听从他的调停？

公教大反动在腓力二世之时尝一度被挫于英吉利及荷兰。现又爆发的卅年之战在根源上固可视为大反动之重又前进，不过今则奥大利为新的主角，而西班牙反退居于协赞的地位。波希米及莱因巴拉丁（Rhenish Palatinate）都被蹂躏，前者被奥大利的兵士，后者则被取道尼德兰而来的西班牙兵士。两地的抗议教也都因诛除而消灭。这两地的君主非别人而即是詹姆斯一世的子婿，今则竟被逐出境。他的妻子依利萨伯及他们的婴孩鲁柏特及毛里士两亲王（Prince Rupert，Prince Maurice）所以从幼即开始他们长期流落的生活，不过母子的高才厚德却始终不因流落而有所毁伤。[2]　詹姆斯

---

〔1〕1618年剌里在韦斯敏斯忒宫内的广场上受刑，该处距30年后查理受刑之处（槐特和尔前面）仅四分之一英哩。关于詹姆斯朝的海军问题，及和西班牙的媾和可将 Gardiner，*History of England* (1603—1642)，Vol.Ⅰ，pp.209-214 和 Corbett，*Successors of Orake*，Ch.Ⅶ，及 *England in the Mediterranean*，Vol.Ⅰ，及 Callender，*Naval Side of British History*，Ch.Ⅵ，比较一读。

〔2〕詹姆斯一世的后裔如下：

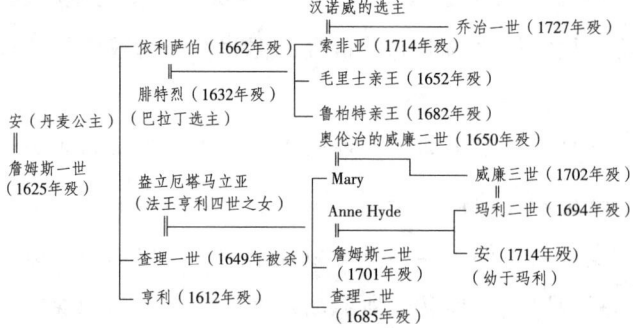

为求他们的复辟起见，竟不惜颜以求好于敌人；先则听命于西班牙大使根多马（Gondomar）而任他指示英吉利应采的政策，继又提议和亲，提议将他儿子查理和西班牙公主结婚。但詹姆斯尽管丢尽英国之脸，而依利萨伯等仍不得复位。

查理的婚姻问题 西班牙的和亲势必产生西班牙的后裔及公教的国王来危害依利萨伯女王的基业，此为英吉利人民所熟知的。但老年的詹姆斯及幼年的查理当时正深中韦立哀兹（George Villiers）的迷惑，惟他的言是听而计是从，而据他好动易变的幻想，则惟英西的和亲方可使欧洲重获和平。他们封他为巴京汗公，他们赞成他的提议。然而查理及他的幸臣虽亲至马得里斯，而结婚计划终成画饼，他们且须冒险逃出西班牙的京城以逃命。不得于西班牙王室后。查理转而和笃信罗马教法公主盎立厄塔马立亚（Henrietta Maria）成婚。这个婚姻的危性仅次于和西班牙缔婚的拟议；盎立厄塔马立亚卒为英吉利许多纷乱的祸根，而尤其是斯图亚特王室的灾星。[1]

巴京汗之黩武 詹姆斯一世殁于1625年，但巴京汗的势力则一仍旧贯；父死子继，英吉利的形势亦不变。和亲西班牙计划的笑话一若尚未足以餍巴京汗之欲，故他又继之以军事上的胡闹。他以抗议教的英雄自命，故屡次派遣军队去欧洲作战。然他绝未作若何的谋划，而海陆军亦绝无预备，结果是次次丧师辱国，贻笑外邦。这些绝无意识的远征军中，有几次是为帮助剌罗舍尔的呼格诺徒而派出的。他以为大教臣黎塞留（Cardinal Richelieu）是随便可以攻击的。实则他如果攻击莱因以东法兰西的公教敌人所主持的公教反动，则抗议教徒转易伸首，而黎塞留欺压呼格诺徒的行为转可敛迹。他之徒然开罪于黎塞留又有何用？至于进袭西班牙的远征军亦一样的失败无成。

---

〔1〕 詹姆斯对他长子亨利（死于1612年）亦尝有为娶一法兰西公主的提议，但亨利告诉父亲说，"他决不让两种宗教共睡一床。"如果他能长命，在卅年之战中他或可在大陆上为一抗议教的亨利五世，而一变战争的形势；在本国他或可采取国会欢迎的政策，而使国会自愿地处于国王势力之下而不思反抗。

权利请愿书 接二连三的轻举妄动和不断的败绩覆没既降低王室的地位，复激起众议院的反抗。战事起后，国王尝不得国会的同意而自行课税，此外更有军队随处驻扎，任意幽禁人民及向平民执行军法之举。凡此种种，国会在有名的《权利请愿书》（Petition of Right）中固皆目为违法者。查理为急需国会通过五种补助税起见，不得不承认国会的要求。但《权利请愿书》和《大宪章》一样，两者都是力争其中所要求的权利的起首，而不是争得权利的结束。

众院当时虽尚无指令国王如何对外的权力，但已有阻碍战事进行的力量。它本有的课税的权力，它当然牢守而不肯放松。但军队它是无法管束的，故它不能不多方疑惧。如果国王可有任意征税之权，有如法兰西及西班牙国王之所享，则对外的战事及外交也许可以由旧日的不振一变而有成功的可能；但在这种情况之下，国内的国会岂不将就此完了？

在依利萨伯朝时众院中尚有一班老练的枢密员做领袖，所以众院常能为政府之助，但今则枢密员不复在众院中领袖群伦，而组成众院的绅士竟渐渐立于反抗政府的地位。他们因接近田土之故，所知本国的利害自较切于朝臣，然他们对于国外之事也一无所知，至于如何而可以援助国外的抗议教势力，则更不知所措而常会岔事。执行的国王及课税的国会既处于两不相能的地位，而两者又都昧于外交之事，军队既没有，而王家海军又大不如前之盛；英吉利当卅年之战时之无足轻重亦固其宜。

国会处于反对地位 当巴京汗尚在布置援救刺罗塞尔的远征军时，他被一个清教狂徒所谋杀，一班民众也不辨曲直而有得色。巴京汗之流血益使查理对于人民无好感；但他也逆知战事之不能有成，因即放弃作战计划，而思以紧缩的政策来治理英国。国会是他所痛恨的，为求无需求助于国会起见，他转愿减省国用。1629 年他和众院的互哄，益足以坚他无需国会之心。是年众院议员竟有强制议长坐于议长席中，不许作声，而通过痛斥"教皇教派及阿民尼阿斯派（Arminianism）"及非法的吨税镑税（是时人民的心目中两者盖有相连的关系）的有名决议之举；自是而后，国会不再召集者历 11 年之久。

厄力奥特 查理复推翻前代的成规，而蔑视国会议员的特权。在依利萨伯时议员在国会中的言论或行为在外向不负任何责任，但查理则因厄力奥特·约翰爵士及其友人发楞泰因及斯屈洛达（Valentine, Strode）在院中的行动，而把他们拘禁于伦敦塔中。厄力奥特始终认拘禁为违法，始终不肯屈服；他前所斥为非法者仍咬定为非法，不肯乞怜以邀释放；他卒殉英吉利法律及自由而死于狱中。他的友人亦历 11 年而不获自由。查理对于厄力奥特极端刻薄，即他尸身亦不许尸属携归卜葬于康华尔的故乡。查理也许欲为旧友巴京汗出一口恶气，故对于曾攻击他幸臣的厄力奥特特别刻薄。但此仅为最宽原的解释而已。无论如何解释，无论在人性上是否可原，他的对于臣民的残酷实是危险万状的一件事。他在此后的 11 年中将为独裁的君主，如果这种脾气可以时发，则人民更有何种安全之可言？

科克 查理于解散国会并免去一切敢于执法如山的法官而后，宪法上可以限制他行动的束缚可说完全无存。但英吉利通常法的神灵仍是专制王权的仇敌，而且经科克·爱德华爵士（Sir Edward Coke）的砥砺以后，它已成为国会的有力同盟。如果国会一日得以复活而克服国王的专制，则通常法的精神亦将随而复活，且以之克服星室法院，高等委任法院，请求法院，威尔士及北方事务院诸种特权法院。执行英吉利通常法法院的法律家对于这些执行特种法律且依照另一程序的特权法院所起职业上的妒忌心，自得了激昂倨傲的科克为领袖后，兴奋达于极点；且因他之故，他们和众院中的国会党也联络一致。大部出于他的手笔而且可以表示他的主义之《权利请愿书》本可视为两种势力——通常法的精神及国会的戒心——两者联合起来保护全国的人民防止专断权力的一种运动。

相将以建立国会抵抗国王之基础的两人在人品上却极不相类。厄力奥特为乡间富裕绅士中最上等的代表，不招摇，不求自利，只为公众利益时

才奋发雄辩而不知畏缩。科克则为富有野心而向前挺进的法家，他好矜夸自得，在初时更好谀上骄下。当他1603年居詹姆斯一世的总检察官的地位时他尝极力攻击被囚的剌里，他的媚君诬敌的精神盖可与泽夫立兹（Jeffreys）[1]相抗衡。剌里本为西班牙的大敌，然而科克反责之曰，"你的心是西班牙的，你本身是地狱中的一条毒蛇！"幸而在科克心目中比升官及权势还重要者尚有一物存在，而此物即是通常法。为了通常法之故，他能不惜牺牲地位及天眷，由法院的长凳上退至下院的议场中，以和清教乡绅联合起来共卫英国的自由。

通常法 他和国王的争论简单说起来是这样一回事：詹姆斯及查理和罗马法的学者同样说法，他们以为君主的意志即是法律的根源，而法官不过是倍根所谓"王座下的狮子"，有以国王之意为言的责任。科克的见解则站在对方，他根据了英吉利通常法的精神，他以为法律有它自己独立的存在，在人民之上，也在国王之上，而法官则有平允判断不偏袒任何一方的义务。法律只有国会可以更改。援用罗马法及武断的程序的特权法院，他以为属于外国的文明，而不是英吉利国法所能容的。

这两种不同的法律系统间势必有个此死彼活的恶战，因为英国再不能如在推铎尔时之同时受治于两者。先挑衅者为查理，他把异己的法官革职而易以服从他的法家。经此一来，连通常法的法院亦似乎在接收特权的观念。但最后的胜负则须长国会来决定。

英吉利通常法是中古留存下来的，而特权法院及对于罗马法新增的尊敬则为推铎尔时文艺复兴的产物。[2] 通常法家的以过去——英吉利的过去，非罗马帝国的过去——为号召，所以他们属于考古及历史性质的理由，虽往往与史迹不符。而和历来英吉利的传习则尚大致相合。《科克论力特尔吞》（*Coke on Littleton*）及科克其他的律例，虽比佩因（Paine）及卢梭等的

---

［1］ 译者按，为詹姆斯二世时英之法官，以苛酷俯顺王意得名。

［2］ 见上第307~308页。

人权论为狭隘且缺少前进的意味，但两半球的进步及自由的大厦，有了它们的支撑始得盖造起来。

罕普登 国王及反对党间法律上的争端，其重要初不亚于财政或宗教上的争端；而且在那个多讼的时期，它的意义为英吉利人民所通晓。因罕普登·约翰拒付船税而发生的案件在国库法院曾经充分的辩论，故人民亦得仔细的注意。人民对于法律案件的知识有非国王及他的顾问所能及料，判断之得当与否不能逃人民的洞鉴。不利于罕普登的，且维持未得国会同意之船税为合法税的判决，虽得多数法官的赞同，而不能获舆论的同情。但在短时期中，国王得利用这判决以征收船税，而重建作战的海军。船税的目的固然可以钦佩，但英吉利海上的霸权决不能由已失民心的国王用这种办法来恢复维持。所以在他的新政策中，查理不能不采绝不干涉外事的政策；卅年之战可以历经一切危机，而英国只有袖手旁观，即遇有稍用海军示威便可发生重大变化的机会，英国还是坐视。罕普登之拒纳非法船税为深具爱国性之举动，亦可于航海人民及王家海军日后之加入国会方面，得一明证。

和查理专断政治时代有关的劳德及温特渥司（Laud, Wentworth）两人，无论在性格上抑在智识上，和巴京汗截然不同。

劳德 大主教劳德是一位伟大教士，但不习于政治，而性情尤不宜于政治；他之兼及政治之事实受当日教国间关系的强迫。他以建立盎格力干教社中的所谓高教社派而得后人的记忆，但历史家的最关心处则在他的宗教政策的政治结果。当时的教社尚和全国民同一疆界，教社中这样一个倒车的政策当然对于全国民有极端的重要及危险；实则它就是内战的主要原因，因为激起武装清教徒的反抗者就是它而非别的。它的著者劳德终亦死难于它所引起的反抗中。

劳德之诛除清教 如果我们可说詹姆斯一世因生为苏格兰人而不能善尽英王之责，我们也可说，劳德因曾为大学学员而不能善尽大主教之责。

他之视广袤的英吉利犹之他之对付牛津，但他不知治国难于治校，而趋全国长成之人于一端，初无强全校从同之简易。牧区教堂中礼拜的仪式须常受主教的命令及视察，故视前益见繁重；而传布福音之习及宣教讲演则在教社中为绝对禁止之事。同时，教外有违国教的礼拜亦受进一步严厉的诛除。那几年中清教徒之移往美洲可视为劳德弄得他们无法留居英国之一种测量，在英国愈不可住，则移往美洲者亦愈多。[1] 当英吉利的清教派正在产生如克伦威尔，密尔吞，罕普登及庇姆等一班奇才异能之士的时候，清教徒竟因劳德的活动而不能安居，更不能自由信仰上帝。高教社派的盎格力干主义固已有它的学者及诗人，但它尚不能取得任何大部乡绅的依附，至于平民则更不用说起。即如味内·爱德曼爵士，福克兰及亥德（Sir Edmund Verney，Falklandd，Hyde）辈，于必要时固能誓死以卫《祈祷书》者，但他们对于劳德及附他的一班过分忙碌之主教亦取反对的态度。

　　大教长（即劳德）的热心不特引起当代最强烈的宗教感情来反抗他及国王，并激发向在英国有根的一种情感，一种反对僧侣干预邻人生活的情感。从不疲乏且从不知审慎为何事，劳德既恢复了宗教法院旧日的活动，复常传唤有势的世俗人出席法院，而向僧侣答辩所犯之罪。宗教法院常带公教主义的马虎态度，故它们既不为谨严的清教徒所喜，又为生活浪漫的人所深恶；一般的世俗人方以为宗教改革已废除僧侣的管束，故尤不愿见宗教法院之重又活跃。同时主教们亦开始代贵族及平民而为国王的幸臣及邀宠的枢密员。在牧区中则乡绅们深恨劳德派的僧侣之以对敌势力自居。出版物的检查是时尚在主教的手中，劳德则利用之以取缔反对的言论。不论在何方面，英吉利人皆须敬谨站在劳德派僧侣所指定的轮廓内，不然祸变及干涉即随之而来。简言之中古僧侣操纵世俗人的恶现象诚有不日恢复之概；此固日后的圆头及骑士两党皆所深恶而痛惜者。反僧侣的感情在1661年时固尝视恢复的盎格力干教社为优于"圣徒政治"的教社，故前者

─────────
〔1〕见下第490页。

大得民心；然在1640年时则此种感情实为清教徒反抗劳德包揽的一种助力。

当大主教正以繁琐的严厉诛除清教徒之时，罗马公教徒之诛除反因查理王法后之势力日盛而中止。结果公教徒处处复起：人民亦有改依公教者，而在上等阶级中为尤多。盎立厄塔马立亚的宗教流行朝中，靡然成风。同时，和罗马教社誓不两立的人民则相率逃往美洲者每年何止数千。如果这种情形长此继续下去，依一般人民的推测起来，英吉利势必将重隶罗马的旗帜之下。劳德固不要这种样的结果，但他没有想出什么补教的法子来，而在时人心目中他的地位遂亦日低一日。

王权神圣 高教社派在国中本居少数，但他们既想以权威来压服国内的主要势力，他们势不能不和国王联合一致，拥护他的独裁，赞成他的不要国会政策。在世人看起来两者亦成为一而二，二而一的东西。一方劳德派的僧侣公然传讲王权神圣及特权高于一切之旨。这是高教社派为国王作伥之处。那方，国王为扶助劳德派起见，亦不惜利用星室法院及高等委任法院的权力来铲除反对劳德的思想意见。在推铎尔时甚得民心的星室法院至是因虐待普麟及利尔本（Prynne, Lilbume）之故为伦敦人所切齿痛恨。清教徒则益变成国会党的中坚，而朝夕候着一种可使查理非召集国会不可的情形来到。他们的希望可以下述的感念表之：

门口那的机器
时时预备着尽力一推，推一次便得了。

两派宗教分别以国王及国会为同盟。它们的联合固为情势所逼成，实在也是很自然的团契。因劳德所发扬的宗教中的崇拜权威性，和君主专制主义本有相互吸收之妙，而国家中的国会权力则和长老教及会众教中教众自治的精神又是异曲同工。在这两种不同的教国派别之间，更有无数种流动的，且在未来的数年常可举足轻重的，缓和意见存在着。

斯屈拉福德 日后被封为斯屈拉福德伯（Earl of Stratford）的温特渥司·托玛斯本为众议院中反抗巴京汗最力的议员之一，他痛心疾首于巴京汗的懦弱而又闯祸的政策。但他虽深知国王盲宠一二幸臣的危险，他在本心上亦不信一个500民选议员的议会会能统治一个广大的王国。此外，他又富有个人的野心。他以为他自己治国之能力高出于国会及巴京汗两者。他虽尝为《权利请愿书》之赞助人之一，但他的余年竟尽力于它之破坏。他打算用当时黎塞留治法国之法及日后卑斯麦治德国之法来治英国。如果这位大人物能和劳德同时为查理的大臣，一主政治而一主宗教，他也许可以养成强而有力的陆军及僚吏来助成专制的局面。但温特渥司之为查理的左右手盖已在苏格兰人谋乱成功，而英吉利人开始觉得全国一致不满之后。因此他不及造成助成专制的基础，因没有基础，故查理的专制局面经不起第一次的认真抵抗，而大不列颠的各种自由亦卒获保全。

斯屈拉福德在爱尔兰的设施 在前此十年内温特渥司尝先后为北方事务院院长及爱尔兰的大代表（Lord Deputy）。在这种副王式的任职他颇能表现他的行政长才；然同时亦极专制，他对于任何意见概置不理，而一切反对则严厉处置。这种方法他自称为"彻底"，但旁人则称之为虐暴。这样一个不畏强御的政策，在爱尔兰本可用作一种开明政策的工具，不幸他的政策只有经济方面尚算开明，除此而外，他无往不开罪于人民，无论是公教徒或是抗议教徒。

当他来爱尔兰从政之初，爱尔兰的土人和英吉利的感情已经十分恶劣，一因他们的宗教受禁止，二因政府的土地政策把他们的土地渐归不列颠的地主所有，而他们的生计日迫。詹姆斯朝伟大的厄耳斯忒垦殖地——此为英吉利驻防制中至今犹存的惟一部分——一方使伦敦人得在德黎（Derry）成一城市殖民地，一方则使数千勤苦耐劳的苏格兰长老教徒得以在爱尔兰人被逐的地上成立无数的农庄。苏格兰人——他们一部分人的远祖在古代盖早已在爱尔兰了[1]——实不列颠殖民中之最稳固者,因他们能自耕其地,而不仅如别种地主之专以剥削佃农为能事。

温特渥司对于表同情于不列颠清教徒之厄耳斯忒抗议教徒固压迫备至,危害有加,但对于爱尔兰的公教徒亦不丝毫宽假。不特不稍宽假,他甚且在康诺德(Connaught)建立了新的垦殖地;土人在前时政府之下尚能有地者今亦须移交于新来的殖民者。他于临走时虽尝招募一爱尔兰公教徒的军队以谋制服大不列颠,然这并不能解决爱尔兰问题,也不比那世纪其他的政治家的办法稍近于真正的解决。1641年爱尔兰公教徒的叛乱实是温特渥司在爱尔兰失败的明证。那叛乱的本身就已十分惨痛,而其结果及流传的印象则更恶劣。

劳德和温特渥司是知交,也是盟友,且同心协力的谋树立特权及特权法院于国会及通常法之上。劳德于擢升到坎忒布里的大位时尝写信给温特渥司,说教社"太受通常法的形式之拘束";他的朋友即回信道:

  在我没有看见我主翁的权力及伟大能超脱科克·爱德华爵士的律论及他的年报的网罗以外,而站在它们的上面以前,我决不能让苟全地位的一类微末考虑来牵制我的行动。我希望阁下也有同样的决心。我们应凭上帝的庇佑,勇往直前,而无所畏惧……阁下尽可以我的彻底为准则。

---

[1] 见上第63~64页。

第二章

苏格兰的叛乱　长国会

英苏宗教的各异　宗教改革在英吉利及苏格兰所经各异的过程加增了下一时期政治上的纠纷。两者各有各的新宗教，极难混而为一，然而因为两者统于一王之故，当权者常欲为划一宗教的尝试，而纷乱亦随之而起。

当宗教改革之时边疆南北的世俗人都曾尽力于中古僧侣势力的推翻，但目的虽同，而方法则不同。教社在英吉利仍保留它向有的形体，故教社内部的组织仍完全在僧侣之手；世俗人无从居中以控制它的仪式或教义，他们只能由外——经国王及国会——以行使他们左右教社之权，但苏格兰的情形则适得其反；在此地，世俗人得直接参加教社的组织及治理。苏格兰本没有可以代表世俗人说话的国会，而在斯图亚特·玛利之时，他们也不能以英人信赖依利萨伯之法去信赖他们的女王。苏格兰贵族于旧教的推翻固尝与有功绩，但无论国王或贵族俱不能在教社之外以影响新教；新教的一切俱取决于教社内的教士及世俗人的共同治理。

英人无论王党或国会党，盎格力干教徒或清教徒，都愿以国家来控制教社。在这一点，他们都是伊拉斯莫斯派。苏格兰的长老派则愿以教社来控制国家。两者都是极自然的倾向，而都无可勉强变动的。无论斯图亚特诸王也好，或他们的敌方也好都不能强不列颠全岛以服从同一的宗教处置。

苏格兰的宗教争端 在那代议的理想及制度犹未十分发达的时候，旧有的国会可说是最能代表英吉利人民，而新生的教社最能代表苏格兰人民。但不列颠的统治者绝不通晓此项南北形势之不同。詹姆斯因生长于苏格兰之故，误以英吉利的国会亦可如苏格兰国会之听命于枢密院。他的儿子查理因生长于英吉利之故，误以为苏格兰的教社亦可如英吉利教社之听命于国王。查理于废弃国会，而独揽为英国的大权之后，自信之力方大，爱丁堡国会之无足轻重又为他所深知，故他同时欲为苏格兰的专制君主；他以为即宗教之事他也可以独裁。他之同时进行二事——一方因讨厌国会而不予召集，一方又强苏格兰教社以采用劳德的英吉利《祈祷书》——把两国同时开罪，而且开罪的地方又为两国最不易惹的地方。于是他在两国的权力皆不可继续维持。

特威德河以北反抗查理及劳德的举动，采用一个宗教盟约的形式，而主持其事者则为教社会议。苏格兰本缺乏政治生命上的机体，民族的运动自不得不以宗教为组织的基础。但正因如此，故教社自从助国民脱离外国势力的羁绊以来，向喜包揽国家大事，且暴露一种最喜干预和最缺容忍的劣性。又因此而贵族对教社的恶感极深；故查理一世及继他而起的查理二世，在蒙屈罗斯及克来维尔豪斯（Montrose, Cleverhouse）的时候，得以得苏格兰骑士党之助以抵制宗教的专横。为抵制宗教的专横起见，复辟（restoration）时期的骑士复树立了枢密院的专横。苏格兰的诸派别彼此火并，此胜彼败，永无宁日，直到1689年的革命立长老教为隶属于国家之下的国教以后，始得最后的解决。

英吉利的宗教争端 在教社从不敢希望离了国家独立的英吉利，则斯图亚特时的宗教争执成为国王及国会间的问题。一部分的英国人民，由他们在国会中的代表，要求两事：一为教社仪式的完全抗议化，又一为教社内部组织须容纳世俗人的代表。国王则拒绝此种要求，他的政策且得一部分人民的赞助。这部人民虽不能赞成劳德政治·宗教制度的整个，然于

《祈祷书》则固异常拥护者。这种情势益令人不得不注意到在依利萨伯时世人即已开始自问的问题：如果国王及国会间发生异议时，究竟何者有变动英吉利教社的权力？这是英吉利内战中的问题之一。又一问题则是完全属于政治范围以内的——国王及国会何者得有选任行政官吏及监督国家武装势力之权？然在实际上，这两问题是不可分离的；对于这问题站在某方者，对于那问题也须站在同样的一方。

苏格兰率先倡乱的原因 1638—1640年的苏格兰叛乱开始了不列颠革命。在苏格兰人以武力战胜查理于本国界内以前，英吉利不满的象征虽多，而抵抗的象征则尚是没有。斯图亚特英吉利除了国会外，并无别的可资反对王室的中心；而国会则又际中绝之秋。英吉利封建主义已经死了埋了，而拍息·哈利[1]的质性也已沉了。乡绅们又是十分奉公守法而笃好和平，他们通常多为经营田事者及好游猎者，也有为法家者，但很少为战士者。国王固无军队来执行他的意志，但服从国王的习惯为推铎尔时代遗传下来的大宝。在中古的英吉利受委曲的群众或区域揭竿而起以抗政府之事本为一种习惯，但这个传习并不能历经依利萨伯朝而仍活着。因此，近代的英吉利人如一无国会，则他们将完全受制于专制的权力，其受制之完全，实为他们的祖先所从未遇过者。

苏格兰有英吉利之所无，它的耐劳习苦的人民仍有武装自卫的习惯。两民族是能互补不足的，苏格兰人不能以具有独立的政治制度或奉公守法的习惯自夸；而英吉利人则因叨国会及通常法的庇护而久享和平之故，又缺乏以武力自卫的预备。英吉利既不是封建，也不是民主；苏格兰的奋斗精神则兼具两种的元素，而且它们又是十分混在一起而无可分的。

在没有好久以前苏格兰的市民及农民尚人人备有武器，每逢族斗或私人交哄时便拔刀相向而无有顾忌。在高地界线一带此风至今未衰。苏格兰的贵族巨绅，犹如玫瑰之战时英吉利的贵族巨绅，尚到处皆有扈从随征的

---

〔1〕 译者按，即 Sir Henry Percy，参阅第374页之注3。

"家人"及佃户。在 1638 年这班封建首领右祖刻克而反对国王。他们因恨劳德的设施，故也深恨国王。藉了国王的威势，主教多加入苏格兰的枢密院，而贵族反被挤出。世俗人之享有旧日教社的田产者亦时恐收回的恐吓之会实现。而且贵族实为真正的苏格兰人；年轻的蒙屈罗斯本人即为武装抵抗英人心肝的国王及他的《祈祷书》之最有力者。

苏格兰的发动 国会不集会时的英人犹如无牧羊人的羊群，但在苏格兰则每个教社可藉教社的现成组织以作政治活动。造成原来的宗教改革者本为人民自己，本藉自己的坚强手腕；所以用同样的方法来教护它亦正和民族的传习相符。和上帝所立的盟约在 1638 年又重新订立一次，一切人民无论高下俱加入在内。每个牧区中人民签名者往往高举右手而涕泪滂沱。苏格兰人如不流露情感则已，如有流露，则必其内心有极大的冲动。然自窝雷斯及布鲁司以来，苏格兰亦尚无如此次被感动之甚者。

格拉斯哥的教社会议亦极激昂慷慨之能事，世俗人之到会者且皆武装而来。它敢于公然反抗国王，它的胆量不亚于四年后的长国会。国王解散它，但它则开会如故，且宣告废除主教制度，而恢复完全由长老自治的教社政府。它的行动受阿加尔伯（Earl of Argyle）的赞助。伯爵为坎柏尔族（The Campbells）的首领，而坎柏尔族又为高地战斗力最盛之族，所以他之加入反王派和时势有很大的干系。自从那天起他把阖族的全力加入低地的长老派及民众派方面：这个联盟历百余年之久为苏格兰史中一常存的而且常足左右一切的史因。自那天起一直至喀罗登（Culloden）时为止，与坎柏尔族不睦的诸族则转助斯图亚特诸王作战。

在促成查理败亡的理由中，下述的也不是最小的一个：苏格兰当时尚为地瘠民贫之国，中古的农耕法固无法使它如何富饶，同时他和外界，无论和英国或和海外，也无多大的贸易，所以在那时候它最富冒险精神的子弟辄四出向外谋生，而考斯道夫·阿多发及大陆上抗议教其他健将的军中几尽有苏格兰人服役其间，或则为军官，或则为兵士。这些武士一闻国内有事，便蜂拥而回，急于利用他们职业上的专长来替祖国杀敌。他们的领袖即"那个老年的，瘦小的，奸诈的军人"勒斯力·亚历山大（Alexander Leslie）。苏格兰人本有的为狂热，但他及其他自欧回来的军人又把他们编制起来而教他们遵守纪律，并把他们扎营于邓斯·罗山（Dunse Law）有利的方面，俨然有不让查理渡过特威德河之势。

查理的应付　不战的詹姆斯父子的英吉利所产军人极少；英吉利人或则藉土地以为生，或则向海外贸易，或则往美洲移居，但极少习兵事者。当时本无常备军可做中坚，又是库空如洗，人民既不能战又不满足；故查理及斯屈拉福德临时招募—可和盟约的军队对仗的军队之企图终归失败。

在这危急的时候查理才把温特渥司召回英国，以供驱使，并封他为斯屈拉福德伯。但他仍继续为爱尔兰的统治者，继续压迫厄耳斯忒的苏格兰人，强迫他们立所谓"黑誓"，誓作法律所无的消极服从。同时他更招集了塞尔特爱尔兰人的队伍以为压服两岛上反抗王室的人民之用。然罗马公教徒的队伍使英人惶恐，从而使斯图亚特王朝更不理于众口则有余，而替国王在不列颠立真实的战绩则不足。此首次募集的爱尔兰队伍固如是，本朝别次的罗马公教队伍亦何莫不然。

短国会　在此以前英吉利国民的情绪尚没有找到表白的机会，故斯屈拉福德竟致看错了黑白。他叫查理召集国会，他以为国会会乖乖的供给征服苏格兰必要的款项。但"短国会"一召集，英人举国一致的不满尽形暴露；它虽立被毫不客气的解散，但庇姆已有机会在众议院中说出下述永不能忘的一语："国会的权力之于政治团体无异于灵魂的合理机能之于人身。"

在此后的数月中，斯屈拉福德虽为乖运的疾病所困，犹独力支撑着专制的制度。但它的轮轴已经阻塞住了，它再不能转动。新召集的国会虽旋集旋散，但帷幕已经揭开了，而全国已能自知其共同意志及势力之所在。斯屈拉福德拼命谋集中若干可靠的队伍于他桑梓约克邑中，然盟约的军队已先他而渡特威德河，且占领诺森伯兰及达剌谟之地，而岸以北莫能与京

英国史 ｜ 下册

的善骑者——蒙屈罗斯——则为统将。苏格兰人一到而后便不肯走,他们所提的撤兵条件中除了宗教项目外,还有金钱一项,因为他们逆知查理如欲金钱则势须召集国会,而所召集的国会则又势必比前次的更为愤慨而可畏。

短国会是为通过和苏格兰人作战战费而召集的,长国会则是为通过贿赂他们出境之费而召集的。但通过赋税之前,势必先伸诉冤屈,扫除不平。在1640年的秋季,冤屈和不平已积聚太多,故伸诉扫除即等于教社上及国家上范围广而无定的一种革命。

长国会 在英吉利的宗教史中长国会并不能副半数议员的期望,而成为可和推铎尔宗教改革比拟的一个枢纽,虽然它为清教革命斩开了一条大道,而清教革命又为后代诸种自由教社的始祖。但它确为英语诸民族政治史上的一个大枢纽。它不特使英吉利的君主制度无从流为日后在欧陆通行的一流专制主义,而且他也做了一次众议院直接统治全国及全帝国的大实验。在那个实验的过程中,长国会很成功地完成了在那时的英国规模之大尚为空前的军事组织以和国王作战,且历四年之久。固然于得胜之后它没有能把国内的问题作永久的解决,但它至少能使外人敬畏英吉利。经过那深可纪念的几年之后,斯图亚特王室纵可复辟,但它再不能不要众议院的参加而可以统治全国。

众议院的领袖地位 长国会所有的动作俱由众议院领袖,而贵族院则处于勉强附和的地位,愈到后来,勉强亦愈甚。我们似应问,一个在推铎尔时犹只能通过枢密员所起草的法律案,而自依利萨伯死后只处于反对地位的辩论会议,一个人数这样众多,分子这样卑微,经验这样薄弱的会议何以竟能握国家的大权,且能渡过英史上最大的风波?

委员会制度 众议院之所以能运用政权之一个理由,其重要在最近以前尚不为人所充分注意。后期推铎尔及早期斯图亚特的国会在程序上尝有极大的进步,尤其是委员制的发达。众院在1640年时不仅是一辩论会,而

是一个迹近近代的国会；它有组织复杂的办事机关，它能担任中古众院所无法担任的职务。历40年以来国会已不能以枢密员所起草的法案为满足，它们常在委员中自行审议一切案件，且学为可以实行的法案之起草及独立政策的拟订。[1]

伦敦的翊赞 其次，长国会有伦敦为热烈的联盟。伦敦是时已为世界第一城，它的富裕，人口及智识上的活动无一不数倍于英吉利其他城市。密尔吞即诞生于伦敦。他对英国的伟大想象亦即发生于那多事之秋的伦敦；他把英国视同"一个正在脱换幼年羽毛的鹰鸟"，又视为"一个长睡方醒，挣脱羁绊的庄严有力国家"。英国当时所有的运动，无论首先发动在何处，几无一不以伦敦为培养发育之地。有人且提出圆头党和伦敦的亲密关系为它在内战期中所以能左右多数的英吉利城市的大原因。伦敦之太富于智慧及情感，也许害累了国会走入怪僻而且满伏荆棘的途径，但它之能尽力且忠心庇护众院则也是无可置疑的。

众院中的人材 末了，1640年的众院更有富有经验，且常和厄力奥特及科克在议场中及委员会中通力合作过的议员；内中有几位且极有才具，德行，及魄力。庇姆或可称为历史上最有力的国会领袖。罕普登则为那个英国最优秀分子荟萃的会议中之最受世人爱戴者。他们又有斯屈洛达及克伦威尔等一班有为人士为助；他们殊不知所惧，他们敢把大权抢过来，也敢把大权运用起来。消极批评的时期已成过去，法律经查理的签行不能即生效力已经证明。现在所奋斗者既为大权，他们也不能再有所顾惜。他们鉴于以前诸斯图亚特诸国会的工作皆因缺乏保护而为国王的反动所摧残，故竟唤起群众的情感及武装的势力以为他们做声援。

---

〔1〕 美国Notestein关于这个问题有深切的研究。他在所著 *Journal of Sir S. D'Ewes*（1923）的绪论中说："我们决不会嫌说之过多，依利萨伯以前的众议院是一个发育未全的机体，而长国会则在种种方面俱堪算一复杂的近代组织。1558年的邑中武士初入中古的众院时大概不会觉得怎样不舒服的，但1640年的众议员初入时则大概会觉得不自然，且比今日众议员之初至韦斯敏斯忒者为更甚。在1558年及1640年间，国会有伟大的发展——委员会及委员会工作的扩大繁盛；全院委员会的发现及利用等等。……"

第一次会的功绩：专制的推翻 在长国会的第一次会中庇姆及罕普登和亥德及福克兰通力合作，不分门户；在才具，性格及运命上，后2人固亦极类前2人。在近代不列颠的演进中究竟哪一对朋友的势力较大，实不是一个容易答复的问题。到了1642年成为"立宪骑士"（"Constitutional Cavaliers"）的一班人在1640年时其欲推翻斯屈拉福德，及废除星室法院，高等委任法院及整个的特权制度的大决心初不弱于未来的圆头诸子。大家也都反对劳德，弹劾他的提议经众院全体一致通过，而劳德遂被禁于塔中。但议员们老早就发现宗教上的意见彼此并不一致，故颇乐于先成安全国家之大计，而暂不急急于教社问题的处理。

这一次会的工作，可说是建筑在岩石上面的。它（工作）能永远的存在着，因为它是清教徒及缓和的主教派教徒（即盎格力干派），圆头党人及立宪骑士的共同工作。它代表"科克·爱德华爵士及他的年报"对于斯屈拉福德及特权法院之永久胜利。星室法院，高等委任法院及威尔士及北方事务院的特权法权（Prerogative, Jurisdiction）皆被法律所废止；不得国会同意而征收船税及吨磅税之为违法亦经郑重宣告，不容巧辩。如借用斯屈拉福德的措词，我们可说国王重又被纳入通常法的"网罗"以内，他纵不一定隶属于国会，但他至少再不能离开国会而为政。第一次的会取得宪法的真正平衡；通常法大法家，且笃信国王及国会间应有精密的平衡的，亥德在1660年所恢复者即为这样的一个平衡。但庇姆的看法则和亥德不同，他以为权力的大部应集于国会，不然纷乱终不可免。

斯屈拉福德的夷没 第一次会的又一工作为斯屈拉福德之审判，夷没[1]及处死。在那个在古今中外的政治史中人情及历史兴趣无出其右的大悲剧中，福克兰及许多未来的骑士皆和罕普登及庇姆一致行动。他们都觉

---

[1] 译者按，在旧日英吉利法律中犯大逆罪者经判决后，有一切公权，民权，继承权等等悉被剥夺的结果，这个行为即所谓 attainder 者。但国会在昔时可径以法律来 attain 一个被它所仇恶之人；换句话说，它可以不必经任何司法的手续，而置一政敌于死。这法律就叫做 bill of attainder。我国向有籍没及夷九族等等名称，今姑以"夷没"译 attain 及 attainder。

得应当把他杀却,不然凭他的天才及毅力他日后难保不会恢复国王的专制权威。且国王已经在阴图勾结军队以救出斯屈拉福德而解散国会。如果斯屈拉福德不死,则国会一不开会,查理就会将他释放而恢复他的官位。这为厄塞克斯伯(Earl of Essex)的理论,而且也可以代表上院中好多笫恐斯屈拉福德一旦复起,则恣睢暴戾,凌压全国贵族的旧剧便会重演的议员们的心理。厄塞克斯的结论是:斩草务须除根。所以当时之严惩斯屈拉福德并非一种卑劣的复仇政策,和四年后劳德之被杀盖迥然有别。斯屈拉福德的仇人具有极诚挚的理解,他们以为他不去,则他们及他们所努力进行的事业悉将不保。为达到目的起见,他们也顾忌不了许多,他们竟让群众来逼查理署名于杀他挚友而使他终身饮痛的夷没法。

第二次会:宗教之分裂国会 夷没斯屈拉福德的法律而外,国王同时复核准非得国会同意,不得解散国会的法律。这两个法律似乎可以使国会的地位稳固;实言之,如无第二次会中因宗教而发生的分裂,则国会的地位确可稳固。但宗教上的异议卒把向来阵形齐整的立宪家分为不和睦的两党。在众议院中清教徒以微少的多数通过废除主教制之所谓《根枝法》(Root and Branch Bill),及《大净议》(Grand Remonstrance)。《大净议》有两种主要要求:一,国王的枢密员须由得国会信任的人来充当;二,教社须由国会依我们可称为伊拉斯莫斯长老派的原则来改良。生于今日的我们固知当日的宗教需要一种调和,固知当日的英吉利已不能以任何一党一派的狭义宗教来包罗;不幸当时之人尚不能看清这层,故清教及盎格力干两党都没有认真努力于教内包容或教外容忍的取得。亥德及福克兰等一班牢守《祈祷书》的缓和主教派人除了和罕普登及庞姆等公然交战外,找不到别的可以保护他们的宗教之法。

搜捕五议员事件 王国的武装势力之统率为第二次会中的又一重大问题:究竟率领各市各邑的民军,及即日必须召集起来以平爱尔兰之乱的正式军队之权应归国王呢,还是国会呢?然好多人对于这问题的意见都随宗教问题而转移。爱尔兰公教徒为恢复旧有的土地而叛乱；厄耳斯忒垦殖地及英吉利所有的利益俱处于万分危险的地位，抗议教徒的死亡者则已以千计，故正式军队急须成立，而统率的问题因是亦更为紧张。依法律及习惯则国王应有统率武装势力之权，但如果查理有兵权而国会没有，则他是否能继续尊重国会新近取到的权利，诚一不能使国会释然的疑问。这个疑问他以他的鲁莽及违法的行动来作答复。他竟想搜捕庇姆，罕普登，嘿兹尔立格和尔兹（Hazlerigg, Holles）和斯屈洛达五议员于下院的议场之上。幸而他们都先得了风声，早从国会后门下船径避城中，且托它的民军的庇护，故未及于难；不然那日查理率了兵勇而来的目的既在"提住他们之耳，而把他们拖出"，则血溅议场的惨祸恐难幸免。

内战的发动 查理逃往北方，伦敦及韦斯敏斯忒成为他敌人的势力及权力之中心。内战已成无可或免之事，而时人亦开始作左右袒；有些热忱的加入某方，但大都则皆有叹惜不安之感。至于大多数的人民则仍欲维持中立，能不加入便不加入。

爱《祈祷书》者大都或守中立，或拔剑以助国王。在搜捕五议员的活剧失败后，而战事尚未开始前的六七月中，查理方面的曲直有贤明的且合宪的法家亥德来指导一切。亥德所发的宣言和平而又富于法律的眼光，反之庇姆则急急在备战；故本来反对国王者之中有不少转表同情于他。但别的仍继续反对，因为查理之言向不可靠，而且战事一开始后，王党的实权势必将由亥德及法家之手移至将士及袒护专制者之手，由福克兰及缓和主教派移至劳德高教社派及罗马派信徒之手。福克兰因不愿目睹国王胜利或失败，故早早死于王难。圆头党中反有多人因及见他们的主张获得胜利之故而忧伤者。大抵主张缓和者多不愿战事之开始，因为结束战事者总为趋于极端的人。

那么，国会的权力究否能以小于援用武力及分裂全国的代价，便在英国生根？内战固不乏悲壮的事迹，但20年间英国的损失牺牲究属太大。然这个问题即有最深奥的研究及推论亦无从决定。当时的人便是当时的人，他们无从得着到后世才知道的教训，故他们只能照他们所做者做去。无论可以达到同样目的的较好方法有与没有，国会之所以能取得永保为英国宪法中的主宰势力之权者由于武力而不由它法。[1]

---

〔1〕 讨论到最后的用兵问题时，圆头党的多数比在通过《大诤议》时要大多多。照Firth教授的计算，关于作战一事，下院中国会党及王党之比为300与175，但在上院中则仅为30与80之比。就各邑的代表而论，绝大的多数皆助国会而抗国王。

第三章
大内战　1642—1646

两党的分野　王党军队中固不乏豪霸沉湎之徒，国会党军队中固也不乏矫伪狂信之辈，而纯图私利之人固又充斥于两方，然就大体而论，则骑士有他的忠勇，而圆头党有他的自制力及急公好义的热忱；两者尽堪和法兰西大革命中的逃亡贵族及雅各宾党比较而生色。我们须知英吉利内战不是一个阶级互相仇杀，或贪鄙残忍的破旧社会之崩塌，而是数种政治及宗教理想互争上游的一个奋斗，因为那个在经济上甚繁荣，在社会上甚健全的国家，其各个阶级中当时都有政治及宗教之分。

战事的原因与经济无关，且只间接的是社会的。但大体上贵族及相连带的部分多祖国王，而宗教改革以后始起来的新社会则易和国会表同情。新社会以伦敦为中心，而旧社会的大本营则在离都城极远的西北两部。

战事初起时地主在各邑中都是领袖，不拘何方。贵族的大多数为国王作战；但厄塞克斯伯，曼彻斯忒伯，勃鲁克贵族（Lord Brooke）等一班贵族则为早期圆头军队的统将，而于韦斯敏斯忒也仍有一班自称贵族院的贵族集会不散，以维持庞姆的国会之完整。王党的重要势力来自世系较旧，乡气较重，而和商业社会接触甚微的一班乡绅；与营商世界接触较密的乡绅——有些到了新近才晋为地主阶级，他们之平民出身盖尚为世人所嘲

笑——则普通总效忠于国会。在城市中，尤其是沿海或和纺织业有关系的城市中，圆头党占绝对的优势，但大都的大教堂市及有几个贸易市则从骑士党。佃农们自己无抉择，他们惟地主的马首是瞻。农作手或庄佣就实际的影响说起来都是中立的，除非有人强迫他们或买通他们去加入持矛或执枪的步兵。自由农民为两方军队中最优等最高兴的作战人物，尤其是在克伦威尔的东盎格利亚骑队中。

西北两部，除了清教徒的纺织区域及海埠以外，助国王最力。在卫斯立（Wesley）以前，"塞尔特边"为清教主义足迹所不到之地，故查理最精良的步军由康华尔的义勇兵组成，而他的其他步队中亦甚多是威尔士山中的坚强有力之穷民。东南两部为国会的极稳区域，一因克伦威尔在以剑桥为中心的所谓东部协会（Eastern Association）中大活动，又因伦敦的力量足以左右近畿的诸郡。但全国的城邑中个个都有两党，和中央军主力战无关的地方小战亦在在发生。因为中立的人极多，而观望形势的人更多，故一个有力的领袖往往可以决定全区的向背。在这班中立观望者的势力之下，地方上有成立所谓"郡和约"者，其目的在停止本区境内的战事；但这种脆弱的和平关栏不久即被方张的战氛所一荡无余。

罗马公教徒都助国王，或可说是都助王后，因为她才是他们的真正党魁。在北方诸郡及郎卡邑中他们的势力极盛；在后者中，封建公教主义和纺织区中清教主义间的局部内战极为凶狠。在查理独裁的时期中，从前惩罚公教徒的法律已经停止执行，罚款也可不付，故公教旧贵族及旧绅士得以倾积聚已久之囊以解国王的倒悬。年收的租金达2.4万镑之多的乌斯忒伯于1642年慨然解囊助国王逃出窘急的财政难关。他的刺格兰（Raglan）堡寨及温彻斯忒侯的贝浔府（Basing House）在战事期中为罗马主义及王权主义的坚垒，圆头党历久始把它们攻陷。它们的陷落且值得盛大的庆祝。在随起的战争中罗马公教徒盖注定要比其他部分受更严重，更永久的损失。

战费的来源　归根国王终因缺乏款项而失败。忠于他的各部平均计算起来其富力不及叛他的各部。他的大本营在牛津，牛津虽以学府中心见称，而于富力则不足道，以之当敌人所占的伦敦实有螳臂当车之感。乡气重大的绅士尽可举所有的生命，武力，马匹及盘碟以供国王的使用挥霍，但他们多不知在圆头军队没有开近而田产尚没有没收以前，将田产变卖。且查理即得到自由的捐助，国会也得到民间的输将。清教乡绅及铺主们也极富于盘碟刀叉[1]之属，所以

杯子，粥碗，及高底酒杯，
都铸为矛及毛瑟。

国王固时令绅士们组织私家队伍以勤王，但国会亦何尝不然，国会方面如罕普登的绿衣队（Green Coats）亦极负盛名者。战事初起时两方俱赖私人的组织及私人的热心，且两方所得于私人的帮忙者亦相若。但圆头党的持久力较大，因为他们能为国王之所不能为，他们可以同伦敦城磋商借款，并可向英吉利的贸易及于最富饶的区域抽收正式赋税，而国王俱不能。为应付内战起见，长国会开始对于货物征收各种消费税，而对于田地产业的赋税的估值法亦大有改良。以和昔日随便估值的"补助金"比较起来，新税对于公私两方俱较方便，在国家可得较大的税收，在私人则可减轻彼此间的不公道。从长国会的租税法令中我们可以找到我们近代财政制度的发源。依利萨伯只可薄薄取用而詹姆斯及查理则绝对不能享用的英国财源，国会为自身作战时始大大取用。

大海亦在国王的敌人手中。王家的海军向"庇姆王"倒戈。诸海港则捐赠国会以商舰。英吉利的海外贸易足以增加叛党的富有，而查理则连军火的运入也发生困难。国会所征收的消费税大半亦由西北的骑士来负担，因为直接纳税者虽为圆头党势力下的制造区及海港之人民，但骑士们购用

---

[1] 译者按，西人之富贵者其宴会馔食所用的盘碟刀叉（plate, silver）往往价值不赀。

来自东南的货物时须付较高的代价。

如果国会一早即能利用上述财政上的优势以获得军事上的胜利,则战事或可不致延长下去,而庇姆,罕普登及厄塞克斯原先所领导的国会党,或可不必借助于苏格兰的盟约军队或东盎格利亚的分立派(Sectaries)军队,不必发生各种麻烦,而即可获胜。若然,英吉利的历史亦必将另采一大不相同的进程。但事实不如此。骑士党起始时虽十分相形见绌,但进步极速;到了1643年底他们已征服西南部分,而他们在恒伯河以北的地位亦十分坚固。

鲁柏特 国王的诸将能在早时获到种种胜利,因为他们的部下极易变成优良的军人。在那个尚文最甚的社会中,两方起先都缺乏有过训练的军队,他们的民军很难视为受过何种的训练。但善骑的乡绅及扈从他们的猎人圉人,只消得军人的稍一指导,便能成为骑兵。那个年方二十二,但曾在德意志亲历过战事的少年王侄鲁柏特亦为查理致胜之一因。他的意兴高,而他的胆力亦大,当1642年国王正在无法可施之时,他替他组成了一个国会方面尚无力抵抗的一个骑队。

军备及战术 鲁柏特常和诸将争辩,他首批的争辩之一为瑞典式及荷兰式阵列之孰优问题。他坚持王党的骑队应于厄其山(Edgehill)取瑞典三重横队的形式而以钢器直击,他反对漫漫排成荷兰六重纵队的旧形式,逢作战时则停止前进而以手枪射击。瑞典人的比较要凶猛的近代战术不久即为两军所采择,而克伦威尔的铁军用来尤见奇效。

至于步兵则仍用六行或六重纵列的阵形以交战,有时为攻取对方的阵位起见也有减至三重者。矛队居于中间,而毛瑟枪队则站于两翼。枪队已经放枪之后,他们即持枪而向对方密集,力强的官佐兵士则可击下敌人。但两军肉搏相交之时,矛队实为主要队伍。在高下不平而又圈围起来的地方,毛瑟枪队,如得称职的领导,实比矛队有用,而步兵比骑兵有用。但在旷野之地,因枪刺此时尚未制造,故骑兵的侧击足以致毛瑟枪队的死命,且时常足以致全军的死命，如果全军正和对方的步军作正面的攻击，而一时不及改变阵形以受展长的矛队之保护。在有几个战场之上，如同兰兹丹及纽柏立（Lansdowne, Newberry）或如日后诸战中的普勒斯吞（Preston）及乌斯忒，林地或围篱可以助步兵的作战，但当日东北及米德兰大部的地形尽是未圈围的田野或空旷的野草地。在马斯吞荒地（Marston Moor）及在起伏甚缓的纳斯卑（Naseby）一带，则步兵又受骑兵的攻击而毫无遮蔽，既不能如上古时之有茂林可资保护，也不能如今日之有围篱可资躲避。

因此种种理由，战事中举足轻重的胜利都由骑兵获得。凡能统领最佳的骑兵者——如同1642—1643年的鲁柏特及1644—1645年的克伦威尔——便能使他一方为英吉利的主宰〔1〕——只消他也能如克伦威尔之对于战事的全局有大将的眼光。

王党在1643年不特有平均起来较佳的骑兵，且有最精的步队。和普吞（Hopton）康华尔军（Cornishmen）可惊的精锐在当时盖无能出其右者。因为有了这些优势，故王党得以蹂躏英吉利的西南隅如入无人之境，把当时圆头党微小的，纪律极坏的军队，无论是由私人供给的或是由地方供给的，一一消灭无余。可怜圆头党，除了这些破烂军队而外，当时又无别的军力可一挡王党之焰。〔2〕

王党的战略 国会党的诸将，因到处乱开，缺乏一定目标，致为敌人所逐部击败。骑士党的干部则有一个可以早日结束战事的大计划；他们拟由约克邑，泰晤士河流域及西南三路同时进逼伦敦。和普吞所率自西南进攻的军队于开向伦敦时，中途尚拟援助肯特被压的王党举事。但不幸王党的军队因地方性太重之故而覆没；康华尔及得文的士卒并非饷给其优役期

---

〔1〕 战场上大炮也有用，但除了1645年兰坡特（Langport）的特殊战伇外，于胜负没有多大关系。但自国王的军队在空地中被击散而后，新军的攻城炮队颇能为轰攻的利器，无论城，市，堡寨及采地府皆一一于短期内攻下，而战事亦即告终。模范新军（New Model）为国会征税后的结果。

〔2〕 骑士党军队的组织分子和圆头党的同样富于私家的性质，不过在战事初起时前者的将领要比后者较ខ而已。一个诚实的王党编戏家尝说："诚实的乡居绅士恒以私财成一军队，然后觅一低地国的军官代他领去打仗，然后再把他的儿子从学校中召回以当持旗官"。

甚长的正式兵士，而为不愿久离家室工作的义勇军，普里穆斯之犹为国会所占领更足使他们因归道断绝，桑梓危险而寒心。布里斯托尔固然给他们打下来了，但清教徒纺织业的中心格罗斯忒及汤吞犹未陷落。他们不久即知攻伦敦以前先有取这两城的必要。他们围攻格罗斯忒正紧之时，伦敦的工徒军突又远来把它解围，盖师父们已准工徒们停工两月，而从事救护国会党在西方的势力中心。

在这样的一个战争之中，谁能先有一个长期服役，有正式饷银，有正式纪律的军队，谁获胜利；此为事之所必至而理之所必然的。但国王无此财力；国会虽有此财力，而无此见识。

同时，从约克邑进攻伦敦的军队亦为对方所阻止，半因赫尔海埠的抵抗，赫尔之在北方盖略似普里穆斯之在西南，半亦因东方协会的诸郡为清教主义势力最盛之区，而又有理想上的领袖，因之圆头党政治及军事上的组织亦较坚于别地。

铁军　克伦威尔·奥力味（Oliver Cromwell）是清教徒派的一个乡绅，他自耕其地，和本地市乡的中下阶级常有营业上及政治上的往来，而且关系也极密切。关于疏泄水泽地一事，他为小农夫及渔夫的公共利益之拥护者，所以在长国会开会以前，他早为乡里中人所馨香祝拜，视如知己。他尝参加厄其山之役，尝注意到骑士党精神奋发的骑兵之优于对方的"年老仆役及汲酒之人"，并尝以此告其表兄罕普登。自该役回至东盎格利亚后，他即从事于披胸甲的骑兵之募集，他教他们以军人应有的严格纪律，同时又激发他们的宗教热忱。他本熟知自由农民及小资产阶级，而他又为他们所习知，故新队伍都由这些阶级应募而成。他们"比普通的兵谅解力要大些，他们目的不在赚钱，而在谋公众的利益"。在政治及社会上他们自始即以一种民主气味，而在宗教上则以能不拘泥于清教的形式自显。克伦威尔在此时尝写道：

一个能知为何而战，且爱他之所知的队长，实在不知世事的绅士之上。真正的绅士我固愿尊敬有加，但与其信俗所谓"绅士"，还不如信披黄褐色大衣的队长。任这种穿便服的人充骑兵队长，也许会使一部人不适，但军事既须进行，则总须有人去经营，而便服的人总比没有人好些。

这班东益格利亚的队伍以"铁军"（"Ironsides"）见称于世；"铁军"之雅号初本赠与他们的领袖个人者，但不久即为全军所公用。他们开英国战事及政治史上的新纪录，而为新军及克伦威尔一切军队的真正起原。他们首次的大功为败北方骑士党之军队于根兹巴洛及温斯卑（Gainsborough, Winceby），而阻止他们继续穿林肯邑而前进。经此而后，在恒伯以北据赫尔海港以维持圆头党势力的非耳法克斯·托玛斯爵士（Sir Thomas Fairfax）复得与本党的主力区域维持接触。

国会求盟于苏格兰的代价　但仅仅阻断骑士向伦敦的前进尚不足以副人民之望。国人对于战事已生厌心，希望它能早日了结，即在都城中主和党亦甚有力。他们主张对国王"通融"，实则他们之所谓通融，与降服并无多大分别。在这种困难情形之下，庇姆毅然的和苏格兰人磋商联盟的条件。苏格兰人自英吉利接受他们民族的要求后，早已于1641年8月向特威德河以北撤退。他们今允复把军队开至英国，以助国会攻王党，但他们要求英吉利教社依苏格兰式改革，为联盟的条件。

国会诸领袖不能接受这整个的要求：他们虽雅愿废除主教制及《祈祷书》，且让世俗人加入教社的组织，但他们究为英人，他们仍坚持国家须有权管束教社。除此而外，尚有一个难题存在。苏格兰人及附和他们的英人更要求诛除一切非正宗的清教诸派，即在教官派（即主教派）尚未打倒以前，亦须同时诛除清教主义中的异端。许多人也以为只有这样做法，才可以获得上帝的保佑而取胜。

但清教主义，当它在英吉利勃发最速的时期中，实非拘泥于正宗一派的宗教；它的派别之多殆不可以数计，既各有各的生气及个性，又各有各的教旨及仪式。那时英吉利庶民的宗教大酝酿正是横决有力，而年轻的福克斯·乔治及班杨·约翰（George Fox, John Bunyan）亦为所笼罩之时，故人们盛作

> 新的长老即是旧的教士变本加厉

之思；欲他们循从正派清教盖诚非易事。韦斯敏斯忒的议员们固可不费思索的把一切胆敢作预言的补锅匠及鞋匠不分皂白的打入同一的牢狱内，不管他们之中有没有于日后会著《朝谒者的进程》（Pilgrim's Progress）或创朋友会的教派（Society of Friends）之人，[1] 然自克伦威尔以下最佳的英军全体所持对于正派宗教而有的态度则不容同样忽视。"尖高的建筑"及"雇来的教士"辄被久战的兵士指摘不留余地。在半数拥护国会权力的团伍及地方委员会中，独立派（Independents）和长老派皆互不相容，前者公然侮辱后者，而后者则要求尽把前者罢斥。独立派所要求的是一个自由而且会众可自治的教社，而不是隶属于任何最高组织而须遵行正宗的意见及仪式之教社。

外敌未除而阋墙之危已见，王党军队的胜利几同保了一层险似的。幸而在 1643 年的秋季国会和苏格兰人间的条件磋商有了结果。国会加入了苏格兰人和上帝的盟约，并约定"依最改良的教社［指苏格兰教社］的先例"并"依上帝的言语"来"作彻底的改革"，所谓"依上帝的言语"云云当然是一种遁辞，但这含糊其辞之约已足满苏格兰人之望于一时，而得到他们的援师。此为庇姆最后的成绩，他旋即死于是年 12 月。

---

〔1〕译者按，《朝谒者的进程》为班杨所著；朋友会即今俗称夸刻会徒（Quakers），为一种不重仪式，反对战事的教派，创立者即福克斯。

马斯吞荒地 已死政治家的政策即在次年产生善果于马斯吞荒地的一战。克伦威尔的东盎格利亚军,非耳法克斯的约克邑清教军及亚历山大和勒斯力·大卫(David Leslie)所统的苏格兰军,三军联合而成的2.2万人之大军几把总数达万八千人的北方骑士及鲁柏特之联军歼灭无存。此次为全战事中绝对最大的一役。鲁柏特自己及他前时无敌的精骑皆降于"铁军"。北英亦一举而人圆头党的版图。

但马斯吞荒地的胜利多半为厄塞克斯的失利所消去。厄塞克斯并不努力消灭王党军队,而急于深入王党的领地,前进太急失了目标,致反为敌人所包抄,而全军不得不于康华尔的洛斯特尉席尔(Lostwithiel)地方投降,而康华尔又成为国会的大敌。老派的,社会上地位很高的,在政治上趋向缓和的,在宗教上则守正宗的老派将士,虽于战事初起时深为国会所依赖,经洛斯忒尉席尔一役而后则声威大坠,始终不可恢复,而在国会当局的眼光中,在马斯吞荒地杀敌取胜的分立派教徒及"黄褐大衣的队长"则声价顿高。如胜败为上帝锡福多寡的暗示,则分立派教徒在是年所得的似乎要多些。

战事的运命决定于1644—1645年冬众议院所取很有政治手腕的处置。如何可使圆头党军队改进成为当代最精良的武力,及如何可以解决长老教徒及洗礼教徒关于宗教从一问题的争端本属两事,但两者在事实上却不可分离故国会亦须同时加以处置,议员表同情于分立派教徒者居极少数,视他们为捣乱危险分子而坚决反对则颇多;但在又一方,众院也不愿见英吉利国会屈处苏格兰刻克之下,而英吉利乡绅则受长老及教士的考查。两害相权本不易分出轻重,但他们因急于求胜疆场,故不能不暂和独立派委蛇,虽然有些议员仍怀虞诈之心,他们打算于获胜之后,再剥夺独立派力争的自由——一种不诚实而又危险四伏的策略。

模范新军 众院至少在目前是助克伦威尔而抑他的长老政敌曼彻斯忒伯的,因为他是较佳的军人。他们藉了所谓《自抑令》(Self-Denying Odinance),令举凡兼为两院议员的军官自辞,但从新被任之权则并不随同消

灭。经此整个的更动而后，国会可以自由选任相当的将佐而毫无牵制。他们任非耳法克斯为大都督；他除了军事的绝好资格以外，兼占对于长老主义及分派主义两不顾问之妙。他们又以克伦威尔为副，兼指挥他的骑兵；他的铁军盖居模范新军中骑兵的一半。自此而后战事一日不止，洗礼教徒及独立派教徒的地位亦一日无危险。

非耳法克斯及克伦威尔所将统率的"模范新军"是一个正式陆军；兵士皆直接替国会服役，他们的粮食比以前两方所有军队的要有一定，他们的饷银又无前时那样的不规则，所以纪律亦可比较的从严。"圣徒"们之得以早日获胜，由于他们军纪的善良，而军纪之所以善良，则他们的宗教热忱而外，亦由于他们的粮饷的可靠。两院现有的军队实比从前仰给于军粮官军需官的接济，无所获则须劫掠以自养的私人或地方招募的军队高明多多。国会毕竟有财权在手，且最后它也居然知道了如何利用。[1]

王党军队的纷乱　对方王党军队的劫掠生涯则在1645年尤比1642年时为甚，劫掠的频繁适和国王的破产成正比例。纪律向非勇武的骑士所习知的美德。他们将官间的争执，因宗教或政治问题而起者，不及因位次的上下及个人间的互争而起者之多。旧日的武士精神本注重各个武士的独立逞勇而不尚号令的统一；王党军队自始至终即因这种精神而吃了大亏。勇于战阵而常醉常赌的普通骑士极瞧不起叛军营中整齐严肃及老唱圣歌之徒，且自庆不如此寒酸；但他们的短处亦正伏于他们之不守规则。他们的领袖，因缺乏钱财之故，愈是坐视他们饥饿，则他们劫掠四乡以自给之风亦愈盛；所以到了最后，即最忠于国王的西南一带亦愿哥灵（Goring）等一班人速速退去，亦愿箪食壶浆以迎新军之来，而以所出的农产换取新军的钱财。

国王最优秀的贤臣亦熟知此中关系，且曾记下：

---

〔1〕　新军的饷到了1646年开始有严重的积欠，但在1645年间则应当没有如何的欠。自1645年3月至1647年3月非耳法克斯的军队共得1 185 551镑。见Firth, *Cromwell's Army*, pp.183-184, 202-203。

王党诸将所统率的士兵（克拉稜敦写道）前尝讥叛党之放荡，乖张及渎神，然他们竟躬自蹈犯，毫无顾忌；反之，叛党的纪律，勤奋及清醒则一日千里，因之他们的勇毅，决断力，尤其是行动及作战时的敏捷，大有增加。所以一方好像在以纷乱为武器，而求保卫王室，而他方好像在以君主国家所有的原则及规律来破坏国王及其政府。

长国会的责任本在证明集议式的政府可比个人的政府有力。在1645年的夏间，它果真证实了这个题旨。

纳斯卑及西部 非耳法克斯的战略和前此厄塞克斯的不同，他的目标在聚国王的军队于战场上而把它歼灭。在纳斯卑地方他遇到了它，并藉了克伦威尔的骑兵之力，击散了它。经此一役而后，骑士党残军的军心日趋涣散，而全国或则欣欣地，或则心灰地，俱归附于能确立和平的一方。新军中配置周全的炮兵队可为攻城的利器，而步军扑击术的优良则使对方即有险亦难凭依。散处西部的许多有王党军队屯驻的堡寨，采地府及有墙之城因亦于极短时期中一一攻下。纳斯卑一役12月而后，牛津亦立约投降，而大内战差不多告一结束。从地极角（Land's End）到柏立克（Berwick）遂尽为通行国会号令的世界。

蒙屈罗斯 上述的种种的主力战斗并不因蒙屈罗斯的浪漫行动而受何种的影响。从国王的营中出发到苏格兰时，他本假装了一个囲人，但数星期之后，他已号召了数千高地刀剑手而在低地大获胜利。他是惟一能当克伦威尔的一员大将，但他所将的兵士太不争气，他们虽勇武有余而野性未驯，他们一获胜利后便满载而归故乡，残留的军队遂被勒斯力的骑军在腓力普和（Philiphaugh）所收拾干净。蒙屈罗斯的奇才伟业虽当时曾一度打破了刻克在苏格兰所享的世俗权力，然它们除了至今尚为世人所称道而外，已无丝毫留存。他的事迹在当时尝为低地人所痛恨，但自斯科特·窝尔忒爵士（Sir Walter Scott）著书称颂以来，低地人及高地人已视为民族的共同荣誉。

第四章
共和政治及护国政治

胜利者的机会 圆头党不仅在物质及军事方面获了完全的胜利,即在精神方面亦然;敌方的抵抗力因精神上的解体而益无留存。无论何处的中立者都欢迎模范新军的胜利为和平统一的惟一途径。即放弃武装,丢下军队,乘马回乡,亦悲亦慰的骑士党绅士对之亦无何种的恶感,要经12年的军人政治,及财产半被充公,宗教被禁止,国王被断头之后,他和他儿子才深恶圆头党而不共戴天。阿斯特力·雅各爵士(Sir Jacob Astley)于投降时尝告胜利者道:"你们现已得了胜利,你们可以自由去玩,除非你们自己又弄出乱子。"此言当然不是胸怀切齿之仇者所能发出。

解决的机会诚有静待着圆头党来利用之势。但在3年之间这个机会竟完全失去,而此后且须以专制武力来救帝国于垂危,拔英国于纷乱。1660—1662年复辟的解决,虽不如1647年所或可获得的解决远甚,然事实上成了保全国家的惟一办法。

查理一世的就刑可视为心服政府无法进行之承认及宣告,而名以推行共和理想,实以防止无政府状态的力服政府之建立。这种局面究竟何自而起的呢?介乎首次内战告终及槐特和尔前的惨剧之间,因四部分人——得胜的国会,被俘的国王,陆军及克伦威尔·奥力味——相互间的关系及不同的政策，故国中发生一长串的阴谋，建议，政变及军事行动；这些并起来使局面大变。

长国会的谬妄　在这要紧的三年中，国会的行动最是不易加以奖辞，甚或加以怨辞。一个在战时尚能知如何采用恰当计划，及如何信托适宜人物的文人议会，到了升平之后转不知如何在政治上利用胜利的地位，固然是很说不通的。然自罗马元老院以迄我们今日的国会，历史上固不乏这种不可解的矛盾现象。激于义勇的人们的议会，处兵凶战危的时候，可以进退有度，但武力的胜利所给与，或似乎给与他们的权力，尽可令他们智昏，令他们为群众心理所蔽塞，而失了判断之力。所以众院在1647年时自以为它的工具模范新军已替它争得最高的权力，无论宗教也好，或全国人民的产业也好，它都可以任意处置。根据了这个谬想，它竟凭一己的成见而支配英吉利一切事物起来，它之不顾英吉利真正的情形，和查理在全盛时代之抹视一切初无二致。

长国会之不能于内战后取得永久和平，其最大原因亦即查理失败，而复辟局面重归乌有的原因。英吉利为宗教分歧的国家，然而长国会中竟没有一党肯承认容忍的需要。而且长国会有它特殊的胆大妄为之处，它胆敢偏护狭窄的，而且在日后的英人宗教生活中势力不及当日别的运动的，正派长老主义，而同时诛除盎格力干教徒及分立派教徒。

王党财产的丧失　同时，长国会又专事剥削旧敌的产业以图解救财政上的困难之计，因为敲剥旧敌的产业是一宗不劳而获的收入。如果曾经交战的两方的田地产业，除了少数合理的例外以外，一体得到安全的保护，则骑士党的乡绅当可不至痛恨清教主义达于极点，而也不至令他们在此后五六十年中的行为全被那种痛恨所宰制。在此以前他们对于劳德及劳德派的僧侣本无何等好感。但他们因须完纳所谓"恶人"（"Malignants"，实即败绩的一派人）的罚金之故，不得不将他们产业的大部售给当日的战胜者，

甚或售给社会地位远低于他们的趁战获利者。[1] 同时他们所习惯的《祈祷书》又为胜利者所禁止。经此而后,他们转和被革的劳德派僧侣——为数约有2000——发生一种新的感情起来,因为两者实为同一的暴政所牺牲。世俗人及僧侣间本因劳德的政策而失和,今则因清教派的诛除而反成患难之交,反复归于好。乡绅及牧区教师间的政治同盟,以及两者对于主教制的及《祈祷书》的敌人素所共同怀着的愤恨,实始于此时所发生的恶感。

国会及陆军的交恶 驱王党的绅士于誓不两立的地位一若尚未足以满他们的愚欲,故长国会复通过终身监禁浸礼教徒的法律,禁止世俗人当众讲教的法律,及罢免模范新军中所有独立派的军官的法律。他们之愚真有不可及的地方,他们更提议解散陆军,而不问为数已很可观的积欠。然国会中的多数实为伦敦城中的有力一派所劫持,以致有此忘恩负义,背弃曾于战场中援救他们的武士之行为。国会的举动使军官及兵士,为热忱所趋的分立派教徒及志在得丰厚可靠,由赋税作抵的饷银之军人,皆联合一致起来,而作共同的行动。不平使军队团结一致,不平并激成军队为国家的一个重要派别。军中无论上下贵贱,皆渐渐为激烈派的思想所左右,而听命于激烈派的宣传;基于普及选权的共和及民主的理想渐成全军的信仰。这种理想在那个时期固是不可实行的,但就人情而言,我们又安能因军士之不甘屈服于宗教的诛除,不甘积欠之被置不问,而加以责备?何况此主持诛除,此不问积欠的权力,即赖他们伟大的战绩而始成为国中最高的权力者?

但是陆军之威迫国会,不论起先如何成理,结果则总不利于立宪的政治,且总不免进而至于克伦威尔独裁的局面。克伦威尔久尝努力劝军队听

---

[1] 这班购进骑士们所变卖(因须完付罚金)的产业者,到了复辟之后,仍保存着他们的新产及他们的社会地位;因此查理二世颇受他自己的及他父亲的徒党之责备,他们责他为忘恩负义。这不是不应有的责备,然未必是公正的责备。但价薪俸或所得,贱价购得教社或王室田地的克伦威尔一派人物(大都是军官)则在复辟时转丧失了新置的田产。除了在爱尔兰外,他们不论在何地都又返至他们原先的低下社会地位。

命于两院，即在1648年7月他仍在很诚恳地规劝他们："我们及他们所可以自由来获得的权利要比可以武力来获得的贵重三倍，而且由自由来获得的才是我们及子孙真正之福。你们以武力所得的权利，我视为一钱不值。"英吉利最伟大的执行家所发的这个警告那知竟成为他自己未来之前程的悲痛谶语！

查理之图谋及被弑　国会所挑动的国会和军队间的互哄，复使被俘的国王有举足轻重之势。两方都和他勾结。如果他能以全力帮助一方，他也许可以藉那方之力而解决当时的僵局。但他的美德及他的短处都使他无从为此。他坚持君主政治的原则及和此原则相连的主教派统治教社的主义，他对于他的教社且抱与之偕亡的决心；因此他既不能和国会，又不能和陆军成立圆满的妥协。而且在性格上他向不能订立诚实的协议而遵守它的。他的诈伪的性格令他同时和两派磋商，使两派作鹬蚌之争；他以为如此便可坐收渔人之利。然而玩弄胜利的敌人本非易事，而希冀他们受骗更有如履薄冰的危险。

但他之受刑不特于他自己为牺牲，于他敌人的前途也为绝大的灾星。他的政策本足促成长老派及王党为共御独立派及军队之联盟，他的一死更使那个联盟巩固；12年而后他的计划亦终得假他儿子之手而得最后的胜利。联盟的初期酿起了第二次内战及克伦威尔在普勒斯吞（Preston）的胜利，因此更激成了查理的被刑。然联盟的最后结果则为他儿子的复辟，长老派成为主教派的毛脚爪，受欺而不自觉，国王，国会及主教制度则一起恢复。因为克伦威尔及陆军曾历12年之久扶植分立各派的势力，故不服国教的清教主义之将来在分立各派而不在长老派的正宗教。

英民感情之猝变，之由反王而变为勤王，实始于国王受审及被杀之时，因为他为法律及旧日的制度而死，而他的敌人则固在破坏法律，敝屣旧制。查理就刑时颇极庄严诚恳之能事。故"王家的扮演者"极能博得人民的同情。然除了对于国王个人表示感情而外，英吉利民族的保守天性亦使他们惴惴然发生不安。他们觉得国家在走向从未走过的路途上去。他们并未要求过这种冒险的维新。所谓共和者究是何物？表面上岂不就是宣教校尉的政治？但人民的反感虽日在增加，而凭军队之力，但假迷惘而不自知的"英吉利人民"之名，以攫得政权的人们，尤其是那一人，仍历十余年之久具有统治的勇气及才力；而且在绝端困难的环境中，他们，尤其是他，居然能产生一种不见得辱没国家的局面，而且从几个重要的方面看起来，且很有利于大不列颠及帝国将来之发展的局面。

克伦威尔的性格 在国王，国会及陆军三角式的竞争中，克伦威尔实为胜负所由决定的分子。当他在1647年，只是国会中的一个后排议员，而在名义上尚不是陆军的最高统帅时，他的性格之力已能使他为众人的领袖。

国王，国会及陆军各有各的主见，故始终不能同意于任何的办法。克伦威尔却是一个机会主义者——他尝说，"无人能如自己不知道何往之人走得那样远"；他能供给他们一二十种可能的解决办法，如果他们能虚衷采择的话。克伦威尔及爱尔吞（Ireton）联名献给查理的《提议诸大纲》("Heads of Proposals")，其优良盖远在别人所提出的任何办法之上。他们提议宽宏的容忍，《祈祷书》的自由采用，无强制权力的主教，及没收骑士田产的中止。但国王仅视磋商为一种玩弄的策略，初不认真，而国会及陆军则并不以这样的一个宽大（待被征服者）的政策为然。克伦威尔及爱尔吞仅在为他们自己及为常识作说客，而不能代表任何有力党派。他们发觉，他们非和陆军一致，则便无足轻重。克伦威尔于是经过感情上剧变之一。他每逢感情突变时必有祷告及忏悔，他的仇人则恒以作伪视之。

奥力味之谜不可求诸于他常变的意见，而须求诸于他不变的性格。他的缓和及他的疾恶武力，常被他一种天性，他的不拘代价如何定须得一可以解决当时问题的方法而后快的天性，所折损。他固乐见协议的成立，但如协议不可成立（在革命时期协议很难成立），则无论他心中如何不愿，他亦只得以快刀斩断乱麻之法来求一出路，因为一国的政府总是非进行不可的。而且，常识虽为他的擅长，虽为他智力中的主要性质，但他的常识常须在气质兴奋的环境中发挥，故常为所掩而不易见。他气质上的兴奋可以使他非常的坚定，不知所疑亦不知所畏；他尽可有长时期的踌躇，但已定之后，他可以非常的固执。在他看起来，他最终的决定辄像上帝的感引。上帝之意志不已都表示于累次的战胜之中？上帝不在指示他以一种方向——即克伦威尔自己最新的思想所要他走的任何方向？[1] 所以他于知道他所有欲和国王妥协的种种尝试纯为枉费时间而后，陆军对于"斯图亚特·查理那个人"的癫狂态度竟入他之心，而中他之意。所以他于知道英国必须由军士来作暂时的统治，否则将流入无政府状态之后，他竟热烈的信仰好多自普勒斯吞凯旋回来的军人所信仰的共和主义，虽则他之信仰与其说是由于内心的信服，还不如说是由于当时事实上需要的逼迫。十年而后，他为扫除军治，并和当日偏向保守的及文治的法治主义之大思潮一致起见，他又在转向立宪君主的一途——虽则此时的君主为他自己。这个泅水圣手常须泅在浪峰之上。如果死神没有突然中断他和环境的大挣扎，多少的波浪他还可以泅过？

共和国的领袖 半为当时感情的横决所冲动，半为在内战及革命中一展长才的野心所引诱，脱颖而成为圆头领袖者在当时颇多，克伦威尔并非惟一的干才。汾（Vane），布来克（Blake），爱尔吞，门克（Monk）及秘书兼小册子家密尔吞等的时期实为名臣辈出的时期，足当共和国（"Commonwealth"）之名而无愧。半由军官半由"残余国会"〔即国会中的少数，经"勃来得的清除"（Pride's Purge）而得在国会中惟我独尊者〕中人组成的所谓弑王政府（Regicide Government），非无勇懦夫或盲目狂人之所可比

---

[1] 著 *Hudibras* 以讥刺清教徒的 Butler 尝有一首可以用于克伦威尔之诗：
"根据于这新光，不论他们所说的是什么，
他们总以为只有是而不会有错。
这是精灵的黑暗之灯，
别人不见而只有持者自己可见。"

拟。他们在1649年1月末日所处的地位，其困难诚有不可以言语形容者；如果他们而非沉着勇毅高出常人的领袖，则他们自己将立即倾覆，而不列颠帝国将立即解体。依照他们所持的民主理论，自由的选举应是不可少的；然当时的舆论不但剧烈的不赞成他们而且也分裂不堪，故选举是不可能的，且为自存起见及保全国家的生命起见，亦是不许可的。无论从哪方面看去，他们所处的地位没有一方面不是十分黑暗。他们的权力不特不为骑士党及长老党所承认。且激烈的民主派人，如是时很得一部分民众信从的利尔本·约翰，亦居于反对的地位。海军因哗变而失了任何的力量；海权则在鲁柏特亲王所统率的王党私船手中；维基尼亚及巴佩道斯（Barbados）否认篡位者的权力；马萨诸塞特虽不仇视，但自英吉利内乱起后，早已以独立国自居。荷兰，法兰西，西班牙及所有的大陆各国都视弑君者为人类的蟊贼，而英吉利为无物。然而在四年之内，在革命政府尚没有到了最后的一期——奥力味的护国政治（Protectorate）——以前，国务院（Council of State）已能藉了克伦威尔的军力及布来克的阵炮而消除上述的种种危险。

克伦威尔之征服爱尔兰　共和政府再造不列颠帝国的初步工作为爱尔兰的制服。爱尔兰的叛党几全为塞尔特人及公教教徒，故没有任何王党的色彩；在又一方，抗议教徒为自卫起见，无论政治的意见何若，皆日视克伦威尔为他们种族及宗教的保护者，而归附于他。因之，克伦威尔及他的军队得了一个极有力的内应。自掘罗赫达，卫克斯福德及克琅墨尔（Drogheda, Wexford, Clonmel）的陷落攻破了东部主要的抵抗力后，克伦威尔即归英国，而留爱尔吞在爱尔兰将塞尔特人和萨克森人间在西部一带的乱战主持到底。

克伦威尔的土地政策　克伦威尔所有在不列颠诸岛的建设工作中，要推爱尔兰的土地处理为最恶劣，然而于他死后，大部仍依照原状而得流传后世者亦只是这项工作。爱尔兰的土地自推铎尔时即开始由爱尔兰人移至不列颠地主手中，在斯图亚特诸王之下此项移转更有迈进，在克伦威尔的办法之下则移转达于止境。他的政策有三种的目的：第一，以爱尔兰的土地作为偿还曾经作战的兵士的饷项及曾经出资供给作战政府的资本家的投资之用，他们之受酬报犹之凯撒或征服者威廉的兵士之受酬报；第二；使英吉利人在爱尔兰的地位巩固，即军队遣散而后，爱尔兰人仍不能谋反，像 1641 年的叛乱再无从发生；第三，要永远铲除公教主义。第一及第二两目的居然藉了他残酷的土地政策而成功。

善农河（Shannon）以西的爱尔兰仍留给土人来享领，其余部分的土地则尽入于信抗议教的地主手中。克伦威尔常有过尽驱塞尔特的人口于善农以西的思想，但没有实行。大部分的土人仍留居于原有的农田上，不过昔日或自为地主，或为同种之人耕种，今则为新来外国地主的佃农，日夜孜孜，而所获甚微。新地主依爱尔兰的恶习，抽收极高的田租，然而又从不尽他们在英吉利对佃户所常尽之改良农田的义务。

只在厄耳斯忒的佃户尚有多少保护，因为厄耳斯忒的人口大部为不列颠人及抗议教徒；自詹姆斯一世在该处设地垦殖以来，邻岸勤耕耐劳的苏格兰人来者甚多。在别的地方，克伦威尔兵士之留居于爱尔兰而为自由农民者，因为散处各方，不相联络，且和抗议绅士在社交上相距极远之故，不久即失了他们的宗教及族性。有些离开农庄而他适；有些则和土人通婚，结果铁军及萨克森人的气质传入土人的后裔中而塞尔特人及公教徒的反抗更为有力。地主的势力及特权固大，然亦一直孤立而无援助，到了格拉德斯呑（Gladstone）的土地诸法及帕纳尔（Parnell）的土地协会时代地位始大有变动。

在奥力味撒手后久而无变的爱尔兰中，被诛除的僧侣成为人民惟一的领袖，因为本地的绅士阶级已被英吉利人所消灭。克伦威尔的处置使爱尔兰人历数世纪成为全欧最受僧侣领导的民族。

克伦威尔之征服苏格兰　克伦威尔的第二步工作为削平苏格兰而使之臣服共和国。特威德河以北本无所谓分立派或共和党，严格地说起来，连国会党都没有。苏格兰分属两派：一派信狭窄的，以教治国的长老主义，和英吉利的政治的长老主义又绝不相同；又一派可视为骑士派，但并不属于劳德派，而为反对以教治国的贵族及别的分子所组成。长老派及骑士派间有不共戴天的仇恨存在着，蒙屈罗斯诸战中所流的血盖至今犹在两方间流着。但两者为拥护查理二世取回英吉利王位起见，成立一空洞的联盟。不幸他们的计划经邓巴（Dunbar）及乌斯忒的两次失败而又归于乌有。这两次的大战可视为克伦威尔的最后胜利，而且也是不列颠岛上他最大的军事胜利：

> 向邓巴满布军队的山上。
> 他进行，过了深的塞汶河，则战事告终。[1]

苏格兰的合并　奥力味之统治特威德河以北之地，其惟一权力在英吉利的军队，军队不能永久不走，故他的措置亦不能永久维持不坠。但军治虽不能长久而军力已足以助奥力味实行他的有利于苏格兰的开明政策，而毫不畏缩妥协。苏格兰亦因内部分裂之故，最后仍不得不就范于它向所不肯听命的巨邻。奥力味把不列颠全岛并成一个共和国，苏格兰的议员加入于护国政治时的不列颠国会，而和英吉利议员不分彼此。合并而后苏格兰得首次享受和英吉利自由贸易的及后者海外市场的绝大便利。治安之严格维持，及诉讼之公平处理，亦为它历史上空前的盛况。即在高地奥力味亦派兵驻守，而好斗的各部落竟被慑而不敢妄动。他的政府可谓好政府，不过如在英吉利一样，它也是昂贵的政府，赋税甚重，而人民亦啧有烦言。

苏格兰长老教社的尊严及效率仍得保存不坠，但它不能复如前此之诛除异己，或凌驾国家。"我的确深信"，有一个苏格兰长老教徒论及护国政

---

[1] 苏格兰人及骑士党入侵英吉利时，英人不但没有响应，英之民军且起而驱除他们。于此可见弑君者虽不得人心，而他们的仇敌，尤其是苏格兰人，更不得人心。

治时说道："在那个短时期内真正皈依基督者比自宗教改革以来任何时期为多，虽则为时有三倍之长。"英吉利的军队，就占据式的军队而论，也堪称纪律极好的军队，除了他们有时好作建立浸礼教堂的尝试，或好破坏刻克的纪律以为取笑之资。逢长老教徒做礼拜时他们常会高踞于所谓"忏悔的凳"上，会众的年轻者相顾大乐，而"庄重的过生活者"则虽怒而无可如何。

苏格兰人以查理二世1660年的复辟为他们重获民族独立的一年，实则这时只取消了正式和英吉利的合并及和英吉利的自由贸易，真正的独立要至1688年的革命才得恢复。在1688年以前，苏格兰人内部的分裂使他们的国势非常衰弱，而英吉利诸政府的策略极易相继贯彻。在这种种外人主持的政府中，奥力味的实为最先的一个，而且也是最不能算坏的一个。

奥力味为护国者时，实现了他联合不列颠诸岛成为一国的好梦。苏格兰及爱尔兰在立法及经济上都和英吉利联为一体，它们的议员出席于韦斯敏斯忒的国会，而它们的商人得自由卖买于英吉利的市场。奥力味活着一天，爱尔兰抗议教徒的利益亦一天被视为英吉利的一部分而当心着，培养着。但复辟重把不列颠诸岛裂开，信抗议教的爱尔兰人的经济地位为英吉利的贸易利益所牺牲，而他们的长老宗教则成盎格力干教报复的战场。爱尔兰的种种灾难并非全可诿过于奥力味的设施的。

海军的复兴 弑王政府有恢复英吉利海权及重建英吉利海军的大功。经此而后海军基础是永久的了，继起的政府，无论政治的色彩如何，皆诚笃地努力维持而不让衰落。国务院中的人物已获过两次内战的胜利；他们乃就各阶级中的杰出人材由实事的试验锻炼而选拔出来的，他们能以军人及实在的眼光来应付发生的事变，而且在财政上他们又有斯图亚特诸王所从未获到的充分征收必要赋税之权能。海军三分之一的变叛，及鲁柏特亲王在外国海港中组织叛军以作乱海上而替乃舅复仇的举动，足以危及伦敦及全英在海峡中的贸易，且为大内战中所未经的危险。新政府的人物深知除了想法荡除这敌方的海军外只有灭亡的一途，故不惜以全副的精力及物力来建设海军。他们本大都受过军事的训练，所以他们的陆军风气得以贯注入舰队的纪律及战术中，而英吉利海军的传习益以大备。科柏特·朱理安（Julian Corbett）写道："他们的设施使英吉利的海军一变而为近代式的组织，而英吉利为世界上大海军国的地位亦于以确立。"但他们如果没有在此适逢其会的时候，得到布来克·罗伯来统率共和国的舰队，他们恐怕也不会成功。

布来克 照近代的海军史家看起来，布来克位仅次于掘类克及纳尔逊。他八年统率海军的成绩，他对于无所不有的仇敌——对于鲁柏特，对于突尼斯的巴巴利海盗，对于荷兰人所能派出的最大的舰队及最大的海将，对于藐视我们由来已久的法兰西人及西班牙人——之无数交绥，无数胜利，使不列颠的海军得到它在依利萨伯时所希望得到的，在斯图亚特时完全失了的，而自布来克以后从未放弃（短时的落后不计外）过的地位。复辟而后，克伦威尔的陆军制度虽因其政治上的联带关系而遭剧烈的废弃，然布来克的海军传习则为骑士及托立党所采择，而成为英国近代史所系的重要史因之一。

和掘类克或纳尔逊比起来，布来克不能怎样说是由海员出身的。他为布立治窝忒一个富商之子，所以他于帕立特（Parret）湾及布里斯托尔海峡的商航事业颇为熟谙；但他志在成一牛津的学究，而经验则尝把他变成一个成功的清教军人。当大内战中骑士党的势力正十分猖獗于西南部之时，他尝在来谟里吉斯（Lyme Regis）及汤吞（Taunton）先后成立以少敌众，以弱抵强的守卫军。他在那两地的战绩，诚足为清教徒之从军者生色不少。但他并不怎样是一个狂热之徒，他实是一位富于责任心的公仆。国王就刑数日而后，政府即征他为舰队的统帅，且责令为海军恢复海上已失之自由；他固奉命惟谨，同时，在他一方则实有受宠若惊之感。但他之被任初非盲目之举，他关于船只船员的知识纵不甚富，亦已高出于其他军人之上。自是而后他的天才领他走向胜利的海路上去，他无往而不获胜利。

鲁柏特固为不世出的海陆军人，但他不幸而和克伦威尔及布来克同时，陆上有前者做对头，而海上则有后者。布来克把他封锁于爱尔兰诸港，复把他追踪至葡萄牙，把他驱出葡萄牙，最后复追至地中海。骑士党海军的大部卒于地中海中被布来克所歼灭。在内战的进行中，英国居然首次侵入地中海。法兰西、西班牙及意大利的君王虽震惊失色而亦无可如何。奥力味有鉴于此次布来克追逐鲁柏特所获的胜利，故于数年之后又遣他至内海，不但以作我国商人的保护，且为议国政治的外交政策助声威。自是之后不列颠在地中海的海权一直成为世界史中的一重要原动力。[1]

航海法 海军在布来克统率之下的复活，及国家之受治于一班和营商社会，尤其和伦敦有密切接触的人物，两俱足以促成和荷兰人的竞争。在过去的一代内，荷兰的航海者尝趾高气扬的往来于北欧及美洲诸海和非洲及印度诸洋之间而无所顾忌，且尝盗取英国及其美洲殖民地的渔业，而垄断它们的海运。1651年的《航海法》及1652—1654年的英荷之战，盖可视为英人复和荷人认真竞争的开始，虽则英人的最后胜利要到18世纪之初才获得，到了18世纪之初荷人始不复能为海上贸易之王。英荷的竞争不是一下子的动作，而是长期的演化，而演化的发端则即在共和国时期。[2]

以限止外船通航于英吉利海港为目的之《航海法》，在理查二世时已有由国会通过者，但因英船太少，故事实上法律不能执行。就原则而论，1651年的法律实无新奇之处，而其不能严格执行正亦意想中事。但它可以表示英人对荷兰海权的一种反抗精神，而且因为英船已比昔日增多，故政府对于执行至少也有不断的努力。复辟政府把纽约自荷兰夺来之后，荷兰失了

---

〔1〕詹姆斯一世于1623年即派过海军到地中海以剿除阿尔及耳的海盗，但无功而返。奥力味能深切的见到地中海的重要，故尝有过派兵占领且据守直布罗陀海峡之议。

〔2〕关于荷兰的海上霸权，见上第432页。1651年的《航海法》"禁止亚非美三洲任何国的货物运入共和国的领土，除非运货之船为英人或英吉利殖民地人所有，且船员过半数以上又为有英吉利国籍之人。欧洲的货物只准由英人所有之船，或货物所出产之国的国人所有之船运英"。

在美洲的航海根据地,因此《航海法》中的原则亦渐渐推及于纽英格兰(New England)的诸港。

荷兰之战 共和国和荷兰间的海战因好些事端而爆发的。战争的原因亦极多,但都可归纳于两航海群社间的互相嫉视及竞争。布来克及凡特纶普(Van Tromp)所统率的舰队为当时世界最大的舰队,就船舰的建筑及船员的技术而论,已并不多弱于在尼罗河及屈拉法加(Trafalgar)建功的舰队。两者本属旗鼓相当,势均力敌。荷兰所受的损失比英为多,因为它在陆地上的物力较小,而且它自立国以来依以为生,依以致富的商舰今又首次被人阻住海峡的去路。在初次交绥之时,英吉利较大的持久力盖已于此可见。

和荷兰的战争在伦敦城中较在军队中为得舆情。克伦威尔很望能得全世界抗议教国的合作,故他一作护国者后,首先所做之事之一即为与荷兰讲和,而使两国辑睦。

西班牙之战 但奥力味的亲政亦并不能使英吉利得免于外战,虽则它十分需要和平,和平为它取到财政的稳定及民众最后的好感的惟一机会。他的抗议教和他之赞助散处全世界的英吉利商人及殖民者,都害他和西班牙发生冲突。依利萨伯时的英人本力持他们有和西班牙殖民地通商之权,且不受西班牙人任何的宗教考查;奥力味今又旧事重提,毫不让步。但西班牙的大使则视这种要求宛如要"他主上的两眼"一样无理。西印度群岛中本极多英人的殖民地,但西班牙则仍视为它的属地,故在此一带的西班牙军队和英吉利商人,殖民者及熏烤海贼间的冲突斗争竟无时或息。奥力味举祖国的全力来帮助西印度的英人。他所派出的远征军虽败于喜斯帕诺拉(Hispaniola),却得了乍美喀。在西印度殖民帝国的发展史中,乍美喀的取得诚为最重要的一个阶段。自此而后西印度在不列颠贸易,外交及战事中也占了很重要的地位。

外战之劳而无功 克伦威尔的英吉利在欧洲的政治中固有举足轻重之

势，且为各国所敬畏，但它的成绩实在有限得很。服德派（the Vaudois）[1]的保护固义侠可风，值得我们的敬意，也值得一首极佳的短诗来赞扬称颂（纵出于政府中人的手笔[2]亦不足以损盛事的毫末），更为一件手腕高明的外交胜利；但于实际上则这件事毫不重要。和西班牙的交战实是大西洋彼岸之争，在欧洲则无论于英吉利或于抗议主义都没多大好处。固然，布来克之毁灭凭德内立夫（Teneriffe）诸炮垒（即日后纳尔逊丧失一臂之处）为保护的西班牙舰队为极光荣之事，而红衣步军之攻陷邻近敦刻克（Dunkirk）的泥滑的沙丘为极勇敢之举，且值得旁观的法兰西联军之倾倒，但不列颠实无需乎这种劳兵伤财的干涉政策。它永久的利益为欧洲的均势，而当时之势早已均衡，无须克伦威尔的费力。西班牙已就衰落，法兰西则尚未盛到可以危害它国的地位。30年之战已告结束，一时亦没有什么可以容考斯道夫·阿多发第二出现的机会。如果奥力味的海陆大军能于1618年或1630年时或1670年以后出没于国外战场之上，则他或会建立殊大的功勋。但1654年的形势则异是，英雄虽有，而时间已过，或尚未到。英雄与时势之巧合诚可造成历史，而巧合之无有，亦可造成一种历史。

财政上的穷迫 荷兰之战所费本已不赀，西班牙之战起后国民的负担益重，而全国的贸易及繁荣亦受重大的打击。奥力味的军国主义及帝国主义不特在政治上早失民心，且也因所费太巨而民心益背。我们今日固年年将财产中的一大部分贡献于稽征员吏，我们且视之为常态生活中应有之事；但在当时则此种输将尚被视为不可忍受的虐政。奥力味之收入似不可谓少；重税而外，他尚可变卖王家及主教的田地，向"恶人"收罚款，并没收爱尔兰半数的土地；但他殁时仍负债累累。所以仅从财政方面着想，护国制度也有变更的必要。必军队可以遣散，然后财政方有办法。但军队决不能

---

[1] 译者按，服德派为12世纪服德（Valdo）所创，经宗教改革以后成为抗议教的一派，繁殖于法之Provence，在法兰西斯一世时备受诛除。至16世纪中叶又受法政府的虐待，故克伦威尔大发义心。

[2] 译者按，指密尔吞。

遣散,除非基于大众的同意的政府有恢复的可能。奥力昧在临终以前的数年内尝致力于一种可能的方法的发现。但他前者曾坐视可能的方法逝去,他不能再得任何的方法;他只能负起了重担东闯西走,而光明之路则终不可获得。

> 你仗某种方法而取得政权,
> 你也得以那种方法来维持政权。

此为马昧尔·安掘鲁(Andrew Marvell)的识见所及。他在政治上虽不及护国者的另一诗家大臣[1]的重要,但他的见识则并不稍有逊色。

护国政治的末年　在一方奥力昧和斯屈拉福德等一班摧残国会者不同,他始终相信国会之制是英国必需的。在又一方,他亦和创立共和者异趣,他始终为立宪君主制的信徒。然而因君主制及国会制之两不能保存而使清教党终归于失败者即是他的责任,此则诚非他之始愿所及。他十分愿见文人的法治政府,然而文人的法治须至他死后才得恢复。他的数运致此呢,还是也因他自己的过失呢?关于此点,最熟谙当时的情形的史家反而最不愿发表肯定的意见。

长国会的残余国会正想永执政权时,他毅然把它解散。此举也许是一件必要的行为。刚解散后的1月,全国颇形欢腾,而记事歌人吟唱着:

> 勇敢的奥力昧来到众院宛如一位神灵,
> 他的严厉的容颜把议长惊得口呆目瞪;
> "你们走开",他说,"你们在此已够久长,
> 难道你们将天长地久的留此不散"?

---

〔1〕 译者按,指密尔吞。

然而红衣军之直入众院议场,及他在卫士室之挖苦议长金笏(mace),究留下了一极不好的印象。如果金笏是玩物而王冠应予践踏,那么除了刀剑外又有何物足道?

他成了护国者之后,他的国会不复能和他一致,虽则这些国会当选举时都有种种因时制宜的限制。究竟他应否再多冒些险而和国会成立一种当时不可或少的协议,确是一切问题的中心,但我们因限于篇幅,未便讨论。如不和国会谋妥协,则另一的办法即是诸将的政府。有枪阶级的政府,不特为国人所不赞成,且和奥力味自己亦臭味不能相投。在他末了的二年内他尝极力和主张法治及宪政者谋妥协,他希望可以不赖军队之力而得以维持政府于不坠。他们要求他恢复君主之制,而自为英王。他逐渐的赞同他们的意见,但他依赖最殷的几个军人领袖仍牢执共和之说,而不肯从同。趋向缓和且崇尚实际的人,尤其是法律家,大都以为克伦威尔应即大位——两年后根据同样的理由而首先赞成召查理二世回国者即为这班人物。当时之人盖视君主制为恢复国会及法治之必需条件。

在这新变化的进行正在开始之时,护国者突以死闻。但他于死前已能清除军队中最激烈最发狂的部分;因此,重实行而不尚理论的门克(Monk)将军得为军队中势力最盛一派的领袖,奥力味死后18月中虽祸变不绝而他仍得握实权而不坠,也因此之故。大众所需要的裁军,复辟,国会及法治的恢复,皆可——藉王室之名而实现,而无须流血。如果奥力味不死,凡此种种设施是否可假他之名而实现却是一个疑问,但也不见得一定不可。

奥力味对于宗教之功　奥力味对于种种的复辟解决也许会处之泰然,比我们所料想到的更要泰然,因为他是一极爱国者,极投机者,而且在中心又是一热烈的拥护国会者。他最大的失望当在新局面的宗教一方。但即以英吉利的宗教而论,他也留下了不可磨灭的迹印。他尝因第一次内战的胜利,而使国会得为决定宗教事务的最高权力;詹姆斯二世固尝作收回此权的尝试,但亦徒然。他更因第二次内战的胜利而使长老派的正宗主义无

从成为国教。他多年的统治使苏格兰人得长育成为有力的人物,所以在诸教(指国教以外之教)丛起的未来时期中,英吉利清教主义的形式及精神,实受了苏格兰人的影响而没有受长老教徒的影响。英国宗教思想及宗教形式之繁杂,极有利于思想的自由,且在国教教社之中亦不无良好的影响,而其所以繁杂之原因,纵云由于英吉利的民族性,然克伦威尔时期实为繁杂开始的时期,故克伦威尔之功不能忽视。

护国者兼取教社以内有包容而教社以外有容忍的政策。他虽保存着什一税及各种捐赈,但他禁止有诛除之举。长老教徒,独立教徒及浸礼教徒俱可不分彼此享用教社的禄位,在教社以外则式样更要新奇的会众亦可以自由成立而不虞被禁。所以他于宗教方面得使清教各派别相安无事,虽然在政治方面他始终未能收到同样的善果。他甚且私下容忍《祈祷书》;如果政治的环境不使益格力干主义和放逐的斯图亚特成为不可分离的结合,他或竟会公开的让人家用《祈祷书》。他宗教政策中惟一的致命缺点为他之未能依照《提议诸大纲》而让益格力干教徒亦得参加教社的生活。至于公教徒则在保护国之下颇获自由,他们所受的干涉,比所受于长老国会或益格力干国会的干涉为轻;弥撒虽尚不为法律所容忍,但所谓不服国教者(指公教徒)的惩戒诸法(Recusancy Laws)则已正式取消。

夸刻教徒 上述的种种情形实有利于新宗教运动的发展,在这个伟大的宗教时期没有衰落以前,别时的情形都及不上此时的有利。夸刻运动亦在此时突起,大部分的当局者虽不以为然,但奥力味则袒护有加。它在保护国时颇能根深蒂固起来,所以即复辟时期恶狠的诛除亦不能把它消灭。福克斯·乔治的宗教至少可为英人宗教贡献中之最富创造力而最新奇者。他的极精诚的,大反正宗的基督教,在17世纪下半的分立清教派中有极大的随从。在它得势的初期,夸刻主义——基于所谓"自照"("inner light")的教义,实即每个男女耶教徒直接得到上帝的灵感之意——就它在平民中所采的精神及方法而论,本属于信仰复活派(revivalists),到了后代，它始成为消极的静止的主义。

教育 长国会及护国者都尽力扶掖教育，学校因得政府直接的补助或教产的捐助而大兴。清教运动对于教育事业的认真，和抢劫教社的推铎尔诸王的不认真适得其反。大半藉了清教徒的势力，学校的捐设在17世纪的上半叶中的进步远过于过去的百年。热心教育的动机多半是宗教的，但把教育和宗教相连，又把宗教和政治相连，却是极不幸的一件事；因为这样一来，大学及学校中总脱不了宗教的纷争，首先有劳德之排斥清教徒教员，继则有清教徒之排斥劳德派教员，终则有复辟诸国会之排斥除了盎格立干教徒以外其他任何派别的教员，两大学本不乏蓬蓬勃勃的气象，但受了宗教不容忍的恶影响后，竟丧失了生气，更因而有18世纪的消沉。大学的生活盖绝不能和政治上或宗教上之牢守正宗相容。

清教主义的流弊 清教徒执政时有排除清教徒以外之人不使与闻参加政治的倾向。此诚为他们秉国时的一大罪过。他们以热心宗教为口号，呼这口号之人便可得势，不问他假伪到怎样地步。他们之擅禁戏剧以及其他以力逼人为善的轻举妄动皆坐同样的错误。所以在复辟时，人民中向不过问宗教的一部分已变成了痛恨清教徒之人，犹之20年前他们之厌恶劳德派的僧侣一样。在当时社会中居最有力地位的乡绅阶级特别是不服清教徒的政治，因为国家旧时的文化典制曾被推翻，而政权曾入于诸将之手。无论他们自己或他们的父辈在大内战中尝袒助何方，他们都把他们所不愿见的社会及政治变迁归罪于清教宗教；因此之故，20年前厄力奥特及庞姆时的形势完全转变，而《克拉稜敦法典》中诸种反清教的立法不出于国王及朝臣之手而反出于国会及乡绅之手。然而清教各派亦只有在国会制度之下能希望于日后取得容忍，若劳德式及斯屈拉福德式的斯图亚特专制政治继续不断，则清教徒各派终亦无幸。故清教徒在大内战时之所获或毕竟多于所失。[1]

---

〔1〕 末句译者加上以显著者原意。

第五章
农村经济 美洲的移殖

城市生活 斯图亚特时的日常生活,以和我们今日的生活比较起来固充满了艰难困苦及残忍闭塞,但也有它的好处。它既不丑陋难看也不失了自然。那时的为乡居的生活,凡人们之所增加于自然界者绝不减损它固有之美。当时的匠工能役使工具以服从他们的心裁,不若今日的工人则为机械所役使而失了自主;然而美观及精巧的仇敌本不是工人自己而是那役使他的机械。在机械时代以前普通的匠工本可算是艺术家,他的工作比近代从事于大规模生产的雇工所做者要高贵,要自动得多。因此他颇能安于所遇,虽则他生活的好多方面,从近代人道主义的眼光看起来是无可容忍的。

工艺在当时并不集中于巨大的,自然界之美已无存的都市区域。在17世纪末人口已有50万的伦敦为当时堪称为城市区域的惟一地方。即在伦敦,居民仍可游散于泰晤士河之上;泰晤士在当时不啻为全城最壮丽的交通要道。如果他力不足以置游艇,则他可以走出市肆栉比的奇普赛第(Cheapside),而就靠近夜莺常至之山冈,而猎人群趋以弹击沙及鹧鸪的草地以取乐。当时即伦敦人亦得不赖机械的运输而得和自然接触，和自然相恋。[1]

当时英吉利别的城市如和伦敦相比起来都比今日有几个城市和伦敦相比起来为小。它们都不能称为都市，它们仿佛是哈第·托玛斯（Thomas Hardy）所摹写他幼年时的道彻斯忒（Dorchester）：

> 卡斯忒布立治（Casterbridge）也依农业为生，和四邻的农村初无二致，不过离水源更远一筹而已。市民对于村民生活的变化无一不懂，因为这种变化不特影响到工人的收入，也同样影响到他们的收入。基于同样的理由，他们也乐忒哩以外华族人家的乐，而忧他们之忧。……卡斯忒布立治是四围田家生活的补充品，而不是和田家生活相对的都市生活。市高头五谷地上的蜜蜂及蝴蝶如要飞到市梢的草地上时，可一直沿大街飞去，无须绕道，也无须觉得有任何的不自然，好像入了任何不相宜的境界似的。[2]

村民生活 此即自依利萨伯至乔治三世英吉利市镇的景象。这种市镇只能容纳全人口的极小一部分，因为在推铎尔及斯图亚特之世，工艺及制造之在乡下者日盛，而在有特许状的城市中者反比较的日衰。有好些的乡村及农村所制造之物能销行于全国的，甚或国际的市场。农夫在中古时代的隔绝渐次解除，即在他自己的农村中他也得和从事于各种和远邑有关的职业之人相往来。贸易的共同利益使全国彼此接近起来，使村民的智慧锐利，而他的人生观广阔。所以当第一个斯图亚特即位时，我们闻当世之人互语道：

---

[1] 伦敦之所以在17世纪之末能远过于一切城市乃因它已成为全世界最大的海港，及批发和零售贸易的分配中心。然它的制造业仍和别地一样，仍基于家庭工业制而不基于工厂制。18世纪工业革命而后，北英及米德兰亦先伦敦而完全取消家庭制，而伦敦之人口和别城比较起来亦无昔日的悬殊之甚。

[2] 译者按，哈第所著《卡斯忒布立治的市长》（*The Mayor of Casterbridge*）中的卡斯忒布立治实指道彻斯忒，为著者幼年所居之地。

　　唉，我告你，和累细奥（Horatio），这三年中我注意到一件事……农夫的趾和朝臣的踵已快要接触，后者的冻疮竟在发痛起来。

　　当同代的法兰西及德意志农民犹未尽脱离陈腐的封建主义之桎梏时，英吉利的村民已有充分作独立发展的预备，无论在宗教或政治方面，在工业或殖民方面。所谓"始迁祖"（"Pilgrim Fathers"）的大部分皆为英吉利村民出身。中古的农奴决不能建立新英格兰自由且自给的乡区（townships）。同于17世纪中创立的法兰西加拿大仅为中古农民的搬家，故领袖者仍为贵族及僧侣；但英吉利的殖民运动则为近代社会的移植，故殖民者能自治，带半工业的性质，且熟谙经济及知识上的变动。

　　新的农业及圈围运动，自大体上说起来，增加了小康的佃农及自由农民之人数及重要。大内战开始时佛勒·托玛斯（Thomas Fuller）关于自由农民曾有下列的记载：

　　　　自由农民为英国独有的等级。法兰西及意大利好比一种只有一点及五点之骰子，只有贵族及农民而居中无其他的等级。……自由农民虽穿黄褐色的敝衣，但其钮扣却以锡制成，囊中藏着银子，而计值且以金货。……在他所居的地方他为陪审团中的主要分子。他很少会出游国外，但他的信用之所布远广于足迹之所及。他是不会去伦敦的，除非奉派为陪审员。他之所以去乃为免得受罚。他如去伦敦而得一睹国王的圣容，则便可终身矢忠矢勇，为国王祝福的了。

　　在各邑中享有国会选举权的所谓40先令自业主中甚多这班强毅的自由农民。自由农民在西部曾替国王查理出力，在罕普登的巴京汗邑及克伦威尔的东盎格利亚则曾为国会尽瘁；他们都能发挥他们独立的精神，而英吉利农民中较良一部分之已能由农奴的昏愦及依赖进至自由人的开明及独立，之已能完全挣脱诺曼诸男欺凌高压时代农奴的苦况，也于此可见。

无产阶级 小乡绅，自业农民，典业农民及匠工综合起来，成为乡村人口中的一大部分。但业农的无产阶级也同时存在着。当斯图亚特朝的末年，据政论家金·格列高里（Gregory King）的约计，"草屋户及极穷户"远过于自业农民及小康佃农之数，而略过于"雇工及仆役"之数。各地的情形不同，各阶级的地位也不准确，而且除了金·格列高里的猜度以外，也无任何数字可凭；但个个农村都有大批穷民，或则无毫厘之地，而待雇以为生，或则仅于公田中有少许的条地，须终日孜孜才能饱口腹，或则须赖公共荒地上的牧畜权或僭用以为生，则殆为无疑的事实。此外更有往来于道路上的流动户口——溪谷中的帐居者，补锅匠及游方工匠，来自远方的吉泊西人，强梁霸道的盗贼，沿路歌唱者，卖膏药者及卖西洋镜者——形形色色无奇不有；当他们的盛时，他们的浪漫及色彩尝得莎士比亚的爱赏；当他们因不能敌近代的"进步"而衰萎时则尝得波洛·乔治（George Borrow）[1]的详细描述。

渔猎 乡村社会的各阶级又可藉渔猎以获得一种外加的生计及自娱，胆大者窃取兽园及园林中的禽兽，谨慎者则于野地捕捉野兔野禽之类。在内战之时，自乡村无产阶级中招募来的所谓"穷步兵"，不论在那一方，皆尽量踏破对方绅士所有的鹿囿，而取其所有；结果鹿数大减，永不恢复，故复辟以后，猎狐和取鹿同为行猎最普通的形式。在此以前，狐只有因必要而被屠杀，然从未保存起来供狩猎之用。同时，短铳的进步使猎人除了设阱及放鹰而外，更可以射击为常用的方法。早期的放枪者恒于禽鸟静止时放射；山鸡在栖息时被射，而鹧鸪则在地上时被射或被网去。但到了查

---

[1] 译者按，为19世纪初叶英之旅行家。

理二世时,好些的绅士已能用飞射之法,用最雅尚的猎鸟方法。[1]

在斯图亚特时的英吉利都市生活与乡村生活并不怎样分得开来。自城市生活及采地府的封建生活衰败以来,乡村及市镇俱受治于国会制定的法律,而并无所谓地方立法,因此两者能纳入于一种的经济系统之内,以全国为区域,而不虞有任何冲突。[2]

交通 英吉利在政治上及经济上虽已统一,然而交通的方法仍幼稚万分,所谓道路者崎岖至于极点,所以各地方间仍有语言,风俗及性质的不同,而生活亦因而饶有奇趣。因为缺乏新闻纸和普及一致的教育制度之故,各地的传习亦得保存下去。邑与邑不同,市与市不同,即小村和小村间亦不同。当时社会中的个性,至少在表于外形者而论,实比今日为多。

个性及自由 人们散居于全岛之中,彼此间的接触少,而独居隔绝之时候多,故人人有回动的余地,不必太以俗例为意,亦不必为俗例所拘,犹之大地中独生的橡树之可任意发展。当时诚"人人可以率性而为"。在那自由农民,农夫及匠工所度的而也可以代表时代的经济生活中,个人所可获的独立及自动比在中古市民及农奴所度的会社生活中所可获者为大,而比在今日劳资都有大集合的生活中所可获者亦大。

妇人 但当时的个人主义虽比人烟稠密的今世为大,而妇人则仍受男人的高压。中上阶级的妇人在大体上此时仍无自选丈夫的自由,别人替她选定的丈夫,一经选定后,在法律及习惯的范围中,便是她的主翁。不过事实虽如此,莎士比亚中的妇人及17世纪可靠传记中的妇人,如味内诸氏及哈钦孙诸氏(the Verneys and Hutchinsons),似都非缺乏品格及个性者。

殖民北美者的性格 这个富于精力,自由及自动力的新英吉利社会树

---

〔1〕 1686年出版的《绅士的消遣》(*The Gentleman's Recreation*)中说:"飞射已成为最时髦的方法。从经验上说来,这也是最高明的方法,因为当鸟在飞翔时,两翼充分展开,故射中较易。射中后,鸟虽不死亦必下落,而你的小犬即可收拾了它。"但有些人则颇以飞射为难;在 *Tom Jones* 第八卷第十一章中,我们听见一个生于1657年的绅士在说飞射之难于坐射。

〔2〕 见上第298页及第311页。

立了不列颠帝国及北美合众国的基础。早期斯图亚特时的移民为一世界的运动，就其重要而论，颇类千年前诺斯人之迁居于英格兰。外移之海路已于依利萨伯时修好，故在随后的几朝中，人民得以自由向外出发。

首批自英吉利迁美的盎格鲁·美利坚人来自英之西南部。且可代表全英诺狄克种气最盛部分的人民。[1] 他们不习惯于西北两部小村或独立农庄的生活，而习惯于西南及米德兰两部的大村生活，所以他们到了大西洋彼岸之后能建立新英格兰的乡区制。[2] 他们之能建立此制本很自然的，随后亦卒赖此制的推行而形成全北美运命的大部。要树立坚固的制度于旷野的大地本不是易事，然他们实为最能负起这种重任之人，因为他们在祖国之时，一方聚居于农业，工艺及贸易共繁共荣的大村中，而一方又富有自恃力及经济的个人主义。"始迁祖"去美之时本不希望有一种专门的，特殊的职业等候着他来担任，他预备有什么事做什么事；只消有田地，便无事不可做。然田地固到处皆是，固不费而可得者。

詹姆斯及查理一世时的移民大部不往新英格兰，而向百慕大群岛（Bermudas），西印度群岛及剌里首辟而1607年又重建的维基尼亚。在这一带的纬度之下，气候在种种方面本能引人；而维基尼亚的烟草及诸岛的糖业又可与少数人以立即致富的机会。非洲黑人的奴工本为逐渐发展而成的制度，但这一带的移民自始即有喜用一种所谓"有约佣工"（"indentured servants"）——无论应约者为罪犯或为其他——以替华族在"垦殖地"上工作的倾向。西印度有些的移民为清教徒，有些为表示同情于王党的盎格力干教徒，有些则曾在旧世界失败，而欲在新世界重起炉灶者，但后者对于殖

---

[1] 在1640年留居新英格兰的英人总数约25 000；此中据统计家及世系家的研究，约50%来自色福克，厄塞克斯及赫特福德三郡；20%来自诺福克，林肯邑，诺定昂，约克邑，弥得尔塞克斯，肯特，色来及色塞克斯。接近苏格兰及威尔士边界的诸邑只供给少数零星的移民。这初去的25 000人我们可统称为"始迁祖"（"Pilgrim Fathers"），他们都善于生育，他们的子孙于合众国在1870年以前向阿拍拉契安山脉（Appalachians）以西的发展中功力最大，而合众国政治社会的气派亦大部受他们的影响。

[2] 译者按，乡区（township）以一小市为中心，而附近数十哩以内之地属之。

民地发生的影响往往不良。地方自治在初年即成为维基尼亚及诸岛中英吉利居留地的异彩，而和别国的殖民地截然不同。

新英格兰的早期生活 但这些半热带的殖民地，虽有它们的重要，究没有使北美全部采用英吉利法律及语言的力量。那株日后可以枝叶遍北美全洲自海徂海的大树，其根蒂的最深处在新英格兰密接的，民主的及清教的乡区之地，而不在近热带的南部之地。新英格兰的冬令长，地质瘠而坚硬，森林下沿及海岸，无所不蔽，红印度人又到处掠取，不特孤僻的农庄被所蹂躏，即无防御的乡镇有时亦供其牺牲。每亩之地须费斧锯耒耜之劳才可耕种，须藉刀枪之力才可保卫。但这种种一开始即须克制的艰难困苦殖民者居然能一一克制，一因他们的本性强毅习劳，再因他们自英移来的目的，即在要有这种地方来居住。劳德的诛除使一部分最优良的小绅士，自由农民及匠工愿意出国而不愿留居祖国。且这些人亦非不知新居之种种便利，及合乎理想的一斑。当日英吉利的清教徒愿成立一种大小相当的群社，大不至于庞杂，而小不至于漫无保护，庶几他自己可以度他愿度的特殊宗教生活，而他的邻人也有度同样生活的可能。白领田地及取到经济机会固亦为引诱英人移美的一部分理由，但仅此决不足以使荒野的新英格兰满布了英民。1640年诛除停止而后，移民亦随而停止；此可为宗教引诱大于经济引诱的一证。幸而在前20年内已到的人民为极善于繁殖者，故北美来日的关钥是卒握于此辈的手掌之中。

这样一类耐劳习苦的移民不难应付那多雪，多森林，多岩石地的严冬。他们都是特出的男妇，个个有自信力，能互信，而又有共同的坚强目标。他们中有些是很充裕的，而且马萨诸塞特殖民地又深得祖国的财富，粮需及善于组织者之助。有钱的清教华族，乡绅及伦敦商人虽不出国门而仍乐于为助，因殖民事业既可以发挥他们的宗教，又是一种有利的投资。

清教主义 查理一世对于这种行动并不阻碍，因为他极愿见危险分子之自行放逐。他专制的起初12年中人民之无反抗，诚可以他们的远离来作重要的解释。自依利萨伯以后,盎格力干教诛除异己的动机政治的为多,而宗教的转轻。罗马教社之诛除异己为的是救护灵魂,故不容妥协之存在。罗马不能让异端存在,不能让它存在于世界的任何一隅,所以路易十四不能让呼格诺徒避居于加拿大,而西班牙不能让抗议教徒立足于南美洲。但查理一世及日后的克拉稜敦则尽可容信清教及罗马公教的移民存在于大洋的彼岸,只消盎格力干教在英吉利本国得为国人所奉行。因为宗教方面如能服从国教,则政治方面亦必会服从相关的制度;为达到政治的目的计,移民的灵魂固可置诸不问。

民主精神 新英格兰的精神自首至踵都是民主的。萨克森的乡区制固自东盎格利亚移了过来,但乡绅制则留在祖国未动。北美早日的民主制度以土地的均分为牢固的基础。那里有的是土地,而缺的是人口,故凡有力开垦种植的健者都可得到充足的自业田。乡绅之所以能在岛国继续存在,实因人口太多而田地太少,故前者贱而后者贵,但新英格兰的情形正完全相反。黑暗时期封建主义之所以起,乃为自卫;当时的社会须居于能战的地主之下才有保护。但在新英格兰,则群社可以有团体的行动,乡区及殖民地可自动的组织起来以御红人,而祖国则助他们打败荷人及法人。[1]

教社的民主尤有特殊的重要。宗教本为建立殖民地的动机。故在早年的马萨诸塞特,民主教社所享的政权,比在同时的苏格兰更大一筹。在全体人口中所谓"教社分子"本占一大部分,凡是"教社分子"都有完全的参政之权。但宗教容忍则为殖民地所不知之物。和马萨诸塞特的一派清教不合的教徒,为求宗教的自由起见,因不得不随威廉斯·罗求(Roger Williams)移居于罗得岛(Rhode Island),而另立清教容忍的殖民地。因此在新英格兰两种的清教主义都有,有狭窄的,也有自由的。

新英格兰是一个两栖的群社。良好港湾甚多的海岸以及附带的渔场,可使人民聚居于沿海一带,而成为耐劳的航海者。他们的都会波士顿(Bos-

---

[1] 见上第 96~97 页。

ton），乃一商贾辐辏的港市。紧靠海岸的森林又助兴造船之业，直至铁舰盛行后，形势始变。他们的房子和居英吉利森林中的早期萨克森人的房子一样，两者都以木造。

新英格兰的昌隆 新英格兰及美洲沿海所有英吉利殖民地的居民固深爱沿海一带之地，但事实上他们因有高山为阻，也不能向内地前进。阿帕拉契安和阿利甘尼（Alleghanies）山系，及直至圣罗凌士（St. Lawrence）湾连续不断的高山深林，使早期的英吉利殖民绝不知内地尚有广袤的原野及土壤肥沃的俄亥俄（Ohio）流域。而且他们不像居北边的法兰西人，后者可藉圣罗凌士河以入内地，而他们则无此种便利的河道。地理上的形势使他们不得不蠖居于沿海一带。沿海的殖民地因亦个个得以繁荣而成为强盛有力的组织。到了18世纪，沿海英人一旦突过阿帕拉契安山而向俄亥俄流域及中部的原野进展时，他们盖已羽毛丰满，故能一举而驱逐在那些地方的法兰西前驱者，再举而横亘全洲；他们几不费吹灰之力。而且他们又能到处传布新英格兰的理想，虽则这理想是时时在受新边陲生活的影响，而不是一成不变的理想。

加拿大的法兰西人 法兰西人之移殖圣罗凌士两岸，虽和英吉利人之移殖新英格兰同时，然趋向则适相反。后者为沿海的垦殖，而前者则为沿河流直入内地的殖民。早期英吉利移民株守于虽大而有一定限度的地方，故能繁殖极速，且能竭全力以发展以农为业的乡区；但法兰西的传教士或皮货商则溯圣罗凌士而上，发现诸大湖及密细细必河（the Mississippi）并沿河下航以至海。贩皮货为他们经济上的目的，他们和红印度人之捕兽取皮者相交易，两者间的关系亦极佳。但新英格兰人的利害正相反，他们欲得红印度人的猎地来耕种，故势不能两立。他们视本地人为半人半兽之人。英吉利人对于异色的歧视本比法兰西民族重些。

法兰西加拿大之为封建的且罗马公教的，正如新英格兰之为民主的且清教的。布勒通（Breton）的农民在旧法兰西中本为最信宗教，最能服从的人民；他随了他的主翁及他的僧侣之后而至加拿大，故圣罗凌士两岸新建的社会也是封建的及僧侣的社会。只有这种社会他才能了解。在18世纪末叶以前，法兰西人的北美既不知有自治，更无所谓民治；这些思想要到英人征服该地后始流入于法兰西移民的脑海中。法兰西的王家政府本为殖民的主动者且津贴者，故殖民地须受严格的管束，而每个男人须服强迫的军役。要入殖民地者须得国王路易的准许，而呼格诺徒则无人能得到他的准许。

新英殖民地和祖国的统治权 英吉利的美洲诸殖民地本为异教（Dissent）的后裔，故不能如法兰西的，西班牙的甚或荷兰的殖民地之易于顺从祖国。英吉利殖民地不由政府主动，而为合资公司或单独主人的事业。当它们渐渐地归于王家政府统治时，殖民地内的自治习惯须得不断的和王室督臣的权力成立一种的调和。两者之间的冲突自不可免，但时势也不能令殖民地永远散漫不受指挥。

在实行上，督臣虽设，而殖民地对内的自治权仍不能侵犯。劳德尝有铲除新英格兰的宗教自主之意。如果查理一世的专制政治能在祖国牢固的树立起来，大概他会扩张这种政治于海外，而危机殆即会发生。但祖国的内乱使殖民地得有20年的独立来培植自主的精神：马萨诸塞特竟得自由作战，自由并吞新殖民地，而不必禀命于伦敦。固然，1649年得胜的国会，为重申帝国对于弑君的一致起见，尝发表一种新奇的理论，尝说，英吉利的国会可为殖民地立法，也可以统治殖民地；但奥力味当护国者时尝极力尊重新英格兰的独立，而不让国会干涉。复辟而后，殖民地又直接属于国王，而和国会的关系较疏。

马萨诸塞特 马萨诸塞特在事实上早即采取迹近自主独立的态度，因此终查理及詹姆斯二世两朝，它和英政府间发生不断的风潮。到了1683年时，托立反动正盛的英政府竟把它的特许状和许多英吉利城市的特许状一起取消，旧有的各种自由归于乌有。它有时固然也太不客气，激怒之处也极多,然而取消它的自由而纳之于专制政府之下也是过分的惩罚。幸而英国不久有1689年的革命,故马萨诸塞特和祖国的争论亦得随其他许多问题而解决。它得了一个新的特许状,自治之权亦同时恢复,惟一的条件是政权不许只由"教社会员"行使,而须公诸殖民地的全体人民。亚当斯·屈勒斯罗(Truslow Adams)尝写道:"我们应当谢谢英吉利,经此一举,神权政治在法律上也受了致命之伤,而真正自治及宗教容忍的基础亦于以大立。"

克伦威尔的政策 新英格兰会有脱离祖国而独立的一天,达者自始本可以隐约料到的;自查理二世复辟,新英及旧英间社会及宗教的不同固定化而后,脱离的可能性更形显著。清教主义及民主政治在祖国重受盎格力干主义及华族政治的压制,即1689年的革命亦不过将其间的关系稍变缓和,但也没有整个推翻。克伦威尔尝觉得不难和清教及民主的马萨诸塞特立于友好的地位,只维基尼亚及百慕大须经武力的压迫,才肯服从弑君的共和国。如果一种和护国政治的理想相一贯的社会及宗教制度能永远在祖国存在着,则新旧两英间即使必须发生社会上及宗教上意见的参差,也决不至如在18世纪中叶所发生者之剧烈。

在英吉利的统治者中,克伦威尔实为首先主张帝国主义者。在他以前,政府对于殖民运动的态度只是消极的容许,而不是积极的提倡。但护国者则以武力来并乍美喀(Jamaica),经此一举而英国在西印度群岛中的领地之重要骤增。[1] 他又并吞了阿加底亚(Arcadia),但复辟而后,其地又归法有。

中部殖民地 阿加底亚固然还给了法国,但查理二世的诸政府,在克拉稜敦及沙甫慈白利(Shaftesbury)的势力之下,也很富于克伦威尔殖民政策的精神。它们对于美洲的事务又明了又关切,它们的主要目的则在替英

---

〔1〕 自克伦威尔时起,至塞治穆耳(Sedgemoor)之战及战后的数年止,因数十年中的内战而产生的政治犯及战俘常被流至西印度为"有约佣工";在合同期内他们不啻即奴隶。藉了这残酷的办法,英人在西印度的族类也增加不少。

货找销路而振兴英吉利的商业。鲁柏特亲王及朝廷俱力赞英吉利皮货商之进至哈特孙湾（Hudson's Bay），以抄加拿大法兰西杀兽取皮人之背。最为重要的是中部诸殖民地的取得。新英格兰及维基尼亚间的诸殖民地本属荷兰。但今则荷人悉被驱逐，新阿姆斯忒丹（New Amsterdam）成为新约克（New York，即纽约），而北起缅因（Maine）南迄新拓的喀罗勒拿（Carolina），延长数千哩的海岸悉悬不列颠的旗帜而无间断。在那一溜的沿海殖民地之背后有一最奇怪的殖民地；当托立的反动政治在英吉利正达沸点之时，查理二世的政府却准夸刻的朝臣及组织者本·威廉（William Penn）去建立本薛文尼亚（Pennsylvania），以作被诛除的朋友会徒之乐土。朋友会徒亦居然能很成功的实行他们公道待人的理想，故红人大受其惠。

中部殖民地的吞并及续有树立，产生了对于不列颠帝国有异常重要的两大原则：一为不同的种族可共戴不列颠国旗而享受平等的权利，二为人人可以得到宗教容忍。这些原则并不是新英格兰的贡献；它们在并吞的中部殖民地中始有大规模的发展。在那些地方的荷兰人本不知何谓自治，但归顺不列颠后，不但他们的风俗习惯仍被征服者所尊重，他们且也享有自治之权。在纽约殖民地，在本薛文尼亚，在玛利兰（Maryland），及在纽求西（New Jersey）。英人，荷人，瑞典人，德意志人，法人及厄耳斯忒的苏格兰人一炉共冶，不分彼此，换句话说，盎格力干派，清教派，喀尔文派，路德派，罗马公教派，夸刻派及长老派，皆处于平等的地位。不能忍受路易十四的欧洲之公教诛除的呼格诺徒，以及不能忍受限于不列颠诸岛之盎格力干诛除的清教徒及罗马教徒，亦视中部殖民地为乐土而相率来归。

18世纪背叛大不列颠的北美由三种的殖民地——新英格兰，中部殖民地及南部蓄奴的华族——集合而成。日后自大西洋远播太平洋的美国特有精神，实自新英格兰民主的乡区制度及自立的清教主义所产生之思想习惯，和首在中部殖民地养成的种族平等及宗教容忍之开明思想混合而成的。

边陲精神　除此而外，边陲精神可说是第三种的原质；此为自缅因以

迄喀罗勒拿各个殖民地所共有的。美国历史上之所谓边陲，和欧洲哨兵防守的边陲截然不同，后者是固定的，而前者则是永在向前移动的；白种人群社之所至即为边睡。但边陲虽日在推进，而边民则老是那一类的人物。无论离海岸多近或多远，无论在17世纪或在随后的两世纪，先大众而西进的开辟者（pioneers）都有几种特殊的性质。艰苦卓绝及多谋有勇；穷困及不日升迁的希望；民主的平等及厌恶一切样式的权力及纪律，不论是政治的或智识的；随意的大量及机警的自助；私刑法（Lynch Law）及义气；对于欧洲情形的完全隔膜——联合起来汇成一种特殊的性格。这种习闻的性格往往和留居于沿海一带比较舒适的居民的固定而保守的习惯相反。边陲地方稍一安定而后，其居民往往即脱离开辟的风气而转于保守，于是真正的边陲则又向前推进。

如果贵族的不列颠一旦和它的殖民地发生严重的冲突起来，它至少可于沿海诸市镇的固定而且富有的人民中得到若干的赞助者，因为沿海诸市的人民愈富足则愈易就范而无反叛之念。但它的死对头则除了新英格兰的清教农夫而外，尚有素被高等社会所遗忘的边民，站在每个殖民地后背的民主边民。社会向不关切边民的利益，且从而加以鄙视，及要把他们放在眼中之时则早已无可挽回。

英人对美洲殖民地的态度　在17世纪的后半，英吉利的政客商人都很重视美洲诸殖民地的价值。然他们都不能预料日后出乎寻常的膨胀；没有一个人能梦想到1700年人口仅25万的沿海诸殖民地；有成为人口达亿余的大国之一日。阿帕拉契安山脉不特阻住了英吉利政客的眼界，且限制了盎格鲁·美利坚人自己的视力。所以自英吉利看起来，产蔗诸岛的价值正可和沿海诸殖民地的等量齐观而不容歧视。

英人重视海外的领土，因为它们有两重的用处。第一，它们可以容纳一切有大志的，持异议的，被压迫的，负债务的，犯罪的及在旧英失败的人物。凡因太好或太坏而必致在故国兴波作浪之人都可在海外发展他们的个性。他们之去于他们及故国都是有利的。但英吉利当时盖尚未发生人口过剩的问题。第二，殖民地可充供给原料而收容制造品的市场，它们于英吉利的工商业都可帮助。察坦姆（Chatham）说过："我愿告诸位以美洲的重要；它是双料的市场：既是消费的市场，又是供给的市场。"此话克伦威尔及克拉棱敦，沙甫慈白利及索美斯（Somers）都会赞同。

重商政策 英国的国外政策本渐渐的在为重商主义所趋使。即 1660 年旧社会的势力的恢复也不足以阻止这倾向的前进。槐特和尔及韦斯敏斯忒皆尝取政府干涉的政策以指导国外贸易的倾向，而所谓《航海法》者即是干涉政策中的一部。然这种政策初无一定的结果：有时大陆上的诸殖民地占了便宜，有时则祖国及产蔗诸岛占了便宜；——在此场合之下新英格兰人势必群趋于私运，其自然犹如鸭之游水。

英荷法的竞争 在斯图亚特末期英吉利已成为全世界最大的贸易制造国家，伦敦则超过阿姆斯忒丹而为全世界最大的交易中心。当时欧洲和东方，和地中海及和美洲诸殖民地的贸易都甚繁盛，贸易的基础为英吉利纺织品的销售，而载运这种货品者则为可以远航海洋的新式大船。英国的贸易，无论在美洲或在别地，大抵为本国制造品的销售；以英吉利和别的航海先进国比起来，英之实力盖即在于此。威尼斯因居欧洲的尽头之故，尝为全欧及亚洲市场的运货人。西班牙完全恃掠获，贡献及开采贵重金属以繁荣。荷兰虽真为经商之国，然终因腹地太小，人口不繁，制造不盛而缺乏真正的力量。

路易十四的侵掠更使荷兰不得不竭全副的精力及物力以作陆上的自卫；故于此事它更落在英吉利之后而渐失了商业领袖国的地位。荷兰于航海事业上虽为英之敌国，但英国为自利起见仍不得扶掖它的独立，而不使西班牙的尼德兰落入于法兰西之手。如法能获得莱因河的三角洲，则法之势将大盛，而英之海权及独立将不易永保。在这方面英荷实是唇齿相依，利害相共的国家；虽查理和詹姆斯二世不能见及这层，但英之人民则已看得清清楚楚。荷法在海事上及商业上本为英之两大劲敌；它们在此严重时期之竭力扩张军备——法兰西由于自愿而发于野心，荷兰则迫于不得已而为自卫——从英之私利方面看起来，固为极应欢迎之事。

同时。在复辟及1689年革命以后的英吉利中，统治阶级也不惜尽全力以扩张海军，虽则陆军的军费则愈省愈欢迎。

第六章

复辟及查理二世

复辟的必要 和凯撒及拿破仑两人可联想在一起的政府原理向不为英吉利人民所欢迎，即克伦威尔本人也极厌恶以武力来统治国人；关于这层他绝不稍异英史中的其他名将。然国人已因他犯军人当国之嫌而厌恶他。在他的末了几年他正在寻觅一返归法律习惯及国会的坦途。但经数世纪连续不断之发展，并受了遗传下来的联想之影响，法律，习惯及国会在不列颠已和国王的职位成为莫可分离的制度，所以国民而不欲复享旧日的权利则已，如欲恢复，则君主制度亦须同时恢复。

如果奥力味能活下去，他大概会恢复君主制度以恢复立宪政治，且即自立为王。这固将为他毕生最大的难事，然在他身上这只少尚可一试，至于在他软弱的儿子理查身上则绝无一试的可能。在理查秉国之时，因为没有一个强有力之人能坚握军权之故，军队互攻及将佐倒戈之事有如在罗马帝国最乱时之蜂起，而军治之为军治益为人民所无可容忍。要避免国内之不时发生无政府状态，并防止海外帝国之解体，除了召回斯图亚特的后嗣外实无第二办法。国会及旧日的圆头党如能愈早而愈出自愿地把他召回，则人民于复辟的君主下所能享的自由亦将愈大。

国会之选任国王 民会国会（Convention Parliament）之能自由选举，

半须归功于门克将军。他能领导军队中头脑清楚且富于爱国心的一部分;如果没有他,则军队或仍不会让人民自由选举国会。民会国会中以旧日长老党中的缓和圆头派人为主要分子,但骑士党的色彩亦不弱。它把查理二世自荷兰召回。际此宪法的重要关头,国王并没有召集国会,而国会却来起用国王:此为极值得注意之事。复兴的盎格力干教社固然仍可以君权神圣之说为厚爱的教旨,而法律家也可强说流亡的查理于乃父断头之日起即已为查理二世,但君主制度,经过长期的中断而后由查理凭新选的两院之决议而复活的事实,又何能熟视无睹?而不加承认?

国王权力之缩小 国王的权力和国会的权利重又被视为无可分离。它们尽可长处于敌对的地位,它们有时仍可互相仇视,但它们决不复能成为互不相容的政治制度,有如斯屈拉福德及弑王派人所想要实行者。专制主义及共和主义两者都成过去,两者不但永不能在英吉利发生,且自此而后除了詹姆斯二世尝一度想恢复专制主义外,也绝没有人做过恢复专制或共和主义的尝试。

国王从此"复得享受他应有之权了"。查理二世有什么即"享"什么,到也没有怎样越轨,但"他应有之权"早已不是他祖宗所传授之权。在长国会的第一次会时国王的威权已被剥夺不少,是时所剥夺者到了复辟时并没有恢复。足以激怒通常法法家而助国王以欺凌百姓的特权法院,和它们所采用的罗马法,并不随复辟而重设,20年前废了的星室法院,及高等委任法院,至此仍为违法的机关,仍不能复设。征税除了国会的通过外仍无别法。故复辟虽为劳德及他的白衣教士的胜利,但罕普登和他对于船税的抗议,及斯屈拉福德的两大仇人,"科克·爱德华爵士和他的年报",所获的胜利也并不消灭。

克拉稜敦及复辟 亥德·爱德华——今为克拉稜敦伯及大法官——为上一代中著名人物的硕果仅存者。他尝随王室流亡在外,忠勤无比。斯图亚特王室之卒得复返英国者他之功为最大,因为他于颠沛之时仍常常督责年轻好乐的查理不要忘了国事，不要和国内的益格力干教社及立宪王党断绝往来。要是没有他，则幼主殆将受母后及剑客的包围而忘了英国宗教及政治的制度，而复辟也就无望。克拉稜敦诚为复辟建筑的大匠。在初复辟的几个月中，新政局赖有他的稳健及贤明，和国王的随便及敏锐，而得以稳定，而全国亦跟着得到和平；报仇雪忿不致发生，而各党各派亦知尽忠于复辟君主之为有利。

于攻击斯屈拉福德时克拉稜敦本尝为福克兰的知己而罕普登的同盟，他今日的理想仍与他在那时的无异。他今欲把政局移至1640年的基础上，一若英史中最多故的20年中之事变概未发生。他的工作并不完全无功。1660年所定夺的国王及众院间的均势，实无异于长国会第一次时的形势。而且经革命的破坏而后，为使国人得一可以复苏将息的机会起见，新恢复的宪法平衡良为再好不过的方案。不过国家正在膨胀，活动力亦正在增加，仅仅的平衡只可作消极的补救于一时，而不能充积极的政体为永久。此层即庇姆及斯屈拉福德也早已鉴及。如立法及行政两机关长为敌对的团体，遇到争端时彼此都不分上下，则国家的行动，尤其是在海外的行动，势将为分权的制度所牵制而麻痹无力。直到了国会于监督财政权之外兼能控制外交政策时，直到了国王的大臣兼得为众院的心腹时，国王的政府始能得全国的信任；在此以前，它总是穷困无力，而遭人民的猜忌。国王及两院间的竞争，无论国会是"骑士"党的，或是"辉格"党的，亦总是无可幸免的。

新时代的人物　克拉稜敦并不乐为国王及众院间的中间人，因为两者都不喜他所立的界限。他的又一悲痛为他之不能复见他少年时所识之人所具的忠义正直之气。在内战，革命及没收产业的不良势力之中，英国政客的品格大见腐化，即有田绅士阶级的全体亦有同样的倾向，纵无政客之甚。除了一二伟大的例外而外，政客及诗人的主义向背可以一年数变，好比冬衣夏衣之更替。此时在国内乘胜驰驱，顾盼自豪的少年王党乡绅亦因缺乏相当的教育之故，不知如何而可以做他们应做之事。有些当年少应入学校之时，不在学校，而尝和外国的下流人民同处于阿诺（Arno）河畔或塞纳河畔的楼顶小房之内；有些则留居英国而尝长成于采地府的下屋之内，采地府早已为革命党人所抢去，和他在一起者只是厮养走卒。为求温饱起见，他们尝不免流落下去，而此种流落则成为他们惟一的教育及训练，故在他们的心念中宗教转不足重轻，而对于掠夺他们财产的清教徒的痛恨转盘旋于胸间而不释。

这样出身的一种上等阶级是不易过健全的生活的。清教徒的得势及衰落，一方使他们恨世愤俗，觉世上一切之事尽为虚伪，一方又使他们深信人生行乐之为真理所在。这两层的引诱他们绝少抵抗之力。嘲笑《休狄布剌斯》（*Hudibras*）[1]的一代人物本把德行和虚伪之间的区别看得极微。幼年境况无异于上述阶级的查理二世亦过着爱美而忍心的宫廷生活。克拉稜敦不入时的道德观使他既不能和国王，复不能和晚辈的国会议员声气相投。他的严肃正直本可博得犹重德行，犹作家庭祷告，而性质尚未腐化的中等阶级之信任，有如庇特或皮尔（Pitt，Peel）日后之所得，但政治及宗教上的倾向剥夺了他做他们领袖的可能。他太旧派了，他绝不能降尊以博中等阶级的好感；所以领导商业社会及复活的违教徒，而助之作政治活动的大任转而入诸如小巴京汗一班浪荡之徒，及沙甫慈白利一班信心不立之人之手。

赦免及罔议法　克拉稜敦及查理最重要的功绩，厥惟他们之坚决不准有大规模的报复。关于这层，两人都应受无限的赞扬。然而这也是国王实践他在荷兰将归时所立约言的，及使各党各派一致承认王位为国家典制的，惟一方法。因为查理不取报复的政策，故骑士讥《赦免及罔议法》（*Act of Indemnity and Oblivion*）为"赦免国王的仇人而遗忘（Oblivion）国王的友

---

[1] 译者按，此为 Samuel Butler 所著的讥刺诗。诗中主人休狄布剌斯为一共和国时的清教徒法官。以力行许多清教式的道德法律为务者。

人"之法。王党本希望可以诛戮仇人而取其财产，然在大体上他们的希望没有能实现，而他们也始终不能为克拉稜敦恕。

土地的解决 12名曾与弑君之事之人为报复欲中的牺牲品；此外汾·亨利爵士（Sir Henry Vane）——在未死的共和时代的政治家中其品格之高贵实可首屈一指——也捐了生命。在英吉利，要求多多杀戮以作报复的叫喊向不能持久，他们的就义即和缓了这种的叫喊。但要求收回土地的叫喊则比较的要大声而持久。土地在那时仍为欲望的主要目标，亦为财力，权力及社会地位的主要根基。为取到旧日圆头党的大部分的服从新政局起见，克拉稜敦想出了一种调和的办法。曾被叛逆政府没收而发卖之教社及王室的土地，及骑士大户的私产，今皆一一物归原主，曾经购买这种田地者得不到分文报酬。但骑士因不能担负所谓"恶人"应付的罚金，而自动变卖的田地则仍为购主所有。因此之故，大部分在内战时期致富的人，只消参加新恢复的益格力干礼拜，便能在英吉利乡绅阶级中取到合法的地位。这班有钱的旧日圆头党成了后一时代辉格党的地方领袖。[1]

骑士国会的反动 处这样一个的调和办法之下，好多的骑士当然无从恢复他们因忠于王室而不得不出卖的田地。他们深觉政府之忘恩负义；他们更痛恨旧日的圆头党，厌恶他们的政治见解而外，又仇视他们的个人。在1661年反动正盛时举出的骑士国会，其政策即为此种仇恨的性情所左右。国会的多数成为一个——即日后称为"托立"者——比王党还要益格力干，还要偏护乡绅权力的政党：他们所给与国王的赋税极有限，他们时拒绝查理及克拉稜敦的提议，他们改组各种会社，改组时注重他们党的及他们教社的利益，而国王的利益转不甚顾及。他们又赖国王的立法以诛除清教徒之违背国教者，其诛除的残酷不特远过于国王之所愿见，甚且过于那个坚持益格力干主义的大法官之所愿见。

"克拉稜敦法典" 以攻击异教为目标的所谓"《克拉稜敦法典》"实

---

[1] 见上第467~468页及第468页之注。

不是克拉稜敦的作品，更不是查理的作品，而是国会及乡绅的作品。际此新朝开始，国家需要宗教容忍急于一切之时，国会之坚持比前更甚的宗教诛除政策，实为本朝后期层见不断的阴谋，党争及横暴的种子。《克拉稜敦法典》可视为骑士对于圆头的报复。骑士曾经20年许的含辛茹苦，且失了许多土地；他们多年所期望的报复既为《赦免法》所挡住，他们遂转而于法典中求报复。他们之所以订此残酷的法典，由于宗教的固执者少，而由于政治的怨忿及个人的仇恨者多，盖他们所受的冤屈及损失，至今仍有许多未经昭雪或赔偿。

异教徒（Dissenters）今后所受的灾难，其根盖伏于国会之罚"恶人"，及杀劳德和查理一世。"《克拉稜敦法典》"不仅是报复而已，它也是防止圆头党复活的一种警戒政策。1662年的《宗教一致法》恢复了《祈祷书》，且一举而革除两千不能"诚心服从"书中一切的内容之僧侣，革除后亦不与以任何的赔偿。两年后的《潜拜法》（*Conventicle Act*）复以监禁及流徙来虐待参加异教礼拜之徒。这些法律都为国会的政策，而非出自国王的拟议。劳德的宗教固然得了胜利，但胜利不来自王家的权力，也不来自他所尝尽力恢复之僧侣的权限及威力，而来自乡绅所操纵之国会的措置；国会所规定宗教的权利，他及查理一世固宁愿杀身而不愿承认者。

诛除的恶果　复辟时的宗教解决固不类当时的政治或社会解决，固不基于调和的精神，然而国教教社如能包罗较广，则其结果，是否定能比刻下所采狭窄政策的结果更要有利于宗教，智识及政治的自由，诚是一个疑问。即令"包容"巴克斯忒（Baxter）及缓和清教徒的计划能通过于1661年的萨伏会议（Savoy Conference），而会议能有结果，夸刻会徒，浸礼会徒，以及比较极端的诸派势仍不能站在国教之外；如果站在教社以外者仅有这几个势孤力单的小派，则宗教容忍之取得恐将永无一日。当日的处置使盎格力干及繁杂的清教教社不得不各随各的方向发展，于是容忍亦为不能永远不加承认之事，而足以代表近代英吉利，且和中古的，或推铎尔的，或斯图亚特的教国观念大不相同的，宗教竞争及繁赜的宗教花式遂得应时而起。

固然，我国的清教各派因不能吸受大学的文化及参加政治权力及社会势力之故，损失极大，但它们的丧权即它们的实力所在。因为它们是受屈者，故历200年之久他们为自由最有力的拥护者，而政府最可畏的批评者。在政治上两党制度之所以能十分发达而历久不衰者，良因我们在宗教上亦分成有权及丧权的两大党之故。

但介乎复辟及革命间的30年中，国家因严厉诛除大批抗议异教徒而受的损失极大。乡绅们，无论是辉格或托立，固能全体遵守盎格力干的礼拜仪式，——即使两党对于教社的态度仍绝对相反——但在巴克斯忒，班杨及福克斯·乔治时代的许多中下阶级之人则宁甘丧家破产，被幽监禁，而不愿放弃国会所定为违法的宗教仪式。商民阶级因政府惩罚异教徒而发生的损失尤大，诛除对于英吉利工商业的恶影响，政客们到了后来也为之吃惊。然政客们对于教育上的损失仍熟视无睹。《五哩法》（*Five Mile Act*）禁止任何僧侣或教员走入离城市五哩以内的境界，除非他先作"誓不想作更改教社的或国家的政府之企图"之誓。清教主义本在城市中为最有势力，《五哩法》则剥夺了清教主义的教育机会，因此而发生之文化上的损失，即在日后亦不能完全补充。

25年严厉的——虽则断续不连的——诛除使异教徒之数无从增加。但即在灾难最深的年头，笃信者仍在希望下次总选举之能给他们以救济。因此之故，劳德及斯屈拉福德时大批赴美之举不复发生于此25年之间。清教徒对于众议院从未失了信仰，虽则骑士国会在世一日——它在世有17年之久——他们的厄运亦一日不终。

查理二世的宗教政策　在槐特和尔查理二世的朝中，罗马公教及怀疑主义都比在韦斯敏斯忒乡绅的国会中为有势力，故提倡较大的容忍者不乏其人。国王自己在本心中本即是一个罗马派人；他愿容忍且扶掖公教徒，

他也知同时容忍清教徒的必要。而且这位实行快乐主义的国王视惩罚异己为苦事，不像道德君子受着良心的督促，故能以诛除异己为乐事。诛除的诸法经国王的《放任谕告》(Declaration of Indulgence) 而暂停执行者不止一次。然国会恒宣告国王干涉法律的整个执行为非法，而清教徒之受此种断续的恩典者于良心亦深滋不安，一因恩典来自国王的擅权行为，二因罗马公教徒亦受同样的恩典。至于国会则坚持清教徒及罗马教徒两须受法律全部的制裁，而不稍宽纵。那真是罗马，坎忒布里及日内瓦间，国王，国会及灾难的臣民间的三角式的竞争。此项竞争在 1688—1689 年的解决内始分永久的胜负，在此以前，它尝经过多种的变化。

辉格党的起源 在复辟后之次 10 年内信抗议教的异教徒开始在另一方面——比国王的特权较合他们脾胃的一方面——希望有救济的可能。异教徒本把两院中对于骑士及朝廷俱加反对的少数党看做他们的救星。反对党的人数既在随旧议员之出缺及新议员之补选而逐年增加，他们能给异教徒以法定的救济之可能自亦不远。

这个日后以"辉格"得名的少数党，其一班党徒大都和清教有密连的关系，其高级党员则和新时代的宽阔主义 (latitudinarianism，即广包兼容之意) 及合理主义相密连。清教徒及合理派两者互联起来视得势的高教社派为公敌。浸礼会的牧师，因不胜诛除之厄，因厌恶侦探自此潜拜所至彼潜拜所之追踪他，及治安法官之自此监狱至彼监狱之斥责他，故当他一闻辉格领袖在国会中所提倡的容忍是包容一切抗议教徒的计划时，亦乐见他们的成功，而无暇问及锡德尼·阿尔泽农 (Algrnon Sidney) 之是否仍沐上帝之恩，或沙甫慈白利所谓"全体贤明人的宗教"究何所指。

宽阔主义及怀疑主义 王家学会 (Royal Society) 及科学上伟大运动虽到了在剑桥屈麟尼替书院研攻的牛顿·爱撒克爵士时而始蔚为智识上的大观，但其发轫之始实深有赖于查理二世及其信怀疑主义的朝臣之多方作育，多方扶植。他们纵无别的长处，他们至少有好奇的美德。科学及宽阔的运动逐渐的养成一种有利于有如辉格哲学家洛克·约翰（John Locke）所阐明的宗教容忍主义。在政治的范围之外，巫蛊的检举和焚杀虽尝雷厉风行于斯图亚特上半期，至是亦稍稍戢敛，因为法官及陪审团亦先后感觉得良心上的疑惑。

低高教社 即在国教本身以内，宽阔主义亦自成一党。他们为数虽不多，而以博学善辩著；且在伦敦比在四乡尤有势力。这就是所谓"低教社"（"Low Church"）派。"低教社"之名在那时并无福音主义（evangicalism）的意义在内，而和我们今日所称"阔大"（"broad"）或"自由"（"liberal"）之观相当。低教社派如斯替令夫利，替罗特孙及柏涅特（Stillingfleet, Tillotson, Burnet），在政治上皆为鼓吹容忍而示惠于信抗议的异教徒者。同样的，当时用以称教社中大多数的僧侣，及附和他们的世俗人之名称，"高教社"也尚无仪式派（ritualist）的意义在内；它不过表示下列数种的情感而已：对异教徒及罗马教徒的强烈反对，王权世袭及神圣不可抵抗之说的笃信，把查理一世看做殉道者而与以无上的尊敬，及——至少在僧侣中——把教社的权力看做至大，且在政治及社会上都应有说话的权力。约翰孙博士（Dr. Johnson）虽生在百年之后，然他固为复辟及法兰西革命间任何时候的"高教社"头脑的最好代表。

清教主义的遗泽 清教的思想及实施——至少是浓厚抗议教的思想及实施——能够不随清教各派在国家及教社中的失势而衰落，诚堪值得我们的注意。家庭祈祷及诵读《圣经》在绝大多数信教的世俗社会中，无论为国教教徒或为异教教徒，已成为国民的习惯。英吉利人的性格亦已受了清教主义的影响，且此影响历 200 年而不稍损灭，虽则他们尝拒绝清教徒的强制，并尝把异教徒逐出于典雅社会之外。即清教徒的礼拜日亦历久而活着。詹姆斯一世及劳德尝极力望英吉利人民之能在礼拜日的下午游乐如昔；照常人的想象，这种希望似应极获好运动及好游猎的上等社会之欢迎，但事实则完全相反。即在复辟之后，人人讨厌清教，而监狱中充满了无辜的夸刻教徒及浸礼教徒之时，清教观念的礼拜日——严格的休息日，亦即宗教的自省日——仍为英吉利人民所一概奉行。全国国民自动执行的克己寡欲——每7日中有1日完全不工作，也完全停止任何有组织的娱乐——其结果究竟为恶为善，则尚有待于无偏的社会历史家的研究，而不能遽为断定。

国库的撙节 岁出的撙节为推翻克伦威尔政治之最得人心的结果之一。国王固因骑士国会的奇吝而处处受制，以致行政缺乏力量，而外交政策不能不受命于法王路易十四，然国库的支绌实为"回复宪法上公平的均势"（克拉棱敦所视为政治上最高发展的均势）的必有结果。除非国会取得监督政策及国用之权，国会决不敢慷慨的输将的。然当众院要求清查王家账簿，藉明荷兰海战供给的真实用途时，克拉棱敦及其他朝臣皆大惊失色，而视众院的行动为对于行政权力一种极不正当的侵害。实则此仅为国会监督国用的初步；要待国会能监督国用而后，国王的政府始能自纳税人获到充分的且不断的供给，而近代国家繁重的需要才能满足。

常备军 受减政的影响最大者为陆军的建置方面，海军却未受影响。模范新军到了复辟时才一举而遣散；长国会如实力较佳，则13年前本早可把它遣散。遣散时的临时支出固大增，然此后的经常费用则大省。新军去后，并无其他继起的大军；除了国王赫赫"近卫军"（"Life Guards"）以外，只有极少数的其他团伍存在，而且此中又多半驻在国外的领地，如丹吉尔之类。〔1〕"近卫军"由王党充任，任警跸防护，抵御狂徒及第五君主国党（Fifth Monarchy Men）〔2〕之责，军容颇盛。不列颠陆军最老的团风或团传习（regimental traditions）不始自少数沿传至今之克伦威尔的队伍，如科尔德斯屈麟卫队（Coldstream Guards）等，便始自曾属荷兰军中的几个著名团伍，

---

〔1〕 丹吉尔及孟买俱为查理二世之后，葡萄牙公主 Catherine of Braganza 的妆奁。英国为酬答厚赠起见，助葡萄牙维持新自西班牙得来的独立。至今犹未间断的英葡间亲密的政治及商务关系即始于此时。

〔2〕 译者按，为一种教派，盖信基督将降生而作千年之治者。名为第五者因照《旧约》所说，过去的君主国数已有四。

如东肯特团等。[1]

骑士国会实深深的反映着当时英国四乡绅士的热烈情感，故闻"常备军"之名便却步，痛恶更不遗余力。他们深知有了这种实力，合法的国王和篡位的护国者可同样的愚弄他们。然而他们既为忠实的骑士，他们自然相信惟国王才有委任将校及发布军令之权，他们绝不能为国会争这些权力。不啻甘为叛逆，成为圆头，因为大内战即由统率问题而爆发，他们如为国会张目，岂不甘为叛逆，而蹈圆头党的覆辙？欲维持这些忠君的前提，则合理的结论惟有将陆军限制极小；只有如是才可绝了国王陛下妄用威权的野心，而为臣者亦无不忠的嫌疑。

上述的过虑本是极有见地的。国会一不慎而让詹姆斯拥有3万大兵时，革命便立即激起。革命之后，国会始取得军队不能用来侵害国中自由的保障。在威廉三世及女王安的朝中，因上述的保障已经确立，故国人对于常备军的害怕也稍稍衰减。首先不怕者为辉格政治家，因为他们深愿对路易十四的陆战之成功。托立乡绅对于常备军的感情变动较慢，即在纳斯卑百年而后。他如一见正式军队的进行，他仍会立时想及闯入他祖父的大堂，荡毁他祖父的家产，禁止他祖父的宗教，及杀了他祖父的国王的红衣军队，而毛发为之悚然。他所能信赖的惟一武力为各邑训练极坏，而由乡气重重，像他自己一流的乡绅所统率的民军。

海军 海军的维持并不会产生同样的害怕或相似的回忆。复辟时的朝廷及国会两皆接受临死的布来克所传给后世的，共和国海军的传习。查理二世及他的弟弟詹姆斯对于海军都能有亲身的及通达的关心，海军的统率方面亦得拍匹斯（Pepys）一班人物的主持而不减昔日的光荣。骑士国会及托立党对于海军盖皆能特垂青眼者。

荷兰之战和荷兰的海战不久重又爆发，两大经商群社间始于共和国时的斗争又重演起来。两方将士的优良及规模的宏大今次都不减于畴昔，惟

---

[1] 见上第395页之注。

较大的一国又因较富而致胜。结果为《布勒达的和约》（Treaty of Breda），纽约则归于英国。[1]

但当和约正在磋商中时，由得垒忒（De Ruyter）所统率，而由英人领港的荷兰舰队突然驶入泰晤士河及美得威河（Medway），俘获停在察坦姆（Chatham）我国最好的战舰，而付诸一炬。这个重大的耻辱对于和约的内容固未发生多大的变动，但它为紧随伦敦大疫及大火而来的灾难，所以英吉利人民的想象及政治竟因之而大受影响。伦敦人之耳闻泰晤士河上敌舰的炮声此尚为第一次。吊奥力咪的尸首而加以辱骂之事虽仅数年前之近事，但大家已在回忆"他所做的惊天大事，所为足以震慑邻国君侯之事"而怅然若有所失。世人说道："国王除了行乐以外不管它事；他对于救国的关心，尚不及他欲使卡斯尔门贵妇（Lady Castlemaine）和斯图亚特太太（Mrs. Stewart）两人于失和后复归于好的尽力的十之一"。我们此时已可听见我们"受治于槐特和尔的教皇派人"的谣传。世人甚有相信伦敦的大火即为"教皇派"所放者；如大火早起几年，世人殆将以清教徒为罪人。在这样一种丕变的空气之下，反对党及反对政策的突起有如雨后的春笋，而为骑士国会在前几年中所未见者。

然而美得威河耻辱的主要原因即为众议院之不肯慷慨给钱于它所不能监督而且已露不能信任的政府。为撙节起见，政府不得不将军舰空搁起来，而将船员遣散。在实际上，不列颠的船员尽因多年欠薪之故而私自脱逃，改投荷兰海军者。他们在英所领者为废纸式的国库券，而在荷兰所得者则为实在的洋圆。

克拉稜敦的罢免　大疫，大火，美得威，异教徒的诛除，及"朝中教皇派的跋扈"使国中的空气越发紧张，而祸兆亦可稍稍看见。查理乘有这些表示之时，决然的把"他的领港去了"。把克拉稜敦来做牺牲品诚为极富于引诱力的一个举动，因为在全国的人看起来，他实负着一切错误及一切

---

[1] 见上第478页及第494~495页。

不幸的责任；他为海员，异教徒，王家的情妇们，国会及全体的野心家所嫉恨，海员因为饷银欠发，异教徒因为不胜诛除之厄，情妇因为他从不尽臣道且从不敷衍，国会因为他不让它越出范围而扩张权限，野心家因为他把他们的前程挡住。他的脑筋诚嫌过于陈旧，他诚不能再对英国有若何伟大的用处。但查理所选任的后继者则更远不如他，他决不会使国王及国家走上危险的路径，但他的后继者则牺牲英国的利益以迁就法国，有几人甚且和主翁联合起来作颠覆抗议国教的阴谋。

卡巴尔 "卡巴尔"（"Cabal"）[1]中无一人是真正的盎格力干教徒，也几无一人可当爱国者之名而无愧。克利福德（Clifford）是一个热烈的罗马教徒，阿临吞（Arlington）则罗马教徒的气味重于其他的一切；劳得对尔（Lauderdale）和巴京汗为毫无主义的冒险投机家；而沙甫慈白利伯，库拍·安秃尼·阿士力（Anthony Ashley Cooper）则言行极不稳健，他初为辉格党的创立者，终因驱使过火而几陷新党于危亡。得了这些变化无定的臣贰之助，而脱却克拉棱敦的把持以后，查理宛如入了茫茫大海之中，他可以行其所是，而无所顾忌。

法兰西的强盛 欧洲新时代的重要事实为法兰西武力及权势在大陆上的膨胀。西班牙的衰败，及德意之分裂成无数邦国而不能产生一有力的国家，造成了法兰西向外发展的野心。它的统一和它内部的组织，经黎塞留及马扎郎（Mazarin）两大教臣的努力后，已臻于完美之境；继承大业者又为路易十四及臣事路易有年，而又有作有为的一班文臣武将。克伦威尔死后的10年之中，法兰西的危害力越发显著起来。欧洲所有的国家，不论公教的或抗议教的，皆惊骇无所措手足；但在奥伦治的威廉（William of Orange）能起而督率它们以前，它们内部组织的散漫，它们的自私，及它们的互相猜忌竟使它们无从为共御大敌的结合。奥大利方急于防御土耳其人之

---

[1] 译者按，Cabal本作私党解，但查理二世时的"Cabal"或谓因五人姓氏之第一字母而得名。意译似无音译妥当，故从音译。

来袭维也纳,故不能全神贯注于西欧之事,它对西欧只能作若断若续的顾问。西班牙昔日的威风今已无存,终日处于麻痹状态之下,故它在尼德兰的领地如能得它旧日的仇敌荷兰来代它保护,它已可心满意足。

荷兰 处封建欧洲这些软弱无能,物力精神两被30年之战吸收净尽的大小君主国中,那个小小的商人共和国,那个夹居于大海及沙丘中的荷兰,居然成为抵御法兰西的惟一希望。荷兰虽蕞尔小国,然它因有东方诸殖民地和遍及世界的贸易,故富裕无比。它又能大开门户必容纳各式样的种族及信仰。它为格老秀斯、笛卡尔及斯宾诺柴(Grotius, Descartes, Spinoza),为林布兰及味迷尔(Rembrandt, Vermeer)的梓邦。举凡哲学、学术、财政、油画、园艺、科学耕种以及许多足以增进人生生活乐趣的它种工艺及美术,几无一不让荷兰居首位。荷兰的势力在欧洲足和法兰西抗衡,而且它高高的地位又无庸国王、贵族成大僧侣来捧托。它的首席长官即世所尊崇的得威特(De Witt);他的家中仅有仆役一人,他又可随意在街上走动而不须护卫。

在路易及法兰西耶稣会徒的计划中,这个中产阶级及喀尔文派的共和国之消灭和法兰西呼格诺徒之铲除有同样的重要。法兰西耶稣会徒的目光亦极端的偏向国家主义,极端的"高立干"("Gallican"),不特和路易极相投契,且影响于路易一朝的理想及政策者亦极大。这反荷兰的政策和态度较为和缓的意大利教皇国的志趣并不一致,法国国王和耶稣会徒后日亦终至和教皇国龃龉极烈。

三国同盟 1668年英国藉了它在低地诸国的使臣,腾普尔·威廉爵士(Sir William Temple)灵活的外交,得和荷兰及瑞典缔结了三国同盟以阻法兰西之向莱因东进或侵入西班牙的尼德兰。同盟之成就立即发生效果。路易不得不迁就于《爱斯拉沙伯和约》(Treaty of Aix-la-Chapelle)的条件。如果英吉利能牢守这次政策的精神,它或可使欧洲逃免了数十年的流血。但自腾普尔的条约至1688年革命的20年中,因我们屈从法兰西之故,路易的权力骤增；须经过威廉及马尔巴罗（Marlborough）长久的战争后，始能遏止法兰西的淫威。

英吉利的国会及国民在起先甚赞成腾普尔的均势政策及维持欧洲抗议主义的政策。但荷兰和英吉利在商业上本处于角逐的地位，且尝因此而两次发生大得民心的战事，故暗中反对均势之徒不难鼓动人民作反对的表示。照当时的宪法，外交的事务尚完全操于国王。到了查理二世朝的中叶时，国王因深不满于遇事箝制且吝啬有加的骑士国会之故，他偏向罗马公教及专制主义的本性竟发作起来。他岂不是可以丢开国会而受路易的接济以为代，同时岂不更可采用些他向所折服的法兰西公教政制以补救英吉利政制的混乱？查理本人本半是法人，他的家庭也绝无厚爱英吉利一切制度的理由。

多维条约　而且在1670年时英王更和荷兰发生家族上的争执。得威特的寡头政治的共和国不许查理的外甥[1]奥伦治的威廉，承继为半君主式的大总管（Stadtholder），虽则威廉把大总管的职位视为他应得的权力，而荷兰的平民党亦愿他之能恢复这个高位。照查理和路易所订的《多维条约》，英吉利和法兰西应联合起来共攻荷兰及其所属，而把它们瓜分，但留一部分为法兰西的附庸国，而以奥伦治的威廉为其君。这两位大王之不能料到少年王子之会反对这样一个似乎有利于他的办法，犹之他们之不能梦见刚

---

[1]
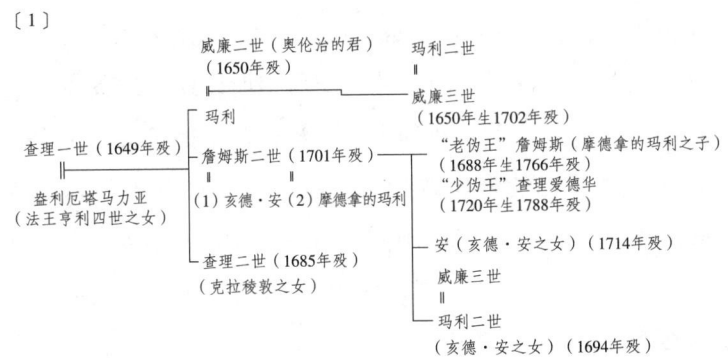

才成年的小子之会有抵御英法两国联合进攻的能力。

沙甫慈白利及卡巴尔中的抗议教徒居然会同意于《多维条约》，诚为他们永不能洗涤的耻辱。然上述者仅为公开的部分，此外尚有一秘密条约，为他们所不知，而为卡巴尔中公教教徒所签订。照这条约，路易愿以法兰西军队及钱财协助查理，庶几他可有力宣布自己为罗马公教徒，而渐渐的把同教英人的地位提高，使他们得于教国中占上风。

上述的两个条约为法兰西公教君主国一举而图克服欧洲及英国的整个计划。但这计划的财政方面主谋者并没有计算准确；英国所需和荷兰作战的费用远过于路易之所能供给，破产的查理因不得不再度受国会的监督。路易固尝希望在英吉利乡绅们发觉被骗以前，他的骑兵已能驰驱于荷兰的低地，而自由取给于海牙及鹿忒丹（Rotterdam）富有的喀尔文教徒。他的希望本可实现；不幸荷兰人民的性情，他们国土的地势，及奥伦治的威廉首次表露于世的性质皆成为它的障碍物。

当浩大的法兰西军队侵入几无守备的荷兰疆土时，平民党惊急愤激之余立把诸得威特残酷的谋毙，推翻了他们的共和国，恢复了大总管之制而以威廉秉国——但此都非为降服路易的预备。不特不想降服，他们反截断了堤坝，尽决有运河可以互通的诸河之水于低下的草地；他们自己的室家财产固然因水淹而倾荡，但法军亦无法进行。他们在索尔贝（Solebay）的海军也能抵住了英法的联合舰队，不但没有吃亏，且得了些胜利。同时威廉藉了他的外交的天才，复于匆忙间造成了他第一次的反路易大联盟。

国会的干涉　这些非始料所及的事件给安居韦斯敏斯忒的英吉利乡绅们以二年静观大局，并推翻卡巴尔及其主上的整个政策的机会。国会占着有利的地位，因为战事早已使查理破产而无钱。在1673年他不得不裁可《鉴证法》（*Test Act*），以为取得给养的代价。此法的功用在使罗马公教徒无从为国家的官吏，而王嗣约克公詹姆斯为一罗马教徒的惊人事实亦于以暴露。次年国会复令英国退出战事。

骑士国会至此亦了然于战事的真正意义,他们知此次之战不复是英荷之互争海上霸权,而是一种打倒独立的荷兰,以利法兰西及耶稣会徒征服全欧的计划。而且荷兰如失了独立而后,莱因的三角洲势必归法,而英国海权的安全上亦将发生重大的危险。[1] 法兰西本来就是海上争霸者之一,而潜力且远大于荷兰,如果它能立足于阿姆斯忒丹,则它不久便可凌驾英国而称霸于海上。所以此次所争者即1588年,1783年及1914年之所争:英吉利决不能容荷兰或比利时为欧洲最大的陆军国所并吞或挟持。

荷兰虽一时得免于难,但战争的主要问题犹未决定。英吉利及欧洲的政治随这个问题而转移者尚有40年之久。1674年而后,路易固不复能望英吉利军队来助他攻服欧洲,但因了"我们宪法的公平均势"之故,他仍得一方贿买国会领袖,一方津贴国王,使两者互争,而他则于中取利。因此之故,直到1688年的革命,他仍可使我们守着中立,不去攻他。在此间负有执行这个卑诈政策的主要人物有二,一为他的大使巴利龙(Barillon),又一为查理的法国情妇,朴次茅斯公爵夫人得宽罗冶·路易斯(Louise de Querouaille),即我们的祖先所称为"卡威尔夫人"("Madam Carwell")者。

查理之改变政策 英吉利之没有牺牲荷兰而使全欧屈服于法兰西者,其机会诚是稍纵即逝,间不容发。助法攻荷的政策自斯图亚特王朝的朝代计划及宗教倾向方面看起来固可说得过去,但究于英吉利有百害而无一利。国人于窥破它的真实作用后,对于国王,王弟及他们的"教皇派的顾问"便发生剧烈的反感;骑士国会站在盎格力干,立宪及民俗主义的基础上而秉国者因而反得有四年之久。查理亦深因他所引起的风波而惊骇。他绝不愿"再作流落的生涯",故即日抛弃他的罗马公教的计划,而和盎格力干及托立党的舆论联合一致,以保安全。在他的余年中他能应付裕如以相周旋的即是这样一个政策。

---

〔1〕 照《多维条约》,西兰(Zealand)的有几个岛屿固将为英吉利所有,但法兰西的势力既可自布勒斯特(Brest)直达柴德海(Zuyder Zee),则英虽有数岛亦不能永久和法对峙。

丹比 查理的变更方向使他有丢开名誉不好的卡巴尔诸大臣,而改事骑士国会领袖,丹比(Danby)伯,奥兹本·托玛斯(Thomas Osborne)的必要。丹比本是约克邑的乡绅出身,他很诚实的信着乡绅阶级的宗教及政治信条。他虽热衷于富贵权力,且有建立大族的野心,但不失为一有主义之人。他和克拉棱敦同为有守之人,而有时且在后者之上。他之依赖国会亦比克拉棱敦为甚,他实为第一个能凭众院的信任而为王室的大臣者。自复辟以迄窝尔坡尔(Walpole)及乔治三世间盛行于英国之贿买议员恶习,在丹比之时亦作有系统的猛进,他常藉贿买来增加在国会中的多数。选举竞争的费用,腐败及经营亦日在增加;国会在政府中的势力增高若干,议席及选票在市场上的价值亦增涨若干。早时代国人的廉洁盖尚没有尝过这样的引诱。

丹比可称为托立党的始创者。以理论言,他固主拥护无抵抗主义,然就行动论,他实替革命及威廉三世开辟了一条途径,而且他的开辟之功又比任何辉格党徒的为大。在他当国的四年内,他同荷兰要好,而同法国作对。他又令詹姆斯之女玛利和奥伦治的威廉结婚。玛利可继詹姆斯而为英吉利及苏格兰的君主,嫁于荷兰人不啻为荷兰人开一入主不列颠之端,故詹姆斯甚为反对;但查理深知国人的情感不可不加尊重,故赞成丹比的计划,而婚礼得成事实。托立大臣盖早已熟知要维持国会君主国及盎格力干教社于不断,则必先有抗议教徒的承继系统,不幸这样重要的一事,他的政党在日后竟会忘却。

在丹比内阁[1]的期间,托立党比反对党的领袖更要仇法而亲奥伦治朝。辉格党人于少年大总管的浓厚君主主义深滋疑惧。丹比拟和法国作战,但他们则不愿见敌党之握得军权。他们中更有受路易的大臣的贿赂者,故他们之反对作战更形坚决。查理和辉格党人本如冰炭之不相投,但关于战事

---

[1] 译者拟以内阁译 Ministry 及 Cabinet。Cabinet 在此时尚在发轫之期,遽云丹比内阁很容易发生误会,然如将原文的 Ministry 改作他译亦易滋误会。

则两者一致，故两者相约而阻止战事的发生。

骑士国会已经有 15 年之久了。大选举的结果一定会使新众院较利于抗议教的异教，而更不利于朝廷及罗马公教徒，所以查理及丹比各有不愿解散国会的苦衷。如果丹比此时已能有他日后所有的贤明，则他定可看到他的政党及骑士国会的不能代表全国，而弛于诛除诸法的执行。然他并不如此看法；他和查理一致的把解散之事耽搁下去，他又利用可贵的时间来尽力摧残托立主义的政治及宗教敌人。《克拉稜敦法典》重又严厉的执行起来。他的"不抵抗法案"（"Non-resisting Bill"）亦几通过国会。如果这案成为法律，则议员之不能事事不抵抗王室，及不能高呼托立党不抵抗的口号，将一一被摈于国会之外。但 12 年之后丹比自己转替他的政党立下一个否认那种主义的先例，他自己竟率领约克邑的乡绅而攻起詹姆斯来。

革命以前的 10 年中不列颠政治的混乱及暴烈由于两种争端的扭做一团，而争竞者之毫无顾忌。国会和国王之战，牵涉到抗议教对公教的问题，托立党和辉格党之争，牵涉到国教对异教的问题，然两者又不是可以截然分开的，其间潮流的交错及争点的常变，益使政局扑朔迷离而不易索解。丹比于 1678 年的春季仍在做一方利用本有的国会以克制朝廷及罗马公教，一方则于国会未解散前趁早用严法铲除异教及辉格势力的甜梦；他之暂时不欲解散早应解散的国会盖即在预备下次的选举。他的政策既不公允，又多危险，而辉格反对党领袖的沙甫慈白利遂被逼而出于拼命的一途。

"教皇派的阴谋"　　在这种的情景之下，奥次·泰塔斯（Titus Oates）的"教皇派的阴谋"（"Popish Plot"）的功用犹如燃引导火线的火柴。他的细致的谎言一时几可瞒过任何人而为任何人所信，末几个月的骑士国会不啻变成一个"辉格"国会。世人之信奥次的虚构者因科尔曼（Coleman）信札的发表而益坚。科尔曼为约克公的私人秘书，他的信札被政府收去发表。其中之一为他致专听法王的忏悔之教士（Confessor）的一封书，书中论及如何可用强力来使大不列颠复信公教之事。

"我们所负担的责任"，科尔曼写道："极大，我们须把三个王国复归正教，而将猖獗多年的异端剪灭。自女王玛利薨后，我们的成功的机会从未有如今日之佳，因为上帝现在给了我们一位能够一往直前奋勇任事的君侯……除了上帝及我的主人约克公而外，我们倚赖最殷的当然是神明陛下（指路易十四）了。"

国人究应采取那样的措置庶可以防止他们的宗教因科尔曼的主人之即位而被推翻呢？辉格党提议剥夺詹姆斯的继立权，托立党则提议限制他的权力。那时本为党争极烈而宗教极乏容忍的时代，如果有人定要实行"排斥"或"限制"的政策，则内战殆又成不可免之事。当 1679 年之时惟一解救国难的希望为辉格及托立政治家之互忘仇恨而出于调和的一途，好比他们经 10 年否运的教训而后之所为。[1]

辉格党人的横暴 辉格党为首先攫得机会者，但他们的举措极为可羞。他们不但不知利用时机来做到一种可获全国赞同的处置，他们反而煽动烈焰以图一党的私利。他们杀戮好些无辜的公教徒，他们于奥次的阴谋已逐渐失其可信的价值之后，仍继续利用它来鼓动风波。接连三个辉格国会对付朝廷及对付托立敌党的凶暴；伦敦的暴徒及沙甫慈白利的"干脆好汉"（"brisk boys"）加于缓和派的一种有系统的威吓；国会之坚持完全的排斥，而拒绝考虑任何的妥协，即全国的和平亦置诸不管；辉格党之勾引私生子蒙穆斯（Monmouth）认他为王嗣，而忽视不甘为傀儡的威廉及玛利之权利；凡此种种现象，以及"1641 年的大祸又临头"的观念使一大部分的缓和派，在能说能谋的哈黎法克斯（Halifax）领导之下，趋附托立党及国王的一边。而且托立党及国王虽自 1661 年以来向为政敌，然今则因恐圆头党复活之故，已能合而共御公敌。

---

〔1〕 Swift 在好久以后曾论及托立党的"限制"政策道："它是最好的政策，因为反对它者比较最少，而国王又可以通过；但就理论而言，排斥自较限制为佳。"

托立党人的横暴　托立党的凶暴不久即继辉格党的凶暴而起，而其为害亦不后人。丹比所创立的党如得丹比的继续率领或可走入较光明的途径，但辉格党居心害他，故他尚在狱中等着弹劾。贤明的中和派（"trimmers"），如哈黎法克斯之流，在国会中固为托立政策的有力宣传者，但党对他们却不负任何服从的义务，且深恶他们的缓和。一班的乡绅及高教社僧侣都成为极端的王党，常拜倒于查理的足下，更五体投地的拜倒于詹姆斯的足下。查理在事实上成为他们极精明的领袖，拜倒尚不足异；但詹姆斯之能为教社所推崇——虽仅短期的——则良可发噱，因为他心心念念在等候着推翻教社的机会。

1681年第三次的辉格国会于牛津解散后，托立的反动更毫无牵制。在辉格党得势时暂时停止的抗议异教徒的诛除今更视前为烈。一部分的辉格领袖，鉴于宪法上已处失败的地位，进而为叛乱的阴谋，旧日圆头党的将士则拟俟查理兄弟自纽马该特（New Market）赛马回来时半途截之于赖府（Rve House）而把他们杀毙。这种毒计发露后，托立党的怒火及权力益一发而不可限制，他们之挥散辉格党人几不费吹灰之力。沙甫慈白利流亡于荷兰而死，罗素，锡德尼及他人则死在断头台上。当时人的不顾真理盖可于雇用伪证人以陷害辉格狱囚的办法中见之，因为这些证人朝中及托立党人亦知为曾陷害过公教徒者。

第二次的斯图亚特专制　在查理末了的四年中，国会从不开会。它曾一度执过宪法的牛耳，但今则暂时销声匿迹而不复为人所注意。而且此后的众院，即一旦而重行集会，亦不复为旧选区或自由选民团体的代表。城市的会社，连伦敦在内，都已经过"改组"，改组的目的即在排挤辉格党人。推铎尔诸王中无一对于英国城市的选权曾有这样厉害的干涉，而且国王如无托立党的援助亦决不能这样的致英吉利的地方自由于死地，决不能令各市"放弃它们的特许状"。

我们再也不听见"限制"办法的呼声。托立党因拥护盎格力干教社过

热,而反对异教徒过酷之故,竟忘了设立任何对付罗马的防备。他们热诚的欢迎一个极偏于罗马公教的王子来即位,即新王的权力大于女王依利萨伯他们也无丝毫的异议。在极力反对辉格党的不忠之余,他们竟宣布了奴性最重的无抵抗主义,即国王而为尼禄(Nero)般的独夫,他们的主义仍然不受变化。这个极端的主义英史中实未尝有过;即激烈地宣布它为真理的一班狂徒自己恐亦不见得真肯相信。从日后的经过看起来,他们当日的激烈真极狂妄之能事。牛津大学以能抗议无条件的服从国王意志而被闻于时;但詹姆斯简直不知人事,校中当局日后竟因所言而贾祸。

朝廷获了完全的胜利,而又无众议院来麻烦,故它的政策悉为宫中的阴谋所左右,和长国会前的十数年一样。在查理二世的末年,朝中分成两派。哈黎法克斯及缓和派和"法兰西顾问"处于对抗的地位。他们愿英国继续在欧洲维持均势的局面。但嗣王及附从他的幸臣则一致主和法兰西友好。查理既得不到国会的供应,自不能不依法兰西的金钱为生。哈黎法克斯的势力日就不振。路易之向莱因及西班牙尼德兰猛进而取得新的领土,而称雄于欧陆,盖即为这几年中之事。路易在此时所获的优势英国须以20年的苦战才能动摇。

两党制度 党争的暴烈固尝把英国本国及欧洲陷于几乎万劫不复的地位,然查理二世末叶国民精力不正当的横决也不是完全虚费了的。有暴烈的斗争然后有两大党的产生,有两大党之互整内部对峙争雄,然后随后几世纪的国会政府得以统治不列颠及帝国,而在政治上树一新猷。《排斥法案》(Exclusion Bill)的竞争,不特为"辉格"及"托立"两名词之所由起,即政党组织的完备,宣传的有力,及英国特产的所谓"选举工作"("electioneering")亦尽起于此时。曾经沧海难为水,一个曾因选举及国会的竞争而度过热闹生活的国家,决不能老在专制政治之下蛰伏的。沙甫慈白利及他的敌党尝引入了伊坦斯味尔(Eatanswill)选举的诸种新奇办法,举凡喧闹,耗费,忿怒及好玩无一或缺。这种样的"选举工作"实是我国特殊的而且有价值的国粹，因为它可鼓动人民对于选举的进行及结果发生重大的兴趣。兴趣为不可少的原素，因人民对于选举不发生兴趣而坐令国会制度衰萎干枯以死者，在今日的大陆上盖犹不止一国。

在《排斥法案》竞争的同一时期中，"效忠于党"的思想亦在领袖及徒众的脑海中发达起来；在詹姆斯，威廉及安的数朝中有几个首要政客除了知有忠于党而外，实不知尚有其他的忠。对党的忠固然附带有极大的坏处。但使国会的政府能成为有力的政府者全是它的功劳。路易十四之终归失败及英苏合并之得以成功，实赖辉格巨头（Junto）及其赞助人间之能互相信任，而《乌得勒支和约》（*Peace of Utrecht*）之得以在艰难的环境中订成，则实赖托立党内部的团结。

使辉格托立两党得于几乎200年间各自紧紧结合者不见得全由理论或主义——因为理论，甚或主义，也随在变化着的环境而变化——而是宗教及社会上永久的分裂。沙甫慈白利所创立的辉格党，即远在1832年的大改良以后，仍为不享特权之异教徒的，为经商及中等阶级的，而受一部分较高华族之领导的政党。反之，托立党，历丹比，庇特及比耳之世，在它中心的中心，仍不失为地主及盎格力干僧侣和他们的徒众的党，虽则它在别的阶级中也常有有力的同盟。要到了19世纪后半，异教徒的丧权处分已经取消。而工业革命已将社会等级混和以后，政党的制度始渐渐的改建在新的社会基础之上，而宗教的异同亦不复成为英吉利政治中主要动力之一。

在1685年时政治哲学家诚不易料到政党制度或国会政府在日后的发展。两政党在它们不驯的幼年时代都尝放火自焚其屋。但它们所得到的惨酷经验，辉格党所立时得到的，而托立党在新朝所得到的，皆足以教它们走向较聪明的路径上去，所以在数年之内它们即有救护不列颠并救护欧洲的能力。

第七章

詹姆斯及1688—1689革命

查理末年的朝廷 查理二世末几年的政府本根据于朝廷和高教社及托立党之相互的密切谅解。凡槐特和尔枢密院所决定者，乡气未除的地方官吏即欣欣然执行之于各邑，而牧区牧师则称颂之于牧区教堂的讲经台上。朝廷及极端的托立党人俱以排除他们的公敌，辉格党及异教，为能事；为达到目的起见，他们不惜利用法律及法院来禁止任何种的反对行动，或任何样的言论自由；好在法官是他们的，治安法官也是他们的，而陪审员则他们可把持包办。托立党更于教社的无抵抗教义中找出宗教上的根据来助他们严厉地对付一切批评王政之人。过去的经验，他们既多忘却，而未来的变化他们更少预知，故他们很得意地以为国王的政策将永永和他们的利益及意志一致。然而这所谓永永只限于查理二世的余年。终他的余生，他确不复作恢复已经于1674年放弃的罗马公教计划的企图。他固然仍受路易的津贴，但此举仅在避免召集国会的必要及维持对法的和平，而并无企图在国内或在国外为罗马公教作任何运动的用心。直到在临终之顷，他始正式的复和他中心所属的宗教言归于好。

詹姆斯和托立党人 詹姆斯二世一即位，即召集国会。新国会是御用的一个。好多的议员皆藉城市会社的改组而得到议席，辉格党人盖无一能留在改组的会社之中者。托立党及国王能合作一天，则他们一天无须害怕总选举的发生，辉格的国会是永无实现的可能的了。而且《克拉稜敦法典》的执行，今比昔日更有恒性，昔日国王及众院间常因发生误会而有"放任"的间断时期，但今则可以不断的把法典严格执行。因此，"异教利益"的完全铲除，迟早亦总可实现。

1685 年国会的忠君心比骑士国会的尤见浓厚，但有一事是詹姆斯所绝对不得任性的——他绝对不能恢复罗马公教。詹姆斯及托立众院对于这问题的争持因蒙穆斯在西方的叛乱而提早发动，虽则那叛乱在一时曾把他们结为更好的朋友。

蒙穆斯的叛乱 蒙穆斯的叛乱并不能引起辉格绅士及缓和各派的同情，虽则两者在三年后的革命中都是中心人物。它是清教徒的叛乱，清教徒因不胜严酷的诛除起而作反抗的举动；他们的精神不是近代辉格党的精神，而是旧日圆头党的精神，不过在克伦威尔之时圆头党得上等阶级为有力的领袖，而今日的清教主义则已流为平民的宗教，即索美塞特中亦只限于汤吞的铺户及乡里的自由农民和工人，塞治穆耳（Sedgemoor）之战为乱事的结束。在战阵之中，清教徒颇能慷慨的捐躯，因为他们误认卑下的蒙穆斯为他们宗教的健将；然他们和他之间却无丝毫封建式的忠勇存在着，不像许多高地部族和詹姆斯党间的关系，完全由于这种的忠勇。

刻克（Kirke）及其自丹吉尔运来野蛮化的军队，及酷爱苛暴的法官泽夫立兹（Jeffreys），对于叛徒所先后施行的报复尝得王命的鼓励。这为新朝使得托立党震动而又厌恶的第一事。威塞克斯的路旁满吊了异教徒长列的涂黑尸首。这种可怕的陈列使向日摧残英吉利政治及宗教生活的党争烈焰开始减杀，而趋向于新时代民族统一及宗教容忍的运动首次发轫。

詹姆斯之招大军 但蒙穆斯之变对于詹姆斯反有促成专制的影响。他受了法人及耶稣会徒的顾问之包围，他立想全国罗马化，他所采用的计划似乎比他初即位时所想及的步骤更要急进。借口清教徒的叛乱，他招集了 3

万人的一个常备军,并在近郊豪温兹罗野草地(Hounstow Heath)上扎了一个大营以镇慑首都的人民。他误以军队为极可信任,故不惮和托立的国会,乡村的官吏及盎格力干教社挑战。他以为他有自由行使王室特权以停止法律执行的权利,他撇开了国家的法律,而以罗马公教绅士来充任一切的军官。他尽力诱导他们来担任这样危险的职务,但他们的人数总嫌不敷。至于兵士中则同教教徒的人数更是太小,故他从爱尔兰装了几船操塞尔特语的农民来充兵士。英吉利人,无分军民,都把这些新招的兵当做洋鬼子及蛮人;即在他们自己的岛上英人也不容他们有武装或容他们桀骜不驯。但今则他们且降临英吉利而为英吉利的主人翁!

当革命发动之时,詹姆斯已经毁坏了他极好军队的纪律及忠顺,但尚未能使它变成可以用来斩除抗议教的武力。革命领袖之所以要在 1688 年即行革命,诚有防止那种军事演进的成功之作用存乎其间。但詹姆斯之所为已足使托立乡绅又有一长时期的厌恶常备军。他们已两次见过常备军的援用,第一次由克伦威尔,第二次由詹姆斯二世,然两次都用来压倒乡绅及教社。

蒙穆斯的失败及被诛,一方使詹姆斯益走向颠危的道上去,一方又替奥伦治的威廉除了一个障碍物。英吉利各党在他之下的联合亦较前更近事实。他自丹比内阁以来向和托立党的感情极好,但半数的辉格党则迷于蒙穆斯狂妄的热烈而误以他为有望者。他的覆没使英吉利全体的辉格党人及异教徒集中他们的希望于威廉及玛利。在 1687 年,大多数的英人本一致的希望詹姆斯不久逝世,而他女儿玛利可趁早嗣立。

公教在国内及国际上的形势 英吉利罗马公教徒的中坚分子由乡绅们所组成,他们虽不能充地方官吏,但并没被摈于社会之外,且和他们托立邻居的感情也很过得去。他们对于詹姆斯正在依法人及耶稣会派的建议,受无主义的英国佞臣,如泽夫立兹及孙德兰(Sunderland)等的鼓动而采用的政策,并无好感。公教的乡绅们深知国人的性情决不能再容公教之为国教，除非藉外军或内战之力；然而第一次的内战已大减了英吉利公教徒的实力，焉知第二次的内战更不会促成他们的灭亡？他们这样的想法深得教皇英诺森十一世（Innocent XI）的赞同，盖他为一头脑清楚思想稳健之人，和下令禁绝依利萨伯的诸教皇迥然不同。而且他和路易十四及法兰西耶稣会徒不睦，他很怕法兰西在意大利及欧洲的权力太大；他很同情地注视威廉抗议十字军的出航及成功，因为它可以拯救英吉利逃出法兰西把它夷为附庸的危险。

教皇及缓和的英吉利公教徒之所能在英国希冀的，非政治上的最高权利，而仅宗教上的容忍。威廉已公开的宣言愿以他的全力来替他们取到这点。从性情，政策及环境他都应主张宗教容忍的。于容忍的基础上他的伟大的先人尝把荷兰团结起来。他本人又是反路易大联盟的盟主，他有把奥大利，西班牙及罗马教皇同荷兰及抗议教的德意志联合一致的责任。詹姆斯本人如稍微有些耐性，他本不难叫国会正式认可实际上已在公开奉行的公教仪式。但托立党及威廉两者都不能让罗马公教徒来充任军官，地方官，枢密官，末了并侵占英吉利教社本身的禄位。然而詹姆斯三年中的设施竟在此而不在彼，手段既日趋于暴烈而不法，目的亦似乎只在为一旦用武力令英国重依公教的预备。

南特诏令的取消 正在这几年中，他的同盟路易十四则在取消容忍的《南特诏令》（Edict of Nantes）。路易当时诛除法兰西的呼格诺徒的凶猛诚堪令人发指；除了禁止他们向外流亡，并常用非刑逼他们做弥撒外，他更拆散他们的家庭，男的送上扁船去摇桨，妇孺则被捆绑起来而强之信她们所憎恶的宗教。好像她们是黑奴而不是常人似的。这种淫威所酿成的灾苦诚非人类所能想象，更非人类之所能忍受。幸而在若干年之间私自逃出国境者尚有数十万人之多。逃走者大半至英，荷或普鲁士，其中一大部分为品格高尚的匠工及商人，容留他们的诸国亦因而学到经商的秘密及新的工业方法。宗教的同情心居然胜过了同行的嫉妒，故他们所至俱极受欢迎。英

吉利之所以能于工商业方面远远超过它伟大的邻国，理由固不止一端，然这许多呼格诺徒之自法改隶英国，也不是一个最微末的理由。法兰西因宗教诛除过于残酷，故竟发生楚材晋用的恶影响，许多法国的旧工业坐是衰败，而许多英国的新工业则一一建立。

英人的疾恶公教 海峡外这类残暴的设施及无数因不胜罗马公教主义的压迫而来归的无辜哀鸿，其对于詹姆斯二世的臣民所发生的影响可和亚尔伐的残行与圣巴退尔米大屠杀对于依利萨伯英吉利的影响，及9月屠杀与罗伯斯庇尔（Robespierre）的残暴对福克斯及庇特的同时人的影响相比拟。《南特诏令》的取消成为1688年革命及随后经年不断的法兰西战事之情感上及心理上的背景。战事使英人对于"教皇教"的痛恨达于极点，而火焚教皇俑像以取乐之举亦盛极一时，虽则在全欧洲分成反路易及联路易的两大帮时，教皇固尝站在英国一边。

英人对于"教皇教"的观念乃从他们的近邻法兰西耶稣会徒及热烈主张铲除呼格诺徒的僧侣得来。他们深恐法兰西的制度会因詹姆斯的措施而推广到英国来，故福克思的《殉道记》及玛利朝诛除的传说所引起的回忆又宛然如将临之真祸。各式各样的抗议教徒，自大主教桑克洛夫特（Sancroft）以迄巴克斯忒及班杨，皆见到抛忘嫌隙，共抗国王，以推倒他发狂似的政策并防止他任意停止英吉利法律的必要。全体抗议教徒的一德一心联合一致后，盎格力干低教社派，辉格党人及他们的容忍政策竟得起势来，而昔日尝主无抵抗主义的托立党人则处于进退两难的地位，他们只有放弃他们盲目主张的主义，否则他们便须袖手旁观，而让突将他们的抽象主义具体化的"尼禄"把他们的宗教毁灭。

詹姆斯之欺抑托立党人 托立党的地位不特在道义上及智识上大非昔比，即在物质上及政治上亦不堪回首。在1685年时，所有枢密院的枢密官，城市及乡村的法官，各郡的统制（Lord Lieutenant）及邑官几尽为托立党人及高教社派；但三年而后，当革命将临之时，中央及地方的机关中几无他们立足之地，纵有奥力昧在经营他们被摈之周到亦不能过是。詹姆斯尝蔑视国家的法律而图以罗马公教徒替他们。但他不能觅得如许多的同教教徒来供他驰驱，所以他同时也请抗议教的异教徒来帮他的忙，虽则后者中之甘愿违背国法，牺牲抗议教全体的利益，以快一时的报复（对高教社派的）者也不多见。

国王及教社两者都在恳求违教者之帮助。国王允以不法的《放任谕告》来停止可厌的法律之执行，而给他们以宗教容忍及平等的公民权利。教社则允于自由的国会召集后，以法律来给他们以宗教的容忍。违教之徒，半因他们素向亲国会而远国王，半因恐怕法国式的罗马公教的专制，故接受教社方面的建议，虽则这建议在形式上远不及王室建议的宏大。

詹姆斯之危害教社　国王今且公开的侵犯盎格力干僧侣的禄位及业产。他违犯国法而恢复高等委任法院，以作他蹂躏教社的工具。伦敦主教昆普吞（Compton）因拒绝禁止抗议教徒关于教义的争辩而被停职，许多的教禄且由罗马公教徒来享受。牛津穆楞书院（Magdalen College）生员的产业亦受非法的剥夺；大书院的本身且被变做一个罗马公教的神学院。这个暴虐的举动对于牛津及惟牛津马首是瞻之人有极大的影响，无抵抗及神权主义的坚垒竟一变而为叛逆的城市，在英史中最多事的那个冬季中，牛津大街上竟高悬奥伦治的旗帜起来。

末了，国王复命全体僧侣在他们的牧区讲经台上朗诵国王停止一切诛除罗马公教徒及异教徒的法律而准他们充当文武官吏的《放任谕告》。当时人人知道僧侣认《谕告》为违法的，所以命他们朗读的命令实含有羞辱他们的用意。但他们惟一的自卫方法是一致拒绝服从，不然高等委员又可剥夺不服从者的禄位。七位主教，由坎忒布里大主教桑克洛夫特领衔，吁请国王收回成命；但国王则不但不予照准，而反把他们执付法院，并治以公然发表反叛文书之罪，七主教的审理及陪审团之宣告他们无罪，把国人的热血烧到沸点；由七位辉格及托立领袖署名的劝进书即于当晚致送于奥伦治的威廉。威廉驻英的差官在过去的若干时期内盖早已和英国各派的领袖有所联络。

詹姆斯之有子更使人民不安。威尔士亲王之为真子固尝为反对者所多年否认，但他之为国王之亲生子究是无可否认的事实。有了他以后，继詹姆斯而为王者将不为信抗议教的玛利或安，而为她们信公教的幼弟。发生了这层考虑之后，大多数的托立党人亦不得不忘了他们的无抵抗主义，而另觅一条生路。领导全党以变更党义者即为党之始创者丹比。丹比至今尚为有作有为脚踏实地之人，同四个辉格领袖及受停职处分的昆普吞主教，及另一托立贵族共署名于劝进书者即是丹比。

威廉之来 威廉所计划的事业中诚含着极大的危险及困难。这些半属英国而半属欧洲的危险困难只有他一人能完全了解，也只有他一人或可叨天定及人定的互济而一一解除。他深知如非把它们一一解除，他决无可以永抗路易之理，所以他也不惜作一冒险的尝试。他有需于英吉利，而英吉利也有需于他，终他之世，他认清了这互需而鞠躬尽瘁地以谋国。

最足以阻止威廉出兵英国者即是法军攻侵荷兰的危险。但是詹姆斯自己替威廉解脱了这个危险。詹姆斯如果需要外助，则要以此时为最急，然他却于此时公开的否认路易的保护。因此之故，威廉得以亲统荷兰海陆大军杀奔英国。在托湾（Torbay）登陆的军队中欧洲所有的抗议种族盖无一不有代表，且全军为数颇大，故可以保险不会蹈蒙穆斯的覆辙。威廉并宣称一切争端应让自由的国会来解决，犹如门克将军昔年之所为。詹姆斯的军队本内容复杂，抗议教徒和公教徒不相能，而英人和爱尔兰人又互相仇视；加以在最危急之时丘吉尔·约翰（John Churchill，即日后之马尔巴罗）及其他领袖又脱逃而去。军队的混乱达于极点，故詹姆斯竟不敢一战。威廉因种种理由本亦极欲避免流血。他的声势日见浩大。一般的平民都归附于他，且赞成他一切交付自由国会的政纲。丹比亲率北方子弟以响应他；托立第二名有力领袖西摩（Seymour）则召集威塞克斯的义士以迎威廉，辉格党的得文邑（Devonshire）则组织米德兰的党人以相从，而伦敦的民众则无需领袖的指挥而起义。

但詹姆斯之废立在那时似仍为不可能之事，因为托立党王位世袭的观念极深。幸而詹姆斯坚欲流亡在外，和妻儿过寓公的生活于法兰西的朝中。有此而后废立才不难成为事实。

光荣革命　1688—1689年的革命我们的祖先常称为"光荣革命"（"the glorious revolution"）。所谓"光荣"者实不是指着任何武功，或英人方面任何豪举而言；即全民族总比一极昏愚的君王为有力之说的证实亦不能僭称光荣。平心而论，英人之须借助于外国的海陆军以恢复昔日消磨于剧烈党争中的自由，无论那外军是何等样友好或何等样的受人欢迎，尚是一件可耻之事，更何云光荣。然不列颠的革命也有它真正"光荣"的地方：它是不流血的，它无须乎内战，屠杀，放逐或报复；更有进者，有它而后，多时未能解决的宗教及政治纠纷竟得基于大众的同意而得到圆满的解决。1889年的解决历久而尚无摇动。它不特使人民获得比前更要宽大的新自由，而且也使全帝国的国家及政府得到视前益觉振作的新精力及新效率。向日国王及国会间糜费精神的竞争今改而为两者之合作，而国会则占着上风。17世纪时对外的衰弱，经马尔巴罗，窝尔坡尔及察坦姆的经营，渐进而成为武力上，殖民上，商业上，政治及宗教的自由上，及智识的活动力上举世公认的领袖。

1689年的人物都不是英雄，即笃实君子亦尚居极少之数。但他们是极机智之人。极机智之人当危急之时本不见得能冷静稳健投大遗艰；但他们都是饱尝风雪之人，故投大遗艰又为他们的特长。1689年的头几个月实为国家危急存亡之秋，外有法兰西之交战，内则爱尔兰已失，而苏格兰复分崩灭裂；因鉴于国难之方殷，故民会国会所有的辉格托立两党能各忘其宿怨，各让其主张，而成立那有名的和解，即世所称为革命解决（Revolution Settlement）者。自那时直至《改革法案》（*Reform Bill*）的时期，那解决长为英吉利教社国家的基础而几绝无变更。

革命解决对于托立党的影响 托立党人于上年秋间已不得已而放弃无抵抗主义，在二月中他们更觉得有放弃王位世袭主义的必要。他们同意以国会立法来稍变王位继承的次序。自此而后，除非国会可算是"神圣"的，英吉利王统治权的来源也只能说是人赋的了。为避免主义上的矛盾起见，好些的托立党人仍欲詹姆斯居国王之名，而威廉只算是摄政；即丹比亦主张以玛利为惟一之君，而屈威廉为王夫（Prince Consort）者。但这些办法都是不可能的，托立党人因不忍国家濒危之故，于既知它们的不可能后，即放弃他们的主张，而同意于威廉玛利之并为元首，更以威廉为执行权的行使者。

大部分的托立党人因深觉得有摈除罗马公教徒入据王位的必要，故顾不得理论上的冲突；于1701年时，在哈犁（Harley）的领袖之下，他们且为通过《王位决定法》（*Act of Settlement*）的主要人物，许多理论上的矛盾也只得不问。照此法所定，威廉及安而后，继承权应归于信抗议教的汉诺威家，而不再轮到詹姆斯二世的幼子。只有托立党的右翼仍继续忠于詹姆斯；一部分的高教社派主教，连桑克洛夫特本人也在内，竟拒绝向威廉宣誓服从。他们属于所谓"反宣誓派"（"Non-jurors"）的一流，他们为得良心的安慰起见，甚至放弃权利而无憾。这派少数忠王之徒的责备，使多数旋转较易的旧党友感觉到极大的不安。就整个的党而论，托立党总算能忠于革命的解决，然党的主义及党内部的和洽竟因而大大牺牲。托立党在逐渐由旧更新的过程中，其所受的痛苦远比辉格党所受的为大。故于安殁时，它卒致发生大破裂且遭受大灾难。

容忍法 除了上述的纠葛及诛除别的宗教之权而外，托立势力之在教国中者实不因革命而受多少的损失。教社仍为盎格力干的，把它界限放大，把缓和异教徒"包容"在内的最后尝试在1689年又归失败。但同年的《容忍法》给违教的抗议教徒以礼拜自由的权利，虽则我们会视为不可通的限制及束缚仍在在皆是。当时许多人犹不把容忍看做伟大的原则，而仅把它看做必须忍受的错误。故要得到容忍者尚不能不承认种种的限制。

罗马公教徒为詹姆斯党（Jacobite Party）的中坚，故得不到法律上的解救，而且抵制他们的新法仍时有成立者。但在实际上，威廉的政策及时代的精神都站在他们的一边，故他们于英国也能得到了不少的礼拜自由；害理的各种惩戒法律通常总搁起不予执行，只在詹姆斯党举事时曾有一度的部分执行。私宅中的礼拜几绝不受干涉；法律尽可存在，但公共礼拜堂的建造及教士的公然来往却是不禁之事。同样的，取缔年有增加的一位教派（Unitarians）之各种法律亦暗中搁置，不废亦不实行。在新时代良好的空气之中，《容忍法》的精神比它的字义可有广阔得多的范围。

辉格党人及托立党人 礼拜自由，除了或种的例外以外，在实质上总算已得了胜利。但在 19 世纪以前宗教的誓言仍完全的牢守不放。凡不肯照盎格力干教社的仪式以接受圣餐之人，无论为抗议教徒或公教徒，仍不得有被任为王家或各市官吏之权；公教徒仍不能入国会，而所有的异教徒仍不能入大学。盎格力干教社虽不复是诛除的机关，但在将到的时期中它仍为握有把持政治教育权利的团体；此种权利辉格党人即当乔治一世二世盛极一时之时仍不敢有所掀动。

所以教社及国家的主要制度仍站在 1660—1661 年的基础之上，而不为辉格党所变动。辉格党人在革命时的胜利只为他们主义的胜利——宗教的容忍及王权的抵抗——及时代趋向的加速。因为英吉利有了革命，又因为革命克制了路易十四的权力及主义，英吉利及全世界才都向近代主义，宽阔主义及国会主义的道上走去。

辉格党人在 1689 年所得到的官位也没有如在 1715 年汉诺威王朝继位所得到的那样的包括无遗。威廉并不是他们的领袖，不过他们因深恐詹姆斯党万一复辟则他们的损失将更大于托立党人，故他们之助威廉亦不能不比后者为出力。威廉所需者为足以助他战败路易之人，他于辉格托立完全无所轻重。所以当1690年辉格党人想违了革命和解的精神，而对于托立党人谋报宿仇时，他立即把国会解散，而请国人斥退他们。

他的后继者安更亲托立党人而疏辉格党人。乔治一世即位以前，辉格党人比敌党惟一便宜之处即是他们对于对法之陆地战争要比托立乡绅为一致而热心；后者因向恶常备军及高率田赋之故，总不甚喜欢陆上之战。

革命解决的善果　但除了仲裁两大党的争端，使毋再有危害国家的可能外，1688年的革命尚立了别的大功。它解决了国王权力及国会权力的上下问题，它决定国会权力居上；此举使英吉利得有一个可和握有主权的立法机关相融洽的行政权力。固然，这个新调和的详细办法要过若干时才因内阁制度及首相职权的发达而有一定的规模，但自1689年起，即没有一个国王，连少年时的乔治三世在内，敢有不要国会或违背众议院的决议，而自统自治的尝试。贿赂国会之事固仍不能没有，但贿赂是一事，违抗国会又是一事。

也没有一个国王敢作蹂躏英吉利地方自由的尝试。老实说起来，18世纪的英吉利中央政府实太听命于治安法官，太让有状城市及已定利益滥用职权。法律之战胜擅专的权利在大体上固是人类极大的得利；但在此后的百余年中法律及已定利益的胜利竟使人们对于现存的状态起过分的钦佩诚服。布拉克斯吞，柏克及厄尔登（Blackstone, Burke, Eldon）一班人都把富于保守性的革命视为人类活动的最后标准，而不愿再有更动。因为詹姆斯尝欲破坏英国的典制，故典制竟历多时成为无从改良的事物。

我们苟置党的利益于不问，则詹姆斯及泽夫立兹的打倒确为正义及人道的大胜利。法官不复为国王可以任意免职的官吏。审问要比前时规矩得多，就大体说起来，也很公正。残酷的鞭刑及过度的罚款不复为政党政治常用的武器。出版品的检查在1695年起亦中止执行，而密尔吞所寤寐以求的"印行自由"亦得在英成为事实。辉格及托立两大党的均势使批评政府之人得有所庇护而无须畏惧。《克拉棱敦法典》的不执行及诛除的停止使向日弥漫全国的灾厄，仇恨，及冤苦得告终止。经千余年的进化而后，因大家承认关于思索问题意见之不同为人类无可改正的本性之故，宗教终得逃离诛除异己的义务而存在。近代的国家，和中古的教社都尝想盲目的不问这个真理，幸而结果都是白费心力，个人可有信仰的原则终获胜利。这胜利的间接影响极多且极大，但在成立那个奇怪的，拉杂的，调和的，不合逻辑的，富有政治见识的《容忍法》之辉格及托立党人的生前固尚未可以一一窥见者。[1]

---

[1] 关于革命解决在18世纪的各种影响随后各章中当分开论到，譬如第五卷第一章等。

第八章
苏格兰及爱尔兰

复辟之于苏格兰 克伦威尔的战役在苏格兰及爱尔兰都树立了英吉利人的统治权,这个一统的政治管理即查理二世的复辟也不曾打破。自1660至1690年爱尔兰及苏格兰的情况仍继续的随着英吉利诸种革命的变动而转移。

历查理二世一朝,苏格兰的统治中心在爱丁堡,而统治者则为它自己的枢密院,但这个团体完全受槐特和尔的指示,而不受苏格兰国会或苏格兰教会会议的监督,故它绝无真正的民族独立可言。以和克伦威尔时的合并比起来,它此时所得的独立仅为和英吉利及其殖民地自由贸易之消失而已。国会是完全听命于枢密院的,国民种种的冤抑它从不想法代为申诉。

于密德尔吞,洛衰斯(Middleton, Rothes)及劳德对尔之时统治苏格兰的枢密院实赖骑士的赞助,至少也得到他们的默契。当时苏格兰的骑士,犹满带了蒙屈罗斯的传习,他们实代表华族和尊王两种情感的融和,及反对刻克专制的决心。华族跋扈和尊王之心两者在过去数百年中本为互相倾轧的情感,但今之骑士则兼具二者。刻克的专制已被克伦威尔所推翻,死灰复燃的可能深为世俗社会中较少狂热的一部分所不愿见,而骑士又可为这种情感的代表者。大都宁让枢密院来专制而不愿专制之权操于僧侣及长老。当时的国会既无权力又乏政策，故除了忍受枢密院的或刻克的专制外，实没有第三条可走之路。骑士党的中心势力为贵族。贵族和长老会徒的合作向来是断断续续而缺乏热诚的，而且在历史上的重要也早成过去。只有亚加尔大族（House of Argyle）仍始终如一的拥护长老教，否则贵族多助骑士党。而刻克党的主要势力则为较小的地绅阶级。

长老教之被诛除 枢密院之力持国高于教的主张诚得厚大势力的赞助。它虽没有强苏格兰人重新接受劳德的《祈祷书》，但它取消了盟约（Covenant）恢复了主教制，僧侣亦从此不复如前之由牧区信教群社共同推选，而由保护人（Patrons）任命。这个政策为东部的大部所欣然接受；如果枢密院能出之以谨慎，济之以宽仁，则西南部分或亦可以默认。但复辟后头几年中统治苏格兰的酗酒者竟强迫长老僧侣作法定的誓言。国教式的宣誓为大部分长老僧侣所万万不能屈顺的，因此三分一的牧区教士（大抵为西南部的教士），竟被逐出于教堂及馆舍，而以副牧师（"curates"）为继。副牧师绝不能得到群众的好感，他们仅赖骑兵及官场以维持他们的权力。

所谓"潜拜会"之习即为被革的教士所发起，他们藉秘密举行的集会以训讲真谛于信众。但苏格兰的"潜拜会"和英吉利的又微有不同；英吉利的违教者往往在棚屋（barn）之中或楼房之上集会，而苏格兰的盟约者则在孤寂的山麓，棚屋的窖中，或桦林的深处开会，更于四围布置把风之人以防红衣骑兵之自荒地来临。且《克拉稜敦法典》的执行无论若何严厉，其在英吉利的执行者仍为合法的治安法官，但在苏格兰则枢密院往往将不就范的区域整个交付军人处理，或任野蛮的高地部落肆意焚杀。这类的虐待激动至是犹留存于低地的战士及流寇的义愤，而叛乱亦层见叠出。1666年有盆特兰之变（Pentland Rising）；12年而后更有严重数倍的变乱发生，开场为大主教沙普（Sharp）的被杀，继为克来维尔豪斯（Claverhouse）之于掘伦姆克洛格泽地（Drumclog Moss）受挫于武装的潜拜徒众，终为波司威尔桥（Bothwell Bridge）之战。

政府的残酷固然激起了狂热的叛乱,而政府于削平变乱时又遍用残酷的手段。这种残酷在苏格兰人民的回忆及想象中留下一深刻的印象。到了后来仇怨已忘的时期,长老主义得利用昔日"杀戮时代"的故事,被杀志士的坟墓,志士殉道的美谈,来自居于拥护民族独立及宗教自由者的地位,而它在道义上崇高地位亦居然确立。志士之被杀者,或在"格拉斯马克特(Grassmarket)被断为有罪"者本到处皆有,故苏格兰的长老会徒有无数的圣徒传及义勇史足以自豪。然而盟约志士之所拥护者宁是宗教的自由?他们宁蓄向着子孙后世留芳之意?他们只向活着的上帝吁恳,在那万劫不复的世界中他们自信为上帝惟有的忠仆。

当查理二世扰攘多难残暴不仁的朝代将终之时,苏格兰的人民犹未能联合起来共戴热诚拥护盟约的徒众。枢密院及其非刑的拷打虽为自好的人民所全体痛恨,但东部因反对党方面缺乏缓和领袖之故,犹大体赞助政府,至于西部则处于要反叛而不敢起事的状态之中。因为内部分裂之故,只消英吉利本部无革命,则克来维尔豪斯及其骑兵不难以武力镇压苏格兰。使苏格兰及英吉利两国都趋于一德一心以自救的路径者实为采用罗马化政策的詹姆斯七世及二世。

革命之在苏格兰　在两国同时发生的革命使苏格兰得恢复了它自邓巴一役以后所没有享过的实际上的独立。英吉利的政治家,无论托立与辉格,都愿让它以己意来解决它的宗教及其他问题,惟一的条件即是它跟了英吉利也以威廉及玛利为它的君王。苏格兰乘了英国之有朝代的问题,竟得于精神及物质上均取到优良的条件,在革命时如是,在《合并法》(Act of Union)中亦如是。

废立詹姆斯七世,选威廉玛利为苏格兰君王,而立下他们就位的条件者为会于爱丁堡的民会国会。次年正式恢复长老教但不恢复盟约者亦为国会。枢密院武断政治的告终盖为革命必有的结果之一。自此以后,爱丁堡的国会成为一独立的势力,而政府也不能不把它放在眼里。它不复如1639

年时之仅为教社会议的一个应声虫，或如 1661 年时之仅为枢密院的一个应声虫。它有它自己的政策。它的封建选举方法固不免使它未能明晰的代表全国舆论，但它至少可以代表世俗势力的当令，既独立于刻克，复不附于国王，而和两者又都感情不恶。有了这样的一个国会之后，苏格兰遂交进了否极泰来的好运。

威廉之于苏格兰 但威廉的一朝，就特威德河以北而论，实为多难的一朝。詹姆斯党在苏格兰比在英吉利要强得多多。多数的贵族及在东方尤为势盛的一班体面有力，而仍依附新被革斥的主教派僧侣之人士都属詹姆斯党。不复为新苏格兰的国教中而且几不为新苏格兰所容忍的主教教社自不能不比英吉利的托立党尤表多同情于詹姆斯党，因为托立党人所私淑的教社不受革命解决的影响，且仍继续享着极大的特权。而且高地界线以北穿裙各族的大半亦属于詹姆斯党，因为他们妒忌坎柏尔一族及其领袖亚吉尔之得势，亚吉尔是时盖为全苏辉格及长老党的真正领袖。克来维尔豪斯仿效蒙屈罗斯而组织起来的高地叛军虽获得启力克郎启（Killiecrankie）的胜利，然因他之一死而不能继续向南进展；数星期后且因在丹刻尔德（Dunkeld）被信奉盟约的坎麦纶军（Cameronians）所战败之故，完全失了作用。但在 1746 年以前，高地诸谷从没有完全征服，也没有占领。葛伦科（Glencoe）可怕的屠杀有增长詹姆斯党的感情及毁坏政府名誉的功效。当这种种危险纷至沓来之秋，国会因缺乏相当的纪律及训练之故，复对于威廉作无谓的吹求起来，驯至政客在专制时代所养成的浮薄性及自私性完全暴露于外，虽则他们的举动并无助詹姆斯而不忠于威廉的用意存在其中。

威廉的政府之所以终能存在于苏格兰者良因它至少比前此的政府要容忍些，而且它对教国的处置是能和时代的新精神相合的。长老主义虽被恢复为国教，但政府的目的在以世俗人逐渐代僧侣辈而掌政权。教社会议固然复得自由地集会，自由地讨论，自由地决定，但它的职权已限于教社之事，而再不能代定政府的政策。古派的坎麦纶徒众，因深知教社之未能尽复旧日的权力及光荣,故拒绝承认威廉为国王。一个在荷兰可为喀尔文派,在英国可为僧官派,而无处不为雷奥狄栖亚派(Laodicean)[1]更无处不是力主容忍之人,如何可配做他们的国王?但国民的全体固深厌诛除及流血,故默认新政局而不加反对。[2]

苏格兰的社会 苏格兰的教社问题最后总算得到了充分的解决。有此而后,苏格兰人虽历二世纪仍不失为深信宗教的人民,然已可有工夫来注意到物质的问题。在1689年时,他们的穷困如和他们的思想力及他们性格的坚强比较起来,诚有天壤之别。农业的方法,即在肥饶的罗新安中,犹是中古的陈法。因没有疏泄之故,良田的大部仍沉浸水中,依旧荒废,而犁耙之所及者仅为山坡的瘠地。太古的森林固已无存,但近代的垦地并未继起;一片浩荡的大地曾无篱笆或墙壁来稍资分隔及围护,景色犹是毫无点缀,而可怜的牛羊则瑟缩于冷风之中毫无掩蔽。但改良是不可能的,因为土地是出租的而租期又短促而无保障。地绅及佃户都没有投资于土地的财力,而贵族们对于他们的庄产则除了视为猎场外几无别的兴趣可言。农屋尽为泥草及碎石筑成的矮房,往往既无窗又无烟突,而以门户来兼充放入阳光及流通空气之用。啤酒及麦粥为日常的食料,虽嫌单调,但尚无营养不足之患,所苦者凶年必生饥馑,而凶年在威廉朝时竟常见。且苏格兰王国的田亩几有一半在部落政治之下,受山酋的统治,他们仍为化外之民,在实际上不受操英语的国家之统治或影响。

工商业犹在极不发达的时期。格拉斯哥尚没有它自己的航业。爱丁堡的人口及富庶远过于其他一切的城市之上,然它最繁盛的大街(High Street)上犹极少有玻璃窗的店肆。总算起来苏格兰本地的苏格兰人约有百万。散居海外者则仅有数千人,且大多为志在名利的将士。然而这个穷无所有,所享政治权极微,而社会的制度又未脱封建的人民,于《圣经》知

---

〔1〕译者按,Laodicea之人信基督教甚淡,故Laodicean即是对于宗教不甚关心的教徒。

〔2〕为尊重对长老教的感情起见,由保护人任命教士之制度此时曾被取消,但至下世纪复活。因复活而发生的各种影响极为重大。

识及神道辩论的熟练竟要高出于国会政治的英吉利之富裕的农夫及肆主，他们的独立精神至少也不在英人之下。他们如能利用他们训练极精的神智及毅力极大的性格来改良他们在这尘世上的遭遇，则结果必有可以令人惊异者。

在下世纪中所得来的大变动，景物上及财富上的大变动——从夫勒丘及索尔通（Fletcher, Saltoun）的苏格兰变到朋兹·罗伯及司各脱·窝尔忒（Robert Burns, Walter Scott）的苏格兰——是由于全体人民，上自地主，下至贫农的努力上进。有两件事实为进步的先决条件：一为长期的典租，二为1707年的合并。租期展长而后，业田得了保障，而垦植，加篱，筑墙，建屋及耕作，饲喂，及蓄殖的新方法俱为可能。南北不列颠的合并使苏格兰的农工出品得以畅销于英吉利本部的及殖民地的市场，而使苏格兰人得于世界各地享着英吉利的贸易权利。在威廉之朝，苏格兰因鉴于移民德利英（Darien）的大失败，而知它自己实缺乏自辟市场自立殖民地的权力和富力。

英苏的合并 苏格兰和英吉利合并而后，前者的枢密院及国会便并在后者之中。爱丁堡虽仍为法律上的及文化上的都城，但不复成为政权所自出的中心。苏格兰的自尊心固因而大受委屈，但为取得物质上的及经济上的发展起见，它也不得不作重大的牺牲。牺牲并不是难受的，因为枢密院和国会两者除了可为民族独立的标记外，都从不为人民所厚爱。在民众的心胸中及日常生活中，教社会议转有较深之根，然苏格兰的教社，正如苏格兰的法律，它们都没有受《合并法》的影响，都保存着旧有的独立。

英吉利人所以愿于招请苏格兰人来合伙者，其理由是政治的而非经济的。苏格兰长老派的色彩固比英吉利为重，但詹姆斯党在苏格兰的势力亦比在英吉利为大；苏格兰尝以于女王安逝世而汉诺威王室人据圣詹姆斯

宫[1]之时，迎立流亡的斯图亚特王室于和力鲁德为恐吓。这个恐吓是认真的呢？还不过是藉以表示它对于英吉利的种种不满，如同德利英的失败等，呢？我们不易置答，但不列颠帝国，际此马尔巴罗和路易十四交战正酣之时很感受到崩裂的恐吓则是无可疑问的。为维持帝国的一统起见，安朝的辉格政治家，得了和缓的托立党人如哈犁等之助，以合并及自由贸易在物质上的种种大利为诱而请苏格兰合并过来，将两国的国王及国会永合为一而不分。苏格兰之接受合并的提议，固经过多大迟疑及踌躇，然它实为大得便宜者；它所失者为形式上的独立，而所得者则为未来繁荣的捷径。英吉利之所得者不仅为目前所急切需要的政治保障，且在帝国将来政治及商业的发展中亦得了苏格兰人的智力及性格的大助。

经此合并的大立法而后，此素来贫穷孤立但为全欧最受教育，脑力又最大的小民族竟出现于商业的，殖民的及文化的世界地图上起来。英吉利和苏格兰竟相得而益彰，而且其互相加惠之处亦不限于财富的积聚。在不列颠的文学，科学，战绩，政治，行政及殖民中，苏格兰人的贡献及活动盖远出于人口应有的比例之上。但两民族之能互助，初非无识之人所能承认；英人之能钦敬苏格兰及两民族之能各以合作为荣尚须有待于司各脱·窝尔忒爵士的鼓吹。革命时及安时的政治家，值得我们的追念。如果在过去的二世纪中苏格兰人的才能及精力不能用来发展两国共同的利益，而专用来和英吉利为难，则今日的世界将为完全不同的世界。然当时只要任何一方稍一疏忽或稍一任性，则这样的一个恶果便可酿成。

英吉利利益的保持　　当克伦威尔的政局在英崩溃时，爱尔兰的塞尔特·伊比里亚种族以为他在爱尔兰的工作也可以取消，而和他们同一血统同一传习的首领可以恢复他们向有的田地。他们对于首领犹有旧日部落的忠心。但这个希望，除了或种的例外以外，没有能成为事实。信抗议的地

---

〔1〕 在威廉临朝时，槐特和尔被毁于火，故威廉即居于垦星吞（Kensingtoa）及罕普吞宫。自女王安起，不列颠诸王居于圣詹姆斯宫（St. James' Palace），但到了19世纪又移至巴京汗宫。

主之势力仍依然如故。且强弓及菲次泽剌德姓的后裔可和邻居的农民同化，而他们则仍为一种盎格鲁·爱尔兰征服者的新种族，不与土民相混合。[1]新起的宗教隔膜使两种族间不同的文明愈益显露，且永久存着，而自私自利，种族成见甚深的政治也藉以得到一种理论上的根据，而且当时和英吉利本国的交通，比在中古时为便利，英吉利的势力亦较易伸入于邻岛，且比昔时为大。英吉利及苏格兰抗议教徒之在厄耳斯忒者，亦能不论阶级的差别，一德一心的以保护"英吉利利益"为职志，所以英吉利在爱尔兰势力的强固为空前所未有。厄耳斯忒殖民地之力比克伦威尔散处岛上，和土民杂居的英国地主之力为大，从1689年的事变中，也可以看得出来。

伦敦德黎的坚守 詹姆斯二世有野心欲使他的同教教徒在不列颠及爱尔兰都成主翁。公教徒在不列颠本极少数，但在爱尔兰则居人口的极大多数，故他在爱尔兰成功的机会宜可较大于在不列颠。他驻都柏林的公教徒大代表忒昆涅尔（Lord Deputy Tyrconnell）及公教国会决定推翻克伦威尔的处置，而恢复本地地主的田地。但当复旧局面尚未十分巩固之时，英国已起革命，而爱尔兰的抗议教徒的气势又为之一振，法律的地位也增加不少。他们乘机为保护他们财产及权势的努力，他们绝不让机会错过。威廉于恩尼斯启楞（Enniskillen）及伦敦德黎（Londonderry）被宣告为国王时，其人民所表示的忠勇热烈，实远在他于槐特和尔或爱丁堡被宣告时之上。北方业农的绅士及自由农民悉为习惯于马上田中操刀执犁的生活之边民，而对于清教有切实的热诚者。他们以恩尼斯启楞为大本营，而于旷地努力作战。同时伦敦德黎的市民亦忍饥死守，不肯放弃，他们的坚忍盖可比荷兰人之死守哈连姆及来丁（Haarlem，Leyden），力拒西班牙人而无愧。他们因能力守这个英吉利在北爱尔兰的立脚点，故日后威廉亲统的大批援军开到后，他们便能南进以取都柏林。

爱尔兰在1690年实为欧洲大局之所系。欧洲之能否抵抗法兰西的宰制，

―――――――――

〔1〕 克伦威尔时的自由农民则常有和土民混合者，见上第473页。

要看不列颠之是否强盛,而不列颠的运命则系于威廉的爱尔兰之役。革命虽已过去,而革命之余波仍在使威廉的王位震荡不安。英吉利的教社及陆军既不满于政府,而官场及海陆军中又在在有骚动之虞;国会中的辉格及托立党人又在玩党争的老把戏,而两党中半数的公仆则暗和詹姆斯党通消息。他们固不希望有复辟,但复辟在他们的眼中已成为一必有的事实,故不能不先事绸缪。当路易派詹姆斯率领法兰西军将士动用法兰西财帛,以完成爱尔兰的征服时,他的希望诚是不恶。四分之三的爱尔兰本已归附于詹姆斯,詹姆斯的成功似亦不难。从威廉方面看起来,爱尔兰的克服亦为刻不容缓之事;它不克服,则他不能从事于大陆的战事,而不列颠尽可为一个反革命所掀动。

波因河之战 波因河(the Boyne)之战决了两个竞争的胜负:盎格鲁·苏格兰人固然因战胜塞尔特·伊比利亚人而得称雄于爱尔兰,同时,不列颠及其大陆同盟也消灭了詹姆斯复辟的可能,并因而使法兰西君主国无从凌驾全球。波因两岸之都有自大陆开来的军队,很足以表示战事的国际意义。那日杀打的结果固然使爱尔兰的土民又受好几世的专制之毒及诛除之痛,但欧洲的抗议主义竟从此而获安全,而不列颠帝国亦得向繁荣、自由及海外膨胀的前程猛进,而无后顾之忧。

恩尼斯启楞,伦敦德黎及波因在不列颠及世界历史上固仅为前进的步骤之一,但从统治爱尔兰的种族看起来则成为想象及回忆的中心时期。被压迫的塞尔特民族也以同样的热度来回溯他们守里摩黎克的勇武,及次年征服者背弃和他们在那地所订条约的无信。曾为里摩黎克诸役的英雄萨斯飞德(Sarsfield),在被征服民族的眼光看起来,是新爱尔兰的代表人物,是"悲哀的慈母"[1](mater dolorosa)的忠孝男儿。萨斯飞德在爱尔兰历史中所占的地位有很大的意义存着。他并不是旧日部落名门的子嗣,他没有要求地方各族忠事于他的权利;英吉利人盖早已将部族制度的社会打破,

---

[1] 译者按,指耶稣母玛利。

而把部族的领袖屠杀放逐。萨斯飞德所代表者为继此已被荡除的部落社会而起的新国家，犹之窝雷斯之在苏格兰能为继旧日部落及封建社会而起的新国家之代表。

革命后的爱尔兰 英吉利在爱尔兰统治也恢复了，然威廉贤明容忍的精神绝不能感动爱尔兰的统治者。威廉未能减英吉利公教徒的苦痛，而反无力保护此公教国公教徒的利益。韦斯敏斯忒的国会实为征服国的真正主人，爱尔兰的新局面亦充分反映着国会中辉格及托立党人的武断，无知及成见。刑法典一方陷爱尔兰的公教徒于政治上及社会上极不利地位，一方复把他们的教士——在克伦威尔的土地制度中成为硕果仅存的领袖——诛除压迫。而且英吉利抗议教徒的门户之见，派别之争，也一举而搬到厄耳斯忒；不容忍的盎格力干教徒不特不让曾经坚守伦敦德黎城墙及渡过波因河水的长老教徒享有政治上的平等，有一时甚且剥夺他们的宗教自由。且自复辟以来，英吉利为贸易的妒忌心所趋使，尝以法律来禁止爱尔兰牲畜及爱尔兰布匹的输出，于是在爱尔兰的抗议教徒的利益大受不良的影响。在威廉之世，国会更促爱尔兰纺织业的覆亡，而盎格鲁·萨克森在爱尔兰的殖民地亦无法长进。万千因此而远渡重洋以达阿帕拉契安山地的厄耳斯忒苏格兰人，在美国独立战中，实比大部追随华盛顿以叛英吉利的美人，要多些宿恨来宣泄。

奥力昧至少有在不列颠诸岛中到处奖励抗议教的利益之功。他看得清清楚楚的，如果英国欲以爱尔兰为英吉利殖民地，则殖民者定须为英吉利人。但自他死后，抗议教徒的利益及盎格鲁·萨克森的殖民地，因为骑士，辉格及托立诸国会眼光不及护国者或国王的远大，而它们在商业上及宗教上又多方嫉妒之故，竟致大不景气起来。同时公教徒受诛除的严厉则又不减于克伦威尔之时。凡奥力昧爱尔兰制度之中坏者今皆一仍其旧，而其好者则绝不一见。[1]

---

〔1〕见上第 474 页。

从英吉利革命发生出来的苏格兰及爱尔兰解决已如上述。两者的性质及最后的结果固如霄壤之有别，然历太平的18世纪的大部，两者似有同样的永久性，及同样的不可推翻性。不但如此，汉诺威政府在1715年及1745年先后在苏格兰所遇的困难且远过在爱尔兰所遇的，但因苏格兰的解决基于人民同意，故最后究此基于武力的爱尔兰解决享年为长。

威尔士 当后期斯图亚特诸朝，英吉利，苏格兰及爱尔兰尽经巨变之时，塞尔特的威尔士独得免于民族性的骚动。自推铎尔的解决一直到19世纪，威尔士，除了迟缓的社会及宗教发展的历史外，无历史。上等社会，从他们的文化及关系上，在渐渐变成英吉利人，山中的小农夫则仍不变其塞尔特人的性质，且语言亦大半一仍其旧。在近今工业时代以前，他们可代表威尔须人，然因威尔士已成为英吉利本国的一部之故，他们对于英吉利或英吉利制度也无多量反对的必要。如和后世比较起来，威尔须人智识上的水平线在当时极低，但本土的音乐及诗歌犹留存于民间而不稍衰减。历17及18两世纪，威尔须的平民在逐渐的由不经意的默认益格力干宗教进到他们自己一种热烈的福音主义，由这主义而民族的智力及精神亦卒于19世纪中勃然复活。

第九章

英法的争雄　安之死及朝代之争

君王：威廉及玛利，1689—1694；威廉三世（单独），1694—1702；安，1702—1714。

威廉之战及马尔巴罗之战　在1688—1689年的冬季，国内外的情势俱不容英吉利不为反法同盟的盟首。12年前丹比所拟的作战计划本已有此一着，徒因查理二世的上下其手及辉格党人的疑虑而没有实现。[1] 革命后，新国会及重组的辉格党之第一关心即为如何抵抗法国，而国民全体的热心亦几不亚于当国者。路易之继续谋以詹姆斯父子为英吉利的君王，使威廉及马尔巴罗经营的诸战成为无可或免之事。

威廉的战，即世所称为奥格斯堡联盟之战（War of the League of Augusburg）自1689年起至1697年始止，终止战事的《立兹尉克条约》（Treaty of Ryswick）仍留大局于未决胜负的状态之中，经四年不舒服的休息而后，战事重又发动，规模亦较大，即世所称谓西班牙继承之战（War of the Spanish Succession）者。此次为马尔巴罗之战，马尔巴罗身为全欧的大将及外交家。结束此战的《乌得勒支和约》导入了一个18世纪文明的安定及特有时期；

---

[1] 见上第516~517页。

旧日法兰西君主国对于欧洲的危险从此告终，而大不列颠海事上，商业上及财政上的优势则代法兰西政治上军事上的优势而突起。

英荷的合作 反抗路易的战事，无论在海上抑在陆地，其成功的首要条件厥惟英吉利及荷兰的联盟。两国在商事及海事上久以劲敌相视，故在1689年时彼此间的契合犹未能十分密切。但当日的情状亟需两国联合一致的行动；幸而欧洲当日最伟大的政治家得于是时兼统两国，而时代所急切需要的两国合作也不复成为问题。在威廉的策励指导之下，英荷两国的大臣获到了同心作战的合作习惯；这种习惯即于大总管国王逝世后，马尔巴罗和亥因栖乌（Heinsius）仍得继续遵守下去。且荷兰船舰在联盟舰队中成数年减一年，而荷兰的商业金融渐落在英国新征集的富力之后，英国对荷商业上的嫉妒没有昔日的浓厚，而两国间的合作自亦比较的不难。荷兰卒因不胜战时人力财力上的重大负担之故，它的人为的伟大日见衰退；但英吉利则并不因战事而稍有不振。[1] 在安的末年，伦敦的经商群社已不甚觉得有妒忌荷兰商业的必要，所以辉格党人及"金融利益"敢提议于和约中给荷兰以托立党人及"土地利益"所恰当的视为过奢的让与。

海权对于战事的影响 历这遍及西欧中欧及其美洲领地的大战之全时期中，海军的举动，无不与威廉的外交胜利及马尔巴罗的外交军事胜利有因果的关系，虽则海军的活动在反抗路易战争中的真价值，直至近时得了马罕海将（Admiral Mahan）及他一派的历史家的说明后，始获世人的承认。海军功绩之不易得应得的领略盖亦自有其缘故。路克·乔治爵士及沙甫尔·克劳迪斯来爵士（Sir George Rooke, Sir Clowdisley Shovell）固为极佳海员，但海军中并未产生如掘类克，布来克或纳尔逊一类的名将可和马尔巴罗比拟，而惟一的海战拉和格亦绝难和布林亨，剌米宜（Blenheim, Ramillies）及许许多多省区城市的被征服同日而语。然而作战及外交的诸大计划

---

[1] 战费既非不列颠的财富所不能胜任，且也没有超过相当的比例；人口的伤亡，如和现代战争中的伤亡比起来，则更是微乎其微。在布林亨之役，联军共有四万五千，而不列颠人仅有九千。平均算起来，不列颠的军队参加这类大战的次数每两年仅有一次。

固无一不须有赖于簸荡于大海上的不列颠战舰；法兰西的路易正如前于他的西班牙的腓力及后于他的拿破仑及德皇威廉，他们都被他们所从不目睹的一群猎犬所追获。

两方海军力的消长　拉和格的胜利于威廉之战的第四年中即已取得。照马罕海将的计算，法人"在海上于 1689 及 1690 时本比英人荷人为强"，故联军之能于这样的早年获得全战中最大的海上胜利诚是非常的功绩。在战事初起的几月中，路易如能善用他雄伟的舰队，他尽有永远保存法兰西海军的优势，并阻止英吉利革命的成功之机会。但他于 1688 年既不想法以海军截断威廉之运兵于英，而于随后的二年内亦不阻止他运兵于爱尔兰。1690 年法兰西海军之战胜英荷较弱的联合舰队于俾赤山头（Beachy Head），可为它能对抗同盟舰队的明证，如果肯努力的话。如果在波因河战的那一年，它能截断英吉利爱尔兰的交通，则此后的形势宁不将大有不同？可惜僻处维尔赛（Versailles）内地的朝臣缺乏遇见海军机会即抓的知识，而在泰晤士河上可以亲睹潮来潮落的政治家则很少会让这种机会错过者。

拉和格及以后　两军的形势，到了 1692 年，因同盟舰队在海峡战胜法国舰队，随后复于社耳部耳（Cherbourg）及拉和格两港歼灭 15 法国战舰之故而大变。法方在这几次战事中的损失，就它们的本身而言，本不见得大于同盟国两年前在俾赤山头所遭的损失；[1] 拉和格之所以结果能如屈拉法加（Trafalgar）之同样的决定胜负者，良因路易拙笨且开罪于人的外交已招致全欧的仇视，防御陆界的大军及坚垒已尽够他的操心及法国的担负，故他再无余力可以同时补充法兰西的海军使恢复原有的实力。1690 年法国海军之所以能占暂时的优势乃由于朝中的主战政策，初不能和英荷海军之建筑于较大的商航及商业财富上者可比。法兰西的贸易及工业正受 1686 年自招的致命伤（《南特诏令》的取消）的恶影响而在徐徐的不振，所以路易的

---

[1] 俾赤山头英将托灵吞（Torrington）及拉和格法将图耳微尔（Tourville）两者都不负失败之罪；他们都受政府命令的束缚，而不能凭他们自己较佳的判断来作战。他们在无可如何之中都尝努力求胜。

作战政策，诱令他重陆军而忽海军后，法兰西海军的衰萎竟又快而又永久，而法兰西的商业及殖民地亦随而不振。

法国海军之不足重轻 路易的战舰自后即深居简出，不复敢作主力战；威廉及马尔巴罗的陆军和全部的给养及援军可年复一年的自由渡至大陆，不虞半途遭击，而不列颠则逢到外交紧急之际却可以舰队胁服犹豫不决的国家，而不虞法国舰队的牵制。当威廉时，同盟的舰队尝保全了巴塞罗纳（Barcelona），而延长了西班牙对法的抵抗力。际马尔巴罗之战时，我们之能和葡萄牙及和反叛的加达鲁尼亚（Catalonia）同盟，及我们在地中海及在西班牙的整个作战方略都有赖于我们在那些海上的优势。直布罗陀及米诺卡（Minorca）之取得及保存则有助于我们之占优势者甚大。

法兰西的海员，于他们的伟大舰队退归港中不复活动而后，便改用武装私船来劫掠英人。图耳微尔海将（Admiral Tourville）之日告终，而巴特·准（Joan Bart）的势焰大炽。英吉利的商业固大受他及他一类人的损失，但损失虽大，而繁荣仍昔；反之，法兰西的商业则不复见于海上。及法兰西的边界为敌国各军所封锁后，它只能依它本国极有限的物产为生，而英吉利则可以自中国远及马萨诸塞特的全世界为市场。

英法财力的比较 当雄主当朝的早年时，他的能而且贤的大臣科尔柏特（Colbert）尝极力扶养法兰西的工商业，且有显著的成功，虽则他所用的方法常偏于提携主义，或非个人主义的英人之所能容。但自1672年荷兰之战而后，卢瓦亚（Louvois）不健全的势力渐替科尔柏特而邀国王之宠。向外攻略的野心，及对内宗教的诛除两者联合起来竟把早年所培植成的繁荣尽付东流。路易固可向可怜的农民予取予求，不受限制，但他的取求也决不能多于他们之所有，所以远在马尔巴罗撤退以前，他早已将百姓的所有搜括净尽。他的治国办法卒因财政破产而失效，而专制政治及宗教诛除的道义上的威严亦随而塌倒。

同时，当威廉元二年犹软弱纷乱的英吉利国家则在蒸蒸日上，际多年的战事中，它于内部的融和，财政的健全及作战的精力都有增进，所以英吉利关于教社及国家的主义亦渐为世人所重视。英吉利成为大同盟的军需官，它一方津贴穷乏的德意志君侯，一方又维持它自己设备极佳，纪律及效率亦年有进步的海陆大军于极高的水平线上。

英吉利银行及国债 国会已成为宪法中的最高权力机关，故它可尽量供给威廉及安而无稍畏避；两君之所得盖为两查理所绝不能得诸于国会者。国王的大臣和伦敦城盟好的重要，从战时财政的方面看起来，也不减于国会的大量。在此以前，王家的债款辄希望以将得的税收抵偿，或种的税收一收到后，债款的本金即须归还。但在从盟好而产生的新制度之下，爱国的投资家并不希望即时将本金全体收回，他希望以国家为抵押品，而分年的得到厚而可靠的利息。这种新办法于国家固有利，于他自己更有利。放债于政府的主要债主并相约而组成英吉利银行（Bank of England），大臣们则以公家的信用赞助它来和商人做银行的交易。

英吉利银行及永有的国债当归功苏格兰人帕忒孙·威廉（William Paterson）及辉格国库大臣[1]梦塔归乌·查理（Charles Montagu）两人的创造力。但托立的乡下绅士则对于当年整个的财政运动疑惧百出，他们对于"金融利益"的得势深加妒忌。城中于政治及宗教的同情上本已大抵倾向辉格党；它自借给长期公债于革命产出来的诸政府后，更和辉格党有密切的关系。它绝不能让伪王（Pretender）回来，因为他必不认借于他仇人的借款，然而反对伪王回来则辉格党人固尤比托立党人更进一步。

17世纪末的伦敦 在这时期中以积聚的及应用的资本来发展世界的富源之大运动正在渐以经商的英吉利为活动主要地点。但工业的资本化犹在规模极小的时期，虽然家庭中工作的纺织工人和外界交易时已常须赖资本家为中间人。世界商业的资本化则已经达到了相当的规模，其中心则正在

---

[1] 译者按，Chancellor of the Exchequer 今通作财政大臣，但 Exchequer 前曾译为国库，改译有不一致之嫌，故作国库大臣。

由阿姆斯忒丹移至伦敦。威廉及马尔巴罗时的伦敦并不是一极大的商场，然工业的重要尚远不及商业及金融。它的工作有三种人在经营：一为扰攘不宁的"考刻南"（Cockney）粗人——扛运夫，码头工，散工，水手及数不在少的累犯。他们住居于几无警卫的羊肠曲道中，好些且住在城墙以外的，尤其是以夫利特街（Fleet Street）为中心的一带人口过密之地；他们的住屋既污秽破敝，而他们的利益又无人为之关垂。其次为中层阶级，一班肆主及大半业精贵工艺的匠工属之。他们为数甚众，且已知自重，最高的为富有的商人及金融家。他们住在真正的"城"中。全欧盖无别地可和此富"城"相比。

伦敦及其领袖和政府间的关系今又如水乳的相融，正如柏力及格勒善之日；不过自依利萨伯拮据地和腓力作战以来，国家理财的方法，伦敦的富力及富力的利用已有极大的进步。如果掘类克能得梦塔归乌·查理为后台老板，则他的功绩或不仅烧焦西班牙国王的须髯而已。雄主从失败的经验中始得知英吉利国会及伦敦城两者联合起来所得利用的财力实远在法国之上，虽则法兰西有人口 2000 万，而英吉利及苏格兰合起来仅得 700 万。

东印度公司 伦敦的东印度公司已经和早期斯图亚特时排斥英商不使在丁香群岛立足的荷兰公司立于对等的地位。从玛德拉斯，孟买，及恒河三角洲上的威廉要塞（Fort William，即日后加尔各答的核心），公司四出和大陆上的蒙古帝国发生恒定的贸易。即在和路易交战的期内，合股公司的股东仍在一本万利的赚钱；公司的船只固常有被法兰西的武装私船所劫获而丧失者，但茶叶，香料，披肩及棉布的销路未减，而制造火药用的盐硝之需要且大增。公司并在渐渐的于中国及印度树立销售英货的大市场。国人虽有责它专门运出金银而只运进"奢侈品"者，但"奢侈品"仍为男女所热烈要求，而被人唾骂的公司股份亦仍为国人所竞买。当威廉及安两朝中，城中有特许状的商人及无特许状的商人间，老公司及新公司间的争执，竟致使众议院哗然撼动，因为它已代国王而为商业特权的仲裁者。在革命后的12年内柴尔德·佐赛亚爵士（Sir Josiah Child），为保护老公司的垄断起见，赂送于阁员及议员者竟达十万镑之巨数。在这种种不荣誉的争闹之中，党见及私欲竟热烈到万分，因为世人所知之东方财富已不复是一个亚拉伯故事，而是城中大产业及各郡新巨室年有增多的实事。当时因东方贸易而致富者极伙，而其中最厉害最享盛名者非别人而即为察坦姆的祖父，庇特钻石的主人翁，庇特·托玛斯，他初在印度为"私营"（"interloping"）商人，继为公司玛德拉斯的督理；他以发下的大财一方于祖国置很大的产业，一方又收买了古舍蓝（Old Sarum）国会市。

地中海东部的商业 此时代有名的咖啡馆所用的咖啡以地中海的英吉利商人所运入者为多，而由东印度公司运入者为少。[1] 他们之在君士坦丁堡者已成为欧洲的主要势力之所寄，他们在尽量的向意大利，威尼斯及利凡特的诸埠开拓英吉利疋头货的市场。巴巴利的海盗及自土伦和布勒斯特（Toulon, Brest）来的武装私船虽常常扰害我们，但我们在土耳其和威尼斯的商业在战期中仍极有利。及至直布罗陀及米诺卡被获，地中海有王家海军常驻而后，则他们的安全更有保障而他们的声威也更有进步。

北美 在大西洋的彼岸，英人亦因海军之盛而大占便宜。两世纪后乌尔弗（Wolfe）和察坦姆间的大战在此时已有一度的试演。美洲诸殖民地中活动能力最大的马萨诸塞特人在和路易十四交战的20余年中尝两自法人获得阿加底亚；它在《立兹尉克条约》中固尝一度归还法国，但不列颠终于《乌得勒支和约》中并吞了它，嗣后并改称诺伐斯科细亚。在同一条约中不列颠也得了纽芬兰，但法人仍留存若干的捕鱼权利。此项权利历二世纪争执不清，到了爱德华七世始获最终的解决。哈特孙湾的区域亦归不列颠，它的雪掩的森林成为英吉利猎人取皮之地，而国内的皮货商亦可有货可销。所以——虽然进攻魁北克（Quebec）之举因王家的及殖民地的军力未能严密合作之故，没有成功——战事告终之时已见不列颠的势力稳植于圣罗凌

---

〔1〕 咖啡之输入在1680年尝被责为"极端无用，因为它既不能滋养身体，又不能使人堕落"。

士河之口，及法兰西沿河居留地的寒带后背。

南美 战事及和平更鼓励了不列颠又一宗的利益，即英人强向南美的大市场通商，虽则西班牙政府禁止任何外人通商的命令至今犹在。自詹姆斯一世和西班牙君主国媾和后，和中南美西班牙人的捣乱在英人方面向由熏烤海贼继续进行。[1] 在查理二世时西印度群岛的熏烤海贼正际他们豪侠光荣的极盛时代，他们常扰乱西班牙美因的沿岸而为英吉利利益吐气。在威廉及安之世，他们在逐渐下降于提次一流的黑旗海盗的性质和地位；他们仇杀任何国家的人民，而任何人亦反对他们。但他们的降落是渐进的；好些如同启德和魁尔赤（Kidd and Quelch）之流的行为每每介乎海盗和私掠（Privateering）之间，而殖民地人民和不列颠官吏对他们的态度也视当时的情景及人物为转移。

在《乌得勒支和约》中，我们尝想使我们和西班牙的关系规则化。托立政府之能于条约中获得有名的《允协》（Asiento），即他们最苛刻的批评者亦为之赞赏不置。照这允协英吉利单独取得每年派遣一船至西班牙美洲经商的权利，此外它并可运 4800 名黑人前往。在 18 世纪中英人利用这个有限的垄断来做较大的私下贸易；和西班牙的争执从新又起，直到波里瓦尔及坎宁（Bolivar, Canning）之时，西班牙统治终止，美洲门户开放时，这个争执始获最终的解决。

奥古斯堡联盟之战 说到欧战本身，前后两部间实具截然不同的性质。在奥古斯堡联盟之战中，路易以一手而和西班牙，荷兰及德意志君侯于法兰西所有的陆界上交战，值他却并未失败；斯腾刻克及兰登（Steinkirk, Landen）虽为法方的胜利，然两方都没有惊人的战绩，或有关轻重的胜利。作战的大部集中于法兰西及西班牙尼德兰间的一带，但两国的界线几一无更动。威廉三世为此次战事的政治及军事领袖，但威廉实不是获大胜仗或吃大败仗之人，他是比较的谨慎者。不列颠军队在他领导之下却学会了作

---

〔1〕见上第 443 页。

战的技术，故他对于后一部的成功仍有极大的贡助。

西班牙继承之战 西班牙继承战开始时的形势适与前述相反，除了海军外，法兰西似乎处处占着便宜。它的军队，凭借了西班牙新王路易孙儿腓力五世之名，正占有西班牙所有在欧的领地。庇里尼斯山外的大王国，意大利的米兰及纳普而斯，及久在争持之中而满布坚垒的西班牙尼德兰，从作战的眼光看起来，在战事开始时，都可算是法兰西的疆土。而且，路易尚有居于德意志中心，而紧接奥大利的巴威里（Bavaria）大国为联盟。奥大利的东部本已为匈牙利的叛军所困，今又有联法的巴威里在西，故它于战事中的轻重减了许多。当时的情势甚不利于同盟各国，而英荷将来陆上海上的安全亦岌岌不保；除非它们能把路易逐出于上述的境界之外，尤其是西班牙尼德兰之外，则他实已取得之欧洲主人翁的地位益将牢牢的保持。但事实又尽出意料之外，在前次战事中竟不能动法兰西分毫的同盟各国，竟能把它尽逐于所占境界之外，只有它在西班牙本国的势力，因西班牙人民善于游击战之故，没有能力推翻，而波旁（Bourbon）的腓力仍为他们的国王。

马尔巴罗1704年之进向多脑河及布林亨的大捷救了奥大利，并征服了巴威里；西班牙尼德兰则被他于1706年于剌米宜所征服；同年友金（Eugene）的吐林（Turin）战役征服了米兰及纳普而斯，并替奥大利获得了称霸意大利半岛之权。波旁国王虽保全了西班牙本国，但西班牙在欧洲的帝国则被征服而瓜分；领土大多归奥大利，但不列颠及荷兰的安全却得到了永远的保障。

上次战事之所以一无结果，而此次战事之所以得获重大的胜利，马尔巴罗的军事天才也不是不重要的原因。他又深得他的朋友，奥大利名将萨伏的友金亲王（Prince Eugene of Savoy）竭诚的合作。但当年的成功也得归功于不列颠日增月盛的海事，商业和财政权力，及马尔巴罗，哥多尔芬（Godolphin）和安时辉格诸大臣之能善用此种权力。马尔巴罗对于世界大战

的战略及联络海陆军以取胜的方法,其了解的深切有非此后任何继他而执英国治权之人所得望其项背——也许察坦姆是一例外。英国的实力日有增加之时,亦即法兰西海权财权日在减落之时;法兰西于过去的50年中尝竭力以图征服全世界,然因而国力大疲,所以到了快要成功之时,反而不济起来。路易晚一辈将官之缺乏能力,及军士一挫于马尔巴罗后之丧胆,盖可视为国力衰疲的一种反映。

战术 战舰的大小和武装及海战的战术,在布来克时及纳尔逊时并未经任何的变化。但陆战的方法则当马尔巴罗于安之初年初为统帅之际,正在离考斯道夫·阿多发及克伦威尔〔1〕时方法,而发生重大的变化。自复辟以来枪刺渐渐得用;自启力克郎启新得的经验后环形枪刺(ring-bayonet)更于威廉之世盛行于时。它可长装在枪头上,即放枪时亦不须卸下。在克伦威尔时居各团伍半数的矛队竟因无用而被裁去;自此而后步兵中只有一种的兵士,即持有刺刀在梢之枪的兵士。兵器改换而后,利于矛队之步兵六重纵队的阵形亦一减而为三重的纵队式,因为这样可便于向敌人放枪。当时步兵的战术盖已类似大腓特烈及威灵吞所采用者,所不同者步兵的训练此时尚不及日后的完备,而调动亦无日后的敏捷而已。骑兵固犹能决战事的胜负,他们在布林亨及剌米宜也建过大功,但他们之为用已不如克伦威尔时之大,因为"穷步兵"的效率已大增。

战略 路易十四时代的战争已多半是堡垒要塞之争。读过《禅第·屈立时屈蓝》〔2〕者当尚能忆及威廉王的两老兵士对于马尔巴罗的围攻,比对于他的行军及战仗尤多职业上的兴趣。路易王的军事工程师,"那个有名的服榜(Vauban)先生"复将防卫的技术臻于极完备极复杂的至境;有堡垒的城镇纵横密布于法兰西的边界,在尼德兰中尤多,而强邻竟不易窥伺。

防卫巩固的结果为战事之不易进行而阵线之不易摇动。这种现象在奥

---

〔1〕 见上第458~459页。
〔2〕 译者按,Laurence Sterne 著 *The Life and Opinions of Tristram Shandy*, Gent 小说,而以禅第为书中的英雄。

古斯堡联盟之战中尤为显著。但西班牙继承战中的一阵征服则又令人回忆及考斯道夫的战绩，而预伏拿破仑的奇功。路易军队之远离法界而深入西班牙帝国的领土及巴威里，实为酿成此种不同的一因。当马尔巴罗受命为统帅之始，法军已远离他们的堡垒线，而在无防卫之境；所以他不顾一般人的稳重懦怯而立即乘机恢复行动式的战争。当他决定统率英荷两国的大军，穿过欧洲，趋至多脑河，以救奥大利而获布林亨的胜利时，他尚须极力瞒过荷兰政府及英国国会中的托立党人，因为他们都是反对以昂贵的军队来作孤注之一掷的。

马尔巴罗 马尔巴罗实为不弱于英史中任何人的一位战略大家，战时政治家，及战时外交家。就能力而论，他的类似察坦姆和克莱武（Clive）两人的混合体，所不及者只是他没有察坦姆的演说天才及流露于外的义胆浩气，故他不能如后者之激发国人而已。就打倒一个军国的效率而论，他的功绩可媲美威灵吞和卡斯尔累（Castlereagh）两人相并合起来的功绩；如果辉格党人能完全不加掣肘，他或不难于1709年替欧洲取到如卡斯尔累在1815年得着的同样的和平——或波令布洛克（Bolingbroke）在1713年所得着的。

只有克伦威尔可和他颉颃。但奥力味性格上怪僻之处及政治宗教上的向背不令人仰慕，便惹人的厌恶，马尔巴罗则平正通达，绝不引起极力赞扬他或极力诋毁他的偏见。他的功业之是否应受国人及世人的感激，绝不成为剧烈表情的问题。他虽出身为托立党人，但就政治的关联而论，则为辉格党人，然他尝詈"托立"及"辉格"为"可憎的名词"，党之于他盖绝无丝毫的意义。他终因不党而为两党所厚侮，托立党人虽尽力毁他的名誉，而辉格党人仍不出力为他辩护。他既和受路易津贴的英人及和流亡在外的詹姆斯通讯的托立辉格党人为同时人，于操守方面，他自然不易独异；老实说起来，他不见得能稍优于复辟朝廷及革命国会的平均产物。但是，他虽贪财，他还给国家的报答却远大于任何其他臣仆；他虽投机，他所投

十之九的机会总于国家有绝大的利益；他虽除了随他东征西讨无往不捷的军士外，得不到任何别的阶级的竭诚爱戴，他的静穆不带色彩的伟大卓绝，其凌驾乎克伦威尔的任性多情的人格及冲动不安的灵犀之上者尽可和其不如者互相作抵。藉了他清朗无蔽的天才，马尔巴罗掩护着人们极需要的理智，容忍及常识的时代以安然降世。

党势的消长　一个世界大战的成功包含着两种各异的动作，而两者都很困难——一是武力之致胜，二是稳定的和平之取得。然而战时所需要的才质及战事所酿成的空气往往于和议的正当措置不甚相宜；因此之故，我们两党制之能让辉格党来致胜，而让托立党来媾和诚不算是坏事。

自革命以后辉格党人已成为路易的死敌，他们深恶路易之代表专制政治且袒护伪王。威廉本和辉格党人毫无感情，但他觉得只有辉格内阁能有进行奥古斯堡联盟之战的精力及理财本领。他之缔结《立兹尉克条约》又为他一人的工作，他的英吉利大臣没有参加。在第二次战事爆发的前数年内，托立党人又自然的得法起来：他们的赞助人女王安即位后，他们更声势赫赫，几乎占领一切要位。但际这四年混沌的和平中，对于众议院有最大的权力者，非他人而是缓和的托立党人哈犁。他本是圆头家庭中人，亲友关系又多圆头党人，故他的见解无一般托立党人的执拗。他"教育他的党人"，而使之通过如安无子嗣则以汉诺威家人继的《继承法》[1]并使之于路易倨傲的宣布伪王为詹姆斯三世之顷，复和法兰西开战。路易在《立兹尉克条约》中固尝承认过威廉为英王，但他于获得操纵西班牙帝国所有的人力物力后，益骄傲逾恒，以全世界的主人翁自居，而不复知谨慎之为何事。

所以西班牙继承战的发动，实缘于缓和的托立及辉格党人和马尔巴罗及哥多尔芬的联合。但时势所趋，战时的政府又逐渐为辉格党人所包办，

---

[1] 1696年詹姆斯党有暗杀威廉的计划，详细情形颇和辉格党人杀查理二世于赖府的计划相似。詹姆斯党的名誉因此更是扫地。托立党之能赞助1701年的《继承法》或与此不无关系。

因为托立党中仍有好许的人心不在如何打败路易，而在通过制定惩处异教徒的法律。只有哈犁仍心心念念以战事为重，故他仍留居于辉格政府之中，直到1708年路易已被逐出西班牙尼德兰，而苏格兰的合并已经成功之后安始被迫而令他告辞。马尔巴罗及哥多尔芬两人已和托立党完全脱离关系，故仍留在政府之中，而受命于辉格的"巨头"。混合的政府虽往往能十分有用，但在国会政制之下，竟一日比一日难以自存。自革命而后英国却早在不知不觉地走向一党包办的责任内阁之近代制度的路上去。

辉格内阁之不言和 一再藉战争而当国，而得势的辉格党并不急于言和。然而他们在国内获到完全的政治胜利之日即是和议应当认真开始，认真进行之日，如他们不能乘机获得和平，则政权之在握适足为他们之病而已。马尔巴罗于剌米宜及奥登那得（Oudenarde）替奥大利获得西班牙尼德兰之后，英国本可将战事作有利的结束，但因和议未成之故，他尚须耗四年的精力于消除保卫法界的堡垒。路易于穷蹙之余尝于1709年竭诚向同盟各国求和；他所提的条件实可代表同盟国所能要求而又可取得的最大限度。他且愿自后不再给他孙儿西班牙国王以任何的助力。但辉格党人竟缺乏媾和之才。他们要求一件路易所万难答应之事，他们要他自己派军把他八年前所立的腓力逐出西班牙。辉格党"不包含西班牙在内便不要和议"的公式实等任何的和议都不要。路易既不获和平，则便呼诉于他向所不屑垂顾的人民；人民知道他已不惜牺牲尊严而力谋替他们求到和平，和平既不可获。他们自然只有扶助国王而奋身以卫国土。法兰西人民的勇武马尔巴罗在他马尔普拉揆（Malplaquet）得不偿失的胜利中竟首尝苦味。

托立党人的得势 不列颠亦在渴望辉格党人所靳而未与之胜利的和平。国内的问题本已在助长托立党的声势，"停止战事"的口号更促进他们的反动。一阵高教社派的情感忽又笼罩了女王和她的臣民，几年前犹在追逐詹姆斯党且捣毁弥撒屋宇的暴徒改业而从事于异教徒教堂的焚烧。辉格大臣在上院前弹劾萨希味来尔博士（Dr. Sacheverell）之轻举妄动更激动了民众的反感,因为他的罪名只是在革命纪念日作了反对革命诸大原则的一篇讲演。

女王的种种政治及宗教上的同情及马沙谟太太(Mrs. Masham)对于她的势力终究使她得以摆脱马尔巴罗公爵夫人舍剌(Sarah)的把持。所有的辉格党人一一下台,不久并害马尔巴罗也得下台。安撒换大臣的举动旋经总选举的追认。自威廉于1688—1689年冬入主英国以来,重臣的更动及政策的改变,盖从未有如此次之突如其来,亦从未有如此次之整个无遗。但此次的变动并不是一个革命,而是新宪法中的常态。新的宪法已渐在趋向政党内阁的政治,而有托立辉格两党之交互执政。在那时候除了这样的一个整个的变动外,欧洲的和平亦绝难取得。

乌得勒支和约 新的托立政府有两个领袖,一为才能出众的圣约翰(St. John),又一为中正和平的哈犁。前者志在压倒敌党,而消灭异教徒,他以弄政为职志,而国利民福可置不问。后者志在提倡全国联合一致的精神,这种美德不幸甚为当时政治家所缺乏。但政府至少对于和议是一致的。除了我们没有能替我们在加达鲁尼亚(Catalonia)的同盟者取得相当的保障,以致他们大受腓力的报复外,我们实不能于《乌得勒支和约》中找出重大的错误来。但内容方面虽无可訾议,而方法方面却大可批评。英法间秘密而又不让同盟诸国参加或得知的谈判——虽则威廉尝用同样的方法来成立《立兹尉克条约》——马尔巴罗的斥革,以及不列颠军队之当敌军之面而撤退:凡此种种为辉格党人所力斥,而为国人所绝不喜欢。然而这种方法之所以成为惟一可和法兰西有谈判结果,可强同盟国以接受已成之约之途径,多半亦由于辉格党,荷兰及奥大利的执拗不化。

不列颠的殖民和商业利益,我们在上面已经说过,[1] 在约中得到了充分的关垂;如果托立政府和法兰西所订的商约能不遭英人贸易上的嫉妒,而不被辉格反对党所推翻,则上述的利益且可获更大的稗益。至于欧洲的

---

〔1〕 见上第550~551页。

疆域处置，则乌得勒支以西班牙在欧的领土归奥大利，而以西班牙本国及其在美的领土归波旁·腓力。和约的条文不过将战事早年所产生出来，而最后五年的用兵并没有能怎样变更的事实加以正式的承认而已。英吉利的海上安全则因尼德兰之割让于奥而安如盘石，因为奥大利是中欧内地的一国，故我们丝毫无须害怕。法兰西侵掠莱因三角洲的危险在1793年以前不复发生。

乌得勒支的种种办法事实证明为18世纪文明的稳固基础。自此而后，直到法兰西革命—新法兰西的国运前，欧洲再不须恐法兰西之过于强大而觉到一种危险。如果同盟国以苛刻的报复手段待遇路易，有如辉格党人及奥大利之所提议，而马尔巴罗则尽破星罗棋布的堡垒以游行于巴黎的街上，则法兰西的人民或会永远于心坎深处藏着雪耻之念，因而会竭力拥护旧政治（ancien régime）的君主国而不稍冷淡，更因而使18世纪的欧洲常受不仅为朝代而发的战争之扰乱。

托立党人的宗教反动　《乌得勒支和约》为波令布洛克贵族，圣约翰，之惟一带政治家气魄的大作为。他于媾和时充分显出他的出众之才，且对于法兰西尤曲尽平正的能事，平正的精神他盖从不以之待他的国人者。

托立党人于既获和平之后，很希望于他们的对内政策上坐享和平的果实。他们于年前已通过一法以限制议员当选的资格，凡每年田产之收入不及300镑者，都不能为议员，即城市亦不能代表。但十月社（October Club）中以猎狐为生的托立乡绅们，其主要的政治嗜好为追逐异教徒，而自由思想者（free-thinker）波令布洛克实为一群猎犬中的强者。首次的爆发为久经争持不决的《间或服从国教法》（*Occasional Conformity Bill*）的通过；按照此法，凡曾经因在盎格力干教堂参加圣餐而取得国家或城市官吏的资格之人，如再有参加违教徒的礼拜之事时，便须纳不堪其重的罚金。三年后的《分派法》（*Schism Act*）则更为凶辣。它不准异教徒教育他们自己的儿女，教育之权操诸于国教教社的主教所特许之人。违教徒以自己的力量所设立的许多优良学校照此法须一一关闭,而它们的教师须一一失业。即为主教所特许的教师也只能授教社的教义问答而不能授其他的教义问答。《分派法》虽没有把《容忍法》取消,但它的目的在使它失效,在使异教徒无从复存于下一世中。《分派法》诚为极恶劣极不自然的一种诛除方法,而也是托立党自有革命以来最不荣誉的劣迹,为保全英吉利的宗教自由起见,托立党的推翻几成为先决的条件。如果《分派法》得有实行的机会,则英吉利的宗教信仰将永不能花样繁多,或则国中将再有内战。幸而因安逝世时所发生的朝代争执使托立党分崩灭裂,一蹶不振,因而异教徒得无须用武而获保全,而18世纪国泰民安,有容忍有宽阔主义的时期亦得以毫无缺陷的导入。

> 当乔治于危机一发之际来临
> 缓和的人们真个个得意自鸣。[1]

两党的徒众　辉格党人在汉诺威王室人据大统时之得胜,所以亦为"和缓之人"之得胜者,乃因辉格党人居于少数故不能有诛除异己的自由。在波令布洛克的领袖下的托立党人在安末几年之所以敢仇视异己者或许即因他们在国中占最多数。在工业革命以前地主为最有势力的阶级;在卫斯立主义[2]勃兴以前,国教亦数倍于其他各教的全体。以和田地的及国教的利益抗衡,辉格党人只能纠合半数的贵族,少数的乡绅,一部分的自由农

---

〔1〕 辉格党人于乔治一世早年即将《间或服从法》及《分派法》两法取消;但任官者仍须经圣礼的鉴证(Sacramental Test),此项鉴证至1828年始为罗素·约翰贵族的法律所废。高教社派之坚持任官者之须参加圣礼对于宗教本身不见得是件好事。斯尉夫特(Swift)写道:"我一早就去大臣(指波令布洛克)处,但他已去做早礼去了……去受圣礼去了。好几个浪子也去了。他们之去不为虔神,他们只为谋官而去,盖做官者,照国会法律,须受圣礼。"但斯尉夫特的政党只反对异教徒而对于浪子转眼开眼闭不加排斥。

〔2〕 译者按,即美以美或监理教。

民,大都的商人和金融界,从大陆逃来的抗议教徒[1]及英吉利的异教徒。这个大结合,为数虽比较的不大,然组织的有力及志向的合一则远非托立党人之所可及,因为它的力量集中在城市,尤其是伦敦,又因它的领袖可同心前进以收政治上的功效,不像托立乡绅的内部常被阶级或宗教异同所分裂。我们须知通常的辉格党徒固为中等阶级的一个异教徒,但辉格党的领袖则恒为上等阶级的国教中人,而大抵倾向于宽阔主义或怀疑主义者。介乎本·威廉及伯来特·约翰(John Bright)之间,没有一个违教之人曾在英吉利的政治生活中做过重要的领袖,虽则在那时期的半部分,违教之人能维持辉格党于政府中而有余。

朝代问题 在承平时候,托立党人的势力本大于辉格党人,他们为数既多,占地又广,他们本可为18世纪英吉利的统治者,但不幸他们竟触在朝廷问题的硬礁上,而致破裂不振。在威廉的末年哈犁本已领导了他的政党制定《继承大法》,规定如安死后无嗣,则王位归诸汉诺威氏。[2]此次的大决议可代表乡绅们及盎格力干教社之永不能再信任一个罗马公教的国王。但斯图亚特王朝如一变而信抗议教,则极端派的托立党人或又可不复受《继承法》的束缚,而仍可拥护斯图亚特氏。幸而老少伪王都不肯为王位之故而牺牲他们的信仰。他们之坚持信仰诚有足为他们多者,他们的诚实使英国得免除了好些的麻烦及内乱。

然而《继承法》仍只不过代表托立党对于朝代问题的半数感情;他们的又一半,或可称为詹姆斯党(Jacobite)的一半,仍使他们不免时有跃跃欲试以迎旧朝的情景,但真逢危机来到时则他们又惶然不知所措,而深畏真正复辟之会产生不良结果。他们在少年时本浸润于王权神圣主义之中;

---

[1] 当伦敦的户口仅及今日十分之一时,法兰西呼格诺徒的教堂计有30以上。在这些教堂中做礼拜者大都为精巧的匠工,好多的人日后且在他们所归化的国中成为富翁。他们几全体尽是辉格党人,因为托立党极反对他们的礼拜仪式。

[2] 关于汉诺威氏和詹姆斯一世的关系,见上第434页的世系图,关于詹姆斯二世的后裔见上第513页。

> 在那查理王的黄金时期，
> 忠君本不是坏事，

故继起数代的托立党人总觉得抗拒斯图亚特氏复辟之不自然。而且旧的理论和旧的感情又和政党政治中的新的考虑如出一辙，他们总觉赞斯图亚特氏之为得计，因为汉诺威氏是和辉格党人在一起的。奥伦治的威廉于取得王位之前及取得之后对于两党都采无偏无私的不置意态度，但日后的乔治一世则拒绝采这种态度。而且将死的女王的托立大臣绝不能一方于汉诺威的朝中献殷勤而一方又能和女主人不发生争执。安之对于储君的嫉妒初不下于依利萨伯；而且她和许多托立党人如出一辙，她虽在实行上不是一个詹姆斯党者，但在情感上她却纯是一个詹姆斯党中人，她深恨德意志君侯之将于她死后占夺她弟弟的位置。

牛津及波令布洛克　托立党人所以极力向女王邀宠，而绝不顾到将来之难获乔治的天眷。反对党的辉格党人则采相反的政策。波令布洛克因逆知乔治的即位将成为托立党的下台，故起而作最后的挣扎。他拟将国内布置一下，庶几女王死后，詹姆斯党可以安然复辟；他希望至少能做到詹姆斯党色彩的内阁能完全控制全国，庶几它可以左右于争王的两派间而号令一切，要他的计划成功，势必将全国法院，海军，陆军及政府中所有的辉格党人及缓和党人——易以极端的托立党人。哈犁（时已为牛津贵族）的免职则为更替文武官吏的先决条件。哈犁于7月27日被撤，而波令布洛克遂大获自由。如天假以五月或即五周的工夫，他的布置或可完全成功；但不幸女王于五日内即行逝世，而波令布洛克所有的计划亦成画饼。斯尉夫特写道"当果实正将成熟之时，天命又把它腐烂"。著者自己亦因托立党的推倒之故而终身掩没于都柏林一个副主教之职。

波令布洛克的阴谋适足以助成乔治一世的平安即位，无有反对，然而他对整个托立党之不信任则坐是而益甚。他大多数的臣民，纵非辉格党人或异教徒，亦同此不信任，因为他们但愿国家得在抗议国王之下长治久安。托立党外既被人疑为詹姆斯党而内则又为不同的情感及两歧的忠心所分裂，故他们之不复能执政权者竟有47年之久。

波令布洛克亦不复能重登活动的政治舞台。他在伪王身边做了一时期的外交大臣后，于失望及厌弃的心境中脱离了那个伪廷，而致力于著述。他早年极端的思想在他作品中已一变而为哈犁的缓和眼光；他教训他的党人以革命解决的必要，政党之争的流弊，及日后得臣事一个"爱国国王"的希望，但此国王已显然不是一个斯图亚特。[1]

辉格党的缓和 际我国国史的这一时期，辉格党之能有50年许不断的执政，虽绝不能说是有利无害，究替英人取得了政治及宗教的自由，因为他们是少数党，他们不便仿效《分派法》的著者，而有诛除异己的企图。自1721年迄1742年当权的窝尔坡尔（Walpole）至少能看到维持政权的秘诀，他知道只有让教社的特权留着不动，让乡里的政府大半仍操于托立治安法官的手中，辉格党人才可秉政，而汉诺威王朝才可没有摇动。故圣詹姆斯及韦斯敏斯忒的政治虽属辉格党人，而教社及乡绅阶级仍能继续保存对于他们为最亲爱的郡邑，牧区及大学。

上述调和的结果即所谓"窝尔坡尔的和平"（Pax Walpoliana），而汉诺威王室亦得免为詹姆斯党所推翻。这个政策在精神上和沙甫慈白利所领导的原始辉格党的狂暴完全异趣。当窝尔坡尔上台之时，辉格党已完全得着了"缓和"的教训，但他们也不是一蹴而就地学得的。在威廉及安两朝他们仍有多次露出过他们从事报复的旧根性来；他们尝企图将《赦免法》阻挠不使成立——虽则他们的企图因威廉的坚持而没有成功；他们尝把分尉克（Fenwick）及萨希昧来尔交付审判；他们更尝于乔治一世时弹劾牛津在

---

〔1〕 Felling 在他的 *History of the Tory Party* 中说："教导这几代（自安至乔治三世）者实为波令布洛克。他藉了他下半世的许多'信札'及'论说'哈犁化了或近代化了托立思想的整个基础。"

乌得勒支和议中的所为：在此种种事迹内我们仍可看出他们的狂暴。但索麦斯，顾伯及阿狄生（Somers, Cowper, Addison）等一类人物所常常表露的一种较和平较谨慎的精神早已在党中逐渐得势，而很足以和华吞（Wharton）所代表的狂暴分子抵抗。这种和平宽大的趋向到了窝尔坡尔时更大获胜利，而他的格言——"勿惹人生事"——盖可算做胜利的一证。

威廉及安朝势均力敌的两党之对峙，及辉格托立党人藉国会中的雄辩，藉小册子，藉选举工作，藉日常的谈话以贯注于公众的耳目中者皆足以助长辩论及自由发表意见的风气，而使之成为未来时期中英吉利政治生活中的奇彩。党争有时固不免产生诛除的恶果，但因为得居于此党或彼党的卵翼之下，故言论及印行之自由卒得在英吉利有特殊的发展。

第五卷
海权华族*政治及工业革命的初期
自乌得勒支迄滑铁卢

---

* 译者按，aristocracy 普通译作贵族政治，但如此则 aristocrats 将无以别于 lords 或 nobles，故今以华族译 aristocrats。

概　说

制度的固定不移　从政治上看起来，英吉利的 18 世纪实起自 1689 年的革命解决，而全世纪亦可视为那解决的注解或评议。1714 年汉诺威王室继位的根据和 25 年前威廉及玛利入主的根据完全无二，25 年前的原则不过今又多加以一层保障而已。

革命解决有它性质上的缺点。它太过于保守；至少从近代眼光看起来，它确是如此。后世之人回顾起来，每会觉得当时的执政者如能乘机将国会议席依人口的多寡而重行分配，则日后的形势或将较佳。克伦威尔的诸国会中，已无朽腐城市的（rotten boroughs）代表；当时的执政者视这种城市为地方绅士的产业，故把它们铲除，而加增各邑的代表以为代。但旧日的选区已随查理二世的复辟而重来；1689 年的人们更不敢改弦更张，驯至代表的基础日益腐化，而各种的弊病亦相至沓来。英人和美洲的龃龉或许即为此种大弊之一。革命的长处乃在它之为一种众意金同的解决，而众意之所以能金同则全赖已定利益的侵害之极力避免。某部分贵族及绅士之得在某几处城市中操纵众议院的选举，即为此种已定利益之一。所以在当代辉格或托立党人的眼光中，一个《改革法案》（*Reform Bill*）诚无存在的余地。

而且革命外表上的目的本不在更改，而在保守。詹姆斯二世常违法地

侵犯若干种的已定权益及有状或特许会社——教社，大学，城市，国会城市的选权，自由业主的财产，——他又不认国法之能有实效。革命之力排违法的侵犯而拥护以上的利益固为当然之事，但它也因此而转给它们以一种神圣不可侵犯的性质，即优良合法的改革亦历百四十余年而不能提出。激起革命的种种暴行，能令英人对于已定利益产生一种理想的热忱，因为詹姆斯二世的行动，一时颇使不列颠自由的前程和已定利益有过共存共亡之势。造因的暴行虽不久即成过去，而所生理想的热忱则仍继续未衰。詹姆斯二世在恣睢暴戾时所蹂躏的现行法律，竟成为布拉克斯吞法官及18世纪人士的崇拜物。

革命即是法律家之战胜行政机关；科克及塞尔登辈之所争者，即国王举动之是否合法应由援用通常法的法院来自由判断；法院取到此权后，他们及继他们而起的一班法官的努力亦即告一结束。法律之能克服擅专而且不负责任的权力固为文明的一大胜利，但法家的看法在18世纪中亦不免坐是而过于得势。革命只为抵拒独夫所欲引起的违法变动，但布拉克斯吞，甚至于柏克，则引为一种尽善尽美的固定标准，而稍倾民众方面的改革则皆在不容之列。

半因上述的理由，窝尔坡尔及庇特父子的时代竟成为各式会社生活一致腐化的黄金时代。凡把持宗教的，学术的，慈善的及学校的捐建及资产者俱没有被调查或被改革的危险。教员可以坐享薪俸而不去学校。大学可以出售学位，而无须举行考试或有所训讲。国会城市和都市的寡头团体，要怎样腐败或荒谬便可那样腐败或荒谬，只消它们资格是老的，那就行了。"凡事之已然者即是合理者——如果能有特许状做护身"似为18世纪的标语。

大人物的辈出　因此之故，英吉利在革命后的一时代中，只可凭它各个伟大的人物，凭它自由活泼的人口之私人的造诣，凭它商人及工业家在世界市场上的公开竞争为判断的标准，而不能凭它半醒半睡的会社制度，如教社，大学，学校，吏员（Civil Service）及城市会社之流来作判断的标准。不列颠18世纪的光荣应于在自由群社中自由作为的个人才能及精力中见之。马尔巴罗，斯尉夫特，蒲特勒（Butler）及柏克立（Berkeley）两主教，卫斯立（Wesley），克莱武，海斯顶斯·窝稜（Warren Hastings），两庇特，库克海校（Captain Cook），约翰孙博士，稜诺尔咨（Reynolds），柏克，斯密司·亚当（Adam Smith），休谟，瓦特·詹姆斯（James Watt），朋兹（Burns），布来克·威廉（William Blake）以及其他等等皆为不世出之名人，即今世亦少能和他们匹敌之人，虽则我们的会社制度已经大大改良，大大的合理化。

18世纪的光荣　处斯图亚特时期历久不断之政治及宗教的风波而后，长时期的安定，即使稍欠流动和进步，究尚不是坏事。而且不列颠经察坦姆淬砺时之突然发作，加拿大的征服及印度帝国的建立，亦可见政治上的停滞不进未不必即是民族的衰亡；不列颠的国家及宪法，在旧局面（ancien régine）的末年时不特是全世界最自由的政府，而且也是最有力的政府。固然，半因我国宪法上的缺点及腐败，半因英美关系上所发生的特殊理由，美洲的殖民地终究失了，但不列颠华族政治在帝国及外交上的成功及失败毕竟都是大规模的，毕竟比同时在波旁法兰西当令的专制政治至少要高明得多。就大体而论，不列颠在18世纪中极为繁荣，而它的文明也根深蒂固而远播各方。

工业革命的降临　最不幸的，是这一件事，这个法律不变，制度依旧的时代，于其末数十年内适和经济及社会的大变化开始发动的时期同时。此项变化来势甚猛，而对于将来尤有极大的关系。所谓工业革命本始于我岛，而为便利计，且可自乔治三世的早年起算。历他60年的一朝，机械及资本化工业的新势力，竟盲目的侵入组织散漫无抗拒能力，不知为正当领导，而又不知祸之已至的华族社会。

可由约翰孙博士及柏克·爱德曼来代表的18世纪英吉利社会固十分文

明，固异常稳定，但当时人的思想只限于政治及文学方面，而于重要的经济变化却如有目无珠之不能见及。海外的政治变动他们能斤斤讨论，大表不满，然日日在他们之中所起的革命，日日在倾动旧社会基础的经济变动，他们却熟视无睹。因不知其为革命的变动，故他们曾不一为操虑或加以纠正或整理。不但如此，当工业革命使得我们政治及城市的制度，更比以前有改革的必要时，法国雅各宾宣传所引起的反动，反使统治阶级更坚决的在原则上拒绝任何政治的变动；同时他们对于风起潮涌的经济变动既不稍有阻止，亦不加以指导，一若这些尚未足以餍足运命的玩弄者。除了这些之外，20年的拿破仑之战，更使国人不得不忽视国内的危重情形；而战时失常的贸易，物价及雇用情形益把工业革命于它最紧要的关头打入于复杂的状态之中。

伟人时代　在这种漫不经心的情况中，18世纪安静自足的英吉利竟流入于多灾多难的大镬中而不自觉察，而从这大镬中则日后形成出来一完全不同的世界。但各个的英吉利人是极有潜伏的精力的，岛国的地位对于海上主人翁是极有利的，新的工业机械于战事是极有力的，所以即经那个混乱多险的危急之秋后，不列颠仍得为拿破仑之战的主要胜利者，仍得为新欧洲的主人，纵美洲诸殖民地之于不久以前宣告独立也不足为患。而且即在战事澎湃的数年中，它的创造的精神，因得安躲于它的舰队之后之故，仍得如在依利萨伯时的飞腾。纳尔逊及威灵吞，福克斯及庇特，卡斯尔累及坎宁的时代也是威至威司（Wordsworth）及哥尔利治（Coleridge），斯科特及摆伦（Byron），雪莱（Shelley）及岐次（Keats），忒涅（Turner）及坎斯塔布尔（Constable），科柏特（Cobbett）及威伯福士（Wilberforce），边沁及奥文（Owen）以及其他伟大人物的时代。那时的人们似乎能把毅力及天才和岛国的空气同时吸入。虽则社会的规制甚不合时宜，而穷苦者的状况甚恶劣，但在处境较优的数阶级中，个人际此工业革命初和旧日的农村生活及传自18世纪而尚存着的旧文化及旧自由发生接触时，固常达到一极高的发展。

第一章

早期汉诺威时的英吉利

国王：乔治一世，1714—1727；乔治二世，1727—1760；乔治三世，1760—1820。

辉格寡头政治 奥伦治的威廉之来英常巩固了辉格党的，而紊乱了托立党的党义，但辉格党人并没有因此而占着多少物质上的便宜。历威廉及安两朝，两党继续共执政权，难分上下；国王及选民初则偏袒此方，继则偏袒彼方，各随当日形势而转移；党争亦继续有力，有时且甚猛烈，但其结果，就大体而论，总算是有利于国家的。直到了乔治一世、二世之时，国中的情形始可于相当的保留及限制之下，目为"辉格寡头政治"。且即在此时，如因托立党的半数未常严重地蒙詹姆斯党之嫌，则这寡头政治也还不能存在。

半因这个理由，半因乔治一世之昧于英吉利的言语及习惯，汉诺威王朝的起首二王竟把威廉三世及安所决不会放弃的某几种王权，完全委弃于辉格党的领袖。内阁的组织，国会的解散，国王在教国中的委任权，在事实上，悉自国王移于辉格魁首之手。所以我们尽可以说，1714年而后我们有了一个寡头政治。然自又一方面看起来，我们宪法中民众的势力实又得了一层的进步，因为大权在握的内阁须有众议院的信任为根据，而世袭君主所享的权力则视前更小。

乔治三世，在他初即位后的20年内尝将委任官吏之权努力收回。他的举动固和成立革命解决者的用意并无不合，但他于恢复权力而后即用以作腐化众议院的工具，他之腐化作用且比窝尔坡尔及辉格寡头之所为更为到家。幸而辉格寡头及乔治三世都没有敢如斯图亚特诸王之离开国会而自动；他们从不敢否认行政机关行使权力时须得众院多数的同意。在18世纪时，他们所能做者只有藉官位的赏给以腐化议员，因为那时的朽腐城市正在日甚一日地不能代表国人。

在首二乔治之下，众议院的权力颇有增加，但它和人民的关系则反疏远起来。托立党的长期蛰伏及一切重大政治争议的静止，使公众对于国会的作为，除了位置及贿赂的分配外，不发生多大的兴趣。目的在保障汉诺威王室的安全而防止詹姆斯党活跃的《七年法》，延长了每届国会的法定寿命；但政治的任期越长，则国中政治的兴趣越薄弱，而议员越易受政府任官及给薪的利欲所诱惑。

内阁制的演成　在乔治三世时公众对于政治的兴趣又极盛起来，但平民控制国会之权则仍没有增加。中等阶级藉了1832年的《改革法》，始获恢复并增进他们前时控制众议院的大权，而且他们也发现近代国会及内阁制的效力，且远宏于斯图亚特时任何制度。18世纪的国会华族，盖已锻炼了并磨快了平民政治未来的武器。如果当时的贵族及乡绅们能早想到下院日后之会变成一个严格的平民机关，他们是否仍肯让它积聚如许大权则诚是一个疑问。但他们当时仅把它看做一个绅士的团体（其中一大部分且为贵族的私人或亲戚），看做"伦敦最优之社"，看做"罗马的元老院"，而国家最重大的利益尽可以交付他们而不虞有任何的不妥。

在这种情势之下，华族的18世纪对于英吉利政治传习的发展，却做了一种伟大的贡献。华族们发明了立法机关得以控制行政机关而又不致减少后者效率的一种机械。这个机械就是内阁制及首相的职位。所谓内阁制度

第五卷　海权华族政治及工业革命的初期　自乌得勒支迄滑铁卢

在英国即为一群于国会中都有席位，于大政方针须一致，于彼此的行动及整个的政府须负全责，而又须恃众议院的好意以立足的大臣。然首相及内阁之制都为革命解决中所未尝想及，而都从国家平时及战时的需要中逐渐演进而成者。威廉三世首创近似一党包办的内阁以努力领导全国和路易交战，但他仍自居于首相及外相的地位。在安之世，马尔巴罗充战时行政的首领，一切军事外交悉归掌握，但领导国会的职务他仍一任他的同僚处理。演成内阁共同负责及首相为内阁及下院的首领两大原则之大功，要归诸自1721年至1742年继续执政的辉格大臣窝尔坡尔·罗伯爵士。他之不类先于他而执政的辉格及托立首领，他之不为爵位所动，他之拒绝离开下院而迁至上院，也是很值得留神之事，因为先他而执政之平民皆尝早日受封为贵族。他最终固然也同意为奥福德伯（Earl of Orford），但当他成为贵族时，他盖已预备不复当权；当国的野心一日未衰，他也一日未受封爵。

窝尔坡尔之引起上述宪法习惯的变动，其用心固多半在增加他自己的权力，但他也替国家立了大功。他因欲把持政权，而把所有不能赞成他政策的，或不服从他领导的同僚逐出于内阁之外；于此他却树立了此后不列颠无论在战时平时所可藉以施政的机械。有了内阁制度后，行政机关纵须受制于一个五六百人的辩论团体之意志，然它能负起一切的责任，能有一致的政策，更能有伟大的效率。内阁制度实为英人废除立法行政两机关间互不相容的良法，两机关之互不相容在好多的国家本为无法解决的问题，但英人则居然把它解决了；而且他们的解决办法，并不如威廉三世时人们所想到之驱大臣于众院之外的方法，而为大臣应为众院中人，应领导众院，有如窝尔坡尔·罗伯爵士所为的办法。内阁为行政及立法机关的关节，而且也是极密的关节。它是近代英吉利政制中的主要部分。[1]

----

〔1〕当时英吉利的政治家，实行家的成分本厚于理论家的成分。法兰西哲学家孟德斯鸠未加细察，遽于《法意》中立为不列颠的自由基于行政立法两权分立之说，而世人亦竟贸然信以为真；实则混权尚比分权为近于实事。半由于孟德斯鸠的错误（但布拉克斯吞也有同样的言论），半因本地的理由，美利坚合众国的联邦宪法遂以立法行政分立的理论为基础。

不成文宪法的便利 革命解决之没有给英吉利以一个簇新的，谨严的，不可变的成文宪法也是一件幸事。离英独立的北美各邦于组成联邦国家之际，固然少不了一个神圣不可侵犯的成文宪法，但英国则并不有需于它，有它而后且会感觉到种种的不方便。如果英国于詹姆斯二世被废之际即得了一个刚性的宪法，则威廉及玛利加冕后卅年内即陆续移于国会大臣行使的诸种权力，国王必将永远的享着而毫不放弃。而在 1689 年的情势之中所拟成的一个刚性宪法，大概也不会让国王的诸大臣在众议院中有议席的。

英国当然有它的习惯及法律，但成文宪法——有别于普通的习惯及法律之整个部分的成文宪法——则和英人的政治天才实不相能。克伦威尔因不能觅得一国民可一致同意的协议，故有种种极不自然的举动，而其最不自然的举动之一，即为他之公布一护国者及国会两者权力有如泾渭之分明而永不能改动的成文宪法。然而这种策略实和英吉利人进步的真实方法相反。伦敦的厚雾罩没了韦斯敏斯忒立法行政机关间的精确关系，而使世人不易窥测，也因而使宪法得以随时代的需用而改易，而不为世人所察觉。

贵族院与众议院 我们所谓首二乔治时的辉格寡头政治，盖指（如果是可以指得出一定的人物来的话）为数约有 70，或则互相联合，或则互相竞持，以维系下院不断的赞助而把持国家用人行政大权的诸巨户。它们的族长大都在贵族院中有议席，但它们的子弟则大都出现于众议院。贵族们半因从不会认真的反对下院的政治理想，半因他们握有巨数的朽腐城市可以操纵选举，故不难保存着下院的信任。更因此之故，大贵族们无须他们所属的一院，尊严有加而权力较小的一院，作提高权位的要求；他们在下院已有非正式而有力的代表，他们尽可坐视下院之权力日增而不加反对。

要到了 19 世纪，到了 1832 年《改革法》时及以后，贵族们才觉得有替他们自己的议院坚持有直接的权力之必要。到了此时，他们才对于下院久享为国家立法之自由权发生争执。但到了 19 世纪时，此种抵抗，虽不能谓为完全无功，究已出之太迟。当众议院尚为一华族会议之时，英人对它的统治早已司空见惯,所以于它进一步而更能代表全国国民而后,他们亦不能忍令它的权力有所减削。

人权的保障 自1714年至1760年国家用人行政之权虽操于辉格巨阀之手,但他们绝不和"威尼斯寡头"的擅作威福相近似,的士累利(Disraeli)之比他们于威尼斯共和国的巨头实和事实不符。当时在英吉利实为严格的法治时代,为1689年战胜国王的法律之全盛时代。在布拉克斯吞时,英吉利的法律能严密的限制统治人的权力。公民所可得的保障既多而又有力,政府绝不能奈何他。他所享的个人自由盖为全欧人士所目瞪口呆者,因为从欧洲人的眼光看起来,英吉利的政治应会和威尼斯共和国的专制及查考政府一般的缺乏自由。如果在1714年至1760年的升平期间,英国仍不免有暴虐,那只是乡绅在乡里中的社会暴虐。而决非国会及内阁的政治暴虐。

地方官吏及中央 历推铎尔及斯图亚特之世无俸给的治安法官,半藉他们的地主地位及在本乡的资望,半因他们为中央政府所任命的法官,常执英吉利村郡的行政及司法职务。莎士比亚曾把福尔斯塔夫的朋友,格罗斯忒邑的治安法官沙罗,写成一位乡气重重的人物[1],阿狄生《文报摛华》中的主人得·卡味力·罗求爵士(Sir Roger de Coverley)为此类人物的又一个。政府的施政当时不赖于有给的官僚,而有赖于中央和地方绅士间的一种政治谅解;有这谅解,则绅士虽不受政府的俸给而仍可为之尽力。

这即推铎尔及斯图亚特诸王所用以统治全国的机械。它正和别的英吉利事物一样,它需要圆通的手腕及互谅的能力,没有则中央及地方的机关便无从合作。詹姆斯二世却把这个机械破坏。他欲绅士阶级折节以服从朝中的金壬;他强他们依顺槐特和尔的罗马公教政策。但当时那有可以赞助中央权力以强制地方意志的组织存在?欲乡下绅士自己损害自己的权利是绝不可能的事,同时中央在四方也无有给的官僚可供指挥。从某一方面看起来,1688年的革命即是各地方之反叛中央政府,换一句话说,即是乡绅

---

[1] 译者按,出温错的《一群快乐妇人》,见上第307页。

们之反叛枢密院。地方绅士之斗胜国王为子孙所不易忘之事，故此后的百余年中，他们无论在社会经济方面，或在政治宗教方面，均不受中央任何有效的管束。中央的权力亦以能和乡下绅士和合一致为得策，枢密院因亦不敢复有管束乡绅以利公众的应有野心；依利萨伯及早期斯图亚特时中央管束地方之举，如同关于恤贫等等之事，此时不再有所闻见。

四乡的乡绅政治 革命的教训之关于这一部分者为英人所历久不能忘却，所以当辉格寡头得了国王向有的权力之后，他们仍让各地方的乡绅，无分托立或辉格，继续执行四乡的司法行政之权，而不稍加以干预。《琼斯·托姆》[1]中的卫斯忒因乡绅（Squire Western）为一极端的托立党人，但他所执治安法官的委状却来自他所不断诅咒的辉格贵族或"汉诺威耗子"（"Hanoverian rats"）。治安法官由大法官推选，而由国王任命，但他们并不受国王的俸给。他们的财富及在地方上的威势，乃来自政府所不得侵犯的田产。因此辉格寡头在中央的政治权力，一到地方上便受乡绅寡头的有力牵制，而乡绅又大都为托立党人。地主绅士——无论辉格托立——的社会权力丝毫不受限制，所以乡下的地主的寡头政治才是真正的寡头政治，他们不但不受中央权力的限制，且骎骎然有限制中央的权力。我们在英吉利向无民主的乡区制；民选的郡议会于1888年时才由萨利斯布里贵族的政府设立起来。在那年以前，英吉利的四乡向由华族的治安法官统治，而非中央所能时常问鼎。

因此英吉利的农村是华族的，换一句话说，18世纪英吉利的大部是华族的。这种情况直到工业革命时始有变动。工业革命使农村为主的社会一变而为工业或都市为主的社会。在后者之中华族固占不到自然的便宜，于是英吉利的大部亦自华族的而变为平民的。

有两件事足以使不列颠的政府和大陆上旧局面时的政府截然为二——一为国会的监督；二为言论刊行及人身的自由。这种好处不列颠人知之甚

---

〔1〕 译者按，为 Henry Fielding 所著的小说 *Tom Jones*。

谂，且颇以之自得。他们瞧不起法兰西人，意大利人及德意志人，他们视他们为受僧侣，国王及贵族的桎梏的人民，和自由生存的英人不同。自由本为不列颠人所新得之物，而在当时的欧洲极为稀罕；所以我们的祖先把它视为他们所享最大的福泽之一。

阶级的融和 然而政治及社会的权力，在那个随随便便的世纪中究太集中于一个阶级，于地主阶级。这个缺点于将至的工业革命时期中，更加倍的增长了社会的祸患。但在首二乔治之世，在经济的大变动发生以前，工人无论在乡下或在城市，都似乎没有因他之缺乏社会及政治权力而有所反抗或怀恨。当时被称为"诚实的自由农民"或"高兴的工徒"（"jolly prentice"）之不列颠工人，颇以选举时举杯敬祝"好出身者"之寿，而饮一个酩酊大醉为乐事。他固没有选权，然他们仍可于选举场所为己方呼喝以壮声威，或向敌方大叫倒彩；候补者之人——也许是一贵族之子——则以手抵胸，腐蛋置发中，而深深的向群众鞠躬请助；他称群众为"绅士们"，他并力言"绅士们"的赞助将为他竞选的主要目的。这种情景每令外人之见者又钦佩而又诧异。华族的精神及平民权利的精神，在那个的时期似乎已得到完美的调和。在别的时期，或在别的地方，贫贱与富贵间，治人者与被治者间的关系尚有远不及此时者。当时的英吉利社会却没有阶级的仇恨，即使最高的和最低的阶级仍相隔如霄壤，它们之间却有无数的等别而并不如大陆上之有严格的阶级界限。不幸这个温良随便的社会却不能遇工业革命而仍不却步。

18世纪的人道及礼仪 18世纪的特殊职务在广播常识及理性于生活及思想之中，在使社会的礼貌彬彬而行为合乎人道。18世纪本以供给奴隶于南美的《允协》[1]开始，而却以威伯福士及反对贩奴委员会（Anti-slave Trade Committee）之取得全国响应告终。那个保全三大洲文化的反奴大运动实为卫斯立及福耳特耳，柏卡里亚及豪厄德·约翰（Beccaria, John Howard）

---

[1] 见上第552页。

时代特殊的宗教及理智主义之产物。

当斯图亚特时期告终之顷，英吉利的上等社会之见于说部中者，其教育及礼仪犹有极大的参差，粗俗的卫斯忒因乡绅及文雅的奥尔卫栖乡绅（Squire Allworthy）[1]及得·卡味力·罗求爵士盖皆17、18两世纪间的人物。但至18世纪末年，奥斯腾·强（Jane Allworthy）开始著述时，绅士们的礼仪语言已有一定的标准而无参差不齐之概。

当巴斯的美男子那虚（Beau Nash）[2]当朝时，全国的乡绅往往举家就教于他，以学习文雅社会的礼节；绅士膝盖悬刀之武风因亦及早废除。大半因不复挂刀之故，戕杀之事为数大减，因餐后口角而起，但次晨即深自懊悔的致命伤亦远无昔时的常见。但手枪决斗之风，则在19世纪中等社会及福音主义的势力完成人道及常识的工作以前，仍盛行于世而不少衰。同时，比较卑微的社会因拳击的嗜好增加之故，也鄙视行刺杀戮的暴行，而架设拳场，让两方依一定规则以角力的风气则转而大盛。这种风气有养成国民尊重"公平竞争"（"fair play"）之功，也有逐渐减除我们在斯摩勒特及菲尔丁（Smollett, Fielding）的小说中及当时人的传记中所常见的野蛮的混斗厮杀之功。

文艺科学的提倡　18世纪英吉利上等阶级对于文艺的提倡不特空前，抑且为后世所不易追随。乡间大府如和尔喀姆，阿尔少普及斯陀（Holkham, Althop, Stowe）等固藏书极富，艺术物品极多，即绅士们较小的家宅亦成为农村社会文艺科学的中心。势力正盛的地主阶级对于文艺科学的关心初不亚对于游猎，农业及政治的注意。所以乡间府第及时髦社会对于文化智慧所建之功，盖远在正际昏睡状态中的大学之上。上等社会在约翰孙博士及加立克（Garrick）领导之下复强公众崇拜莎士比亚，他们盖以莎士比亚为人类中之最伟大者。公众对于大诗人的了解，虽不足，但对于上一等人的

---

〔1〕　译者按，出《琼斯·托姆》中。

〔2〕　译者按，Richard Nash曾为巴斯的礼官，为当地的社交领袖，时人称为巴斯之王（King of Bath）。死于1762年。

服从心则有余，故对文学亦敬意有加。

英语的得势 在 18 世纪时，始创于斯图亚特时的一种办法——学术界中用英语而不复以拉丁文发表意见的习惯——亦告完成。这个变动有极重大的结果：不列颠的学术自后更和他们大陆上的同行者分离；思想及学问愈成为民族的，众庶的，且愈和文学关联。本特力（Bentley），布拉克斯吞，吉本（Gibbon）及斯密司·亚当俱以本国人民通有的理解力而不以散处全欧之专门学者的理解力，为著述的对象。

洋气的入侵 但在又一方面，则英人又尽力模仿外国的形式。这是 18 世纪英吉利文化运动的特点，而和依利萨伯时代的运动不同者。华族之居领袖的地位可算是一部分的理由。提倡文艺之人都不时游历欧洲，常和各国都城中及朝廷中社会相接触的"贵人"（"milords"）[1]，他们常携归人像，图书，古玩，法兰西的文哲思想，及意大利的诗乐准则。英国和大陆的关联尤因相互的作用而益密切；外国人之崇拜不列颠的典制及思想盖为法国合理哲学中"百科全书"运动的主要原因。"伟大的奈端"洛克及休谟在巴黎所享之盛名盖丝毫不减色于他们在伦敦或在爱丁堡所享者。[2]

文学 在 1688 年革命后的百年内，英国对于法兰西的宗教及政治本有极大的厌恶，英法的海陆军在两半球上本都有不断的冲突，而英吉利的平民对于法兰西任何的事物又本有不分皂白的仇视，然而际此百年之内，我人文学上建筑上及屋内装饰上的格调之会大部受法意的影响诚为一可奇的现象。在查理二世之时，我们曾和欧洲其他各国同逮于维尔赛朝廷的文化势力之下；拉和格及布林亨而后，我们依旧受这种势力的支配。我们文学标准暂时的"学会"[3]对于我们有利也有弊——于英吉利的散文为得，于

---

[1] 译者按，大陆上称英之贵族及绅士为"milords"。

[2] 可左右大陆上思想的福耳特耳写道："英吉利民族为世上惟一能抵抗王权而卒得控制王权的民族；它的贵族伟大而不倨傲，又无部属；它的人民则能参加政局而不起混乱。""在英吉利，人民有共同的思想，而文学比在此间更得世人的尊敬。这是他们政体必有的善果。"见论《英人信牍》（*Lettres sur les Anglais*）。

[3] 译者按，原文"academizing"即呆板化，标准化之意。

英吉利的诗则为失：思想及表达的准确有加，而幻想力及天生的雄气则有减。18世纪末年斯科特，哥尔利治及威至威司所开始的"浪漫"及"自然"运动，实是反叛外国标准而重采本国的传习及自由的一种运动。但即在18世纪之中本国的英吉利小说，自笛福经斯摩勒特及菲尔丁以迄奥斯腾女士，仍能自由的前进，而不受外国模型的影响。我们的戏曲更从未采用过法人所谓时间地点之"统一性"。

浪漫主义 我们也不应忘了在这一个上等阶级的诗及文学最不"浪漫"，最合理智，最是学会派的时期中，平民的意向却不仅仍以《圣经》为基础，且举凡神仙鬼怪的故事，富于浪漫魔力——在平民看起来他们日常的乡气生活似即此中的一部分——的记事歌及传说均足以鼓动他们的神思。真的，上等阶级的浪漫主义和平民的有不相容之势；浪漫主义征服19世纪的文学之时，亦即新闻纸及学校课本开始侵入农村社会而排除农舍炉旁传习的浪漫谭话之时。产生布来克·威廉及朋兹及威至威司的19世纪，比欲藉奇伟的意象以逃脱丑陋的真实环境之18世纪也许要真正的浪漫些；这点诚不是毫无辩论争持的余地的。

音乐 我们姑不问18、19两世纪之孰富于真正的浪慢，18世纪的英吉利文化已够于模拟的性质，故卒招致外国音乐之入侵。罕得尔（Handel）及意大利的歌剧几尽把常一度冠绝全欧的我国本土音乐排除。但完全用英吉利的讥讽体裁以取笑得势的外来歌剧之《丐民的歌剧》（"Beggars Opera"）又产生了一系的英吉利民众歌剧。这些歌剧及其对话直至19世纪仍有作者，而吉尔柏特及萨力文[1]则可算是殿后的作家。在外国文化极浓时代中，它们诚是了不得的国粹了。

油画 英吉利时髦社会和大陆文化的接触，对于油画之艺是绝对的益多而害少。稜诺尔咨及根兹巴洛的时代，实为我岛绘画技术首次的放苞。绘术的发达和巨室需要佳画为同时发生之事，这也是一件可幸的偶同。英

---

[1] 译者按，Gilbert及Sullivan为19世纪英之作曲家。

吉利华族们于其权势幸福俱臻全盛时所留下的画像，至今犹高悬于美术馆中，其端庄静穆之气和今代提倡艺术者之画像完全不同笔法。

道德之无进步 18 世纪特有的进步大抵限于礼貌及智能方面，而道德及德行方面则甚少进步之可言。富有之人的嗜赌且比今日为甚，狂饮更算不得任何的瑕疵。上等阶级的最优秀分子只注意此生之尽量合理的行乐，而不计及来生的一切；他们极少会谈及来生，即偶有谈及，亦必充满了偏向乐观的怀疑。

宗教的合理性 汉诺威王朝之入据大统，及 50 年许的辉格政治，并没有丝毫侵犯到盎格利干教社任何公民及政治的特权，不过新任的一批教官使教社有缓和的倾向而已。高教社派在安末年所表露对于詹姆斯党的同情及诛除异教徒的用心，使政府不得不以倾向宽阔主义的僧侣来补主教及其他的教缺，不然治安及新朝又将发生问题。

政府新政策之得以成功乃因宽阔派在智识界上之得势，及新世纪合理及容忍精神之弥漫。在法兰西大革命及福音运动又产生新的问题以前，盎格利干教社的僧侣，无论对于政治或宗教之事，颇能持之以冷静，而不复有前此狂热。哥德斯密司《威克飞尔德的牧师》（Goldsmith's "Vicar of Wakefield"）所教给会众的各种简易德行，无论教训的方法是以箴言或以力行，几尽是老生常谈，各教派的虔神者都可接受的老生常谈。因其为老生常谈故平时无人肯予它们以注意，除非它们能和某种的宗教热打在一起。暂时，牧区教士除了灌入道德观念于会众外，不问它事，他们绝少顾问教旨，更绝不为情感及派别之见所劫持。耶教的"合理"性极为时人所再三致意，即《圣经》中所采录的奇迹，亦被视为可以维护历代的哲学及常识之种种历史的证据。自本特力至坡孙（Porson）一时期内，僧侣尝充分参加古典学问，这亦和包容态度有和合一致之妙。蒲特勒主教堪为全世界最大哲学著述之一的《比论》（Analogy），亦从理智的认识方面来替耶教辩护。18 世纪的英吉利教社实和当时科学及宽阔的精神沉瀣一气而不相悖。英吉利的调

和精神甚宜于当时；反之，在18世纪之初即在英国发轫的"自然神主义"（"Deism"），则因其太过激烈而只能在法兰西昌盛，在此间则被视为不"体面"而不能生根。

18世纪的教社 这样受灵感——或不受灵感——的僧侣，和世俗人的大部，从某几方面看起来，都要比什么时候——无论从前或此后——有密切的接触。由近代的标准评量起来，当时牧区的教士也许太和他们的会众混而为一了。他们常尽司法的义务，他们也富于好公民的精神。牧师之为治安法官者常比同凳的乡绅要顾全人道，要尊重法律，而对于潜行渔猎之人，亦不致如乡绅仇视之甚。在福音运动以前，牧师之入猎场者亦不甚为世人所评议。

在斯图亚特时牧区僧侣中已有一部分人属于上等出身，到了汉诺威时乡绅及牧师益成为同一的社会阶级。什一税的价值增高后，乡绅觉得很值得让幼子执牧师之业。牧师的馆舍亦可藉一二凸窗的增设而俨然成为小号的采地府。18世纪之人本善于寻乐，而上述安插幼子扩充地盘的办法，实为增加上等阶级生活的舒适之大事中的一部。这种布置对于群社也尽有好处：因为，如果益格利干教社"每个牧区都令有一绅士"的理想是值得实行的话，它实最能促成实现的方法。乡下教士槐特·吉尔柏特（Gilbert White）在塞尔本（Selborne）地方曾一季去一季来地注视他的禽鸟，并教训人们道：

> 他如能爱恋人们及鸟兽
> 不分上下，他即是善于祷告。

这样仁慈的僧侣及这样仁慈的乡绅联合起来，才能消灭当斯图亚特时，尤其当清教徒得令时，尝盛极一时的民众迷信，如搜焚蛊惑等的伤心害理之事。

英吉利教社所以尝为 18 世纪开化工作的参加人。它性质上的两大缺陷，一为它之忽于鼓励任何形式的热诚，又一为它之忽视穷人，尤其是在大城煤矿及工业区中的穷人。英国的经济状况在两百年来本在不断的变化，而在现时则变化更快，故旧日的牧区分划及市府国会的代表同样的坐不能依人口的分配为标准之大弊。此外，当时的英人大都没有受过教育，欲听众了解以蒲特勒的《比论》为根据的辩论，或明白博学宗教的合理观念，不亦太难？

异教各派 始生于克伦威尔时宗教热的空气中，经查理二世时的诛除而犹有存在，且仍依班扬传习的各种异教教派，固依旧关心穷民的利益，但和初时比起来，它们也在变成"体面"而少"热诚"的团体，且中等阶级也要接近些。长老派已多半变成一位教派（Unitarian）。夸刻派已不复信仰复活派，已变成"安静"（quiet）派，且在经济方面亦渐成富有者。

卫斯立 现有的宗教团体在社会的广场中所留下极大的空隙，悉被卫斯立·约翰毫不妥协的超度热诚所填满。卫斯立为举世历史上最大的传教士，最大的宗教组织家之一。他和一最大的民众演说家槐特飞尔德·乔治（George Whitefield）同时；这人可说是他的赞助者，也可以说是他的劲敌。

原始的监理教 原始监理教徒（"Methodists"）的热诚，无论在何一方面，无一不和 18 世纪的精神态度特有的长处短处相背道而驰。因此他们之须离当日的国教而另树旗帜恐是无可免之事，虽则卫斯立一直到临终之时仍自视为国教教社的信徒。他所宣讲的宗教不以"理智"或圣典主义（Sacramentalism）[1]而以他袭自摩拉维亚派（the Moravians）[2]的教旨为基础。按这教旨皈依起自各人内心中之骤然获得超度的确许，因知超度之必可期，才有皈依；然而一有皈依则顿如得到新生命，而罪孽也不难被所克制下去。这个属于信仰复活派的教旨，出诸于卫斯立及槐特飞尔德之口，

---

[1] 译者按，主要的部分即圣餐礼的参加。
[2] 译者按，Moravians，又名联合兄弟派（The United Brethren），发源于 Moravia，故名。

顿有雄伟的力量。但宣讲者在广场中激昂地，不讲仪式地，向大众布道，以及皈依者之震动，苦恼，及惊喜等种种任性的表情，其应为"体面"阶级——无论僧侣或世俗人——之所憎恶，正不亚于早期救世军行动之被维多利亚女王末年的世人所憎恶。所以主教及僧侣之排斥监理派的行动诚是不足为奇之事。卫斯立派之欲在国教教社以内立一教社，在当时的环境之下，是绝不可能的。而且《容忍法》仅容忍登记的异教徒，故他们如不以异教徒名义登记，他们且须停止超度灵魂的工作。

监理主义在社会及政治上的影响 因是之故，信仰复活（revival）自取得了永久的制度形式后，只替异教各派增加徒众，而不替国教增加徒众。19世纪的自由党坐是在日后大得便宜，但始终是一忠实托立党人的卫斯立所创立之教义，在其早期时，在社会方面，却为一种保守势力，即在政治方面也有保守的倾向。当雅各宾派及早期激烈派（Radical）大事宣传之时，监理主义且尝为吸引穷民的一种势力。当衣食不足的数百万庶民正想作第一次的反叛时，监理主义尝使他们对于物质以外之事发生重大的兴趣及高尚的理想。它教他们以另一世界的公民自视；此世的选权纵限于富有阶级，但彼世固绝无这类的限制，故他们尽可自得自满，自尊自敬。而且它更给他们以平民的宗教及教育组织，有此而后，政治上的不平亦可以减少几分刺激性。但此仅为早期的现象。劳工阶级的宗教渐渐的终和劳工阶级的政治混而为一，而地方上的宣教士同时也常为激烈派的激动者（agitator）。[1]

要到了18世纪将终时，监理主义的精神始对于国教及上等阶级稍稍有所影响。法兰西的革命使两者对于未来都有些深渊薄冰之感，它们的性情因亦随而有所改变。但福音主义虽于是时在国教僧侣中获得极大的附从，它的实力却在国教的世俗人中，在威伯福士及反对蓄奴的"圣徒"，在沙甫慈白利及新世纪的慈善家，在许多征服并统治印度及帝国的人们。

---

〔1〕 译者按，agitator及agitation有人译为煽动者及煽动，但"煽"字带不名誉的犯罪的意义，故弃而不用。

监理主义的远播　　在乔治二世时，卫斯立运动更由它的创造人带去美洲诸殖民地，且在未来的合众国中成为势力极大为数极众的宗教。在威尔士本地产生的福音运动，亦卒赖监理主义之助而得使全民族有信仰之复活。监理主义只在苏格兰没有成功，因为此地的人民早已有了他们自己的民主教社，且教育极发达，而对于本国的神学又有极大的兴趣。

苏格兰的宗教史　　但是，远渡大西洋的监理主义虽没有能跨过特威德河，18世纪苏格兰的宗教史却和英吉利的有弟兄般的酷似。在这世纪的中叶因反抗长老主义固执苛刻的竣严而起的宽阔运动，即世所称为缓和主义（Moderatism）者，大获胜利，而爱丁堡大学校长、史家罗伯特生·威廉博士（Dr. William Robertson）则为新运动的主要人物。即属于"自然神"派的哲学家，如休谟·大卫之流，亦只少能为国人所容忍，格拉斯哥大学教授斯密司·亚当则更有提高苏格兰在知识界上的地位之功。城乡正在激增的财富亦帮助朋兹·罗伯及斯科特·窝尔兹爵士的社会以快快地得到知识的解放及发育。〔1〕

但好多农村牧区的平民则从不喜欢近代的讲教，从不喜欢近代讲教之不采旧日的热诚及教条，而代以"冷森森的道德谭"。而且缓和派人之须凭借复活的"保护人制"（"patronage"）——即各个的保护人得以不问会众的意见而任命教士之制——以自雄亦深失人心，因为此制在英国固未尝有过反对，但在苏格兰教社中则向为群众所不值，且从未有过有规则的实施。在19世纪的早年，长老教中一个伟大的福音主义的"复活"运动卒中兴了宗教的热诚，终且使教社因保护人制问题而酿成由察尔麦斯（Chalmers）所领导的"分裂"（"Disruption"）。幸而于此之时，缓和主义已经完成了它的使命，已经扫灭了不容忍的精神，而扩大了全群社的智识眼界。

牛津及剑桥　　英吉利大学在18世纪时的消沉，以和教社的比起来，更

---

〔1〕 关于此时期内苏格兰的伟大变化可参读极饶生趣的两书——H. G. Graham 的 *Social Life in Scotland in the 18th Century* 及 Galt 的 *Annals of the Parish*。

为严重可耻，而且更是连续无问。牛津在这时期中几从不举行考试，剑桥虽有而亦极少。[1] 我们生于今日考试过繁的时代也许会视当时之缺乏考试为幸事，但当时教诲的质量及数量之两不济事已可慨叹，再加以学术著作之稀少，——我们不要忘了当时的群社是十分有闲的士子诚有无法求益之感。

当时全英及威尔士仍仅有两个大学，而且学生之数仅及斯图亚特时的一半。在1750年牛津所收入的初年级生仅百九十人，剑桥则127人而已。好多的学生为贵族或绅士，于学问毫不认真；有的则为志在入教社为僧侣，或在追随牛顿的遗习以研究数学之贫寒学者。学数学者大抵皆在剑桥，且往往为北部人士。

大学要于一个充满了智识上的精力，且特别的致力于考古及科学的世代中大形衰落，诚有些奇异。衰落的理由半缘于异教徒之被摈；半缘于大学及各书院职位——除了少数的例外外——之须由僧侣来充当，虽然当时世俗社会的学风固极炽。还有一个弊端，乃是各学院的不健全精神；它们不具多少学术上的高尚理想，而却富于放弛的寺院主义之一种精神。然而它们就是大学，离了它们外大学根本就是空无所有的。在那个一切会社尽得保障的时期内，调查或改良的可能又是绝不能发生的。辉格诸政府，鉴于詹姆斯二世妄行干涉穆书院的恶果，竟丝毫不敢顾问大学之事，即牛津大学及剑桥某几学院彰明皎著的詹姆斯主义，它们也只有置诸不问。至于改良学风的要求则自然更无发生的可能。

普通教育 普通学校及穷人受教育的机会亦同为此种精神所限制。在那时候，慈善调查委员团（Charity Commission）[2]是不会有的，国家的补助

---

[1] 斯科特·约翰，即日后的厄尔登贵族（Lord Eldon），于1770年毕业于牛津。他常说他取到学位的试验仅限于两个极简易问题——"希伯来文脑袋作何字？"及"谁为大学书院（University College）的创立者？"他以"Golgotha"及"阿尔弗勒王"二语作答即能使希伯来文及历史两门的试者满意。剑桥较佳的学生俱以应试颇不易的荣誉数学考试为荣，但此项考试的一部分仍属口试。荣誉古文学考试则尚未创生。

[2] 译者按，此种调查机关至1818年始有。在1818—1850年间，类似的调查极多。

金是望不到的,而视察全国的政府督学更属未见。受早日抗议教及文艺复兴的灵感而于依利萨伯时及早期斯图亚特时蓬勃称盛的文法学校,其精神今已无存。乡村中局处农舍的初级小学虽云在教一部分的劳工人户以字母的知识,然掌教者又多为不称职的老年妇人。

当时之缺乏我们今代有统系的教育,固使当时之人得不到我们所可得的种种厚赐,但他们也没有我们所逃不了的流弊。当时上中阶级的教育,都不至于把个人陶熔成一刻板的文章。和克斯赫德(Hawkshead)农人子弟就学的旧式文法学校固不能经近代的视察,但威至威司羞赧柔嫩的天才却得因此而有天然任性的长育[1];如果诗人的童年时代时时刻刻须做一定的功课,有一定的运动或体育,则他的天才转将无自由发展的机会。华族阶级的"公众学校"则和和克斯赫德截然不同;它们固缺乏纪律而多暴躁,但它们也因没有组织而能增长个人的怪僻性及权力。以18世纪的英吉利和我们今日的社会相比起来,各个人天才的发展,似乎适和所得的教育成反比例。但我们也不要忘了当时生活的一般性质也有助长天才的功用在乎其中,而教育之缺少系统并不是惟一的理由。单就教育而论,教育之不振对于大众究是害多而益少;因为受不到教育而致掩没无闻或不获享受知识上的快乐者当何至数千数万!

工徒 家教虽无前代的严厉,但仍极认真;父母及师长仍视鞭杖为不可少之物。中等教育机会的缺乏得工徒制度而有一部分的补救。工徒制徒虽无推铎尔及斯图亚特时之盛行,但仍极普遍,所以巨数的青年在学童年龄后的数年中可以得家庭的纪律,及行艺的训练,虽则他们在今代于出校后转不甚有修养的机会。

但家庭的工业也尚无何种的视察。贪恶的工师常可虐待工徒而不虞有任何的制裁,最多亦不过不齿于邻里而已。赤贫孩童之隶属于品格低下的工师或女工师者,其死亡之惨不亚于赤贫孩童之死于下代最恶劣的工厂中

---

[1] 从他 Prelude 的卷一卷二中,可见18世纪文法学校的最佳情形。

者。工厂制度不特没有首创虐待童工之制,且反有促世人注意之功;童工愈集中,则世人愈注意,愈注意则愈愤慨,而种种苦待亦卒赖以消除。无告的儿童在旧日工徒制下所受的痛苦,可于克剌布(Crabbe)关于克莱姆斯·彼得(Peter Grimes)的故事中,及布郎立格太太(Mrs. Brownrigg)等残杀工徒的可靠记述中窥见一斑[1]。这类的暴行足以充实克剌布悲韵中之所述。

然在又一方面,"快恬的工徒",亦称"出力的工徒"更比被虐的工徒为普通。他和他的工师如一家人,且希望娶工师的女儿而继承他的事业。有给的工友亦为制造工匠的"家庭"之一分子。在工厂制度没有成立,而阶级没有分化以前,工业的进行大抵即基于这种极合人道的处置。

乡村工业 家庭工业并不集中于城市或所谓工业区域,一大部仍散处于乡村间,且仍和旧日农村生活的传习及可取之处息息不断。乡村不但制造它自己之所需,且全国及国际的市场亦多多有赖于农村英吉利的制造品来供给。除了粗细布的"纺工"及织工外,各式各样极精巧的工艺;好比造钟,皆在乡间的小地方上进行。铁具,木器,以及各种样家伙尽由铁匠,车轮匠,及木匠来制造,而好多的乡村且尚能自造其屋舍。出售百货的"村肆"尚未普通,因为那已包含着赖城市来供给乡村的需要之意。乡村之必须求于外界者,走贩通常已能尽供给之责。

乡村生活 在我岛史中,乡村之犹为社会的通常单位者,此已是最后的一期。在乔治一世、二世之时,大多数的男妇,连好多不参加任何农事

---

[1] 彼得听说当时伦敦曾有,——
而且此时仍有——一班打扫贫民工厂的人们,
正直的或仁慈的情感动不了他们。
他们尽把牧区的孩童质诸需要童工的工师;
他们为了贪图小利,
竟把可怜的孤童变成"汗血的奴隶"。(见《城市》,第22页。)
克莱姆斯,相继的杀毙了好些的工徒。除了克剌布的诗外,更参阅 Mrs. George 的 London in the Eighteenth Century 第 231~233 页。

者也在内，尚完全是"村人"。他们对于世上运动，政治，及骇闻的事变不加注意，而且关于这类的事，他们所得于当日的新闻纸者也极少，他们对于城市，工厂及工会的生活也无兴趣，他们只对于他们自己乡村日常的活剧发生专心的关切。处在田野及林木中的乡村，以及它的传习，它的鬼谭，它的居民的邻谊或互哄，它的对于村外神秘世界之尖锐而又乡气重重，愚昧无知的批评，皆足使他们息息不忘。在工业革命将起之时，我们祖先的思想盖尚完全从这小小的乡村社会的理想中发出来者。他们所有的游艺知识亦限于猎地，于村中草场，或于乡绅新置的棒球场中所尝亲自参加的几种。

自由农民 在大体上，早期乔治时代的乡村，总算可代表一个健全的经济及社会局面，所可引以为憾者，即大地主的势力日在增长，故地主之数无从增加，地权无从趋于均平，乡村的自主亦无从发展而已。即在首二乔治之世，自由农民之有自业田者[1]及小的乡绅之数已在逐渐减少。推铎尔及斯图亚特时期实为自由农民的自业主，及小规模的整块田产之最盛时期。到了安之世，大地主的占取欲及膨胀倾向不仅是看得出来，而且已十分有力。乡绅们对于自业主颇加妒视，因为在政治及社会上，后者常可以拂他们之意而表示其独立性。而且鸟兽的保存及非时不猎在当时为特别讲究的风气，所以乡绅们每见一个没有家徽之人在他自己一块田地上随便射击鹧鸪时，必皱眉而作恶色。后期斯图亚特的诸国会且常很专制地通过不同的狩猎法；凡所入不及百镑的自业主，在此种苛法之下，即在他们自己的田上也不能猎射。[2]

---

[1] 在推铎尔及斯图亚特时"自由农民"（"Yeoman"）一语除指自业主（"freeholders"译文有时也作自业农民）外，兼指自由的佃农。杨格·亚叟尔（Arthur Young）用以仅指自业主，到了19世纪遂亦专从狭义讲。但好多18世纪的著者，连耶当·斯密司也在内，仍有沿用旧日的广义解释者。

[2] 即忠厚长者的得·卡味力·罗求爵士也不甚把年入仅有百镑的自业主也看得入眼。"他刚巧合了《狩猎法》的规定，因有随便射杀一兔一雉的资格；每间二三星期他辄以枪来博得一餐；因此之故他的生活要比没有那样一块田产之人要便宜得多。"见《文群振华》。

把自业主的田产收买也许是一种更好的收拾他的办法,他自己也不反对这种办法。他自己常想,他在都市社会中的出路也许要比永留在农庄而不走为大些。历18世纪之世,自由农民的家庭一直在向城市移动,有些且成为近代英吉利大企业的始创者。有些则成为大佃农,他们因大规模耕种而得的财富及重要往往足以偿补因出售田地而所失的独立而有余。

下流社会 历长久的时期中,人文主义及理智主义的运动在有教育的阶级中要比在下等社会中显著得多。卫斯立及槐特飞尔德初次躬人虎穴时的下流社会,给及何甲斯(Gay, Hogarth)时[1]其蛮野固不弱于它之富于生活及奇彩。远在工业革命以前,政府及社会的疏忽已在产生极大的弊病——伦教及其他增长极速的城市中穷民的无告状态;苏格兰界线以南民众之没有教育的机会,价贱而质恶的杜松子酒之代替英人由来习用的麦酒及皮酒而为饮料。[2]

麇集城市中的人民既如是庞杂,然警力却犹是旧时带着咭咭器(rattle)的巡街者。巡警法官菲尔丁的弓街警吏("Bow Street runners")固甚称职,但为数太少,亦不济于事[3]即在1780年之时,戈登·乔治贵族(Lord George Gorden)所率领的暴徒亦几乎把伦敦火焚,警士绝无制止之力,到了正式军队到场时,暴徒才被弹压下去。乘骑的强梁则往往在集向世界最大都城的要道上拦劫为生;法律既无可如何他们,而民众且视为英吉利浪漫的勇敢及自由的代表者:

---

〔1〕 18世纪上半叶时的诗人及画家。

〔2〕 杜松子酒(Gin)的酒税到1736年时才成重税,在此以前,则征税极微。不列颠所产的烧酒类在1684年约为50万加伦,到1735年时则已涨到约550万加伦。在18世纪的初叶,穷民社会因嗜杜松子酒之故,死亡率及罪案大增。酒肆主人常邀请顾客入内饮酒,"一便士可获畅饮,二便士则可博大醉。"但在又一方面,人民嗜茶之癖亦在激增,且浸浸可和酒类相抗衡,东印度公司亦正在作大规模的输入。远在1742年时即有人说,"最贫贱的家庭,甚至苏格兰的劳工之辈,亦以茶为早餐之用",而麦酒反被摒弃。

〔3〕 译者按,弓街的巡警法院为伦敦最有名的巡警法院,而附属于法院的警吏亦有盛名。咭咭器有如小儿用之鼓,摇动时便作咭咭响。

第五卷　海权华族政治及工业革命的初期　自乌得勒支迄滑铁卢

六大强梁将负着我的遗体

身背着幌亮的大刀而胸充着甜蜜的自由；

这就是记事歌诗人心目中高尚葬仪应有的仪式。

罪犯的待遇　自革命以来，审判，无论政治的或刑事的，总算甚是公平，而所谓的科学的证据法亦渐渐的为法律家所彻悟。但监狱则仍由最恶劣的狱卒来承包，而以敲剥狱囚为目的。照卫斯立的观察，监狱犹为"此世地狱"的最恶制度。无辜的债户常比别人受更恶的待遇。凡因犯侵害财产的轻微过失而致被绞者此时正在加增；当众鞭挞男妇之习此时亦尚未废止。但在18世纪的末二三十年中，豪厄德（Howard）及他人所领导的人道主义运动已在发动。人道主义为18世纪的出产品，而它所要扫除或纠正的弊病，则除了杜松子酒以外，都和开化的人类有同样的久长。

促成工业革命的情形　首二乔治时的生活，虽其本身和工业革命所产生的生活不同，然其所与相处之各种情形实有非促成工业革命不可之势——如果某几种的机械创造能偶然发明。这类情形之可得而言者有下列好几种：汉诺威英吉利特殊的法律及习惯使个人得有无量的自由，而私家的自动力几绝不受限制；宗教容忍使异教徒的商人得有尽力于生财之完全自由，虽则他们不能参加政治生活；富于贸易秘诀及工业技巧的外国抗议教徒，就他们的经济活动而论，亦为我岛的自由公民；不论国家，城市或行会，对于商业及制造都比较地很是放任；东北自格洛特·的·约翰之宅（John O'Groats）西南迄地极角，一片大地尽是自由贸易的区域，正和到处尽是关卡，贸易毫不流畅的德意志，意大利及法兰西王国相反；统治全国的贵族及乡绅又和法兰西及德意志的贵族不同，他们都和工商巨子有密切的私人关系,且往往无从自别于后者;[1] 科学在奈端之国颇能得有企图的商人及他们的华族保护人的青眼,他们多方利用科学,冀获有利于矿业及制造业的发明;资本本在破天荒的积聚起来,而英吉利财阀又早习惯于大规模的商业投资,所以只消新发明的机械能与工业以一种新的鼓励,他们无有不愿踊跃投资于工业者;英吉利货品在欧美及东方已有的市场也很易再加扩充,以容纳本国增产的货品,如果商人肯稍加努力的话。诸如此类的情形皆足以使当时的英吉利成为工业革命的发祥之地。

工业革命将临时的煤铁业 历时很久远的冶铁业此时仍须赖色塞克斯林,米德兰及塞汶流域的森林为燃料,然而这些森林产量的锐减固有江河日下之势。机敏之士如能偶一想到森林之会有用完之一日,便不难想到以煤代木的可能。煤在古时本可在地面采集而得,故自不兰他基奈时起向作家庭之用,而在伦敦为尤甚。伦敦人称煤为"海煤",因为它大都自泰因河由海运到泰晤士河之口者。以大车运笨重之货在当时尚未普通。如果水运不可能,则煤包大都由马背负,经威尔士的山道以达需要各区。当窝尔坡尔为首相时,约克邑,郎卡邑及科次窝尔山地的纺织品亦须用这种原始的方法起运。当威季吴德·佐赛亚(Josiah wedgwood)于取得魁北克的那年开始他的陶工生活时,陶土及完成的陶器出入五大镇(Five Towns)时,犹须全赖骡马。

工业革命将临时的交通 一点不虚的,发动工业革命的惟一阻碍即是旧英吉利交通方法的落后。运河之开鉴到了乔治三世时始开始。运河既未通,而道路又极坏;到了冬令时道路往往尽成泞土,驮货之马往往深深陷

---

[1] 布利治窝忒公爵固为有数大贵族,但也是"内河航行之父"及"第一曼彻斯忒商人"。又死于1777年的布拉克特·窝尔忒爵士(Sir Walter Blackett)竟应列为乡绅呢?抑为商人及资本家呢?他为纽喀斯尔及泰因河畔(Tyneside)的最大实业家,但他于诺森伯兰的中心也尝置一极大的农庄,举凡乡居府第,射红松鸡的雅癖及植树等等的一套绅士派头他也无一不备。1711年托立国会尝通过一个法律,限当选下院议员者于地主阶级。此法并没有被窝尔坡尔时的辉格国会所取消。此法存在一日,则商人无论若何之富,除非也是地主,总不能加入国会。但无论此法的用意何居,其结果仅仅促使商人也为有地绅士,而并不能真正使他们无从入院。因此,许多18世纪的大田庄,反因商工巨子之投资经营而大有点缀。

入，深可及腹，车辆则更难以移动。一部分的大路固已由私家的公司来设卡征捐，国会赋它们以抽收路捐的权利及修缮路面的义务；但在七年之战时，大部分的哩程，仍是无税的公路，只消你能不怕泥泞，你仍可自由通过，即英吉利主要各路的大部分亦是这样。笨重马车之行经旧辙，和滑铁卢之战后轻车之飞驶于经马卡丹所翻修的道上绝不同趣。在1754年，所谓"飞车"（Flying Coach）也者其广告亦不过说："你也许视为神奇，然此车（如无意外之事）包能于四天半内自曼彻斯忒达到伦敦"。自约克至伦敦当时须经一星期的旅行；当苏格兰有坡耳提阿斯（Porteous）之变及"四五"之变〔1〕时，爱丁堡和不列颠首都之间尚未有定期的车行，虽则苏格兰政治的发号施令都应来自后者的。

工业革命将临时的社会　工业革命将届时的社会含着许多可令今人神往的色彩：不离田亩，不辍农耕，不忘农家乐，而又紧附于乡村及乡村传习的农村户口；人民中式样之多及独立性之富；个别的训练及精技好美之犹能为人民经济生活中常有的一部分。但我们如欲能充分领略工业革命对于我岛所建的大功，我们应不忘因木材缺乏而发生的燃料荒，在18世纪时已经在严重地影响及全岛各部的生活，我们应知道自运河及铁路相继的转运煤炭以达各地而后，燃料荒始获救济。燃料荒已经在使我们旧日的冶铁业无法进行，而家庭生活的舒适亦快要降低。一个郎西斯吞（Launceston）的小康工匠因薪桂之故不得不出三便士乞火于邻人以煮一羊腿；至于比他穷些的邻人，以及南英各地大多数的农民俱只能以面包及乳饼充食料，而不复敢作煮菜烧肉的甜梦——住在煤矿区或泥炭区的人民当然是例外。除了燃料问题以外，我们也可说，英吉利的人口如无乔治三世时工业及农业上的大变动，则万难远过700万之数，而其生活的标准又可不至降落到有似同代爱尔兰人的生活标准。

---

〔1〕译者按，爱丁堡于1836年因看众谋劫刑场而发生坡耳提阿斯所统率的卫队乱杀看众之祸。"四五"指1745年詹姆斯党在苏格兰的作乱。

第二章
辉格党的寡头政治

国王：乔治一世，1714—1727；乔治二世，1727—1760。

詹姆斯主义 在乔治一世及二世时，不列颠诸大臣的政策，无论对内对外，俱以维持汉诺威王室的命运为前提。欲做到此层，则辉格党之继续当权又为不可少的条件——至少一般的人确是这样想法的。但辉格党人的得势也有两种限制；第一，只有遵从盎格利干国教仪式的党人得以掌大权；第二，托立乡绅在四乡的势力须绝对的加以尊重，不然他们对于政敌的统治便将发生私人的仇恨。只消辉格党人能一日奉行这两个条件，他们也一日能握着政权。托立党人固不满意于汉诺威王朝，但又不愿尽力参加恢复一位信罗马公教的斯图亚特之工作；所以他们于 1715 年及 1745 年的变叛中，和任何一方都不能携手，他们于选举时或于国会的议场上也不能联合一致的以力争他们的地位。

旧日骑士党徒的子孙在英吉利者大都固已成为奉公守法，勤慎齐家的托立党人，充其量他们也只能叹惜地为"远在海外的国王"偶饮祝福。但在苏格兰，则骑士党后裔之变成詹姆斯党徒者甚众，他们一遇机会即预备揭竿以勤王。服从政府及厌弃内战的习惯在英养成较早，而在苏格兰则较迟。1707年的合并至是仍未获到民众的欢心，故希望藉詹姆斯党的复辟以恢复苏格兰的独立者亦颇有其人。在特威德河以南成为国教的且富有特权的主教教社在北不列颠则除用武力外，也别无其他恢复威权的希望。末了，高地诸部落的首领因嫉妒坎柏尔族雄霸全境之故，亦时时刻刻地渴望有依照高地旧日风气以厮杀斗争的机会。因此种种，1715年及1745年的叛乱俱发端于苏格兰。但英人未加援手，故终致失败。

"一五"之变 1715年英人方面的变叛几限于诺森伯兰罗马公教派的乡绅。他们的领袖为少壮的得温特窝忒伯爵（Earl of Derwentwater），但信抗议教的福斯忒（Forster）则充他们隐蔽逆谋的工具。在边地上招抚若干的苏格兰同志之后，他们即长驱昆布兰而直入郎卡邑，他们希望可于此地鼓动大批的罗马公教教徒。但他们的军力过小，他们卒在普勒斯吞的街上被迫降服，他们的运命和70年前，同是自北南下而被克伦威尔于此地击散的骑士军如出一辙，所不同者，上一回的军力要比此次大好几倍而已。"一五"之变在英吉利可说是最后一次的为"奉神游行"〔1〕，可说是北方诸郡的旧有封建主义及公教主义最末一次的挣扎。乱平而后，他们的财产被没收，而这种反动势力亦卒根本斩除。卫斯立主义及工业革命不久复把介于屈稜特及特威德两河间的区域变成耳目一新的世界。

但在苏格兰则"一五"之变甚是严重。反对坎柏尔族的诸部落，和东岸主教教社的教众联合后，声势颇为浩大；他们所能集合的军队远盛于30年后查理·爱德华亲王（Prince Charles Edward）所能招致的队伍。但在首次变乱时，辉格党人杀敌保王的精力亦比在下次变乱时为大。乔治一世即位时，政府本预备有变乱的发生，故不像1745年时之无备。而且统率在苏格兰的王室军队之坎柏尔·约翰，即当时的亚加尔公爵，就他的将材而论，又远在日后失却普勒斯吞判兹（Prestonpans）的柯普·约翰（John Cope）之上。亚加尔的势力在低地本是无往不大，而在高地的有几部分也是不弱；

---

〔1〕 见上第299页注1。

于此次的危难中他也能充分利用他的势力。福耳斯河以南的长老教徒惟他们的辉格僧侣之马首是瞻；城市的绝大多数亦很能为汉诺威王室出力。但在1745年时则它们的毅力，因30年的太平无事之故，已大不如昔，低地人的战斗性已就衰，而城市的民军则已破碎灭裂。在1715年统领苏格兰詹姆斯党徒的马尔伯爵（Earl of Mar）既不是一政治家，也没有任何将材。于瑟立夫缪耳（Sheriffmuir）之战，马尔8000人的大军竟为亚加尔的3500人所乘；此役虽未能决定两方最后的胜负于当时，然已足阻止叛军的前进而有余，而叛徒的最后失败因亦可以预卜。此外，"老伪王"（"Old Pretender"）詹姆斯（即詹姆斯二世之子），既来得太迟，又没有唤起人心的能力。他的号召力不如"四五"之变时他儿子查理·爱德华的远甚。

乔治一世 从国家的安全方面着想，詹姆斯党之早日举事实是一件幸事；如果等到汉诺威王朝已为人民所充分厌恶后再举事，则新朝转恐不易安度危机。乔治一世固不是最昏恶的人君，但他却是最无足取的人君。他不能说英语，他专以粗恶的外国妇人为情妇，而在德时的家庭悲剧则又历历在目；这样一个人物当然绝难令新百姓对他起景仰之心。因他对于英事不知不问，他的大臣遂握有决定国内大政及教国用人之全权；因此他转成为我们宪法自由的大提倡者。他信任大臣之心极专，他惟一的要求即是大臣须为辉格党人。他经过一小小的痛苦经验而后，即以英之大政付托窝尔坡尔。他之有此亦诚为贤明的一举，因为窝尔坡尔实是当时最稳妥，最有秉国能力的一个辉格党人。在乔治一世及二世之时，国王仍和众议院及辉格寡头共享有选任冢臣之权，故于窝尔坡尔的被任，我们仍不能不漠视国王有知人之明。

帕萨落角之战 詹姆斯党所以连这样一个庸君仍不能推翻之故，乃由出亡的斯图亚特氏之坚拒冒称抗议教徒以迎合民心，有如查理二世之所为。此外，路易十五早年时，法兰西摄政奥尔良（Orleans）的友英政策亦替乔治一世减除了不少的危险。此时的外患不来自法而来自众所不料的西班牙。

西班牙本已久成睡狮，但经富有雄才大略的意大利人大教臣阿尔贝洛尼（Cardinal Alberoni）的经营后，忽又有一度短时的振作。这位多才的冒险士重创西班牙的海陆大军。他的野心极大，也许太大，他企图恢复西班牙在意大利及在地中海的权力，而助成斯图亚特王室的复辟。和他同盟以攻击汉诺威者却为一绝无疑义的抗议教徒，即雄武善战的瑞典王查理十二。查理

> 声名流传于后世，闻者震慑而色畏
> 可以借来训诫后人，借来当做故事一谈也可以。

他和他的毕生大敌俄罗斯的大彼得无一相同，无一相合，但他们的敌视汉诺威王室却不约而同。英人满以为下次领詹姆斯党入寇者非别人，必为这个好战的瑞人。但不列颠海军歼灭阿尔贝洛尼新创的西班牙海军于西西利的帕萨洛角（Cape Passaro）附近后，查理亦旋于诺威某要塞中逝世；这两件事并合起来保全了乔治一世的王位。并确立了不列颠以直布罗陀及米诺卡为根据地的地中海海上霸权。[1]

南海泡泡 再下一次对于汉诺威朝的危险却起自国内。一个投机狂热叫做"南海泡泡"（"the South Sea Bubble"）者，在那个初有交易所的时期内，竟风靡社会的全部，即政府本身亦被卷入漩涡，而不能自脱。国家的利益和南海公司发生了不应发生的关系，甚至发行债券以充公司的资本。国王的德意志情妇们及威尔士亲王俱和公司的计划有密切的牵连，虽则以今日的眼光观之，那些计划似乎都是骗取孤儿寡妇的圈套。及至黑幕揭穿之后，被骗者及倾家荡产者的哀号痛詈，全国盖无地不可闻见。詹姆斯党在当时似乎有绝好的机会，但他们一刹那间的幸运转成为他们永远的劫难，

---

[1] 不列颠因急于言和之故，尝愿以直布罗陀的割让为和好的条件，但阿尔贝洛尼没有接受。帕萨洛之战而后，追逐敌舰的窝尔吞海军上校（Captain Walton）尝致书报告海将丙·乔治爵士（Admiral Sir George Byng），书的末一句为世人所常常引用，而久被误视为书的全部者。末句如下："我们已把沿海所有的西班牙船舰捕获击毁，其数目如页边所开。"

因为有南海泡泡而后有窝尔坡尔·罗伯爵士的当权，而他一执波涛起伏的国家的政权后，他便不肯放手；政权之在他手中者竟历 20 年之久。当南海事业正风靡一世之时，他尝警告他的同僚及公众，且尝预言其失败。所以当劫难之秋，他之奉召以恢复国家的信用及自信心，实为题中应有的文章。

窝尔坡尔的对内政策 在此以前的新世纪仍为剧烈的党争及朝代之争的时期。国内的和平安定固常被视为 18 世纪的特彩，然而英吉利之所以得有这种的和平安定却由于窝尔坡尔的长期统治。罗伯爵士之所给与不列颠者为休养生息；经三世的斗争而后休养生息固为国家所十分需要者。

除了因国会中辉格党人自身间的互竞——帕尔特尼，卡武勒特及汤森德（Pulteney, Carteret, Townshend）等之和窝尔坡尔对峙——而发生的派别之争不算外，当时反对政府的真实势力不在会之中，而为国会以外的詹姆斯主义。内阁的举动常恐激起朝代的反革命而受牵制。因为害怕反革命之发生。故窝尔坡尔对内取"缓和"政策，而对外则取和平政策，否则战事一发生则田税必加重，而乡绅将为叛徒作爪牙。也因害怕詹姆斯党乘机窃发之故，他竟屈服地放弃他的国产税法（Excise Bill）；反对的理由固极不充足，但他自己常明哲地说过，他绝不愿因欲成立此法之故，而预备用武力来治国。他固为极伟大的国会人物，但他对于他在国会中的地位绝不有过分的自得；他不论做什么事或避免做什么事，他总仔细的计算它对公众所可有的影响。不列颠的国家在当时既无得力的警力，又只有极小的兵力，故当时的政治虽是华族政治，实只是深畏暴动的华族政治。

要使政权已失的托立乡绅接受汉诺威王朝实不是难事，所需者只是相当的时间，而际此时间中又别无挑动或恶潮而已。这层窝尔坡尔总算做到。除了政治以外，18 世纪的世界，在法律及社会习惯上，亦无不适合于乡绅及盎格利干僧侣的性情需要。汉诺威王室即是这个习惯固定的世界之屏障，而斯图亚特的复辟则不啻是跃入茫茫的大海，结果有难逆料。到了乔治三世即位时，这点已为大众所通晓，故乡绅及僧侣重又成为王室的主要拥护人。在过渡的四五十年间，则英人中所有的阶级及所有的教派皆因窝尔坡尔藉和平及繁盛，及因庇特藉作战及光荣，所给与的教训而渐得有统一的意志及统一的精神。窝尔坡尔及"大平民"俱尝立在众议员的立场上，并藉首相所领袖的内阁制度来统治帝国。[1]

窝尔坡尔的为人　窝尔坡尔本人的统治本非托立乡绅所难受。他是诺福耳克一个旧家子弟，有地也有相当的财富。即在首相之位而信札极多时，据说他仍先拆阅他猎场管理人致他的信。他如不能回家时，他便在利支满公园中带了小猎犬而狩猎。他酒量甚宏，饮亦有恒；每当豪饮时，他辄大讲最粗俗的故事。像这样的人当然不会是一个长老教徒，或城中暴富，或骄世傲人的贵族；他必是一个和易的角色。他虽是一个极忠心的辉格党人，他在政治上虽和辉格贵族，金融界及异教徒为同盟，但就他私人而论，窝尔坡尔实为英吉利乡绅的代表。

他的君后对于他也十分的称心合意。他能和乔治一世对坐共饮，消磨时光，虽则他们语言的媒介只能求助于蓝青的拉丁语。乔治二世之为人固远在乃父之上，然其和窝尔坡尔的来往，则几是一位模范的立宪君主。他虽不忠于淑德昭彰的安斯拍黑的喀罗林（Caroline of Anspach），但他之尊重喀罗林竟远在其他一切情妇之上；而且关于国家之事他又能采纳她的意见。她是罗伯爵士最贤明的顾问，同时也是最忠实的朋友。

窝尔坡尔的心情格局对于他和平安靖的工作具有特殊的相宜。他的天才在于他的操纵（management）技术；无论于善义或恶义的操纵他具有出类的技术。他绝不任丝毫的理想或浪漫来诱他入于好战政策的途径。常识及和善为他特著的德行；而不分善恶则为他的短处。他阔面上善意的微笑又好像是含讥的冷笑。他绝不能令枪刺或恐怖为统治的工具，然他对于向有的国会腐败却看不出一些的不是。他的统治仍建筑于腐化议员的旧基础

---

[1]　丹宁街（Downing Street）上有名的首相官舍即于是时起源。乔治二世以该宅赠诸窝尔坡尔，但窝尔坡尔只肯以官舍视之，而不肯视为赠给他私人的礼物。至于他对于在内阁制及首相制发展史上的贡献，见上第572~573页。

上，他并不谋以民族的良知及自尊心来做替代。当下一世时，老庇特欲藉民众的同情为统治的惟一基础时，失败立即随至；他须和那个腐化大家纽喀斯尔成立谅解后，始获有替英国获胜于七年之战的机会。但窝尔坡尔则不然，他自始即任国会及世界各行其素。他如果嘲笑反对方面之"童儿们"的"爱国心"，且暗自想着大多数"尊荣的议员"个个有一定的定价，他也没有抹杀了一切的是非，因为当时的事实确系如此。欲藉窝尔坡尔以得到道德上的改进是不可能的。

窝尔坡尔的和平政策 他的酷爱和平确是出自真诚。自古以来和平的旗帜本不是仅赖理想家之力而即可维持得了的。窝尔坡尔固然又粗又不关心正义，固然不是一个重视理想之人，但他却有力阻英国卷入波兰继承之战的（War of the Polish Succession）英雄之仁，虽则他的同僚颇欲复念辉格党人对于波旁王室（The Bourbons）的旧怨者。他于1834年告诉喀罗林王后道："本年度欧陆上被杀之数有5万，但英人则无一牵入者。"马尔巴罗之战既早已消除法兰西雄霸欧洲的危险，不列颠本落得袖手旁观，本可不必轻易加入大陆各国的互斗。我们之拒绝加入给了我们以休养生聚的良机，而对于不久即要降临的大竞争我们转有了充分的预备。在当日的战事中，窝尔坡尔以"诚实的经纪人"自居，藉了他的经纪拉牵，各国亦卒获停战而重归于和平。

贞琴兹的耳之战 然罗伯爵士的和平政策，终因民众之要求和西班牙作战海上而告终。那个主战的怒潮在当时，在1739年时，固没有好好的经人领导，也缺乏充分的知识，但却和20年后拥护庇特·威廉上台及压倒印度北美的法兰西势力之潮流同出于平民爱国的热诚。即在1739年之时，民众以海外殖民地为目标的直觉也没有错误。欧洲各国的疆界问题绝不能激动暴徒的情感，心中念念不忘于汉诺威的利益者只是国王一人而已。民众的热烈情感完全因自由贸易的要求而鼓起。英人远自呼金兹及掘类克以来向要求得有和南美自由通商的权利，但西班牙则强加限制，只准英人在

《允协》[1]的范围以内通商。贞琴兹（Jenkins）所受的种种虐待，以及西班牙关吏割去他的一耳的惊人传说，竟掀动英人举国若狂的恶感，即窝尔坡尔也不能不违心的勉从民意而拔刀以向，虽则他之执刀似乎是很不自然的。

英吉利每经多年的和平之后而骤遇战事时，辄有手忙脚乱之病，此次亦不能为例外。海陆军的行动俱缺乏适当的指挥，所以坡托·柏罗，卡太其拿（Porto Bello, Carthagena）及古巴虽一一曾被袭击，而其功不著，南美洲贸易的问题亦丝毫没有进步。但西班牙美因之战在英吉利及欧洲俱发生反响。而窝尔坡尔的政府且因之而倒。国王及贵族院虽仍继续对他信任，但众议院1742年反对他的表决使他不能不去。他如果能于三年前即行辞职，而不勉强地支撑他所认为不会有结果，有好处的战事，则于国于身俱当好些。

英法之争 西班牙海战的又一结果为和法在大陆之战。辉格党人于《乌得勒支和约》时早已声言波旁氏兼王庇里尼斯山南北两国的危险，但两家族的"家族盟约"（"family compact"）在此以前尚未结成实际的果实。自有贞琴兹的耳之战（War of Jenkins' Ear）而后，继窝尔坡尔而起的当国者竟不能再避免和法兰西的冲突。所以奥大利继承之战（War of Austrian Succession）重把欧洲鼎沸后，我们又见英法两国站在对敌的地位，而多年的和平也告终止。30年的休息对于英国却是极有利的；它的自由的典制得以确立巩固，而它的权力及繁盛则得以鹏飞猛进。英法间今已发生新的争端，利益的主要冲突在美洲印度而不在欧陆；应付新的局面更需要新的人物及新的办法。

俄亥俄流域英法殖民者之互争在新世界的霸权，印度英法两公司之互争在加那的克（the Carnatic）及在恒河三角洲的霸权，都为各该地方英法两群社间莫可避免的冲突，而不是欧洲政客纵横捭阖或诳张为幻的结果。然而解决这些争端则仍有待于欧洲的政治大家，而且就英国而言，须为大异

---

[1] 见上第552页。

于窝尔坡尔的一个伟人。这样一个伟人于窝尔坡尔辞职15年而后始得之于庇特·威廉；怪不得大·腓特烈说过，英吉利劳而无功者甚久，到了它觅得妥人后，形势始大变。

"四五"之变 但窝尔坡尔所下的警告却应验了。他以为英吉利之重和法兰西西班牙两国的波旁王室交战必将引起詹姆斯党第二次的攻击新潮；他本人的政策即在极力防阻这种攻击的发生。封特讷（Fontenoy）之战，我们在尼德兰抵敌法兰西步兵，大显勇武虽败犹荣的那年，亦即查理·爱德华亲王在不列颠有惊人举动的一年。当时不列颠的空虚达于极点，军队都已出征，而人民则绝不知如何抵御，如何自卫。他们的自私又无以复加，所以对于斯图亚特及汉诺威两姓都没有取舍之可言。因此种种，亲王竟得率5000执手盾持大刀的高地人自爱丁堡直入德贝，沿途的人民只知相惊失色，而不知抵抗，也不会参加。窝尔坡尔收买操纵的政术，其短处尽可从1745年时不列颠人民之缺乏急公好义的精神中见之，无论自詹姆斯党的或自汉诺威王室的立场看起来。我们如记得12年后庇特·威廉能使激发同一的不列颠人民及其子弟充满了热烈及牺牲的精神，则1745年的麻痹真是可异。

我们知道文明的社会往往不甚热心于它的典章之拥护，所以高地部族如果真能把国会及法律推翻，而把旧朝恢复，则其结果只有是失政无道，而决不会有其他。当时的国会政府既是十分腐化，而又无普及的选权为基础，所以不能经穿裙剑士（指高地人）的蹂躏；诸重要法律取消之日即将为国会政府颠覆之日。由此而复辟的斯图亚特君王必将重行诛除异教徒以取到大权，而异教徒则必仍忠于汉诺威王室而不携贰。到了1745年时人民之服从汉诺威王室者已历整世之久，故矢忠于它不肯变节的政治家，教士，及海陆将士为数亦必不在少；把他们尽置于法，为势所不可能之事。为便利起见，新君或且有擢用爱尔兰及苏格兰冒险人士之必要，然而他们固不适于英吉利的国情。且即以君主而论，查理·爱德华此时虽甚勇武，但他的后年则人格极为卑鄙。他如成事，我们尽可卷入内战的又一个轮回中，而于国内的文明及工业，于海外的贸易及帝国两俱不利。

精密的推测虽不可能，但凶狂的高地部族，如获在伦敦变政，则其结果之悲惨乖谬是无可疑的。幸而不列颠得赶紧自大陆召回若干精兵以救危难。召回的人数虽不多，然为得亭根（Dettingen）及封特讷的百战之士，故进占德贝的叛徒绝不敢再往前进。而且查理·爱德华的徒众自越边界南下后，除了300曼彻斯忒的子弟而外，毫未有任何的扩充。他们实处于进退维谷之境，进则恐不能敌久战之师，退则亦终难幸存。他们终于退回苏格兰，他们之迟早会被歼灭也成为已定之事。他们的妙棋在出人不意先声夺人，但他们一举旗帜而后，他们绝无准备的军马可资声援。

德贝退军后的福耳刻克（Falkirk）之战，和叛旗方举时的普勒斯吞盆兹之战同为高地人的胜利。但不数月而后，他们的势力尽歼亡于喀罗登荒地（Culloden Mool）之战。英人所放之葡萄炮弹及三重红色兵队的排枪实非高地人之所克抵御：在苏格兰的历史中从此亦不复有部落剑士之聚众作战。喀罗登之战昆布兰公爵实为元勋，武功甚大，但他对于高地人民极为残酷，故不免美中不足。当时的英人于愤怒之余，固毫不以残酷为不然，但日后则无人不痛诋昆布兰的行为。也许他的行为不无形容过甚，但即无过甚的形容已极可畏。在此次事变的过程中政府向失之于疏忽，且极不称职，既酿成叛乱，复不能有适当的善后。枢密院长福白斯（Forbes）为惟一能见大识微之人；如果政府能早采他的谏言，则叛乱可以不致发生；如果政府能于变端结束时采纳他的劝告，则附从的高地人民定当得到宽大公平的待遇。

高地部落主义的肃清　"四五"之变及其削平在英吉利所生的结果只是消极的政治的。只促成了詹姆斯主义之进一步的衰亡，但在苏格兰则是积极的，且大大的转变了一切制度的精神。詹姆斯党之乱之所以很是可怕，乃由于首领，贵族及绅士对于部属所享的大权。因此之故，叛乱削平而后，政府把高地及低地所有的世袭法权一体废除。久存于苏格兰之封建主义既

不能再延残喘,则中央政府的权力及安全自亦增加。除此而外,封建主义的撤废更有使那个农民社会的民主及平等精神得有发苞怒放的功效;1759年诞生的朋兹(Burns)即属于这个"人即他自己的上帝"的自由社会。

苏格兰亦终赖英吉利军队的助力而解决它的高地问题。这对于苏格兰是十分重要的。如果欲将文明扩至岛的北部,则当地部落的作战组织及部属对首领的私忠必须先予铲除。国王的文诏必须能在山谷中通行,而离"近代雅典"50哩之内也绝不容有阿富汗寄生。[1]

无可再延的改革总算于此时成立了,但并不出以最允当的方法。低地的法律一举而行诸于高地,高地的执业及习惯一致改用低地的法律,无有丝毫的变通。文明人每因瞧不起原始社会的形式而不耐研究他们的真况,以故他和他们相交时每有隔靴搔痒之病;不列颠人此时之应付高地社会也完全暴露着这种短处,旧日的首领一变而为地主,他们昔时的徒众则降而为期间无定的佃户,故改革的用意虽在铲除前者的威焰,而受苦最大者反为多数的平民。首领们忘了昔日密切的主臣关系,把小农夫逐出于山坡的小农田,而把全谷夷为大片的牧羊地。因之,即在美洲革命以前,高地人之渡海移往者据说已有3万人之多。

苏格兰的昌盛 但高地界线失了政治上的意义而仅成地理上名词而后,苏格兰确获得了和平与治安。道路随即兴建,旅行者亦得安然往来,于是低地高地亦熔成一个不可分的群社。忠于所事的长老派传教士则向高地人民宣传他们的宗教及教育思想,故全国的信仰及意志亦得统一。老庇特最得意也最放异彩的政策之一即为能替苏格兰作战,并替在加拿大及全世界的帝国利益作战之高地军旅的成立。近代的苏格兰——朋兹及斯科特的苏格兰——即从上述的变动及附带而生的经济进步中演化而来。演化而成的苏格兰为一统一自尊的国家;它举整部的历史以为荣,塞尔特的远祖和萨

---

〔1〕译者按,爱丁堡有"北方雅典"或"近代雅典"之称,阿富汗则指高地。除了斯科特及斯蒂芬孙的小说而外,Neil Munro 的小说,叫做 The New Road 者亦述高地社会在"一五"及"四五"年间的诡谋甚详。

克森的先人同样的值得称颂，而盟约人（Covenanters）的功业及詹姆斯党的事绩也同是过去的光荣；它的圣徒志及名人传则远起窝雷斯及布鲁司，中经诺克斯·约翰，以迄麦克陶那·傅罗剌（Flora Mac Donald），坚苦合理和冒险浪漫的民族心理，笃好自由的热情和善事首领的愚忠，在过去的历史中盖皆已熔冶而成为纯一的民族特性。物质方面的进步，农工商业的发展亦一日千里而迥非德利英失败时的苏格兰之所敢望及。但物质方面的改进仍不足以害及它在精神方面的努力，它的人民仍于智识及神灵之事有独长，所以苏格兰子弟之远往各处以发展并统治不列颠帝国者亦独多。到了18世纪告终时，苏格兰已成为英吉利的良友好邻；在此以前从未这样好过，而在此以后，则从未变过。[1]

拍兰弟兄时的泰平 介乎奥大利继承之战及七年之战间的数年在欧洲为稍息的时期，而在英吉利则有拍兰两弟兄——拍兰·享利（Henry Pelham）与以贩卖国会城市著名的纽喀斯尔公爵——的秉政。他们以窝尔坡尔的和平政策为衣钵，虽则这政策已不甚宜于当时。在不列颠岛中，这几年可算极18世纪满足安详的大观，因为詹姆斯主义已不足为患，而政治上又无复窝尔坡尔和他的私敌间的剧斗来资点缀。在众议院中，即庇特好动傲世的天性亦受平和的时代精神所抑制，故他暂亦不以他的激昂的演说来搅乱朝臣的安静。不特如此，他甚且甘愿蛰居于军需监的职位而暂不思动。但在印度及北美则各方俱在积极备战，那里作战的预备终亦使酣睡的不列颠惊醒而起。

法人在印度及北美的计谋 在印度及北美两处取攻势者都为法兰西人。蒙古帝国的解体及加那的克印度土王的宣告独立皆足酿成度普雷克斯（Dupleix）大事经营的野心。他细思法兰西印度公司于商业上既万万不及英之公司，则何不赶紧和若干土著国家作军事上的联盟，并召集受命于法国军官的印度士兵，以铲除不列颠东印度公司在玛德拉斯及在别地的贸易场所？

---

[1] 关于苏格兰在此时的教社运动，见上第585页。

在加拿大，法人亦有极完备的军事计划，自圣罗凌士河之口以入诸大湖，经俄亥俄流域，复沿密细细必河，以达墨西哥湾的大河之口，法人都在建筑军用的营寨场所。藉了这个连续不断的设备，他们蓄意将阿帕拉契及阿利甘尼山脉以西以北之地悉纳入法兰西的版图。

印度英法之争　在印度，英吉利公司的资望物力都在法公司之上，且和土人的关系亦密切得多。在北美，沿岸操英语的殖民有200万之众，为数亦远过于法兰西之加拿大。所以法人如欲成功，则于指挥的统一，领袖的能力，及祖国海陆军的授助三方面必须特加重视。他们必须能于这几方面超过英人，他们才有获胜的可能。自好望角赴印必经的毛里西亚岛（Island of Mauritius）为他们用以攻击印度英人的海军根据地，而布勒通角的路易斯堡（Louisburg）则为他们征服北美的根据地。当战衅初起时，度普雷克斯，藉了他的伟力，在加那的克一带居然所向皆捷，但自克莱武·罗伯（Robert Clive）离了店柜，亲入战地后，则形势骤变。他取了亚科特（Arcot）坚守不放，法人亦于以大挫。自此而后，两方肉搏的苦战竟绵延于全岸，虽则英法两国尚维持着外表上的和平。因为英人的商业较盛，在当地的物力亦较大，故英人卒渐渐的取到胜势。当七年之战发动时。法人在印度的势力盖已处于衰败的地位。

北美英法之争　在北美之形势和在印度者迥异。北美的殖民地，除了马萨诸塞特外，皆不愿作战以自卫，且似乎也不能有共同的政策。英吉利诸居留地间的交通本异常困难，而甲殖民地和乙殖民地间，殖民地议会和殖民地督臣间亦互相猜忌，再加以草莽世界的移民又从未受过封建或王权的训练，故个人主义备极发达；因此种种，英吉利殖民者之一致御敌竟成为千难万难之事。[1]

但法兰西人的殖民者则从不知自由之为何物，不论在教社或在国家之中，或在封建贵族之下，他们只知有服从而不知有它。而且他们的居留地

---

〔1〕　关于北美英法殖民地的性质，见上第488~493页。

犹如一串念珠，圣罗凌士及密细细必诸河可比一线。祖国又遣派精良的王家军队及能干领袖以统率他们。法人又和红印度部落相善，故可以利用他们来残杀同色的仇敌。1753年法人驱逐在俄亥俄流域经商的英人，并建筑度垦要塞（Fon Duquesne）以防止他们的回来。两年后，纽喀斯尔政府虽遣布刺多克（Braddock）将军赴美以恢复英人在阿利甘尼山以西的权利，但他的远征军竟被法人及红印度人的伏军所乘，而遭覆亡之惨。

即在1756年七年之战已经具体化之后，法兰西的经营，除了克莱武耀武扬威的印度以外，仍在顺利得手。辉格寡头政治之不足以应付这样一个严重的局面，盖已成为无可掩饰之事。它的职责已尽，它的使命已成，它的末日已至。詹姆斯主义已成过去，旧日辉格党的策划自亦完全失了作用。它和新的势力新的潮流相隔绝，虽则在它朝气较盛的时候，它也曾助成它们的发育。它本赖腐化及"操纵"（"management"）而生，但到了今日纽喀斯尔既不能买通法兰西的陆军使退出加拿大，也不得以爱尔兰的主教位置赠与法兰西海将的弟兄，而令之停止攻击。

"大平民" 旧的辉格党固然到了心死的时期，但是旧的托立党则已不复存在，而新的托立党则尚未诞生。不列颠人犹如没有牧羊者的羊群，或者我们可说羊群中已来恶狼，而牧羊人尚在玩耍。庇特·威廉尝说道："我知道我可以救护我国，也只有我能有救护之力"；他之所言不过道出实情而已，他丝毫没有过甚其辞。得中等及劳工阶级的信任者只有一人，在他们的眼光中只有他是公而忘私的政客；当他做军需监时他尝一反世人中饱的习惯，他所经手的巨款他绝不染指。不列颠政治家中只有他能高瞻远瞩，顾全全帝国的利益，也只有他能懂得美洲殖民者不耐烦的精神，而知如何利用他们以作共同行动的方法。他尝为那个伟大的盎格鲁·印度人的宠孙；他又是伦敦商人及参事们（aldermen）的私人朋友。世人所号为"大平民"（"The Great Commoner"）者固公然地瞧不起当权的辉格华族，但他却又恢复了辉格旧传习中犹足以淬砺民众的部分——对于1688年革命所保障的自由宪法之矜持；对于代表人民的国会之确信，虽则代表的方法极是粗劣；对于人民全体的信赖，无分阶级及宗教；对于海外专制政治的及罗马公教的权势之恐怖；誓不让波旁王室把持大洋及北美的决心；对于英吉利种族的厚望。

此即庇特的信条，而不列颠的人民能竭诚拥护者。众议院亦乐于受他的指挥。他的演说即受纽喀斯尔收买的议员们亦被所慑服，甚且被所感动。他的仪态固太过于造作，但可表现他伟大的力量及热情。他当是一位善于表演之人，而他的声音及姿态尤足以感动观众。

庇特之主持战事 他也许可算英史中最大的演说家及最大的国会及国民领袖。除此而外，他又有过人的组织战事的本领。他是一个伟大的战事大臣。他熟谙世界战略，他知如何而可以使不列颠的海陆大军合作，海陆军的合作本为它最大的势力所在；他精选海陆将帅，他使他们充满了他的精神，他授他们以充分军力而遣之执行相当的任务。以作战的效率而论，他实在林肯之上；就危急时的领袖能力而论则两者颇堪一比，但他们的领袖方法则又大不相同。

1758—1760年间遍及全世的征服绝难视为辉格寡头的功劳，虽则在相当范围之内它们（征服）诚可视为旧日辉格外交政策的最后胜利。但辉格寡头在七年之战的初年时把战事弄得极糟，国家濒于危险，所以国民也不得不起用庇特以救国家于危亡。辉格党的纽喀斯尔虽继续握有腐化国会及任官命吏之权，但政治战争的大权归于庇特。此项办法两党都能同意，故庇特尽可大展骥足。他所恃者为不列颠政治中潜势极大的民众阶级，尤其是在马萨诸塞特发达更甚的平民。他激动他们的自由精神，他复藉了这种精神以救护帝国。

> 我们不把你们当做奴隶而召唤，却当做自由人，
> 又有何种人能如海上之人那样自由？

此即当时海军中所习用的歌调。然据实讲起来，拉夫式之招募海军不能说是自由；18 世纪政府与人民间的关系本无一不尊重自由，而此独为例外。不过此歌总可表示海军及帝国在大海上，在加拿大，在俄亥俄流域大胜法人的精神。不列颠的胜利即是自由制度在北美的胜利，而专制制度在北美的失败。

庇特及腓特烈　庇特的盟友即普鲁士的大腓特烈（Frederic the Great）。聚居北德意志沙瘠区域的 200 万农民，当是时几尚未脱离农奴的状态，自法逃来的呼格诺徒虽文化较高，然为数只寥寥数万，这两种人民居然能助他们的国王力抗奥大利，俄罗斯及法兰西的联合进攻，且支持到 7 年之久，诚似一个奇迹。然腓特烈之成功确不仅由于他善战的奇才，而也须归功于他和他苍劲老父之能在平时养育并训练驯良的人民。腓特烈所维护的为科学的，军人的专制政体，而他自己实为这系统的元首；他富于勤劳耐苦的精神，他为他人民严厉的导师，但也为细心的保姆。和他对立者则为侵蚀人民膏血，只知穷奢极乐，毫无兴奋精神的一班君臣——即主持大陆上"旧局面"（ancien régime）的一班角色，且能代表绷巴都夫人（Pompadour）可以出入自如的社会者。同时，庇特则在充分表现不列颠自由在战时所能有的权力。庇特及腓特烈之能合以御敌即是他们成功的秘密。英吉利人民亦极力赞美英普的同盟；同盟本起于一时的需要，但两国之同属抗议主义给了英人以大做文章的机会。他们竟把腓特烈看做力抗奥法公教主义而维护大陆抗议主义的健将。[1]

腓特烈在七年之战中的主要工作为坚守他在奥大利继承战中背信忘义而攫得的西勒西亚（Silesia）。攫取时的鄙劣幸有坚守时的义勇来稍资掩饰，因为腓特烈的力当欧洲三大强国诚不是等闲小事。然而即以腓特烈的雄武，他也不会幸存，如果他得不到庇特的津贴；如果没有不列颠的军队在西线

---

〔1〕　福耳特耳的势力虽在增加，但迟至 1762 年法兰西仍有藉曲解法律以杀抗议教徒卡拉（Calas）之事。是时抗议教徒在法奥的地位和公教徒在爱尔兰的地位颇有相似之处。

助他御法，并因此得了民登（Minden）之捷。在英吉利方面，它也不能坐视腓特烈的失败，因为他的失败即等于欧洲的一致攻它。庇特的政策为"在德意志征服加拿大"。他果真实现了他的政策。他在昔时虽尝领导民众大声疾呼地反对英国之加入大陆上的及汉诺威的纠纷，他今日不但能使人民热心于海外之战，即连大陆之战亦能使他们欢迎。茶馆酒肆中有无数献给"普鲁士的国王"，及"格兰卑伯爵"（"Marquis of Granby"）的招贴；后者盖即统率我们的骑队而在德意志战场中奋勇杀敌者。

歧布龙之捷 庇特的大陆上军事行动的目的仅在维持现状，保障安全，他的真的目的乃在海外。然海军优势的恢复为成就他计划的先决问题。在1756年英吉利真真有被法人进袭的危险，而英人尝大起恐慌。米诺卡于是年失去，为减轻人民的公愤起见，政府尝不顾庇特数次的抗议，而把失利的海军大将丙·乔治枪毙。但于庇特秉政之后，海军的优势恢复极快，海军于两年内连获胜利，终则有七年之战的屈拉法加，有和克（Hawke）在歧布龙（Quiberon）的大胜。

魁北克的攻克 当时的加拿大实际上只是散处圣罗凌士河的法兰西居留地，所以最易的征服方法在海军掩护陆军而进袭。因为两军能通力合作，故首有大河门户路易斯堡的攻克，继有乌尔弗（Wolfe）之自河岸攀登亚伯拉罕高地（Heights of Abraham），及他的攻陷法兰西王家军队所守的魁北克。此决定加拿大运命的一役实为深可纪念的一役，两军的主将，乌尔弗和他伟大的敌将梦坎（Montcalm）几于同时同刻受了重伤。在俄亥俄流域中则苏格兰高地的团伍及美洲的殖民军亦能为庇特伟大的精神所感动，通力合作地越过阿利甘尼山，把法人赶走，而将度垦要塞正名为庇特之堡（Pittsburg，即庇兹堡）。所以在七年之战告终以前，法兰西的权力已无存于北美。未开辟的西方（West）即为"大平民"赠给英语种族的厚礼。

克莱武普拉西之捷 在战事的进程中，许多在西非及西印度丛岛法兰西的属地被我们抢来，同时一个大帝国亦在东方建立。在印度另有一位文武全才的英雄在策划一切。印度离祖国太远，绕道好望角的海程便须 6 个月至 9 个月之长，故丹宁街的胜利的组织者尽可计划圣罗凌士河的进兵方法，而不能预筹恒河流域的战略。在实际上，克莱武在普拉西（Plassey）大捷时，庇特的人才内阁尚正在组成时期。有普拉西的胜利而后有克莱武的征服孟加拉（Bengal）及不列颠印度大帝国的创始，然而这些都是克莱武的首功。

1760 年的不列颠　当乔治三世继他祖父而主国政时，不列颠的盛名为世界各国所钦敬，其钦敬的程度空前而亦绝后。它的自由制度，我们虽明知远非完美，在当世的欧洲诸国看起来，则已不胜羡慕之至。"反英吉利"的传习也没有发生：爱尔兰人既安静而不为人所注意，美洲的殖民地则犹和祖国一致，且拥戴庇特极诚。法人不特害怕，且钦佩英吉利及其"大平民"之为人，因为他们本为宏达的民族，而且也极不满意于他们自己的专制制度，陷他们于不振的制度。英吉利的种族是时可说适处于黄金时代。它之所以能得此优越的地位，多半由于长时期中的所交的佳运及明慎的行为。但在最近则亦由于一人的努力，故 3 年之中它得否极泰来，跻于至境。可是又过 20 年后，我们的运命在两半球俱又一落千丈起来。我们的宪法虽得世人的钦佩，然而它有它的缺点，我们被崇拜的英雄也有他的短处；我们运命之所以又不济事者，这种缺点及短处也不是不足重轻的理由。

第三章
乔治三世的御揽政治

国王：乔治三世，1760—1820。

1760年的内阁制 乔治三世1760年继位以前，责任内阁的新制已经确立于英国：内阁有首相为领袖，故其意志统一，但它须赖众议员多数的信任以维持生命。自此制发明之后，斯图亚特时期中行政立法两机关间不断的冲突，得以不再发生，而政府的行动也不至到处有着障碍，以和1689年的消极解决比较起来，新制于自由政府的实施实有更大的功绩。后此，不列颠的自治殖民地及许多欧洲的国家亦采用内阁制度；内阁制度盖成为英吉利对于政治机能的主要贡献。

当时内阁制的弱点 上项的制度窝尔坡尔尝赖以统治平时的英国，而庇特尝藉以克敌于国外。庇特之子更以复活的托立党党魁的地位，把它刻板化起来，而成为不列颠不变的政府制度，直至今日尚未改易。但介乎庇特父子的两政府之间，尝有过二十余年的变态政治，责任内阁及首相之制即非完全在停止的状况中，至少也是混乱无章。我国宪政发达史中之所以仍不免这个挫折，乃由于乔治三世个人的野心。乔治欲恢复国王在1689年的解决所尝留给于他的权限，所以他不惜视首相为国王意志的传达者，而使内阁则不仅有"国王的臣仆"之称，且也真有其实。经了1761年后数年间猛烈且错杂的斗争之后，一时他居然大有成就。他把辉格党人尝藉以腐化众院的任官之权收回。有了此权，他自己可以贿通并操纵众院；于是内阁也失了效用，而他的目的也达到。

如果内阁政府能以平民为基础，而不以华族，能恃舆论为后援，而不恃"操纵"，则乔治三世显然不会有若何的成功。18世纪中叶国会及内阁的制度固一极良的机械，然道义的力量及民众的赞助则尚是缺乏。固然，当七年之战的来势极恶时，辉格的寡头亦尝婉从民众的意见而让庇特组阁以解危难，然民众仍无一定的，有规则的方法可以强制众议院之尊重民意。当时所谓"荐选城市"（"nomination boroughs"）的数目极大，故议员往往可由某某一人提出而无须乎选举。而且庇特本人也丝毫没有运用这个奇特的政治机械之力。他所代表的古舍蓝固然也是一个朽腐城市古城的废址且已成为牧羊之所在，但他并不是一个城市贩卖者，也不是城市贩卖者的友人。他瞧不起辉格寡头，他更常盛气凌人地侮辱他们；他们则害怕他并讨厌他。他尝告纽喀斯尔道："少说些罢，公爵！你的言语早已得不到我的重视！"因此之故，国家的危险，因庇特的胜仗而成过去后，他和辉格贵族间所成立的合作办法便不能继续的充施政的制度。

敌对政党之不存在　乔治三世之所以能藉国会的腐化以恢复王权盖尚有第二个理由的存在。当时尚没有强有力的托立党，故辉格党人及国王两不受正当的监督。国会内阁的制度，如要能健全地行使职权，则必须有两个可以互相批评的政党，如此国民庶可有所取舍，而两方俱不敢大意。在威廉及安之时，托立及辉格两党虽失之激烈太过，好争太甚，然互相监督的职务总算有人尽力。在首二乔治之时，因为有了詹姆斯党之故，真正的托立反对党反而没有。但詹姆斯党自"四五"之变即已萎蘼不振，而当那个"农夫乔治"，那个"以生为不列颠人为荣"的，深得民众爱戴的少年英人，继他德意志的祖父而为国王时，且已完全死去。从前曾为詹姆斯党徒

及高托立党人者如约翰孙博士之辈,皆甘愿把他们无着落的忠心移向这样体面人流的一位新君。和革命解决可以相容的一个新托立党本可早日恢复,哪知要等新朝已过二十余年之后,它始在少庇特的卵翼之下应运而起。

政制的废弛 在此青黄不接的期间内则乔治三世得以抛开政党而治国,内阁成为王命的工具,而议员则仰食于国王的禄奉。众院中所谓"国王的朋友"仅是他的雇佣,至多也不过是他个人的死党,而决不能视为真正的托立党人。照波令布洛克所说,"爱国国王"登极后的黄金时代应是无偏无党的唐唐王道,乔治本人、察坦姆,及讨厌辉格华族当权的别的许多人们都尝被这个理想所感动而大起幻想,但其结果则和波令布洛克的预言大相径庭。政党政府一被取消而后,不但无感恩图报的国民来称颂国王的仁慈,国中反而充满了治人者及被治者间不足为训的冲突。尉尔克斯(Wilkes)本不是一个品端行正之人,然而政府累次的凌压他转足以使他成名,使民众奉他为民权的拥护者;此其故本不在他之真能为民权尽瘁,而由于行政机关之多事干涉,及众议院之不肯承认弥得尔塞克斯选民有选举任何人充任代议士之权。尉尔克斯一案实可充分表示那时期一切冲突之不足为训。至于对外,则我们在七年之战所困苦得来的威望及推崇亦被标特(Bute)在1763年所用以取得《巴黎和约》的方法及嗣后伦敦和我们自己的殖民地间不堂皇的争执所一扫而空。所以到了帝国内部的危难发作之日,不列颠在欧洲只见有仇敌而没有一个的友国。

察坦姆之无能为力 然新朝起首20年中内政外交之纷乱失败,亦不能尽以诿诸国王及反对国王之辉格华族。一部分的责任也应由庇特——在此混沌的时期中已成为察坦姆伯爵——担负。他虽没有他自己常有的国会徒党,他于国王及辉格党之间却握有举足轻重的权势,因为在那众院极不能为民喉舌之时,他要算是国民真实的代表者。如果他能善用他的地位,则当时的纷乱总可减轻若干。但他政治上虽表同情于民众,他的傲世之态却远过于华族之所有。他本人尽可是一高贵的,自由为怀的独断者,然而和他共事则为不可能之事。他的地位本可使他中立于两方之间，判断曲直，减少争端，但因倨傲失常，且乏知人之明之故，他竟治丝而益棼。他不能和乔治合作，也不能和辉格党人合作，至于使两者得有一种协调则更为绝不可能之事。

在有一个时候，察坦姆尝重拜组阁之大命，全国也都望他能成立一"超党"的政府，以救国家于因内部溃滥而起的危难。但此时他的体力及意力俱已不济。他自伊吞（Eton）学生时代起即尝努力抵抗痛风之症，至是竟使他卧床不起，历数月之久他困处于多虑的愁闷之中而不能自拔，其易怒暴燥，不可向迩之态正不让于铁栏中的怒狮。他的内阁本有赖于他亲身的领导，而无任何团契可言，他既拒绝接见同僚后，他们更如群龙无首，迷惑无路；他的政府固不能不垮台，而不列颠及帝国最后的希望亦归于乌有。

乔治的获胜 到了1770年时，乔治三世已打倒所有的政敌——打倒和"辉格党有关系者"，并打倒他所疾恨的察坦姆。他本疾恨一切有才之人，只有甘愿奉行他的意旨，而不别有政策的二三等政客不在被恨之列。察坦姆尝保全了并扩大了他所不能维持的帝国，但他反称他为"叛乱的喇叭"。自乔治三世的眼光看起来，批评国王的政策即是"叛乱"。他之评量所有的政客亦全凭他们对于他的态度[1]。这样一位国王，于对待新英格兰的殖民时，自也不会特别的宽容，因为那地的"叛乱"比察坦姆的较为严重，而又为地方的特产。然而那地正在发生之帝国关系的问题固极需妥慎的解决，而不容丝毫大意者。

英美对税法之争 因七年之战而法兰西之势不复存在于北美，因法兰西势力之消灭而有不列颠帝国初次的崩溃。北美的英吉利殖民者自脱离了异族侵迫的危险后，即不在乎祖国的援助，故态度大变。同时，祖国则因

---

[1] 在1778年他尝嫌察坦姆之得在韦斯敏斯忒寺享有国葬，"此举于我个人极为可厌"，他尝说。他似乎没有见到他的臣民之仍拳拳于逝者在七年之战中所建的大功；他似乎也没有想到他们初不会问及他死时和国王感情之好不好。

多年作战,负债累累,田赋锐增之故,其政治家颇希望殖民地亦能担负保护帝国的军费之一部分。首次的尝试为格稜维尔·乔治(George Grenville)1765年的《印花税法》。按照该法殖民地中所有一切的正式文件俱须粘贴印花,所得税项即拨为维持在美的王家军队之用。但殖民地反对新法极烈,故通过的次年洛金汗(Rockingham)的辉格政府即予撤销。1767年汤森·查理复于美洲征收茶税及其他数种货物之税。察坦姆本为英人中反对征税于殖民地的政策之最有力者,然他此时名虽犹是首相,而实则因痛风及愁郁症之故,已和实际的政治断绝往来。到了1773年时凡此种种不得民心的税项只有茶税一项仍未取消;且乔治三世的嬖臣诺司贵族(Lord North)所视做原则问题而坚持不废的茶税,已非原来的茶税,税率既低,而收入亦极些微。不幸的,在殖民地方面,8年来因征税问题而引起的长期争执,已使一般的殖民者有固执成见的倾向,茶税于实际上纵无多大损失,但英吉利国会可以自由征税的原则则非取消不可;为达到目的起见,任何的纷乱,任何的牺牲也可不恤。他们所大声疾呼的是"没有代表,便不能征税",即农民及边陲林民(backwoodsman)亦各以罕普登自居,而把诺司当做斯屈拉福德。

美人之反对英吉利国会,反对他们绝无代表的国会来向他们抽税,无论所抽者若何有限或若何公允,本也不是说不通之事。他们和英王有君臣的关系,他们是完全承认的,——虽则马萨诸塞特在斯图亚特时期中有时似乎不甚注意此层,虽则在1643年它尝未经请示国王的手续而即和法兰西作战——然他们却从未承认过国会享有最高之权,从未承认在韦斯敏斯忒开会的国会有权可以通过束缚殖民地的法律及税法。它们各有各的议会,只有它们自己的议会能有束缚它们之权。关于这个争端,两方都可有富有法律根据的辩护;本来在历史上尝使我们的种族分为赞否两派的许多宪法上的大争端,类多不是只一方有法律根据而它方无有的。苟舍法律而言政策,则向殖民地征取供给帝国公用的赋税,自宜由它们自己的议会自愿通过，而不应由不列颠的国会来高压它们。[1]

美人对于帝国的冷淡 很不幸的，他们半因节俭，半因对于帝国的联络漠不关心之故，也不想自动的来抽税。法人侵迫的危险一成过去而后，阿利甘尼中的边陲林民便视帝国为一种抽象的事物，而不值得他们的垂青，犹之今日一般中部西方（Middle West）人之视国际联盟然者。沿海岸一带的人民对于帝国固知之较谂，然也未必定有较好的感情：代表帝国的督臣将校皆属不列颠的上等阶级出身，他们之常不能和平民的社会相往来，犹之油及醋之难以相合。而且，在美人的心目中帝国和他们工商业上所遭的限制是相联之事，帝国常偏袒英商或西印度的垦植甘蔗及烟草者而不损害他们的利益。在殖民人中只有西印度富盛的垦植者独得祖国的青睐，即对于蓄奴之制祖国亦尚未丝毫有动于中。

察坦姆——我们或许应说庇特·威廉，那惊人的大平民——尝使美人能宝重和帝国的关联于战时，且他也许会有使他们能容忍这关联于平时。不幸察坦姆今已失了指导帝国政治的势力，他今仅是一个卡撒掘刺（Cassandra）[2]式的预知家，他尽向乔治三世进警告，然而忠言逆耳，恩将怨报，乔治不但不听，反诋之为"叛乱的喇叭"。

争端之无法和解 在理论上——至少在流行于英吉利本国的理论上——不列颠帝国是一个团结不分的国家。在实际上则它只是一个许多自治群社的联邦国，联邦的条件则又从未订定，且常发生争执。这样的一种形势自是危机四伏，国人之不知这种形势及危机之存在则益足以提高危险的程度。已告物化的辉格寡头不能说是曾经有过何种的殖民政策，或对于

---

〔1〕 关于宪法上的争执，参阅 C. H. Mcilwain 教授的 *The American Revolntion*，*A Constitntional Interpretation*，及 Pollard 教授 1924 年 10 月在 *History* 中所发表的批评。美人当以 1688 年革命以前的案例为根据，而把国王及国会之权分得十分清楚：国王之权他们在某种范围内可以承认，但韦斯敏斯忒的国会则他们仅视为不列颠的地方议会。自英人看起来，这样的一个划分是说不通的，因为他们视"国王在国会"为最高权之所在。

〔2〕 译者按，卡撒掘刺初因得亚玻罗（Apollo）神的垂爱而有预知之力，但亚玻罗和她不睦后，又使她的预言——无灵。

帝国有过何种明晰的意见。庇特的人才内阁也已如过日的黄花。到了今日，乔治三世的大臣单方所提出抵补帝国支绌的财政之方法，既不为美人所接受，而殖民者则又拒绝提出任何的抽税方法来做代替。当时苟有意态诚恳，存心为公之士起而召集一圆桌会议，则排难解纷或尚非难事；在此会议席上，不列颠尽可自动的放弃对于殖民地贸易的限制，而美洲则可自动的担负祖国因保护它们而需要的军费之一部分。

但这样的一个会议在大西洋的两方都没有被人想到的可能。英吉利是时犹为"重商"及旧式保护主义的理论所奴役。它把殖民地仍旧看做它货物的市场，而殖民者的工商业则须以不悖祖国的经济利益为范围。我们不列颠殖民政策的史家说得好：1776年的"破裂之为由1765年及1767年的法律所促成固是显而易见的；然［殖民地及祖国间］之迟早总会破裂，除非大不列颠能把它的整个殖民政策更易，也是无可致疑的。"〔1〕

讲到美洲或可自动担负帝国费用的希望，则所谓"美洲"者并不存在，13个殖民地互相嫉妒殊甚，它们的思想完全是属于地方性的，它们彼此之间又有极大的地理上的，经济上的，及社会上的隔绝。它们1754年在奥尔巴尼（Albany）时尚不能联合起来以共御法人危急的侵迫，在此承平之时，更何能希望它们联合起来以和英吉利磋商它们所不认为紧急的问题？

美人的激烈性　所以事情便一天一天地流向僵的方面去。一方，有乔治三世的固执不变，及那个随随便便，和易近人的诺司贵族之善伺王命，不肯亦不能丝毫加以纠正。又一方则有激烈党（Radical Party）不妥协的热诚，及亚当斯·撒弥尔（Samuel Adams）的有力领袖。在亚当斯心目中，向

---

〔1〕　见 Egerton, *The American Revolution*，第4页。斯密司·亚当提倡自由贸易的《原富》出版于1776年，即殖民地有《独立宣言》的那年。

不列颠宣告脱离似乎本身即是一件好事，虽则这个见解是渐渐的得来的。[1]

使英人美人不易互相体会的缘由在当时诚繁多而且深固：此中有许多已随时代的变迁而消灭，但种族的区别则至今日而更甚。英吉利的社会在当时犹是华族的，而美利坚的社会则已是平民的。伦敦及波士敦之间相隔有六七星期不舒服的大洋颠沛，所以人与人的往来极少，而自祖国向美移殖的潮流则自1640年后早已濒于停滞。在英吉利，政治及高雅社会非清教徒之所得插足，但在新英格兰则新教高于一切，且从而弥漫于其他的殖民地；在马萨诸塞特盎格利干主义转为不时髦的信仰。英吉利的社会是古旧的繁复的，人为的，美利坚的社会则为新进的，单简的，生糙的。英吉利的社会建筑于极不均等的财富之上，而在美洲则财产犹是比较的均等，有望的童子尽可有于日后和本乡首富相捋的希冀。在英吉利乡绅们的意见操纵政治上的意见，但在美洲，则政治上的意见来自农夫，沿海的暴民，及森林中的边民。[2]

两社会日常生活的处境及空气既如是的迥异，要体解大西洋彼岸一般人民对于争端的看法之究属何似，目非具有极大的意向力如同柏克，察坦姆及福克斯所具者不可。乔治三世固有坚强的意志，执行的才力，和勤劳的美德，但他那有意向力？

勒克星吞 波士敦海港发生了有名的抛掷茶箱之举后，勃然震怒的英吉利政府即铸成万古不磨的大错。它急急地于国会通过了几个惩处马萨诸

---

[1] 为使英人易于明了起见那个战胜美洲"托立党人"而实现对英独立的政党，就它的性格及政策而论，最好称之为"激烈"，我们姑不问此名词在今日的美国具有何种意义。革命党人绝不是英人所知的"辉格党人"，因为他们既无华族气味，更少缓和精神。他们也不是"自由党人"，因为他们绝不让反对党享有言论或意见的自由，他们终且把反对党驱出国外。他们也不是"社会主义者"，因为他们没有重行分配财产的企图，他们在经济理论上都是个人主义者。他们是平民主义者，他们对于非来自人民的权力极少尊重，或绝不尊重；他们强欲少数服从多数的意志，并欲使穷人和富人在政治上有同量的权力。如欲用我们英人所习用的政治名词来称呼他们，"激烈党人"一词是最确切不过的了。

[2] 关于美洲的社会及边陲的影响，参阅上第495~496页。

塞特的法律，封闭波士敦口岸，撤销了殖民地的特许状，并令所有关于美洲政治犯的案件统移往英国审理。这些处置使别的殖民地亦归附马萨诸塞特，而本或可为英政府所利用的犹豫分子及保守派人亦悉站在激烈党人的背后。《惩处法》的惟一结果当然是和殖民地宣战。除了把它们看做战时的行动外，它们绝无辩护的可能，所以它们一获通过，政府应立即为作战的预备，以保胜利之可期。然而即在那年，不列颠政府反在裁减海军中的海员，而它在美洲的军力亦不认真的予以充实。当最后的决裂来到，而战事在勒克星吞（Lexington）爆发之时，柏赣因（Burgoyne）在波士敦写道：

>　　我们的延误已久，我们不特没有采取有力的处置，且连这种处置的预备也没有着手；然而我们忽然地采取决然的行动起来。我们此时正际恶战开始之时，然而我们除了火药外，什么战品都还没有征发！

保王党　不列颠政府虽已以强硬方法对付新英格兰，且挑之使出于用武的一途，然勒克星吞发生前的12个月之中我们所做者只为波士敦的占领，而毫无别的动作。反之，四乡的激烈党人则方在利用此无动作的少憩时期而组织革命的权力，对于反对他们者则施行恐吓及驱逐的策略。老实说起来，自《印花税法》原法通过的那年起，"自由之儿们"（"Sons of Liberty"）即已在援用满涂黑油遍插羽毛（tarring-and-feathering）及其他土著方法以收统一民意之效。但即在这种暴力之下，保王党（Loyalists）在13个殖民地的大半中仍不失为极有势力的团体，他们固极少，甚或没有一人会赞成不列颠政府的所采的强硬处置，然他们不愿见帝国的解体，且因种种社会政治的理由，也深惧激烈党之得执政。他们的势力在沿海营商的及职业的阶级中及大地主中为最盛，就各殖民地相比起来，则他们在中南诸殖民地之势比在新英格兰为盛。和他们对峙的则为各地方贫贱的众庶，以及西部的小农夫及边民。平民为有组织的势力，他们的领袖富于热诚而极有魄力。

但保王党则行动极迟缓,他们志切于和解而心不在乎备战。他们自己中本乏领袖人才,不列颠人则非但不去领袖他们,反而轻视他们;虐待及忽视两者终驱他们和叛党携手。

华盛顿 但激烈党人也决不能有战胜乔治三世的正式军队及他们自己的保王同胞之可能,如果他们没有获得一位文武全才,长于组织,亦长于训练的大政治家为领袖。华盛顿·乔治在性情及背景而论本应属于保王党,而不和激烈党接近;但他虽首是维基尼亚的一位绅士,他也是一个曾在阿利甘尼以西和红印度人及法人见过战阵的边民。他深知少年美利坚的灵魂,他有边陲森林的透视力。他虽是良好的维基尼亚人,但他决不是目光不出本地,经验限于一区的乡人。他有"大陆"的头脑,他能逆睹他所创立的国家。他因他能见及新国家将来西向发展的伟业,故决意拔刀和激烈党人站在一边,而和不列颠宣战;和不列颠作战即等于为美洲独立作战,他盖早已认定。美洲的民军极长于伐木及瞄准,且富于耐苦力、精力、及勇敢——凡此盖皆自抵抗自然界的经验中得来者。但他们极缺乏纪律,除了清教主义所赋予个人的自制力,及华盛顿所施诸于陆军的纪律以外,他们别无纪律之可言。他当战地总司令时之尚须不断的和庸愚达于极点的大陆会议(Continental Congress)事事奋斗,诚可称为战争中的战争。幸而富于作战力的不列颠的陆军,举措至为乖方,不特在军事上频频失利,即在政治上亦错误百出;不然,即华盛顿的大才亦恐未必见得能使殖民地稳获胜利。

英人意见的纷歧 英美之争为一国的内战而非两国的交战,虽然在战事终结之时,一国已成为两国。因为它是内战,因为它的结果,除了决定别的争点外,还可决定英国将来是否应由国王藉国会来统治,抑或国会藉国王来统治的问题,所以英人的意见的分裂,初不弱于美人意见的分裂。到了战事已经开始之后,大部的不列颠人民固然一致的为政府声援,克服殖民地的希望一日未绝,他们的赞助也一日不撤退,但他们对于阋墙之争仍无热心之可言，故招募极不易易，而政府亦不得不依赖德意志的雇兵为台柱，虽然雇兵的蛮横行为益足以惹动殖民地人的公怒。而且，在英吉利也常有一有力的少数在痛斥着主战政策的整个，并在要求给予殖民地以让步，以为及早保全帝国统一的良法。他们的人数虽少，而他们的发言力极大；性格互异的察坦姆，柏克及年少的福克斯都尝做过此少数的喉舌。

柏赣因的投降 不列颠人军事行动之在在失着犹如其激起战争之卤莽灭裂。不列颠是时的士卒本不比布林亨及民登的为差，他们在邦刻·山（Bunker's Hill）的奋斗充分足以表示他们的优良，但柏赣因及豪（Howe）两将军军事上的错误，既性质极严重，而祖国政府措施的乖张又不在两将之下。泽门·乔治贵族（Lord George Germain）尝在英国立下进攻萨剌托加（Saratoga）的计划，犹之庇特之有袭取魁北克的计划，但办法虽相似，而结果则大异。泽门的计划使美人得占有站在内线的便宜；他虽派遣柏赣因去加拿大，沿呼德孙河直下，以隔绝新英格兰。但他没有严令豪将军自南北上以和柏赣因会师于萨剌托加；结果当豪犹流连于费列得尔费亚之时，柏赣因及其5000正式陆军已被美人阻断于大河旁的野地，而不得不乞降于萨剌托加的美洲义勇队（minutemen）。

合众国的产生 萨剌托加而后，法兰西的专制主义亦觉得有赞助新世界的自由主义的勇气。这个很有关系的决定固然促成了不列颠帝国的解体，但它没有因此而实现恢复波旁王室之世界帝国的目的。革命的意向如果得在美洲成功，则渡越大西洋亦自非难事；老实说起来，它渡越之易有非意料之所能及者也。非意料之所能及厥惟两大国之能自不列颠旧帝国的破卵壳中孵生——一为仍能横跨全球，仍能称霸海上，仍能不屈于大陆各强国的不列颠新帝国，又一为一统的，横亘美洲的，户口达万万的，而非局处于大西洋岸旁各不相下之13小州的美利坚合众国。

美洲之产生是可庆的一件事，但产生之必须经过作战则是一件可悲的事。美洲的分离虽大概只是迟早及方式的问题，虽终难可避免，然而负气的分离，以及美人之牢记着那时的负气，美人之视它作他们历史的嚆矢，则我们至今仍引为痛心的恶果。

列国的干涉 美洲独立之战的结局，成为不列颠抵抗半个世界之战。法兰西及西班牙波旁的"家族盟约"又海陆并进以攻不列颠，宛如它们向日之所为；萨夫朗（Suffren）所统率的法舰对于英印的交通有很严重的妨害；俄罗斯，普鲁士，荷兰及斯干条那维亚诸国则联合外交及海军上的行动起来，以维持"北方武装的中立"，而保护中立国人的权利。处此大联合的敌对之下，所谓海上主人翁者几亦无可如何。在爱尔兰，抗议教徒及公教徒亦能空前绝后地联合起来以推翻牺牲他们的共同利益而专利英吉利的弊制。

当存亡危急之秋，不列颠幸而有一群英雄出来保全了它，来拔它出于它的愚人曾把它陷入的深坑。在政治家中，则有保全加拿大的卡尔吞（Carleton）及保全印度的海斯顶斯·革伦。在战士中则有死守直布罗陀，力御法西武力的厄力奥特（Eliott），及战胜得·格剌斯（De Grasse）而恢复海权的罗德尼（Rodney）。

"御揽政治"的结束 但是 13 个殖民地的规复则已成为永不可能之事，它们盖已成为美利坚合众国。察坦姆于死时尚未完全放弃希望，但 3 年而后所有乔治的臣民俱已承认归复之不可复能。只有国王的意志极坚，他始终不肯自认失败。他的大臣则绝对拒绝再继续自信已无热心已失的战事；斩断国王的妄念。他们连在众议院中买下的多数也有不能指挥如意之势。在 1780 年 4 月众院即已以 233 对 215 的多数通过腾宁（Dunning）"国王的势力已有增加，仍在增加，但应减削"的决议。比较的真能代表选民团体的各群议员中，60 人赞成而仅 8 人反对；此亦大可注目之事。到了康华理斯（Cornwallis）于约克唐（Yorktown）乞降于华盛顿后，在美洲的战事可算终止，而投降的消息传到英国后更收束了国王亲执政权的制度。

众院不须分组而通过了一个措辞极严之反对在美继续作战的决议。自

1782年3月诺司贵族辞职之日而后,除了负责的内阁及首相外,从未有过别人来统治过不列颠;内阁及首相不仅对于国王负责,而首须,且最须向众议院独立自动的决断负责。因了美洲的巨变,替王位恢复政权的尝试,遂告结束而不再窃发;这倒是一件极关重要之事。如果乔治三世的,及他之后他的子孙的御揽政治能延及于下一世纪,则新时代的民主及改革运动将因直接和国王,和以主要的保守势力自居的国王,发生冲突之故,而变成为反王党的,甚或为共和党的运动。

政党政府的复活 完满的国会政府恢复后,它的必要的随伴,政党政府,亦随而恢复。乔治三世尝依照波令布洛克的立说而为废除政党的企图,但他种种活动的纯净结果,除了美洲的失却不计外,即为新辉格党及新托立党的出世,及民主政治兴趣的唤起。他所唤起的民主兴趣,虽历50年之久尚未能做到国会的改革,但洛京汗贵族,柏克及福克斯所领导的辉格党,少庇特所创造的托立党,及威伯福士反奴贸易的十字军之所以能蓬然有生气者,则胥赖因民主兴趣而生的舆论。

洛京汗派的辉格党人 诺司推倒之后,国王的公开仇敌洛京汗的辉格党人立即起而秉政。他们已不复是纽喀斯尔腐败的辉格寡头;他们虽仍在华族的领袖之下,但他们已能首以舆论为依归,且有认真减除国会中的腐化之远志。他们多年的否运已经给了他们以许多教训,而且他们也尝拜倒于柏克·爱德曼的座下。那个政治思想家深远彻透的识见正因两事而越是有力,也正因两事而越不可靠——一因他的发表政见之具是雄伟的演说术,再因他热烈几近疯狂的爱尔兰性情,害他对于一个问题只能见及一方而不能兼顾双方。他为辉格政治家时如是,他为印度改革家或为反雅各宾派(anti-Jacobin)时亦如是。当提携他的洛京汗贵族于1782年上台时,他的政治信条犹未脱离他早年的自由倾向。洛京汗辉格党人的政府虽在任仅有数月,然对于我们的政治生活已留下一个极深刻的为善印象,因为它尝通过柏克的《经济改革法》(*Economic Reform Bill*)。此法大大减削政府所可任意委派的挂名差缺，故窝尔坡尔，纽喀斯尔及乔治三世所尝赖以贿赂整个的国会的可能性自后不复存在，而奥机阿斯王[1]藏垢纳污的大厩今亦半告洗涤。

内阁的更迭　洛京汗死后，辉格党人因瑟尔本贵族（Lord Shelburne）隐秘的人格而又起内讧。福克斯则忘了他多年热烈痛骂诺司贵族的历史，且不顾政治上的节度，而反和诺司联合。但福克斯·诺司的政府也不久于位，国王亦竭力助成其倾覆。继它而起者为年轻的庇特，而后援则为新近复活的托立党。庇特尝极力反对国王的个人政府及其美洲政策，但只消国王能接受他的条件，他固未始不可和他联合起来。在乔治一方，御揽政治既属不复可能之事，则又何乐而不和庇特联合以共御更是可憎的辉格党人？

庇特及托立党　庇特首10年的政府尚未经法兰西革命之战的搅扰，故纯是一中兴太平的内阁，明智不让于窝尔坡尔的政府，而活动力且尤过之。庇特整理了国家的财政，恢复了它对内对外的威望，开始树立了不列颠新帝国的基础于旧帝国的灰烬之上，又近代化了加拿大及印度的政府而使之稳固[2]。他又仿照窝尔坡尔的成例，将首相在国家中的职权重加整饬，而使之成为全国的真正治理者，不复如前时之仅为国王意志的工具。在他当权的时候，不列颠人的内阁观念亦有最后的确立；内阁为一行动一致的团体，且须依一独立的众议院为生。他的前任洛京汗派辉格党人所尝努力恢复的政党制度，亦经他的缔造而益臻完成。在他领袖之下复活的托立党不复仅是"国王朋友"的一个名称，而是一独立有为的国会团体；它有它的朽腐城市及它的选举经费；它在群社中也有各重要阶级为奥援，且得它们的厚爱。它的中坚虽仍为乡绅阶级及教社；但它的少年领袖也深得营商群社的信任，犹如梦塔归乌·查理及窝尔坡尔一班辉格领袖之所尝获得，

---

[1]　所谓 Augean Stable 即古希腊 Elis 国之王奥机阿斯（Augeas）的大牛槽，中蓄牛3000头，历30年而未一洗濯。其后 Hercules 决二河之水，一日而便洗清。

[2]　关于加拿大及印度，见下第663~667页。

而托立领袖则从未获得者。而且庇特又和福克斯的辉格党人不同,他懂得经济及财政,而布鲁克斯之会(Brooks's)〔1〕中则绝少会研究及于这种学问。他在剑桥的盆布洛克做学生时,即已熟读斯密司·亚当方于当时出版的《原富》;数年而后,在瑟尔本的进一步的教诲之下,他又尝以新经济主义实施之于财政部。他和他的父亲一样,他也能和市府(Guildhall)的参事官们交忻,而伦敦城对于儿子的爱戴信任亦无异于它对于父亲的爱戴信任。

庇特的功绩及限制 因为庇特个人的地位十分崇高,故复活的托立政党一时成为进步的工具。他奉着辉格党人自己也可采纳的政策;因此一来,柏克及福克斯反而须反对自由的设施,他们的反对也尽失了为主义奋斗的意义。但庇特所领导的究为全国保守势力所集中的政党,为领袖者在形势上亦决不能永远向着改变的途径步步前进,而不知中止。所以当他趋承国人因美洲之战的失败而发生的一种改进运动,而提出一缓和的国会改革法案时,他自己的党徒亦绝不愿其成立。柏克固尝以他的《经济改革法》来烧焦国会腐化的毒蛇,但他及反对他的托立党人俱尚不欲藉朽腐城市的减少来把它杀了,所以那个根深蒂固的毒蛇仍有多年的荣誉生活可度。法兰西革命及因此而起的战事发生后,所有政治改动的拟议历30年之久而不能再一提出于英吉利。那些虽是光荣的年份,却也是可怕的时期;如果我们没有庇特政府在首10年中所立下的基础,我们也许未必能安渡过这个时期,而仍为胜利者。

战事起后,庇特须和雅各宾主义及其海陆大军作殊死战。为获胜起见,他所尝救出于美洲战后的萎顿而将养使之复原的各色社会他固须依旧依赖,但他所尝想法改革,想法摇动之政治的已定利益他也须得其好感。凡是一个人,为救护国家抵抗外寇起见,而须依赖各种势力时,则他立即失了批评这种势力的能力;他须受制于他所借以工作的物料,而再不能制服这种

―――――――――

〔1〕 译者按,为当时辉格党人的聚会之所,以会所的肆主人得名。

物料。而且，极端保守势力在拿破仑之战中的得胜本来也未必见得即可发生永久的祸患；此次所发生的祸患之所以特别可惊，乃因工业革命正在猛进，而保守的政治思想及习惯则对于这革命的社会及经济方面有极坏的反响。

第四章

民主运动的开始　法兰西革命时的党争

托立寡头政治　乔治三世中兴王权的企图失败而后，华族的国会政府尝有完满的恢复。在少庇特的贤明的领袖之下，一个托立党的寡头政治和旧日窝尔坡尔·纽喀斯尔时代的辉格寡头政治有了同样坚固的根基。政府今又不以国王的恩眷为重，而依国会两院的自由判断以生存；但外界的公意虽已不是完全可以置诸不问，究尚是次要的考虑。庇特及窝尔坡尔两人虽都得贵族的赞助，但也都是十足的众院人物；他们的实力来自朽腐城市的制度者为多，而来自贵族院者为少。而且庇特又把贵族的威望减低了些；他任内所新封的爵位极多，而对于朽腐城市的物主之酬劳尤足以使世人贱视贵族。卖官鬻爵的贸易仍极惊人，虽则少庇特时腐化的方法已因柏克《经济改革法》的成立，而没有如纽喀斯尔及诺司时之繁多，也没有昔日的昭著。

托立和辉格寡头政治的比较　旧的辉格寡头政治和新的托立寡头政治，虽牌号已变，而实质极是相同。地主阶级垄断政权的形势今犹如昔。新的托立党人所奉的政治及宗教制度并非别的，而即是由窝尔坡尔的谨慎及庇特之父的毅力所保全下来的"汉诺威朝"的办法。但整个的目的虽未更改，而着重的方向则已不无变换，因为今日之谋推翻宪法者已非詹姆斯党而为雅各宾党。辉格寡头之保全现行制度乃在抵抗斯图亚特反动和法兰西波旁专制的结合，而托立寡头欲保全同样制度，则须内遏民主的潮流而外拒法兰西的武装革命。所以柏克之自辉格变为托立实没有倒退多少；福克斯之鞭策辉格群众前进，而和新的平民政治接近，才是离开了辉格党原来的立场。如果柏克的后退可算是"叛党"，则福克斯的前进又何尝不是？

新的托立主义 托立党自经柏克晚年反雅各宾的色彩所砥砺后，便知以英吉利革命解决的真正承继人及保护者自居，而以反抗法兰西革命的谬说自负。托立主义好像就是国会政府的柱石，一方反对雅各宾党的"直接行动"，一方又力拒拿破仑的全民专制。它之能有这样的主张实有大功于世界；大战既终而后，坎宁（Canning）所代表的托立主义一时竟和欧洲的自由有同样的意义，而自由的明灯因亦得以不灭。然托立党所拥护的国会宪法主义，照他们自己的定义，既不是"民主的"，也不是"代议的"政府；它只是一个"混合的宪法"，主要的成分是华族，平民只居于参加的地位，而国王则具有偶或干政的权力。

抗议教徒及反雅各宾派 同时，罗马公教徒之积极地要求在英吉利及爱尔兰之重享公权，完成了托立党人和1689年诸原则的和解。乔治三世及其大多数未享选权臣民之反对公教徒的要求，本深得托立党一班党徒的同情。利用抗议教人民畏惧公教的心理不复为辉格党的策略，而成为托立党选举时的口号。托立主义的目的之一即在结合保王派及民众的情感；两者幸而都视法兰西的革命党及罗马公教徒为洪水猛兽，故结合的基础不难觅得。教社外的卫斯立运动及教社内福音运动更增加全国对于"佩因·托姆（Tom Paine）的无教哲学"及爱尔兰叛徒的"教皇教"的恶感。雅各宾主义及罗马公教主义两者在欧洲固在自相残杀，但这个事实并不能阻止我们岛国保守主义之同时痛斥二者，同时害怕二者，视它们和英吉利的精神根本不合，而和我们"教国幸运的宪法"绝对不能相容。1790年及1830年间之托立讽刺画中，我们常见《大宪章》及《圣经》及加于这两部神圣书籍之上的王冕被视为我国民族"自由"的基础；而福克斯的辉格党人及他们教皇教派的同盟者则被诋企图摧残这些自由之人。这样一个简单的信条固然一经解析便站不住，且与当世的事实也不符，但只顾眼前的政客及但知利已的阶级则利用它不遗余力；而它对于英吉利的工业社会及爱尔兰的政治社会亦种下很大的祸根。从好的方面说，它也有援助全国战胜拿破仑之功，因为它甚能鼓动英人的性质及传习，它之入人者比仅仅的政治关系为深，而且它能维系中等阶级的忠心于不变，历多年的战乱而仍不变。

政党及教派 复活的托立党既然甚忠于汉诺威王室及革命解决，辉格党人既然已开始为罗马公教徒争求公权，那么我们便应问，究竟沿着何种路程我们才可以追溯两党的连续性，自奥次·泰塔斯（Titus Oates）及萨瑟味勒尔博士（Dr. Sacheverell）以迄大不相同的现时？然而两党仍各有各的连续性，托立党人始终和教社的利益维持着关系，而辉格党的华族则始终依赖违教的选民为后援。庇特在1787年及1789年先后反对《鉴证法》及《会社法》的废除，因为此两法不废则抗议教及公教的异教徒两不能有充任文官的可能。在又一方，则福克斯·查理在极力的拥护宗教平等的正义，并力持"宗教不应为任官的正当条件"的近代原则。

所以异教徒看得很透彻的，除了经由福克斯所领导的新辉格党及国会改革的途径外，别无可以获得公权的方法。他们深信，朽腐城市之制一旦废除，则他们的选举力量可以强迫国会改善他们的待遇。因为相若的理由，国教教社的僧侣及赞助他们最力的托立党人则成为坚决反对国会改革之人，他们盖恐改革后的国会会废除国教。在1832年，1867年及1884年的诸个《改革法》将新时代的改革大问题解决以前，这问题所引起的宗教分野继续地影响及于政治。

当英吉利的政党正在对宗教平等及国会改革两事开始取各异的方针时，惊天动地的大变忽自法传来。是时的法兰西尚未成为雅各宾党的国家，但已以立宪君主代替专制，且正在拟订法律，凡人民无分信仰悉予以同样的公权。所以英吉利教社中人及异教徒对于法兰西大革命的态度，在此时当然以他们对于国内公权问题所取的态度为依违。本来纯粹是英吉利运动的国会改革问题，今则突和社会政治状况与我无一相同的国家之潮势混在一起而无可分清。

初期改革运动 开始鼓动国会的改革者为约克邑受辉格地主绅士将护的旧式自业田主。他们的运动和工业革命无关，和任何近代特有的社会或政治状况亦无关系。它并不是要求给选权与大城市或新兴中等阶级的一种运动。他们只建议废除若干朽腐城市，而增加各邑的代表。他们这种缓和的国会改革之主张，并不出于任何提高中下阶级地位，或使穷人致富的理论，而仅仅以恢复有力政府，及纳国主及国会于同一的舆论监督之下为目的。他们鼓吹改革，因为有了改革，则乔治三世无从再有指派并收买众院多数的权能，而他的个人统治亦可中止。所以初期的改革运动，即使是有主义的运动，也未尝不是适应一时事变的运动。

少庇特之恢复立宪的，有力的政府夺了上项运动的魂魄，而柏克1782年的《经济改革法》，因能减削国会中腐化之力之故，亦差可替代选权的改革及选举区的重分。1785年庇特缓和的《改革法案》之否决盖可视为首次激动的终结，而庇特自己亦不久即变成一个反改革者。

普莱斯及普利斯特利 改革激动的第二期乃是哲学的异教徒普莱斯及普利斯特利（Price, Pristley）所领导的一种深带学者派头的运动。它的目的在藉国会改革以取得宗教平等，且约略主张民主及"人权"的普遍原则，而大要表同情于法兰西较早而较缓和的变动。以和10年前约克邑自业田主的改革激动比较起来，则新的运动已不是纯粹不列颠的产物；它已经带些美法及人类大同的气味。托立的上等阶级对于它概括的及哲学的性质极为吃惊，因为这种性质可使运动益趋极端，而超过首先激动者的原意；柏克于一个极有名的政治小册子中把普利斯特利及法兰西革命骂在一起，而柏明罕的"教社及国王"暴徒则不为地方官吏所慴服，而将哲学家的家宅捣毁，将其科学仪器付之一炬。曼彻斯忒亦发生相类的横暴，故中等阶级哲学的异教徒所领导的改革运动终告停止。至少在这两个工人生活的大中心中，中等阶级的大体甚不关心改革，而工人阶级且表反对，虽则40年而后这些大城市都准备着逢到必要时为葛累的《改革法》，甚或为别的更要彻底之事作战。

佩因与柏克 柏明罕及曼彻斯忒的暴民行动明示着"平民"的见解在下一世内，即在穷人中，仍将为少数人的见解。但佩因·托姆却即在这个要紧关头，在一部分的劳工阶级中开始他的民主运动。在这里我们首次可以发见工业革命所产生的新的社会状况和英吉利政治间的密切关系。遍英吉利及苏格兰之全境，无处不有大批工人向工厂及工业区域麇集的行动，而佩因的主义亦得了乐于领教及讨论的群众。巨数因经济变动而丧失独立及生计的灾民，既无别的方法可以改良境遇，亦不顾一切地移其注意于政治。自乡村漂流到新的工业区域的人群，常听见有人告诉他们，说佩因·托姆尝宣言所有的政治权力自然属于人民，然而依据他们各个的惨淡经验，则它似为资本主义的雇主，大农夫，及有地的治安法官所包办。富人之榨取穷人，穷人之怨恨富人，以及两者间的互相怀疑，把久为18世纪英吉利生活的特点之阶级和谐一扫而空。

上述种种也许是事所必然的结果，总是无可逃免的，但柏克对于《法兰西革命的感想》及佩因《人权论》两书的极端主义更不是造成互相谅解的良法。历40年这两部著作于群社的左右两翼有绝大的势力，柏克雄丽的文章，及深重的（虽是单方的）哲学很能使当时受过教育的各阶级失惊而折服，而佩因粗浅扼要的逻辑则对于知识未开的阶级，对于只知逢选举时骚扰一下，放肆一下而不知政治尚具有其他意义的人民，不啻是一种开胃的新饮料。伟大思想家之往往只能顾及问题的一方，而不能顾及双方诚是一件可痛之事。柏克及佩因的议论，乃是最不妥协的保守党及民主党的论调。

当日的保守主义和下一世纪下半叶的保守主义不同，它并不自以为和民主政治为同盟。它主张根据1689年的基础，而维持国王贵族及众院间的"宪法均衡"。庇特的总检察官斯科特·约翰（John Scott），即日后晋封为厄尔登贵族（Lord Eldon）者，尝于1794年检举激烈鞋匠哈第·托玛斯（Thomas Hardy）的大逆而欲置之死地，他的罪状是"主张成立和本国已有制度绝对相反的代议政治！"柏克的贤明非特不能用来开豁厄尔登的茅塞，反而益增他的昏昧；此则只可看做造物之作弄人类了。

在又一方，佩因的《人权论》以为一切的世袭政治，无论国王的或贵族的，尽是从强力压迫而来的，以为所有的权力发源于人民，故真正的议会政府应即建立起来。他又预言，富人所享，而来自人民负担的年金应和他所拟议抽收的一种累进所得税，一同用于贫民的教育，老年的抚恤，及养育的保护。这些建议——有些本是深刻的预言，有价值的提议——之不易动一般人之听者，乃因他更不顾事实，而有废除君主制度的要求。佩因极易受激动的性格充满了对于美利坚宪法之赞美，其故则大半因为美国没有君主也没有贵族院。他之要求取消不列颠宪法中所有的古董"家伙"（"lumber"）不特使他的宣传绝无成功的机会，且使他自己成为流亡者，而使他著作的流行形成罪名——虽然不惮躬犯这个罪名者并不乏人。

在未来的多年之中，佩因的共和主义，不啻是一切自由理论或自由制度的障翳。福克斯及葛累虽竭全力以否认，而仍不能洗得干干净净。一到了我们和雅各宾共和国作战开始之时，则人民冷静合理以考虑政治的最后机会亦告消灭。街上的行人只消凝视店铺橱窗中所悬挂季尔蕾（Gillray）的漫画，便会把华族的辉格党人想做志在割下"好好的国王"之首，建立"无裤党"（Sansculottes）褴褛的共和国，而头戴红色自由帽的人民。[1]

法兰西革命及英之党派 英吉利在1793年的开始以前尚未和法兰西作

---

〔1〕 译者按，法之雅各宾党人戴红色的自由帽而穿有脚之裤。他们弃向日上等人所穿的短裤（Culottes）而不用，反对他们者因谥之为"无裤党。"

战。英人仅以中立的眼光来观览 1792 年的巨变，但他们之所见者对于英人的舆论有永久重要的反响。欧洲旧局面（ancien regime）诸君王武力消灭法兰西革命的雄图〔有如他们主将布伦兹威克（Brunswick）在所颁宣言中所说者〕；法兰西人民之崛起奋力抵抗；新法兰西在瓦尔美（Valmy）之役所获出人意料的胜利；雅各宾主义及共和主义，屠戮及断首，同时在巴黎所得的成功；凡此种种至今犹引起后世凝视的莫测大事，吸引了英吉利政客的全神，改造了我们的政党，并决定了我们政府此后 40 年中的精神。

常往布鲁克斯的时髦会所之福克斯派辉格党人，及通信会（Corresponding Society）[1]中贫贱的激烈党人热烈地表同情于法兰西人民，而不以德意志专制的入侵者为然，福克斯且以后者和波斯帝柔克西斯（Xerxes）入攻希腊的大军相比拟。他尝依着他热心肠的，富情感的方态，于 9 月屠杀的消息尚未传到英国以前，写着法人道："他们纵有过失及荒谬之处，然我仍十分关切于他们的成功。"未几而巴黎监狱中大屠的噩耗传到英国，于是他又写道："我真正的以为那天昼晚的惨祸，对于像我一班永远忠于自由正义的人们，实是毕生再没有更大的悲痛。据我看起来，这个惨酷的屠戮绝无辩解容恕的可能，甚且连稍微略迹原情的可能性也是一点没有。"

但绝大多数富有阶级的同情则始终站在布伦兹威克一方。9 月屠杀及断首政制在我岛所引起的情感和圣巴退尔米屠杀及《南特诏令》取消的消息所引起者相似。在那年的秋冬，民主运动在所有的英吉利村市中悉被公意所压倒，而不能再一伸首。全国遍地有忠王会之组织，普通俱由教士为领袖，而他们本地的异教改革者则为会众所欲铲除的人物。这些会社集合民众的意见以赞助政府；他们对内要求厉禁改革者的运动，对外则要求严戢法人武力"解放"欧洲的野心，即出于用武亦所不恤。

那年的冬天，法兰西的共和党人，因为受了一阵的胜利及威权的麻醉之故，因为他们预料的是被普鲁士所挫败，而结果反而大胜之故，竟侵入

---

[1] 译者按，此会的前身为 Society for Constitutional Information，因常通信，故名。

萨伏，莱因兰（the Rhine Land）及奥大利尼德兰，并宣告斯刻尔得河（Scheldt）为公开河流起来，所有宣告这河为数国内河的欧洲各条约他们视若废纸。他们更预备入侵荷兰，而以武力援助一切乐于推翻旧政府的国家。路易十四的骄矜竟在这班以推倒他的雕像，杀害他的子孙，诛除他的宗教为能事之共和党人心胸中复活起来。莱因三角洲之被欧洲最大的陆军国次大的海军国占领，又挑起了英吉利自卫的观念，一如西班牙的腓力及法兰西的路易所尝在同一地方因同样的野心而挑起者，也一如德帝威廉在日后所挑起者。反抗法兰西称霸欧洲，更反对它雄视尼德兰，成为国会政治的英吉利之主要工作，且国会政府反抗之力和决心之坚反而远过于任何专制朝廷。仇法的专制各国只知轻率地叫布伦兹威克来触雅各宾狮之怒，及乎雄狮一吼，则他便又索然逃退。

旧英吉利阻止新生法国并吞欧洲老弱朽腐国家的决心在庇特一身有具体的表现；他又以之传诸他的徒众，到了卡斯尔累的时候他们卒得了最后的胜利，而20年余惨淡多变的经过也算不虚。这个决心不幸为时势所累，而和取缔改革并禁止讨论改革的对内政策同道而驰，又和冷淡待遇工业革命的牺牲者及一般穷人——都可变成雅各宾党的苦人——的态度联做一起，所以它对内的影响极是不幸。

由于观念联合的同一作用，（这种作用往往于政治家极费索解）政治上的缓和主义，对于改革的缓和倾向，以及对于经济的或政治的压迫下牺牲者的同情，常常又和战事热忱的缺乏，及新法国前后诸政府之都为国家主义及帝国主义的政府之迟于承认，走在一起。福克斯，荷兰贵族（Lord Holland），斯密司·息德尼（Sydney Smith），罗密力（Romilly），槐特布勒德（Whitebread），摆伦，及早年激烈时期的科柏特皆为这个公律惹眼的例子。

托立政府的高压政策 所以在将至的一世中，改革派深为双料的坏名所带累，他们在世人眼光中既非赤血的爱国志士，而又是佩因共和主义的友人，他们之力辩其非曾不能改移世人的误解。改革派既这样的不理于众口，庇特自然更易采用强硬的手段以禁止国会以外一切关于国会改革的讨论，虽然自我们看起来，他们的大失人心使严厉的取缔反成为不必有之事。在战事初起的两年内，编辑人，违教的牧师，及倾向于宣传的理论家等等之因敢为改革国会的主张而被检举者时有所闻；他们中虽常有借用法人激烈而不适宜的措辞，然其罪究不甚重。被苏格兰的泽夫立兹[1]，布刺克斯飞尔德（Braxfield）法官判处流徙植物湾（Botany Bay）的缪耳及判麦（Muir, Palmer）两人，其所受之刑尤为冤枉失平，然而昔时尝主改革的庇特竟拒绝予以宽免。苏格兰在19世纪中以激烈主义得名，而其所以能滋长者，对于这两个为改革而牺牲者的同情盖也有一部分的功用。

最后到了1794年时，政府因惊慌之余，竟欲剥夺改革者的生命起来。它以大逆罪来控诉创立通信会并领导劳工阶级以作政治上的立宪运动之鞋匠哈第·托玛斯。其他安分而有身份之人如演讲家衰尔韦尔（Thelwell）及语言学家图克·何恩（Horne Tooke）亦受同一的控诉。此次的大狱幸有那个英吉利特有的陪审制度来解免。庇特已冒犯了英人公平应付争端的民族性。经了厄斯琴（Erskine）一番动听的演说后，12个托立的陪审员终仍宣告哈第及其同被监禁之人为无死刑之罪，并且提醒政府，英国并不需要罗伯斯庇尔（Robespierre）的方法。即反雅各宾空气极浓的伦敦亦闻宣告无罪的消息而忻欣鼓舞。

辉格党人的"脱离"　英国也因此免得流人恐怖的政治，也许更因此消灭了报复性的革命于未来。但政府于此后的多年中仍依旧的钳制一切政治的讨论，关于此层人民亦比较有共同的赞成。通信会及其他会社被国会以法律来封闭。《保护状》亦停止了多年，人民绝无犯罪的证据而被禁多年者亦不乏其人。凡未经地方官吏允可的公众集会俱在禁止之列；在事实上地方官吏亦不再准人民集会。除了反对贩奴的运动外，不列颠暂无任何政治生活之可言，即反奴运动也尝有一时的不振。一若此尚未足以罄当日政

---

〔1〕　见上第437～438页。

治状态的可怜者，福克斯派的辉格党人，半因厌恶政治，半因出于懒惰，竟放弃国会的职务，而退隐于他们的泉林。当时只在国会中尚有批评政府的可能，然而反对党竟以"脱离"（"seccede"）国会闻。

劳工阶级之被压制 庇特的《禁止结合诸法》（Combination Acts）也为当时压制精神的一种表示。这些法律使职工会（Trade Union）成为非法的组织，而劳工者所有的结合悉在被惩之列。然而政府只有消极的压迫，而没有积极的保护，只不许工人结合以图自利，而并不替他们保证公平的工资。政府的行动尚不是真正能代表"放任"（Laissez faire）政策，它仅能代表利资本而不利劳工的国家干涉政策；所以有此而可怜的工人须完全听命于雇主。政府之所以采取这种不公政策不仅在减低工资以求合于当时的经济情形，而且也深由于反雅各宾派人对于"劳动穷民"一切结合之畏惧。在两院中反对《禁止结合诸法》者，除了薛立敦（Sheridan）及荷兰贵族两辉格党人外，别无其他的重要政客。

正在因工业革命而产生，且正在向城市集中的新兴劳工阶级因而早早即发现出一种自教自助的天性，而他们的活动则沿政治的结社及经济的职工组合同时并进。庇特的政府欲把两者一体铲除，但它的成功不等，在政治方面者似较之经济方面者为大。当战事结束，工人于彼得庐（Peterloo）时期作政治的及职工会的两项运动时，他们处于极不利的地位，他们处处触犯刑章，他们须先争生存之权。舆论到了那时固已大有变动，固已不如庇特时候之大抵依附托立制度，但庇特在战时所用以对付少数的高压方法，那知已成为全国的习惯，而庇特的后继者且用以对付多数于平时。所以政府对待穷苦人民及别的人民之胆敢作改良地位的要求者常失之于苛酷不公，虽则在法兰西革命及对法之战而后，他们之有此要求本极自然。政府的苛酷使工业革命于其社会的方面不获有健全的发展，且它（苛酷）所留下的不良痕迹，虽经后日的补救时期之后，仍从未能全部荡除。至于禁止职工会的《结合诸法》本身则于1823年始告废除，而立法的大演化亦于是时

开始。

辉格党人的地位 国会中的辉格党人，在于今已届中年的福克斯·查理及其特宠的荷兰贵族和葛累·查理两少年的领导之下，采取了一介乎反雅各宾的托立主义及佩因的激烈主义间的折中地位。他们固不断的否认佩因的主义，但他们于1793—1797年反雅各宾的热焰正高的数年间，仍继续地在国会中动议废除朽腐城市以实行改革。他们居绝对的少数，反对他们提案者多数动辄视他们表同情于法兰西的叛徒，而相顾失色。他们之所以得免于更坏的待遇者，一因全体英人之能十分尊重国会的特权，再因英人对于名门子弟或和大人先生们有关系的一班体面人物每特予优容，而尊重其矜奇立异的特权。

在这种情况之下，改革派的辉格党人之和柏克等一班为数及全党之半的旧党友互哄，自然是剧烈而又彻底。追随柏克的辉格党人即和托立政府的一般赞助者混合而不可复分，但依附福克斯的党徒则犹不失为辉格党的中坚，且为党的传习之保持者。因有福克斯派党人之继续反对庇特及他的后继者，故国会整个的机械尚不至降为反雅各宾运动的一部分，而新时代彼此分隔，犹如悬隔的各阶级间亦尚得保留着一纤弱的维系，无论这维系是如何纤细，如何脆弱。辉格党人即在国会改革无可实行的时候犹能牢守原议，他们亦卒赖这不挠的精神而得于时机成熟之际以1832年的《改革法》来免除内战及社会上的大骚动。

但在那个一时尚不可期的时代以前，辉格党人的完全是一个隔绝的地位，既和国民热心和法作战的潮流不合，也和佩因·托姆及其后科布特·威廉微贱阶级的激烈主义不相为谋。但30年的大失人心及不获政权仍未能消灭辉格党人。他们个人间密切的关系及党的传习足以把他们团结一起，故无论在乡下华丽的第宅中，或在布洛克之会中集会时，一种团结的精神仍丝毫没有衰减。他们多是华族，学者，及游猎者，他们纵失了民心，纵不获权位，然仍有多方足以自娱，足以使生活充满着乐趣。他们也握有一小部分的朽腐城市，故在国会中的议席也是稳固不生问题。他们甚且以托立党的主政者为不及他们的体面有排场，更从而瞧不起他们。他们的亲戚故旧十分有力，故他们可以提倡平民政治而无所惧，他们最喜人时，故"雅各宾主义"于他们亦仅似一种趋时的怪僻。他们于1806年福克斯死前之忠事福克斯，及死后之追怀他的遗思，成为引导英吉利政治变迁的偶然情势之一。福克斯之为人朋友即不欲厚爱而有所不可。他在何处，何处即会有一辉格政党。但如果他也和庇特及反雅各宾主义携手，则辉格·自由党将永不能有，而英吉利政治在19世纪的过程殆须经由武装的革命，而不能经由国会的改革。

福克斯 当年幼的庇特初受乔治三世之命而秉国政时，辉格党人常好作"王国交付于学童管理"的讥笑。但国会及全国不久即知庇特不是一个学生，而是一位严肃寡言，庄重善教的先生。福克斯转是一辈子的学生。忠于友好，厚于仇敌，而又永永反对着他们，无论有因无因；总处为难的情境；乐生而又爱人；他实生而即是反对党的领袖，他在众院的多年亦几无时不是反对党的领袖。他的演说才不及察坦姆，他的辩论才或次于少庇特，但他能联演说及表情能力和辩论能力而为一，于此，世人实无能出其右者。他早年的狂赌，他中年的浪漫政治，他和诺司的苟合，他之一味反对庇特早年的许多良政良法——凡此种种皆于他大有不利。但日高的年事及不利的政局渐渐使他稳重，而他往年常以虚掷于党争的热性今则渐渐用来替被压迫者——无论在英吉利，在苏格兰或在爱尔兰——鸣不平而求幸福。黑奴的运命尤得他的关垂。庇特因忙于不列颠帝国和全欧安全的保卫，及和拿破仑的战争之故，几尽忘了别事，也无暇诩赞反对贩奴的义举。但于福克斯则威伯福士获得了一个矢志不移的盟好。半因他的热心，半因庇特死后辉格党人之得有组织短期混合内阁的机会，贩奴贸易在1807年即获禁止，而不必待诸异日。奴贩的禁止可视为福克斯临终时传给国家，传给合世的遗赠。

那个诚是悲惨的时代，但英吉利所产生之人却很伟大。除了有庇特及卡斯尔累，纳尔逊及威灵吞以指导它度过它所从未经验过的大难外，它更有福克斯及威伯福士以点醒它的良心，故即在战时它的良心仍可不泯。

第五章
法兰西革命及拿破仑之战

不列颠的诸大战 近代英吉利尝四次为防止某一强国之征服全欧而大战,又尝四次获胜;腓力及宗教查办(the Inquisition)的西班牙,雄主(Grand Monarch)及耶稣会徒的旧制法兰西,雅各宾党及拿破仑的革命法兰西,及我们今世的德意志军国皆先后失败,而未获逞志于欧洲。这四次的大战。英吉利次次抱着两重的目标——一为欧洲均势的建立或恢复,又一为它日后经商殖民所必需之海上势力的夺得或保持。为保全欧洲及维持海权起见,英吉利又次次须防止尼德兰及莱茵三角洲之落于大陆上最强大的陆军及海军国之手。尼德兰之次次成为英吉利武力干涉欧事的主要战场,无论在依利萨伯时,在威廉及安时,或在乔治五世时,盖不是一种巧合,而是由于它之能危我们的海岸及我们海军之控制海峡。由于同一的理由,乔治三世时我们和革命的法兰西之战亦以 1793—1794 年我们在尼德兰的挫败始,而以我们在同部的滑铁卢之胜终。但在中亘的 20 年间,则法军有力地占领着比利时及荷兰,而不容我们的军队在那个利益斗争的神经中心插足;我们所派往的,如阿尔克麦(Alkmaar)及瓦尔牵稜(Walcheren)等的远征军,虽算入了尼德兰,然都是不足重轻,且又无一成功。

拿破仑之战和马尔巴罗之战的比较 拿破仑之战(the Napoleonic Wars)

在时间上，大小上及性质上都处于马尔巴罗之战及我们今世的大战（Great War）之间。它们和马尔巴罗之战间的近似尤为显然，因为那两时期所用的海陆武器十分相类，而敌人又都为法国。击破拿破仑的海陆军事行动所用战略及所处地势和击破路易十四的因此亦多相似。再者，在庇特及卡斯尔累时抗法大同盟的两大要素，为出没全欧海岸的不列颠海军及充实全欧半数国库的不列颠津贴，而在威廉及马尔巴罗时亦是如此。尝以列炮在屈拉法加打败敌人的不列颠大帆船和尝在拉和格攻破对方的船只同一结构，而"稀薄的红色阵形"〔1〕及不列颠的骑军所用以制胜于滑铁卢的战术和布林亨及剌米宜的战术亦仿佛如一。此次又有一个富于天才的不列颠大将，统率了一支精而不多的不列颠陆军来在大陆诸国较盛的陆军中大显威风，决胜致果。此次不列颠的军队又出现于尼德兰及西班牙，于地中海诸岛及美洲海岸。1815年和局之于英国其有利亦一如1713年的和局：第一尼德兰仍有一个它无所用其畏惧的国家安然存在；它的殖民帝国又因而增加了不少的领地，而海上霸权不少的威望。

拿破仑之战和世界大战的比较 但拿破仑之战不仅是过去战争的重温，而且也是未来战争的演习。英人反对路易之战的争点固在在受英法间商业竞争的影响，但百年而后，商战之为战争的武器比前更为彰明且有关胜负。不列颠之封锁拿破仑所把持的欧洲及它以断英粮食为目的的《柏林及米兰敕令》，都为和今世不列颠之封锁中欧各国及德之潜艇政策有同一普通性质的作战行动；它们扰乱全世界的经济，而对于交战国家和合众国及其他本可中立的国家间之关系有严重的影响。

海军的掩护 由法兰西革命所发生出来的战事更含着一种近代才有的原素。法兰西的新局面，无论它的缺陷若何的大或它的罪恶若何的重，能使最微贱的法兰西农民及市民充满着公民的矜负及志士的热忱，使奇才异能之士得以出头露角，经文纬武，而无需乎裔冑，到了波那帕脱（Bona-

---

〔1〕 译者按，指步军，因步军穿红色军衣，而阵形不密。

parte）的领政政治（Consulate）之下，更使新国家得有一簇新的，有力的行政系统。反之大陆别国的人民之入战场则以雇兵或农奴的资格，而不居于公民军士的地位。能以民族的爱国主义，而且是较老的爱国主义，和法兰西的新精神抵抗者只有不列颠一国。但英人"征服的意志"（"will to conquor"）又不是常存的，又只能为保护海权及商业而激起；所以我们自1794年被逐于尼德兰后，我们虽不至于如别国之屈服于法，虽仍继续作战，我们的陆军却有12年的藏庇于海军之后，而不践欧陆的土地。当马伦哥（Marengo）及奥斯特里齐（Austerlitz）联盟两次失败时，我们除了给联盟以海军及财政的援助而外，并没有认真参加。在1808年的半岛之战（the Peninsular War）以前，我们始终未以主要分子的地位来参加陆战，即到了1808年我们所出的陆军每次仍不过3万。

同盟各国的命运要等到西班牙，俄罗斯及德意志诸国的人民，因不胜法兰西的高压而发生民族观念时始入蔗境。他们初本为法人的改革所诱服，但到了后来则又反抗起来，而拿破仑之战遂亦变成自觉的各民族间之战，其性质和我们今日的大战并无大异。战祸之惨及残杀之烈则随各民族的甘愿作战与否为正比例，人民愈愿战，或也为自身而不仅为帝王而战，则惨酷亦愈甚。莫斯科及来比锡（Leipzig）两大役，不啻即预示民族主义的欧洲于日后将自相残杀，而况近世的欧洲又有近代的科学及交通方法为助？

海上霸权的重要 在20年战事的大半时期中，新法兰西的民族精神及国家组织固能远驾旧局面下大陆各国奄无生气的旧式机械而上之之故，英吉利所乐于赞助以抗法国的各国联盟俱先后失败。要到了半岛之战及俄德人民俱群起抗法之时，威灵吞及卡斯尔累的伟大策略始得实施；在此以前英吉利行动之能有实效者几以海上为限。但英吉利之能维持它四海上的权力于全欧已尽成法兰西的属国之时，即已不是等闲之事。它赖有它的海权，故它的势力可直达敌人的海岸，因而它也可不承认欧洲独立取消的已成事实。不列颠民族的两大目标，海军的胜利及法兰西称霸的力拒，在纳尔逊及庇特两人而有具体的表现。两人之能通力合作实免了不列颠帝国于危亡。

庇特的战事观念　时势造英雄：纳尔逊实生于适当的时势，为己立功，为国亦立功。他素长于海事，且亦永活在海上。庇特则适相反。他是一个和平时的能臣，作战非他始愿，被时势所迫，他才鞠躬尽瘁死而后已地负起战事的重担。他首10年贤明的内政及加拿大印度的立法[1]尝使英吉利及帝国有支持大战的充分能力；但他决未预料着，也决不会愿见，不列颠于失了美洲属地未久而后，重又卷入战争的漩涡。在1792年时他尝拒绝和反动各国联合起来共攻革命的法兰西；他在那年的首月且尝预言英国将有长期的和平，故尝削减海陆军士的人数。但法兰西之攻尼德兰使他于1793年开始时不得不战。

到了此时庇特已成为剧烈的反雅各宾党，日日害怕本国改革派之会骚动。但他从不能使柏克满意，而把战事当做十字军看待，他也绝不顾问法人所要的政体。他的目的在保全欧洲各国独立而不让法兰西来侵略，尤其不让它来并吞荷兰及奥大利尼德兰，顺便则可抢来法兰西在西印度的几个殖民地，而稍轻不列颠人民的担负。

为祸为福固不易说，然庇特缺乏柏克的想象力则是事实。他把此次的祸变看做七年之战的重临，他以为政治情形虽已改变，而大体的形势则仍一致；因此他仍袭用他父亲的成规，他拟以维持海上霸权及征服殖民地方为主要的工作，欧洲各国则只消接济以少许的军队和巨量的金钱便可望其自助。但他既没有他父亲的作战天才，而他所极须应付的法兰西又已大不相同，并且我们这边又无像大腓特烈那样一员大将。在1793年时如有人能自尼德兰直趋巴黎，则历史将整个大变，而噶诺（Carnot）也将绝无改组好叛善变华族官长已逃的旧日王家军队，而使之成为新的平民劲旅之机会。但好机会任令错过，而革命则得及时把它的潜势组织起来。当时在法兰德斯奥英军队的训练领袖两俱不足以语这种出奇的步骤；如果有威灵吞，甚

---

[1] 见下第664~665页。

或穆尔·约翰爵士（Sir John Moore）在场，则他也许可率日后经改编而移驻西班牙的英军来克奏肤功。

西印度的战事 庇特于1793年又把不列颠可用军队的一大部分遣至西印度。他不在仿效马尔巴罗的作战计划，而在抄袭察坦姆的计划：西印度于他犹加拿大之于他父亲，他父亲征服了加拿大，他则将举西印度以赠帝国。在他的一世时英吉利的垦植者常有在蔗糖群岛致巨富者，故世人亦往往视之为比加拿大更有价值。庇特保持并征服这些岛屿时所需的巨大牺牲，虽为近代史家所严厉批评，而在当时则却被视为应当。但他对于西印度地方的战斗情形极为隔膜，初不如乃父之熟知征服加拿大及俄亥俄流域的方法。不列颠军士之死于疫疠疾病者以千计，而英属法属各岛上的黑奴亦有反叛者，杀戮愈惨则成功亦愈不易，而军队亦无可撤退，一撤退则丛岛之全体势将如海地（Haiti）之沦落为黑奴的野蛮世界。西印度之役要历时3年之久，死亡4万之多后，始获结束，然而牺牲虽如许之巨，而帝国几无所得。威灵吞6年中在西班牙死亡之数亦不过如是，然而威灵吞则已能使拿破仑的军力不留于西班牙。

革命军的胜利 这次在热带的大损失，再加以当时军制的不善，效率的低微，竟使英吉利在欧洲的作为大受牵制。依庇特的计划，俄普亦应自动攻法，然它们方在瓜分已亡的波兰，故无暇于共御大敌。不列颠及奥大利的军队竟闻《马赛歌》而却步，而被逐出于低地诸国。荷兰及莱因各邦且被法人引起了革命，居民且半表同情。末了，波那帕脱之征服意大利及于该处建立若干附庸之国，更引起了一个法兰西征服及国际政治的新时代。1797年奥大利也被这年轻的神人所败绩，于是英吉利成了惟一未屈的敌人。

比尝被威廉及马尔巴罗所降服的"雄主"还要厉害的"雄国"（"The Grand Nation"）现已以执政政府（the Directorate）为统治机关。执政俱为断头台下的余生，富有能力，而不顾信义；他们决心抢掠欧洲以恢复法兰西的财政；他们是近代战争及征服的始祖。他们最能干最出力的臣仆，即不久将居他们之上的拿破仑，是时已在因意大利的经验而习知建立一法兰西欧洲帝国之道。他在意大利一方替人民取得革命的社会利益，一方又予以在执政政府下人民所不能享的宗教容忍及政治安定。如果两者可以得兼，则法兰西帝国的建立自是可能。

海事与庇特　是时英吉利适处于奇窘的状态中。它的船只不能驶往地中海中，西班牙则已和英之敌人联合作战；停舶在斯匹特赫德及诺尔湾（Spithead, the Nore）的内海舰队则因恨政府之忽视及薄待而有哗变之事；在陆上则它的陆军名誉亦已一败涂地；从种种方面看起来，它似乎有不能独力抵御并力谋它的西欧全部之势，除非它能得一同盟。

但适在多难之秋，庇特的勇毅及庇特善处海军之天才幸而替它解脱了重围。他一方平复了哗变，一方又宽以济严，而予船员以较佳的待遇，故船上的生活亦不无改善。曾经哗变过的船员居然又随了当坎（Duncan）而出征，而毁荷兰的舰队于干伯尔敦（Camperdown）。庇特的军事外交，由丹达斯（Dundas）主持的军事，及由格棱维尔主持的外交，固俱迟钝而多失事，但我们如视他为不称职的战时大臣，则我们未免将他对于海事——英政治家所视为战务中较重要的一半者——之功一笔抹杀。他所托以海事的斯宾塞及泽维斯（Jervis）既是适当的人物；他又助他们以提拔当时仅为海军旗将之一而又年事较轻的纳尔逊；他更力持派他到法人已经把持年余的地中海去为我们恢复势力。结果则有尼罗河之海战。

尼罗河之战　尼罗河之战为全战中主要的一战。它恢复了英之海权于动摇之际，于已失之地；而屈拉法加反而不过是锦上添花，一种最光荣最美满的圆成而已。

波那帕脱尝安稳地由法兰西护送到埃及，且自圣约翰的武士（the Knights of Saint John）出发而道经马耳太尝夺后者为法有。所以自大亚历山大而后野心最大之人似乎尽可东取君士坦丁堡及印度而曾无阻碍之可言。但纳尔逊一把它舶在尼罗河口的舰队击毁后，他的东向大梦竟不容继续存

第五卷　海权华族政治及工业革命的初期　自乌得勒支迄滑铁卢

在。到了次年波那帕脱且以能溜回法兰西为幸事，而他军队之暂时被锁于埃及者亦不暇顾及。他回故土后，立即变了他的方向，而改图实现其野心于西方；经了好几年的努力后他始复有取道于俄以入东方的计划。此外，纳尔逊那年夏夜埃及海岸左近之炮攻，际卖索尔（Mysore）的替浦·萨喜布（Tippoo Sahib）正在作乱而卫尔兹力（Wellesley）弟兄所主持的马拉沙诸战（the Maratha Wars）进行正逢紧急之时，又有确立不列颠的霸权于印度半岛之作用。

尼罗河一役之又一结果为地中海上不列颠优势的恢复。我们海军的势力以马耳太及西西利为稳固的根据地，马耳太我们于1800年由法夺来，从未放弃，而西西利则为纳普而斯王室之逋逃薮，纳尔逊与王室极善，而王室则成为英吉利的保护者。

拿破仑之称雄陆上　尼罗之役除了拉着南意波旁王室为我同盟外，我们更藉以得了较有力的同盟。奥俄乘法之败而有二次反法联盟的组织。联盟初曾于索服劳夫（Suvoroff）统率之下于北意获过胜利，但在马伦哥（Marengo）则又惨败于波那帕脱而解体。波那帕脱今已为第一领政，有指挥法兰西文武势力的全权，故他于他一生最得意的4年内改组一切文武制度，集中一切财力物力，使法国成为极强极盛的国家，更给它以新颖有力的行政机关。在此以前，别的国家盖从未这样的整饬过者。

其次复有俄罗斯及斯干条那维亚诸国"武装中立"的纠纷。它们之采此行动半固由于海上霸者在实行它的海上检查时尝于中立国民的权利多所侵害，但半亦由于它们之钦佩波那帕脱，且有与之同盟之意，而俄帝保罗（Paul）尤具和他亲善的狂热。保罗被暗杀，而丹麦舰队被纳尔逊于哥本哈根（Copenhagen）要塞的火线以内轰毁而后，那部分的危险才算除了，而不列颠的势力亦于南北两洋俱成无敌。法兰西及西班牙，荷兰及丹麦，诸国的舰队俱已击散，而不列颠亦可任意收取法兰西的不幸诸同盟国的殖民地而毫无拘束。好望角及锡兰（Ceylon）即于是时取诸荷兰以保障赴印海程的

647

安全。

亚眠条约 在陆上则波那帕脱尚没有敌手足以抗衡,所以海陆称霸的两雄于《亚眠条约》(Treaty of Amiens) 中互相承认彼此的势力范围而停止战事。然英人对于和约虽表欢迎,而久望的和平实只是空洞的休战。英人虽希冀有全部的和平,虽以为法兰西自后再不得任意扩张,但波那帕脱则另有一种的解释;他以为有了英人订立《亚眠条约》而后,便将退隐于海军的护盾之后而不复作战,而他则可以任意并吞他所欲并吞的欧洲国家。这种解释既与商订和约的英吉利政治家之用意不合,则两国之重又作战自为无可避免之事。

屈拉法加 英吉利重又须以只身而和法兰西对阵。波那帕脱把他的无敌大军驻在部罗涅 (Boulogne) 以遥制"背信的阿尔背温"("perfidious Albion")〔1〕,但他暂时尚无须劳动他们。他的用意在先将控制海峡之权取得,不幸他的很有魄力的计划失之于粗率及不合海军军略。他令布勒斯特及土伦两舰队会师于西印度,但纳尔逊及"弟兄帮"("band of brothers") 能随处严防并尽力抵抗,故他的计划终不得售。我们的船只紧追法兰西的船只于西印度,复追之回欧,往来大西洋两岸之间,竟丝毫不予放松;故被追者急急逃入法兰西及西班牙的海港而不复敢出,而入侵英吉利的计划再也不能听见。但一切似乎都已了结之时,拿破仑加诸海军大将微尔涅甫 (Villeneuve) 的怒骂又把法兰西及西班牙的主力舰队激了出来。孰知它们一次的出港应战,竟为最后的一战?它们竟被歼于屈拉法加角的洋面。此役益使欧人深信英吉利海军之不可挫,而于余后 10 年中的封锁工作中英人也省了许多的绳索及木材。欧人愈迷信于英吉利海军的常胜,则不列颠人亦愈易获得安全及和平;即于百年的繁荣及文明重又被一大战所中断之时,这个迷信也使不列颠人得占着不少的便利。

纳尔逊 纳尔逊实是英吉利人最喜闻的一个名字。我们和他的关系绝

---

〔1〕 译者按,阿尔背温即英吉利的别名,其源不可考。

不能仅以他的天才及我们对他的感激来解释。就才力及功德而论，马尔巴罗及威灵吞也不见得亚于纳尔逊，然而前者不为人民所喜，后者虽得人民的尊敬钦仰，而尊敬钦仰之中仍含有苦干的害怕成分。威灵吞之尽瘁于王事公务实来自一种可敬的但并不十分可爱的华族骄傲；因为矜持过甚故他不与世人接近。威灵吞固因此而得免于纳尔逊所常犯的错误，并因此而可保持纳尔逊所常失的尊严，但纳尔逊可直入凡人的腹心，而威灵吞则不能。有一段故事可以充分表示纳尔逊的性格，当他正在盼望着屈拉法加之战时，他偶然地发现他坐船"胜利"上最良舵手之一，因忙于捆扎邮包之故，反把他自己给他妻子的家书忘了放入。及至他发现这个遗忘之时，邮船已张帆向英开出。纳尔逊知道此事时便发令道："扯起信旗来把它叫回！谁能保险他明日不会阵亡？他的家书应令同别人的信一起寄出。"那个邮船也居然因此区区一信而折回一次。

同时，拿破仑，今已成了法帝，也把部罗涅无用的驻军移作于奥斯特里齐（Austerlitz）征服东欧之用。他的胜利堪和纳尔逊的相比，而且当时的人也无从预知他的帝国将万不及已死英雄在海上所建帝国那样的永久可靠。当日为英吉利喜惧交并，哀荣并至之时。世变饱尝，又病又失望的庇特旋亦死于职守。他的及纳尔逊的死亡，实是念年恶战的前半之终点，而无结果的《亚眠条约》转不能算做一种段落。

国会及战事 伟大的对法之战——在庇特和纳尔逊主持的初期，及在卡斯尔累和威灵吞主持的末期——全是众议院肩负的战争。当时受过教育者没有一个人的心目中不存罗马元老院大战汉尼拔（Hannibal）的比较。凡得下院信任之人，只消他们能把他们的政策向数列长凳上的四乡绅士解释而得其赞同，便可运用国家的武力财力。因此之故，所谓国会的辩才在此时为极盛。大庭广众间的演说，除了于少数公开选举区域的选场每逢选举时会得用着外，此时尚不重要；至于公众的集会则更是没有。战事继续时，甚且在战事告终后的数年内，改革派尚绝少言论及出版的自由。科柏特尝

因痛斥德意志佣兵之鞭挞不列颠民军而获得二年的监禁。限制民众自由及宣传的用意只一半在预防战时的反动，所以在战事告终而后限制并不取消。用意的又一半乃在防止改革内政运动的复活。在反雅各宾人的心目中改革和通敌并无多大分别，故用以预防通敌的方法也可用以防止改革。

但自由尽管不完全，尽有一部分失效，而国会的权力则无人改作缩减的尝试，丧失美洲殖民地的国王亦无人愿助之恢复大权。不过乔治三世也不是毫无权力。即在老年疯病常作之时，他仍能阻挠庇特，使不能解放爱尔兰的公教徒，他于国会各派互争阁席也仍能参与若干意见。

党派的起伏 两党制的暂时不振及多派制的暂时复活为这时期的特色之一。派别愈纷歧则国王愈得以仲裁人自居，因之他的势力也稍有恢复的趋势。两党制的所以不振乃由于辉格党内部因改革及法兰西革命而起的分裂，分裂而后福克斯派的党员仅有百人左右，故无攫取政权的希望者竟有一世之久。辉格党在1793年至1830年间的蛰伏，堪和托立党在1714年至1760年间的蛰伏相比，而其促成众议院之分成多数的派别之处，亦和托立党的蛰伏，如出一辙。托立党长期的衰微使辉格党人分成窝尔坡尔及反窝尔坡尔两派，所以托立党在19世纪的首年亦分成庇特派，阿定吞派（Addingtonians）及附从格稜维尔氏的辉格·托立派。这些派别只有不同的领袖，而无各别的政见，所以它们在战事的余后十数年中尝先后和福克斯派结合以组织政府或以反对政府。

处这种情形之下老王自然会有若干的选择大臣之权，及至他的疯病成为不治之后，则摄政的乔治亲王继有此权。他们两人都利用此权来歧视有福克斯派辉格党人在内的结合。庇特死后的一年中乔治三世固尝不获不起用"全是人才"（"All the Talents"）的混合内阁，连垂死的福克斯也在其内，结果奴贩亦卒获禁止；然国王仍能于短期中将他所极不喜欢的大臣赶跑。他免除他们的根据固极不正，但其结果却不见得怎样恶劣，因为辉格党的诸领袖及格稜维尔派的同事都不是战时的能臣。自波那帕脱屯兵部罗涅而后，福克斯派固尝承认对法作战的必要，而他们长过外部数月的党魁于临终之时，亦已改变他向日的眼光而深信拿破仑之不能与言和议，但继他而起的辉格首领如荷兰及曷累两贵族的仍太易于消极，欲支持历久的战事者所必需的沉静及锐敏，他们两皆缺乏。[1]

1807年而后纯粹的托立各派又结合起来以当国，更藉众院之力以抗拿破仑。滑铁卢的大捷及最后的胜利终须归功于那个始终不屈，始终不肯绝望的国家。根据世界可靠的判断，倔强的岛民之所以终得胜利，不由于国王，也不由于摄政，而由于不列颠的国会制度，不列颠的华族，及不列颠中等阶级沉着的性格及激增的财富。

的尔西特 拿破仑称帝而后，跟着有东欧东至俄国的征服。这为三年长的工作。每年

有一致命的痛击！
而赫赫的帝国又倒了一个。

奥大利败于奥斯特里齐，普鲁士败于耶拿（Jena），而俄罗斯则败于腓利德兰（Friedland）。他的工作告成于1807年之夏的《的尔西特条约》（Treaty of Tilsit）。当他和俄帝亚历山大泛舟尼门（Niemen）河上，互抱以示亲爱，而成立此约时，其踌躇满意之态诚有可以想见而不可以摹写者。亚历山大年少易受感动，而又富于诚挚，故于欧洲的悲剧中虽其扮演的身份有多种，而其深重之态则始终如一，且俱本良知。在最初的四年他以得为拿破仑的同盟及欧洲全洲的并治者为荣。当是之时，东自乌拉尔山西迄庇里尼斯山，所有的文明世界悉联合以难英国，而英之航运及货物亦不得与此世界相通。然而即在这广袤的敌人版图中，它也有好多秘密的友好，而它政治家的主

---

[1] 辉格党人于西班牙人民初起抗法时，颇抱乐观，但转瞬即有穆尔（Moore）的撤退，而他们对于半岛之战也就气馁起来。他们且以为威灵吞的作战必将无成。

要努力即为如何而可以煽动这班密友，使之造反。不列颠的津贴为一种的引诱，因为他们一举事便可有得着接济的希望，又一的引诱是反面的，而且是苛刻的；他们如果一日不抵抗法国而甘为它的附庸，则他们也一日不能得到茶及咖啡，糖及棉布。

封锁战 英法今俱从事于封锁战以绝对方的粮食，其规模的宏大盖为前此所未见，良因前此的历史中亦从未见有如屈拉法加以后的英国那样大的海军国，也未见有如的尔齐特以后的法国那样大的陆军国。自有拿破仑的《柏林及米兰敕令》（Berlin and Milan Decrees）而后，中立国及法之同盟国皆不许和大不列颠或其殖民地通商。不列颠则以枢密院院令为报复，后发者又比早发者为严峻。其倾向则为把拿破仑的欧洲全体封锁起来，而不令和外界交通。

因两方封锁战而受着灾难的有三种人，究竟哪一种人将率先反抗呢？拿破仑的德意志附庸及莫斯科同盟呢？还是合众国呢？还是英吉利的中下阶级呢？拿破仑的附庸及同盟已因他一人之故而牺牲奢侈品的享用及舒适的生活。合众国为当时硕果仅存的中立运货人，它恨英人的封锁比恨拿破仑的大陆制更甚，因为拿破仑尚无潜水艇相助为理，故不能禁止美人之和不列颠通商，而英吉利的军舰则可有力地阻止央歧（Yankee）商船之出入大陆海港。至于英吉利的中下阶级则际此作战的数年中亦在在受极大的牺牲，他们的事业，及真正的工资都因战时物价的涨落及市场的伸缩而摇动无定，所以拿破仑在1811年时诚有希望他们将因不能再忍而骚动的理由。

英美1812之战 到了1812年时，俄罗斯诚已对于拿破仑的敕令表示反抗，而合众国亦诚已起而抵抗不列颠的枢密院院令及不列颠船长的检查，但不列颠"内国阵线"上因战事而受苦的阶级则仍屹立不动。经商群社拒绝屈服于拿破仑，他们只极力要求拍息发尔（Perceval）政府末减枢密院院令的严峻，以避免和合众国的战争。但中等阶级此时大多尚未取到选权，他们不是托立统治阶级的一部分，故他们的忠告不易即获政府的采择，而英美间战事也就爆发而无可挽救。战事起后，英国贸易断绝，故一时极感痛苦。但贸易的断绝及加拿大边境和美国沿岸之海陆用兵俱不足牵动英国在欧的大势，而使之不能获胜，因为在英美作战的数年中，俄德亦相率而叛法。下一世的英人每不把对美之战牢记心上，他们只把它看做拿破仑战中一个不必有的枝节；但美人则视为国耻，视为新国长成时的挫折之一，而世世牢记不忘。从日后盎格鲁·美利坚关系的观点讲起来，新共和国第一战之仍须和祖国对仗，仍须如独立之战之以祖国为敌人，诚是一件至为不幸之事。

战时死亡的人数 拿破仑之战对于不列颠有时虽也危险万分，如同我们今世的大战一样，但群社的生活则并不如此次之多方受着影响，而丁壮的死亡尤不及此次大战之烈。在12年之间我们在大陆上，除了不常有的，小规模的袭击所需者外，几没有军队。全战22年之间死亡之总数仅有10万左右；此中几有半数死于庇特时的西印度之役，而4万人则死于6年的半岛之战。英吉利最大的损失不是丁壮而是人民所遭经济上的痛苦。为了作战的缘故，工业革命在最紧要的二十余年内竟离了正道而成为弯曲发展。

战时的社会生活 但经济上痛苦并不由各阶级来平均负担。上等阶级因租金提高之故照常能过其舒适的生活。他们也只付了小部分的战时赋税，因为国用的大部来自消费税，而消费税的负担仍归于须付腾涨的物价之穷人。庇特的所首倡，且至战事告终始行撤除的所得税，固可稍稍调剂富人与穷人间的担负，但尚不足以得其平。在1815年时直接税的收入仅有2500万镑，而间接税则有6700万镑。出身高贵的治者阶级都有租金可以收入，什一之税可以享用，所以他们的生活绝少受战事的影响。

战事期内岛国的文化诚有惊人的昌隆。历战争的期间，伟大的风景油画师，诗人及小说家都在尽力写作，而以出品供有闲及富有阶级的娱乐欣赏。乡居生活从未有过如此时的愉乐，猎狐射鸟而外，你更可于收藏极富的图书馆中消磨余暇。游腊生活亦从未有过如此时的有趣，你可趋车于新筑的马路之上，你也可参加贵族所提倡的拳艺。从奥斯腾女士所绘的一幅客厅画图中，实不易找出些小因战事而生的烦恼或操心的痕迹。

中等阶级所受的痛苦较大。许多商人，如同《虚荣市》（Vanity Fair）[1]中的塞德力（Sedley），皆因市场的骤伸骤缩，时价的变幻无定而破产。但也有许多在此时期中致富的商人，有的因了新设的工厂，有的因了和全世棕人黑人的通商。英人的布匹贸易在此时尚无人与之竞争，而棕人黑人的衣料亦几全赖英人的供给。

受痛苦最大者实为劳工阶级。政府对于他们，除了柏克邑诸法官所始创于斯聘纳兰（Speenhamland）的津贴政策已经通行各地而外，丝毫不想法予以救济。然始自斯聘纳兰的津贴金虽或可稍稍补助工资之不足，而使合家不致成为饿殍，但工人的生活仍无改良，甚或维持的可能。最低工资的规定自为较好的政策，但只见讨论而不见采择，国会且以旧式及不科学视之。同时，庇特的法律又使职工会成为违法的结合，所以工人也不敢冒犯宫廷的虎威，而为随物价以提高工资的运动。

我们今在大战中各阶级间所具有的一种博爱精神，在那时反雅各宾人的心目中是绝对不存在的，替他打过胜仗的士兵，在威灵吞的眼光中，只是"世上的渣滓"，只为"谋得酒饮而才当兵"[2]；这种语调可以代表当时上等人对于贫贱阶级的同情的一班，虽则纳尔逊对于舵手之信的故事完全又是一调。而且不但上司待遇常受鞭挞的兵士海员恒从苛刻，即世人对于拉德派（Luddites）[3]及一般"工作穷人"的态度亦是如此。所以在致力于打败拿破仑时，当国者对于不获饱食的庶民自认有一种双关的义务——一方须维持他们于不死，一方又须压服他们而不使作乱。

---

[1] 译者按，即塔刻立（Thackeray）所著的小说。

[2] 但我们也不应忘了公爵的又一句话，"我们之能把这班人锻炼成为优良人物诚是可惊之事。"此句虽紧随在后，而世人却不常引用。

[3] 译者按，拉德派为1811—1817年间的一派工人，专以打毁代替人工的机器为事，其首领为拉德（Lud）故名。

半岛之战 拿破仑为厉行"大陆制"——他所可借以惩创傲慢无礼的岛民之惟一方法——以禁不列颠货物之进入欧洲起见，竟致闯出他毕生最严重的两大乱子，一为不顾西班牙的民意而作并吞他们国家的企图，再为远攻俄罗斯。他本已把各国的国王收拾得服服贴贴，但这两件事却激成各国的民反。时间较前而且作孽也较大的一件事给了英吉利以开始半岛之战的良机。我国的军事行动在始规模极小，我们的目的在始只在遵守传习的政策，而维持旧盟葡萄牙的独立。历此后的 6 年内葡萄牙始终成为我们的根据地，而海军则为全役成功的条件，此其情形和马尔巴罗之战时不列颠军队在西班牙的行动如出一辙，不过昔时的成就不及此次的宏大而已。

葡萄牙人因能甘受不列颠军官的训练指挥之故，在此次的战事中居然成为不可厚侮的临阵军队。西班牙人则反是；他们很少能成为过得去的正式军队，但他们却长于混战。然正因西班牙民族的性格及社会比别的民族要幼稚草昧之故，拿破仑所瞧不起的国家转予占领的法军以莫大的困难；他们可以践踏文化较盛的近欧洲诸国，而不能逞志于这民性单纯的西班牙。所以法兰西在西班牙的 30 万大军大都皆须散作扼守交通之用，而从不能厚集起来以痛击穆尔或威灵吞所统率的不列颠 3 万永不消灭的军队。当英军年复一年地自葡萄牙袭击西班牙，而半岛上法军的压迫亦因拿破仑被俄德所牵制而逐渐轻减时，威灵吞的胜利——塔拉味剌，萨拉曼加，维多利亚（Talavera, Salamanca, Vitoria）——亦一个比一个地重大起来。在革命诸战开始时本已降落到极低的不列颠军力及军威，至是又恢复到克伦威尔及马尔巴罗为主将事的高度。半岛上的诸战及围攻益巩固了我们的团伍传习而使之传诸久远，不列颠陆军在未来百年中的精神盖尽是这种可贵的传习。

横队对纵队 不列颠军在西班牙的连捷，虽多半由于约克公爵及穆尔·约翰爵士的陆军改良及威灵吞自己战略及战术上的奇才，但不列颠横队之优于法兰西纵队亦为致胜的一因。两军阵列的不同尝经过一有趣的蜕变。本来 18 世纪的朝代战争，自马尔巴罗以迄大腓特烈，皆沿用横队的阵列——初则为三重的横队，到了世纪之末则减为两重。但这种作战的方法虽为当时文明军队的不二方法，然非济之以专门军士的熟练便不易成功。所以当法兰西共和国初年的陆军以富于精神而缺乏训练的乌合之众，以农民及店员临阵时，他们只能用纵列密集的阵形，而以哨兵站于阵前索战。他们的人数极众而精神极饱满，所以竟能以这样粗疏的阵势来攻克行伍整齐作横队式的奥大利步军于疆场。欧洲诸君主国于败绩之余，遽以为法军的制胜由于他们的新式阵形，遂仿行他们不足取的战术，而法军所由成功的精神则自然仍付缺如。只有不列颠军队，半由于保守的天性，半由于正确的判断，仍牢守他们向有的横队阵形。所以他们偶于埃及及南意的战场上和法军对垒时，他们得占着它国所没有的优势。及至半岛诸役，英法两军常常相遇之时，前者红色长列横队所发的密集枪弹更常足以扫退法军纵队的头尖。近代最伟大的军事天才之从不想改革他步军的战术，也诚是值得注意的一事。

来比锡 半岛之战之所以得获最后胜利，乃因法兰西在俄德的继续被挫使它不得不继续减少在西班牙的军队。同样的，我们同盟者之能于来比锡大败拿破仑，亦因于威灵吞之能在南方牵制一部分的法军。1814年的初月法兰西遂被联军所侵入，威灵吞越庇里尼斯山以入法，奥人，普人及俄人则渡莱因河以入法。我方最后的成功更有赖于卡斯尔累1813—1814年在中欧的外交，因了他的聪敏及努力，互相疑忌的诸国君侯亦卒能联合起来以赴共同的目标。

滑铁卢 拿破仑第一次推倒而后又继以他之自厄尔巴（Elba）潜回巴黎，及老兵宿将的归附，虽则法兰西人民的从违则显然未能一致。他的百日的复辟于滑铁卢一战而告最后的结束。此次最后一战之所以能历时甚短应当归功于不列颠政府的当机立断，立即宣战，并立即遣派威灵吞联合布吕协（Blücher）的普军共卫荷兰比利时，以待大军之自东方开来。滑铁卢一役的结果决定了全局的形势，而战事亦突然告终，因为法人于败后也不甚热心于战事的复作。

不列颠之力抗拿破仑，不屈不挠，本已早获好评，它的名誉于滑铁卢尤为卓绝无伦。所以在和会中，卡斯尔累及威灵吞的意见得以十分有力，即帝王们亦望尘莫及。《维也纳和约》的优点大半盖须归功于这两位盎格鲁·爱尔兰的华族。

维也纳的解决 1815年解决中最值注意的优点即为对于被征服者的公平宽大，及欧洲之因此而得享长时期的和平。威灵吞和卡斯尔累俱力主宽大，俄帝亚历山大助之，而布吕协和德人和一大部分的不列颠民众则自然要想报复。波旁王室已经复辟而革命的社会关系则未更张的法兰西，按照和约，得以保持1792年的旧界，并且不必放弃亚尔萨斯或洛林（Alsace, Lorraine）。英吉利在战时曾经占领的非洲及两印度的殖民地也大半归还于它。它所需担负的赔款自始即定得极低，所以在3年之内联军已完全撤退。而它的疆土完整如昔。和约避免了报复，但联盟诸国又相约以防拿破仑之复回，以保各国的安全。至于拿破仑本人则今被英人幽禁于鸾远的圣·赫勒拿（St. Helena），故作乱亦自不易。

1815年解决的大缺陷即为大陆各国，除了法国以外之不顾民族的界限及人民的自由。英国不算外，得胜的列强都为反动专制的国家，而且即卡斯尔累本人对于英吉利以外的国会也不屑一为关心。俄普奥三国的帝王把波兰，德意志及意大利任意分割，一若这些国的居民仅若干的人口而可以由至尊的论价人自由交易割让者。教皇对于中意的世俗权力今也恢复。民族及民众自表的希望竟完全抹杀不问，虽则这种的希望是西班牙及德意志人民群起抵抗法国的理由之一部分。

维也纳解决的优点给欧洲以40年的和平。它的过缺则使战事仍无可幸免于后——为民族独立及民众自由而起的战争即梅特涅（Metternich）的制度也不能永久防免。[1]

1815年诸条约中的又一点亦为不列颠所特别关心者，这即祖英的奥伦治王室之复王荷兰及比利时之并入而成为尼德兰王国。莱因的三角洲今又重归于英吉利毋庸畏惧者之手。但最后的解决尚须待至15年之后，待至比利时和荷兰分裂，而另为一个独立国家之后。

但不列颠最大的关心在海外，而在海外它是最高无上的裁断者，它所在战时占得的殖民地，它一人有决定何者留给自由，何者还诸旧主之权。在大体上它不能不算是宽宏大量之人。它虽留了锡兰，好望角，星加坡，并以300万镑购了几内亚（Guiana）的一部，它仍以爪哇及别的东印度群岛归还荷兰，而为荷兰日后在海外的主要富源。法兰西及丹麦亦得还它们最有价值的岛屿。但英吉利又留了毛里西亚及黑耳郭兰（Mauritius, Heligoland）以及地中海的要害，爱奥尼亚群岛（Lonian Islands）及马耳太两处。不列颠海军，航海，及经商的——不久而后更用作装煤的——港岛场所此时盖已在星罗棋布于全世纪来。库克海校（Captain Cook）和平得来的澳大利亚洲亦正在移殖之中。上加拿大则渐被英吉利人及苏格兰人所居住。第二帝国盖渐在代已亡的帝国而兴起，而新帝国的基础亦如旧帝国之建立于海权，商业及自由之上。

---

[1] 尝为卡斯尔累作传得名的韦白斯忒（Webster）教授于 *Congress of Vienna* 的第147页中写道："自治观念的钳制尤比民族观念的忽视为无可恕，因为自治观念在当时更为人民所习知。只有亚历山大及其顾问人员对这个观念表些同情；而法之所以得有'《宪章》'者亦完全是他及塔力篮（Talleyrand）之功，塔力篮盖亦深知革命而后，民权已属不可忽视者。其他的政治家都把民治和无政府及革命混作同义之辞，而深致反对；不列颠的托立大臣也属于这种反动的政治家。即曾得不列颠使臣的暗中赞助而始成立的完法，托立大臣仍私下鼓动别人来加以攻击。此后各国民众运动之所以不是人民意志的表示，而踏入奇异的途径者盖亦上述的政策有以致之。"

第六章
乔治三世后期的帝国　奴隶贸易的禁止

第二帝国的长育　上天早就决定，不列颠的居民应带岛民性格，但所谓岛性也可大可小而不一其程度。诺曼征服而后，英吉利人成为属法兰西文明的封建及公教世界之一部分者尝历数世之久。但经中古后半的逐渐转变，更经推铎尔的革命而后，他们又确立了岛国的个性，无论在法律及政府、宗教及文化，或生活的性质及习惯方面，无不有其特殊的地方。如用依利萨伯尝用以自述的字眼，他们盖已成为"纯英吉利人"，而将大陆的入侵势力摈退。但他们自己的实力及自信心有增加后，他们又在海外年甚一年的活动起来，他们因此又失了"岛性"。他们于新发现的地球上到处有足迹，更到处传播在英吉利本国已经成熟的思想及标准。

到了滑铁卢那时期时岛民的生活正在因他们之能四处探获征战，贸易统治，而大增兴趣，而扩充范围。他们不特在日在膨胀的不列颠帝国之内多所活动，即中国及南美等国亦到处有不列颠人的企业；他们且成为欧洲贸易及势力之特有代表。英吉利的生活自依利萨伯以来本已在向外发展，工业革命更增加其速度并给以新的动力。所以在乔治三世之世，若干新的帝国问题亦应时而起，或则涉及爱尔兰，或则涉及加拿大，澳大利亚或印度，或则涉及白人和非洲黑人间的关系，而少庇特则于全体问题都尝有重

要的参加。

苏格兰 有一个往日常使英人感觉不安的缘由则早已消灭。英吉利和苏格兰间的关系已不复是一个严重的帝国问题,而转是一种致祥的内国敦睦。两国的合并经过若干时期的紧张实验后,已随时间及忍耐而臻于圆稳。詹姆斯主义的消亡,1745 年后铲除苏格兰封建及部落主义的种种设施,以及"四五"之变处理过后苏格兰财富的增加:凡此种种的结果俱使英人对于苏格兰人的质地有较佳的领会。窝尔忒爵士的小说及于滑铁卢大显身手的穿裙营伍,在英人及全体的文明世界看起来,都好像能代表一种新的事物,而足以增厚岛国的传习及实力者。两国人民之互相推与,自此以后遂永成为不列颠国家的栋梁之一。

朋兹及斯科特的时代实为苏格兰人发展繁荣,可以自骄的一个时代,在大体上说起来,也是他们立国以来最快乐的时代。固然,他们也不乏内部的困难,但他们和同时英人遭遇着的困难同一性质,所以反足以促成全岛两端的同病相怜。随工业革命而起的社会经济问题本已不了,而两国政治制度的陈旧,朽腐城市的充斥,及足以应付新时代的都市和地方政府之缺乏,更使那些问题难上加难。连郡选举都成滑稽表演的苏格兰,其政治的机械比在英吉利更是不合近代的时宜,而反雅各宾的压迫精神更是凶辣,虽则民主的精神也要比在英国来得有力。所以据此时的情势看起来,苏格兰之将比英格兰有更严重的发展正是意中之事。但在随至的时代内政治革新及社外改善在两国有同样的过程,而两国间亦因休戚相关而益趋牢结。

18 世纪的爱尔兰 丹宁街虽不复把苏格兰看做一个问题,但爱尔兰问题则经长时期的沉寂以后,正在进到一个新的局面,而又异常的活动起来。它不时足以扰乱不列颠帝国的治安;它要到了我们今世始得一个最后的解决。

在 18 世纪的初叶中叶,当詹姆斯党的苏格兰正为祸源及危险所伏之地时,爱尔兰的土人转无发动作乱的表示。盖自萨斯飞德之役以来,传袭爱尔兰詹姆斯主义的好乱之徒，皆已投身于法兰西的陆军，故他们尽可借封特讷等的机会以枪杀英人，而曾经克伦威尔及威廉两度征服的爱尔兰本国，则反可忍受不列颠人及抗议教徒的统治，反可忍受取缔公教教徒不公平而又半执行的惩处法，而平安无事。

格剌坦 在18世纪的末年，那个孤野地方的死灰，因得了新时代的滋润而复燃起来。新局面的发动者在始属抗议教及自由主义，而不属于公教及塞尔特民族。它本是厄耳斯忒长老教徒及格剌坦（Grattan）等一班气度宏伟的政治家的运动，而以反对专顾英吉利的贸易利益而牺牲爱尔兰整个的利益，专顾盎格利干国教，而牺牲爱尔兰其他一切的教派之虐制为目的。当其胸襟宏放之时，许多的抗议教徒尽忘了他们祖先对于本地公教徒的恐惧，而素被畏惧的公教徒，则自世纪开始以来亦只知忍辱而没有做出什么危险的事情来。

际美洲独立之战时，爱尔兰落在抗议教的义勇军（Volunteers）之手，但公教的舆论亦赞助他们的主张及运动。他们愿以全力来保卫英之势力而抵拒法军的入寇，但他们有他们的条件而英之政府也不能不予接受。他们所要求者，一为废除歧视爱尔兰商业利益的法令，二为爱尔兰国会之正式独立，而不受不列颠的节制。爱尔兰果真为它自己的货物得到了自由的销路，但它在此后20年中的自主政治却名至而实不归。不但公教徒绝对无参加都柏林国会之权，即抗议教徒亦因都柏林堡寨内的寡头善于操纵朽腐城市之故，而不得享受政权。

"九八"的屠杀 但新时代中尚充满着希望。惩处法之最严酷者已取消了。格剌坦所领导的改革亦尚未夭折，他且欲藉逐渐演进的程序而调和种族及宗教间的纷争。公教及抗议教的狂热两在酣睡，而18世纪容忍及宽阔主义的卓绝精神犹弥漫于社会之中。如果不列颠的政治家能依格剌坦的精神而遇之于半途，则其所可成就者或已不可限量。不幸雅各宾主义及反雅

各宾主义,新公教主义及新抗议主义(即奥伦治主义)[1]的精神来得过早,以致18世纪的时代精神所造成的极好机会悉被虚掷而无从利用。英吉利的托立党人袭了辉格党向日"打倒教皇教"的口号,而以之充他们的选举口号,同时法兰西革命则使得他们坚拒一切的改革而不加理会。居心自由但言辞不慎的副王,菲次威廉贵族(Lord Fitzwilliam),于已经燃着了庇特所不能实践的希望之后,也被政府自都柏林召回。他去之后,政府也不复作联合爱尔兰的公教教徒以共御法国的尝试。所以当法兰西的军人宣传家以共和政体的自由饵爱尔兰时,他们的襄助也立即为爱尔兰人联合会(United Irishmen)的领袖吞·乌尔弗(Wolfe Tone)及菲次泽剌德·爱德华贵族(Lord Edward Fitzgerald)所接受。这些人们希望能联合爱尔兰的宗教来驱除英吉利的势力。但他们依赖法兰西助力的实际结果则为鼓动公教徒及抗议教徒之互杀,一如在威廉之战之时。厄耳斯忒的苏格兰人及长老教徒所受于英吉利政府的冤屈固大而且深,然他们绝不能联合法人来建立一教士作主的塞尔特共和国。因此多灾多难的不列颠政府转得赖了爱尔兰尽忠的人民之助而削平1798年之变。这班人民今又恢复了他们祖先对于公教徒的恐惧,因而更开始为奥伦治帮会(Orange Lodges)的组织。在那个危急的关头,英吉利政治军事的势利都极软弱,故不得不多多依赖本地忠于政府之人,而他们之残杀爱尔兰工人亦因此绝难加以阻止。"九八"纪念遂成为仇恨的传家之宝,家家户户传颂不辍,爱国志士及激动之人亦世世代代利用之以鼓动民族的义愤。

爱尔兰的合并 处这种情势之下,庇特决定只有把两岛合并于韦斯敏斯忒的国会才可以恢复治安,并重张公道于久远。但他只能恢复了治安,他没有通过公教徒解放的政治权力。公教徒解放本为他计划的一部分,而将以诱致爱尔兰人,使欢迎合并者;因为有了解放的希望,再加上了都柏

---

〔1〕 译者按,奥伦治派(Orangemen)于1795年创始于厄耳斯忒一带,以维持抗议教为主要目的。他们自以为能尊重威廉三世(即奥伦治·威廉)的精神者,故名。

林国会的纵酒狂饮，《合并法》才获通过。但庇特的主上，他同僚的一大部分，他的政党，及他国人的多数皆深怕罗马公教徒之享有政治权利，无论在英吉利或在爱尔兰。当日的两大势力，反雅各宾主义及福音主义，又对于这问题有一致的意见，所以罗马公教徒之不能入大不列颠及爱尔兰的联合国会者尚有28年之久。

公教的塞尔特人因此又被压了下去，而且此次临在他们的头上者，除了全英国的重量外，更加上了北部爱尔兰人方张的奥伦治主义。南北两爱尔兰重又处于对阵的地位，日日以口舌来战他们的波因之战。此外，土地问题也正在开始；在那个人口过剩，番薯充饥，人尽佃农的岛国之政治上占着最重要的地位起来[1]。在这种情形之下，僧侣主义，民族主义及无教育的民主主义之新的大集合，得公教律师奥康尼·达尼尔（Daniel O'Connell）的公共演说之才之助而开始组织起来。

加拿大的繁殖　于乔治二世的末年我们尝见法兰西加拿大之被征服，在乔治三世的长朝内，我们更见法兰西加拿大人之自安于他们在不列颠帝国中的地位。他们之所以能自安乃由于英人能容忍他们的宗教，权利及习惯；英人的政策适和同时期中英人在爱尔兰所采之抗议教徒及英吉利人高于一切的政策相反。在乔治三世时我们也见英吉利及苏格兰移民之沿诸大湖而移殖于上加拿大，移植于纽·布伦兹威克（New Brunswick）及诺伐·斯科细亚的沿海诸殖民地者也有若干。新来人中的一大部分为"合众帝国的忠王派"（"United Empire Loyalists"），换言之，即美洲殖民地人之向日反对独立，而今则因不堪合众国胜利的共和派人之虐待而逃来者。不列颠殖民加拿大时的又一原素，为那种因在祖国不堪经济压迫而逃出之人。这种人在19世纪初年时为数极众，因为此时不列颠人口的增加极速，纵有大批移美之举，而乔治三世的60年中人口仍自约750万增至1400余万。

----

〔1〕 在1821年时爱尔兰的爱尔兰人已增至6 803 000人，在随后的十年内又增加了百万。大不列颠的人口在同样的两个年份仅有约两倍爱尔兰之数。

种族的问题 大批不列颠种族的男妇之至加拿大增加了治理上不少的困难。新来的人立即要求他们在新失的英吉利殖民地中所久已习惯,而在英吉利本国也多少习惯的自治。但法兰西的农民则绝不知自治之为何物。他们的封建田主于不列颠征服后大都已退回法国,但他们仍信任他们的教士。征服后的施治本仍尊重他们完全不同的习惯及理想,但新来人的移殖顿使他们生法律将被变更的戒心。幸而政府于合众帝国的忠王派未到以前已能得前他们的信任,幸而诺司贵族 1774 年的《魁北克法》(*Quebec Act*)及督臣卡尔吞·盖爵士(Sir Guy Carleton)贤明自由的治理已令他们知有一种保障的观念。

庇特的解决方法 到了庇特毅然地而且成功地把加拿大划分为上下两省,以解决两族逼处的问题时,加拿大也有了进一步的发展。他的解决方法一沿地理上的分界;旧的部分成为下加拿大,法兰西的法律习惯照旧遵用,而沿湖一带的新居留地则属于上加拿大,法制等等一遵不列颠的成法。上下两省各有各的民选议会,议会虽无推举大臣之权,而政府虽也未能完全向它"负责",但它已有征税及立法之权,而对于督臣及行政机关也有一定的关系,和依利萨伯时国会对于君王的关系相若。庇特这种的办法颇能适合加拿大当时的需要,犹之 50 年后根据于达剌谟(Durham)的报告而给与加拿大的"责任"政府之能适合后一时代的需要。在这两时期之间,法人初次浸淫于代表会议的玄秘之中,而不列颠人则繁荣无比,在半世纪之间,人口竟自 1 万增至 40 万之众。沿圣罗稜士河一带英吉利及苏格兰的移民来者极众,故即在这个须步步开辟才能容人之地,人口也能激增。

澳大利亚 当不列颠加拿大有人垦殖且作初期的发育时,澳大利亚也有同样的进行。初次垦殖的起因及方法在两地固有不同,但殖民运动的普通性质则并无二致。加拿大是以打仗得来的,故法人已先我们而在该地,并替后者尽了些开辟的工作。澳大利亚虽在 17 世纪即为荷兰人所发现,但向为他们所忽视,故当王家海军的库克海校探视它的沿海,而促起不列颠政客公众的注意时，犹是四顾茫茫，除了寥寥土民以外，尚无人口的大地。第一个的居留地尚是根据于庇特及他的内政大臣，息德尼贵族（Lord Sydney）之命而建立的；但设置居留地的目的尚不在于地底创立一帝国，而仅为开拓若干流徙罪囚之处，因为旧日美洲诸殖民地已因独立而不复能为流徙之场。但罪囚的居留地和监守它们的驻军亦即英澳交通的根据地，有了它们而后，交通得以频繁，而殖民运动竟开始起来。不列颠人之去加拿大者乃因经济的压迫；为了同样的理由，他们也源源向澳大利亚移殖。所以在滑铁卢的时候，世所知为"占住空地者"（"squatters"）的一班资本主义的牧夫农民，已在开始建立—我们今日所知的澳大利亚。

印度 乔治二世之时法兰西在印度的势力已被克莱武所摧毁，孟加拉则被他所征服，不列颠在印度半岛上得了一个大陆的区域，而东印度公司亦自一武装的经商公司进而为亚洲的一大强国。公司性质的变化到了乔治三世时而大著；在印度的海斯顶斯·窝稜，康华理斯，卫尔兹力，及国内的庇特盖皆为促成此变化的大匠。

法人在印度斯坦建立帝国的计划虽已被克莱武所破坏，但普拉西后的50年内，他们仍不断的与不列颠人以种种的困难，他们既煽动印度诸邦的朝廷，复统带它们的军队，初以抵御海斯顶斯，继则以之抗卫尔兹力。但他们这样做法反足以加速不列颠人在半岛上进取的步伐，因为不如此则便不易立足。

海斯顶斯·窝稜 在美洲独立之战的前后数年内，海斯顶斯几有一手擎天的大功。他一方须抵御上述的外侮，而同时又须克制参事院中由他的私仇法兰西斯·腓力（Philip Francis）所领导而对他遇事掣肘的一派，否则他将无法维持他的权力。他虽困苦备尝，他虽不能免于强有力之人于危难紧急时常会做出来的种种错误，然他毕竟保全了不列颠的统治。因为他这种种的错误，再加上了心怀叵测的法兰西斯及富于意像的柏克，福克斯及薛立敦们之多方曲解，多方张大，他竟在韦斯敏斯忒大堂受严重的弹劾。

那种种有名的法律手续，虽结果仍宣告了海斯顶斯无罪，然于他实为冤枉。它们惟一的好处即在使不列颠的政治家及公众不能不再注意到印度的种种问题，及他们对于印度所负的责任。

庇特的印度法 在未久以前，庇特于痛斥并打倒了福克斯所提出的一个十分相似而比较彻底的《印度法案》后，尝以他自己的《印度法》来规定东印度公司的权利。自有此法而后，公司的商业专利虽仍一如昔日，但它的行政工作则须受不列颠内阁的实际上的监督。同时驻在加尔各答的总督也可不受参事院的拘束，参事院一降而为顾问谘议的机关，而不复为昔日的行政机关，故海斯顶斯和法兰西斯互哄的种种怪事亦无从再演于参事院的会议桌上。依印度法，总督成为独裁的统治者，在那个只解独裁的国家他可以任所欲为，不过最终他仍受祖国政府的约束，因为在槐特和尔尚设立了管理印度事务衙门，而以有阁员地位的一个大臣为其主席。庇特的印度立法在兵变以前之能适应印度的需要，犹之他的加拿大立法于达刺谟贵族以前之能适应加拿大的需要一样。

康华理斯的文治 庇特更有遴委适当的人物以充总督而行使大权之功。康华理斯贵族完成了海斯顶斯对内的工作；他把孟加拉租税及政府制度大加整饬，而使成为此后不列颠所统治的各行省之模范。在他之下，印度人开始觉得不列颠国旗，而且只不列颠国旗，是安全及保障的一种表示；不列颠权力所到的地方，好战邦族的寇掠固可以挡住，而最凶暴的苛政亦可免除。安全及保障亦卒为不列颠统治能永久维持，能说得过去的基本理由。当我们初获孟加拉时，纵克莱武在尽力抑止国人凶暴贪得的野心，而欺压抢夺之风竟不可遏，然在新制及新精神的势力之下，则旧日的悲剧即欲再演而有所不能。"盎格鲁·印度诸族"的传习亦于此时开始造成；许多这种的族姓属苏格兰人，因为庇特友人丹达斯·亨利（Henry Dundas）于把持界线以北的官缺而外，更派遣好多年少有为的苏格兰人去印度。

卫尔兹力的武功 如果康华理斯曾于内政方面有极大建树，而使不列颠人无愧于他们在印度的统治，则威灵吞的长兄卫尔兹力贵族的武功于向外膨胀方面有同样不灭的价值。他击破了卖索尔（Mysore）回教君主替浦萨喜布及中印度马拉沙大邦联（the Great Maratha Confederacy）的权力。邦联在近时尝因法兰西军官的助力而以欧洲的方法来训练其军队，武力之大甲于中印，而它的骑军则时时侵入邻邦，扰乱各邦的治安。卫尔兹力任总督时的政策在扩张不列颠的势力而令之及于如海达拉巴（Hyderabad）等若干印度国家，庶几它可继已亡的蒙古帝国之后而为全半岛的仲裁者，及治安的维持者。这个涵义极广，而在地理上势必不达喜马拉雅山及海边不止的政策，自不为谨慎小心的东印度公司所欢迎，即庇特及他的内阁亦只一半的于意云同。但事实实不能不如此办理，所以卫尔兹力退职后，政府虽尝认真地欲中止他的进取政策，而势仍有所不能。

盆查布（Punjab）及别地迭起不已的经验，证明印度的平安只有一个方法可以维持，即单单某一个国家的宗主权之到处承认。这一点也许无人愿起怀疑。但是，如果海达拉巴一类仍受土人统治的保护国为数较多于今日，而不列颠人直接统治的面积较小于今日，则我们今日的地位是否可以少些困难，诚是一个可有辩论余地的问题。但大贺胥（Dalhousie）等一班富于改革热诚之人深以为不列颠直接统治的扩张为得到良好行政，并增加印人幸福的必要方法，故不惜尽量开拓直接治理的面积，不顾日后政治上的影响。而且在幸运的19世纪时，除了兵变那年的祸乱以外，我们所遇者亦只有行政的问题，而政治的则转站在背地而并不成为急迫的问题。

世界先进的不列颠人 在拿破仑之战时，不列颠的商业及殖民事业益为欧洲其余各国所望尘莫及。它于此时犹独享着新的机器时代的种种便利，而在拿破仑的欧陆作战的时候，它的海军又能保护着它的大洋航线，而敌国的舰队则莫能侵入。所以当和平恢复之时，它的精力及它增加极速的人口使它能保持着首创的便利者已有多年。在19世纪的初叶，堪和第二不列颠帝国急速的膨胀比较者，除了合众国的西行运动（the Westward

Movement）外，别无它物。然美洲的英语人民之向西发展，他们之越北美中部的诸大平原及诸大河流而步西行，也和不列颠有利无害，因为他们一时不再和它争雄于海上或争全世界的市场。

在这紧要的关头，有色人种未来的命运遂大致落在不列颠的手中。欧洲和中国的接触及和印度较前更密的接触，它皆为代表者，而于非洲的发展它亦为欧洲的先驱。如果白人和"土人"间的关系将长如昔日的昏愦，自私，及不负责任，则文明必不至倾覆不止。那么，英吉利的良知或见识是否能及时激起以一改故态？在印度，我们已见故态之在改变；文武官吏已能不重私利，而惟数百万人民的和平及幸福之是图，故能孜孜于公事，而养成盎格鲁·印度政治的极好传习。在非洲则第一要务即在奴贩之禁止，在此以前，白人黑人间自然只有伤心害理的关系而讲不到别的。

奴隶贸易　奴隶贸易的禁止实为世界史的一大关键。威伯福士及其友人之能激动不列颠人民的良知，而于1807年及1833年先后禁绝不列颠及不列颠帝国中的贩奴事业实是一件大可庆祝的成功。过后欧洲的种族即开始向非洲的内部发展。如果奴制及奴贩于非洲开发之后，于19世纪之中，仍得继续不辍，再济之以工业革命及近代科学的新武器，则热带势将成为白人的一片植奴广场，而欧人自己的家庭亦势将为罗马帝国所由灭亡之奴隶。文明的疾病所堕落。

幸而当威伯福士攻击奴贩之时，这万恶的商业犹仅是不列颠轻船沿非洲海岸诱拐黑人以运往美洲的一种买卖。而非洲的内地犹未为欧人所涉足。而且英吉利海上的霸权至高无上，故它如能决意禁绝奴隶贸易，则别的国家亦极难以阻挠。如果威伯福士能使英吉利皈依他的信条，则全世界自亦不难令之服从。

反对贩奴的运动　即舍劝化的结果不论，劝化的方法亦开了一不列颠公众生活的新纪元。反对奴贩运动为近代式的宣传激动之第一次成功者，而它的方法为19世纪英吉利盛行的无数会社协会——政治的，宗教的，慈善的，文化的——所仿效。在最初时，反对奴贩运动本为朋友会所提倡，继则由慈善家如沙普及克剌喀森（Sharp，Clarkson），由威伯福士，由马可雷·撒加利（Zachary Macaulay）等一班人士所主持。威伯福士本属于时髦社会，他也属于被"劝化"之人，故劝化人之力亦颇大。马可雷为苏格兰人，富于苏格兰人的坚强之性，故有他而英吉利的福音主义亦顿具刚毅奋斗之力。从事于反对奴贩运动者好多是夸刻派教徒或是福音派教徒，他们深为那时世俗人富有实行性的宗教热忱所感动，所以他们不难激发国人的天良，尤其是异教徒的天良。如果他们无这种宗教热忱，而仅以人道主义或帝国的前途来劝说国人，则其成功或尚无如此之易。但新时代非宗教的人道主义也是他们的有力同盟者。老将如福克斯，新进如布鲁安（Brougham）皆能仗义执言，为黑奴声援；当政的庇特尽可忘了他初年的反对奴贩的热忱，但反对党的天良则历久而愈有力的表示。

全国的感化在法兰西革命之前数年即已开始，即于反雅各宾的反动大炽之困难期间内仍能推进无间。在此期间内，主张废止奴隶贸易者固被敌人詈为改革家（Reformers），诋为借口平等派（Levellers）的人道口号而将于布里斯托尔及利物浦[1]的已定利益有所损害；但他们的运动虽经过若干年的衰落，而仍未间断，终且于1807年大告成功，而《禁止奴贩法》亦成立。此次的成功特别的可以壮主其事者之胆，因为它发生于大战方酣之中，而别的运动都遭禁止之时。政治的团体尽多腐败，但不列颠人民的精神仍未丧失自由，仍可为健全的激动所激起；以和当时别国的舆论比较起来，盖仍有生死之别。代表约克邑而坐于中互长凳（cross-bench）[2]的威伯福士，今已于英吉利的政治制度中找出一种新的较尊贵的用场。

所以在维也纳诸条约时，卡斯尔累能够，且也愿于劝化欧洲诸国同意以奴贩的取缔为新时代海上公法中的一种规则。经富于戏剧性的变动之后，

---

[1] 见下第709~710页。
[2] 译者按，即下院中中互于政府凳及反对凳的议员坐凳。

不列颠的国旗竟和黑人的自由发生特殊的关系起来。

威伯福士及福音主义 到了此时福音主义在托立党的内部也已有了极大的势力。托立首相之一，拍栖发（Perceval）即为福音派教徒。旧式的托立党人很多不喜欢所谓"克拉判派",[1]因为他们和异教徒亲善，因为他们太注意他们自己及别人的灵魂，而忽视了糕饼麦酒，更因为他们常以人道及良心为重而不肯一味盲从党的指挥。托立党中这种两歧的兴趣，及宗教社会同样地有射狐行乐的教士，及沉着而崇奉福音的教士之并立，虽也足以引起内部的纠纷，却是社会已有生气的一种表现。这种歧异的目标得使政党及教社和外界的潮流稍稍接触，否则在战后数年旧的托立主义及旧的国教之限制已显而易见之时，党及教殆将不适潮流而起剧烈的变动，福音主义及人道主义——常常虽非老是联在一起的——实为新时代中能不顾党的界线而对于不列颠政治有好影响，更能使公众及国会生活得有新的实在之两种势力。

---

〔1〕译者按，威伯福士曾卜居于伦敦的克拉判，故他所领导的一派的福音主义称 Clapham sect。

第七章
乔治三世时的经济生活

国王：乔治三世，1760—1820。

工业革命 在英吉利始于乔治三世，而自后且扩及于人类世界之全体（虽则程度有差）的工业革命及其对于生活状态所引起的变化实为史家所难于着手的一笔。在工业革命以前，经济及社会的变迁固然也是有进无已，但它的进行好比一缓缓流动的河流；到了瓦特及斯蒂芬孙（Watt, Stephenson）时，则它好比堤水闸旁边之水，滔滔下泻，令观者深感不宁。而且它不但流动奇速，它也永不于底下积成水池而回复其固有的缓缓不急的流动。它至今仍是瀑布。法兰西革命固然也是剧变，但经十余年而即达止境，但工业革命则可再继续数百年之久而不止，创造新的经济及社会生活以替代旧的，更创造更新的以替代新的，如是层层出新，永无止境，而史家亦永不能说："这个或这个是近代英吉利的常态。"今以交通为例，在百六十年之内四种不同的文明——骑乘用路，运河及大车路，铁路，及汽车路——已新阵代谢而为我人移动的方法。

经济史之难求翔实 因为缺乏统计的及经济的材料，故早日的史家转易于作史，不过他的范围不能不狭小，而他的推论也不尽可靠。蓝皮书

（Blue-books）[1]的时期始于19世纪。大不列颠的首次户口调查在1801年。我们的经济材料到了工业革命首期的中年时始属可靠，所以乔治三世末数年以前大多数英人的物质状况我们实少估量的资料。经济史家所给予我们一幅科柏特时英吉利的图画，自许多重要的方面看起来，固十分不能悦目；但它为英吉利社会史的电影中的首次"特写"，所以任何早一时期的一幅准确而合乎实情的图画之是否能不会像那幅图画那样的触动今代人的情感，我们殊不能说定。以诚实为怀之人决不肯以近似武断的语调来答复这问题。

自然，你尽可置农村生活于都市生活之上，而痛惜于农夫及匠工之大都已为修补机器之匠所填补；然你如反过来而称美都市生活也同样的可以言之成理。我们固应一致伤叹机制物品之失却形体的美观及外表的多样，一致伤叹风景之被工业主义所损坏，而昔日贫富都可赏鉴的最纯粹的赏美快感之不复存；但如没有近代的机器，则不特4200万的众庶不能生存于1921年的不列颠而仍得享受其舒适的物质生活，即千四百万生活标准在我们今世视为极低的人民亦将无法生存于1821年。

户口的增加 附带于机械的革命，及经济组织的改变，而生的种种变化中要以大不列颠人口在乔治三世一朝约自750万至1400万余的激增为最惹眼目。但人口的增加和当时工农革命间的准确关系，无论孰为因果，却不易答复。某几种的解释在前时曾得公认，但到了今日又发生疑问。我们务须记得在同一时期内塞尔特爱尔兰的人口也有异乎寻常的增加，然而在塞尔特的爱尔兰工业革命固尚未发生。如以人口的激增归功于"斯聘纳兰"按儿童数目以地方税补助工资的制度亦不妥当，第一因为那个制度于1795年始行开始，于好些年以后始充分有效，第二因为它从不推行于苏格兰、爱尔兰或北英，然而那些地方的人口，其增加之速丝毫不下于英吉利中南两部"斯聘纳兰"诸郡的人口。而且自1790年以后，生产率稍有减少；户口的继续增加乃赖于死亡率的锐减。

---

［1］译者按，为英国的官文书，有此而后国民的各种活动始有详尽翔实的记载。

第五卷　海权华族政治及工业革命的初期　自乌得勒支迄滑铁卢

1760年以后人口空前的激增由于早婚及较高的生产率者少——虽则这两者在1790年以前也尝有相当的影响——而由于增高的生活标准及因医学及医术的进步而获保全的生命者多。制造品之因有新的机械发明而较前便宜实为生活标准提高之一部分的理由。至于医学医术的进步则成绩更著。疫疬之不再光临于它向日所特别照顾的我岛，血斑病及天花之先后克制；因田土泄水而寒热疟疾之减少；清洁习惯的进步及廉价棉衣的服用；伦敦及别地公共卫生之比前进步，虽然豪厄德[1]的时期在今人看起来仍是十分不讲卫生；尤甚于一切者，医院的增多及改善和产妇婴儿之得受较佳的医药，及产蓐病，惊风，软症及别种婴儿病之因而减少：凡此种种俱为18世纪及19世纪初年的特彩。[2]

也许在20世纪将至以前，历代的生产糙率向少变更，而人口在近代的增加乃由于社会之善自保生；这不是不可能的。在乔治三世的末年法兰西的死亡率高于英吉利者有百分之二十之多。英吉利在18世纪后期时尽多瑕疵，但那时也为科学，清洁，及人道大有改进的时期。维多利亚时代的史家，如马可雷（Macaulay）等，之深以民族的社会生活及舒适之能继续不断的进步为荣，终亦不见得会比近人工业革命随带产生较苛刻的生活状态之见解离全部分的真相更远；两者盖各有一部分的真实，然而都不能代表全部分的真相。生死统计本不是惟一的考虑根据，然而就它而论，则它对于旧派人比较乐观的见解并没有什么不利。[3]

运河及煤炭　但是，这些及其他在今尚未明了的原故即可以引起历史上空前的人口增加，而所增加的数百万人口决不能在我岛，甚或在殖民地

----

〔1〕 译者按，即豪厄德·约翰，18世纪的慈善家，参看上第577页。

〔2〕 参看S. Talbot Griffith 的 *Population Problems of the Age of Malthus*, Cambridge Press, 1926；更参看Mrs. George 的 *London in the Eighteenth Century*, pp. 1-61。

〔3〕 卫生的改进在爱尔兰虽不是完全没有，但不及在英吉利远甚。爱尔兰人口的增加多半由于番薯饥荒之不发生于18世纪。1846—1847年番薯因害虫为患而发生大荒后，移民美洲之风大盛，而人口亦自800万余突降至500万以下。番薯在爱尔兰盖为维持标准极低的生活之极易方法，然一遇荒年，则人口便又不能不锐减。

673

中，维持他们的生存，如果没有新时代的农业及工业改革的话。如果旧的经济制度在 1760 以后仍继续不变，我们诚恐连已有的 700 万居民也不易继续享着他们向日的舒适。不列颠林木的用罄已在产生一种燃料荒，而令许多人家无力生炉，并驱冶铁业远适美洲及斯干条那维亚未经开辟的森林地。那时的不列颠幸得运河来解救困难。藉了运河的深入，南英内地的家庭火炉及黑国（Black Country）[1]一带的熔铁炉灶皆得了煤炭的供给。

罗马时代[2]而后运输上的首次大改良替工业革命也开了一条必需之路。自乔治三世初年起，一个运河网渐渐的伸张到各处，于是伦敦藉它沿海的地位及自海运来的煤炭而得坐享的种种利益，别地亦得同享。最后，运河且遍及于全岛，但股息超过一分的运河几尽在北部及米德兰的矿业工业区域，或则为衔接泰晤士流域的诸运河。因为所谓"内地航行"（"inland navigation"）[3]之制宛如近代航海的商舰，它也得藉运煤以发财。铁道在其初起之时，其用处亦在助煤炭的流通，故其敷设每以衔接运河或补助运河之不及为准则。但在斯蒂芬孙·乔治的早年，有识者早已能料到运河在英吉利之不会长命。

马路及马 因为同样的理由，平坦坚硬的马卡丹路（即碎石路）之光荣是短命的，而自伦敦大客店的院中开往巴斯，或和力赫德（Holyhead），或约克，或格勒那·格麟（Gretna Green），或奔驶于窝尔忒爵士的苏格兰大道，每小时疾驶 12 哩的得尔·呼（Tally-ho）[4]驿车和不可一世的御者亦不长久。碎石路和当时的运河也同属资本主义家集资合办的公司，故旅客也须逢卡缴纳路捐，以充股东的利润。但筑路运动也深得邮政部之助，邮政机关盖为各部中之首能对于政府向公众所负的义务作近代的见解者。英

---

[1] 译者按，即中部的冶铁区域。
[2] 见上第 51~52 页。
[3] 因此大帮开凿运河的工人叫做"航行者"（"navigators"或"navvies"）。
[4] 译者按，原为猎人嗾狗之声，后来御者用以呼喝驾车之马，故车转以此得名，盖形其快之意。

吉利马路上愉乐及疾速的生活到了拿破仑之战时始臻至善之境，但20年而后铁路的倡用又明示它的末日不远。那时马也得到了万众热烈的崇拜，何恩卡斯尔赛会（Horncastle Fair）则为它的麦加（Mecca），而猎狐者，御驿车者，及赛马时的骑手则为新宗教的教士。国民为这最高贵的畜生所倾靡的时期固不甚长，却是十二分的英吉利。后世至今仍有倦倦于那时代而视为"嬉乐的英吉利"之最末一世者，这种人盖已忘了那时也为彼得庐的时期，而工业革命的流弊方在最严重之时。

纱厂的渐兴 我们于考察过去的社会状况时，诚不易将花样繁杂，而于同时存在着于复杂的民俗生活中之新事旧事一一记在心里。我们有时以工厂制度为乔治三世末数年主要的特点，但它虽是新的特点，虽有伟大的将来，然除了一二区不计外，它尚未有胜过其他一切的发展。郎卡邑的棉布业固已一跃而起，首有利用盆宁斯河水力而起的小规模"磨坊"，[1] 继有下流平地中规模较大而机械较全的纱厂；利物浦因为由美来的原料由此入口，而行销海外的制造品由此出口，因得为新工业的海港之故，亦有同样的发展；然在彼得庐惨案的那一年，英吉利的人家之有人参加棉业者尚不到二十分之一。农业犹为最大的职业，而建筑业及家庭服役次之；织毛的工作犹尚未完全属于工厂，虽则纺织机已将农民中许多勤劳妇孺的农舍工作破坏；犹为国中最大行艺的裁缝业及制鞋业也属于家庭工业而和工厂无关；而业赛马，御马，养马，贩马等等之人其数也必可观。

工业革命不是一个事变，而是一种进程。威灵吞时代特有的而且有力的不列颠乃是新旧生活状态混合的结果。19世纪逐渐前进时，为数较巨的人夫始逐渐为机械服务，为大企业驰驱，而工厂之制亦年有扩张，而家庭及户外的职业则逐年减少。幸而在工厂成为代表的工作场所时，它的最坏的弊病也以次改正；自1833年而后国家视察及规制之权愈增加，则工厂的情形亦愈改良，且能令在家庭中工作的旧式工人欣羡不置。

---

〔1〕译者按，纱厂原文作纱磨（cotton "mill"）者盖因其原先利用水力，有类水磨之故。

冶铁及机器师 乔治三世时最大的，比郎卡邑纱布业更大的，发展要推于米德兰西部各邑造成黑国之化炼铁矿的革命。在四十年之中铁在不列颠的产量增加有十倍之多。黑国为这个新发展，及日益依赖煤铁而生存的各种五金器，磁器等等的工业之主要场所。全岛各处新的企业如蜂起，如潮涌，而又各得力于瓦德·詹姆斯的蒸汽机之助力。一种新的行业——近代的机师——亦随铁及机械而产生。伟大的经济变动对于工厂中的童工及煤矿中的男妇童幼也许尚没有多少的好处，但却创生了一个薪资甚优，教育颇高，而为数极众的工程界，而他们的专门知识亦深为散处全岛各工业的雇主们所无任钦佩，所乐于就教。泰因河畔的斯蒂芬孙大族盖即属于这个依工资为生的阶级。那位火车头的发明家出身本极贫贱，于17岁时始知识字读书，故绝无"布尔乔亚"的色彩可言。将临时代的格言为"自助"或"机会自由"，而它的德泽也并不为"布尔乔亚"或中等阶级所专利。新时代的成年教育盖以在"机师的学院"[1]所习者为起点。

北部的发达 自盎格鲁·萨克森时期而后，英吉利西北半壁，即古代的麦细亚及诺森伯利亚，之能和南部东部的五谷地及伦敦和其附庸各郡，重要相比拟者，今尚为首次。[2] 到了机器时代时，即东盎格利亚，索美塞特及科次窝尔山地一带旧有的纺织业亦不能当北部谷地有力的竞争。向为边境流寇，封建家人，及牧人所先后为家的泽地今则成为近代式的财富及专门智识之中心。这个地理上均势的移动将为下一时期中要求改革政治及重行分配国会议席的主要原因。但当拿破仑战正酣之时及战事结束后的十多年内，新兴的阶级方专注于财富的积聚，故未尝认真地反抗华族之垄断政治社会，及摈斥他们之参加。集中于新的工业区域内的无产阶级虽为穷困所迫而趋附于科柏特及韩德（Hunt）所领导的激烈激动，但在他们未得中等阶级的赞助，或没有他们自己合法的职工会组织以前，压服他们也是

---

[1] 译者按，指在机师处所得的经验知识，非真有学院。
[2] 见上第67页。

不难的。

厂工及矿工状况的恶劣 历乔治三世一朝动力既愈趋愈大，男妇亦愈向克来德河畔（Clydeside），北部煤区，郎卡邑，黑国，南威尔士，伦敦等等的工业区以及人们可以得到开河造路的"航行"工作的任何其他地方集中。在这些工业区的四邻本来十分微小的农作工资亦得增高若干，而非别无它种雇役可与竞争的远乡可比。然而新的工业的无产阶级之状况仍是十分恶劣，而且拿破仑之战又引起了剧烈的经济起伏，以致物价，工资，及雇役俱流动无定，而他们的状况更恶劣难堪。

新经济制度第一期中的弊恶固极严重，然它们只是旧弊的集中增厉，而不是新生的弊恶。煤矿本已有数百年的历史，矿工的居住，工资，及工作时间亦素向是可骇的恶劣刻薄，预防意外之法既绝无仅有，而遇有意外发生时亦无多少的调查。[1] 在1815年以前，达剌谟及诺森伯兰的矿中向无调查死案的习惯。在苏格兰，则快到18世纪收束时，矿工仍是卖身的工奴，尽管这种情形极难令人置信！即在英吉利，妇孺也于黑暗潮湿的矿穴中工作如牛马，其状况亦有不堪以言语形容者。工业革命骤把开矿的人口大大增加，而他们的状况却没有先为改良，所以开一新纪元的《矿业报告书》中所述的虐待情形深能使较前重视人道，较前富于求知心的一世感受不安。赤贫的儿童前时在布郎立格太太及克莱姆斯·彼得[2]家长似的爱护督责之下，所受待遇当然不至过于严峻，但在新时代则他们的雇主可为一个坚苦备尝的北方工人而借资设立纱厂者，他自然只知叫他们拼命工作，而不会有良心的谴责。有父母待养的儿童之"自由工作"[3]亦正在自家庭趋于工厂；在大多的情形——虽则未必是所有的情形——之下，这种改变，在1833年有了工厂检查以前，自然也只能由恶变成更恶。这时期中穷人的困苦如和前世的穷人比起来究作若何的比例，我们因对于前世无确切的事实

---

〔1〕但当时地面上的煤积却愈在减少，矿工愈在深入，而危险愈在增加。
〔2〕见上第588页，及第588页注1。
〔3〕译者按，即别于工徒之工作之意。

之故，不易估计。但此时好多穷人之绝对的不堪则是毫无疑义的。

人民的移动 趋向工业区域的移民实代表大不列颠自1760年以后居民的继续增加所产生出来的人口过剩。他们成为新的工业世界的人力，他们纵须"为面包而垂首鞠躬"，他们仍乐于逃出只有坐饿待毙之农村的英吉利，苏格兰，威尔士及爱尔兰。至少自斯图亚特时以来，爱尔兰人的入移久为伦敦生活及英苏收获时的一种特色，但它在汉诺威时它更成为显著的行动。中欧及东欧的犹太人亦开始作大规模的入侵，所以到了18世纪的终局伦敦已有二万之多，且大多均属极穷者。幸而在19世纪时美洲吸引这两种种族之力更大，不然英吉利群社中犹太人及爱尔兰人的混合必将更甚于现有的混合。爱尔兰人的生活及工资标准本极低下，故他们之来有促成贫民区之功。他们在伦敦所居的地窖至少和他们弃在昆涅马洛（Connemara）的茅舍有同样的御风避雨的功用，而面包及牛乳饼总比番薯为高一等的食品。半因他们有降低英吉利工人本就十分可怜的工资之倾向，故攻击他们的暴动常发生于伦敦及农作手中。大不列颠民众在戈登·乔治贵族之时及后此好几十年中之所以对于罗马公教徒有深烈的恶感者，工农对于爱尔兰劳动者的仇视盖即为原因之一。

乡村工业的衰灭 工业中心人口的增加和被雇的机会既然同时并进，可见英吉利人之自农村区域入移为无可置疑之事。但乡村本身的经济同时亦在生极大的变化，而乡人向城市出移的步伐亦多方受着影响。此时的变化有两层：一为机械及组织发生革命后，工业自乡村向都市区域的移徙；二为公共田地及公开田地之被圈围起来以多种五谷。这两种运动联合起来便革了英吉利农村生活之命，但两者间却没有因果的关系存在。

工业革命引入机械，因此更助成了工业之集中于工厂及都市区域，而两类的乡村工业亦遂渐渐的为革命所革除。第一，农家的妇孺再无从从事于纺织及其他的农事以外的副业；第二，村民向日全时经营的职业，例如造钟，织篮，造车轿，制革，磨谷及酿酒，制鞍，制鞋，裁缝，及织布的民族大工业等等亦不能维持下去。这些工艺中有几种专为供给乡村自己的需要，有些本可供给全国及世界的市场。但自乔治三世即位起的170年间，不列颠的工业几已悉数搬到城市之中。

工业及手艺的迁移使乡村重又只有农业，有如《土地调查书》的时代。农村的眼光重又狭窄起来，村民的知识及独立性重又低减。近年的学校教育固然给了他以单方面的补救，但在百年以前英吉利的乡村尚无像样的学校。工徒制度及技艺在旧日本为有力的教育势力，但今则渐在消灭。它们所赖以生活的工业既离乡村而它适，许多本可自立的家庭也不能不如窝次卫斯（Wordsworth）"可怜的苏省"[1]溪旁的农舍，

> 她举世惟一喜欢的住宅，

而掩没于近代城市毫无异致的街道中。其留居乡下而受农夫之雇以作田事者则因家中别无副业之故，再不能坚求工资的提高，也不能另有所获以补充他们所得的工资。19世纪乡村生活的单调多半由工业之移往都市区域，而这移徙在英国终且比在欧洲任何一国尤为彻底。

圈围的必要　乔治三世去世时工业之离乡村它徙仅成功了一半，而土地的圈围则比较将近于完成。国会以个别法圈围公田及公共荒地的时期约和乔治三世一朝相适合，虽则在两端不无前后出入的余地。

中古早期公田耕种制度[2]之至今犹存于米德兰及东盎格利亚产谷最盛的区域实为不能再予容忍的反常状态。圈围可以增加生产，最后并可繁殖人口的好处在推铎尔及斯图亚特时已在好多的区域中充分表现[3]。到了老庇特时岛上人口开始骤增之时，五谷生产的增加成为国民最急切的需要。我们须知在拿破仑战以前俄罗斯或任何其他海外的国家仍不能大规模的供

---

〔1〕 译者按，出"The Reverie of Poor Susan"一诗。
〔2〕 见上第164~166页。
〔3〕 见上第316页。

给不列颠以五谷,所以我岛如不能自给,则必至饿死。

所以在乔治三世一朝米德兰及东盎格利亚,及北英和苏格兰田势的大部都变为棋盘的式样,无数以篱笆或石墙"圈围"起来的田地犹如棋盘的格眼。当时的式样已和今日无大异。岛的极东南部及西方好多群邑则在早几世纪即已成为棋盘式的田势。[1]

圈围的善果 乔治三世时的逗当圈围,犹之推铎尔及斯图亚特时零星圈围,给农夫以整块的业田,而使之得有改良农业的可能。改良的机会也并不错过。18世纪为"改良地主"的时代,他们既肯投资于田地,复肯研究,实习,并推广科学的农业及畜牧之智识。马而外,牛羊在这个"改良的世纪"的英吉利亦臻于最完善之境。举凡在公田制度下尽是不可能的人工草,根产物,及种植五谷的正当方法今成为一般英吉利农夫的常习,而不复是他们中偶有的成绩。新农业的预言家为杨格·亚叟尔,而它的代表角色则为"诺福克的科克"("Coke of Norfolk")。科克为一忠实的辉格党员,而乔治三世的仇人。自美洲革命以迄比耳做首相的60年内,他为有名之和尔坎(Holkham)的主人(他把一片多沙的兔圈改成为模范的田庄,而不列颠及欧洲各处的农业家都来此参观)。他的租税自2000镑增至2万镑,他成了巨富,而同时又得四邻的爱戴。

苏格兰当乔治三世初即位时犹为无篱无树的大地。它不像中英,它不是大村邻立的国家;它像北英,它多小村及散处的农庄,而四邻尽是荒野。苏格兰地主的权力极大,佃户往往只有一年的租期,且随时可被断租。但科学农业的精神在苏格兰更比在英吉利为有力,故地绅们常利用他们的权力来把田地圈围,而耕种采用近代的方法。长期租佃的新规则有鼓励农夫力图自立之功。苏格兰之坚实的农家屋宇,田地间的墙,以及垦植地盖皆为乔治三世初年以后之物。

---

[1] 参阅 Gonner 的 *Common Land and Enciosure* 末之诸图,便可略窥18、19两世纪圈围诸区域的地理。在英吉利的西北角上所圈围者仅为公共的荒地;至于北方则向以散处的农庄为主,而公田的农业制度从未若何盛行。

农村的威尔士在此期的变化较英吉利及苏格兰为少，因为在塞尔特的山地中圈围和农业同年，而并不是本期中的特有运动。但威尔士正在养成它自己的"黑国"，沿南岸一带所开之煤可直驱于海。

圈围运动为饲养日在繁殖的人口之必要步骤。它不但增加了投资于庄产的地主之财富，即在运动中充他们主要经理人的大佃户亦大大发财。科柏特为极不满意于当时的现状者，但他亦深为乔治三世末年过舒适生活之农夫的数目所动容。这班农夫住于新而漂亮的砖屋——即常称为"滑铁卢农庄"者——中，去市场时则驾一二轮的单马车，食桌上有酒，而客室中则有钢琴可供女儿之用。然而这些都是财富，舒适及教育大有增进的象征。旧式的小"耕农"（"husbandsman"）虽久已在减少，但也尚未完全消灭。1831年的民情统计告诉我们全体业农者之中，不受雇亦不雇人的耕者和雇人的农夫及他们的雇农比较起来仍占一与六之比。即迟至1851年，大不列颠的农庄仍有三分之二在百英亩以下。

圈围对于农村穷人的恶果　圈围固是一种必要，但圈围之地并没有能给大家以同等的利益。穷人所得的好处实太过于微小。我们已经讲过乡村工业的它迁，他们一半或一半以上的穷困俱由于此故。但圈围的方法常失之于未能充分顾及小农夫的利益，而且政府也未尝多多想法来把他们留于田地。当年丹麦发生同样的变动时，各阶级（连极贫的也在内）的利益俱获仔细的考虑，故今日重农的丹麦得有极优良的结果。但乔治三世的英吉利和丹麦完全不同，丹麦受治于以民为贵的君主，而英吉利的统治阶级，无论为托立党人，辉格党人或"国王朋友"，于组织及同情上俱属于极端的华族。通过圈围法的国会两院按法律非相当的大地主不能获选。于邻里中作威作福的治安法官则只属于一种的阶级。英吉利大部的田地又仅为少数"伟大的有田家族"所有。在此种社会及政治的情形之下，圈围之仅依大地主阶级的意思而执行诚亦无可或免之事。他们诚然能见到增加粮食生产之急需，然而他们不能见到小田产或小业产之维持及增加对于国家亦为必要。

在把公田及公共荒地重行分给业主及农夫时，骗取小农的用意固是没有，但也没有衡平的处置。小农往往对于他在公共草地上所享的权利不能举出法律上的证明。更往往他在那里养牛养鹅，或他个人在乡村公田中耕种一二条地的合法权利只能以之换得为数极微的代价，此数供他在麦酒肆中痛饮一月或已足敷，但供他自立为资本主义的农夫或加篱于分给他的一块地皮则不足。因此他便成一个无地的劳工者。杨格·亚叟尔为圈围运动的主要布道者，但他自己也为运动的某几种结果所震骇。他于1801年时写道："20个圈围法中，19个都对于穷人极不公道，且损害极大。"[1]

斯聘纳兰制度 农作工人自其妻儿失却昔日所营的职业后，其情况的穷困诚达极点。活命工资的强迫执行本和英吉利旧日的理论及实行毫不冲突，且庇特禁止结合的诸法既使职工会不能作合法的活动，则为公道起见，劳工者更应受着保护。但由治安法官所代表的地主阶级不欲强令农夫付给可藉以生活的工资于工人，而仅采用以地方税补助微薄工资的政策，此即柏克邑的法官于1795年在斯聘纳兰所推敲出来的政策。为维持穷人的生存起见，他们决计令纳税者共同负担，而不强迫农夫及其他的雇主负他们所应负之担。这样一来，农夫益不肯提高工资；在1834年新的《贫穷救济法》将这制度取消以前，农村的工人竟成依人为食的贫民，不知有廉耻，也不知节俭自立。自助是难以成功的，而仰给于官厅的拯济转成为维持生存的较易方法。但此恶制幸未推行于苏格兰及北英，故是地的业农工人，虽境况亦奇苦，而于道德及社会上尚不致如他们南邻的流落。

贫富的悬殊 财富在市乡间俱有极快的增加，所以富人生活及穷人生活间的反衬比昔时尤为明显而含有戏剧性。在工业社会中，新兴的中等阶级不复住在工场中，不复和他们的工徒及工友合组一个家庭；他们也起了第宅别墅以模仿绅士阶级的生活。有地的绅士阶级也在扩大他们的第宅以

---

[1] 但圈围运动并没有剥夺了农舍的住户的小花园。乔治三世殁时，附属于农屋的小花园及番薯地尚极普通。

居冢子,扩大本牧区中的牧师馆舍以居幼子。他们也往往拆卸300年来局部添造而于今已将跌落之三角式的屋顶,而易以新帕拉第奥(neo-palladian)式华丽的"绅士府"("gentlemans' seat")。他们不顾人口众庶的饥饿而仍力图鸟兽之保持,于是竟有不以人命或肢体为重而于荆棘丛树中设陷阱及弹簧枪以保山鸡者,驯致庶民因偷猎而和地主起武装的交绥,而每年因犯偷猎而被定罪者数亦恒以千计。新时代的激烈主义盖即由这种贫富生活状态的悬殊中产生出来,此所以在早期汉诺威的英吉利,穷人的生活虽未必较胜于后期,而激烈主义则未之前闻。

伦敦 北部及米德兰诸邑的煤铁固然造成不致如斯图亚特时诺利支及布里斯托尔那样不能和伦敦相比的城市,伦敦固不复能如昔日之远在其他城市之上,但伦敦仍在一日千里的膨胀,而令举世为之咋舌。它的繁荣依旧如工业革命以前之基于二者:第一,它为世界商业及商货分配的中心;第二,它富于各种犹在家庭中制造的精巧手工艺。因此它仍旧能吸引两种绝不相同的移民——最粗的搬运工人来服务于船坞中及运输事业,及最精巧最有知识的工人来服务于精巧工艺。伦敦的居民中,书记,组织家,公务员,及有教育之人所占的比例亦比世界任何城市的为大。

英吉利的住宅 沿伦敦四围,砖料及胶泥常不绝的经绿草地而入市。当乔治三世去世之时,伦敦差不多已和罕麦斯密,德特福德,亥给特,及帕庭吞(Hammersmith, Deptford, Highgate, Paddington)户廛相接起来。伦敦和别的英吉利城市一样,它向来只往外开拓而不向上膨胀。巴黎及别的外国城市,常因不能在城堡以外造屋之故,不得不向上发展,于是中等阶级有层屋(flat)而穷人只能住杂屋[1](tenement)。但英吉利人则从传习向住于他自己的屋宅中,无论它如何鄙陋或离工作之地如何辽远。就大体而

---

[1] 译者按,我国北方有"住杂院"一语,今借其意译穷人分住的楼屋。

论，英吉利的诚是最良的制度，虽则不是最廉价的制度。[1]

草率盖起的居屋也许是工业革命最严重的弊害。固然，使激增的人口人人得有住处已不是等闲的事情，固然，从严格的物质意义说起来，人类此时在新的都市区域所获的栖宿平均也不见得劣于他们或他们的父兄昔日所住破旧的农舍，但下级工人，无论在伦敦，格拉斯哥，曼彻斯忒或在矿区，举家住在地窖或一间的杂屋究不是健全之事。工资阶级的一大部分及全部的商务"书记"固有较好的住居，但即他们寓所的外表也是单调污秽得很。城市设计及装饰街道的外观为当时人意想以外之事。有出息的雇主只求他所欲雇用之人有屋可住。建筑者只想谋利。至于别的人更不曾想到这个问题。而新的英吉利竟从这种随意及忽略中产生。

放任主义及其原因　放任主义，或反对政府的干涉，固成为一种理论，但在初时则完全是实事。18世纪英吉利的整个组织和富有效能的行政不能相容。一个近代的国家盖尚处于推铎尔机械——或者我们可说，那个机械经200年后而仍遗留下来的残余部分——的治理之下。在这种情况之下，人民对于国家或市府已有的小小管理已觉讨厌，更何敢再要求加增？直要到了1832年中央及地方的政府机械开始改良以后，舆论始稍稍改变；在此以前则根据于经验的舆论总以政府愈少动作则愈妙。在政府近年所做的事情中一为以法律来取缔职工会，二为以租税来补充工资，三为1815年的《谷法》（*Corn Law*）：此三者皆非民众所喜之事。至于城市设计，工厂视察，公共教育及卫生等等，则政治机械没有大改以前，万难希望国家或市府会想及。必须先诞生了新代的人物及新代的意见，然后有其他之可言。

英吉利18世纪的政治精神——贵族的权力，再调和以国会的监督及个人的权利——和大陆的专制主义或我们今日民主官治的主义极少相同之处。

---

[1] 爱丁堡高数层的狭小楼房（"wynds"）令人想起乃因大街以外当时尚不安全之日。但在斯科特·窝尔忒爵士时，亲王街及新的住宅区域已在一日千里的扩张。然苏格兰的市乡房屋今昔都不及英吉利的讲究。在较穷的农业区域内，至今犹可看见一间房的草泥屋及不用胶泥的石屋。

所以改革派，受了边沁，科柏特及布鲁安的灵感，而谋解决旧的政治制度和工业革命所产生的新的事实两者之间应有何种关系之大问题时，他们原先的信仰以为解决之法在减少租税及国家的干涉。许多人也预料这将为国会改革的必有结果。但事实适得其反。自由主义对于政府的范围日后不但没有减削，且从而增加。但政府亦须先被改做共同意志的工具。许多服务社会机关之逐次增设，及公帑之拨用于新设的服务机关日后固成为19世纪对于社会公益的主要贡献，但这种发展无人能于1816年时有先见之明，故是年布鲁安犹在强迫政府取消所得税以当对于平民公意的一种让步。

第六卷
机器时代的海权及民主政治的趋近
汉诺威王朝的后期[*]

---

[*] 译者谨按就全书的篇幅而论，19世纪所占的似未能和其重要相称。方成过去之事之不易有准确的透视自是简略的主要原因。同样的，本卷的史值恐亦不及以前五卷。但关于第一个的缺点，阅者可以著者的 *British History in the Nineteenth Century*（1782—1901）补充。

概　说

国会机械的适应　国会的华族政治在首先三个乔治之下尝将不列颠的海权发展到纳尔逊撒手时的程度；尝失了一个海外帝国，但又立了一个新的；尝圆满了苏格兰对英的关系，但也使爱尔兰永不能和英亲善；更尝使工业得以无阻地在英发轫，但是没有想法来约束它对于社会的影响，也没有能预先见到它的政治上的涵义。辉格及托立两党的华族，于久执政权之余，尝完成了一种新式的政府机械，使整个的机械依内阁及首相以行动，而国会之统治亦居然极有效能起来。因为有了此制，故英吉利的众议院卒成多次和专制君主政治交战中的胜利者，且在庇特及卡斯尔累之世，更能打败拿破仑本人，给欧洲以和平，并替大不列颠争得了百年的安全。

使这个国会的内阁政府的制度适合于工业革命所产生的新的社会事实乃为后期汉诺威诸君王时，继庇特及卡斯尔累而当国者的任务。欲完成这个任务，他们发现须先后准中等阶级及劳工阶级参加政治，准它们和旧日统治阶级同执政治的机械。如果不能有此种因应，则国会政府的制度将破灭，而阶级之战将发生。彼得庐及《六种法律》(Six Acts) 的时候，这两种危险本似已无可逃免于将来。

但英吉利人政治的天才常能助他们逃出若已绝望的境遇，自 1688 年以来不列颠盖尚未有过革命之事。他们能逐渐的走向平民政治,既很少会疾趋而进,更绝不会开倒车,所以政治的权利能不须突然的变化而扩充及于全体人民。这个大进行之所以能成功,一因各阶级及各政党在大体上都有正确的政治见地及和易的相处精神,再因维多利亚时代为不列颠内获升平,外无隐忧的时代,而其中叶更有空前的繁荣,最后更因全体得有选权而后,国家亦尝于私人及各教派所经营之缺漏不全的教育制度之外,更立普及教育的大计。

两党制的仍旧 就大体而论,上述逐渐更新的工作仍藉两党制以成就,而无需于新创的机械。英吉利两党制度的独有传习在托立党垄断政权的数十年内本差不多已降为多派的制度,但在1830—1832年的《改革法案》之时辉格党人又得了新的口号及新的党纲以整饬他们的阵容,而两党又各有各的团结,各随时势的变迁而和新的社会势力联盟,新以继旧,旧以启新,五光十色,变幻莫定。

我们所以能将维多利亚时的自由及保守两党一直追溯到查理二世的辉格托立两党而无有间断者,全赖教社和异教间之一直互相敌视。教社一日犹垄断着某几种的特权,则那个为日已久之宗教上的两元制亦势必一日的于政治上的两元制中有反应。此所以历200年之久,本来无甚分别的两党居然能永远保持它们间不同的传习,时代尽可变更,而传习仍是不变。19世纪开始时劳工阶级的运动本和异教有一部分的关连,而在是时犹完全站在国教教社的势力之外。所以政治之有宗教之分使劳工阶级的激烈主义和辉格·自由党携手;他们一方藉了党以争得政治的选举权,一方又利用他们自己的职工会,合作社,及幼稚的社会主义以求经济的及社会的改良。19世纪中叶时英人大多数之犹信宗教而却不奉同一的宗教,实为当时阶级竞争及政党竞争中的安定势力,虽则因此之故,英人又多了一种争论的原因。

会社及团体生活 但国会政府及地方政府之逐渐适应于新时代的民主性质仅为必要的适应工作的一部分。如要解脱新社会于危难,如欲使四千万人民的生活，在七百万人民所尝视为不易生活的岛国中，逐渐的改进，则非创造种种新的组织不能成功。18世纪尝以富于伟大的人物及个人的精力有名，但它的会社生活及团体生活则昏沉而缺乏生气。19世纪一反前世纪的状况，不特旧有的国会，城市，教社，大学，学校及吏员得了新的民主精神的淬砺，而新的团体——无论公立的或私办的——之创设者亦不计其数，任何一方面的生活盖都有团体来相辅而行。19世纪是职工会，合作社，互助社，协会，董事会，委员团及委员会的时期，有一种的慈善或文化的目的，几即有一种组织，即不能说话的兽畜亦不致落空而无保护的团体。就会社及团体生活新花样的创造而论，19世纪尽可和中古比拟，而就自助及个人创造的精神而论，它也不会视18世纪而瞠乎其后。19世纪所产生之大人物的芳名单常为世人所传颂，然它所产生之新组织的一览表必更繁长，而且其重要亦不会稍次。

官民间及中央地方间的合作 政府及人类活动在此时演化出来的新花样诚过于复杂而不能于此书中作简要的申述，但有好些犹为我们现代生活中所习见之事。民族新的机械的特色之一即为一方私人慈善事业及政府监督发生密切的相互关系，而它方地方及中央政府间亦发生同样的关系。这种关系到了维多利亚女王末年时已可显明地看得出来。国会及地方政府开始能为群社的全体谋利益，而国家愈是能对于私人在教育，医药，卫生以及无数其他人生事业，发生解事的兴趣时，一种国家补助金，强迫执行，及监督的细密制度——藉了度支部发给地方团体的补助费（Grants in Aid），国家对于劳工及生活状态的视察，工业保险及近代教育制度等等而施行的——亦应时而生。私人的或人民自愿的经营，得了国家的协助之后，做成种种在欧洲全由国家经营或没人经营的事业。

员吏制度 中央及地方政府间，私人及国家企业间变化无定而又十分复杂的相互关系之所以能维持在极适宜的基础上者，则大不列颠的员吏之功实不在小。他们有日积月累的知识及经验，又有极好的传习；19世纪中

叶后的20年内，公开竞争考试制度采用而后，他们的进身也不复是政治的援引，而是人才的选拔。这个用人制度固十分新奇，然而它的成功却也十分显著。

不列颠应付新时代诸问题的方法甚能显出实行性的创造力，且和本国的传习亦完全一致，而取决于大陆上的诸种运动者则极少。国会的制度本是我们自己的；地方政府亦依不列颠的方式而改革充实；工厂视察，职工会主义，合作运动皆始自不列颠；员吏制度则沿本国的传习，而其考试制度更为特有色彩。

妇女的地位　人类，民治和教育三者进步，而工业方法丕变而后，大批劳动男女之工作于公司及工厂又引起了妇女地位的变更。妇女的教育在昔几完全被人忽视，但经六七十年而后，则已可和男子的颉颃。她在家族中的地位亦为法律所提高，而在实行上及舆论间，则改变者更多。所以到了最后，连选举权之赋与也不复被视为荒谬。

和平的厚赐　以上种种的大更动如无不列颠在19世纪中所享的太平繁荣及安全，则决难不经大难而即能成为事实。除了克里米亚之战（the Crimean War）而外，不列颠常用的政策为不参加大陆各国的互争，所以自滑铁卢而后，它有40年可以恢复实力。均势的状态一时又告成立而后，它又无挺身以御志在征服欧洲的某一强国及其属国的必要。[1]

同样的，我们和合众国间的关系虽日趋重要，而自《根特条约》（Treaty of Ghent）以来从未离开和平的途径；纵有若干不做美的憾事发生，然亦未致于决裂。卡斯尔累及门罗（Monroe）早年之能同意将合众国及加拿大交界间两方永远撤除武备，实为促进美满关系的一大原因；因为两方各不

---

〔1〕法罗登的葛累贵族（Lord Grey of Falloden）于他的 *Twenty-five Years*（1892—1916）中论及我们于1886年以后和当时称雄欧洲之德奥意三国同盟的友好关系时尝说道："在理论上大不列颠向不反对某一集团之称雄于欧洲，如果那个集团能有利于和平及安定。他的第一着的计划通常总为与这个集团以赞助。只有那称雄的强国变成侵略者，而它以为它自己的利益也发生危险时，它才会为自卫的天性——即不是熟虑的政策的话——所激动，而加入争斗，以恢复均势的状态。"

设武备,故界线纵老向四方沿长,争端纵常恒属严重,而用兵之举仍不致发生。又一个和平的基础则树于格拉德斯吞之时,他之肯将亚拉巴玛(Alabama)案交付第三者仲裁,实为避免兵戎相见的善法。我们于瓜分非洲及亚洲的土地时和法德两国发生的冲突,虽在世纪的末年往往呈危险的状况,也常因和平的仲裁或协议来解决;此则多半要归功于萨利斯布里贵族,因为他为主张和平才是不列颠"最大的利益"者。

移殖及帝国 所以和平及维多利亚女王一朝不列颠商工业惊人的繁荣实为解决我岛严重的政治社会新问题之绝好条件。不列颠主要的关心既不是作战,也不是备战,而是它日增月累的对外贸易及它屈拉法加和滑铁卢的战胜者所传给它之新的殖民帝国。拿破仑战之后不列颠的人口过剩及当时尚无何种工业保险足资救济的失业,两者俱逼英吉利人及苏格兰人成千成万的向外移殖。在19世纪的上半,这种出移民中很多是农业工人或半农业工人,故乐于领得土地而躬自耕作。快到世纪中叶之时英吉利种族才因英吉利农村生活的衰败及近代都市生活吸力的增加之故,而有变成不愿留居于土地也不愿移植于土地的城居种族之危险。

到了20世纪开始时,各殖民地已成为自治地,实际上即新的民族。它们于享了五十年或不止五十年完全的对内自治权后,开始以独立民族的——加拿大的,澳大利的,南非的——眼光来应付世界的问题。在这种形势之下,不列颠政治家在19世纪末年帝国主义运动正盛时所抱的希望,即帝国可以团结为一种联邦的希望,竟不能成熟而实现。当帝国于1914年8月与德意志宣战而遇到它又一次的大危机时,它仅恃共同的利害及情爱为团结的精神。

第一章
托立的压制及辉格的改革

国王：乔治三世，殁于1820；乔治四世，1820—1830；威廉四世，1830—1837。

谷法 和后物价的暴跌使许多农夫及实业家破产，而大批工人失业，工资的购买力之一时大有增加，也是于事无补。英吉利史中物价之因外国食料的输入——此时尚只由欧洲而未自美洲——而受重大的影响，此尚为首次。意在禁止外国五谷廉价输入的《谷法》(*Corn Law*)不特对于穷民为恶法，为侮辱，而营制造业的中等阶级对之亦愤愤不平，因为他们也并不希望穷人将所得尽作糊口之用。所以工业的雇主及工人首次能联合起来，以共同反抗地主阶级藉垄断政权而做出来的设施。

所得税的取消 但是中下阶级这首次的联合运动不幸未久即告消沉，纵然也不是永久的消沉。穷人因继续为贫困所迫之故，仍骚然思动，且在科柏特及韩德的灵感之下，仍继续的为反抗统治阶级的激动，驯至四年之后有彼得庐之变及《六种法律》之通过。但中等阶级因他们的健将布鲁安·亨利及国会的辉格领袖已获胜利，已得强迫托立政府废止所得税之故，颇能知足，暂时亦不复问及政治。他们废除所得税的运动乃用请愿为利器，全岛各处城乡"最体面"〔1〕的居民继续不断的上书国会，抗议和平时的所得税，尤其抗议"大批视察员及间谍之强迫请愿人民把一切所有尽情暴露"。在群情愤激之余，政府亦不得不为所屈服。此次实为民众得以左右政策的首次，不幸民众所主张者适在错误的那个方向。所得税废除而后，已经过重的间接税比前益重，然而间接税的负担于穷富本无分别，故穷人的负担亦更不堪。此种不公平的情形直到比耳于1842年恢复所得税后始获改正。

间接税除了用以偿付国债的利息于富裕的债权人而外，兼可用来支给薪俸及年金于华族的官吏及赇缘者，因此，科柏特于批评政治时辄将国债及赇缘奔竞混为一谈，而同加斥责。他常说，而且也不无相当的理由，穷人所纳之税全作增裕富人的私囊之用。在当时的激烈派看起来，"食税人"（"tax-eater"）似乎属于另一种的，而且只是半具人性的族类，他的利益也和"纳税人"的完全相反。所以居于反对党的辉格党及激烈派都希望以减政及减税来救济穷困，而并不想到平均负担为较好的一法。但他们于《改革法》后登台时立即发现"减政"不是达到"最大多数人的最大快乐"之最好方法。

科柏特·威廉 科柏特·威廉虽尝关于财政及其他问题写过一大堆不通的激烈议论，〔2〕但他在英吉利史中究扮演了一伟大而且有功的角色。他复兴了佩因所尝发起而庞特所尝禁止之劳工阶级的政治运动。而且他所复兴的运动不是共和或雅各宾的运动，而是国会的运动；他替劳工者要求选

---

〔1〕 译者按，向国会请愿者每自称"最体面"（"the most respectable"）的公民或居民。

〔2〕 科柏特于论及1826年时的亥德公圆隅（Hyde Park Corner）时尝写道："那个善于阿谀的布鲁安所称做'本时代的大将'者即住在离此不远的地方，而'英吉利贵妇'们的裸体阿溪里（Achilles）亦植立于此，其像基上的'威灵吞'数字粗巨而惹眼，而余字则极小极小；所以国内鄙劣的食税者及以国债为赌博之人每当走近这个铜像而屈伏为礼时，辄会想到此即大将自己的铜像！"译者按，"本时代的大将"（The Great Captain of the age）及英吉利的阿溪里皆为威灵吞的美名。英吉利上等妇人尤其视威灵吞为勇士，故她们也被牵入。总之此段目的在诋毁威灵吞而已。当时英人的大部敬畏威灵吞如神，乃科柏特仍可信口诋毁，于此亦可见英人言论的自由，即在反动时期，仍极宽大。

权，他并指导他们从这方向以解除他们的困难。当1816年他势力极盛之时，他有号令他们的权力，但他则叫他们少从事于暴动及放火，而多注意于政治的讨论及组织。他的忠告，他们本也不会听从，但他为极有天才的新闻家，在那初有报纸的时期中，他的一枝秃笔有绝大的力量，但他又为当时惟一能替穷人说话，而把他们的穷况表现出来之人。当时无论在城中或在四乡，所有教国当权之人，在工人看起来，总是和雇主一鼻孔出气，而和他们作对。他们无他们可以说话的讲坛。他们在中央及地方政府中都无选举之权。他们也不能有合法的职工组织，故虽为数甚众，而在劳工市场中仍是毫无势力。科柏特实为能作他们有力的喉舌之第一人。

科柏特·威廉是一老派的部尔·约翰[1]，是一笃念过去而酷好鸟语花香的乡境者，是一推崇自由农民，及其耕具及草舍者。他既瞧不起外国人，又不尚理论，所以他初当新闻记者时，他为一个反对佩因及其"《人权论》"的一个反雅各宾派。但他见到，或自以为见到，英吉利人旧有的权利被当局者所窃夺而后，他立即以恢复它们自矢，而他初年的同道者则对他既怒且惧。他的《政治记录》(*Political Register*) 不特于篱下厂中有人宣读于不识之无的听众之前，即"体面之人"有时亦加以披阅，激赏其尖刻而笑骂其无礼，然而既读之后终不能不考虑其所言之有理与否，于是上等阶级亦得稍窥见穷人的生活之苦。穷人的眼光中，所有别的人既似乎一致的在阴谋损害他们，压迫他们，劫掠他们，诋毁他们，则他们对于科柏特的爱戴自亦可以想见。要对抗那一大群自觉或不自觉的强梁，也需要一个强梁。旧式的英吉利，方在过去之自由农民及野草地设麦酒肆的英吉利，于其最后一次的努力居然产生了这位光荣的，无可抵抗的大强梁：体虽笨重而无丝毫的懦怯气，言行虽激烈，而不存丝毫的恶意。

激烈主义 科柏特成为那个影响19世纪不列颠极大而毫不带哲学气味的激烈主义之师保。那个主义并不是一种理论而仅是一种精神——替穷人

---

[1] 译者按，John Bull 即英人的别名。

叫屈的一种愤慨。它虽时常和自由主义联盟，而却无结合；他和放任主义更少结合。籍了许多不同的政党及政客之力，它居然通过了《工厂诸法》，废除了《谷法》，强取了选权，教育自由，及言论刊行的自由，最终且能改变上等阶级对于下等阶级的整个态度。边沁及弥尔（Mill）固比科柏特为明达通晓，然他们苟没有他的赞助则必不能从他们的学者交椅上将英吉利丕然大变。

劳工阶级运动的历史，一自工业革命使他们有了自觉力以来，向盘旋于政治行动及经济行动之间，互为更迭而没有停止。初经滑铁卢后的行动为政治的。在当时它尚无完备的职工会组织，且除了希望得到而尚未得到的较高的工资而外，也没有任何经济的政纲或福音为其声援。[1] 1815年的《谷法》似乎在挑动工人们去采政治的行动，所以为改良经济的生活起见，国会的改革应为第一步的努力。

辉格党的态度 这时候的中等阶级犹站在外边为中立者，而让无组织的劳工，在科柏特及韩德的领导之下，和上等阶级及政府的全力来决改革之役的胜负。辉格党或可说是华族的自由党，也是无力的旁观者，因为它于国会的改革问题仍未有一致的意见。辉格党人一方固痛斥托立政府的高压举动，一方又极不以激烈派的论调为然，然而他们自己也不能提出他们自己补救方法来以为代替。所以改革的一役此时仍完全操于利物浦，威灵吞及卡斯尔累的托立政府之手。

托立政府的反动 很不幸的，滑铁卢及维也纳和会的胜利者于应付内争时却无同样的见识及灵敏。除了一味高压外，他们别无其他政治或经济的提议来可作补救。庇特反雅各宾的高压固然尝于战时克制住了极小的多

---

〔1〕向不主张政治的行动的奥温·罗伯（Robert Owen）于此时尚是一个慈善家的雇主，而不是一个平民的领袖。和平初复的几年中，他尚在力劝其他的雇主及内阁国会改良厂工的生活状况及教育。他以为此种改良于雇主及国家两有利益，他在他自己的纽·拉那克纱厂（New Lamark Mills）的经验尽以证明他主张之非诬。如果他们在当时能听他之话，则我们今日当可活在一完全不同的世界。

数,然今则竟以之来压倒也许在国内占多数的反对派于平时。政府以大逆罪来控告暴动者,而以谋叛罪来控告印刷者及著作者,但中等阶级的陪审团也并不老会照政府所控以定罪。间谍及密探,如著名的奥力味(Oliver)之流,则由政府密布于激烈派之内部。《出庭状法》则宣告停止。所有的出版品俱须纳一便士的租税,不但激烈派的宣传品固因此大受限制,即别的书报穷人亦无法购阅。在1836年以前凡值一便士的报纸亦至少须五便士才能购到——此诚为国会智虑之所拟定者!

彼得庐 公众的集会普通也在禁止之列。索性所有的集会一概禁止,那倒要好些,而彼得庐的惨杀也就无从发生。不幸集会有时是容许的,故大群能守秩序的劳工男妇有集会于曼彻斯忒的圣彼得广场以要求国会改革之举。但地方官则骤然的恐慌起来,也不暇问集会的内容,而遽命自由农民兵放起枪来,结果死者12人,而重伤的男女则有数百之多。

政府不待详查即嘉纳这个错误的惨案,但国民的多数则不以为然。不特激烈派及工人愤激异常,即安居乡宅的辉格党人及高坐华厅的商人亦为这残杀同胞的暴行所震惊。国人称此惨案为"彼得庐",因为这样一来似乎可以表示他们对于取得滑铁卢的胜利者之感激已消灭一部似的。[1] 它对于无论那一党派那一阶级方在长成的一代之头脑都有极大的影响,因为它能证明反雅各宾的托立主义所采一味消极压制的政策已到了山穷水尽的末日。但可以替代这政策的政策一时仍没有找到,调和既是不可能,则秩序势必严格的维持,因之是年冬有《六种法律》之通过。

托立党人的失政 次年的二月又有伽图街阴谋(Cato Street Conspiracy)的暴露。这为武力激烈派(physical-force radicals)的阴谋,由替斯尔乌德(Thistlewood)所主持,而以乘内阁晚宴时一举杀尽为目的。政府固因此得了国人若干的同情表示,然如一思及阴谋的凶惨,则政府所能引起的同情

---

〔1〕 译者按,滑铁卢及彼得庐同以忒罗(terloo)为结束,但滑铁卢及彼得庐都为习惯的译音,致有此处之不方便。

心实亦微薄异常。那年夏天诸大臣为迎合他们新继位的主翁乔治四世，而助之离异喀罗林后（Queen Caroline）起见，又在上院中举行离婚的大审。这个丑举动更使他们不齿于人民之口。臣民对于王后的人格固也有怀疑者，但他们对于国王的劣行则始终无丝毫的疑问。固然他们当时只疑心而尚不知他有同时和两个女人结婚之事，但英吉利人崇尚公平的意识究不能直国王部下，招致下流意大利人，以当全国贵族，证明其妻的不名誉之所为，而况国王自己又在公开地和别的妇人们同居？所以对付王后的"处罚案"（"Bill of Pains and Penalties"）在没有能提到下院以前即得撤销。由克鲁克善克·乔治（George Cruikshank）打头的一班新起的漫画家此时亦正在描绘乔治四世不复堂皇的面貌，及自由农民军枪杀惨呼的妇女的暴行，而他们的残酷正亦不亚于在季尔累（Gillray）时他们前任攻击福克斯及所谓"雅各宾派"时的情状。

自由的托立党人 "王后审判"的失败给政府以一大打击，一时的空气较清净，而国人的心胸亦较舒适，于是托立的内阁又有一度的振作，而又得维持十年的政权。有三种情形是袒着他们的：一是贸易的复盛；二是在国会中惟一能和他们作对的辉格党之衰萎；三是卡斯尔累的逝世；卡斯尔累的天才长于对外而绌于对内，然而他一日不离内阁，则新的而且较自由的一派托立主义之有力代表者坎宁便一日不能出头得势。

在此后的八年内，不特近二三十年来反雅各宾的严厉制度一蹶不振，即世人所认为自1689年以来向属不列颠宪法的各部亦有破裂改变者。纵然旧有的选举制度无法使人民任何的大部分得有直接的代表，但国会也不至于完全不能代表新时代的精神。在朽腐城市没有取消而辉格党人没有得到公平的机会以前，旧日的两党制度纵然不能恢复，但多派的制度也不至于完全不能代表国中不同的各种舆论。在托立内阁本身中即有两个派别：坎宁及哈斯启孙（Huskisson）代表比较自由[1]的看法，而威灵吞及老年的厄尔登贵族为牢守过去者，而首相利物浦及善思的比耳则力谋两派的和洽。然而即在威灵吞当首相，老派尽把敌人逐出内阁之后，他们也为时势的潮流所迫，而不得不通过比坎宁本人所能提出通过的法案更要自由的法律。

托立政治末了八年的结果一为若干重要改革的成立，再为当权已逾一世之反雅各宾的托立党之解体。在国会改革问题最烈的一二年中，有新的辉格·自由党及新的保守党继它而代兴；这两个新党在将临的时期内彼此轮执政权而无断。所以经一时期特殊的混沌之后，国会的生活又回复到两党之制，虽则在改革后的国会实代表较前更繁复的争端，及较庞杂的阶级和利益。

反结合法的取消　在托立末数年当权时所成立的自由法律中，取消庇特《禁止结合诸法》的法律实为重要的一法，然它并不是由于阁员中任何一派的特别主张，而由于舆论的转移，及国会外那个杰出的激烈裁缝普来斯·法兰西斯（Francis Place）机敏的活动，以及国会内那个激烈议员休谟·约瑟夫（Joseph Hume）的合作。普来斯在北部诸工厂区域中纠合了巨数同志以共上请愿书于国会，国会议员受了请愿书及见证人的包围后，自亦不能无动于衷。

比耳　又一大串的重要改革应归功于比耳为内相时所具的朝气。比耳·罗伯为一近代式的郎卡邑大制造家之子，他和执政的托立领袖发生关系盖尚在哈洛及基督教社（Harrow, Christ Church）求学的时代。在少年时他即为英吉利乡绅及僧侣，及爱尔兰得势一派得宠的政治经理人及说客。他毕生相好的友谊结于半岛之战正极热闹，而旧式托立主义正极浓厚之时。如果他延后十年始作政治生涯，则他也许会自认他是像坎宁或哈斯启孙的一个自由·保守党人。实际上他之属于旧派转使旧派所坚持的阵线遇危险

---

〔1〕　在19世纪中叶以前，"自由"尚不是一党的名称。它只表示一种具有进步的看法之人，无论他是激烈派人，或是辉格党人，或是坎宁派的托立党人。

时不易保守；如果他公然地加入对方作战，这阵线之保守或转可较易。威灵吞有一次尝批评比耳，说他（比耳）所开始的战役他（公爵）每不能预知其结束。这个批评对于政客的（以别于军人时的）公爵自己固然更要确切，但对于比耳也无不公之处，只要我们照克伦威尔的说法再加上一句："无人能比自己不知何往之人走得更远。"英吉利最伟大的政治家之不能逆睹四年以后之事实，则已是英吉利逢到变动极快时一种常有的特色。

法律改良及文人警察的设置　1822年比耳代息德马司贵族（Lora Sidmouth）长内政部后，政府高压并侦探激烈工人的恶制瞬即取消，而各党及各阶级也从此得到较公平的待遇。比耳更将边沁，罗密力（Romilly）及马琴托士·詹姆斯爵士（Sir James Mackintosh）多年提倡的刑法改革制为法律；他废除了百余种不同的死罪。末了到1829年他又设立我国史上尚为第一次有的有效能的文人警察，这种警察因深得民众之爱，故常被以亲爱的名字见呼。他们能应付普通的罪恶，他们对于社会的效用极大；然他们也能应付激烈派的暴民，故政治的效用也不在社会的效用之下。到了此时，执武器的军人可以无需，而仅执警棍的文人警察可作代替。他们不因没有武器而遂不敢和暴民抵抗，故军人的长处他们也有。然而他们又有军人所不能有的便利，因为他们在事发时即可实行制止。自是而后戈登·乔治贵族式的暴动及彼得庐式的惨案可以永不发生，因为军队可以无须在都市中为维持治安而出动。两年后改革法案怒潮中火烧布里斯托尔的暴动，如果能有一百个"新式警察"来及早应付则必可消患于无形。不幸新式的警察此时只行于伦敦。但在一世之内此制已逐渐应全国的要求而推及于各处。他们的制服自始即采文人的蓝色；他们在早年不戴头盔而戴硬的高帽。

哈斯启孙的善政　在同一时期中国家的财政亦经哈斯启孙来整理过。向有的关税税则，无论从税收方面或从保护方面看起来，只是一乱堆不合科学的层积及不相联属的试验，而处处于贸易有害。哈斯启孙并没有想成立完全的自由贸易，而且他的行动也受民众反对恢复所得税以裕税收之限

制；但他已经能大大的减除了好多货物的人口税，而他所保留者则都有条理及目的。只有一类货物仍是神圣不可侵犯：在英吉利的政治中，一部分的乡绅阶级能一日的藉了朽腐城市以包办权力，则一日的"谷是国王"。

哈斯启孙又予尝于过去百几十年中使不列颠船只得以专利不列颠口岸商业的《航海法》[1]以首次的大打击。那种人为的助力在先时容是必不可少的，即斯密司·亚当也尝称颂有加，但不列颠的航业到了现在已充分发育；故尽可不必再求助于它。《航海法》的完全去了固须有待于自由贸易成为国民政策而余存的保护税也一律废除的下一时期，但哈斯启孙已加以重大的变更。《航海法》所给予他们的垄断权利取消后，不列颠的船公司及船厂主人亦不得不振作精神以改良他们管理及制造的方法。因为维多利亚时的不列颠在工业上处最优胜的地位，故海船之用蒸汽及铁板实于它有利，尤其是它此时本已不易得到木材的供给。向外运输而于全球各埠都可购得的煤炭也为促进不列颠航业的一大鼓励。历19世纪的余年，我们的商航继续的日增月进而没有一厉害的匹敌。

卡斯尔累及坎宁 坎宁之代卡斯尔累而为内阁中主要的个人势力给内政上的改革势力以一种很大的鼓励。在两人都特别致力的外交方面，坎宁固没有怎样更动他前任的政策，但他毕竟和寡言骄傲的卡斯尔累不同，他不特常诉诸众院的公意，他也好求民意的评判。在他当权之时，外交不复如格稜维尔及卡斯尔累时之为高年政治家的一种神秘。坎宁所采的新的公开方法到了判麦斯吞，格拉德斯吞及的士累利之世更大有发展，驯至总选亦有以外交问题而决胜负者。到了世纪之末，萨利斯布里贵族又稍稍回复卡斯尔累比较静默的方法上去。

所以坎宁入主外政而后，外交的方法大有变更，新的方法实和新时代比前民主及比前好问的精神如出一贯。但不列颠外交政策所缘以进行的方向则一仍旧贯，所不同者步伐比前较快，而政策的自由立场及不列颠立场

---

〔1〕 参看上面第477页及第477页之注2。

亦比前更是显明更是着重而已。

卡斯尔累的政策 卡斯尔累既显明地是一"欧洲人物"("good European"),他自会赞成列强之按时会议以解决国际间的纠纷。但那时列强之不能代表人民犹之那时诸邦之不能代表各种族,所以那时的会议绝没有逐渐成为有似我们今日的国际联盟一类组织之可能。在反动的梅特涅及以反动终的俄皇亚历山大的势力之下,这些会议反而变为神圣同盟诸国政府的愚昧政策之清算所。神圣同盟诸国本以压制自由主义及民族主义的发动而联合,卡斯尔累既不愿见英吉利之被牵入于各国内部的警视问题,自不得不渐渐地和大陆的会议政治疏远。他后因不胜工作的繁重而自杀。但他之绝不赞成希腊及意大利的独立运动似可令我们预知他之决不会采择他后继者所采择的自由政策。[1]

坎宁的政策 在一方面坎宁固是绍述卡斯尔累的工作者,然他究引入了一种反抗大陆各国反动各派的精神。他比卡斯尔累要感觉得深切些,即英吉利国家所拥护者为一种介乎雅各宾主义及专制主义间的制度,固不是前者,也决不是后者。少年时之他既尝受不列颠精神的灵感而成为一能干的反雅各宾派,中年时的外相遂亦受同一精神的趋使而成为大陆上专制王公的恶煞,而自由党人的北辰。此时欧洲的诸帝王自波兰西迄葡萄牙,正在利用前时尝藉不列颠的武力及津贴而恢复成的权力来践踏一切政治,种族,及文化的自由,英人对此自然不胜其愤激,而坎宁则深表同情于国人。当神圣同盟委托王党及僧侣专权的法兰西用武力来压服西班牙的立宪运动时,英吉利的全国,无分阶级与党派,俱不胜其愤慨。但坎宁虽抗议法兰西之侵入西班牙,他却能聪明地避免采恐吓的态度,因为恐吓的结果非继之以第二次的半岛之战,便势必有不荣誉的外交退缩。

南美的独立 但在西班牙问题的又一方面,就中南美殖民地反抗君主母国之一事而论,则坎宁有比较自由的处置权力,因为不得不列颠舰队的

---

[1] 关于卡斯尔累及欧洲1815年的解决,见上第657~658页。

默许，法兰西或神圣同盟所遣的十字军决不能渡大洋以征服波里瓦尔（Bolivar）所率领的叛徒。而且南美的独立于不列颠有物质上的利益。西班牙对于英人和它美洲殖民地贸易所设之限制在过去的三百年间向为极麻烦的问题；如果殖民地自身能成独立国家而和不列颠处于和好的地位，且愿于和它的商人贸易，则激成掘类克之战，熏烤海贼之战，及窝尔坡尔时"贞琴兹的耳之战"的痛心事便可一劳永逸的解决，永远的除去。

在这种情形之下，不列颠工商巨子之愿见南美独立确不仅在为新的英吉利工厂所生产出来而堆积如山的货物找到新的市场，他们对于自由的胜利也的确有诚挚的热诚，对于科克蓝（Cochrane）之赞助叛逆政府而于智利及秘鲁沿海获得惊人的巧捷也真的有充分的愉乐。凡是英人也无一不乐见去兰西人及刚愎自用，尝作伪誓的斐迪南七世之重受失了美洲的重罚。当坎宁在众议院中作他已产生了一个新世界以助复旧世界的均势之宣言时，他实是在对上述的各种民众情感而发言，故民众亦立即为他的声援。无论何时都爱旧世界甚于新世界的厄尔登及威灵吞则大不乐见他们同僚之变成一个民众的鼓动者，而托立党内部的分裂遂亦更深而更甚。

门罗主义 就宣告并保护南美的独立之事业而论，英吉利及合众国的政治家和人民极为一致。门罗总统尝趁这个机会来立下他极有名的，且于日后极关重要的"主义"，他否认欧洲国家于已有的土地而外尚有在美洲大陆另得新的领土之权。这个"主义"固为当时对于神圣同盟各国的一种警告，然同时也不啻是对于不列颠日后行动的一种限制。坎宁颇不喜欢这种论调，他及继他而起的他的徒弟判麦斯吞都不及卡斯尔累对美之有好感，有如后者在加拿大国界除兵问题中所表示者。[1] 但在坎宁之世，英美间的争端尚无发生，故暂时英语种族的两大支能完全一致。但我们也不要发生误会，使法兰西或神圣同盟不能削平西班牙殖民地的叛乱者乃是不列颠的舰队，而不是门罗总统的"主义"。

---

〔1〕 参看下面第740~741页。

希腊的独立 除了中南美极广的面积外，世界政治地图上的较小的某一点也至今留存着坎宁手触的旧迹。希腊的独立大部须归功于坎宁。在利凡特他当然不能一手抹杀欧洲列强的意志，有如他在大西洋彼岸之所为。幸而关于希腊反叛土耳其一事，神圣同盟各国的政府也彼此不能一致。奥大利固始终如一地赞助能代表"反对革命"的一面之土耳其，但俄罗斯则一因私利攸关，再因向表同情于巴尔干各民族之故，力主拥护东方耶教徒的利益。法兰西半因宗教及文化关系之故亦同情于俄之看法。因此英吉利的态度所关极大。威灵吞步卡斯尔累的后尘，故为帮土耳其者。但不列颠的公众则已深为摆伦之慷慨捐躯所感动，而当时的文化又是十分的"古典"，故他们把希腊的"爱国盗"（"Klephts"）捧作色摩比利（Thermopylæ）的英雄。坎宁则有一极幸运的思想，他以为与其让土耳其的虐政继续下去，毋宁设立一独立的希腊国家以挡住俄罗斯在利凡特的侵略。他这种鼓励民族主义以克制俄罗斯野心的政策，就希腊而论，固大是成功，然不幸不为此后不列颠政治家所继续采用。因惧俄罗斯之故，判麦斯吞，罗素及格拉德斯吞于克里米亚之战时，20年而后的士累利于柏林会议时，俱牺牲了巴尔干基督教徒的利益。

坎宁的政策，就希腊而论，到了他死后的数星期后，科掘灵吞海将（Admiral Codrington）所统率的不列颠，法兰西及俄罗斯联合舰队将土耳其舰队火毁于那瓦里诺湾（Navarino Bay）外时，总算成定了大功。神圣同盟之为欧洲政治中的一种势力亦随此次的大火而熔化。威灵吞于备位首相时尝叹那瓦里诺为"失态的一件事"，但他也不能若何限制它的影响所及。

坎宁的自由倾向 坎宁充利物浦内阁的外相时尝大大的激发新英及新欧浪漫的自由主义，所以于辉格首领尚不能有力地领袖不列颠的进步党派之时，他成为他们目中的大英雄，更所以于利物浦因病乞休，托立内阁分裂，坎宁组织内阁，而威灵吞，比耳及厄尔登所领导的一班老派拒绝参加时，新的首相竟能在国会中得到过半数的辉格党人的赞助，而在国中也博

得自由派人的好感。不幸数月后他自己又复逝世，故他的内阁也无何种特殊成就之可言。然它之得以组成已是一个解散老党重组新党路程上的重要步伐。大多数坎宁派的阁员，如同判麦斯吞及墨尔本（Melbourne）不久即脱离旧党而改隶气象一新声势复盛的辉格党，而《改革法》亦卒由此新党通过。

然而坎宁直至死时仍未变其反对改革的态度。所以他之死去也许转加速了政治改变，他所尝孜孜发动的政治改变的速度。他为英吉利惟一能再使朽腐城市延长若干年之人，他死后再无别人能阻住潮流，而改革派遂亦转入好运。当坎宁及哈斯启孙当权之时托立党的政府及未改革的国会似甚有领导国家前进，以适合新时代的希望，但这个希望被威灵吞的高托立政府所斩绝净尽。

宗教平等　但在政党以对于改革问题的态度而完全改造以前，公权上宗教平等的原则已得到了重要的胜利，即反对这原则的威灵吞及比耳内阁也不能不为时势所迫而让步。维新的潮流其来也诚有一泻千里之势，所以窘迫失措的大臣所处时有迁动的地位亦无一可以坚守。在1827年时坎宁为应付本党起见尚有声明他的内阁决不取消《鉴证法》，也决不理会解放公教徒的法案之必要，虽则他自己本是主张解放的，然而十五月而后，执政时尝以"决不投降"为言而极端托立的威灵吞内阁已不得不将两种救济法案都予通过。

使公教及抗议教违教徒不得充任国家或市府公职的《鉴证法》自查理二世一直被教社视做圣约之匮（Ark of the Covenant），且为它接受革命解决及汉诺威继承的条件。它之因罗素·约翰贵族的动议而废止只有符号上的重要，而没有即时发生的重大关系。在国会及城市的选举充分民主化以前，异教徒极少得任公职的希望。和1835年的《市会社法》及1867年的《二次改革法》联在一起后，《鉴证法取消法》始发生充分的重要而予违教徒以政治上全部的解放。

公教徒解放及托立党的分裂　次年政府有更堪注意的屈服。在过去的12年间爱尔兰的人民尝有公教会（Catholic Association）的组织，以教士为司令，而奥康尼·达尼尔为总司令。政府中人虽无一不反对这个运动，然而人民的一致也有不可当声势。一个只有一种无教育的农民阶级的民族，如果能有一伟大的领袖统率起来，则其整齐一致的精神必非别的大群之所可及，而况爱尔兰人合群的天性又深得数百年的高压所砥砺。奥康尼要求公教徒的解放，要求罗马公教徒得有充任两院议员的权利。滑铁卢的胜利者不敢和爱尔兰的公教会交绥。为实行减政及减税起见，不列颠的陆军已缩减到最低的限度，以之对付饥饿的工人及放火的农民而保护在不列颠的财产尚嫌吃力，更何能遣之对付爱尔兰人？此为一因。此外，威灵吞向来痛恶内争的流血，故最不愿对内用兵，虽则他常常不到最后，便不肯让步以避免流血的惨剧。比耳及威灵吞之降服于奥康尼使高托立派哗然大怒，因为两人本受了他们的委托以保持一切旧制者。威灵吞在初为首相时确尝把政府中所有的坎宁派人，及所有表同情于公教徒解放之人驱除出外，乃才过一年而他自己即为解放的实行者，亦无怪高托立派人的愤愤。自此而后托立党分为互相仇视的三派——坎宁派，高托立派，及窘迫不安而又不能不助政府者。威灵吞政治战役中战略及战术上的错误终究替他所最惧的事物——真实的国会《改革法》及真实的改革内阁——辟了堂堂的大道。

葛累贵族　葛累贵族查理，虽自福克斯死后向为辉格党名义上的党魁，然已多年未能充分尽反对党首领的责任——至少从我们近代的对于政治首领的见解判断起来。他诺森伯利亚傍海乡宅的幽闲舒适，再加上了它的藏书室及他的十五子女，能给他以韦斯敏斯忒所不能给他的吸力，故他在乡宅之时亦日多。但当他少年盛气之时，他尝力促福克斯于1792年宣告赞成国会改革，更因此而促成福克斯和波特兰（Portland）及和追随柏克以加入反雅各宾一边的一群辉格脱党者之分裂。葛累本信废除朽腐城市，重行分配议席将为救护不列颠国会政府的必要方法，这个信条他亦从未抛弃。但他已多年不谈他的信条。因为他以为如果只有劳工阶级的激烈派人高谈改革，则改革的时期尚早。他信只要一旦人民自己能"认真地，热烈地"顾问这个问题——他的所谓人民当然特指"坚强而体面的"中等阶级——则这个问题便可复活。时机今已到了，所以这个老年贵族也遵守了他自己所说的话而毅然复出，他中断了他乡居的生活而替不列颠取得了他少年所尝热望的改革国会。他之东山再起大非他友人意料之所及，而大使他敌人恐惧。

国会改革运动 在1830年时国会改革的运动似乎为当时环境的自然趋势而不可阻遏者。工商业的又逢凋疲，市乡的劳工阶级因无望而发生的横暴，中等阶级之恐下等阶级的造反，及一般人之深信仅仅压制之不足以避免意外：凡此种种都为促成改革运动的理由。大众因公爵领导无方而对于托立政府之绝望，及巴黎七月革命除了专制的查理十世而却没有发生1789年社会骚动之好例，更使大部的英人生改革的决心。自乡绅以迄御车者，自棉纱大王以迄纱厂工人，人人都在讨论改革的必要，虽则改革的意义及着重之处出入极大。关于新选权的范围及性质，意见极不一致，但对于朽腐城市之憎恶则全体一致。它们的主人在昔本为世人崇礼，但今则被呼为"城市的恶贩"（"borough-mongers"）而不齿于众口。新的工业区域及旧的农村区域，应多多按财富及户口的比例而遣派代表，也成为共同一致的舆论。各阶级之联合一致以反对朽腐城市，可于阿特武德·托玛斯（Thomas Attwood）所主持的柏明罕政治协会（Birmingham Political Union）中充分的表现出来。在40年前的柏明罕暴徒尚捣毁改革者的住宅，但它今日的市民则已一致的主张此米德兰的首城应有选派代表出席国会之权。

辉格领袖及布鲁安 葛累及幼一辈中倾向较为急进的副将如罗素·约翰贵族及达刺谟贵族等，皆以为由辉格国会党来领导这个运动的时机已至。国会中华族的辉格领袖以重行分配议席及各城市一律设立10镑住家选权两大要点为号召，而一跃地为全国中等阶级的舆论的领袖。因为有了工业革命，故中等阶级的势力已数倍于18世纪之时；因为卫斯立主义之发展，故异教几已占宗教世界的半数。辉格华族之能以改革的选举制度为基础而复成中等阶级的领袖将成为未来一世中不列颠政府中最安定的成分。可以代表辉格华族及中等阶级的同盟者首推那个平民布鲁安。布鲁安为"有智识的中等阶级"之领袖及激动者，他的坚决而又生动的相貌盖不啻是"机械及智能的进行"（"machinery and the march of mind"）之新时代的现身。他已和辉格领袖及《爱丁堡杂志》有密切的关系。1830年的辉格内阁当然不能没有他的参加。如果他为当权时的同僚之明达可靠能如为反对党时的战士之勇武多智，则他可为新时代的大政治家；但他在位时的成绩无在野时的有价值，他竟流为新时代最伟大的怪僻人物。

辉格党人及中等阶级两者的同盟尚有别人参加。墨尔本和判麦斯吞等一班坎宁派人[1]及年轻的斯坦利（Stanley）和格累谟·詹姆斯爵士（Sir James Graham）一班代表北英"体面"阶级的独立派人新近皆得到一种信条，即欲救英国非有一种缓和的国会改革不可。在1830年的秋季，他们仍希望威灵吞能给国家以所需要，但他的"现有的代表制度得着国人的全部信任"及改良非人智所得之之宣言，使缓和派一一离他而它适。经这个有名的宣言而后，斯坦利及格累谟立即和辉格党人成立暂时的同盟以实现国会的改革，而坎宁派的墨尔本及判麦斯吞则成为公认的辉格领袖，且终他们之世而不变。威灵吞的内阁竟无法进行，而高托立派更于重要的表决中投了反对票，以报复威灵吞及比耳通过《公教徒解放法》之大仇。1830年11月公爵之政府被推倒，而新立的且得民众欢心的"海员国王"（"sailor King"）威廉四世立命葛累组织基于"和平，减政及改革"三大政策的内阁。

首次改革法案及各阶级的态度 葛累贵族的内阁之人选是华族的，但

---

〔1〕 哈斯启孙为又一坎宁派的领袖。他于1830年9月参加曼彻斯忒·利物浦铁道的开幕典礼时为一引擎所毙。是时他正在和葛累接洽合党之事。

此华族内阁实包括国会中几个最能干最前进的议员在内。由达剌谟贵族及罗素·约翰贵族秉承葛累而拟制,而由阿尔索普贵族(Lord Althorp)领导通过于众议院的《改革法案》,虽则自来即有不彻底的批评,然在当年固尝使它的友好仇敌俱惊骇于它的革命性。它诚如托立党人所讥,它诚为一"新的宪法",如果政权之扩充及于新的社会阶级及新的区域可算更动了"宪法"的话。

一下便尽数废除全体朽腐城市的法案本从未为国人所逆料,故它的发表一方引起了全国自地极角迄格洛特·的·约翰惊异及热烈的欢呼,一方则趋只料有一缓和提议的托立党人于愤激的反对。最有势力的劳工领袖及组织者,如普来斯及科柏特之流,极力赞助"这法案,这法案的整个,而且除了这法案外无别的",因为他们深知欲通过授劳工阶级以选权的法案于当时的下院是绝不可能的,而且在当时舆论状态之下也是绝不可能的。但他们也可以预知,如果辉格的法案能通过,而拥有荐选城市的已定利益之远年旧制得以推翻,则劳工阶级的选权也总有取得的一日,即辉格党人口口声声以"最后"为言也是不相干的。然而要使辉格法案通过,已非各阶级联合一致不可,因为贵族院按宪法有否决那法案的全权,而它又有不顾一切危险以运用权利的决心。

新获选权城市中的中等阶级之上层及肆主们对于10磅的居宅选权已能完全满意,因为他们不必再需要其他。中等阶级其余仍无选权的一半只能于新获选权的工业区域中希望得有间接的代表:曼彻斯忒及瑟斐尔德(Sheffield)既能代古舍蓝及康华尔的小村而得派二名议员于国会,则《谷法》的取消终亦不能历久再不实现。但乡绅及佃农们却忽略这层的危险,他们自己已经满意,前者因各郡议员名额之增加而满意,后者因佃农选权之成立而满意(这种选权在农村选区中增加地主的权力者转比减少了者为多），故他们也赞成这法案。[1]

我们骤视起来有些奇怪，为什么由全体地主及半数中等阶级瓜分政权的一种提议会得到民众如许热烈的拥护？但是"打倒朽腐城市"的口号确能联合一切的人民，只除了许多直接间接占着旧日分配制度的便宜者，及误信《改革法》会引起废止国教废止捐建的教社僧侣。实则它连强迫教社税的废止及大学准许异教徒入校的两事都没有引起，直到选权又有一次的扩充后，这两事始获实现。中等阶级在1832年法律中所取得的政权实在太不完全。

改革法通过的进程 经15个月大不列颠历史上空前绝后的政治大激动后，《改革法案》居然打破贵族的抵抗而通过。第一次的紧张为国会的大选；大选的结果，法案的多数自单薄不可靠的1人突增到136人。第二次的紧张为贵族院以41人的多数把法案否决；反对方面大都为托立党新近封立的贵族及多惧的主教。那年冬天农工[2]区域中又有极坏的经济衰疲，虎列拉也正在盛行，而民众对于贵族的愤激几有使社会横决之势。幸而布里斯托尔的暴动使有识之人顿觉危险之所伏，而暴烈的运动亦遂为各地模仿柏明罕而起的政治协会所克制。然协会之存在也含蓄着真正内战的恐吓，如果法案归结仍是不能通过。

《改革法》的最大危险就恐怕它的劳工赞助者一旦放弃不顾，而另作他们自己的运动，则国家势必大乱，于力争秩序之恢复时反动便不难继起。幸而中等阶级已一改他们对于政治多年的冷淡，他们决意于托立及辉格两

---

〔1〕 在1832年以前英吉利每郡只有议员2名，而城市的名额则有400名之多，其中的大半都为朽腐城市的代表。《改革法》所取消的200名朽腐城市的议席中，辉格党人在1830年时占有60。这200议席，140经完全取消，其余60则改归新的10镑选权的选民推举。在极少数的城市如普勒斯吞及韦斯敏斯忒中，选权因有了一致的10镑规定而转多限制，以致那几处地方的劳工阶级转丧失了本可享受的选权。

〔2〕 上年11月辉格党人初握政权时，南部数郡中尝有"末次的农民之变"。他们的目的在要求每日二先令半的工资。饥饿的农工者固然暴动了，但他们不杀人，也不甚毁坏产业。但恐慌失措的辉格党人则治他们以酷刑，有些被绞死，而被徙至澳大利亚即家人亦不知在何处者约有450之多。

党因互斗而将社会破坏以前赶把法案通过。全国的和平亦诚系于法案的通过。所以威廉四世——在别位国家的航行者所从未经遇过的飓风中，他纵心乱而尚不失为一诚实的船员——到了最后也亲许葛累以运用他封立贵族的特权，来使法案通过，且女王安也尝有过封立大批贵族以助托立政府成立《乌得勒支和约》的先例。但到了最后一刻时，威廉忽又迟疑起来，他转请托立党人执政而提出他们所自愿的《改革法案》来。此为末次紧张有名的"五月诸日"之所由起。葛累贵族辞职不干，而国人在一星期之间亦深信威灵吞之将以兵力来治国。各大城市也都预备抵抗。但比耳则看清斗争之无望，故葛累又凯旋地返执政权，国王允于不得已时封立贵族作为复职的条件。

这使《改革法》得以终获通过的末次紧张，给了"新宪法"中的民众成分以一种戏剧性的注重。统治阶级之所以肯让步，而近代《大宪章》之所以抢得，岂不是全体人民努力的结果？自此而后国民成为国家的主人翁。但"国民"的政治范围尚须由好几次的选权来继续扩张，虽则次次都不及首次的暴烈。10 镑的住户及佃农决不能长为"国民"的全体。他们统治国家的时效权盖尚不及旧日城市主人之大；如果后者的已定利益尚可为国民和平的谋反所推翻，则前者的垄断更何足道？

苏格兰的改革　旧日的代表制度在苏格兰，更比在英吉利为恶劣；在特威德河以北，即郡的选举也是有名无实。从政治上说起来，苏格兰可看做一个极大的朽腐城市。1832 年盖尚为苏格兰人首次于刻克（Kirk）而外，得到可以代表自己的政治制度之年。《改革法》的直接影响为 1833 年的《城市法》（*Burgh Act*）。根据此法，苏格兰人得有于 15 世纪以来第一次民选的市政府。

市会社法　英吉利须等到 1835 年才有它的《市会社法》。国会的朽腐城市的废除势必做到市政府的朽腐城市的同样废除，因为它们虽一在中央，一在地方，而都是同样的弊制。但在旧局面下决不能成立的 1835 年法律实比《改革法》更是民主,它一举而给所有纳税的人民以参加新市的选举之权。到了此时英吉利团体及会社生活的冰河时代总算截止,而群社的生活也开始依新经济社会的实际需要而改造。边沁·泽里米(Jeremy Bentham)的精神至是也磅礴于大地,虽则老人家本身已届卧床垂死之年。他的实验问题——"究竟这有何用"——世人竟以之陆续地加诸这个及那个年远期长的荒谬制度。王家委员团以及它们报告的时期也随着辉格党的改革内阁而开始。《市会社法》即是初批果实中的一个。

但这法只对较大的城市为有效。至于农村区域则直到萨利斯布里政府于1888年建立了民选的郡议会时为止,仍受治安法官的行政管理。地方政府之有两派适和都市英吉利及农村英吉利不同的精神相吻合,当新兴的都市区域已充满了民主精神之时,农村社会在心神上犹附属于乡绅阶级而未能自立。

1835年的《市会社法》于地域方面固极嫌不够彻底但它在主要的都市区域建立了一种受民众的监督而能征收地方税的有力机关。这个机关渐渐地成为各种新业务的集中;历19世纪的余年,市会社的法定权力盖在永远继续不断的加增。到了最后时,它几有权可以应付所有和地方政府有关的事务,它只不能有准开酒馆之权和司法之权,因为这二者英人总以为不宜由民选团体行使的。在1835年时很少的人会逆料新的都市日后会得教育人民的子女,会得供给公众以水,火,电车,甚或住宅,或会得变成大规模的企业者及雇用劳工者。

自1835年起槐特和尔政府各部和地方民选团体间的合作也渐渐发达起来;中央一方监督地方的行政,一方又由度支部以人民所纳的赋税来补助各地地方税之不及。凡此种种虽非1835年大胆一致的辉格立法所能逆料,然究因有了那立法而后可能。工业革命所产生出来而尚无管束的社会效果因此才稍稍得些调剂,得些补救。然而所谓"减政"者试问将从何处着手?那个万灵膏药盖不得不消灭于无形。

《工厂法》 1833年阿尔索普贵族通过了第一次有效力的《工厂法》，将儿童及年轻人的工作时间各予以法律上的限制。这个法律的一大优点为政府视察员的设置，法律可以由视察员来监督执行。这一优点时人虽未加注意，然实为社会公益之整个新发展的起点。

奴制的废除 《改革法》的又一直接效果为不列颠帝国内奴制的废除。《奴制废除法》通过的1833年，威伯福士亦即逝世，但他的工作已有惊奇的完成。在他末了的数年中，反奴制的运动已改由伯克斯吞·托玛斯·福威尔爵士（Sir Thomas Fowell Buxton）作活动的领袖，而布鲁安则为吹号作大声者。当威伯福士初起反对奴制后，拥护奴隶贸易者实为布里斯托尔及利物浦两地重要的不列颠航业利益。[1] 但自奴隶贸易禁止而后则拥护奴制之在英吉利本国者已极少，而在殖民地者较多。奴隶即不能再自外边运来，然仍可从存货中培养，所以西印度及其他热带殖民地的垦植者深感废除奴制的危险，奴制废除，则他们行将破产。但他们之进行拥护并不得法，他们对待黑奴或偏袒黑奴的传教士也不佳；他们的横暴激动了不列颠人民的公愤，而当时十分有力的违教及福音主义的宗教世界尤甚。照1833年的《奴制废除法》祖国自动的以2000万酬给奴主为放奴的代价。

比利时的独立 辉格政府的又一大成绩为比利时问题的解决。1830年时比利时随巴黎是年的革命而反叛荷兰，它不愿再依1815年诸和约而和荷兰合做一国。比利时的反叛半是自由的，而半是僧侣的，但实受法兰西势力的鼓励。东欧反动诸强国自然深恶1815年的条约之被破坏，尤其被民族的反叛所破坏，它们愿以神圣同盟式的高力来压倒叛民。但不列颠则并不这样想法，尤其在葛累任首相，判麦斯吞任外相之自由政府当国之时。不列颠只反对法兰西势力之树立于比利时，无论其所采的方式为归并或为法兰西亲王之入主新国。巴黎的极端爱国党当时正在咆哮叫喊，"公民国王"路易·腓力（Louis Philippe）及其大臣们费了好大的气力才能把他们之势稍

---

〔1〕 见上第667~669页。

杀，而接近英吉利的可能增加。至于他之所以必须和新的自由的英国要好则因为俄奥普三强之对他不睦。当时的比利时问题诚是棘手难办而又险礁四伏的问题，幸而经若干的危机之后，各国俱能承认以萨克森·科堡·皋塔的利奥破尔得亲王（Prince Lepold of Saxe-Coburg Gotha）为比利时人的国王，而问题亦得有满意的解决。亲王和不列颠诸大臣私交甚笃，而又为日后维多利亚女王最亲昵的舅父，所以不列颠亦可没有闲言。到了1839年时判麦斯吞更完成了他前数年的努力，他和列强间成立了解决荷兰·比利时国界争执而共同尊重比利时中立的一个条约。比利时，大不列颠，法兰西，俄罗斯，奥大利及普鲁士皆为这条约的签字者。由此一举，不列颠在尼德兰又得了一个它所不必害怕的国家，而它的防止有足以加害于它的势力之存在于莱因河口的长期不变的政策又有了数十余年成功。

第二章
维多利亚朝的上半期

君主：维多利亚，1837—1901。

辉格大臣财政方面的失败 在边沁派的灵感及激烈派的压力之下，辉格党人尝于威廉四世时藉了《改革法》及《市会社法》两法，注入近代效率及民众代表两种元素于政府的机关中。这虽不过是起点，然而起点恒为全局之所系。如辉格党人之中能有一通晓当日社会问题的大政治家，或即有一能干的财政大臣，则他们也许可以立即导引国家入进步的光明大道，而他们多灾多难，忍力已无的同胞也可逐一实现他们（同胞）于《改革法》成立时所抱的种种奢望。不幸辉格党在旧日虽尝得梦塔归乌·查理，哥多尔芬及窝尔坡尔善于理财的助力，而此时则转为财政的穷促所困，故所得税及自由贸易可为解除当日财政及经济困难的良法尚须有待于比耳的发现。当维多利亚女王即位之时，辉格党的国库大臣，照比耳不常发的调侃语[1]

---

[1] 奥康尼尝谓"他的笑好像棺材上放一银盆"。奥康尼固不喜比耳，但比耳羞涩的容态的确易被误会为冷淡及傲慢。他同党之人因此不易和他接近，而他们1846年的叛离一半也可以此为解释。但内阁中的同僚则知比耳较稔，故始终拥护，且成为比耳派人。维多利亚女王初时也不喜他，但于既知他之为人而后，即变更她的态度。

所言，好像"坐在空虚的钱袋之上，无底的亏绌之旁，而在求一预算"。[1]

比耳及保守党 所以于《改革法》成立的6年之后，大家已能看得清清楚楚，辉格党人的箭囊早已射击，他们袖中已无别种可以解救当时仍属急迫的经济及工业困难之政纲存在。在这种情形之下，反对党和政府党间之能交执政权，互为上下，对于新局面下的国会政府制诚可算是一件幸事，不然岂不是又需一度的宪法变更？比耳所组织的"保守"党乃从被《改革法》所破坏的"托立"党中拯拔出来；许多年前为肃清朽腐城市而尝赞助辉格党者，如斯坦利及格累谟之辈，亦复一一来归。英吉利19世纪所特著而和好些外国不同的一点，即上等阶级的各部分失却他们政治上的特权时，他们并不因此而即退出政治的生涯，他们只变通一切以求适应于新的情形。1832年所成就的改革，固因范围太狭而永为后人所批评，然而正因其范围有限之故，而上等阶级和政治生活的关系得以继续不断，一种"职业式的政客"阶级亦可不致发达起来。选权断片似的零售似的扩充固然讲不出什么逻辑的道理来，然而前进无间的民主运动之能以次渐进而不是一蹴而就，对于民族的生活则尽有极大之实行上的佳处。

比耳1834年的"坦卫司宣言"（"Tamworth Manifesto"）已把《改革法》看做已成的事实而加以接受，它所有的涵义也被接受，而且比耳至少也能懂得这些涵义之为何若。他的"布尔乔亚"的出身及和工商阶级一种天然的接近使他能比大多数的托立辉格党人要易于懂得国人在经济上及财政上的需要。他懂得中等阶级的头脑，于其经济一方面，他也同情于穷人的灾难，而且他之懂得或他之同情尚远过他之能懂得或他之能同情于他所领导之地主政党的头脑。他把这个政党看做在他手中的一种政治工具，他有什么贤明的目的，他即可用这工具去实现。

新保守党的大多数则另有他们自己的利益及情感。他们不喜比耳所偏爱的制造家；他们对于《谷法》的维护及教社的维护有深切的关心。他们

---

[1] 译者按，此段意甚简单，意译极不必；故仍从直译。

极不以辉格党人准异教徒入牛津剑桥，及以爱尔兰国教教社一部分多余的财富用于世俗目的两建议为然，且深信教社已因此而发生危险，虽然他们也知有贵族在则这种建议决难成为事实。这类问题固然不但只党众关心，比耳也极关心，但比耳的心及意俱在改向救济贸易之财政方面的问题，及喀莱尔（Carlyle）等正在开始视为国会及内阁的主要事务之"人民状况的问题"，这些问题及其解决的方法渐成为他的主要关心。但比耳不幸缺乏感动群众的天才，他能使他的至好及他的同僚，如格累谟，亚伯丁（Aberdeen），卡德卫尔（Cardwell），格拉德斯吞一班来日的比耳派随他信他，而不能使党的大众皈依他的信条。他得到他的政治训练盖尚在《改革法》及坎宁之前，而内阁的决定即是法律之时。改革而后，他所懂得关于内阁和人民间的新关系，比所懂关于内阁和己方党众的新关系者为多。

新的穷民救济法　在辉格党人尚未因了 1841 总选举的结果将政权移交比耳以前，《穷民救济新法》即已由他们通过，且比耳及威灵吞也完全赞同。此法之通过为改良社会组织中的一大步骤。根据于栖聂·拿骚（Nassau Senior）及其委员团的建议，斯聘纳兰以地方税津贴工资的制度今被废除。[1] 南英的工人之得恢复他自尊自恃的人格而不复永沉沦于极贫的地位盖自此始。不幸的这个必要的更改来得太过于褊急，当事者只见及理论之应采择，而不见及苦况之更会增甚。在户外救济成为城乡万千人民的求生术时，如果一下把它取消而同时又没有强令雇主给他们以可资生活的工资，或为失业者及其依附人于贫民工厂而外，另设栖避之所，则穷人的苦况将更有难言者。而且，调查委员们因痛恨他们所欲废除的制度之有极穷化的恶果之故，不惜立下一个原则，即贫民工厂中的生活应比厂外自由工人的生活尤为艰苦不适。当时的经济理论尚不能容世人来从别一方面来解决这

---

〔1〕　见上第 682 页。

个问题,不能容世人以法律来提高自由工人的情况,而使之优于工厂中的情况。[1] 年老者及病人在是时因无年金或国家保险的制度故亦不能在家维持生活,但他们在贫民工厂中的生活一如常人,好像他们也因自己的不好而来到工厂似者。因了这种状况,《特威斯特·奥力味》(Oliver Twist)的年轻作者[2]才细描栖居贫民工厂者眼光中的工厂生活以求维多利亚时代一辈新起人物的判断。委员团之所顾及者为边沁式的抽象,而此书中所述者则为血与肉的实际,方在长成的一世感觉既较前辈为灵敏,则当能详察此中的利害。

藉了以上的雷厉办法,极穷社会的恶制总算一旦消灭。旧的《穷民救济法》中各地方间的参差及牧臣的独立性太大;《新救济法》中的中央集权的性质,虽在首二三十年执行过严,往往有乖人道,然究有使后代舆论所一致要求的改良及救恤易于实现之功。贫民工厂渐渐的不复为无告穷民的罪犯栖留所;而在有老年抚恤金及国家保险的今代,即遇不景气的年份它们也不复有多少寄居之人。

宪章主义 工资阶级对于《穷民救济新法》的愤怒以及那个愤怒之不能有任何政治上的威力,使他们锐敏地感觉到,如要使他们的意志能直接在韦斯敏斯忒发生效力,则另一的《改革法》是万万必需的。他们所鼓动的《十小时法》,即沙甫慈白利贵族及伟大的纺纱工头飞尔顿(Fielden)所领导的减少工厂工作时间的动运也因自由保守两党意见两都分裂之故,至1847年才能通过。[3] 制造区域这类不断的激动,以及继续无已的凋疲竟使宪章主义(Chartism)得有发达的机会。实际上宪章主义所要求者即为1867

---

[1] 译者按,照斯聘纳兰旧制,无出息的工人因有工资的补助金之故,每不以独立为急,于是此辈工人常沉沦于极穷的状态之中而不自振作。《穷民救济新法》废除了一切的户外救济,凡极穷之民悉令入贫民工厂工作,此即所谓户内救济。立法者因恐工厂中人仍乐于此种生活而恬不知耻,故令厂中生活特别不够舒适。

[2] 译者按,即 Dickens。

[3] 见下第 724 页注 1。

年及1884年两次改革中之所允许者,换言之,即给1832年法律所漏了的各阶级以选权。"人民宪章"("People's Charter")的六点俱只带着政治的性质。但宪章运动的动机及性质则是社会的。它拒绝中等阶级的翊助。它是工资阶级方面的怒号及阶级自觉。它对于国会也有它的影响,因为国会今已成较锐敏的气压计,而比前能易于记录外间的舆论。站在背景的宪章主义的厉影卒加速了《工厂法》《谷法》《取消法》,禁止物品抵付工资(truck system)的诸法,沙甫慈白利的《矿法》以及1848年《公共卫生法》的通过。公共卫生当然为第一公众的问题,但国会经了察迪克(Chadwick)的报告后始肯通过第一次的法律。

阶级和政党 由此一来,宪章主义间接地确改善了劳工阶级的生活,因而更达到它真目的的一部分。但它普及选权的政策则一时尚无成功的希望。它一日把普选当做阶级的政策,当做对于雇主阶级的一种攻击,而不要中等阶级的组织及领袖之帮助,则普选也一日没有取获的可能。然宪章派的领袖极缺乏实行政客所应有的才具,所以只知盲目地拒绝和中等阶级合作,而不知合作之可贵。他们的运动之所以能在1867年成功者,还是因为到了是时中等阶级中尚未取得选权的一半能在布来特(Bright)及格拉德斯吞的领导之下和工资阶级联合起来以要求选权的再度扩充。

中等和劳工阶级在这时之所以能较在宪章主义的一时期中为互相接近者一部分乃因全体社会都已比前为繁荣,故由穷困所产生的疾恨已末减了许多。其他的原因为比耳内阁有利的财政政策,及《谷法》所由取消的特殊情形。科布登(Cobden)的反对谷法协会(Anti-Corn-Law League)把劳工及中等阶级对于这个本无利害不同的问题之舆论极灵巧地集合而策动起来。他们经6年不断的鼓动后竟胜过地主阶级坚决的抵抗而获得的共同胜利。这次的工作使工资阶级和社会别的部分在政治上不致截然划分。墨尔本及判麦斯吞的辉格党——华族的一部分和中等阶级之同盟——之所以能渐渐扩成为格拉德斯吞的自由党——中等阶级的一部分和工资阶级之同盟——者亦有赖于这次敌忾的同仇。

藉了各阶级及各党这些错综复杂离合无定的动作——但仍以国会中不变的两党制度来执行一切——维多利亚时代得以避免了在宪章主义及奥温·罗伯的全国职工大会（Grand National Trade Union）[1]之日似已无可幸免的阶级斗争。然而或种式样的阶级斗争仍是难以避免了，如果生活的状态——至少在纯粹的农村区域以外——没有继续不断的改良。社会的获救不特由于群社各部分的努力及善识，而也由于自1840—1850年中开始之贸易之进步及繁荣的增加。在维多利亚时代的中叶不列颠为世界的制造中心。它固有赖于别的国家的食粮及原料，但煤炭及制造品则它们须赖它来供给。

在这样的一个世界中等阶级自会发现完全的自由贸易会于他们有利。关于此事他们且敢作地主阶级的独立主张，虽则他们向来是感激地接受他们的政治指导的。市民之服从绅士阶级本为英吉利的老规矩，惟一的条件即服从者于方针上也有发言之权。即1832年法中的10镑自业主[2]亦常选举乡下的绅士代表他们。直到1867年的《二次改革法》以前，众议院中中等阶级出身而仍具中等阶级的标准之议员，如科布登及布来特等，虽已有出席国会者，然非被同僚当做应予容忍的奇人，则仍被邻座的托立及辉格乡绅看做值得厌恶的莽汉。在那时候，绅士阶级及富裕的中等阶级间之分别仍然存在：它们尚没有经过公众学校的教育之标准化而混为同层的社会。不同的宗教礼拜也常常为两阶级之所由分，而且在那个异教徒尚未准入牛津剑桥而宗教可以代表社会事实的时期，这个不同更有它的重要。一阶级的文化大部以古文学为基础，而又一阶级则以《圣经》为基础。其一对于游猎，政治及地产有极大的兴趣；其二则紧伴帐本，其娱乐比今日实业界

---

[1] 奥温·罗伯欲工资阶级不问政治的激动，而专注全力于半革命式的经济行动，及社会主义。但他对于民主的选权从不十分关心，因为他本是一个有独裁头脑的雇主，为雇工们自己的好处起见，他自愿把他们组织起来。但他和边沁一般，他到了后日也感觉到社会是不能由上而下地改良的。

[2] 译者按，指10镑住户选民。

的为少，而其周末也比较为短。

谷法的取消　即在1832年以后中等阶级对于上焉者包办职位及排挤他们，仍多方忍受，但关于五谷的自由贸易一事他们意志坚决，且它也得未获选权的民众之一致拥护。国会中的保守党是反对取消《谷法》的，而辉格党则意见不能一致。比耳在他伟大内阁的初年内尝恢复了所得税，且藉了它的助力尝废除了好几种的人口税，而贸易亦大受其益。但他不能同样的把外国输入之谷之税也取消，所以谷仍为主要的问题。反对《谷法》协会之于工业的英吉利几乎和奥康尼的公教会之于农村的爱尔兰有同样的重要。于1829年尝屈服于后者的比耳也不能不于1846年屈服于前者，一因他觉得政府应得被统治者的同意，再因科布登在下院议场上的演说足以折服了他，更因爱尔兰1845—1846年的番薯害虫使他除了停止《谷法》或坐视爱尔兰人成千成万饿死外别无他法。但是外国五谷的关税，如果一旦停止，则再不能恢复，如要恢复则大不列颠必起革命的运动。《谷法》之"完全的，立时的"取消为庇特《合并法》所料不到的一个效果。[1]

保守党的分裂　《谷法》的取消因种种的缘故为首次及二次《改革法》间最重大的政治事件。第一，它分裂了保守党，因而使辉格党人得于此后20年内的大部中执着政权，有时且尚能得着比耳派政治家如亚伯丁，卡德卫尔及格累谟等的参赞及表决力量为助，而格拉德斯吞理财的人才亦得为他们所有。

比耳及的士累利　保守党后方议员（private members）之反叛比耳本非一般人所逆料。后方数列凳子之所以起而哗变者乃由于的士累利痛骂卖党者的诸篇演说之卓绝有力，犹之欲炮之发火，必火药之先行燃着。的士累利对于《谷法》之为一种经济政策似乎没有很深切的信仰，因为他不久即尝不关心地说及保护政策之已成"死去，且亦该死"。但他同从前的波令布

---

〔1〕威灵吞很合乎他个性地赞助比耳的大变政策，这并不因为他同意于后者的意见，而因为他对于后者之为大臣有绝端的信任。他退让地说："糟糕的番薯实促成此事，它们把比耳弄到如此地步"。

洛克一样，他也自以为和"乡下党"的绅士有职业上的关系，故对于他们觉得有"来一下"的责任。他是以外国人的眼光来观察我国的制度者，故英吉利伟人的乡阀世家对于他的意像有极大的吸引力，虽则属于敌方的辉格世家他又不能不视为例外。比耳于放弃《谷法》时实尝卖送了"英吉利的绅士"之利益，且尝对不起他们，他们既无法充分表示他们对于此事的情感，的士累利遂成了他们反抗卖党者之健将。他之逐去比耳的行为固使保守党20年不得握着大权，然他自己却得因而由后方普通议员高升为仅在斯坦利下的首领，从而更得于21年后"教育"他政党以转变过来的方法。21年后的转变，论其程度的完全与滋味的辛辣本和比耳的突变无异，但的士累利只有攻入而不为人所攻，而比耳则于民心归附最盛之时竟被的士累利所突然打倒，此诚不平之至!

天才有天才的便利处，任何人都不必加以嫉妒，因为有了天才，国会中的进行才能和危险较多的战事及革命有同样吸引当时的观察者及日后治史的学生之力。判麦斯吞，的士累利及格拉德斯吞都好像特意降生于此时，各用各的方法，以俘获新的民主政治的想象，而更以人的兴趣来引起世人对于国会政府之注意者。因为缺乏人的兴趣，有几国的国会制度才有如植物缺水之枯死。

农业利益 反对《谷法》协会的胜利为中等阶级胜过绅士阶级，工业利益胜过农业利益之第一次的重要胜利。但农业的利益，从较广的意义说起来，于此问题实不一致。如果英吉利有一为数极伙的小农阶级，其所有或所用之田俱不过大，则地主及大农夫在取消《谷法》的争端中便不至孤立无援。但无地的农业工人，如果政客去征询他们不足重轻的意见的话，则几一致的倾向于廉价面包的政策。

但即地主及大农夫不久也自知他们的"农业利益"没有因《谷法》的取消而有所损害。自由的输入使谷价，即在加利福尼亚及澳大利亚金货充斥，而货币之值大低之时，仍得不至滥涨。它们不但没有增涨，而且在随后一世内颇为安定，而面包的消费则反大有增加。维多利亚时期中年的富饶及快乐于英吉利的乡宅及农庄为空前绝后的盛事。屈洛罗普（Trollope）的小说及利赤·约翰的（John Leech）图绘皆可为证。真的，市乡间所有彼此仇视的重要原因之除去使"巨户"得更享一世极尊荣的社会地位。过后大火输及横贯大陆的铁道两者发达，而美国得运来多量的粮食，所以在1874—1876年的士累利当权时，不列颠的谷产竟受了极大的影响，不列颠商业遍及世界的组织能自各地吸收粮食来岛，而不列颠农业的地位遂亦开始变为我们今日所见者。

1846年反对《谷法》协会所获的胜利是政治教育及政治宣传的新方法所获的胜利，也是向着民主道上前进的又一步。在随后20年国泰民安社会无争的时期中，这些方法又似未甚大用，但自1867年及1884年新获选权之民以数百万计而后，它们又成为两党——不特自由党，即保守党也然——通用的技能。

《谷法》的争论尝使地主及纱厂主人间发生剧烈的口舌，而两者遂各以拥护被对方所压迫的阶级之利益为能事。在协会的讲坛上农村工人工资的低微及居所的恶劣常有表暴，但对方则尽量描写工厂工人所受的种种虐待。由此一来，无选权人民的境遇也得着充分的广告，关于有几件事且得着相当的救济。在地主及纱厂主互攻的数年内，沙甫慈白利的《矿法》及有名的《十小时法》[1]皆获通过。农业工人所得的救济较少，因为他们不像工厂工人之能集中于工厂而有职工会的组织，他们散处于四乡，力量微薄，既不为人所畏惧，而助之者也不易。

辉格·比耳派的统治　《谷法》的争论结束而后，中年-维多利亚

---

〔1〕　此法限制工厂中年轻人及妇女的工作时间不得过10小时；实则成年男子的工作时间也因此得了同样的限制，因为工厂中轮值的办法等等不能使他们有较多的时间。布来特之所以反对此法者由于此层，他却并未反对限制儿童的工作时间；关于此节世人往往有误传者。辉格及保守两党对于《十小时法》都不一致，但13岁以下的儿童之保护早已在辉格政府1833年的《工厂法》中规定。关于全部的问题可读 Hutchins and Harrison 的 *History of Factoty Legislation* 及 Hammond 的 *Shaftsbury*。

(Mid-Victorian)工商业大扩张的时间即时开始，而社会问题及下层社会的不平鸣则掩没于繁荣的巨浪之下而暂不翘首。政治亦反映着这弛懈的空气。自 1846 年至 1866 年间我们有比较安静的辉格·比耳派的统治，此时的主要演者为民众所特眷的判麦斯吞。他所演所做之事对于这个对内对外甚么都安全，甚么都不害事——即向俄国挑战也没有多大的责任——的时期，实是十分的相宜。

员吏制度的改良 同时，格拉德斯吞则正在由一个旧世界的托立党人进而为一个前进的自由党人；在这迟慢的进程之中，他先别人而见到整理财政，养成度支传习（treasury traditions）[1]，不妄用一钱，不滥用一丝之重要，他见到政治家对于群社所负的主要义务就在财政政策的可靠。他于这几年内本和度支部有密切的关连，所以他的努力，于传习之养成，有极大的贡献。此时好多的行政各部在发展它们的制度及传习，所以到了职务大繁的下一时期，它们已经有了相当的预备。同时，竞争的考试也正在代旧日夤缘奔竞的风气而为登进员吏的方法。考试可充测验人才的良好方法，其意思本从牛津及剑桥得来；两大学自 19 世纪开始以来，考试尝为极通行之事。判麦斯吞对于公众生活的观念犹一仍摄政时代[2]的标准，所以他极不屑地反对以政府用人之权完全让诸于一个考试机关。但新时代的论调一致的反对私人主义及华族的缺乏效能，故判麦斯吞死后，深以此事为意的格拉德斯吞，令槐特和尔各部几乎全体的采用公开竞争考试的制度。

政治上的消极时期 无疑的，一个识见较远的世代定会绸缪于未雨，定会利用中年-维多利亚繁荣的诸年来通过社会的立法，来设立全国初等及中等的教育制度，以防歹年之又至。固然，关于公共的卫生在几年中确实有些设施。但就大体而论，不平之鸣虽无前时的高大，而各党的政治家则都有姑息苟安的倾向，他们只希望为繁荣的巨浪所掩盖而不复能看出的丑

---

〔1〕 译者按，英国的度支部（Treasury）有极佳的传习，然所谓度支部者当然又以国库大臣为主要人物。译为财政传习不妥。

〔2〕 译者按，即 1810—1820 年。

状恶情将永远不会再暴露出来以促起国会的注意,他们并不肯用心于它们之根本消除。

至于教育,则时人以为它不过是民众流行的一种嗜好,而热心教育的亚尔伯特亲王(Prince Albert)也不过是一个德人——教育也许对于不具我们其他性格上及国际地位上种种便利的中欧勤劳人民是必要的,然我们又何需乎于它?无论如何,从政治的方便方面看起来,教育是最不应论及的问题,因为无论你怎样办法,不得罪教社便一定会激了异教之怒。新的辉格党的政策关于此点是和窝尔坡尔旧党的政策一致的,它不欲惊醒了现正被锁于贵族院之门而熟睡不闹的宗教怪狗(Cerberus)。[1] 而且辉格党人因和比耳派保守党人同盟之故,连违教徒对于强制宗教税及不准入大学的两大冤苦也不能与以解除。在那个十分适繁荣的世界本来什么人都不易把冤苦觉得太认真,计较得太厉害,又何必顾问?当时只有像布来特那种样人仍维持着他的狺狺之声,他的希望是它将来可以扩大为大众的呼声。

判麦斯吞 国内的情况既是如此,这时期主要的政治兴趣自然是在外而不在内。在对外方面,判麦斯吞真是天生的炫耀宇内者,而他所放射的光彩也无人能加以否认,虽则用以放光的金钱,为数究有多少在当时为——且将永为———快意的争点。

判麦斯吞和比耳一样,他的政治生涯也于半岛之战时开始,当时他也是一个托立大臣;中年时他尝追随坎宁,而在灿烂的晚年则可称为合乎坎宁派的托立党人和辉格华族间的一种人物。他常代表不列颠人的情感而反对外国的专制君主,于此坎宁和辉格党人本无分别。就他对于宗教教社加流奥(Gallio)[2]似的态度,及对于朝廷势力的反抗态度而论,则他是一个辉格华族。他固对内反对民主势力的增加,尤其是选权的扩张,他却不反对人民于相当范围内监督外交政策;他为外相时常以为自己对于舆论所负

---

〔1〕 译者按,Cerberus 出希腊神话,头甚多,尾形似蛇,乃守地狱之门的一头凶狗。
〔2〕 译者按,为《圣经》中人,以对于宗教漠不关心得名。

之责多，而对于君主所负之责少，即对于同僚，他所负之责也不及对于人民所负之大。他和前于他的坎宁一般，他常求助于中等阶级以贯彻他的外交政策而压倒朝中及内阁的反对，但我们也应加一句，他有时的行为实没有像他师父（指坎宁）那样的有理。

判麦斯吞的人望在国中为最佳，在众议院中尚好，在内阁中已极微，而在朝中则极不佳。他之所以能得民心半因他们信"老判麦"（"Old Pam"）是一"游猎家"，半也因他政策的性质。他的政策能双料的讨人欢喜。他有自由党人对于奥大利及俄罗斯，纳普尔斯及罗马之厌恶，然他也能力持纯粹不列颠的利益，他力持的语调若在后一代则将被视为极端的爱国主义（"Jingoism"）。照判麦斯吞活泼的言词，一个不列颠臣民即是一"罗马市民"（"civis romanus"），即使他只是一个行骗于雅典的马尔太犹太人，他也可靠不列颠的舰队为保护。对于1848年大陆上自由运动失败，在匈牙利，意大利及其他地方为奥俄虐政所凌压的无告人民，他幸而也有同样大无畏的精神。判麦斯吞当时替不列颠所采的态度，虽和女王及亚尔柏特亲王的意愿相违，然实不是卑劣，也不是完全无用，因为它昭示世界，即立宪的自由在列强中仍有一国在馨香祝祷其成功者。

维多利亚及王位 判麦斯吞和朝廷间的斗争于他为不断的娱乐，且为冒险生活中一种快慰，但于女王则不胜其讨厌。朝廷在她的主持之下已一变在乔治四世为摄政及国王时的情形。也许判麦斯吞宁取他所可回忆之摄政时的状况——虽则他不会对于摄政有比对于女王较好的依恋。在摄政的时候，君王，贵族或大臣如不偿还他们所欠商人的债项或在其他方面不循规蹈矩地对待无特权的阶级，世人决不会以为异，但今则完全改变。在政治方面，前后的丕变也有同样的显著。乔治三世及四世都和托立党一鼻孔出气而抵抗改革。但维多利亚在她易受感动的少年时，自她的师傅，老年的墨尔本贵族处得了一种永不忘记的教诲，即不列颠君主制的势力不在和大臣刁难，或和民众的企望作战，而别有所寄。在那时候她固太偏宠辉格党人，但她知比耳较稔而后，也能领略他的真价值。在亚尔柏特亲王的提调之下，她对于外国，尤其德意志，王朝的私人感情有极大的注重；但她对于内政的见地也许转因他的参议而益比以前要无党而远大，至少她的见识要比前有知识些。

王位在此时尚未达到它在世纪之末在民众想象及在帝国的新结构中所处的地位，但它已经脱除了最近数朝的不幸传习。历她长命的一世，维多利亚女王孜孜王事，习以为常。她留心着她大臣的举动，如不赞成，则坚言抗争，因此她时常能得到满意的修正，但他们如已经熟知她的意见后仍坚决不移，则她也绝不作推翻他们政策的企图。她对于反对党有时也行使权力，尤其对于贵族院中的反对党；自由主义在格拉德斯吞之下强项化而后，两院间尝发生多次的冲突，然而幸能免于决裂者，女王之功盖不在小。

不列颠和俄土的关系 中年-维多利亚20年沉寂的政治及欣欣的繁荣，于其中间为克里米亚之战所打断。滑铁卢的过去已有40年之久，所以新辈的不列颠人很易一激便入战斗的状态。近代的新闻界，尤其是判麦斯吞所得左右的一部分，又专载足以煽动人民仇俄的新闻，故人民也极富于好战的精神。俄罗斯之被择为仇敌，骤看起来似乎有些武断。但欧洲及印度之惧俄在近年来大有发展。俄国最近的两邻，奥大利及普鲁士倒并不觉得有减小俄势以重立均势之必要，但英吉利及法兰西则深觉得"德意志的独立"必须拥护，而俄则必须反抗。其所以致此之理由半是政治的。奥大利，普鲁士及俄罗斯尝共站于神圣同盟的旧原则之上而把1848年各地的变叛削平。但维多利亚女王的不列颠及拿破仑三世的法兰西则俱主比较要自由的政治，虽两者的方法也各自不同。就英吉利而论，自由的情感尝被波兰的惨遇及反动俄皇尼古拉（Nicholas）助奥削平匈牙利之举所伤害。

但判麦斯吞及罗素因袒助土耳其之故，而和俄罗斯决裂。固然，俄罗斯已接受了我们所提议而规定于1853年7月维也纳通牒中的解决条件，而

第六卷　机器时代的海权及民主政治的趋近　汉诺威王朝的后期

土耳其尝拒绝它们，但我们仍助土而攻俄。外交无能之这种样的暴露，天然使阁员们几乎无法答复布来特在众院中的责备——至少其中的几种——但在作战的热度正高之时答复是无须的。巴尔干半岛沉沦着的耶教民族之状况，甚或它们之存在，在当日的不列颠尚为未流行的知识；所以建立自主的布尔加利亚及塞尔维亚（Bulgaria, Servia）以阻俄罗斯前进的提议，（坎宁帮助希腊独立的用意即在于此）尚没有人能想到。旧日土耳其的制度在国人心目中尚为惟一阻拦俄罗斯的利器。

不列颠的同盟者　俄皇尼古拉被视为巴尔干除外的欧洲之主要反动巨擘，人民对于克里米亚之战的热忱实是从那时期的情况中发生出来的自由主义及极端爱国主义之混合物，而判麦斯吞则为此种混合物的具体。但战事却不是当做解放之战而打的，不然奥大利不会获加入英法同盟的邀请。奥大利拒绝加入后，英法始接受加富耳（Cavour）小小的皮德梦特（Piedmont）所自献的助力。皮德梦特之能于克里米亚之役中为奥大利的替身，日后固加速了意大利的解放，然作战者的始意又那是如此？

于法兰西又在倾向攻取，而不列颠人的性感也在预备抵拒拿破仑征服之重又开始，于此时候，不列颠之能和法兰西及拿破仑三世交好，实应视为克里米亚之战的善果之一。那个方才藉了灵敏的手腕而取得法兰西帝位的非常人物，并没有白研究了他伯父的生平。他见到，法兰西帝国如果和英吉利及东方专制各国同时交恶，则必有覆亡之虞，所以他很热烈的希望不列颠之和他亲善。判麦斯吞为首先信他之诚实者，一般的不列颠人则不如是轻信。但在目前，则反俄同盟至少是避免和法兰西作战的好方法。

陆军的窳败　战事的过程表现了不列颠行伍（regimental）操练及行伍传习的健全，而最高统率的绝对不行，组织及参谋工作的缺乏，军需及军医设备的不全。我们的陆军离驻在巴拉克拉瓦（Balaclava）港的不列颠舰队仅有六哩之遥，然而他们竟因粮需不至而饿死。他们的牺牲本是无须的，但他们死后，补充他们的新军，竟未能将凸角堡（the Redan）攻下，而在欧洲的眼光中不列颠陆军于上年因得阿尔马及英喀曼（Alma, Inkerman）两捷而获得的敬佩已减失了若干。

我们军事组织的缺陷和我们当日工商业的效能诚成一极可注意的反衬。它们为近卫骑军（Horse Guards）及陆军部的昏暗精神所养成。朽腐城市，市政府，大学，教社，员吏制度都尝感觉到批评的力量而有过多少的变更，但国民自滑铁卢以来向相安于和平，所以只消陆军的预算为数不巨，他们便不会来问到陆军的情形。凡有要求改革者，陆军部也可概置不理。今则打仗的热忱忽然发作起来，而部尔·约翰也想着尚有"稀薄的横队英雄"可以应用，故即遣他们以攻俄人，并坐盼他们能获在半岛之战时所获的胜利。但威灵吞的军队今所存者只有行伍的传习及好多人仍在捐着的布郎-柏斯（Browil-Bess）式的毛瑟枪，此外则已一无所存。在当时反对诸将及军部的声浪极大，但战事一告终，则旧日对于武事的不关心状态又随即恢复。陆军的改革尚须再待12年之久，直到卡德卫尔（Cardwell）任首次格拉德斯呑内阁的陆军大臣时始有改革。

战事及国民生活　在政治方面，克里米亚之战对于国民生活所生的影响并不雄大。因为科布登及布来特为批评作战政策者，故他们受着一时的不利。但这并不是对于全体激烈派人为然，他们中之热烈主战者也很有其人。就大体而论，华族主政之制与其说是因了战事增高了威望，还不如说是因了战事减低了威望，因为作战行动所表现出来的无效能实足为华族令名之累。《泰晤士报》（The Times）的罗素·威廉则创造了战地通信员的新职业。他以文人而把前方将官的行动尽情的批评，此盖为前此及此后的不列颠军官所无须遭遇到者。他寄给《泰晤士报》的通信往往将塞巴斯拖堡（Sebastopol）我军的可骇状态尽情宣暴，而敌方也可得知；此固于我为不利，但公开讨论的好处在能激起舆论及国会的处置，而及早有所补救。于此危急之时，判麦斯吞之继从不赞成作战的亚伯尔丁而为首相亦为应然之事。

奈亭给尔及妇女地位 我国在克里米亚虽丧失2.5万[1]的生命，然所保全于未来者实远过此数。战事的真正英雄实是奈亭给尔·佛罗稜斯（Florence Nightingale），而它最切实的结果则为近代的看护术，无论军中及民间，以及关于有训练有教育之妇女的地位之新观念。又因了这个改良的观念而于千八百六十几年及七十几年间有密尔·约翰·斯图亚特（John Stuart Mill）的女权运动，奈亭给尔女士也赞成这女权运动，而有妇女书院的捐建及女子学校的改良，而女王半数臣民的高等教育亦居然得有相当的顾及。从塞巴斯拖堡（Sebastopol）前凝冻的血溅的战壕中，从初有的斯库台里（Scutari）军医院中之惨状中，不特国民对于士兵的性格该应有了较公平的观念，即我们近代生活中许多别的事情也间接由此发生，虽然骤看起来它们似乎都和战事的景色，和终岁常冬的高原上蓄髭不剃的英雄所受的灾难相距甚远，毫不相关。

意大利的独立 在维多利亚时代中，不列颠外交政策要以在意大利为最有显著的成功。战争固用不着，重大的战争危险也从没有遇到。不列颠之藉以助意大利者仅为和民众所表剧烈同情一致的外交正常行动；然而即此一举，地中海中及欧洲的国际团体中已产生了一个独立国家；其他列强纵不乐观它之产生，然而其产生仍莫可阻止。这件大事替欧洲的政治团体除了一大痛创，并肇始了英意交好的传习，而且意大利对我的友谊一直到它加入大战之日长为影响世事的一个重要势力。

1848年长外部者为判麦斯吞。当时不列颠对意大利问题的意见尚不一致，大抵以党而分界。判麦斯吞是主张意大利自主的。他希望能以交涉的方式而使奥大利自动的退出伦巴底，他以为奥大利为顾及自身的利益起见也应退出。但在那个革命的年头，判麦斯吞并不握有解决意大利问题的钥匙。他既为不列颠的负责大臣，他觉得他的首要义务为防止欧洲的大战的

---

[1] 照奈亭给尔女士所知，就中万六千人都死于管理之无状。她将斯库台里医院中的死亡率自42%减至22‰。

发生,尤其是法兰西可藉以攻侵奥大利,因而更开始一个征服及黩武主义之新时代的大战,然而法奥苟不交战,则事实证明意大利是无法进行它的解放运动的。

到了1859年夏意大利问题又告急迫时,判麦斯吞成立了它6年长的二次内阁。罗素是他的外相,而格拉德斯吞则为国库大臣,即内阁中三大领袖中之第三人。他们对于其他问题意见固极不一致,然对于意大利却无出入之处;由于一种可奇的偶同,"三巨头"中个个对于意事有深切的认识,而和三人是时对于美德及近东问题的隔膜刚刚相反。因此他们在1859—1860年的紧要关头时的行动又适当又有力,而所获的结果也极美满。

英吉利对于意大利1848年时的情势固没有握着钥匙,但对于此时的情势则钥匙在握。前此德贝贵族的政府虽尝极力防免法奥间之发生战事,但和加富尔的皮德梦特同盟之拿破仑仍和奥大利开了战。他的目的在把奥大利的势力驱出于意大利半岛,而以法兰西的势力为替,不过所取的形式当令比奥人的和缓些,而于他所真表同情的意大利人也不致如前此之有害。他所愿望者非建立一个独立的单一的意大利国家,而是数个依他而存的意大利小邦。反之,加富尔则仅在利用拿破仑来驱除奥大利,于此而后他希望可以使全意大利解放而成一真正的独立民族。在两人中加富尔本较聪明灵敏,所以终获胜利;但他如没有不列颠的帮助则恐未必就能获胜。

俄罗斯及普鲁士赞助奥大利而反对意大利任何样的解放,虽然自克里米亚之战以来,俄罗斯的权力既无前时之盛,而其对奥的感情也大非昔比。在这个复杂的情势之中,英吉利居然因能比拿破仑更透彻地,更同情地,拥护意大利的独立统一,而给了加富尔以加鞭前进的大助力。自加里波的(Garibaldi)将西西利解放而后,奈普尔斯王国的反动政府及大部中意的教皇政府之崩溃竟跟着而来,即拿破仑也不能不勉强同意。他既不能让奥大利之重把意大利征服,则对于意大利民族运动(于其方得不列颠政府的外交暗助及不列颠人民的热烈鼓励之时)之能澎湃全境,及意大利全国之一统于皮德梦特的君主，他也自然绝难加以阻挠。

丹麦问题 一个比较不幸的欧洲事变结束了罗素及判麦斯吞的时期。丹麦和它德意志诸邻间因什列斯威-好斯敦（Schleswig-Holstein）——即千四百年前大部英吉利人民所自移往不列颠之处[1]——的问题而发生争执。就问题的本身而论，两方本各有是非，如有和两方都和好的第三者出而作无偏无倚的调人，则和平解决或非难事。但判麦斯吞及罗素舍此不图而反大言地鼓励"小小的丹麦"取它自己绝不能单独维持的强硬态度，即俾斯麦所斥为虚声恐吓的态度。判麦斯吞尝宣言侵略丹麦"将不仅发现丹麦为敌人"，但战事真的发生时，它却没有一个同盟，因为我们尚未改革的陆军实不能和普奥，甚且全德的军队决胜于疆场，而中年-维多利亚时期有名的义勇军则只能充作防内之用，而尚不足以应外敌。我们也不能希望得着俄法之助，因为我们的外交新近已开罪了它们。

判麦斯吞的外交之收束 判麦斯吞的时代所以卒以一个蒙羞的挫折而闭幕。那事件的真正重要且比当时之人之所知者尤大，因为近代普鲁士军国主义的全部意义须待1866年大捷奥大利，1870年大捷法兰西后而才显露于世。判麦斯吞好炫夸兼好取悦国人的外交表演已失了它们之用，如果再继续下去，则在正在降临的新世界中，在各民族正在藉近代科学及近代运输的大力以作战争预备的新世界中，它们势将引起无量的危险。

罗素伯爵 "两名捣乱老领袖"中，判麦斯吞之先逝世，于政治史有极重大的关系。遂继起为辉格·自由党的首领者为罗素，今称罗素伯爵。他虽尝一度被呼为"终局的约翰"，[2] 然他实早要把选权再度扩充，而使本党自华族的辉格主义进于民主的自由主义。如果判麦斯吞比罗素后死，则他殆将反对这种的变化，而且或会和格拉德斯吞决裂，因为两人无论于

---

[1] 见上第36页及第47页。
[2] 译者按，判麦斯吞及罗素皆为与旧社会以不安之人，而又皆年老，故反对者詈为"the two old ringleaders"。罗素·约翰贵族于提首次改革时尝有此次改革为最后定局，永可不再更改之言，故被认为"finality John"。

性格或于政策,都是背道而驰的。罗素则年事太高,在过渡的新时期内已不复能过于活动,故他虽居于首相的地位,而党中实际上的领导则他一以委诸年富力强的格拉德斯吞。

格拉德斯吞和布来特的同盟 格拉德斯吞由此获到了领袖的地位后即和布来特·约翰成立盟约。布来特是时正在力为都市工人及下层中等阶级争取选权,且为此项运动的首领,在这10年中劳工阶级运动在政治方面之所以有力者,乃因他们之能和中等阶级的激烈派人一致作战,一致以要求两都未获的选权。尝一度使旧日宪章运动受着灵感的阶级自觉则已因时世较为荣盛之故而消灭不复闻见。〔1〕布来特在国中则为这个联合运动的领袖,在议院中则为它的喉舌。他自己及他所拥护的正义新近都因他对于美国内战所为判断的准确而威望大增。对于美洲的南北之战大部的辉格党及保守党政治家都多少偏向于南方,但布来特则极力地有知识地拥护北方的主张。当战事正在进行之时不列颠的舆论大都可视各人在本国中为拥护华族政治或民主政治者,为主张较狭的选权或较广的选权者而分。在大西洋的彼岸,"战审"的结果已属林肯·亚伯拉罕及北方民主政治的胜利,而它对于英吉利内部的政治也有极大的,虽然不易估量的影响。格拉德斯吞之为人本不受许多规则的拘束,所以他对内虽在猛向民主政治方面进行,而对美可仍为私淑南方之人。但美洲战事结束,而判麦斯吞死后,他和布来特间的同盟一举而将选权问题放在不列颠政治中重要的地位。〔2〕

二次改革法案 《二次改革法》通过的方式和首次的截然不同。统治及保守阶级在这35年内之能渐习于变更,之能视变更为政治生活的常态而不复视为世界的末日,可由这个不同指示出来。我们几可以说,达尔文(Darwin)当日争论正烈的进化论在政治的自觉方面已得到了证明,已获了胜利。

---

〔1〕 见上第719~721页。
〔2〕 关于不列颠和美国内战的关系,见下第742~743页。

骆的反对 但这次也发生了一个极烈的斗争。格拉德斯吞所提出之授与劳工阶级以选权的法案本极缓和。但上年选出的辉格・自由党的多数本只有赞助判麦斯吞政府的使命，而没有赋劳工以选权的使命。在骆・罗伯(Robert Lowe)的善辩而轻率的领袖之下，一群失意的辉格议员，即布来特所谥为"亚杜兰的穴中人"("the Cave of Adullam")[1]者，竟和的士累利及保守党联合起来而共将这次的缓和的改革遽议推翻。即从他们的观点而论，他们的战术也很不高明，尤其因为骆氏公开的以工资阶级智识道德之不如"布尔乔亚"为拒绝改革的理由。他对于这个有趣问题所发的不谨慎议论激起了劳工阶级的公愤，因而要求选权的激动更比以前要激昂而可怕。工业大中心的职工会联合了中等阶级而共组盛大的户外示威，户外集会，而布来特则为最能叫座的演说家。当时政治集会本尚为稀有之事，这种组织的影响盖亦可以想见。

的士累利及二次改革法的成立 格拉德斯吞的《改革法案》失败后，自由党的政府即行辞职；当时国会并不解散，保守党人亦即行继起。的士累利在德贝贵族新内阁内所处的地位等于数星期前罗素伯爵政府中的格拉德斯吞，他也是以国库大臣而为内阁的主脑，为下院的领袖。的士累利之为人，只要他不在自觉地让他东方式的幻想迷梦于某一种有用的使命时，常得把事实看得清清楚楚。他懂得国中的情况，他也见到它们需要一种基于让步的解决。而且他对劳工阶级比骆氏有较大的真正同情，在理论上他对于无选权的劳动者有时颇有誉辞，而对于选举辉格党人的雇主则转叹不如。固然的士累利新近尝以格拉德斯吞扩充选权的辩论为"佩因・托姆的主义"而痛予诋斥，但佩因・托姆的也好，别人的也好，他现在只见得实行的时候已至，且无可再缓。

而且，的士累利除此而外并无别的可以抓住国会之道，因为保守党自己不是多数，而自由党的大部已不能再忍受下去而不见改革之成为事实。

---

[1] 译者按，亚杜兰出《旧约》，为犹太的旧城，所以亚杜兰之穴者，乃指斥脑筋陈腐之意。

在国会以外，全国也正际于酝酿纷扰之中。维多利亚女王的意见也偏向于求一"解决"。德贝贵族当其少年为斯坦利时也尝致力于《首次改革法》的成功，且尝有"辩论的鲁柏特"（"the Rupert of Debate"）[1]之称，所以他现时也很愿"欺骗一下辉格党人"（"to dish the Whigs"），而"向暗处一跃"（"to take a leap in the dark"）。的士累利很能干地解决了选权的问题并镇定了全国的民心。他所成立的法律，照最后的修正，实比年前亚杜兰派及保守党人所认为过分而加以否决的法案要彻底得多。固然农业工人及郡选举区中的矿工仍然没有得到选举权，但城市中的住户选权实是《二次改革法》的惟一原则。它既是保守党的提案，通过贵族自然不成问题。

克篮庞（Lord Cranborne）贵族，即日后有名的萨利斯布里贵族，并非是惟一视保守党这次的所为为违背了党的主义者。也许，我们与其把它看做叛了主义，毋宁把它看做政治善议的长进。无论如何，能以的士累利攻比耳之法反攻的士累利者此时实无其人。保守党能不须乎内部的分裂而即接纳这极大的变更，故它也能于民主的新世界中有了将来。但在1868年的选举时，改革的利益仍属于格拉德斯吞及自由党。在保守主义的真正时代能开始以前，自由党尚有一包含好些已经愆期的改革政纲急待实行。

---

[1] 译者按，鲁柏特亲王以少年善战名，见上第527页及第552页。

第三章
最近时期的对外发展

第二不列颠帝国的充实 我们上面已经说过，拿破仑之战结束时，第二不列颠帝国已是一个长育极快的孩童。[1] 在下一世纪中，它的面积，财富及人口更因商业，交通及转运，及热带的实用医学之发达而暴增无已。交通及转运的发达由于蒸汽钢铁，及电气煤油。国内的情况亦有利于外移。不列颠户口的繁殖于19世纪末二三十年以前一直没有多少的限制，然而除了贫民工厂之外，于此时内也一直无其他救济失业的设施。因此之故，人民不断的向外移居；一部分移到合众国去，以助它充实阿利根尼山脉以西的大平原，但大部分则去加拿大，澳大利亚及南非洲。千八百三十几年间的殖民部对于外移之事固然懵懂而畏懒但达刺谟贵族及威克飞尔德·吉本（Gibbon Wakefield），加上了教会及私人组织的助力，却开始了一个鼓励不列颠人移居不列颠殖民地，且与以科学的保护之运动。这个运动到了日后且感化了丹宁街而使之共同工作。

一直到了维多利亚时代的末年，大不列颠仍有许多生长于农，而仅希望在外洋得到一块可耕的土地之人民。到了近年社会上始发生一种恐虑，深恐英吉利种族，无论在本国或在殖民地，将为习惯及选择所迫而放弃农

---

[1] 见上第659页。

村生活，且聚居于都市。

帝国统治的推进 第二不列颠帝国之又一方面为亚洲非洲大块地方之因通商或统治而开发。非洲及东西印度的政治治理乃依自威伯福士以来及自庇特改组印度政府，总督当权以来，常弥漫于丹宁街的仁厚理想以进行。人类的极大部分因此而得到极大好处；在非洲则部族之战及奴隶之抢劫得以停止；在印度、埃及及别地则近代科学及近代组织的物质便利能为大众增福利，即最微贱的耕地者也得益不少。

但我们加于非欧民族的行政统治含蓄着两大难题。第一，为白种农商之要求自治。在南非洲及昔时西印度等处白人为数较众而可以实施自治的地方，则此种要求尤为难以忽视。第二，长期的和平，良好政府，及和西方文明的接触，常会使被治者生自治的野心，于是各种纠纷随之而起。此在印度为特确。究竟这种要求何时可以应允，如何而能应允，如何而又可不起危害，也许就是良好政府替自己产生出来的最难问题。

殖民地的经济自立 不列颠本为全世界贸易及财政的清算所，比较不发达各国的制造中心，工业革命的新状况一时更加增了它因这种地位而得的便宜，而它也敢于采用自由贸易，并废止关税及《航海诸法》。政策改变而后，尝把殖民地的商业利益看做不列颠商业利益的一部分，而且是附属部分的"重商主义"亦予以抛弃。自此以后不列颠不必把不列颠的殖民地贸易当做不列颠的专利而加以管束。"重商"制度既停止后，不列颠更为自由平等之无可免的逻辑所逼迫，而不能不许自治殖民地以自决关税政策的权利；如它们中有欲以关税保护它自己的制造业者，它甚而可以保护税加诸自祖国输入的货品。到了我们的今日这个自主的原则更在推行于印度。

但从最广大的方面看起来，不列颠的自由贸易政策，及不列颠之不再把持我们殖民地及属地之和外界的贸易，却除去了我们和别国龃龉的好多原因。第二不列颠帝国所包含者极广袤，如果它们和帝国各部不能有贸易自由之权，则纠纷其何能免？

殖民地的自治 海外各群社可有自治之原则仅为已失十三殖民地的，政府方法及庇特在上下加拿大开始采用的政府方法之推广。[1] 但责任国会政府的原则之得完全地且合乎逻辑地实行于自治地（Dominions）则实应归功于达剌谟贵族之明达及努力。他有他特殊的贡献，当辉格及保守两党大部的政治家正视分立为无可或免之时，他独能见到自由为保持帝国关系之良法，而不是分立之趋近。

帝国的团结 在19世纪将终张伯伦·约瑟夫（Joseph Chamberlain）大声疾呼之时，帝国的自觉心风靡了大不列颠及各自治地的全体。但后期维多利亚时代的希望，即这个自觉可以有某种样的帝国联邦及较统一帝国宪法来做具体的表示之希望，至今仍未实践。我们只见早已长成为自治地之殖民地今且在演进为各别的民族。第二不列颠帝国正在成为英语世界的国际联盟，而以君主（crown）为正式的结合。此帝国的结合究竟坚强到若何程度，则可于大战的经过中测之，大战盖诚非一纸纸上宪法所能应敌而不至摧毁者。

北美政策 19世纪不列颠政治家的北美政策有两个领域——加拿大的诸问题及不列颠和合众国的关系：两者又有密切的相互的牵制。我们应谢谢达剌谟贵族及后于他的厄尔金贵族（Lord Elgin），加拿大的问题于早年即得着缜密的注意及处置。但我们和合众国间关系的全副意义，在美洲内战以前，始终未被辉格党及保守党政治家或一般舆论所认识。

达剌谟及加拿大 1837年，加拿大有了两个即告敉平的叛乱——一是法兰西居民在下省发动的，又一是英语移民在上省发动的。幸而两部既彼此不睦而又无一愿和合众国联络，故和不列颠的关系并无中断的危险。但两省对于寡于同情的行政机关都有未惬之处。庇特在两省所设立的议会只有阻挠行政机关而没有推举或监督行政机关之权。[2] 如今则给予完全的负

---

[1] 见上第493页及第664页。

[2] 见上第664页。

责政府之时机已至。但这并不能说，祖国的政治家也会相信此即医乱之良法，或此法于紧随武装叛乱之后即可实行而不发生危险。对于殖民地情形之隔膜既深，而首先反对，继又通过《首次改革法》的政治家中能对于民主政治有坚定的信仰者也极稀罕。所幸者墨尔本贵族的辉格政府偶有极幸运的灵感，他们偶尔想到把他们能干而言词尖刻的同僚，达剌谟贵族，遣往加拿大当属不恶之事。在那个阁员地位的人物几无一是民主者或帝国主义者的时代，达剌谟既为民主家又兼为帝国主义者。他及他的秘书部勒·查理（Charles Buller）能见到完全自治之必要，且能于有名的《达剌谟报告》中有力地说出。

但是问题并不如是简单，它比任何在英吉利的英人之所觉察者为复杂，也比达剌谟自己未到该地以前所知者为复杂。他发现两个民族，一操法语，一操英语，于反对政府而外，又互相仇视。不列颠在西方的移民及农业已使法人在全加拿大中处于少数，但在他们自己的下省中，法兰西的农民仍比操英语的商民及实业家为多。宗教及文化上的分别益使两者间的隔离如水火之不能相合。要在那一代的下加拿大建立负责的自治政府不啻即鼓励政府的整个崩溃，或且鼓励两民族间的武装互攻。达剌谟有胆的建议是把两省并合起来，而设立一单一的，且有全权监督政府的民选议会。这样一个议会的多数自然会在操英语的人民手中。达剌谟的计划为1840年的《加拿大法》所采纳。法语人民固尝有一度的抗议，但随即服从。新的加拿大宪法，一直要沿用到1867年加拿大史上发生又一次的大危机之时始被变更，于其实行之始厄尔金贵族锐敏而自由的领导也极有功效。[1]

合众国·加拿大的国界 但是，要了解于1867年促成加拿大联邦的情形，必先回溯不列颠和合众国在近过去50年中的关系。卡斯尔累为外相时

---

〔1〕 达剌谟的报告虽在1840年在罗素·约翰贵族的主持之下为国会所采纳，但达剌谟本人则因布鲁安捣乱，而保守党的新闻纸籍此多所发挥之故，于1839年为墨尔本贵族所极不客气地召回。照布鲁安的说法，达剌谟的事绩极少荣誉，而所谓《达剌谟报告》者也全不是他的手笔。这种诬蔑之辞不幸在 Dictionary of National Biography 中尚有采为事实者。

有许多行动值得后世的感激；而其致力于两国间一种协议的成立，即两国在加拿大边境各不设武备，特别是界乎不列颠领土及合众国间诸大湖中之不得设置海军，更值得铭感。次年，他以同样的精神来开始划定两国向西的界线。这个危险四伏，而在未来一代中为丹宁街及华盛顿的政治家所共同注意的手续，决难有满意的和平的收场，如果两边向有盛大的海陆武备及尚武传习。

在卡斯尔累时，两国的界线，据协议所定，东起森湖（Lake of the Woods），沿北纬49度纬线西迄落机山（the Rockies）的极顶。至于落机山以西沿太平洋岸一带之地，则此时暂不解决，而留待日后再说。住居于那个统称为"俄勒冈"（"Oregon"）的极广区域中者，此时尚只有两国猎人及捕兽取皮之人，他们全赖太平洋沿岸以和外界交接。合众国及大不列颠之"共占俄勒冈"一时颇能保持那人烟稀少之地的和平，要到了"喧闹的千八百四十几年"中，美洲平民紧沿"俄勒冈足迹"（"the Oregon trail"），突过落机山而西进之时，形势始又一变。

美人正在膨胀的情态中。他们正在征服自然而移殖全洲，征服移殖之速又为世界有史以来所未闻。当时是墨西哥之战及肆言无惮的时期，然而这也正可表示他们对于无限制的膨胀及新运命的发现之一种真挚的，虽则也是太不检点的，出神及愉快。1844年总统的选举即基于"54度40分，否则打仗"而获胜，所谓"54度40分"者，盖即言两国在西方的界线应依北纬54.40之线，换言之，不列颠帝国将永无在太平洋沿岸发展的余地。但是加拿大和合众国无别，它有它的向西发展的权利。比耳本为我英最贤明的主和大臣之一，所以他虽是中正和平，而又坚持不示软弱。即在将近下台之时，他成就了重要或许不亚于取消《谷法》的一件大功；他居然能使合众国同意于卡斯尔累北纬49度原有界线的延长。界线的争执遂得了公平而且和协的解决。自大西洋直至太平洋延长数千哩而为眼所不能见的边界，只用两大民族的善识好感来守护着，而哨兵与剑及履及的武装则概不存在。

南北之战和不列颠舆论 理智及好意此番战胜以后,不列颠及合众国间的相互了解似乎可以摆脱战争及社会宗教的分别在昔所养成的误解及互猜而不断的向前挺进。不列颠的制度已不复如前之有严格的华族性质,而且正在渐次变成民主的制度;美人也不复如前时那样的褊狭,所以也可不再终日念念不忘于对祖国的旧仇宿恨。不列颠人移往合众国的新潮流本第17世纪以来所未有的大潮流,两国人民间因此而生的家庭关系,藉近代邮政之力,往往可以维持得极好。不幸英美间这种人和人的关系在当日只存在于平民之间,而平民在不列颠又尚无投票的权利。华族及上层中等阶级于此时尚未沾染和美人通婚或去美国旅行的习惯;当美洲内战于我们国际关系中引起一个新的危机时,握有外交之权而更得控制新闻纸及国会者,不幸只是他们而不是平民。

际战事的数年中判麦斯吞及罗素政府并无失态的行动。在病危垂死的亚尔柏特亲王之抑制势力之下,诸大臣得将横亘于我们政府和林肯总统的政府间之屈稜特事件(the Trent Incident)和平解决;而且,经过相当的犹豫后,他们终仍拒绝联同拿破仑三世来横加干涉,来助南方蓄奴的脱离派结束战事。但不列颠上等阶级的同情则大致祖护南方,且于《泰晤士报》,《判赤报》(*Punch*)及其他报中有极粗直的表示,而新英格兰的舆论则特别易于因此而受刺激。固然,此间对于蓄奴之制绝无同情可言,但林肯总统尝于战事开始时宣言所争者为统一而非奴制,好多的英吉利人对于美洲本不甚了了,他们又如何能彻悟这句话的全部意义?英吉利人之怀疑于南方之是否可以永远强留在联邦之内本就不是不可恕之事,及至林肯宣告叛乱的南方邦联中所有黑奴一体解放而后,英吉利的公论幸又转而渐向北方。至于常得布剌特·约翰,福斯忒·威廉(William E. Forster)等一班人开导的劳工阶级及下层中等阶级则始终站在北方的民治一面,而反对以奴隶为基础之共和国的成立。北方获胜而林肯被刺之后,其他之人亦赶紧和他们站在同一方面。但当战事犹在进行的时期中,不列颠的同情仍有依各人对选权扩充问题所持的态度而分裂为二的倾向。

北方以不列颠的公论为偏于叛徒，故极形愤慨；但南方则尝希冀得积极的帮助，故对于不列颠也无多大的好感。当时发展的一般趋势在两国本都利于两民族之相互了解，但美人对英的感情突于此时起了极坏的变化。这次的恶化既然由南北之战意外的情形所致，自不会永久存在，但它所发生的时间则于英美亲善的前途极为不利。仇英的爱尔兰人及和英吉利文化及传习不同的欧人此时正在大批开始来美，因此向在美洲共和国占优势的益格鲁·萨克森性质到了19世纪末年时已大有更动。

亚拉巴马的偿金问题 内战所移交下来的主要外交问题为亚拉巴马（Alabama）的偿金问题。罗素为外相时尝因疏忽之故，没有禁止那只闯祸之舰挂了南方邦联之旗，而潜自贝根赫德（Birkenhead）的雷德船坞（Laird's yards）开出以劫毁北方的商航。北方之恨英自然可以想见，所以于内战既终而后，政府竟要求过度巨数的赔偿金。两方的争执延长有数年之久，直至1872年始获在日内瓦解决。格拉德斯吞今已为首相，他战时表示同情于南方的失察之咎到今总算因他之能同意于让第三者来仲裁赔偿金的数字问题之故而得以未减。这次的仲裁为世界和平史上的重要一页。在19世纪的末10年中，克利夫兰（Cleveland）总统及萨利斯布里贵族间因委内瑞拉（Venezuela）疆界问题而发生的剧烈争端亦以仲裁来解决；所以后此美国及西班牙间因古巴问题而发生战争时英吉利舆论显著的比欧洲大陆的舆论要偏袒美国些。这两次的事件都可以证明不列颠对于合众国的政策及感情向持友谊的态度。

加拿大联邦 北方诸邦在内战中及内战后数年中对于不列颠的恶感，以及加拿大边界上爱尔兰飞尼党人（Fenians）的活动皆足以使加拿大警醒于它独立之有危险。幸而一代的完全自治已收了它的功效，所以不列颠北美诸自主的殖民地，除了纽芬兰以外，能自动的联合起来成一联邦，其意若曰自今而后无论国内国外再休想作合并于南邻大共和国之梦。成立此联邦的主要功臣为加拿大政治家麦克陶那·约翰爵士。附带的，联邦政策也恢复了法兰西下加拿大的自主，从今而后它只受加拿大联邦共同的行动之拘束。到了此时不列颠及法兰西两群社已习惯于共处，龃龉已无昔日之甚，而法兰西人也已能习用于国会政府的制度。

因联邦之成功，加拿大自治地能渐次地直接和合众国发生关系，而无须尽赖大不列颠的居中代理。加拿大统一的新意识在后数十年中也产生了加拿大·太平洋铁路，而西方的大地亦得让英语民族在不列颠国旗之下来开辟屯垦。那条铁路实是新的加拿大民族的脊骨。

澳大利亚　澳大利亚在19世纪仍另有它的世界，而和外界极少接触。它没有承袭着类同法兰西加拿大人的困难问题。它也没有如合众国那样的邻人。但它的一如加拿大的历史，它的也是若干殖民地分立的历史。各殖民地之间有荒漠远隔。但它们到了19世纪中叶已完全自治，到了末叶则已有遥长的铁路把它们联做统一的经济区域。到了1901年时则澳大利亚成一联邦的时期已至，犹之加拿大之在1867年时。但澳洲诸殖民地的联邦没有像加拿大联邦那样的密切。澳洲政治的特色为工党之早年得势，及平民之和"占住空地者"之力争平均地权及大田产的分散。排斥有色种族勿使来澳的政策及这个政策对于近代日本所可发生的影响，在近年内已能使澳大利亚强烈的民族主义知有团结起来一致对外之必要，而和不列颠帝国的关连之重要亦有新的认识。澳大利亚的理想是白人的，高大身材的，和平均生活标准很高的一个平等社会，为维持这个理想起见，它宁愿发展较迟而不愿有所迁就。

新西兰　使公众深信新西兰除了容纳摩立种族（Mori Tribes）外也可容纳别的种族者为威克飞尔德·吉本。他的创于1837年的新西兰会（New Zealand Association）建立了第一个不列颠居留地于该岛，而几被法兰西并吞的危险亦仅仅得以免除。新西兰于今仅有百余万的人民，它为不列颠自治地中的最小一个，但它的幸福及人缘却不在人下。[1]

南非和加澳两地的比较 南非洲的历史和别个自治地的有相似的地方，也有不同的地方。它也先成立了若干广大而有大漠横隔的群社，然后再有铁路的敷设，及政治的联合：关于此点，它和加拿大及澳大利亚相同。南非殖民及自治的问题也因别一欧洲民族比英人先入居留而起种种的纠纷；关于此点，它又和加拿大相同。在乌尔弗及梦坎之日，加拿大先有流血而后有安居，而在吉青纳及波太（Kitchener, Botha）之日，南非也经同样的过程。但不同之点亦多，南非联合中白人在今日仍只居全人口1/4。此尚不把土人的保护国计算在内。加拿大的气候天然宜为白人的国土，而殖民的历史更证实了这层；澳大利亚的某几部分本可供有色种族的聚居，但政策已将全洲保留给白人；但南非洲则异是，欧洲及非洲的种族并居于内地的高原而各得繁盛。白色的南非人已够众多，故先敢有自治的要求，继则能成功地自治；但这个事实对于土人的问题有不断的反响。

大移徙 不列颠自于拿破仑之战中将好望角的航海碇泊所并吞而后，即在桌山（Table Mountain）附近设治以管理为数甚少的仆耳（Boer）[2]群社。此为不列颠南非历史的起点。在起先时政府并无多大的困难，一因仆耳人在荷兰国旗之下，向不习惯于自治，再因此时尚无巨数的不列颠移民。但在千八百三十及四十几年中不列颠移民之来者渐众，故语言，法律及习惯的问题亦即发生。同时，全不列颠帝国中的奴隶亦悉数解放。仆耳人于

---

[1] 各个自治地在1921年（此后已有增加）的人口如下：
加拿大…………8 788 483
纽芬兰…………263 000
澳大利亚………5 435 734
新西兰…………1 320 275
南非洲…………1 583 920（白人）
大不列颠（英格兰，威尔士及苏格兰）有42 767 530。大战而后，爱尔兰自由邦已取到了自治地的地位，厄耳斯忒则为负责的自治政府。1921年时户口调查无法实行于爱尔兰，但它的人口当在450万之上。

[2] 译者按，Bóer在荷文本作乡农解，但专用诸南非之荷兰移民。

奴制之废除并无微言，但他们以为政府所允许他们的偿金并未全数付给。他们的意见也不是毫无理由。在同几年中他们在边远地方的农庄也未能得政府有力的保护，以致内地的土人常有侵袭之举。墨尔本内阁中并不胜任的殖民部长，格楞涅尔格贵族（Lord Glenelg）又属于当时关于土民问题专听某一派的传教士之一派不列颠官吏，所以仆耳人的下情更难上达。凡此种种边界农夫所遇的困难，再或加上多少冒险或好动的灵魂的趋使，实为大移徙（Great Trek）的原因。仆耳人皆扶老携幼，驱着牛车，越着草原而向内地进发。他们即止于其地；他们依着他们族长的制度而过他们的生活，读着他们巨大的《圣经》，繁殖他们的牲畜，猎取出没四围的兽类，更恃着他们百发百中的毛瑟枪及来福枪而抵御好战的土人部落之自后方来袭。

但这样的一种孤居独处在19世纪的非洲是决难久长的。初在那塔耳（Natal），继在瓦尔河（Vaal）的两岸，他们之后尘都跟着各式样的欧洲移民——传教士，猎人，农夫，采金及采钻石者，及资本主义的投机家。新式和旧式白人社会间之互哄在19世纪的南非洲竟成层见迭出之事，虽其形式又各有不同。

"马朱巴"政策　好战的土人部落之存在一时颇能阻止仆耳人及不列颠人之火并。但自不列颠的军队及官吏将咀鲁兰（Zululand）的骁民削平镇服以后，仆耳人也觉得比前安全。在此紧要关头，不列颠诸内阁，尤其格拉德斯吞内阁的游移不定，而不能早日决定一种可以解决屈兰斯瓦尔（Transvaal）仆耳人问题之方法，发生了马朱巴（Majuba）的不幸。格拉德斯吞承认了不列颠那次的失败，因为他深恐不如此则好望角殖民地（Cape Colony）的荷人也会响应在瓦尔河彼岸的同胞民族；因此屈兰斯瓦尔遂得恢复它的独立，而成为南非共和国。"马朱巴"政策本来也许可有成功的机会，但屈兰斯瓦尔金矿及钻矿的发达使那种可能的希望完全消灭。财富的争抢使富于世界性的实业家和精明的荷兰农夫间产生比前益著的相反，而在后者之意则宝矿固应由他来开发，即政权也应由他们主持。

罗德的大计划　此时罗德·塞西尔（Cecil Rhodes）及他的特许公司（Chartered Company）[1]正在屈兰斯瓦尔之西南两方开辟不列颠的领地。罗德西亚（Rhodesia）亦于此时诞生。这个向内地的冒险冲入一半实因罗德所持德人或会向大陆扩充他们德意志西南非的领土而令和葡萄牙属地衔接之恐怕而起；在罗德之意，这样的一个扩充，如果及时实行，则可以永远截断不列颠种族北向的去路，故他希望及早建立一个联络点，以使南非得和赞鼻西河（Zambesi）以北而李温斯吞（Livingstone）及其他不列颠的传教士尝于上一代中指出走向中非腹部的路线之区域，发生接触。更以北则为不列颠所占据的埃及。在罗德好胜乐观的精神中，自好望角至开罗（Cairo）的铁路自不难完全在不列颠领土之内经行。

这个富于实行的梦想者对于非洲的地理历史尝留下极大的标记。但他所为者并非全是他所始愿者。他愿意使不列颠及荷兰两族互相亲善，但他反而使两者成多年的仇敌。当他为好望角殖民地首相时，他因耐心不足之故，致和南非共和国克鲁革·保罗（Paul Kruger）总统——旧世界式的一个仆耳人——失起和来，而有武装攻入屈兰斯瓦尔的计划。"詹麦孙之袭击"（"Jameson's Raid"）使非洲荷兰人的全体一致大动公愤，大起猜疑，克鲁革亦因得尽量武装，而二次仆耳人之战卒以爆发。在国内主殖民部的张伯伦及在南非的米尔纳·阿尔弗勒爵士（Sir Alfred Milner），亦皆以为除了把争持的问题赶作一水落石出的解决外，别无第二条路可走。

二次仆耳人之战　第二的仆耳人之战，以及始料未及的挫败，及因仆耳农夫尽力混战抵御而致的长年不决，对于不列颠帝国有若干极重要的影响。第一，它埋葬了19世纪末尾弥漫一时之虚夸式的帝国主义；这种主义或精神，虽在当日也有它的功效，虽然使大众能了然于不列颠帝国的意义。但如果不及时收藏起来则定会在将临的危险时代中闯出祸来。仆耳人之战的严重性质使各党人民对于帝国的义务及使命都采一比前要健全心广的眼

---

[1]　见上第385页之注1。

光。第二，它也给了军事的效率及陆军的改革以在12年后有极大关系之一种新的激励：如果我们能不费吹灰之力而将仆耳人战胜，则我们也许永不能于世界大战中获得胜利。最后，它引起了加拿大人及澳大拉西亚人（Australasians）之积极且热心的助力，他们都来到南非为遇难的帝国出力。

战后的发展 罗伯兹（Roberts）及吉青纳两贵族在战场上所获的胜利引起了屈斯瓦尔及奥伦治自由邦（Orange Free State）的归并。《味立尼根格条约》（Treaty of Vereeniging）为我们取得了和平，但尚在荒芜的草原中挣扎而不肯屈服的民军（Commandos）亦得到了有面子的条件。大不列颠承认立即从事于已毁农庄的物质恢复，荷语及英语则应处于平等并重的地位，而完全的负责自治政府也应于相当时期内让给南非人民。凡此种种口惠均已实至。负责的自治政府于1906年即由坎柏尔·班涅曼爵士（Sir Campbell-Bannerman）设立起来，而南非亦遂获真正的平定。4年而后整个的尖角大陆成为南非联合的联邦，只有罗德西亚及某几个土著保护国尚未在内。尝于1902年坚持到底以抗不列颠陆军之波太及斯墨兹（Smuts）两将军在1914—1918年时且为南非联合对德作战的领袖，于是帝国在最危险的时候亦得着了不少的物质助力，而所得的精神助力则尤大。

印度的纷乱 蒙古帝国在18世纪的崩溃，及印度之沉沦于战斗无已的君王，酋长及好战的民群之一种无政府状态中，使不列颠东印度公司不得不有大规模的军事行动并负起极大的政治责任。法兰西人之启意把不列颠人赶出于印度更足以令后者奋勉，而令征服统治的进行加速。卫尔兹力贵族为第一个总督之能见到努力进取，直到"不列颠的和平"为印度各邦所一一采取接受而后止的必要者。但他的马拉沙之战虽然遏住了无政府状态在半岛东部及南部的猖獗，印度中部的纷乱大来源，仍丝毫未受限止。卫尔兹力退任而后，政府且尝一度企图限制不列颠的责任，而停止继续向内部前进之举。[1]

---

〔1〕 见上第666~667页。

海斯顶斯的武略 但事实不久即指出我们对别部分的纷扰决不能袖手旁观。那一边纷扰势必越过无防卫的界线而侵入这一边，北印度及中印度的紊乱连带使别的部分也不能安居。海斯顶斯贵族所以又恢复了卫尔兹力贵族的前进政策。他以武力来平服了尼泊尔的廓尔喀山民，自后他们之国遂永为我们友好的同盟，且为印度陆军的募集之地。在他的时候，中印度的马拉沙酋长及劫盗为生的部落，亦经第三次马拉沙之战及品达里斯之战而有最后的征服。6年而后，因为缅甸人侵入阿撒姆而攻击印度的西北之故，而有首次缅甸之战，但结果则为我们之开始并吞缅甸。经了1853年及1886年两次的事变之后，缅甸且完全为我所有。缅甸人为信佛教的种族，故在宗教及种族上俱不属于印度本部的一幅多彩嵌工；但不列颠所用以治理这东陲以外的土地之制度则大体上仍为印度所用的制度。

奔霆的文治 在海斯顶斯贵族及安麦斯特贵族（Lord Amherst）两任之后，在西北边界问题及和阿富汗的帕商人（Pathans）及盆查布的塞克人发生的接触令我们又重新开始一阵的征并以前，海斯顶斯贵族的威武政策有十余年的暂停。在此和平的时期中，不列颠统治的恩德方面及对于印度人所负的一种代管责任的意念为奔霆·威廉贵族（Lord William Bentinck）及其他忠勇有为的公仆所充分注意。代管责任或委托的意念在别的以征并著名的不列颠统治者——自克莱武及海斯顶斯·华伦，经卫尔兹力及海斯顶斯贵族，以迄麦特卡夫（Metcalfe）及罗凌士（Lawrence）兄弟——之心目中当然也并不缺乏。但奔霆贵族之必须征服的强寇无过于在印度大道上世以杀人越货为生的恶盗（Thugs）之可怕，而其必须捣破的抵抗，除了半热心地拥护焚死孀妇的恶俗（Suttee）者之抵抗以外，也无别的。他的胜利都是和平时的胜利。

东印度公司的治权 东印度公司垄断不列颠和印度的贸易之权已于1813年废止，20年而后它对于不列颠和中国贸易的垄断权也被取消。"约翰公司"（"John Company"）不复成为经商的团体，但直至1858年它仍保

留着政权的形影,虽则政权的实质早已归于国王的大臣。1833年所颁新的特许状中有下列一语:"凡印度的土人,或诞生时即为国王臣民者,不得因其宗教,诞生地,家世或颜色而取消其任官受雇之权。"这个宽大的让步可以代表奔霆的政策一种的倾向,但训练印度官吏以使他们能和不列颠同僚一同任事之工作尚有待于创始。奔霆及其同时之人对于此项大任颇能赴以毅力及热诚。

在此时期中欧人及印人间极少何种的恶感。未有不列颠治理以前的情形犹在印人目前,故他们对于不列颠人的感激尚有存者。英吉利人及苏格兰人之在印度者尚极少数,而且大多数又都是经过选择之人。他们尚不够众多,尚不能自成为一种社会。他们和祖国有6个月海程的远隔,又往往毕世不能再返。印度是他们的第二家乡。通婚虽极稀罕,但尚不为习惯所禁。色的情感在英印两方都尚未至如在19世纪末时那样的强烈。印度人所知关于英吉利或欧洲者等于零;在他们心目中,他们的统治者不啻是从天而降的奇人,常胜人,而比他们所知的神祇或君王之大多数为宽仁有道。然而这种可庆可幸的情形是无法可以永久存在的。即使我们不采我们行于印度的教育制度,而另采别一制度,无论如何总得发生的变动之是否能因此而改善或更恶,只是一个无关宏旨的空问题而已。

言语及教育的问题 在奔霆的任期内,政府始决定以英语为教育及行政特宠的媒介。关于文字问题的争论实决于马可雷(时在加尔各答为参事院会员之一)所提强有力而微嫌自信过分的理由。但我们也不易相信,除了英语外,尚有别的文字可获永久的采用。印度既然须受统一的治理,则势必有一公用的语言。但何人得以强迫不列颠人及印度人于教育及行政时硬采从庞杂的东方语言中武断地选出来的一种?

但英语的教授也含着某几种的危险,而后世又没有用正当的方法来将此种危险避免。一个有为的,于过去几世纪中已有了各种自治的技能的,视自制及公共治安为必然之事的,白色种族自然地会三致意于它的诗文及它关于自由的政治哲学，而视之为生活的大宝。但这些土制的理想，如果被人类经验和我们绝不相同的听众所闻见，或会发生奇异的影响；有人尝说我们在印度之所为乃在图"以反叛的文学来养成一个能胜行政的种族"，此言盖不无相当的真实在内。学校的课程中亦自必不免有错误之处。但那班以为印度学校中不教西方的语言文学，则近年所有的困难俱可不致发生者，实未尝想到如何极力地印人即在1835年时已在要求学习英语；他们自己的文学及思想之复活，应归功于和西方智识的接触者究有多少；永远地不让和我们同奉一王的人民得知西方的科学学术是如何的小气且如何的终不可能；也未尝想到政府方面如不从他们所极力表示的志愿，而欲强使他们处于愚昧的状态，固然一定不会成功，但此种失败所引起的危险又为如何之大。

阿富汗 经奔霆时期和平的整理团结而后，前进的运动重又开始。千八百四十几年中的战争及解决，在大体上定下了西·北边陲的政策及地理。我们对于阿富汗的企图，我们之想收取阿富汗，卒致有喀布尔（Kabul）撤兵时全军覆没的奇祸。然而此次的失败也许即是幸福的化装，因为日后我们确知印度半岛的根本和平及根本安全，全恃阿富汗之能为界乎俄罗斯及不列颠两大强间的一个缓冲国家，而我们则和它亲善。因为有了一独立的阿富汗存在，我们才能从不和亚洲俄罗斯发生武装的冲突。

塞克人之战 我们被挫于山地后的数年中却并吞了新德及盆查布，因此西·北平原的大流域又入我手。盆查布的塞克人我们或可称为"抗议"印度教徒的一种民主宗教团结，他们之保卫印度的平原而不让回教的山地部落之被糜烂，或中印部落之被侵入者盖历时已久。他们的大首领兰桀特·新格（Ranjit Singh）尝以欧洲的方法来训练塞克战士，他又和英人维持亲善。但他死后，他的赫赫的军队突然渡过萨特勒日河而侵入不列颠印度起来。因此而起的剧斗如穆德岐，索布剌温及企梁华剌（Moodkee, Sobraon, Chillianwallah）等等之战，论其争斗之烈，不列颠在印度所经的兵事盖无出其右者。战争得来的胜利又有罗凌士兄弟的文治以为继。他们在盆查布甚有德政，故塞克人能诚心的归附，到了兵变的风潮突发之时，罗凌士·约翰且能利用新近得来的盆查布为重行征服已叛的乌德之军事中心。当此急变时阿富汗已和英人极好，所以英人得以倾西·北边陲的驻军以应付乱兵，而不虞有何危险。

兵变 兵变为不列颠军中几团印度兵之变叛，其中且有一大部分的炮兵。平民为旁观者，他们并不参加。引起变乱的冤苦实为军士的冤苦，而酿成之者则为管理的不善或处置的不宜，好比不介意地发给印度兵以神圣之牛及可恶之猪之脂肪所涂过的子弹等等。

孟加拉陆军的哗变始于米剌特（Meerut）。它的近因为不称职的官长之瞎作严峻，但事变发生而后则他们又手足失措。变兵中有直趋没有不列颠军驻守之德利者。德利立即失陷于变兵；孔坡（Cawnpore）则经三星期的坚守而陷落；除了罗凌士·亨利爵士因死守而捐躯的办事大臣区（Residency）以外，卢克瑙（Lucknow）亦完全陷落。即在这恒河的上流区域，当时已在印度的不列颠人和未变的印度兵于1857年夏奋勇作战而获得胜利。他们"我们一手成功"的自夸大体上是不诬的，虽则他们仍须赖来自英吉利的援兵之数月的认真作战始把乱事敉平。尼科尔孙（Nicholson）及罗凌士两兄弟的，哈昧罗克及乌屈篮（Havelock, Outram）的，坎柏尔·科林及洛兹·休（Colin Campbell, Hugh Rose）的战绩，以及他们所组成统带的小小队伍，德利斜堤脊（Delhi Ridge）及喀什米尔城门（Kashmir Gate）的故事，以及卢格瑙的援救和最后克服：凡此种种使不列颠的威严不特复振于印度，抑且复振于欧洲。我们在克里米亚之时尝因军队之缺乏组织而名誉扫地，但今则又差可掩盖宿耻。

所以火势尚未蔓延中印度之时，烈焰已经完全扑灭。孟加拉的大部及玛德拉斯，孟买及西·北之全部仍矢忠不叛。强大的土著国如卖索尔及海达拉巴亦始终未变。兵变的一个结果为大贺胥总督急急于吸收土著保护国的土地的政策之中止，虽则他的用意完全在使仁爱的行政有广被的机会。老实说，大贺胥之并吞乌德间接即促成了兵变的发生，因为乌德就是兵变发祥之地。自1857年以来，土著国家一直被视为不列颠统治必要的栋梁，在最近数年不列颠直接治理的诸省内常生困难之时土著国仍甚可靠。

1857年之变虽是军队的哗变而不是人民的叛乱，但毕竟和印度大众舆论的畏惧心及不安心有多少的关系。印度的欧化愈速，则民众舆论的变化亦愈速。大贺胥之热心于改革及进步使印度得到好些新奇的事物——铁路，电报，及欧洲效率和卫生之标准。

兵变后的进步　兵变而后这些事物仍进行不辍，印人亦渐渐习惯。于是印度有长期的和平及良好的行政。1858年不列颠政府更代东印度公司而为正式的统治者。1877年维多利亚女王复从的士累利之言而用印度的皇后之尊称。

不满足及让步　在统治者及被治者的内心中流血及种族斗争的回忆虽仍如幻梦的潜伏，但兵变后多年中，好政府的种种工作确得进行而无阻。饥荒及疫疠得因科学的方法而克制，而财富及人口亦有空前的增加。

那真是有利于千百万无告人民的可贵工作，但当那些有成绩的年头先后过去而未生一波之时，官僚政治亦在沾染着任何专制政府所不能免的缺陷。它只想到已成的良好工作，而对于政治空气中的变更则绝少留意。如果在上者早日即能予初起的，忠君的民族运动，如同千八百八十几年及九十几年的印度国民代表大会，以相当的让步，也许将来的途径可以平坦许多；但和缓的批评，当其初发之时，往往被英人所视为谋叛，及至英人能不以谋叛视之之时，则它又确已不亚于谋叛。

在19世纪的末10年中颜色的自觉在两方也都有增加。在印度的英吉利社会已比昔年大而自足，且因海程缩短之故，和祖国的关系亦较前密切。在又一方，有教育的印人也开始远瞩高山大海以外英人及别的白人所自来的世界，开始知道白人统治的现象仅为历史及科学的一个事实，而不是一种天命。民族及民权主义的欧洲之政治思想他们也有惊人的熟谙，而且他们的心胸中对于洋主人的新式办法又生了一种种族性及保守性的反抗。日本人之战胜俄罗斯变更了一切亚洲人所持对于白人称霸各方的态度。在新的20世纪中，好多有教育的印人表达了一种仇视的态度，且往往杂以反叛的心思及政治罪的尝试心。而且智识阶级的反英宣传对于思想保守智识未开的农耕民众也非完全没有影响。

为应付且抑止这种严重的骚动起见，让步的时代随即开始。关于孟加拉分区的问题，一位伟大副王的行政决定数年而后为伦敦所撤消，撤消的用意则在服从民众的公意。副王民托贵族（Lord Minto）及印度大臣摩黎·约翰（John Morley）合作而成的《印度参事院法》又与立法参事院以民选的部分及参议并批评政府的行为之权。在1911年乔治五世又以国王皇帝的资格于新都德利接受一盛大的朝贺（Durbar）。他是第一个在位的不列颠君主之亲幸印度者。

世界大战发生之时，印度仍矢忠不变，且帝国在亚洲及欧洲俱深得其助力。此后困难，让步，运动及反运动又相继而起；我人居处于中，自不能不为担忧，可是也不能没有希望。

第四章

维多利亚朝的下半期

格拉德斯吞和自由主义　美洲内战中北方之获胜及判麦斯吞之谢世两者汇合起来发了一个信号，叫英吉利的政治再开始向前猛进。新的过渡时期中的领袖为格拉德斯吞。他为时代的政治精神之具形，而它的诚恳，它的乐观，它的信托人性及使它的理想主义不徒成空言之立法及行政细节的勤慎将事在他而都实现于形体。格拉德斯吞完成了辉格旧党变成自由新党的手续，且藉了他首次且最伟大的1868—1874年内阁的立法，补足了久已到期的制度变更。判麦斯吞领袖自由党的特殊职务在领导社会的进步，但判麦斯吞的领袖却迟延了党的活动。今则改革之来有如怒潮的澎湃，惟抵抗之力不大，故暴烈之事并未发生。

的士累利的开通　操纵贵族院否决立法之权的保守党在同时候亦落于明达者之手中。的士累利于1688年尝写给女王道，英吉利首相"永不宜有""热烈的素养"，[1] 他之此言诚不仅对于格拉德斯吞一人而言，即他自己为首相时也何尝不受此言的拘束？但他也尽可加上一句，尽可说反对党的领袖也不宜有"热烈的素养"。无论如何，保守党首领多问善疑，明于观

---

〔1〕　译者按，原文为"a fund of enthusiasm"，意即为首相者应头脑冷静，不应过于热烈之意。的士累利此言本为责备格拉德斯吞而发。

察的保守党首领本人确宜于"教育他的政党"的工作,甚且宜于亲自主持进步事业的工作。但没有格拉德斯吞比较热情的性格,则1868—1874年的立法大功仍是不易有的。

密尔 站在过渡时期的政治家之后方者又有政治哲学家密尔·约翰·斯图亚特。他的著作于千八百六十几年及七十几年时对于有教育者的意见有极大的影响。他把边沁的功利主义大加刷新,而一洗其狭窄的放任主义的色彩。他宣讲他完全民治的主义,他以为男女人人应有参加中央及地方选举的权利。但密尔也知道宜于民主机械的工作有它的限制,所以他愿有专家主持的行政各部来领导平民,并供给政客们以专门的知识。他说,"权力可以分于各地,但知识为得用起见务须集中在中央"。槐特和尔吏员的专家行政和丹宁街政客及全国选民的政治行动,两者之互相衔接,互相辅助,实为密尔好政府主义中的重要部分。这种思想在科柏特的旧式激烈主义及纯粹的放任学说中并无存在。

他在《妇女的压制》(*The Subjugation of Women*)中所提倡的女权,虽则在当日未能遽使妇女取得选权,然有促进世人尊重妇女的个人自由及相信妇女教育的重要之功,所以在维多利亚的后期,妇女教育有一日千里式的空前发达。妇女在我们今日的社会中所得的地位实不能不归功于密尔及奈亭给尔·佛罗稜斯。[1]

牛津运动 密勒的《自由论》[2](*On Liberty*)是站在思想及讨论自由方面的一种请愿,因为这种自由当时虽为法律所不禁,而为习俗限制得极严。新兴的一代即浸润于这个信条,而且他们所享的自由也不限于政治。当时也是达尔文惊人的进化解释引起首次彻底讨论的时代。《族类的原始》(*The Origin of Species*)和《自由论》出版于同年——1859年。剑桥于是时亦正在开始自然科学的荣誉考试。溥西、岐布尔及纽盟(Pusey, Keble, New-

---

[1] 见上第731页。
[2] 译者按,严复译作《群己权界论》。

man）——未依罗马以前的纽盟——在牛津发轫的"运动"也走出黉舍的旧家而和教社及国中精力的其他新鲜来源相会，有时且相融合。毛里士·腓特烈·得尼孙及金斯黎·查理（Frederick Denison Maurice, Charles Kingsley）的所谓"耶教社会主义"把教社对于民主政治及工业革命所产生出来的社会问题之关系也完全改易。经过了达尔文学说的争论，并凭藉了历史方法和知识的发展，昭厄特，斯坦利及科楞索（Jowett, Stanley, Colenso）一派的近代派神学也得到了容忍及重要。教社于它本身以内盖在开始包含着可和外界各种互争的潮流相呼应的分子，而不复只是专和某一种潮流抗争的狭窄团体。沿好几种的方向，智识都有迈力的增进——而诚恳的增进更甚。国内及海外传教士的精力都似得了新生命似的。新西兰初殖民时主教塞尔文（Selwyn）具有一种圣徒的及民主的精神，即祖国的教社也深受其影响。教社僧侣于其和世俗人的关系中之功罪和在随随便便 18 世纪中之功罪截然不同。[1]

教社的改良 教社租税分配不均的积弊已经为比耳及辉格党人，及他们于《首次改革法》后所委派的宗教委员团（Ecclesiastical Commissioners）所改良。所以在种种方面，教社确新有了可以抵御因 1867 年选权之更有扩充而发生的任何攻击之预备。无疑的，它所享特权中之多种，尤其在大学中者，势非放弃不可。但国教的抵抗力确比 1832 年坚忍热心的教社中人连《首次改革法》也视为将引起废除国教及停止捐建而加以反对时之抵抗力为坚强而又富于弹性。

职工会及合作社 要列举千八百六十几年中许多别的智识生活及社会改革的运动将未免过于冗长。就其最重要者而言，一为精巧工艺的工人，尤其是工程业的工人之组织极大的职工会，又一为合作运动的发达。此项运动既可训练巨数的工人使习于业务的好习，俭德及互助，复能使他们脱

---

[1] 参看上面第 582~583 页。关于千八百三十几年及四十几年中的教社史，读 Church 副主教的 *The Oxford Movement*，及 W. L. Mathieson 的 *English Church Reform*，1815—1840。

离肆主的剥削，并给他们以影响国家生活的一种力量。

格拉德斯吞的首次内阁　《二次改革法》所提升的阶级，于1868年初次行使他们的选权时，大大的增加了格拉德斯吞所领导的政党中之激烈成分，而他也因得有极大的多数供他趋使。他的首次内阁实是英吉利史中第一次堪称自由党而不复是辉格党的内阁。在1868年时，保守主义及社会主义都暂处于停止的状态中。这种状态当然不会长久存在，但格拉德斯吞在他一生最伟大的6年中颇能充分利用它来予我们以近代的事业及革新的制度。如果没有这种事业制度，则我国将无应付日后社会及帝国问题之充分准备。在那些年中，大学广开了它们的门户以欢迎信任何宗教之人，全国初等教育的制度首告成立，陆军的改革有了起点，员吏之公开考试推及于文职的全部，《投票法》通过于国会，而和解爱尔兰的政策亦有了起首的步骤。

爱尔兰的土地问题　1845—1846年的爱尔兰因番薯无收而发生的奇荒使爱尔兰人有大批移往合众国及不列颠殖民地之举，驯至到了19世纪之末，人口本嫌过密之岛的住民，已由800万跌落到450万，即极高的生产率亦于数无变。但凶年后之20余年内，政府对于爱尔兰农民所受于英吉利地主的冤抑仍若熟视无睹，不作丝毫的救济。地主按照年代已久的爱尔兰习惯，得以厚敛田租，更得驱逐佃户，但他自己则并不投任何之资于土地，并不力求改善土地，他只让小耕农自己去起造他的茅舍，并设备农庄一切应有之物。这个制度本和在英吉利的大不相同，而利用它来榨取爱尔兰人的地主既和佃户不同种族及宗教，又常常住在邻岛而坐享他的经理人取自耕种爱尔兰土地者之手的入款。

凶年后的20年中，塞尔特的爱尔兰因衰疲过分，故没有激动的能力。但美洲及殖民地中爱尔兰移民所获比较可观的财富，以及他们有组织的恨英运动，不久即对于祖国发生影响。美洲内战终结后所发生的飞尼运动，使英人很不舒服地忆及爱尔兰问题之仅被忽视，而并没有解决。

格拉德斯吞为政治家中能认真地谋和解爱尔兰者之第一人。他 1870 年的《爱尔兰土地法》固然所成极少，但它为英吉利人对于土地问题首次的正式承认，且 11 年而后他更以法律来规定公平的田租及租期的保障。土地问题历久未能解决，在土地协会（Land League）之时更有抵制及农业罪恶来大凑热闹，而其最后的解决尚须有待于保守党政府之将英吉利地主在爱尔兰所有的土地悉数收买，但当格拉德斯吞首次的政府时，除了格拉德斯吞本人以外，英吉利人民之能基本认识它（爱尔兰的土地问题）及它和英吉利土地问题间之根本不同者极少其人。好多的自由党人和保守党人同样的不欲干涉"自由契约"，因为他们尚以为爱尔兰的地主及佃户之间真有自由契约之存在者。

爱尔兰的宗教问题　宗教问题则比土地问题要易于解决。深为密尔的哲学所训练的智识阶级，及已于《二次改革法》中获得真实的解放之违教徒皆能认真地奉宗教平等为他们的圭臬。他们共戴的领袖格拉德斯吞本是新派的一个高教社派，在他的头脑中牛津的宗教原则已能和政治上的自由主义融而为一；他的教国的见解已不是他在 30 年前于他所著而经马考雷批述过的一本书中所说。所以，如果宗教的平等可以和解爱尔兰的话，则那个和解的工作在 1869 年时已可着手，而且真的实现。爱尔兰抗议国教之废除及部分的停止捐建格拉德斯吞能以练达的手腕及同情的态度来完成，而且他之为热心的教社中人（Churchman）在谈判进行时也予了他以不少的方便。贵族院及主教所取的态度本已和他们先人在千八百三十几年中对于教社问题所取者截然不同，所以于法案经过贵族院时也只斤斤于条件之争，而始终不作根本的反对。

大学的开放及增设　格拉德斯吞为自由党的教社中人，而又为违教徒及学界中拥护宗教平等之人的领袖；他这两种资格于纯粹英吉利的大学及教育两问题之解决也有极重要的助力。以国会法律来改革牛津剑桥之举本早已愆期，但到了千八百五十几年时始经格拉德斯吞能干的处理而有首次大学委员团的设置。委员团虽可开始研究，而教社之垄断大学则尚未至取消的时期。要等《二次改革法》及1868年的总选以后，准许信仰，或竟不信，任何宗教之人候补各书院的生员或大学职位的法律始获成立。伦敦及达剌谟两大学先此已经设立，在19世纪末年及20世纪初年中英吉利及威尔士的各处更有别的学院及大学诞生。至于苏格兰则早有不少数目的大学存在。

教育的改进 大学教育不复成为极少数人的专利后，中等教育亦渐次改良，且及时推广。亚诺尔德·马太（Matthew Arnold）尝一度言之过甚地宣称为欧洲最落伍之英吉利中等阶级的教育状态到了19世纪末年盖已大有改进。教育及文化渐次普及于中等阶级后，体育及知识取乐以外的取乐亦愈有同样速度的发展。19世纪初叶勤劳的商人社会的清教主义[1]越是为式样繁多的生活新标准所代兴，则各阶级之要求闲暇及娱乐亦越是年甚于一年，虽则我们应声明，新的生活标准并非个个是胜过旧标准的一种改进。

初等教育亦因福斯忒·威廉·爱德华的《教育法》而有全国通行的制度。凡没有学校的地方，即应设立一个受民选学校委员部（School Board）监督的学校，在这个公立的学校中，不分教派的宗教课程是可以有的。凡已有学校的区域中，那些"自费设立"的学校仍可继续存在，它们大多数都有的宗教性质亦继续没有侵害。为责令其维持相当的标准起见，度支部且给以相当的补助费。增加的补助费令违教徒大失所望，因为如此一来，他们在农村区域中的儿童仍须就学于这种教会学校，而无所逃避。但此法之所以能通过上院者正因其对于这点有了妥协。如果它（法律）引起党内一部分的不满而对于自由党为有害，它却对于全国为功臣。它终究给了英吉利以一种能读能写的人民，它给了贫民区域中无数失养的儿童以一种训练及纪律，它也发动了此后半世纪中伟大的教育进步。

陆军的改良 格拉德斯吞的首次政府也开始了久已愆期的陆军改革，

---

〔1〕译者按，当作寡欲之意解。

并创立了和半岛及克里米亚时的组织截然不同的近代军事制度。陆相卡德威尔之名应和这些改革共垂不朽。和他处于反对地位者有女王堂兄剑桥公爵（Duke of Cambridge）所领袖的一班老年将校的成见及已定利益。但政府仍能通过若干极重要的改革。它废除了双层管理之制，它把近卫骑军置于陆军部的管理之下，换言之，即总司令须受陆军大臣的指挥。它也废除了购买委任状的制度，由是而家道不丰者也不致因无钱而有不获擢升之苦。它创立了短期的应募制度，由是而我国首次得有正当的预备军。凡此种种更改使日后作战的效率得以大增，此点我们盖可于武尔兹力·加涅特爵士（Sir Garnet Wolseley）在亚洲及非洲攻打有色种族的诸役中觇之。第二次仆耳人之战的较不舒服的教训予我们以继续改革的激励，于是我们得于1914年有一富有实力的远征军及领地军（territorial army）。

员吏制度的改良 引起废除陆军中买官制的一套意思也引起了公开竞争考试以取录员吏之制。此制经格拉德斯吞1870年的立法而达于完全。[1]

经过了6年的活动而后，格拉德斯吞首次的内阁已完成了它的使命：阁员诚如的士累利"一列爆发已尽的火山"之适当比喻。他自己尝很机敏地让他们的溶石喷出，而贵族院则也不阻止他们政策之成为事实。全国所尝期望他们的工作本已大体完成，故一个自然的保守反动亦于1874年的总选中开展出来。

的士累利的内阁 于是的士累利便于他70岁时首膺首相的大任。他的政府的工作，无论于内政或外交方面，都留着了他自己的思想之印象。

的士累利的内政 于内政方面他极欲表示新的保守主义和社会改良的关连，及和劳工阶级亲善的关连。他和他能干的内相克洛斯·理查（Richard Cross）两人以1875年的《公共卫生法》及《工人住所法》来和贫民区及不卫生的情形宣战。这种设施以及格拉德斯吞于1870年所设立以和地方

---

〔1〕屈勒味林·查理爵士对这两种运动都尝有极大的首倡之功。他曾经服务于印度及英吉利为文官。（译者按，此人即著者之祖父。）

机关日常增加的活动合作之地方政府委员部（Local Government Board）[1]的继续工作实为末减社会痛苦的势力。不幸坏的建筑及坏的城市设计在过去100年中已有长期的发达，所以它们也从未能为较好的建筑及设计所赶上，所代谢。

改良建筑及设计固难，而限止丑陋及单调之日日蔓延扩张，之时时在毁坏前工业世界的美丽及多样更难。诚然，国家愈是繁荣，愈是进步，则那个永不停的丑化工作也进行愈速。人类一有机器为工具后便不能不把美丽糟蹋，无论他所做者为何种工作。[2]

的士累利也解决了职工运动的问题于一时。职工会运动本来时时发生问题，无时或辍，但的士累利此次适在问题极紧急时有所解决，故为功更大。1867年，半因管理比较不善的职工会中的几个于瑟斐尔德（Sheffield）及别地方有犯罪的暴行之故，法院的一个判决似乎剥削了全体职工会自1824—1825年立法以来所一直享有的自由。因此职工会便有很持久的激动，它们的立场且得休兹·托姆及哈礼孙·腓特烈（Tom Hughes, Frederick Harrison）的赞助及拥护。劳工者于1868年本投了格拉德斯吞之票，然而他们关于此事实未尝从新政府获得满意，故职工会的一般会员莫不极为失望。的士累利则于1875年通过了《雇主及工人法》，而此问题于多年中亦暂得满意的解决。

的士累利的对外政策 于外交政策方面，的士累利使他所领导的政党复成为力主维持不列颠的民族利益者。保守党和民族利益间的关连自滑铁卢以来本并不十分看得出来。自《维也纳和约》以后，昔尝大有功于那个

---

〔1〕译者按，英吉利的Board极难译。本书中把一人独为首领的行政机关如Secretariat及Ministry等译为部，但Board则为委员（Lords Commissioners）制度，而又不能和委员团（Commission）或委员会（Committee）相同，故译成委员部。

〔2〕下段写得很好："19世纪并没有攻击美丽。它仅不过把它践踏于足下，结果我们的平民群社于诞生时即有萎缩之形，而要恢复那个自铜器时代以迄工业革命将它暂时毁坏时向为开化人民的特征之一的审美观念或形体美之爱亦正非易易。"——见《泰晤士报文学副刊》，1924年4月25日。

欧洲解决的托立党或保守党，有时比判麦斯吞及其徒党更要笃好和平，因为辉格党及激烈派对于1815年的解决并不若何尊敬，而对于大陆上愿欲推翻它的民族或政党转表同情。殖民地也不能使保守党人比可以达剌谟贵族自夸的敌党发生较大的兴趣。在1852年的士累利自己尝以"横加我们颈项的磨石"比"这些废物似的殖民地"。但他对于新状况锐敏的认识使他的眼光一变，故他于老年时转力求新获选权的不列颠平民之能以帝国自骄，而能对"有精神的外交政策"发生兴趣。固然，人民对于殖民地的兴趣犹在萌芽时期，须在下一代中，在张伯伦·约瑟夫的领袖之下，始充分发展。的士累利主要的用武之地为近东。他之为英吉利购买苏伊士运河的股票开始了我们和埃及的关系，这个关系于他死后之不多年内且产生极重大的发展。在1876—1878年时，他和格拉德斯吞于他们愤怒而雄伟的争论中，又激起国人对于巴尔干战事及屠杀的剧烈情感；如果没有这两位天才的宣传，则这种战事及屠杀将仅似鸢鸦之斗争于远方，而与英吉利绝对无关。

近东问题　的士累利，即今之比康斯斐尔德贵族（Lord Beaconsfield）以不列颠政府的力量来助欧洲土耳其之阻挡俄势前进；而退居于反对党的格拉德斯吞则大声呼斥土耳其"在布尔加利亚的凶残"，而使一半不列颠人的公论俨成为东方被压迫耶教民族的最大救星。当时的情势甚为奇怪，而于内部分裂的我国危险滋多。幸而俄土间的冲突得《柏林条约》而告一结束，而俄罗斯和不列颠间的战事可不致发生。这即所谓的士累利的"荣誉的和平"。他确实已使英吉利于欧洲国际间的地位重又重要起来，而使人不得不尊重它的意见。但土耳其之重获统治已解放的马其顿人（Macedonians），且重又统治了30年之久，究竟是否为英吉利之所应要求，则至今仍是一个疑问。好些熟知巴尔干情形之人则深以的士累利之未能于《柏林条约》中坚主为马基顿人置一耶教治理者，而保障它的政府之有道为遗憾，即使他们（熟知者）能赞同的士累利反对以它划入新兴的布尔加利亚之理由。他们所提的办法如获实现，则20世纪巴尔干斗鸡场中种族相仇之可少凶烈些亦正是意中事。

托立的民主政治 1880年的总选推倒了的士累利的政府，次年他亦于退休生活中逝世。他尝变易了保守党的性质，而使之能自存于民主的新世界中：他要上等阶级诚实地接受国内已变的状况，要他们不再因特权的失却而坐在家中发气，要他们走入通衢大道，以爱国的热忱及帝国的利益来博得民众的归从。下10年中格拉德斯吞在南非及埃及的错误，以及他的本国自治[1]的提案皆足以替这样的一种宣传供给极好的材料。上等阶级以全国共同的利益为立场而诉诸下等阶级以求赞助的原则，于的士累利死后，更表现于为纪念他而设的樱草协会（Primrose League）及保守党人满遍全国的会社（Clubs, Associations）。在1880初年中，"托立民主政治"的意思更从丘吉尔·蓝多尔夫贵族（Lord Randolph Churchill）陨星似的短期生涯中得到一极大的激励。

民主的政党机械 同时候，激烈派领袖张伯伦·约瑟夫亦正在凭其毅力而将各地方的自由会（Liberal Associations）——被谥为"考刻司"（"Caucus"）者——联合起来而成为全国自由联合会（National Liberal Federation）。他在柏明罕地方本有极大的个人权力，该地的"考刻司"也曾有显著的成功，今则地方的组织且成为全国各处所效法。自由党固这样，即保守党也是这样。陈诉于民众及细密的机械组织成为今后政党选举方法及政治策略中不可或少之物。旧式的腐化及旧式的引诱正在为新式的腐化及新式的引诱所替代，但新式的理想主义及新式的矢忠于公务之心也有勃起。近代组织的完密及政党宣传的周到至少有一好处，它们至少能使大不列颠的国会政府不会发生因民众对于选举及政治缺乏兴趣而起之失败。而且主义的真正不同，阶级的利害冲突，及本国自治等大问题之存在，使组织极完密的两党亦不至仅为争权夺利的工具，它们究是有所分而分的政党。[2]

---

〔1〕译者按，home rule普通作地方自治，但此处作本国自治以示特指爱尔兰之意。

〔2〕本时期中不列颠政治的变动在Ostrogorski的 *Deniocracy and the Organization of Political Parties* 上册中有冷静严刻的解释。

格拉德斯吞的二次内阁 格拉德斯吞的二次内阁并无首次那样的赫赫有功。自由党在1880年时和在1868年时有别，在前时它有它自己一定的政治哲学，及全党一致赞同的政纲，但此时则两者都是不存。它之所以能于此时当权，一因国人已深厌的士累利的极端爱国主义，再因他们有一种含混的民主企求，他们以为自由党上台则那种企求或可实现，虽则他们自己尚不自知其所企求者究为何物，也没有产生一种有系统之社会改革的政策出来。但它一上台而后，它立即遇到爱尔兰，埃及及南非等等不可避免的问题，而且在1880年时自由党人对于这些问题的隔膜及不关心复无别于一般的英吉利人。格拉德斯吞本人固然通晓爱尔兰之事，而且也极关心，他1881年保障租期及禁止苛重田租的《土地法》也总算是一大改良，但《土地法》并不能解决土地问题，更不能使土地的改进运动及本国自治的政治要求分而为二，不相联属。如果这两个问题能各有各的解决，则解决自较容易，但此时帕纳尔（Parnell）正把它们混为一谈，且正在用"阻挠"的新战术以促起不列颠众议院的注意。

三次改革法及农村改良 自由党政府的主要成绩为《三次改革法》的成立。住户选权扩充及于农村选举区后，农业工人及矿工也得了选权。在此以前他们的生活状态太不为世人所注意。阿赤·约瑟夫（Joseph Arch）虽于上10年内尝企图为农业工人组织职工会，然终因缺乏政治实力而失败。农业工人即在繁荣的年头也得不到公平的待遇，到了1870年后几年美洲运入的农产激增[1]而农业有不景气的现象时，则他的遭遇更坏。他于1884年得了选权以后，他的境况亦渐渐地稍有改良，而经济及社会的情形亦不能再坐视他之沉沦无援，但他的境况改良之时，乡村的户口盖已被向城市的"农村流徙"所席卷而空。19世纪农村英吉利的社会史在种种方面看起来诚是一个灾难不绝的编年纪。

农村的地方自治 农村工人获得选权后，四乡务区不久也有了民选的

---

[1] 见上第720页。在1881年业农的人口占全体约12%，在1921年已跌至7%。

地方自治政府。在此以前他们不但受委任的治安法官的裁判，且也受他们的治理。保守党政府于1888年设立了民选的郡议会；到了1894年自由党政府又佐之以都市区及农村区的区议会，及牧区的牧区议会，于是农村民治的机械遂告完成。司法及准许开设酒馆之权固仍寄于治安法官之手，但行政大权则由此移转于民选的团体。

埃及 格拉德斯吞政府首几月内因忽视了南非问题，致有马朱巴惨剧的发生。[1] 埃及问题则于其初起时颇属顺利。欧洲诸国在埃及本有很大的财政利益及侨民关系，所以土耳其人及埃及人自己的政府解体后，方于忒尔·哀尔·刻俾耳（Tel-el-Kebir）战胜阿拉比（Arabi）的武尔兹力将军即率不列颠军队而把埃及占领。在此以前法人在埃及的势力本比英人的为盛，但当此重要关头，法人忽拒绝参加占领的事业，而不列颠独理埃及的局面于以开始。贝灵·厄味林爵士（Sir Evelyn Baring），即克洛麦贵族（Lord Cromer），虽名为埃及君（Khedive）的外臣，实不啻是真正的统治者；在他的治理之下，尼罗河流域繁荣甚速，而埃及农民的物质生活亦得益良多。法人对于我们在埃及所有的权力极形妒视，所以不快的事变及冲突亦层见叠起，直到1904年兰兹丹贵族（Lord Lansdowne）和法订立协议将埃及及其他悬案扫数解决后，形势始有变更。

苏丹 苏丹（Sudan）问题和埃及有连带的关系，而格拉德斯吞政府所因以倒者即苏丹问题。尼罗河的下游虽浸润于古埃及的文明，它的上游则仍为野蛮的苏丹部落之所居。是时他们正在马第派人（Mahdists）的势力之下，既为非洲内地的掠奴中心，而又时刻足以危害埃及。任何统治埃及之人，或任何关心于全非利益的国家，势不能坐视苏丹之沉沦于祸海而不加援手。但解决苏丹的时机尚未到临。埃及的秩序先得建设起来，而它的财政军事纳入轨道。

在苏丹的埃及戍军固然必须退出，但于退兵的进程则格拉德斯吞政府

---

〔1〕 见上第746页。

深有失计之处。政府受了斯忒德·威廉（William Stead，即近代炫煽式的报纸之鼻祖）的督促，竟付戈登·查理（Charles Gordon）[1]以撤退戍军的大任。但这位英雄虽什么兵役都可胜任，却不配当引退之责，所以他非但没有能把大军安全的自苏丹撤退，他自己反被马第派人紧紧围困于喀土穆（Khartoum），而和外界不通消息。不列颠政府亦不能及早派遣解围的援军，及至援军开到之日，则戈登已丧亡，而格拉德斯吞在国内的威望亦随而丧亡大部。但在非洲则戈登的失利并不产生同样大的影响。苏丹之撤兵在当时为必要的一着，无论何人皆非有此一着不可。要等到克洛麦贵族在埃及的基础工作完全成功，萨利斯布里贵族的政府才能命吉青纳将军统率不列颠及埃及的大军而将苏丹征服。

爱尔兰本国自治党 在1885年的总选举中自由党在城市中大是失败，戈登及喀土穆则为失败的主因。但新获选权的农业工人则饮水思源而投自由党之票，且希望自由党能替他取得生活状况的真正改善。因是之故，萨利斯布里贵族并不能得到判明的保守党多数来统治国家。结果韦斯敏斯忒的均势权入于一位祖先虽是盎格鲁·萨克森而本身却把不列颠的自由及托立党人一体仇恨的一位怪杰之手。本国自治党在不列颠新国会中占有85议席，而帕纳尔·查理·斯条亚（Charles Stewart Parnell）则为无上的党魁，党纪森然，而他的号令亦无敢或违。自是而后，1801年的《联合法》保留着一日，则爱尔兰的问题亦一日的成为左右不列颠政治的势力，而不列颠政治家再不能置若罔闻。此后的政治形势和19世纪初叶及中叶爱尔兰议员分隶不列颠两大党时的形势完全不同。或者两大党联合起来以共抗帕纳尔，或则两者之一须和他联合战线以抵御另一的政党，但再不能如前之互相争雄，而不管爱尔兰的问题。格拉德斯吞则觉得有和帕纳尔妥协的必要，他于1886年且提出首次的《本国自治法案》。

爱尔兰本国自治 以后此的事变来观察当时的情势起来，我们今世的

---

[1] 译者按，即洪扬之乱时的常胜将军戈登。

人中一定有许多会以格拉德斯吞的决定为当然的，不容疑问的，并且会热望爱尔兰自治的问题于当时即能和平的解决，而不必待至1921年，待至无数惨事已发之后。但格拉德斯吞的行动究竟促进了爱尔兰和不列颠的亲善呢？还是延缓了那个亲善呢？我们殊不易确答。本国自治本是一个极大的问题，常人本应加以郑重的考虑；故格拉德斯吞态度转变的骤突适足以启民众的惶惑及愤激，自由党亦卒因本国自治的问题而致破裂，且历20年而势力大衰，而保守主义则和爱尔兰联合主义混为一谈而抹杀问题的真相。尤其甚者，格拉德斯吞之承认帕纳尔抗议教的厄耳斯忒应为自治的爱尔兰之一部之主张尤为策略上的大误。欲把厄耳斯忒和公教的爱尔兰合为单一的政治区域是绝不可能之事，无论从种族或从政治方面看起来。

保守党于1885年的选举时本在吸收爱尔兰的票子，而且也不无成功之可言。但它今则利用格拉德斯吞和帕纳尔间所成立的盟约来当做唤起不列颠民族感情的良机。本国自治和喀土穆同被看做有忽视民族利益的意义。19世纪末年方张之帝国主义的情感拒绝承认爱尔兰的本国自治为帝国新信条的必要部分，虽则海外的自治地中尽不乏赞成爱尔兰自治的公论本国自治的争点所引起的剧烈情感本已横决于一时，又加之以如1887年《泰晤士报》公布假造的"帕纳尔"通信等等的不幸事；在此酣争的政情之下，各党相互协议以求合理解决之可能性自然也无从存在。然而除了各党协议的处置外又实无其他可以解决爱尔兰问题的办法。

在1886年的总选举中，民众对于格拉德斯吞及本国自治的反感极浓，所以保守党能得到独立的多数，即格拉德斯吞派自由党及爱尔兰国民党的联合势力也望尘莫及。自此而后，保守党遂有一期强有力的政府，萨利斯布里贵族则为其主持者，而自由联合党人（Liberal Unionists），尤其是张伯伦·约瑟夫，则为其同盟者，后者更成为倡导新的帝国主义的健将。自1886年以迄仆耳人之战之后，不列颠遂一直在这个结合的手掌之中，其中只有三年是例外。在此三年中格拉德斯吞所领导的自由党人及爱尔兰人又

第六卷　机器时代的海权及民主政治的趋近　汉诺威王朝的后期

以34人的多数将《本国自治法案》通过于众院，但贵族院则加以拒绝，而于1895年的选举中贵族院的行动又得到了人民的批准。这个胜利使保守党领袖想到上院在近代政治中可有一种新的大的，而为谨慎的比耳及的士累利所不敢想到的职务。结果则在下世纪中自由党当权时贵族院常有阻挠下院的立法之举，所以两院间不久即发生一极严重的宪法争端，自1832年以来本已不再发生的冲突。

选民于1895年总选举时将本国自治否决后，爱尔兰问题即有多年的沉寂。保守党政府前此本尝赖高压力以统治爱尔兰，但今则得以从容养成一种"以仁慈来消灭本国自治"的政策。他们一方加增爱尔兰的地方自治，一方则收买英吉利地主的田地；因此爱尔兰的土地问题卒获结束——至少也回到了克伦威尔时的旧制。但在政治方面，则爱尔兰人本国自治的要求，甚或更甚于此的要求，初未末减到了20世纪时，爱尔兰塞尔特人的心胸中已充满了自主自治的民族思想，所以帕纳尔尽可塌倒死亡，土地问题尽可解决——首先给爱尔兰以扰乱不列颠帝国政治的力量之人及问题——而政治的运动并不中止。

格拉德斯吞的功罪　格拉德斯吞卒时已跻89的耆年。"大老人"（"The Grand Old Man"）之热心致力于爱尔兰的本国自治实为他毕生最非常，最富戏剧性的一部分，但也是成功最少的一部分。如果他于晚年时将自由党的政治及帝国全部的政治留给年事较轻的人来办理，而不自经营，则它们也许可有较自然的发展，但他之异乎常人的活动及他之包揽一切，使友敌两者俱不得不被迫而踏进非出本愿的地位。但如把他的生活当做整个的观察起来，则多数人又当会承认他有改变不列颠国家的机械及不列颠政客的习惯以使适应近代民主状况之大功，当会承认他之功大于任何其他人之功，而同时他也没有把旧世界最好的标准全部牺牲。他首次内阁时的立法有近代化我们制度的大功。《二次》及《三次改革法》之所以能成立多半亦由于他于判麦斯吞死后之能领导全国的公论。他能不断的诉诸民众，更藉这种

陈诉来使新获政权的平民对于国会政府发生兴趣,然而他绝不利用民众的自私心,或投其所好,他只以公理来激发人类的理解能力。他的理解尽可常有不合之处,他也尽可太喜激动民众的道义上的愤慨,但就大体上说起来,他的令民众判决重大公共问题的习惯是一极好的且有好果的则例,而我们之能于公众生活正有变化的时期内有此则例尤为幸事。

萨利斯布里的对外政策 萨利斯布里贵族两次保守党人及自由联合党人所合组的政府适与贸易隆盛时期同时且在二次仆耳人之战[1]以前,也与世界和平的时期同时。大不列颠在此时期中正以能维持"赫赫的隔离"("splendid isolation")政策自得;它和大陆诸国的关系颇尽和好的能事。但它们则正在摩拳擦掌地分成两大壁垒——一为德意志,奥大利及意大利的三国同盟,又一为法兰西及俄罗斯的两国同盟——急急备战,各不相下,一若我们今世所遭的世界大破坏已早被料及者。大不列颠固于两大集团都无所属,然一因法人对于我们在亚非两洲的殖民利益常采敌对的态度,再因我们不断的畏惧俄人向阿富汗及印度有恶意之故,萨利斯布里贵族在大体上说起来实对于日耳曼诸国为比较亲善。不过英德两政府一是基于人权及国会制度的而又一是基于俾斯麦所创立的军治及官治的,故它们间的关系总带着多少的不自然;而德意志的新领袖又深深地传袭了俾斯麦对于不列颠政治制度的不信任。但在威廉帝羡慕不列颠的海军而急起直追以前,德人之厌恶英制尚不足以影响及于不列颠的政策,而德英间的海军竞赛在19世纪末年尚未达危险的程度,故两国间的关系也不至恶化。大陆上的情势既然如是,萨利斯布里因得从容使非洲的问题得有和平的解决。黑暗大陆(非洲)(Dark Continent)为列强所瓜分后,发展亦极速,因为它们既有近代的交通方法为助,而又有近代的热带医学足以保全开发者的生命。

社会的改良 就国内而论,19 世纪的——也是维多利亚朝的——最后20 年,无论自由党当权或保守党当权,实为社会及行政改善的时期,而在

---

[1] 见上第 747~748 页。

所谓"市府社会主义"的方面尤有显著的推进。[1] 公共浴场及洗濯所，博物院，公共图书馆，公园，花园，隙地，劳工阶级所需的屋地及住宅：凡此种种市府俱以地方税来收买经营。在好些地方，电车，电灯，煤气，及水厂亦收归市有。除此而外，这20年也为公益事业大有发展的时期，如团卑厅（Toynbee Hall）等一类所谓"逗留所"（"Settlements"）设置极众，且全体阶级都能觉悟到穷民区的"环境"所能发生的不好影响。英吉利在是时犹算做"全世界最富之国"，更如何能坐视穷民区的存在而不顾？巴涅特教士（Canon Barnett）以科学为依归的耶教灵感；蒲士·查理（Charles Booth）及其赞助者对于伦敦生活所作统计的调查，以及他之合理地鼓吹老年恤金；蒲士·威廉"将军"以救世军来援助人类并发扬宗教的工作；新伦敦市民的爱市主义，以及巴忒西（Battersea）的朋兹·约翰（John Burns）和伦敦郡议会中进步党所提倡的种种活动及事业；卫布·息德尼夫妇（the Sidney Webbs）的调查，及藉以使自由及保守两党及它们的政府逐渐推行社会主义的所谓"费边"（"Fabian"）手段；乔治·亨利（Henry George）的《进步及穷困》（*Progress and Poverty*）及海德曼（Hyndman）的社会民主联盟（Social Democratic Federation）所给予社会主义的新生活及新使命；职工会活动之自极高等的工人推及于工资极微的低等工人，有如1889年码头工人罢工之所昭示，——凡此种种以及别的许多运动及势力俱足以告诉我们，说社会问题不但没有结束，而且正在开始，而且在未来的世纪中尽可掩盖了政治生活的其他方面。

人世的丕变 除了政客们及社会改革家直觉的行动不计外，工业革命继续不断而且日速一日的进行同时也在沉默地改移社会的积习，旧日品级及信仰的不同日在消除，而捧读圣经，且犹未忘情于昔时农村或市民生活

---

［1］ 在1888年保守党大臣立契（Ritchie）通过他的《郡议会法》。这个法律不但设立了民选的机关以治理各郡，更把人口超过5万以上的市镇俱划做所谓"郡市"（County Boroughs）而扩张其自治的权限。此外，它又设立了伦敦郡议会以治理全部的伦敦，只旧日的"伦敦城"不在新设议会的权力之内。

及阶级上下的人民则在变成我们今日所知的城市居民。哈姆兹威司（Harmsworth）的《日日邮报》（*Daily Mail*）之发达盖可视为社会大变的有力征象；它专以迎合新的半受教育的平民为要务，而和维多利亚朝布尔乔亚所读的报纸不同其趣。

维多利亚的处政方法 到了1901年1月，重要不亚于，而为期且长于乔治三世之朝的维多利亚女王之朝卒告结束。女王在位极长，故在她的臣民的心目中，英之君主政体几已成为女性的制度。历经她的长朝——无论在她结婚以前，有夫之时，或夫死以后，无论在她偏向辉格党或偏向保守党的时期内，无论对付她所垂青的大臣或对付政见和她不同而人格和她不近的大臣时——维多利亚牢守着她自己的一种宪政实行而不稍变更。她坚决地要求知道国家大事的进行；她从她过去宏富的经验中找出实例来加以比较；如果她不能同意，她会抗议；如果她的大臣仍坚持己见，则她会放弃。但大臣们并不个个会坚持己见，尤其关于用人及公文的措辞方面。女王的办法因为实行甚久，有60余年之久，故国君在宪法中的地位也得确定，即到了20世纪别的制度多所动摇，动被批评之时，君主之制仍得巍然不动。而且维多利亚的后继者因能对于政党不加歧视之故，更使立宪君主制在新时代中一帆风顺，绝少障碍。

同时，帝国各部的国会既不能如联邦般的结合起来，国君自然的成为帝国一统的惟一象征，惟一联络。于此，女王亦极能显其身手。在她晚年时她极能尽，且极乐于尽印度女皇的，及自由人民大团结之元首的，新位置。1887年及1897年先后举行之登位四旬及五旬纪念，不啻以帝国各部间亲密的团结昭告全世。

维多利亚的性情 维多利亚极富于女君应有的本性及尊严，但她的感觉及意识却又十分纯简，故能和一般人民接近。她之为人实和她女性臣民之处卑下地位者无甚异同，所不同者她同时也是一个伟大的女王而已。她不能算是一个华族中人；华族及依附和模仿华族者的娱乐于她犹如浮云。

她实是在华族之上,而不是华族中人。从她另一方面的性格看起来,她只是一个简易的妻妇及孀妇,她如傥居于普通的农舍中,她也必能自如无恨。当代知识上及艺术上的潮流所以对于她也不发生关系——除了当亚尔伯特亲王在世时所教给她者以外。她的悲喜比介乎她及平民间之华族的悲喜要易于为平民所领悟。

因此种种政治上的及个人的理由,平民政治的降临竟转和国人对于君主制度的热忱同时发生。虽然君王今又不复直接握有政权,然而热忱的复活究非国人所尝逆料的。

结　论　1901—1918

国王：爱德华七世，1901—1910；乔治五世，1910。

新世纪的危状　19世纪的结束和二次仆耳人之战及女王和萨利斯布里贵族的逝世几在同时发生，所以新世纪的开始诚可视为新时代的开始而旧时代的终结。维多利亚时代是一个在国内则日趋繁荣，旧社会渐渐地，不断地，并和平地进到新社会，而于对外的重要关系上则是不列颠取得和平及保障的久长时期。

但在新世纪的首20年中我们眼见世界全体卷入近世最烈的战祸之中；即在战祸发生以前，各民族，各种族，各阶级的关系已失了和平亲善的调子。人们克服自然界的权力增涨极速，而他们德智上的发达反而瞠乎其后。汽车，无线电，及航空潜水的机械俱为二三十年中的新发明。凡这种种发明，以及已有的蒸汽电气之大规模的应用不断地在改变经济，社会及国际的组织，而同时又没有能巩固它们（组织）；不断地在使曩日互相远隔的种族发生接触，而同时又没有能使它们（种族）有所预备；不断地在给政客及民族以新的武器以满足他们征服自大的欲望，而又没有能提高他们（政客民族）的责任心。

保守党的执政 二次仆耳人之战[1]使自由党内部有不幸的分裂故保守党人于新世纪开始之时得有极大的多数来进行政事。他们的两大领袖一为继承萨利斯布里而为首相的贝尔福·亚叟尔（Arthur Balfour），又一为掌理殖民部而尝鼓起不列颠帝国的自觉心之张伯伦·约翰。

教育法 贝尔福1902年的《教育法》使在1870年首次着手的国民教育益臻发达。按照这法，初等及中等学校都归郡议会或郡市议会办理。中等教育之能得到了公家财政上的扶助此次尚为首次，然它因而得和教育制度别的部分有平均的发展。新设的地方机关——郡议会中的教育委员会——比旧时的学校委员部因为所管区域较广，故设计亦能较为远大。教社所立的学校受地方机关较大的监督者，但它们亦比前更得地方税的补助。但违教徒及其他非教社中人则极不以教社学校之继续存在为然，在单一学校的区域中他们的反感尤甚，因为地方税为全体人民所输纳而得益者则只是教社学校。《教育法》所引起的争议极烈，在此争议中自由主义渐次复盛，而民主及劳工运动亦间接的逐渐得势。

保护税的问题 在此联合保守主义（Unionist Conservatism）的气势正在衰落之时，又有张伯伦力主保护政策（即所谓关税改革者）之事发生，而气势的衰落势不能不或则因而骤然加速，或则一转而又向上。张伯伦提倡保护税的目标有二，一以保护不列颠的工业，因为外货竞争之烈已非比耳及科布登时所可比，二以团结帝国的各部，因为各部间可有互惠的待遇。要有所谓帝国特惠（Imperial Preference）势必在大不列颠也征收关税，但对于殖民地运入的货物则此税可以发还。既然要收关税，则外来的食品势必又将成为有税之物，然此则和民众对于《谷法》的传习观念完全相反。张伯伦固能利用他无限制的精力及极伟大的势力来积极提倡他的主张，但保守党竟因而分裂，而自由及劳工的势力转因而一致。1906年总选的结果，自由党人当选者约380人，爱尔兰国民党人约80人，劳工约50人，而退居

---

[1] 见上第747~748页。

反对党的保守党人且不及 160 人。

自由党的当权 在此后的 10 年中，自由党的内阁颇能久于其位，即历 1910 年两次的选举而仍无恙。他们的成功乃因他们之始终能和爱尔兰人同盟。他们和劳工的同盟虽麻烦较多，但也同样的能有好果。

政府和贵族院的冲突 自由党政府的生命如无贵族院敌意的举动殆不会如此之长。贵族们于 1893 年尝有否决《本国自治法案》[1]之举，且因而获到群众的欢呼；因此他们及保守党的领袖俱以为上院的势力可以利用，更因此使上院成为政争的中心，且为 1832 年来所未见。

贵族院固尝让许多社会改革的法案和劳工阶级利害攸关的法案成为法律，即争议极烈，而赋职工会以特殊权利的《职工争执法》[2]亦能通过上院。别的法案之不经上院否决者也不在少，如同《养老年金法》，《工人偿失法》，《矿工八小时法》，《儿童身体检验及儿童法》，《都市设计法》，《汗流工业法》（Sweated Industries Act），《失业保险法》，《疾病保险法》，以及适用于农村区域的《小管业法》。好多诸如此类的设施，再加以将护委员会（Care Committees），游戏场，童子军，成年教育等等一类不受政治牵动的私立或市立的机关或事业之翊赞，及日进无已的医学及卫生知识之补助后，竟能在本世纪中提高儿童卫生及快乐的标准，减少死亡率，而增加人类的平均寿命，即屡起的战事亦不足以遮盖这种可喜的进步。

然而上院的确拒绝通过政府所提出的某几种法律案。1906 年时新获大胜的自由党想以《教育法案》来解决因贝尔福 1902 年的《教育法》而起的宗教争端；此案遭了上院的否决。1908 年的《执照法案》（Licensing Bill）[3]也没有通过上院。到了 1909 年贵族院更推翻乔治·鲁意（Lloyd

---

〔1〕 见上第 768~769 页。

〔2〕 此法使职工会得免负普通团体在通常法上因职员有违法行为而应负的责任。此法成立而 1901 年上院关于塔夫谷（Taff Vale）矿工罢工的判决案失了效力。1912 年国会又通过一法使职工会得有权征收政争费（political levy），如果此费曾经会员所投票通过。

〔3〕 译者按，即准许开设酒馆的执照。

George)的《预算法案》，于是极大的宪政争端遂一发而无可遏止。

好些有力之人极不喜欢1909年的预算，一因土地税征取极重，再因富裕阶级须纳多量的直接税以用于较贫阶级较为有利的社会改革。但贵族们之否决岁计，纵非法律所禁，至少是没有前例可援；而且如果他们可有此权，则他们可以于任何年头强迫国会的解散。是时国中意见缓和的人们本又在逐渐倾向保守主义，但贵族今番的行为实予自由内阁以博得他们（意见缓和者）同情的良好机会。同时为共御贵族起见劳工及爱尔兰党亦能一致的拥护政府而不稍游移。乔治·鲁意平民式的呼号亦极尽激烈之能事，所以争论的形势更是严峻。而且本国自治的运命亦和此次的争端有生死的关系，如果贵族院否决之权不取消，则它将永无成为法律之日。此外两党间更有关税改革问题之争；主张自由贸易的政府为应付有增无已的军费及社会改革费起见，不得不把直接税大大增加，而保守党人则以为可用关税来支付激增的岁出。

国会法 凡此种种问题俱藉《预算法案》及《国会法案》之争而一一大暴于世。《国会法案》的目的在限制上院的否决权，使由绝对的否决降为暂搁的否决，更在取消上院对于财政法案之权。1910年政府两作咨询国民之举———在爱德华在世之时，一当新王乔治五世初即大位之时——而其结果则相同，两次都使自由·劳工·爱尔兰的联合在众院中得到了约120人的多数。所以自由党得控制贵族院的运命，所患者它本身也须赖同盟者的善意而已。乔治五世于二次选举重申人民于首次选举所表示的意见而后，即接受爱斯葵司（Asquith）的示意，并根据威廉四世的前例，而以大规模封立贵族为恐吓，于是《国会法》亦能如葛累贵族的《首次改革法》之通过上院。

大战前的政争 但1911年不能和1832年相比，《国会法》的通过并不是一切困难的结束，因为国人今时的意见并不能如当年的强弱判明，当年的贵族院只能藉它的宪法权力来抵抗政府，而1911年的贵族院则有一部的

舆论为后盾。本国自治问题今又成为极重要的问题；依照《国会法》的所定则贵族院只有延缓其通过的时日，而不能绝对的加以否决。在威尔士的国教教社之废除，本为该地违教徒的全体所主张，而为教社社员大多数所赞成，故到了今日已成为可以讨论议案，然而英吉利人则因此而更多一热烈的争论。

不幸的，大不列颠党争最烈——可说是旧的宪政及教派之争和新的社会及财政之争的一种混合物——之时亦即爱尔兰种族及宗教之争达于极端之时。当日风靡全社会的精神为暴烈及愤激：即好些提倡女子选权——当日扰攘纷纭的政争中之最重要的横流——的妇女们也有藉毁物伤人的战术以宣传她们的主张者；她们为和守法的女权运动家（Women Suffragists）分别起见且以"选权小〔1〕运动家"（"Suffragettes"）自号。劳工的纠纷亦十分剧烈，而罢工之事亦常见；在大战前的数年路矿两业全国劳资组织间的大冲突更为工业生活的一种新有特彩。犹如在中古时期一样，浩大的会社甚有比无组织的群社更有势力之势。

爱尔兰问题 爱尔兰的问题本早应得到各党公平的考虑，应视为重要的帝国问题而早日加以解决，然而历30年来不列颠的政党转以它为政争的口实。以其如此，故天讨之降临亦无党派的分别，前之忽视这问题者今俱在无赦之列。固然，到了1914年时不列颠两党对于这问题的争端不在本国自治的本身，而在厄耳斯忒诸郡之应有何等何样的自治，它们所争者已不复是根本的问题，而是枝节的问题；然而英吉利自有《预算法》及《国会法》两大战而后，党争既倍极剧烈，而在爱尔兰则政治的感情亦趋于如火如荼的高度。——一方新芬（Sinn Fein）〔2〕在代宪政轨道以内的民族自主主义而兴盛，它方奥伦治主义〔3〕亦异常热烈——所以至少两岛中的一岛似乎将免不了有内战的发生。孰知在是年的8月为祸更烈的大战忽然爆发，在外

---

〔1〕 译者按，此乃"Suffragette"的直译，实际并无大小之意义在内。
〔2〕 译者按，即我们自己之意。
〔3〕 见上第662页注1。

778

祸临头之时，自由党和保守党，资本和劳工，已有选权的男子和未有选权的妇女，在一礼拜中俱已抛弃前嫌，合而为一。在大战初发，情感正突然紧张的数月中，即爱尔兰和英吉利，奥伦治和绿色（Green）[1]也能联合起来。

赫赫的隔离 自坎宁以至萨利斯布里，大不列颠之"赫赫的隔离"颇于它为有利。除了它自找的克里米亚之战以外，它绝不参加大陆各国的争斗，而且随克里米亚之战而起的麻烦不久也即已无存。根据于当时期战备及科学创造的情形，海军犹得为保障它安全的利器，且自屈拉法加之后的百年中也没有一个国家尝图创设能和它竞争的海军。欧洲各国的均势无需不列颠的加入而即可维持，而莱因三角洲诸小国的独立也没有经过若何重大的危险。当1870年普法之战进行之时，格拉德斯吞尝根据于1839年所立条约[2]的款项及精神而声明不列颠之将以武力来维持比利时的中立，如果有人敢破坏条约的话；在这一次，一纸宣言已足发生圆满的结果。不列颠和法兰西固有殖民地之争，而和俄罗斯则有中亚之争，但萨利斯布里在千八百八十几年及九十几年中还没有觉得有加入德奥意三国同盟的必要。

英·日同盟 但新世纪开始，而"赫赫的隔离"之时期亦随以告终。当兰兹丹贵族（Lord Lansdowne）为外相时，不列颠即开始踏进新的途径。依他的看法，列强海陆军备的扩张使我们不得不和某国或某几国成立谅解而有固定的友谊关系。我们如能和美洲成立谅解固然是最好不过，但它的传统的隔离政策绝不能容它和我携手。因此1902年有英·日同盟的成立，同盟本来的目的一以抑遏俄罗斯向太平洋的膨胀，再以阻止俄德法之瓜分中国。美国也不欲见中国的瓦解，但它却不愿有积极的作为以达到它的目的。英·日的缔盟更使我们无须在太平洋上设置一巨大的海军，同时日本则凭借我们的友谊而得成为第一个"有色"的强国，虽则大陆上别的国家

---

[1] 译者按，为爱尔兰民族党的旗色。
[2] 见上第715页。

极不愿见有此事。日本之战胜俄罗斯对于印度及全世界又有极大的影响。10年而后,当大战之时,日人仍未减其同盟的信义,所以它能巡视远东的海洋并保卫远东的海岸,使我们无东顾之忧,而使德人的野心无可获逞。此外,他们更于地中海中给我们以不少的助力。

友好的联结 比日本条约更为重要的则为我们对法及对德政策之同时变化。当时欧洲均势的情形有失平的危险,故我们又不能不担心起来。德意志帝国凭其盛大无匹的陆军渐有席卷全欧之势,而其实力又基于其人口、财富及智识技能的增加,故它实不容厚侮;同时它又在建设一足与我国竞争的舰队。海权之于不列颠本有生死的关系,而于德意志则并不如此,所以后者之增加海军使前者不能不翻然变计。1904年兰兹丹贵族解决了英法间关于埃及及摩洛哥(Morocco)的种种争端,而所谓友好的联结(entente cordiale)者亦得逐渐发展。然而友好的联结初不是一种同盟,而且在我一方面也无仇视德意志的恶意存在,除非德意志要把它看做仇敌。

对德关系的恶化 在此后的10年中各国于海陆俱竞修军备。军备的竞争自然只能以作战为目标。想鬼便见鬼,梦战便有战,这个真理不久即有最可怕的证实。不列颠固尝希图和德意志成立一种协定以限制彼此的海军,但它的接洽不幸未获对方的垂青,因为操纵威廉皇帝的帝国之一切大计的陆军派今已兼为海军派,故陆军固须雄冠全欧,海军也须不弱于人。以此之故,欧洲竟逐渐的向着巨礁驶行,而英吉利也竟如被拖之无可自脱。

不列颠之牵入战争 大战固因巴尔干及俄罗斯问题而爆发,固和不列颠无直接的关系,但当它方才开始之时,它即已危及法比的独立,即已使它们有永为德国属国,永不能再自作主的危险。"中欧强国"的胜利不啻即全欧之被制于德意志帝国。而且德意志人又富于服从的天性,故他们的长处适足以增加德国宰制全欧的危险;拿破仑的帝国固危险,然而其存在不能长久,但德人如获临照各国,则各国将永为其奴隶而无可自拔。

奥大利大公被刺后,形势正最紧急的数星期内,不列颠的外相葛累·

爱德华爵士（Sir Edward Grey）尝竭尽心力以阻止战事之发生及扩大，他的目的虽未达到，然而他为我国及我们的联盟国博得大部分人类，尤其是美人，不少道义上的同情。和平的努力失败后，自卫自保的天性令我们不得不出于抵御历史上最强有力的帝国之一举，它既已公开的和我们争海权，我们又乌能让海峡诸港，尼德兰诸国，甚而全欧，成为它的附庸？不列颠虽力求和平，虽极不愿战，然而比利时中立之被破坏及入侵者欺侮比人的状态突然的激起国人的公愤，而使他们不能不见到可怕的事实和当日的需要。

大战和拿破仑之战的比较 大战的经过尚历历在大家的目中，所以要于余后数页中作一简要的叙述未免有些不经。但我们不妨把大战时和拿破仑之战时的种种情形及作战方法扼要作一比较；这个比较也许可做我国一部长史的很好终结。

地势 第一，地理上的情势有不同之处。雅各宾及拿破仑的法兰西思从西北来征服欧洲；日耳曼诸国固用同一的策略，但它们的地势更于它们为有利，它们居于中心，它们握有所谓"内阵线"，所以它们可以攻击来自任何方的敌人——俄人，巴尔干人，意人，法人及英语诸人民。不列颠和东方诸盟国，尤其和俄国的交通，极易被敌人所截断。如果"中欧强国"能获胜利，则它们也不难把欧洲及亚洲西部永久的制服起来，反之，拿破仑及其后人则极难将德意志永久制服，即无来比锡之败，德人不久也必能脱离法人的羁绊。

人力 就战略及战术而论，不列颠两次的责任都在供给盟国以财力及海军，并在封锁敌人海上的出路。但在后一次的战争中，我们更有一种新的职务：我们也须供给人力，在四年之中我们出征的军士以数百万计，死者百万，而伤者逾200万。在1793年至1815年的法兰西诸战中，我们陆军的功绩虽大，而用力极微，我们每年的损失平均不过5000而已。我们对德之战则每年死亡者几达25万之众。在今世纪之大战中，我们之所以必须出较大的陆军者,半亦因"中欧强国"之地势较利于雅各宾及拿破仑的法兰西;如果我们一旦让德人蹂躏全欧,犹如拿破仑之所为,则我们将无法令他们再退出放弃。

但我们于陆上之有较大的努力半亦由于海陆军武器及战术的改变,而我岛安全之发生问题。凡能取得海峡的港埠者便能藉远炮,飞机,及潜艇以袭击我们,而且其危险又远过于只有平底船可供利用的拿破仑据部罗涅之所能为。[1] 因此,不列颠人民自己便不能不躬自从军作战。20世纪的来比锡及滑铁卢不是一次的决胜而是数百哩地壕中日夜不断历经四年之久的连续战争。近代的信用制度,及近代运输军士,食品,及军需的方法使两方都得维持数百万人于前线——而且主要的阵线都有大军隐于壕中——而数年不断的作战。

战术的变化 两次战争间最显著的区别要推军器及战术之不同:多年的拿破仑之战始终用布郎·柏斯毛瑟枪,也始终用不列颠横队及法兰西纵队的密集队伍之作战法。当是时,英吉利固日有新发明来改进工业,但关于战术则各国都没有创造可言。拿破仑固已见到行政及组织之近代化和战事有关,但他幸而没有发现近代科学之可有种种军事上的可能。大战时的变化则完全和以前不同。在1914战事开始时,至少德国一国已能有极完备的全民组织及科学器械极充分的利用;于四年之中则各交战国的作战方法更经过数次的完全革命。地壕战固代替了行动战,而空中及海底战之大规模发展,及德人所发明的毒气战和英人所发明的唐克车战皆为拿破仑的非科学之战事所望尘莫及。科学既然被拉来助战,而全国的非战人民亦被动员起来。大不列颠的非战人民此次也得尽其全力以从事于杀人及被杀的义务,而再不能如前次之托庇于纳尔逊的海军,而优游自得地以产生斯科德的短诗及小说,威至威司的诗,坎斯塔布尔及忒涅的画。

海外和祖国的关系 在庇特及卡斯尔累之时我们因蚕食法兰西及其盟

---

〔1〕 见上第 647 页。

国而得扩大我们的殖民帝国,百年而后我们又有同样的发展,不过此次的被牺牲者为德意志而非法兰西。但在上一次的战争中殖民地并未参加,因为在庇特之时第一不列颠帝国既已解体,而第二不列颠帝国尚在孩提时期。百年之后它已长为成人。固然我们并没有帝国联邦的机械足以迫帝国采一致的行动,但加拿大,澳大利,新西兰及盎格鲁·荷兰的南非各各自动的竭其全力以从事于长期的斗争。它们并合起来共出了 150 万的殖民陆军。

印度在庇特及波那帕脱时见到英人驱逐勾结土著国及土著军队之法人的最后一战。但印度于 1914—1915 年时则热心地派遣大批军队来参加欧战。很不幸的,战事的延长及可怕性在印度,埃及及爱尔兰俱产生了一种在战事初起的数月内所不能预见的骚然不安。不列颠在大战期中对爱尔兰的态度,虽不无瑕疵可击,但在中心究属不恶,究和 1795—1800 年的精神完全不同,所以即有 1916 年复活节都柏林的暴动以及战事期内其他的不幸事件,而爱尔兰仍可有最后的解决。

我们和合众国的关系此次和拿破仑时为同样的环境所影响,但因执政的应付及精神较佳于前,故结果却大异。英吉利既为主要的封锁者,则它的利益自不能不和志在照常运货于欧的中立国家的利益相冲突,在前次这样,在此次也这样。不过前次的拍息发尔政府一味倨傲,一若和合众国作战是一无足轻重之事,故让两国的关系恶化而不加援手,而此次的葛累·爱德华爵士则特别尊重美人的感情,他宁可让棉花及其他于战事有用的货品运入敌方,而不愿早日即引起美人的恶感。在我方我们于我们的封锁政策特别小心,而在彼方,则德意志的潜艇政策任意伤害美人的生命财产。美人的大部本对于协约各国多同情;所以那伟大的中立国卒加入我们一方来共同努力。

封锁的情形 封锁的情形有很重要的几点和拿破仑之时不同。固然我们此次封锁敌方主要舰队,及制止敌舰活动的效力,虽远以斯卡拍·费洛(Scapa Flow)为根据地,也不会在纳尔逊紧靠布勒斯特及土伦,就近加以封锁的效力之下，然而我们如以藐视纳尔逊的战舰，而继续侵害不列颠商业的有帆巡舰及武装私船和大战后期将把英人饿死的德意志潜艇相比则诚有小巫见大巫之概。为应付新的危险起见，新的且完全合乎近代科学的方法亦继续发明，但王家海军及商航界旧有的精能及勇敢也没有丝毫的消失。

国际的互赖 英吉利已不复能如拿破仑时的自食其粮，故海上的霸权于今更比前时为重要。但"中欧强国"也不能永久的自给自食。不列颠的封锁日趋严密后，尤其是美洲加入战团，封锁政策于外交及海军方面俱更易实行后，德奥饿毙的危险亦日著。自工业革命而后，欧洲各国俱渐渐地不复能自给，而愈文明愈近代者则愈不能自给。近代各国数千数百万人民所赖以生存的经济组织太过的纤密，而国际的互赖也太深，所以决不易久经科学的战争所给与它的损害，而仍可无恙。固然它居然经四年之久而尚不至完全解体，但百年积聚的财富及文明亦几已用罄。不幸的，自1918年11月的休战以来，应用科学的破坏力又已无数倍于往日。如果又一的欧战降临的话，则这个新战争和大战间的不同，决不会亚于大战和拿破仑之战的不同。不久而后，消灭半个国家尽可和拿破仑消灭半连军队同样之易。

政府和人民间的关系 在这两次大战中劳工阶级的地位及不列颠人彼此间的关系亦大不相同。庇特及卡斯尔累以立宪政治家的地位，并经由众议院来抵抗法国；但他们或他们的同僚绝不想到国家当危急之时，平民也当予以相当的待遇以换到他们的赞助。他们（大臣）只知有反雅各宾的高压及国会改革说的禁止。而且就作战的胜利起见，平民也的确可以不放在眼里。但1914—1918年内国阵线所隐伏的危险须以完全不同的方法来应付。当1918年2月，战事尚在进行之时，《四次改革法》得着国会全体的通过，男子的普选固然成立，而女子的一部也得到了选权。就政府和众院间的关系而论，迭克推多的成分此次也许要比庇特时大些。但1914—1918年时的英吉利内阁须常常虚心的尊重人民的意见。他们知道，如果制造军火的工人稍一懈怠，则官吏将无法令其加紧。"下级社会"既已成为有选权且半受教育的民众，则惟一可以劝服他们，而使之产生在拉德派[1]时高压可以产生的效果者，只有报纸。当我们和雅各宾的法兰西作战时，应急的良方为取缔职工会的《禁止结合诸法》；当和德意志作战时，则良方为工资空前的提高，并工党领袖加入混合内阁之吁请。战事的困苦此次不复如百年以前之多半落在工资阶级的肩上。战事对于各阶级的共同危险一日不除，则不列颠全体人民间的博爱，无论在国内或在战场之上，总比拿破仑之战事要深厚而广播。

  1918 年 11 月 11 日 在九百余页[2]中我尝试将我岛自犹是绿林遍地，洪水横流的大自然界，而智慧最高的人类，为避免其同类及豺狼的侵害，因而聚居于较适人居的高地，以保护他自己及其子孙的安全起见时起——至 4000 万众大部麇集于除了头上一片云天以外，别无其他自然可见的街道，而相与狂乐地庆祝危及一切的四年大战之告终时的那个犹在目前的休战日止，数万千年来我岛人生演化史中的几方面而加以记述。在早时期因为人类无力和自然竞争，所以他的生活不免粗暴而短促。然他今日之能完全制服自然反又成为他最大的危险。以言将来则史家之所知者也不能多于别人之所知。他只能把过去的事绩，以及它们多方而且神秘的意义，指点给人深思而已。

---

 〔1〕 见上第 654 页。
 〔2〕 编者注，原版本正文计 703 页，约 35 万字。（1934 年商务印书馆版本为 949 页。）

1770 年以来的内阁

1770—1782　诺司内阁（托立党，国王的朋友）
1782　　　　洛金汗内阁（辉格党）
1782—1783　瑟尔本内阁（国王的友好及察坦姆派）
1783　　　　诺司及福克斯混合内阁（辉格党及托立党）
1783—1801　首次庇特内阁（初为察坦姆派及国王的朋友，渐为托立党人；保守的辉格党人于 1794 年加入）
1801—1804　阿定吞内阁（托立党）
1804—1806　二次庇特内阁（托立党）
1806—1807　人才内阁（辉格及托立党人）
1807—1809　波特兰内阁（托立党）
1809—1812　拍息发尔内阁（托立党）
1812—1827　利物浦内阁（托立党）但于 1822 年后，其政策渐趋自由
1827　　　　坎宁内阁（自由托立党）
1827　　　　哥德立赤内阁（自由托立党）
1828—1830　威灵吞·比耳内阁（托立党）
1830—1834　葛累内阁（辉格党）

1834	首次墨尔本内阁（辉格党）
1834—1835	首次比耳内阁（保守党）
1835—1841	二次墨尔本内阁（辉格党）
1841—1846	二次比耳内阁（保守党）
1846—1852	罗素·约翰贵族的内阁（辉格党）
1852	首次德贝·的士累利内阁（保守党）
1852—1855	亚伯丁混合内阁（比耳派及辉格党）
1855—1858	首次判麦斯吞内阁（辉格党）
1858—1859	二次德贝·的士累利内阁（保守党）
1859—1865	二次判麦斯吞内阁（辉格党及比耳派，两者皆主自由）
1865—1866	罗素伯爵的内阁（辉格党人主自由者）
1866—1868	三次德贝·的士累利内阁（保守党）
1868—1874	首次格拉德斯吞内阁（自由党）
1874—1880	的士累利内阁（保守党）
1880—1885	二次格拉德斯吞内阁（自由党）
1885—1886	萨利斯布里内阁（保守党）
1886	三次格拉德斯吞内阁（自由党）
1886—1892	首次萨利斯布里内阁（保守党，但得自由联合党赞助）
1892—1894	四次格拉德斯吞内阁（自由党）
1894—1895	洛兹白里内阁（自由党）
1895—1902	二次萨利斯布里内阁（联合党）
1902—1905	贝尔福内阁（联合党）
1905—1908	坎柏尔·班涅曼内阁（自由党）
1908—1915	爱斯葵司内阁（自由党）
1915—1916	爱斯葵司内阁（混合）
1916—1918	乔治·鲁意内阁（混合）

参考书目

第一卷

第一章

Cox, Hippisley. *The Green Roads of England.*

O. G. S. Crawford. *Air-Survey and Azchœology.*

Fox, Cyfill. *Archœology of the Cambridge Region*, Chaps. Ⅰ.—Ⅳ.

MacKenzie, Donald. *Ancient Man in Britain.*

MacKinder, H. J. *Britain and the British Seas.*

Oman, C. W. C. *England Before the Norman Conquest*, Chaps. Ⅰ.—Ⅱ.

Quennell, Mrs. Marjorie and C. H. C. *Everyday Life in Prehistoric Times.*

Vinogradoff, Paul. *Growth of the Manor*, Book Ⅰ, Chap. Ⅰ. and Book Ⅱ, Chap. Ⅱ.

第二章

Brown, Hume. *History of Scotland*, Chap. Ⅰ.

Collingwood, R. G. *Roman Britain.*

Cambridge Mediœval History, Vol. Ⅰ, Chapter. ⅩⅢ.

Haverfield, F. J. *The Roman Occupation of Britain*, revised by G. Macdonald, 1924.

Wheeler, R. E. M. *Frehistoric and Roman War*, 1925.

又上章 Fox, Oman, 及 Vinogradoff 诸书中关于罗马的诸章。

第三章

Brown, Baldwin. *Art in Early England.*

Cambridge Mediæval History, Vol. I., pp. 380-391.

Chadwick, H. M. *Origin of the English Nation*.

Chambers, R. W. *Widsith*, *A Study in Old English Heroic Legend*.

Haverfield, F. J. *Roman Occupation*, last chapter.

Leeds. E. T. *Archæology of Anglo-Saxon Settlements*.

Place Name Society. *Introduction to the Survey of English Place Names*, Vol. I., 1925.

又第一章 Oman 及 Fox 之书。

第四章

Brown, Baldwin. *Arts in Early England*, Vols. I. & II.

Bury, J. B. *Life of St. Patrick*.

Cambridge Mediæval History, Vol. II., Chaps. VIII. B, XVI. B., and Vol. III., Chap. XIX.

Chadwick, H. M. *The Heroic Age*.

Green, A. S. *History of the Irish State to* 1014.

Ker, W. P. *English Literature*, *Mediæval*, Chap. II.

又上章 Chambers 之书，特别是 Chap. VIII.

第五章

Cambridge Mediæval History, Vol. III., Chaps, XIII., XIV., XX.

Collingwood, W. G. *Scandinavian Britain* (S. P. C. K., 1908).

Gjerset, Knut. *History of the Norwegian People*, Vol. I.

Lees, Beatrice. *Alfred* (Heroes of the Nations Series).

Oman. C. W. C. *Art of War in Middle Ages*.

第六章

Cambridge Mediæval History, Vol. III., Chapter. XV.

Larson, L. M. *Canute the Great* (Heroes of the Nations Series).

Vinogradoff, Paul. *English Society in the Eleventh Century*.

又上章 Gjerset 及 Collingwood 之书。

第七章及第八章

Baldwin, J. F. *The King's Council*, Chap. I.

Cambridge Mediæval History, Vol. III., Chap. XVIII.

Church, R. W. *Anselm.*

Davis, H. W. C. *England Under the Normans.*

Haskins, C. H. *The Normans in European History* (Houghton Mifflin, 1915).

Maitland, F. W. *Domesday Book and Beyond.*

Oman, C. W. C. *The Art of War.*

Oman, C. W. C. *England Before the Conquest.*

Round, J. H. *Feudal Engana.*

Smith, Pearshall. *The English Language* (Home University Library).

Stenton, F. M. *William the Conqueror* (Heroes of the Nations Series).

Vinogradoff, Paul. *The Growth of Manor*, Book Ⅲ., 特别是 pp. 291-306 论 Domesday。

第二卷

关于中古之普通书籍

Baldwin, J. F. *The King's Council.*

Barnard, F. P. *Mediœval England* (ed. 1924. H. W. C. Davis).

Bolland, W. C. *The General*, *Eyre* (Cambridge Press, 1922).

Coulton, G. G. *The Mediœval Village.*

Coulton, G. G. *Social life in Britain from the Conquest to the Reformation.*

Davis, H. W. C. *England Under the Normans and Angevins.*

Deanesly, M. *A History of the Mediœval Church* (1926).

Holdsworth, W. S. *A History of English Law*, Vols. Ⅰ., Ⅱ. （书中比较不专门的部分对于治史者，无论是否法家，价值甚大。）

Ker, W. P. *English Literature*, *Mediœval* (Home University Library).

Mcllwain, C. H. *The High Court of Parliament* (Yale University Press).

Maitland, F. W. *Constitutional History of England.*

Maidand, F. W. *Roman Canon Law in the Church of England.*

Meredith, H. O. *Outlines of the Economic History of England.*

Oman, C. W. C. *Art of War in the Middle Ages.*

Pollard, A. F. *Evolution of Parliament.*

Pollock, F. and Maitland, F. W. *History of English Law*, 2 vols.

Quennell, Mrs. Marhorie, and Quennell, C. H. C. *A History of Everyday Things in England.*

Smith, A. L. *Church and State in the Middle Ages.*

Social England (ed. Traill), Vols. Ⅰ.—Ⅱ.

Stawell, F. M. and Marvin, S. F. *The Making of the Western Mind.*

Stubbs, William. *Constitutional History of England* (3 vols).

Stubbs, William. *Lectures on Early English History.*

Tout, T. F. *Relations of France and England in the Middle Ages.*

Vickers, K. H. *England in the Later Middle Ages.*

第一章

上述各书中的有关部分，尤其是 Davis 之书。

Hall, Hubert. *Court Life under the Plantagenets* (reign of Henry the Second).

Round, J. H. *Geoffrey de Mandeville, a Study of the Anarchy.*

第三章

Creighton, Charles Bemont and Prothero, G. W. *Lives of Simon de Montfort.*

McKechnie, W. S. *Magna Carta.*

Norgate, Kate. *John Lockland.*

Powicke, F. M. *The Loss of Normandy.*

又关于卷二之普通书籍。

第四章

Haskins, C. H. *The Rise of the Universities* (Holt, N. Y.).

Jessopp, Augustus. *The Coming of the Friars.*

Maitland, F. W. *Memoranda de Parliamentum*, 1305 (Rolls Series), Introd.

Maitland, F. W. *Year Books of Edward* Ⅱ, Introd. (Seldon Soc.).

Pasquet, D. *Essay on the Origins of the House of Commons* (translated, 1925, Cam. Press).

Poole, Reginald. *Illustrations of the History of Mediæval Thought.*

Rashdall, Hastings. *The Universities of Europe.*

Sabatier, Paul. *Life of St. Francis.*

Smith, A. L. *Church and State in the Middle Ages.*

Tout, T. F. *Life of Edward* Ⅰ.

Tout, T. F. *Place of the Reign of Edward* Ⅱ. *in English History*.

又关于卷二之普通书籍。

第五章

Brown, Hume. *History of Scotland*, Vol. Ⅰ.

Cambrensis, Giraldus. *Description of Wales*（trans. Everyman Library）.

Curtis, E. *History of Mediæval Ireland*.

Green, Mrs. J. R. *The Irish State to* 1014.

Green, Mrs. J. R. *The Making of Ireland*.

Gwynne, Stephen. *History of Ireland*.

Lang, Andrew. *History of Scotland*, Vol. Ⅰ.

Oman, C. W. C. *Art of War in the Middle Ages*.

Rees, W. *South Wales and the March* 1284–1415.

Rhys, J. and Jones, D. B. *The Walsh People*.

Scott, Walter. *Tales of a Grandfather*, Vol. Ⅰ.

Tout, T. F. *Life of Edward* Ⅰ.

Williams, W. Ll. *Making of Modern Wales*.

第七章

Coulton, G. G. *Chaucer and His England*.

Deanesly, Margaret. *The Lollard Bible*（Cambridge, 1920）. 特别是 Chap. IX.

Kingsford, C. L. *Henry* V.

Poole, R. L. *Wycliffe and Movements for Reform*.

Dictionary of National Biography, Rashdall 的 Wycliffe 传。

Trevelyan, G. M. *England in the Age of Wycliffe*.

Vickers, K. H. *England in the Later Middle Ages*.

关于农村问题，参考：

Ashley, William. *Economic Organization of England*, Chap. Ⅲ.

Coulton, G. G. *The Mediaeval Village*, 特别关于僧士及农奴之 Chaps. Ⅻ., Ⅷ.

Maitland, F. W. *History of a Cambridgeshire Manor*（in Collected Papers, Vol. Ⅱ.）*Oxford*

Studies in Social and Legal History, Vol. V., Miss Levett 及 A. Ballard 所著关于黑死的部分。

Page, T. W. *End of Villeinage in England.*

Putnam, Bertha. *Enforcement of the Statutes of Labourers*, 1439-1459（Columbia University, Studies in History, etc., Vol. XXXII., 1908）.

第八章

Gairdner, James. *Richard III.*

Kingsford, C. L. *Prejudice and Promise in 15th Century Engaud*（Ford Lectures, 1925）.

Ramsay, J. H. *Lancaster and York*, 2 vols.

又上章之书及卷二普通书籍。

第三卷

关于推铎尔时期之普通书籍

I. 政治及一般情形：

Fisher, H. A. L. *Political History of England*, 1485-1547.

Holdsworth, W. S. *History of English Law*, Vol. IV.

（关于本时期者特佳）

Innes, A. D. *England under the Tudors.*

McIlwain, C. H. *The High Court of Parliament.*

Pollard, A. F. *Factors in Modern History.*

Pollard, A. F. *Political History of England*, 1547-1603.

Tanner, J. R. *Tudor Constitutional Documents.*

Tudor Studies, 由 Pollard 教授的十二同僚合著, 1924.

II. 经济及农业上的变迁：

Ashley, W. J. *Economic Organization in England.*

Ashley, W. J. *Introduction to English Economic History and Theory*, Pt. II.

Ernle, R. E. P. *British Farming.*

Ernle, R. E. P. *The Land and the People*, Chap. II.

Gonner, E. C. K. *Common Land and Enclosure.*

Johnson, A. H. *Disappearance of the Small Freeholder.*

Leonard, E. M. *Early History of English Poor Relief.*

Tawney, R. H. *Agrarian Problem in 16th Century.*

Tawney, R. H. and Power, E. E. *Tudor Economic Documents.*

Ⅲ. 教育等等：

Einstein, L. D. *Tudor Ideals.*

Leach, A. F. *English schools at the Reformation.*

Seebohm, Frederic. *The Oxford Reformers.*

Watson, Foster. *English Grammar Schools to* 1660.

第三章

Pollard, A. F. *Henry* VⅢ.

Pollard, A. F. *Thomas Cranmer.*

及卷三普通书籍。

第七章

参阅卷三普通书籍，此外参阅：

一般的：

Creighton, Mandall. *Queen Elizabeth.*

Pollard, A. F. *Political History*, 1547–1603.

Read, Conyers. Mr. *Secretary Walsingham*, 3 vols.

国会：

Review, 1924, J. E. Neale 论 Peter Wentworth.

宗教：

Bayne, C. G. *Anglo-Roman Relations*, 1555–1565（Oxford, 1913）.

Cambridge Modern History, Vol. Ⅱ., Chap. XVI, Maitland 论, The Anglican Settlement and the Scottish Reformation.

Gee, Henry. *Elizabethan Clergy*（Oxford, 1898）.

Kennedy, W. P. M. *Elizabethan Episcopal Administration*（Alcuin Club, 1924）.

Pearson, Scott. *Thomas Cartwright and Elizabethan Puritanism*（Cambridge, 1925）.

Taunton, E. L. *The Jesuits in England.*

海权：

Callender, G. A. R. *The Naval Side of British History*.

Corbett, Julian. *Drake and the Tudor Navy*, 2 vols.

Corbett, Julian. *The Successors of Drake*.

Raleigh, Walter. *English Voyage in the Sixteenth Century*.

苏格兰：

Brown, Hume. *History of Scotland*.

Cambridge Modern History, Vol. Ⅱ., Chap. XVI.

Lang, Andrew. *History of Scotland*.

Mathieson, W. L. *Politics and Religion in Scotland*, 1550-1695.

Rait, R. S. *The Parliaments of Scotland*.

威尔士：

Williams, W. Ll. *The Making of Modern Wales*.

爱尔兰：

Bagwell, R. *Ireland under the Tudors*, 3 vols.

Gwynn, Stephen. *History of Ireland*.

第四卷
第一章

Archbishop Laud Commemoration, 1895（Creighton 等论 Laud 之文）。

Bagwell, Richard. *Ireland Under the Stuarts Duringthe Lnterregnum*, 3 vols.

Dowden, Edward. *Puritan and Anglican*.

Figgis, J. N. *Divine Right of Kings*.

Forster, John. *Sir J. Eliot*.

Gardiner, S. R. *History of England*, 1603-1642（10 vols）.

Gwynn, S. L. *History of Ireland*.

Holdsworth, W. S. *History of the English Law*, Vol. V. （关于 Coke 者。）

Traitl, H. D. *Lord Stratford*.

Trevelyan, G. M. *England Under the Stuarts*.

第二章、第三章、第四章

总的:

Barclay, R. *Inner Life of the Religious Societies of the Commonwealth.*

Carlyle, Thomas. *Cromwell's Letters and Speeches.*

Feiling, K. G. *History of the Tory Party*, 1604-1714.

Firth, C. H. *Cromwell*（Heroes of Nations Series），此为关于本时期最佳的略史。

Firth, C. H. *Cromwell's Army.*

Firth, C. H. *Last Years of the Protectorate*（2 vols），此书和下述 Gardiner 的第二部书相衔接。

Gardiner, S. R. *Great Civil Var*（4 vols）.

Gardiner, S. R. *History of Commonwealth and Protectorate*（3 vols）.

Gardiner, S. R. *History of England*, Vols. Ⅷ to X.

Gooch, G. P. *English Democratic Ideas in the Seventeenth Century.*

Shaw, W. A. *History of the English Church*, 1640-1660.

Verney, F. P. and Verney, M. M. *Memoirs of the Verney Family During the Seventeenth Century*, Vols. Ⅰ. and Ⅲ.

苏格兰:

Brown, Hume. *History of Scotland.*

Buchan, John. *Montrose.*

Lang, Andrew. *History of Scotland.*

海军:

Callender, G. A. R. *The Naval Side of British History.*

Corbett, J. S. *England in the Mediterranean*, 1603-1713（2 vols）.

关于本时期者，当代人物自己的著述也极值得参考:

Clarendon, E. H. *History.*

Clark Papers（Camden Soc., 1891），此为军官们及士卒们和 Cromwell 的辩论录。

Fox, George. *Journal.*

Hutchinson, Lucy. *Memoirs of the Life of Col. Hutchinson.*

Milton, John. *Areopagitica.*

Mihon, John. *Of Reformation in England.*

此外更参考第一章之书。

第五章

Adams, Truslow. *The Eounding of New England* (Atlantic Monthly Press, Boston).

Beer, G. L. *Origins of the British Colonial System*, 1578-1660.

Channing, Edward. *History of the United States*, Vols. Ⅰ.—Ⅱ.

Egerton, H. E. *British Colonial Policy.*

Osgood, H. L. *American Colonies in the Seventeenth Century* (3 vols).

Parkman, Francis. *Works* (关于 French Canada 的部分).

第六章、第七章

Airy, Osmund. *Charles* Ⅱ.

Feiling, K. G. *History of the Tory Party*, 1640-1714.

Macaulay, B. *The History of England.*

Mahan, A. T. *Influence of Sea Power Upon History* (关于 Dutch Wars 可阅此书).

Ranke, Leopold von. *History of England.*

Sitwell, G. *The First Whig.*

Traill, H. D. *Shaftesbury.*

第八章

Bagwell, Richard. *Ireland Under the Stuarts*, Vol. Ⅲ.

Brown, Hume. *History of Scotland.*

Gwynn, Stephen. *History of Ireland.*

Lang, Andrew. *History of Scotland.*

Lecky, W. E. H. *History of Ireland in the 18th Century*, Vol. Ⅰ.

Mathieson, W. L. *Politics and Religion in Scotland.*

Mathieson, W. L. *Scotland and the Union.*

Rait, R. S. *The Parliaments of Scotland.*

第九章

Atkinson, C. T. *Marlborough.*

Corbett, J. S. *England in the Mediterranean*, Vol. Ⅱ.

Coxe, William. *Memoirs of Churchill*, *Duke of Marlborough*, 3 vols.

Feiling, K. G. *History of the Tory Party*.

Lecky, W. E. H. *History of England*, Vol. I.

Mahan, A. T. *Influece of Sea Power*, Chaps. IV. and V.

第五卷
第二章

Brown, Hume. *History of Scotland*.

Corbett, J. S. *England in the Seven Years'War*, 2 vols.

Egerton, H. E. *History of British Colonial Policy*.

Lang, Andrew. *History of Scotland*.

Lecky, W. E. H. *History of England*, Vol. II.

Macaulay, Lord. *Clive and First Essay on Chatham*.

Morley, John. *Walpole*.

Muir, Ramsay. *History of the British Commonwealth*.

Parkman, Francis. *Montcalm and Wolfe*.

Roberts, P. E. *India*（即 Clarendon Press 所出 *Historical Geography of British Dependencies* 的 Vol. VII.）.

Robertson, Grant. *England Under the Hanoverians*.

Williams, Basil. *Life of William Pitt*, *Earl of Chatham*, 2 vols.

第三章

英人所著：

Egerton, H. E. *The Ametican Revolution*（Oxford, 1923）.

Rose, J. H. *Pitt*.

Rosebery, A. P. P. *William Pitt*.

Trevelyan, G. O. *The American Revolution*.

Trevelyan, G. O. *Early Life of Fox*.

Williams, Baisl. *Chatham*, Vol. II.

Winstanley, D. A. *Chatham and the Whig Opposition*.

又上章 Lecky. Mauir 及 Robertson 之书。

美人所著:

Adams, Truslow. *Revolutionary New England.*

Channing, Edward. *History of the United States.*

Morison. S. E. *Sources and Documents Illustrating the American Revolution, with Introduction.*

Van Tyne, C. H. *Causes of the War of Independence.*

Hammond, J. L. and Barbara. *Rise of Modem Industry.*

Hammond, J. L. and Barbara. *Skilled Labourer.*

Hammond, J. L. and Barbara. *Town Labourer.*

Meredith. H. O. *Economic History of England.*

Stirling, A. M. W. *Coke of Norfolk.*

第四章

Coupland, R. *Wilberforce.*

Conway, Moncure. *Life of Paine.*

Hammond. J. L. Le B. *Charles James Fox.*

Morley, Viscount. *Edmund Burke.*

Rose, J. H. *Pitt.*

Rosebery, A. P. P. *Pitt.*

Russell, Lord J. *Memorials of C. J. Fox*, 4 vols.

Veith, G. S. *Genesis of Parliamentary Reform.*

Wallas, Graham. *Francis Place.*

第五章

Camlridge Modern History, Vol. Ⅷ., Ⅸ.

Corbett, J. S. *Campaign of Trafalgar.*

Mahan, A. T. *Life of Nelson*, 2 vols.

Rose, H. *Life of Napoleon*, 2 vols.

Rose, H. *Pitt and the Great War.*

Sorel, Albert. *L'Europe et la Revolution Francaise*, 6 vols.

Maxwell, H. *Wellington.*

Webster, C. K. *The Congress of Vienna* (即 No. 153, *Foreign Office Handbook*, H. M. S. O.).

第六章

Coupland, R. *Wilberforce.*

Gwynn, Stephen. *History of Ireland.*

Lecky, W. E. H. *History of Ireland in the Eighteenth Century*, 5 vols.

Lecky, W. E. H. *Leader of Public opinion in Ireland.*

Lyall, Alfred. *British Dominion in Ireland.*

关于殖民地及自治地可参阅下列二书：

Lucas, Charles, ed. *Historical Geography of the British Empire.*

Tilby, Wyatt. *The British People Overseas.*

第七章

Clapham, J. H. *Economic History of Modern Britain*, Vol. Ⅰ. (Early Railway Age.)

Ernle, R. E. P. *English Farming.*

Ernle, R. E. P. *The Land and the People.*

George, M. D. *London Life in the Eighteenth Century.*

Griffith, G. T. *Population Problems of the Age of Malthus.*

Halévy, E. *History of the English People in the Nineteenth Century.* Vol. I. (England in 1815.)

第六卷

第一章

Atlay, J. B. *The Victorian Chancellors*, Vol. Ⅰ. (论 Brougham.)

Bagehot, Walter. *Biographical Sketches.*

Buffer, J. R. M. *The Passing of the Great Reform Bill.*

Cole, G. D. H. *Short History of the British Working Class Movement.*

Cole, G. D. H. *William Cobbett.*

Dicey, A. V. *Law and Opinion in England* (关于 Bentham 的部分)。

Le Marchant, D. *Lord Althorpe.*

Maxwell, Herbert. *Wellington.*

Porritt, E. *The Unreformed House of Commons*, 2 vols.

(关于旧制的详细情形,此书最佳。)

Redlich, J. and Hirst, F. W. *Local Government in England*, Vol. I.

Temperley, H. W. V. *Foreign Policy of Canning.*

Trevelyan, G. M. *Lord Grey of the Reform Bill.*

Wallas, Graham. *Francis Place.*

Walpole, Spencer. *History of England from* 1815, Vols. I.—III.

Webster, C. K. *Foreign Policy of Castlereagh.*

第二章

Buckle, G. E. *Disraeli*, 6 vols.

Cole, G. D. H. *Robert Owen.*

Cole, G. D. H. *Short History of the British Working Class Movement.*

Cook, E. *Florence Nightingale*, 2 vols.

Disraeli, Benjamin. *Lord George Bentinck.*

Halévy, E. *Histoire du Peuple Anglais*, Vol. III., 1830–1841.

Hammond, J. L. and Barbara. *Lord Shafisbury.*

Morley, John. *Cobden*, 2 vols.

Morley, John. *Gladstone*, 2 vols.

Strachey, L. *Queen Victoria.*

Thursfield, J. H. *Peel.*

Trevelyan, G. M. *Bright.*

Victoria, Queen. *Letters*, 5 vols.

Walpole, Spencer. *History of England*, Vols. IV.—VI.

第三章

Adams, E. P. *Great Britain and the American Civil War*, 2 vols.

Chirol, V. *India* (The Modern World Series).

Dunning, W. A. *The British Empire and the United States.*

Egerton, H. E. *Short History of British Colonial Policy.*

Lyall, A. *British Dominion in India.*

Muir, Ramsay. *Short History of the British Commonwealth*, Vol. II.

Reeves, Pember. *The Long White Cloud*（即指 New Zealand）.

Reid, Stuart. *Life of Lord Durham*, 2 vols.

Theal, *South Africa*, 5 vols.

Williams, Basil. *Cecil Rhodes*.

又参阅上卷第六章 Lucas 及 Tilby 之书。

第四章

Bailey, John. *Some Political Ideas and Persons*（论 Queen Victoria 及 Disraeli）.

Buckle, G. E. *Disraeli*, 6 vols.

Cecil, Lady Gwendolen. *Lord Salisbury*（已出 2 vols）.

Churchill, Winston. *Lord Randolph Churchill*, 2 vols.

Cornish, Warre. *The English Church in the Nineteenth Century*, 2 vols.

Darwin, Francis. *Charles Darwin*.

Gwynn, Stephen. *History of Ireland*.

Halévy, E. *Histoire du Peuple Anglais*.（正在陆续出版中。）

Mill, J. S. *Autobiography*.

Morley, John. *Gladstone*, 2 vols.

O'Brien, Barry. *Parnell*.

Paul, Herbert. *History of Modern England*, 5 vols.

Redlich, J. and Hirst, F. W. *Local Government in England*, 2 vols.

Strachey, Lytton. *Queen Victoria*.

Victoria, Queen. *Letters*, 5 vols.

Webb, Beatrice. *My Apprenticeship*.

Webbs, S. and Beatrice. *History of Trade Unionism*.

注：

原书中的参考书目排列甚乱，著者姓名及书名等等亦往往略而不全，现都加以整理，关于这部工作，译者曾得清华大学图书馆唐贯方先生之助，书名后不载发行人者，大都在英国出版。

译名对照表

外文名	书中译名	今译名
Achilles	阿溪里	阿喀琉斯
Alcuin	阿尔琴	阿尔昆
Alfred	阿尔弗勒	阿尔弗烈德
Antony	安多尼	安冬尼
Arthur	亚叟尔	亚瑟
Bacon	倍根	培根
Battle of Hastings	海斯顶斯之战	黑斯廷斯之战
Bavaria	巴威里	巴伐利亚
Beowulf	贝奥武尔夫	贝奥武甫
Boadicea	波阿狄栖亚	布狄卡
Brittany	不列颠尼	布列塔尼
Byzantine Empire	比占帝帝国	拜占庭帝国
Canterbury	坎忒布里	坎特伯雷
Captain Cook	库克海校	詹姆斯·库克（James Cook）
Celts	塞尔特人	凯尔特人
Chaucer	巧塞	乔叟
Cicero	西塞禄	西塞罗

Claudius	克劳第乌斯	克劳狄
Constitutions of Clarendon	克拉稜敦宪法	克拉伦登宪法
Dunstan	丹斯坦	邓斯坦
Edwin	爱底温	埃德温
Elizabeth	依利萨伯	伊丽莎白
Francis Drake	掘类克·法兰西斯	弗朗西斯·德雷克
Franks	佛郎克人	法兰克人
Godwin	高德温	戈德温
Gravelines	格剌维林	格拉沃利讷
Horace	贺拉西	贺拉斯
Hubert	呼柏特	休伯特
Icknield Way	易克尼尔特路	伊克尼尔德驿道
Joan of Arc	阿克的準	贞德
Jupiter	朱匹忒	朱庇特
Lindisfarne	林狄斯斐因	林迪斯芳
Lloyd George	乔治·鲁意	劳合·乔治
Neville	内微尔	内维尔
Ogam Stone	奥干石	欧甘文字
Pavia	巴味亚	帕维亚
Pennines	盆宁士山系	奔宁山脉
Plantagenet	不兰他基奈	金雀花王朝
Raleigh	剌里	雷利
Siegfried	栖格夫里	齐格弗里德
Becket	柏克特	贝克特
Thor	叨尔	托尔
Tiberius	提比留斯	提比略
Tudor	推铎尔	都铎
Watling Street	滑特林街	华特灵大道
Westminster	韦斯敏斯忒	威斯敏斯特

Wallace	窝雷斯	华莱士
Zeus	薛乌斯	宙斯

第二辑·第二卷

钱端升全集

黄进 高浣月 主编

英国史 上

British History

[英] 屈勒味林 — 著　钱端升 — 译

中国政法大学出版社

2022·北京

献给淑娴

没有她的壮游学乐我恐不会有勇气来翻译这巨著

没有她的频频慰勉我绝不会有精力来完成这翻译

英国史（上册）

《钱端升全集》（第二辑）
编委会

顾 问

俞可平 ｜ 张小劲 ｜ 王荣声

王玉声 ｜ 钱大都 ｜ 钱仲兴 ｜ 钱召南

主 任

黄进 ｜ 高浣月

成 员

王改娇 ｜ 尹钛 ｜ 钱元强 ｜ 谈火生

陈夏红 ｜ 白晟 ｜ 尹树东 ｜ 冯琰 ｜ 许玺铮 ｜ 刘旭

总 序

钱端升先生是我国著名的政治学家、法学家、教育家和社会活动家，也是中国政法大学前身北京政法学院首任院长。2017年5月，为纪念钱先生，迎接建校65周年，中国政法大学出版社出版了由陈夏红主编的《钱端升全集》（第一辑）。转瞬五年过去了，法大建校70周年大庆在即，《钱端升全集》（第二辑）历经四载编辑，终于付之梨枣。

钱端升先生，字寿朋。1900年生于上海，1990年卒于北京。钱先生少时适逢科举废除，新学勃兴。10岁前，入私塾，诵四书，兼习国文、数学、英文、史地等新学科目。中西融通的教育，为他打下了坚实的国文基础，也开启了放眼世界的一扇窗。1913年，钱先生考入松江府省立三中就读，他天资聪敏，品学兼优，三年级时进入前三名，四年级时还做了级长。[1] 随后转入被誉为"中国之伊顿公学"的上海南洋中学。1917年，他得偿所愿，考入清华学校。两年的清华园学习和生活，使他熟习法语、德语、英语，为日后研究各国历史、各国宪法、比较政治学奠定了扎实的语言功底。

---

[1] 钱端升：《读书不忘救国》，载《南洋中学八十六周年校庆特刊》1982年。

1919年，钱先生考取庚款留美生，远渡重洋，赴美国北达科他州立大学，插入政治系四年级就读，一年后获学士学位。1920年秋，他被哈佛大学录取，师从美国著名政治学家亚瑟·N.何尔康攻读博士学位。1923年11月，他在完成博士学业和论文后，经时任校长艾伯特·劳伦斯·罗威尔介绍，到欧洲各国游学，先后拜访英、法、德、奥等国政治学学者、议会议员，同时熟悉了解各大图书馆情况，并于1924年5月获哈佛大学哲学博士学位。

1924年，钱端升先生学成归国。学生时代就信奉"欲救今日之纷扰，在根本之教育"[1]的他回国后"以教书为业，也以教书为生"，[2]先后任清华大学、中央大学、北京大学、西南联合大学等校教授，讲授西洋近百年史、近代政府、各国宪法、国际关系、近代政治制度、战后问题、议会政府、集权政府等多门课程，为国家和社会培养了一大批法政人才和社会栋梁。著名法学家王铁崖、陈体强、龚祥瑞，著名政治学家楼邦彦、邹谠、杜汝楫、薛谋洪、赵宝煦等都曾受教于他。钱先生教风严谨，讲课内容丰富，条理清晰，深得学生敬佩。授课之余，他还关注国家教育问题，主张"士愈多，则世愈盛，而国愈治；反是，则世愈衰，而国愈乱"，"大学教育首以造就读书知礼之士人，次则与此种士人以一种专门之学问"。[3]关于教育政策，他提出"教育的精神不能与民族的精神分离"，主张"教育的目的在使人人得为中国人，得知为中国人之荣"。[4]钱先生倡导的这些教育理念，对当前以立德树人为宗旨的高等教育改革，依然具有重要的现实意义。

---

[1] 钱端升：《联邦制可否行于中国论》，载《清华周刊》1918年第133期。

[2] 钱端升：《我的自述》，载《钱端升学术论著自选集》，北京师范学院出版社1991年版，第696页。

[3] 钱端升：《清华改办大学之商榷》，载《清华周刊》1925年第333期。

[4] 钱端升：《我们需要的教育政策》，载《今日评论》1940年第4卷第21期。

钱先生毕生怀抱推动中国政治进步和制度昌明的理想，在教书育人的同时，专事政治学、法学研究，在各国政府与政治制度史和宪法学方面造诣精深。他博闻强识、学贯中西、治学谨严、著述丰硕，学术专著、合著、译著达十余部，如《法国的政治组织》（1930年）、《英国史》（译）（1933年）、《德国的政府》（1934年）、《法国的政府》（1934年）、《民国政制史》（1939年）、《建国途径》（1942年）、《战后世界之改造》（1943年）、《中国政府与政治》（英）（1950年）等，并与王世杰合著《比较宪法》（1938年）等。

鉴于钱先生卓越的学术成就，1948年，他被遴选为当时全国最高学术研究机关中央研究院院士。在人文组的28名成员中，法政学界仅有钱端升、王世杰、王宠惠、周鲠生、萧公权等5人当选。

此外，钱先生以"兼济天下"的情怀，对社会和时局始终保持密切关注，他凭借手中之笔，自1925—1949年，先后在《益世报》《现代评论》《今日评论》《观察》《晨报》担任编辑、主笔或撰稿人，发表政论文章六百余篇，评析时局，纵论天下，在宪法、人权、民主、集权、党治、中外关系、政治制度、教育等多个领域发表真知灼见，努力践行知识分子言论救国的政治理想。柳亚子先生当时曾赋诗《怀人》一首盛赞钱先生："钱郎才气颇纵横，抵掌能谈政与兵。揽辔澄清吾已倦，论坛一臂汝能撑。"

1949年后，钱先生抱着"对新政权的极大地热情"，积极投入新中国的政治、外交、法律、教育工作中。1949年5月，他被北平军管会委任为北京大学校务委员会常务委员兼法学院院长，参与组织高等院校课程改革。在1952年院系调整过程中，他领命筹建北京政法学院并出任首任院长，为新中国法学教育事业作出了开创性贡献。同时，他还在政务院文教委员会、全国人大法案委员会、中国人民外交学会、华北高等教育委员会、北京市各界人民代表会议协商委员会、北京市教育工会等单位兼职，为了国家和民族的富强昌盛，不知疲倦地工作。他在担任中国人民外交学会副会长期间，积极推进和发展我国与各国非政府组织之间的外交关系。特别值得一提的是，1954年5月，钱先生被聘为中华人民共和国宪法起草委员会法律顾问，参与新中国第一部宪法的起草，为这部后世评价甚高的"五四宪法"作出了重要贡献。

20世纪70年代初期，中美关系开始解冻，在周恩来总理的安排下，钱先生调任外交部国际问题研究所顾问和外交部法律顾问，参与起草中美两国冻结资产解冻问题的谈判方案。改革开放后，钱先生虽年事已高、体弱多病，但他仍以高昂的政治热情投身于社会主义法治建设，为我国政治学、法学学科的恢复重建和全面复兴大声疾呼、献计献策。1984年，他在给有关领导人的信函中写道："自问以身许国绝无二心，如容我请缨再裨以某种任务，则老骥伏枥义不容辞。不胜翘企待命之至。"真诚表达了一位老知识分子始终与祖国同呼吸共命运的眷眷中国心、悠悠爱国情！

在钱先生90年的人生经历中，他除撰写了十余部学术著作和六百余篇文章外，还留存了大量的作业、日记、法案建议稿等未刊手稿，《钱端升全集》（第一辑）主要收录了钱先生已经公开发表的部分文章、公开出版的学术著作。2018年春，经钱先生家人的授权许可，我们开始筹划整理《钱端升全集》（第二辑）。本辑包括《哈佛课业》、《英国史》（上下册）、《钱端升日记》（上下册），共五卷。

《哈佛课业》为钱先生1920—1924年在哈佛大学攻读硕士、博士学位期间的八篇习作。习作原文为英文，此次由专业学者译成中文，并择要简注，以便世人品鉴。内容广泛涉略法学、政治理论、政治思想、西方思想史、外交政策、美国公共政策等领域。钱先生早在清华读书期间，就对政治学表现出浓厚兴趣，主修课程以中国制度史成绩最佳，文学写作、文学评论、经济学等科成绩亦均为优良。他1921年的日记本上清晰地记载着其早年的立志名言："不以欲而害学。学者，吾唯一之希望也！"钱先生在哈佛大学求学期间，博览群书，刻苦攻读，三学年的政府学课程成绩均为A或A+。[1]同时，他还在节假日参加社会活动，发表演讲。本辑中的《哈佛课业》八篇习作均为首次面世，读者从中可以感知青年时代钱先生扎实的学术功底和广泛的学术志趣。

《英国史》是钱先生于1931年翻译的一本60万字的巨著。原作者屈勒味林·乔治·马可雷（George Macaulay Trevelyan，1876—1962年，今常译为特里维廉），英国自由主义史学家，毕业于剑桥大学三一学院，1927年任剑桥大学近代史讲座教授，1940年任三一学院院长。《英国史》为屈勒味林于1926年所著，内容兼具学术性和普及性，被当时的《泰晤士报》评为"近十年来英国最伟大的著作"。该书依照年代顺序，阐述了自远古至1918年的英国要人大事之经过，同时兼以国家的经济状况、政治制度及海外事业为根据而论列到社会发展的各个方面。钱先生对此书推崇备至，认为其包纳范围广大，引用材料宏博，行文流畅生动。译文则讲求忠实于原文，力求通达，且对文中未能注明出处者，择其要者查明出处，加以注释。该书在民国时期也被列为"大学丛书"之一。钱先生晚年教诲学生："搞国际政治，能够把握国际动态，首先要深知各国历史，特别是欧美各国历史。如果你不熟悉外国近百年的恩怨史，是很不容易把握国际动态的。"钱先生的治学态度和理念透过《英国史》的翻译即可窥见一斑。

《钱端升日记》主要记载了钱先生1937—1956年的工作和生活轨迹。1937年，抗日战争全面爆发，为了争取英美等西方国家的援助，正值盛年、

---

[1] 钱端升在哈佛大学就读期间的成绩单，据哈佛大学档案馆馆藏。

英国史 | 上册

通晓五国语言、兼具雄辩之才的钱端升，经时任国民政府教育部部长、国防最高会议委员王世杰的举荐，陪同胡适、张忠绂等人以学者身份赴美法英等国开展国民外交，宣传抗日。临行前，同窗陈师经赋诗一首《寄寿朋美洲——七七事变后奉派赴美宣传》，为钱先生壮行："奋身欲撞自由钟，回首山河战血红。天下是非谁管得，伤心却在不言中。断牙和血深深咽，天问无灵莫启唇。倘有苏张三寸舌，还须尝胆识酸辛。"在欧美期间，他通过导师和同行的介绍，与胡适等人拜访议员、发表演说、奔走呼号，力图影响英美等国对中日战争的政策干预。回国后直至抗战结束，钱先生一边在西南联合大学执教，一边担任国民参政会参政员，围绕抗日战争及战后重建等问题提交诸多议案，被黄炎培先生誉为"最肯卖力的参政员"。1945年日本投降，历经十四年战争摧残的人们渴望和平，钱先生面对当局的贪腐无能和专制横暴，毫无畏惧，积极参加西南联合大学教授反内战反独裁活动，支持"一二·一"学生爱国运动。这场运动成为钱先生政治立场的重要转折点，此后他与国民党逐步决裂。中华人民共和国成立之初，百废待兴，钱先生对"共产党创造的新中国感到欢欣鼓舞"，他满怀激情，积极参与各项社会活动，为我国的法制建设、文教事业和外交工作作出了卓越的贡献。

《钱端升日记》真实记录了钱先生赴欧美宣传抗日、西南联合大学任教、哈佛大学作客座教授期间的所闻所见，也再现了他在1952—1956年牵头筹备北京政法学院、创立新中国法学高等教育的艰难历程，以及他以极大的政治热情参与祖国文教、立法、外交等各项社会活动的精神风貌。

钱端升先生不仅是法大的掌门先贤，更是中国学术界的泰山北斗。我最初认识钱先生是从他和王世杰先生合著的《比较宪法》开始的，这部著作是民国时期的法学经典，至今在海峡两岸仍有极大的学术影响。因为王

世杰先生曾出长国立武汉大学，故这部著作在武汉大学法律学人中是津津乐道的。记得当年在武汉大学求学和工作时，不时就有人向我说起，在中国只有读了这部著作，学习和研究宪法才算入了门。2009年我北上赴法大任职后，对法大这位先贤有了更多更深的了解，深知他是法大的文化富矿和宝贵财富，是法大的一座历史丰碑，其人格魅力、教育理念、人文精神、求真品质和学术贡献将长久影响法大、惠泽法大、激励法大、鞭策法大。因此，我一直积极推动、支持整理、收集、珍藏钱先生的个人物品资料，编辑出版《钱端升全集》，建立"钱端升纪念馆"，筹措资金继续开展"钱端升法学研究成果奖"评奖活动。经过多年的文献整理、史料挖掘、实物收集，在学校和钱先生家人共同努力下，钱先生的日记、笔记、中英文信件、手稿及其用过的实物等珍贵资料2300多卷（件）已基本整理完毕，为法大编辑出版《钱端升全集》和建立"钱端升纪念馆"夯实了基础。特别值得一提的是，在整理钱先生的往来信件中，我的恩师韩德培先生写给钱先生的两封信原件被发现。当我看到这两封信的原件，可谓激动万分，展读多时。两封信的一封写于1980年，寄自青岛；另一封写于1984年，寄自武汉。前者告知武汉大学恢复法学教育，拟设置法学、国际法学专业，期待钱先生指导；后者则禀告解放后燕树棠先生在武汉大学的情况及其仙逝前后经过。在这两封信中，韩先生对钱先生执弟子之礼，毕恭毕敬，信的开头称"端升师座""端升吾师"，结尾则写"生韩德培敬上"，信中还写道"久违教诲，时切驰念""吾师目力欠佳，务望多多保重"，其师生之深情厚谊跃然于字里行间。作为韩先生的亲学生，我能有机会为在老师的老师钱先生曾经治下的法大的赓续传承添砖加瓦，何其幸哉，何其善哉！

编辑出版《钱端升全集》是为了承前启后、继往开来。就钱先生这一辈学人的人品、学识和成就而言，说他们是中国近现代人文社会科学界的

"异数",当不为过。我相信,当读者翻阅了《钱端升全集》之后,一定会与我有同感。在我看来,钱先生他们这一辈学人有一些深深打上时代烙印的共同特点:一是饱经风霜,阅历丰富。他们历经清朝、民国、新中国三个时代,又游学中外,任教于国内多所大学,时代风起云涌,个人大起大落,一生跌宕多姿,事迹可圈可点。二是学养深厚,学贯中西。他们所在的家庭不算十分富裕,但都能供他们求学,有诗书传家传统。因此,他们从小就受到良好的教育,中学基础扎实。后其又因聪颖好学,在全国学子激烈的竞争中考取公费留学海外,在国外大学受到系统的高等教育,大多懂几门外语,对西方国家的文化尤其是对其专业有深刻的理解,西学功底坚实。三是不限一隅,涉猎甚广。他们既是某一领域的专家、权威,又是学术大家或杂家。比如,钱先生的研究和著述,不仅涉及政治学和法学,而且还涉及时政、国际政治、世界史、国际关系史、国别史、外交学、教育学、文学等领域。四是关心时政,热心公益。他们所处的时代多为战乱、动乱或变革的时代,社会、国家和世界不断在发生着巨大的变迁。他们没有"躲进小楼成一统,管他冬夏与春秋",而是关心时政,热心公益,以读书人的良知和学识,为社会的进步、国家的发展和世界的和平鼓与呼。五是与时俱进,坚守良知。面对"中国处于三千年未有之大变局",可以肯定地说,中国的读书人有过犹豫,有过彷徨,有过摇摆,也有过激动。孙中山先生曾说:"世界潮流,浩浩荡荡,顺之则昌,逆之则亡。"以天下为己任的中国读书人在这样的大变局面前焉能无动于衷?从钱先生他们这一辈学人的身上我们不难看到这一点。他们的著述,或有时而不章;他们的言行,或有时而可商。但我们看到,他们始终恪守了做人的道德底线,坚守了读书人的良知理性,敢讲真话、实话,讲真心话而不讲假话。在当下,这正是我们后辈应该学习和传承的。我们这些后辈,特别是法大人,活在当下，积极作为，对未来充满着期待，但我们不能忘记过去、忘记历史、忘记先贤。不了解过去，我们或许会认为自己已赶超前人。其实，我们有可能在重复走前人走过的路，甚至没有达到他们曾经抵达的高度、曾经去过的远方。《钱端升全集》（第二辑）的问世，至少为我们打开了一扇回首过去、回望历史、回忆先贤之窗，让我们能够从钱先生的个人学术思想史窥探中国近现代学术思想史、教育史、外交史、法制史的发展演变轨迹，拓展新的研究领域。

纸短情长，难以言尽。匆匆成文，是为序。

黄　进

2022 年春　北京

译者序

单本的英国历史以我所知最佳者有三本,一为伽地纳的《学生用的英国史》,二为格麟的《英吉利人民的短史》,三即我现在所译屈勒味林·乔治·马可雷著的《英国史》[1]。三位著者都是英国名史家,三书亦各有特长之处。格麟的《短史》因能注重于全民的生活,因能不限于政争,兵争,及君主政客的起伏,故为著史者辟了一个新的途径,而为他自己博得了极大的声誉。伽地纳的书固属于课本一类之书,但他为精博宏通的史家,且其取材的宏富,抉择的精密,条理的清晰,究非一般教科书所可比拟,故我亦不能因其为教科书而遽不列它为最佳的单本历史之一。然而无论你怎样推崇伽地纳或格麟,无论你怎样力称它们特有的优点,如同伽地纳之宜于初学,及格麟之特辟一径,屈勒味林的《英国史》一出版而最佳单本历史之誉便舍它莫属。

屈勒味林自己于序言中尝提过于数百页中记述英国整部历史之不易,它深恐所著者不成为教科书,便成为一篇极长论说。实则他无须虚衷过甚,

---

[1] S. R. Gardiner, *A Student History of England*; T. R. Green, *A Short History of the English People*; George Macaulay Trevelyan, *A History of England*.

无须怀着恐怕。他的书同时是一部很好的教科书，及一篇极佳的论说——或者我们可说中含无数篇无数段极佳论说的长文。它没有教科书的流弊，它也没有论说的缺陷；熟知英史者可以读之而多所启发，而稍具英史知识者亦可读之而完全了解。有人也许不肯承认它是教科书，但这是一种主观的见解，我们不易赞同，也不易否认。如果教科书定须是一本没有读过英国历史的人可以彻悟的书，那屈勒味林的当然不是，但伽地纳的又何尝是？一些英国历史不知道的人读伽地纳时也不见得能全懂。如果书之能给读者以整个的有系统的简单知识者便是教科书，那么屈勒味林的确是一部很好的教科书。以和伽地纳的比起来，它有新颖准确之妙，而伽地纳的则已嫌陈旧。

但《英国史》决不单是一部教科书，一个课本而已，它的最优之点也不是课本的优点。乔治·马可雷的父亲乔治·鄂图（George Otto）为一名史家，而乔治·鄂图则为马可雷贵族的外甥，所以乔治·马可雷可当系出史家之名而无愧。他自己又终身致力历史，而不像他父兄[1]之有志政治。他的史作极富。他固尝以关于意大利的历史著作著名，然这只是说他为英人治意大利史者中之首屈一指者，并不是说他关于本国史的著作尚不及关于意大利的之佳。而且1926年的《英国史》，除了被推为近10年来英国最伟大的著作[2]外，一般人更公认为屈勒味林一生的巨著。名史家名著的价值于此盖不难推想而知。

《英国史》这样被世推崇的原因甚多，其最重要者，一为范围的广大，举凡政治经济，社会文化的变迁无不包纳在内；二为材料的宏博，凡1926年以前出版的书籍，发现的文书，地下的掘获皆在直接或间接利用之列；

---

[1] 乔治·鄂图为格拉德斯吞（Gladstone）内阁中的阁员，他的长子查理爵士（Sir Charles），即著者之兄，则尝长首次及二次的工党内阁。

[2] 见1926年的《泰晤士报》文学副刊，或同年的《每年记事》（*Annual Register*）的文学部分。

三为文笔的卓绝,流畅的叙述,生动的摹绘及深刻的论评无一或缺;四为涵义的深长,著者绝不是平铺直叙之人,更不好为武断之语,故其令人深长思之处为独多。格麟以能注重社会史的方面得名,其行文亦极佳,但无论在哪一方面,屈勒味林,据我观察所及,实胜他几筹。世人每称耶教《圣经》为万书之书,而孔子则为圣之时者也,我如以"英史中之时者也"称屈勒味林我想也不会有人愿驳我罢!

但《英国史》的完美为一事,而我的译本又为一事。屈勒味林的应译为一事,而译文的好坏又为一事。屈勒味林之书本为能读英文之人——尤其是英美之人——而作,故译成中文后,即使译笔极佳,了解上势必有不少的困难,何况像我那样不敏更何敢有绝无困难之望?

译书者的两大责任,一为忠实,又一为通顺,至于文章格调之宛如原著则已是一种应有而不易有的奢侈品。我的首要的关心在忠实。关于此点我相信我还没有多大的失败。遗漏之处即绝无仅有,牵扯误会之处我自信也不至于多——如果有的话。至于第二点——通顺——我已没有如许多的把握。我当然力求通顺;我固不欲以文害意,因求通顺而失了忠实,我也绝不敢专事直译致有文字不通,真义无可索解之苦。我所用的是语体文,但也不是纯粹的语体。我以为中国人读书,不论出声或不出声,其实总和朗声循读无别,如果语体文所习用之"的""底""吗""呢"一套虚字太多,则读时极难顺口——至少在今日能读稍深之书的一代。但为准确不涉含糊起见,我有时于一句中所用的字——以此为例——常有三四之多。为不失原意起见我又常被迫而用西文"·""——"等等的符号,及造句方法有类德文的长句。我明知这些与读书时的流畅有妨害,但它们都是为忠实而有之不得已的牺牲!说到格调,我更不敢说什么话。如果细心的校读者,以为我的译文于有几处尚多少带些原文的文气,那我只能以意外的鼓励视之了。

译者序

末了还有关于翻译的几件琐事要说一说。原书中对于年月日无一定的规则，有时放在本文之内，有时则附注于页边，译本亦大多照样办理，未多变更。原文中的附注亦十之九仍旧，但一部分被并入正文，更有一部分则因无关重轻而被节去。原书中暗射经典说部之人名地名及事迹之处甚不少，在英人读之固不难了解真义，但在我人读之不免有味同嚼蜡之感，一方为保存原书本来面目，一方又为助读者的理会起见，好些文学及历史上的暗射，译者另于附注中加以说明。为保存本来面目起见，诗歌等等亦一仍原来的排印方式，没有删去，也没有改穿散文的服装。不过我要声明，旧时的格式非但不适于准确的译文，也非译者之所能，而新诗则译者更是门外汉，故译文中的诗虽穿了诗的服装，恐怕也只能以散文看待。又著者所引用的诗文词句往往没有注明出处所在，译者择其重要者特为查出注明，但亦未能全数加以注明。地名人名之难译在语言庞杂的我国为极难解决的问题，在本书中凡习用的名辞概从习惯，其余英法德三种的名辞从其原文之音，而别种文字的则从其英文的译音。凡从人名地名变化来者，如詹姆斯主义（Jacobitism）等，左旁俱加"——"（本版改繁体竖排为简体横排，取消此标点——编者注），但从普通名辞演化出来者，如罗拉特主义（Lollardry）及呼格诺徒（Huguenots）等俱无"——"的记号。地图中的地名亦概用中译，但懂西文者自以参看原图为易于认识。

《英国史》译成中文后已成 60 万言的巨著，翻译中错误，矛盾，及其他不妥之处自是难免。译者极欢迎读者们的指正。

钱端升
1931 年 4 月
于北平

著者序

英国全部历史本非数百页（译者按，原文共 703 页）的一册书籍所能尽载无余。欲以数百短页而囊括《英国史》的全部，不流为一部教科书，即难免成为一篇长论说。本书采记事式的体裁，依年代的顺序，叙述要人大事的经过；同时又不忘以国家的经济状况，政治制度及海外事业为根据而论列到社会发展的种种。由前者言，本书尚未脱教科书的模样；由后者言，则本书又类似一篇长论。

关于苏格兰，爱尔兰，威尔士，及海外各属地的历史，我虽自问尚能一体顾及，尚不致过分偏向英国人的立场，然本书（尤其是前几篇）势不能不以英吉利为中心，否则，便难求一贯。我不欲因命名较广而令读者起一种不易满足的奢念，故仅以《英国史》名此书。

1924 年春季，我应罗威尔学会（Lowell Institute）之请，在波士顿讲演英史。本书实由当时之演稿增润而成。兹谨以献给哈佛校长罗威尔先生及当日其他的东道主人。

剑桥大学克拉判（Clapham）博士及厄力奥特（Claude Elliott）先生俱有功于此书。前者所著的《不列颠近代经济史》于未出版前我即得细读而充分利用。后者则为我详校此书的前半,更从而加以指导。对二君我当于此深表谢意。

屈勒味林·乔治·马可雷

1926 年 4 月

于柏克哈斯退特（Berkhamsted）

目 录

1 | 总 序
10 | 译者序
14 | 著者序

1 | 绪 论

上 册

第一卷　种族的混合　自最古迄诺曼征服

9 | 概 说
11 | 第一章　始祖　伊比利亚人及塞尔特人
21 | 第二章　罗马不列颠
34 | 第三章　诺尔狄克人侵占的初幕　盎格鲁萨克森征服
55 | 第四章　地中海势力的重起　耶教的回复
77 | 第五章　诺尔狄克人第二次的入侵　外琴人的留居及势力
94 | 第六章　后期萨克森英吉利的生活状态　封建主义的蚕侵
　　　　　克弩特及诺尔狄克人的海上帝国

| 112 | 第七章 海斯顶斯以前之诺曼征服　1042—1066 |
| 127 | 第八章 诺曼征服的完成及诺曼制度的建立　1066—1135 |

第二卷　民族的造成　自诺曼征服迄宗教改革

147	概　说
153	第一章 无政府状态及王权的复振　采地制的发达
167	第二章 寺院生活　教国关系　及新的法院和法律
178	第三章 十字军　宪政的肇始
197	第四章 中古的会社生活　国会的发展
221	第五章 爱尔兰威尔士苏格兰
241	第六章 百年之战　英吉利语言之起
257	第七章 黑死　罗拉特派
275	第八章 国会的发达　玫瑰之战

第三卷　文艺复兴宗教改革及海权　推铎尔时期

295	概　说
302	第一章 推铎尔的政府　社会及经济的变迁
318	第二章 新的宗教潮流　海事及海军
329	第三章 钦定的及国会的宗教改革
345	第四章 抗议教及公教的插戏
359	第五章 依利萨伯及教社问题的解决　苏格兰的宗教改革
377	第六章 英吉利海权的肇始
398	第七章 伟大的依利萨伯时代　威尔士及爱尔兰

下 册

第四卷 国会的自由及海外膨胀 斯图亚特时期

419 | 概 说

425 | 第一章 詹姆斯一世及查理一世时的政治宗教

444 | 第二章 苏格兰的叛乱 长国会

455 | 第三章 大内战 1642—1646

466 | 第四章 共和政治及护国政治

484 | 第五章 农村经济 美洲的移殖

499 | 第六章 复辟及查理二世

522 | 第七章 詹姆斯及 1688—1689 革命

534 | 第八章 苏格兰及爱尔兰

545 | 第九章 英法的争雄 安之死及朝代之争

第五卷 海权华族政治及工业革命的初期 自乌得勒支迄滑铁卢

567 | 概 说

571 | 第一章 早期汉诺威时的英吉利

594 | 第二章 辉格党的寡头政治

612 | 第三章 乔治三世的御揽政治

628 | 第四章 民主运动的开始 法兰西革命时的党争

641 | 第五章 法兰西革命及拿破仑之战

659 | 第六章 乔治三世后期的帝国 奴隶贸易的禁止

671 | 第七章 乔治三世时的经济生活

第六卷　机器时代的海权及民主政治的趋近　汉诺威王朝的后期

- 689 ｜概　说
- 694 ｜第一章　托立的压制及辉格的改革
- 716 ｜第二章　维多利亚朝的上半期
- 737 ｜第三章　最近时期的对外发展
- 755 ｜第四章　维多利亚朝的下半期
- 774 ｜结　论　1901—1918

- 786 ｜1770 年以来的内阁
- 788 ｜参考书目
- 803 ｜译名对照表

绪　论

我国国史由来已久，我国人民的开化盖远在阿尔弗勒（Alfred）朝以前。但为世界领袖国之一，却近在依利萨伯（Elizabeth）朝以后，故不列颠大国的历史比较甚暂。一久一暂之故可于地图中追寻而得。古时的制图者，无论为亚历山大里亚城的学者，或中古寺庙中的教士，无不把不列颠放在西北的极边，但自美洲及到非亚的航线发现后，不列颠顿居海运的中心。此地理上的变迁，不列颠人民亦能充分利用。在斯图亚特（Stuart）时代时不列颠不特已成海洋贸易的中心，抑且为金融及实业的重镇。科学昌明以后，国人更以机械用于制造，于是工业革命以起，而不列颠在世界上所占的地位益形优越。当时移民海外之举亦已发生重大影响。十三州虽离英独立，但不列颠帝国仍日增月盛，俨然为有史以来最大的帝国。

最近数世纪的不列颠不特因物质上的进步而执世界之牛耳，知识上之发育亦为前此所未睹。在中古时，不列颠虽可以比德，倍根，巧塞，威克里夫（Bede, Bacon, Chaucer, Wycliffe）等自豪，然当时国人对于科学及文艺的贡献和莎士比亚以来的造诣比起来尚瞠乎其后。伦敦一跃而为新世界，新海洋的运输中心时，亦即国人致力于文艺复兴及宗教改革的盛世。文艺思想上的成绩愈著，不列颠岛国人的本能亦因而益彰。

在政治上说起来，不列颠向以"国会的母"著称于世。政府本不易兼有行政的效能，民众的管束，及个人的自由；普通国家恒患顾此失彼之病。然而不列颠竟能依据它的民风民气，逐步改善，随时变化，而蔚成一种兼有三长的政制。此亦不容世人不加注意。

国会起源于中古时代，因国会的奋斗而得通行于英语各国的通常法亦肇始于中古。厌恶政治上之专制，各阶级的分辖政权，公团生活之注重，公团得举代表以参加政治：凡此种种本为中古政治的特长，而国会的所由起。在推铎尔（Tudor）斯图亚特及汉诺威（Hanover）数朝代中，国会之制既移植于新大陆，而又能力拒弥漫欧陆之罗马政治思想侵入不列颠。是时不列颠的政治史，益不与欧陆的政治生活浮沉。法及西班牙固亦尝有等级会议之设，但此种等级会议始终不能适合于近代情况。封建制度陵夷以后，继而起者为君主专制；拉丁各国统视君主专制为新时代应有的政制，而马基亚弗利（Machiavelli）的君权主义竟能风靡全欧，无一新兴国家得获幸免。只有不列颠尚能藉国会的宿威，抵御狂澜，更从而树立民选议会统辖帝国的盛治。自1689年以迄1815年，各大国间的商战兵战此仆彼起，不可胜数，而我国的货品，战舰，军队，无一落人之后。工业革命而后，各国间的竞争视前益烈，然我国的地位仍不稍坠。于此，益见国会自由国比君主专制国能顺人民的意志，得人民的欢心，而效能亦大了。

至19世纪时，国会制度之运用，其难尤数倍于昔日。工业革命而后，社会状况本日趋复杂；而日增月大的帝国复引起许多民族的问题。民族愈繁多，相差愈剧烈，则统治亦愈困难。然而国人幸能权衡短长，以国会制治理白色人种，以公平正直之道待遇未能自治之民族；庞大之帝国因而得以保全。

综上所言，最近四世纪实为不列颠历史中最特出之一部分。无论物质的进步，种族的繁殖，政治或社会制度的发达，文艺或思想方面的贡献，俱在此四世纪中有一日千里之势。我于此时期的史乘独详者正以此故。但推铎尔以前的历史我亦决不敢过于忽略。无1066年以前入侵不列颠的种族及因入侵而生的种族大混合，则乌有今日之不列颠民族？无诺曼及不兰他基奈（Norman，Plantagenet）两代雄主之守土固疆，使一国之文物制度得以循次树立，则500万之不列颠人民又乌能于依利萨伯朝时利用海洋间之新发现及知识界之新运动而建数百年来之大业？全书三分之一悉以追述推铎尔以前的古史者，即所以表明古史的不容轻忽。

不列颠自古即和海洋，港湾，河流结不解缘。它在近代为海上霸王，能役使海洋。它在古代则因海洋而为人所役；它的运命每系于逐波而来之异族。自伊比利亚人（Iberians）及塞尔特人（Celts）以迄萨克森人（Saxons）及丹麦人（Danes），自腓尼基（Phoenicia）商人以迄罗马及诺曼的战士；举凡强有力的侨民，舟子，农人，商贾，无不随海浪而由欧陆远适不列颠，而移居此地，而充实旧有居民之文化。论人民，国性以及言论，不列颠实以由东岸登陆的条顿及斯干条那维亚人为主干。论文化及组织能力，则不列颠又深受由南岸侵入之地中海各民族的影响。

萨克森王克弩特（Canute）时不列颠曾和斯干条那维亚共休戚。此种亲密的关系因诺曼征服（Norman Conquest）而中止。此后数百年间诺尔狄克（Nordic）人（即条顿及斯干条那维亚人）的岛国遂受治于操法语的贵族及操拉丁语的僧侣。在异姓的领袖之下，浓厚的国家观念欲得以萌芽，而特异的政法制度亦日渐发达。在巧塞及威克里夫时，虽"百年之战"方大肆其残杀之能事，我们已可窥见不列颠渐渐离欧陆而自成一国。且此新国又决非萨克森时之旧国所可比拟。新国实由多种种族及多种文化相混合而成。经过数百年天时地利之调剂后，此混合的国家已溶化成一新国。迨至宗教改革，脱离拉丁族的指导之后，不列颠更自成一系，亦不须重和斯干条那维亚及条顿各国相亲近了。

此时——和欧陆关系日趋疏远之时——实英国文化政治发展上的一大关键，也可说是一大危机。幸而苏格兰适于此时与英格兰合而为一，而新

发现的世界亦畀岛民以四出活动的机会。英人为岛国国民，然而他又具有万象的经验和世界的眼光者，亦实因三百余年来，他能称雄海上，足迹遍新旧两大陆的各岸之故。

由此以观，在早时，不列颠和海的关系是被动的，吸受的；在近时，是主动的，进取的。早时也好，近时也好，海是不列颠历史的关钥。

上 册

第一卷

种族的混合　自最古迄诺曼征服

概　说

　　人人知道不列颠民族是许多种族参合而成的。这些种族如何混合起来，何时混合起来，何以要混合起来，我希望在这第一卷中能一一说明。

　　我们不妨开始就说诺曼征服是异族侵入不列颠的最终一幕。诺曼征服的自身本富于社会及文化性的弥漫，而薄于种族性的兴替。自海斯顶斯之战（Battle of Hastings）而后，更绝无大批异族以武力强入不列颠的事端；我们所见者仅佛来铭人（Flemings），呼格诺教徒（Huguenots），爱尔兰人等等或为虐政所逼，或为饥寒所迫，和平地移居不列颠而已。此种移民当然不会遭旧有居民的反抗。

　　在诺曼征服以前侵犯不列颠为极易之事，以后，则又为极难之事；因为不统一，无守备的不列颠最易引敌入寇，而有守备，又统一的不列颠则又最易防御。在诺曼征服以前，即在阿尔弗勒及哈罗德（Harold）时国家仍漫无组织，水师也弱小无力；再以前，则简直无国家及水师之可言。所以古时的不列颠除了罗马海陆军驻在时代以外，实在是最易招寇不过。自诺曼征服以后，国家也统一了，军备也整饬了，于是敌人极难越英吉利海峡而寇不列颠，即以西班牙之腓力，法之路易十四及拿破仑之雄师也不能徼幸成功。固然，推铎尔·亨利（Henry Tudor，即亨利七世）及奥伦治的威廉（William of Orange，即威廉三世），也曾率师袭取王位，但他们是受民众欢迎而来的。不受欢迎的敌国连局部的侵入也是不可能的。

　　自诺曼征服往上追溯，种族混合史约占千年之长。此千年的历史我们不甚看得清晰。塞尔特人，萨克森人及丹麦人来时的情形，以及来后的种种犹如马克柏司（Macbeth，乃莎士比亚戏曲之一）在草原上的战役，我人但闻巫觋的预言，云雾中的角声以及战士的哗声，有时我人幸得窥见一二伟丈夫的形影，然而总不能确知当时之底细。但我们也不要忘了耕者们的手锄原田，及樵夫们的开山伐树；我们更不要忘了四岸的怒涛声及乘风破浪而来的海舶。耕者，樵夫及航船者纵不及战士之有声有色，然在历史上他们实居更重要的地位。

第一章
始祖　伊比利亚人及塞尔特人

不列颠岛　不列颠未成海岛以前种种地质上的变化，火山及岗岭的起灭，满植煤树的热带湿地以及海底白垩冈地的长成等等，我不预备在此记述。我也不想分别自"皮尔当人"（Piltdown Man）起，在间冰期中漫游不列颠之各种原始猎人的族类。有灵气的真人（Homo Sapiens）大概在冰河末期之后，乘北欧春暖之时，始随大冰北退，而践今不列颠之土。当时不列颠尚为大陆之一部，故徒步并不为难。最普通之鸟兽，花草，树木殆于此时与人类同来。此种以猎射马，驯鹿及大象为生之人类殆为我人之始祖，因为我们所承认的祖先，在移殖不列颠时难保不和此辈早在该地之猎人有生聚的关系。当此时候，介乎多维（Dover）及加莱（Calais）间之白垩高原仍成连续不断之形势，泰晤士河则流入莱因河之下游，而莱因本身则经今已沉埋北海之水草地而入北冰洋。至今在洋中之暗沙（Dogger Bank）上有大象及驯鹿之残骨甚多，即当时莱因河出口时所遗留者。

不列颠在冰河末期以前既和北欧其他各部同沉沦于大冰之下，则前此的动植物自亦同归于尽，而后此繁殖于空地的动植物自亦同一种原。所以不列颠的动植物，除了特产的一种红松鸡（grouse）外，与北欧的动植物极少出入。反之，爱尔兰在多维一带的白垩冈地沉为海峡以前，即已和英格兰断绝，所以它的哺乳类，爬虫类，及树草种类要比英格兰为少。

自海峡将它和大陆分离后，不列颠又历数世纪尽为森林，树枝接树枝，可连数百哩之高山平地而不断。林木茂盛，枝叶丛生；地潮苔生，终岁不见日光。每当夏日晨晓，微风吹动的时候，树枝声声作响，而亿兆禽鸟亦随之而歌。这种清歌美乐，只食肉衣皮的猎人可得闻见。然猎人亦为数极少，他们偷偷的穿过深林，而觅野兽时，固为野兽所惧，但他们自己也是无识无知；不知自己是岛民，更不知此满布池沼之潮湿林地以外，尚别有世界。

我们展阅任何的地势图，就会看出不列颠向欧陆的沿岸平坦多港湾，又多河流；稍进则为高下起伏之平原，交通亦易。只有西北两岸地高多山，较难探入；然如塞汶（Severn），底（Dee），麦尔齐（Mersey），克来德（Clyde）及其他港湾亦尚且为历史之所由成。至于平易无阻的东南两岸，既无峻岭在后，又无水师为护，实不能不令漫游欧洲海岸之海盗，海商，及游民辈见而色喜，不啻是一种最有力的引诱。

岛之富饶 罗马以前，地中海之商人似乎已知不列颠之富于明珠，金，锡；慕这类宝物而来者当然不乏其人。然亦有因土壤肥饶，气候佳胜而来者。不列颠之高地终岁常青，而霜冻之期亦较北欧为暂；在未知海湾暖流作用之古人观之，不啻是一仙地，所以来者益众，而既来则安亦为常事。

不列颠的森林极富飞鸟野兽，此亦正合人意，因当时之人是个猎者。今日之许多陆地在古时为绝大之浅池；今之剑桥及林肯间之区域实为最大池地之一。池地中禽鱼繁殖，猎取不竭。无数代之渔翁猎叟曾将渔猎用之石片遗掷在水中，或水旁之细石滩上，一若预为近代之考古家留佐证者。及至牧羊时代，则南部绿草丛生之冈地最得古时人之欢心，而牧豕中之有胆量者且随猎人而入更南之丛林。

燧石产地极广，最好的燧石矿则深埋在白垩之下。最古之矿工以红鹿角为斧，以肩骨为铲，斩开白垩，使成壁隙，然后探取于生活不可缺少之燧石。此种白垩矿穴有时深至 30 呎，亦可见古人之苦心孤诣。古石器时代之石器甚粗劣，新石器时代之石器则极精巧。然两时代间蜕化甚渐，几不可截然分开。

约在耶稣纪元 2000 年以前，不列颠人知用铜器，再过千余年后，知用铁器。铜铁金属藏蓄甚富，而熔化金属的木材则尤取之易如。木材更可为造屋取火之用。清水散布亦广，而在高地尤易觅得。在人民知有凿井引水之前，清水在高地本较英之南部易得，所以自最早的茅屋村以迄《土地调查书》（Domesday Book）中所载之萨克森市镇，凡村落之所在必靠近有清水的地方，即在高地，也是如此。

到了农业时代，不列颠东南部土地的肥沃尤有绝大帮助。农业所引起的变化比渔猎畜牧尤大，因为它可使耕者有一定的田地和住居，使他得以繁殖，使他得以聚家为村落，因此更使创造及变化轻而易举。但耕种之普及极渐。一直要到了萨克森时期之后半，不列颠方确实走进农业时期，到了这时，现代之村落始大部成一雏形。在前史时期，即有少许农业，也只限在几处最宜于耕种之地方。一定要没有水草，没有森林，又非丛树漫生之瘠地，前史之人方能耕耘。

地势及入侵者 这富饶宜人之岛屿，佳胜之处既如是之多，而又为自诺威以至卫松（Ouessant），长凡 2000 哩之半圆形海岸之中心，凡善于航海，而又出没于上述海岸的种族自然要以不列颠为最相宜的目的地或战利品。而且民族的移动在欧洲本采自东徂西的方向，不列颠既位在西端，不畏海的诸种族或为冒险的天性所使，或为在后方之种族所迫，向不列颠的东南两岸挺进更为自然的举动。因此，自诺曼征服远溯至有史以前之数千年间，不列颠实时见这种种族的先后光临。

客民在东南岸登陆之后，其始所遇者大抵为林地及水沼，这都不难通行。逢森林太密或山谷太湿之地，则他可由无树之白垩地或多矮树之平地绕道而行，或荡舟直达。在今日羊群及涉水鸟所丛集之高地中，我们尚可

发见上古人民所用野营，所辟途径，所掘露池之遗痕，于此可见在森林未清除，水谷未汲干以前，无林的冈地实为上古人民的天堂，且为生存所必需。

客民初登不列颠之东南岸时，可以前进无阻，一直要到他的儿孙时代，进到岛之西北部时，始发生重大障碍。英格兰西北及威尔士，苏格兰之高山峻岭殊不易飞渡，犯境者不易再进，而原居者则有险可守。如果不列颠全岛尽如东南之平坦，则入侵的种族，可一举而占全岛；一转瞬间，弱者旧者尽死，而今日所有的种族区别将无从存在。我们通常以威尔士及苏格兰高地为塞尔特不列颠，而以东南部为萨克森不列颠；如无高山为阻，则最初的萨克森人早已直冲威尔士，甚或在第 6 世纪中即越海而占爱尔兰。塞尔特人及伊比利亚人亦可侵略全岛，而灭先来种族之迹。但威尔士有高山，所以英人至 12 世纪时始克征服爱尔兰。反过来说，如果不列颠之东南岸即有高山峻岭，则入寇将为极难之事，而不列颠亦不会变成欧陆各强悍种族的目的地。地理诚为历史之所由成，尤其在人类未能驾驭造物以前，在最初移民之时，历史可说完全由地势所定。

因为不列颠的地势是这样，所以各种族侵入后传播之状况如出一辙。他们必先留居于东南肥沃之低地，旧有之居民不受杀戮，则受制服，再不然则退至西北之山地或康华尔（Cornwall）半岛之瘠地。凡自今之法，或荷，或德，或斯干条那维亚，移居不列颠之种族，自最早以讫丹麦人，盖无不循此步骤。

伊比利亚人及其文化　熟知不列颠的地势即不难解释上古时各种族在不列颠分播的情形。我们今日称呼康华尔，威尔士，及苏格兰高地为不列颠岛之塞尔特边陲，实则这些地方的居民大半属于塞尔特人移来以前之种族，即爱尔兰也是这样。塞尔特人躯干魁伟，发作红色或浅色，至西欧时本已甚晚，至不列颠时则距凯撒的西征仅数百年而已。今人所误称为塞尔特人者，大半发色黝深；他们的祖先，先塞尔特人数千年即已光临不列颠。

他们即安诺德（Mathew Arnold）在他诗中所称为"深色伊比利亚人"，他们殆和腓尼基海商同时光降。

为便利计，我们把先于塞尔特人而来归的人统统叫做"伊比利亚人"，虽然他们实在也不止一个种族，他们中也有发不黝深的。我们英人，殆个个含些伊比利亚人的血分，威尔士人更多，爱尔兰人最多。此种伊比利亚人并非野蛮不可教之人。居不列颠的数千年中，他们已能由野蛮人进入文明生活的初步。在经济生活方面言，他们初来时仅为能用石器之猎夫；继为牧人，能利用马牛羊，鸡犬豕；到了铜器时代，他们于业农而外，且能织物及其他手艺。在政治生活方面言，起初他们只知聚数百人族居以抵抗熊、狼，及邻近的人类，厥后，他们有颇进化之政治组织。离道彻斯忒（Dorchester）不远。有地叫做"首建堡寨"（Maiden Castle）者实为坚固的军事建筑，而斯吞痕治（Stonehenge）的营造亦非等闲的工程可比。他们用的船只最初虽不过油浸布架，及独木舟之流，然后来他们已能制造浅长之战船。

大部分的新知新能，尤其是农业，金属器，长船等等，大概是从来自极南之商人那边学来，或者从大陆上各种族转学得来。靠地中海东岸各地（The Levant）本为欧洲文化的策源地，美索不达米亚，埃及，及克里特（Crete）早已先希腊，罗马而知业农，用金属，造船只，及其他技艺。这种人类征服天然的知能当会由商人，或移民种族转辗传递，由东而西，由南而北，经森林遍地，民智未开之北欧而达以产锡著名之北海孤岛，或则径由商船，经直布罗陀海峡而直传至不列颠。

贸易及贸易路线　不列颠和地中海东岸各地间的贸易实远在塞尔特征服以前。今日尚可在西班牙觅到之英产黑玉，在纪元前2500年即有留于今日西班牙者；埃及细珠之留于今之英国者亦当在纪元前1300年。所以在那时，或许还要早些，地中海之商人即已发现不列颠而与之交通，以他们的珠宝金玉，易不列颠之金属各矿。东方商人灌输文化之功固不小，然伊比利亚人之能善效法,能取东方商人之所长,则尤为不列颠进化之一大关键。

不列颠最早的铜类武器殆由商人或入侵的种族自欧洲带来。制器之青铜本由铜矿及锡搀合而成;不列颠到处产铜锡,康华尔更富,且浅藏易取。土民不久即知炼铜之法,于是悠长之石器时代亦不得不告结束。而铜铁相继为生活之主。岛民有极精于金工者,制器之精,一时无比。伊比利亚人所产之涂泑铜器至今仍无能出其右者。古代文化中心如斯吞痕治等,往往因富于金,锡,铜诸矿,故虽土地贫瘠,而能蔚为重地。

住居不列颠之各部落间因有通商关系,故通商地点,及通商路线随之以起。沿岸更有输入爱尔兰金子及输锡至欧洲之商埠。沿冈地或山岭恒有道路以联络被泽地及森林所隔绝之文化中心。堡寨则大半位于道路中之空地。道路恒在冈地之沿边,在高原之下,而在泽地及森林平地之上。后代朝谒坎忒布里(Canterbury)者所必经之名路("Pilgrim's Way")实即当时沿北冈地(North Downs)南边之道路。这路之起距今已四五千年,然有些部分行人至今尚可涉足。

离塞尔特人来时尚有好久以前,有一条路叫做易克尼尔特路(Icknield Way)在契尔忒恩(Chilterns)山脉之下,沿了白垩,再沿了泰晤士河南面的冈地,一直西行至阿味柏立(Avebury)及斯吞痕治。这条路实联接东盎格利亚(East Anglia)农业社会的泽地及商贾辐凑人口繁多的阿斯两地。阿斯两地位处冈地,左近既无丛林,复无水泽,故人民极易于生聚。路之两旁则仍大树参天,丛林密布,除了大胆的猎夫外,没有人敢问津。即遵路而行的人们亦须惊心吊胆,时时提防熊,狼,野兽之来袭,每闻其他部落之人声则更惴惴不安。然而文化之传布则全在这种行人们之手中。

塞尔特人之来 耶稣降生前之第7世纪并第3世纪时,原先居住于德意志西北部及尼德兰(Netherlands)之塞尔特各部落始多方开向不列颠。耶稣纪元后的数世纪中,居住于较塞尔特人更东地方的条顿部落如同一辙的开向不列颠。在此两大民族移动之间,则有罗马人之大征服,而不列颠亦遭波及。

在古时塞尔特人移殖的能力不弱于任何种族。他们一部分留居于法国，故高尔（Gaul）民族（即法国民族）含有不少塞尔特人的血泽。在南欧的一支塞尔特人则留居于波河（Po）流域，曾击败原在意大利之伊特剌斯坎（Etruscans）人，且于纪元前387年左右几掠夺罗马。据神话所说，罗马幸赖鹅之掩护得免于难。塞尔特人更有西入西班牙，东移巴尔干者。约在同时，北部一大支族则渡海而入不列颠，征服原有居民，而以塞尔特语言为不列颠之语言。但塞尔特人之入侵不列颠并非在短时期中完成，更非同时移居。入侵者部落极多，先后相继，往往互相仇视。所以塞尔特人固可屠戮原有之伊比利亚人，并把余众逐至西北之深山，但亦可同样待遇先至之塞尔特人。且各族有各族的方言。不列颠至今尚有厄斯（Erse），加里克（Gaelic），及威尔须（Welsh）等等方言，即古时伊比利亚语及塞尔特之各族方言所蜕化而成者。

至少有两大族的塞尔特人我们可特加注意。其一为加尔人（Gaels）或高台尔人（Goidels），其二为辛利人（Cymri）及不列东人（Brythons）。前者约自纪元前600年后移来，至今仍可见诸爱尔兰及苏格兰；后者威尔士今日仍有。在不列东各族中有所谓比利格人（Belgae）者，凯撒远征时曾见之于英格兰南部，他们同隔海之高尔人似为近亲。不列东人在亚历山大（马其顿）时似乎已留居此岛，因为希腊旅行家皮西亚（Pytheas）曾于亚历山大时由马赛出发，北游今之不列颠；他于游记中已称不列颠为"普列颠岛"（Pretanic Isle）。

在纪元前六个世纪中蹂躏欧洲之塞尔特人，躯干伟大，发色甚浅；勇于战，而善制铁器，其他手艺亦不弱，所以今之考古家恒称道他们的技艺。塞尔特人中也许有品质较劣者，但侵入不列颠的各族则确是这样优越，所以他们来到后即以优等之战胜民族自居。不过结果也并不是新者存而旧者亡，结果是新旧混合。究竟塞尔特人及伊比利亚人以何种之比例而混合，我们不能确定。从体格及色泽上看起来，似乎康华尔、爱尔兰及苏格兰高地要以伊比利亚人的血分居多，而塞尔特人的居少，威尔士人则更少塞尔特人的成分。至于东部不列颠人在罗马征服及萨克森人入侵时究占多少塞尔特的血分则更无法推测。在经济及社会组织方面，塞尔特人对于伊比利亚人有何种影响我人亦无从知道。据考古家所言，在威尔士一带地方，塞尔特人曾以一部分之村舍留作自用，而以又一部分给被征服之人使用，但须完纳重税。考古家深信有此制度，且找出证据，但证据是否可信诚一问题，而不列颠之其他部分是否有此制度，更无从臆测。或者在东部奴隶及田奴制度较为普通，亦未可知。

塞尔特文化 塞尔特人和伊比利亚人一样，他们始终聚族而居，始终脱离不了血统的关系；血统是塞尔特社会的道德基础。他们不像继他们而起之萨克森人；他们始终没有领土的观念，更没有封建的组织，因此在萨克森人征服不列颠之1000年后，威尔士、爱尔兰及苏格兰高地中社会仍多少带些部落生活的模样。我们因此也可推知在塞尔特主宰不列颠时，所谓"王"者不过是部落的酋首，而不是一地或封建的君主。所谓王法或直道（Justice）亦不过是部落的王法或直道，对于本部落的人民则施以保护或刑罚，对于别的部落或则以战争定曲直，或则以勒索赎罪过。当罗马人来时，塞尔特的部落往往甚大，有大至近代几郡以上者，然仍互相交斗，岁无已时。

塞尔特人的农业 农业在铁器时期之发展，并不快于在铜器时期时，虽然塞尔特人已代伊比利亚而兴。塞尔特人时，主要农产为小麦及雀麦，前者在南部，后者在较北一带之地，一如今日。塞尔特人颇喜饮一种由麦及蜜搀合而成之甜酒，以博一醉，且资兴奋。然可耕之地总计甚少，因为树林尚未斧除，而泰晤士及屈稜特（Trent）等流域之沃地，仍成一片大泽国，未经汲干。是时户口亦甚稀少。

成千成万之豕群漫游于未经斩伐之橡林间，为萨克森及诺曼时代之景色,在塞尔特时代及更古时当亦如是。英人至今酷嗜猪肉,这和欧洲大陆不相同;在上古时,猪肉不特为爱尔兰之主要食品,在不列颠正复相同。羊及牛殆为当时生财之大道,物易之主要货品。塞尔特酋长之兵车由马拖拉,但耕田则用牛。

以不列颠全部而论,农业要到萨克森及中古时代始算旺盛。塞尔特人仍以渔,猎,牧,织,养蜂,铁工,木工为主要业务,而打仗尤为人人所喜,人人所能。在泽地未经泄水,森林未经斧除,人口稀少,幅员广大之塞尔特不列颠,这种结果本亦当然。塞尔特人房屋之构造亦至简陋,所用材料以木材,枝条或泥土为主,所以每经战争,毁灭极易。聚许多房屋则成所谓村庄(Trev)。在不列颠之西部居民时常将村址搬移,如此便可找到新的牧场和新的猎地。这种搬家的习惯威尔士人一直到了中古的末期尚未脱除。

维诺格拉道夫(Vinogradoff)以为像这样一些的农业不能使人民和土壤发生密切的关系。这在户口稀少,树木参天的西部中部是再确不过,在植麦之东部南部或者不尽确当。但即在东部南部,也无人能证明塞尔特人已采用村民公耕制度,或已成立镇市。要到萨克森人来到这个产麦区域后,我们方确见市镇的勃起和耕制的进步。就全岛的大部而论,在塞尔特时期,我人但见塞尔特人散处于乡野,以家族为单位,大家族则分为小家族;每个家族又各有村庄,位在环地之中心,环地外则另有多少荒地。家族既不断的分裂,村庄也永无成为市镇之一日。

在塞尔特不列颠中,文化最高的地方要推南部及西南部。这一带既是最好的五谷地,又有冈地可供畜牧,色塞克斯林地(Sussex Weald)又盛产铁矿,加上英吉利海峡各埠,则可作与地中海及别地塞尔特人通航贸易之用。此时虽尚无真正的城市生活,然和今日圣奥尔班(St. Albans)及科尔彻斯忒(Colchester)相近处已有不小之茅屋村落。在纪元前150年左右,南部之不列颠人且模仿马其顿王之金币而开铸金币。纪元前之1世纪中不列颠之比利格人则和高尔北部之同种人发生政治上的关系，一部分人且曾一度承认大陆上比利格人之王为宗主。因此，罗马人北上攻克北欧高尔各部落时，他们竟敌忾同仇，派遣战船与兵士以共御凯撒，更因此而召凯撒入侵之祸。

塞尔特人的宗教　伊比利亚人及塞尔特人之宗教我们所知正如凤毛麟角，只能于耶稣时代时塞尔特人的民歌中灼知一二。不论是泉源，山洞，峰岭，森林，或是别的天然景物，都有男女土神。这种土神历年久后便成本地的神仙或水神。关于当时塞尔特人的宗教，凯撒在他的《高尔之战》中言之甚详。在他的心目中，塞尔特教士［叫做德鲁易（Druids）］组织之坚强，势力之伟大，实足惊人；在高尔已可惊，在不列颠更可惊。他们（德鲁易）有教育权，有司法权，更可置违教之人民于教会禁令之下。据《高尔之战》所记，"遭受这种处分的人们，众不与语，亦不相会，且须受神罚。"罗马此时尚未降服于东方僧侣阶级之前，凯撒对于德鲁易当然有不胜愤愤之概。他更说："高尔民族深中迷信之毒，所以人民每逢灾难，或战争，或危急时，每牺牲生人以祷神，或许牺牲生人之愿，而德鲁易即司这种宗教仪式之事。""日耳曼人则与高尔人大不相同，他们没有德鲁易代掌宗教之事。"凯撒所见很合实情。塞尔特人和后来者之盎格鲁萨克森人及诺斯人（Norsemen）虽同奉邪教，但塞尔特人之邪教基于人民的害怕及僧侣的包办，而其他种族则并不如是。如果凯撒熟知盎格鲁萨克森人及诺斯人之宗教，一定会对于他们和对于日耳曼人有同样之观察。

第二章

罗马不列颠

罗马人和不列颠　罗马人占据不列颠在塞尔特人入侵之后,萨克森人入侵之前。如没有罗马人,萨克森人殆可早来200年。罗马人和塞尔特人,萨克森人,丹麦人都不同,后数者之来为移殖,所以须屠戮或驱逐旧有人民;前者之来为侵略,为征服,所以只求能统治旧有人民。罗马人好比近今在非洲之欧人,而不像移居美洲之清教徒。但不列颠之居民非非洲土民可比,他们与罗马人同为白人,他们采纳拉丁文化要比黑人采纳欧洲文化容易些。同时罗马人之同化不列颠及高尔人亦无同化东方人民,如希腊人或地中海东部人之难,因为不列颠人并无多大固有文化可言。罗马人所至之地,稍一掠夺之后,便从事于同化工作。在高尔,这项工作竟完全成功,即欧洲的历史亦始于高尔的拉丁化。在不列颠,这项工作初似有效,而终归乌有。研究罗马占领时代考古学之大家哈昧飞尔德(Haverfield)曾说:"罗马人虽统治过我们,而遗迹则几乎一点都没有。"

罗马人所流传于我们者只有三事足道:一为威尔士的耶教,这倒可以使凯撒,阿基柯拉(Agricola),及哈德良(Hadrian)辈一班罗马英雄失笑或受惊;二为罗马大道;三则基于第二而来,即几个新城址,尤其是重要之伦敦。城市,别墅,艺术,文字,以及罗马的政治组织俱为拉丁文化中

的明光，但在不列颠则如昙花一现，早已不留痕迹。我们所可称述者，就是罗马没有能把不列颠拉丁化。这个消极的事实，倒是不列颠古史中最重要的一个事实，正像欧洲古史中最重要的是法国拉丁化的一件大事。

凯撒的入侵　凯撒·朱理益斯（Julius Caesar）以两大事业垂名千古：一为罗马的中兴，一为扩张罗马势力于北欧。地中海民族的权力所以能远植于阿尔卑斯山的北部，所以能变高尔为拉丁国家，乃全基于凯撒的武功。同时，他更知削平内乱，修明政治，使罗马人的目光由小而大，由近而远，使罗马人的精神由萎靡而振作，使风雨漂摇的，由自私的贵族和卑劣的民众互为上下的罗马共和国，一变而为有纪律的，有威权的，又专制，又得民的罗马大帝国。继他而起者亦能悉遵成规，以他的目的为目的，因此罗马在西方得更有500年的运命，在近东得更有千五百年的国祚。凯撒的帝国实为古世及今世的联络者，古今文化的沟通者；欧洲各民族的所以能绍述希腊罗马的余绪而得有共同的文化者，盖即罗马帝国之功。即耶教的传播亦赖有罗马帝国所树立的势力。罗马既奉耶教之后，新信仰得藉帝国的道路而普及四方，更得藉帝国的军队而有所保护。

以先后论，凯撒在高尔的功业不过是建立大帝国的初步，高尔不征服则其他伟业亦无从进行。在高尔未尽征服以前，凯撒忽见高尔之北尚有白垩为壁之海岛，与高尔又是一苇可航。拿破仑于2000年后曾望悬崖而兴叹，但凯撒则并无拿破仑胸中的难题，因不列颠此时尚无防御可言，入侵时既不会有人阻挡，退出时更不会有人截拦。但他当时更重要之工作甚多，不列颠之行是否合算到不能不加思索。

他虽决定入侵不列颠，但他并不希望在岛国建立一个罗马政府。他在高尔的军事地位尚不十分巩固，他在意大利的政治前途则更惨淡无光；他决无时间及人力可使他建立政府于不列颠。但因为他自己不为罗马政客所喜，因为他是反政府派的首领，他更不能不广立武功以自炫，以博好胜好奇的罗马人之欢呼。此外他也需要钱帛奴隶之流以赏私党而充军实。凡以上各种欲望，他细细一想，俱可藉入侵不列颠而满足。且高尔北部及不列颠南部的部落为亲密的同盟，胜此亦可以胁彼；如能克服不列颠人，使纳贡品，使畏罗马，则高尔亦可以臣服而不敢妄动。征服不列颠的功效至少也可得些关于政治地理的知识，而这种知识又为日后统治高尔者所不能不具的。

从军事的眼光看起来，他第一次的渡海可说是一无成就。他的队伍太小；进至距岸10哩许即返高尔。次年，他以大军入寇，胜数战，当敌而涉泰晤士，因深入卡塔维洛尼人（Catuvellauni）之王卡息维洛奴斯（Cassivellaunus）之领地［在今之赫特福德邑（Hertfordshire）］。卡塔维洛尼人素向称雄于南部，为其他部落所嫉恨，因有转和罗马人联合而攻之者。在朱理益斯时如此，在百年以后，克劳第乌斯（Claudius）入侵时亦如此。但大多数的不列颠人，连肯特（Kent）的人民在内，则力拒寇军，不稍畏怯，罗马的师团（Legion）本步骑混合而成，既锐又坚，当然非不列颠漫无纪律的步兵所能抵抗，然而当黄发尚武之塞尔特贵族，坐于前装利镰的兵车上而冲锋陷阵，奋勇杀敌，一若荷马（Homer）所形容的英雄时，即久经战阵之罗马将士亦且为之动容。不幸兵车的时代早成过去，受希腊文化薰陶的东方早已摈弃不用，即高尔之塞尔特人亦知兵车之无用。以兵车当罗马军万无幸理。不列颠之酋长们虽勇猛有余，而不知利用马匹，练成骑兵，实为大憾。骑兵在平地为最有用的武力；不列颠一直要到了诺曼时代始因习见中古武士，而有骑兵之制。在诺曼以前，不列颠几无可守者。

纪元前54年的北征，虽不像上年一样的徒劳，也不是了不得的成功。如远征为有名之不列颠金子，则所得金子无多，即凯撒的知友西塞禄（Cicero）亦嫌太少。如远征为俘虏，则所得之奴隶，因太愚笨之故，不值重价。凯撒在高尔时，惯将敌人举族运走，以全族售诸市。在不列颠时则既无时间，又无方法，可以执行这样大规模的买卖。所以此次的远征并无永久的结果，连进贡亦不久停止。此次远征仅留英吉利海峡两岸之人以一种纪念而已。此后，进一步的计划，如果凯撒曾经有过的话，也无从实行；因为味辛泽托立克司（Vercingetorix）在高尔的造反已酿成重大战祸，凯撒不能不用全力对付。随后罗马亦起严重的内战，奥古斯都（Augustus）及提比留斯（Tiberius）又为改组帝国之事而忙，所以不列颠得有百年的闭门自得。

拉丁文化的传播 凯撒·朱理益斯在高尔的功业是永久的。高尔拉丁化后，不列颠南部诸部落亦渐入拉丁文化的轨道，因为他们和高尔北部的诸部落本为同宗，而后者都已变成罗马臣民，甚有为罗马公民者。因此之故，拉丁化之人民渐渐移居我岛，拉丁文化亦渐渐侵入。自朱理益斯以迄克劳第乌斯的百年本为世界史中最重要之一部分，最多事之一世纪：有朱理益斯的被刺，有凶党的惩处，有安多尼（Antony）及克利奥佩特剌的互爱，及因此而酿起的东西关系问题，有奥古斯都的经营帝国，有耶稣的传教，有保罗的皈依。际此纷纭多事之秋，即鄙野之不列颠岛亦并非无善可录。此时罗马侨民及商人正不断的从拉丁化的高尔搬居于不列颠的内地，有的且深得土酋的器重，而为克劳第乌斯时罗马重征不列颠的张本。

莎士比亚戏曲中的利尔（Lear）为神话但他的辛俾林（Cymbeline）则实有其人。自耶稣纪元5年至40年辛俾林为卡塔维洛尼人之王。是时他的部落已执不列颠南部的牛耳，他于所铸的金币中因此自号为"不列颠之王"（Rex Brittornum）。他既和罗马帝奥古斯都及提比留斯关系甚亲善，王号用拉丁文本亦不足为异。辛俾林一方鼓励罗马人来通商侨居，一方使本族之要人和拉丁文化接近，其事颇和守教者爱德华（Edward the Confessor）之召诺曼武士及教士入居英国，并用法文为宫廷用语相类。二者的结果亦复相同。辛俾林因亲近罗马人，而引起罗马之觊觎，正和爱德华因重用诺曼人而引起诺曼之入寇。辛俾林本建都于微剌拉米（Verulamium），近今日之圣奥尔班，征服屈利诺凡提斯人（Trinovantes）后，即改都于后者之地卡穆罗陀努（Camulodunum，即今之科尔彻斯忒）。居新都后，他遂大铸罗马式的金币。

塞尔特及罗马时代的伦敦 伦敦城大概即在辛俾林朝时肇始。从泰晤士河河底的发现臆测起来，似乎在罗马征服以前，而罗马势力已到之时，泰晤士河上已有木架的伦敦桥。也许在辛俾林时，伦敦即在此桥的北岸。无论如何，在克劳第乌斯入侵之时，伦敦确已诞生。

伦敦到了罗马人当权时代始成重要。"伦敦"本塞尔特名，但在伊比利亚及塞尔特时代，它是无足重轻的。即在凯撒时候，甚至凯撒以后，弥得尔塞克斯（Middlesex）尚完全是森林，而后代的伦敦尚大半是一片水草之地。但筑桥只消凭一片石崖，桥址并不难觅。有桥后，自肯特诸港起的道路即可经泰晤士河，北向西向，以达内地。再者，伦敦的地位亦深合于商船起卸货物之用，自大陆航行至泰晤士河之船只亦以伦敦为商埠。商埠的地点与路桥的地点刚在一起，是伦敦伟大的一大原因。

罗马于征服不列颠之后很能利用上述的地利。他们所造的道路，无论在桥南或在桥北，俱以伦敦桥为中心点，从伦敦便可出发到各处。他们更以伦敦为海运的中心，自大陆来之船只，皆令开入泰晤士河，而起卸货物于伦敦，再由此遵道路而运入内地。罗马人所筑的道路本以不列颠全省的需要为标准，而不以各部落的利便为依归，所以罗马所需要的货物能由道路而荟萃于伦敦，罗马所要行销的货物亦能由伦敦而转达各地。向遭漠视的泰晤士河亦骤形发达。当时不列颠的主要输出品为锡，皮革，奴隶，珠子；有时五谷也有出口。输入的则大都是奢侈品。

在罗马时代，伦敦的盛大远非罗马人去后所可及，一直要快到诺曼征服时，它始更见盛大。罗马时代之伦敦城约与中古时代之伦敦城同大小；中古时代的伦敦城墙实即罗马时代伦敦城墙之重建而已。惟在罗马及中古时代，伦敦仅一商业中心。在罗马政治的系统中它的地位尚不及一个微小不重要之市之高。

克劳第乌斯的武功 凯撒渡海之 1 世纪后，在克劳第乌斯朝时，不列颠

始真被罗马征服。诗人贺拉西（Horace）告诉我们,这回的远征曾经过多次的请求和多年的计划,徒以时机未熟,而未即着手。克劳第乌斯承诸大帝之后,既无内忧外患,复具雄材大略,自不能忘情于不列颠,自必谋纳不列颠于罗马帝国的版图,方才可保高尔的安全。留居于岛国的商人,以及佞臣武将之流亦以图谋不列颠之财富,奴隶,土地,官禄之故,怂恿当局之出师,而且他们都说不列颠不难攻取。这最后一点确合事实,一来因为不列颠东南部的各酋长大都已罗马化,二来因为大家因嫉妒卡塔维洛尼人称霸之故,殊不愿共御外侮。罗马人之推翻辛俾林的古国真如摧枯拉朽,仅泰晤士河口一战及向科尔彻斯忒稍一挺进而已。再经一二年的作战,尉尔次（Wilts）及索美塞特（Somerset）的比利格人,及多塞特（Dorset）的度洛屈立格人（Durotriges）已随他们伟大的泥土堡寨而倾倒。从巴克斯（Bucks）到窝立克（Warwickshire）的密德兰（Midlands）一带此时仍为人口极稀的林地,更说不到抵抗。一直要进到威尔士的山地及北方的荒地时,罗马兵队始不易再进;这也正和先前入侵民族的所遇一样。在纪元后60年时,罗马人尚未解脱难关的初步。当他们军队绕过司诺登（Snowden）高山后,在盎格尔栖（Anglesey）小岛上屠戮德鲁易及其徒众之时,他们忽接到后方发生变叛的噩耗。

波阿狄栖亚之变 波阿狄栖亚（Boadicea）之变正可证明不列颠东南两部之易于征服,因为除此而外,几无其他抵抗可言。爱栖奈人（Iceni）及屈利诺凡提斯人本与罗马无恶感,但战胜者对待他们之残暴几不能形容;把他们财产尽数劫夺后,更把他们整个当做俘虏。尤可恨者战胜者更侮辱爱栖奈人女王波阿狄栖亚及其家人的身体。至是而塞尔特人[1]之怒不可复遏。他们仇视罗马,更仇视罗马化之不列颠人。聚居于科尔彻斯忒,微剌拉米及伦敦之此类不列颠人,无论男女老幼,被害者当以千计,被害之情形亦极残忍。被害之人数国人向称有7万之多,这当为过甚之辞。但从此亦

---

〔1〕 今后"塞尔特人"作通俗解,即指塞尔特人及伊比利亚人之混合种。

可见南部一带地方在征服前早已逐渐罗马化，不然 17 年（自 43 至 60）的短期中，罗马化的不列颠人决不会这样的众多。

罗马军队闻知后方有变后，即疾行而返，以一战而破未经训练的塞尔特叛徒。罗马人更以怨报怨，以屠戮答屠戮；爱栖奈人之在诺福克（Norfolk）者，遭残杀者不计其数；其田地经数代后尚不能恢复原状。波阿狄栖亚则服毒自杀。罗马的制度重复建立于不列颠之东南两部。惟自此而后，罗马人待土著较前公允。爱栖奈人所毁灭的市镇兴复甚速，且比未毁前更盛。伦敦则年盛一年，为北欧商业的中心。易代而后，不列颠人亦尽弃战士之旧习，而知效法罗马人之所为，服罗马之服，言罗马之言，礼貌文艺亦无一不仿罗马。

西北边陲 爱栖奈人虽又告克服，但西北的边陲问题则仍待解决。欲保护东南平原之城市，及别墅中无武装之平民，先得制服威尔士山地及北方荒地之乱氓，不然后者常可长驱直下，抢夺劫掠，而前者的安宁永不可保。

罗马军队曾竭数代的心力以应付好战的西北土著。罗马军队和塞尔特，萨克森及丹麦之战士迥不相同，和诺曼时代的封建部队也不类似。他们长期从军，操练无间，纪律亦严。有事时作战，无事时，亦须筑路，造桥，修建堡寨，无得休息。罗马人并不像入侵不列颠的别种民族，须恃乱屠滥杀，丘墅为墟，方克征服岛人；他们也不带进大批农民，留居降地，或鼓励私人建造堡寨。他们克土的办法是建筑有系统之军用道路于全岛，在要害之点则设立要塞，并调正式军队常川驻防。罗马之所以能即制服威尔士的山民，而萨克森之所以永不能，诺曼之所以于首几世纪时不能者，原故即在军用路及要塞之有无。罗马人虽不能把山地视同东南而使之罗马化，虽不能起造城市于司诺登及普林林梦（Plynlymmon）山系之麓，然经过纪元后 60 年之一小挫折而后，仍能进行不暇；于登陆后之 35 年内已把威尔士完全征服。

罗马人以得文（Devon）及康华尔面积甚小，隔离又远，故不甚热心于征服之工作。厄克塞忒（Exeter）以东罗马人之遗痕极少。但索美塞特一带之地则繁而且要。侵入后之 6 年内，政府已在开取门狄普（Mendip）的铅矿。亚夸·索利斯（Aquae Solis）因有水利，故今日之巴斯（Bath）为罗马·不列颠人之社交中心，习尚嗜好胥于是起。居此者生活华丽，有如罗马。此时罗马化之不列颠社会，虽明知不列颠之天气总不能及意大利之清朗，而凡人力可及之处，则无不惟罗马的斋皇典丽是则是型。

但北陲的问题则始终没有满意的解决。泰因，恒伯（Tyne，Humber）两河之间，向为大片泽地，满植野草树及一种白草；在古时更间以短树，桦木，或矮橡的森林。这种森林在羊毛贸易盛行以前即已斩除，但在古时则足使北地更为凄凉荒野。住居于此地之布立干提人（Brigantes）凶野好战，不畏罗马人，亦不受他们的羁縻。再往北则为今之苏格兰，居民为喀利多尼亚人（Caledonians），匹克人（Picts）及其他种族，大半都带些塞尔特种苗。他们和布立干提人同样难于征服；且因为远在极北而所居又多崇山峻岭之故，比后者更是可怕。

苏格兰　　罗马人曾数次用兵于苏格兰。阿基柯拉［即名史家塔西佗（Tacitus）之岳父］为不列颠总督时，曾获胜仗（纪元后 84 年）于格牢比乌斯山（Mons Graupius），大概靠近苏格兰高地的南边。安托奈那·比乌斯（Antoninus Pius）为罗马帝时亦曾进攻一次（纪元后 140 年）。哈德良曾从索尔威湾（Solway）起至泰因河口止，筑一长城（纪元后 123 年）。塞维刺斯（Severus）帝于纪元后 210 年亦尝亲攻苏格兰，但亦仅能重建哈德良之长城而已。故哈德良长城实为罗马时代的北陲。终罗马之世，罗马人不得逞志于苏格兰，犹之终不兰他基奈之世，英人不得逞志于苏格兰。罗马人之所以不克逞志，一半固由于高山茂林之天险，空谷洪水之掩护，及匹克人的抵抗，半亦由于布立干提人之时在后方骚动。终了因为地势的关系，罗马人不得不放弃喀利多尼亚；不然阵线太长，自恒伯河起，到处可受敌人的袭击。

罗马人在苏格兰所留的遗迹，一为有壕基的帐宿，再为安托奈那的草泥墙的毁址而已。除此而外，匹克各部落的新团结也可以说受罗马人之赐，如果没有同拒罗马的敌忾，没有同毁罗马的城墙要塞及一切建筑物的意志，匹克人的团结力决不会如当时的紧凑。至于爱尔兰则罗马人始终没有想到去征服它。

拉丁文化的势力范围 这样说起来，罗马所真正占据的地方差不多即今之英格兰及威尔士；泰因河以北的几个罗马要塞，是无足重轻的。但这被占据的地方可以截然分为两部：一是拉丁化的东部南部，一是野蛮的西部北部。

恒伯河及屈稜特河以北之地，塞汶河及厄克斯河以西之地尽为野草丛生之荒地，然几占不列颠之一半。居住此地之人民，疏野好斗，犹未脱上古伊比利亚塞尔特人之遗风。在此地之卫戍军终罗马时代不敢有一日之虚。卫戍军额达四万人之多，占罗马帝国军队全数几十之一，以约克，彻斯忒，及卡利温（York, Chester, Caerleon）为三大重镇，每镇各有坚固的堡垒，及师部。在威尔士，盆宁士山系（Pennines），昆布兰（Cumberland），及诺森伯利亚（Northumbria）戎服的步兵经兵工道上前进后退，往来于营地之间，成为习见之事。罗马在西北的势力几完全是军事的占据，而没有进一步的发展。得文及康华尔因地僻之故仍为塞尔特部落所有，罗马军队并不光顾。在富饶之东南平原则情境一反于荒漠之西北高地。东南之人民好和平而慕拉丁文化。罗马之城市及别墅生活在此地风靡一时，户口繁盛，人民亦安居乐业，几不知有被征服之苦。罗马兵士整队而过在此地亦为希见之事。

因为罗马不列颠分作文化绝不相同的两个部分，所以日后萨克森人来侵时未能将全国征服。他们所能蹂躏者仅拉丁化之东南，罗马式之都市生活。在塞尔特人势力尚存，塞尔特生活尚未改变的威尔士，康华尔，斯特剌斯克来德（Strathclyde）及郎卡邑（Lancashire），他们仍不得丝毫逞志。换言之，在罗马化的部分，罗马的势力被萨克森人摧残净尽；而萨克森人所不能摧残的地方，则罗马势力从未到过。于此我们更可知罗马势力所以不能在不列颠留根的原故。

罗马势力所以能在高尔持久而不能在不列颠持久，还有一个更重要的原因。法兰西南部即靠地中海，而不列颠则离地中海极远，如把靠地中海的文化，如意大利的都市生活，以及市场，讲坛，广场的热闹移植在太远的北方，未有不冰冷垂毙者。要知古代是地中海文化之世界，中古才为欧洲文化之世界。在古代时，最高的文化在地中海，地中海的三面，利凡特（Levant，即东面之意），北非洲，以及希腊罗马尽是文化极盛之地；到了中古时，利凡特及北非洲渐次失了重要，而德意志则进入耶教世界之内，于是文化的重心由地中海而移至欧洲。在古时不列颠实处极边，在中古时则离耶教文化及封建文化之中心不远。因此之故，诺曼之势力可以久长，而罗马人之势力不能不暂。移居不列颠之意大利人或其他地中海人亦渺乎其少，对于旧有文化不能根本有所变换。然罗马人之势力既如是不能生根，而东南沃土上他们的成功又冠绝一时，则亦至可惊异。

都市生活 罗马人以武力传播的地中海文化实为都市的文化，以都市为根基。此则既和罗马文化所排除的塞尔特文化不同，又和代替罗马文化的萨克森及封建文化不同。罗马帝国本自罗马城市国扩大而成；它一方征服沿地中海的许多其他城市国，一方又建立许多城市于高尔。罗马帝国是数百有城都市的帝国，而以军路为命脉，为联络这许多城市，团结这尾大不掉的帝国的工具。受命于罗马的官吏则高坐城中而谋村野的感化和发展。在不列颠南部罗马人的第一件大事当然也是筑城。

除了伦敦及其他大都会而外，罗马人更筑了许多较小之城，如息尔彻斯忒（Silchester）等。城市大都围以石墙，且作长方形。市民类能操拉丁语，能读亦能书写，即工人亦非例外。考古家所掘到的瓦片及壶片常见镌有拉丁字语；据考古家言，此种字语即工人于制造时当做好玩而随意镌上者。当时不列颠之文化实一很高之文化，为此后数世纪所莫能及。但无论高到怎样，它只是罗马文化之一小部分，而不是本地人自然进化的结果。无论一部分人民怎样乐从，而总难以生根。

罗马的文化以城中为最浓厚，自附郭之别墅以迄僻野的乡地，离城渐远，则罗马文化亦逐渐稀薄，驯至而尽为塞尔特之部落世界。附郭之乡间，多精美的罗马别墅，墅以石筑，采意大利式，壁画，嵌砌画，以及浴场亦无一不备。附于别墅则有庄田，由奴隶或"移民"耕种。"移民"（Coloni）自海外贩来，与地主有主奴的关系，且不能离所耕地而他适，处境和中古之农奴相伯仲。是时人民无自由而有治安，所以东南各区虽无军队卫戍，而乡屋仍不需堑壕为保护，更无庸堡垒以防贼。平民不知战，兵戎之事概由正式军队负责。此亦东南各部所以易被入侵者所克服的一个原因，因为人民既不知自卫，罗马军队设有不可靠时，此罗马化之东南部实等于无备之国。

南部有几郡中古罗马之别墅时有出土者，有几郡中则尚无发现。有时我们更掘得几个罗马时代的塞尔特村庄。村屋的基面及模型完全采塞尔特人的原样，但住民所用的陶磁及其他器皿则作罗马式。由此可见萨米（Samia）及意大利其他地方的用具，因享盛名之故，已代土货而入时，犹之今日欧洲制造品之排挤亚非两洲之土物；虽然这种兴替不必定为世界之福。但当时乡野之塞尔特人究操何语，他们的生活习惯，农耕方法，以及田土制度是否因和罗马人接触而生变化，变化至何种程度，则我们无从知道。哈味飞尔德及维诺格拉道夫为最邃于罗马占据之学者，但对于上述诸问题，他们的意见亦极不一致。

农耕 耕地在罗马时代拓大不少，林地及泽地也有开垦者：至少在剑桥邑（Cambridgeshire）等几处地方是如此。但即在那些地方，开垦也不过方在发动而已，至于密德兰自巴克斯至窝立克则仍是一匹大林。泰晤士及屈稜特流域间仍是水多陆少，亦无重要之市镇村庐可以联络起来。罗马开始了伐树及汲水的工作，但要等到能耐勤劳的萨克森人及丹麦人来后方有真正开垦之可言，且须工作千年方见成效。但在罗马时代已垦之地亦足敷罗马人种谷外输大陆之用。

都市政治 不列颠的政府并不严整划一。罗马帝国固然是一个以武力为用，以奴隶为本的专制国家，在有些地方却也能充分尊重自由。依照帝国成例，不列颠有几个城市且能得自治的殊典。城厢而外自治市可以统属和近代之郡差不多大小的乡地。这种自治市共有五个，即微剌拉米，科尔彻斯忒，林肯，格罗斯忒（Gloucester）及约克。商业中心的伦敦虽大于一切城市，却没有高的地位。

部落政治 除了自治市以外，其他已开化的区域则分为好多的区（Canton）。大半的区以旧时塞尔特各部落的疆域为疆域，以部落的旧名为名，以罗马人所建的市镇为行政中心。罗马之长处即在能利用旧时部落的观念为新朝羁縻的利器，所以旧时之部落不须剪除，只求他们能感觉罗马文化之优越而已。凡可以诱致塞尔特土酋之处罗马人无不焦心殚虑。土酋们之衣罗马服装，说罗马言语，诚服罗马政府者俱得以罗马官吏的资格统治旧有的土民，因此仍不丧失其土酋的地位。这种怀柔政策表面上似乎过于因循姑息，足长旧部落之焰，实则是改革塞尔特人之最好政策，以心服人是真能服人。区制亦采用于高尔，经佛郎克人（Franks）之征服后区之名及区之疆域仍得留传。萨克森人较佛郎克人更善破坏，所以不列颠经萨克森的蹂躏后，区之遗痕全失。

宗教 近代国家往往严密限制属地人民之一举一动。罗马帝国则对于征服地人民的一般风俗习惯向采放任主义，它只取缔和政治权力冲突的风俗习惯。对于习俗如是，对于宗教亦如是。黑暗时代及中古之耶教对于异教仇视甚深，而罗马则向不过问人民之思想或宗教，它只取缔危害国家的团体，如德鲁易之阶级及耶教之组织。罗马之虐待异教实并不因其为异教，而因其为政治上之危险分子。但罗马在耶教初起时对于教权断断续续之攻击，虽其用意不在仇视异教，且没有宗教意义，但因之而发生的结果，不但十分不好，且于宗教仍有莫大的影响。因为耶教在微弱时受过种种屠戮压迫，所以它本身也沾染了这种恶习；一到强盛时竟以身受者还施诸人，为耶教之诟病者历千五百年之久。耶教在不列颠势力极小，所以罗马人的压迫大概也不厉害。然圣奥尔班殉教的事迹已足见即不列颠也免不了有诛戮压迫之事。

罗马人本信多神教，所以各属地之一切多神教他们也能包容，只消这种宗教并没有不利于帝国威力之处。罗马人的神祇本就不是清一色的神祇，本和希腊的神祇附合而成；而希腊之薛乌斯（Zeus）及罗马之朱匹忒（Jupiter）亦俱无惟我独尊之概，所以罗马人到了不列颠，便把本地的土神和罗马的神祇附会牵合在一起。一切的多神教本可视为一种宗教，因为并合起来仍是宗教，不像犹太教，耶稣教，及伊斯兰教之有我无人，有人无我。所以罗马人尽管雷厉的铲除危及政府的德鲁易，而不列颠之土人则可自由将土神及罗马神祇一心共祀。驻防军队在墙壁上所画的神祇除罗马神最为普通外，几包括一切神祇，即波斯日神密司剌斯（Mithras）也得崇奉之信徒。密司剌教在地中海西部本已日趋时髦，不久且为罗马帝国中通行宗教之一。

罗马军队退出不列颠之100年前君士坦丁（Constantine）已立耶教为国教，但新教之传播并不怎样迅速，而在边远省分更慢；在罗马不列颠之市村遗址下掘出的耶教痕迹之寥寥可为佐证。在威尔士掘起的遗迹要比较多些，因为罗马军队及官吏撤退之后，耶教教士仍有流落于威尔士而继续工作者。

第三章
诺尔狄克人侵占的初幕　盎格鲁萨克森征服

诺尔狄克人和不列颠　诺尔狄克种族之人居我岛为支配不列颠全史的大事。自萨克森海盗于第 3 世纪时侵略罗马不列颠之沿海起，至 1020 年克弩特（Canute）藉萨克森人丹麦人之交欢而完成斯干条那维亚征服止，盎格鲁·萨克森人及朱特兰人（Jutes），丹麦人及诺斯人无数次的寇边，无数次的入侵，俱可视为一章中之事，自章首至章末间，岛民因起种族上的大变动而形成近代的不列颠民族。此后，诺曼，佛来铭，呼格诺，犹太，爱尔兰及其他人种之移民来岛，虽亦引起少许变化，然大体上则克弩特时候形成的民族从未受根本的改易。

诺尔狄克人之侵占，不特比罗马人短时期之占据为重要，且比诺曼征服更为重要。罗马因人数过少，所以拉丁文化代替塞尔特文化的野心终归无成。诺曼·法兰西的贵族和僧侣想把英吉利高尔化的野心固然成绩好些，且有深远的影响，然因种族势力悬殊之故，亦不能不中道而废；好像英国人因始终不能把爱尔兰英吉利化，而于数年前放弃那种野心一样。诺尔狄克人侵占英格兰后所以能发生持久重大的结果者，良因他们能在最肥沃的农业区域挤走塞尔特人而永永占住。近代英吉利人显著的种族性质是诺尔狄克人的性质，再加上些威尔须人（Welsh）的特性；并不是威尔须人的性质，再加上些诺尔狄克人的特性。从种族上说起来，苏格兰的人种则以塞尔特成分为强，但诺尔狄克人的言语及性质亦通行于苏格兰。

诺尔狄克种族　有人或会因"诺尔狄克"（Nordic）之词为后代所杜撰的一种历史称呼而加以反对。此层我们不难答辩。为正确的了然于不列颠之历史起见，我们本不能不采用一辞以包括日耳曼人，盎格鲁·萨克森人，及斯干条那维亚各种族。我们如用"条顿"或"日耳曼"一词则犯偏重全体中之一部之嫌。居于莱因河及南欧一带，而罗马人称为日耳曼或条顿的那种人和盎格鲁·萨克森人及斯干条那维亚人同种同化，我们自应有一可以包括三者的总名。我们如以"条顿"或"日耳曼"为名，我们马上会联想到居于罗马帝国西部南部，而专以剥削帝国疆土为务的一种陆地民族：如征服高尔的佛郎克人，侵入西班牙，巴尔干，非洲，及意大利的哥德人（Goths），汪达尔人（Vandals），及伦巴人（Lombards），及留居于发源地的日耳曼人。然而我们所欲详加讨论的盎格鲁·萨克森人及斯干条那维亚人，与上述的条顿人不同。他们的故居在条顿人所居的东北，好航海，更有别种不同的特性。所以如用"日耳曼"或"条顿"来包括一切，来做大种族的总名，极易发生误会，甚至于会把今后侵占不列颠的民族看做那种陆地民族之旁支。

我们所谓"诺尔狄克"种族实一包括斯干条那维亚人，盎格鲁·萨克森人，佛郎克人，及条顿人的大种族。它的支系极繁；且四散各处，时而移居，时而攻略；西自爱尔兰，东至君士坦丁堡，北自格林兰（Greenland），南至萨哈拉沙漠，盖无处没有诺尔狄克人的踪迹。然而支系虽繁，而本质无异，故仍为同族。

诺尔狄克人原依波罗的海而居。但佛郎克人，汪达尔人，及哥德人之始祖则已远在耶稣以前之千年内向西南两方移居。属于诺尔狄克之各族，相同之点极多。他们的言语相类。他们都崇奉叨尔及窝登（Thor, Woden）等一班神祇；英人每周七日之名大多数至今仍以这班神祇得名，德人亦有

几日以神祇得名者。他们流传的长诗也为歌颂同一英雄而起；从挨斯兰（Iceland）到巴威里（Bavaria），到处皆有栖谷德或栖格夫里（Sigurd, Siegfried）；贝奥武尔夫（Beowulf）在丹麦及斯干条那维亚所立的丰功伟业则英人有诗称颂。他们装饰武器，珠宝，及日常用品的艺术甚高，物样既富又美，和塞尔特人的不同，和希腊·罗马人的更有殊别，然在他们的各支间则小异而大同。他们行军，作战，及耕种土地的方法，虽各地间也微有出入，然大致则极类似。不过我们亦不可忘了时间性。昔日的史家恒喜以凯撒及塔西佗（Tacitus）摹写耶稣时居于莱因河之日耳曼部落的情况为盎格鲁·萨克森人在第5世纪时居于北海及波罗的海的情况。这实是一种错误，近代考古学家已能以铲锹所获纠正随意读书，不加细考而生之流弊。

入侵不列颠的各族 大部分的不列颠自福耳司（Forth）河起至康华尔边界止，皆为盎格鲁·萨克森人的居留地；朱特兰人则在肯特及外特岛（Isle of Wight）栖止。盎格鲁·萨克森人究是同一种族，或两种不同的种族，学者的议论不一：附和比德（Bede）之说，以盎格鲁人及萨克森人为两种人者不乏其人；但近今学者中亦很多人主张盎格鲁·萨克森人是单一种族。至少我们敢断定盎格鲁人及萨克森人在移往不列颠之时同住于今之丹麦及德国沿岸，在易北河（Elbe）口之两岸地方；他们的言语风俗亦相差极微。朱特兰人为较小之族，虽和盎格鲁·萨克森人为同宗，而区别较大。他们或许从他们旧家，丹麦北部之朱特兰（Jutland）半岛移居不列颠，或许从他们之新居法里西亚（Frisia）群岛及莱因河口左近渡海而至我岛。

入侵民族的生活状态 自新石器时代以来欧洲东北部人民向知业农。盎格鲁·萨克森人之移至不列颠者很多为贪沃饶之耕地而去，因欧洲北岸之地大多为砂冈地，野草地，水草地，及森林地，极不宜于耕种。但亦有许多人则为不畏风浪，履海如夷之深海渔夫，或猎海狗者，或捕鲸鱼者；他们即当时北海中所习见之海盗及海杰。他们勇武多力，在水面为海盗，在陆地为绿林；但亦知尚义好侠，事主忠而待族人厚。在首领统率之下，他们时出没于诺威至法里西亚之海岸而不稍畏怯；有所得则挟归以共诸族人。从古代遗留下来之记事诗中，我们亦稍可窥见他们武侠的一斑。

入侵民族的政制 这些民族在耶稣生后头几世纪时固然雄心勃勃，喜欢移动，但他们留居一地后，便知从事于农作，故我们不能以游牧民族视之。至于盎格鲁·萨克森人之政治体制则采独裁的君主制，独裁的限度则随部落的习惯，战士的性情，及君主本身的品格而变化。君主的家属大众视为神祇的遗裔，但战士自尊自立，亦绝少奴隶性。惟有人以为我们的"条顿"远祖在始迁时尚为一种平民政治，则实出于悬臆；当时的盎格鲁·萨克森人已有贫富贵贱，及主奴之分，全体人民又早已受治于同一的君主。

那时最有名的一个君主要推盎格尔（Angel）王奥法（Offa）。他的生平虽见于神话及诗歌者较多，然近代史家大都相信历史上真有其人。他曾和条顿部落在挨德尔（Eider）河口岸作战。该地在今丹麦之什列斯威（Schleswig），在昔则为盎格尔的南陲，再以南为条顿各部落所居。富于幻想之徒甚可把奥法之战役视为英人末一次的进击德人。

> 除非等到更可纪念的一年，
> 除非等到越加黑暗的一日，
> 再不会有同样的恶战。

盎格鲁·萨克森人西渡时已有君主及贵族，他们不能算为"共和农夫"（"Farmer republicans"）。原始德谟克拉西惟一可能的基础是筑于血统关系之上的。凡亲族必团结甚坚，而同族者又灾难相助，始有德谟克拉西之可能；不然农民因保护无人，灾难无援之故，必因而负债，更必因而不能自立，或竟流为奴役。这些条件盎格鲁·萨克森人在移居不列颠以前已渐次丧失；个人主义已代部落生活而继起，血属关系已变为首领及战士之关系，亦即贵族及封建制度的基础。这种由血属关系变为主臣关系的倾向自移居后更为显著，因为移居时之首领率皆雇用不止一部落的战士，甚有借材于异种族者。英格兰之英吉利人向以漠视疏亲远戚闻于世；苏格兰人的亲戚观念极浓则殆因他们含有较多的塞尔特血分之故。

入侵民族的作战能力 盎格鲁·萨克森人移殖不列颠之乌士（Ouse），屈稜特，或泰晤士等河口时，恒以战士为先驱。如作战胜利，而地又宜于农耕，则同部落之农人及妇孺亦随往作久居之计。战士之组成，无论为海军或为陆军，不重血统关系，而以上令下从为原则；船员及军队的纪律极严厉，士卒对于领导远征之首领则矢忠矢勇，无敢或贰。首领头戴豕盔，身穿网甲，胸悬宝刀，宝刀殆为传家之宝。每船船长他赠以军刀一柄；每个战士则赐以木制圆盾，及槐制长矛各一。矛尖以铁制，可以杀人。在冬令时，首领日在他的狭长木制之大堂中置酒享战士，诸凡面包，肉食，以及醉酒之类无或稍吝，盖取同乐同甘苦之意。战士们亦心悦诚服。备感德意，甚或誉之为天人，因为他如贝奥武尔夫（Beowulf）一样，"他永不会醉后失手杀同志的"。一到夏天温暖之时，他便率领子弟们出去攻城掠地，为财富亦为农地。

我们可以朱特兰人征服肯特时之领袖亨季斯特（Hengist）为这种草莽英雄的代表，虽然他到底是否真有其人，或事业如何，我们也无正确的史料可以作答。这些草莽英雄今日已漫无稽考；但他们为图利及冒险起见，竟然

　　　　啸聚了无数的无赖，
　　　　同去建功立业，
　　　　为了图谋一饱。

这样，他们竟不期然而然的建立了英国以及英国此后的一切。在"早期盎格鲁·萨克森丛墓"中，介于生锈的盾面及矛尖之间，我们今日时可发现

无名英雄之残骨。我们固知他们曾驱罗马人回欧陆，逐塞尔特人至西部，我们也知他们中定有今日所谓天才或俊杰者，然除此而外，我们竟漫无所知。我们如能确知此中一人之真正历史，确知何以他及其部下决定渡海远征，他们在何处登陆，他们如何作战，行为如何，思想如何，则我们之欣慰将不可限量，而后期的史籍倒一点没有什么稀奇了。

历史上的空白 不幸的，过去是铁面无情的缄默着！我们既没有萨克森征服的大事记可资浏览，而逃往威尔士山地的不列颠人又堕落为野蛮人，如塞尔特时期一样。传教士季尔达斯（Gildas）以拉丁文替他们代作的《愁思录》（Book of Lamentations）只多哀感之辞，而很少历史的材料。入侵之萨克森人本有一种变相的罗马字母（Runic alphabet），但只能用以画符于刀，刻名于石，而不能以之记大事，或录长歌。萨克森人本富于记事的长歌，遇喜庆宴会时，则令乐者歌唱于堂中以志宴乐。这些歌中定有不少赞颂萨克森人渡海西征的辞句，可惜亦未留一字足供后人参考。

能指历史家之迷者只有两道灵光，然即此两者也不大了然。第一道为第 4 世纪末叶时秩序井然的罗马·塞尔特世界之开始沉落下去。第二道为第 6 世纪末叶时纷乱鄙野的萨克森·塞尔特世界之渐渐复入眼帘；同时我们更听见圣奥古斯丁（St. Augustine）及其徒众之且行且唱圣歌；拉丁字母及记事习惯之重又恢复。在此二时期间，则一团尽是黑暗，而我国历史上最重要的几页竟成空白。亨季斯特，服替根，刻狄克，及亚叟尔（Vortigern, Cerdic, Arthur）通常故视为此时间中之伟人者，然他们之有无尚在神话和事实之间，他们的史迹更不足道。因历史极模糊，故借助于考古学，然历史及考古学并合起来仍不能使我们确知当时之时日，领袖，登陆地，以及战役等，我们所得藉以测知者仅罗马不列颠灭亡时及英吉利人兴起期中战役之大概性质而已。

"萨克森岸" 在第 3 世纪末年罗马人已特设舰队以防御萨克森海盗之漂劫高尔及不列颠诸岸。此时，罗马帝国因诸帝争立，将士互战之故，内

部亦呈杌陧不安之象。驻在不列颠的各师亦往往随统军官而牵入内战，甚或宣告独立。此中最有名的一个军官要算卡劳栖乌斯（Carausius）。他本是防御萨克森人之海军守备司令，但自286年至293年竟脱离帝国而独立，且自号为王。因为他有海军保护，故罗马亦无可奈何。自戴克里先（Diocletian）及君士坦丁两帝中兴帝国后，不列颠重为行省之一，且重获一度的黄金时期，亦即末度的黄金时期。此时萨克森海寇之出没更甚于前，为防护起见，罗马特置一个海疆防护长官，叫做"萨克森岸之伯"（"Count of the Saxon Shore"）者，专司防护自窝什（Wash）海湾至朴资茅斯（Portsmouth）之海岸；并设要塞10处，调向驻西北军队之大部分区卫戍。位于肯特之李治布洛（Richborough）实为10大要塞之最重要者。要塞各在海港所在，故俱得遣派舰队，袭击海寇。沿海低地因此得免遭萨克森人之蹂躏者又历50年。在第4世纪之上半期中，别墅的建造和住居要比任何时期为多；不列颠之谷可运至莱因河流域，而不列颠之布则可在利凡特行销。这种物质发达的象征是否可视为不列颠社会之经济状况优于其他各省的罗马侨民的象征或明证，则我们不敢决定。

罗马不列颠的衰败 到了第4世纪下半叶罗马不列颠重又衰败。考古学家可以证明，在低地之生命财产此时已不安全。自北来侵之匹克人及布立干提人，或自西方尚未罗马化各地成群来侵之爱尔兰部落〔此时通称为斯科特人（Scots）〕，俱以焚掠别墅为能事。但这种灾难并不由于本地方武力上的不济事，而由于帝国中央的颓败。罗马本身不振后，远适不列颠的军民数亦日少而质亦日劣。罗马人在不列颠之势力日渐衰退，则塞尔特人之势力日渐膨涨。塞尔特势力之复活起初固极微渐，过后则日趋显著；即在萨克森人大举毁灭拉丁文化以前，这种新势力已可明白看出。不列颠和地中海人之关系愈疏远。则威尔士，喀利多尼亚，及爱尔兰未受罗马化之塞尔特人之蜂拥而至者亦愈众。罗马人之息尔彻斯忒固因萨克森人之攻击而始放弃，但在放弃以前，街市中已有塞尔特文的石碑，叫做"奥干石"

第一卷　种族的混合　自最古迄诺曼征服

（Ogam stone）者之设立。凡曾见息尔彻斯忒过去之繁盛者早因此石而兴禾黍离离之慨。

在四百年至四百三四十年中，罗马帝国渐次放弃不列颠而任罗马化之不列颠人自御外侮，放弃之详细步骤则已不可考。在第5世纪之下半期中萨克森人之入寇者究有何种成功，我们难以决定，但至第5世纪初年，萨克森人确已大批来侵，且比前更为胆壮。罗马不列颠在前世纪下半仅为居西北之塞尔特人所蹂躏，在今后之三四十年中则萨克森人继起自东南侵扰，且为主要的外侮。每当萨克森人掳获回乡，置酒庆功之时，他们殆必讨论到不列颠经匹克人及斯科特人蹂躏后纷崩灭裂之情况，罗马统治之解体，罗马将士的归国或败绩，耶教士如圣泽美那斯（St. Germanus）等之继起守卫等种种要事。讨论之余，他们必会互问何以只知取其可取，掠其可掠，而不再进一步？不列颠之气候既暖，地又富饶；有草地，又有清水，有橡林，又多鹿豕；可以植五谷；又可以狩牧；与其每年一次之侵略，何如率众移殖而永居其地？而况当时空虚之情形亦实宜于大举的移民？

征服的方式　萨克森人到底如何征服不列颠，我们固无佐证可寻，但我们至少可以想到两种不同的征人：第一种为战士，第二种为妇孺及农民。不有前者则无从征服；不有后者则无从久居。战士去时大概不会有妇孺相随，因为初去之时须应战，破土寨，轰石城，焚市镇，毁别墅，见罗马化之不列颠人，则驱之出境，遇凶野好战之塞尔特人则逐之回喀利多尼亚及爱尔兰：战事既繁，焚毁又多，战士之行动，无论走道或渡河，俱利在敏捷，所以不容妇孺相随。但局面稍定之后，则战士之家属以及性较和平之农夫亦必大批移往，不然战士亦不能长住下去。

上述两种不同的百姓缺一便不成其为盎格鲁·萨克森征服，缺一也不能了解诺尔狄克侵占之性质。盎格鲁·萨克森人和阿尔弗勒时之丹麦人同为好杀嗜斗之海寇，以毁灭高于他们自己之文化为乐，但他们亦非毕世杀人劫掠者流。他们性好农耕，于克敌之后，便弃兵而农。这也和丹麦人相

041

似。他们如不凶野,他们必不会毁灭罗马之文化;他们如非开路良民,则他们的种族也永不能产生比罗马更好的文化。

那时的河流要比今日深而易航;英吉利人[1]之深入内地因恒藉河流。考古学家所掘起之盎格鲁·萨克森古坟恒紧靠通航之河流,此即一明证。然他们究如何登陆则我们无从探考,我们只能以所知于阿尔弗勒时丹麦人登陆之状况而推测前人的经验。丹麦人过北海时所用之船无甲板而浅,所以可以沿河而上,直至腹地。船只既到腹地后,则派人驻守于泽地中之洲上,或伐树为栅而驻兵于中,以监护之,余众则可登岸驰骋全国,或以刀杀人,或以火焚城。丹麦人所用之方法如此,盎格鲁·萨克森人当亦如此。

罗马的军用道路是可以两用的。在罗马军力充实时代,道路是行军的利器;到了罗马武备解体之后,道路转足以促灭亡而助敌寇。固然萨克森人最早之遗物在河旁而不在路旁,但道路之有功于全国的征服则当无疑义。我们可以想象他们在路上摇摇摆摆,缓步徐行,所携赃物多于甲胄的情形,我们更可想象他们正在得意忘形之时,在树林隐约见一别墅,于是又稍停为劫掠焚烧之举。别墅中美观而贪食之雉鸡,罗马人本运来作点缀楼台之用,今则震于海寇之呼号,遂于火焰中远走高飞而窜入深林。这雉鸡日后变为野鸟之一,历数百年为猎射之佳品,为社会史之重要角色。

萨克森人之后裔好战而不尚武,能战而不重军备;当萨克森战士之初登历史舞台而促人注意时,亦只好战而不知军事。人人得而有者仅一矛一盾,用刀者已甚少,戴盔者更少,擐甲者则千人一而已。以如许武器而能征服不列颠,亦至奇异,因拉丁化之不列颠人应可以纪律森严之步队,罗马末期之骑兵,以及弓箭甲胄之类抵抗海寇。也许抵抗海寇者已不是拉丁化之不列颠人,也不用罗马之战术,而是野蛮之塞尔特人,所用者也是塞尔特之土法,有如神话中所传亚叟尔率领塞尔特子弟抗拒北海蛮人的一套

---

[1] 自盎格鲁·萨克森人来不列颠后,该地即称英吉利(England),盎格鲁·萨克森人亦可混称英吉利人(English)。译者有时也用英格兰,则完全指地名而无国土的意义在内。

裨史。我们可不问不列颠人如何作战，征服他们之人确是没有受过军营训练之步兵，既无甲胄，亦无弓箭等可以放射的武器；所有者只无限的精力及坚决的目的而已。不列颠当时尚满布坚固之营幕，石筑之城郭，以及木寨为顶之土堡，抵御者尽可依险而守，但乘长船而来之半武装之蛮兵竟能攻城略地，所向无敌。

在前章中我们曾述及罗马全盛时代之一种特殊制度。是时住居东南两部的人民毫无自卫之训练或能力。这和后代封建时之情形刚刚相反。封建时代的贵族本人既能作战，而又有随从之士卒及可守之堡寨，但别墅之主人则仅是一个太平民，也没有任何御敌的设备。罗马时之城市中本可扼坚固之石墙而严守，但市民又非中古时之民军可比，他们也不能作战。罗马时之文化固然高于中古的文化，但罗马时地方人民自卫之能力则要低于中古时之人民。罗马时之人民一遇中央政府或正式军队发生问题，便有不知所措之概，此所以欧洲在蛮族转辗蹂躏之中会发生封建制度以补社会制度之缺陷。

照最新的萨克森征服史之学说，不列颠之毁灭不由于各部落在各地之局部举动。而由于许多部落，在联合的统率之下，一致的行动。我们知道阿尔弗勒时之丹麦人的确联成一个大群，拥戴一个人为首领后，再糜烂全岛，但丹麦人的历史仅可当做测度的规范，而不能视为萨克森人大帮联合的证据。惟我们更有季尔达斯在540年左右所著之《哀感录》可供参考，虽则该书著作后于入侵之当真开始有百余年之久，且含混之处亦多。季尔达斯似乎相信自东南以迄岛之中部，萨克森人进取极速，毁灭亦极快；但一到西部海岸后，则寇军立即东退，西部之地被毁后遂阒无人迹。如果在第5世纪中及下半叶真有此种事情发生，我们大可藉以解释中部及中西一带罗马城市及别墅之被毁远在英吉利人永久住居以前之故，因为寇军夷中西两部为灰烬后不即住在该地。古物学家之研究已证明巴斯远在萨克森人居留以前，已成一片废地，一度入时的澡池则满生荆棘而为水禽出没之所，然照不尽可信之《盎格鲁·萨克森编年纪》（Anglo-Saxon Chronicle）则巴斯的征取至577年而始为确定。巴斯亦不过示例而已，其他中西部地方之类似者尚多。我们如能采纳先有荡毁，继以撤退，终始居留之说，则巴斯等地有一长时期之人烟断绝实不难索解。中部（密德兰）各地在罗马时本即人口稀少，在拉丁文化已亡之后，萨克森文化未至之前，概须经过若干时之荒废更无足奇。所以照最新的学说，萨克森人之大队在第一次大举之后，即自西部撤退而散居于东部，各个部落建立各个的王国，并从事于土地之耕种及家庭之生活。

大队始进继退之说有三种根据：一为丹麦人入侵之比拟；二为季尔达斯之叹息语（季尔达斯全书尽是伤感不列颠灭亡之语）；三为各地在早年即遭毁灭之事实。我们不能证明这学说一定是确，也不能证明其一定不确，不过它在现时要比格麟（Green）在《英吉利人民的短史》（A Short History of the English People）所采用之旧说流行较广而已。格麟之说基于《盎格鲁·萨克森编年纪》，此书为阿尔弗勒钦定，所记丹麦人之行动当然可靠，但关于前4世纪之萨克森征服，则大半皆悬拟之辞，极少根据。照此书所说，萨克森人之毁灭不列颠由入侵各部落在各该地域中分头进行；他们建设不列颠时亦依此情形。也许此说及新说都含有相当真实，因为两说并不彼此不能兼容。自福尔司河以迄海峡，地域极广，征服所需之时间亦长，尽可发生多种不同办法之可能。但我们不必武断。知之为知之，不知为不知，我们还以不知为妥些。

都市的毁灭　不列颠的毁灭无论为各部落联合的行动或分头的工作，萨克森人的破坏能力确是至乎其极。我们可据威尔士之被毁为例。教士季尔达斯之语如下：

> 所有的城市及居留地尽被攻陷，尽成灰烬。在满地尽是刀光火焰之环境中，举凡平民及教士尽遭屠戮无余。在街道中可见自高处坠下

之塔顶，石砌之高墙，神圣之祭坛，灭裂之尸首则满覆淡黄色之血块而横列错陈于道中，真有玉石不分之概；此情此景实令见者色为之变。……劫余的人或则遁入山中，但最后仍被俘获而屠戮；或则为饥饿所迫而投降为奴，永世莫能超脱……更有痛哭流涕而远渡重洋以避逆锋者。

早日的盎格鲁·萨克森人并不惯于城居，所以他们毁灭罗马城市及别墅之工作即周又到，无城不毁，亦无城不尽毁。他们除了贩奴海外亦无经商的天性。他们本好海行，但在内地得到良沃之农地后，亦瞬忘旧好。他们最高尚，最开化的欲望即是居留于可耕之地，而使邻里蔚成所谓农村"市集"（"township"）[1]，同时更采用庄农三地（或二地）轮流公耕之法。这倒是新英吉利文化的绝好基础。为农耕的天性所驱使，盎格鲁·萨克森人开始于地主之木屋附近兴建自用之木屋。将林木劈开，使之一一直立便成木屋之壁，因是时木材既富，而人民亦非怠于工事者。他们在故国时所住之屋本即如此，他们来新土后仍恋恋不忘于碎橡木之异香及木壁之特致。罗马人优美之别墅及便利之城居，虽设备周全，而他们视之如敝屣；不然他们于埋葬尸首，扫除庭院之后，尽可大享其现成之福。

最可靠之学者告诉我们："萨克森人占住罗马别墅之事尚绝无闻见。"[2] 日后也许有人会掘出萨克森人占住的证据，但其数一定不会众多。在别墅如是，在坡市亦如是；新来者绝不喜欢住在石城之内，也不喜欢任何人住在里边。有几个城市之所以不能长久荒废，乃因城址所在，或得天然之地利，或为罗马道路之集中地点。彻斯忒，巴斯，及坎忒布里不久重见人烟，伦敦，林肯，及约克则或竟始终没有完全放弃，虽然它们都经过数代之无足重轻。伦敦及剑桥等许多地点因居罗马道路之中心，且为河流之所及，

---

[1] 旧英之 Township 和法之 Commune 及德之 Gemeinde 有相同的意义。三者皆基本之地方区域，可市亦可乡。其意至为难译，不得不从文意而作"市集"及"乡区"等不同的译法。

[2] 见 Haverfield, *Roman Occupation*, 第 274 页。

故一至文化复萌之时，即重成要地。蛮人可以消灭罗马人其他一切的成绩，但要地终究是要地，这一点成绩蛮人是无法永久否认的。

有许多旧日城市，如息尔彻斯忒，洛克塞忒（Wroxeter），及微剌拉米等则永为废墟，再无人居。今之圣奥尔班与微剌拉米故址隔岸而立，相距仅半哩许，一若后人有意放弃故址者。在今日之农地，牧地或荒地中，罗马城市及别墅之故址固时有出土者；但在罗马不列颠灭亡后之数百年内，那些故址一定为人人得见之景物，其状有如斯图亚特时之无顶教堂，日间或可看做石矿，晚间则可使萨克森农民惴惴生惧，但恐被先人屠戮之种族之怒鬼冤魂会来作祟。也许好多旧址没有重起城市，重有人居之缘故，就是恐怕罗马衣冠之厉鬼来复仇罢！

分割及纷乱　在最先的而且最凶的破坏潮流稍退以后，即在第6世纪时，一大堆独立而衔接的盎格鲁·萨克森王国一一兴起。南自威塞克斯（Wessex），北至诺森伯利亚之贝尼息亚（Bernicia），尽是这些国家；他们的疆土时变，国号时更，五花八门，不易记忆。但今日英格兰东南各郡之名，如厄塞克斯，色塞克斯（Essex，Sussex）及肯特等，仍可追溯到古时的国名。英格兰之西半部虽亦遭萨克森人之蹂躏，但当时仍在塞尔特人之手。

早期的英吉利各王国除互哄而外，更须时与野蛮之威尔须人作战。[1]但威尔须各族亦彼此不能相容，永有内哄。我们如信季尔达斯的话，则亚叟尔时之罗马·不列颠人常因互哄及变叛而为外人所乘。当罗马势力消灭，塞尔特部落主义恢复时，塞尔特人好乱之性亦随以俱来。照比德所说，这种好乱心及缺乏团结性亦适以促进萨克森人之征服。

萨克森人征服之时即罗马行省之和平及统一归于乌有之时。不列颠在第5世纪，第6世纪时四分五裂，群雄互斗之状态一定十分可惊；而在各个

---

〔1〕"威尔须"（Welsh）在萨克森文本作外国人解。此后我即依萨克森人之用法，凡旧日种族之窜入斯特剌斯克来德（Strathclyde），威尔士，及得文半岛者悉称为"威尔须"。

部落或王国之中，各族互相残杀之惨状亦必不亚于大团体之互斗。各族间之私斗大概到了不可忍受之程度时，才会于全民公会（folkmoot）中判给"赔偿金"（"weregild"）中止互杀，而言归于好。私斗乃当时之俗尚，而非例外的行动。然在此大纷乱中英国的基础居然逐一树立了。

大规模的移殖　征服一经就绪后，盎格鲁·萨克森人即挟家人妇孺以俱来；局面愈定，则妇孺之数亦愈增。照比德时的传说，盎格鲁人（Angles）既举族渡海迁居后，他们的旧国顿成空地。他们的王族亦自旧盎格鲁王国（Kingdom of "Angel"）在今丹麦之什列斯威（Schleswig）移至新"盎格鲁国"（"Engle-land"）即英吉利，而为麦细亚（Mercia）国之王。神话中所称颂的奥法一世（Offa I）即是这个王族中最英迈的名主。住居于今称瑞典之丹麦人则由瑞典移居于空虚之古盎格鲁王国。由丹麦南部之什列斯威至英吉利道路甚远，移运数千数万家之人口由此至彼实为古时野蛮人移动史中不可多见之事。我们如更忆及当时船只为无甲板，无舱位之长船，而妇孺须经长期之风霜雨露，则尤不能不令我们起敬佩之心。

因为英吉利人有伟大的移殖毅力和凶横的毁灭本性，所以不列颠文化及种族上之变动要远过于在同时期中之其他诺尔狄克人之侵占。在意大利之哥德人及伦巴人，在高尔之佛郎克人，对于被征服者之都市生活，耶稣宗教，及拉丁言语都没有毁灭。可是在不列颠，则都市，耶教，及罗马·塞尔特言语——消灭。土人部落同有的疆界，及罗马之行政区分亦随以俱亡；城市村落之地址，纵非全体，亦大概移易，名字则十之九为萨克森新名。这许多事实综合起来可以证明种族上大有更动，虽然种族是否完全改变过来，尚一疑问，而常人之说往往近于过甚。

罗马文化的消灭　但罗马·不列颠文化因萨克森人入侵，及塞尔特人复盛，两重野蛮人之夹攻，而遭受之摧残则实至乎其极，而无法过甚其辞。文化茂盛之地本为低地，而低地各处则适当萨克森野蛮人之冲。由文明地逃入威尔士山地及康华尔荒地之人则因与城市及别墅隔绝，与不甚开化之

塞尔特人同居之故,在一二代之后瞬亦忘了他们本有的技能及宝贵的遗传。他们向恃文化以鄙视野蛮的萨克森人,瞬亦无所可恃。所以萨克森人征服之第一结果即是罗马技艺,科学及学术之失传。以全岛统算起来,人口及可耕之地亦骤形减少。劫余的塞尔特人及新来的萨克森人都是粗鄙不堪之野蛮人。不过萨克森人因为占有地利的缘故,因为住在肥饶的低地,所以能创造一种新的文化,经数世纪之演进而后,且优于威尔士山民的文化。地理使文化已开之塞尔特人野蛮,而使野蛮的萨克森人文明;地理诚能颠倒历史的过程。

西部的逐渐征服 威尔须人之自沃地他迁,一半也由于他们的性情使然。他们能降服于罗马人,因罗马人为文明的高等族类;但他们决不能臣事萨克森野蛮人。因为不臣事萨克森人之故,他们甘愿死战,或越海而逃至高尔之阿摩立卡(Armorica),而树立新的不列颠尼(Brittany),或避居于威尔士之荒山。他们痛恨萨克森人无所不至,所以连耶教他们也不愿传播,任萨克森人为邪教徒。《福音》之传至英吉利乃从罗马及苏格兰,而不从隔一塞汶湾之威尔士。比德时之萨克森人且以此而责威尔须人之不尽责任。威尔须人虽未必尽为游牧性质之人,但至少有几处威尔须"村庄"之居民确未脱游牧性质,所以很易躲避可恶之萨克森人。威尔须人对于所在土地之牵系远不及部落观念之深,而部落则固可随时移居的。

上面已经说过,萨克森人第一次自东徂西之大举受了挫折后即退居于东部。此后,萨克森人及威尔须人间的边衅成为日常生活的一部。在这个长期乱战之中有两件主要的事变:一为威塞克斯之英吉利人取到塞汶河口之海岸[传说在格罗斯忒邑的对奥兰(Deorham in Gloucestershire)之胜之后。对奥兰之战则在577年];二为诺森伯利亚之英吉利人取得麦尔齐(Mersey)河口及底(Dee)河口间之海岸。此事在613年彻斯忒废址附近一胜之后,彻斯忒即古时罗马师部所在之地。萨克森人既到爱尔兰海峡后,在斯特刺斯克来德,威尔士,及得文半岛之威尔须人遂孤立不相联接,亦不与平原之生活相贯通，成为塞尔特部落生活之三大孤岛。

历数百年连续不断之推进，萨克森人及继起之斯干条那维亚人得以陆续征服，且居留彻邑，郎卡邑，昆布兰，卫斯特摩兰，塞汶流域，索美塞特（Cheshire, Lancashire, Cumberland, Westmoreland, Severn Valley, Somerset），最后则得得文；但得文之移殖要至第 9 或第 10 世纪始告完成。在此期内，萨克森人日见文明，而威尔须人亦逐渐习惯和他们邻居。距英吉利人前进到西岸还有好久以前，萨克森人及威尔须人都已成了耶教教徒。所以在较西各地塞尔特种族及习惯之得获保留者并不为少。但塞尔特人之语言文化只在康华尔及威尔士之深山方算保全极多。

英吉利人的血统 威尔须及诺尔狄克之血分究成怎样的一种比例，即在任何一个地方的人民中，已极难确定。但我们可立一个原则：我们自东往西，愈西则诺尔狄克的成分愈弱，而威尔须的成分愈厚。这个原则，不论在南在北都是确的。它只有两种例外：在东部象泽地（fen-country，即剑桥邑等地方）及赫特福德邑一带，间有几块地方，威尔须人始终没有逃避，故威尔须人的成分特重；而在极西沿岸，像南威尔士及北郎卡邑等一带，尤其是在湖地一带，也间有几块地方，因日后被诺斯人自海船直接开来占领之故，诺尔狄克的成分特重。

在威塞克斯及麦细亚，虽然语言也经更改，而留存之威尔须人则仍比东方各地为多，因为东方各地早日即为萨克森人之居留地。威塞克斯之萨克森王伊涅（Ine）在 693 年颁布之法律中承认威尔须人为另一种阶级，他们可以有地权，他们也可以服军役。时威塞克斯已包括索美塞特及多塞特。即在最早占据之肯特及东盎格利亚，旧日之种族也必有因妇女而遗传者；因为初期来英之朱特兰人及盎格鲁·萨克森人必不能随带众多之妇女，而不需与降服或被俘之威尔须妇女交婚。

毕竟虎口余生之威尔须人共存多少，言人人殊，我们亦无法决定。英吉利言语中所用的塞尔特字仅有五六个；若以文字而论，威尔须人之留存者自当极少。但单从文字方面看是靠不住的，塞尔特人的爱尔兰今日所用者亦为英语。若云爱尔兰的所以用英语乃因于学校之设立及印刷品之流传，则中古时之苏格兰人固丝毫未尝学问，何以亦能采用英语？苏格兰人亦大半为塞尔特种。由此可见用某族之语言者不必定即为该族之人。

还有一种说法也否认威尔须人有多量之留存。这是因为英吉利的地名大多是诺尔狄克。除了几种自然界之名字，如以"Coombe"表山谷，以"Bredon"名山，以"Avon"名河，有时仍为塞尔特文字，除了初期盎格鲁·萨克森之地名，如"Deira""Bernicia"及"Lindsey"等，亦为塞尔特，更除了威尔须人始终未逃的地方以外，所有的城市村落之名很少有萨克森人未来以前之遗痕。这当然也是彻底征服，完全动摇的一种有力的表示。然即以地名而论，我们也得明察细微；因为盎格鲁·萨克森地名之首尾往往隐藏塞尔特文字之根语，如 Trumpington 字中之 ington 及 Madingley 字中之 ingley。而且纯粹萨克森文之地名如 Walton，Wallington 及 Walworth，说者以为即"威尔须人（Welsh）的家"之意，诺威文之地名 Birkby 即"不列颠人（Britons）之家"之意。于此可见名虽诺尔狄克，而人犹塞尔特，亦属可能之事。

我们英吉利人不象日耳曼人或斯干条那维亚人，他们是纯种，而我们是混合种，虽则混合的成分我们永远不会知道。所谓英吉利人之后裔大概总会带些塞尔特人或前于塞尔特人各种族的遗血。这种血分对于英吉利人的性情脾气多少要有些影响。此外，千余年久居于气候不同的海岛，安定的社会及政治生活，和自 1066 年以来不见外祸，也足以使英吉利人之有别于日耳曼人及斯干条那维亚人。但英吉利诗艺之特出我们仍乐于归功于塞尔特人之不羁和幻想，及诺尔狄克人深刻的感情和完善的意识；两者相并而后有英吉利之诗艺。莎士比亚即产生于塞汶流域之一邑，而为威尔须人及萨克森人冲突不已之地。不过猜度总是猜度，臆想仍是臆想，到底这些与事实有何种关系，我们亦不敢顾问。

罗马人的遗留 塞尔特人之遗留固然不见得怎样充富，然罗马人竟不复重见于不列颠之历史。上面已经说过，罗马人所留下之永久事迹仅有三种：一即伦敦之故址，二为罗马道路，三是威尔须人之耶教。

伦敦城址 究竟伦敦在萨克森征服战祸最烈时，曾否完全放弃，确乎是一个永不能决之问题。即令它也曾经一度的荒凉，过了不多时后，萨克森人必又在原址重立市肆，因为在比德时候（700），它又重被称为商业中心，固然此时之商业不能和罗马时比拟。此时伦敦之规模更不能与前时并论。我们总可视罗马人为伦敦之创始人，因为有了他们把路网中心安在泰晤士河上，才使伦敦得了优越的地位；罗马人可以走，而道路决不能随之以俱去，因之伦敦之地利仍存。由此观之，无论伦敦曾否经过一度的中断，而伦敦之所以为伦敦，罗马人总是有功。

罗马大道 罗马人虽走，罗马路之重要仍无减于昔日。一直要到18世纪时，英国才有新的大道，在此以前，罗马路仍为惟一的交通孔道。当黑暗时期及中古初期，不列颠成为纷崩灭裂的野蛮世界；幸有罗马的石路可资往来，萨克森人，丹麦人，及诺曼人之征服亦因而可以较捷。且萨克森及诺曼各王之得逐渐统一英吉利，造成英吉利国家，亦得力于罗马路者更多；无论武功文治俱须有赖于交通之孔道。因为受了罗马人之赐，不列颠在萨克森七国（Heptarchy）时，倒比斯图亚特时有较好之国路，虽然在斯图亚特时支路较多。帝国时代之石路横亘大海，高出于地往往有数呎之高；它们大都沿高地而行，但必要时亦有直穿池沼或森林而其直如矢者。大路之桥梁可因失修而坍毁，但津口铺石之处则历久而犹存。罗马人去后之数世纪内，野蛮之部落虽日日践踏凯撒之道路，然对于凯撒本人则仅知其为神话之资料而已，因之替他的道路起了许多如滑特林街（Watling Street），黄鼬街，及壕沟路等种种古怪名字。惟道路经久不修后，石块亦逐渐颓落，而路愈不像路。在中古时代，英人以木材日见稀少之故，房屋之以石筑者日多，旧时之石路竟被当做石矿看待，而石渐绝迹。所以最早之车马大道经久而变为载重骡马之走道,终则与荒地及耕地混为一片而莫可辨认。到了今日有几段则经重建为汽车路,于是汽车可以飞驰于古时罗马军队所往来之大道上;但亦有几段,且为最可爱的几段,则始终未经毁灭,留为后人缓步徐行之胜地。后者在今日都成绿茵断径,为英格兰四乡之绝好点缀;往往有不知何处起,不知何处止之美。

威尔须耶教 罗马人第三种的遗赐即威尔须耶教。罗马文物制度之移植于不列颠者极多:以重要言,耶教仅居次位;以时间言,耶教且居最后;然而罗马势力消灭后,只有耶教得获传留,岂不可异?且耶教之传留只限于威尔须人所居之地,而罗马·不列颠之世界,以考古家发掘所得判断起来,似乎从未十分浸染于耶教,则更令人诧异。我们推求其故,或可得下述的解释。军事及政治制度随罗马人离开不列颠后永不再返;但耶教传教士则仍从拉丁化之大陆不时渡海过来,以慰问并援助无告的,同教的威尔须人。诺森伯利亚之长城既破后,当黑暗时期时,正匹克人及苏格兰人自西来侵之时;同时,萨克森人则从东南杀来;无告之威尔须人此时与文明之世界完全隔绝;只有传教士尚不时远来。圣泽美那斯即此中之一人。据传说,他在430年率领耶教教徒口唱哈唎呀,而战胜匹克人及萨克森人之联合军队。更据传说,他本是高尔的一员罗马大将,奉命到不列颠来削除皮雷吉阿斯的异说教徒(Pelagian heretics);但到后便又放出英雄本色,率领惊怯之不列颠人,一战而克可怕的强寇。这件事情,除了传说外我们一无所知,泽美那斯的功绩很可以是张大其辞,但也很可以当做那个时代的象征。当罗马军人政客已退之后,不列颠最缺乏有知识,有阅历的人物;有之,则推耶教传教士。在忧患余生之际,威尔须人竟能得到这种优秀人物之帮助,无怪在罗马时代为国教时,耶教不能深得不列颠人之信仰,而在此时则耶教转能深得威尔须人之信仰。萨克森人日后遭受丹麦人及诺斯人之压迫时,亦深信耶教者,正亦同一理由。近代英国人做礼拜时,"上帝!在我们之世,给我们和平!""因为除了你以外再没有人能替我们尽力,上帝！"之赞词似乎有些不堪入耳，因为这好像以上帝为惟一的同盟者，可是在举世皆非之时又不能算一个了不得的监护者。然在第5世纪时威尔须人，或第9世纪时萨克森人之耳中，则不啻是真诚的呼号或祷告，因为在被迫于萨克森人，或丹麦人之时，上帝的确好比一个绝大的援助。

在这种情形之下，第五六世纪之威尔须人竟渐以耶教为他们的特点。因为他们能信耶教，且能爱诗歌音乐，所以他们的居地尽管日促，尽管不能立足于平原而逃亡于"野威尔士"之深山荒地，他们仍以优种自居，仍鄙视野蛮之萨克森人。古时威尔须诗人曾预卜不列颠人之将来而歌一诗。照该诗所云：

他们将永远地赞美他们的上帝，
他们将永远地保存他们的言语，
他们的土地除了野威尔士外将一律遗弃。

在西威尔士（即康华尔）半岛，塞尔特耶教亦有同样的发展。多锡之荒地上，多树之溪流边，多石之山隙中，皆教士之驻锡地；闻名本地之圣徒在此兢兢业业；故至今康华尔各村落仍多以他们之名为名。诚如威尔士诗人所言，不列颠文化可以灭亡，而不列颠之耶教转于灰烬中有蓬勃之气象。康华尔是时之宗教史固不可考；然当和对岸高尔阿摩立卡之宗教史有极密的关系。阿摩立卡本为拉丁化之高尔人之地，因不列颠人逃避萨克森人而移来者极众，遂称不列颠尼，且为塞尔特文化之逋逃薮。更因此之故，不列颠尼终不能与拉丁法兰西的其他部分完全一致，即在法国大革命全国

 英国史 | 上册

一切皆变之时，不勒通人（Bretons，即不列颠尼人）仍奋力抵拒革命的怒潮。[1]

---

[1] 关于盎格鲁·萨克森人及朱特兰人的原始，可读：
Cambridge Mediaeval History, Vol. 1, 384-385.
Chambers, R. W. *Widsith*, pp. 237-247.
Chadwick, H. M. *Origin of the English Nation*.
Fox, Cyril. *Cambridge Region*, pp. 238, 284-286, 296.
Leeds, E. T. *Archaeology of Anglo-Saxon Settlements*.
Haverfield 在 *Roman Occupation* 第274页中尝谓"萨克森人住居罗马别墅之事绝未找出"。此言尚无人能加以否认，但 Cyril Fox 之言亦可供参考。Fox 于 *Cambridge Region* 第282~283页中说："在剑桥一带盎格鲁·萨克森人的居留地和罗马人故址相同之佐证已有若干。除了剑桥本身外，Litlington、Bartlow、Wymondley (H) 及 Stansted (E) 等处罗马房屋适处于盎格鲁·萨克森人中心的附近。但我们不能便以为两种人间有连续的痕迹，也许这完全出于经济上自然的选择"。

第四章
地中海势力的重起　耶教的回复

古时社会进化的必要条件　原始社会如要从闭塞，贫乏，及纷乱互争的状态，进步到开通，富有，及太平自由的佳境，绝不能循德谟克拉西的平等途径，而必须藉贵族，君主，及僧侣的力量。原始的野蛮部落尽管是比较的平等，同部落之人尽管是贫乏相若，但它决不能进到较高的文化，或取得个人的自由。在全体社会很穷之时，必须先有几个富有之人，而后财富能集中，而后文化可资发达。在全体社会很闭塞之时，也必须先有几个多知多识之人，而后教育能有开导，而进步可期。在这种原始社会中，少数人之权势日增为组织之起点，而特权殊利为惟一巩固组织之道；不有少数人之垄断即不会有组织；不有特权殊利，组织也不会永久。当此之时，迷信与教育分离不开，而有宗教也即有教士之擅作威福，欺凌平民。我们试一读比德的《宗教史》便知梗概。我们因习惯于平等精神及科学观念之故，也许有人会以古代社会进步的条件为奇怪，然那些条件实即古代英吉利史的秘密之一大部分。研究那时历史最深邃的学者说：

> 如果我们把数世纪视为封建时期，那么封建制度从我们的眼光看起来，实是我国历史中自然的，而且应有的一个阶段。如果我们希望

第 8 世纪的英国能一跃而为第 16 世纪的英国，而又不须经过若干时期之封建制度，那我们一定须假设人类的天性及环境能发生许多重大的及根本的变化。所以我们如从广义讲，封建封度（我们之被野蛮种族征服早成不可更改的事实）实即文化；分业、分工、国防的所以有，艺术、科学及文学的所以生，以及学者的所以能从容求学，皆基于封建制度而来。不特诸侯之堡寨为封建制度的成绩，即大教堂，抄录室，及图书馆亦同为封建制度的异采。所以封建时代的势力——无论其为克服农民阶级，使之听命于封建地主的势力，或为废除农村自由，而代以采地及农奴制的势力，或其他势力——并不是变态的，退步的势力，也不是一种病态，而在大体上是常态的，健全的进步。我们之为此言绝无像乐观者流否认文化的进行为一种残酷的进行之意。我们当知 19 世纪的英国离 11 世纪的英国，要比离第 7 世纪的英国近许多——差不多近 400 年。〔1〕

以上是大史家迈特兰（Maitland）在 30 年以前所说的话，本书中述及盎格鲁·萨克森及诺曼时期之诸章大半可说是上述"旨言"（"deep speech"）的发挥而已。君主，封建，及宗教的组织都属于一种共同的运动，且为那运动的协调部分。国王，诸侯，及主教三者，虽时相敌视，到底仍是互相援助的。三者都为中古无告社会之榨取者，但也同为那社会之援救者。在丹麦征服时及随后的一时期中为摹写君主及封建发展史之最好时期，虽然在萨克森征服期中已可见两者的肇端。但在本章中，我们应先估测宗教变化的重要，无论怎样难于估测，因为归依耶教本是英吉利人进于文明

---

〔1〕 译者按，此段见 Maitland 的 *Domesday Book and Beyond*，第 223 页。此段承上下文，意虽显而词不易读。若以意译，则有厚诬 Trevelyan 之嫌，故仍直译。原文之意在说明所谓封建制度之不可或免。封建制度，如采广义，则包含数世纪间之一切进步。那些进步都是自然的，必要的。要黑暗时的英国一蹴而成近代初期的英国，用不着那些跟着封建制度而生的进步，那一定是不成的，除非人性可以根本改造。

的第一步，而在本章所及到的时期中——自萨克森征服起至外琴人（Vikings）来侵止——宗教的变动又为最重要的一桩大事。

耶教的功用 罗马征服及耶教征服同为地中海势力之入侵；但前者以武力，以政治，而后者则用文化侵略的形式。曾见罗马军队上岸及下船之肯特诸埠亦即罗马之奥古斯丁（Augustine）及塔苏斯之狄奥多（Theodore of Tarsus）登岸之处。罗马帝国虽已灭亡，而其政治组织之原理则为此辈传教士所取法，他们在英国所建立之所谓宗教政治（hierarchy）亦一如罗马帝国政府之上下相承，整齐严密。过后，英吉利之诸王且取法于新成立的宗教政治而建设新国家的各种政治机关。除此而外，耶教回复后，学问亦随以复兴。拉丁字母的重兴发生极重大的结果。有了字母，才有看读写作的风气，有了看读写作的风气，野蛮种族才得由原始文化进而至于政治及法律的文化。

耶教所引入的许多新奇观念，不特诺尔狄克人所完全不知，即古罗马人亦大部视为奇异。它（耶教）教人以慈悲谦逊为怀，以自抑自制为养；它要人类的良心多活动，且须时感不安；它教人注意于肉体及灵魂的分别，须侧重后者，而更要用心于心灵之事；它教人须对来生秉种种的戒心及希望，并对今生谨慎将事，因为今生足以影响来生；它又教人墨守教条，且令世俗凡人受制于教士——半因后者较智，半亦因迷信于教士之大权。耶教原为主张博爱的宗教，但后来竟以虐待邪教及异端著名者，亦因太重教条之故。中古之宗教，很像君主及封建制度，它们都不是只降福而不遗祸的。但它们并合起来却能使随随便便的诺尔狄克人本性丕变，而成千年后推铎尔时代沉毅有为的英吉利人。我们如果说在墨美特客店（Mermaid Tavern）[1]中的祖先要比萨克森酒堂［即歌人威得息司（Widsith）辈歌唱之处］中的远祖有思想些，懂事多些我们也不会负毁蔑远祖的嫌罢！

---

〔1〕 译者按，这即 Mermaid Club 的会所，为依利萨伯朝时诸大文豪的游息地。莎士比亚或许亦是会员之一。

盎格鲁·萨克森人的旧宗教 原始盎格鲁·萨克森及斯干条那维亚人所崇奉的倭丁（Odin）及叨尔教实为俗人的宗教，战士的宗教，而非信士或平民的宗教。信教之人类皆不思想，不学无术，无动于心灵的一班宽宏大量之伟男子。诺尔狄克人种本以勇敢，宽大，忠义，朴实著称；他们的神话亦充满这种美德。今日英国学生社会差不多也以这种美德为准则；也许青年时代的民族性即远代国人民族性的反照罢。丹麦有一语，叫做"奸佞"（niding voerk），专以表示不勇，不忠，不信及其他一切类似的劣性。"奸佞"与违法的罪恶不同，且更为公论所不容；"奸佞"者或撒谎者比杀人者更要受世人的鄙视。荷马及贝奥武尔夫所摹写的社会本大致相同，然两者所推崇的英雄则绝不相同；多才多计的奥狄秀斯（Odysseus）决不能做诺尔狄克人之英雄；至于雅各（Jacob）则更不能得他们的崇拜。挨斯兰在耶教将到之前有一英雄叫做业亚尔（Njal）以从不撒谎得名；诺尔狄克战士之英雄要以业亚尔当之庶几近似。

新旧两教的互触 当窝登教及耶稣教初次相遇时，以奴隶俘虏为牺牲之习惯在欧洲大陆尚未完全消灭，但在萨克森英格兰则已无遗痕可寻。牺牲牛羊之俗在英格兰仍极流行。此间更有吃神宴及喝神酒的习尚；此种习惯后奉教皇格列高里（Gregory）之命，变为教堂宴及"教堂酒"（"Church ales"）。

诺尔狄克人的宗教并不是基于畏惧，害怕，妖术，及诅咒仇人的宗教。它只教人勇于战，不畏死；它不会于神寺内作壁画以摹写恶人或仇人应得之极刑。它的理想是登英雄于神祇之堂，使英雄能近似神祇；在胜利及宴乐时如此，在危亡时亦如此。他们的神祇并不是永不受危险的，神祇与英雄同在运命之手中。照斯干条那维亚人所预想的情形，在世界将亡时，神祇会一一奋勇作战，和恶势力奋斗而死，临死时，忠勇之气犹炳然如平时。他们所知于神祇者如此，所望于英雄者也是如此。他们的宗教是不完全的宗教，但也不是淫教。它有它的特长。诺尔狄克人的使命即在将这些特长之处介绍于近代之文化，并把它们渗入耶教的本身。

但长处尽有好多，而萨克森人及丹麦人的宗教究不过是野蛮人的宗教；它本质既没有可以自长自进的原力，它也没有足以感化异教的机械。它的信徒日后自动的皈依耶教等于它自承无用。它可算种族性的一种表示，但它不是能左右那种族性的一种势力。凡比较不易行的美德，如慈悲，如谦逊，它绝不劝人奉守。且它绝不养成任何形式上的奉教热诚；它也不会仇视异教。所以当耶教教士传教之时，绝不闻有被杀于盎格鲁·萨克森人之事。耶教来侵略时，它绝无自卫之能力；它的僧侣则散漫无组织，无团结力，亦无特殊地位。今举一例以明当时之情形。当保来那斯（Paulinus）首次来到诺森伯利亚而向其王爱底温（Edwin）传布耶教时，约克邑一带窝登教之主教魁飞（Coifi）宣言他忠事神祇并不得到丝毫好处，连朝中的首位也得不到。于是他即率领人民，捣毁他自己住持的寺庙，而皈依耶教。

比德在《宗教史》中还记录了另一篇赞成耶教的言论。这是出于爱底温的一个豪贵（thegn）之口，调儿要比魁飞的唱得高些，但两者是在同一贤人会议（Witan）中发表的。

> 我王呀！我们这世的生命和冥中的生命比较起来，真有如冬日飞燕之穿射我王冬日宴处之殿屋。当我王和诸长老（Ealdorman）及诸豪贵饮宴之时，屋中固因赤火而暖热，但户外则仍雨雪纷飞，朔风载号。飞燕穿过室中时固无冬冷之苦，但一转瞬间，又须在严寒之气候中过生活。我们之生活正如飞燕之穿射室中，一转瞬而无所睹；生前生后为何物，我们竟无所知。新教既能助我们稍知过往未来之事，使此生之前因后果较为确定，我们自应采纳。

关于宇宙之创造及天堂地狱之一切，如何可以入前者而避后者，耶教传教士有肯定的教旨为依归，不像旧教之含混其辞，游移无定；这诚一极大之便利，因为可藉以祛除人民的疑惑。旧教关于来世无定说，仅就人民之迷信而加以诗歌式之穿插而已。我们可以挨斯兰《业亚尔被焚记》（*Burnt Njal*）中之故事证明此点。照此书所说，和格尼（Hogni）曾听见他的父亲干那（Gunnar）在石冢中大哼其最后之一战。

有一天晚上，和格尼及斯卡裴丁（Skarphedinn）正散步过干那石冢之南。是晚星月甚明，但有时仍略见烟云当头而过。突然间，他们自以为目见石冢洞开，而干那则向明月而直立。他们自以为目见火光四道燃于冢中，但无一有影。他们看见干那意兴甚浓，且面有喜色。他唱一歌，歌声甚宏；他们即站在远些也会听见。歌曰：

热血如雨滴的纷飞，
脸润而心坚如铁，
赐人戒指如掷土，
和格尼的父亲临终是如此；
于是盔帽罩没了眉睫，
手执战盾而口说：
"我将死战士之死，
宁死而不愿让步，
是的，宁死而不愿让步。"
歌声寂而石冢重又闭合。

上段记载可以看做旧日邪教社会的临死哀歌，因为过了没有几年后，耶教教士即来挨斯兰传教，挨斯兰本为诺尔狄克邪教最后的一个根据地，至是岛中的优秀分子，连从不撒谎的业亚尔也在内，一齐皈依正教，誓为之助。

威尔须耶教的入英　盎格鲁·萨克森邪教的灭亡比斯干条那维亚的更

早400年。从地势论，耶教之入侵英吉利本应早于丹麦，诺威，及挨斯兰。英吉利人的窝登（Woden）教在第7世纪即被耶教势力所围攻而推翻。自北来者有苏格兰哥仑巴及爱丹（Columba, Aidan）之教；自南来者有罗马格列高里及奥古斯丁之教。威尔须耶教本可自西就近侵入英格兰，但威尔须耶教徒痛恨萨克森人至于极点，所以连仇族的灵魂也不愿代为超度。

圣巴屈里克 但威尔须人仍间接的有功于英吉利之耶教化，因苏格兰之耶教传自爱尔兰，而爱尔兰之圣士圣巴屈里克（St. Patrick）固一罗马化之不列颠人。他早年的家大概在塞汶河的下流。在第5世纪初叶，爱尔兰斯科特人侵入威尔士时把他俘至爱尔兰。随后他把爱尔兰变为耶教国（432—461）。哥仑巴自爱尔兰传耶教至苏格兰西部（563），而爱丹又自苏格兰西部传至诺森伯利亚（635）。所以英格兰北部之皈依耶教后于奥古斯丁在肯特登陆（597）仅三四十年而已。

哥仑巴及爱丹所传来的爱尔兰耶教日后固与格列高里及奥古斯丁所传来的罗马耶教相抗衡对立，但巴屈里克初无创立教社[1]以与罗马对抗之意。他本是罗马帝国的公民，他爱罗马或重视罗马人之权利初不下于圣保罗自己。他的名字也即罗马名巴屈立沙斯（Patricius）。他本求学于高尔，并在高尔领得传教证书。是时之耶教教社虽尚不承认罗马主教为教社中之元首，但遇疑问时已有不时请示于他之习惯。巴屈里克既为笃信耶教之士，自亦知尊重罗马之威权。他虽不是一个了不得的学者，却把拉丁文带至爱尔兰。塞尔特人不久即得充分利用此不可限量之宝物，而从事于学问之工作。宗教方面及世俗方面之学问俱因而大有进展。然他并无创立特异文化的野心，他和派往斯拉夫种族传教之大教士息立尔（Apostle Cyril）不同。他甚想把

---

〔1〕 原文 Church 可作教堂讲，可作宗教势力讲，亦可作教徒的集合团体讲。在末了一层意思，它和 State 相对立。State 为政治上的结合，而 Church 为宗教上的结合。然 State 可以译作国家，而 Church 几无相当的译名。国人常用"政教"（"政教分离"）之"政""教"二字以代表 Church and State，实仅政治及宗教的译文而已。我们或可以教会、教社、教团译 Church。教会今通作 Mission 讲，教社教团有时作 Religious bodies or societies 讲，但"教社"二字较生，故姑以译 Church，虽译者自己亦极难惬意。

爱尔兰归入罗马耶教及罗马文化之版图。罗马帝国在此时尚未断气，当时之世人本把罗马及耶教看做一起。爱尔兰人之所以采纳耶教，一部分亦因为野蛮人对于罗马及其一切，即在罗马已亡之后，仍有无限的敬仰，好比近世非洲人之所以采纳耶教，一半因为耶教可以代表欧洲的文化。

爱尔兰耶教及寺院主义　但巴屈里克去世后，他所建立的教社便离罗马而向另一途径前进。西罗马帝国之灭亡，邻岛不列颠上拉丁文化之荡除，海外法兰西及意大利之被野蛮人所征服，都使爱尔兰一时无法与地中海势力相接触，于是本土的塞尔特耶教及文化亦相继而起。野蛮人之势力要到第9世纪外琴人时始入爱尔兰，所以早期爱尔兰耶教的美术的，意像的，及文学的生活得以从容不迫的滋长。

爱尔兰耶教虽滋生于爱尔兰社会，而不能变更它的性质，不像盎格鲁·萨克森耶教之能变更盎格鲁·萨克森社会。罗马式之宗教政治不宜于爱尔兰之社会组织，至于牧区之制（Parish system）则更不相宜。外琴人入侵以前爱尔兰无城市，斯屈龙波（Strongbow）来到以前爱尔兰无封建制度。初期之爱尔兰人仅有相争不已之部落：部落以血统为基础而各有酋长；在他拉（Tara）之所谓"大王"（"High King"）者对于这些酋长只有宗主权而没有统治权。因此之故，爱尔兰耶教亦只能迁就部落的系统。它不能有牧师各辖一区或罗马人主教各掌一地之制，虽然当时也有无数无足重轻且没有领土之主教。爱尔兰耶教之真正生命寄于寺院（Monastery），而通常之寺院都与部落相关，它的僧正殆不受任何人之管束。

塞尔特人的寺院生活和圣本泥狄克特（St. Benedict）的理想不同。所谓寺院生活实即是深山弧岛上许多隐士集合同居而已。寺僧各有各的茅舍，以枝条泥草造成，大仅可容身。为守望相助，彼此照顾计，许多茅舍因聚于一处而有堡垒以为防护，且都受僧正之指挥。寺僧之事务极杂，他们可以一身而兼隐士，学者，战士，美术家，及传教士的生活：有外出传教，或调解部落间的斗争，或率领部落以应战者；有留居寺中而任抄录稿本，或文饰书页者；亦有迁居远处而更求隔绝者。圣卡司柏特（St. Cuthbert）所居之林狄斯斐因（Lindisfarne）本已荒僻异常，后来竟会离僧众而远迁斐因群岛（Farne Islands），这即一例。

上述之寺院生活，在发源地及在传教地，在爱尔兰及在苏格兰及诺森伯利亚，都产生了好多的圣士。他们的所作所为都很能令人乡思；他们的传记比德在他的史中也搜罗了不少。从爱丹及卡司柏特的圣传中我们所见者几尽为朝气及鲜明之景象。我们所获于此种寺院生活者，不特刻尔斯的手录《福音》（Book of Kells），即林狄斯斐因之抄描绝技亦寺院生活的产物。在那种抄书工夫中我们可见塞尔特人及萨克森人之原有美饰与南方各地之耶教装璜相合而成尽美的精艺。是时拉丁古典文学几已绝迹于西欧，而教皇大格列高里正因高尔某主教之研习拉丁文法及古诗而加以谴责，爱尔兰之寺僧则因与世隔绝，且可不理教皇戒命之故，反能使拉丁文学保存于爱尔兰，而为将来流播之用。其后在比德及毕斯科普（Benedict Biscop）时，拉丁文果由爱尔兰传至英格兰，一时文风大昌；再于查理曼（Charlemagne）时，因阿尔琴（Alcuin）自英传至黑暗无文之大陆，而重又通行欧洲。

爱尔兰的教士诚有大功于苏格兰，英格兰及欧洲大陆，但他们不甚能开化本国的人民，更丝毫没有把他们组织起来。爱尔兰人民的部落主义依然故我，一如往昔。塞尔特教社之长处亦即它的短处。教社中个人之自由太大，组织太散漫，所以初期的热度一经爆发后，教社几没有多少的余力。

圣哥仑巴及苏格兰 当563年圣哥仑巴率领徒众自厄耳斯忒（Ulster）传教至苏格兰时，所传者即是上述的耶教。哥仑巴是最合爱尔兰寺院生活理想的一个僧正；他是集战士，政客，隐士，及传教士于一身的圣士。他在离苏格兰西岸不远的一个小岛，叫做挨洪那（Iona）上建筑许多小茅舍以居寺僧。这些寺僧常至不列颠之北部为传教士，但必按期回至挨洪那小住休息，一则以共商进行，再则以闭门默思。

苏格兰与英格兰之分在罗马时固属显明，但在黑暗时期则相混而不甚可分。萨克森人之诺森伯利亚深入苏格兰之东部,而塞尔特人之斯特剌斯克来德则跨进英格兰之西北部。在哥仑巴之时,苏格兰实可分为萨克森及塞尔特两部分。萨克森人居于低地之西南隅,地甚肥沃,日后叫做罗新安(Lothian),是时实为诺森伯利亚王国之北部。诺森伯利亚南迄恒伯河北至福耳司河的河口(Firth of Forth),领域甚广。爱底温在极北陲之岩石上筑一坚强之堡垒,即所谓"爱底温之堡"("Edwin's Burg"),故今之爱丁堡实当时萨克森人极北之坚城。西北全部,及后日苏格兰中部之大部是时仍为塞尔特人所居。此种塞尔特人,在种族上虽永无重大变化,但言语及文化则终究仿照萨克森人。苏格兰的历史本可说是塞尔特人之英吉利化史。幸而益格鲁·萨克森人早日即留殖于东南低地,如果没有此种移殖,苏格兰或会永久成为塞尔特式的部落国家,而整个的历史及和英吉利的关系或会如爱尔兰及威尔士一样的变故频生。

在爱底温时,诺森伯利亚之萨克森人仍被视为仇寇,仍须和特威德河(Tweed)上流及以北之塞尔特人不断的作战。塞尔特人自己更内哄不已。各部落间复杂之分合及不绝之斗争不计外,塞尔特人可大别为三:一为加罗威(Galloway)及苏格兰北部之匹克人,他们大部大概是高台尔塞尔特人(Goidelic Celts);二为斯特剌斯克来德的不列颠塞尔特人(Britannic Celts);三为新自爱尔兰迁来,而居于达尔立亚达(Dalriada)即今之阿该尔邑(Argyllshire)之斯科特人(Scots)。苏格兰(Scotland)全岛日后即以海外迁来之种族命名,但斯科特人的文化并不能及于全岛。苏格兰西部和爱尔兰东北部之关系为历史上之一大要因,这不必待詹姆斯一世新教徒移殖于厄耳斯忒时,或近今爱尔兰人移居于克来德河(Glyde)时而始显,在古时亦已至为明显。

哥仑巴本人即为爱尔兰之斯科特人,来岛不久他即对于达尔立亚达之斯科特人及北方之匹克人享有极大之威权。斯特剌斯克来德之不列颠人则皈依新来宗教较暂较迟。在第7世纪之初,以挨洪那为策源地之耶教最少已

第一卷　种族的混合　自最古迄诺曼征服

得苏格兰许多部落之酋长的信仰。但诺森伯利亚之萨克森人则依违于窝登教及奥古斯丁之徒保来那斯传来之罗马耶教间而莫知所衷；各教的消长有时要看他们国王个人的信仰，有时要看作战的胜负。但在没有叙述苏格兰·爱尔兰耶教感格诺森伯利亚以前，我们应先述奥古斯丁一派人在英格兰南部的活动。

罗马教皇格列高里　大格列高里不特是第一任大教皇，且为创立中古教国（Papacy）的雄主。在590年时他始主罗马区之教事。是时罗马四周皆野蛮种族，城中一片荒凉，穷困而不能自卫。然在主教之10余年内，格列高里竟已从灰烬中建立一声势赫赫的教国，隐然为已亡的西罗马帝国之后继者。

欧洲牛耳之从俗人手中移到僧侣手中正和格列高里个人生活之变化一般。格列高里出身罗马华族，曾一度为罗马尹，在任时颇能施展他行政的长才。但在任未久，他飘然舍去社会上一切的特权及政治上一切的责任，而入卡立安（Caelian Hill）之山寺为僧。擢任为罗马主教后，他即运用其凯撒般的天才和奥古斯都般的组织能力而为教社发展势力。他写给西欧各处主教之信札，无论为宗教，政治，或为社会问题而发，俱能得到他们道义上的服从。即使教国正如霍布斯（Hobbes）所云，"仅仅是罗马帝国之鬼，头戴皇冕而高踞于已死帝国之墓上"，那个鬼也是活鬼而不是幻影。在帝国已亡，群龙无首之顷，西欧无数的君王，主教，寺僧，及人民即此活鬼亦极所欢迎，因为他至少可以令人在纷乱暴戾之世，怀一种进步，和谐，公正之希望。这种旧罗马的新观念不久亦深入盎格鲁·萨克森英格兰之人心。

奥古斯丁　至于奥古斯丁则不过是大格列高里得力的工具而已。变"盎格鲁"人为"安琪儿"的心念乃出于格列高里本人，所以奥古斯丁及其徒众首次赴英，无功而返时，他又重命他们前往传教，并给以各种训诲及鼓励。

当奥古斯丁在坦涅特（Thanet）岛上陆时，肯特王国已到了拜纳《福音》之成熟时期。肯特在英吉利诸王国中最为文明，而和信耶教之法兰西关系最为密切，厄衰尔柏特（Ethelbert）之后即为佛郎克人而信耶教者。上面我已说过，是时之诺尔狄克人对于邪教很少深切的依恋，所以在后为耶教徒之国王，亦往往会因后之怂恿而采纳文化较隆各地之宗教，而他们的臣民也很少会发生怎样的反对的。

奥古斯丁并没有把英国全部感化，他仅感化了肯特一国。他于坎忒布里置一主教；罗马耶教日后竟得以此为策源地而满播于全英。因为他的委状来自罗马，所以他声言对于不列颠全体耶教徒有最高的威权；但威尔须僧侣则否认他有这种权威。两方在塞汶河口之某地开会时，因各不相下而决裂。在伦敦一处之传教士不久亦被居民所驱逐。格列高里本有意以伦敦，而不以坎忒布里为大主教所在地，但因伦敦仍奉邪教，不肯就范之故，不得不放弃伦敦而置大主教于坎忒布里。自此而后伦敦又重见于历史，且差不多能脱离泰晤士河两岸的萨克森小国而独立。

肯特以外，罗马耶教第一次之大成功为诺森伯利亚雄主爱底温之皈依耶教。爱底温的后亦为耶教徒，故保来那斯得以一举成功。爱底温的领土北至恒伯河，南至福耳司河，疆域既广，且有许多属国，所以到了此时，英格兰之一半似已信奉耶稣了。

诺森伯利亚及麦细亚之战 但宫廷以外，传教士尚无多大的势力，且随后的一代内，宗教的命运几完全系于战争的胜负，和各王室的好恶及生死。诺森伯利亚和后起的麦细亚国因争雄而作战者达30年之久，在此30年内，耶稣与窝登的消长日日受政治战争之影响，麦细亚之王彭达（Penda）拥护窝登，而诺森伯利亚之爱底温及奥斯瓦德（Oswald）则为十字架之保护者。他们都被杀于彭达。但最后胜利虽归麦细亚，而耶教之传播并不因而中止。两国之争初不因宗教。彭达对于耶教徒并不诛杀。耶教日后固颁法律以禁绝窝登教，但信窝登的彭达并无禁人信耶教之法律。比德说过："国王彭达并不禁止耶教士之传教；即传至于他自己的百姓麦细亚人，亦所不禁，只消百姓愿闻教士之言。他却鄙恨已奉耶稣教而却又信仰不坚之徒，他以为凡信上帝而不虚心服从上帝者实在可鄙。"

协同彭达攻击诺森伯利亚者为卡德瓦龙（Cadwallon）信耶教之威尔须人。他们都是野蛮山人，且与萨克森人有世仇，所以虽同为教徒，而残杀诺森伯利亚人之惨，远过于奉邪教之麦细亚人之残杀同萨克森族之异国人。但我们可从彭达求助于威尔须人之事测知当时威尔须人及萨克森人之界限已不如前之分明。在此期间麦细亚之权力伸张于塞汶上游之马其衰退人之地（Magasaetsa）[1]，且移民该地。日后奥法堤（Offa's Dyke）筑于该地之东，故该地遂属于西部而不属于威尔士。

麦细亚的胜利 30 年恶战的政治结果为诺森伯利亚之衰败，而麦细亚之昌隆。在第 7 世纪中麦细亚不特将休韦西，林稷，及中盎格利亚（Hwicce, Lindsey, Middle Anglia）诸萨克森小邦并吞，且以东盎格利亚及厄塞克斯之宗主国自命。临了，它更压迫威塞克斯使退居于泰晤士河之南，且有夺取契尔忒恩（Chiltern）之势。于是较小之萨克森诸国遂变为麦细亚及威塞克斯争雄之场，而逐一为所并吞。诺森伯利亚虽能维持独立，一直要到外琴人来时才亡，但在政治上它不复与人争霸称雄，它仅在美术上，宗教上，文学上，终比德及卡司柏特之世，维持它领袖的地位而已。林狄斯斐因之福音，标喀斯尔（Bewcastle）之十字架，及不列颠博物院中之"佛郎克宝盒"（"Franks casket"）皆足以表示诺森伯利亚艺术之历久不衰。南欧代表人体形饰之艺术与塞尔特人及萨克森人之蜗卷形饰及描绘术相并后适成诺森伯利亚之艺术。

在第 7 世纪中叶以前，北部握萨克森英格兰的重心：此事深可注意，因为自此以后，一直要到工业革命，煤铁重于谷地时，北部始复得优越的地位。考古学家告诉我们，盎格鲁·萨克森人之开垦南部农地稳而甚缓；所以在农业不甚发达以前，北部荒地之好斗人民常可树立短暂的霸局。伦敦

---

〔1〕 译者按，萨克森文把赫勒福德邑（Herefordshire）人叫做 Magasaetas。

虽不属于任何一国，但尚未重要。要到丹麦人来时，伦敦始为英吉利之重镇，为财富及实力之中心，但都城仍在更近时始移伦敦。

爱尔兰教之占上乘 麦细亚及诺森伯利亚交战之宗教结果为罗马耶教之绝迹，而爱尔兰耶教之继起。奥斯瓦德在635年召爱丹于挨洪那，而命之宣教。爱丹设立寺院二所：一在美洛斯（Melrose），为罗新安人受教之处；一在神岛（Holy Island）之林狄斯斐因，这地址的选择乃完全受挨洪那的影响。爱丹大部驻锡于林狄斯斐因，以一身而兼主教及僧正。此辈荒地之宣教士，又刻苦，又愉快，而宣教又至为热切，每日间远道步行荒野间，日暮而抵人烟之地，以宣传福音。听众因此亦乐于皈依正教。耶教自开创以来，其能感人动人之处诚不能比这班宣教士为更甚。

在667年以前，挨洪那派僧士之宣教工作实不弱于坎忒布里派之教士。他们（前者）使忘教之诺森伯利亚人及厄塞克斯重又信教，使麦细亚皈依正教；他们修造的茅舍甚至有南至仍奉邪教之色塞克斯者。可惜他们太无组织；一逢他们后人的热心降落时，他们的工作也不易持久。在比德的时候，我们的史家（比德）[1]已能看出诺森伯利亚耶教精神之就衰，寺院生活之堕落，人民对于僧侣之尊敬不及爱丹与爱丹之徒弟时。幸而在比德之时，罗马耶教已遍全英，较好的组织已能救济因传教士热诚减退而生之恶影响。

惠特必教务会议 挨洪那派在英吉利之成功重又引起塞尔特教社及罗马教社之争。奥古斯丁和威尔须教徒在塞汶河旁举行之会议只说明两者各为何物，而没有解决两者间的争端。塞尔特教社之势力不出乎塞尔特人所居之土地时，罗马尚可以其疏远而不加干涉；但到了与它（罗马）自己争雄于萨克森英格兰时，两者间的关系再不能不谋解决。挨洪那之人，同威尔须人一样，他们的复活节和罗马的日期不同。他们的寺僧从两耳间直趋额上而薙发——也许是仿效德鲁易的办法，但罗马的寺僧则依僧冠而薙发。

---

[1] 比德为诺森伯利亚人。

这些固然是小节，但两教竟藉此而争论，而诅咒。两者间的精神及组织实在各异；而服从罗马之问题尤为此时的争论焦点。

争论的结局仍取决于一女子。诺森伯利亚自奥斯瓦德被彭达所杀后，他的幼弟奥斯外（Oswy）继立为王，且为挨洪那教社之拥护者。但他的王后则偏向罗马，因之他对于挨洪那之信仰亦不能坚定。在664年奥斯外召集合教要人，会于惠特必（Whitby），他宣布罗马继彼得（Peter）之后，应为全教的教宗。诺森伯利亚本为挨洪那在英格兰之势力中心，今既被昔之拥护者所蔑弃，自不能再争雄于英格兰。虽有一部分人，像圣卡司柏特等，安于新的运命，但亦有退隐于塞尔特人所居之深山野地者。历数代而后，苏格兰，威尔士，及爱尔兰遂一一渐与西欧诸国同受罗马管辖。

我们不能否认惠特必会议的决定种了日后和罗马发生纠纷的恶因。但人类生存于一时期，初不能料及日后的种种，且全英各王国之一体加入罗马教社也有许多的好果。种族的统一，君权及封建权的增长，秩序井然的行政，立法，及税政，属土政治的荣盛而部落政治的衰退：凡此种种多少俱得力于统一的教权。英吉利人之脱离部落生活本较塞尔特人为速，惠特必的决议或许即是以抛去部落生活及塞尔特文化，而模仿组织较严，文化较高之佛郎克王国为目的。法兰西之都市生活并没有因野蛮人之入居而消灭，但英格兰的则早被盎格鲁·萨克森人在野性极炽时代一扫而除。两相比较，英吉利人自不免兴彼有我无之感。他们之接受罗马教，或许即希望以罗马之宗教政治代罗马之官吏政治及都市生活，也未可知。

罗马组织的复来　自惠特必会议后，全英各国之宗教制度及目的较前更要集中而一致。宗教统一是全英政治统一的先河，教社的行政则变为国家的行政的良模。教社的行政使人民习惯于严整的纪律，分明的系统，以及书记录事等之工作。这些习惯初仅见于宗教的生活，但渐渐便影响到政治的生活，而国家之行政因有很大的进步。而且教士为当时惟有的学者，也即是朝中主要的辅弼，因此罗马的思想及方法更易由宗教事务传至于政治事务。有教士而后王者们更得一新的奥援；教士之智力及一枝笔之为用并不下于巨阀之体力及一柄刀。而且藉了教士之宣传及自罗马法中推绎出来的主权观念，君主比前更为神圣，更多些强制人民服从之权利。所以宗教之统一于君权亦至为有利。到了诺曼征服以后及喜尔得布蓝德（Hildebrand）时，教权及君权始不仅可以联盟，而且也可以立于对敌的地位。

新式的耶教领袖，立于政治家及教长的地位，所贡献于英吉利者极多。但位高权重于他们自身也有相当的危险；他们很易变为铁面无情的官吏，专以增加教产教权为务，而不问其他。旧日挨洪那的精神——谦卑，刻苦，博爱——只有林狄斯斐因之圣卡司柏特尚能完全无缺以后则竟不复见。

学问的复活　组织新的宗教政治，而使全英之寺院及教区统归坎忒布里管辖之元功要归塔苏斯的狄奥多（Theodore of Tarsus）。他为继奥古斯丁而起的第一个伟人，或许也是英国史中最伟大的教主。他自669年至690年为坎忒布里之大主教。他一生的事业可以证明和教皇发生密切关系，于英吉利实为有利益之事，因为藉了那种关系，英吉利可以充分引取地中海文化之长。当法兰西及德意志正夷为野蛮国时，教皇委派小亚细亚塔苏斯之希腊人狄奥多主教，我国同来者为非洲人哈德良（Hadrian）。这两人俱熟谙意大利及利凡特之希腊拉丁学。是时书籍极为难得，然为求学者所不可少；他们则从地中海方面带了不少书籍到英吉利，英人毕斯科普则相随帮忙。于是坎忒布里不特为拉丁文之学校，且为希腊文之学校。南欧诸国新来的势力和英格兰北部塞尔特人的求学风气相并起来，遂产比德所主持的查洛（Jarrow）学校，及阿尔琴曾经就学的约克图书馆。丹麦人入侵时，诺森伯利亚诸寺院诸图书馆之学术工作曾一度中断，但查理曼帝国之拉丁文学仍得自英吉利的俗学及神学。

比德　比德（673—735）的学问极博，可和黑暗时期所有的学术等量齐观。但我们近人之所以重视比德者，则以其为"英吉利历史之始祖"。他的《宗教史》是我国中古时大事记中之第一种。他追记挨洪那教社在英格兰的情形及坎忒布里之争雄，当他写书时离事迹之过去尚不甚久。他虽不赞成窝登及其徒众之持异端，但对于他们并不责备太苛，因他既为诺森伯利亚人，他当知他的国民因何人之力而信耶教，且如何而信耶教。但他对于威尔士之持异说者则要严厉多多。

音乐及建筑 坎忒布里传出之罗马势力到那地，教堂音乐亦跟到那地；教堂音乐在此以前几限于肯特。萨克森人极欢迎教堂音乐，因此耶教更深得人心。罗马势力之昌盛并促进宗教建筑之进步。爱丹的斯科特后人仅知以木为壁，以苇为顶；即林狄斯斐因之大教堂亦不过如此。但惠特必会议而后，建筑教堂者以罗马建筑为榜样，而趋重于壮丽及坚固。是时坍毁的城市及无顶的别墅散处于英格兰者甚多，这种地方俨成石矿，已琢之方石取之极易，而已毁之罗马建筑殆成七八世纪时所造教堂之模型。造教堂者见过意大利，及墨罗温琴高尔（Merovingian Gaul）诸教堂之地穴及大堂，则更多些参考。查理曼以后，莱因罗马式（Romanesque Rhenish）及日耳曼式之建筑盛行于英吉利。在诺曼及不兰他基奈两代时，萨克森教堂的大部都经重新建造，但我们应记在萨克森常人居屋尚用木材之时，石筑之教堂已有不少。

教社的组织 英吉利教社之组织开始于669年，时狄奥多年已六十有八；经21年之经营，规模大具。其始反对颇烈，但狄奥多持之以严，故反对者亦一一退让。新组织的要点就是设立了若干的主教，主教各有辖地，不相侵犯，但同属于坎忒布里之大主教。这和塞尔特教社刚刚相反，塞尔特传教士都是浪迹天涯，无一定住所之徒。新组织下的寺院，数目及财产虽继长增高，但既不独立，复不能为教社之惟一组织，如旧日塞尔将耶教时的情形。它们也是宗教系统之一部分，而且受坎忒布里的管辖。

教区制度的起源 狄奥多既把英国分组为若干教区，他死后，牧区之制（Parish System）亦渐渐发达，由此乡区而传至彼乡区。在诺曼征服以前，英格兰之大部已有牧区教堂及牧师之设。牧师住定于一地，与寺僧不同；在萨克森时，他往往是有家室者。

盎格鲁·萨克森人及丹麦人在土地上的大功为开垦林地而设立乡区；他们在宗教上的大功为牧区之分置，牧师之设置，及礼拜地之有着。这两大事业实是今日英吉利乡村之基础。在乡区（township）较大的地方，牧区往往就是乡区。在英格兰之西北两部往往许多乡区合成一个牧区，因此地乡区极小，往往仅一小村或仅一农庄而已。

主教及豪贵为创立牧区制度的主要人物。主教的眼光本和寺僧不同；他尽可以欢迎俗人充牧师，及俗人僧侣（secular clergy）之发达，因为俗人比寺僧更易受主教之管辖。俗人僧侣散布各处，与当地之信士更有直接的接触。牧区之基产及田地则由豪贵献助。因此，当牧区初有牧师时，牧师多半由豪贵私家牧师兼任，但数传而后他成为牧区之牧师（parson）。原捐助人之子孙于牧师之荐举当然有权过问，但牧师既经委任之后，则主教始有指挥之全权。

今日英格兰乡村间诸牧区之教堂一大部分仍萨克森时之遗址，虽教堂本身则自那时一直留存至今者已不多见。萨克森时之生活大要为村落生活，而牧区之教堂以及附属之墓园实为村落之中心；无论宗教之事或世俗之事俱不能离教堂而活动。自窝登及叨尔的崇拜渐次消灭，或被胜利的耶教僧侣所视为淫教而以法律严禁后，全体人民一致把牧区之教堂看做最亲挚的结合所在，生前如此，死后亦如此。

教社助长文化之力　教社权势的增长带着神灵性及进步性，同时也带着封建性及贵族性。两者在古时本相关而属于同一运动的，到了近代的思想中，它们始成相对，在古人眼光中看起来两者间本没有一点不相容的地方。以重刑为后盾而征取的宗教赋税，如土地所获以什一归教社等，固为农户极重的担负，有时竟能使自由人因穷困而夷为农奴；但为维持且发展中古的教社及相连的美术，建筑，闲暇，学问，及文化起见实为不可少之制度。

自麦细亚及威塞克斯之王开端后，全英的盎格鲁·萨克森君主对于寺院教区捐助地产极多。他们之所以肯捐助本出于亲信教长之怂恿，但亦为超脱他们自己的灵魂之念所动。他们往往以特许状（charter）赐臣下以土地或准臣下以管理某地之特权；但他们初不知有特许状之物，特许状之能有如许作用亦出于僧侣之指示。僧侣并教盎格鲁·萨克森物主以立遗嘱，而遗嘱亦往往有利于教社。所以教社一方面固在提倡学问，提倡法律观念，提倡文明生活，但同时也在促成属地性的封建制度，助长阶级观念，使贫富悬殊而贵贱各异。迈特兰说："资产极富之教堂即等于依人为活的农民阶级。"在土地调查（Domesday）时，"乌斯忒，厄富兹罕，拍邵耳及韦斯敏斯忒（Worcester, Evesham, Pershore, Westminster）四大寺院占乌斯忒邑（Worcestershire）之土地竟至十二分之七之多"。

教社及国家的法律 在盎格鲁·萨克森时代，不论在丹麦人入侵以前或以后，国家与教社不能常常分得清楚。这不但因为当时及中古时的官吏大部皆由僧侣兼充，也因在诺曼征服以前，英吉利尚无独立的教社法院。主教往往和邑长（Sheriff）或长老（Ealdorman）于邑法院（Shire Court）中同列而坐，而邑法院又可兼辖教社及国家之法律。盎格鲁·萨克森诸王之法律可为那时政教不分的显例。这些法律初本传诵的而无记录的，僧侣们始用拉丁字母，盎格鲁·萨克森文及僧侣体，将他们（法律）笔述。他们有两重的性质。在一方面，他们是旧时部落习惯的一览，对于因损害身体而该赔偿的代价记载特详（因为野蛮时代各部落的斗争极为平常）："杀人者，罚百先令"，"伤人见骨者，三先令"，"割人一耳者，十二先令"。[1]在又一方面，他们承认了教社所争的种种特权，及教社对于教罪的权限。邑法院同时受理两种的案件，一身而兼为教社法院及国家法院。

教社的政治势力 教社所享的政治势力和君民对于宗教的恐惧有不可分的因果。我们读《盎格鲁·萨克森编年纪》，便知麦细亚及威塞克斯各雄

---

［1］见 Attenborough, "Laws of the Early English Kings"。

主在末年时有敲屉尊雄，出家受戒，及罗马朝神之怪事。这些事可使我们明了何以各王对于各寺院施舍甚豪，何以麦细亚之奥法及威塞克斯之爱格柏特（Egbert）所用之大臣几尽是僧侣。是时，僧侣为惟一知书能读之阶级；惟僧侣能通晓隔海佛郎克王国之行政制度：用僧侣为大臣本不足异。但各王之所以不得不用僧侣者尚有一绝大理由；惟僧侣能教各王及其巨阀以避地狱而进天堂之方！

盎格鲁·萨克森人犹存的英气 但盎格鲁·萨克森人也并不就完全受地中海耶教的文化观念及伦理观念的支配。耶教在英吉利也多少要被新信徒之性情脾气所影响。那北部勇武尚侠的巨阀本因诗歌圣传之故，于古英雄，古圣士的丰功伟业耳熟能详；他们的风范自亦不能不留多少的印象。大概是第 8 世纪时一个诺森伯利亚教徒所作的一首《梦见十字架之圣像》（"Dream of the Rood"）诗可以显出两派性情的搀合：

  于是少年的英雄即脱去了衣服，
  又强壮又雄伟，
  这就是万能的上帝：
  他立志要解救人类，
  当了许多人的面前，
  勇敢的登上了高高的十字架。
  当这英雄搂抱我的时候，我浑身胆战，
  我竟不敢弯向地下偷看。

大部分的诺尔狄克战士，虽颇能尊敬僧侣，但并没有忘了他们的祖先，所以他们的行为思想也脱不了旧日的故态。盎格鲁·萨克森的诗也像中古诗及近代诗一样，提到宗教时虽墨守耶教的体制，但总不脱邪教的余风及凡人的感情。萨克森记事诗的流传者仅断章残简，且亦未必为最好的一部，但我们已可略知那时记事诗的雄伟。在流传的断片中要以《贝奥武尔夫》一诗为最长。诗中所述之事虽然像奥狄秀斯在阿尔辛诺阿斯（Alcinöus）之殿中所述之事同样幼稚，但诗体及诗意则也带些荷马的庄严富丽。

最为萨克森记事诗中所歌颂的美德不外有两种：一为战士的忠勇，忠于事主，而勇于从军，虽赴汤蹈火亦所不惧；二为主上的宽仁雄武，谦恭下士。记事诗本为殿堂诗，专为君臣（王及善战的豪族）宴聚于殿堂时歌唱之用；内容充满了英雄气本所当然。诗中的模范英雄恒为不拘于部落的旧习，不泥于宗教的仪式，而专以冒险为能事，又朴厚，又热烈的一个伟男子，近似荷马的阿溪里或赫克忒（Achilles, Hector），而绝不像奥狄秀斯。每个记事诗代表一个英雄时代，而诗中的尚武主人则建功立业而不受牵制。即当耶教及属土的封建主义对于个人已渐渐地产生新的束缚，盎格鲁·萨克森社会的整个仍绍述了不少旧时的纷乱，激昂，慷慨，悲歌之气。下列一段乃从《盎格鲁·萨克森编年纪》中摘录，摹写奥法统治密德兰时英吉利南部的情状。

在本年分，琴涅武尔夫（Cynewulf）同威塞克斯其他贤人夺了息泽柏特（Sigebert）的国土，只留罕布邑（Hampshire）一邑给他居住。他们本是同族，此举完全由国王的无行而起。息泽柏特在罕布邑居住时又杀了和他相处最久的长老。于是琴涅武尔夫又把他逐到安德勒德（Andred）。他随在安德勒德住下，但归根被一个牧豕者在普立味兹（Privets）大水处杀了，替长老报了仇。

琴涅武尔夫做了王后，和威尔须人（在得文的索美塞特边界）打了好几仗。他在位31年后，决定要驱逐一个年轻贵人（etheling），叫做琴涅阿德（Cyneard）的：琴涅阿德和息泽柏特本是弟兄。年轻贵人探知王已去［色来（Surrey）的］麦吞（Merton）应一妇人的私约，且随从极简；他于是急去该地，潜围王所在的房间。王知被人围困之事

后，即挺身而至门外，奋勇自卫；及见年轻贵人而后，且力搏仇人，予以重创。但年轻贵人的从者亦毫不畏怯，继续作战，王终力竭被杀。王之从者听得妇人的疾呼后，即知有变，遂一个个急趋至出事之处。年轻贵人以财帛为贿，且许饶他们的性命，但众俱不肯屈节，仍一一死战，结果除了一人受重伤外，余皆捐躯而死。受重伤者乃不列颠人之受质者。

到了次日，未随王同去的豪贵得知王死于难的噩耗。他们立即出发到了王就戮之镇；但年轻贵人及其从者在此地闭门自守，避不交绥。他们仍奋勇上前，奋不顾身。于是年轻贵人又以土地财帛任凭他们自择，为取到他们承认他（年轻贵人）为王的条件，并告诉他们，说他们的族人也站在他方面，且不会叛离。但是他们仍置之不理，且说，族人中无如故主之亲，他们万不能臣事故主的仇人。他们更吩咐族人早早离开以图安全。但族人说，随从王之族人，既不受此种游说，则他们（从年轻贵人的族人）也不会理会类似的游说。

交战结果，年轻贵人被杀，而从者亦一一殉难，因为他们宁愿捐躯殉难而不愿比前一日随王殉难的勇士有逊色。从这类事变中，我们极易将盎格鲁·萨克森诗中的伦理观念以今时日常生活中所用的名词准确地表示出来。

第五章
诺尔狄克人第二次的入侵
外琴人的留居及势力

外琴人和不列颠 第一次来的诺尔狄克人正在发展文化，团结国家之时，忽然又有一批新的诺尔狄克人来蹂躏一切。新来的为丹麦人及诺斯人，来时尚信邪教。因寺院而养成的较高文化一时又归乌有。萨克森人及塞尔特人所居之地本已渐趋统一，今也因丹法国（Danelaw）[1]的建立而复呈破碎灭裂之态。但不到百年而后，斯干条那维亚人的入侵已能显出好的结果，显出他们是有用的帮手。外琴人（Vikings）[2]本和萨克森人为近族，他们的酷好诗歌及研求学问也一如萨克森人；但比后者更要勇猛善战，耐劳耐苦，精力富足，生性独立。萨克森人因农耕于内地较久之故，早已失了航海的习惯，外琴人今又把它带来。罗马人去后英吉利迄无健全的市镇生活，外琴人重又把它恢复。如果历史上无第9世纪的大变而我国种族不能取到斯干条那维亚人新的血泽，不列颠的航业及商业殆永不会发达如今日的荣盛。

盎格鲁·萨克森人的缺点 盎格鲁·萨克森人在没有取到新血，没有

---

[1] Danelaw 的意义见本章第90页。此字本不易译，无论如何总不能得到一惬意的译名。今仍以意译，至少可求不失真谛。

[2] 第8至第10世纪的北海海盗统称 Vikings，所以在此时来英的斯干条那维亚人亦可称 Vikings。Viking 字义作战士意。

领受新的滋补前，他们的缺陷诚不胜枚举，且亦无一不关紧要。他们几已尽失了旧日的航海本能；阿尔弗勒谋设海军时，且须向法里西亚（Frisia）群岛聘用顾问。且除了伦敦尚有少许的都市状况外，他们从也没有发展过都市生活。他们是农夫及樵夫的先辈，他们立了种地伐木的初基；这是经济上他们对于不列颠的惟一大功。但他们散居于散漫的乡区，甚或僻处于孤单的农庄，或独住于深林中已空的一块小地；他们只顾自己的耕地，而不问本乡中别人的状况；外来之人且视为异国之人，而待之如外人。肯特及威塞克斯的《罪名录》中说"如远方来的人，或外人（foreigner）不走大路而穿过树林时，须大声疾喝或鸣角为号；不如此者以贼论；得格杀勿论，或幽禁令赎"。

诸王及主教虽力图养成人民爱国之心，然成功极少。诺森伯利亚则孤立无援，衰颓多故，复内哄不已；极易为丹麦人所乘。麦细亚在奥法二世（757—796）时曾执英吉利的牛耳。奥法二世为奥法一世的十二世孙，奥法一世即400年前什列斯威古盎格尔王国的名主，许多裨史及诗歌的英雄。但麦细亚的运命亦不久长，经825年阿拉丹泥（Ellandune）的一战后，麦细亚势衰，而威塞克斯的爱格柏特（Egbert）继起为霸主。爱格柏特和奥法二世都不能称为英吉利的王。丹麦人未来以前的英王，无论是诺森伯利亚的爱底温也好，麦细亚的彭达及奥法也好，威塞克斯的爱格柏特也好——这些都是七国时代的"不列颠帝"（"bretwaldas"）——都不能算为全英之王。那时的所谓全国臣服乃完全系于疆场的命运，一胜固可欣欣然以大王自居，但一败亦顿可受制于人。是时之英国尚无强者羁縻弱者的机械，战胜者在战败者的领土内既无驻守的要塞，又无常设的防军，又安能常保上邦及小国的关系？国王的豪族（thegns），无论如何忠诚，毕竟为数太少；而临时募集的民军（"fyrd"）则又限于数星期之暂；至于萨克森的农夫虽日向厄克斯河及塞汶河以东的威尔须地进占居住，而甚少会得移向于其他萨克森国而以征服人自居的习惯。

盎格鲁·萨克森人的御寇 在外侮大炽之时，英吉利各王国固也能暂息阋墙之争，而外御其祸，但因没有团结的能力及相当的计划之故，它们仍一一被外琴人所败。要到了丹麦人之战的末期，在诺森伯利亚及麦细亚已亡于邪教人之后，英人始生组织统一国家的念头。作战既久后，封建的及政治的新制度亦应时而生；有了新的制度后，爱格柏特的子孙始能逐渐统治全英，而不像七国诸"帝"的毫无威权。

如果威塞克斯的王室不是代有明主，如大阿尔弗勒（Alfred the Great）之流，则历史的过程或会完全不同。社会在没有繁重的制度以前，一切命运几完全系于君主一人之身：君而能，则社会幸获保全；君而不能，则社会亦不复可问。东盎格利亚为英格兰在农业时代最富饶，最繁盛的区域，然因没有一个国王能像爱底温，彭达，或阿尔弗勒的雄武有大略，东盎格利亚竟始终不获执英国的牛耳。即丹麦人亦知先从微弱无援的东盎格利亚登岸，然后更进犯已衰的诺森伯利亚及就衰的麦细亚。威塞克斯本离丹麦人上岸之处最远，而是时又因阿尔弗勒兄弟相继主政之故，抵抗丹麦人之力亦大；因此，外琴人一时竟不得逞志于威塞克斯，而英吉利亦无从全部征服。

斯干条那维亚人到了11世纪克弩特（Canute）时始获入侵康华尔及威尔士的边陲。如果在第9世纪时他们就得势达两地，则一切的事情是否归结会完全不同，或竟远不如实在发生的情形，倒是一个极难置答的问题。如果我们能假定丹麦人住在英格兰后，会像诺曼底来的征服者一样敢把邪教抛弃，改信耶稣教，则将来的变迁我们极难悬拟。如果丹麦人一时不会就信耶教，那丹麦人早日侵略全英的结果一定会远不如实在的经过。但历史的假想是虚幻的，我们尽可庆贺事实的经过。因为丹麦人不能即刻得势，所以恢复文化（丹麦人蹂躏英吉利后）及调和诺尔狄克两大支族的重任才会归大阿尔弗勒及他的子孙负担起来，而我国的国脉才不中断。

外琴人的老家及风气 "外琴"在西文（Viking）虽作战士而不作

"湾民"("creek-men")讲,然外琴人固生长于海湾的人民。丹麦[1]地平多砂滩,然海峡错综其间,怒涛复澎湃于全岸。诺威地高而多山罅(fiords);高峰峻岭间,海潮得直入腹地,深远者以百哩计。沿这种屈曲悠长的山罅,位于罅底及弯口之间,间有几处肥沃之土,可以种五谷,亦可以起木屋。左近或更有茂林沿悬崖而下,直至水边,一若专为诱致樵夫及造船人而生者。仰望,则间或有一二平地凸生于山壁间,牛羊之类于夏季时,可于泉水及瀑布声中,取食于此。在最高之处,则有崇峻的山系与冰山雪地呵成一气。此处虽荒野无长物,却为诺斯人的神话及诗歌产生之地。因山系太高,不易超越之故,诺斯人便随山分成无数的小国,历久而不能统一。给养不足时,则惟有四出向海外求食,甚至于恃劫掠以为生。

斯干条那维亚人向为两栖的人种:他们无时不为极好的耕地者,但他们也可为皮贩,捕鲸者,渔人,商人,及海盗。他们自从在石器时代的某期入居于斯干条那维亚以来,大海向为他们的交通孔道;至外界须经海,即他们自己的居留地间的往来亦须由海。但直至第 8 世纪末年,他们的活动范围几限于波罗的海沿岸;他们相互的侵掠而外,只害及沿波罗的海的近邻。要到了查理曼时,他们始越重洋而侵掠西方的耶教国。

外琴人外侵的原因 为什么他们忽然会得大举远行?常常有人问。

上述的问题曾有多种的答复,各种殆都含有几分真理。在气候不良之地,一遇歉收,便会发生不得了的饥荒。饥荒有时很足驱全土的人民求食别地,栖止别地。此为一说。斯干条那维亚人分三种阶级:奴隶,平民,及贵人(thrall, carl, earl)。一夫多妻之制在贵人阶级中极为普通;所生子弟极多,而有田可经营者却极少。这班年轻子弟冒险而好战,以佩刀,擐甲,披红袍为荣,以系金饰,蓄黄色长发为尚——外琴人除了一二不披甲的狂士以外,本是好修饰的花花公子,而非褴褛其服之徒——初非甘于饿

---

[1] 丹麦(Denmark)以 Danes 而得名;因 Danes 迁居于古盎格尔王国之地,故该地遂名丹麦。以丹麦人译 Danes,有因果倒置之嫌。但为从俗并免除纷歧起见,故不另立一名。

死故土，或依人为生之辈。外琴人之大举侵英即以此辈为主脑。此又一说。在第8世纪末了的30年中。查理曼及其佛郎克披甲骑士所组织的十字军曾至丹麦的南陲。使日耳曼的萨克森人有不死便须奉教，不奉教便死之概。丹麦人因收容萨克森人之故，得熟知邻国的情形；更因慑于查理曼的声威，而有远适异国之举。此为第三说。有人更以为崇奉窝登的丹麦人因耶教十字军即将光临，为先发制人之计故至不列颠焚掠寺院。但此说显不可靠，因为最先到不列颠的斯干条那维亚人来自诺威，而不自丹麦；而且斯干条那维亚人既无政治的团结心，又不是信教的狂徒，他们决不易为爱国心或仇教心所驱使。他们不过是举世皆凶时之凶盗，更带上了些别人所没有的天才——航海的本性及探险的雄心——而已。以理测之，斯干条那维亚的商人在外琴人的劫掠以前，也许已有至英格兰者；但关于此层的证据极薄弱，从那些证据我们亦不能有重要的推绎。

外琴人的侵掠运动也许是由许多可能的缘由并合起来促成的。但大运动的起灭，好比风起风吹一样，尽可成于偶然。僻处深涧孤湾中的外琴人所以忽然能有伟力远侵格林兰及君士坦丁堡，建立诺曼底（Normandy）于法兰西，丹法国于英格兰，无数市镇于苏格兰及爱尔兰也许完全由于趋时的一念，也许完全起因于少数亡命者偶然的成功。少数人成功后，较多人尤而效之；数十年而后，即可有全民族外移的运动。

外琴人之开始外侵　外琴人的第一次侵入西欧，照史册所记，尚在第8世纪之末年，而麦细亚的奥法尚在当国之时。威塞克斯的海岸有一天忽然来了三只长船，载了数百棍徒。威塞克斯王的地方官去查问他们时，他们反把他杀了。他们随即开船走了，地方上竟来不及召集群众来捉他们。此后，威塞克斯又好久不见外琴人的重临，但诺森伯利亚，苏格兰，爱尔兰，及威尔士的沿岸则相继有同样的海祸。凡远处于孤岛或海角的寺院，因易为海贼所乘之故，几无一幸免。挨洪那，林狄斯斐因，及较不著名的神庙皆为海贼所洗劫，宝物被携去，而寺僧或则被戮，或则被掳至大陆，贩为奴隶。谩藏海盗，无保护亦足海盗；我人固不必以谋报复查理曼十字军的残暴，为海盗侵掠不列颠寺院的理由。至于洗劫寺院的残酷则尤不足为异。当时盎格鲁·萨克森人之自相残杀，其惨固不亚于海盗之所为。796年的《大事记》说"本年麦细亚王基那尔夫（Kenulf）洗劫肯特一直到了水草地才止，把肯特的王普稜（Pren）携回麦细亚，把他的两眼挖了，两手断了"。

不列颠沿岸诸寺院的劫掠似乎即是外琴人移动的发端。我们如闭目一想当日在诺威及丹麦本国居民互相走告的情景，我们便不难料到发展的快速。首次外出的海盗皆满载金玉而归。于是各港湾及各山罅间到处都是风说：风说西方之寺院怎样的富有，风说西方的海岸怎样无卫，风说发财之新道怎样容易而不费劲。有的人还会附加一句，说西方之耕地比斯达完格（Stavanger）之地还要肥沃。贵人的子弟向不安于穷困；他们当聚饮时更必畅论新事业之可能性，而热心于领袖的推举及徒众的招聚。

在外琴人大移动以前的50年中，全诺威及全丹麦的人会逐渐相信不列颠群岛及喀罗林帝国（Carolingian Empire）之毫无海军足以自卫，相信盎格鲁·萨克森人及佛郎克人为陆居的笨伯，相信爱尔兰人只能用皮艇或独木舟，虽然后者已能渡海传教，移民海外，因为海盗回来必有所获，且都如此说。此后，世界遂成为外琴人的猎园，更为外琴人发展冒险性的围场。凡不敢做海盗的年轻人，且为酒肆中之笑柄，更为女子辈所斥辱。女子辈亦有身披甲胄而随父兄丈夫以入海者。经短时期之经验后，海外劫掠成为斯干条那维亚人的主要行业；少年人更以全副精神用于劫掠，正好像瑞士农人经摩喇（Morat）及南息（Nanci）的胜利后，以寇掠邻国为主业。到了最后，则劫掠之风杀，而永久移殖及留居耕地之风代兴。此即外琴运动最后的而且最重要的一个阶段。

斯干条那维亚人本是海盗而兼商人。从前他们彼此间的关系亦剽劫，亦互市；今后他们和外洋的关系亦兼有二者。很少别的种族会像他们能兼营此两种绝不相同的职业，而兼乐两者之乐。在赫布里底（Hebrides）群岛发现的一个外琴魁首的坟中，有秤一双与刀斧并葬，可见当时作战及经商之并重。外琴人在英格兰或爱尔兰置殖民地时，建立堡垒之城市及开设市场同为最初着手之事。不论在陆地或在海上，他们遇到生人时，不是和他交易，便会把他杀死；究竟是和平还是用武，那当然要看当时的情景或一时的冲动。这种可商可战的生活本是中古欧洲各埠水手的惯习，连巧塞诗中的船员（shipman）及依利萨伯时的英雄也有几个是这样的。不过外琴人比别人格外要多些精彩：无论营商或劫掠，他们都以毅力赴之。他们即在陆上也能发挥军人的本领，这更为水手上岸后所稀见的。

在第 9 世纪的进行中，全斯干条那维亚民族的一大部分殆皆当过外琴人的勾当，他们的足迹殆遍于世界全部。今日威尼斯（Venice）的兵工厂前有一拜里厄斯（Piraeus）的石狮，石狮上有外琴人所雕的斯干条那维亚古字。在君士坦丁堡街上曾有外琴人互相打架，起因则由于在都柏林（Dublin）时的交恶。他们既四处漫游，所携归的财富及文化自亦不可限量；此外，他们也熟知世界各大城及各种人民的情形。萨克森农民虽视他们为外海的野蛮人，然和他们比较起来实有乡气重重，草野不通之概。他们原有的厄达（Edda，诺斯人古诗之意）诗，今则成为散文体（Caga）的长篇记事小说，追记他们浪漫的英雄生活惟妙惟肖，而雄壮之气亦不减于古诗。

外琴人外侵的路线　在外琴时代，斯干条那维亚人的活动率依三种路线。第一为东路。依此路出发者，大抵为瑞典人。他们东至诺弗哥罗及基辅（Novgorod, Kiev），而直入斯拉夫种族所居地的腹心。他们在基辅建立旧俄罗斯国。更从此下航聂伯尔河（Dnieper），渡黑海，而叩君士坦丁堡的城墙。

其他二路皆向西行。其中之一我们可叫做"外路"。依此出发者大都为诺斯人（Norsemen），或称诺威人（Men of Norway）。挨斯兰，格林兰，及北美洲皆有此辈的足迹，皆为此辈殖居之地；海程之险恶有不可言喻者。

苏格兰高地及西南部向无诺尔狄克人足迹，然外琴人今亦自外路来奥克尼群岛（Orkneys），揆司涅斯，罗斯，加罗威，及当非利斯（Caithness, Ross, Galloway, Dumfries）建立斯干条那维亚人的殖民地。萌岛（Isle of Man）则被据为爱尔兰海的马耳太（Malta，今英海权在地中海的根据地），是时爱尔兰海早成斯干条那维亚人的一湖。自外路来的诺威人更建立殖民地于昆布兰，卫斯特摩兰，郎卡邑，彻邑，及南威尔士沿岸。爱尔兰全岛为外琴人所蹂躏；都柏林，科尔克，里摩黎克，威克娄，及窝忒福德（Cork, Limerick, Wicklow, Waterford）则成立丹麦城市，亦即爱尔兰城市生活的发端。

　　第三条路线我们可叫做"内路"，出此路者大都为丹麦人。侵掠欧洲北岸及英格兰之东南两岸者皆内路外琴人之所为。因为路程较近之故，寇边的团体亦较大。在阿尔弗勒时，大批移民远航到英，思夺取大块土地，以供耕种之用。他们本由许多同盟武士所募集；在于役期内，各武士亦不另分门别户，而共戴一人为首。这些大批光棍往往因抵御力强弱之不同而往返于英法之间；法之抵御力强，则大队渡海峡而至英，英之抵御力更强，则又返法。经长时期的攻掠而后，他们在英法各建立一个丹法国，在历史上都占很重要的地位。较小的一个在佛郎克王国的北部，叫做诺曼底（Normandy），乃由他们自己的种族而得名。较大的一个在英格兰的东部，北自泰晤士河南迄泰因河。郎卡邑及昆布兰的诺威人更西和约克邑的丹麦人衔接；所以在这一带地方斯干条那维亚人的势力且自海至海，直穿英格兰的腰部而过。

　　内外两路的外琴人往往会互相交错。诺曼底，南爱尔兰，及北英格兰有诺威人，也有丹麦人；他们更不分门户的穿入西班牙，地中海，及利凡特。他们能有至可惊异的探险，能前于哥仑布500年而远航北美的海岸，能时常航经拉斯角（Cape Wrath）及赫布里底群岛而昂然不为风浪所慑，似乎必有相当的设备；然而他们所藉以立大功者仅浅平的长船（long-ships）而已。船之两面各有桨若干；由战士亲自摇动。如遇顺风，则张帆而行。帆以贵重之皮布制成，一条条布的颜色不同。船身亦满涂耀眼的色泽。船腰上则悬战士的盾，黄黑相间，无有或乱。船头上绘以巨龙。耶教徒每见巨龙乘风破浪，飞奔而来之时，辄用心惊胆战。外琴人能乘上述之长船而到处航行，实为航海史中最艳称的事实。水手的勇敢及技能再无出外琴人之上者。但奋勇亦有代价。有一次的巨浪竟将 120 只丹麦船撞上斯温那治（Swanage）悬崖上。人船一齐覆没，而阿尔弗勒的威塞克斯亦得免于难。

外琴人的战术 初来不列颠，抢劫沿岸寺院的海盗所用的武器极不完全，所以他们往往一抢即逃，总不使陆上有相当的时间去召集相当的队伍以供抵御。这诚为极上的战术。外琴人的盗众渐大后，他们的军事知识及设备也日见进步。这当然是和欧洲各文明国贸易及交战的结果。他们的舰队自 3 只增加至 40 只，至 100，至 350 只，每船殆各载百人。队伍到了这样巨大之时，甲胄已为成例，而不是例外。外琴人更善用双柄长斧又善于射箭。他们披了坚甲，执了锐器后，真有勇不可当之概。陆战时他们善排人字阵，军纪亦好；攻城时，他们善用炸药及轰城机（mangonel）。他们攻城陷阵有所向无敌之誉。而抵御他们之萨克森人则来自田间，衣以毛织，除了盾矛外，又别无长物。

从行动方面讲，外琴人及萨克森人间也有天壤之别。在阿尔弗勒建造舰队以前，丹麦人可以在河中海上自由往来，毫无束缚。且他们筑了营栅以保护舰队后，更学会了骑马，所以也可在陆地自由驰骋。他们取马于东盎格利亚的牧地后，于 5 年内竟南北飞驰，蹂躏全英，先灭诺森伯利亚，继灭麦细亚，终则侵入威塞克斯。

在阿尔弗勒学会了以丹麦人之术攻丹麦人之身以前，丹麦人向用攻奇制胜的战略，专于远僻无备之处突然施以攻击。临时募集的英吉利农夫行动极缓，绝不易追获飞驰的战士；即偶可追及，亦不能当披甲战士之一击。且我们也不甚能相信阿尔弗勒时这种原始式的民军（"fyrd"）会得常常募集。为追逐且抵御寇盗计,阿尔弗勒渐渐的觉得有依赖他的骑马披甲的豪贵,以及此辈的从者的必要,因为他们才是以战为务之士。战事愈多而愈严重时,也愈易变成一种职业;而社会的制度亦随之而变。丹麦人之战诚使封建制度在英国有进一步的发展。

因此,两方的队伍到了后期俱为骑马的步兵,然尚未成为骑兵。萨克森人及丹麦人之趋赴阵地,或逃奔,或追亡,虽皆骑马,但尚未习知在鞍上作战之方法,在诺曼底的外琴人则因和佛郎克骑士在塞纳河(Seine)两岸交战之故,学得在鞍上刺人之术。所以在诺曼人侵英,而发生海斯顶斯(Hastings)之战时,入侵者已为佛郎克·外琴之骑兵,而守御者仍为盎格鲁·丹麦之步兵。

大阿尔弗勒 阿尔弗勒显然可与查理曼相比;从查理曼,阿尔弗勒或曾多所取法。两人俱是笃奉基督,而反抗邪教者;也俱是维护封建君主,而取缔纷乱者。两者俱是多才多艺之人,能战亦能治理,且同为学者。职业尚未分化之时,国王之能教诲人民,治理人民,能与之共太平,亦能率之御仇敌者,恒为最合理想之元首;而阿尔弗勒及查理曼俱可当之而无愧。固然阿尔弗勒活动的地域没有像查理曼的大,声誉也远不及后者,但他的事业却有较远的较久的寿命。他和他的诸子能使英吉利永合为一;然日耳曼及法兰西则自查理曼死后从未联合过。

阿尔弗勒虽性近学者,且体质脆弱,然为时势所趋,自少即从军作战,且所参加者又为那时代最狞恶的战争。他的知识固和严酷的经验日增,但他温和的性情并不因而丧失。在阿士丹(Ashdown)之战及其他八次的"民族战"("folk-fights"),他虽仅22岁,而已为第二员统军大将。是年泰晤士河以北之地已尽入丹麦人之版图,威塞克斯尤不能不竭全力以阻止丹麦大队之前进,故河南白垩岭前之战尤为激烈。我们的少年英雄瞬获军队的信仰,故他的长兄于战事方殷之是年薨后,威塞克斯的贤人会议即举他为新主。当乱离之世,国王以统率人民作战为主要事业之时,未成年者率不得继位为主，他的诸侄所以也不获绍述父业。

阿尔弗勒对谷司纶 7年而后，阿尔弗勒遇到了他一生最大的危机。是时，丹麦人已奄有北部，中部，及东部诸地；故于是年冬突然出人不意而进寇。阿尔弗勒的人民竟有逃亡至海外者。他自己则领了一群索美塞特的战士扼守帕里特（Parret）盆地的要塞。相离仅50哩则为当时的康华尔；该地之威尔须人，因仇视威塞克斯之故，往往和丹麦人联合一致。是时英吉利的存亡，英吉利的独立，真如千钧一发，不绝如缕。幸而新近移居得文的萨克森豪族事阿尔弗勒极忠，他们立把偷渡后方的丹麦队伍击破。尉尔次及罕布邑（Wilts, Hampshire）虽已被丹麦人征服，然其地之豪族亦相率骑赴阿尔弗勒之召集；在此存亡危急之秋，阿尔弗勒之深得士心有如此者。经伊盛丹泥（Ethandune）一战后，胜败之势骤反；阿尔弗勒强丹麦领袖谷司纶（Guthrum）订卫特摩（Wedmore）条约，谷司纶及其徒众谨受洗礼，退居丹法国，而威塞克斯则脱离危险。

丹麦战士既败于威塞克斯，且知南英的抵抗力尚不弱后，即有多人移师侵法。数年而后，阿尔弗勒迫谷司纶订一更有利于前者的条约。照这新约，丹法国的南界应沿滑特林街，接李河（Lea）之源，顺流而下，伦敦则仍归英吉利人的王管辖。

终阿尔弗勒之世，英格兰的地图即如上述。丹麦人在皈依耶教之顷，已居留于英格兰之东北部，而公认为该地的主人翁。他们以南萨克森人所居之地则统一于阿尔弗勒的掌握中。他的子孙，如能征服丹法国，则他们便成为英吉利王国的创业者，因是时麦细亚，东盎格利亚，及诺森伯利亚皆已不复存在，所存者仅丹法国及威塞克斯而已。

然诺森伯利亚犹余一块残地——泰因河以北之柏泥西亚（Bernicia）——没有为外琴人所征服。泰因河及哲维倭特山（Cheviot）间之萨克森地自后叫做诺森伯兰（Northumberland），历数世纪介乎苏格兰及英格兰之间而维持它不绝如缕的独立。介乎哲维倭特及福尔司河间之萨克森地自后叫做罗新安（Lothian）；它因与南部萨克森人隔绝（丹法国在二者之中）之故，和苏格兰之历史日益难分难解。同时，侵入西方之诺威人则使爱尔兰之斯科特人和苏格兰之斯科特人不能衔接。因此，外琴人入侵有使苏格兰平日互相争杀的各部落渐次团结的功效。马卡耳品（Kenneth MacAlpine）之为匹克人及斯科特人之王亦正在外琴人之世。他把圣哥仑巴之遗迹及苏格兰教之中心自挨洪那移至新建王国之腹地丹刻尔德（Dunkeld）；好像借以表示脱离爱尔兰的关系似的。

太平时的阿尔弗勒　自从谷司纶皈依耶教，丹法国的边界划定而后，阿尔弗勒的余生不啻交进了一道好运。他在英格兰南部的地位已是比较的稳固，而命运亦向着他欢笑。全英的萨克森人无论在丹法国以内或以外，都把他视为他们惟一的救星；即数目日增的信教丹麦人亦对此英吉利查理曼起钦敬之心。是时外琴人固仍不绝的来侵，但丹法国的丹麦人既居留于英土。有家可归，有地可耕，则亦不甚欢迎新来的外琴人，因深恐他们（居留者）自己也受报复的侵掠。而且阿尔弗勒更仿效丹麦人的办法，重建伦敦为有墙，有堡垒之城，而令英吉利的市民负防守之责。自此而后丹麦人不复能叩英格兰主要之门户。

修文　在第9世纪末了之20年内，战事已不如前之可怖。每当无战之时，阿尔弗勒辄以提倡文风为乐事，因他天性即近文事。英吉利文以前无散文；他则把比德的历史自拉丁文译成盎格鲁·萨克森文；他更翻译并编辑其他关于宗教，历史，及地理的种种书本，为臣民阅读之用。他又命人记录《盎格鲁·萨克森编年纪》。这即以英吉利文著史的嚆矢。英格兰因受丹麦人之蹂躏，旧日的图书馆及笃学之士已扫数无存；僧侣虽口诵弥撒（Mass），而不知其拉丁字义。阿尔弗勒一方招致国外大儒，一方更欢迎自麦细亚及北方逃亡来的学者；他希望至少在威塞克斯可以弥补所受于丹麦人的损失。他更建立最早的"公众学校"（Public schools），为教训贵族及豪族子弟之用。世俗之人向不知书；阿尔弗勒使高级俗人亦受教育之目的，乃在增进行政的能力。

文字及宗教的回复极缓，因为这并不是出于僧侣及人民的自动，而出于贤君的鼓励。自动者进步快，如卡司柏特，比德，及阿尔琴等之视学如归；被动者进步慢，而况僧侣及人民皆已降为无知之徒。自诺森伯利亚及麦细亚之诸寺院受洗劫后，斯文本已扫地，赖有阿尔弗勒的努力始得逐渐恢复。单就文化论，随丹麦而生之城市生活比寺院生活最发达时更有较高的贡献。

经武 阿尔弗勒于末20余年内修文亦不偃武。威塞克斯的武备于此时内亦大有进步。他成立了一个舰队。他又改良了军队的组织。他建筑许多丹麦式的土堡，而驻军其中，以为防戍。他设立一种稳固的行政制度，而以邑（shire）及其官吏为行政枢纽。几此种种当然不免有简陋之讥，然已比英格兰从前所有的制度要高一筹。经此布置而后，他的子女长爱德华（Edward the Elder）及厄衰尔佛勒达（Lady Ethelfleda of Mercia）得以继他之后，从事于丹法国之征服。而爱德华之子阿衰尔斯坦（Athelstan）得以完成大业。丹法国的丹麦人一经留居其地后便显出政治团结力的缺乏。他们分裂成无数的小群，各有各的居留地和元首，他们间团结力且不如威塞克斯中兴后之英吉利人。他们的元首或称王或称伯（Earl，即斯干条那维亚人中的贵人），随个人之好恶而定。外琴人在作战时类能联合一致，共戴一元首；但丹法国中的政治组织则缺乏此种美德；因此竟不能当萨克森人中兴时的威力，而致一蹶不起。

英吉利的统一 长爱德华及阿衰尔斯坦可当英吉利王之称而无愧，前此者实不能以此为称。爱德华的孙爱德加（Edgar）更逢太平盛世，而全英复公认他为王。丹法国于并吞英吉利各王国后复被并于威塞克斯。只有塞尔特的威尔士及塞尔特的苏格兰尚保存独立的地位，然它们君主有时亦且承认阿衰尔斯坦及爱德加享有一种不甚明了的最高权；阿衰尔斯坦及爱德加对于他们则以"不列颠之帝"（Emperor of Britain）自视。

丹麦人的征服引起了不少的分裂，然从新的分裂中萌芽了新的统一。当外琴人以双柄斧乱劈寺僧之头颅，而英吉利人剥丹麦人之皮而钉诸教堂大门时，盎格鲁·萨克森人和斯干条那维亚人间的仇恨固然达到沸点，但那种仇恨并不永久。当时尚没有印刷机，种族间的仇怨及残暴甚易忘却，而不易遗传。焚烧的遗址，一生绿草后，便看不出什么，如非有教员及史家在场指说故事。而且这两种诺尔狄克种族本为近亲的种族，同赋许多天性，同染许多习惯。在丹麦人即受洗礼之后，他们实不难和英吉利人混而为一，而同受威塞克斯王室（House of Wessex）的统治。他们本是为寻觅良地而来，不是为建立斯干条那维亚帝国而来。他们不但不奴役他们的邻居，而且和威塞克斯绝对不同。在丹法国之内只见有自由人而无奴隶。所以当他们安居乐业于新地之时，除了服从他们自己的法律及自己的方伯（Earl）及法官外，实不难容受英吉利王极宽松的统治。

盎格鲁·丹麦法 此时英吉利虽统于一王，而习惯及法律则仍历数代而错综繁杂，毫不一致。所谓通常法（Common Law）——即通行于全英之法之意——乃在不兰他基奈朝时由朝中之专门法律家次第积聚而成；在盎格鲁·萨克森时，既无同样的一班法家，更无可以通行全国的判例。有时国王固可得主教们之赞助而颁行一种成文的法律，以作法院的准则。但每个邑法院或县法院（Shire or Hundred Court），以及有私管辖权的法院皆可有他的本地习惯法。丹麦人亦牢守他们自己的法律，因此他们所居之地有"丹麦法国"（Dane Law）之称。

丹麦人之来激起了许多好事，而法律为其中之一。英文中法律（"law"）之一字为丹麦文，盎格鲁·萨克森文（"doom"）及拉丁文（"lex"）中之字眼则废而不用。斯干条那维亚人，除了为外琴人而从军时不计外，实为好讼的人民；集于院（"thing"）中而听法律上的辩论他们每视为乐事。他们虽无专以法律为生的人，但尽有许多农夫·战士，如从不撒谎的业亚尔等，能熟知民族的习惯及复杂的诉讼手续。英格兰之丹麦市中常以12名世袭

"法官"（"law men"）为该市中主要的官吏。丹麦人本有就法院的自由人中组织委员会之习惯，此习惯更传至英国。这或即陪审制度所以能在英国繁盛的一因，固然陪审本为佛郎克人的习惯，而日后始由诺曼人携到英国者。厄衰尔勒德及恩李底（Ethelred, Unready）的法律中明说："每县应有法院。12 名年长的豪贵应至法庭之内，由县官监视他们指神物而宣誓，誓不入无辜人于罪，亦不为犯罪者隐瞒。"此完全为丹麦人的习惯，而和中古时陪审委员会宣布事实的情形十分相象；虽则中古时的制度初非丹麦制度之直接化身。

盎格鲁·丹麦时代的直道或持平观念（conception of justice）有三种渊源可以追溯。一为萨克森人及斯干条那维亚人公有的"赔偿金"（"weregild"）的旧观念。照这观念，受害人的自己或亲族得受赔偿金而停止私斗。在古时赔偿金的范围几与直道的范围相等，离了赔偿金，几无所谓持平之道。但法院之势力愈大而部落的感情愈薄弱，则赔偿金愈失其用。到了萨克森时期的后期，"杀戮"逐渐由家族间的一种得失关系而变为社会及杀人犯间的关系。二为耶教所主张的一种教旨。照教旨所说，作恶除了触犯王法之外更为道德上的罪过，逆天的罪过，须深深的忏悔始有赎罪的可能。第三完全为斯干条那维亚人的观念，而见诸盎格鲁·丹麦法律中。照这观念，有几种行为，如临阵脱逃，或不忠于首领，为不荣誉之事——"奸佞"（"nidings voerk"）——为辱没自由战士之事，而应受惩罚。从阿尔弗勒时起，背叛国王或背叛主人渐成为特重之罪名，而有特殊之刑罚及谴责以昭惩戒。英国法律中叛逆及不忠之法之所以能长成，一部分固由于国王及封建主之权之激增，另一部分由于由僧侣传来之罗马法之影响，但全诺尔狄克族痛恶背主之观念要亦有以促成叛逆法之发达。诺尔狄克人此种观念，无论在盎格鲁·萨克森或斯干条那维亚文学中俱可看到。

丹法国的都市生活 丹法国在短期的独立时期内并不是一统的国家，而是散漫的联盟；各个半独立的区域俱依城市而生活。彻斯忒的罗马城墙，先由一个外琴首领修复；该地及约克的商业则因斯干条那维亚人的经营而复活。是时道路虽极稀少，但河流深而易航，货物可由船筏直驳至内地市镇之埠上。丹麦人所开关的五个知名之市（borough）——林肯，斯坦福德勒斯忒，德贝，及诺定昂（Stamford, Leicester, Derby, Nottingham）——不特为卫戍重镇，亦为商业中心。每市各有土城，上筑栅栏，旁掘堑壕，故保卫颇周。每市亦各有"法官"及军队，且各有各的"方伯"（"Jarl" or "Earl"）。方伯为一市之长，而市之四乡以及本市乡之一切军民人等亦统归他指挥处理；故每区实不啻一独立小邦，市为都城，而方伯实为君主。丹麦市在政治的重要实有点像罗马之城市，不过丹麦市完全为斯干条那维亚人之制度，并非效法罗马而来。

英吉利邑及市的起源　长爱德华及厄衰尔佛勒达兄妹征服丹法国时，随地采用丹麦人之市制。他们的父亲阿尔弗勒先已在伦敦及威塞克斯的其他地方立有先例，他们遵守父道，尽力扩充有堡垒之英吉利市（"burh"）于各处，故中部密德兰及塞汶流域亦有这类的市。他们把已坍毁的罗马城市之石墙修复了许多；冲要地方而向无保护者今亦御以土墙。在每个城堡之内，他们派军永远驻守；驻军有耕地的权利，也有防守的义务。他们征服丹法国到什么地方，威塞克斯的邑制亦扩充到什么地方。但新邑仍以丹麦市为行政中心，新邑的界线或即沿丹麦人军事区域的旧址，亦未可知。密德兰东部的诸邑——林肯，德贝，诺定昂，勒斯忒，诺桑普吞（Northampton），罕廷顿（Huntingdon），剑桥，比德福德（Bedford）——的起源即由于是。但在管理上威塞克斯的旧邑与自丹法国区分出来的新邑微有不同。在威塞克斯各邑中，每邑除了各有一个邑官（shire reeve）以代表国王及人民的利益外，长老（Ealdorman）则可单领一邑或兼领数邑，并对国王负责。在新邑中，则只有丹麦伯（Earl）而无邑官，伯亦只能单领一邑，也对国王负责。自旧麦细亚王国分割出来的邑则从威塞克斯之制。

新英吉利王国的卫戍及行政制度为前此所未尝有，奥法及爱格柏特所统治的所谓帝国并无这种制度。盎格鲁·丹麦之战所引起的纷乱渐归平定，迷雾渐清时，我们盖已可窥见近代英国的规范，近代英国的邑市大半已在该时逐渐成立。我们如把第10世纪的地图更详细审视，则不但较大的邑及市已在那时形成，即今日的村落亦在那时沿新治的河流及新辟的林地而一一成立。

市之起本为军事及行政的便利，丹麦人及英吉利人俱为这二种目的而设市；但过后则市变成商业的中心。丹麦人本为最不厌经商之民族；他们自海外回必有所获。如所获不由贸易而由强抢，他们的得意更不会因而减色。他们每逢海外归来，辄自以为有与豪贵并列的价值（"thegn-right worthy"）。他们此种经商习惯萨克森人至少也学得了一部分。且市及市内的治安国王又能特别保护。长爱德华更颁布一法令，一切卖买集中于市场中，且须当市官（town reeve）之面前。因此之故，市之商业日益繁盛。市民以一身而兼战士，商人，及邻地之耕者。日后他们的子孙渐专心于耕商之事，而让诺曼骑士专营兵事。此辈骑士不复居于市中，他们退居堡寨中之高塔而下瞩城市。城市中居民过后更放弃耕田之业，而专心一致于经商及行业。此固日后分工的结果，然不有丹麦人的城市生活则日后的分工更何由发生？

英吉利市之起源，在多方面之一方面讲，诚有如上述。但英吉利市的发展史没有二个是同样的。有几个较大的，有石墙的城，尤其是伦敦，始终不肯臣服于城外的封建制度；他们一直保留着相当的自卫武力，而不须借助于人。

第六章
后期萨克森英吉利的生活状态　封建主义的蚕侵　克弩特及诺尔狄克人的海上帝国

侵略中的安全　打仗，被侵，流血是萨克森英吉利的生活常态。我们固为岛国，然在诺曼诸雄主及其徒众来英之前，我们因缺乏相当的武备，地利转为他人所用。诺曼时代以前的海正是入侵者的康庄大道；"被无疆的海所包围的英吉利"正如被包扎的一个无告哀民一样。我们的没有充分守备又为北欧诸好战人种所习知之事，正如意大利的缺乏充分守备为南欧诸好战人种所习知之事。

虽然，焚杀劫掠之徒亦不必能一时遍布于全岛。古时人民居处之地往往隐而不显，有水草及森林环绕于外；既无地图可供索骥，又无向导可充眼线。在17世纪时，苏格兰边境的流寇（mosstroopers）尚有竟日不能在科克特（Coquet）的林谷中觅得重要的勃林克本寺（Brinkburn Priory）之怪事。他们闻得寺中暮钟的响声后才找着其地。丹麦人的入侵更远在数百年前，其难尤可想见。且丹麦盗众乘骑而过之时，幽静牧区的人民更未必会照常鸣钟罢。

盎格鲁·丹麦文化　从或几种方面看起来，盎格鲁·萨克森人的生活颇有可令我们羡慕者，只要他能避了"为快刀乱斩而死"的苦楚，——然照诗歌传述，大部分人总是这样死的。平时，很少人会得问到他活的究是哪样一种的生活，因为中古末期的生活，甚至古罗马的生活，有遗留下来的建筑可供人们的谛视并引起人们的想象，而萨克森时代的旧物则已荡然无存于今日的田景。诺曼征服以前的教堂大部已经翻造过，而上下人等所度日于中的木舍及木堂则已尽数毁灭，连营造的方式亦已失传，如非我们有几个年代甚久的旧厩勉强可说尚带几分萨克森房舍的风味。现今瑞士低地的农民仍有就居于木舍者；这种木舍宽舒美观，建筑式样完全是本地的，屋料则唾手可得，只消用人工去斩伐。我们从这种现存的木舍可以想到萨克森时之建筑当不尽鄙陋。萨克森豪贵及丹麦贵人的木堂内外且皆有雕刻及绘画，堂中则悬挂光亮的武器；只有烟气在橡桷间觅缝欲出的状况不无稍杀风景而已。豪贵及其家人又富于各种颜色的袍罩。日用的物件类皆有精致奇异的雕饰，乃出于本地雕匠的手工。英吉利人的珍饰术甚佳，有"阿尔弗勒宝石"（"Alfred jewel"）及其他留存的饰事可以证明。

豪贵及其从者很少会得藏有几本书籍，除非他是阿尔弗勒的最肯用功的宠臣。但在大堂之内乐人每晚会高吟记事歌以享听者。是时之人虽不学无术，然他的爱听高昂的音调，爱看美好的式样及颜色则远过于他们多知多识的子孙。

萨克森人及丹麦人都是好饮的族类，一人所消的麦酒往往即数亩麦地之产。圣诞节的痛饮为两族自古即有的共同习惯；豪贵在木堂中的淋漓尽致初不亚于日后诺曼骑士在石塔中的饮酒嬉笑。

户外生活 大体上说起来，无论穷人富人都是在户外过生活的，盖耐劳的民族须刻刻与不受节制的自然界竞争方能保其生活。每当没有战事——无论为公战或私斗——或战争暂停之时，每当地方上稍获安靖之时，豪贵及其徒众须得猎射狐狼猛兽，驱除鹿兔野禽，然后五谷能有收获，肉食常有存储。狩猎向为一种快乐。但是时尚不能算为一种游艺，是时狩猎尚为一种责任。当职业逐渐专门化之时，狩猎亦随作战而为豪贵及其徒众所专营之职业。然自由人亦得于自己地上自由行猎；即农奴及奴隶亦不见得会因于野地打猎而遭主人的呵责。且主人甚有专雇用农奴或奴隶以猎除野兽者。此时，人类的全体犹视对付森林及居森林中之动物为大事。英吉利国王尚未到"爱巨鹿如父之爱子"的时期，而严厉的林法尚未由诺曼底传来。地主不必伸其地主之威权为保持野物之用，因野物极能繁殖，亦极能自存。人民大部的食物历数世纪似不离乎野味，或树林中半野的豕肉。英国人在19世纪时曾有一时须仅藉地上所能种能获之五谷而生存；在第10世纪时人口尚无后日之繁，然那时如英人即须依地产为生，恐那些孤陋的农民会得不能生存。

林木 当时的英格兰，虽农民辈正在不已地斩伐树木，然尚是一片大林，林中美鸟巨兽，无所不藏，奇花异木亦无所不有。此种天富诚应如何保存，可惜后人不知天富之可宝，而日事摧残；摧残的利器愈精，则摧残的速度亦愈高，驯至今日，人迹较稀之处而稍擅鸟兽花木之胜者已不啻英之天堂。近人常因洛宾呼德的休武德（Robin Hood's Sherwood）及莎士比亚的阿登而有所遐思，并叹惜今日之已无如休武德或阿登（Arden）其地，实则萨克森时之森林比洛宾呼德为尤古而比阿登为尤大。它不但是诗人或草莽英雄之居地，而为全体盎格鲁·丹麦人民所生息之地。自有巧塞及中古末期的诗人以国语制为山歌以来，他们第一即歌咏鸟兽草木所引起的愉乐。推铎尔时民歌更令人会想到当时人民领略天然美景的一种狂热。不知萨克森人在林隙中遇见连馨花，吊钟花，及垂柳时会不会对天然美景也起同样的情感？

垦殖生活 在某几方面。萨克森英吉利及丹法国诸邑中开辟者的生活状态和19世纪时北美及澳大利亚两洲的开辟者无甚出入。在两者中我们可以看见许多相同的景物——负重的牛，代脚力的马，负斧的采木者，木架的茅舍等。因为人烟稀少之故，最近之邻居往往会相隔五哩之遥，而又须穿过荒林方可达到。因为治安无保之故，武器与斧犁往往并置，而一言不合便用武又为常事。又因为人民率真之故，虽常有叫骂斗争，而尚义好侠之好并不稍杀。且古英吉利与近代北美的相同处犹不止此。新开垦地之后方往往有较旧而文化亦较高之市镇；市镇之势力日在膨涨，终至将较粗野的居留地同化，而性好野居的人又只得再向荒林中另拓新地。此种过程继续不已，一直到了全境尽已开垦后始止。今日英国的乡僻小村类皆像一个倦迷迷的，慢悠悠的花园，然在古时皆曾为一个新垦的居留地，曾见过初到的农樵与原始的自然界作殊死战。

在后期萨克森时代，殖民及伐林工作皆由封建主主使进行。阿尔弗勒说过："人民之斩除树木，移运树木，并起造房屋，我们并不奇怪，因为人民于建造房屋于主之祭地（Lænland）[1]后，总希望可以暂住于该地，从而耕耘渔猎于该地；且日后如能叨承主之惠典，更希望取得契据而永占该地。"封建主对于盎格鲁·萨克森垦殖者的关系盖等于日后国家对于他们的子孙之在北美及澳洲者的关系。我们今日所知的"国家"在早时本不存在。人民只能向封建主求军事上的保护，求法律上的公平，并求经济上的援助；而封建主所得的报酬亦大；他可以限制人民的自由，可以享受人民劳力所获之一部分，甚或可以据人民的劳力为己有。

豪族的职务 盎格鲁·萨克森时期之豪贵（thegn），既为国王之战士，又为农民的主。他实一出众的战士；他的武器极完备，头有盔，身有甲，刀枪无一或缺，出入又有乘马；所以国王遇有敌人犯境之时非靠他去御敌不可。他毕生的事业即是作战与狩猎。他忠事他的嫡主（overlord）——也许就是国王，也许是主教或是僧正，也许是比他更大的一个豪贵。他没有多少抽象的爱国观念，他只有忠于所事的观念，然他所事者未必就是国王一人，更未必能直接就是国王。继萨克森豪贵而起者为诺曼骑士。骑士能在马上作战，战术既精，而武器亦比豪贵更为完美；他更是高一等的打仗专家。因此之故，封建的社会制度要到诺曼征服后才到了最高的程度。这

---

[1] 译者按，Lænland 之所入为维持礼拜及牧师俸给之用。

种制度复随长弓及火药的发明而渐次不振。我们须知封建制度虽是一种法律及地权制度，然它的精神实在一班骑士之能垄断当时的武器。因武器优良，实力遂亦高人一等，而封建社会得以保存。长弓及火药入时而后，骑士之武器失其用，而封建社会亦顿失长城般的依托。

战士及农夫的分化　在部落组织已经消灭之后，近代国家尚未成立之前，封建制度实为惟一的过渡办法；有封建制度而后无援的人民可有保护，作战可有效能，殖民可以锐进，农耕可有利益。有封建制度，而后有农民及战士之分工。盎格鲁·萨克森耕者不但不是好兵，也不愿当兵。他最怕每逢数月便须应募从军一次。他但愿长留牛庄或网穴（Cowstead or Nettleden），终日孜孜的耕地。他祖先焚劫邻近罗马别墅时的好战之性他一些没有继承着。地方有小乱时，他依赖他的主人，即高坐于乡区中大堂之豪贵，去负弭平之任；国家有大难时，他依赖国王及全体豪族去想抵御之方；两者他都可以不管。至于豪贵本人亦渐渐弃犁不用，而日以打仗或讨论打仗，打猎或讨论打猎，为务。他并依本地的习惯法及风俗而决断一切乡民间的争端。后日之乡绅（squire）及治安法官（Justice of the Peace）已可于盎格鲁·萨克森豪贵中得其类似，不同者古时之豪贵的特长仍为作战而已。

这样，耕者逐渐的不复作战，而战士亦逐渐的不复耕地。职业的分化愈明显，平等的状态——甚至自由——亦愈减少。但职业分化为安定，文化，及财富之母，且于数世纪之后更产生了一种比自由人在野蛮部落中所能享受的自由更充满的自由。

农民的卑下状况　在那时，农民中较卑的几级，如奴隶及农奴等，他们的生活状况极苦。他们终日不息的工作乃专为维持豪贵及僧侣两种阶级的生活。我们尚留有约在1000年时的一首主奴对语。可藉以窥见当时社会的可怜状况：

"你做些什么，耕夫？你怎样做你的工作？"

"主人，我做工甚勤苦。我日出而出门，牵牛至田中，我于是把牛驾在犁上。因恐主人震怒，所以即在严冬我也不敢在家中闲散着；我仍天天把牛也驾上了，犁头铁也装上了，天天耕地，一天一亩（英亩）或一亩以上。"

"你没有帮手么"？

"我有一童，手执一棍，帮我赶牛。他也因寒冷及呼喝之故，口也哑了。"

"你每天还做些什么？"

"我还做了许多别的事。我日须盛草于牛食桶中，加水于桶中，更清除牛粪。哈！哈！这真是苦工，这真是苦工，只因我没有自由。"

牧羊者的答语如下：

"我一清早就驱羊群至牧地。无论寒暑我必得同了我的狗用心看管它们，不然狼就来把它们吞了。我更须驱羊群入栏，一天并挏乳两次；我搬动羊栏；我制作奶饼及奶油，我尽忠于主人。"

牧牛者说：

"耕夫把牛脱了犁后，我即引牛群至牧地。我终夜不睡地守望着，防着贼来。"

因为那时偷窃牲口之风尚遍于全岛，不像到了日后只见于苏格兰及威尔士的边地。

农民的奴隶化 上述对语中的农民显然是在主人的庄地上或领地上服通常的务；他们地位的卑贱则不一定尽同。在第 10 及第 11 世纪，英吉利有许多奴性或半奴性的管业制度；这种制度随地而异，更随丹麦，威尔须，或萨克森习惯而变化。当时有"佃佣"（"geneats"），"庄农"（"cottars"），"佃农"（"geburs"），牧羊者，养蜂者（当时蜜为惟一的糖），牧豕者等等的人；每种人对于主人都有每年做工若干日，或纳赋若干的义务。在丹法国中，自由成人的成数最高，而现役奴隶之数最少；在西方及塞尔特性较重的各邑则适得其反。凡后期的丹麦人所居留之地，他们有破除封建势力（无论是世俗的或僧侣的），而赞助自由的倾向；但其他各地，因不堪他们的焚烧劫掠之故，竟至里间骚然，民生益困。农民的房产或则全被焚毁，或则劫掠一空；甚或农民本身亦被掳勒赎。其尚保房产之一二者，则所谓"丹麦金"（"Danegeld"）亦成一不堪的重负。在此环境之下农民的状况亦只有愈加堕落；他们只有向豪贵或僧正摇尾乞怜，求其庇护，更求赐食；而不能再顾到自由问题。因此之故，诺曼人于来时发现英之东部北部要比西部南部自由些。

以全国而论，在萨克森时期的末了几世纪中，一种或多种半自由的农民阶级有渐渐扩大的倾向；自由民则渐渐流落入，奴隶则渐渐上升到，这个或这几个阶级。这个倾向，虽地方上的各异性也不能湮没，到了诺曼征服之后，我们更容易注视，因为是时法兰西的封建社会的法家起了一个名字，叫做"佃奴"（"villeinage"），以表示这一种遍见各处的半奴性阶级。

豪贵之成为封建主　在盎格鲁·丹麦时代，"人人须有一主"替他在法庭上负作恶的责任，变成法律上及警政上的一种规律。此为维持统一的英吉利王国的惟一妥法，因为到了此时旧日宗族及血统的关系在司法及保安上已一点没有用处。亲族既不负责任，则不能不有一主人以代负责任不然法律及治安均将毫无保障。

不论主人是世俗的还是僧侣的，是豪贵或是教官，他在地方上须执行许多职务，如司法、军事，及经济等等。这些职务在原始社会中属于宗族或部落，在近代则属于国家。君临全英的新王只能马虎地统治全国的豪贵，而不能过于严密；只能督率他们抵御外侮，而不能更有其他的借重。至于地方上的行政权及司法权，国王只有乐于颁赐于人，而不乐于自己行使，因为当时中央尚无管理地方的机械。即使因此而产生一班地方上的巨豪，他也无从防患未然。一直要到了诺曼征服，及文化更加发达之后，不兰他基奈诸王始能渐渐地把司法行政之权由地方集诸中央，并以此养成近代的民族观念，和近代的国家机关。

政治封建 萨克森时封建权及君权两俱增长；然两者是时尚为盟友，君权和封建主义的离心势力之争要展期到诺曼征服后始行发动。威塞克斯的国王奄有全英而为英吉利之国王时，虽君威大增，而君权反有损无益，因为版图既广后，治理地方之权转不得不付诸土豪。国王之领土仅限于旧威塞克斯时，每个土豪巨阀只能代国王掌领一邑。但新王国成立，领地大增后，地方行政的机械不能不有所变更以迁就新的事实。长爱德华及其子孙，甚至克弩特自己，常会容重臣为二三邑之长老或方伯；到了后期，竟有以一人而兼领五六邑以上之多者。[1]

统一的英国，因为统一的缘故，转分成四个，六个，或八个的方伯之土，或简称"伯土"（"Earldoms"）。这些伯土在或种程度之下且隐然继续已消灭各区域——威塞克斯，诺森伯利亚，麦细亚，东盎格利亚——的各异生活，而丹麦人较多的各地因此仍不受威塞克斯的直接治理。方伯之治，形式虽极封建，但实质颇与近代帝国之因疆域太大，人种太杂而采用各地自治者相似。这种离心倾向在英国不久为征服者威廉（William the Conqueror）扫除，但历数世纪仍存在于德法，以致两国俱纷纷成为多个强有力的封建省分。

司法的封建化 政治方面封建制度的胜利既如上述；司法方面，封建倾向亦在此新成立的盎格鲁·丹麦国中大有发展，而属众的及公有的法院

---

[1] 邑官初名"shire-reeve"继称"sheriff"，本为国王的命官，而驻于邑中者，但有时亦为方伯之代表。方伯之仅领一邑者，其邑中无邑官。诺曼征服后，方伯不复见，主教则另有宗教法院；于是邑官为邑中惟一之官吏，且仅受国王之命。

则权力日蹙。

在邑及县（Hundred）的公共法院中，当地的法律——无论是丹麦法，麦细亚的法，威塞克斯的法，或是其他地方的暗晦习惯——由法院之自由人当事人为审判官，而长老或邑官，则代表国王而为审判长。此时尚没有全英的"通常法"，也没有"王座法院"，或"通常诉讼法院"（Courts of King's Bench or Common Pleas，皆近今英国高等法院之一部），也没有"巡回审判官"（Judges of Eyre or of Assize）。如果我们可说那时国王及国家已有法院，那么那些地方上的公共法院就可以算是王家法院及国家法院。

但在同时期中封建的司法正在剥蚀公共法院的权限。从爱德加起，国王老是在断送王室的权利于僧正及封建主，尤其是县法院向有的职权。他往往以一纸公文而赐给寺僧主教，或方伯豪贵以设立法院（sac and hoc），审判并执行关于窃贼（infangthef）及破门强抢（hamsocne）之罪，而管辖地域又往往亘一县或数县之大。司法权断送后，司法收入——法院所收的诉讼费及罚金很可观——亦不归国王而入他所最宠或最怕的地主之私囊。

私人的司法剥削公家的司法，这究是反动或是进步呢？国王缺乏相当强力，而不能使公共法院司公家的法，诚堪浩叹；但他既实在缺乏相当力量，则与其让窃盗者，杀人者，偷牲口者可以肆行无忌，还不如以司法之任托付别人去相机处理。公家的司法变成私人的司法在当时的人看起来也许是欢迎的，因为他们近邻的，而且有力的封建主或僧正，也许可以比远隔的国王，或他的软弱的县官能有好一点的，快一点的刑赏。但我们与那时代相隔太远，我们没有法子可以知道，当时取到设立法院的权利的诸巨豪究竟是凭资格而取到那些权利的呢，还是不过因为是最狡诈而才取到的呢。无论如何，诺曼及不兰他基奈诸王能设立相当的机关而把盎格鲁·丹麦朝王室已失之权利渐渐的重又收回，使公家的法仍归公家掌辖，则诚是诸王的功德。这就是王室及王权所以能得英国民心之一大原因。

克吕尼运动 第 10 世纪下半叶，在第一期和第二期丹麦之战之间，为宗教史上的一个重要转机。比德在他的时候已经觉着寺院及僧侣生活之衰萎。阿尔弗勒时丹麦人的侵略更完成了那种衰萎的过程，因为耶教的热心及耶教的学问所集中的寺院几已一扫而空。诺森伯利亚及盆地的诸大寺院焚毁后，泰晤士河以北的耶教完全失了根据，许多地方则竟臣服于邪教的贵人或队伍。即在元气较为保全的威塞克斯，亦须待阿尔弗勒长时期的极力提倡后，僧侣始恢复了些宗教的热忱及求学的野心。丹法国的征服及一部分丹麦人的入教由于信教的世俗人——威塞克斯王室的诸雄主及他们的豪族——者多，而由于僧侣者少。我们也得不到一些证据可以证明阿尔弗勒，爱德华，及阿衷尔斯坦所得于僧侣顾问之助力有前后诸王（前于他们及后于他们）一样的大。

直要等到第 10 世纪的中叶，寺院生活仍沉落在一种反动状态之中，而无法振作。人类天性本不喜刻苦断欲，如要他刻苦，他有时就会反动起来。当寺院生活堕落时，僧士恒家居而坐享寺产，更有子女玉帛之福。真正的寺院主义实已不复存在，说得客气些，它绝不能对于岛民有何种大的势力。如果英国永没有寺院主义的回复，则积聚渐厚的牧区资产（供教堂及牧师之用）是否足以供中古英吉利之发展而已足，诚一有昧而难决的问题，但这不是历史所宜试答的问题，历史须跟了事实走。

寺院主义复活是事实。从法国的克吕尼及夫勒里（Cluny, Fleury）两寺院英国的寺院得了一种新的精神。所谓克吕尼运动（"Cluniac movement"）本是本泥狄克特（St. Benedict，为提倡寺院主义之始祖）势力发展之一枝叶。受了这势力的精神激励后，许多操守甚坚的僧正主教遂恢复了英国寺院的清规教则，即遇阻挠纷扰亦不稍屈。丹斯坦（Dunstan）即此辈高僧中最有能力，而度量未必最狭的一个。在同时候，爱德加（959—975）及后继诸王亦能听人劝告而重建盆地诸寺院，如伊里及彼得堡罗（Ely, Peterborough）等，慨损资产，并付寺僧以司法及管理地方之大权。

英国的宗教亦随此鼓动而前进，渐渐与教皇格利高里七世［即喜尔得布蓝德（Hildebrand）］时耶教教社所持的标准相吻合。喜尔得布蓝德的宗教理想诺曼征服者且于日后强英国教社以必从。最后，这寺院主义运动且使牧区的牧师过独身生活，使教皇所统率的教社大增其国际性，使化体之说（即圣餐用之面包及酒能变成基督之肉及血之说）得以发挥尽致，使贞女玛利之礼拜有重大的意义，使许多其他中古末期的特殊宗教运动——发生。此后数世纪关于宗教的思想及习惯几完全萌育于寺院中，而寺院亦占封建英国的经济，及社会生活的重要地位。

在丹斯坦的幼年时代没有多少人会料到寺院生活之将来会如是之赫赫。他为格拉斯吞柏立（Glastonbury）的少年僧正时，他本是热心参加复活运动（寺院主义）的一个重要分子；他做了大主教后，虽对于运动的同情不减，而活动较衰。昔日的历史每以他为极不能容纳异己之宗教思想或行为者，但此说显非事实。他本是索美塞特一个豪贵之子，他的宗教性情中很富塞尔特人的易受刺激性；但他也甚富于大政治家的冷静头脑，两种不同的性质调合甚匀。历多年他为朝中最有势力的辅弼。他在朝中的权势可为教社复活的明证。然他也绝对没有滥用威权之事。所以无"勒德"的爱衰尔勒德［Ethelred the "Redeless"，"勒德"（Rede）古文作谏言讲］于不受丹斯坦的"勒德"或谏言后，英国复陷于衰乱之状态中。

在封建本身说起来，新封建主义初不问世俗与僧侣之分。豪贵及教官都是享领王土的封建主，也都须为王服务，无论在平时或在战时。绝欲主义之复活使国王觉得有厚贶贤僧之必要，不然不足以表示对于宗教之虔敬。然因此之故与此世绝缘之寺僧反拥有了无限的田地，宝藏，及法权！到了诺曼征服之世，如乌斯忒，尉尔次，及多塞特等各邑中僧侣的所有地及管辖权已不在诸男及诸武士之下。诸男可持刀抢地，但寺僧可假造文书以争地；关于这一层，两者正也旗鼓相当。

那时候，固没有人会非议僧侣之享有世俗法权及世俗权力，但重大的流弊已于此种伏。在好的一方面讲，寺院的富有实为中古华美建筑之所由起。牧区教堂亦老是在一一兴起，几村村都有一个；因此之故，耶教日在浸润于诺尔狄克性质之内而不之觉。在坏的一方面讲，教社有了封建势力深足以使教社的精神易于堕落。但也有人以为，如果教社没有巨大的势力，教社或且不能稳渡诸封建世纪的怒浪而存在的。

外琴人第二次的入侵 第10世纪的大部分可算是比较的安靖，而外琴运动亦暂告休息的时期。在此期中自波罗的海各国来的移民数目大减；各地之斯干条那维亚移民则就他们先人以战斧挣来之地，兢兢业业从事于市镇，农庄，及其他制度之建设。阿尔弗勒的子孙乘外琴人不大来侵扰之时，从容征服了丹法国；但这征服也只是浮表的，丹法国内的斯干条那维亚人仍得保守他们的民族性。爱德加及丹斯坦之世更为小康之世，人民安居乐业而无烽烟之警。但在无勒德的爱衰尔勒德之季世，则波浪又重起。

外琴人重又以兵戎为生。此次的领袖为丹麦王福刻俾耳德（Sweyn Forkbeard），攻侵最甚的地方则为南英。他们不侵犯和他们同族的诺曼底及丹法国；而住居约克邑及东益格利亚的同宗者亦当然不来阻止他们，或帮助萨克森庸君以救护威塞克斯。英格兰之萨克森人及丹麦人未能完全融洽，及新英吉利国之柔弱无力至是亦大显。有人谓丹法国为"旧英吉利国所由覆没的海礁"，诚非虚语。爱衰尔勒德固一昏庸软弱之君，他的一世固亦祸乱相寻；但旧英之所以亡亦不尽可归罪于国王的个人，及偶然的事变。

在此后之多年战争内，在克拿特获得王位以前，有两件事情很值得我们的特别注意——丹麦金及伦敦城所处的地位。

丹麦金 丹麦金（Danegeld）在阿尔弗勒时已见采用，入侵之丹麦人索之，而无援之萨克森人付之。但在初时，丹麦人多喜就地劫掠，而厌勒索之麻烦。此后，盗与被盗者皆视前为文明，故后来之外琴人辄以全国为要索，而勒付赎金，不然者，则全国遭糜烂而玉石不分。且后来丹麦人之需要农地及田耕似亦不如阿尔弗勒时之甚。很多的外琴人但求分得若干丹麦金，以携回斯干条那维亚的故乡，以经营田地房舍，则于愿已足；他们并不想常留英格兰。其时偿付丹麦金之总数极大，史家每引为奇异；不特远过日后诺曼及不兰他基奈王库所得于同样赋税之数，且似亦远非当时田价之所能负担。大概因第10世纪较为太平之故，英国之豪族僧侣得以积聚种种宝藏及私产，尤其是英吉利金银匠所制极精致之金银器皿饰品。此种金银器今殆尽充赎金之用，犹之查理及克伦威尔之战时，文艺复兴时代之英国银器及珠宝亦尽充战帑。赎金之一部殆即由好冶游之外琴人用于英国，但一部分则仍被卷至斯干条那维亚。

农夫所负担之赎金足以倾家荡产而有余，因此自由人更——变为农奴。丹麦金在我国之社会史，财政史，及行政史上实有重要的地位。直接税即由此可耻之赎金而起。在软弱的爱衰尔勒德时它为奉敬丹麦人的善法。在强硬的克拿特时，它为保卫国家的军用税。在征服者威廉时它变成主要的国税。我国第一次土地调查的目的即在于此，《土地调查书》的原先目的即在教人以如何征收丹麦金之法。地税之征收初本付诸各乡区（township），但嗣后则为采地主（lord of the manor）之职责。克拿特已觉得和一人交涉比和全乡交涉要好办些，诺曼诸王更以此为定例，只向采地主征全采地之税而不复向乡区追问，于是各乡村益受制于封建主而不得自脱。封建主成为税农（tax-farmer）。国家亦渐渐视包办纳税之人为地主，且为该地居民之主；而封建制度更进一步。

伦敦之成重心　在重起的丹麦之战中，另一可以注意之事即伦敦的地位。百余年前阿尔弗勒曾重建伦敦的城堡，而移民卫戍，以当抵御丹麦人之要口。当危急之秋，伦敦竟能满副阿尔弗勒的希望。在爱衰尔勒德朝时，伦敦市民成为抵御之中心，远非懦怯无能的君主所可比拟。及后，福刻俾耳德（1014）及爱衰尔勒德相继死后，他们的虎子克弩特及铁甲爱德曼（Edmand the Ironside）复因争立为英王而有短期的血战。战期中伦敦又为爱德曼的坚营而不能轻易动摇。不幸爱德曼于数月后即去世了；因时势所趋萨克森之贤人会议至是推举克弩特为王。当时冲突之地为南英,而丹法国又紧邻战地,克弩特之当选本为势所当然,自爱德华(爱德曼之子)死后,则更为事所必至。且克弩特有许多可取的才德,日后的事实可证明他的被举为极幸之事。

英国君主的选举性质在此时最为空前绝后的显著。克弩特,哈罗德,及威廉皆没有多少取得王位的权利;他们惟一的根据就是贤人会议的推举,或全国各巨豪的承认。但这样的推举已够使征服变为合法,已够表示国民的公意。贤人会议非英吉利国会之起源,后者乃自盎格鲁·诺曼制度中蜕化出来。贤人会议也不是一个人民的代表团体,或代表任何的机关。它只是主教,伯,王室官吏及其他巨豪杂凑而成的一种会议,虽号称贤人会议(Witan),而与会者不必尽贤。在国王已经即位之后他们所能行使的控制权,随国王的性格及当时的情形而有不同,因为那时尚无所谓宪法。但国王因死出缺时,他们有选举后继者的权利。这个大权在萨克森末期时最不受限制:不但承继的次序可有更变,即王室本身亦可任意挑选。君权神圣,而不受人类管束之义,在英国史中,实为詹姆斯一世过灵脑中的结晶,而毫没有历史上的根据。

伦敦在后期丹麦之战中所负起的重任有如一个独立的军事政治权力那样的大;这诚值得惊奇,因为它的市权在表面看起来应是非常狭小的。它没有它自己的市长及长老(alderman),即埠官(pott-reeve)也为王家的官吏。伦敦全城之有若干自治的区("wards")乃日后的历史,此时则仅分裂成若干的"封地"("sokes")。"封地"即国王赐与巨豪或大僧之地,地内法权亦悉归受赐人管辖。市自治在英国实为后日的发展。此时,即素爱自由的丹麦城市亦受治于世袭的"法官"("lawmen")。英吉利的其他贸易市及堡市("market towns" and "burhs")和乡村及要塞本尚无甚区别;它们,不用说,更完全在封建主之掌握之中,无论此封建主为国王,或为一个豪贵。一市受几个豪贵的分治,亦为常见之事。

但伦敦埠和其他英市实有的权力及事实上的独立，要远过于它们在法律上应有的权位。英国古时本无一定的国都。克弩特以温彻斯忒（Winchester）为新都，而不建都于伦敦，更给泰晤士河的巨埠以一种真正的政治独立；且更使它有从旁监督王权的可能。在此后之数世纪中，要到斯图亚特时之异动为止，伦敦一直维持这种傲然不阿的精神，但又从不稍缺真实的忠君心及爱国心。巴黎因向为法兰西王之都城之故，历史完全不同。

伦敦人先时虽极力反对克弩特的继立，然此事实于他们有利。北海的海盗经歼灭，而各岸的港埠经开放后，英吉利各地及波罗的海各地间的贸易增加极速。丹麦商人本已为约克及丹法国中各城的体面市民，今更云集伦敦，为伦敦之光。到了11世纪，伦敦的丹麦"内河船商"（"lithsmen"）及"外海航商"（"butsecarles"）已执海运业之牛耳，为主持我岛海防的重要分子；他们更参加因继承而起的争端。他们的大部本为邪教徒，但我们可从圣克来门特·丹麦人（St. Clement Danes）的名字中及城中各教堂之取名于圣奥拉夫（St. Olaf, 传教丹麦的圣徒）的一事中，得知他们的归向耶教。中古皇帝在可伦（Cologne）及它处的臣民此时亦有留居伦敦而经商者。伦敦在罗马时本为欧洲商业的中心，今又恢复旧日的地位。

克弩特 老外琴福刻俾耳德之子克弩特一方做查理曼式的皇帝，一方又仿效阿尔弗勒之所为而做一英吉利的贤王。从事于和解各族人民及建设的工作。他以武力征服英吉利人后，即把他们和丹麦人同样看待，无所歧视；人民因亦一致敬他爱他，无分种族。他父亲之信邪教比信耶教为恒为坚，他和诸昆仲因亦生长于窝登教中；但他死时已为笃信基督的教徒，而为寺院史家所最称道的一人。他捐助寺院甚豪。他更以法律严令人民完缴什一之教税，守礼拜日的仪节，并严禁丹法国中及新来丹麦人中余存的邪教，虽则他领这些丹麦人来时他自己也是一个邪教徒。有一个传下的古歌可以证明他末期时的英吉利已不复记得他曾出身邪教：

> 当我王克弩特乘船而过时，
> 伊里的寺僧很愉乐为歌以颂，
> 船虽不是近岸而摇过，
> 我们仍可听见寺僧的歌声。

寺僧的歌吟大概不会像上述的愉乐，如果他们所见的克弩特为幼年时随了他老父的战船摇到盆地河流中的克弩特。但外琴人的时代早成过去，而克弩特已为丹麦，诺威，英吉利，及赫布里底群岛的大王；他方用外琴人的雄力以造成一个福利的海上帝国，诺尔狄克诸民族的海上帝国。

照野史所说，克弩特是一个不好阿谀的明主，他曾因幸臣献媚太过之故而面加斥责。这种野史虽为期甚古，而显不可靠。在热带及东方充斥阉宦佞臣的宫廷中，或会有如稗史所传之媚主求欢之事，但臣事克弩特的丹麦卫士，或外琴人，或萨克森豪贵，他们向从粗暴勇武中过生活，他们安能为过甚的谄媚？稗史所传决不能见于那时北海沿岸之地。能发生那种丑态之地，海浪必不会像北海那样的可畏。

克弩特的设施 克弩特即位后，起首几年尚不脱马上得天下之气，随处以武力压服英人。他于1020年回丹麦继承王位，事事得手。那年自丹麦回英后，他的政策大变，一方调和征服者及被征服者间的感情，使之和善，而置之平等，一方又与教社结不解缘。从许多重要的地方看起来，他的政策和50年后诺曼征服的政策绝不相同。诺曼人以充公田地为自肥之道，而丹麦人则取丹麦金以自奉，而不直接侵害英人的地权。在克弩特的温彻斯忒宫院中，益格鲁·萨克森文及丹麦文为并用的语言。克弩特更汇订了好些益格鲁·萨克森法典。他在位时的教社多由益格鲁·萨克森僧侣管理；这班僧侣初为政府的僚吏，继则被升任为主教。在他的保护之下，英格兰的僧侣更远适诺威及丹麦而力助耶教蒭除邪教。征服者威廉觉得法兰西僧侣的训练比萨克森的强，而克弩特则觉得斯干条那维亚僧侣的训练比萨克森的更弱；此层我们同可断言；但两人对于被征服民族的领袖者态度的绝异我们也无从为讳。克弩特之重用萨克森豪族不仅限于教社，即政治及军事亦莫不皆然。他能把举足轻重的威塞克斯伯土交于他的宠臣高德温（Godwin），亦可见他能十分信托萨克森人。高德温之闻名亦渐自此时起。

克弩特的御卫队 克弩特于酬答助他征服英吉利的丹麦队伍，而令他们解甲归田后，仅维持一个 40 只船之海军及一个小小常备军叫做"御卫队"（"housecarls"）。御卫队为披重甲之乘马步兵，专以从军为业，且受国王的薪给；但他们和克弩特本人同属于一种军人的行会或帮会。所以御卫队是一种金钱的团结，又是一个尚义互助的弟兄会。御卫士虽亦有领得赐地者，但他们的服务初不由赐地而起，故封建原素不著于御卫军。充御卫士者初仅限于斯干条那维亚人，但不久即有萨克森人加入；故御卫军的起源是外琴的，而发育则是盎格鲁·丹麦的。御卫军在海斯顶斯之战时全军覆没，此后不复恢复。诺曼征服后封建之制大盛，文治及军事制度俱以封建的地权制为基础，酬给制当然不能存在。

海上帝国的解体 克弩特死后之一世内，他的全功尽被诺曼征服所推翻；因此他的功绩究竟如何完善或如何重要我们竟难估计。如果天假以年，不死于四十之壮年而殁于六十之老年，他或者可以留下较永久的痕迹于后世。他是一个伟大的雄主，死时他正在建设一个雄跨北海的大帝国，以斯干条那维亚及英格兰为左右两柱。海权将为这海国的主要精神及团结力。如果帝国真能成立，全世界的历史必将完全不同。虽然，11 世纪时北海之难渡不亚于 18 世纪之大西洋；欲于是时维持横跨北海的大海国，其难也不亚于在 18 世纪时维持横跨大西洋的大海国。北海两端的距离尚非 11 世纪人之机械所能应付裕如。丹麦，诺威，英格兰，及赫布里底间既无联合的组织，又无一致的爱国心，所有者仅克弩特个人的关系。且英格兰本身尚取四个伯土分治之制，诺威本身更不能称为一统；此时而欲创一真正帝国，其难亦真有不堪言者。

继克弩特的诸丹麦王类皆庸庸碌碌，而散漫的海上帝国遂瞬归乌有。在守教者爱德华（Edward the Confessor）之下，英吉利重又恢复为独立的萨克森王国；他和法兰西的诺曼底日亲，而和斯干条那维亚日疏；英吉利亦因诺曼底的关系而渐受法兰西文化的支配。它（英吉利）虽和斯干条那维亚有数世纪时而仇时而友之关系，终仍漠不相关。它抛弃了一个诺尔狄克国家的海上生活，改变了从前和欧陆若即若离的孤立态度，而竟变成法兰西封建文化的一部，且时时加入法兰西本国的地盘战争。此种新的关系竟历数世纪之久。这剧烈的变化也许是无可逃免的，变化的结果也许是所获者大于所失；但克弩特的雄心是在想把英吉利造成一个完全不同的世界，这个雄心虽未实现，但已深可引起我们的幻想。而且这个雄心也不是一点没有永久的影响，我国国民的经商性质及斯干条那维亚性质还是从那时取得的。

第七章
海斯顶斯以前之诺曼征服 1042—1066

诺曼人和不列颠 从阿尔弗勒到克弩特的百数十年内，支配不列颠的势力来自斯干条那维亚；从守教者爱德华（Edward the Confessor）即位后之一世纪内，则来自诺曼底。欧战全部历史几亦同受上述势力的影响，不过没有不列颠之甚而已。

诺曼贵族本亦出身于斯干条那维亚，外琴人的移殖及作战能力他们保留无缺；但他们已同化于拉丁文化。因此之故，诺曼人有居于故乡及英吉利之斯干条那维亚人所没有的一种性质；诺曼人有统一政治及集中行政的本能；而上述的斯干条那维亚人则缺乏此种本能。这本能实为征服者威廉所传诸英吉利的最大德泽。

使斯干条那维亚的势力不得逞志于欧洲，实诺曼人之功。外琴人在法兰西割据一个地方（诺曼底）的原意本在设立另一"丹法国"，但结果竟成传播法兰西封建文化之中心，法兰西之文字，武器，及礼俗竟由诺曼底而遍及于全世，尤其是纳普而斯，西西利（Naples，Sicily），及不列颠群岛。不列颠在没有能像莎士比亚所谓"自成一世界"以前，依违两可于斯干条那维亚及欧洲大陆之间者历200余年之久；至是，则它的运命完全定于操法语的诺曼公的手中。海斯顶斯之战（Battles of Hastings）不特为英史的枢

第一卷　种族的混合　自最古迄诺曼征服

纽，且对于全欧的将来有莫大的影响。不列颠与法兰西发生关系，而与斯干条那维亚不相往来以后，外琴人犹如樊笼中之鸟，被困于山罅之中，而不复能危及，或惹起耶教世界的注意。自海斯顶斯得胜的持矛骑士以"武士"（"chivalric"）理想及封建统系强北海岛国接纳后，外琴人及萨克森豪贵的余音渐渐湮没无闻，而耳目亦为之一新。拉丁言语，拉丁文学，及拉丁宗教遂睥睨一世，莫与之京。一直要到数世纪之后。不列颠始复能另有发展而重立北欧及南欧势力之平衡。

但我们亦不可太把诺曼文化及拉丁文化并作一谈。诺曼人所携至英吉利之文化诚为法兰西·拉丁文化——法兰西歌人搭易飞（Taillefer）及意大利僧侣郎佛兰克及安瑟伦（Lanfranc，Anselm）的文化——但他们所移来的君主制度则是强有力的诺曼公之制度，而不是困居巴黎，微弱不振的法兰西王之制度。

诺曼的国家　诺曼国家是很特殊的；凡研究，及考求英吉利事物的起源者应特加注意。它和不列颠的几处地方虽同为丹麦人及诺威人所创立，然日后的制度则大相径庭，和法兰西其他各部亦不相同。诺曼底多数的居民本为旧时法兰西的农户，好耕田而不问它事；但陆地的贵族及沿海各港湾之商贾渔家则多来自斯干条那维亚。这些山罅居民的孙儿辈虽已采用法兰西人之语言，文字，风俗，宗教，而仍能克绍列祖列宗的冒险性，浪荡性，仍酷好海行。

外琴贵人（jarl）在变为封建男（baron）时，学到了大陆上的骑兵战术。他与法兰西敌骑相遇于塞纳河时深佩他们战术的优良，遂弃先人之双柄斧而不用，而传袭了鞍上用刀使矛之法。他更积土为山，而筑木寨于上，以为御敌及镇压农民之助；于是他在国内的地位更形巩固。重胄骑兵及私家堡寨本为封建社会发达最高时之结晶；在诺曼人来英以先，英格兰固未尝有此。萨克森时代之豪贵固亦尝聚土为城，中建木寨，但绝无高高的土山。诺曼人初来时山寨犹以木制，日后则易以石料，而成为中古时代常见

113

的石筑堡寨。

诺曼封建主义 诺曼封建制度本和法兰西封建制度一样，它们同具严格的属土性质。诺曼底的诸男所以要为诺曼底公服务，完全是由于食土的关系；不像英吉利的许多豪贵尚有因君臣个人的关系，或爱国的关系而为国王服务者。诺曼底公常和安如，梅纳，及不列颠尼（Anjou, Maine, Brittany）诸省作战，作战时诸男须在他的旗帜之下供奔驰。每男土（barony）所该出之武士数不等，有5人，有10人，以至30人；但为军事上之便利起见，总为5之倍数。这个军役制度，威廉日后严格的施诸英国。

武士则受土于诸男，犹之诸男之于公，且裂土受土都为服军役的代价。男作战时——无论自己作战或随公作战——受土于男的各武士也得在男之旗帜下从征，至少诺曼底的习俗是这样的。

照通常办法，每年军役为40日，但有时为完成战役起见，封建主往往可以强求较长的期间。诸男间之私战，或诺曼底公和安如，不列颠尼诸省之战，数星期间本不难结束，但远征英吉利为绝不相侔之事。欲征服英国，除了尽封建的义务以外，非订立一种长期的志愿从军之约定不可。长距离之远征实非短时期之军役，有如封建制度下之服务期间，所能完成；交通进步后，封建制度便一蹶不起者，此即主要原因之一。封建制度本为防卫丹麦人及他种人来袭攻近乡而起：久战或远攻实不相宜；大国家更不能藉封建军役为攻守之道。

从至尊以迄最卑，主臣的关系在诺曼底完全是固定的，属地的，且可承袭的——子承袭父的关系。在阶梯的最高一级为诺曼底公，下为诸男，再下为武士，再下为农民。农民不能离开他所耕的地，也不能离开他所事的主；他实一可怜的农奴。在诺曼底，武士及农民俱不能自由的易主而事；不像在属地性较轻的盎格鲁·丹麦的封建制度之下，许多自由农民是时仍可自由的改事一个新主。因此之故，诺曼社会的自由不特比斯干条那维亚的小，且还不如盎格鲁·萨克森的；但要比两者为安定，平时及战时之组织亦比两者为严整。

诺曼君主制度 诺曼底的军事社会制度固较萨克森英格兰的更为严格的封建，然政治制度则没有后者那样的封建。诺曼底公对于所属诸男所享的一种权力，有非封建制度极严格的各国国王所能望其项背。封建法兰西的国王对于诺曼底公仅有一种模糊含混的宗主权，在诺曼底公的领土内或别的省分内，他并无一丝的权力；他的权力仅限于巴黎周围，王室自领的一块小小采地。诺曼底则和法兰西不同，诺曼底公在辖境中的地位实不仅一封建主，他已近似真正的君主。诺曼底的所以能有些真正君主制的性质当然是由于诺曼人自己的进化，因为斯干条那维亚及法兰西从未有过这种制度。威廉及他的诸子到英国时把诺曼底本有的君主特性移植英国，而英国在中古时遂成为和法、德、西班牙不同的一个君主国家。

在诺曼底之境内，男士俱不甚大，没有一个男能有单独和诺曼公较量的大力。英国自守教者爱德华后变成伯土政治，法国此时亦由几个大诸侯割据称雄，但诺曼底则绝无此种尾大不掉的分裂景象。诺曼公在自己的采地内固委有管产司（bailiff）以经营田地之私事，但此外另有处理公务的官吏，性质和管产司绝对不同。这种官员叫做"子"（"vicomtes"）；他们征收诺曼公的赋税，统率他的军队，主持他的法院，并维持他的治安。法兰西王则并无此种官员。日后诺曼子和英吉利邑官混而为一，于是邑官的地位更高卓，而成为中古英吉利君主国的台柱子。诺曼财政亦为欧洲之冠，诺曼公因此亦实力充裕，且能征收钱币以自给。法兰西王所得之租类皆粮米杂物；因之征收极感困难，且无钱币之实惠。在诺曼底，铸币为诺曼公专有的特权，别人不敢尝试。私人建筑堡寨须得他的允许，他也可以收管。私家的战争虽尚未为法律所禁，但诺曼公之实权亦足以使私战减少。

由此我们可以知道，1066年侵英的敌人不特是一群四海为家的冒险勇士，不特是目的专一统率集中的队伍——诚然这是成功之一因——且也是欧陆组织最完善的国家。这种组织在初起的英吉利当然会有自由的发展。

比诺曼制度更有重要关系的，则为诺曼公及其臣民的思想及行动的习惯。威廉本是一个私生子，在诺曼底继位为公的权利也极不完全；所以当他八岁即位之时，国内骚然，而封建之纷乱达于极点。但他竟能把反叛好乱的诸男一一削平，恢复诺曼底的治安，更强人民以服从主上。马上得来的教训，在侵英之前，盖早已深印于威廉脑海之间。

诺曼教社　最末，但并不是最不重要，则有教社及诺曼公的联盟关系。诺曼底后期的诸公曾推翻丹麦人的窝登，而信奉法兰西人的基督；他们重建寺院，恢复主教区，并捐助甚厚。他们所得的报酬即是全体主教及大部僧正的任命权，因此之故，教社的领袖都是诺曼公的政策的执行者，甚有服僧侣服而与一般的男同样效命疆场者。威廉的弟弟鄂多（Odo）为威廉最孔武有力的臣民，然当少时即受威廉之命而为巴叶（Bayeux）的主教。威廉侵英时，鄂多亲率百二十武士相随。因为教社反对以刀杀人，他遂愤然弃主教之笏于海斯顶斯之血丛中。

但诺曼僧官中并不都如鄂多的残暴；其余的大都值得我们的尊敬。从11世纪初叶起，宗教改进之运动颇为轰烈，即克吕尼的寺院复活运动亦受诺曼底诸主的鼓励保护。诺曼底本和宗教及学问的意大利中心相隔辽远，邪教式或耶教式之野蛮状态宜可在此继续生存，不受世外的影响；但竟有著名的寺院如柏克（Bec）等，昌荣繁盛于此间，而阿尔卑斯山以南的最大学者亦会远道游息于此者，则诚诺曼人之幸，而亦即英吉利人之福。巴味亚的郎佛兰克（Lanfranc of Pavia）及亚俄斯塔的安瑟伦（Anselm of Aosta）皆相继曾为柏克的方丈及坎忒布里的大主教。此亦正可为中古时代宗教及学问皆有世界性的例证，而适与普通生活的地方性相反；宗教及学问无国界，而普通的人则终世僻处故村，为农奴者固不能自由行动，即自由人亦因交通乏术之故而无可迁移。人与人之间因地势的阻碍或社会上的阶级而无法互相往来；但国家的界限则反不存在。郎佛兰克及安瑟伦将罗马法及宗教法（Canon Law），以及当日最新的神道学及哲学，自意大利传至诺曼底，更自后者传至英吉利；但无人把他们看做"外国人"。在大学时代以前，寺院如柏克等本为学问的中心。同时，建筑术亦正在诺曼底留下一伟大而不可磨灭的景象。虽则石建的堡寨要到12世纪时才盛，然当威廉往英之时，我们今日习知之诺曼礼拜寺及大礼拜堂已在一一兴建。

残暴及纷乱　在某几方面，诺曼人固高出于野蛮的欧洲，但我们尚不能承认他们为文明人民。虽少数僧侣博学多文，但上流社会尚不知文字为何物；除了僧侣以外，尚没有法学家，及别种有学问的职业；中古后期的奢丽，美术，商业，及武侠之风此时亦尚未出世，初期男族的木寨或偶有的石筑高塔（"donjons"）尚说不到奢丽或美术。而且诺曼人的不讲人道亦正如当日英格兰的盎格鲁·萨克森人或丹麦人；且因为较后者勤劳好动之故，所犯的残暴行为更比后者为多。他们常对叛逆或俘虏有断手剜足挖目之刑。屠城洗劫之事亦数见不鲜。凡此种种，不幸的英吉利人瞬即亲受其祸，而知为诺曼人战术之一部。诺曼人当时虽已为笃信耶教的教徒，然于人道方面，则与野蛮的外琴人曾无多少出入。他们所长者即知识及组织的能力。教社曾教此辈野蛮人以组织社会的方法。他们日后之能一跃而讲人道及公平，由于教社本身的教训及所示的先例者少，而由于此种完美的社会组织者倒多。

我们于诺曼人之征服地及他们的故国间亦不能不严加区别。诺曼公的权力一移植于英国后便能置"王之治安"于磐石之安；但在诺曼底本国则仍脱不了中古时代封建省分所通有的种种现象——纷扰，不靖，及公私战争。我们不能因为在理想上人人应感觉到耶教社会的一统，而断定中古世界之能安全和平。那时固无近代种族相仇之观念，及大规模的民族战争，即法兰西及德意志也因交通不利，及组织不备，而不能有爱国心的产生，也不能举族互战；但德法俱永沉于内战之中而不可自拔，无数的小封建国间因封建主个人野心勃勃之故战事永不绝迹，而且都残暴异常。在封建世界中，邻与邻间，只有仇怨及斗争，而死亡横逆之来几如家常便饭。但在

诺曼诸公的心目中，他们总不绝的希望以改进生活的状态为他们的职责；他们如果能于易守的岛国做到这一点，他们自不难于数世之后，建立一个比乱七八糟的中古王国较好的社会。

守教者爱德华 是时，英吉利的人民虽已不受人之压迫，而绝不想法增进岛民的团结，或设立一较强的王国。克弩特的诸子不能维持他的海上帝国，也不能以统治丹法国之法统治英吉利；英国已复入威塞克斯王室之手中。继王英国者为爱德华，后世谥之为守教者（The Confessor）。他的父亲即无勒德的爱衰尔勒德，母亲爱马乃诺曼公理查一世之女。[1]

英吉利王室之复辟固然推翻了斯干条那维亚人的统治，却不能重新将益格鲁·萨克森国导入进步之路。王室易帜之时诚为英吉利人中兴英吉利国之绝好机会，如果入承大位者为阿尔弗勒那样人，甚即哈罗德那样人，英吉利之统一和改进殆可不需诺曼人的费力。但守教者在心坎深处实仅一个法兰西僧士，而不是一个英吉利国王。只有他所习知的新派诺曼僧侣的宗教生活能鼓动他的热忱。他因避丹麦人之故从幼时以迄中年皆流亡在法，在诺曼寺僧间过生活。他本一半是诺曼人；在莅英即位之时，其英吉利人的器度殆比查理二世在多维（Dover）登陆时更少。他当然以法语说话，即于思想时，恐亦逃不了法语。他所做的一些事及他所未做的许多事都是替诺曼征服做预备工作的；做这预备工作也即是在历史上他的惟一使命。

诺曼人在英的势力 他的政策即是引许多诺曼人入英国的教社及国家。他半生所接触的既尽是诺曼人，气味相投的，和友好的，也当然脱不了他们；且欲抵抗高德温之擅权，他也不能不养成一班亲信人物为后援。高德温时为威塞克斯之方伯，位高权重，而势更大，爱德华之得被举为王，由于他的力量居多；他当然更希望操纵宫廷间一切大事。如无诺曼人相助为理，爱德华实没有抵抗这样一个重臣的能力及意志力。

爱德华把好几个诺曼人升做了主教，其中的一个，朱米爱泽的罗伯

---

〔1〕 参阅章末所附之世系图。

（Robert of Jumièges），则为英国的大僧官。色塞克斯的各埠为通大陆的要道，爱德华把它们也委托诺曼人管理。因赫勒福德邑（Herefordshire）归诺曼伯剌尔夫（Earl Ralph）统辖之故，威尔须边地（Welsh March）亦得和诺曼人接冲；剌尔夫则以新的军事制度传入那荒远的林邑，而他的从者则贪暴凶猛，居民咸有戒心。他及他的武士所筑的许多私家堡寨亦为萨克森自由人所侧目而视。他又想教萨克森豪贵鞍上作战之法，以御威尔须人；但英人拒绝受教于剌尔夫或任何人。他们的没有学得骑兵战术，实为海斯顶斯败绩之张本，而国运亦莫可挽回。

守教者的朝臣及宫中牧师亦概为诺曼人。在伦敦的中心，在窝尔河（Wall Brook）之口，卢昂（Rouen）的酒商亦自辟一专用码头。威廉在拍汾息（Pevensey）登岸时，他实不是来到一个完全陌生的地方。诺曼派政客是时在英吉利已有25年的历史，而诺曼方法及习惯亦早为英人所习知而敬畏。

爱德华所忘了做的事情比他所做的事情更可以说是诺曼征服的预备工作。第一，他虽和高德温的女儿行了结婚典礼，但他总不肯失了僧士的贞洁。因此他没有子嗣，因此亦留下了一个王位继承的问题。第二，他始终没有统一全国的行政，或改良全国的法律及制度。统一行政和改良法制本不是容易的事情，也许只有像征服者那样伟大的武人能够胜任，但爱德华连试都没有试过。

割据的状态 统一最大的障碍即是方伯分治六大伯土之制，而王家的官吏不能分辖各邑。固然这不是爱德华时代的新制，固然英国自罗马人去后从未真正统一过，固然德法当时之分裂割据或且甚于英国；但爱德华之机会很好，他有20年小康之局，斯干条那维亚人已去，而诺曼兵未出；英明的君主应可乘此太平时间而尽力于国力之统一，才可防患于将来。但爱德华则不但不此之图，而他的政策——如果可以说是政策——适足以增加南北间的恶感及地方主义。他专利用北方麦细亚及诺森伯利亚两侯的嫉妒心以制服高德温的威塞克斯及同族的南方各伯土。

高德温 藉了用甲制乙的方法，爱德华有一次居然把高德温全家逐出国外。但到了次年高德温和他儿子哈罗德即自佛兰德斯（Flanders）及爱尔兰相继反攻。他们在海峡各埠上岸剽劫，作战情形亦残暴异常；但南英之人毫不为慑，且仍起而附和。好航海的人民群趋海峡的各埠而加入高德温父子的船队；色塞克斯及色来（Surrey）的队伍则向伦敦进行，而誓与高德温伯共生死。他的船队上航泰晤士河时，伦敦人亦让它们在桥下一一过去而不加阻挡。此地此时，爱德华不得不和他为城下之盟，而人民仍无一人肯为国王效力。高德温的主要诺曼敌人逃开英国，而高德温家所有的领地及官爵也一一恢复。

爱德华朝政治的动机极暗晦而难以明了。我们所有的证据多是破碎不全，而近代历史家之尽知可以得知之证据者又往往各异其说，对于主要人物性格及政策的估计往往截然不同。大概反诺曼的空气当时到处浓厚，所以高德温被逐后之一年内即会受重大之欢迎而回国。但我们如称呼高德温或他儿子哈罗德为全民族的英雄，则又有误会之虞，因为我们所知的民族观念当时尚未存在。威塞克斯之人，塞汶流域之人，及丹法国之人也许都可以痛恨诺曼人，但他们彼此之间既不认识，势不能共同的矢忠爱国。就全部论起来，在11世纪时一定不会有人说过群起卫国的大话，因为即说了，也是没有人能懂的。要是英国人能懂一致捍卫国家的意义，则数千披甲之骑兵又乌能以海斯顶斯一战而征服全国？而支配一切？

高德温于荣归后之次年即死了。他把操纵国王的大权，威塞克斯的伯土，泰晤士河以南人民的好感，及散居各邑的采地全数传于他最强最能的儿子哈罗德。采地的积聚尽为30年中的成绩；高德温所用以取得采地的手段诚亦不堪一问。他本为色塞克斯一平常豪贵，并无所有；然竟能于短时期内权富甲全国，又能举而传诸爱子，他当为一大人杰。可惜我们所知关于高德温之事太少，我们无从估计他的性格及事业。

爱德华的末年 高德温死后之13年内，国王竟不敢公然违抗哈罗德。

是时均势之局面已成，真正的统一亦无从着手。诺曼人本未全体撤退；麦细亚伯爱底温及诺森伯利亚伯摩加（Morcar）即不至公然与哈罗德为敌，至少也是异己势力的代表者。东盎格利亚伯土固属于他弟弟求司（Gyrth），但因为其他两弟斯汶及托斯替格（Sweyn，Tostig）太不成器之故，哈罗德总不能以高德温氏子弟分布全国，而收统一之功。

爱德华在韦斯敏斯忒新宫中薨逝时，重整萨克森英吉利旗鼓之机会盖已过去。而政治颓败之状况则如上述。盎格鲁·萨克森诗及散文之衰萎亦正如政治之颓唐。诺曼征服绝对不是盎格鲁·萨克森文风不振的缘由，因为文风本已不振。与其归罪于诺曼征服，还不如归罪于半世纪前之丹麦征服。不过诺曼征服当然断绝了盎格鲁·萨克森文学复活的可能。

韦斯敏斯忒及伦敦 守教者同亨利三世，六世，及其他"不幸的圣徒王者"一样，他也传下些足以末减政治失败的罪的成绩。韦斯敏斯忒寺固经后代重建，但它之所以能占宗教史上的重心且兼为政治发动的中心者，则仍要归功于爱德华的初步建筑及慷慨捐助。他为追念圣彼得起见，先于离伦敦城约二哩许之荆棘丛中，依泰晤士河而造一大寺。为接近圣寺起见，他更将王宫自城中迁至寺之附近。宫殿之迁至韦斯敏斯忒于英吉利日后的历史有重大的影响；日移月易地政治的重心亦由威塞克斯的旧都温彻斯忒迁至伦敦区域。然最妙者韦斯敏斯忒又和伦敦城不在一起。如果诺曼诸雄主道过伦敦时也像萨克森诸王之驻跸于城内，则伦敦城中方起的政治独立将不待长成而即被摧残。伦敦人所享之政治自由为日后英吉利自由之保障，自约翰起直至斯图亚特朝都是如此。如果伦敦城之自由不得长成，则英国将无从为自由国。因此之故，卜兰他基奈时环绕王宫而起的诸种衙署幸而在韦斯敏斯忒而不在伦敦城内。虽然，王宫之所以在韦斯敏斯忒也并不由于任何政治上的先知，而由于偶然的机会，及守教者的虔诚之念。

在萨克森时期的末年伦敦重又成欧洲商业的中心；罗马人去后，尚为第一次重占此种地位。此时伦敦在别的英吉利城市中正如鸡群鹤立。在罗

马人的旧城郭中,大街小巷亦逐一铺设;今日伦敦城中的街道仍大多沿当日之遗址。是时之房屋尚用木料,有许多仅是市棚而已。房屋之后面及四方亦甚多空地。但城中热闹之状况,及五方杂处之情形则那时即然,而伦敦日后的伟大亦一若已肇始于此时者。斯干条那维亚人,佛来铭人,日耳曼人,及诺曼人皆占一部分之势力,而东盎格利亚人则为平民中之最有势力者。紧靠城墙之外为各种耕牧之地,专为市民养植食物之用,有猎地(Moorfield),五金匠地(Smithfield),及其他各种地之分。藉泰晤士河诸支流之水而转动的水磨之声则亦遍闻于城外。城北为林木甚茂的山冈;有圣约翰的林(St. John's Wood)有罕普场(Hampstead),有恩飞德猎场(Enfield Chase),再远些更有赫特福德邑之诸林。伦敦的诸封建主俱食采于是,而战士式之商民则于此猎射鹭鸟,牡鹿,野猪,及野牛之类。

哈罗德之继立 贞洁的爱德华死后,王位承继问题纠纷不已。最近的嗣续当推幼王子爱德加(Edgar the Atheling),但他是一个幼童。如果英国是时组织较为完善,而民族思想已经发达,英人尽可立此幼童为国王,而竭力拥护。但是时为封建的世界,大家最怕因立幼君之故而酿起无政府状态;爱德加的奥援薄弱,羽党全无,更减少立他继祚的可能。大家于是拥戴经验宏富,而权力伟大的哈罗德以继故王之后。哈罗德虽与王系相距甚远,但从母亲方面,他也可绍斯干条那维亚诸王的血统。他更有能力及南英的采地,教他来应付乱世,当然似乎要比爱德加多些希望。[1]

哈罗德如能摈绝亲御大宝之念,而为幼王子的摄政,也许可绝外王之觊觎,而使他们无可借口。但哈罗德之承继王位,即为不智之谋,亦不能谓为篡夺。英吉利向不牢守王位世袭的大法;弃孺幼而不论又为极普通之事;守教者临死时曾指名以哈罗德为后继者;贤人会议又尝举他为王。斯干条那维亚及诺曼底固借口他的篡夺而兴师问罪;实则即幼王子继立为王,恐它们也会来侵。须要守教者自己有后,方能使他们无从借口。1066年秋,

---

〔1〕 诸王世系,观本章末附图。

诺威王哈德拉达（Hardrada）及诺曼公威廉竟同时大举入寇。英吉利本已久为斯干条那维亚及拉丁欧洲之争地，至是年而竞争到了最要的关头。如竟有一方来攻，哈罗德或能应付裕如；但在两面夹攻之下，他竟至一蹶不起；而诺曼人因能力及命运都在他们方面之故，竟为惟一的胜利者。

威廉之争立 威廉对于王位的继承权——如果不应忽视的私生关系可以忽视的话——从世系上说起来，比哈罗德要强些，比幼王子则要弱些。但贤人会议所推举者为哈罗德而不是威廉，威廉更有何说？威廉之所以能博得当时耶教世界的同情者乃全凭几种可以深中中古人心的理由。这种偏面的理由绝不能令近人信服；但哈罗德在中古时代之数世纪中竟被世人视为伪誓的篡君者即凭这种偏见。

第一，威廉声言爱德华曾于某时指定他为嗣君。也许当时实有此事，但爱德华的最后意旨则确是哈罗德而不是威廉；而且承继权之决定操之于贤人会议之手，而不操于垂死的国王。第二，当哈罗德流亡在外时，他曾在威廉处住过；威廉竟利用这个机会，而勒令他指了某种神物立誓为威廉的人，立誓帮他（威廉）去取得承继英国王位之权。在当时人眼光中看起来，誓言固神圣不可侵犯者；在他们的日常生活及法律手续，誓言的地位比在近代社会中要高得多。在近代人看起来，或只觉得威廉的缺德，哈罗德因逃亡而避居于诺曼底则实为威廉的上宾，又乌能乘人之危而强人作不利于己。不利于幼王子，不利于国家的宣誓？强人将他自己的利权及民族自决的利权宣誓断送？然中古人士则深中宣誓神圣观念之毒，而深恶哈罗德为伪誓者。中古及近代伦理观念之不同，此亦一点。

第三，威廉更反对哈罗德为斯替干德（Stigand）的庇护者。斯替干德曾由高德温派不规则的委为全英的大僧官；大陆上的教皇派则把他看做异端者流，因为他曾和伪教皇发生过关系。大陆上喜尔得布蓝德的时期本快要到了。他虽然还没有做教皇，但他在罗马的势力已很可观；他在威廉和斯替干德的冲突中，他帮了威廉不少。教社中喜尔得布蓝德一派本以清规

为重，而向不满意于英国耶教徒的随随便便；他们盼望英国的僧侣能不结婚。他们和高德温派向有恶感，而和诺曼诸公则向为同盟。教皇的赐福和旗帜于威廉实为极有用的一种帮助，没有了它们，威廉的远征将完全流为武装寇盗，而没有一点十字军的气味。

在封建时代，小国群立之时，诺曼底算做欧洲的一大强国；而它的主政者亦熟知国际政治的复杂微妙之处。威廉在攻英之先已于其他各国尽力宣传其政策，取到它们的谅解；故他尽可放心攻英，而不虞邻国在后方捣乱。凡此种种，威廉正不弱于600余年后之同名者。哈罗德则因不谙宣传及外交之故，竟无人能表示同情。当用法语之封建世界联合而侵略英国时，他们实不啻加入一个受大统领主持的盗党，但他们尚自以为在替天行道，扫除不忠，不义，不信的哈罗德咧！

威廉的军马 在拍汾息上岸的军马武器并不是封建的征集，虽则参加的人员皆充满了封建精神，且希望在征服国得受封建地的颁赐。在封建法之下，威廉并没有召集臣下于役远方的权利，因为远征英国势必超过40日之限。但许多诺曼男及武士，及不属于他的不列颠尼及佛兰德斯的男及武士皆自愿在他的旗帜之下从征英国。1066年之师不啻一合伙公司，而以瓜分英国为目的。此正与克伦威尔之征爱尔兰相仿佛；此役在17世纪时亦视为宗教的工作，而从军的权利亦为分得若干土地；战前所举之债甚有以战后所可获得之地为担保者。在1066年之春夏两季，威廉及同盟各家已在发帑建造舰队，为航运之用，因为披甲战士而外，受过训练之战马亦须运过海峡应用，庶几可以突破哈罗德禁卫军的坚盾。

征英的军队并不浩大；当时所赖者为质量而非数量。在那时候，即军官们亦不能详数军队的数目；但据近代史家的估计，则总数决不会过万二千人，骑兵则最多占一半。此数大概不会有误，因为日后英国被征服者所瓜分时，得赐地的诸侯武士总数确不过5000，而这5000人中当尚有在海斯顶斯以后始至英国者。以人口已有百五十万右左的大国而会被区区万余人所克服，且永永被所镇压，当时英国政治武备之不修明，而诺曼人之比较优越亦正可窥见一斑！

威廉的幸运 威廉之能取胜于海斯顶斯一半也由于机缘。在战前之六周内，逆风使他的船只无法开出，因而留居港中。在此期内，诺威王哈德拉达率领大军重登英陆，于距约克二哩许之地方一战而败爱底温及摩加两伯及他们所临时征集的土著军队。哈罗德本在南方紧守海岸，以防诺曼舰队之来侵；此时他不得不暂去北方抵御强寇。他的禁卫军本为全欧当时最优的乘马步兵，是时全军北驰，突至约克城门之前，而歼诺威人于斯坦福德桥（Stamford Bridge）旁。三日之后，威廉已在拍汾息登陆。

海斯顶斯之战 哈罗德之战胜斯干条那维亚人为诺曼人除了大敌，但他自己的元气反因而大伤，战殁于斯坦福德桥下者极众。他闻南方有变后，即率禁卫军驰返伦敦，计程4日，到伦敦时为10月4日。北方疲于战阵之军队，因步行故，到达较缓；西南临时民军则尚未来到。哈罗德决定即以禁卫军为中坚，以东南各邑之豪贵及民军为外附，而和威廉战于色塞克斯。以步兵和骑兵交战，步兵势必取守势，他所以率领他的队伍通过安得勒兹韦德（Andredsweald）树林，而进至林边一个山上。此山顶上日后即巴特尔寺及巴特尔村（Battle）所在之地，离海斯顶斯仅有六哩许；然在当时则既无居民，又无名字，仅有"灰白色的苹果树"足资辨认而已。

入侵者的武器战术固远胜于守山者，但攻山亦至不易，几不能竟日而成功。攻守二方其始固同出于诺尔狄克战士之祖先，只因政治社会制度之不同，故战术的发展遂各异。诺曼武士及英吉利禁卫军所用之防身甲大致相同；其始俱为简陋的环甲，其后俱为便于乘马起见，将下端裂开。两方所戴的头铠俱为锥形的，也各有鼻甲。两方所用之盾本为圆形的，但为乘马时便于保护两膝起见，今已作鸢形，两膝处可以下垂。两方除了专门的战士以外，也各有半披甲或不披甲之军队参加作战；在英吉利方面，各邑之民军（"fyrd"）即属于此类。但除了上述各端外，两方再无其他相同之点。盎格鲁·丹麦人于放马在背方后仍徒步作战以盾为护，而以丹麦人旧日所用之长斧拼命向前劈去。哈罗德力砍敌人时即用此斧。诺曼人则高坐于马上而能并使长矛利刀，以矛戳人，而以刀下砍。但诺曼人的骑兵战术，虽十分优良，尚难以制胜，因为山上禁卫军的"盾墙"仍是无法冲陷，幸而诺曼战士，在战术方面，实兼新旧之长；他们从法兰西骑士那边学得了骑战后，仍没有忘了斯干条那维亚人矢射之技。盎格鲁·丹麦人则早已忘了矢射之法。这种矢射固然及不到日后克勒西（Crecy）长弓队的优良，但在当时之英吉利则已为无人可及的绝技。诺曼人于乘马直冲之余，更不断的放箭射敌人。以步兵而当骑兵，再加以放射的兵器，则虽勇者亦难成功，在滑铁卢之战时英国军队有放射的兵器以攻法国身穿胸甲之军队；但在海斯顶斯时，则英法间所用之武器刚刚相反。

日终天黑之时，哈罗德及禁卫军已全体战死于山上，好像苏格兰人殉君同死于夫罗登（Flodden）时一般。幸存的民军中心本极厌弃战事，于是一一循安得勒兹韦德林中的途径，而偷偷的回到远离的故乡去了。

附　1066年争承继权各君的世系图

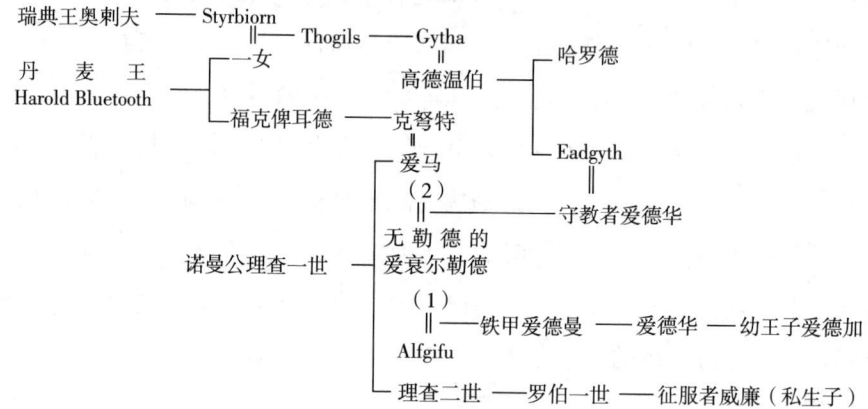

第八章
诺曼征服的完成及诺曼制度的建立
1066—1135

国王：威廉一世，1066—1087；威廉二世，1087—1100；亨利一世，1100—1135。

西南的臣服 海斯顶斯一战所引起的惊涛宜可以激动诸封建臣贰的忠义心，及全体人民的敌忾。然而英国尚够不上一个有组织的封建王国，更说不到国家。海斯顶斯竟不能对于盎格鲁·丹麦国生任何反抗的倾向。无论伯也好，豪贵也好，主教也好，邑官也好，城市也好，都想和征服者单独媾和而不想作战。即如斯替干达，他本为哈罗德派的重要领袖，且为教皇的诺曼同盟所特别仇视者，他应如何激昂抵抗；乃征服者正于威林福德（Willingford）渡泰晤士之际，他即妄想和他（征服者）讲和，以便保留坎忒布里大主教的法座。爱底温及摩加到南援助哈罗德时已经太迟；究竟为何迟到——不忠于哈罗德，抑调度不灵，抑有不得已的苦衷——则无人再能明晓。他们见到得太迟，即又北返，而让南英自寻出路。他们也许在想，无论戴威塞克斯王冕而居于泰晤士河岸之上者为何人，他们总可以仍为麦细亚及诺森伯利亚的主人。但威廉心目中的君权则绝不能容忍此种事态之存在。

南英亦没有多少抵抗。威塞克斯旧都温彻斯忒首先降服。至于伦敦，威廉既没有一举攻下之把握，而又欲装作爱德华的合法嗣君以和平入城。因此之故，他先将环绕伦敦西北之各地先后平服，师行所过，并捣毁巴京汗邑及赫特福德邑之诸村，以速英人之投降。这个策略极好。伦敦虽曾宣告幼王子爱德加的继立，然经数周之迟疑后，即遣使拥戴威廉，且邀他来到韦斯敏斯忒举行加冕大典。

威廉的即位　在韦斯敏斯忒，于1066年基督诞日，他遂行加冕之礼，而为爱德华的嗣君。他的从者因闻人谣传有变叛行为，即于行礼之时在寺外火焚英人居屋。因火焚而酿起之纷乱及喧声惊动全寺，于是寺内之人，除了威廉及执事僧官以外，俱跑至寺外参加除"逆"之举。这不幸的事正和威廉所持的合法继承王位之理论背道而驰。威廉虽自以为守教者的哲嗣，而为他（守教者）的"良法"（"good laws"）〔1〕的保护人；但他（威廉）的文过饰非之词亦安能掩没征服的残暴？且他也似乎没有制止法兰西人劫掠及暴行的能力。但征服者及其诸子有时亦能和萨克森臣民联合起来以抗法兰西·诺曼男族中的作乱犯上者；民军及邑法院不久亦即恢复，且权力视前更大：此两事颇足使威廉所持之法统不断说有相当之凭借。

诺曼人之压迫英人　海斯顶斯后之首几个月内，英吉利人本可作一顽强的抵抗。他们并不抵抗，因为他们希望降服后，土地及自由不会比在克弩特及丹麦人统治时受更大之损失。但此点他们不久即知其妄。威廉声言凡曾经臣服篡君哈罗德者，都丧失了他们所有的财产。没收萨克森庄地而分赏给外来的征服者之事，海斯顶斯战后，即有发生；到了上项借口无可根据的时候，威廉更借口变叛或其他更无足轻重之理由而没收英吉利人的田地。

---

〔1〕　守教者实在没有订立或整理任何法律。所谓墨守"良法"云云者不过是征服者的一套欺人之谈而已。

而且诺曼王或诺曼男的束缚人民,也不像克弩特及其诸伯之宽弛。新的君主及新的封建是建设于新的军制上的,因此,它们都能根深而蒂固。诺曼人到处迫令萨克森农民聚土为圆丘,而建筑堡寨于其上。此种土丘我们今日犹可见之于留埃斯(Lewes),及百数处别的地方。堡寨初用木料,后来则改以石筑。在土丘之前有一外院("bailey"),四周围以土墙以资防卫。披甲之骑士则由这种不可攻之坚垒中高临四乡。有时他们固能力保治安,但有时则竟四出抢掠欺压。伦敦人亦睹新建之伦敦塔[1]而触目惊心。他们向爱自由。高塔的雄震东城,虽不必定和自由冲突,然已足令伦敦人有惴惴不能自保之惧。

爱底温及摩加 西南本为高德温家地产及权力最盛之区,威廉在此地亦一征而克。到了1068年底,他已可以说是南英的真主,北方至少亦认他为王。但土地之易主者则尚仅全体之一小部分;在麦细亚及诺森伯利亚尤其是绝少变更,宛如海斯顶斯以前时。如果北方两大伯,爱底温及摩加,能力持镇静,消极的臣事威廉,则北方的现状或尚可延长多年。但他们公然谋叛。被征服后,重邀赦宥,既而又叛。他们第二次的变叛更得外琴人之助,外琴人且由丹麦王子亲率。凶狠的威尔须人亦越奥法堤而至麦细亚之境,以助攻诺曼人。

北方夷为焦土 威廉浩荡的北征,及残忍的报复即由是而起。在约克及达刺谟(Durham)之间,师行所过,真有鸡犬不留之概;房屋尽遭焚毁,而人民则屠戮或逃亡净尽。17年之后,据《土地调查书》所载,仍有百余村为无人之地。约克邑北莱丁(North Riding)的大部及东叶丁的多处,因屠戮之故,人口荡然。在达刺谟郡,房屋牲畜亦无存者,人民则因得信较早,大都越泰因河而逃亡。有许多人因无可为生之故,自鬻为奴,也有卖在苏格兰之罗新安者。因此之故,苏格兰的人民得了不少的斯干条那维亚的血液。在彻邑及中部诸邑,屠杀亦为常见之事,但旋起旋止,不至于净

---

[1] 伦敦塔(Tower of Lodon)自始即以石筑,今尚存在。

尽。是时木材尚多，故重造已毁之木舍本无文明时代造屋之难，但人口，牲畜，及农作家具则损失后甚难恢复。"夷北方为焦土"（"harrying of the North"），论其残暴诚土耳其式的复仇，但深与中古时代耶教战士的思想及行为相符。

　　这次酷虐的动作居然达到了目的。经此大规模之捣毁以后变叛再不能发生。威廉及数千徒众是否可胜征服全英，驾驭全英，并强全英以变法易制之任之问题从此解决。历久未泯之南北之见——北英及丹法国之嫉妒建都于威塞克斯及伦敦之国王——从此消灭。斯干条那维亚社会对于诺曼封建主义的抵抗亦从此告终。我们所见的达剌谟堡寨及大礼拜堂，一大部分即于"北方夷为焦土"后之 30 年内建筑起来，以为外国僧侣及军士征服英国，拉丁文化高照鄙野的诺尔狄克土地之象征。达剌谟一带在屠戮前本为贫穷之地，而于如许之短时期内竟有伟大的建筑可以雄踞荒岩之巅上，亦可见威廉带来的一班操法语的僧侣，官吏，及建筑家之热心毅力。此所以人数虽至有限，而治理及改变英国仍绰有余裕。

　　接受新的文化者，不但恒伯河以北各地，即土壤最肥沃的林肯邑及东益格利亚亦须牺牲旧日之自由而加入于封建系统内。丹法国的自由人向来即益格鲁·萨克森式的封建制度亦避之若浼，而不敢十分亲近。他们中的好多人可以举地而归属于任何的封建主；有几个村内且无任何的封建主。因此，自由人之成数在丹麦人及诺威人所聚居之地实比英国其他的地方要大。但诺曼人一来，这种旧有的自由即归乌有。法兰西式的严格的属地封建制度不特高罩在萨克森人之南方及西方，且推行于斯干条那维亚人的北方及东方。大部分的丹麦自由人一降而为采地之佃奴。但在繁盛的林肯邑中犹有多少的佃奴仍获维持其小康的生活，而在某几种的法律方面仍不失为自由人。

　　"夷北方为焦土"之役减少了英国的丹麦人，尤其是在约克邑中。但密集西岸昆布兰及郎卡邑的诺威人似乎曾于日后慢慢的移向东方人口虚少的地方住居；因此之故，斯干条那维亚人在英国所耕地之总数归根仍不减少了许多。但斯干条那维亚的思想及文化则仍为诺曼的思想文化所取而代兴。中古时代英之北方之统治阶级实一完全封建化及诺曼化的阶级。此层我们亦可于是地之安布佛拉微尔及拍息（Umfraville，Percy）两大族，约克邑诸大寺，及达刺谟宫伯之土（Palatinate of Durham）[1]中观察出来。

苏格兰的封建化 封建的势力在苏格兰王大卫（David）时更和平的侵入苏格兰边地（Border），而苏格兰之社会宗教亦不能免诺曼各大族的侵入主持。布鲁司及巴力奥耳（Bruces，Balliols）两大族的人居，及美洛斯和力鲁德（Melrose，Holyrood）的建筑不过是诺曼征服的蔓延而已。南英因经济发展较快之故，于推铎尔朝时脱离封建时代亦较北部为快。但北部虽封建化更为完全，保持封建之形式更久，而诺尔狄克的独立气味则亦终始保全，不因封建的社会形式而有一刻的消失。在数世纪的封建高压之下，苏格兰及北英的农民，无论法律如何将他隶于封建主之下，或感情如何使他怀系封建主，比萨克森南部之人民总要兴致好些而落魄少些。

赫勒瓦德之叛 威廉的重围赫勒瓦德（Hereward）所困守的伊里岛（Isle of Ely）为征服的军事时期的结束。赫勒瓦德本盆地的居民，因地势关系，善于水陆两栖的乱战。他发动过迟；是时英吉利其他部分尽已征服；最后的胜负本不待卜而可决。他的反抗在好几次的地域反抗中为最迟的，而亦为最悲壮的。英国当时尚不能有普遍的爱国运动，既无窝雷斯（Wallace），亦无阿克的凖（Joan of Arc）。英吉利不过是地理上的名词，许多种族，地域，及管辖地的总合起来而已。它仍须经锻炼后方得成为一个民族；它现在遇到了能担任这种工作的大匠。

封建领地的分裂 因为各处的变叛是陆续起伏的，所以征服也不是一气呵成，而是陆续逐地成功的。威廉借此机会没收了英吉利地主之地，而

---

[1] 译者按，Count Palatine 或 Earl Palatine 乃 Count 或 Earl 之于其采地内享有君主于其领土内所享之特权之意，Palatine 本从 Palace（宫殿）之字而来。Palatinate 者乃这种特殊封建主之采地；County Palatine 乃 Count Palatine 之采地；Palatine Earldom 乃 Earl Palatine 之采地。

悉以赐给他自己的从者,无论是僧侣或是世俗人。这个手续一直要到了全英各邑尽分成武士的采地时为止。武士受命于操法语之诸男或僧官,而诸男及僧官则又受命于国王。

没收是跟了威廉的势力进行的;征服者的势力逐渐向英国各部进行时,没收亦随而进行。因此之故,英国的封建制度得了一种特色:每男所有的田地往往四散于各处,而不集中于一地。这适和大陆上的习惯相反。普通的诺曼巨豪既不能拥有全邑或一块整地,国王在一邑中的权力自必大于任何臣民。因此他可以委派邑官一人以治理邑事。邑官往往属于男族,但国王得以自由任免,且须完全受国王的命令。此后旧英的邑官("shire-reeve")与诺曼子("vicomte")混为一谈,而旧英的邑("shire")亦有以外国名"郡"("County")称之者。邑官的权位在英史上以诺曼时为最高,在此时他可以处置萨克森不良份子,他也可以铲除操法语的乱臣贼子。

国王的直接管理　威廉为直接管理各邑起见,蓄意的将萨克森英格兰所由分治的六大伯土一一分裂。威塞克斯先随高德温家而消灭;此后,除了哈第(Hardy)的小说以外,威塞克斯的名字从不复见于英史。爱底温及摩加二次作乱失败后,麦细亚,及诺森伯利亚亦随而完全不见。东盎格利亚初尚在一诺曼伯之下暂予维持,但此伯嗣后也反起来了;失败后,东盎格利亚亦裂而仍为数邑。威廉·鲁夫斯(William Rufus)死时,国王不能直接设官管理者只有三邑——世袭的彻斯忒伯领土,及什鲁斯布里伯领土(Earldoms Palatine of Chester and Shrewsbury),及由统治苏格兰边地一切宗教政治之君长主教(Prince Bishop)所兼领的达剌谟郡。国王之所以不直接管理这三邑者盖欲藉封建的军威,以防御威尔须人或苏格兰人之作乱。

除了上述的特辖三郡以外,征服者威廉恒以一种双层的制度去统治英吉利:间接的,由臣属于他的封建藩属;直接的,由钦命的邑官及特派的大员,如担任土地统计的各员。这些巡阅各处的按察者很有些像查理曼的"专使"("Missi"),亦实为日后巡回审判官(Justices in Eyre, Justices of

Assize）的先河。萨克森英格兰时绝无类此之官员。那时，如有人敢从邑官及乡镇良民处查询高德温的威塞克斯或爱底温的麦细亚之各种情形，诚将为国王的大胆臣贰。

法语男族的叛离 操法语的男族本希望在英格兰得到男族在大陆上所享的种种特权。然而威廉限制他们的活动甚严，较为桀骜不驯的且因而变叛。在末了十余年内，他须不断的联合较可靠的藩属及被征服的英吉利人以铲除乱徒。此时种族的观念本未发达，而萨克森人又向居于强吞弱之社会中，即受本国人之统治时也是如此；所以征服时的种种暴行不久即已忘却，而和威廉联合起来也成为不足奇异的事。但威廉所加于他们的虐害实重而且大，不亚于日后英人加诸爱尔兰人的虐害。爱尔兰人永远不能宥英人；而英人瞬即弃怨事仇者，则亦时代之不同向已。

1075年男族的谋反可以证明诺曼征服的本身已经完成，不然盗众彼此间因分赃不均之故而互哄时，决不会求助于被盗者而不知耻。威廉诸子因继位问题而发生斗争时，亨利一世可以不问种族阶级而求买人民之同情者，亦本此理。自由权的颁给——不论由普通的，或专用的诏书——即取得王位的代价。伦敦的地位本极重要，群雄争立时更不能不借重于它；因此它所获得的自由权亦特多。诺曼诸王即本有剥夺伦敦旧有的独立的倾向，至是亦不复能危及伦敦的稳固地位。

封建下的法治 威廉固然在英国树立了严格的封建地权制，他却没有让英国堕落在政治封建的纷乱状态中，好像大陆各国那样。他所做的工作都可以说是为发展君权及君主行政的。但他也没有享有专制大权，继他而为英国国王者也没有一个有这种大权。威廉同时受两种法律的拘束：一为他宣誓遵守的旧萨克森法律，一为他的徒众所一一遵奉的大陆封建习惯。从这两种法制的混合调和中，近代英吉利的诸种自由逐一于长时期中蜕化出来。大权集于一人，而"法律藏载在他的腹中"本和中古的精神相背——至少世俗方面之事是如此的。中古人所懂得的公法观念即是许多不

可攘夺的私权及团体权的总集合；离了已存的私权及团体权便无所谓公法；如已有的权可以任意取消或改变，则亦无所谓法。在那种观念之下，近代国家的万能，君权的万能，及"朕即是国"的思想，当然是不能容，而不会有的。且介乎国王及诸男之间尚有教社；教社因能举足轻重之故，而得维持它的地位，且自以为对于两者有道义的大权。从郎佛兰克起，经兰格吞（Langton），以至格洛斯忒特（Grosstête），我们可常见教社之出而维持宪法的平衡；过与不及，专制及无政府状态，都是它所不欢迎的。除了牵涉到它自己的利害问题时，教社却尚能顾到公众的利益，而为平民作喉舌。

在中古的教社中，专制的危险固比无政府的为大，但在中古的国家中，则无政府的危险大于专制的危险。中古的国家为王，诸侯，及僧官的混合的政治团体。封建政治以封建主及臣民间的关系为要素，而此关系则建筑于相互的权利义务之上。任何一方之破约者应受相当的处罚；但此时法律的内容既不明晰，而执行又极不规则，关于封建权的争点往往须取决于战争。不抵抗上帝所命之主的主义和中古时代的思想及行为都不符合，故用兵戎以解决争端更为当然之事。后世因不堪文艺复兴时代之专制，而英之辉格党（Whigs）遂造为"国王及人民间原先本有契约"之说；此契约之说殆即附会于上述封建的权利义务的相互关系而来。

国王的谘议院 征求他的"大佃主"（tenants-in-chief）——即直接向他佃田之人——的意见为国王的特权，也为国王的义务；而贡献意见于地主国王也为大佃主的义务及特权。从这征求及贡献意见的习惯中，产生了后日的廷议，或作谘议院（Consilium or Curia），为封建国家所都有者。威廉的"会议"或"院"（"Council" or "Court"）也即是这一类的机关。贤人会议（Witan）虽不能视为严格的封建机关，但和谘议院也有相似的地方：不过诺曼诸王刚愎自用，他们听从谘议院中各藩属的程度远不及萨克森王采纳贤人会议中各巨豪的虚心而已。

在诺曼时代，"会议"及"院"二词混用而无分别，但皆用以表示国王的全体谘议或顾问的团体。是时尚无行政，司法，及立法机关之分，更无所谓枢密院，王座法院，及国会（Privy Council, King's Bench, Parliament）之分。即最精细的书记官亦不能分析何者为行政事件，何者为司法事件，何者为立法事件。国王遇到任何应商议之问题时，可即就商于"院"或"会议"的会员；他也可以任意设立委员会，或委派专员到各邑担任这事，查办那事；凡此种种，俱视当时之需要，而不必受任何规律的限制。此时尚无所谓一定的团体，一定的会员，一定的会期，一定的手续，或一定的职权，好像日后的贵族院或普通民事法院。章制愈含混，则国王亦愈少束缚；但他实需要极大的自由权以整理纷乱散漫的盎格鲁·诺曼国家。

国家机关最早的分化要推亨利一世时收税机关之成立。是时有一部分之男族称做"国库男"（"Barons of the Exchequer"），他们渐渐从谘议院中分离出来，为特立的机关，更有特殊的办事程序。他们所掌的职务为国王最要的职务；他们以征集从邑官，封建藩属，特许自营的城市，及王家采地所缴来的赋税为职务。

我们今日所习知的立法，行政，及司法的手续是时尚无所闻见。关于任何事件所应采用的办法都由国王决定；他惟一的限制就是他须考虑到男族的实力，因为一言不合，他们便可用武力决胜负。国王之须就商大佃主，法律上既没有详细的规定，事实上也非常缺乏规则；但在理论上国王总是有就商的义务的。这个理论在诺曼时代尚不见有若何重要；但经不兰他基奈时代之宪法之争后，英吉利人之自由竟由此而起。

土地调查书　藉国王的威权而举行的调查中，要以1086年的土地调查为最著（Dom esday Survey）。《土地调查书》为征服者能得全体人民服从之最确实的证据。自隐藏康华尔林中或溪旁之塞尔特"村庄"（"trevs"），以迄约克邑之焦土荒谷，无论是诺曼人，萨克森人，或塞尔特人，皆已畏服威廉如绵羊，不然，不顺民情的调查便无从进行，即进行亦难得效果。在欧洲大陆上，是时国无法强全境的居民以答复许多不受欢迎的问题，即在英国本身，这样的一个大统计也要直到亨利二世时才能重新举行。萨克森的纪年者带叹的说："他（威廉）发下的调查详细万分，不但一顷或一方（rood，即英亩四之一）之地丝毫不能漏列，即——我们言之可耻，但他不以为之为可耻———一牛一猪亦必记入于书。"

丹麦金 《土地调查书》的主要目的当然在明了土地分领的详细状况，以便于丹麦金的核实征收。但我们也不能以所问及所答的事项足以便利丹麦金之征收，而遽谓威廉别无其他用意。调查所得的结果曾经过极费力的编辑；这可以证明丹麦金以外，尚别有作用。《土地调查书》实不啻国王的业产簿。国王既为封建的元主，则全国的土地不啻他一人的土地；有了此书他可以明了各邑中各男及他们的臣属所领田地的状况。政府此时正谋以新的封建团体担任军事，财政，司法，警视的任务，以补萨克森时地方行政之不足。此所以调查时虽以每个乡区（Township）为单位——调查时由钦派专员，会同每乡区的乡官，牧师，及六个佃奴共同负责，但书中则以封建采地为单位，而将乡区或乡区之一部尽列入于采地之下。[1]

《土地调查书》极注重旧日萨克森人之邑。各种事项都列入邑或郡之下，因为国王预备从邑的组织以施行新政。但在邑之下，则以大佃主为主目；他所有的田地无论如何四散于各县，仍列在一起。在书中，村落也不视为乡区的一部，而视为属于封建主的一个采地，无论这封建主为大佃主自己或为较小的臣属。调查报告的最后排列确立了"无土不属于主"——Nulle terre sans seigneur——的封建原则，且确立得非常一致，毫无例外。

诺曼王征收丹麦金时，以总数派诸各邑，再由各邑分派给各县。但邑县长官并不向各乡区征税，更不向农民直接说话；他们但问采地主收纳。采地主对于全地负责，他须尽力向佃户敲剥以凑足应纳之数。从法律上看起来，负完纳全采地赋税之封建主渐渐成为采地之真正田主及主人，而旧有的村落组织转逐渐湮灭。这种变化在萨克森时早已开始，但现则达到最

---

〔1〕 关于《土地调查书》，见本章附录。

完全的程度，且全国尽是这样，即暗淡的丹法国亦不是例外。

司法 英国此时最小的地方单位即封建主的采地（lord's manor）。昔之乡区今都变成采地。每个采地有一采地法院，但采地法院既不是诺曼英吉利最高的，更不是惟一的私家法院。附属于封建地权而起之私家法院更有比采地法院为高者：大佃主亦得设立法院以解决所属附庸间的争端。在萨克森时封建主及僧侣即得审理多种刑事案件的特许权；此权仍继续存在，略等于古时县法院所有之权。王家法院之代替私家法院为征服后3世纪中之逐渐发展；国王所能给与民众的公平毕竟比私家法院所能给与的要价廉而物美些，但此尚为日后之事。诺曼时，公家法院仅有邑法院及县法院，而县法院于征服后又即不振。在邑法院中，钦命的邑官为审判长，而本郡（今后数世纪郡与邑混用）的主要自由人则为审判官；所执行的法律犹是本地旧有的习惯，以及几些通行于全国而又为本邑所采纳的法律。但英吉利通常法及能在王家法院执行此法之法律学者则此时尚未发育。

森林法及法院 征服者只设立了一种王家法院——森林法院，但诺曼人及萨克森人同样的痛恨此种法院，痛恨之深切且比任何私家法院为甚。在下一世纪，国王所领的森林有69之多，占全国总面积的1/3。在这广阔的地域中，"国王之治安"固然维持得甚稳固，但维持之方法则为神人所共恨。森林法院将所辖居民应享的通常权利——剥夺净尽。在征服者在时，窃鹿之罪为残害肢体；在后继各王时，则为死刑。

国王占有如许大的地面而不以公诸国人，复从而剥夺人民之自由：此事历数百年为人民所怨恨。故各处林木之一一逐渐斩除，不特为我国经济的发展，而亦为人民道德上的胜利。到了斯图亚特时候，乡绅阶级势力日大，而国王之林权遂于无意中落入他们的手中，前之森林法则变为"猎法"（"games laws"）。猎法虽无森林法的凶猛，但也与当时英吉利法律之自由精神背道而驰。布拉克斯吞（Blackstone）曾谥猎法为森林法之私生子，洵为恰当而苛刻之定评。

始作俑者实为征服者威廉。《盎格鲁·萨克森编年纪》中说得好：

> 他扩广林为鹿囿：且制定法律，禁止行猎于其间；凡杀一鹿一麂者，罪挖目。他又禁杀野猪。他之宠爱高脚鹿犹如父之爱其子。他又规定兔可自由生存，不准幽禁或杀戮。富人不平而穷人则窃窃私议；但他仍十分坚定，置之不理。

教社　威廉在教社中所引起的改革，其重要也不亚于政治上的变法。他以法兰西诸男武士替萨克森诸伯豪贵；他也以外来的主教，僧正，及教士充塞英吉利的教区，寺院，及大礼拜堂。喜尔得布蓝德时期大陆上改革派所持的教义及标准，威廉亦能强令教社遵守惟谨。这些变动，尤其是用人的更替，实有利于效率之提高，学问和热诚的奖掖。此后之4世纪中为宗教建筑之极盛时期；起先则由诺曼建筑家将最大最好之萨克森教堂改建为更大更好的教堂。但以外国教士替代英吉利教士，也不能不生宗教益加拉丁化的影响，而诺尔狄克的性质则是不易永久容忍这种影响的。

在爱德华时，英吉利牧区教士的大部仍有合法的妻妇同居。威廉奉教皇命令，强制一切的教士须过独身生活，但终威廉及他的诸子之世，反抗者仍不绝迹。独身主义实行而后，不特全体的牧区教士不能有家，即受过教育的人及操学者职业的人，也不能有合法的子嗣。寺院生活的理想无论如何适合于当时中奉教热的僧侣的脾胃，但总和各种优秀公民及公务官员之人生观出入太甚；而此种公民及官员则以时势关系在当日固亦全算做僧侣者。禁止有知识之人去娶妻生子不特与优生之理大相违背，且亦不是维持男女道德之良法。

宗教法院及世俗法院的分离　征服者在宗教上一大改良，即宗教法院与世俗法院之分离。在此以前，主教及邑官曾同长邑法院，而审理属于宗教及世俗性质的一切案件。威廉以命令令主教退出邑法院，而自设专理宗教案件的法院。但教社是时所享的管辖权范围极广。僧侣所犯的重罪，涉及婚姻和遗托有关的案件，及较后始发生的破坏名誉罪：这种法权日后俱由王家法院管辖，但在此时则统归宗教法院处理。宗教法院是时更受理今日任何法院都不管的事项，如作恶之忏悔，及异端邪说之取缔等等。

　　世俗及宗教法院所辖法权的分化实为跨进较高的法治文化之一大步骤。没有这分化，教社及国家的地位俱难有法律上及逻辑上发展的可能。英吉利的通常法决难有光荣的发展，如果在它的初期时，执行它的法院中有僧侣法家及法官共同参加，且时时以罗马的规则来观察它，引导它。同时，宗教法院的独立亦可使教社得以紧随大陆上宗教法发展的步骤，而介绍宗教法于英国。教皇的宗教法竟中古之世，为英吉利宗教法院所引用之法律。我们如把教社看做一个宗教的团体，则教社实为教皇的一个人民，所以他的法律亦不能不遵守惟谨；但国王本人则自视为世俗团体的领袖，故以敌体视教皇而不相统属。教皇的威权教社绝不能加以限制，只有国王可藉其世俗领袖的地位而抵抗教权之伸张。国王在此种地方往往能博得英吉利僧侣的好感，而不为所反对。

　　威廉的僧官任命权　威廉心目中的君权本极广大，所以他不能放弃推举主教及僧正之权。没有这个特权，他只能高踞王位，而不能统治全国。推举之权固可用以维护并伸张改革派的利益，但他并用以奖掖王室的利益。他的大臣，法官，及文官之大部全为僧侣。是时之世俗人尚无一有学问者，有学问者则视受命为僧侣为当然之事。威廉及后继者，在宗教改革以前，恒利用教社的财富爵位为酬庸服务国家之举。法官及文官往往赐以教社方面之禄俸，甚有被擢为主教者。从近代的宗教标准观察起来，这固不免于滥用权力；但在当时，则为差满人意之举；而中古教社之豪富可不致于社会毫无用处。不然者，社会殆不待推铎尔时期而早已将教社之财富取消。我们须知中古之教社不特为虔神奉教之所，实亦学问及知识培养之地。一直要到学问及知识传到世俗人间时，教社之为用始大减，而僧侣之权力及

教社之财富亦不得不受极大之限缩。

鲁夫斯及安瑟伦 征服者威廉为教社的恩人，亦为君权的保护者。他视郎佛兰克为左右手，即间有龃龉，亦不足动他的信任。威廉·鲁夫斯（William Rufus）则虽不乏王者的性格，但一生凶恶，只有在病床上能知敬神而已。他为增加收入起见，不但藩属之封建权利时被侵犯，即乃父毕生和教社所结的关系他也不能维持。郎佛兰克死后，他拒绝另派大僧官为继，于是坎忒布里教座[1]所有的收入归他享用。如是者有5年之久。到后，他得了病，自以为临死不远，因委安瑟伦为大僧官。安瑟伦本为全国众望所归，然峻拒王命至再至三，不特有似懦怯，抑且令人失笑。他的态度完全是有理由，因为鲁夫斯不久病愈，重理国事，而和大僧官的关系竟异常令人难堪，令当其卫者有失足之慨。鲁夫斯一朝之事甚可显出世俗权力之足以阻害宗教生活之进行，如果握此世俗权力者为一有力而无行的君主。喜尔得布蓝德一派人为教社争取种种权利，种种所谓"自由权"，骤视之似甚放诞不伦。但我们如能记得鲁夫斯对于教社之压迫，自亦不难谅解教皇格列高里七世（即喜尔得布蓝德）戒饬后代力争教权的用意。

授戒权之争 在亨利一世临朝时，教社与国家间不可免的冲突固然发生了。亨利本有"教侣"（Henry "the clerk"）之称，和乃兄鲁夫斯截然两人。他虽不滥用君权，却也丝毫不肯退让；安瑟伦则拥护教社新提出的要求。两方所争的为"授戒权"（"investitures"）[2]，即谁有任命僧官的权限，国王或教皇？此时，全欧皆有此种争执，而在英为尤甚。经剧烈之力争后，两方最后达到一种调和的办法。国王让与教皇以授神笏及戒指于主教之权，但主教仍须同诸男一样的尽忠于国王。选择主教之权既未提及，自然仍留国王手中。国王选择候补主教后，即由大礼拜堂的各个僧侣团体

---

〔1〕译者按，英国分两大主教区，约克及坎忒布里各设大主教一。约克大主教有时称英吉利大僧官，而坎忒布里大主教有时称全英吉利大僧官（Primate of all England）。

〔2〕译者按，investitures 意即授予官爵的记号，如衣裳、章绶之类。主教必有戒指，故译作"授戒权"。

共同推举，再由教皇授予戒笏，以完成正式任命之形式；此即教社及国家互维友谊关系的方式。国王之选择有时会遭教皇之干涉或反对，那种争执则须取决于临时之情形，而无不变的成规可资遵守。在中古时代，世俗之人无知无识，国家则弱小无力；教社既富又强，有严密之组织，又受命于一尊，有识之人又如汗牛充栋；两者相比本有霄攘之分，如果教社而能如近代宗教团体之完全"自由"，而不受国家之干涉，则社会将完全受制于僧侣，奴役于僧侣，而国家更将无独立可言。幸而中古诸国能坚拒中古教社所力争之"自由"，而上述的危险也没有发生。

牧区的僧侣　诺曼时牧区僧侣的情景我们已不易考，因为我们没有像巧塞在3世纪后所摹写乡村教士的一幅美画。诺曼时之牧区牧师穷困无告，且属于被征服的萨克森族。教社的财富只征服者得以分润，故与他无关。他在采地中所处的地位等于佃奴。牧师所由来之阶级自诺曼时起，以迄19世纪，代有增高。在中古后期，自由人已渐渐增多；是时教社即立一原则，不许佃奴充牧师。但此原则当时尚不能完全实现。在推铎尔及斯图亚特时，任牧师者往往为当时之自由农民（yeoman），或中等阶级，亦有来自绅士阶级者。在奥斯腾强（Jane Austen）[1]时，牧师之地位益高，总为上流人物，有时且为乡绅之儿子或友朋。

英吉利文字的兴起　诺曼征服又一善果为英吉利文的形成。海斯顶斯以后，益格鲁·萨克森的语言，即阿尔弗勒及比德所用的语言，不复可闻于大厅及寝舍，或朝庙及寺宇；而被视为农民及农奴所用之粗鄙语。它几不复见于文字，即有用之为书者，亦极稀少。僧侣所用者为拉丁文，而华贵则操法语；有学之士及熟读之徒亦不复注意于它的形变。无论那种文字，如不作书写之用，而学者又不关心时，则平民即会把它变化转移，以适应日常之需要。这种转变是好是坏，要看当时的情形。如果文字之文法极笨重不雅，则文法家不复留心时，亦即那种文字变转改良之时。益格鲁·萨

---

[1] 译者按，奥斯腾强（1775—1818）为英国小说家。

克森文之经历即是如此。诺曼征服之3世纪内我们的文字成为农民的方言；在此期内，文法中复杂之性别，及多变之字尾皆一一减少；而今文中主要的长处如典雅、柔软及适应性等等皆一一取得。同时，好多的法文字意更加入英文，而使我国文字益加富足。英文中关于战争，政治，司法，宗教，猎射，烹饪，及美术因此多原为法文。经此增厚而后，我国文字复为学术界及上等社会所使用，巧塞以之著《故事》，而威克里夫以之译《圣经》；经莎士比亚及密尔顿之充实后，则更裔皇典丽而无匹。以区区被人鄙视之岛语，而能保护营养于无形，经数百年之后，则忽然一鸣惊人，而为全地球无处不用之语言，而文学之富丽亦只有古希腊稍可比拟：此诚人类历史中最浪漫不过之韵事。英文可以为英民之象征。英人经海斯顶斯之役，虽下坠而适以预备高升，虽被践踏而适以踏成日后的大模大样。

附 《土地调查书》摘例

下列一段乃从《土地调查书》中摘录出来，译自拉丁文。文中所述的采地可代表一切的农村采地；所不同者它附52市民之贸易市而已。

摩吞伯（Count of Mortain）之地。在屈麟格（Tring）县。摩吞伯有柏克哈斯退特（Berkhamsted）。这地估计有13项（hides）[1]。可耕之地计26加律卡特（carucates）。封建主自用地计6项，有耕牛3组；地能更容3组。有牧师1人，佃奴14人，及佣奴（bordars）15人；有耕牛12组，地能更容8组。有奴隶6人。一个掘壕者有地半项；伯之役人剌尔夫（Ralph）有地一味盖特（virgate）。

在本村之市中有市民52人，他们年纳税4镑，有地半项，水磨2座，年租值20先令。有二阿本（arpends）的葡萄园，草地计8加律卡

---

[1] 译者按，每 hide 等于80或120英亩。Carucate 的面积益无一定。Virgate 为 hide1/4。Arpend 约1英亩。

特，为本村的公共牧场，木可供豕千头之食，年租值 5 先令。

  总值 16 镑。他受赐时值 20 镑。爱德华王时值 24 镑。此地本哈罗德伯"即哈罗德王"的一个豪贵，叫做爱德马（Edmar）者所有，嗣后被没收而赐给摩吞伯。

上文所谓"一个掘壕者"殆即本地的军工程师。他即是守护柏克哈斯退特堡寨之泥土工程及新筑的诺曼土山，而使它们永不失军事上之重要者。

第二卷

民族的造成　自诺曼征服迄宗教改革

概　说

中古的欧洲　和黑暗时期有别之中古时代始于首次的十字军,而十字军则实为封建化的新欧洲之惊人冲动。封建主义为中古时期的特殊制度;在此制度之下,社会中之各阶级间发生高下相属的关系,野蛮纷乱则渐进而入于文明的治安。农奴以劳工所获的剩余则由男族,武士及主教,僧正瓜分;不平均的分配成为刻板的规律后,财富之积聚于贵族及僧官的手中者亦日有可观,而富有阶级的奢靡亦日炽,而商人城市的贸易及较高的手技艺术亦应时而起。黑暗时期之进于中古时期,及野蛮社会之进于文明社会盖皆依上述的变迁,不幸这变迁不是自由及平等的路程。

封建主义的又一特征为军事,政治,及司法组织的地方性。权力的单位既不是如罗马时的帝国,又不是如近时的民族[1],而是男士或采地。封建主义不啻是帝国分裂及国家微弱的自承,故不得不借重地方。但世俗的社会虽分崩灭裂,诸侯及武士的目光虽炯炯然限于一省或一采地之微;而宗教的社会则统于一尊,宗于罗马,它的统一正如世俗的分裂。即此一端,教社已可指挥世俗社会而有余;加之,学问及书写几为僧侣所独有的长物,

---

〔1〕　国人向以国家混译 State 及 Nation 二字。近年来"民族"一辞既流播甚广,应可不再有误会。故今以民族译 Nation。

于是中古时教社左右国家的权力益见伟大。

当中古社会开始时，农村贫瘠鄙野而又多寇盗。武士，教士，及农奴因相与联合以资保护；农奴获得安全，武士教士则获得政权及财富。在这种简易的协作之中，恃强欺诈之事固在所不免，而高尚的宗教理想及尚武的侠义气概亦时有所闻。欧洲亦渐渐的自这种简陋的封建办法，进而为丹第（Dante）及巧塞，大学及大教堂，宗教法，民法，及英吉利法之欧洲；进而有意大利及佛兰德斯之商人都市，有"万城之花"之伦敦。故中古之世，一方为封建的农村，充满了褴褛的，畏怯的，迷信的，饿莩似的农奴，日则驱牛队以耕田，夜则促居于无烟突之棚屋，一闻骑士之至则避匿于树林深处；而它方又为丹第的佛罗稜斯（Florence）为梵阿忒味尔德（Van Artevelde）[1]之佛兰德斯，为格洛斯忒特（Grosstête）及威克里夫之牛津。究竟那是真的中古时期呢？前者呢？抑后者呢？野蛮世界呢？抑文明社会呢？我们可说两者都是。两者实相倚并进而不相悖者；故在400年之后欧洲固已由黑暗时期丕变而有文艺复兴之灿烂，然而穷困及闭塞之苦况又何尝不存在于新欧之各处？

使尘世人类有无可变更的制度可以遵守，无可怀疑的信条可以奉行，固定的宇宙可以安居，为中古教社诸巨子的目的；然而他们实际的功绩却完全不是这么一回事。中古耶教的真正长处，如和伊斯兰教或婆罗门教相较起来，乃是它的进步性。自12世纪初至15世纪末之4世纪中，社会不断的向前推进以达于新的境域：其始为单纯划一者，其后变化为多端；其始为封建的大同，其后则为民族的君主制；其始僧侣巍然在上，其后则世俗的组织亦得独立而自主；其始武士为统治阶级，其后则资本家，工艺家，及自由农民亦崭然露头角要知中古的精神是变动的而不是静止的。中古时期最长之处亦即中古时期最短之处；虎狼似的生活及精力亦残酷而亦多成就。中古的罪恶不是属于老朽昏庸一类的，而是属于狂暴恶少一类的。如

---

［1］ 14世纪领袖佛来铭人拒法之领袖，死于难。

果我们以为中古是充满了虔敬，和平，博爱的黄金世界，我们固然会大失所望；但是我们也不必如18世纪人之鄙视中古。他们没有把真正的中古看得清楚：他们不知道人类之由野蛮而复抵于文明乃是中古时期之大功。我们应把中古看做一种活动的过程，看做许多幕的景色——有的光明，有的可怕，然而全体都是生动而富有剧烈的情感。我们不应把它看做一种不变的状态，有如莫理斯挂毡（Morris tapestry）中所摹述之情节。

中古时英国和欧洲的关系 历中古之全期不列颠被视为全世界之最西北处，没有一个人会梦想到在大西洋波涛之外尚有所谓新世界——除非在挨斯兰及诺威之山罅中，曾于第9第10世纪驾长而远及北美之外琴海民之后裔犹在传述关于"葡萄岛"（"Vineland"，即外琴人目中之北美东岸）的故事。

在世界地理上说起来，当征服者威廉在拍汾息登陆时，不列颠固仍如凯撒隔海峡而谛视多维悬崖时之为世界之边陲。然而世界之中心则确已向北移动而和不列颠接近。在希腊罗马时代，西方的文化仅为地中海的文化，但今已成为真正的欧洲文化。北非，利凡特，及西班牙的一部已脱离西方文化，而成为亚洲的部分，且属于回族文化。德意志则加入西方文化，而为欧洲政治组织的躯干，不列颠及斯干条那维亚则为此躯干的北方肢体。文化的领袖虽犹分属于意大利及法兰西，然政治及军事的权力则无疑的在亚尔卑斯山以北，在德法诸邦之武士阶级手中。在商业，政治，及文学上与南英息息相连之佛兰德斯，诺曼底，及巴黎对于中古文化之功绩盖丝毫不下于意大利。因为文化的中心已由地中海北迁，故诺曼征服在我岛所留下的痕迹要比罗马人为永久而伟大。

在11世纪中叶以前，斯干条那维亚及不列颠和欧洲的文化都只有疏远的接触。他们有诺尔狄克的传习和文学——斯干条那维亚人的《厄达》（*Edda*）及散文体之诗歌或许还是黑暗时期最高贵的作品罢！经诺曼征服后，不列颠不复和外琴人之斯干条那维亚发生关系，而和封建武士之法

兰西相连起来。

英国虽自海斯顶斯之役而后之 400 年间和欧洲有极密的关系，然中古之欧洲，除了社会，宗教，及文化制度尚能齐一而外，实无别的统一势力。它不像罗马世界，它不是个单一的国家。它的政治构造建筑在封建的无政府状态之上，不过这种状态在中古时已经法律化且规则化而已。欧洲是时之惟一统一势力为耶教，而惟一的都城为教皇的罗马。是时并无政治的都城；所谓"帝国"也者则名不符其实，也没有行政的组织。能自福耳司河至退加斯河（Tagus），自喀巴新山（Carpathians）至比斯开湾（Bay of Biscay）横贯全欧而真正统一欧洲者仅有封建，尚侠，及罗马教之诸种习惯。封建地主及佃奴并存之封建农业经济。享有法权及社会特权之僧侣品级，封建习惯法及宗教法：这些都为全欧洲所一致奉行之制度；且奉行的普遍性远非自中等阶级及民族组织兴起，欧洲生活复杂化以后之任何重要制度所能比拟。操法语的英吉利武士及操拉丁语的英吉利僧侣可以在欧洲各堡寨间及各僧寺间往来旅行，而不感受身入异域之苦；若和斯图亚特及汉诺威（Hanoverian）两朝时之在同地旅行者相比，则他们（中古时之旅行者）好比在履本国之地。〔1〕

不列颠经诺曼征服之改组后渐有依海自卫的能力；四围之海不但不如前之引寇入室，且宛成"护城之河"。前之为被践踏者，今则为践踏人者；前之被法兰西所侵略者，今则为侵略法兰西者。诺曼征服之法兰西势力既日渐被岛国空气所吸收，而诺曼主人自己亦能逐渐和周围英吉利人之生活同化。在约翰朝时失了诺曼底之后，他们的英吉利化尤为迅速。不列颠亦先任何欧洲国家，而从特殊的个性，法律，及制度以造成一个民族。又因为它是岛国，它的生活更易和别国隔绝。在亨利三世之时，英国的诸男已习说"Nolumus leges Angliae mutari"（"我们不愿更动旧英吉利的法律习

---

〔1〕 以上所述当然不适用于建都于君士坦丁堡之东罗马帝国。在这里宗教虽仍为耶教，却和西欧不同派。文化及政治组织亦迥然有别。

惯"），虽则他们的祖先或前人于海斯顶斯之战时曾瞧不起英吉利一切的事物。

在诺曼及初期不兰他基奈诸王时舶来的武士及僧侣本为英人进步的主要导师。萨克森佃奴所居的木棚及草顶之上有高大的石筑堡寨及大教堂巍然直立：这已为外人优于土人之一种测验。盖造并住居此种伟大建筑内的人物，其武器之利，或智慧之高亦莫与伦比。然而得最终之胜利者不是这班导师，而是向被鄙视之英人自己，到了末了英人已变为有力的，有识的，卓越的人民；他们所能胜任之事，如威廉及郎佛兰克死而有知，则必惊异不置。

领导上项演进之重要工作者为盎格鲁·法兰西诸王。因诺曼征服及安吉芬（Angevin）氏之继位，中古首期英吉利历代的国王竟比欧洲任何一国的要雄武有为。此虽属偶然之事，然而历史恒为偶然所左右，而英吉利究得比大陆各国先著一鞭。他们（诸王）利用封建主义以促进国家之统一，虽则封建主义在别处只足酿成分崩离析。他们建立了有力而又富弹性的行政系统，集中而不和各地之生活隔绝。对于已被征服的英人他们亦尽其庇翼扶植之能事：他们防止封建主去压迫英人；他们更帮助英人去发展城市，法院，及国会，藉使人民有自强的可能。他们甚且率领英人向外作战：英国的自由农民本以能用长弓著称，于外争中英吉利人民盖亦常建大功。

英国在外人统治及外人势力之数世纪中，因领导者的贤明之故，渐渐发展了多种前人所梦想不到的伟大制度：代表议会，大学，陪审团[1]以及其他许多为近代文化所视为基础的制度。在中古时，个人本无足轻重，而团体及会社生活则繁茂而发达。有些会社如大学，律师业，城市，公行，及公司，及国会等等或则肇始于它处，或则流行于别国；它们为中古耶教国之共同特产。然我们的通常法则为我英独有的发展；国会及通常法二者相辅而行后，终使英国得一种和拉丁文化日后所得的发展绝不相同的政治生活。

---

［1］ Jury通译为陪审委员会，今改译陪审团，与字义较近。

中古后期的英吉利 然而到了14、15世纪时英国自己尚未充分领略到岛国地位的价值，及其生活之渐离欧洲而独立。故于后期不兰他基奈诸王时，它不惜放弃同化爱尔兰及苏格兰之工作，及完成不列颠帝国之大业，而反斤斤焉以恢复大陆上之诺曼和安吉芬帝国为急务。因为英国集中精力于百年之战之故，苏格兰转得回复其独立，半征服之爱尔兰则复成无政府的状态。长年交战，更促成英法封建社会的灭亡，及民族思想的发达。阿金库尔[1]（Agincourt）一役之胜利，莎士比亚于200年后犹引为祖国的光荣及爱国观念的基础，即打败西班牙阿马达[2]的美史亦不能使人尽忘百年之战中之盛事。

同时，从巧塞及威克里夫，我们更可见新的英吉利文化之将呱呱堕地。这新文化和《贝奥武尔夫》，比德，及阿尔弗勒的旧萨克森文化不同；新的因得了法意学士们的助力之故，要比旧的富丽坚强得多。到了推铎尔时期则幼稚的文学又被成年的文学所吞并。在15世纪之时，中古社会的种种情况已在无形的一一消灭，不啻为革命的先声。在新经济之下，佃奴逐渐解放，而获自由。旧封建社会的栋梁本只封建主及农奴；今则市乡间俱产生了新的中等阶级以横亘于两者之间。商业及制造则随布疋业而日增，因之竟打破了中古市及中古行之界限。世俗人的知识日增，且能自为思想，而不必事事听命于教士。卡克斯敦（Caxton）的印刷机正在取寺院中的抄写手而代之。英国自由农夫的长弓足以止封建武士之冲锋，而国王的炮火可以陷他们（武士）堡塞的石墙。凡此种种变化本在逐渐的进行之时，大西洋波涛的彼岸忽然又发现了新的世界；于是英吉利不但不为举世的极陲，且为海运的中心。在此以前的数世纪中它本是半属欧洲的民族，今后则须变为海洋的，甚而，美洲的民族；但无论如何，它总是百分之百的英吉利，丝毫不减少英民族独有的文化。

---

[1] 译者按，阿金库尔为百年之战中重要的一战。莎士比亚的《亨利五世史》上称述此战颇有得色。

[2] 见后第393~394页。

第一章
无政府状态及王权的复振
采地制的发达

国王：史梯芬，1135—1154；亨利二世，1154—1189。

史梯芬朝的无政府状态　诺曼诸王虽恢复了邑制以为施政的工具，设立了国库以当征税的总汇，限制了诸男的权力以杜不靖的乱萌；然而国家的治安仍全仗国王个人的活动；如遇庸君当国之时，则国政尚乏照常进行的机械。所以在亨利一世及二世之间，在诺曼及安吉芬[1]两代之间，发生了史梯芬朝的无政府状态。在那20年间，与其说是一朝，毋宁谓为长期的承继之争。争夺之两造为布瓦（Blois）的史梯芬及玛的尔达：前者为征服者之外孙，而后者则为征服者之女孙，神圣罗马帝之寡妇，安如（Anjou）

---

[1] 译者按，安吉芬（Angevin）即安如（Anjou）的形容词；安吉芬代与不兰他基奈代同意。

伯不兰他基奈·赭弗理（Geoffrey）之妻。[1]

这时期中人民所受的灾难实在重得万分，所以日后亨利二世时种种行政和司法之改良，王家法院的权限之增加，以及通常法的树立，全体人民倒能欣然接受。这种新政虽和真正的封建主义背道而驰，然英国在史梯芬时早已受够真正的封建主义了。

封建的无政府状态起于一男一女之争夺王位，而男女都是不宜为王者。为征集队伍起见，史梯芬及玛的尔达竟以骄纵各人的封建从者为能事；凡诺曼诸王所兢兢业业获来的主权，他们俱不惜以赐诸部下。邑官之为真正的王室官吏已历五六十年，国王原可自由把他撤职，中央谘议院亦得自由查办；但今又不然。赭弗理·德·孟第维尔（Geoffrey de Mandeville）可为代表新时代的人物。玛的尔达和史梯芬先后命这人及其子孙为厄塞克斯世袭罔替的邑官及按察使，把国王在郡中所有的行政权及司法权让给于他和他的子孙。他为倒戈巨子，时常变易旗帜；每倒戈一次，则臣服的代价亦增加一次。到了后来，他从史梯芬那边取到了，除了厄塞克斯外，尚有在赫勒福德邑，弥得尔塞克斯及全英中心之伦敦诸区内之各项王权。他真是最下流的一个坏蛋；然而他也是东英最有势力之人，连国王也比不上他的有势力。所幸者，王室之特许状中虽给他子孙以永久处理上述各地之权，

---

[1] 表格如下：

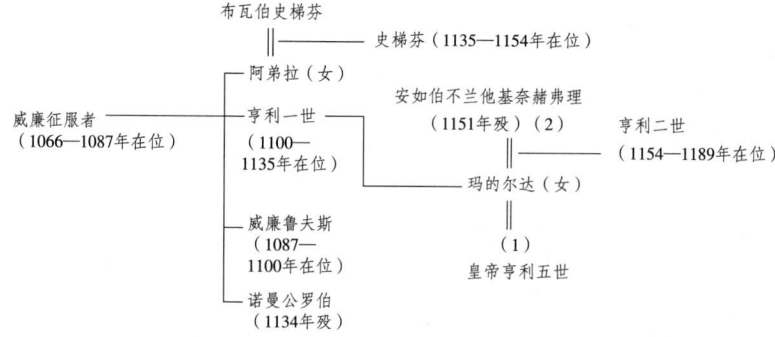

而事实终究不让他们有继续作恶的机会。

被这类恶人所把持之各地人民之痛苦盖可以想见。泰晤士流域，西南一带，及密德兰之一部受灾甚巨；而最甚者则为低湿地一带，因为此间驻有赭弗理的军队，他们到处劫掠，毫无顾忌。在这区域的中心，在彼得堡罗的寺院中，有一英僧曾于《盎格鲁·萨克森编年纪》中留有惨痛的记载。《编年纪》始成于大阿尔弗勒时，乃末页竟充满了史梯芬时人民所受的灾苦，及劫余哀民痛恨外来武士之呼声。

> 他们压迫穷苦无告之百姓真是无所不用其极。他们先则令百姓建造堡寨；既成之后，则放入了一班恶魔恶棍。他们更捉去疑为富有的人民，无论日夜，亦不问男女；关入牢狱而后，则要索金银为赎，无有则加以非刑。被捕者所受的灾难，盖非任何殉教者之所能望其项背。

上述一段之后。更有关于诸种酷刑的记载。凡幽禁于满贮毒蛇蟾蜍的密窖而让之饿毙者已算最缓和的刑罚。我们如果忆及在六七十年之后约翰王曾饿毙一贵妇之母子，则此无政府时代对于穷苦无告者之种种非刑，即其最残酷者，亦似无不可信之理由。

主使这种残暴行动而使日日发现于全国各地堡寨中的贵族们，对于创立并捐助寺院之事却又十分出力。在史梯芬朝时，新的捐建数以百计。息斯忒兴（Cistercian）派的僧士适于此时由法兰西初到英国。凡酿成无政府状态并因而获利最厚之人亦为施舍（于上述僧士）最宏之人。这种施舍的动机出于高尚的宗教理想抑或不然，我们本不必深究。但专事凌侮农民或糜烂乡村的男族，如偶见教堂壁画所绘长爪的恶魔抓去甲胄在身的武士，而有所感动，有所畏惧，因而拟藉捐资寺院，以末减自身之罪恶，固亦为意中之事而无足奇者。

到了最后，争位的两方终凭借了提奥波德（Theobald）大主教的调停而

言归于好。照和盟条件，史梯芬得终身为王，但死后则须传位于玛的尔达之子，亨利二世；千余未得国王允准而造的堡寨则须一一铲除。这次的联盟实为再不能延缓的事情，因为无制裁的封建主义实在太猖獗了些，不戬自焚两方已有同感。但史梯芬实不配去铲除恶习；他次年之死及亨利之继位实为英史中之一件幸事。史梯芬是一员勇将，是尚侠主义的结晶者；他曾不顾己方之利益而让仇人玛的尔达率军由军中通过；但他对于国事实在太不关心，他实在不配做国王。

亨利二世及其领土 凡曾经取得英国的王位者，其功绩恐无一能过安如伯，不兰他基奈·亨利之远而且大者。当他即位之时，全国正疲于20年的纷乱，人民则厌弃封建政治而又无法自脱，诺曼诸王所传下的统治机械或则破坏殆尽，或则因不用而不复可用。迨他逝世之时，则英国已有极好的行政及司法制度，人民服从政府的习惯亦已养成；故此后虽理查王长期在外，及约翰王奸恶多端，而英国仍可不复陷入无政府之状态。亨利一世之后，恶政府的结果为无政府；亨利二世之后，恶政府的结果为宪政基础的树立。于此可见此安如大人物的丰功伟烈。

亨利二世之不能算做英人，犹之诺曼威廉及荷兰威廉之不能算做英人。外人为王有好处，也有坏处；好处是因为他不生于林中，故他可以把树木格外认得清楚。亨利之理英政，不特得力于无限的精力及坚强的意志，且得力于博通的知识。凡当时欧洲最高的学术他都用过功夫；而他的法律知识尤属可观，他深受由意大利大学北传的法学复活运动的影响。因此之故，他能树英吉利法之基础，他以前英国尚无所谓本国法。且他的领土极广；他不但是诺曼底之公，且为法兰西西部各地的君主。当时即法王及神圣罗马帝的疆土亦不能和安吉芬帝国有同等的重要，而领土则由战争，外交，及缔婚得来。亨利领土既广，而又能取法各地的良善行政制度，故他的造诣更宏。

亨利既奄有自哲维倭特山至庇里尼斯山（Pyrenees）之土地，英吉利的男族因惧势不能敌之故，更不敢轻易违抗反叛；而他之统治他们亦因而较易。最后一次的男族反叛发生于1173年，然亨利亦克之裕如。当英国需要强有力的君主之时，国王之兼有大陆土地实为一助。

语言庞杂的英国 亨利的朝廷充满了来自西欧各处的学者，寻乐者，及能办事者；但朝廷则常在移动。亨利虽留下一种不可磨灭的印象于英吉利的制度，但自他视之，则英吉利不过是无数行省中之最大一个而已。他所统辖的领土并不能依民族而分界；从文化上讲起来，它们且是一体的。英国的上流社会是时仍操法语，直要到爱德华三世时始止。在英国乡村中，地主及佃奴间亦因言语不同之故而相隔愈远，虽则海斯顶斯的旧恨已忘，而种族的岸隙已泯。在12世纪时，英国尚无自由农夫及商贾等中等阶级以联络隔绝的地主及佃奴。奔走于两者间的管事人（bailiff）及武弁之流非兼操英法两种语言不可。此外尚有第三种语言。拉丁语为教士的语言，因之也为官文书的文字。中古的英国真是一个语言庞杂的社会，况此外尚有各地的土语如"旧英语"，"中英语"，及威尔士和康华尔的种种塞尔特言语。

文学上的变化 英人向喜装模作样摆架子；此风在12世纪时倒有传播上流社会的风化于平民的功用。在爱德华三世时有一编年纪者尝说，"高地的村氓以模仿绅士为乐事，且费了好大力量以学说几句法语"：在安吉芬朝时乡人模仿贵人的风气更可以想见。此所以风行12世纪的欧洲的法兰西诗文及法兰西记事体能不翼而飞的跑到英国，且能征服英国。两世纪之后，在兰格兰（Langland）著《耕夫佩尔斯》（Piers Plowman）时候，《贝奥武尔夫》派的复字诗体（alliterative poetry）又稍见流行，可知在12世纪时，此派之诗体必尚有存者；但亨利二世及其子孙的英吉利既充满了——诚如外人所云——好猎，好取乐，好说笑话，好作户外运动的人民，则法兰西乐歌和舞蹈歌的神调，法兰西故事和记事诗的豪兴，以及模仿法兰西的英吉利诗歌之能感人入时当然为最自然不过的现象。后日英吉利诗所采用的体裁盖亦早已起源于此时。

在辽远的埃斯兰（Iceland）岛上有一种不亚于法兰西诗歌的文学则因无人注意之故而自生自灭。如果此间的散文诗（sagas）能获英人的领略，则我英的文字史势必丕变。不幸这种诗文为一小小部落的特长，因为四面临海之故竟不能和外界发生关系；而英德则俱为法意文学之征服地，全欧的文化亦因之如宗教一样的划一。及后诺尔狄克的性情及诗意复活于巧塞及莎士比亚的作品中时，亦只能投生于拉丁的形体，而形成一种极富极奇的文学而已。

男族及武士之渐忘战事 中古英吉利所享的太平和欧洲别处比较起来相差甚远，所以文艺、手技、财富、礼仪，以及其他等等在英国的进步为独速。操法语的诸王不特能保护边圉，使我岛不再受益格鲁·萨克森时期所常有的外寇入侵；且自史梯芬朝而后并能使盛行于大陆的封建私战绝迹于英。英国的诸男无自相战争的权利；属于他们的武士亦不准帮他们彼此相战，更不准帮他们攻打国王。

实际上武士的封建兵役已渐成过去之事，即为国王服役之事亦日见稀少。上章说过，封建兵役以40天为限，而亨利二世等一班外国雄主则往往需要军队前往亚奎丹（Aquitaine）或更远之地，故总须超过40天。亨利一世曾创立一种兵役税制度。国王如愿意时，他可令诸男及僧官向国库完纳一种叫做"代役税"（"scutage"）或"盾金"（"shield-money"）之税于国库，如是则食他们之地的武士便可不当兵役。所得之现金国王可利用以招募国外或国内的佣兵。这种制度到了亨利二世时更日见援用。

因此亨利二世及后数朝时之武士虽也受过了马上作战的训练，然而可终世不见战阵，不经围攻。他的兴趣日趋于和平而愈近于农业；他息息不断的想念就是如何而可增加他土地的收获。他监督佃奴的耕作，他又偕同他的管事人巡视各处。管事人为他的忠仆而又是他的挚友，他可以指挥这条顶田（headland）种麦，那条顶田种菽。质言之，他已在变成英国式的乡绅了。

堡寨及采地府 因为诸男及武士弃兵就农之故，史梯芬朝盛极一时的石筑堡寨到了不兰他基奈朝时已远不如石筑采地府（manor house）的流行。亨利二世的勒令拆卸未得允准的堡寨，及他的不肯轻易允准新堡寨的建筑亦为促进采地府代兴的一因。堡寨内有坚强的石筑碉楼；采地府内则有如牛津及剑桥大学各院食堂式的石筑高顶大厅。此项大厅，就建筑而言，实为盎格鲁·丹麦豪贵的木材高厅的直接后裔。大厅之前为有墙的院落，四围间有房屋。欲入采地府者须经引入院落的大门，大门前往往有护河以资保护。采地府的建筑构造可以御乱民及骑队，而不能如堡寨之能当围攻。建筑不兰他基奈时诸采地府之人常和性情粗暴，极易闯祸的武装人为邻居，但他们究不常为正式战阵的思想所缠绕；他们的主要愿望乃是坐享收成之福，而尽力于非战的技能的发展。

然采地府及大厅的种类等级亦繁多不可胜数，惟较富裕的绅士始有上述的府宅。中古时的采地府定有十分鄙陋者。在推铎尔时的大厅今有用为厩栏者，而用为农屋者更多；推铎尔时尚如此，则中古时更可知。

男族及武士之作战者 英吉利武士，一直到巧塞及更后之时，常有受本国或外国国王之雇而于役于苏格兰，法兰西，甚或亚历山大里亚之远者。但他们仅从军时为军人，事毕则立可归田而享乡村的闲福。有的武士则除了为郡中公务乘骑至邑法院外，终世足迹不离采地。较趋时及好事的武士则有深受法兰西派武士之影响而习为风流文采之事，真的戎事则置于脑后；最多亦不过比比武以自炫而已。

上述的情状至少在南部及中部诸郡是确的，但愈近威尔士及苏格兰边境则社会的情景愈贫苦。在边地一带异族相攻之事仍层见迭出，故封建主仍高踞于坚堡之中，而军士则守望烽火而毋敢或怠。供给不兰他基奈时宪法之争及半封建式的玫瑰之战（Wars of the Roses）的主要武力者盖即这班威尔士及苏格兰边郡的尚武贵族。

冢子承继地权制 乡绅之起源于封建主义及战争状态生出了一种极重

要的结果。如封建臣死后,所领地可由诸子分领则必势力薄弱,而对封建主有不能尽应尽的义务之虞。为防止这种事态起见,自诺曼征服而后,冢子承继地权之制渐成定律。在盎格鲁·萨克森时,产业常例必由诸子平分;在不兰他基奈时则常例必由长子承继。余子虽生育长成于采地府,但既长之后则必须外出自食其力。这有提高新民族的冒险及好胜精神的效果,而使各阶级亦易于混合。英国的上等阶级始终没有闭门自足,它们和大陆的贵族绝不相同;后者每鄙视商人及商业,即通婚亦不出同类,但在前者则此种门户之见并不太深。冢子承继地权之制虽其起源为封建的,但自成英国土地法的一部分后转为导引英吉利社会以脱离封建的一大动力。英国史之所以和大陆各国不同,一部分盖亦由于此特有的地权制。

有闲阶级的起源 有闲阶级的兴起为文化进程中的一个重要步骤,而在此时的英吉利我们正可目击此阶级的产生。当时我岛居民的总数仅如今日的新西兰,而此少数的居民又复十分穷苦;以常理言之,我们似不能希望有有闲阶级。然封建制度在早时已养成了一班寄生于农民的战士,今者因君权确立之故,战士竟无用武之地而变成无职业的人民。因希望战士之能作战,故与之以田地财产,然今则因有田地财产之故,不战之战士遂变成有闲的阶级。在不兰他基奈时的采地府中,困于太平的武士不能不想法以消磨长日,种种不同的消遣办法于以产生;或则嗜饮,或则运动,或则比武,或则改良农事,或则加入地方行政,或则作政治活动,或则习音乐,文学,美术。皆各随其性之所好。从萨克森时代森林遍地时,行猎本为豪族的责任,今则成为武士的游艺。鸟兽及空地既日少,武士亦不得不上和国王,下和农民竞争以留消遣的余地。采地制的农耕,户口的增加,耕地的拓植,诸弟的不能分产;凡此种种皆足增大他的产业。他遂举所有的盈余用以修饰采地府,置备奢侈物,添购美术品,雇用歌人辈,以及其他层出不穷的用钱之道。而向来野蛮的社会亦渐知人生之乐趣所在。富有的僧正及主教亦同样的耗财以增进生活。因为封建阶级有积聚的财富,始有奢侈物的追求；因为需要奢侈品，而英吉利的市镇及从事于制造业，贸易，或海外商业之中等阶级亦随以俱生。[1]是以封建及采地下不平均之分配制度，此种严刻的社会规例的固定化，以及国王之树立和平而停止臣民间之私战皆足以使文明生活的艺术不得不见曙光于中古的英国。

采地主及佃奴　其次，我们当从农民的眼光一论采地制的实际。此制本为维持特殊阶级——无论为世俗的或为僧侣的——的生活而设，于他们是完全有利。但于农民则不尽有利而无害。

12 世纪的英国采地中有地的人民居极少数。直要等到旧的采地制及真正的封建经济解体后，英国始有有地的自由农夫（yeoman），然在安吉芬诸王时旧制固尚未破裂。据《土地调查书》所记人民十之九为奴隶，他们今已变为佃奴阶级；但自由民的成数则并不见若何增加。采地及采地之所获归采地主及佃奴共有。

农奴或佃奴世世代代随地为生；田产易主时，他及他的全家亦随而易主。他嫁女须得采地主的允许且须完纳巨额的罚金（因为嫁了一人即少了一人的工作）。他死时，则须将最好的牲畜献给地主，作"去世税"（也因为少了一人的工作）；有时此牲畜为他仅有的一牛。他不能任意迁徙，或退工。他不能怠工。他每年必须领了牲口工作若干日于地主的自领地上，这是他的义务。地主自己的农地即由佃奴的工作耕熟，初不须雇工。管事人须不闪眼的监视佃奴的工作，不然佃奴就会随时坐下休息，而地主蒙受损失。

佃奴虽半为奴隶，但除了率了牛队替地主工作之日期以外，他有他自己的田地可以耕种。他也可使用农村草地，农村牧地，农村林地，及农村废地。他的豕及鹅也可以跑到农村林地及废地上去。

他的地位如何而有保障呢？"法律平等"于他是无缘的；即在约翰朝

---

[1]　中古的商业几专为供给富人的奢侈品而起。贫民所需要的食物，家具，及衣服等等类皆由本村供给，不需各地间的通商。平民日常用物的大规模生产及分配为工业革命以后的现象。

时,《大宪章》中所赋予自由人的保护他尚不能援用,何况早时?他不能控诉采地主于王家的法院。但他有双层的保护藉可避免虐待。第一,地主及管事人深知虐待他之不智;优待他则工作可好些,虐待他则工作转坏些。万一因虐待而激成私逃则于地主更为无益有损之事,因他不像旧罗马或19世纪前西印度奴隶之易于填补。且地主亦决不能鞭策佃奴而强之工作。第二,他有所谓村法可资保护。村法在法律上称为"采地习惯",为采地法院所执行之法律。采地法院有时举行于地主之大厅,有时则举行于村中老橡树之下。

采地法院采地法院对于佃奴究有多少的保护呢?在形式上,它不是国王的法院,而仅是地主的法院。然它至少是一个公开的法院,且依理我们可想到佃奴有和自由人同样充任裁判员或陪审者的权利。它至少要比地主及管事人的擅断或私意好些。固然,如地主及管事人而为贪黩之人,则佃奴可得的保护极微小;固然,地主有时的压迫极为凶猛,尤其在史梯芬时;然在不兰他基奈朝时,英国的农民从不下沉到法国札克里(Jacquerie)[1]农民那样的哀苦。

我们从抽象或以近代的标准来判断任何旧时的制度是不对的。采地制在当日也有它的好处。为头脑简单,情感富足,性气暴躁的中古人民树立安定的社会之功,及养成他们的守法观念之功实不能不归于采地制。自13世纪以降在英国常态的农村生活中便有了一个能集中舆论,遵守积习,保存记录的法院。这采地法院运用得法的时候,佃奴至少可知何种为他应尽,而管事人亦必责他以必尽的义务,此外则他并无其他义务。固然,他既不能怠工,也不能不得地主的同意而合法的向外迁徙;但地主在事实上也不得把他退租,把他驱逐——我们不管在理论上地主是否有此权利。且所纳租金及所服义务在已经采地法院的习惯所承认以后,地主也不能任意抬高

---

[1] 译者按,1358年法国农民因受贵族之压迫太甚,于是由Jacques领导,起而反抗贵族。贵族的报复手段亦十分恶辣。

租金或增加义务。

在采地制盛行于英国的诸世纪中,财富逐渐积聚起来;耕地逐渐开拓起来;虽有畜瘟而牲群仍在倍增;虽时有饥荒疫疠而人口亦在激增。在《土地调查书》时英之人口约在 125 万至 150 万间,至 1349 年的黑死[1]时则已增至 350 万及 400 万间。黑死暂时又把人口减少。

佃奴的苦况 从又一方面说起来,采地上的生活,即在丰年盛世,仍是十分穷苦的。自盎格鲁·萨克森式的野蛮乡村生活以进于日后英吉利自由农夫式的快活境遇须经过不少的努力,而佃奴进步的滞缓亦可想而知。佃奴因穷困及被迫之故竟完全成了一个蚩蚩愚氓而不能自拔。他无主意而多害怕,无知识而多迷信;无论耶教或邪教的迷信如符咒及鬼话之类他都一一深致依赖。他常欺骗并杀害地主及地主的僚属仆役。一遇村中有荒年,疫疠,或畜瘟则又不知所为而任凭运命的驱使。水泽常浸没田地而不知汲去;丛树及乱草常滋生于耕地中而不知刈去;以此管事人常啧有烦言。当时的农业为公耕制,而又不知科学的方法,土壤经数世纪的耕种后遂致贫瘠不堪,而每亩的收获亦大减。

当时英吉利气候的恶劣固不亚于今日;夏间雨水一多,秋收便难有望,而乡村的饥馑便无可幸免。牲口的粮食是时比萨克森时要难觅,因为是时诺曼诸王的大林及其臣贰的牧场尚占了英国土地的一大部分,且为严酷的法律所保护,私人不得擅入。野禽,禁捕的鸽兔,及英国盛产的其他兽类则常侵入农民的禾麦,而加以重大的损害;农民只能不顾禁律而偷偷的把它们捕获煮食。在操法语的采地府主人的食谱中牛肉及羊肉固有位置,而农民则不得食牛羊。猪肉在农屋中较为常见。在低湿地一带渔夫及捕鸟者有鳝鱼及水鸟出售,物既多而价亦廉。

农村的自给 佃奴既世代追随土地而不能跑出采地的境外,则充满了这种佃奴的中古英吉利农村在物质上及知识上自亦不能不和外界隔绝。隔

---

[1] 见后 258 页。

绝的一种结果即为农村的自给。农村自己制造各种需要的物品。佃奴中有些人实为艺工；他们可兼营农事，亦可不兼。木匠能营造农屋，制作家具及农具之木质部分。他所不能做的一部分，则葺茅匠及铁匠能完成之。妇女及孺子则皆能纺织；农村中的纺织粗布前于英国细布的纺织盖有好多世纪之久，在有史前盖即已有纺织。农民一大部分的衣服则由未经精制的皮革为之。他如间有不能得的必需物品则类可于邻近农村的市肆中获之。只有采地府中的住户会得跑到远处购办物品，而为城市商人的主顾，及海外贸易的促成者。

农民的居屋　在亨利二世之时，封建主的住屋，无论为僧寺，或堡寨，或采地府，常以石料造成。但佃奴的居屋则仅是一个茅棚，既无烟突，又无玻璃，有时除了一门之外，更无别的孔穴。这类小屋或以劈开的木段，一一直列而成，其法一如萨克森时之造屋；及木材的供给减少而后，则多以橡树造成房架，而壁间则填以泥土。制砖之法已随罗马人而俱亡，此时尚未恢复。屋顶不用草泥，便用茅草。屋之四围总有果园，花园，或院落之类，即屋向街道时亦然。

公田制度　在西部及北部各地以及仍充满林地的各区，农屋辄聚为小村，农家之数亦不过一二至五六而已。每个农地辄集中在一处，有时且围了起来。在英国的东部中部，在最肥饶的农业区域中，则常见的恒为自200以至500人口的大村，靠近采地府及牧区教堂而聚居，常在公田的中心。所谓"公开田地"（"open-field"）或"公共田地"（"common-field"）绝不像现代英国乡下田地之分成棋盘式的块块而中各亘以篱笆，公田分裂为数百狭长的条，以小径或草陇为界，每条大约一英亩或半英亩。

条为田产的单位，亦为耕种的单位。每个佃奴或自由民的田产自一条起不等，皆散布于各处而不相连续；30条为最普通的产业。地主的自领地的一部分可为连续的一大块而处于村田之外，但其余部分则常散处于农民的田地之间。

关于公田的耕种，地主，自由民，及佃奴，都得受农村共同计划的支配，因为所谓公田实不过是许多私有田条的总合起来罢了。公田共分三个田，在每田中人人皆有些地，不过各家多少不同而已。这三田中年有一田不种任何谷物，而留以饲牲畜，其二则种小麦或黑麦，其三种雀麦或大麦。每逢种植之年则田之四围必有篱笆，以御牲畜等之挨入。这种农耕制度实足以大大阻滞农业的改良及私人的创造，然而自诺曼征服以前直至18世纪的农业大改革时，在最肥沃的英吉利农业区域内此制竟通行了好几百年！在此时期内主要的进步每在连续的地主自领地内发生，因为这种田地是可以围起来的，且可以租给农夫耕种，故耕者可以努力改良，而不受别人的牵制。

诸田而外又有草地，能依溪流者则依溪流。草地满长干草，为公有的牧地，但享用者须遵守采地法院所执行的复杂规例及"啬规"（"stints"）。在溪流之旁或紧靠磨溪则为水磨，通常为地主所有。地主可以令佃奴磨五谷于此间，但磨价有时贵不可言，故佃奴往往力争在家用手磨自磨的特权。风磨据说在理查一世首次十字军后始由东方介绍到英国，在中古的英国固尚为稀有之物。

从上述我们可知中古的农村制度并不是共产社会，且严格的说起来也还不是农村社会。但个人主义也的确不易发展。采地乃为许多业主的集团，连采地主在内，他们间有互相维系的权利，且须依成例互相援助；但贫富相差极远，而关系亦不平等。现钱的往来，契约的自由，以及劳工的流动在是时为例外而非惯例。

诸田的范围以外有所谓"荒地"（"waste"），凡水草地，野草地，及林地俱属之。此种地在最早时曾覆罩全岛，在此时亦尚占全面积的大半。萨克森的垦植者曾冒险深入，而建立他们之所谓"村"（"hams"）"舍"（"dens"）于其间。历年愈久，愈至后世，则新的村庄愈多，农村的耕地愈广，好猎的国王亦愈不得不将林地逐一放弃而畀诸人民，而野草地，低湿地，及林地

的面积亦愈缩。末了到了汉诺威朝时，分隔各乡区而处于各乡区间的"荒地"已缩成数亩的农村公共场地。到了18、19两世纪中，圈围法（enclosure acts）通行之时，即所有的公共场地亦转瞬不见，而农村与农村间的空地亦尽成棋盘式的有篱笆的田亩。乡区的圆场居然仍把所有的"荒地"并吞了。这真是天空中的飞鸟在千年前俯视英吉利的树梢时所万万料想不到的。

第二章
寺院生活　教国关系　及新的法院和法律

国王：亨利二世，1154—1189。

庄产管理及牧羊事业　上章所述采地制的有几种特色在亨利二世之后始逐一发达。采地法院之有记录在他的孙子，亨利三世时始为常见之事。论农业及管理庄产的科学著述也在同一朝代开始流布。国王的法官，邑官，及国库男所用的簿记记录曾遭家居不外出之封建武士的白眼（因为干涉他们的自由之故），然今则为他们所师法而用诸于他们自己的田庄。他们更效法教社之管理庄业，息斯忒兴寺院中管理者所用之法尤为他们的南针。

在史梯芬及亨利二世两朝时捐资兴建寺院之风极盛，原始英吉利的息斯忒兴僧士亦以清净严谨著名。然而这派僧士左右英人德智两方的势力并不长久，如和13世纪的行乞僧士相比则瞠乎其后。但他们有他们的特殊贡献。他们长于庄产的管理，而于羊毛的培植尤有大功。中古佛来铭人织机所用的羊毛大半皆取给于英。如果就羊毛原料的出口而论，不兰他基奈的英吉利为"中古的澳大利亚"，则息斯忒兴僧士实为最早的"占住空地者"。[1]约克邑的山谷旧本为林地，今则渐变为牧羊之地，而有名的息斯忒

---

〔1〕译者按，原文为"squatters"，即澳大利亚的领官地而牧羊或业农者。

兴寺院则约略可见于山坡茂林之间。四五百年而后，英吉利北部及苏格兰的原野亦渐次追随约克邑之后而尽成一片羊场。至于羊群如何咬食自上古即满植于北方多水废地之橡树，桦树，矮树，而使变成大平原的白草地及野草地则由来极渐，进行极慢，不能逐步注视或为之笔记。

息斯忒兴僧士始倡管理庄业之法，功在英国者甚伟。一事之好坏本不易分离，往往在此方为好者，在彼方即为坏。息斯忒兴僧士时人痛诋为贪鄙，因贪鄙之故遂至欺诈侮人而不恤。此固善事生产的流弊。然亦因他们之善事生产，故能先一般的地主而有庄产簿记之设，及牧羊事业之兴。我们如果以为断绝红尘，与世无缘的僧士不应再拥有财富，则息斯忒兴僧士无所逃其罪；如果他们可和不自鸣高的俗人同样享有财富，则我们又乌能仅誉推铎尔时及18世纪的世俗地主，赞其有改进农业之功，而不同样的赞美息斯忒兴僧士？

寺院生活　此期新建的寺院有好多不归英吉利主教管理，而直属于它们自己的僧正及教皇。此本未必为有利于教社之事，且为促进英国寺院灭亡的一因。但有些僧寺则直隶于主教；从主教的巡察报告中我们可得研究中古英吉利寺院制度的最佳材料。

关于此层我们有坎布稜息斯（Giraldus Cambrensis）所著的恶意的《教士的镜》（Speculum Ecclesiae）可供参考。据说亨利二世某次行猎回来时，温彻斯忒圣斯尉新（St. Swithin）的僧长及僧士曾全体跪于马前，而泣求国王援救他们，因为主教要把他们用膳的菜肴自13碟减至3碟。"藉上帝的神明"，国王说："看看这班僧士！他们这样的大嚷，我以为僧寺一定焚去了。哪知是这么一回事。如主教而不把他们的菜肴减至3碟，那他真该死。我的御膳也不过3碟，我却满意了，何况他们？"这个故事是否实有其事，我们可以不管；然当日诸如此类的故事，笑话，及传述极多，于此可见寺院生活在亨利二世之时，其为世人所称道者盖亦不会高于巧塞之时。但在早时，英国尚无大学，而世俗的历史家，写录手，及印刷者亦未出现，幸有多少寺院可代为学术之中心，及编年纪者和抄写者之住所；故寺院的功绩亦不可掩没。且有几处寺院的风纪亦决无圣斯尉新的放弛。喀莱尔（Carlyle）的英雄，圣爱德蒙次布里（St. Edmondsbury）的僧正散姆孙[1]（Samson）即为能把寺僧严加约束者。但从理查及约翰两朝时所发生的厄富兹罕（Evesham）案我们亦可见寺院首领之极易滥用权力以压迫所属，更可见他们之不配握有大权。然各僧寺间的区别亦不亚于各采地间的区别。一味的推崇及痛快的责备，无论在古时或在今时，都是易生误会而且危险的。

亨利二世督同了他自己所任命的主教本可处理一切教务——大至法律上的重要问题，小至僧士应得的菜肴数——而有余。不幸，他误派了他的大臣及私友柏克特·托马斯（Thomas Becket）为坎忒布里大主教，于是麻烦之事遂发生了。柏克特一脱离了国王的差委而后，即以教社的臣仆自居而仅肯听命于教皇。他本具好斗的本性和刑名的头脑，故乐于以一人而独当国王及男族的联合战线。主教的一部分也站在国王方面，但其数则随时增减，并无一定。

柏克特之死及神化 柏克特的办法既暴烈又多矛盾，故英吉利教社及民族实偏袒国王，仅小半表同情于柏克特。不幸亨利的性情亦异常横暴，常在宫中痛骂柏克特，他的臣下因引君仇为己仇，而有四武士潜出王宫，杀死柏克特于坎忒布里大教堂的惨剧。此事的反动极大，于国家极不利。国家因此案而丧失的权利直至宗教改革之时始获一一收回。自此而后殉教者圣托马斯的遗体历3世纪为英国最风行的神龛。朝谒坎忒布里以拜于殉教者之前者几不可以数计，巧塞亦为此中之一人。信士在道上不免谈说故事，两故事之间依例必默行若干步，且有一定之步伐。在信士的言语中，"坎忒"（canter）即步伐，而步伐一辞转废而不用。于此可见崇奉圣托马斯之风之盛。此项神祠后到了宗教改革时代始被亨利七世所捣毁。亨利视此神

---

[1] 译者按，即《今古谈》（*Past and Present*）中英雄。散姆孙的事迹本出自 *Jocelin of Brakeland's Chronicle*，喀莱尔特利用之以充小说材料而已。

祠为教权侵略王权之奇耻大辱，故以铲除为甘心。且他为文艺复兴后的人物，和遗体的崇拜本不相容，而况坎忒布里又为此项迷信的主要中心？

僧侣的特惠 亨利二世和柏克特力争而失和之点乃涉及受理僧侣犯案的权限问题。照诸男及诸僧官在克拉稜敦集会而议决之所谓《克拉稜敦宪法》（Constitutions of Clarendon）所划分关于国家及教社彼此的权限，僧侣之患重罪者应先在世俗法院检举，次在宗教法院审理，如判为有罪而被上级僧侣开除僧籍，则再由国王的官吏提至世俗法院，而受最后的宣判及刑罚。此种办法，依亨利二世之意，和旧日的习惯符合，而又不和宗教法有冲突，故他在大会中亦言之成理，而遂被采纳。他并没有替世俗法院争审理僧侣之权。

上述的办法即僧侣中也有不少视为公允的互让者。但柏克特则经短期内默认后旋又变卦。他的不合作因一死而获最后的胜利。自是而后，不特僧土及牧区的教士不受世俗法院的管辖，即有专门职业之人[1]及宗教机关的大群职工，甚至任何能读数行书之人亦可犯奸杀窃盗之重罪而不受任何相当的重刑；至少在初犯时是如是。取得教中较低的品级本属易事；不正当的人物为染指特权及保护之故，竟争和教社发生些关系，或挂名为下级僧侣，或年往寺中栖宿若干日。迈特兰"僧侣的特惠为中古时期大弊之一"之语诚慨乎其言之。

但亨利并没有放弃世俗法院一切应有的权限，虽则僧侣之犯重罪者，因国王的盛怒及武士的暴行而反得历300余年逍遥于王法之外。关系许多其他之事，亨利曾确立世俗法院的权限以防止宗教权力的膨胀。教社在史梯芬朝国社凌夷之时曾大增其地位，今且藉了教皇的后援及高奢的要求，而有大大扩张宗教法院的权限之势。这种潮流亨利固不能熟视无睹，而不予以阻挡。因柏克特一死而不得不让步的僧侣的"特惠"（"benifit" of clergy）亦只及于重罪，而不及于其他。关于轻罪，过失，民事，及契约的诉讼，

---

[1] 译者按，中古时此辈皆与教社有关。

僧侣仍须为被告而出席于国家的法院。信大教社主义的人视此为极不应当之事，但亦无可如何。

教禄权 最关重要者，亨利坚主教禄[1]（advowsons）为世俗的产业，故关于教社的生活资产之案悉归世俗法院审理。此为通常法的胜利而宗教法的失利。教皇统治英国教社之权因此亦受了极大的打击。宗教法院的案件俱得上诉于罗马，故教皇辄不待案件的审理完毕而遽提至罗马审理，或直接派人在英组织法院审理。英国教社既承认教皇有终审之权，自亦无法阻止此种包揽的办法。关于宗教之事，教社既须听命于教皇，则保护教社之惟一办法只有限制精神世界之范围，而令匿居于王家法院之后，以杜绝教皇之横加干预。

亨利二世对于教禄问题之坚持，坚持教禄为世俗之产业，得使委人食禄之权仍留于英国而不归于罗马。亨利如不坚持，则关于教禄之案势必直接归宗教法院。而最终仍归罗马法院。

然教皇仍不忘情于派人食禄之权，他常不待出缺而预派意大利教士为继享禄俸者（"provisors"）。教皇及英吉利捐助英吉利诸生活资产者争此举派之权历数世纪而不决；国王有时援助捐助者，有时又袖手不问。后期不兰他基奈朝时之国会遂有所谓《助长教权者拘状法》[2]（*Statutes of Præmunire*）及其他反教皇的法律，为日后推铎尔时整个解决宗教问题的先声。

通常法的起源 亨利二世的德政极多，而以法律的改进为最著。他所采用的司法程序有转移日后英吉利社会及英吉利政治的伟力，而其他英语国家的前程，虽此时尚未产生于世，亦胥受其影响。王家中央法院及巡行法官的管辖权及权力自经亨利大为增加而后，各地间所遵守的习惯暂得归于一致，而英吉利"通常法"（"Common Law"）得逐渐成立。所谓"通

---

[1] 即委人享受教社中可供教士生活之食地或其他产业之权。
[2] 见后第270页注2。

常"者盖即通行全国之法律习惯之意。在亨利二世以前各邑及各县各有不同的本地习惯，邑法院及县法院所执行者即为此种习惯。无数的私家法院则更有无数的私家习惯。今则由通行全国的习惯代兴。

邑及县之公共法院本为盎格鲁·丹麦生活的机纽，但它们绝不是造成通常法的独尊的工具。它们为中等绅士阶级的法院，而封建法院及宗教法院则为大贵族及大僧官所有；它们如何能具必要的权力和威望以和后者争权限？而且任邑法院审判员者为武士及自由业主，他们自身即为许多本地习惯所束缚，他们的脑筋又未受过训练；他们又如何能为英国演进一种通行全国的新法律？即主持邑法院的邑官也不像王家法官之为一炉陶冶的法律家。所以全国如要得一种通行的法律，则此法律必须流自一个总泉。这个总泉源就是"廷议"（curia），即王之法院。

亨利二世自己本熟谙外国法律而又有知人之明，故合座之王家法官类为闻人。法官有来自教社中者，但亦有出身武士阶级者，如格兰维尔（Glanvill）等。这班人和继他们而起的法官渐渐的从中央法院所用的程序中演出了通常法。他们以巡回法官的名义又跑到英国的各地，通常法也跟了他们跑到各地。他们于所至之邑必向乡民宣传通常法的新主义，并执行通常法的新程序。

通常法为英语诸民族最大的传家之宝，亦为它们的思想系统在近代所以不同于拉丁及罗马文化诸国的主要原因。可是它是诺曼征服的一个结果。自亨利二世以迄爱德华三世历朝创立通常法的诸大名贤尽为以法语思想，以法语辩论，而以拉丁文记录的法律家。迈特兰说："凡治律学者即写一句亦不能不用债，契约，嗣，侵占，付钱，法院法官，陪审团等字眼，然而这些字眼俱由法文传至我国。在英吉利法盛行之世界各处，诺曼底之威廉及安如之亨利能为世人所称颂亦固其宜。"

通常法所得于盎格鲁·丹麦法典及习惯者极少，它们的野蛮手续，立誓免罪（compurgation），以及赔偿金等等皆只能代表社会一个过去的阶段。

全欧的封建习惯对于它（通常法）倒不无相当影响，尤其关于地权方面。然 12 世纪时最为学者所探求的为古时罗马诸帝的"民法"（"Civil Law"）及当时正在详细解说中的教社宗教法（Canon Law）[1]。这两种罗马"法律"的方法及科学为英国治法律者的典型，虽则他们所创造的通常法的实质和它们完全不同。在 12 世纪中至 13 世纪中的一百年间波洛涅亚（Bologna）及巴黎两大学为研习"两法"的中心；年轻的英吉利僧侣，律师，及副主教之流渡海峡越亚尔卑斯而留学于两大学者数以百计。留学回来之时，他们盖已化为意大利式的英人，习于种种外国罪恶，但也满腹新奇的法律学识。牛津大学于成立后亦即有荣盛的民法及宗教法学院。

我们当然要问，英吉利法于成育期内既和这些有力的外国势力接触极密，如何又能自由的且依本地的习惯而发展？这问题的解释当于英国男族的态度中求之。男族是时经英吉利化，且又十分保守。他们一方嫌民法为外国法，恶其有助长国王专制之嫌；他方又不喜宗教法院。他们之不喜宗教法院已可于亨利和柏克特抗争中见之。贵族们上述的情感，王家的法律家势不得不加以尊重，且法律家本身对此情感至少亦有一部分的同情。因此他们虽然采用民法及宗教法之方法及精神，而拒绝它们的实质。就实质而论，只有几个格言能获采用。英吉利通常法并不像《极斯丁宁法典》（*Code of Justinian*）之为一部法典，而是好多王家法院所传留下来的例案，及判词的总汇，故其复杂繁琐之状只有专习法学者能——索解。

自前期不兰他基奈时起，国王之"廷议"或"院"即在采用分工之制，所属之委员会各渐有专门的职务及特殊的程序。理财之国库远在亨利一世朝时即已开始有所专掌。后世所称为通常诉讼法院的诸法官为便利臣民起见，在约翰之世即固定在韦斯敏斯忒设庭，和国库同在一地，因此英吉利遂有首都。但除了这座法官所能处理者以外，人民如要向"国王之廷议"（*curia regis*）控诉，仍须投奔国王之所在；国王奔驰无定，"廷议"亦随而

---

[1] 译者按，Canon 作教社的命令意，今译 Canon Law 为"宗教法"乃取其简略。

无一定之地点。所谓国王的法院事实仅由"廷议"所分出来的司法委员会，尚不是近代所知的法院。但是这些司法委员会及巡行各邑的法官所采用的司法程序已经有相当的固定性，因之英吉利通常法所由组成之判例得以日积月累，而判例法得以造成。

王家法院管辖权的增长 颁发任何敕令（writs），以指挥臣民作某事或禁作某事为当时王权之一部，亦成英吉利法原始（非取法外国之意）来源的重要部分。亨利二世曾颁发多种敕令，以规定诉讼程序。依了这种敕令人民可向王家法院进行之案件益多，而有求于各地或私家法院之案件益少。此种敕令权起先是漫无限制的，到了亨利三世及得·蒙特福特（de Montfort）的宪政时期始有限制；是后国王所颁之敕令须有一定的范围，而关于新的事务则尤受限制，尤不得轻易乱发。惟那时，王家法院已有相当的地位，快要成为国内的通常法院，即无敕令权的翊赞亦已可自立。

自亨利二世以至亨利三世之诸王常利用颁发敕令及制定诏令[1]（"Assize"）之权以设立新的法律救济，新的诉讼方法，新的行为形式，而封建法院及宗教法院之权限遂常受剥削。除此以外，当时本尚无别种我人今日之所谓"立法"。但亨利二世既以诏令给臣民以可以自由选择而又较方便的程序的方法，则臣民自然会乐就王家法院，不复投向封建法院；因之关于地权的管辖权后者几丧失无遗。由是小有地产者遂得受王家司法的保护，而可不复虞土地之被近邻大封建主所侵夺。

陪审制 亨利二世之得于是时引用陪审团审判制（trial by jury）亦藉此种诏令立法。

古时之审判方法类皆野蛮而不合理性。照盎格鲁·萨克森人的"立誓免罪"办法，如犯罪者能招致多量的亲友设誓声明他自己的誓言（誓未犯罪）的可信，则便为无罪。能忍受热铁煻烤之严刑（ordeal）而不叫苦者则

---

[1] 译者按，巡行法院叫做 Assize，但国王所召集之贵人（世俗及宗教）会议亦称 Assize，也奉召出席。国王在某某会议所发之法令曰某某地的"Assize"，以敕令诏令分译 Writs 及"Assizes"亦所以酌留分别而已，初和我国古意没有关系。

定有神明暗佑，故亦为无罪。这种办法初为邪教的，但后则为耶教的。诺曼战士之"战审"自始即不为英人所喜欢。其法两造各执古代一种木为柄角为梢的已废武器而互相敲击，直至一造极喊"怕"（"craven"）字为止，喊"怕"者即为有罪。以上种种野蛮审判等于没有审判，冤枉的和正直的判决同样之多，而冤枉的判决常为无罪者之惨死或剧伤。我们研究古时人类之枉死，始知法院之追求真实尚为近代文化的奢侈品，而原始的人民则丝毫未尝试作合理的追求；我们固不胜其惊异，然而事实如此无可讳言。中古之英国自亨利二世立陪审制度之基础以替上述不合时宜的程序以后，始渐向合理审判的方向进行。

今日之陪审团乃由无关之闲人组织而成，以听狱而断讼，以听别人所供的证据而就事实以判断。但亨利所建立的陪审团尚不是这样的。他的陪审员即为事实之证人。此已为极大的进步，从前法院几从不传问任何目击或熟知事实的证人。亨利的《大诏令》（Grand Assize）规定，凡田产发生争执时，田主可无须求直于战审，而可要求陪审团的审判。他如为这样的要求时，则国王的法官须召集 12 邻人而嘱其述明事实以定何造的理由较为充分。

另有一种的陪审团叫做控告陪审团则为《克拉棱敦》及《诺桑普吞诏令》所设立。每县中有 12 人所凑成的陪审团，专司控告犯罪之邻人于法院前之责，控告须经宣誓。他们像《大诏令》所设的陪审员一样不是事实的判断者，他们也是事实的证明者，他们可证明犯罪者在本地的声名如何。犯罪者经控告后，便须受火烤的严刑；如幸而为上帝所佑，得免走上绞架，他也得逃亡于外，誓不复归本国。自 1215 年之拉忒蓝（Lateran）会议禁止僧侣执行烤铁之可笑仪式，而废除刑审后，英国更多发展陪审制度之机会。在中古的后期陪审员渐渐由立誓证明事实者而改为判断别人所证明之事实者。到了 15 世纪时陪审制度已近似今日的制度，而英人已足举以炫人。是时刑审尚未绝迹于法兰西，故大法官福忒斯奎（Fortescue）尝把英法的程序相比，而极赞本国制度之文明。

法院的暴敛 亨利所立的司法制度人民视如拱璧，而亨利的法院则人民趋之若惊。当时的社会方在由野蛮慢慢的跨进文明，残暴凶酷及压迫之事尚日有所见，故王家的敕令至少亦可以稍与人民以援手及救济。但国王的直道亦有其不足取的地方。他的法院也为穷征暴敛的工具。亨利之所以广设王家法院而增大它们的管辖，一方固欲为人民谋真正的直道，但一方亦为填补常告竭蹶的国库的欲念使然。故国王的法院同时也是狂征暴敛的工具。至于理查，约翰，及亨利三世之继续扩张王家法院的权力则更出于为国库收括者多，而出于为人民谋直道者少。法官替国王收税之任务丝毫不比替国王维持治安之任务不忙或不重要。他们固一举而能收两效者。

勒索最甚，最可怕，且最为人民所痛恨的则为亨利三世时及以后的"总巡回法院"（"General Eyre"）的各种处分。每隔7年或7年以上，国王常特派按察使（King's Commissioner）到各邑按察自上届按察使来过以后数年内邑官及自由民所处理的种种司法及财政案件，如或邑官及自由民稍有失察之处，而人民尚未照常例就刑或纳税，则重大之罚金即随之而来。1323年，康华尔的人民因畏惧按察使之降临甚至举家逃避于泽地及林地。爱德华三世半因别的原因，但半亦因其太遭民怨，遂废除总巡回的制度，而令普通的巡回法官不时巡回到各地开庭理讼。所以王家的司法虽为早期不兰他基奈朝进步的主要途径，我们也不能一味把它赞美。

武装诏令 亨利二世是一位专制之君，但当时人民之需要强有力政府也比需要甚么别的东西要急些。这和推铎尔诸亨利时的情形一般。且亨利二世之专制为法治之专制。他又能信任人民。他不设常备军，而敢鼓励人民武装，不得民心的暴君决不敢为此。1181年的《武装诏令》详细规定各级臣民，自最低微的自由业主及手技者以迄贵族，应备相当的武装，以供国王必要时的驱使。这诚是反封建倾向的制度，与旧萨克森时的民军精神相吻合，而为新英吉利之军制之先声。

亨利二世的功绩　我们有了安如的亨利，所以无政府状态仅见于我国历史的首页，而在大陆封建诸国则多延长了好几百年。我们也藉了他的大力而有本土的通常法以维持国王的治安。通常法和直接基于罗马诸帝之民法而来的欧洲法制不同。它们以君的意志为法律的准则，而通常法则以法律的本身为行为的准则。

第三章

十字军　宪政的肇始

国王：理查一世，1189—1199；约翰，1199—1216；亨利三世，1216—1272。

西欧势力的局促　耶教世界在9、10世纪时尝三面被困于仇敌，东南北三方背有敌人来侵扰。欧洲是被攻者，而不是攻人者；是被人所探索者，而不是探索人者。固然自查理曼而后，它（欧洲）的生命已没有甚么危险，但敌人仍能遮绝它的出路，使它不能使用海洋，使它不能握有海岸，因之更使它不能有经商及远航探险的机会；而经商及探险固日后欧洲各民族前途之所系。在北方，邪教的外琴人尚占有大海及海岸。西班牙及西西利之大部则受萨拉森人（Saracens）之统治。外琴人及伊斯兰教人的船只复充满于地中海。自多脑河的下流邪教的马札儿人（Magyars）又闯入德意志的腹地，并越过伦巴底平原。所以无论由海或遵陆，西欧实与外地隔绝，即和东方耶教及学术中心的君士坦丁堡亦无法衔接起来。

在11及12世纪时，前之形势大变。西班牙自北徂南的逐步征服既于此时开始，诺曼人亦代萨拉森人而执西西利的治权。外琴人或则被摈而不得复入，或则皈依耶教；他们可惊的精力传至诺曼战士及政客而后且为耶教尚侠精神的利器。马札儿人不久亦受洗礼，十字军因得假道他们的匈牙利王国而进入巴尔干及比占帝帝国（Byzantine Empire），更由此而入至小亚细亚以抵圣地。海权则移递于意大利之热那亚（Genoa）及威尼斯两沿海共和国；十字军因之得以渡海而到利凡特。

十字军 欧洲之得能趋向于光明的道上大半须归功于封建主义。封建的耶教社会虽瑕疵迭见，然总比外琴人及马札儿人的社会制度要高明得多；所以它的种种理想，亦不难为他们所接受。而且它有遏止伊斯兰教社会伸张的能力。封建武士此时本已学会了在鞍上以强矛直刺之术，而此种战术实属猛无可当，步兵战术在英吉利长弓流行以前绝不能和骑士抵抗。而且在12及13世纪时封建主义的武力亦因堡寨营造之改良而冠绝一时。理查一世在诺曼底所营的加雅堡寨（Chateau Gaillard）及十字军人在东方所建的许多堡垒，如和诺曼人在征服时所藉以底定英国的土丘木栅之堡寨相比起来，固不啻有霄壤之别；即和史梯芬朝国王及诸男所藉以负嵎自固的方形高塔之堡寨相比起来，也要坚强好多。新的建筑辄有极长的城墙把整个的建筑包围起来；沿城又安置了好多的城楼以资防卫。不兰他基奈英吉利所藉以克服威尔须人的昆威，卡那文，及哈勒喜（Conway, Carnarvon, Harlech）诸堡，以及色塞克斯的波第阿姆堡寨（Bodiam Castle）盖皆属于这派的建筑。

环境改变，攻守之术又改良而后，封建耶教社会的自信心亦自然回复起来，而向外的膨胀势更不能或缺。十字军之举既可以使虔敬之心有所依附，又可以使攻战侵略及探索的野心有所发泄。浪荡武士（knight errant）本为十二三世纪实有生活中的特殊人物；十字军的发起亦由他们主动，而非各国政治家的一种企图。新欧洲的各种族本强毅而好动，我们盖可把十字军看做欧人向外移动的初步。浪荡武士之东征和外琴人之外侵盖同出于一种精神，不过后者专攻欧洲内部要害之处，而前者则离欧洲而专以侵略亚洲为务。

欧人因具有冒险性的精力之故，日后得远涉大西太平两大洋而发现新陆；但此时则仅依新恢复的多脑河及地中海两路线而向东南进展。英吉利因远处世界的西北角，故为波浪所不及。英之武士虽亦有从十字军而东征者，但终不能如在法国之成为一种风气，一种举国风靡的运动。此中理由固极显明；法国临地中海而英国则和地中海隔绝。

首次的十字军为十字军中成就最宏者。部永的高弗梨（Godfrey of Bouillon）之克服耶路撒冷而建立佛郎克诸国于叙利亚（Syrja）亦为首次十字军的功绩。但英人于此次远征几未参与。第三次十字军为夺回被萨拉丁（Saladin）所取去的叙利亚各地而起，在此役中，狮心理查（Richard Cour de Lion）固获得无上的荣誉，且为最伟大的浪荡武士，富于冒险性的英人随王东征者固亦实繁有徒；但英吉利男族的大部则仍留居故国，而勤于治理，初未参加十字军。至于英国的平民则更漠不关心；第三次十字军所引起的情感仅够使他们为数次将犹太人为可怕的屠杀而已。

十字军的影响 但十字军对于英吉利的间接影响却不在小，因为英吉利是中古耶教世界的一部，而耶教世界的智能则因十字军而大大增广提高。因十字军之故，西方半发达社会的最优秀分子得和东方的贸易，文艺，科学，及知识发生有利的接触。无论是友好的比占帝人（Byzantians）也好，或是仇敌的萨拉森人也好，他们的文化总比西欧的文化既要源远流长，且要整齐完备。即以堡垒之建筑术而论，十字军人亦须取法于在东方所见的堡寨。佛郎克人在叙利亚所立的居留地及商埠复足以鼓励欧亚两洲间的通商。威尼斯亦因十字军往来之故而蔚成东西贸易的主要中心，财富大增，光荣盖世；而它的公民如马哥博罗（Marco Polo）之流以及其他意大利商贾传教士亦得远入亚洲的腹地，甚或直达中国的海岸，把东方的或仿制的奢侈品和工艺品带回到欧洲及英吉利。正在大学中萌芽，或因异端而激起的智能上的好奇心亦极受东方的哲学及科学的影响。如果在中古之后期野蛮的欧洲仍如十字军前之闭关自守，不与世通，则后期中古多变的生活，以及丹第和巧塞的世界将无从存在。

欧洲自东方固然得来到上述的许多好处,但十字军对于耶教的功业却极浮而不实。它们(十字军)既不足以永远使圣墓不复沦于邪教,又不能树立耶教教徒间的博爱精神。十字军的历史不啻即是教徒互哄的自供。即比占帝帝国的地位亦丝毫不因十字军而有永久的进步。它本当耶教社会抵御伊斯兰教势力的要冲,但1203年的十字军人竟不惜背信忘义,只图私利,而置它的利益于度外。十字军人以热血所换来的结果仅为贸易,工艺及奢侈的增进,耳目声色的快意,智能的提高,科学的发源,以及其他类似的文化进步。凡此种种固尽属世俗,而和宗教无关,且为隐士彼得[1](Peter the Hermit)及其他首倡十字军之诸志士所视为不屑顾问而不值一文者。

约翰的谋叛 理查真是一员浪荡武士,他之为英王亦纯采写意的办法。他虽远离国土,而深得民心。于动身远征之前,他曾将六郡完全移付其弟约翰管理,既不受王家的司法管辖,复无须完纳任何租税于国库。约翰那时已有奸佞不作善的恶名,他之不能担当重任和他之作乱为当然的结果。亨利二世所艰难缔造的国王直接治理制度在约翰手中因亦受一极大打击。幸而那种制度已有相当的基础,故约翰反叛乃兄的计划终不能摇动国家的命脉。在约翰将反以前理查已任命了窝尔忒·呼柏特(Hubert Walter)为坎忒布里大主教兼都察使(那时最高最要之官)。呼柏特藉了王党诸男及伦敦市长市民的赞助,一举而平约翰的叛乱,并以金钱将理查由奥大利狱中赎放出来。理查自东征西归时受同征者之陷害才被拘禁;既归国后,非但不安居图治,以报臣民的忠诚;反多方征敛以供新的战事。他自己也亲到大陆,加入保护安吉芬领地之战。此次离英后,他不复能返祖国。5年之后,因和一个不知名的封建臣交恶之故,竟受致命之伤而死于一个小堡垒之墙下。

窝尔忒·呼柏特 呼柏特之治理英吉利实非理查亲政之所能比拟。他

---

[1] 译者按,彼得为12世纪法国教士,为第一次十字军之预言者。

不特能维持治安，执行王法，且能信任乡镇的中等阶级而得其好感。随后二朝中的宪政改革非有中等阶级的协助便不能成功，而中等阶级的所以得势则须归功于呼柏特。

都市的自治 除了伦敦及其他一二城市或可为例外以外，英吉利的各市，连几个沿袭罗马时故址的城市在内，都不是罗马都市的复活；这和法兰西及意大利诸市之由罗马旧市复活者迥不相同。英吉利城市多半由村落及堡垒而起。它们在萨克森时即所谓贸易市者〔1〕到了12世纪这些城市仍依地主之为谁而分别受治于封建主，大僧官或国王。它们的解放即于此时开始；国王管理之市解放最速。

亨利二世之政策不利于封建主之自主，亦不倾向于都市之自主。由他的眼光看起来，封建主及都市之自主都为王权之侵略。但呼柏特的政策则和亨利不同。我们如可从他的行为以推测他的思想，他似乎把两种自主异眼相看：封建主的特权虽足以妨害王权的行使；而都市的发展则可助长国王的权力。

他颁了许多的特许状给许多的城市，且畀它们以自举官吏之自治权。英吉利文的"贵民"（Alderman）及"市长"（Mayor）盖皆来自法文；由此可知中古英吉利都市自由之两重起源。呼柏特在初时似亦曾服膺亨利二世，而深以伦敦市民的权力为惧；因为他们既富而众，而地理上的地位又十分优越。但在约翰作乱之事，他们已一劳永逸的取到选举市长之权。约翰即位后，因为贪图财利之故，仍不断的把都市的自主之权出售给其他都市。

乡邑的自治 呼柏特信任中等阶级并利用他们为统治的工具之政策初不限于城市，即在乡村亦然，留居于采地而务农者之武士已渐成为英吉利的乡绅阶级，呼柏特因顺势令他们参加郡中的公务。英吉利之一种特殊政治制度为责成无专门学术的士民令负襄助官吏处理公务之责，而不尽依赖官吏；此和日后大陆上官治制度之精神大不相同。这种特殊制度的肇始我

---

〔1〕 参阅前面第93页。

们在此时已可确实的看出。国王之利用地方上乡绅辈以协助法官及邑官维持国王的治安实始于此时。后日治安法官（Justice of the Peace）之制，为此种政策推行之正果。在理查一世之时，乡绅辈虽尚未用治安法官的名义以执行司法职务；但政府已经在强制他们执行为王室辩护权利之职务。他们的名义就叫做王权辩护官（custos placitorum coronæ）；国王在邑中的各种财权及法权他们须得妥慎保持。他们的服务有时并非出于自愿而出于强迫；中古国王的职务之一即为强制英人以习于自治的习惯。邑官在邑中的权力本极伟大，常有滥用威权之可能，不特为人民所畏惧，亦为国王所疑忌。国王之重用邑中武士，其最后的结果固为地方自治的养成，而邑官的淫威亦可藉此稍遏。

王权辩护官的任命既不由国王，亦不由邑官。呼柏特下令凡邑中有资格在邑法院提起诉讼之人，应公推四人为辩护官；换一句话说，辩护官等于由本地的绅士自选，因为除了绅士以外，很少别的人有提起诉讼之资格。根据于同一的原则他又下令陪审员应由四武士所组织之委员会选拔，而不由邑官任命；委员会本身则须在邑法院中相互推出。

在此处我们可以看见各邑之自治在于乡绅而不存于男族；我们更可看见代表原则的起源。所以在 12 世纪之末，距巧塞所著《引言》（*Prologue*）中的佛兰兜林（Franklin）尚有 200 年以前，中等的乡绅阶级已在英国兴起；他们既习于公务之执行，又深知选举代表之原则。及至后日，绅士协理公务及地方官由于互选之两大思想推行及于国会时，极重大的结果亦遂发生，不特英国蒙影响，即全世界亦受波动。

中古的宪政主义　在约翰之时，男族对于国王要索之抵抗渐由封建的方式进而采究政的方式；诸男而外，其他阶级的自由人亦全体加入这宪政的抵抗。在前世国王本早已藉诏令权及敕令权的行使而使全国熟知通常法的意义。在约翰及亨利三世两朝，人民对于法律更有进一步的，更深刻的观念，把法律看做自能生存的一种事物而不必和王权混在一起，甚而把法律看做在国王之上，那国王亦不能离法律而治理。

我们所谓"宪政的观念"在13世纪已在不断的，虽则慢慢的，发展起来。我们的宪法实是封建主义的女儿而和通常法结婚者。要知封建主义正和独裁主义相反。封建主义可为暴君政治，有时且可为无政府政治，但从不能为独裁政治；因为国王及封建主间的权利义务在封建制度之下辄有缜密的平衡，而不得有所凌乱。诸男及武士的权利有封建法及封建习惯为之保护，即国王亦不得侵犯。如果国王所要索的服务，捐助金，或承袭金[1]比习惯所许的要大要多，则他们可以根据法律而严加拒绝。这就是宪政运动及国会运动的起点；因为国王觉得与其和每个贵族讨论每个争点，毋宁和全体贵族会于谘议院或国会而成立一共同的协定以解决争点的全部。

在又一方面讲起来，英国的宪政主义也是起源于封建主义的。13世纪对于国王专权之抵抗之所以有成亦缘封建阶级之不失为战士阶级，不像后世之乡绅阶级则全为非武阶级。在上面我们固曾说到武士之弃甲就农，不习战事，但他们仍都具有环甲及战马，有一部分且尝随十字军东征，更有一部分则因和威尔须人及苏格兰人接壤之故终年不断的有事于边陲小战。此所以要求《大宪章》（Magna Carta）的诸男及得·蒙福尔·西蒙（Simon de Montefort）的徒众能不惮以武力和国王相周旋。此所以波亨（Bohun）及比高（Bigod）两男能毫不自馁的向爱德华一世说："上帝鉴之，陛下，我们不走开，我们也不受绞。"厄力奥特·约翰爵士（Sir John Eliot）决不敢向查理一世作同样的措辞；庇姆（Pym）及克伦威尔（Cromwell）为要取得必要的武力起见，且不得不走上革命的途径。然而中古时的主持国会者固常备武力而且备而合法者。

诺曼底之失陷 约翰之为人适足以激起宪章抵抗的运动。他的本性虚伪，自私，而又残暴，故最易为人所痛恨。他固能一意孤行，坚忍不拔，

---

[1] 捐助金（aids）为各种封建主求助于封建臣的捐资，如助赎封建主之资，助封建主长子进爵之资等等。承袭金（reliefs）为封建臣死后，其子求得续享领土之资。

以谋私计之成就，但他缺乏远大的政治眼光和手腕。为敛钱之故，他不惜破坏封建的成法，滥用国家的机关，并开罪于臣民的全体。无论世俗的，僧侣的，穷的，富的，市民或诸男，皆不堪他的勒索。但所得之钱他皆举而用诸于大陆上的战事。钱虽用尽，而世传的安吉芬领土终不可保，约翰的武力仍不足以抗法兰西方兴的揆柏特（Capet）诸王。1204年诺曼底为腓力·奥古斯都（Philip Augustus）所夺去；10年之后约翰欲藉欧洲大联盟以克复诺曼底的大计划则因德意志诸同盟者之败于部焚（Bouvines）而顿成泡影。凡此许多事变，及约翰和教皇历久未决的争持，以及因此争端而发生之不利于英吉利的禁令皆为《大宪章》的引子。经此种种，约翰的威望竟一蹶不振，而昔之国王可以借以自重的国外领地到了他手里反变成一种累物。

部焚之战，除了助长英国的宪治而外，更有使腓力·奥古斯都得以统一法兰西的功效。爱好诗文的法兰西宫廷和巴黎的大学及建筑学校联合起来向为尚侠的，派遣十字军的，欧洲的文化中心；自经部焚而后，这宫廷更成为法国封建各省的政治中心。但法王并不能如亨利二世之改进行政制度以增高国王的地位和实力，所以到了阿金库尔及克勒西（Crecy），法王外有强敌，内有叛逆的时候，法国仍不能当英吉利的猛攻。

在约翰及爱德华三世之间英王在大陆之领地不嫌太大亦不嫌太小。他们的安吉芬帝国固已不存，但加斯科尼及波尔多口岸则仍未脱离。因有波尔多之故英国的海外贸易便多一层鼓励；而价廉物美的葡萄酒又可以源源而来，以代替中等阶级所习饮的麦酒及蜜糖酒。我们远祖欲于日光不至之地种植葡萄之无功尝试因亦可以早早中止。但我国和加斯科尼的关系究无昔日和诺曼底关系的密切；在昔日，英吉利的诸男往往在海峡之两岸都有封建地及亲戚。所以在失了诺曼底起到百年之战开始时止之百二十余年内，英国的诸王，贵族，及武士虽仍操一种走形的法语，但已能注意于专涉英吉利的诸问题，例如英吉利和威尔士及苏格兰的关系，英吉利法律及国会的发展等等。英人之重又采取岛民的目光免得我们和法兰西发生了利害相共的, 太密切的关系。如果13世纪的英吉利仍碌碌于安吉芬帝国的防护而年年和法兰西诸王作战, 则领袖英人又哪能集精力思想于英吉利本身的及内部的诸大问题? 但到了1337年爱德华三世重又开始作战以征服法兰西时, 则英吉利法律已有, 而国会亦将有, 特殊的民族色彩, 故英吉利民族已巍然能自立, 而不复有雷同法兰西文化的危险。

大宪章的动机 走向宪政道上的第一阔步当然为《大宪章》的成立。在兰尼米德 (Runnymede) 向约翰强取宪章的武装诸男, 据我们所知, 无一是有为的人物; 但是他们的同盟者, 郎吞 (Stephen Langton) 大主教却是兼具德智的大人物。他之能不附和大教皇英诺森三世尤为难能而可贵。约翰在1213年曾降服于教皇的权威而了结从前的争端。教皇为酬答约翰的臣服起见, 于国王及臣民之争, 左袒国王的立场, 且宣告《大宪章》的无效。郎吞之能被举为坎忒布里大主教既出教皇之赐, 照理应顺从教皇之意旨而赞助约翰, 但并不出此而仍和诸男站在一起, 则洵足见其见解的卓绝而遇事的果断。

诸男之争《大宪章》本完全为自私的及阶级性的动机所驱使, 犹之其他的阶级或党派在后此数世纪中发展所谓"幸运的宪法"("our happy constitution") 时亦完全受同样的动机所驱使。后世对于《大宪章》发生许多理想化的误解: 好比把第39条强解做陪审团审判制的确立, 强以为最下贱的佃奴亦可要求此种权利; 把第12条及14条强解做国会议定赋税权的确立, 凡赋税俱须得国会之同意等等。如果要求《大宪章》之诸男能了解这样的涵义, 他们必将矢口不敢自承。他们所要求的决无如上述的彻底或广泛。因为所要求的极有限且极可能, 故他们转能于无意中激起了一种日后可以为大家取到梦想不到的自由之大运动。

诸男蜂起的目的本在阻止国王之滥用封建成规, 而任意在他们的土地上征收捐助金及承袭金之类。有人所以把这个运动叫做"佃户权"运动,佃户为被压迫的贵族，而田主则为国王；虽然我们很易知道凡国王向贵族勒索者，贵族仍必转向更低下的阶级勒索。此外，诸男更欲对于国王用敕令将案件由他们的法院改归王家法院管辖之权加以相当的限制。我们对于诸男的第二种要求，也许不表同情，即有同情也不会像对于第一种要求之多。但从整个的局面观察起来，国王的改变法院管辖权之全权也实有加以限制或国家化的必要，而除了男族以外，更有谁能把此项工作有效的担负起来？

郎吞固然是一个开明的领袖，而为诸男之前导者，然当时英国的环境实令大家有不得不前进一步的形势；即没有他的指导，发展的过程也不会大异。不兰他基奈诸王所培植的国家机关实力极厚，回向封建的道上为不可能之事，诸男本人亦并无这种陈旧思想。亨利二世所缔造的制度早已成为民族生活的一部，并为他们所习惯，他们绝无把它们毁坏的念头。他们明知它们之不可毁坏，故但愿得一公同控制之方法；只消国王不能独裁的利用国家的机械以任意胡行，他们即于愿已足。

代表观念的起点 在百年以前的英吉利及当时的苏格兰及大陆上，诸男的策略在保存私人的自由，维持各个的独立，而不让国王的官吏伸张势力于领地。但在亨利二世以后的英吉利，则这种策略为不可能之事。可以从《大宪章》条文中看出来的诸男策略在取得公共的自由，在凭借通常法，诸男议会，及和别的阶级同盟，以控制国王的大权。《大宪章》中曾提到"我们王国的共同谘议院（common council）"，"所有免役金或捐助金非有谘议院的同意不能征收"，向"伦敦城征收的捐助金亦同样办理"。此处之所谓"公共谘议院"固然仅为严格的大佃主的封建议会，然究为趋近国会及"无代表不纳税"之两大原则的一个步伐。诸男所获的固然不多，但总可算做宪治的第一步。所有的第一步总是重要的一步。

全国臣民的联合 而且兰尼米德的诸男亦不能不联合其他被约翰所压迫而携贰的阶级，不然便无抵抗亨利二世的儿子之实力。伦敦市民曾大开城门以迎诸男之师，且加入阵地示威。僧侣亦给诸男以道义上及政治上的赞助。所有的自由人——大致统括自鄙弃的佃奴以上之人——亦有消极的同情。因为这样，亨利二世虽可以根据《武装诏令》而召集民军以削平男族之变，但约翰则势不复能召集自由民为王宣劳。英人之左袒诸男以御国王，此次盖为首次，而所以敢左袒诸男者，盖深知封建的无政府状态决不能复起。

凡加入或唆动《大宪章》运动的各阶级在宪章中皆得到若干的利益，这可从条文中见之。因此我们不妨把《大宪章》叫做全民族的文书（虽则在那时有抽象意义的名词如"民族"或"人民"等词尚未入人之心，而《大宪章》中也无为全民争权利的规定）。凡是自由人都有要求公平审判的权利，及防止国王凌虐的保护。在1215年时"自由人"的范围固极狭窄，但此后3世纪中的经济及法律的演进使全体佃奴都变成自由人，而任何英人在法律上都取到"自由人"的资格。

照后世之所知，《大宪章》的有几条是足以表示拥护个人自由的精神的，虽则当时人的专门解释尽不如此。经后世之一再的附会及重复的传诵以后，误解竟成固定的解释，且大足以助成民族的特性。好比最有名的第39条说：

> 自由民非由同等人民的合法判决或（及）依国法的规定不受拘捕，监禁，或剥夺产业，或放逐，或任何的损害；我们（国王自称）亦不害及他的田地，亦不需他的服务。

更有许多别的条文亦对于王家官吏的违法及擅专行为，无论在林地或在别的地方，亦加以严格的限制。此种行为，如长期忍受下去，不难造成大陆上行政法最坏的一种。

大宪章的真意义 《大宪章》之所以称重于时，乃因它能对于当时的弊政有具体的，且可实行的救济；它实没有包含什么抽象的通则。可是兰尼米德事变之所以能在历史上生重大的影响仍因那事件的抽象性及共通性。约翰的降服不因于反动的封建巨阀所召集的武力，而因于诸男所领导的全国各阶级；有全权可以左右法律之暴君忽而自身亦受法律的拘束：此二者是何等亘古未见的事！故兰尼米德实为移君权于人民手中之初步。

因上之故，《大宪章》虽琐屑万分，虽充满术语，虽不像《独立宣言》[1]之富于通则，虽昧于人权的要旨，而对于后人仍可以发生绝大的想象力，绝大的影响。终13世纪之世，宪章之争持，以及屡次的重颁，修正，废弃，恢复等等，为各派相争的焦点，虽则国王及诸男两方面都在慢慢的离开第12及14两条所说的封建的"谘议院"，而趋向国会的观念。在爱德华的国会成立以前，《大宪章》总不失为最惹人注意的事物。

大宪章在后代的权势 到了14、15两世纪时，《大宪章》的功效已收，故退居人后而不复为世人所注意。此时代之得人重视者为国会。后期的抄录手及初期的印刷者已无须时常抄写或印行英文本的《大宪章》。在推铎尔时代，因为它有注重君民间利益的区别之故，更不为时人所齿；在16世纪时，君及民固皆以极力否认君民间利益的区别为务者。在莎士比亚的《约翰王》中，著者虽能详述理查二世之被废和薨逝，及因而引起的种种情感，但他于《大宪章》竟所知甚少，而关心更小。

可是，到了詹姆斯一世时，君民重又处敌对的地位，而《大宪章》遂重获旧有的光辉，或且比旧日更荣光百倍。在科克（Coke）及塞尔登（Selden）时，古物学家及法律家之欲拥护国会自由者辄觉《大宪章》高立云雾之外，可为英吉利自由之神。他们的对于条文的曲解在今日研究中古史者视之同属不经之至，然在当日实大有功于自由。打了兰尼米德的旗号，国会及通常法竟战胜了斯图亚特诸王。

拥护特许状所给予的自由及固定的利益本为18世纪的特彩，在此时期

---

〔1〕 译者按，指美洲13殖民地1776年《独立宣言》。

中历史上最大的特许状（即《大宪章》）自然会得布拉克斯吞，柏克（Burke）及全英的崇奉。此时《大宪章》竟成了英国全部宪法的精神的象征。所以到了变动更大的时期，到了平民政治开始向旧社会攻击的时候，作战的两方仍互以《大宪章》为旗帜而奉之入战场。庇得派（Pittites）奉兰尼米德帐幕中所颁发出来的文书为自由的，光荣的宪法，而痛斥雅各宾派[1]（Jacobins）及平等派（Levellers）之甘于破坏；激烈派（Radicals）则推崇《大宪章》的字义及精神，而反对一切禁止言论自由的法律，陪审团的操纵，以及选举权的限制。即美洲的独立亦凭借《大宪章》的名义，更凭借它而求和我们的宪治为精神上的团结。一直要到了我们这个不尚空想的时代，始能冷静的把《大宪章》当做一件历史上的文书去研究，一方固不忘1215年时制宪者的用意，而一方又能细考它对于后人的种种势力。

大宪章的执行 诸男于此时尚没有国会制度的观念，他们虽从性情无定的约翰手中争得了一个条约，然而于条约的执行竟想不起一个完好的方法来。他们之所能想到的方法十分拙劣。《大宪章》末了的几条规定，如国王违反宪章中的任何一条，则代表诸男的一个25人委员会得有"用任何的手段以抄押我们（国王自指）的财产之权，换言之，他们可用任何可能的方法以夺取我们的堡塞，土地，及所有物"。兰尼米德后的形势实在恶劣不堪言状；一方教皇及他的使臣教唆约翰否认《大宪章》，而他方诸男又请求法王出兵赞助。幸而约翰因过食"桃及苹酒"而得食积之病，因此我们既可逃了专制的政治，又得免了异姓的当朝。约翰死后，全英又得在《大宪章》的原则之下统一起来。

在爱国的大吏如马沙尔·威廉（William Marshall）及得·部格·呼柏特（Hubert de Burgh）等之下，再加上了郎吞充做各派的调和者，幼君亨利三世的地位瞬得全国的同情。没有好多年后，全国已由纷乱内战而趋于和平。《大宪章》稍经修正后重又颁布；法兰西人既被拒于外，而教皇干涉内政的

---

〔1〕 译者按，Jacobins为法兰西大革命时的最激烈一派，在英国亦有附和者。

风气亦大受限制。内战进行时诸男所建立的堡寨重又拆除，从国王手中夺去的则奉还原主；虽则此类堡寨的拆除归还大都皆经过长期的围攻。所以亨利即位之始虽国家方在水深火热之中，虽无政府状态似将为必然的结果，但因辅佐者之必忠必诚，又贤又明，王权之摄行转为清明的所自。亨利自握政权后清明转不复见。当亨利冲阵之期，谘议院的威权固日有增加，马沙尔及得·部格固须依之以摄政，但它仍是一个分子无定的团体。

亨利三世的弊政 在许多方面亨利三世颇和守教者爱德华相像，且他之尊崇爱德华亦非等闲可比。为纪念守教者起见，他把守教者所毕生经营的韦斯敏斯忒寺拆卸，而于守教者的遗骨之旁建一新寺。此新寺即我们今日所知的韦斯敏斯忒寺。

亨利的政治行为完全受他个人的虔敬心的拘束，因此他变成成就教皇在欧洲及英国的野心的工具。教皇专制时，僧侣除了依仗王权为保护外，本绝无别的保障；亨利的礼让竟使罗马贪权无厌，而僧侣竟不堪其苦。教皇常藉"预派"[1]的方法委了意大利人或别的外国人去享受英吉利无数的教禄。这些外人多属坏人，通常总不住在英国，又差不多全体没有医治英人灵魂的资格。有一次，教皇为酬答罗马人的忠诚起见，竟以300个在英国的教禄许了他们逢缺便补。同时他因和神圣罗马帝腓特烈二世（Frederic Ⅱ）及其他人等斗争之故，需要巨量金钱，故英吉利的僧侣亦不能免重敛之苦。这种种的遭遇激动了英人仇视教皇国的思想，积久而更甚，至宗教改革运动而登峰造极。英人在早时——至少自诺曼征服而后——本为教皇最忠诚的臣民。所以新起的仇视，虽好多僧侣亦敌忾同仇，而一时仍缺乏宗教理论的根据；所可见的仅国家的行为有时可以表现而已。威克里夫出后，始有反罗马的理论。

为迎合教皇在欧的计划起见，亨利纵容次子爱德曼（Edmund of Lancas-

---

[1] 见上第171页。译者按，教禄本应由捐资者推荐教士去享受，但教皇往往不待出缺，而预派候补人，这样，捐资者自然失了 advowson 之权。

ter）去加入西西利继承之争，弟理查（Richard of Cornwell）去候补皇位（神圣罗马帝）；前者所引起的继承战费及后者所必需的选举贿赂，英国势须担负。这些负担根本和英吉利的利益无关，诸侯及全国的愤慨亦因之勃发。

内战　在亨利成年后的30年内，恶政横行，民不堪命，卒至又有多年的内战及宪法的酝酿。表面上今所争者仍为《大宪章》，仍为约翰时的诸大问题。但在又一地方则前后大不相同。在约翰之世相争者仅有两造，一为国王，一为得人民赞助的诸男；在亨利三世之时，相争者成三角形。是时，所谓"新人"（"bachelors"）[1]阶级正在渐渐长盛，这阶级包括武士及乡绅。他们前本习于地方上陪审员及王权辩护官的工作，今则对于国家的政治亦渐有独立的政策。他们极不满意于诸男在《牛津条例》（*Provisions of Oxford*）[2]所表现出来的自私自利；他们要求凡诸男向国王要索得来的权利，诸男亦当给与他们，因为他们与诸男的关系，正同于诸男与国王的关系，他们也是佃户及封建臣。他们的要求最后卒得成功。关于王家及封建主法权之争，则他们袒护王家的法院。

亨利无实力，他的真正实力在反王者之分成各不相能的两派，嗣后他的儿子爱德华更充分利用此分裂以维持王权。因恐反王运动过于倾向庶民方面之故，诸男的一部分卒至走向王方，而继续追随得·蒙福尔·西蒙的宪法或改革党者则男族及庶民殆各居其半。正如斯图亚特时的内战，此次的内争亦渐成意见之争，而不复为阶级之斗。

在内战最后的一两年，当得·蒙福尔得胜于留埃斯（Lewes）及翌年复失事于厄富兹罕（Evesham）时，得·蒙福尔之党包含男族中主张改革的部分，武士及绅士之有政治意识者，反对国王和教皇间的不自然结合的优秀僧侣，牛津大学的学生，以及其他深受行乞僧的感化的拥护民权分子。行

---

〔1〕译者按，"bachelors"为年轻武士之领地极少，故不得不随另一武士之后，并采用其旗帜者。

〔2〕译者按，Provisions 为十三四世纪的法律之称，由国王，诸男，及诸僧侣的会议所发出。

乞僧在最盛时代，因为愿在贫民堆中工作之故，极富于民主思想。教皇虽下隔绝得·蒙福尔之令，然有力的宗教势力却仍站在得·蒙福尔的背后。伦敦的市民亦属他的徒党，他们且有相当的作战力。王子爱德华之不能不如鲁柏特（Rupert）[1]之追击他们，正如得·蒙福尔之必须如克伦威尔之将王室主力军消灭。

当日的政治论著及政治诗词诏示我们，得·蒙福尔末年的改革党确已设想到法律有高于国王的效力。许多的党徒，和他们的首领同样，且充满了宗教的精神，而以改革举动为深合乎上帝的意旨。

得·蒙福尔·西蒙 勒斯忒伯（Earl of Leicester）得·蒙福尔·西蒙虽系出法之贵族，且受过法之教育，但当时的英吉利上等阶级既以法语为日常习用的语言，他之能以英吉利人为心自亦不足为怪。他是克伦威尔及庞特一流的显昂人物，万不能居于次位，故责他有野心似乎有些不经。既为那流人物，他自然亦不尽能守规范，而无一些的苟且。但他能把他个人的地位和国家的利益看做一起，这层他的国人亦能感觉而懂晓。他的爱国观念的大要多少和伦敦主教格洛斯忒有关。主教为那世纪一极高贵，贤明，而博学的人物，他又批评教皇及英王在英国的弊政极力。西蒙和他为多年的老友，友谊又甚笃。他死后，西蒙为他主张的后继者。两人间的关系殆和克伦威尔和罕普登（Hampden）的关系相仿佛。然如果前驱者能眼见后继者的成就，我们又那敢必定他（前驱者）会赞许一切的所为？

西蒙在末年所领导的党羽，无论在长处或在弱点方面看起来，都和克伦威尔所率领的徒众相似。他们是民主时代以前的民主党，他们处一种不可能的地位，他们本身绝无解决时局的可能。但他们的行动至少在消极的方面可以影响将来。留埃斯之胜仗和纳斯卑（Naseby）的胜仗同用祷告，赞美诗，及铜铁打得来，它们也同样是莫可磨灭的事迹。因此，亨利虽复位，而从前的专制不能随以俱来；此亦正如查理二世的复位亦不是旧专制

---

[1] 译者按，此处著者在把此次的内战和克伦威尔时之内战相比。鲁柏特为查理一世之王子。

的复活。复位只是惟一可以取到得被治者的同意之政治之办法而已。

但两者之间也有不同之点。克伦威尔生前之所缔造者死后取消甚多，而西蒙死后则丧失转少。这是因为克伦威尔之成功较大，而西蒙之成功较少。我们之为此言，好像是非倒置，然实则确系如此。克伦威尔的执政历12年之久，故民众对于和这政治有关的一切设施的反响极大。西蒙则执政仅逾一年，在此年余之中西方北方亦可说没有听命，所以他为自由而战死于厄富兹罕疆场之后，人众便缅怀功绩而不能或忘。西蒙在人民心目中的想象非克伦威尔之所可及，因为断头的查理分去了一部分应给克伦威尔的想象力。

西蒙之所以能以一死而有利于国家尚有一个别的理由存在。他的最大的敌人为爱德华。爱德华虽为厄富兹罕的胜利者，然于知识方面则西蒙为战胜者。他为"能受革命之教训者"中之一人。他因内战之故，得知了国王须依法而治，他知国王和国会联合在一起其势力比和人民相对敌要大。

巴力门的意义 那么所谓国会究是什么呢？国会在英史原名"巴力门图姆"（Parliamentum）；喀莱尔（Carlyle）把它译做"谈话铺"，固带些玩笑，但它的意义却只是讨论或议论而已。亨利三世以前，巴力门图姆之名尚无所闻，亨利时，大佃主（tenants-in-chief）的封建议会和国王的廷议一起开起会来始有巴力门图姆之称；由拉丁文转入英文则为巴力门（parliament）。巴力门在此时尚绝无选举或代表的意义，也不一定涵蓄着立法或通过赋税的权力。它不过是国王的廷议或谘议院采取了最广大的，最庄严的形式而已。所谓廷议或谘议院本就是一个捉摸无定的普洛提厄斯（Proteus），[1]它可以大，亦可以小，可以有权，亦可以无权。如诸男及惯常出席于廷议的臣僚集合起来讨论一切，则就叫做巴力门。在巴力门中内政外交的政策可以辩论，请愿及诉愿状可以审议，新敕令的方法及形式可以讨论，而国家的大讼亦可以审判。所以巴力门的行政职务不在立法职务之下，

---

[1] 译者按，Proteus 为一种变化多端而意态无定之海神。

司法职务也不在财政职务之后。于已经讨论之后，它即可以执行，因为它是国家一切大权的具体。但选择会员的方法则此时尚毫无所定。

各邑武士的参加 在亨利三世之世国王渐有召集代表各邑的武士以加入上述的大会之举，虽然这尚未成为固定的惯例。武士的人数大概为二名，但可多于此数，由每邑的武士在邑法院中公举。召集武士的目的在使旧日廷议的全体大会有新的人物参加，而不在产生一新的议会或"创始巴力门"；且也不是国王或敌方的党派行动。国王及反对国王的方面都觉得有令"新人"发表意见的必要。武士的参加纯为一种天然的演进，而不足以酿起任何的惊异。在过去的六七十年内，在邑法院中所选出的武士早已在协助王家的法官官吏处理地方上的事务。由此进一步而召集武士代表的全体以和国王及其法官官吏会于一个中心的地点自亦十分自然之举。而且廷议处理地方上的事务时由那地方（市或邑）的代表参加也早已成为惯例。我们恒把各地代表的总召集看做非常重要的一个阶段，因为我们知道此举在日后有重大的关系；然在中古之世，召集地方代表本为处理地方公务的一个平凡方法，而这方法之推行到中央的公务实是一种不值注意的进步。风播橡子固然结果也是橡林，但养林者则必不加以注意的。

在那时，及此后的许久代中，大家恒把赴巴力门开会看做一种苦事，只因碍于公益，故不得不勉为担任。当时人之不愿被召出席正如今时人之仍有不愿派做陪审者。有好些地方，尤其是城市，恒不肯派出代表；即各邑所选出的武士也有藉隐匿而逃避职务者。你如蓄意到邑法院中牺牲别人，在那里把别人举做代表，让他去耗钱，去冒险，那知当你想去找到那人以便带嘲笑的向他道贺时，那人忽已静静的乘马逸去，躲在安全的地方，而法院反把你举上：那你能不能不把它当做一件无可忍受的痛事！选举权在那时真不能当做特权看，也不能当做人权看。在爱德华三世时远在得文的一个叫做托灵吞（Torrington）的市竟用请愿状以取得不举巴力门议员之权，因为议员的费用在那时尚须由全市负担。

各市市民的参加 但是各邑武士的参加究替贵族的巴力门增加了不少的权威。政府亦深知强制全国民众或平民（"Commons"）推举代表出席之利益之为得计。所以在革命的那个年头，在留埃斯后的一年内，得·蒙福尔不但召集各邑的武士，且令有特许状的各市亦每市推选两个代表出席。我们知道政党政治的基础在民众，如能召集全体人民的代表于一堂而与之讨论一切，则党政府的地位会增高。西蒙实为能体会这微旨的第一人，他之召集市民代表或即因为他预知他们必能赞同他的改革党。他之于国会，司法或财政方面的借重本居次要，而借以为宣传的工具实为他的主要考虑。我们从选举敕令知道市民也在召集之列，但究有多少市民应召而至，或他们所做何事则我们已无可稽考。1265年的国会本为革命的团体，只有西蒙同党的诸男在被召之列，但它之有市民参加为极重要的创例，且为爱德华一世时诸巴力门所效法。

英吉利的巴力门并不是任何一个人所创造的，既不是西蒙也不是爱德华。他是逐渐长成的，而不是一朝造成的。英吉利人民因富于常识及善性之故，恒好置委员制于独裁制之上，好选举而鄙巷斗，宁用"谈话铺"而不用革命的法庭：此种常识及善性经数百年之薰陶自然有巴力门的出现。

第四章
中古的会社生活　国会的发展

国王：爱德华一世，1272—1307；爱德华二世，1307—1327。

中古的会社　中古之世人民的思想及行动都是属于会社的。各人的身份视他在群社[1]中的地位而定，无论此群社为采地，为市，为行会，为大学，或为寺院。在法律上看起来，佃奴离了采地主，或是寺僧离了大僧正便不存在。离开了群社，没有一个人有被雇或选举的权利，法律不能因为你是人类之一，或是一个英吉利人民而便肯认你有任何权利。你所能得的，最多亦不过是耶教慈善事业之所能施舍或怜悯者而已。我们要知中古社会的单位既不是民族，又不是个人，而是介乎两者之间的一物——会社。

文化之能由黑暗时期踏进中古的曙光实缘于各人和其同伴间关系之严格的群化。到了文艺复兴及宗教改革期间，在佃奴的解放已将封建社会所恃以立足的经济制度打破以后，社会才得走上个人自由的途径中去。至是好些中古的会社才因不胜势力万能的国家及自强不息的个人之夹攻而一一灭亡。英之寺院及僧士团体固逐一消灭，而都市及行会于重要职务之执行，

---

[1] 以"社会"译 society 乃取其通用；以"会社"译 corporation 亦勉强取其通用。Community 一字更难译，无已，姑译为群社，好在 community 的分子固利益相共而能成为群者。

亦有上赞国家，下扶人民的必要，不复能如前之行若无事。然中古的制度亦有继续存在而无恙者。律师，大学，及世俗的僧侣（指非闭户修道者而言）颇能应变适时，为国家所用；而"平民院"（"House of Commons"），则因可为全国"平民"或"群社"的代表机关之故，且成为民族生活中的主要机关。[1]

于本章中我们要说到四大会社——即（一）大学，（二）僧团，（三）在法院馆舍中结社的律师，及（四）国会，或精细的说起来，平民院——的兴起，此四者之中，三者至今尚存，其一则早已无存。寺院及封建制度在黑暗时期为克服野蛮社会的必要武器；但四大会社则为中古社会成熟时期的果实。

大学之所由起 大学及国会同为中古时代的发明物而为古人的思虑所不及。苏格拉底从不授任何的文凭或学位，如果其徒有此要求，他必将藉问答法严诘他们求学之固为何事？哲学及科学在希腊世界所达到的地位固远非中古时代之所可及，然古时的学问知识从未藉大学而组织起来。它们之所以衰颓而不能抵抗成群的耶教僧侣之攻击，一部分的理由或即在此。

此后之数世纪中，教社固视知识为极简易的事件，而世人亦以教社的意见为然，于是除了寺院及大教堂中间尚有学问的攻求以外，几不发生求学的机关或组织之需。但在12世纪中，一因十字军已把东西两世界联接起来，二因在欧洲较富裕较安定的部分智识上的活动大见增加，学问及思想亦有复活的倾向。凡欲研求民法及宗教法，古拉丁文，基于亚理斯多德的哲学，基于阿剌伯字的数学，及基于阿剌伯著作的医学者似乎皆有借重于新的会社生活之必要。

对于学问的热心和当时对于十字军的热心同样的有许多紊杂的思想盘缠着——纯洁的志气，职业上的嫉妒，染指教禄的念头，上等或下流的好

---

〔1〕 在初时，所谓"平民院"本不是各个平民的代表，而是全国各群社，如伦敦城，约克邑等等的代表。"平民院"通作"众议院"，此处暂且直译。

奇心，冒险及旅行的笃好。而且两者（求学与十字军）也都是国际的，故求学者也往往弃故居越阿尔卑斯山，或渡大海，而达异国。当欧洲正为这种知识的酝酿所激动时，大学亦突然兴起，初则在意大利，继则遍耶教世界的全体。中古人之能善用会社生活以贯彻一种思想，于此亦可见一斑。即在各国都有大学之后，较著名的几个学府仍有所谓各种"民族"（"Nations"，即外国学生的团体）留学不辍。受过教育之人因能用拉丁语讲解写作，故学问的世界性亦不会衰退。

中古的大学和近代的大学不同。近代的大学有伟大的建筑，有实验室及图书馆，有基金及国家的津贴，有林立的各院；但中古大学惟一的基础是人。它也不太为考试及规则所拘束。它惟一的大束缚即教社的对于思想的约束及异端的禁止。因须维持正派的教义之故，而富有哲思的天才亦不得不走入极狭极武断的途径；而本可为人世间最自由的会社之大学竟亦在桎梏之中。

英吉利大学的肇始 没有基金及房舍也不见得全是不利。原先的大学因无须依赖物质上的设备之故，转得于十二三世纪在全欧洲滋生繁殖，其速无比。亨利二世和法王有隙后，巴黎英国学生之能易如反掌的一致返国而创立大学于牛津者正亦以此。牛津为极宜于设置大学之地：英国西南两部的全境俱和牛津有便易的交通，堪供学生住居的房屋亦不少，又有可供学生坐谈、饮酒、欢唱，及互哄的酒肆，大学可以借来举行仪式的教堂，及教师可以举行讲演的房室。教师的讲演亦殊有趣，往往教师面向宝贵的书本而讲解，学生则伏坐地上而为笔记；叫好叫恶绝对自由，一若戏园中不驯的听众。

和牛津敌对的大学之产生或许因为乡市间发生一种异乎寻常而近乎杀戮的私斗，于是学生遂不得不离开牛津而另设大学。剑桥本为各水道及罗马大道相遇之点，而为东北两部的孔道。牛津剑桥和伦敦各距五十哩，故伦敦自己在19世纪前竟没有大学。威尔士人就学于牛津，而苏格兰人则到巴黎及帕雕亚（Padua）就学。到了15世纪初叶，苏格兰人始自设大学于圣安得鲁斯（St. Andrews）。

"穷僧侣"的溷迹所 早期的大学既没有巨大的捐助，也不像后世大学之能为"国内最尊贵的青年"所垂青；故它们绝不得富贵之助，亦绝不受其害。中古的牛津及剑桥皆可说是穷人的学校，因为当时的上等阶级和大学尚不发生关系。武士及诸男自以为所知在大学教育之上，他们以为只有采地佃奴们的知识在它之下。学生的绝大部分类为自由农民，贵族的"家人"及市民辈的最颖慧儿子。他们离弃了上代的田庄或行业而改业学问时，势须先加入低微的僧秩为进身之阶。当时所谓"穷僧侣"或"穷学士"实即大学之穷学生而已。

为这班人着想，大学实是取到职业上的荣誉之必经路径。凡不出身贵族之人而希冀在教社中得高位者舍大学外其道无由。凡欲藉自身的才智而为官吏，大人物的书记，医生，建筑家，或宗教法律家者亦须先得低微的僧秩，再经过大学的陶镕。诸种职业中脱离宗教而首先世俗化者要推习通常法的律师及法官；这是13世纪之事。但即就这班法律家而论，他们的大多数仍为曾在牛津剑桥求学的学生，且他们当下级僧侣时的行为又须足当"僧侣"而无愧者。

大学生的生活 我们如欲想象初期英吉利学生究为何种人物，我们须把他们几乎全体看做一种的"僧侣"。但这种僧侣和近代的僧侣完全不同其道：他们虽然也立过不娶之誓，但于实在行为则漫不经意；他们也不受王家法院的管辖。在15世纪之前，通常的学生恒为下层中等阶级的子弟，穷而聪敏，始到牛津或剑桥时当在14岁左右，离校时则在21岁或21岁以上。他在校时所受的纪律，无论是学问方面的或是"书院"方面的，皆异常轻微；他的道德方面的行为曾经《密勒的故事》（*Miller's Tale*）及《里甫的故事》（*Reeve's Tale*）的著者及许多较不闻名的著者所仔细摹写过，虽然巧塞于所著《引言》（*Prologue*）中曾把学生看做较尊贵的人物。学生所唱之歌为通行全欧各大学的一种叫做歌利亚斯（"goliardic"）派的拉丁韵语，在这种歌中他们自夸有"死于酒肆"的果断心。同时他们更随处享受浪漫生活的甘味，无论在途中或在市内。他们名虽属于僧侣阶级，但实则除了奥维德（Ovid）[1]所描述的邪教神巴卡斯（Bacchus），维那斯（Venus）等那班行乐神，差足为他们所取法外，他们实没有任何的宗教气味。但当时也有虔敬的学生，而全体学生对于学问，至少在理论上，总是十分能尽力的。

当时大学的风气近似今之所谓拉丁区（Quartier Latin）[2]生活，而和后代牛津剑桥的书院[3]生活相差甚远；书院生活半带贵族，而半则以维持体面为主。中古的学生则既非贵族而又不以场面为意。当得·蒙福尔·西蒙揭竿而起，牛津的肄业生趋而共争自由时，他们所御的衣服皆是褴褴褛褛的，他们的神气和1848年加入革命的法意德诸国的学生如出一辙。在西蒙之世，青年盖仍能同时尽瘁于学业，行乐，浪荡，自由及宗教，而不自觉其矛盾。

近代人因有一种敦厚之性，故把他们自己和中古大学中不顾穷乏而孜孜向学的"穷僧侣"比较时，恒贬自己的凡庸，而赞古人的刻苦。但古人的生活亦不见得处处可令人拜服。以无钱，无指导，无保护的14龄幼童而即令深入哗闹，堕落，且常有杀戮的场所，其能巍然自立者本已十分难能，而况中古大学中常有精于敲诈的巨骗专以欺侮"傻学者"为务？因此之故，大学生活可以为善，而亦可以为恶。

书院的设立　13世纪末年成立几个书院[4]的初意在供给学者（schol-

---

〔1〕译者按，奥维德为古拉丁诗人。
〔2〕译者按，巴黎大学所在之地名拉丁区，以浪漫好文艺名。
〔3〕英大学的College和欧美大学的College或School不同。今姑以书院译前者，而以学院译后者。
〔4〕牛津的巴力奥耳（Balliol）书院成于1261—1266年，麦吞（Merton）书院成于1263年；剑桥的彼忒豪斯（Peterhouse）书院成于1284年。中古牛津的学生数，殆从不超过三千，而剑桥之数更小。后人的估计往往出之太高，不合事实。

ars)〔1〕以宿膳，换言之，学者可依书院的膏火以为生。但初意虽在经济上的资助，而书院所能给与学生的一种保护及约束，其为用正不亚于膏火。谨慎小心的亲长总想把子弟送到这种有防闲的地方；即普通的肄业生亦竞以得入书院而为食廪学者为荣。〔2〕英人本有思家的天性，视室家的安逸生活为至宝；书院的生活既近似家庭生活，求为食廪学者的人自亦一代多于一代，而书院的数目，富有，及重要因随而代有增加。自15世纪以后国中更有一种新的捐资设立书院的动机。自那时起英国代有异端，如罗拉特派，教皇教，清教主义，及阿民尼阿斯主义（Lollardry, Popery Puritanism, Arminism）等等。为防止青年之受诱惑起见，各种新的书院亦应时而生。有了羊栏及牧羊者以后，狼亦不能随便抓羊而噬；书院之作用即在设立羊栏而以教师充牧人。

有人以为书院是牛津剑桥的特产，那是误会的。意大利的大学也曾有许多的书院或捐供学生寝宿的场所，不过它们已逐一消灭，所剩留至今者极少而已。巴黎大学自1180年到1500年也设立了50多个的书院，可是就大小，财富，及重要而论，它们从不达到英大学存日后所达到的高度。而且它们也衰败甚早，不能保持它们的资产；所存留的一些则被法国大革命所摧残净尽。反之，英国的各书院则历久而愈多愈富；到了斯图亚特的时候连它们的母亲，大学本身也被吞下了。

研讨的范围　中古大学的主要研究为一种特殊的逻辑学。这种逻辑在那时为十分需要的，没有它则亚理斯多德的学说和教社无可争辩的教旨将无法调和，而阿奎那〔3〕（St. Thomas Aquinas）的令誉亦将无自而生。在12世纪时古拉丁文学曾一度复活，且有发展的可能，不幸根基太浅，不久仍又烟消雾灭。希腊及罗马诸诗人，演说家，及历史家亦尚未入时。对于古

---

〔1〕　所谓学者乃指受书院津贴之学生，与肄业生（undergraduates）有别。

〔2〕　食廪之意在原文为placed "on the foundation"。每个书院都有若干有给学额，得补进者则食宿及津贴俱由书院供给。

〔3〕　译者按，阿奎那为第一等的神学学者，而又熟谙亚理斯多德的哲学。

世的，尤其是对于希腊的，真正了解或领略，要在15世纪第一次文艺复兴之后始为可能。此种了解和中古办法是不两立的，人们懂了上古的情形之后，便将觉悟他们自己所经历的为幼稚可笑。最初的博士及学生们幸尚没有这种足以扰乱心胸的觉悟。

在神学的束缚之下，物理科学自然不能有为。牛津倍根（Roger Bacon）的奇才固如黑夜的星光，但他所有者仅科学上的发明而已。在顽固的时代他自然不免要被偏见所掩没。如牛顿生于13世纪，亦恐难逃倍根的不幸。单就对于时人思想的影响而论，1世纪后的威克里夫，因为他是经院学派的理解的大师，要比倍根重要得多。

把欧洲人的粗鲁智识加以训练并使之精妙化实为中古逻辑及经院主义的主要工作。我们于秤量中古智识上的进步时不应以有否创见为标准，而应以利用哲学材料的技能为标准，因为新的思想在当时即不完全禁止，亦是十分受拘束的。中古学者所辩论的主题大部分固然像常加辩论的"针尖上究竟可容多少安琪儿站着"问题同样的微琐无聊，但他们的工作是不容严格的估量的，这班逻辑家的功绩仍是不易限量的。

行脚僧的来英　除了大学之外，英吉利在13世纪的又一社会变迁为行脚僧或称托钵僧（friars）的来临。我们可说大陆上的教社赖圣多密尼克（St. Dominic）及圣法兰西斯（St. Francis）两派的教团而得保持不坠，但英国教社之有赖于它们者没有如在大陆之甚。在亨利三世时的英吉利教社的生存尚没有危险；无知，疏忽，及实际上的接近邪教固为当日的现象，但异端或反僧侣的情感则尚没有产生。大陆上有阿尔比派及发尔多派（Albigenses，Waldenses）等反教社运动；教社的监查取缔，亦异常严厉，然英国绝无可以和这种运动比拟的潮流。多密尼克派僧士在大陆上本为教社举行查办（Inquisition）的工具，因被人谥做"上帝的猎犬"；他们在英的人数亦不少，但此时尚无异端之徒足供他们的狩猎。至于法兰西斯派的僧人则因性情宽和之故，于1224年登陆后，发展极快，且深得英人之心。

203

我们也不能说行脚僧曾保全教皇国在英吉利的权力。行脚僧取得民间十分信仰的那几年（在亨利三世时）亦即人民初次对于教皇国生强烈的反感的时候。这两种潮流本不是冲突的。格洛斯忒特在两种运动中都处于领袖的地位；行脚僧们虽受教皇的任命，然仍可发泄他们对于民主的同情，而加入得·蒙福尔·西蒙之党。西蒙的党虽然犹奉正教，但和罗马教廷是失和的。

我们虽不能说行脚僧有保全在英的教社或教皇国之功，但他们却贯注了一种新的精神和新的方法于宗教。最早的法兰西斯派僧士本出身于绅士阶级，但他们能致力于穷民的感化，民众信教的热忱因得复活。从种种方面看起来，他们的工作正可和清教，卫斯立（Wesley）[1]教，及救世军诸运动相比拟。本于他们的发起人（即圣法兰西斯）的精神，他们专接近最穷苦的，无告的，有病的，尤其是城市贫民窟中的黎庶，因为这些都是牧区制度所招架不周，而耶教势力所传布不到的。

行脚僧的宣教 行脚僧宣传的秘密即是以最浅近的，可为平民所了解感觉的辞句宣教。那时，牧区牧师很少有宣教的本领；较高的僧侣则方致力于教国大事，不屑宣教；寺僧或则隐居丛林，或则仆仆尘土，亦无暇宣教。在行脚僧未来以前，宗教的意义几完全限于它所布施的圣礼，[2]而需要圣礼的人又未见得能随处取得。行脚僧不特使圣礼可以容易取得，并使宣教及教义的训诲成为通行的制度。后世的罗拉特派及新教徒亦以宣教为主要方法。行脚僧把宣教台的重要提得高高的，哪知后人竟以其人之道还治其人之身，不特取而代之者有之，即举而毁之者亦有之。[3]行脚僧的目的本在助平民透彻宗教的意义，并使他们的生活也受宗教的宰制；哪知平民懂了宗教之后，行脚僧的宗教竟不易存在。

---

[1] 译者按，今之所谓美以美教（Methodists），其创始人即卫斯立。

[2] 译者按，sacraments 在天主教有七种，如洗礼，结婚，临终抹油等等。它们据说可以表征一种内心的，精神上的神感。

[3] 译者按，新教徒为推翻行脚僧者，然他们所用的方法就是宣教。

第 4 世纪至 12 世纪的寺院运动是消极的。在衰败或粗野的时期，虔敬的人们只求能救护自己的灵魂，于愿便足，故设立一寺院不啻在到处尽莽野的世界中设立一上帝照临的花园。花园固可充做垦植莽野的先河，但隔离园野间的高墙则从未打通。行脚僧所生长的世界比酿起各派寺僧的时代较为安定，较有希望，故行脚僧可把整个的世界看做上帝的花园，他们也不惮涉足于市场及贫民窟之间以拯救男女的灵魂。寺僧，在理论上，应自禁于寺院之中；他如浪迹尘世，他的目的往往在破坏清规，以追求世俗生活的乐趣；故他的外出完全和戒条相反。反之，行脚僧的义务在奔走城市之间以将养病人，以宣教讲道，以谛听教徒的自认；故他的外出是天经地义。寺僧可以藉广地及牧场的收入以自活；行脚僧则须沿门乞食以资一饱。

行脚僧的尘欲 在理论上说起来，行脚僧是不得有资产的，这至少也是圣法兰西斯的原意；但在事实上，他的徒众不但拥有僧寺，且也有图书馆及教堂。他们得到人望而后，更加意于资产的厚集，或则置发起人的理想于脑后，或则用中古的微妙方法，把旧理想解释净尽。凡坚持福音式的贫穷主义者且受本会会众的迫害。圣法兰西斯本鄙视学问，把学问和传播福音会的纯洁视为彼此不能相容；但牛津的灰衣僧在格洛斯忒特主教领导及保护之下，竟从事于学问起来，且成绩极好。他的朋友得·马许（Adam de Marsh）及倍根自己即为早期的牛津法兰西斯派僧人；较后则有斯科伦（Duns Scotus）及奥坎（William of Ockham）。圣法兰西斯的英吉利徒众于哲学，物理科学，及医学曾有极大的贡献。

凡宗教的运动有一共同的倾向，即发起人艰苦卓绝的理想尽可所存无几，而机体仍得生存。在 14 世纪时多密尼克及法兰西斯两派的行脚僧是两个极大的会社，且各有很多仇敌。牧区牧师痛恨他们，因为他们在牧区中偷自传教，并将教众及教费一并窃取。威克里夫的改良派亦恨死他们，因为彼此都是以取得平民的同情为目标的。熟知世故之人如巧塞辈则笑"弟兄们"（指行脚僧）欺世盗名的虚伪，因为他们一面装着遵守福音式的穷困，一面却利用人民的迷信以自肥。虔敬且笃信正派的高厄（Gower）则有下述不利于行脚僧的记载："奸非，诌媚，虚伪，诱恶，这些都是他们藉以增加他们的牧师，教堂，及寺院之数的法术。"

但到了14世纪末叶，民众对于行脚僧的感想仍是不坏，许多人仍以死时如穿行脚僧的衣服为走上天堂的绝稳护照。在15世纪中，虽则他们能目睹他们敌人罗拉特派的铲除。但他们自己的势力也日就衰退。所以宗教改革的风潮突起时，他们几没有一个朋友。世俗的僧侣向视他们为窃盗者流。亨利七世为消灭教皇权力的运动时，行脚僧会的解散亦为政策不可或少的一部分，因为他们是教皇的骄子及忠仆。

外来势力的衰退　自诺曼征服以来，外来的势力常如洪水之泛滥于英国，而行脚僧的来英可谓为最后的大潮流。自此以后，洪水退去，所留者为富饶的渣滓。于是内地森林之风可以吹向自如，而不受外界的波动。在诸爱德华及后期不兰他基奈诸朝中英国不特不为受者，且为授者。它所创造的各种事物既从又新颖。它自己的法律及国会在爱德华一世时也发达起来，它自己的语言文学在爱德华三世时也创始起来；随巧塞而起者又有威克里夫，及英吉利开始对于宗教的特殊贡献。同时英国的自由农民复利用本岛的武器把法国征服。英国林地的居民本富游戏的天性，好诙谐而又性情和善，故在他们的心目中善战的弓箭手极易引起他们极好的感想。尚侠好嬉，又激烈，又可以代表当时英吉利人性质的大盗洛宾·呼德（Robin Hood）[1]之所以能深入人心，正亦当然之事。

上述的诸种现象得力于英吉利自由及财富之增进者极多。英吉利自由因佃奴的解放而长成；而英吉利财富则因易羊毛的输出为毛布的制造之故而增加。在十四五世纪中英吉利的财权及放债也渐渐由犹太人转入英人的

---

[1] 洛宾·呼德照后世所传述为伯爵Huntington的化身，伯爵盖忠于理查而反对约翰的谋叛者。然原先洛宾仅为林地中的一个妖怪；至中古将终时则转辗传为武艺超群的一个自由农民；至16世纪时才附会为伯爵。

手中，爱德华一世曾把犹太人驱逐，故财权的转移颇易。

犹太人 犹太人和别的外国人同于征服者威廉得势时入英。萨克森英吉利的社会异常简陋，放债取利之人尚无用武之地。但诺曼及安吉芬诸王，和大陆上的诸王一般的有向犹太人举债的必要。犹太人以现钱借给国王，国王则以赋税预作担保。犹太人赖放债取利为生，这本为教社所不许；但耶教的商人既没有别的地方可以借钱，则亦不惜和不信耶教的犹太人发生关系。犹太人好比国王手中的海绵。海绵先把臣民的钱吸收了，然后再把自己的钱放出取利；国王对于海绵则可予取予求，海绵的水分愈富，则国王的所取亦愈无限止。犹太人之于国王正如佃奴之于田主；在理论上他们所有的即是他的，故臣民虽恨绝犹太人，而犹太人仍可赖国王的保护而繁荣。国王且设立"犹太库"（"Exchequer of the Jews"）以襄助犹太人收债。犹太人在国中的惟一友好为国王，故他们须仰仗他的鼻息以生存。他们的不为民众所齿盖有两种原因：他们是惟一放债收利的债权人，而别的人则无钱可贷；他们又是惟一不信耶教的人，而别的人则在理论上都是信教的。

他们在英国除了借钱给国王外，并供给现金于诸男及战士阶级。他们供给一切战事及行政的筋力，但与工商业的理财尚无关系，因商业资本主义的时期还没有到。

一部分的英吉利犹太人，如亨利二世时林肯的亚伦（Aaron）等，成为巨富；亚伦且在国库中有特设的部分［叫做"亚伦之库"（"Scaccarium Aaronis"）］，以专理他的财务。在富饶的东益格利亚的各市中犹太人的不易侵入的宅舍可与石的堡寨和石的教堂比美；以和较穷的耶教民的泥窟或木舍相比不啻有天壤之别。但如遇国王中止保护犹太人时，则可怕的大屠杀便随之而起，而犹太人和所持的债券也同归于尽。

犹太人的被逐 在爱德华一世时上述的不幸制度突受极严酷的取缔。爱德华的驱逐犹太人也许是基于那时最合理的观察。他自己嘉许他的行为为出于大公无我，及牺牲自己的公益心，人民对之亦十分欢洽。是时在耶

教徒中也有了放债收利的人，故国王及贵族已可向他们借债，而不必定要求教于犹太人，故驱逐犹太人为事实上可能的政策。放债的营业起先入于佛来铭人及意大利人之手，例如爱德华三世曾向借债的巴低（Bardi）及佩鲁齐（Peruzzi）等都为佛罗稜斯的大号。既而英吉利的资本家亦日趋重要，商人如赫尔（Hull）的得·拉·坡尔（William de la Pole）及喜亭吞（Richard Whittington）都成国王及诸男的债主，而为百年之战及玫瑰之战（Wars of the Roses）的财政家。得·拉·坡尔为英吉利贵族的始营商业者，喜亭吞则为伦敦市长及猫面怪谈[1]（Cat-myth）的好汉。爱德华四世也和伦敦市民异常亲善，他固深好他们的美妇，但也因他须向他们借钱。当商业资本主义渐次于推铎尔朝发达时，财政权盖已落在本国人之手。

犹太人的复来 在斯图亚特及汉诺威时犹太人重又返到英国，但此时钱市及其他职业已尽操于本国人之手。宗教改革后英人对于圣经本较熟读，故英人仇恨犹太人的心理也没有从前之烈。犹太人和英人因得在较良的环境之下发生新的接触；这种环境且比在现代的人民尚不能自理其事的许多国家为佳。

"英吉利极斯丁宁" 爱德华一世有"英吉利极斯丁宁"[2]之称。有人曾说过，如以爱德华时的英吉利法和极斯丁宁时的罗马法相比不啻以童年和老年相比。但爱德华曾将所有关于法律之事予以固定的意义，这确和罗马帝的功绩有些相似。他虽没有成立任何不适于尚属幼稚的民族及英吉利法的特性的法典，但我们的土地法，公法，及国会在他之世的确曾得了一种新的定义；中古国家的种种制度今亦开始有固定的形式。今而后，国会及谘议院间区别亦渐渐明了。

条文法的起始 在爱德华一世的为首18年中我们可见英吉利条文法

---

〔1〕译者按，喜亭吞最早的镂像甚不雅观，左手搁在头骨上，极可怕。后日把头骨去了而绘作一猫，因有故事流传。

〔2〕译者按，Justinian为罗马帝（527—565），他尝将罗马旧法编为法典，叫做《极斯丁宁法典》。

(Statute Law)[1]的起点。爱德华本天性习法,又有国内外大法家为之辅佐,故他的壮年时国会立法的毅力,据迈得兰的观察,直可与首次选举改革法后辉格党(Whigs)的毅力相比。

条文法是一种新的现象,他们把法的实质也改动起来了。在此以前,我国的所谓"法"者乃起源于盎格鲁·丹麦时,它是传统的,习惯的,不成文的,大部分是地方性的,绝大部分是作废了的;我国又有封建法,也是由习惯而生的;较新的则有"判例法"乃集合名法官的判词而成,但名法家如格兰微尔及布剌克吞(Glanvill, Bracton)等曾有专著细加评注;更有如《克拉稜敦宪法》及《大宪章》等的公约,名为重申并执行已有的法,实则常常增添新的规则;再次更有变动司法程序的诏令或命令,例如以陪审审判代替比武审判等。但到了爱德华一世时我们竟有可以变更"法"("law")的"律"("laws")起来了,只有难以确定范围所谓"基本法"是不受更改的,因为那时的国王及国会都还没有到万能的程度。

首先的诸律,尤其是《传地法》(*De Donis Conditionalibus*)及《置地法》(*Quia Emptores*)两大法,名虽将封建法的原则重申一下,但实则更改颇多,颇可视为我国近代土地法的起点,即今日的习法者仍有熟知两法内容的必要。《传地法》开后代限制嗣续承袭田产的先河,在有法后之数世纪中对于乡村的遗害极大。《置地法》为爱德华及其大佃主所通过,用意在防止所领地的转封于下级的封建臣,而丧失他们应得的封建税收。此法通过而后,封建臣如欲将所领地割让于人,务必令受地者亦为同等的封建臣而直接受治于原主,而不得为封建臣的佃户。因此之故直接于国王的大佃主为数大增,阶级渐趋平等,而封建的精神亦大衰。在此以前,人民本以能为国王的大佃主为荣,但不久而后,因大佃主人数激增之故,人民转以能被召列席国会为较大的尊荣。即以国王而论,他的全国田主的资格也不如

---

[1] 把 Statute Law 译成"条文法",以示和习惯法等等的区别所在。但 Statute 则有时译成"律",有时译成"法律",只求不害于意而已。

行政首领及主持国会者的资格之可尊。于不知不觉之间我国竟由封建社会而入于国会国家的境域。

法院的分立 除了土地法视前确定以外，法院的组织在爱德华时亦更趋向于固定的形式。在13、14两世纪中，国库法院（Exchequer），民事法院（Common Pleas），王座法院（King's Bench）——成为特立的法院，各有各的簿册，程序，常设的官吏及职员。惟大法官府法院（Court of Chancery）则起于较后的时期，它的过程亦特异。[1]

法律职业 自爱德华一世起掌通常法的法院不复以僧侣中人充当。在此以前教皇已在反对僧侣之学习并掌理世俗法律。旧日的王家法官往往拨自外界，如布剌克吞则为僧侣，格兰微尔则为战士政客；但今则渐由律师中擢升而不取自外界。律师与法官，或所谓栏与座[2]（Bar and Bench），在大陆上向为两种不相混合的职业，但在英国则它们为互相关联的职业。英吉利法律本由王家法院长期锻炼而成，在法院所在的韦斯敏斯忒大堂的职业空气中，法官及辩护士亦自然不能不受中古会社观念的影响而团结成为合一的团体。两者都是嫉妒外界的，也都是宗教法家的对敌。彼此间的关系是"博学的弟兄"（两者间相互的称谓），一为法律的制造者，而一为法律的辩护者。法律成为有组织的重要职业而后，两者又有同样的短处，且同样的受人攻击。因此种种，法官及律师之合而成为法界为最自然的发展。但法界的门户是开放的，凡有志的英人俱可加入；藉此更可作飞黄腾达的企图，犹之有志者之可加入僧侣而求显达。

以个人而论，英国先前固曾有过有学问的世俗人，但以团体而论，则通常法的法家实为世俗人中之首先有学问者。因此他们对于民族的长成有重要的功绩。他们在英史中的地位仅低于国会诸人。如果没有他们，不特宗教改革将无由成功，即国会亦难以战胜斯图亚特诸王。但他们的传习及

---

[1] 见本章末的附录。

[2] 法院中，法官坐于Bench上而律师或辩护者则坐于Bar外，故英美恒以Bench指法官界，而以Bar指律师界。

社会又无一不和中古的特点吻合；他们可与大学相提并论。

法馆的设立 英吉利大学以建立书院为能事，而英吉利法家则以建立法馆（Inns of Court）为能事。在爱德华一世至三世时他们把他们的堂，屋，图书室，寝室等等集中在寺庙武士[1]的故居之林园内外的四围，而他们的办公所在则在二哩以西的韦斯敏斯忒大堂。此堂本为威廉·鲁夫斯所建，和守教者爱德华所建的宫廷相联，在先本若赘瘤，一若专为和韦斯敏斯忒大寺争荣者，但今则为王家诸法院之所在。法家所食宿治学的馆舍适介乎商业中心的伦敦和政治中心的韦斯敏斯忒两者之间。这个中和的地位足以助法家发现他们的责任在调和国王及人民间利害的冲突。

法庭报告 有名的"年报"（Year Books）始于爱德华一世时。它们是私家所集的法庭记事录。是时上等社会仍采法语，故律师的辩护及法官的发问亦用法语。年报为法庭的实录自亦非用法语不可。除英国外别国在数世纪以后尚没有逐字的报告；即在英国，除了法庭以外，别的方面，无论是宗教的或是政治的，也历久没有详尽的记录。在英国自那时起，凡法庭上所说的话，无论是"辩论，驳复，或是补充语"，皆逐字记载，无一或漏。法界所欲知之事固尽在其中，即对于普通人类有兴趣之事，年报中亦可发见不少。这种历久不衰的报告，盖可以代替《极斯丁宁法典》及教皇的谕旨集本；学法律者亦视为无上的权威而尽力推毂，经数世纪不断的演进，遂成今日的英吉利法律。

授权根据调查 爱德华一世对于他的法院是非常得意的，而对于诸侯的法权，除了采地法院以外，又是十分妒视，故他下令正式查问［叫做"授权根据调查"（Quo Warranto Inquest）］较高的私家法院的来源，要求查看设立法院的特许状。他明知有许多贵族的法权不经国王所特许，而仅凭长期的习用；他的用意以为经此查问，便可将缺乏特许状的管辖权取消。

---

［1］译者按，寺庙武士（Knights Templars 或 Knights of the Temple）为十字军中的一个军士会，发源于耶路撒冷，渐及于欧洲。1312 年后因犯异教之故为教社所禁止。

但他的尝试总因太早而失败。世上有许多事情只能随时代而逐渐变更，而非一朝一夕所能收效；法权的收回即为一例。照传说所言，当法官巡查到窝棱伯爵（Earl Warenne）的地方上时，伯爵拔刀而答法官曰："这就是我所有的特许状，我凭这特许状来处理我的领地及地上的诉讼。"此传说虽不一定确有其事，但收回法权的时间尚未成熟则可以推见。爱德华在幼年时所见的男族之战已多，故亦不愿太严格办理。授权根据调查的惟一功用在停止以后的窃取法权和收回新近蚕食去的法权。至于年代已久的私家法院则只能逐渐的一一消灭；诉讼者信任王家法院愈专则自然会不赴私家法院。到了玫瑰之战，无政府状态作末次的猖獗时，贵族们已不复争持私家的法权；他们的新方法乃嗾使部属威胁王家法院法官和陪审团。

国会的首期 英吉利的特殊制度，国会，并不发动于一时，也不以革命为目的。它是渐渐长成的；有了它后几个互相尊重的势力间的纠纷可以调和，而共同的行动亦可以发生。所谓互相尊重的势力乃指国王，教社，男族，及平民中某几种阶级如武士，市民之类，而佃奴则不在其列。无人尊重佃奴，故佃奴不得入国会。"劳工"深知国会的仇视，故"劳工"一有阶级的自觉以后，便采用"直接行动"，例如1381年的暴动。但除了佃奴不计外，国会实可视为各势力的友谊平衡。英吉利民族素以"委员会的观念"著称；围坐细谈以协议一切。或相将而调和为他们的特长。这民族的特性实为英吉利国会的真实来源。

国会在首先三个爱德华的时候逐渐形成了它现有的形式。爱德华一世得到了得·蒙福尔时的经验而后已能深知常常召集议会的益处，深知谘询议会可以利于政治机械的进行。他召集议会的目的不在限制王权，或使王权受制于全民的意志。他的目的在藉常和被治者接触而增大治理的效力。他能彻知邑市中等阶级的赞助的功用。他因欲利用他们的赞助，故极力提高国会的威望。在英史中，诸王中就有功于国会而论，仅亨利七世可和爱德华比拟而已。

召集各邑各市的代表以和全国的世俗及宗教巨要人物一同开会为他父亲代中偶有的试验，但爱德华一世则决意继续那种试验，且更视之为常例。别的不说外，他至少要邑市代表来帮助他向全国收税。如果没有各地方武士及市民自愿的赞助，并贡献他们的所知，则特种的课税实无从进行。邑市的代表和国王及巨要人物相会后而各归本地时，他们固不免有些诚惶诚恐之气概，但他们也充满了一种了不得的气概，饱藏了民族统一的观念，且熟知了国用需要的实情。因为他们是在这样想，所以他们很能帮助税吏在地方上课税，且劝导人民纳税。他们也能将国王的政策向四邻解释。四邻除此以外向无别的方法可以得知一点国家大事。

在那时候报纸固然没有，即文字也未流通；交通又十分不便而危险。国王之坚持各地方的武士市民须按时往来于韦斯敏斯忒和各地方之间，适成为政治教育的起点，而有功于英吉利民族的养成者殆不在巧塞或百年之战之下。而且如果没有国会以便利税收，则诸爱德华时和苏格兰及法兰西的诸战恐亦无从筹费。有人说，英吉利没有产生国会，只有国会产生了英吉利，这确是有些真理在内的。

请愿状的受理 财政上的赞助并非爱德华一世召集邑市代表的惟一理由；他有时把他们召来完全不谈财政之事。除了财政之外，他还有别种用意；他希望他们可把人民诉苦的请愿状递来，庶几他可以熟知地方的情形以为施政的预备，而一方又可以遏止地方官吏的无状。所以在原先的国会中，接受请愿书也为重要职务的一部。请愿书初时大都出于各个私人，或各个地方，但在 14 世纪中渐出于民众院（即下院）的全体。在爱德华一世时请愿书都上于国王或谘议院，而不上于国会；但它们的处理则仍在国会，或由国王自己处理，或由他的大臣，或由谘议，法官，及诸男所组织的委员会处理。委员叫做"审判者"（"Triers"）。对于请愿者的救济可为司法的，可为行政的，亦可为立法的，那要看情形而定；但那时尚没有分别。经若干时而后，私人或一地的请愿书虽大都仍交大法官法院或别的机关处理；但由众院全体递上的重要请愿书则在亨利六世时开始采用"法案"（"bills"）的形式，经国会通过后，且成法律。此即众院得有立法提议权的起源。

国会的委员 在爱德华一世时我们尚不能有国会某院（"Houses"）之称。那时实只有一个议会，由国王自为主席，或由坐于毛包（Woolsack）上的大法官（Chancellor）[1]代为主席。他的其他大臣当然出席，世俗及宗教诸男，及各邑武士和各市市民的代表则奉召出席。诸男各得各的召集状，武士及市民的召集状则由邑官送达，只一地一状。武士及市民在这种情状之下只能战战兢兢的退居人后，不问殆不发言。这就所谓"国会的高廷"（"High Court of Parliament"）。在外表上今之贵族院犹保存此种形式；虽则除了国会开会及闭会以外，王位虽设而常虚，虽则除了身为贵族的大臣或除了大法官外，其他的大臣已失了当然出席的权利。在今日众院议员有时齐集上院而恭聆国王的谕辞时，上院在外表上固犹是不兰他基奈时的国会。

众议院的兴起 在爱德华一世时平民的代表尚未自成为一院。虽则他们的全体有时也出席于国会，他们的到会尚非必需的，重要的立法尚可不问他们的同意而成立，贵族及大臣们尚可自由的取决一切重要事务。在那一朝的许多有名法律中，有几种法律，如同《置地法》等，通过时平民代表并不在场。而且即使他们在场，他们大概也只能默坐静听诸大臣，诸男，诸大僧官的辩论国家大事而已。

众议院起源于武士及市民秘密的，非正式的会议。他们如有表示共同意见或答复上级权力的谘询的必要时，他们辄闭门而为秘密的集议。他们深恐外界知道内幕故不肯留下任何记载，因此众议院原始时的发展经过我们也没法推测。即议长（Speaker）何时而始为他们的主席，或如何而得为主席我们也无从知道。议长原先本为说话者之意，他的职务在代替诸代表在全体大会中发言，代表们则可藏拙而不发言。但在斯图亚特时以前，议

---

[1] 译者按，大法官一部分即继承前都察使的职权。都察使至13世纪时已无闻。

长实则为国王的忠仆者多,而为众议员的代表者少。即在爱德华三世之时,国王已常有委派内廷官吏充做邑中武士而出席于众院之举,其用意殆在垄断并领导众院的辩论,且为国王做声援。在推铎尔时,枢密院会员在众院中亦收同样的功效。众议员之以韦斯敏斯忒寺僧的僧堂为习惯的议场亦始于爱德华三世时。

国会之分为两院 在我们制度史的初页中,最重要的事实莫过于国会在后期不兰他基奈诸朝时分为贵族平民两院,而不像当时各国相类议会之分为贵族,僧侣及市民(bourgeois)三个等级。我们宪法史及社会史的大部,在某几方面看起来,不是这事的因,便是这事的果。

在大陆的等级制度之下,凡我们所称为"绅士"或"上等人"("gentleman")者,在大陆上悉被纳入所谓"贵族"("noblesse")等级。大陆上所称为"贵族"的人们在英吉利国会中转分而为二:凡高级的男族(barones majores)尽出席于上院,且召集状亦分递于各人;低级的男族,即为大佃主者,亦可如武士,绅士,及自业民("franklins")之被举为各邑代表。因此之故,英国国会把封建制度所立的上下之别取消了,而大佃主也有和各市的市民代表在下院中比肩而坐,且共同工作者。[1]

武士之分在下院 14世纪英吉利国会分院的特殊办法于制度的发展极有关系,然它的所以能如此则仍由于早先的发展经过。下级绅士于参加邑中公务时常和市民及微贱的乡村自耕农民发生密切的接触。冢子承袭之制复逼令贵族的子弟四处谋生,因之堡寨及采地府中的巨户对于商工业亦生相当的兴趣。而且在那时候各阶级间的通婚及上中两级社会间的往来在英国亦已极普通。所以远在班诺克本或克勒西[2]之战以前,众议院已能放出上述几种英吉利的民族特彩。各邑的武士虽属于半封建的阶级,但在众院中则以乡村农民的代表资格,和各市市民比肩而坐。在早时市民及自由农

---

〔1〕 下院的议员,无论是武士或是市民皆由邑官召集,由此可知两者都算邑的代表,不过武士代表的为乡村部分,而市民所代表者为城市部分而已。

〔2〕 译者按,前者为苏格兰之战中的一仗,后者为百年之战中的一仗。

民本无威望可言，然而众议院早早就能与政府中的其他部分抗衡争权者盖即由于他们之能和武士同盟。斯图亚特时的内战不是阶级之战由于此；而柏克（Burke）时英吉利人民之不能了解法国大革命的意义亦由于此。

僧侣之失了独立 在英吉利国会中，僧侣也不独立成为一个等级或独成一院。他们不但不求分立，且自愿的把下院中所有的位置，及上院中很多的位置放弃了。

一部分的主教及地位较高的大僧正固尝以享领男土的世俗资格继续出席于封建议会的上院，且主教中也有充当国王的大臣及僚吏者，然专心一志于宗教事务及宗教修养的大僧官们则对于国会采极不关心的态度。多数的大僧正及副僧正们都受僧寺事业的拘束，而不喜枉费时间财力于远道的旅行；且他们以教皇的臣仆自视，故更不愿出席国王所主持的国会。他们逐渐与国家的生活分离，国会中的位置亦以次放弃，其结果则可从亨利七世时的《国会法汇》（*Parliamentary Statute Book*）中窥见。

因同样的理由，低级僧侣的代表亦不能为下院的永久部分，驯至他们简直不出席国会。把僧侣产业"十五分之一"及"什一之税"让渡于国王的提议之表决，亦不由于国会，而由于坎忒布里及约克的僧官会议。这种会议完全是宗教性质而不带政治性质的。它们不是国会的一个等级，它们不像法国在1789年召集的等级会议（État Généraux）中的僧侣等级。英国的僧侣笃信上帝的事及凯撒的事应分而不应混之说，故于中古的后期即有意的退出政治舞台而不关心于国家的发展。但他们享有的特权及豪大的财产则并不放弃；世态变迁而后，社会把他们的地位遂视为不当有的僭越。他们因不参加政治，故孤立无援，而宗教改革时的攻击亦难以招架。

众院权力的增进 在爱德华一世时众院的地位尚极低微，然经百五十年而后，它在宪法中已居极高的地位。法律的制定及特种赋税的通过须得众院的同意，议员所提出的请愿状常会取到国王在国会中[1]的允准；即如国家最庄重的行为，如国王的选举或废立，众院亦得参加。固然当玫瑰之战发动时它的权力尚是浮表的而不是实在的，那时政治的真正重心尚在国王，诸男，及教社的手中，然这浮表上的权力也是有用的，众议院之所以能于推铎尔诸王已把教社及男族的势力减削以后，一跃而取得真实的权力，良亦因于在公法上有前例可援，及记录可遵之故。

众议院何以能在不兰他基奈诸朝中增加了好多的实在权力及更多的表面权力呢？那是因为它适居第三者的调人地位，它可以举足轻重；国家有事时，相争的主要各派也不得不借重于它。首先三个爱德华时国王及诸男恒互争不断，郎卡斯忒家（House of Lancaster）当朝时，接近朝廷的诸大族亦互哄不已，在此种互争之中众议院竟取得了裁判者的地位。以实际情形说起来，他们也的确有得利渔翁的资格，因为他们的利害既不是和国王，又不是和诸男完全一致的。

爱德华一世原意要靠众议院来抵制贵族院。但市民对于国王也有怀恨之处。他有一种开罪市民的习惯；每当有事于加斯科尼或苏格兰而急需财帛时，他常会超过习惯所许而把大批出口的羊毛没收。诸男及僧侣本亦因国王诛求过急之故，和国王失和；某次市民竟和诸男及僧侣同居于反对地位。而宣告不规则的收取羊毛为违法举动。

爱德华二世时的纷乱　反对的势力虽不可轻视，但爱德华于死的时候已快成威及英吉利及苏格兰的真主。在他的末了几年，他已把男族的反对势力削平不少，他又几把窝雷斯及布鲁司（Wallace, Bruce）相继在苏格兰酿成的叛乱平了。如果他的继位者是一个雄主，则英吉利的宪政自由和苏格兰的民族自由或竟可以完全消灭。爱德华一世本希望国会成为王室政府中一个方便有用的工具，而不希望它成为一种调和敷衍的势力，如果后继

---

[1] King in Parliament 一词乃指国王及国会的混合权力。权力的行使以国王的名义出之，但实际上则国王仅为国会之一小部分。此词不易译，姑直译为国王在国会中。

英国史 | 上册

者是个雄主,则国会真可有以副爱德华的希望,而不复成为政府的批评及反对者。幸而爱德华二世不是这样的一个国王。他的天真及懒惰保全了国会的将来。雄主辈出有时诚非国家之福;亨利二世,爱德华一世,及推铎尔诸王的一流人物如相传无间且足为祸。在不列颠的命运中,约翰,爱德华二世,及斯图亚特诸王盖也有他们的相当地位。

爱德华二世所信任的幸臣为加味斯吞(Piers Gaveston)。加味斯吞为外国人且为骤膺显达之人,但英国历史中以外人而骤臻显要者不止他一人,在这类人中他也不能算是最坏的或最洋气。他的短处在不知轻重,且治事紊乱。在他的口中领袖诸男俱有绰号,他之不配做重臣亦可见一斑。在少不更事的爱德华二世及凌乱无章的加味斯吞当国之际,诸男遂又有掀动的机会。他们俩之不配统治英国殆犹查理一世和巴京汗(Buckingham)之不配相仿佛。加味斯吞首被诸男以奸计谋害。领导诸男反对王室的领袖,尤其是郎卡斯忒伯多玛斯,亦尽为愚蠢凶残者流,然总是自矜其贵,而瞧不起出身微末者。国王的第二幸臣为得斯盆塞(Despenser),他倒不是一个骤贵者,但他渐渐成为暴虐擅权的大臣。以多玛斯和得斯盆塞相争,在理应于国家不利,但结局却得其反。行政制度不但不受诸男拙笨的影响,反得因吏治行政的改良而有所进步。国会的权力亦大有增加;因为爱德华二世及诸男,不论哪一方得胜,每逢得胜时,辄会令国会以表决或法律的手续,把胜利立为成规。国会之所以得取到新的威望,众院当然也是有功的。

男族不克把持政权的原因 此不幸的一代中男族骚动——我们尚不得谓为男族之战——的净存结果倒不是王权或男族权力的扩张。终中古之世,男族虽历次要求国王关于封建原则之事必商酌他们,并采纳他们的意见,而不照官吏的意见办理,然而他们始终不能把持国王谘询的范围。他们以为官吏除了熟知王室一切的事务而外一无他长,然而他们自己所缺乏者正在此处。要治理者须时常在治理着,即此一端,只有官吏能之,而诸男不能。诸男的堡寨,猎场,庄田,侍从,采地府散处于全国的各处,他们已疲于奔命,更有何暇以理政治?他们既不能为王室负责的大臣,也不能按时出席王室的谘议院。因此他们始终不能取得政权。

诸男之不能控制政治尚有第二种原因。国王的朝廷极大,极复杂,极不易操纵。如果政府的一部分——例如掌大玺的大法官府(Chancery)——被反抗的男族所夺去后,国王仍得借重别的机关——例如掌私玺的袍褂房(Wardrobe)——以统治全国。须知国王的宫廷极富弹性,其组织颇有伸缩自如之妙;服务的员吏类皆能长于所事;居高位者尽可如加味斯吞,郎卡斯忒多玛斯,得斯盆塞及摩替麦(Mortimer)辈一班棍徒蠢人之互相残杀,使依利萨伯朝之戏剧家有所取材,然而执实权者仍可行所无事,而照常治理全国。国王的治安既可安如磐石,不因党派之争而发生问题,石筑的采地府亦自可仍年有增加,羊毛的输出量仍年逾一年,人口仍代有增加,全体的社会仍贫乏日减,生计日裕。

治安法官 在爱德华三世时政府又增设了一种重要的机械。在每个郡中有所谓治安维持官或治安法官(Keepers or Justices of the Peace)的增置,他们的职务在协助中央政府维持治安。他们的性质和从前的王权辩护官相似,两者都不是官僚,而是独立的乡村绅士。治安法官权力之日增正和武士及较小乡绅阶级之繁盛同时;昔日邑官或巡回法官的职权今则渐渐入于治安法官之手。治安法官不久即在邑中根深蒂固起来,且为英国的特殊产物;他们介乎王室谘议院及人民之间,两者俱对之有好感。他们的权力,无论以职务的种类论,或以自身的威力论,此后的4世纪中日有增加,到了18世纪时,从某种意义说起来,且比中央政府更为伟大。如果他们不能和英吉利人民的性质及需要相呼应,则断然不会有这种结果。照迈德兰的意见,英人之所以富有遵守法律的观念,"客串"司法的制度亦为一种原因。就微小案件为普通人民解释并执行法律的治安法官固不见得懂得好多的法律,但他们至少能懂得邻里的人民,且为人民所懂得。

附　大法官府法院（Court of Chancery）的起源

自爱德华一世的友人柏涅尔（Robert Burnell）任大法官（Chancellor）起（也许在此以前），大法官成为国中的主要臣僚，因为他既为掌玺之官，他自然会和政府的全体部分发生接触。在宗教改革以前，大法官可为法家，但也常为教侣。在14、15两世纪时，附属于他的Chancery Court渐成一种常设的法院，凡掌理通常法的法院有所遗漏或积弊时，此大法官府法院恒得予以匡救。他的法院乃代替国王的谘议院执行应理的司法事务者。此时，国会已不许国王自由用敕令以移转法院的管辖权，而通常法也在逐渐的成为独立的法律系统，且不容国王的置喙；故大法官所享的匡救权及平衡司法权实为国王之所十分需要者；国王赖有此权才能和通常法的法家及国会派人抗衡不屈。但人民则因大法官府法院有匡救法律之穷之功能，故亦不加反对。在推铎尔朝继位以前，大法官府法院盖已成为宪法中的固定部分；斯图亚特朝时一切王室特设以抵制通常法法院的法院俱不能久存，而大法官府法院反可生存。

第五章
爱尔兰威尔士苏格兰

中古时的不列颠各岛 中古后期的英吉利为欧洲较大诸国中的最有组织者,然邻接的爱尔兰及威尔士则为杂七八糟的塞尔特种族所居;苏格兰虽已为采用盎格鲁·诺曼语言制度的王国,然地贫民稀,而人民又分裂为塞尔特及萨克森两大族。在此种情形之下,由英吉利去征服邻岛,以树立海岛帝国的基础,自然是应有的变化。[1]

罗马人在不列颠亦尝遇着过同样的地理上的困难。他们的聪明教他们不去干涉爱尔兰;他们几次去攻侵苏格兰,但次次无功;他们赖了军用道路及堡垒把威尔士很快的征服了,但山地人民仍拒绝采纳平原人民的拉丁文化。中古英吉利的成功和罗马不列颠的成功相仿佛。英吉利封建军的进展虽无罗马师团的敏捷,但封建武士因能随处设置堡寨之故终亦把威尔士征服。威尔须人的采用萨克森文化则须到了推铎尔及汉诺威时始克完成。征服苏格兰的雄心始终没有成功。在圣乔治海峡(St. George's Channel)之东,英国并没有把中古爱尔兰征服,它只能在爱尔兰据垒卫戌,好比一个猎犬张牙舞爪的把畜生监视着。

中古英吉利不能征服苏格兰及爱尔兰,且不能严格的统治威尔士的主

---

〔1〕 本章中所用"塞尔特"一字仍指塞尔特及伊比利亚种族的混合种。

要原因为大陆关系之未能断绝。当诺曼底没有失了以前，诺曼及安吉芬诸王的精力恒耗费于法兰西各省的保护或争回。只有诺曼底失了以后，百年之战开始以前的百余年内，不兰他基奈诸王得聚精会神从事于纯粹的英吉利问题的解决。可惜在那个时期中只有爱德华一世是雄主，所以中古英吉利在威尔士，苏格兰，及爱尔兰的威力亦推他当朝时为最盛。他死后，英吉利的威力又大衰。爱德华二世为庸主，后继各君则欲力征法兰西，因之内部亦发生许多困难；不特在苏格兰的势力完全消灭，在爱尔兰者亦几尽丧；即在威尔士的势力亦衰退不少。

中古初叶的爱尔兰 我们上次谈到爱尔兰时，世界正际黑暗时期的昏夜，只有远处边陲的海岛尚有些学问的曙光，这曙光更由那海岛远射到昏暗无知的苏格兰，英吉利，德意志，及法兰西诸国。〔1〕爱尔兰寺院主义所产生的圣僧，艺术家及学者皆藉个人的造诣而闻名；他们并没有组织的拘束。早期的爱尔兰教社不喜有组织的生活，教社的精神盖与旧日的部落主义相契合。因此之故，爱尔兰的僧侣始终不像萨克森僧侣，始终没有能把他们的种族联合起来，而纳之于统一的教社或统一的国家。早期圣僧所能鼓动的热诚及感化力消散以后，他们所留下的只有空洞的遗爱，而没有具体的功绩，爱尔兰的黑暗及纷乱亦无减于昔日。

旧时都于他拉（Tara）的所谓"大王"本对于各酋长有宗主权，但在11世纪时即此亦仅存空名。有波罗（Brian Boru）者，都于蒙斯忒之卡瑟尔（Cushel, Munster），曾以力拒外琴人得名；然他也不能把"大王"的地位永久增高，或把塞尔特人联合起来。他临死那日的克伦塔夫（Clontarf）一战虽把外琴人打败了，救了爱尔兰，并把诺威人及丹麦人的势力范围限于他们旧有的都柏林，窝忒福德，及里摩黎克，但也没有什么永久不灭的影响。爱尔兰土民对于市镇生活及贸易无兴趣；他们仍以饲畜，族斗，歌诗，及少量的农耕为业，如同前此数千年中世上其他部族所过的生活一样。固

---

〔1〕 见上第63页。

然，他们简单的生活是否不及欧洲人的新生活诚一问题；固然，十字军，喜尔得布蓝德的运动，堡寨，大教堂，封建主义，特许状，贸易路线，以及其他种种的新现象也不见得一定可以增进生活的愉快；但原始种族不求长进而仍可存在于欧洲的时期则早已过去，我们亦不能再问孰为优劣。在强弓（Strongbow）的时代，蔑视护身甲胄，堡寨及封建主义的危险正不亚于今时摈弃机关枪及工业革命之危险。

当时的爱尔兰人几被看做未开化的野人，几不算在耶教世界之内。12世纪的上半叶圣马拉启（St. Malachy）及其他爱尔兰人始开始为改良教社的运动。爱尔兰的主教本极众多，今则其数大削，藉以提高主教的威权。他们复努力恢复宗教的热诚，强制什一税的缴纳，并使教社的组织趋近于罗马的典型。然爱尔兰教社之终得合并于罗马教社仍非爱尔兰人之功，而为日后英吉利武装侵略者的功业。爱尔兰人是时尚无民族思想可言，故强弓及英吉利人来到后，爱尔兰的改良教社派倒也表示欢迎且愿于妥协。教皇亚得里安四世（Adrian IV，惟一的英吉利教皇）且曾委托亨利二世以征服爱尔兰的重任，如果后者以为这是强制爱尔兰加入罗马教社的惟一办法。

强弓的功业 亨利二世正有事于大陆，故无暇亲自过问爱尔兰问题。爱尔兰的征服虽在他那代中开始，但参加者为威尔士的冒险之士，而领导者为得·克雷耳·理查（Richard de Clare），即盆布洛克（Pembroke）之伯，而雅号叫做强弓者。此役可视为诺曼人最后的出征，然同征者既非纯种的诺曼人，又非纯种的盎格鲁·诺曼人。他们的大多数，如有名的菲次泽剌德（Fitzgeralds）一家等的母族为威尔须。他们盖即所谓"边疆贵族"（"Marcher Lords"）者，实出一种特殊的世系。他们的士兵则甚多为威尔须人或佛来铭人。首批征服爱尔兰的"英"人中搀了如许的塞尔特血统在内也许是一件好事，因为他们的子孙易于和爱尔兰的土人混合，也易于使他们的封建制度和都柏林以外的土人的部落生活调和起来。也许这不是一件好事；如果首批征服者为纯种的诺曼人或盎格鲁·诺曼人，则爱尔兰的文物制度可得进一步的萨克森化，而以后的种种麻烦或许可免了不少。

单就作战的效率而论，任何侵入英吉利，西西利或苏格兰的诺曼人都不能强于强弓的徒众。他的擐甲武士已是不弱，而又有素以技巧著名于英吉利及威尔士的弓箭手相助为理。以爱尔兰各部落中不穿甲的，以丹麦斧，手溜石，及标枪为武器的步兵，当欧洲最锐利的弓箭手及最精的骑兵之一部，胜负自不难立决。土人的惟一逃难方法只有遁迹于水草地，林地，未开垦的地及无辙可寻的山地。幸而他们素习混战的战术，故尚能利用砍倒的树木及土层的工程以阻塞森林间及水草间的小径。但对于入侵者的反抗并不是全民族的行动。入侵者常能于各部落中及教士中觅得附和之人。后世固把私召强弓入寇的得摩（Dermot）痛诋为奸贼，然在当时则他并不受举世的诅骂。

盎格鲁·诺曼的统治，无论在爱尔兰或在英吉利，皆藉建造堡寨以维系起来。塞尔特人于此亦深处于不利的地位，因为他们没有法子可以和堡寨中人抗衡，勉强可以阻入侵者的前进者只有丹麦人所建的港市。但自克伦塔夫之战而后，爱尔兰的丹麦人早已变成笃好和平的商人，而失了外琴战士的余风，且他们为数亦不甚多。所以他们的市镇不难袭取，更不难一变而为英吉利市镇。英人尝给布里斯托尔的市民以移住于都柏林的权利，外琴人所始建的都柏林堡寨遂自12世纪以迄于20世纪成为萨克森人统治爱尔兰的中心。

丹麦人或则被屠，或则回到斯干条那维亚；故此后征服者得以永占着这些港埠，且用为进入岛内的孔道。塞尔特人本尚无所谓市镇生活，即极西的市镇如加尔威（Galway）等亦属于盎格鲁·诺曼的起源。一直到了中古的末年住居都柏林界外的英人始渐渐采用相与贸易的四邻人的言语，更进而发生通婚的关系。到了此时英人始半成为爱尔兰人。

灭裂的爱尔兰 在强弓的征服时及好久以后，民族观念是不存在的，外人的统治可以按其优劣而为接受或拒绝的标准。那时只消有强有力的且公正的政府便可得被统治者的好感。但终中古之世政府既缺乏力量，也不能公正。亨利二世号为雄主之一，然儿子都桀骜不驯之徒，而所领地又几及西欧耶教世界之半，他绝没有多余的财力，人力，及时间以建立直接的政府于爱尔兰。然他虽不能树立有力的王家政府，他也不敢让强弓或任何别的封建领袖取得副王[1]的权力。征服者于是不得不直接侵掠土人，自行分割征服地为若干的男土，并自负作战御侮的重任，国王既不帮助他们，也不阻止他们。这样的征服在一世纪余中继续进行不已，逐渐西向发展，也不遭遇多少的抵抗；但分割之局不取消，则公正的设施自不可能，连强有力的专制政治亦不可能。

在这种情形之下全岛成为三分的局面；境域虽时有变动，大体则历中古而不改。接近都柏林有所谓"界内"（"Pale"）者，在此中英吉利法律得如在各邑一样通行。在极西则有塞尔特各族，有被侵的危险，但无接触的事实。介乎两者之间，且时和两者相混合，则为男土的区域；征服者的子孙在此据堡寨以统治土人。他们的诺曼·威尔须封建主义，渐渐的变成塞尔特部落主义，虽前者本为代替后者而来。我们知道，在好久以后，克伦威尔士兵的子孙之留居于爱尔兰者，虽与土人宗教各异，而仍和土人同化；以此类推，则盎格鲁·爱尔兰诸男之有类似的演进亦不足为奇。在岛中的大部分英人统治的基础都像建筑于一片爱尔兰的泥炭地上，故极浮而不实。

爱德华一世时的爱尔兰 爱德华一世当朝时，政府对于岛事较为注意，故爱尔兰得有短时期的昌隆，尤其在英人利益最浓厚的林斯忒（Leinster）及弥斯（Meath）一带。赖了堡寨的保护，村落亦渐有兴起，而农业亦年有推广。贸易之市如都柏林；窝忒福德及科尔克等亦力向海外通商。

苏格兰人之据厄耳斯忒 爱尔兰历史中常起不幸的骤然变化，布鲁司（Bruce）弟兄之入据厄耳斯忒即为这种变化之一。爱德华一世尝作征服苏

---

[1] Viceroy 及 Governor-general 在英之宪法史中区别甚大。两者如统译为总督极不妥。今将前者直译为副王，取副佐国王，代行王权之意。

格兰的企图，他死后他的儿子昏庸无能，苏格兰人于班诺克本之战后遂大施其报复政策。他们在布鲁司弟兄领导之下突由厄耳斯忒入爱尔兰；厄耳斯忒和他们本代有密切的关系故突入极易。新爱尔兰的昌隆——被毁于兵火，而英吉利的势力亦历二世纪不能复振。然布鲁司的入侵只是衰败的起点，而不是真正的因由。归到总根，则盎格鲁·爱尔兰男族实为英吉利势力衰退的祸阶，因为这种半封建式的男族在性质上和塞尔特土酋无可分别，然而他们的领土则日有扩张；反之真正英吉利殖民地的版图则日蹙。

英政的废弛 英吉利界内不特版图日蹙，即精神亦日狭。英吉利居民及官吏常以远戍异国的孤民自视；内部的团结愈坚，则和外界的接触亦愈少。他们视界濠以外之人悉为爱尔兰而非英吉利，且悉以外人视之。界内之人自立法律，自成习惯，自创言语，自生自灭；他们的生活益和界以外的人民隔膜无关切。这种推铎尔以前的闭关自守政策于爱尔兰的历史上影响至为不良。

英人应不骛外事而致全力于不列颠诸岛的繁荣，然和法兰西有百年之战时英人更无暇过问爱尔兰。固然理查二世曾乘在那长期战争中休止的时候率兵亲临爱尔兰，但不幸又全军覆没；经此而后，要到奥伦治的威廉时，英王始重履爱尔兰之地。玫瑰之战时郎卡斯忒及约克两家皆完全把爱尔兰忘了，因此界以外的区域更完全同化于塞尔特部落主义。一部分的侨民虽努力防止爱尔兰土风的膨胀，然爱尔兰的语言风俗竟不胫而入于界内。土人虽把征服者吸收，然他们自己的文化也得到征服者不少的助力。市镇生活渐得繁盛；丹麦人及英吉利人所建立的市镇大多数皆操用爱尔兰语——至少一部分人是如此；而土人在盎格鲁·爱尔兰贵族的领导之下于15世纪亦有渐臻一种粗劣的繁盛的模样。

爱尔兰之不得统一 英人在爱尔兰的势力虽不大，但已足使爱尔兰无法自营其民族统一的事业。以都柏林为中心的英吉利统治，及承认英王为最高的封建主两事足以使爱尔兰不克在盎格鲁·爱尔兰男族之下联合一统起来。在15世纪后半叶,盎格鲁·爱尔兰诸大族尝推举一人,用英王的名义,来统治全国。被举者常为属于菲次泽尔德氏的启尔对耳诸伯(Earls of Kildare),然这种办法亦不能持久。它也许是有利于爱尔兰的内政的,然和英王的安全是不相容的。这是可从亨利七世时的事变看得到的。在那时候,反对王室的约克部族恒会勾结有力的菲次泽尔德氏及轻信的爱尔兰人民,以拥戴伪君如蓝伯·辛纳耳(Lambert Simnel)等,而为袭击英国之举。"贵族自主"的爱尔兰既易为危害英国的工具,英国自亦不能让"贵族自主"之制继续存在。故所谓"《庖宁兹的法律》"("Poyning's Law")者把新的试验严加取缔,而爱尔兰国会今后亦须绝对的遵守英国国王的意旨。然自主的尝试虽告失败,而爱尔兰的重又征服则须待至下一世纪始复成为事实。

英吉利虽没有征服且统治爱尔兰的力量,它却有防止爱尔兰学为自主的力量。爱尔兰在昔全欧昏黑之时本为一盏明灯;但中古末年欧洲各国已无国没有大学,而爱尔兰则反付缺如。中古英人的倡导无方于此亦可见一斑。他们本可施行一种前进的政策以助爱尔兰的进步;因为他们未尽责任,故推铎尔时的英人即欲补救而已无能为力。推铎尔诸王要重把爱尔兰征服,然那时宗教的分界,民族的水火,以及商业的竞争已经发轫,故处处不易着手。

不列颠的塞尔特人　塞尔特人和英人的关系在不列颠较在爱尔兰为圆满。我们可从中古史中得见其理由之所在。

威尔士外之威尔须人　在盎格鲁·萨克森征服的后期,所剩的威尔须人之地已因英吉利人的前进而成为三个不相连续的区域——即北方的斯特剌斯克来德,中部的威尔士,及南方的得文·康华尔半岛。威尔须人的共同势力因互相隔绝之故已不足抵抗英人。外琴人据萌岛及彻斯忒和布里斯托尔(Bristol)两大港后,海路亦入于敌人的手中,故威尔须人更无能为力。诺曼征服以前,池沼区及北郎卡邑为斯干条那维亚人所居留,因取得诺尔狄克人的性质;得文则为威塞克斯的萨克森人所移殖,駸駸变成英吉

利生活的一部分。康华尔虽仍为塞尔特种族言语的壶地，但势力太小，亦不足扰乱四邻。且它早为英吉利王的领地，在《土地调查书》中亦已列入，故诺曼的封建主义及中古的英吉利法俱先后通行于康华尔；所特殊者，一为语言，居民直到斯图亚特时仍采用塞尔特语言；又一为塞尔特的性质，居民至今仍保持勿替。

诺曼征服前的威尔士　但威尔士本部的问题则照旧存在。威尔士多山，故萨克森征服只能中道而废，以奥法的堤为界。高山固可阻止英人的前进，但也可妨害威尔须人的联络。在守教者爱德华的朝代时，哈罗德曾向西挺进，而和一部分自相残杀的塞尔特部落联盟；诺曼人日后因得更向前进而有所发展。

边疆贵族的入侵　自征服者威廉至爱德华一世的200多年中，征服威尔士的大业并非出自英王，而出自所谓"边疆贵族"（"Marcher Lords"）及他们的私家军队。他们和强弓及菲次泽尔德家倒是一流人物。以血统说起来，他们是诺曼，英吉利，及威尔须的混血。他们所代表者，与其说是王家的势力，还不如说是封建政府及英吉利的经济侵略。在某一时期，他们的总数有143人之多。边疆贵族以武力取到一地后，便于其地建造堡寨，向其地居民勒取封建赋税，并在他自己的封建法院中执行封建法，英吉利法，或威尔须的部落习惯。在他的保护之下，英吉利的移民——军人，农民，商民都有——即移居于所治之地。从实质言之，他实是一个小小土王，并是一种新的种族的，一种比土人的文化较高的文化的代表。

盎格鲁·诺曼的入侵者仅能征服低地。他们入山地时须依山谷进行，一因谷地为惟一的门户，再因谷地有可耕之田。但谷地亦常为森林及水草所阻塞，故进取极为迟迟。英人不特须随时随地留心中伏的战士，他们须兼为垦植者。

盎格鲁·诺曼人未来以前，威尔须人的生活，畜牧尚多于农耕。他们并不聚居于市镇村落，即房屋也是不大有的；他们所住居的为树枝构成的茅屋。他们须随节候的变迁而率领牲畜往来于山岭的各方，故所构的茅舍亦只能应数月之用而不能久住。这种生活简易的部落遇到他们的谷地被盎格鲁·诺曼封建主所宰制时，或则远退别的山谷以保自由，或则留居原地为封建主的臣仆。封建主之所在当然有木筑或石筑的堡寨，封建法院，及操英语的农村；留居的威尔须人一时总难以习惯，故身虽在此，而心则仍向往徙居内地的酋长。酋长亦不时会下山袭击入侵者。

12世纪时的混沌 你如知道当时有50余的山谷河流尽在这种情况之下，你便可想象到12世纪威尔士的纷乱状态。部落主义和封建主义此时正在互相争持。山岭愈多，则地段愈分散，而部落主义及封建主义两者都得发展其分崩离析的素性。在山上则部落与部落相争，在谷中则男与男相争，而每个谷中的男则又和本山上的部落相争。

但不论进行怎样的慢或流血怎样的多，而文化仍不断的向前进行。入侵者离开他们的根据地甚近，无论遵海从陆皆可募集援兵；故威尔士的情形非充满泥炭地随处可以阻人进入之爱尔兰可比。自彻斯忒及布里斯托尔两大港出发的船只无一不可一航而据有威尔士各河流的出口，而由塞汶河的上流各支流入侵者亦可以自什鲁斯布里深入威尔士的内地，并可以驰驱于庞斯（Powys），而隔绝北方格乃德（Gwynedd）和南方丁福尔（Dinefawr）的交通。强毅的英人及佛来铭人复由海道上岸建立盆布洛克；此处塞尔特语言早即废弃，因有"威尔士的小英吉利"的外号。但以史诺登诸坚垒为中心的格乃德一带，则因岭峻山高之故，即在边疆贵族的全盛时期亦未能攻下。

边疆贵族 边疆贵族所代表的是一种比英吉利要落后而比部落的威尔士要进步的政府。英国本部的贵族及绅士阶级虽已习惯于和平及中央集权，而波亨（Bohun），摩替麦等一班边阀犹以攻斗及封建为生活；因此后者殊为英吉利政治中的捣乱分子。但对部落主义的塞尔特人说起来，则边疆贵族所强力推行的新文化已算一种大进步。在中古之世威尔士的土人，因模仿英吉利的贵族及四邻之故，亦能渐渐的习于农耕，建造永久房屋，贸易于操英语的人民所设立且维持的市镇，并放弃斗争生活而服从英吉利的法律。但他们仍不放弃他们的语言，他们且自夸，于最后的审判那日，他们将仍用本有语言应对。他们且仍从事于歌人式的诗歌音乐。因此之故，即到了举世皆俗的今代，威尔须人的理想主义及绝顶聪明仍不稍有减色。

威尔须人的战术　英人和威尔士人作战历数世纪之久。爱德华朝征服的前后均有陆续不断的战事。战法则和其他的文明民族和山居部落的作战的战法相同。照威尔须人泽拉德斯（Geraldus）所载，他的同族辄会于狂叫及战角狂吹声中由山上直奔而下，以半裸的步军当披甲的骑士，丝毫无所畏缩。如不幸不能即获胜利，则他们的勇气即会衰竭，甚或在纷乱中逃退。但他们的聚集也极容易。他们可利用别动战术继续与征服者抵抗。他们所出没之地尽为林木繁生的山岭。他们既不种田，又无和平的职业，又能十分吃苦；他们的对抗力盖远非英人抵抗诺曼征服时所可及。入侵威尔士的人马如遇平地固为锐不可当，然威尔士极少平地，即有之亦恒为卑湿之地。在林木甚多的高山中骑兵及甲士实无所用其武。如不欲获最后的胜利则已，如欲获之，则盎格鲁·诺曼战士亦不得不从鄙弃的敌人处采取新的战术。

最为重要者英人从威尔须人习知长弓的用途。这有名的兵器首先在威尔士的东南隅，介乎崴河（Wye）上游及布里斯托尔海峡之间，为土人所习用。在亨利二世时，威尔须人即知用长弓穿射马鞍以伤及武士的戴甲之腿。8年而后，在留埃斯战场中，得·蒙福尔的军队亦有威尔须的弓箭手，不过是时尚不能如横弓手（Crossbowmen）之能引起英人重视而已。爱德华一世亲征威尔士时始认识长弓的优点，故其后于苏格兰诸战中长弓已成为英国步军的利器之一。在亨利三世之某一个《武装诏令》中已有令某几种英吉利自由民自备弓箭的规定，但爱德华及其人民之能知"长弓"之用则确出于威尔须人的教训。到了14世纪时我们已可把它叫做英吉利民族的兵器，因为是时它且随英军而和欧洲的封建骑士相见于克勒西及波瓦迭（Poitiers）。

卢厄林氏的民族运动 在 13 世纪的初年威尔须民族曾有一度的中兴运动；不特歌人咏的诗一时复盛，且更有统一各部落的运动。主此运动者为君临格乃德的卢厄林氏诸主（The Llewelyn Princes）。他们既有史诺登之险可据，而又有盎格尔栖岛的五谷可资粮秣，故地位极优。北威尔士号召全体威尔士统一合作以解除痛苦，大卢厄林（Llewelyn the Great）并由边疆贵族抢回庖斯的大部。他不特是一勇士，兼是小心翼翼的外交家；他虽以众歌人所拥戴的主上自命，而今国人一体听受指挥，然他也不忘他的封建地位。和英吉利发生关系时，他辄以国王手下的一个大封建臣自居，故约翰时诸男和国王相争时，他也加入男党，趁火打劫，结果在《大宪章》中为威尔须人争得三条权利。

他的孙子卢厄林·幼格利菲司（Llewelyn ap Griffith）亦采两端的政策，且和得·蒙福尔·西蒙相联合。在他之世，威尔士君主之疆域益大，而相争不已的边疆贵族的领土则日蹙，甚有须臣服于威尔士君者。于是他的野心亦一发而不可止，他竟有离英独立的野心。他故意的和爱德华一世挑衅。后者亦甚欲决一雌雄。威尔士的独立于是即开始告终。

爱德华一世的征服 爱德华一世之征讨威尔士很有几次，在声势最赫然之一次中，他把史诺登诸要塞由海陆两方紧紧包围起来，卢厄林及其山民因不堪久饿亦不得不降。以后，威尔须人因不堪于苛政，且恨塞尔特法律及情感——被征服者所忽视，又叛离而作乱，于是又有一度的作战及一度的征服。自后王室的堡寨，如昆威，卡那文，波美立斯（Beaumaris），及哈勒喜等依次建立，而国王在北威尔士的威力，其坚固一如封建势力之在中南两部。爱德华又把卢厄林的"君土"（"Principality"）夷为英国式的邑，即卡那文，盎格尔栖，麦立奥涅斯，佛林特，卡地干，及卡马衰（Carnarvon, Anglesey, Merioneth, Flint, Cardigan, Carmarthen）。不久而后他又封诞生于卡那文的儿子爱德华为"威尔士亲王"[1]（"Prince of Wales"）。

---

[1] 译者按，在此处 Prince 可译为亲王，但以前则只能称之为君。

但威尔士君土此时尚不算英吉利的一部，而君土以外的威尔士则属边疆贵族的领地。

如假授权根据的调查便可将边疆贵族用武力擅取的领地及法权撤销，将他们半独立的势力取缔，则爱德华一世必乐于有此一举。但他尚没有这种实力。且当威尔须人的叛离精神尚时受歌人忆旧（尤其关于卢厄林诸王的故事）之鼓动而常会澎湃之时，他更有求助于边疆贵族之必要。在推铎尔朝之改良以前，威尔士一直分为两部，一部边疆贵族的封建区域，又一为塞尔特的君土。在名义上君土中已采用英吉利法律，然在实际上则部落的习惯留存者尚不在少。幸在两地中，英吉利人及威尔须人都渐能相混合作，农业，市镇，贸易，渐在发达，而文化亦正在迈进。

格楞杜耳　我们如以英吉利的标准和威尔士比较起来，则14、15世纪的威尔士仍不脱为部落互争，男族专横，官吏苛暴的乱离世界。当亨利四世方有事于大陆之时，有人名格楞杜耳（Owen Glendower）者本大卢厄林纵横的故智，思恢复威尔士的自主。他一方利用英吉利各派之自相残杀，而大肆纵横，一方又利用威尔须人痛恨英人的心理而与以激励。当时的政治本极卑鄙自私的能事，格楞杜耳有如鸡群之鹤，可敬亦可爱。他为独立而战，战事的结果虽于威尔士——君土及边疆都在内——的经济状况极为不利，然威尔士的大部竟得在他的领导之下作短时期的独立。格楞杜耳以前，英人与威尔须人方在互相接近，但今又一反已有的倾向，即同郡中同采地中的英吉利区域及威尔须区域亦顿成水火，互攻不已；而两族之合成为近代的威尔须民族不知又展缓了好多年！即在格楞杜耳死后，英吉利统治已经恢复之后，国王的治安仍不见得十分可靠。国王一日有事于大陆或一日不停朝代之争，则英人亦一日无暇注意于威尔士的治安；在塞尔特及封建的无政府状态之下，威尔士遂为盗贼及杀人犯的天堂。

14、15世纪时的纷乱　君土及边疆地中之不断纷乱足使威尔须人不忘战斗的习惯，所以到推铎尔朝乱平以后。诗人仍有把他们写做

古老高亢而好兵的民族

者。他们不特在本国从戎，他们且随了国王的大军到苏格兰及法兰西。自亨利三世以迄查理一世的英吉利内战中他们也无役不参，因为在威尔士的穷民中募集步兵要比从安居乐业的英人中募集较易。玫瑰之战一半可说是诸边疆贵族间之争，因为边疆大贵族们类皆和英吉利王统有密切的关系，而且他们在英吉利及威尔士边疆都有田产及政治上的利益。赫勒福德及郎卡斯忒的波令布洛克（Harry Bolingbroke）在威尔士拥有好多田地，他的敌人，诸蒙替麦亦然。约克氏，立君的窝立克（Warwick the Kingmaker），及理查三世的巴京汗皆和威尔士及边疆地发生这样或那样的关系。参加英吉利的宪法及朝代战争的各派其战力多半由这班人供给。因为中古的英吉利没有把威尔士完全平服了，没有把开化威尔士的工作完成了，故威尔士的部落及封建主义亦大肆其毒于英吉利的国会生活及中央政府；这好像是报复英王的不尽责任。然而威尔须的军队把一个威尔须的推铎尔在波斯卫司（Bosworth Field）立为英王之后，则威尔须人所相与造成的乱局亦竟得有收拾；这又好像威尔须人在谋赎前愆。

苏格兰战的性质 苏格兰的历史虽也充满了萨克森人和塞尔特人的接触及冲突，但接触冲突的性质则又和前所述者不同。威尔士及爱尔兰归根终受了英吉利的宰制，而且宰制的程度要比苏格兰深，时间要比苏格兰长；然而它们的塞尔特性质到了现在仍比苏格兰要保存得多。这似乎是不可索解，而实是不难索解。苏格兰的要求独立始于爱德华一世时，到了此时始有英苏民族之争，然远在爱德华以前，塞尔特人在苏格兰所居之地之最肥沃最重要者早已采用盎格鲁·诺曼的语言制度；所以他们对于英吉利的抗争并不像中古威尔士及爱尔兰之根据于塞尔特语言及部落主义。诸爱德华和窝雷斯及布鲁司间之战争盖为两个同种国间之战争，两方都为封建的君主国。要在喀罗登（Culloden）以后，英吉利和高地诸部落折冲时，其情形才有些和英吉利在威尔士及爱尔兰的经历相似。

罗新安之归附苏格兰 在黑暗时期苏格兰尝有过变为一个塞尔特王国的可能，但这个王国的边陲定会有些萨克森势力。马卡耳品（Kenneth Macalpine）尝联合匹克人及斯科特人为一国而名之曰苏格兰；苏格兰之名起于"斯科特"，且都城斯昆（Scone）也为塞尔特腹地。那时塞尔特王国似乎很可以成立。但不久历史即向又一方走。介乎特威德河及哲维俄特山的罗新安忽而和萨克森诺森伯利亚隔离，而并入苏格兰为不可分离的一部。[1]这移动本是诺森伯利亚王国经不起外琴人的攻击而解体时的自然步骤，塞尔特人和萨克森人在苏格兰的中部经过长时期的争夺攻杀以后，罗新安在克弩特之世卒被认为苏格兰王的土地。

苏格兰王国的归化 苏格兰的王室本为塞尔特的，部落的，发祥于西北的；但取到操英语的，富于农地的，又有爱丁堡堡寨为中心的罗新安之后，竟逐渐变成盎格鲁·诺曼的，封建的，而且东南倾的王室。斯特剌斯克来德及加罗威的居民本大半为塞尔特种族，因得政府的领导或被政府所压迫，亦逐渐的采用英吉利语及封建组织。在这繁杂的，绵长的，模糊的进化过程中，我们只能注意到一二较为显著的阶段。

英吉利势力的入侵 我们应首先注意者即苏格兰在接受盎格鲁·诺曼的势力以前，先曾经过一个英吉利化的时期。马尔康三世（Malcolm Ⅲ）在废立马克柏司以前曾流亡于英吉利；时当守教者爱德华的时候。马尔康的少年时代及教育本已大受英吉利文化的影响，及后他更续娶幼王子爱德加之姊马加勒特（Margaret）为后。马加勒特意志坚决而又道行甚深；苏格兰之能采用英语及仿用罗马的宗教组织，她实有大功。她的所为虽为塞尔特苏格兰的各部落及各教侣所不喜，但她能持之以坚；且自海斯顶斯之战，英吉利种族及她本姓的王室遭受挫折而后，英人之自南逃北者更多，故她的设施亦不啻得一生力军为助。诺曼征服对于北方第一个的结果便是把萨

---

〔1〕 参见上第87~88页。

克森人及斯干条那维亚人成群结伍的赶向边界去，上自马加勒特自己，下逮约克邑及达剌谟不堪威廉"夷北方为焦土之役"而出逃的村氓皆往北逃难。罗新安的萨克森人本为苏格兰的诺尔狄克成分的基础，今则此成分更因难民的来归而增厚。

盎格鲁·诺曼势力的入侵 英吉利势力的北侵为日后盎格鲁·诺曼势力膨胀的先导。马尔康及马加勒特之子大卫一世（David Ⅰ）乘英吉利在史梯芬朝时之不振，尽力夺取昆布兰，诺森伯兰，及达剌谟一带间两国久争未决之地，更从而改进苏格兰为诺曼封建王国。但他所掠特威德河及哲维倭特以南之地，苏格兰并不能永久据为己有。英吉利在不兰他基奈中兴时即把那些地方夺回。那时两国的疆界大致即如现在的情状。但大卫在史梯芬无政府状态时之侵入北英却得了一种很好的经验。在离诺奢勒吞（Northallerton）不远的大旗之战（Battle of the Standard）中，苏格兰部落的族人虽奋勇有余，然他们的两柄刀究非披甲的封建武士之敌，无论是英吉利或是苏格兰的武士：这点为大卫所能显然看到的。故自此而后苏格兰王亦锐意扫除塞尔特制度及部落主义，而求为一个封建王国。

大卫招请一班出身诺曼或英吉利种族的战士，如布鲁司及巴力奥耳两家人等，越界来到苏格兰，并封给他们以男土，而令他们服封建的义务。苏格兰的分封并不须引起旧产的充公或剥夺，这和海斯顶斯以后的英吉利不同。国王自领之地及无主之地在当时的苏格兰尚到处皆是，故大卫可不须把旧业主充公，而仍可赏新来者以封建地。但新封建主来后，部落生活的塞尔特居民以及方才领种荒地的新来移民则顿成盎格鲁·诺曼主人的属民；这些主人亦熟知一切的要索。苏格兰亦如当时的英吉利一般，到处可见圆土丘之突起，其上则有木筑或石筑的高塔；穿甲的骑士则自这种堡寨中统治邻近的四乡。

堡寨以外，牧区制度亦应时而起；在盎格鲁·诺曼人的指导之下四乡亦依英制而划分为牧区。往往牧区与新封建主的领地的范围一致。宗教及政治于是都成地方化，而圣哥仑巴的教社和这教社所尝服务的各部落则同归于尽，所留者仅纪念而已。大卫和他的贵族竟以作封建式的捐助兴建为尚，故12、13世纪在苏格兰为宗教建筑的极盛时期，伟大的大教堂及僧寺——巍然而起。它们后来被毁于边境的流寇及苏格兰的宗教改革者之手，但此是后话。人民自始即不喜欢大卫朝时所创始的什一税及其他专利外来僧侣的担负。未几，男族对于教社的感情亦欠佳。他们之敷衍教社，其志专在为子弟族人取得宗教上的捐助；他们所用之术亦殊荒唐，甚有战士贵族假饰宗教僧侣而取得禄给者。到了宗教改革之时，他们始得从心所欲，采用直接行动。

大卫及继他为王的狮威廉（William the Lion）仿行好多英吉利国家的制度，且多有成效。邑制及国王司法之制亦渐渐施行于苏格兰，但不无受诸男族所享的法权之限制。国王且给特许状于苏格兰的市（"burghs"），许它们以自选市吏之权，其权限之宽大即英吉利诸大市亦望尘莫及。

新苏格兰的形成 新苏格兰之所以得逐渐发展，逐渐自固，亦因它能和英吉利有长时期的相安。在独立战争时期以前的一世纪半中，苏格兰的贵族极能效忠于王室，他们服务之勤，不特空前，亦且绝后。他们和他们的封建臣皆努力使英吉利的语言，名称，及制度流行于苏格兰；苏格兰人经此薰陶以后且愿随布鲁司及窝雷斯之后效死以维护这些制度。我们初本以为塞尔特部落主义必将力抗英吉利文化的进展；然实则部落主义之在西方低地者消灭极速；只有加罗威的塞尔特文物一时仍坚不让步。然国王有穿甲的封建骑兵为后盾，塞尔特酋长之不愿为封建臣者，终必逃至高地。在北部高地，因山岭崎岖之故，部落的旧苏格兰仍得苟延残喘，一直要到1746年始有变动。在"高地界线"（"Highland Line"）以南以东的人民则固无时不在采用新的姓名，新的仪态，及新的语言。

在上述诸大变动的过程中，国王及男族固俱为新兴国家之所不可或缺，而两者间亦有相生相共的关系。但到了爱德华一世，苏格兰因求民族独立而和英吉利宣战时，则男族的爱国信仰绝不能及平民的浓厚，因为封建主义本是国际的，而苏格兰的男族食地于英而对英王有尽忠的义务者亦不乏其人。苏格兰王国为人民所爱戴后，国王与平民日亲，而男族转为王国最大的，最危险的仇敌。

英吉利苏格兰交战的起点 中古苏格兰的黄金时代随亚历山大三世之死而告终。亚历山大三世惟一的嗣续为他的外孙女马加勒特，即世所称为"诺威少女"者。她的朝代极短，她向居斯干条那维亚，即位后亦留连不即返国。照布立加谟（Brigham）条约，她应和第一个英吉利的"威尔士亲王"结婚。此亲王即后日的爱德华二世。照这办法，两国的和平结合似乎在望，两国可以同戴一君，而各治其政，犹如日后苏格兰的詹姆斯六世兼为英吉利的詹姆斯一世时的情形。但历史的变迁甚难强求，亦甚难一举而令之提前数百年。自海外运来的少年王后对于苏格兰人似乎总不会有好结果的。订条约的那年秋天，"诺威少女"即行回国，但中途忽薨于奥克汉群岛。

马加勒特死后，和平解决的机会亦随而消灭。爱德华一世重申英王为苏格兰最高主的旧要求，并力争为苏格兰立王之权。是时争苏格兰的王位者甚多，主要者为巴力奥耳·约翰及布鲁司·罗伯。巴力奥耳的理由似较充足，爱德华亦判断他有嗣立之权。爱德华如即此而止，或者也可相安于一时，但他并不满意，他更把巴力奥耳当做傀儡，而苏格兰当做属地。巴力奥耳愤激之余遂否认矢忠的宣誓。不幸他的势力十分微弱，他的诸男也并不完全助他。爱德华很容易的直入苏格兰，把他废了，把加冕石也由斯昆携回韦斯敏斯忒。他更自立为直接君临苏格兰的国王。称臣表（Ragman Roll）中有很多表示臣服于他的苏格兰贵族。

窝雷斯的独立战 什么事好像都了结了。实则什么都刚要发动。贵族叛离了以后，苏格兰才知道自己之另为一国。爱德华一世所留下的统治大员类皆无能而残酷，更益之以外国军队的跋扈，故苏格兰不久即知有亡国的惨痛。到了次年5月即有一位善于别动战的天才好像由天而降的出现世上，一举而败窝稜的伯（即在授权根据的调查中出过名的）所率领的英军于斯忒林桥（Stirling Bridge）的桥堍。此人即窝雷斯·威廉（William Wallace）。他随即攻昆布兰及诺森伯兰，并肆意焚劫。

窝雷斯除了留下一个盛名，且我们知其为一个武士外，其他几无所闻于世，然而他所引起的一种热烈情感则永远存在于今日。数年之后，瑞士在退尔·威廉（William Tell）之下也有同样的动作；但苏格兰先瑞士数年而有一种新的，富有潜势力的理想发生。此种理想及势力在当时本无名称；后人始称之为平民的爱国心。爱国心在当时绝非起于一种理论，而仅为蕴积于人民胸中而不自觉的一种情感，一遇到冲动始爆发而形诸事实，好比窝雷斯之突然发作。后世之人创为民族主义及民主主义之说以解释其经过，实则在当时则仅是一种事实而已。

爱德华一世本以为凭借了当时常用的封建机械便可将苏格兰羁縻于英吉利之下。他的错误是可以了解的。照那时的标准说起来，他在苏格兰的行为不论如何残暴都是司空见惯之事，而窝雷斯煽动苏格兰平民去从事救国运动之举倒是出乎意料之外的。在今时候我们在欧洲到处可以发现民族思想及民权观念，我们把它们视为十分寻常，但中古的情形是完全不同的。那时的社会横分成几层的封建阶级，而并不直分成几个的国家。苏格兰的封建贵族大都赞助爱德华一世。在苏格兰及英吉利两国都有领地的盎格鲁·诺曼贵族自然对于苏格兰人的爱国主义不大热心，他们既在英国领有封地自不愿和英王发生冲突。

苏格兰人民则有他们的民族思想及民权观念，虽则两者在以前都是不自觉的，而且都没有发现过的。窝雷斯把苏格兰人鼓动起来。市民及农民在地绅阶级（lairds）领导之下，不但要抵抗英吉利的势力，于必要时，即他们苏格兰本国的贵族也在被抵抗之列。平民所集合的长矛队（"schiltrons"）竟能奋勇的和英吉利的穿甲骑兵相厮杀。他们的文化毕竟高于威尔士或爱尔兰的部落，训练亦较好，故他们的实力亦较大。但有几次这种长矛队伍卒被英吉利的封建骑兵及威尔士或英吉利的长弓手所合组的联军所攻陷。长矛队虽勇，而长弓手尤不可当。长弓手杀开一路之后，骑兵亦得乘胜直冲。击败窝雷斯而使之不能再图大举的福尔刻克（Falkirk）也不过是善能利用此种战术者之第一人而已。

但打几次胜仗是一件事，而征服苏格兰又是一件事。苏格兰的平民已习惯于作战，凡是农民都是战士。在这方面说起来，苏格兰类似好战的威尔士，而不像好和平的英吉利。苏格兰人每遇寇来时宁可火其居而毁其所有，坚壁清野以窘敌人，而不愿和敌人妥协。他们既有这种决心，英人亦无可如何。在历久不决的争持之中，有两件事是利于苏格兰而卒能助之得到独立的：一为布鲁司·罗伯的才具，又一为爱德华三世之忙于百年之战而无暇过问苏格兰问题。

布鲁司·罗伯的独立战 布鲁司·罗伯为1290年要求继立的布鲁司之孙儿。他本未受到苏格兰民族主义的若何浸润，他和他的父亲俱深受当时贵族所常有的倒戈遗毒，在窝雷斯的时候他曾反复多次。但他虽圆滑，而他暴躁的脾气令他不得不入爱国的，负责的途径。他自在教堂中杀了红色的卡民（The Red Comyn）之后，一直被视为罪犯，故他不得不和苏格兰人民中爱国的一部分敌忾同仇，而继续窝雷斯的遗绪。此着为自救救国的惟一办法。窝雷斯所有者仅为民主的理想，但今则加上了布鲁司和"好爵士詹姆斯"（"The Good Sir James" Douglas）所能发扬的封建实质，及布鲁司，而且只是布鲁司，所能具备的王者气概；这三者联在一起后，苏格兰的前途始大放光明。

爱德华一世死后，苏格兰所对阵者为爱德华二世，于是两方较为势均力敌，而危急的状态转趋于缓和。英人所藉以控制苏格兰的堡寨——的被布鲁司及刀格剌斯（即"好爵士"）两大战士所夺去。在班诺克本（Bannockburn）的大战中英人失却指挥骑兵及利用弓箭手的能力，苏格兰的土队伍遂能以长矛直刺英吉利的男族武士而驱他们于水泽及河流之中。此次之胜实为大胜，英国的武士从没有经过这样的覆没。且经此而后，英吉利的主要军队及弓箭手只能渡海南征以欺侮没有好战精神的农民的法兰西。

持久的边战 班诺克本之后，英吉利及苏格兰间的边战又垂数世纪之久。苏格兰人利于混战而不利于正式作战。有所谓"罗伯好国王的遗嘱"者，据说即为布鲁司给予国民的作战策略。班诺克本的胜利虽得之旷地之上，但布鲁司仍勖苏格兰人勿轻和英人在空地相交，且应牺牲房屋财产以诱敌。两国的情况亦实不利于苏格兰人，故他们非格外小心，便有疏虞。他们所能攻掠的诺森伯兰，昆伯兰，及达剌谟类皆荒瘠无可掠获，而英吉利的骑寇则自哲维倭特山中出发，二日便可达到苏格兰的富饶之区。

苏格兰之所获于独立者 凡有价值之事物皆须有重大的代价，苏格兰取得独立亦是这样。自从班诺克本后之两世纪半内，苏格兰仍充满了封建的无政府状态；暗杀，私战及变叛无年不有，和英吉利的边战亦始终不断。教社既十分腐败，而较大的城市，真正的国会，以及其他值得宝爱的，或可以有日后的发展的制度亦一无所有。班诺克本之胜虽为苏格兰取到了独立，但苏格兰的贫苦蛮野一如往昔，或且不及往昔。英国本可给苏格兰以财富文化，然而苏格兰因富于平民精神之故偏要独立。平民精神虽可保障它的独立，但不能助它为政治上的进化，助它抑止封建贵族的跋扈，更不能助它创造一种代议的制度以充民意的机关。它和法兰西的同盟虽在军事上可以助它抵制英吉利，但在文化上为极不自然的结合；且失之于英苏联合者亦不能收之于法苏同盟。那么，苏格兰究何所获于独立呢？除了精神上的安慰以及精神在日后所能取到的事物外，一些也没有。

第六章

百年之战　英吉利语言之起

国王：爱德华三世，1327—1377；理查二世，1377—1399；亨利四世，1399—1413；亨利五世，1413—1422；亨利六世，1422—1461。

中古的战争　有人以谓16世纪至20世纪所以常有糜烂全欧的大战发生，而中古时代所以没有这种大战，乃由于中古耶教世界的一统，而近代耶教教社的分裂。实则中古之世人民亦何尝不互相作战；而且那时作战的残忍且远在今代之上。那时良心上或习惯上对于杀戮的限制尚远不及今日，不过杀戮的方法也没有今日的周到而已。那时的所以没有大规模的战争初不因于耶教世界的统于一尊，而由于人类之不能控制自然界。举凡交通的不方便，政治，行政，及财政机械的不完备，招募大队人马的不易，以及给养上的困难，俱可使大规模的战争无从实现。欧洲是时仍十分穷困，且也没有信用的制度可以周转市面，可以任大批男子离开农作，加入杀人事业，而国家的经济仍可不至死地。数目极小的封建男族及武士仍为惟一的战士阶级；他们及受他们俸给的徒众仍为惟一以武备为职业的人民。自11至15世纪，大陆上的战争极伙而极繁，不过它们都是小的，地方性的，不像近代之战则少而大。那时火星（即战神）的股肱要短些，但常在不断的运动着；故农民阶级所受兵燹之苦比今日为尤甚。

百年之战的性质 欧洲战事之可以称为民族之战者，英攻法之百年之战（The Hundred Year's War）也许可算做第一个。英国所派去劫掠法兰西的军队固然极小，但因祖国已有相当的组织及相当的民族精神之故，这些军队的效率倒不低下。自诺曼征服以来，英国因一得地利，二多雄主之故，内部的治安比欧洲各国为佳，且已在从封建状态进行到民族国家的阶段中。自有全国拥戴的国王及国会而后，行政的组织更臻完备，民族的自觉亦日增一日；于是大而无当的法兰西封建王国遂为此种新势力的摩拳擦掌之地。英国在有一时期间实为欧洲各邻国的欺凌者。这并不因于它的良心格外的黑，却因为它的实力比别国雄厚。到了推铎尔时统一的法兰西和统一的西班牙实力比英国更大，国际间的形势遂一反旧日；但那时英国的岛国地位救了它的命，免得它受法兰西的报复。且因不敌大陆国家之故，英国反有从事于海外发现及海上贸易的机会。

百年之战是政治上免不了的动作，我们殊不必从它演绎什么理想出来。爱德华三世及亨利五世固曾争取嗣立为法王之权，他们的争立固有相当的世系根据，然大腓特烈（Frederic the Great）对于西利西亚（Silesia）也有相当合理的继承权；如果英人四世侵略法兰西的诸役可以证明中古的法统思想，那岂不是普鲁士的侵奥也可以证明18世纪之崇奉公道吗？佩服英人在百年之战中的功绩的，而且也是百年之战的史家，夫瓦沙[1]（Froissart）自己都没有这虚假的见解。他说：

> 除非他是一个好兵善战的国王，而尤能攻击比他们自己的国家还要强大富庶的邻国者，英吉利的人民便不会爱戴他，尊敬他。在战时他们的国家更可比平时充满了金银百货。他们贪妒别人的财富可谓至于其极；故他们视攻杀为无限的快乐及安慰。……英吉利的国王非顺

---

[1] 译者按，夫瓦沙为法兰西的编年史家。

从人民的意旨，做他们所欲做的事情不可。

的确，如人民自己不愿作战，国王也万无强迫四世人民作战海外的能力。从最后的解析说起来，百年之战究不是从争立而起，而是全民的，得民心的，国会政治的结果。新英国在当时实不能不经过一度有向外膨胀性的军阀主义时期，犹之有力之壮年之易和同伴争吵。不过这个过程在初虽似有利，但结局则损失极大。

百年之战的原因　在爱德华三世朝的早年英吉利的野心即由苏格兰移向法兰西。摘取一朵名贵的百合花本比拔起一把多刺的蓟草[1]为容易，为荣誉，且多利益。英人无论是贵族，或是前者的幼子，或是自由农民，从隔海返国时，必带回些赃物；这赃物也许是寺院中的金皿，也许是商人家的挂毡，也许是几名富有的法兰西武士掳回勒赎者。是时讲故事的风气好比今人的读书看报，故事在社会上的用处正如今日之书籍报章。自法回来之人亦必有多少的故事——冒险的故事，打仗的故事，以及在欧洲最有名的城市和最有名的酒池肉林中白住白玩，白吃白喝，白嫖白爱的逸事——可以讲给崇拜英雄的人们玩味。至于自苏格兰回来之人则既无值钱的物品可以炫耀乡里，又无动听的故事可以自鸣得意。苏格兰本贫穷之地，复数经英人夷为焦土，即再度摧残亦只能烧去一座空茅屋，或几束麦柴把，而所得者或竟不过一张牛皮（那恐怕还是因为牛脚已蹩故苏格兰人未能携而匿诸附近的林中）。以此和从军法国相比，优劣自不难立见，而从军法国者

---

[1] 译者按，法素以百合花（lily）为国徽，而苏格兰则以蓟草（thistle）为国徽。

亦自然能多得些乡里的嘉评，而据以自得。[1]

近人的思想深受种族的民族主义的束缚，所以英吉利欲并吞法兰西的野心以近人眼光看起来似很不经。但法兰西的抗英，在百年之战的前几年且不及苏格兰抗英之力，虽则后者和英尚操同一的语言。苏格兰当时已具民族的精神，而法兰西犹不过是许多封建地的大集合。而且百年之战在1337年开始时，爱德华三世及其贵族仍操法语，他们在加斯科尼亦较在苏格兰要自然些。

两国的失和，除了爱德华三世的要求嗣立外，还有别的较根本的冲突。当时法兰西国王有攻取我们前代安吉芬帝国领土中硕果仅存的加斯科尼之野心。又法兰西当时对于佛兰德斯也有野心，而和梵阿忒味尔得（Van Artevelde）的市民自治主义不洽。我们和佛兰德斯本有共存共荣的关系。当时我们制造毛布之业尚极幼稚，英吉利羊毛为我们的主要输出品，而佛兰德斯的根特，布鲁日，及伊普尔（Ghent, Bruges, Ypres）的织机则为此项羊毛的主要吸收者。我们为保全我们的商业起见，绝不能让法兰西扩张势力于此地。这也是冲突的一因。而且在海面上英法的商人亦竞争极烈；在海峡如是，在往来加斯科尼的路程中亦如此。百年之战的第一声为斯类斯（Sluys）之战，此战英吉利的海军获胜。此战而后，爱德华三世以英吉利海的主人翁自视；纪功的金币亦镌有他身披甲胄立于船上的豪像。

　　　　我们的纪念币表示四大，
　　　　国王，宝刀，海权，及船只，

---

〔1〕 照 Froissart 所记，英人在法兰西及苏格兰的行为，上述的不同很可以看出。他很详细的把1346年的入寇记载下来。在那年"富饶的诺曼底尽被英吉利人所焚烧洗劫"。他又说："军士们掠到金银后并不向国王或长官报告，他们即据为己有。"我们有极充足的证据可以证明14世纪英国军队的行为和今代的土耳其军队一样无道，他们也专以抢杀放火为能事。但英人也并非特殊的违反人道。在中古的战斗中，所谓人道及礼貌，连"你们的耶教徒"也是无福享受的；只有武士阶级（无论男女）及僧尼等一班僧侣稍得优待。他们的身体大概可不受危害，但财产的保障则尚不及身体之大。

上句即为《评英吉利政策》（Libel of English Policie）[1]的著者的赞美词。著者于百年之战的末期即作英国应争海权之说，他实为此说的首倡者。争海权确为百年之战的一因，不过尚不是主因而已。

战争得以持久的原因 因为两国所争者不仅是封建的及朝代的利益，故百年之战竟可断断续续的相持至百年之久。在前世纪，约翰无法强迫英吉利人民为防护诺曼及安吉芬的属地起见去和法人作战；但自爱德华三世以迄亨利六世。则国会不但不断的通过战费，且督责大臣们去努力从事战事。英吉利弓箭手战胜"善夸法人"的荣耀，得见

> 我王直入诺曼底，
> 带了武士的气宇，

之惬心，俘获欧洲最骄贵的王公贵人而令之游行于伦敦街市的大观；凡此种种俱可鼓动爱国的热忱，而团结全国的阶级。平民的痛恨法人更比兼操英法两语的上等阶级为深，故全国上下得以通力合作，历百年而不中辍，直到我们秩序井然的中古社会破坏无余，而法兰西民族亦因深受我们的刺激而再度跃起时始止。法人初在第给克郎（Du Guesclin）之下抵拒英人，50 年之后更有阿克的準（Joall of Arc）的勃起；法人的民族精神于是亦稍稍自觉，而法军封建的精神和战术亦渐有变动。自封建社会到民族国家，自中古时期到文艺复兴，本须经过一极长的过渡时期，而百年之战实可视为这时期中外交及军事方面应有的变化而已。

战力战术和国内社会情形的关系 战争的两方所率的军队及所用的战术，不仅在军事上有重大的关系，且常足表示社会情势的变迁。百年之战正亦如是。

---

[1] 译者按，原著者何人不可考。原著见 Wright 所集的《政治歌曲》（"Political Songs" Rolls Series，1861）。

法兰西王国和英吉利的情势完全不同。它没有邑之设置，更没有王家的法官，邑官，及王权辩护官藉邑法院以治理各邑之事。它分为省及男土；省有封建王公，男土有封建男，他们各于其域中设治。农民极为贵族所卑视；介乎两者之间亦并无重要的中等阶级；英国的自由农民及协助上等阶级为国王处理地方公务的小绅士阶级并不存在。法国固有富丽的城市，但市民和城市外封建社会的接触则极淡薄。英国市民和低级贵族能在邑中及众议院中通力合作以增加他们自己的势力，在法国则不之见。

法军 上述的社会背景在失利于克勒西，波瓦迭及阿金库尔的军队中亦可一一觅得对照之处。他们都是封建军队，从军为封建的义务。他们所有的是封建战士的骄傲，而政治或军事的纪律则一些没有。法王及他的诸将指挥军队时，其困难犹如蒙屈罗斯（Montrose）及查理亲王（Prince Charlie）[1]之指挥苏格兰高地诸部落的酋首。封建军士除了骑兵独立冲锋外不知战术之为何物。在以前的几世纪这种奋勇的冲锋固足使封建军队取得常胜的地位，但克勒西一战之日骑兵冲锋失其效用，而英吉利弓箭手当令的时期开始。

在法兰西的军队中要以意大利的佣兵——热那亚的横弓手——为最长于放射之技。平时素遭鄙弃的农民在战时不甚为人所重视。农民的职分在筹集取赎之款；他的封建主如被英军掳去，而扣留于英吉利采地府时，他须得赶筹赎金；在赎金未到以前，则须和掳者敷衍应付，藉免被掳者有杀身之祸。大批法国贵族被囚于波瓦迭的一次尤使农民苦不可言。且除了付纳赎金之外，英军又随处搜索劫掠。饥饿垂毙的农民因不堪其苦，遂有所谓札克里农民[2]（Jacquerie）之变，实则这亦不过一种因绝望而生的反动而已。

英军 在入寇军的组织及战术上也可以窥见英吉利社会制度之一斑。

---

〔1〕 译者按，此二人为17世纪英苏之战中的名将，见后第444~450页。
〔2〕 见本卷第一章第162页注1。

诸爱德华时英吉利农民的状况虽不高明，但耕夫佩尔斯[1]的情景总不至如隔岸波诺谟·札克[2](Jacques Bonhomme)的恶劣，即佃奴亦比较的足食足衣。地位在佃奴之上的自由民耕田者其百分比亦日在增加。农奴的解放在英国固占极长的时期，然英法交战的百余年实占那个时期的大部。全体自由民为数本不少，经不兰他基奈诸王之组织后遂成劲旅。军役于农民为强迫的，组织的原则与封建军不同，而有如萨克森的民军；但兵器等等则如诸武装诏令的规定。平时每人皆须自备某几种兵器，且熟知其用途；战时则大军转眼可集。我岛所以能有些政治及社会自由的空气，其主要原因盖亦由于大多数平民之能备有武器且能知其用法。

长弓 14世纪时长弓渐成为法定的武器，而教堂冢地后设靶射箭之习亦成为村落生活中主要的游艺及盛事。爱德华三世且明令鼓励，并禁止可以同射箭竞争的

> 手球，足球，棍球（pilam manualem, pedivam, vel bacularem）；跑马，斗鸡诸种无益游艺。

在较后之世拉替麦（Hugh Latimer）常从讲经台上历述乃父自由农民的故事：

> 我父教我张弓之法，教我弯身以就弓，教我用全身之力以放箭，而不用两臂之力。别国人民仍多用臂力。我父买给我之弓正合我的年龄及力量；我的年力有增，则所用之弓亦加大。人如不自小即学习射法，则射法总不会佳。

---

[1] 见上157页。
[2] 译者按，即札克里农民运动的领袖。

我们可以断然的说，克勒西及阿金库尔的胜利正伏于老拉替麦等那班前辈的努力。长弓本极难用，外国人总不能一箭穿杨，经铁甲以入于甲士之身；盖长弓用之于欧战虽已有百余年长久的历史，而仍不失为英人的拿手武器。即在英国，推铎尔时的手铳所以能继长弓而起似乎亦因村民忘了箭术而习于"足球及下流游艺"，或如拉替麦所说，习于"滚球，醇酒，及妇人"。法律及谕令虽有禁止而仍不见效。

爱德华三世时上述民军的效率达于极点，必要时且可召集。克勒西战的那一年，苏格兰人乘英王及贵族有事于法，而国内空虚之时，拟乘机入侵，思得一逞；然而于内微尔的克洛斯（Nevilles' Cross）地方（近达剌谟），竟蹈诺奢勒吞的覆辙，竟大吃其亏，因为各邑深得民治精神的民军竟能召集起来应付寇敌。此后在夫罗登，苏格兰人重又败于民军。苏格兰民族向有"不能坐视被惹而不痛惩惹者"之格言；英吉利虽无此种格言，然而英民军之所为亦足以使苏格兰人知英人之不可轻侮。

私家"军团"　　从上述的武装及半武装的自由民中爱德华三世常发令（Commissions of Array）各邑，令选集军队，渡海攻法。选集之法，除了招募志愿兵外，更用强迫兵役制。但战事既延长不已，则征集民军及强迫兵役之制，自不能不废，而雇用以攻战为职业的私人"军团"（"companies"）之制代起。

这种私家"军团"实为长期英法战中英方的基础军队。他们既不是封建队伍，又不由强迫募集，而是终身当兵的战士；他们隶属于富有军事及政治野心的贵族或武士之下，且受他们的禄俸。国王不难以贱价购得他们的服役，因为他们除了国王所许以外，尚可藉抢掠，勒赎，及白住房子以自肥。有时，尤其在英法停战时，他们往往以自己的名义在大陆上攻杀一切，犹如负盛名的霍克乌德（Sir John Hawkwood）及其"军团"在意大利之所为。这种佣兵在亨利六世时被逐回英后，成为社会及政治平安之扰乱者；因社会之不安而有玫瑰之战，因有玫瑰之战而他们仍得以"家人"

("retainers")的资格继续营作战的事业。[1]

英人胜利的秘诀在一方能深信自由农民之为勇士，一方又能深信长弓之为利器。这都不是凭空假设的，这都是从第一及第二爱德华所经营的苏格兰战中得来的经验。大陆上战士向未留心到这种无名的，野蛮的小战，所以在克勒西的战场上突然发现向遭鄙视的岛民竟有过于全欧人民的战术时，竟不胜其惊骇，而不复能自镇定。

英军的战术 从苏格兰诸战得来的经验可分做两层。在斯忒林桥及班诺克本两役中，苏格兰的长矛军曾充分昭示自信自尊的步队，在适当的环境之下，能用短兵相接的战术克服封建骑士；而英国获胜的诸役如福尔刻克等又充分显出长弓的用处。爱德华三世时的诸将能把这两种经验融通起来，他们兼取苏格兰军及英吉利军之长，而得到一种新的战术。他们把弓箭手及封建骑士合组成一种队伍，而采用混合战术。英吉利的骑士其数远不及法兰西骑士之多；如欲在马上用长枪交战，则自非法人之敌。所以他们愿处辅助的地位，而让半披甲的弓箭手[2]步兵为主力。每当作战之时，弓箭手将锐箭如雪花纷飞的射入敌军，而骑士则下骑专待和敌人短兵相接，以助弓箭手之不及。法兰西武士之不毙于矢箭者尚须和英吉利武士相厮杀。且到了短兵相接时，弓箭手亦可拔刀相向，和本国擐甲的武士及贵族共同杀敌。弓箭手为自卫起见有时可躲在一种可以移动的围栏之后。

法军的防御 法军在克勒西经重创后，欲谋补救之方，因模仿英人的步兵作战法。然英军之所以得胜初非由于步兵本身，故波瓦迭之战，法军的不振如昔。法人所能想到的抵制弓箭方法只有增加甲胄的厚度，且易板片甲（plate-mail）为链环甲（chain-mail），周身皆用链环甲。他们所得的

---

〔1〕 道尔（Conan Doyle）的《白色军团》（*White Company*）摹绘这样的一个外征"军团"极有神色，且极为详尽，虽然有些赞扬过分。斯蒂芬孙（Stevenson）的《黑矢军》（*Black Arrow*）记载布剌克雷（Sir Daniel Brackley）及其徒众在国内之所为，与事实亦相差不远。

〔2〕 弓箭手的长处经公认以后，亦常具坐骑及防身甲胄。于是全体的军队成为有骑的步兵；行军时坐马，而作战时则下马。在战场上，上至国王下至厮养，如有必要，皆下马作战。

 英国史 | 上册

保护固有增加，他们的灵动则更非昔比。15世纪的武士真有不胜其重之概。他自身的不中用也为武士阶级衰败的一因。

英军如先取到相宜的阵地，而两翼又有相当的防护，则法军从不能攻袭英军的步兵线而有成功，法军亦从没有想出抵制的方法来。然黑王子（Black Prince，即爱德华三世的太子）所创造的军制亦有一很大的缺点。英军在战场上极难移动阵线；这正和威灵吞（Wellington）的"稀红横队"〔1〕相反。英军不能向前进攻敌方的骑军，而仍可免于被敌冲陷或夹击之虞。总之，只有法军不审情势而攻击英军的阵地时，英军方可取胜；易言之英军只能待敌之来攻，而不能袭击敌人。

第给克郎　首知上述的利弊者为第给克郎，故首救法兰西者亦为第给克郎。照1360年的布勒替尼（Brétigni）互让条约，法兰西的西南部已划给英国。第给克郎于爱德华三世朝的末年将这条约打破。他雇用"自由军团"而不倚赖无纪律的封建军队。他平时坚壁不战，逢有特殊的机会时，才突攻英军。法人那时已善用炮攻之法，故在攻城方面他们很是我们的敌手；因之第给克郎的主要工作为围攻英人所赖以统治四乡的堡寨。是时火药于野战尚无大用，然攻城之道则已因之而大有革新。它于法兰西的解放确有大功，但法国封建的势力亦因之而自速灭亡。国王本不难以金钱买取炮队，更不难藉炮火之力以轰击诸男的堡寨。堡寨愈易于攻破，封建势力亦愈易于铲除。

亨利五世的诸役　但是封建主义在法国仍不肯即时寿终正寝。我们本以为法兰西经第给克郎解围之后定能在休战期内减削其封建势力而成为民族的君主国家；然而事实竟不如此。克勒西及波瓦选的失利由于封建军队的无用，而第给克郎的所以成功由于新战术的代兴；百年之战的前后两半间曾有三四十年的长期休战或断续小战，此正为励精自强的理想机会：我们的预料初非过奢。但当亨利五世即位，重提爱德华三世争为法兰西王的

---

〔1〕 见后第655~656页。

旧事，藉使"好大之士可以全力专注于外争"时，抵御黑王子及其英军的法人仍用克勒西及波瓦迭的封建阵形，而没有用第给克郎的改良战术。阿金库尔自然为必有的结果。

从两方的军事情形说起来，百年之战后期和前期的相似处真堪令人惊异。法人历很久的时期绝不学习新法或另图补救。反之亨利五世则有"第一个近代大将"之誉。他把诺曼底当做一个被占的行省看待，更以此为大本营而逐渐伸张英吉利势力于罗瓦尔（Loire）的两岸。奥尔良（Orleans）及勃艮第（Burgundy）两大封建阀的互哄更把法兰西分而为二；于是英国更和勃艮第及佛兰德斯联盟起来，而势力益盛；海峡两岸的羊毛商亦皆大欢喜。1420年的特尔瓦（Troyes）条约承认亨利五世为法王的嗣位者。两年而后，亨利五世逝世，所有血肉换来的产业则归于幼君；幼君为法兰西北部所承认。

第诺瓦 在亨利六世的童年时，法兰西有第二次的复国运动。此次的领袖为第诺瓦（Dunois）。他仍采用第给克郎的战术，但他的地位益较前困难，他本人也不及首次领袖的多能。幸而他有一人格出众而从未梦想到的同盟者。这人即阿克的準。阿克的準一战而获大胜，再战而捐微躯；然而她的胜利及她的殉国所激起法兰西人的爱国热心及民族激昂之气，此后亦再不能消灭忘掉。在精神上说起来她可比诸苏格兰的窝雷斯，两人对于祖国有同样的功绩；不过阿克的準的成功较迟；她死后尚须经20年之久，英国的军队始经不起第诺瓦时代的困敌（Fabian）战术及攻城术而全数退去。当英将托尔波特（Talbot）及其子死于加斯科尼的末次一战时，百年之战始告结束。然两年之后，在圣奥尔班的玫瑰之战又即开始。这可以见英国在不幸的15世纪中实少休养的机会。

百年之战的遗害 我们费尽了力量想去建立一个在欧洲的英吉利帝国，我们的努力究于我们有哪种好处呢？我们自己的中古社会的解体，及多时的无政府状态和道德的沦亡即是我们所得的报应。我们又得到了加莱（Cal-

ais），我们继续把它占用者更有百余年之久；加莱好比屈威特河上的柏立克，柏立克可以令我们记得我们曾一度拥有苏格兰，而加莱则可以令我们记得在法兰西的侵略。加莱为英国羊毛的输出总埠。国王以在加莱征税较为便利，故令羊毛悉运到此地，且以加莱为主要商埠。但本国织布业兴盛及海外贸易发达后，加莱的优越地位完全消失。不特加莱过后于我极少用处，且有不良的影响。加莱很像我们在海峡那边的一个桥塊，有此桥塊后，即小心谨慎的约克及推铎尔诸王亦常有不能克制重提继承法国王位的旧要求的危险。所以玛丽（Mary）之失加莱于英实为纯粹的得着，失了加莱之后，依利萨伯朝时的人们才能放弃侵占法兰西的野心，而西向以求新地。

民气的激长 那么，百年之战对于英吉利只有害而无益么？那又不然。物质的，有形的好处固然一些没有，但无形的，精神上的益处则未尝没有。我们可说，强烈的，而且偏于民主，少带封建的民族自觉，伟大的纪念及佳话，及岛民对于自己性质的信仰：凡此种种殆皆由百年之战得来。战后的1世纪本为英史上日蚀时期，而法兰西及西班牙两王国国势方张之时，但英国民气之并不消沉者，盖亦当归功于百年之战。从莎士比亚的著述中我们可以窥见阿金库尔的纪念对于依利萨伯朝时的民族复兴运动犹有极大的激励。在好王后伯斯（Bess，即依利萨伯的昵称）的年代，英人的全体固已忘了战争的面目何若，固已忘了巧塞所摹绘的百年之战的惨状：

> 丛草中尸首的喉也断了，
> 被杀者千人，而病死无一；
> 魔王用强力来东掳西掠；
> 市镇也毁了，竟无一些留着。

但和莎士比亚同时的人则犹极力赞扬自由农民的美德：

在过去时期能使法人翼翼畏惧者即为这班人。他们虽然不能如绅士之被称为"先生"("Master"),或如武士之被称为"大人"[1]("Sir"),他们虽只能以"约翰"或"托马斯"被呼,但他们却曾建立过大功。法王在战阵中常喜和骑士站在一起,但英王则喜和自由农民的步兵站在一起;由此可见国君把他军队的那一部分视为精华所在。

自百年之战而后,一直要到工业革命开始时,所谓"自由农民的调儿"("yeoman motif")亦遍见于英吉利思想,文学,及政治中,且具一种伟大的,有生气的力量。

民族思想和仇外观念　在中古的初期,英人对于别一个市或邑或村的居民通常总带些仇视的气味。岛国的爱国心发达后,人民渐以法人或西班牙人为真正的外国人,而对于邻居的恶感则逐渐减轻。以百年对法之战和近年对德之战相比起来,仇恨的程度虽后不及前,而时期的久暂则前胜于后者25倍。在这长期的作战中,我们所得思想及情感的习惯渐使我们以仇恨法兰西种族为新的爱国观念的形式,要爱国几乎必须仇视法人。当第给克郎当令的时期我们南部的沿海一带曾遭法人的袭击,而我们的航业亦受了极大打击,故我们仇法的观念至此更炽。且仇法的观念并不随百年之战而消灭;诺曼征服后法兰西文化侵凌英吉利文化的风气之所以得一旦反正,亦得不少的助力于此种观念。自此以后外人对于英国平民常有夜郎自大的讥刺。在亨利七世时威尼斯的使臣尝说:

> 他们以为除他们外没有别种人民,除英吉利外没有其他世界;他们每逢碰到俊美的外人时必曰:"此人很像一个英人";又曰:"何等不幸的事,此人不是英人。"他们如和外人同享任何的好东西时,必问外人曰:"此物能在贵国制造么?"

---

[1] 通译作"爵士",故在别处仍从俗。

在推铎尔时期的中间,一个法国游历家曾记:

> 这国的人民把法人视为宿仇而恨入骸心,且常把我们法人叫做"法兰西混蛋"……

在依利萨伯朝时,上述的仇法观念曾一度易而向西班牙人。但英吉利民族主义中仍时带一种和易善性的成分。即在依利萨伯和西班牙交恶最烈之时,莎士比亚在所著《劳而无功的恋爱》(*Love's Labour Lost*)中所摹写的顿·阿马多(Don Armado)仍寓善意于嘲笑之中。顿·阿马多为一个"西班牙傻瓜"。莎士比亚虽把他取笑,但英人在战时的度量仍有足多者。

上等阶级的摈弃法兰西文化较平民为慢为后。介于"大人""先生"而可称"老爷"(Squire)的乡绅虽在演化之中,但尚未演出。自诺曼底及安吉芬帝国丧失以来,操法语的上等阶级本已无海外的关系,海外的庄产亦荡焉无存;他们的文化,和在法兰西的根株断绝后,顿成为舶来品。即在巧塞的女僧长[1]时代的百年以前,"巴黎的"法兰西人已在嘲笑英吉利上等人所操的法语之不纯粹。然法语尽管不纯粹,而不纯粹的法语仍为上等人日常的用语。且为上等人的标记。此风一直要到爱德华三世时,要到英法之战的种族性日见显著,而法语渐渐被视为敌语时,始稍稍改变。

官话之禁用法语 波瓦迭战后的第6年,国会通过一法律,宣告法语为"本国所不习知的语言",而令法院的辩护及宣判悉用英吉利语言以讲述,并用拉丁文以记载。"自今而后,凡辩护者悉当用他们祖国的语言。""他们祖国的语言!"然在此处我们可以看见新的及重要的思想的发轫。这个法律初时虽不能严格执行,但不久即为大众所服从。惟法律家因本性守旧之故,仍有继续以法文的法律术语作文书的记录者。我们须知他们的前辈即向法院发言时,亦用法文的术语。

---

〔1〕 译者按,巧塞者《女僧长的故事》(*The Prioress' Tale*)。

学校之重采英语 学校中所用的文字比法院中所用的文字有更大的变动。白海斯顶斯以后英吉利文向为时人所不齿，但今则又渐为受过教育者及上等阶级所习用的语言。1385年屈勒味萨的约翰（John of Trevisa）曾有下列的记载：

> 自诺曼人入据英吉利以来，学校儿童不准用祖国的语言，而必须用法兰西文以为讲解谈话的媒介。此诚与世界各国的常例相反。上等人的儿童在摇篮时期起亦即习为法语。……在1349年的黑死以前，此为通行的风气，但自后则稍有变更。文法家康华尔·约翰（John Cornwaile）改变文法学校的教材，并以英语代替法语为讲解之用。盆克利稀·理查（Richard Pencriche）从他学得新的教授方法，而别人又从盆克利稀转学。所以在我主降世之一千三百八十有五年，在理查第二之世，在征服后的第九王时，在英吉利全国的文法学校中，儿童已舍法语而用英语以为读书讲解之用。……儿童之习知文法在今比昔时为速，此为新制的长处；但今日文法学校的儿童所知之法文不比他们的左踵所能知之法文为多，此为新制的短处；如果他们日后将旅行外国或涉足异地，则此且为极大的不便。而且今之上等人亦不甚以教训儿童学习法文为意。

由上可见康华尔·约翰及盆克利稀·理查一班卑微的教师们正在为同世纪的巧塞及威克里夫，后时的莎士比亚及密尔顿，英吉利的宗教改革及文艺复兴，斩荆开道；而英吉利民族生活及文学之得以脱离法兰西文化而独立发展盖亦起源于是。关心隐微之人甚或可视上段偶成的记载中所及之事比《大宪章》及《独立宣言》更为重要。[1]

---

[1] 约在1375年时的语言情状那新顿·威廉（William Nassington）的诗已经道尽：惯走官廷及住在其中的大人，只能法语而不懂拉丁；有的能把拉丁熟识，而法语则所知极善；有的只懂英语，既不拉丁，又不法语；但无论是文的粗的，老的小的，没有一个不懂英吉利。

英语的蛹化时期 自诺曼征服以后英吉利文不复为学术界及上等人所齿，然亦正为它的创造时期。如萨克森时的英语可比毛虫而巧塞时的可比蝴蝶。则自诺曼征服以迄巧塞间的数世纪实可谓之蛹化时期。在此时期中英语分化为多种的土语，主要者则为威塞克斯，诺森伯利亚，东密德兰，及西密德兰数种。威塞克斯本为阿尔弗勒时的宫廷语，但诺曼征服把它降成为贩夫走卒，农庄圮亩之语。东密德兰语之能转为近代英语的始祖，地位远出其他土语之上，一因它为伦敦，剑桥，及牛津所用之语，二因巧塞及威克里夫所用之语也是东密德兰语，不过巧塞另以许多法字搀入，而威克里夫又以许多正本拉丁圣经中的文字搀入而已。仿效巧塞威克里夫，而用一种土语为主者尚有多人。他们的著作或翻译经手抄后传布颇广。到了15世纪经约克诸王的提倡，卡克斯敦（Caxton）的印刷机设立于韦斯敏斯忒；自此而后巧塞更见流行，而英译的各种书本亦日益增多。

堪供读书人用的英语是照上述的演进而逐渐长成的。到了15世纪末，凡欲跻于受过教育的士女之林者，即屈稜特河以北及亚旺河以西之人，亦须熟知英语。到了推铎尔时，遵用同一土语——是时已公认为"国王的英语"——的圣经及祷告书大大流行，其权威为前者任何书籍所不及，因此英语的标准亦于以大定。在巧塞到依利萨伯的两世纪中，半依书籍为标准，半依口头为从违的语言盖正在迈步前进，雄伟日增，华丽月累，凡足以表示随文艺复兴而来的愉快及积学之拉丁字语亦常有增益采用；及至斯屈拉福德（Stratford）的大师手中则更集于大成而乔皇典丽。自他以后，表示科学观念的能力虽亦增加，而诗意文情的性质则反见未减。然此正因英语之能适合时代性及能随用者之心情生活为转移，并不足以为英语之患。

第七章

黑死　罗拉特派

英国的农村生活　在前面某章中我们曾说及中古英吉利农村的生活[1]。我们看见它的工作是自给的，它的穷困也是自给的；它常为饥荒所困，但失业是没有的；除了它的地主个人的行动及需要而外，它鲜和外界发生关系；所有的必需物品它差不多可以自给；它有它自己的磨工，匠人，及织工；它依照传习的方法耕种佃奴自有的条地以自食，草地及荒地则属公有。我们也看见农村是一个封建主的"采地"，这主人也许是驻在的，也许是不在的，也许是个世俗人，也许是个僧侣。我们曾留心到主人及佃奴间的关系，佃奴占农村户口的绝大多数，主人的自领地佃奴有代耕的义务，且每有管事人在旁监视。

封建主及佃奴间的关系　这种制度遍见于封建欧洲的各处，即有出入亦极微末。耶教世界的统一由于此制度之齐一者固不在相同的宗教仪式之下。无论在那一国，社会的组织俱建筑在两大基础之上——封建主及农奴，且无论在那一国，主或奴所持之人生观亦大体一致。大的变化及不同之处要到中古将终，自由农民，自由工人，及多种活动而且有智识的中等阶级发生之后，才蜂涌而起。自此而后巴黎的市民和伦敦的市民迥异，推铎尔

---

[1] 见上第 161~166 页。

英吉利的自由农民和瓦尔瓦（Valois）法兰西的农民亦大不相同。于是旧欧的封建的大同分裂为不同的国家，而各有各的特性。

采地制度曾导领英吉利跳出黑暗时期，且曾使人类得以征服森林，克制土壤，垦殖大地，而使——得为人类所役使。在强力高于一切的时期，它有保护弱者，且使弱者得以借习惯以自护的功效，虽然同时又把他夷为半性的奴隶。它曾给人类以和平安定，虽然它也曾阻止社会的前进，且剥夺人民的自由。它在英史中曾占重要的位置，虽然它的用处到了后来仍然无存。

在13世纪告终以前我们已可看出采地制在起变化。采地主及他们的管事人有时已能觉得折收一辨士或半辨士的租金较令佃奴服一日之工为方便。但在法律上这种缴纳租金以代身役的佃奴仍不变成自由民，以常例言之，他们仍是不能擅离田地而自由行动的；而且折收租金的办法往往可由田主单方取消。在有几处庄田上由奴役工作变成雇佣工作的变动在14世纪上半叶中进行固甚快速，但当1348—1349年的国家大难发生时，旧制纵非一成不变亦仍流行于全国。

黑死 黑死[1]（Black Death）的起源甚为暗昧，我们知道它起于东方，而不知何地，也不知何因。当它首次降临欧洲时，薄伽邱夫瓦沙[2]及巧塞的国人至少死去三之一，甚或死去有一半之多。最可怕的一点是它的无所不至的性质。即在人迹罕到，与世隔绝的英吉利小村，我们在当地牧区教堂的牧师录中亦常见那不幸的年头有两位牧师，于此可测知其亦多半死于疫疠。有几处的村落竟有全体死于疫疠而全村荡焉无存者。到了1349冬季疫势固然大杀，然根苗犹留岛上，且仍不时在不讲卫生的乡区中前仆后继的发作。它的最后发作为查理二世时的"伦敦大疫"，那年的疫势仍不弱于郎卡斯忒。推铎尔及斯图亚特诸代时发现于首都的疫势，不过从前的几次

---

　〔1〕　此处直译似较相宜，故未用世俗旧译。
　〔2〕　译者按，薄伽邱（Boccaccio）为意大利的小说家，夫瓦沙为法史家。此处指英法意三国。

疫疠并无笛福[1]（Defoe）其人以留诸名著而已。疫疠好比黑云，常高悬于旧市的污秽街道及古人的短促生命之上，而令世人惴惴不安。每有荒年或歉收，疫疠辄亦随之而起。

户口锐减的影响 爱德华三世时英吉利人口于 16 个月间约由 400 万左右一减而至 250 万。这样的锐减有激成阶级斗争的效果，且佃奴的解放亦因之不免从仇恨的过程中得来。中古的社会本习惯于渐进，生活的状态变更亦极渐，然今则因黑死之故，劳工的市价一跃而倍增于前。已获自由的工人固要求重价，即未获自由的佃奴亦斤斤焉与管事人抗争，而不肯服旧日所常服的务，因为他所服务的价值，无论于他自己或于田主，俱已大增。逐渐的，他也进而要求整个的解放，要求自由工作，出席于王家法院而自行辩护，甚或与田主对讼，及解除严重的封建租税的权利。

田主及管事人正际进退维谷之境。一半的自领地及一半的纳租农地俱无人耕种，垅草及杂草将蔓延于条田；耕者已死，人烟断绝的农屋的草顶将塌；而劫余的农民则方在反抗旧有的法律习惯，有时且对经济上可能的制度亦加以攻击。世界的末日似乎快要到了，然而统治阶级仍把法兰西之战看做发财的事业，而从不想到把它中止！克勒西之后又有波瓦迭，好像两者之间人口死亡一半之大灾难从未发生。

一部分的困难田主们总算想出了一个很好的解决方法。他们以牧羊代替耕种。百年而后新增的人口已将黑死时所丧失的人口补充，于是田主有时不得不把耕夫驱逐，以为牧人留地。但此为百年以后之事。在 1350 时则死亡已替田主将耕夫驱逐，"无人的农村"是现成的，田主无须驱逐耕夫。在那时的情形之下，牧羊田的增加对于大苦大难的社会实只有利而无损。且是时羊毛的需要亦大增，故牧羊业亦尽可繁荣而毋虞生产有剩余。羊毛不特可运至佛兰德斯，且自爱德华三世招致佛来铭织工来英传授优良的织法后，英吉利本国的织业亦勃然而起，可助羊毛的消费。这国家政策及远

---

[1] 译者按，Daniel Defoe 著《大疫年的记事》（Journal of the Plague Year）。

方市场正在渐渐的破坏旧日的牧区经济，而加以改良，同时更在给已解放的或私逃的佃奴以别种的职业。

《工人法》 田主在灾难中所采用的其他办法，虽于情理无悖，然并不能如改耕为牧那个办法那样的适合未来潮流。田主们曾试将工资及物价平抑，将自由工人奔走寻觅报酬丰厚的工作的自由加以限制，并将佃奴的继续解放遏止。但他们虽仍有阻止社会及经济变迁的意图，他们至少也承认这些问题都为全国的问题，且立法亦须自国会。旧日田主及佃奴每逢冲突恒在采地法院中谋解决，但今则农民已知违抗采地法院之法，故争端也移到国会中解决。国会对于经济事项也能渐渐关心，而不让各市或各采地的地方官吏各自处理。国会正在创造英吉利新国家，至依利萨伯女王之时而创造完成。不幸的，那时的国会仍只有有地的绅士阶级及各市的雇主阶级，而没有耕者及工人的代表；国会所通过的《工人法》（*Statutes of Labourers*）虽力求公平，且除了明定工资之外，又按旧日标准将物价规定，但仍难于执行，其难于执行初不亚于两年前国王所颁的同样性质的命令。法律虽可以定工资及物价，而不能变一名工人为两名工人，或一块面包为两块面包。法律也不能取消黑死或转移时代的精神。法律之限制工资，及法律之拒绝解放佃奴徒然引起那世纪后半叶的剧烈斗争，及斗争最烈时的农民暴动而已。

劳工运动 14世纪下等阶级的性情脾气及智识活动，变化甚速；那时可值人注意的事再无过于这种变化的了。大卫斯（Davis）教授曾综论亨利三世一朝而为下述的观察："中古生活中足以引起我们注意的相反之事甚伙，然而无一能比上等阶级智识上的活跃和低微阶级东方式的麻木互异之甚。"[1]但爱德华三世时的农民再不能诋为具东方式的麻木，而他们所有的智识上的活跃几可和近代的工人运动等量齐观。农村的协会以罢工为要求增加工资的武器；佃奴则愿以每英亩四辨士的租金为自由的代价；农人更

---

〔1〕 译者按，此为 H. W. C. Davis 的 *England under the Normans and Angevins* 的末句。

在田亩中常谈及下列最不可解的问题——

> 当亚当穿穴而夏娃纺织的时，
> 究竟谁配称绅士？

当时的鼓动在形式上及文字上虽仍未叛耶教，但对于教社的职官，无论为寺院中田主[1]，或为王家的大臣，均取仇视的态度。中古的教社及国家已不能引起被压迫阶级的任何同情，他们从原始教社的平等精神及平等教义中转得到不少的鼓励。有些穷苦的牧区牧师，行脚僧，及威克里夫派的牧师更从而大摇其芭蕉扇以鼓动时人的反动心理。但威克里夫本人则处于独立不偏的地位，对两方都有同情的批评；以和路德（Luther）在德意志农民之变时之偏袒一方相比起来，其长处立见。

既有高尚的理论为后盾，农民益力争自由而不让。已获自由的工人则漠视规定工资的法律；他们的罢工纵非全体成功，亦多半成功。自己没有田地的人们往往移居于可以接受他们非法要求的市镇或采地。在较好的年头他们颇能舒适。照《佩尔斯》所云：

> 没有田地单有两手的工友，
> 到了今日也不屑饮仅隔一夜的麦酒。
> 辨士麦酒[2]不足满足他们的欲，腌肉一块也是不能，
> 必须炒的或烤的鲜鱼鲜肉才行，
> 而且还须热热的，很热热的，庶可使他们的冷肚暖温，
> 但他必须有工可做，不然他又要责诋，

---

[1] 当时寺院田主或别的僧侣田主并无比世俗田主急于解放农奴的倾向。教社视解放为宗教产业的骗取（因农奴本为产业之一部），除非解放的手续出之于两方的协议。会社团体，如寺院等，常比各田主的个人为偏向守旧，虽则他们未必有任何高压更甚的政策。

[2] 译者按，即一辨士可购的淡麦酒。

甚或诅咒国王,以及他的谘议大吏,
因为他们曾颁过那种恼怒工人的法律。

但负有执行《工人法》责任的治安法官仍常能防止工资在自由市场上所能得到的增高率。

仍旧隶属于田地的佃奴尚不能自由行动,他们只能拒绝执行所负于田主的无给义务,或即执行,也加意疏怠。他们中也有逃到林中而成洛宾呼德式的绿林者;洛宾呼德抑强扶弱,欺富有的教士,助穷苦的农民的一段佳话亦因此而益著。有的则逃到远隔的田庄上;在这里农手也许极形缺乏,故田主能不追究根源,而即把新来者看做自由工人。他们的旧主有时会把他们追回;对于未逃的佃奴更执法以绳,而令服旧日应服的义务。法律家及小康的陪审者恒因偏向田主之故,致使民众痛恨业法律者,及寄生于法律者;故1381年的6月死难的法官及陪审者亦不乏其人。

农人之变 那年夏天的惊人变动由于政治的原因者少,而由于社会的原因者多,虽则动机似为政治的。那时法兰西战正当失利的时候,且为舆论所不齿;而政府反欲抽人头税以厚集军费。人头税穷民皆须缴付,穷民不能忍,祸乱遂起。这类在理查二世童年时的失政固可视为祸变之因,然根本原因仍不在人头税或政府其他的秕政。东盎格利亚及近畿诸郡人民的所以蜂起而至伦敦还是因为他们所处的农民地位太艰苦。且农民更别具野心。这次的变动多半由波尔·约翰(John Ball)及其同谋者的预先计划,且受他们的指挥;而攻击的目标则为绅士,法律家,及富有的教士。叛徒的主要要求为尽废国内一切的奴役而易以每英亩四辨士的田租;有的则更要求充公教社所得的捐资,自由使用林地,废除猎法及逐出法律保护之外之制(Outlawry)——这诚可谓之"洛宾呼德"式的政纲,且和主谋诸人在前时所过的生活有极密的关系。

事变之起有非上等阶级之所能逆睹,所以初起之日,统治阶级竟仓皇失措，中央和地方俱无抵御可言。叛徒经伦敦的学徒群众及若干倾向民主的长老[1]们开门迎入后，都城及政府竟无可如何。国王避居于伦敦塔后，群众竟趋而把它围个水泄不通。群臣初亦无法解围，既而竟想出一个极卑下的办法来。他们请理查二世亲诣一哩墩（Mile End）和叛徒伴为协商，并以赦罪及解放佃奴为饵而要求群众退去。众臣虽毫无执行国王的允许之意，但叛徒中比较和平的一部分已能受骗而满意。他们以为国王是独立于谘议院，国会，法律家，教社，武士之外的，故他的允许是可靠的，他们不知英吉利的国王却和这些利益（指谘议院等）是一鼻孔出气的。

一部分的叛徒得到了国王的秘书们临时拟成的解放谕及赦罪状后极为满意，因即就道回家。在同时，有一部分则已攻入塔内，而把坎忒布里大主教塞得布里（Sudbury）当大众之前处死于塔山（Tower Hill）上。塞得布里为国王的大法官及冢臣；大众因痛恨之余，于他临刑时且大呼叫好。大众亦不因他为大主教而给他一点宽容。是时教社和人民的关系盖已和祖先们长跽于田垅上而为殉道圣神柏克特·托马斯祈祷时大不相同。

伦敦及外地尚有别的诛杀的事件发生，但20年前法兰西札克里农民运动中一时称盛的上等阶级的屠戮则在英国幸不发生。英国的农民之变究和札克里有别，札克里代表凶猛的失望，而英吉利农民的变叛则为希望及进步的枝节行动。自由本已在途中，变叛更加速自由之来苏。我们只能把它看做新英吉利长成时的一种苦痛。

狂风吹过后，站在政府方面的势力渐渐得力起来。两方次日在斯密司飞德（Smithfield）地方，仍当了国王面前，举行会议。会议的结果并非更有让步，而为伦敦市长之手刃叛徒领袖台勒耳·窝特（Wat Tyler）。从此以后，一因势力不敌，二因时常受骗，叛徒如鸟兽散。叛乱一时固尝遍于全国，自南约克邑以迄西南诸郡皆纷纷闻风响应；然因伦敦已失之故，终不能成事。

---

[1] 即通称的市参事。

究竟 1381 之变促进了或展缓了完全的解放，我们不易确说。当时所可见的影响是很不良的。强烈而且残暴的反动为直接的结果。临急时所给与农民的允诺竟一一食言起来；国王所亲允的赦免亦等于嘲弄，在大检举中杀人诚不计其数。但能使统治阶级受如许惊骇的势力究不可以永久忽视或永久压倒的。以与彼得庐[1]（Peterloo）或 1830 年的火焚草堆以及所谓的"农民之变"相较，则 1381 年的变乱确有了不得的厉害。薛斯耳乌德（Thistlewood）只说过要扑取伦敦塔，但波尔·约翰确曾取到过。我们须知 14 世纪的农民是习于武器及箭术的，典地农民亦和他一致行动而不相仇视，而且他和城市中好动的平民阶级又有密切的连络。反之，百年之战时的封建阶级在力图恢复国内的治安而铲除叛逆时，并不能得到在卡斯尔累（Castlereagh）及威灵顿时为很有组织的绅士阶级之助。[2]

农奴的解放 1381 年农民固失败了，但反抗农奴制的罢工，工潮，及骚动则并不因而无有。农奴既然这样的不高兴，这样的满腹冤屈，要他在田主自领地上好好的做一天工似亦不易得之事。一半因为这个理由，一半为遵从当时的经济倾向起见，田主逐渐自动的不去强迫佃奴耕种自领之地。他们把自领地租给农夫自耕；农夫既可以所获售诸市场，则耕作自力；而田主亦可以所得租金雇用自由工人。大多数的佃奴皆以所积之资赎取自由。这种解放的手续因国家及农民的富力及货币的数量俱有增加之故，进行极快。在 15 世纪中大部分的佃奴悉获解放，至推铎尔时而解放完成。解放的手续也因王家法院态度的革新而加速。法院的态度在十五六世纪时变成异常的开通，常能"伸张法律的势力以扶助贫贱阶级的利益"[3]。

获到解放的佃奴在新社会中有许多职分可以参加。有的成为自由农民，

---

[1] 见下第 698 页。
[2] 译者按，此意盖谓 1830 年时农民既少援助，而绅士阶级又可为政府之助，在 1381 年则形势刚相反。
[3] William S. Holdsworth, *History of English Law*, Ⅲ, 505.

他的业产可为自业的，典业的，或是副契业[1]（freehold，leasehold，copyhold）的。有的成为待雇的工人。有的流入市镇乡村的工场。有的业兵或冒险入海为水手。他在本村中所保存的权利仍是不小，在公田及荒田上他的权利依旧存在，故亦有留居本村而不出者。但他如欲走动则亦无不可，"全世界都是可以供他选择"；而近代的英人亦诚能不愧为冒险多能之士，无论在精神或在物质方面，他俱多所建树，多所探获。

解放的结果 有了流动的劳工以后，经济社会整个的改头换面也成为必须了。从农奴的固定的权利义务变到公开劳工市场的竞卖竞买及漫无定态，对于工人也不见得是有利无弊。在黑死后的首一世纪内因劳工缺乏之故，工资固十分高贵，然到了 15 世纪中叶，人口已复原状。以后，工资竟大跌。在近代的社会制度之下，虽饥荒已不易见，而一般的生活标准亦较前为高，但失业的恐怖却也随之以来；推铎尔时的所谓"强壮的丐民"（即失业工人），殊不能因有自由而敢自废。但无论利多也好，弊多也好，佃奴的解放是必须的，如果英吉利种族不甘仅为农奴的种族，如果它尚欲于数目，富力，及智识有所增进，如果它欲进而为种种航业及实业上的冒险，且殖民海外。和近代的英吉利，美洲及澳洲相并而语的权力，自由，及进步苟非先有农奴的解放决亦无从发生。解放及随之而生的劳工的流动是贸易，制造，及殖民三大发展的前提，且也是推铎尔及斯图亚特英吉利的知识及政治进步的前提。

旧日农村经济的特色的一种直到乔治三世仍见之于许多整个的区域。在中部及东部产麦最盛的各地，农村公田制度，以及怪形的条田及旧时盎格鲁·萨克森的耕法，仍有留存不辍而使杨格·亚叟尔[2]（Arthur Young）

---

〔1〕 译者按，此为英国昔日三种不同的管业法。自业者可以传诸子孙，主权最为完整。典产的乃向田主（旧日的采地主）租来，但期限往往甚长，或竟为终身的，田主亦不能轻易取消租契。副契业者介乎两者之间，田契的正本似已遗失，故有田者仅得副本。在实际上副契业和自业极可异同，但在法律则仍承认正本之存在（应在采地主处），而业田者亦不过是典业而已。

〔2〕 译者按，杨格为 18 世纪下半叶英国提倡改良农业方法最力者。

及当时的"改良业主"视为怪事者。

世俗人的解放 14、15两世纪固目睹农奴的解放,英吉利语言,文学,及民族观念的诞生,但它们也见到举世皆同的中古教社,因受了上述诸运动的影响之故,不复能满足新兴民俗心灵上的需要。

教社之所以丧失道德上及知识上的领袖地位毕竟多少是由于它的腐化及无能,比昔日更甚的腐化及无能,诚是一个疑问。实则与其说是由于僧侣的堕落,还不如说是由于俗人的进步。当诺曼及不兰他基奈教社深得人心且高于一切时,僧侣的大众——如和近代的英吉利僧侣,无论是新教旧教,比较起来——实在是无知无识,孤陋得很,即生活也很不规矩。教社的机械也不够强而有力,所以喜尔得布蓝德所主张的独身主义也无法强不愿的英吉利僧侣以必行。但当时的世俗人比僧侣还要闭塞,还要粗暴,甚或还要不道德。所以带些野蛮的教社居然仍能对于更野蛮的世俗社会确立了领袖的地位。但时代变了,今非昔比。当巧塞之世,虽世俗人及僧侣的生活都不很名誉,然文明生活的标准究已比从前普遍些,而学问及知识观念更比前时大有增高。新时代的世俗人之痛恨教社的弊端,与其说是可以表示教社的衰颓,还不如说是可以表示社会一般的进步。我们须知,主张异端的威克里夫固极力攻击教社中人,但正派的高厄及兰格兰(Gower, Langland)和人文主义的巧塞之攻击也不让于威克里夫。

无论僧侣的平均程度高下如何,国内智识上及道德上的领袖,自郎法兰克及安瑟伦以迄兰格顿及格洛斯忒特,总出自教社。但在向上进化的过程中这种领袖地位教社不复能常有。如果青出于蓝,英民族经教社长期的训育后,能产生自思自想的学生,教社诚亦可告无罪于英民族。新时代最有势力的文人,除了兰格兰一人外,其余如夫瓦沙、巧塞,及高厄都不是僧侣。威克里夫及其牛津门弟子虽为僧侣,然从教社的眼光看起来则俱为异端之徒,也不能算是教士。法律家,绅士,以及市乡方盛的中等阶级都没有像他们远祖的能安于故训而不作疑问。他们已在开始作独立的思想。

虔敬的兰格兰告诉我们：

> 我尝亲闻上等人在食桌上，
> 谈及基督及其权力，谈吐一如僧侣，
> 责备造成我们全体的圣父，
> 并加苛刻之词于僧侣——

> 说我们不应因亚当犯罪而代受其过。

> 在宴乐时，而歌人又敛喉不唱之时，
> 他们会说及关于三圣的一宗或两宗故事，
> 并说出赤裸裸的理由来引柏拿德[1]（Bernard）做见证，
> 又用臆测的方法来证明其真谛。

教社的不长进 时代之需要教社中的改良及宗教上的发育，正不亚于需要社会及政治上的变动。可是国会制度及农奴解放尽管一日千里的进行，而宗教的改良则绝不可能。在英吉利的教社绝无自动改良的能力，因为它并不能自主。它不过是满布全世的组织的一部；这组织有极大的权力及威望，但它的中心远在外国，不特丝毫不知英吉利的需要，且有拒绝一切改良的决心。如果在英吉利的教社能随世俗人之开通及解放潮流而步步退让，则推铎尔时代暴烈的推翻可以不至发生。但川壅必溃，欲压弥涨。在 14、15 两世纪中教社竟拒绝任何让步，不作任何改良，且更使用暴力以铲除异端。如果当时曾有一反上述的政策；如果僧侣的特惠及所居不可侵犯之权曾有变通；如果教社的产业曾有比较公平的分配方法而使穷牧师亦稍得沾润；如果教侣可以如在萨克森时之娶妻；如果教皇不复以教社中的肥缺专

---

[1] 译者按，为法兰西 11 世纪的一个圣僧。

赏私亲外人；如果教中执事不让出售赦免状及圣物及其他足以使世俗中较为高明之士，无论正派异端，一见而生反抗的迷信习惯继续存在；如果教社法院曾中止侦探世俗人的行为以为敲诈需索之用；又如果把罗拉特派（Lollardry）仅视为一种异教〔1〕而予以容忍，则英吉利将仅有历时数世纪之宗教进化，而不会有世所谓"宗教改革"之宗教革命。

异己的诛除 但是诛除〔2〕异己之义为中古耶教不可分离的一部。从中古的人看起来，立于教社之外而不奉教社的旨义，犹之立于国家之外而不奉国家的法律，两者是同样的不可思议的。所以宗教之有诛除犹之国家之有罚罪，两者都是当有而必有的。诛除之义在教社中已有千年悠长的历史，耶教近代的观念中所以幸得和这种旨义脱离者，乃是长期悲痛经验的效果；吃过苦后方知回头，在中古时期诛除异己尚为天经地义之事。懂了这层，我们方能以正确的眼光来判断自罗拉特派的兴起及铲除以来，我们祖宗在宗教之争中所采的行为及所取的态度。威克里夫的旨义如能幸而获得教社的赞同则已，如不能，则只有诛除；容忍之事实无可能的余地。我们不必因诸王及诸主教之力除罗拉特派而遽以为他们有劣根性，为恶人；此亦正如我们不能因法院诸官之把阿克的準判处死刑而遽谓他们是恶人。但我们也不必因诛除异己之习之由来甚久，在中世，举世通行，而遽加赞同。它本身的错误不因历久通行而末减，而且它在后几世纪的影响亦坏得无以复加。我们居然能有一天把这样一个根深蒂固的，冠冕堂皇的错误举而掷诸生活之外，则诚是人类进化的一件大成绩，而欧人尤可据以自得的一件大事。

教社之坚持固有权利 从同样的历史理由，我们可以懂得何以关于僧侣的特权教社亦拒绝给与世俗人以任何让步，何以在推铎尔时的乡绅阶级自动的占用教产以前，寺院及拥有捐资极多的僧侣拒绝重行分配什一税及

---

〔1〕 本书中以邪教译 paganism，异端译 heresy，异教译 dissent。译者自己亦虽满意，不过姑以示分别而已。

〔2〕 Persecution 一字颇不易译，为适用上下文起见本书中也不能一致。

捐资以使牧区穷牧师得以沾益较多。本有的好处本不是可以好端端的放弃的。自罗马帝国灭亡，世界入于黑暗时期以来，教社为和野蛮的，无法无天的世界竟存起见，不得不取积极的态度，故不恤利用开除教藉的机械及耶教世界统一教社的整个力量以防护僧侣所有的及所曾要求过的权利，以及僧侣会社所有曾经取得的产业；好像耶教的基础全赖于这些权利的保存似的。这种态度在早时本不足异。但时过境迁之后，因已成了习惯的一部之故。教社依然维持着这一种不应再予维持的态度。教社不愿在让步的立场上和国家协议。教社不愿自己改良自己。要把情形改变则国家非能克服教社不可。

英吉利教社之不能自动改良　而且英吉利的教社，即使它有自行改良的用心，也是无能为力的，因为它并不独立，它没有自主的会社生存。英吉利所有的行脚僧及大部的寺僧不隶属于英吉利的主教，而直属于罗马的教皇；他们只对他，而不对于英吉利教社，有矢忠及服从的义务。英吉利所用的宗教法即是罗马宗教法，英吉利的教社并没有更改的权力。宗教诉讼的最高上诉机关亦在罗马的教皇法院或教皇在英特设的法院，而不在英吉利教社所能指挥的法院。所以主教们实无整饬英吉利教社内部的权力。

再者教椅中也没有能担负此种大任的主教。主教的委任出诸于国王及教皇卖买式的会商，所以他们大抵由国王的臣僚兼任——例如大兴大学各书院的尉坎的威廉（William of Wykeham），及供 1381 年的叛徒的牺牲的塞德布里大法官大主教。他们固是很好的，很有用的大员，但他们为国家服的务多于为教社服的务——或照当时人所说，为凯撒所服的务多于为基督所服的务，宗教的职务他们往往委托属员代行。所以要他们来改良国内的宗教生活诚是等于缘木求鱼。

至于教皇所指派的教官则更不配负起上述的大任。伟大的人物如塔苏斯的狄奥多或兰格顿史梯芬之流，教皇不复派往统治英吉利教社。他的近代的伟臣在位在主教以次的高级僧侣中最为充斥；有许多且为外国人。他们留居外围,足迹不到英国。他们仅把英国视为财源之一种而已。

当兼职及卖官鬻爵之风盛行于无论本国的或外国的高级僧侣中时,僧侣中的优秀分子几贫穷至成饿殍。在宗教改革以前的两世纪中牧区牧师要算教社中最良部分。他们的绝大多数皆穷困异常,因为什一之税由寺僧及高级僧侣专享其利,而他们不得染指。他们中也有十分闭塞者。但穷也好,闭塞也好,他们都能和他们的教众有密接的关系,而且不少的人也许都像巧塞〔1〕所摹述的穷牧师那样的开通有大志。

教社之益不齿于人口 教皇和后期不兰他基奈诸王的串同作弊(指委派僧侣及荐举教禄的享受者等等而言),对于教社有很坏的影响。国会对于这种作弊亦侧目而视。但在亨利八世翻脸以前,它仍继续存在。惟一有权可以改良教社的教皇则因欲藉种种的陋规弊政以图私利之故,虽英人,无论正派异端,疾恶如仇,仍我行我素。卖官鬻爵的主要中心即为教皇的宫廷。在14世纪时这宫廷屈居于紧靠法兰西边界的亚威农(Avignon),此时正为百年之战的前期,英人因恨法人之故,转而迁怒于和法人接近之教皇国,更因此而深恶教皇国及其他的一切设施。此后又有两教皇互争教社,彼此对峙的经过,这也不能增进英人对于教社的尊敬心。

但中古关于教社及国家间关系的理论畅行一日,英吉利也一日没有补救的办法。它(英吉利)可以怨谤,但罗马或亚威农可置若罔闻。"英吉利的驴子"可以鸣叫,但他们仍须载重而趋。国会可以通过《预派禄俸享受者禁止法》及《助长教权者拘状法》,〔2〕但这些法律绝少执行,最多亦不过在国王和教皇间不断的争持交易中可以助国王一臂之力而已。然它们深可表示世俗人的舆论之倾向,且留为日后国王在国会中采取较有力的行动的先例。

---

〔1〕译者按,巧塞的《牧师的故事》(*The Patson's Tale*)中把穷牧师备极推崇。

〔2〕《预派禄俸享受者禁止法》(*Statute of Provisors*, 1351)禁止教皇不待出缺而即派人为享受禄俸者之候补人。惟此专限于英人所捐之教禄。参阅上第171页。《助长教权者拘状法》(*Statutes of Præmunire*, 1353, 1365, 1393)设立机关以限止教皇侵略国王的权利。

威克里夫 威克里夫·约翰（John Wycliffe）生长于约克邑，为牛津大学的一个院长。他指示英吉利以一种补救往日痛苦的方法。他固否认教皇的权力者。他的否认且有理论的基础为后盾；这尤为前时代所未闻。他的"统治权论"（"theory of dominion"）倡为恶人所有的权力决不能来自上帝之说。他以为教皇的权力可溯源于罗马的诸凯撒，而不自基督或彼得得来。他本为一员学士，他的思想方法及发表意见的方法亦在在不能脱离后期中古哲学的微末奥妙；然而他居然能先知英国在他死后之100年至200年间的发展的主要途径；这诚为难能之事。在威克里夫的教训中，益格立干教（Anglican），世俗派[1]，及抗议教[2]（Protestant）俱占显明的地位，而我国教社与国家间的关系最后亦凭这三种不同见解的适当调和而有所底定。

在爱德华三世的末了几年，威克里夫因担任替国家申述反对教皇侵略的事由之故，首次和政客们发生接触起来。威克里夫之为宗教改革家此亦为首次的闻名。他对于"占有性"及"凯撒式"的僧侣之攻击不特博得人民的，尤其在伦敦的，赞助，且得干特的约翰（John of Gaunt），诺森伯兰的拍息（Percy）及贵族武士党为有力的，虽则也为不得人心的，同盟。是时的贵族武士盖已在转教社的赃物的念头。日后极力反对他的行脚僧在先时亦为他的辩护者，因为他们向和英吉利教社的其他部分不睦，而且在理论上他们亦是主张穷困，主张取消一切的捐资的。他们中有些人觉得威克里夫可以和他们联合反抗有地的寺僧及主教。直到威克里夫否认圣餐酒食可化圣体血肉之说，并攻击他们的赞助者教皇的时候，这班行脚僧始和他

---

[1] 严格的说起来威克里夫尚不能说是伊拉斯莫斯主义者（"Erastian"）。剌什达尔（Dean Rashdall）在《全国名人词典》中替威克里夫做传时说："他不是伊拉斯莫斯主义者。他虽则坚强的把世俗人及僧侣互相分别，他却又主张世俗人即为上帝的执事者（Priesthood），且他又说他只在责成教社的一部分（指世俗人）去清除其他一部分（指僧侣）所造成的罪孽。"他的确曾责成世俗人去改良教社，犹如推铎尔时人民之所为。这种办法有许多人即视为伊拉斯莫斯主义。他的理论有以国王立为教社的元首的倾向，虽然他并没有明说过。但他为力主个个世俗人应有自己的良知，应自视为上帝之执事人，所以"推铎尔"的解决办法决不能满他的意。

[2] 有时作新教。

处于仇敌的地位。

1381年的农人之变威克里夫于两方都不参加，故他的地位亦不因变端而受影响。惟一的变动即是大主教塞德布里的受戮，及刻特内（Courtenay）的继立。塞德布里的性情极和平，也没有诛除他的意思；但新大主教则为他的仇人。为人亦凶刻而有毅力，故积极诛除异己的时期也即开幕。同时威克里夫因否认酒食血肉化之说之故，干特的约翰，政客，及行脚僧亦和他分手。实则他的关于圣仪（Sacrament）的理论是很平和的，他的徒众在下一代中有更甚于此的理论，不过在当时他的立论已经算是十分激烈了。

威克里夫在晚年时不特绝少辩论政治问题，且也不甚牢守学者生活。他从牛津终老于勒斯忒邑拉忒卫司（Lutterworth）的牧区长公馆（Rectory）。在此地他继续利用他自己或他同事写的短论以唤醒民众的思想，并转换他们的视线。不特他自己攻击，他更教导弟子去攻击教皇，寺僧，行脚僧，及"凯撒式"的僧侣，以及多种流行当日的宗教习惯，如神像及遗物的崇拜，赦免状的出售，及为灵魂而举行的弥撒等等。他主张人人应直接和上帝发生关系，而不必有介乎中间之人，他说："凡不获救之人必因他自己的过失而不获救；凡获救之人亦必因他自己的功德而获救。"

英译圣经 他要求有一用英语的礼拜。大半藉了他的牛津同志兼书记的拍维（Purvey）的经营，他出版了第一次全本英译的圣经，译文极博雅。译本之出不特在宗教史上，且在英文文学史上，亦为大事之一。威克里夫固和后日的抗议教徒不同，他固不把圣经当做他的教义的惟一来源，他的号召的惟一规律，但他的教义使他觉得有将圣书用近代英文广为流传的必要，因此诵读英文圣经成为他一派的特殊习惯。教社本可以特许状许可尼僧及富有的牧师使用通用语文本的圣经，但终15世纪之世，它依旧不许世俗人身怀英语的圣书，且藉此以入罗拉特派人于罪。

牛津清校运动 在差不多的时候威克里夫主义突然受一极大的打击。威克里夫主义原先本为一个牛津运动，大学，甚或他的职员，至少就好多的论说而言，大半都袒护威克里夫。牛津的寺僧及行脚僧虽今皆一致反对，然世俗的僧侣及肄业生仍多半偏袒。大主教刻特内忽然加入战团，他凭借了国王的协助，竟把大学的自由蹂躏无余，而将威克里夫主义者压迫或驱除净尽。这种到了亨利四世时又重演一次的清校运动摧残罗拉特派于鼎盛之时；此派之所以变成周游传布福音之徒，避官吏之耳目而专隐于穷民之中者，1382 的大肃清亦有以使之。牛津在初起的两世纪本极自由，故成绩亦极多极好，自刻特内剥夺大学思想自由后，牛津竟有百余年的干枯生活，而于智识方面毫无建树。15 世纪英吉利的智识及精神生活的枯燥固不只一因，但没有一个原因比这个更大。

但正宗派的蹂躏牛津剑桥也有一种好果。书院可以隔离学生，书院可以免得学生传染异端，故设立书院的动机又增加了一种。[1] 自尉坎的威廉到武尔塞（Wolsey）的一时期中英吉利特殊发达的书院制度更一日千里。亨利六世之设立国王的书院于剑桥，并附以宏伟的礼拜堂，是值得纪念的一件事，而且有促成剑桥和牛津争荣的形势。在宗教改革之时两校的有名竞争已显著的看得出来。

罗拉特派的流传　威克里夫派运动的智识根苗虽在牛津为官力所斩绝，但威克里夫的势力仍在国中有增无减；有人且说（当然言之过甚），你所遇的两人中，其一即是罗拉特派的人。威克里夫的主义的一部分当然可得反对另一部分的人的同情。所以在亨利四世之时，众议院中各邑武士虽请求国王没收教社的世俗产业以减轻穷民负担的赋税，并以捐助新封的贵族及武士——即日后亨利八世的政策，然他们对于《焚毙异端法》（De Heretico Comburendo）似乎没有反对。亨利四世及五世，因他们的继承权不甚可靠，故有待教社的竭力赞助之必要，而罗拉特派的运动遂为他们的野心的牺牲品，诛除亦无所不用其极。有的异端者受被焚的惨刑，更多的则因恐被焚而改悔。在 15 世纪的余年，所存的罗拉特派只能偷存于英吉利的市乡，而

---

〔1〕　参阅上面第 201~202 页。

不敢声张。在亨利七、八两世,这本国产生的异端又复繁盛,正宗派恐惧之余,又为诛除之举,因是牺牲者亦极伙;但不久即和自路德(Luther)的德意志来的抗议教合而为一,声势浩大,不可复悔。但英吉利宗教改革的任何一方面,至少就其重要者而论,皆种源于本国。各方面都可溯之于威克里夫,有的且更可远溯古代。

第八章

国会的发达　玫瑰之战

　　国王：爱德华三世，1327—1377；理查二世，1377—1399；亨利四世（郎卡斯忒），1399—1413；亨利五世，1413—1422；亨利六世，1422—1461；爱德华四世（约克），1461—1483；爱德华五世，1483；理查三世，1483—1485。

国王，贵族，及众院间相互的关系　自爱德华三世的即位到亨利六世的废立，在那百数十年内两院制成为英吉利国会固定的形式，近代的国会程序法亦于此时期内粗具规模。众议院则于此时期内发展他的立法财政权力，有时且藉向贵族院弹劾大臣之举而为监督行政机关的尝试，他们的借口是，欲求通过给养，须先解除冤苦。凡此种种前例皆足充斯图亚特诸国会可以援引的前例。即左袒王室的诸法律家亦往往于此时期中搜寻可以佐证他们的立场的事例。

　　但终中古之世众院尚不能有独立的权力，或脱离他种势力而自雄；众院之能如在查理一世时代那样的代表国中主要政治势力，尚不能求诸于中古时代。中古的贵族及中古的僧侣处于国王及众院两者之间，而又站在两者之上。众院对于国事固有极大的势力，但此势力初不由于众院本身，而由于他之能为贵族的工具。贵族的各派常互争王位或谋操纵王室，众院的协助亦为各派所必争，众院的势力之不容蔑视者实缘于此。在爱德华三世的晚年，深得民心之黑王子及玛治的伯（Earl of March）的一派人因得1367年的"好国会"[1]之助而得胜利，他们的仇敌则被纠弹；但次年的国会则又为干特的约翰的一派所把持。在理查二世一朝，众院自己仍同样的缺乏一定的政策，且仍不免投入贵族们所有意酿成的旋涡而为此方或那方的工具。到了下一世纪国会又想争监督政府之权，但因时机尚未成熟之故，反促成玫瑰之战及因此而生的贵族大纷乱。

推铎尔时王权的大增是众院自国王手中攫取政权的必经的阶段，因如此才可扶植国家的机体而使之实力增厚，亦惟如此才可剪除贵族僧侣的势力而使之和其他臣民等量齐观。但所谓"混合"的英吉利政体，无论在形式上或在精神上，始终是连续一贯的，而没有经过完全的中断。任何变化我们都可以过程中的必要阶段视之；它们都不是中断。推铎尔诸君中最有雄才大略的一位曾利用国会为改革教社及国家的工具；此种变动如果发生于郎卡斯忒代的所谓"国会"政治时，或且将被视为非国会权力之所能及。由此可见国会之为物实富有伸缩的余地。英吉利政府之复杂的形式及自由的精神实有万变动于连续之妙，而且自前一世纪以迄后一世纪只有进步而没有退步。

国会的财政职务　百年之战继威尔士及苏格兰诸战之后，久战之余，国王再不能自食其力，支持下去。战时费用浩繁，王室田产及法院之收入，封建税，及其他的惯常赋税合并起来，仍不能应付。所以大家都觉得国王应课收特殊的赋税；课税之法则国王亦深知不应和各个的城市郡邑或商人分头计议，而应和他们的代表相遇于国会。在当时，羊毛贸易税的举办为短时期抽收大宗税项的最易办法。因有通过这种赋税之功，市民代表的重要顿长数倍。虽则当时他们实无干涉政治的野心，虽则他们如能不出席国

---

〔1〕　译者按，本书中国会有时指上下两院的国会，有时专指下院。读者须留心上下文。

会尚不愿出席国会。市民代表和各邑武士是在韦斯敏斯忒寺僧的僧堂中并坐的，他们财政权限之增加自亦不能不连带增加武士的财政及政治权限。

对外之战的胜败和众院表决赋税的权力有互相维系的关系；在拉和格，布林亨，及滑铁卢[1]（La Hogue, Blenheim, Waterloo）诸战时固如是，在斯类斯，克勒西，及阿金库尔诸战时亦何莫不如是。要到了国王真将有取得法兰西的王冕的可能时，众院才着了慌，才有短时期的惊惶失措，甚且互问曰：如果英吉利的国王真的可安坐巴黎宫中而统治西欧，则英吉利的种种自由又将何托？幸而亨利五世的骤死，及阿克的准的起事救了英吉利宪法的运命。[2]

国会的司法职务 中古的英吉利国会不但是一个表决赋税，制立法律的集会；它也是所谓"国会的高等法院"[3]。但它的司法职务不能尽和立法权限一一分别。在韦斯敏斯忒大堂操法律业的法家常把在邻近开会的全国会议看做最高最大的法院，因此也乐于披赞它的发育。治通常法的法家和国会议员的同盟在不兰他基奈时盖已可看得出来。

法律家和国会 能如法律家一般的尊重成例及程序为英吉利众议院的特长。众院自早即得此特长的助力；众院生来即不仅为一个"辩论集会"，自早它就算国会的"高等法院"之一部，且具有法院应有的特权及谨严的仪式。因常得侪辈中法律家或邻近的法律家之助，各邑武士学得了许多不可少的智识；最有用者莫如草案（"bills"）的仔细拟订。这种草案经过表决便成法律，其效力之大非用意仅在解除痛苦的请愿状所可比拟。由诉愿状的呈请变为草案的提出似乎是亨利六世晚年的事。经此变动而后众院对

---

[1] 译者按，首二者为西班牙王位继承之战中的两仗，见后第 546~547 页。

[2] 1420 年法人承认亨利五世有入承大统之权。是年众院拒绝通过某项支出，直等到国王自法返英后才予通过。同时众院并请国王将 1340 年保护英吉利人民之某项法律重予公布。此项法律明白规定英王如兼为法王时，不能以法王的地位强迫英人矢忠于他。1420 年的危险比 1340 年为大。

[3] 译者按，court 一字可作宫廷讲，可作法院讲，又可作谘议院等讲，其源出自 curia regis，见上第 134~135 页。"High Court of Parliament" 在 214 页译作"国会的高廷"，因那处上下文之意注重在宫廷；此处作法院，因文意在表示法院；实则在原文其意固一而二，二而一，毫无误解的可能。

于须经国会通过的法律案之权力骤形增加，它甚且有了自行提议之权。如果没有国内法界巨子的积极帮助，而且又是代有所闻的帮助，众院决不能为立法的主要源流，也不能和科克，塞尔登，及索麦斯（Coke, Selden, Somers）那一世纪的王党律师及王党法官抗辩宪法问题。

从研习英吉利通常法的学者看起来，国王本身就是应服从法律的一个，而不是如《罗马法典》及其学者所想象一个大权独揽的君主；法律馆和众议院的早日联合益使这种观念得以有力。当理查二世被废的关头，国会曾正式的把他的蔑视法律的态度断为他的罪过。他轻视法律，他说法律"在他自己腹中"，而且只有他有自由制定及自由改变之权。这个问题，到底他有否这种自由或权力，要待詹姆斯二世被革命所逐去时始得有肯定的答复，但国会当不兰他基奈理查被逐时所取的态度，我们未尝不可视为一种初步的表示。

理查二世与詹姆斯二世的比较　　这相隔几三百年的两次革命，在宪法问题上，有绝大的相似处，即在人的及偶然的方面也有多少的类似；所不同的，即1688年的变动牵涉到重大的宗教及国际问题，故不特在英史上即在欧史上亦占重要的地位，而理查和人民的争端则没有这种重大问题包含在内。在事发的三年以前，即最熟于政治情形之人，如非他也深知国王的本性，亦不能预言革命之将至，在1396年然，在1685年亦然。理查在1396年时，犹如詹姆斯之于1685年时，尚有相当的好誉及热心的同党；两者虽则都曾有死仇，但那些仇人早已克服。理查虽性情暴烈，但因宠爱元配王后波希米亚的安（Anne of Bohemia）之故，亦颇能自持，故首十二年的政治很算不坏。但安死后，他似乎曾经过一种心理的变化，神经于以错乱，判断力亦于以失却；正如衰老之年，骤得之权，及宗教上的狂热会合起来把詹姆斯一下子变成一个恶人。

三年的失政已足使两王的旧友宿仇联合起来作对。两人的行径是出于一辙的。两人都骤然的公开暴虐起来；两人都因委任私党操纵国会失败而不要国会；两人都推翻一切法律；两人都因没收人民私产而动全国自由业主的公怒。"无勒德的理查"〔1〕根本上也不比往年被他所克服的诸位气势凌人的贵族更为残暴。但以卤莽而论，则詹姆斯的驱逐牛津马格道楞（Magdalen）书院的生员犹不及理查的没收此时尚未誓死反对他个人的郎卡斯忒家的产业之甚。理查不加思索的愚蠢行为，莎士比亚曾加以声调铿锵的调笑：

> 任凭你想什么：我们总拿到了
> 他的碗，他的货，他的田，及他的钱钞。〔2〕

郎卡斯忒的亨利自外谴归本国，以求恢复他父祖的产业时，全国竟箪食壶浆以迎；这亦同奥伦治的威廉来英时的情况相似。理查在危急关头的仓皇失措，铸成种种错误，又得不到任何人去帮他御敌，亦宛如詹姆斯的无幸。国会之废立理查亦根据于他之破坏国家法律。亨利之被立为王，半固由于承继，半则由于国会的意旨；在此点亨利亦正和威廉相同，因为两人都不属王室的近支。

1399 年的革命使国会两院的地位比前更高，亦比前更固。他们不特废了一个国王——国会从前已强逼过爱德华二世让位于其子，此次他们更选立了一个嗣君。郎卡斯忒诸王和汉诺威诸王之得以君临英国实都基于国会的名义，所以两院的权力及特权他们势必敬谨尊重。

福忒斯奎裁判长　因此之故 15 世纪及 18 世纪的政治理论家之都注重于王权之有限制，且他们之会把英人的自由和法人的奴状相比，而自鸣得意，俱不足骇异。何甲斯（Hogarth），布拉克斯吞（Blackstone），及柏克（Burke）的同时人固以此为言；300 年前的，而且也可以代表 15 世纪通常

---

〔1〕　又见上第 104 页。
〔2〕　译者按，出自《理查三世的悲剧》中。

法法家的，裁判长福忒斯奎[1]的夸大语，其旨亦在于此。福忒斯奎的爱国心甚重。他虽目睹玫瑰之战的惨痛，但他仍信英吉利为自由之邦。郎卡斯忒党在陶吞（Towton）失败后，他被放逐在外。他即在外国著书以赞英吉利的宪法"英吉利的国王"，他说，"不能任意改变法律，因为他的统治人民之权不只是王室的，同时也是政治的"——即我们叫做"宪法的"。他又说，英吉利通常法的精神和通行别国的民法或罗马法中"凡君主之所喜者即是法律"的理论不能相容。他又从他自己的见闻以比较英法人民的状态。法国的平民为状极苦。因为国王的兵士臣僚可以抢劫且侮辱；"在英吉利王国则不得屋中主人的允许或愿意任何人都不能在那人的家里逗留"——易言之，英人的家宅即他的堡寨。

在玫瑰之战方张的时候福忒斯奎犹能有上述的措辞，是很可奇异的。而且他自己也不是不知当时英吉利的弊病的。他细绎当时"无政府"的原因。他见到"国王一天有势力太大的臣民，则国王的危险一日不除"。他主张君主应比前此豪强富足，贵族则应比前此微弱贫穷，国家才有出路。日后亨利七世所采取的政策他盖已料到其大体。

国家统一性的确立　15世纪时互相争哄而使英吉利纷乱无状的贵族及依附他们的绅士至少亦能承认民族国家的统一的事实。他们决不敢再有沿袭封建习惯而独霸一方的野心，犹如法兰西贵族之所为，何况在法兰西，自英吉利人全退后，路易十一世亦正在竭力克制贵族的专横？英吉利的争王位者其目的不在破坏王室的权力，而在操纵它，利用它。他们就连恢复今已作废，但在爱德华一世举行授权根据调查时曾经窝稜伯拔刀以护的私家法权或法院的思想也不稍存[2]。后期的贵族知如何可以在王家的法院中为所欲为，他们可以把郡中的陪审者，王家法官，及治安法官威胁利诱，威胁不行继之以利诱，利诱不成继之以威胁。往往犯法者即为执法之人，

---

[1]　译者按，Sir John Fortescue 著《英吉利法律的赞辞》(*De Laudibus Legum Angliae*)。
[2]　见上第211~212页。

且在邑中尝拜过王命。那时期的记录中往往可发现极奇怪的事情；有一班乡绅们一时可任维持国王的治安及执行《工人法》之责，又一时又可被控强盗，海盗，及杀人之罪；一时可高坐院中为法官，又一时又可入狱为囚犯。

国王贵族之互争谘议院 低级绅士在乡间作奸犯科之时，亦即他们的保护者及资助者诸大贵族互相争夺以图操纵名器权利所由来的中央政府之时。行政权所寄的谘议院即为他们的战场。贵族们把国王的谘议院看做国家诸势力——至少总可说是上等阶级诸势力——的代表机关，一种永久集会的国会而每个大贵族又可以有任意出席之权者。但从国王一方面看起来，则谘议院只是他个人的顾问机关，他可随便请人加入，不限于贵族，而贵族也不必定被邀入。依这样的一个观念，国王而贤，则贤人及能人的政治可期；国王而不贤，则权操于幸臣之手而政治难免黑暗。

国王和贵族关于谘议院究应如何组织的观念既不相同，纷争自难幸免；在理查二世之时纷争尤其是激烈。从某一种意义看起来，亨利四世和摩替麦，斯克洛普（Scrope）及诸拍息之战亦起于同一问题，不过那些战事更牵涉到威尔士及北陲问题，及从不完全结束的朝代问题而已。[1]但国王及贵族单方的观念从不能获完全的胜利，此方的观念从不能消灭彼方的观念；两种观念都可凭依时代的需要而存在。在亨利六世冲龄的时候，谘议院始完全落入贵族之手。成年后，亨利因缺乏相当的能力及才具之故，仍不能像理查二世之亲执政权。诸大贵族因争握谘议院及宫内的大权之故，竟至互相残杀，最后则酿成玫瑰之战。

贵族之操纵谘议院 亨利的无能形成国家的大乱；因为他没有左右谘议院中各派的能力，诸大族的附庸遂得肆无忌惮的扰乱四乡。国会本应力助国王以抑制诸贵族，以救国难，但它却袖手旁观。在亨利六世一朝，中古的众议院本可说是达到了最高的发展，取到了宪法上最大的特权，但它

---

[1] 参阅上面第229及233页。

却不能利用所得之权以为国家谋福利。在国会与谘议院之间,一切龃龉都不能发生,因为两者都在诸大贵族的肘腋之下,而所有的冲突则尽为诸大贵族间的冲突。

1430年的一个法律把自由民选举各邑武士之权大加限制。前此凡有权提起诉讼案于邑法院的自由民皆有此权,今后则只限于有自业田产每年收入可过40先令之人。这即俗所谓40先令自业民的资格。这法律的文字直到了1832年的大改良时始有变更。在郎卡斯忒时代,自业田年可有40先令的收入者为极高的限制,后世货币不值钱后,此项资格才不算高。在1430年的法律初通过后的几代内,诚如那法律本来的用意,凡次于低级绅士的自由民皆因限制而失却选举权;各郡选民之数愈少,则大贵族控制国会之权亦愈大。因此之故,国会之权尽增,国会政府之说尽发达,而受制于大贵族的众议院转不能维系民心,亦不能得平民的赞许。贵族们则因能操纵众院之故,于众院权力之增加自无丝毫嫉妒之心。此种情形可和18世纪的相比拟。在18世纪众院的威望亦在增加,但实则因选举权操于贵族之手之故,众院本身亦日趋为贵族的议会。

贵族的不守法 百年之战结束,英吉利人完全自法撤回才有两年,而玫瑰之战(Wars of the Roses)即于圣奥尔班的街上发轫,这紧接的情形是极值得注意的。驻防军及其他军队自大陆回来后,英国便充满了惯于作战,放荡,劫掠,及任何劣行的武士及弓箭手。这些失业而带饿的老兵本已作乱有余。而私家雇用的"军团"则尤富于作乱之可能。法兰西之战虽毕,但他们的雇主仍然豢养他们以供发展政治野心或侵掠邻户产业之用。[1]

百年之战之有伤英吉利社会,不仅是一时的,而是长期的,不仅在战事告终之际,且远及于数代之后。战事所养成的粗暴及无法无天的习惯在英吉利本国亦有蓬勃的长育。爱德华三世的诸国会尝诋绅士及其家人的霸

---

〔1〕 参看上面第248~249页。百年之战时的"军团"到了玫瑰之战时成为"家人"("retainers")。

占别人田产，绑去女承继人，及扰乱地方治安，为方兴未艾的新罪恶。除了国外战争所引入的恶影响以外，威尔士及苏格兰边地的影响也不是良好的。边地贵族如坐镇威格摩堡寨的摩替麦及安尼克堡寨的拍息皆是穷兵黩武，而坚守封建习惯及精神之人，虽则在较文明的南部东部这种习惯及精神已早不存在。威尔士及北部一带在亨利四世时常为祸根所伏；即玫瑰之战就大部分说起来也是威尔士边地贵族间之争，因为他们同时都是英吉利大贵族，而和王室也有密切的戚属关系。[1]

15世纪的英吉利社会本已进入于文明，所以无政府状态复起时不但有凶暴的战争，且有法律上的狡诈。15世纪不特为焚劫的时代，亦为多讼的时代。史梯芬朝时的粗野男族无需于法家；但在亨利六世之时，凡蓄野心的贵人，或思起家立业的乡绅无一不兼具法家及兵家的智识；论法则程序极熟，言兵则谙于围城、攻堡、及突破有壕有墙的采地府之术。他们不但豢养了弓箭手，法律家及陪审者也是他们的门客。帕斯吞（Paston）族的书札可使后人熟知这班人的实况，而斯蒂芬孙的布剌克雷爵士[2]则可以从小说中使我们明了这派人的生活。作奸犯科之人常为治安法官；最卑恶的罪过之犯者有时即为王家法官或居高位的贵人。贵族间的私战有时规模可以极大，可以和朝代之争相比拟。法斯托尔夫·约翰爵士（Sir John Fastolf）的遗嘱所引起的纠纷在1649年竟引起诺福克公（Duke of Norfolk）之大举围攻开斯忒堡寨（Caister Castle）。是役参加者3000人，历时五星期；最后以大炮轰击始获夺取堡寨而了结战事。我们尤应注意者，这个私家大战即发生在素称富饶且最安定的东盎格利亚。

法院的不守法 15世纪的英吉利犹如19世纪的爱尔兰，陪审团皆难免被达官贵人所威胁。大人们有保护他们的私党及门下客而不使受王家法院判处罪名的义务。英吉利法院是时已有十二陪审者须一致才能判罪的规则，

---

[1] 见上第233页。
[2] 见本卷第六章第249页注1。

所以把大人们的友好私党定罪几为不可能的事。迈德兰以为当时不正当的宽弛所引起的不公平比不合法的严峻所引起的冤屈更甚。推铎尔时令陪审者对谘议院负不正当的判决的责任之举动虽和陪审制的自由精神不合，但在当时反被视为应有的改良者，正亦前世纪放任的流弊太甚之故。在玫瑰之战开始时，一班好静不好动的人民所受的苦痛可从下列三首草诗中寻绎出来：

　　在每个邑中盔甲虽已血尘不染，
　　但因政治不良故邻居仍然互相交战。
　　弱者流于沟壑之事我们固常见，
　　但强者仍然嗜斗无厌。

　　他们把你们一个一个的杀却，
　　你即说半个不字，你也将被击。
　　在你们的国中治安法官是没有的，
　　敢于制服互杀者的法官是没有的。

　　法律好比威尔须人的袜子，
　　依各人的腿之大小弯曲而选制；
　　所以大佬们也可把法律随便倒置，
　　任意在脚下践踏也所必至。

武士时代的凶暴　那时的社会早已脱离了封建的粗野，那时的上等阶级于日常生活所需要的种种技艺亦远在今时之人之上；那么在社会的最上层中究何以还发生不堪言状的野蛮举动呢？此其理可于社会史中的相反处求之。社会史中最富矛盾相反之处，而中古时代为尤甚。我们常视 15 世纪为武士时代，为侠义时代，为马罗立·托玛斯爵士（Sir Thomas Malory）著

《死难的亚叟尔》（*Morte Arthur*）时代；近代艺术家所描绘的加拉哈爵士（Sir Galahad）[1]亦为面庞纯洁有如学生的，一个披板片甲的武士；但马维立的真正同时人，我们如能仔细加以谛视，却实在十分的缺乏我们今代人所知的"义侠"观念。这种缺乏并不由于英吉利武士之瞧不起市民或佃奴；农民的解放，市民的富庶，及各富有阶级间的交接及通婚俱足使上等人及平民间向有的界限泯灭，故15世纪的英吉利社会已没有法兰西或法兰德斯武士卑视平民的态度。但在某几方面，英吉利的武士道和别地方的曾无少异；武士道和凶暴，和物质上的锱铢必较，和妇女的虐待俱非不能相容。

虐待妻女 殴辱妻子似乎是公认的丈夫应有的权利，且为上下二等所一律奉行而恬不知羞者。妇人的惟一自卫武器是舌；舌有时可助妇人在家庭中占上风，但有时反成男人用强力报复的厉阶。拉·都尔·郎掘利爵士（Knight of La Tour Landry）[2]的驰名手册备述教女之方。此书的英译在15世纪中曾有多种。其中一节道及对付善骂的妻妇之适当方法：

> 他先以拳把她满身上下殴打，继则以足踢她的面部而伤她的鼻子。她的鼻子弯折失形而后，她将终身畏羞而不敢以面部向人。……所以为妇者应甘受委曲，而让丈夫作主。

女儿之不听父命，不肯嫁给父母所选中的快婿者，其运命亦一如妻妇。父母可以打她，可以把她锁闭起来，可以把她拖来拖去，而不虞公众之或有微言。婚嫁本不是爱情的结合，而是家庭贫财慕势的工具；在所谓"侠义"的上等阶级中尤其是如此。属于斯克洛普贵姓的某人尝诉冤地说："因

---

〔1〕译者按，马罗立的所著以半神话的塞尔特王亚叟尔为中心人物，其辞光大。加拉哈爵士为 Walter Map 所著 *Quest for the Graal* 中英雄，为 Order of the Round Table 中最尊贵的武士。两者都从小说附会到神话而来的。

〔2〕译者按，此指 *Livre du chevalier de La Tour Tandry Pour l'enseignement de ses filles* 而言。中译可作《拉·都尔·郎掘利爵士的训女书》。

急需之故，我只能把我的幼小女孩出售，出售之代价比我可能获得的要小得多。"订婚常于儿女尚在摇篮中时举行，结婚之时亦往往仅在初离保姆之后。有时娶妻者竟十分年幼，连诱他离开玩具而应答婚仪中所应说的若干字也不是易事。

原先来自法兰西，而巧塞的《屈洛易拉斯及克勒息达》(Troilus and Cressida) 可视为最美丽的作品的，许多恋爱文字，大半把结婚写做恋爱的扰乱者，而非恋爱的结晶，虽然恋爱法院的判语"没有一对成婚的夫妇真正能互爱的"在事实上也有无数的例外。即在巧塞本人所著《佛兰克林的故事》(Franklin's Tale) 中也有一段已婚夫妇互信互爱的美史。巧塞不特能带了着色的文学眼镜以观察社会，他毕竟还能忠实的看透社会；故除了职业"爱人"们的苦恼以外，还有真挚的情爱。当时童年结婚及强迫结婚虽成习惯，但即在帕斯吞们的干燥无味社会中，也有少年违抗尊长的计划者，有情人也有终得成为眷属者。中古生活固然充塞了暴戾之气及唯物主义，但"英吉利人民的善性及正直之气"也决非一朝一夕之物，而在那时也有充分的表现。

学校的发达 文化及知识也在不断的蚕侵闭塞的领土。在新知（即文艺复兴）放苞以前，15世纪的牛津固曾经过了一知识衰萎的时期，但中古的末年实为捐建学校的全盛时代。除了尉坎的威廉建立温彻斯忒，及亨利六世建立伊吞 (Eton)[1] 以外，行会及私人亦努力捐立教士可于中唱弥撒的礼拜堂，或祈唱堂，而附带于此堂者亦常有学校。基于其他收入的学校亦时有设立，有时且以世俗人为校长。凡此种种学校皆在旧捐的书院的，大教堂的，或牧区教堂的，学校之上。

在约克及郎卡斯忒两姓相争之时，写读已非僧侣所独有的技能。不但商人，即采地府的管事人亦有很清晰的账目，且于业务所用的文书中亦常

---

[1] 译者按，温彻斯忒及伊吞为英国最有名的公众学校（Public Schools）。所谓公众乃别于教社而言。

能以过得去的拉丁文字为文。地主诸族，如帕斯吞等的家庭常能以自书的信札彼此讨论法律或其他事务，或通报政治消息。

巧塞死后的英吉利　巧塞死后的数世内英吉利文学仍受巧塞的势力的支配。主要的诗人皆属于他的一派。在 15 世纪末叶，公众对于他的著作要求过大，不及手抄，故卡克斯敦的印刷机更盛行于时。

巧塞及许多仿造者的著作很能表现那时的人所得于果园及花园中的愉快。我们生长于今代常喜我们的花园及公园带些野色，因为园外的世界已尽为人工所克服；然自 15 世纪以至 18 世纪则野景尚到处皆是，到处可以领略，故人工的花园及野外同样可以有使人流连欣赏的力量。中古末期之人除了欣赏野外外，亦常喜在园中消磨时光以求天然的声色之好。巧塞辈的文学于园内或野外美景的摹写，因之能投时人之好。鸟鸣之声，流水之音，以及花香叶翠皆足以使那时乡居之人得到绝大的快活。爱天然者只能于大自然中满足其爱之欲望：

　　我座旁的河流，
　　流时作潺潺之声，
　　与鸟鸣相和而成谐音，
　　人类所得听见的，
　　我想这是最好的和声。

可以医治因爱非其道而来的伤感则为——

　　你去看看那可爱的雏菊！

或——

习习的微风，

从绿叶中吹出一阵微音，

和合天上飞鸟的鸣声。

采地府内部建筑的美观，石料或时样砖瓦之至于至善，衣服及日用农具家具和杂具的新颖及美术价值，俱可使生活益趋有趣；制造者及享受者俱可藉以觉得生活之有伟大意义。中古将终的英吉利诚一大乐土，我人今日所已失却而当留者当时极富，而我人今日所有而不当有者当时尚无；巧塞的著作及帕斯吞族的信钞中所记载者纯是英吉利，而且十分像我们的社会。

玫瑰之战与平民 玫瑰之战固然终把全国分裂为两大阵容，然这郎卡斯忒及约克两姓之争，初不涉任何不同的主义，更和阶级的利益无关。这次的战争仅为和王室有关的各大族间的私战，两方各以争权夺利，攫取大位为目的，而并无别的异同。两方皆有若干的巨大贵族，而每个贵人又辄跟有若干的武士，绅士，将校，法家及僧侣。这班附庸者，无论是常在贵人的身边，或寄居于远方的采地府，皆深知他们自己的命运要视他们主人公的起落为转移。在这次的内争中变节事仇之事层见迭出，比在任何内争中要多些；实言之，他们的是无节可变，也没有主义可以牺牲。民众熟视而无睹，市镇乡村但求能免于战祸，亦不恤和两方接洽报酬的方式。于国事向不落人后的伦敦亦守中立而不牵入旋涡。民众既采袖手的态度，作战的军队也不敢如在法兰西时之任意劫掠破坏，他们的领袖者深知如凶恶过度，则中立者将因不能忍受之故夺臂而起。两方的军队固时在彼此追逐，自普里穆斯（Plymouth）之口以迄哲维倭特之麓，郎卡斯忒及约克两家亦在此仆彼起的交执朝政，然他们的人数不逾数千，如果中立者和他们作起对来，他们将不难被一扫而尽。因此之故，战事虽时作时辍几无虚日，而中立者所受的兵燹至为有限；贸易仍随固有的河流或骑径而进行，所受于军队的障害不比所受于普通的陆盗水贼者大多少。[1]

玫瑰之战与战士 但战士的本身则确是创巨而痛深。交战的诸贵族俱彼此相残，惨无人道。玫瑰之战中骤胜骤败之事本极多，多一次胜负即多一次没收巨产，大批处刑的机会。除了战死疆场的领袖以外，失败方面的贵族往往会大批被战胜者所杀戮。国王固可因没收而致富；贵族则不但因此而日穷，为数亦日少。他们的数目本就不大，自经玫瑰之战的互杀后，更所存无几，而推铎尔克制"豪大臣民"的政策遂得易于实行。玫瑰之战不啻是贵族对于自身的一种流血手术。从国家一方面看起来，这倒是一件佯似不幸的幸事。

武器及战术 在陶吞，巴涅特，及条克斯布里（Towton，Barnet，Tewkesbury）等处作战的军队一部是佣兵，一部是临时召集的友好及佃户。他们都受私人的饷给，且随发饷者而加入约克或郎卡斯忒的旌旗之下。他们所用的武器战术和在法兰西之战时相同。骑兵战是例外，通常的兵士为乘骑的步兵。大炮及手铳有时已见应用，但长弓仍执各种兵器的牛耳。弓箭手仍在武士两旁徒步作战。但战役的性质已和克勒西或阿金库尔迥异，因为两方皆以弓箭手为主力队伍；两方既势均力敌，则交战者自不必作长时的放射，放射未久，两方往往即密接起来以大刀及钩镰互相厮杀而决一胜负。

爱德华四世 从暴戾不祥的玫瑰之战中得到最后胜利者为爱德华四世。他是约克家的嗣君，且为那种别动战术产生出来的一等良将。约克邑大风雪中之陶吞一役决定了两家的运命，而把爱德华拥上大位。英吉利君主中之属于文艺复兴式[2]者他实为第一人；他和我们所熟知的法王路易十一世

---

〔1〕 在中古时道路几仅为驴马及骑乘所过之径，河流则比现时深阔易航。约克，林肯，洞卡斯忒（Doncaster），及别的内地市镇皆赖水路以通贸易。伦敦因从海道可通泰因流域，故自14世纪起即用煤为通常的燃料。英市商人为谋河流之易航起见，常拆卸桥梁堰坝一类之阻碍航行物。中古时本穷得无钱造桥，即有钱时，中古之人仍喜置渡设津以利交通而不愿有桥。在中古时陆路旅行非步行即为骑马，而过河则不叫渡船即是涉津。

〔2〕 译者按，所谓文艺复兴式（Renaissance type）者乃指人之品行性格为文艺复兴所形成，而盛见于文艺复兴的时代者。

及推铎尔诸亨利为一流人物；不过他太放弛懈荡无大志，故不足令马基亚弗利（Machiavelli）奉为圭臬而已。

这些短处终使爱德华四世吃了大亏。内微尔（Neville）大族的窝立克（Warwick）本为遗毒在民的贵人之一；但他有废郎卡斯忒的无用圣士（亨利六世）而立爱德华之功。10 年而后他因恨爱德华之未能崇德报功之故，又把亨利六世自伦敦塔中拖出，而立为英王。他的报复可和诸拍息对于亨利四世的报复相比拟。但在巴涅特及条克斯布里两役中爱德华仍不愧为战将。结果，窝立克，亨利六世，及其儿子皆丧了命，而约克家更得安坐王位，不虞敌方的扰乱。今后约克家的致命伤不在外侮而在内部的阴谋及失和。

爱德华四世的政策　爱德华四世的政策和日后亨利七世所采的政策相似，但于精密及完备方面则远不及。爱德华对于"豪大臣民"，尤其是意在王位的臣民，是没有恩义的。他自己的弟弟，那个"虚伪，无诚，专好乱誓的克拉稜斯"（Clarence）不久亦随窝立克而走向奈河桥的那边，加入大队的英吉利贵族及王族。且爱德华之获为王既藉武力而不由国会的公立，则他自亦不必如郎卡斯忒诸王之尊重国会。那时的人民亦毫不以此为意，他们不因国王之不尊国会而觉得任何不利。爱德华很少召集国会；他也不甚依国会所表决的租税为生，他专向各个人民勒索相当的捐赠以充库藏。那时真是国会制度的危险时期。

国王的谘议院在亨利六世时为上等阶级势力的主要工具，所以爱德华对之亦无好感。到了末了几年他才利用之为他自己直接统治的工具。这政策继起的推铎尔诸王更有所扬厉。

爱德华不喜和大贵族的社会相周旋，而喜同日趋茂盛的财阀及商界巨子相往来。伦敦是时渐被世界公认为"诸城之花"，它的财富，它的外观，它的智能，都有增加，而教社在道德上及知识上的领袖地位则正在消失。寺院中的抄写手已不能追及全国的需要，即僧寺的编年纪亦日渐简略不充。

因之一种新的钞手或文房家（"Scriveners" or "Stationers"）起而操抄书的职业以求满足公众对于巧塞派的诗辞，对于编年纪，史书及其他散文作品的需求。在这种情形之下，得爱德华四世的奖掖而起的韦斯敏斯忒的卡克斯敦印刷所自为一件大事，或竟可为 15 世纪英史中一件最重大的事。爱德华既思敛财，又性喜和有智识的男人及漂亮的女人往来，所以他和伦敦的诸大市民及他们的妇人过从颇密。

国内之乏治安 爱德华四世虽富于近代人君的治术，但他仍不能确立国王的治安于乡邑，也不能"鞭策强项的缙绅贵族"而使之就范。此项重大工作尚须留待亨利七世的星室法院（Star Chamber）。约克代没有想出什么充实行政力量或维持国内治安的方法来。陶吞及条克斯布里之后，私战，干讼，及霸占产业之事仍日有所闻，亚于亨利六世在位时亦无几。而且爱德华四世又不能仅任僧侣，法家，市民，及绅士们一班以行政为职业的僚吏统治一切，他提拔一班内戚如武德维尔及葛垒（Woodvilles, Greys）两姓之人为新贵，致使政治益紊乱不堪。

理查三世 爱德华四世死后，因为残留的旧贵族深恶武德维尔及葛垒两家的新贵之故，他的弟弟理查（格罗斯忒的公）得乘机篡侄儿之位。爱德华五世是时为一幼童，他的母后及其亲戚既为贵族所痛恶，又不得平民的拥戴，遂致阅墙之争，而约克家亦于以灭亡。理查不能算为天生的恶魔，我们也找不出显明的证据来可以证明他于亨利六世及克拉棱斯之死比约克党的别的人更负有重大的责任。在他篡立之前，他过去的事迹也不能令我们相信他会和他的哥哥克拉棱斯一样的险诈，或他的哥哥爱德华一样的残暴。但王冠有迷人的力量，野心把他的天良断丧了。他把受他保护的两侄谋毙了。先之以篡夺的凶暴，继之以伦敦塔内两王子之失踪，自此而后人民再不能有忠君的观念。统治阶级的恶战及残杀尚不足以完全堕落英吉利人民的性格，而对于理查的暴行所生出来的一种反感可说是较好的社会的转机。

25年的恶战及乱杀几把全体有要求入继大位的资格者消灭净尽，约克家如是，郎卡斯忒家亦如是，所以爱德华五世死后，一个叫做推铎尔·亨利且为利支蒙德的公（Henry Tudor, Duke of Richmond）的一个威尔士绅士竟得说出一番可以继承郎卡斯忒家的正经理由来。当时的反政府领袖例须逃亡外国，故于约克家当朝时，亨利曾避居于外，初在不列颠尼的宫中，继在法兰西。他深知谋害幼童的理查已失却民心，故敢以一支小而不可靠的军队由威尔士岸的弥尔福德湾（Milford Haven）登陆。亨利行军时举威尔士故主卡德瓦拉得（Cadwallader）的红龙旗，故威尔须人的种族感情大有兴奋；民众忭欣歌舞以迎此神胄，不出一星期，他竟募集了一个数虽不大而拥护则极为热诚的军队。这样的一个草莽军队，再加上了几个法兰西及英吉利冒险士之助力，竟能于波斯卫司（Bosworth Field）一战而胜王师，胜众叛民离的理查。以区区数千人在勒斯忒邑之高地上短兵相见的结果竟能使英吉利最大的王朝得以入据大统，且经1世纪余的变化复能导引英吉利进入更光明的途径；此诚是运命之玩弄人类，此亦诚是当年参加约克及郎卡斯忒两家之争的张弓射箭，举刀使镰的战士们所未及料者。

第三卷

文艺复兴宗教改革及海权 推铎尔时期

概　说

中古欧洲的陵替　今日的欧洲固分成若干独立的国家——每个在它的领土内有无限制的主权,且每个自以为可代表一种种族或民族,但中古之世的欧洲则横分为僧侣,贵族,佃奴,市民的诸种等级及会社——在他们的修道院,堡寨,采地府,及有墙之城中各治其群,各依其法,而绝少相混。在这种会社的组织之下,被野蛮人所摧残的上古文化得重获培植,并得在新的形式之下繁茂起来。但在封建的乡村之中个人绝少自由,在寺院之中则更少;即在依特许状而成立的市及行会中,发展个性的可能亦极有限,外人更不能混迹其间,而享受市民或会员的权利。这种门罗式的会社一日不丧失其固有的权力,或中古教社对于全体人民身体思想之束缚一日不放松,则进步,个性,及向新世界的伸张亦一日不可能。

欲有进步,个性,及伸张,必须先有社会革命,而有担任这样的伟大革命之能力者,舍民族国家外亦无由。国家的专制诚为自由的一种限制,但个人在国家之下所能活动的余地,究比在中古世界中的为大。二百余年的社会解体及重行建设,文艺复兴及宗教改革所能激起的感觉及良知,会社势力之受制于国王国会两者所能代表的民族意志;凡此种种即为新时代的肇因,而和掘类克(Drake)及剌里(Raleigh),莎士比亚及倍根一班人

相提并论的冒险事业及盖世天才实为以上种种的结果。

中古制度之所以陵替，并不由于偶然的事变，或起于一个国王之急于离婚，[1]而基于英吉利人民习惯上的大变动。这种变动，我们在上面已经见过，多半发端于14、15两世纪时。佃奴之解放；伦敦之长大；受过教育的，而且心灵甚活动的中等阶级之兴起；有状（特许状）各市以外织布业及别种贸易之广播；通常法，王家行政，及全民国会之统一作用；百年之战所能引起之民族自觉；英吉利弓箭手因战胜乘骑贵人而激起之平民自恃心，有智识阶级之采用英吉利文字；足以打破贵族之坚城之炮，及足以破坏教士包办学问的印刷机之发明；一方可以使宗教真谛因直接研习经语而益明，而一方又可使世人知在中古耶教社会中所不能知之古希腊及古罗马的理想之文艺复兴；亘古所未有，而且能引起新的知识观念，及新的商业习惯之大洋航线及新大陆之发现——以上种种变化，无论是精神上的或是物质上的，集合起来可使英吉利中古社会之组织解体。

英吉利之分道扬镳　同时西欧的全体也在分立成几个民族国家——法兰西，西班牙，葡萄牙。在每个新的国家的内部，权力渐渐在集中于国王的手中。但在此，英吉利和别的国家不同。法兰西及西班牙的王室和旧的教社相联盟，而英的王室则和旧的国会联盟。在法兰西及西班牙，中古的宗教一仍其旧，而中古的国会则日就衰颓，罗马帝国时的法律则被视为君权专主的基础。在英吉利中古宗教虽一变旧观，而中古的国会，本土的通常法及立宪性质之君主制反一一保存弗替。英吉利和大陆间之不同，尤其是几被诺曼征服所消灭的英吉利和拉丁欧洲间之不同，重因海峡两岸各异的发展而显著。英吉利文化及法兰西文化在前几世纪中本不甚可分，今则不但重又判然可分，而且互相不容，互相憎恶。

民族国家的得势　推铎尔英吉利于社会制度上固然掀起了一个伟大的革命，但在形式上，甚或精神上，则旧时的文物仍多保留。曾为中古生活

---

[1] 译者按，此指亨利八世之离婚及随后的宗教改革。

中主要媒介的各种会团，会社，组织，及制度大多仍得存在而不遭摧残，惟一的条件即是它们须得受制于国家的无上主权。有几种组织，如满布全世的寺僧或行脚僧的会团，则因不能和新的国家制度相容之故，被国家所消灭净尽。有几种权利，如僧侣的特惠及教堂寺宇庇护逃亡人之权亦或废或受限制。因为它们足以障害国家法律的一般执行。在新的状况之下，无论贵贱，无论僧俗，在法律上俱为平等。不受法律保护的佃奴阶级固然逐渐不见，而贵族嗾使家人威胁王家法院之举亦成为过去的陈迹。宗教法院对于世俗人虽仍旧享有较前大削的法权，但此法权系根据于国王的授与而非根据于教皇的权力。大同的封建主义及大同的教社一变而为民族国家的思想，民族的教社则又附属于此国家。中古僧侣及贵族之享受所谓"自由"实等于私人及会社之分据主权；但今则主权尽归于国家，而自由则为通常的英吉利人民所享的自由。

　　同样的，贸易或商业的管理约束亦不由有状各市或行会各自为政，而由国家的机处负责。我们在上面见过，不兰他基奈时的诸国会尝颁发《工人法》，并以国王的治安法官为执行者；他们以为这样便可节制工资及物价。他们的初愿固然没有成功，但这种国家监理经济生活的前例，则在推铎尔时更有迈步的前进。关于艺徒的法规在先本由各个地方上的行会自定，今则全国一体奉依利萨伯朝国会所通过的《技工法》(*Statute of Artificers*)。穷民的救济在前时仅寺院，行会，及慈善家尚有过问，今则视为全体社会的责任，而国家亦以权力强迫此责任的执行。替国家执行此种管束人民的经济生活的法律者，其主要机械为无给的治安法官；即关于司法及政治他们也是主要司吏。他们由国王任命。他们为中央政府的观点及地方行政的事实的联络者及调和者。封建男族昔时根据自己的权利而担负的事务，今则多由治安法官以国家的臣仆名义执行。

　　国王之能假手国会，改革许多宗教上的制度及设施，即为国家已得无限制的主权之明证。在中古之时这样剧变的立法为绝不可能之事，且将视

为英吉利任何权力所不可及之事,无论在法律方面,或在道德方面着想。但推铎尔时代正为国家大张权力之时;他把一切的外国权力驱除,一切的地方群社消灭后,他可以坚持在境内有为所欲为的权力。这种闻所未闻的新要求,要求民族之完全独立,及国家之无所不能,实具体于君主之一身,君主为民族独立,亦为国家万能的具体化。16世纪尊君的观念亦以这种变化为主要理由。

在事实上新国家的大权在那一个时期也只能由国王行使。半像辩论会半为法院的国会,既无实力也无野心去担负这样的大任。在前一世纪中真正的治理松懈已达极点,所以在16世纪中推铎尔诸王及他们的枢密院(Privy Council)的主要职务即为训政,训诲韦斯敏斯忒的国会议员和四乡的治安法官以如何治理国家之法。国会之于国王犹之学徒之于师父,国会自愿稍假时日,稍事预备,俾日后可做国王的共事者及承继者。

宗教改革与新国家　那过渡时代的特殊宗教情形亦利于英国王权的发展。亨利八世时的反僧侣革命曾一举而把教社的中古权力及特权推翻净尽;亨利八世因能自居于那革命的首领地位之故,不特能承继权力的大部,且能得继起时代诸种重要势力,如伦敦,中等诸阶级,航海人民,新教教士,及乡绅大户——新得僧寺田地为赂而实力大充的乡绅大户——之好感,而联合他们为新王国的同盟。国王和他们联合之后,其力量可当旧势力——寺僧及行脚僧,北部残余的封建贵族及绅士,及离伦敦最远的各地方间之旧教虔敬心——而有余。世俗僧侣初则居于中立的地位而默认一切的经过,但在长期的依利萨伯朝的过程中,牧区僧侣及学校教师成为宣传新教的主要工具。

亨利八世袭击教社之际,正为罗马旧教在英吉利最乏热心之时。他的女儿玛利虽与旧教以重起的机会,然他终不能复振。直到依利萨伯朝耶稣会(Jesuit)反动之焰大张时,旧教始稍稍恢复其向有的魄力,但不幸会徒来得太晚了30年,故已于大局无补。且耶稣会来自大陆,更足以构民族主义方在勃发之英吉利人民的仇恨。在无知之人看起来，旧教教徒即耶稣会徒，而耶稣会徒即西班牙人。教皇之以一纸谕告把新世界分给西班牙及葡萄牙尤足惹我国方谋占据海上势力及新获大地之海员之怒，而使宗教之争益形复杂。英吉利的新的商业及海事野心，形诸实体者如推铎尔的王家海军，掘类克及他部下的诸船长，伦敦的许多贸易公司，见诸文字者如剌里的殖民帝国的预言，亦在和旧宗教处仇敌的地位，而转奉新王国的旗帜以进行。

就推铎尔时期的全体说起来，旧教深中老迈之病，新教则未离幼稚之病，故两者的宗教热俱微弱无力。是时法国的旧教徒，苏格兰的新教徒，及后日英国的清教徒俱敢对抗王室，但推铎尔时的英国耶教徒，无论新旧，俱不敢为违抗的尝试，因此之故，推铎尔朝诸王的信仰有更动，则宗教亦随而更动；宗教虽代有更动，而僧侣及世俗人俱降心相从，甚像今日国人之接受内阁的更动而不稍反抗。推铎尔诸王自以为有为臣民代定信仰之权，惟一的有效果的对抗，为玛利朝三百新教徒之被焚就义，然这对抗之所以有效果，亦因为他是消极的对抗。崴阿特（Wyatt）的新教变叛，其失败正如公教徒的奉神游行之乱〔1〕及诸伯之乱。那时在英吉利本不是有宗教热心的时代，本不像柏克特或克伦威尔的时代，然而英史中最重要的宗教问题却于是时一一发生而求彻底的解决，所以伊拉斯莫斯式〔2〕君主之责任綦大。自教皇之权推翻后，君主本已代之而起；他今又必须联络国会而担负为全体人民决定信仰之大责任。人民因缺乏宗教热心之故，大多亦乐得由君主代决一切。人民在未能超脱中古一教独尊之谬误思想以前，教士宰制社会之惟一代替为伊拉斯莫斯式的国家。只有在伊拉斯莫斯式的国家和各派各

---

〔1〕 译者按，1536年公教徒为保护他们的宗教起见，聚众游行，公然违抗政府，但他们的行动如朝山谒神之徒，故称 Pilgrimage of Grace。

〔2〕 译者按，伊拉斯莫斯（Thomas Eramus）为德国一种新教派之一个领袖。他曾主国家对于宗教有无上的权力。凡同此主张者人辄以伊拉斯莫斯派目之。国家之谋主持宗教事务虽不由于他，但世人恒和他相提并论。

类的宗教热心相持之中，信仰自由始会渐渐的演化出来。

直要到依利萨伯朝将终之顷我们始可看出众议院在日后或会有相当的政治力量及充分的宗教信心以和国王争管理教务之权。有争夺则必有纷乱，在纷乱之中个人的良知才可有崭然自露的可能。我们在今日看起来，国家只能暂时享有旧日教社的诛除异己之权；即一时无人否认此权之行使，但私人的，个人的，良知愈发达，则容忍为必然的结果，而诛除异己之习终不能不为时代所淘汰。

向海外的拓展　推铎尔诸王更给英吉利人民外向的精力以新的发展途径。他们对于法兰西的征服不复认真尝试；人口仅有四五百万的小小英吉利，在法兰西及西班牙两大王国对峙之欧洲中只能退居自守的地位，为保持英国的安全，而避免大陆上方兴的大国之侵略起见，自武尔塞（Wolsey）以迄塞西尔（Cecil）的英国新派外交悉操"权势均衡"之政策。半因恐怕大陆诸国的势力之故，亨利八世复建造英史中首有之真正王家海军。亨利八世本为能人，且又熟知威尔须的事情，故能建立治安于塞尔特的威尔士及纷乱的威尔须边地，且把他们归并于英吉利为平等的部分。威尔士的来归实为近代式的英吉利帝国主义的成功第一幕。亨利误解了苏格兰，但在依利萨伯朝时苏格兰断绝了他的法兰西的旧关系，而转和英吉利在新教的共同利益上互结为友好之国，因之两国将来的合并亦于此种源。未来的大不列颠及和大陆专制国家并行的海权国，其梗概于此时盖已可窥见一斑。已经忽略了4世纪之爱尔兰征服亦于同时认真进行，惟为时实已太晚，于两方（征服者及被征服者）的福利已无可复图。

最末，但不是最小，新世界的发现亦足以一变英吉利的风气。当国中诸种社会变迁及经济发展正在解放各个阶级而使人民得以自由行动，得以向远方从事新事业之时，新的海洋大道亦一一开展在冒险或贪得的人民的眼前，而使英人的好动不安定的精神得以有新的用武之地。他们无须与法兰西以新的阿琴库尔的重创，他们也无须使英吉利本国受新的陶吞及新的巴涅特之灾害；他们的精力尽可发泄于新的世界。弓箭手及"家人们"的子孙群趋而为海员；远航至西班牙美因（Spanish Main），[1]至莫斯科伐（Muscovy），至利凡得，或至远东的商船尽为这班人的用武地。英吉利不复为世界的极边，世界地图愈新，英吉利亦愈和冲要的中心相接近。西班牙的阿马达（Armada）沉没海底之顷亦即英吉利踏进新的运命及较广的世界之时。探险于人所未至之地，求知于人所未知之林，此种好奇好胜的观念，实足激发新时代人的精力，而使他们秉自由独立的精神以穷探新的土地，新的水路，新的知识，及新的想象。适当那个良辰，英吉利的语文亦藉人们的口舌达到最有力，最漂亮，最完美的程度；适当那个吉时莎士比亚亦降生于世上，而运用此语文。

---

[1] 译者按，西班牙美因指南美洲北岸一带地。

第一章
推铎尔的政府　社会及经济的变迁

国王：亨利七世，1485—1509；亨利八世，1509—1547。

亨利七世的为人　莎士比亚的历史剧原原本本，代有一曲，而亨利七世独付缺如；此非莎士比亚的疏忽而正是他的聪敏处。他既已把波斯卫司飞尔德的少年英雄利支蒙德[1]绘成一个豪爽不羁视死如归的义士，而激励一群弟兄战士们时又有如神话中所传的王子之魔力，他又如何能再把后世所知之国王亨利和这幅图画调和一致？我人所知之亨利七世犹如法之路易十一世。他极省俭，处事又极谨慎稳当，不轻开金口，不特他的臣工无法窥测他的心事，即于王后爱好他也不示以心腹。也许这两幅图画都是逼真的。因为生命本来绵长，一期可为这样，又一期可为那样；机能之人的性格尤其会随情势而变迁。波斯卫司而后英吉利并不需要一个盔甲鲜明的冒险勇士，它需要和平，节约，而尤其是治安的维持。亨利的大功即在能使这种老生常谈制度成为国家制度的一部。有此之后，英吉利才能于随后的时期中有利用新的及大的机会之能力。

─────────

[1] 译者按，即亨利七世。见莎士比亚的《理查三世的悲剧》末段。

推铎尔一代以质始而以文终，亨利七世以实事求是为务，而依利萨伯朝的文治武功却又不可一世。然依利萨伯自己绝不会数典忘祖，否认乃祖创业之功。有他之刈除荆棘，才有她之丰功伟烈。且祖孙的性情亦有相似之处；两者皆具有坚定及认清的目标，而两者所用的方法又均不能免于阴险俭啬。他们于即位以前也都曾经过危险；阅世既深，又哪能坦直豪爽而不善自抑？依利萨伯固享"光荣"（"Gloriana"）及"好后伯斯"（"The good Queen Bess"）之美名，然利支蒙德在波斯卫司战场上岂不也尝以豪爽武侠得过民心？

不守法纪的习惯 亨利七世即位时，其环境的恶劣初不亚于他的孙女，内忧外患，热嘲冷讽不一而足。不同之处，不在困难的程度，而在困难的性质；依利萨伯的困难多半由于人民所奉宗教的不同，而亨利七世的则由于社会状态的不安。无论在上等或在下等社会，不守秩序为随处通行的习惯。威尼斯的使臣尝作下述的报告，"世界各国盗贼之多首推英吉利，非白昼而敢单身行走于乡间者为数固少，黑夜中往来于城市中者更少，于伦敦街上者则尤为罕见"；然而这卡帕基奥（Vittore Carpaccio）[1]时的威尼斯代表固明知英人的富裕甲于欧洲各国，而商人及僧侣尤然，他也明知英人所穿的衣服华贵为举世第一。洛宾呼德的绿林英雄穿上了面具或涂黑了面孔，此时正以摧残王室森林或私家园囿中的麋鹿为务。大多的堡寨及采地府中的"家人"门士亦好杀嗜斗，不守法纪；每当宴会席上窃闻主人和贵宾们讨论到新的朝代争的可能时，他们必见猎心喜，跃跃欲试。即无斗争之时，他们亦辄四出骚扰，有时殴击过路的行人，有时劫掠乡绅的仓库，有时窃取邻户的牲畜，有时毁坏僧寺的大门。和寺中仆役的口角也许即可激动他们的暴行。僧侣的特惠及教堂寺庙可以庇获逃亡人的权利，也足以障害各邑司法之执行。陪审团在是时亦仍可威胁利诱。

朝代之争 是时朝代问题亦尚未完全解决，且和这种好乱习惯有密切

---

[1] 译者按，此为名画家，在世约在1450—1522年。

的关系。还要等十五六年之久，朝代之争的可能性始告消灭，而我们可说波斯卫司飞尔德的一战已将玫瑰之战完全结束。亨利和约克家的女嗣缔婚而后，两种玫瑰得以混合起来，门户之争得以消除，和调的空气得以弥漫全国，因之他的入承大统之权，在事实上，亦无人能与之抗争。从世系上说起来，他虽娶了约克家的女嗣，他的继承权仍不十分充足，当时仍有数人要比他多些继承之权。然推铎尔之入据大位半由于民心的归附，半基于事实的占有；斯图亚特诸王及其党羽所创造的王权世袭神圣之说在此时本尚未发生，而推铎尔亦无须借重。

亨利虽和约克家的女嗣结婚，但蓄意恢复约克王室之诸侯钜户仍不因之而稍戢不逞之思。他们在北方仍占有相当势力，且深信可得最后的胜利，犹之日后詹姆斯党（Jacobites）[1]之据北方以作乱。他们在爱尔兰的地位，则一时更无匹敌。幸而他们所拥戴以争王位者皆为蓝伯·辛纳耳及拍琴·窝柏克（Lambenrt Simnel, Perkin Warbeck）等一班棍徒，故亨利的地位卒得保全；但他们之能作乱犯上，扰攘多年，亦足以证明推铎尔初执国政时国力的薄弱，及人民之缺乏忠顺习惯。

推铎尔时的武备 当时除了"食牛肉者"（"beef-eaters"）之卫队以外，尚无所谓常备军。亨利之能于斯托克（Stoke）战胜称蓝伯·辛纳耳为爱德华六世而以之游行北方之爱尔兰及德意志浪人所合组的军队，并能于布拉克喜司（Blackheath）歼灭因抗租而集众逼近伦敦的康华尔人，盖皆藉绅士，乡农，及市民的援助，而并非全恃军队之力。国王有时固会雇用少数外国佣兵以作战于苏格兰及别地，但国家尚乏维持他们为正式军队的经济能力。

推铎尔的政策 亨利七世固未尝设立常备军或维持一群有给的中央官吏以统治全国，他的推铎尔诸嗣君亦无一为此。推铎尔的政策和当时大陆上诸专制君主国的不相同。亨利和他的嗣君都能保存着旧有的诸种中古制

---

[1] 参看后第 594~596 页，第 602~604 页。

度——王家谘议院，国会，通常法，治安法官及陪审员——且能引入一种新的精神，新的气力；他们不特不复为敏捷政治的障碍，且为王权行使的工具。循此途径英人一方可渐获近代文化所不可少之守法习惯，而他方又不至丧失他们向有的自由，或于一贯的民族生活有所中断。威尼斯的使臣尝为下述的观察："如果国王有更改旧有规例的提议，则英吉利人民人人殆将有生命突被剥夺之感想。"从拉丁人的眼光看起来，欲维持治安非专制不可；英王既不能变法以建立专制政治，这使臣实不知亨利七世将用何法以维持治安。然而别法固未尝没有，推铎尔是熟知被他们所统治的人民的性气的。

枢密院及其分子　在式样依旧的新宪法中。谘议院实占枢纽的地位。在郎卡斯忒朝时，谘议院本已为贵族诸派争长的战场；各大贵族既俱出席于谘议院，则国家自亦不能剪除它的权力。但亨利七世和八世则利用约克诸王所创的先例，而摈弃不得国王亲信的贵族于枢密院[1]之外。

摈斥贵族阶级于最有势力的机关之外永为推铎尔政术的重要原则。亨利八世遗诏中所举之16摄政大臣中，没有一个有12年以上的资格的贵族。然当亨利六世冲祚时，谘议院中的新进尚不如是之多。大变的原因半须归罪于贵族自身；在依利萨伯的首届国会中有人曾有"贵族的无智识及无教育令君王不得不引进贤能的新人"之言，在爱德华六世时拉替麦（Latimer）则谓"贵族之所以不能任为大臣的惟一理由为他们之缺乏教育"。

在推铎尔始祖的一朝，主要的枢密官恒为中等阶级的僧侣而带员吏的气味者，如摩吞及福克思（Morton, Fox）之流，或为法家，如恩普孙及都德里（Empson, Dudley）之流。他们之得以贵显全恃亨利七世的栽培；亨利所取他们之处，即为他们搯刮聚敛的技能，无论方法怎样苛暴。宗教改革而后，法家的势力仍旧，但僧侣在枢密院中及在员吏阶级中的势力则视

---

[1] 谘议院本为较大，较普通的谘议机关。在亨利七世时，在此大团体中之较小，较亲信的谘议团体渐以"枢密院"（"privy Council"）见称于世。

前为衰。一种新的人物如诸塞西尔，诸窝尔星干，及诸倍根（the Cecils, Walsinghams, Bacons）等代兴为枢密官。他们都希望能上跻于乡绅之林，虽则出身于贸迁阶级。他们或曾肄业大学，或曾旅行国外，或曾专习法律，或兼而有之，他们熟知外交及政治的事务，故在朝中亦易得君王的宠任，幸运亦随之而增进，依利萨伯政府之所以成就极大，大半皆这班新人之功。他们的忠心固不减于亨利七世的枢密官，但他们比较要开通多，且在精神上也比较能独立些。

枢密院之领导国会　枢密院为实行推铎尔诸君后所钦定的政策起见，尝有巨量的立法。是时命令和诰令的权力和范围极大，国会亦不甚抗议。但除了藉行政机关以颁发之命令及诰令以外，枢密官亦有在国会中提出法案以制定法律者。国会本为推铎尔政治的主要部分，而在亨利八世和武尔塞决裂，实行宗教改革之政策以后尤为重要。但亨利七世一朝及八世的早年，尚不得谓为盛大国会时期。两院既不常召集，而民众对之也无多大兴趣。虽间断12年而民众不表不满，即偶尔召集亦无竞选之举。亨利七世之向富有阶级逼取不合法之"输助"（"benevolences"）亦未酿起任何宪法上的反抗运动。这种漠视的态度在后期推铎尔时已随国会的重要而消灭，国会亦成了改变宗教的工具。枢密官在众议院握有议席，且开会时的事务亦归他们领导；在职务上他们和后世的国务员颇相似，不过国务员的权力基于众议院本身，而昔时的枢密官则为国王的臣工，他们负有向同事议员们解释主上的意旨之责。他们的领导为下院得到一种政治教育的主要门径，下院之能了解实际政治，且能应付国家大事多半由于枢密官的指导。别国家的国会，每逢大任骤降之时，常有因缺乏实地的智识和能力而不能尽责者，其一部分的原因盖由于未经我们所经的一种训政时期。

星室法院　直接藉了它自行颁发的命令，间接藉了国会制定的法规，枢密院替它自己增加不少了立法的权限。除此以外，推铎尔的枢密院更一新它的司法组织，司法权的行使亦视前有力而敏捷。枢密院的司法权本由来已久，有诺曼的廷议，即有司法权。今则枢密院另委一部分的枢密官以专理司法事务，这个分委员会就叫做"星室法院"（Star Chamber）。它有非常大的实力，无论何人都不敢藐视它的权力，因为有几个最伟大的枢密官是它的法官。它能除暴安良，诛锄奸佞，所以它的权力虽大，而仍为人民所欢迎。亨利七世之所以能一扫前代豪劣骚动威胁等诸种不法习惯，星室法院实为主要工具。温错的《一群快乐妇人》（Merry Wives）的读者，当能记得在莎士比亚之世，星室法院犹有此种用途：

> 沙罗（Shallow）：我将视此事为星室法院应理之事：即使他是20个福尔斯塔夫·约翰爵士（Sir John Falstaffs），他也不能欺侮乡绅沙罗罗伯。……星室法院将审理此案：此为骚动案件。……爵士，你已把我的人打了，我的鹿杀了，我的住所侵入了。
>
> 福尔斯塔夫：但我还没有吻过你的门卒的女儿的手呢？
>
> 沙罗：哼，胡说！你须负对质之责。……法院应知此事。

特种法院与通常法院之争　大半因为人民心理中有一种畏惧心；一种从善的畏惧心，普通的法院才得恢复真正的独立，而不复为地方上恶劣势力所胁制。今而后陪审团对于有力邻居为有罪之宣判转不甚畏怯，而极怕对于星室法院负宣判错误的责任；盖从此而后，陪审团如判事不依事实或重违王命，他们便须向星室法院负太严或太宽的责任。又在威尔士及北方诸地封建及军阀的积习尚未衰退，故无力的通常法院实难行使职权，枢密院有鉴于此，因设立威尔士事务院及北方事务院；它们的权力凌驾普通法院之上，不易厚侮，因之枢密院的司法权又增实不少。[1]

在亨利七世指导之下，特种法院的管辖权和普通法院的管辖权颇能并行不悖的各有增加；但到了推铎尔的末期，则执行通常法的普通法院和从

---

〔1〕　关于推铎尔朝威尔士问题的处理，见下第399~402页。

枢密院分张出来的特种法院积不相能，后者正谋援用文艺复兴时代的法家所研习的罗马法。当是时特种法院为数既多而又活跃：星室法院，请求法院（Requests），[1]海事法院，威尔士事务院，北方事务院，及由宗教改革发轫出来的高等委任法院（Court of High Commission）[2]皆属这种法院。它们不特权力极大，且常祖护王家的僚吏而欺压国中的其他人民，它们采用法人所谓"行政法"之大陆法律原则。有几个特种法院并采取"当然立誓"（Ex officio oath）之手续，被囚者常须立誓而为自入于罪之证辞。枢密院有时更利用伦敦塔中的吊机以刑讯犯人。然"行政法"，当然立誓，及刑讯固皆和通常法不相容者。通常法和敌对法制之争雄为斯图亚特诸王和国会相争之焦点之一，而詹姆斯一世时的科克（Coke）实为首先彰明争点之内容者。通常法的胜利，决于1641年之变，到了1688年，更经一度的保证。英吉利法律在日后之不须恃特种法院以生存，诚为英人自由前途的光明，但它们在推铎尔时所负的重任，既不是不得民心，也不是可付缺如的。

治安法官的重任 16世纪英人之疾视重税，初不亚于后一世纪英人之疾视未经国会通过之赋税；后者之结果固为王权的限制，前者的结果初亦无异于后者。推铎尔时人民是武装的而政府则不然，故诸王不能不力求省俭。当康华尔反抗1497年的赋税，而单独起兵时，政府即已频于危殆。欲免除人民的恶感，势不得不减政节用，所以亨利七世及其嗣君绝不肯增加有给的中央官吏的额数以统治全国，他们只加重无给的治安法官的职务。治安法官本多由乡间绅士充任，他们没有俸给，故他们类皆为富有而可以独立生存之人。推铎尔的英吉利虽受治于枢密院，而治理之人实为治安法官，所以国王于决定教社及国家之顷，不得不和乡绅们谋相当的妥协，以收指挥统一之效。

多经过一朝代，则治安法官的职务亦增加若干。所以到了依利萨伯薨

---

[1] 译者按，Court of Requests 为利穷人的诉讼而设。
[2] 译义见下第406页注1。

逝时，凡乡间所有的公务，几无不尽归治安法官处理。普通些微案件，他们可升简易庭以审理。桥梁，道路，及监狱本是很简陋的，但所有的尽归他们养护维持。麦酒肆的开设归他们给照。犯人归他们逮捕。国家由旧日会社取过来的复杂而且豪大的经济管束，工资物价的规定，师徒间的关系——悉由他们负经理的责任。新的贫民救济法，亦归他们执行。即包含驱除耶稣会徒，及不服国教教徒之职的依利萨伯宗教政策之执行，亦全赖他们的善意及活动。

枢密院极关心于地方官吏（即指治安法官）之克尽上述诸种职务。在依利萨伯之世，此种职务之执行，其完美不特空前所未见，亦为后好几代所不及。推铎尔枢密院除了训练教国会以立法而外，盖尚有教治安法官以治理，教法官及陪审团以执行法律的职务。所以在推铎尔统治之下，英吉利人自治的习惯其所得者盖远过其所失。这个伟大的进程起始于亨利七世，在他的子孙当朝之时，则进行更形加快。

我们自然的要问，为什么贵族们能甘居他人之后，在枢密院如是，在乡邑亦如是。固然贵族的人数，因玫瑰之战而暂时减少，[1] 但这也不能成为充分的或惟一的理由。但我们要知道除了贵族的人数减少之外，因那些战事的费用及每次战后的没收而酿成的穷乏，更有较大较久的影响。且贵族愈因没收而穷乏，则国王愈因没收而富有，所以亨利七世转可有钱以维持价廉物美的政治；治安法官本为无给的，本不多需钱帛，而况亨利又能取民有道？且市乡的中等阶级，亦尽力助国王而仇贵族。时常互通婚姻的乡绅，商贾，及自由农民们之财富正在增加，而他们的智识亦渐有训练；在民族生活中，他们再不能退居于无用而且被动的地位。于此我们应一问当日升拔这些阶级的工农业的变迁情形。

纺织业的萌芽　写中古英吉利变成近代英吉利的一部历史者，尽可以

---

〔1〕 在玫瑰之战以前的末次国会，在1454年的国会中，被召的伯男总数达53；爱德华六世的末次国会中为45；亨利七世的首次国会中为29（半因未成年的贵族及被追惩的贵族太多）。童年贵族渐渐长成，新的贵族渐渐添封后，推铎尔时代的世俗贵族的平均数又增至50左右。

把它写成一部英吉利纺织业的社会史。

有史以前,我岛即有粗布的织造,在采地府制之下,中古的村民不特能纺,且亦能织,他们所用的布大部皆由自织。但那时自织的布很少堪供输出,即以之应付本国市场亦嫌不好,所以富有级阶势不能不仰给于法兰德斯的织机。羊毛的输出,或于法兰德斯,或于意大利,为不兰他给奈英吉利稍稍致富,稍稍能得贸迁之富的大原因,同时并使英吉利得以有钱付给教皇的使臣差委以满足他的要索。但到了英人自己能织造细布以行销于外国时,则风气又为之丕变,而人民的生活思想处处受到一种出乎意外的变动。

爱德华三世招致许多法兰德斯织工在英传布技艺时,即为纺织业猛进的肇始。这班织工在英法百年之战中,大都表同情于英国,法兰西的封建贵族向和根特的及凡·阿忒味尔得氏(The Van Arteveldes)所领导的邻近诸市的市民自主政治不相容,且向在蹂躏市民的自由。但法兰德斯的移民,亦并不为此间人民所喜欢,所以在1381年的暴动时,被伦敦乱民所杀戮者数达几百人之多。幸而残留者深得国王贤明政策的保护,他们的子孙日后多和英人通婚,种族之界遂泯而不见。他们的技艺,成为一种国宝,愈传而愈精,其益亦愈大。依利萨伯朝及斯图亚特时来归的法兰西及法兰德斯的呼格诺人,则因为是新教的牺牲者的缘故,得英人的同情较易,他们的命运,也远优于首来的法兰德斯人。他们发展英吉利织布业之功,亦不亚于中古时代的先驱者。

纺织区中的繁荣 在15、16两世纪以诺利支(Norwich)为首邑的东盎格利亚突因纺织业而大富。这层有当时所建的好多华美教堂可为佐证。汤吞(Taunton)及科次窝尔(The Cotswolds)西部,肯达尔(Kendal)及约克邑的谷地,以及罕次,柏克斯(Hants, Berks),及色塞克斯诸邑的特优地点亦随而富盛。自东徂西,自南至北,皆有织布区的兴起,不特旧城中为然,乡村如盆兹威克及契品·卡谟登(Painswick, Chipping Campden)等更为织业繁兴之地。财富由织业中心普及于邻里的乡绅及自由农民后，四乡之全体几尽驱而业纺织。在这种纺织区内"快些梭"的口号几和"快些犁"的口号同样的常用，而农夫之视羊群亦有一种特殊的价值。今日过科次窝尔的游人，观乎推铎尔式的石筑乡村以及村外绵延数哩的推铎尔式农屋，观乎它们的富丽堂皇，便可推知当日织布机所产生的繁隆。从昆布兰及卫斯特摩兰牧羊庄屋的高大石墙及橡木家具上，我们也可以推知肯特尔织业的荣华。

家庭经济与国家经济 纺织业在是时为"家庭"工业；织工的全家在家中就织机而工作，材料则仰给于中间人，制成货物的推销，亦仰仗中间人。长列的运货马队，每头满载羊毛或驮负布匹，不断的往来于各地方及各阶级之间，犹如梭之不停的穿越于织物中，结果则把英吉利的人民，织成一坚韧的布匹。林肯邑的农夫，牧羊获毛以喂约克邑的织机，而赫尔及伦敦的商人海员，则仆仆海外以推广销场，初在利凡特及波罗的海沿岸，继在东方及西印度，最后更到维基尼亚及马萨诸塞特（Virginia, Massachusetts）。至于科次窝尔的牧人织工，则有近邻平原地的格罗斯忒及布里斯托尔可以承推销海外之责。

定立国家外交经济大计的枢密院中的政治家，也能十分注意到这种民族力的膨胀。在塞西尔及依利萨伯的贤明领导之下，上述种种独立的利益，居然能趋向于共同的途径。就眼光的远大而论，各市及各地行会所能采的政策，本不能和国家相比拟。在事实上，各市也并不能左右新起的运动。纺织的大部，本在乡而不在市，即不在乡间者，为逃避城墙以内之种种不利于工商的规例起见，亦往往设在市边，而不设在市之管辖地以内。在推铎尔时期中，城市及行会的会社生活，已无前日之盛，它们的经济上的管理约束之权，更是一蹶不振。但伦敦及别的城市，尤其是频海城市的财富及政治力量则大见增加；布业及大洋线的发现，共同的使英国海外贸易趋入于一个新的伟大的时代。

民族主义及个人主义 布业的有提倡民族生活及个人主义的影响，它是不利于会社生活及世界大同的。自玫瑰之战起，经亨利宗教改革及玛利宗教反改革时的变化及凶暴，经依利萨伯的黄金时代，经国王与国会的内争，凡是有出息布商，织工，及牧农皆一凭他们自出的心裁，他们个人的努力而发财，而兼使社会上其他的高下阶级亦因而获其余惠，他们绝不仰赖于会社；只有国家有保护他们或约束他们的能力。他们比他们所快要代执国中牛耳的中古教士及贵族，要偏向于个人主义些，同时他们的民族主义也要发达些。中古的主教，僧士，贵族，及市民，皆属于这种或那种的举世一统会团，所以会社的思想极为富足，而新兴的阶级则丝毫无此种思想。他们对于推铎尔的民族君主国，初时实无所用其嫉妒；直要到众议院和国王之争打动他们的民主思想及全民合作的观念以后，他们才对于君主取不信任的态度。

新兴的中等阶级 新教使人人有辩论信仰的机会及习读圣经的自由，且无须借重于国外的势力，故于这班人的性质亦甚为相宜。在15世纪时，他们恒捐资建立祈唱堂，一以超度自身，一以流芳千古；在早期的推铎尔时，他们有显著的反僧侣色彩；在16世纪中，则他们大部都变为圣经读者及宗教改革派人。富有者一方置地，一方更和穷乏的乡绅们和婚，因此建立了新的所谓"郡中大户"。利用寺院解散，买空卖空，地产交易盛极一时之机会，而染指于寺产者，也不乏其人，因为他们有的是现金。他们又把子弟送至大学及法律馆中肄习，以为进身仕途之阶。这班新富阶级初为依利萨伯的主要栋梁，继则为随后一代国会派的有力赞助者。推铎尔及斯图亚特海军之得以称霸海上，亦赖他们之力。英吉利和西班牙固同为殖民新世界者，但我们有一极大的占胜之处，我们可以我之布易土人的财货，而西班牙人则只有军士，教士，及殖民者可以远到外洋去。

公地的圈围 但布业对于乡村发展的影响不尽是有利而无弊。它所造成的工作机会及产生出来的财富，虽远过于它所破坏的，然它不能离一般的经济变迁而特异，它也有被它所牺牲的人民，及因它而生的哀痛。它把旧的地位和旧的习惯推翻，它使现金及劳工易于流通，故新被解放的佃奴，可得到了好多新的机会，但同时也发生了不少的新的危险。有钱的农夫及地主因急于致富，也往往不顾他人的利益，有许多地方的地主竟有把村中的公地加以"圈围"而以之牧羊者。牧羊所需之人少而耕地所需之人多，结果好多的农民遂致无地可耕而被逐于外。推铎尔的枢密院固常常会干涉足以减削人口的圈围，但这种政策既不持之以恒，也不常可成功。情形最坏的为勒斯忒邑及诺桑普吞邑，其南其东相邻的诸邑也甚不佳。这些地方无田失业的农人常流亡于各处，于是"健丐""游民""恶棍"等等的队伍大增，而推铎尔时的文学及律书中亦常见这些名词。

乞丐 "乞丐"为16世纪特产的恶弊，犹之"家人"为前一世纪的特产。道德家如谟耳（More）及拉替麦（Latimer）辈之痛诋地主任意圈围，致使农民失所，亦正如前世纪福忒斯奎（Fortescue）及同时诸人厚责贵族之豢养家人同样严厉。"健丐"中有不少来自家人，剧盗，及绿林，15世纪社会的不法习惯，他们自也未能尽免。但政府的约束较严，法律的力量较大后，他们欺凌社会的机会少而被社会所压迫的机会转多。到了16世纪，绿林啸聚，饮酒狂歌之怀乐，或身穿制服以随意劫掠之自由已成过去，而脚梏，鞭笞，及"乱草污泥为堆"的寝具转为他们的意中事。和他们际遇相若的更有纺织业及其他新式工业的季候失业者；密德兰一带的被逐耕夫，也是和他们同病相怜的人。但此在大众都为被逐耕夫深致叹惜的时期，好多游手好闲一事无成之徒，定会有冒充耕夫以乞怜于社会，有如今日的游民时有冒作难民之举。除非16世纪游民的性质和后世的绝不相同。

丐民的救济 寺院在寺门所给与丐民的布施杂乱而不分皂白，故利弊仅足相抵；已为丐者固可得些好处，但本不求乞者亦有因而流为丐者。当寺院突被封闭时，穷民救济法尚未充分发达，尚未能继寺院而为救济的机械，因之寺院的封闭，更增加穷民的痛苦。且封闭寺院不仅停止布施而已；

停止布施的影响本不能太大，因为在晚年时，布施所占寺院总收入的部分，并没有如世所习知之大。封闭寺院，并使大群的寺役骤然流离失所，这对于当时的社会倒有更不良的影响。乞丐为当时所怜悯，亦为当时人所畏惧。

听！听！狗在咬了；乞丐来到镇上来了。

这种哄小儿的调儿，很可以表示当时人对于乞丐来到村庄（推铎尔时我们的远祖常称为"市镇"）上时的情感。我们并知道——

有的给他们些白面包，有的给他们些黑面包，
有的则给他们一顿鞭打，并把他们向镇外赶跑。

面包及鞭打两者都是私人的好恶，他的慈善及他的自卫的表示。推铎尔时救济穷民之法逐渐发达后，这种慈善及自卫成为强制的社会责任，有了依利萨伯朝的穷民救济法（Poor Law）及牧区救济穷民税法（Parish Poor Rate）而法益大备。强壮有力而不愿工作的，老弱残废而不能工作的，和不幸而找不到工作的，这三者间的区别，渐为推铎尔社会所认识，且明白规定于穷民救济法之中。所以寺院布施的取消，归根未始非英国社会之福，没有它之后，英人始不得不以全民族的眼光来考虑穷民的问题，而穷民的救济始得成为可以执法以纯的公众责任。依利萨伯的穷民救济法固然缺憾甚多，但总不失为社会组织的一大进步。在她一朝的晚年，外国人每见英国之少乞丐而惊奇，因为乞丐在外国当时仍为习见的现象。[1]

圈围和农业改良 把公耕田地以恃久的墙或篱圈围起来，固然引起了不少痛史，但我们如把它视为有害无益或害多益少之事，那我们未免误解

---

〔1〕 参阅下第399页注1。在事实上，寺院解散之前已成立了若干穷民救济法，但它们彼此间无密切的关系，故收效甚微。寺院之被解散实促成一个有系统的救济法之制定。

不列颠农业的全部历史了。第一，即在16世纪之时，所有的圈围并不是恒把耕地夷为牧地。圈围的目的，一大部在把未用之地变成牧地，或在谋种植耕地方法的改良，改良盖为增加岛国财富，贸易，及人口的必要手续。第二，许多推铎尔时的圈围，其主使者为小资产的自由农民，而非"膨胀的地主"或"资本家农夫"。地主的领田或村中的公地，经圈围而变成面积并不太大的整块农地后，耕种自较昔日为勤，而穷民工作及自给的机会亦因而大增。好的农夫可不复被公地中偷懒拙劣的邻人所牵累。从前田地成条之时，农夫常因条与条间垅畔或界线之被移动而争闹，而涉讼，今则亦可不再发生。有圈围然后有自动力，自由农民之得有自动力，于他自己于别人都是有益而无害。密德兰中如许多的最好之田，一直径16、17、18三世纪仍留为公地，诚为可惜之事。及至18、19两世纪，这些好田——被圈围时，则社会经济的状况，已不复如推铎尔时之有利于小农夫了。[1]

拉替麦·休（Hugh Latimer）在讲经台上，固尝运用其三寸不烂之舌，痛诋圈围及随圈围而生的驱逐农夫以利贪得无厌的资本家地主。但他所视为可以代表最纯洁的自由农民的乃父，似即为拥有被圈农庄之一人。至少我们知道他（乃父）的典来的农庄，有200英亩可耕之地，可以供耕牛全体，羊百头，及乳牛30头的饲食；藉农庄的牧人，他有力雇用男仆6人，女仆若干，给每女以50镑的妆资，供休上学校进大学，助其取得主教之职，终则送他至殉道者受刑之柱。造成新英者即为如老拉替麦一班的自由农民。他们所造成的新英，在大体上亦究比中古田主及佃奴对峙的英国为佳。在新的乡村经济中，这班拥有小块契业（copyhold），或典业（leasehold）或自业（freehold）农庄的自由农民，其重要初不亚于拥有大批庄产的豪大地

---

[1] 依利萨伯朝专咏农家生活的诗人塔塞（Tusser）曾有下述关于"圈围"的"各个地"和公地（"Champion"）的比较："一亩良地的所获（要是在各个地的坟场内）/比三亩公地的所获/利益就多数倍/而且这是何等的乐事赏心/你如知道你自己有田可耕"。推铎尔朝圈地的程度后世往往言之过甚。勒斯忒及诺桑普吞两邑为圈地最多的地方，但到了18世纪圈围运动大盛之时，这两邑仍多半为公地。

主。在斯图亚特时的战事及政治中,自由农民,尤其是自业农民之所以能占据重要地位,也即由于十五六世纪的经济变动。[1]

而且我们也不应仅以社会上的直接变动来评判圈围运动。在农业上及经济上,它另有它的立场。不列颠耕种史的史家昭告我们,我岛的谷地,尤其是公共耕种的农地,因数世纪不断的使用之故,早已有暂置不耕重使青草杂生,肥质复起之必要。且事实上,圈围实为增加农产的有益举动。在推铎尔时,世人固常以公地被圈,将影响及于农产,而食品将有不敷为惧,但到了汉诺威时,则过去数世纪的经验,已能使当时人深知欲供给人口过剩的岛国的粮食,非加紧圈围运动不可。[2]

大农庄 在推铎尔时,不特自由农民的整块的自耕的农地暂由公地中一一划分,大地主的大农庄亦造成极多。依利萨伯的极富人民所建堂皇伟大的乡居,可为这种农庄存在的明证。这种田地集中的运动,能使少数地主因"富有泥土而阔气",且酿成十八九世纪不利于自业小农夫的形势;但在推铎尔时的英吉利,则大小农庄尚能各自繁盛而不相火并。地权的集中在英国也得力于冢子袭产之制,乡绅们往往令次子于成年之后,即离开家门,出外自立,而产业则悉以传之长子。这个制度其始固为法律所规定,但法律失效以后,士绅仍奉为习惯,遗嘱中仍辄以田地授诸长子,次子则只能于工商业中谋财富,于自由职业中立令名,或于海外觅冒险事业。因此之故,英国的贵族与平民间不能发生大陆上所习见的阶级隔膜;英吉利工商业及帝国的发达由于此,英吉利大地主的存在亦由于此。

新农业的发轫 牧羊及圈围并不是英吉利乡间新生命的惟一表示。在先,所谓"支持农业"的目的,仅在使每个农村产植它自己所需的食粮;但今之许多农夫,无论大农小农,其目光较前要远要大,他们的目标是全国的市场;他们深知国民之需要五谷,羊毛,牲畜,马匹,鸡禽,奶乳,

---

[1] 在 18 世纪以前所谓"自由农民"("Yeoman")即指能自由耕地的农民,他所耕之地是否自业或典业则可不论。佃奴不能算是自由农民,无地的农作工人也不能算。

[2] 参阅 Lord Ernle, *The Land and the People*,第一第二章。

以及各种农业日在增加,故他们很愿投资于土地。历推铎尔及斯图亚特之世,旧式的支持农业及新式的资本农业固并立两存,但后者的通行性日有进步。法兰德斯酵母花的西来为新农业最早的胜利之一,推铎尔时英人的饮料及肯特的田景所以能大变者,盖亦由于酵母花的繁殖。冬季饲羊及喂牲畜之法英人亦予以慎重的注意;萝卜在莎士比亚时已经来英,故他的文学中亦有述及。到了斯图亚特时,为仿效荷兰的科学耕种起见,人工植草及其他方法亦一一来英。拖犁的牲口亦渐以马代牛。[1]

---

[1] "酵母花及皮酒,盘布(从音)及宗教改革都在一个年头来到英国。"

这首土谣真可谓确而又确,如果土谣可以完全准确的话。"盘布"("bays")乃一种新式的布,由佛来铭人带到诺立支。这个土谣词句不一,有的且说及美洲传来的火鸡。

在《一群快乐妇人》一剧中,Anne Page 为不愿嫁 Caius 医生者。她说与其嫁他不如"被埋地中间,挤死在萝卜中间"。

第二章

新的宗教潮流　海事及海军

国王：亨利七世，1485—1509；亨利八世，1509—1547。

15世纪的沉闷　我们如把末了的20年除外，15世纪在我们的历史中可算自诺曼征服以后最穷于智识的发展者。牛津的思想自由固然横被摧残了，诛除威克里夫主义的运动随后固然弥漫于全国了，但代兴者无物，正宗派的思想或道德并无何种的复活。15世纪中并无何种事项可以和200年前"行脚僧之来"相比拟。当可怜的皮科克（Pecock）主教，因未能摈弃常人的理智，尽本教社的立场，以驳斥罗拉特派之故，而被审理及监禁时，清一色的愚昧主义（obscurantism）可谓已达极点。在世俗人中，除了若干动人的记事短歌以外，这时期中，也没有产生任何伟大的文学。巧塞只有读者，翻印者，及摹仿者，而无后继者。但印刷机已于此时设置，中等阶级所需要的新的学校亦勉可敷用；学校所给的教育固质量甚劣，但受教育的人数则极多，种植小麦及饲草的一班平民亦可以有校可入。故亨利七世一朝我们可视为芒种时期。

秩序的恢复及治安的建立为知识复活的必要条件。在早期的推铎尔社会内,在路德的争端发动以前,我们已可窥见两种预兆——一为穷民间罗拉特主义及阅读圣经的复活,又一为海外文艺复兴的学问的来英。除了这两种运动以外,我们也许还可以加上于两者都有裨益的一种倾向,即好多人民的反僧侣思想。有人说,如果亚伯(Abel)是一个僧侣,则伦敦市民因憎恶僧侣之故,必将昧于是非,而把该隐(Cain)宣告无罪。[1]乡绅及贵族们虽无一为罗拉特派,然对于教社亦绝不关心;只消分赃时能有他们的份,他们当可赞助掠劫教社的政策。在事事都在变更的英国,教社特权之历数世纪而毫无损失,正足以引起一般英人的反动,且使之愿于谛听新的教旨。一言以蔽之,教社虽能牢守其固有特权,财富,及诛除异己之权,丝毫没有损伤,然它的领袖地位,无论在道德方面或在知识方面,则反丧失净尽。它的铲除威克里夫主义的决心,虽能成功于一时,适足为莫大之厉阶,因为它只有残酷的手段,而不能为相当的改良。

罗拉特主义的复活 在路德突然著名以前的一世前,久经取缔的罗拉特主义忽又作公开的传布。它本是英吉利的土产。最宜于英国的水土,即被严厉取缔之后,它仍生存于农居及工屋之中,它仍为穷民所信奉。契尔忒恩山地及近都诸郡其他部分的农民,伦敦,布利尔托尔,及其他市镇的贫贱人民,间有一二教士或较为富有之人,常私自集会以共读"英文本的圣书及福音",及威克里夫的"造孽著作",以坚定彼此对于我人今日所应称为"抗议"教旨的信仰。在1490年及1521年之间,不少的罗拉特徒尝走上火刑之柱,虽则因怕死而忏悔者为数更多。此时期的诛除比以前更凶厉,但完全失了目的。

文艺复兴的西渐 在同年中还有一种运动正在把各大学赶到一个新的生活途径上去。文艺复兴的中心本为意大利,但在15世纪的末了20年内新

---

[1] 译者按,照《旧约·创世记》该隐及亚伯同为亚当及夏娃之子,该隐业耕而亚伯牧羊。上帝收受亚伯的小羊而拒受该隐的蔬果。该隐因杀亚伯以泄不平之气。

学问自意传至牛津。[1]从意大利，格洛辛，力历，及林那刻（Grocyn, Lily, Linacre），对于希腊文学，拉丁文法，及科学医术的新兴趣传到英国。久经淹殁的希腊世界亦逐渐的恢复原状，潜心力学之士，渐可隐约窥见此世界的大概。当时的物质世界，本在随哥仑布及喀波特（Cabot）每次的新航行而突破中古人所知之宇宙；新开辟的知识世界之不复为中古天堂及地狱所限制，其过程正亦相似。同时，西塞禄（Cicero）的拉丁代替了中古有用而粗劣的拉丁，古罗马派的生活理想因亦渐渐见知于世。以上种种势力如能由宫廷及大学传布至于斯屈拉特福德[2]及别地方的普通文法学校，则即这些普通地方的生活，自亦不难由粗俗变为雍雍大雅。

科勒特的讲演　造成新英的又一种原质来自科勒特（Colet）。科勒特为伦敦商人之子，尝留学于意大利。自意回至牛津时，他尚极年轻，且初经授职为教士。他宣布要讲演圣保罗的书札时，牛津全体为之惊异。但他有他的天才，他有他的号召力；不特富于热诚的年轻学子趋之若鹜，即采反对态度的僧正及神学博士们亦不能不洗耳恭听。他把注释家所有的大端破坏无余，而另以实际的及人文主义的眼光解释保罗的人生及他的遗教。他直从希腊原文解释一切，而不拘泥于中古人的注释。他只问圣书人的作者及受者所给予它的意义，而不问过去300年中论理学者所给予它的曲解。经此一击，中古的学问知识竟如摧残拉朽，一蹶不振。邓·司各脱斯（Duns Scotus）曾一度为知识之超时代者，但此时牛津剑桥的新派人物已把忠于此"精微博士"（Subtle Doctor）的信徒嘲弄嘻笑，不久而后全国的学生亦作如此看法。

牛津改革家的势力　荷人伊拉斯莫斯（Erasmus）因得印刷机的助力亦浸浸然名闻全欧，为空前所未有，他在英国的势力很是可观。他和摩尔·

---

〔1〕　在亨利六世的早年，格罗斯忒公爵汉符里（Humphrey）已在保护意大利学者去重新研究旧学。他为王室的宗亲，且为大臣。他捐给牛津的"汉符里公的藏书"实为渡德利安（Bodleian）藏书的起点，但牛津并不即时采用汉符里及其他意大利人的精神，以研究古人著作。

〔2〕　译者按，即莎士比亚的诞生地。

第三卷 文艺复兴宗教改革及海权 推铎尔时期

托玛斯爵士（Sir Thomas More）俱为科勒特的友援。他们给复兴的文艺以一种新的性质。复兴的文艺在意大利本为美术的，非教的，但在北欧则是道德的，宗教的；自意大利的学者及奖掖学者的君，侯，大主教们看起来，文艺复兴即古代诗人，哲人，大理石雕的天女，及"赭色希腊稿本"之研究欣赏；但自伊拉斯莫斯及科勒特，及受他们影响的英人看起来，它不仅是这些，它也包含着希腊文的《新约》，最后且及犹太文的《旧约》的熟读。两者间的差别是很深刻的，法兰西—意大利文化本为英吉利幼年时之所由滋长，但英吉利之终于离那个文化而独立，此实为主要原因之一。意大利文艺复兴的诸子仅生存于美术，文学，及科学的世界，故他们很少会和宗教发生接触；在法意继他们的精神而起之人，至今亦复如是。他们对于宗教的事务，一任寺僧教士处理而毫不加以援助。但英国的文艺复兴者，则有科勒特的成规可以追随，他们利用希腊及拉丁之学以改良学校，以改良教社，他们并督责僧侣及世俗人共同努力于此伟大任务的进行。

这种兼涉道德及知识，古学及耶教的运动，并不如世人有时之所想象，已颠没于英吉利宗教改革的风波之中。事实正和这想象相反。它的精神永永不死。经初期的纷乱以后，在后期推铎尔时，英吉利改革的学校及改革的教社已粗具规模。于新学校的教育政策中，和新教社的宗教政策中，上述的精神俱有充分的表现。如果科勒特能眼见一个依利萨伯朝的文法学校，他一定可以颔首满意。固然，我们如把亨利及爱德华二朝时所充公的旧基金和依利萨伯朝所设立新基金相比起来，可用为教育的总基金，在推铎尔时未必能比前增加多少，甚或未必增加；但教育的质量究已比前大有进步。

这班牛津改革家——科勒特及伊拉斯莫斯即以此闻于世——又以学术，宗教，及道德的名义，痛责僧士为愚昧主义者，力诋神像及遗体的崇拜，严斥宗教法院的勒索，抨击僧侣的凡心。他们虽非罗拉特派，然他们措辞的严厉，远非罗拉特派之所能及。他们的势力由牛津传至伦敦，至宫廷，不久且及剑桥。科勒特后为圣保罗大教堂的副主教，他藉讲经的机会，更不时痛诋教社的积弊。自百年以前威克里夫派的教士被禁以来，人民盖久已不闻此调之弹，因之市民非常高兴，而僧侣则莫知所措。科勒特更于大教堂附近设立圣保罗学校，以力历为首任校长，教子弟以希腊文及西塞禄的拉丁文。这学校即为改良的文法学校的模型。

新朝君主的态度 新朝的君主又会采何种的态度以对付新学问呢？在当时英国的情景之下，国民如不得国王的同意固一事不能为，国王如无国民的同情亦一事无可为，两者联合起来则无事不可为，甚至可以变更或维持宗教的教义及教社的特权。在此情景之下，国王对于文艺复兴的态度自然极关重要。

亨利七世忙于为英吉利尽警吏的职务，故不暇关心新学。从他的眼光看起来，僧侣只是有用的僚吏，而教皇不过外交棋盘上的一子。于此而外，他可算是崇奉正宗者。有一次他参加劝服一个罗拉特徒的工作；这罗拉特徒已经安放在火刑具之上，亨利劝服他，使他忏悔，但于劝服之后仍使就刑。这也可见当时所谓耶教慈悲的标准。

亨利八世少壮时的性情才艺 那么后一代的亨利又怎样呢？他于1509年继承大位，并和亚拉刚的喀衰邻（Catherine of Aragon）结婚，他的长兄亚曳尔本有君临全国并永偶那个贵妇之权，但不幸早世。此18岁之早年君主于体力及智力上俱远胜常人。他是一个模范人君，他对于真正的英吉利运动家，及从事新学的人一体加以奖掖。他父亲所艰难缔造的和平，富裕，及威权，他可以一手继承无人与争；人民所不喜欢的恩普孙及都德里（Empson，Dudley），他可以斩首以博人民的欢心；因此二者他自始即得人民的爱戴。他为纯粹的英吉利人，他的纯粹性不亚于"农夫乔治"，[1]不过规模较大而人更漂亮而已。他可以同射艺最精的林卒比弓；法兰西的使臣颂扬他的射艺时，他可以"法人学之为宜"相对。至今犹存伦敦塔中他的一副庞大的击剑甲胄，令见者可追想到他的勇武，他的杀敌的敏捷，及不

---

〔1〕 译者按，"Farmer George" 即乔治三世。

畏强御的气概。他也是网球名家，超等猎人。他之归向正宗犹如乃父，他鼓励烧死罗拉特派，他著书驳路德，教皇且称他为信仰的保护者（Fidei Defensor）。但他也是科勒特及摩尔的朋友，他强迫后者为朝臣，而庇护科勒特为副主教。他责备愚昧主义的僧侣之攻击科勒特，他尝曰"人人各有他的博士，彼即我的博士"，即当此无畏的博士在痛诋他的法兰西战争为不合耶教精神时，他的庇护仍不稍变。从世人传为他自己所做的歌内，我们知道"亨利是能爱大丈夫的"且"爱和好人在一起互相玩弄"。这可敬的克莱吞[1]尚有许多它种技能。他不是一个平凡的音乐家，所有的乐器他都能玩得不差。在他的宫廷中，诗歌及音乐发达极盛，是时英吉利诗乐的天才盖正在猛进以跨入依利萨伯朝的全盛时代。

有人说过，亨利宫中人才济济，远在任何大学之上，此言诚非虚语。这班早年友人对他尝有很大的潜移默化之力，他们使他憎恶僧士，憎恶影像及遗体遗物的崇拜，并使他知道研习《圣经》之可贵——凡此种种固和日后关于圣餐典礼的正派教旨相容。这美貌的，而且雅爱一切高尚事物的，少年运动家，经过30年的荣华富贵后，终变为一个成府甚深的人，撇开旧友新知，蔑视一切仇敌，而采用一种熟虑过的灰色宗教政策，且以王权继代教皇之权，这种晚年行为表面上看起来似甚奇突，但仔细谛视起来，则没有一方面不是深受早年诸种感化，及当时时代潮流的影响。亨利所处的时期固为专横凶暴的时期，但国民的心理及时代的倾向，则他固能意会心领者；他的聪敏盖不在依利萨伯之下。

但那种成府甚深的亨利尚为日后的亨利，现时则为现时。现时仍为武尔塞大教臣（Cardinal Wolsey）主政的时候。教士而主持国政者武尔塞差不多是没了一个人。当"我王哈利[2]每晨行猎"，或每晚举行"化装及古装"跳舞时，武尔塞则不辞劳瘁，日理万机，举凡内政外交，无不纲举目张。

---

〔1〕译者按，James Orichton 为16世纪之苏格兰人，以多才多艺，博闻强记名于世。世称为 Admirable Crichton。

〔2〕译者按，Henry 的亲密称谓作 Harry，故得哈利。

亨利在日后固尝亲身努力政事，但幼年人，只少如亨利那样的幼年人，必须有人服侍效荣；此亦即大教臣当权之日。

武尔塞 推铎尔诸王后的著名大臣皆出身微贱，武尔塞也不是例外。他的父亲不是东盎格利亚的一个养羊者，便是一个羊毛商。他的趾高气扬，专好排场的一套，如出之于一个亲王公子，则必非亨利之所能容受。一个外国观察者尝说"他是一个得未尝有的骄傲僧官"，一般的舆论也作如是想。但外交家应有的资格他都俱备，他的惟一缺点即脾气太坏：有一次涉及法国的一件事情时，他竟致怒击教皇的使臣，并以送入伦敦塔上享受刑架为恐吓。他的排场，无论在罕普登宫（Hampton Court）中，或在巡游时，皆阔气异常，一方足以取悦于亨利，一方又足以炫耀国人。但结局则徒然使两者都猜忌他，厌恶他，而为诗人添训诫后人勿太招摇的材料。

均势政策 欧洲均势之为英国外交政策的目标首起于武尔塞。法兰西及西班牙两大君主国的兴起，使英国不得不采这样的一个策略。因为彼此稍有上下，则胜利者立会执全欧的牛耳，而小小英吉利的地位将低下而失却保障。起首的十余年间，武尔塞甚为成功，他之维持均势，专用他的手腕，初不需多少英人生命金钱为代价。1513年的双捷，既败入侵的苏格兰人于夫罗登，复胜法兰西人于接近尼德兰边境金加特（Guinegatte）地方的斯浦斯之战（Battle of Spurs），于是英之地位更有增进，俨然有举足轻重之势。但自1521年而后武尔塞的机警及远识俱嫌不够。是时法国就衰，而西班牙的声威正在日增月累之时；如欲维持均势，英国自应助法，乃武尔塞反赞助身兼西班牙，尼德兰，及日耳曼诸国的帝王之查理五世。巴味亚（Pavia）之战，法兰西斯一世（Francis I）被擒，他的军队覆没，因而更使英法一时不振，意大利则历百八十年，受制于西班牙，哈布斯堡氏（Hapsburg）则得称雄于欧罗巴。在腓力二世之时，哈布斯堡君主国的淫威势力且几促英吉利的灭亡；幸而武尔塞所反对且所鄙视的民众，海运，及宗教势力已堪救国家于垂危，不然英国殆早已为腓力的武力所颠覆。

新发现的航线及大地　西班牙的声威不仅止于旧大陆。海洋发现及海洋贸易的时代是时已经来到，向由热那亚及威尼斯所控制的旧路线，通亚洲埃及以达东方的旧路线，则降于不重要的地位，权力及财富亦由意大利诸城及陆海错综，满布桨行扁船（galleys）的地中海而入于西欧各国之手。西欧可以派遣新式的舰队和新式的海员，以航行大洋而达亚洲的市场，且在途中发现非洲美洲。

英国在初时似无捷足先登，而为新变动的主要受益者之希望。在15世纪时，在航行者亨利（Henry the Navigator）的指导之下，葡萄牙的海员曾经走过非洲海岸及绕道好望角而到印度的路线，并在非洲的沿岸地建设了一个至今犹存的殖民帝国。西班牙固尝经过长期的分裂，但自亚拉刚的斐迪南（Ferdinand of Aragon）和卡斯提尔的伊萨伯拉（Isabella of Castile）联婚后，它即驱除摩尔人（Moors）到直布罗陀海峡以南，一面更命哥仑布远航东方，并委大批征士经营新发现的大陆，结果墨西哥及秘鲁的矿产以及西班牙美因的财富尽归西班牙。

西班牙及葡萄牙之称雄　教皇亦能乘时而起，以伸张他的威力。他以亚速尔群岛（Azores）以西数百海里的某地为中心点而将全球一分为二，自南极以至北极适成一线，线之西所可发现之地悉归西班牙，以东悉归葡萄牙。自有这个平分而后，伟大的航海家益竞投伊比利亚两大君主国而乐为之用；麦哲伦（Magellan）因有绕道何恩角（Horn）以直入太平洋之行，而味斯浦奇·亚美利哥（Amerigo Vespucci）则溯航日后以他得名的大陆的沿岸。当此之时教皇的分法尚无人敢公然有所置议，而西班牙及葡萄牙亦尚无第三者足与相持于大洋，或争夺海外之地。意大利的濒海诸国为头等航海家——哥仑布，味斯浦奇，及喀波特——的生产者，但威尼斯及热那亚俱无自行经营海外的雅量。当时意大利的情形，正如一个落魄的英雄，它所驰骋称雄的昔时亚洲诸大路线，今已降为次要的贸易线。且不论威尼斯或热那亚，都不是具有建造新式海船或训练新式海员的能力之群社；它们正在衰退的实力,恰够继续担任残余的利凡特贸易,且和土耳其的战船相抗衡之任。

亨利七世的政策 当此之时,英法对于西班牙及葡萄牙之包办非亚美三洲的商业及殖民事业,都尚未敢置一辞。在亨利七世时喀波特约翰,他的儿子瑟罢斯轻(Sebastian),及十八布里斯托尔的勇士尝坐一海扇船[1]而至今日所谓拉勃剌铎尔,纽芬兰或诺伐斯科细亚(Labrador, NewFoundland, Nova Scotia)之某处。他们本打算西航以达盛闻当时的契丹(Cathay)及东方七大名城,以寻觅香料金宝,哪知他们的路程被北美多雾多鳖的海岸,及森森下坠的松林所遮断。但英吉利此时尚不敢作染指于北美的念头,它尚不敢冒西班牙的虎威,它的时候尚未到临。亨利七世固尝鼓励航海事业,但武尔塞的见解则深以此为不智,故辄浇冷水。两喀波特及诸布里斯托尔人在北美的航行,虽给了英国以日后要索北美之权,但英人把此权束诸高阁者历数世之久;在此数世内英人并未继以内地的发现或臣民的移殖,虽则在16世纪中叶以前。纽芬兰的渔业已成为我国海员的重要养成地。

亨利八世之建海军 亨利八世继承王位时英吉利的地位即如上述。他的政策兼有刚毅及机智之长。鉴于西班牙的优势,他不即鼓励英人和之争长于海外,但他却又能为英国预留自振的余地。当时英国所能办到的为建立一新式的海军,而亨利所办的即为此海军的建立。在百年之战时英人曾执有"狭海"[2]的海权——如果那时的海已经可以被任何人所控制的话。但当时称雄海上者,非王家的海军而为商船上百折不挠的舟子,他们有时自动的掠劫敌船敌人,有时则听从国王的指挥而联合作战,有如在斯类斯(Sluys)时。亨利五世尝为创兴王家海军的尝试,但他没有进行多远,且后人又没有继续下去。亨利七世很能鼓励商舰的勃兴,但也没有筹建专务打仗的舰队。亨利八世始营建王家战舰,蔚为有力舰队。他并在和尔威池及

---

[1] 译者按,海扇船以形如海扇(Cockle)而得名,行动甚敏捷。
[2] 译者按,关于英法间及英吉利爱尔兰间的海峡海湾,英法曾争过三海里以外的领海权。这些地方即史所称为"狭海"("Narrow Seas")者。

得特福德（Woolwich，Deptford）创设王家船坞，更设立有名的屈鳞尼替公司（Corporation of Trinity House）以振兴航海事业。[1]

亨利的海事政策有双层的重要意义。他不但创建专为国家打仗用的船只，他不但设立专事打仗的船员，他的王家战舰更采用簇新的式样。它们是使帆的，在大洋中它们要比地中海各国的桨行扁船为敏捷，以作战的行动而论，它们也要比英吉利商人用以航海，西班牙勇士用以渡大西洋的中古式的"圆"船为便利。新式的英国战船长比阔辄逾三倍，而通常的"圆"船则其长鲜过阔之两倍。在此以前海战不外互撞，放箭，及跳船，极似古希腊古罗马时的海战，但今后则骤变旧观。亨利八世的战舰上皆装大炮，炮眼则一一凸出于船身的两旁，命令一发，则同列的大炮便一齐开火，其势猛不可当。亨利尝坚决地严令建筑家务将大炮置于船身之中，而他们归根竟想出开洞置炮，庶几炮火即可于洞中出发的新办法。[2]英国海权及殖民势力的飞长，其得力于此新战术者盖比任何别的缘由为大。

在1545年，在亨利八世将终的一年，一个法兰西的舰队想入侵英吉利，但为王家海军所击退，英吉利亦得免于被侵。同年一个叫做掘类克·法兰西斯（Francis Drake）的小孩诞生于邻近塔维斯托克（Tavistock）的农庄。

亨利，武尔塞及国会 王家海军本为亨利所创造的，当亨利及他的女儿采用岛国政策，而抵抗大陆上的天主教诸国时，王家海军卒也搭救了他们一手，使他们得以勿坠。武尔塞对于海权的重要始终无丝毫了解。他是一个中古的大教士，一个旧派的官吏，一个文艺复兴派的外交家，但关于英吉利在国内及海外的未来发展，则他殊无远见之可言。他的主上所见较远。推铎尔之所以能成功，即在能窥见民族的倾向，不知不觉间能以民族的利益为政策的基础，亨利实深有与民一致的天性。当他尚在幼年，犹未

---

[1] 译者按，Trinity House 为一个公司，专以经营并奖励航海事业为务，职权甚大，可以征税，可以设置灯塔等等。特许状颁于1514年。

[2] 关于亨利八世时战舰建筑的技术问题，可阅 Callender，*Naval Side of British History*，第五章，及 Corbett，*Drake and the Tudor Navy*，绪论。

熟知国事之时，他固尝充分利用武尔塞的行政识力，但到了相当时期，则他有他的主张，而决非大教臣之所能望其项背者。

武尔塞不失为一人杰，但建立近代英吉利之大功他不得而与。他对于海军无兴趣，他对于国会也无好感。他不但缺乏好感，他对于国会实甚厌恶，因为1515年的国会曾代表国中方兴的反僧侣潮流，而对于僧侣的特惠，对于教民死后赠予牧师之费，对于教皇命令之流通于英国，尝一一加以斥责。法院中此时适亦发生将处分召集及参加教侣大会者以"助长教权者"之罪之奇异谣言。法院及国会在当时本被视为王权的拥护者，被视为袒护民众而抑制僧侣者。武尔塞及其主上皆非不知这些情况者，不过在初时则大教臣为治理者，而亨利仅为注视者，故国会自1515年而后，停不召集竟历八年之久。但亨利如一旦厌弃大教臣，而欲抢去教社之权，或改良教社，或抵抗教皇，则他自然知道何种机关可以利用，可获赞助。

第三章

钦定的及国会的宗教改革

意见的庞杂 推铎尔英吉利的民意尚不能分为旗帜鲜明,互不相容的公教抗议两派。凡误以当时公论已可截然分而为二者,决不能了解宗教改革迄依利萨伯末年所采的途径。公论在当时,盖尚在酝酿时期,而没有确立。不但随波逐流,与俗浮沉之徒老在改变意见,即笃信之士,亦不惜以今日之我攻昨日之我。能坚持一种教旨,而此教旨又可以满足日后的旧教徒或新教徒所立的标准者很不多见。摩尔·托玛斯爵士本为攻击宗教会团及它们所养成的迷信不遗余力之人,但终则以身殉教皇权力无上之旨。伽地纳及波涅(Gardiner, Bonner)两主教在玛利朝时本为著名的拥护教皇权力者,但对于亨利之和罗马决裂曾力赞其成。即依利萨伯自己心中亦何尝不愿维持独身不娶的僧侣,不过为时势所趋,她不能不勉让僧侣有家而已。至于民众的意见,则显然只关心于国王治安的保全,而于他的宗教政策转不愿多所置喙。

在北部及极西南之部,士民对于旧教的拥护颇具热忱;他们所拥护的虽未必是教皇的管辖权,但他们对于寺院及旧宗教的形式确有深厚的感情。伦敦及附近则为改革派的根据地。推铎尔伦敦和瓦尔瓦巴黎(Valois Paris)

两都人士对于僧侣及中古教社所持态度的不同，实可为宗教改革在英法两国有成有不成之一个有力解释。[1]

反僧侣主义 但是改革派，无论在伦敦或在别地，也并不尽受抗议主义的感化，或科勒特及其友人的激动。他们要亦受一种热烈情感的支配，这种情感我们不妨以反僧侣三字形容。反僧侣主义在一部分人心目中，每变成劫掠教社以利家属的一种贪得的欲望；但在另一部分人心目中，它是一种合乎理性，笃实正当的憎恶，憎恶僧侣之享有种种权利及特权。僧侣在此时仍有以种种方法勒索钱帛之权，仍可替全体人民在宗教法院中判断一切关于教旨及道德的问题，虽则当时的世俗人民已有自动思想，并替自己出主意的能力。就宗教而论，中古社会之变成近代社会本不外乎两事；一为僧侣权力的削减，二为世俗人的高升。而此两事的成功，其先为团体的，且须赖国家之力；厥后则为各个的，只凭个人所享的信仰自由。推铎尔时所发动的即为上述两种运动中的第一种，即为国家克制教社之运动；然而此运动固不仅是抗议主义的，而且也是反僧侣主义的。

亨利八世一面火焚抗议教徒，一面又斩公教徒之反对反僧侣革命者。这种政策，在今日视之固似扑朔迷离而不可解，然在当日则甚得英人的赞许。在他一朝混杂的声浪中，最有力的音调，实为公教而兼民族主义的反僧侣主义。僧侣应反对，国家应爱护，但教旨则尽可沿公教之旧；此实为当代最流行的意见，且深合亨利的衷曲。直到亨利死后，受国内外的情况的驱使，英吉利的反僧侣主义者及民族主义者，始不得不勉认逻辑的结论，而和抗议教徒联合起来，以御公教的反动。到了依利萨伯时，这班人自己

---

[1] Pollard 教授尝谓："推铎尔的专制大半赖伦敦之能执全英的牛耳"，Davis 女士亦谓："英吉利的宗教改革史尽可从上述观点出发而重写一道。所有的变动几全体发源或试行于此（指伦敦）"。亨利八世，依利萨伯及部格来（Burghley）之所以成功，而武尔塞，克伦威尔，索美塞特，及玛利之所以失败，亦因一则不常撄伦敦之怒，且永不失其忠心，而一则常和伦敦不睦。英王本无常备军，故近在咫尺之伦敦及其一切宝藏，军火，财力，人力，实有足以左右政策的力量。以上见她所著 *Tudor Studies*，第 287、288 页。此外，在 16、17 两世纪时，除了牛津剑桥以外，伦敦实际上握有印刷机之专利；依利萨伯且曾禁止两大学及伦敦以外之地进行任何印刷事业。

且渐成为抗议教的信徒。

法意自18世纪福耳特尔（Voltaire）的时期以来，反僧侣主义，常为一个或几个政党的口号，但英国则并不需要反僧侣的政党永久存在着。僧侣操纵为英人所憎恶，而宗教则为英人所尊崇。憎恶及尊崇两者在英吉利都比在欧洲任何部分为普遍，但在宗教改革以后之英吉利教社及教派中，两者都已得充分的满足。反僧侣主义的精神，有时助英吉利教以抵抗罗马教徒及清教徒之把持性之谋主持人类的生活，有时则联非国教者以敌国教僧侣的妄自尊大，它并不独立成一势力。但当亨利八世正在把教皇及中古教社的权力加以摧折之时，反僧侣主义，曾一度的独立于公教及抗议教之外，而自成一种势力；在千钧一发的几年中，它且为三种势力中之最有力者。

路德之教 亨利和教皇决裂以前，先有路德所领导的德意志宗教改革。路德的活动，在有几年内几把罗马的尊严消灭净尽，几使罗马不复能成为宗教权力的中心。1527年圣城更被德意志皇及西班牙王查理五世的军队所洗劫。德意志的异端者及西班牙的公教徒，争相劫掠教堂，奸淫尼僧，且围困教皇及其大教臣于圣安琪罗堡塞（Castle of St. Angelo）。同时一个罗马公教徒更致书于查理五世：

> 罗马教廷的腐败失政已达极点，故人人以为此次之祸乃由天召。有人并以为圣廷不应再设于罗马，否则法王或会另立教主于法兰西王国境内，而不听上述圣廷的命令，英王及其他君主也会有相类的行动。

如果英国不欲利用欧洲的公论以和罗马分裂则已，如欲利用，则路德反叛罗马遭劫后的一代，实为最可利用之时。

剑桥改革家 路德派的教义一经在威丁堡（Wittenberg）宣布后，在英国即成为一种势力，虽国家及教社仍加以禁止。它们（教义）立时把罗拉特派吸收入抗议教之运动中。但它们对于治新学之人，则有两种不同的影

响：有些，一跃而加入较彻底的新运动，尤其是年轻者流；有的则退缩不前，而渐渐复信正派的教义，尤其是曾经介绍新文艺入英的老辈。伊拉斯莫斯既视抗议教为畏物，摩尔复著书加以驳斥。向日有功于新思潮的牛津亦趑趄不敢前进。独有剑桥则于此时首露头角，而于民族的运动中占重要地位。自 1521 年起，剑桥的学生常聚会于该市的白马酒肆（White Horse Tavern）[1]中以讨论路德的教条。时人替这酒肆起了一个诨名，叫做"德意志"，而常至该肆的学者，则被叫做"德意志人"，虽则他们实是新英吉利的创设者。首以推锋尔的英语译耶教圣经的廷对尔及卡味对尔（Tyndale, Coverdale），创立祷告书的克篮麦（Cranmer），为民众改革运动之灵魂的拉替麦俱为剑桥人士；日后的大教士和殉道者中亦很多为剑桥人士。

克篮麦 拉替麦及克篮麦可代表日后改良英吉利教社的两方面，前者代表他的义勇性，而后者他的沉着性。拉替麦于宗教各争点，其大无畏的精神不弱于路德，而于社会各问题及当世俗权力之面其畏怯之态又远无路德之甚。克篮麦的素性本较温和而谨慎，故对于知识上的争端，向不急急于抉择方向，必审虑再三，迟疑数四，而后有肯定的见解，或不易的信仰；但他有时亦会毅然的，兴奋的以庇翼他所熟思而后生的主见，好比胆怯的妇人为保护她儿女起见，有时亦会奋不顾身，不知所惧。拉替麦及克篮麦都能取到亨利的崇敬，不过前者的见解太过于彻底，故久后不复能和亨利的目的相容，而后者则天眷永隆，亨利的恩爱及政策尽管时有剧变，武尔塞，摩尔，克伦威尔，以及其他许多妇女男子尽管为他所牺牲，而克篮麦则终始得宠，历久不变。他且为亨利临终时惟一的友好亲信：此凶酷自信的国王临死时犹闻呓呓作笃信上帝之言，而其手则安置在此温柔的，迷惘的，英吉利教的创业者之手中。如有人能正确的解释此幕神情的内里意义，他殆可知晓不少人性的奇异及矛盾之处。

---

〔1〕在那时候 Tavern 并不是卑下的地方，并不同今日所谓 Public house 一样。士大夫常会于晚间带同妻妇，取饮酒肆；大家盖把酒肆当做最方便会见友好之所。从温错的《一群快乐妇人》中我们可知酒肆老板（"Mine host"），在社交生活中颇居重要的地位。

离婚案 但亨利在生前尚有许多事要做。在洗劫罗马的那年亨利年已三十有六；他的知识虽发展极迟，但此时则已充分成熟。他的精力本大过常人，故幼年时常借狩猎等等自娱，但今则不能不借政治以资发泄。简言之，他已到了亲知政事的年龄，而武尔塞则不能不走。而且他和他的全体人民对于此开衅于外。获咎于内的大教臣都生了厌恶之念。即使没有离婚案发生，他的被弃殆亦为目前之事。

离婚案为与罗马决裂——数百年来早在渐次形成的决裂——的近因，然严格说起来，它不是一个"离婚"问题。严格说起来，这是亨利曾否和亚拉刚的喀衰邻正式结过婚的问题，因为他的长兄亚叟尔尝为她的丈夫。依例不能再醮于夫弟。前任的教皇本许过她再嫁亨利，但亨利今则请教皇克雷门特七世（Clement Ⅶ）宣告他们的婚约无效，而亨利尚为一未婚的壮男子。亨利愿娶部林·安（Anne Boleyn）。当时及前后数百年内的君主本多私妇，舆论不以为怪，而君主本身亦习为常事；亨利如无求子之念，则亦当可以安为私妇而遂满足。但亨利望子之心甚切，有一合法的王子，才可以继承王位，统揽大政，而不虞有所争夺。喀衰邻年事已高，再不能生子，而玛利公主为他们惟一的子女。英吉利向未有过临朝的王后，如以女王承位，即不引起继承之战，亦难免不受制于偶后的外国君王。

教皇之拒绝解放亨利的婚约，并不由于宗教或道德的观念。不久以前他方允准亨利之姊，苏格兰后，玛加勒特的离婚，离婚的理由比亨利更不充分。他的前任也曾准路易十二世等一班君主的离婚，离婚的理由也完全是为国家的方便。但他决不能开亨利以方便之门，因为自罗马洗劫而后，他受制于查理五世，而查理则为喀衰邻的内侄且有力的保护者。所以教皇的世俗权力，非但不能助他获得自由，反而限他于一种卑下的地位，把他卷入尘世俗事之旋涡而不能自振。因为他也是一个意大利君主，所以他不能不敷衍意大利事实上的主人（即查理）。

自亨利看起来，英吉利利益之须直接受制于罗马教皇，而间接受制于

 英国史｜上册

德意志皇，为不可忍之事。当他因婚事无法解决而盛怒之际，他也见到许多英人早已见到的结论，即英吉利而欲为一个国家，则它必须否认由列强及敌国所操纵的教权。英吉利民族主义的精神，自不兰他基奈时以来本日有进益，至于今日则羽翼已成，于是英人更不能不自问，何以他们定须受外来法律的限制？何以于宗教及婚姻之律，定须请示国外？何以不就商本国的教士？何以不径由本国的国会？

武尔塞之不能为亨利取得罗马对于"离婚"的许可结束了他的运命。他虽死于失宠之时，然他之早日善终已是万幸，不然他或不免先其他的贵人而尝试断头台的滋味。克篮麦则旁征博引的以证明"离婚"之正当，及英吉利之有自决权，他因此得国王的宠幸，且一跃而为坎忒布里的大主教。大主教而不臣事教皇者，他实为第一人。但亨利另需一个较粗莽的，较少受良心的限制之臣僚作左右手，此人则亨利得之克伦威尔托玛斯。亦反教皇，亦反僧侣，亦英吉利教，亦伊拉斯莫斯派的大革命于是竟乘巨浪而长冲直入，一举而成。在革命的进程之中，残酷失平之事自然难免，然那一个社会革命，无论主动者是一个人或是一群人，能免这些？

人民对离婚案的态度 英吉利人民对于这问题的态度又如何呢？通常的英人总讨厌教皇干涉英国国内之事，他的祖先早有这种观念，于今则更甚，故他很赞成亨利之把这个问题痛快解决一下。英吉利的民族主义已达长成的时期，他决不能仍让远处千哩以外，中隔高山大海，动以意大利的，西班牙的，帝国的，有时或以法兰西的，但从不以英吉利的标准及利益来判断英国问题的罗马教庭，干预国家大事。但在又一方说起来，平民总表同情于无瑕无疵，备尝艰苦的喀衰邻及其女儿玛利（即伦敦的平民亦是如此）。部林·安则不齿于人口。私姘妇而欲为正式妇，为正式妇而又须损及别人的利益，本不易得世人的同情，而况安本轻佻不淑，本没足以一反物议的性质及德行。

人民对改革的态度 但"离婚"问题的政治及宗教方面不久即掩没私

人方面，故改革一发动后，人民的赞助亨利亦日见显明。在大革命中，在解放英吉利的教社国家，解除罗马束缚，封闭势及全世的寺僧及行脚僧之会团，减削僧侣的权力特权的大革命中，亨利深得伦敦及南方的助力。不顺舆情的离婚政策实包含着深合舆情的决裂政策；而和罗马的决裂又包含着国内的反僧侣革命；反僧侣革命则又深得国内势力最强盛者的协赞。此时亨利及其人民俱尚不信这种变动发生而后，抗议教的容纳为必然应有的结果。当时尚为富于诛除异己性的公教派的反僧侣主义时代；当时情形的不伦不类和亨利之为人如出一辙，有人且说情形的可怕和亨利之可怕亦出一辙。但在当时，这个奇特可怕的政策却深得人民的同情，所得的且比任何多合些逻辑的或多有些慈悲的政策所能得的为多。亨利之把可敬的摩尔·托玛斯爵士送上断头台（因为他反对否认教皇权力），把可怜的抗议教徒送上火刑具［因为他们不认圣餐酒食能化体血之说（"Transubstantiation"）］，固足以使深信容忍异教为近代社会的基础之近人闻而发指，但影响于当代人的情感者则迥异。他们对于被牺牲者，固然也不乏怜惜之心，但对于政府之能毅然运用传自远代，未经疑问的，诛除异己之习惯，以保持教社及国家之治安，尤深致其钦敬之意。

推铎尔时的尊王主义，至这数年内而登峰造极，国王的意志，国人即视为公共的益利。这种无理性的崇拜，对于亨利的性格发生极不好的影响；因得国人的崇拜之故，他的自私心几变成一种病症。幸而这种病症只害了他的心，没有害了他的脑，使他不仁，但没有使他昏愦。在强有力的国王之下，尊王主义的一个结果，是使英吉利得以大变其法而不需内战，虽则亨利并无军队足供驱使，足供维持治安之用。勇士的血固然也有枉流者，但并不如法兰西，荷兰，及德意志诸国在宗教战争时之须流血成渠。

僧侣对改革的态度　亨利所藉以执行钦定的宗教改革之工具为国会，而非教侣大会（Convocation）。教侣大会是无可利用的：坎忒布里及约克的教侣会议，只有僧侣可出席，而世俗人无代表，要利用他们来承认反僧侣革命，正如与虎谋皮一样的难。中古的教社纯是僧侣的组织，教社以外的世俗人如欲表示他们的意见只有经由国会，而不能经由教侣大会。

两省[1]中的教侣大会因恐被按《助长教权法》治罪，始肯默认国会的改革。但我们切勿以为世俗僧侣的全体不赞成所有的变动，所有以强力执行的变动。他们对于寺僧及行脚僧初没有好感可言。他们深恨教皇之勒取首年教俸（Annates）及其他陋规。有好多人且在教侣大会中公然承认，僧侣的特惠，教堂寺院之容庇逃犯，以及宗教法院的种种积弊，确有改良的必要。除此而外，更有一派教士，且主张较彻底的改革，如克篮麦及拉替麦之流。他们为数虽少，但日有增加。从这派人中亨利选任了好几个做主教。

英吉利僧侣所采的态度诚不能谓为有英武不屈之气，但却比狂信陈义，提倡内战，以保不合潮流的特权的僧侣之态度要爱国些，要有用些，在道德上也要说得过去些。因为他们能勉强容纳他们所不愿容纳的事物，他们却救了英国，却免了英国卷入宗教战争的逆运。他们不久便恢复他们早已失却的地位；他们在新制度之下重又为举国所爱戴。

脱离了教皇的羁绊也许是一件好事，又须受国王的羁绊则不见会一样的好。但僧侣除此二者而外，别无第三者可供选择。所以教侣大会低首下心的承认亨利为英国的教社的最高首领，但同时又有意加了"在基督的法律所许范围以内"数字——这富有弹性而在后几年中意义几经伸张的数字。[2]经此手续，僧侣们正式和教皇离异，而以英吉利国家的权力为代。但除此而外，不久即有世俗人的革命，亨利尚须于教侣大会外另觅工具。这个工具他得之于国会。

国会与改革　宗教改革有倍增国会的重要之结果。在此以前国会虽为

---

〔1〕 译者按，英之教社，在管辖上分为两省（Provinces），一为坎忒布里省，一为约克省，每省各有它的教侣大会。

〔2〕 在1534年国会所通过的《国王为教社最高的权力法》（Act of Supremacy）中，这个限制已经取消，故亨利的称呼为"英国的教社，（即 Anglicana Ecclesia）惟一在地上最高的首领"。

立法机关，但其司法的职务几不亚于立法，且在亨利七世及武尔塞之下，它的地位日在下沉。如果英国的历史永为欧洲的历史的一分支，而不另辟途径，则国会的地位殆会继续下沉，直至如法兰西及西班牙的中古等级会议一般的无声无臭而后止。所幸亨利八世开了一条新路。

"宗教改革国会"（The Reformation Parliament）并不是由一派包办的，实则也无须包办。宗教改革的诸种立法，如和罗马决裂的善后，寺院的封闭，国高于教的确立等等，皆先经枢密院拟定，然后经两院的讨论及通过。改革国会的会期甚长，和前此的适相反；它一连存在了7年，开了8届会议。从这长期的集会中，议员得有增进连续的经验的机会，而近代众议员之所以能为治理之重要工具，盖亦深得力于当时议员之通晓一切。在亨利的几个国会中，辩论总可算是自由；至少关于国王愿交两院处理的问题。他懂得真正的批评及讨论的价值。关于大政方针他固绝不放任，但在那时代的形势及国王的大政计划之下，在大体上国会本无和国王不谐的场合。然而即在亨利之世，政府所希望成立的法案被众院否决者仍有几个，修正者则为数且更多。

国王在国会 世人都信路易十四曾为"朕即是国"之言，他的行为诚足使我们相信他在这样想法。亨利的权威是属于别一种的，他自己也早早承认此点。在1543年，当他在认可议员们得享不受逮捕之权时，他告众院道：

> 我们的法官告诉我们，我们王室的权力从无如现时在国会中之高；在国会中，我们是首领，而你们是会员，两者联合便组成一个的政治团体。

"国王在国会"不久真的变成最高的权力机关。教社及国家的基本法素向在国王或国会的权力以外，素向非他或它之所能变动，但今则国会竟以相关的，一贯的几种条文法把教国旧有的基本大法改革一新。在此新环境之下，"国王在国会"的权力诚不止倍增而已，他（"国王在国会"）已成了"万能的"（"omnicompetent"），在英吉利国境以内，他可以制定任何种的法律。

国会，尤其是众院，在国家中的地位虽日见升高，但仍受国王的指挥。"改革国会"及随后的"易驭国会"（"Tractable Parliament"）似乎太过于崇拜英吉利的新教皇——国王的英威，似乎太过于惟命是听；1534年的《叛逆法》亦似乎诛求过甚，即忠君爱国之人民的安全亦因而失所保障。而且在亨利八世及克伦威尔的手中此法亦非备而不用者。幸而当爱德华六世的初年，当酷好自由的索美塞特为护政大臣（protector），时此法即被取消，而国王及国会间的关系，又重跻于惯常的推铎尔水平线上。

寺院的解散及已定利益　钦定的，但由国会执行的，宗教改革之所以能树立在已定利益（vested interest）[1]的基础之上，多半盖由于寺僧及行脚僧的会团之封闭，及它们财产之世俗化。亨利八世把没收的寺田之大部售与贵族，朝臣，公吏，及商人，而这班人则又立即转售于较微的人员。[2]商人阶级中复有组织营业公司以买卖地产，贸迁取利者。大半因有这种的交易，所以教皇派的反动在玛利朝开始时，乡绅阶级中的营地产者即侧目而视，势不两立。大多的寺院或则早已夷为采地府，或则正在变成采地府（指地权之移转而言），乡绅们当然不愿见其复为寺院。这类的人虽从无被焚之厄，或成殉道者，但他们至少知道援助抗议教士——自愿为上帝服务而不求报酬的抗议教士——之为得计。

地权的移转　在那时候，田地即是权力，有田者对于田中的住户是有一种直接的权力的。宗教改革决不能在寺田的租户中发展，田主也决不会让租户信从改革。但各邑之土地一旦由忠于教皇，忠于旧宗教的会社手中，

---

〔1〕译者按，Vested interest 指已经完成，已经固定之法益，中文中尚无适当译名。

〔2〕H. A. L. Fisher, *Political History of England*，第 496～499 页载有关于出售寺田的图表，可以参阅。

而入于信仰不同，思想维新的世俗人手中，政府一旦甘冒不韪，而将寺产没收，世俗人亦不畏神怒，而将寺产收买之后，田主对于租户的影响适和前时相反。在伦敦市中向作教堂等用而又位居冲要，价值连城的旧址，以及属于教社的贵重房产，一大部分亦入于世俗人之手，于是都城内日在膨胀的抗议教，反僧侣主义，及商业主义亦去了物质上的最后障碍。在伦敦如是，在别的城市中其现象亦无稍异。在牛津剑桥两处，寺僧及行脚僧向甚众多，且为抵抗新学的中坚分子。他们被肃清而后，两大学的学生数骤然锐减，一时颇引起拉替麦的惊惶，但不久而后，学生中绅士子弟之成分大增，而总数亦随而增加。来自此新阶级的世俗学生们，辄视大学为进入仕途之阶。塞西尔及倍根两姓之人，皆藉大学的训练而获得治国的本领，他们更养成智识上种种新的理想；我们敢说，如果牛津剑桥依旧在僧士的领导之下，则此种理想绝少生根的可能。

然而寺田在实际上之分配法，实为对于教育的一大罪孽。以情理言之，寺院及祈唱堂的财富，应用于新校的设立及旧校的扩张。在旧时，祈唱堂类皆附设学校，而寺院亦有附设者。以充公的寺产，及在亨利末年，爱德华六世初年被没充公的堂产，继续用于教育，似为最允当不过之事。而且以教产办学之先例，武尔塞即已树立过；他尝利用他所封闭的教会教团的财产以建立他的大教臣书院（Cardinal College），即日后所称为基督书院（Christ College）者。1496年剑桥新设立的耶稣书院（Jesus College），亦以一个因丑事被封的尼庵财产为基金。然而亨利则并不绍述上述的先例，他仅设立了剑桥的屈鳞尼替书院。该院盛大的基业大半固来自充公的寺产，但该院数百年来的成就，益使我们不能为亨利曲恕；如果亨利能高瞻远瞩，把所有的寺堂产业用之于教育，则英国于工业革命之前，殆早已能成为一个有教育的平民政治，殆能把那个重大的变动导入于较高贵，较仁慈的路径上去，而避免了现代许多的社会纷乱。但在当时浊世的潮流之中，要以寺堂产业尽用之于有利公共的事业，正如一个美梦，只可梦想，而不可实现，在英吉利如是，在苏格兰亦如是。国库此时甚为空虚，而朝臣又贪得无厌，胡乱把田产出售于私人似为最自然的办法。

寺院的管业 寺僧们负债极大，他们并不是善管业产者。他们和佃户的关系，以常例而论，既不大优，亦不大劣于世俗地主。会社之为地主者，其政策往往偏向保守，换言之，它们管业的效率不高，但对人则不至过于苛刻。寺院的政策盖无异于别的会社。但也有好多例外。当时许多的寺院田地已经圈围起来，因此而发生户口减少之事亦不罕见。兰格兰（Langland）主教在 1526 年曾谓有许多寺院"其欺凌佃户（"Excoriant firmarios suos"）比世俗人更烈"。寺院解散之顷，因有人在做地产投机事业，而没收之地又时常易主之故，地价愈来愈高，而田租亦愈来愈贵，佃户之命运亦愈来愈坏，然此亦不甚尽确。有些寺僧向不直接顾问田产，而以之长期租借于人，故地产虽易主，而佃户仍可不变。

解散时的寺院生活 僧尼及依寺院的给养金或所贡衣食（"corrodies"）为生的世俗人，类皆来自贵族或富有之家。[1]寺院到了后代已不成为平民的或智识的势力。它们的收入只极微小的一部分仍用于布施。编年纪在昔本为英吉利寺院著名的事业，但今则几已绝笔，而又无别种智识上的活动足以继起。自科勒特，摩尔，及伊拉斯莫斯看起来，寺僧为愚昧主义者，而行脚僧则为利用愚民最卑下的迷信以自肥者。文艺复兴时代的古学及圣经研究，寺院中几没有一人参加。寺僧亲自作工之风今已无闻，而前得社会称许，且从而势力大增的刻苦生活今亦无人欣羡，无人身践。有时寺庵中且发生秽事。但就大体而论，当寺院被解放时，僧尼所过之生活为幽闲舒适的生活，虽于四围的社会鲜有益处，但也无大过失处。在解散前的几世间，虔神奉教者的捐助已不流入于寺院，而输将于祈唱堂或别的地方。寺僧的总数在 300 年间约减少 1/4，在解散之时约在七千左右。即在和罗马决

---

〔1〕 关于此点参阅 Savine 教授的 *English Monasteries at the Dissolution* 第 240～245 页及第 263～267 页。关于英吉利的尼庵参阅 Power 女士的 *Mediaeval English Nnneries* (1922)。尼僧之数全英殆从不过于 2000。关于穷民的救济，见上第 313～314 页。

裂的几年前，正派的主教及大教臣也有主张封闭寺院，而开始为此种运动者。

以寺院的产业用之更合时宜的公共事业是很可以说得过去的，而且要和教皇永久决裂，则他的爪牙自亦不能不予解除。但根据于不充分的证据而入寺僧于罪，舞文弄法以杀格拉斯吞柏立的僧正及别的出家人而利其财产，出售地产于私人而聊以充实国库：凡此种种则绝无回护的余地。

人民对解散的态度　在林肯邑，约克邑，及封建和中古社会尚盛未衰的北陲诸郡中，寺僧及旧教仍为人民所爱戴。结果有所谓"奉神游行"〔1〕（Pilgrimage of Grace）的发生。亨利除了若干自由农民的卫队以外，别无所谓军队。如果国内的别部亦随之而变，而拒绝助他，则他只有改变方针，或立被推翻。幸而伦敦，南方，及米德兰始终助他，风波亦旋即消灭。民众这样的态度是不足奇异的；远在国王及士绅相联而攻寺院以前，农民及市民已于1381年在圣奥尔班，在柏立·圣爱德曼（Bury St. Edmunds），在其他地方揭竿而起过。

而且教社中的别部分亦不觉有起而援助出家人的必要。世俗的僧侣数世纪来向视寺僧及行脚僧为敌对者，后者曾夺了他们的什一之税及教费，和他互争教务，且不认他们主教的管辖权。当宗教改革将起之时，英国公教教社中，这两部分人互相敌视之情初不亚于昔时，此后种种事变所取的途径和这种剧烈的敌视，盖有很密的关系。以四海为一家的僧人会团，既不能得世俗僧侣的援助，复不能得进步的世俗人的同情，则只有求助于罗马，故一当英吉利民族主义勃兴而欲成立一英吉利教社时，则他们只有就死。

主教及僧正地位的变迁　在那个教社中，主教所处的地位一如往昔，在形式上及法律上绝少更动。他们向来习惯为国王的臣仆而不常为教皇的臣仆，故要他们臣事国王而否认教皇甚易。我们要知柏克特不能代表中古

---

〔1〕　见上第299页注1。

英吉利的主教,尉坎的威廉[1]才可代表。他们做官得来的经验,他们在国会及枢密院中的活动,以及国王和教社间争端的调解:凡此俱足以助主教们以适应环境,而不致有格格不相入的苦痛。但僧正则大部分向不和国民的生活发生关系,出席国会者居极少数,参与寺院以外之事务者则更罕见。因此在近代的英吉利国家中主教之有地位,而僧正之无地位为十分自然之事。僧正在贵族院中本和主教并列,这班僧正消灭而后,贵族院中向居多数的宗教贵族降居少数。这亦为极有关系的变动。

迷信的解除 亨利,以教社的最高领袖的资格,更进一步而改革他臣民的宗教;和罗马的分裂于是益加完全。宗教法(Canon Law)本为英国和仍奉教皇的欧洲间的智识交接点,但今则它的研习亦在禁止之列。[2]在纯涉奉献祷祀的方面,当时亦有极大的变动。在亨利乖戾易怒的老年时,竟把和易宽大的壮年时所受于牛津改革家的诸种理想,一一实行起来。实行这种理想很可斩除寺僧,行脚僧,及教皇派人对于群众的麻醉力,所以他更乐于把它们实行。科勒特及伊拉斯莫斯所痛诋的遗物崇拜,影像崇拜,及赦状发卖等等一类粗恶下流的民众迷信及愚民骗术,皆被亨利利用王家的强力,严厉的加以禁止。全国各地脏秽的遗物皆一一消灭,显圣的影像皆一一除卸。而曩所赖以欺骗民众的粗劣西洋景皆一一拆穿给民众谛视。所以当时的改革家互相走告道:"龙在倒了,巴比伦的柏儿(Bel of Babylon)已被毁无余了"。[3]柏克特·托马斯的神祠本为英吉利朝神者之主要中心,但今已一举手而被封禁;在新时代之下世人亦不复谥柏寺特为"神圣的,降福的殉道者",而贬之为"亡命法国,臣服罗马主教,以谋颠覆祖国健全

---

[1] 见上第269页。

[2] 宗教改革后,不特宗教法院之独立性无存,即它们对于日常生活的管辖权亦视前大减。例如损害名誉之罪的讼案,向归宗教法院受理,但在推铎尔及斯图亚特两朝时,它们渐归世俗法院。见 Holdsworth 的 *A History of English Law* 第三册,第410~411页。

[3] 译者按,《旧约》全书中有 *Bel and Dragon* 一书,乃 *Daniel* 一书的三附属书之一,中述 Daniel 杀龙降 Bel 以破除邪教的故事。龙为巴比伦人所崇拜者,实即蛇蝎一类之物。Bel 为地神,为巴比伦天,地,水三神之一;但又通作神讲,因巴比伦文的 Bel 即等于 Lord。

的法律的叛逆"。

英文圣书的广播　同时，在大主教克篮麦的领导之下，激动民众宗教性的一种新的方法渐在援用，克篮麦用英语起草新的祷告文，这种文字即被采纳在下代通用的《祷告书》（Payer Book）中。亨利则令大家朗诵英文的主的祷辞（Lord's Prayer）十诫，及信条（Articles of Faith），全僧侣以是读给会众，令父兄以是读给子弟。此外，他听了克篮麦的建议，不但不干涉英文圣经的流通，并令牧区教堂各备一本。那个高贵的学者殉道者廷对尔，本有使工徒耕夫人手一本他所编译的英文圣经之心愿，在亨利的末年，参酌廷对尔的本子，及绍述他而学问稍次的卡味对尔的本子而成的英文圣经，果然能普遍全国，虽贩夫走卒亦不难了解。故英国的宗教改革虽初起为国会攻击教社之享有田产，继而为国王之劫掠寺田，但最后仍能有真正的宗教基础，威克里夫渴望人民熟识圣经的梦，至今日而得成事实。当玛利赞助旧教，肆行诛戮之时，改革之宗教仍有力量足以抵抗，多半盖有赖于此。那时即鞋匠，缝工，及穷妇人辈亦已能了解宗教改革之为何事，故他们也能充新制度的拥护者。

亨利的末年　亨利为放火救火者。克来武兹的安（Anne of Cleves）的面目及欧陆情形的变化促进亨利的觉悟，使他了然于改革过甚或过速的危险。他的新妇极多，安为后来的一个，乃克伦威尔从反教皇的德意志招来者。安的可憎的面目令亨利生气，而克伦威尔竟至枭首。《六信条法》（Act of Six Articles）则已于上年通过，凡不信酒食化血体之说，或否认附耳认罪（auricular confession）及僧侣不婚的需要者悉处死刑。伦敦且有人因在礼拜五食肉而被绞者。抗议教徒之被焚者更时有所闻，但既不声张，也不操之太急，致社会不甚惊异。拉替麦终于去位，只克篮麦仍得为大主教。是时的政策盖有些游移无定，但尚不能谓为在一反早年的政策。亨利第五太太豪厄德·喀衰邻（Catherine Howard）可说是部林·安第二，虽和安的宗教不同（她为公教，而安为抗议教），但其过失及所遭的厄运，则固同安如出一辙。亨利的末一个太太帕·喀衰邻（Catherine Parr）为运命最佳者，她死在亨利之后，她对于宗教政策有缓和的势力，她倾向于改革派而极谨慎。

　　亨利的目的似乎在防止另有的变动，且使好论宗教之人民有所畏惧而不敢多说。关于宗教问题，国王已有终结的表示——至少在目前是终结的。际此之时，人民尽可熟读圣经，而默思他们之所欲思。《六信条法》亦非不顺舆情之法，因为当时大多数的人民，既非教皇派，又非抗议派，且无人相信异教之应容忍。但那个法律也没有严格执行。亨利仍未和大多数臣民的思想欲望失了接触，即在末年他仍没有失却臣民的忠心，他们仍助他同心抵御外侮。当他将死之时，他似在筹思更进一步的改革，不幸天不假年，亨利遽奉惟一有权召他之人而去，故进一步计划我们亦无所睹。

第四章
抗议教及公教的插戏

国王：爱德华六世，1547—1553；玛利一世，1553—1558。

亨利死后十余年中的形势 亨利七世的谨慎小心和亨利八世的强毅有为，建立了新英吉利的基础。经两王的努力，治安已经恢复，贵族及他们家人的跋扈已经克制，政府的权力已经及于英之四隅，甚而及于威尔士，[1] 王家的海军已经成立，国家的独立，无论在宗教上或在政治上，已经确立，国家及教社间关系之改革亦已经完成。但以上种种，虽已成功，而尚无保障。当亨利八世临终时，国家负债甚巨，劣币充斥，而一时以武力抑止的宗教斗争，亦有一发而不可收拾的危险在暗伏着。除非治国能有省俭而又有力之法，除非新国教的形式能为大众所接受，则纷乱及内战仍将不可获免，无政府状态及反改革，仍可成为事实，而推铎尔的工作仍将归于乌有。这些困难问题，赖有那个睿慧的而又近乎不信上帝的，女王依利萨伯来替我们一一解决。但在她父王死后，她自己继位以前之十余年内，则政权落在一班蠢人及投机家，外国人及狂信徒的手中；他们七手八脚几把推铎尔

---

[1] 关于亨利之解决威尔士问题，见后第399~401页。

君主国的基业断送以尽,且他们确曾使英吉利降过为三等国,使它因宗教的斗争而裂痕大著,无论在陆地或在海上,都使他变成西班牙的附庸。

虽然,这不荣誉的时期也不是一点成绩都没有的。宗教的诸派及诸问题,卒因纷争而渐归于显明。经多年的纷扰,世人才知亨利不彻底的办法之不可以持久。亨利所支起的帐幕究不足以供久居之用;如不重和罗马联合,则须向抗议教的那个方向前进才是办法。在同时期内,一般民众心中更以对抗教皇和对抗西班牙两事联合起来,他们以为抗教皇必须抗西班牙,而防西班牙即为拒绝教皇。爱德华时《祷告书》的成功,及玛利时抗议教徒的殉义,亦足以提高英吉利宗教改革之知识及道德上的水平,而使依利萨伯得于1559年一举而永决宗教的问题。依利萨伯的伟举,在爱德华及玛利两朝思想正极纷乱之时,实为人类所做不通之事。

爱德华六世　爱德华六世为亨利八世和西摩·健(Jane Seymour)所生,即位时年才9岁。他有痼疾,但有神童之誉,敏而笃实。他比乃父较多良心,但宅心则并不稍为仁慈,他的严峻初不亚于亨利。他未满16岁即死,令我们难以悬拟他长成后的政绩,但就我们所能见到者而论,如果他不即夭亡,他或许竟会因操之太急,而使改革之前功尽弃,犹之他的异母姊玛利因太偏于公教之故,反使公教不容于英国。爱德华在世之时有两人先后执政:一为舅父西摩,即世所习知之护政大臣索美塞特,他为一个理想者;后继者为都德里·约翰(John Dudley),初封为窝立克伯(Earl of Warwick),继为诺森伯兰公,他为人毫无主义,而私欲极大。

克篮麦　爱德华朝的宗教生活中,有两大人物足以振聋起聩,而使这朝免于一事无成之讥。这两人为大主教克篮麦及拉替麦休。克篮麦有编辑《祷告书》之功。《祷告书》的大部系根据于他的译文,他把后期的拉丁文译成推铎尔时的英文,能贯通新旧两时代的精神,于大部民众的性情及情感亦深能适合。人民赖有这部《祷告书》,故能共趋于同一的宗教方向,而不致分裂仇视。盎格利[1]教社之所以能不仅为钦定的，及反僧侣的，革命的残留物，而并能有它自己的一种格局，盖亦深得力于此《祷告书》。《祷告书》之最后胜利固须待至依利萨伯朝而始显，但在爱德华朝的纷歧意见中，究已取到相当的地位及势力。克篮麦之为人，在朝中及会议席上固似懦怯嗫嚅，但他在书房中下笔时，则又似一个若有所感之人，洋洋洒洒而不知所畏。

拉替麦 他的朋友拉替麦完全是另一派人。他在亨利朝时本做过主教，后因信仰抗议教而解职，在新朝时他没有复职，他继续为宗教改革之独立拥护者，他的行动完全自由，他甚而敢于谘议会中"痛责他们之贪"。他常于圣保罗交道（St. Paul's Cross）中向市民讲道，于王家花园中向朝臣宣教；他的爽利的，不加藻饰的讲演蔚为一种风气，英吉利讲经台上的演说术，盖即以此为准则。英人于此后百年之中渐渐依附抗议教，拉替麦所倡导的讲经术与《圣经》及《祷告书》实可并列为三大功臣。

教产及教育 同时他又以至诚斥责钦定的宗教改革所犯的罪恶。亨利朝劫掠宗教会社及祈唱堂的政策，到了新朝时仍有继续；表面上固在藉此以禁止"迷信"及为死人祈祷而收钱之恶习，但实则远远超过必要的限度，而专以充实朝臣的私囊为目的。附属于封禁的会社的学校，其始悉被关闭，其重开为"爱德华王的文法学校"者，亦非已闭学校的全体。英吉利的教社日后固以能有功学问名于世，然自朱厄尔及呼克尔（Jewel, Hooker）以迄卫斯考特及和尔特（Westcott, Hort）的一班教士及学者胥为日后的人物，而在此时则劫掠祈唱堂的田产者，只知增加赃品，不知其他。自拉替麦及其同时之人看起来，教育为宗教的一部，没有教育则抗议教决难生根，故对于教育之忽视，竟不胜其愤慨。

---

[1] 译者按，Anglican Church 译为盎格利教社，可和旧日罗马在英吉利的教社有所区别。通俗所用安立甘三字无可取。

学校是再没有人维持的了（拉替麦呼号的说）。学者们既无人维持，讲经之风亦日益不振。世人以田产财富授诸子弟，但对于这最重要的义务却不甚顾问。长此以往，我英的教士将卑陋无知，国家将日趋野蛮，而无学问之可言。以我观之，此诚非防止罗马主教入侵我国，而执有无上主权之道。所以我恳求你们务须捐拾田产以供学者之需，使穷人之子而聪慧者得有为教士之可能。你们对于朝神，为死者念经，做弥撒，取得赦宥，对于死后涤罪等事，往往慷慨输将，你们务须对学者的捐助有同样的慷慨才行啊！

幸而许多中等阶级中人能认识了上述新的虔敬观念，而致力于学校之设立，及学者之资助，故朝臣所劫夺的田地，经多年而后能复用诸于公共事业，既不虞"罗马主教"的侵略，复不至为"蛮野"的燎原。但英吉利此时既不民主，复和学问无感情，故捐资兴学的良好机会终究还是放过了。

索美塞特　护政大臣索美塞特极力主张没收会社及祈唱堂的产业，他把克篮麦的抗议则置若罔闻。他的主张多半乃为自私，他所获甚多，他在泰晤士河岸所筑的"索美塞特宅"（"Somerset House"）实非臣民财力之所能及。他的目的在包办政权，然而他如果能想到他并无成年的及有力的君主为后盾时，则他当自知包办太甚之非为得计。然他虽傲而又恭顺，虽自私而又富服务于公的精神；他比当时的一班政客实较诚实可靠，尊重人道，且能表同情于民主精神。他相信容忍主义，于教社中如是，于国家亦如是。他鼓励国会取消亨利晚年的诸种苛法，《叛逆法》及《六信条法》。在他的领导之下，国会更俯顺僧侣的请愿而认他们的结婚为合法；此外并印发初版的克篮麦《祈祷书》。强制通行此《祈祷书》之《宗教一致法》（Act of Uniformity），亦为推铎尔国会所通过的一致法中之最缓和者。

索美塞特对于宗教异同的讨论采放任宽大的态度，他不因公教徒或抗议教徒之有何种意见而加以诛戮。但宽大的结果并不十分满意。政府的高压力一旦取消，宗教的党派即崛然而起，互相争杀；"热心的福音家"（"hot gospellers"）和所谓已经"铲除"的寺僧及行脚僧竞相领导教众以互致死命。教堂中及街道上时起互哄之事，或则因销毁与保存影像而争，或则因念弥撒与诵《祈祷书》而闹，或则因举行公教行列与抗议教讲经而起；凡此种种皆有引起内战之可能。

宗教骚动 牛津邑中当时发生严重的纷乱，将为首的教士们绞死后始戢。北方比较的尚算安靖，大概那里的公教徒，经12年前因"奉神游行"而获之重创后尚未重复旧观，故不敢妄动。但各处虽有骚动，而真正可称宗教变叛者，则只见之极西南的一带。康华尔的人民是时仍操他们的塞尔特土语，耶教做礼拜时所用之语，无论为公教的拉丁语，或为抗议教的英语，土人都不能懂；就二者之中，则他们总以习闻之拉丁语为优于他们所称为"圣诞戏"（"Christmas play"）之英语。得文的农民亦随教士而蜂起，剌里・窝尔忒爵士（Sir Walter Raleigh）的封翁亦被劫去，终赖海员们把他救出；厄克塞忒的市民因崇信抗议教之故，被围竟至六星期之久。英国后代在大海上与公教国争雄时得力于得文人者最多，然在此时则农民与市民海员们的旨趣各异，到了依利萨伯朝时，该邑的乡绅及新起的僧侣始能循循善诱地令农民和市民海员们同信新教。

刻特的变叛 当索美塞特护政时，别地方的骚动固多，然都为农业的，而非宗教的。亨利曾广铸劣币，故物价大涨而且无定，民生因而凋敝，地面亦随而不靖。最严重的骚动要推诺福克的变乱。宗教改革在此地本甚合舆情，但农民对于为牧羊用的圈围则大不满意。武装的平民在刻特（Kett）的领导之下竟据有诺立支，且于城外毛斯呼德・希司（Mousehold Heath，日后为英吉利胜景之一）地方下起寨来。即在这个地方他们杀戮了，并吞噬了2万头羊，获罪于他们的羊！他们的精神倒是平民的，和1381年柏尔・约翰（John Ball）的徒众或和路德时代暴动的德意志农民，其性质颇似类似。他们的要求之一，即为解放所有尚未解放的佃奴；这个期望到了依利萨伯时始能实现,她始下令强迫王家领地上所有的佃奴以重价自赎。

索美塞特之倒 农民的暴动如无他种势力的援助必归失败,1549年的事变也不能为例外,所以不久即被组织较善的诸阶级所荡平。它的主要结果为"强有力政府"的得势,及索美塞特的推倒。索美塞特本为主张宽大主义的有力者,且常表同情于众庶的呻吟。他深受了拉替麦及号称"共益国人"("Commonwealth's Men")的一班社会改革派的影响。他尝竭力劝导国会通过真可以约束圈围的法律,以解除农民的痛苦;但议员们既由一种限制极严的选权[1]选举出来,自不能不偏袒企业方面而不顾农民方面的利益。枢密院中索美塞特的同僚亦然。他们(议员及枢密员)不难以刻特的暴动及其他的不靖,悉归罪于护政大臣的错误。且他虽得伦敦街上民众的好感,而伦敦城中的巨户则对他感情极坏。在两方互争政权之时,区区农民的帮助实不足为有力的后盾。他虽力竭声嘶的鼓动人民起来助他剪除"巨户"("the great"),但他卒被枢密院中新旧两教的联合势力所推翻。

抗议教的猛进 公教派本希望从政局的变动中得些利益,所以他们也参加推翻护政大臣的运动,但他们终归失望了。继起的都德里,即此时封为窝立克伯,日后晋封为诺森伯兰公者,自身虽无诚挚的宗教意见,但却和抗议教徒站在一起,因此宗教改革益较前锐意进行而少所顾忌。索美塞特于国于教都尝采容忍政策,于社会问题则和民众表同情;但上等社会俱视这种政策为失败。国会中主张刚强政策者既甚有力,都德里遂稍复亨利八世的严刻,不同者亨利未必定在赞助抗议教,而都德里的严刻,则在拥护一种较彻底的抗议主义。除了一个叫做波邱(Joan Bocher)者因否认基督是人,还有一个荷兰人因否认基督是神而被处死外,固然没有一人因信仰关系而被杀,然公教徒的领袖因信公教之故而被监禁,且没收财产者已不乏其人。

《祈祷书》于1549年重又颁行新版,并有许多合乎抗议主义的订正;

---

[1] 关于1430年限止选权的法律,见上第282页。

此版与现行（1925）之版盖无大异。当是时德意志的诸君王已信奉路德教，故该教初起时蓬勃气已荡焉无存，抗议教的烈焰只于斯屈拉斯堡（Strasburg）及瑞士尚红红的燃着。这两地本为英吉利的新教信徒的逃亡薮，今则逃亡者一一回国工作。而亚尔卑斯高山所照临的各国中的自由空气，亦渐渐在英吉利发生影响。瑞士本为民主政治的策源地，所以想向瑞人传教者，亦不能不充分尊重民治精神；沮利希（Zürich）的次文格黎（Zwingli）及日内瓦的喀尔文（Calvin）因亦都为平民主义者，虽则此时后者的势力尚不即传播于我国。德意志的抗议教，因受君王的保护，故恒带官气及王气；瑞士的抗议教则无论传至荷兰，苏格兰或英吉利，常能在平民中鼓动一种极活泼的宗教兴趣。英吉利的宗教改革，亦藉此得取到一种极有用的精神。但英之改革虽随时随地得到外界潮流的感动，而从不会整个雷同人家，故它只能在英国本国得到民族的皈依，而不能为别民族所喜欢。

都德里 都德里在1551年晋封为诺森伯兰公，然他的显达不特非国人所欢迎，而且也是不应得的。当时朝臣的贪污，可谓已达极点，他们据全国为己有，而国王则丝毫不能加以限制。诺森伯兰之所以能跋扈，乃由于他之能得垂死幼君的信任；爱德华总信他是一个诚恳的抗议教徒。但除了国王以外，其余的人，无论信仰如何，都知道他是一个虚伪小人，他的抗议信仰，正如他的政府所发行的劣币一样的靠不住。伦敦及东盎格利亚的抗议教徒之讨厌他，初不弱于西北两部的公教徒之憎恶他。他固能征能战，长于政治阴谋，但他决不能藉此以自免。他的人缘太坏，他无政治家的气度知识；不但如此，他连小小的死党也是没有。所以当危急之际，诺森伯兰竟为全国人所唾弃而无一帮忙者。

葛累·健贵妇 当爱德华六世薨逝之时，他潜谋以葛累·健贵妇（Lady Jane Grey）为嗣君，而不令亨利八世的两女，玛利及依利萨伯继位。葛累·健贵妇于王室为远亲，本无继位的权，但她为他的子媳，故他怂恿临死的爱德华署名于立她为君的遗诏。爱德华为抗议教徒，故诺森伯兰得以玛利的公教反动危词耸听，而遂阴谋。但枢密院则闻阴谋而震骇，绝不愿加以援手。诺森伯兰的计划固曾经过细密的预备，且执行时亦有相当的漂亮，但伦敦及全英俱拒绝从命，即诺森伯兰自己也不得不脱帽而强向玛利女王欢呼。

但这仍不能救活他的性命。他之附从抗议教本非出于诚意，今他又当众取消向日之教。他的种种计谋，本无一不成画饼，故今日之伪作忏悔亦不能独异。他虽欲保全生命，但仍不免领受伦敦塔中大斧的滋味。当他跪在断头台上之时，他竟临危变教，及乎就刑之时已届而赦状终不颁来，则失望之态现于辞色：此种情景如和葛累·健贵妇视死如归，临终不变仪色之安闲态度相比，诚令人不能不生敬此而鄙彼的情感。葛累·健为一谦恭的二八少妇，徒以诺森伯兰野心太大之故，罹入罪网，竟于六月之后亦上断头之台；然而她的就刑所引起的民众感情，适和她翁舅的死所引起者截然相反，于此亦可见民意之未可厚诬。但这个学问不让于任何推铎尔君王，德行且优于一切推铎尔君王，而又熟谙希腊语言文学的淑女贤妇，如果能有君临英国的机会，是否能如依利萨伯的称职，则又良一疑问。

玛利的性格 奸人愈是想害她，愈是横行无忌，无恶不作，则她愈得人民的同情，所以玛利初即位时，很得国人热烈的拥护。然她不久即失了他们的爱戴，和詹姆斯二世消耗初当朝时的好感如出一辙。且两者之所以失人心也都因笃信旧教太过，致起人民反感。单就品格说起来，则玛利在詹姆斯之上。她逢危险之时能充分表现她的推铎尔的勇敢；她对人也没有怀怨图报的小气。假设她于宗教采怀疑的或缓和的态度，她在后世或会留下仁慈的玛利之誉。不幸她的教育是极狭的；她为亚拉刚的喀衰邻之女，父既不以她为女，而母则为不幸的妇人；她生长于仇恨的环境之中，终鲜和外界往来，复常替乃母抱不平；同时她对于母氏的宗教及祖国，又发生太厚的感情，事事惟西班牙的马首是瞻。她对于她所君临的国家，不觉得有任何可以傲人之处，她只顾到英吉利人的灵魂，但关于这一点，她又觉得让意大利人及西班牙人来照料为好些。她的目光几限于王家教堂之中，从这教堂之中她所能见到的真正英吉利，自不能广于她的弟弟在病床所能见到的。姊弟二人都为教义之学及宗教狂热所包裹，所以他们都不能领会推铎尔政策的荦荦大纲，也有能见到英吉利耕地牧地的广袤，市廛及采地府的营营众生，及满布海上往来不已的艨艟船只；至于这些散处异地的英人之思想及需要，则他们的直觉更不足以语此。然而远大的目光及机灵的直觉为推铎尔政治成功的秘诀，而为依利萨伯所从不因外界的纷扰而失却者；无论她如何信任近臣，如何专心神学，或外国使臣如何诒她，她总保持着这目光及这直觉，即国内外君侯向她献媚求婚之时，她仍能不忘英吉利及英人的利益需要。

玛利的失策　当玛利即位而初受伦敦众庶[1]的欢呼之日，公教的前途一时光明无比。当日世人总把抗议教和横暴捣乱看做不可分离之事。会社及祈唱堂产业之被劫，爱德华朝纷乱之继起，尤其是诺森伯兰的一意弧行，图谋篡国，及临终变节，皆足以使游移未定的舆论视新教为戾气之所钟，为可耻的制度。玛利如果恢复乃父旧朝的宗教和解，恢复拉丁语的弥撒，而不声张的每年焚烧一二十的抗议教徒，则万事俱可顺利进行。如果她能适可而止，则依利萨伯朝初年异端蜂起的情景复何自发生？然而玛利则见不到此，首先则坚持和西班牙的腓力结婚，和西班牙联婚则英吉利成为联在西班牙巨舰上的一小艇；自为英人所不愿，继又力主恢复在亨利时连伽地纳及波涅也赞成取消的教皇在英的权力。自此而后，公教之前途转趋黑暗，而国人亦不能恕玛利之罪；玛利侮辱英民族的自尊心之所为，盖为乃父乃妹所决不敢做者。她又于四年之内焚抗议教徒至300人之多，此举益令英人视旧教为一种外国的，卖国的，残暴的，好乱的宗教。这种感想发生甚易，而矫正却极不易。

　　世人常习闻"推铎尔的专制"一辞，实则英吉利人从不盲从他们君主

---

〔1〕　译者按，原文作"prentices"，今译众庶，较为醒目，且未失原意。

之所为，有如聋哑，有如法人对于路易十四所为。亨利八世的政策和一般的舆论，尤其是在国会中有代表的舆论，是一致的。在爱德华朝时，国会因不能赞成索美塞特的农业政策之故，常采独立的——虽则未必深合民意的——行动。索美塞特要两院通过平民主义的农业立法，而国会则拒绝听命，到了此刻则舆论又否认爱德华的遗诏及枢密院的命令，而拒绝以都德里氏替代推铎尔氏为英国之主。今后舆论更将怎样？玛利降服于罗马及西班牙的政策，是显和民意及国会的意旨异趣的。

崴阿特的变叛 在宪法上国会是无权可以干预女王的婚姻问题，因之众院陈请玛利毋嫁西王的公文不能发生效力。崴阿特（Wyatt）在肯特所领导的叛乱，可为国民反对西班牙王的具体表示，但崴阿特虽获民众的同情而不能得他们的赞许，因为人民尚把叛乱看做妖巫们常犯的一种罪孽。而且伦敦及南部人民向视反王的武装暴动为畏事，其憎恶之态远甚于西北两方的人民，西北不驯之气盖较大于南方。玛利承诺森伯兰阴谋夺位之后，又深得民众的同情，这同情心此时亦未完全消灭。所以当崴阿特的徒众穿过夫利特街（Fleet Street）而进入卢德盖特（Ludgate）时，倾向抗议教的伦敦竟拒绝和他携手；他终因众寡不敌而被擒，而被刑。

崴阿特立意欲废玛利而立依利萨伯为女王。但此年轻的公主，在少女时代已身受峻刻的经验，已深知世事的变幻，故谨慎小心，不欲轻动。她于崴阿特的变叛本毫无所知，当局亦不能找出任何证据来罗织她于罪。她的姊姊也不是一个恶妇人，全国更站在她一方面，故她虽幽禁于伦敦塔中历数星期之久，西班牙的大使勒那德（Renard）虽力求杀她，但她终获释放，固然有些人一辈子不能轻恕这次的宽容。[1]公教的大僧官且兼为政治家

---

〔1〕 有人叫做John Story者，玛利时本为专事诛戮异教者，在依利萨伯朝的首届国会中，此人"适出席于国会，对于恢复《祈祷书》的法案力加反对，且发言极激烈。他说：'在玛利女王时，我尝屡次告诉主教们，说他们太忙于树枝的斩除，若由我为之，则应先斩除树根。如果他们听我的话，则我们现在所讨论的麻烦将无从发生。'他的用意当然是指伤害我们所爱戴的依利萨伯女王。他在这种地方说这种话，而又是这样的激烈，听者盖皆为发指"。见 State Trials，一卷第115页。

的伽地纳本为反对和西班牙联婚者，但他主张摈斥依利萨伯于继承系统之外，因他从公主跪地做弥撒时尝看出她的诚信别有所在。幸而关于继承问题国会有全权处理，别人不得干涉，国会既拥护她的继承权，别人也莫如之何。西班牙的大使及公教的主教尽管图谋不利于依利萨伯，而人民及国会则尽力助她。何人在助她，她也当然默加注意。

玛利之亲西班牙　腓力做了妆资极富的英后后，英吉利不啻为西班牙大王国的附庸。[1]玛利活一天爱一天，则与西班牙有任何不利的外交政策即一天不能想到；和美洲的贸易不能发生——腓力绝对禁止英人经营海外贸易，建立一殖民国的梦想，也当然在不可能之列。两王室联婚的条件于英国极为不利，威尼斯的使臣甚且说玛利的惟一政策，即在使西班牙能为她的王国的主人。所以只有女王之死或革命才能拔英吉利于樊笼之中，而使之有飞扬海外的可能。

罗马权力的复活　第二步手续即为和罗马重行联合起来。爱德华朝的经历诏告伽地纳及波涅主教们，公教的教义，决不能在国王享有最高权力的制度之下幸存，且玛利为她母亲的女儿，所以也向为一个热烈的教皇派人。在女王及枢密院的压力之下，新国会卒至屈服，但不是无条件的屈服，而所有的条件则又使笃信宗教的女王引为大憾。国会的办法实是一种最不荣誉的和解。罗马虽恢复宗教法权及关于信仰的事权，但因世俗人革命而发生的物质利益，则仍留在世俗人手中。绅士们已经攫得的寺田契据以及教社一切产业的什一税仍留归绅士，而于教皇的权力问题则女王得从心所欲，重颁的关于惩治异端的法律，又重赋宗教法院及枢密院以任意活烧抗议教徒之权。所以鞋匠们及教士中尽多哀号就义之士，而世俗人中的上等人物，终玛利一朝鲜有因信仰问题而被杀者。得益于"大劫掠"的世俗人为苟全他们的性命及田产计，不惜俯首下心的遵从弥撒的仪式而不置一辞。然即他们也能逐渐觉得，在彻底改革的新制度之下，性命及田产都会获得

---

[1]　腓力于1556年继查理五世为西班牙王。

较大的安全;"上帝保佑依利萨伯公主"遂成为许多乡绅的祷词,他们从未来的依利萨伯朝中生出了一种新的期望。威尼斯的使臣报告本国说:"除了极少数的笃信极坚的公教徒(他们的年龄无一在 35 岁以下)以外,全体虽都为悔过改教的表示,而无一人真能信公教。"因为在青年后生中旧教热忱从没复活以资赞助之故,玛利以国力恢复旧教的尝试亦终归失败。

斯密司火场的火焚[1] 玛利的国会同意于惩治异端法律的复活以后,英人的生命不啻跳出国会的保障以外,而投入宗教法院及玛利所委派的枢密院的罗网之中。国会同意于这种法律时,本没有料到玛利将有若何惊人骇世的异动,议员们以为她不过将恢复亨利朝时年杀数人的旧习。此旧习固尝得国人的赞许者。即在爱德华的一朝,无论政治如何不良,火焚之事亦几绝无仅有。所以不到四年间焚杀 300 男妇之事益令世人惊心吊胆。诛戮异己之吏,因为狂热过度之故,竟至大大的误解舆论的趋向。玛利本人及她的宗教顾问坡尔(Pole)及波涅,实负此自杀政策之责,伽地纳死于政策将届实现之顷,然其所负之责亦不甚轻。多智多谋的西班牙人尝诤谏玛利万勿轻易焚人;焚人太多在女王固大拂舆情,而西班牙在英的地位亦将难保;然而玛利竟置忠告于不理。西班牙人在尼德兰本亦在大举焚烧异端之徒,其速度且十倍于玛利之所为,但西班牙的军队此时尚无在英者,所以他们不能不嘱玛利提防民反。但关于此层即她的丈夫之言玛利亦置诸不闻,她先得听上帝的命令。

人民反抗的情感 主张这自杀政策的大僧官皆为老辈的英人,他们绝不彻悟英人对于公教的热忱早已衰退,而政府偏袒公教,充其极亦只应采取一个缓和政策。他们也不知道潜伏在平民中抗议教的热忱极大;这种热忱愈经诛戮则愈坚,爆发起来竟能成一极有力的政治势力,且能解决国家及教社在日后所取的形式。玛利及其顾问官毕生在朝中所知的改革派向为自利的,游移的,最多也不过是真实的伊拉斯莫斯派。他们以为如真为伊

---

[1] 译者按,Smithfield 为焚烧新教徒的刑场。

拉斯莫斯派人，也定能遵守君主的宗教而不表反抗。所以公教徒所遭民众的反抗，在他们诚有事出意外之感，愈是事出意外，愈是不易收拾，而公教在英之一蹶不振，卒亦坐因于此。

英吉利人民的人道主义，这时亦在渐渐发达起来，这层玛利和他的信臣也没有能见到。在中古之世残忍的处死，及不断的呼号，本不足以动人民的哀怜；到了玛利之世，这种哀怜之心，虽尚未充分发达，但至少已在萌芽。人道主义实为宗教容忍之所由生，因为不忍见诛戮之惨，才知有容忍之可贵。而且这方在萌芽的人道观念，更在英人心目中造成一种情感——一种反对因其人的宗教意见而可致之于死的情感，这种情感影响于所有后代政府的行动亦极大。

殉道者 到了第一流的宣传家如福克思·约翰（John Foxe）等的手中，殉道者死难的回忆成为鼓动英人痛恨罗马教社的一种资料，在内战及宗教斗争频繁的下几世纪中，更为影响英人的舆论原动力之一。在下200年内可读之书本不多，而人民对于宗教的兴味，却又深长浓厚而普遍，故福克思的《殉道记》（*Book of Martyrs*）常和《圣经》并列于牧区教堂之中，在采地府及农屋中亦常为人所诵读，无分盎格利教徒及清教徒。

被焚的死难者大都为伦敦及近畿诸郡的平民。但拉替麦亦不屈不挠，慷慨就义，借他自己的坚定明晰的意见之光辉，来做一班人游移含混的意见之明灯。当时本为步骤错乱，意见抵触，和解杂陈的时期，他的一往直前的过程，易为新时代英人所彻悟，亦足为他们的典型。克籃麦为三思而后行之人，他的所留下的先例，其性质虽异而重要则同。他诚实相信国王应有决定英国的宗教之权，关于这层他是一个信仰甚坚的伊拉斯莫斯派人。但同时他也已成了一个笃信抗议教者。究竟他应服从玛利呢，还应坚持自己的宗教信仰呢？这诚是一种进退维谷之难。易地以处，如果罗马公教教徒遇教皇变为异端之徒时，则其困难将亦类是。在这种两难的情形之下，克籃麦首则犹豫不决，继因畏死而悔过改教，诚不足异。但到了临死之时，

被焚之顷，他终究看得清清楚楚，复回复其对于新教的信仰，且不畏苦痛，而以曾签悔过书的右手伸入火中，待其自焚，则诚足令人肃然起敬。他的从容就义诚可与拉替麦的慷慨捐躯先后辉映。究竟那时人的神经系较强于今时之人故能不畏痛呢？抑学者的灵魂能战胜肉体故不觉痛呢？我们可以不问。我们所知者，这种伟大不可及的姿态卒救了英吉利教的教社而使它得以复活。

加莱之失 加莱之被法人夺取又加增了国人之憎恶玛利。英之战法本完全为取好于西班牙，理由既不正当，而作战又极恶劣，玛利于是更为国人所厌恶。加莱的失陷英人视为莫大的国耻，但实际上却是一件福事，我岛的将来本不在大陆，故失却在大陆的一个立脚地，正足以促进我民向海外的努力。

玛利之死 玛利临终之时诚一不幸妇人：既无儿女，又为百姓所恨，更被她的丈夫所忽视（他对于依利萨伯则天眷日降），而依利萨伯会破坏她的宗教工作之可能则历历如绘。玛利虽为推铎尔诸主中的最刚愎者，然也为最诚实者，死于这种情形之下诚可悯惜。但她之政治真糟不可言。数世纪以来英国从未糟到如此地步；不但纪纲荡然，无领袖，无武备，无精神，无统一性，平时战时俱受侮辱，且无论在那一方面讲，它实是西班牙的一附庸。国人失望之余，但望依利萨伯那个少妇能挽狂澜于垂死，而重奠英吉利的国基。亨利三儿，其二俱已失败，这第三者再不应也令人们绝望。依利萨伯居然能尽副人民之所希望，而重置英国于盘石之安，而且她之所为，简直为全欧元老政客及著名将士所不能及，则诚为历史上的一种奇遇，可赞叹而不可期望者。

第五章
依利萨伯及教社问题的解决
苏格兰的宗教改革

民族主义及个人主义 公教教社及封建关系本谆谆教诲世人以服从天下为一的僧团及会社的必要，但数世纪来英吉利的各种势力则缓缓的在改变英人各个对于社会的义务观念，减轻他们对于会社的关切，而增加他们对于民族的爱心。在养成民族观念的诸种势力中，有英吉利通常法；国王的治安及国王的法院；各邑各市代表之不时集会于国会之中；以全国而不以各市为组织基础之新兴的纺织业；及通行于全英的新文学新文字。最末，推铎尔君主的所为，又删除了介乎国家及个人间一切的枝节忠诚的功效，而令个人和国家发生直接的情感；此天事正和抗议教之谋删除上帝及个人间的一切隔膜相似。所以依利萨伯时代不仅民族主义十分浓厚，个人主义亦十分浓厚。

玛利曾为恢复天下为家的教社的尝试。这教社向用外国语以举行仪式，越亚尔卑斯以求它的法律，以拉丁及凯撒政府的原则为组织的基础：凡此种种都与英吉利世俗人正在演进的民族国家及国会政府两大原则大相径庭。玛利的宗教复辟，固为僧侣中的一大部分及北英半封建式社会所欢迎，但伦敦市民，航海人民，及乡绅中之较有出息而又和新起的中等阶级有联络者，则侧目而视；他们绝不愿让僧侣来代替他们选择信仰，来监督他们的生活，更不愿受命于国外的僧侣来执行这种职务。

依利萨伯深得众院中代表这些人民者的助力。她于临朝的第一年即重立了民族国家及世俗国家的无上主权，隶属于此国家之下，且不卑不亢，为之忠诚服务的，则有一个民族的教社。她久长的朝代，盖完全尽瘁于此适当解决的维护，一方谨慎小心的导人民而使习惯于此解决的遵守，一方又强毅的消除一切作乱之人及外来之侮。在起初的几多年内失败的危险似乎大于成功的机会，到了深受《圣经》《祈祷书》及忠于女王之心诸势力熏陶的新人物长成后，危险才算过去。新旧之争最后酿成英吉利及西班牙间的海上恶战；西班牙为欧洲公教反动的领袖，更为新世界航线的垄断者，西班牙不去则英难未已。冲突达到沸点之时，英吉利近代的文化竟然溶成；新文化兼有岛国性及海洋性，和自诺曼征服以来曾被（征服）同化在一起的大陆文化截然不同。

不但近代的英吉利于以产生，即未来大不列颠版图的大致亦于以底定。在和大陆上公教各强国斗争以维持岛国独立的过程中，需要命令英吉利及苏格兰两国的人民中止多恶，命令二者同心同德，更命令英人严厉从事于公教爱尔兰的征服，虽则征服的前途是极不吉利的。

依利萨伯时的英人，无论是陆上或是海上的人民，实兼具民族主义及个人主义两种性质，两者互为平等，而各不相下；英之民族国家此时盖尚无维持常备军及大批官僚以钳制个人意志的财力，有如法兰西及普鲁士在日后之所为。依利萨伯国家最糟糕的失败及最卑劣的应付，多可以国家的穷乏来解释，而它的最伟大的功绩及最高贵的态度，好些也可以此为解释。战时收入尚不能到50万镑的女王势不得不出于啬悭；她的臣民既不肯踊跃输将以裕库藏，她仅能吁请他们鼓起自动的忠义来替国家打仗，且为爱她而替她出力。他们吝于出钱，而乐于效命，对于爱情也甚慷慨。除了抵御外侮而外，她的大目的，照她自己所著的政治打油诗中〔1〕所说，在使人民知治安太平的可贵，使人民知他们的女王即为治安繁荣所系而知所爱惜。当时本有许多人不满意于她对于宗教的处置，或则嫌它抗议性过重，或则嫌它不及，然大家都默认而不加反对，因为它是惟一可使政局安定的前提。在宗教狂热可以颠倒一切，而各邻国都被宗教战争所糜烂的时代，英吉利的安定政局诚似政治上的一种奇迹，人民对于能保持这个局面的女王又安能不尽其爱戴的极忱？

依利萨伯即位时的国情 当依利萨伯以25华年而初登大位之时，英国实无抵抗外侮的能力。不但剧烈的宗教斗争把全国的人民裂为数起，如同当年的法兰西一样，而且在过去的几年内它已成为西班牙的附庸。它的财政信用，它的军需储藏，及它的民军，皆处最不济事的情况之中；文治武功所基的将相之才，即使尚不缺乏的话，亦须待这少年妇人来访问提拔。据西班牙使馆的传说，则一个叫做塞西尔·威廉爵士（Sir William Cecil）者将撄大任。是时小绅士阶级正新起为势力日盛的中等阶级，塞西尔即出身于小绅士阶级。他的本心为一个荼毒的异端之徒，然他非热心信仰异端者，他和依利萨伯同以生命为贵于弥撒，故都尝做过弥撒而都丝毫不露逡巡之态。愈是假则愈是危险，西班牙人对他自无好感可言。

西班牙及法兰西的争长 但西班牙的腓力有不能不保护新王的苦衷，不特继位之初须加以保护，即她的宗教政策已经使他的最恶的预料应验而后，他仍不断的卵翼着她。当时有继承依利萨伯之权者为苏格兰后玛利（Mary Queen of Scots），她虽为虔笃的公教徒，但亦为法兰西王太子的妻室，腓力势不能让依利萨伯的地位有动摇，而玛利有继位的可能。终依利萨伯一朝，西班牙及法兰西两公教国互相争雄，两俱不能让对方征服英国，崇信异端的岛国因得苟安旦夕，而免于大难。及后形势变迁，则英国亦已强

---

〔1〕"那多辩多论的女儿专门播下不睦的种子，然而在人民已知太平可贵的邦她决不能成事。"按"多辩多论的女儿"乃指苏格兰后玛利。

盛而不复可以欺侮。而且尼德兰之叛西班牙及法兰西的宗教内战皆于英国有利，依利萨伯亦不时赍金遣人以维持这扰乱西法后方的两种运动。但在即位后的起首几年中，则尼德兰尚未公然作乱，故依利萨伯亦不能不敷衍腓力，且时灌以迷魂之汤。她的方法是伪作可嫁腓力或腓力所选择的郎君的表示，她虽心中决不肯嫁腓力，但表面上则老不使他绝望。

依利萨伯的性格[1]　依利萨伯虽极力敷衍西班牙，然她绝不容让它的大使作僭越的论调。他尝说她之所以能保全她的生命，自由及王位，乃由于玛利末年时他的主上（即西班牙王）对她所表示的好感，但她急加以否认；她说，她的一切俱来自英吉利人民。这或许不是整个的真实，但这至少是真实的一部分，而且是最有关系的一部分。依利萨伯善作虚骄及诡谲的言语，以藏匿她的真实思想及目的，然真情仍时有流露。所谓一切俱来自人民云云盖可视为真情之一，而又可令听者感入五中者。有时她也会俏皮而说假话，但并无欺人的目的，好比她某次向西使申言，"她愿退隐为尼，长住斗室中，数念珠，自朝至暮，终日无间"。西使闻此语后谓人道："这个妇人真是为十万妖魔所纠缠着。"

对她自己的人民，她在即位之初即以"纯英吉人"（"Mere English"）自命。她的母亲本是一个英吉利骚妇，而非任何外国王女；她的父亲——建立英吉利海军及英吉利宗教独立的亨利八世——则更是一个烧了灰还是英吉利的英人，他具有第六种的知觉，藉了这种知觉，他彻底了解了英国的人民，即恣睢暴戾达于极点之时，仍能丝毫无爽。她从两者都有衣钵之传，而所得于父亲者尤多，她的志愿即在步乃父的后尘。她固然传下些她母亲的虚骄及媚态，但她颇能以她的覆辙为殷鉴，而且她在少女时代所获

---

〔1〕译者按，著者描绘依利萨伯性格政策的几节为不朽的散文作品，与其舅祖父 MaCaulay 在所著《英国史》中摹写英吉利在 1685 年的情形有异曲同工之妙。而历史的价值且过之。这类文章散见于全书各处者极伙，译者不敏，除求不失原意外，又安敢望兼存原文的声色？

的伤心经验——丢脸，幽禁，及处死的危险[1]——教训她，犹如大腓特烈之被在童年时代所获得的同样经验所教训，凡为人君者再不能有私人的爱恋及情感。逆境所能给的教训她一一领受，她可让别人去因爱而失国，她自己则惟知勤劳国事，私情则可置于脑后。[2]

她的骨格略带几分粗率生硬之气，也许这是她任重致远的生活所必需者。如果她是一个常人，她绝少可以令人疼爱之处，甚或少有可以令人敬仰之处。然而她虽孤独立身，她却熟谙取得阖朝及人民崇拜之术。她始终不失女性，她也富有生活的种种兴趣，然她又把一切事都看做于役国家的工具。她的博学使她见重于大学，而她的勇敢见爱于将士及海员。她的媚态成为羁縻臣僚贵族的方术，因而人人心悦诚服地愿忠君报国，愿鞠躬尽瘁。她尽可亲壁着勒斯忒（Leicester），然而关于国家大计，则又惟他的敌人塞西尔之计是听而言是从。塞西尔本人因恐稍一不慎，她便会下嫁那个无聊奸臣勒斯忒（勒斯忒虽貌作清教徒党的保护者，而实则曾倡议于腓力，以恢复罗马教社为赞助他和依利萨伯结婚的酬报）之故，亦殚精竭诚，尽心王事，而不知有倦。即她之爱好狩猎跳舞，化装，做戏，排场亦专为助她多得民心之用，得民心盖即她最大的力量所在。她很爱巡游各地，到处出台，她的巡幸并非枯燥无味的官样文章，而实是一个第一流剧家全神贯注的艺术表演。且为女主及忠爱臣民间精神上的沟通。

她对国会的言语和我们近今宪法中的"国王演辞"大不相同。她曾对两院派来要求通过继承法律的代表团说："我对于我自己负有责任，犹之我父之对于他自己负有责任。我为你们的抹过油的女王。我决不会被强暴所

---

〔1〕译者按，依利萨伯为公主时曾被爱德华的幼舅父 Sir Thomas Seymour 所愚。Sir Thomas 为索美塞特之弟，尝向依利萨伯求婚。未应。他于是和亨利第六代后人喀衷邻结婚。喀衷邻死后又图接近公主。当索美塞特逮捕乃弟时，依利萨伯遂也蒙嫌疑而被监视。

〔2〕依利萨伯自己大概知道，（然不一定知道）她是不能生育的，她从没有真正想结过婚，除了迷迷男人外也没有企望过别的事。她如曾把这无价的政治秘密瞒过任何人——连塞西尔在内，那也并不和她的个性有相忤的地方。

迫而做我所不愿的事，我感谢上帝我有种种才具资格，即使一旦被逐离此王国，我仍可生存于耶教世界的任何地方。"

普通人总说凡秉国钧者数年而后，甚至数月而后，即已精疲力尽；但这个巾帼英雄自为宰臣历45年之久而无倦容；无论国家或她自己的生命如何的危险，无论在战时或在平时，她都不知退缩畏难为何事。然而际此长时期内，她固一个常病之人，而又常为无常的喜怒忧乐及常发的神经狂乱（nerve-storms）所困。幸而她的神经狂乱，虽足以摇动她的神志，而从不曾摇动她的方针。她的心也许是冷的，然而这一定是坚如橡木的冷心。

依利萨伯的政策 她尽管是一个"纯英吉利人"，她的教育的广博却又是能集近代及古代欧洲的大成。她能在牛津及剑桥两大学内，作希腊及拉丁文的讲演，当马基亚弗利（Machiavelli）的国人前，她又能操最流畅的意大利语。她的仇人可以援当日所习用的名词而称她为"意大利英吉利人"（"Inglese Italianta"），虽则在她长期的生存中足迹从未离过英国。她曾受意大利异端者的影响，如非美格利及奥启诺（Vermigli, Ochino）等，然这班人实为哲学家，而不能谓为热心宗教之徒。如果于此时我们尚可将文艺复兴及宗教改革视为两种可以互离的运动，则依利萨伯与其说是宗教改革之儿，毋宁说是文艺复兴之儿。她以科勒特及伊拉斯莫斯近代派的精神来观察宗教，所不同者她后于他们有五六十年之久；所以自她的心目中看起来，耶稣会人的罗马是十分可怕而酒食可化血体之说是十分荒诞。日内瓦的教社对于她是无缘的，它的兼握政治的办法及民主共和的制度，她一见即生厌弃。固然，"如没有主教，便没有国王"之说启于她的后继者之口，然她实早已先他而想到此意，并已先他依此意而行动。

举世皆浊，惟我独清，众人皆狂，惟我独醒；依利萨伯之于宗教问题，盖诚有与众不同的见地。当时承宗教改革之后，信教狂热正日有增加，然而依利萨伯则采怀疑及容忍的态度。抱了这种态度，益之以纯英吉利的情感及通欧罗巴的教育，她似专为重建盎格利干教社，且领导英吉利出于宗教战争的危险而生存者。她对于新旧两教间的争执，采用一种颇有学问做根据的调和办法，因了这种调和的解决，君王及世俗人得永为岛国的惟一主人，而不必复虞教皇及僧侣的篡窃，她自以为她的政策仅步武乃父政策的后尘，然而时变境迁，抗议教的势力今已大增于昔。她为剪除耶稣会徒（Jesuits）的宣传及西班牙长枪手及海员的武力起见，势不能不求助于詈教皇为反基督而斥弥撒为大恶习的抗议教徒。至于重经颁行的克篮麦的《祈祷书》，则颇能见好于双方。在掘类克的船上，无论在西班牙战之前或后，船员们可藉以满足宗教的需求，在牧区教堂中，则季尔品（Bernard Gilpin）及其他热心的抗议教士更赖以宣扬新教义于乡野愚民。勉强参加礼拜以避免十二辨士罚金，而中心则仍未改变的公教徒亦不至见《祈祷书》而震惊，因为书中的祈祷实质仍是旧日的祷辞，不过易拉丁文为英语而已。《祈祷书》诚不啻是一条石龙子，可以随人的目光而变彩色，仁者可以见仁，而智者可以见智。此年轻聪敏的妇人因其善变而视为一种无上至宝；即她对于她的政策亦颇有多种解释的方法，有时可用这种，有时忽又用那种，犹之她专以炫耀她无数不同的华服为得意。

依利萨伯的宗教处置 1559年的国会恢复了盎格利干式的改革宗教。它通过了两大法律：一为《国王为教社的最高权力法》，二为《宗教一致法》，其一取消教皇的权力，其二以《祈祷书》为惟一合法的礼拜。这两大法都可代表女王及众议院的共同意志。众议员的宗教热忱极烈，女王往往反为缓和的势力，例如众院请她援用教社"最高首领"的称号全文，而她仅自称为"最高管理者"，贵族院对于仪式及教义的大变动极为踌躇，迟疑不决而又意见分歧的世俗贵族，且强下院以接受多种偏向公教的修正案，但下院既拒绝修正，则上院亦只有勉从。故最后的胜利不在上院，而在下院及下院所代表的各阶级，他们在国中本已比贵族为重要，且得女王及其枢密院的同心合作。[1]

上院的主教们反对任何变动,但他们为数太小,投票时总归失败。当时出缺的主教恰又是特别的多。国会以外,坎忒布里省的教侣大会也依旧通过教皇权力最高及酒食可化血体之说,但他们的意志丝毫不能贯彻,而他们的抗议国会概置不理。

世俗人及教社组织　总而言之,宗教改革是女王及国会——说得透彻些女王及众议员——的改革,而深反教社官吏的意志者。但教官的意志未必即为信教世俗人的意志,后者在教社会议并无代表之可言。当时食禄的僧侣（beneficed clergy）总数约有八千,此中至少有七千人能甘心的赞同,或不关心的承认或心中虽在希冀复辟的重见,但暂时也可默认已成的局面。反之,在玛利之时抗议教的僧侣因坚持他们的信仰,而被剥夺教禄者有二千人之多。但就主教而论,则全体皆拒绝依附依利萨伯所定的仪式及教义,故全体皆被革职,能留者仅有一人。在亨利八世及爱德华六世两朝,主教及教侣大会皆尝承认当时的改革,何以本朝的改革转遭他们的反对？依利萨伯初年正式僧侣的坚强反对,殆由于两种原因。当时为耶稣会徒及屈稜特会议（Council of Trent）的时代,改革派及罗马派间本日益水火而不相容,故远处西北而又富调解精神的岛国,亦难免有派别截然之分。其次玛利曾把教社正式僧侣中的抗议教徒驱逐净尽,故1559年的教侣大会并不能代表为数颇众的抗议教士。所以那年国会的诸种措置,在形式上,比亨利八世时的国会措置,更像以世俗意见高压僧侣的一种行动。

但英吉利的世俗人并不关心于宗教会议中代表权的取得,有如当时苏格兰改革者之所为。在苏格兰不特在全国大会中世俗人可有代表,即在每个牧区中牧师亦须受"长老"会的赞助指示。英吉利教社的内部组织仍一仍中古的旧贯,仍完全操于僧侣的手中。因此之故,教社更不能不受国王

---

〔1〕众议员并不是由一派一系包办的。依利萨伯朝的选举,其自由至少可和她父兄姊姊三朝等量齐观。参阅 English Historical Review, 1908年7月及10月, Baynes 的文章。

及国会外界的管束。大部分的僧侣很忠心的接受这外界的管束；他们对内所享的种种特许权范围至为广大，例如决定全国一切宗教仪式之权，外界的管束即为这些大权的代价。时人的心目中尚不以多种宗教同时存在为可能，他们自也不能不让全国民享有假国会以决定何者应为此惟一的宗教之权。

世俗人从外管束教社的方法有二：一为立法的，国会可通过规定教义及仪式的法律；又一为行政的，女王可委派大员及主教，根据她的命令以视察或管理教社的事务。在她的末年，尤其在继她而起的两朝内，教社中的清教徒派常吁请国会帮忙，而盎格利干派则常吁请国王赞助。两派都没有想到采用苏格兰教社所取的态度，来解决宗教之事。苏格兰教社以完全自主的团体自居，有自决教务的权力，它甚至敢胁迫微弱的苏格兰国会及"上帝的蠢臣"国王。

罗马及日内瓦，罗耀拉及诺克斯（Loyola, Knox）坚谓教社有自由，甚至有高于国家的权力，罗马的主张根据于僧侣的权力，而日内瓦的则根据于宗教的民主制度。英吉利的教社则绝不为类似的主张。以言僧侣的权力，则英人已能为独立的思想，已无需于僧侣之代为思想。以言民主的精神，则所有者尽已容纳于众议员之中，且可藉之而为充分的表露，也无须借教社的会议以发挥。当时的处置实为十分适宜于推铎尔英人的办法，除了宗教而外，他们还有许多别种的兴趣，宗教的问题尽可于此告一段落。即后世民主精神大盛之时，它可以异教（non-conformist sects）为用武之地，而国教仍可不受影响。所以依利萨伯的宗教处置，再济之以日后接着来的容忍的政策，于近代英吉利的制度中固取得永久的地位，而于近代英吉利的精神中更有坚强的势力。

英吉利及苏格兰宗教改革 1559年如果可视为近代英吉利的发轫之年。则更可视为近代苏格兰的产生之年。英苏之在同时和罗马作最后的决裂，虽为偶然的巧合，而其影响则绝大。这同年发生的事变，一方使两国的改

革各归于底定,一方又使前此互相仇视的爱国心得以好合起来,而成为同仇敌忾之心。宗教改革在两国都有脱离大陆宗教及政治的羁绊而自立的意义。在1558年的秋季,事实上英吉利犹为一臣服于西班牙的罗马公教国,而苏格兰则事实上为一臣服于法兰西的罗马公教国。但两年而后,则两者都已成为抗议教的国家,外国的兵士及统治者都已驱除净尽,新采择的宗教又都和民族的独立有一致的倾向。两国的变叛之所以成功,彼方由于西班牙及法兰西之互相仇视,而此方由于英吉利及苏格兰之能复归于好(自爱德华一世以来尚为首次的和好)。在那个双层的危机之中,塞西尔威廉及诺克斯约翰却树立了大不列颠的基础。

英吉利经文艺复兴以进达到宗教改革;苏格兰则经宗教改革以进达到文艺复兴。苏格兰人本不甚把公教视为怎样了不得的一种宗教,因为苏格兰的公教教社,单就它的宗教权威而论,实在比英国的公教教社尤为腐败而失效。自1513年贵族在夫罗登大被屠杀而后,苏格兰的世俗权力益落入于僧官的手中;这班僧官大都本为贵族的次子幼子,起居生活初如生俗之人,争夺僧寺及教禄时,亦动辄明火执仗而丝毫不知敛迹。当时流行的"教神记事歌"("godly ballads"),专以讥笑教士的可鄙生活及虚假行为为能事,而林然大卫爵士(Sir David Lyndsay)及其他的作者,则固不啻在替宗教改革预做开山伐木的工作。

因此之故,诺克斯所领导的抗议教能于短时期中取得苏格兰平民的信仰,而在英国,则直至下世纪的中叶,抗议教始有同样的风靡。此其迟速之别实无足深异。在英国,宗教改革本为国王及其臣僚所提倡,而旧家贵族或则漠然视之,或且加以反对。在苏格兰则一切适得其反,而贵族反为主动者。但无论在那一个,改革运动的真正中心势力都为市民,自由农民,及匠工,及小号地主绅士——在英为乡绅而在苏则为地绅(lairds)。

英吉利的压迫 在1559年以前的数年中,苏格兰的抗议派始得膺爱国者之荣誉,在1540年代时领导民族以拒英国干涉的荣誉尚属于公教派。亨利八世虽明足以见到英苏联合的利益，虽知足以想到把他的儿子爱德华和苏格兰幼后斯图亚特·玛利结婚的妙计，然而其愚亦有不可及者。他竟欲以武力为威胁，而常有人寇特威德流域及罗新安之举。苏格兰人于是痛心疾首于英吉利的异端，暴君，而视国人之助英王者为奸贼。亨利逝世之后，护政大臣索美塞特仍继续他的政策，且尤而甚之。平启（Pinkie）的战役固在苏格兰的惨败，然护政大臣"以大海为墙壁以互爱为戍卒"的大不列颠的好梦更无由实践。苏格兰人因为不愿见玛利和爱德华结婚，并欲停止英人粗暴无礼的求婚（指寇边）之故，竟把这个年幼易受感变的女王送至瓦尔瓦（Valois）法兰西的朝中，以学习治国之术，虽则那边的空气实为治理刚强人民（指苏民）者所最不宜呼吸的空气。

法兰西的压迫 由法兰西派军驻防为取得它同盟的代价，但驻军盛气凌人的态度使向不甘于雌服的苏人不久即生厌恶，苏人之不能忍受法兰西的权势，犹之英人之不能忍受西班牙的高压。苏后玛利于16岁即和法兰西的王太子完婚，更和法成立密约，如她死后无嗣，她的祖国即无条件的归入法王版图。她居法国的时候，介斯的玛利（Mary of Guise）为摄政者；这玛利藉法军的威力以维持政府的地位，行政亦一以法兰西的利益为依归，布鲁司的旧国度一若为法兰西的保护国然者。在这种情形之下，抗议教徒转成为民族独立的拥护者，而公教教徒则被视为法兰西侵略的猫脚爪，而不理于众口。在介斯的玛利及推铎尔·玛利统治之下，不列颠的北部南部俱受制于诺克斯所大声痛惜的"巾帼政治"（"monstrous regiment of women"）之下，虽则诺克斯此时盖尚不知日后将和另一妇人——依利萨伯——的政治发生密切的关系。

主的会众 苏格兰本久在封建的无政府状态之下，它的贵族向以成群结帮（"bands"）威胁国王为能事，他们既不甘受法兰西人的压迫，一部分的贵族遂有保护新教团体之组织。同盟的贵族共立一盟约誓共遵守；这种和上帝交盟的盟约（"covenant"），在苏格兰数见不一，而此次实为其嚆矢。

他们自称所设的团体为"主的会众"（"Congregation of the Lord"），实即是抗议教徒的等级会议，凡信抗议教的僧侣，贵族，地绅，市民，各以类聚。当时苏格兰的国会仅为一种封建组织，而权力亦仅限于法令的登记；故全国的政治势力在新起的同盟中转有相当的代表。而且"主的会众"不仅是政治的会议而已，它也是宗教的会议，也是军队。过去的苏格兰，为封建武士互争上下叛乱贵族成群结帮的社会；而未来的则为教权在平民，教社称"刻克"[1]的社会；而"主的会众"实为过渡时代最相宜的组织。他们的领袖固为贵族，即所谓"会众中的贵人"（"Lords of the Congregation"），但民众及僧侣的意见也有充分发表的可能，尤其是当诺克斯代表他们而发言之时。

诺克斯 苏格兰的摩西实为一奇能异才之士，他兼具先知者的神威及政治家的器度。他是大无畏者，而又历世甚多，见闻极广。有勇无知醉心宗教的狂狷，常因缺乏沉毅力而至于失败，但诺克斯则能计划周详，熟权利害，故虽不畏险，而终少失事之讥。他尝为法人所掳去，而服役于扁船上为摇桨者；多年奴役，困苦备尝，然坚毅的美德反因而大增。自回国后，他又尝在苏格兰的南部到处组织教社的会众。他熟识苏格兰的人民，且深知作为的时机已至。

抗议教改革 诺克斯所鼓吹的平民宗教革命于 1559 年发动于伯司（Perth），而风靡于全苏的各市；所至更有毁灭影像的举动。喀尔文派革命发动时本恒采这种方式，无论在尼德兰，或在操法语的诸国，但在那些地方革命也常被军队及火刑所压服。革命在苏格兰的运命则较佳，因为"主的会众"能以武力援救反叛的民众，而和法兰西的驻军及介斯的玛利相抗争。政府与叛党间有年余的交战，所幸两方都不能力攻，战事断断续续并不激烈，故流血亦极有限。当战事正不利于抗议教徒，而叛徒将虞倾覆之际，英吉利忽来援助他们。依利萨伯一朝所取的积极政策极少，而此次依塞西尔的献计而干涉法兰西宗教战争的一举实为此中之一。英吉利的舰队

---

[1] 译者按，刻克的原文为 Kirk，即苏格兰语中的 Church。

一到福耳司河之口,英吉利的军队一和苏格兰抗议教徒在利司(Leith)之外联络,苏格兰宗教改革的成功便算大定。介斯的玛利旋亦逝世,而法兰西的驻军亦即根据于《爱丁堡条约》而退出苏格兰。

苏格兰的宗教改革中,两方所用的文字虽则十分激烈,然而流血之事则几绝无仅有。抗议教徒之被焚者极少,至于公教徒则更没有因信仰而被戮者。不特大陆上的宗教改革流血之多绝非苏格兰可比,即推铎尔·玛利朝的英吉利也要比苏格兰残酷数倍。

苏格兰后玛利 但不久而后,从法兰西又来了一种公教势力,以继摄政及法军之后。苏格兰后玛利率了一群寻欢求乐的幸臣贵妇,亲到旧的封建势力及新的民主宗教尚在互争上下的国土,以一试她们的运命。斯图亚特·玛利为一精明能干,而又美貌的少年寡妇,要她来听命于诺克斯及"会众中的贵人"自非易事。而且他们在国内尝结了不少的怨仇——私人的政治的及宗教的,这些怨仇都愿意拥护女王。她的目光亦异常远大,她志不在小。欧洲的公教徒把她视为领导不列颠改邪归正,复信公教的惟一健将,他们所望于她者甚大,而她亦以此自居。法兰西及罗马固愿为她的后盾,即英吉利的公教党也时时刻刻盼望反改革之能把不列颠联而为一,庶几亨利八世的私生女可以被废,而合法的嗣君,苏格兰后玛利,可以继立。[1]

---

[1]

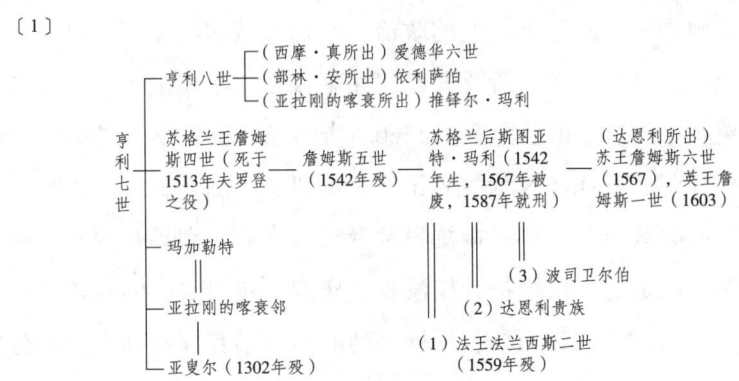

苏格兰与英吉利北部 在此情景之下，苏格兰的抗议教党及依利萨伯间绝无互相仇视的余地，一不小心，玛利之党便可乘机而起。无论依利萨伯的心中，如何不愿助封建贵族及喀尔文派的农民以抗他们合法的女王，然而这女王固无时无刻不在谋攘夺她自己的王位。而且接近苏格兰边疆的荒地诸郡又适为英吉利封建及公教党的大本营，故玛利党徒的危险性更显。恒伯河（Humber）以北封建及公教的势力极大，依利萨伯初当朝时尚不敢不引用那一带地方的公教贵族为大臣；因此，诸拍息，诸达克勒，及诸内微尔（The Percies, Dacres and Nevilles）仍得借高位以继续发挥他们旧日的封建势力，即有危及新政府的政策之处，依利萨伯一时初亦莫可如何。有人说过，"遍诺森伯兰全境，人民所知的君主只有拍息，而无他人"。是时有季尔品者，固在赞助主教们在北英组织抗议教，他可膺盎格利干的诺克斯之称。但封建及公教反动的危险一时极为实在，反动势力甚至有联合所有恒伯河以北的不列颠为一个公教国家，而受治于斯图亚特·玛利的企图。盖北英的情形甚和苏格兰相似，居民耐苦好斗而习于边战，又不守法纪，无军队的政府常感鞭长莫及的痛苦。幸而北英之贫瘠而少居民，亦和苏格兰相似。在工业革命以前，富庶悉集中于南部，尤其是伦敦一带，故依利萨伯尚不难藉南部的忠顺以控制不驯的北方。

苏格兰教社的民主势力 依利萨伯虽极怕玛利的得势，然一因本性谨慎，二因缺乏财力，故对于苏格兰的政治一时仍未敢多所干预。在玛利初回国后的六年内，女王，诺克斯及贵族间互争权力，不相上下，而英吉利则袖手旁观绝少干涉。苏格兰国会于1560年把宗教改革立为大法后，又退居不足轻重的地位，其职务仅为一登记法令的机关。除此而外，更无可以抵抗公教女王的宪政机关。如果抵抗玛利者只有贵族，则玛利的胜利或早成事实，因为贵族之能一致维护者仅没收的庙产，然于宗教的问题则初无一致的主张。幸而封建贵族而外，反抗玛利的尚有诺克斯及其党徒；他们创立了民族生活所必需的其他机关，并给有教育的中等阶级以一种新的精神,有了这种精神以后,中等阶级浸浸然可和封建阶级抗衡而不知所惧。各牧区间,世俗人的势力亦骤然大张,他们利用牧区的刻克特会(Kirk Session),以表现民主的精神,并选举牧区的教士以扩张民主的势力。除了牧区的民治制度以外,不久更有可以代表全民族的机关出现。在教社大会(General Assembly of the Church)中地主与教士并坐而讨论教国的大事,他们所代表的宗教及世俗势力,和过去数世纪统治苏格兰的大僧官及大贵族绝不相同。教社大会之可为苏格兰生活的中心,盖不亚于国会之可为英吉利生活的中心。教社成为抵抗女王的中心势力。

教社固解放了苏格兰,但同时也束缚了它。苏格兰昔日的僧侣专政固已一扫而尽,但此后的民主专政则又随之而来。民主的教社不断的以新教的教旨及纪律强全国以服从,无论是政府,是村屋中的农民,或是第宅中的地主皆得服从。这种热烈的不妥协的精神,许多人认为无法忍受,苏格兰一世纪来的派别纷歧及祸乱频起,其主因盖即因于这种精神的存在。固然到了末了,教社仍须隶属于国家的势力之下,但苏格兰人的精神已生伟大的变化。低地的苏格兰人在昔本为凶猛的封建臣,除了使刀及使末以外,无他长亦无所知,但今则为全欧最有教育的农民,他们富有独自思索之力,关于逻辑及神道的问题且能为热烈的辩论,有非大抵缺乏理智上相当造诣的英人所能望其项背。到了今日,时代已非昔比,教社亦大有更张,但苏格兰人在当年奋斗得来的强毅精神,及智识道德上的长处则固没有消失。

玛利的失败及逃英 玛利和力鲁德(Holyrood)听政之日,正近代的苏格兰发轫之时。她如能战胜诺克斯,则她尚有机会可以摧残近代苏格兰于放苞之先,而令一切归于乌有。但如欲为此,则玛利须得如依利萨伯之公以忘私,尽瘁国事,而节制私欲。玛利之所为正如依利萨伯相反。她初和达恩利(Darnley)结婚,达恩利在斐尔德的刻克(Kirk of Field)中被波司卫尔(Bothwell)所杀后,她又急遽和罪犯成婚,于是全国人民皆疑她有预闻谋杀之嫌。固然,暗杀在是时的苏格兰尚为司空见惯之事,诺克斯既未尝斥责谋杀大教臣俾吞（Beaton）[1]之举，而达恩利也尝亲预杀死里切奥（Rizzio）[2]的惨变；但人民对于谋杀亲夫的案件则另有一种不利的成见。无论玛利为无辜或有罪，她之和波司卫尔结婚实为九鼎铸成的大错，而构成有口莫辩的疑狱，她的名誉固扫地以尽，而她的王国亦落入她仇敌的手掌之中。经过数度的混战，及几次不利的冒险而后，她不得不离苏格兰而出走。她逃到英吉利以求依利萨伯的庇护。她是否非逃英吉利不可，抑出于疏忽，我们难以决定。然她对于依利萨伯，对于尝欲取而代之的依利萨伯，究作何种的企求呢？如果她盼望可得到奇想的宽恕，则她实误投了门户。如果她以为可以藉她锐利的智慧以欺瞒她的敌手，则她实太小觑了人。

英吉利封建主义的消灭　玛利自投英而为依利萨伯俘虏后，不特英吉利的政治，即全欧的政治，几全视她狱门的启闭为转移。她初为法兰西的盟好，而西班牙的敌人，但自她抛弃个人的自由及自动权后，腓力即有利用她来发展西班牙的利益的企图。受了教皇，西班牙，及耶稣会徒的督促，较趋极端的英吉利公教徒亦屡次图谋不轨，思以暗杀，谋叛，或勾引外敌的诸种方法来除去依利萨伯，而立玛利。第一次的大危机为诺森伯兰及卫斯特摩兰的"诸伯之变"，继而则有达克勒的变叛。北英信公教的封建巨子，如拍息，达克勒，内微尔诸族皆拥兵以护玛利及弥撒，并邀请苏格兰的公教贵族，南越边界而和他们联合。这班十字军用"基督五伤"（the Five Wounds of Christ）的旗帜，并把达刺谟大教堂中的《圣经》及《祈祷书》撕毁净尽。幸而苏格兰政府阻止苏格兰公教徒之越界南下，而南英亦奋起而为依利萨伯的后盾。在疆场之上，封建精神已不能谛视民族精神而仍不觉畏怯，仍不自馁；封建精神盖已失了自信之力。即边疆人民，今日随拍息而反抗王室时，亦不能如他们祖宗当日随烈性英勇（Hotspur）[3]而用兵时的自然。所以前哨经一度的冲突后，封建及公教徒的军队便已如鸟兽散。

----

〔1〕　俾吞为公教在苏格兰的大教长。
〔2〕　意大利音乐家，玛利的宠臣。
〔3〕　译者按，Sir Henry Percy（1364—1403）号Hotspur，见莎士比亚所著的《亨利四世》。

依利萨伯此次的胜利实为国民忠心于女王及举国一统的表示。依常理言外人固应惊异，但女王则应感谢；乃她反采用报仇的政策，封建佃户之被杀者达八百人之多，此固为不必有的残酷。幸而在别的方面，依利萨伯尚能为适当的处置。北英的问题至是得了一个总解决。北方事务院[1]及边地守护诸官（Wardenships of the Marches）今悉可以忠于王室的人充任，而不必再敷衍心中实为叛徒的当地诸大阀。英苏间边陲之战今亦告一结束，而自后的英政府得以使北方永革旧日封建及军阀的风气。充满边疆的记事诗歌（Border ballad）及流血斗争的慷慨而又悲惨的社会，渐变为守法读经而业牧羊的社会。到了比维克及斯科特（Thomas Bewick，Walter Scott）的时代，这北方的荒泽地盖大多为牧羊者之所居。

北英变叛之失败可为英吉利内部团结的明证。故此后外侮虽屡仆屡起，而英人的胆量亦从不稍馁。在1570年教皇比乌斯五世下令隔绝依利萨伯，而耶稣会徒亦于同年抵英。在1572年诺福克公因和腓力的党徒亚尔伐（Alva）及教皇同谋叛乱而被诛。他们阴谋去了依利萨伯，而以玛利为继；玛利允为西班牙的联盟，教皇允离玛利及波斯卫尔的婚，而诺福克则可和她结婚。如何暗杀依利萨伯自此而后竟成大陆上宗教及世俗诸君王常常讨论的问题，在他们的眼光看起来，杀一异端之徒实为最神圣不过的功作。

诺福克为英吉利最大的贵族，他之紧随北英诸伯的失败而被戮，实可视为新兴局面战胜旧日封建主义的最后胜利。当时的世界诚为变动多端的世界。同年有圣巴退尔米（St. Bartholomew）的屠杀，法兰西呼格诺徒的势力，虽不致消灭，亦已大受摧残；然同年荷兰诸城镇中海员，因不服腓力的残暴，而发生有力的变叛。英吉利的众议院因愤怒且畏惧玛利的捣乱，正在请愿把她处死，一似她从未受过抹油之礼而正式做过人君者然。但依利萨伯因受和平及保王的本性所趋使，历15年仍不愿加玛利以非刑。她不忍见杀戮女王的惨事，且杀了玛利必难逃和西班牙一战。玛利既有继她而

---

[1] 见上第307~308页。

立的权利，则玛利一日在世，腓力当可一日忍耐，而不和她及她的海员为难。如果玛利不在，则腓力或竟会大兴问罪之师，而要求英吉利为己有。肯特的海岸离尼德兰仅有60英里，而驻在该地的亚尔伐的久战之军固从未失利过者。幸而此60哩间尚隔了一大片盐水，而际此蔑视封建过去，及武士领袖的新时代中，盐水固日在成为重要的元素，且为新起活动的用武地。

第六章

英吉利海权的肇始

"陛下以前我国哪一个国王能飞扬他的旗帜于里海？陛下曾和波斯皇折冲交涉？为商民取得宝贵重大的权利，前于陛下的国王又哪一个能有此伟绩？在本朝以前曾有人于君士坦丁堡大王庄严华丽的庙堂中见过英吉利使臣没有？更有谁能在叙利亚（Syria）的屈黎波里（Tripolis），在阿勒颇（Aleppo），在巴比伦，在巴尔萨拉（Balsara）设立英吉利的领事馆或派遣特派员？而且在今以前谁曾于果阿（Goa）见过英吉利人？在今以前哪种英船曾在伟大的巴拉他河（Plate）中停过？再曾在险阻的麦哲伦（Magellan）海峡中穿过而复穿过？曾周游到智利秘鲁以及新西班牙的其他海岸？而且所到的地方又比任何耶稣教徒为周详？"——《哈克卢特》[1]

英吉利的机会 历上古及中古之世不列颠总被迫于世界地图的极边。不列颠之外既是空空如也，岛民的精力，无论见诸于私人的冒险，或民族的膨胀，自然只有向欧洲发泄。但苍老的欧洲早已失了可以伸缩左右的质性。已不复能接受英吉利的语言风俗。百年之战惨淡的失败，足为血气方

---

[1] 见第384页。

盛的少年英吉利不能向欧膨胀的铁证。到了今日大陆各王国先后成立之后，即英人再欲叩门而入，亦绝不可能；所以英人只有闭户自守，长为岛国之民。缅怀往事，弥增感慨，夫瓦沙（Froissart）所记的盛事及哈利五世（即亨利五世）时的光荣，徒能供高坐采地府中诸公的传说叹惜而已。

但是泰运之交往往出人意料之外。历推铎尔的数朝，岛民日渐发现不列颠的地位已由极端的西北，进居于海洋的腹地，它且握有近代航线，贸易线及殖民线的中心，而十分辽远的大洋彼岸，则有惊人的财货玉帛，以及其他一切的物华天宝等着英吉利人来开采，来利用。举凡非洲食人部族的金沙江河，多珠多玉的亚洲市廛，人口稀少可是日在开发而一新世人耳目的新大陆，皆足以推翻一切向有的宇宙观念及商业习惯。

新的海洋线　中古和上古一样，海权及大宗贸易俱以地中海为中心。欧洲的对外贸易在近代固由欧洲的船只运往海外或自海外运归欧洲，但在昔时则或由骆驼队背负，而取道亚洲中心的陆路，或由东方船只装运，而往来于波斯湾及红海之间。中国，印度，及丁香群岛（Spice Islands）的贵重货品先由骆驼背负到利凡特的海港，然后由意大利的船只载运至威尼斯及热那亚，再由此而分运于耶教世界的各地。

无论是威尼斯商人，或是前此的罗马人及腓尼基人，都没有遇到过穿越大洋的必要。船只惟一的用处即用以渡过地中海，或绕经西班牙法兰西的沿岸以达于英吉利，法兰德斯，及北德意志的诸港。所谓舰队，无论商用军用，皆为有桨的扁船。这种情形自有史以前以至15世纪的后半叶迄无变更。但美洲及经好望角到印度航线的发现，给意大利诸城以极大的打击，它们贸易及海事上的霸权竟被一扫而无余。自此而后，欧洲改从大海以运回亚非美三洲的货物，于远航的路程上桨行扁船亦顿失其效用。在新的状况之下，商业及海事上的角逐似乎只限于西班牙，法兰西及英吉利三国，因为三者都面向新航路所系的大西洋，而又都在团结成一个近代国家，都有有力的君主为指导，更都具富有侵略性的民族自觉力。[1]

西班牙及它的邻国葡萄牙为首先从事于大规模的拓殖者。它们先别国而发现非美两洲沿岸之地。它们所移于中美南美之民纵不甚多，但已足挡英吉利人之驾而有余，所以轮到英吉利人民想殖民时，他们只能迁就些，只能向较冷的北美一带移殖。他们无金可获，他们所能获者惟劳力所能取得的收获。

英吉利和法兰西的比较 法兰西似乎想步西班牙的后尘，而与之争雄于海上及美洲。但到了哥仑布的时代，它的大欧洲的野心已蓄积太久，发展太甚，它正从事于向莱因河及越阿尔卑斯山攻取的计划，它一时难以自拔。但英吉利则反是。百年之战给了它极深刻的教训，久战的结果只是国力的疲乏及纷乱的频仍。故自此而后，它拒绝再参加大陆的政治，或发生大陆的野心。自推铎尔诸朝而降，英吉利玩弄欧洲政治的目的在维持安全，防止外侵，或发展海外计划，欧洲政治的自身决不能成为一种目的。因为它能善用它的岛国地位，因为它能不管闲事，它转得到显著的便宜。它和西班牙及法兰西角逐于海上及殖民事业时，它亦深得那种疏远关系之力。

法兰西的宗教战争，亦为使它不能尽全力于拓殖新世界的一种原因。当依利萨伯维持英吉利于太平无事的数年，即法兰西正为宗教战争所困的数年。法兰西的呼格诺教徒和英荷的抗议教徒，同为经商及航海的人民。如果呼格诺徒能得胜利，则法兰西或不难为大洋的主人翁。但科利尼大将（Admiral Coligny）及他的徒党俱死于圣巴退尔米之日，而掘类克（Francis Drake）及他所率领的信抗议教的海员则能为英王所录用，能受英人的崇拜，

---

[1] 参阅上第325页。世人动以为葡萄牙人及西班牙人的发现乃由于蛮野的土耳其人把中古的贸易线阻塞而起，但此语未必可靠。关于这个问题可参看A. H. Lybyer在1915年《英国历史杂志》（第480页）上的一文。15世纪的土耳其人纵无马哥博罗时控制中亚细亚贸易线的鞑靼人那样的宽大放任．他们亦决无所谓"少年土耳其人"妨害今日（1925）贸易之甚。经由埃及一路的贸易亦甚发达，直到好望角路线发现后始衰。走好望角路线的海船容纳粗重的货物，其总容量亦比任何中古路线之所能担负者为大。中古的欧洲因不能以笨重货物（为骆驼所不能胜）换东方的香料等等之故，金银之出超大增，浸浸有缺乏金银的危险。直到美洲的金银矿出产充分的金属以后，欧洲始获多年亟需的救济。同时海洋线及海船亦使西方得和东方以货易货。

且能使英人全神贯注于海外事业。

法国为陆地国,陆界极长,大地亦极少破碎不全之处,故旧日的封建生活仍可维持不坠,而新兴王国的活动亦大半注重陆上。但英国又反是。英吉利地形狭长而不规则,四围尽是曲折的海岸,大小港湾不计其数,而海员及渔夫亦多。它惟一的邻国为苏格兰,而苏格兰今亦处于和它友好的地位。所以像它这样一个国家,实不能不深受营商及航海势力及意见的影响,何况沿海像得文等诸郡的大户又辄自成为一种商航社会?下列一个旧调甚可表示我们远祖的情感:

> 我们不希罕你们的战士,
> 他们只是轻侮国家。
> 我们要敬重你们的海员,
> 他们却能维持国家。

英吉利于战胜阿马达之后,所以不能立时充分膨胀者,良非因海军之力不足,而因陆军组织之未完备,军界传习(tradition)之未养成。因为不完备,未养成,故海军所打来的机会还未能充分利用。

英国没有一个地方离海远过于70哩,所以人民的大部皆能和大海有些接触,至少也和航海的人发生接触。尤其有利于英国的,是伦敦的地位,伦敦本身即靠海,而巴黎则在内地,马德里斯之离海岸则更远而又远,伦敦属于抗议教,巴黎则十分的拥护公教。伦敦的富庶又甲全国,能为全英的巨擘,但呼格诺徒的海口剌·罗舍尔(La Rochelle)则绝不能和法国内地的十余大城相比拟。因以上及其他种种理由,16世纪的法兰西竟无由认真地和别国争海上的霸权。它海力的最好一部分在宗教及政治上常和英吉利人及荷兰人联合在一起,而专和经过加的斯(Cadiz)及尼德兰间的西班牙船只捣乱。

英吉利和西班牙的比较　如果法兰西比英吉利为封建,则西班牙比法兰西为尤甚。固然，西班牙于并吞葡萄牙之后，几同英吉利一样的被海所围绕，且它更有已有一种海军传习的海军。不幸这海军是由奴隶摇桨的扁船所组成，而它的传习也不过是地中海的传习。用萨拉米斯及亚克兴（Salamis, Actium）[1]的战术来战胜土耳其人于勒颁多（Lepanto）的海军，如和两旁可放列炮的掘类克舰队碰撞起来，便会失了作用。西班牙的海军不能航行于大西洋中，即在比斯开湾（Bay of Biscay）及英吉利海峡中，它也不能十分中式。西班牙虽也有航行大海的商船，或则上下于美洲的太平洋沿岸，或则经过大西洋以往来于加的斯及西班牙美因之间。它们载者为移民，而带回者则为金银；但它们都不是战船，所以经不起英吉利海盗的骚扰。实际上，西班牙直到了将要正式作战以前的几年，始行制造可以敌英的战舰。阿马达实不是它最后的舰队，而是最早的舰队。至于人口，英吉利人民的总数虽较小于西班牙或法兰西，但航海的数世纪来向善帆行于北方海浪上的人民，则向多于西班牙或法兰西。而且自亨利八世以来，他们更有构造及武装俱照近代原理的王家海军。因为有了新式海军之故，即商船及海盗于航海及作战之技术上亦在一日千里的猛进。腓力之和玛利结婚，殆有依赖英吉利的海军以自固的意思，因为他的海军且赶不上西班牙的。[2]

西班牙的海战术 但西班牙人即认真建造海行的战舰时，亦不能完全超脱素向弥漫于他们社会生活中的封建及陆军思想，而地中海的海军传习亦多方牵制他们的革新。勒颁多的新胜利更足以使他们狃于积习。无论所乘者为桨行扁船帆行深船（galleon），西班牙人在海上的习惯是直航挺进以

---

〔1〕 译者按，萨拉米斯为古希腊和波斯间的海战，亚克兴为凯撒死后 Octarian 克服 Antony 的海战。

〔2〕 关于亨利八世的海军，见上第 326~327 页。Sir William Monson 为依利萨伯时关于海军问题的权威。他说："从事实说起来，西班牙要到和我们作战时，始知海战的为物。在此以前，他不知何谓海战，除非在海峡（指达达纳耳）中和土耳其人，在退衰拉斯〔Terceras，即亚速尔群岛（Azores）〕和法兰西人的扁船战可称为海战。即此扁船的舰队亦尚自新并吞的葡萄牙王国得来。1591年西班牙人之擒获复仇（the Revenge）实为他们表现他们海军力的首次。"腓力于1580年并吞葡萄牙及其海军及海外领地。自此以后葡萄牙一直为西班牙王的属国。到了1640年始重获独立，且常赖英吉利联盟之助。

迎敌船,然后或以力冲撞,或径登敌船。换言之,西班牙人恰如前此的希腊人,罗马人及威尼斯人,他们把海战直视为陆战;虽水陆战因原质不同之故而不能尽同,但其作战的原则则一。他们的战舰中满载兵士。兵士轻视船员至于极点,动辄发号施令,一若船员仍为昔日扁船上摇桨的奴隶。有一熟知当时情况之人说道:"航海者自别人看起来不过是奴隶而已,他们的职务在胼手胝足,苦苦工作。"他们不能在舱中休息或睡觉。无怪他们的人数既不多,而质地也不甚佳。

英吉利的海战术 英吉利人为首先能改良海战的战术,而超脱旧日的传习者。他们所发明的,为自船身两旁发出来的炮火。掘类克的炮虽少于纳尔逊(Nelson)三层甲板的战舰所载,但论大小则几相等。在新式战船上,海员的重要更过于兵士,因为欲炮火的成功,第一须将船只处于相当的地位,庶可以轰击敌船,第二须将两船的摇摆测算准确,须可以瞄准而炮无虚发,前者固有赖于海员,而后者更非赖他们的特有才力不能成功。自掘类克·法兰西斯爵士看起来,战舰是一个可以移动自如的炮台;但自西马迭亚·铎尼亚公爵(Duke of Medina Sidonia)看起来,则它只是刀枪手的擂台。固然,在英吉利的海军史中,船面杀敌的壮举,自掘类克及呼金兹(Hawkins)他们自己起至纳尔逊在圣文森特(St. Vincent)之战及"奋勇挥刀的布洛克(Broke)"[1]止,亦代有所闻,但英吉利之所以能成海上主人翁者,初不由于船面上之勇士,而由于可畏的列炮。

西班牙人因不能一洗封建旧脑筋,及地中海旧战术之故,即在大海之上仍使海员受制于兵士。当此之时,掘类克则能循序的改良船中军士及海员间的关系。在他环航全球的行程中相随的绅士时有抗命之事,他恒严加制止,不使肇变。为防止"绅士及海员间互相憎恶"计,他且立下下述的至理名言——"我必须令绅士们和航士们在一起拉拉扯扯。"从此而后,"绅士们"逐渐知道他们在英吉利战船上应处的地位,而不敢过于倨傲,经长期的演化

---

[1] 译者按,为有帆巡舰 Shannon 的舰长,于1813年尝上美舰 Chesapeake 而俘之。

而后，他们变成"航士们"自己。到了纳尔逊诞生之时，王家海军所有的军官尽已能兼有绅士及航士的性质，而航行及打仗已成为不可分的职务。

16世纪时英吉利的商人或冒险好功之士驾私有的武装船只，并奉政府之命以搜捕西班牙敌船者大有其人，而掘类克实开其端，成功亦最伟大。此后他又为最伟大的正式海军大将。以此，成立王家海军及私家船只间的谅解之责实舍他莫属，亦惟他才能广收两者合作之效。西班牙人有众多奴隶以摇扁船，并有奋勇的兵士以随船作战，但于航士的供给，则他们绝不能如英吉利人之随处可以取材。英有强毅有为商人及海员阶级足以自豪，而西班牙则无此阶级。

英人西人社会背境的比较　西班牙船只及英吉利船只间人员及战术之不同，骤视之虽仅似专门问题，然实可代表西班牙及新英间社会性质的基本不同。在文艺复兴及宗教改革，而又已脱封建制度的英吉利中，私人的企业，各个的自动，以及各阶级间的和睦平等本日在增加，而在经商及航海的人口中为尤甚。绅士阶级中的最有毅力者和中下等的阶级，能共同从事于海外事业，或作战或经商，而无上下之分。反之，西班牙社会的思想及习尚仍封建如昔，虽然在政治上国王已成了专制君主。船上之所需要者为纪律，而非封建主义或阶级观念。海上所需的权力系统绝不同于陆上所需的。

西班牙人在全盛时代为第一流的军人及殖民者，次等的航海者，无出息的商人，不可教的政客及治理者。他们因为信仰公教太烈之故，竟把国中或足以帮助他们来发展新获得的经商机会的诸种阶级及种族，驱除杀戮净尽。世上决没有一个国家能专恃金银的输入而会永久繁荣的，所以英人即不去拦劫西班牙人的货船，西班牙亦终会衰落。在新时代中法兰德斯本有和英吉利争霸的可能，但西班牙人因过于热心宗教之故，又把法兰德斯诸大城的繁华摧残无存。荷兰的航士本为承继佛来铭商人已失的商业者，但因不能忍受西班牙人的残暴之故，亦变为英吉利的同盟。我们敢说，如果社会及智识上的自由可以战胜不自由社会及智识，则英荷在海商上之战胜西班牙可为一个显例。

英吉利新的商业　依利萨伯朝海战及斯图亚特时殖民的成功，俱有赖于国内商业的发达。腓力的政治及军事势力不可谓不盛。他的帝国不可谓不大，人口不可谓不多，然而卒因本国的商业不盛，不足为海外事业的基础之故，西班牙的海权竟不能敌一小小岛国，也不能当荷兰沙丘泥堆中的几个谋叛城市。西班牙人因不知如何和新发现的地方贸易而败，英人荷人则因知如何互市而胜。

为开拓新兴的纺织业[1]的市场起见，英吉利的商人冒险家自15世纪之初即极力在欧洲寻觅新的市场。当是时经商的特权非可轻易取得，取得辄赖武力；海盗又出没于海上，而世人又不以为可耻，故新市场的开拓，无论在陆地或在海上，流血自是难免。在依利萨伯朝时，这班商人冒险家更远在非亚美三洲寻找新的市场。

哈克卢特（Hakluyt）[2]尝详记每次航海归来之人所述的故事，他盖欲藉此以唤醒并鼓励英吉利人基本认识他们国运之所寄在海而不在陆。从他的书，我们可知除了掘类克的著名行程及侵扰西班牙人的作战行为外，在莫斯科伐，非洲及利凡特一带，同时也有比较和平的贸迁往来。除了呼金兹及专事贩买奴隶的一班人外其他英吉利商人似都以发展几内亚（Guinea）的贸易为比较可取。他们待当地的黑人远优于葡萄牙人之待他们，他们并力免一切黑人和白人的冲突，他们盖颇欲以好感为贸易的基础。

"特许公司"　可是平和贸易者及好战贸易者间实不易划一显明的界线。因为葡萄牙人仇视一切来近非洲或印度沿岸的外人。此处的葡人和美洲的西班牙人同样的不能容物，他们都不欢迎外人——尤其是信奉异端者，他们都不能让外人来到教皇所指给为他们之地。[3]非洲的金岸亦常见专利垄

---

[1]　见上第309～311页。

[2]　译者按，Richard Hakluyt 为英吉利地理学家，著 *The Principal Navigations Voyages, Traffiques and Discourses of the English Nation*。

[3]　见上第325页。

断的葡人及抢做生意的英人在互相交战，到了依利萨伯的末年，连向来安静的印度诸海及马来半岛亦时闻交战的恶声。无论在战时或在平时，凡真欲经商者，总得预备和海盗或和外敌作海战，不然便无商可经。为担负必要的作战费用，及减少难免的危险起见，伦敦城中因有公司的组织，女王赋予这种公司以特许状，给它们以军事及外交的便宜行事之权，因为经商之所在往往既无王家的使臣，复非王家海军势力之所能及。首次代表英国而出现于莫斯科俄帝及亚格剌（Agta）蒙古帝朝中的使臣，即为英吉利商人所充当，但他们也领有正式的全权状。[1]

英人的冒险性 经商为战事的动机，而亦为探险的动机；当世的丰功伟绩之中我们常见三者混在一起。在当时人的心目中，浪漫的生涯和致富的活动初无雅俗之分，奋不顾身的冒险和贸迁得来的红利也有相连的关系；谋生所必经的干燥事实，和诗歌幻想的有趣生活，两者间不能有区分的界线。钱市的交易及政客的计谋会发生远征队的组织，犹之今人之会组队以探索挨佛勒斯特（Everest）高峰或南极的冰天雪地。虽今人的动机有纯为荣誉者，而昔人的动机总离不了一个利字，然踊跃高兴之态则古今初无二致。英人本天性富于实用的理想主义，半因远征兼可谋利之故，依利萨伯时，那个主义竟得澎湃至于极点。掘类克，锡德尼（Sidney），斯宾塞（Spenser），剌里（Raleigh），及莎士比亚，他们的一生皆尝和以经商为惊天动地的趣事之人们往来。后者视经商为——

   富有危险性及冒险的精神，
   好比脚未踏实地，
   而奔驰于狂风暴雨之中。

---

〔1〕 19世纪下半叶所用以发展非洲内地而成立的"特许公司"（"Chartered Companies"）和依利萨伯朝的莫斯科伐公司，利凡特公司，及东印度公司等性质颇相同。

自伦敦及得文的人民看起来，大洋外未上地图的世界正如一群仙子所居的岛屿，各有各的珍物奇迹，而且个个在恭候着冒险的武士们来开辟发现，恭候着矢志成功，成则归来讲述胜事，不成则永远不回的武士们来探索问津。

莫斯科伐及北美 自那样一世的人看起来，从北极诸海以达葡萄牙人及土耳其人的后背，而寻获印度的市场一直不成问题之事。爱德华六世时英人本已有以为可从北极以至印度者，喀波特·瑟罢斯轻（Sebastian Cabot）在老年时复旧话重提，所以1553年产塞勒·理查（Richard Chancellor）有取道白海以觅所谓西北路线（通印度）之行，结果则所获者非印度，而为在莫斯科统治披毛部落之俄帝之蛮野国家。他回后盛称俄罗斯贸易的可能性；三年而后他复作第二次的航行，但不幸中途覆没。在依利萨伯时代英吉利的莫斯科伐公司，实为西方人民经营俄罗斯内地贸易的首次组织，虽然在下一世纪此项贸易曾一度被夺于荷人。夫洛比瑟（Frobisher）及大卫斯（Davis）尝继起而谋西北线的发现，但结果则到了哈特孙湾（Hudson Bay）。斯图亚特时哈特孙湾的兽毛贸易及坎拿大的殖民史因是先后兴起。

利凡特及印度 西班牙和英吉利间的战争，也不足以使依利萨伯朝的商人视地中海为畏途，而裹足不前。利凡特公司照常和威尼斯，和威尼斯的希腊诸岛，和更远的伊斯兰教各国通商。土耳其的海上敌人为威尼斯人及西班牙人，故土皇于英人之至君士坦丁堡者转表示欢迎。但要至君士坦丁堡须不惮和直布罗陀海峡一带的西班牙扁船及阿尔及利（Algeria）沿岸的"巴巴利（Barbary）海盗"交战。此即英国海权及于地中海的开始。到了斯图亚特时代，商船曾经作战之处，王家海军亦随之而往，于是地中海更有正式的海军。

当阿马达正在攻略的数年中。这班经土耳其贸易的商人中有叫做菲赤·剌尔夫（Ralph Fitch）者正在远东旅行。他的起点为阿勒颇（Aleppo），他从印度的陆地以达东方。经八年的旅行而后，他回国详述波斯湾，印度斯坦，及麻剌甲的种种情形。他的报告大壮东印度公司发起人之胆，而敢鼓勇前进。他们于 1600 年自依利萨伯处得到一个特许状（Charter），而为印度贸易的经营。公司所用之船高深而坚实，装货极多，而又能抵御葡萄牙人，故可绕道好望角而不怕有意外。国人到印度半岛的动机其始实为推销货物，而不在征服。哈克卢特的眼光且见及更远的地方：

我国最富饶的货物为毛布（他书中说），我们当然要为它搜找推销的市场。从我读书和观察所及，我以为最适当的地方为日本的诸岛，中国的北部，及毗邻的鞑靼国。

财政上的困难 上述种种依利萨伯朝商人所开拓的贸易线路及远方市场，卒造成斯图亚特朝的大批贸易，尤其是毛布的输出。女王及其臣工亦熟知商业社会的需要，且能援助他们。她和她的兄姊不同，她很接近伦敦的舆论，故能善用伦敦的势力以成功。她和塞西尔都和王家交易所的创立者格勒善·托玛斯爵士（Sir Thomas Gresham）私交甚笃。她常利用他来筹集内债外债；关于财政问题并采纳他的意见。当时最困难的财政问题为货币的重铸。亨利八世的滥造劣币有增加人民负担的影响，但依利萨伯初即位时居然能销劣币而易以良币，而人民疾苦亦于以减除。

然而依利萨伯的财政困难并不因此而即解决。货币之继续跌价使她处于异常窘迫的地位。历推铎尔数代物价本时在增加，而于亨利滥添劣币之后尤甚。依利萨伯之改良货币宜足以救一时之急，哪知西班牙·亚美利加的金银矿又适于此时产量大增。金银愈充斥，则物价亦愈增高。物价的增加于商人或无不利，然对于工人及女王则损失极大。国课中许多的项目皆为固定的数目。即在作战的时候亦仅仅有四分之一来自国会所通过的特税，其余则年复一年丝毫不能随物价而有所增益。而且国会通过的所谓"补助金"（"subsidy"）亦并不真能随国富而估税，国富虽已大有增加，而估计之标准往往与之无关。国会在早先殊漠视课税的技术，直到它自己因同查理一世宣战而需要战费时始加以注意。

有一部分的史家，因为热心于帝国主义及抗议教太甚之故，深责依利萨伯之过于俭约。何以她不多多的派遣细作于尼德兰，法兰西及爱尔兰；何以她不早日和腓力决一雌雄，而反多方敷衍；何以于阿马达之后，她不立即收取西班牙的属地，而消灭西班牙的海权；凡此皆史家所视为可异之事而归罪于女王的俭约者。要答复这些问题只消一翻王家的簿记。阿马达的次年，她的总收入尚不到40万镑，其中88 362镑为国会所给的赋税。她末了五年中每年平均的收入仍不及50万镑，国会所给的"补助金"，在全数中的比例亦和以前无甚出入。负"俭约"之责者，女王及其大臣而外，国会及纳税者亦莫可躲赖。她所取于人民者本极微末，然而她并不浪用，她竭她的智力以谋他们的安全及福利。因为她拒绝鲁莽地援助国外的抗议教，她才能保持着充分的实力以救护国内的宗教改革；又因为她是一个"小英吉利者"（"Little Englander"）且为穷困时候的经济家，她才能建立大帝国的海上基础，而使后来者得藉以继续增张。[1]

腓力与依利萨伯　英吉利西班牙间的正式战争所以能展缓到阿马达出征时而始发动者，乃因于腓力及依利萨伯两人在性情上都为迟徊审慎，而又笃好和平之人。然而无论两人的性情如何，他们所采取的政策，其所至终逃不了一战。腓力坚持有禁止除任何外人走近新发现的亚非美三洲沿岸之权，因为教皇已把所有新地指给西班牙及葡萄牙两国。他又力主有将他领地上的英吉利商人及船员发交公教查办（inquisition）之权。他虽愿静待依利萨伯之死，待她死后再望英吉利之能复归公教，然而他之不能坐视英吉利之永和罗马断绝关系则又至显之事。在依利萨伯初即位的十余年内，他常在讨论暗杀女王或侵入英国的计划，此后更日以执行者自居，而欲为教皇执行废立（依利萨伯）的命令。因为他的性情缓和而又多迟疑，所以他不即和英宣战，甚且能忍受呼金兹的，掘类克的，及女王自己发号施命

---

〔1〕关于依利萨伯的收入及战费，见第396~397页。

的骚扰行动于一时。也许他日在希望静默者威廉所领导的荷兰人的反叛不久即可消灭；荷兰人平服而后，依利萨伯或者也会降服，即不然，亦不难一举而克英。

当时英吉利的实力本年有增加，故女王观战事的展缓为于她有利之事。但她熟知腓力的不愿战，故她的行为有时也不免过于冒险。有一次她竟乘西班牙船驶入英港求庇之时，将船中所预备载往尼德兰，以发给西班牙军队的饷银扣留。三年而后她复纵容"海丐"〔1〕攻取布理尔（Brill）；对于英吉利海员之帮助叛党者她也置若罔闻，不加禁止。在早年时荷人有力的反抗本不在空地上，而在水面上。他们之死守两栖的有墙城市如哈连姆及来丁（Haarlem, Leyden）等亦为他们成功的一因。

呼金兹及掘类克 依利萨伯对于呼金兹及掘类克等袭击西班牙船只及殖民地的海盗行为更属鼓励有加；藉了这种海盗式的窥击，英吉利的战斗力于那貌犹和平，而私已交战的几年内竟大有增加。西班牙美洲为这种私斗的主要战场。这里的港埠在官场看起来是没有对外贸易的，但在私下则居民未尝不欢迎外国人运货来销，因为西班牙商人极无出息，不能将居民的需要一一满足。除了商货的偷运外，呼金兹更把在非洲所掠得的黑人卖给他们。当时的欧洲尚没有一人能为被牺牲者着想，而斥责贩奴的无道，故历200年之久，英吉利竟可从事于非美两洲间黑奴业而不生内疚。它为精力最富的海国，故业此丧绝人道的营业时，亦一如日后禁止此业时之能先人一着。

掘类克对于贩奴之业不甚发生兴趣，但他也袭击并劫掠美洲沿岸的西班牙船只，市镇及满载宝物的商队。在国际公法没有发达以前，在海上或沿海肆行抢劫本为欧洲船员的通习，掘类克的行为亦绝无反常之处。但依利萨伯的臣僚中也有站在道德及谨慎的立场而反对这种行为者；塞西尔〔2〕

---

〔1〕 译者按，"海丐"（Sea Beggars）为当时出没无定的荷兰巡船的船员。他们专和西班牙为难。建立荷兰共和国之功大半属于他们。

〔2〕 塞西尔威廉自1571年起成为柏立贵族（Lord Burleigh），为明了起见著者仍继续称他为塞西尔。

反对尤力，虽则他自己也尝于海峡中劫取西班牙的财宝。

从某方面说起来英吉利实是挑衅者。但是如果它不采积极的行动，它的贸易将被限于欧洲一隅，它须放弃海洋及殖民的野心，而且于荷兰的变叛失败之后，臣服于西班牙及罗马的大辱更将无可或免。在那暴力横行，在西班牙属地的英人可被任意监禁，任意处死的凶恶世界；在那公教危人，惩治异端的法院及圣巴退尔米的屠戮齐起，亚尔伐可以在尼德兰行凶霸道，教皇可以废立依利萨伯，而公教的欧洲又准备以武力执行那个命令的狂乱世界，20世纪国际行为的标准又哪有存在的余地？

塞西尔与窝尔星干 当西班牙方张的势力，正如天罗地网般笼罩依利萨伯之时，女王之自存真是间不容发。利用掘类克等的无法行为以打破西班牙的网罗实为窝尔星干·法兰西斯爵士（Sir Francis Walsingham）的主张，而经女王采择者。而且抢掠对于空虚的国库也不无多少帮助，故女王尤为动容。是时窝尔星干在朝中的势力正在增涨，但他的和勒斯忒的势力不同，勒斯忒与塞西尔处于对敌的地位，而他则为塞西尔的协赞者。他赞助塞西尔的政策，同时，他又能见老年政治家之所不能见。他所创立的侦探制度复有大功于女王。腓力及耶稣会徒的暗杀计划之一一失败；良由于这个制度的存在。因为没有这制度，静默者威廉卒被暗杀。是时公教反动弥漫大陆之上，而窝尔星干则深为清教徒的抗抵热忱所感动，他对于塞西尔及女王谨慎小心的政策不能长久忍耐，塞西尔为信抗议教的国家主义者，女王为"纯英吉利人"，而他富于进取性质。他所要求者为作为，他不问危险，也不顾费用。如果依利萨伯事事采纳他的意见，她恐非覆没不可。但如果她一事不从他的意见，恐也非失败不成。就大体而言，她颇能调和两人的长处，既不偏于小心，亦不失于冒险。

掘类克的大海程 政府应否参加掘类克环绕世界的航行为造成紧张形势的原因。塞西尔反对远征甚力，但窝尔星干则劝依利萨伯秘密入股于这空前绝后的海盗式的远征。"掘类克！"她惊叹的说，"如此我该报西班牙王多方侮辱朕躬之仇了！"就报仇而论，她实已找到最适当的人物。

自从麦哲伦发现美洲南端的路线后，航行者总视为畏途而不敢前往，过其地者几无其人。沿太平洋岸的西班牙船只皆就地制造，不惯远行，而太平洋大西洋两岸的交通，则由巴拿马地峡的陆道而不由何恩角的海道。所以当掘类克自南而至智利的海岸时，从久把太平洋看做外船不能来的内海之西班牙人看起来，不啻飞将军自天而降，不啻上天故意派下尘世，以惩创无备的西班牙人者。他的舰队能经过险阻的何恩角及麦哲伦海峡者，虽仅有他的坐船金鹿（Golden Hind），而金鹿的船员虽不及百人，然而他远征中的工作最易者莫过于劫掠富闻天下的南美西岸，并使他的小舟充塞了金银贵货。自此，他复经太平洋，过好望角，而归国。

掘类克的举动不久即由巴拿马传至欧陆，而惊醒全欧，西班牙及英吉利两方都视为非常重要，而驻英的西班牙大使复大声疾呼的加以指摘。英吉利当时的政策几全系于掘类克的成败；如其成，则英人之胆将益壮大而所采政策将益强硬；如果不能满载而安归故国，则塞西尔的畏缩政策可压倒窝尔星干的积极政策，而世界竞争的胜利终或将归于西班牙及罗马。掘类克本人也尝告诉同行者，如果此次的冒险失败，则"国人将再无勇气作第二次的尝试"。所以当金鹿搁浅于无图可稽的摩鹿加海（Molucca Sea）的浅滩上，历24小时而无可如何之时，其危险真有难以形容者。幸而最后它又居然藉风力而得安然入水。一阵微风及热带沙滩和几块英国橡板间的美满关系竟为最大的运命之所寄，则岂不奇之又奇？

当掘类克离欧几近三年之后，而驶入普里穆斯港口（Plymouth Sound）之时，他首先问过路渔夫的问题为女王是否仍在人世，仍安然无恙。是的，她的仇敌虽多，而她仍健在；她尚能于次年亲幸得特福德，而即于他的船上封他为爵士。这次爵士的封赠要算英史中最重要的一次，它不啻是向西班牙直接挑战的行动，同时它也是请求英吉利人民努力于海外事业以增实力的一种表示。依利萨伯之为此举，尝不顾忠诚的塞西尔的反对。有此一举，谁还能说她从不能勇敢有为？她的勇敢的果断固是极少而可数得出来的，但她实有不鸣则已，一鸣惊人之概，所以有一次的果断必新一次的局面。

玛利的就刑 自得特福德的授爵典礼后，形势急转而直下，性情慢腾腾的腓力能走前一步，即战事日促一日。英吉利最后的挑衅行为，苏格兰后玛利的就戮，为人民的公众要求，而非依利萨伯所自动主张。女王本好久不肯顺人民的要求，但于窝尔星干发现玛利与闻倍宾吞（Babington）谋弑的阴谋后，人民要求更烈，而玛利遂无所逃命。玛利的残喘苟延，不啻使英人的热血长在发炎，玛利不死则炎热不退，而病态不除。如果她能比依利萨伯后死，而继立为君，则非宗教改革的全功尽弃，必全国卷入最可怕的内战——富于民族思想的人民武装起来与依西班牙为声援的合法女王相战。这种可怕的可能十分实在，十分逼近，故人民无暇怜惜这最不幸的妇人。国会，人民，及大臣最后居然取到了依利萨伯的允可以处决玛利。女王因为不愿负杀君之名，故把颁发处刑状的大臣对维孙（Davison）当做替死鬼。此为依利萨伯最不大方之时的形态，犹之掘类克的封爵为她最得意时的行为。

玛利的被戮使西班牙忍无可忍。同时，女王则收了联合英吉利全国以抗外敌的功用。本会执戈以卫玛利（因为她是他们的合法君主）的缓和派公教徒今亦全体站在依利萨伯方面以御西班牙的腓力，因为他于玛利死后俨然以合法的英王自居。而且依利萨伯也没有使缓和的公教徒失望。除了对不到教堂做礼拜的公教徒收些罚款而外，她从未因他们的意见而加以诛害。〔1〕如果《祈祷书》更要遍于抗议教些，或对于不服国教的教徒（"popish recusants"）压迫更要严酷些，有如国会之所要求，则当西班牙进攻之

---

〔1〕 关于不服国教的公教教徒（Catholic "Recusants"）的待遇，参阅 1908 年 4 月《美国历史杂志》中 R. P. Merriman 所著 "Some Notes on the Treatment of English Catholics in the Reign of Elizabeth" 一文，及 W. P. M. Kennedy 所著 "Elizabethan Episcopal Administration"，1924 年。1559 年所定不到教堂的 12 先令罚金固常常征取，但 1581 年所定不到教堂者每月须纳 20 镑罚金之法则始终没有实行。关于耶稣会徒的诛除，见后第 404 页。

际，英国的内部或竟会发生问题。但在当日的情形之下，举国颇能一致以抵抗阿马达的威势。清教徒因痛恨西班牙之故，在依利萨伯的教社国家中所受的冤屈即再重大些，仍能为她作殊死战，而无贰志。

阿马达 从地中海半数的航海人民中征集来的无敌舰队（Invincible Armada）的船员中，好些从未有过于大洋中驾驶帆船的经验，所以他们的主要职务为装载军队自西班牙到英吉利，他们在军队之下。对方的舰队则适得其反。在那时候，海军大统帅（Lord High Admiral）固须由大贵族充当，爱芬格姆的·豪厄德贵族（Lord Howard of Effingham），固和诺福克公有亲谊，然他同时也是个抗议教徒，是个头等船员，如同乃父一样，且深知一班著名船员的价值而能加以信任。他有呼金兹及夫洛比瑟的度量，他也认掘类克为举世无双的大航海家而丝毫无嫉妒之心，他也五体投地般的崇拜，即在前年又曾以列炮之力而消灭舶加的斯港的扁船队——当世最完整的扁船队——之掘类克。

就数量而论豪厄德的及西顿尼亚的舰队倒也不相上下。但以航海技术，炮击术，及总炮数而论，则英人——并合王家海军及武装商舰起来——占极大的优势。西班牙人仅辅助舰的吨数及军士的人数大于英人。他们的船上满装军士，长矛手在后而火枪手在前，他们预备英船走近时向前冲杀。但英船竟一反古时的战术而老不走近。英人之所长者非旧时的步兵战，而为新式的炮火战。交战两方的距离，英人因长于驾驶之故，能自由决定，但西班牙人则莫由自主。所以阿马达通过英吉利海峡时，西班牙人已吃了不少的亏。他们到达加莱要道之先已魂胆俱失，经掘类克的一阵炮火后，更不知所措，而在尼德兰静待出发的帕马（Parma）军竟从无登船开英的机会。在格剌维林（Gravelines）复经一度的重创后，他们更狼狈不堪言状。风向的改变，几有使全军覆没于荷兰沙堆的危险。能幸而保全者遂急向险峻的苏格兰及爱尔兰海岸潜遁，狂风固不暇顾及，即缺乏粮食饮料亦只能忍受。不毁于海峡中之炮火者复毁于西北一带的风浪岩礁，于是保全之船更少。已损的高船辄三五成群，搁浅于海滩之上，一若专供塞尔特部落的摧残而来者。极西北的塞尔特人到此时尚不甚开化，他们绝不知有阿马达之败北，更绝不问开化的民族因何而战，他们只知收获漂来之物，而不留余地，而当时欧洲最优良的军队及最骄贵的贵族遂成千整百的为他们所杀戮。总共130只大船中，能安反祖国者几不及半数。

这次的全胜只有海员们也许会尝预料到，大部的英人则惊喜欲狂，深为感动，他们极感上苍待他们之厚，因待他们厚，故风顺而水利，虽则他们尽可把他们的成功归功于他们自己航海技术的精干。他们于感谢上苍之余，竟以"他（指上苍）吹了，它们（指敌船）也散了"为格言。

阿马达的结果 西班牙征服英国的首次认真尝试，也就是末次的认真尝试。阿马达的营造匪易，所费既巨，而所耗的时间精力更巨，西班牙人满以为可以藉此而征服英吉利，而横行天下，哪知结果竟如此相反。此后更如何敢轻为卷土从来的尝试？为第二阿马达的经营？西班牙自后固尝在大西洋中加厚实力，它日后的舰队也要比掘类克初航西班牙美因时的要强壮多多，然战争的结果早已因阿马达的失败而大明；欧洲全体亦视此为历史上一大转机。那个似乎快要称霸于白人全体世界的大国已经把它全副的精神拿了出来，但是已经完全失败了。大教臣阿伦（Cardinal Allen）尝因拥护罗马公教之故，不惜牺牲了爱国的初衷，而主张西班牙来降服英国。但他也是一个知机观变之人，所以他也承认阿马达失事而后，狂澜已无可再挽。当数年而后旅行家莫利逊·淮因斯（Fynes Moryson）化装入罗马以瞻览该地的古物时，他见大教臣已大改其前此仇视信抗议教的英国游客之态度，他已不复排除他们，因为"英人于1588年战胜西班牙海军而后，重把英国隶于教皇之下的希望十分薄弱"，故亦不必再逆天而行。

阿马达的失败直接保全了荷兰共和国的生存，并帮助了法王亨利四世以自拔于西班牙的势力及政策；间接更救了信抗议教的德意志。当反宗教改革的诸种有组织的，而且兴高采烈的，势力正在齐向德意志进攻之时，德意志诸位路德派的君侯只管诛除喀尔文派的臣民,而并不能同声抵御大敌,如果没有阿马达,反改革的势力或竟会得最后的胜利。

阿马达的恶运昭告全世,统治海洋的权已由地中海民族的手中移到北方人民的掌握。这不仅含有宗教改革得永存于北欧的意义,且也含有北方人民在新的海洋时代中得执世界牛耳的意义。

战事的继续 但西班牙和英吉利间正式交战仍一直继续下去,到1603年依利萨伯殁世时始止。她的战费虽至有限,然她视法荷的独立不附腓力为首要的政策,而不容有所吝惜。法荷独立的维持半由于英人直接的助力及间接之控制海上,而半由于法国内部喀尔文派及反西班牙的"政治[1]派"的联盟,因此之故,法荷两国居然得发展了一种当日欧洲所稀有的自由精神及容忍主义;依利萨伯于政治及宗教本富折中的精神,两国国内的新趋向自然亦深投她之所好。

"能战的味勒氏"("the fighting Veres")所指挥的投身荷兰军中的英兵亦勇锐异常,且于图恩毫特及纽坡特(Turnhout, Nieuport)的两役亦尝助土著以建战功。在此以前西班牙的步军在空地上尚未打过败仗。在拿骚亲王毛里士(Prince Maurice of Nassau)静默者威廉之子的统率之下,荷兰陆军浸浸然有成全欧科学战术的训练所之势,因此之故,在那个外国军中的英人对于英国近代的陆军传习之养成亦不为无功。[2]

战胜的限制 依利萨伯时的国库本不丰裕,她所勉能养成的军队又大部消磨于成就毫无的爱尔兰战役中,故英国虽能称雄海上,而半因缺乏陆军之故,总不克瓜分西班牙帝国。不仅如此,它甚且不克拔葡萄牙于腓力之手。英人固不缺乏雄伟的经过;复仇近亚速尔群岛的最后一战极富英武

---

〔1〕 译者按,"政治派"("Politiques")中的人大都为缓和的公教徒,他们主张停止宗教互杀,而导政治于和平相安的轨道上者。

〔2〕 从Percy的 *Reliques* 所载的三个记事歌——"Brave Lord Willoughby, The Winning of Cales"(即加的斯)及"The Spanish Lady's Love"——中,我们可稍窥此次战争中的民族精神及英兵行动的理想。从味勒的"Commentaries"中我们亦可见荷兰军中英兵的精神。东肯特团(The "Buffs")的团风团员自以为远绍纽坡特及味勒的诸战的遗风。

的精神，诗人的形容一些没有过火；西班牙海军根据地加的斯之被劫亦极足表现英人的勇敢。然英人并不能有永久的征服，有如马尔巴罗，察坦姆（Malborough，Chatham）及拿破仑的诸战中[1]海陆军合作得来的征服。掘类克所领导的主战派固然救了英国，且还保全了许多别的，但表面上得胜之日，即实际上暗晦之时。他们久主正式作战，等候已久，而所望者更多，但正式作战只能给他们以重大的失望，使他们向所希望者尽成泡影。

要充分维持它新成的海军，英吉利尚须有一相当的财政及军事制度。在依利萨伯的末年它的人口（仅五百万）及财富也没有资格去争夺西班牙领地或植立它自己的殖民帝国，即刺里（Raleigh）之于1587年设垦殖地于维基尼亚（Virginia）亦稍嫌过早。到了斯图亚特时代，积余财富及过剩人口足以使它从事殖民之时，则清教徒及其他移民又专往无西班牙人的北美走去，而不和西班牙人相争夺。然盎格鲁·萨克森的殖民事业，卒赖此北指的方向而得有伟大的将来。如果依利萨伯于战胜之余即能并吞西班牙及葡萄牙的热带殖民地，则英人之移居者势必向这种丧人志气的地带前进，而日后的建树反将极为有限。所以依利萨伯的"小英吉利主义"在此处亦未尝不是福事。然则此次战后的种种缺憾，虽刺里及掘类克辈引为十分不幸，后世的英人实可视为他们历史上最侥幸最神奇的一页，而为日后种种伟大之所伏。

附注　依利萨伯的收入及支出

自1588年圣米伽勒节到1589年圣米伽勒节的一年内女王的经常总收入为294 819镑。此数包括罚款及旧时的人口税，此外另有国会所通过的"补助金"88 362镑，捐助金（benevolences）4410镑，及俘获金4878镑。女王末五年，也即战事末五年的平均收入如下：

---

〔1〕　见下第四卷第九章。

经常赋税　360 519 镑

补助金及什一税　125 000 镑

共 485 519 镑

参阅 W，R. Scott. "Joint Stock Companies to 1720"（Cam，Press，1911）

本朝历年的战费，据1603年的官场计算，如下：

Leith（在苏格兰），1559—1560　178 820 镑

Newhaven（Havre），1562　246 380 镑

北方的变乱，1569　92 932 镑

Shane O'Neill 的变乱，1573　230 440 镑

Desmond 的变乱，1579　254 961 镑

Tyrone 的变乱，及其他　1 924 000 镑

尼德兰，1585—1603　1 419 596 镑

补助法兰西王，1591 及以后　297 480 镑

阿马达，Tilbury 的屯驻　161 185 镑

去加的斯及各岛的航行　172 260 镑

除了上述诸项外，常需的军费，如舰队的维持等，皆来自王家永有的岁入，而不须经过国会的通过（如补助金等）。本朝四十余年间国会所通过的补助金及十五之一税总数约达350万镑，此即以应付上表所列的临时战费。

第七章
伟大的依利萨伯时代
威尔士及爱尔兰

战期中的太平繁荣 自依利萨伯而后，打倒某某强大军国成为不列颠历史中循环不息的调儿，但因为有大海在保护，有王家海军去应敌，故我岛从不为外敌所侵入，而且在最近的大战（1914—1918）以前，我们亦从不须牺牲巨数的男子于异国，或中辍国内常时所有的职业及行乐。这种样不间断的安全本为小国或偏僻国家的特权，我国以居冲要的堂堂大国而得享这种原惠实为不列颠伟大的秘密。它使我们得以先别的大国而进步到国会政府的制度，而取到人民的自由，甚且使各式各样生活的意见及习惯得同时存在于我们社会之中。它的第一回的厚赐即为依利萨伯时之文艺复兴的诸种收获。

莎士比亚的同时人已能完全领略大海环护岛国的利益。在和腓力公然作战的 15 年内，他的久经战阵的军队竟无法越安特卫普而至伦敦，而英吉利所得的安全，反比前此勉强维持和局的 30 年间所可得者为大。未战之前，西班牙常可在英捣乱，既战而后它倒也无可如何。且战争也不一定须大增赋税，或扰乱经济上的秩序。此 15 年中的情形颇可和拿破仑战的时期作一比较；后一期在英国固然也是风景画，诗，小说，拳术，行腊，射枪的黄金时代，但因战事之故，经济大起变动，平民大感痛苦，而日后社会上各阶级的失和率以肇源。但际依利萨伯和西班牙作战期内，推铎尔时的社会及经济诸问题反而渐趋和缓。人口愈增业务亦愈增，故国会，枢密院，及治安法官并不难设法救济穷困之人而与之衣食居所。在战事的末年有一个外国旅行家极奇英国之少乞丐，因为是时大陆上极多乞丐，而在早几世的推铎尔乞丐亦尝为紧迫的社会问题。〔1〕

威尔士 依利萨伯朝太平繁盛的原因之一，为大不列颠疆界之粗定。自爱德华一世以来，苏格兰边境向为祸乱的渊薮，但今则边疆既有永久的和平，而界外又有友好的国家。历中古之世足以困英人的威尔士问题，推铎尔氏亦能完全解决，一劳永逸。〔2〕

亨利七世处理威尔士时占了两种便宜。他自己便是一个最有力的边疆贵族，他承继郎卡斯忒及约克两家的所有边疆采地，他共有五十余采地，多于前代任何的英王所有。这是一因。其次，他自己是威尔须人，受过威尔须的教育，且终生笃爱威尔须的诗歌风范而不衰。威尔须人常把他之能于波斯卫司战场上获得英国王位为民族已经取到独立的一证，故他们竞趋于他的朝廷而无所嫌忌，犹之百余年后苏格兰人之竞趋于詹姆斯六世及一世的朝廷，而不再自外。藉了这两层特殊的理由，谨慎小心的推铎尔·亨利居然能使流血无政府的威尔士开始有些秩序。他的儿子复完成他未竟之功。

亨利八世的应付 亨利八世虽于苏格兰及爱尔兰两国的处理极不得法，而于威尔士问题的解决则颇有得心应手之妙。他采用恩威兼施的政策，一方以武力取缔纷扰，一方又秉公待遇塞尔特人民。是时长边疆事务院者为

---

〔1〕 1602 年 *Diary of the Duke of Stettin's Journey*（1892 年英吉利历史学会发行）中说（第 11~12 页）："出入'于王家交易所'而可不遇乞丐真是一件快事，因为在别国中这些地方就是乞丐出没之所。全英乞丐极少见，每个牧区自行救济区中的乞丐。外来的乞丐则收纳于卑田院中，本国的则按区递解，勿使失所，直至解回出身之区，有家可归，殆止。"上所述者本不值征引，但因足为依利萨伯朝穷民救济法实行很有成绩之佐证，故不嫌赘。参阅上第 313~314 页。

〔2〕 关于中古的威尔士，见上第 229~233 页。

利池飞尔德主教李·罗兰（Rowland Lee），他为认真办事者，他遇盗贼及杀人罪犯恒绞缢不稍纵容，故边疆的人民，无论贵贱高下，也无论萨克森或塞尔特，俱为王权所震慑而不敢轻于尝试。他的方法固会令今人惊骇，但对于那时无法无天的人民倒是一服良药，而秩序因得稍立。凡善于统治被压迫民族者，常不能信这种人民的有望，他对于他所威服的人民也无多大希望，所以亨利八世之把威尔士划入英吉利，且一视同仁，无有歧视，实雅违他的谏言。此勇敢的处置实为不列颠史中第一次的《合并法》（Act of Union），而且也不是功效不著的一法，亨利将威尔士君土及边疆采地两俱废除，而把全境分成十二郡，郡各有治安法官以料理一切，并须服从国会的法律及枢密院的命令，自此而后威尔士的各邑各城亦得送代表于英吉利的众议院。枢密院的权力在那多乱或争的地方本有绝对的必要，因有威尔士及边地事务院之设，其制与北方事务院相若。[1]

藉了中央政府有力的后盾，治安法官得以治理那数百年来充满部落主义及封建主义，飞扬拔扈，桀骜不驯的山岗地域。亨利八世之选任治安法官亦能深得土著的同情。他们恒由本地的绅士中擢任而不自英吉利派往，故能为居民天然的领袖。英吉利对于威尔士所采的为见好于当地上等阶级的政策，不像对于爱尔兰所采者为消灭这个级阶的政策。

威尔须人的宗教文化 塞尔特人本极富于爱国的自尊心，不过他们既以统治英国的王室为他们的同国人，他们自不难根据上节所述的办法，而承认两国的合并，且也不难历多危多难之秋而忠于推铎尔王室不稍衰。莎士比亚尝摹写夫虑厄稜上尉（Captain Fluellen）因谈及亨利五世之出身于威尔须族，而得意洋洋之态，[2] 我们疑心著者写这段谈话时，也许尝窃闻有些诚笃的威尔须人正在自得地互道英武女王依利萨伯的种源，诗人惯于移花接木之术，故遂假上尉之口以出。塞尔特人民对于推铎尔王室能有这样关

---

〔1〕 见上第 306~308 页。
〔2〕 译者按，此段见莎士比亚的《亨利五世》。

切的情感实是一件绝大幸事，不然他们殆难以经过英吉利的宗教改革而仍不携贰。在监理教复兴之后，威尔士固尝变成不列颠信抗议教最浓的部分，但 16 世纪的形势则截然不同。推铎尔诸王治下的抗议教，当它初到威尔士时，为纯粹的盎格利干教，自大部的威尔须人看起来，《圣经》及《祈祷书》中的文字同弥撒中所用的拉丁文一样的佶屈聱牙。而且起先担负宣讲新教的责者又为政府派来的外国教侣，其中好多的且永居英吉利而不一莅威尔士之土。是时罗马如欲收服在威尔士的塞尔特民族及塞尔特性情，诚一绝好机会；它在爱尔兰正在大做这步工夫。威尔士的情形和爱尔兰初无异致。幸而依利萨伯朝的耶稣会传教士，半因大陆各神学研究所中英吉利及威尔须的信徒正在大闹意见，不能合作之故，卒未能扩张势力于威尔士。

威尔须人因无外界煽动之故，虽极不喜宗教的各种改革，亦不至趋于反动的一途。受过教育的及地主阶级虽渐能改操英语，并取得英人的习惯，但机灵睿敏的山地农民，在智识上竟入于长时期的萎靡状态。在又一方，土语虽为教社及国家所放弃而渐归不振，但尚不致尽忘，不致如爱尔兰民族之尽忘。在威尔须民族中土语尚继续存在，所以到了 18、19 两世纪时，民族的观念及文化得以随清教，教育，音乐，及塞尔特诗而中兴复活。在威尔须人民的历史中，部落固已灭亡，但歌人则仍当令。而且近代塞尔特的文艺复兴也不对英国采仇视的态度，同时在爱尔兰发生的运动对于英国极为不利。此固英吉利的大幸，而有不能不归功于亨利八世的《合并法》之能合并两民族之心者。

爱尔兰旧时的政治　推铎尔政策在爱尔兰所产生的结果完全与上不同。推铎尔之不能了解爱尔兰的情形，其荒谬几等于腓力之不能了解尼德兰的情形，而失败亦几相若。爱尔兰在 15 世纪时，政权操于几个盎格鲁·爱尔兰大族，特别是启尔对耳的菲次泽剌德（The Fitzgeralds of Kildare）诸家。那时的可说是贵族自主的政治。但这种制度到了亨利七世已在解体，[1]亨利

----

〔1〕　参阅上第 226~227 页。

八世缢死启尔对耳伯和他五位叔父于台柏恩（Tyburn）后，它更不能存在，纵一时尚无新制可以代起。色来伯（Earl of Surrey）尝告亨利以征服且移殖爱尔兰的必要，但亨利并不理会。征服及移殖政策要到依利萨伯的末年始认真试行。

爱尔兰的宗教改革　亨利八世除了缢死菲次泽剌德一家而外，尚负造成爱尔兰悲剧的别种责任。他的宗教改革本只宜于英国，但他却令爱尔兰接受同样的改革。在初时，教皇最高无上权的推翻，对于塞尔特人本无何等关系，因为他们向把罗马视为外国势力，只和盎格鲁·爱尔兰贵族有深厚的关系，而和一般人民的关系则浅薄。但同时发生的寺院封闭则有较严重的意义。寺院在推铎尔的英吉利固无特殊的职务可言，但在推铎尔·爱尔兰则向为重要的文化中心。好些爱尔兰的寺僧虽则同主教及牧区教士一样的俗气而无用，但也不会更坏；岛中的教育固不振作，但所有的教育，其大部尚依附寺院而生存。民众间的宗教向赖行脚僧的宣传，今则行脚僧亦在禁逐之列。且英人但有破坏而鲜有建设，也鲜有相当的替代物。他们并不树立大学或学校以代替寺院。[1]欧洲文艺复兴及新学的潮流本未波及爱尔兰的塞尔特人，而亨利的英语《圣经》及爱德华的英语《祈祷书》亦为他们所不能阅读。他们之所以并不抵抗宗教改革的各项设施者，乃因旧教之腐败，而非因新教之能得人心。所以外来的耶稣会徒一到后，反抗改革之力骤张，而流落国内的行脚僧——政府可以悬禁而实不能禁绝的行脚僧——之势又大盛。

依利萨伯英人的设施　大半因耶稣会徒的活动，爱尔兰的形势到了依利萨伯时竟含有极大的危险性。耶稣会徒利用英人之忽于统治——无论在宗教或在世俗方面——而大肆活动，他们注意到：“爱尔兰有极佳的木料及港湾，如果西班牙人能把它们抢到，则不难握有海权，而我们的主要势力便可在握。”教皇本人也遭发武装的士卒来攻掠爱尔兰，其中600人为英人

---

[1]　都柏林的屈麟尼替书院至依利萨伯晚年始有。

在斯麦立克（Smerwick）所俘获，且悉遭屠杀。爱尔兰成为依利萨伯领土中的危险地点，她的敌人亦把它当做要害而加以袭击；于是她也不得不厚违本心而为征服的企图。因为她的军力及财力尚不足以胜此大任，她的将佐遂专用残暴的方法以杀戮或饿死土人；如他们自知无占据某地之力，他们辄将当地的人民杀尽。

同时，政府视英人前往殖民的政策为惟一可以永久制服仇英日甚的土著之办法。这不啻为大群的"绅士—冒险家（"gentlemen-adventurers"）及城市和采地府中的次子"开了一个门户。有人尝说过，依利萨伯时的鹰鸟飞往西班牙美因，而兀鹰[1]则群集于爱尔兰，实则他们往往是一类的鸟。在爱尔兰的征服者，开发者及榨取者中有吉尔柏特·汉符里（Humphrey Gilbert），剌里·窝尔忒（Walter Raleigh），复仇的格稜维尔（Grenville），及《仙子女王》（*Faery Queen*）的高尚著者。[2]他们把爱尔兰及美利坚同样看做可以发私财，尽公务，推广真教，减削教皇及西班牙权力的新地方，两地重要相等，而引人入胜之处也相等。像剌里及斯宾塞（Spenser）等一班闻达超群而又身在该邦之人，尚不能看破爱尔兰的种族及宗教问题，更无怪一班家居的普通英人，历数百年之久而仍不懂这些问题的实在。

所以在依利萨伯最后的 30 年内，性质本尚流动的爱尔兰历史竟转入一固定的模型内，历 300 年而愈久愈坚硬不易复变。爱尔兰的土人把罗马旧教和痛恨英人联为一谈。因而对旧教发生一种向所未有的热忱。在又一方面，新来的殖民者则笃信新教，他们把抗议新教和种族的优势混为一谈，他们以为维持新教即所以忠于祖国及上帝。因两方的努力，爱尔兰遂成不列颠各岛中宗教气味最浓厚的部分。

在这种情形之下，爱尔兰的诸部落始互相混合而成为爱尔兰民族。对英的敌忾同仇，及宗教仪式的共信共守终成了极大的势力，而自古为然的

---

[1] 译者按，前者为 eagles，而后者为 vultures。后者为贪食鄙劣之鸟，而前者则西人恒视为有英武之气。

[2] 译者按，即指下文所述的斯宾塞。

部落界限卒获打破。同时，英人自外亦在替他们泯除旧有的界限。自推铎尔朝起本地的上等阶级渐渐消灭，而英吉利地主阶级则渐渐代兴；此项兴替的手续至克伦威尔时代而完成。因此之故，这穷乏的农民国家只有教士，而无领袖，只有仇英之人，而无祖英之人。

新旧教的消长 在威克里夫时代即已发源的抗议运动历依利萨伯的寿世而大体完成。当她践祚之时，大部的人民犹依违于多种的意见之间，而抗议教徒及反教侣的人尚同为反公教派的中坚。当她逝世之时，多数的英人已自视为笃实的抗议教徒，好些人且能以《圣经》及《祈祷书》为根据而过宗教的生活。

耶稣会徒 依利萨伯的对内政策可分做两截。在起先的12年内，虽然《祈祷书》为惟一合法的仪式，罗马公教徒除了须缴付征收并不严格的罚金外，并不受它种的诛除。[1]在那几年内因宗教而被戮者没有一人，官吏对私下崇奉公教之徒，即官居高位者，亦眼开眼闭，一任自然。但自1570年教皇对于女王下隔绝令，且许她臣民毋庸忠事于她而后，形势一变，而空气亦较前为严酷。外来的耶稣会徒潜自往来于各地之间，极不易于觉察。英人的公教主义本来色彩极淡，至是忽为大陆反改革的热忱所迷醉。信公教的乡绅们本在渐渐地习惯于英吉利教的新仪式，至是忽又中止进行。耶稣会徒的使命固是宗教的，但如果他们的宗教使命成功，则政治上势亦必发生极不良的影响，女王势必被废，而新英吉利方在尽心经营的种种事业，无论在国内或在海上，势必同归于尽。教皇正和依利萨伯处交战的地位，且方派兵攻掠爱尔兰。而耶稣会徒反宣讲服从教皇·国王的必要。女王及英民为自卫起见不能不严惩教皇的传教士。传教士为英吉利国家的叛逆，故可杀无赦，但自同教者看起来，则他们是公教教社的殉道者。英国耶稣会徒的领袖中以坎匹温及帕孙兹（Campion，Parsons）为最著名。前者重宗教而不甚干涉政治，然不幸被擒罹难，后者真是一名卖国奸贼，他反而能

---

[1] 参阅上第392页注1。

逃法网，能逃至外国，而速西班牙之入寇。[1]

平均计算起来，依利萨伯朝每年有公教徒 4 名就戮，玛利朝就戮的抗议教徒则每年有 56 人之多；前朝的罪状为信异端，今则为大逆不道。杀公教徒诚是一件不幸惨事；心中甚愿忠君爱国，而患得本教教职之心又不能稍戢之英吉利公教徒诚处夹攻的状态之中，既须服从他们心灵上的主上，又须忠事他们世俗上的主上，而教皇及女王两方又都不许同时兼事二者。当时两者间实无调和的可能，被可怖的冲突所牺牲的无辜数不在少。在依利萨伯朝的中叶，英国可说是在戒严状态之中，所以也不得不采用戒严区域应有的纪律。在举世一统的罗马教社没有停止援用宗教查办，圣巴退尔米屠杀，国君的废立及暗杀等种种方法前，没有一个处它可怕的禁令下的国家敢让它的传教士享受容忍的利益。让他们自由传教，不啻一个徒手匹夫自献于一个全武装的无情战士之前。

抗议教的猛进　处这种情况之下，抗议教的宣传亦迈步而前进。它深得受惊的官吏的扶掖；在英人的心目中，它又和爱国心，和反抗西班牙，和海权及掘类克的美洲冒险事业，和保护女王的安全及防止暗杀的戒备息息相关，而不可分离。改良的文法学校教授学童以古书时，亦每以伊拉斯莫斯及科勒特的精神，《圣经》及《教义问答》更为学童所熟习。这种教育在文学上造成了英吉利新文化运动的一班健将，在宗教上则造成了盎格利干抗议教的一班拥护者。当英国正和罗马作殊死斗时，盎格鲁公教主义绝不能繁茂，而新辈的僧侣及学者尽为诚笃的抗议教徒。

清教徒　清教徒大都列身在盎格利干教社之内，他们利用教社以趋全国于抗议教，更希望不久可随他们的意向而更改盎格利干教社的仪式及政府，依利萨伯在起初甚难找到可合她的脾胃及政策之不太反对公教者去充

---

〔1〕帕孙兹尝自问道（假如英国已被征服以后）："何种的宗教查办应行输入'英国'，西班牙的呢？则有些人不喜其太严。意大利各部分常用的呢？则更多人不喜其太冷淡。"照他的意思，公教主教应有承认或否认众议院当选人之权。

她的主教,她找到能干的费特季夫特(Whitgift),而任之为坎忒布里大主教后,她始能采坚决反对将教社清教化的政策。在好些的教义问题上,费特季夫特固有类喀尔文派,但他反对将教社政府民主化,他能强硬的拥护王权及主教权,而反对国会,世俗人,及长老僧侣的侵陵。

依利萨伯的不容忍 为同时抵御正谋复辟的罗马主义及方在膨胀的清教主义起见,依利萨伯不得不赖旧有的宗教法院及宗教官吏及新设的高等委任法院[1]的助力。高等委任法院可说是宗教上的星室法院,为女王藉以控制教社的工具。它虽亦为枢密院的分枝,但它实代表女王,而和全体的枢密员不甚有若何的关系。好些枢密员,像塞西尔等,极不喜它所采类似"罗马教的查办"的审问程序,且以为诛除热诚的抗议教徒不宜过于严厉,太过则危及国家。但女王自持甚坚,她不采枢密员的忠告和众议院的决议,因此,她于民众势力正在要教社走欧洲及苏格兰宗教改革的全路程,或陷于新纠纷及新分派的际会,得保全了它(教社)的盎格利干性质。

在依利萨伯的国教之下,殉道者有公教徒,也有抗议教徒。清教徒争论家,如著"玛普利来得"("Marprelate")论文的彭立(Penry),对于主教奋不顾身的大肆攻击。由女王看起来,攻击主教制可以危及她所设立的国家教社间精细的平衡,所以是一种政治罪。即卡特赖特·托玛斯(Thomas Cartwright)比较要客气的长老会的宣传亦足以动她之怒而使她震惊。卡特赖特终被禁锢,而彭立,巴罗及格麟武德(Barrow, Greenwood)则被当做内乱犯而被绞。

除了耶稣会徒及清教徒而外,尚有无辜捐躯而又得不到国内外任何大宗派的同情或激赏者。他们固也为信仰而牺牲,然他们危害国家的嫌疑则更比前两者为小。东盎格利亚的有几人因"各种可恨的异端"而被焚,然而他们之所异议者仅为正派三位一体的教义。对于这种人,那时的公教徒,

---

[1] Court of High Commission 从职权言,本可译为特置宗教法院,但此易与常用的所谓宗教法院相混,故直译成高等委托法院。

盎格利干教徒，喀尔文派教徒都不会表示一些怜悯。他们之被牺牲，绝不因任何所谓国家的理由，他们是因为不容忍的宗教成见，及留传未尽的中古捕戮异端之风气而送命的。

自由的限制 在推铎尔君主国已经把教社压服以后，君及国会诚握有可惊可恐的万能权力。也许只有这些权力足以助国家避免被西班牙征服的危险，但它们对于向在一路发展的私人自由权也加以极不利的限制。经济及智识上的自由，固因中古制度的灭亡而大有长进，但在宗教及政治方面，则新国家所设的种种束缚其难受正不亚于它所打消的各种樊笼。公教徒及清教徒各本信仰以崇拜上帝之自由固未取得，政治上的反对亦绝不相容；批评政府为不许可之事。斯达布斯·约翰（John Stubbs）本是一个忠君之士，但因著一劝依利萨伯毋嫁法兰西亲王阿伦逊（Alençon）的小册子之故，竟遭割去右手的惨刑。然从行刑台上他犹须挥动血淋淋的残肢而呼"女王万岁！"这就是那个机巧的女人和她脑筋简单的臣民间的关系。她绝无嫁于阿伦逊的用心，但她又决不能让清教乡绅来干预巾帼外交所布排出来疑阵。

是时个人尚无政治自由或宗教自由之可言，但君及国会的分手可使二者同时产生。英吉利非专制国家，君权来自人民的赞助而不基于武力。人民愿女王享有强制的权力，愿她藉大权来保持安宁。但国会的态度深可注意，国会议员虽不否认他们于1559年所给还于女王的宗教管理权，但对于她利用此权以诛除清教徒的行为则常有评论。英吉利国家赖有和私人判断（private judgment）之权利及自由意想（free speculation）的势力，两者的联盟，始能从中古教社的手中取得管理宗教的权力。饮水思源它又何能永不认它新获权力的所自，何能永不保护两者？清教及公教也许可危及当时的国家，也许可长远妨害政治家的自由，但它们可根据于信仰自由的自然法，而反诘君王及国会的宗教法令之效力，而且这反诘之权到了终会发生实力。中古欧洲教社的威力之大及组织之全举世无比，然尚会挫于私人得有判断权的要求，而英吉利卒得推翻教社的权力，那么关于宗教之事，区区岛国

的世俗权力更何能和它（私人得有判断权的要求）一抗？所以再经一世纪的分派，诛除，流血以后，强迫全体英人尽奉国教的尝试终须放弃，而比彭立，帕孙兹，费特季夫特及塞西尔所敢梦想得到的还要大的自由终须演化出来。

莎士比亚及文艺复兴 但在政治宗教的范围以外，知识及诗的自由到了依利萨伯朝的晚年已达到最大限度的发展。意大利的文艺复兴及其探索的精神和希腊罗马思想自由的想见，因不胜西班牙人及耶稣会徒之摧折，已由发祥地移植于英吉利，经英吉利诗人接生于阿登森林（Forest of Arden）[1]中英吉利树木上后，它又滋长生发，而蔚成茂林。想象此时此地真是自由——比我们今日所有的更自由，因为我们所知太多，拘束反增，而且机器时期苛刻的实际主义亦不容它丝毫不受限制。莎士比亚及他的友朋，站在宗教及政治争论的危险地域以外，尚有极大领域可以发挥他们的个性。他们所享心灵上的自由也许是永不可再见的了。

英语圣经的势力 自后世观之，莎士比亚也许是那时代最大的光荣，但他在世的时候，他却不是最大的势力。到了依利萨伯的晚年，《圣经》已成了英人的万书之书，虽则今日犹在沿用的所谓钦定本（Authorized Version）实为詹姆斯一世诸主教所拟订，而在她死后的几年中始行成立。仔细听读《圣经》而视为帝言帝意的人民要数百倍于读锡德尼或斯宾塞，或观演莎士比亚于世界戏院（Globe）的英人。英人家家户户不断的阅读《圣经》者几及300年之久，故它对于民族的性格，想象及智力所生的影响实远过我们历史中任何的文学运动，且远过于自圣奥古斯丁来英后的任何宗教运动。除了《圣经》外，当时尚无多少其他可读之物，故《圣经》中所载的历史及诗可一一大新英人的耳目前。《圣经》帮助社会上全体的阶级养成了读书及静思的习惯，即贩夫走卒之流亦一变而成为英吉利语言的能手。藉了《圣经》，数千年前居于地中海东部人民的思想生活（适于我们语言极

---

〔1〕 译者按，阿登相传为古代满覆英吉利中东两部的大森林。

臻完美的时期内译成英文）竟可藻饰不列颠人日常的语言思想，犹之新闻纸中的习见事物足以潜入我们今日的语言思想。在英吉利的史中《圣经》可视为希伯来文学的"复兴"，其势力的远播及伟大，且凌驾古文学的复兴。古文学的势力固然籍改良的文法学校之力而得及于有较高教育的阶级，且得为他们智识上的背境，然《圣经》的势力则可旁及于全体的人民。《圣经》及古文学两者激发并光大英人的文化，犹之他的海程激发并光大他们物质生活的观念。

音乐及歌 在那个介乎阿马达及内战[1]（Civil War）间的伟大时代中，音乐及歌咏诗（lyrical poetry）为人民温文多兴的又一来源。音乐及歌咏诗是共存共荣的：好些最佳的诗，有如莎士比亚剧本中的歌，本为歌唱而作。当时的欧洲也承认依利萨伯的英吉利为产生优异音乐的国家。德意志人之旅行我邦者很激赏英人的音乐，他们到处能"听见大提琴及六弦琴（Pandoras）[2]所奏的美乐，因为英国的习惯，即在小村中，亦有音乐家，如付以小小酬资，可为汝奏乐"。历推铎尔之世，英国产生很美的教堂音乐，不拘罗马弥撒或盎格利干礼拜均可应用。至于非宗教的音乐，则受文艺复兴的激动而也有一种新的精神，在依利萨伯时亦到达了最高之点。柏德（Byrd）的天才于两种音乐都有增益，而其他的大作曲家在那以情歌（madrigal）见称的大时代中亦盛极一时。推铎尔及斯图亚特音乐的演奏宜于炉火旁而不在演奏厅。在那尚无新闻纸，而书籍则少而笨重的时候，方兴的中等阶级恒视在家勤习唱歌及乐器为优良的消遣，即清教徒亦非例外。有印刷机而后，曲本之流传更广，而依利萨伯自己之精于无足小琴（virginals）亦足为人民的良范。

音乐及歌曲为全人民的创造及遗传，而非少数人之所能自私的。匠工随作随唱；小贩唱于途；而捋乳妇则在篱下欣欣歌唱，在北部者，则或在

---

［1］ 译者按，此类名词本书中左旁恒不加杠，但此处如不加杠，易和通常所谓内战内乱相混，故稍有变通。

［2］ 译者按，此为古乐器，略如 guitar，今不用。

低声微吟叙述往日边战及劫掠的悲哀长歌。最通行剧本是诗剧,诗剧在当时最博欢迎,因它可激动人民的想象的本能。在此时,诗尚非知识阶级所独有之物,音乐亦不如今日之总视为和外国作家有关。莎士比亚及密尔顿之所以得生存于那世亦绝非偶然之事。处于那个身体时常和自然界接触,而耳目又受过训练,且能领略心灵中最美的快乐的人民中,莎士比亚诗才之能得到最完美的发育,尽可视为全社会的进步之一,犹之处今日之世,一个有才的新闻记者,如能成一大小说家,亦可归功于社会的环境。在后于依利萨伯之死五年而生的密尔顿·约翰的一生中,我们更易看出当时英吉利文化的三大要素——音乐,古文学及《圣经》——相合而蔚成"天赐的英吉利琴声"("God-gifted organ-voice of England")的大概。

经济生活 在自依利萨伯时代迄乔治三世时的工业变动的时期中,经济状况之能随社会而变迁,在某几方面看起来,实是一件幸事。英吉利人民犹为乡居人民,犹未和自然界脱离关系,但他们已不至如中古农民那样的无知穷困,他们的境况已略有进步。

工徒制 乡下的市镇村落不特有农业,而且也有工业,〔1〕故住民的大部分都是有训练的匠工。工徒〔2〕制为民族新生活的关键所在,犹之农奴制为旧生活的关键所在。大体上历二百余年而不变的依利萨伯《匠工法》(*Statute of Artificers*)立下了一致的法则,全国的城乡悉须遵守该法所规定的工徒制,而不复各自为政,或各城自定规则。凡欲为工师或工友者务须经过七年工徒的生活。那时本缺乏一种举国通行的学校教育制度,这种缺乏时人虽不能觉得,在工徒制倒可稍微补充那种缺点,而使国内的年轻人得些专门的教育及社会的纪律。幼年人受工师的指挥者有时至24岁始获自由。

工作与工艺 工业即在雇主的家内经营,雇主和受雇的伙友及跟他的学徒在同一场内工作,且往往在同一桌上膳食。这种工业家庭的快乐系于

---

〔1〕 参阅上第310页。
〔2〕 今姑以工师工友,工徒译 master, journeyman 及 apprentice。

寓者们的性格脾气，而不系于工厂法或工会规例。当时的待遇或非我人今日之所能尽数容忍；那时尚非讲人道主义之时，有组织的人道主义在工业革命以前本是没有听见过的。在旧制之下，工人的栖宿是十分马虎的，也许在橡桷之下，也许在碗柜之中。工师可以随便殴击他们的工徒，而且批打工友之事亦非不常见的。在实际上也许宽厚和易的成数要比严酷凶厉多些，因为彼此间都是个人与个人的关系，而在自己家中发生嫌怨也是极不便利的。工师及友徒间的分别只是等第的不同，而不是阶级的各异；我们在旧戏中还可常听见伦敦工徒之来自乡绅家庭者自诩为高于师父一等的"绅士"。[1]

精于手艺的匠工极乐于作工，且有充分发展其艺术本能的可能性，不像在近代分工制之下，工人的职务往往仅为注视一种机械手续的进行。因此，当时习见的制作品，如船只，重车，房屋，椅以及其他家中或田中应用的家具器物，皆具个性的造诣及个别的美观，而为今代机制物件所不能有。半因足以引人入胜，足以发展人们的天才之故，工作在那时要比今日

---

[1] Carey 的《我们过道中的萨利》（"Sally in Our Alley"）虽为女王安时代的作品，但很可当做依利萨伯朝工徒生活的写真看：
她一来我即离开了工作，
我爱她十二分的诚笃；
我的师父犹如土耳其人
打我击我真正凶酷。
我的师父带我去做礼拜
他常责我偷懒
因为逢到要找经文时候
我常会让他为难。
我的师父及邻人
都把我和萨利来开玩笑，
然而幸亏有她
不然我宁愿为摇桨的奴隶。
等我七年满师之后
我可迎娶萨利，
那时我们可以完婚，可以同床，
但决不在我们的过道中！

受人欢迎多了。

但是赞赏过去的人们也常会忘了前机械时代生活的又一方面。除了精巧工作以外，当时尚有大部分须费筋力的工作，此则在近代可以用机械来代劳。锯木，拖犁，开山取矿，搬动重物：于此种种人类尚须牺牲极大的体力。较穷的农作手亦须暴露于风雨之中，而忍受种种苦况。行业中可以危及工人的身体安全者是时甚多。在农庄的工业中父兄常常利用幼童们作工，且工作时间极长。到了18世纪时公众始对于因师父虐待工徒及幼童而致死命的种种事件发生良心上的不安，然而在此以前，幼童徒弟所受的待遇固丝毫不会较优。

儿童 依利萨伯时作工的儿童，固无今日的舒适，但可以不作工的儿童，则可享近代文明所不能容许的田野及林木的自由。校门之外有充满自由及愉快的旷野，在学校以内则除了极少数开通的教学家及家长以外，大都犹视鞭挞为教育中主要部分之一，所以当时儿童之极不愿于入学诚丝毫不足为奇。

日常的生活状况 和中古的采地比起来，依利萨伯时的乡村中所可得的衣食暖气尚不算太少，但以比今时则仍远远不及。歉收即可以使食料有短绌之虞。衣服及身体的洗濯极不注意，而于冬令为尤甚。我们今日所视必需的便利当时更不存在。死亡率即在上等阶级的家庭中亦是极大，穷人众多的儿女中能长大者更少。医学犹在幼稚时代。老年人，病人，负债者，及一切触犯法网之人皆受重大的牺牲，但当时人恒把这种牺牲看做运命可好可坏的人生中不能或免的一部分。当时的生活也许比今代富于美感，但就舒适及有定则而论，则远远不如今日；人口亦仅及今日七分之一。

当时有许多事情为今人所莫可容忍，但在当日则社会能安之如素，这是因为再以前还要不如。依利萨伯朝的著者把窗上用的玻璃（代明角），穷人农屋中所用以引烟外出的烟突，至少一部分平民的睡床已能配制的毛垫（代草垫）都视新奇的物品。

绅士阶级 英吉利的领袖阶级为地主绅士或乡绅。[1]他们已不复是封建的或能战的阶级，所以当1642年内战爆发时，他们须自初步的战术学起。新英吉利"缙绅"（"gentle"）及"素民"（"simple"）两种人间固有重要的而且公认的区别，然如何区分却又极不易说。我们可说"绅士"是一个拿得出家徽（coat of arms），而又有佩剑以和自公侯以下的"绅士"挑战决斗之权的地主。但自由农民及商人亦常在藉通婚及购地而上跻于绅士阶级；反之，采地府中的次子幼子则在离绅士阶级而入于贸易，制造，学问，教社，或国外军役的诸途，他们有时仍自以为缙绅中人物，但有时则默默的放弃了这种虚架子。

各式样的绅士 这个特殊的上等阶级，按其穷富贵贱，又可有无数的等别。最高者为大贵族。他可出席贵族院。他的起居生活豪贵异常。他的不兰他基奈的石筑堡寨或推铎尔的砖砌府第，不啻是年轻绅士们训练种种礼貌技能的学校，凡有志入朝服务的贵家子弟几尽在此间度他们的学徒生活。大家的大门之前每日有粗碎的肉食施给穷人。在大堂中，贵人及其贵妇及主要宾客们高坐台上用餐，而数十饥饿的食客及随从的武士则据低下的席位，就银爵或威尼斯玻环而大饮大吃，至于成群的侍役及猎夫则在宽大的厨房中就锡器而狂吞乱饮。绅士阶级的最下层为小乡绅。他勤勤恳恳耕种祖传的几亩田地。他和邻近的自由农民可共同骑至市场而不以为有忝地位，且辄用土语来会话。他的所谓"大堂"恒为极简陋的农屋；在后世被子孙改作仓屋者亦不罕见。他的妇人亦井臼亲劳，操作不停。他的子女常在"大堂"四围的果园内混做一堆而嬉嬉玩闹。他赖妻妇及乡村教师的帮忙以养大并作育这班淘气褴褛的子女。

介乎两极端之间，尚有各式各样推铎尔及斯图亚特时的采地府，它们或为石筑，或用新流行的砖块，或为旧式的板木房屋，一依当地所产材料而定。四乡赖有这些采地府和住在府中的人民及乡村上的工业，而得和新

---

[1] 为从俗计姑以绅士译gentleman，乡绅译squire；译者固亦未能视为惬意。

社会思想生活的中心有所接触。莎士比亚的英吉利虽充满了乡气,但尚不至于蛮野,凡伦敦所创行的或发生的,四乡在相当时期内总会跟了上来。

居宅建筑 推铎尔也是家宅建筑的伟大时期。在这时期中投资谋利之事虽较易于前,但尚未如后世之成为习惯,也没有后世之易而且稳。文艺复兴时代和中古时代之富人,普通总把所积聚的钱财用诸于艺术及排场——珠宝,碗碟,美服,而尤其是美丽的建筑,生活的华丽及荣耀也随而增加。所不同者,中古为教堂及堡寨的建筑时期,普通的居宅不免忽视,而推铎尔则为府第居宅日趋完美的时期。英吉利的景物在此时期渐充满了和中古佃奴所住的棚屋截然不同的三角顶的农屋;今日在英吉利尚到处可见,且令人欣羡的旧庄屋实为近代纺织业,圈围制,及变更改进的产物,而并非中古的遗传物。

绅士的新地位 乡绅或乡下小绅士在推铎尔时得到一种新的重要。这并不仅因为许多的乡绅尝以贱价购得寺院的田产,也因昔年役使他们,且凌驾他们的贵族及僧正已处于不振的地位,而他们则在社会上得了一种新的地位。无论为中央的臣贰或为地方的治安法官,他们实已成了政府的栋梁,众议院的领袖,四乡的真正治理者。斯图亚特圆头及骑士两党的主要领袖亦都为乡绅。

绅士阶级的向学 在推铎尔时他们很能认真的为恪尽新降任务的准备。有些绅士把他们的子弟送至外国旅行,或送至法律馆中习法,以为将来任职国会或本邑法曹的预备。他们也酷爱古文艺复兴中的新学。在中古时只志在充当僧侣的穷书生们才会求学,世俗人的上等阶级则皆蔑视学问;但到了依利萨伯时,则上等阶级不特在文法学校中占极大成分,即在大学中亦复如是。昔为寺僧及行脚僧所住的宿舍,今大多为绅士子弟所占住。因富人侵占为穷人而设的奖学基金而生的怨言此时已可听见,而且也不是无的放矢。富人就学的运动确有它的流弊,但他们为治人者,他们之得享受国家所能给与的最高教育也不能说是一件坏事。在中古之世贵族们只消他们的书记来自牛津剑桥便算满足，他们本身的教育则仅是堡寨及演武场中的教育。

国会 国会中只关心政治的或要在全国会议中表示意见的阶级有代表，只他们的意见被采择。然此亦一种正当的限制。

贵族院 贵族得出席于贵族院，无论是劫余的封建男族，或是新封的王室臣僚，如部格来，勒斯忒，及比德福尔德伯罗素（Russell）等。主教为君王所任命，故君王在上院中又多一种的势力。僧正的势力已不复存在。自依利萨伯削平北方诸伯及诺福克公后，[1]大贵族的独立封建权力亦归乌有。在她朝后期，贵族院的尊严虽丝毫无损，而在政治上的势力则薄弱不振，至于极点，几可说空前绝后的薄弱。推铎尔诸君固然非民主派人，但他们至少替中等阶级的政治开了一条路径。在他们所改造的国家中，国王及人民间难容第三种的独立政治势力存在。

众议院 众议院为实力日在雄厚，且得商民及自由农民赞助之地主绅士阶级的根据地。人民不复如从前之把选举视为一种不欢迎的担负，视为君王强令地方机关执行的一种职务，而把它视为参预国政，增加势力一种方法。地方上的绅士竞谋自己或朋友的当选；代表各邑或代表各城倒无关紧要，因为英吉利的城乡间向无敌对的恶感。推铎尔诸君王在康华尔所添设的许多城市不久落在清教派而又反对政府的乡绅手中，因举出批评政府的议员，如依利萨伯时的温特渥司·保罗及温特渥司·彼得（Paul and Peter Wentworth），如后数朝的厄力奥特·约翰爵士，罕普登，及那派许多其他的党员。[2]

依利萨伯和国会 无论是赞助，或是批评政府，众院已开始采自动进行的态度。在西班牙及教皇两敌未除之时，众院比女王自己还要依利萨伯气些。议员的忠心赤胆有如铁石之不可动，他们老在劝她采用有力的自卫

---

〔1〕见上第345~346页。

〔2〕康华尔诸市选举区之设立究竟有何作用，究否用以为增加君王在国会中的势力，学者不一其说。如果用意在增加势力，则结果完全是失败。

政策——劝她早日结婚,劝她指定嗣君,劝她杀却苏格兰后,劝她对待公教徒以猛而清教徒以宽。总之,除了国会及女王都知为不妥的增税外,事事劝她勇敢的做去。她觉得下院过于热心,过于忙碌。早几朝的推铎尔国王,即不包办国会的选举,仍可稳得全国及其代表的服从。国王及枢密院的政策,即关于宗教者亦往往为他们所乐从。但在依利萨伯时,乡绅阶级中清教主义的增浓稍变国会的形势。在温特渥司·彼得等一班国会议员的心胸中,敬爱上帝与畏惧上帝之心渐和敬爱女王及畏惧女王之心争雄夺长。远在斯图亚特首王来把形势弄得更恶劣以前,抗议主义和国会特权已成为不可分离的权势。

但众议院在此时尚不至立于反政府的地位,詹姆斯一世才驱它至于那个地位。此时有几个最能干的枢密员兼为下院议员,且负通过每季重要立法的责任,故立法与行政两机关的关系仍十分密切。这种关系,因依利萨伯的后继者之不加注意,方始断绝。

女王在世一日,无可清除的冲突亦赖人的关系而展缓一日。她虽对于下院的措辞行检有好些不满的地方,但她始终尊重它的种种特权。她深知她的力量不基于"神权",而基于这些意志亢张,力行自给的乡绅,及和乡绅有直接接触,而她及她的朝臣则不能见到的,散处海内外,孜孜工作的亿万庶民。她深知这层。而斯图亚特诸王则从不追求。而且自始至终她神于驾驭男性之术,即国会的议员亦落彀中而不自觉。临终两年以前,因能大大方方的把深违民心的"专卖"取消之故,她又一举而尽复已在消灭的好感。荣誉的议员们竟致因欢忻而泣下,在这感激欲狂时候他们忽奉召而至槐特和尔(Whitehall)以聆他们慈母兼女主的圣训,以聆我们可视为一朝的成功秘密之至理名言:"朕虽得上帝之助独厚。但朕深以能得你们的爱戴为今朝之荣!"

钱端升全集

黄进 高浣月 主编

第二辑·第一卷

哈佛课业

Chien's Papers in Harvard Years

钱端升—著　尹钛—译

中国政法大学出版社

2022·北京

声　明　　1. 版权所有，侵权必究。

　　　　　2. 如有缺页、倒装问题，由出版社负责退换。

图书在版编目（CIP）数据

钱端升全集.第二辑/黄进，高浣月主编.—北京：中国政法大学出版社，2022.3
ISBN 978-7-5764-0331-2

Ⅰ.①钱…　Ⅱ.①黄…②高…　Ⅲ.①钱端升（1900-1990）—全集　Ⅳ.①C52

中国版本图书馆CIP数据核字（2022）第021141号

出 版 者	中国政法大学出版社
地　　址	北京市海淀区西土城路25号
邮寄地址	北京 100088 信箱 8034 分箱　邮编 100088
网　　址	http://www.cuplpress.com（网络实名：中国政法大学出版社）
电　　话	010-58908289(编辑部) 58908334(邮购部)
承　　印	北京中科印刷有限公司
开　　本	720mm×960mm　1/16
印　　张	119.25
字　　数	1715 千字
版　　次	2022 年 3 月第 1 版
印　　次	2022 年 3 月第 1 次印刷
定　　价	1198.00 元

哈佛课业

《钱端升全集》（第二辑）
编委会

顾 问

俞可平 | 张小劲 | 王荣声

王玉声 | 钱大都 | 钱仲兴 | 钱召南

主 任

黄进 | 高浣月

成 员

王改娇 | 尹钛 | 钱元强 | 谈火生

陈夏红 | 白晟 | 尹树东 | 冯琰 | 许玺铮 | 刘旭

总 序

钱端升先生是我国著名的政治学家、法学家、教育家和社会活动家，也是中国政法大学前身北京政法学院首任院长。2017年5月，为纪念钱先生，迎接建校65周年，中国政法大学出版社出版了由陈夏红主编的《钱端升全集》（第一辑）。转瞬五年过去了，法大建校70周年大庆在即，《钱端升全集》（第二辑）历经四载编辑，终于付之梨枣。

钱端升先生，字寿朋。1900年生于上海，1990年卒于北京。钱先生少时适逢科举废除，新学勃兴。10岁前，入私塾，诵四书，兼习国文、数学、英文、史地等新学科目。中西融通的教育，为他打下了坚实的国文基础，也开启了放眼世界的一扇窗。1913年，钱先生考入松江府省立三中就读，他天资聪敏，品学兼优，三年级时进入前三名，四年级时还做了级长。[1]随后转入被誉为"中国之伊顿公学"的上海南洋中学。1917年，他得偿所愿，考入清华学校。两年的清华园学习和生活，使他熟习法语、德语、英语，为日后研究各国历史、各国宪法、比较政治学

---

[1] 钱端升：《读书不忘救国》，载《南洋中学八十六周年校庆特刊》1982年。

哈佛课业

奠定了扎实的语言功底。1919年，钱先生考取庚款留美生，远渡重洋，赴美国北达科他州立大学，插入政治系四年级就读，一年后获学士学位。1920年秋，他被哈佛大学录取，师从美国著名政治学家亚瑟·N.何尔康攻读博士学位。1923年11月，他在完成博士学业和论文后，经时任校长艾伯特·劳伦斯·罗威尔介绍，到欧洲各国游学，先后拜访英、法、德、奥等国政治学学者、议会议员，同时熟悉了解各大图书馆情况，并于1924年5月获哈佛大学哲学博士学位。

1924年，钱端升先生学成归国。学生时代就信奉"欲救今日之纷扰，在根本之教育"[1]的他回国后"以教书为业，也以教书为生",[2]先后任清华大学、中央大学、北京大学、西南联合大学等校教授，讲授西洋近百年史、近代政府、各国宪法、国际关系、近代政治制度、战后问题、议会政府、集权政府等多门课程，为国家和社会培养了一大批法政人才和社会栋梁。著名法学家王铁崖、陈体强、龚祥瑞，著名政治学家楼邦彦、邹谠、杜汝楫、薛谋洪、赵宝煦等都曾受教于他。钱先生教风严谨，讲课内容丰富，条理清晰，深得学生敬佩。授课之余，他还关注国家教育问题，主张"士愈多，则世愈盛，而国愈治；反是，则世愈衰，而国愈乱"，"大学教育首以造就读书知礼之士人，次则与此种士人以一种专门之学问"。[3]关于教育政策，他提出"教育的精神不能与民族的精神分离"，主张"教育的目的在使人人得为中国人，得知为中国人之荣"。[4]钱先生倡导的这些教育理念，对当前以立德树人为宗旨的高等教育改革，

---

[1] 钱端升：《联邦制可否行于中国论》，载《清华周刊》1918年第133期。
[2] 钱端升：《我的自述》，载《钱端升学术论著自选集》，北京师范学院出版社1991年版，第696页。
[3] 钱端升：《清华改办大学之商榷》，载《清华周刊》1925年第333期。
[4] 钱端升：《我们需要的教育政策》，载《今日评论》1940年第4卷第21期。

依然具有重要的现实意义。

钱先生毕生怀抱推动中国政治进步和制度昌明的理想，在教书育人的同时，专事政治学、法学研究，在各国政府与政治制度史和宪法学方面造诣精深。他博闻强识、学贯中西、治学谨严、著述丰硕，学术专著、合著、译著达十余部，如《法国的政治组织》（1930年）、《英国史》（译）（1933年）、《德国的政府》（1934年）、《法国的政府》（1934年）、《民国政制史》（1939年）、《建国途径》（1942年）、《战后世界之改造》（1943年）、《中国政府与政治》（英）（1950年）等，并与王世杰合著《比较宪法》（1938年）等。

鉴于钱先生卓越的学术成就，1948年，他被遴选为当时全国最高学术研究机关中央研究院院士。在人文组的28名成员中，法政学界仅有钱端升、王世杰、王宠惠、周鲠生、萧公权等5人当选。

此外，钱先生以"兼济天下"的情怀，对社会和时局始终保持密切关注，他凭借手中之笔，自1925—1949年，先后在《益世报》《现代评论》《今日评论》《观察》《晨报》担任编辑、主笔或撰稿人，发表政论文章六百余篇，评析时局，纵论天下，在宪法、人权、民主、集权、党治、中外关系、政治制度、教育等多个领域发表真知灼见，努力践行知识分子言论救国的政治理想。柳亚子先生当时曾赋诗《怀人》一首盛赞钱先生："钱郎才气颇纵横，抵掌能谈政与兵。揽辔澄清吾已倦，论坛一臂汝能撑。"

1949年后，钱先生抱着"对新政权的极大地热情"，积极投入新中国的政治、外交、法律、教育工作中。1949年5月，他被北平军管会委任为北京大学校务委员会常务委员兼法学院院长，参与组织高等院校课程改革。在 1952 年院系调整过程中，他领命筹建北京政法学院并出任首任院长，为新中国法学教育事业作出了开创性贡献。同时，他还在政务院文教委员会、全国人大法案委员会、中国人民外交学会、华北高等教育委员会、北京市各界人民代表会议协商委员会、北京市教育工会等单位兼职，为了国家和民族的富强昌盛，不知疲倦地工作。他在担任中国人民外交学会副会长期间，积极推进和发展我国与各国非政府组织之间的外交关系。特别值得一提的是，1954 年 5 月，钱先生被聘为中华人民共和国宪法起草委员会法律顾问，参与新中国第一部宪法的起草，为这部后世评价甚高的"五四宪法"作出了重要贡献。

20 世纪 70 年代初期，中美关系开始解冻，在周恩来总理的安排下，钱先生调任外交部国际问题研究所顾问和外交部法律顾问，参与起草中美两国冻结资产解冻问题的谈判方案。改革开放后，钱先生虽年事已高、体弱多病，但他仍以高昂的政治热情投身于社会主义法治建设，为我国政治学、法学学科的恢复重建和全面复兴大声疾呼、献计献策。1984 年，他在给有关领导人的信函中写道："自问以身许国绝无二心，如容我请缨再褥以某种任务，则老骥伏枥义不容辞。不胜翘企待命之至。"真诚表达了一位老知识分子始终与祖国同呼吸共命运的眷眷中国心、悠悠爱国情！

在钱先生 90 年的人生经历中，他除撰写了十余部学术著作和六百余篇文章外，还留存了大量的作业、日记、法案建议稿等未刊手稿，《钱端升全集》（第一辑）主要收录了钱先生已经公开发表的部分文章、公开出版的学术著作。2018 年春，经钱先生家人的授权许可，我们开始筹划整理《钱端升全集》（第二辑）。本辑包括《哈佛课业》、《英国史》（上下册）、《钱端升日记》（上下册），共五卷。

总序

　　《哈佛课业》为钱先生1920—1924年在哈佛大学攻读硕士、博士学位期间的八篇习作。习作原文为英文，此次由专业学者译成中文，并择要简注，以便世人品鉴。内容广泛涉略法学、政治理论、政治思想、西方思想史、外交政策、美国公共政策等领域。钱先生早在清华读书期间，就对政治学表现出浓厚兴趣，主修课程以中国制度史成绩最佳，文学写作、文学评论、经济学等科成绩亦均为优良。他1921年的日记本上清晰地记载着其早年的立志名言："不以欲而害学。学者，吾唯一之希望也！"钱先生在哈佛大学求学期间，博览群书，刻苦攻读，三学年的政府学课程成绩均为A或A+。[1]同时，他还在节假日参加社会活动，发表演讲。本辑中的《哈佛课业》八篇习作均为首次面世，读者从中可以感知青年时代钱先生扎实的学术功底和广泛的学术志趣。

　　《英国史》是钱先生于1931年翻译的一本60万字的巨著。原作者屈勒味林·乔治·马可雷（George Macaulay Trevelyan，1876—1962年，今常译为特里维廉），英国自由主义史学家，毕业于剑桥大学三一学院，1927年任剑桥大学近代史讲座教授，1940年任三一学院院长。《英国史》为屈勒味林于1926年所著，内容兼具学术性和普及性，被当时的《泰晤士报》评为"近十年来英国最伟大的著作"。该书依照年代顺序，阐述了自远古至1918年的英国要人大事之经过，同时兼以国家的经济状况、政治制度及海外事业为根据而论列到社会发展的各个方面。钱先生对此书推崇备至，认为其包纳范围广大，引用材料宏博，行文流畅生动。译文则讲求忠实于原文，力求通达，且对文中未能注明出处者，择其要者查明出处，加以注释。该书在民国时期也被列为"大学丛书"之一。钱先

---

〔1〕　钱端升在哈佛大学就读期间的成绩单，据哈佛大学档案馆馆藏。

 哈佛课业

生晚年教诲学生:"搞国际政治,能够把握国际动态,首先要深知各国历史,特别是欧美各国历史。如果你不熟悉外国近百年的恩怨史,是很不容易把握国际动态的。"钱先生的治学态度和理念透过《英国史》的翻译即可窥见一斑。

《钱端升日记》主要记载了钱先生1937—1956年的工作和生活轨迹。1937年,抗日战争全面爆发,为了争取英美等西方国家的援助,正值盛年、通晓五国语言、兼具雄辩之才的钱端升,经时任国民政府教育部部长、国防最高会议委员王世杰的举荐,陪同胡适、张忠绂等人以学者身份赴美法英等国开展国民外交,宣传抗日。临行前,同窗陈师经赋诗一首《寄寿朋美洲——七七事变后奉派赴美宣传》,为钱先生壮行:"奋身欲撞自由钟,回首山河战血红。天下是非谁管得,伤心却在不言中。断牙和血深深咽,天问无灵莫启唇。倘有苏张三寸舌,还须尝胆识酸辛。"在欧美期间,他通过导师和同行的介绍,与胡适等人拜访议员、发表演说、奔走呼号,力图影响英美等国对中日战争的政策干预。回国后直至抗战结束,钱先生一边在西南联合大学执教,一边担任国民参政会参政员,围绕抗日战争及战后重建等问题提交诸多议案,被黄炎培先生誉为"最肯卖力的参政员"。1945年日本投降,历经十四年战争摧残的人们渴望和平,钱先生面对当局的贪腐无能和专制横暴,毫无畏惧,积极参加西南联合大学教授反内战反独裁活动,支持"一二·一"学生爱国运动。这场运动成为钱先生政治立场的重要转折点,此后他与国民党逐步决裂。中华人民共和国成立之初,百废待兴,钱先生对"共产党创造的新中国感到欢欣鼓舞",他满怀激情,积极参与各项社会活动,为我国的法制建设、文教事业和外交工作作出了卓越的贡献。

《钱端升日记》真实记录了钱先生赴欧美宣传抗日、西南联合大学任教、哈佛大学作客座教授期间的所闻所见，也再现了他在1952—1956年牵头筹备北京政法学院、创立新中国法学高等教育的艰难历程，以及他以极大的政治热情参与祖国文教、立法、外交等各项社会活动的精神风貌。

钱端升先生不仅是法大的掌门先贤，更是中国学术界的泰山北斗。我最初认识钱先生是从他和王世杰先生合著的《比较宪法》开始的，这部著作是民国时期的法学经典，至今在海峡两岸仍有极大的学术影响。因为王世杰先生曾出长国立武汉大学，故这部著作在武汉大学法律学人中是津津乐道的。记得当年在武汉大学求学和工作时，不时就有人向我说起，在中国只有读了这部著作，学习和研究宪法才算入了门。2009年我北上赴法大任职后，对法大这位先贤有了更多更深的了解，深知他是法大的文化富矿和宝贵财富，是法大的一座历史丰碑，其人格魅力、教育理念、人文精神、求真品质和学术贡献将长久影响法大、惠泽法大、激励法大、鞭策法大。因此，我一直积极推动、支持整理、收集、珍藏钱先生的个人物品资料，编辑出版《钱端升全集》，建立"钱端升纪念馆"，筹措资金继续开展"钱端升法学研究成果奖"评奖活动。经过多年的文献整理、史料挖掘、实物收集，在学校和钱先生家人共同努力下，钱先生的日记、笔记、中英文信件、手稿及其用过的实物等珍贵资料2300多卷（件）已基本整理完毕，为法大编辑出版《钱端升全集》和建立"钱端升纪念馆"夯实了基础。特别值得一提的是，在整理钱先生的往来信件中，我的恩师韩德培先生写给钱先生的两封信原件被发现。当我看到这两封信的原件，可谓激动万分，展读多时。两封信的一封写于

哈佛课业

1980年,寄自青岛;另一封写于1984年,寄自武汉。前者告知武汉大学恢复法学教育,拟设置法学、国际法学专业,期待钱先生指导;后者则禀告解放后燕树棠先生在武汉大学的情况及其仙逝前后经过。在这两封信中,韩先生对钱先生执弟子之礼,毕恭毕敬,信的开头称"端升师座""端升吾师",结尾则写"生 韩德培敬上",信中还写道"久违教诲,时切驰念""吾师目力欠佳,务望多多保重",其师生之深情厚谊跃然于字里行间。作为韩先生的亲学生,我能有机会为在老师的老师钱先生曾经治下的法大的赓续传承添砖加瓦,何其幸哉,何其善哉!

编辑出版《钱端升全集》是为了承前启后、继往开来。就钱先生这一辈学人的人品、学识和成就而言,说他们是中国近现代人文社会科学界的"异数",当不为过。我相信,当读者翻阅了《钱端升全集》之后,一定会与我有同感。在我看来,钱先生他们这一辈学人有一些深深打上时代烙印的共同特点:一是饱经风霜,阅历丰富。他们历经清朝、民国、新中国三个时代,又游学中外,任教于国内多所大学,时代风起云涌,个人大起大落,一生跌宕多姿,事迹可圈可点。二是学养深厚,学贯中西。他们所在的家庭不算十分富裕,但都能供他们求学,有诗书传家传统。因此,他们从小就受到良好的教育,中学基础扎实。后其又因聪颖好学,在全国学子激烈的竞争中考取公费留学海外,在国外大学受到系统的高等教育,大多懂几门外语,对西方国家的文化尤其是对其专业有深刻的理解,西学功底坚实。三是不限一隅,涉猎甚广。他们既是某一领域的专家、权威,又是学术大家或杂家。比如,钱先生的研究和著述,不仅涉及政治学和法学,而且还涉及时政、国际政治、世界史、国际关系史、国别史、外交学、教育学、文学等领域。四是关心时政,热心公益。他们所处的时代多为战乱、动乱或变革的时代，社会、国家和世界不断在发生着巨大的变迁。他们没有"躲进小楼成一统，管他冬夏与春秋"，而是关心时政，热心公益，以读书人的良知和学识，为社会的进步、国家的发展和世界的和平鼓与呼。五是与时俱进，坚守良知。面对"中国处于三千年未有之大变局"，可以肯定地说，中国的读书人有过犹豫，有过彷徨，有过摇摆，也有过激动。孙中山先生曾说："世界潮流，浩浩荡荡，顺之则昌，逆之则亡。"以天下为己任的中国读书人在这样的大变局面前焉能无动于衷？从钱先生他们这一辈学人的身上我们不难看到这一点。他们的著述，或有时而不章；他们的言行，或有时而可商。但我们看到，他们始终恪守了做人的道德底线，坚守了读书人的良知理性，敢讲真话、实话，讲真心话而不讲假话。在当下，这正是我们后辈应该学习和传承的。我们这些后辈，特别是法大人，活在当下，积极作为，对未来充满着期待，但我们不能忘记过去、忘记历史、忘记先贤。不了解过去，我们或许会认为自己已赶超前人。其实，我们有可能在重复走前人走过的路，甚至没有达到他们曾经抵达的高度、曾经去过的远方。《钱端升全集》（第二辑）的问世，至少为我们打开了一扇回首过去、回望历史、回忆先贤之窗，让我们能够从钱先生的个人学术思想史窥探中国近现代学术思想史、教育史、外交史、法制史的发展演变轨迹，拓展新的研究领域。

纸短情长，难以言尽。匆匆成文，是为序。

黄　进

2022年春　北京

目 录

总　序 …………………………………………………… 001

第一篇　人是否具有与生俱来之政治权利? …………… 001

第二篇　神圣罗马帝国之联邦制特征 …………………… 015

第三篇　言论自由 ………………………………………… 037

第四篇　附加条款立法 …………………………………… 045

第五篇　在华门户开放政策 ……………………………… 079

第六篇　美国商业法庭 …………………………………… 119

第七篇　托马斯·哈特·本顿与公共土地 ……………… 133

第八篇　詹姆斯·哈林顿 ………………………………… 163

译后记 ……………………………………………………… 441

附　录　关于商业法庭的数据表

CONTENTS

I. ARE THERE INHERENT POLITICAL RIGHTS OF MEN? ······ 203

II. FEDERAL FEATURES OF THE HOLY ROMAN EMPIRE ······ 219

III. FREEDOM OF SPEECH ·· 243

IV. RIDER LEGISLATION ·· 251

V. THE OPEN DOOR POLICY IN CHINA ····························· 289

VI. THE UNITED STATES COMMERCE COURT ···················· 341

VII. THOMAS HART BENTON AND THE PUBLIC LANDS ········ 357

VIII. JAMES HARRINGTON ··· 393

APPENDIX. A TABLE SHOWING THE DATA OF THE WORKS OF THE COMMERCE COURT

第一篇

人是否具有与生俱来之政治权利？

政府系 课程编号：12a（Gov.12a）
哈特教授（Prof. A. B. Hart）
1920年12月

人是否具有与生俱来之政治权利?

钱端升(Thomson S.Chien)

哈佛大学
1920年
论文评分:B+

人是否具有与生俱来之政治权利？

人是否具有与生俱来之政治权利？当前于此问题之探讨，迅即引导吾人反顾"人生而自由平等"之信条，此信条向为过去两世纪中甚至更长时期内，政治理论家论辩之核心问题。其真确性反之又依赖于自由、平等诸概念，及自然权利之概念。一旦吾人厘清此般概念，且此物确有其事，则决定当前以何种方式探讨此问题，便略无窒碍。

是故吾建议，首先研究"自由""平等"与"自然权利"，其后方探讨与生俱来之政治权利问题。

自 由

"平等一词含义之丰，无它词可及。"[1]莱波（Lieber）对此亦有同感，他为吾人提供众多关于"自由"之不同定义，并亲拟下述定义："自由，就其绝对意义而言，意指驱动意志之机能，以及不受其他任何来源或外来影响而按其意志行事之权力。"[2]然此定义，仅为鲍桑葵（Bosanquet）所谓自由之"哲学意义"。霍布斯对自由则如此定义——"自由意指不存阻碍"，此处之"阻碍"，乃指行动之外部阻碍；[3]而孟德斯鸠谓，"自由仅能存于按吾等之本愿而行事之权力当中，而不可能存于受拘束以行非吾等本愿之事当中"[4]，此二公大体亦于哲学意义上谈自由。

---

[1] Montesquieu, Spirit of Laws, Book XI, Ch. II.
[2] Lieber, Civil Liberty and Self-Government, Vol. I, Ch. II. V. I, p. 48.
[3] Hobbes, The Leviathan, Ch. 21.
[4] Spirit of laws, Book XI, Ch. III.

另有一相当全面之定义:"自由存于某人权利之自由运用与享有之中。"[1] 然则权利又为何意?某人当有此一问。

寻求一令人满意之定义,实属徒劳。吾人上策为考察自由在其不同阶段之本质。每种自由是否存在,此问题可先存而不论,为方便起见,吾人可以说,在通常讨论中,有三种不同之自由,即自然自由、公民自由与政治自由。*

自然自由 卢梭认为,人之自然自由无所限制,存在于自然状态之中。[2]有时其被称为"理想之自由"。[3]在18世纪,它与"自然状态"概念有天然而必然之联系。自然自由之观念,不唯欠缺经验支持,抑且并无完善哲学推理支持,亦不为今世思想家所认可,此外无需赘言。

公民自由 据卢梭之说,[4]公民自由为当人达成社会契约时被赋予者,且因为此契约,该自由受公意之限制。社会契约问题先存而不论,于公民自由问题,卢梭所言为是。今日吾人将公民自由定义为,于有组织之社会中属于人之自由,其受国家成文法或习惯法之保护。

在文明国家中,公民自由为一极为清楚之事。其被视为完整享有生命与财产所不可或缺之物。每一民主宪制国家,无论其形式为何,皆提

---

[1] N. Chipman, Principles of Government, Burlington, 1833, p. 58.

* nature/natural 在本文中一律翻译为"自然"/"自然的"。Nature 有两重含义:一为外在"自然世界",即物质世界,或称为"大自然";二为"内在自然",即人之"本性""本质"或"天性",本文译为"自然"/"自然的",以与"自然法""自然状态"等概念内涵相符合。钱端升文中 civil liberty 可理解为 civil rights,大体为所谓"消极自由",即公权力和他者不得侵犯之领域,如人身安全、财产安全、言论自由、信仰自由、缔约自由之类;political liberty 可理解为 political rights,即政治参与之权利,主要指选举政治代表之权利,此种权利在欧洲历史上长期被少数人(如教士与贵族)所垄断,但随现代民主观念与实践之发展,此种权利已逐渐被赋予所有适格成年公民。然而此种权利扩展有一历史进程,即如美国之普遍公民权,实际上到20世纪60年代黑人民权运动后才"普遍",而女性政治权利方面,1971年2月7日瑞士之女性方获得选举权。在钱端升写作此文之年代,政治权利或选举权为所有成年人应被赋予之权利,此观念尚未被普遍接受,此为理解文末钱端升对"政治自由"之取态之历史与理论背景。civil rights 译为"公民权利",political rights 译为"政治权利",与联合国《公民权利及政治权利国际公约》(International Covenant on Civil and Political Rights, 1966年12月16日经联合国大会通过)之中文译例保持一致,故此处译为"公民自由""政治自由"。中文学界亦有将 civil rights 译为"民事权利"者,为本文所不取。——译者注

[2] Rousseau, Social Contract, Book I, Ch. VIII.

[3] Laurent Dechésne, La Conception du droit et Les idées nouvelles.

[4] Rousseau, Social Contract, Book I, Ch. VIII.

供此自由，其常被称为"权利法案"*。然吾人须记取：倘无法律，即无公民自由。仅当法律作出安排时，才可侵夺之。诚然，奴隶制应被谴责**，但卡尔霍恩（Calhoun）之说，[3]即"自由乃至高奖赏，授予有利环境下心智与道德之发展"，却比"人类拥有不被剥夺之自由权利"一说，更近于真理——此种看法在今日被广为接受。经长期体验与应用，世人已得出结论，认为仅当为社会普遍福祉时，方应扩展公民自由。

政治自由 政治自由常与公民自由相混淆。孟德斯鸠谓，"政治自由存于安全之中"，[4]此时其意可能指吾人现今所理解之公民自由。而莱波论述公民自由之意义之诸章节中，[5]他以该词意指对政府之完全掌控。如此则看似两术语可以互通。

政治自由为参与政府事务之自由。当某人可免受强令其屈从于他人意志之法律与约束条件之干预，则吾人可称其享有政治自由。无投票权者即无政治自由，因为加诸其身之法律和约束条件，仅为他人之意志而已。

较之此前，吾人现在更接近普选权，然吾人将毫不犹豫否定政治自由应为所有人享有之主张。唯有能力参与政府事务者，方应拥有政治自由，此为毋庸置疑者。

自由与平等 "自由与平等并非一物。"[6]新近某位法国作家宣称，在美国，人民自由而平等，在英国，人民自由却不平等，而在法国，人

---

* bill of rights 有虚指和实指。虚指即"规定一国公民或居民所享有之基本或最重要之权利之正式文件"（Oxford Dictionary of Law, 9th edition, 2018, bill of rights）；实指则有两不同法律对应物，一为英国权利法案（1689 年），一为美国权利法案（1789—1791 年），后者即美国宪法第一至第十修正案，中文皆通译为《权利法案》，所指究竟为何取决于语境，但此处应为虚指。——译者注

** 作者此处忽出此语，盖有一政治思想史之语境，即卡尔霍恩（1782—1850 年）作为美国 19 世纪上半叶之著名政治家（第 7 届副总统）及政治理论家，其政治思想之要点为，以保护产权为由强力为奴隶制辩护（卡尔霍恩来自南蓄奴州），以保护分权为由强力为总统之强大执行权和否决权辩护，以保护少数权利为由持共和主义观点为州权辩护。其为奴隶制辩护臭名昭著，以至于有美国学者讥评曰："恰在奴隶制被彻底废除之前，卡尔霍恩为其正当性作了最为有力的论证。"作者此处谓奴隶制应被谴责，则表明其对于卡尔霍恩之思想自有取舍。——译者注

[3] Calhoun, Works, p. 511.
[4] Spirit of laws, Book VII, Ch. II.
[5] Lieber, Civil Liberty and Self-Government, Vol. I, Ch. III.
[6] A. E. Gasparin, L'equalité, 4th ed., Paris, 1876, p. 249.

民平等而不自由。[1]此语必含部分真理，且确认自由和平等并非一物。然二者又确乎焦孟不离。卢梭坚称，"放弃自由，即放弃人之平等"。[2]他又谓，"倘无自由，则平等亦不能独存"。[3]

在吾人讨论公民自由和政治自由时，文中亦提出，倘无平等，自由即仅囿于为社会与国家中部分人所享有。是故吾人应即刻继续考察平等之实质。

平　等

平等之类别　威洛比（Willoughby）列举多达六种类别之平等。[4]其为：精神平等，自然平等，公民平等，政治平等，社会平等，以及经济平等。对诸概念分别考察，虽有一定益处，但除非按时序分别考察，否则吾人不能明了平等含义之演变。因此，吾决定仍对此主题作一整体探讨，唯当分别探讨有益处时，方区别对待。

其起源　平等之理念颇为古老。如在巴比伦人之汉谟拉比法典中，"法律对所有情况类似者，皆严格一视同仁"。[5]据印度教徒之轮回观念，在其一生中诸人皆同等得超拔*，然于轮回中，婆罗门等级被认为较最低贱等级多值20次超拔。[6]中国人则绝无平等理念。其认为家庭制度与国家制度乃理所当然。其认为至高主宰为凌驾万民之上者，而万民理当听命于上天。无须深究，吾人至少可下此语：东方古老民族中，不可谓存在人际之平等。

希腊人　柏拉图认可等级之存在。其有妇女应与男子同受教育之类观念，但此非必然意味其赞同性别平等。亚里士多德认可奴隶与自由人

---

　　［1］　Paul Laffite? 此处为打印稿原旁注，译者推测可能为作者一时不能确定此语确切出处。
　　［2］　Social Contract, Book Ⅰ, Ch. Ⅳ.
　　［3］　Social Contract, Book Ⅱ, Ch. Ⅺ.
　　［4］　W. W. Willoughby, Social Justice, Ch. Ⅲ.
　　［5］　Frank Fritts, The Concept of Equality etc., p. 20.
　　* 经友人张昊琦君提示，"救赎"为基督教观念，印度教、佛教常曰"超拔"。故此处译为"超拔"。——译者注
　　［6］　Dechesne, p. 3.

之别。虽某次其谓"民主中应存在数量上之平等",〔1〕*此意庶几乎近于人人之间绝对平等,且无平等,则一人将臣属于他人;他之不喜平等,尚有更露骨之表述。"但完全基于这任何一种平等(数量和德性之平等)而创建政府,皆为错误;如此建立之政府,揭示此理甚为昭然,因其中无一稳定政府"。〔2〕引用威洛比之说,"亚里士多德从未领会真正之人类自由与平等观念"。〔3〕斯多葛派(Stoics)似承认精神上之平等,而智者派(Sophists)相信某种人为之平等;但总体言之,希腊世界绝不接受平等。〔4〕

基督教与罗马 是故吾人已明了,古典世界并未促进平等。无论何种平等,即如其后为吾人所熟知者,最初乃基督教使徒为之宣扬。其认为"让一人臣服于政府中某人,此有悖于自然平等之原则"。〔5〕由此,平等观念在思想世界拓路前行。其后于中世纪,无论罗马法法学家抑或教会法法学家,皆认为人生而平等且自由。〔6〕

前革命时期 此时期人民正觉醒,且始主张其权利。吾称之为前革命时期,乃因并无更适宜之称呼。早至法兰西王亨利四世之前,贝通(Philippe de Béthune)即写道:"它们给予人民等级之利益,为正义与平等,或公正不偏,或予人尊重;将公民宪制归纳为自然法,而自然法让吾人平等而自由。"〔7〕

霍布斯之平等观念甚为僵化教条。其认为,倘若社会安排被祛除,

---

〔1〕 Aristotle, Politics, Book VI, Ch. II.

* 此处引文据钱端升原稿翻译,引文对亚氏观点表述似有不妥。经向友人谈火生君请教,得知另有英文译本(Reeve 翻译)之此处译文为 "For democratic justice is based on numerical equality, not on merit",译为中文为"民主政体之正义是建立在数量平等的基础之上,而非建立在以德性为原则的(比例平等的)基础之上"。两种译本之主要差别在于,钱文所引译本中,亚氏视民主中"数量平等"为"应然",而 Reeve 译本视其为"实然"。——译者注

〔2〕 Aristotle, Politics, Book V, Ch. II.

〔3〕 W. W. Willoughby, Political Theories of the Ancient World, p. 186.

〔4〕 W. W. Willoughby, Social Justice, Ch. III; W. W. Willoughby, Political Theories of the Ancient World, p. 80.

〔5〕 Carlyle, R. W. & A. J., History of Medieval Political Theory in the West, Vol. I, p. 125.

〔6〕 Vol. II, p. 35, p. 118.

〔7〕 Bethune, Counsellor of Estate, Part I, Ch. II.

则人人平等,甚而在心灵和身体上亦平等。别无言辞较此语更其坚定!"自然令人如此平等,于身体和心灵机能等皆如此。"[1]至于洛克,其《政府论》两篇之基调即为人生而平等。

其后吾人讨论二法国哲人,孟德斯鸠与卢梭。孟德斯鸠于《法意》中谓:"自然状态中,所有人实为生而平等;然此平等不可长久;社会令其失此平等,而其唯借法律方能重获平等。"[2]虽卢梭并未坚称身体与心灵之平等,[3]但其确曾有此语:"所有人皆生而自由平等。"[4]其平等观念见诸别处更其明了,其谓:"基本公约并未摧毁自然平等,反之,乃以道德与法律之平等,取代自然所造各人身体之不平等;虽其力量或才智可能不平等,但其通过约定且根据权利而变为平等。"[5]

革命时期 此一时期,两大陆均爆发革命,而平等理念所获肯认较此前更为有力。《独立宣言》《法国人权宣言》及大量诸如此类宣言——吾将另觅他处探讨此中某些内容——皆承认平等。不唯美法两国作者主张人人平等,英国同代作家亦复如此,如高德温(Godwin)[6],其平等观念之激进如斯,无人可出其右者,甚且霍布斯亦瞠乎其后。斯时一般论调,昭然见诸1794年所著下述段落:"所有人据其自然实皆平等;无论何人,稍具哲思习惯者,对此观点皆普遍接受,乃至质疑此论反似荒诞不经,抑且实为多此一举。"[7]

静思时期 当美利坚共和国之国基丕固,世界厌倦法国革命之血流漂杵,世人历事愈多,始明了资格无限制之平等之弊,且弃置不论了。或许18世纪前后于平等赞颂有加者,亦非不知人与人之间存在不平等;其鼓吹平等,或仅为激励人民起而反抗历久绵长之专制。如梅里亚姆(Merriam)所言,美国清教徒对此平等之心悦,非如后来鼓吹之状。[8]

---

[1] Hobbes, Leviathan, Ch. 13.
[2] Book Ⅷ, Ch. Ⅲ.
[3] Social Contract, Book Ⅱ, Ch. Ⅺ.
[4] Social Contract, Book Ⅰ, Ch. Ⅱ.
[5] Ch. Ⅸ.
[6] See W. Godwin, Political Justice, Book Ⅱ, Ch. Ⅲ.
[7] W. L. Brown, On Natural Equality of Men, p. 1.
[8] C. E. Merriam, History of American Political Theory, pp. 24-26.

甚而美国革命之国父,亦不过口惠而实不至,仅谓人应于统治自己之权利方面平等。[1]

除奴隶制争议时期,及为妇女选举权而斗争之早期,自19世纪以还,平等之信条从未得坚守。倘说存在任何平等,则其存在当归功于社会或国家之认可,而非归之于自然。

在法兰西,拉斐特(Laffitte)道,谓人人平等,不过谓构成人身体之分子之平等。拉维勒耶(De Laveleye)认可人与人之间不平等,而德舍森(Dechésne)毫无疑问斥责自然平等之信条。

美国公法学家中,纵如艾略特校长(president Eliot)*,于人类整体福祉最为挂怀者,亦认为"民主社会之体系,将依然充满不平等"。[2]该贤续道,"自由导致财产之不平等"。[3]令人人皆有进益,此一现代观念非欲令人人平等——人与人从未平等,且永不会平等——乃为将其皆拔高一筹。

自然权利

倘不考察自然权利之信条,则讨论自由与平等,亦不免偏废。

古代世界 中国之至尊为昊天之代表,即天子,如其仍代表上天,则人皆臣服于其意志。循此观念,属于人民之权利无由存在。老子确乎思及自然状态,人于其中有自由。但尚有一自上任命之政府,则使人民无权主张自然权利。

希腊哲人认为,国家为超越于个人聚合体之上者。[4]此事即令任何

---

[1] Merriam, p. 47.

* 应指于1869—1909年曾任哈佛大学校长之艾略特(Charles William Eliot),此公执掌哈佛大学50年,为美国大学史上任职大学校长年份最长者,对于哈佛大学从一所地方学校转为美国乃至世界知名之研究型大学可谓居功阙伟。但此处称其为publicist,该词通译为"公法学家"或"宣传家",然此艾略特显非"宣传家",故译为"公法学家",然译者并不知艾略特校长以公法研究见长,故译为"公法学家"仍感忐忑。——译者注

[2] C. W. Elliot, The Contemporary American Conception of Equality etc., p. 11.

[3] Elliot on "Equality in a Republic".

[4] Willoughby, Polit Th, p. 60.

自然权利皆不可能。伯伦知理（Bluntschli）谓，古人绝无任何权利可言，信哉斯言！[1]

前革命时期 在中世纪，因政治或宗教制度被视为约定俗成，而非自然，"人生而自由平等"。[2]因而自然权利之理念或早于霍布斯时代以前，即向为人所知。霍布斯之理论曰，自然状态中，人皆拥有对任何事物之自然权利。其后，借由为共同利益而缔约，此种权利被相互转让。[3]毋庸赘言，卢梭亦相信人享有自然权利。甚至布莱克斯通（Blackstone）亦主张存在自然权利，而法律不过此权利之宣告而已。

革命时期 美法两国革命时期，对自然权利之要求，昭昭在目。梅里亚姆发现，斯时声望卓著之美国公法学家中，乔纳森·鲍纳（Jonathan Bouner）乃唯一否认存在自然权利者。[4]革命如火如荼，其时美国人民所欲主张者，为其自然权利，而非作为英国人之权利，以证成革命之正当性，如迪克森（Dickson）等人即声称，宪章乃先在权利之宣告。[5]

斯时之普遍情绪，表之于下述段落，颇值援引：
《弗吉尼亚权利法案》，1776年：[6]

Ⅰ. 所有人生来皆具同等之自由及独立，并享有天赋权利，当其组成一国家或社会时，他们不能经任何契约剥夺其后裔享有此等权利；也即，通过获取和拥有财产、追求和享有幸福与安全等方式，而享受生活与自由之权利。

《独立宣言》，1776年：[7]

吾人认为此真理不言而喻：人人生而平等，造物者赋予其若干不可剥夺之权利，其中包括生命权、自由权和追求幸福之权利。为

---

[1] J. K. Bluntschli, Theory of the State, 2nd ed. , Oxford, 1892, p. 58.
[2] Carlyle, Vol. Ⅲ, p. 3.
[3] Leviathan, Ch 14.
[4] Merriam, pp. 63-65.
[5] Merriam, 47-49.
[6] B. P. Poore, Federal and State Constitutions etc. pp. 1908-1909.
[7] B. P. Poore, p. 1

保障此种权利，人类方于众人间建立政府，而政府之正当权力，乃经被治理者之同意而产生。

《法国人权与公民权利宣言》，1789年：[1]*

第一条　人生而自由且始终如此，在权利方面一律平等。社会差别仅可建立于公益基础之上。

第二条　一切政治结合均旨在维护人类自然和不受时效约束之权利。此权利即自由、财产、安全与反抗压迫。[2]

第六条　每一公民皆有权亲自或由其代表去参与法律之制订。

托马斯·潘恩（Thomas Paine）乃自然权利最强烈支持者之一，其宣称："自然权利乃人之为人而具有之权利。""公民权利乃人作为社会成员而具有之权利中一种。""每一项公民权利皆来自一项自然权利，或易言之，乃由一项自然权利交换而来。""人结成社会，非为所得境况逊于此前，非为所得权利少于此前，乃为权利保障胜于此前。"[3]

吾人之前提及布朗（W. L. Brown），虽其同意，任何人倘有一定地位及能力，即可主张某些特别权利，然其认为生命权、财产权、荣誉权之类权利，为"人原初且与生俱来之自然权利"。[4]高德温（Godwin）亦认为，国家存在之前，权利即已存在。此时代普遍接受自然权利，唯有一著名例外，即边沁（Bentham），其人视权利仅为法律之创造物。

后革命时期　自然权利之信条，于19世纪上半叶仍居支配地位。吾人有奇普曼（Chipman）之自然权利定义："自然权利存在于个人自由、个人安全以及私人财产之权利中。"[5]其谓自然权利源于自然法；此权利可抑而压之，而不可断而绝之。

---

　[1]　Thomas Paine, Rights of Man, Part I, p. 53.

　*　此处钱端升引文为潘恩之英译文，其中第6条并非该条之完整引用。此处中文翻译录自王建学译本，为保持文风一致，词句稍有改动。——译者注

　[2]　注：自1793年以来，《法国人权与公民权利宣言》中加入了"平等"的权利。

　[3]　Rights of Man, Part I, p. 22.

　[4]　Brown, On Natural Equality, p. 111.

　[5]　Chipman, p. 55.

哈佛课业

布莱克斯通之（Blackstonian）理论，关于法与权利之关系者，为胡贝特（Elisha B. Hulbert）所重申，其谓"法律仅为全部自然权利之宣示"，"权利不依赖于法，反之，法依赖于权利本身"。[1]

于奴隶制争论期间，"自然权利""基本权利""不可剥夺之权利"之类词语颇误人子弟，然其占尽上风，虽南方确实主张权利为法律之创造物。[2]

现时代 权利现被视为"法律之创造物，且须与文明相匹配"。[3]然而，吾人须记取，关于自然权利之争论，如新近某作家所提醒吾人者，乃徒为口舌之争，而非实在之辩。[4]任何审思明辨之人皆不至于否认，人拥有生命、财产等等权利，于社会为最有裨益之事。殊为不幸者，则是此种权利仍被某些人暗指为自然权利。因而，据闻"'自然权利'之信条，仍为吾美国法律与宪法体系之基础"。[5]

即便此国最高法院之大法官，亦不时主张某些权利乃"不可剥夺者"，或为"与生俱来者"。[6]然真相在于，它们端赖于法律之保护而得以存在。

与生俱来之政治权利

吾人已考察自由、平等与自然权利之实质，且结论曰：并无任何自然权利，亦无平等和无限制之自由。存在权利、自由或某种平等之处，此皆为法律之创造物。吾人赞成尽可能赋予每人与社会利益相符之众多权利，众多自由，然吾人确实否认所有人应被赋予平等之权利，且无视其各人能力与天资而享有平等之自由。

现在吾等讨论政治权利问题。政治权利乃"通过立法与指示公共官

---

[1] On Human Rights and Their Political Guarantees, p. 9.
[2] See Merriam, Ch. Ⅵ on Pol. Th. of the Slavery Controversy.
[3] Merriam, p. 311.
[4] A. I. Clark, Natural Rights.
[5] Fritts, p. 2.
[6] 例如，参见 Field's Concurring Opinion in Butchers' Union co. V. Crescent City Co. Ⅲ U. S., 746。

员而控制政治事务之权力和权利"。[1]具体言之，其为投票之权利和任职之权利。

显而易见，此种权利较之公民权利层次更高。后者乃政府保证下之权利，而前者则为指示政府之权利。在前述讨论中，吾人已然明了，即使公民权利亦不能随时随地惠及所有人。是故顺理成章者，政治权利之运用，相较于予人公民权之资格条件，要求某种更高之资格条件。

"投票权显然由法律所创造。"[2]主张女性选举权者常谓，此种权利为其自然权利，然而，其唯有通过立法方能努力确保此种权利。密尔（John Stuart Mill）道："他们（美国人）之民主制度，公然建立于每人皆有权在政府中发声等与生俱来之权利基础上。"[3]其说误入歧途。或许先于密尔时代之美国理论家，确实推动过政治平等，因吾人从齐坦（Cheetham）处，可听闻此说："每一次剥夺公民选举权，无论被褫权者人数何其少，皆非正义，且此种褫夺乃源于权力，而非源于权利。"[4]然而真相在于———更完善之假设——美国制度建基于每一适合投票之人皆有权投票这一基础之上，而非建立于每人皆有权投票这一基础之上。即便革命时代拥护自然权利之人，亦未曾设想普遍选举权之观念。而执掌官职之权利则要求更高之能力，此绝非与生俱来者，此点更不待言。

倘若政治权利乃自然权利，而且为人与生俱来之权利，则每个人，生之为人，即享有此等权利，而政治权利之平等即为其必然结果。然吾人已证明普遍平等权之谬误。下文之语，将有裨于深入廓清此论："政治权利方面之平等，即选举权与担任官职之适格方面之平等，另当别论。众多赞成自然权利观念之人，并未断言存在一种每人皆有投票权之自然权利。"[5]

吾人所得结论为：**不存在与生俱来之人之政治权利。**

---

[1] Chipman, p. 56.
[2] D. J. Ritchie, Natural Rights, p. 255.
[3] On Enfranchisement of Women, Dissertations, Vol. II, p. 416.
[4] James Cheetham on Political Equality and the Corporation of N. Y., p. 25.
[5] Ritchie, p. 255.

第二篇
神圣罗马帝国之联邦制特征

政府系 课程编号：18a（Gov. 18a）
哈特教授（Prof. A. B. Hart）
1920年

神圣罗马帝国之联邦制特征

钱端升（Thomson S. Chien）

哈佛大学
1920年
论文评分：A

神圣罗马帝国之联邦制特征

编 年	缀 事	索 引
	神圣罗马帝国之一般含义	
	I. 神圣	
	1. 在中世纪,教会与帝国联于一体。	
	2. "红胡子"腓特烈一世采用了"神圣"一词。	Bryce, 199
	II. 罗马	
	1. 查理曼大帝于罗马加冕。	
	2. 古代罗马帝国之荣光被渴求。	Ibid., 89-121
1648	3. 但罗马帝国之主权被《威斯特伐利亚和约》废除。	Ibid., 348
	III. 帝国	
800	1. 生来即分立与无序 vs. 渴望统一。 结果是,保留了帝国。	Ibid., 50, 51
	2. 西欧对统一之需求。	Britannica IX 353
	3. 德意志人步调迟缓,爱此可贵遗产。	Bryce 347
	4. 德意志人之类似民族激情。	Britannica IX 355
	5. 德意志人需要一位国王,其向被称为皇帝。	353
	6. 皇帝需要授予皇冠。	353
	7. "需要某种权威以锄强扶弱、抵抗法国之侵略;但此种权威唯有以皇帝为其象征。"	355
	IV. 其真正实质	

续表

编 年	缀 事	索 引
	1. 在马克西米连一世时成为德意志帝国。	W. Wilsons: State p. 238
1556	2. 自1556年以来形成松散邦联。	Britannica IX 354
1648	3. "1648年之后,是一个各主权邦或准主权邦之邦联,不差毫分。"	Turner 148 See also Bryce 345; Britannica IX 354
行 政		
	因为既"无部长,亦无行政管理",对此问题可不予考虑。	Bluntschli 255
皇 帝		
	I. 皇帝之位	
	1648年后,受新教法学家之约束,此皇帝位不过为德意志国王。	Bryce 341
	但其若有心,亦可有所作为。	Bryce 351
	II. 其头衔	
1556	1556年之后,其于亚琛加冕之后,即拥有"当选之皇帝"或"罗马人选举之皇帝"头衔,仿如其在拥有皇帝头衔之前将在罗马加冕。但出于礼仪,他总被称为皇帝。	Bryce 318 Turner 123
	III. 加冕	
	1. 地点。	
—1568	亚琛	New International XI 402
1568—	法兰克福	Turner 123
	2. 官员。	151
—1653	科隆大主教	
1653—	依加冕地点,由科隆大主教或美因茨大主教加冕。	
	IV. 选举	
	A. 开端	

续表

编 年	缀 事	索 引
936—	公元936年开始选举。	Wilson：The State 236
1250—	此年之后明确创立。	Britannica IX 173, 353
	逐渐将选举权限于少数有权势者。	Wilson 232
	在金玺诏书（the Golden Bull）之制前，仅有7位选举人。	Wilson：The State 235
1356	B. 金玺诏书 查理四世在金玺诏书之制中作用重要。	Bryce 231；Wilson 236
	1. 7位选举人分别有专门附加之帝国官职身份。	236
	2. 选举所在地为法兰克福。	
	3. 美因茨大主教为选举人院之召集人。	
	4. 选举采多数票决制。	
1519	C. 选举降书首次被交予查理五世，以保障各等级之权利	Eichhorn 11-14
	D. 选举何以持续	
	1. 选举人不同寻常地坚持通过选举制形式（产生皇帝）。	Wilson 237
	2. 罗马教会竭力通过选举保持其影响力。但事实上只要据有皇权之家族仍然强大，则皇权即为世袭权利。	237 232
	V. 其继承者	
1506—	当在任皇帝仍执政时即选举继任皇帝。	
	在亚琛加冕，但之后的时代在法兰克福加冕。	
	头衔：罗马人国王。	Turner 123
	是明显之继承人，在其前任皇帝去世后无须再行选举即成为皇帝。	
	VI. 当皇帝之资格	Bryce 252
	1. 自由人。	

续表

编 年	缀 事	索 引
1648—	2. 天主教徒。理论上1648年以后任何信仰基督者皆可。	Bryce 353 fn.
	VII. 权力与权利	
	A. 传统上属于罗马皇帝之至尊地位及权力	
	1. 正义之源泉。	Bluntschli 255
	2. 和平缔造者。	Bryce 246
	3. 创立国王。	250
	4. 授予皇家采邑。	Turner 126
	5. 授予贵族头衔。	126
	6. 颁授大学律令。	126
	7. 授予对任何等级皆无害之特权。	Madison 389
	8. 创立大学。	Bluntschli 255
	9. 建立大型定期集市。	Madison 39
	10. 宣布辅修、主修专业。	Bluntschli 255
	11. 让私生子具有合法身份。	255
	B. 行政	
外交：		
	12. 代表帝国。	Turner 125
	13. 任命驻外大使。	Madison 389
军事：		
	14. 制定军令。	390
任命和升职：		
	15. 任命宫廷议会之成员。	Turner 126
	16. 任命帝国枢密法院（Imperial Chamber）中某些席位。	126
	17. 提升军衔。	126
	18. 任命空缺之选举人。	Madison 339

续表

编年	缀事	索引
	指导：	
	19. 裁决收费争议。	390
	20. 收取和使用公共税收。	390
	杂项：	
	21. 裁决天主教和清教诸邦间之优先权。	390
	22. 确保公共安全。	Madison 389
	C. 立法	389
	23. 当其决定召集议会时，主持帝国所有议会。	
	立法权：	
	24. 独享向帝国议会提案之权。	See 389
	25. 否决权。	Madison 389
	此两项权力乃皇帝最强大之权利。	Bluntschli 256
	属于立法之权力：	Eichhorn 290
	26. 制定通行费规则。	
	a）制定铸币规则。 此两项权力须征得选举人之同意。	
	D. 司法	
	b）如其决定，可主持帝国所有法庭。	Madison 389
	c）为丧失名誉之人恢复名誉。	389
	d）赦免。	Eichhorn 291
	其权利被威斯特伐利亚和约稍作改动，但实际上其权利非常有限，其保留（rezervata）几乎局限于确认收通行费和授予头衔。	289 Bluntschli 256 Bryce 343
	VIII. 关于皇帝之其他事项	
	理论上他对上帝负责；并无法律或法庭拘束他。	Bryce 262
	作为皇帝，他不接受钱财，亦无自身之领地。	Madison 389

续表

编 年	缀 事	索 引
	立法机关-帝国议会	
	I. 帝国议会之演变与实质	
	古代和传统之皇帝顾问委员会（council of the Emperor）。	Cambridge I 290
1663—	1663 年后成常设机构。 （Bryce 将年份考订为 1654 年。）	Turner 160; Bluntschli 256; Wilson 240 （Bryce 347）
1663—	1663 年帝国议会（Reichstag）成为"联邦议事会"（"Tagsatzung"）。	Bluntschli 256
	由诸主权邦之代表组成。	Federalist 167
	II. 内部组织	
	A. 总体成员	
	285 名成员	Madison 386
	小直属封臣和帝国骑士，不属于王国等级且无代表者。	Cambridge I 291 Bryce 316
	一名帝国议会公使（Reichstagsgesandte）可以代表多名成员，一名成员可以派出多名公使（Gesandte）；国会成员，作为成员之资格，由皇帝和帝国议会裁断，作为个人之资格，由帝国枢密法院与宫廷议会裁决。	Turner 160 Madison 339
	B. 皇帝与帝国议会	
	如皇帝决定，他主持帝国议会。	Madison 386
1648—	此年后他不再亲自出席帝国议会。	Turner 133
1663—	此年后由两名特派员为其在帝国议会中之代表。	161
	C. 三院	
	此制于 14 世纪成为定制。	New International XI 402
	特纳（Turner）认为是 15 世纪成为定制。	Turner 101
	投票权（voices）之数：159	Madison 586

续表

编　年	缀　事	索　引
	个体投票权：153	
	集体投票权：6	
	一集体投票权等效于一个体投票权。	Turner 132
	1. 选举人院。	
	a. 选举人	Bryce 229
1356	美因茨大主教	
	特瑞维斯大主教	
	科隆大主教	
	波希米亚国王	
	帕拉丁伯爵	
	萨克森公爵	
	勃拉登堡边疆伯爵	
1623	巴伐利亚国王	
1692	汉诺威公爵	
1803	此年数额大减	Turner 176–180
	b. 选举人院（之组织）	
	主席：美因茨大主教	Turner 102
1648—	选举人在1648年之后经常	133
1663—	在1663年之后则一直向帝国议会派出代表。	160
	9个个体投票权。	Madison 386
	"此院有和皇帝一样的帝国法律提案权。"	Bluntschli 256
	"现在仅由此院制定收取通行费之规则。"	Madison 387
	c. 作为选举人联合会（Kurfurstenverein）	Sprianica X 175
1558	金玺诏书规定，此院每年集会，讨论与帝国及世界安全有关之事务。他们确实偶尔集会。最后一次集会是在法兰克福。波希米亚常被排除在外。	Turner 100 Cambridge I 292

续表

编年	纪事	索 引
	2. 王公顾问委员会。	Bluntschli 257
	a. 主席职位（Vorsitzs）：奥地利公爵和萨尔茨堡大主教轮流担任主席。	Turner 102
	b. 成员	
1582	1582年：有43名世俗王公和其他成员。	Turner 184
1792	1792年：40名世俗王公，33名教会王公，39名高级教士，等等；以及93名公爵，等等。	Turner 185 Madison 386
1803	1803年：数额大减。	Turner 176-178
	c. 投票权：100	
	个人投票权：94	
	神职人员投票权：33	
	世俗人员投票权：61	
	每位王公通常有一票投票权，但由斐迪南三世封立之王公及此后之王公，可能没有投票权。	Turner 131
	集体投票权：6	Eichhorn 285-286
—1653	高级教士投票权：2（1653年之前：1）	
1653—	莱茵人：1	
1653—	施瓦本人：1	
	公爵：4（1640年之前：2）	
—1640	维特拉本人：1	
1640—1640	法兰科人：1，从上述名额中分出	
—1640	施瓦本人：1	
1653—1653	莱茵人：1，从上述名额中分出	
1582? 1582?	d. 决定之投票 由出席的多数 由多数同意	

续表

编 年	缀 事	索 引
	3. 市镇院。	
1489	此年市镇出席帝国议会之权利得到保证。	Cambridge I 291&. 302
—1648	此年之前并非总出席帝国议会。	Turner 101
	据威斯特伐利亚和约，在本院之投票权与在其他院之投票权等值。	Turner 132
	高级委员会（Directorium）：举行帝国议会之城市。	Bluntschli 257
	投票权：50	Madison 386
	莱茵人：13	
	施瓦本人：37	
1474	此年市镇被分为两类席位。	Turner 102
	特纳说1803年数额大幅减少，Bluntschli说，数额"最后"（"zuletzt"）是51，此两说与Madison之说皆不符。	Turner 176-178 Bluntschli 257
	D. 帝国代表团（Imperial Deputation）	
	其前身：帝国议会休会期间（1500—1502年）存在之帝国政府（Reichsregiment），由21名成员组成，由选举人主导。	Turner 113 Cambridge I 308
	其历史：	
1555	创立于1555年。	Eichhorn 288
1559	此年成为常设委员会。	288
1653	根据奥斯纳布鲁克（Osnabruck）条约，1653年由帝国议会组织之。	Turner 159
1663	由帝国决议（Reichsschluss）创立之临时代表团，在此年取代了常设代表团。	162
	其成员：由选举人、其他等级，以及帝国特派员组成。 威斯特伐利亚和约要求宗教平等。	Turner 139
	其职责：	

续表

编 年	缀 事	索 引
	作为帝国议会之委员会。	139
	在邦联条例规定之下,在帝国议会闭会期间,作为"联合邦(U.S.)之邦委员会",与邦联各行政管辖区之当局合作。	139
	拜会帝国枢密法院,评论帝国枢密法院之"普通判决"。	Eichhorn 267 Cambridge II 144
	III. 权力	Madison 387
	1. 宣告公共和平。	Wilson 238
	2. 宣战与媾和。	
	3. 缔约结盟。	
	4. 征召军队。	
	5. 构筑要塞。	
	6. 征收捐税。	
	7. 规定铸币。	
	8. 吸收新成员。	
	9. 将不服从之成员开除出帝国。	
	10. 通过决议谴责选举人或免职选举人。	Bluntschli 259
	11. 设立司法机构。	Wilson：The State 238
	12. 设立行政区划。	238
	13. 通过法律。	
	14. 解释法律。	Bryce 343
	IV. 程序	
	A. 制定法律之程序	
	1. 由皇帝提案。 委员会法令—通过其顾问委员提案。 宫廷法令（Hof-decrete）—由其亲自直接提案。	Turner 161

续表

编 年	缀 事	索 引
	2. 事由报告（Relation）*—或由任一选举人或由王公通过。	161
	3. 联署事由报告（Co-relation）—由选举人和王公同时通过。	162
	4. 帝国报告（Reichsgutachten）—由三院通过。	162
	5. 帝国决议（Reichsschluss）—帝国报告经皇帝批准即成为帝国决议。	162
	6. 休会—在帝国议会休会后，帝国决议（Reichsschluss）公布，并开始汇编。	Madison 386
	B. 投票	
	在每一院皆采多数票决制而决定措施。	386
	15世纪之前，多数形成之决议对少数具有约束力，现在则对缺席投票者亦具有约束力。	Cambridge I 291
	根据威斯特伐利亚和约，多数形成之决议，在宗教事务方面对少数不具约束力，宗教事务由谈判友好协商解决，谈判双方为，天主教徒在奥地利领导之下，清教徒在普鲁士领导之下。	
	V. 地点、会期，等等	
1663	A. 1663年之后位于雷根斯堡（Regensburg）	
	B. 召集	
	至少10年召集一次，开会之前6个月通知。	Madison 386
	经选帝侯议会（Kurfurstentag）同意，由皇帝召集。	Cambridge II 143

---

* 此栏的 Relation 和下栏的 Co-relation 均为政治法律术语。其意思与拉丁 relatio 同，拉丁词 relatio 有多种词义，如口头的答复，回复时的发誓，偿还，提交给参议院的动议或报告，从外带回来的情况报告，等等。其作为法律术语指的是对原告所指控之事的反驳，作为政治术语指的是报告，尤其是指由执政官向元老院提交之报告。此处实际所指是一种特殊的法律报告（report），是法官在某些涉及王公（prince）的案件中，对于司法行动（proceedings）所作的书面报告，报告呈递对象为皇帝。之所以呈递报告，是因为在此种案件中，法官发现没有法律可以指导审判，或者法律理解困难，或者案件涉及王公，而王公本人即法律之制定者。报告中包含涉讼各方之诉求、所有司法行动，以及法官之意见，祈求皇帝指示该如何裁决。Relation 这一词语的生僻义项在中文中似乎尚无确切译法，有译为"理由书"者，但亦颇为罕见。——译者注

续表

编　年	缀　事	索　引
	在皇帝未能召集议会时，由美因茨大主教召集。	Madison 386
	C. 座次 三院会于一堂，但分处不同室。	386
	D. 会中秩序 美因茨大主教有权"维持帝国议会之行为举止"，但通常由其使者（Gesandten）维持之。	Turner 161
司　法		
	I. 帝国枢密法院	
	A. 历史	
1495	建立于 1495 年。	Bryce 316
1689	1689 年（或 1693 年）在维泽雷（Wetzler）成为永久设立之法院。	Turner 107; Blunschli 258 New International XI 403
1653	根据奥斯纳布鲁克条约，1653 年由帝国议会重组。	Turner 159
	因为争端，1704—1711 年未开庭。	163
	B. 人员	
	1495—1685 年：16 名成员，1 名枢密法官（Kammerrichter），4 名主事（法官）（Prasidenten）。每位选举人提出一名陪审推事（assessor）。	New International XI 403 Turner 107
	奥斯纳布鲁克条约规定：50 名陪审推事中，24 名为清教徒，4 名主事法官中，一半为清教徒。因为费用问题，此名额从未满编。	Osnabruck Treaty VII Turner 163
1711	1711 年：6 名陪审推事。	164
1720	1720 年：17 名陪审推事。	164
1782	1782 年：25 名陪审推事。	164
	枢密法官： 由皇帝提名。 向为天主教徒。	Cambridge I 304 Schroder 831
	陪审推事：由何人指定	
	1. 皇帝。	

续表

编　年	缀　事	索　引
	2. 皇帝之世袭领地（"Erblande"）。	
	3. 选举人。	
	4. 6个最古老之行政区。	
	但亦有材料指出，高等法院之成员，由皇帝和帝国议会联合任命。	Turner 137
	C. 司法管辖权	
	其起源：	
	1."为国王（皇帝）直辖之地（而设立）"。	Fay 261
	2. 管辖各邦之间争议。	Madison 388
	上诉受理：	
	3. 对地区法庭之司法有异议之案件，奥地利地区法庭除外。	Bluntschli 259
	4. 地区法庭拖延不决之案件。	Bluntschli 258
	5. 上诉。但在选举人领地内之最高法院之裁决，不得被审查。	258 256
	6. 来自"裁决"（"Austrage"）报告之上诉。	
	7. 管辖其他争议事项。	Turner 107
	特项：	
	8. 宣布帝国禁制令。	Fay 261
	D. 程序	
	15世纪后，坐于"元老院"（"Senates"）中听讼。	Turner 107
	同样数额之清教徒陪审推事与天主教徒陪审推事，裁决宗教事务。	Osnabruck Treaty VII, i
	案件不能从高等法院移交至宫廷会议（Aulic Council）或反之。	Madison 388
	书面裁决，由最高（Oberst）行政区执行。	259
	诉讼程序繁重而笨拙； 缓慢而极端死板。	25 Bryce 345, footnotes.

续表

编　年	缀　事	索　引
	E. 相关机构-监事会（Board of Visitors）	
1507	1507年由帝国议会任命督察员（visitor）。	Turner 134
1613	1613年由帝国议会创设具有修正权之监事会，但随即此制崩溃。	134
1704	特别监事会于1704年被任命，1707—1713年持续。	164
1767	1767年另任命一特别监事会。	164
	II. 宫廷会议（Aulic Council）	
	A. 其历史	
	作为宫廷顾问会议（Hofrath）。	
	自非常久远以来即存在。	Madison 388
1497	1497年成永久机构。	Cambridge I 313
1502	1502年由帝国议会创立。	Madison 388
	作为帝国宫廷会议（Reichshofrath）。	
1559	1559年设立帝国宫廷会议。	Turner 135
1648	此年由等级会议重组为宫廷会议。	135
1654	被承认为帝国宫廷会议制度（Reichshofrathordnung）。	164
	B. 人员	
	1518年：	Turner 103
	1位主席	
	1位副主席	
	18名宫廷顾问（Aulic Councilors）	
	所有成员皆由皇帝任命，在皇帝生前终身任职。	
	1654年：18名顾问	165
	12名天主教徒	
	6名清教徒	
	帝国副总理（Reichsvicekanzler）：由美因茨大主教任命为帝国总理。[如果如特纳（Turner）所说，总理与副总统为同一人，则出现权威冲突。]	Bluntschli 259

续表

编 年	缀 事	索 引
	C. 管辖权（Jurisdictio）	
	1. 作为国务委员会，听讼案件，尤其涉及发还之案件（cases involving recurvate）。	Bluntschli 259
	2. 作为最高刑事法庭，处理帝国直辖地之案件。	259
	3. 作为封建法庭（Lehenshof）。	259
	4. 超过 2000 名王公之事务。	Madison 388
	5. 与帝国枢密法院（Imperial Chamber）共同处理各邦间争议。	388
	6. 亦共同处理来自帝国"基层"法庭及地区法庭之上诉。	388
	D. 程序	Turner 135
	关于宗教事务，6 名清教徒顾问与 12 名天主教徒顾问有同样权重。	
	程序非常之笨拙。	
	E. 来自宫廷会议之上诉	
	裁决提交陈情，由皇帝任命利益无涉之顾问组成法庭听讼。	Turner 135
	关涉重大事务，皇帝可以咨询选举人。	135
1654	自 1654 年起可以上诉至帝国议会。	165
	III. 宫廷法院（The Hofgericht）	Turner 135
	位于：罗特魏尔（Rottweil）。	
1496	1496 年成立皇家法庭（Imperial court）。	
1572	1572 年宣布其组织。	
	未获等级会议条约之认可。	
	1648 年条约将其留待帝国议会决定，但帝国议会未予考虑。	
	延续至 1802 年。	

续表

编 年	缀 事	索 引
	某些皇帝活动	
	I. 军队	For history, Eichhorn 300—304 In general, see Schroder 834—837
	马克西米连创立了常备军。	
	马克西米连一世建立了常备军。	
	帝国登册（Reichsmatrikel）：	
	1422年帝国议会第一次投票。	Turner 112
	1658年之前存在。	Bryce 345 footnote
	在各行政辖区间摊派（apportion）。	Bluntschli 254
1648—	1648年之后：	
	无常备军。	
	当情势需求时由帝国议会投票决定。	
	在不同行政辖区间摊派。	
	总司令：由皇帝和帝国议会任命。	Turner 166
	II. 财政	Schroder 837—839
	1427—1495年：由帝国议会投票征收一般财产税。	Turner 113
1500	1500年：对各等级征收直接税。	
1648—	1648年之后：当情势需要时，由帝国议会投票决定，在各行政辖区间摊派。	Turner 139, 166
	数额："整个皇家"收入最终收入是14 000古尔登。	Bluntschli 255
	III. 警政	Schroder 839—841
	由马克西米连一世引进之制度。	Wilson 239
1530	1530年由帝国议会创立帝国警察制度（Reichspolizeiordnung）。	Turner 141
1577	1577年由帝国代表团修改。	
	经"30年战争"结束。	

续表

编　年	缀　事	索　引
	IV. 邮政	
	由马克西米连一世引进。	Wilson 239
1570	1570年由选举人认可为帝国职能。	Eichhorn 276
1615	1615年设立邮政总监。	277
	17世纪后不再运作。	Eichhorn 277
	V. 帝国之实际权力	See Eichhorn 304-307
	权力甚小，统治极无效率。	Wilson 230
地区分支		
	I. 各邦	
	A. 权力与权利	
	外部事务：1648年之后。	
	1. 1648年之后区域主权完整。	Bryce 341
	2. 与外国列强宣战与媾和。	Woolsey: Pol. Sc. ii 196
	3. 与外国结盟。	Woolsey: Pol. Sc. ii 196
	4. 在各邦之间结盟；3与4不得针对帝国。	Osnabruck Treatey VIII ii
	5. 每邦在帝国议会中应自由投票。	VIII ii
	6. 宗教事务经谈判友好协商解决。	Bryce 343
	7. 根据各邦自己之规则，充实军队之员额。	Madison 389
	内部事务：	Madison 389
	8. 制定法律。	
	9. 征税。	
	10. 征兵。	
	11. 宣判死刑。	
	12. 铸币。	
	13. 赦免。	
	B. 对各邦之禁制	Federalist 166
	1. 不得加入有害于帝国之条约。	

续表

编年	缀事	索引
	2. 未经皇帝与帝国议会之同意,不得对各邦之间之相互贸易征税。	
	3. 不得改变币值。	
	4. 不得彼此行不义。	
	5. 不得扰乱公共和平。	
	C. 1648 年之后实际独立之状况	Bryce 346
	1. 每邦之军队皆很少。	
	2. 每邦各自铸币。	
	3. 每邦各自征收通行税。	
	4. 每邦各自有税关。	
	II. 行政辖区	
	A. 历史	
1500	1500 年有 6 个行政辖区。	Cambridge I 309
1512	1512 年分为 10 个行政辖区。	Turner 114;Wilson 239
1521	1521 年由帝国议会确定。	137
	B. 组织	Turner 138
	1. 行政区最高长官(Kreisoberst)。	
	由行政辖区成员选举。	
	为各辖区之军队司令。	
	2. 王公召集人(Kreisausschreibender Fürst)。	
	有几名重要王公是王公召集人。	
	其职责为召集行政区会议(the Kreistag)。	
	3. 行政区会议(Kreistag)。	
	其成员称为行政区顾问(Kreisstande)。	
	不属于王国之地产。	
	4. 司法委员会?*	Wilson 239

---

* 问号为原文所有。——译者注

续表

编年	缀事	索引
	其职责为司法行政。	
	C. 强制执行帝国议会和皇家法庭之命令，以及维持整体和平	Eichhorn 266

可参考之书单，附说明

Armstrong, Edward. The Emperor Charles. London, 1902. Bibliographical introduction: V. I, p. xvii-xxv.

各处章节（皆有价值）。

Blunschil, Johann. Deutsche Staatslehre furgebildete. Nordingen, 1874.

对于运作中之宪政有一简明分析。

Brie, Siegfried. Der Bundesstaat–eine historisch–dogmatische Untersuchu-ng. Leipzig, 1874. V. I only.

对于各机构有批判性研究，但于当前研究目的而言价值甚小。

Encyclaopaedia Britainica. 11h ed.

V. IX: p. 173-175, Electors.

　　　353-355, Empire

　XII　207-209, Golden Bull.

Bryce, James. The Holy Roman Empire. 7h ed., New York, 1877.

描述性的历史。

Cambridge Modern History. Cambridge, 1903.

V. I, p. 288-328, Germany and Empire.

　III, 140-181, Empire under Fredinand I and Maximilian II.

　IV, 1-34, The Outbreak of Thirty Years' War.

　　　395-433, The Peace of Westphalia.

Eichhorn, Karl F. Deutsche Staats = und Rechtsgeschichte. Gottingen, 1844. V. IV. Quellen: p. 1-4, p. 525-527.

杰出之宪政史，1517—1815 年。

Fay, Theodore S, The three Germanys; glimpses into their history. New York, 1889. V. I covers 768-1806.

一般政治史。

The Federalist. J. C. Han. ed., Philadelphia, 1864. No. XIX.

为一篇论文，论述古代与中世纪之邦联。

Fleischmann, Max. Worterbuch der deutschen Staats und Verwaltungs = rechts. Tubingen, 1911. 3V.

每篇文末有参考文献。很少有历史材料。此书正好对照《美国政府百科全书》。

Hart, Albert B, Introduction to the Study of Federal Government. Boston, 1891.

有一节论述神圣罗马帝国；总括之简述。书目在 p. 187-188。

Lindner, Theodor. Die Deutschen Konigswahlen und die Entstehung des Kurfurstenthums. Leipzig, 1893.

杰出论文，但对一般事项很少涉及。

Letters and Other Writings of James Madison. G. P. Putnams' Sons, New York, 1901. V. II.

含一篇论述古代与现代邦联制论文。

The New International Cyclopedia. V. XI, p. 402-403, Holy Roman Empire.

Schroder, Richard. Lehrbuch der Deutschen Rechtsgeschichte. Leipzing, 1902. Literatur：p. 2-9.

每节开头即有参考文献。对一般政治史之优异而系统之分析。

Turner, Samuel E. A Sketch of the Germanic Constitution. New York, 1888.

就当前写作目的而言，甚佳。

Die Urkunden der Friedensschlusse zu Osnabruck und Munster. Zurich, 1848. Burcherkunde：p. 1-24.

Zacharia, Heinrich A. Deutchen Staats und Bundesrecht. Gottingen, 1841. V. I. Quellen：des deutschen Staatsrecht：p. 70-78.

基于权威可信之条约和文书，对宪政成长过程所作之细心而细致之研究。好书。

第三篇
言论自由

政府系 课程编号：19（Gov.19）
麦克莱什先生（Mr. McLeish）
1921年1月

言论自由

钱端升（Thomson S. Chien）

哈佛大学

1921年

论文评分：B+ Good

言论自由

当吾人讨论宪法时,据布莱克(H. C. Black)之观点,言论与出版间并无区别,二者皆为观点之表达。故本文亦无意将讨论仅囿于言论自由。

宪法第一修正案规定,国会不得制定法律"减少"言论自由或出版自由。倘若吾人采取阐释之分析方法,即逐字逐句予以阐释,则此种自由为无限制之自由,而人民欲言说或发表,不拘何种内容皆无不可。如此则势必令国家社会陷入混沌无序。简略言之,吾人可以视此种讨论方法不足为信。

请试以历史心智解释此题。从"减少"一词解释,该条款并未创立新权利,然其确实保护公民享有其已拥有之权利,即言论与出版自由。是故吾人须转而探讨在第一修正案通过之时代之既有法律,以确定此种被保护之权利究竟为何。

出版审查于1688年以前之英格兰,实属司空见惯,而对政府之批评,则迄至此后很晚尚被压制。吾人闻诸戴雪(Dicey),"王权初将所有出版握于一掌",[1]而由星室法庭*审理(王室)出版权有否被侵犯。[2]他又道,下议院拒绝延期《执照法案》,且中止颁发执照之制,由此却无心插柳实际创立了出版自由。[3]奥格斯(Odgers)在其《自由与毁谤》一文中写道:"吾人现在之法律,允许任何人口说、笔述和发表任何内容,唯

---

[1] A. V. Dicey; Law of the Constitution, 8th Ed., 1915, p. 255.

* Star Chamber,出现于15世纪晚期至17世纪中期之英格兰法庭,成员由英王枢密院顾问与普通法法官组成,以补充普通法、衡平法司法活动之不足。其最初设立之动因,在于确保公正审判权势人物,防止司法腐败,因此种权势人物可能手眼通天,普通法庭不敢对其秉公执法。

[2] Dicey, p. 256.

[3] Dicey, p. 257.

视其乐意而为之；然倘其滥用此自由，则其须身受惩戒。"戴雪令吾人坚信："在英格兰，自1700年以还，事实上盛行已久之原则，为政府无涉公共舆论之指导，而国家唯一职责端在于惩罚诸种毁谤，无论其表之于笔端，抑或刊载于纸帛。"[1]

在殖民地中，审查之法在17世纪乃循英格兰之例。迄至1719年，国家文书方可自由出版，[2]英格兰被解放之结果，为殖民地之审查终于1725年被废止。[3]

多数评论者，包括布莱克斯通（Blackstone），似皆同意出版自由不过意指出版无须获颁事先准许，[4]因关于诽谤之法仍可使其文责自负。如据新近作家戴雪之说，则此观点应无疑义，其谓，"然则，在英格兰，一陪审团，12名店东组成之陪审团，认为所说或所写应无不妥，讨论之自由亦不外乎述说、书写此种内容之权"。[5]其进而言之，"此种自由可因时而变"。[6]若当今情况一如此位杰出法学家所述，则吾人又岂可推断，布莱克斯通与其他诸人轻怠出版自由？

根据普通法，毁谤法似具有弹性，足以引申而至于支持布莱克斯通之观点，即任何言论于发表后皆具追惩性。然在美国，倘若吾人坚称普通法之诽谤法于第一修正案通过后仍无限制，则吾等不免怀疑，宪法之保证能否有效。库利（Cooley）驳斥了布莱克斯通之理论可适用于美国之说，他之驳斥无可争辩，广受称扬；而吾人须坚守者，则是被驳倒之理论（布莱克斯通之理论）和普通法之释法，皆不能适用于宪法中之言论自由条款。法庭实已持有此种观点：美国法庭对于普通法之毁谤法涉及联邦政府者并无司法管辖权。[7]霍尔姆斯法官（Holmes）适于最近声称，"吾于政府之观点绝不赞同，政府以为，第一修正案令关于煽动毁谤罪之

---

[1] Dicey, p. 249.
[2] Hildreth; History of the United States, p. 298.
[3] Chafee; Freedom of Speech in War Time.
[4] Cooley; Constitutional Limitations, 6th Ed., 1890, p. 5.
[5] Dicey, p. 242.
[6] Dicey, p. 242.
[7] U. S. v. Hudson, 7 Cranch.

普通法仍然生效"。[1]吾人须从历史依据之外，从其他角度，继续解读该条款。

为免理解有误，吾辈须牢记在心者，即宪法虽为成文法，但其亦为一持续生长之有机体，意在适用于千秋万代，而宪法之各部分，亦互相依存。

于自由政府之生存和持续而言，言论自由必不可少，无论如何应予尊重。倘普通法之毁谤法仍然生效，布莱克斯通之事后据实予以惩罚之观念真正成立，则所谓自由真近乎笑柄。若宪法制定者此前从未拒斥普通法，则将《权利法案》加入宪法就无必要。将《权利法案》纳入宪法，仅此程序，以及将言论自由置于其他所有普通法权利之上——此种普通法权利可能在亦可能不在权利法案中——即意味将《权利法案》纳入宪法之人，其心中对此绝非等闲视之。不惟如此，更显而易见者，则是第一修正案之被纳入宪法，乃旨在针砭时弊——针对普通法法条中煽动毁谤罪之肆虐迫害。[2]故此条款意指，某人应有言论自由，应有发表自由，其自由应得到保护，以防因此而被追责——唯须根据宪法制定之法律而检验时，此种言论就其性质而言无害。且国会亦不能制定任何法律而限制言论自由和出版自由，除非严格根据宪法中具体明确之授权。霍尔姆斯法官本人已驳斥对宪法修正案下述解读，该宪法修正案"并不阻止对此种被视为有悖公共福祉之言论进行事后惩罚"[3]。

是故下述观点得到认可：世人有权讨论宪法问题与行政问题，唯其须怀抱冷静与节制，无意激起叛乱或骚乱。人民自己制定了宪法，设立了政府；对其率直批评乃自然之事，且为题中应有之义。

然在战时则出现特定难题。"国会有权制定法律，对干预宪法权力之实施者予以惩罚。"[4]国会有权宣战，且其定然有权制定必要之法律。而另一方面，自由言论与出版自由超出一定限度，亦可能轻易摧折国会所承担之宪法责任。由此而生一问题：应将界限划于何处，俾使在此界限

---

[1] Abrams v. U.S.
[2] Chafee.
[3] Patterson v. U.S.
[4] W. W. Willoughby; Constitution of United States.

哈佛课业

之上，一则个人可自由言说而亦不至于使国会之努力付诸流水，二则国会亦不至于侵凌个人批评之权利？此界限须划分公正，因战争权与言论自由权皆为宪法所赋予，一种权利不得取消另一种。

于公正无私者而言，划分此界限看似殊非难事。1917年之《反间谍法案》，倘若解释得宜，则于维护战争权方面似臻于不逾矩。而就吾人所关注者，如下言论则应予惩戒：①干涉合众国军事行动，或促成敌人成功之虚假报道或错误陈述；②引起或意在引起合众国军队之抗命、不忠、兵变或拒不听令之言论；③妨碍服役或征兵之言论。此种对自由表达之限制，于成功运筹战争而言乃属必不可少，但若公正无私加以裁决，亦绝不至于损害个人批评行政当局甚或其战争政策之权利。信乎霍尔姆斯法官之言："每一案件中，问题皆在于所涉之言论是否置于一种可造成明显而即刻之危险（Clear and Present Danger）之处境中，或是否具有造成此种危险之属性，以至于此种言论将造成国家立法机关有权禁止之实质性罪恶。"[1]换言之，唯有产生非法行动或清楚而即刻之危险，因而将实际上妨碍战争之言论，方被惩罚。

甚为遗憾者，虽霍尔姆斯道出此持平之论，其本人在德布斯（Debs）一案中却自食其言。此案中，他同意"此番言论之主要实质是社会主义，是社会主义之成长，以及其最终成功之预言"。[2]然而他以"暗含挑拨"[3]为由，判决德布斯入狱。此实难以令人置信——此位在阿布拉姆斯（Abrams）案中持异议者，居然在德布斯案中发表如此意见！更遑论1918年对《反间谍法案》之大幅修订，以及其后霍姆斯所正确持有异议之案例，皆远逾适当边界。

1918年修订案令如下言论受惩罚：①关涉政府形式和宪法之不忠、亵渎、下流或辱骂语言，或意在引起轻蔑、讥嘲、侮辱或不敬之语言；②任何意在煽动对美国之抵抗或促成敌国事业之言论；③意在妨碍战争必需品生产之执行、唆使其减产之言论；以及④支持或袒护敌国事业，

---

[1] Schenck v. U. S.

[2] Debs v. U. S.

[3] E. Freund; Debs Case in the New Republic.

并反对美国事业之言辞或行动。此种条款将使任何针对宪法或行政机关之严厉批评，或任何表达厌战之意见，遭受检控。倘若政府可自由压制公众意见，则自由政府仍将延续否？

最高法院所颁数桩言论自由案例亦表明，法庭纵情任性偏袒政府。恶劣之倾向而非清楚之危险，间接之因果关系而非事实举证之意图，被用于定罪之检证。法庭甚少虑及"意图之含义，是在行动时即明知其意在导致之后果将会随之而至"。[1]而在阿布拉姆斯、沙飞（Schaefer）和皮尔斯（Pierce）诸案中，其言论或著作之效果，对于战争绝无妨碍。

总之，吾人可说，公民应尽其所能协助政府进行战争，然政府不能强令其以政府欣悦之方式思想。"对反对意见之容忍，并非事涉雅量，而是攸关政治。"[2]倘其并非懦夫，尔等愈是防民之口，则其更欲言之滔滔。自由讨论对于自由政府而言必不可少。而自由政府应允许其自由公民尽可能享有更大之自由讨论范围。

---

[1] Abrams v. U. S., Holmes Dissenting Opinion.
[2] Freund on the Debs Case.

第四篇
附加条款立法

政府系 课程编号：7（Gov.7）
何尔康教授（Prof. A. N. Holcombe）
1921年1月

从战时国会之军费拨款法案看附加条款立法

钱端升（Thomson S. Chien）

哈佛大学
1921年
论文评分：A

目 录

导　论
附加条款之含义
对附加条款之研究
　　一、法案与附加条款之相对篇幅（根据行数计算）
　　二、在拨款法案中附加条款如何提出
　　三、附加条款于何处发起
　　四、附加条款由谁发起
　　五、其最终形式在何处被采纳
　　六、附加条款生效之持续期限
　　七、附加条款之主要事项
　　八、附加条款意在何为
　　九、附加条款与法律
　　十、附加条款之适当位置
某些深入讨论之附加条款
结　论
　　附加条款立法之动机
　　参议院与附加条款
　　对附加条款之容忍
　　附加条款立法之弊
　　补救之策
附件 A：拨款法案研究之清单（带注释）
附件 B：委员会清单

哈佛课业

从战时国会之军费拨款法案看附加条款立法

导 论

附加条款立法，只要其被允许或默许，或只要有可能，即向被视为国会降服行政机关或谋取立法结果之手段，虽不得人心，却最为有效，舍此别无他途获取立法结果。本文之目的，即梳理清楚此并不合理之做法，于何种程度，以何种方式，仍在华盛顿之国家立法机关中发挥作用，且尽本人研究能力所及，就其后果与其可能之救弊之策得出结论。

显而易见，吾人不可能探讨众多届国会之立法法案；同理，则是研究一届国会之所有立法案，亦绝非易事。有鉴于吾人感兴趣之大多数附加条款，通常乃附加于拨款法案之上，又鉴于针对战时国会之军费拨款法案极为重要，是故，对此种数量有限而研究耗时相对较少之法案加以研究，将于实现吾人之目的不无裨益，即对附加立法条款之现状有真实洞察和全面了解。吾所指军费拨款法案，不唯指两次军费拨款法案，亦指所有补拨款法案中，与军事机构有关之部分，如此方可就战时国会之军费拨款法案附加条款作一全面研究。

附加条款之含义 [1]

揆其初始，"附加条款"之得名，乃因早期国会处理正在审读之法案

---

〔1〕注解：参考了包括了讨论"附加条款"之描述性著作，以及众议院、参议院规则。通过

时有一做法，即为法案增补一新条款时，将此新条款写于一单独文件上，而非在原法案上擦除原有条款以致启人疑窦。[1]

然而，国会采用此法从未一以贯之。在美国，附加条款之本来含义差异甚大。吾人可以将其界定为一个与法案无关、与法案无密切关联之额外条款，而其又构成该法案之一部分。但通常它被视为一个附加于拨款法案上之条款，旨在使该法案通过，或促成其通过，或获得行政机关之通过，或两种目的兼而有之。此条款倘若单列，则有可能难以成为法案，或不获通过。[2]前一含义乃广义而言，它应包括了所有并不与立法主旨完全符合之类似条款。后一含义则为狭义，它应仅指被附加于拨款法案上之条款——该种条款如此讨人厌憎，以至于倘让其单独立法，则会遭行政机关之否决，或另一立法机关之拒绝。

正是后一情形，致使附加条款恶名滋彰。政府若无拨款，则难以维持，此种情况迫其接受任何附加于拨款法案上之可憎议案。而在国会中，将附加条款添加至拨款法案上，且明目张胆推动其通过，此种做法可谓恣意无忌。正是附加于军费拨款法案上之条款，致使约翰逊（Johnson）总统此位国会之对手，实被剥夺总司令之权力。[3]正是加诸陆军与其他拨款法案之附加条款，令海耶斯总统（Hays）被迫采取某种国会所期望之措施，以对南方施加影响。[4]

《众议院工作条例》（Rule of the House）规定："任何此种法案或有关修正案之条款，改变现有法律，均属不合议事规程，仅有与法案题旨相关之节省开支之类情形例外：经由减少合众国官员之数量与其薪水，或经由减少由合众国财政部支付之个人赔偿，或经由减少本项法案所涵盖之经费数额，而实现与该法案主旨相关之开支节省；倘若出现下述情

（接上页）比较不同届国会之规则，吾人可能期望了解附加条款立法之演进。可堪抱憾者，吾从图书馆可得资料中未发现48届国会以前之规则。

〔1〕 See, Jefferson's Manual, Sec. XL.

〔2〕 比较《新国际百科全书》（The New International Encyclopaedia）之美国相关条款，与《鲍威尔法律词典》（Bouvier's Law Dictionary）和"附加条款"相关之条目。

〔3〕 J, Bryce：American Commonwealth, New Ed., 1920, 1214.

〔4〕 J, Bryce：American Commonwealth, New Ed., 1920, 1214.

况,则修正仍属有效:(拨款)委员会,或法律授权之任何联合委员会,或任何对此一修正案所涉题旨有管辖权之众议院成员所授权之委员会,提出报告,对此项法案提出进一步修正案,且该修正案与该法案题旨相关,意在节省开支。"[1]*

1837年首次采纳此条例,以防由于立法倡议上之对抗而酿成拨款法案之延误。该条例被修订多次,尤其是加入一条款,允许意在节省开支之立法。然自1884年以来,现存法律字句并无更动,[2]唯一例外之情形,则是共和党控制之众议院不断将此条文删除。[3]于理论上言之,该条例非常严格。[4]在拨款法案中之限制必须与拨款有关。[5]不可在限制之形式之名义下提出立法倡议。[6]在无实定法之处,实定法之制定乃在工作条例意思范围之内改变现有法律。[7]

回顾参议院,吾人得知有如下条文:"针对任何普通拨款法案而提出之普通立法动议修正案,或与包含在法案中之题旨不相干或无关系之任何修正案,皆不得纳入立法程序;此外,针对法案中任何款目或条款之修正案,倘与该法案无直接关联,亦不得纳入立法程序。"[8]据称,此与杰斐逊制定之《修正案条例指南》(Jeffersons Manual on the rule of amendment)第35节第1段相一致。[9]这一条例自第49届国会以来即维持如故,亦未受政党变迁之影响。[10]

众议院条例禁止任何不相关之条款,而参议院条例只禁止不相关之

---

[1] C. R. Crisp: Rules of the House of Representatives, 1911, Rule XXI, Sec. 2.

* 该法例内容及演变参见:https://www.everycrsreport.com/reports/R44736.html。——译者注

[2] C. R. Crisp: Rules of the House of Representatives, 1911, p. 401.

[3] 比较以前各届国会之《众议院工作条例》。

[4] C. R. Crisp: Rules of the House of Representatives, 1911, Sections. 824 & 25.

[5] Rules and Practice of the House of Representatives, 1906, p. 352. These restrictions are also found in 1911 copy, but in lengthy clauses.

[6] Rules and Practice of the House of Representatives, 1906, p. 352. These restrictions are also found in 1911 copy, but in lengthy clauses.

[7] Rules and Practice of the House of Representatives, 1906, p. 352. These restrictions are also found in 1911 copy, but in lengthy clauses.

[8] Senate Manual, 1911, p. 17, Sec. 2, Rule XVI.

[9] Senate Manual, 1911, p. 17, Sec. 2, Rule XVI.

[10] 比较以前各届国会之《参议院工作条例》。

修正案，此二者之差别源于如下事实：参议院仅可针对由众议院提起之拨款法案提出修正案。

此种条例，倘若照办如仪，则在拨款法案中，与拨款无关之事项皆会被排除。但实际上，国会如今一如既往，出于下文将指出之诸种理由，任意塞进附加条款。

不过，因种种原因，殊难确定何者乃附加条款，何者不是；第一，并无附加条款之精确定义；第二，由于议员之心思变幻不定，条例实亦变动不居。根据对条例之严格解释以及吾之定义一，某条款可能是附加条款，然其又并无强迫行政机关之意图，而根据吾之定义二，"强迫"乃附加条款之一要素。

在如下研究中，吾将与拨款关联非密切之条款皆视为附加条款，而无论议员究竟有何意图，议长之解释为何，以及附加该条款之便利何在。吾亦全不在乎工作条例委员会是否动议推迟该条例，或当出现附加条款时，该条例是否被悬置。在此种关系中，吾敢言者，则就笔者迄今目力所及范围，尚未出现附加条款被悬置之情形。

对附加条款之研究[1]

总计有126项附加条款需待研究。此数包括所有本来即意在成为附加条款之条文，或以任何明显方式改变既有法律之条文。此中不包括与拨款有某些关联但又因为不可能在别场合立法而只能附加于此处之条文。例如，有一条款宣布，仅允许每一连有若干人因筹备军备物资如牲畜，

---

[1] 特别说明。下文数据表得自于对文件之反复研究。研究步骤如下：①通过检视法案列出一个包括附加条款之暂时清单。②通过对照国会记录，查明与附加条款相关之事实；其他可得之国会文件亦加以搜求研究。每一个附加条款均被列举出来后，将考察如下事项，如其所占篇幅，其对现有法律作出了何种改变，其缘起何处，诸如此类之问题。③一条款究竟是否附加条款，具有可疑特征之条款将从清单中筛选出来。④对如此获得之结果制表，与此同时，为求尽可能减少错讹和差池，不断从国会记录和《制定法全书》中核实查证事实。核实引语和引文泪非赏心乐事。此外，战时国会之文件或报告中，只有很少一部分进入了图书馆馆藏，且只有第一陆军拨款法案可见诸国会记录，此令该项工作不徒困难尤甚，抑且多出自揣测。虽吾已小心谨慎，艰苦备尝，然而整体观之，本文难免挂一漏万，未臻齐一之境。

等等[1]，而得其补偿，该条款就不包括在吾所谓附加条款之中。除军事学院[2]以外，不得以拨付予军区之拨款，购买用于马球之赛马，此条款同样不包括在吾所谓附加条款中。愚见以为，倘若对法条予以严格解释，则许多此类条文皆可称为附加条款。倘若所有此种条款——"半附加条款"，或技术性"附加条款"，总之不论何以名之——皆包括在内，则其总数将超过200条，此种估计，非为无据。这表明此种拨款法案具有参差多态之特点。

一、法案与附加条款之相对篇幅（根据行数计算）

法案名称	法案篇幅	附加条款		百分比/%
		项数	篇幅	
陆军拨款法案	5200	107	1540	30
第一次陆军拨款法案	(2100)	(37)	(375)	(18)
第二次陆军拨款法案	(3100)	(70)	(1165)	(34)
追加拨款法案	2957[3]	19	255	9
弥补拨款不足额法案 （1917年4月17日）	(145)	(0)	(0)	(0)
紧急追加拨款法案 （1917年6月15日）	(970)	(5)	(46)	(5)
紧急追加拨款法案 （1917年10月6日）	(720)	(8)	(99)	(14)
追加拨款法案 （1917年12月15日）	(0)	(0)	(0)	(0)
因战争扩大之追加拨款法案 （1918年3月28日）	(390)	(3)	(82)	(21)
因战争扩大之追加拨款法案 （1918年6月4日）	(12)	(0)	(0)	(0)

---

[1] United Statutes at Large, Vol. 40, Part I, top of p. 12.
[2] U.S. Statute, 40, I, p. 55.
[3] 仅这些法案中军事机构占据之篇幅。

续表

法案名称	法案篇幅	附加条款 项数	附加条款 篇幅	百分比/%
因战争扩大之追加拨款法案（1918年7月8日）	(250)	(0)	(0)	(0)
第一次追加拨款法案（1918年11月4日）	(250)	(3)	(28)	(11)
第二次追加拨款法案（1919年3月1日）	(22)	(0)	(0)	(0)
总数	8157	126	1795	22

有鉴于此，几无可能数目赅备。在一项法案中，精确计算文字行数实属徒劳，因制定法并未缜密排印为文章。上述总计不过为略数而已。不过，总体言之，上述数目庶几近之。倘若诸君同意吾在此特定场景中所定义之附加条款，则其能明了，在陆军拨款法案中，拨款之事占篇幅几何，而附加条款立法又占据篇幅几何。

二、在拨款法案中附加条款如何提出

- ◆ 直接制定 ··· 59
  - 通过"that" ·· (52)
  - 不以"that" ·· (7)
- ◆ 在限制条款下提出 ·· 55
- ◆ 在拨款项目下提出 ·· 12
  - 经拨款本身提出 ·· (6)
  - 由拨款而创立条款提出 ··· (6)

- ◆ 总计 ·· 126

所谓直接制定，乃在一个附加条款被纳入制定法时，毫不掩饰其本身即为一附加条款。此类附加条款，大多提出时即非常仓促。将任何无关或关联不大之事项纳入法案时，限制条款方式似乎颇得钟爱。某些拨

款之项目，本身即无外乎为附加条款，另有某些条款，是为此前未经法律授权之事项拨款。

将附加条款引入法案有多种形式，而诸种形式之间，其区别并无一定之规。在限制条款中有时会作出拨款，而在拨款项中会附带限制条款。因此，单是一个附加条款即可能包含一个限制条款和一项拨款，但其仍为一个而非两个附加条款。在此种情况下，乃根据其相对权重而加以分类。

三、附加条款于何处发起

- ◆ 于众议院发起 ································· 62
- ◆ 于参议院发起 ································· 64

附加条款出现于经众议院通过之法案上，即称其发起于众议院。另一方面，由参议院提出之附加条款，则称之为发起于参议院。

参议院看似仅提出了 64 项附加条款。然事实上，可归入参议院名下之数目应超过此数；其首要原因在于，此处所统计经众议院提出之某个具体附加条款，亦可能已由参议院提出过——倘若众议院提案失败；其次乃因为，某个由参议院提出之具体附加条款，有可能在其后由众议院之法案中再度提出，例如，在国外为军械部采购之物资[1]，应免税入境，此条款即由参议院[2]首先提出，但由众议院自动将其附加于《紧急拨款法》[3]和《第二次陆军拨款法案》[4]。

四、附加条款由谁发起

- ◆ 由委员会发起 ································· 119
  - 军事委员会 ································· （101）*
  - 众议院 ····································· （45）
  - 参议院 ····································· （55）

---

[1] U. S. Statutes, 40, Ⅰ, 65.
[2] Congressional Record, Vol. 55, p. 533.
[3] U. S. Statutes, 40, Ⅰ, 367.
[4] U. S. Statutes, 40, Ⅰ, 873.

* 此处数目疑似应为 100。——译者注

　　　　拨款委员会 ·· (19)
　　　　众议院 ·· (16)
　　　　参议院 ··· (3)
　◆ 由个人发起 ·· 7
　　　　众议员 ··· (2)
　　　　　民主党人 ··· (1)
　　　　　共和党人 ··· (1)
　　　　参议员 ··· (5)
　　　　　民主党人 ··· (4)
　　　　　共和党人 ··· (1)

此处疑难再现。有时，掌管法案之委员会，会提出一附加条款，但大略将由个人提出修正*。同样，民主党参议员提出之附加条款，亦会由共和党参议员进行修改，一如《外国人登记和征召服役法案》[1]之情形。用"发起"代替"提出"，可以尽力冲抵措辞随意之愚钝。

五、其最终形式在何处被采纳[2]

　◆ 在众议院被采纳 ·· 57
　◆ 在参议院被采纳 ·· 57
　◆ 在会商中 ·· 12

吾可能未足留心会商中关于附加条款之某种细微变化；故严格而言，在会商中最终决定之附加条款数目可能更多。

尚需留意一桩事实：有7项参议院修正案由会商决定，但在众议院之附加条款中，仅5项经过了会商审查。[3]

---

* on the floor 疑为 from the floor 之误。——译者注

[1] See post, p.

[2] 含义说明。参议院提出附加条款，众议院否决，后经会商达成妥协。该附加条款之最终形式，就被称为会商通过。如附加条款由众议院提出并经参议院同意，则其最终形式被称为众议院通过。

[3] See post, p. 30.

六、附加条款生效之持续期限

- 即刻有效 ··· 10
- 年内有效 ··· 34
- 在紧急情况下有效 ·· 23
- 永久有效 ··· 59

第一类包括在通过后即可有效之授权,例如,总统被授权任命布莱恩南德（D. L. Brainard）[1]之限制条款,即可立得执行。第二类包括附加条款之拨款和授权,此种拨款和授权唯在拨款法案所制定之时期中有效。第三类则无须赘言。至于第四类,附加条款据称永久有效,其效力将延续至进一步立法时。有时吾人很难为其分类。授权陆军部长确定合理费用之类事项[2],此看似永久有效,然实仅于一年内有效;而对于将要用于支付铁路费之拨款,则仅于一年内有效。

七、附加条款之主要事项

- 军事事务 ··· 113
  - 陆军部队 ·· (22)
    - 总参谋团 ·· (3)
    - 军械部 ·· (2)
    - 军医部 ·· (3)
    - 工程兵团 ·· (3)
    - 国民警卫队 ·· (1)
    - 预备役部队等 ·· (8)
    - 其他 ··· (2)
  - 其他机构 ·· (3)
  - 陆军人员 ·· (23)
    - 军官 ··· (12)

---

[1] U. S. Statutes, 40, I, 878.

[2] U. S. Statutes, 40, I, 54.

第四篇　附加条款立法

　　士兵 …………………………………………………………（3）
　　文职人员 ……………………………………………………（8）
　　陆军物资 ……………………………………………………（32）
　　不动产 ………………………………………………………（14）
　　军需品 ………………………………………………………（8）
　　役畜 …………………………………………………………（3）
　　其他 …………………………………………………………（7）
　一些陆军活动 …………………………………………………（29）
　　征召、补充征召等 …………………………………………（5）
　　军队效能 ……………………………………………………（8）
　　运输 …………………………………………………………（7）
　　垫付 …………………………………………………………（4）
　　其他 …………………………………………………………（5）
　未分类 …………………………………………………………（4）
◆ 非军事事务 ……………………………………………………13
　退休金 …………………………………………………………（7）
　其他 ……………………………………………………………（6）

　　检验具体某一附加条款之题旨，是否属于军事事务之主要标准，取决于拟议中将该附加条款作为立法中单独条款提出之法案，是否被提交至军事委员会。因此，虽退休金附加条款[1]与军官有关，但其仍被归入第二类，因其常在退休金委员会之管辖范围内。

　　为简单起见，预备役部队包括 R. O. T. C. 和 O. T. C.* 以及退役名单。其他机构包括总参谋部、陆军宪兵总司令部、军法署，诸机构皆未编入陆军部队。其他机构还包括斯拉夫军团**。

---

　　[1] U. S. Statutes, 40, Ⅰ, 49 See.
　　* R. O. T. C. 和 O. T. C. 分别为 Reserve Officers' Training Corps 和 Officers' Training Corps 之简称，即预备军官训练团和军官训练团，在一般学院或大学中就读但预定将服役而接受军事训练的人组成的军事单位。——译者注
　　** 美国卷入第一次世界大战后，加入了英、法、俄、日为首的协约国一方，与德国、奥匈帝国、奥斯曼土耳其帝国等组成之同盟国集团作战。当美国于 1917 年 4 月开始参战时，美国陆军（U. S. Army）

军官和士兵分别指任何种类的军官和现役士兵。文职人员包括文员、信使、随军牧师和厨师等。

不动产包括用于军事用途的场所和土地,以及营地和宿舍。军需品包括制造军需品、军事装备等之原材料。其他则种类繁多,因为其中包括军事地图和生产船只、炸药等之财产。[1]

军队效能包括有利效率提高之纪律、训练、福利[2]和授奖[3]。其他包括被征募士兵因私人财产损失而提出之权利请求等。[4]

未分类者包括飞机制造、[5]军事院校、[6]军事公园[7]等。

在"非军事事务"之"其他"项下,包括船舶登记[8]、测时装置之禁止[9]等。

大量复杂多样之附加条款,难以涵盖于看似精细之分类中。有许多附加条款之题旨,很难列入任何一个类别。例如,禁止卖淫就属于此类情形。然而,为保持一致,不妨假定其与军队效能有关,相应而有以上分类。

八、附加条款意在何为

◆ 组织 ·· 20
    创建组织 ·· (9)
    影响组织构造 ·· (8)
    其他方式 ·· (3)

(接上页)仅有13万人,兵员严重不足。1918年7月,国会批准组建斯拉夫军团(Slavic Legion),征召源自德国、奥匈帝国境内但已经移居美国且未取得美国公民身份之移民志愿参军,此种移民大多来自当时奥匈帝国和德国所属之南斯拉夫、捷克、乌克兰等地,为斯拉夫人,故称斯拉夫军团。美国宣称其为"被压制之种族",可经此战争而从德、奥帝国解放出来。参见 Nancy Gentile Ford, *Americans All! : Foreign-born Soldiers in World War I*, Texas A&M University Press, pp.62-63.——译者注

  [1] U. S. Statutes, 40,Ⅰ,895.
  [2] U. S. Statutes, 40,Ⅰ,885,关于卖淫。
  [3] U. S. Statutes, 40,Ⅰ,870.
  [4] U. S. Statutes, 40,Ⅰ,880.
  [5] U. S. Statutes, 40,Ⅰ,888.
  [6] U. S. Statutes, 40,Ⅰ,894.
  [7] U. S. Statutes, 40,Ⅰ,59.
  [8] U. S. Statutes, 40,Ⅰ,73.
  [9] U. S. Statutes, 40,Ⅰ,894.

第四篇 附加条款立法

- ◆ 授权任命 ·············· 11
- ◆ 拨款或限制拨款 ·············· 13
  - 限制 ·············· (6)
  - 退休金 ·············· (7)
- ◆ 授权 ·············· 29
  - 机构迁移 ·············· (18)
    - 通过征用 ·············· (6)
    - 通过买卖 ·············· (5)
    - 通过交换 ·············· (4)
    - 通过租借 ·············· (3)
  - 其他[1] ·············· (11)
- ◆ 规管某种军事活动 ·············· 16
  - 补充招募，征募等 ·············· (5)
  - 任务分派 ·············· (2)
  - 职责分配 ·············· (6)
  - 其他 ·············· (3)
- ◆ 制定其他规则 ·············· 37

看来吾人须知，何以一条款附于一拨款条目之后，如附于陆军一分支机构军医部之拨款条目后，便会成为一个附加条款？唯当吾人发现它改变了该部门之组织架构或任命标准时，[2]吾人才有理由称之为附加条款。在上文中，笔者已对附加条款试图立法这一性质详加分析，纵然分析难称成功。

任何创建某个军队单位或影响军队某个单位之组织或军队任何机构之附加条款，均被归入第一类。

吾于"任命"一词，包罗甚广，因有关填补空缺之命令、[3]任命代

---

[1] 举例，见 U.S. Statutes, 40, Ⅰ, 75。
[2] U.S. Statutes, 40, Ⅰ, 866。
[3] U.S. Statutes, 40, Ⅰ, 44。

理军需官、[1]任命资格之变更[2]之类附加条款均包括在内。

为方便起见,年度拨款应按月支付这一条款之废止[3],以及差旅费之规定[4]等附加条款,皆被视为影响拨款之有效期限,尽管严格来说绝非如此。

征用有时包括购买或捐赠。[5]

有一堆附加条款,如规定航空部门如何选派军官之附加条款,制定了军队该如何运作之规则,此类附加条款均被列入第五组。

然而,尚有大量附加条款,其立法性质甚至不能人为鉴定。最后一组用来弥补分析之不足。最后一组事例,为授权陆军部长确定合理费率、[6]免税输入国外采购之物资、[7]在军事用地上开展农业活动[8]以及管制农产品收益。

九、附加条款与法律

改变旧法						37
	陆军法案		陆军拨款法案	决议案	其他法案	总计
	国防法	其他				
通过修正案	10	3	1		2	16
通过修改	5	2	5	1	1	14
通过废止		1	4	1	1	7
	15	6				
总计	21		10	2	4	37
制定新法						92
						129
					减	3
						126

在"制定新法"项下,包括制定新法律或对现有法律作出新规定之

---

[1] U. S. Statutes, 40, Ⅰ, 48.

[2] U. S. Statutes, 40, Ⅰ, 73.

[3] U. S. Statutes, 40, Ⅰ, 74.

[4] U. S. Statutes, 40, Ⅰ, 891, 顶部。

[5] 例如,见 U. S. Statutes, 40, Ⅰ, 42. 此处为通过征用、购买或捐赠获得土地之授权。这被归类为征用而非购买,一是为了方便,二是因为征用乃获得特定争议土地之最后和最有效手段。

[6] U. S. Statutes, 40, Ⅰ, 54.

[7] U. S. Statutes, 40, Ⅰ, 65.

[8] U. S. Statutes, 40, Ⅰ, 1028.

附加条款，以及所有无法方便分类之附加条款。吾以为"修改"乃指中止、说明、解释、延期或限制适用。

第五章"陆军医护团"[1]创造了新内容，废除了原军事法案之一部分[2]以及两部前陆军拨款法中之附加条款[3]。此即解释了三个重复项。

十、附加条款之适当位置

◆ 在修正现行法律之法案中……………………………… 70
◆ 在单独之法案或决议案中……………………………… 56

此处之区别含混不清。吾欲声言者如下：若一附加条款发生变化，或以任何方式补充或修改现有法律 A，则该附加条款应作为法律 A 之修正案单独制定。若一附加条款如现有法律 B 一样对某一主题进行立法，则该附加条款应如法律 B 一样，为一项单行法。因此，所有修改《国防法》之附加条款似乎皆应在一部新《国防法》中，如 1920 年之《军队改组法》。此种附加条款所带来之改变，殊难谓之影响深远，然而此事实并不能证明，将此种改变附加于拨款法案上之合理性。上述性质之附加条款属于第一类。

倘若某附加条款涉及一此前从未进行立法之新主题，或者要求暂时中止具有永久价值之现行法律，则可以通过单独法案[4]或决议[5]之方式进行，此种性质之附加条款属于后者。

---

[1] U. S. Statutes, 40，Ⅰ，879–880.
[2] U. S. Statutes, Vol. 31, p. 753.
[3] U. S. Statutes, Vol. 36, p. 249，Vol. 37, p. 575.
[4] 因此，国会可以制定法案，要求总统授予布雷特（J. Q. A. Brett）权力，而非在《第二次陆军拨款法案》中处理该问题，前提是布雷特值得这样去做。
[5] 此为在内战期间所实行者，当时系紧急情况，被迫暂停了许多法律，这些法律在战后仍然有效。

哈佛课业

某些深入讨论之附加条款

  增加总参谋部人员。[1]当《第一次陆军拨款法案》提交众议院时，逖尔森（Tilson）先生质疑是否要处理关于总参谋部之《查姆贝伦（Chamberlain）法案》。众议院军事委员会主席丹特（Dent）道并非如此。[2]当该法案提交参议院时，尽管参议员欧文（Owen）抗议，[3]参议院军事委员会仍然增加了总参谋部人员，[4]而查姆贝伦乃该委员会主席。参议员里德（Reed）抨击制定此项修正案之适当性，谓此将导致偏袒一方，因为委员会主席将凌驾于所有其他人，他续道，纵然是一天才，其任期亦不会超过四年。[5]最后一点得到维克斯（Weeks）之支持。[6]辩论随后走向私利之争，而查姆贝伦以此乃陆军部之建议为由平息了辩论。[7]

  与加州大学交换土地。[8]该项修正案，实质相同，由参议院在两次陆军拨款法案中提出。[9]第二次提出时未经辩论。1917年，当修正案提交众议院审议时，斯塔福德（Stafford）对此权宜之计表示怀疑，而旧金山之坎恩（Kahn）则为之辩护。[10]显然，加利福尼亚之代表对此颇感兴趣。虽然陆军部之意见不明，但可以有把握推测陆军部持反对意见；否则，为何未单独作出决议？

  将参谋团（Staff Corps）纳入国民警卫队。[11]此附文乃参议员麦克拉尔（Sen. McKellar）提出之修正案。[12]其谓："此修正案之目的乃修改法

---

[1] U. S. Statutes, 40, I, 46.
[2] 55 Record 293.
[3] 55 Record 479.
[4] 55 Record 478-479.
[5] 55 Record 543-545.
[6] 55 Record 545.
[7] 55 Record 545.
[8] U. S. Statutes, 40, I, 57 & 862.
[9] 55 Record 529, 56 Record 8184.
[10] 55 Record 1949.
[11] U. S. Statutes, 40, I, 68.
[12] 55 Record 547.

律，使之符合军法署署长之意见。"而后者之意见向为参谋团不应纳入国民警卫队。[1]

关于被选派至总参谋部之军官在哥伦比亚特区之任务分配问题。[2] 参议院在程序问题上否决之。[3] 但其在参众两院会商环节中又被提出。[4]

否决政府印务局印刷装订之要求。[5] 此为参议院委员会之修正案。[6] 斯莫特（Smoot）对此引以为憾，其谓此将令国会10年来阻止私人印刷之努力付之东流，而且，"此徒为恢复盛行一时之旧规，旧规令吾人政府耗费太甚"。[7] 而查姆贝伦之辩词则称，陆军部长曾提出过一项大意相同之法案。[8]

厨师长之招募。[9] 众议员韦斯特尔（Vestel）告诉吾人，此为参议院所提一项修正案，其认为此举甚善。[10]

扩编军医部门。[11] 此乃参议院军事委员会一项修正案。[12] 彭罗斯（Penrose）对此议案称赞有加，尤其对沃伦（Warren）参议员和麦克拉尔参议员在委员会之努力推崇备至。[13] 然其遭众议院之反对，当两院会商时，此妨及双方妥协。[14] 当会商结果被采纳时，参议员彭罗斯深表不满，[15] 而众议院之与会议员亦被指责为未能使参议院进一步退让。[16]

---

[1] 55 Record 548.
[2] Statutes, 73.
[3] 55 Record 547.
[4] 55 Record 1806.
[5] Statutes, 75, top.
[6] 55 Record 535.
[7] 55 Record 535.
[8] 55 Record 536.
[9] Statutes, 188.
[10] 55 Record 3020. 该修正案未出现于55 Record 2589和2590之间，如其为参议院修正案，则其应该在此档案中。
[11] U. S. Statutes, 40, I, 866.
[12] 56 Record 8164.
[13] 56 Record 8165.
[14] 56 Record 8800.
[15] 56 Record 8770.
[16] 56 Record 8810.

斯拉夫军团之组建。[1]除参议员卡尔德（Calder）所提之限制条款外，[2]希驰柯克（Hitchcock）为本修正案之作者。[3]希驰柯克处理了诸多问题，涉及组成军团之外国人地位、军团未来之控制权和总统对军团之权力。当被问及"它不会以任何方式改变法律吗？"时，其答曰："确乎如此。"[4]

在国外为军械部采购之物资免税输入。此附加条款极为有趣。它由参议院作为《第一次陆军拨款法案》之修正案提出。[5]此对众议院而言不啻一教训，它本可以心怀善意将同样条款纳入紧急追加拨款法案[6]和《第二次陆军拨款法案》[7]，以免在参议院再度遭厄。然参议院甚难取悦，因其删除了上述《第二次陆军拨款法案》中之规定，[8]并为免税输入海外购买之物资这一条款提供了一个更全面广泛之替代条款[9]。诺克斯（Knox）以"此乃废除关税法"和"法案中并无关于关税之规定"为由反对修正案。[10]斯莫特承认参议院此举正当，因"众议院有一项关于同一问题之规定"（显然，其忘记了参议院为该条款之创立者），他反对此修正案之理由则是，与政府签订合同者将获利过甚，且不免偏私。经其动议，修正案被否决，[11]其后在两院会商会议上众议院恢复了原条款。[12]因此，此附加条款堪称范例，表明立法者对反对附加条款之法律其实漠不关心。

任命B. T. 克莱顿（B. T. Clayton）为少尉。[13]此为参议院一项修正

---

[1] Statutes, 868.
[2] 56 Record 8229.
[3] 56 Record 8227-8230.
[4] 56 Record 8230.
[5] U. S. Statutes, 40, Ⅰ, 65, 55 Record 533.
[6] U. S. Statutes, 40, Ⅰ, 367.
[7] U. S. Statutes, 40, Ⅰ, 873.
[8] 56 Record 8186.
[9] 56 Record 8187.
[10] 56 Record 8230.
[11] 56 Record 8230.
[12] 56 Record 8800.
[13] Statutes, 877.

案。[1]克莱顿乃西点军校一名生病大学生,其父在法国去世。卡尔德参议员询问了此项修正案之理由。麦克拉尔对此不幸青年表示同情。随后,卡尔德亦热心附议批准此议案,并补充道,他亦识得此名"青年才俊"。[2]此确为一聪明议会技巧。

战争条款之修正案。[3]第十章之所以有趣,并非因其附加条款众多,此种附加条款毕竟十分常见,并无特别之处,亦非因参议员里德与彭罗斯提出了问题,乃因其复杂性。1915—1916年之《陆军拨款法案》对有关条款作出修订,[4]现又对其修改。参议员们更喜欢此种方式,而非通过更简单之单独立法,此事殊难索解,该修正案全部章节皆为参议院之手笔。[5]

外国人之登记与征召。[6]第十二章除第四部分外,其实质内容[7]被称为参议院第136号联合决议。[8]第四部分是参议员希驰柯克和劳奇(Lodge)以及两院会商之共同成果。[9]辩论已很充分,但议员们仍倾向于将其隐藏在拨款法案下!

预防性病。[10]第十五章[11]介绍了一个或实乃两个最有趣之附加条款研究。其成立了一部际社会卫生委员会并在公共卫生服务部门设立性病科。拨款项目包括:①与各州合作预防性病;②两年期之年度拨款,以通过各种机构和手段预防性病;③为委员会和该科拨款。当会议报告提交至众议院时,斯塔福德抱怨道:"参议院利用现有条件,将另一单独法案作为参议院对军队拨款法案之修正案。"[12]然此中至为奇怪者,则为有

---

[1] 56 Record 8187.
[2] 56 Record 8188.
[3] Statutes, 882-883.
[4] U. S. Statutes, 39, Part I , p.659, 660, and 668.
[5] 56 Record 8189.
[6] Statutes, 884-885.
[7] 56 Record 8462-8463.
[8] 56 Record 8462.
[9] 56 Record 8415-8419 and 8802.
[10] Statutes, 886-887.
[11] 56 Record 8190-8191.
[12] 56 Record 8814.

条款授权总统征用土地，修正了"为军事用途征用土地法"。[1]如其修正所示，[2]该修正案篇幅已超原法之篇幅。此外，最后提及之条款构成第十五章[3]，区别于最初由参议院所起草之构成第十四章[4]之其他条款。但所有修改由两院会商拼合一起。[5]倘若各自单行立法，则事必大佳。或许参会人员过于仓促行事。

组建飞机制造公司。[6]此为参议院众多修正案之一。[7]当委员会提出报告时，全部第十六章皆被忽略不提，显然对此尚待辩论。令人惊诧不已者，则是最终没有任何争论即达成协议。[8]可能查姆贝伦在此期间安抚了对手。当众议院撰写会商报告时，有些不过是徒费口舌之争。[9]

第十七章。[10]此乃对《国防法》大幅修正。每一条款均由参议院提出。[11]此非参议院所提出之全部内容；后来在两院会商时另有一些条款被否决。查姆贝伦道："虽将其作为一项单独议案提出，宜更允当，但此案殊为重要，似不可以此种形式在众议院获得通过，故委员会现建议将其作为修正案。"[12]或许参议员们会坦承，他们违反了第16条规则。

西点军校学员之再分配。[13]由参议员查姆贝伦而非委员会提出第二十二章。[14]雷尔逊（Nelson）提出程序问题，但后来撤回。[15]此中有令人好奇者，首先，为何它未成为委员会之修正案？其次，为何查姆贝伦未在1918年6月27日之军事学院拨款法案中，将其作为一个附加条款提

---

[1] Statutes, 241.
[2] Statutes, 518.
[3] 56 Record 8191.
[4] 56 Record 8190.
[5] 56 Record 8802.
[6] Statutes, 888–889.
[7] 56 Record 8191.
[8] 56 Record 8415.
[9] 56 Record 8815.
[10] Statutes, 889–892.
[11] 56 Record 8464–8466.
[12] 56 Record 8464.
[13] Statutes, 894.
[14] 56 Record 8478–8479.
[15] 56 Record 8479.

出来？最后，倘此事发生于本法案通过之后，既然其委员会拥有全权，他为何不将其作为一项单独法案提出？答案可能在于，他仅仅觉得事成则足矣，仅此而已。

征收用于发电之财产。[1]参议员金（King）将其作为一项修正案提出，[2]其言："此为上周四在本委员会通过之同一项法案。"其续道："此法案在参议院已无异议通过，现已进入众议院。"[3]参议员雷恩若特（Lenrot）提出程序问题，其理由曰，"此案宜为司法委员会事务"，此为"具有深远意义之法案，其影响所及超出战争时期"。"因为"，他续道，"此种修正案可能不会得到众议院之同意，吾以为不应作为拨款法案之附加条款。它仅涉及针对私人之征用权"。（但他之理由未被接纳——译者根据上下文文义补充）议事程序仍维持不变。[4]后来它在参议院被重新提出来并获得通过，[5]而雷恩若特则对此未置一词。[6]两院会商会议对其稍作修改。但众议院议员斯塔福德[7]和罗宾斯（Robbins）[8]以及其他几位议员仍然反对通过该法案。

禁止测时装置。[9]此为众议院之议案。它伪称乃对拨款之限制，但其效果似乎是禁止使用秒表。倘能查明此种监管之动机，则了解众议院议员们对秒表何以心怀不满，将是殊为有趣之事。

为医疗设施而对土地等之征用。[10]第一部分乃舍利（Sherley）先生[11]作为众议院议员提出。显然，众议院拨款委员会并不赞同，否则该委员会将审议并将其纳入法案。麦登（Madden）加上了第一个但书。[12]参议

---

[1] Statutes, 895-896.
[2] 56 Record 8192.
[3] 56 Record 8192.
[4] 56 Record 8192.
[5] 56 Record 8479.
[6] 56 Record 8802.
[7] 56 Record 8811-8812.
[8] 56 Record 8817.
[9] Statutes, 894.
[10] Statutes, 1029.
[11] 56 Record 11353.
[12] 56 Record 11356.

院否决了所有议案。[1]作为一折中办法,两院会商增加了第二个但书。[2]该条款在两院均获通过。

结 论

附加条款立法之动机

迄今尚无人试图揭示不同附加条款之目的,以及导致某名或某群议员提出附加条款之动机。然而,思考此种动机并非毫无裨益。

第一,将附加条款塞入拨款法案中,以防止总统否决。或许总统会认为,倘若单独立法,则秒表条款[3]实在不甚体面且不合理,而某些特殊任命之授权,亦绝非照办不可之事宜。

第二,某些附加条款乃为避免另一院之反对而被提出。制定拨款法案为两院之职责。正因其为一项职责,故任何一方均不能强烈反对另一方之议案,以免延误或阻碍整个法案通过。两院会商乃解决分歧之最后手段。或则两院分歧得以化解,或则拨款法案鸡飞蛋打;对于后者,则两院皆不愿承其咎。查姆贝伦对《第二次陆军拨款法案》第十七章之论述,洵为此种观点之明证。[4]

第三,许多附加条款由掌管拨款法案委员会之人提出。此辈愿意冒险一试,否则其他委员同僚可能对其欲图之议案并不乐从,或者根本就对其议案不屑一顾。鉴于大多数附加条款之缘起不为人知,吾不敢冒昧举例。

第四,或许有很多附加条款,揆其初心,并非想成为附加条款。其拥赞者以为,将此种条款插入拨款法案甚为妥当,因其或则与拨款有关,如数项退休金项目,或则与军队本身有关。

第五,大多数附加条款就其实质而言并不会受到总统或另一院之反

---

[1] 56 Record 11432.
[2] 56 Record 11476.
[3] Statutes, 894.
[4] 见 ante p. 25。

对。以如此方式对其立法，仅因为向来如此，而立法者希望照此办理。这根本无从解释。

就国会记录和其他可得文件所示情况而言，关于附加条款，全未体现党见差异。少数党与多数党一样有意提出附加条款。而另一方面，两党成员皆对某些特定附加条款严词抨击。不过，吾人可以视民主党为所有附加条款之祸首，因其控制了两院之（多数）席位和委员会。

参议院与附加条款

显而易见，参议院在塞入附加条款方面之所作所为，超出其分所当为。[1]众议院由435名成员组成，其委员会由21人和22人组成，而参议院仅由98名成员组成，*其委员会由20人和17人组成，为何众议院比参议院所提出之附加条款数目，反少于参议院所提之数？[2]吾冒昧提出数则解释。

（1）在众议院通过法案后，可能出现了新立法需求，故随后委诸参议院决定通过法案修正案使之成立。

（2）某些宣扬和平主义之期刊，为参议院军事委员会之参议员查姆贝伦起绰号曰"黩武酋首"，他亦可能为多数参议院附加条款之始作俑者，其与陆军部过从甚密，国会议员当中无出其右者。一项议案倘经陆军部建议而未能在众议院军事委员会通过，则将送交查姆贝伦（而成为他所推动之附加条款——译者根据上下文文义补充）。而事实上，许多立法议案被提交给参议院军事委员会予以立法。

（3）任何特别立法，吾所指者为退休金和人事任命案，在参议院获得通过之机会大于在众议院通过之机会。因此，倘若某官员欲谋取某一职衔且欲被列入退休名单，[3]其将发现，倘其与参众两院议员皆有交情，则明智做法是，拉拢前者而非后者。此有似参议院中之礼节，因为其他

---

〔1〕见 ante p.9，底部。

* 夏威夷1959年方被并入美国，成为第50个州，此后美国参议院才有100名成员。——译者注

〔2〕见 post, Appendix B。

〔3〕例如，见 Statutes, 878 and imagine。

哈佛课业

参议员不太可能横加干涉。[1]

(4) 参议院较之众议院，议员个性更其强烈，而党见则不若众议院中明显。唯有 2 项附加条款由众议员在议席上提出*，而有 5 项附加条款由参议院议员在议席上提出。

吾以为此种因素解释了，为何众议院在提出附加条款方面，较之参议院逊色。

对附加条款之容忍

吾相信众议院或参议院或两者均希望在拨款法案中塞入许多附加条款，其动机一如所述。有很多附加条款且委员会乐见其成，此种委员会当然可以影响众议院或参议院，但端视具体情况而定。然亦有附加条款乃因为"互相捧场（互投赞成票）精神"而夹塞进拨款法案。众议院议员 A，可能内心对众议员 B 关于授予 C 中尉以 B 之选区警察局副巡官这一附加条款不以为然。但 A 绝少可能提出异议，因为有朝一日，其选民可能亦会迫使他履行类似"职责"。互相捧场尚别有含义。参议员 A 可能反对参议员 B 之不当修正案；然而，除非修正案影响到参议员 A 个人利益或其政党之利益，参议员 A 不会为反对参议员 B 而自寻麻烦。何以故？彼此投契，总有福报；参议员 A 亦可能提出并不合宜之修正案。

附加条款立法之弊

对附加条款之普遍忧惧，乃由于在拨款法案中附带了令人烦恶之议案。就本文所涉之附加条款而言，迄今为止此种忧惧尚未出现。可能某些附加条款，倘其不依附于拨款法案而另行制定，总统将图予以否决，亦有某些产生严重后果之附加条款；但尚未有臭名昭著之旨在避免总统否决之附加条款。

然已经研究之附加条款，其弊已足以供吾人指陈批驳。许多州宪法

---

[1] 进一步的例子。在《第一次陆军拨款法案》中，参议院增加了许多修正案，授权总统任命麦柯斌（H. C. McKibbin）和斯库里（Scully）（55 Record 480，545-547；这些修正案未能在众议院获得通过）并指示陆军部在这方面给某些官员（55 Record 1945）拨款（笔者称之为退休金）。在这方面，笔者亦可以说参议院在拨款上似乎较众议院更为奢侈。

* 此处"在议席上提出"可能指非经议院内之委员会提出。——译者注

规定,任何法案不得包含一个以上题旨。其目的之一在于保持法律之晓畅明白。现在,倘若某人阅读《第二次陆军拨款法案》,则会发现自己简直如堕五里雾中,会自问所读究属何种法律,是拨款法,抑或是军队法,或别种什么法律?法律之含糊不清乃附加条款立法所得后果之一。

任何一项具体议案,无论其重要与否,均应根据其本身之优缺点而加以权衡。由于担心拨款失败,附加条款作为一个规则,向未经审思明辨以待之,虽则有时亦可能得到审慎处置。草率立法而思虑不周,乃其第二弊。

立法机构中设立委员会,旨在便利立法工作,确保各议案得更加妥善周全之处理。某一委员负有某职责,其职责不得为求取悦于其他委员会而解除之。所幸者,军事事务和军队拨款皆由军事委员会掌管,但两事务仍然有混淆和重叠之情状。参议院军事委员会审议了预防性病问题,[1]但该问题又在公共卫生委员会管辖范围内。众议院军事委员会审议了印务条例,[2]该条例恰好又落入印务委员会之掌中。紊乱委员会制度,是其第三弊。[3]

参众两院之规定一清二楚、毫不含糊禁止添列附加条款。纵其如此,附加条款仍被提出立法,而规则却被视若无睹。从某种意义上说,此事削减了对法律之尊敬之情,乃其第四弊。

诱惑之为恶也,甚矣哉!只消上述规则形同具文,执行乏力,则令人烦恶之附加条款即会畅通无阻,此可导致行政机关委曲求全。此种假设容或有所夸张,而其危险之可能性却确凿无疑。

在拨款法案中塞入附加条款绝无正当理由。而《第二次陆军拨款法案》中附加条款却绝不嫌多。倘若将其单独立法,就需更多程序,且通过之后,众议院议长与副总统势必将签名更多次。此似为唯一不便之处。

---

〔1〕 见 ante p. 24。

〔2〕 Statutes,74 & 877。

〔3〕 特别说明。或许国会之委员会制度亦有问题。军事委员会必须对与军队有关之任何事务拥有专属管辖权,或者拨款委员会必须对所有拨款拥有专属管辖权。但两者均非如此。拨款委员会作出补拨款,包括为军队拨款,因而违反了前者。军事委员会为军队拨款,违反了后者。混乱乃此种制度之必然结果,附加条款并不是造成混乱之唯一原因。预算制度或许能缓解这种不幸局面。

但，何人可能基于此种理由而证明附加条款之合理性？

亦有论者认为，鉴于大部分修改现行法律之附加条款，均为对《国防法》之修正案，且鉴于战时情况瞬息万变，故有不时修订该法之必要。然而，此乃坦陈已过。紧急状况可能会要求国会立即修改《国防法》，在许多情况下，国会亦确实有此种做法。但为何这一修改非得成为拨款法案之一部分，而拨款法案与紧急状况可能并不同时出现？

此外，附加条款立法之愚笨，从以下事实还可见其一斑：它本可为国会省却许多笔墨——倘若此条款作为一项永久法案一劳永逸制定后，唯有通过进一步立法方可修改。例如，某附加条款授予陆军部长在每次出现地图问题时，获得美国地质调查局和海岸及大地测量局之协助制作地图之权力。[1]

补救之策

虑及附加条款之恶，世人自然追问，何以救偏补弊？于本文开头，吾提及众议院和参议院关于附加条款立法之规则。倘若此种规则行之有效，则会杜绝附加条款之出现。此规则不致有被误解之虞，国会议员亦可以理解之。兹举数例，以充实此一观点：

其一，在讨论一项参议院修正案时——该案后来被否决，它影响总参谋部官员之职等，[2]佐治亚州参议员史密斯（Smith）谓，"不接受对任何一般拨款法案所提出之一般立法动议修正案"，"此乃一般拨款法案"，而"《国防法》乃针对军队之一般立法"。[3]其二，关于中止《国防法》第五节中某些规定，[4]参议院在程序问题上否决了附加条款，[5]但其后这一条款又被两院会商会议保留。[6]此处程序问题是指《众议院工作条例》第16条。[7]

---

〔1〕　Statutes, 62, 365, 868.
〔2〕　55 Record.
〔3〕　55 Record.
〔4〕　Statutes, 73.
〔5〕　55 Record 533, 547.
〔6〕　55 Record 1806.
〔7〕　见 ante p. 4。

困难不在于规则不严，亦不在于议员们不明了规则之真义；而在于，当多数人达成一致时，他们会有意忽视此种规则之执行。[1]在所有涉及附加条款之事例中，"程序问题"并未被提出来（以阻止附加条款——译者根据上下文文义补充）。当"程序问题"被提出来时，或者由议会领袖请求对手撤回"程序问题"，[2]或者通常由众议院议长或副总统（参议院议长）以多数票否决程序问题。倘其决定与多数人之意见相左，则其意见亦可以被申诉。只有极少数情况下，主席维持其命令。故而在事实上是多数控制附加条款立法，而无论规则究竟如何。

宪法修正案使总统能够否决任何一项法案中任何条款，或者，如州宪法中有条款禁止一项法案包含一个以上题旨，此种措施似乎是唯一可能之补救办法。因为，无论众议院或参议院之规则何等严格，经多数议员之同意，皆可以忽略或逃避此规则。

附件A：拨款法案研究之清单（带注释）

（数字是指《美国法令汇编》第一部第40卷中之页码。）

第一次会期：

一、为补充截至1917年6月30日之财政年度以及之前财政年度之拨款差额和出于其他目的之拨款法案。H. R. 12. 1917年4月17日批准。　　　　　　　　　　　　　　2~35

军事机构，　　　　　　　　　　　　　　　　　　　10~12

---

[1] 特别说明。在第二十一章（Statutes，894）之后，佛尔（Fall）参议员提出了一项修正案（56 Record，8192）以扩大草案。这引起了最激烈辩论。很明显不能否认它不是附加条款。然而，没有人提出程序问题。笔者认为，如果这样一个附加条款被认为不违反附加条款之规定，《古德-麦考米克法案（Good-McCormick）》如果附在规范拨款制定的一般拨款法案上，将不如佛尔（Fall）修正案。

[2] Record 56, p. 8484. 沃伦（Warren）参议员请求金（King）参议员不要对《布莱恩南德（D. L. Brainard）法案》（Statutes，878）提出程序问题，金也遵从了。虽然沃伦属于少数党，但此例对笔者之说明无任何影响。

哈佛课业

　　二、为补充截至 1917 年 6 月 30 日之财政年度用于支持陆军和出于其他目的之拨款法案。H. R. 13. 1917 年 5 月 12 日批准。　　　　　　　　　　　　　　　　　　40~75

　　三、为补充截至 1917 年 6 月 30 日之财政年度用于军事和海军机构的战争费用之差额拨款法案。H. R. 3971. 1917 年 6 月 15 日批准。　　　　　　　　　　　　　　　　　　182~217

　　　军事机构，　　　　　　　　　　　　　　　　　185~201

　　此项法案如此重要，以至于参众两院直至第三次会商方达成一致。然而，争议集中在船运基金、海军作战指挥基地、弗吉尼亚州 Hampton 路，和第 217 页第 4 段。

　　四、为补充截至 1917 年 6 月 30 日之财政年度和之前财政年度用于战争费用之拨款差额和其他目的之拨款法案。H. R. 5949. 1917 年 10 月 6 日批准。　　　　　　　　　345~384

　　　军事机构，　　　　　　　　　　　　　　　　　355~367

　　五、为补充截至 1918 年 6 月 30 日之财政年度之拨款差额和出于其他目的拨款法案。H. R. 7952. 1917 年 12 月 15 日批准。　　　　　　　　　　　　　　　　　　　　　　429~430

第二次会期：

　　六、为补充截至 1918 年 6 月 30 日之财政年度和之前财政年度用于战争费用之拨款差额和出于其他目的之拨款法案。H. R. 9867. 1918 年 3 月 28 日批准。　　　459~499

　　　军事机构，　　　　　　　　　　　　　　　　　474~481

　　七、为补充截至 1918 年 6 月 30 日之财政年度和之前财政年度用于战争费用之拨款差额和出于其他目的之拨款法案。H. R. 12280. 1918 年 6 月 4 日批准。　　　594~602

　　　军事机构，　　　　　　　　　　　　　　　　　　　597

八、为补充截至1918年6月30日之财政年度和之前财政年度用于战争费用之拨款差额和出于其他目的之拨款法案。H. R. 12600. 1918年7月8日批准。　　821~843

军事机构，　　827-831

九、为截至1919年6月30日之财政年度用于支持军队之拨款法案。H. R. 12281. 1918年7月9日批准。　　845~896

除第二十一章和第二十三章外，从第四章直至最后为参议院之修正案。而且，几乎所有标题均由参议院插入。

十、为补充截至1919年6月30日之财政年度和之前财政年度用于战争费用之拨款差额和出于其他目的之拨款法案。H. R. 13086. 1918年11月4日批准。　　1020~1041

军事机构，　　1026~1031

此项法案包含一笔巨额资金。在会议快结束时，被匆忙通过了。

第三次会期：

十一、为补充截至1919年6月30日之财政年度和之前财政年度之拨款差额和出于其他目的之拨款法案。H. R. 15140. 1919年2月25日批准。　　1161~1174

军事机构，　　1169~1173

该法废除了许多授权项目，并将未支用结余款项转入盈余资金。

提及这一点颇饶有趣味：此般法案大多在其结尾有"及为其他目的"之条款，就如给附加条款留下自由余地。当讨论众议院第3971号法案时，议员逊尔森就基于这一理由而抨击此标题。[1]

---

[1] 55 Record 1649.

哈佛课业

附件 B：委员会清单

众议院

拨款委员会		军事委员会	
民主党人	共和党人	民主党人	共和党人
Fitzgerald, J. J., 主席	Gillet, F. H.	Dent, S. H., 主席	Kahn, J.
Sherley, S. [1]	Good, J. W.	Fieids, W. T.	Anthony, D. R.
Byrns, J. W.	Mondell, F. W.	Quin, P. E.	Mckenzie, J. C.
Sisson, T. U.	Davis, C. R.	Gorden, W.	Greene, F. L.
Borland, W. P.	Vare, W. S.	Shallenherger, A. C.	Morin, J. M.
McAndrews, J.	Cannon, J. G.	Caldwell, C. P.	Tilson, J. Q.
Howard, W. S.	Stafford, W. H.	Wise, J. M.	Crage, T. S.
Evans, J. M.	Slemp, C. B.	Olney, R.	Hull, H. E.
Eagan, J. J.	Howley, W. C. [2]	Nicholls, S. J.	Davidson, J. H. [3]
Buchanan, J. P.		Harrison, T. W.	Kalaninaole, J. K. [4]
Gallivan, J. A.		Garrett, D. E.	
Byrnes, J. F.		Lunn, G. R.	

参议院

拨款委员会		军事委员会	
民主党人	共和党人	民主党人	共和党人
Martin, T. S., 主席	Warren, F. E.	Chamberlain, G. E., 主席	Warren, F. E.
Overman, L. S.	Gallinger, J. H.	Hitchcock, G. M.	Brady, J. H.

---

[1] 他是第二届、第三届会议的主席。
[2] 他在第二次会期加入委员会。
[3] 他在第二次会期加入委员会。
[4] 他在第二次会期加入委员会。

续表

拨款委员会		军事委员会	
民主党人	共和党人	民主党人	共和党人
Oven, R. L.	Smoot, R.	Fletcher, D. Y.	Weeks, J. W.
Smith, J. W.	Dallingham, W. P.	Myers, H. L.	Wadsworth, J. W.
Chamberlain, G. E.	Jones, W. L.	Thomas, G. S.	Sutherland, H.
Shafroth, J. F.	Curtis, C.	Sheppard, M.	New, H. S.
Tillman, B. R.	Kenyon, W. S.	Beckham, J. C. W.	Frelinghuysen, J. S.
Gulberson, C. A.	Sherman, L. Y.	Kirby, W. F.	
Underwood, O. W.		Reed, J. A.	
Robinson, J. T.		MaKellar, K.	
Smith, M. A.			
Hardwick, T. W.			

鉴于附加条款乃由上述委员会或其成员提出，且记录中几乎所有关于附加条款之讨论均属于这些委员会，因此本附录意义重大。

第五篇
在华门户开放政策

提交予谢里登奖学金（Sheriden Prize）之论文
1921年3月

在华门户开放政策：
与合众国利益攸关之特别参考

钱端升（Thomson S. Chien）

哈佛大学
1921年

前　言

　　本文所悬鹄的有二：其一，倘篇幅优容，则此文将笔述中国之国际局势，务求对其理解深广精准，鄙人相信，期望世界和平之善士，不会对此问题视而不见；其二，为深研中国之国际关系奠定基础，以其影响世界之局势。出于目的之一，吾已考察自1898年以来，关涉中国之重要外交进展。出于目的之二，诸多文渊要籍，举凡吾人有望从中穷求与研究主旨相关之取材者，吾亦爬罗剔抉一过。如此，则循此文所示之参考，亦可以罗掘浩如烟海之材料。此处或尚有值得一提者，即私心犹存第三目的——冀为合众国公众提供一审视中国局势之适宜视野。

　　出于此种种目的，私意以为此文标题尚称得宜。在文中各处，吾以英文小写"门户开放"（"open door"）所指者，纯为其严格之商业意义，而英文大写"门户开放"（Open Door），则意指"门户开放政策"。

　　于摘录文书时，鄙人已竭尽所能，撮要举凡。注引材料或多有未足为凭者，然仍采之如仪，以其适足以抒吾之胸臆也。

　　当吾正拟埋首著述时，富田修太郎（Shutaro Tomimas）先生论述门户开放政策之"小"著，令吾为之侧目。吾踌躇再三，不知拙文是否仍有虚费笔墨之价值，因先生之书所述范围与取材遣笔，多有与本文相似者。终乃吾决意秉笔如常；纵使拙作与先生之文大同小异，则吾望其所异者，亦足以证明本文未为枉费笔力，尚有面世之资也。

1921年3月22日
钱端升谨识

哈佛课业

目 录

前　言
书　目

含义与范围
　段落概要：
　　门罗原则与门户开放政策之排比
　　严格意义上之"门户开放"
　　缘起
　　海约翰照会中之含义
　　门户开放政策之真正含义及本文论述范围

形成时期（1899—1905年）
　段落概要：
　　中国之腐朽
　　欧洲之土地饥渴症
　　1898年之瓜分：租约与势力范围
　　英国之商业利益
　　英国对华政策之变迁
　　大不列颠支持门户开放
　　美利坚合众国之外交政策
　　合众国在华利益受1898年瓜分之影响
　　合众国在华之可能路线
　　英美同盟支持门户开放
　　1899年9月6日，海约翰之通知照会
　　从大不列颠、法兰西、日本、俄罗斯、意大利和德国所得回复
　　1900年3月20日，海约翰之指令
　　对海约翰成功之感激
　　义和团兴起

1900年7月3日，海约翰之通知电报

《英德协定》

《满洲协定》

海约翰对中国和俄国政府之警告

第一次英日同盟

法俄同盟

合众国国务院之备忘录

俄国之七项附属要求

日俄战争

1904年2月10日，海约翰之照会

1905年1月13日，海约翰之照会

《朴茨茅斯和约》

海约翰之主导

门户开放政策得到普遍承认

和平渗透时期（1905—1914年）

段落概要：

第二次英日同盟

《法日协定》

《俄日协定》

《英俄协定》

《鲁特—高平协定》

该协定之意义

塔夫脱先生与远东

美元外交

满洲铁路之中立

日俄对抗

《俄日协定》

第三次英日同盟

合众国退出银行团

 哈佛课业

日本称霸时期（1914年之后）

 段落概要：

 攫取青岛

 二十一条要求

 合众国之无所作为

 俄日同盟

 《蓝辛—石井协定》

 日本之特殊利益

 日本之门罗原则：其错误

 日本作为门户开放政策之破坏者

 中国铁路之国际化

 新银行团

门户开放政策之未来

 段落概要：

 门户开放之名

 门户开放之实

 中国作为门户开放政策之捍卫者

 合众国作为门户开放政策之捍卫者

 合众国之选择

 合众国之政策

书 目

标 * 号者与论文主题甚少直接或间接关系。标 ** 者则关系更少。

Abbott James F., *Japanese Expansion and American Policies*, New York, 1916.

作者与日本海军学校有关,对日本滥施同情。他对中国民情与处境一无所知,却过于强调日本作为亚洲强权之重要性。他乐于令美日结盟对抗英国,后者为美国之宿敌。此书对经济方面强调过甚,而所含事实极少。

American Academy of Political and Social Science, *International Relations of the United States* (Annals, V. 54), Philadelphia, 1914.

此杂志中有大量关于美国之太平洋政策之文章,同样太过亲日。

Beresford, Lord Charles, *The Break-Up of China*, 1899, New York.

此书描述其使华商业使团。吾人应注意此书中揭示英国在远东之商业利益之压倒地位,及英国持门户开放政策之原因。其虽文笔松散,但仍颇引人入胜。

* Bigelow, John, *American Policy: The Western Hemisphere in its Relation to the Eastern*, New York, 1914.

此书对远东问题几乎全无解释。

Blakeslee, George H., editor, *China and the Far East*, New Work, 1910; *Recent Developments in China*, New York, 1913.

此两册书荟萃关于不同阶段之中国问题与远东问题之演说,其中有些演说者为美国国中翘楚。整体而言,这些演说皆可信。

Bland, J. O. P., *Recent Events and Present Politics in China*, Philadelphia, 1912.

此书作者向被视为"中国通"。就其本身而论,其关于中国事务之知识令此书颇有价值。但可悲者在于,其不能理解中国之渴求,亦不符合中国事务方面友好、中立、利益无关之观察者这一标准。其论美国政策一章可谓无理取闹,恍似一类对美国并无领悟之英国人。

** Brown, Arthur J., *The Mastery of the Far East*, New York, 1919.

此书主要关于日本之发展,以及朝鲜之局势。

* Callahan, James M., *American Relations in the Pacific and the Far East, 1784 – 1900*, Baltimore, 1901.

此书并无明显优点,是一历史概述,且未提及门户开放政策之开端。

Chen, Ki-Chan, *La Politique de la Porte Ouverte en Chine*, Paris, 1912.

此专著为一篇博士论文。标题实在误人。其应题曰"Quelques Aspects des Relations Commercialles de la Chine avec les Puissances Etrangères"("中国与外国列强商贸关系的某些方面")。此书约半篇幅用于对早期中西方关系之历史概述,如领事裁判权、关税管理、铁路开发等皆分别有所讨论。于熟悉中国对外关系者而言,此书不免令人失望。

Cheng, Sih-Gung, *Modern China, a Political Study*, Oxford, 1919.

此书可被视作简短之当代中国政治史,虽并无透彻之处,但总体无误。

Chung, Henry, *The Oriental Policy of the United States*, New York, 1919.

此书为美国在东方外交史,简明而全面,除此之外,此书尚包含大量文书,不易为美国一般公众所获者。除日本天皇之子民及其瞽目友朋外,无人可否认此朝鲜作者所表达事实之真确性,观点之合理性。书末附有上佳书目。

Clements, Paul H., *The Boxer Rebellion: A Political and Diplomatic Review*, New York, 1915.

此书摘录关于中国事务之文书和次要条约甚佳,但此书仍曝作者短于洞察中国事务。有一极有价值之关于中国历史及政治之书目。

Coates, Col. Charles, *China and the Open Door*, Bristol, 1899.

此书唯有最后寥寥数页谈及"门户开放",其余篇幅为中国开放之简史,尤其是透过大不列颠之"辉煌胜利"来走笔。此位上校不愧为英国女王陛下(H. B. M.)之真正子民!

Conant, Charles A., *The United States in the Orient*, Boston, 1900.

此书为关于美国在远东商业利益之文章汇集,文笔上佳,理据充足。

Coolidge, Archibald C., *The United States as a World Power*, New York, 1919.

此书讨论合众国与列强之关系,内容广泛,颇有启发。

Cordier, Henri, *Histoire des Relations Extrangères de la Chine*, Paris, 1902, 3V.

此书可信,全面,述而不作,其叙事如此充足,以至于全无议论。看来作者太过沉溺于北京官廷中礼仪之争。最后一卷时间跨度为 1860—1902 年。

** Curzon, George N., *Problems of the Far East*, Westminster, 1894.

此书讲述作者访问中国之经历及其在华任务。

Diplomat, By a (Lewis D. Einstein), *American Foreign Policy*, Boston, 1909.

此书强调友好关系与商业扩展。

Douglas, Sir Robert K., *Europe and the Far East 1506-1912*, New York, 1913.

此书为颇有价值之简史,附有书目,尤其关于中国之书目中早期书籍甚夥。

Fish, Carl R, *American Diplomacy*, New York, 1919.

此为历史书,包举宏博而下笔不凡,其第三十二章论及"太平洋"地区,于吾人尤其大有裨益。

Foster, John W., *American Diplomacy in the Orient*, Boston, 1903.

此为历史书,富有趣味神话、趣闻与个人经历。

** Foster, John W., *Diplomatic Memoirs*, Boston, 1909.

* Hart, Albert B., *The Foundations of American Foreign Policy*, New York, 1905.

此书于吾人几无裨益。书末附有分类书目。

Hobson, John A., *The Open Door* (in Towards a Lasting Settlement edited by C. R. Buxton), New York, 1916.

门户开放政策,意味自由贸易,作者建议将其作为保障国际合作与避免战争之手段。

Hornbeck, Stanley K., *Contemporary Politics in the Far East*, New York, 1916.

此书颇有统系,胜任讨论此专题。其第二部论及太平洋地区中日美三大国之间当

 哈佛课业

代关系，于吾人大有裨益。并无他书论及目前与未来美国与远东关系方面，比此书更为清楚晓畅。此书以事实和文书为支撑，对日本严词斥责。附件八为一详尽搜罗，汇集《关于朝鲜、中国领土完整及维持门户开放之条约条款》。

Johnson, Willis. F., *America's Foreign Relations*, New York, 1916, 2V.
此书为系统之美国外交史，主要为叙事及描述，欠缺对原始文献之一手知识。

Latané, John H., *America as a World Power*, New York, 1907.
此书为自1896年至写作年代之美国史。其中有一章论述在东方之外交。此书虽权威可信，然毫无特色。

Latané, John H., *From Isolation to Leadership*, New York, 1918.
此书为对美国外交政策之简评，启人深思。

Lawrence, Thomas J., *War and Neutrality in the Far East*, London, 1904.
此书讨论日俄战争期间对中国中立之尊重，甚佳。

Lawton, Launcelot, *Empires of the Far East*, London, 1912, 2V.
此书主要论述日本之政治与社会问题。吾人仅对其中关于远东国际局势之数章感兴趣。此书写作甚陋。

McCormick, Frederic, *The Menace of Japan*, Boston, 1917.
此书赞成美国采取武力政策，以遏制新兴之"普鲁士"。

Mahan, Alfred T., *The Interests of America in International Conditions*, Boston, 1910.
此书为关于牵涉美国利益之国际局势之研究，马汉船长经历丰富，发言权威。此书后半部分论述东方问题。如其所见，门户开放政策之维持，需通过大国均势实现。

Mahan, Alfred T., *The Problem of Asia and its Effects upon International Policies*, Boston, 1900.
此书为关于当代远东局势之文章汇编，不乏洞见。

** Maybon, Albert, *La Politique Chinoise：Etude sur les Doctrines de Parties en Chine*, Paris, 1908.
此书几乎完全关于中国国内政治。

第五篇 在华门户开放政策

Millard, Thomas F. F., *Our Eastern Question*, 1916; *Democracy and the Eastern Question*, New York, 1919.

此书对美日两国对华之突出关系有杰出呈现。第一卷书末之文书收集尤有价值，因其无法从任何单一来源觅获。作者对暴发户"亚洲普鲁士"之憎恶不喜之情，无处不在。是故其敦促全国警惕并采取有力政策。第二卷为第一卷之补充。

Moore, John B., *Principles of American Diplomacy*, New York, 1918.

此书以相当篇幅讨论远东问题。此书尤有价值之处在于，提供了美国外交政策之一般背景。

Morse, Hosea B., *The International Relations of the Chinese Empire*, London, 1910–1918, 3V.

此书中规中矩，尤其详于中英关系。最后一卷所涉时期从1893年至1911年。卷 I 和卷 III 附有书目，完整而全面。

Overlach, Theodore W., *Foreign Financial Control in China*, New York, 1919.

附有一精彩有用之书目，书目分类。此书从财经观点解释中国外交关系，颇为有趣，简明清晰。

Reinsch, Paul S.（芮恩施）, *Intellectual and Political Currents in the Far East*, New York, 1911.

此书为各类文章汇编，代表一位远东事务方面之勤勉学者一家之言，然此家也，并无机会通过实际观察而研究远东。

Reinsch, Paul S.（芮恩施）, *World Politics*, New York, 1900.

此书视世界政治若被东方局势所影响者。书中对中国国内状况亦详加描述。此书在彼时不同凡响，虽其中某些预言未免落空。

The Shantung Question（published by the Chinese National welfare Society in America）, New York, 1919.

此为中国主张之宣言，与提交至巴黎和会之重要文件汇编一处。

Sherill, Charles H., *Have We a Far Eastern Policy?*, New York, 1920.

此书章节亦刊载于 Scribner 之杂志，虽作者于此一字未提。作者不配为此伟大民

主国家之公民,此书亦为灾梨祸枣。较其更无价值、更荒谬绝伦之书,吾迄未一见。作者所表达之观点,就其机会主义而言,超迈梅特涅亲王。今吾仅随意摘引书中一段(第302页),提请读者诸君亲裁:"吾认为,若日本据有东西伯利亚,在彼处筑一堤坝,堵截此种无法无天之洪流,其运作上佳之政府,至今确保了繁荣、自由与其亿万勤勉简朴之公民追求幸福之权利,当可胜任此劳。"读毕此书,吾人不禁遐思,何以美国要卷入上次世界大战。德国之政府效率,甚至得其敌国之认可。倘德国应据有俄国,则何来布尔什维克政权!

*Smith, Arthur H.(明恩溥), *China and America Today*, New York, 1907.

作者为传教士;书中洋溢充斥传教士精神。其结论为:"美国协助东方"——包括日本,因在此书写作年代,日本对美之态度,非如今日之目中无人也。

Thayer, William R., *Life and Letters of John Hay*, Boston, 1915, 2V.

此书卷II中有数章内容对门户开放政策阐述极为清楚。

Tomimas, Shutaro(富田修太郎), *The Open Door Policy and the Territorial Integrity of China*, New York, 1919.

此小书含两篇论文及不少日本俳句,此书当然无意写给美国公众,因其不唯持日本观点,抑且以日式英语写就。其论文题曰《门户开放政策应用于中国》及《美国外交与中国之领土完整》。作者表现其熟知此题之文献,虽其引用常有误。论文非徒单纯枯述事件,且尚有自由表达之观点。在其明示或暗示之观点中,读者必会注意其令人啼笑皆非之自相矛盾;因为,既要捍卫其理所当然之"父邦"日本之外交政策,以之为"职责",又须追随其良知——一受美国教育且开明之人之良知,亦以之为"职责",要调和此两种"职责",洵非易事。

Weale, B. L. Putnam (Simpson), *The Coming Struggle in Eastern Asia*, London, 1909.

此书主要关于日俄两国在华争斗,以及中国维持对英美友好关系之努力。好书。

Weyl, Walter E., *American World Policies*, New York, 1917.

此书精熟赅备,展示塑造美国之世界政策之经济因素。作者赞成以经济国际化联结世界诸国,以替代各国之间嫉恨。

Wheeler, W., *Reginald, China and the World-War*, New York, 1919.

此书论述战争期间及因战争引起的关于中国之主要事件及国际局势。每一论题之不同意见与观点皆有所吸收和持平。

Willoughby, Westel W., *Foreign Rights and Interests in China*, Baltimore, 1920.
此书为关于此话题之最佳著作,引证随心。其注脚非常系统而精微。

官方和半官方出版物

Department of State (The United States), *Foreign Relations of the United States*.
Foreign Office (Great Britain), *British and Foreign State Papers*.
Foreign Office (Great Britain), *China*.
非常有价值之文件集,较上述提及之任何文件集更其广泛。

Hertslet, Sir Edward, compiler, *Treaties, etc., between Great Britain and China; and between China and Foreign Powers; and Orders in Council, Rules, Regulations, Acts of Parliament, Decrees, etc., affecting British Interests in China*, Rev. ed., London, 1908, Full and authoritative, 2V.

MacMurray, J. V. A., *Treaties and Agreements with or Concerning China, 1894-1919*, Washington, 1920, 2V.
此为关于该时期最佳及最有用之文件汇集,为卡耐基国际和平基金出版。

Malloy, William M., compiler, *Treaties, International Acts, Protocols and Agreements between The United States of America and Other Powers (1776-1909)*, Washington, 1910, 2V.
此为官方汇编。

Mayers, William F., compiler, *Treaties between the Empire of China and Foreign Powers*, etc. 4th ed., Shanghai, China, 1902.
不精确。

Rockhill, Willian W., compiler, *Treaties and Conventions with or Concerning China and Korea (together) with various State Papers and Documents Affecting Foreign Interests (1894-1904)*, Washington, 1904.
此为赫斯勒特爵士 (Sir Hertslet) 所编出版于1896年第一版之续编。此集中所收美国国家文件,在其所编修订版中未收。

 哈佛课业

在华门户开放政策：
与合众国利益攸关之特别参考

含义与范围

门户开放政策偶亦被称为"海伊原则"（Hay Doctrine），其与门罗原则（Monroe Doctrine）之间，存有一奇怪之比照关系。"一如门罗原则，门户开放政策"乃合众国"国家政策之宣告"。[1]门罗原则之最初纲要，可见诸1823年门罗之信中；无独有偶，门户开放政策最初亦体现于1899年海约翰之通知照会中。两者均有其盎格鲁—美利坚根源，且两者皆聚讼纷纭。故在努力索解其含义时，吾人心中须牢记，门户开放政策一如门罗原则，乃日新滋长而成，非为一时凭空而造。

严格言之，"门户开放"仅关乎口岸。据有口岸者，常在物资商贸诸领域歧视非其本国之国民。此种情形中，口岸之门户实际并不开放。反之，"门户开放"则意指所有国家之国民皆享有平等对待，机会均等。

1898年11月21日，合众国于其致西班牙之最后通牒中，官方首次使用"门户开放"一词，[2]其所关涉者为合众国未来与菲律宾之经济关系。[3]然而，关于中国之门户开放原则，则早至1842年之《南京条约》中[4]，

---

[1] Mahan, The Interests of America in International Conditions, p. 181.

[2] U. S. For. Rels., 1898, p. 950 & 957.

[3] 门户开放原则之缘起可在国际法中找到。关于这一原则之两方面，可参见 Chen, Introduction, 引用书目单中书时仅提及作者姓名。

[4] 第一次中英条约。

第五篇　在华门户开放政策

以及 1844 年之《望厦条约》* 中〔1〕，即已提出。蒲安臣（Anson Burlingame）对此理念大力支持，1868 年《蒲安臣条约》（Burlingame Treaty）** 中之条款足资明证。

1899 年海约翰之通知照会中，"门户开放"一词尚保持其原初狭义，虽则其已被赋予更多庄严大义。该照会旨在"作为一种手段，以维持中国之领土完整，为各方维持机会均等。其主要针对者，乃所预想之不当行政控制，或某一范围内之领土霸权"。〔3〕

随时移世易，对此政策感兴趣之列强，尤以合众国为著，当竭力使其生效，并维持在中国之势力均衡时，亦创设了其他诸多政策，虽则后者总与门户开放政策辅车相依，却未必可以等同视之。实际上，自 1899 年以来，所有关涉中国之国际协议、协定等，其中某些无论如何有悖于门户开放政策之精神，向亦伪称重视此一政策。虽然，为全面理解此一政策，本文对所有协定之类皆会有所关注，然唯有对维持门户开放政策至关重要之协定，方应被视为此一政策之构成部分。具体言之，门户开放政策将意指在中国之机会平等、中国之领土完整，〔4〕与中国之行政权完整（Administrative entity）。

---

* Cushing Treaty，即《望厦条约》，卡勒布·库欣（Caleb Cushing，1800—1879 年），受当时合众国总统约翰·泰勒（John Tyler）委派率团来华谈判贸易问题，为合众国政府首位正式赴华代表，于 1844 年春在澳门与中国签订《望厦条约》。在《望厦条约》中文官本内，此人译名为"顾圣"，日后史书中则常译为顾盛。——译者注

〔1〕　第一次中美条约。

** 1867 年 11 月 22 日，原担任合众国驻华公使之蒲安臣，在卸任公使后被中国任命为"办理各国中外交涉事务大臣"。1868 年 2 月蒲安臣率中国使团一行从上海启程赴美，代表中国政府与美方谈判，并于 1868 年 7 月 28 日与合众国国务卿西华德签订《中美天津条约续增条约》，史称"蒲安臣条约"。值得一提者，这是一份中美对等条约，与鸦片战争以来中国缔结之不平等条约均不同。——译者注

〔3〕　Overlanch, pp. vi-vii.

〔4〕　为了表明海约翰所谓领土完整作为其门户开放政策构成部分之真正意图，我们可以引用考特（Choate）大使 1899 年 9 月 22 日致索尔兹伯里勋爵（Lord Salisbury）的照会："……从而加速列强在北京之联合行动，以促进行政改革，此乃巩固帝国政府及维持中国完整所亟需者……" U. S. For. Rels., 1899, p. 134.

 哈佛课业

形成时期（1899—1905 年）

1842 年，中国与英国之鸦片战争结束，自兹以往，中国历史即始终为一幕最伟大之悲剧。强大外敌入侵，其强权即公理，贪求有土亦有财。而中国内部则腐政痼治不绝，灾祸患难绵延。然而，至中日战争时代，西方并未洞悉中国最大之弱点，迄至此时，尚不敢在瓜分中国之途中欺人太甚。

1894 年中国被向受其小觑之邻国打败，自此局面大变。如英国副外长柯憎（Mr. Curzon）所言："此事对势力均衡，对所有身处中国海洋或与其利益相关之所有列强之地位与命运，均产生了极为深刻而动摇局面之影响。"[1] 对欲侵吞土地之西方列强而言，此事不啻开门揖盗。世界一秭米，寰球宜居之地局促不堪。黑色非洲大陆向被视为不宜文明人久居之地，而亦被精心瓜分无余。中国乃世上仅余且无人执戟之宝藏（El Dorado）。如今列强岂肯坐失此良机。两名角色可疑之德国传教士在山东死于非命，为德国提供了久觊之机。德国打响了第一枪，于 1898 年 3 月 6 日攫取了胶州湾。排枪弹雨迅即扫射而至。其他列强均为自己攫取早已相中之肥肉。俄国夺取了亚瑟港*和大连，[2] 而此处乃其会同法、德两国，适才迫使日本吐出来者，以日本在该地之存在"危及远东之永久和平"也。[3] 法国强占了广州湾。[4] 甚至连乳臭未干之意大利王国，庶几乎初出"襁褓"，亦对三门湾（Sanmun Wan）**提出了"孔武有力"之要求，惜乎该要求被中国民众之升腾怒火所打消。

毋庸置疑，在此轮竞逐中，大不列颠绝未自甘人后。其在北方攫取

---

[1] Parliamentary Debates, 4th Ser., Vol. 54, p. 333.

* 即旅顺港。——译者注

[2] 3 月 27 日。

[3] 引自俄国 1895 年 4 月 23 日致日本之照会。转引自 Lawrence, p. 11.

[4] 5 月 27 日。

** 三门湾位于浙东沿海，北距定海港 80 海里，南距海门港 34 海里。1899 年 2 月意大利王国向清政府提出了强租浙江三门湾以用作海军基地之要求，但这一要求遭到了清政府之强硬拒绝，后意大利限于实力不济不得不放弃这一要求。——译者注

了威海卫，[1]以抵制德、俄两国之影响，在南方则夺取了九龙，[2]以牵制法国。恰如其他列强包括日本一样，它亦声索"利益范围"。"大不列颠生于争抢之中，显然获利最丰。"[3]但它不似其他列强，主要不为攫取土地。染指中国领土，不过是其不可避免之手段。

大不列颠世代皆为自由贸易国，而其人民乃贸易之主宰。"其外交政策所主要代表者，厥为英国贸易商之集体意见"，[4]此般商人在中国所渴求者，亦如在其他各处，无外乎最自由之可得市场。英国人"在华利益不在于领土——此辈乃商人。"因而，大不列颠反对破坏"机会均等，此乃吾国（英国）全部之要求，但吾国确乎有此要求"。[5]保持门户开放与机会均等，其上策乃保持中国现状，对此英国政府心知肚明。[6]英国政府甚而一度考虑，诉诸武力以维持之。[7]

然战争所费不赀，此中不仅有人、财之代价，亦包括与俄国之交好，甚或包括与法国之关系，大不列颠不日将与法国共进退。[8]此外，索尔兹伯里政府向以温和著称，战争绝非其选。英国政府乃另谋他策，即所谓"门户开放"是也，此意指对所有国家之商人均机会平等。准此政策，则大不列颠并不反对俄国夺取一不冻港，唯求其大门向英国商业敞开。[9] 1898年2月8日，贝尔福（Balfour）在下议院以政府领袖之身份声称，政

---

[1] 4月3日。
[2] 6月9日。
[3] Coates，p. 96.
[4] Bland，p. 256.
[5] 引自1898年1月8日，贝尔福在《伦敦时报》（London Times）之曼彻斯特（Manchester）演讲。这一演讲在国会中引起众多评论。
[6] 早在1898年，从英国之观点观之，就可看到一篇由底卜利麦提克（Diplomaticus）撰写之文章，题为《针对中国之门罗原则》，发表于1898年2月之《双周评论》（Fortnightly Review, V. 69, pp. 321-333）。据称英国之目的（p. 329）在于："1. 维持远东之政治现状。2. 确保世界贸易在整个中国均畅通无阻。"
[7] 据报道，财政部部长毕池先生（M. H. Beach），在天鹅海（Swansea）说道："政府绝对下定决心，不惜任何代价，甚至——他希望直言无忌——倘有必要，付出战争之代价，让门户不至于关闭。"《伦敦时报》，1898年1月18日。这一冒失评论是个恶作剧，在国会中引起议论纷纷，政府忍痛撤回其意思。事实上，毕池先生这一观点的确反映了部分之公众意见。
[8] 三国同盟（Triple Entente）即将形成。
[9] 在其曼彻斯特演说中。

哈佛课业

府能借此政策保护英国利益。〔1〕3月1日，外交大臣柯憎在众议院就政府此项政策作出正式声明：〔2〕

(1)"维持中国之完整与独立。"
(2)"维护吾国之条约权利"，这"事实上确立了待遇与机会平等"。
(3)"自由商贸。"〔3〕

此处所列第一项政策未有严肃解释。在同一演说中，柯憎曾道，英国之"政策向来而且必定是尽吾国之所能，以防止它（中国）分崩离析"，然局势"亦可能诱使甚且迫使吾国（大不列颠）抛开那一保留立场"。〔4〕

不日英国政府即背离了该保留立场。大不列颠迅即跻身瓜分势力范围与租借地之行列，〔5〕而不再坐视其他列强肢解中国并徒劳呼吁门户开放。〔6〕公众心绪之敏感易怒，〔7〕并未困扰英国政府太甚。而哈考特爵士（Sir Harcourt）与秦伯里勋爵（Lord Kimberly）为首之反对党，立场亦极为温和。

然吾人却不必以为，大不列颠参与了瓜分租借地与势力范围，便弃其门户开放政策而不顾。"如大不列颠与合众国之类贸易国家，其反对利益范围，乃主要出诸此种利益范围势必成为控制范围（sphere of control）；而此种控制范围，在如法、俄之类强国操控下，常借禁止性关税与差异

---

〔1〕 Parl. Deb., 4th Ser., V. 53, p. 94.
〔2〕 这一声明于辩论"中国领土独立"问题时提出。Parl. Deb., 4th Ser., V. 54, pp. 298-340. 在艾利斯·艾什米德-巴特勒特爵士和包尔什（Sir Ellis Ashmead-Bartlett and T. W. Gibson Bowles）领衔下，部分执政党议员动议保持中国之领土独立。前者想要与日本和德国结盟以阻止俄国和法国在华侵略，而后者视德国与俄法为一丘之貉。哈考特爵士领导之反对党要求得知明确政策。于是柯憎先生作出了如上声明。在此情况下，政府就不得不支持这一动议，即适才达成之动议。
〔3〕 Ibid, pp. 338-339.
〔4〕 Ibid, p. 332.
〔5〕 深入了解，请参见下议院1898年4月5日对"远东"问题之辩论，Parl. Deb., 4th Ser., Vol. 56, pp. 224-298.
〔6〕 1899年6月17日之《观察家报》（Spectator）说，"我们相信，那一政策对中国来说已经告终了。"（V. 82, p. 850）若持守门户开放政策过严，则其真正可忧惧者在于战争。是故1898年7月1日《爱丁堡评论》（Edinburgh Review, V. 188, p. 267）论道："吾人可令门户开放政策行之有效，然此种行为可以且将可能置吾人于险境中。"
〔7〕 1898年的新闻报纸充斥着对中国之讨论。

化税率而成为其禁脔。"[1]大不列颠乃不得已而抱有某种门户开放之想望,[2]然唯有其他列强亦不得已而拥赞此政策时,大不列颠才会拥护之。

拥护门户开放政策之重任,遂由美利坚负之。吾人将会看到,迄至1898年美西战争,美利坚均置身于"光荣孤立"之中。政治不卷入,增进贸易,公平对待——尽务实明智所为而达此鹄的——在美利坚与他国相处之道中,此为首要原则。于中国,它恒以公道相待,远离任何侵略政策。它渴求商贸便利,却无领土要求。1868年之《蒲安臣条约》足堪展示其对商贸平等与维持中国领土完整之要求。

列强恣意自行攫取中国领土,方此之时,美利坚正与西班牙交战,该战结果之一,为菲律宾被让与合众国。战争结束时,"它目睹既已瓜分之势力范围,沮丧以极,在此种势力范围内,其他列强主张极端特权,且其特权亦被其他列强所认可,而在此势力范围内,合众国被强力摒弃于铁路与矿山开发等生意之外"。[3]它可以一任事态演变,并"立桩标界、确立己权"。[4]然彼时它不唯将失去其在华生意——1898年其贸易额仅次于大不列颠,且菲律宾之获似为得不偿失、愚不可及了。其策之二,则是劝服或强致其他列强,放弃新近从中国所获之诸种利权。

---

[1] 1899年7月之《双周评论》(V.72, p.39)中甘赘(R.S. Gundry)之评论。芮恩施教授(Reinsch)在《世界政治》(World Politics, p.184)中认为,利益范围与门户开放政策彼此并无轩轾。现在他应该不会再持此种看法了吧。

[2] 芮德(Gilbert Reid)在1898年11月之《国民评论》(National Review, V.32, p.492)中道:"对英国公众来说,放弃门户开放政策是自杀性的。"高茨(Goates, p.95)希望:"(中国)整个国家符合英国之期望,向全世界之公平竞争开放。"贝热斯福德勋爵(Lord Beresford, p.iv)写道:"以执行此种原则之决心和勇气,直截了当地承认自由之原则,公平对待之原则,机会平等之原则——此种原则塑造了吾人在世界中之地位——不唯将为维护中华帝国之完整,抑且,相比于目前之计划——因其他列强如此作为吾人即去效仿之而攫取本非吾人之物——将更大程度地维护吾人之利益。"贝热斯福德勋爵大费周章说服英国人民坚持门户开放政策,即便大不列颠已经卷入了瓜分。参见其"Break-up of China", London Times, March 9 and April 14, 1899; H.E. Gorst, China, p.252.

[3] Morse, III, p.126. 亦参见President McKinley's annual message, December 5, 1898. U.S. Fr. Rels., 1898, p.lxxii.

[4] 引自斯屈特(Willard Straight)在Blakeslee上之文章, Recent Development, p.122.

此自是侠义之举。但其既意不在此，又力不及此。[1]"它亦可于大瓜分中分一杯羹，主张其本身之势力范围；然其入场太晚，难有厚偿，而国内公众意见亦绝难容忍此种事项。"[2]"无力阻止瓜分，又不愿参与此类瓜分"，[3]"唯一出路即拾起'门户开放'政策，并回应新近发明之'门户开放'呼声。"[4]

然美利坚将如何实现此"呼应"？独自呐喊，抑或联合呼吁？实际上曾一度有与大不列颠联合呼吁之说。据称海约翰即有此意。[5]当讨论"合众国在华利益"时，[6]威尔逊（James H. Wilson）将军道："吾人在维护或扩大此种利益方面，应作为至何等地步，是以一己之力推动，抑或公开合作，抑或通过结盟，由明示抑或暗示，此皆为需审思明辨之事。"[7]他又道："且吾恐有朝一日，吾国政府不唯有责施展其国力维护其利益，倘有需要，甚且有责接受与大不列颠合作——倘以公平条件，为维护太平洋另一侧之吾人共同利益起见。"[8]

在英国一方，结盟方案亦备受关注。关于对华事务是否有美英结盟之提议，当时副外交大臣（Under-Foreign Secretary）柯憎先生就此问题回应道，他不宜作答。[9]然他亦未公开否认此种结盟之可能性。《爱丁堡评论》（Edinburgh Review）断言："除非中华帝国之命运乃不依吾人之意愿、违逆吾人之意志而被决定，否则吾人不必拒斥与利益均沾之其他列强结盟之观念。"[10]

---

[1] 引自巴利特（John Barrett）于1899年10月在《工程杂志》（Engineering Magazine, V. 18., p. 1）上之文章。吾人可读到："合众国不堪承受盲目维护中国独立帝国之地位，除非他们愿意走向战争。很显然，合众国人民不可能支持此种政策。因而，他们必须与其他国家合作，尽最大可能施展其道德影响。"

[2] Coolidge, p. 181. 亦参见海约翰于1899年3月16日致《纽约客》（New Yorker）编辑之密信。

[3] Coolidge, p. 331.

[4] Ibid, p. 181.

[5] Latané, From Isolation to Leadership, p. 87.

[6] North American Review, February, 1898 (V. 166, pp. 129-141).

[7] Ibid, p. 138.

[8] Ibid, p. 141.

[9] March 14, 1898, Parl. Deb., 4th Ser., V. 54, 1526.

[10] July. 1898, V. 188, p. 266.

然而，吾人须记取一点，政治上不卷入，向为合众国外交政策之诫命。卷入某种结盟，无论结盟之主旨何其严肃，终究对诫命有所不敬。1823 年美利坚选择单边行动，而非如坎宁（Canning）所提议之与大不列颠作出联合声明；1899 年这次，它亦选择独立于大不列颠而采取行动，不过其后获得大不列颠之赞助与支持。

由此方有 1899 年 9 月 6 日海约翰之通知照会。此照会发送至合众国驻伦敦、巴黎、圣彼得堡与柏林之大使，其后亦发送至合众国驻东京之特使与驻罗马之大使。该照会要求各列强声明，该国：

> 1. 在其于中国拥有之所谓"利益范围"或租借地中，绝不会干预任何条约口岸或任何既得利益。
> 2. 在所谓"利益范围"（"自由港"除外）内，中国现时之缔约关税应适用于所有陆路或水运至所有口岸之货物，无论此货物国籍为何，且应由中国政府征收此种关税。
> 3. 此"利益范围"内之任何口岸，对其他任何国籍之船只，不得征收高于其本国国籍船只所付之港口费，在此种"利益范围"内建造、控制与运营之铁道，对其他国籍公民或臣民之货物运输通过此"利益范围"所征收之费用，不得高于其本国籍人运输同等距离所被征收之费用。[1]

该照会提交至相应各国政府时，并非一帆风顺，尤其是提交至俄国时。各国予以答复时亦犹疑再三。不同国家之不同答复，其明朗程度不一。11 月 30 日来自大不列颠之迅捷答复，可视为诸多答复中最为令人满意者。其答复如下：

> 女王陛下之政府，准拟照贵国政府之所愿，就女王陛下在中国所据有之利益范围或其后可能由其据有之利益范围，发表声明，唯基于其他相关各国亦作出类似声明。[2]

---

[1] U. S. For. Rels., 1899, pp. 129–130.
[2] Ibid, p. 136.

 哈佛课业

倘说美利坚之行动为大不列颠所欣悦，且后者乐于与美利坚步调一致，则此种评论流于肤浅。

法国态度稍逊热衷。其于11月16日之答复中道：

> 如下情形令人乐见：在全中国，十分自然之默认立场是，所有利益相关之列强，均有意保证照此行事，拟在其租借地内对其他所有各国之公民与臣民皆适用平等待遇，尤其在关税与航运费等事务方面，与铁路交通运输关税一视同仁。[1]

日本支持此项政策之热心并未远逊于英国。[2]其11月26日之答复中有此词句：

> 合众国之倡议如此大公至正，帝国政府将毫不犹豫予以同意，唯基于其他所有相关列强接受同样倡议。[3]

俄国之回应则极不情愿。[4]其闪烁其词之保留立场，堪称自扇其颊。其于12月30日作出答复：

> （大连向作为自由港而创立。倘该港口）将与题涉地域之其他部分区别施加关税限制，则所施加之关税，将基于对所有外国商人无国籍差别待遇而予以征收。
>
> 至于超出俄国租借地之区域，关税问题之解决属于中国本身；帝国政府此项保证基于如下条件：其他有在华利益之列强应作出类似声明。[5]

---

[1] Ibid, p. 129.

[2] 在1898年之瓜分中，日本所得甚少。艾利斯·艾什米德-巴特勒爵士在本文第96页所引用其演说中提及，日本是英国可能之盟友。应该记住，日本乃自然同情英国与合众国者。其"目的必定一样——即为求竞争乃基于平等商贸条款"。（Coates, p. 93.）

[3] U. S. For. Rels., 1899, p. 139.

[4] 俄国向英国许诺让大连成为自由港。它其后承诺让旅顺港和大连维持开放港口之地位，但事实上，它在算计某些对英国商人不利的东西。因此自1898年以后，俄国在英国议会中就遭到严厉抨击。

[5] U. S. For. Rels., 1899, p. 142.

俄国针对中国之计策野心勃勃。它本不愿自缚手足。它正处于亚洲帝国之梦想中。其野心向为门户开放政策支持者之焦虑所在,直至其败于日俄战争。

意大利之回复接踵而至。其于1900年1月7日声称:"国王政府乐意信守此一提议。"[1]信乎斯言:"热诚支持门户开放,何其容易,尤当此门未经其掌握时。"[2]

德国回复海约翰照会最晚。其2月10日之冯·卜劳(Von Bulow)照会,除旁及他务外,亦谈及:

> 因此,倘若其他列强愿意尊重同一原则,则(德国)亦乐于准备参与美利坚合众国与其他列强就此路线达成之协议,借此协议各方接受互惠之同样权利。[3]

君须记,此中唯有大不列颠签署了正式原则声明。其他列强,虽大表其赞同海约翰原则,却避免作出承诺,亦未作出此种声明。

海约翰迅即在其后一个月中公布了各国之换文照会,以羁勒列强守其所倡之政策。在1900年3月20日其发往驻海外大使之训令中,他说道:

> 本届政府因而将考虑对此政策表示同意——最终、绝对之同意。
>
> 他(总统)看到了友好精神之迹象,此种友好精神,对于在中华帝国发展工商业满怀兴趣之不同列强,是一种鼓舞,亦为整个商业世界带来巨大利益之源泉。[4]

"借此现代外交中最灵活机智手法之一,海约翰因而引导整个世界承认门户开放政策,作为唯一体面且可行之对华政策。并无任何相关政府衷心赞同此项政策,每个政府均明了,在利用其已取得之利益和联手攫取更多利益时,尚有更大获利空间;然在海约翰宣布门户开放政策后,

---

[1] Ibid, p. 138.
[2] Coolidge, p. 366.
[3] U. S. For. Rels., 1899, p. 131.
[4] Ibid, p. 142.

 哈佛课业

绝无任何政府敢于公然反对这一原则。此恰如开会时,他问在座诸君,有请言真相者出列,则撒谎之人亦会不安于席。"〔1〕

何其不幸,当3月海约翰之照会几乎尚不为世人所知时,在其后之5月,义和团起义爆发。此运动实在愚不可及。其澜起于满洲宫廷之阴谋。然无可否认,此乃一项排外运动。1898年各国对中国之劫掠,很大程度上为爆发此运动之原因。

仰赖海约翰,其古道热肠,确保中国之领土得以保全。美利坚亦再度扬手告知世界,当有所不为,中国之领土完整必得保全。1900年7月3日海约翰向列强发出一封通知电报:

> 但美利坚合众国政府之政策,为寻求一项解决之道,可为中国带来永久安全与和平,保存中国领土与行政之完整,借条约与国际法,保护所有赋予友好列强之权利,以及为世界捍卫与中华帝国各地进行平等公正贸易之原则。〔2〕

"此一声明荟萃了被视为合众国远东外交政策之基本原则,令人感佩。"〔3〕"就拯救该帝国而言,海约翰之功远胜其他任何国务活动家。其诈牌气势非凡——倘合众国真被人叫起亮牌,其或许并无底牌可恃——而他赢了。"〔4〕

与此同时,沙俄正进军满洲,此乃对门户开放政策之真正考验。其在该地部署之部队远超其所需。为制衡沙俄之图谋,遂有1900年10月16日之《英德协定》,该协定令沙俄惊吓异常,激起其强烈不满。该协定包括:

---

〔1〕Thayer, Ⅱ, p. 343. 在此处,传记作者试图为海约翰之功增光添彩,对大不列颠于海约翰之成功所作贡献就肯定所见不及了。不过,泰耶尔(Thayer)之观点乃今日之常调。1900年1月13日之《展望》(Outlook, V. 64m, p. 99)杂志有先见之明地称海约翰之所作所为,乃"在合众国历史上最伟大外交胜利之一。它与其说乃方法上之优胜,毋宁说是原则上之优越"。约翰逊(W. F. Johnson, V. Ⅱ, p. 285)写道:"它们都在理论上赞同海约翰之开明原则,但它们实际上都避免令自己承担维持这些原则之义务。那些赞成法律而又反对执行该法者,是史上数不胜数之角色。"

〔2〕U. S. For. Rels., 1900, p. 299.

〔3〕Moor, John B., American Diplomacy, 1905, p. 125.

〔4〕Trayer, V. Ⅱ, 6, 247.

港口——中国所有之，应毫无歧视对所有国家之国民之任何其他合法形式的经济活动保持自由和开放。

（两国政府）将指示其政策以维持中华帝国领土状况，俾其免于缩减。[1]

10月29日国务卿海约翰对德国政府作出回应：

因此，总统秉怀十分满意之情，指示在下告知阁下，本届政府对德国皇帝陛下与英国女王陛下（在协定中之）原则表示完全之同情。[2]

与此同时，沙俄已与中国达成所谓《满洲协定》，借此协定俄国已控制满洲。其他所有列强均抗议，而日本政府则要求，由列强联合要求《英德协定》当适用于满洲。然德国适已悟及，置己于对抗沙俄之地位，已铸成大错。首相冯·卜劳于1901年3月15日在帝国议会宣称："《英德协定》不适用于满洲。"[3]

缘于日本之强压，沙俄于4月6日情非所愿宣布，暂时撤回《满洲协定》之达成。

1901年9月7日签订《北京和约》（Peking Protocol）后，别有一中俄协定尚在谈判，其中措施殊难与中国主权兼容。12月6日，海约翰向中国政府提出建议称，总统期盼（中国）不会与任何一国达成将永远损害中国领土完整，或危及合众国正当利益之协定。[4]他亦于1902年2月3日训令合众国大使告诫俄国曰："一国为其国民之利益而取得排他性特权，此与俄国外交部向合众国政府反复保证之坚定意向背道而驰，该意向指遵守在华门户开放政策，此乃合众国所赞成，且为其他所有具有在华商业利益之列强所接受之政策。"[5]对此警告，拉姆斯道夫（Lamsdorff）

---

[1] U. S. For. Rels., 1900, p. 354.
[2] Ibid, p. 344.
[3] Stenographische Bericht uber die Verhandlungen des Reichstags, X. Legislaturperiode, Ⅱ. Session, V. Ⅱ, p. 1870.
[4] U. S. For. Rels., 1902, p. 271.
[5] Ibid, p. 275.

 哈佛课业

则于2月9日答之以抗议:"(俄国)并无侵害门户开放政策之想,因帝国政府理解此原则。"[1]

当其时也,法国有类德国,焦心于与沙俄维持交好,故两国对俄国之侵略默而领之。唯日本之国家安全与其未来之扩张与此利害攸关,而美利坚[2]与大不列颠之商业自由处境险恶,故其愿意抵制沙俄,支持门户开放。

其后果,则是1902年1月30日达成第一次英日同盟。缔约双方宣布:"在维护(中国与朝鲜之)独立和领土完整,以及确保在此国家对所有国家之商贸和产业维持机会平等方面,利益攸关。"[3]

该同盟对俄国在满洲之企图乃一大打击。1902年4月8日中俄最后签署协定,其中中国之反提议,多为沙俄所接纳,而中国之反提议被认为立场温和,且得日、英、美等国巧妙支持。

作为一项政策,俄国亦于1902年3月19日以法俄同盟名义宣告,《英日协定》是"对(法俄)两国本已反复宣告之诸根本原则之肯定,且俄国恒以此原则为自身政策之基础"。[4]

无论此誓言为假心假意或发自肺腑,合众国心怀警惕,要将其落诸书契,合众国国务院于3月22日发出备忘录,其大意如下:

> 美利坚合众国政府乐见在此声明中之相关重申——保存中华帝国与朝鲜之独立和完整,以及维护列国与两国之间于商贸、产业方面之交往完全自由。[5]

从此种声明中,人们不难得知,任何强权,无论其野心几何,皆受制于国际上之嫉妒与阴谋(intricacies),而这确乎阻止了中国由任何单一

---

[1] Ibid, p.929.
[2] 令人殊为好奇者,则是合众国之商业集中于满洲,在1904年与中国谈判商贸条约时,合众国想要两个口岸开放以营商务。面临俄国之反对,此提议被打消了。(U.S. For. Rels., 1903, p.67 & 68.)
[3] U.S. For. Rels., 1902, p.514.
[4] Ibid, p.931.
[5] U.S. For. Rels., 1902, p.931.

强权完全主宰。

然而沙俄之野心未泯。1903年4月，它又食言，一反当初撤出满洲之承诺，又对华强加七项附属要求，此种要求皆极具排斥性，"包括采取封禁满洲之严厉措施，以反对除了俄国人以外之其他所有外国人企业，且实际上未经沙俄同意禁止在满洲开放新条约口岸"。[1]大不列颠期望，"与吾人（英国）所设想之合众国政策保持一致，也即不偏不倚让中国向全世界之商业开放，以维持其独立与完整"。[2]美日亦施加其影响，俾使中国回绝沙俄此种要求。最终俄国于1903年11月8日撤出满洲。

日俄之间为争夺在满洲和朝鲜之相对影响力仍争斗不休。终至于1904年2月8日爆发了日俄战争。国务卿海约翰于1904年2月10日发出通知照会，督促日俄尊重中国之中立，俾使"对世界贸易与和平交往造成的或偶一致之的损失，减至最小"。[3]在其后1905年1月13日之通知照会中，他宣告合众国之立场是，"对维持中国完整和保持东方之'门户开放'等广泛政策予以巩固，并使之永久化，由此列国均可享有商贸机会之平等"。[4]列强齐声呼应。

经海约翰与其后罗斯福总统之斡旋，日俄于1905年9月5日签署了《朴茨茅斯和约》。其中第3条规定：

  日本与俄国相互约定*：

  1. 依照本条约附加条款第一条之规定，全部和同时从满洲撤出，被租借之辽东半岛领土除外；

  2. 目前在日本和俄国占领和控制下之全部满洲地区，应完全和

---

[1] Amos S. Hershey, International Law and Diplomacy, Russo-Japanese War, p. 33. (The second paragraph in footnote 1, p. 18.) 海约翰对此局势忧心忡忡。在一封致怀特（Henry White）之信中，他说道："中国人，一如俄国人，似乎知道吾人所持立场之力量，纯乎是道义上的，恰似俄国人确信吾人不会为满洲而战——以吾之揣测，吾人不会为此而战——然吾人须竭尽全力，用尽手段。"(Thayer, V. II, p. 369.)

[2] China, No. 2 (1904), No. 90.

[3] U. S. For. Rels., 1904, p. 2.

[4] Ibid, 1905, p. 1.

* 中译文根据世界知识出版社于1986年出版之《国际条约集（1872—1916）》中所载《日本和俄国和平条约》，为保持文风一致，仅稍作修辞调整。——译者注

哈佛课业

全部归还给中国，实行专有之行政管理，但上述领土除外。

俄罗斯帝国政府声明，其在满洲没有任何损害中国主权或违反机会均等原则之领土利益或优惠或排他性之特许要求。[1]

略审此一时期，则吾人可得两特别瞩目之印象。第一，国务卿海约翰乃门户开放政策形成与定型之核心人物。他与影响此政策之每一事件均有关联。其热忱与坚毅，其决断与技巧，使之敏择良机，向世界宣布此政策之确切表述，且竭全力使之得以贯彻与遵守，上述所为，使其跻身于合众国最杰出之国务卿和远东最知名人物之列。

第二，门户开放政策经其形塑阶段后，业已获致普遍承认，堪与门罗原则相比拟。[2]在所有缔约列强与中国之外交关系中，其至关重要，且在未来永有一席之地。或许有人会关门，但必有人说道，"门永远开着"。[3]于此，则对于不信此原则者，其教化不佳，然对诚心信仰此原则者而言，则恒鼓舞人心。

和平渗透时期（1905—1914年）

此时期自日俄战争结束，延续至第一次世界大战开始。此时期之标志为未出现武装干涉。外交协议，商贸与财经渗透，列强间之权势均衡，为这一时期主要特征。

1905年4月2日达成之第二次英日同盟，[4]标志一系列促成门户开放政策之国际协定开始。它"通过确保中华帝国之独立与完整，以及各国在华商贸与产业之机会平等原则"，以保障"所有列强在华共同利益之

---

[1] Ibid, p. 825.

[2] 参见Fish, p. 456. 麦考米克（Frederick McCormick）认为："在此两原则中，居首位者为门户开放原则。"Annals of American Academy of Political and Social Science, V. 39, p. 56（1912）.

[3] In Ishii's New York Speech, 1917. "The Imperial Japanese Mission," p. 80（published by Carnegie Endowment For International Peace）.

[4] 这一条约先于《朴茨茅斯和约》。但为便利起见，该同盟就其本质来说可以视为这一时期中之事件。

维持"。[1]

1907年6月10日之《法日协定》，"同意尊重中国之独立与完整，亦同等尊重所有国家之臣民在该国为商贸而得到平等待遇之原则"。[2]

1907年7月30日之《俄日协定》声明：

"缔约双方尊重中华帝国之独立与领土完整，以及所有国家在该帝国之商贸与产业享有机会平等之原则，致力于支持对现状之维护，以及竭尽所有和平手段以尊重上述原则。"[3]

"尊重西藏之领土完整"[4]，则是同年8月31日达成之《英俄协定》之目标之一。

但诸多国际协定中，最为重要者则为1908年11月30日达成之《鲁特—高平协定》，下述条款与门户开放政策有必然联系*：

2. 两国政府之政策不为任何侵略意向所左右，其旨在维持上述地区之现状[5]，以及维护在中国通商和开办工业之机会均等原则。

4. 双方决心通过其掌握之一切和平手段，支持中国之独立和完整，以及各国在该帝国通商和开办工业之机会均等原则，以维护列强在中国之共同利益。

5. 如果发生威胁上述状况或上述机会均等原则之情况，两国政府应互相通知，以便就可能考虑采取之有益措施达成谅解。[6]

这一文件标志合众国率先承认日本在其东方政策中具有特殊地位。

---

[1] U. S. For. Rels., 1905, p. 488.
[2] Ibid, 1907, p. 754.
[3] U. S. For. Rels., 1907, p. 765.
[4] Ibid, p. 552.
* 中译文根据《国际条约集（1872—1916）》中所载《高平男爵致鲁特先生的照会》，为保持文风一致，仅稍作修辞调整。——译者注
[5] 现状，"自《朴茨茅斯和约》签署以来，倘不作界定，可能被轻易理解为，合众国接受日本在满洲各种举动所隐含的权利主张"。（Willoughby, p. 316.）
[6] U. S. For. Rels., 1908, p. 511.

 **哈佛课业**

"它承认日本为伙伴;它包括一项承诺,即两国不经与对方协商均不得在华采取行动。"[1]它提升了日本之地位与尊严。它绝对不能视为合众国之收获。但日本则绝不餍足。高桥作卫(Sakue Takahashi)*视合众国之在华如德国之于摩洛哥,他写道:

> 对合众国而言,借此协定而获得此种在华地位,当甚为快意,其在华并无实质性立场,而不过如德国皇帝通过《阿尔赫西拉斯公约》及其他条约(Treaty of Algeciras and other treaties),在摩洛哥问题上,逐步得到插足之权利。[2]

此一系列国际协定之后,接踵而至者为对华借款与满洲铁路国有化问题。当时尚为国防部部长之塔夫脱先生(Mr. Taft),于1907年10月8日之上海声明中写道:

> 美利坚合众国政府之政策,兹已正式宣告,即旨在实现中国之永久安全与和平,保持中国之领土完整与行政统一,保护中国通过条约与国际法所赋予其友好国家之所有权利,以及作为这一世界之保障,维护在中华帝国全境之平等与中立贸易原则。[3]

塔夫脱先生作为总统,对远东事务亦保持相当兴趣。在其就职演说中,他指出自己期望通过拥有一支"规模适当之陆军和规模适当之海军",以为门户开放政策之后盾。

当此之时,国务卿诺克斯(Knox)适才发起了"美元外交",该政策将行诸中国。由于合众国政府之努力,合众国银行团在1909年被接纳进四国银行团(Four-Power Banking Consortium),[4]与英、德、法遂结为伙伴。

---

[1] A. B. Hart, The Monroe Doctrine, p. 295.

* 高桥作卫(1867—1920年),该人曾历任日本贵族院议员和法制局局长。——译者注

[2] 引自Tomimas, p. 95.

[3] W. H. Taft, "The Present Day Problems," 1908, p. 44.

[4] 其结果是1909年达成了向中国的"湖广铁路借款"("Hukwang Laon 借款")。1909年7月3日,《展望》杂志(Outlook, V. 92, p. 535)在评论这一借款时说道:"合众国正当地要求自己有机会与其他大国分享机会,以在建设新中华帝国之过程中提供金钱和影响力。"

中立计划之提出方式，有类抽风，一阵一歇。1905 年，随《朴茨茅斯和约》之达成，哈里曼先生（Mr. E. H. Harriman）向日本提出，日美合伙拥有和运营南满铁路。该提议未能说服日本。1909 年，由英、中、美合股建造锦州—瑷珲铁路之计划进展顺利。合众国股份将由满洲银行打理，因应此安排，中国政府遣唐绍仪于 1907 年出访合众国。然该计划旋因俄国抵制而失败，日本则为俄国之奥援。当该计划之谈判尚在进行时，诺克斯先生于 1909 年 12 月 18 日向日本政府提交一份照会，他于其中提出，为求在实际运用"门户开放与机会平等"政策中开发满洲，"通过一项适当安排，将满洲所有铁路皆联合于一个经济、科学而中立之管理机构下，此举将赋予中国对该铁路之合法所有权，其所需资金将由某计划而筹措，任何愿意参与之国家，皆可于此计划中各得其所"。[1]他亦于该照会中提议，将此计划适用于锦州—瑷珲线。

从中国利益而言，将俄国与日本铁路中立化之提议，在目前（1910 年）是最为可行之解决之道。[2]此提议亦得英[3]、德[4]两国政府之初许。

但日本视满洲为其日俄战争之厚赏，片刻不容合众国插手。[5]大不列颠嘉许此种看法。法国亦复如此。英、法两国为迫在眉睫之战争，正热衷于将各国打造成两个庞然对垒阵营。它们不会持一种令日本怫然不悦之立场，纵然日本"正在威胁商贸开放"。[6]

日本以该提议不切实际为辞，直截了当拒绝了诺克斯之提议。[7]与此同时，俄国对此计划亦怒气勃发，该计划将使其远东铁路国际化。它亦直白拒绝该提议，伪称其后果殊不可测。[8]

---

〔1〕 U. S. For. Rels. , 1910, pp. 237-238.
〔2〕 在 Independent, February 7, 1910 (V. 68, p. 360) 上一个中国学生之意见。
〔3〕 See Sir Edward Grey's reply of November 25, 1909.
〔4〕 Hornbeck, p. 261.
〔5〕 See Kasai in Annals of the American Academy, Vol, 54, p. 67.
〔6〕 Fish, p. 459.
〔7〕 U. S. For. Rels. , 1910, p. 238.
〔8〕 Ibid, p. 249. 关于铁路中立化情节之更进一步之细节，参见 Millard, Our Eastern Question, ch. I。

 哈佛课业

尤有甚者，此二列强旋踵前犹为强敌，今乃忽于1910年7月4日〔1〕达成协定，表示尊重彼此在满洲之利益且维持现状。此协定中第3条曰：

倘若出现任何可能危及上述现状之事件，则缔约双方将在任何事情上，视维持上述现状之必要，而开启双方之协商。〔2〕

"无论诺克斯之提议有何益处，亦无论他之提议出于何种动机，此中立化计划遭直截了当拒绝，即表明俄、日无意允许任何国家插手其自定之特权和其自认于满洲所享之权益。抑有进者，此举表明两国决意联手将其他诸国排挤出局。"〔3〕

1911年7月13日，第二次英日同盟续约。缔约方再度确认了己方义务："通过保障中华帝国之独立与完整，以及所有国家在华商贸与产业之机会平等原则，以维护所有国家在华共同利益。"〔4〕

回到借款问题，威尔逊总统施加了影响以改变政策。1912年，俄国与日本加入，组成六国银行团。1913年年初，所谓对中华民国之善后借款正处谈判之中。民意与国会对此借款强烈反对，因其将损害中国主权。威尔逊宣告采取甩手不理政策，致使合众国银行团退出六国银行团。

善后大借款臭名昭著，其酿成1913年之内战。总体言之，合众国公共舆论支持威尔逊之路线。〔5〕哈特（Hart）教授〔6〕甚至称呼该银行团为"对华神圣同盟"——此后其中再无合众国之位置。然经反思与审察可知，合众国撤出银行团，对中国并无任何助益。在缺少合众国影响之节制下，银行团达成了此项借款。"新生之中华民国，其命运被投诸一群虎

---

〔1〕 这个日期是有意为之，作为对合众国插手的某种警告。Frederick Ogg 在其 National Progress（p. 319）中，引用某人的话说："（这一协议）实际上被普遍解读为两个缔约国对合众国企图剥夺他们视为自己理所应得之物的答复。"

〔2〕 U. S. For. Rels., 190, p. 835.

〔3〕 Hornbeck, p. 261.

〔4〕 British and Foreign State Papers, V. 104, p. 173 (1911).

〔5〕 例如，可参阅 Independent for March 27, 1913 (V. 74, p. 671); The Outlook for March 29, 1912 (V. 103, p. 693).

〔6〕 In Blakeslee, Recent Developments, p. 46.

狼之国中。"〔1〕另一方面,其对合众国在华地位与影响乃一次重击;〔2〕因为,"合众国为巩固其政府之捍卫门户开放政策与保持中国完整之目的,籍由投资手段,已在中国借款市场中有了立足之地"。〔3〕

日本称霸时期(1914年之后)

第一次世界大战开启了此一新时期。"欧洲陷入殊死搏斗,日本则因利乘便,身披'亮甲',挺身而出,在其无辜而可欺之邻邦身上,肆其权力贪欲之餍足。"〔4〕其首举即在1914年秋季攫取了德国之租借地胶州,而中国自己提出收复该租借地之要求反被"否决"。

其次举无它,正是1915年年初著名或臭名昭著之强加于中国之二十一条要求。〔5〕此种要求可归为五部分。面对中国激烈反对,第五部分,即要求控制中国军队与警察部队,被"延后再议"。〔6〕至于其他要求,则"中国政府被迫完全接受最后通牒〔7〕之全部条款,但在顺服之中,中国政府亦表示,自己绝无任何企图,改变列强之前所达成之诸多条约与协定关涉维护中国独立和完整、保持现状以及各国在华商贸与产业机会平等原则者,而接受上述要求可能有如此影响"。〔8〕

作为现实问题,现状被打破,中国之"独立与完整被侵犯,而机会平等原则在日本之铁腕下顿成虚词"。〔9〕

---

〔1〕 Chung, p. 75.
〔2〕 See "Mr. Rockhill's last Speech," in Vol. 11, pp. 227-230, of the Far Eastern Review.
〔3〕 Hornbeck, p. 395.
〔4〕 George B. Rea in North American Review for May, 1916(Vol. 203, p. 695).
〔5〕 该提议于1月18日提交给中国。其后又有三项要求被纳入1919年5月25日签署之一系列外交条约和换文中。关于此事细节,参见《上海问题》,由"中国国民福利社"(Chinese National Welfare Society)出版。
〔6〕 见《山东问题》附件15,第114页。
〔7〕 最后通牒于5月7日提出,同上,第116页。
〔8〕 在中国5月8日之回复中,《山东问题》,第116页。
〔9〕 根据5月25日中日之间的条约和互相照会,日本确保自己及其臣民得到了特权,这使得竞争成为不可能,而中国之主权变成空文,尤其是在满洲和东部内蒙古。参见附件17,《山东问题》,第116~133页。借用威洛比(p. 345)之语:"日本关于满洲和东部内蒙古之要求,违背了合众国对于门户开放原则之解释,这是再明白不过了。"

哈佛课业

当此之时,唯有一个国家[1]所处之地位,可有效抵制日本对华侵略,此即美利坚合众国。但在谈判期间,合众国政府之所为,亦止于打听日本对华有何举动,此为基于《鲁特—高平协定》而来之问询权利。[2]针对此问询,日本则以公布其要求来回应,然却将此中可憎之条款隐瞒不提。当实际条款均大白于天下,合众国公众皆已明白,"门户开放政策已成废纸",[3]然合众国政府却怡然自得于1915年5月16日向中国政府[4]发出如下照会:

> 鉴于中日两国政府间正在进行之谈判,或即将进行之谈判,以及已经达成之协定和其造成之后果,合众国政府特通知贵国政府——吾国政府不可能承认中日两国政府间已经达成,或可能达成之任何有损于合众国及其公民在华权益、有损于中国政治与领土完整,或众所周知之门户开放政策这一国际条约之协定,或此种谅解。[5]

或许此为合众国政府力所能及之最佳举措,因其必已明了,日本之处心积虑,与合众国"不屑一战"之态度适成对照。然真相在于,1915年之悲剧,恰对美在远东之影响损害甚巨。沙俄于义和团起义后入侵满洲,和日俄战争期间日本在同一地区之图谋,均威胁门户开放政策,但凭海约翰之所作所为,该政策度过了此两次紧急事态。1915年合众国未能作出类似反击,甚为可悲;其失败则积极促成了日本确立在远东之主宰地位。

1916年7月3日,《俄日协定》提供一新防卫同盟,以保护彼此在远东之利益。[6]日积月累,基于两国之自私自利,俄国遂成日本真正伙伴。1917年革命摧毁了沙俄,此为日本所愿。"日本失其狐朋,不免慌乱,它

---

[1] 自格雷爵士（Sir Edward Grey）和塞西尔爵士（Sir Robert Cecil）被迫在4月到6月期间对下议院发表之谈话观之,倘若不是由于这场战争它被迫对日绥靖,大不列颠不会容忍日本之举动。

[2] Chung, p. 78.

[3] North American Review, May, 1916 (V. 203, p. 695).

[4] 对日本政府也发出了类似照会。

[5] 《山东问题》,第20页。

[6] 关于此条约的条款,参见上书,第58页。

本指望沙俄之同志友谊为其自身外交政策之指针。"[1]

日本随罗曼诺夫王朝之消逝而所失者，则收之于《蓝辛—石井协定》。"日本人之所有事业，皆别有动机，1917年石井子爵所率军事代表团即如此。"[2]它旨在解决加利福尼亚问题，并趁此适当时机，按其利益来处置远东局势。[3]虽未解决前一问题，但就中国门户开放政策问题，它确乎达成了一满意协定——对合众国而言是盲目满意，而对日本而言则是私利得遂之满意。[4]1917年11月2日，从两国互换之照会中可读到下述内容：

> 合众国与日本政府认识到，地缘上之邻近，创造了国家间之特殊关系，因而，合众国政府承认，日本在华有特殊利益，尤其在其领土邻近地区。
>
> 然而，中国之领土主权保持完整无缺，合众国政府完全确信日本帝国政府反复重申之保证，即虽然地理位置赋予日本此种特殊利益，但其无意歧视其他国家之商贸，或不尊重与其他国家之商贸条约。
>
> 合众国与日本政府拒绝以任何方式侵害中国之独立与领土完整，它们进而宣告，它们将一直坚持所谓"门户开放"原则，或在华商贸与产业机会平等。
>
> 此外，它们相互宣告，它们反对任何政府获得将影响中国独立与领土完整，或将排斥任何国家公民或臣民在华完整享有商贸与产业机会平等之任何特殊权益或特权。[5]

"自海约翰倡议以来，在合众国所达成之与东方有关协定中，此为最

---

[1] Tomimas, p. 137.
[2] Chung, pp. 83-84.
[3] "1917年，当合众国刚刚参战，不可能承受得起在太平洋（加利福尼亚问题）地区之危险纠缠，于是与日本谈判了《蓝辛—石井协定》。" New York Times, February 21, 1921, Sect. 3, p. 11.
[4] Chung, p. 84.
[5] China, No. 1 (1918), Enclosure No. 1.

哈佛课业

重要者。"[1]它亦是合众国外交史上在东方所犯最大错误。此为对中国之背叛,并未知会中国,却影响其生死存亡,此乃一桩交易。[2]它等同放弃门户开放政策。反之,对日本而言,此不啻一场决定性胜利。

这一协定之意义,取决于如何解读"特殊利益"。合众国国务卿蓝辛(Lansing)意在使我辈信服,此种利益不过是"地理上的"。[3]日本则认为其意味着特殊影响。蓝辛先生或许自信其正确,但其何以能告知日本人,切勿将此协定解读为正当化或认可其在华侵略政策?真相昭然,日本正作此解。

思及"特殊利益",则促使吾人思考日本之原则。向有主张认为,日本应在亚洲有一项门罗原则,一如合众国之在美洲有其门罗原则。此种比附谬不可言,而此观点亦荒诞不经。合众国宣告和维护门罗原则,不外乎出自卫动机,绝非自私动机所驱使。籍由门罗原则,其致力维护美洲不甚兴盛之共和国之独立。它并不为己谋求何种优势。它维护该原则完全出于善意精神,与兄弟情谊之帮助。即便在过去20年内,它亦未偏离其传统之开明精神太远。引用米拉德先生(Mr. Millard)所述:

> 门罗原则意在达成两项目标:①维护美洲脆弱的共和国之领土完整和政治自主;②在此种国家,确保和维护对所有国家门户开放之商业原则。[4]

然而另一面,所谓日本之门罗原则,乃独占在华机会与利益,最终将中国置于其控制之下。在门罗原则之实践中,美洲国家之门户开放,

---

〔1〕 Wheeler, p. 102.

〔2〕 中国人之意见多种多样,有激烈谴责——并非谴责日本,因其太过恶毒——而是谴责合众国,以其不值得信任;亦有悲观自责。日本舆论总体而言赞成此协定,除了有些人拒不承认合众国在远东有任何正当利益。参见 Millard's Review of November 17, 1917。

〔3〕 据蓝辛之看法,这一协定重新肯定了门户开放政策。他之特殊利益之含义,为地理上之利益。See Sen. Doc. No. 106, 66th Cong., 1st Ses., Hearing on "The Treaty of Peace with Germany". 按蓝辛先生之说,也可以说大不列颠在地理上于法国有特殊利益。此种类比真不可思议。

〔4〕 Our Eastern Question, p. 285.

114

而中国之门户则除对日本一已开放外,深门闭户。[1]

进而言之,合众国敦睦美洲诸国,其门罗原则亦为列国所欣纳。日本则一贯不得人心——此说尚极留情面。简言之,合众国之门罗原则,令美洲幸免于外来侵略,而日本之门罗原则,倘得到承认,则是将中国妥妥送入日本之口。[2]

自《蓝辛—石井协定》以来,日本已在华攫取众多特权。1918年5月16日之军事协定,令日本控制了中国军队,以及与上次世界大战相关之其他事项。[3]该协定亦令日本取得大量铁路特权。其在满洲之地位仅缺主权而已。日本人所据之地,对于门户开放政策仇视以极,此皆有事实为证。[4]

"经验表明,在中国受日本政治控制之各地区,日本以外之外国商贸会萎缩,趋势如此。"[5]

晚近合众国一方有两项企图,似乎可视为诺克斯政策卷土重来。当巴黎和会召开时,中国国内均在讨论中国所有铁路之国际化。此种国际

---

[1] 艾伯特先生(Mr. James F. Abbot)所想恰好相反。他说,日本在亚洲版门罗原则之下应当占有满洲。倘若日本并不独占商贸,则合众国应当承认这一原则。他还恰如其分地评论道,此种安排将保障亚洲之永久和平。其末尾一章(pp. 239-259)极为有趣——只是太过荒诞无稽。

[2] 卡塞(J. G. Kasai)为一位身居合众国之老练日本宣传家,引其语言之:"日本在远东拥有不可剥夺之权利,以保持其地位并采取任何为自存和防卫所必要之行动方案。" Annals of American Academy of Political and Social and Social Science, V. 54, p. 266.

[3] 对此事之讨论,参见 Millard's Review of May 25, 1918 (V. 4, pp. 460-463)。这一协定在1921年1月27日终止。

[4] 大约在1914年,中美之间就福建建设船舶修造厂而展开谈判,福建乃日本势力范围。日本大使吓阻合众国国务卿布连(Secretary Bryan),谓此举将被视为不友好行为。为了保留脸面,合众国国务卿公开表态说政府将不会支持对这一意图之贷款。亦为留存脸面,中国政府否认存在此项谈判。事情遂告寝。为了更加保险,日本在其二十一条要求中之第五组要求中,试图在福建排除除其自身之外的所有外国企业。参见 Millard, Our Eastern Question, pp. 354-355。青岛为另一示例。"过去10年来,德国实际上并没有精心算计让远东政治复杂化。基于实际成就、成功和公正之管理,以及对于在其影响区域内人民的经济社会福祉之贡献来判断,在中国沿海拥有基地之列强中,没有哪个国家能比德国更好地证明其存在之合理性了。"(Hornbeck, p. 299)但是,日本扭转了这一局面。1919年秋季美孚石油公司(Standard Oil Company)被日本当局以毫无根据之托词予以关闭。合众国另一商贸事务亦在同时被关闭。日本在青岛之商贸和人口取代其他国家而有了大幅增长。在中国众所周知的印象是,日本人到哪里,该地之大门即向别国关闭了。至于在满洲之歧视政策,可参见 Millard, Democracy and the Eastern Question, pp. 263-277。

[5] 参见社论,"Economic Effect of the Extension of Japan's Spheres of Influence in China" of the Far Eastern Review for May, 1915 (V. 11, pp. 487-491).

化势将阻止中国任何地区为任何单一强权所主宰,并保持门户开放。此计划由合众国提出,亦得英国支持。法国和意大利则几乎不置一喙。然日本绝不妥协之反对立场,使此计划几无可能实现。该计划一如1909年之诺克斯计划,完全无疾而终。[1]

"美元外交"之另一配套措施乃新组银行团。其成立即困难重重。在巴黎和会期间,合众国银行家之代表即提议组织新银行团,该提议在1918年10月已取得日、法、英诸国政府同意。然而,日本确切提出了其同意之条件,它指使其银行团声称,满洲和蒙古等省之某些区域,不应包含于新银行团适用范围,因日本在该地有"特殊利益"。"此种同意条件,实际上否弃了海约翰之对华门户开放政策。"[2]西方国家之银行团,拒绝被理解为同意自己被排挤出这些省份。因此,合众国银行家遣拉蒙特(T. W. Lamont)至远东。他想方设法,说服日本人撤回了其在1920年4月所作之保留。

银行团最终在1920年秋季才组成,然迄至此时,尚无一笔对华贷款。而在此项新业务中,列强间之合作精神迄未一见。银行团组建成功,或许妨碍了日本主宰中国,但亦程度有限,因日本不唯籍由垄断贷款,亦凭武力而竭力控制门户,且已占领了中国领土。

门户开放政策之未来

在前述各部分,吾已详细研讨在门户开放政策方面,关涉中国之外交政策各重要阶段。历史不断重演。对未来之预测,仅为对过去之推演。

门户开放政策,作为空洞无物之言辞,其后10年仍将留存于远东政治中。恰是灭此政策者,将指天誓日曰,吾乃此政策之信徒。[3]

---

[1] 全面认识这一新颖之计划和讨论,参见 articles by D. K. Lieu in the Chinese Social and Political Science Review, 1919, pp. 10–30。

[2] From Lamont's Preliminary Report on the Consortium.

[3] K. K. Kawakami 在 Century, December, 1919 (V. 93, p. 281) 中说,"并非合众国政府,而是日本政府,在竭尽全力热衷贯彻海约翰之门户开放政策"。亦参见 Ishii 之前引文, referred to on p. 21, ante。

门户开放政策,作为确有其事之物,势必或立足自身,或仰诸合众国。中国日进无疆。当其渐能自立,则亦可自治、自存,且一视同仁,敞迎列国。此将为真正门户开放时代。

然瞻顾眼前,中国仍为一无能亦无组织之国家,于捕猎者如帝国主义列强而言,颇为诱人,其侵略势必导致门户开放政策破坏无余,易言之,导致中国崩解,中国商贸被垄断,终至酿成在华利益相关之列强间之战争。

是故,在中国有二力相竞,一种势力脱中国于列强之重轭,另一种势力,则导致中国垮台及列国竞相为敌。最终必有一势力驱走另一势力。倘中国得胜,则全世界将分享其潜在财富。倘中国失败,无尽战乱将接踵而至。

昨日之沙俄与今日之日本,此种国家经之营之,务在肢解中国,故孜孜于毁弃门户开放政策。[1]而如大不列颠,此种国家受困于复杂结盟关系、领土利益以至对华视野,故对此漠不关心,于二力中何种势力将取胜,其亦无能为力,纵然中国之解放于其有利。然而在此两种起作用之势力中,合众国举足轻重。合众国之漠不关心,激励了侵略国之野心,终将导致门户开放政策之毁弃。倘合众国支持解放中国之势力,则中国将赢取其解放,而门户开放政策亦得其保障。

合众国将倾力奖助解放中国之势力,抑或冷漠如故?如吾已指陈,全世界最大利益之所在,取决于中国之解放。合众国在华之利益非同寻常。日本之侵略已危及合众国利益,徒恃外交亦不能阻其侵略、保存门户开放政策,吾人于此皆已明了无疑。是故合众国之选择在于,或则放弃利益、放弃现在与未来,或则对侵害门户开放政策之举,采取有力手段予以反击。[2]

---

〔1〕 注意一下麦考米克之如下段落:"她(中国)之未来将很大程度上取决于这些接壤之结盟国(俄国与日本)之间斗争的结果,它们之利益与政治活动倾向于肢解中国,而诸资本主义国家一方,则倾向于从里向外地建设中国。" In Annals of American Academy of Political and Social Science, V. 39, p. 60. 在战争中此说正确。

〔2〕 爱因斯坦(Einstein)说(p. 125):"吾人须在远东强有力地主张一项与平等原则、与吾等最佳利益相符合之政策。"马汉(Mahan)在1900年即倡议要未雨绸缪,提及此事也是颇有兴味:"吾人不能确保吾等之商业优势。"

 哈佛课业

采取强硬手段以保存门户开放政策，此举可能酿成战争，亦可能不致如此。如日本之侵略政策，可能舍刺刀之外亦别无他法阻吓之——吓唬与抗议，绝无可能奏效。倘合众国在华之利益无外乎数亿生意，则其上策似为息事宁人。但世上事绝非如此简单。可能因中国崩解而爆发之战争，势必将合众国卷入。倘目前为维护门户开放政策战争势不可免，则此战将免除一场来日之战。换言之，此为"以战阻战"。[1]

然而战争亦可能根本不会发生。对合众国而言，维护门户开放政策，所必须者为其决心。吾称日本为门户开放政策之主要破坏者。若合众国于处置日本时，弃其过度绥靖政策，如其提出二十一条要求时合众国所取之安抚策，且以军事演习待之，则吾人有理由相信，日本势必放弃其侵华政策。决心唯有以实力为其后盾，方可拯救门户开放政策，促成中国克服致其解体之力量，令中国获得永久安全，以实行门户开放。

简而言之，门户开放政策作为确有其事之物，唯当合众国决心维护之，或中国已自立时，方可能存在。

---

〔1〕采取强硬手腕还有另一重必要性。日尔（George B. Rea）说道："倘若得到世界列强赞同之门户开放政策亦无力挽救中国，则合众国可扪心自问，其如何维护门罗原则。唯有一替代之法：合众国必须武装起来，而且是马上武装起来。" North American Review, May, 1916（V. 203, p. 699）。在此种关联中，笔者亦可指出，倘日美之间爆发战争，其必定是远东并发症之结果，而非移民问题并发症之结果。

第六篇

美国商业法庭

政府系 课程编号：7（Gov.7）
何尔康教授（Prof. A. N. Holcombe）
1921年4月

美国商业法庭：其所作所为

钱端升（Thomson S. Chien）

哈佛大学
1921年4月
论文评分：A

参考文献

一、官方文件

商业法庭，合众国商业法庭之司法意见。

司法部，司法部部长 1911 年、1912 年、1913 年之年度报告。

州际商业委员会 1911 年、1912 年、1913 年之年度报告。

州际商业委员会报告，第 13~25 卷。

参议院报告，第 355 卷，第 61 届国会，第二次会期。

众议院报告，第 472 卷，第 62 届国会，第一次会期。

二、论文

J. A. Fowler, The Commerce Court, North American Review, April, 1913, Vol. 197, p. 464.

W. Z. Ripley, The Commerce Court, in his Railroads, Rates and Regulation, p. 580.

 哈佛课业

美国商业法庭：其所作所为*

编年说明

美国商业法庭因1910年6月18日国会通过之《曼-埃尔金斯（Mann-Elkins）法案》而设立，于1911年2月8日组建，并于该月15日开始受理商业纠纷。其于该年度4月15日首次开庭，7月20日首次宣判。

1912年5月10日，众议院通过了一项立法、行政、司法拨款法案，该法案未向商业法庭提供任何财政拨款。该法案经参议院通过后，于8月9日被送交总统，但在6天之后即被总统否决。内容相似之新法案于8月20日经两院通过，次日再次被总统否决。随后，众议院又一次通过了该项已被否决之法案，然此番法案未在参议院获得通过。第三项法案旨在向商业法庭拨款至1913年3月4日，该案于8月23日经国会通过，并于同日获总统批准。此后，根据1913年10月22日通过之《紧急补拨款法案》，商业法庭在同年12月31日前均可获得财政拨款，到该日此法案即废止。

与商业法庭有关之《曼-埃尔金斯法案》[1]

司法管辖权 商业法庭在以下事务中享有专属司法管辖权：

（1）"州际商业委员会除支付费用以外其任何命令之强制执行案件，但不包括破产宣告和财产充公，或罚金或刑事犯罪惩罚案件之强制执行。"

---

* 商业法庭为1910年根据国会法成立之联邦法院，有权复审和执行州际商业委员会（Interstate Commerce Commission）之决定。该法庭于1913年废止。——译者注

［1］ 36 St. L. 539.

（2）"禁止、撤销、废止或中止州际商业委员会之全部或部分命令之案件。"

（3）强制铁路公司遵守惩罚性关税，或根据 1903 年《埃尔金斯（Elkins）修正案》禁止不公正歧视之案件。

（4）关于账目公示、提供设施或交通运输中强制行为之执行职务令之听审。

在这些案件上，商业法庭应具有与巡回法庭同等之权力。

人员　总统被授权额外任命 5 名巡回法官。商业法庭最初 5 名巡回法官将由总统指派，但其后法官之指派将由最高法院首席大法官作出。被指派之法官任期为 5 年，且每年出缺一名法官。1914 年之后，并无法官在其任期结束后一年之内被再次任命为商业法庭之法官。

程序　4 名法官即可构成法定人数，裁决仅采取多数决。在华盛顿或其他地方持续开庭。

司法管辖权应通过书面申请方式提出。在书面申请被答复之前，诉讼双方任何一方均可提出诉讼中止之动议。

商业法庭之实践与程序尽可能与巡回法庭保持一致。

因公共利益之所需，在所有诉讼中，美利坚合众国可以代替州际商业委员会作为当事方。与诉讼有利益关系之各方均可参与诉讼。

当推迟诉讼以禁止州际商业委员会之命令时，除非商业法庭有特别指示，认为该委员会之命令可能造成无法弥补之损害，否则该命令不会被中止。

向最高法院上诉　对商业法庭之判决或法令之上诉，应与对巡回法庭之判决上诉一视同仁。商业法庭发出中间命令*以预禁止商业委员会之命令时，亦可以就该中间命令上诉。商业法庭之判决不会因上诉而中止，除非有最高法院之命令指示其中止。在案件送交最高法院之前，上诉优先于所有其他程序，但不得优先于刑事程序。

---

*　interlocutory order，中间命令，中间裁决，在诉讼过程中法庭为给予临时救济而发出之命令，或者根据当事人在诉讼中提出之申请，为决定陈述案情之方式以便对案件进行审理并根据是非曲直断案而发出之命令，但此种命令本身并非对案件之是非曲直所作出之断定。——译者注

 哈佛课业

对商业法庭和最高法院之评论[1]

对州际商业委员会所作裁决之司法审查 "倘若拒绝听证;倘若所准予之听证显失公正;倘若裁决无可争辩地有悖于证据;或倘若所示之事实在法律上不支持所发出之命令,则准司法性质之行政命令无效。"227 U. S. 88 (4).[2]此一法官意见毫无疑问乃对行政决定进行司法审查之合理原则。问题在于,"显失公正""无可争辩地有悖于"和"支持"等词极为变化多端。

商业法庭裁定,任何命令,倘非法律适用错误,且有实质证据支持,则均予以维持。"我们不可以说:就某个既定观点而引证之证据效力,商业委员会是否权衡得当?或者,商业委员会仅就与事实有关之证词而得出结论时,它是否犯了错误——证词是具体的、与诉讼无实质关系或并非关键之事实?抑或,它是否有疏忽?又或,此法庭不应当得出如此结论?倘若涉讼和所调查之具体问题乃一个事实问题,且进行了充分听证,而所得之结论得到了充分证据支持,则商业法庭将不会宣告委员会之命令无效。"40 Op. C. C. 13.[3]在另一处,商业法庭认为:委员会"可能未将关于天然优势之证据与关于价格之证据结合起来;但鉴于它此前已经有了充分证据……,法庭不应干扰委员会之最终判决。"88 Op. C. C. 19. "在已进行了充分而公正之听证会这一情形下,本庭仅就商业委员会对事实之裁决中所涉及之下述指控予以审查:此种裁决未能得到呈堂证供中任何实质证据之支持,或者是基于不当识别*和不当考虑而任意作出。"90-93 Op. C. C. 9-10.

但是,"本法庭始终有权决定如下法律问题:在最后听证会结束时,

---

〔1〕 如有需要,在后之意见将遵循在前之意见。
〔2〕 (4)指商业法庭的案卷编号。
〔3〕 这是指案卷编号为40之商业法庭意见书第13页。

* distinction, distinguish,指出认定被作为判例的案件与正在审理的案件之间存在事实上、程序上及法律上的不同,其意图一般在于显示该判例不应予以适用或者使该案件的判例价值达到最低限度。——译者注

是否有任何证据支持由司法或准司法法庭作出之事实裁定"。3 Op. C. C. 19. 这一法官意见似乎将商业委员会置于一不确定地位，因商业法庭在任何情况下均有最后决定权。最高法院表示："尽管商业委员会对于其职权范围内关于某事情之事实裁决具有拘束力，而且在法庭上可能不予重新审查，但无可置疑的是，倘有争辩认为某项被拒绝执行之命令乃是在缺乏任何证据支持之情形下作出，则对这一问题之审议非关于事实问题，而是关于法律问题，而法庭有责任审查和决定该法律问题。" 234 U. S. 185（58）.

商业法庭认为，州际商业委员会所得授权，"并未授予委员会以绝对或任意之权力，使委员会可基于其认为对公众、托运人和承运人最有利之任何考量而便宜行事。其命令必须基于运输方面之考量"。7 Op. C. C. 7-8. 商业委员会之观点认为，"法庭不能就委员会之判决终结性提供任何救济，*除非表明已确定之价格是没收性价格"**，"所得结论必须是根据调查所披露之事实合理推断而来"。4 Op. C. C. 47-48. 在同一案件中，根据上引商业法庭作出之判决，肯塔基州西区巡回法庭认为，该法庭并非一个接受上诉之价格制定机构，而检验商业委员会价格合理性之适当依据，乃是该价格是否为没收性价格。184 Fed. 118. 最高法院在上诉后裁定："裁定证据之有效性，对于精熟此种事务，且对在全国每一地区定价之复杂性与历史了如指掌之机构而言，尤为重要。" 227 U. S. 98（4）.

商业法庭强调有争议和无争议事实之间的区别。"在此种情况下（可以根据相同事实得出不同推论，因此存在意见分歧之余地），商业委员会之结论应作为其管辖权范围内如此清楚之事项而接纳。" 4 Op. C. C. 7. "倘经过了充分而公正之听证，法庭将无权审查委员会对事实争议问题之裁定。" 58 Op. C. C. 11. "当委员会之裁定所依据之证据或证词存在实质

---

* conclusiveness of the judgment，判决的真实性、终结性和约束力。当法庭对某一问题作出最终判决或决定不再对该问题作进一步调查时，该判决即为终结性的。判决终结性的效力限于防止当事人对该判决提出间接性攻击（collateral attack），但不影响当事人的上诉或要求撤销等直接攻击（direct attack），就此点来说，该判决不是终结性的。——译者注

** confiscatory rates，没收性价格，指对公用事业的服务价格定得过低，致使公用事业不能获得合理利润，维持持续经营并吸收投资以实现其服务公众的目的。——译者注

性冲突时，除非明确而明显地有悖于证词之效力，否则我们应受判决之约束。在对事实无争议时，即无认定事实之必要，而委员会之最终结论乃是一个法律和事实之混合问题，则该问题肯定不应由本庭作出终局裁决。" 20 Op. C. C. 21. 再次，"当案件之事实得到认定，而问题是法庭应根据此种被认定之事实而作出何种判决时，则案件就处在同样境地：事实已经被发现，问题应该是关于在此种已发现之事实基础上如何判决。" 47 Op. C. C. 15.

不过，最高法院并不如此认为；"以法庭本身之判决，去取代商业委员会基于其职权范围内之事实基础上所作出之判决"，此"非法院之职能"。234 U. S. 314（2）. 在另一案件中，最高法院表示："在关于是否存在偏袒之问题上，（商业法庭）以其自身之判决去取代商业委员会之判决，其所根据之理由是，当不存在事实争议时，它有权如此行事；但很显然它在运用法律从未曾赋予其之权力。""在司法审查之案件中，委员会之判决不仅是初步判决，而且亦是终局正确（之判决），除非"没有经过公正之听证等（程序）。"它不可能有其他目的；倘若坚持下面那种法条之观点，则商业委员会就只能成为一种出于作证目的之简单工具，其证词留待提交法院以供其最终判决之用。" 235 U. S. 320-1（47）.

商业法庭拒绝干预自由裁量行为和行政行为。"规定联运运价或拒绝这么做，此问题取决于商业委员会之自由裁量"，法院不予审查。55 Op. C. C. 9. "我们认为（前述要求）是一项行政裁决，显然是在委员会之权力和管辖范围之内，法庭不得干预。" 41 Op. C. C. 13.

商业法庭之司法管辖权　　"倘若此法庭有权撤销委员会裁定赔偿之命令，它亦有权撤销拒绝赔偿之命令。" 42 Op. C. C. 4. 但最高法院主张，1910年法案（the Act of 1910）"所赋予之管辖权，仅是（让法庭有权）考虑针对委员会之赞成命令*所提出之申诉"。255 U. S. 293（9）.

最高法院亦提出了某些进一步限制。"出于执行之目的，或限制其（命令）强制执行之目的，法院在决定是否存在违宪、是否未与法定权限

---

* affirmative order，译为"赞成命令"，其所指是"裁定赔偿"之命令，与其相对的是"拒绝赔偿"之命令。——译者注

保持一致时，受制定法运作之拘束。"255 U. S. 297-8（9）."国会授予商业法庭关于禁止或撤销委员会命令之权力，就如联邦巡回法庭此前所行使之权力一样，仅限于确定其是否存在违反宪法，或是否违反由法令授予之权力，或是否滥用权力以至于实际上超出其被赋予之权力等情形。" 231 U. S. 439-40（56）.

"商业法庭对于诉请禁止州际商业委员会之强制执行令这一案件拥有管辖权，承运人要求其主张之价格有效，而商业委员会拒绝了这一要求。" 234 U. S. 76（50）.

合宪性 1906年6月29日所通过之《赫本（Hepburn）法案》第20条,"试图通过立法将私人商业机构转变为公共服务机构"。75-80 Op. C. C. 20."此一修正案之结果是，通过要求他们与他人共享原来仅供自用之设施，并要求其运用此种设施为公众服务，从而改变他们商业之性质与特性（对石油管道的某些描述），从私人性质变为公共性质"，因此，第20条违反了（美国宪法）第五修正案。75-80 Op. C. C. 23。但是，最高法院认为："要求从事州际管道石油运输之个人，转变为一个普通承运人，并不涉及对私有财产之侵占，而《赫本法案》中之规定并不构成违宪。" 234 U. S. 549.

一些评论

塔夫脱为实现其更完善分权之理念而创立了商业法庭，而该法庭在其存续期间引发了激烈争论。公众似乎抱有一种观念，认为其乃十足败笔，是"背德之事"。吾人来一一检视其所受之指责，以及其宣称倘有之裨益，以便得一公道结论，吾人费此番功夫想必事有所值。

商业法庭之设立是否损害了州际商业委员会？ 吾人所研究之绝大多数案件，其诉愿均针对商业委员会。此事应无出人意料之处，因《赫本法案》规定，商业委员会关于事实之裁决乃终局性的，且赋予其制定费率（价格）之权力。根据这一法案，几无必要让商业法庭强制执行商业委员会之命令。但另一方面，铁路部门倘对商业委员会所定之费率不

满,就必须起诉要求禁止商业委员会之命令。因此,大量针对商业委员会之诉讼案件,从技术上说亦是针对合众国政府之案件,并未披露任何能坐实此种指控之材料。

众议院委员会在一份支持废除商业法庭之报告中称:"商业法庭此种纪录,除了视其为毁坏州际商业委员会之功能、损害国会借此委员会来控制与规束普通承运人之价格与运营之用以外,还能作他想吗?"另一方面,1912年之司法部部长报告显示:"相比巡回法庭和最高法院,商业法庭在大部分案件中均判决商业委员会胜诉;此外,它在发布临时禁令*上较巡回法庭更为严格。"(支持和反对商业法庭之)两造皆在编造记录以贴合自己之观点;两造皆不可靠。尽管1911年之前巡回法庭对商业委员会之胜诉判决比例,超过1911年商业法庭对商业委员会之胜诉判决比例,但显而易见,在随后3年里(商业委员会之命令)被商业法庭推翻之案件,亦很难称得上数量惊人。商业法庭对45个案件中之27个发布了禁令,但实际上只有12项得到了执行。从名义上看,有27个案件被商业法庭推翻,而其他18个案件维持原判。然而实际情况是,有16个案件维持原判,相比之下仅12个案件被推翻原判。确乎如此:商业法庭在挑战商业委员会;但还不能说前者摧毁了后者。

商业法庭是否保护了铁路公司之利益? 对商业法庭之汹汹指控,谓其守旧。法官们无疑皆属于保守派。此点从"南太平洋公司诉州际商业委员会"(Southern Pacific Co. v. I. C. C.)一案中纳普(Knapp)法官服从于多数意见即可看出,就在一年前,作为商业委员会之主席,他不同意(商业委员会)不利于铁路公司之命令。尤其是在第一年,商业法庭表现出支持承运商之显著倾向。在1911年商业法庭与商业委员会立场一致之多数案件中,法庭同样倾向于支持承运商。商业委员会之年报说道:"当提到商业法庭作出有利于铁路公司之裁决时,吾人绝非认为此种裁决意见总是不利于本委员会,而是认为其不利于承运商之竞争。"数据显

---

* 即preliminary injunction,预防性禁制令、临时禁制令,起诉后作出判决前法院签发的禁制令,禁止被告实施或继续某项行为。签发预防性禁制令,必须:①申请人胜诉的可能性较大,且如不签发禁制令,申请人将受到难以弥补的损害;或②申请人胜诉的可能性虽然不大,但已提出应当进一步调查的、有实质意义的、艰难的争议点,如不签发禁制令,其所受损害将超过其他人。——译者注

示，支持/反对承运商之比例为 33∶17，然而真实数字只有 17∶15。吾人须知，自第一年后，商业法庭之判决并未明显偏袒铁路公司。

狭义审查抑或广义审查 在商业法庭所面临之批评中，其真正问题在于对待司法审查原则之态度。多年来国会一直通过加强商业委员会之权力以抑制铁路公司之影响力。而法官们总还抱有一种个人主义倾向。广义审查自然导致了有利于承运商之结果。1910 年，由最高法院发回之伊利诺伊州之关键裁决，似乎阐明了狭义审查之信号。自然，商业法庭咄咄逼人之做派激起了警惕。前述资料对商业法庭持有何种司法审查原则揭示甚少，因为那些司法判决意见通常不够准确和严密。但对其决定和判决之研究明确指出一桩事实，即商业法庭对商业委员会之命令采取了广义司法审查之原则。商业委员会担心"鄙方所发布之命令中，99%皆可能受到商业法庭基于事实问题之审查"；其担心不无道理。

众议院委员会报告指出："自由裁量权包括就一项具体投票是否合理作出决定，因为，就事物之本性而言，'未来'乃立法上自由裁量之事宜，不能亦不应受法院之审查；在众多案件中，必须运用此种裁量和判断，关于这一事实并无争议，即便如此，这并不能改变此种裁量所具有之立法权特性。在此种案件中，留待法庭所决定者唯有这一问题：

A. 根据法律，商业委员会是否有权发布此项命令？

B. 这一命令是否没收（财产）？"

愚见以为，此种观点不免偏于另一极端，虽说吾亦无从找出任何理由证明，一个由 5 人组成之法庭所作之判决，何以较一个由 7 人组成之委员会以实质相似之程序所得之判决更为公正。它偏于极端，乃因其在某种程度上扰乱了整个司法系统，此是有鉴于许多其他事情可能被诉诸行政法庭寻求解决。除非此国家已为巨变未雨绸缪，否则此种观点不值得提倡。

商业法庭高效乎？ 1912 年之司法部部长报告声称，"商业法庭较巡回法庭更为高效"。根据商业法庭之规则，一个案件从首次起诉，至最高法院下达终审判决，仅需耗时 9.25 个月，而按巡回法庭之规则，则需耗时 21.2 个月。此乃根据二者所处理之六七个案件分别计算之平均时长。

哈佛课业

故此份来自商业法庭支持者之声称并不能令人信服。略阅文后所附表格"附录：关于商业法庭的数据表"，即可发现商业法庭之平均耗时在一到两年之间。不唯如此，自1913年以来，区法院（district courts）处理州际商业委员会案件之速度，已较1911年之前巡回法庭处理之速度大幅提升。单凭迅捷性并不能证明商业法庭存在之正当性。

判决之统一性 商业法庭之拥赞者声称，对于所有因《州际商业委员会法案》引发之案件及其在商业法庭中之修正而言，商业法庭之判决不再会出现混乱情况。其人声称统一性为商业规制中值得追求之因素。而商业法庭之批评者则对判决之统一性并不期成。另一方面，其亦指责，鉴于商业法庭之大部分判决皆被最高法院改判，所谓商业法庭判决之统一性，即便有也毫无意义。或许，在商业案件中，判决之统一性是否值得追求，此问题应留待受过法律训练之人士判断。

专业性 与统一性相似，法庭之专业性亦是一争议焦点。据称，因为不似巡回法庭之法官不可胜数，商业法庭仅有5名法官，故商事案件司法之专业性因素将得到提升。反对者，即持狭义司法审查观点者，对专业性问题毫不关注。其谓每一位巡回法庭之法官皆能裁决法律问题，裁决某个费率是否为没收性价格。此外，彼亦争辩道，即便假定专业性乃值得追求之目标，那商业法庭之法官亦并非专家，因商业法庭每年均有一位法官出缺。事实上，渴求专业性之人，其所期望者，有类于可永久服务于商业法庭之法官。

经济性 在国会辩论中，经济性之问题亦经常被置于显要位置。其意味有二：其一，对政府而言，设立商业法庭是否合算；其二，对托运人和承运商而言，商业法庭之存在是否合算。支持者与反对者均对此问题倍加重视。不过，有无此种法庭其实对政府影响甚微，而承运商和托运人往往参谋者众（因而自会精打细算），因此，该问题实际上无足轻重，大可一笔勾销。

商业法庭之失败 在考察商业法庭为何终成败笔时，吾人须将组成法庭之法官，与作为一机构之法庭本身区别视之。愚见以为，此乃失之于法官，而非失之于法庭。在1911年至1912年间，国会内外倘有多数意见,则此多数意见似乎皆决心假州际商业委员会之手,而加强对承运商之控制。故《展望》杂志发出呼声:"针对州际商业委员会之行政决定之上诉,倘若更较现今为烈,将有损于公共利益。"国会之法案并未扩大司法审查权。然而诸法官不仅孜孜于有所作为,抑且挑战商业委员会众多法令之效力,其畅意自由,逆国会之本意。法院非如国会须得广邀民意,但其亦须赢取人民尊重。而此5位法官所代表之商业法庭,罕享尊敬,良可悲也。1912年,对阿奇巴德(Archibald)法官之弹劾,益增民众之轻蔑,遂致商业法庭之终结。

结论。1912年司法部部长另一项声明道:"商业法庭足以证明,解决因州际商业委员会之法令而引起之法令问题,其效果之佳,远较巡回法庭为胜。"当然,倘此份声明确有实际价值,亦须对其大打折扣。商业法庭乃塔夫脱总统之"爱子",或如民众所谓之"宠物",而司法部部长维克舍姆(Wickersham)则为其"护士"。然而,正如愚见所指,民众对商业法庭多方之偏见,亦难称公允。以下管见略值一提:其一,法官保守,法庭并不保守;其二,在其后之案件中,商业法庭之意见,更顺乎民意,更合乎最高法院之倾向;其三,国会未图补罅,仅一废了之。

现在,商业法庭,一如其他每个对行政决定作司法审查之特别法庭,其是否有可取之处,此问题取决于法院实行狭义司法审查抑或广义司法审查。倘采取狭义司法审查,如仅审查合宪性问题与泛泛之法律问题,则此种法院非为必要,因普通法院亦能胜任司法审查之职。倘法庭行使广义司法审查权,即便不若商业法庭成立之初所拟想之广泛,则设立此种特别法庭,乃当然称心之事,以其能够确保在特殊类别案件中,案情熟悉与裁决一致可二美兼具。

第七篇

托马斯·哈特·本顿与公共土地

历史系 课程编号：17a（Hist.17a）
特纳教授（Prof. F. J. Turner）
1922年1月

托马斯·哈特·本顿与公共土地

钱端升（Thomson S.Chien）

哈佛大学
1922年1月
论文评分：A-

目 录

书 目
    一、关于本顿
    二、关于土地问题
    三、文件

导 论

本顿之土地政策
    一、优先占有权
    二、土地分级
    三、土地割让
    四、土地分配
    五、次要方面
    段落概要：
    矿产土地
    捐赠
    法国与西班牙之土地权益主张
    低价
    印第安人之产权

结 论
    一、作为西部代言人之本顿
    二、作为国务活动家之本顿
    段落概要：
    充分理解其土地政策
    与其他国务活动家之比较
    本顿之方法
    小 结

附 录

 哈佛课业

书 目

一、关于本顿

Benton, Thomas Hart, *Thirty Years' View*, 2 Vols, New York, 1854–1856.

此书实为 1820—1850 年之合众国政治史。其厚重风格使其不易阅读。其价值主要在于以其自己之语言表述一己之观点。（引用时省称 View）

Meigs, William M., *The Life of Thomas Hart Benton*, Philadelphia, 1904.

此为三本本顿传记中最佳者，就其全面、精确与用功而言，远超其余二本。作者虽有时不免落入对本顿之英雄崇拜，然其叙事大体不偏。（引用时省称 Meigs）

Rogers, Joseph M., *Thomas H. Benton*, Philadelphia, 1905.

此书引人入胜，然与 Roosevelt 之书相较，则文笔生气略逊。该书中作者之陈述无任何精确引证。作者亦对本顿歌功颂德。书中对土地问题仅略有参考。

Roosevelt, Theodore, *Thomas Hart Benton*, Boston, 1887.

一如"合众国国务活动家系列丛书"中其他著作，此书更关注时代之政治史，而非传主之活动。其写作风格胜 Meigs 之作一筹，然其所含信息之价值则微不足道。

二、关于土地问题

Heyburn, *Commissioner of the General Land Office*, *Address on the Public Lands of the United States*, Senate Document, No. 445, 61st Congress, 2nd Session.

此为一篇对土地问题之评论，言简意赅而言辞激烈。

Sato, Shosuke, *History of the Land Question in the United States*, Baltimore, 1866.

此为一篇论文，对全面了解土地问题颇有助益。

Stephenson, George M., *The Political History of the United Lands*, 1840–1862, Boston, 1917.

参见 Wellington 著作条目，见下文。（引用时省称 Stephenson）

Treat, Payson Jackson, *The National Land System, 1785-1820*, New York, 1910. 此为理解后期土地问题之必备书目,是附有极为详备书目之学术论文。

Wellington, Rayson J., *The Political and Sectional Influence of the Public Lands, 1828-1842*, Cambridge, 1914.

此书与 Stephenson 之书,皆为颇具洞见之专著,堪称此专题领域之大师手笔,唯其仅基于公共档案、当时新闻报纸以及手稿材料。此两书之风格与选材甚为相似,但后者即 Stephenson 之作,更其广博精深。二书之参考书目皆极为赅备。但后者甚至详备至此种程度:既开列了 Wellington 之著作,亦开列了其于 1828—1833 年刊载于美国史学会《关税与公共土地报告》上之文章,此种文章构成该书之第一章! Wellington 之专书参考文献之引用更细微,而 Stephenson 之专书则更可读。究其实质,Wellington 有时不免过于强调地方主义,而 Stephenson 则有东部人之缺失(仅是猜测),虽力争待西部人以公道。吾当毫不犹豫道及,在此短文之撰写中,笔者受惠于二者甚多。(引用时省称 Wellington)

三、文件

Annals of the Congress of the United States.(引用时省称 Annals)

The Register of Debates in Congress.(引用时省称 Debates)

The Congressional Globe.(引用时省称 Globe)

American State Papers, Public Lands, 8 Vols.(引用时省称 Public Lands)

Richardson, James D., Messages and Papers of the Presidents, 1789-1902, 11 Vols, 1907.(引用时省称 Richardson)

 哈佛课业

托马斯·哈特·本顿与公共土地

导 论

研究参议员本顿之公共土地政策既不乏趣味，亦深具启发意义。谓其有趣，乃因本顿公职生涯中其角色异乎寻常。谓其深具启发意义，则因合众国历史上公共土地之重要。"合众国进步之历史，乃与其土地处置之历史密切相连"[1]，此说绝非夸张。此外亦有一巧合，本顿参议员于国家高等商议机关*任职漫长，该期间恰与土地问题引起激烈争议之时期重合。[2]

然而，从吾拟从事之研究而言，原创既非属望，详备更属难能。威灵顿（Wellington）与斯蒂芬森（Stephenson）关于公共土地之论文，已囊括吾拟探讨之全域。详究影响本顿土地政策之诸因素与势力，或他之土地政策所造成之影响与势力，此举或许所获甚丰，然吾光阴紧迫不敷使用，故此法亦绝不可行。

然而，吾亦无意复道威灵顿或斯蒂芬森或其他人已道之言。吾之意图，毋宁说在于阐明本顿之土地政策，此主要籍由其在国会之言论和法案而揭示，从而达成真正评价其西部理念以及其政治才干之目的。

其土地政策之诸多面相，勾连密切兼晦暗难解，以至于逐项加以研究虽有便利，却会大受质疑。但编年叙述之法与其他诸法亦皆难称圆满。因无更佳方法，乃乞灵于主题论述法。

---

[1] In Hepburn's address, p. 1, Stephenson (p. 20) 说："土地立法处于西部之核心。它是西部最大单一利益所在，也是在定居者之小屋中、在州立法机构中、在西部国会议员之演说中，讨论的至关重要之话题。"

* 即指参议院。——译者注

[2] 罗格斯（Rogers）在其传记（p. 82）中说："公共土地问题对本顿而言甚为亲切，任何影响此种问题之事情，必定马上引其关注。"

第七篇　托马斯·哈特·本顿与公共土地

本顿之土地政策

如吾等所见，本顿在其参议员生涯中，孜孜矻矻于土地立法。其对土地问题之兴趣，源始于其早年生涯。在田纳西州其尚年幼以至青年时代，本顿即已见识北卡罗莱来州向田纳西州之定居者授予640英亩有继承权之土地，该举为定居者所带来之绝大利益。[1]怀特姥姥（Granny White）* 白手起家而致业旺之事迹，尤令其印象深刻，倘非令其振奋战栗。[2]与此种有益之免费土地制度适成对照者，则是密苏里州在1796年和1800年法律之下所施行之联邦土地制度，其运作予其不良印象，因其"对全部制度皆深恶痛绝，且决意无论何时一旦掌权，即向此制度开战"。[3]

一、优先占有权[4]

本顿就职参议员不久，即已开"战"。此战既有所捍卫，亦有所摧廓。本顿最珍视之事物之一，即优先占有权。优先占有权并非新生事物，在殖民地时代即已有之。1820年之前，全国范围内实质有限之优先占有权法案亦已存在。[5]但本顿得享此项盛誉——他乃持之不懈、干劲十足拥护普遍优先占有权制度之第一人。

---

[1] View, I, 102.

* "怀特姥姥"原名Lucinda Wilson，1743年生于北卡罗来纳州，17岁嫁给Zachariah White，37岁时她因丈夫被杀而守寡，抚养两孤儿，陷入赤贫境地。但其后10来年，她艰苦奋斗，至60岁时仍壮心不已，与一被释奴隶搭档，通过沿路卖面包而跋涉800英里，历经3年长途迁徙至田纳西州，最终在田纳西州的Nashville赊购50英亩土地安居下来。1812年她开设一小旅馆（Inn）和小酒馆（tavern），因慷慨温馨的贴心服务而大受疲惫远途旅客欢迎，甚至诸名人亦不时光顾，其中包括本顿。此旅馆被称为"怀特姥姥小馆"。本顿曾在美国参议院中对怀特姥姥之奋斗精神赞颂有加。1849年田纳西州议会将此旅馆前道路重命名为"怀特姥姥路"（Granny White Pike）以为纪念。如今该遗址为历史文化古迹。——译者注

[2] Ibid, 105-106, Also, Debates, 19th Cong., 1st Sess., 742.

[3] View, i, 102.

[4] 要有逻辑条理地安排这一小节是很难构想的，笔者尽可能根据对于本顿之相对重要性来安排本节内容。

[5] See Treat, National Land System, p. 384.

哈佛课业

1809年，当其尚为田纳西州参议员[1]时，即已赞成优先占有权。1824年4月28日他向联邦参议院提交第一项土地法案，该法案"将参议员之心思转向深思熟虑之变革"，其中他倡议一种最极端形式之优先占有权——捐赠。[2]此法律草案第二节[3]中提出：

> 任一家庭之户主，或年满21岁之青年，或孀妇，倘其为合众国公民，即可要求，或从（土地）造册官员与适格土地管理机构之土地接受者处，得到书面许可，以拥有或定居于1/8块份地；该地唯有以每英亩50美分之最低价方可出售，且在连续定居和耕种3年后，方可因之有权得到执照，表明其乃得自美利坚合众国之捐赠。

当1826年该法案二度提出时，有权得此捐赠者，须向土地造册官员付费，且得连续耕种5年而非3年。[4]1829年，当其所提出之土地方案——常称为"土地分级法案"——首次在参议院获通过时，并无捐赠条款。反之，所提者为以每英亩0.75美元之价格，得1/8块份地之优先占有权。[5]

在其后数年内，本顿本人或其同道，竭尽全力让此项包含优先占有权之土地分级法案成为国会之立法。但迄至第25届国会之第二个会期，皆一无所获，此时参议员沃克（R. J. Walker）之优先占有权法案在两院皆已通过立法。本顿在为此法案代言时道："何谓优先占有权？它不过一项首次购买之权利。它非捐赠——它非所赠与之礼物——它非免费分配土地。"[6]吾人可由此间接得知，纵然本顿胆大妄为，但彼时其并不赞同捐赠。

自1832年之后，亨利·克莱（Henry Clay）每年皆持续提出其土地

---

[1] View, 1, 102；also Meigs, 57-59. 在罗斯福之一本传记中，一无关大雅但表明存在差错之细节是，本顿究竟是在田纳西州众议院还是参议院任职。在 View 一书中，本顿不过声称他是议会成员，而议会由参议院与众议院组成。罗斯福可能因为自己是纽约人，就误以为本顿是在"下议院"（参见其书29页）。哈佛图书馆缺少早期田纳西州之档案文件来证实这一小节。但 E. M. Violette（A History of Missouri, p. 251）赞同 Meigs 所说本顿是在参议院任职。

[2] Annals, 18th Cong., 2nd Sess., 583.

[3] Ibid, 582-583.

[4] Debates, 19th Cong., 2nd Sess., 40.

[5] Ibid, 21st Cong., 1st Sess., 418.

[6] Globe, 25th Cong., 2nd Sess., 141.

分配法案。1836年，参议院公共土地委员会提出报告，作为克莱法案之替代方案，提出一项法案[1]以限制公共土地之出售，仅售予实际定居者。针对这一替代法案，本顿提供了一项修正案，提出授予定居者以优先占有权。[2]虽然修正案失败，但本顿投票支持该法案以替代（克莱之）土地分配法案。[3]

1840年，C. C. 克莱之优先占有权法案亦成为法律。然此法案一如上引沃克法案，其有限制，且着眼于过往。就如本顿在1840年所说："至今所通过之优先占有权法案，其延续期为临时性，其操作方法为着眼过往；所立之法仅涵盖一定限期内之定居者，亦仅于有限时期内有效。"[4]缺少一项一劳永逸、着眼未来之优先占有权法案，本顿不能满意。是故，在1840年11月14日，他提出其著名之《陋室法案》（Log Cabin Bill）——一项创立一劳永逸、着眼未来之优先占有权制度之法案，以惠及公共土地之定居者，此辈居于斯，耕于斯，筑陋室于斯。[5]

据该法案，在一块或更多地块中，对1/4块地之优先占有权，可随时在合众国任何公共土地中以最低价格获得。

当然，此著名法案中并无真正全新之物。本顿在其大多数土地法案中，皆赞同普遍优先占有权制度。1832年杰克逊（Jackson）[6]和1837年封布伦（Van Buren）[7]在其年度报告中已提及此事。在此前之国会中，参议员沃克亦提出过实质类似之法案。本顿法案之重要意义端在于如下事实：此为参议院首次有机会不涉及如土地分级之类事项，而考虑和讨论永久优先占有权。

据本顿之说："众所周知，民主为优先占有权之拥护者，且在众多硬仗中为之力战，直至胜利且广为接受；联邦党人向与之为敌，如今亦明了己法之谬，且既往其所反对之政策，今得其支持最力。穷人及穷人之

---

[1] Debates, 26th Cong., 2nd Sess., 377.
[2] Ibid, 556.
[3] Ibid, 777.
[4] Globe, 26th Cong. 2nd Sess., 14.
[5] Globe, 26th Cong. 2nd Sess., 15.
[6] Richardson, ii, 600.
[7] Ibid, iii, 389.

哈佛课业

同义语'陋室',已成此辈心仪且滔滔论辩之诱人目标和火热论题。"[1]本顿并未夸大其词,因该法案在参议院以 31∶19[2]之大比例获得通过,许多辉格党投了赞成票。更令本顿深感宽慰者,则为对此法案未附加任何修正案,[3]因封布伦已大肆宣扬其将否决此种修正案。[4]对本顿而言,殊为不幸者,则是众议院对此立法失败。在下届国会,参议员艾什利(Ashley)于参议院中提出实质相同之法案,然此次立法再未被接纳。

与此同时,在第 27 届国会第一次会期,分配-优先占有权法律*被立法。此法之优先占有权特征,[5]相较于《陋室法案》之条款,自由主义色彩大减。唯有合众国公民,或已宣告本人有意取得合众国公民权者,方有资格取得 160 英亩土地之优先占有权。此外尚有其他许多限制。本顿反对此种排外条款,[6]然将外国人纳入之修正案失败了。[7]此外并无其他意在去掉其他限制之修正案被提出。阿肯萨斯州之塞维尔(Servier)参议员所提之修正案,即以《陋室法案》替代分配-优先占有权法案,亦以 26∶16 之票数被否决。[8]后一法案最终在参议院以 28∶23 之票数被通过。[9]本顿投了否决票——虽然他必定痛苦异常,因此举令其看似反对优先占有权,而他向为此权利之支持者。

然而,本顿却不知气馁为何物。在其 1850—1851 年之土地分级法案中,他提出将 120 英亩土地以低于最低价格 25% 之价格授予有优先占有

---

[1] Globe, 26th Cong., 2nd Sess., 14. 本顿在呼吁辉格党的联邦党人来鼓吹其得意洋洋的民主。他还在 Harrison 的选举中暗示他在各领先人物中是中标的得民心者。

[2] Globe, 26th Cong., 2nd Sess., 138.

[3] 有过由克莱派辉格党发起的激烈斗争,他们想以分配土地来替代优先占有权,但这项动议以 29∶22 的票数被否决了。参见 Ibid, 90 and 138。

[4] In Van Buren MSS, from Wellington, pp. 93-94.

* 此处与后文提及的分配-优先占有权法案、1843 年优先占有权-分配法案、1843 年分配-优先占有权法律实为同一部法律文件,但因其英文原文表述本身就有差异,因此中译文亦相应区别翻译。——译者注

[5] Globe, 27th Cong., 1st Sess., 156, Also, Statutes at Large, V, 457.

[6] 本顿对于外来定居者始终坚持自由主义立场,他的演说(Globe, 25th Cong., 2nd Sess., Appendix 129)反对参议员对于优先占有权法案的一项修正,认为将外国人排斥出优先占有权并非上策。

[7] Globe, 27th Cong., 1st Sess., 317.

[8] Ibid, 360.

[9] Ibid, 388.

权者购买；另外，再以捐赠方式授予其40英亩土地。[1]纵然该法案未被采纳，但本顿必定满足于自己为这慷慨大度之优先占有权而战斗至其在参议院任职之最后任期。

二、土地分级

或许在本顿之土地政策中，最为引人注目者，为其坚持不懈为土地分级而斗争。其土地法案[2]除《陋室法案》之例外，其他皆被简称为"分级法案"，纵然此种法案除土地划分外，亦提出了众多其他内容。

正是在其所提第一个土地法案中，第一部分即写道：

在属于合众国之土地中，迄今已售卖或今后公开售卖者，倘不以最低每英亩1.25美元之价售卖，则须持有5年之土地，方可再次公开售卖，但售卖价格不得低于每英亩50美分。[3]

除了上引之例外，该条款经细节修改后几乎出现于其每项土地法案中。例如，1826年，他所提之法案提议（将最低售卖价格）逐年降低25美分，从1.25美元开始，直至价格降至最低价每英亩25美分。[4]兹另举一例，其于1850—1851年之法案中提出一类似规模之分级方案，但此法案每次降幅以两年为期而非以一年为期。[5]从第18届至第33届国会，当《柯布（Cobb）土地分级法案》成为法律时，本顿[6]与其他人——多为其追随者——在众议院[7]和参议院[8]均提出了大量分级法案。然

---

[1] Globe, 31st Cong, 2nd Sess., 135.
[2] 在参议院院刊中，1824年所提出之法案并未被称为分级法案，但其实乃分级法案。
[3] Annals, 18th Cong., 1st Sess., 582.
[4] Debates, 19th Cong., 2nd Sess., 389.
[5] Globe, 31st Cong., 1st Sess., 135.
[6] See Appendix, infra.
[7] C. C. Clay, Debates, 23rd Cong., 1st Sess., 2245; Zadok Casey, Ibid, 24th Cong., 1st Sess., 2133, see also Casey's report on his own bill, Public Lands, viii, 330-332; G. F. Houston, Globe, 28th Cong., 2nd Sess., 21; Houston, Ibid, 29th Cong., 1st Sess., 85, the bill passed House, Ibid, 1094; William Sawyer, Ibid, 30th Cong., 1st Sess., 181. 在第33届国会的第一个会期中，众议院中提出了许多土地分级法案。
[8] Walker, Debates, 24th Cong, 1st Sess., 1028, 参见其从财经观点论述该法案之报告，Public Lands, viii, 877-887; Waker, Globe, 25th Cong., 2nd Sess., 15, 该法案在参议院获得通过，

 哈佛课业

此种法案在两院中任一院通过者绝少,而两院皆立法成功者则绝无。[1]封布伦在其提交予国会之年度报告中[2]所提议之分级方案,亦劳而无功。

本顿之土地分级观点堪称简单。[3]首先,地愈佳,则售愈易,他视此为理所当然。是故,顺理成章,多年未获售之地,其价应削。自他视之,维持最低地价而不削价,有如提高更瘠土地之价值。[4]"各类土地之价,恒为每英亩最低1.25美元",他道,"此乃任意而为,难符公道。"[5]"此阻人以公道价格获得较劣之地。"[6]他认为,籍土地分级之策——其确为策略——各类土地,优劣不计,皆可享公道价格。当价格公道时,劣等与不甚抢手之地亦可处理掉。其结论是,从财政言之,土地分级将增收,而从国务家观点言之,此举将加速定居,因而增加财富与人口。[7]对新建州而言,土地分级亦有必要。地价愈公道,则愈多土地获售。愈多土地获售,在新建州则定居者愈多。一州之定居者愈多,则本州可征之税赋愈多。一州之公共土地愈少,则该州所实施之管辖权愈完整。[8]故对本顿而言,土地分级于西部新建州,几如万灵丹。

本顿致力于定居者之利益,此点或许可从其演说中如下段落可见:

> 此乃为农业利益之获益而着重强调之措施——此种巨大利益,他(本顿)声称其为举国昌盛之鸿基,为脊骨,为其他每一种利益之

(接上页)Ibid, 36; C. C. Clay, Ibid, 25th Cong., 3rd Sess., 16, 该法案在参议院获得通过, Ibid, 130; Clay, ibid, 26th Cong., 2nd Sess., 15; Walker ibid, 28th Cong., 1st Sess., 45, 该法案在参议院获得通过, ibid 1073; Bresee, ibid 30th Sess., 1st Sess., 21; Bresee, ibid, 30th Cong., 2nd Sess., 68. 在第33届国会的第一个会期中,参议院中提出了4个土地分级法案。

[1] 笔者已写下了这一时期所有分级法案之历史,但无须再逐一详细讨论。

[2] Richardson, iii, 386-387.

[3] 侯斯顿(Houston)提出一份报告以支持其土地分级法案(House Report, No. 197, 28th Cong., 1st Sess.),此报告碰巧就是本顿观点之巧妙摘要,或者毋宁说是本顿观点之编辑。就吾人所知,本顿从未精雕细琢地陈述过其观点。进而言之,其如此频频地就土地分级和陈情作如此之多演说,以至于吾人仔细审视侯斯顿报告会极有教益,因该报告可令吾人对本顿观点之了解,犹胜于其本人对其之了解。

[4] View, i, 106-107.

[5] Annals, 18th Cong., 1st Sess., 583.

[6] Annals, 18th Cong., 1st Sess., 583.

[7] 参见其演说, Debates, 19th Cong., 1st Sess., 720。

[8] Ibid, 20th Cong., 1st Sess., 609.

之根据；它存身于政治体中，服务在前，报酬在后，它承担着几乎所有政府重担，而又将政府背负在身，它是优良物产之源泉，同时还是载重之驮马，是承受几乎所有损失尤其是破产银行损失之宽阔肩膀。此法案是为它们着想；投票支持它者，唯有一桩懊悔之事，即此法案还远不够——它还配不上它们之美德。[1]

本顿即如此为下议院提起之土地分级法案代言。该法案仅提出两种削价措施，从1.25美元减至1美元，以及从1美元减至0.75美元。它在参议院以27∶16之票数通过，但因两院意见不一而未能立法。本顿投了赞成票，因其认为，"半条面包亦胜过一口皆无"。[2]

本顿似真诚相信土地分级将增加收入。他乃第25届国会中参议院金融委员会之主席。当亚拉巴马州之克莱在此届国会第三次会期提出土地分级法案时，本顿在提出一报告时将此法案援引至他执掌之委员会。[3]其报告[4]宣称，由关税妥协导致之赤字，可由售卖土地之收益而弥补。"削价，一如此法案所提议，乃加速出售土地之自然而有效之手段"，故将增加收入。

对于本顿之推理，亨利·克莱诸多反驳甚为有力。他给本顿之计划贴标签曰，其偏袒新建州，苛待老州。[5]克莱坚持认为，废弃地未必为坏事。[6]在其1832年之著名报告中，其反驳意见中最为重要者如下：[7]

1. 并无称心之标准以区分土地之优劣，并相应标定价格。
2. 于削价之前即已购买土地者，削价之举不公道。
3. 削价将刺激投机。

───────

[1] Globe, 25th Cong., 2nd Sess., Appendix, 292. 此庶几乎为本顿典型之雄辩风格，此处引语说明，为何本文无法长篇大论引用其语。其演说太过笨拙。

[2] Ibid, 291.

[3] Ibid, 25th Cong., 3rd Sess., 33.

[4] Senate Doc., No. 14, 25th Cong., 3rd Sess.

[5] Debates, 22nd Cong., 1st Sess., 1105.

[6] Ibid, 1107. Stephenson (p. 130) 同意："从公共土地多年未卖出去这一事实，并不能必然得出那些土地质量低劣这一结论；其价值取决于需求和供给。"

[7] Debates, 22nd Cong., 1st Sess., App., 113-115.

4. 此举将人口从西南部老州吸走，而西部人口已增长过快。

克莱总结道，此时（1832年）土地削价与分级售卖并不明智。[1]

在其议员生涯行将结束时，本顿心满意足于见证了土地分级法立法通过，虽然，显而易见，此法案之成立，不过是退而求其次。第33届国会第一次会期之《霍姆斯特德（Homestead）法案》，亦以"第一号宅地法"著称，被《柯布土地分级法案》取代，后者以83∶64之票数在众议院获得通过，本顿投票支持多数派。[2]然而在立法程序中，本顿全程一言不发。但自投票观之，其立场定可解读为宁取土地分级而不与宅地法，而土地问题随后之发展使吾人坚信，"于西部开拓者而言，土地分级并无诱人之处；至少，既有立法[3]是如此"。[4]缺少先见之明，事实上被一己偏爱之观念所奴役。

三、土地割让

关于将公共土地割让予各州，本顿在此问题上之立场易致误解。他希望尽量兼顾全国利益同时促进新建州利益，但其并不愿走到在各州间重分土地之地步。

1826年5月16日，吾人可初窥本顿对土地割让之意见。在其演说——此亦为其首次演说——土地分级法案时，他说其赞成将废弃土地割让给州，虽说其在法案中对此并未深思。[5]然在下一次会期中，该法案提出将土地割让予各州之条款，在该条款中，以每英亩25美分之价格

---

〔1〕 众议院报告中，亦可能提出对于分级之反对意见，No. 732, 30th Cong., 1st Sess.。

〔2〕 Globe, 33rd Cong., 1st Sess., 918.

〔3〕 1854年8月4日之土地分级法案（详尽的法案，参见 x, 574）提出的分级方法比本顿通常倡议的要细致得多，虽然在原则上类似。其分级级差如下：

常规价格，$1.25 每英亩；

10年未卖出之地，$1.00 每英亩；

15年未卖出之地，$0.75 每英亩；

20年未卖出之地，$0.50 每英亩；

25年未卖出之地，$0.25 每英亩；

30年未卖出之地，$0.125 每英亩。

〔4〕 Stephenson, 129.

〔5〕 Debates, 19th Cong., 1st Sess., 729.

犹未能获售之地，他们按本顿之分级级差规定了最低价格。[1]此后，废弃地之割让问题成为其土地政策特色之一。

本顿提议割让"废弃地"——据说本顿为该词之首创者，[2]而其他人则更进一步。弗吉尼亚州参议员塔泽维尔（Tazewell）早提出一项决议，将所处各州之所有（公共）土地皆割让给各州。[3]据亨利·克莱之说，"来自密苏里州之参议员，正在密西西比河之密苏里州一侧，以甜腔蜜调，唱诵着'废地''废地''废地'，[4]其靡靡之音已令伊利诺伊州一侧之大人阁下听得入迷，后者亦加入合唱，奏出更高调门来"。[5]此皆因为，爱德华兹（Ninian Edwards）州长和其他人现今所求者，为简单纯粹之割让土地。[6]

亨利·克莱提出了反对土地割让之意见[7]：

1. 公共土地正为合众国之利益而向全国政府提供巨额收入。
2. 倘若各州控有土地，则其彼此将竞相吸引定居者，酿成冲突与投机。
3. 各州无力购买土地。
4. 倘若土地免费割让，当初将土地割让给全国政府之各州，其与全国政府间之契约即被毁弃。
5. 至于由购买路易斯安那所得之领土，因其以合众国之公款购买，故必须为合众国之公共利益（而处置）。

本顿答复克莱道，他并不赞同割让所有土地，[8]虽然其赞同割让废弃地。借割让废弃地予新建州，新建州可与老州一视同仁，本顿作如

---

[1] Ibid, 19th Cong., 2nd Sess., 90.
[2] Henry Clay 这样说, Debates, 22nd Cong., 1st Sess., 1102.
[3] Ibid, 19th Cong., 1st Sess., 782.
[4] 这激起了本顿同样幽默之反击, in Debates, 22nd Cong., 1st Sess., 1145。
[5] Debates, 22th Cong., 1st Sess., 1102.
[6] See Wellington, 13–17; also Proceedings of Mississippi Historical Association, iv, pp. 172–173.
[7] In Clay's report on Manufactures, ibid, Appendix, 112–118.
[8] Debates, 22nd Cong., 1st Sess., 1145.

哈佛课业

此想。[1]

本顿赞同尽速在各州消灭联邦之产权,此为无可置疑者。[2]于本顿而言,主权为州所有,而治权则为联邦所有,此种情形绝不正常。他说道:"当全国政府摆脱管理(废弃)土地之事务,则其将表现更佳。"[3]在其他场合,他表示,旨在消灭联邦土地所有权之计划,不论其采何种形式,他几乎均表赞同。[4]在其向参议院所提之最后一次土地法案中,他不仅赞成割让废弃地,亦倡议提出一条款,其大意为,当地处一州之(联邦)公共土地少于300万英亩时,此土地应被割让给该州。[5]

另一方面,他亦如此热衷维护国家整体利益,以至于在是否赞成打包割让土地此问题上,他似犹疑不决。应提及,卡尔霍恩(Calhoun)从第24届国会第二个会期开始,即每年提出土地割让法案。本顿之态度非常含糊。在《三十年来之观点》一书中,他谈及此措施,并非嘉许。[6]然而一旦本顿起而支持印第安纳州之提普敦(John Tipton)——此人为卡尔霍恩之法案辩护[7]——则并未予人印象他(本顿)亦支持该法案;本顿还投票支持[8]卡尔霍恩所提之要求土地割让之修正案,修正《陋室法案》。该项修正案未被接受。倘非本顿心喜打包割让方案,则其不会投票赞成卡尔霍恩。另有一次,他亦投票赞成卡尔霍恩一项要求土地割让之修正案,此为对布莱西(Bresee)之土地分级法案之修正。[9]如亚拉巴马州之沃克、克莱门斯(Jerimiah Clemens),伊利诺伊州之费科林(O. B. Ficklin)等"民主党好人",亦提出了整体割让土地之法案。然则,本顿之真正立场究作何解?显而易见,关于土地割让问题,其策

---

[1] 这也正是 King Report (ibid, App. 118 et seq.) 中主张割让卖不出去之土地之最实质性观点,该报告是对克莱报告之批驳报告,据克莱说,本顿即此批驳报告之作者。See p. 18, infra.

[2] See View. i, 107. Jackson 亦赞同消灭联邦之产权,参见 Richardson, ii, 600。

[3] Globe, 31st Cong., 1st Sess., 871.

[4] Ibid, 31st Cong., 2nd Sess., 251.

[5] Ibid, 135.

[6] i, 708.

[7] Debates, 24th Cong., 2nd Sess., 792.

[8] Globe, 26th Cong., 2nd Sess., 112.

[9] Ibid, 29th Cong., 1st Sess., 1069.

并非一以贯之。

四、土地分配[1]

本顿狗斗般持之不懈支持土地分级,他亦同样坚决反对分配出卖公地之收入,此事当归全功于他。分配卖地收入之动机复杂。某些人纯属幼稚,以为此乃令收入盈余有利可图之唯一之道。其他人赞成此法,则为讨好人心,斩获政治利益。本顿由于其国务活动家之视野,对于此种想法之恶劣后果,皆心知肚明。

早至1825年2月,金(Rufus King)即向参议院提出一项动议,要求为未来之计而分配土地收入。[2]此动议之内容与克莱于1832年提出之分配方案极为类似。南卡罗来纳州之海恩(R. Y. Hayne)旋即提出了一项反动议。[3]由此即预示在东部商业州与南部、西部之农业州之间,关于土地分配问题将存在长期斗争。在众议院,土地分配问题此后亦随即引起关注。[4]财政部部长拉什(Rush)在1827年作出提议。

总体而言,本顿和民主党反对分配土地收入,因为此与其土地政策凿枘不投,也因其不合宪法。[5]为令辉格党人之正式态度广为人知,当辩论关税时,民主党向亨利·克莱担任主席之制造业委员会强加了一项烦心任务,即就公地削价是否合算提出报告。[6]对此挑战克莱无可回避,遂提出了著名之1832年报告,[7]以及一项法案,该法案要求"在一有限时期内,拨出美利坚公有土地售卖之收益"。当时已为新建州预留5%之土地收入,而此法案则规定,除上述预留款之外,5年内为24个州再从土地收入中拨款10%,用于各州内政建设、自由黑人殖民、教育以及支

---

[1] 关于分配的讨论材料分散在 Wellington 的整本书和 Stephenson 的前十章中。尤其可参见 Wellington, pp. 23-26, 37-50, 94, 95, 97-99, 109-113.

[2] Annals, 18 Cong., 2nd Sess., 623.

[3] Annals, 18 Cong., 2nd Sess., 696.

[4] See House reports in Public Lands, iv, 750-753, v, 793-797. See also the Hunt resolution, Debates, 21st Cong., 2st Sess., 477.

[5] Jackson 在其首次年度报告中赞成分配多余土地,但这首先需要一份宪法修正案。See Richardson, ii, 452.

[6] Debates, 22nd Cong., 1st Sess., 626-638.

[7] In ibid, Appendix, 112-18, also in Public Lands, vi, 441-451.

 哈佛课业

付因内政建设而来之债务。在战时，土地收入分配将推迟至所有战争债务皆偿清之后。为支持其措施，克莱抨击本顿提倡之土地分配制度，谓其乃借土地分级浪费土地。[1]他申辩现有土地售卖制度甚佳，并隐约言及此制下西部各州之繁荣。俄亥俄州乃绝佳实例。[2]

金（William R. King）在估量克莱之土地政策后，将报告与法案提交至其本人担任主席之公共土地委员会。然仅在副总统卡尔霍恩投出决定性一票后，此案方获通过。故克莱可谓为此蒙羞受窘。[3]

金之反报告，[4]实为本顿手笔，[5]其抨击克莱法案"原则完全无法接受，细节根本错误"。该法案原则有误，因其乃基于收益算计，而非基于国家大计。该报告辩称，土地政策应该旨在增加人口、垦殖，并因而增加国家财富。伯克（Burke）于1785年关于皇家土地之演说，经常为本顿所引述，此报告中亦引之为高论。

就细节而言，反报告细数了克莱法案中如下为恶之处：

1. "未区分各州是否割让了其空置土地予联邦政府。"

2. "该法案拟议给予某些州以利益，此种利益，这些州受之有愧，拒之损利。"

3. 联邦政府曾约定以此土地偿付革命战争之债务。但现在债务由关税收入偿付，而关税又来自已将土地割让以偿付债务之州。此条款臭名昭著。是故，源自土地之收入应仅以之偿付国债。

4. 联邦对奴隶制之立法将引起反对。

5. 现在土地管理费用以关税收入支付。倘若以土地收入支付此管理费，则土地收入所余无几，不敷分配。估算一年300万美元之土

---

〔1〕 Debates, 22nd Cong., 1st Sess., 1101.

〔2〕 在克莱关于其报告与法案之演说中，ibid, 1096, 1119。这一演说值得一读。但俄亥俄州之例不足为训。其后参议员布克纳（Buckner）亦指出了该例不合适，参见 Debates, 22nd Cong., 2st Sess., 95。

〔3〕 参见克莱对此临时程序之抱怨，in Debates, 22nd Cong., 1st Sess., 870。

〔4〕 Ibid App. 118-26; 亦可参见 Public Lands, vi, 478-487。

〔5〕 克莱说："在起草中密苏里州参议员之手显然可见，就如其名已签署在文书上一般。" 22nd Cong., 1st Sess., 1111.

地收入皆不免夸张。

最后，金之报告断言，倘若克莱法案现在通过，则"新建州可能丧失主权与独立！它们将成为其母州之封臣"！其母州将间接对土地立法，以满足其本身之利益，而国会将不能代表新建州之利益而行事。

是故，公共土地委员会提交一项修正案，以整体删除克莱法案，且规定为新建州拨备15%而非10%土地收入。[1]

当然，本顿就克莱法案发言了。但其演说之腔调，[2]与刚才所讨论之报告如此接近，不必再复述其观点。他语带感情说道："它（法案）是关税法案，它是个极端关税措施。"他将此措施比拟为北欧列强对波兰之无耻瓜分，而南欧列强坐视不理。他将西部各州比喻为波兰，而将东部诸州比喻为瓜分之列强，将南部诸州比喻为南欧列强，它们在分配土地收入上大体持中立态度。吾人必须承认，此种比喻确乎别出心裁。

当该法案势必在参议院通过时，本顿提出了许多修正案，但都归于失败。[3]它在参议院以26∶18票获得通过，但在众议院以延迟表决之方式而被扼杀。

在其后会期，也即第22届国会之第二个会期，克莱重提其附带某些修改之土地分配法案。[4]为了教育和内政之改善，保留给新建州之土地收入比例为20.5%而非10%。本顿再一次抨击该法案违宪且危险。他暗示，倘若老州可要求分配土地收入，则西部诸州亦可要求分配关税收入。[5]卡尔霍恩与本顿意见一致，否认国会有权"将公共资金非国有化"。[6]西部各州之参议员和众议员反对该法案时发表了许多精彩演说。[7]凯恩（E. K. Kane）为公共土地委员会之主席，他有一席演说尤值得一引。其演说片段如下：

---

〔1〕 Debates, 22nd Cong., 1st Sess., 126.
〔2〕 Ibid, 1151.
〔3〕 Ibid, 1174.
〔4〕 Ibid, 22nd Cong., 2nd Sess., 68.
〔5〕 Ibid, 227.
〔6〕 Ibid, 234.
〔7〕 例如，布克纳的演说，参见Debates, 22nd Cong., 2nd Sess., 227。

哈佛课业

总而言之,吾反对此法案,因其有违于新建各州之利益,因其处心积虑令老州中一种情绪郁积不化,此种情绪乃敌视吾人之人丁兴旺,尤敌视吾人之农业进步,还因其实际上将吾人 3/4 之领土,在其他主权各州中瓜分了——从土地收入中给予它们每个州单独而即得之利益,以至于永远无望将土地削价售予实际定居者。吾反对通过此法案,因其违背神圣契约之义务,且违反合众国之宪法。[1]

此中所体现之情绪,亦令人感佩地表达本顿之情绪,而后者之言辞常归于无用。凯恩提出了一项修正案,以降价替代分配,但此案亦告失败。

这项法案"对老州与新建州皆同具迷人特性",[2]以至于它到第 22 届国会之届末,终究在两院获通过。

于本顿与此法案之其他反对者而言,甚为幸运者则为杰克逊总统与其同一阵营。他否决了该法案,并在下一届国会开会时,即将其否决意见提交给国会。详细引用其否决意见并无不当,因吾人不过是在引用本顿之说法。本顿在国会[3]中为否决该法案而辩护,并称颂该否决意见为安德鲁·杰克逊总统"最聪明、最爱国"意见之一。[4]然则,倘吾人推论,即便本顿未曾口授,至少亦曾心传总统之否决意见,此非不公吧?

该否决意见[5]指出,一旦接受各州割让之地,合众国即订立了一项契约,其作为各州信托人而"为数州之共同利益"处置土地。[6]"公共土地乃合众国之共有财产,源自售卖土地之收入,乃公共收入之一部分。"为改善地方内政而挪用该笔收入,必定背弃信托。分配卖地收入,将使州政府仰给于联邦政府,在谈及此事实后,总统之意见继续道:

---

[1] Ibid, 67.
[2] 如凯恩给这法案所贴标签,ibid, 62。
[3] Ibid, 23rd Cong., 1st Sess., 16.
[4] View, i, 369.
[5] Richardson, iii, 56 et seq.
[6] 饶有趣味者,则是 1780 年 10 月 10 日国会之决议,要求各州为着合众国之利益而将土地让与合众国处置,旨在促成定居和组建新州。

它们（新建州）真正之政策，在于迅速定居安置并在其领土内改善闲置土地。作为加快这些事情进展之手段，它们长期以来皆指望降低公共土地之价格，最终偿还国债……

将此种土地削价，并分等级，符合每个州和所有州之利益，尤其是新建州之利益；在如此处置一定年限以后，废弃地、未获售之地，将还予各州。

不过，对于已被杰克逊否决之土地分配法案，克莱并未善罢甘休。他坚持一再提出此项法案，[1]直到1843年通过了优先占有权-分配法案。但该法案仅在参议院一读通过。[2]本顿对该法案之反对一度为其不可逾越之障碍。多少次，他指责此法案为"高关税措施"。又有多少次，他批评此法案之合宪性。但他反对此法案，亦因其吸引西部各州之注意力而攻击他之土地分级计划。[3]1837年，他以情有可原之傲慢说道："倘若吾曾为国效劳，则其劳在于援手扼杀了此法案，而它（克莱法案）现在躺倒在地成为僵尸。"[4]在其（反对土地分配法案）之全程，他发现自己得到新生的密苏里州之支持，他道，密苏里州"鄙弃全部分配政策"。[5]

然而当本顿如此与土地分配法案作斗争时，卡尔霍恩提出一项法案，给公共保证金规定了一条款，即将多余之土地收入存放在各州，[6]这一法案已经立法。也就是说，这一附加立法条款，是附加在一项反对本顿之规劝与抗议法案之上。[7]最初之参议院条款要求对这些州之保证金征收5%利息，但众议院去掉了此利息要求。[8]"亨利·克莱认为此法案之

---

[1] 关于赞成分配土地之报告，参见 Clay report from Com. on Pub. Lands, Sen. Doc. No., 323, 23rd Cong., 1st Sess.; Ewing report from Com. on Pub. Land, Public Lands, viii, 408–413; Clay report from Com. on Manufacture, Public Lands, viii, 413–425。

[2] Debates, 24th Cong., 1st Sess., 1396.

[3] Debates, 24th Cong., 2st Sess., 792

[4] Ibid.

[5] Globe, 25th Cong., 3rd Sess., 30.

[6] Statutes at large. v, 55.

[7] Debates, 24th Cong., 1st Sess., 1811.

[8] 关于参议院与众议院条款之比较，参见 ibid, 4351。

哈佛课业

修订较以前未修订者为佳。"[1]克莱必定欣喜不已!法案得到杰克逊总统之批准。本顿大可认为,此法于民主党而言是灾难之开始。[2]

现在吾人探讨1843年之分配-优先占有权法律。[3]土地收入分配广受欢迎,但相比于此前已有之优先占有权法律,人们对更全面之优先占有权法律之需求日殷。此两措施间之联系纽带,显然是对辉格党人政治精明之信任,或毋宁说不信任。[4]就其本质特征而言,关于土地收入分配,该项法律[5]与克莱之第一个土地分配法案并无大异。据其条款,除通常给新建州5%保证金外,从土地售卖中所得收入10%将交给各州。余资根据联邦人口调查数据在26个州、3个地区和联邦特区(federal district)之间分配,将首先用来偿付各州对于合众国之债务。新建州,其后被接纳加入之州,将在分配中享有其份额。此种分配无限期,但在战时将暂停。26个州每州均将得到50万英亩之额度(grant),该州已收土地算入此份额中。其后被接纳加入之州,每州皆会得到50万英亩土地,其售卖价格不得低于每英亩1.25美元。一旦关税税率超过20%,则此分配方法就暂停。

该法案由亨利·克莱提出,他是其发起人。无须说,本顿反对这一法案。但此为其谠言宏论:他"现在反对它,并非因其为一项公共土地收入之分配法案,而是因其阴险狡诈攫取关税收入之意图"。[6]那可否理解为,本顿现在愿意赞成分配土地收入?事实上,他偶尔会给吾人留下此种印象。他反对一项修正案,该修正案排除了一个规定为新建州提供额外10%分配收入之条款。[7]他动议一项修正案,让准州(territories)*包括

---

[1] Ibid, 1859.

[2] View, i, 658.

[3] Stephenson 著作第三章有很好的解释。

[4] 为证此种联系之合理,印第安纳州之史密斯(O. H. Smith)报告(Sen. Doc., No. 46, 27th Cong., 1st Sess.):"此两主题并非扞格不入,而是密切统一于同一法案之中。"(p. 2)

[5] Statututes at Large, v, 55.

[6] Globe, 27th Cong., 1st Sess., 337.

[7] Globe, 27th Cong., 1st Sess., 330.

* 亦作 Territory,在美国、澳大利亚和加拿大三国中,尚未建立州或省之一片地方或地区,在美国译为"准州";在澳大利亚和加拿大译为"地区"。——译者注

在受益者中，但该修正案失败了。[1]他提出某项修正案，将上述10%分配收入增加至12.5%。[2]他亦提出另一修正案，将分配限定于5年内。[3]他亦在另一场合支持一项修正案，该修正案让土地收入分配根据国会中各州议员之人数，从而可增加新建州之份额。[4]还有大量其他修正案旨在抑制分土地配法案之后果并保护新建州之利益。

然细审之下，则本顿看似坚定不移反对这一措施；[5]在其提出上述种种修正案时，他仅两害相权取其轻罢了。关于关税之附带条款，本顿宣称"他反对此修正案，一如反对整个法案"，因为此修正案"将毁掉征税时所有差别"。[6]当其同道参议员林恩（Linn）坚定赞同他之提案，动议用从公共土地收入中拨备净收入支持公共防务，以替代土地收入分配方案时，本顿如此说道："一个（土地收入分配）是意在剥夺和蹂躏国家；另一个（林恩之修正案）是意在捍卫它。"[7]他投票支持塞维尔（A. H. Servier）所提修正案，该修正案提出以本顿之《陋室法案》取代土地分配法案。他本人则提出如此修正案：在国债完全偿清之前，不再作出土地收入分配。[8]在一次就该法案发表之演说中，[9]他巧妙指责该法案败坏道德且不合宪法。彼时国库空空如也，[10]他说道。此法案被贴一标签曰：唯求捞取民心。[11]

然此法案得民心之甚，以至于不可能遭逢败绩。它以28∶23之票数

---

[1] Ibid, 343; Appendix 238.

[2] Ibid, 346.

[3] Ibid, 357.

[4] Ibid, 346.

[5] 在许多州向欧洲之债权人欠债时，各州债务之承担成为分配土地之动机之一。但无论是直接抑或间接之债务承担，从长期看皆与定居者之利益相抵触。本顿此前已经提出一项反对承担债务之议案。See View, ii, 240 and Wellington, 78.

[6] Globe, 27th Cong., 1st Sess., 365.

[7] Ibid, 325, Appendix 228.

[8] Globe, 27th Cong., 1st Sess., 356.

[9] Ibid, 387-388.

[10] 甚至早至1840年，财政部即有报告称，倘土地分配生效，则将造成2000万美元赤字。See Sen. Doc., No. 169, 25th Cong., 3rd Sess.

[11] 关于他反对分配土地之记录，参见See View, ii, 246 et seq。

在参议院获通过，[1]经过（总统）泰勒（Tyler）同意而成为法律。[2]民主党人竭力想要废除此法律中之分配部分，但劳而无功。

五、次要方面

本顿为售卖矿产土地而战，此与其对开拓者之慷慨大度相一致。彼时实际做法，就是保留所有或部分矿产土地不售，而将其租给定居者。对本顿而言，此种租赁制度实在讨厌至极，他道，因为租赁之精神"与（不动产之）改进精神背道而驰"。[3]他不屈不挠提出法案，要求在其所在州开放铅矿和盐矿向公众售卖。当此要求在1828年通过立法实现时，他欣欣鼓舞于"州得到了终身保有者，而非联邦之租客"。[4]在分配-优先占有权法案中，盐矿和矿物地产不受优先占有权管辖。本顿提出一项修正案去掉这一限制，此种限制意在"将某些做派带至其选民家中，此做派即如领主和主人（待其农民和奴仆）一样待其选民"。[5]直到1846年7月通过之法案废止此种铜矿、铅矿、盐矿地产之租赁制度后，其鼓动方休。

总体而言，本顿赞成捐赠与悬赏。其早年信念之一，即认为无偿授予实际定居者以土地为正义之举。[6]就如吾人所见，在其当选参议员第一年，其土地法案常包含一条款，即将无人购买之土地捐赠给实际定居者。他所提出以武力占领佛罗里达州之法案[7]即规定应授予武装占领者160英亩土地，以为悬赏。[8]在《俄勒冈殖民（Oregon Colonization）法案》中，他为授予定居者土地而辩护道："倘无此种授予，则此法案毫无

---

〔1〕 Globe, 27th Cong., 1st Sess., 388.

〔2〕 "倘若提高关税不能得到收益，泰勒愿意分配公共土地之收益。"他是一个严格的宪法解释者，是反对高关税的。From Wellington, p. 97.

〔3〕 Annals, 17th Cong., 2nd Sess., 234.

〔4〕 View, i, 105.

〔5〕 Globe, 27th Cong., 1st Sess., 370.

〔6〕 View, i, 102.

〔7〕 Globe, 27th Cong., 2nd Sess., 619.

〔8〕 他关于佛罗里达州武装占领法案之演说，参见 Globe, 25th Cong., 3rd Sess., App. 163-165, and ibid, 26th Cong., 1ts Sess., App. 71-74。

价值。"[1]如此种种立场,足堪表明本顿之信念在于,土地之处置应符合实际定居者之利益。

当授予铁路公司土地成为1840—1850年代之制度时,本顿亦是赞成此种慷慨赠与者之一。此外,他投票支持向各州作出特别赠与安排之法案。[2]

本顿亦对作为军事悬赏之土地赠与寄予厚望。他本人提出一项法案,为墨西哥战争中之战士授予土地以资奖赏。[3]但其通常反对针对个人之私人赠与。一个例外是,他同意授予土地给名为乔治·沙龙(George Shannon)者,该人在一次太平洋远征中受伤。[4]此例外可以下述事实解释:此种远征适符合开拓者之利益。

关于法国人和西班牙人在买卖路易斯安那地区中之土地权益主张,本顿非常开明。当其在密苏里州执律师业,他即有众多主张土地权益之客户。[5]他一进入国会,就赞成确认法国人、西班牙人在密苏里州之土地权益主张为一半有效。[6]

本顿信赖现金交易和低价。他称赞1820年之《利夫(Crawford Relief)法案》为"公道安排"。[7]他投票支持一系列为土地债务人纾困之法案。[8]他认为将土地售予出价最高者是个错误。[9]他常称赞大西洋、太平洋沿岸各州和其他州捐赠土地之法,并贬斥"随意制定最低价格加诸由上帝赐予人类之物品(土地)之可悲政策"。"持有土地待价而沽,此全部制度,"他道,"竭尽全力从国家土地上榨取收入,租赁铅矿、盐矿和铁矿——将受到诅咒,应该被取消。"[10]

---

[1] Quoted from View, ii, 481.
[2] Meigs, 179.
[3] Globe, 29th Cong., 2nd Sess., 192.
[4] Annals, 17th Cong., 1st Sess., 314.
[5] T. Roosevelt, Thomas Hart Benton, pp. 45-46.
[6] Annals, 17th Cong., 1st Sess., 299. See also View, I, 279-280, chapter on "Settlement of French and Spanish Claims".
[7] View, i, 12.
[8] 关于这一系列法案,参见 Treat, P. J., National Land System, p. 161。
[9] View, i, 102
[10] Debates, 19th Cong., 1st Sess., 743-748.

本顿与开拓者共同之处，即对印第安人漠不关心。他应乐见印第安人地权尽快消失，以促进白人定居。[1]

根据1821年之法案，各州从联邦政府购买所获土地，在5年内不得征收土地税。本顿支持取消这一加诸州政府管辖权之限制。[2]

结 论

一、作为西部代言人之本顿

此非轻松话题，因其势必要求详尽考察西部诸多意见，如由当时西部新闻报纸、公共机构所定决议、请愿书等所表意见。但鉴于本文意在研究西部，不试作观察则甚为不妥，即便观察亦可能有误。

本顿为西部之利益效力，而西部常指望其为自己真正代言人，此皆为可以预见之结论，吾人亦视此为理所当然。吾人兴趣唯在于明了，究竟本顿之政策受西部意见影响若何，以及何谓其真正领导西部走向其政策。

他拥护1826年之土地分级法案时，告诉参议院要"倾听道出西部整体意见之人"。他宣称："当吾谴责坐等（土地）升值之原则时，吾乃为7个州和3个准州代言。"[3]他指责富特（Foote）决议[4]——该决议颇有妙趣之处，然吾人不能深入探讨；他明白无误袒露他乃致力于加速西部定居，[5]他带有对西部之深情与敬重。

他不唯为西部代言，亦领导西部。他倡议土地分级，不旋踵即在西部伊利诺伊州及别处寻获众多追随者。[6]至1832年，他发现"杰克逊之

---

[1] Meigs, 59, 177.
[2] View, ii, 127-128.
[3] Debates, 19th Cong., 1st Sess., 736.
[4] 关于针对这一决议之地方偏见情绪，参见一个非常有启发性之说明，参见 Wellington, 27-33。
[5] 关于其针对 Foote 议案之演说，参见 Debates, 22nd Cong., 1st Sess., 22。
[6] See Supra, p.14. 下属摘自 Jackson 信件之段落，真正具有本顿式风格："无可怀疑，这些土地迅速尘埃落定，乃是共和国真正利益之所在。国家之财富与力量在于其人口，而其人口中最优质之部分乃土地之耕种者。在任何地方，独立农户皆为社会之基础和自由之挚友。"（Richardson, ii, 600.）

政党支持西部计划,即土地削价、割让荒废地予各州,以及总体支持协助定居者成为地产所有者",[1]简而言之,对本顿之土地政策照单接纳、言听计从。[2]在 1850 年代,为西部代言者,常作如是言:"公共土地被视为资本、原材料,应尽快令劳动力用之方有生产力。"[3]此论何似本顿之腔调!

在其家乡密苏里州,本顿在 1826 年以后位属至尊。虽参议员巴顿(Barton)在参议院持续反对本顿之土地法案,但为密苏里州代言者为本顿而非巴顿。密苏里州之立法机关,一如西部其他立法机关,提交了大量陈情书至国会,恳请国会采纳本顿之土地法案。[4]佩提斯(Pettis)先生,身为来自密苏里州之唯一代表,质问众议院国会议员:"莫非诸位畏惧西部已然增长,且正在增长之力量?……该力量亦为诸位之力量;它乃全国之力量,任何一方均不应畏惧啊!"[5]他在追随本顿而非巴顿。当本顿在密苏里州之权力消退时,其每一立法活动,如在银行或得克萨斯州问题上之立场,皆被其政敌批评和撤掉,被作为攻击他之武器,但其在土地问题上之立场,却甚至无人置喙。[6]

是故吾冒险结论曰,本顿之土地政策既受西部影响,亦影响了西部。[7]

二、作为国务活动家之本顿

将本顿之土地政策整体而观,吾等不由心生敬意。此政策"给其带来巨大声望"。[8]即使到今天,当保护区井然有序存在,吾人亦不能指责

---

〔1〕 Wellington, 43.

〔2〕 《密西西比史学会公报》上一篇文章 (iv, 172-173),亦证实了此一观点。

〔3〕 Stephenson, 166.

〔4〕 我们甚至亦可从阅读合众国国务院文件 Public Lands 之内容中得到此种印象。

〔5〕 Debates, 21st Cong., 1st Sess., 530.

〔6〕 我之信息得自 C. H. McClure' article on "Early Opposition to Thomas H. Benton" in Missouri Historical Review, x, 151-198,此文风采雅洁而博洽多闻。

〔7〕 这一结论或许兼收并蓄,但其绝非基于含糊不清之印象。精读 J. B. Sanborn 之文章 "Some Political Aspects of Homestead Legislation",印证了我这并非斩钉截铁之揭露。引文见 Am, Hist. Rev., vi, 19-37。

〔8〕 T. Roosevelt, Thomas Hart Benton, p. 68.

 哈佛课业

廉价售卖土地和免费赠与土地之政策。该政策虽在当时代价不菲,然更便于全国之大利。在该政策之正反论辩者中,谁能与托马斯·哈特·本顿在阵前争锋?

诚然,本顿之土地分级法案未能让西部心满意足,他对宅地漠不关心。但那无须归责于他。倘若本顿晚出生20年,或许他亦是宅地法最重要支持者。吾人须考虑时代因素。本顿放弃了对捐赠土地之支持,而捐赠土地实即宅地法,此可见在其早期土地法案中,他之放弃乃因时机未成熟而已。

诚然,关涉土地立法之地方偏见情感甚为激昂,但相较于其他参议院和国会议员之失,此亦难称本顿之过。进而言之,至今就土地问题而言,东部诸州错误居多。"东部很难理解它亏欠这些领地,此种领地乃从这一公共领地中创造而出……(东部诸州)其工场向来繁忙兴盛,千千万万人受雇于其中,一直为西部开拓者供应物资,而西部开拓者可借此征服榛莽未辟之地。"[1]此不过是近来说法;两三代人之前,东部人之无知更可以想见。倘若本顿确乎挑起地方偏见,则其亦真正服务于整个国家——所有地方。

其政策不唯洋溢民族精神,抑充溢民主精神。[2]他渴慕定居,因其相信此为民族之伟大所在。他渴慕终身保有之地产,因其信仰个人自由。

将本顿与当时其他国务活动家相比较,更显其可贵。几乎无须考虑韦伯斯特(Webster),因其本人未提出过土地政策。克莱则为力主土地收入分配者。吾人岂能对其政策置一赞词?卡尔霍恩坚持将所处各州之(公共)土地割让给各州,其鼓吹更强大州权,土地割让则为其鼓吹内容之一,该政策在内战中当然已声名狼借了。[3]就如杰克逊之例,吾人唯有此名本顿之追随者。[4]

---

[1] Hepburn's address, p. 1. (Sen. Doc. No. 445, 61st Cong., 2nd Sess.)

[2] 参见其演说,in Debates, 19th Cong., 1st Sess., 738,亦注意其对 Burke 演说之引用。

[3] 威灵顿(p. 92)说道:"每个人(克莱和卡尔霍恩)都在诉诸西部诸州之自私自利来达其目的。克莱之办法是将12%和50%给新建州,并且在总土地分配中持份,而卡尔霍恩之办法是在其割让法案中,给予西部州土地分级和永久优先占有权,其间差别,就如从公有土地拿走总收入之35%,而各州承担其管理成本。"这一说明正好将克莱和卡尔霍恩置于不受欢迎之境地。

[4] 请细察理查森(Richardson)之大多数信件,这些信件关涉土地问题。

本顿式成事之道亦颇值一提。在本顿早年提出其土地法案时，该法案几无被采纳之机会。但其持之以恒，[1]他常持己见，而非按下观点不表。当他追随者够多时——通常其追随者众，他即渴求追随者之协助以引起公众关注，其道则是让其追随者不厌其烦、尽竭其诚提出同样法案。诚然，克莱和卡尔霍恩就其土地分配法案和割让法案之所作所为，亦一般无二。但其所为者误矣！

结论无外乎此：支持本顿。

附　录

本顿土地法案之总体特征及其处理情况清单：[2]

18th Cong., 1st Sess., Apr. 28, 1824，处理废弃地之法案，被搁置。

18th Cong., 2nd Sess., Dec. 14, 1824，土地分级法案，被搁置。

19th Cong., 1st Sess., Dec. 22, 1825，土地分级法案，被搁置。

19th Cong., 2nd Sess., Dec. 14, 1826，土地分级法案，被搁置。

20th Cong., 1st Sess., Dec. 24, 1827，土地分级法案[3]，表决未过，投票比例25∶21。

20th Cong., 2nd Sess., Dec. 8, 1828，土地分级法案[4]，被搁置。

21st Cong., 1st Sess., Dec. 16, 1829，土地分级法案，表决通过，参议院投票比例24∶22。

22nd Cong., 1st Sess., Dec. 23, 1831，土地分级法案，被搁置。

23rd Cong., 1st Sess., Dec. 9, 1833，土地分级法案，国会委员会未报告。

---

[1] 关于这一点，请参阅View, i, 102-103。

[2] 据《参议院杂志》汇总。作此调查以明了本顿式办事之道，想来应有可取之处。此番列举亦对讨论本顿之土地政策有所补充，在讨论中并非本顿每一土地法案均被提及，因为很显然，若是一一提及，则此枯燥论文将更显呆滞。此外亦值得一提者，则是在国会之某会期本顿未提出自己之法案时，其"助理"，如沃克，C. C. 克莱以及布莱西总会提出某种土地法案，以替代本顿法案之位置。

[3] 前述5个法案，包括本案，提出土地分级，以及向实际定居者捐赠土地。

[4] 下述5个法案，包括本案，提出土地分级，优先占有，以及将废弃地割让予各州。

 哈佛课业

23rd Cong., 2nd Sess., Dec. 11, 1834, 土地分级法案, 被搁置。

26th Cong., 2nd Sess., Dec. 14, 1840, 陋室法案, 表决通过, 参议院投票比例 31∶19。

31st Cong., 2nd Sess., Dec. 30, 1850, 促进出售公地法案, 国会委员会未报告。

第八篇

詹姆斯·哈林顿

政府系 课程编号：6（Gov.6）
麦克伊尔文教授（Prof. C. H. McILwain）
1922年4月

詹姆斯·哈林顿：对其政治思想之研究

钱端升（Thomson S. Chien）

哈佛大学
1922年
论文评分：A

目 录

书 目
  一、一般书目
  二、关于哈林顿生平之书目
  三、关于哈林顿政治思想之书目

导 论
  一、詹姆斯·哈林顿之生平与时代
  段落概要：
  他之生平
  其时代之英国政治状况
  二、詹姆斯·哈林顿之政治著作
  段落概要：
  其著作
  其文风
  其方法

詹姆斯·哈林顿之政治思想
  三、政府之原则
  段落概要：
  政府之界定
  政府之均衡
  土地均衡法
  理想共和国
  官职轮替
  共和国之扩张
  革命与解体
  四、大洋国政府之架构
  段落概要：
  大洋国历史
  典范

土地均衡法

人民之分立

国家之分立

选区

投票

地方政府

中央政府

国会

执行机关

立法

省政府

军事组织

五、法律

六、社会与宗教

段落概要：

劳役

妇女

经济

教育

宗教

结　论

七、哈林顿政治思想之影响

段落概要：

于同时代之影响

对后世思想之影响

在美国之影响

以今日之标准来衡量

八、批判与评估

段落概要：

批评

哈林顿乃空想家？

最终评价

书 目

一、一般书目

Coker, Francis, W., *Readings in Political Philosophy*, New York, 1914, p. 298.

Dictionary of National Biography, VIII, 1319.

Dunning, William A., *A History of Political Theories from Luther to Montesquieu*, New York, 1905, p. 262.

Gooch, George P., *The History of English Democratic Ideals in the Seventeenth Century*, New York, 1912, Footnotes pp. 286–304.

二、关于哈林顿生平之书目

Aubrey, John, *Letters Written by Eminent Persons in the Seventeenth and Eighteenth Centuries*, London, 1813, pp. 370–376.

Herbert, Sir Thomas, *Memoirs*, London, 1839.

Masson, David, *The Life of John Milton*, Six Vols, London, 1859–1880, V, 482–486.

Noble, Mark, *Lives of English Regicides*, Two Vols, London, 1798, I, 302–305.

Stephens, Leslie, "James Harrington", in *Dictionary of National Biography*, VIII, 1318–1320.

Toland, John, "The Life of James Harrington" in *the Oceana of James Harrington and His other Works*, pp. xiii–xli. (Cited as Toland).

Wright, James, *The History and Antiquities of the County of Rutland*, London, 1684, p. 52.

Wood, Anthony, *Athenae Oxonienses*, Four Vols, London, 1813–1820, III, 1115–1126.

三、关于哈林顿政治思想之书目

Dow, John G., "The Political Ideals of the English Commonwealth", in the *English Historical Review*, VI, 306-330, April, 1891, pp. 317-326.

Dunning, William A., *A History of Political Theories from Luther to Montesquieu*, New York, 1905, pp. 248-254.

Dwight, Theodore W., "James Harrington and His Influence upon American Political Institutions and Political Thought", in *Political Science Quarterly*, II, 1-44, March, 1887.

Firth, Charles H., *The Last Years of the Protectorate, 1656-1658*, Two Vols, London, 1909, I, 68-72.

Franck, Adolphe, *Réformateurs et Publicists de L'Europe, dix-septième siècle*, Paris, 1881, pp. 202-252.

Gooch, George P., *The History of English Political Ideas in the Seventeenth Century*, New York, 1912, pp. 236-304.

Gooch, George P., *Political Thought in England from Bacon to Halifax*, London, 1914, pp. 111-121.

Hallam, Henry, *Introduction to the Literature of Europe*, Four Vols, London, 1885, IV, 199-201.

Harrington, James, *The Commonwealth of Oceana*, Henry Morely Ed., London, 1887. (Cited as Oceana)

Harrington, James, *The Oceana of James Harrington and His Other Works with His Life*, by John Toland, London, 1700. (Cited as Works) [1]

---

[1] For sake of convenience, quotations from the Oceana are referred to the Henry Morley Edition. As far as I can ascertain, there are four English editions of Harrington's collected works: The first edition was published in London, 1700; the second, in Dublin, 1737; the third, in London, 1747; and the last, in London, 1771. The second one is a reprint of the first one, with Henry Nevile's Plato Redivivus annexed. In

Janet, Paul, *Histoire de la sience politiques dans sa Raports avec la Morale*, Two Vols, 4th Ed. , Paris, 1913, pp. 191–193.

Russell Smith, H. F. , *Harrington and His Oceana*: *A Study of a Seventeenth Century Utopia and Its Influence in America*, Cambridge, 1914.

Smith, Arthur L. , "English Political Philosophy in the Seventeenth and Eighteenth Centuries", in *Cambridge Modern History*, VI, Ch. XIII, pp. 796–798.

---

the third one, Plato Redivivus is omitted, but Harrington's numerous tracts, omitted by Toland in the first edition, appear. It also has a good index. The fourth edition contains table of contents; otherwise it is identical with the third one, though the size of the pages is different. The Harvard Library has the first three editions. The Boston Public Library has the first, third and fourth editions. John Adams' copies are the third and fourth editions. Unquestionably in the last two editions are more useful than the first two. But unfortunately I had access only to the first two editions, while I was writing this essay. It should also be mentionedthat the Boston public library also has a first prints of the Oceana, the art of Lawgiving, the Aphorisms Political, and the Ways and Means.

 哈佛课业

詹姆斯·哈林顿：对其政治思想之研究

导 论

一、詹姆斯·哈林顿之生平与时代[1]

詹姆斯·哈林顿于1611年生于贵胄之家。其髫龄即勤勉寡言，传闻其少年老成。哈里顿于牛津大学三一学院修习数年后，始游海外。其首途之国为荷兰（Holland），在彼邦服役于葛莱温（Graven）勋爵之军团。在游历德意志与低地国家后，哈林顿途经弗兰德斯至法国，而后至意大利。在意大利诸邦国中，威尼斯予此年轻学子之印象最为深刻。

当詹姆斯·哈林顿还英格兰时，其成为查理一世之非常枢密院之成员，以此地位随查理一世参与其首次远征苏格兰。迄至查理一世临终，哈林顿皆对其忠心耿耿。然就其思想而言，哈林顿向为共和主义者。

查理一世被处死后，哈林顿退隐林泉，著书写小册子。然在克伦威尔摄政之最后三年，其于政治又稍活跃，对其本人所提出之理想宪政之兴趣尤为浓厚，此种宪政模式之梗概可见诸其著作《大洋国》。有陈情书送至国会，祈求采纳此中制度，然所有陈请概属徒劳。[2]从1659年11月至次年2月，他忙于罗塔（Rota）俱乐部[3]之事务，此为其躬创者。该俱乐部为最古早之咖啡屋俱乐部，其后此俱乐部于伦敦名声大著。其主要目的在于实践哈林顿之投票模式。据传，俱乐部聚会中恒有争论，生机畅然，外人为之注目。

---

〔1〕 需要提请注意者，是詹姆斯·哈林顿与詹姆斯·哈灵顿爵士并非一人。《英国弑君者》一书之作者将二者混为一谈。Hallam 亦犯了错误，将爵士头衔加诸这位詹姆斯·哈林顿。

〔2〕 Masson, V, 483.

〔3〕 Aubrey, 373-373; Wood, Ⅲ, 1120.

第八篇　詹姆斯·哈林顿

　　王权复辟时，哈林顿被疑卷入一桩反对国王之阴谋，被捕而囚于伦敦塔中（Tower）。政府虐之滞之。至其身心俱废后，哈林顿方自普利茅斯监狱得释。其纵犹能耕于砚田，但自此元气未复，逝于1677年。

　　当哈林顿之时代，英国之生活甚为复杂，然此处吾人仅能蜻蜓点水提及。自新教改革以还，与之俱来者为亨利八世没收修道院及教堂财产，宗教和拥有财产，此类事物，一如既往，处于震荡之中。前者毋庸置疑，而后者，纵然真切，仍仅能得之于模糊想象。17世纪中叶，就宗教而言，武力斗争存在于独立派和长老会派之间，而天主教与国教之争，却暂时消停。

　　共和党或毋宁谓之反王权党，其政治势力强大。但克伦威尔忧心于防止英格兰再度陷入混乱，虽其非出于个人野心，但如任何独裁者之所为，他为之过甚。国会聚散无常，而护国公之权力则维持至高无上。此种情形，势必促使哈林顿之丰富心灵思考适当救弊之策。

　　吾人不可忽略当时英格兰所存地方政府制度。当时有郡，亦有行政堂区。居间之百户邑（hundreds）*　几无权力。选举腐败习以为常，非独英格兰为然。吾人还可例举其他诸多情状，此皆预示哈林顿将对其深思。

　　此间尚有余裕，吾人可指出哈林顿生平及时代中数事，于其理念有直接影响者。其大陆之行，使其握有实例，而《大洋国》中富于此种事例。如其所见，其土地均衡法（Agrarian）之构想，为亨利七世于英格兰首创之余额转移（transference of the balance）之逻辑结论。其宗教观念意在平息教派争斗，其投票制度意在对当时遍布之腐败救偏补弊，而其国会制度，乃意在稳定国家。因其出身贵族，其全部著作皆充溢浓厚贵族色调。因其一度与葛莱温勋爵共事，在别时又曾与查理一世一道远征——吾人可推测他推崇克伦威尔之新模范军（New Model）——故其尤为留心军队之宪制。注意如此种种因素与哈林顿政治思想之关联，确乎令人兴味盎然，然吾人现在须转向其本人之著作了。

---

*　英国历史上存在于郡（country or shire）以下之地方行政单位，有独立之法院。——译者注

 哈佛课业

二、詹姆斯·哈林顿之政治著作

哈林顿论述政治本质之著作，虽然难称卷帙浩繁，但至少亦为数不少，其中有些尚不得一见。较为重要之著作开列如下：[1]

1. 《大洋国》，1656年。
2. 《民众政府之至尊者》，1658年。
3. 《立法之艺术》，1659年。
4. 《瓦勒琉与帕布里克拉之对话》，1659年。
5. 《政治之体系》，1659年。
6. 《政治格言》，1659年。
7. 《共和国之七种模式》，1659年。
8. 《通过人民之同意而成立共和国之方式或手段》，1660年。
9. 《数善心人之恭顺陈情书》，1659年。
10. 《罗塔》，1660年。[2]

托兰（Toland）所述《大洋国》之出版情状令人为之神驰。查理一世被处决后，哈林顿迅即着手写作《大洋国》。此书正排印时，为政府所扣押。哈林顿向克伦威尔之爱女浪漫吁求，唯借后者关说，此书方得以恢复印刷，并最终于1656年付梓，未署作者姓名。此书题献予护国公勋爵。

托兰对《大洋国》之概述最佳。"此书包括序言，此部分又分两节，第三部分为'立法者会议'，继之以'共和国模式'，或可谓此书主干；最后为推论或结论。"[3] "他（哈林顿）所循方法，则是以如此众多之积极措施，详拟其律令或法律，对每一措施他皆增补一解释段落；偶或还增补一段伪称为大执政官（Lord Archon）*或议员之演说。此种演说极

---

[1] 此处编年顺序根据 Wood, pp. 1121-1126 之内容重新组织。
[2] 除了此书外所有书籍皆根据托兰之版本印刷。
[3] Toland, xxi.
* Archon 为古代雅典执政官。——译者注

佳，学识包罗宏富，观察精准入微，是对其所拟议法律之永恒评注。"[1]

《民众政府之至尊者》第一卷含有为《大洋国》辩护之内容，第二卷关于阐明詹姆斯·哈林顿观点之顺序。《立法之艺术》为《大洋国》之删节版。《罗塔》是关于罗塔俱乐部之小册子。《数善心人之恭顺陈情书》致送给国会。余下各书或则从《大洋国》中抽取一部，或则为对《大洋国》之解释。是故，《大洋国》一书为哈林顿主要著作，此绝无可疑者。非徒如此，它亦为具有重要性之唯一政治著作，虽然一位研究哈林顿之学者坚称，《政治之体系》"应位居名声更著之《大洋国》之上"。[2]在此种关联中，提请注意一点，即哈林顿为英格兰所制定之模范，首在《大洋国》中提出概要，而在哈林顿众多著作中重复大约五六次，此种提醒并非无聊。

就其写作风格而言，哈林顿既非如霍布斯之言简义丰，亦不似弥尔顿（Milton）之雷霆万钧，二者均为其同代人。在《大洋国》中，他沉溺于细枝末节，幻想之演说，以及编造人名，用此手法虽在彼时并非不同寻常，[3]却令读者分心。在《瓦勒琉与帕布里克拉之对话》中，其用对话手法即收效甚微。在《民众政府之至尊者》中，他肆意谩骂"支吾其词者"，这令其大失《大洋国》中之高贵气度。诚然，其著作富于精巧议论，措辞精细，亦不乏聪颖表达之睿智回击。[4]然吾人不得不以哈勒姆（Hallam）之语总结一番："总体言之，或许可谓哈林顿啰唆，乏味，说教，且罕有深刻之处。但有时仅凭其观察精到，即挽回其声誉。"[5]

倘说其写作风格较之其他政治作家相形见绌，他却精于方法。第一，他并非乌托邦论者，此问题姑待其后处理。第二，他亦非冬烘先生。听其夫子自道："并无谁人之命令，为绝对无错；此一时因无知或错误而起

---

[1] Ibid, xxiii.
[2] Russell Smith, 122.
[3] Ibid, 13-14.
[4] 例如，针对有反驳意见认为"天堂之政府为君主制，地狱之政府亦复如此"，哈林顿回击道，天堂之政府是君主制，乃因上帝总是善的。倘若人总是善的，他就应该是上帝，并在天堂里！因而他结论道，地狱之政府不应是君主制。参见 Works, 382.
[5] Hallam, IV, 200.

之愚行,在彼一时将暴露无遗,并得纠正。"[1]倘若"在哈林顿处有教条主义者之物",[2]则因每一政治作家皆必定要怀抱某些信仰,否则他根本就非政治作家。

然哈林顿最声名卓著者,为其经验主义。他乃"以历史方法研讨政治理论之最早典范之一"。[3]就此而言,他应被置于亚里士多德与马基雅维利之班列。其一般方法为考察古代与现代政制和著作,然后视其判断而择其善且适于英国状况者。"无人可成为政治家,除非其首先是一历史学家或旅行家。"[4]而哈林顿两者兼具。

哈林顿从古代以色列、拉栖底蒙和罗马,以及现代之威尼斯和荷兰,借鉴最多。他从以色列之圣经中有所得,于威尼斯则通过阅读与旅行而了解。"一如该时代大多理论型政治家,他对威尼斯共和国过于崇仰。"[5]在吾人已提及之不同作家中,他仰赖亚里士多德尤其马基雅维利至多(尤其在写作《对话》时),不仅借重其观点,亦借鉴其比较不同政治体和制度之方式。《利维坦》——此书发表时哈林顿正写作《大洋国》——之作者则成其抨击之对象,既因其原则,亦因其方法。

然吾人倘推论,他对于其极为崇仰之大师与制度陷入盲从,则非持平之论。他从未陷入吾人所谓纯粹经验主义之陷阱。在历史经验之迷宫中,他亦从未失去对整体大局之视野。纵然《大洋国》并非标准之优秀政治哲学著作,但作者构建了一本身自洽之政治体系,就此而言,他乃十足政治哲学家。换言之,虽哈林顿"追慕古人",他同时亦"独辟蹊径"。[6]历史指引他,但其心灵却未拘泥于此。

---

[1] Works, 480.
[2] Gooch, English Democratic ideas, 298.
[3] Ibid, 291.
[4] Oceana, 218.
[5] Hallam, iv, 200.
[6] Oceana, 17.

詹姆斯·哈林顿之政治思想

三、政府之原则

在《大洋国》一书中，哈林顿开篇即在古代之治道与现代之治道间作一区分。其后他解释道："吾所谓古代之治道，乃指政治体之政策；而所谓现代之治道，是指国王、勋爵和平民之政策，此为罗马帝国灭亡以来占主导之政策。"[1]他对古代之治道推崇备至，因其认为，无论何人"复兴了古代之治道，则其必将统治世界"。[2]无论此区分如何成疑，它必定发自内心。

> 根据法律或古代之治道而给政府下定义，它便是一种艺术，借此艺术，人类公民社会方在共同权利或共同利益之基础上组织起来，并且得到保存。据亚里士多德和李维之说，此即法律之帝国，而非人之帝国。
>
> 根据事实或现代之治道而给政府下定义，它亦是一种艺术，借此艺术，某人或某一些人使一个城邦或一个国家隶属于自己，并按其私利而统治……（它是）人之帝国，而非法律之帝国。[3]*

无疑，每一政府皆有其法律。然倘若政府由一人或少数人统治，其法律唯取决于一人或这数人，则法律并无其效。[4]

吾人难于理解哈林顿之政府中双重原则——权威与帝国。他欲令吾人理解，政府必乃权威政府或帝国政府二者居其一，前者"呼应心灵之

---

[1] Work, 237.
[2] Oceana, 247.
[3] Ibid, 16.
* 此处引自《大洋国》中一段话，对照汉译本录自［英］詹姆士·哈林顿：《大洋国》，何新译，商务印书馆1981年版，绪言，第6~7页，但词句稍有不同。如商务印书馆1981年版《大洋国》中将"prudence"译为"经纶之道"，此处皆译为"治道"，将"modern"译为"近代"而非"现代"，将"empire"译为"王国"而非"帝国"。——译者注
[4] See Works, 241.

哈佛课业

善",而后者"呼应命运之善"?此显为不可能之事;因为,政府必定有两类"善"。关于权威,哈林顿所谈甚少。但因"人之心灵乃两个对手之情人,一为理性,另一为激情",[1]一个国家就必定或由理性统治,或为激情所左右。毋庸说,哈林顿偏爱由理性统治之政府,他补充道,此种政府将由法律引导,美德洋溢。[2]

关于帝国或大国——外在善或富裕——哈林顿提出了其著名之均衡原则。"帝国建基于治权。治权乃产权,是不动产或个人产权;即,以土地或以货币和物品之形式存在。"[3]政府之本质依赖于产权之均衡。在多数国家,仅土地产权之均衡,即已决定了政府之本质,虽然"在如荷兰和热那亚这等主要靠商贸维持之城市,财政之均衡可能等同于土地之均衡"。[4]

倘若某人为唯一之地主,或者如土耳其般近似于此,则该帝国即为绝对君主制或君主制。倘若少数人拥有土地或拥有大部分土地,一如西班牙,则该帝国乃贵族制,亦称为混合型或有限君主制。[5]倘若全体人民拥有土地,或者说,并无一人或并非少数人拥有其中大部土地,则该帝国为民主制或共和国。"如有武力干预":君主制即变为暴君制,后者即只为一位君王;贵族制变为寡头制,寡头制则只为少数人;共和制变为无政府状态,而无政府状态乃"由人民掌权"。[6]此种偏离形式均与适当之均衡背道而驰。[7]

然而,政府之均衡与政府之失衡之间,区别却并不清晰明了。吾人读到"专断君主制之关注点是君权之绝对性;有限君主制之关注点是贵族之伟大;民主制之关注点是人民之幸福"。此种关注点存在于均衡政府,抑或失衡政府之中?吾人无法作答。

土地均衡法,也即"保持土地均衡",对于君主制、贵族制和民众政

---

[1] Oceana, 26.
[2] Ibid, 26.
[3] Ibid, 18.
[4] Ibid, 20.
[5] Works, 387.
[6] Oceana, 19.
[7] Works, 388.

府，皆为必不可少。[1]缺少土地均衡法，"无论对君主制、贵族制或民众政府而言，皆不会长久"。[2]为"平等之政治体"* 拟定之土地均衡法，乃恒久之法，此法创立和维持治权均衡，乃由如下分配方式：确保没有任何人或任何群体，在少数贵族之管辖范围内，能借掌握土地而凌驾于全体人民之上。[3]

当然，具有此种性质之土地均衡法，容许在政治体中存在贵族制，此种贵族制因素其权势不会强至颠覆人民，或将政治体转化为君主制，然而仍强至可在政治体中施加主导影响。此实为哈林顿所渴求者，因其理想之政治体无此即不完美。哈林顿从未抱有柏拉图式财产政治体理念。他既未设想过平等分配土地之可能，亦未设想过其可期。他现在所倡议者，仅为对于土地上之治权施加一限制。如果毫无限制，少数人将拥有大部分土地，而民众则仅有少量土地。这当然是一种贵族制或一种不平等之政治体。在此政治体中，当权一派——贵族——将致力于"维护其显赫地位和不平等，而另一派——[民众]——将致力于实现平等……[因此将存在]永远争斗不休"。[4]"贵族或士绅，压倒民众政府，这是政府之灾殃和破坏……贵族或士绅存身于民众政府之中，而非压倒它，正是其活力与灵魂所在。"[5]

哈林顿理想之贵族制，是将美德与财富结合之制度。[6]贵族应"除了其教育与用于公务之闲暇外别无长物，配以其闲情逸致与敷用之财

---

[1] Oceana, 19.
[2] Oceana, 20.

* commonwealth，中文有多种译法，因其含义有多种，既可指①"联邦"（通常大写），亦可指②"共和国"，还可指③"国民全体"。当指"共和国"时，含义为建立于法治基础之上，由人民之共同利益经契约而结合起来之国家，或最高权力在人民之国家；当指"国民全体"时，其含义为政治秩序之所有参与构成者组成之集体，在此意义上与英文中 state, polity, body polic, civitas 等概念近乎相通。本文翻译时，根据语境理解为第②、③两种含义，译为"共和国"或"政治体"。——译者注

[3] Ibid, 39-40.
[4] Oceana, 39.
[5] Ibid, 22. See also p. 150.
[6] Ibid, 151.

富",[1]此种贵族制将自然而然引导人民,且致力于政治体之利益,然后产生最睿智之政府。何其特殊之亚里士多德主义者!哈林顿对于贵族制之倾向就是亚里士多德主义!

吾人应已察觉,就均衡理论而言,哈林顿所得为正统之政府分类,此分类法与他之前其他众多政治思想家之分类法并无二致,其中包括马基雅维利,他所举六种政府形式为哈林顿所注意。[2]然更令人印象深刻者,则为哈林顿开始认识到,混合形式政府乃最好政府形式,虽其对此问题并未多言。

有时,哈林顿在最佳政府形式问题上十分开明。他道:"倘若根据国民之智慧与利益,以及基于成熟之论辩,而可以有一位国王,则立一位国王吧。""如果根据国民之智慧和利益,以及基于成熟之论辩,而出现一个共和国",则成立共和国吧。[3]"无论政府为大众政府抑或君主政府,本质上皆为人造物……最接近本质者……则更其自然。在一人或少数人是地主之处,君主制无疑更加自然;在全体人民为地主之处,共和国"无疑更加自然。[4]但其偏爱者显然为大众政府。"政府当建基于正义之上……一个建基于财产失衡之政府……即建基于……非正义。"[5]"大众政府,一旦臻于此类政府之完善状态,也即臻于政府之完善状态,其中绝无瑕疵。"[6]

然而据哈林顿之观点,既不存在纯粹贵族制,亦不存在纯粹民主制。"贵族制或贵族之国,若排除人民就必然由一国王统治;或者若排挤国王,就必然由人民统治;无元老院或无贵族之混合制,便不存在任何大众政府。由此,虽然为了论述,政治家们谈论纯粹贵族制,和纯粹民主制,但在自然、艺术或范例中,皆无此物。"[7]吾人须记取,在哈林顿看

---

[1] Ibid, 153.
[2] Ibid, 17.
[3] Works, 540.
[4] Ibid, 381.
[5] Ibid, 487.
[6] Oceana, 37. See also Works, 230.
[7] Works, 393.

来,民主制和大众政府乃同义词,一个大众政府不可能达到此类政府之完善状态,除非"它由元老院提案、由人民决议、由行政职权(magistracy)执行,由此元老院中之贵族制、人民中之民主制和行政职权中之君主制三者共享分担,它才尽善尽美"。[1]"它尽善尽美",但其为一种混合形式,庶几乎为波里比阿和西塞罗之混合政府形式再现。

此处对于"人民"稍作解释。"大众之集会,可以构成全体人民,或构成代表。"前者哈林顿以威尼斯为例,后者其则以以色列为例。[2]因政治体现在通常规模太大,使其人民不能集合,哈林顿提议一种代议制,也即代表之集会。但此代表不外是人民之代理人。受人民之授权,听人民之号令,"此代表本身拥有全部主权权力"。主权权力并非或在人民与元老院之间分割,或在人民与代表之间分割,而是暂存于代表之手。但他们不可图谋让自己永久掌权;因其倘若如此作为,则将使自己与人民之命令公开决裂,并因此而丧失主权权力。[3]此处哈林顿是在详细解释代议制制度之真正特征。他附带揭示了其主权权力概念。主权权力是:无论何人在制定法律时拥有最终发言权,则其拥有主权权力。

为何应由"元老院提案、人民决议",哈林顿本人提供如下理由:

> 倘若人民大会人数如此之少,其人皆如此杰出而能井井有条讨论问题,则此种情形除了毁灭共和之外毫无益处。
>
> 倘若人民大会人数如此之多,而其大部如此平庸以至无议事能力,则须有元老院来补此缺陷。
>
> 需要元老院之原因在于,人民大会即便组成得法,它亦不能有何远虑。
>
> 需要人民大会之原因在于,即便元老院组织得宜,胜任讨论,它亦势必由少数优异之士组成,以至于他们就算有决策,亦不会根据人民之利益,而是出于其本身之利益,作出决议。
>
> 人民大会倘无元老院则不可能明智。

---

[1] Oceana, 31.
[2] Works, 393.
[3] Works, 463-464.

 **哈佛课业**

元老院倘无人民大会将不诚实。[1]

为免误解元老院和代表之相对重要性，且如此说——在哈林顿之论点中，代表乃大众政府之主体，而元老院不过为补充；因为，是代表之存在造成民主制。"倘无人民之代表，共和国……或则堕落为寡头制，或则堕入混乱无序，永远无可避免。"[2]

问题在于：在此共和国中，贵族与人民之间，其和谐共处是否能得保障？哈林顿答曰可得，"因在一共和国中，借由人民之选举而获得之高位，除普遍承认之美德"和能力——而这是存在于贵族制之中——之外，其他脚步皆无法跻越。[3]

一如哈林顿通过土地均衡法维护经济均衡，他亦借由官职轮替维护政治均衡。今引其语而述之，"平等政治体即此种政治体——它不唯在均衡或基础方面平等，抑且在上层结构方面平等；那就是说，在其土地均衡法和（官职）轮替之中平等"。[4]"平等轮替即在政府中实现平等之轮流任职，或行政长官之继任乃以此种便利任期来授官任职；享有平等任期，就如经由各部分被吸收进整体；接替其他行政长官，是通过人民之自由选择或投票。"[5]

借此政治均衡——轮替之法肯定是为实现这一目的——哈林顿旨在建立一政治体，其中最高权力存在于人民之手，然而并不为其滥用，因元老院之智慧启迪人民。行政长官由元老院选择，他不外乎是一管家，必须向人民负责，人民为真正之主人。[6]以现代词语而言，行政长官不过一公仆。

轮替将受平等选举之影响。"平等选举可经由抽签（lot），一如雅典之元老院；可经由投赞成票（suffrage），如拉栖底蒙；或经由无记名投票

---

[1] Works, 419. See also 253.
[2] Oceana, 177.
[3] Ibid, 41-43.
[4] Ibid, 39.
[5] Oceana, 40.
[6] Works, 386.

(ballot)，如威尼斯，在诸制中此为最平等者。"[1]无记名投票之操作法，为哈林顿对政治世界主要贡献之一，将在后文中详述。

关于领土扩张或帝国构建问题，哈林顿大体追随马基雅维利。[2]他不会容忍"强加桎梏"于被征服者或臣属种族。[3]他认为邦联或"平等之联盟"——他如此称呼瑞士和荷兰诸邦国——"对世界毫无益处，对其本身亦甚危险"。[4]他赞同罗马之扩张方式，他称之为"不平等联盟"。[5]

哈林顿对荣耀不乏喜爱之情。[6]据其看法，如大洋国之类政治体，其渴求世界帝国不唯合法，抑且可行，因其将"令世界之处境比此前更佳"，因其有一支优异军队。[7]此原则之原创者，倘与大洋国其余部分割裂来看，同样可归之于德皇威廉二世。哈林顿堪称幸运，其无可置疑之诚恳，挽救了其声誉。请见识如下观点：

> 若你助长公民自由之传播……信仰自由之传播，此帝国，此世界之庇护者，即基督之王国；因为，作为上帝之王国，天父亦为共和国，天父之子的王国亦应如是……[8]

其后吾人将考察哈林顿之革命理论，若其具有革命理论。有两种革命，一种为自然革命，另一种为暴力革命。"自然革命源自内部，或由商业激起，因为当一个政府建基于一重心（balance）之上——此种重心举例言之可以是贵族或神职人员——又经由其等级之衰败，而至于改变至另一重心；此种产权根基之改变，令万事万物陷入混乱，或者根据根基之类型或本质，而产生新部门或政府。暴力革命来自外部，或者由军队发动，因为当（政府）建立于征服之上，则接踵而至者即为征收

---

[1] Ibid, 394.
[2] Oceana, 235.
[3] Oceana, 236.
[4] Ibid, 236.
[5] Ibid, 237. 谈及在殖民省帝国之中的均衡，哈林顿暗示诸省应当被强制屈从于其母邦（pp. 23-24）。其关于印度地方之殖民地之评论（p. 25），不着边际。
[6] 请细读《大洋国》中"结论"部分。
[7] Oceana, 241-242.
[8] Ibid, 246.

哈佛课业

和充公。"[1]由此可见,据哈林顿之观点,唯有借由均衡之变动,革命才会发生。对吾人而言,唯有前者才是革命,而后者不过是征服罢了。

哈林顿对政府解体之解释,有些类似于其革命理论。"解体对政府而言合乎自然,解体之原因,不外乎两个:或为矛盾冲突,或为不平等……若一个政治体是一个矛盾,它势必需要自毁;若其不平等,则其势必争吵不和,吵至毁灭方休。"[2]拉栖底蒙为战争而聚合,战争为其带来新领土,然并未为其政府提供新事物。此矛盾导致其毁灭。在罗马,贵族与平民之间争吵不休,"罗马亡于其与生俱来之不平等"。[3]

四、大洋国政府之架构

吾人适才概述之原则,体现于"大洋国之模式"中。哈林顿在此处陈述其理念之术语更其明晰。故吾等将详论其模式。

吾人无须拘泥于哈林顿为吾等详述之大洋国历史,因每个英格兰历史学家均述及同样故事。此处唯有一事值得一提,即据哈林顿之观点,亨利七世借人口法令及其他法令,[4]亨利八世借修道院决议,[5]将重心从贵族和僧侣转向人民。是故英格兰已为一共和国,需要一部适于共和国之宪法。

然推行哈林顿所述模式之方式,则势必引起议论。此模式所对应者,最近乎吾人所谓成文宪法。但成文宪法于17世纪之作家而言,尚为未知之物。是故在哈林顿心中,其模式与其说对应成文宪法,毋宁说是摩西、梭伦和来库古之律法。倘其如此,则无怪乎他将此立法任务赋予大执政官,而非托付给"制宪会议"。该模式并非意指如吾人今日理解之成文宪法,此一事实须再三强调。然而众多学人,其声望虽非平平,仍沉湎于声称哈林顿乃成文宪法之先驱!

当创立该模式时,护国公或大执政官,为唯一创法者。但其得由50

---

[1] Works, 244.
[2] Oceana, 232.
[3] Oceana, 233.
[4] Oceana, 59.
[5] Ibid, 60.

名议员组成之委员会辅佐之,其中12人经抽签选出,作为"普利堂人"(Prytans)。*"普利堂人"之作为如"大委员会"(a grand committee),在此模式中,法令由其提出,他们当众安坐,并允许向所有利益相关方召开公开听众会。其后此种措施被报告给50人委员会,后者运作方式为秘密开会。议决之措施公布1个月,期间人民可发表意见。倘有必要,50人委员会将作出改变。最后之法令草案提交至护国公公布。由此诸法令构成大洋国之模式。[2]若非护国公乃唯一创法者、立法委员会由民众选举,则此委员会将是制宪会议,该模式所创立者将是制宪,而其模式即成文宪法。事实上,该模式创立过程中某些步骤,非常现代,具有鲜明美式风格。

这一模式中包含30等级,其重要性不一,各有千秋。此处仅描述与土地均衡法及政府结构有关之部分。

大洋国所倡议之土地均衡法如下:

>……任何人在大洋国境内现在拥有或将拥有之土地,其岁入如超出2000镑,同时又有一个以上儿子时,就应当按下述两种情形处理:①每人岁入平均在2000镑以上者予以均分;②每人岁入平均不足2000镑者,可作近似平均分配,将较大一份留与长子,但不得超过2000镑……一个人如有一个女儿时,除非其为遗产继承人,否则她……(不得接受)……1500镑以上之土地、货物或金钱……[3]

对于苏格兰和爱尔兰制定同样之法律,其例外者,则为在苏格兰财产限制仅500镑。[4]

土地均衡法与无记名投票被并称为"大洋国基本法,或共和国之核心"。[5]

吾人将会明了,借此法律,长子继承权实际上被废除。此法既未规

---

* prytaneum 为古希腊之城市公共会堂,Prytan 一词应与此有关,商务印书馆译本将 Prytan 译作"执行议员"。——译者注

[2] Oceana, 73-74, 256.
[3] Oceana, 104.
[4] Ibid, 104-105.
[5] Ibid, 104.

 哈佛课业

定财产集体所有（community of property），亦未规定土地平等分配。它仅规定限制任何个人拥有之土地数量。此点表明与其说它是社会主义，毋宁说它为资产阶级性质；因为，如在大洋国中每一地主拥有土地年收入2000镑，则整个大洋国仅有5000名产权人。[1]如假设之条件存在，则此种土地所有权之排他性，应会打消下述看法：哈林顿之土地均衡法乃乌托邦或社会主义。

关于该土地均衡法之用处及其可行性，有详尽异常之讨论与论辩。[2]该法最突出之优点在于，其将确保不会反复出现君主制或寡头制，保证维护共和国；它既不会破坏家庭，亦不会伤及产业；最后，其有可能经由国会制定为法律。

关于政府之结构，"所有政治方式，只要由人民组成政治集体，就势必需要从配置人民或划分人民开始"。[3]因此，为设立政府之目的，人民被划分：[4]①依据其性质，被划分为自由民或公民和仆役："自由民仍能掌控一己之生活，而仆役则不能"；[5]②依据其年龄，划分为青年和长老；青年为18岁至35岁者，而长老则为35岁以上者*；③依据其财富，以身家100镑为划分依据，划分为骑兵、步兵；④依据其居住地划分。

依最末一种划分之法，英格兰被划分为50"部"（tribe），每"部"包括20个"百户邑"；如此则有1000个"百户邑"，每"百户邑"含10个"行政堂区"（parishes）**，故有10 000个"行政堂区"。[6]此种激进重组，比其实际体现看似更不切实际。英格兰诸郡之数目，对应上述诸部

---

[1] 引自执政官之演说。Oceana, 110.

[2] Oceana, 105-115.

[3] Works, 400. 当吾从《大洋国》中摘录引文时，被激起了一种渴望，即小心翼翼以免对《大洋国》中所呈现之模式作任何歪曲。

[4] Oceana, 78.

[5] Works, 436.

* 经核对商务印书馆1981年版《大洋国》中关于年龄的分类，第2条法令将公民分成青年与长老。年龄在18岁至30岁之间的人归为青年，30岁以上的人归为长老。参见［英］詹姆士·哈林顿：《大洋国》，何新译，商务印书馆1981年版，第81页。——译者注

** 仅存在于乡村地区之最小地方行政单位，通常有其教堂和牧师。此处作为行政建制，每百户邑包含10个行政堂区；但作为选举组织，每百户邑包含20个行政堂区，具体见后文"百户邑之得名"相关内容。——译者注

[6] Oceana, 79, 89.

之数目。行政堂区为地方单位。百户邑为介乎郡与行政堂区间之层级。哈林顿此种划分具有可能性，法国大革命期间有类似划分，可资证明。[1]甚且据说法国之方案即受哈林顿之启发。[2]

如此划分之后，国家于选举和地方政府皆两便。出于政治目的，唯有长老成为选民。每年各行政堂区之长老，选举其中 1/5 为其代表。每一百户邑之代表，选举该百户邑之官员。每一部之代表选举该部之官员，以及国会议员。

选举极为细致准时。每百户邑皆有 1 名审计官（surveyer），其职责为指导行政堂区人民如何投票。[3]1000 名审计官另加 4 名总审计官，总计每年将耗大洋国 25.4 万镑。[4]选民须宣誓保持诚实，并致力于公共利益。[5]行政堂区之督察官（overseers），百户邑之治安司法官，以及部之部长官（sheriff），监督选举。

"无记名投票……由两部分组成，抽签和投赞成票，或者提案与算筹。抽签决定谁提名竞选者；算筹……（数出）竞选者中谁将"当选。[6]以现代术语言之，"无记名投票"包括提名与选举。提名实乃抽签，因通过抽签，幸运者方拥有令人艳羡之被提名为候选人或提议为竞争者之权利。抽签物为球，从一桶中拿出。选举或结果即通过将彩色小球积存于盒中。当选者须为多数。选举权事如其名，乃"行之如仪……无人可见（投票人如何投票），然任何人皆可见其投入了一张……票"。[7]此为秘密无记名投票之伟大设置，其旨在防止彼时盛行于英格兰之选举腐败。"在大众政府中，清白之选举，纵然非其政府之性命，亦为其健康所系，其确保非经人民之投票，无其他精神被纳入最高权力。"[8]

在行政堂区、百户邑、部和元老院中，投票细节势必有所不同。但

---

[1] Franck, 234.
[2] Russell Smith, 206.
[3] Oceana, 80.
[4] Oceana, 89.
[5] Ibid, 81.
[6] Ibid, 21.
[7] Ibid, 81.
[8] Oceana, 120.

 哈佛课业

其原则却殊为一致,一如哈林顿本人实际上坦陈,"其几无差别"。[1]他精细入微描述威尼斯之投票,[2]亦详尽描绘了在行政堂区、百户邑和类似选举中,投票之投票人群体及其方式。[3]有时吾人不免疑思,投票时须守如此琐碎之规定,以及行礼如仪之步骤,作者是否有意其付诸实行。然而,无论何人,倘以为哈林顿此种关于投票之想法为幻想,则其谬矣。他须明了,倘置身事外而看,现代投票远较哈林顿之投票设计复杂而繁难。提名权非经抽签而行使,反之,乃被送予幕后牵线人。算筹权非简单积存小球,反而代以纸质选票,与之俱随者为诸种错综复杂情形。吾人从数世纪之实践经验及现代教育中所得优势先弃之不论,吾人须承认,今日之投票制度,相较于哈林顿之投票制度,更其令人望而生畏。

吾人已提及,在行政堂区中,有1/5长老被选为代表。平均而言,每一行政堂区约20名长老。故代表之数量将为5名,其中第一个代表须来自骑士阶层。代表当选后任期一年,不得连任。为行政堂区政府之利益起见,头两名代表担任行政堂区之督察官,第三名代表担任区乡治安官(constable),最后两名担任教堂学监(church wardens)。[4]在英国之行政堂区中,此为人所皆知之官职。

百户邑之得名,乃因每一百户邑由20个行政堂区组成,通常有大约100名代表。治安司法官、验尸官(coroner)及其他常见官职,皆经选举而治理百户邑,而其他更高级官职,则恒由骑士担任。[5]

各部之选举更其详备。[6]被召集之代表,其数约2000,有权参与选举,其集会之集体名为"大召会"(muster)。选举有两种,一为选举各部之官员,另一为选举全国元老院之元老(senators)及全国代表。各部官员为部长官、勋尉(Lord Lieutenant),2名军官及2名审查官(censor)。此种官员与百户邑之行政长官,总计有66人之多,其构成"元勋"(phy-

---

[1] Ibid, 125.
[2] Ibid, 120–125.
[3] Ibid, 81–125.
[4] Oceana, 81.
[5] Ibid, 87–88.
[6] Ibid, 93–95.

iarch），亦称之为"至尊团"（prerogative troops）。此元勋主要职能乃作为部之议会，召开四季法庭*在百户邑之间分派税赋，以及转运各地征集之税赋输送至中央政府。[2]总之，无论何人，若于英国地方制度了然于胸，则必为哈林顿之务实性情所说服。

论及中央政府之组织，哈林顿提出更其激进之变革措施。纵然其国会概念为纯然英国式，因其视行政职权如王权，为国会中内在不可或缺之部分，[3]但其分派予国会各构成部分之职守，却非国王、勋爵和平民等部分之职守。

国会由元老院与人民组成，亦称为至尊者（prerogative），乃代表之集会。[4]元老院由300名骑士组成。至尊者则由1050名代表组成。600名代表来自步兵，但所有骑士和450名代表来自骑兵，而在选民构成上，步兵数量以2：1之比例多于骑兵。[5]

所有骑士和代表当选后其任期为3年，不可连任。每年1/3人数任期到届，如此，在一年一度之部落集会上，总计选出100名骑士和350名代表，每一部落从骑兵中选举2名骑士和3名代表，从步兵中选举4名代表。[6]部分轮替制度乃为向国会输入"新血"，以使国会生命长青。哈林顿不喜其所谓换政府，因"政府之换生，即政府之换死"。[7]

1名骑士之薪水为年金500镑，而1名代表薪水仅每周约2镑。[8]如下措施甚为可取：此立法者若过去向执律师业，则其须暂停其职业。[9]他

---

* quarter sessions，四季法庭为1年召开4次之刑事法庭，由治安司法官和1名书记员聆讯，有权裁决除最严重违法行为之外之所有案件，以及听取即决法庭（petty sessions）之上诉。从1388年至英格兰王国结束，自18世纪之大不列颠以及其后的联合王国，英帝国其他治权所辖地区，皆实行一种传统的地方法庭制度，直至1972年在英格兰和威尔士被废除，1975年在苏格兰被废除。四季法庭之命名，是因为1年召开4次，通常是固定在主显节（Epiphany，1月6日）、复活节（Easter）、施洗约翰节（Midsummer，6月24日），米迦勒节（Michaelmas，9月29日）。——译者注

[2] Oceana, 96-97.
[3] Ibid, 187.
[4] Ibid, 130.
[5] See Ibid, 94.
[6] Oceana, 99-100.
[7] Ibid, 159.
[8] Ibid, 188-189.
[9] Ibid, 218.

们必不可同时兼任驻外大使，因要求其须身居大洋国。[1]

　　元老院有 1 位大将军（lord strategus），1 位大传令官（lord orator），2 位监察官（censors），3 位掌印官，3 位司库官。前 4 位官员当选后任期 1 年，后 6 位官员当选后任期 3 年，每年轮换其中 1/3。[2] 元老院中这 10 位行政长官，报酬较其他骑士所得更优，但其亦失去其选举权，[3] 此与现代国会中做法适为相反。其职能为执行，并很快即受评议。然应提请注意者，则为大传令官乃元老院之议长（speaker），而监察官为元老院中选举之监督者。[4] 至尊者选举 4 位护民官（tribunes），两名来自骑兵，2 名来自步兵，亦选举 12 名军官。[5] 据理解，虽元老院长年开会，然至尊者仅偶一集会，非"连续就业"。[6] 此为后者以军事风格而组织之原因。但护民官除为至尊者会期中之司令官（commanders）外，亦有权在元老院会期中出席。

　　执行委员会体系稍复杂。有 4 个委员会：国务（state）委员会、宗教委员会、战争委员会和商贸委员会。17 世纪之英格兰流行按地域划分委员会，相较之下，按功能区分委员会乃显著进步。除战争委员会之例外，此种委员会乃每年从元老院选出，任职 3 年，但唯有新进元老院之骑士方有资格入选，旨在"令委员会之构成，与元老院之构成，处于同步革新之中"。[7]

　　委员会每周各自选举 3 名会首（provosts），[8] 其负领导之责。除此委员会以外，元老院中 10 名行政长官亦为重要执行官。监察官主持宗教委员会。3 名掌印官为大法官法庭（Chancery）之法官，而 3 名司库官则为出纳裁断官。大将军（strategus）与元老院 6 位专员构成共和国之执政

---

[1] Ibid, 135.
[2] Ibid, 130.
[3] Ibid, 131.
[4] Ibid, 133.
[5] Oceana, 159–161.
[6] Ibid, 180.
[7] Ibid, 134.
[8] Ibid, 134.

团（signory），* 他们有会期和委员会之选举权。执政团亦"应考虑所有国务和政务事宜"。[1]

战争委员会由9名骑士组成，其中3人由元老院从国会委员会中每年选出。至尊者中4名护民官恒出席战争委员会。[2]在紧急状态下，倘若元老院从其本身成员中选举9人入战争委员会任职3个月，则战争委员会即成为大洋国之独裁者，[3]其凌驾于元老院和人民之上。[4]

吾人已提及，元老院有10名行政长官，人民有4名护民官。此种官员与48名骑士，[5]在紧急状态下再加9名从元老院选出而任职于战争委员会之成员，另加法庭法官，即构成了大洋国之行政职权。[6]"行政职权乃对行政部门之合宜称谓……行政职权可被视为两类；一类为固有者，或可谓执行性者，另一类为非固有者，或可谓立法确定者。"[7]

现在吾人须要概述大洋国中之立法程序。法律须征得至尊者之同意，但补充性立法，或命令（decrees），其不影响现存法律，亦未制定新法，此种权力则另存于行政长官和元老院之手。此一显著特征，请各立法机关留意，立法机关正为繁重而冗余之法案所累，此种法案欠奉法律尊严。

立法最初一步为提案。执政团有权在每一委员会中提案。会首有权在其任职之相关委员会中提案。[8]若其组成一会首团（academy of provosts），则其能对任何委员会提案。[9]

其后，向某一委员会提出之提案，将于委员会中予以讨论。作出决议之提案，将由会首或执政团中之行政长官提交至元老院，在元老院该

---

* 该词指中世纪意大利共和国的执政团，为 seigniory 一词之变体，而 seigniory 则是指封建领主之领主权，且尤其是指中世纪意大利城市共和国之市政议会。——译者注

[1] Oceana, 145.
[2] Ibid, 134.
[3] Ibid, 141.
[4] Ibid, 179.
[5] Ibid, 134.
[6] Ibid, 185.
[7] Ibid, 393.
[8] Oceana, 145.
[9] Ibid, 140.

哈佛课业

议案将予以讨论、议决或否决。议决需多数票同意。[1]作出决议之提案即成为法令,纵然其非法律,但具有最终效力。但若该法令之内容涉及现存法律或制定了新法,则该法令仅为元老院一项提案,必须提交予至尊者以待其最终投票。这一提案须先予以公开并颁布。[2]元老院从其行政官中选出提案人,其职责为将此提案提交至人民。倘若此提案"经由同一机关(人民)以多数票得其赞同",则其即成为大洋国之法律或议会之法律。[3]

应提请注意者,无论在委员会或元老院抑或至尊者中之提案人,恒有权优先发言。[4]所有提案人皆为元老院成员,而讨论提案之权又唯属元老院,故迅即显明可鉴者,则为元老院之立法权乃极为广泛。此种安排之合理性,可由下述事实得其辩解:"共和国之智慧存在于贵族制中。"[5]哈林顿谓:"元老院之主要职守,在于教导人民(代表)并激发其兴趣。"[6]

但若元老院拥有立法权过甚,则至尊者享有最高司法权。至尊者将决定自身之能力。唯一限制在于,它不得干涉战争委员会之权力或将军对军事法之权力。在审判中,护民官行法官之职,代表则行陪审团之职。以如下方式作出裁决:经投票裁决有罪,或无罪,或"非无辜"。当然,有许多针对判决之提案。得到最多过半票数之提案,成为最高权之判决。[7]

关于苏格兰和爱尔兰政府,与其同时代人相较,哈林顿更为开明,但亦未开明过甚。他对二者一视同仁。每一地区选送30名骑士至元老院,从骑兵中选送60名代表、从步兵中选送120名代表至英格兰之最高权。其选举、轮替及任期一切如常。显然它们拥有和英格兰同样之权力,虽哈林顿并未明言。[8]在苏格兰和爱尔兰,由12名骑士组成省级委员会

---

[1] Ibid, 146.
[2] Ibid, 147.
[3] Oceana, 179.
[4] Ibid, 146, 179.
[5] Ibid, 31.
[6] Ibid, 181.
[7] Ibid, 179–180.
[8] Oceana, 186.

(provincial council)，其从该省步兵之长老中选出，每年轮替；该委员会职能乃在关于省级事务上代表中央政府。[1]

"（伦敦）市政府如此睿智，智虑周全，因之哈林顿对该政府极少更动。"[2] 此种更动无甚特色，是故寡淡无趣。[3]

关于大洋国之军事组织，此处再稍作说明。[4] 青年，即18岁至35岁者；在各行政堂区，选举青年中1/5为轻骑兵（stratioti），组成第一营（first essay）。此般轻骑兵在百户邑之集结点（rendesvous）操练。每部之受训者概有2000名，由勋尉（lord lieutenant）指挥。除此2000名轻骑兵，另选200名重骑兵和600名步兵，如此则选出10 000名步兵和30 000名骑兵。其组成第二营（second essay），此为大洋国之"常备军"。第三营（third essay）在战争或全民动员（manoeuver）时组成，将军可从第二营中征召人员。一有此况，元老院迅即选出一名新将军，勋尉则新选出第二营，如此保持大洋国之战力齐装满员。但可以说，第二营部分军队将部署至苏格兰和爱尔兰，以监视该省军队。[5] 倘若国家遭入侵，长老亦有从军义务。每一男子均须服役一次，但可志愿服役多次。倘若青年为独子，可得免役。无论何人拒服军役，其地位将降至等同斯巴达之"黑劳士"（herlots）。[6]* 大洋国整军经武如此完备，"以达此目的：共和国在承受极压时，仍可展其信念，相信借由自身虽谦抑却仍然保有勇气、纪律与坚毅，甚至直至流尽最后一滴血、耗尽最后一块铜钿，仍持之不坠，相信借此般作为，正义之上帝将记得对其仁慈"。[7] 此即为哈林顿之

---

[1] Ibid, 227.
[2] Toland, iv.
[3] See, Oceana, 197-201.
[4] Oceana, 203, 209.
[5] Oceana, 229-230.
[6] Ibid, 208.
* 黑劳士是指斯巴达人在征服拉哥尼亚和美塞尼亚地区之原有居民后，将其变为奴隶后之称呼。这些奴隶需要为主人耕种田地，缴纳地租，负担劳役，没有政治权利。这种奴隶制中最为残忍者，是黑劳士亦没有任何生命保障，因为斯巴达人为防止黑劳士积蓄反抗力量，不时择机（通常是黑夜中）杀害其中一些无辜青壮奴隶，而并不受任何惩罚。——译者注
[7] Ibid, 209.

国民军观念!因为其对"辅佐部队"和"雇佣军"极为了解。[1]此实为哈林顿之军国主义!

五、法律

对哈林顿之法律观念,本文难有专门研讨。但其太过重要,不可一概略过。

吾人看到,哈林顿唯在一处暗示存在自然法。"人类之理性","此为出于人类之利益"制定"自然法"。[2]因而,此自然法仅为一种理性主义。

论及更复杂之法律,它们乃两种法——教会法和市民法,前者与宗教有关,而后者与政府有关。根据古代之治道,教会法"是在行政官权力之中。根据现代之治道,它们在教皇之手中"。[3]他推崇古代之治道,此点毋庸置疑,据此可推断,即便是教皇在宗教法领域之侵夺,哈林顿亦会予以谴责。

吾等将转而关注市民法。法律之渊源为意志。

> 法律同样须从意志中生发而出(proceed),就是说,或从全体人民之意志,如在共和国中;或从一人之意志,如在绝对主义(absolute)中;或从少数人之意志,如在有限君主制中。
>
> 该种意志,无论来自一人、多人抑或全体,并非虚有其表,更非无故而动。
>
> 意志之原动力为利益。[4]

一人之利益,少数之利益和全体之利益,彼此各不相同;故在君主制、贵族制和民主制中,法律亦各不相同。政府如树,而法律如其果实。[5]

严格而言,宪制并非法律。"在政府中,宪制如政府之架构或模式,

---

[1] Works, 277. See also a suggestive account by Franck, 217.
[2] Oceana, 28.
[3] Ibid, 45.
[4] Works, 241.
[5] Oceana, 47.

此宪制被称为秩序；由立法者之命令而制定者，方被称为法律。"[1]

在共和国中，狭义之法律，乃经元老院与人民一致同意之行动而制定。此与现代立法观念颇相契合。然哈林顿异常冷静，以至其建议，"关于一般法律……最佳规则是，法律少之又少"。[2]"每一政府之中心，或基础"，他重申道，"仅为该政府之基本法律。"[3]

关于法律义务，共和国之人民"并无义务受制于非其本身制定或认可之任何法律"。[4]"行政长官，（因其）为法律之执行权……对人民负责，……其执政乃根据法律。"[5]此观点显然有利于人民主权。

六、社会与宗教

在"物资之分配"或人民之分等中，如吾人所见，哈林顿首先"如此这般，将人民分为自由民或公民与仆役；因倘若其获得自由，即自立维生，则其为自由民或公民。"[6]

> ……是故，此种划分并非出于宪制安排，而是自然内在于均衡之中；此种划分亦非为了确保所有政府与均势之趋势保持一致，因为任何社会之上层结构，因为均势之自然或因为他们能够自谋生计，而有可能制造出比本来之数量更多之自由民。[7]

因而很明显，无论在君主制抑或共和制中，自然会有仆役。某些人必然为仆役。但如其取得足以自立之财产，则其被解放，譬如，得享公民权。

于哈林顿而言，倘若吾人理解他，则其认为奴役乃必要之恶。它邪恶，因其"与自由或与共和国中对政府之参与相抵触"，而"一个共和国，其军队在其奴仆手中，即有反叛之危险"。[8]但其又属必要，因其符

---

[1] Works, 395.
[2] Oceana, 47.
[3] Ibid, 103.
[4] Ibid, 179.
[5] Oceana, 31.
[6] Oceana, 78.
[7] Works, 436-437.
[8] Oceana, 78.

合自然。此为悖论。对政府分派予仆役之角色,即便有此角色,哈林顿亦未置一词,此实属不幸。

哈林顿尊敬女性,然未赋予其政治权利。"对于构成人类共和国一半之性别,应予尊重,无她则另半归于乌有。"[1]

关于经济,哈林顿之观点与其同代人意见一致,亦即重农学派之意见。其推重农耕:"吾赞同亚里士多德之观点,由农夫组成之政治体,必为诸国中最佳者。"[2]"耕作养育优良军士,亦养育优良政治体。"[3]农业不唯其本身重要,抑且为其他诸艺之基础。"在制造业与贸易中,荷兰人已较吾人占得先机;但自长期而观则会明了,一个从事外贸之民族,不过是在外包(farm)制造业,而且,唯有在制造业之增长来自本土时,此种制造业方为其真正需要者。"[4]此处借由令英国人相信其必须控制世界之原材料,哈林顿庶几乎道出其后两世纪之英国殖民地政策。*

关于教育,哈林顿颇类柏拉图和亚里士多德,因其对教育异常重视。"教育……分为六种:在学校中,在机械技术中,在大学中,在律师学院或大法官法庭中,在旅途中,以及在军队之纪律中。"[5]某人可选择家教其子,或诸儿中一子,[6]但其他诸儿,从9岁至15岁,皆须受教于部落学校中。一个人通过学校教育后,即可进入上述任一职业培训教育。[7]

---

[1] Oceana, 192.

[2] Ibid, 211.

[3] Ibid, 12.

[4] Ibid, 211.

* 上引哈林顿之语之下文是,"承运他人之货物是一回事,而将自家货物运至最好之市场则是另一回事",上下文结合来看,此处哈林顿区分了贸易国(贩卖别国物品)和制造国(自己出产物品并售卖),并且主张英国以制造业立国,因为随英国人口之繁衍,其对必需品之需求也必然增长,较之荷兰,英国应将此种需求建立在更加稳固有效之基础上。钱端升评论哈林顿此种国策建议,指出其后200年英国之殖民地政策之原则为控制世界之原材料,其内在原理即为保护和促进本土之制造业,而将殖民地限制为原料产地,此一评论甚为精要。实际上,早在克伦威尔时代,英国政府即通过了《航海法》(Navigation Act),通过法律手段限制帝国内部之贸易外流至其他国家,也即限制金银等金属外流并且确保贸易分配给忠于英国政府之商人,之后帝国政府在200年内皆大体延续了此一重商主义政策。在此政策之下,帝国从欧洲进口商品之行为遭到严重打压,从而鼓励了英国本土之制造业。——译者注

[5] Oceana, 210.

[6] Ibid, 203.

[7] Ibid, 204.

关于宗教问题,哈林顿之主要观点为,将授任神职之权,还予人民或圣会,以建立一全民宗教,并授予有限之宗教宽容。授任神职须经行政堂区中长老选举,次经大学同意,以确保牧师有适当胜任资格。[1]教士之神圣职责,为在学校和大学教育幼童,在与宗教教育相关之行政堂区中教导人民。[2]

一国教将建立。国教非同敌视信仰自由,因全民信仰与个人信仰可并行不悖。"若一人私人信仰之确信,产生其私人宗教,则一国信仰之确信,势必产生一全民宗教。"[3]

哈林顿之宽容观念远非完善。"天主教、犹太人或偶像崇拜之(宗教)"不得宽容。宽容仅适于信仰清教者。[4]但吾人亦不应指责哈林顿心胸褊狭,因其已如公理(indepents)一般宽容。政府文书所赋予之宽容,并不较哈林顿为多。[5]大学应为宗教教育之基座,恰如其乃宗教教育之文苑。其向宗教委员会建言献策,审议向元老院提出之陈情中与宗教有关者。[6]

于所有宗教事务中,哈林顿对《圣经》依赖尤重。"不研《圣经》,不能得宗教真意。"故而其斥责将教士逐出教会之举,因此种做法"从《圣经》中不能得明证"。[7]

结 论

七、哈林顿政治思想之影响

当考察任何特定理论之影响时,无论其为当代抑或其他时代之理论,

---

[1] Ibid, 83-84.
[2] Ibid, 217.
[3] Oceana, 45.
[4] Ibid, 84,亦比较 Works, 451。
[5] See articles v-xxxvii of the Instrument of Government. S. R. Gardiner, the Constitutional Documents of the Puritan Revolution, p. 324.
[6] Oceana, 139-140.
[7] Ibid, 85.

哈佛课业

夸大其词、张冠李戴和错漏百出之类危险，任谁皆不能漠不在意。哈林顿对后世政制与政治思想有所影响，此为无可置疑者。但其影响几何，则任何心怀良知者皆不会贸然作答，纵如专家罗瑟尔·斯密斯（Russel Smith），专攻哈林顿之影响者，亦明白常见之危险，[1]然而不入虎穴焉得虎子。考察哈林顿政治思想之影响须得冒些风险。

吾人记得，《大洋国》出版于1656年。安东尼·伍德（Anthony Wood）可证，其出版后迅即"洛阳纸贵"。[2]好辩之士不失批评之机。故其必引人瞩目，至少于好学深思者中如此——因克伦威尔即称此书为"纸弹"。据阿瑟·L.斯密斯（Arthur L. Smith）之说，"1656年至1660年间，其影响不可估量"。[3]另一权威人士则评道，因其纯属幻想，在该时期《大洋国》不过议论者众，而效容以待者无。[4]

但吾人对梅森（Masson）之说可深表赞同，此君认为至1658年，哈林顿之拥趸已不可胜数。[5]复辟残余国会（Restored Rump）* 之领袖亨利·内维尔（Henry Nevile）[6]，即为哈林顿之热心信徒，其著《柏拉图再生》（Plato Redivivus），霍布斯还疑误其曾"插手（《大洋国》一书）"。内维尔乃罗塔俱乐部踊跃成员。在1659年7月6日向国会呈递

---

[1] Russell Smith, 129–130.
[2] III, 1119.
[3] Cambridge Modern History, VI, 797.
[4] C. H. Firth in Cambridge Modern History, IV, 544.
[5] V. 483.

* 残余国会（Rump Parliamentary）指1648年12月6日托马斯·普莱德（Colonel Thomas Pride）率军将反对审判查理一世之96名议员驱逐以后，所余之英国议会（仅余60名议员）。1649年残余国会废黜国王及贵族院，处死查理一世，宣布英国为共和国（The Commonwealth of England）。1653年4月20日，克伦威尔解散残余国会，宣布自己为护国公，实行军政统治和独裁，史称护国公时期，国号为"英格兰、苏格兰和爱尔兰共和国"（Commonwealth of England, Scotland and Ireland）。1658年9月3日，克伦威尔逝世，英国政局陷入动荡之中，期间原新模范军将领约翰·兰伯特（John Lambert）恢复了残余国会，但1659年10月兰伯特再次解散了残余国会，并自封为护国公。其后苏格兰总督乔治·蒙克（George Monck）站在国会一边击败兰伯特，于1660年2月进入伦敦，允许在1648年"普莱德清洗"中被驱逐之长老会派议员重新加入国会，条件是这届恢复的"长期国会"同意在举行大选后自行宣布解散。"长期国会"在完成召回查理二世做国王之法律准备后，于1660年3月16日宣布解散，其后查理二世复辟，君主制于1660年5月恢复。哈林顿之密友亨利·内维尔（1620—1694年）在1649年和1658年均出任过议员，此处所谓"复辟残余国会"或指克伦威尔去世至查理二世复辟之间的国会。——译者注

[6] 亦写作 Harry Nevill。

请愿书之活动中,他向为活跃领袖。或许描述哈林顿于当时政坛之地位最为精当之词句,即出诸国会对该请愿书之回复中。其谓:"尔等诉愿国会已阅,知悉其中并无私人目的,唯旨在公益。"[1]

哈林顿对归附于他之宣传家影响若何,殊难确定。特姆普利(Temperley)谈及光荣革命之大团圆结局,其谓《大洋国》"提供了一理论,据此理论可为政府之变革作辩护"。"所有权与权力之结合,产生国家中合理之均衡——因为此发现,哈林顿被视为政治科学之哥伦布。其观念遍布于全部现代解决方案中。"[2]罗瑟尔·斯密斯开列一长串英语作者名单——西德尼(Sydney),内维尔,洛克(Locke),休谟(Hume),边沁(Bentham)和格罗特(Grote),此辈皆受哈林顿沐泽。[3]此说或不免稍嫌夸张,然哈林顿之影响,于内维尔和西德尼处昭然可鉴,西德尼对费尔默(Filmer)《父权》(Partriarcha)之批驳,即具《大洋国》风格;于休谟与格罗特处皎然可见,二者均有著述称许哈林顿,此皆无可置疑者。

哈林顿之著作于1789年在法兰西得移译,1795年甚而出一格言版(Aphorism)。[4]由此可见法国革命者对哈林顿之需求甚殷。吾人不难赞同罗瑟尔·斯密斯之说,其谓西耶斯(Sieyès)深受哈林顿之影响。[5]

然哈林顿之影响最著者,乃在美国政治思想。无论何人,倘其熟知哈林顿、罗格·威廉姆斯(Roger Williams)与潘恩(Penn)等人观点,皆不难承认,后者乃蒙前者嘉惠,虽并无明证。[6]据罗瑟尔·斯密斯之见,卡罗来纳、新泽西和宾夕法尼亚诸殖民地宪章,亦皆存有哈林顿之印记。[7]吾人对此说慎毋全盘接受。但于约翰·亚当斯(John Adams)和詹姆斯·奥提斯(James Otis)而言,其本人著作即为哈林顿著作影响之

---

[1] Works, 546.
[2] "The Change of Ancient History to Modern History", Cambridge Modern History, V, 255-256.
[3] Russell Smith, 129-151.
[4] Janet, II, 752.
[5] Russell Smith, 205-214.
[6] Hussell Smith之证据(pp. 162-183)并非毫无偏袒地令人信服。
[7] 157-183.

 **哈佛课业**

最佳写照。[1]

美国革命之产物众多,其中不乏哈林顿之物。[2]虽美利坚未创立土地均衡法,然长子继承权却被废除,曾有八殖民地存此项权利。[3]1780年马萨诸塞州宪法之权利法案,将官职轮替和法治政府规则昭告天下。[4]据1777年纽约州宪法,秘密无记名投票取代口头唱票。[5]

现在让吾人考察某些政制,不唯有美国政制,亦有世界政制,此种制度未必源自哈林顿,却论证或证明哈林顿之观点真确。无记名秘密投票现为世间通行之法。官职轮替,即当选官员任职有一定年数期限,此亦为所有共和国一致情形,虽常容许再次当选。美国参议院中首行部分轮替之法,今于其他立法议会和行政委员会中亦颇流行。美国总统选举采间接选举制,[6]而在欧洲之共和国中,此法则更为常见。由立法机构行使弹劾,享有对特权者之审判权。内阁颇似执政团与委员会相结合之制度。行政措施倡议权乃内阁制一部分,但亦为《大洋国》之发明。向立法机关陈情之权利,存在于大洋国中,一如其存在于现代共和国中。此一寻相似点、相像处之清单不难延长,但唯有两至关重要相似点需详细探讨。

强制军役制,其初创者为普鲁士弗里德里希(Frederick)大帝,其后流风所及至于19世纪所有欧洲国家。这一极为残酷之制度,其首要特征在人人有责,将军队分为常备军和预备役,年年训练之规定,等等。然此皆可见诸哈林顿之军事制度。该制就其本身特征而言,或对哈林顿

---

[1] John Adams, Works, particularly, "On Government", James Otis, Rights of the British Colonies.

[2] 不过,倘以为此种产物当归之于哈林顿之影响,就稍嫌考虑不周了,因为人们无须求助他人亦可得到同样结论,罗瑟尔·斯密斯就将许多美国新观念和制度与哈林顿挂起钩来。但他暗示(Russell Smith, 199)联邦参议院和众议院之创立当归之于亚当斯(Adams),而亚当斯乃受哈林顿影响,此种想法整体而言对建国之父和对哈林顿均不公正。吾人应当记得,哈林顿之"两院制"之本质甚为特殊。罗瑟尔·斯密斯(Russell Smith, pp. 63-65, 192, 194),亦严重误解了权力分立。哈林顿之观念是权力集中。这如何能运用于美国呢?

[3] Dwight, Political Science Quarterly, II, 34.

[4] Ibid, 14, 8.

[5] Ibid, 21.

[6] 在《大洋国》中,国会成员唯有通过间接选举由人民选出。

之共和主义为一污点。但无论弗里德里希是否受哈林顿启发，哈林顿应享有构想该制之声誉。[1]

另有一制度日增其重，其为直接立法制，由提起公投（initiative referendum）与罢免（recall）构成。哈林顿所谓"人民决议"，适为今日之公投。大洋国之至尊者亦被称为人民，因其规模足够"涵括全部人民之利益"。[2]哈林顿令大洋国之规模，不逾古代城邦，则其无疑可将决议权交付首领会议（primate assembly）。又或，有鉴于17世纪所具信息传播之现代便利，他亦必将宁取人民投票，而非至尊者之代表投票。吾人无须再兴逸神飞构想"人民决议"和公投之特性——至少于原则上无此必要。

是故，倘若现今每一政制皆可溯源至某已故政治理论家，则哈林顿之遗泽或堪称深厚。若循此思路研讨，此路确乎危险。因而，吾人须甘于对哈林顿批判评估。

八、批判与评估

吾人已述及哈林顿政治方案之本质特征及其方法。现有待吾人以批判眼光考察之。弗兰克（M. Franck）辩称："哈林顿大谬不然之处，在以一外部机制替代自然和常态之人类能力发展。"[3]此决绝断语适于所有社会与政治改革措施，亦正触及其根本所在。如吾人坚记，不应以改革措施可否迅即实行或其激进程度为标准而裁断之，而应据其内在优点及其最终可行性审度之，则显然弗兰克此语并非对哈林顿之结论。

弗兰克对哈林顿批评之具体而微者，较其泛泛指责更为合理。他反对：①歧视青年而偏袒长老；②间接选举与民主不兼容；以及③对"骑士"给予不当优越地位。[4]他称末条为"最令人震惊之矛盾"。第二条批评可一带而过。第一条批评甚为在理，因18岁至35岁年龄段之人，不应被剥夺政治权利。但最末一条批评极为卓异。据哈林顿所示数据推断，大洋国约35 000名长老骑士，75 000名长老步兵；然前者独占元老院，

---

[1] 可以合理地确信，弗里德里希阅读了《大洋国》。
[2] Works, 430.
[3] Franck, 251.
[4] Ibid, 243–245.

哈佛课业

且控制约一半至尊者。

更其严厉之指责,则在于集权于少数。元老院,以及由58人组成之委员会,组成行政长官——忽视了当时4名护民官——即为大洋国政府!此辈提出法律,为其提案辩护,执行其一己自定之法律。且所有诸人皆为长老骑士!当紧急时刻,政府即握于22人之手,而此中唯有两人非长老骑士。[1]实际上,较之于弗兰克所感震惊,此事更令人惊诧莫名。

休谟指责元老院对人民具有否决权。[2]此为不刊之论。唯最终问题在于,哈林顿对此种"天然贵族制"[3]所持乐观主义,是否理据充足。若此贵族制如其所想之美甚,则元老院之至尊地位和集权于少数,皆可得证。然而,若可主张,恒有少数人适于治人,则亦可主张,恒有一人适于治人。倘有天然贵族,则亦可有天然君主。是故,哈林顿如此倚重于少数人,确乎谬矣。

弥尔顿指责哈林顿,谓其部分轮替制复杂过甚。[4]该复杂制度,即如现实所示,运转有效,此事实足堪为哈林顿辩护。休谟则批评轮替制不顾其能力若何而令人去职。[5]但哈林顿不应以此而受责,因为此于民主中为必要之恶。

然而,责哈林顿者多择其土地均衡法为批评鹄的。诚然,不难证明此法之不切实际,抑且危险,以此示哈林顿之荒诞不经。就批评而言,亚里士多德对柏拉图共产主义之批评,同亦颇适于批评哈林顿之土地均衡法,且于此类批评中,无人可逾亚里士多德。但心态平和者,不应受此批评影响过甚。关键在于,共产主义和土地均衡法之类事物,存身于玄想哲学领域,从未进入实际政治领域。吾人无十足权利称:某事——非物理上不可能之事——为不切实际。自理论上言,从来不乏为共产主义辩护之观点。

此事令吾人思忖如下问题:是否大洋国乃乌托邦,哈林顿为空想家?

---

[1] 有9个是军事委员会之骑士,9个作为执政团之骑士,以及4个护民官。

[2] Hume, Essays. Green and Gross Ed. I, 481.

[3] Works, 253.

[4] Ready and Easy Way to Establish a Commonwealth; Prose Works, Pickering Ed., III, 435.

[5] Hume, Eeeays, I, 481.

第八篇 詹姆斯·哈林顿

答案自然为非。常见共识以为，哈林顿所有观念中最具乌托邦特征者，为其土地均衡法。然其土地均衡法较其共和主义，却非更具乌托邦色彩。牢记此点颇有兴味：纵然哈林顿对柏拉图著作了然于胸，[1]当其长篇大论其土地均衡法时，却从未引介柏拉图，而柏拉图之《法律篇》中，提出有类哈林顿土地均衡法之事。进而言之，现代政府已始运用如累进税之类武器，以遏制厚敛山积之财，终至对私人财富设一限制。在此种意义上言之，哈林顿之土地均衡法势必将成现实。

《大洋国》开篇一段，[2]令"大洋国为乌托邦"之论看似可信。然头脑清明者应可明了，此乃诗情勃发，而非乌托邦意图外铄。细读摩尔（Robert von Mohl）之著，培根之《新大西岛》，以及康帕内拉（Campanella）之著，亦可证明其与《大洋国》颇有异，此为毋庸置疑者。摩尔将《大洋国》归入政治浪漫著作，且责其乌托邦特色，[3]这与其说为对此书持平之论，毋宁说乃对《大洋国》习常偏见之例证。

哈林顿本人无意成空想家。《立法之艺术》第三卷之序言，[4]提出一针对英格兰之政治模式，它公然宣称此模式意在付诸实行，即如其符合理性。此亦是弗兰克之解读。[5]该书第一卷序言前有一警言："若此时代不符予所期，下一时代将还吾以公道。"[6]哈林顿是预言家！吾人将惊叹如斯？

较其同时代人，哈林顿可谓出类拔萃。当其从以色列诸制中寻绎共和制因素时，费尔默和鲍舒特（Bossuet）尚在论证绝对君主制。[7]当其以归纳法得出支持共和主义之结论时，霍布斯尚以演绎法为绝对主义辩护。自原创性言之，哈林顿优于弥尔顿和哈利法克斯（Halifax），亦胜霍布斯一筹。[8]

---

[1] Massion, V, 481.
[2] Oceana, 11.
[3] Geschichte und Literatur der Staatswissenschaften, I, 191.
[4] Works, 429-435.
[5] Franck, 213.
[6] Works, 385.
[7] Franck, 222.
[8] Gooch, Political Thought, 113.

 哈佛课业

尚有最后一问须待解答：为何哈林顿从未作为一政治理论家而被推崇接受？原因之一在于，其怪异标题与学究风格，先予人他乃空想家之印象，然后令读者羞怒不已。原因之二在于，虽未被承认，但更其重要，则为哈林顿除谈论政治（Politick）之外并无其他著作，而国家法（Staatsrecht）及更一般而言之国家理论（Staatstherie），方可为人赢取一时盛誉。

于结论中，请一位伟大历史学家、哲学家，近世富有良知之研究者，对哈林顿作一月旦评。休谟写道：

> 哈林顿之《大洋国》，甚适于其时代，当其时也，构思共和国之计划，为日常论辩话题；即便于吾人之时代，该书亦被尊为天才杰构与创造佳作，此论堪称公道……其作者文笔艰涩，然其著作蕴藉含珠，可收桑榆之效。[1]

他还写道：

> 《大洋国》为共和国唯一有价值之典范，此种共和国，迄未献诸公众。[2]

古驰（G. P. Gooch）写道：

> 其批判力与建设力，使其有资格跻身于此类思想家中最杰出者之列——此类思想家致力于结合民主原则与秩序之利益，正如将其与进步之利益融汇于一炉。[3]

---

[1] The History of England, 8 vol. Oxford, 1828, VII, 307.
[2] Essays, I, 481.
[3] English Democratic Ideas, 301.

I

ARE THERE INHERENT POLITICAL RIGHTS OF MEN?

Gov. 12a
Prof. A. B. Hart
December, 1920

ARE THERE INHERENT POLITICAL RIGHTS OF MEN?

THOMSON S. CHIEN

HARVARD UNIVERSITY

1920

ARE THERE INHERENT POLITICAL RIGHTS OF MEN?

The present inquiry as to the existence of inherent political rights of men leads us at once back to the consideration of the dogma that "men are born free and equal," a dogma that has been the center of controversies and discussions of political theorists of the last two centuries or more. The truth of this dogma depends in turn upon the notion of liberty, equality, and of natural rights. Once we ascertain what these notions are and do they exist, there will be little difficulty of determining the present inquiry, one way or the other.

I propose, therefore, to study "liberty," "equality," and "natural rights" first, and then take up the question of inherent political rights.

LIBERTY

"There is no word that has admitted of more various significations, than that of equality."[1] This feeling is shared by Lieber, who gave us scores of varied definitions of liberty and arrived at the following definition of his own: "Liberty, in its absolute sense, means the faculty of willing and the power of doing what has been willed, without influence from any other source, or from without."[2] This is, however, only what Bosanquet designates as "philosophical

---

[1] Montesquieu, Spirit of Laws, Book XI, Ch. II.
[2] Lieber, Civil Liberty and Self-Government, Vol. I, Ch. II. V. I, p. 48.

sense" of liberty. Hobbes' definition that "liberty signifies the absense of opposition," which was meant external impediments of motion;[1] and Montesquieu's: "Liberty can consist only in the power of doing what we ought to will, and in not being constrained in doing what we ought not to will"[2] are both more or less philosophical in sense. There is one fairly all-conclusive definition: "Liberty consists in the free exercise and enjoyment of his rights."[3] But what is meant by rights? One would ask.

Indeed, to seek a satisfactory definition is futile; one would better examine the nature of liberty in its various phases. Reserving the question as to the existence of each, we may say, for sake of convenience, that there are three different kinds of liberty in general discussions, namely, natural, civil and political liberty.

NATURAL LIBERTY. Rousseau conceived natural liberty of men as unlimited and as having existed in the state of nature.[4] Sometimes this is spoken as "ideal liberty."[5] It is a natural corollary to the conception of state of nature in the eighteenth century. It is needless to say more than that the idea of natural liberty can be supported by neither experience nor sound philosophical reasoning, and is not recognized by thinkers of present generation.

CIVIL LIBERTY. According to Rousseau,[6] civil liberty is secured to man when he enters into the social contract, and because of the contract it is limited by the general will. Leaving out the question of social contract, Rousseau was correct. We of to-day define civil liberty as the liberty belonging to men in organized society and protected by law of the state, written or customary.

Civil liberty in civilized states is a pretty definite thing. It is regarded as

---

[1] Hobbes, The Leviathan, Ch. 21.
[2] Spirit of Laws, Book XI, Ch. III.
[3] N. Chipman, Principles of Government, Burlington, 1833, p. 58.
[4] Rousseau, Social Contract, Book I, Ch. VIII.
[5] Laurent Dechésne, La conception du droit et les idees nouvelles.
[6] Rousseau, Social Contract, Book I, Ch. VIII.

I ARE THERE INHERENT POLITICAL RIGHTS OF MEN?

essential to the full enjoyment of life and property. It is prescribed in every democratic constitution in one form or another, commonly called the "bill of rights." It must be remembered, however, that there can be no civil liberty when there is no law. It is inviolable only when law makes it so. Slavery is to be condemned, to be sure, but that Calhoun's argument that [1] "liberty is the highest reward bestowed on mental and moral development combined with favorable circumstances" is nearer to truth than that human being has an inalienable right to liberty is generally conceded to-day. Men by long experiences and applications have come to the conclusion that civil liberty should be extended only when it is for the general welfare of society.

POLITICAL LIBERTY. Political liberty is often confused with civil liberty. Montesquieu probably meant civil liberty, as it is understood to-day, when he said that "political liberty consists in security." [2] In his chapter on the meaning of civil liberty, [3] Lieber takes it to mean full share in government. Thus it seems as if the two terms were interchangeable.

Political liberty is the liberty to participate in the affairs of government. A man may be said to enjoy political liberty when he is exempted from the laws and restraints which put him in subjection to the will of others. A man who has no vote has no political liberty, for the laws and restraints laid on him are the will of others.

We are drawing to a universal suffrage closer than ever, but we would unhesitatingly repudiate the assertion that political liberty should be had by all. That only those who are capable of participating in the affairs of government should possess political liberty is no longer a question.

LIBERTY AND EQUALITY. "Liberty and equality are different things."[4] A recent French writer intimated that in America people are free and equal, in

---

[1] Calhoun, Works, p. 511.
[2] Spirit of Laws, Book XII, Ch. II.
[3] Civil Liberty and Self-government, Vol. I, Ch. III.
[4] A. E. Gasparin, L'equalite, 4th ed., Paris, 1876, p. 249.

England free but not equal, while in France people are equal but not free. [1] This certainly contains some truth and confirms the view that liberty and equality are not identical. However, they do go hand in hand. Rousseau holds that "to renounce liberty is to renounce the equality of manhood." [2] Again he said "equality cannot exist without liberty."[3]

In our discussions of civil and political liberty, it also suggests that without equality liberty is limited only to a part of the men that constitute the society and the state. So we shall immediately proceed to examine that nature of equality.

EQUALITY

KINDS OF EQUALITY. Willoughby enumerates as many as six categories of equality. [4] They are: spiritual, natural, civil, political, social, and economical equality. While there is some advantage of treating these one by one, one cannot see the evolutionary side of the notion of equality unless by treating it in chronical order. For this reason I choose to discuss the subject in whole, to differentiate it only when it adds clearness.

IN THE ORIENT. The idea of equality is an old one. Thus in the Babylonian Code of Hammurabi, "all like-ones are to be treated exactly equal by the law." [5] The Hindus, according to their idea of transmigration, are equal saved during their lifetime, in which Brahmins are held to be worth twenty times than persons of the lowest caste. [6] The Chinese had no idea of equality at all. They regarded the institutions of family and of the state as matters of course. They held the sovereign to be something above the people as he was supposed to be

---

[1] Paul Laffite?
[2] Social Contract, Book I, Ch. IV.
[3] Social Contract, Book II, Ch. XI.
[4] W. W. Willoughby, Social Justice, Ch. III.
[5] Frank Fritts, The concept of Equality etc, p. 20.
[6] Dechesne, p. 3.

I ARE THERE INHERENT POLITICAL RIGHTS OF MEN?

ordained by the Supreme Being. Without going much further, we may say this much at least: that among the ancient peoples of the Orient, equality of men cannot be said to have existed.

THE GREEEKS. Plato recognized that there were castes. His idea that women as well as men should receive education does not necessarily mean that he advocated equality of sexes. Aristotle recognized the difference between slaves and freemen. Though in one case he said that "in democracy there should be equality in number."[1] which would mean almost absolute equality among men, and that without equality one man may be subject to the other, his dislike of equality had been more emphatically expressed. "But to establish a government entirely upon either of these equalities (number and value) is wrong; as is made clear by the examples of those so established; for none of them have been stable." [2] To quote Willoughby, "Aristotle never gained a true conception of human liberty and equality."[3] The Stoics seemed to recognize spiritual equality, and the Sophists believed in some kind of artificial equality; but taken as a whole, the Greek world accepted no equality at all. [4]

CHRISTIANITY AND THE ROMANS. Thus we have seen that there was no equality urged in the ancient world. Equality of some kind or other, as it later came to be familiar to us, was first preached by the Apostles of Christ. They held that "subjection of man to man in government is contrary to the principle of nature equality." [5] Thus the notion of equality was making a head-way in the thinking world. Later in the Middle Ages, both the Roman jurists and the canonists held that men are born equal and free. [6]

THE PRE - REVOLUTIONARY PERIOD. This was the time when the

---

[1] Aristotle, Politics, Book VI, Ch. II.

[2] Aristotle, Politics, Book V, Ch. II.

[3] W. W. Willoughby, Political Theories of the Ancient World, p. 186.

[4] W. W. Willoughby, Social justice, Ch. III; W. W. Willoughby, Political Theories of the Ancient World, p. 80.

[5] Carlyle, R. W. & A. J., History of Medieval Political Theory in the West, Vol. I, p. 125.

[6] Vol. II, p. 35, p. 118.

people were awakening and coming to assert their rights. I call it pre-revolutionary period for lack of better designation. As early as the time of Henry IV of France, Philippe de Bethune wrote: "The advantage which they give a popular Estate is, justice and equality, or without favor or respect of persons; reducing the civil constitution to the laws of Nature, which made us equal and free."[1]

Hobbes' idea of equality was very dogmatic. He thought that men were equal, equal even in mind and body, were the social arrangements removed. What words can be more assertive than "Nature hath made men so equal, in the faculties of the body and mind etc.?"[2] As to Locke, the foundation stone of his two treatises is that men are naturally equal.

Next we have two French philosophers, Montesquieu and Rousseau. In his Spirit of Laws, Montesquieu said: "In the state of nature, indeed, all men are born equal; but they cannot continue long in this equality. Society makes them lose it, and they recover it only by means of laws."[3] Though Rousseau did not maintain equality in body and mind,[4] he did utter such word as "all being born free and equal."[5] In another place he made his conception of equality still clearer by saying: "Instead of destroying natural equality, the fundamental compact substitutes, on the contrary, a moral and legitimate equality for that which nature may have given of physical inequality among men; and while they may inequal in strength or genius, they became equal by agreement and right."[6]

THE REVOLUTIONARY PERIOD. During this period, revolutions broke out in both continents, and the idea of equality was even more strongly asserted than ever. The Declaration of Independence, the French Declaration of Rights,

---

[1] Bethune, Covnsellor of Estate, Part I, Ch. II.
[2] Hobbes, Leviathan, Ch. 13.
[3] Book VIII, Ch. III.
[4] Social Contract, Book II, Ch. XI.
[5] Social Contract, Book I, Ch. II.
[6] Ch. IX.

I ARE THERE INHERENT POLITICAL RIGHTS OF MEN?

and a score of other similar pronouncements, some of which are to be studied in another connection, all recognized equality. Not only the American and French writers unreservedly claimed equality for all men, but also the English contemporaries, such as Godwin[1], whose conception of equality, in its radicalism, is exceeded by none, not even by Hobbes. The general tone of the day can be best seen from the following passage written in 1794 (?) "That all men are, by nature, equal, is an opinion so generally received among those who are accustomed to any degree of philosophical reflection, that to call it in question might appear absurd, and to prove it, superfluous."[2]

THE PERIOD OF SOBER THINKING. With the American Republic well established, with the world tired of the bloodshed that resulted from the French Revolution, and with more experiences that had been gained, man began to see the fallacy of unqualified equality, and stop talking it. Perhaps, even those who preached equality in and before the eighteenth century were not unaware of the inequalities existing among men; they preached equality merely, perhaps, for the sake of straining up the people against age-long despotism. The Puritans in America, so Merriam tells us, did not like equality, as was later preached.[3] Even the American revolutionary fathers went no farther than to say men should be equal in the right to rule themselves.[4]

Except in the period of slavery controversy and early stages of the struggle for woman suffrage, the dogma of equality has never been insisted upon since the last century. If there be any equality of any kind, it owes its existence to the sanction of the society or the state, and not to nature.

In France, Laffitte said that to say men are equal is no more than to say that the molecules that compose the human body are equal. De Laveleye recognizes the inequality of man, and Dechesne unmistakably repudiates the doctrine of

---

[1] See W. Godwin, Political Justice, Book II, Ch. III.
[2] W. L. Brown, On Natural Equality of Men, p. 1.
[3] C. E. Merriam, History of American Political Theory, pp. 24-26.
[4] Merriam, p. 47.

natural equality.

Among American publicists, even men like President Eliot who are most concerned with the general well-being of mankind think that "the structure of democratic society will remain full of in equalities."[1] The same man goes one step farther in saying that "Liberty leads to inequalities of possessions."[2] The modern idea of improving all men is not to equalize them, who have never been equal and will never be, but to lift them up all.

NATURAL RIGHTS

The discussion of liberty and equality cannot be complete without examining the doctrine of natural rights.

THE ANCIENT WORLD. In China, the sovereign being the representative of the Supreme being, the Son of Heaven, all men were subservient to his will, so long as he continued to represent Him. Under this conception, there could be no rights as belonging to the people. Laotz did conceive a state of nature, in which man is free. But that there was a government ordained from above, put the people out of any claim for natural rights.

The Greek philosophers held that the state was something above all the individuals put together.[3] This fact rendered the existence of any natural right impossible. Blunschli was correct when he said that in ancient times man had no rights at all.[4]

THE PRE-REVOLUTIONARY PERIOD. During the Middle ages, as the institutions, political or religious, were considered as conventional and not as natural, "men are by nature free and equal."[5] Thus the idea of natural rights

---

[1] C. W. Eliot, The Contemporary American Conception of Equality etc., p. 11.

[2] Eliot on "quality in a Republic".

[3] Willoughby, Polic Th., p. 60.

[4] J. K. Blunschli, Theory of the State, 2nd ed., Oxford, 1892, p. 58.

[5] Carlyle, Vol. III, p. 3.

I   ARE THERE INHERENT POLITICAL RIGHTS OF MEN?

had been probably known before Hobbes' time. Hobbes' theory was that in the state of nature men had natural rights to everything. Later these rights were mutually transferred by entering into a contract for some common good. [1] Needless to say that Rousseau also believed in natural rights of men. Even Blackstone maintained the existence of natural rights and that laws were merely declaratory of these rights.

THE REVOLUTIONARY PERIOD. The period of American and French revolutions saw the unequivocal assertion of natural rights. Merriam found Jonathan Boucher the only one man among the more noted American publicists of the time time, who denied the existence of natural rights. [2] When the revolution was well underway, the American people were won't to assert their natural rights rather than those of Englishmen as a justification of the revolution. Man like Dickson declared that charters were declarations of the pre-existing rights. [3]

As illustrations of the general sentiment of the day, the following passages are worth quoting:

The Virginian Bill of Rights, 1776: [4]

> I. That all men are by nature equally free and independent, and have certain inherent rights, of which, when they enter into a state of society, they cannot, by any compact, deprive and divest their posterity; namely, the enjoyment of life and liberty, with the means of acquiring and possessing property, and pursuing and obtaining happiness and safety.

Declaration of Independence, 1776: [5]

---

[1] Leviathan, Ch 14.
[2] Merriam, pp. 63-65.
[3] Merriam, pp. 47-49.
[4] B. P. Poore, Federal and State Constitutions etc., pp. 1908-1909.
[5] B. P. Poore, p. 1.

"We hold these truths to be self-evident, that men are created equal, that they are endowed by their Creator with certain inalienable rights, that among these are Life, Liberty and the pursuit of Happiness. That to secure these rights, Governments are instituted among Men, deriving their just powers from the consent of the governed etc."

French Declarations of Rights of Men and of Citizens, 1789:[1]

"I. Men are born, and always continue, free and equal in respect of their rights."

"II. The end of all political associations, is the preservation of the natural and imprescriptible rights of man; and these rights are liberty, property, security, and resistance of oppression."

"VI. All citizens have a right to concur, either personally, or by their representatives, in its formation." (law)[2]

Among the staunchest supporters of natural rights was Thomas Paine, who declared: "Natural rights are those which appertain to man in right of his existence." "Civil rights are those which appertain to man in right of his being a member of society." "Every civil right grows out of a natural right, or in other words, a natural right exchanged." "Man did not entered into society to become worse than he was before; nor to have fewer rights than he had before, but to have those rights better secured."[3]

W. L. Brown, of whom have mentioned, though he conceded that men at certain stations and of certain abilities might claim certain special rights, nevertheless, regarded rights to life, property, honor and so on as "original and inherent rights of human nature."[4] Godwin also held that rights existed

---

[1] Thomas Paine, Rights of Man, Part I, p. 55.
[2] Note: Equality added in declarations since 1793.
[3] Rights of Man, Part I, p. 22.
[4] Brown, On Natural Equality, p. 111.

I ARE THERE INHERENT POLITICAL RIGHTS OF MEN?

before the state came into existence. The only notable exception to the general acceptance of the natural rights theory in this period was Bentham, who looked upon rights as mere creations of laws.

THE POST-REVOLUTIONARY PERIOD. The doctrine of natural rights still held its sway in the first half of the nineteenth century. We have Chipman's definition of natural rights: "Natural rights consists in the right of personal liberty, personal security, and of private property." [1] Natural rights, he said, originated in the law of nature; they can be held in check, but cannot be extinguished.

The Blackstonian theory of the relation of law and rights was repeated by Elisha P. Hulbert, who said: "The law is merely declaratory as to all natural rights." "The right depends not upon the law, but the law rather upon the right itself." [2]

The misleading terms of "natural rights," "fundamental rights," and "inalienable rights" were in full sway during the slavery controversy, though the South did argue that rights are creations of laws. [3]

THE PRESENT AGE. It may be said that rights are now held to be "creation of laws and must be proportionate to civilization." [4] We must remember, however, that the controversy of natural rights, as a recent writer informs us, is "verbal" rather than material. [5] No thinking man will deny that it is to the best interest of society that men should possess the right to life, property etc. These rights, unfortunately, are still alluded by some as natural rights. Thus it is said that "the doctrine of 'natural rights' is still the basis of our American legal and constitutional system." [6]

---

[1] Chipman, p. 55.
[2] On human Rights and Their Political Guarantees, p. 9.
[3] See Merriam, Ch. VI on Pol. Th. of the Slavery Controversy.
[4] Merriam, p. 311.
[5] A. I. Clark, Natural Rights.
[6] Fritts, p. 2.

 哈佛课业

Even the jurists on the Supreme Bench here in this country not infrequently claim certain rights as "inalienable," or "inherent." [1] But the truth is that they exist only through the protection of law.

INHERENT POLITICAL RIGHTS

We have examined the nature of liberty, equality, and natural rights, and have come to the conclusion that there are no natural rights, no equality and no unlimited liberty. Where there are rights, liberty or equality of some kind, they are the creation of laws. We advocate that men be given as many rights and and as much liberty as it compatible with the interest of society; but we do disavow that all men should be given equal rights and enjoy equal liberty irrespective of their respective capacities and endowments.

Now we come to the question of political rights. Political rights are "the powers and rights to control the political affairs through making laws and directing public officials." [2] Specifically speaking, they are the right to vote and to hold office.

It is at once evident that these rights occupy a higher plane than the civil rights. The latter are the rights to be secure under the government, while the former are the rights to direct the government. We have seen in the preceding discussions that even civil rights cannot be extended to all persons in all circumstances and all times. So it follows that the exercise of political rights requires certain higher qualifications than those which entitles men to have civil rights.

"The right to vote is obviously created by the law." [3] The woman suffragists usually claimed it as their natural rights, yet they labored to secure it only through the establishment of law. John Stuart Mill was misled when he said:

---

[1]　e. g. See Field's Concurring Opinion in Butchers' Union Co. V. Crescent City Co. III U. S., 746.
[2]　Chipman, p. 56.
[3]　D. J. Ritchie, Natural Rights, p. 255.

I   ARE THERE INHERENT POLITICAL RIGHTS OF MEN?

"Their (American) democratic institutions rest avowedly on the inherent rights of every one to a voice in the government. " [1] Perhaps the Americans theorists who lived before Mill did urge political equality, for we heard from Cheetham that "every disenfranchisement, however few the number disenfranchised, is unjust, and originates in power not in right. " [2] But the truth, a sounder hypothesis, is that the American institutions rest on the right of every fit one to vote, rather than on the right of everyone to vote. Even the natural rights men of the revolutionary time conceived no idea of universal suffrage. The right to hold office requires still higher capacities, and cannot be inherent is out of question.

Were the political rights natural rights and inherent in man, every man, being a man, would have them, and equality of political rights necessarily results. But we have proven the fallacy of equality in general. The following passage will serve to make the point still clear: "Equality in political rights—in the suffrage and in eligibility to office—is a different matter. Many champions of the idea of natural rights do not assert that there is natural right of every one to vote. " [3]

Our conclusion is that **THERE ARE NO INHERENT POLITICAL RIGHTS OF MEN**.

---

[1]   On Enfranchisement of Women, Dissertations, Vol. II, p. 416.
[2]   James Cheetham on Political Equality and the Corporation of N. Y. , p. 25.
[3]   Ritchie, p. 255.

II

FEDERAL FEATURES OF THE HOLY ROMAN EMPIRE

Gov. 18a
Prof. A. B. Hart
1920

FEDERAL FEATURES OF THE HOLY ROMAN EMPIRE

THOMSON S. CHIEN

HARVARD UNIVERSITY

1920

FEDERAL FEATURES OF THE HOLY ROMAN EMPIRE

	GENERAL MEANING OF THE HOLY ROMAN EMPIRE	
	I. Holy.	
	1. Church and Empire were linked together in medieval times.	
	2. "Holy" adopted by Frederick Barbarossa.	Bryce, 199
	II. Roman.	
	1. Charlemagne was crowned at Rome.	
	2. Glory of the ancient Roman Empire generally coveted.	Ibid., 89–121
1648	3. But sovereignty of Rome abrogated by the Peace of Westphalia.	Ibid., 348
	III. Empire.	
800	1. Instinct of separation and disorder vs. passion for united. Retention of the Empire, as a result.	Ibid., 50, 51
	2. Need of unity of Western Europe.	Britannica IX, 355
	3. Germans slow-going and liked the venerable heritage.	Bryce 347
	4. Quasi-national sentiment of Germany.	Britannica IX 355
	5. Germany needed a king who had long been called Emperor.	353

(continued)

(continued)

	6. Emperor needed to confer crowns.	353
	7. "Need of some authority to protect the weak from the strong and all from France; but this authority only found its symbol in Emperor."	355
	IV. Its Real Nature.	
	1. Became German Empire in Maximilian I.	W. Wilsons: State p. 238
1556	2. Loose confederation since.	Britannica IX 354
1648	3. "Nothing more nor less than a federation of sovereign quasi-sovereign states after 1648."	Turner 148 See also Bryce 345; Britannica IX 354
	THE EXECUTIVE	
	As there was "no minister, no administration," we may exclusively consider.	Blunschli 255
	THE EMPEROR	
	I. His Position.	
	Held by protestant jurists after 1648 as nothing more than a German monarchy.	Bryce 341
	But he could have done something big, had he cared to.	Bryce 351
1556	**II. His Title.**	
	After 1556 he assumed the title of "Emperor Elect" or "Imperator Romanorum Electus," after the coronation at Aachen, as if he were to be coronated at Rome before taking the title of Emperor. But as a matter of courtesy he was addressed always as Emperor.	Bryce 318 Turner 123
	III. Coronation.	
	1. Place.	
-1568	Aachen	New International XI 402
1568-	Frankfort	Turner 123

(continued)

II FEDERAL FEATURES OF THE HOLY ROMAN EMPIRE

(continued)

	2. Official.	151
–1653	Archbishop of Cologne.	
1653–	Archbishop of Cologne or Mentz according to the place of coronation.	
	IV. Election.	
	A. The Beginning.	
936–	Began 936.	Wilson: The State 236.
1250–	Definitely established after.	Britannica IX 173, 353
	Gradual limitation of the electoral power to a powerful few.	Wilson 232
	Seven exclusive Electors existed long before the Golden Bull.	Wilson: The State 235
1356	B. The Golden Bull. Charles IV was instrumental.	Bryce 231; Wilson 236
	1. Seven Electors specified with imperial offices attached.	236
	2. Seat of election at Frankfort.	
	3. Archbishop of Mentz: convenor of the electoral college.	
	4. Majority votes for an election.	
1519–	C. Election Capitulations given first to Charles V to guarantee the rights of the Estates.	Eichhorn 11–14
	D. Why Election lasted.	
	1. Singular perseverance of the electors to go thru the form of election.	Wilson 237
	2. Roman Church tried to keep her influence alive thru election. But as a matter of fact, the crown was a hereditary right so long the house of its occupant continued strong.	237 232

(continued)

(continued)

	V. His successor.	
1506–	Elected when the ruling Emperor was reigning.	
	Crowned at Aachen but later times at Frankfort.	
	Title: King of the Romans or Rex Romanorum.	Turner 123
	Was a sort of heir-apparent and became Emperor without further election at the death of his predecessor.	
	VI. Qualifications for an Emperor.	Bryce 252
	1. Free-born.	
1648–	2. Orthodox. Theoretically after 1648 anyone of Christian faith would do.	Bryce 353 fn.
	VII. Powers and Rights.	
	A. Prerogatives and powers that were traditional to the Roman Emperors.	
	1. Fountain of justice.	Blunschli 255
	2. Peace-maker.	Bryce 246
	3. To create Kings.	250
	4. To grant royal fiefs.	Turner 126
	5. To grant titles of nobility.	126
	6. To confer university degrees.	126
	7. To grant privileges not injurious to any Estate.	Madison 389
	8. To found universities.	Blunschli 255
	9. To establish great fairs.	Madison 390
	10. To declare minors major.	Blunschli 255
	11. To legitimize illegitimates.	255
	B. Executive.	
	Foreign affairs:	

(continued)

II FEDERAL FEATURES OF THE HOLY ROMAN EMPIRE

(continued)

	12. To represent the Empire.	Turner 125
	13. To name ambassadors.	Madison 389
	Military affairs:	
	14. To institute military orders.	390
	Appointment and promotion:	
	15. To appoint the members of the Aulic Council.	Turner 126
	16. To appoint some seats in Imperial Chamber.	126
	17. To make promotions in rank.	126
	18. To fill vacant electorates.	Madison 389
	Direction:	
	19. To decide toll controversies.	390
	20. To receive and apply the public revenues.	390
	Miscellaneous:	
	21. To decide precedence between catholic and protestant states.	390
	22. To watch over public safety.	Madison 389
	C. Legislative.	389
	23. To preside all assemblies of the Empire when he chooses.	
	Power of legislation:	
	24. Exclusive right of making propositions to the Diet.	See 389
	25. Veto.	Madison 389
	These two are the most powerful rights of the Emperor.	Blunschli 256
	Powers belonging to legislature:	Eichhorn 290
	26. To regulate toll.	

(continued)

(continued)

	a) To regulate coinage. These two exercised with the consent of electors.	
	D. Judicial.	
	b) To preside all tribunals of the Empire when he chooses.	Madison 389
	c) To restore the dishonored person to good fame.	389
	d) To grant pardon.	Eichhorn 291
	His rights were little changed by Westphalia Peace, but practically were very limited and his rervata [疑为 rezervata（保留）之误] almost confined to confirming tolls and granting titles.	289 Blunschli 256 Bryce 343
	VIII. Other things about the Emperor.	
	Theoretically he was responsible to God; no law or court bound him.	Bryce 262
	As Emperor, he receives no money and has no territory for his support.	Madison 389
	THE LEGISLATURE – THE DIET	
	I. Evolution and Nature of the Diet.	
	An ancient and traditional council of the Emperor.	Cambridge I 290
1663–	Became permanent after 1663. (Bryce fixes the date at 1654.)	Turner 160; Blunschli 256; Wilson 240 (Bryce 347)
1663–	Reichstag became "Tagsatzung," 1663.	Blunschli 256
	Consisting of representatives of sovereigns.	Federalist 167
	II. Internal Organization.	
	A. Members in general.	
	285 members	Madison 386
	Small tenants – in – chief and imperial knights, not Estates of the realm and not represented.	Cambridge I 291 Bryce 316

(continued)

II FEDERAL FEATURES OF THE HOLY ROMAN EMPIRE

(continued)

	A Reichstags – gesandte may represent several members, and one member may send several Gesandten Members, as member, judged by the Emperor and Diet; as individual, by the Imperial Chamber and the Aulic Council.	Turner 160 Madison 389
	B. Emperor and Diet.	
	He presides, if he chooses.	Madison 386
1648–	He did not attend in person after.	Turner 133
1663–	Represented in Diet by two commissioners after.	161
	C. The three colleges.	
	The system fixed in 14th century.	New International XI 402
	Turner made it 15th century.	Turner 101
	Number of voices: 159	Madison 386
	Individual: 153	
	Collective: 6	
	A collective voice is equal to an individual voice in force.	Turner 132
	1. The college of Electors.	
	a. The Electors	Bryce 229
1356	Archbishop of Mentz	
	Archbishop of Treves	
	Archbishop of Cologne	
	King of Bohemia	
	Count Palatine	
	Duke of Saxony	
	Markgraf of Brandenburg	
1623	King of Bavaria	
1692	Duke of Hanover	

(continued)

(continued)

1803	Number greatly reduced	Turner 176-180
	b. The college	
	Presidents Archbishop of Mentz	Turner 102
1648-	The Electors after 1648	133
1663-	usually and after 1663	160
	always sent representatives to the Diet	
	9 individual voices	Madison 386
	"Ihr Collegium hat wie der Kaiser der Recht zu Proposition von Relchsgesetzen."	Blunschli 256
	"Regulation of tolls by this (college) alone now."	Madison 387
	c. As Kurfurstenverein	Sprianica X 175
1558	Provided by Golden Bull to meet annually for matters concerning the safety of the Empire and of the world. They did occasionally meet. The last one was at Frankfort. Bohemia usually excluded.	Turner 100 Cambridge I 292
	2. The Council of Princes.	Blunschli 257
	a. Vorsitzs: Duke of Austria and Archbishop of Salzburg alternating.	Turner 102
	b. Members	
1582	1582: 43 temporal princes and others.	Turner 184
1792	1792: 40 temporal princes, 33 spiritual princes, 39 prelates etc., and 93 counts etc.	Turner 185 Madison 386
1803	1803: number greatly reduced.	Turner 176-178
	c. Voices: 100	Madison 386
	Individual: 94	
	Ecclesiastical: 33	
	Secular: 61	

(continued)

II FEDERAL FEATURES OF THE HOLY ROMAN EMPIRE

(continued)

	Each prince usually had one voice, but princes created by Ferdinand III and after might have none.	Turner 131
	Collective: 6	Eichhorn 285–286
–1653	Prelates: 2 (before 1653: 1)	
1653–	Rhenish: 1	
1653–	Swabians: 1	
	Counts: 4 (before 1640: 2)	
–1640	Wetterabian: 1	
1640–1640	Franconian: 1, divided from above	
–1640	Swabian: 1	
1653–1653	Rhenish: 1, divided from above	
	d. Voting of decision	
1582?	By preponderance of attendance	
1582?	By majority agree	
	3. The College of Cities.	
1489	Secures the right to appear in Diet in.	Cambridge I 291&302
–1648	Not always in Diet before.	Turner 101
	By Westphalia Peace, a vote in this college shall be equal to that of others.	Turner 132
	Directorium: the city where the Diet is held.	Blunschli 257
	Voices: 50.	Madison 386
	Rhenish: 13	
	Swabian: 37	
1474	These cities were divided into two benches in.	Turner 102

(continued)

(continued)

	Turner said the number was greatly reduced in 1803, and Blunschli said the number was "zuletzt" 51, none of these coincides with Madison's.	Turner 176–178 Blunschli 257
	D. The Imperial Deputation.	
	Its antecedent: Reichsregiment existed during the recess of Diet (1500–1502), composed of 21 members dominated by electors.	Turner 113 Cambridge I 308.
	Its history:	
1555	Instituted 1555	Eichhorn 288
1559	Made standing committee	288
1653	Organized by Diet of 1653 according to Treaty of Osnabruck.	Turner 159
1663	Extraordinary ones to be created by Reichsschluss took the place of standing Deputation after 1663.	162
	Its membership: consisting of electors, other Estates, and Imperial commissioners. Westphalia Peace required religious parity.	Turner 139
	Its Duty:	
	To act as a committee of the Diet.	139
	To act as a "committee of states of the U. S. under Art. of Confederation" during the recess of the Diet in cooperation with the circle authorities.	139
	To visit, and review the "common decrees" of, the Imperial Chamber.	Eichhorn 267 Cambridge II 144
	III. Powers.	Madison 387
	1. To proclaim public peace.	Wilson 238
	2. Make war and peace.	
	3. Contract alliance.	

(continued)

II FEDERAL FEATURES OF THE HOLY ROMAN EMPIRE

(continued)

	4. Raise troops.	
	5. Build fortresses.	
	6. Levy contributions.	
	7. Regulate coin.	
	8. Admit new members.	
	9. Subject disobedient member to the ban of the Empire.	
	10. To proscribe or dismiss the electors by resolutions.	Blunschli 259
	11. To establish the judiciary.	Wilson: The State 238
	12. To establish circles.	238
	13. To pass laws.	
	14. To interpret laws.	Bryce 343
	IV. The Procedure.	
	A. The Process of law-making.	
	1. Proposition by the Emperor. Commissions decrete-through his Commissioners. Hof-decrete-by himself direct.	Turner 161
	2. Relation-passed by either electors or princes.	161
	3. Co-relation-passed by electors and princes.	162
	4. Reichsgutachten-passed by the three colleges.	162
	5. Reichsschlus-Reichsgutachten plus imperial approval.	162
	6. Recess-a collection of Reichs=schlusse published after the recess of the Diet begins.	Madison 386
	B. Voting.	
	Plurality in each college decides measures.	386
	Before 15th century, majority binds minority, and the present binds the absent.	Cambridge I 291

(continued)

(continued)

	By Westphalia Peace, majority does not bind the minority in religious matters, which are to be amicably settled by negotiations, Catholics under the leadership of Austria and Protestants, Brussia.	
	V. Seat, Session etc.	
1663	A. Seats: Regensburg after	
	B. Convokation:	
	At least once in ten years and six months before meeting.	Madison 386
	By emperor with consent of Kurfurstentag.	Cambridge II 143
	By Archbishop of Mentz in case the Emperor fails.	Madison 386
	C. Sitting: The three colleges meet in same house but in different apartments.	386
	D. Order: The Archbishop of Mentz was to "order the conduct of the Diet" but generally through his Gesandten.	Turner 161
	THE JUDICIARY	
	I. The Imperial Chamber.	
	A. Historical.	
1495	Established 1495.	Bryce 316
1689	Becomes permanent at Wetzler 1689 (or 1693).	Turner 107; Blunschli 258 New International XI 403
1653	Reorganized by Diet of 1653 according to Osnabruck Treaty.	Turner 159
	No session 1704–1711 because of quarrel.	163
	B. Personnel.	
	1495–1685: 16 members, 1 Kammerrichter, 4 Prasidenten. Each elector presents an assessor.	New International XI 403 Turner 107

(continued)

II FEDERAL FEATURES OF THE HOLY ROMAN EMPIRE

(continued)

	Osnabruck Treaty: 50 assessors, of which 24 to be Protestants, and 4 Prasidenten, half of which to be protestants. On account of expenses, the quota was never filled.	Osnabruck Treaty VII Turner 163
1711	1711: 6 assessors	164
1720	1720: 17 assessors	164
1782	1782: 25 assessors	164
	Kammerrichter Nominated by Emperor Always Catholic	Cambridge I 304 Schroder 831
	Assessors: designated by	
	1. Emperor.	
	2. Emperors "Erblande".	
	3. The Electors.	
	4. The six older circles.	
	But it is also pointed out that members of the Chamber are appointed by the Emperor and the Diet jointly.	Turner 137
	C. Jurisdiction.	
	Original:	
	1. "for those holdings immediately of the king (Emperor)".	Fay 261
	2. over controversies between states.	Madison 388
	Appellate:	
	3. Cases involving denial of justice by territorial courts, Austria excepted.	Blunschli 259
	4. Delay by territorial courts.	Blunschli 258
	5. Appeals. But decisions of the highest court in electors' lands not reviewable.	258 256

(continued)

(continued)

	6. Appeal from findings of "Austrage".	
	7. over other disputed matters.	Turner 107
	Special:	
	8. To proclaim the ban of the Empire.	Fay 261
	D. Procedure.	
	Sits in "Senates" to do business after 15th century.	Turner 107
	Equal number of assessors of protestants and Catholic assessors to abjudicate religious matters.	Osnabruck Treaty VII, i
	Causes cannot be removed the Chamber to Aulic Council or vice versa.	Madison 388
	Decisions written, to be executed by the circle Oberst.	Blunschli 259
	Proceedings heavy and clumsy; slowness and formality extreme.	259 Bryce 345, footnotes
	E. A related organ–Board of Visitors.	
1507	Visitors appointed by Diet 1507.	Turner 134
	Board of visitors with revisory Power created by the Diet of 1613 but soon collapsed.	134
	Extraordinary Board of visitors appointed 1704 and lasted 1707–1713.	164
1767	Another one appointed 1767.	164
	II. The Aulic Council.	
	A. Historical.	
	As Hofrath, it existed since very.	
	Existed since very early days.	Madison 388
1497	Made permanent 1497.	Cambridge I 313
1502	Established by Diet 1502.	Madison 388
	As Reichshofrath.	

(continued)

Ⅱ　FEDERAL FEATURES OF THE HOLY ROMAN EMPIRE

(continued)

1559	Made Reichshofrath, 1559.	Turner 135
1648	Recognized as such by Estates.	135
1654	Recognized by Reichshofrathordnung.	164
	B. personnel.	
	1518:	Turner 108
	1 President	
	1 Vice-President	
	18 Aulic Councillors	
	All appointed by the Emperor for the life-time of the Emperor.	
	1654: 18 Councillors	165
	12 Catholics	
	6 Protestants	
	Reichsvicekanzler: appointed by Archbishop of Mentz as the Imperial Chancellor. (If the vice-chancellor is the same man as Turner's vice-president, there is conflict of authorities.)	Blunschli 259
	C. Jurisdicatio. [疑为 Jurisdictio 之误]	
	1. As Council of State in lawsuits particularly cases involving recurvate. (reservata)	Blunschli 259
	2. As highest criminal court for Imperial immediates. [疑为 Imperial immediacy 之误]	259
	3. As Court-Leet (Lehenshof).	259
	4. Matter sover 2,000 crowns.	Madison 388
	5. Concurrent with the Imperial Chamber on interstate controversies.	388
	6. Concurrent also on appeals from "subaltern" tribunals of the Empire and from the territorial courts.	388

(continued)

(continued)

	D. Procedure.	Turner 135
	On religious matters, the 6 Protestant councilors shall have equal weight as the 12 Catholics.	
	Proceedings very clumsy.	
	E. Appeals from the Aulic Council.	
	Judgements subject to the supplication to a tribunal of disinterested counsellors appointed by Emperor.	Turner 135
	On grave matters the Emperor may consult the electors.	135
1654	Appeal may to the Diet since 1654.	165
	III. The Hofgericht.	
	Seat: Rottweil	Turner 135
1496	Made an Imperial court 1496.	
1572	Organization set forth 1572.	
	Not recognized by Estates.	
	Treaty of 1648 left it for Diet to consider, which did not consider.	
	Lasted until 1802.	
	SOME OF THE IMPERIAL ACTIVITIES	
	I. Army.	For history, Eichhorn 300–304 In general, see Schroder 834–837
	Permanent (?) army established by Maximilian.	
	Permanat (?) army established by Maximilian I.	
	Reichsmatrikel:	
	First voted by Diet 1422.	Turner 112
	Exists before 1658.	Bryce 345 footnote

(continued)

II FEDERAL FEATURES OF THE HOLY ROMAN EMPIRE

(continued)

	Apportined [疑为 apportion 之误] among circles.	Blunschli 254
1648-	After 1648:	
	Nostanding army.	
	Voted by diet when occasion rises.	
	To be apportioned among circles.	
	Commander-in-chief: appointed by the Emperor and Diet.	Turner 166
	II. Finance.	Schroder 837-839
	1427-1495: there were some votes of general property tax by Diet.	Turner 113
1500	1500: Direct tax on Estates.	
1648-	After 1648: Voted by Diet when occasion arises, and to beapportioned among circles.	Turner 139, 166
	Amount: "Das ganze kaiserliche Einkomme betrug zuletzt 14,000 Gulden."	Blunschli 255
	III. Police.	Schroder 839-841
	A system introduced by Maximilian I.	Wilson 239
1530	Reichspolizeiordnung by Diet 1530.	Turner 141
1577	Revised by Imperial Deputation 1577.	
	Ended by Thirty Years' War.	
	IV. Postal System.	
	Introduced by Maximilian I.	Wilson 239
1570	Recognized as Imperial function by Electors 1570.	Eichhorn 276
1615	Post-Master-General created 1615.	277
	Denied exercise after 17th century.	Eichhorn 277
	V. Actual Power of the Empire.	See Eichhorn 304-307
	The powers are little and the rule most inefficient.	Wilson 230

(continued)

 哈佛课业

(continued)

TERRITORIAL DIVISIONS	
I. The States.	
A. Powers and rights.	
External Affairs: after 1648	
1. Territorial sovereignty complete after 1648.	Bryce 341
2. Make war and peace with foreign powers.	Woolsey: Pol. Sc. ii 196
3. Enter foreign alliances.	Woolsey: Pol. Sc. ii 196
4. Make league among states; 3 & 4 must not against Empire.	Osnabruck Treaty VIII ii
5. Each state shall have free vote in Diet.	VIII ii
6. Religious matters to be amicably settled by negotiations.	Bryce 343
7. To furnish quota of troops according to their own regulations.	Madison 389
Internal affairs:	Madison 389
8. Make laws.	
9. Levy tax.	
10. Raise troops.	
11. Determine on life and death.	
12. Coin money.	
13. Grant pardons.	
B. Prohibitions on States.	Federalist 166
1. To enter no compact prejudiced to the Empire.	
2. To impose no toll to their mutual intercourse without consent of the Emperor and Diet.	
3. Not to alter the value of money.	
4. Not to do injustice to each other.	

(continued)

II FEDERAL FEATURES OF THE HOLY ROMAN EMPIRE

(continued)

	5. Not to disturb public peace.	
	C. Actual independent conditions after 1648.	Bryce 346
	1. Each has a little army.	
	2. Eachhas separate coinage.	
	3. Each has its own tolls.	
	4. Each has its own custom houses.	
	II. The circles.	
	A. Historical.	
1500	6 circles 1500.	Cambridge I 309
1512	Divided into 10 circles 1512.	Turner 114; Wilson 239
1521	Established by Diet of 1521.	137
	B. Organization.	Turner 138
	1. Kreisoberst.	
	Elected by members of the circle.	
	To be military commander of the circle.	
	2. Kreisausschreibender Furst.	
	Several important princes are.	
	Whose duty to convene the Kreistag.	
	3. Kreistag.	
	Its members called Kreisstande.	
	Estates that are not of the realm.	
	4. Judicial Council?	Wilson 239
	Its duty to administer justice.	
	D. Duty To enforce orders of the Diet and Imperial court and maintain peace in general.	Eichhorn 266

(continued)

A LIST OF BOOKS CONSULTED, WITH NOTES

Armstrong, Edward, *The Emperor Charles*, London, 1902. Bibliographical introduction: V. I, p. xvii–xxv. Containing chapters here and there.

Blunschli, Johann, *Deutsche Staatslehre fur gebildete*, Nordlingen, 1874. Containing a concise analysis of the working constitution.

Brie, Siegfried, *Der Bundesstaat – eine historisch – dogmatische Untersuchung*, Leipzig, 1874. V. I only. A critical study of authorities, but of little use for the present purpose.

Encyclaopaedia Britainica, 11h ed.
    V. IX, p. 173–175, Electors.
           353–355, Empire.
      XII   207–209, Golden Bull.

Bryce, James, *The Holy Roman Empire*, 7h ed., New York, 1877. A descriptive history.

Cambridge Modern History, Cambridge, 1903.
    V. I, p. 288–328, Germany and Empire.
      III, 140–181, Empire under Fredinand I and Maximilian II.
      IV, 1–34, The Outbreak of Thirty Years' War.
           395–433, The Peace of Westphalia.

Eichhorn, Karl F., *Deutsche Staats = und Rechtsgeschichte*, Gottingen, 1844.
    V. IV. Quellen: p. 1–4, p. 525–527. Excellent constitutional history 1517–1815.

Fay, Theodore S, *The three Germanys; glimpses into their history*, New York, 1889. V. I covers 768–1806, a general political history.

The Federalist, J. C. Han. ed., Philadelphia, 1864. No. XIX is a treatise on

II FEDERAL FEATURES OF THE HOLY ROMAN EMPIRE

ancient and medieval federations.

Fleischmann, Max, *Worterbuch der deutschen Staats = und Verwaltungs = rechts*, Tubingen, 1911. 3V. References at the end of each article. Very little historical matters. It corresponds exactly to the Cyclopedia of American Government.

Hart, Albert B, *Introduction to the Study of Federal Government*, Boston, 1891. A section on Holy Roman Empire; a general resume. Bibliography: p. 187-188.

Lindner, Theodor, *Die Deutschen Konigswahlen und die Entstehung des Kurfurstenthums*, Leipzig, 1893. An excellent treatise, but very little on general things.

Letters and Other Writings of James Madison, G. P. Putnams' Sons, New York, 1901. V. II contains a treatise on ancient and modern confederacies.

The New International Cyclopedia, V. XI, p. 402-403, Holy Roman Empire.

Schroder, Richard, *Lehrbuch der Deutschen Rechtsgeschichte*, Leipzig, 1902. Literature: p. 2 - 9. References at the beginning of each section. An excellent systematic analytic general political history.

Turner, Samuel E., *A Sketch of the Germanic Constitution*, New York, 1888. Excellent for the present purpose.

Die Urkunden der Friedensschlusse zu Osnabruck und Munster, Zurich, 1848. Burcherkunde: p. 1-24.

Zacharia, Heinrich A., *Deutchen Staats = und Bundesrecht*, Gottingen, 1841. V. I. Quellen: des Deutschen Staatsrecht: p. 70-78. A careful and rather detailed study of constitutional growth based on authoritative treatises and documents. A good book.

III

FREEDOM OF SPEECH

Gov. 19
Mr. McLeish
January, 1921

FREEDOM OF SPEECH

THOMSON S. CHIEN

HARVARD UNIVERSITY

1921

FREEDOM OF SPEECH

When we discuss the Constitution, in the opinion of H. C. Black, there is no distinction between speech and press, both being the expression of opinion. In this paper, therefore, no attempt will be made to limit the discussion on free speech only.

The First Amendment of the Constitution provides that Congress shall make no law "abridging the freedom of speech or of the press." If we use the analytic method of interpretation, that is to say, word-by-word interpretation, this freedom is unlimited, and people may say or publish whatever they want. This would certainly render the state and the society in a chaotic mass. We may briefly dismiss this method as being untenable.

Let us adopt a historical mind to explain the matter. From the word "abridge" it is plain that this provision did not set up new rights, but rather protect the citizens in the enjoyment of those rights already possessed, namely, the freedom of speech and of the press. We must, then, turn to the pre-existing laws at the time of the adoption of the First Amendment, in order to ascertain what were the rights thus protected.

Censorship of press prevailed in England before 1688, while criticisms about the government were suppressed till a much later date. Dicey tells us that "the Crown originally held all presses in its own hands,"[1] and that press

---

[1] A. V. Dicey; Law of the Constitution, 8th Ed., 1915, p. 255.

offenses were cognizable by the Star Chamber[1]. He also tells us that House of Commons, by refusing to continue the License Act, terminated the system of licensing and thus did actually but unconsciously establish the freedom of the press.[2] Odgers in his "Libel and Slander" wrote: "Our present law permits any one to say, write and publish what he pleases; but if he makes a bad use of this liberty, he must be punished." Again, Dicey confirms us: "In England the doctrine has since 1700 in substance prevailed that the government has nothing to do with the guidance of public opinion, and that the sole duty of the state is to punish the libels of all kinds, whether they are expressed in writing or in print."[3]

In the colonies the practice of censorship was followed after England during the seventeenth century. Not until 1719, was the state document freely published,[4] and as the result of liberation in England, censorship in the colonies finally expired in 1725.[5]

Most commentators, including Blackstone, seemed to agree that freedom of press means nothing more than the absence of previous permission to publish,[6] because the law of libel and slander still held a man responsible for what he published. This view ought to be correct as we judge from the utterance of so recent a writer, as Dicey, who says, "Freedom of discussion is, then, in England, little else than the right to write or say anything which a jury, consisting of twelve shopkeepers, think it expedient should be said or written,"[7] He goes on further; "Such liberty may vary at times."[8] If the present condition be such as our distinguished jurist describes, how can we infer

---

[1] Dicey, p. 256.
[2] Dicey, p. 257.
[3] Dicey, p. 249.
[4] Hildreth; History of the United States, p. 298.
[5] Chafee; Freedom of Speech in War Time.
[6] Cooley; Constitutional Limitations, 6th Ed., 1890, p. 5.
[7] Dicey, p. 242.
[8] Dicey, p. 242.

III FREEDOM OF SPEECH

that Blackstone and others underestimated the freedom of press?

According to Common Law, law of libel and slander seems to possess an elasticity capable of extension so as to support Blackstone's contention everything is punishable after its publication. In America, however, if we are to insist that the Common Law libel and slander remained unlimited after the adoption of the First Amendment, we doubt if that constitutional guarantee could mean much. Cooley's repudiation of Blackstonian theory as applied in America, has been hailed as unanswerable, and we must hold that the repudiated theory and the Common Law interpretation are not applicable to the free speech clause in the Constitution. In fact, the court has held that the United States courts have no jurisdiction over the Common Law libels on the Federal Government.[1] Just recently, Justice Holmes pronounced, "I wholly disagree with the argument of the government that the First Amendment left the common law as to seditious libel in force."[2] We must proceed to interpret the clause from other angle than historical ground.

In order to reach a correct understanding, we must bear in mind that the constitution, though it is written, is a growing living organism, intended to fit many ages; and that the parts of the constitution are dependent on each other.

Freedom of speech is essential to the very existence and perpetuity of free government. It is to be respected by all means. Were the common law libel and slander to be in force and the Blackstonian idea of ex post facto punishment to hold true, the so-called freedom would be pretty near a mockery. Having never repudiated the common law before by the framers of the constitution, the bill of rights need not be added. The mere process of incorporating the bill into the constitution and putting the freedom of speech, above all other common law rights, which may or may not be also in the bill, would indicate the seriousness of the mind of those who put it in. More and clearer than that, the First

---

[1] U. S. v. Hudson, 7 Cranch.
[2] Abrams v. U. S.

Amendment was inserted in order to remedy the existing evil of vigorous persecution of common law rule of seditious libel.[1] The clause, therefore, shall mean, that a person shall be free to utter and publish and shall be protected against any responsibility for so doing, so long as it is not harmful in its character as tested by laws constitutionally enacted. And Congress can make no laws limiting the free speech and press except in exact accord with the specific grants of powers in the constitution.

Such interpretation that the Amendment does "not prevent subsequent punishment of such as may be deemed contrary to the public welfare,"[2] has been repudiated by Justice Holmes himself.

It is, therefore, conceded that discussions of the constitutional questions and of the administration are privileged, if conducted with calmness and temperance without intent to excite rebellion of tumult. People themselves make the constitution and frame the government; candid criticisms are natural and essential.

In war time, however, there arises special difficulty. "Congress has power to make laws punishing those which interfere the exercise of constitutional powers."[3] Congress has the power to carry on a war, and it certainly has power to make necessary laws. On the other hand, free speech and press beyond a certain extent might easily defeat the very task the Congress is constitutionally undertaking. There comes the question: Where shall the line be drawn, beyond which neither shall the individual on the one hand speak freely so as to undo the efforts of the Congress, nor shall Congress on the other hand infringe the right of the individual to criticize? The line must be justly drawn, because both the war power and free speech are granted in the constitution, and one shall not exterminate the other.

---

[1] Chafee.
[2] Patterson v. U. S.
[3] W. W. Willoughby; Constitution of the United States.

III FREEDOM OF SPEECH

To a fair-minded person, it appears, the line is not hard to be drawn. The Espionage Act of 1917, naturally and correctly interpreted, seems to be pretty near the verge, on the side of war power. As it concerns us, the following are made punishable: (1) False statements or reports interfering with military or naval operations or promoting the success of enemies; (2) words causing or attempting to cause insubordination, disloyalty, mutiny or refusal of duty in the military and naval forces; and (3) obstruction of enlistments and recruiting. These restrictions on free expression are indispensable to the successful prosecution of war, but they would in no sense, if impartially adjudicated, injure the right of individuals to criticize the administration or even its war policy. Justice Holmes is right in saying, "The question in every case is whether these words used are in such circumstances and are of such a nature as to create a clear and present danger that they will bring about the substantive evils that Congress has a right to prevent."[1] In another words, only those words that give rise to unlawful acts or clear and present danger which would actually hinder the war is punishable.

It is to be regretted that though Holmes uttered this well-balanced axiom, he repudiated himself in the Debs case. In this case he conceded that "the main nature of the speech was socialism, its growth, and a prophecy of its ultimate success,"[2] yet he put Debs into prison by "implied provocation."[3] It is in indeed inconceivable that the man who later dissented in Abrams case should deliver the opinion in Debs case. It goes without saying that most of the amendment of 1918 to the Espionage Act and the latter cases in which Holmes rightly dissented, go far beyond the proper boundary.

The amendments of 1918 make the following punishable: (1) Disloyal, profane, scurrilous, or abusive language, or language intended to cause contempt,

---

[1] Schenck v. U. S.
[2] Debs v. U. S.
[3] E. Freund; Debs Case in the New Republic.

scorn, contumely or disrepute as regards the form of government and the constitution; (2) any language intended to incite resistance to the United States or promote the cause of its enemies; (3) urging any curtailment of production of war necessities with intent to hinder its prosecution; and (4) words or acts supporting or favoring the cause of enemies and opposing that of the United States. These items would make any severe criticism on the constitution or the administration or any opinion which expresses the aversion to war subject to prosecution. Would a free government endure, were it free to suppress public opinion?

The several free speech cases handed down by the Supreme Court also show the laxity of the court in favor of the Government. Bad tendency instead of clear danger, indirect causation instead of substantiated intent, were employed as the test of criminality. The court took little into consideration that "intent means the knowledge at the time of the act that the consequences said to be intended will ensue."[1] and that the effect of the speeches or writings in Abrams, Schaefer and Pierce cases could little hinder the war.

In conclusion, let it be said that a citizen should aid the government in the prosecution of war to the best he can, but the government cannot compel him to think in the way it pleases. "Toleration of adverse opinions is not a matter of generosity, but of political expediency."[2] The more you prevent him to speak, the more he will try to say, if he is not a coward. Free discussion is essential to free government; and a free government should allow its free citizens the greatest possible sphere of free discussion.

---

[1] Abrams v. U. S., Holmes dissenting opinion.

[2] Freund on the Debs case.

IV

RIDER LEGISLATION

Gov. 7.
Prof. A. N. Holcombe
January, 1921

RIDER LEGISLATION AS SEEN FROM THE APPROPRIATION ACTS FOR THE ARMY OF THE WAR CONGRESS

THOMSON S. CHIEN

HARVARD UNIVERSITY

1921

IV RIDER LEGISLATION

CONTENTS

INTRODUCTORY

MEANING OF RIDER

A STUDY OF THE RIDERS

    I. The Relative Space of the Acts and the Riders (In number of lines)

    II. How are the Riders Introduced in the Appropriation Acts

    III. Where are They Originated

    IV. By Whom are They Originated

    V. Where is Their Final Form Adopted

    VI. The Duration in Which the Riders are to be in Force

    VII. Subject Matter of the Riders

    VIII. What the Riders Purport to Accomplish

    IX. The Riders and Laws

    X. The Proper Place for the Riders

SOME OF THE MORE DISCUSSED RIDERS

CONCLUSIONS

    Motive of Rider Legislation

    The Senate and Riders

    Toleration of Riders

    The Evils of Rider Legislation

    The Remedy

APPENDIX A. A LIST OF APPROPRIATION ACTS STUDIED; WITH NOTES

    APPENDIX B. A LIST OF COMMITTEES

RIDER LEGISLATION AS SEEN FROM THE APPROPRIATION ACTS FOR THE ARMY OF THE WAR CONGRESS

INTRODUCTORY

Rider legislation, wherever permitted, acquiesced or possible, has been considered as one of the most effective, though very undesirable, parliamentary tactics in conquering the executive or in obtaining results, which cannot be otherwise obtained. It is the purpose of this paper to ascertain how far and in what manner this unwarranted practice is still in use in the national legislature at Washington, and to draw a conclusion as to its results and its possible remedy, in so far as my study is able to indicate.

It should be apparent that to go into the enactments of many a congress is an impossible task. It should be equally apparent that, in a limited time, to go into all the enactments of a congress is a task none too easy. Since most of the riders that are interesting are usually attached to appropriation acts, and since the appropriation acts for the army enacted by the War Congress are very important, I hope, a study of these acts, limited in number and requiring comparatively little time, would, nevertheless, well serve the purpose of getting a real insight and a complete understanding of the situation of rider legislation. By appropriation acts for the army, I mean, not only the two army appropriation acts, but also that part of all the deficiency appropriation acts, that relates to the military establishment, thus making a complete survey of the riders on the appropriation acts for the army of the War Congress.

MEANING OF RIDER[1]

Originally, "rider" owes its name to the early parliamentary practice of tackling a new clause to the bill, which is being read, on a separate piece of paper rather by erasing the bill and rendering it suspicious. [2]

This practice, however, has never been followed by the Congress. Rider in America has a quite different meaning of its own. It may be defined as an additional provision which is unrelated and not germane to the bill of which it forms a part. But generally it is taken to mean a provision attached to an appropriation bill for the purpose of obtaining or facilitating its passage or executive approval or both. Such a provision, if left to stand alone, is likely to fall to be enacted or approved. [3] The former meaning is broad; it would embrace all such provisions not in exact accord with the subject matter of the bill. The latter meaning is strict; it would mean only those provisions that are attached to an appropriation bill and that are so obnoxious as to incur the executive veto or rejection by the other legislative branch, if left to stand alone.

It is in the latter case that there has grown the notoriety of riders. That the government cannot go on without appropriations compels it to accept any obnoxious measure attached to appropriation bills. In the Congress, the practice of attaching riders to appropriation bills with the plain design of pushing them

---

[1] Note. Descriptive writings that contain discussions about "rider", and Rules of the House and Senate are consulted. by a comparison of Rules of the different Congresses, one can expect to know the evolution of rider legislation. I regret to find no Rules before the Forty-eighth Congress obtainable from the Library.

[2] See Jefferson's Manual, Sec. XL.

[3] Compare The New International Encyclopedia, Americana and Bouvier's Law Dictionary, articles on "rider."

through was freely exercised. It was a rider on an army appropriation act, that President Johnson, the antagonist of the Congress, was substantially deprived of the power of the Commander-in-Chief.[1] It was by riders on army and other appropriation acts, that President Hays was compelled to carry out certain measures affecting the South desired by the Congress[2].

The Rule of the House prescribes: "Nor shall any provision in any such bill or amendment thereto changing existing law be in order, except such as being germane to the subject matter of the bill shall retrench expenditures by the reduction of the number and salary of the officers of the United States, or by the reduction of the compensation of any person paid out of the Treasury of the United States, or by the reduction of the amount of money converted by the bill: Provided, that it shall be in order further to amend such bill upon the report of the committees or any joint commission authorized by law or the House Members of any such commission having jurisdiction of the subject matter of such amendment, which amendment being germane to the subject matter of the bill shall retrench expenditures."[3]

This rule was first adopted in 1837 to prevent delay of appropriation bills because of contention over propositions of legislation. It has been amended at various times, especially by a clause permitting legislation which tended to reduce expenditures. But since 1884, the present language was adopted,[4] with the exception that the Republican Houses invariably struck out the proviso.[5] Theoretically, this rule is very strict.[6] Limitation in appropriation bills must be on appropriations.[7] Legislation may not be proposed under the

---

[1] J. Bryce: American Commonwealth, New Ed., 1920, 1214.
[2] J. Bryce: American Commonwealth, New Ed., 1920, 1214.
[3] C. R. Crisp: Rules of the House of Representatives, 1911, Rule XXI, Sec. 2.
[4] C. R. Crisp: Rules of the House of Representatives, 1911, p. 401.
[5] Compare Rules of the House in previous congress.
[6] C. R. Crisp: Rules of the House, 1911, Sections 824 & 825.
[7] Rules and Practice of the House of Representatives, 1906, p. 352. These restrictions are also found in 1911 copy, but in lengthy clauses.

IV RIDER LEGISLATION

form of limitation. [1] Enactment of positive law where none exists is a change of existing law within the meaning of the Rule. [2]

Turning to the Senate, we have the following provision: "No amendment which proposes general legislation shall be received to any general appropriation bill, nor shall any amendment not germane or relevant to the subject matter contained in the bill be received; nor shall amendment to any item or clause of such bill be received which does not directly relate thereto."[3] This is said to be in accordance with Sec. XXXV, Paragraph 1, of Jefferson's Manual on the rule of amendment. [4] This rule remained unchanged since the Forty-ninth Congress and unaffected by the party changes. [5]

The difference between the House rule which prohibits any unrelated provision, and the Senate rule which prohibits only unrelated amendment is due to the fact that the Senate can only amend the appropriation bills originated by the House.

These rules, if faithfully observed, would exclude anything but appropriation in the appropriation bills. But practically, the Congress is as free now as ever in tackling riders for reasons to be presented later.

It is, however, hard to determine what is a rider and what is not, for reasons; first, there is no exact definition, and, second, the rules are virtually constantly changing due to the capriciousness of the mind of the legislators. A provision may be a rider in the strict interpretation of the rule and under my first definition, yet it has no intention of coercing the executive, coercion being a factor of rider under my second definition.

In the following study, I shall deem all those that have little to do with

---

[1] Rules and Practice of the House of Representatives, 1906, p. 352. These restrictions are also found in 1911 copy, but in lengthy clauses.

[2] Rules and Practice of the House of Representatives, 1906, p. 352. These restrictions are also found in 1911 copy, but in lengthy clauses.

[3] Senate Manual, 1911, p. 17, Sec. 2, Rule XVI.

[4] Senate Manual, 1911, p. 17, Sec. 2, Rule XVI.

[5] Compare Rules of the Senate in previous congresses.

appropriations as riders, whatever may be the intention of the legislators, the interpretation of the Speaker and the expediency of tackling. Nor am I at all concerned whether the Committee on Rules moved to suspend the rule, or whether the rule was suspended when a rider was being considered. In this connection I may say that as far as it enters into my notice, nothing like suspension of the rider rule ever happened.

A STUDY OF THE RIDERS[1]

There are altogether 126 riders to be studied. This number includes all those provisions either intended as riders or in any obvious way changing the existing law. This does not include those provisions which have something to do with appropriations and which are attached for the reason that they cannot be in other place enacted. For example, a proviso, declaring only so many persons for each company are allowed to receive compensation for the care of materiel, animals, etc.,[2] is not included. Nor is the clause that no polo ponies are to be purchased out of the appropriation for any department other than for the Military Academy[3] included. I am in the opinion that many of such provisions would be riders, were the rules strictly interpreted. There is reason to believe, that if all such provisions— "semi-riders" or technical "riders," whichever

---

[1] Note. The data tabulated below are obtained after repeated studies of documents. The steps pursued are: (1) Provisional list of riders is made a thorough examination of the acts. (2) Congressional Record is consulted to obtain facts about the riders; other available congressional documents are also searched. After each rider is listed the matters to be considered, for example, how much space it occupies, what existing law it changes, where is it originated, etc. (3) Provisions of doubtful character as to whether they are riders, are sifted from the list. (4) Tabulation of the results thus obtained, while the facts are constantly verified from the Record and the Statute Book in order to minimize mistakes and inaccuracies as far as possible. Verification of quotations and citations is unpleasant work. Moreover, the fact that very few reports or documents of the War Congress have arrived in the Library, and that only the First Army Appropriation Bill appeared in the Record makes the work still harder and more speculative. Due and painful care is taken, yet the whole piece is exposed to inaccuracies and irregularities.

[2] United Statutes at Large, Vol. 40, Part I, top of p. 12.

[3] U. S. Statute, 40, I, p. 55.

IV RIDER LEGISLATION

you may call—are included, the total number would exceed 200. This conveys an idea of the heterogeneous character of those appropriation acts.

I. The Relative Space of the Acts and the Riders (In number of lines)

Name of Acts	Acts Space	Riders		percentage
		No.	Space	
Army Appropriation Acts.	5200	107	1540	30
First Army Ap. Act.	(2100)	(37)	(375)	(18)
Second Army Ap. Act.	(3100)	(70)	(1165)	(34)
Deficiency Ap. Acts.	2957 [1]	19	255	9
Defi. Ap. Act. (April 17, 1917)	(145)	(0)	(0)	(0)
Urgent Defi. Ap. Act. (June 15, 1917)	(970)	(5)	(46)	(5)
Urgent Defi. Ap. Act (Oct. 6, 1917)	(720)	(8)	(99)	(14)
Defi. Ap, Act. (Dec. 15, 1917)	(0)	(0)	(0)	(0)
Defi. Ap. Act for war Exp. (March 28, 1918)	(390)	(3)	(82)	(21)
Defi. Ap. Act for war Exp. (June 4, 1918)	(12)	(0)	(0)	(0)
Defi. Ap. Act for war Exp. (July 8, 1918)	(250)	(0)	(0)	(0)
First Defi. Ap. Act. (Nov. 4, 1918)	(250)	(3)	(28)	(11)

(continued)

---

[1] Only the space occupied by the Military Establishment of such acts.

(continued)

Name of Acts	Acts Space	Riders		percentage
		No.	Space	
Second Defi. Ap. Act. (March 1, 1919)	(22)	(0)	(0)	(0)
Total	8157	126	1795	22

Mathematical accurateness is impossible in a case like this. It would be a vain effort to count the exact number of lines in an act, because statutes are not closely printed in an essay form. What are put above are just approximate numbers. On the whole, however, all the above numbers are fairly correct. One, who agrees with me on the definition of rider in this particular occasion, will be able to find out how much space is for appropriations and how much for rider legislations in the appropriation acts for the army.

II. How are the Riders Introduced in the Appropriation Acts

◆Direct Enactment ·· 59
　　with "that" ·· (52)
　　without "that" ·· (7)
◆Under Provisos ·· 55
◆With an Appropriation ·· 12
　　Appropriation itself ·· (6)
　　Created by the appropriation ·· (6)

Total ·· 126

By direct enactment is meant that a rider is put into the statute without any effort to conceal its being a rider. Most of the riders under this class are introduced in very abrupt manner. Provisos seem to be a favorite means of bring in any unrelated or very loosely connected matter into the bill. Some items of appropriation themselves are nothing but riders, while still other clauses make appropriations for something not previously authorized by law.

The distinction between forms under which the rider is introduced into the bill is rather arbitrary. Within a proviso, appropriations are sometimes made, and in an appropriation item, proviso is attached. Thus a single rider may contain both a proviso and an appropriation, yet it is one rider and cannot be separated into two. In such a case, the classification is determined according to their relative weight.

III. Where are They Originated

◆In the House ··· 62
◆In the Senate ··· 64

A rider which appeared in the bill, when passing the House, is said to be originated in the House. On the other hand, a rider introduced by the Senate is said to be originated in the Senate.

It may seem that the Senate only introduced 64 riders. As a matter of fact, the Senate should be credited more than that many; first because a particular rider which was here introduced by the House, might have been introduced by the Senate, had the House failed to do so, second because a particular rider, introduced by the Senate, is likely to be repeated in later acts by the House, for instance, the rider[1] that materials for the Ordnance Department purchased abroad should be admitted free, was first introduced by the Senate[2] but was automatically attached by the House in the Urgent Deficiency Appropriation Act[3] and the Second Army Appropriation Act. [4]

---

[1] U. S. Statues, 40, I, 65.
[2] Congressional Record, Vol. 55, p. 533.
[3] U. S. Statutes, 40, I, 367.
[4] Ibid. , 873.

哈佛课业

IV. By Whom are They Originated

◆ By Committees ·· 119
  Military Affairs ·· (101)
    House ·· (45)
    Senate ·· (55)
  Appropriations ·· (19)
    House ·· (16)
    Senate ·· (3)
◆ By Individual Members ·· 7
  Representatives ·· (2)
    Democrat ·· (1)
    Republican ·· (1)
  Senators ·· (5)
    Democrats ·· (4)
    Republican ·· (1)

  Here again difficulty occurs. Sometimes a rider is offered by the committee in charge of the bill, but is more or less amended on the floor. Also, a rider introduced by a Democratic senator is amended by the Republican senator as in the case of Registration and Drafting of Aliens.[1] The word "originate" instead of "offer" serves pretty well to mitigate the blunder of arbitrariness.

V. Where is Their Final Form Adopted[2]

◆ In the House ·· 57
◆ In the Senate ·· 57
◆ In the Conference ·· 12

---

[1] See post, p.
[2] Illustration of the Meaning. The Senate introduces a rider, the House disagrees and a compromise is effected in the conference. The final form of this rider is said to be adopted by the conference. If a rider is introduced by the House and agreed by the Senate, its final form is said to be adopted in the House.

IV RIDER LEGISLATION

It is probable that some slight changes in the conference regarding to the riders may have escaped my notice; and so strictly speaking, the number of riders that are finally decided upon in the conference may be larger.

Attention is also called to the fact that while seven Senate amendments are decided upon by the conference, only five of the House riders are scrutinized by the confernce.[1]

VI. The Duration in Which the Riders are to be in Force

◆For an Instant ··· 10
◆For the Year ··· 34
◆During the Emergency ·· 23
◆Permanent ··· 59

The first class includes those authorizations that would be done just in the moment when it is done, for example, the proviso, that the President is authorized to appoint D. L. Brainard,[2] can be executed instantly. The second class includes those rider appropriations and authorizations that would be good only during the period, for which the appropriation act is made. The third class needs no explanation. As to the last class, riders are said to have permanent force, if they would remain in force until further legislation. Sometimes it is hard to classify. The authorization to the Secretary of War to determine reasonable rates and so on[3] seems to be permanent in effect, but really is good for one year only; for the appropriation, out which the railroad fare is to be paid, is for one year only.

---

[1] See post, p. 30.
[2] U. S. Statutes, 40, I, 878.
[3] U. S. Statutes, 40, I, 54.

VII. Subject Matter of the Riders

◆ Military Affairs ·· 113
 Units of the Army ································· (22)
  General Staff Corps ························· (3)
  Ordnance Department ······················ (2)
  Medical Department ························ (3)
  Engineers Corps ····························· (3)
  National Guard ······························· (1)
  Reserved Corps and the Like ············ (8)
  Miscellaneous ································ (2)
 Other Agencies ··································· (3)
 Personnel of the Army ·························· (23)
  Officers ·· (12)
  Men ··· (3)
  Civilian Employees ·························· (8)
 Materiel for the Army ··························· (32)
  Immovables ··································· (14)
  Military Supplies ···························· (8)
  Draft Animals ································ (3)
  Miscellaneous ································ (7)
 Some Army Activities ··························· (29)
  Draft, Recruiting etc ······················· (5)
  Efficiency of the Army ···················· (8)
  Transportation ······························· (7)
  Disbursement ································· (4)
  Miscellaneous ································ (5)
 Unclassified ······································· (4)
◆ Non-Military Affairs ································ 13
 Pensions ·· (7)
 Miscellaneous ····································· (6)

IV RIDER LEGISLATION

The main test whether the subject matter of a particular rider belongs to Military Affairs or not depends whether a supposed bill introducing the rider as a separate piece of legislation would be committed to the Committee on Military Affairs or not. Thus, a pension rider, [1] though it relates to military officer, is nevertheless placed in the second class, inasmuch as it is normally within the jurisdiction of the Pension Committee.

The Reserve Corps, for sake of simplicity, includes the R. O. T. C. and O. T. C. and also the retired list. Other agencies include the General Staff, the Provost Marshall – General's Department and the Judge Advocate – General's Department, all of which are not incorporated in the Army. Miscellaneous units include Slavic Legion.

Officers and Men are to mean any kind of officer and enlisted man respectively; while Civilian Employees include clerks, messengers, chaplains, cooks etc.

Immovables include sites and lands for military use, and posts and quarters. Military Supplies include raw materials for the manufacture of munitions, military equipments and so on. Miscellaneous means diversity, for under it included military maps and properties producing ships, explosives etc. [2]

Efficiency of the Army includes discipline, training, welfare, [3] and awarding of medals [4] which promotes efficiency. Miscellaneous include claims of enlisted men for lost of private property etc. [5]

Unclassified includes Aircraft Production, [6] Military Academy, [7] Military Park, [8] etc.

---

[1] U. S. Statutes, 40, I, 49, see.
[2] U. S. Statutes, 40, I, 895, see.
[3] U. S. Statutes, 40, I, 885, on Prostitution.
[4] U. S. Statutes, 40, I, 870.
[5] U. S. Statutes, 40, I, 880.
[6] U. S. Statutes, 40, I, 888.
[7] U. S. Statutes, 40, I, 894.
[8] U. S. Statutes, 40, I, 59.

Under the heading, Non-Military Affairs, Miscellaneous includes registration of ships,[1] prohibition of time-measuring device,[2] etc.

The enormous variety of the riders outdoes the seemingly elaborate classification. There are many riders whose subject matter is hard to be placed in any of the classes. For example, the prohibition of prostitution is of such a description. For sake of uniformity, it is, however, assumed to be relating to the efficiency of the army, and is classified accordingly.

VIII. What the Riders Purport to Accomplish

◆To Organize ·· 20
    To create ·· (9)
    To affect Constitution ·························· (8)
    Other ways ······································· (3)
◆To Authorize Appointment ························ 11
◆To make or limit Appropriations ················· 13
    Limitations ·· (6)
    Pensions ·· (7)
◆To Authorize ·· 29
    Transfer of agency ····························· (18)
        By Condemnation ·························· (6)
        By Sale or Purchase ····················· (5)
        By Exchange ······························· (4)
        By Rent ····································· (3)
    Miscellaneous[3] ································· (11)
◆To Regulate some Military Activities ············ 16
    Recruiting, Enlistment etc ····················· (5)
    Detail ··· (2)

---

[1] U.S. Statutes, 40, I, 73.
[2] U.S. Statutes, 40, I, 894.
[3] For illustrations, see U.S. Statutes, 40, I, 75.

IV RIDER LEGISLATION

 Assignment of Duty ·· (6)
 Miscellaneous ··· (3)
◆To Make Miscellaneous Regulations ······························· 37

 It seems to be desirable to know why is it that a provision, which follows an item of appropriation, say, for the Medical Department, a branch of the Army, becomes a rider? Only when we find out that it changes the organization of, or the standard for appointment in, the Department, [1] can we justified to call it a rider. In the table above, the nature, by which a rider attempts to legislate, is carefully, though rather unsuccessfully, analyzed.

 Any rider that creates, or affects the organization of, a unit or any machinery of the army is put in the first class.

 The word "appointment" is used in its broadest sense, for riders about the order of filling vacancy, [2] assignment as acting quarter-master, [3] change of qualification for appointment [4] are all included.

 Such riders as the repeal of the provision that annual appropriation shall be paid monthly [5] and as the regulation of travelling allowance [6] are, for sake of convenience, considered as affecting the limitation on appropriations, though in no sense exactly so.

 Condemnation sometimes includes purchase or donation. [7]

 A group of riders, like that which regulates how shall an officer be detailed in the Aviation Section, lay down the rule how the army is to be functioned.

---

[1] U. S. Statutes, 40, I, 866.
[2] U. S. Statutes, 40, I, 44.
[3] U. S. Statutes, 40, I, 48.
[4] U. S. Statutes, 40, I, 73.
[5] U. S. Statutes, 40, I, 74.
[6] U. S. Statutes, 40, I, 891, top.
[7] For example, see U. S. Statutes, 40, I, 42. Here is an authorization to acquire lands by condemnation, purchase or donation. This is classified as condemnation not as purchase, first, for sakeofconvenience, and second, because condemnation is the last andmostefficient resort to acquire a particular land in question.

These riders are placed in the Group V.

There are however a great number of riders left, whose nature of legislation cannot be, even artificially, determined. The last group serves to cover the shortcoming of analysis. The authorization given to the Secretary of War to determine reasonable rates,[1] free admission of materials purchased abroad,[2] development of agricultural activities on army lands,[3] and regulation of the proceeds from the sale of agricultural products[4] are examples of the last group.

IX. The Riders and Laws

Old Laws Changed						37
	Army Acts		Army Ap. Acts	Resolutions	Other Acts	Total
	National Defense Act	Others				
By Amendment	10	3	1		2	16
By Modification	5	2	5	1	1	14
By Repeal		1	4	1	1	7
	15	6				
Total	21		10	2	4	37
New Laws Created						92
						129
					Minus	3
						126

Under "New Laws Created" are included riders creating a new law or a new provision to an existing law and all such riders that cannot be conveniently classified, I take "Modification" to mean suspension, construction, interpretation, extension or limitation of application.

Chapter V on Army Nurse Crops[5] creates something new and repealsa part of a former army act,[6] and riders in two former army appropriation

---

[1] U.S. Statutes, 40, I, 54
[2] U.S. Statutes, 40, I, 65.
[3] U.S. Statutes, 40, I, 1028.
[4] U.S. Statutes, 40, I, 1028.
[5] U.S. Statutes, 40, I, 879-880.
[6] U.S. Statutes, Vol. 31, p. 753.

acts.[1] This explains the three duplicates.

X. The Proper Place for the Riders

◆ In Acts amending Existing Laws ·················· 70
◆ In Separate Acts or Resolutions ·················· 56

The distinction here made is not clear at all. What I try to say is this: If a rider changes, or in any way supplements or modifies an existing Law A, that rider should be separately enacted as an amendment to the Law A, If a rider legislates on a subject as an existing Law B did, that rider should be a separate law just as Law B is. Thus it would appear that all the riders amending the National Defense Act should be in a New Defense Act like the Army Reorganization Act of 1920. The fact that the changes made by the riders are far less sweeping is no justification to let the changes ride on the appropriation acts. Riders of the above-described nature belong to the first class.

If a rider touches a new subject which has not been legislated before, or calls for temporary suspension of existing laws which have permanent value, it can be done in the way of a separate act[2] or resolution.[3] Riders of such nature belong to the latter.

SOME OF THE MORE DISCUSSED RIDERS

Increase in the personnel of the General Staff.[4] When the First Army Appropriation bill was before the House, Mr. Tilson questioned if the Chamberlain Bill on General Staff was to be tackled in; and Chairman Dent of

---

[1] U. S. Statutes, Vol. 36, p. 249, and Vol. 37, p. 575.

[2] Thus Congress can make an act requesting the President to grant J. Q. A. Brett captaincy instead of tackling that in the Second Army Appropriation Act, provided Brett deserved.

[3] This was practiced during the Civil war, when emergency compelled the suspension of many laws, which were to hold good after the War.

[4] U. S. Statutes, 40, I, 46.

the House Military Affairs Committee answered no. [1] When the bill went to the Senate, in spite of the protest of Senator Owen, [2] the personnel of the General Staff was increased by the Senate Committee on Military Affairs, [3] of which Chamberlain was the chairman. Senator Reed attacked the propriety of making such an amendment, and said that favoritism would result because the Chief would be superior to all other heads, and that even a genius could not stay longer than four years. [4] The last point was backed by Weeks. [5] Then the debate went to the point of expediency. Chamberlain quelled down the debate by pleading that it was recommended by the War Department. [6]

Exchange of Land with the University of California. [7] This amendment, same in substance, was offered by the Senate in both army appropriation acts. [8] In the second time there was no debate. When in 1917, the amendment was before the House, Stafford doubted the expediency, while Kahn, a San Francisco, defended it. [9] It seemed plain that the California Representative took immense interest in it. Though it is not known what was the opinion of the War Department, it is safe to assume that it was up against it; otherwise why a separate resolution was not made?

Inclusion of Staff Corps in National Guard. [10] This proviso was an amendment by Sen. McKellar. [11] He said, "The purpose of this Amendment is to change the law so as to conform to that opinion of the Judge–Advocate–General," whose opinion had been that the Staff Corps were not included in the

---

[1] 55 Record 293.
[2] 55 Record 479.
[3] 55 Record 478-479.
[4] 55 Record 543-545.
[5] 55 Record 545.
[6] 55 Record 545.
[7] U. S. Statutes, 40, I, 57 & 862.
[8] 55 Record 529, 56 Record 8184.
[9] 55 Record 1949.
[10] U. S. Statutes, 40, I, 68.
[11] 55 Record 547.

IV RIDER LEGISLATION

National Guard. [1]

About the assignment of duty in the District of Columbia to the officers detailed in the General Staff Corps. [2] The Senate struck this out on point of order. [3] Its resurrection occurred in the conference. [4]

Waiving the requirement of printing and binding by the Government Printing Office. [5] This was a Senate Committee amendment. [6] Smoot regretted at it, saying, it would undo ten years effort of the Congress to prevent private printing, and, "This is simply going back to the old rule which prevailed that cost our Government so much money." [7] Chamberlain's defense was that the Secretary of War had recommended a bill to the same effect. [8]

Enlistment of cook instructers. [9] It was offered by the Senate as an amendment, so told us Representative Vestel, who thought it as an excellent measure. [10]

Increase in Medical Department. [11] This was a Senate Committee amendment. [12] Penrose commended on this measure and especially praised Senators Warren and McKellar for their effort in the Committee. [13] It was, however, opposed by the House, and in the conference a compromise was affected. [14] When the conference result was up for adoption, Senator Penrose

---

[1] 55 Record 548.
[2] Statutes, 73.
[3] 55 Record 547.
[4] 55 Record 1806.
[5] Statutes, 75, top.
[6] 55 Record 535.
[7] 55 Record 535.
[8] 55 Record 536.
[9] Statutes, 188.
[10] 55 Record 3020. The amendment did not appear between 55 Record 2589 & 2590, as it ought to, should it be a Senate Amendment.
[11] U. S. Statutes, 40, I. 866.
[12] 56 Record 8164.
[13] 56 Record 8185.
[14] 56 Record 8800.

expressed his dissatisfaction, [1] while the House conferees were also blamed for their failure to have the Senate recede further. [2]

Organization of Slavic Legion. [3] Except the proviso, which was offered by Sen. Calder, [4] Hitchcock was the author of this amendment. [5] Various questions touching upon the status of the aliens composing the Legion, its future control and the President's power over it, were disposed of by Hitchcock. When asked, "It does not changes the law in any way?" he answered "that is true."[6]

Free admission of Materials for Ordinance Department purchased abroad. This is a highly interesting rider. It was introduced by the Senate as an amendment to the first Army Appropriation Act. [7] This was a lesson to the House, which was kind enough to put the same provision in the Urgent Deficiency Appropriation Act[8] and the second Army Appropriation Act[9] to avoid any further ado on the part of the Senate. The latter was, however, somewhat hard to please; for it struck out the provision in the last-mentioned act[10] and offered a substitute of more sweeping nature in regard to free admission of materials purchased abroad. [11] Knox objected to the amendment on the ground, that "this is a repeal of the tariff law" and "there is nothing about tariff in the bill".[12] Smoot, who admitted the propriety of the Senate in so doing because "there was a House provision on the same subject," (evidently he forgot that the Senate was the founder of the provision) objected on the

---

[1] 56 Record 8770.
[2] 56 Record 8810.
[3] Statutes, 868.
[4] 56 Record 8229.
[5] 56 Record 8227–8230.
[6] 56 Record 8230.
[7] U. S. Statutes, 40, I, 65; 55 Record 533.
[8] U. S. Statutes, 40, I, 367.
[9] U. S. Statutes, 40, I, 873.
[10] 56 Record 8186.
[11] 56 Record 8187.
[12] 56 Record 8230.

IV RIDER LEGISLATION

ground that the contractors with the Government would be too much benefited, and that it would work out favoritism. Upon his motion the amendment was rejected, [1] and later in the conference the original clause by the House was revived, [2] This rider, therefore, well illustrates the little concern shown by legislators with regard to the law against rider.

Appointment of B. T. Clayton to Second Lieutnantship. [3] This was a Senate amendment. [4] Clayton was a sick West Point undergraduate, whose father died in France. Sen. Calder asked the reason for such an amendment. McKellar expressed his sympathy for the unfortunate youth. Then Calder also joined in this hearty approvement of this measure, adding that he knew the "fine Lad."[5] A fine little parliamentary tact indeed!

Amendments to the Articles of War.[6] Chap. X is interesting, not because it is bundle of riders, which are after all too common to be interesting, nor because Senators Reed and Penrose raised questions, but because of its complexity. The Army Appropriation Act for 1915–16 amended the articles in question, [7] which are now amended again. It is hard to see why the senators prefer such a course to simpler separate legislation, the whole chapter being the work of the Senate. [8]

Registration and Drafting of Aliens. [9] The substance of Chap. XII, [10] Sec. 4 excluded, was known as the Senate Joint Resolution 136. [11] Sec. 4 was

---

[1] 56 Record 8230.
[2] 56 Record 8800.
[3] Statutes, 877.
[4] 56 Record 8187.
[5] 56 Record 8188.
[6] Statutes, 882–883.
[7] U. S. Statutes, Vol. 39, Part I, p. 659, 660, & 668.
[8] 56 Record 8189.
[9] Statutes, 884–885.
[10] 56 Record 8462–8463.
[11] 56 Record 8462.

the combined work of Senators Hitchcock and Lodge and of the conference. [1] Debates were plenty; still the lawgivers preferred to hide it under an appropriation act!

Prevention of Venereal Disease. [2] Chap. XV[3] presents one or rather two of the most interesting riders studied. There were created an Interdepartmental Social Hygiene Board, and a Division of Venereal Disease in Public Health Service. There were appropriation items for (1) cooperation with States to prevent venereal disease, (2) annual appropriation for two years to prevent venereal disease through various agencies and by various means, and (3) appropriation for the Board and one Division, When the conference report was before the House, Stafford complained, "Senate took advantage of existing conditions by incorporating another separate bill as a Senate amendment to the Army Appropriation bill."[4] But strangest of all, there are provisions authorizing the President to condemn lands, amending "Condemning Lands for Military Use Act,"[5] as amended, [6] and exceeding the original act in length. Further, the last-mentioned provisions formed Chap. XV[7] separated from the rest which formed Chap. XIV[8] as originally drawn up by the Senate. But all were linked together by the conference. [9] How better it would be, if they remained separated! Maybe the conferees were in hurry.

To form Aircraft Production Corporations. [10] This was one of the many Senate Amendments. [11] When the Committee made the report, this entire

---

[1] 56 Record 8415-8419, & 8802.
[2] Statutes, 886-887.
[3] 56 Record 8190-8191.
[4] 56 Record 8814.
[5] Statutes, 241.
[6] Statutes, 518.
[7] 56 Record 8191.
[8] 56 Record 8190.
[9] 56 Record 8802.
[10] Statutes, 888-889.
[11] 56 Record 8191.

chapter (XVI) was passed over; evidently there were debates to come. Strange enough, it was finally agreed upon without any debate.[1] Probably Chamberlain had softened its opponents during the intervening period. When the conference report was made in the House, there were some fruitless debate.[2]

Chap. XVII.[3] This was a large-scale amendment to the National Defense Act. Every clause was offered by the Senate.[4] It was not all that the Senate brought forward; there were some other clauses afterwards killed in the conference. Chamberlain said, "While it would be more proper to have it introduced as a separate measure, it is so important and it seems so impossible to get it through the House in that form, that it is suggested as an amendment by the Committee at this time."[5] Perhaps the Senators would frankly admit that they were violating the Rule XVI.

Reapportionment of West Point Cadets.[6] Sen. Chamberlain, not the Committee, offered Chap. XXII.[7] Nelson raised the point of order but later withdrew.[8] The curious thing is, first, why it did not become a Committee amendment? second, why did not Chamberlain offer it as a proviso in the Military Academy Appropriation Act of June 27, 1918? and third, if the case arose after the passage of this act, why did not he introduce it as a separate bill, since his Committee had comprehensive power? The answer probably is that he just wanted to get the thing done, that is all.

Condemnation of property for generating electric current.[9] Sen. King

---

[1] 56 Record 8415.
[2] 56 Record 8815.
[3] Statutes, 889–892.
[4] 56 Record 8464–8466.
[5] 56 Record 8464.
[6] Statutes, 894.
[7] 56 Record 8478–8479.
[8] 56 Record 8479.
[9] Statutes, 895–896.

introduced it as anamendment,[1] saying, "that it is the same bill which passed this body on Thursday last." He also said, "The bill passedthe Senate without objection and is now in the House."[2] Sen. Lenrot raised the point of order on the ground that "it is properly a matter for the Judicial Committee," that it is "a bill of far-reaching importance, extending beyond the period of war." "Because of," he went on, "the possibility that those amendments might not be agreed to by the House, I do not think it ought to go as a rider on an appropriation bill. It involves solely the right of eminent domain for private persons." The order was sustained.[3] It was later reintroduced and passed the Senate,[4] while Lenrot kept his silence. The conference modified it just slightly.[5] But Representatives Stafford [6] and Robbins[7] with several others still spoke against its adoption.

Time-Measuring Device Forbidden.[8] This was in the House bill. It was pretended as a limitation on appropriation, but its effect, as it appears, was to forbid the use of stop-watch. Were the motive for such regulation found, it would be very interesting to know why the stop-watch should prove to be unpopular to the Representatives.

Requisition of lands etc. for Hospital Facilities.[9] The first part was offered by Mr. Sherley[10] simply as a member of the House. Evidently the House Committee on Appropriations was not in favor, otherwise it would be considered and incorporated into the bill by the Committee. Madden added the first

---

[1] 56 Record 8192.
[2] 56 Record 8192.
[3] 56 Record 8192.
[4] 56 Record 8479.
[5] 56 Record 8802.
[6] 56 Record 8811–8812.
[7] 56 Record 8817.
[8] Statutes, 894.
[9] Statutes, 1029.
[10] 56 Record 11353.

proviso.[1] The Senate struck out all.[2] As a compromise, the second proviso was added by the conference[3] and the provision went through both Houses.

CONCLUSIONS

Motive of Rider Legislation

Thus far no attempt has been made to reveal the purpose of the various riders, the motive which led a legislator or a group of legislators to introduce them. A speculative work is, however, not without value.

First, there are riders which are tackled in the appropriation bills to prevent Presidential veto. Perhaps the President might regard the Stop-watch clause,[4] if separately enacted, as unbecoming and unreasonable, and might also regard several authorizations for special appointment as in no sense obligatory.

Second, there are riders brought up to avoid the objection of the other house. It is a duty on both houses to enact appropriation bills. Because it is a duty, neither is in a position to oppose the measures of the other so strongly as to delay or block the passage of the entire bill. Conference is the last resort to settle the differences. Either the differences are settled or the appropriation bill fails; for the latter neither house likes to be responsible. The language of Chamberlain on Chap. XVII of the second Army Appropriation Act confirms this view excellently.[5]

Third, many riders are introduced by those men who belong to the committees in charge of the appropriation bills. They take the chance, otherwise, their measures may be unfavorably considered by other committees,

---

[1] 56 Record 11356.
[2] 56 Record 11432.
[3] 56 Record 11476.
[4] Statues, 894.
[5] See ante, p. 25.

or they may not be considered at all. Since the origin of most of the riders is not known, I dare not venture to give examples.

Fourth, perhaps as many riders were really not intended as riders. Their sponsors thought it appropriate for them to come in the appropriation bills, because they were either related to appropriations, for instance, the several pension items, or related to the army proper.

Lastly, most of the riders were not objectionable in their nature either to the executive or to the other house. They were so legislated, merely because it so happened, and the legislators wanted them so done. There is no explanation at all.

As far as the Congressional Record and other available documents can show, there was no manifestation of party spirit regarding the rider at all. The minority party is just as inclined as the majority in presenting riders. While on the other hand, members of both parties attacked some particular riders. We may, however, credit the Democratic Party with the responsibility of all the riders, since it controlled the floor and the committee of both houses.

The Senate and Riders

It is very evident that the Senate did more than its share in hanging the riders.[1] Why is it that the House composed of 435 members with committees of 21 and 22 brought up less riders than the Senate composed of only 98 members with committees of 20 and 17?[2] I venture to suggest several explanations.

(1) After the passage of a bill by the House new legislative needs may arise, and it is up to the Senate to put them into effect by means of amendments to the bill.

(2) Sen. Chamberlain of the Senate Military affairs Committee, nicknamed "arch-militarist", by some pacifist periodicals, and probably the author of most

---

[1] See ante, p. 9, bottom.
[2] See post, Appendix B.

of the Senate riders, was in closer touch with the War Department than any other single man of the Congress. A measure recommended by the War Department, if it did not pass the House Committee, would be sent up to Chamberlain. And in fact many measures were sent to the Senate Committee for adoption.

(3) The chance for any special legislation, by which I mean the pension and appointment cases, is greater in the Senate than in the House. Thus, if a certain officer wants to be appointed to certain rank and be placed retired list,[1] he would find it wise to pull his Senator rather than his Congressman, supposing he knows both. This is something resembling senatorial courtesy, because interference by other senators is unlikely.[2]

(4) In the Senate, individuality is greater and partisan spirit less marked than in the House. Only two riders were brought up by representatives on the floor, while five were brought up by senators on the Senate floor.

These, I think, explain why the House is behind the race.

Toleration of Riders

Many riders, I believe, were desired by the House or the Senate or both to be tackled in appropriation bills for motives already described. Many are desired by the committees, which, of course, can influence the House or the Senate as the case may be.

But not a few got into the appropriation bills because of the "logrolling spirit." Representative A may be conscientiously opposed to Representative B's rider awarding Lt. C of B's district captainship. But A would not likely raise his opposition, for his constituent may press him to perform a similar "duty" someday. Logrolling has another meaning. Sen. A may be opposed to Sen. B's

---

[1] For example, see Statues, 878 and imagine.

[2] For further examples. To the first Army Appropriation Bill, the Senate added many amendments, authorizing President to appoint H. C. McKibbin and Scully (55 Record 480 & 545-547; these amendments failed to pass the House) and directing the War Department to give money, I call pension, to certain officers. (55 Record 1945) In this connection, I may also say that the Senate seemed to be more extravagant, in appropriations than the House.

impertinent amendment; yet A would not take the trouble of opposing B, unless the amendment affects his personal interest or the interest of his party. Why? Mutual good feeling always pays; and Sen. A may have impertinent amendments to come up too.

The Evils of Rider Legislation

The general apprehension of riders is due to the fact that obnoxious measures are carried in the appropriation bills. This apprehension does not appear, so far as riders in this paper are concerned. There may be riders, which, if enacted independent of appropriations, the President would like to veto, and there are riders of grave consequences; but riders of notoriety intended to avoid veto are lacking.

Nevertheless, the evils of the riders studied are sufficient to deserve denunciation. Many state constitutions provide that no bill shall contain more than one subject matter. One of its purposes is to preserve the clearness and easy comprehension of the laws. Now, if one reads the second Army Appropriation Act, he would find himself lost in the mess and would ask himself what kind of law is he reading, appropriation act or army act or something else? Ambiguity of laws is one result of rider legislation.

Any particular measure ought to be considered on its own merit, whether it is important or not. For fear of failure to make appropriations, riders, though at times may receive, as a rule, never receives due consideration. Hasty action and subsided consideration is the second evil.

The committees of the legislature are established to facilitate the legislative work and secure more proper consideration of measures. A certain committee is charged with certain duties, which cannot be discharged with equal satisfaction by other committees.

Fortunately, the Committee on Military Affairs has charge of both military affairs and army appropriations. Still there are cases of confusion and overlapping. The Military Affairs Committee of the Senate considered the prevention of venereal disease,[1] which is properly within the province of the Committee on Public Health. The House Military Affairs Committee considered the regulation of printing[2] which lies properly in the field of the Committee on Printing. Upset of committee system is the third evil. [3]

The rules of both the House and the Senate clearly and unequivocally forbid the attachment of riders. Nevertheless, riders are introduced and the rules unheeded. This, in a sense, diminishes the respect for law, and is the fourth evil.

By far greater is the evil of temptation. So long as there is no honest enforcement of the rules in question, the way for obnoxious riders is open, which may result in the subordination of the executive. Yes, this presumption may over-exaggerated; yet possibility of danger there certainly is.

There is absolutely no justification for having riders in appropriation bills. The second Army Appropriation Act contains many riders. If they were separately legislated, more sets of proceedings would be required, and if passed, the Speaker of the House and the Vice-President would have to put their signatures in many more times. That seems to be the only disadvantage. But who can justify the practice of riding on this ground?

It is also argued that as most of the riders that change the existing laws are the amendment to the National Defense Act, and as the conditions were constantly changing during the war, it was desirable to change that Act from time to time. This is, however, a confession against itself. The emergency might

---

[1] See ante, p. 24.

[2] Statutes, 74 & 877.

[3] Note. Perhaps the committee system of the Congress is also at fault. Either the Committee on Military Affairs must have the exclusive jurisdiction over anything relating to the Army, or the Committee on Appropriation must have exclusive jurisdiction on all appropriation. But neither is true. The Appropriations Committee makes deficiency appropriations including those for the army, thus violating the former. The Military Affairs Committee makes appropriation for the Army, thus violating the latter. Confusion is the inevitable result of such a system, and rider is not the sole cause of confusion. A budget system perhaps will relieve the unfortunate situation.

call the Congress to, and in many cases it did, change the National Defense Act at once. Why must the change form a part in the appropriation bills, which might not occur at the same time the emergency did?

Also the clumsiness of rider legislation is shown by the fact that it would save the Congress much ink, if certain riders, for instance, that authorizing the Secretary of War to secure the assistance of the United States Geological Survey and Coast and Geodetic Survey in making maps which appeared every time when the map question came up,[1] were enacted once for all as a permanent act to be changed only by further act.

The Remedy

Having considered the evil of riders, one naturally asks what is the remedy? In the beginning of this paper, I mentioned the rule of the House and of the Senate with regard to rider legislation. The rules, if honestly enforced, are strict enough to make riders impossible. They do not give rise to misunderstanding; nor are the members unable to understand them. I will give several illustrations to substantiate this view:

(1) In discussing a Senate amendment, later rejected, affecting the grade of officers in the General Staff,[2] Sen. Smith of Georgia said, "No amendment which proposes, general legislation shall be received to any general appropriation bill." "This is a general appropriation bill," while "the National Defense Act is general legislation for the army."[3] (2) In regard to the suspension of a part of Sec. 5 of the National Defense Act,[4] the Senate struck out the rider on point of order,[5] but it was later retained by the conference.[6] Here the

---

[1] Statutes, 62, 365, 868.
[2] 55 Record.
[3] 55 Record.
[4] Statutes, 73.
[5] 55 Record, 535, 547.
[6] 55 Record, 1806.

IV RIDER LEGISLATION

point of order referred to the House Rule XXI. [1]

The difficulty is not that the rules are not strict, not that the members do not understand the true meaning of the rules; but that, when the majority consents, there is a willful neglect to have these rules enforcede[2] The point of order was not raised in all cases of riders. When it was raised, either the floor leader begged the opponent to withdraw the point of order,[3] or the Speaker or the Vice-President who are ordinarily with the majority overruled the point of order. Again their decision, if adverse to the majority is subject to the appeal. Only in a very few cases did the Chair sustain the order. As a matter of fact, therefore, the majority controls the rider legislation regardless what the rules are.

Constitutional amendment to enable the President to veto any single item in a bill, or like the provision in the state constitutions, forbidding a bill containing more than one subject matter, seems to be the only possible remedy. For, a rule in the House or Senate, however strict, can be neglected or evaded by members having the consent of the majority.

APPENDIX A. A LIST OF APPROPRIATION ACTS STUDIED; WITH NOTES

(Figures refer to pages in U. S. Statutes at Large, Part I, Vol. 40.)

First Session:

I. An Act Making appropriations to supply deficiencies in appropriations

---

[1] See ante, p. 4.

[2] Note. Following Chap. XXI (Statues, 894), Sen. Fall offered amendment (56 Record 8192) so as to enlarge the draft. It aroused the hottest debate. It was too plain to deny that it was not a rider. Yet no point of order was everraised. Should such a rider be supposed as not violating the rule against rider, I should think, the Good-McCormick bill, if attached to the general appropriationbill onthe ground that it regulates the making of appropriations, would be less like a rider than the Fall Amendment.

[3] Record 56, p. 8484. Sen. Warren begged Sen. King not to make a point of order on the D. L. Brainard case (Statutes 875), and king obeyed. Though Warren belonged to the minority party, it does not make any difference in my illustration.

for the fiscal year ending June 30, 1917, and prior fiscal years and for other purposes. H. R. 12. Approved April 17, 1917. 2-35

 Military Establishment, 10-12

 II. An Act Making appropriations for the support of the Army for the fiscal year ending June 30, 1917 and for other purposes. H. R. 13. Approved May 12, 1917. 40-75

 III. An Act Making appropriations to supply urgent deficiencies in appropriations for the Military and Navy Establishments on account of war expenses for the fiscal year ending June 30, 1917. H. R. 3971. Approved June 15, 1917. 182-217

 Military Establishment, 185-201

 This bill proved to be so important that the House and the Senate could not find agreement till the third conference. The disputes centered, however, on the Shipping Fund, Naval Operation Base, Hampton Roads, Va. , and Sec. 4 in page 217.

 IV. An Act Making appropriations to supply urgent deficiencies in appropriations for the fiscal year ending June 30, 1917 and prior fiscal years on account of war expenses and other purposes. H. R. 5949. Approved Oct. 6, 1917. 345-384

 Military Establishment, 355-367

 V. An Act Making appropriations to supply deficiencies in appropriations for the fiscal year ending June 30, 1918 and for other purposes. H. R. 7952. Approved Dec. 15, 1917. 429-430

 Second Session:

 VI. An Act Making appropriations to supply urgent deficiencies in appropriations for the fiscal year ending June 30, 1918 and prior fiscal years, on account of war expenses, and for other purposes. H. R. 9867. Approved March 28, 1918. 459-499

 Military Establishment, 474-481

IV   RIDER LEGISLATION

VII. An Act Making appropriations to supply additional urgent deficiencies in appropriations for the fiscal year ending June 30, 1918, on account of war expenses and other purposes H. R. 12280. Approved June 4, 1918.   594–602

    Military Establishment,   597

VIII. An Act Making appropriations to supply deficiencies in appropriations for the fiscal year ending June 30, 1918, and prior fiscal years, on account of war expenses, and for other purposes. H. R. 12600, Approved July 8, 1918.   821–843

    Military Establishment,   827–831

IX. An Act Making appropriations for the support of the Army for the fiscal year ending June 30, 1919. H. R. 12281. Approved July 9, 1918.

                                                                                                                        845–896

    From Chap. IV down to the end except Chaps. XXI and XXIII are amendments of the Senate. Also, almost all the headings are inserted by the Senate.

X. An Act Making appropriations to supply deficiencies in appropriations for the fiscal year ending June 30, 1919, and prior fiscal years, on account of expenses, and forother purposes. H. R. 13086. Approved Nov. 4, 1918.   1020–1041

    Military Establishment,   1026–1031

    This bill carries an enormous sum of money. It was passed in hurry, as the session was drawing to a close.

Third Session:

XI. An Act Making appropriations to supply deficiencies in appropriations for the fiscal year ending June 30, 1919, and prior fiscal years, and for other purposes. H. R. 15140. Approved Feb. 25, 1919.   1161–1174

    Military Establishment,   1169–1173

    This act repeals many items of authorization and carries over unexpended balances to the surplus fund.

It is interesting to note that most of these acts have "and for other purposes" clause at the end, as if to leave free room for riders. In discussing the House Bill 3971, Representative Tilson attacked the title on this ground. [1]

APPENDIX B. A LIST OF COMMITTEES

The House

Committee on Appropriations		Committee on Military Affairs	
Democrats	Democrats	Democrats	Democrats
Fitzgerald, J. J., Chairman	Gillet, F. H.	Dent, S. H., Chairman	Kahn, J.
Sherley, S. [2]	Good, J. W.	Fieids, W. T.	Anthony, D. R.
Byrns, J. W.	Mondell, F. W.	Quin, P. E.	Mckenzie, J. C.
Sisson, T. U.	Davis, C. R.	Gorden, W.	Greene, F. L.
Borland, W. P.	Vare, W. S.	Shallenherger, A. C.	Morin, J. M.
McAndrews, J.	Cannon, J. G.	Caldwell, C. P.	Tilson, J. Q.
Howard, W. S.	Stafford, W. H.	Wise, J. M.	Crage, T. S.
Evans, J. M.	Slemp, C. B.	Olney, R.	Hull, H. E.
Eagan, J. J.	Howley, W. C. [3]	Nicholls, S. J.	Davidson, J. H. [4]
Buchanan, J. P.		Harrison, T. W.	Kalaninaole, J. K. [5]
Gallivan, J. A.		Garrett, D. E.	
Byrnes, J. F.		Lunn, G. R.	

---

[1] 55 Record 1649.
[2] He was the chairman in the second and third session.
[3] These joined the Committee in the second session.
[4] These joined the Committee in the second session.
[5] These joined the Committee in the second session.

IV RIDER LEGISLATION

The Senate

Committee on Appropriations		Committee on Military Affairs	
Democrats	Democrats	Democrats	Democrats
Martin, T. S., Chairman	Warren, F. E.	Chamberlain, G. E., Chairman	Warren, F. E.
Overman, L. S.	Gallinger, J. H.	Hitchcock, G. M.	Brady, J. H.
Oven, R. L.	Smoot, R.	Fletcher, D. Y.	Weeks, J. W.
Smith, J. W.	Dallingham, W. P.	Myers, H. L.	Wadsworth, J. W.
Chamberlain, G. E.	Jones, W. L.	Thomas, G. S.	Sutherland, H.
Shafroth, J. F.	Curtis, C.	Sheppard, M.	New, H. S.
Tillman, B. R.	Kenyon, W. S.	Beckham, J. C. W.	Frelinghuysen, J. S.
Gulberson, C. A.	Sherman, L. Y.	Kirby, W. F.	
Underwood, O. W.		Reed, J. A.	
Robinson, J. T.		MaKellar, K.	
Smith, M. A.			
Hardwick, T. W.			

This appendix is significant in view of the fact that the riders were introduced either by these committees or by the members thereof, and that almost all, whose discussions about the riders appeared in the Record, belonged to these committees.

V

THE OPEN DOOR POLICY IN CHINA

A Paper submitted

for the

Sheriden Prize

March, 1921

THE OPEN DOOR POLICY IN CHINA WITH SPECIAL REFERENCE TO AMERICA'S INTEREST

THOMSON S. CHIEN

HARVARD UNIVERSITY

1921

V   THE OPEN DOOR POLICY IN CHINA

PREFACE

THE purpose of this paper is two-fold: first, to present, as the space permits, a comprehension correct understanding of the international situation in China, which, I believe, no good-wisher of world peace could overlook; second, to build the foundation for a further systematic study of China's international relations as affecting the world situation. For the first purpose I have taken into account all important developments of diplomacy concerning or with China since 1898. For the second purpose I have gone into account all important sources and books, from which one may expect to get information bearing on the subject under consideration. Thus, from the references given in this paper, a vast amount of material may be gathered.

Perhaps, I may mention, as my third purpose, the desire to offer a proper perspective to the American public to see the China situation.

For these various purposes, I have deemed it advisable to adopt the present title. Wherever possible, I use "open door" to mean something strictly commercial, and "Open Door" to mean what the Open Door Policy means.

I have rendered the quotations from document as brief as are possible. There are a number of quotations, which are not of much authority. I retain them, because they express just what I want to express.

In the midst of my preparation, Mr. Tomimas' little book on the Open Door Policy came to my notice. I hesitated whether I should go on with the work or not, as his books, in the main, similar in scope and in character of treatment as this paper. I decided, however, to continue my work as usual; and I hope, the difference between his and my views, if nothing else, sufficiently justifies my labor and the appearance of this paper.

March 22, 1921.
T. S. C.

CONTENTS

PREFACE

BIBLIOGRAPHY

I. MEANING AND SCOPE

Paragraph Summary:

Parallelism between the Monroe Doctrine and the Open Door Policy

Strict meaning of "open door"

Origin

Meaning in Hay's Note

True Meaning of the Open Door Policy and the Scope of this paper

II. THE FORMATIVE PERIOD (1899–1905)

Paragraph Summary:

China's decay

Land-hunger of Europe

Scramble of 1898: leases and spheres of interest

British trade interests

The vicissitudes of British policy towards China

Great Britain for the Open Door

Foreign policy of the United States

American interests in China as affected by the scrabble of 1898

Possible courses for the United States in China

An Anglo-American Alliance for the Open Door

Hay's Circular Note of September 6, 1899

Replies from Great Britain, France, Japan, Russia, Italy and Germany

Hay's instruction of March 20, 1900

An appreciation of Hay's success

V THE OPEN DOOR POLICY IN CHINA

The Boxer Uprising

Hay's circular telegram of July 3, 1900

The Anglo-German Agreement

Manchria Conventions

Hay's warning to the Chinese and Russian Governments

The-First Anglo-Japanese Alliance

The Franco-Russian Alliance

Memorandum of the State Department

Russia's seven additional demands

Russo-Japanese War

Hay's note of February 10, 1904

Hay's note if January 13, 1905

Treaty of Portsmouth

Hay's predominance

The Open Door Policy universally recognized

III. THE PERIOD OF PEACEFUL PENETRATION (1905-1914)

Paragraph Summary:

The Second Anglo-Japanese Alliance

The Franco-Japanese Agreement

The Russo-Japanese Convention

The Anglo-Russian Convention

The Root-Takahira Agreement

Its meaning

Mr. Taft and the Far East

Dollar Diplomacy

Neutralization of Manchurian Railways

Japan and Russia's Opposition

The Russo-Japanese Convention

The Third Anglo-Japanese Alliance

哈佛课业

America's withdrawal from the Consortium

IV. THE PERIOD OF JAPANESE SUPREMACY (1914-)

Paragraph Summary:

Capture of Tsingtau

The Twenty-one Demands

America's inaction

The Russo-Japanese Alliance

The Lansing-Ishii Agreement

Special Interests of Japan

Japan's Monroe Doctrine: its fallacy

Japan as the destroyer of the Open Door

Internationalization of Chinese railways

The New Consortium

V. THE FUTURE OF THE OPEN DOOR POLICY

Paragraph Summary:

The Open Door in name

The Open Door in fact

China as its defender

The foe of the Open Door

The United States as its defender

The choices for the United States

The policy for the United States

BIBLIOGRAPHY

Those marked * have very little to do with the topic directly or indirectly; those marked ** , still less.

Abbott, James F. , *Japanese Expansion and American Policies*, New York, 1916. The author is connected with the Japanese Naval Academy, and lavishly in sympathy with Japan. Ignorant of the Chinese sentiment and conditions, he over-emphasizes Japan's importance as an Asiatic power. He would like to have an America – Japanese alliance against England, the old enemy of America. There is too much emphasis on economical side and too little facts contained in the book.

American Academy of Political and Social Science, *International Relations of the United States* (Annals, V. 54), Philadelphia, 1914. There are a number of articles on American policy in the Pacific. Also too much Japanese inclination.

Beresford, Lord Charles, *The Break-up of China*, New York, 1899. A description of his commercial mission to China. One should notice in this book the predominance of British trade interest in the Far East, and the British reasons for the open door. Notwithstanding its loose style, the book is readable.

* Bigelow, John, *American Policy: The Western Hemisphere in its Relation to the Eastern*, New York, 1914. The Far Eastern Problems are almost wholly left out of account.

Blakeslee, George H. , editor, *China and the Far East*, New Work, 1910; *Recent Developments in China*, New York, 1913. These two volumes contain addresses on various phases of China and of the Far Eastern problem. Some of

them are by eminent Americans. As a whole the addresses are creditable.

Bland, J. O. P. , *Recent Events and Present Politics in China*, Philadelphia, 1912. The author has been considered as an "old China hand. " As such, his knowledge of Chinese affairs makes this volume valuable. But he sadly fails to understand the Chinese aspirations and to live up to the standard of a friendly, impartial and disinterested observer on things Chinese. His chapter on American Policy is unreasonably critical, being an Englishman of the type that does not appreciate America.

** Brown, Arthur J. , *The Mastery of the Far East*, New York, 1919. Mainly on the developments of Japan and on the Korean situation.

* Callahn, James M. , *American Relations in the Pacific and the Far East*, 1784–1900, Baltimore, 1901. A historical sketch of no distinctive merit. It makes no mention of the beginning of the Open Door Policy.

Chen, Ki-Chan, *La Politique de la Porte Ouverte en Chine*, Paris, 1912. This monograph is a doctorate thesis. The title is rather misleading. It should be entitled: "Quelques Aspects des Relations Commercialles de la Chine avec les Puissances Etrangères. " Almost half of the pages are devoted to the historical sketch of the early intercourse between China and the West. Questions like consular jurisdiction, custom administration, railway development, etc. , are each discussed. To those who are at all familiar with China's foreign relations this volume is disappointing.

Cheng, Sih-Gung, *Modern China*, *a Political Study*, Oxford, 1919. A sort of contemporary political history of China. Nothing searching, but as a whole correct.

Chung, Henry, *The Oriental Policy of the United States*, New York, 1919.

V THE OPEN DOOR POLICY IN CHINA

Besides a short but comprehensive history of American Diplomacy in the Orient, this book also contains a good collection or documents, not easily accessible to the American general public. No one, except Mikado's subjects and blind friends, can deny the correctness of the facts and soundness of opinions as expressed by our Korean author. At the end there is a good bibliography.

Clements, Paul H., *The Boxer Rebellion: A Political and Diplomatic Review*, New York, 1915. Documents and secondary treatises on China are well digested; but the book still shows author's lack of insight into Chinese affairs. There is a very valuable bibliography on Chinese history and politics.

Coates, Col. Charles, *China and the Open Door*, Bristol, 1899. Only the last few pages deal with the "open door," the rest is a brief history of the opening up of China, particularly through the "brilliant victories" of Great Britain. The colonel was one of H. B. M. 's true subject!

Conant, Charles A., *The United States in the Orient*, Boston, 1900. It is a collection of articles on America s commercial interests in the Far East, well written and well grounded.

Coolidge, Archbald C., *The United States as a World Power*, New York, 1919. Discussions on the relations of the United States to the powers, comprehensive and suggestive.

Cordier, Henri, *Histoire des Relations Extrangères de la Chine*, Paris, 1902, 3V. Authoritative, full and very descriptive, so descriptive that it has no discussions. It seems that the author indulges too much in the etiquette controversies at the court of Peking. The period of last volume is 1860-1902.

** Curzon, George N., *Problems of the Far East*, Westminster, 1894. Description

 哈佛课业

of his visits and tasks in China.

Diplomat, By a (Lewis D. Einstein), *American Foreign Policy*, Boston, 1909. Stress on amity and commercial expansion.

Douglas, Sir Robert K., *Europe and the Far East* 1506–1912, New York, 1913. A short history of considerable value. There is a bibliography, especially rich in early books on China.

Fish, Carl R., *American Diplomacy*, New York, 1919. A comprehensive and remarkable history. Chap. XXXII dealing with "the Pacific" is particularly of interest to us.

Foster, John W., *American Diplomacy in the Orient*, Boston, 1903. A history full of interesting tales, episodes and personal experiences.

** Foster, John W., *Diplomatic Memoirs*, Boston, 1909.

* Hart, Albert B., *The Foundations of American Foreign Policy*, New York, 1905. Little that is of interest to us. A classified bibliography at end.

Hobson, John A., *The Open Door* (in Towards a Lasting Settlement edited by C. R. Buxton), New York, 1916. Open door, meaning free trade, suggested as a means of securing international co-operation and of avoiding wars.

Hornbeck, Stanley K., *Contemporary Politics in the Far East*, New York, 1916. A systematic and competent treatment of the subject. Pt. II, dealing with the contemporary relations of the three Pacific powers, China, Japan and the United States, is of immense interest to us. No other book sets the relation of America to the Far East, present and future, more clearly than this one. The severe denunciation of Japan is supported by facts and documents. App. VII is a searching collection of "Treaty Clauses with regard

V THE OPEN DOOR POLICY IN CHINA

to the Integrity of Korea and China and the Maintenance of the Open Door."

Johnson, Willis. F., *America's Foreign Relations*, New York, 1916, 2V. A systematic of the history of American diplomacy. Mainly narrative and descriptive e. Lacking in first hand knowledge of original sources.

Latané, John H., *America as a World Power*, New York, 1907. American history from 1896 down to the time of writing. A chapter on diplomacy in the Orient. Authoritative but colorless.

Latané, John H., *From Isolation to Leadership*, New York, 1918. A brief review of American foreign policy. Very suggestive.

Lawrence, Thomas J., *War and Neutrality in the Far East*, London, 1904. A good discussion of the practice of respecting the neutrality of China during the Russo-Japanese War.

Lawton, Launcelot, *Empires of the Far East*, London, 1912, 2V. Mainly devoted to Japan, her political and social problems. We are interested only in the few chapters on the international situation in the Far East. The book is not well written.

McCormick, Frederic, *The Menace of Japan*, Boston, 1917. Favoring a militant policy on the part of America to check the new Prussia.

Mahan, Alfred T., *The Interests of America in International Conditions*, Boston, 1910. A survey of international conditions as involving the interests of America. Captain Mahan is a man of wide experience; he speaks with authority. The latter part of the book is on Eastern questions. The maintenance of the Open Door, as he sees it, is through the balance of power.

Mahan, Alfred T., *The Problem of Asia and its Effects upon International*

Policies, Boston, 1900. Composed of articles on the contemporary situation in the Far East, with some grasp.

** Maybon, Albert, *La Politique Chinoise: Etudé sur les Doctrines de Parties en Chine*, Paris, 1908. Almost exclusively about Chinese internal politics.

Millard, Thomas F. F., *Our Eastern Question*, 1916; *Democracy and the Eastern Question*, 1919, New York. Able presentations of the outstanding relations between the United States and Japan in regard to China. The collection of documents at the end of the first book is especially valuable, as they are not to be found in any single source. The author's aversion and dislike of the upstart Asiatic Prussia is discernible throughout; he therefore urges national preparedness and a vigorous policy. The second book is a supplement to the first one.

Moore, John B., *Principles of American Diplomacy*, New York, 1918. Dealing at some length with Far Eastern questions. The book is especially valuable as furnishing a general background of America's foreign policy.

Morse, Hosea B., *The International Relations of the Chinese Empire* London, 1910-1918, 3V. A standard book. Especially full on China-British relations. The last volume extends from 1893 to 1911. Bibliography in Vol. I and III, full and complete.

Overlach, Theodore W., *Foreign Financial Control in China*, New York 1919. With an excellent working bibliography, classified. An account of China's foreign relations from the financial point of view. Very interesting and lucid.

Reinsch, Paul S., *Intellectual and Political Currents in the Far East*, New York, 1911. Composed of various articles, representing the views of a

V THE OPEN DOOR POLICY IN CHINA

diligent student of Far Eastern affairs, but of one, who has not had a chance to study the Far East by actual observations.

Reinsch, Paul S. , *World Politics*, New York, 1900. This book treats the world politics as influenced by the Oriental situation. Home conditions in China are also portraited in some detail. A remarkable book at that time, though some of the forcasts did not come out true.

The Shantung Question (published by the Chinese National welfare Society in America), New York, 1919. A statement of China's claim together with important documents submitted at the Peace Conference in Paris.

Sherill, Charles H. , *Have we a Far Eastern Policy?*, New York, 1920. The chapters in this book appear in the Scribner's Magazine, though the author makes no mention of this fact. The author is unworthy of a citizen of this Great Democracy, and the book is unworthy of publication. A more unworthy and absurd book I have never seen. The views expressed by the author surpasses Prince Metternich in opportunism. I just quote a passage (p. 302). taken at random, and leave the judgement to readers: "I believe it would be a fine thing for international law and order if Japan should occupy Eastern Siberia and there set up such a dam against the outflow of lawlessness as would be afforded by her excellently functioning Government which is to-day assuring prosperity, liberty and the right to the pursuit of happiness to her millions of industrial and frugal citizens. " After a thorough reading of this book, one cannot help wondering, why America should get into the last war. The governmental efficiency of Germany was recognized even by her enemies. Should the Germans occupy Russia, there might be no Bolsheviki regime at all.

* Smith, Authur H. , *China and America To-day*, New York, 1907. The author was a missionary; the missionary spirit is present throughout the pages. His

conclusion is "America assists the East" —including Japan, for that was the day, when Japan's attitude towards America was not as yet so defiant as it is now.

Thayer, William R., *Life and Letters of John Hay*, Boston, 1915, 2V. In Vol. II there are a few chapters which throw a great deal of light upon the question of the Open Door.

Tomimas, Shutaro, *The Open Door Policy and the Territorial Integrity of China*, New York, 1919. This little book contains two essays and a number of Japanese verses, which of course, are not intended for American public, because they are Japanese in view as well as in language. The essays are: "The Open Door Policy as Applied to China," and "American Diplomacy and the Territorial integrity of China." The author demonstrated his famaliarity with the documents in the case, although his quotations and citations are often inaccurate and incorrect. The essays are more than dry accounts of the events, opinions are freely expressed. In his opinions – expressed and implied–one cannot fail to notice amusing contradictions; for, to reconcile the "duty" to defend the policies of his fatherland, Japan, as a matter of course, and the duty to follow his own conscience, the conscience of an American–educated and enlightened man, is not at all easy.

Weale, B. L. Putnan (Simpson), *The Coming Struggle in Eastern Asia*, London, 1909. Chiefly concerned with the struggle between Russia and Japan in China, and China's effort to maintain friendly relations with Great Britain and America. A good book.

Weyl, Walter E., *American World Policies*, New York, 1917. A masterly and searching exposition of the economic forces that have shaped the American World policies. An economic internationalization to bind the nations together is advocated as a substitute for international jealousies.

V THE OPEN DOOR POLICY IN CHINA

Wheeler, W. Reginald, *China and the World-War*, New York, 1919. The chief events and international situations in regard to China during and arising, out of the War are dealt with. The different opinions and views about each topic are well digested and balanced.

Willoughby, Westel W., *Foreign Rights and Interests in China*, Baltimore, 1920. The best book on the subject. Quotations are freely employed. Very systematic and minutely footnoted.

Official and Semi-Official Publications

Department of State (The United States), *Foreign Relations of the United States*.

Foreign Office (Great Britain), *British and Foreign State Papers*.

Foreign Office (Great Britain), *China*. Very valuable collection of more extensive nature than either one mentioned-above.

Hertslet, Sir Edward, compiler, *Treaties, etc., between Great Britain and China; and between China and Foreign Powers; and Orders in Council, Rules, Regulations, Acts of Parliament, Decrees, etc., affecting British Interests in China*, Rev. ed., London, 1908, Full and authoritative, 2V.

MacMurray, J. V. A., *Treaties and Agreements with or Concerning China*, 1894-1919, Washington, 1920, 2V. This will be the best and most serviceable collection covering that perioed. To be published by the Carnegie Endowment for International Peace.

Malloy, William M., compiler, *Treaties, International Acts, Protocols and Agreements between The United States of America and Other Powers* (1776-

1909), Washington, 1910, 2V. Official compilation.

Mayers, William F., compiler, *Treaties between the Empire of China and Foreign Powers*, etc., 4th ed., Shanghai, China, 1902. Inaccurate.

Rockhill, Willian W., compiler, Treaties and Conventions with or Concerning China and Korea (together) with various State Papers and Documents Affecting Foreign Interests (1894 - 1904), Washington, 1904. A worthy continuation of Sir Hertslet's first edition, published in 1896. The American state papers in this collection are not to be found in Hertslet's revised edition.

THE OPEN DOOR POLICY IN CHINA WITH SPECIAL REFERENCE TO AMERICA'S INTEREST

I. MEANING AND SCOPE

BETWEEN the Open Door Policy, not infrequently called "Hay Doctrine," and the Monroe Doctrine, there exists a curious parallelism. "Like the Monroe Doctrine, the Open Door Policy is a declaration of national policy"[1] of the United States. The Monroe Doctrine was originally outlined in Monroe's Message of 1823; so was the Open Door Policy originally embodied in Hay's Circular Note of 1899. Both are Anglo-American in origin. Both are susceptible of many interpretations. In seeking to understand its meaning, we must, therefore, bear in mind that the Open Door Policy, like the Monroe Doctrine, is a growth and not a creation.

Strictly speaking, "open door" has reference only to ports. The occupant of a port usually discriminates against the nationals of countries other than his own in matters commercial. In such a case the door of the port is virtually closed. On the contrary, "open door" signifies equal treatment and accessibility to the nationals of all countries.

---

[1] Mahan, The Interests of America in International Conditions, p. 181.

The phrase "open door" was officially employed for the first time in the American Ultimatum to Spain on November 21, 1898,[1] in reference to the future economic relations with the Philippines. But the principle[2] of the open door in respect to China was present as early as in the Nanking Treaty of 1842[3], and in the Cushing Treaty of 1844[4]. Anson Burlingame was a strong champion of the same ideal, as amply testified by the terms of the Burlingame Treaty of 1868.

In Hay's Circular Note of 1899, "open door" retained its original narrow meaning, though a far greater significance was attached to it. The Note aimed "to be an instrument for the maintenance of the integrity of China and the preservation of an equal opportunity for all. It was mainly directed against the assumption of an undue administrative control or territorial supremacy within a sphere."[5]

As time went on, the powers interested in this Policy, particularly the United States, in their effort to make it effective and to maintain the balance of power in China, instituted many other policies, not necessarily identical with, though always closely related to, the Open Door. In fact, all the international conventions, agreements, etc., concerning China, subsequent to 1899, however incompatible with the spirit of the Open Door some of them might be, have been pretended as giving weight to it. While all such conventions, etc., in order to understand the Policy comprehensively, will receive our attention more or less, only those that are essential to the maintenance of the Open Door should be considered as parts of the Policy. To be specific, the Open Door Policy will

---

[1] U. S. For. Rels., 1898, p. 950 & 957.

[2] The origin of the open door principle is to be found in international law. For the two aspects of the principle, see Chen, Introduction. Books that are in the bibliographical list will be cited only by author's name.

[3] First Angle-Chinese treaty.

[4] First American-Chinese treaty.

[5] Overlach, pp. vi-vii.

V THE OPEN DOOR POLICY IN CHINA

be taken to mean EQUAL OPPORTUNITY, TERRITORIAL INTEGRITY[1] and ADMINSTIVE ENTITY in China.

II. THE FORMATIVE PERIOD (1899-1905)

SINCE 1842, at the conclusion of the Opium War with England, the history of China has been a most tragical one. From without came the powerful invaders, whose might make right, and whose satisfaction was in land and in money. Within, there was an uninterrupted record of corruption and misgovernment, of disasters and calamities. The West was, however, up to the time of the Sino-Japanese War, unaware of China's utmost weakness, and dared not as yet go too far in the direction of dismembering her.

The defeat of China by her despised neighbor in 1894 altered the whole front. In the words of the British Undersecretary for Foreign Affairs, Mr. Curzon, "It exercised a most profound and disturbing effect upon the balance of power, and upon the position and destinies of all the Powers who either are situated or have interests around the China Seas."[2] It meant an open invitation to the land-hunting powers of the West. The world was too small; the inhabitable area of the earth was limited. Even the Dark Continent, long regarded as uninhabitable for the civilized people, had been carefully carved up. China was the last and the only remaining unprotected El Dorado in the world. The powers could not afford to lose the golden chance now. The murder of two German missionaries of dubious character in Shantung offered the long-awaited opportunity to Germany. The first gun was fired. She took the Bay of Kiaochow on March 6, 1898. A

---

[1] As an evidence that territorial integrity was really intended by Hay to be a part of his Open Door Policy, we may quote from the note of Ambassador Choate to Lord Salisbury, September 22, 1899: "—and thereby hasten united action of the powers at Pekin to promote administrative reforms greatly needed for strengthening the Imperial Government and maintaining the integrity of China—" U. S. For. Rels., 1899, p. 134.

[2] Parliamentary Debates, 4th Ser., Vol. 54, p. 333.

 哈佛课业

volley soon followed. Each of the other powers picked up a chosen piece of meat for itself. Russia took Port Authur and Dalny,[1] from which she with France and Germany had but recently forced Japan out, as Japan's presence there "Jeopardized the permanent peace in the Far East."[2] France occupied Kuangchow Wan.[3] Even the young Kingdom of Italy, who had hardly emerged from her infancy, also made a "manly" demand for Sanmun Wan, only to be frustrated by the rising sentiment of the Chinese populace.

To be sure, Great Britain was not behind in the race. She acquired Weihaiwei[4] in the North to offset the German-Russian influence, and Kiulung[5] in the South to keep France in check. Like other powers, including Japan, she also claimed "spheres of interest." "Great Britain comes out of the scramble, far and away the greatest beneficiary."[6] But she was, unlike other powers, not primarily hunting for land. She laid her finger on China's territory only as her inevitable course.

For generations Great Britain had been a free trade nation. Her people are masters of trade. "Her foreign policy represents in the main the collective opinions of the British traders,"[7] who desired only the freest possible markets in China as well as elsewhere. British "interests in China are not territorial, they are commercial." Great Britain was, therefore, opposed to the destruction "of that equality or opportunity, which is all that we (the British) claim, but which we do claim."[8] The British Government knew well enough that the best way to have the door open and the opportunity equal was to

[1] March 27.
[2] From Russian note of April 23; 1895 to Japan. Quoted from Lawrence, p. 11.
[3] March 27.
[4] April 3.
[5] June 9.
[6] Coates, p. 96.
[7] Bland, p. 256.
[8] From Balfour's Manchester speech in London Times for January 8, 1898. This speech was much commented upon in the Parliament.

V THE OPEN DOOR POLICY IN CHINA

preserve the status quo in China. [1] At one time, the Government was even thinking of doing so by armed force. [2]

But too dear was the cost of war, the cost not of money and men alone, but also of the friendship of Russia and possibly of France, whose side Great Britain was soon to take. [3] Further, the Salisbury Government was marked by moderation. War was an impossibility. The Government turned to another policy, the so-called "open door" by which it meant equal opportunity for traders of all nations. Great Britain would not, under this policy, object to Russia's taking an ice-free port, so long as the door it open to British commerce. [4] On February 8, 1898, Balfour declared in the House of Commons, as the leader of the Government, that the Government was able to protect British interests by this policy. [5] The formal statement of the policy of the Government [6] was made by Under-Foreign Secretary Curzon in the House of Commons on March 1:

1. "The maintenance of the integrity and the independence of China."

---

[1] For the British view early in 1898, see an article by Diplomatics entitled "The Monroe Doctrine for China" in the Fortnightly Review, February, 1898 (V. 69, pp. 321-333). The British aims were said to be (p. 329): "1. To preserve the political status quo in the Far East and 2. To secure the unhampered circulation of the commerce of the world throughout the markets of China."

[2] Sir M. H. Beach, Chancellor of the Exchequer, was reported to have said at Swansea: "The Government were absolutely determined, at whatever cost, even—he wished to speak frankly—if necessary, at the cost of war, that door should not be shut." London Times, January 18, 1898. This indiscreet remark was a mischief and caused much comment in the Parliament, and the Government took pains to retract its meaning and implication. As a matter of fact, this opinion of Sir Beach did reflect a part of the public opinion.

[3] The Triple Entente was coming.

[4] In his Manchester speech.

[5] Parl. Deb., 4th Ser., V. 53, p. 94.

[6] Made during the debate on "Independence or Chinese Territory." Parl. Deb., 4th Ser., V. 54, pp. 298-340. A faction of the Government party under the leadership of Sir Ellis Ashmead-Bartlett and T. W. Gibson Bowles moved to maintain the independence of Chinese territory. The former wanted an alliance with Japan and Germany to stop Russian and French aggression in China; the latter severely denounced Germany as well as Russia and France. The Opposition under the leadership of Sir Harcourt demanded to know the definite policy. Thereupon Mr. Curzon made the statement. Under these circumstances the Government was bound to support the motion, which was agreed to.

2. "The preservation of our Treaty rights," which "establish, in fact, equality of treatment and opportunity."

3. "Free commerce."[1]

The first point here given was not to be seriously construed. During the same speech, Curzon had said that British "policy is and must be to prevent her (China) disruption as long as we can," but circumstances "might tempt and even compel us (Breat Britain), to depart from that attitude of reserve."[2]

From that attitude of reserve, the Government soon departed. Great Britain joined in the scramble for spheres and leases,[3] instead of watching others partition China and vainly crying for the open door.[4] The irritability of public mind[5] did not disturb the Government much. The Opposition led by Sir Harcourt and Lord Kimberley was very mild.

But we must not regard Great Britain's participation in the grabbing of leases and spheres as the repudiation of her open door policy. "The chief objection to spheres of interest on the part of commercial nations like Great Britain and the United States is that they have tendency to become spheres of control; and that spheres under the control or such powers as France and Russia are commonly hedged in by prohibitive tariffs and differential rates."[6] Great

---

[1] Ibid, pp. 338-339.

[2] Ibid, p. 332.

[3] For further light, see debate on "Far East" in the House of Commons, April 5, 1898. Parl. Deb., 4th Ser., Vol. 56, pp. 224-298.

[4] The Spectator for June 17, 1899 says: "That policy is, we believe, dead as regards China." V. 82; p. 850. The real fear for attaching to the Open Door too strongly was the war. Thus the Edinburgh Review for July, 1898 says: "We may give effect to the policy of the Open Door; but this may, and probably will, entail upon us considerable risks." V. 188, p. 267.

[5] The newspapers of 1898 were full of discussions on China.

[6] R. S. Gundry in Fortnightly. Review, July, 1899 (V. 72, p. 39). Prof. Reinsch in his World Politics (p. 184) held that the sphere of interest and the Open Door were not opposed to each other. He would not entertain that view now.

V THE OPEN DOOR POLICY IN CHINA

Britain had to cherish some open door policy[1]; only that that policy had to be espoused by someone else.

The task of espousing the Open Door fell on the United States. The United States, it will be observed, had lived in "splendid isolation" down to the Spanish-American War of 1898. Political disentanglement, commercial expansion, and fair deal to the extent allowed by practical wisdom are the cardinal principles in her relations with other countries. Towards China she had always played fair and stood aloof from any aggressive policy. She desired trade facilities but no territory. The Burlingame Treaty of 1868 ably voices her desire for commercial equality and territorial integrity of China.

When the powers were freely helping themselves of China's territories, the United States was at war with Spain, one result of which was the transfer of the Philippines to the former. At the close of the War, "she looked with dismay on the creation of the spheres of influence, in which extreme privileges were claimed for, and conceded to, the subjects of other powers, while Americans were rigorously excluded from the development of the railways and mines in them."[2] She could let things go by themselves and "stake out her own claim."[3] But then she would not only lose her China trade, which was in 1898 second only to Great Britain, but the acquisition of the Philippines would seem a folly. The second course was to persuade or to force the other powers to

---

[1] Gilbert Reid in National Review of December, 1898 (V. 32, p. 492) says: "For the British public to give up the Open Door is suicidal." Coates (p. 95) wanted "the whole country (China) open to fair competition of the whole world, as the British Government desires." Lord Beresford (p. iv) writes: "A straight-forward recognition of the principles of freedom, fair dealing, and equality of opportunity which have made our position in the world, could with resolution and vigor in carrying these principles out, will not only preserve the integrity of the Chinese Empire, but will conduce more largely to our interests thar the present plan of taking what does not belong to us, because the other powers are doing the same." Lord Beresford exerted considerable influence in convincing the British people to stick to the Open Door even when Great Britain had already gone into the scramble. See his "Break-up of China" London Times, March 9 and April 14, 1899; H. E. Gorst, China, p. 252.

[2] Morse, III, p. 126. See also President McKinley's annual message, December 5, 1898. U. S. Fr. Rels., 1898, p. lxxii.

[3] In an article by Willard Straight in Blakeslee, Recent Development, p. 122.

relinquish the various claims recently acquired from China. This would be a very chivalrous act. But she had neither the will nor the power.[1] "She might take part in the general scramble and claim a sphere of influence of her own; but she had come into the field rather late to get a good share, and public opinion at home would never tolerate such a proceeding."[2] "Unable to prevent and unwilling to take part in a division of this sort,"[3] "the only other course was to take up and echo the newly invented cry of the 'open door' "[4]

But how was she going to accomplish the "echoing," independently or by alliance? At one time there was actually a talk for alliance with Great Britain. John Hay was said to have favored such an alliance.[5] Discussing "America's Interests in China,"[6] General James H. Wilson says: "How far we should go in an independent effort, or by open co-operation, or by an alliance, expressed or implied, for safeguarding or extending these interests, is a matter for careful consideration."[7] "And a time may come," he adds, "when it will be the duty of our Government not only to exert its own powers to their interest, but, if need be, to accept even the co-operation of Great Britain, if it can be obtained on proper terms, for the maintenance of our common interest beyond the Pacific."[8]

On the side of Great Britain, the alliance scheme also received attention. To the question whether proposals for an alliance between the United

---

[1] In an article by John Barrett in the Engineering Magazine, October, 1899, we read: "The United States cannot afford to stand blindly for the preservation of China as an independent empire, unless they are willing to go to war. It is plain that the American people could not support such a policy as that. Therefore, they must exercise, in connection with other nations, their moral influence to the last degree." (V. 18, p. 1)

[2] Coolidge, p. 181. Also see John Hay's confidential letter to a New Yorker editor on March 16, 1899.

[3] Coolidge, p. 331.

[4] Ibid, p. 181.

[5] Latané, From Isolation to Leadership, p. 87.

[6] North American Review, February, 1898 (V. 166, pp. 129–141).

[7] Ibid, p. 138.

[8] Ibid, p. 141.

V THE OPEN DOOR POLICY IN CHINA

States and Great Britain with regard to Chinese affair had been made, Mr. Curzon, then Under-Foreign Secretary, said that it was inexpedient to answer,[1] but he made no open denial that such an alliance was a possibility. The Edinburgh Review asserts: "Unless the fate of the Chinee Empire is to be decided without reference to our wishes and in defiance of our interests, we must not reject the idea of an alliance with other powers having the same interests as ourselves."[2]

It will be remembered, however, that political disentanglement had been one of the commandments of American foreign policy. To dip into an alliance, however serious the subject for alliance might be, is something impious. In 1823 the United States preferred separate action to making a joint declaration with Great Britain as proposed by Canning; so, this time in 1899, she again chose to act independent of Great Britain, but to gain her endorsement and support afterwards.

Thus came the Hay Circular Note of September 6, 1899. It was addressed to the American ambassadors at London, Paris, St. Ptersburg and Berlin, and later to the American minister at Tokio and ambassador at Rome. The Note asks each power to declare that it:

> I. Will in no way interfere with any treaty port or any vested interest within any so-called "sphere of interest" or leased territory it may have in China.
>
> II. That the Chinese treaty tariff of the time being shall apply to all merchandise landed or shipped to all such ports as are within said "sphere of interest" (unless they be "free ports"), no matter to what nationality it may belong, and that duties so leviable shall be collected by the Chinese Government.

---

[1] March 14, 1898, Parl. Deb., 4th Ser., V. 54, 1526.
[2] July, 1898, V. 188, p. 266.

 哈佛课业

III. That it will levy no higher harbor dues on vessels of another nationality frequenting any port in such "sphere" than shall be levied on vessels of its own nationality, and no higher railroad charges lines built, controlled, or operated within its "sphere" on merchandise belonging to citizens or subjects of other nationalities transported through such "sphere" than shall be levied on similar merchandise belonging to its own nationality transported over equal distances.[1]

It was not without difficulty that the note was submitted to the respective government, especially in the case or Russia. And it was with much hesitation that the replies were made. The different replies from different countries vary in degree of clearness. The prompt rely from Great Britain on November 30 might be considered as the most satisfactory of all. It had the following to say:

—that Her Majesty's Government will be prepared to make a declaration in the sense desired by your Government in regard to— all spheres of interest held or that may hereafter be held by her in China, provided that a similar declaration is made by other powers concerned.[2]

It is superfluous to remark, that the action of the United States was welcomed by Great Britain, who willingly fell into line with America.

France's attitude was less cordial. In her reply of December 16:

It desires throughout the whole of China and, with the quite natural reservation that all the powers interested give an assurance of their willingness to act likewise, is ready to apply, in the territories

---

[1] U. S. For. Rels., 1899, pp. 129–130.
[2] Ibid, p. 136.

V THE OPEN DOOR POLICY IN CHINA

which are leased to it, equal treatment to the citizens and subjects of all the nations, especially in the matter of custom duties and navigation dues, as well as transportation tariffs on railways. [1]

Japan was not far behind Great Britain in her sincerity of approving the policy. [2] Her reply dated December 26 contained the following words:

—the Imperial Government will have no hesitation to give their assent to so just and fair a proposal of the Unite States, provided that all the other powers concerned shall accept the same. [3]

Russia responded very reluctantly. [4] Her evasive reservations almost nullify the reply itself. The reply was given on December 30:

(Dalny had been created a free port. If that port) should be. separated by a custom limit from other portions of the territory in question, the custom duties would be levied—upon all foreign merchandise without discrimination as to nationality.
—beyond the territory leased to Russia, the settlement of the question of custom duties belongs to China herself. —This assurance of the Imperial Government is given upon condition that a similar declaration should be made by other powers having interest in China. [5]

---

[1] Ibid, p. 129.
[2] Japan got little in the scramble of 1898. Sir Ashmead-Bartlett in his speech referred to on p. 7 mentioned her as a possible ally of Great Britain. Her sympathy was, it will be remembered, naturally with Great Britain and the United States. Their "aims are mush the same, that is, for competition on even terms of trade." (Coates, p. 93).
[3] U. S. For. Rels. , 1899, p. 139.
[4] Russia promised Great Britain to make Dalny a free port. She later promised to let Port Arthur and Dalny remain as open ports, but in fact, she was calculating something still more to the disadvantage of the British traders. So, Russia was severely denounced in the Parliament from 1898 on.
[5] U. S. For. Rels. , 1899, p. 142.

Russia's design on China was ambitious. She did not want herself to be bound by any obligation. She was just in the midst of a dream for an Asiatic empire. Her ambition continued to be a constant worry to the proponents of the Open Door Policy, until she was defeated in the Russo-Japanese War.

Italy came next. She stated on January 7, 1900, that "the Government of the King adheres willingly to the proposals."[1] True that it is "much easier to support with enthusiasm, when you yourself do not control the door."[2]

Germany was the last to give response to the Hay Note. Among other things, the Von Bulow note of February 10 says:

> If, therefore, the other powers—are willing to recognize the same principles, (Germany) will gladly be ready to participate with the United States of America and the other powers in an agreement made upon these lines, by which the same rights are reciprocally received.[3]

Only Great Britain, it will be noted, signed a formal declaration of the principles. The other powers, while expressing their accord with the Hay principles, avoided committing themselves and no such declaration was ever made.

With quickness Hay published the series of exchange notes in the following month so as to bind the powers to observe his policy. In his instruction to the ambassadors abroad, March 20, 1900, he said:

> — this Government will therefore consider the assent given to it by—as final and definitive.
>
> —he (President) sees proof of the friendly spirit which animates

---

[1] Ibid, p. 138.
[2] Coolidge, p. 366.
[3] U. S. For. Rels., 1899, p. 131.

V THE OPEN DOOR POLICY IN CHINA

the various powers interested in the untrammeled development of commerce and industry in the Chinese Empire, and a source of vast benefit to the whole commercial world. [1]

"By what was one of the most adroit strokes of modern diplomacy, Hay thus accustomed the world to accept the Open Door as the only decent policy for it to adopt toward China. No one of the governments concerned wished to agree to it; each saw more profit to itself in exploiting what it had already secured and in joining in the scramble for more: but not one of them, after Hay had declared for the Open Door, dared openly to oppose the doctrine. It was, as if, in a meeting, he had asked all those who believed in telling the truth to stand up: the liars would not have kept their seats. "[2]

Unfortunately, scarcely had Hay's March note been known to the world, the Boxer Uprising, in the following May, broke out. It was a foolish movement. It was instigated by the Manchu court intrigues. But no one can deny that it was an anti-foreign movement. The international robbery of 1898 was largely the cause for the rupture.

Thanks to Hay, he was in earnest to see China's integrity preserved. Once more, America raised her hand and told the world that certain things it must not do, and that the territorial integrity of China must be preserved. Hay sent a circular telegram on July 3, 1900 to the powers:

> —but the policy of the Government of the United States is to seek a solution which may bring about permanent safety and peace

---

[1] Ibid, p. 142.

[2] Thayer, II, p. 343. Here, the biographer, attempting to glorify Hay's part, evidently lost sight of the part, Great Britain contributed towards Hay's success. Nevertheless, Thayer's view was the general tone of the day. The Outlook for January 13, 1900 prematurely regarded Hay's work as "one of the greatest diplomatic triumphs in its history. It is a triumph not so much of methods as of principle." (V. 64m, p. 99). W. F. Johnson writes (V. II, p. 285): "They were all theoretically in accord with Hay's enlightened principles, but they were all practically averse to committing themselves to their maintenance. The man who was for the law but against its enforcement is an historical and multitudinous character."

to China, preserve Chinese territorial and administrative entity, protect all rights guaranteed to friendly powers by treaty and international law, and safeguard for the world the principle of equal and impartial trade with all parts of the Chinese Empire. [1]

"This declaration admirably sums up what have been conceived to be cardinal principles of American policy in the Far East."[2] "Hay's part in saving that Empire alive was greater than of any other statesman. He made a magnificent bluff—which the United States could not have backed up, if it had been called—and he won."[3]

Meanwhile Russia was advancing in Manchuria, which was going to provide for the real test for the Open Door Policy. She stationed there more troops than necessary. To check the design appeared the Anglo - German Agreement of October 16, 1900, which startled Russia and caused much resentment. It contains:

—the ports—of China should remain free and open to every other legitimate form of economic activity for the nationals of all countries without discrimination—.

(The two Governments) will direct their policy toward maintaining undiminished the territorial conditions of the Chinese Empire. [4]

Secretary Hay, on October 29, responded to the German Government:

It is, therefore, with much satisfaction that the President directs me to inform you of the full sympathy, of this Government with those of the German Emperor and Her Britannic Majesty in the

---

[1] U. S. For. Rels., 1900, p. 299.
[2] Moore, John B., American Diplomacy, 1905, p. 125.
[3] Thayer, V. II, p. 247.
[4] U. S. For. Rels., 1900, p. 354.

V THE OPEN DOOR POLICY IN CHINA

principles set forth (in the Agreement).[1]

In the meantime, Russia had concluded with China the so-called "Manchuria Convention," by which Russia was to have control of Manchuria. All the other powers protested, and the Japanese Government asked them jointly to demand that the Anglo-German Agreement should be applied to Manchuria. But Germany had just realized her blunder in antagonizing herself to Russia. Thereupon Von Bulow, the Chancellor, declared before the Reichstag on March 15, 1901, that "the Anglo-German Agreement does not apply to Manchuria."[2]

On account of high pressure from Japan, Russia reluctantly announced on April 6 the temporary withdrawal of the agreement of the Manchuria Convention.

After the sign of the Peking Protocol, September 7, 1901, another Russo-Chinese convention went on, with proposals hardly compatible with Chinese sovereignty. On December 6, Hay advised the Chinese Government that the President trusted and expected that no agreement which would permanently impair the territorial integrity of China or injure the legitimate interests of the United States would be made with any single power.[3] He also instructed the American ambassador on February 2, 1902 to warn Russia that "for one power to acquire exclusive privileges for its national conflicts with assurances repeatedly given to the Government of the United States by the Russian ministry for foreign affairs of firm intention to follow the policy of the open door in China, as advocated by the United States and accepted by all the powers having commercial interests in China."[4] To this warning, Lamsdorff demurred by replying on February 9, that "there is no thought of attacking the principle of the open door as that principle is understood by the Imperial Government of

---

[1] Ibid, p. 344.

[2] Stenographische Berichte uber die Verhandlungen des Reichstags, X. Legislaturperiode, II. Session, V. II, p. 1870.

[3] U. S. For. Rels., 1902, p. 271.

[4] Ibid, p. 275.

Russia."[1]

At that time, France as well as Germany was anxious to maintainfriendly relations with Russia. So both acquiesced in Russia's aggression. Only Japan, whose national safety and future expansion was at stake, and the United States[2] and Great Britain, whose commercial freedom was in danger, were willing to resist Russia and uphold the Open Door.

Consequently, the First Anglo-Japanese Alliance had been concluded on January 30, 1902. The contracting parties declared to be "interested in maintaining the independence and territorial integrity of (China and Korea) and in securing equal opportunities in those countries for the commerce and industry of all nations."[3]

The Alliance was a blow to the Russian attempt in Manchuria. In the final Russo-Chinese Convention of April 8, 1902, Russia accepted most of China's Counter-proposals, which were considered moderate, and which had received tacit approval of Japan, Great Britain and the United States.

As a matter of policy, Russia also declared on March 19, 1902, in the name of the Franco-Russian Alliance, that the Anglo-Japanese Convention was an "affirmation of the essential principles that they (France and Russia) themselves have repeatedly declared to be and remain the foundation of their policy."[4]

The United States was on alert to put the pledges, whether false or sincere, on record. The State Department issued a memorandum on March 22 to the following effect:

---

[1] Ibid, p. 929.

[2] Curious enough, American trade Concentrated in Manchuria. In the negotiation for the Commercial Treaty of 1904 with China, the United States wanted two ports open to trade. In the face of Russian opposition, the proposal was dropped (U. S. For. Rels., 1903, p. 67 & 68).

[3] U. S. For. Rels., 1902, p. 514.

[4] Ibid, p. 931.

V THE OPEN DOOR POLICY IN CHINA

The Government of the United States is gratified to see in this Declaration renewed confirmation—in respect to the conservation of the independence and integrity of the Chinese Empire as well as of Korea, and the maintenance of the complete liberty of intercourse between these countries and all nations in matters of trade and industry. [1]

From these declarations, one cannot fail to see, that any power, however ambitious it might be, was tied up, hand to foot, by international jealousies and intricacies, which did prevent China from complete domination by any single power.

Russia's ambition had, however, not yet disappeared. In April, 1903, instead of having evacuated Manchuria, as she promised, she imposed on China seven additional demands, which were of highly exclusive nature and "included stringent measures for closing Manchuria against the economic enterprise of all foreigners except Russians and practically forbade the opening of new treaty ports in Manchuria without the consent of Russia."[2] Great Britain desired to "act in accordance with what we (British) conceive to be the policy of the United States, namely, to open China impartially to the commerce of the whole world, to maintain her independence and integrity."[3] The United States and Japan also exerted their influence to enable China to reject these demands. Finally on November 8, 1903, Russia evacuated Manchuria.

The struggle between Japan and Russia in regard to their relative influence in Manchuria and Korea went on. The ultimate resuit was the Russo-Japanese

---

[1] U. S. For. Rels., 1902, p. 931.

[2] Amos S. Hershey, International Law and Diplomacy, Russo-Japanese War, p. 33. (The second paragraph in in footnote 1, p. 18) Hay was much worried by the situation. He says: in a letter to Henry White: "The Chinese, as well as the Russians, seem to know the strength of our position is entirely moral, and if the Russians are convinced that we will not fight for Manchuria—as I suppose we will not—. Still, we must do the best we can with the means at our disposal." (Thayer, V. II, p. 369).

[3] China, No. 2 (1904), No. 90.

War, which began on February 8, 1904. Secretary Hay, in his circular note of February 10, 1904, urged Japan and Russia to respect China's neutrality, so that "the least possible loss to the commerce and peaceful intercourse of the world may be occasioned."[1] In his next circular note, January 13, 1905, he declared that the position of the United States was "to strengthen and perpetuate the broad policy of maintaining the integrity of China and the 'open door' in the Orient, whereby equality of commercial opportunity and access shall be enjoyed by all nations."[2] The powers replied in unison.

Through the good office of Hay and later of President Roosevelt, Treaty of Portsmouth was concluded on September 5, 1905. By the third article:

> Japan and Russia mutually engage:
> 1. To completely and simultaneously evacuate Manchuria, with the exception of the territory over which the lease of the Peninsula of Liaotung extends in accordance with the provisions of additional article I, annexed to this treaty, and
> 2. To entirely and completely restore to the exclusive administration of China all ports of Manchuria now occupied by Russian and Japanese troops, which are under their control, with the exception of the above-mentioned territory.

The Imperial Government of Russia declares that it has no territorial advantages or preferential or exclusive concessions in Manchuria of such a nature as to impair the sovereignty of China or which are incompatible with the principle of equal opportunity.[3]

A brief survey of period gives us two outstanding features. In the first place, Secretary John Hay was the one central figure in the formation and

---

[1] U. S. For. Rels., 1904, p. 2.
[2] Ibid, 1905, p. 1.
[3] Ibid, p. 825.

crystallization of the Open Door Policy. He was connected with every event that affected the Policy. His zeal and firmness, his judgement and skill, with which he seized the critical moments to blazon to the world definite expressions of policy, and to commit all the powers to its execution and observance, placed him among the foremost secretaries of the State and among the best known men in the Far East.

In the second place, the Open Door Policy, going through its formative stage, had procured a universal recognition, comparable only to the Monroe Doctrine.[1] It played an important part in the diplomatic relations of all the treaty powers with China, and it was to have a permanent place in the future. One may close the door, but one must say that "the door is always open."[2] the moral effect to an insincere adherer is bad, while to a true advocate always encouraging.

III. THE PERIOD OF PEACEFUL PENETRATION (1905-1914)

THIS period extends from the conclusion of the Russo-Japanese war to the opening of the Great War. It was marked with no violent disturbances. Diplomatic agreements, commercial and financial penetrations, balance of power among the powers were some of its chief characteristics.

The Second Anglo-Japanese Alliance, concluded on April 2, 1905,[3] marked the beginning of a series of international agreements for the Open Door. It guaranteed "the preservation of the common interests of all powers in China, by insuring the independence and integrity of the Chinese Empire and

---

[1] See Fish, p. 456. Frederick McCormick thinks that "of these two doctrines, the foremost is the Open Door." Annals of American Academy of political and Social Science, V. 39, p. 56 (1912).

[2] In Ishii's New York Speech, 1917. "The Imperial Japanese Mission," p. 80 (published by the Carnegie Endowment for International Peace).

[3] This was before the Portsmouth Treaty. But the Alliance, in its nature, may be conveniently considered as falling within this period.

the principle of equal opportunities for the commerce and industry of the nations in China."[1]

The Franco-Japanese Agreement of June 10, 1907 "agreed to respect the independence and integrity of China, as well as the principle of equality of treatment in that country for the trade and subjects of all nations."[2]

The Russo-Japanese Convention of July 30, 1907 declared:

> The two high contracting parties recognize the independence and territorial integrity of the Empire of China and the principle of equal opportunity for the commerce and industry of all nations in that Empire and engage to uphold and support the maintenance of status quo and the respect for the said principle by all pacific means at their disposal.[3]

"To respect the territorial integrity of Tibet,"[4] was one of the aims of the Anglo-Russian Convention concluded on August 31 of the same year.

But the most important of all was the Root-Takahira Agreement of November 30, 1908. The following articles had to do with the Open Door Policy:

> 2. The policy of both Governments, uninfluenced by any aggressive tendency, is directed to the maintenance of the existing status quo[5] in the region above-mentioned and to the defense of the principle of equal opportunity for commerce and industry in China.
>
> 4. They are also determined to preserve the common interest of all powers in China by supporting by all pacific means at their

---

[1] U. S. For. Rels., 1905, p. 488.
[2] Ibid, 1907, p. 754.
[3] U. S. For. Rels., 1907, p. 765.
[4] Ibid, p. 552.
[5] Status quo, "without definition, could easily be construed as an acceptance by the United States of claims of right implicit in various acts of Japan in Manchuria since the Ports-mouth Treaty." (Willoughby, p. 316.)

disposal the independence and integrity of China and the principle of equal opportunity for commerce and industry of all nations in that Empire.

5. Should any event occur threatening the status quo as above described or the principle of equal opportunity as above defined, it remains for the two Governments to communicate with each other in order to arrive at an understanding as to what measures they may consider it useful to take. [1]

This document marked the first instance that the United States took special cognizance of Japan in regard to the Oriental policy of the former. "It accepts a partnership with Japan; it includes a promise that neither power will take action in China without consulting the other."[2] It was an enhancement of Japan's position and prestige. It could in no way be regarded as a gain to the United States. But the Japanese were never contented. Sakue Takahashi likens the United States to Germany in Morocco. He writes:

It must be a source of gratification for the United States to occupy by this Agreement such a position in China, where she has no substantial standing just as the German Emperor gained the right, step by step, to claim a participation in the Moroccan question by the Treaty of Algeciras and other treaties. [3]

Following the series of international agreements came the question of the loan to China and of the naturalization of Manchurian railways. Mr. Taft, as Secretary of War, it will be observed, declared in Shanghai on October 8, 1907:

The policy of the Government of the United States has been

---

[1] U. S. For. Rels., 1908, p. 511.
[2] A. B. Hart, The Monroe Doctrine, p. 295.
[3] Quoted in Tomimas, p. 95.

authoritatively stated to be that of seeking the permanent safety and peace of China, the preservation of Chinese territorial and administrative entity, the protection of all rights, guaranteed by her to friendly Powers by treaty and international law, and, as a safeguard for the world, the principle of equal and impartial trade in all parts of the Chinese Empire. [1]

As President, Mr. Taft maintained considerable interest in the Far Eastern affairs. In his inaugural address, he pointed out his desire to back up the Open Door Policy by having a "suitable army and a suitable navy."[2]

At this time, Secretary Knox had just inaugurated the "Dollar Diplomacy," which was going to be applied to China. Due to the effort of the Government, the American Banking group was admitted in 1909 to the Four-Power Banking Consortium,[3] with Great Britain, Germany and France are partners.

The Neutralization Plan came in a rather spasmodic way. In 1905, following the conclusion of the Portsmouth Treaty, Mr. E. H. Harriman proposed to Japan a Joint American-Japanese ownership and working of the South Manchurian railways. The proposal failed to persuade the Japanese. In 1909, a project to build the Cinchow-Aigun Railway for Chinese Government by British, Chinese and American interests were well underway. The American interests was to be taken care of by a Manchurian bank, for the arrangement of which Tang Shao-Yi had been sent by the Chinese Government to the United Sates in 1907. This project was, however, killed by the Russian opposition backed by Japan. While the negotiations for the project were still in progress, Mr. Knox submitted a note to the Japanese Government on December 18, 1909, in which he proposed "to

---

[1] W. H. Taft, "The Present Day Problems," 1908. p. 44.

[2] Taft, Presidential Addresses and Papers, p. 59.

[3] It concluded the Hukwang Loan to China in 1909. Commenting on this loan, the Outlook says: "America justly demands an opportunity to share with other great nations the privilege of contributing both money and influence in building up the new Chinese Empire." July 3, 1909 (V. 92, p. 535).

V   THE OPEN DOOR POLICY IN CHINA

combine all Manchurian railways under an economic, scientific and impartial administration by a suitable arrangement which would vest in China the legal title to such railroads, the fund thus made necessary to be furnished under some plan by which proper allotment would be made to those powers which should be willing to participate" in order to develop Manchuria under the practical application "of the open door and equal opportunity."[1] He also suggested in the same note to apply the plan to the Chinchow-Aigun line.

"From the Chinese point of view, the proposed neutralization of the Russian and Japanese railroads is at present (1910) the best possible solution."[2] It had also "received the tentative approval of the British[3] and German Governments."[4]

But Japan looked upon Manchuria as her reward for the Russo-Japanese War and would not tolerate for a moment America's meddling.[5] Great Britain was willing to give assent to this view. So was France. Great Britain and France were diligently at work for a realignment of powers into two great opposite camps for the coming war. They were in no position to incur the displeasure of Japan, even though Japan was "threatening the openness of trade."[6]

Japan rejected the proposal of Knox outright under the pretense of impracticability.[7] Meanwhile Russia was also angry at the plan, which would internationalize her Eastern Railways. She flatly rejected the proposal pretending that it was uncertain of results.[8]

To go a step further, the two powers, bitter enemies a short while ago,

---

[1]   U. S. For. Rels., 1910, pp. 237-238.
[2]   A Chinese student in the Independent, February 7, 1910 (V. 68, p. 360).
[3]   See Sir Edward Grey's reply of November 25, 1909.
[4]   Horbeck, p. 261.
[5]   See Kasai in Annals of the American Academy, Vol. 54, p. 67.
[6]   Fish, p. 459.
[7]   U. S. For. Rels., 1910, p. 238.
[8]   Ibid, p. 249. For further detail of the Neutralization episode, see Millard, Our Eastern Question, ch. I.

concluded a convention on the Fourth of July[1], 1910 to respect each other's interests in Manchuria and to maintain the status quo. The third article of the Convention says:

> Should any event arise likely to threaten the above-mentioned status quo, the two high contracting parties will in every case open communications between themselves as they may deem necessary to take for the maintenance of the said status quo. [2]

"Whatever the merit of Mr. Knox's proposal, whatever his motive in presenting it, the prompt and summary rejection of the neutralization scheme demonstrated that Russia and Japan did not intend to allow any meddling with what they considered their special privileges and assumed rights in Manchuria. More than that, it showed that they were united in their determination to keep other nations out."[3]

On July 13, 1911, the Anglo-Japanese Alliance was renewed for the second time. The contracting powers again undertaken as their duty "the preservation of the common interests of all powers in China by insuring the independence and integrity of the Chinese Empire and the principle of equal opportunity for the commerce and industry of all nations in China."[4]

Coming back to the loan question, President Wilson affected a change of policy. In 1912, Russia and Japan joined, forming a Six-Power Consortium. Early in 1913, the so-called Reorganization Loan to the Republic was negotiated. It was strenuously opposed to by the Chinese people as well as the Parliament,

---

[1] This date was intentionally set as a sort of warning against the American intrusion. Frederick Ogg in his National Progress (p. 319), quoting some one as saying: " (This convention) was widely interpreted as, in effect, an answer of the two contracting powers to the attempt of the United States to deprive of advantages which they considered to be rightfully theirs."

[2] U. S. For. Rels., 190, p. 835.

[3] Hornbeck, p. 261.

[4] British and Foreign State Papers, V. 104, p. 173 (1911).

as it would impair China's sovereignty. Wilson declared a hands-off policy and caused the American Group to withdraw from the Consortium.

The Reorganization Loan was scandalous, it led to the civil war of 13. Public opinion in America generally approved Wilson's course.[1] Professor Hart[2] went as far as to call the Consortium a Holy Alliance for China-hence no place for the United States. But on reflection and examination, the withdrawal of America did not in any way help China. The Loan was concluded without the moderating influence of America. "The infant Republic was left to its own fate amid a pack of wolfish nations."[3] On the other hand, it was a heavy blow to American prestige and influence in China;[4] for, "the United States had forced its way into the Chinese loan market in order, by means of investments, to strengthen the position of the Government for the defense of the open door policy and China's integrity."[5]

IV. THE PERIOD OF JAPANESE SUPREMACY (1914-)

THE Great War ushered in this new period. "Taking advantage of the life and death struggle in Europe, Japan stood forth in her 'shining armor' and gratified her lust for power on her innocent and unprotected neighbor."[6] Her first act was the taking of the German lease, Kiaochow, in the fall of 1914, China's offer to recover it herself having been "vetoed".

The second act was none other than the imposition of the famous or rather

---

[1] For example, read Independent for March 27, 1913 (V. 74, p. 671); The Outlook for March 29, 1913 (V. 103, p. 693).
[2] In Blakeslee, Recent Developments, p. 46.
[3] Chung, p. 75.
[4] See "Mr. Rockhill's Last Speech," in Vol. 11, pp. 227-230, of the Far Eastern Review.
[5] Hornbeck, p. 395.
[6] George B. Rea in North American Review for May, 1916 (Vol. 203, p. 695).

infamous Twenty-one Demand[1] early in 1915. The Demands were in five Groups. In the face of stern Chinese opposition, Group V, demanding the control of China's military and police forces, was "postponed for later negotiations."[2] As to the rest, "The Chinese Government were constrained to comply in full with the terms of the Ultimatum,[3] but in complying the Chinese Government disclaim any desire to associate themselves with any revision, which may thus be affected, of the various conventions and agreements concluded between other powers in respect to the maintenance of China's independence and integrity, the preservation of the status quo, and the principle of equal opportunity for the commerce and industry of all nations in China."[4]

As a matter of reality, the status quo was upset, China's independence and integrity were encroached upon, and the principle of equal opportunity became a shadowy expression under the iron hand of Japan.[5]

"There was at that time only one nation[6] that was in a position to make an effective resistance to the Japanese aggression in China, and that nation was the United States. But (during the negotiations) all the American Government did was to make an inquiry as to what she (Japan) was doing in China, basing

---

[1] Presented to China, January 18. These demands were later incorporated into a series of treaties and exchange notes signed May 25, 1915. For detail, see "The Shantung Question," published by the Chinese National Welfare Society.

[2] See Appendix 15 on p. 114 of the "Shantung Question."

[3] Presented, May 7, ibid, p. 116.

[4] In the China's reply of May 8, "Shantung Question," p. 116.

[5] By the treaties and exchange notes of May 25 between China and Japan, the latter secured to herself and her subjects special privileges, which made competition impossible and China's sovereignty nominal, especially in Manchuria and Eastern Mongolia. See Appendix 17, ibid, pp. 116-133. In the words of Willoughby (p. 345): "That Japan's demands with reference to Manchuria and Eastern Inner Mongolia were in violation of America's interpretation of the Open Door Principle is sufficiently plain."

[6] From what Sir Edward Grey and Sir Robert Cecil had to say to the House of Commons during the months of from April to June, it is evident that Great Britain would not tolerate Japan's move, had she not been compelled to be indulgent towards Japan on account of the War.

V THE OPEN DOOR POLICY IN CHINA

the right of inquiry on the Root-Takahira Agreement."[1] To this inquiry Japan replied by publishing the Demands, omitting all obnoxious features. When the actual terms were known, the American public generally appreciated that "the Open Door Policy was converted into waste paper."[2] But the Government was quite contented by sending the following note to the Chinese Government[3] on May 16, 1915:

> In view of the circumstances of the negotiations which have taken place, or which are now pending, between the Government of China end the Government of Japan, and agreements which have been reached and as a result thereof, the Government of the United States had the honor of notifying the Government of—that it cannot recognize any agreement or understanding which has been entered into, or which may be entered into between the Governments of China and Japan, impairing the treaty rights of the United Stated and its citizens in China, the political or territorial integrity of China, or the international policy, commonly known as the Open Door Policy. [4]

Perhaps this was the best that the American Government could do, for it must have been aware of Japan's preparedness as contrasted with the American attitude of "too-proud-to-fight." The truth remains, however, that the tragedy of 1915 was a most serious injury to American influence in the Far East. Both the Russian aggression in Manchuria after the Boxer Uprising and the Japanese attempts in the same place during the Russo-Japanese War threatened the existence of the Open Door Policy, but through Hay's activity, the Policy survived

---

[1] Chung, p. 78.
[2] North American Review, May, 1916 (V. 203, p. 695).
[3] A similar note Was addressed to the Japanese Government.
[4] "Shantung Question," p. 20.

both emergencies. The failure of the United States to accomplish a similar stroke in 1915 was pathetic; it positively helped Japan to establish her mastery of the Far East.

On July 3, 1916, a Russo-Japanese Convention provided for a new defensive alliance to protect each other's interest in the Far East.[1] Little by little, Russia became a real partner of Japan, based on the selfish interest of both. The Revolution of 1917 destroyed the Russia as desired by Japan. "Japan on her part lost, to her bewilderment, a friend to whose comradeship she looked as the guiding factor in her foreign policy."[2]

What Japan lost by the passing of the Romanoff's was compensated by the Lansing-Isgii Agreement. "Like all Japanese undertakings, the war Mission of 1917, headed by Viscount Kikujiro Ishii, had an ulterior motive."[3] It aimed to settle the California Question and to arrange the Far Eastern situation to her advantage at this opportune moment.[4] Failing to settle the former question, it did "reach a satisfactory agreement concerning the Open Door in China-blindly satisfactory to America and selfishly gratifying to Japan."[5] The exchange notes of November 2, 1917 read in substance:

The Government of the United States and Japan recognize that the territorial propinquity created special relations between countries, and consequently, the Government of the United States recognizes, that Japan has special interests in China, particularly in the part to which her possessions are contiguous.

The territorial sovereignty of China, nevertheless, remains unimpaired, and the Government of the United States has every

---

[1] For terms of the treaty, see ibid, p. 58.

[2] Tomimas, p.137.

[3] Chung, pp. 83-84.

[4] "In 1917, when America was just entering the War and could not afford any dangerous entanglements in the Pacific (the California Question), the Lansing-Ishii Agreement was negotiated with Japan." New York Times, February 21, 1921, Sect. 3, p.11.

[5] Chung, p. 84.

V THE OPEN DOOR POLICY IN CHINA

confidence in the repeated assurance of the Imperial Japanese Government, that, while geographical position gives Japan such special interests, they have no desire to discriminate against the trade of other nations or disregard the commercial treaties with other powers.

The Governments of the United States and Japan deny that they have any purpose to infringe in any way the independence or the territorial integrity of China, and they declare, furthermore, that they will always adhere to the principle of the so-called "open door" or equal opportunity for commerce and industry in China.

Moreover, they mutually declare that they are opposed to the acquisition by any government of any special rights or privileges that would affect the independence or territorial integrity of China, of that would deny to the subjects or citizens of any country the full enjoyment of equal opportunity in the commerce and industry in China. [1]

"The Agreement was the most important one which had been reached by America in relation to the Orient since the Hay Proposal."[2] It was also the greatest blunder in the history of American diplomacy in the Orient. It was a betrayal of China, without whose knowledge, but affecting whose life, it was transacted.[3] It amounted to a relinquishment of the Open Door. On the contrary, to Japan it was decidedly a victory.

The significance of the Agreement depends on the interpretation of "special interests." Secretary Lansing would have us believe that these interests were

---

[1] China, No. 1 (1918), Enclosure No. 1.

[2] Wheeler, p. 102.

[3] Chinese opinion varied from violent denunciation—not of Japan, for she is too much of a villain, but of the United States for her untrustworthiness, down to pessimistic reproach of China herself. The Japanese press in general was in favor of the Agreement, except those who denied that America had any legitimate interest in the Far East. See Millard's Review of November 17, 1917.

merely "geographical."[1] The Japanese take it to mean special influence. Mr. Lansing might believe himself as being right, but how could he tell Japan not to interpret the Agreement as legalizing and sanctioning her aggressive policy in China? The truth has been established that she did interpret it in this way.

The consideration of "special interests" leads us to that of Japan's Doctrine. It has been contended that Japan should have a Monroe Doctrine in Asia just as the United States has one in America. The analogy is false, and the contention is absurd. In declaring and maintaining the Monroe Doctrine, the United States was actuated by no selfish motive other than that of self-defense. By Monroe Doctrine, she tried to maintain the independence for those less flourishing republics of America. She sought no advantage for herself. She maintained the Doctrine entirely in a spirit of goodwill and brotherly helpfulness. Even in the last two decades, she has not deviated much from her traditional enlightenedness. To quote Mr. Millard:

> The Monroe Doctrine was intended to accomplish two principles: (a) To preserve the territorial integrity and political autonomy of the weak American Republics; (b) To insure and preserve in those countries the commercial principle of the open door for all nations.[2]

But on the other hand, the Monroe Doctrine of Japan, so-called, is to monopolize the opportunities and interests in China, and ultimately to bring China to her control. Under the operation of the Monroe Doctrine, the door of the American countries is open, but the door of China will be closed except to

---

[1] In the opinion of Lansing, the Agreement was to reaffirm the Open Door. His meaning or special interests was a geographical one. See Sen. Doc. No. 106, 66th Cong., 1st Sess., Hearing on "The Treaty of Peace with Germany." According to Mr. Lansing, it might be inferred that Great Britain would have special interests in France geographically. Such kind of analogy is inconceivable.

[2] Our Eastern Question, p. 285.

V THE OPEN DOOR POLICY IN CHINA

Japan herself. [1]

Further, the United States was friendly to American countries; her Monroe Doctrine was welcomed by all. Japan was and is extremely unpopular to use the mildest expression. In short, the American Monroe Doctrine was to make America safe from outside aggression, while Japan's Monroe Doctrine, if recognized, is to make China safe for Japan's consumption. [2]

Since the dawn of the Lansing–Ishii Agreement, Japan has secured many concessions in China. The Military Pact of May 16, 1918 gave Japan control of Chinese army and other things related to the last War. [3] She also secured numerous railway concessions. Her position in Manchuria is nothing short of sovereign. That the Japanese spheres are highly unfavorable to the open door is supported by facts. [4]

---

[1] Mr. James F. Abbot thinks just the opposite. He says that Japan should occupy Manchuria under the Asiatic Monroe Doctrine. The United States should recognize the Doctrine provided Japan did not monopolize the trade. And he aptly remarks that such an arrangement would insure permanent peace in Asia. His concluding chapter (pp. 239–259) is very interesting—only too ridiculous.

[2] To use the words of J. G. Kasai, an accomplished Japanese propagandist in America, "Japan has an inalienable right in the Far East to preserve her position, and to take any course of action required for her self-preservation and defense." Annals of American Academy of Political and Social Science, V. 54, p. 266.

[3] For a discussion, see Millard's Review of May 25, 1918 (V. 4, pp. 460–463). The Pact was terminated on January 27, 1921.

[4] In about 1914, a negotiation between the United States and China was going on for the construction of dockyards in Fukien, Japan's sphere of interest. The Japanese ambassador intimated to Secretary Bryan that such an act would be considered as unfriendly. To save face, the American Secretary made public that the Government would not countenance a loan for such purposes. Also to save face, the Chinese Government denied the existence of such a negotiation. The matter dropped. To be still more secure, Japan, in the Fifth Group of the Twenty-one Demands, attempted to exclude any foreign enterprise except her own in Fukien. Millard, Our Eastern Question, pp. 354–355. Tsingtau serves as another illustration. For ten years past, the Germans had done partially nothing calculated to complicate the politics of the Far East. Judged from basis of substantial accomplishments, successful and just administration, and real contribution to the economic and social welfare of the people who fell within the range of their influence, none of the powers holding basis on the China coast can offer better justification for its presence than could the Germans (Hornbeck, p. 299). But the Japanese had reversed the situation. The Standard Oil Company was closed in the fall of 1919 by the Japanese authority on some unwarranted pretext. Another American business concern was closed at the same time. Japanese trade and population in Tsingtau have increased enormously at the expense of other nations. The impression prevailing in China is that wherever the Japanese go, the door is closed to others. As to the discriminations in Manchria, see the illustrations given in Millard, Democracy and the Eastern Question, pp. 263–277.

 哈佛课业

"Experience has shown that in regions in China, in which political control is exercised by the Japanese, the tendency is for foreign trade other than Japanese to diminish."[1]

More recently, two attempts on the part of the United States have been made, which might be regarded as the revival of Knox policy. When the Peace Conference was sitting at Paris, there was much talk prevailing in China on the internationalization of all railways in China. Such an internationalization would certainly prevent domination of China by any one power in any part of China and keep the door open. The plan was advocated by the Americans and favored by the British in China. France and Italy did not have much to say. But Japan's unyielding opposition made such plan quite infeasible. The plan died out itself as completely as the Knox plan of 1909.[2]

Another corollary to the "Dollar Diplomacy" is the New Consortium. It was founded with great difficulty. At the Peace Conference, the representative of American bankers proposed to organize the New Consortium, for which the American Government had obtained the approval of the Japanese, French and British Governments in October, 1918. The Japanese, however, distinctly qualified its assent by directing its banking group to declare that certain portions of the provinces of Manchuria and Mongolia should be reserved from the scope of the New Consortium, as she has "special interests" there. "These qualifications were in effect a negation of John Hay's policy of the open Door in China."[3] The Western banking groups declined to be understood as assenting to be excluded from these provinces. So, T. W. Lamont was sent by the American bankers to the Far East. Somehow he succeeded in persuading the Japanese to withdraw their reservations in April, 1920.

---

[1] From an editorial on "Economic Effect of the Extension of Japan's Spheres of Influence in China" of the Far Eastern Review for May, 1915 (V. 11, pp. 487-491).

[2] For a comprehensive treatment of this novel scheme and discussions, see an article by D. K. Lieu in the Chinese Social and Political Science Review, 1919, pp. 10-30.

[3] From Lamont's Preliminary Report on the Consortium.

V THE OPEN DOOR POLICY IN CHINA

The Consortium was finally organized in the fall of 1920 but thus far, no loan has been made to China. The spirit of cooperation among powers in this new enterprise is yet to be seen. Its success may block the way to Japanese domination in China, but that only to a certain extent, because it is not by loan monopoly alone, but also by force that Japan has tried to control the door and has occupied the territory of China.

V. THE FUTURE OF THE OPEN DOOR POLICY

IN the foregoing pages, I have dealt at some length, the important phases of diplomacy concerning China in terms of the Open Door Policy. History repeats itself. A prediction of the future is but an inference from the past.

The Open Door Policy, as a meaningless phrase, will remain in the Far Eastern politics for decades to come. The very ones, who overturn the policy, will swear that they are apostles of the policy. [1]

The Open Door Policy, as a real thing, must depend either on China herself or on the United States. China is making progress. When she becomes self-reliant, she will be able to administer her own affairs, preserve her territory intact, and open her doors to all nations without favor or discrimination. That will be the day for a real Open Door.

In the near future, however, China will remain impotent and unorganized, and tempting to some prey-like imperialistic powers, whose aggression leads inevitably to the non-observance of the Open Door Policy, namely, to the disintegration of China, monopolization of China trade, and ultimately to a war between among powers interested in China.

So, there are two forces at work in China; the one leads to China's

---

[1] Says K. K. Kawakami in Century, December, 1919 (V. 93, p. 281): "It was not the American Government but Japan, which made earnest efforts to enforce Mr. Hay's doctrine of the Open Door." See also Ishii's speech referred on p. 21, ante.

 哈佛课业

liberation from foreign yoke, and the other to China's downfall and international rivalry. In the end the one must dispel the other. If China wins, the whole of the world will share her potential wealth. If China falls, endless wars will ensue.

Countries like Russia of yesterday and Japan of toady are constantly working towards China's disintegration, and hence towards the destruction of the Open Door Policy.[1] Countries like Great Britain are tied up by entangling alliances and territorial interests and outlooks in China. They are, therefore, indifferent and rather incapable to influence as to which of the two forces shall come out victorious, although their interests clearly rest in the liberation of China. Of the two forces at work, therefore, the United States holds the balance. The indifference of the United States encourages the ambition of the aggressive powers will ultimately result in the destruction of the Open Door. If the United States take side with the force for China's liberation, China will win her own liberation, and the Open Door will be assured.

Will the United States throw her weight to aid the force of liberation or remain indifferent? As I have pointed out, the best interest of the world at large is to see China liberated. America has more than ordinary interests in China. She proclaimed the Open Door Policy to protect her interests. That the aggression as that of Japan has menaced American interests and that mere diplomacy has failed to stop such aggression and preserve the Open Door, we have unmistakably seen. The choice of America is, therefore, between giving up her interests, present and future, or taking up a vigorous stand against any infringement on the

---

[1] Notice the following passage of F. McCormick: "Her (China) future will largely depend upon the outcome of the struggle between these forces of the frontier allies (Russia and Japan) whose interests and political action tend to disintegrate China, and the capitalistic allies whose interests tend to build up China from center outward." In Annals of the American Academy of Political and Social Science, V. 39, p. 60. The statement was true [辨识不清] the War.

V THE OPEN DOOR POLICY IN CHINA

Open Door. [1]

A vigorous stand to preserve the Open Door may or may not lead to war. The aggressive policy like that of Japan may not be thwarted except at the bayonet of the sword—certainly not by bluffs or protests. Had America's interests in China consisted only of several hundred millions of trade, she might well choose to be pacific. But the affairs of the world are not so simple. A war that may result from China's disruption must involve America. If a war is necessary to preserve the Open Door at present, it will dispense with the future war. In other words, it will be a "preventive war." [2]

But war may not come at all. What is necessary for America to preserve the Open Door is determination. I have named Japan as the principal violator of the Open Door. If the United States only casts away her excessive placability in her dealings with Japan, as in the case of the Twenty-one Demands, and maneuvers, there is reason to believe that Japan will have to give up her aggressive attitude towards China. Only determination with force back in it may save the Open Door, help China to overcome the force of disintegration and make China permanently safe for the Open Door.

To be brief, the Open Door as a real thing can exist only when the United States is determined to preserve it, or when China has become self-reliant.

---

[1] Einstein says (p. 125): "We should continue to assert vigorously in the Far East a policy in conformity with the principle of equality and our best interests." It is also of interest to notice that Mahan advocated preparedness in 1900. "We cannot be sure of the commercial advantages known as the 'open door', unless we are prepared to do our share in holding it open." Problems of Asia, p. 172.

[2] There is another necessity for a firm hand. George B. Rea says: "If the Open Door doctrine, subscribed to by all the great Powers of the world, is powerless to save China, America may well ask herself how she is to maintain the Monroe Doctrine. There is only one alternative: America must arm and arm rapidly." North American Review, May, 1916 (V. 203, p. 699). In this connection I may also say that should a war ever come between the United States and Japan, it must be the result of the complications in the Far East and not of the ticklish immigration problem.

VI

THE UNITED STATES COMMERCE COURT

Gov. 7

Prof. A. N. Holcombe

April, 1921

THE UNITED STATES COMMERCE COURT: ITS WORKS

THOMSON S. CHIEN

HARVARD UNIVERSITY
APRIL, 1921

VI THE UNITED STATES COMMERCE COURT

SOME REFERENCES

Official:

The Commercial Court, Opinions of the United States commerce court.

Department of Justice, Annual Report of the Attorney-General, 1911-1918, 1913.

The Interstate Commerce Commission, Annual Report of the Interstate Commerce Commission, 1911, 1912, 1913.

The Interstate Commerce Commission Reports, Vol. XIII-XXV.

Senate Report, No. 355, 61st Congress, Second Session.

House Report, No. 472, 62 Congress, First Session.

Articles:

J. A. Fowler, The Commerce Court, North American Review, April, 1913, Vol. 197, p. 464.

W. Z. Ripley, The Commerce Court, In this Railroads, Rates and Regulation, p. 580.

哈佛课业

THE UNITED STATES COMMERCE COURT: ITS WORKS

A CHRONOLOGICAL STATSMENT

The Commerce Court was created by an act of Congress, known as the Mann-Elkins Act, of June 18, 1910. It was organized on February 8, 1911, and opened for business on the fifteenth. On April 15, its first session began. The first decisions of the court were handed down on July 20, 1911.

On May 10, 1912, the Legislative, Executive and Judiciary Appropriations Bill, providing no appropriations for the court, passed the House. The Bill then passed the Senate and was presented to the President on August 9, but was vetoed six days later. A new bill, similar in provisions, passed both branches on August 20; on the morrow it was vetoed by the President. The day following, the House passed the bill over the veto, but the Senate failed to do the same. A third bill, continuing the appropriations for the court until March 4, 1913, passed Congress on August 23, and received the Presidential approval on the same day. By the Urgent Deficiency Appropriation Act, of October 22, 1913, the appropriations for the court was continued until December 31, 1913, which date it was abolished.

VI   THE UNITED STATES COMMERCE COURT

THE MANN-ELKINS ACT[1] WITH REGARD TO THE COMMERCE COURT

JURISDICTION. The Court was exclusive over:

1. "All cases for the enforcement, otherwise than by abjudication and collection of a forfeiture or penalty or by infliction of criminal punishment, of any order of the Interstate Commerce Commission other than for the payment of money."

2. "Cases to enjoin, set aside, annul, or suspend in whole or in part any order of the Interstate Commerce Commission."

3. Cases to compel observance of the published tariffs of a railroad or to enjoin unjust discriminations under the Elkins Amendments of 1903.

4. Mandamus proceedings concerning the enforcement of law in respect of publicity of accounts, the furnishing of facilities, or compulsion in the movement of traffic.

The Court was to have just as much power as was possessed then by the circuit courts with regard to these cases.

PERSONNEL. The President was authorized to appoint five additional circuit judges. He was to assign five circuit judges to the Commerce Court for the first time, but subsequent designations were to be made by the Chief Justice of the Supreme Court. The designation was to last for five years, and one judge goes out every year. After 1914 no judge was to receive redesignation to the Commerce Court within one year of the termination of his previous designation.

PROCEEDURE. Four judges shall constitute a quorum, and decision can be rendered only by majority of the Court. The Court was to have continuous session at Washington or elsewhere.

Jurisdiction shall be invoked by filling in a written petition. A motion to

---

[1]   36 St. L. 539.

dismiss by either party may precede an answer to the petition.

The practice and procedure of the Court shall conform as nearly as possible to those in a circuit court.

The United States may substitute the Interstate Commerce Commission as a party to the suit in all cases, where public interest requires. Parties interested in the suit may intervene.

Pending the suit to enjoin the order of the Interstate Commerce Commission, the order is not stayed, unless by special direction of the Court, which shall think the order may work irreparable damage.

APPEAL TO THE SUPREME COURT. Appeal from a judgment or decree of Commerce Court shall be same as from a circuit court. An interlocutory order for a preliminary in junction against an order of the Commission may also be appealed. There shall be no stay of the judgment of the Commerce Court by the appeal unless the Supreme Court so directs. The appeal shall have precedence over all other proceedings before the Supreme Court except criminal.

THE OPINIONS[1] OF THE COMMERCE COURT AND THE SUPREME COURT

JUDICIAL REVIEW OF THE FINDINGS OF THE INTERSTATE COMMERCE COMMISSION. "Administrative orders quasi-judicial in character are void if a hearing is denied; if the hearing granted is manifestly unfair; if the finding is indisputably contrary to the evidence; or if facts found do not, as a matter of law, support the order made." 227 U. S. 88 (4).[2] This dictum is an indisputably sound doctrine of judicial review of administrative decisions. The trouble is that the phrases "manifestly unfair," "indisputably contrary," and the word "support" are quite susceptible of variations.

---

[1] Wherever possible, later opinions will follow the earlier ones.

[2] (4) refers to the docket number before the Commerce Court.

VI THE UNITED STATES COMMERCE COURT

The Commerce Court hold that any order, not erred in law, and supported by substantial evidence, would be upheld. "It is not for us to say whether the Commission has properly attached great or little weight to evidence adduced upon a given point, or whether the conclusion reached by the Commission upon testimony as to facts alone shows mistake as to some particular fact not essential or vital to the proceeding; or inadvertency; or is not such a conclusion as this court might have reached. If the particular matter in issue and inquired into was one of fact and a full hearing was afforded, and the conclusion reached was supported by substantial evidence, it will not be nullified by the court. " 40 Op. C. C. 13. [1] In another place the Court says: the Commission "may have failed to correlate well the evidence of natural advantage with that of rates; but inasmuch as it did have before it substantial evidence⋯. it is not for the court to disturb the ultimate judgement of the Commission. " 81 Op. C. C. 19. "Where a full and fair hearing has been granted, the Commission's findings of fact are subject to review in this court only upon an allegation that they are not sustained by any substantial evidence in the record before it or are arbitrary in being based upon improper distinctions and considerations. " 90-93 Op. C. C. 9-10.

But "Whether or not there is at the close of a final hearing any evidence to sustain a finding of fact made by a judicial or quasi-judicial tribunal is always a question of law which this court had jurisdiction to determine. " 3 Op. C. C. 19. This dictum seems to put the Commission in an uncertain position, inasmuch as the court may have a final word to say in any case. The Supreme Court says: "While a finding of fact by the Commission concerning a matter within the scope of the authority delegated to it is binding and may not be re-examined in the courts, it is undoubted that where it is contended that an order whose enforcement is resisted was rendered without any evidence whatever to support it, the consideration of such a question involves not an issue of fact, but one of law which it is the duty of the courts to examine and decide. " 234

---

[1]   This means page 13 of the Commerce Court opinion in the case with the docket number 40.

347

U. S. 185（58）.

The authority given to the Interstate Commerce Commission, the Court held, "does not confer absolute or arbitrary power to act on any considerations which the Commission may deem best for the public, the shipper, and the carrier. Its order must be based on transportation considerations." 7 Op. C. C. 7–8. The contention of the Commission that "the court can afford no relief (against the conclusiveness of the judgement of the Commission), unless the rate which has been fixed is shown to be confiscatory" must be rejected. "The conclusion reached must be a reasonable inference from the facts disclosed by the investigation" 4 Op. C. C. 47–48. The circuit court for the western district of Kentucky in the same case, in which the Commerce Court gave the dictum above quoted, had held that the court was not an appellate rate–making body and that the proper ground to test the reasonableness of the rate made by the Commission was whether it was confiscatory or not. 184 Fed. 118. On appeal the Supreme Court held that "the weight to be given (to evidence) it is peculiarly for the body experienced in such matter and familiar with the complexities, intricacies and history of rate–making in each section of the country." 227 U. S. 98（4）.

The Commerce Court laid stress on the difference between disputed and undisputed facts. "In such case (where different inferences can be drawn from same facts, and where, therefore, there is room for differences of opinion) the conclusion of the Commission should be accepted as to matters thus clearly within its jurisdication." 4 Op. C. C. 7. "The court is not authorized to review Commission's determination of disputed questions of fact, made after a full and fair hearing." 58 Op. C. C. 11. "In case where there is a substantial conflict in the evidence or testimony upon which a finding of the Commission is based, we would feel bound by the finding unless clearly and palpably against the weight of the testimony... where the facts are undisputed there is no occasion for facts to be found and the ultimate conclusion of the Commission is a mixed question of

VI THE UNITED STATES COMMERCE COURT

law and fact which certainly ought not to be held to be conclusive upon this court." 20 Op. C. C. 21. Again, "Where the facts of a case are admitted and the question is what the judgement of tribunal shall be upon such admitted facts, the case stands in the same position as if the facts had been found and the question should arise as to what should be the judgement upon the facts so found." 47 Op. C. C. 15.

The supreme Court does not think this way, however. It "is not the function of the court" "to substitute its Judgement for that of the Commission upon matters of fact within the Commission's province." 234 U. S. 314 (2). In another case, the Supreme Court says: "In substituting its (Commerce Court) judgement as to the existence of preference for that of the Commission on the ground that where there was no dispute as to the facts it had a right to do so, it obviously exerted an authority not conferred upon it by the statute." "The findings of the Commission were made not merely prima facie but conclusively correct in case of judicial review except" without fair hearing etc. "It cannot be otherwise aimed if the view of the statute upheld below be sustained, the Commission would become but a mere instrument for the purpose of taking testimony to be submitted to the courts for their ultimate action." 235 U. S. 320-1 (47).

With discretionary and administrative actions the Court refused to interfere. "The question of establishing joint rates or declining to do so rests in the discretion of the Commission," and not reviewable by courts. 55 Op. C. C. 9. "We think this (preceding requirement) was an administrative ruling clearly within the power and jurisdiction of the Commission and with which this court may not interfere." 41 Op. C. C. 13.

JURISDICTION OF THE COMMERCE COURT. "If this court has jurisdiction to set aside an order of the Commission which awards reparation, it has also jurisdiction to set aside an order which denies reparation." 42 Op. C. C. 4. But the Supreme Court held that the Act of 1910 "confers jurisdiction

only to entertain complaints as to affirmative order of the Commission." 225 U. S. 293 (9).

The Supreme Court also laid down some further limitations. "For the purpose of enforcing or restraining their (orders) enforcement, the court was confined by statutory operation to determining whether there had been violations of the constitution, a want of conformity to statutory authority." 225 U. S. 297-8 (9). "The authority conferred by the Congress upon the Commerce Court with respect to enjoining or setting aside the orders of the commission, like the authority previously exercised by the Federal, Circuit Courts, was confined to determining whether there had been violations of the Constitution, or of the power conferred by statute, or an exercise or power so arbitrary as virtually to transcend the authority conferred." 231 U. S. 439-40 (56).

"The commerce Court had jurisdiction of a suit to enjoin the enforcement of the order of the Interstate Commerce Commission which refused the request of carriers to put in force rates requested by them." 234 U. S. 76 (50).

CONSITUTIONALITY. Section 20 of the Hepburn Act or June 29, 1906 "attempts by an act of legislation to transmute the agencies of private business into instrumentalities of public service." 75-80 Op. C. C. 20. "The effect of the Amendment is to change nature and quality of their business (some description of pipe liens) from private to public, by requiring them to share with others the facilities which they have provided for themselves alone and to employ those facilities in the service of the public," and so section 20 was against the Fifth Amendment. 75-80 Op. C. C. 23. But the Supreme Court held that "requiring a person engaged in interstate transportation of oil by pipelines to become a common carrier does not involve a taking of private property, and the provision in the Hepburn Act to that affect is not unconstitutional." 234 U. S. 549.

VI   THE UNITED STATES COMMERCE COURT

SOME OBSERVATIONS

The Commerce Court, a creation of Taft to realize his idea of a more perfect separation of powers, raised quite a storm during the years of its existence. The public seemed to entertain a notion that it was a complete failure and a "wicked thing." It may worth our while to examine one by one the charges against the court and also the merits claimed for it, if any, so as to reach a proper conclusion.

WAS THE COURT PREJUDICED AGAINST THE INTERSTATE COMMERCE COMMISSION? The vast majority of the suits we considered were brought against the Commission. This should not be wondered, since the Hepburn Act made the findings of the Commission with regard to facts conclusive and empowered it to make rates. By this Act, there was less need to have courts to enforce the orders of the Commission. On the other hand, the railroads, if dissatisfied with the rate made by the Commission, must bring suit to enjoin the order. So the vast majority of suits against the Commission, technically against the United States, discloses nothing to justify the charge.

The House Committee report in favor of its abolition alleges: "Is it possible to regard such a record of the Commerce Court as otherwise than destructive of the usefulness of the Interstate Commerce Commission, the instrumentality of Congress by and through which the rates and practices of the common carriers of the country are to be controlled and regulated?" On the other hand, the Attorney-General reported in 1912 that "it has upheld the Commission in a larger portion of cases than did either the Circuit Courts or the Supreme Court; and it has granted temporary injunctions with less freedom than the circuit courts did." Both sides made up the record in such a way as to suit their own conviction; both cannot be relied upon. While it was possible that the circuit courts before 1911 upheld the Commission in larger proportion than the

Commerce Court in 1911, it is also evident the portion of cases in three years reversed by the Commerce Court cannot be said to be astonishing. In 27 out of 45 cases, injunctions were granted, but practically only in 12 out of 27. Nominally only 18 orders were sustained as against 27 reversed. But to speak the truth, there were 16 sustained as against 12 reversed. It was very true that the court was at defiance with the Commission; still one cannot say that the former destroyed the latter.

DID THE COURT PROTECT RAILROAD INTERESTS? The most uproarious charge against the court was its conservativeness. The judges were certainly a conservative bunch. It will be observed, in the Southern Pacific Co. v. I. C. C. case, Judge Knapp was among the majority, while in the previous year, as Chairman of the Commission, he dissented from the order against the Company. Especially in the first year, the Court showed marked inclination in favor of the carriers. In most cases in 1911, where the Court agreed with the Commission, it agreed to favor the carriers. The Commission's annual report says: "In saying that the court has ruled in favor of the railroads we do not mean that the ruling has always been adverse to the Commission, but it has adverse the shippers' contention. " The record stood: 33 : 17 in favor of carriers, though the real figure is 17 to 15 in favor of carriers. We must also bear in mind that after the first year, the decisions were not so favorable to the railroads.

NARROW versus BROAD ROVIEW. The real issue against the Court was its attitude toward the doctrine of judicial review. Congress had for years been curbing the influence of the railroads by the strengthening of the Interstate Commerce Commission. The bench had always had some individualistic tendency. A broad review naturally resulted in favor of the carries. The Illinois Central decision handed down by the Supreme Court in 1910 seemed to enunciate the doctrine of narrow review. Naturally the aggressive manner of the Commerce Court excited alarm. The forgoing pages on the opinions of the Court disclose very little as to which doctrine the Court held to be their view, because

VI THE UNITED STATES COMMERCE COURT

those judicial dicta are generally not exact and precise. But a study of their decisions and judgements points out unequivocally the fact that the Commerce Court exercised a very broad review of the orders of the Commission, the Commission reasonably feared that "ninety-nine hundredth of the commission can be reviewed upon the question of fact by the courts."

The House committee reported: "The discretionary power involved in reaching a conclusion that a particularrate is or is not reasonable for the future is, in the very nature of things, a legislative discretion which cannot and ought not to be reviewed by the courts; nor can its legislative character be changed even though there is no dispute about the facts in many cases where such discretion and judgement must be exercised. The only question that can arise for the determination of courts in such cases are:

A. Did the Commission have the power under the law to make the order?

B. Is the order confiscatory?"

This view, I think, is another extreme, although I do not see any reason why a court of five judges could be more judicious than a commission of seven with essentially similar proceedings? It is extreme, because it may in some way disturb the entire judicial system, since many other things can be brought before administrative tribunal for settlement. Unless the country is ready to affect a great change, such view is not to be encouraged.

WAS THE COURT EXPEDITIOUS? The Attorner-General's report of 1912 states that "it is more expeditious than the circuit courts," and that under the Commerce Court plan, the time that elapsed from the beginning of the suit in the court of first instance to the delivery of a final decision by the Supreme Court was only nine and quarter months as against twenty-one and one fifth months under the circuit court plan, based on an average of six and seven cases respectively. This statement from a proporent of the Commerce Court is not convincing. A glance of the table attached above will show that the average time would be something between one and two years. Moreover since 1913 the district

courts have handled the Interstate Commerce cases more rapidly than the circuit court before 1911. The element of expedition alone cannot be claimed to justify the existence of the Commerce Court.

UNIFORMITY OF DECISIONS. The proponents of the Commerce Court claimed that with all cases arising from the Interstate Commerce Act and its amendments adjudged in this court, there would be no more confusion of decisions. They claimed uniformity as a desirable factor in the regulation of commerce. The opponents had no desire for uniformity. On the other hand, they charged that since most of the decisions of the Commerce Court were reversed by the Supreme Court, the uniformity, if there was, in decisions of the Commerce Court meant nothing. It is, perhaps, for persons legally trained to say whether uniformity is desirable in commerce cases.

EXPERTNESS. Similarly, there was the argument of expertness. Because there were only five Commerce Court judges instead of numerous circuit judges, an element of expertness would develop in the judicature of commerce cases, it was claimed. The opponents, being narrow-reviewers, paid no attention to expertness. They said that every circuit judges could determines questions of law, and whether a rate was confiscatory or not. Further, granting the desirability of expertness, they argued, the Commerce Court judges could not be experts, since one judge must go out every year. In fact, those who desired expertness, wanted something like a permanent service for the Commerce Court judges.

ECONOMY. The question of economy was often brought to the foreground in the Congressional debates. It meant two things, first, whether it was economic to the Government to have the Commerce Court, and second, whether it was economic to the shippers and carriers. Both the proponents and opponents laid great importance on this question. Sine it meant very little to the Government either to have or to have no such a court, and since the carriers and shippers are usually well equipped with a staff of counsellors, the question may be dismissed as of little practical importance.

VI THE UNITED STATES COMMERCE COURT

THE FAILURE OF THE COMMERCE COURT. When we come to consider why the Commerce Court was a failure, we must distinguish the judges that composed the court, from the Court itself as an institution. To me it seems that the Judges failed, not that the court failed. In the days of 1911 and 1912, the majority, if there be such thing, both within Congress and without, seemed bent on enlarging the power of governmental control over carriers through the Interstate Commerce Commission. So the Outlook voices: "Greater latitude of appeal from administrative decisions of the Interstate Commerce Commission than now exists would be detrimental to the public interests."[1] The Act of Congress did not enlarge the power of judicial review. But the judges, not only enlarged their own competence, but also challenged the validity of many an order of the Commission, in a freedom not intended by Congress. A court may not necessarily need popularity, as the legislature does, but it must command respect of the people. The Commerce Court, as personified by the five judges, sadly wanted the element of respect. And in 1912 the impeachment of Judge Archibald increased the popular contempt. That was why the Court met its death.

CONCLUSION. We have another statement from the Attorney-General in 1912: "The Commerce Court has proved a far more satisfactory instrument for the determination of legal questions arising out of orders of the Interstate Commerce Commission" than the circuit courts. Of course, this statement must be discounted, if its real value is to be ascertained. The Commerce Court was President Taft's child, or "pet" as the popular phrase had it, and Attorney-General Wickersham was its nurse, one may say. Nevertheless, the popular prejudice against the Court was unjustified in many respects, as I have pointed out. The several points to be noticed are: first, the judges were conservative, the Court was not; second, the opinions of the Commerce Court in later cases were more in accord with the popular sentiment and the tendency of the Supreme

---

[1] March 26, 1910, Vol. 94, p. 641.

Court; and third, Congress did not seek to remedy the defects of the Court except by abolishing it.

Now, the desirability of the Commerce Court, as in every other special court for review of administrative decisions, depends whether the court shall have narrow or broad review. If it is to have only very narrow review, to review only questions of constitutionality and broad questions of law, there is no desirability of such a court, since ordinary courts can do the review just as well. If such a court is to have a broader review, even though not so broad as the Commerce Court assumed at the beginning of its life, there is certainly a desirability of having such a special court, for it ensure familiarity with and uniformity in the special class of cases.

VII

THOMAS HART BENTON AND THE PUBLIC LANDS

Hist.17a

Prof. F. J. Turner

January, 1922

THOMAS HART BENTON AND THE PUBLIC LANDS

THOMSON S. CHIEN

HARVARD UNIVERSITY
JANUARY, 1922

CONTENTS

BIBLIOGRAPHY
   I. On Benton
   II. On Land Question
   III. Documents

INTRODUCTORY REMARKS

THE LAND POLICY OF BENTON
   I. Preemption
   II. Graduation
   III. Cession
   IV. Distribution
   V. Minor Phases
      Paragraph Summary:
      Mineral Lands
      Donations
      French and Spanish Land Claims
      Low Price
      Indian Title

CONCLUDING REMARKS
   I. Benton as a Spokesman for the West
   II. Benton as a Statesman
      Paragraph Summary:
      His Land Policy Appreciated
      Comparisonwith Other Statesmen
      The Bentonian Method
      Conclusion

APPENDIX

BIBLIOGRAPHY

I. On Benton

Benton, Thomas Hart, *Thirty Years' View*, 2 Vols, New York, 1854–1856. This book is really a political history of the United States from 1820–1850. Its heavy style makes it hard to read. It is valuable chiefly for a statement of his own views in his own language. (Cited as View)

Meigs, William M., *The Life of Thomas Hart Benton*, Philadelphia, 1904. This is the best of three biographies of Benton. In fullness, in accuracy, and in painful research, it far surpasses the other two. Although the author sometimes falls into hero-worship of Benton, his narratives are in the main impartial. (Cited as Meigs)

Rogers, Joseph M., *Thomas H. Benton*, Philadelphia, 1905. It is a readable book but written in a less vigorous style than Roosevelt's book. There is no exact reference to any of of the author's statements. The author is also eulogistic of Benton. There are only passing references to the land question.

Roosevelt, Theodore, *Thomas Hart Benton*, Boston, 1887. Like other books of the American Statesmen's Series, it concerns more with the political history of the time than with the activities of the man. In style it ranks above Meigs's volume, but in information its value is negligible.

II. On Land Question

Heyburn, *Commissioner of the General Land Office*, *Address on the Public Lands of the United States*, Senate Document, No. 445, 61st Congress, 2nd Session. It is a stimulating review of the land question within a brief compass.

Sato, Shosuke, *History of the Land Question in the United States*, Baltimore, 1866. It is a treatise helpful in getting a comprehensive view of the land question.

Stephenson, George M., *The Political History of the United Lands, 1840–1862*, Boston, 1917. See under Wellington, below. (Quoted as Stephenson).

Treat, Payson Jackson, *The National Land System, 1785–1820*, New York, 1910. It is necessary to an understanding of the land Question of a later period. A Scholarly treatise with a pretty comprehensive bibliography.

Wellington, Payson J., *The Political and Sectional Influence of the Public Lands, 1828–1842*, Cambridge, 1914. This and Stephenson's book are both penetrating monographs, written under the guidance of the master hand of the subject, and based solely on public documents, contemporary news–papers, and manuscript materials. The two are exactly similar in character and in treatment. But the latter one–Stephenson's–is wider in scope and deeper in research. Both have a very complete bibliography. But the latter even goes to the extent of listing both Wellington's book and his article in the American Historical Association Report on The Tariff and Public Lands from 1828 to 1833, which forms the First chapter in the book! Wellington's book gives more minute citations of references, but Stephenson's is a more readable one. From nature of things, Wellington sometimes over–emphasizes sectionalism, while Stephenson has the handicap of an Easterner (a mere guess) trying to do justice to the West. I should hesitate to say that I owe them a great deal in the completion of this brief paper. (Cited as Wellington)

III. Documents

Annals of the Congress of the United States. (Cited as Annals)

The Register of Debates in Congress. (Cited as Debates)

The Congressional Globe. (Cited as Globe)

American State Papers, Public Lands, 8 Vols. (Cited as Public Lands)

Richardson, James D., Messages and papers of the Presidents, 1789–1902, 11 Vols, 1907. (Cited as Richardson)

THOMAS HART BENTON AND THE PUBLIC LANDS

INTRODUCTORY REMARKS

A study of Senator Benton's pubic land policy is both interesting and instructive. It is interesting because of the unusual character of Benton's public career. It is instructive because of the importance of the public lands in American history. Without exaggeration, "the history of the progress of the United States has been hinged with the history of the disposition of its lands."[1] It also happened that Senator Benton's long career in the high counsel of the nation coincided with the period, in which the land question was most warmly agitated and debated[2].

But from the study which I propose to undertake, neither originality nor thoroughness can be expected. The treatises by Wellington and Stephenson[3] on the public lands have covered the whole ground I can expect to cover. A thorough-going research into the influences and forces that influenced, or were created by, Benton's land policy might be undertaken with profit; but this is too

---

[1] In Hepburn's address, p. 1. Stephenson (p. 20) says: "Land legislations lay close to the western heart. It was the greatest single interest in the West and it was a vital topic of discussion in the settlers cabins, in the state legislatures, and in the speeches of the western congressmen."

[2] Rogers in his biography (p. 82) says: "The matter of public lands was ever dear to Benton and anything that affected them was certain to receive his immediate attention."

[3] See Bibliography, supra.

evidently impossible within the limited time at my disposal.

A mere repetition of what has been said by Wellington or Stephenson or others is, however, not intended. My attempt shall rather be to get forth Benton's land policy as revealed mainly by his utterances and actions in Congress, aiming at a true appraisal of his Western ideals and his statesmanship, as far as ascertainable by the facts presented.

The different aspects of his land policy are so intimately connected and so hard to unravel that the expediency of treating them one by one may well be questioned. But then neither chronological nor any other method is wholly satisfactory. In the absence of a better one, the topical treatment will be resorted to.

THE LAND POLICY OF BENTON

As will be seen, Benton was an arduous worker for land legislation during his senatorial life. His interest in the land question developed early in his life. As a boy and later a young man in Tennessee he witnessed how the headright of 640 acres granted by North Carolina to settlers in Tennessee worked out greatly to the benefit of the settlers. [1] In particular the rise of Garnny White from poverty to prosperity left a deep—if not thrilling—impression on him. [2] In contrast to this beneficial system of free land, the workings of the federal land system under the laws of 1796 and 1800 in Missouri impressed him unfavorably, for he "felt repugnance to the whole system, and determined to make war upon it whenever I (he) should have the power." [3]

Ⅰ. Preemption [4]

Not long after Benton was vested with the Senatorial toga the "war" was

---

[1] View, I, 102.

[2] Ibid, 105-106. Also, Debates, 19th Cong., 1st Sess., 742.

[3] View, I, 102.

[4] A logical arrangement of the topics is hard to conceive. I have arranged them according to their relative importance to Benton, if possible.

on. It was a war for certain things as well as against certain things. One of the things dear to Benton was preemption. Preemption was not new. The colonies had had that system. National preemption acts of limited nature also existed before 1820. [1] But Benton had the honor of being the first one to persistently and energetically advocate for a general preemption system.

Benton had favored preemption while still a member of the Senate[2] of Tennessee 1809. In the first land bill, which he brought to the federal Senate on April 28, 1824 "to turn the minds of the Senators to the changes contemplated,"[3] he advocated preemption in the most extreme form – donation. The second section[4] of the proposed bill runs:

"That any head of a family, or young man above twenty-one years of age, or widow, being citizen of the United States, may demand and receive from register and receiver of the proper land office a written permission to take possession of, and settle upon, any half quarter section of land which shall remain unsold, after having offered for sale at the minimum price of fifty cents per acre, and upon inhabiting and cultivating the same for three successive years, shall be entitled to receive a patent therefore, as a donation from the United States."

When the bill was again introduced in 1826, the person entitled to such a donation had to pay fees for registry and to have cultivated the land for five

---

[1] See Treat, National Land System, p. 384.

[2] View, i, 102; also Meigs, 57–59. A point of no importance but a point which serves to show the existence of inaccuracies in Roosevelt's biography is the question whether Benton was in the House or in the Senate. In the View Benton merely stated that he was member of the General Assembly, which was composed of the Senate and the House of Representatives. Roosevelt, probably because he was a New Yorker, mistook Benton to be in the "Lower House." (p. 29 of his book) There are in the Harvard Library no Tennessee documents early enough to verify this small matter. But E. M. Violette (A History of Missouri, p. 251) agreed with Meigs that Benton was in the Senate.

[3] Annals, 18th Cong., 1st Seas., 583.

[4] Ibid, 582–583.

consecutive years instead of three.[1] In 1829, when his land bill, commonly called Graduation bill, for the first time passed the Senate, there was no provision for donation. Instead, preemption right to quarter section at $0.75 per acre was provided for.[2]

For the next few years either Benton himself or his associates worked hard to have graduation bill with preemption in them enacted by Congress. But nothing resulted until the second Session of the Twenty-fifth Congress, when Senator R. J. Walker's Preemption bill passed both Houses and was enacted. Speaking for this bill Benton said: "What is preemption? It is nothing but a right of first purchase. It is no donation—it is no gift—it is not gratuitous distribution of the land."[3] Indirectly we are enabled to see that bold and he was, Benton then did not advocate donation.

Since 1832 Henry Clay had been introducing his distribution bill annually without interruption. In 1836 the Senate Committee on Public Lands reported, as a substitute for the Clay bill, a bill[4] to restrict the sale of public lands except to actual settlers. To this substitute bill Benton offered an amendment to grant preemption right to settlers.[5] Though the amendment was lost, Benton voted[6] for the bill as an alternative to the distribution bill.

In 1840, C. C. Clay's preemption bill also became law. But this as well as the Walker bill referred to above were limited and retrospective in character. As Benton said in 1840: "The preemption laws heretofore passed were temporary in their duration, and retrospective in their operation; they were only made to include settlers up to a limited day, and to remain in force for a limited period."[7] Short of a permanent prospective preemption act, Benton could not

---

[1] Debates, 19th Cong., 2nd Sess., 40.
[2] Ibid, 21st Cong., 1st Sess., 418.
[3] Globe, 25th Cong., 2nd Sess., 141.
[4] Debates, 26th Cong., 2nd Sess., 377.
[5] Ibid, 556.
[6] Ibid, 777.
[7] Globe, 26th Cong., 2nd Sess., 14.

be satisfied. So, on December 14, 1840, he introduced his famous Log Cabin Bill— "A Bill to establish a permanent prospective preemption system, in favor of settlers on the public lands, who shall inhabit and cultivate the same, and raise a log cabin thereon."[1]

According to this bill, preemption right to quarter section in one tract lying in one or more sections can be obtained at the minimum price anywhere within the public domain of the United States at all time.

Of course there was nothing really new in this famous bill. Benton had advocated general preemption system in most of his land bills. Jackson in 1832[2] and Van Buren in 1837[3] had recommended it in their annual messages. At the preceding Congress, Senator Walker introduced a bill of similar nature. The significance lies in the fact that this was the first time the Senate had a chance to consider and discuss permanent preemption independent of other things like graduation.

According to Benton: "The Democracy are the known advocates of preemptions, and fought them up, in many hard-contested actions, to victory and popularity; the Federalists long their enemy, have now seen the error of their ways, and have become the foremost supporters of the policy they had opposed. The poor man, and his synonym, the log cabin, have become the absorbing objects, and the burning themes, of their love and eloquence."[4] Benton was not exaggerating, because the bill passed the Senate by a handsome majority or 31-19,[5] many Whigs voting for the bill. One further consolation for Benton

---

[1] Globe, 26th Cong., 2nd Sess., 15.
[2] Richardson, ii, 600.
[3] Ibid, iii, 389.
[4] Globe, 26th Cong., 2nd Sess., 14. Benton was calling the Whigs Federalists to boast of his triumphant Democracy. Hewas also hinting at the election of Harrison as a piece of bidding popularity among the pioneers.
[5] Globe, 26th Cong., 2nd Sess., 138.

was that no amendments for distribution[1] were tacked to the bill, for Van Buren had made it known that he would have vetoed the bill so amended.[2] Unfortunately for Benton, the House failed to act on the measure. In subsequent Congresses, Senator Ashley introduced the essentially same bill to the Senate, but never once was action taken on it.

Meanwhile, the Distribution-Preemption law was enacted during the first session of the Twenty-seventh Congress. The preemption feature[3] of this law was much less liberal than the provisions of the Log Cabin bill. Only citizens of the United States or those who had declared their intention of acquiring the citizenship were entitled to preemption right of 160 acres. There were many other restrictions. Benton was opposed to the exclusion of aliens,[4] but the amendment to include the aliens was lost.[5] Nor were other amendment intending to remove other restrictions carried. A vote of 26-16 rejected the amendment offered of Senator Servier of Arkansas to substitute the Log Cabin bill for the Distribution-Preemption bill.[6] The latter finally passed Senate, 28-23.[7] Benton voted no-painful though he must have been as seeming to oppose preemption, of which he had so long been a champion.

Benton knew no despondency, however, in his graduation bill of 1850-1851 he proposed that 120 acres be sold to preemptors, at 25 lower than the minimum price. In addition, 40 acres were to be given to them as donations.[8] Though the bill was not taken up, Benton must have had the satisfaction of fighting

---

[1] There occasioned a bitter fight by the Clay Whigs to substitute distribution for preemption, but the move was halted by a vote of 29-22. See, Ibid, 90 and 138.

[2] In Van Buren MSS, from Wellington, pp. 93-94.

[3] Globe, 27th Cong., 1st Sess., 156, Also, Statutes at Large, v, 457.

[4] Benton had always maintained liberal attitude to alien settlers. His speech (Globe, 25th Cong., 2nd Sess., Appendix 129) opposing Senator's amendment to a preemption bill to exclude aliens from Preemption right was a good one.

[5] Globe, 27th Cong., 1st Sess., 317.

[6] Ibid, 360.

[7] Ibid, 388.

[8] Globe, 31st Cong., 2nd Sess., 135.

for liberal preemption up to the very last session he served in the Senate.

II. Graduation

Perhaps nothing in Benton's land policy is more remarkable than his persistent fight for graduation. His land bills[1] with the exception of the Log Cabin bill are briefly called graduation bill, although they propose many other things besides graduation.

In the very first land bill which he introduced, the first section runs:

> That the lands belonging to the United States, which have been heretofore, or shall be hereafter offered at public sale, and shall remain five years thereafter without being sold at minimum price of $1.25 per acre, shall be again offered at public sale but shall not be sold for a less than fifty cents per acre.[2]

With the exception of the one already noted, this provision modified in its details appears almost in every one of his land bills. For example, in 1826, the bill proposes an annual reduction of twenty-five cents, starting from $1.25 until the price should reach the minimum of twenty-five cents per acre.[3] For another instance, his bill of 1850-1851 provided for a graduation of similar scale, but in this bill, each reduction was to be made in two years instead of in one.[4] From the Eighteenth to the Thirty-third Congress, when the Cobb Graduation bill became law, numerous bills for graduation were introduced by Benton[5] and others, mostly his followers, in the House[6] as well as in the

---

[1] In the Senate Journal the first bill introduced in 1824 is not called graduation bill, but it is a graduation bill.
[2] Annals, 18th Cong., 1st Sess., 582.
[3] Debates, 19th Cong., 2nd Sess., 389.
[4] Globe, 31st Cong., 1st Sess., 135.
[5] See Appendix, infra.
[6] C. C. Clay, Debates, 23rd Cong., 1st Sess., 2245; Zadok Casey, Ibid, 24th Cong., 1st Sess., 2133, see also Casey's report on his own bill, Public Lands, viii, 330-332; G. F. Houston, Globe, 28th Cong., 2nd Sess., 21; Houston, Ibid, 29th Cong., 1st Sess., 85, the bill passed House, Ibid, 1094; William Sawyer, Ibid, 30th Cong., 1st Sess., 181. There were many graduation bills introduced in the House in the 1st Sess. of 33rd Cong.

Senate.[1] But few passed either house and none was enacted.[2] That Van Buren recommended graduation in his first annual message to Congress[3] was also of no avail.

His arguments for graduation are simple enough.[4] In the first place, he took it for granted that the better the quality of the lands, the readier would they be sold. Hence it follows that the price of lands, remaining unsold for a number of years, should be reduced. To him the maintenance of minimum price without reduction amounts to raising the value of poorer lands.[5] "The minimum of $1.25 per acre for all sorts of land," he said, "was arbitrary and unjust."[6] "It prevented the people from getting the inferior land at a fair price."[7] By the device—for such it was—of graduation, he thought, equitable price could be reached for all sorts of land, good as well as bad. When the price is fair, inferior and less desirable lands can also be disposed of. The conclusion is that, from financial viewpoint, graduation would increase revenue; and from statesman's viewpoint, it would speed up settlement and thereby increase wealth and population.[8] Graduation is also necessary to the new states. The fairer the

---

[1] Walker, Debates, 24th Cong. 1st Sess., 1028, see his report on the bill from financial point of view, Public Lands, viii, 877-887; Walker, Globe, 25th Cong., 2nd Sess. 15, the bill passedSenate, Ibid, 36; C. C. Clay, Ibid, 25th Cong., 3rd Sess., 16, the bill passed Senate, Ibid, 130; Clay. ibid, 26th Cong., 2nd Sess., 15; Walker, Ibid, 28th Cong., 1st Sess., 22; Sidney Bresee, Ibid, 29th Cong., 1st Sess., 45, the bill passed Senate, Ibid, 1073; Bresee, Ibid, 30th Cong., 1st Sess., 21; Bresee, Ibid, 30th Cong., 2nd Sess., 68. There were four graduation bill introduced in the Senate in the 1st Sess. of the 33rd Cong.

[2] I have noted down the history of all graduation bills in this period, but it has been deemed unnecessary to treat them in any detail.

[3] Richardson, iii, 386-387.

[4] Houston made a report in favor of his graduation bill. (House Report, No. 197, 28th Cong., 1st Sess.) It happens to be a masterly resume, or rather compilation, of Benton's arguments. As we know, Benton never stated his arguments in a precise form. Further, he made so many speeches on graduation and repetitions so often, that it is exceedingly profitable to look into Houston's report, with which one can understand Benton's arguments better than in Benton's own language.

[5] View, i, 106-107.

[6] Annals, 18th Cong., 1st Sess., 583.

[7] Annals, 18th Cong., 1st Sess., 583.

[8] See his speech in Debates, 19th Cong., 1st Sess. 720.

price of lands, the more lands will be taken up. The more lands are taken up, the more settlers will be in the new states. The more settlers in a state, the more taxes the state can levy. The less public lands in a state, the more complete jurisdiction the state can exercise. [1] So to Benton, graduation was almost a panacea to the new states of the West.

That Benton was acting for the interest of the settlers may be seen from the following passage of one of his speeches:

> This is a measure emphatically for the benefit of the agricultural interest—that great interest, which he (Benton) declared to be the foundation of all national prosperity, and the backbone, and substratum of every other interest—which was in the body politic, front rank for service, and rear rank for reward—which bore nearly all the burthens of government while carrying the government on its pack-horse of burthens, and the broad shoulders which receive nearly all the losses—especially from broken banks. This bill was for them; and, in voting for it, he had but one regret, and that was, that it did not go far enough—that it was not equal to their merits. [2]

Benton was thus speaking for a graduation bill originated in the House. The bill provided for only two reductions, from $1.25 to $1.00, and from $1.00 to $0.75. It passed the Senate by a vote of 27-16, but was not enacted due to disagreement between the two houses. Benton voted for it, because he thought "half a loaf is better than no bread." [3]

Benton seemed to be sincere in his belief that graduation would increase

---

[1] Ibid, 20th Cong., 1st Sess., 609.
[2] Globe, 25th Cong., 2nd Sess., Appendix, 292. This is somewhat typical of Benton's oratory, here quoted to show why he cannot be quoted in any length in this paper. His speeches are too clumsy.
[3] Ibid, 291.

 哈佛课业

revenue. He was the Chairman of Senate Committee on Finance during the twenty-fifth Congress. When Clay of Alabama introduced the graduation bill in its third session, Benton had it referred to his Committee in order to present a report.[1] His report[2] states that the deficiency caused by the Compromise Tariff could be met by the proceeds from land sales. "A reduction of price, as proposed in the bill, is the natural and effectual method of accelerating these sales," and thereby increasing the revenue.

To Benton's reasonings, Henry Clay raised many valid objections. He branded the Benton scheme as a kind of favoritism to new States and injustice to older States.[3] Refuse land, Clay held, was not necessarily bad.[4] The more important ones of his objections to graduation, raised in his famous report of 1832, were as follows:[5]

1. There is no satisfactory criterion to differentiate bad lands from good and fix prices for them accordingly.

2. Injustice to those who bought the land at the unreduced price.

3. Reduction of price will stimulate speculation.

4. Drainage of population from the States of the old South-West, while the population in the West has grown fast enough.

Clay's conclusion was that it was unwise to reduce and graduate the price of lands at that time (1832).[6]

Near the end of his congressional life, Benton had the satisfaction of

---

[1] Ibid, 25th Cong., 3rd Sess., 33.

[2] Senate Doc., No. 14, 25th Cong., 3rd Sess.

[3] Debated, 22nd Cong., 1st Sess. 1105.

[4] Ibid, 1107. Stephenson (p. 130) agrees: "From the fact that public lands remained unsold for several years it did not necessarily follow that they were of poor quality; their value depended upon demand and supply."

[5] Debates, and Cong., 1st Sess., App., 113-115.

[6] Objections to graduation were also ably presented in House Reports, No. 732, 30th Cong., 1st Sess.

witnessing the enactment of a graduation law, though, it must be plain, this was done at the expense of a better measure. The Homestead bill, known as House Bill No. 1, of the first session of the Thirty-third Congress was substituted by the Cobb graduation bill, which passed the House, 83-64, with Benton voting with the majority. [1] Benton was, however, silent during the whole procedure of the bill. But from the vote, he must be interpreted as preferring graduation to homestead. Whereas later developments of the land question confirm us that "Graduation did not appeal to the pioneer West; at least the law as enacted[2] did not." [3] A lack of foresight and a slave to his own pet ideas indeed!

III. Cession

Benton's position on cession of public lands to the States is liable to misunderstanding. He wished to do as much as he thought compatible with the national interest, for the new states, but he was not willing to go to the extent of distributing public lands among the states.

On May 16, 1826, we have the first glimpse of Benton with regard to session. During the course of his speech—his first speech—on his graduation bill, he said that he would favor cession of refuse lands to states, though he did not contemplate it in the bill. [4] The bill brought up in the next session had, however, a provision for the cession of lands to the states in which they lay, if

---

[1] Globe, 33rd Cong., 1st Sess., 918.
[2] The Graduation Act of August 4, 1854 (Statutes at Large, x, 574) provided for a graduation more thorough-going than what Benton had usually advocated, though similar in principle. The scale was as follows:

Ordinary price, ... $ 1.25 per acre.
Land remaining unsold for 10 years to be sold at 1.00;
    15.............. 0.75;
    20.............. 0.50;
    25.............. 0.25;
    30.............. 0.125.

[3] Stephenson, 129.
[4] Debates, 19th Cong., 1st Sess., 729.

unsold at 25 cents per acre, the lowest price on his graduation scale.[1] From this time on, the cession of refuse also became a feature of his land policy.

While Benton was only advocating ceding "refuse" —a term said to be originated with Benton[2]—others went a step further. Senator Tazewell of Virginia had early introduced a resolution to cede all lands to the States in which they lay.[3] According to Henry Clay: "The Senator from Missouri was chanting,[4] most sweetly, to the tune 'refuse lands,' 'refuse lands,' 'refuse lands,' on the Missouri side of the Mississipi; and the soft strains of his music having caught the ear of his Excellency on the Illinois side, he joined in chorus, and struck an active higher."[5] This was because Governor Ninian Edwards and others were now demanding cession pure and simple.[6]

The objections[7] to cession were brought up by Henry Clay:

1. Public lands were yielding large revenue to the General Government for the benefit of the United States.

2. If the States controlled the land, they would compete with each other to attract settlers and lead to collision and speculation.

3. States were unable to buy lands.

4. If the lands were ceded gratis, the compact between the General government and the original States who ceded lands to it would be broken.

5. As to the territory embraced by the Louisiana Purchase, it was purchased by the common treasury of the United states and

---

[1] Ibid, 19th Cong., 2nd Sess., 90.
[2] Henry Clay said so, Debates, 22nd Cong., 1st Sess., 1102.
[3] Ibid, 19th Cong., 1st Sess., 782.
[4] This provoked an equally humorous reprisal from Benton, in Debates, 22nd Cong., 1st Sess., 1145.
[5] Debates, 22nd Cong., 1st Sess., 1102.
[6] See Wellington, 13-17; also Proceedings of Mississipi Historical Association, iv, pp. 172-173.
[7] In Clay's report on Manufactures, Ibid, Appendix, 112-118.

therefore must be for the common benefit of the United States.

Benton, in reply to Clay, said that he denounced the cession of all lands,[1] though he favored that of refuse lands. By ceding refuse lands to the new States, they can be put on equal terms with the older states, so Benton thought.[2]

That Benton was in favor of a speedy extinguishment of federal titles in the State was beyond any doubt.[3] To Benton the possession of imperium by the State and of dominium by the Union must look abominable. He said: "The General Government will have done well when it gets rid of the administration of these (refuse) lands."[4] In another place he expressed his approval almost of any scheme that would tend to extinguish the Federal title.[5] In the last land bill he introduced in the Senate, not only did he advocate the cession of refuse lands, but also a provision to the effect that, when public lands in a state should become less than three million acres, they should be ceded to the state.[6]

On the other hand, he was so devoted to the interests of the nation as a whole, that he seemed hesitating to favor wholesale cession. Calhoun, it should be observed, beginning from the second session of the Twenty-fourth Congress, introduced the cession bill annually. Benton's attitude was very obscure. He spoke of the measure unapprovingly in his view[7]. But once Benton rose to support John Tipton of Indiana, who was speaking for the Calhoun bill,[8]

---

[1] Debates, 22nd Cong., 1st Sess., 1145.
[2] This was also the most essential argument for ceding refuse in the King report (ibid, App. 118 et seq.), a counter report to that of Clay. Clay says that Benton was the author of the counter report. See p. 18. Infra.
[3] See View, i, 107. Jackson also favored extinguishment of federal title in Richardson, ii, 600.
[4] Globe, 31st Cong., 18t Sess., 871.
[5] Ibid, 31st Cong., 2nd Sess., 251.
[6] Ibid, 135.
[7] i, 708.
[8] Debates, 24th Cong., 2nd Sess. 792.

without giving an impression that he (Benton) was also favoring it. Benton also voted[1] for Calhoun's cession amendment to his Log Cabin bill. The amendment was not accepted. If Benton had no love for wholesale cession, he ought not to have voted with Calhoun. At another time he also voted for Calhoun's cession amendment to Bresee's graduation bill.[2] Good Democrats, like Walker, Jeremiah Clemens of Alabama and O. B. Ficklin of Illinois also introduced bills for straight cessions. What is to be the explanation of Benton's real attitude? Apparently, he had no steadfast policy with regard to cession.

IV. Distribution[3]

With as much dogged persistence as for graduation Benton stood against distribution of the proceeds of sales of public lands, entirely to his credit. The motives for distribution were complicated. Some innocently regarded it as the only means of getting rid of the surplus revenue profitably. Others advocated it for the sake of popularity and for political gains. Of all its evil consequences, Benton was aware, thanks to his statesmanlike outlook.

As early February, 1825, Rufus King presented to the Senate a resolution for distribution for future consideration.[4] The contents of the resolution are strikingly similar to Clay's distribution scheme of 1832. Immediately R. Y. Hayne of South Carolina introduced a counter resolution.[5] Thus the long battle between the commercial East and the agricultural South and West regarding distribution was foreshadowed. In the House distribution was also receiving attention immediately afterwards.[6] Secretary of Treasury Rush recommended in 1827.

---

[1] Globe, 26th Cong., 2nd Sess., 112.
[2] Ibid, 29th Cong., 1st Sess., 1069.
[3] Discussions on distribution scatter throughout the whole of Wellington and the 1st ten chs. of Stephenson, In particular, see Wellington, pp. 23-26, 37-50, 94, 95, 97-99, 109-113.
[4] Annals, 18th Cong., 2nd Sess., 623.
[5] Annals, 18th Cong., 2nd Sess., 696.
[6] See House reports in Public Lands, iv, 750-753, v, 793-797. See also the Hunt resolution, Debates, 21st Cong., 1st Sess., 477.

VII THOMAS HART BENTON AND THE PUBLIC LANDS

Benton and the Democrats in general were opposed to distribution because of its incompatibility to their land policy and because of its unconstitutionality. [1] With the purpose to make known the official attitude of the Whigs, the Democrats thrust upon the Committee on Manufacture, of which Henry Clay was Chairman, the unpleasant task of reporting on the expediency of reducing the price of public lands, during a debate on tariff. [2] Unable to evade the challenge, Clay rendered his famous report of 1832, [3] accompanied by a bill "to appropriate, for a limited time, the proceeds of the sales of the public lands of the United States." It provided for the distribution of land revenues, having subtracted ten per cent in addition to the then existing five per cent reserved for the new states, among the twenty-four states for five years for purposes of internal improvement, colonization of the free blacks, education, and for paying debts incurred for internal improvement. In time of war, the distribution was to be suspended until all debts incurred for the war were paid. In support or his measure Clay attacked the system proposed by Benton for squandering lands away by graduation. [4] He defended the existing system or land sales as good enough, alluding to the prosperity of the West under the system. Ohio was given as an example. [5]

Having gauged the policy of the Clay men, William R. King caused the report and the bill referred to the Committee on Public Lands, which he headed. This was done with the aid of Vice-President Calhoun's casting vote. Thus Clay was mortified, so to speak. [6]

---

[1] Jackson in his first annual message favored distribution of surplus, but wanted a constitutional amendment first. See Richardson, ii, 452.

[2] Debates, 22nd Cong., 1st Sess., 626-638.

[3] In ibid, Appendix, 112-18, also in Public Lands, vi, 441-451.

[4] Debates, 22nd Cong., 1st Sess., 1101.

[5] In Clay's speech on his report and bill; ibid, 1096-1119. This speech is worth reading. But the example of Ohio was inapplicable. The inapplicability was also pointed out later by Senator Buckner, Debates, 22nd Cong., 2nd Sess., 95.

[6] See Clay's complaint of this extraordinary procedure, in Debates, 22nd Cong., 1st Sess., 870.

 哈佛课业

King's counter report,[1] which was really Benton's,[2] attacked the Clay bill as "a bill wholly inadmissible in principle and essentially erroneous in detail." In principle the bill was bad, because it was based on considerations of revenue and not on those of larger interests of the nation. The land policy, the report argues, ought to aim at increasing the population, cultivation, and thereby, the national wealth. Burke's speech of 1785 on crow lands, which Benton so often quoted, was referred to by the report as a noble utterance.

In detail, the counter report enumerates the following evils in the Clay bill:

1. "No distinction between those states which did or did not make cessions of their vacant lands to the federal government."

2. "The bill proposes benefits to some of the States, which they cannot receive with dishonor, nor refuse without pecuniary prejudice."

3. The lands were pledged by the federal government to pay the Revolutionary War debts. But now the debts were being paid by the custom revenue, which came from those who had already ceded lands to pay such debts. The condition was notorious. Hereafter proceeds from lands should be employed solely for the payment of the national debt.

4. Federal legislation on slavery objectionable.

5. Now the expenses of land administration were paid out of the custom revenue. If they were paid out of land revenue, little would be left for distribution. The estimate of three millions of annual land revenue was exaggerated.

Finally, King's report alleges, that if the Clay bill was adopted now, "the

---

[1] Ibid, App. 118-26; also to be found in Public Lands, vi, 478-487.

[2] Clay said: "The hand of the Senator from Missouri is as visible in the composition as if his name had been subscribed to the instruments." Debates, 22nd Cong., 1st Sess., 1111.

VII THOMAS HART BENTON AND THE PUBLIC LANDS

now States may bid adieu to their sovereignty end independence! They will become the feudatory vassals of the parent States!" The latter would indirectly legislate on lands to suit their own interests, and Congress would not be able to act as trustee for the new States.

So the Committee on public Lands submitted an amendment to strike out the whole of the Clay bill, and to provide for reserving additional fifteen percent instead of ten percent of land revenues to the new States. [1]

Benton, of course, spoke on the Clay bill. But the tone of his speech[2] was so closely kin to the report Just considered, that it is not necessary to reproduce his arguments. He said with emotion that "it (the bill) is a tariff bill, it is an ultra-tariff measure." He likened the measure to the ignominious partition of Poland by the Northern Europeans powers, the powers in South Europe abstaining. He compared the West with Poland, the East with partitioning powers, and the South, which was somewhat neutral on distribution, with the powers in South Europe. It was certainly an ingenuous simile, one must accept.

As the bill was sure to pass the Senate, Benton offered many amendments, but all were lost. [3] It passed the Senate 26-18, but was killed by postponement by the House.

At the next session, the second session of the Twenty-second Congress, Clay reintroduced his distribution bill with some modifications. [4] Twelve and half per cent instead of ten per cent was to be reserved for the new states for purposes of education and internal improvement. Benton again attacked it as unconstitutional and dangerous. If the older states could demand the distribution of land proceeds, he intimated, the Western States might also demand that of custom revenues. [5] Siding with Benton, Calhoun denied the right of Congress

---

[1] Debates, 22nd Cong., 1st Sess., 126.
[2] Ibid, 1151.
[3] Ibid, 1174.
[4] Ibid, 22nd Cong., 2nd Sess., 68.
[5] Ibid, 227.

to "denationalize the public funds."[1] There were a number of good speeches delivered against the bill by western Senators and congressmen.[2] E. K. Kane, Chairman of the Committee on Public Lands, had a speech particularly worthy of quoting. He spoke in part:

> Upon the whole I am opposed to the bill, as hostile to the interest of the new States, as calculated to perpetuate a feeling in the older States adverse to our advancement in population, and our progress in agriculture, as in effect partitioning three fourths of our territory amongst other sovereign States, giving to each a separate and immediate interest in the proceeds of the lands, and thereby forever precluding the hope of lessening price of lands to actual settlers. I object to its passage, because it violates the obligations of solemn compacts, and the Constitution of the United States.[3]

The sentiments here embodied admirably expressed Benton's own, whose language was oftentimes ineffective. Kane offered an amendment to substitute reduction for distribution, but it was lost.

The bill was of so "fascinating character to both the old and new States,"[4] that it passed both houses of Congress near the end of the Twenty-second Congress.

Fortunately for Benton and other opponents of the bill, President Jackson was with them. He vetoed the bill and at the commencement of the next Congress, he sent it his veto message. It would not out of place to quote it in some detail, since in doing so we are quoting only Benton. Benton defended the veto in Congress[5] and eulogize the message as "one of the wisest end most

---

[1] Ibid, 234.
[2] For instance, one by Buckner, Debates, 22nd Cong., 2nd Sess., 227.
[3] Ibid, 67.
[4] As Kane labelled the bill, ibid, 62.
[5] Ibid, 23rd Cong., 1st Sess., 16.

VII THOMAS HART BENTON AND THE PUBLIC LANDS

patriotic" messages of Andrew Jackson. [1] Are we not justified, then, to infer that Benton inspired, if not actually dictated, the message?

The message [2] pointed out that in accepting the cession of lands from the States, the United States entered into a compact to act as their trustee to dispose of the lands "for the common benefit of the Several States,"[3] "The public lands are the common property of the United States, the moneys arising from their sales are a part of the public revenue" Appropriation of that revenue for local internal improvement would certainly be a betrayal of the trust. After adverting to the fact that distribution would make the state government dependent on the federal government, the message proceeds:

> Their (new States) true policy consists in the rapid settling and improvement of the waste land withing their limits. as a means of hastening these events they have long been looking to a reduction in the price of public lands upon final payment of the national debt...
>
> It is the real interest of each and all of the States, and particularly the new States, that the price of these lands shall be reduced and graduated; and that after having been offered for a certain number of years, the refuse, remaining unsold, should be abandoned to the States.

Clay did not stop his agitation for distribution with Jackson's veto, however. He kept on reintroducing the bill[4] until the passage of the Preemption –

---

[1] View, i, 369.

[2] Richardson, iii, 56 et seq.

[3] It may be interesting to note that the Resolution of the Congress of October 10, 1780, requested the States to cede lands to the United States to be disposed of for the benefit of the United States with a view to settlement and forming new states.

[4] For reports favorable to distribution, see Clay report from The Com. On Pub. Lands, Sen. Doc. No. , 323, 23rd Cong. , 1st Sess. , Ewing report from Com. On Pub. Lands, Public Lands, viii, 408–413; Clay report from Com. On Manufacture, Public Lands, viii, 413–425.

哈佛课业

Distribution bill of 1843. But only once did it pass the Senate.[1] Benton's opposition was for a time unsurmountable. For many times, he accused it as a "high tariff measure." For as many times he attacked its constitution-ality. But he also opposed the bill, because it side-tracked the attention of the West to his graduation scheme.[2] With pardonable pride he said in 1837: that "if he had ever rendered any service to the country at all, it was in helping to kill that bill; and it (the Clay bill) now lay prostrate, a corpse."[3] "In all this (opposition to distribution) he found himself supported by the young state of Missouri," who, he said, "despised the whole policy of distribution."[4]

But while Benton was thus fighting against distribution, Calhoun's bill to regulate public deposits with provisions for depositing surplus land proceeds with the States[5] had been enacted. The rider—so to speak—was attached to the bill against the remonstrance and protest of Benton.[6] The original Senate provision required an interest of five per cent on such state deposits, but the House removed the interest requirement.[7] "Henry Clay deemed the bill as amended better than before."[8] Clay must be rejoicing! The bill was approved by Jackson. Well might Benton think of this action as the beginning of the disaster for the Democratic Party.[9]

Now we come to the Distribution-Preemption Law of 1843.[10] Distribution was popular, but there was also a growing demand for a more general preemption law than it had heretofore existed. The linking together of these two measures is

---

[1] Debates, 24th Cong., 1st Sess., 1396.
[2] Debates, 24th Cong., 2nd Sess., 792.
[3] Ibid.
[4] Globe, 25th Cong., 3rd Sess., 30.
[5] Statututes at Large, v, 55.
[6] Debates, 24th Cong. 1st Sess., 1811.
[7] For a comparison of Senate and House clauses, see ibid, 4351.
[8] Ibid, 1859.
[9] View, i, 658.
[10] Ch. iii of Stephenson is a good account.

clearly a credit—or discredit, rather—to the political shrewdness of the whigs. [1] With regard to distribution the law [2] was, in essential features, not much different from Clay's first distribution bill. According to its provisions, in addition to the usual five per cent granted to the new states, ten per cent of the net proceeds from land sales were given to new states. The remaining was distributed, according to the quote of federal population, among the Twenty-six states and three territories and the federal district, to be first applied for the payment of state debts to the United States. New States, hereafter admitted, were to have a share in distribution. The distribution was for an indefinite period, but to be suspended in time of war. Each of the twenty-six states was to receive a grant of half million acres, counting what it had already received. States hereafter admitted were each to get half million acres, to be sold not lower than $ 1.25 per acre. Distribution was to be suspended, whenever the tariff rate should exceed twenty per cent ad valorum.

The bill was introduced by Henry Clay, who stood its sponsor. It goes without saying that Benton opposed it. But here is his significant utterance: "He did not now oppose it as a distribution of the proceeds of the public lands, but as an insidious attempt to seize on the custom revenue."[3] Is it to be understood that Benton was now willing for distribution? In fact, on occasions he gave us that impression. He opposed the amendment to strike out the clause providing for giving extra ten percent to new states. [4] He moved amendment to have territories included among the recipients, but it was lost. [5] One amendment of his was to increase the ten per cent already referred to twelve and half per

---

[1] To justify the linking together, O. H. Smith if Indiana reported (Sen. Doc., No. 46, 27th Cong., 1st Sess.): "The two subjects are not incongruous but are sufficiently germaine to be united in the same bill." (p. 2)

[2] Statutes at Large, v, 453 et seq.

[3] Globe, 27th Cong., 1st Sess., 337.

[4] Globe, 27th Cong., 1st Sess., 330.

[5] Ibid, 343; Appendix 238.

cent.[1] Another amendment was to limit the distribution to five years.[2] On still another occasion he supported the amendment to make the distribution according to number of member in Congress from each State, thereby to increase the share of new states.[3] There were numerous other amendments purporting to mitigate the effects of distribution and to protect interests of the new states.

But on a closer examination Benton seemed to be unalterably opposed to the measure;[4] in offering the above-mentioned amendments he was simply making the choice between two evils. Concerning the tariff proviso, Benton declared that "he was opposed to the amendment as well as to the whole bill," "because" the amendment "would destroy all discrimination in levying duties."[5] When his colleague, Senator Linn, evidently on his suggestion, moved a substitute to distribution by appropriating net proceeds from public lends for common defense, Benton had this to say: "The one (distribution) intended to strip and plunder the country; the other (Linn Amendment) to defend it."[6] He voted for the amendment offered by A. H. Servier to substitute his Log Cabin bill for the distribution bill. He himself moved to amend the bill like this until the national debt was fully paid, no distribution should be made.[7] In a speech[8] he delivered on the bill he ably charged it as demoralizing and unconstitutional. The national treasury was by that time empty,[9] he said. The bill was branded as one only for bidding popularity.[10]

---

[1] Ibid, 346.

[2] Ibid, 357.

[3] Ibid, 346.

[4] At the time many states were indebted to European debtors. Assumption of State debts was one of the motives for distribution. But assumption, direct or indirect, was in the long run inimical to the interests of the settlers. Benton had before introduced a resolution against assumption. See View, ii, 240 and Wellington, 78.

[5] Globe, 27th Cong., 1st Sess., 365.

[6] Ibid, 325, Appendix 228.

[7] Globe, 27th Cong., 1st Sess., 356.

[8] Ibid, 387-388.

[9] Even as early as 1840 it was reported by the Treasury that had the distribution been in force, deficits amounting to twenty millions would have occurred. See Sen. Doc., No. 169, 25th Cong., 3rd Sess.

[10] For a resume of his objections to distribution, see View, ii, 246 et seq.

But the bill was too popular to be defeated. It passed the Senate by a vote of 28-23,[1] was enacted and approved by Tyler.[2] Efforts were made by the Democrats to repeal the distribution part of the law but were of no avail.

V. Minor Phases

Benton's fight for the sale of mineral lands was in line with his liberality towards the pioneers. The practice of the time was to reserve all or portions of mineral lands from sale and lease them to the settlers. The system of lease was very obnoxious to Benton, because the spirit of tenantry, he said, "is a spirit adverse to improvement."[3] Dauntlessly he introduced bills to open the lead mines and salt springs in his own State to public sale. When this was achieved by the act of 1828, he rejoiced that "the State got freeholders instead of federal tenants."[4] In the Distribution-Preemption bill salines and mineral lands were not subject to preemption. Benton moved an amendment to remove the restriction in order "to carry home to his constituents the manner in which they had been treated by their lords and masters."[5] Not until the Act of July, 1846, which terminated the system of leasing lands containing copper and lead mines and salines, did he stop his agitation.

In general Benton was favorable to donations and bounties. One of his early convictions was the Justice of gratuitous grants to actual settlers.[6] As we have seen, in his first years in Senate, his land bill usually contained a provision for donating refuse lands to actual settlers. In his bill for the armed occupation of Florida[7] 160 acres of bounty land were to be given to armed

---

[1] Globe, 27th Cong., 1st Sess., 388.
[2] "Tyler was willing to distribute the proceeds of the public lands, if a higher tariff did not result." Being a strict constructionist, he was opposed to high tariff. From, wellington, p. 97.
[3] Annals 17th Cong., 2nd Sess., 234.
[4] View, i, 105.
[5] Globe, 27th Cong., 1st Sess., 370.
[6] View, i, 102.
[7] Globe, 27th Cong., 2nd Sess., 619.

occupiers.[1] Speaking for land grants to settlers in the Oregon Colonization Act, he said that "without these grants, the bill will be worth nothing."[2] These instances illustrate well how Benton believed in disposing of the lands in the interest of actual settlement.

When grating lands to railroad companies became order of the day in the forties and fifties Benton was one of those who favored generous grants. Besides, he voted for bills making special grants to states.[3]

Benton also looked kindly to land grants as military bounties. He himself introduced a bill for bounty lands to soldiers in the Mexican War.[4] But he was usually opposed to private grants to individuals. One exception was his consent to granting land to one Gerorge shannon, who was injured during an expedition to the Pacific.[5] This may be explained by the fact that such an expedition coincided with the interest of the pioneers.

With regard to the French and Spanish land claims in the territory of the Louisiana Purchase, Benton was very liberal. He had had many claimants of such lands as his clients, while practicing law in Missouri.[6] Upon his entrance to Congress he favored the confirming of the half valid French and Spanish land claims in Missouri.[7]

Benton believed in cash sale and low price. He praised the Crawford Relief Act of 1820 as "equitable arrangement."[8] He voted for the series of acts

---

[1] For his speeches, on the Florida Armed Occupation bill, see Globe, 25th Cong., 3rd Sess., App. 163-165, and ibid, 26th Cong., 1st Sess., App. 71-74.

[2] Quoted from View, ii, 481.

[3] Meigs, 179.

[4] Globe, 29th Cong., 2nd Sess., 192.

[5] Annals, 17th Cong., 1st Sess., 314.

[6] T. Roosevelt, Thomas Hart Benton. pp. 45-46.

[7] Annals, 17th Cong., 1st Sess., 299. See also View, i, 279-280, Chapter on "Settlement of French and Spanish Claims."

[8] View, i, 12.

relieving land debtors. [1] He thought of the selling of lands to highest bidder as wrong. [2] He often commended the Altantic States and Persia and others in making donations of lands, and denounced "the miserable policy pf prescribing an arbitrary minimum upon that article (land) which is the gift of God to man." "The whole system of holding up land for the rise," he said, "endeavoring to make revenue out of the soil of the country, leasing and renting lead mines, salt springs and iron banks...will be condemned and abolished."[3]

In common with the pioneers, Benton had slight considerations for the Indians. He would like to see the extinguishment of Indian titles as speedy as possible in order to facilitate the white settlement. [4]

By the Act of 1821, the State was forbidden to tax the land within five years after acquisition by purchase from the federal government. Benton favored the removal of this restriction on the jurisdiction of the state government. [5]

CONCLUDING REMARKS

I. Benton as a Spokesman for the West

This is not an easy subject, because it necessitates a careful examination of the Western opinions as voiced by the contemporary newspapers and resolutions and memorials adopted by public bodies in the West. But since this paper purports to be a study of the West, it is only fitting to attempt some observations, even if they be mistaken.

That Benton worked for the Western interests and that the West generally looked upon him as its true spokesman are foregone conclusions and we take it for granted. Our interest is rather to see just how far Benton's land policy was influenced

---

[1] For the series of acts, see Treat, P. J., National Land System, p. 161.
[2] View, i, 102.
[3] Debates, 19th Cong., 1st Sess., 743-748.
[4] Meigs, 59, 177.
[5] View, ii, 127-128.

by the Western opinion and how far Benton truly led the West to his policy.

Advocating the graduation bill in 1826, he told the Senate to "listen to those who speak the general voice of the West." He declared: "I speak the voice of seven states and three territories, when I denounce the doctrine of waiting for the rise."[1] Condemning the Foote resolution,[2] of which the more interesting aspects we cannot go into, he unmistakably revealed his deep devotion to a speedy settlement of the west,[3] and brought him the affection and respect of the West.

Not only he spoke for the West, but he also led the West. He advocated graduation and immediately afterwards, he found numerous followers in Illinois and elsewhere in the West.[4] By 1832, we found "Jackson's party championing the Western plan of reduction in price, cession of refuse to the States, and in general of helping the settlers to become a freeholder,"[5] and in short adopting everything that was in Benton's land policy.[6] In the fifties the spokesmen from the West used to say like this: "The public lands were looked upon as capital, raw material, which ought to be made productive by applying labor to it as soon as possible."[7] How Bentonian the tune sounds!

In his home state, Missouri, Benton was supreme after 1826. Though Senator Barton continuously opposed Benton's land bills in the Senate, it was Benton, and not Barton, who spoke for Missouri. The legislature of Missouri, as did other legislatures in the West, poured many memorials into Congress

---

[1] Debates, 19th Cong., 1st Sess., 736.

[2] As to sectional feelings on the resolution, see a very illuminating account in Wellington, 27-33.

[3] For his speech on the Foote resolution, see Debates, 22nd Cong., 1st Sess., 22.

[4] See supra, p. 14. The following passage from one of Jackson's messages is truly Bentonian: "It cannot be doubted that the speedy settlement of these lands constitutes the true interests of the republic. The wealth and strength of a country are its population and the best part of that population are the cultivators of the soil. Independent farmers are everywhere the basis of society and true friends of liberty." (Richardson, ii, 600).

[5] Wellington, 43.

[6] An article in Mississipi Historical Association Proceedings, iv, 172-173, also confirms this view.

[7] Stephenson, 166.

imploring it to adopt Benton's land bills.[1] When Mr. Pettis, the sole representative from Missouri, asked the Congressmen: "Do you fear the increased and Increasing power of the West? ... That power is your power; it is the power of the whole country, and should not be feared by any part,"[2] he was following Benton but not Barton. When Benton's hold on Missouri was on the wane, every action of Benton, like his stand on the Bank or on Texas, was scrutinized and taken by his enemies and weapons against him, his stand on the land question was not even criticized.[3]

So I venture to conclude that Benton's land policy was influenced by the West and also influenced the West.[4]

II. Benton as a Statesman

Viewing Benton's land policy as a whole, one cannot help admiring him. It "entitles him to the great credit."[5] Even today, when conservation is in order, one cannot complain of the policy of cheap sale and liberal grants. That policy, though at times costly, had served the greater interests of the nation well. And among its advocates and defenders, who can dispute the front place held by Thomas H. Benton?

True, that Benton's graduation did not satisfy the West and that Benton regarded homestead indifferently. But that need not be any blemish to him. Had Benton lived twenty years later than he did, he would have been, perhaps, the foremost proponent of homestead. We must take the element of time into consideration. Benton gave up the advocacy for donation, which was really

---

[1] One gets the impression even from reading the contents of American State Papers, Public Lands.

[2] Debates, 21st Cong., 1st Sess., 530.

[3] I got this from C. H. McClure's article on "Early Opposition to Thomas H. Benton" in Missouri Historical Review, x, 151-198. It is a very refreshing and scholarly piece of work.

[4] The conclusion may be inclusive, but is not based on vague impressions. A perusal of J. B. Sanborn's article entitled "Some Political Aspects of Homestead Legislation" confirms my inconclusive conclusion. The reference is in Am. Hist. Rev., vi, 19-37.

[5] T. Roosevelt, Thomas Hart Benton, p. 68.

homestead, and which was in his earlier land bills, only because the time was not ripe for it.

True, that sectional feeling concerning the land legislation ran high. But it was not the fault of Benton any more than it was the fault of other senators and congressmen. Further, so far as the land questions was concerned, the East was generally on the wrong side. "The East hardly appreciates what it owes to the principalities which have been forged out of this public domain... Their workshops which have been kept busy and the hundreds of thousands who have been employed therein have been supplying materials with which the pioneer in the West might conquer the unbroken soil."[1] This is only an recent utterance; the ignorance of the East of two or three generations ago can be easily imagined. If Benton did rouse sectionalism, he was really performing a service to the nation—to all sections.

Not only the nationalistic spirit but also the spirit of democracy prevailed in his policy.[2] He wanted settlement, because he believed in the greatness of the nation. He wanted freehold, because he believed in freedom of individuals.

With other statesmen of the day, Benton can be favorably compared. Webster we need hardly consider, as he had no land policy of his own. Clay was the arch-distributionist. Can we say a word of praise to his policy? Calhoun was persistent on ceding lands to states in which they lay, as a part of his propaganda for greater state-right, which had, of course, been disreputed by the Civil War.[3] As in Jackson, we have only a follower of Benton.[4]

---

[1] Hepburn's address, p. 1. (Sen. Doc. No. 445, 61st Cong., 2nd Sess.)

[2] See his speech in Debates, 19th Cong., 1st Sess., 738. Also note his quotation of Burke's speech.

[3] Wellington (p. 92) says: "Each (play and Calhoun) was appealing to the selfishness of the West to gain his end. Clay by the twelve and one half per cent to the New States and their share in the general distribution, and Calhoun by giving the West, in his Cession bill, graduation and permanent preemption, as well as the difference between thirty-five per cent of the gross receipts from public lands and the cost of their administration by the States." The statement justly exposes Clay and Calhoun in an unfavorable light.

[4] Examine in Richardson those parts of his messages, which deal with the land question.

VII THOMAS HART BENTON AND THE PUBLIC LANDS

The Bentonian way of accomplishing things is also worthy of commendation. Benton in earlier years introduced his land bills with little chance of their adoption. But by persistent efforts,[1] he more often than not carried his points. When he had had enough followers, which were often numerous, he was solicitous of their help to focus the public attention by having them repeatedly and diligently introduce the same bills. Yes, Clay and Calhoun did the same to their distribution and cession respectively. But they did only wrong things!

The conclusion cannot be otherwisebut favorable to Benton.

APPENDIX

A list of Benton's land bills of general character and their disposition:[2]

18th Cong., 1st Sess., Apr. 28, 1824, Bill to dispose of refuse lands. Tabled.

18th Cong., 2nd Sess., Dec. 14, 1824, Graduation bill. Tabled.

19th Cong., 1st Sess., Dec. 22, 1825, Graduation bill. Tabled.

19th Cong., 2nd Sess., Dec. 14, 1826, Graduation bill. Tabled.

20th Cong., 1st Sess., Dec. 24, 1827, Graduation bill[3]. Defeated by vote of 25-21.

20th Cong., 2nd Sess., Dec. 8, 1828, Graduation bill[4]. Tabled.

21st Cong., 1st Sess., Dec. 16, 1829, Graduation bill. Passed. Senate, 24-22.

---

[1] On this point, see View, i, 102-103.

[2] Compiled from the Senate Journal. It has been thought advisable to make this investigation just to see the Bentonian method. It also supplements the discussion of Benton's land policy, in which not every one of Benton's land bills was mentioned, as it is evident that if it is done, this dull paperwould be duller still. It is also to be noted that in sessions in which Benton did not introduce a bill of his own, his lieutenants, like Walker, C. C Clay and Bresee always introduce some land bills to take the place of Benton's bill.

[3] The proceeding five bills including this one provided for graduation, and donation to actual settlers.

[4] The next five bills including this one provided for graduation, preemption and cession of refuse lands to States.

22nd Cong. , 1st Sess. , Dec. 23, 1831, Graduation bill. Tabled.

23rd Cong. , 1st Sess. , Dec. 9, 1833, Graduation bill. Not Reported by the Committee.

23rd Cong. , 2nd Sess. , Dec. 11, 1834, Graduation bill. Tabled.

26th Cong. , 2nd Sess. , Dec. 14, 1840, Log Cabin bill. Passed Senate, 31–19.

31st Cong. , 2nd Sess. , Dec. 30, 1850, Bill to accelerate the sale of public lands. Not reported by the Committee.

VIII

JAMES HARRINGTON

Gov. 6

Prof, C. H. McIlwain

April, 1922

JAMES HARRINGTON: A STUDY OF HIS POLITICAL THOUGHT

THOMSON S. CHIEN

HARVARD UNIVERSITY

1922

CONTENTS

BIBLIOGRAPHY
  I. Bibliography
  II. Life of Harrington
  III. Political Thought of Harrington

INTRODUCTION
  I. Life and Time of James Harrington
   Paragraph Summary:
   His Life
   English Political Conditions of His Day
  II. Political Writings of James Harrington
   Paragraph Summary:
   His Works
   His Style
   His Method

POLITICAL THOUGHT OF JAMES HARRINGTON
  III. Principles of Government
   Paragraph Summary:
   Definitions of Government
   Balance in Government
   The Agrarian
   Forms of Government
   The Ideal Commonwealth
   Rotation of Office
   Expansion of Commonwealth
   Revolution and Dissolution
  IV. The Framework of the Government of Oceana
   Paragraph Summary:

    History of Oceana
    The Model
    The Agrarian
    The Division of People
    The Division of The Country
    The Electorate
    Balloting
    Local Government
    Central Government
    The Parliament
    The Executive
    Legislation
    Provincial Government
    Military Organization

V. Law

VI. Society and Religion
    Paragraph Summary:
    Servitude
    Women
    Economics
    Education
    Religion

CONCLUSION

VII. Influence of Harrington's Political Thought
    Paragraph Summary:
    Contemporary Influence
    Influence on Subsequent Thought
    Influence in America
    Viewed from Present Day Standards

VIII. Criticism and Estimate
    Paragraph Summary:
    Criticisms
    Is Harrington a Utopist?
    A Final Estimate

BIBLIOGRAPHY

I. BIBLIOGRAPHY

Coker, Francis, W., *Readings in Political Philosophy*, New York, 1914, p. 298.

Dictionary of National Biography, VIII, 1319.

Dunning, William A., *A History of Political Theories from Luther to Montesquieu*, New York, 1905, p. 262.

Gooch, George P., *The History of English Democratic Ideals in the Seventeenth Century*, New York, 1912, Footnotes pp. 286-304.

II. LIFE OF HARRINGTON

Aubrey, John, *Letters Written by Eminent Persons in the Seventeenth and Eighteenth Centuries*, London, 1813, pp. 370-376.

Herbert, Sir Thomas, *Memoirs*, London, 1839.

Masson, David, *The Life of John Milton*, Six Vols, London, 1859-1880, V, 482-486.

Noble, Mark, *Lives of English Regicides*, Two Vols, London, 1798, I, 302-305.

Stephens, Leslie, "James Harrington", in *Dictionary of National Biography*, VIII, 1318-1320.

Toland, John, "The Life of James Harrington", in *the Oceana of James Harrington and His other Works*, pp. xiii-xli. (Cited as Toland)

Wright, James, *The History and Antiquities of the County of Rutland*, London, 1684, p. 52.

Wood, Anthony, *Athenae Oxonienses*, Four Vols., London, 1813-1820, III, 1115-1126.

III. POLITICAL THOUGHT OF HARRINGTON

Dow, John G., "The Political Ideals of the English Common wealth", in the *English Historical Review*, VI, 306-330 (April, 1891), pp. 317-326.

Dunning, William A., *A History of Political Theories from Luther to Montesquieu*, New York, 1905, pp. 248-254.

Dwight, Theodore W., "James Harrington and His Influence upon American Political Institutions and Political Thought", in *Political Science Quarterly*, II, 1-44. (March, 1887)

Firth, Charles H., *The Last Years of the Protectorate, 1656-1658*, Two Vols., London, 1909, I, 68-72.

Franck, Adolphe, *Réformateurs et Publicists de L'Europe*, dix-septième siècle, Paris, 1881, pp. 202-252.

Gooch, George P., *The History of English Political Ideas in the Seventeenth Century*, New York, 1912, pp. 236-304.

Gooch, George P., *Political Thought in England from Bacon to Halifax*, London, 1914, pp. 111-121.

Hallam. Henry, *Introduction to the Literature of Europe*, Four Vols., London, 1885, IV, 199-201.

Harrington, James, *The Commonwealth of Ocean*, Henry Morely Ed., London,

1887. (Cited as Oceana)

Harrington, James, *The Oceana of James Harrington and His Other Works with... His Life...*by John Toland, London, 1700. (Cited as Works)[1]

Janet, Paul, *Histoire de lasience Politiques dans sa Raports avec la morale*, Two Vols., 4th Ed., Paris, 1913, pp. 191-193.

Russell Smith, H. F., *Harrington and His Oceana: A Study of a Seventeenth Century Utopia and Its Influence in America*, Cambridge, 1914.

Smith, Arthur L., "English Political Philosophy in the Seventeenth and Eighteenth Centuries", in *Cambridge Modern History*, VI, Ch. XIII, pp. 796-798.

---

[1] For sake of convenience, quotations from the Oceana are referred to the Henry Morley Edition.

As far as Ican ascertain, there are four English editions of Harrington's collected works: The first edition was published in London, 1700; the second, in Dublin, 1737; the third, in London, 1747; and the last, in London, 1771. The second one is a reprint of the first one, with Henry Nevile's Plato Redivivus annexed. In the third one, Plato Redivivus is omitted, but Harrington's numerous tracts, omitted by Toland in the first edition, appear. It also has a good index. The fourth edition contains table of contents; otherwise it is identical with the third one, though the size of the pages is different. The Harvard Library has the first three editions. The Boston Public Library has the first, third, and fourth editions. John Adams' copies are the third and fourth editions. Unquestionably the last two editions are more useful than the first two. But unfortunately I had access only to the first two editions, while I was writing this essay. It should also be mentioned that the Boston Public library also has the first prints of the Oceana, the Art of Lawgiving, the Aphorisms Political, and the Ways and Means.

JAMES HARRINGTON: A STUDY OF HIS POLITICAL THOUGHT

INTRODUCTION

I. LIFE AND TIME OF JAMES HARRINGTON [1]

James Harrington was born of a noble family in 1611. When a boy, he was studious and sedate, and was said by some to be precocious. After spending a few years at Trinity College, Oxford, he set to travel abroad. The first country visited was Holland, where he served in the regiment of Lord Craven. Having seen Germany and the low countries he passed Flanders into France, and thence to Italy. Of all the states in Italy, Venice made the strongest impression upon the young scholar.

Upon his return to England, James Harrington was made a member of Charles I's Privy Chamber Extraordinary, in which capacity he went with the King in his first expedition against the Scots, He remained a faithful companion to the King till the very last moment of the latter's life. Yet in thought, Harrington was always Republican.

After Charles' execution, Harrington secluded himself in writing books and

---

[1] It is to be noted James Harrington was not Sir James Harrington. The author of English Regicides got badly confused with the two. Hallam made the mistake of giving the title of Sir to James Harrington.

pamphlets. But during the last three years of the Protectorate, he was somewhat active in politics, especially in the interest of his model constitution, outlined in his Oceana. Petitions were sent to the Parliament praying for its adoption, but all were in vain.[1] From November, 1659 to the following February, he was busy with the affairs of the Rata Club,[2] which he founded. The club was the earliest of the coffee house clubs, for which London became later so famous. Its main purpose was to practice the balloting schemes of Harrington. The debates which went on during the meetings were said to be lively and attracted considerable attention outside.

Upon the Restoration of the Monarchy, Harrington was suspected of implications in an anti-monarchical plot and was arrested and confined in the Tower. The Government maltreated him and denied him an early trial. He was released from the Plymouth jail, only after he had been made a complete wreck in body and in mind. He never wholly recovered health, though he could resume writing. He died in 1677.

Of the complexities of English life during Harrington's time, only a very few points can be mentioned here. Ever since the Reformation, and with it the confiscation of monasteries and shrines by Henry VIII, religion and the matter of property holding were, as it were, in a state of convulsion. The former is evident; the latter though real, can only be vaguely imagined. In the middle of the Seventeenth Century, the violent struggle, as regards religion, was between the Independents and the Presbyterians, the Catholics as well as the established church party being out of the way for the time being.

Politically the Republican party, or rather the Anti-Monarchical party, was strong. But in his anxiety to prevent England from again sinking into chaos, Cromwell, through no fault of his personal ambitions, went as far as any autocrat ever did. Parliaments come and go, but the power of the Protectorate remained

---

[1] Masson, V, 483.
[2] Aubrey, 373-373; Wood, III, 1120.

supreme. This must have set the fertile mind of Harrington thinking of proper remedies.

We shall not overlook the system of local government as it existed in England then. There was the county; there was the parish. The hundred, intermediate between the two, has little power. Election corruptions, not alone in England, were common. Many other things can be told to anticipate matters on which Harrington would dwell.

Suffice it to point out a few things in Harrington's life and time which had a direct influence on his ideals. His continental travel furnishes him examples which abound in Oceana. His agrarian was a logical conclusion of the transference of the balance in England initiated by Henry VII, as he saw it. His religions ideas purported, in the main, to pacify the striving factions. His system of ballot meant to remedy the existing corruptions, and his system of Parliament, to stabilize the country. As he was born an aristocrat, the intensely aristocratic color ran through the whole of his writings. As he was once with Lord Craven and at another time with Charles I on an expedition—and we may presume that he admired Cromwell's New Model—he was particularly careful about the constitution of the army. It is indeed interesting to notice the connection between factors like these, and Harrington's political thought; but we must now turn to his writings themselves.

II. POLITICAL WRITINGS OF JAMES HARRINGTON

Harrington's writings of political nature, though not voluminous, are at least numerous, some of which are not available. The more important ones are as follows:[1]

1. The Commonwealth of Oceana, 1656
2. The Prerogative of Popular Government, 1658

---

[1] The chronological order is reconstructed from Wood, pp. 1121–1126.

3. The Art of Lawgiving, 1659

4. Valerius and Publicola, A Dialogue, 1659

5. A System of Politics, 1659

6. Political Aphorisms, 1659

7. Seven Models of a Commonwealth, 1659

8. The ways of Means of Introducing a Commonwealth by the Consent of the People, 1660

9. The Humble Petition of Divers Well Affected Persons, 1659

10. Rota, 1660 [1]

The circumstances that attended the publication of the Oceana are fascinatingly told by Toland Harrington began his work on the Oceana soon after Charles' execution. While in printing, it was seized by the Government. It was only by the intercession of Cromwell's favorite daughter who was won over by Harrington's romantic plea, that the book was restored and finally published in 1656, without the author's name. The dedication was made to the Lord Protector.

A brief analysis of the Oceana is best presented by Toland. "The book consists of Preliminaries divided into two parts, and a third section called the Council of Legislators; then follows the model of the Commonwealth, or the body of the book; and lastly comes the Corollary or conclusion."[2] "The method he (Harrington) observes is to lay down his orders or laws in so many positive propositions, to each of which he subjoins an explanatory discourse; and if there be occasion, adds a speech supposed to be delivered by the Lord Archon, or some of the Legislators. These speeches are extraordinary fine, containing a world of good learning and observations, and are perpetual commentaries on his laws."[3]

The first book of the Prerogative of Popular Government contains a defense

---

[1] All except this are printed in Toland's edition.

[2] Toland, xxi.

[3] Ibid, xxiii.

of the Oceana; the second concerning ordination setting forth James Harrington's views. The Art of Lawgiving is an abridgement of the Oceana. Rota is a pamphlet concerning the Rota Club. The humble petition was sent to the Parliament. All the rest are either extracts from, or explanatory of the Oceana, Thus there is not the slightest question that the Oceana is the chief work of Harrington. Nay, it is the only political writing of importance, though one student of Harrington maintains that the System of Politics "deserves to be placed above the more famous Oceana."[1] It is not without interest to note in this connection that the model for England, as first outlined in the Oceana is repeated about half a dozen times in Harrington's numerous writings.

In matters of style, Harrington has neither the pregnant brevity of Hobbes nor the thunderous roll of Milton, his contemporaries. In the Oceana, he indulges himself in minute details, in fantastic speeches, and in fictitious names, the employment of which, though not uncommon at that time,[2] detracts the reader from close attention. In Valerius and Publicola he employed dialectical method with little success. In the Prerogative of Popular Government, he poured many invectives against the "Prevaricator", thus descending from the rather dignified style of the Oceana. True that there are many fine remarks, exquisitely expressed, and that there are witty rejoinders cleverly put.[3] But we must conclude with Hallam that "in general it may be said of Harrington that he is prolix, dull, pedantic, and seldom profound; but sometimes redeems himself by just observations."[4]

If Harrington suffers in comparison with other political writers in style, he excels in method. In the first place, he is no Utopist, which question will be

---

[1] Russell Smith, 122.

[2] Ibid, 13-14.

[3] For example, to the objection that "the government of Heaven is a monarchy, so is the government of Hell," Harrington replied that government of Heaven is a monarchy because God is always good. If man is also always good, he should be God and in Heaven. Thus he concludes the government of Hell should not be amonarchy. Works, 382.

[4] Hallam, IV, 200.

reserved for comment at a later stage. In the second place, he is no doctrinaire. Listen to his own expression: "No human ordinance is infallible; and what is done through mere ignorance or mistake at one time, will be found and amended at another."[1] If "there is something of the doctrinaire in Harrington"[2] it is because every political writer must entertain some beliefs; else he is no political writer at all.

But the greatest credit to Harrington is his empiricism. His is "one of the earliest examples in political theory of the historical method."[3] In this he must be placed by the side of Aristotle and Machiavelli. In fact, he admired Aristotle and almost adored Machiavelli. His general method is to examine political institutions and writings, ancient as well as modern, and then select what seems to him to be best suited to the English condition. "No man can be a politician, except he be first, a historian or a travellor."[4] And Harrington was both.

From Israel, Lacedaemon, and Rome of the ancient time, and Venice and Holland of the modern time Harrington draws his examples most. Israel he learned from the Scriptures. Venice he knew from both reading and travel. "Like most theoretical politicians of that age, he had an excessive admiration for the republic of Venice".[5] Of the different writers, as has been adverted to, he relied most on Aristotle and particularly Machiavelli, (particularly as the author of The Discourse), not only for their opinions, but also for the manner in which they compared various polities and institutions. The author of the Leviathan, published while Harrington was writing the Oceana, was made the target of attacks both because of his doctrine and of his method.

But it would be an injustice to Harrington if we are to infer that he was

---

[1] Works, 480.

[2] Gooch, English Democratic ideas, 298.

[3] Ibid, 297.

[4] Oceana, 218.

[5] Hallam, iv, 200.

slavish to his idolized masters or institutions. He never fell into pitfalls of what we may call mere empiricism. In the labyrinth of historical experiences, he never lost sight of a system that is unity itself. Though the Oceana is not a piece of political philosophy par excellence, its author is very much a political philosopher insofar as he constructs a political system coherent in itself. In other words, though Harrington "follows the ancient", he at the same time "goes his own way". [1] History instructs him, but his mind is not arrested thereby.

POLITICAL THOUGHT OF JAMES HARRINGTON

III. PRINCIPLES OF GOVERNMENT

In the Oceana Harrington starts off with a distinction between ancient prudence and modern prudence. He later explains: "By ancient prudence I understand the policy of a commonwealth and by modern prudence that of King, Lords, and Commons, which prevailed since the fall of the Roman Empire."[2] His adoration for the former is extreme, for he thinks who "recovers the health of ancient prudence shall certainly govern the world".[3] This distinction, however questionable, must be born in mind.

> Government to define it de jure, or according to ancient prudence, is an art whereby a civil society is instituted and preserved upon the foundation of common right or interest ... it is the empire of laws, and not of men. Government, to define it de facto, or according to modern prudence, is an art whereby some man, or some few men, subject a city or a nation, and rule it according to his or their private interest... [it is] the empire of

---

[1] Oceana, 17.
[2] Works, 237.
[3] Oceana, 247.

 哈佛课业

men, and not of laws.[1]

Doubtless every government has its laws. But if the government is by one or by a few, its laws are so made that only he or they count, and laws do not count.[2]

Harrington's twofold principle of government-authority and empire-are hard to comprehend. Does he give us to understand that a government must be either one of authority-Which "answers to the goods of the mind" -or, one of empire- which "answers to the goods of fortune?" This is plainly impossible; for, a government must have both kinds of "goods". Concerning authority, Harrington tells us little. But as "the soul of man is the mistress of two rivals, the one reason, the other passion",[3] a country must be either ruled by reason or swayed by passion. That Harrington prefers government by reason, which, he adds, will be guided by laws and be virtuous [4] goes without saying.

It is concerning empire or power-external goods or riches-that Harrington sets forth his famous doctrine of balance. "Empire is founded upon dominion. Dominion is property, real or personal; that is to say, in lands, or in money and goods."[5] Upon the balance of property depends the nature of government. The balance of property in land alone in most countries determines the nature of government, though "in such cities as subsist mostly by trade, as Holland and Genoa, the balance of treasure may be equal to that of land."[6]

If one man is the sole landlord, or nearly such like Turkey, the empire is an absolute monarchy or monarchy. If a few own the land or the major part thereof, like Spain, the empire is an aristocracy, also called mixed or regulated

---

[1] Ibid, 16.
[2] See Works, 241.
[3] Oceana, 26.
[4] Ibid, 26.
[5] Ibid, 18.
[6] Ibid, 20.

monarchy.[1] If the whole people own the land, or no one man or a few hold the major part thereof, the empire is a democracy or commonwealth. "If force be interposed": monarchy becomes tyranny which is "at the devotion of a prince"; aristocracy, oligarchy which is "at the devotion of the few"; and commonwealth, anarchy which is "in the power of the people".[2] These deviation forms are all against the proper balance.[3]

The distinction between governments balanced and governments unbalanced is, however, not clear. We read that "the interest of arbitrary monarchy is the absoluteness of the monarch; the interest of the regulated monarchy is the greatness of the nobility; the interest of the democracy is the felicity of the people." Do these interests exist in balanced government or in unbalanced governments? We cannot answer.

An Agrarian, "fixing the balance in lands"[4] is necessary, equally to monarchy, aristocracy and popular government. In the absence of an Agrarian, "government whether monarchial, aristocratic, or popular, has no long lease".[5] The Agrarian proposed for the "equal commonwealth" is a perpetual law, establishing and preserving the balance of dominion by such a distribution, that no one man or number of men, within the compass of the few of aristocracy, can come to overpower the whole people by their possessions in lands.[6]

An agrarian of this nature permits, of course, an aristocracy in the commonwealth, not powerful enough to overbalance the people or to convert the commonwealth into autocracy, yet powerful enough to exert a leading influence in the commonwealth. This is indeed what Harrington wants, for his ideal

---

[1] Works, 387.
[2] Oceana, 19.
[3] Works, 388.
[4] Oceana, 19.
[5] Oceana, 20.
[6] Ibid, 39-40.

commonwealth is not perfect without it. Harrington never entertains the Platonic idea of community of property. He conceives neither the possibility nor the desirability of equal distribution of land. What he now advocates is only setting a limit to the dominion in land. If there is no limit a few will own the major part of the land, and the mass, the minor part only. This is, of course, an aristocracy or an unequal commonwealth. In such a commonwealth the party of power-the nobility-will endeavor "to preserve their eminence and inequality and the other party- [the mass] - to attain to equality... [Hence there will be] perpetual strife."[1] "A nobility or gentry, overbalancing a popular government, is the utter bane and destruction of it; ...a nobility or gentry, in a popular government, not overbalancing it, is the very life and soul of it."[2]

Harrington's ideal aristocracy is one which has combined virtue with riches.[3] The nobility shall "have nothing else but their education and their leisure for the public, furnished by their ease and competent riches."[4] This aristocracy will naturally lead the people and work for the interest of the commonwealth and therefore produced the wisest government. How peculiarly Aristotelian. Harrington's inclination toward aristocracy is!

It should have been observed that by the theory of balance, Harrington has arrived at the orthodox classification of governments in common with so many political writers that went before him, including Machiavelli, whose enumeration of six forms of government is noticed by Harrington.[5] But what is more striking is that Harrington also comes to recognize the mixed form as the best form of government, though he does not say so in so many words.

At times, Harrington appears perfectly open-minded regarding the best form of government. "If", he says, "it be according to the wisdom and interest

---

[1] Oceana, 39.
[2] Ibid, 22. See also p. 150.
[3] Ibid, 151.
[4] Ibid, 153.
[5] Ibid, 17.

of the nation upon mature debate that there may be a King, let there be a King" – "If it be according to wisdom and interest of the nation upon mature debate that there be a commonwealth", let there be a commonwealth.[1] "Government, whether popular or monarchical, is essentially artificial...what comes nearer to nature...is more natural. Where one man or a few are the landlords, a monarchy must doubtless be the more natural; and where the whole people are the landlords, a commonwealth," must doubtless be the more natural.[2] But his preference is clearly for popular government. "A government ought to be founded upon justice...A government founded upon overbalance of property is ... founded...upon justice."[3] "Popular government, reachingthe perfection of the kind, reaches the perfection of government, and has no flaw in it."[4]

But in Harrington's opinion, there is neither pure aristocracy nor pure democracy. "An aristocracy, or state of nobility, to exclude the people must govern by a King; or to exclude a King, must govern by the people; nor is there, without a senate or mixture of aristocracy, any popular government. Whence, though for discourse sake politicians speak of pure aristocracy, and pure democracy, there is no such thing as either in nature, art, or example."[5] Remembering that democracy and popular government are to Harrington synonymous, a popular government cannot reach the perfection of its kind unless "it consists of the senate proposing, the people resolving, and the magistracy executing, whereby partaking of the aristocracy as in the senate, of the democracy as in the people, and of monarchy as in the magistracy, it is complete."[6] "It is complete", but it is a mixed form, almost the reproduction of Polybius' and of Ciceros'.

---

[1] Works, 540.
[2] Ibid, 381.
[3] Ibid, 487.
[4] Oceana, 37. See also Works, 230.
[5] Works, 393.
[6] Oceana, 31.

A word of explanation about "the people". "A popular assembly may consist of the whole people or of a representative". Of the former, Harrington gives Venice as an instance, of the latter, Israel.[1] As commonwealths are now usually too large for their people to assemble, Harrington suggests a representative, that is, a representative assembly. But this representative is nothing more than the deputies of the people. Delegated and ordered by the People, "this representative has the whole sovereign power in themselves". The sovereign power is not divided between either the people and the senate or the people and the representative, but is for the time being vested in the hands of the representative. But they can not attempt to perpetuate themselves in power; for if they do, they would bring themselves to open breach with the orders of the people, and thereby lose the sovereign power.[2] Here, Harrington is expounding the true character of the representative system. Incidentally he reveals his conception of sovereign power. It is: whoever has the final say in the making of law has the sovereign power.

The reason why there shall be "a senate proposing and a people resolving" is given by Harrington himself:

> If the popular assembly consists of so few, and so eminent persons as are capable of any orderly debate, it is good for nothing but to destroy the commonwealth.
>
> If the popular assembly consists of so many, and for the greater part of so mean persons as are not capable of debate, there must be a senate to help this defect.
>
> The reason of the senate is, that a popular assembly rightly constituted, is not capable of any prudent debate.
>
> The reason of the popular assembly is, that a senate rightly

---

[1] Works, 393.
[2] Works 463-464.

constituted for debate, must consist of so few and eminent persons, that if they have the result too, they will not resolve according to the interest of the people, but according to the interest of themselves.

A popular assembly without a senate cannot be wise.

A senate without a popular assembly will not be honest. [1]

Lest the relative importance of the senate and the representative should be misapprehended, let it be said, that, in Harrington's contention, the representative is the main body of the popular government; the senate is merely supplementary: for, it is the existence of the representative that makes a democracy. "Without a representative of the people, [a] commonwealth ... can never avoid falling either into oligarchy or confusion."[2]

A question arises: can harmony between the aristocracy and the people be secured in such a commonwealth? Harrington answers it in the affirmative, "for the eminence acquired by the suffrage of the people in a commonwealth can be ascended by no other steps than the universal acknowledgement of virtue" and ability, which are in the aristocracy. [3]

As Harrington would preserve the economic balance by an Agrarian, so he would preserve the political balance by rotation of office. To use his own words, "An equal commonwealth is such a one as is equal both in the balance or foundation, and the superstructure; that is to say, in her Agrarian law and in her rotation."[4] "Equal rotation is equal vicissitude in government, or succession to magistracy conferred for such convenient terms, enjoying equal vacations, as taken in the whole body by parts, succeeding others, through the

---

[1] Works, 419. See also 253.
[2] Oceana, 177.
[3] Ibid, 41–43.
[4] Ibid, 39.

free election or suffrage of the people."[1]

By this political balance – for such the scheme of rotation certainly is – Harrington aims to establish a commonwealth in which the sovereign power is lodged in the hands of the people, yet not abused by them, because the wisdom of the senate inspires them. The magistrates, which are selected by the senate, is no more than a family steward and must be answerable to the people, the true master.[2] To use a modern phrase, the magistrates are to be public Servant only.

Rotation is to be affected by equal election. "Equal election may be by lot, as that of the senate of Athens; by suffrage, as that of Lacedaemon; or by ballot, as that of Venice, which of all others is the most equal."[3] The operation of the ballot, which forms one of Harrington's chief contributions to the world of politics, will be described in a later connection.

On the question of territorial expansion or empire building, Harrington largely follows Machiavelli.[4] He would not tolerate "imposing the yoke" over conquered or subject races.[5] He thinks that confederations or "equal leagues", as he calls the Swiss and Dutch states, are "useless to the world and dangerous to themselves."[6] He approves the Roman method of expansion, which he terms "unequal leagues."[7]

Harrington lacks no love for glory.[8] According to him, it is both lawful and feasible for a commonwealth – like Oceana – to aspire to the empire of the world, for it will "put the world into a better condition than it was before" and

---

[1] Oceana, 40.
[2] Works, 386.
[3] Ibid, 394.
[4] Oceana, 235.
[5] Oceana, 236.
[6] Ibid, 236.
[7] Ibid, 237. Speaking of the balance inprovincial empire, Harrington intimates that provinces should be made subordinate to the mother country (pp. 23-24). His remark about the colonies in the Indies as sucking babes (p. 25) is not the point.
[8] Examine the Corollary in Oceana.

for it has an excellent army. [1] The authorship of these doctrines, if isolated from the rest of the Oceana, one may equally well assign to William II of Germany. Fortunately for Harrington, he redeems himself by his unsuspected earnestness. Witness the following:

> Now if you add to the propagation of civil liberty...the propagation of the liberty of conscience, this empire, this patronage of the world, is the Kingdom of Christ; for as the Kingdom of God the Father was a commonwealth, so shall the Kingdom of God the Son...[2]

We shall next examine Harrington's theory of revolution, if any. There are two kinds of revolution, one natural and the other violent. "Natural revolution happens from within, or by commerce, as when a government erected upon one balance, that for example of a nobility or a clergy, through the decay of their estates comes to alter to another balance; which alteration in the root of property, leaves all to confusion, or produces a new branch or government, according to the kind or nature of the root. Violent revolution happens from without, or by Arms, as when upon conquest there follows confiscation."[3] It will thus be seen that according to Harrington, revolution is occasioned only by the change of balance, To us, only the former kind is revolution; the latter merely conquest.

Somewhat akin to his theory of revolution is the account which Harrington gives for the dissolution of government. "Causes of dissolution, which are natural to government, are but two, either contradiction or inequality...If a commonwealth be a contradiction, she must need destroy herself; and if she be unequal, it tends to strife, and strife to ruin."[4] Lacedaemon was made

---

[1] Oceana, 241-242.
[2] Ibid, 246.
[3] Works, 244.
[4] Oceana, 232.

altogether for war, which brought to her new territories, yet nothing was provided for their government, this contradiction led her to ruin. In Rome there was constant strife between the nobility and the common people, and "Rome perished through her native inequality."[1]

IV. THE FRAMEWORK OF THE GOVERNMENT OF OCEANA

The principles, which have just been outlined, are embodied in "the model of the commonwealth of Oceana". Here Harrington states his ideas in more concrete terms. So, we shall examine the model at length.

The history of Oceana which Harrington tells in some detail need not detain us, because the same story is told by every historian of England. The only point to be here noted is, that in Harrington's opinion Henry VII, by the statute of population and other statutes,[2] and Henry VIII, by dissolution of abbeys[3], transferred the balance from the nobility and clergy to the people. Hence England is a commonwealth, and needs a constitution befitting a commonwealth.

But the way of introducing the model, as Harrington describes it, cannot go without comment. The model corresponds most nearly to our written constitution. But written constitution was a thing unknown to the Seventeenth Century writers. So in Harrington's mind, his model corresponds rather to the Laws of Moses, of Solon, and of Lycurgus, than to our written constitution. If so, it is no wonder that he should assign the task to Lord Archon, instead of to a "constitutional convention." The fact that the model is not meant by its another to be a written constitution as we now understand it cannot be too adequately emphasized. Yet many scholars of no mean repute still indulge in claiming Harrington as the precursor of written constitutions!

In the making of the model, the Lord Protector, or Lord Archon, is the sole lawgiver. But he is assisted by a council of fifty legislators, of whom twelve

---

[1] Oceana, 233.
[2] Oceana, 59.
[3] Ibid, 60.

are chosen as Prytons by lot. The Prytons act as a grand committee. They initiate the orders of the model. They sit in public and grant public hearings to all interested parties. Then the measures are reported to the council which acts upon them in secret sessions. The measures resolved are published for a month, during which interval the people can voice their opinions. If necessary, the council will make changes. The final draft of orders is submitted to the Lord Protector who promulgates them. Thereupon the orders constitute the model of Oceana. [1] Were it not for the fact that the Lord Protector is the sole legislator, and were the council of legislators popularly elected, the council would be a constitutional convention, model-making would be constitutional-making, and the model would be a written constitution. Indeed, some of the steps in the model-making are very modern and strikingly American.

The model contains thirty orders of varied importance and unequal merit. Only those parts that relate to the Agrarian and the structure of the government need be described here.

The Agrarian proposed for Oceana is as follows:

> ...that every man who is at present possessed, or shall hereinafter be possessed, of an eatate in land exceeding the revenue of £ 2,000 a year, and having more than one son, shall leave his lands either equally divided by them, in case the lands amount to above £ 2,000 a year to each, or so near equally in case they come under, that the greater part or portion of the same remaining to the eldest exceed not the value of £ 2,000 revenue... A daughter, except she be an heiress, shall... [in no way receive] above the value of £ 1,500 in lands, goods and moneys...[2]

The same law is made for Scotland and Ireland, except that in the former,

---

[1] Oceana, 73-74, 256.
[2] Oceana, 104.

哈佛课业

the limit is set at £ 500 only. [1]

The Agrarian together with the ballot are called "the fundamental laws of Oceana, or the center of the commonwealth."[2]

It will be seen that by this law, primogeniture is virtually abolished. The law provides for neither community of property nor equal distribution of land. It proposes merely to limit the amount of lands to be owned by any individual. That it is more bourgeois than socialistic is evident; for, if every landowner in Oceana owns lands of an annual revenue of £ 2,000 there would be only five thousand proprietors in the whole of Oceana.[3] The exclusiveness of landownership, if the supposed conditions were to exist, ought to dispel the idea that Harrington's agrarian is Utopian or socialistic.

The usefulness and practicability of this Agrarian is debated and defended at great length.[4] The salient points are that it will insure against the recurrence of monarchy or of oligarchy, and for the maintenance of the commonwealth; that it would neither destroy family nor injure industry; and finally that it is possible of being enacted by the Parliament.

As to the structure of the government, "all political methods that are collective of the people, must necessarily begin with distribution or division of the people."[5] So the people are divided for purpose of government;[6] (1) by their quality, into freemen or citizens and servants: "Freeman are such as have withal to live of themselves; are servants, such as have not;"[7] (2) by their age, into youth and elders above Thirty-five; (3) by their wealth,

---

[1] Ibid, 104-105.

[2] Ibid, 104.

[3] Inferred from Archon's speech. Oceana, 110.

[4] Oceana, 105-115.

[5] Works, 400. In borrowing quotations outside of the Oceana, I am animated by the desire to employ Harrington's most clear-cut utterance, care being taken to avoid any distortion of the model as present in the Oceana.

[6] Oceana, 78.

[7] Works, 436.

into horse and foot with one hundred pounds worth of property as the dividing line; and (4) by their residence.

By the last kind of division, England is divided into fifty tribes, each to contain twenty hundreds; one thousand hundred, each to contain ten parishes; and ten thousand parishes. [1] This radical redivision appears more Utopian than it really should be. The number of counties in England corresponded to that of tribes. Parish was a local unit. Hundred existed intermediate between county and parish. That Harrington's division was possible was evinced by a similar division of France during the Revolution. [2] It is even said that the French scheme was inspired by Harrington. [3]

The country, thus divided, is convenient for purpose of both election and local government. For political purposes, only the elders constitute the electorate. Annually the elders of the parish elect one fifth of their number as deputies. The deputies of each hundred elect officials of the hundred. The deputies of each tribe elect the tribal official, and also members of the Parliament.

The elections are conducted with utmost care and punctuality. There is a surveyor in every hundred, whose duty it is to instruct the people of the parishes how to use the ballot. [4] One thousand surveyors add four surveyors-general would cost Oceana £ 254,000 annually. [5] The voters must make the oath of honesty and devotion to the public interest. [6] The overseers of the parish, the justice of peace of the hundred, and the sheriff of the tribe supervise the elections.

"The ballot ... is of two parts, lot and suffrage, or the proposition and

---

[1] Oceana, 79, 89.
[2] Franck, 234.
[3] Russell Smith, 206.
[4] Oceana, 80.
[5] Oceana, 89.
[6] Ibid, 81.

result. The lot determines who shall propose the competitors; and the result, ... which of the competitors shall be" chosen. [1] To use modern phraseology, the "ballot" consists of nomination and election. Nomination is virtually by lot, because by lot lucky ones come to possess the enviable right of nominating candidates or propose competitors. The lots are balls and to be drawn from an urn. Election or result is by depositing colored pellets into boxes provided for. Majority is necessary to election. The suffrage, as it is called, shall exercise in "such a manner... as though no man can see [how the voter votes], yet any man may see that he puts in but one ...suffrage."[2] This is the great device of secret ballot, the purpose of which is to prevent corruption of election which prevailed in England of that age. "The purity of the suffrage in a popular government is the health if not the life of it, seeing the soul is no otherwise breathed into sovereign power than by the suffrage of the people"[3]

The details of balloting are necessarily different in parishes, hundreds, tribes, and in senate. But the principle is exactly the same, as indeed Harrington himself admits of their "being so little different".[4] The Venetian ballot is described in great detail.[5] The pools and manner of balloting in parishes, hundreds, and so on are elaborately described.[6] Sometimes one wonders if these minute regulations and ceremonious steps to be observed at the pools are meant by the author to be capable of actual operation. Yet whoever thinks Harringtonian ideas about the ballot as fantastic is mistaken. He must realize that the modern voting, detachedly viewed, is far more intricated and complicated than Harrington's. The right of nomination is not by lot; instead, it is given to the wirepullers. The right of result is not by merely depositing pellets;

---

[1] Ibid, 21.
[2] Ibid, 81.
[3] Oceana, 120.
[4] Ibid, 125.
[5] Ibid, 120-125.
[6] Ibid, 81-135.

instead, it is done by the employment of paper ballots with all its accompanying intricacies. Stripped of all the advantages which come from centuries of experience and modern education, our voting, it must be said, is a thing inspiring more awe than the Harringtonian ballot.

It has been mentioned that in the parish, one fifth of the elders are chosen as deputies. In an average parish there are about twenty elders. So deputies will be five in number, the first one of which must be from the horse. The deputies are elected for a term of one year, intelligible for any consecutive terms. For purposes of parish government, the first two deputies are parish overseers, the third, constable, and the last two church wardens. [1] These were familiar officials of English parish.

The hundreds are so called, because, each hundred, comprising of twenty parishes, normally has about a hundred deputies. Justice of the peace, coroner and other usual officials are elected to govern the hundred, the more exalted offices always being filled by the horse. [2]

The elections in the tribe are more elaborate. [3] The assembled deputies, about two thousand in number, who have the right to participate in the election, are collectively termed the "muster". The elections are two kinds, one for tribal officials and the other for national senators and representatives. The tribal officials are the sheriff, the Lord Lieutenant, two military officials and two censors. These together with the magistrates of the hundreds, altogether sixty-six in number, constitute the "phylarch", also called "prerogative troops". The chief functions of the phylarch are to act as the tribal council, to hold court of quarter sessions and to apportion taxes among the hundreds and to transfer taxes collected by localities to the central government. [4] Anyone, who is at all familiar with English local institutions, must be convinced of Harrington's

---

[1] Oceana, 81.
[2] Ibid, 87-88.
[3] Ibid, 93-95.
[4] Oceana, 96-97.

practical turn of mind.

Coming now to the organization of the central government, Harrington introduces more radical changes. While his conception of Parliament is truly English, for he regards the magistracy, like the Crown, as an integral part of the Parliament,[1] the composition and functions he assigned to the component parts of the Parliament are no longer those of the King, Lords and Commons.

The Parliament consists of the senate and the people, also called the prerogative, a representative assembly.[2] The senate consists of three hundred knights. The prerogative consists of 1,050 deputies. Six hundred deputies come from the foot, but all the knights and 450 deputies come from the horse; while in the constituencies, the foot outnumbers the horse more than two to one.[3] All the knights and deputies are elected for a term of three years and are not re-eligible. Every year, one third of the number expires, so that at the annual tribal galaxies, altogether one hundred knights and 450 deputies are elected, each tribe to elect two knights and three deputies from the horse, and four deputies from the foot,[4] The partial rotation is to send "fresh blood" to, and to perpetuate, the Parliament. Harrington does not like what he calls the alternate government, because "the alternate life in government is the alternate death of it."[5]

The salary for a knight is £ 500 per annum, for a deputy only about £ 2 a week![6] It is desirable that these legislators are to suspend their legal practice, if they have been lawyers.[7] Certainly they cannot be concurrently ambassadors, because their presence in Oceana is required.[8]

---

[1] Ibid, 187.
[2] Ibid, 130.
[3] See Ibid, 94.
[4] Oceana, 99-100.
[5] Ibid, 159.
[6] Ibid, 188-189.
[7] Ibid, 218.
[8] Ibid, 135.

The senate has a Lord Strategus, a Lord Orator, two censors, three commissioners of the Seal and three commissioners of the Treasury; the first four elected for one year, the last six for three years with one third of them expiring annually.[1] These ten magistrates of the senate receive higher salaries than the other knights, but they also lose their suffrage,[2] which is contrary to the modern parliamentary usage. Their functions are rather executive, and will soon receive treatment. But it should be noted that the Lord Orator is the speaker of the senate, and the censors are supervisors of the senatorial elections.[3] The prerogative elect four Tribunes, two from the horse and foot each, and twelve military officers.[4] It is to be understood that while the senate sits all the year, the prerogative assembles only occasionally and not "in continual employment".[5] This is why the latter is organized in a military fashion. The tribunes, however, have the right to be present in the senate sessions, besides being the commanders of the prerogative sessions.

The system of executive councils is somewhat intricated. There are four councils: council of state, of religion, of war, and of trade. Functional division of councils is a distinct advance to the geographical division which prevailed in the Seventeenth Century England. The councils are annually elected by, and, except the council of war, from the senate to serve three years, but only those freshly elected knights are eligible in order "to render the constitution of the councils in their revolution conformable to that of the senate."[6]

The councils elect three weekly provosts each,[7] whose function is to lead. Besides these councils, the ten magistrates of the senate are important executives. The censors preside over the council of religion. The three

---

[1] Ibid, 130.
[2] Ibid, 131.
[3] Ibid, 133.
[4] Oceana, 159-161.
[5] Ibid, 180.
[6] Ibid, 134.
[7] Ibid, 134.

 哈佛课业

commissioners of the Seal are judges in Chancery and the three of the Treasury, judges in the exchequer. The strategus and the six senatorial commissioners, constituting the signory of the commonwealth, have the sessions and suffrages of council. The signory also shall take into their consideration all matters of state and of government. [1]

The council of war consists of nine knights, three of whom are elected annually by the senate from the council of state. The four tribunes of the prerogative always sit in this council. [2] If the senate, during emergency, elect nine more from their own number to the council of war for three months, this council becomes the dictator of Oceana, [3] and supercedes the senate and the people. [4]

It has already been noted that the senate has ten magistrates and the people, four tribunes. These, together with forty-eight knights, [5] and in emergency, nine more, elected by the senate to serve in the councils, and with judges of courts, constitute the magistracy of Oceana. [6] "Magistracy is a style proper to the executive part …Magistracy may be esteemed of two kinds; the one proper or executive, the other improper or legislative." [7]

We must outline briefly the processes of legislation in Oceana. Laws must receive the assent of the prerogative, but supplementary legislation, or decrees, affecting no existing law and making no new law, is vested in the hands of the magistrates and the senate alone. This is a distinction which commands the attention of those legislatures which are burdened with bothersome and needless bills wanting the dignity of law.

The initiative step of legislation is proposing. The signory has the right to

---

[1] Oceana, 145.
[2] Ibid, 134.
[3] Ibid, 141.
[4] Ibid, 179.
[5] Ibid, 134.
[6] Ibid, 185.
[7] Works, 393.

propose in every council. The provosts have the right to propose to their respective council. [1] Forming an academy of provosts, they can propose to any of the councils. [2]

The proposals to certain council are then debated by that council. Those resolved upon are introduced into the senate by the provosts or the magistrates of the signory, where they are debated and resolved or rejected. Resolve needs majority vote. [3] The ones that are resolved upon become decrees, which, if they are not laws, are final. But, if the contents of the decree touch upon the existing Law or make a new law, the decree is a mere proposal of the senate and has to be submitted to the prerogative for final vote. This proposal must be first published and promulgated. [4] The senate chooses proposers out from its magistrates, whose duty is to lay the measures before the people. If these are "resolved by majority vote of the same (people) in the affirmative", they become laws of Oceana or acts of Parliament. [5]

It should be noted that the proposers whether in council or in senate or in the prerogative always have the right to speak first. [6] All the proposers being members of the senate, and the debating belonging solely to the senate, it is at once evident that the power of the senate over legislation is immense. The justification for that is to be found in the fact that "the wisdom of the commonwealth is in the aristocracy". [7] Harrington says that "a main part of the office [of the senate] it is to teach and interest the people [deputies] ."[8]

But, if the senate has too much legislative power, the prerogative enjoys supreme judicial power. The prerogative is to determine its own competence. The

---

[1]   Oceana, 145.
[2]   Ibid, 140.
[3]   Ibid, 146.
[4]   Ibid, 147.
[5]   Oceana, 179.
[6]   Ibid, 146, 179.
[7]   Ibid, 31.
[8]   Ibid, 181.

only limit is that it must not interfere with the power of the council of war or of the strategus over martial law. In trials, the tribunes act as judges and the deputies as jury. The verdict is rendered by the vote of guilty, or of not guilty, or of "non-sincere". That of course will be many proposals for sentences. That which receives the highest majority vote becomes the sentence of the prerogative.[1]

Concerning governments of Scotland and Ireland, Harrington was somewhat more liberal than his contemporaries, but none too liberal. He treats the two equally. Each is to send thirty knights to the senate and sixty deputies from horse and 120 from foot to the prerogative of England. Their election and rotation and terms are as usual. Apparently, they are to have same powers as the English, though Harrington says nothing.[2] In both Scotland and Ireland, a provincial council, consisting of twelve knights, elected from the elders of the foot of the province and rotated in the usual fashion, shall be formed, whose functions is to act for the central government regarding provincial affairs.[3]

"The government of the City (London) is so wisely and completely contrived, that Harrington made a very few alterations in it."[4] These alterations are too colorless to be interesting.[5]

A word about the military organization of Oceana.[6] The youth, that is, such as are from eighteen to thirty-five years of age; in parishes, elect a fifth of their number to be stratiots, who constitute the "first essay". The stratiots are drilled in the rendezvous of the hundreds. The stratiots of the tribe, numbering about two thousand, are commanded by the lord lieutenant. Out of these two thousand stratiots, two hundred horse and six hundred foot are elected. In all

---

[1] Ibid, 179–180.
[2] Oceana, 186.
[3] Ibid, 227.
[4] Toland, iv.
[5] See Oceana, 197–201.
[6] Oceana, 203, 209.

tribes, ten thousand horse and thirty thousand foot are thus elected. These constitute the "second essay", the standing army of Oceana. The "third essay" is formed, when in war or in national manoeuveur, the strategus may call men from the second essay. As soon as this happens, the senate elects a new strategus and the lord lieutenants a new second essay, thus keeping the fighting strength of Oceana replenished. But a part of the second essay is by lot sent to Scotland and Ireland to have an eye on the provincial armies, so to speak. [1] If the country is invaded, the elders are also liable to service. Every man must serve once, but he may volunteer for more. If the youth be the sole son, he can be spared. Anyone who refuses to serve in the army will be reduced to status not unlike that of "herlots" in Sparta. [2] The army of Oceana is so thoroughly organized "to the end that the commonwealth utmost pressure may show her trust that God in His justice will remember mercy, by humbling herself, and yet preserving the courage, discipline, and constancy, even to the last drop of her blood and the utmost farthing."[3] Such is Harrington's idea of a national army! - for he has great apprehensions for "auxiliaries" and "mercenaries". [4] Such indeed is Harrington's militarism!

V. LAW

Harrington's ideas on law are hardly sufficient to warrant a special treatment. But they are too important to be altogether passed over.

We observe only in one place where Harrington intimates the existence of law of Nature. "Reason of of mankind", "which is the interest of mankind" makes "law of Nature". [5] This law of nature, therefore, is nothing but rationalism.

---

[1] Oceana, 229-230.
[2] Ibid, 208.
[3] Ibid, 209.
[4] Works, 277 See also a suggestive account by Franck, 217.
[5] Oceana, 28.

Speaking of more tangible laws, they are of two kinds, ecclesiastical and civil; the former relates to religion and the latter to government. By the ancient prudence, ecclesiastical laws "are in the power of the magistrates. By the modern prudence they are in the hands of the Papacy".[1] Since his reverence for ancient prudence is not disputed, the inference is that Harrington deplores the invasion of the Papacy in the realm even of ecclesiastical laws.

It is to civil law in particular that we turn out attention. The source of law is will.

> Law must equally proceed from will, that is, either from the will of the whole people, as in a commonwealth; from the will of one man, as in an absolute, or from the will of a few men, as in a regulated monarchy.
>
> That will, whether of one, or more, or all, is not presumed to be, much less to act without mover.
>
> That mover of the will is interest.[2]

Interest of one, of a few and of all are different from each other; so that laws are different in monarchy, aristocracy and democracy. Government is like tree, and law like fruit.[3]

Strictly speaking constitutions are not laws. "Such constitutions in a government as regard the frame or model of it, are called orders; and such things as are enacted by the legislative orders, are called laws."[4]

Law in its strict sense is made, in a commonwealth, by the concurrent action of the senate and the people. This conforms very readily to the modern idea of legislation. But Harrington is serene enough to advise, that "The best

---

[1] Ibid, 45.
[2] Works, 241.
[3] Oceana, 47.
[4] Works, 395.

rules as to…laws in general is that they are few". [1] "The center, or basis of every government", he affirms, "is not other than the fundamental laws of the same."[2]

As to the obligation of law, the people of a commonwealth is "not obliged by any law that is not of their own making or confirmation". [3] "The magistrate, [as he] is the executive power of the law, [and] ... answerable to the people, ... his execution be according to the law."[4] This view is distinctly favorable to popular sovereignty.

VI. SOCIETY AND RELIGION

In the "distribution of material", or classification of people, as we have already seen, Harrington first "distributes the people into freemen or citizens and servants, while such; for if they attain to liberty, that is, to live of themselves, they are freemen or citizens."[5]

> ... The division therefore is not constitutive, but naturally inherent in the balance; nor seen all government is in the direction of the balance, it is possible for the superstructures of any to make more freeman than they are such by the nature of the balance or by their being able to live of themselves. [6]

It is therefore clear that there will be naturally servants, whether in a monarchy or in a commonwealth. Some must be servants. But if they get enough property to live by themselves, they are liberalized, so to speak, and can enjoy the rights of citizens.

---

[1] Oceana, 47.
[2] Ibid, 103.
[3] Ibid, 179.
[4] Oceana, 31.
[5] Oceana, 78.
[6] Works, 436-437.

To Harrington, if we may interpret him, servitude is a necessary evil. It is an evil because it "is inconsistent with freedom, or participant of government in a commonwealth" and "a commonwealth whose army are in the hands of her servants", is in danger of revolt.[1] But it is necessary, because it is natural. Such is theparadox. Unfortunately, Harrington says nothing about the role of government assigned to the servants, if any.

To women, Harrington gives respect but no political rights. "Respect ... ought to be given to a sex that is one half of the commonwealth of mankind, without which the other would be none."[2]

On economics, Harrington's view is in line with his contemporaries and is that of the physiocrats. The importance of agriculture is very much stressed upon. "I am of Aristotle's opinion, that a commonwealth of husbandmen...must be the best of all others."[3] "The tillage, bringing up a good soldiery, brings up a good commonwealth."[4] Agriculture is not only important in itself, but it is also the basis of other arts. "In manufactures and merchandise, the Hollander has gotten the start of us; but at the long run it will be found that a people working upon a foreign commodity does but farm the manufacture, and that it is really entailed upon them only where the growth of it is native."[5] Here Harrington is almost voicing the English colonial policy of the following two centuries by making the English believe that they must control the raw materials of the world.

On education, Harrington resembles Plato and Aristotle in that he pays great deal of attention to it. "Education ... is of six kinds: at the school, in the mechanics, at the universities, at the inns of court or Chancery, in travels, and

---

[1] Oceana, 78.
[2] Oceana, 192.
[3] Ibid, 211.
[4] Ibid, 12.
[5] Ibid, 211.

in military discipline."[1] A man may choose to educate his son or one of his sons privately,[2] but all the other sons from nine to fifteen years old must be educated at tribal schools. After one gets through the school education, he may enter into any of the professional trainings mentioned above.[3]

On the question of religion, Harrington's main ideas are to restore the power of ordination to the people or congregation, to establish a national religion and to grant limited toleration. The ordination is by election of elders of the parish, to be approved by a university in order to assure proper qualification of the pastor.[4] The honest vocation of the clergy is to teach the children at the school and universities and the people in the parish concerning religious education.[5]

There is to be an established religion. Establishment is not considered inimical of liberty of conscience, because the existence of national conscience is compatible with that of individual conscience. "If the conviction of a man's private conscience produces his private religion, the conviction of the national conscience must produce a national religion."[6]

Harrington's toleration is far from complete. The "Popish, Jewish or idolatrous" are not tolerated. Toleration only applies to men of Protestant faith.[7] But Harrington should not be criticized for lack of liberality, for he has gone as far as the Independents. The Instrument of Government grants no more toleration than Harrington.[8] The universities are to be the seat of religious education as well as the repository of it. They advise the council of

---

[1] Oceana, 210.
[2] Ibid, 203.
[3] Ibid, 204.
[4] Ibid, 83-84.
[5] Ibid, 217.
[6] Oceana, 45.
[7] Ibid, 84. Compare also works, 451.
[8] See articles XXXV-XXXVII of the Instrument of Government. S. R. Gardiner, the Constitutional Documents of the Puritan Revolution, p. 324.

religion and consider every petition sent to the senate concerning religion. [1]

In all matters of religion, Harrington relies a great deal on the Scriptures. "True religion is not to be learnt without searching the Scripture." Thus he repudiates excommunication of the clergy, because it is "not clearly provable out of the Scripture."[2]

CONCLUSION

VII. INFLUENCE OF HARRINGTON'S POLITICAL THOUGHT

In dealing with the influence, contemporary or otherwise, of any particular theory, no one can be unmindful of the dangers of exaggeration, of misapplication, and of inaccuracy. That Harrington exerts some influences on subsequent political institutions and thinking is not to be questioned. But how great is this influence no conscientious man can venture to answer. Even Russel Smith, who particularly studies Harrington's influence, is aware of the usual dangers.[3] However, nothing ventured, nothing done. Some risks must be taken.

The Oceana, we remember, was published in 1656. Immediately after its publication, testifies Anthony Wood,[4] "it was greedily bought up". Controversialists lost no opportunity in attacking it. Therefore, it must have received considerable attention, at least among men of speculative mind – for Cromwell termed the book as a "paper shot". According to Arthur L. Smith[5] "its influence from 1656 – 1660 can hardly be overestimated". Another authority remarks that due to its fantastic nature, Oceana was only talked about but never

---

[1] Oceana, 139-140.
[2] Ibid, 85.
[3] Russell Smith, 129-130.
[4] III, 1119.
[5] Cambridge Modern History, VI, 797.

seriously considered during the same period.[1]

But we can easily agree with Masson,[2] that by 1658, the Harringtonians were sufficiently numerous to be taken into account. The leader of the restored Rump, Henry Nevile,[3] who wrote "Plato Redivivus", and who was incorrectly hinted by Hobbes as having "a finger in that pye" (the Oceana), was a very enthusiastic disciple of Harrington. Nevile was an active member of the Rota. He had been a moving spirit in the presenting of the petition of July 6, 1659 to the Parliament. Perhaps the finest words that correctly describe Harrington's place in the contemporary politics are recorded in the response of the Parliament to that petition, they are: "The House has read over your petition, and find it without any private end, and only for the public interests."[4]

Harrington's influence on the publicists that followed him is very hard to determine. Temperley, speaking of the happy settlement of the Glorious Revolution, says that the Oceana "provided the theory by which the change of government was to be defended". "The union of property and power produced a just balance in the state, and for the discovery, Harrington was regarded as the Columbus of political science. His idea permeates the whole modern settlement."[5] Russell Smith enumerates a long list of English writers—Sydney, Nevile, Locke, Hume, Bentham, and Grote—as influenced by Harrington.[6] This may be somewhat exaggerated, but that Harrington's influence was felt by Nevile, by Sydney whose refutation of Filmer's Partriarcha is Oceanic, by Hume and Grote who both praised Harrington in written words, is beyond doubt.

In France, Harrington's works were translated in 1789, and another translation of Aphorism was rendered in 1795.[7] Thus it can be seen that

---

[1] C. H. Firth in Cambridge Modern History, IV, 544.
[2] V, 483.
[3] Also written as Harry Nevill.
[4] Works, 546.
[5] "The Change of Ancient History to Modern History", Cambridge Modern History, V, 255-256.
[6] Russel Smith, 129-151.
[7] Janet, II, 752.

Harrington was in great demand by the French revolutionists. One can easily agree with Russell Smith that Sieyes was very much influenced by Harrington.[1]

The greatest influence of Harrington is, however, exerted on the American political thought. Anyone familiar with the views of both Harrington and Roger William and Penn is ready to grant, that the latter were under the influence of the former, though Proof be lacking.[2] The colonial charters for Carolina, New Jerseys, and Pennsylvania, according to Russel Smith[3], also bore the Harringtonian marks. One may not subscribe to all this. But as to John Adams and James Otis, their own writings are the best reminders of Harrington's Influence.[4]

The American Revolution resulted in many things, which are Harringtonian.[5] Though no Agrarian was established, primogeniture was abolished, which had existed in eight of the colonies.[6] Rotation of office and government of laws were declared in the Bill of Rights of the Massachusetts constitution of 1780.[7] By the New York constitution of 1777, ballot took the place of viva voce voting.[8]

Now let us examine political institution, not only of America, but of the world, which may not be due to Harrington, but which nevertheless justify or vindicate Harrington's contentions. Secret ballot is at present the common

---

[1] Russell Smith, 205-214.

[2] Russell Smith's proof, (pp. 162-83) is not particularly convincing.

[3] 157-183.

[4] John Adams, Works, particularly, "On Government", James Otis, Rights of the British Colonies.

[5] It is, however, ill-conceived to think that they are due to Harrington's influence, for one person may arrive at the same conclusion without consulting the other. Russell Smith linked many new American ideas and institutions with Harrington. But his intimation (Russell Smith, 199) that the final establishment of the Federal senate and House was due to Adams, who was influenced by Harrington is a gross injustice to the Fathers and to Harrington alike. It should be remembered that Harrington's "bi-cameralism" is of a peculiar nature. Russell Smith (pp. 63-65, 192, 194) also grossly misunderstands separation of powers. Harrington's is a concentration of powers. How can this be applied to America?

[6] Dwight, Political Science Quarterly, II, 34.

[7] Ibid, 14, 8.

[8] Ibid, 21.

practice of all the world. Rotation of office, that is to say, election of officials for a term of years, is uniform in all republics, though reelections are often permitted. Partial rotation which first gained recognition in the United States Senate, now prevails in many other legislative assemblies and executive commissions. Indirect elections[1] are employed in the election of the United States President and more commonly in continental republics. The impeachment by legislative assemblies savors of the trials of the prerogative. The cabinet very much resembles the institutions of the signory and the councils combined. Executive initiative is a part of cabinet system, but is also a contrivance of Oceana. The right to petition the legislature existed in Oceana as well as in modern republics. The list of similarities and resemblances may be easily prolonged, but only two very important ones need be elaborated.

Compulsory military service was first introduced by Frederick the Great of Prussia and became a vogue of all Europe in the Nineteenth Century. The principal features of this truly fiendish institution are the universal liability, the division of the army into standing army and reserves, the provision of annual trainings. But all these, are to be found in the military orders of Harrington. The institution by its own merit may be a very black spot to Harrington's republicanism. But he ought to receive the credit for having thought of such an institution, whether Frederick was inspired by Harrington or not. [2]

Another institution, which is daily acquiring importance, is direct legislation, comprising of initiative referendum and recall. What Harrington calls "people resolving" is exactly the referendum of today. The prerogative of Oceana is also called the people, because its size is adequate to "embrace the interest of the whole people."[3] Had the size of Oceana been no greater than the city states of the Antiquity, Harrington would have no doubt conferred the

---

[1] In Oceana, members of Parliament are elected by the people only indirectly.
[2] It is reasonably sure that Frederick read the Oceana.
[3] Works, 430.

right of resolve to the primate assembly. Or, had the modern conveniences of transmitting intelligence existed in the Seventeenth Century, he would also have no doubt preferred popular voting to voting by the deputies of the prerogative, It requires no stretch of imagination to conceive the identity of "people resolving" and referendum-in principle at least.

So, if every political institution that exists today, can be traced to one political theorist that has gone by, Harrington's influence may prove to be enormous. This is, of course, a dangerous path to tread upon. We must, therefore, be contented with a critical estimate of Harrington.

VIII. CRITICISM AND ESTIMATE

The essential features of Harrington's political schemes as well as his method have been described. Now it remains to consider them somewhat critically. M. Franck contends that "the capital error of Harrington is that he would substitute an exterior mechanism for the natural and regular development of human faculties."[1] This sweeping statement applies to, and touches the very root of, all proposals for social and political reform. That it should not stand as a verdict against Harrington is clear, if we only keep in mind that reform proposals should not be judged by the standard of their immediate applicability or by the degree of their radicalism, but by their intrinsic merit and their ultimate applicability.

M. Franck's specific criticisms against Harrington are sounder than his general condemnation of Harrington. He objects (1) to the discrimination against the youth in favor of the elders; (2) that indirect election is incompatible with democracy; and (3) to the undue predominance of the "cavaliers", which is the horse.[2] The last one he calls the "most shocking contradiction". The second criticism can be lightly dismissed. The first one is sound enough, because a man

---

[1] Franck, 251.
[2] Ibid, 243-245.

VIII JAMES HARRINGTON

of from eighteen to thirty-five years of age does not deserve to be deprived of political rights. But the last criticism is splendid. To infer from of Harrington's figures there would be in Oceana about 35,000 elders of the horse and 75,000 elders of the foot; yet the former monopolizes the senate and control almost half of the prerogative.

A still more severe criticism may be directed against the concentration of powers in the hands of a few. The magistrates of the senate and of the councils, fifty-eight in number, —overlooking the four tribunes for the time being —is the government of Oceana! They propose laws, defend their proposals and execute the law of their making. And all of them cavalier elders! In time of emergency, the government is in the hands of twenty-two persons, and of these only two are not cavalier elders. [1] This is indeed more shocking than what is shocking to Franck.

Hume complains that the senate has a negative power over the people. [2] This is true enough. But the ultimate question is whether Harrington's optimistic view of "natural aristocracy"[3] is warranted. If the aristocracy is as good as he thinks, supremacy of senate and concentration of power in the hands of the few can all be justified. But if it can be maintained that there are a few men always fit to govern, it can be equally well maintained that there is one man always fit to govern. If there can be a natural aristocracy, there can also be a natural monarchy. Therefore, Harrington must be wrong in relying so much on the few.

Milton[4] condemns Harrington's system of partial rotation as too intricated. That this intricate system works, as it now does, is an adequate defense of Harrington. Hume criticizes rotation as throwing men of whatever abilities out of employment. [5] But Harrington is not to blame, because it is an

---

[1] Nine knights of the council of war, nine knights as juncta, and four tribunes.
[2] Hume, Essays, Green and Grose Ed. I, 481.
[3] Works, 253.
[4] Ready and Easy Way to Establish a Commonwealth; Prose works, Pickering Ed., III, 435.
[5] Hume, Essays, I, 481.

necessary evil in democracy.

Most of the critics of Harrington, however, choose his Agrarian as the target. It is, of course, easy enough to prove its impracticability, its danger and to ridicule Harrington. As far as criticisms go, Aristotle's attack on Plato's communism apply equally well to Harrington's Agrarian, and none has excelled Aristotle in criticisms. But a fair minded person should not be carried too much by such criticisms. The point is that communism and Agrarian alike remain in the field of speculative philosophy and have never entered that of practical politics. No man has the sure right to say that a thing, which is not physically impossible, is impracticable. And theoretically speaking, arguments for communism are never lacking.

This leads us to consider this question: Is the Oceana a Utopia and is Harrington a Utopist? The answer must be in the negative. The most Utopian of all Harrington's ideas is, by common consent, his Agrarian. Yet his Agrarian is no more Utopian than his republicanism is Utopian. It is interesting to bear in mind that while he is thoroughly familiar with Plato [1], Harrington never introduces Plato, who in his Law has advocated something similar to his Agrarian, into the lengthy discussions of the Agrarian. Further, modern governments have begun to use such weapon, as graduated income tax, as a curb against vast accumulation of wealth, in the end that there will be a limit to private fortunes. In this sense, Harrington's Agrarian is bound to be realized.

The opening passage of the Oceana [2] lends color to the belief that the Oceana is a Utopia. But a reasonable man ought to view it as an outburst of poetical feeling rather than as a revelation of Utopian intentions. A perusal of More, of Bacon's New Atlantis and of Campanella would also unmistakably demonstrate their difference to the Oceana. That Robert von Mohl [3] classifies

---

[1] Masson, V, 481.

[2] Oceana, 11.

[3] Geschichteund und Literatur der Staatswissenschaften, I, 191.

VIII JAMES HARRINGTON

Oceana as a political romance and criticizes its Utopian characters, is more an example of accustomed prejudice against the Oceana than an impartial judgment of it.

Harrington himself has no intention to be a Utopist. In the preface[1] to the third book of the Art of Lawgiving, proposing a mode for England, it is avowed that that model is meant to be practicable as well as to conform to reason. This is also the interpretation of Franck.[2] An epithet preceding the preface to the first book of the same treatise reads: "If this age fails me, the next will do me justice."[3] Harrington is prophet! Shall we exclaim?

In company with his contemporaries, Harrington also shines. While he finds a republic in the institutions of Israel, Filmer and Bossuet justify an absolute monarchy.[4] While he by the inductive method reaches the conclusion in favor of republicanism, Hobbes does the same absolutism by deductive method. In originality, Harrington surpasses Milton and Halifax as well as Hobbes.[5]

The final question must now be answered: Why it is Harrington who has never been favorably received as a political theorist? One reason is that his fanciful titles and pedantic style first gives an impression of his being Utopian and then exasperates the reader. A second reason, a more important one, though not recognized, is that Harrington wrote nothing but Politick, while it is Statsrecht and more generally Staatstheorie that win one a fame.

In closing let a great historian and philosopher and a conscientious student of recent time pass judgment on Harrington. Hume writes:

> Harrington's Oceana was well adapted to that age, whenthe plans of imagining republics were the daily subjects of debate and

---

[1] Works, 429-435.
[2] Franck, 213.
[3] Works, 385.
[4] Franck, 222.
[5] Gooch, Political Thought, 113.

conversation; and even in our time it is justly admired as a work of genius and invention... The style of this author wants ease and fluency; but the good matter which his work contains, makes compensation.[1]

Again:

The Oceana is the only valuable model of a commonwealth, that has yet been offered to the public.[2]

G. P. Gooch writes:

His critical and constructive power entitles him to rank among the foremost of those thinkers who have endeavored to combine democratic principles with the interests of order no less than of progress.[3]

---

[1] The History of England, 8 vol. Oxford, 1828, VII, 307.
[2] Essays, I, 481.
[3] English Democratic Idea, 301.

译后记

　　此8篇论文为钱端升先生在哈佛大学求学期间所写课程论文。因论文主旨宏博，取材广泛，文气纵横，而译者学识谫陋，笔力有限，自量甚难呈现先生之淋漓笔墨与开阔气象，本非翻译此卷上佳人选。之所以强不可为而为之，非为颜厚，实因脸薄——恐被误为不识抬举，辜负主事诸贤之信任与雅量。读者诸君若能谅此苦衷，则不致因对译文瞩望过高而失望过甚了。

　　初稿以现今日常语言译出，自审一过后，赧颜不已，因译文不唯支离破碎，抑且寡淡无味、浅薄幼稚、一无所长，此种翻译于原作岂非佛头着粪，实在不敢提交编辑。反省之后，译者于仓促之中几乎将初稿推倒重来。于时译者寻思，诸文恰为一百年前之作，当时中国语言正处新旧交替之际，文言文尚未完全销声匿迹，现代白话文则处于方生未生之态，林译、严译之古风固然已逝，而梁氏新民之体亦成前浪，当时学人撰文，所用文体大多为一种尚余旧痕之新格。推想钱端升先生当时若亲译诸文，文风应非我辈今日之日常语言。于是译者冒昧大胆采用一种近乎文白夹杂之文体，虽自知中文修养实在欠缺，取法乎中，仅得其下，不免现照猫画虎反类犬之丑，但至少可免之前村气逼人、一览无余之陋。文风问题仅为翻译中一面，至于信、达之标准，则译者唯求于此少犯错误，尽量避免贻笑方家，然自始至终皆忐忑不安，深知校书犹扫落叶，错误随扫随有，而根浅者译书，恐如空中捕落叶，人徒见其扭怩作态而往往一无所获。后因译文初稿篇幅有限，稍嫌单薄，主事者为存真迹，拟出版英文原稿，以资对照，至此方知，被方家所笑为不可免矣，扭怩作态即为自况乎！然此举亦令译者惭愧之心，稍得解脱。正所谓，曲有误，周郎顾；译有误，原文补。

哈佛课业

此 8 篇论文，就其内容而言，广涉法学、政治理论、政治思想、西方政治史、外交政策史、美国公共政策史等诸多领域。译者自知学识浅薄，视野偏狭，对论文内容不敢妄加评议，今谨就所知原稿情况稍作说明，以资参考。

首先，从此 8 篇论文大略可窥见百年前哈佛大学之文科硕博士教育要求，亦可从中窥见钱端升先生一生治学领域和倾向。

8 篇论文为钱先生生前所手订，按日期先后编次。钱端升自述"自 1920 年 9 月初进哈佛到 1923 年 12 月初离去，在哈佛共三年两个月"，潘惠祥先生据钱端升先生日记等资料考证[1]，钱端升在 1920 年 9 月 23 日正式注册成为哈佛大学研究生，9 月 29 日正式开始上课。就目前所知资料，他在哈佛大学第一学年上学期修习 4 门课程[2]，第一学年下学期修习 4 门课程，且旁听一门公共财政学[3]；第二学年上学期修习 7 门课程，其中 3 门课程应未修毕[4]，第二学年下学期修习 3 门课程，但算上上学期未修毕之 3 门课程，应有 6 门课程。[5] 至 1922 年 5 月 27 日，钱端升通过一般考试，取得硕士学位。所以在 1920 年 9 月至 1922 年 5 月期间，其总计修习了 18 门课程（算上旁听课程则为 19 门）。此后进入钱端升攻读博士学位期间，其于 1923 年 11 月完成哲学博士所需课业，通过各种考试，并于 1924 年夏获哲学博士学位。但其攻读博士学位期间修习之课程未见记载。

钱先生手订 8 篇论文，除第五篇外，每篇皆有课程编号、授课教师和写作日期，第五篇记为"1921 年 3 月提交予谢里登奖学金（Sheriden

---

[1] 潘惠祥：《在政治与学术之间：钱端升思想研究（1900—1949）》（上册），花木兰文化出版社 2015 年版，第 58 页。

[2] 4 门课程为：美国宪法、国家行政学、政治组织、政府系统，见潘惠祥：《在政治与学术之间：钱端升思想研究（1900—1949）》（上册），花木兰文化出版社 2015 年版，第 58 页。

[3] 4 门课程为：国家行政学（续）、美国宪法学、欧洲史、政治权力，见潘惠祥：《在政治与学术之间：钱端升思想研究（1900—1949）》（上册），花木兰文化出版社 2015 年版，第 59 页。

[4] 7 门课程为：统计学、政治学说史、西洋史、州政府和审计、国家哲学、德国史、行政地理学，其中后 3 门注为"不完整"，即可能未修完。见潘惠祥：《在政治与学术之间：钱端升思想研究（1900—1949）》（上册），花木兰文化出版社 2015 年版，第 60~61 页。

[5] 3 门课程为：政府学（6）、经济学/政府学（9b），见潘惠祥：《在政治与学术之间：钱端升思想研究（1900—1949）》（上册），花木兰文化出版社 2015 年版，第 61 页。

译后记

Prize）之论文，则非课程论文"。从诸课程论文中我们得知：这7篇论文最早日期为1920年12月（即第一篇；第二篇记为1920年，但未署月份），最晚日期为1922年4月，所以皆为其攻读硕士学位期间所写之论文；此卷论文可能并非其所有课程论文，因7门课程不及其修习课程之半数，很难说其他课程不需写论文结课，但我们尚不能确定其是否还有其他课程论文存世；从钱先生对此论文一直珍而藏之应可推知，他对这批早年论文甚为重视，至少不免怀念，认可其水准，不存在"老悔少作"而欲汰之天壤外之心态，因此从学术史、从钱端升先生个人思想史之研究角度而言，此卷论文自有其独特价值。

7篇课程论文，每篇皆有等级制打分，分别为：第一篇，B+，第二篇，A；第三篇，B+（并有铅笔评语"Good"，应为授课教师麦克莱什先生（Mr. McLeish）之手迹）；第四篇，A；第六篇，A；第七篇，A-；第八篇，A。总计有5篇得A（含一篇A-），2篇得B+，可见其成绩非常之优秀。

其次，从此8篇论文，大体可见青年钱端升之不凡功底与精研学风。

其引证材料必有出处，而从其对书目之评点中，不难看出所列之书目皆为其深翻细读者，否则何来自信出此一针见血之评点。在此手订稿中，有钱先生之修改手迹，我们不能确定这些修改是当年写作交稿时即有之手迹，还是此后经年，钱端升先生摩挲青春痕迹、旧课重温时的查漏补罅。但无论如何，我们可见其精研不苟之学风。诸般订正手迹，无法在排印本中一一体现出来。

最后，参照钱端升先生日记来看，其所习课程，其所撰论文，其课外活动，恒有一或明或暗之主题或线索，即如何通过求知而救国。毫无疑义，他是一坚定而真诚之爱国者，他之读书求学主要即为救国。

此卷课程论文其主题集中于法律和政治问题，此正为其后钱端升先生治学成名之两大领域。其中对门户开放政策之研究一篇，激情昂扬，引证坚实，亦可见其用心良苦。据说中华人民共和国成立后，有主事者向钱端升先生咨以欲在何领域发挥作用，钱先生选择了外交。此番心绪与抱负，应可溯源至其青年时代之学思与情怀。

他在哈佛求学期间，正是一战之后远东国际格局大变动时期，日本加紧对华侵略,中国危如累卵。钱端升不仅于1915年在国内参与过抗争日本侵华"二十一条"之爱国活动,在美求学期间同样竭尽其力对日本侵华活动予以抵制和揭露,维护中国之独立和统一。他通过在美国社区中演说,通过向美国报纸(如《纽约时报》)写读者来信等形式,评论国际局势和与中国有关之外交事务。如1921年10月2日《纽约时报》发表社论《日本走向荣誉之道》,一面固然劝诱日本放弃军事扩张,另一面则明目张胆主张让日本殖民中国满蒙,慷他人之慨而对日绥靖,钱端升即写信以详细数据批驳社论立论之基础,指出日本人口增长问题远不如中国之严重,日本岂可以此为据而殖民中国领土![1]因此我们不难理解钱先生撰写"在华门户开放政策"一文时之选题用意与写作心态——那很可能是蘸心血、和苦泪之钻研与书写,虽其文笔飞扬、情绪激昂,然其心态却颇为苦闷沉重。

虽此项翻译工作有如伴先贤读书,应当甚为惬意,但做来仍觉艰难吃力。所遇困难,一为译者之中英文修养与学术根基之肤浅,二为译者未具其他外语能力。据钱端升先生令嗣钱大都先生所述,钱端升先生早在南洋公学求学期间即已修习德语、法语。钱端升先生在哈佛大学攻读博士学位时,按照当时学制,亦需修习英语之外两门外语。是以其课程论文中所引文献,尤其第二篇,时有德语、拉丁语等词句,于作者固为课业所需,驾轻就熟;于译者则为拦路山虎,避之无途。所幸译者就职之政法大学高才满栋,而译者有幸夤缘结识之师友潘珊、郭逸豪、刘星诸位助译者校核了文中所涉德语、法语、拉丁语词汇之翻译和日语人名回译,在此深表谢意!清华大学政治学系谈火生教授和中国社会科学院俄罗斯东欧中亚研究所张昊琦研究员两位师友,译者平时即时蒙提点,此次翻译中某些专业知识亦得其指教,专此致谢!

出版社决定出中英文对照版后,中国政法大学档案馆馆长刘旭女史古道热肠,反复尝试,将打印稿原稿之扫描版文件转化为可编辑文档;其后政治与公共管理学院两位研究生曹曦月同学与姚茜茜同学对照原稿

---

〔1〕见潘惠祥:《在政治与学术之间:钱端升思想研究(1900—1949)》(上册),花木兰文化出版社2015年版,第74~80页。

对可编辑文档做了详细校订，皆为此书之出版耗费了宝贵时间和心血，译者深为感佩！此外，政治与公共管理学院研究生赵亮亮同学翻译了《附加条款立法》和《美国商业法庭》两文之初稿，文中表格之繁复令人望而生畏，而其耐心与细心为译者节省了大量时间与精力，译者感激无已！此外，为便于一般读者理解，译者在译稿中酌情添加了少量译者注，其中关于法律概念之理解，多有直接采自《元照英美法词典》者，特此说明并致谢。此书之责编冯琰女史，对译者"托塔（拖沓）天王"之作风不厌其烦，一再宽贷，译者在感激之余，尚需深致歉意与愧悔！

最后，需要就编辑技术上一问题稍作说明。钱先生写作论文虽缜密细心，但打印稿中仍不免偶有笔误，主要为个别单词拼写错误，此事古难全，否则何来校雠之学。此中又分两种情形，一为鉴别甚易之词，如第二篇《神圣罗马帝国之联邦制特征》中，述及罗马皇帝之继承人时，at the death of his possessor 一语中，possessor（所有人）应为 predecessor（前任）之误，又如第三篇《言论自由》中所引著名宪法学家戴雪，打印稿将其名 Dicey 误写为 Diecy，此类拼写错误译者迳改，不作说明；二为打印稿字母甚为清晰可辨，但该词含义译者实在鉴别不明，查字典或网络搜索皆不得而知其义，只好暂认为疑似拼写错误。如第二篇述及罗马皇帝之权利，谓其权利"were very limited and his rervata almost confined to confirming tolls and granting titles"。此句中"rervata"译者只好在英文整理稿中加一说明[疑为 rezervata（保留）之误]。但须声明，此种疑义也可能仅因作者孤陋寡闻、望文不识字罢了，之所以附带说明，乃有意留待方家校正。

译事已毕而学业未终。如将翻译此卷之经历，比作译者随钱端升先生百年前求学历程而受再教育之机会，则所得反思至少有二：其一，百年前之哈佛大学对硕士学生课业要求（实为博士培养之基础）已如此严苛，百年之后异时空之中国大学，得一文科博士学位是否尚较之为易？其二，百年前弱冠之年之钱端升先生，其学力、学识尤其学风，宁不令百年后之吾羞愧无地？睹文而念斯人，吾当知耻矣！

尹　钛
2022 年 7 月

国家出版基金项目
NATIONAL PUBLICATION FOUNDATION

钱端升全集

黄进 高浣月 主编

第二辑·第五卷

钱端升日记（1937—1956）下

Chien Tuansheng's Diary

王改娇－整理校注

中国政法大学出版社
2022·北京

钱端升日记(下册)

《钱端升全集》（第二辑）
编委会

顾 问

俞可平 ｜ 张小劲 ｜ 王荣声

王玉声 ｜ 钱大都 ｜ 钱仲兴 ｜ 钱召南

主 任

黄进 ｜ 高浣月

成 员

王改娇 ｜ 尹钛 ｜ 钱元强 ｜ 谈火生

陈夏红 ｜ 白晟 ｜ 尹树东 ｜ 冯琰 ｜ 许玺铮 ｜ 刘旭

目 录

下 册

一九四九年 …………………………………… 243
一九五〇年 …………………………………… 273
一九五一年 …………………………………… 303
一九五二年 …………………………………… 341
一九五三年 …………………………………… 397
一九五四年 …………………………………… 437
一九五五年 …………………………………… 479
一九五六年 …………………………………… 515

中文人名索引 ………………………………… 545
外文人名索引 ………………………………… 561

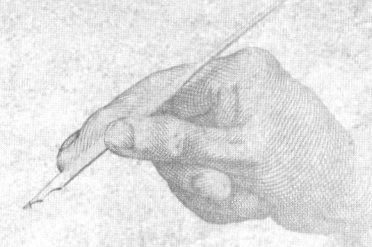

一九四九年

1月1日

午美领馆有招待会,再晤邓[邓莹瓒]。

下午北大有团拜。

徐储事仍在僵局中。蒋有言和文告。

一月

1月1日

午美领馆有招待会,再晤邓［邓宝珊］。

下午北大有团拜。

徐储事仍在僵局中。蒋有言和文告。

1月2日

晚 Bill Dummond［比尔·杜乐武］招饮,多美人。

1月3日　星一

合家访慰徐盈。

1月4日　星二

接安片无信也。

1月5日　星三

客多及记者多。

1月9日　星日

前昨两晚炮声大作,殆为攻城序幕。

1月10—16日[1]

1月10日　星日［一］

十日起以重感冒卧床,十三、四【日】起起睡,昨今全起,但精不佳,全周请假未上课。

1月11日　星二

请医来。

1月12日　星三

傅作义请吃饭商和事,病未去。

---

[1]　此处日期顺序遵从日记原稿。

1月15日　星六
傅僚属亦有宴亦未去，闻亦为和事。

1月11日
王捷侠[1]来，14【日】何仙槎[2]来，均为和事。

1月16日
楚生[3]来商，为另一角度之和事。

1月14日
犬Toas被兵士毙食。

1月17日　星一
十三军炮兵来言贡院置炮，欲去树，果有炮。
昨晚何宅有Time bomb［定时炸弹］，死一女[4]。

1月19日　星三
第一日去户外走走，似较佳。

1月21日　星五
旁晚闻蒋已离京，李宗仁代。
先是铁崖电话，谓Gestapo［盖世太保］将对楚生等电署名者[5]有举

---

〔1〕 王捷侠，中国青年党党员。曾任张学良秘书。

〔2〕 何思源，字仙槎，山东菏泽人。1946年10月调任北平市市长。1949年北平解放前夕，为北平市和平谈判首席代表。

〔3〕 许德珩，原名许础，字楚生，江西九江人，学者、九三学社创始人和领导者。1949年1月代表九三学社响应中国共产党的"五一"号召。同年9月出席中国人民政治协商会议第一届全体会议。

〔4〕 这里指发生于1949年1月17日国民政府北平市市长何思源家的爆炸事件。1949年1月华北7省市参议长代表、北平各界人士代表会议，推举11人组成以何思源为团长的华北人民和平促进会和谈代表团，计划于18日出城与解放军前线指挥部接洽。对何思源鼓动傅作义和平起义的行为，蒋介石十分恼怒。17日晚，军统特务段飞鹏在何宅房顶安装了定时炸弹。18日凌晨三点，东耳房、正房的定时炸弹先后爆炸，何思源的次女何鲁美殉难，何夫人及长子何理路的伤势最重，何思源伤势较轻。

〔5〕 1949年1月26日，北平和平解放之际，许德珩联合36名大学教授发表宣言，劝傅作义顺从民意，谋求和平解放之法将军队撤出郊外。宣言发表前，许德珩专程到钱端升家商议此事。

动,未理之。

1月22日 星六

读报知蒋之退位电,其中甚多 jokes[笑话],但形势当不容许其复起。

下午,北平局部问题议定,开始撤兵城外,但枪炮声未已,大家惧抢劫之发生。

1月23日 星日

昨夜安渡,平市当无事。连日,北大若干教授颇多特殊反应,幸我未乱也。

1月24日 星一

何仙槎约去中饭,有北大若干人,及李德鄰[即李宗仁]代表黄[1]及李仲华,聊天而已。

1月25日 星二

午 Burke[Jim Burke,吉姆·柏克]及 Jean Lyon[琼·莱昂斯][2]请吃午饭。Rob. Winter[罗伯特·温德][3]自清返,培源亦来自清,谈清华事。

1月26日 星三

午 Doak Barnett[鲍大可]请吃饭,多中外记者。

13th 及 94th[4]仍无撤样。

楚生征求某电签,多却之。响应极 Superfluous[多余]之事,稍近 opportunion[机会主义],却之。

---

〔1〕 黄绍竑,字季宽,广西容县人,新桂系三巨头之一。1949年作为国民政府和平谈判代表团成员赴北平参加国共谈判。谈判破裂后去香港,发表声明脱离国民党,旋出席中国人民政治协商会议第一届全体会议。

〔2〕 琼·莱昂斯(Jean Lyon),美国《时代》周刊驻华记者。

〔3〕 罗伯特·温德(Robert Winter),祖籍法国,在美国出生与读书。1923年来到中国,此后历任东南大学、清华大学、西南联合大学、北京大学等校英语教授,直至去世。

〔4〕 指傅作义统领之国民党北平守军第十三军及第九十四军,为中央军驻扎北平的主力部队。

1月27日　星四

晨有枪炮声。

1月29日　星六

旧历元旦。

昨晚十时起至今晨，枪声大作，间有炮声，大半为军人以枪炮代鞭炮，但当有不少冲突发生。

1月30日　星日

下午五时半，大震动，窗玻璃破裂甚多。廿六晨亦有此为，祸无如此裂［烈］也。

〈删略〉。

下午□□［原文置空］。

1月31日　星一

今日，解放军小部进城但国军未尽撤，仍多枪声。

今午，三次撤地电时屋震、玻破，昨晚及廿六晨亦有此。

二月

2月1日　星二

〈删略〉。

下午，北大新政治研究会主持之中央八项和平条件讲讨大会在广场举行，人到约三五个，我讲新政协，余人对中共 text［文本］似过于注释而少发挥。

2月2日　星三

二三日来，从耳闻目见及读报（人民日报首日出版）有数种感觉（1）对治理事准备不够；（2）对人事失之太宽，以之已投机及候机投者大有人在，且有恶人在；（3）由于（1）未能做到，恩威并施之好处以一新观感；（4）对国外事太隔膜，可能发生不需要之疏远及反感。

2月3日　星四

解放军举行入城式，甚盛，惜风太大。

法学院年轻同事提议改制改课，有会但无结果。

2月5日　星六

政系亦有讨论功课事，亦无结果。

2月6日　星日

美人多以不能与新当局发生接触为苦，但美帮言论仍未多改变，反共如昔。

今日起，烟供应罄，断烟当有一番苦况。

2月7日　星一

贡院有解放军高射炮队求住四周民房，二次来家，第二次已为【之】搬动但又未来。

2月8日　星二

奚若来访，几二月未见，住中共招待所，有所商云。

2月9日　星三

吴晗[1]来访，彼于去年十月始抵解放区。

2月11日　星五

上午又有高射炮队来，直入各室，自云在东北"被俘之国军"政治意识不浓，未作决定而去。下午傍晚 Jean Lyon［琼·莱昂斯］及 Barnett［鲍大可］来访，〈删略〉。

---

〔1〕吴晗，原名吴春晗，字伯辰，浙江义乌人，中国著名历史学家、社会活动家。北平解放后，以副军代表身份参与接管北京大学、清华大学，并担任清华大学校务委员会副主任、历史系主任等职。

2月12日　星六

昨事吴惟诚[1]知后有某种接洽，傍晚昨来之钱连长偕警来致歉意。

北平市民庆祝解放，以工人学生为主体，在天安门有大会，亦有游行，空前大集合也。我以昨日之事有待接洽，未及参加北大队伍。稍晚携召南直去参加盛典，稍表我迎贺新局面之私衷。

今日元宵【节】，只能以元宵待诸儿而已。

2月13日　星日

下午与蕙蹓跶街头，为返国后首次。物价未尽安定，且以一般人之购买力相比，仍在高涨中，商民、市民亦仍未发生心理上善（独立负责）的改良。由此可知，经济之安定与社会之改良，其初步工作尚有待于共同集中之努力。

考察过去二周，外界相处之冷淡，似乎今后或可转得有安静力学之机会，此原为我第一志愿，更所希望者即大局必可上轨道，迅速进步，可以勿令我焦虑，亦不因分心而妨及学问工作耳。

2月19日　星六

下午，吴晗及费青[2]孝通[3]昆仲招北平各校及外来民主人士茶会，有介绍意亦有疏解意，盖北大民主人士已多意气存在。

2月20日　星日

晨东荪[4]约去谈民盟将来，有不满，民盟人士（民盟在内）有大干意且有招致意，当劝以此阶段中，如彼一类角色与中共树立绝对互信不求

---

〔1〕　吴惟诚，1939年考入燕京大学政治系，1940—1943年就读于西南联合大学政治系，钱端升之授业弟子。1946—1949年在北京大学政治系任教。时任北京市委统战室干部。

〔2〕　费青，江苏吴江人，费孝通之兄。1929年毕业于东吴大学法学院。1934年考取清华大学公费留学资格，赴德国柏林大学攻读法律哲学。回国后曾任云南大学、西南联合大学教授，东吴大学法律系主任、教务长。1949年后任北京大学法律系主任，北京政法学院教授、副教务长。

〔3〕　即费孝通，江苏吴江人，著名社会学家、人类学家、民族学家、社会活动家，中国社会学和人类学的奠基人之一。

〔4〕　张东荪，原名万田，字东荪，浙江杭州人，现代哲学家、政治活动家、报人，曾为中国国家社会党、中国民主社会党领袖之一。1941年参加中国民主政团同盟（1944年9月改称中国民主同盟）。1944年9月被选为中国民主同盟中央执行委员。1948年参与北平和平解放活动。新中国成立后，曾任中央人民政府委员、全国政协委员、政务院文化教育委员、民盟常务委员等职。

立异之必要。

下午三时起，中共在平军政主持人士招北平民主人士及有能文化人士盛宴，南来和平人士亦来，宴后有电影。先日有以我代表北大人士致辞为嘱，以楚生嗜此类事，力推之，故楚生为发言者之一，惜客人发言者均不甚佳。

2月21日　星一

晨去六国饭店访邵力子、章行严[1]、江翌［翊］云[2]等诸老，均日前自南来谈和平者。昨晚遇之，云欲相晤，故去访，力劝依中共八条即和，只少能和者先和，庶好战者益孤立。

午后，张昭代表军管会对北大事有所讨论。

午奚若来，下午与之同去清华。

2月23日　星三

今晨自清返，与游不畅。

阴历为元月廿六，为五十生日，加鸡肉饱餐一次。

2月24日　星四

安廿五诞，踌躇二十小时终致电贺之，先期以容颜永茂，淑德长春，安康愉怡，畅达宏道贺之。

2月25日　星五

以国历计49周岁矣，下午1:30安亦有贺电来，极慰。

2月26日　星六

各方民主人士到平，中共党政军方面下午在怀仁堂有欢迎会，晚在北京饭店有欢宴，居平民主人士参加者亦三数十人也。

---

〔1〕　章士钊，字行严，湖南善化（今长沙市）人。1949年2月受国民政府李宗仁代总统委派，与邵力子、张治中、刘斐同到北平，与中国共产党举行和平谈判。因国民党政府拒绝签订双方代表草拟的协定，乃留居北平。新中国成立后，任政务院政治法律委员会委员、中央文史研究馆馆长等职。

〔2〕　江庸，字翊云，四川璧山（今重庆市璧山区）人，法学家。早年留学日本，归国后曾任北洋政府京师高等审判厅厅长、司法总长及朝阳大学校长等职。1926年从事律师业务，曾义务为救国会七君子辩护。1949年2月受李宗仁委派，到北平试探求和。1949年9月应中共邀请，出席第一届中国人民政治协商会议第一次全体会议，并被推选为政协全国委员会委员。

2月27日　星日

美记者多日求见，今日往见之，适遇停止活动事，当告以此时实不易容一切看法异于我者作专合外人胃口之报导也。

2月28日　星一

北大今日由军管会接管。上午与负责人有座谈会，下午二时召集大会，由文管会主任钱俊瑞[1]致辞，后全体绕广场并绕北大一行，校事暂仍望汤锡予主持。

三月

3月1日　星二

今日首日上课，学生约到四之一，馀殆将随军南下工作。

3月3日　星四

接管日。学生与枚荪有冲突，公私诸多不安，连日多方折冲。今日见枚荪，劝其退，并劝其多多接受中共作风也。

3月5日　星六

下午去北京饭店访民主人士。饭后又看华北文工团游艺节目。

3月8日　星二

北大教授会，钱俊瑞讲课程方针，极佳。教授将进行广泛讨论。

3月9日　星三

Nat Peffer［纳撒尼尔·裴斐］来电云哥大［哥伦比亚大学］拟请任教，势须却之。

3月15日　星二

复 N. P.［纳撒尼尔·裴斐］电今日发出，却之。

---

［1］钱俊瑞，江苏无锡人，经济学家。1949年1月北平解放时，任北平军管会文化接管委员会主任，不久主持华北高等教育委员会工作，后任教育部党组书记、副部长。1952年底任政务院文化教育委员会秘书长。1954年10月改任文化部党组书记、副部长，并任政务院文教办公室副主任。

3月17日　星四

午李维汉〔1〕、齐燕铭〔2〕(统一战线部) 请各校同线教授，李发言极佳，但客人发言者尚难脱士大夫习气。

3月18日　星五

与公蕙搭吴晗等车去清华一行，当日返。

3月23日　星三

下午清华同学会理事会。

3月24日　星四

下午，北平大学教授由张奚若、许德珩、吴晗邀在北京饭店讨论响应巴黎拥护和平大会宣言〔3〕，并举张、许为出席大会代表。我发言望全体赞成，〈删略〉。

3月25日　星五

下午，统战部约在平民主人士在六国饭店，后同去西郊机场欢迎毛泽东及中共中央并随同阅兵。若干人士则被推晋见。以回城较晚，在北京饭店饭后始返。军容甚盛。

3月27日　星日

晨法院讨论课程，若干老人偏向保守，发言盈庭，虽费三小时未能及任何问题之实质讨论也。

---

〔1〕　李维汉，又名罗迈，湖南长沙人。1948年任中共中央统战部部长。1949年4月任中共代表团代表，参与同国民党和平谈判代表团的谈判。1949年6月，在新政治协商会议筹备会第一次全体会议上，被推选为新政协筹备会常委会秘书长。

〔2〕　齐燕铭，蒙古族，北京人。1938年加入中国共产党。1945年后任中共中央城市工作部、统战部秘书长。新中国成立后，历任中央人民政府办公厅主任，政务院副秘书长，中共中央统战部副部长，周恩来总理办公室主任，文化部党组书记、副部长等。

〔3〕　即第一届世界拥护和平大会。1949年2月，世界文化工作者保卫和平大会国际联络委员会建议于4月份召开世界保卫和平大会，中国共产党积极回应。3月24日，中国各文化团体代表在北京开会，决定由中国科学工作者协会、中国学术工作者协会、中华全国文艺协会、华北文艺界协会、解放区新闻记者筹备会等单位推派代表参加大会。张奚若、许德珩被推为教授界代表。

3月30日　星三

访柳亚子〔1〕等，言及新□被误会事。

四月

4月2日　星六

上月卅及昨法学院及今日文法学院均有会，讨论课程事，极疲。

4月3日　星日

政系师生坐火车去清华，与清华、燕大政系师生共游，余携二大儿同去清华，后宿清华。

4月6日　星三

北大新青团成立，余致勿忿勿傲之意。

4月11日　星一

午后文管会周扬〔2〕来北大，约少数人谈校务，甚佳。

4月15日　星五

下午去燕京，在陆志韦〔3〕处与文管会周扬等及北大、清华共九人讨论华北高等教育，十一时散。北大法学院事又欲加于我，甚难为也。

4月16日　星六

午后在今甫〔即杨振声〕处有李华者约谈法学院任务事。
下午北大文法学院讨论课程。

---

〔1〕柳亚子，本名慰高，号亚子，江苏苏州人，同盟会会员，南社发起人之一。时任中国民主同盟中央执行委员。

〔2〕周扬，湖南益阳人，作家、现代文艺理论家、政治活动家。时任北平市军事管制委员会文化接管委员会代表。

〔3〕陆志韦，别名陆保琦，浙江吴兴人，语言学家、心理学家、教育家、诗人。自1934年起任燕京大学代理校长、校长。1949年9月作为特邀代表参加第一届中国人民政治协商会议并参加开国大典。

晚叶剑英[1]宴和谈代表，两方均出席，无话。

日来会多，极累。

4月17日　星日

晨艺文[2]校董会。

午访吴晗，求摆脱北大法学院事。

下午北京饭店周恩来报告和谈甚佳。

4月21日　星四

下午北大教授联谊会扩大会，任主席举新干事。

晚北京饭店周恩来报告和谈决裂。

接下去各团体讨论发电，关于国内外和平事。

4月22日　星五

晨应叔通[3]邀去六国【饭店】一行，见安平、力子、任之[4]等。

4月23日　星六

下午客多，田介人（赵範）介刘仁[5]来访，后沈叔平[6]、邱熙亦来。

---

[1] 叶剑英，时任北平市市长兼军管会主任、北平市军管会物资接管委员会主任。1948年12月—1949年8月任中共北平市委第一副书记。

[2] 即北平艺文中学，为钱端升青年时代的好友高仁山于1925年创办。1952年更名为北京市第二十八中学。

[3] 陈叔通，名敬第，浙江杭州人，中国政治活动家，爱国民主人士。曾参加戊戌维新运动和辛亥革命。长期担任上海商务印书馆董事、浙江兴业银行董事等职。1949年6月作为中国工商界代表在北平参加新政治协商会议筹备会，被推为副主任。1949年9月出席中国人民政治协商会议第一届全体会议。新中国成立后，任中央人民政府委员，全国人大常委会副委员长，政协全国委员会副主席等职。

[4] 黄炎培，号楚南，字任之，江苏川沙（今上海）人，教育家、政治家，中国民主政治同盟主要发起人之一。

[5] 刘仁，土家族，四川酉阳（今重庆市酉阳土家族苗族自治县）人。1927年加入中国共产党，长期从事党的地下工作。新中国成立后，任中共北京市委组织部部长，市委副书记、第二书记，中共中央华北局书记处书记。

[6] 沈叔平，广东茂名人。1942年入西南联合大学政治系。1947年考取北京大学法学研究所政治学部研究生。1948年冬到解放区华北大学学习。1949年春返北京，在华北革大研究室工作。1951—1955年在外国语学院英语系学习。1955—1979年在北京国际书店工作。1980年调入北京大学法律系。

4月24日　星日

全家去清华参加38【周年】校庆。

今晨一时，南京已解放，解放军入城。

4月25日　星一

苏联政府［原文如此，当为讲座题目］。吴惟诚离校，电余加任。

晚庆祝南京、太原解放，北大学校作火炬游行，余加入行列，颇累。

4月26日　星二

晚政治系师生联谊会，学生要求组系务会，铁崖等有难色。

4月28日　星四

晚教联会干事会有会。

4月30日　星六

晨文法有系主任非正式会，妨及功课。

午后中共市委赵毅敏〔1〕讲中共及中华，后有座谈，整个午后事也。

五月

5月4日

今日北大有五四会，会前空袭警报闹人。

上月中，文管会周扬等在燕京时提法院［法学院，下同］事，当时即辞。十七日托吴晗辞，十八日请费青任，十九日张宗麟〔2〕又来面约，次日又去请辞。但昨张谓已定，今日因发表院事，此外又为校务委员会委员并为常委，余仍认【为】任法院无费［指费青］之相宜也。

---

〔1〕 赵毅敏，原名刘焜，河南滑县人。1926年加入中国共产党。1949年出任中共北京市委宣传部部长。

〔2〕 张宗麟，浙江绍兴人，著名教育家。1927年加入中国共产党。1947年后任北方大学文教学院院长、华北大学教研室主任。时任北平军管会教育接管部副部长。新中国成立后，历任教育部高等教育司副司长，高等教育部计划财务司副司长、司长。

一九四九年

5月5日　星四

午后一时，校务委员会成立会[1]。

二时文管会招待文化方面人极多，周恩来讲话。

晚八时，市委会政治座谈会。

5月6日　星五

晨觅法院助理未有定人。午各大学讨论组联合会事。晚校委会首次大会，讨论进行不快。

5月7日　星六

下午二时至晚，在市委会讨论房土事，彭真[2]书记极能干，善为主持者。

5月8日　星日

今日幸得居家一日，但亦有客来。

5月9日　星一

晨初去法学院。

下午三时，教联会请周恩来主持，座谈戒备问题与学生讲助求旁听问题，弄得数日不宁。中共方面表现至佳，惟用人方面多纠纷，且干事不负责，临时改请曾叔伟做主席，我则专事布置及介绍事，方稍妥。

5月10日　星二

下午召集法学院谈话会，空气尚佳。

5月11日　星三

午前走访张宗麟，一谈法院前途，势将待座谈会后再有进行。

5月17日　星二

下午二至八【时】半，法学院座谈会，岱孙同我出名［面］请周扬、

---

〔1〕 1949年5月5日，北平市军事管制委员会任命汤用彤、许德珩、钱端升、曾昭抡等19位教授和2位讲助代表为北京大学校务委员会委员，钱端升同时兼任北京大学法学院院长。

〔2〕 彭真，时任中共北平市委书记。

王明[1]及法委会几全体及若干民主人士，北、清、燕多人谈，甚洽，可望系级与政府此后多些接触。

5月18日　星三

下午成立教授会，余力辞一切事，锡予为主席，〈删略〉。多人仍推予为代表，其意或者以为我必乐此，实则促成教授会后不宜再担任新组织之领导任也。

5月19日　星四

下午二时党在旧国会有干部大会，刘少奇作《关于资产阶级及城市管理》之报告。

5月20日　星五

晨以口腔多皮破去北大医院，云过累所致。

5月21日　星六

晚王明及谢觉哉[2]来访。

5月22日　星日

北平教授联合会事近亦多事，今日成立，余亦往参加，但坚辞北平代表，故以筹备者列席也，进行情形不大佳。

5月23日　星一

晚校常委会也开会了。

5月24日　星二

晚访王明，法学院前途尚大有问题也。

---

〔1〕王明，原名陈绍禹，字露清，安徽六安人。时任中共中央法律委员会主任。新中国成立后，任政务院政法委员会副主任等职。

〔2〕谢觉哉，字焕南，别号觉斋，湖南宁乡人。1925年加入中国共产党。1948年8月担任华北人民政府委员，9月兼任华北人民政府司法部部长。1949年9月作为全国社会科学工作者代表会议筹委会的代表出席中国人民政治协商会议第一届全体会议，10月1日参加了中华人民共和国成立大典。

5月25日　星三

下午五时，去捷和平大会代表团返平，代表往迎者二千人，又在天安门聚五万人开会欢迎，叶剑英等十一人任主席团，余代表教授回国者，有六人说话。

5月26日　星四

下午四时首次院务会议。

六月

6月3日　星五

晨教研联事党方怕有山头发生，十分谨慎，而后日之大会又不能不开。

今日与周扬、彭真等往返就商，几竟日为此而忙。

连日讨论薪水事，院中校中有自负不凡者，有不愿受人评定者，困难至多，而校方之不肯负责亦增加困难不少。

蕙周来有微烧，焉不知病之所在，殊焦。

华北高教委员会发表有委员几50人，余在其内，恐亦徒增忙碌而不能有多少贡献也。

6月4日　星六

晨缺课，开法律座谈会，由中共中央法制委员会及司法部召集。

6月5日　星日

教研联下午在协和开会员大会，周恩来作报告，进行尚顺利。上午先开干事会，照料一切。

6月6日　星一

教师节放假。

下午二时华北高教会[1]成立大会,周扬、黄松龄[2]作报告,馀人谈问题。

6月9日　星四
近日多会,今晚又有法律座谈会。

6月11日　星六
晚市委会代表教研联与讲助谈合组事[3],讲助方面不甚容人。
晚法院同人首次集体讨论马列主义,尚佳。

6月12日　星日
晨校委会【讨】论薪水事告一段落,法学院定得不公也。

6月13日　星一
午章伯钧[4]约饭,介见李任潮[5],未明言何事。

6月14日　星二
下午高教会私立大学研究会开会。
晚周恩来请Saul Mills［索尔·密尔斯］[6]。

6月15日　星三
晚八时政协筹备会在勤政殿开幕,共134人,盖均为去夏去秋响应者,

---

〔1〕　华北高等教育委员会(简称"华北高教会")是中华人民共和国成立前,华北人民政府统一管理华北地区高等教育及图书文物的行政机构,成立于1949年6月,设于北平。1949年10月并入中央人民政府教育部。

〔2〕　黄松龄,原名黄克谦,湖南华容人,经济学家。1925年加入中国共产党。1949年1月任中共天津市委常委、宣传部部长、市军管会文教部部长。新中国成立后,历任中共天津市委宣传部部长、国家高等教育部副部长。

〔3〕　教研联,即北平院校教授研究员联合会干事会。1949年6月11日,该会与北平市专科以上院校讲助职员联合会筹委会、新民主主义文化建设协会筹委会三团体,为筹备北平市专科以上院校教职员联合会,在中共北平市委举行了联席会议。钱端升、吴晗等25人出席会议。

〔4〕　章伯钧,安徽桐城人,政治活动家、爱国民主人士。

〔5〕　李济深,字任潮,广西梧州人,黄埔军校副校长、原国民党高级将领。1948年就任中国国民党革命委员会主席。后历任中华人民共和国中央人民政府副主席、全国人民代表大会常务委员会副委员长、中国人民政治协商会议全国委员会副主席。

〔6〕　索尔·密尔斯(Saul Mills),美国前纽约产联理事会总书记、纽约州美国劳工党副主席。

人亦至不齐。奚若邀去旁听。

首次瞻仰毛泽东，魁梧而厚大者也。

6月16日　星四

晚法律研究宪法组亦开会，会更多矣。

6月26日　星日

上周考试我无考，但事更忙，累极。

七月

7月3日　星日

一周来忙于（1）高教会政治组课程讨论（2）以费青、樊弘[1]代冀贡泉[2]、赵迺抟[3]长法经二系事，俱为焦头烂额之事，且忙累不堪。

7月5日　星二

下午高教会。

晚怀仁堂周恩来报告，团结内外强调反帝，毛亦在座。

7月6日　星三

"七七"前夕，华北党政当局宴请民主人士于北京饭店。

六时半北大民主广场有讲演大会，讲演者薄一波[4]、李达[5]、钱俊瑞、孙健，余为主席，则次日报纸根本不予提及。

---

[1] 樊弘，号止平，四川江津（今重庆市江津区）人，经济学家，中国共产党员。自1946年起任北京大学经济学系教授。

[2] 冀贡泉，字育堂，号醴亭，山西汾阳人，法学教育家、社会活动家。1949年后历任中国政法大学第三部主任、中央法制委员会委员，山西省文教委员会主任、省政协副主席等职。

[3] 赵迺抟，字述庭，号廉澄，浙江杭州人，经济学家、教育家。历任北京大学校务委员会委员，西南联合大学教授、经济系主任。

[4] 薄一波，山西定襄人。1948年12月被任命为平津卫戍司令部政委，主持起草了《华北局关于进入平津的政策与作风》文件，部署接管工作。

[5] 李达，湖南零陵人。1920年与陈独秀、李汉俊等人组建中国共产党上海发起组。1921年出席中国共产党第一次全国代表大会。新中国成立后，历任中央政法干校副校长、湖南大学校长、武汉大学校长。

7月7日　星四

"七七"天安门大集会。原定六时开始,被警报所阻。八时集会,当有十万人,于雨中举行,毛主席、朱总司令均到,余被列为主席团之一。

7月8日　星五

晚校委会欢送毕业同学,临时要说话。

7月9日　星六

扩大"七七"纪念筹委,检讨会,有饭吃,检讨颇佳。

7月10日　星日

周末阅年终学生报告评成绩。

7月13日　星三

午董必武[1]请客,请我及其他二人为政协筹备会某小组,参与关于政府组织方案的意见。

7月14日　星四

下午社会科学工作者代表会发起人会议集会,有朱德及周恩来之讲演。

7月16日　星六

下午中苏友好协会发起人大会,群英毕至,至一盛事,郭沫若主席、朱德、周恩来等讲话。

7月17日　星日

十四、十五、今日下午,社科工作者发起人会开了三日,主要工作似仍为推举政协代表,余被推。此事数月来多方避让,且托过奚若、吴晗为我去之,仍被推,又不能以辞而引起共产党中央之误会,且违拥护该党建国之主张;不辞又与不愿与民主人士争利及愿为小卒之初愿相违,其苦至大。

---

〔1〕董必武,湖北红安人。1949年6月任中国人民政治协商会议筹备委员会常委,参与制定《中国人民政治协商会议共同纲领》,主持起草《中央人民政府组织法》。新中国成立后,任中央人民政府委员会委员、政务院副总理兼政治法律委员会主任。

7月18日　星一

晚平市欢送南工团[1]于先农坛举行，任主席团。为时甚晚。

7月19日　星二

晨及晚校委会共开会九小时，可谓打破纪录。

7月22日　星五

今午为赶法院聘任事而开三会，晚之校会二时始散。

7月23日　星六

晨教育工作者代表会筹备会开幕，亦朱德等致词。

7月25日　星一

星六去清华，先住吴晗家后住培源家，原意休息实未能也。

7月27日　星三

教工筹会今日结束，亦开过多次会。

7月28日　星四

连日校委会开会，讨论聘任教员事，今始决定。问题多出在医、工两院，但经系樊止平亦多要求，今日且以多人攻击若干人而枝节横生。下午新法学研究会常委会庞□清要求北大房，增加我之麻烦。

7月30日　星六

昨今教工者大学教育座谈会，连谈二日累甚。

7月31日

今日不出门，赶校《中国政府》稿寄美。

---

〔1〕即南下工作团。1949年1月，随着淮海战役和平津战役的胜利，人民解放军百万雄师向南挺进，急需大批干部随军南下，开辟新解放区工作。党中央和中央军委决定，批准第四野战军直接领导建立南下工作团。南下工作团成立后，随即进行招考工作，主要吸收平津地区大学生和部分高中学生，强化训练。1949年7月18日晚，北平市各界在先农坛体育场举行欢送南下工作团大会，在北平的6000多名学员以及天津二分团代表参加了会议。

八月

8月4日　星四

下午听邓小平报告。

连日多大雨，恐成灾矣。

连日为三系争教授及特殊教授之离校、或不能来校事大伤脑筋。

8月13日　星日［六］

自九日起连开北平市各界代表会议[1]六日，中间一日审查，馀均大会，由协商式产生代表共332人。余代表院校教职联又列入主席团，颇累。会中，毛主席、总司令及周恩来均到，颇见成功。

平中苏友好分会筹会今日亦成立，亦列为常【委】会，会多矣。

8月14日　星一［日］

上午办公，下午倒下，疲甚。

8月25日　星四

近日会多不可言状，又须看试卷。

晨访何幹之[2]，接洽教课事。

8月28日　星日

连日为传达及广播各界代表会议之事而忙。

8月29日　星一

晚车去津，住陈骏声[3]处，休息也。

---

〔1〕 第一届北平各界代表会议于1949年8月9日—14日在中山公园中山堂召开。出席会议的全市25个界别代表共332人。会议通过了《北平市各界代表会议协商委员会组织条例》、《北平各界代表会议宣言》、"中苏友好协会北平分会筹备委员会"组成人员名单、"向中国人民解放军各野战军的致敬电"。会议号召全市各阶层人民团结一致，建设新北平。

〔2〕 何幹之，原名谭毓均，广东台山人，史学家和教育家。时应为华北大学社科部主任。

〔3〕 陈师经，别号骏声，上海人，钱端升在清华时期的同学。1918年自清华学校毕业赴美留学。1922获罗威尔纺织学院染织化学学士学位。1924年在郑州豫丰纱厂任职，后任海京洋行天津分行洗染工程师。1956年调到地方国营天津市毛织厂担任工程师。

九月

9月1日　星四

晚车自津返平，在津除吃起士林一次，去南开一次，逛书铺一次外，留陈家不他出，陈家招待甚殷，小玉更是周到。

9月8日　星四

近日北大筹备中苏友好分会，会多商谈多，今晚有大座谈会。

9月10日　星六

晨送小玉上车去沪，平沪通车秩序颇佳。

9月11日　星日

下午去清华，住诏熊[1]家，问吴晗若干事。

9月12日　星一

连日以功课多变，请人旋得旋失劳而无功，苦极。

9月13日　星二

晨偕三主任去高教会晤钱俊瑞，商课程。

9月14日　星三

下午政协小组讨论纲领。

9月18日　星日

新政治学研究会发起人会议，被举为筹备会常委。

9月19日　星一

今日九月十九。晨校委会。下午社会科学工作者代表团会议，首席为

---

[1] 赵诏熊，江苏武进人。获麻省理工学院机械工程系学士学位，后入哈佛大学从事研究工作，1932年获英文文学硕士学位，1933年回国。历任南开大学、西南联合大学、清华大学、北京大学教授。

陈伯达[1]。

9月20日　星二

今起迁协和招待所。

9月21日　星三

下午社工代表小组会。

晚七时政协在怀仁堂开幕，孙、毛像并列，毛致开幕词，后刘少奇、孙夫人等十二人讲话示大团结气象，甚佳。会后毛主席与若干人见面，颇客气推崇。

9月22日　星四

下午政协二次大会，谭平山[2]、董必武、周恩来分别拟《政协组织法》、《政府组织法》及《纲领》三草案。

9月25日　星日

最近三日各首席及主要代表发言。

9月27日　星二

昨休会。今日主要发言，又通过政协及政府二组织法。
上午照相，社科又做小小座谈。

9月28日　星三

今日休会，下午社科座谈选举名单。
得安德信。

9月29日　星四

今日有会，通过纲领。晨社工谈人选。

---

[1] 陈伯达，原名陈建相，字仲顺，福建泉州人。1927年加入中国共产党，后入莫斯科中山大学，1930年底回国。1949年9月被推举为中华全国社会科学工作者代表会议筹备会首席代表。

[2] 谭平山，字诚斋，广东高明人。早年追随孙中山加入同盟会。1948年参加组织中国国民党革命委员会。1949年参加中国人民政治协商会议第一届全体会议，被选为全国政协委员。新中国成立后，被任命为中央人民政务院政务委员及人民监察委员会主任。

9月30日　星五

今日末次大会，选举全国委员会及政府委员会。会中去中华门内参加烈士碑奠基典礼。

晚北京饭店聚餐。

闻安德有二信，今日未能返也。

会前王炳南〔1〕商公告承认事。

十月

10月1日　星六

下午三时至9:30在天安门举行庆祝新国新政府成立典礼，有阅兵典礼。广场中参加者约17万，场外约十万，旷大未有之盛典，欣喜与光荣兼有之，毛公亦十分出色得人心。

10月2日　星日

怀仁堂保卫和平大会，苏朝代表亦到。

10月3日　星一

下午续开昨日之会。

苏联已承认新正［政］府。

10月4日　星二

首日上课。本学期上《比较政府》与《中国政府》，今日为法学院大课《政策与法令》上一总课。

10月5日　星三

下午中苏协会总会在怀仁堂开会，苏联代表团亦到，为时甚久。晚发胃疾。

---

〔1〕 王炳南，陕西乾县人。1926年加入中国共产党。1947年担任中共中央外事组副主任，参与对外政策的制订。新中国成立初期，协助周恩来总理筹组外交部机关，开展外事工作，担任政务院外交部办公厅主任、部长助理。

10月6日
今日未能上课,请假因胃痛也。

10月7日　星五
今日亦未去开会,只晚上《政策【与】法令》大课,前去主持。

10月9日　星日
昨今事多会多,但只去今晨之京市中苏友协成立会,且未毕即离去。昨今为《观察》写一文,《论人民政协》。

10月12日　星三
晚教务长召集讨论预算会,开得极坏,理工又嚣张。返后大发烧。

10月14日　星五
昨今请假二日。

10月15日　星六
为桂月二十四日,怀思甚。未能上全二课,即开北大教联代表大会。

10月16日　星日
继续开代【表】大【会】,甚累。

10月17日
政府名单已出,社工小组又作研究,余为文教委员。下午特访戴君亮,蔡诱衷〔1〕,并看乙藜、性元〔2〕,后者方到也。

10月20日　星四
下午高教会结束大会,晚餐后与清华诸人去清,在岱孙家一宿。

---

〔1〕 蔡枢衡,字诱衷,江西永修人,刑法学家。早年留学日本。新中国成立后,曾在中央人民政府法制委员会、国务院法制局、全国人民代表大会常务委员会办公厅工作。

〔2〕 沈性元,浙江嘉兴人,钱昌照的夫人,爱昆曲,擅书法。1949年9月,钱昌照作为特邀代表出席了中国人民政治协商会议第一届全体会议,并当选为全国政协委员会委员。新中国成立后,沈性元带着儿子钱士湘从台北经香港回到北京,参加新政权建设。

10月21日　星五

晨十时文教会成立大会[1]，郭沫若及陈伯达、陆定一、马叙伦[2]、沈雁冰为主委，其他委员42人。会中听报告，无大事也。

晚七时北大教【职】联执委会，被推为主席，以罗莘田[3]与费仲南俱不能被入选也，实际负责者为谭元堃[4]。

10月23日　星日

晨北大教联会沙滩分会成立会。

下午与蕙及南去燕京，乃陈□与恽小园婚事也。

10月27日　星四

下午，北京各界欢迎苏联代表团，在先农坛。

10月28日　星五

下午苏联使馆鸡尾酒宴，欢送代表团。

10月29日　星六

院校教联原定今明代表大会，昨午夜后市委有传达党意，欲即成立工会，临时改动。今日大会异常不易主持，幸彭真、李立三尚善措辞，乃即进而作筹备成立工会事。

10月30日　星日

下午市府召集上次京市代表会议主席团讨论下次大会事。

---

〔1〕 政务院文化教育委员会，1949年9月设立，为政务院的一个部门。钱端升被推举为政务院文化教育委员会委员。1954年9月，中华人民共和国国务院成立后，中央人民政府政务院文化教育委员会即告结束。

〔2〕 马叙伦，字夷初，浙江杭县（今杭州）人。早年参加同盟会，曾任北洋政府和国民政府教育部次长。1945年底在上海发起组织中国民主促进会。1949年后任中央人民政府委员，政务院文化教育委员会副主席，教育部、高教部部长，全国政协副主席，民进中央主席等职。

〔3〕 罗常培，字莘田，满族，北京人，语言学家、语言教育家。历任西北大学、厦门大学、中山大学、北京大学教授，历史语言研究所研究员、北京大学文科研究所所长。1950年，罗常培受命筹建中国科学院语言研究所，并任第一任所长。

〔4〕 谭元堃，1949年为北京大学助教，5月作为助教代表任北京大学校务委员会委员。

10月31日　星一
晚代表教联出席北大工警欢送百人去北京故宫工作。

十一月

11月1日　星二
晚院会。〈删略〉。

11月3日　星四
政务院派李立三等研究新政府各机构译名。最近四日下午连日开会，今日始终结。
工会事以负教联主席名之故连日多会，忙极，疲极。

11月4日　星五
〈删略〉。

11月5日　星六
下午院校教联主席团开会，举代表；接下去开教工会筹备会预备会议，皆我主席，甚累。

11月7日　星一
十月革命纪念日，有各种应酬，去使馆及外交方面者。

11月13日　星日
上周忙留心法学院大课及筹组工会事。
晨京教工筹备会成立，被推任常务。
下午京各界代表会议协商委员会成立，被推为副主席。正筹开第二届代表会议，将有一番忙碌。

11月17日　星四
连日忙协商及工会筹备工作，今晚喉痛而哑，大感冒。

11月20日　星日
第二届各界代表会议开幕,去一出席即返。

11月25日　星五
近日卧床不出,口腔皱破,下部亦然,甚以为苦。

11月28日　星一
今日首次出门。

11月29日　星二
今日首次上课。

十二月

12月4日　星日
上一星期,虽云上课,然身疲未完全正常也。

12月15日　星四
整日开中国人民外交学会[1]成立会,主要中外部杨刚筹划,上下午先后有乔冠华、周恩来关于国际外交之报告,奚若为会长我为副会长之一。先是星一晚,周恩来先请各发起人晚饭谈了一次。
旬来,市校工会筹备事颇忙。

12月18日　星日
昨为校庆。自前日下午起开师生代表会议,共398人。总结学习,日以继夜,忙累万状,会尚成功。

12月21日　星三
今日为斯大林70诞,连日庆祝及作短文,至忙。昨北京饭店晚会。今日下午和市教工筹会去使馆献签名旗,又去使馆祝。晚主持北大中苏支会

---

〔1〕 中国人民外交学会是新中国第一个专门从事人民外交的机构,成立于1949年12月15日。由周恩来担任名誉会长,张奚若任会长,周鲠生、胡愈之、钱端升、乔冠华任副会长。

座谈。

12月25日　星日
昨今下午北大工会成立大会。事前即有忙碌,又甚累也。

12月31日　星六
工会成立。疲极有微烧,早返。

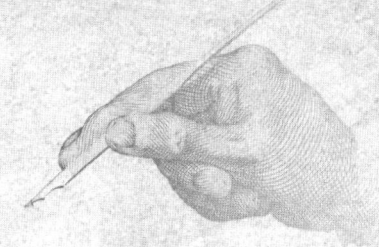

一九五〇年

1月1日

元旦方钜成、姜桂俊来。冕去陈体强家午饭。万众皆乐，我在半病中休息而已。

一月

1月1日
元旦方钜成、姜桂侬[1]来，免去陈体强[2]族家午饭，万众皆乐，我在半病中休息而已。

1月4日　星三
昨即上课，晚又有会。今晨在办公室着凉，晚上又发烧矣。

1月8日　星日
连日卧病，今似较愈仍在家休息。

1月10日　星二
今日病后首次去校上课。
北大工会，我表示不任主席，但病中又被推为主席，辞不掉。
此际功课忙，加以两个工会之事，更忙矣。
下午市协商委员会讨论公债推销事。

1月13日
洽购之房。

1月15日　星日
外交学会工作会议。

1月16日　星一
昨枚荪来电约见，今晨访之，乃为樊止平欲去赵廉澄之事，后止平亦

---

[1] 方钜成，美院教授，西南联合大学政治系毕业。姜桂侬，西南联合大学西语系毕业。新中国成立初期，二人自英回国工作，后二人著有《周恩来传略》《西方人看周恩来》等。
[2] 陈体强，福建闽侯人，国际法学家。1939年毕业于清华大学政治学系。1945—1948年在英国牛津大学攻读国际法，获哲学博士学位。1948年回国，在清华大学政治学系任教。1950年后任中国人民外交学会编译委员会副主任兼研究部副主任，中国政治法律学会副秘书长。

来谈此事。下午去北京饭店讲贝可夫，讲国家论，晤史良[1]，请欲我任司法部副部长事，婉却之。

法院三系任教者对其课程有报告，学生亦批评甚烈。

1月18日　星三

三系主任谈起人民大学成立，并设社会科学各系，惧旧大学法学院各系无前途，勉慰之，但教部［即教育部］不同旧大学人商量亦是增加误会之因。

晚北大工会常会，此会不甚易开，恐事不会少也。

1月21日　星六

市公债推销委会〈会〉全会并接开常【委】会。

1月22日　星日

下午柯百［柏］年[2]为张闻天[3]代席联合国事嘱为文，深晚应之。

1月23日　星一

上周治牙，技疏牙痛，今日去将前补起去。

1月25日　星三

开市教工公债推销分会。

1月27日　星五

连日补《中国政府》课。

---

[1] 史良，字存初，江苏常州人，著名律师、政治家、社会活动家，历史上著名"七君子"之一。1942年加入"中国民主政团同盟"（1944年改为中国民主同盟），后历任民盟第一届中央常委、副主席，第二届、第三届中央副主席。新中国成立后任司法部首任部长。

[2] 柯柏年，原名李春蕃，广东潮安（今潮州市湘桥区）人，马克思主义著作翻译家。早年就读于沪江大学，1924年加入中国共产党。新中国成立后，任外交部美澳司司长，兼任中国人民政治法律学会副主席。与钱端升多有交往。

[3] 张闻天，又名洛甫，上海南汇人，中国共产党早期重要领导人之一。1949年到外交部门工作，先后任驻苏大使、外交部第一副部长等职。1950年1月被任命为中华人民共和国出席联合国会议和安理会首席代表，但是由于美国的阻挠，中华人民共和国在联合国的合法席位未能恢复而没能赴任。

1月29日　星日

两周有详细起居注，自15至今日止：

晚睡	11:45	合每夜8时；
午睡	5:30	得9次；
休息	10:30	比平时为多；
晨起及早餐	13:35	合每晨1时；
中晚餐	13:00	约每次1/2时；
往返途中	23:40	比平为少，共24来回；
上课	7:45	即9小时，得平时之半；
预备上课、拟上学期大纲	32	多于平时；
读书	10:30；	
听讲	2:10；	
报刊	14:50；	
撰短文谈话	6:30；	
校办公（包括一切校，院，工）	24:15；	
校委会（看文件在内）	11:40；	
系会	3；	
北大工会（开会、办公）	10:45；	
市教工会（及因此而生之会）	12:30；	
客访（来家者）	10:45	多于平时；
访客	3:20；	
信札（家中写者）	2:30；	
理发	30［应为0:30］；	
牙	1:15；	
看课程（院长事）	2:20；	
未能计入者	1:25。	

二月

2月4日　星六

自二日起，京市首届工代在中山堂开会，我为京市教工代表组长又举入主席团，连开二日，明后日尚须续开。

2月6日　星一

昨今二日，文教会二次全体会议，今日下午二时结束。晚，招待"三打祝家庄"，与蕙同去大众[1]看之。

工会代表大会亦今日结束，被选为执委，事更多矣。

2月8日　星三

国际新闻局以译毛选事有会。

2月9日　星四

下午协商委员会。

晚新法学研究会常会。

2月10日　星五

昨今下午校务检讨大会，今日余任主席。

晚与蕙坐思成车去清华，分住老金及赵诏熊家。

2月13日　星一

下午出席清华工代【会】。

下午晚城入［入城］。

2月14日　星二

竟日校中之会；晚法律系请法界，以我为主人。

---

〔1〕即大众剧场，其前身为华乐戏院。华乐戏院坐落在北京前门外鲜鱼口内，是老北平一个较大的戏院，北平主要的京剧班社和著名演员经常在这里演出。1949年北平解放，华乐戏院被解放军军管会接管。新中国成立后移交文化部，并更名为大众剧场。

2月15日　星三

晨校有三分工会学习会；午，汤曾约谈校委会改组事，乃揣张司长之意，无大关系，亦无结果；下午协商会；七时庆祝中苏盟约〔1〕北京饭店之酒宴；八时京市中苏理事会。

盟约今日发表，大欢大热闹，三日后将有大庆祝。

2月16日　星四

昨晚草关于中苏盟约之文未成，今日下午始毕，甚累。电话亦至多。今日旧除夕，梁卓生〔2〕自美返，临时邀惟诚夫妇来年饭。

2月17日　星五

旧元旦，客多。写信。晚北大工学联合办之联欢会，二举处［处举］行。

2月18日　星六

午天安门庆祝条约大会，约十万人。

2月21日　星二

下午苏联庆祝条约，有招待会。

2月24日　星五

明日五十生日，今日全家照相。

2月25日　星六

今日为五十生日，但整日开会。

2月27日　星一

各界人民代表会议开三日会，通过市年度计划及预算，我二任执行主

---

〔1〕　即《中苏友好同盟互助条约》。中国与苏联于1950年2月14日缔结，该条约规定两国为反对侵略和保卫和平，保证共同采取措施，包括其中一方受到进攻时，另一方即给予军事和其他援助，双方保证以友好合作精神，遵照平等、互利、互相尊重主权与领土完整及不干涉对方内政的原则，发展巩固两国间的经济与文化关系。

〔2〕　梁卓生，曾在美国研究国际政治。新中国成立后，在南开大学历史系任教，并建立拉丁美洲史研究室。

席又任起稿之责，颇忙。

晚外交学会庆祝中苏条约举行座谈，由李立三报告，我临时被邀说话。

2月28日　星二

首日上课。

又以昨日过累、受冷而重感冒，不能出门。

三月

3月3日　星五

连日感冒在家，今晨以王铁崖（因梁卓生事）闹辞职去校一行。

3月6日　星一

今日在校上课。

3月7日　星二

下午外交部出国使领人员班邀去讲"苏联政府"三小时。

3月10日　星五

看牙。

3月13日　星一

今岁有"新民主主义论"大课，我教经济系，助教汪子嵩今日首次上课。以后在每周星六晨。

3月15日　星三

去刘士豪处就诊，云是气管炎。

3月16日　星四

下午有二会，市府之业余教育会及外交学会理事会，后周恩来来作报告，又聚餐为之洗尘。返时坐胡愈之[1]车,因同之去瞿秋白夫人[2]处一行。

3月17日　星五
晨看牙。
又下午抽暇去清管局[3]一行,告以以处理为宜,他们云已定不之管矣。

3月18日　星六
晨出席学联二届代大说话。

3月22日　星三
京市总工会执委,下午未能去。
下午北大业余学校工学院分校开学典礼,以总校校长名义去主持开学。

3月24日　星五
下午教部文法各系课改组小组召集人及系主任谈课革时。

3月25日　星六
下午北大工会业余学校之沙滩及医学院分校开学,奔波参加。

3月28日　星二
昨多会,前些日殆又受凉,今日卧床不能出。

3月30日　星四
烧高,口烂,入协和,住三等。

---

〔1〕胡愈之,原名学愚,字子如,浙江绍兴人,社会活动家。新中国成立后,历任中国人民外交学会副会长、出版总署署长、《光明日报》总编辑、文化部副部长等。
〔2〕杨之华,中国妇女活动家,中共早期领袖瞿秋白的妻子。新中国成立后,先后任全国妇联副主席、全国总工会女工部部长等职。
〔3〕即北平公逆产清管局。1949年6月,为分清公私产权,建立正常的社会秩序,北平市人民政府成立公逆产清管局,其职责是清查、管理汉奸、敌伪、战犯及特务等的财产。

四月

4月10日　星一

住协和十一日,据云为 Virus [病毒] 所引起之 Tonatitis [扁桃腺炎],打 Penicillin [盘尼西林],六日始退烧见愈,今晨返家。返即甚累,但出院过早。

4月15日　星六

首次外出,参加教部课改政治学小组会议,请铁崖主持,到者不多,进行情形亦不太佳。

4月17日　星一

下午恢复上课,甚累。

4月18日　星二

除上课外晨有会,下午则有四时半之市教工全体筹委会,开得不好,有人喜说话,阻挠会务也。

4月19日　星三

久未能理日常事,院中政经二系多人须向外移动,以之问樊止平,解释振汉[1]应邀译毛选事,仍多本位主义之处。

午去协和门诊,云肺甚佳。

4月20日　星四

外交学会座谈中苏之协定。

4月21日

晨去教部,原约有关方面谈业余学校经费事,人未到齐。

---

〔1〕陈振汉,浙江诸暨人,经济学家、经济史学家、教育家。北平解放后,先后任北京大学法学院中国经济史研究室主任、经济系代理系主任。1950—1951年就任中共中央《毛泽东选集》英译委员会委员。

4月22日　星六
下午访张友渔[1]谈课改，以彼将不能到也。

4月24日　星一
下午停课以开课改小组之会，但成绩不佳。

4月25日　星二
下午参加经系政课小组，晚工会常会。

4月26日　星三
晨去市委会接洽李乐光[2]来北大作"五一"讲演。晚被约去全总，商教工筹备事。

4月28日　星五
下午教育部课改小组联席会，留下事情甚多。

4月29日　星六
晨政治课，听胡绳[3]广播。下午刘少奇在音乐堂作报告。

4月30日　星日
晨北大招待共青团以延期，乃去清华39週年纪念，与召儿同去，晚始返。

五月

5月1日　星一
下午政府首长在天安门检阅。三时起约五小时完，大雨滂沱久候始得，

---

〔1〕张友渔，山西灵石人，法学家、政治学家、新闻学家。20世纪20年代开始从事新闻事业，曾任北平《世界日报》《民国晚报》《大同晚报》的总主笔。新中国成立初期，历任中共北京市委副书记、书记处书记，北京市人民政府常务副市长。

〔2〕李乐光，原籍河北乐亭。1932年加入中国共产党。1949年5月起任中共北京市委委员、市委宣传部副部长、统战部长。

〔3〕胡绳，祖籍安徽歙县，哲学家、近代史专家。1949年后历任中共中央宣传部教材编写组组长、华北人民政府教科书编审委员会副主任、人民出版社社长、政务院出版总署党组书记、中共中央宣传部秘书长等职。

游行者苦甚。

5月2日　星二
下午北大、清华二校政系同人总结系一年来工作，乃与课改有关也。

5月3日　星三
下午介绍王明谈《婚姻法》(在广场)，后去市委会开市协商委会主席团会。
晚苏青年文工团在怀仁堂有晚会。

5月4日　星四
北大晨为李大钊纪念堂、毛泽东工作室开幕，下午纪念会(6:15)，请陆定一讲话。
下午天安门检阅青年队伍。

5月5日　星五
晨全总成立教育工作者工会，工作委员会由吴老〔1〕、刘子久〔2〕及余任正副主任委员。
下午彭真在三院作大课报告。
晚竺藕舫〔3〕及陶孟和请旧友多人。

5月7日　星日
协商委员会在颐和园眺远，离开会几一日之事。

5月10日　星三
连日又多课多会多事，颇累。

5月12日　星五
下午外部召集多人讨论对日和约；文教会讨论课程。

---

〔1〕　指吴玉章。
〔2〕　刘子久，原名刘俊才，山东广饶人。1924年加入中国共产党。新中国成立后，历任中华全国总工会文教部长、政策研究室主任、书记处书记，全国文教工会代主席，劳动部副部长等职。
〔3〕　即竺可桢。

5月16日　星二
连日会多课多。

5月17日　星三
陶希晋[1]来商政法组课改事，似文委有意合清、燕、辅之政社等系于北大之政、法两系成政法学院。

5月18日　星四
昨晚约吴晗来，今下午去清华，晚北大政系工会小组均讨论政法学院时［事］。

5月19日
今日陶希晋召集政法组课改小组，我先告以北、清情况或不利于即并，故未作具体洽讨。
连日为课改及外部之中日和约讨论会事，极忙，会亦多。

5月20日　星六
下午协商委员会。

5月21日　星日
晨偕蕙及南游西郊公园[2]。

5月23日　星二
昨今下午，有对日和约讨论会，今日周公说话。

5月25日　星四
晚中青送苏青在北京饭店，有晚会。

---

[1] 陶希晋，江苏溧阳人。1935年加入中国共产党。新中国成立后，历任政务院副秘书长、政务院政法委员会秘书长、中央人民政府法制工作委员会副主任委员、中央政法干校副校长等职。

[2] 即北京动物园，原名"北平市农林实验所"，后经过整修、改造和绿化，于1949年9月1日定名为"北京西郊公园"。1950年3月1日，北京西郊公园正式开放。

5月26日　星五
下午文委又搞课程。

5月27日　星六
晚《光明日报》约清、燕及北大人在清华举行高教座谈会，清华人似不倾向于并。

5月30日　星二
下午在文教局开筹备"六六"教师节[1]会。晚中苏友协请哲、法教授。

5月31日　星三
教育部高教会昨今开预备会，今去参加。晚极长之座谈，性质如27【日】晚。

六月

6月1日　星四
高教开幕。

6月3日　星六
Askarov［阿斯凯洛夫］[2]讲 Stalin［斯大林］《宪法》，在中法[3]，我任主席。

6月5日　星一
北大学习经验交流大会。

---

〔1〕民国时期的"教师节"为每年的6月6日，是一个民间节日，由中国近现代教育家邰爽秋倡导。新中国成立初期依然沿用。

〔2〕阿斯凯洛夫（Askarov），苏联莫斯科大学法律系副主任兼法学讲座主任，1950年6月—7月，应中苏友好协会总会的邀请来我国讲学，著有《苏维埃建设概论》等。

〔3〕中法大学成立于1920年，它是由李石曾、蔡元培组织发起的，在留法俭学会与法文预备学校和孔德学校的基础上组建的。1950年10月，中法大学校本部及数理化等院系并入北京工业学院（今北京理工大学）。

6月6日　星二

教师节在音乐堂，本计划二小时讲话二小时文娱，讲话人难请，多日至费心神，但节目尚佳。

6月9日　星五

高教会今日开幕，昨毛主席来一下，周恩来作报告。

6月10日　星六

晚吴老、刘子久与我约高教一部分人谈教工会事。

6月14日　星三

今日政协全委开会，奉邀列席。

6月18日　星日

昨晚今晨约法学院全体教讲【师】，分二批谈院事课事。昨为老一辈者今为年轻一辈者，不甚易谈也。

6月21日　星三

今日大会讨论，先期市委会约以协商委会副主席资格说话，稿几经改动，最后稿集中土改并斥反对依靠农民者。

6月23日　星五

全委共历十日，中间（星日）休息一日，其中前四日大会报告，后三日大会讨论。主要议题为土改，主要精神为团结。闭幕后在北京饭店有聚餐，后在怀仁堂有晚会。

6月24日　星六

午全委招待地方协商会负责人座谈。

下午市教工常委会讨论总结及召开大会事。

6月28日　星三

下午第一区各界会开幕，参加说话。并一看思成于□协和。

6月29日　星四
下午市教工全体筹备会。

25【日】晨南朝侵北朝战事起，27【日】杜［杜鲁门］助南朝、台、菲、越，形势似紧。

七月

7月1日　星六
晨全总非正式商谈会章。下午逛国际书店见张护。

7月2日　星日
晚外交学会有会，谈朝鲜战事。

7月3日　星一
下午全总教工工作委员会二次会。

7月5日　星三
三日起文委会第三次全会在北京饭店开，今午闭会。晚大众剧院晚会。

7月15日　星六
日来〈日〉忙院务及二个教工大会之筹备事。

7月21日　星五
昨约 Askarov［阿斯凯洛夫］去北大法系谈 Chair［讲座］等事，尚好。今晨天未明送之于南苑。

7月23日　星日
京市教工会，十九【日】下午开预备会二十开幕［1］。今晚在音乐堂会员大会闭幕，预会、开幕、闭幕均须我主持或说话。其中因市委对总结有意见，二十夜整夜在市委讨论，又因选市各界代表事代表有意见，廿一

---

〔1〕 1950年7月20日—22日，北京市教育工作者工会第一次代表大会召开，钱端升被选为主席。

日下午又就商于市委，且秘书长能力不大而轻率（俞铭传），故会开得欠佳，幸闭会时彭真来说说，情绪或已稍稍转佳。

教育工作者工会国际【会】八月上旬在维也纳开会，全总欲余去，就商于校，校方曾昭抡有忌色，乃由教部请免。此为昨日之事，闻今已解决，不须予去矣。

7月28日　星五
连日疲甚。
今全日开全教工工作委员会。

7月29日　星六
下午市总五次常会。

7月30日　星日
下午先清华教代大会预备会，我主持。
继返京开协委会。

7月31日　星一
下午教代大会预备会。

八月

8月1日　星二
建军节及反美侵略大会在太和殿。余休息。

8月2日　星三
教代开幕在清华，有会半日，秩序甚乱。

8月3日　星四
教代工委会提四报告，余报告章程。
五时半返京参加协商会，报告区会议事。

8月5日　星六

昨今二日教代小组讨论，我参加小组及提案组。

8月6日　星日

教代休会。在北大开法系会。

8月7日　星一

教代会大会，讨论尚佳。

8月8日　星二

教代上午苏【联】专家，下午周总理报告。

我在京开市各界代表会，报告区代表会事。

8月9日　星三

教代，李立三做报告。

8月10日　星四

教代，晨有短报告为［原文如此］。

我在京开各界会。

8月11日　星五

教代选举、总结、闭会。此次之会准备不够又开得乱，刘子久于正规不够注意，较下干部且有官僚主义作风，讨论集中于方针、任务、组织、学习、福利，但收效不宏。

8月12日　星六

上午全国委员会全体会议，吴老、子久及我等五人被推为正副主席，未推辞得成。

8月14日　星一

会期中在清华住六晚，前昨休息均住赵诏熊家。

8月31日　星四
1. 教代大会，后旬日大部分为校事。
2. 24、25，忙录取事。
3. 25，几全夜一面腹泻，一面改印度大使译稿。
4. 24下午，北大饮不净水，腹泻；26起卧倒；26、29两天去协和诊治；今日始能起。

九月

9月1日　星五
病后首次去校，事杂不愉快也。

9月3日　星日
培源夫妇来，去道陈体强喜，游北海再吃喜酒，仍不健。

9月5日　星二
下午教工全委首次常委【会】。晚人民政府九次会，均勉去之。

9月6日　星三
已不支，上午去校觅代即返睡。

9月14日　星四
睡多日，中去过北大医院就医，已成慢性肠胃炎，不能消化因之不能食。今日初愈，勉作起身若干小时。

9月19日　星二
仍未愈入协和。

十月

10月1日　星日
国庆大热闹，仍在协和。

10月4日　星三
出协和返家，仍多大便殆为神经性之症矣。

10月6日　星五
出看天安门，并看文化宫之罗国展览会。

10月9日　星一
今日大致恢复工作即事多。
伦敦和大于下月中开会，余将参加中国代表团。

10月22日　星日
今日去清华与吴晗商辞院长事。
二周来，以急求将工作（主要的北大）作一结束和交代，甚忙，不得应有的将息，以致身体仍未复原（主要食少，腹肠未正常）。今日突以转去印度为言，初则全心全意服从。但三度接洽，初据奚若及蕙转告，次据吴茂荪[1]电告，三据严慕光[2]面告，期愈长，任务愈不需我行，因除决定不去和大外，并以能免去印度或东南亚为请。当余为"民主人士"而予以应有的照顾，真不必也。

10月24日　星二
昨晚又通知西去，今晨坚却未遂。电胡乔木亦未获所请。下午往晤钱俊瑞仍未能辞却，只允先派代然后于返时再考虑。盖部有意调曾昭抢长高教司以我继曾，且钱亦西行，无可逼也。

10月26日　星四
晚保和及反美会合并，并推出国代表团。

---

[1] 吴茂荪，安徽泾县人。1948年在香港参加中国国民党革命委员会，任第一届中央委员。1949年参加筹备并出席中国人民政治协商会议第一届全体会议。新中国成立后，历任中国人民外交学会秘书长、副会长，民革中央副主席等职。

[2] 严济慈，时任中国科联秘书长，中国科学院办公厅主任兼应用物理研究所所长。

10月27日　星五

下午协委会。

晚出国代表团首次会。

任弼时病故，甚痛，任——中共最优秀之领袖也。

10月28日　星六

下午北大卅余人即任。

10月29日　星日

下午各界在音乐堂欢送，彭真主席。晚周公约代表团谈。

10月30日　星一

午去文化宫为任弼时送殡，但以累未去西山。

晚10:10和大代表团共52人自东站行，送行者甚众且热烈。蕙及召南亦来，彭真词［致］欢送词，郭沫若团长答之。

与钱俊瑞同厢。

10月31日　星二

团委会首次会，成立五个研究小组，指定我负责和平具体方案，余推盛丕华[1]为正。廖承志报告刘副主席的指示。

昨睡欠佳，今晚服安眠药并开始注射B针，间日一次。

傍晚过沈。

十一月

11月1日　星三

团委二次会，成立生活小组，余领导一组。并决定要求大家预备发言稿。我行前本成一稿，今重行预备，晨以二时开始之。

---

［1］　盛丕华，浙江慈溪人，上海实业家。1949年6月筹建上海市工商联合会，9月赴京出席中国人民政治协商会议第一届全体会议，被推为大会主席团成员，继参加开国大典。后历任上海市副市长、全国人民代表大会代表、全国政协常务委员，并任中国民主建国会副主任委员和上海分会主任委员，华东军政委员会委员、副主席，全国及上海市工商业联合会副主任委员。

晨过哈市。

11月2日　星四

晨九时许抵满洲里。散步，外部办事处招待茶饭。下午登车去八里站。车热，头疼似有热，受检时深恐成问题，幸无温度。在八里站休息甚久，晚餐于站中。

约十一时登车西行。车约如廿年前所乘者，服务并不佳。

11月3日　星五

过赤塔[1]，下午预备讲稿，晚缮之。

11月4日　星六

过伊尔库斯克[2]。
下午研究组开会。
晚生活小组开会。

11月5日　星日

过 Krasnoyarsk［克拉斯诺亚尔斯克］[3]，昨晚睡得较好。

11月6日　星一

傍晚过 Novosibirsk［新西伯利亚］，新站，极壮大。
晚与苏联返苏专家及车上工作同志共庆十月革命节，极热闹。

11月7日　星二

过 Sverdlovsk［斯维尔德洛夫斯克］。

11月8日　星三

将晚过 Kirov［基诺夫］。

---

〔1〕赤塔市，俄罗斯联邦后贝加尔边疆区首府，在贝加尔湖以东，东南和南部分别同中国和蒙古毗邻。

〔2〕伊尔库斯克，今译为"伊尔库茨克"，是西伯利亚最大的工业城市、交通和商贸枢纽，也是离贝加尔湖最近的城市，被俄罗斯人视为"西伯利亚的心脏"，也被誉为俄罗斯的"东方巴黎"。

〔3〕克拉斯诺亚尔斯克市，面积470平方公里，距莫斯科3955公里。

11月9日　星四

下午三时，抵莫斯科，苏联和大委员会招待我住"莫斯科大旅馆"，与俊瑞同室。天气甚和暖。

晚九时 VOKS［苏联对外文化交流协会］在都城饭店招待各国参加十月节代表团。

11月10日　星五

郭沫若、萧三〔1〕、俊瑞先飞捷京〔2〕，因执行局在该处开会，将先决定在英或在华沙开会事。

晨团委会。

下午看科学工业博物馆，乃新设者。

晚决定明去华沙。

11月11日　星六

晨决定改期，明日去华沙。

晨游列宁博物馆。

下午游 Metro［地铁］，列宁墓，瞻列宁遗体。

晚大戏院看"Ivan Susanin"《伊万·苏萨宁》〔3〕，美极。

11月12日　星日

晨十一时与苏联、朝鲜代表团专车西行。

11月13日　星一

下午一时许入波境，换专车西行，沿路各站群众夹道欢迎。

抵华已黑，有雨。

住国会旅馆。

---

〔1〕 萧三，著名诗人，精通俄语、法语、德语、英语等多种语言。新中国成立以后，历任政务院文化部对外文化联络事务局局长、中苏友好协会副总干事、世界和平理事会常务理事等职。

〔2〕 即布拉格（Prague）。

〔3〕《伊万·苏萨宁》（"Ivan Susanin"），M. I. 格林卡创作、S. M. 戈罗杰茨基编剧的五幕歌剧。

11月14日　星二
天晴，极温暖。
晨车游全市，恢复甚速甚美。
晚看 krakon 人［克拉科维克人］及高山人，轻歌剧也。

11月15日
晨团委会及小组会。
下午去站接郭老等，未到；后一车到。
晚看匈剧，革命志士抵抗纳粹故事，甚佳。
中国代表团大体上都已到达。

11月16日　星四
晨团委会。
团委会指定我等厘正郭演词之译稿，未毕，原稿又动，到晚未成。
晚七时大会开幕[1]，壮大之至。居里[2]开幕词亦大。

11月17日　星五
晨居里报告，及他人讲话。
下午南尼报告[3]，法捷耶夫[4]等讲话。
晚波总统招待看苏联青年舞队的舞蹈。

11月18日　星六
上下午大会，晨郭任主席时，大鼓掌；下午致辞后鼓掌反稍逊。

---

〔1〕 指第二届世界保卫和平大会，在波兰首都华沙召开。
〔2〕 让·弗雷德里克·约里奥-居里（Jean Frédéric Joliot-Curie），法国物理学家。1925年任玛丽亚·居里（即居里夫人）在放射性协会的助手。不久后，他与居里夫人的长女伊伦·居里结婚。1935年约里奥-居里夫妇因合成新的放射性核素共同获得了1935年诺贝尔化学奖。1950年任世界保卫和平委员会主席。
〔3〕 彼得罗·桑德罗·南尼（Pietro Sandro Nenni），意大利社会党领袖，反法西斯战士。时任意大利全国和平理事会主席、世界和平理事会副主席。
〔4〕 亚历山大·亚历山大罗维奇·法捷耶夫（Alexander Alexandrovich Fadeyev），苏联作家协会主席，著名作家。时任世界和平理事会副主席、苏联保卫和平委员会主席团成员。

爱伦堡[1]的讲话则极受欢迎。

午国际民主法学会有会。

晚侵略定义组开会。

晚市长鸡尾酒宴，总理亦到。

11月19日　星日

上下午有大会；也有侵略定义会，颇混乱。

晚波、法、意三团招待美代表团，中苏各以十五人为陪客。

11月20日　星一

上下午有大会；下午大会四时起至次晨五时止，因发言人太多也。

下午并有小组会。

晚波、法、意三团招待英代表团，中苏仍以十五人为陪客。

11月21日　星二

下午及晚大会，原预备结束，但完不了。

11月22日　星三

上午大会未开成；下午末次大会，通过决议，选举理事，甚郑重。

晚贝鲁特总统[2]招宴，约三百人，刘宁一[3]要早走，我亦早走。

11月23日　星四

上下午国际民主法学工作者理事会，被推参加主席团，下午发了言。苏联代表团极认真，并私下建议我在远东召开亚洲会议。

晚39人专车去Krakow［克拉科夫］游览。

---

〔1〕伊利亚·格里戈里耶维奇·爱伦堡（ILya Grigoryevich Ehrenburg），苏联作家。时任世界和平理事会理事。1952年获"加强国际和平"斯大林国际奖金。

〔2〕波莱斯瓦夫·贝鲁特（Bolestaw Bierut），波兰工人党创建者之一，波兰统一工人党中央第一书记，波兰人民共和国第一任总统。

〔3〕刘宁一，原名史连甲，河北满城人，政治家、外交家，中国工人运动领导人之一。1925年加入中国共产党。1949年4月以中国代表团副团长身份出席巴黎、布拉格世界人民保卫和平大会，当选为大会理事。新中国成立后，曾任国务院外办副主任，中联部副部长、代部长，全国总工会主席、党组书记等职。

11月24日　星五

晨八时到Osviecen（Auschwitz）［奥斯维辛］，参观纳粹集中营旧址，极惨。

下午到Krakow［克拉科夫］，住Grand hotel［大饭店］。

晚听音乐。

11月25日　星六

晨参观在营建的Nova Huta［诺瓦胡塔］〔1〕。

午去Krakow［克拉科夫］大学，受该大学及学联欢迎，我发了言。未能参观大学。

下午参观托儿所及文化宫。

午夜乘原车返波京。

11月26日　星日

晨购物，下午休息。

晚歌剧院"La Boheme"［《波西米亚人》］，一群中学生邀余坐其中，极表友好。

11月27日　星一

晨八时半离华沙，甚难舍。

11月28日　星二

晚九时许抵莫斯科，VOKS［苏联对外文化交流协会］及妇联代表欢迎。

仍住莫斯科大旅馆，与金仲华〔2〕同室。

11月29日　星三

午后一时访VOKS［苏联对外文化交流协会］，主席Denisov［杰尼索夫］致欢迎词。

---

〔1〕诺瓦胡塔，意为"新建的工厂"，波兰钢铁工业基地之一。

〔2〕金仲华，笔名孟如、仰山等，浙江桐乡人，国际问题专家、社会活动家。1934年与胡愈之等创办《世界知识》杂志，任主编。新中国成立后，先后任《新闻日报》《文汇报》社长等职。

晚，在红军戏院看"海军大将之旗"话剧。

11月30日　星四

晨去 Gorku[Gorky]［高尔基公园］列宁故居；下午看东方文化博物馆，晚大戏院，"Carmen"［《卡门》］。

十二月

12月1日　星五

在家草广播"苏联如何帮助中国"，乃对南斯拉夫广播者。晚大戏院"Fountain of Tears"［《泪泉》］。

12月2日　星六

晨红军博物馆，看卫国之战的展览品。

晚 Tchaikovsky house［柴可夫斯基音乐厅］观民族舞。

12月3日　星日

晨去 Ostankinskii（Дворец）［奥斯坦丁宫］，看旧时 Teremetьev［谢列梅捷沃伯爵］[1]的庄园也，今成博物院。

晚大戏院天鹅舞。

12月4日　星一

在家复写报告，大家参观建筑相片展览会。

晚去 Gorki［Gorky，高尔基］院戏［戏院］看 Chekov［契诃夫］的《三姊妹》，甚佳，惜不懂对白。

12月5日　星二

晨看油画院。

晚大戏院青童［青铜］骑士舞。

---

〔1〕此处钱端升先生用的是半英文半俄文，如俄文应为 Шереметьев。

12月6日 星三

今日休息。午去接郭老等自匈来。

12月7日 星四

晨参观斯大林汽车厂及其托儿所、文化宫等；文化宫特别好。

傍晚莫斯科律师等在VOKS［苏联对外文化交流协会］同曹孟君[1]等座谈，我亦参加。

晚大戏院歌剧 Evgenii Onegin［叶甫盖尼·奥涅金］，普式庚［也译作普希金］之作也。

大批人去列宁格勒，我因和莫大有约，留莫未行。

12月8日 星五

晨看立体电影，不佳。

下午5:00-7:00 与俊瑞、培源等去莫斯科大学，由副校长、法科学长等接见。培源话过多，谈得不好。

晚大戏院附院听"Faust"［《浮士德》］。

12月9日 星六

晨游 Kremlin［克里姆林宫］。

下午与莫大法学院院长长谈。

晚VOKS［苏联对外文化交流协会］招待晚会，音乐甚佳，并赠礼物。

12月10日 星日

下午VOKS［苏联对外文化交流协会］宴别。

六时离饭店；7:30开车，送别者甚众。

车上仍与俊瑞同厢。

12月17日 星日

深夜约二时抵八里站，直开满洲里，已清晨六七时。

---

［1］曹孟君，湖南长沙人，妇女运动领导者。早年加入中国民主同盟，曾任中国妇女联谊会常务理事。1949年参加中国人民政治协商会议的筹备工作，出席中国人民政治协商会议第一届全体会议。新中国成立后，任全国妇联第一届常委、第二届副秘书长，中国人民对外文协常务理事。

沿路颇颠簸，常失眠；有二三日肚胀甚，极不适。

12月18日　星一

晨约八时，东行。

12月19日　星二

午12:30抵哈，地方人士迎接，全团6:00南行。与三强、仲华、孟君、永和留哈，住国际旅行社。

12月20日　星三

上午向大中教员，下午向小学教员，各约1200人，作二小时半的报告。晚七时南行，冯仲云[1]主席及饶市长[2]送行。

12月21日　星四

晨9:20到沈，全团已返京。

上午沈各界欢迎会，约1500人出席，由李德全[3]等说话。

下午分明[分别]报告，余与仲华、草明[4]在医大为文教人员报告。

晚9:35南下，只剩十三人，连自莫[莫斯科]同行的叶楚梅[5]在内。

12月22日　星五

5:18am返京，蕙及南儿来接，即返家。

12月23日　星六

晨去校一行。曾昭抡已就高教司事，似有非我接替不可之势。学校则

---

[1] 冯仲云，江苏武进人，东北抗日联军将领。1927年加入中国共产党。自1946年起任松江省（1954年并入黑龙江省）人民政府主席，后兼哈尔滨工业大学校长。

[2] 饶斌，吉林省吉林市人，中国汽车工业的奠基人。曾任中共吉林市委书记，长春第一汽车制造厂厂长，长春汽车拖拉机学院院长、第一机械工业部部长、党组书记，中国汽车工业公司董事长。时任哈尔滨市市长。

[3] 李德全，蒙古族，北京通州人，中国妇女运动领导人，著名爱国人士冯玉祥先生的夫人。新中国成立后，历任中央人民政府卫生部部长兼中国红十字会会长、中苏友好协会总会副会长、政务院文教委员会委员、中华全国体育总会（后改为中央体育运动委员会）副主席。

[4] 草明，作家。1951—1954年任东北文协副主席。

[5] 叶楚梅，叶剑英的女儿，全国人大常委会原副委员长邹家华的夫人。1948年中央选派21名中央领导人和烈士子女留学苏联，其为成员之一。

正为学生参军事而忙。

12月24日
晨音乐堂，祝捷及欢迎代表团返国大会。

12月25日　星一
晨与汤用彤谈教务长事，似曾昭抡仍不放北大之事令人却步。
午团聚餐。
晚欢迎晚会。

12月26日　星二
下午，《光明日报》高教方针座谈会。
晚汤、曾来，未先通电话，亦无诚意谈校事，汤赖曾把持，只说要我回法学院院长任。

12月27日　星三
下午外交协欢迎各出国代表团。临时要我讲话，周公亦讲话，后决定"和大"分批出发，余去华北。

12月28日　星四
今日多会，午去外协常会，二时协商会，后又去市教常会。未能去市总会。

12月29日　星五
市各界人民代表会议二届四次大会，由余主席，下午开会。访费。法学院聚餐。

12月30日　星六
各界会。
下午去西郊机场接伍修权〔1〕等。
晚返家，喉痛有烧即卧床。

---

〔1〕 伍修权，祖籍湖北大冶。新中国成立后，先后担任外交部苏欧司司长、副部长、中国驻南斯拉夫首任大使等职。1950年随周恩来总理赴莫斯科参加中苏会谈，并参与起草中苏友好条约等一系列工作。

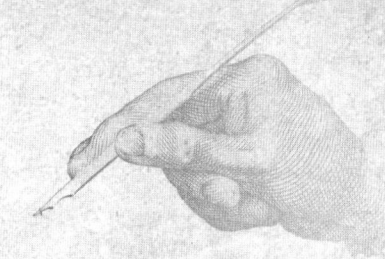

一九五一年

1月3日 星三

病又转为口腔炎,入协和。

一月

1月3日　星三
病又转为口腔炎，入协和。

1月12日　星五
出院。

1月15日　星一
又参加校常委，琐屑费时之至。晨史良夫妇及努生先后来访。

1月16日　星二
访饶树人[1]、杨今甫等。

1月17日　星三
晨去校访锡予，提若干人为教务长。
下午冯乃超[2]来谈中大事，渠将去中大。

1月18日　星四
晨访费青，乃应邀也，谈法系事。
访翰笙夫妇，方返也[3]。
午外交学会。

---

[1] 饶毓泰，字树人，江西临川人，物理学家、教育家。1917年获芝加哥大学物理系学士学位。1922年获普林斯顿大学哲学博士学位。回国后到南开大学任教授，创立物理系并任主任。1949—1951年任北京大学理学院院长兼物理系主任、学校校务委员。

[2] 冯乃超，广东南海人，教育家、诗人、作家、翻译家。新中国成立后，历任中央人民政府政务院文化教育委员会副秘书长、中央人事部副部长等职。1950年任中山大学副校长。

[3] 1946年4月，陈翰笙携夫人顾淑型前往美国，在华盛顿州立大学任教授，讲授印度史。在美期间，陈翰笙利用各地讲台进行公开演讲，抨击蒋介石反共反人民的政策，唤起国际友人和爱国华人华侨的同情和支持。中华人民共和国成立后，陈翰笙受周恩来总理电邀于1950年回国。周总理原希望他担任外交部副部长，可他表示只接受顾问，愿以较多时间从事学术研究。后来他被选为外交学会副会长、中印友好协会副会长、国际问题研究所副所长、中国科学院哲学社会科学部世界史组负责人。

午后李维汉约全委常委及政委及若干人谈视察土改等事，问余去否。

1月19日　星五

晨去校，以蔡枢衡为聘薛祀光[1]事不成而在辞职中也。

对教长事汤锡予仍在拖中。

又晤叶向忠[2]，谈费青留余叔通[3]事。

下午访郭葆东。

晚子久接去教工全委，谈开全会事。

1月20日　星六

大风未出门，多客。

1月21日　星日

晨去府学看许楚生、蔡诱衷等，法律系事又多麻烦。

晚青年会邀作和大报告，无甚意义。

1月22日　星一

晨去看新法学研究院徐平，午又去校易汤，均为请薛祀光事，看来薛不甚坏，蔡未商而求聘是不对的，但费、芮[4]坚执不要也有问题，甚伤脑筋也。

下午看周寄梅先生，来京未久。

北大与我之事今补记如下。

上月廿三晤汤，汤提校事须帮忙，极轻淡。廿五晨访之，谈校事，彼稍稍述及杨副教务长乃由曾根据我意而推出等。我提清、北宜 coordinate [整合]彼亦同意。但对教长则言，"我曾告大家一切俟二钱返后再说。"又

---

〔1〕　薛祀光，字声远，浙江瑞安人，专长国际法和民法。新中国成立后，任厦门大学教务长、武汉大学和湖北大学教授。

〔2〕　叶向忠，时任北京大学党总支副书记。

〔3〕　余叔通，中国刑法学家，广东潮州人。1949年7月毕业于北京大学法律系，获法学学士学位，同年留校任教。自1952年起在北京政法学院（今中国政法大学）工作，先后担任讲师、副教授、教授、刑法教研室副主任、中国政法大学副校长等职。

〔4〕　芮沐，祖籍浙江吴兴。1947年任北京大学法律系教授。1952年院系调整后任北京政法学院（今中国政法大学）教授。

汤略告清请仲揆[1]，北大有二马说等等。廿四日马叙伦在中山园则告我曾已来教部，北大事请你多负责云云。廿六日汤曾来访。廿七日俊瑞告我暂等。廿八日晚吴晗告我，马将任校长曾亦可能，不能急于应教务长。30日，曾在各界会中告我，即须考虑教务长，不必待至一月二十日，余旋以此事告汤，汤唯唯。一月九日汤及宗麟来病院，后者说教务长将烦我。十四日汤与王鸿桢[祯][2]来访请我即就，余允俟能行动时即开始考虑。十五日晚有会，曾未同我说话，但汤告我言校长事已搁起，此为曾之言云云。十七日访汤，提（1）先决定校长事，（2）次考虑张、冯、杨、钱四人孰宜。十九日在校见汤，谈起而无进展。二十日汤以蔡事来访，已不坚提，但示我以信，乃改马寅初[3]谈我事及校长事者。且云曾云校长仍在进行中。二十二【日】在校，汤云子嵩见宗麟，云马寅初校长事已定。种种情形令我在二种矛盾中（1）逃行政事 VS 搞好北大，（2）不问局事 VS 向教部提我的意见。电约俊瑞未成。

1月23日　星二
下午市教工会全委会，历时甚久。
晚访思永[4]。

1月24日　星三
晨去校后又访费青，仍为聘薛事。
下午去苏联使馆参加欢送体育代表团酒会，遇马寅初。

---

[1] 李四光，原名李仲揆，湖北黄冈人，我国地质学家。1950年5月任中国科学院副院长。1951年4月当选为世界科学工作者协会执行委员会副主席。

[2] 王鸿祯，山东临沂苍山人，地质地理气象学家。1947年获英国剑桥大学哲学博士学位。历任北京大学教授、北京地质学院教授兼副院长、武汉地质学院教授兼院长、中国古生物学会理事长、国际地科联地质科学史委员会副主席等职。

[3] 马寅初，字元善，浙江嵊州人，经济学家、教育学家、人口学家。1949年9月出席中国人民政治协商会议。新中国成立后，历任中央财经委员会副主任、北京大学校长等职。

[4] 梁思永，广东新会人，中国现代考古学家，梁启超之次子。1923年入哈佛大学研究院攻读考古学和人类学。1930年毕业回国，参加中央研究院历史语言研究所考古组工作。1950年被任命为中国社会科学院考古研究所副所长。

1月25日　星四

晨在贝满[1]由市教工召集教会中学行政及工会方面负责人，谈反美思想总结事。

十时协商会讨论选举三届事推出选委会，由吴晗、我自己及薛子正[2]负责。

午外学聚谈。

晚外学座谈反美单独对日媾和事，余中间他去。

晚在市府商谈选举事。

1月26日　星五

晨在校。

下午在协委会开首次选委会，钱俊瑞约见，未能应也。

1月27日　星六

市总常会。

1月28日　星日

竟日未出门。

1月29日　星一

市教工常会。

下午选委会在北大，召各专校行政、工会、学生会三方面人谈话，讨论选举事。

偶遇汤未提校事；见汪子嵩[3]则云汤已见钱俊瑞。

1月30日　星二

晨去校，汤言马寅初长校事已定；但谓钱、曾、张宗麟之言不一，故

---

[1] 贝满女中，1864年由美国基督教公理会创建，是北京近代较早引进西方教育的学校。北平解放后，1951年改名为五一女中，现为北京市第一六六中学。

[2] 薛子正，四川梁山（今重庆市梁平区）人。新中国成立后，历任北京市人民政府秘书长、副市长，国家经委副主任，中共中央统战部副部长等。

[3] 汪子嵩，时任北京大学校委会党组书记。

彼不能告我以什么。

晚已睡，汪子嵩及张大中来电话谓北大仍请加一代表，而外语校则不加。此为不妥之事，但彼等坚主，无可如何也。

1月31日　星三

晨去市选委会一行，负责者无人在，是亦无从主持矣。

下午外学会理事会，六时半宴伍、乔及翰笙，饭后去北京饭店聊天，蕙亦来。

二月

2月1日　星四

连晚又似失眠，大便也不正常，精疲眼酸，竟日不出门，下午始一溜街。

2月2日　星五

下午选委会负责人交换意见，决延长选举期。

本欲会后访人，畏冷未去。

2月3日　星六

晨参加全总常委扩大会，由陈云作关于财经的报告。应北大通讯组请，草《关于联合国通过美案》及《代表选举的谈话》二则。

2月4日　星日

北大选举未妥，刘仁来商。

2月5日　星一

晨去北大。下午去市府（市级机关）均为选举事说话。

2月6日　星二

农历新年。

下午全家看《铁钢战士》[1]。

晚与蕙去怀仁堂晚会，洋车往来，入门又困难，不值也。

2月7日　星三

晨去沈老、史良处，未值。

晚政治系联欢会。

2月8日　星四

三日来放假，客颇多，无从休息也。

2月10日　星六

晚去全总之会。

2月11日　星日

午去储安平处饭。后去府学胡同。连日客仍多。

2月12日　星日〔一〕

晨去清华，为选举大会说话。

折而去教部接收燕京之会。

晚校常会。下午马寅初来，未提校事。

2月13日　星一〔二〕

北大选举。先去沙滩、工院、出版部的选举大会并说话。下午又折返投票。

下午二时辅大[2]开教会中学反美爱国大会，余说话后即退。

下午教工会全委高教组座谈，全教全委即将开会。

晚铁崖来谈课，极不欢。

2月14日　星三

晨选委会。

---

〔1〕即《钢铁战士》，1950年中央电影局东北电影制片厂出品之电影，由成荫导演。

〔2〕即辅仁大学，1925年成立于北平。1952年在院系调整过程中被撤销，校区划归北京师范大学，人员与系所编制则并入北京大学、北京师范大学、北京政法学院等。

下午教工全委会二次会议预备会。
中苏盟约纪念日，晚会甚多累甚，均未去参加。

2月15日　星四
上午教全会大会。下午小组会，我均任主席。
午去外交协会。
晚北大政治课教学委员会。

2月16日　星五
清晨回看马寅初，他昨又来电也。
上午全教工全委大会，我作关于和大的简短报告；下午分组讨论；晚教部宴会，继之以座谈。

2月17日　星六
全教全日讨论。

2月18日　星日
晨全教会大会，未及终即他去。
晨新法学研究会常委，以去年参加国际民主法协事必得一去，亦未终而去。午民建招待全教，在全委文化俱乐部。
晚市教工在文化部电影局招待全教，看《武训传》，出席致辞即退。

2月19日　星一
晨在校看锡予疾，闻他上星五晚见马，不甚愉。
下午选委会末次会。
访钱俊瑞（吴晗亦去），劝其解决北大问题上计，劝马即上任，次亦使北大暂时即能动作，我自己请求不任行政事。
晚，民进在文化俱乐部招待文教局及市教工负责人，亦发展中小学会员之意。

2月20日　星二
晨访寅初，据说教部要一起发表正副校长，他不能即去北大。但俊瑞昨言，则马坚持三副校长须有党员在内，如只发表汤则彼不愿就此，可知北大事必有困难。昨表示不干行政后为之一松。并看沈衡老，尚为第一次也。

晚为《新观察》撰文，谈斯大林的谈话。

2月21日　星三

晨教部召北大校委会汇报，钱俊瑞报告马寅初任校长事并要求我返法学院，我未应，但马来前名义或不能丢去。

下午协委会。

2月22日　星四

午外学例会。

下午协委会准备大会会议。

2月23日　星五

晨叔通来谈我回法学院事，又觉食不下嚥[1]。

下午系会。

2月24日　星六

首次上课，本学期有二课，一为新民主主义论，又一为资本主义国家。

下午市教常委。

会后看程希孟[2]。

2月25日　星日

虚度51週。

2月26日　星一

上午三时政治课。

一时协委会。

二时三届人代会。晚有小组会。

---

[1] 嚥，咽的异体字。

[2] 程希孟，字次敏，江西南城人，爱国民主人士。早年加入中国国民党，曾任国民党伦敦通讯部宣传委员。1947年以中国驻联合国代表团顾问身份，参加联合国经济和社会理事会工作。1950年5月回国，历任九三学社中央委员、宣传副部长等。

2月27日　星二
人代会分组讨论，并有□种委会。
晚招待志愿军部队。
大会看《龙须沟》。

2月28日　星三
各代第三日，上午选举，下午刘少奇来，后闭幕，下午我主席。

三月

3月1日　星四
上午妇联"三八"筹委会。
又去校，应汤约谈政法系科事，无所预备也。
午外学会。

3月2日　星五
晚一去系会。

3月3日　星六
市总常会，下午方能去参加。
下午去清管局找佟局长[1]谈教育工会会所事，未见佟亦无甚结果。

3月4日　星日
晨石联星[2]来访，和大第一人来访也。
下午新法学会座谈会。

3月5日　星一
〈删略〉。

---

[1] 即佟铮，时任北京市公逆产清管局副局长。
[2] 石联星，电影演员，1948年7月加入中国共产党。1949年在东北电影制片厂拍摄影片《赵一曼》，塑造了革命战士赵一曼的英雄形象。后在北京电影制片厂任演员，北京电影学院教授表演、导演课。

3月6日　星二

晨北大工农中学〔1〕开学。

下午北大多人去教部，与陶希晋谈北大办千人训练班事，汤无置可否，许楚生及王鸿桢〔桢〕志在得大房，曾昭抡藉以讨好北大，我认为原则上应办，但政委会不可误认为在北大办有如何物质或师资基础。

3月7日　星三

下午"三八"节大会，拟出席，男性无人即退。

最高法院张志让处，继续星日之会。

北大出版部传达会。

3月8日　星四

晨在校，教部有人（赵）谈研究生事。

午去外学会。

视赵诏熊病于协和。

3月9日　星五

下午一时校方传达各代报告。

下午科学院陶孟和请人座谈国际问题研究事，无结果。

与翰笙同去看程希孟。

3月10日　星六

下午市教工常会，甚难开。

3月11日　星日

〈删略〉。

下午全家去三殿看抗援展览会。晚钱乙藜来坐甚久。

---

〔1〕 1950年12月14日，政务院颁布《关于举办工农速成中学和工农干部文化补习学校的指示》，旨在提高工农干部的文化水平以适应新中国建设事业的需要。随后，政务院文化教育委员会根据指示精神，批准通过《工农速成中学暂行实施办法》，对工农速成中学的学制、课程、教学计划等做出规划。北京大学、清华大学等几所大学立即响应国家号召，办起工农速成中学。

3月12日　星一

下午陶大镛[1]来商译书五年计划事；中共中央统战部贾庭等来访，谈关于协委会之文教统战工作事。

晚校委会。汤受多方质询（及我的），始在常委会说及将如何传达上月廿一日教部所说关于校长之事。

3月13日　星二

晚去校一行，以为有工会小组之会，但已延期。

3月14日　星三

下午和大欢迎郭沫若等，有报告。

3月15日　星四

上午汤用彤请文法两院系主任谈校长、经费等事。

下午协委会扩大会议，议镇压反革命事，至晚方散。

3月18日　星日

市教工会四次全会，上午先在中法举行扩大会议，下午继续全委会，会序甚乱，不易控制，温寒江[2]擅权也。

下午又去外交学会，约卅多教授谈研究事。

晚饭在文化俱乐部，出版总署谈邀翻译事。

外学会时宦乡[3]又谈，谓昨总理以去英事征我同意。此事八日前仲揆以丁瓒[4]请，同我提过，已拒绝之。今则不得不考虑。

---

〔1〕 陶大镛，上海人，经济学家、教育家、社会活动家。新中国成立后，历任北京大学、辅仁大学教授，《新建设》月刊主编。1954年以后任北京师范大学教授。

〔2〕 温寒江，教育家。1947年毕业于浙江大学，同年加入中国共产党。时任北京市教育工会干部。

〔3〕 宦乡，字鑫毅，贵州遵义人。1948年加入中国共产党。天津解放后曾任《进步日报》主笔。后前往北平参与全国政协大会筹备工作，任筹备会副秘书长。参与起草《中国人民政治协商会议共同纲领》，任首届政协委员、副秘书长。新中国成立后，任外交部欧非司司长。1954年出任中国驻英代办。

〔4〕 丁瓒，江苏南通人，心理学家。早年在北京协和医学院讲授医学心理学。新中国成立后，曾任中国科学院心理研究所副所长、中苏友协副秘书长兼对外联络部部长、中国人民保卫世界和平大会副秘书长等职。

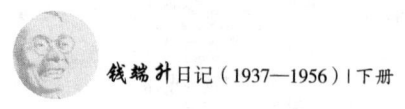

3月19日 星一
晚校委会。
去英事欲与俊瑞一谈,未能得便,去信告之,后来电话同意我去。

3月20日 星二
晨访陈叔通、沈性元。
下午宦乡约讨论出国事,嫌旅期将延长。
去教部看俊瑞,除同意去英外不表意见。关于校长,云将再与北大人一谈。又看仲揆。

3月21日 星三
晨去校,课及系事俱未有解决。
傍晚看电影《大地重光》,全家去。

3月22日 星四
晨看费青,邀去的。午外学会。下午看杨金甫、饶树人,欲利于寅初之来。

3月23日 星五
晨市总常会。
下午全教常委。

3月24日 星六
下午市各界扩大会议在中国音乐堂举行控诉大会,明日将判决反革命罪犯若干,即令处决。

3月25日
晨竺藕舫夫妇托与陈通伯联系。
晚校工会小组,未竟而返。

3月26日 星一
见报昨处决反革命分子199人,此次行动可谓迅速有效。
下午去打防疫针。

晚校委会，甚冗长。杨金甫提议转教部欢迎马寅初，汤也以校委会名义起了一电文，甚冷淡，我说与教部联系后再发。

汪子嵩告我，汤去见钱俊瑞阻我出国，钱允将商上级。汤事前、事后均未与我谈起，真是莫名其谬。

3月28日　星三
下午教工与学联联会发出关于抗美援朝的号召。
外部来电催后晨即行，又见匆促。
晚访翰笙长谈。

3月29日　星四
晨沈衡老约见谈去英事，辞之。
午外学会并谈去英事。
下午去校交代课事。
晚周总理约去，谈去英事。

3月30日　星五
晨6:40自京起飞，先在蒙古某一地（Sanana?）一停，12:00到库伦，12:40起飞，4:00抵伊尔库斯克。昨晚少睡，不甚适。同行者王铁崖、曹日昌[1]。科联代表团梁希[2]、茅以升、张昌绍[3]、谷超豪[4]亦同行。

3月31日　星六
北京时9:20伊尔库斯克－12:15 Krasnoyarsk［克拉斯诺亚尔斯克］，

---

〔1〕曹日昌，河北辛集人，心理学家。1932—1935年就学于清华大学心理学系，1948年获英国剑桥大学博士学位。1950年自香港回北京，到中国科学院工作，先后任计划局副局长、办公厅副主任、联络局副局长。

〔2〕梁希，浙江湖州人，林学家。1950年被选为中华全国科学技术普及协会主席。1951年被选为中国林学会理事长。

〔3〕张昌绍，江苏嘉定（今上海市嘉定区）人，药理学家。1937—1940年在英国伦敦大学医学院药理系学习获博士学位。1949年后任上海医学院（今上海医科大学）教授兼教研室主任、中国生理科学会理事。

〔4〕谷超豪，浙江温州人，数学家。1950年8月参加中华全国第一次自然科学工作者代表大会，为全国科普协会发起人之一。1951年，谷超豪、张昌绍、曹日昌、茅以升、梁希五人作为中国科联代表团成员，赴布拉格参加第二届世界科协代表大会。

1:15-3:45 Novosibirsk［新西伯利亚］，4:15-6:15 Omsk［鄂木斯克］。天晴，颇热，飞行平稳。

四月

4月1日　星日

Omsk［鄂木斯克］6:45-9:45 Sverdlovsk［斯维尔德洛夫斯克］，修机等甚久。5:15pm Sverdlovsk［斯维尔德洛夫斯克］-Kazan［喀山］-Moscow［莫斯科］11:30（莫时6:30）。戈宝权〔1〕及李一氓〔2〕、杨承武来接。天气和暖，住国家饭店。

4月2日　星一

忙于定座去捷，火车、班机、专机均不能决定。

晚，大使馆曾涌泉代办宴郭沫若、梁希、Bernal［贝纳尔］及我团。

4月3日　星二

包机 Moscow［莫斯科］7:40-华沙-布拉格 2:40，共九人同行，及京行七人加李一氓，杨承武，驻捷大使馆温参事等来接。

住 Alcorn［奥尔康酒店］，捷京整洁异常，春暖。

新华社吴文焘来商谈去英事。

晚饭前散步一番。

4月4日　星三

英领事馆拒李一氓入境，一面请示总理一面电英英中协会告情况。

下午拜谭希林〔3〕大使。

---

〔1〕戈宝权，曾用葆荃、北泉等笔名，江苏东台人，翻译家、苏联文学专家。1949—1954年任中国驻苏大使馆临时代办和参赞。曾翻译苏联作家高尔基的名篇《海燕》，并被列入中学语文教材。

〔2〕李一氓，四川彭州人。新中国成立后长期从事外事工作。时任世界和平理事会常务理事、书记。

〔3〕谭希林，湖南长沙人，中国人民解放军高级将领。1950年出任中国驻捷克斯洛伐克大使。1954年届满回国后重回部队，任训练总监部副部长。1955年被授予中将军衔。

4月5日　星四

下午招待捷通讯社及英《工人日报》Pat Dooley［帕特·杜利］等，说话，晚谭大使设宴，席上闻梁团或可得签证。

4月6日　星五

晨步过河。

下午总理有指示，定时发表二文件，一抗议的声明，二电英中友协，均硬性且令留捷候命。

4月7日　星六

午招待记者会。由捷宣传部国际司副司长主持，到者43人，均国际进步性访员，〈删略〉。

4月8日　星日

下午看电影，电的技术远高于演的内容。

4月9日　星一

晨访新华社。

外交部有电，准我与王铁崖、杨承武先返国。

Ellery［艾勒里］来电致慰。

4月10日　星二

8:17乘车去Karlovy Vary［卡罗维瓦里］[1]，11:30到达，与一氓、侯言、承武同去的。住Pupp［普普］大旅馆。晨散步街道及SpaI［温泉小镇］；下午溪边走，天尚冷游人不多，亦未洗温泉浴。

4月11日　星三

晨游山上。

下午2:45返布拉格，5:15到达。在大使馆便饭。

萧三亦到此。

---

〔1〕　卡罗维瓦里（Karlovy Vary），欧洲历史上最悠久的温泉小镇。1349年开始建设，离首都布拉格仅130公里，是捷克共和国的最佳度假胜地。

闻 MacArthur［麦克阿瑟］被撤[1]消息。

与 Ivor Montagu［艾弗·蒙塔古］[2]谈，知英中大会开会情况，代表会到150人；群众大会到三四百人；天气寒及我们不到使大会大不起来。

英访华代表团已定十三人，将于四月二十三动身去华；我方所赠电影流通甚广。

4月12日　星四
下午散步。

4月13日　星五
与铁崖、承武动身返国。7:40 布拉格-华沙-基辅-莫城 6:15，新华社报务员三人亦同机行，使馆周与新华社胡送行。在基辅换了机戈宝权来接，住国家大旅馆。

4月14日　星六
晨购些零物，晚看马戏。

4月15日　星日
行，戈宝权送，5:30 Moscow-Omsk 4:25［从莫斯科到鄂木斯克］。

4月16日　星一
6:45 Omsk-Irkutsk［从鄂木斯克到伊尔库茨克］4:15（莫时），加班。
下午散【步】河边。

4月17日　星二
在 Irkutsk［伊尔库茨克］候班机，晨进城一游。
晚遇印度和大代表爱德华 Atal。

---

[1] 1950年6月25日，朝鲜战争爆发。6月27日，美国总统杜鲁门下令美军支援南朝鲜作战。7月7日联合国安理会通过决议，组织联合国军参加朝鲜战争，任命麦克阿瑟为联合国军总司令。入朝后，前三次战役，联合国军均失败。1951年，麦克阿瑟主张对中国东北的军事目标进行打击，杜鲁门恐此举会导致苏联参战而否决其提议，麦克阿瑟公开反对杜鲁门的决定，引起美国军政当局的不满。是年4月11日，杜鲁门以"未能全力支持美国和联合国的政策"为由，撤销了麦克阿瑟的一切职务。

[2] 艾弗·蒙塔古（Ivor Montagu），英国新闻工作者。时任世界和平理事会理事。

4月18日　星三

6:30 Irkutsk［伊尔库茨克］-北京 3:45（北京时），在库伦停过。宦乡来接。

4月19日　星四

晨去校。午外交学会，后与翰笙一去文化宫。

下午汤锡予来；晚余叔通来。

4月20日　星五

晨去市教工。

下午文化宫，钱俊瑞向大学教员做报告，讲克服客观主义。顺访钱俊瑞谈政法系事；院系调整事；校长事；研究生助教事。

4月21日　星六

晨上课。

下午师生抗美援朝大会，由冯文彬[1]、张友渔及我报告。

4月22日　星日

上下午大会。

晚去校一行。〈删略〉。

4月23日　星一

晚校委会，讨论院系调整与马长校事。

4月24日　星二

下午看了两个展览会，与蕙偕。

4月25日　星三

晨去校谈樊任主任事。

---

[1]　冯文彬，浙江诸暨人。1928年加入中国共产主义青年团，同年加入中国共产党。新中国成立后，历任中国新民主主义青年团中央书记、中共中央党校副校长、中共中央办公厅第一副主任、中共中央党史研究室副主任等职。时任中国新民主主义青年团中央书记。

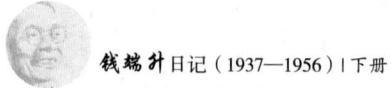

晚外交学会讨论美对日单独媾和事。

4月26日　星四

下午外交学会，作文未成。

4月27日　星五

作文未成。

4月28日　星六

晨政治法律委员会座谈政法干训班事。

午后去机场接英代表团。

与涂长望[1]访石联星。

去前门欢迎志愿军伤员，折至朝阳门。

文化联络局欢宴英代表团。

4月29日

晨校各系联会讨论昨日事。

下午去协委会，讨论"五一"向毛主席献花事，会期有动，到者极少。

4月30日　星一

下午二时同性质会，已去而临时云取消。

下午四时北大预演"五一"游行。

六时全总宴各国"五一"访华代表团。

五月

5月1日　星二

五一劳动节我参加北大游行。7:30 到王府井大街口集合，11:30 通过。午返北大，二时三轮由王府井返家。大会 10:00-3:15，通过者约 630 000 人，甚盛。天气佳。

---

〔1〕涂长望，湖北武汉人，气象学家、社会活动家、教育家，中国科学技术协会和九三学社创始人之一，中国气象局首任局长。

5月2日　星三

放假。晚校委会，到者少，无精神又散漫。工学院及樊弘仍提及财经之扩大计划。北大毕业者均属大北大主义者，原则均赞成。我反对无计划的扩张。

5月3日　星四

午外学会。后至文化宫与翰笙看美蒋特务罪行展览。数日来时断时续，今日完"反对美国亡日祸亚条约"，拟交《光明日报》（五日送去，登六日报）。

5月4日　星五

五四北大有校友返校节，分系举行且聚餐。下午去一行，无意思。

5月5日　星六

下午与蕙游公园看牡丹，访祝家。

5月6日　星日

晨访仲揆。

5月7日　星一

晚外学会茶会，欢迎英代表团，报告马来西亚英殖民当局迫害中国人事〔1〕。晨汤告我十二月26【日】，汤曾访我来说由曾担教长事但到时未提。

5月8日　星二

邀铁崖、邦彦谈课改事，后者未来，前者亦志在令外交组独立成国际系，未能谈下去。

晚，散步中访严慕光。

---

〔1〕 1950—1954年，马来西亚英殖民政府为了截断马共与乡民的联系，实行"毕礼斯计划"，采取高压政策，强硬地把垦耕者移殖到新村。这些乡区居民被迫放弃家园迁入"新村"。新村被铁刺网围住，四周设有碉堡式的哨站，进出口处有检查站。这就是马来西亚历史上空前绝后的大搬迁，华人新村也因此而诞生。

5月9日　星三
拟成政治系课程草案，但未能与教部取得联络。

5月10日　星四
晨汪子嵩拟邀我或王铁崖参加四川土改，此说同时提出，王即表示欲去嘱国华[1]问政治系师生意，到晚国华因决让铁崖去。与铁崖谈课改事，彼全力放在成立国际系事，故亦不洽。
午外学会餐。
下午市教工常委，极长。
晚系有会，讨论大计，铁崖强主设国际系，余人均吞吐其辞。

5月11日　星五
晨去教部与高尔柏[2]商课改事，作方案请其代发。
遇曾昭抡，不得不谈政法训练班引起与政法两系有关事，敢妄作能处理状，又谈招生事及马大猷[3]与我不睦云。〈删略〉。
意欲觅俊瑞一谈校事，有事未值。
午应费青邀，盖法系又无人主持矣。
下午外部陈家康[4]约谈苏对美复文（对日和约）事。

5月12日　星六
昨今累，故今晨上课后甚累。
晨国华又言土改，拟请我去。

---

[1] 张国华，湖南醴陵人，法律史学家。1944—1949年在西南联合大学文学院、法学院就读，后在北京大学法律系任教。曾兼任中国法律史学会会长等职。

[2] 高尔柏，上海青浦人。1949年任高等教育部第二处副处长。翌年参加中国民主促进会，任中央宣传委员。

[3] 马大猷，广东汕头人，声学家、物理学家和教育家。1936年毕业于北京大学物理系，获学士学位。1940年获哈佛大学哲学博士。回国后在西南联合大学任教。1948年筹备北京大学工学院并任首任院长。1952年院系调整时调任哈尔滨工业大学教务长。

[4] 陈家康，湖北广济（今武穴市）人。曾任联合国宪章会议中国代表团共产党代表董必武秘书。自1950年起任外交部亚洲司副司长、代司长。1952年任外交部亚洲司司长。1955年参加在印度尼西亚万隆举行的会议。

5月13日　星日
午《新建设》编辑会，有午餐。
下午民盟文教座谈学制，请北大先生，仍参加。

5月14日　星一
晨汪子嵩说昨全委会已决定我去四川，但晚上铁崖仍不快也。
晨去校，适班禅来，一瞻面，约十四五岁，尚清秀。
晚校委会。

5月15日　星二
晨西南土地改革团首次会。
下午忙行装等等，看了刘仁（崔月犁），想看陶希晋及钱俊瑞，未果。

九月

9月5日　星期三
晨，先访马校长，后去校一行，法学院访人，未见着汤。
晚，奚若来谈。

9月6日　星四
泻又发。
午前看了翰笙。
午去了外交学会。张宗麟持钱俊瑞信来舍，一同去校，由汤约卅许教员谈学习事，似无多准备。
晚又去文化俱乐部，土改团各队与全委会汇谈。

9月7日
晨校委会，与马同去接受了校委会副主席事及法学院事。会甚长，我向马、汤请了假暂拟不去校。
晚马在家宴北大诸负责人，散又甚晚。

9月8日
晨法学院师生欢迎我，欢送土改团，汤、马说了话，我做了报告，共历三时。报告毕师生聚餐。饭后马、汤等又谈关于请毛主席报告事。

9月9日　星日
晨去艺文校董会，未终席即返。
泻十余次，下午且发热，即睡。

9月13日　星四
今日初起。九、十两日泻不已，市委张医生来给雅片［鸦片］，始止泻。睡床多日。

9月15日　星六
中秋晨去北海一游，甚累，即返。

9月17日　星一
去协和看邓家栋〔1〕，仍劝休息。后访思永。

9月18日　星二
下午偕蕙去访乙藜家。

9月19日　星三
午去校一行，原欲向马、汤请假，未见马，访了费青。

9月20日　星四
访翰笙未晤。午去外交学会。

---

〔1〕邓家栋，内科学及血液学家，我国血液学创始人之一。1928年在燕京大学毕业，获学士学位。同年考入协和，后留校工作。1956年他奉命在天津建立输血及血液学研究所并任所长。1960年奉调回京担任北京医院副院长，不久又兼任保健局副局长，做高级干部的保健工作。

9月21日　星五

晨访陈叔通。下午范长江[1]在《人民日报》商作文报告土改事。

9月23日　星日

下午二时土改团座谈，晚十时一刻始毕。关于团部三号通报八月初我与吴完全好意，函孟秋江[2]，告以西南局抄示嘱商章［指章乃器］检讨。返京后，川西、北、南又重提此事。初以为章、胡［指胡愈之］有意见，今晨茂荪来告，始知章疑我捣蛋，先示章以原抄件，会上又说明，章又移师指向西南局，总不肯低头。我估计将增加统战团结章的困难，及对孟、对杨超的麻烦，甚不安，就商于胡将于次晨访章索回抄件。

9月24日　星一

约吴茂荪同去见章，吴来云已商统战部金城[3]，不拟去。

9月26日　星三

去校，为政法系这次录取新生事。看了校长访了之椿。

9月27日　星四

午去外学会。

下午3:00-6:00，全委会双周座谈会，请陆志韦、梁□□及我报告土改。

9月29日　星六

下午北大名义主办的学习会在怀仁堂，总理报告，历时约四小时，讲批评、自我批评对知识分子的好处。我坐车、走路、听讲，均见疲累。

---

[1] 范长江，四川内江人，新闻记者、社会活动家。1932年进入北京大学哲学系。自1933年下半年起，开始为北平《晨报》《世界日报》、天津《益世报》等撰写新闻通讯。1949年北平和平解放时任新华总社总编辑，奉命接管国民党在北平的各新闻单位，组建北平解放后的第一张党报——《人民日报》（北平版）。1950年被任命为《人民日报》社社长。

[2] 孟秋江，原名孟可权，江苏常州人，新闻记者。20世纪30年代中期，开始从事新闻工作。1941年加入中国共产党。新中国成立后，历任天津《进步日报》经理、《大公报》副社长、中国新闻社理事、中共天津市委统战部副部长等职。

[3] 金城，原名金树栋。1926年加入改组后的国民党。1927年参加中国共产党。1937年到延安抗日军政大学学习。1948年随中共中央到达河北平山西柏坡。此后一直在中央统战部工作，先后任交际处长、人事处长、副秘书长、副部长等。

9月30日　星日
晚去参加学校指挥部之会，错去了地方，未值即返。

十月

10月1日　星一
晨去育英学校指挥部一行，后去王府井一看小学教师队伍；9:30到天安门西台观礼；三时游行完；三时一刻离台。

10月2日　星二
客多。下午协和看高惠如[1]。晚彭真在市委宴市府委员及协委。赶一短文谈土改，为《观察》。

10月3日　星三
上午首次在校办公，空气甚冷，马已于昨去沪。
下午教工全委常委会。

10月4日　星四
上午去校办公，午外交学会，下午邦彦来谈，要我在学习会小组中先作自我批评。

10月5日　星五
在家草广播【稿】进展甚慢。晨张宗麟来谈学习事。晚去北大开学委会及系主任小组长联席会。

10月6日　星六
晨北大办公，教育部市教工召请各高校校长及工会主席谈土改事。下午中山堂，市文教局与市教工召中小学校长及工会负责人谈土改事，我先说了话。北大教员学习会首次小组会，我先做了自我批评，馀人批评集中于脾气不好、不接受意见。

---

〔1〕　高惠如，"一二·九"运动领导人彭涛的夫人。

10月7日　星日
下午去贺人大周年，说了话。全日精神极不支。

10月8日　星一
上午去校，俞铭传事。
下午新政新法欢迎 Oparin［奥巴林］[1]；市教欢迎土改团回京者；刘宁一招待〈去招待〉Habib［哈比卜］，Majeek［马杰克］。

10月9日　星二
午章乃器召各队讨论总结，费时多。草广播稿，午夜一时未毕。

10月10日　星三
今日毕广播稿。晚校工作会议，我首次参加，面貌如旧。

10月11日　星四
午外交学会。下午校聘任会。

10月12日　星五
广播录音，晚19:30中央人民广播"在西南参加土地改革工作"。

10月13日　星六
晨法学院工作会议。午后社联编译局讨论翻译会议代表事。下午小组学习会，今日发展不佳。晚川南队聚餐，彭涛[2]、高惠如均到。

10月14日　星日
下午清华同学会讲土改，晚与蕙、沈性元等去怀仁堂听越剧。

10月15日　星一
在家做土改体会文，未毕。

---

[1] 亚历山大·伊万诺维奇·奥巴林（Alexander Ivanovich Oparin），苏联生物化学家，苏联科学院院士。

[2] 彭涛，原名刘定乾。1927年加入中国共产主义青年团。1932年加入中国共产党。新中国成立后，历任中共川南区委第二书记、重庆市委第二书记、国家计委副主任、化学工业部部长。

10月16日　星二
晨校工作会议。

10月17日　星三
晨科学院改组机构座谈会。晚校务委员会。

10月18日　星四
午外交学会。

10月19日
晨教部召开出、列席全委会三次全会教育界代表座谈，我讲了话。下午看仲揆。

10月20日　星六
晨学习委小组长会，下午学习小组会，全委会联络□方亮及刘林波访谈抗美援朝停战谈判、经建、院系调整等事。晚政系迎新会，说了话。

10月21日　星日
午徐荫祥[1]夫妇请我夫妇。晚市教工欢送土改者，我说了话。

10月22日　星一
上午下午市总常会。晚京民主党派干部夜校开学典礼，代协会致词。

10月23日　星二
午在校，黄觉非来谈被管制事。
下午，政协全委三次会第一日，毛主席致词，总理报告。

10月24日　星三
政协全委会，上午教育工作者小组会，下午大会，会务及抗援报告。

---

[1] 徐荫祥，耳鼻咽喉科专家。1940年回国后在北京协和医院耳鼻喉科工作。1941—1952年在北平开私人诊所。

10月25日　星四
晨政协全委会，上午小组会，下午大会，陈望道、彭真报告，午外学会。

10月26日　星五
晨为抗美援朝专刊撰文。下午全教工召开座谈会，政协全委出、列人员。蕙去皖北土改，今日成行。

10月27日　星六
政协全会小组会，上下午皆开。晚访汪荣庄及杏云。

10月28日　星日
晨政协全会小组会，下午大会，各党派等发言，傅作义的较好。
晚访彭涛，路过裘祖源处谈小曹病事。

10月29日　星一
政协全会。晨小组会，下午大会，发言甚多。

10月30日　星二
晨校工作会议，下午3-7:15政协全委大会。

10月31日　星三
下午政协全委大会。晚方亮、刘林波代全委会来访。

十一月

11月1日　星四
晨教部座谈高教未去。下午政协全会闭会，总理总结，主席闭幕词。晚餐聚、晚会，有梅、周、程等演出。

11月2日　星五
晨教部学习委员会总座谈会，清华北大典型报告，钱报告。晚宋庆龄

《中国建设》[1]双月刊会。

11月3日　星六
下午政治系学习会。

11月4日　星日
下午刘少奇报告"关于共产党员的条件"。晚乙藜家双周聚餐会。

11月5日
晨会多，均请假。午教部首长请北大首长吃饭，谈与清、燕并文法理工事。
我主理亦及早并。作文"为改造自己更好地服务祖国而学习"登明"人民"[即《人民日报》]。

11月6日
晨校学委会。下午出席全国翻译会议。

11月7日
晨参加编译会议小组，温寒江来谈二时余。
下【午】院法学院小组讨论学习会讨论问题，不甚佳。

11月8日
晨校聘委会及工作会，杨晦[2]谈及楼邦彦去政法委事，强调楼全去。下午京中苏友协代表会大会，未接通知但奚若告知，故即去了半日。

11月9日
终日忙杂事，公多于私。傍晚去全总一行，与子久商学习而开会事。

---

〔1〕《中国建设》杂志，1952年由宋庆龄创办，英文双月刊，自1955年起改为月刊。1960—1980年，先后有西班牙文版、法文版、阿文版、俄文版和葡萄牙文版。1980年10月，中文版创刊。早期编委会成员有陈翰笙、金仲华、爱泼斯坦、钱端升、李德全、刘鸿生、吴贻芳、吴耀宗等。

〔2〕杨晦，原名兴栋，后改名晦，辽宁辽阳人。1949年在北平出席中华全国文学艺术工作者代表大会，当选中华全国文学工作者协会全国委员。同年秋任北京大学中文系教授，1952—1966年担任北京大学中文系主任，曾兼任北京大学副教务长。

11月10日　星六

下午学习会，自批对于系团结工作做得不好，〈删略〉。晚饭在思永处。晚经系庆十月革命节，谈了一下社会主义的国家问题。

11月11日　星期日

理东西，料杂工作，金岳霖、徐德骥[1]来，小弟又不适，终日未能写文章。

11月12日　星一

下午翻译会议末次大会。晚，外学会 Springhorn［斯普林霍恩］讲英大选后形势，讲得不好。

11月13日　星二

晚北大老人座谈北大问题。

11月14日　星三

晨程希孟来。下午，市婚姻法执行检查会，飞机场迎马寅初。

11月15日　星四

晨校工作会议。午外学会。下午市教工曾毅案[2]座谈会。晚外学会姬鹏飞报告东德。

11月17日　星六

下午法院三系联合学习讨论胡适，结果不佳。

11月18日　星日

下午军医学委请彭真报告三大运动。晚陈叔通处双週聚餐。

11月19日　星一

在家草土改文，下午去一区中心小学一行，看赵老师谈小弟事。

---

[1] 徐德骥，钱端升堂姐之子。
[2] 曾毅，河北蠡县人。1932年到法国并参加法国共产党。曾任法国共产党巴黎中国语言组书记、反帝大同盟党团书记、法国共产党中央殖民部中国分部委员。1937年回国参加抗日战争。1948年开始负责华北工学院的领导工作。此处当指关涉曾毅的由家庭房产纠纷引发的案件。

11月20日　星二
晨北大学委会。会后汪子嵩谈系内楼、龚不满我，要我多说。

11月21日　星三
下午市婚检会。晚在全总与子久约七八大学工会负责人座谈学习。天大冷。

11月22日　星四
晨北大学委小组长会。午外学会。

11月23日　星五
全日在家，完了土改文初稿。

11月24日　星六
政系学习，说了对国共美苏四大套，龚、楼似仍不满足也。

11月25日　星日
冷未出，晚龚祥瑞来。

11月27日　星二
晨北大医院访马坚[1]谈外交学会事。十一时访市委刘仁谈教工事。下午新法学会谈合并为政法学会事，被推为筹备人。

11月28日　星三
下午市总学委会，访柳亚子。

11月29日　星四
晨北大学委会，午外交学会。

11月30日　星五
晨北大学委会。

---

〔1〕 马坚，字子实，回族，云南个旧人，中国现代伊斯兰学者。早年曾就读于云南省昆明明德中学，后到宁夏固原师从著名经师虎嵩山学习伊斯兰典籍。1946年到北京大学工作，担任东方语言学系教授、阿拉伯语教研室主任。1949年任中国人民政治协商会议全国委员会委员。其独立翻译出版的汉语版伊斯兰典籍《古兰经》在海内外享有极高声誉。

十二月

12月1日　星六

下午校全体教师学习大会，后系小组聚餐，原欲参加小组会，但晚市协、市府联席座谈会谈反贪污运动，后又看电影。

12月2日　星日

午《新建设》编委会聚餐。

下午全教工常委。

晚孟和在乙藜处聚餐。

12月3日　星一

晨去办公，潘静远[1]来谈太平洋会事及关于改良主义的座谈会。

下午去教育工会市委会。

晚学委会，北大。

12月4日　星二

新政治学会新委会开会，商合并事。

12月5日　星三

晨政法委会谈工作，陶希晋主持。下午北大汤副校长作学习报告。

看费青谈法系事及政系思改事。

12月6日　星四

办公，俞铭传来谈工会工作事。

下午全委会，郭沫若报告和大事。

12月7日　星五

晨北大工作会议，颇无事可议。

---

[1] 潘静远，又名潘齐亮，江苏宜兴人，著名报人。西南联合大学毕业，曾任《文汇报》特约记者、《大公报》编委等职。

晚看"在新事物面前",甚好。

12月8日　星六
下午政治系小组学习斯大林"十月革命的国际性质"。

12月9日　星日
晨教工与华侨联谊会追悼薛永黍[1]，我说了话。
下午大公、进步［疑指上海《大公报》与天津《进步日报》］座谈改良主义，晚饭后始散。
晚北大学委法学院会报。

12月10日　星一
午前十一时，外交学会聚餐，邀马坚谈中东事。
下午市总常会。
晚疲甚早睡。

12月11日　星二
晨北大学委会，早退至院。
下午北大招待罗马尼亚文教代表团，听讲。
去思永处晚【饭】。
晚向政法两系学生讲话。

12月12日　星三
下午校委会，又是空会一个。

12月13日　星四
晨校医云心甚正常但心胃不适，彼俱不问。
晚外交学会座谈中东马坚报告，我讲了话，谓革命非由工人阶级的党领导不可，高集总结则云已由工人阶级的党领导矣。

---

[1] 薛永黍，福建人。福州英华书院毕业后到美国密西根大学深造，获教育学士，后又考取历史学硕士学位。1937年任新加坡华侨中学校长。七七事变后领导学生宣传抗日。1945年复办华侨中学。1951年6月被英殖民政府以"不顾禁运，偷运树胶到中国"罪名关押，同年11月不幸病逝。

一九五一年

12月14日　星五
傍晚一访马校长，有所请示，不甚解决问题。

12月15日　星六
晨为法学院教师做了关于学习的报告。
下午政法两系联合学习会。

12月16日
晨北大九三成立会，我说了话。
下午总学委，邓拓[1]报告。
晚傅作义家双周聚餐。
温寒江来谈，睡甚晚。

12月17日
晨北大分学委，法学院会报［通汇报，下同］。
下午市教工常委会。
罗应荣[2]来辞行。

12月18日　星二
晨北大工作会，午后访章［张］勃川[3]谈院事。下午北大分学委会。

12月19日　星三
下午北大学委会系主任小组长联席会议，马、汤讲话，形式的。接下去分院开会。
晚北大工会电影《警报》。
电影后政治系举行与参加政法干校人员话别会；大家只想进步改造，

---

[1] 邓拓，原名邓子健，福建闽侯人，政论家、历史学家。1930年加入左翼社会科学家联盟，同年加入中国共产党。新中国成立后，任中共北京市委政策研究室主任、宣传部部长。1950年任《人民日报》总编辑、社长。

[2] 罗应荣，1950年自美回国，1951年11月被分配去岭南大学任教，1952年随该校合并入中山大学，在历史系任教。

[3] 张勃川，回族，山东冠县人。1932年毕业于北京大学经济系。新中国成立后，历任教育部高等教育司副司长，高等教育部综合大学司司长等。

留经常工作给旁人。

甚累，胃肠俱不佳。

12月20日　星四
上午为《进步日报》[1]搞好谈话稿。
午外学会聚餐。
下午，彭真同志在长安报告反贪污反浪费反官僚主义运动。

12月21日　星五
下午协委会及市府联席会。

12月22日　星六
下午政系学习小组会。
晚马宅谈并校事。

12月23日
晨市选举委员会。
下午北大诸头去燕京与燕京诸头及清华文法商迁校事，晚饭后始返。

12月24日　星一
晨法学院小组长会报。
下午市各代提案审查。

12月25日　星二
晨北大工作会议。
下午北大学委主席小组会议，后法学院学委会议。
先后与法、政二系学生谈话。

---

[1]《进步日报》由天津《大公报》更名而来。全国解放前夕，《大公报》总部设在上海，下辖上海、天津、重庆、香港四个分馆，为当时中国首屈一指的报业集团。天津解放时，经中央决定《大公报》易名《进步日报》。1953年上海《大公报》北迁与天津《进步日报》合并为新的《大公报》，升格为中央一级全国性报纸，负责财经和国际方面的宣传。

12月26日　星三
改好土改文送《人民日报》。
晚许立群[1]报告，解答关于学习的问题，在辅仁。

12月27日　星四
下午去市府审提案。

12月28日　星五
各界代表会三届三次。晨大会，下午小组会；大会中，我做了提案审查报告。

12月29日　星六
上午各界代会小组会；下午学校选委会；晚北大招待清华、燕京。

12月30日　星日
上下午大会，甚累。
晚孙晓村[2]在陈叔通宅双周聚餐。

12月31日　星一
晨校工作会议及政治系学习组同时开，未吃午饭。
下午一时市总常委。
三时北大学委会。
除夕，都、兴去校，我带南去公园，协委会晚会。
今日忙极。

---

〔1〕 许立群，原名杨承栋，笔名杨耳等，曾参加"一二·九"运动。新中国成立后，先后任中共北京市委青委书记、市团工委书记，北京市各界人民代表会议协商委员会主席团常务主席、团中央宣传部副部长，中共中央宣传部副部长。1964年9月以后主持中宣常务工作。

〔2〕 孙晓村，浙江余杭人。1929年毕业于北平中法大学文学史地系。1945年参加中国民主革命同盟。1949年参加中国民主建国会，同年出席中国人民政治协商会议第一届全体会议。新中国成立后，历任政务院财政经济委员会委员、财经计划局局长、北京农业大学校长等。

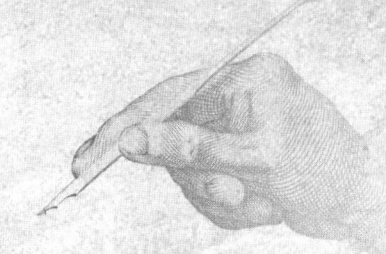

一九五二年

1月1日

午市府团拜、聚餐。

晚中央人民政府聚餐,晚会。

一月

1月1日
午市府团拜、聚餐。
晚中央人民政府聚餐，晚会。

1月2日　星三
晨在北大忙了一早上。
下午一时市教工在中山堂开扩大会议，我和刘子久做了报告。
晚市委员会开全体会议。

1月3日　星四
晨北大校委会讨论"三反"及迁校事。
午外交学会。
下午北大节约检查会及工作委员会。

1月4日　星五
晨八时北大出版部传达各代会决议。
下午二时北大节约委会动员干部大会。
下午四时学校选委会请各专科学校代表谈选举。

1月5日　星六
晨市选委会。
十一时参加政、法两系联合学习。
下午一时半向北大教职工传达各代会决议。
下午二时半马校长"三反"运动动员报告，接下去薄一波[1]报告。

---

〔1〕 中华人民共和国成立初期，中国共产党在党和国家机关内部开展了"反贪污、反浪费、反官僚主义"运动。为加强对运动的领导，中共中央成立了增产节约检查委员会，薄一波任主任。

1月6日　星日
晨经济系小组会。
晚看抗美援朝纪录片。

1月7日
下午教部成立高校节约检查分会，曾昭抡、钱端升分任正副主任。

1月8日
晨法学院各小组会报。
下午政法联合讨论选举及"三反"，我说了借薪是剥削思想；私生活超过发展情况是剥削思想。汪瑄问我有没有借薪搞美金的，我答不知。

1月9日
下午三时怀仁堂薄一波报告"三反"运动。

1月10日　星四
上午政法系学学［会］筹委会。午外交学会。
下午政治辅助小组会，关于选举协商，有人批评我，谓除满18岁外无一条件等，这种批评易使我漠然。且北大一些人，这些批评，究将依靠我来消除呢，抑自己消除呢？
五时市教工常委会，开得不好。

1月11日
晨市教工机关干部"三反"又做了号召，对夏两人案做了处理。
头疼疲极欲睡，有烧感，下午休息。

1月12日　星六
下午教部总学委，未完即去。
四时半选举，我已不在候选人之内，原因是沙滩教员小组有坚决反对者。

1月13日　星日
上午去燕京看校舍。

下午法学院会报。

看叔通思［原文如此］有以慰之，〈删略〉。

1月14日　星一
上午去市府开文委会。

上下午北大学委、节委联席会，初拟明开动员大会，后又决不开。我拟召开法学院大会，年轻干部（法院）也不同意。

1月15日　星二
上午干部动员报告北大"三反"，马、汤等自我检讨，〈删略〉。

准备关于1946—47［1947年］借薪及借薪买房的检讨，请仲揆来了一下，又和惟诚电商了一下。

1月16日　星三
上下午政治系"三反"开会，我先谈，也及借支事。

1月17日　星四
晨法学院系主任小组长商谈。晨马校长来，云尚未见昨件。

中午外交学会。

下午《中国建设》双周例会。

1月18日　星五
晨校节委会。

午欢迎志愿军中国代表及朝访华团。

下午教部高校节委会。

晚校节委扩大干部会，后法院各小组长小组讨论。

1月19日　星六
晨去校行，与张鑫、薛谋洪[1]谈了一下，又去校办公室一行。

下午各界欢迎志愿军归国代表及朝访问团大会。

---

〔1〕　薛谋洪，福建福州人。1949年北京大学政治系毕业。1951年北京大学研究院国际关系专业研究生毕业。自1981年起任外交部国际问题研究所研究员兼《国际问题研究》主编。

1月20日　星日
晨北大小组会；下午蒋南翔[1]向学生作报告。深夜草检讨稿。

1月21日
晨一上午教职工大会，马报告，典型报告。
下午小组提首长意见，政治系提我及各首长。
五时半与赵宝煦等商检讨初稿。
晚旧校委会及其他人互提意见座谈会，甚晚。

1月22日
晨在家重写检讨稿。
一时与赵等一商该稿。
下午教职工大会，汤、我及马大猷自我检讨，约十人发言。仍有对借钱事发言者。
晚原本小组会，过累，稍漫谈即散。

1月23日　星三
上下午法学院会，上午提校，下午提院及政系。
晚马校【长】家工作会议，谈搬家事。

1月24日　星四
晨法学院三系联席会，给法、经二系提意见。
午外学会。
下午教职员大会，马大猷、罗莘田、王鸿桢［祯］自我检讨，有发言，汤、马最后。
晚与校巨头送马东车站。

1月25日　星五
晨法学院三系联席会，提经系，我最后又作补充自我检讨。

---

［1］蒋南翔，江苏宜兴人，教育家。曾任清华大学校长、党委书记，高等教育部部长。时任新民主主义青年团中央副书记。

晚访翰笙夫妇。

1月26日　星六
下午市协会及市府联席会议，讨论"三反"。
晚印度大使馆两周年纪念。

1月27日　星日
阴历元旦，下午携南去故宫看"人的发展"及"伟大的祖国"两展览会。返即烧，即睡。

1月28—29日　星一二
睡床；有学生辈来，但北大无来者。

1月30日　星三
首日起，在家；枚荪来，陈玉来。

1月31日　星四
晨访赵、周、姚三□。晨校。午外学会。下午教部商校节约委主脑会。

二月

2月1日　星五
晨教部总学委会。
下午北大商今晚会；晚北大学委会。

2月2日　星六
上午理了一些院系之事。
下午北大教职工大会，汤及王鸿桢［祯］报告，后政法小组会。

2月3日　星日
晨民盟北大区分别［会］成立，我说了话。
下午校委会讨论迁校事。

晚陈良璧[1]结婚，致贺。

2月4日 星一
上下午清理院系书及账。

2月5日 星二
上午下［午］清理系事。下午北大干部会，大家做了保证。
晚德使馆请看电影。

2月6日 星三
全日清理系务。
快报批评经济系，全系教授、主任不快，怪我。

2月7日 星四
全日清理系务。
午外学会。
下午北大节委会。
晚外学会招待Amado［亚马多］[2]，Guillén［纪廉］[3]。

2月8日 星五
上午沙滩，下午工学院反浪费展览。

2月9日 星六
上午政法两系谈展览会，我首发言。
下午反浪费大会，对各有关主任，甚尖锐。

---

〔1〕 陈良璧，内蒙古巴彦淖尔盟临河市（今内蒙古自治区巴彦淖尔市临河区）人。1939年考入西南联合大学经济系，1944年毕业。后到英国剑桥大学留学，研究苏联社会主义经济。1951年回国在北大经济系任教。1956年到东北人民大学工作，后任河套大学校长。

〔2〕 若热·亚马多（Jorge Amado），巴西著名作家，巴西共产党员。1933年发表小说《可可》一举成名。自1936年起由于参加进步政治运动多次被捕入狱，后流亡国外。1952年回国后专事写作。1951年因《和平世界》一书荣膺"加强国际和平"斯大林奖金。1961年当选为巴西文学院院士，5年后获得诺贝尔文学奖提名。

〔3〕 尼古拉斯·纪廉（Nicholas Guillén），古巴诗人，代表作有《甘蔗田》《汗和鞭子》等。时任世界和平理事会文化交流委员会委员。

2月10日　星日
上下午院会，先报告，后我自我检讨，学生提意见甚多。下午转到陈良璧等。

2月11日　星一
上午校主干商谈如何进行。
下午法学院大会检讨了周枚荪。

2月12日　星二
上午北大扩大干部会，下午法学院传达，后继续检查。

2月13日
全日查账。
晚外学会纪念中苏条约二周年座谈会。

2月14日　星四
上下午北大检查工作。
午外学会。
晚，怀仁堂庆祝中苏条约二周年。

2月15日　星五
晨教部节委会。
下午北大检查。

2月16日　星六
晨北大节委。
下午政治系小组讨论检查结果。

2月17日　星日
上午政系小组，继续讨论。
下午市高教节委，预看市高校浪费展览会。

晚在市委饭后，与李乐光、宋硕〔1〕、曾昭抡到三益泰参观。

2月18日　星一
晨北大文法干部会。
下午法干部讨论今后工作，想转入思想检查。

2月19日　星二
下午教员动员思改大会，接下去政法小组会。

2月20日　星三
晨法学院干部会，陈良璧又和发生争执［原文如此］。
下午参观斗争校医室"封建把头"关淑贞。

2月21日　星四
晨文法干部会。
午外协会。
下午法院漫谈对于"洗澡"的认识。
晚外学会 Endicott［文幼章］〔2〕讲加拿大和运。
商翰笙提意见。

2月22日　星五
晨参观市反浪【费】展览会；文法理干部会；下午政法系漫谈展览。

2月23日　星六
下午政法师生大会，〈删略〉。

2月24日　星日
上午政法学会筹备会。

---

〔1〕 宋硕，原名钱宗澜，浙江余杭人。1945年加入中国共产党。同年毕业于北京大学化学工程系。新中国成立后，历任中共北京市委学委组织部部长、北京市高校党委副书记等职。

〔2〕 文幼章（James Gareth Endicott，音译詹姆士·艾迪科特），加拿大联合会传教士。1925年来华，在华西协和大学及华西协中任教，曾任大学英语和伦理学教授。1948年当选多伦多保卫世界和平委员会主席。1949年当选加拿大全国和平大会主席，后出任世界和平大会主席一职。1952年，周恩来总理专门邀请文幼章向从事外交工作的人员讲解加拿大等国情况。

下午一时法院核心会；二时周炳琳检讨；晚在费青处谈领导思想。

2月25日　星一
晨政法小组讨论周炳琳检讨。
午校领导讨论工作。
下午法学院大会讨论周的检讨，后访周一勉。

2月26日　星二
晨教部留学生考试委员会。
下午搞检讨稿，晚至次晨六时睡。

2月27日　星三
晨法学院师会及政法小组会。
下午及晚法学院大会，周炳琳检讨。

2月28日　星四
上午我检讨领导思想，下午提意见，教员16，同学4；楼、龚、吴之椿、汪瑄、陈良璧〈删略〉。
午外学会。
晚指挥部分学会。

2月29日
晨全校及文法学院干部会。
下午法学院全体会及分组会。
在政法小组上，又以刺痛不刺痛事引起楼、龚、吴等不满。
晚蒙古大使馆请看蒙古人民共和国电影。

三月

3月1日　星六
晨去校一行。下午政法小组周仁、罗典荣[1]检讨，均不好。

---

[1] 罗典荣，1947年毕业于清华大学。后在北京大学法学院、北京政法学院任教。

3月2日　星日

上午想［原文空缺］。

下午，典型报告大会，有陈明德［疑为陈德明］[1]、唐敖庆[2]、罗士韦[3]、王利器[4]等，不大好。

3月3日　星一

上午做提纲。

下午政法小组刘仁达、薛谋洪检讨，后者不太好。

3月4日　星二

全日经济系大会，陈良璧检讨。

3月5日　星三

政法师生大会，龚祥瑞检讨；下午，政法小组会提龚意见。又李由义[5]检讨。

3月6日　星四

分学委政法大会，楼邦彦检讨，下午续提意见。下午政法小组赵宝煦检讨。

3月7日　星五

晨，文理法干部大会，汤、张文岑[6]报告，下午分组讨论。领导上要

---

[1] 陈德明，广西北海人。1942年毕业于西南联合大学。1950年获荷兰阿姆斯特丹大学理科博士学位，同年回国。历任北京大学副教授、教授、生物学系主任、分子生物学研究所所长。

[2] 唐敖庆，江苏宜兴人，物理化学家。1940年西南联合大学化学系毕业后留校任教。1949年获美国哥伦比亚大学博士学位。1950年2月回国后在北京大学化学系任教授。

[3] 罗士韦，1931年毕业于中山大学生物系，1945年获美国加利福尼亚理工学院博士学位。时任北京大学教授。

[4] 王利器，四川江津（今重庆市江津区）人。1940年在四川大学中文系毕业，次年考取北京大学研究生。1944年毕业后历任四川大学、北京大学、北京政法学院讲师、副教授、教授等。1956年后调入人民文学出版社工作。

[5] 李由义，法学家，长民法。时在北京大学法律系任教。

[6] 张文岑，又名张思瑞，河南唐河人。1932年加入中国共产党。新中国成立后，历任北京大学党组书记、河南省纺织工业局副局长、郑州纺织工业学校校长、郑州纺织机械厂党委书记。

将我与周分别轻重，引起周的自尊心与抗拒。晚来找我又同去找马校长，此事目前颇有僵持之势。

3月8日
晨访枚荪太太，劝其多劝枚荪。
下午政法小组，潘汉典、张鑫检讨。
决定我的二次检讨暂缓，先准备大战役。

3月9日
下午指挥部加某些人商全校重点事，马老初意不赞成即搞周，但市委方面很坚决。

3月10日
准备检讨周炳琳思想。访了王昆仑；午与马老访枚荪，访劳君展[1]；但未晤郑华炽。

3月11日　星二
工作如昨日；晨访了李儒勉[2]。周有愿多劳动改造之意。

3月12日　星三
晨访马老，马老恐周可能自杀，欲先请示总理，后文重来言将运动延长数日。晚访奚若。

3月13日　星四
校休息，党团员有会，上下午均无从接头。
午外学会。下午《中国建设》编委会。

---

〔1〕劳君展，原名启荣，湖南长沙人，许德珩的夫人，九三学社创始人之一。1919年赴法国里昂大学攻数学，1924年获得硕士学位，后进入巴黎大学从居里夫人学习镭学。1927年回国后先后任教于广州中山大学、北京大学等。1945年参与筹备九三学社。新中国成立后，任中国人民大学教授、教育部参事、九三学社第三届至第五届中央常委等。

〔2〕李儒勉，名贵诚，江西鄱阳人。1920年考入南京金陵大学，攻读心理学。1936年赴英国牛津大学、剑桥大学学习英国文学。新中国成立初期，任职于中央对外文化联络局。抗美援朝期间，他负责反对细菌战方面的文字编译工作。

3月14日　星五
晨法学院核心会议定计划，我决定即做检讨。
晚访史良，为《中国建设》作文事。
打防鼠疫针，不甚适。

3月15日　星六
写检讨。

3月16日
晨去市委，商后日反贪污大会事。
下午北大学委会。

3月17日　星一
全日在家写检讨，翌晨六时始睡。

3月18日　星二
下午市高校反贪污大会在音乐堂，我致开幕词。

3月19日　星三
晨去徐大夫处取药。全日在校。下午政法小组漫谈昨大会及周仁宽大等等。晨楼、龚谈检讨。

3月20日　星四
晨北大工作会议。
午东站欢迎国际民律［民主法律］学家朝鲜战罪行调查团［1］。
下午与欧阳讨论检讨稿。
晚陪国际民主［法］律家在北京饭店饭，费时甚久。

---

［1］1950年6月25日，朝鲜内战爆发。战争中中国政府邀请"国际民主法律工作者协会调查团"对美国细菌战真相进行调查。1952年3月3日，由奥地利、意大利、英国、法国、中国、比利时、巴西、波兰等8国的法律工作者组成的调查团到达朝鲜开始调查，至19日结束并发表调查报告。

3月21日　星五
晨去看蕙，后买药为小弟咳嗽也。
今日竟日因少眠头疼。

3月22日　星六
晨工作会议。
晚欢迎国际民主法〔律〕工作者欢宴会，我报告中先走。
去北大与余叔通、欧阳谈检讨事。

3月23日　星日
晨去清华，与燕大谈院系事。
午后返，赶检讨，晚上三点半睡。

3月24日
全日赶写检讨，次晨8:45毕，中间小眠一时。

3月25日　星二
下午教部留学生考委会。
傍晚送国际民主法〔律〕家去沈。晚与欧阳、鲁明谈检讨书。

3月26日
白日修改检讨，晚北楼礼堂大会检讨，计2:45分，无鼓掌。

3月27日
晨去周炳琳家见魏璧[1]，云枚荪已转动。
下午去全教工及市教工。上下午全院在讨论，不要我参加。
晚看苏联电影，在北大。

3月28日　星五
上下午提意见，算通过。党大力要如此做也。
去车站接国际代法学家。

[1]　魏璧，周炳琳夫人，曾留学法国里昂大学、巴黎大学学数学。

3月29日　星六

晨报告赵迺抟背境［背景］。

下午文学法【学院】大会，向朱光潜提意见。

晚访东四十条，谈以严仁赓〔1〕代陈良璧事，并已三访严本人。

3月30日　星日

赵迺抟检讨，极坏。下午小组（我未参加）。晚提意见，深晚始毕。下午北大分学委。

3月31日　星一

下午又去催枚荪做检讨，晚法院干部会。

蕙返家一二日。

四月

4月1日　星二

上下午法院自我检讨会，对领导又有许多意见。

晚欢送国际法工［作］者宴。晚又返北大开核心会。

4月2日　星三

上午政法小组谈朱光潜。

下午一至四，法院领导核心谈工作。

晚去市委谈高校打虎大会事。

4月3日　星四

上午校招待 Brandweiner ［布兰德魏纳］〔2〕，讲调查细菌战事。

---

〔1〕 严仁赓，天津人。1933年毕业于南开大学经济系。后留学美国，在哈佛大学、哥伦比亚大学、加州大学伯克利分校做研究工作。1946年回国任浙江大学教授。新中国成立后，历任北京大学教授、副教务长、校长助理。

〔2〕 海因里希·布兰德魏纳（Heinrich Brandweiner），奥地利法学家，格拉兹大学国际法与宗教法教授，世界和平理事会理事。1952年3月9日到14日，率领国际民主法律工作者协会调查团在朝鲜及我国东北等地开展美国细菌战实地调查。

午外学会。

下午市人民法庭成立会。

晚法院工作会议。

4月4日　星五

晨政法互助小组讨论朱□□［原文置空］。后欢迎朝法教赵之浩。

下午政法小组讨论朱，中商北大人民法庭事。

晚匈使馆招待晚宴。

4月5日　星六

8:30-7:30市高校反贪污大会在文化宫，我致开幕词。

晚去校，法学院领导核心会。

4月6日　星日

八时至晚十时为准备周检讨而开各种小组会。

4月7日　星一

昨日打针，今日反应甚烈，二去校但开不成会也。

4月8日　星二

晨法院小〈小〉组及全体讨论周的问题。

下午法学院师生大会由周检讨，在新饭厅，条541颇难掌握。

晚法院全体先生漫谈周检讨。

4月9日　星三

清晨送沈老出国。晨分学委，全校师生大会。下午晚法院全体教师会。晨晚法院领导核小［核心小组］，均为朱光潜。

4月10日　星四

晨北大分学委讨论朱的问题。

下午全校大会给朱提意见，我最后代表分学委斥周，并说全校将得周的材料。

晚人民法庭审判会。

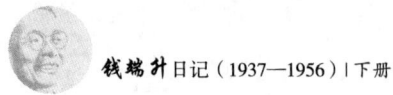

4月11日　星五
法院干部会。
下午人民法庭审判。
晚法院干部会，与欧阳去看周，又在说听候处分事。

4月12日　星六
晨沙滩混合研究小组阅读周资料，下午研究小组讨论，下午校长召集小组讨论对周政策。晚法院核心会。

4月13日　星日
晨各研究组研读；下午校长召集座谈；晚学生会预演"异邦暗影"，未完即走。晚九时，核心考虑发言稿，不佳。

4月14日　星一
分学会讨论周事，延期二日，以告院核心，陈良璧甚怒。
下午政法筹备会第二次会。
晚去校审发言稿。

4月15日　星二
杨振声检讨。
午奚若来谈昨日八小时与周长谈事。
下午与分学委核心谈，又全体去马宅谈周事，决定明晚座谈。晚法学院核心会。

4月16日　星三
晨看稿接洽。下午文学院向杨振声提意见。
晚校长召开周炳琳座谈会，周夫妇亦参加。

4月17日　星四
晨长安大戏院市临时分庭及人民法庭干部报告，由张友渔、王斐然[1]

---

〔1〕王斐然，河北阜平人。1924年加入中国共产党。1948年当选为华北人民政府法院审判委员会副审判长。北平解放后，担任北京市人民法院院长，后任北京市高级人民法院院长。

报告。

午外学会。

下午去校，核心层讨论发言，疲甚晚早睡。

4月18日　星五

晨分学委，下午预演发言，均为周。

晚反浪费电影预审。

4月19日　星六

晨分学委办公室及核心审稿预读。

下午人民法庭审判会议，判89户。

晚与蕙看"异邦暗影"。

4月20日　星日

晨分学委研究组全体最后审发言稿。

下午及晚累甚休息。

4月21日　星一

晨分学会，下午师生大会提意见，晚访周，均为周；周事今日告一小结。

4月22日　星二

晨北大校长召开五一外宾招待委员会。

下午先政法小组谈昨日周的大会，后谈总结。院核心谈总结。晚校工作会议。

4月23日　星三

晨法学院全体师讨论总结事。

鲁明谈要促周改造，做思想斗争。

下午文委会奖祈［祁］建华。

4月24日　星四

互助小组谈心。

午外学会。

下午法核心会及北大分学委。

4月25日
晨核心；谈心小组；下午谈心小组；全校反贪大会；钱、严、欧阳小组。

4月26日
晨西南少数民族来校。冀朝鼎报告经会。
下午谈心小组，核心会。
少数民族后见马，谈经系主任事。马云陈岱孙不可能为新主任，意欲严任，我嘱商党，马云将与教部钱、张商。

4月27日　星日
晨总结谈心小组。
下午印缅代表团招待会。
今晨（?）［原文如此］马访樊，樊似对我有所言但未言辞；午去经系要召开系会，请大家于樊、严中择一投票，甚冲动，未商汤，我阻之。

4月28日　星一
今晨马校长原定去经系解决系主任问题，临时改谈欢迎外宾事。
下午法院全体先生交流总结会议。
五一操演。

4月29日　星二
晨欢迎缅甸代表团，下午国际经济会议代表。
晚学校制［指］挥部最后一次会议。

4月30日
晨北大外宾招待会、检讨会。
晚全总招待各国工会代表。

一九五二年

五月

5月1日
晨 6:00 至学校队伍指挥部，后参加游行又返入观礼台。

5月2日
晨去校与若干人讨论总结事。
晚人民法庭。

5月3日
晨八时去北京饭店看 Thorton［索顿］，刘宁一之请也。
下午《中国建设》编委会。
昨日下午起忙抗议 Brandweiner［布兰德魏纳］被撤职事[1]的签名事，钱俊瑞之请也。

5月4日
晨北大欢迎印代表团。
下午又以电布兰德魏纳事而忙。午樊送辞书，马欲提明日工作会议。
晚北大招待匈牙利文工团演出。
晚与樊提，及马访始知有问题及不合作云云。

5月5日
晨北大工作会议谈到樊弘事，马不负责，大猷等疑我，杨晦主不动，马与我去挽留，令事不自然。
下午市招待外宾，又看《王贵与李香香》。

5月6日　星二
晨北大院总结首次会，不易开似多顾虑，吴之椿又说领导思想。

---

[1] 1952年，布兰德魏纳率团对美国细菌战情况进行调查。回国后，他在维也纳召开国际民主法律工作者协会理事会，并发表了关于美国在朝鲜战场进行细菌战的长篇报告。奥地利政府下令免除他布拉格大学国际法教授职位，其后还对其进行了一系列迫害。

下午外学会招待印文化团。北大分学委。
亚澳联络局招待工会代表。

5月7日　星三
晨校委会。
下午为短文，关于"细菌战及'对日和约'之效"。
晚文化部招待印文化团，临时印 Shanta Rao［劳·姗达］[1]舞了一番。

5月8日　星四
上下午余叔通小组总结会。
晨忙找人译 Brandweiner［布兰德魏纳］电事。
午外学会。
晚午招待印文化团看京戏。

5月9日　星五
上下午余叔通小组总结会，午院核心会。
晚捷使馆解放七周年酒会。
晚中、匈、印、缅文工［团］，怀仁堂晚会。
又为 Brandweiner［布兰德魏纳］电文译事而忙乱。
午吃得坏，肠又不好。

5月10日　星六
上午政法学会筹委会。
下午院核心总结。晚送马老去沪。
清晨及午忙了一阵，终将电文发出。

5月11日　星日
晨中缅友好协会成立大会，缅文化代【表】团后亦来参加。

5月12日　星一
晨选课。

---

［1］ 劳·姗达（Shanta Rao），印度女舞蹈家。

晚潘迪特[1]招待，有劳·姗达舞蹈。

5月13日　星二
晨院核心会讨论计划。
昨今均准备英文《中国建设》文稿。

5月14日　星三
晨北大工作会议。
下午市总常委会。
晚李乐光、吴惟诚来，云将在北大等六校搞忠诚老实运动。

5月15日　星四
晨去北大会。午外学会，全委会艾思奇[2]讲"矛盾论"，中途退席。下午市选委会，〈删略〉。

5月16日　星五
晨中印友好协会成立。下午续作文无所成。

5月17日　星六
晨高校节委会决定即在北大等校展开忠诚老实学习运动。
下午法学院总结大会，后全体聚餐。

5月18日　星日
终日搞英文。

5月19日　星一
下午核心会讨论欧阳、余检讨；晚欧阳检讨。

---

[1]　潘迪特（Vijaya Lakshmi Pandit），印度政治领袖、外交家总理贾瓦哈拉尔·尼赫鲁之妹。曾任印度驻美大使、印度文化代表团团长。

[2]　艾思奇，云南腾冲人。早年留学日本。1934年发表《大众哲学》。1935年加入中国共产党。1949年被选为政务院文化教育委员会委员。后历任中共中央高级党校哲学教研室主任、副校长、中国哲学学会副会长等，长期从事马克思列宁主义哲学的宣传教育工作。

5月20日 星二
下午余叔通检讨。
勉毕英文。

5月21日 星三
文晨始毕,极坏。
今起预备上课。

5月22日 星四
午外学会。

5月23日 星五
下午上课《国家论》,一年来首次也。前昨均为预备而忙。

5月24日 星六
下午北大学委决定明日开始忠诚老实。

5月25日 星日
北大党组袁永熙[1]对600干部作动员报告,关于忠诚老实学习运动。下午小组在赵宝煦领导下进行交代,我说了一个纲。晚扩大核心由严仁赓试做检讨。

5月26日 星一
全日赵小组,晚樊弘试做检讨。

5月27日 星二
上午赵小组,我又补充社会关系,〈删略〉。
下午去又与赵、余叔通一谈写那些。晚去市教工谈事。
晚严仁赓检讨会。

---

[1] 袁永熙,贵州修文人,"一二·一"运动的组织者和领导者之一。1938年秋考入西南联合大学经济系,同年12月参加中国共产党。1946年任北平、天津南方局系统地下党负责人。1949年后在共青团中央学生部任秘书主任、副部长。时任北京大学工作组党组书记。

5月28日　星三
全日在家搞交代稿。

5月29日　星四
午外学会。下午赵宝煦告我"结论",说信任我,刘一凡在,我泪下。
下午赵小组漫谈心得。
晚樊弘检讨,不好,仍算通过。

5月30日　星五
晨北大分学委,下午全体人员动员大会进行忠诚老实运动。晚法院小组漫谈。

5月31日　星六
上下午法学院小组;下午二时沙教基委会。
两度去机场接墨西哥和会代表。晚在北京饭店陪饭。

六月

6月1日　星日
晨访周炳琳、吴之椿、吴恩裕[1],晚访蔡枢衡。下午基委处理32人。

6月2日　星一
晨小组交代。午后学委会,未毕即去。
四至八中小学选举会,我说了话。

6月3日　星二
晨北大全体大会典型报告。
下午小组。
晚和大宴太平洋和会筹委代表。

---

[1] 吴恩裕,辽宁西丰人,政治学家、法学家和《红楼梦》研究专家。1933年毕业于清华大学哲学系,后在英国伦敦政治经济学院获博士学位。回国后历任重庆中央大学教授、北京大学政治系教授、北京政法学院教授、中国社科院研究员等。

6月4日　星三
晨小组会，下午基委会。

6月5日　星四
晨小组会；午外学会；下午研究，晚处理。

6月6日　星五
晨小组会。下午研究、处理，访问周炳琳。
晚彭真宴和会代表于中山堂；后去青年宫。

6月7日　星六
上午研究，下午小组会，基委会，晚刘鼎报告。
下午两度去车站欢迎清、燕土改【工作团】回来。

6月8日　星日
上午小组下结论；下午小组会，学委会。
晚为吴之椿下结论，〈删略〉。

6月9日　星【一】
上午小组会。
下午作补充交代，整理我自己的交代稿。

6月10日　星二
商处理事，下午疲甚。晚沙滩教员各小组干部座谈。

6月11日　星三
上午北大工作会。下午分学委。

6月12日　星四
晨去京市和大会，未开即走。
晨市总执委扩大会议。
午外学会。
下午市总常委会。

一九五二年

下午政法委员会，陶希晋召各校政法教授座谈政法工作。
晚北大忠诚老实学习运动总结大会。

6月13日　星五
上下午市总执行扩大会，下午我任大会主席。
晚人民法庭四次会。

6月14日　星六
下午法学院进行推治安委员会候选人。

6月15日　星日
晨政法系教员在北海谈院系调整。
晚及下午填履历表，未完。

6月16日　星一
下午中印友协欢送潘尼迦〔1〕。
晚北大聘委会。
表今日填毕。

6月17日　星二
晨看章汉夫〔2〕，商国际组存废事。
晚校有会，关于毕业生分配事。

6月18日　星三
下午上了三课。

6月19日　星四
上午外交学会研委会、编委会联席会议。
晚法学院核心讨论关于两个运动的工作。

---

〔1〕　潘尼迦（Kavalam Madhava Panikkar），印度学者、历史学家、外交官。1948—1949年为印度驻中华民国的大使。1950年4月中印正式建交后，继续担任印度首任驻中华人民共和国的大使，任期为1950—1952年。

〔2〕　章汉夫，江苏武进人，曾留学美国和苏联。20世纪20年代末开始从事中国共产党的组织、文化宣传、统战和国际联络工作。时任中华人民共和国外交部副部长。

6月20日　星五
晚北大关于文研讨论会。
对周炳琳下结论，不大顺利。

6月21日　星六
晚听滕代远[1]报告。

6月22日　星日
教部钱俊瑞报告调整院系。

6月23日　星一
晨欢迎和会代表。下午欢迎北大土改团返校，举行简短仪式。

6月24日　星二
晨校长室与经系［指经济系］同人谈经济系业务。
晚外学会请 Needham［李约瑟］[2]。

6月25日　星三
晚与土改干部讨论法学院今后工作。
为蔡枢衡提意见，在小组中。

6月26日　星四
晨外交学会讨论研究事。
下午全委会陈伯达讲关于"共同纲领"[3]。

6月27日　星五
上午为土改师生传达关于院系调整事。
下午去了二小时课堂。

---

〔1〕 滕代远，湖南麻阳县人，平江起义领导者。时任中华人民共和国铁道部部长。
〔2〕 疑指李约瑟（Joseph Terence Montgomery Needham），英国近代生物化学家、科学技术史专家。
〔3〕 即《中国人民政治协商会议共同纲领》，于1949年9月29日由中国人民政治协商会议第一届全体会议通过，是《中华人民共和国宪法》制定以前的纲领性文件，起了"临时宪法"的作用。

一早即有烧且喉痛，到了下午得躺下了。

6月30日　星一
前几天有烧躺下，今始无烧。张鑫、芮沐来看。

七月

7月1日　星二
晨去协和，二去未看成病；下午到联合诊疗所看的。
下午和大钱别Johnson［约翰逊］。

7月2日　星三
晚土改团"忠老"［即忠诚老实运动，下同］基委会。

7月3日　星四
上午土改团"忠老"动员报告。午外学会。

7月4日　星五
下午教部张勃川召我及费青、欧阳及清、燕、辅各一人谈政法事。
晨我、费、欧阳先有所商。晚小组为吴恩裕提意见。

7月5日　星六
晨去了校再度看了校医，疲甚，下午早睡。

7月6日　星日
下午四时土改团"忠老"基委会。
院系调筹委会二次会，未先通知。

7月7日　星一
晨土改团"忠老"典型报告大会。
下午教部，钱在教部为新北大全体教员报告。

7月8日　星二
晨市选举会。

晚北大系主任会议，谈明晚之会。

7月9日　星三
晨法院"洗澡"核心会。
下午上课。晚政法小组讨论院系调整。

7月10日　星四
午外学委。
下午学习座谈会讨论。
晚北大各系会报昨晚讨论。

7月11日　星五
政治核心小组去燕京开会，中午去清华饭。
下午以张鑫对蔡的检讨不重视，停止之。
参观西语系朱光潜检讨的末部分。

7月12日　星六
晚政法小组讨论院系调整。

7月13日　星日
晨法院土改团基委会；晚总结大会，汤、我自己、张群玉[1]均说了话。

7月14日　星一
预备功课，但下午去了北大一次。

7月15日　星二
晨为土改团作学习报告，接开学委会。
晚去燕京开院系调整筹委会。

7月16日
晨法院核心。晚法院教师为土改、洗澡动员报告大会。

---

[1]　张群玉，时任北京大学党委书记。

7月17日
下午去政法会访陶希晋。

7月18日　星五
下午市府会讨论特邀代表问题。
晚政法系蔡枢衡检讨，藉端骂人颇可恶；但在争取人人通过的政策下，也通过了。

7月19日　星六
晨高校临时分庭首脑在教部商谈。
下午全教工常委会。

7月20日　星日
上下午法学院为"洗澡"而提意见，下午我去了高校临时分庭。

7月21日　星一
上午教部留苏学生考委会。下午市教常委。

7月22日　星二
晨东北人大张玉清来谈刘世衡。
下午政法学会筹委，数人一谈。
晚吴恩裕检讨甚晚，未通过。

7月23日　星三
全体北大教员去燕京听苏联专家报告，后院调筹委会。
下午协会秘书处商分组事。

7月24日　星四
午外学会。下午郭沫若报告和大理事会。晚政法小组讨论昨日苏专家报告。

7月25日　星五
晨补课，院核心讨论周检讨事甚久，下午便访周太太。腹泻，睡了小半天。

7月26日　星六
晨去清华政法核心，在思成家饭。
晚北大系主任会，关于留苏问题。

7月27日　星日
以市教工学联名义召各高校市人民会议代表在中山公园商小组及提案事。
下午北大由学委召开座谈会谈周炳琳检讨事，众意不慊于周。回时访裘祖源，对其检讨进行帮助。
允仪自沪来度假。

7月28日
晨去校，事多，但均不在，不接头。午欢迎志愿军归国代表团。
晚政法程筱鹤[1]检讨。

7月29日　星二
下午教部政法会，召政法先生单方宣传了一些办法。
晚又开座谈会，谈周检讨如何提意见。

7月30日　星三
晨《中国建设》编委会。
下午周炳琳检讨。
晚外学会Epstein［爱泼斯坦］[2]讲美大选。高校临【时】庭首长在教部先商。

7月31日　星五［四］
军委会萧华向全委会报告解放军。

---

〔1〕程筱鹤，法学家，江苏苏州人。毕业于上海圣约翰大学政治系和东吴大学法律系。1949年毕业于北京大学法律学研究所（法学硕士）。后任北京政法学院（今中国政法大学）教授、中国政法大学研究生院副院长、中国法学会法学基础理论研究会顾问、北京市第七届人民代表大会代表。

〔2〕伊斯雷尔·爱泼斯坦（Israel Epstein），中文名艾培，犹太裔中国人，自幼随父母定居中国，记者、作家。自1931年起在《京津泰晤士报》工作。1937年任美国联合社记者。1939年在香港参加宋庆龄发起组织的保卫中国同盟，负责宣传工作。1951年应宋庆龄之邀，回中国参与《中国建设》杂志创刊工作。1957年加入中国籍。

午外学会。

下午高校临时庭二次会议。大考。

八月

8月1日

晨去全教工会，□项平等要谈大学事。

下午去先农坛八一建军节运动大会。

晚张奚若、吴晗来聊天。

8月2日　星六

下午外学会陈翰笙等报告和大。

晚余叔通婚。

8月3日　星日

晨政法系核心在北大开会，晚与公蕙去性元家。

8月4日　星一

晨土改团学习"共产主义共产党"委员会会议。

下午该团学习总结，先请范若愚[1]解答，我做了总结。

8月5日　星二

晨芮沐检讨。下午教部政法系问题各方面人交换意见，只决定了由北大核心加强后定教学计划。

8月6日　星三

晨北大院调筹委会。

下午政系欢送毕业生，在公园。又讨论课改。

晚阅"国家论"卷。

---

[1]　范若愚，原名纯智，山西五寨人。1933年加入中国共产党。新中国成立初期，历任中共中央马列学院、中共中央高级党校马列主义基础教研室主任等职。

8月7日　星四
晨政法教学计划核心会，下午全委会听周一"共纲"录音。

8月8日　星五
晨政法系讨论保考留苏学生。
下午王铁崖检讨。
晚防疫课。

8月9日　星六
晨政法系教员小组会：防疫、司法改革、院系调整。
下午院调政法系教计划核心开会。
晚解放军、志愿军、捷军文工团在政务院联合演出。

8月10日　星日
晨各党派各团体领袖谈人代会主席团人选。
下午参加贺麟的检讨，为了准备发言昨晚仅睡2:30。

8月11日　星一
人代会（4.1）十时开幕，上下午报告大会，我在主席团。教部来话，云将扩政法系为独立学院，晚与费、欧阳等一谈。

8月12日　星二
晨人代会小组会。
下午去政法委参加党委检讨陈瑾琨[1]会。
晚人代政府工作报告审委会。
政院大礼堂京剧晚会。

8月13日　星三
人代会晨小组，下午大会，晚协会协商协委。

---

[1] 陈瑾琨，曾任西南联合大学法学院教授。时任政务院政治法律委员会委员。

一九五二年

8月14日　星四
人代全日大会，市长【委】员会协委会重选，大致如旧。
午外学会。晚工农作品晚会。

8月15日　星五
上下午政委党委扩大，陈瑾琨检讨，极坏。
政法独立成院事，陶希晋尚不知，电询俊瑞，则云已定。

8月16日　星六
上午北大院调筹委办公室谈调整工作的进行。
下午政法小组会谈院调人事、青岛休息、课程及院调工作。

8月17日　星日
晨社联开会，午后始毕。
晚印尼国庆。

8月18日　星一
晨校及市教工谈大学工会调研事。下午四校政法教授座谈司法改革。欧阳云将成立政法院或由我任院长，甚以为难事。

8月19日　星二
晨去教部见张勃川谈政法院长事，我仍辞。
下午政委党委整党会，向李木庵[1]、贾潜[2]提意见。
草自传为申请入盟。

8月20日　星三
去教部见钱俊瑞仍谈院长事，允再考虑一下。

---

[1]　李木庵，湖南桂阳人。1925年加入中国共产党，长期从事党的地下工作。新中国成立后，任中央人民政府司法部副部长、中央法制委员会委员等职，曾主持编写《中华人民共和国刑法（草案）》《中华人民共和国婚姻法》等法律。
[2]　贾潜，河南滑县人。北平朝阳大学法律科毕业，长期从事律师工作。1946年加入中国共产党。新中国成立后，先后担任最高人民法院党组成员、最高人民法院委员兼刑庭庭长、审判委员会委员等职务，曾参与《中华人民共和国人民法院组织法》的起草工作。

下午教部钱付部长报告政法、财经设院事。
晚匈使馆庆《宪法》颁布，夫妇偕去，后约吴晗来谈。

8月21日　星四
晨去市教工谈调研事。
午外学会。后看将招待英代表团的新旅馆。
今日约三百多人去青休息。

8月22日　星五
北大政法小组谈钱俊瑞报告。毕业生分配委员会（北大）。
下午公布毕业分配，本预备讲话，以政法、国际照顾不周，未讲。
晚北京教工包了八一建军节文艺演出一场，在音乐堂，偕蕙、召去，遇雨未终退席。本准备讲话以天津客到得迟，取消了。

8月23日　星六
下午政法学院筹委会在教部成立会，仍为主任〔1〕。

8月24日　星日
晨程筱鹤来谈政院事。
下午与蕙、南访李滢未晤，去了公园绕了一周。

8月25日　星一
晨与北大若干人商课程。
下午政院［即北京政法学院］筹委会二次会，谈了编制，未及课程。

8月26日　星二
晨与蕙、南去颐和园。
下午一部分筹委搞课程。
晚与周仁谈调工作事。

---

〔1〕1952年8月23日，"北京政法学院筹备委员会"第一次会议召开，委员会由于振鹏、刘昂、朱婴、严景耀、陈传纲、夏吉生、程筱鹤、费青、钱端升、戴铮、韩幽桐11人组成，钱端升任主任委员，韩幽桐任副主任委员。

一九五二年

8月27日　星三
晨搞课程草案。
晚去劳动剧场看罗马尼亚文工团，与蕙、南同去，并为市教工献了礼。

8月28日　星四
晨见了一些学生，搞转学转系事。午外学会，商招待英国人事。
晚去看韩幽桐[1]。

8月29日　星五
晨北大、财经、地质、政法四办公室洽商分校舍、职工事。
晚外学会讨论招待英代表团事。

8月30日　星六
与何健华去华北政委会访张苏[2]付主任谈政院事，午返校。下午燕京开北大等五次筹委会。
杨石先[3]宴北大、清华首脑，谈人事。

8月31日　星日
晨上午艺文董事会。
下午北大、清华、燕京若干教员谈司改；会后与史良通电话，她劝快些搞。

---

[1] 韩幽桐，原名桂琴，吉林宁安（今属黑龙江省）人，法学家，张友渔的夫人。1926年加入中国共产党，同年入北京大学学习。1933年赴日本东京帝国大学法学院攻读硕士。1937年回国，参加华北抗日救亡运动和左翼文化运动。1950年任教育部副司长。1952年任最高人民法院华北分院副院长，与钱端升等人一起筹备了北京政法学院。

[2] 张苏，河北蔚县人。1927年加入中国共产党。1952—1954年任华北行政委员会秘书长、副主任。

[3] 杨石先，浙江杭州人，化学家、教育家。1918年毕业于清华留美预备学校。1922年获美国康奈尔大学硕士学位。1929年再度赴美在耶鲁大学研究院任研究员。1931年获耶鲁大学博士学位并被选为美国科学研究工作者学会会员。同年回国，执教于南开大学。1948年任南开大学教务长并代理校长。1952—1957年担任南开大学副校长。

九月

9月1日 星一
晨先农坛市群众大会公审毒贩，杀了三人，我说了话。
晚市五区教工委京剧晚会，我给了运动奖。

9月2日 星二
下午访张勃川，谈政院筹事。
晚视察北方饭店为了招待，即在该处饭。

9月3日 星三
革大政法研究院戴铮[1]及办公室刘昂[2]来搞筹委工作。

9月4日 星四
晨又同戴铮及国华谈如何进行。
下午去机场欢迎英访华的一些人，晚陪了他们吃饭。

9月5日 星五
晨会谈政校事。
下午又去机场欢迎第二批英人；又陪了吃饭。

9月6日 星六
晨校，四区各代会，列席。
下午宣布政系国际组去人大名单；召政系学生讲了话。
戴铮自华北回，说调干部只能到九人。

---

〔1〕戴铮，河北蠡县人。1938年加入中国共产党。1940年在抗日军政大学学习。历任华北局党校教务处党总支书记，华北人民革命大学政治研究院副院长、校党委委员等职。1952年8月被任命为北京政法学院（筹备）党组书记、代理副院长。1953年3月起任中央政法干部学校党委副书记、公安部七局处长等职。

〔2〕刘昂，参与筹建北京政法学院，后任北京政法学院教务长。

9月7日 星日

午《新建设》编委会聚餐。

下午郑振铎[1]搞了一些文教界与英人谈文教,由吴老报告,提问题甚多。

晚外学会宴英人在国际俱乐部。

9月8日 星一

晨先校,后开和大常委扩大会,推亚太和会代表。

下午钱俊瑞在清华报告形势及院调人事。

晚在赵访熊[2]家饭,宿张家。

9月9日 星二

晨返校应付转系事。

下午北大会,商招待英人事。

晚保加利亚国庆晚宴,在北京饭店。

9月10日 星三

晨校。

晚文联、科联在北京饭店招待英人。

9月11日 星四

晨校,政院分配到的文史教员不佳。

午外学会。下午英国会议员来外学会讲英政治。

晚车站送英人南行。

9月12日 星五

晨与戴[即戴铮]、刘[即刘昂]等商谈筹备事。

---

[1] 郑振铎,字西谛,福建长乐人,社会活动家、作家、学者、翻译家。1949年后任国家文物局局长、人民政协文教组长等职。

[2] 赵访熊,江苏武进人,著名数学教育家和计算数学家。

9月13日　星六
晨和大工委会；下午和大联席会，推列席代表30人，我亦被推。
下午勤政殿和会代表团座谈，刘副主席讲话。
下午教部欢送欢宴调去校外工作的教员。
晚去北大一行。

9月14日　星日
晨音乐堂，高教局给模范教工奖，说了话。
晚北大国庆指挥召各单位工学讲话，讲了话。

9月15日　星一
晨校，与戴谈工作计划。午市总饯张鸿舜〔1〕。
下午《中国建设》编委会。下午校欢送同学去参加司改，讲了话。
访陶，作长谈。

9月16日　星二
访新来国文教员阴法鲁〔2〕、王利器，访许德珩未晤。
晚饯英国二议员。

9月17日　星三
晨北大国庆招待会。下午筹委会三次会，开得不好。
晚访李直士太太。

9月18日　星四
晨校，教部与张勃川交涉人事。
午外学会。下午车站送赴朝慰问团。
下午和会代表团首次会。
晚北大欢宴外调教员。
晚为《世界知识》重写一文。

---

〔1〕张鸿舜，时任北京市总工会第一届委员会副主席。
〔2〕阴法鲁，山东肥城人。1935年入北京大学中文系学习，1942年获北京大学文科研究所硕士。后在北京大学中文系、北京政法学院任教，是国内著名的中国古代音乐文化研究专家。

9月19日　星五
清晨去校。
上下午代表团朝鲜小组讨论中国总报告。
晚北大民盟欢送外调人联欢会。

9月20日　星六
清晨去校。
下午，代表团小组会。
晚为《世界知识》重写一篇文。

9月21日
晨解培基[1]及温寒江来会报外调教员访问事。
下午中和戏院，市教工与外调人及模范教师联欢。
晚访许德珩未晤。

9月22日　星一
上下午代表团小组联席，请杨刚、陈文贵及我报告《日内瓦战俘公约》。清晨及下午去校，华北干部事多变。去看了钱俊瑞。
晚外学会饯一部分英人。

9月23日　星二
清晨送英人一批西飞。
上下午代表团小组会，讨论得不好。
下午去校一行。

9月24日　星三
清晨访许德珩。晨印度组会。午后去校，后去教部与张勃川谈发表人事事，听了钱俊瑞形势报告之半。
晚饭前访印人 Dahs［达斯］。

---

[1]　解培基，时任北京市教育工会党组书记兼办公室主任。

9月25日　星四
清晨去校一行，上午代表团会，彭真有指示，下午接飞机。
下午去校谈人事。下午访蔡枢衡未晤，晚再访之，并访许德珩等。

9月26日　星五
晨去校听人事调配会报。
上午朝鲜、经济小组联席会。
下午吴恩裕来谈人事调配。
下午人民法庭会。
晚饭欢迎北大拨来职工聚餐。
晚拟访印代表，未能接洽。

9月27日
晨代表团印度小组会。
晨去华北与刘昂访张苏，即在革大饭。
下午与国代［大］党 Malviyah［马拉维亚］[1]谈，又步行去和平宾馆，费时甚久。

9月28日　星日
晨印度小组会，9:30-12:45 我方之代表晤印方11代表。
下午会报。
下午接南返英人，晚陪晚餐，后看"一定要把淮河治好"。

9月29日　星一
清晨去校，去代表团处，政委访陈传纲[2]。

---

〔1〕 Malviyah，应作 Malaviya（有时候亦作 Malviyea），即 Chatur Narain Malaviya，汉译名"查图尔·纳拉莫·马拉维亚"。此人为印度国会人民院的国大党议员、前波保尔邦土邦部长。曾任印中友好协会秘书长。1952年9月，来华出席亚洲及太平洋区域和平会议的印度代表团成员之一。

〔2〕 陈传纲，湖北武汉人。1938年加入中国共产党。北平和平解放后，参与接管朝阳学院，并任在此基础上成立的中国政法大学秘书长。1952年8月参与筹建北京政法学院。后任中国政治法律学会副秘书长等。

下午访印人 Phatak［帕塔克］[1]。
晚外学会宴冰岛代表团。
晚林琼光来访。

9月30日　星二
代表团印度小组会，去校看费青。
午市政府国庆宴请苏联医生、专家等。
下午访 Subodh Banerjee［苏波德·班纳吉］[2]，Bengal［孟加拉］省议员，后又会报。
晚毛主席怀仁堂大宴。

十月

10月1日　星三
晨先去学校指挥部一行，后观礼 10:10。
下午天安门观舞，万方各舞，盛事也。

10月2日　星四
晨代表团会决定列席十人，有我在内。去校一行。
下午三时和会开幕，我补代表。
晚外学会饯别英人。

10月3日　星五
清晨机场送英人，累极。
晨和会大会，后代表团会，下午和会大会。
晚我名宴 Malaviya［马拉维亚］、Panjvani［潘志瓦尼］[3]、Kishore

---

　　[1]　纳哈尔·拉古纳特·帕塔克（Narhar Raghnath Phatak），孟买大学印度语及历史学教授。1952年9月，来华出席亚洲及太平洋区域和平会议的印度代表团成员之一。
　　[2]　苏波德·班纳吉（Subodh Banerjee），时任印度西孟加拉省立法议会议员。1952年9月，来华出席亚洲及太平洋区域和平会议的印度代表团成员之一。
　　[3]　拉姆·潘志瓦尼（Rama Panjvani），时任印度波坡尔和平委员会秘书。

[吉索尔]〔1〕，后又游园。大伤风。

10月4日　星六
上下午和会报告大会。
午后去新北大参加开学典礼。
晚陪印度代表看《白毛女》。

10月5日　星日
上午去校，十一时印度组。
下午大会，晚代表团大会。

10月6日　星一
上下午和会大会，午印度组会，晚宴印人 Khadilkar［卡迪克尔〕〔2〕及 Phatak［帕塔克］于和平宾馆，奚若作陪。晚朝鲜问题小组开会，颇晚。

10月7日　星二
上下午大会，午印度组会，晚朝问题组二次会，一时散。

10月8日　星三
上午大会，下午小组会。
午去校一行，仍在停顿中，比较进步的人也有情绪。

10月9日　星四
上午大会。
下午访印人若干。

10月10日　星五
上午大会，下午看了 Kishore［吉索尔］。晚朝鲜小组会通过了决议。晨及下午去了院。

---

〔1〕B. L. 吉索尔（B. L. Kishore），时任印度北方省著名律师。1952年9月，来华出席亚洲及太平洋区域和平会议的印度代表团成员之一。

〔2〕R. K. 卡迪克尔（R. K. Khadilkar），时任印度马哈拉施特拉邦的印度农工党领导人。

10月11日　星六
上午大会，下午陪四印人去天坛、北海，晚大会。

10月12日　星日
晨市教工高校干部会，说了话。访印人未晤，午印度小组会。
下午，去全教工常委，未参加即返怀仁堂签名照相。
与印度人多人（Sahai［萨海］〔1〕）等，与西林、翰笙去国际俱乐部茶。
晚 11:00，末次大会，3:30 结束，功德圆满。

10月13日　星一
晨去校，下午太和殿庆祝大会，晚中山公园市长宴，大欢喜。

10月14日　星二
晨送飞机，送印人去沪未成，俱返。
午代表团会，下午全教工招待代表，到 117 人；同时政法学会也开会，讨论招待事，及司改事。
晚去校会报工作。

10月15日　星三
晨飞机送印人。
晨革大访张苏，燕大访徐敦璋，北大访汤用彤、文重。
午代表团印度组。去校。
下午代表团讨论分业联系事，我管教育工作者。
下午工运座谈。
晚蒙古大使招待泽巴尔登［泽登巴尔］〔2〕，看电影，商教育家联系事。

---

〔1〕 高文德·萨海（Govind Sahai），印度前国大党领袖、北方省政府驻国会秘书。1952 年任北方省立法议会议员。1952 年 9 月，来华出席亚洲及太平洋区域和平会议的印度代表团成员之一。
〔2〕 泽登巴尔，蒙古总理。1952 年 10 月，其率蒙古政府代表团参加中华人民共和国成立三周年庆典。

10月16日　星四
陪印度人去高碑店，颇累，全日也。
晚中印友好协会宴印人及印使。
深晚教育工作者商谈联系事。

10月17日　星五
晨去校，十时半代表团会。
下午政法学会等讨论法律工作者座谈事。
晚中国代表团长宴印巴代表。
晚国际联合晚会。

10月18日　星六
晨访加国Gardener（Mrs.）［加德纳夫人］〔1〕、McKenzie［马肯辑］〔2〕、Baster［疑为Bakster，巴克斯特］〔3〕等人。
午以我名义国际俱乐部宴教育工作者。
下午法律工作座谈会。
晚中国代表团宴中南美人。
晚越剧《西厢》。

10月19日　星日
去北京饭店，俱乐部，和平饭【店】接洽访客，未成。
去校，全体教员联欢，说了话。
午后全教工全委会末次会，去了一下。
北大招待外宾参观。
访加Miss Neilan［尼兰小姐］。
晚宴加人及墨人。

---

〔1〕嘉瑟琳·加德纳夫人（Mrs. Gardener），加拿大儿童图书馆管理员。1952年9月，加拿大来华出席亚洲及太平洋区域和平会议代表团成员之一。

〔2〕芬雷·马肯辑（Finlay McKenzie），加拿大多伦多人，教师。1952年9月，作为加拿大代表团成员出席亚洲及太平洋区域和平会议，他在会上作了关于经济交流的补充报告。

〔3〕爱德华·巴克斯特（Edward Bakster），教师，亦为加拿大代表团成员之一。

10月20日　星一
晨去北京饭店看印人 Malviya［Malaviya，马拉维亚］。去院。
下午陪印人 Kitka［疑为 Kitchlew，克其鲁］[1]等去市法院。
晚车站送印人等行。

10月21日　星二
晨送印度人于机场。去市委谈高校分庭事，去院。
午后代表团印度小组，团本身、教育工作小组先后总结会。

10月22日　星三
晨去校，代表团上下午总结会议。
下午高校临时分庭。晚政务院大礼堂晚会。

10月23日　星四
晨教部高校基建会，访钱俊瑞。
午外学会，去院。
下午代表团总结。
晚饯印人，又访□□及□□。

10月24日　星五
晨送车，印人南去。
晨教部留苏考试委员会。去校看费青商副教长职事。
午去车站送印人克其鲁等行。
下午财经学院开学，说了话。去院。

---

〔1〕Kitka，疑为 Kitchlew（克其鲁）的误写。据北京市高级人民法院编辑的内部资料《〈当代中国的北京〉法院部分资料汇编（一）》记载，1952年10月20日，"亚洲及太平洋区域和平大会印度代表团团长克其鲁博士偕同团员六人，由张奚若，钱端升陪同前来市人民法院参观集体调解"。既然克其鲁为代表团团长，那么，钱端升此处所记就应为 Kitchlew。赛福丁·克其鲁（Saifuddin Kitchlew)，印度旁遮普人，博士、律师、著名和平战士。曾任世界和平理事会常务委员、亚洲及太平洋区域联络委员会副主席、全印和平理事会主席、印度国大党工作委员会委员。1952年度"加强国际和平"斯大林国际奖金获得者。1952年9月任印度代表团团长来华出席亚洲及太平洋区域和平会议，入选此次会议主席团成员、会议开幕式执行主席之一，在会上作了《关于文化交流的报告》，并致闭幕词。

晚审英国访华团电影。

10月25日　星六
晨去院会报工作。
下午东站接冰岛客人，去政法访陈传纲未晤。
去新北大访雷洁琼商副教务长事，未允。

10月26日　星日
晨市教工常委。
下午访陈传纲，谈请艾思奇事及旧人工作事。访钱乙藜。

10月27日　星一
上下午去院，晚王之诚来访。

10月28日　星二
上午鲁明来院谈周炳琳事，午招待雷洁琼，房子事甚有气。
下午分访陈芳芝、张锡彤、芮沐、费青。
晚访McKenzie［马肯辑］，意在得教书资本，资思典型之至。

10月29日　星三
晨教部有会，布置调研及计划。
下午院工资评资评委会。

10月30日　星四
早与刘昂访杨献珍[1]，聘教员也。
午外学会。
下午文委会委务会议。
晚饯墨西哥人及加人。

---

〔1〕　杨献珍，湖北十堰人。1926年加入中国共产党。国立武昌商业专门学校毕业，后长期从事党的秘密工作。1948年11月起任中共中央马列学院教育长，1953年2月—1955年4月任中共中央马列学院副院长，后任院长。

10月31日

晨送飞机,墨人、印人。

晨速开调研工委会及评薪教员小组会。

十一月

11月1日　星六

晨地质学院开学。

晨和大数人商传达事,徐冰[1]"解放了"我。

下午郭老在怀仁堂报告和会。

11月2日

晨去北大访汤用彤、周炳琳,文重等,二访向达[2],未晤。

下午迎苏联代表团。

晚去院。

11月3日　星一

晨怀仁堂钱俊瑞"中苏友好月"报告。

下午陈家康在院作分析国际形势报告,我主席。

晚国际俱乐部饯冰岛代表。晚去院搞薪评。

11月4日

晨机场送冰岛代表。马列学院访孙定国[3]、艾思奇。

---

〔1〕徐冰,原名邢西萍,河北邢台人。1923年赴德国留学。1924年加入中国共产党。新中国成立后,历任北京市副市长,中共中央统战部第一副部长、部长,第四届全国政协副主席等职。

〔2〕向达,字觉明,土家族,湖南溆浦人,我国敦煌学研究的开拓者。1919年考入南京高等师范学校。1935年到牛津大学鲍德利图书馆工作。1937年赴德国考察。1938年回国后任浙江大学、西南联合大学教授。新中国成立初期,任北京大学历史系教授、图书馆馆长。

〔3〕孙定国,山东牟平人。1936年加入山西省牺牲救国同盟会。自1948年起从事马克思主义哲学的理论研究和教学工作。新中国成立后,先后担任中央高级党校哲学教研室副主任、校党委委员等职。

午访刘皑风〔1〕，与戴偕。
下午工资评议会，教员对加薪不易取得一致。
晚向教职工做关于评工资及做普查的动员报告。

11月5日　星三
晚中苏友协招待苏宾，有晚会，一时半始散。

11月6日　星四
为院、中苏友协写短文。午外学会。下午向院教员各小组做关于评薪方案报告。晚怀仁堂庆祝35周【年】，苏宾首次演出。

11月7日　星五
晨院庆祝十月革命大会，讲了话。
午市委商协委向全委报告事。
下午市在先农坛庆祝十月革命。
晚苏大使馆招待会。

11月8日　星六
下午访陈传纲。
晚北京市中苏友协宴苏专家。
晚访龚祥瑞、楼邦彦。

11月9日　星日
上下午均去校。
晚去市委商为协会向全国委员会报告事。

11月10日　星一
晨召开全体师生会，作全校情况报告。
午去市委。下午同李乐光去全委参加华北地方协委会报会议。

---

〔1〕刘皑风，河北任丘人。1932年毕业于北平师范大学国文系。1946年加入中国共产党。曾任晋察冀边区行政委员会委员兼教育处处长、华北人民政府教育部副部长。新中国成立后，历任教育部办公厅主任，高等教育部、教育部副部长。

晚教员小组评工资会。全体教员开会讨论学习。

11月11日　星二
晨全体教员讨论评薪。
下午筹委会，张苏也到。

11月12日　星三
午最后一次的工资评委会。
下午去全委会报北京市协委会务。
晚访川南陈林。

11月13日　星四
晨院首次上课，艾思奇作引言。
下午去都委会商校址〔1〕。
晚外学会庆祝中苏友好月晚会。

11月15日　星六
下午招待外宾参观旧北大。
晚去看 Gardener［加德纳］夫妇，并看《难忘的1919》。

11月16日　星日
午陶孟和请在陈叔通家饭。下午甚不适。

11月17日　星一
上午孙定国讲《实践论》，全日在校，极不适。

11月18日　星二
晨全委会，谢觉哉报告。
下午首次院务会议，开得不好。

---

〔1〕 指北京政法学院新校址。1952年11月，北京政法学院筹建时，借用原北京大学旧址沙滩校区办公，同时在西郊明光寺一带建设新校区。1954年2月，全校师生搬迁至明光寺校区，即今天的中国政法大学海淀区学院路校区。

11月19日　星三
晨院，孙定国报告。

11月20日　星四
午外学会。下午起不能起，睡下，但无烧。

11月22日　星六
下午勉起，拟稿。

11月23日　星日
去校一行，问一下明日成立典礼[1]事。

11月24日　星一
下午成立典礼。晚文工团晚会，一切进行尚佳。

11月26日　星三
晨去院。晨《中国建设》编委会，下午去院，下午司法部，苏达里克夫报告第二次。

11月27日　星四
晨全委会会报会。午外学会。下午全委会学习会。

11月28日　星五
晨全委会会报会，我任主席。下午院学习小组会。

11月29日　星六
晨院学习小组会，下午去全委会会报会，未开，空走一趟。

11月30日　星日
人大科学讨论会，去了法律组整天。

---

〔1〕这里指1952年11月24日，由北京大学、清华大学、燕京大学、辅仁大学四校的法律系、政治学系、社会系民政组组建而成的北京政法学院，在沙滩校区举行的成立大会。

十二月

12月1日　星一
晨全委会。晚请王长年[1]等吃饭,晚全委会,总理形势报告。

12月2日　星二
晨全委会分组讨论总理报告,我主持一组。晚,晚会川剧。

12月3日　星三
晨全委会,李维汉报告,结束会。
晚中印【友好协会】请达斯[2],国际;北京市宴吉洪诺夫[3]等于北京饭店。

12月4日　星四
午外学会,下午全委学习座谈会。

12月5日　星五
下午协委及市府委员联委。上午下一班课堂讨论。

12月6日　星六
晚中英印友协为达斯举行京剧与杂技晚会于长安。

12月7日　星日
晚保使馆招待电影于首都戏院,庆《宪法》。

12月8日　星一
晚鲁明等来谈工资。

---

〔1〕　王长年,山东聊城人。1938年加入中国共产党。新中国成立后,历任四川乐山地区行署专员,川南行署民政厅第一副厅长、代行署副秘书长、四川省交通厅厅长、党组书记等职。
〔2〕　高温德·达斯(Govind Dash),印度国会议员。
〔3〕　吉洪诺夫(Tikhonov),苏联著名表演艺术家。从影40多年,主演过40多部影片,代表作有《青年近卫军》等。时任苏联作家协会副总书记。

12月9日　星二
下午各组听各班讲心得。

12月10日　星三
下午怀仁堂，人大苏联专家做报告。

12月11日　星四
午外学会，下午教育工会全委会常委会。

12月13日　星六
晨孙定国上大课《矛盾论》。晚怀仁堂看《曙光照耀了莫斯科》[1]。

12月14日　星日
晨协委会工作会议。
下午去协和看奚若、刘仁。

12月15日　星一
以工作事周仁[2]哭，我亦未善于处理其困难。
下午教部基本建设座谈会。
晚民盟区分部成立。

12月16日　星二
晨怀仁堂赴朝慰问团，刘景范[3]及陈沂[4]报告。
下午孙定国《矛盾【论】》二次大课。

---

[1] 话剧《曙光照耀莫斯科》，由苏联作家安讷托利·苏洛夫编剧，曾获1950年的斯大林奖金。

[2] 周仁，时任钱端升在北京政法学院的工作秘书。

[3] 刘景范，字子忠，刘志丹胞弟。18岁参加革命活动，19岁随兄长刘志丹从事兵运工作。新中国成立后，任中央人民政府政务院人民监察委员会第一副主任、中共中央监察委员会委员等职，后担任中华人民共和国地质部副部长。

[4] 陈沂，贵州遵义人。1931年加入中国共产党。1950年9月—1958年3月，任解放军总政治部文化部部长。1955年被授予少将军衔。

一九五二年

12月17日　星三
晨市府贯彻婚姻法委员会成立会。
晚中南海苏哈侬表现会。

12月18日　星四
午外学会，下午孙定国三次《矛盾论》大课。
晚市饯别苏联友好月友人，未看《白毛女》即走。

12月19日　星五
晨院小结会报。下午院严景耀[1]抗美援朝传达报告。晚民盟小组会。鲁明来访，似想谈工资事，未提及。

12月20日　星六
院小结会报第二日，下午孙定国四次《矛盾论》大课。

12月21日　星日
下午教部及教工全委招赴朝慰问团教育界代表。晚搞总结，未完。

12月22—31日
恶性感冒，27【日】去校一行，重犯旧疾，中间由邓家栋开方。30日又请高彬信来诊。

---

[1] 严景耀，浙江余姚人，犯罪学家、社会活动家，中国民主促进会创建人之一，燕京大学毕业。新中国成立后，任燕京大学政治系主任、代理法学院院长，兼任北京大学法律系教授。1952年高等院校调整，调任北京政法学院国家法教研室主任。

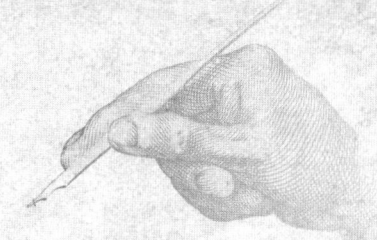

一九五三年

1月5日 星一

今日竟日起来,未睡。下午陈林来访。

一月

1月5日　星一
今日首日起来，未睡。下午陈林来访。

1月6日　星二
去校，已旬日未去矣。

1月7日　星三
晨市府文委讨论中小教师忙乱问题。
下午院教务会议。

1月8日　星四
晨访陈传纲，午外学会，下午全委会学习。

1月9日　星五
晨公共汽车去华北，访张苏。
下午院五首要负责人碰头会。

1月10日　星六
晨全委会财经组税则座谈会——吴波讲。

1月12日　星一
晨李□《阶级论》大课。
下午中共中央周总理怀仁堂报告国际形势，马林可夫文件学习。

1月13日　星二
上午与费、雷、严、芮、于谈。

1月14日　星三
上午戴召昨日各人谈。
下午市教工常委扩大会。

补发薪，五级，也不将院方各人通知我，且本以试探性质；本数太低如排队更低。

1月15日　星四
晨李□大课。
午外学会，下午全委学习会。
晚民盟小组。

1月16日　星五
下【午】院，三次院会。

1月17日　星六
晨车站接中外人民和大回来代表。
下午召几个大学工会主席座谈工会工作及人代大会。

1月18日　星日
下午市抗援常委扩大会。

1月19日　星一
院几全日在商谈中。下午去研究组说明了领导关系。

1月20日　星二
晨李□大课。下午至中央政法干校听陶希圣报告，直至晚上。

1月21日
晨院务会。

1月22日
晨干校陶报告。午外学会，已迟。

1月23日　星五
晨《中国建设》编委会。病甚，去校交代即返。

1月28日　星三

一病又到今日，仍是流行性感冒也。

下午怀仁堂邓小平报告《选举法》。

1月29日　星四

外学会，下午开始去校。

1月30日　星五

晨去教部基建会，不知已延期也，晤张处长，有怪我坚持意。

下午与刘昂、连武振声[1]访张苏，加了3000【平】方米。

晚民盟小组会，归无车又大咳。

1月31日　星六

昨咳甚，不适。今晨未出，下午始去校。

二月

2月1日　星日

晨治安模范评委会。

下午与蕙及李滢等看校址，未口，看思成夫妇于清华。

2月2日　星一

晨首长碰头会；下午下了［指参加了］五、六班的小组长会报；晚听班主任会报。

2月3日　星二

上午在教务处教研室了解情况；下午武来，谈基建及教学计划。不支而返，发烧到38°，如发疟然。

---

〔1〕　武振声，河北元氏人。1938年参加中国共产党。1949年后历任华北人民革命大学政治研究院副院长、北京政法学院党组书记兼副院长、高等教育部综合大学司副司长。时任北京政法学院副院长。

2月9日　星一
上午始起，下午又睡。

2月12日　星四
初次去校，外学会，抗援市分会去陆军医院慰问。

2月13日　星五
晨仍去校一行。

2月14日　星六
春节，竟日未出门。

2月15日　星日
上午与蕙访乙藜、仲揆，访奚若未晤。
下午去站欢迎志愿军休养员。有些拜年客来。

2月16日　星一
去校，后去中老胡同〔1〕拜年；下午有客来。

2月17日　星二
与蕙、南去城内若干家拜年，后去北大、清华。

2月18日　星三
上午去校。

2月19日　星四
全日在院。午外学会。下午民盟区分部会。晚全家看电影。

2月21日　星六
日来院中若干人与刘昂间欠融洽。

---

〔1〕 中老胡同，位于北京东城区沙滩附近，其中32号院为北京大学教工宿舍。

2月22日　星日
晨去访了一些人，如大夫廉英祥等。

2月23日　星一
下午去教部，见了综司李云扬[1]副司长。

2月24日　星二
晨院务会议扩大，刘昂传达教育部报告，武振声与大家见了面。下午民盟支部开会讨论选举事。欧阳来说统战事。

2月25日　星三
专家谢米里亨[2]上大课。午陈传纲来，下午看了吴之椿的病。

2月26日　星四
午外学会。下午武告另行分配费、雷职务。
晚盟小组会。

2月27日　星五
与费谈，已应；与雷谈，大表不解决问题。

2月28日　星六
晨院会。下午高级学习，晚民盟总部请客。晚钱乙藜家，多人晚饭。

三月

3月1日　星日
晨民盟文教工作会报会。下午全教工招待日人平原于全总。晚访吴晗。

---

〔1〕 李云扬，广东台山人。1936年参加中国共产党。自1951年起先后任中共中央组织部机关党委副书记，高教部机关党委副书记、司长，中国科技大学党委副书记、副校长。

〔2〕 谢米里亨，苏联法学专家。1948年在苏共中央社科院获得副博士学位。1950年6月—1953年6月在中国人民大学国家法权理论教研室任教。

3月2日　星一
院有老干学生自杀，忙了一晨一夜。下午去民盟文教会报会。

3月3日　星二
又看了牙医。下午盟的文教会，马叙伦做了报告。

3月4日　星三
晨去院，苏专家第二人第一次讲。上午市婚姻【法】贯彻委员会。晚全教工请平原。

3月5日　星四
晨民盟总部胡愈之传达周总理报告。午外学会。下午全委会学习会，廖鲁言[1]报告。晚民盟钱俊瑞报告，协委会去苏大使馆问 Stalin［斯大林］疾。

3月6日　星五
晨民盟文教会报会小组会。下午本开市人民政府会，后改去苏联大使馆吊丧。去教部见部人，初为武振声供给制事。回校筹备明日追悼会事。晚民盟小组会。

3月7日　星六
法开简单追悼会，我和武讲了话。下午学习，搞得不认真。

3月8日　星日
下午民盟总会哀悼会，我说了话。晚潘大逵[2]来访。

---

[1]　廖鲁言，原名廖广麐，江苏南京人。1932年加入中国共产党，曾参与领导北平学生运动。1943年任中共中央研究局党务研究室主任、中共中央法律问题研究委员会委员。新中国成立后，任中共中央政策研究室副主任、政务院参事室主任。1952年8月—1954年9月任政务院副秘书长。1954年任中华人民共和国农业部首任部长。

[2]　潘大逵，四川开县（今重庆市开州区）人，中国民主同盟领导人之一。1924年毕业于清华学校，后获美国威斯康星大学法学硕士学位。1936年与沈钧儒等发起成立"上海大学教授救国会"，任常务理事。1949年后历任西南军政委员会文教部副部长、民盟重庆市支部第三届主委、四川省委主委、全国人大代表、四川省政协副主席。

3月9日　星一
下午追悼大会在天安门举行。

3月10日　星二
民盟全日会报会。
晚政法学会筹委会在董老家开会。

3月11日　星三
晨民盟会。下午访雷，解决分工事；去研究组宣布戴接替芮［芮沐］及搞选举事。晚看电影《攻克柏林》。

3月12日　星四
晨外学会；下午成立贯彻婚姻【法】委员会学校分会，任主任委员。晚民盟市支部欢迎会报会议代表。

3月13日　星五
晨教务会议。下午，访刘子久及沈钧儒，未见后者。《光明【日报】》宴盟代表，晚盟小组会。
晨与欧阳谈校人事，晚武长谈，深晚始别。与芮、戴谈研究小组事，芮谈盟事，极不快。

3月14日　星六
下午盟文教会结束，后看了《保卫齐察津》［当指《保卫察里津》］。

3月15日　星日
晚与协商会同人去捷使馆吊哥德瓦尔德〔1〕之丧。

3月16日　星一
下午又代表政法学会去吊丧。去看新校址。

---

〔1〕克利门特·哥德瓦尔德，捷克斯洛伐克共产党创始人。1929—1945年任捷共中央总书记。1945—1953年任捷共主席。1948年4起任捷克斯洛伐克共和国总统。1953年3月14日逝世。

3月17日　星二
下午为基建设计事去设计院及联合办公室。
晚研究组讨论接收人民出版社征稿事。

3月18日　星三
晨院务会议谈分工事谈到下午。

3月19日　星四
午外学会。
下午全委会学习。晚院民盟。武问起刘听芮话事之底细。

3月20日　星五
晨《中国建设》有会。
晚与蕙、南看《曙光照耀莫斯科》。

3月22日　星日
上午史良家，政法学会章程小组会。
下午文化俱乐部民盟市支部会。
又去北海看了市的婚姻法展览会。

3月23日　星一
晚，院听关于婚姻法运动的报告。

3月24日　星二
晨贯彻婚姻法动员大会，我和王斐然做了报告。
晚在院看《南征北战》，乃华北文工团文娱也。

3月25日　星三
下午市党校听狄超白[1]讲社会主义经济问题。
晚《小二黑【结婚】》电影。

---

〔1〕狄超白，江苏溧阳人，经济学家。1931年加入中国共产党。1949年后任中央财政经济委员会统计处处长兼北京大学经济系教授。1952年任国家统计局综合处处长。

3月26日　星四

晨去学校，婚姻法听会报。午外学会。晚院民盟会。晚王之诚来谈院工作。

3月27日　星五

今日公蕙去市政府监委工作。

3月28日　星六

下午去人大听苏联专家讲斯大林。

3月29日　星日

下午高教工会干部会，我讲了话。

3月30日　星一

本院请苏联专家午餐。
下午访陈传纲、陶希晋、沈衡老。

3月31日　星二

校事颇忙。

四月

4月1日　星三

晨院务会议，武主持，下午学习。
晚访民盟关世雄[1]。
晚刘皑风来访。

4月2日　星四

午外学。下午市总常会。晚访邓拓，聘为教员。

---

[1] 关世雄，广东番禺人。1944年毕业于日本东京法政大学政经系。回国后曾任北平朝阳大学副教授。1946年加入中国民主同盟。1947年加入中国共产党。1949年后历任"中国政法大学"图书馆馆长、中国人民大学教员、北京市教育局副局长、北京广播电视大学校长等职。

4月3日　星五
今日起有春假四日，但我仍去了校。

4月4日　星六
下午朱奇武结婚，说了话。陪兴去协和看病。晚匈使馆国庆，与蕙同去，又与蕙去文化俱乐部听智化寺古乐。

4月5日
午《新建设》编委会。下午盟区分委及小组长联席会，讨论市支候选人。

4月6日
晨全委政法组开会。下午携三儿去北海及西郊公园，算作春假。晚章伯钧约一些被视为罗努生的旧友盟员吃饭。

4月7日
晨教育工会全委会招待新疆少数民族教工。

4月8日　星三
在家未去校。

4月9日　星四
晨去院，武以二事提了一些总的意见。下午被邀做了关于学习的报告。毕宣传《选举法》文。

4月10日　星五
晨高校《婚姻法》会报。晚怀仁堂民间音舞晚会。

4月11日　星六
司法会议，全日。

4月12日　星日
晨看陶孟和及钱乙藜。

晚政法学会筹委会在董家开会。回与武长谈。

4月13日 星一
司法会议小组会上下午。晚校中谈学校与干训。

4月14日 星二
司法会议，上午下午小组会。
晚为中国新闻社草关于选举的短文。

4月15日 星三
晨市总常委，下午司法会议小组。

4月16日 星四
上下午司法会议小组会，及市总会员代表会议选□大代表。午外学会。

4月17日 星五
全日司法会议小组会议。

4月18日 星六
晨司法会议大会。
晚政法学会筹委会。晚蒙古文工团在怀仁堂演出。

4月19日 星日
民盟市支部盟员大会，【选】举四届委员，我当选。继即开首届会。

4月20日 星一
全日市文委会。

4月21日 星二
上午司法会议大会，陶希晋讲司改。
下午机场接芬兰文化代表团。晚写明日发言稿。

4月22日　星三
全日中国政法学会〔1〕成立会，上午发了言，被选为副主席。
晚外学会宴芬兰文化代表团。

4月23日　星四
晨草司法会议典型发言。晚为《北京日报》写文，关于劳大，未成。

4月24日　星五
全教工欢迎妇联代表，我说了话。下午院务会。

4月25日　星六
晨司法会议小组会。午芬兰使馆请客。下午司法会议总结，加去怀仁堂与毛主席等照相。

4月26日　星日
晨中国政法学会首次理事会。
下午机场接瑞典文化代表团。后与奚若去旧北大看人。

4月27日　星一
全日院会，关于反【官】僚主义。
上午大区政法学院院长来参观。
晚外学会宴瑞典人。
晚干校又有干教小组会，未能去。

4月28日　星二
晨邓拓上课。下午去前门车站欢迎志愿军归国（五一）代表。

4月29日　星三
晨文委常务会议。
下午院，结束反官僚主义斗争会议；我、刘、武做了报告。

〔1〕　中国政治法律学会为新中国第一个正式成立的全国性的法律团体。最初成立时，该会主席为董必武，沈钧儒、钱端升等人担任副主席。

晚彭真请蒙古文工团。

4月30日　星四
晨去劳大筹备会报到。午外学会，下午全委会学习。

五月

5月1日　星五
晨雨，先去学校指挥部，后去观礼，晚携南去广场观舞。

5月2日　星六
晨看刘昂等。下午工代大会开幕式。晚看武，晚迁入政法干校工大宿舍。

5月3日　星日
清晨京市小组，上午大会报告，下午小组讨论。

5月4日　星一
上午下午小组讨论。晨文件起草委员会，下午返家草致毛主席敬电。

5月5日　星二
上下午工代大会发言。晚看《春华秋实》。

5月6日　星三
晨市选举会成立会，工代大会全日发言。

5月7日　星四
上午下午工代大会发言，晚京剧。

5月8日　星五
上午教工全委会招待苏教工及工代教工。
下午民盟市支部二次会，未完即去。
工代文件起草会，晚又搞致敬电。

5月9日　星六
晨去校，下午去干校，望能开会，未有。晚怀仁堂，波兰文工团。

5月10日　星日
工代上下午大会，抽空访联星。晚总理宴工人，晚北京工人演出音乐及舞蹈。

5月11日　星一
上下午工代大会，闭幕。

5月12日　星二
晨返校。下午工代照相花了半天。晚全教工又招待座谈。

5月13日　星三
上下午全总扩大干部会，赖若愚[1]等报告。
晚二教部招待教工代表座谈。

5月14日　星四
午外学会。晚市府请波兰文工团。晚去吴晗宅瞎聊。

5月15日　星五
全日在校，无事。晚院盟委会。

5月16日　星六
下午高校学习艾思奇解答《实践论》。

5月18日　星一
晨全委会政法组小组研究会。下午教务处一个小而长的会。

---

[1] 赖若愚，山西五台人，中国工会领导人。1929年10月加入中国共产党，早年考入北平大学工学院。1952年任全国总工会秘书长兼政策研究室主任。1953年后任全国总工会主席、书记处书记、党组书记。

5月19日　星二
晨去车站送妇联代表出国。与武去看校址。下午《中国建设》编委会。

5月21日　星四
晨看德工业展览会。午外学会。

5月22日　星五
牙大痛，神志难受。下午市教工常委。晚盟小组论芮入盟事。

5月23日　星六
晨去王洁泉处拔牙，流血多，未去校。

5月24日　星四
头痛甚。晚外学会，英美人谈朝鲜和谈，不好。

5月25日　星一
仍头痛，下午未去校。

5月26日　星二
晨去第六医院看病，先去校。
下午起，民盟七中全会扩大会议小组会、预备会、座谈会。

5月27日
晨去校一行，市选委一行。晨盟大会开幕，下午、晚均有会。

5月28日
晨去校。全日盟全会小组讨论。鲁明有电话。

5月29日
晨院务会。下午盟会小组会，晚盟京市代表团会。

5月30日
晨去院，与研究组讲话；又在开院务会议。盟上下午小组会。

5月31日

晨去院主持运动会。下午盟小组会。晚孟和同和居宴高一涵[1]。

六月

6月1日

晨去院。上下午盟小组会。

6月2日

晨卫斯理公会为基督、天主徒领、骨干讲人民民主制度的优越性。下午盟小组。下午去院。晚盟京市代表团会，后看李伯纲。

6月3日

晨去校，晨文委。下午盟大会发言。晚访戴、陈、吴恩、费，除陈芳芝外均未晤；访了陈岱孙。

6月4日

晨去院，小事甚多压人者。晨盟大会发言。下午统战部招待会，总理讲话。

6月5日

晨盟小组会。下午参观人大。晚文联饯芬兰文化代表团。

6月6日

晨院。高教部文化俱乐部请盟特邀代表座谈，有午饭。下午盟地区小组。晚与蕙看梁思永。

6月7日　星日

晨李维汉在盟报告，下午盟分区小组会。

----

[1] 高一涵，原名永浩，笔名一涵，安徽六安人。曾留学日本明治大学攻读政法。1950年加入中国民主同盟。历任南京大学教授、政治系主任、法学院院长，民盟江苏省副主任委员，全国政协委员等职。

6月8日　星一
晨去院，未能阻今日即讨论下年课程。晨盟大会，下午闭幕，晚吉祥[1]京剧。

6月9日　星二
晨高教部留苏考试会。去院。晚外学会饯瑞典人。

6月10日　星三
晨送瑞典文化团去机场。全日在院。

6月11日　星四
晨院。午外学会。下午在家开始写文。

6月12日　星五
晨院。下午盟市支部会。

6月13日　星六
晨院，言汽车事颇生气，晚不能睡。下午中央干校开学典礼。

6月14日　星日
午与蕙去奚若家饭。搞未完文，完初稿甚晚。

6月15日　星一
晨去院碰头会。下午在家搞《中国建设》关于高教文。

6月16日　星二
晨去院，下午准备。晚去中山堂为工商联讲《选举法》。

6月17日　星三
晨市总。下午院学习。

---

[1] 即吉祥戏院，1906年创建，位于北京市东城区金鱼胡同西北口内，在东安市场的北端，是北京著名的戏院之一。

6月18日　星四
上午院。午外学会。下午腹泻甚，在家息。

6月19日　星五
上午市协委市府联席会。下午全教工常会。晚盟小组会，我传达。

6月20日　星六
晨院。下午全委会习仲勋报告。

6月21日　星日
在家。晚去看祝钦璈，与蕙偕。

6月22日　星一
在院，下午碰头会。

6月23日　星二
晨去工地，下午去院、市教工。

6月24日　星三
晨院、文委。午在奚若家饭。下午院学习，不好。晚草明日报告。

6月25日　星四
晨院。午外学会。下午农大报告《选举法》。晚盟市支、高教委。

6月26日　星五
晨院，政法学会鲁涅夫〔1〕报告苏法。下午院务会议。晚第五军文工团。

6月27日　星六
晨高教部北大工作报告。下午院会，武态度甚不好。

---

〔1〕鲁涅夫，苏联法律专家。1942年获苏科院法学所副博士学位，1956年获博士学位。1953年4月—1954年9月任中共中央政法委首席顾问并讲学。后其讲稿出版，名为《关于苏联律师制度和公证制度——苏联法学专家鲁涅夫讲》。

6 月 28 日　星日
晚吴晗来谈学校事。

6 月 29 日
晨院。高教部留苏考委会。下午院,晚院工会小组。

6 月 30 日
全日院。下午访关世雄谈盟事。

七月

7 月 1 日
全日院,下午学习。

7 月 2 日　星四
全日在院。午外学会。晚携南中山堂看"Sverdlov"[《斯维尔德洛夫》][1]。

7 月 3 日　星五
上午院。下午科学院,张勃川在高教部报告。晚盟小组。

7 月 4 日　星六
上午院,下午去工地。

7 月 5 日　星日
下午与蕙、南看李滢,又游颐和园。

7 月 6 日　星一
全日在院,上午院教务会。傍晚看了教工展览会及邹德慈。

---

〔1〕 苏联电影《斯维尔德洛夫》,苏联儿童电影制片厂于 1940 年出品,中央电影局东北电影制片厂于 1951 年译制。

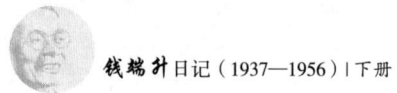

7月7日 星二
全日在院,晚与武谈 $5\frac{1}{2}$ 时,总有不信人,不尊人,不接收人意见态。

7月8日 星三
上下午去院。上午文委文件学习,牙痛去北京医院。

7月9日 星四
上下午去院。午外学会。

7月10日 星五
上午去院。下午《中国建设》编委会。

7月11日 星六
上下午在院。上午张苏动员服从统一分配。晚蒙古大使馆,与蕙偕。

7月12日 星日
晨送方明等出国。与召南游西郊公园。晚高校学习艾思奇在广场报告。

7月13日 星一
晨全委会政法组研究小组。下午院碰头会。晚市教工文娱节目,白走一次。

7月14日 星二
全日上下午去院。

7月15日 星三
晨民盟总部纪念先烈。高教部马部长报告。下午去院半小时。今日七八次腹泻。下午有热度,请校医来。

7月16日 星四
全日在家。

7月17日　星五
晨去校。下午盟支部会。

7月18日　星六
上下午去院，下午讨论学习。身体甚疲。

7月19日　星日
上午去院慰问病号，后去工地。下午看了李仲揆。

7月20日　星一
晨毕业典礼，魏文伯[1]来讲了话。下午市教工；奚若家。

7月21日　星二
全日在院。下午党派联席会。

7月22日　星三
院总结，上下午。下午去市府《婚姻法》总结会。晚北京饭店波兰纪念日，与蕙偕。

7月23日　星四
院总结上下午。午外学会。

7月24日　星五
院总结全日，我主持。批费过厉。

7月25日　星六
全日院会。午去医院望学生林汉达病。

7月26日　星日
晚携全家吃西餐，竟日未出门。

---

[1] 魏文伯，湖北黄冈人。1926年加入中国共产党。时任中华人民共和国司法部副部长。

7月27日　星一
上下午去院。下午看试点投票。晚青年宫看印度晚会。

7月28日　星二
全日在院，下午干部会，武多我少地说了话。
晚华北行委找张苏。

7月29日　星三
全日去院。晨大半时在第六医院为学生病的事。晚音乐堂，庆祝停战大会。

7月30日　星四
晨院。午外学会。晚北京饭店中印友会钱印文艺团。
晚民盟聚餐；游北海。

7月31日　星五
晨院。下午慰问公安总队医院，顺看诏熊、筠因[1]及罗隆基。

八月

8月1日　星六
晨院。下午在家，下午晚有客来。

8月2日　星日
晨去院总结，未毕，取消昨购北戴河票。赵、林等来。

8月3日　星一
晨去院，盟小组会。下午高教部工院会杨秀峰[2]报告。

---

[1] 林筠因，福建福州人，北京大学英语系教授、翻译家，赵诏熊夫人。新中国成立后长期任教于北京大学英语系。

[2] 杨秀峰，字秀林，河北迁安人。1930年加入中国共产党。时任高等教育部副部长。

8月4日　星二
上下午去院。

8月5日　星三
上午去院。晚全家文化宫看总政治部文工团。

8月6日　星四
上午去院。晚看了蔡公庄乡窑厂的选举。

8月7日　星五
上午去院。晚与教工去北戴河,硬席未睡。

8月8日　星六
雨中抵达,衣服行李尽湿,睡尚好,伙食方便,不太好。

8月9日　星日
晴,但重感冒,睡竟日。

8月10日　星一
晴,今日照常,李乐光来访。

8月11日　星二
下水玩。

8月15日
第三期返京。

8月17日
第四期自京来。

8月23—24日
由北戴河返京,因有水,在车站及津教工会滞留,至7:45始抵京,颇窘。

8月24日

市各代，上午大会下午小组会。晨去院一行。

8月25日

市各代，上午大会下午小组会，晚政府工作报告审委会，一与彭真谈减事。

8月26日

市各代，全日大会，晚电影。

8月27日　星四

晨院。午外学会。晚教工组织总政治部文工团演《伏契克》。

8月28日　星五

晨院，晚看了李、梁。

8月29日　星六

晨院，为用新校舍事刘昂与我吵了一架。

8月30日　星日

下午去国际俱乐部看孩子们游泳，看乙藜。晚全家看《地下殖民地》[1]，不好。

8月31日　星一

晨院。清晨武约谈，下午去院谈，甚散。

九月

9月1日　星二

晨院，接见华东王学文。下午盟小组。

---

〔1〕《地下殖民地》，匈牙利电影，由匈牙利电影制片公司于1951年出品，东北电影制片厂于1952年译制。

9月2日　星三
上午文委。晚北京饭店，越南国庆。

9月3日　星四
上午院苏专家来看北楼中意事。午外学会。下午盟小组。晚与武看钱俊瑞，为校舍事。

9月4日　星五
晨雷洁琼长谈。下午齐燕铭召开推建政法学院会。

9月5日　星六
晨院，并与费谈武如何与他谈。下午武、刘谈今后工作。

9月6日　星日
下午看孙晓邨[1]。

9月7日　星一
晨院，下午研究组。

9月8日　星二
晨院会。下午与武谈，武未谈彼我事。晚盟、高教工委。

9月9日
晨文委。下午与雷谈。晚布加里亚[2]国庆。车中杨秀峰谈车。

9月10日
晨院，午外学会。下午院及市教工。

9月11日
晨看黄觉非，院。下午院苏专家来看房。

---

[1] 即孙晓村。
[2] 又译作保加利亚。

9月12日
晨院,市府谈教工会所事。下午院务会议。

9月13日　星日
下午3-8,盟小组谈党、盟、钱、武关系。

9月14日　星一
晨院,下午院干部大会,我与刘昂讲话。

9月15日　星二
晨院,下午高教部留苏考委及《中国建设》编会。

9月16日　星三
晨院,下午飞机场迎法人。去工地,兼去德清公路各校。

9月17日　星四
晨院,午外学会。下午院。晚外学会宴法国人。

9月18日　星五
晨院,调干班会主任议,下午院,傍晚商关世雄。

9月19日　星六
上下午院。晚,携南看市文化俱乐部电影。

9月20日　星日
晨公共车去中关园赵家,又同诏熊、筠因同吴晗去颐和园玩桥。

9月21日　星一
上下午在院,下午北京市和大分会常委。

9月22日　星二
晨院听二课。午院,招待浙江行政学院,下午习仲勋、钱俊瑞高教部综大会议上报告。

9月23日　星三
政协等参观双桥国营农场，下午高教部综大会总结报告。晚约王树端来饭。

9月24日　星四
晨与武长谈，较好。午外学会。晚盟小组。

9月25日　星五
上下午在院。

9月26日　星六
上午去院。赴朝中央直属团团长会。下午院学习会。晚府［市］府电影。

9月27日　星日
晨车站欢迎志愿军归国代表，去奚若家。下午访研究组戴、徐、张等。晚与蕙看《屈原》。

9月28日　星一
晨院，下午赴朝分团会。晚外学会。

9月29日　星二
晨院，上午团小组会，下午院。第二工程公司访杨副经理。晚，市府宴苏联专家。

9月30日　星三
晨院务会，下午院，晚看紫姐。

十月

10月1日　星四
国庆，上午观礼，晚去看放焰火。

10月2日　星五

去院及教工会访徐乃乾〔1〕等。下午去工地、看思永。

10月3日　星六

晨市支部看关世雄。晨院。下午民盟总部欢送；和大常委扩大会议通过；分团团员大会。又去院。晚杨得志〔2〕报告在朝情况。

10月4日　星日

晨整送行李，下午随总团〔3〕起行，五时十分走成。

10月5日　星一

晨十时到沈，住东北旅社，与程砚秋同室。下午稍溜［遛］街。晚军区舞会，会前看电影"最高的奖赏"。

10月6日　星二

今日学习，民盟有组织，位高者不相让也。晚东北欢迎宴，晚审查新凤霞"刘巧儿结婚"。

10月7日　星三

上下午学习及小会甚多，总团宣委会成立。晚"春风吹到了诺敏河"。

10月8日　星四

上午贺总大报告，下午小组讨论，晚看京青年剧院"四十年的愿望"。

10月9日　星五

上午小组及党派联会（分团），下午自学及团部会。晚河北梆子及言慧珠《贵妃》及裘盛戎《姚奇［期］》。

---

〔1〕　徐乃乾，1949年北京辅仁大学社会学系毕业。后留校工作，担任北京辅仁大学支部书记。1953年调任北京市教育工会党组书记和办公室主任。

〔2〕　杨得志，湖南醴陵人。1952年7月任志愿军第二司令员。1954年11月任志愿军司令员。1955年被授予上将军衔。

〔3〕　1953年10月，中国人民抗美援朝总会组织第三届慰问团，前往朝鲜慰问中国人民志愿军和朝鲜军民。钱端升此行任第一总分团副团长，团长由邢西萍担任。

10月10日　星六

上午去军政治部会，及东北工会主席张维桢[1]大报告。

下午小组会及起草小组会，晚拟个人发言稿。

10月11日　星日

上午修自己稿子，团部会，下午小组会，团部会讨论团发言稿。晚修团稿 7:30-5:30。

10月12日　星一

上午小组会，下午晚休息。

10月13日　星二

晨团委会团员大会。午工团东下，我同四个组到五龙背某师部，住其疗养院，屋甚冷，与洪深[2]同室。

10月14日　星三

晨试读稿。下午慰问192师大会，到者2500人，晚欢迎宴、京剧演出，人到7000人。

10月15日　星四

晨去蛤蟆塘576团，晨访问功臣。下午慰问会，儿童剧团演出。

10月16日　星五

感冒，不甚适。晨三团报告英雄模范事迹，下午及晚因不适休息，下午洗温泉澡。

---

[1] 张维桢，湖南华容人。1925年加入中国共产党。1949年后历任东北总工会主席、东北人民政府劳动部部长、中国轻工业工会全国委员会主席、中华全国总工会书记处书记等职。

[2] 洪深，字伯骏，江苏常州人，长期从事戏剧创作，中国话剧事业奠基人之一。1916年毕业于清华学校。同年赴美国，先后留学于俄亥俄州大学、哈佛大学。回国后曾任复旦大学、中山大学教授，明星影片公司编导，中华电影学校校长。新中国成立后，历任对外文化联络局局长、对外文化协会副会长等职。

10月17日　星六

晨574团访问，午宴别，下午团部会讨论行事，晚歌舞团演出。

10月18日　星日

晨送儿童剧团先行。十时凤城代表及京剧团来，与歌舞团一起，受欢送，李副团长欢送词我致答词，极热烈。午抵安东，住招待处。晚六时慰问大会，接下去京剧，有"战马超"、"小放牛"、"借东风"、"醉酒"。

10月19日　星一

晨听空中英雄报告，未毕即去。午去浪头空克师，晚转四道沟空联致慰问词，遇雨早散。下午歌舞团，晚京剧团梅、马清唱。

10月20日　星二

晨团员大会小结，接待朝代办甘□□［原文置空］，午空联宴别，先以大会，极热烈。2:30在车站受欢送，即迎总团，四时左右过鸭绿江，在新义州受欢迎，车停很久。

10月21日　星三

晨朝鲜时十时左右到平壤，车站受欢迎。一分团及五文工团全体住原医科大学，团长及秘书长在一室。

10月22日　星四

晨雨，小组学习贺的词，3-8:30平壤市欢迎大会及联合演出，以罗盛教父与崔滢父子见面为高潮。

10月23日　星五

晨参观人民军展览会，有科学性，甚佳。下午休息，短的下午。晚在党的礼堂慰问党、政、人民团体干部，有演出。

10月24日　星六

晨大雨。上午人民军最高司令部慰问大会，有联合演出及周信芳《追韩信》。五时党中央会议室纪念志【愿】军出国三周大会，由朝政府主持，联合演出。深晚地下，主招待晚餐、舞会。

10月25日

晨休息。下午4:30金日成接见，金宴全体人员，有晚会及舞会。12:00午夜行，与总政、京剧、歌团偕行。

10月26日

晨雨中抵志司［志愿军司令部］，10:00欢迎大会，在大雨中。晚志司招待宴，后有舞会。晚10:30起至4:00止，水泻七次，且似有高烧。与陈其【瑗】[1]、王世英、金仲华同室。

10月27日

晨烧在37.9，午退烧，躺了一日，未能参加纪念会、授勋会及朝方演出，亦未能参加政治部宴会，晚仍泻一次。

10月28日　星三

阴。上午休息，下午1-3:00慰问大会，以后精彩演出，未参加。

10月29日　星四

晴。11:00抗美援朝展览馆开幕，看至二时半，5:30慰问本地成兴金矿工人大会，有总政演出，未毕先退。

10月30日　星五

晨我在室休息，下午参观成兴金矿。晚团长会、团员大会讲明日出发。

10月31日　星六

晨准备行装。上下午听邓华[2]报告，午在志司大礼堂宴京剧团，团长作陪。傍晚去车站，晚十一时火车开往平壤。

---

〔1〕陈其瑗，广东广州人。早年追随孙中山，致力于国民革命。新中国成立后，任政务院政治法律委员会委员、内务部副部长。1953年10月，赴朝慰问中任第一总分团副团长。

〔2〕邓华，湖南郴县（今湖南省株洲市）人。抗美援朝战争中，先后担任中国人民志愿军第一副司令员兼第一副政治委员、司令员兼政治委员，协助彭德怀指挥第一次至第五次战役，组织指挥1952年秋季战术反击作战、上甘岭战役及1953年夏季反击战。

十一月

11月1日　星日

清晨抵平壤住原处，下午及晚准备"四年来新中国的教育"，为明日座谈用。晚又去总团住处谈稿子事，总觉不适。

11月2日　星一

晨去科学院座谈科教，我方先后由侯及刘芝明主持，对方由洪命熹副相兼院长主持。我很快地读了稿。晚大使馆宴部分人。

11月3日　星二

午前后朝方有大报告，我准备今晚慰问词，未去，但当晚也未开会。晚团、朝方党、政、军、团体，金亦到，甚盛，我未参舞会。

11月4日　星三

随总团去坦克部队，跛了右足。

11月5—10日　星四至【星】二

住中央医院，医护人员乐观积极，先后与李子富及吴开勋〔1〕同室。

11月11日　星三

午出院，下午小组会。

11月12日　星四

晚慰问住所工作人员，讲了话。

11月13日　星五

上午团员大会，晚去开城。

---

〔1〕 吴开勋，贵州遵义人，民革成员。1931年毕业于北平朝阳大学经济学系。1952年参加贵州省委土改工作队到黎平县搞土改工作，任小组长。后调任贵州省荣军学校教员。

11月14日　星六

晨九时到开城，即开欢迎会，代表团李相朝[1]、杜平[2]及市长致词。与陈其老及于伯宸同室。晚朝中军停委会代表团李相朝、杜平宴全体，波捷等作陪，有宴会未参加。

11月15日　星日

晨满月台，慰问开市人民大会，未参加演出。晚慰问朝代表团有演出。

11月16日　星一

晨满月台，慰问志愿代表团，有京剧四大名人演出。
晚对波、捷代表团演出，甚长。

11月17日　星二

杜平报告谈判事，约 $4\frac{1}{2}$ 时；下午归来人报告美李虐待事。

11月18日　星三

晨去开封郡，我领队，中歌演出，下午回。晚开市剧团江华岛。

11月19日　星四

晨访问朝归来人员，我领队，比较好。晚十九兵团曾思玉[3]宴，有舞未参。

11月20日　星五

晨去板门店遥望，参观开城古迹名胜，晚开市政府宴首要人物，后有舞会等，未参。

---

[1] 李相朝，时任朝鲜人民军副总参谋长。
[2] 杜平，江西万载人。抗美援朝战争中，任中国人民志愿军政治部主任。他参加了抗美援朝战争的全程，领导并直接参加了停战谈判工作。朝鲜停战协定签字后，他又主持了释放和交换战俘工作。
[3] 曾思玉，江西信丰人。1931年加入中国共产党。1951—1955年任中国人民志愿军第十九兵团第六十四军军长、志愿军第十九兵团副司令员兼参谋长。后任沈阳军区参谋长。

11月21日　星六

白天去大德山坑道，说了话。晚中代表团宴首要人物，遇乔冠华，有舞，观察一阵。

11月22日　星日

上午无事，下午Ⅰ团团长会。晚朝中代表团及开市告别会，中歌团演出，甚晚。

11月23日　星一

团长会。团员大会谈今后工作，下午返京人员座谈。晚慰问志军招待工作人员，我致词。

11月24日　星二

送先返京、沈的人员于车站，看了一些英雄资料。晚西海岸组委会。

11月25日　星三

上午洗澡，看资料，拟稿。下午同杜平、开城韩、李相朝辞行。晚九时，去西海岸坐火车，因怕平壤明晨欢迎，拟稿，睡晚。

11月26日　星四

下午二时半，到西海指挥部，临时欢迎人在广场讲话，我答。住八人大房，晚会餐。

11月27日　星五

宋处长报告68军夏季战，介绍15英雄。下午英雄分组报告，我又拟稿。晚欢迎会，我慰问话，接下四大名人演出。

11月28日　星六

上下午与杨育才[1]座谈。下午此行的小组座谈会。

---

[1] 杨育才，陕西汉中勉县人，中国人民志愿军一级战斗英雄。1949年参军。1951年6月参加中国人民志愿军入朝作战。1953年金城战役中率侦察排消灭敌精锐白虎团团部。现代京剧《奇袭白虎团》主人公严伟才即以其为原型。

11月29日　星日

去602团二营，饭后又下连又下班晚饭。晚慰问演出，后指挥部告别会，我讲了话。

11月30日　星【一】

清晨去水洞车站经□□、宿州、水丰到湖岸，坐船到碧潼[1]已晚十一时，与金城同室。

十二月

12月1日　星二

午后先慰问俘管处，我致词，继慰问碧潼郡，我致词，有京剧演出。

12月2日　星三

日间，慰问演出在广场，我去看了后台一下。晚俘管处宏声政委（团）及陈科长做报告。

12月3日

晨组委会全体大会，看军礼，准备个人总结。下午访碧潼郡党及人民委员会首长。晚，电影晚会。

12月4日

晨坐船去天仓。下午慰问朝人及志军大会——京剧演出。

12月5日　星六

晨9:45自天仓坐汽车经昌城到新义州，7:00入国境，上半段风景至佳。住安东[2]省府交际处，与葛志成同室。

---

[1] 碧潼郡是朝鲜平安北道的一个郡，位于该道东北部，隔鸭绿江与中华人民共和国辽宁省相望。

[2] 辽宁省丹东市，1965年之前叫安东，之后改称丹东。

12月6日　星日
全日休息。下午镇江公园散步。晚组委会，空联宴四大名人，后舞会。

12月7日　星一
车去本溪，招待甚殷，住贵宾招待所。晚190师设宴，与金城同室。

12月8日　星二
慰问志愿军大会，我致慰问词。

12月9日　星三
上下午英雄报告，下午慰问会一行即回。晚准备明天发言。

12月10日　星四
晨及傍晚小组谈个人思想总结。下午慰问20陆医本溪分院。

12月11日　星五
参观钢铁公司炼、闸［轧］、□三个车间及竖井建设公司、竖井坑道工程。晚小组会，开得不好。

12月12日　星六
晨组委会，上下两组联合谈思想总结。晚慰问演出会，我组参加。

12月13日　星日
上午张怀瑞[1]副师长报190师事迹，极好。下午两组联和谈总结。晚本溪市青年招待晚会，有舞。

12月14日　星一
上午去工人联欢演出。午后二时35，I团另一部分人及京剧团到火车站一迎。两大组联合组委会。

---

[1]　张怀瑞，河北定县（今河北省定州市）人。1939年加入中国共产党。1951年2月参加抗美援朝战争，任中国人民志愿军十九兵团第六十四军一九〇师副师长、师长。回国后任沈阳军区副司令员。

12月15日　星二

上午及午后，两大组联合组委会。午后副团长访市长及市委，均未回、未见。晚当地及190师欢送宴及会，会后舞会。

12月16日　星三

清晨，雪中经苏家屯换车去大连，夜十时后到住交际处，与侯同室。咳甚，且极不适。

12月17日　星四

晨两组组委会。午前，团长访欧阳市长[1]等。下午慰问伤病员及公安团，分两处同时举行，有一处我致慰问词，歌舞团演出。晚两组组委会。

12月18日　星五

晨总结，准备小组会。下午去车站迎徐冰。晚团长扩大会。

12月19日　星六

上午与徐冰聊，下午分别与总结小组聊，晚分别与副团长聊。晚准备明日之稿。

12月20日　星日

晨团员大会我做总结动员大会，徐冰指示。下午小组讨论总结工作成绩。晚歌舞团为红军演出，去陪了一下。

12月21日

上下午团长会扩大会，小组会报。晚总结小组会。

12月22日　星二

上午草稿人未搞好稿，下午匆匆送团委会讨论，晚又重由总结小组会商，等待草成，七时方睡。

---

〔1〕 欧阳钦，号惟亮，湖南宁乡人。1924年加入中国共产党。新中国成立后，历任中共旅大市委书记兼市长、中共黑龙江省委第一书记兼省长。时任大连市市长。

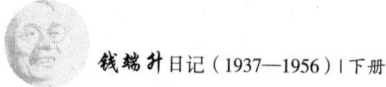

12月23日　星三

上午下午小组讨论总结初稿，下午同时有人整理。下午晚，团长会议。深晚团员大会通过总结。

12月24日　星四

晨参观机车制造厂、星海公园。下午港口，晚市府欢送酒会，我致谢。晚会、电影及舞。临时以专车有误，决定明早走。

12月25日　星五

晨6:58离大连，与京剧团、中央歌舞团去沈，晚6:40到，甚累。住东北旅社。

12月26日　星六

晨逛沈市一小时，铁西工业区甚佳。午1:36，全团离沈返京。

12月27日　星日

晨7:15抵京，若干人欢迎，蕙及小弟亦来。下午盟小组在总部开会，为保密事。晚武振声来访，我先去过。下午徐乃乾来访。

12月28日　星一

上下午在校听会报，下午并去新校舍看新生，晚盟小组续昨会。

12月29日　星二

全日在文化俱乐部搞慰问团编小册事，下午去市公债销委会。

12月30日　星三

晨慰问团团长会议。下午团员大会总结，作报告，颇难。萃华楼与二文工团联欢，在文化俱乐部舞。

12月31日　星四

晨去院巡视一周。午外学会全体工作人员聚餐。晚院工会茶话会。较晚与公蕙访奚若，转而去国际俱乐部舞会。

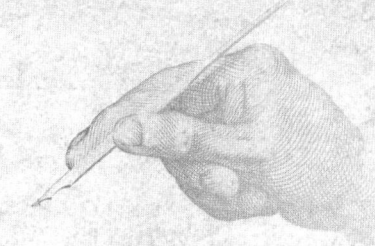

一九五四年

元旦 星五

下午去站接梅兰芳等。晚中南海团拜、聚餐,朱副主席主持,后有各地京剧晚会。

一月

元旦　星五

下午去站接梅兰芳等。晚中南海团拜、聚餐，朱副主席主持，后有各地方剧晚会。

1月2日　星六

学校仍放假，整理文件，写文未成。有客来访。

1月3日　星日

今日院不放假。上午先在新校舍看电表失火事，然后回院。下午写文未成。晚盟市支部欢宴赴朝慰□人。晚选民小组考虑候选人会。

1月4日　星一

全日去院。晚访沈性元，文未成。

1月5日　星二

上午在院，下午去市教工，回看李。选举小组会，文未成。

1月6日　星三

晨去院。下午团务会议讨论传达事。晚总政剧场《秦香莲》，好！

1月7日　星四

晨去院。午外学会。下午I团团员大会关于传达［原文如此］。晚民德［民主德国］文工团演出，与蕙偕去，在天桥剧场。

1月8日　星五

清晨去站送京剧团返沪，上午在家写文未毕。下午抗援总会常会扩大会通过贺总报告，晚并欢宴。晚选民小组会。

1月9日　星六

晨去市教工，后去文化处开公债推销文教分会成立会，去市文化俱乐部布置传达赴朝慰问事。下午贺总报告,晚洪深请客。

1月10日　星日
全日写文未毕。晚市宴德文工团。

1月11日　星一
晨去院。下午市公债推会。晚写文。

1月12日　星二
晨徐乃乾来。下午教工会对大学干部报告公债事。审抗援片二部。下午过院一行。

1月13日　星三
晨及晚搞提纲。午抗美援朝市分会招待,后开扩大常委会,我说了话。

1月14日　星四
晨工团审查提纲。午后政法学院公债动员报告。下午列席 2.2 次政务会议,讨论 1954 年政法工作任务。

1月15日　星五
全日在 I 团审查提纲。晚抽空往院一行。

1月16日　星六
在家搞文未毕。晚中国政治会律学会欢宴柯百［柏］年等。晚在国际俱乐部晚会。

1月17日　星日
终日未出,勉强搞完了提纲。

1月18日　星一
全日在院。晨院会。晚座谈朝鲜。晚饭后看岱孙。

1月19日　星二
晨去院,下午晚搞报告。

1月20日　星三

晨在院。下午去新校舍报告赴朝，反映不佳。晚中共中央怀仁堂纪念列宁逝世30周年，少奇同志报告。

1月21日　星四

晨在院，下午院与张准共作传达报告。晚看梁思永。

1月22日　星五

全日在院，下午学习。

1月23日　星六

晨院务会议。下午中国政治法律学会，谢老报告。晚国际俱部〔指国际俱乐部，下同〕。

1月24日　星日

晨选举。全日未出，想写文未成，极思睡，后脑不适。

1月25日　星一

晨去全总二全会议，刘长胜[1]报告工联。下午、晚在家，完了一个"大学教授受到了教育"一文。

1月26日

晨全总李维汉报告资级改造。午去院，下午人大科学讨论会。

1月27日

晨去院。下午及晚修理原文。

1月28日　星四

全日在院。晨语文教学会，下午院会。晚研究组茶话会。午外学会。

---

〔1〕　刘长胜，山东海阳人。1927年5月参加苏联共产党，后转为中国共产党党员。1949年后任中共上海市委副书记、上海市总工会主席、世界工联理事会理事、世界工联书记处书记。

1月29日　星五
晨政法学会请出国代表团报告。下午政协学习胡绳报告。晚院盟组。

1月30日
晨院。晚文化俱乐部及国际俱乐部舞。

1月31日　星日
武振声、金岳霖等来。下午访孟和,去地院看都儿见于路上,有病口吃,又无从助之,废然而返,甚难受。

二月

2月1日　星一
晨去院并看吴之椿。下午搞传达报告。

2月2日　星二
晨与张淮去师大做传达报告。晚送三孩去市文化俱乐部,后与蕙去天桥听戏。今日为除夕。

2月3日　星三
元旦全日未出。晚去院,开与烈军属联欢大会,说了话。晚全家去军管会看电影。

2月4日　星四
下午去院的二个宿舍拜年。晚去盟市支部联欢会。

2月5日　星五
下午院宿舍拜年。晚去景任[1]、李滢处。

2月6日　星六
晨院。下午与张淮去矿冶［业］学院传达。晚去诏熊家,并访邵循正。

---

[1] 杨景任,张奚若的夫人。

2月7日 星日

上午去院，讨论研究组去人大学习事。下午客多。晚去总政文工团排演场看《冲破黎明前的黑暗》，未毕。

2月8日 星一

晨去奚若家及协和，为奚若母身后事。下午慰问团团长会议。

2月9日 星二

晨去院及市教工。下午去北京医院，血压118-80，已正常。
晚找金城谈优缺点。

2月10日 星三

晨院，慰问团团员大会。
下午去贤良寺[1]，奚若母亲停灵处。晚接慰解放军的志愿军。

2月11日 星四

晨去贤良寺吊奚若母丧。晨去市府协委及和大分委副主席商慰问团名单。下午去人大商某些教授上课及住宿事，访了何戊双及杨化南。

2月12日 星五

晨，五反、人民法庭会。午去院新舍。下午盟市支会。

2月13日 星六

无车，全日在家补看杂志。晚十时去国际俱乐部，与蕙偕。

2月14日 星日

上午北京饭店，慰解放军代表团呈报贺龙报告。午去校一行，觅修[疑指修恒生]、刘裕中，均未见。

2月15日 星一

晨去院。下午慰团直属团成立大会，有副团长14人，我居其一。

---

[1] 贤良寺原为北京城中一座著名寺院，旧址在今金鱼胡同、校尉胡同一带。

2月16日　星二
晨去院。下午天桥剧场欢送慰问团。

2月17日　星三
全日在院,上午并去车站送慰问团的一部去汉。

2月18日　星四
晨慰问团团长会议。午外学会。下午匈牙利足球比赛。傍晚去院。

2月19日　星五
晨慰问团办公。午后去院,回去北京医院看病。

2月20日　星六
晨院。下午怀仁堂慰问军委,由董老、朱总对答,后总政及京剧演出。

2月21日　星日
晨教市工常委扩大会,下午慰问总干部部,由聂真[1]主持。

2月22日　星一
晨休息,下午慰问公安部队,由彭泽民[2]主持。

2月23日　星二
全日慰问铁道兵团,由彭泽民主持。

2月24日　星三
十时慰问测绘局及出版局、刷印［印刷］总厂,我主持。

2月25日　星三［四］
全日去清河慰问公安部队第一学校,我主持,几病不能支持。

---

〔1〕 聂真,原名聂元真,河南滑县人。1930年11月加入中国共产党。新中国成立初期,先后任中共中央华北局组织部部长、华北抗美援朝总会会长、中国人民大学副校长等职。

〔2〕 彭泽民,广东四会人,农工民主党创始人之一。1906年加入同盟会。新中国成立后,曾任中央政治法律委员会副主任等职。1951年起任农工民主党副主席。

2月26日　星五
上午去医院急诊，全日卧床休息，但欧阳来。

2月27日　星六
全日去空军民升医院慰问。

2月28日　星日
慰问公安二师，在新北京西。

三月

3月1—3日　星一至星三
去三家店慰问铁道工程八师，住该处。

3月4日　星四
午外学会。下午去院，去北京医院看病。

3月5日
晨在院。下午市委与张友渔等搞宪草。晚怀仁堂纪念斯大林逝世。

3月6日　星六
全日在市委搞宪草。

3月7日　星日
晨在市委，下午发高烧38.6【度】，吴惟诚来。

3月8日　星一
全日在市委，去北京医院一行，晚仍烧。

3月9日　星二
全日去院，开一院务会议，中午打了盘尼西林。

3月10—11日　星三四
在家睡了二日，多咳多汗，骨筋若散。

3月12日　星五
晨文委全体会议，形式的。下午全国文教工作会议。
晚天桥，慰问团各京剧团汇演，与蕙同去。

3月13日　星六
上下午文教工作会议，午去北京医院。

3月14日　星日
去医院看思成，访祝、陈。下午医院看奚若，车站欢迎朝代表团。

3月15日　星一
晨文会。下午市委搞宪草到深晚。晚北京饭店宴朝代表团。

3月16日　星二
上下午，文教工作会小组讨论。晚怀仁堂欢迎朝鲜访华团，有演出。

3月17日　星三
上午下午，文教工作会议小组讨论。

3月18日　星四
上午市委搞宪草。下午文教工作会议大会发言。

3月19日　星五
上午文教会大会发言。下午慰问团团长扩大会。

3月20日　星六
上午文教会大会，我发了言。下午怀仁堂周总理报告，晚看电影未成。

3月21日　星日

晨民盟请程子华[1]报告手工业改造。午《新建设》编委会，下午看了于振鹏等。

3月22日　星一

晨文教工作会大会发言。下午院开教务处会议讨论三年制教计［教学计划］。

3月23日　星二

上午文教工作会，陆定一、郭沫若总结。午彭真宴宪草顾问，饭后搞宪草。去北京医院、协和看奚若。晚文委宴出席者，后看电影。

3月24日　星三

习副主任主持的党外人座谈团结会，我发了言。午去院。下午宪草会，李维汉秘【书】长的组长顾问会，我被任为顾问。晚去院。

3月25日　星四

上午文教工作会继续座谈，文委扩大会形式。下午去院。晚准备明日宪草座谈关于体制的报告。

3月26日　星五

晨院碰头会。下午《宪法》座谈组。

3月27日　星六

全日在院。上午教学经验交流会，我讲了话。晚国际俱乐部舞会。

3月29日　星一

上午院。下午《宪法》讨论。

---

[1] 程子华，山西运城解州人。1926年6月加入中国共产党。1949年末任山西省委书记、省政府主席、省军区司令员兼政委。1951年后历任全国合作社联合总社主任、党组书记，商业部部长。

3月30日　星二

上午《中建设》[《中国建设》]编委会。下午院干部会,关于调整机构。晚慰问团总结大会,在总政文工团排演场,会后演《曙光照耀莫斯科》。

3月31日　星三

晨院,党派联席会议谈教学计划。下午《宪法》座谈小组。晚院民盟改选会。

四月

4月1日　星四

上下院[午]在院。午外学会。六至七探思永病,成诀别。

4月2日　星五

晨院。下午宪草座谈会。去医院探思永,已逝一时馀,晚又与蕙陪慰福曼[1]。

4月3日　星六

晨去院。下午宪草座谈会召集人会。晚应召访陈叔通。

4月4日　星日

晨与蕙、兴、南游陶然亭、中山公园。下午与蕙访福曼,又吊思永。晚慰问团总团座谈。

4月5日　星一

晨带市协会140人去张郭庄乡参观生产合作社。午后吊思永,送东郊人民公墓火葬。下午宪草座谈会。晚市委讨论市座谈宪草事。

---

[1] 李福曼,梁思永之妻。天津中西女中毕业,后入读燕京大学教育系。新中国成立后在中国社会科学院历史所工作。

4月6日　星二

下午看奚若,到北大看诏熊,回到西郊公园,与南偕行。

4月7日　星三

下午《宪法》座谈。晚《新建设》编委会。

4月8日　星四

晨去院。午外学会。下午去院,晚回。

4月9日　星五

晨去院。下午《宪法》座谈。

4月10日　星六

全日在家,赶宪草会专题小稿件。晚与蕙去文化俱乐部及北京饭店舞。

4月11日　星日

全日在家赶宪草小稿。晚徐寿轩[1]来访,致二时才睡。

4月12日　星一

晨午去院两次。晨高教部人大教学经验讨论会。下午《宪法》座谈。

4月13日　星二

全日在院。

4月14日　星三

上午文委常务会议。下午宪草座谈。晚《新建设》编委小组。

4月15日　星五　[四]

上午院。下午市协参观第五棉纺生产合作社。

---

[1] 徐寿轩,辽宁辽阳人。早年留学日本。1946年加入民盟。后任东北行政委员会委员兼东北社会调查所所长、卫生部副部长,并加入中国共产党。新中国成立初期,任政务院财经委员会办公厅主任、副秘书长。

4月16日　星五
晨高教部教学经验讨论会。下午《宪法》座谈。晚民盟总部文教会。

4月17日　星六
晨院。下午高教部杨秀峰传达文教工作会议。晚与蕙去国际。

4月18日　星日
下午科学院纪念思永之会，讲了话，看奚若。

4月19日　星一
晨院。下午宪草座谈会。晚看《非这样生活不可》[1]。

4月20日　星二
晨院。下午高教部教学经验会，薛暮桥[2]报告。晚青年宫和大成立五周年纪念，后演出《钢铁运输兵》。

4月21日　星三
晨教部教学经验讨论会闭幕，我执行主席。下午在人大茶话会。晚罗努生请客，谈《宪法》。

4月22日　星四
晨宪草召集人会。午外学会。下午政院会议讨论文教工作。

4月23日　星五
晨去院。下午高教部政法教育会议预备会。晚市工人运动筹委会。

4月24日　星六
晨院。下午政教预备会。晚去文化、国际舞。

---

[1]《非这样生活不可》四幕话剧，苏联剧作家安那托利·索佛洛诺夫所作。内容为描写20世纪50年代民主德国工人阶级的斗争生活。

[2] 薛暮桥，江苏无锡人，经济学家。新中国成立后，先后任政务院财经委员会秘书长兼私营企业局局长、国家统计局局长、国家计委副主任等。

4月25日　星日
晨市教工常委，空去机场。晚写一短文与《人民日报》，到深晚。

4月26日　星一
晨高教全国政法教育会议开幕，我执行主席，说了几句话。午后去机飞［飞机场］接挪代表团。下午宪座谈会。

4月27日　星二
晨高教政教会小组会，下午苏联专家报告。晚外学会宴挪威代表团。

4月28日　星三
上下午政教会小组会。晚市宪草讨论委员会。

4月29日　星四
晨政教会小组会。午外学会。下午，黄松龄请党外人座谈。晚市府宴市的苏专家。

4月30日　星五
晨政教小组会，下午大会，我发了言。

五月

5月1日
五一观礼，晚看火炮。

5月2日
在家，晚政务院，云燕铭〔1〕《临江驿》。

5月3日　星一
晨院。下午，中国人民对外文化协会成立会。下午《宪法》座谈。

---

〔1〕云燕铭，原名罗钜埙，山西大同人，京剧旦角。曾任哈尔滨市京剧团副团长、黑龙江省文联副主席。

5月4日　星二

晨政法教育会议小组讨论。下午八学院在矿业学院欢迎朝鲜代表团，有人军［人民军］协奏团演出，我任主席。

5月5日　星三

晨宪草会，齐燕铭处商法律小组事，下午宪草座谈会。晚去院。

5月6日　星四

晨《宪法》召集人会议，下午去北京医院看脚。

5月7日　星五

去院。下午法律小组会（宪草座谈会）。

5月8日　星六

晨宪草召集人会。下午政教会最后小组会，会餐。晚与蕙去国际俱乐部。

5月9日　星日

晚捷克解放日招待会，在北京饭店。

5月10日　星一

上下午宪草召集人会。

5月11日　星二

上下午法律小组会。晚去院。

5月12日　星三

上下午至晚，宪草召集人会。

5月13日　星四

上午宪草召集人会。午外学会。下午法律小组会。晚去市协委谈宪草报告事。

5月14日　星五

上下午宪草召集人会。晚民盟市支会。

5月15日　星六
上午法律小组。下午市协商会与政府联席会。

5月16日　星日
上午政法学会理事会。下午为北京市讨论《宪法》各小组解释问题。

5月17日　星一
上午至晚九时，召集人会议。

5月18日　星二
上下午法律小组。

5月19日　星三
上下午至晚召集人联席会。午去院。

5月20日　星四
竟日法律小组会。

5月21日　星五
竟日召集人会议。

5月22日　星六
竟日召集人会议。午加法律小组会。

5月23日　星日
下午法律小组会议。晚政务院，民族歌舞。

5月24日　星一
全日宪委办公室六人小组会。

5月25日　星二
午法律小组，下午宪委六人小组会。晚看奚若。

5月26日　星三
晨法律小组。下午去院。

5月27日　星四
晨法律小组。午外学会。下午宪委会,刘主持。

5月28日　星五
晨法律小组,未开成。下午及晚宪委会。

5月29日　星六
晨院。下午及晚宪委会。

5月30日　星日
晨与蕙去北大、清华一行,疲甚。

5月31日　星【一】
下午宪委会,十一时《结要》二读。

六月

6月1日　星二
晨《中国建设》编委会。下午去院。晚市讨论《宪法》委员会。

6月2日　星三
晨院。下午市总常委会。

6月3日　星四
晨参观基建出土文物。午外学会。

6月4日　星五
晨院。下午宪草李维汉小组会。

一九五四年

6月5日　星六
全日宪草李维汉小组会。晚与蕙去国际俱乐部。

6月6日　星日
在家为《中国青年》写文。

6月7日　星一
晨市宪草讨论会高校分会成立会。下午市选举会和市教工常会。

6月8日　星二
晨法律小组至午后。下午及晚宪委会。

6月9日　星三
晨去院。晚去鲤生处一商。

6月10日　星四
晨李维汉、田家英[1]、周鲤生在政务院搞条文。午外学会。

6月11日　星五
晨李维汉起草人代《组织法》小组。下午宪起草委第七次会，毛主席主席。晚市委协商市代表。

6月12日　星六
晨院，晚文化俱乐部看《在压迫下》[2]。

6月13日　星日
晚去民盟市支部会。深晚赶一文与《人民日报》。

---

[1]　田家英，四川成都人。1938年加入中国共产党。1948年任毛泽东秘书。新中国成立后参加《毛泽东选集》编校工作。1954年参与了第一部《中华人民共和国宪法》的起草。

[2]　保加利亚电影《在压迫下》，由保加利亚艺术电影制片厂于1952年出品，中央电影局东北电影制片厂于1953年译制。

6月14日　星一

上下午全代《组织法》草委会。下午去新华社搞英译。晚，□中央人民政府委员会通过《宪法》草案。

6月15日　星二

晨市委协商市代表人选。晚市《宪法》讨论委员会。

6月16日　星二［三］

全日全代《组织法》草委会。晚去院。

6月17日　星四

午去外学会。晨搞全代《组织法》。下午不适睡床。

6月18日　星五

搞全代《组织法》。下午去北京医院医病。

6月19日　星六

全日在家搞全代《组织法》Ⅰ次草稿，林安娣[1]来帮忙。晚去院，与蕙、南偕，参加欢送毕业同学歌舞晚会，民族歌舞团演出。

6月20日　星日

晚去政务院群英会，未毕即去。

6月21日　星一

晨代表市选委会去崇文区给发市代表当选证书。全日全代《组织法》草委会。

6月22日　星二

晨文〈文〉委会全体会议。下午东四区代表会接受当选证书，讲了话。楼邦彦、林安娣来搞人代《组织法》。

---

[1] 林安娣，著名教育家林砺儒之女。新中国成立后在全国政协工作。1954年3月，《中华人民共和国宪法草案》初稿提交全国政协审议，分17个小组进行，林安娣担任妇女组秘书，后又参与组织法的拟定工作。

6月23日

晨十时至晚，人代《组织法》小组会。

6月24日　星四

清晨举行院毕业典礼。下午院，宪草解答报告，晚与周鲠生等搞人代《组织法》定稿。

6月25日　星五

晚彭真欢送朝鲜访华代表团。

6月26日　星六

全日市代表会议四届四次。晨去统战部协商全代教育界人选。晚崔一[1]大使晚宴，后有舞。

6月27日　星日

全市代表会议，晨又去统战部为昨日事。

晚政法学会欢宴回国代表，在沈老宅。

6月28日　星一

市代会，九时至2:30。下午甚不健，但也休息不好。晚全总教工全委谈话会，谈协商全代教育人选事。

6月29日　星二

晨统战部协商全代教育人选。晨政法学会理事会。下午去院。晚看《雷雨》。

6月30日　星三

今日休息。多日不吃，又无厨［储］备，身体极坏。

---

[1] 崔一，1953—1957年任朝鲜驻华大使。

七月

7月1日　星四

晨市教工一行，中央统战部在文化俱乐部协商文教科技代【表】。下午政务院会议讨论高教，未毕。

7月2日　星五

晨政院，李维汉全代《组织法》会。下午院。

7月3日　星六

下午政院，李维汉召开全代《组织法》起草委会，晚与南文俱［文化俱乐部］看张慧冲[1]魔术。

7月4日　星日

上午中央政法干校毕业典礼。下午与蕙去李滢、奚若及中老胡同。

7月5日　星一

晨紫光阁，协商全代中央所提候选人。下午去院。晚绕至北大看福曼、诏熊。

7月6日　星二

下午西郊欢迎周总理返国。

7月7日　星三

上午政务院李维【汉】召开全代《组织法》起草委。下午去院院务会。

7月8日　星四

上午全代《组织法》起草组。下午勤政殿，总理报告，主席指示。

7月9日　星五

晨全代《组织法》起草组，下午政务院会议，关于高教。

---

〔1〕 张慧冲，广东人，早年从影，现代中国魔术界把魔术推上正规艺术舞台的先驱。

7月10日　星六

和林安娣等搞人代《组织法》，下午去医院。晚全家文化俱乐部《钦差大臣》，大雨，未毕看。

7月11日　星日

全日搞全代《组织法》稿。下午广播政法专业。晚北京饭店蒙古国庆。

7月12日　星一

晨全委政法组座谈《兵役法》。下午至午夜全代《组织法》起草组，开得无聊，累甚。

7月13日　星二

晨晚在家整理全代《组织法》稿。下午去院，折至高教部，杨做忠老报告。

7月14日　星三

晨安娣来助整理《组织法》，三时毕。三时与研究组人谈话。晚，外学会柯柏年报告日内瓦。

7月15日　星四

晨民盟总部先烈纪念会。午外学会。下午协和看费青。
下午市教工。下午去院。晚院民盟小组会。

7月16日　星五

在家休息。下午去医院，云宜住院。

7月17日　星六

在家休息。下午去医院理疗。

7月18日　星日

晨全家去十三陵。

7月19日　星一
晨去院，晚方回。欲听忠老会报，去了他们去，极费时。

7月20日　星二
上下午均去医院，在家。

7月21日　星三
下午全教工常委会。

7月22日　星四
上午访费、楼。午外学会。下午去院。晚波兰国庆，在国际俱乐部。

7月23日　星五
全教工五次全会第一日，上午大会，我主持，下午未去。晚天桥庆祝越南停战。

7月24日　星六
晨全教工全体会。下午看芮沐。晚文化俱乐部"不，要活下去"[1]，日片。

7月25日　星日
竟日未出，赵、林筠因来。

7月26日　星一
清晨马列学院看武，去院。下午去全教工谈国际教师宪章事。晚小组会报。

7月27日　星二
晨至较晚，政务院李维汉搞人代《组织法》，馀会未去。

---

[1]《不，我们要活下去！》由日本新星电影公司、前进座剧团于1951年联合出品，东北电影制片厂于1954年译制。影片反映了在帝国主义军事扩张政策和残酷的军事掠夺下，日本劳动人民灾难深重的生活状况。

7月28日　星三

全日政院，昨日工作告一段落。

7月29日　星四

晨政法学会在国际俱乐部招待日人，我主持，又介绍了宪草。下午院。

7月30日　星五

入北京医院。

八月

8月10日　星二

自北京医院返家。当晚即忙林迈可[1]事，范长江来访。

8月11日　星三

休息。武来访。

8月12日　星四

午外学会。下午林迈可夫妇来访。下午 5-9:30，总理在中央统战部礼堂作指示。晚播谈话稿。

8月13日　星五

晨外学会谈招待机构，廖承志主持；文化俱乐部谈招待，徐冰主持；午国际俱乐部，柯柏年招待印人 Ashinri［疑为阿洽雅］。

8月14日　星六

晨高教李云扬处谈教学计划。

午接工党代表团到，陪比万[2]。下午代表外学与菲利普斯[3]谈日

---

〔1〕 林迈可（Michael Lindsay），英国人，获牛津大学政治学、哲学、经济学的硕士学位。1937年取道加拿大，与白求恩同船到中国，受聘于燕京大学任经济学教授。1938—1945年在中国参加抗日战争，曾在晋察冀军区担任无线电通信顾问。新中国成立后多次应邀访华。

〔2〕 安奈林·比万（Aneurin Bevan），英国政治家。时任英国工党全国执行委员会委员。

〔3〕 摩根·菲利普斯（Morgan Philips），时任英国工党总书记。

程。五时紫光阁外学会酒会。晚北京饭店，巴基斯坦国庆。

8月15日　星日

晨与菲利普【斯】等谈日程，11-4:20陪英人在总理处谈话、午餐。晚与蕙去朝鲜国庆，有舞。晚与菲谈日程，比万求单见总理。

8月16日　星一

晨"五法"[1]讨论小组。下午去院，经中关看赵、林，未值。

晚总理宴英人。晚谈日程，并答比万。

8月17日　星二

上午市人代预备会；下午闭幕大会；候外国记者来，有些紧张。晚印尼国庆，在北京饭店，有文工团节目。

8月18日　星三

上午"五法"讨论小组。下午屈武[2]召"五法"起草有关人谈整理记录事。晚政协欢迎英人，有宴。

8月19日

市人代大会，彭市长报告，任主席。午外学会。下午彭真报告。法院及检署《组织法》起草。晚政法学会宴民主德协外人。

8月20日　星五

晨陪英人飞沈，因寓所待布置，下午未陪参观。晚市长设宴。住交际处[3]。

8月21日　星六

陪英人专车去鞍山。上午陪看无缝钢管及大型轨钢二厂，下午参观福

---

[1] 这里"五法"指的是1954年制定的《中华人民共和国全国人民代表大会组织法》《中华人民共和国国务院组织法》《中华人民共和国人民法院组织法》《中华人民共和国人民检察院组织法》《中华人民共和国地方各级人民代表大会和地方各级人民委员会组织法》。

[2] 屈武，字经文，陕西渭南人，著名政治活动家。新中国成立后，历任政务院副秘书长兼参事室副主任，对外文化联络委员会副主任，中国国民党革命委员会第五届、第六届中央副主席。时任第一届全国人大常委会副秘书长。

[3] 新中国成立初期，各省尚未设立专门的外事机构，外事活动由交际处负责。

利事业及医院等。

8月22日　星日

陪英人飞唐山，陪观食堂、浴室，下午未陪。当天飞回京。晚在和大开工作会议。

8月23日　星一

和宦乡等与菲谈日程。上午"五法"小组讨论会在民革。下午送南去北京医院。缅馆酒会。外学会全聚德宴英人，随后总政排演场，鼓舞晚会。

8月24日　星二

晨"五法"讨论小组在民革。下午医院看小弟及费青。晚英代办杜维廉[1]请英人及总理等，共五十人。

8月25日　星三

晨和菲谈记者跟事。上午"五法"讨论小组在民革。秀卿来访。下午去院。7:00-10:00彭真招待英人酒会。深晚和大小廖有会。

8月26日　星四

陪工党代表团飞沪，9:10-2:10，住锦江。与菲谈日程，晚陈毅宴于国际。下午及晚均有会。

8月27日　星五

晨去岳家，去妹处未值。下午去广慈探岳母病。晚宴民航大队慰之。晚陈毅招待晚会。下午晚有会。晚向陈会报。

8月28日

晨妹及婿来访。陪全团游江。下午俱乐部游水。晚有舞会。

---

[1] 杜维廉（Humphrey Trevelyan），英国著名外交家。20世纪50年代初期任英国驻新中国第一任代办。

8月29日　星日

去妹处，同去书仪处，菊等亦来，去岳家，企泰来。

1:35-5:20专车去杭，住大华。晚餐前船中游湖，与Summerskill［萨末斯基尔］〔1〕偕。晚有会。会后自去游湖。

8月30日　星一

晨陪Sum.［萨末斯基尔］游湖，下午陪Bevan［比万］游灵隐，并照相，〈删略〉。晚市长吴宪〔2〕设宴，晚有会。

8月31日　星二

飞广，8:10-1:10，住迎宾馆，地方方面颇乱。下午为了声明，极紧张。市长何伟晚宴，我亦为欢送干杯。晚以改了声明，〈删略〉。晚有舞会。

九月

9月1日　星三

晨与刘尊棋游城，送代表团去深圳11:50-3:24，代表团走后，去看廖，八河交界处。九时馀回广，晚有会。

9月2日　星四

晨京、广检讨会。下午与刘去中大看陈序经等，回城刘看苏怡。何伟在爱群［大酒店］宴京队，有舞会，医院保育的女同志作舞伴。

9月3日　星五

晨飞京，在汉午餐，7:30-4:05。晚和大有会，小廖主持，讨论总结工作。

---

〔1〕埃迪斯·萨末斯基尔（Edith Summerskill），时任英国工党全国执行委员会副主席。

〔2〕吴宪，河北吴桥人。早年投身抗日救国运动，1938年加入中国共产党。曾任华东野战军政治部联络部部长等职。新中国成立后，历任中共浙江省委常委，杭州市委书记、市长，浙江省副省长，浙江省第四届政协副主席等。

9月4日　星六

晨去院。下午外学会，乔冠华讲日内瓦。晚兴、南去文化俱乐部，与蕙去国际俱乐部。

9月5日　星日

自9:00-12:20，全日在俱乐部开宪草小组会。晚饭后去北海散步一行。

9月6日　星一

晨上海市代表组会。下午讨论招待英工团总结工作，在新侨饭店。晚看乙藜夫妇。

9月7日　星二

晨上海市代表小组会。下午看费青。下午、晚准备图书馆训练班讲课。

9月8日　星三

全日宪委会讨论宪［法］、"五法"，在紫光阁，八次会。晚文化部庆祝保国庆会，在政院礼堂。

今晨结束打针。

9月9日　星四

上午准备图书馆讲稿。下午上海市小组。

9月10日　星五

上午教工。下午文化部图书馆训练班报告宪草。晚张澜[1]请客。晚徐冰报告高、饶问题。

9月11日　星六

上午上海市代表小组会。下午2:30-1:35［1:35-2:30］专家小组搞"五法"。中秋。

---

〔1〕　张澜，字表方，四川南充人。新中国成立后，任中央人民政府副主席、民盟第一届中央主席。

9月12日　星日

上午八宝山送思永葬。下午陪全家及秀卿去国际俱乐部看泳。下午宪草会通过刘少奇报告，顾问事后看过报告，至晚十时一刻散。

9月13日　星一

上午上海市代表小组。下午医院，就诊庚维仁大夫。下午看《宪法》英文稿。

9月14日　星二

十时至6:45，在西楼，刘少奇副主席的小组，整理宪草报告。

9月15日　星三

上午上海市小组。下午全代大会开幕。

9月16日　星四

上午上海市小组。午外学会。下午全代大会。

9月17日　星五

晨去院，下午大会。晚习仲勋小组搞一决议草案，与习审查艾德礼团〔1〕电影。

9月18日　星六

上午上海代表组会。下午全代大会。晚与二、三儿文化俱乐部看苏片《小黑孩》。独去国际俱乐部舞。

9月19日　星日

旧历八月廿四的前夕。

晨上海代表小组。

晚怀仁堂，保加利亚鼓舞团演出，唱得好。

---

〔1〕　指1954年8月，英国工党代表团应中国人民外交学会邀请来华访问，团长为英国国会议员、前首相、工党领袖艾德礼。

9月20日　星一
晨上海代表小组会。去怀仁堂,与周鲠生、田家英起草公告公布《宪法》。下午大会通过《宪法》及全代《组织法》。晚访奚若,学生等自发庆祝《宪法》。

9月21日　星三［二］
晨访费青。下午全代大会。晚去吴晗家牌戏。

9月22日　星三
晨院。晚全总全聚德宴劳模工会工作者。晚青年宫川剧。晚阅《宪法》英译本。今日无会。

9月23日　星四
晨看赵登禹路39号屋。上午车站迎印中友会代表团。午外学会。下午大会政府报告,发言。晚外学会,搞《宪法》英译,到晚一时。

9月24日　星五
院调干部开学礼,我讲话。下午去医院,自己及南儿看病。下午全代大会,发言。晚外学会宴印人,在国际俱乐部。

9月25日　星六
晨上海市小组,陈毅、陈云说明各项名单。下午全代秘书处拟全代,主席公布"五法"稿并审"四法"标点。下午大会发言。晚上海市小组会,谈名单并讨论报告。

9月26日　星日
全代上下午大会,对政府报告发言。晚新侨饭店,陪印尼【客人】吃便饭。

9月27日　星一
晨十一时上海市小组会。下午大会选主席。晚外学会和妇联联宴印尼人。晚全代大会宣布选举常委会结果,未及到。

9月28日　星二
晨参观纪念碑模型及自然博物馆展览会筹备处，甚佳。下午全代大会决国务院组成人员等。我为法案委员会、贝鲁特、金日成等参加。会后，上海市组照相。晚全体代表聚餐，毛主席也到。晚京剧晚会。

9月29日　星三
晨外学会讨论招待日人事。傍晚陪印尼去总理北京饭店酒会。后去外学会，由我招宴印尼人。

9月30日　星四
晨高教部学生健康座谈会。下午法案委[1]成立会，被推为副主任委。晚怀仁堂，大国庆会。

十月

10月1日　星五
晨天安门西二台观礼，9-2:15。晚与蕙、南、福曼天安门看舞。

10月2日　星六
晨外学会约谈明日对印尼座谈事，人不到，未果谈。下午苏联展览馆开幕，会甚盛。晚总理在北京饭店宴各国政府代表团，去国际俱乐部舞。

10月3日　星日
晨在外学会与甘重斗[2]、雷洁琼同印尼（男女）座谈《宪法》等。下午机场接印尼二人，归途带秀卿返家。晚外学会，在外学会宴日人，〈删略〉。

---

[1] 法案委员会，全国人民代表大会专门委员会之一，1954年第一届全国人民代表大会第一次会议设立。第一届法案委员会主任委员为张苏，钱端升等人任副主任委员。

[2] 甘重斗，辽宁建昌人。1936年加入中国共产党。新中国成立后，先后任中央人民政府内务部办公厅副主任、主任。

10月4日　星一

晨去院，秘书陶和谦上任。午去新侨接印尼人去总理处，1:45-3:30，谈甚洽。晚盟市支部欢迎盟全代代表。晚怀仁堂，苏民间舞蹈团演出。

10月5日　星二

晨在家清理。下午全教工招待日本工会教工客人。晚实验剧场锡剧，太轻。

10月6日　星三

午苏展馆俄餐。下午院。晚饯别印尼人于全聚德。

10月7日　星四

晨送印尼人机场，游古［故］宫东路、中路。午外学会。
晚德国庆于北京饭店，与蕙偕。

10月8日　星五

晨与《人民日报》会看新居。晨去故宫西路。晨去院。下午游苏展馆。傍晚印访华团招待会。

10月9日　星六

晨在家写英文《宪法》稿。下午车站送印度人，去市教工，未值。后徐乃乾来家谈。下午访柳亚老及夫人。晚印尼普佐邦多罗夫人等在印尼大使馆招待。

10月10日　星日

晨与蕙看李滢及新屋。下午与蕙及兴、南游碧云寺，更访筠因，拟携秀卿未值。晚送印尼知名士及普佐邦多罗夫人 Pudjobuntlo 等等，尊"好友"而别。

10月11日　星一

晨院。下午写文未毕。

10月12日　星二
晨院。下午为《光明日报》写短稿，讲中苏会谈。晚尤金招待苏政府代表团，在苏展馆，毛主席到，有晚会。

10月13日　星三
晨院。下午全总请什维尼克[1]报告。晚对外文协宴英人于国际俱乐部。

10月14日　星四
晨院。午外学会。下午重写《中国建设》英文文章。

10月15日　星五
晨院。午晚写文章又未成。

10月16日　星六
晨院。下午市教工全会，一去即去。全代常委会首次会。

10月17日　星日
晨院运动会。身体不适，写文未成。

10月18日　星一
晨国务院礼堂，总理讲国际大势及如何接待尼赫鲁。下午外学与英国各界代表团座谈。

会后与乔谈巴、金、尼、Mendès France［孟戴斯·弗朗斯］[2]如何对待。

10月19日　星二
晨院。晨迎尼赫鲁。下午总理招待尼的酒会，在紫光阁。

---

〔1〕尼·米·什维尼克，时任全苏工会中央理事会主席。
〔2〕皮埃尔·孟戴斯·弗朗斯（Pierre Mendès France），法国政治家、经济学家、社会党活动家。时任法国总理兼外交部部长。

10月20日　星三

晨陪尼赫鲁等游民族学院、颐和园、西郊公园象园。晚总理宴尼。

10月21日　星四

清晨机场送宧乡。晨政法学会与英人座谈。午外学会。

今日下午、晚始完英文稿。

10月22日　星五

晨院，高教部人事司通知说刘镜西任书即下。下午去医院。后看费青、芮沐等。

10月23日　星六

晨与蕙视察房，去房管局王副局长处提对《人民日报》意见。

晨院。下午司法部魏、陈副部长[1]谈加副院长事。下午彭真在中山公园欢迎尼。晚独去文化、国际俱乐部舞。

10月24日　星日

晨与《人民日报》刘看新居。晚石科长亦来谈。

10月25日　星一

晨电武新宇[2]商加副院长事，态度不是商量或听取意见的。晨院。下午外学会研究会研究武装西德事。

10月26日　星二

晨去院，司法部陈养山陪刘镜西到院，共商留武，武对我说愿去司法部，对陈又说不愿去干校而愿留我院，陈说可以向彭、董反应［映］，但当晚张苏说不可，魏文伯说希望不多，彭说何必要武，黄松龄则不甚接头。

下午彭真酒会送别尼。晚尼答请。

---

〔1〕陈养山，浙江上虞人。1925年加入中国共产党。长期在上海、天津、重庆、成都、西安等地从事情报和统战工作。新中国成立后，任上海市公安局副局长、南京市公安局局长兼检察署署长、华北政法委员会副主任、华北公安局局长等职。1954年秋调任中央人民政府司法部副部长、党组副书记。

〔2〕武新宇，曾用名武杰、武汉三，山西阳高人。1925年初在北京加入中国共产主义青年团，不久加入中国共产党。新中国成立后，任中央人民政府内务部副部长、党组副书记等职。

10月27日　星三

晨送尼赫鲁。去奚若家，吴惟诚有事，未访到我，去访之。下午去院。下午外学会商 Donney［多尼尼］〔1〕事。

10月28日　星四

晨院，院务会议议论工作量。午外学会。医院刘大夫看。三时政协常委扩大会。晚尤金欢送苏文化代表团。

10月29日　星五

晨整理为迁移。下午院。

10月30日　星六

晨院，与刘镜西谈。上午法委张、武、钱、周会晤。
下午准备搬家，幸晚上都儿回，帮了忙。

10月31日　星日

搬家十排子车，小汽车四次，先几日已走三次。晚不能睡，虽在苏联剧团天桥演出"暴风雨"后。

十一月

11月1日　星一

晨法案会二次会。下午访房管局刘、王局长，告以先行交换使用，如试住不合式［适］，仍请明夏代觅房。

11月2日　星二

晨院。下午《中国建设》编委会。

11月3日　星三

晨全代常委小组座谈组织事。午去院。下午外学会，会长接见 Donney

---

〔1〕 Donney，疑指安布劳热·多尼尼（Ambrogio Donini），意大利罗马大学教授，参议院议员，意大利著名的公众领袖。时任世界和平理事会常务委员会委员。

［多尼尼］。

11月4日　星四

晨接见 Donney［多尼尼］，谈《宪法》。午外学会。下午法委会。

11月5日　星五

晨院。下午法案会。晚丰泽园宴 Donney［多尼尼］。

11月6日　星六

晨院听课，与刘谈。下午去医院。

11月7日　星日

疲甚，下午与都等去北海。晚尤金招待庆祝十月革命。

11月8日　星一

晨院，下午理书。晚对外文会［协］丰泽园宴别英代表团。

11月9日　星二

清晨飞机场送英人。晨院，下午武、刘来访，共去访费。

11月10日　星三

全日院务会议。晨科学院协商政协代表。晚文委宴别，后电影。

11月11日　星四

晨司法座谈会，陈养山报告。陈说武将去高教部。午外学会。下午法委首次办公，无人在。陈传纲谈政协代表事。晚去院民盟小组会。

11月12日　星五

晨和大协商和平团体政协代表。下午科学院协商社科代表。下午司法部，政法学院院长会谈。

11月13日　星六

晨起有烧，睡床。

11月14日　星日
晨睡，下午起。午罗应荣来，晚祝钦璈夫妇来。

11月15日　星一
晨去院。午去高教部见黄松龄同志，未能留武。下午法案会。

11月16日　星二
晨司法座谈会。午后去院。

11月17日　星三
晨院。下午去派出所、《中国建设》、努力［疑为努生］处，并看秀卿。

11月18日　星四
晨院。午外学会，下午外学会座谈西德武装。

11月19日　星五
全日院。傍晚看林风［林枫］〔1〕及杨今甫。

11月20日　星六
晨院。午后参观棉纺一厂。晚与南看《天鹅湖》。

11月21日　星日
晨司法座谈会，彭真总结。

11月22日　星一
晨院。下午协和看汤锡予病。北京医院看病。晚和平友好团体在统战部协商代表。

11月23日　星二
晨院。下午红十字会医院看李乐光。杜维廉酒会招待英贸易团。

---

〔1〕林枫，原名郑永孝，黑龙江望奎人。1927年3月加入中国共产党。1950年任东北局统战部部长，1954年任东北局代理书记。1954年11月任国务院文教办公室主任，协助周恩来总理负责管全国的教育和文化、卫生、体育方面的工作。同年5月，主持召开全国文教工作会议。

11月24日　星三
晨院会。下午常委小组座谈会。

11月25日　星四
晨院。午外学会钱柯柏年,下午张苏等商修改法令。下午去北京医院外科。

11月28日　星日
今晨出院。昨今去了三个皮下瘤。

11月29日　星一
晨院。晚阿尔巴尼亚国庆,在北京饭店,后有舞。

11月30日　星二
晨车站接李德全、廖承志。晨院。下午走。

十二月

12月1日　星三
晨院,为二年级实习前讲话。下午接吴努[1]。

12月2日　星四
晨院。午外学会。下午法委。晚总理宴吴努。

12月3日　星五
晨院。下午医院内外科。傍晚统战部商社联政协代表。

12月4日　星六
下午市教工委会。晚与蕙去北大、清华看福曼、思成等,未遇诏熊夫妇。

---

[1] 吴努,1948年缅甸独立后任总理,并任执政党缅甸反法西斯人民自由同盟主席。

12月5日　星日
晨政法学会理事会。下午市在天桥剧场欢迎吴努。

12月6日　星一
晨院，下午院评薪会。晚芬兰国庆，在北京饭店。

12月7日　星二
晨科学院会谈去印、巴事。下午院。

12月8日　星三
晨院。下午科学代表团照相。

12月9日　星四
整理书籍。下午院调整［工］资动员报告。

12月10日　星五
继续整理。下午张苏等与潘震亚[1]谈法案事。晚吴努宴会。

12月11日　星六
开始搞赴印论文。下午外学会，廖承志报告。

12月12日　星日
在家搞论文。下午陶孟和、费青来访。

12月13日　星一
在家搞论文。下午《中国建设》编委会。

12月14日　星二
全日在家搞论文。午前武、刘来谈评薪事。晚四时睡。

---

［1］潘震亚，原名瑞荣，字震亚，江西南城人，法学家。1912年考入江西法政专门学校学习。上海解放后，参加接管复旦大学工作，担任复旦大学校委会常务委员兼法学院院长。1950年10月调任中央人民政府监察委员会副主任、国务院监察部副部长。

12月15日　星三

晨外学会打草稿，下午李家吊唁。晚院会。

12月16日　星四

晨市协会陈铭枢[1]等来谈事。午外学会。下午政协二届全委集会谈开会事。去外学看了译稿。

12月17日　星五

晨政协小组会。下午与房管局看了二所房子。

12月18日　星六

晨政协小组会。下午院，中关接筠因入城观《天鹅湖》，国际俱乐部，与蕙同去。

12月19日　星日

午民盟在和平宾馆宴政协盟员。理物、审稿。晚特看美间谍展览会。

12月20日　星一

晨科学院代表团会，午同和居宴。午后送稿请 Nan Green［南·格林］[2]阅，去北京医院。下午市全代常委三次会。晚搞稿子。

12月21日　星二

晨科学院，袁仲贤[3]大使谈印度。午购置。下午政协二届全委全体会议。

12月22日　星三

晨科学院团会，陈家康来谈。下午购置物□□，晚赖嘉文[4]宴。

---

〔1〕 陈铭枢，字真如，广东合浦（今广西壮族自治区北海市合浦县）人。新中国成立后，历任中央人民政府委员、中南行政委员会副主席、全国人民代表大会常务委员会委员等职。

〔2〕 南·格林（Nan Green），英国共产党人。与丈夫乔治·格林（George Green）参加过西班牙内战，二战后投入世界和平运动。1954—1960年作为专家在外文出版社和《中国建设》杂志社工作。

〔3〕 袁仲贤，湖南长沙人。1924年加入中国共产党。解放后曾任南京警备区司令员兼政委。1950年任中国驻印度大使。1956年回国任外交部副部长。

〔4〕 赖嘉文，时任印度驻华大使。

12月23日　星四

晨院、科学院、陈克，午外学。下午长安戏院市各界反美蒋条约会。晚陈毅接见佛学代表团。

12月24日　星五

晨中国科学家代表团，我、侯德榜、狄超白、汪胡桢、薛愚〔1〕及秘书黎功德飞广。以后在印，周光照〔召〕参加。以后李勤、金伯钧赶至 Baroda〔巴罗达〕，在 Baroda〔巴罗达〕有大使馆方建新参加。去 Bahawalpur〔巴哈瓦尔布尔〕有大使馆丁谷、周南〔2〕参加。但只与薛愚同去巴。

---

〔1〕　薛愚，湖北襄阳人，药物化学家和药学教育家。1925年毕业于齐鲁大学化学系。1933年获巴黎大学理科博士学位。1946年参加九三学社和民盟。1949年出席中国人民政治协商会议第一次全体会议，后任北京医学院药学系主任、教授，北京医科大学药学院名誉院长，中国药学会理事长。

〔2〕　周南，山东曲阜人。就读于北京大学文学院哲学系，燕京大学文学院新闻系、外文系。1946年加入中国共产党。1948年任教于中央外事学校。新中国成立后，历任中华人民共和国驻巴基斯坦大使馆秘书，驻坦桑尼亚大使馆秘书，驻联合国代表团一等秘书、参赞。

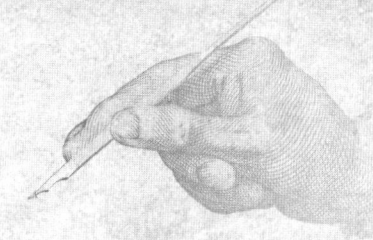

一九五五年

2月23日 星三

晨9:48返京。飞筹,车去港,飞Singapore-Calcutta-New Delhi [从新加坡到加尔各答再到新德里],车去Baroda [巴罗达] - Ahmedabad [阿米达巴] -Bombay [孟买] -Poona [浦那] -Bombay [孟买],飞New Delhi [新德里] -Karachi- [卡拉奇],车去Bahawalpur [巴哈瓦尔布尔],Lahore [拉合尔] -飞Karachi-Colombo [从卡拉奇到科伦坡] -Singapore [新加坡] 港,车去广州-杭州-上海-北京。出席Baroda [巴罗达] 及Bahawalpur [巴哈瓦尔布尔] 印巴科学年会。

一月二月

2月23日　星三

晨9:48返京。飞粤，车去港，飞Singapore-Calcutta-New Delhi〔从新加坡到加尔各答再到新德里〕，车去Baroda〔巴罗达〕-Ahmedabad〔阿米达巴〕-Bombay〔孟买〕-Poona〔浦那〕-Bombay〔孟买〕，飞New Delhi〔新德里〕-Karachi-〔卡拉奇〕，车去Bahawalpur〔巴哈瓦尔布尔〕，Lahore〔拉合尔〕-飞Karachi-Colombo〔从卡拉奇到科伦坡〕-Singapore〔新加坡〕港，车去广州-杭州-上海-北京。出席Baroda〔巴罗达〕及Bahawalpur〔巴哈瓦尔布尔〕印巴科学年会。

2月24日

晨去院，谈商楼邦彦去市府事。午外学会，下午外学座谈台湾。晚二喇嘛奉宴主席，有晚会。

2月25日

晨去科院，李四光、张稼夫〔1〕副院长接见代表团。后开团会。下午院务扩大会议，讨论教学改进。

2月26日　星六

晨院会。下午看房、科学院，外学会校稿。

2月27日　星日

下午看性元、吴晗、奚若、思成夫妇。看仲揆未值。

2月28日　星一

晨去外学会校文，去院。下午看韩念龙〔2〕大使。晚奚若来。

---

〔1〕张稼夫，山西文水人。1927年加入中国共产党。1952年12月底任中国科学院党组书记。1953年1月任中国科学院副院长。

〔2〕韩念龙，贵州遵义仁怀人。1936年加入中国共产党。1949年12月入外交部。1951—1956年为中国驻巴基斯坦大使。

三月

3月1日　星二
晨去科学院缴校稿。晨院。午饭吃坏，腹痛，返家。

3月2日　星三
晨院。下午在家休息。

3月3日　星四
晨院。午、下午，外学会座谈台湾问题，我反对蒋匪，有人参加。

3月4日　星五
晨市文委结束会。下午看司法部杨世才谈基建。带兴去北医看病。晚市委有会，谈协委事。

3月5日　星【六】
晨院教务会，谈论调干总结。下午市总常会。晚北京国际舞会。

3月6日　星日
在家。

3月7日　星一
晨院碰头会。下午科学院团会。下午《中国建设》编委会，看小李〈看小李〉。晚民盟委会。

3月8日　星二
全日在校，晚看武振声，为教部综大［综合大学］司第二副司长。

3月9日　星三
晨院。下午在家准备明日报告。

3月10日　星四
晨科学院常务会议上作科学家代表团报告，后科学院在同和居设宴。

下午人大八次常委。晚总理宴二喇嘛，欢送。

3月11日　星五

晨市人委讨论《兵役法》，协委参加。下午院学习，自学。晚纪念中山卅【周年】逝世。

3月12日　星六

晨市统战部协商协委会名单。晨去院。下午车站送达赖、班禅〔1〕。晚政协电影《银色灰末》，全家去看。

3月13日　星日

全日在家，做事不多。

3月14日　星一

全日在校。

3月15日　星二

晨在院。下午全委吴玉章、胡乔木文字改革报告。

3月16日　星三

晨董汝勤〔2〕来访，去邮电学院觅女工。上午去院，下午在院。晚民盟文委邀宴座谈。

3月17日　星四

上下午院。午外学会，国际友人服务部，不洽，白去。午后访房管局王林。

3月18日　星五

全日在院。

---

〔1〕　即达赖喇嘛·丹增嘉措，班禅额尔德尼·确吉坚赞。

〔2〕　董汝勤，女，山东安丘人。1929年加入中国共产党。新中国成立初期，任北京市民政局长、中央政法委员会办公厅城市组组长等职。

3月19日　星六

晨在院参加教务处关于学生负担的会议。晚南、蕙去文化俱乐部、北京饭店舞。

3月20日　星日

全日在家。

3月21日　星一

晨下午院。晚去看李乐光殓，后去市委开治丧委员会。

3月22日　星二

晨院。下午政协座谈简【化】字。

3月23日　星三

晨送李乐光丧去八宝山。下午院。

3月24日　星四

晨院。午外学会。下午听李纯青[1]关于大选后日本的报告，不好。晚院民盟会。

3月25日

晨在院。下午在家自学，学校无火。

3月26日　星六

全日在院，下午教员座谈唯心思，我讲了话。晚去北大看了林筠因，后去老金处，为盟总部摸知识分子思想。

3月27日　星日

未出门，客多。

---

[1] 李纯青，台湾台北人，祖籍福建安溪，日本问题专家，台盟领导人之一。早年入读集美师范，后毕业于南京中央政治学校社会学系、东京日本大学社会学系。1954年6月被选为台盟总部副主席。

3月28日　星一
全日在院。下午傍晚看孟和。

3月29日　星二
全日在院，下午全体干部会答复问题。

3月30日　星三
晨东四区代表大会。晨去院至下午。傍晚看李仲揆。

3月31日　星四
晨院。午外学会。下午院，参加教研组。晚院中共代表大会，列席。

四月

4月1日　星五
晨去同仁医院，林徽因病逝了，商治丧事。晨去院，下午在院。

4月2日　星六
全日在院，下午院党代会。晚看奚若、去国际俱乐部。

4月3日　星日
徽因丧仪，我讲了话，送葬八宝山。

4月4日　星一
写亚非会议文。晚与蕙去匈使馆。

4月5日　星二
完昨日文。下午去雷洁琼处，开院党代会，列席小组会。与秀卿游北海。

4月6日　星三
下午政协常委会（扩大），总理报告亚非会议。晚看赴印文化团归国演出，后总理接见文化代表团及科学代表团。晚重写《人民日报》文。

4月7日　星四
晨去院。午外学会。下午常委扩大会议9次。

4月8日　星五
晨院。上午常委扩大会10次。下午搞科学团报告。晚民盟市支部会。

4月9日　星六
晨院，上午常委会（扩大）11次，下午搞科学团报告。晚统战部看电影。

4月10日　星日
搞报告。晚去院党代表会，发了言。

4月11日　星一
晨院。午前返家，搞《科学通报》文，至晚三时始毕。

4月12日　星二
晨院碰头会。常委12次。下午院。晚以罗努生及我名义请一些盟内外人士座谈。

4月13日　星三
全日在院，晚饯楼邦彦等。

4月14日　星四
晨院。午外学会，下午外学会中山堂吴冷西[1]报告，我主持。晚天桥看梅兰芳、周信芳《断桥》及《清风亭》。

4月15日　星五
晨政协常委会五次会。下午捷克展览会开幕。晚市教工运动会筹委会。

4月16日　星六
晨院。下午医院看右足，烤电，及右手。

---

[1] 吴冷西，广东新会人。1938年加入中国共产党。时任新华社社长。

4月17日　星日

晨，与蕙、南去中关，偕筠因去颐和园，去清华，去北大看王蒂澂[1]、汤锡予。

4月18日　星一

市工代表会二届开幕，参加主席团。下午访林汉达谈大学事。下午院。晚外学会全聚德请 W. Z. Friar ［W. Z. 弗里尔］。

4月19日　星二

晨院碰头会。下午工代会小组会。晚与蕙访卫立煌、韩权华。

4月20日　星三

晨下午，全日在院。晚外学会陪 Friar ［弗里尔］看《梁祝》。

4月21日　星四

晨院。午外学会。下午工代会。晚中共中央怀仁堂庆列宁诞生85週。

4月22日　星五

全日工会代表会。下午并加旧市协。

4月23日　星六

晨院。下午市总新委员会。晚中央统战部电影。

4月24日　星日

晨看台湾预展，在家休息。

4月25日　星一

晨院，下午常委扩大13次会，看了李滢。

4月26日　星二

晨北京市政协全体会议开幕，作去届工作报告，下午全国政协常委。

---

［1］ 王蒂澂，吉林扶余人，周培源的夫人。早年毕业于北平女子师范大学。新中国成立后任清华附中教师。

晚市政协提案审查会等。

4月27日　星三
全日市政协全会，又被举为副主席。

4月28日　星四
晨院。午外学会。下午杂事早返家。

4月29日　星五
上下午在院。

4月30日　星六
晨教工全委招待外宾。下午院。晚与蕙去国际俱乐部。

五月

5月1日　星日
上午观礼。晚去天安门看放花。

5月2日　星一
上下午民盟代大筹委扩大会。

5月3日　星二
晨院。下午盟筹委扩大会。晚写侨委文。

5月4日　星三
晨常委扩大会。下午北大"五四"科讨会。晚市教工与捷、越、印、印尼、日教工联欢会。

5月5日　星四
晨院。午楚图南请丹麦人等。下午院。晚四大名人纪念会[1]。

---

[1] 即指1955年5月5日，在北京举行的世界文化名人席勒、密茨凯维支、孟德斯鸠、安徒生纪念大会。会议由中国人民对外文化协会会长楚图南主持。世界和平理事会理事、中国作家协会主席茅盾作了题为"为了和平、民主和人类的进步事业"的报告，介绍了四位文化巨人的生平和著作。

一九五五年

5月6日　星五
上下午院。晚去民盟市支部开区分部小会。

5月7日　星六
晨人代常委会，若干人讨论法令解释问题。过午接周总理。下午院。晚文化部为捷克解放十周年有会，有节目。

5月8日　星【日】
傍晚与蕙去北海公园散步，看花，并看杨今甫、敏德[1]、李滢。

5月9日　星一
晨视司徒美堂[2]入殓。晨下午院。晚捷克解放十周年国庆，在北京饭店。

5月10日　星二
晨公祭司徒美堂。午前去院，下午在院。

5月11日　星三
晨院。下午在北大科讨会，龚祥瑞有报告，讲了几句话。晚彭真宴捷克歌舞团及工展团。

5月12日　星四
上下午在院。午外学会。晚院盟小组。

5月13日　星五
晨院。下午晚常委扩大会，总理等报告亚非会议。

5月14日　星六
晨、下午民盟总部罗隆基传达主席指示，后讨论。下午去院。晚国际

---

[1] 即陈敏德，钱端升夫人陈公蕙的表姐妹，祝钦璈的夫人。
[2] 司徒美堂，字基赞，广东开平人，著名旅美侨领，中国洪门致公党创始人。1949年9月初以美洲华侨代表的身份参加了第一届中国人民政治协商会议。新中国成立后，任中央人民政府委员、全国人民代表大会常务委员会委员等职。

俱部。

5月15日　星日
晨、傍晚九院联合运动会在钢铁学院。晨颐和园，张闻天等外部人与外学会联欢。下午看林筠因，机场接埃及人。

5月16日　星一
晨院。下午政协市委宣传唯物主义讲座，主持。晚中印友协三周年会。

5月17日　星二
晨院碰头会。下午北京医院，腹、足疾。下午文教会高教小组预备会。晚与蕙看"考验"〔1〕。

5月18日　星三
晨院。下午周总理请亚非工会酒会。晚政法学会理事会。

5月19日　星四
晨院及二办文教工作会议，林枫报告。午外学会。下午《中国建设》编委会。
晚周总理请梅农〔2〕。晚罗努生讨论民盟报告。

5月20日　星五
晨院。下午人代代表座谈视察事。文教会高教小组、市支会。

5月21日　星六
晨政协全委外交组请陈毅漫谈亚非会议。下午北京医【院】理疗。傍晚去院，发文艺演出奖。晚与蕙、南看电影。

5月22日　星日
休息。下午探仲揆病。

---

〔1〕疑为苏联1954年出品的电影《忠诚的考验》，由著名电影大师伊·培利耶夫制作。

〔2〕梅农，时任印度驻联合国首席代表。

5月23日　星一

晨上海市人代座谈去沪事。上午文教工作会高教小组。下午院，请谢老[1]讲话。晚盟市支部高教委会。

5月24日　星二

晨院碰头会。下午文教会高教组。晚看秀卿，民盟全代筹委会。

5月25日　星三

陈毅文教会上报告 9:00-2:45。下午去院，为老干部讲话。

5月26日　星四

晨政法学会主席会。高教会高教三组。午外学会。午后机场迎 Sastroamidjojo［沙斯特罗阿米佐约］[2]。晚去院。

5月27日　星五

文教工作会，罗瑞卿报告。下午文会高教三组会。医院看李秀卿。总理宴印尼总理。

5月28日　星六

清晨机场送 Cotton 夫人［戈登夫人］[3]。晨院，院务会议。下午民盟市代大会。晚7:10去沪，闵刚侯[4]等六人偕。

5月30日　星一

晨5:40到沪，住上海大厦。晨市人委杜□□［原文置空］副秘书长等来谈视察事。下午去华东政法学院看赵教务长，去岳家及直舅家[5]访视。

---

〔1〕 指谢觉哉。

〔2〕 阿里·沙斯特罗阿米佐约（Ali Sastroamidjojo），时任印度尼西亚共和国总理。

〔3〕 欧仁妮·戈登夫人（Mme. Eugénie Cotton），法国物理学家，塞弗尔师范大学名誉校长。时任国际民主妇女联合会主席、世界和平理事会副主席。

〔4〕 闵刚侯，江苏南汇（今属上海市）人，法学家。1932年毕业于东吴大学法律系。次年留学日本九州帝国大学，主攻法学。1945年加入中国民主同盟。新中国成立后，历任中华人民共和国最高人民法院秘书长、司法部副部长民盟第三届中央常委等职。

〔5〕 即李直士。

5月31日　星二

晨参观曹杨新邨及少年宫，下午市人委五办座谈粮及工商业改造。

六月

6月1日　星三

上午粮食局座谈。下午看允。京来讯速去和大。晚照相。

6月2日　星四

上午法院，听公安局报告。下午视察普陀区梅芳里。

6月3日　星四〔五〕

晨公安局户籍科干部来谈人口，不好。监狱方面来两干部谈劳改，还好。下午视察老公益里居委，申新一厂及华通开关厂伙食团。晚，8:56车独自返京。

6月5日　星日

晨9:15到京，车已迟。晚郭老宴日本学术代表团。

6月6日　星一

晨去院。晨陈毅报告接待印文化团事。下午去和大代表团全体会议。

6月7日　星二

晨总理指示。下午政协市委，杨述[1]报告胡风反革命集团事。下午去医院，搞行装事。

6月8日　星三

与朱其文[2]谈民主法协。午，外学会饯行。下午，去院。下午，飞机场接印度文工团。看房，晚9:40火车出国。

---

[1] 杨述，江苏淮安人。1934年入清华大学就读。1936年加入中国共产党。时任中共北京市委常委、宣传部部长兼高校党委第二书记。

[2] 朱其文，江苏如皋人。1930年加入中国共产党。1948年任沈阳市市长、党组书记。1953年后任中国政治法律学会秘书长、国务院第一办公室副主任等职。

6月18日　星六

晨经满洲里（11晨），沿途 Ulan Uhde［乌兰乌德］（12），Krasnoyarsk［克拉斯诺亚尔斯克］（14），Omsk［鄂木斯克］（15），Sverdlovsk［斯维尔德洛夫斯克］，Molotov［莫洛托夫］（16），均有群众欢迎。一路小组会不多。肠肚不佳，少吃。抵莫后，去 Savoy［萨沃伊酒店］吃睏，后游市容。晚原车去芬。

6月19日　星日

午夜抵 Helsinki［赫尔辛基］，有欢迎，住 Optemni［奥普埃姆尼］，即大学城，风光极美，且不夜。

6月22—29日

和大大会[1]，参加第一组，做日、印、美工作，并参加法协。

6月30日

迁至城中，住 Astor［阿斯特酒店］，极坏。

七月

7月2日

下午与郭等16~18人自赫起飞。

7月5日　星二

午12.5抵京。下午三时全代二次会议开幕。

7月6日　星三

晨去院。下午全代大会。

7月7日　星四

晨去房管局未见到王林，只见刘女同志。午外学会。下午全代小组会，

---

〔1〕 即1955年6月22日—29日，在芬兰首都赫尔辛基召开的世界和平大会。会议主要就裁减军备、禁止原子弹武器、维护民族主权、文化交流等问题进行了磋商。来自68个国家的1640名代表出席了会议。

晚看房。

7月8日　星五
上下午全代小组会。晚愈之在国际俱乐部饭，谈盟事。

7月9日　星六
晨常委会，李维汉处讨论法律法令问题。下午全代小组。午夜彭真宴蒙古文工团。

7月10日　星日
草关于胡风事件稿。晚怀仁堂听蒙古歌舞团。

7月11日　星一
上下午全代小组。晚与蕙应蒙古国庆宴。

7月12日　星二
上下午全代小组会。下午去院，晚饭后看□。

7月13日　星三
竟日在家，草一英文广播稿。

7月14日　星四
上下午全代小组会。午外学会。晚外学会理事会。

7月15日　星五
晨盟总部纪念先烈。上午全代小组。下午去院。晚六时接和大来宾。后与诸儿去国际饭。

7月16日　星六
晨法委负责人商谈。下午大会全代。晚郭、鲍尔汗［鲍尔汉］[1]宴中

---

[1] 鲍尔汉·沙希迪（Burhan al-Shahidi），中国穆斯林知名学者、中国伊斯兰教协会的创始人和第一任领导、著名的社会活动家。1949年12月，新疆省人民政府成立，鲍尔汉担任首任主席。新中国成立初期，他还担任过中国印尼友好协会会长、中国阿联友好协会会长、中国人民保卫世界和平委员会副主席等职。

东、阿根廷等外宾。午夜去国际饭店一行。

7月17日　星日
晨晚看《兵役法》。下午去院，召旧教授若干谈学习事。

7月18日　星一
晨法委会讨论《兵役法》。下午去北京医院有纠纷。下午全代大会。

7月19日　星二
上下午全代小组会。午后怀仁堂看治黄模型。晚外学会Ⅲ次大会。
（今晚朱驭欧〔1〕来辞行，留柬未晤，说明返渝。27/9/57 获条补记）。

7月20日　星三
上下午全代小组会。下午一度去院问反胡学习事。晚和大请日人等。

7月21日　星四
午外学会。下午全代大会。晚与李一氓等在吴晗家桥牌。

7月22日　星五
晨法案会小组。下午全代大会。晚波使馆国庆。

7月23日　星六
晨《中国建设》。下午全代大会。

7月24日
奇有大热。早晚在政协怀仁堂看电影及戏，为避热。

7月25日　星一
晨和大廖谈日本人。下午全代大会。晚总理招待和平代表。

7月26日　星二
晨在家看文件。下午全代大会。接下去彭真、张苏等商讨宪31（19）授权常委制法事。

---

〔1〕　朱驭欧，政治学家。曾任云南大学政治学系主任、四川大学法学院代理院长等职。

7月27日　星三

送一材料于法委。晨上海市小组会。午前去院一行。下午全代大会，临尾法委又谈昨事。晚首都人民拥护和大会。

7月28日　星四

晨法委扩大会。午外学常务理事会。下午休息。

7月29日　星五

晨上海小组。下午全代大会。

7月30日　星六

晨人民代表团成立会，被举为执委。下午全代闭幕。晚政协看电影。

7月31日　星日

参观官厅水库走□纱线，全体人代同去。

八月

8月1日　星一

全日在院。

8月2日　星二

晨盟区分部在市支部开会。下午机场接 Pritt［普里特］[1]，回至和大开小会，云我与陈体强、王铁崖被指定为招待小组。晚北饭与 P［普里特］便饭。

8月3日　星三

晨陪普里特夫妇游天坛。下午院。

8月4日　星四

晨院。午外学会。晚陪普吃晚饭。

---

[1] 丹尼斯·诺·普里特（Denis Nowell Pritt），英国著名法学家，皇室律师顾问。时任英国和平委员会会长、国际民主法律工作者协会主席。

8月5日　星五
晨院。下午首都各界反原子战大会。

8月6日　星六
晨院，华东政法学院徐盼秋[1]报告访苏。下午吊陶廉丧。议会联盟人民代表团执委会，人代常委会。晚政协电协，送 Pritt［普里特］夫妇去牯岭。

8月7日　星日
诏熊、筠因来晚饭后偕去北大，与蕙、南同去，看了福曼，我又看了锡予。

8月8日　星一
晨院。下午政协国际组座谈总理报告。晚盟聚餐。

8月9日　星二
晨统战部徐冰有新报告。晚对外文协招待阿拉伯和代。

8月10日　星三
晨院、看病。晚吴惟诚谈楼事探昨事。

8月11日　星四
晨院。午外学会。

8月12日　星五
晨高教部胡锡奎报告访苏看高等教育。

8月13日　星六
晨院、医院。下午房管局。晚国务院礼堂，庆朝鲜解放十週【年】。

---

[1]　徐盼秋，浙江定海人。1938年加入中国共产党。新中国成立后，历任上海警务学校和华东公安干部学校教育长、华东政法委员会研究室副主任等。

8月14日　星日

晨与蕙、南看少年儿童科技工艺作品展览会。郭葆东已去世，访其家未遇一人。晚与蕙去巴国庆招待会。

8月15日　星一

晨送南至北京医院。晨在院。下午去政法学会开为了明年世界大会集资料的小组会。晚朝大使庆10【周年】解放。

8月16日　星二

晨院。下午中印尼友协有展览画片的交际活动。

8月17日　星三

晨院。

8月18日　星四

上下午医院照胃相。午外学会。

8月19日　星五

晨院。下午国际俱部游泳，水太冷。晚去北京饭店，与英国访华团聊。

8月20日　星六

晨院。下午廖仲恺被害30周【年】纪念会。晚和大请英人。

8月21日　星日

午小廖通知去Helsinki［赫尔辛基］。下午院。晚请周南吃饭于文化俱乐部，薛愚夫妇作陪。晚外学会宴久原房之助〔1〕。

8月22日　星一

晨议会联盟代表团会，下午院，晚外学会宴印议员全聚德。

---

〔1〕 久原房之助，日本近代实业家。1945年日本战败投降，作为甲级战犯嫌疑被捕。翌年又被禁锢公职，禁止参加政府活动。1951年7月重新进入政界，参加自由党。1953年发起组织"恢复日中、日苏邦交国民会议"，1955年被推为会长。同年8月到北京进行友好访问。

8月23日　星二
下午院一行，下午代表团会，看文件，本说今天走，未果。

8月24日　星三
仍未成行。晨颐和园看思成返经中关，去院即返。下午看房。

8月25日　星四
仍未成行。晨去高教部迎专家 Chukonov［楚贡诺夫］[1]去院至下午三时返。

8月26日　星五
晨仍候行。下午去院见专家吉[2]。机场迎日议员，晚市宴阿尔巴尼亚文工团。

8月27日　星六
晨去高教部接吉［即克依里洛娃］、科［即楚贡诺夫］二专家去院。下午政法学会续15日的小组活动。晚全家政协看电影。

8月28日　星日
午后飞机场接日本议员团。晚文化部宴南斯文工团。

8月29日　星一
晨院。午后外学会接见日议员团。下午院会。晚彭真以常委秘长名义招待日人。

8月30日　星二
晨院。午回家。下午院。晚外学会宴日议会访苏团。

---

[1]　楚贡诺夫，苏联法学家，专长刑法及刑事诉讼法。1953年获得副博士学位，后于列宁格勒大学获得博士学位。1955年8月—1957年6月在北京政法学院指导教学科研工作。其中文名也译作科古诺夫或丘古诺夫。

[2]　吉利罗娃，苏联民法学家。1952年于斯维尔德洛夫斯克法律学院获得副博士学位。1955年8月—1957年6月在北京政法学院指导教学科研工作。中国政法大学历史上译为克依里洛娃。

8月31日　星三
晨院。下午自家接专家去颐和园，在该处饭。晨机场送日议员。

九月

9月1日　星四
吊洪深丧，看房子。外学会午。下午院。晚妇联宴意人，累极！

9月2日　星五
晨院。下午休息后头晕脚酸。

9月3日　星六
晨院，下午院分配毕业生，讲了话。下午常委、彭见 Vilayuda［维拉尤丹］。晚与蕙去中关园林筠因同进城回家。

9月4日　星日
头痛多睡。仅傍晚去看屋。

9月5日　星一
晨院，专家谈。下午院务会议。

9月6日　星二
晨院，专家谈。下午去院出席干部会。去医院，头痛。

9月7日　星三
院学术委员会成立。下午看新生。

9月8日　星四
全日院，下午院开学典礼。

9月9日　星五
晨休息。下午常委找张苏等谈译员事。去院，头痛至。

9月10日　星六
晨院。下午休息，仍头痛。

9月11日　星日
勉成向苏广播稿，仍头痛。

9月12日　星一
晨院。下午医院看病。晚郭沫若宴英人于和大。

9月13日　星二
晨院，下午常委21次会。

9月14日　星三
整日在院，下午听楚贡诺夫课。晚去外学会，原宴Sinclair［辛克莱］，加人。

9月15日　星四
晨车站迎Pritt［普里特］，回校车中雷怨泣。晨又转去Pritt处谈日程。午外学会。下午与唐明照[1]等谈Pritt的日程。回院。晚董老见Pritt。

9月16日　星五
晨院，下午常委座谈图审条例。晚沈老宴Pritt［普里特］。

9月17日　星六
全日院，下午专家谈。晚政协电影，极累。

9月18日　星日
晨陪Pritt［普里特］看监狱。下午去Pritt处讲改日程事。下午蕙去中关梁宅，共去颐和园，回至筠因家饭。晚去院。

---

[1] 唐明照，广东恩平人，外交家。1930年考入清华大学政治系。1931年12月加入中国共产党。后毕业于美国加州大学伯克利分校。1950年后历任外交部专员、抗美援朝总会联络部副部长和中国人民保卫世界和平委员会联络部副部长、联合国副秘书长。

9月19日　星一

晨市人代三次会议。下午 Pritt［普里特］演讲，任主席。看于振鹏。晚和大、政学会郭、沈宴 Pritt［普里特］及 Mme. Blum［布伦姆夫人］[1]。

9月20日　星二

清晨与 Pritt［普里特］、朱其文等，去茶淀看清河农场，晚宿天津。

9月21日　星三

晨与王铁崖先自津返京。上午看 Mrs. Pritt［普里特夫人］于协和。下午，市人代大会。晚外学会宴 UN of World Federation Association Judd［联合国协会世界联合会的贾德］[2]等。

9月22日　星四

晨院。去和大洽 Pritt 日程。午外学会。下午院。晚为 Pritt［普里特］做生日。

9月23日　星五

晨院。陪 Pritt［普里特］游文教区，去北大清华。下午常委会，5:00 与 Pritt 去鞍。

9月24日　星六

11:26 抵鞍，Pritt［普里特］脚又坏，下午游鞍钢。

9月25日　星日

7:11 去沈，9:43 到。医云 Pritt［普里特］心脏欠佳，下午休息。

---

〔1〕 伊莎贝丽·布伦姆夫人（Mme. Isabelle Blume），比利时历史学家与文学家。时任世界和平理事会常务委员兼书记处书记。

〔2〕 联合国协会世界联合会（World Federation of United Nations Associations，简称"WFU-NA"），1946年8月在卢森堡成立，为非政府国际组织，简称"世联会"。它起源于第二次世界大战前的国际联盟协会世界联合会。其宗旨是通过非官方活动，争取公众了解和支持联合国，实现《联合国宪章》的宗旨和原则。1955年9月，以查尔斯·贾德（Charles Judd）为团长的联合国协会世界联合会代表团应中国人民外交学会之邀来我国访问。

一九五五年

9月26日　星一

Pritt［普里特］检，心不佳。下午大青村及抚顺露天矿人来与 Pritt 谈，8:10 车返京。

9月27日　星二

车 12:20 抵京，为 Pritt［普里特］找医。下午怀仁堂授勋，总理有招待会。

9月28日　星三

晨院。下午教工全委常委21次会。晚南斯拉夫大使宴，与蕙偕去。

9月29日　星四

晨院。午外学会。下午机场接印法律工作者〔1〕，接 Nenni［南尼］，晚总理国庆大宴外宾。

9月30日　星五

晨团中央及印人 Kishore［吉索尔］及锡人 Dahanayaka［疑为达哈纳亚克］〔2〕谈法律。下午中国科学院接见意文化代表团。晚沈老印［宴］印律师团。

十月

10月1日　星六

晨观礼。晚宴缅佛教团。晚天安门观放花火。

10月2日　星日

晨为女佣返乡事与蕙去胡命禔家，返看祝钦璪。下午工人运动大会开幕。晚总理宴专家，去国际俱乐部。午、晚彭真请各国歌舞团。

---

〔1〕印法律工作者，是指由全印民主法律工作者协会副主席纳·鲁·达斯·吉普塔（N. R. Das Gupta）为团长的印度法律工作者代表团，共15人。1955年9月，该团应中国政治法律学会邀请来访，并参加国庆节观礼。

〔2〕维贾雅南达·达哈纳亚克（Wijeyananda Dahanayake），锡兰（今指斯里兰卡）自由党人。

10月3日　星一

仍放假。晨看Pritt［普里特］。下午与刘镜西等去专家处饭，同游颐和园。晚车站送市请市日本人。

10月4日　星二

全日在院，下午学委会。

10月5日　星三

晨院。近午看Pritt［普里特］。下午去院。晚看戏未成。

10月6日　星四

晨院。午外学会。下午去医院配眼镜。

10月7日　星五

晨院。下午政协请南尼等。晚饯缅佛教团，晚郭老欢宴英教友团。

10月8日　星六

晨去Pritt处谈见总理事。后刘惠之［1］谈肃反。下午去院去中关，后看思成，与思庄［2］同入城。和大与P［普里特］看《秦香莲》。晚请Pritt夫妇吃全聚德。晚去国际俱乐部。

10月9日　星日

极累。下午访乙藜、仲揆。晚为Pritt［普里特］夫人做生日。

10月10日　星一

晨送Nenni［南尼］。晨院。午看Pritt［普里特］，为延迟一日行事。下午院。晚看Pritt，郭、沈饯别之。

---

［1］刘惠之，云南玉溪人。早年留学日本，1928年加入中国共产党。新中国成立后，先后担任最高人民检察院党组成员、副秘书长兼审判监督厅厅长，全国交通运输专门检察院副检察长。

［2］梁思庄，著名图书馆学家，中国图书馆学会副理事长，梁启超的次女。

10月11日　星二
晨送走 Pritt［普里特］夫妇。晨及下午在院。

10月12日
晨院。下午腹泻，休息。

10月13日
晨院。午外学会，下午外学会见英公谊会人。

10月14日　星五
晨院。下午院，为助学金事做了动员报告，累极。

10月15日　星六
晨院。下午躺下休息。晚全家看匈影片。

10月16日　星日
家中甚忙。午政法会宴印法家于全聚德，晚车站送别。

10月17日　星一
晨院。下午院，印人 Fhara［夫哈拉（？）］来。

10月18日　星二
晨下午在院。晚似有热度。

10月19日　星三
头极痛，在家躺一日，但得不到好处。

10月20日　星四
晨院。午外学。下午在家休息。

10月21日　星五
晨院。下午医院看李滢。

10月22日　星六

晨院。下午政协常委扩大会，总理报告。晚外学会请法国会外委会，最后去国际俱乐部。

10月23日　星日

晨与专家游碧云寺、卧佛寺，野餐。顺路看筠因未值。晚彭真宴，组法律、语言小组搞合作社章程。

10月24日　星一

全日搞法律组对合作社章程事。清晨去院。午前参加各组召集人会。

10月25日　星二

全日合作社草案法律小组。晚吴玉章宴日教组代表团。

10月26日　星二［三］

全日合作社草案法律小组会。晚看印度排球。

10月27日　星四

晨院。午外学会。下午政协小组讨论合作社及周总理报告。

10月28日　星五

晨市教工审查赠日人礼品。晨下午院。下午看房子二处。晚去审查明日给日人的演出。

10月29日　星六

晨市教工、院。下午中共中央为工商联举行座谈会，毛主席讲话。晚市教工招待日本教工代表团晚会。

10月30日　星日

晨复看房子。下午与蕙去胡命禔家桥牌、饭，抽空去思成家，未值。

10月31日　星一

晨、下午院，午返家。西单公安局来检收音机。

十一月

11月1日　星二
晨医院看眼。院碰头会。下午东城理杂事。晚中建编委。

11月2日　星三
上下午院。晚奚若家招待法议员团。

11月3日　星四
晨院。晨外学会招待Pritt［普里特］小组总结会，午外学会。下午2:00-3:15am，彭真家搞合作社草案。

11月4日　星五
晨院，下午院。晚彭真宴法议员。晚多人去老舍家看菊。

11月5日　星六
晨送法议员飞机场。晨政法学会理事会。午高教部请苏专【家】于苏展馆。酒，大吐。晚主持院庆祝会。

11月6日　星日
午苏专家请我们院及干校的人。

11月7日　星一
全日院。晚苏大使招待会于苏展馆。

11月8日　星二
晨院，4次学委会。下午、晚在家请专家，二桌，累甚。

11月9日　星三
晨法委会。下午接片山哲[1]等，机场。下午24次常委会。

---

[1] 片山哲（Katayama Tetsu），1947—1948年任日本第46任首相。1955年率团访华。

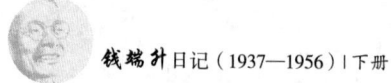

11月10日　星四

晨常委25，政协常委8次联席会。午外学会。下午院接待日教组来访。晚外学会宴片山哲团。

11月11日　星五

晨院，下午常委27次会。

11月12日

晨院。晨常委、政协常委大扩大会，讲视察。下午政协听视察专题报告。晚看《小白桦》，并请笃因、福曼。

11月13日

晨陪片山团去颐和园，下午回。傍晚市长请片山、日教工团。晚市长请德国吹奏乐团。

11月14日

晨全教工与日教组座谈。下午院。晚政协常委，周任主席。

11月15日　星二

晨院。下午总理紫光阁接见片山团。晚政法学会与片山团的法律家座谈。

11月16日　星三

晨院，政治课专家德古今来视察。午请中村哲于国际俱乐部。先到北京饭店了解情况，为说服其赞成《联合公报》，事后向廖会报。下午院，做粮食定量供应报告。晚全聚德片山团吃鸭。晚紫光阁，《联合公报》签字式。

11月17日　星四

晨院。上午访司法部陈养山。午外学会。下午院、颐和园，看刘镜西。北京饭店召陪出人员开会。晚看专家于其家。去北饭，与片山等10:10分车去沈。晚与大野【幸一】、中村［中村哲］解纷。

11月18日　星五

下午3:50到沈。晚市张力克[1]副市长设宴,住辽宁宾馆。

11月19日　星六

晨陪片山去北陵。下午全团参观东北工学院、故宫。晚在馆演《猛河的黎明》,不好,有杀,均疲。

11月20日　星日

晨,绕工人村去大清村,留午餐,片山先回。馀看后马村、工人村。晚片山团接见日侨。

11月21日　星一

晨有雾。10:20-12:00去鞍山,市长午宴。下午全团看无缝钢管及大型钢轨,片山先回,馀看高炉及幼儿园,回。晚,内部商明日看战犯事,中央、地方不甚合。

11月22日　星二

晨全团先去抚,我陪片山等11:30去抚,午抚副市长宴。下午去战犯管理所,晚6:14离沈。

11月23日　星三

晨8:30到津,去天津大饭店。晨祭我烈士骨灰,游市、第二工人俱乐部、纺织工人医院,午白坚副市长宴于干部俱乐部。下午片山休息,只看日侨,其余分散,我陪看儿童电影院、日侨集中所、仁□,7:08-10:32回京。北饭会报甚晚。

11月24日　星【四】

晨院。午在外学请片山团吃日本饭,四时后料理私事。

---

[1] 张力克,曾用名张权衡,广东大埔人。1936年加入中国共产党。新中国成立初期,先后任中共沈阳市总工会主席、沈阳市人民政府秘书长兼工业部部长、沈阳市副市长。

11月25日　星五

晨政协常委-总理主持。下午院。晚宴中村哲，后去外交学会讲演。

11月26日　星六

晨政协请鸠山讲演。下午协和采猪俣［即采猪俣浩三］，由院至中关。

11月27日　星日

晨院庆祝成立纪念日。晚中日工会、文化协议先后签字。

11月28日　星一

晨院。下午医院，4:30 陪片山等谒毛主席，4:50 到 6:50 走。晚政协（董老）请片山团。

11月29日　星二

晨院碰头会。下午外学会主持猪俣讲演会。京烤肉记请日人吃。晚小廖召开会。

11月30日　星三

8:30-12:10 陪片山团飞沪，住锦江。下午陪游市容。傍晚去岳家，未值。晚许建国[1]副市长设宴。

十二月

12月1日　星四

晨陪片山等三人游博物馆，下午陪远藤［即远藤三郎，片山团成员］等参观上海印染一厂。晚陪多人看《明朗的天》。

12月2日　星五

晨陪游江。下午陪去少年宫。晚陪去荣毅仁家饭。

---

〔1〕 许建国，原名杜理卿，湖北黄陂人。1922年加入中国共产党。1949年后历任天津市副市长兼公安局局长、公安部副部长，中共上海市委书记、副市长兼公安局局长等职。

12月3日　星六

晨7-9:20去锡，游蠡园、渔庄，午宴。江苏工人疗养院、鼋头渚，均船，4:45-6:02去苏，住外宾所。晚宴，苏剧等。

12月4日　星日

晨陪片山游拙政园，手工业展览会，沧浪亭，下午游玄妙观，3:46-4:48返沪。晚陈毅宴片山、远藤，晚全团看《梁祝》。

12月5日　星一

8:10-3:00飞广州，在武昌降落午餐。陪片山、藤田团，住迎宾馆，陪片山游越秀山、购物。晚朱光〔1〕宴，我也讲了话。

12月6日　星二

7:30-10:58送片山团去深圳，1:22-4:48返广州，晚全体工作人【员】看电影。

12月7日　星三

6:40-10:10独自飞汉，郑天葆、孙乐宜送，住东湖招待所，甚幽美。下午与人大代表看武泰闸及华中工学院，去武大访杨端六、燕召亭、刘南陔。

12月8日　星四

1:20-4:35，由汉经南京飞沪，住上海大厦，晚允仪、昭锷〔2〕来。

12月9日　星五

晨三华公司来谈。下午访居委会。晚上海组组会。

12月10日　星六

晨去市人委听公安局肃反报告。下午上海组有会。晚看《雷雨》，不好。

12月11日　星日

与高崇民等去虹桥公墓谒韬奋公墓，去岳家、企泰、妹家。

---

〔1〕朱光，广西博白人。时任广州市市长。
〔2〕孔昭锷，钱端升的妹夫。1935年毕业于清华大学土木工程系。

12月12日　星一

晨去闵看上海电机厂与汽轮机厂。下午小组与市人委座谈。晚胡愈之谈日程。

12月13日　星二

晨申万公司及橡胶鞋业筹委来谈此业全业全营事。下午视察三店。

12月14日　星三

晨去大场白遗桥农合社。下午知改视察小组会。晚看杏云甥等。

12月15日　星四

晨去敦化中学。下午去复旦大学。晚会报复旦大学。

12月16日　星五

晨视察大隆机厂。下午视察交大。晚陈毅约小组谈，午夜后。

12月17日　星六

晨关于交大的会报。下午、晚去沪市人大，许建国、陈毅有报告。

12月18日　星日

晨看妇女教养院。下午去城隍庙张慰慈处、张伯勉家。

12月19日　星一

晨财经学院。下午上海第二医学院。晚会报会。

12月20日　星二

晨上海第一医学院。下午文艺界座谈。晚会报会。

12月21日　星三

午刘季康来。下午科学院。晚周而复[1]请饭，晚会报会。

---

[1]　周而复，现代作家，安徽旌德人。1949年5月后历任上海市委统战部、宣传部副部长、上海市政府交际处处长，对外文化友好协会副会长，中国保卫世界和平委员会上海分会秘书长等职。

12月22日　星四

全日搞对知识分子报告稿。晚小组开会议稿。

12月23日　星【五】

6:43-8:03，与章文杨去松【江】，住地委招待所。上午地委副书记郭玉汉报告松江专区合作社。下午看新乐社及新乐乡。晚松江县副书【记】黄海涛［疑为王海涛］报告松江县情况。

12月24日　星六

晨去城东车墩乡，下午又去原乡看农兴、公平二社。晚地委书记李楚来谈。

12月25日　星日

晨去城西区安乐乡中乐分社，下午看上乡，农乐乡及安乐社。

12月26日　星一

晨葛志成、楼邦彦来，全日去佘山区，听区委副书【记】报告，佘山部长报告，并看胜利社，坐船往返。

12月27日　星二

晨下午去陈永康的联民合作社。晚小组讨论明天如何与地委谈。

12月28日　星三

晨城东区洞经乡及新胜二社，下午城东区车墩乡联合社来谈。下午地委、县委专区县负责人座谈。后饯行，车送上海大厦。

12月29日　星四

晨允来，访王造时。下午访张慰慈、孟宪承[1]，购提琴，去岳家，晚10:13返京。

---

〔1〕 孟宪承，江苏武进人，我国现代著名教育家与教育理论家。1916年毕业于上海圣约翰大学外文系。1918年入华盛顿大学专攻教育学，1920年获教育学硕士学位。次年又赴伦敦大学深造。新中国成立后任华东师范大学首任校长。

12月31日　星六

晨 8:05 与胡愈之同返京。晨去院。下午访筠因、思成，晚院文艺晚会，讲话。晚与蕙同看电影。

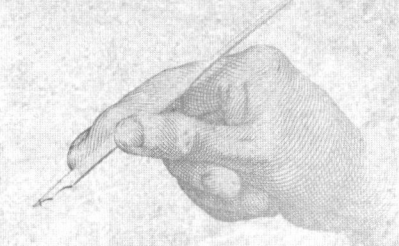

一九五六年

元旦　星日

晨上午民盟团拜。晚政协常委团拜，后有话剧。

一月

元旦　星日
晨上午民盟团拜。晚政协常委团拜，后有话剧。

1月2日　星一
晨请专家吃鸭，全聚德。下午客多。晚孟和请，在丰泽园。

1月3日　星二
晨院。下午胡愈老处，提意见会，实则无意见。

1月4日　星三
晨院。

1月5日　星四
晨院。午外学会。下午医院。下午院。

1月6日　星五
晨院。下午国务院一办关于法【学】家培养计划事。

1月7日　星六
晨院。午去北大。下午院。晚外学会译丛聚餐。晚与蕙去国际俱乐部。

1月8日　星日
下午去做了了解知识分子情况的工作。

1月9日　星一
晨院。上午统战部商政协补充名单。下午院。晚草视察报告。

1月10日　星二
晨院。下午政协12次常委。

1月11日　星三
晨院。下午、晚盟总部。傍晚外学会请泰私访公团酒会。

1月12日　星四
晨院，市政协、院。午外学【会】。下午晚盟总部。

1月13日　星五
晨院。下午、晚民盟总部。下午两去北京医院看手指。

1月14日　星六
首次理疗手指。午后看房子无成。下午院，卢有责备。晚与蕙看话剧。

1月15日　星日
下午天安门十万人庆祝社义［即社会主义］改造胜利大会。看李滢。

1月16日　星一
晨院。下午为《中国建设》讲政法工作。

1月17日　星二
晨院，下午院。晚市委杨述、刘仁讲政协发言稿。

1月18日　星三
晨新侨，看刘镜西。晨院。下午想起草对政协发言，重感冒，晚即睡了。

1月19日　星四
晨院。午外学会。下午及晚草发言稿，仍为重感冒所困，未成。

1月20日　星五
晨去医院治感冒，一切会请假，仍草未完的发言稿。

1月21日　星六
晨院，下午院做关于公债的报告。晚政协全家看电影。

1月22日　星日
躺了一天。

1月23日　星一
晨去和大郑森禹[1]处谈出国事，又去市政协印发言稿。下午去院，下午去二次医院。晚去北大金岳霖处商发言稿。

1月24日　星二
晨院。下午政协常会。晚市政协座谈讲话稿。

1月25日　星三
晨政协全会预备会。晨院。下午最高国务会议搞农业发展纲要，最后去盟小组会。

1月26日　星四
昨晚睡，腰痛有烧，今晨入了医院。

1月29日　星日
晨出院。晚紫光阁，讨论总理明天政协报告。

1月30日　星一
晨外部黄华、和大郑森禹。晨院。下午政协全委第二次会，周报告。

1月31日
晨 7:30 偕梁志宏飞欧，宿伊尔库斯克。

二月

2月1日　星三
下午二时（莫时），到莫斯科，住 Savoy［萨沃依酒店］，即往访大使馆。

---

[1] 郑森禹，浙江慈溪人，社会活动家。新中国成立初期，较多从事国际和平友好活动，历任中国人民保卫世界和平委员会副主席、中国亚非团结委员会常务理事、中日友协常务理事、中国驻世界和平理事会书记处书记等职。

2月2日　星四

基本上休息。

2月3—7日

在莫斯科。起先几天不舒服，肚胀便不顺，无食欲。三午见苏和会秘书长。预备在比开幕和闭幕发言稿。五日下午，看舞剧 Don Quixote［《唐吉诃德》］，七晚看歌剧"Pikovaya Lady"［《黑桃皇后》］，朱副【主】席等在上。

2月8日　星三

8:00-17:40（瑞时差二时），由苏去 Stockholm［斯德哥尔摩］，经列城[1]，芬京[2]。在莫站时，为象雕礼而紧张。瑞典使馆有人接，看了电报。住 Malmas［马尔玛斯酒店］。

2月9日　星四

13:50-18:40，经丹京[3]及 Amsterdam［阿姆斯特丹］到比京。丹京有使馆人来。比京布伦姆夫人及 M. Heibor［M. 埃贝尔］接。住 Plaza［广场酒店］。

2月10日　星五

晨 11:30 由 Mme. Blum［布伦姆夫人］陪见 Huysmans［胡斯曼］[4]议长，谈国会议员团访华事。下午 5:00 比王后 Elizabeth［伊丽莎白］接见外国代表。晚 Golete［戈莱特］夫妇导游大广场。

2月11日　星六

晨 Blum 夫人［布伦姆夫人］导外国代表去向无名英雄纪念墓致敬。下午比和平大会开幕。晚小组会，我参加经济小组。晚电话瑞馆。

---

［1］　即苏联时期的列宁格勒，今为圣彼得堡。
［2］　芬京，指芬兰首都赫尔辛基。
［3］　丹京，指丹麦首都哥本哈根。
［4］　卡米勒·胡斯曼（Camille Huysmans），比利时社会民主党人。曾任比利时总理。1954—1958 年任比利时众议院议长。

2月12日　星日

晨和大大会。下午体育馆群众大会，后看苏马戏。晚 Frédéric Dahlmann［弗里德里克·达尔曼］全家来访。

2月13日　星一

晨 Blum 夫人［布伦姆夫人］领去访社会学研究所，即出门，后看教堂、进步书店。午 Blum 夫人宴中苏，有教授，谈教授代表团事。下午去 Anderlecht［安德来赫特］小市看 Musée Erasmus［伊拉斯谟博物馆］[1]。市长 Bracops［布拉考普斯］讲了话。晚比京市长 Van de Meulebroecks［范·德·穆布鲁克］接见外代表。晚 Deguent 夫人［德刚夫人］[2]请中、法、印吃饭。

2月14日　星二

去 Binche［班什］[3]参加 Mardi gras［狂欢节］，在另一小城 Mareemont［玛丽蒙特］午餐。

2月15日　星三

华侨王振纲来。11:30 经商后，与 Dahlmann［达尔曼］在 Cafe［咖啡馆］与比外长的主任秘书 Rothschild［罗斯柴尔德］会谈。午去国际民主法协总部。午在 Deguent［德刚］家饭。下午去 Institut de Sociologie Solvay［索尔维社会学研究所］[4]与 Henri Gauré［亨利·（?）］谈。晚 Dahlmann［达尔曼］夫妇宴中、苏，有 Van Schurer［范·苏勒尔］等陪。晚与 Lebedeva［莱贝德娃］[5]谈。

---

［1］伊拉斯谟博物馆，位于比利时布鲁塞尔西郊的安德莱赫特，建于 15 世纪。现在，该博物馆已发展成伊拉斯谟研究中心，每年都有许多伊拉斯谟的研究者来这里查阅资料。

［2］德刚夫人（Mme. Marthe Huysmans Deguent），比利时共产党员，众议院议长胡斯曼的女儿。

［3］班什（Binche），位于比利时中部的海诺省，离首都布鲁塞尔约 56 公里。每年 2 月举行的狂欢节，吸引了周边法国人、德国人和荷兰人前来助兴。

［4］欧内斯特·索尔维（Ernest Solvay），比利时化学家、学者、企业家、政治家和慈善家。索尔维非常富有，关心社会问题，在布鲁塞尔大学建立了多座研究所。1902 年建立的社会学研究所即为其中之一。

［5］莱贝德娃·荷朗德（Lebedeva Holender），比利时和平联盟秘书长。

2月16日 星四

与 Lebedeva Holender［莱贝德娃·荷朗德］参观 ACEC［沙勒罗瓦电气制造厂］[1]，在 Charleroi［沙勒罗瓦］。晚 Holender［荷朗德］家饭，有 Stan Tytgat［斯坦·泰特盖特］及 René Beelen［雷尼·贝伦］[2]，谈比共事。

2月17日 星五

晨未出。下午 2:00，Emilienne［即艾米莉安·勃朗福夫人］[3]偕去访参院议长 Rob. Gillon［罗伯特·纪隆］与 Em［勃朗福夫人］去 Sabeua［萨布瓦］吃茶。回与 Lebedeva［莱贝德娃］告别，购书。晚与 Holender［荷朗德］、Stan［斯坦］、Jean Terfve［让·德孚］[4]在意饭馆谈。

2月18日 星六

晨 Dahlmann［达尔曼］来，12:00 见 Spark［斯巴克］[5]。午 Jean Deguent［让·德刚］请意馆吃饭。下午 Em. Brunfaut［勃朗福夫人］陪去看二博物院并到家吃茶。晚中国饭店请比客，事先接见华侨，饭后又去 Deguent［德刚］家。

2月19日 星日

晨华侨丁鼎勳[6]来访。1:45 经 Amsterdam［阿姆斯特丹］、丹京到瑞典，送行者甚多。Amst.［阿姆斯特丹］谢黎[7]来接；瑞京陈军源来接，即去使馆发电，住 Adler［艾德勒酒店］。

2月20日

上午在使馆谈报告，下午购物逛书店，晚使馆请饭，后做报告。

---

〔1〕ACEC（沙勒罗瓦电气制造厂），在沙勒罗瓦（Charleroi），比利时南部一工业城市。

〔2〕雷尼·贝伦（Rene Belleen），时任比利时共产党书记。

〔3〕艾米莉安·勃朗福夫人（Mme. Emilienne Brunfaut），比共党员，参议院副议长勃朗福（Brunfaut）的儿媳。

〔4〕让·德孚（Jean Terfve），比共中央委员，众议院众议员。

〔5〕斯巴克（Spark），时任比利时外长。

〔6〕勳，勋的异体字。

〔7〕谢黎，山西太原人。1938 年加入中国共产党。时任中华人民共和国驻荷兰代办。

2月21—23日 星二至星四

星二 12:45-星四 4:15（北京）经芬、苏返，22 晚宿伊尔库斯克。

2月23日 星四

下午 4:15 到京。郑森禹、刘昂等来接，先送回校。

2月24日 星五

草报告。下午朱其文来谈，与雷任民[1]电话中交代了贸易代表团事。

2月25日 星六

上午续报告事，下午和大几项报告，外部［外交部］黄华处报告。晚国际俱乐部舞。

2月26日 星日

晨民盟中央常委预备会。下午与蕙送老金返北大，看魏璞完、赵、林、福曼。晨刘镜西来，露了入党事。

2月27日 星一

晨盟中央常委。下午院党委和知【识】分【子】（高）座谈。

2月28日 星二

在家理积下来的事。

2月29日 星三

晨院。三届司法会议，陈毅报告。下午院，访奚若、李滢。

三月

3月1日 星四

晨司法会议，高克林总结。午外学会。下午和大。下午院递了入党申

---

〔1〕 雷任民，山西平遥人。1937年加入中国共产党。时任中华人民共和国对外贸易部副部长。

请书，给党委王润书记。晚民盟小组在于宅会。

3月2日　星五

晨政法学会理事会。午阎宝航[1]午餐，谈译条约事。下午司法会议彭真同志报告。下午院。

3月3日　星六

全日院，下午院大会，镜西传达中央知识分子会议。傍晚看吴之椿。晚全家看日本电影。

3月4日　星日

下午总理有大报告，讲政府工作。

3月5日　星一

晨政法学会二次年会。午谈房。下午院党委与教授谈。晚政法学会有京剧。

3月6日　星二

政法学会年会。下午院学委会。晚饯翻译卢佑先。

3月7日　星三

晨院。下午、晚写文未成。

3月8日　星四

晨政会［政法］学会年会选举。午外学会。下午院。

3月9日　星五

晨、下午院。晚沈老宴民盟常委。晚市教工镜［健］身体协理事会。晨吊杨金甫。

---

[1] 阎宝航，字玉衡，辽宁海城人。新中国成立后，先后任外交部办公厅副主任、条约委员会主任、第四届全国政协常委、中国政治法律学会常务理事等职。

3月10日　星六

晨吴德峰[1]处，讨论法学研究计划。下午常委32次会。晚与蕙去国际。

3月11日　星日

晨看几所房子，无成。下午民盟总部传达李维汉报【告】并座谈至晚。

3月12日　星一

晨院。下午吴德峰处，讨论法学研究计划。晚完《世界知识》文。

3月13日　星二

晨院。下午市政协主席、副主席会议。晚与蕙、敏德等看话剧《前夜》，不太好。

3月14日　星三

晨院，搞规划。下午政协常委讨论战犯问题。

3月15日　星四

晨政协常委，续昨-2:45。下午外学会写信。晚司法部史良宴客。

3月16日　星五

晨下午院。下午和大有会，讨论世和理事会事，有宴有电影。

3月17日　星六

晨院。下午常委（人代）会。晚全家看《怒海轻骑》[2]。

3月18日　星日

全日在家，预备院报告。

---

[1] 吴德峰，湖北保康人。1924年加入中国共产党。1949年5月—1952年2月任中共武汉市委常务委员、武汉市市长。后历任国务院第一办公室副主任、最高人民法院常务副院长。自1956年起担任中国政治法律学会副会长。

[2]《怒海轻骑》是1955年长春电影制片厂拍摄的一部海战电影，这是新中国首部海战电影。

3月19日　星一
上下午在院，预备院报告。

3月20日　星二
上下午在院，下午对全院教职员做了报告。晚和大请外国牧师们。

3月21日　星三
上下午院。

3月22日　星四
上午院召教研室主任会议。午外学会。下午医院看眼，看李滢。

3月23日　星五
上午院。上午和大代表团会。下午市政协常委会讨论文改［指文字改革］。《中建》［即《中国建设》］编委会。晚巴基斯坦成为共和国庆祝会。

3月24日　星六
晨政法学会常委会。午去院扑一个空。下午市政协，主持传达报告。晚电影。

3月25日　星日
晚请孔昭锷及徐德骥兄弟及全家去国际俱乐部晚饭。

3月26日　星一
上下午院。下午医院。

3月27日　星二
晨院。上午政协20次常会。下午院党组会。晚去专家处。

3月28日　星三
晨院。午总理召见和理［即和大理事会］代表团。下午院，不大适。

3月29日　星四
9:30，和大理事会代表团飞伊尔库斯科［即伊尔库茨克］。

3月30日　星五

Irkutsk-Novosibirsk［从伊尔库茨克到新西伯利亚］。下午进城，晚看普式庚［即普希金］的 Ruslka［《美人鱼》］歌剧。

3月31日　星六

Novosibirsk-Moskva［从新西伯利亚到莫斯科］，住 Leningrad［列宁格勒］旅馆。

四月

4月1日　星日

下午团会。晚在大戏院附院听 Barba of Seville［塞维利亚的理发师］。

4月2日　星一

搞团长讲话稿，竟夜未睡。

4月3日　星二

Moskva-Leningrad-Helsinki-Stockholm［从莫斯科到列宁格勒再到赫尔辛基然后到斯德哥尔摩］，住 Grand Hotel［大酒店］。晚团会。

4月4日　星三

晨去大使馆问与美联系学生事，配眼镜，译稿。晚五时睡，因错等电话。

4月5日　星四

大会闭［开］幕[1]，上下午大会。晚二时与任之恭[2]通电话，未得要领。

4月6日　星五

上下午大会。午我请 Rosy Holender［罗茜·霍伦德］。晚团宴日本人。

---

[1] 1956年4月5日—9日，世界和平理事会斯德哥尔摩特别会议召开。该会议的主题是缓和国际紧张局势，呼吁裁减军备、禁止制造和使用原子武器等。

[2] 任之恭，时任约翰·霍普金斯大学应用物理研究所基础研究中心副主任。

4月7日　星六
上下午政治小组会。晚团请印度人。

4月8日　星日
上下午政治小组会。午和平奖金评委会。晚团宴亚非人。晚政小组会至三时后。

4月9日　星一
上下午大会,晚二时闭幕。

4月10日　星二
有微烧,睡床休息。晚去大使馆饭。

4月11日　星三
晨团总结会。下午取眼镜、购物,仍不适。

4月12日　星四
经 Helsinki［赫尔辛基］,去大使馆饭,到 Moscow［莫斯科］被招待在 Sovietsky［索维亚斯凯酒店］,仍不适。

4月13日　星五
终日睡,且耳痛。

4月14日　星六
参观原子能发电站。晚大使馆宴。晚大戏院看《白雪姑娘》歌剧。

4月15日　星日
参观 Vladimir Vms［弗拉基米尔］（即列【宁】名）集体农庄及列宁博物馆。下午李耐、□□陪游地下电车道。

4月16日　星一
晨莫大学。晚在 Stan.［斯坦尼］【剧】院看《巴黎圣母院》舞剧。晚苏和大饯别,陈叔通等八人先行。

4月17日　星二

晚在大戏院附院看"山神"舞剧。

4月18日　星三

晨在 VOKS［苏联对外文化交流协会］看埃及电影，访 Ogonek［奥格奈克］《火星报》编辑。晚9:15东飞，有吴耀宗[1]等10人。

4月19日　星四

停 Kazan-Sverdlovsk-Omsk-Krasnoyarsk［从喀山到斯维尔德罗夫斯克再到鄂木斯克然后到克拉斯诺亚尔斯克］，有雨雪。甚累。

4月20日　星五

自 Irkutsk［伊尔库茨克］飞京，12:55到达。又去院一行再返京。咳至今未愈，累甚。

4月21日　星六

上午法委会13次会。下午高教部关于基建。

4月22日　星日

休息。晚与蕙乘公共汽车去中关村看林筠因、李福曼。

4月23日　星一

晨世和理事团会。去医院与庚同。□［原文置空］去张苏处。下午院。晚看李滢。

4月24日　星二

晨院碰头会。上午司法部接洽基建。下午院学委会。下午和大常委扩大会，陈报告并通过决定。晚和大宴瑞京来外宾。

---

〔1〕吴耀宗，广东顺德人，中国基督教三自爱国运动发起人。1950年9月，吴耀宗发表题为"中国基督教在新中国建设中努力的途径"的宣言，倡议实现自治、自养、自传，断绝与海外教会的一切联系，建设"新中国下的基督教"。1954年，基督教三自爱国运动委员会正式成立，吴耀宗出任主席。

4月25日　星三
晨院。上午人代常委讨论日战犯。下午在家。

4月26日　星四
晨院。午外学会。下午院，接印尼工会代表团来访。晚北京饭店访Deguent［德刚］。

4月27日　星五
晨政协常委21次。医院看耳。下午人代法委商战犯诉书。下午院。晚总理宴国际妇部［国际民主妇联理事会］。

4月28日　星六
晨政法学会和西欧法家座谈，我主持，效果不佳。下午购礼物。晚多人参加苏专【家】的晚会并送礼。

4月29日　星日
照常上课。晨院。下午拟休息，奚若来，对外文协丰泽园宴新西【兰】文化代表团。

4月30日　星一
晨主持政法学会西欧代表团座谈会。午国际俱乐部宴比法律家。下午总理招待外宾大酒会。晚外学会请印尼政党访问者。

五月

5月1日　星二
晨观礼。下午去中关看筠因、诏熊，又去清华看陶葆楷[1]。晚陪政法外宾去天安门介见国家领导人。

---

[1] 陶葆楷，江苏无锡人，中国著名的土木工程与环境工程教育家。时任清华大学土木系教授、土木系副主任。

5月2日　星三

今日休息。但上午与唐去见澳 Rev. Hartley［哈特里牧师］[1]。下午最高国务会议；晚北京饭店告别 Deguent［德刚］。

5月3日　星四

晨院。上午人大常委会。午外学会。下午医院，又看 Hartley［哈特里］，交一信。

5月4日　星五

晨院党组会。下午人代常委。晚对外文协宴比文化代表团。

5月5日　星六

晨院。上午人大常委。午对外文协宴谈澳文化代表团。晚与蕙去国际俱乐部。

5月6日　星日

与蕙及院及干校的人陪二专家游长城。傍晚与蕙看李滢。

5月7日　星一

晨人代常委。午印度公使请文化代表团。下午法委会。傍晚去院。晚外学会请新西兰 Wilson［威尔逊］座谈。

5月8日　星二

晨院，比教授 Bougniet［波依耶］及 Dekkers［迪凯］来院。下午人代及政协常委。晚请澳□□国际饭，并到家。

5月9日　星三

晨院。下午外学会接见日和平代表团。晚民盟市委会。

5月10日　星四

晨院。午外学会。下午院请比 Bougniet［波依耶］及 Dekkers［迪凯］

────────

〔1〕弗兰克·J. 哈特里（Frank J. Hartley），澳大利亚卫理公会牧师，全国和平委员会秘书。

讲演，茶会。

5月11日　星五
晨院。下午法委会。晚政法学会常委会。

5月12日　星六
晨民盟市代表大会，市人委、政协联席会。去院。1:00总理见叙律团，下午楚茶会请比文化团，看莹、《十五贯》。

5月13日　星日
晨机场，送陈守一[1]等去比。上下午市盟代大。傍晚中关赵家。晚鸿宾楼饯别叙法家团。

5月14日　星一
晨机场送叙律师团。晨院，下午北京医【院】就庚诊。下午院。

5月15日　星二
晨机场送张志让等去比。晨院，下午院。晚外学会宴叙议员Rostom[鲁斯托姆]。

5月16日　星三
晨规划局，院。下午和大讨论齐白石奖金事[2]。下午盟中常会。晚看《搜书院》。

---

[1] 陈守一，江苏邳州人，法学家。1929年毕业于北平朝阳大学。1927年参加中国共产党。1949年参与筹建"中国政法大学"，任一部主任。新中国成立后，任司法部第五司司长、中央政法干部学校副教务长。1954年任北京大学法律系主任。

[2] 1955年6月在芬兰召开的世界和平大会邀请中国参会。周恩来总理非常关心此事，特提出"新中国以什么样的面貌登上世界舞台，让世界人民了解中国的历史、文化、艺术、思想等成为筹备工作的任务之一"。经商议，由齐白石领衔14位艺术界人士创作了巨幅的国画——《和平颂》。中国代表将其带至芬兰世界和平大会现场展示，来自全世界的各国政要及艺术界人士对该画给予了极高的评价，在国际上造成了极大的影响。1956年4月27日，世界和平理事会国际和平奖评议委员会决定，将1955年度的国际和平奖授予齐白石与居里夫人等四人。9月1日，授奖仪式在北京举行，茅盾代表世界和平理事会国际奖金评议委员会致辞并授予齐白石金质奖章、荣誉奖状和奖金。

5月17日　星四
晨院。午外学会，下午去医院、杂事。晚张苏、陶希晋请苏专【家】。

5月18日　星五
全日院。

5月19日　星六
晨市人委召开的视察工作会。上午院。下午总理接见接见澳文化团。下午院。晚对外文协宴别澳团及比人Bougniet［波依耶］，我先后去北京饭店及老全聚德。

5月20日　星日
清晨送Bougniet［波依耶］机场。晨刘镜西、阴法鲁来。下午与蕙去颐和园并看筼因等。

5月21日　星一
上下午院。午后去医院就庾诊。

5月22—23日　星二三
全日在院。三晚粤剧。

5月24日　星四
晨院。午外学会。下午外部谈外人诬我强迫劳动问题。晚院党代大会。晚罗静宜〔1〕来，以对外文协名义强我为中巴友协会长付。

5月25日　星五
晨去市人委，未能下去视察。晨院。对外文协阳翰笙〔2〕来谈昨晚事，

---

〔1〕罗静宜，广东顺德人。1927年加入中国共产党。1925年在美国加州大学和斯坦福大学学习。1928年在苏联莫斯科中国劳动大学学习。后长期从事党的地下工作。新中国成立后，先后担任中央内贸局联络处处长，对外文委处长、副司长、研究室副主任，中国巴基斯坦友好协会总干事等职。

〔2〕阳翰笙，原名欧阳本义，字继修，笔名华汉等，四川高县人，编剧、戏剧家、作家。1954年被任命为中国人民对外文化协会副会长、党组书记。

下午成立中巴友协,任副会长。

5月26日　星六
晨院。下午看书。较晚与蕙去国际俱部。

5月27日　星日
院首次科学讨论会,全日性的活动。

5月28日　星一
上午下午院。晚访吴之椿、黄觉非。

5月29日　星二
晨视察外国语学院,下午视察被服厂。晚彭真宴喀达〔1〕市长等。

5月30日　星三
晨院。下午总理见印尼、巴基回教代表团。下午看房,不中意。晚盟市委Ⅰ次会。

5月31日　星四
晨院。比 Dekkers［迪凯］来讲演,留饭。下午英代办庆女王寿酒会。晚天桥陪印京市长【看】戏。

六月

6月1日　星五
晨外国语学院视察。晨下午院。晚恩成居宴泰女议员王敬英。

6月2日　星六
晨院。午后政法学会接待委员会会议。下午院。晚中关看赵家。

6月3日　星日
全日雨。晚印尼大使饭宴印京市长。

---

〔1〕　今译雅加达。

6月4日　星一

上下午院。午后医院就庚诊。

6月5日　星二

晨院。下午飞机场接 Argentina［阿根廷］律师。院做规划报告。晚北京饭店宴阿根廷律师。

6月6日　星三

晨院。午后房管局访阎局长。下午院。晚音乐堂看晋戏，一半即去。

6月7日　星四

晨视察科学院工地。午外学会。下午院党委座谈统战工作。晚盟中央座谈统战。晚政法学会外宾接待办公室会。

6月8日　星五

晨东方红社。午机场接巴西法学家。下午院。晚中巴友协成立。

6月9日　星六

晨院。下午院请潘梓年讲规划。晚与蕙去国际俱乐部一行。

6月10日　星日

晨拟早去明陵，车来迟，都［钱大都］回，全家全去，匆匆即回。下午视察东四居委会，晚政法学会外宾接待室会议。

6月11日　星一

晨院。上午科学院规委会。下午房管局来人计划修房。政协座谈合作社章程。晚盟中央座谈统战工作。

6月12日　星二

晨院。午和大宴 Lebanon Metropolitan［黎巴嫩大主教］[1]萨巴，下午瑞记者 Abegg［阿贝格］国际俱乐部谈话。晚市政协与视察政协者座谈。

---

[1]　尼冯·萨巴（Nivon Saba），黎巴嫩东正教大主教，世界和平理事会理事。

6月13日　星三

晨院。端节，在院午饭。下午人大常委。晚看上海京剧等，未终而去。

6月14日　星四

晨院学委会。午接巴西议员机场。午外学会。下午人大常委。

6月15日　星五

晨院。下午人代三次会议开幕。晚彭真宴巴西议员。

6月16日　星六

上午，〈上〉下【午】人代上海市小组会。晚政协礼堂有京剧。

6月17日　星日

晨陈鼎文来谈院盟事。下午与蕙多人看五道口乡合作社，顺访中关梁、林。晚沈衡老宴盟代表，滇剧。

6月18日　星一

晨法委会。午后北京医院就庚诊。下午人代大会。晚埃及庆国庆。

6月19日　星二

晨上海小组。下午大会。晚政法学会请越法工者。晚政法学会接待外宾会。

6月20日　星三

晨上海小组。下午机场接了空。下午人代大会。晚访徐敦璋。

6月21日　星四

晨上海小组。午外学会饯陈家康。机场接日［日本］律师、芬［芬兰］议员团。下午人大大会。晚便宴日律师于和平饭馆。

6月22日　星五

晨院。下午人代大会。晚刘少奇委员长宴芬、巴议员。

6月23日　星六

清晨送巴西议员机场。上午车站送专家返苏。腹痛急诊。下午人代大会。

6月24日　星日

晨诏熊、筠因等来。下午参观原子能展览会。

6月25日　星一

晨院。上午法委会。下午法委修改农业合作社章程小组,至晚十一时方散。

6月26日　星二

上午院碰头会,不协调。下午人代大会。晚中巴友协宴巴新闻团。

6月27日　星三

晨院。上午法委会。下午人代大会。

6月28日　星四

上下午大会。下午总理报告。午外学会。晚去院。

6月29日　星五

上午上海小组会。午至下午法委会。下午人代大会。晚中印、中缅友协五原则纪【念】。

6月30日　星六

晨—下午2时院学委会。下午人代闭幕。晚与蕙访中关赵宅。

七月

7月1日　星日

晨去院。下午怀仁堂听总理讲10条录音。

7月2日　星一

晨院。下午北医就庚诊。司法部看郑绍文[1]。去院。

---

〔1〕 郑绍文,四川潼南(今重庆市潼南区)人。1927年5月加入中国共产党。1953年任最高人民法院中南分院院长。1954年2月任中央司法部副部长、党组书记。

7月3日

晨高教部看崔宗勋〔1〕主任。上下午中央统战部座谈地方政协。下【午】《中国建设》有会。

7月4日　星三

上午院，下午院。旁晚车陷，未能去北京饭店。

7月5日　星四

晨院。午外学会。下午盟中央座谈百家争鸣，董老演［宴］拉丁美法家，外交学会宴以色列驻苏大使。

7月6日　星五

晨机场送芬议会代表团，《真理【报】》记者来访。上午院。午对外文协宴南美法律家。下午北京医院。下午总理接见南美法家。下午市教工。晚印大使欢迎宋庆龄。晚政法学会宴别南美法家。

7月7日　星六

晨机场送巴西法家。经外院去院。午后，南、东城看了一些文化处所。下午 7:00 市代表会【预】备会。

7月8日　星日

晚送福曼回中关，遇雨，宿赵家，有蚊不成眠。

7月9日　星一

晨由中关去院。下午人代常委。阿根廷国庆，阿［阿根廷］法家有会，贺之。

7月10日　星二

晨院图委会。下午北京医院。机场迎 Nepal［尼泊尔］文化团。市教工委员会。晚宴智利经访。

---

〔1〕勋，古同"勋"。

7月11日　星三

晨去院。上午市政协常委扩大。午后机场迎 Guetemala［危地马拉］Arbenz［阿本斯］[1]，下午政协常委扩大。

7月12日　星四

清晨院。上午政法学会常务理事会。下午政协常委会。晚外学会宴 Arbenz［阿本斯］。

7月13日　星五

晨院。下午院碰头会。

7月14日　星六

晨院。下午市教工商代大事。傍晚总理宴尼泊尔文化代表团。

7月15日　星日

竟日未出。体健有亏。下午诏、因等来。

7月16日　星一

晨市教工代大。下午院、市教工代大小组。晚市教工小组会报。

7月17日　星二

晨市教工代大主席团会议。司法部审教纲［教学大纲］预备会。下午市教工主席团、院。晚市教工京剧歌舞晚会。徐永煐[2]谈去加［加拿大］事。

7月18日　星三

全日市教工代大，极难开，大家意［见］众多，八时始散。

7月19日　星四

晨院，为吴恩裕事开会。午外学会。下午院学委会。晚去中关赵宅。

---

[1]　哈科沃·阿本斯·古斯曼（Jacobo Arbenz Guzmán），1951—1954 年任危地马拉总统。

[2]　徐永煐，江西龙南人。1927 年加入美国共产党。1946 年转入中国共产党。1951 年后曾任中共中央宣传部《毛泽东选集》英译委员会主任、外交部顾问、中国人民外交学会副会长等职。时任外交部美澳司司长。

7月20日　星五
晨院。下午准备旅行。

7月21日　星六
上下院、外部美澳司谈问题，已定去加不携秘书。晚与蕙访梁、赵二家于中关。

7月23日　星一
晨院，交代于刘镜西。北大看饶树人，饭后转返南城、东西城购物，无成。

7月24日　星二
晨外部及打针防疫。下午外学会。

7月25日　星三
清晨与南儿去中关，偕诏熊、筠因游十三陵，返五道口，急忙去总理处。仍忙准备。

7月26日　星四
晨独飞莫［莫斯科］，全家及徐永瑛［煐］、吴茂荪等送行，停伊尔库斯克，后宿新西伯利亚。

7月27日　星五
14:45抵莫，无人接，雇车去使馆，住Hotel Nat.［奈特酒店］，不适。晚使馆魏宝善〔1〕等来，商好后电Eaton［伊顿］〔2〕。

7月28日　星六
甚寂寞。下午去加拿大使馆商签证事。晚施嘉炀〔3〕来。

----

〔1〕魏宝善，山西高平人。1937年参加牺盟会。同年加入中国共产党。新中国成立后，历任外交部交际处副处长，苏联东欧司专员，驻苏联大使馆一等秘书，驻多哥、喀麦隆、阿根廷大使。

〔2〕1956年8月，美国著名企业家赛勒斯·S. 伊顿（Cyrus S. Eaton）在加拿大帕格瓦施（Pugwash）主办国际问题讨论会，钱端升应邀出席。

〔3〕施嘉炀，福建福州人，水力发电学家。1955年，高教部派遣一批教师组成代表团赴苏联进修，学习苏联的教育经验。清华大学教师施嘉炀、梁思成名列其中。

7月29日　星日
下午独看工农业展览馆。晚思成来。

7月30日　星一
午去北京饭店午餐。晚散步到北京旅馆，均遇思成。

7月31日　星二
下午与伟长等看新体育场开幕、中苏球赛，苏领导人出席。

八月

8月1日　星三
莫斯科—布拉格，7小时。布拉格—巴黎3小时。

8月2日　星四
晨8:30抵Montreal［蒙特利尔］，12:05自M［蒙特利尔］飞Moncton［蒙克敦］，汽车去Pugwash［帕格瓦施］为8:10。已有法Lapierre［拉皮埃尔］〔1〕、美Marshall［马歇尔］〔2〕、以［以色列］Kohn［柯恩］〔3〕、加Fieldhouse［菲尔德豪斯］〔4〕、苏Samarin［萨马凌］〔5〕到。Eaton［伊顿］已到，住Eaton［伊顿］邻人家。

8月3日　星五
晨游海港，下午休息。晚赠Eaton［伊顿］画及Fieldhouse［菲尔德豪斯］夫人桌布。晚由Fieldhouse［菲尔德豪斯］主持，讨论议程，决定以中东为中心题。

---

〔1〕　让·拉皮埃尔（Jean Lapierre），法国中东问题专家。时任法国驻加拿大哈利法克斯领事。
〔2〕　约翰·马歇尔（John Marshall），时任美国纽约洛克菲勒基金会人文部门副主任。
〔3〕　柯恩（Leo Kohn），出生于德国。时任以色列外交部顾问和希伯鲁大学国际关系学教授。
〔4〕　H. N. 菲尔德豪斯（H. N. Fieldhouse），加拿大近代史专家，麦吉尔大学理科教务长。
〔5〕　亚历山大·M. 萨马凌（Alexander M. Samarin），苏联冶金专家，莫斯科冶金学院副院长。

8月4日　星六

晨 Khadduri［克铎利］〔1〕谈 Arab［阿拉伯］世界。

8月5日　星日

晨 Longrigg［朗格里格］〔2〕谈 Arab［阿拉伯］与西方世界，下午车游附郊。

8月6日　星一

晨 Kohn［柯恩］谈 Israel［以色列］。午新闻记者多人来访。晚讨论 Israel［以色列］。

8月7日　星二

晨 Geren［季伦］〔3〕谈埃及。晚 Longrigg［朗格里格］谈石油。

8月8日　星三

晨游海。晚 Lapierre［拉皮埃尔］谈 Algier［阿尔及尔］。

8月9日　星【四】

晨联合国英人 Basten［巴斯特］〔4〕谈埃及内政。晚 Khadduri［克铎利］谈 Arab［阿拉伯］民族主义。Eaton［伊顿］将走，书记们对我的回去事尚无安排。

8月10日　星五

Eaton［伊顿］走，均未告别。晨 Kohn［柯恩］讲 Israel［以色列］内政。晚我讲中国国家制度和和平外交。午 Mclean［Machean］'s［麦克林杂志］记者来访。

8月11日　星六

与赵如兰及 Holcombe［何尔康］通电话。晚看电影，不好。

---

〔1〕 马吉德·克铎利（Majid Khadduri），伊拉克代表，长期在美国接受教育。
〔2〕 斯蒂芬·朗格里格（Stephen Longrigg），英国准将，中东事务专家，曾在伊拉克任职三年。
〔3〕 季伦（Paid Geren），时在美国国务院负责埃及、苏丹事务。
〔4〕 詹姆斯·巴斯特（James Basten），英国人。时在联合国经委会任职。早年在联合国善后救济总署工作，也曾任联合国派驻黎巴嫩的经济顾问。

8月12日　星日

大部客都走,迁入 Pineo Lodge［松木小屋］。下午与苏友送犹人走,并游各小城。与公与通电,其妻拒接。

8月13日　星一

与苏友与 Norma Groftrs［诺玛·格罗夫特斯］、Gail Smith［盖尔·史密斯］等车游,与 Fairbank［费正清］通电。

8月14日　星二

与苏友与二加女教师游各小城。

8月15日　星三

苏友与 Fieldhouse［菲尔德豪斯］也走。下午原路回 Montreal［蒙特利尔］,住 Royal［皇家酒店］。

8月16日　星四

晨电 James［詹姆斯］[1]校长,不热心。晚看电影,无味。

8月17日　星五

Endicott［恩迪科特］来电话,未留我。下午访 James［詹姆斯］,送了书,看了 McGill［麦吉尔］大学,并参加国际昆虫学会茶会。电 Gardiner［加迪纳］[2]农部长约其来华。吴大猷夫妇自 Ottawa［渥太华］来,请在中国城吃晚饭,顾虑甚多。

8月18日　星六

访大猷于杜太太家,进行谈话。16:10 Air France［法航］飞欧。

8月19日　星日

8:20 到巴黎,午经布拉格,使馆肖伍来过。晚11:10到莫,荣植[3]来

---

［1］弗兰克·西里尔·詹姆斯（Frank Cyrie James）,时任加拿大麦吉尔大学校长。
［2］詹姆斯·加菲尔德·加迪纳（James Garfield Gardiner）,时任加拿大农林部部长。
［3］荣植,中国驻苏联大使馆工作人员。

接，住 Savoy［萨沃伊］。

8月20日　星一
雨，留旅馆未出。

8月21日　星二
使馆高振华陪去动物园，今日仍未能东返。

8月22日　星三
初晴，外出散步。晚9:40返，高振华送。

8月23日　星四
Sverdlovsk［斯维尔德洛夫斯克］、Novosibirsk［新西伯利亚］均停，天气不好。

8月24日　星五
Novosibirsk-Irkutsk［从新西伯利亚到伊尔库茨克］。下午与捷友等游贝加尔湖，甚美。

8月25日　星六
午返抵京，刘进中〔1〕、俞沛文〔2〕来接。

---

〔1〕刘进中，山东青岛人。毕业于北京大学。长期在上海、北平、天津等地从事地下工作。新中国成立后，曾任中国人民外交学会副秘书长等职。

〔2〕俞沛文，江苏太仓人。1938年加入中国共产党。新中国成立后，历任上海市外事处处长、外交部美澳司副司长、礼宾司司长，驻苏丹、埃塞俄比亚、奥地利大使，常驻联合国日内瓦办事处等国际组织代表。

中文人名索引

A

艾思奇 1952：5.15，10.26，11.4，11.13；1953：5.16，7.12

B

白坚 1955：11.23
鲍尔汉·沙希迪 1955：7.16
薄一波 1949：7.6；1952：1.5，1.9
毕正宣 1940：2.28
卞学鐄 1947：12.14；1948：1.31，3.14，4.8，4.16，4.17，4.25，4.26，5.4，5.11

C

蔡枢衡 1949：10.17；1951：1.19，1.21，1.22；1952：6.1，6.25，7.11，7.18，9.25
蔡元培 1938：8.20；1940：3.5，3.10
曹保颐 1948：7.9
曹谷冰 1938：8.22，11.7
曹孟君 1950：12.7，12.19
曹禺 1938：9.7，9.16，9.26，10.4，10.7
草明 1950：12.21
陈炳章 1939：12.2
陈伯达 1949：9.19，10.21；1952：6.26
陈伯夏 1938：8.16，9.29，10.6
陈伯庄 1938：8.20
陈博生 1938：8.27，10.29，11.2
陈布雷 1937：12.1，12.20；1938：5.28，5.31，8.23，8.25，8.30，9.3；1939：2.10，6.25；1943：7
陈传纲 1952：9.29，10.25，10.26，11.8；1953：1.8，2.25，3.30；1954：11.11
陈岱孙 1938：3.10，11.13，11.20，12.3，12.4，12.29，12.30；1939：2.2，3.22；1949：5.17，10.20；1952：4.26；1953：6.3；1954：1.18
陈德明 1952：3.2
陈德森 1938：8.16，8.18

陈鼎文 1956：6.17
陈芳芝 1952：10.28；1953：6.3
陈福田 1938：12.4
陈公博 1938：10.19
陈公苎 1938：8.16，8.19，9.29；1948：11.20
陈公蕙 1937：10.17，11.15，12.19，12.21，12.23；1938：1.1，1.24，1.26，1.31，2.12，2.13，2.14，2.16，2.25，3.11，3.22，3.26，3.28，4.18，4.29，5.6，7.12，8.5，8.13，8.16，9.29，10.6，10.14，11.17，11.29；1939：1.13，4.12，5.1，5.3-5；1940：2.28，2.29，4.13，1943：11，1945：3，1946.4；1947：6.26；1948：12.1；1949：2.13，3.18，6.3，10.23；1950：2.6，2.10，5.21，10.22，10.30，12.22；1951：1.31，2.6，4.24，5.5，9.18，10.14，10.26；1952：3.21，3.31，4.19，8.3，8.22，8.24，8.26，8.27；1953：2.1，2.15，2.17，3.20，3.27，4.4，6.6，6.14，6.21，7.5，7.11，7.22，9.27，12.27，12.31；1954：1.7，2.2，2.13，3.12，4.2，4.4，4.10，4.17，5.8，5.30，6.5，6.19，7.4，8.15，9.4，10.1，10.7，10.10，10.23，12.4，12.18；1955：3.19，4.4，4.17，4.19，4.30，5.8，5.17，5.21，7.11，8.7，8.14，9.3，9.18，9.28，10.2，10.30，12.31；1956：1.7，1.14，2.26，3.10，3.13，4.22，5.5，5.6，5.20，5.26，6.9，6.17，6.30，7.21
陈公崴 1937：12.2；1946；1947：9.7，11.12；1948：11.20，12.1

陈公与 1937：9.28，9.29，11.27；1947：12.2，12.6，12.26，12.30；1948：1.1，5.15，7.3，7.19；1956：8.12
陈公振 1948：11.24
陈冠庸 1948：12.14
陈光甫 1938：11.6；1939：12.2，12.20；1940：1.18
陈翰笙 1937：10.6，10.7，10.23，10.25，10.30，11.7，12.23；1938：1.16，2.20，2.26，3.5，4.6；1940：2.16，2.17，3.18；1947：12.5，12.27；1948：7.10；1951：1.18，1.31，3.9，3.28，4.19，5.3，9.6，9.20；1952：1.25，2.21，8.2，10.12
陈宏振 1947：11.15
陈家康 1951：5.11；1952：11.3；1954：12.22；1956：6.21
陈嘉庚 1938：11.1
陈剑脩 1938：8.26
陈介 1938：8.18
陈瑾琨 1952：8.12，8.15
陈炯明 1938：10.24
陈军源 1956：2.19
陈可忠 1938：9.27；1939：2.11
陈立夫 1938：8.24，9.22，11.10；1939：2.20；1948：7.3，7.4
陈良璧 1952：2.3，2.10，2.20，2.28，3.4，3.29，4.14
陈林 1952：11.12；1953：1.5
陈玛琍 1948：6.5
陈敏德 1955：5.8；1956：3.13
陈铭枢 1954：12.16
陈其瑗 1953：10.26，11.14
陈企泰 1954：8.29；1955：12.11
陈铨 1938：12.8
陈荣捷 1940：2.8
陈绍禹 1938：11.1；1949：5.17，5.21，5.24；1950：5.3
陈师经 1949：8.29，9.1
陈石舫 1938：12.7；1954：8.27，8.29；1955：5.30，11.30，12.11，12.29
陈石孚 1948：7.3
陈石珍 1938：9.22
陈世骧 1948：10.10
陈受康 1940：1.28，2.2

陈受颐 1940：2.8，2.9
陈叔通 1948：11.27；1949：4.22；1951：9.21，11.18，12.30；1952：11.16；1954：4.3
陈树人 1938：11.3
陈体强 1950：1.1，9.3；1955：8.2
陈源 1938：8.31；1951：3.25
陈望道 1951：10.25
陈维汉 1939：8.29
陈文贵 1952：9.22
陈序经 1938：12.23；1954：9.2
陈养山 1954：10.23，10.26，11.11；1955：11.17
陈沂 1952：12.16
陈益 1948：10.9
陈逸华 1947：12.6；1948：7.3，7.4，7.5，7.7，7.11
陈毅 1954：8.26，8.27，9.25，12.23；1955：5.21，5.25，6.6，12.4，12.16，12.17；1956：2.29
陈寅恪 1938：11.27
陈永康 1955：12.27
陈玉 1949：9.1，9.10；1952：1.30
陈玉科 1938：12.28；1939：3.2
陈裕光 1938：11.1
陈云 1951：2.3；1954：9.25
陈长乐 1938：9.23
陈振汉 1950：4.19
陈之迈 1938：9.1，9.2，9.12，9.15，10.4；1939：1.19，2.25；1947：12.28，12.30
程沧波 1938：10.6；1939：2.22
程觉生 1939：8.30-9.1
程天放 1938：7.10，7.11，7.14，7.17
程希孟 1951：2.24，3.9，11.14
程筱鹤 1952：7.28，8.24
程砚秋 1951：11.1；1953：10.5
程子华 1954：3.21
储安平 1948：11.26；1949：4.22；1951：2.11
崔存璘 1938：9.23；1939：11.6，11.9；1947：12.30
崔书琴 1939：2.2
崔唯吾 1938：9.15
崔一 1954：6.26
崔滢 1953：10.22

崔宗勋 1956：7.3
D
戴保鎏 1939：11.25，12.2
戴克光 1938：9.8
戴修瓒 1938：11.19；1949：10.17
戴振铎 1948：1.17
戴铮 1952：9.3，9.4，9.6，9.12，9.15，11.4；1953：1.14，3.13，6.3，9.27
丹增嘉措 1955：2.24，3.10，3.12
邓宝珊 1948：12.31；1949：1.1
邓华 1953：10.31
邓家栋 1951：9.17；1952：12.22-12.31
邓强 1948：7.25
邓士章 1948，11.25
邓嗣禹 1948：9.11
邓拓 1951：12.16；1953：4.2，4.28
邓锡侯 1938：10.19
邓小平 1949：8.4；1953：1.28
狄超白 1953：3.25；1954：12.24
丁鼎勋 1956：2.19
丁谷 1954：12.24
丁佶 1938：11.30
丁天雄 1948：11.7，11.8
丁西林 1939：1.15，1.19，1.20；1952：10.12
丁瓒 1951：3.18
董必武 1949：7.13，9.22；1953：3.10；1954：2.20，10.26；1955：9.15，11.28；1956：7.5
董汝勤 1955：3.16
董显光 1938：8.23，8.26
董作宾 1948：1.4，1.5
杜平 1953：11.14，11.17，11.25
段锡朋 1938：8.22，8.26，8.30；1939：2.11，2.17
E
额尔德尼·确吉坚赞 1951：5.14；1955：2.24，3.10，3.12
F
樊弘 1949：7.3；1950：1.16，4.19；1951：4.25，5.2；1952：4.27，5.4，5.5，5.26，5.29
樊际昌 1938：11.13，11.22
范若愚 1952：8.4
范长江 1951：9.21；1954：8.10

方钜成 1950：1.1
方亮 1951：10.20，10.31
方明 1953：7.12
费青 1949：2.19，5.4，7.3，10.21；1950：12.29；1951：1.18，1.19，1.22，1.24，3.22，5.11，9.19，12.5；1952：2.24，7.4，8.11，9.30，10.24，10.28；1953：1.13，2.27，6.3，7.24，9.5；1954：7.15，7.22，8.24，9.7，9.21，10.22，11.9，12.12
费孝通 1949：2.19
冯乃超 1951：1.17
冯文彬 1951：4.21
冯友兰 1938：11.14；1947：11.22
冯仲云 1950：12.20
傅秉常 1938：5.6，6.29，6.30，7.19，10.24；1941：7
傅斯年 1937：10.28，10.30，11.5，11.17，12.20；1938：4.4，10.5，10.6，10.22，10.25，10.27，11.1，11.2，11.4，11.7，12.20，12.31；1939：9.14；1947：12.9，12.10，12.25，12.26；1948：2.18，2.22，2.23，2.26
傅筑夫 1938：4.24，5.28，6.12，6.26，6.27
傅作义 1949：1.12，1.15；1951：10.28，12.16
G
甘介侯 1938：8.21，8.27；1939：2.24
甘乃光 1938：9.30，10.2，11.12
甘重斗 1954：10.3
高崇民 1955：12.11
高尔柏 1951：5.11
高惠如 1951：10.2，10.13
高克林 1956：3.1
高凌百 1938：8.5，8.9
高启宇 1947：11.15
高廷梓 1938：10.2，11.12
高惜冰 1939：2.24
高一涵 1953：5.31
高振华 1956：8.21，8.22
高宗武 1937：9.28，11.17；1947：12.28，12.30
戈宝权 1951：4.1，4.13，4.15

葛志成 1953：12.5；1955：12.26
龚祥瑞 1938：4.19, 4.24, 4.30, 5.19, 5.24；1939：6.25；1940：3.11, 6.4；1943：6；1951：11.20, 11.24, 11.25；1952：2.28, 2.29, 3.5, 3.19, 11.8；1955：5.11
龚自知 1938：12.28, 12.31；1939：4.5, 4.12
谷超豪 1951：3.30
顾孟余 1938：8.18；1940：2.24；1941：7；1947：11.29
顾维钧 1938：5.6, 5.9, 5.10, 5.12, 6.28, 6.30, 7.1, 7.19, 7.20
顾毓瑞 1938：4.5, 4.6
顾毓琇 1938：9.10, 9.14, 9.21, 9.22, 9.23, 12.29；1939：2.9, 2.10
关世雄 1953：4.1, 6.30, 9.18, 10.3
关淑贞 1952：2.20
关亦齐 1938：9.25, 10.4
郭斌佳 1938：11.8；1939：2.24；1943：6；1947：12.28；1948：7.9, 8.16
郭秉文 1938：6.1；1947：12.28；1948：3.2
郭德权 1938：2.11
郭骥 1938：6.18
郭沫若 1949：7.16, 10.21；1950：10.30, 11.10, 11.15, 11.16, 11.18, 12.6；1951：3.14, 4.2, 12.6；1952：7.24, 11.1；1954：3.23；1955：6.5, 7.2, 7.16, 9.12, 10.7, 10.10
郭任远 1938：1.1, 1.2
郭泰祺 1938：4.11, 4.12, 4.14, 4.15, 4.17, 4.21, 4.22, 4.24, 5.2, 5.5, 5.9, 5.12, 5.15, 5.17, 5.20, 5.21, 5.29, 6.5, 6.6, 6.8, 6.10, 6.14, 6.18, 6.20, 6.26, 6.27；1941：7；1947：12.4；1955：8.14
郭泰桢 1938：8.25
郭心崧 1939：8.22
郭有守 1947：12.13, 12.14；1948：9.21
郭玉汉 1955：12.23
郭志杰 1938：9.2, 9.4
郭子雄 1938：10.13, 10.15

H

韩念龙 1955：2.28
韩权华 1937：10.10, 11.14；1938：2.20, 3.11, 3.18；1940：2.7, 2.9, 2.10；1955：4.19
韩幽桐 1952：8.28
杭立武 1938：8.30, 8.31, 9.6, 9.16, 10.5, 10.30, 11.6；1939：2.1, 2.9, 2.24, 6.25；1947：8.4, 12.12, 12.13
郝更生 1948：9.16
何幹之 1949：8.25
何健 1938：10.29
何健华 1952：8.30
何廉 1937：12.1；1938：9.2, 9.14, 9.21；1939：2.11
何绍年 1938：10.5
何思源 1949：1.11, 1.17, 1.24
何伟 1954：8.31, 9.2
何戊双 1954：2.11
何应钦 1938：8.24
贺麟 1952：8.10
贺龙 1953：10.8；1954：1.8, 1.9, 2.14
洪深 1953：10.13；1954：1.9；1955：9.1
洪煜莲 1948：1.5, 1.10
侯德榜 1954：12.24
侯言 1951：4.10
胡刚复 1948：6.27, 6.30
胡命禔 1955：10.2, 10.30
胡乔木 1950：10.24；1955：3.15
胡绳 1950：4.29；1954：1.19
胡适 1937：9.26, 9.27, 9.28, 9.29, 9.30, 10.3, 10.6, 10.11, 10.12, 10.13, 10.14, 10.15, 10.16, 10.17, 10.21, 10.25, 10.28, 10.30, 10.31, 11.4, 11.5, 11.6, 11.8, 11.10, 11.17, 11.20, 11.21, 11.22, 12.9, 12.15, 12.22, 12.26, 12.28, 12.29；1938：1.3, 1.13, 1.24, 1.25, 2.22, 3.2, 3.10, 3.12, 3.18, 3.24, 3.30, 3.31, 4.5, 4.6, 4.11, 5.9, 6.2, 6.14, 7.19, 7.20, 7.21, 8.25, 8.30, 9.1, 9.23, 10.16, 10.26；1939：10.4, 10.26, 10.29-31, 11.1, 11.4, 11.6, 11.7, 11.9, 12.3, 12.17, 12.21；1940：1.18, 2.19；1947：9.7；1948：12.4, 12.15；1951：11.17
胡锡奎 1955：8.12

中文人名索引

胡愈之 1950：3.16；1951：9.23；1953：3.5；1955：7.8，12.12，12.31；1956：1.3
华秀升 1939：1.14
宦乡 1951：3.18，3.20，4.18；1954：8.23，10.21
黄朝琴 1937：9.26，9.27，9.28，10.2
黄华 1956：1.30，2.25
黄觉非 1951：10.23；1953：9.11；1956：5.28
黄金涛 1939：8.22
黄钰生 1938：11.13，12.24
黄开禄 1937：12.2；1938：7.18，7.22，8.16，11.7
黄琪翔 1948：11.25
黄荣德 1948：11.13，11.15
黄绍竑 1949：1.24
黄松龄 1949：6.6；1954：4.29，10.26，11.15
黄炎培 1949：4.22
黄元彬 1939：8.29

J

姬鹏飞 1951：11.15
冀朝鼎 1939：11.25，12.2；1952：4.26
冀贡泉 1949：7.3
贾潜 1952：8.19
江庸 1949：2.21
姜桂农 1950：1.1
蒋百幻 1938：6.18
蒋百里 1938：4.12，9.2
蒋碧薇 1939：2.14
蒋复璁 1938：8.31，9.13，10.1；1939：2.10，2.22，4.5；1948：9.20
蒋介石 1938：7.20，8.24，8.25，8.30，9.6，9.12，9.20，10.6，10.26，10.27，10.28，11.10；1939：2.12，2.13，2.15，2.17，2.19，2.20，2.21，6.25，9.5，9.7，9.9，9.14，9.16，9.17，9.19，10.4；1940：3.27；1943：7；1945：10；1947：9.7；1949：1.1，1.21，1.22
蒋梦麟 1938：8.18，8.19，10.13，11.13，11.14，11.17，12.1，12.7，12.17，12.19，12.25，12.29；1939：1.8，1.12，1.14，1.19，1.20，1.27，2.1，

2.9，3.12，3.26，4.10，5.3－5，5.21；1940：11.8，1943：6，1945
蒋南翔 1952：1.20
蒋硕真 1938：8.12，8.16
蒋廷黻 1938：9.1，9.2，9.4，9.14，9.20，9.21，9.26，9.30，10.6，11.10，11.14；1939：2.10，2.23，1948：7.9
蒋孝棠 1940：2.2，2.11，2.15
焦实斋 1948：12.25
解培基 1952：9.21
金伯钧 1954：12.24
金城 1951：9.24；1953：11.30，12.7；1954：2.9
金岳霖 1938：3.16，11.12，12.4，12.6，12.8，12.29；1939：8.29；1950：2.10；1951：11.11；1954：1.31；1955：3.26；1956：1.23，2.26
金仲华 1950：11.28，12.19，12.21；1953：10.26
居载春 1948：10.26

K

柯柏年 1950：1.22；1954：1.16，7.14，8.13，11.25
孔祥熙 1938：6.16，8.23，8.25，8.30，9.1，9.12，10.3，10.22，10.24，10.27，10.29，10.30，11.2，11.3，11.4，11.5，11.6；1939：2.13，3.9，9.14，9.17，11.1
孔昭锷 1954：8.28；1955：12.8；1956：3.25

L

赖若愚 1953：5.13
劳君展 1952：3.10
老舍 1938：12.8；1955：11.4
雷洁琼 1952：10.25，10.28；1953：1.13，2.26，2.27，9.4，9.9；1954：10.3；1955：4.5，9.15
雷任民 1956：2.24
雷震 1938：9.17，11.11；1939：2.24
黎功德 1954：12.24
李伯纲 1953：6.2
李木庵 1952：8.19
李楚 1955：12.24
李纯青 1955：3.24

李达 1949：7.6
李德全 1950：12.21；1954：11.30
李迪俊 1938：9.20，11.2
李方桂 1937：10.20，10.27，12.30，12.31；1938：1.2，3.17，3.18，3.27，3.28；1947：12.7，12.9，12.16，12.20，12.24，12.25；1948：1.5，1.18，1.25，1.27，2.15，2.18，2.22，3.14，3.20，3.21，3.28，4.11，4.14，4.18，4.22，4.24，5.9，5.29，6.5，6.8，6.13，6.14，8.24-25
李福曼 1954：4.2，4.4，7.5，10.1，12.4；1955：8.7，11.12；1956：2.26，4.22，7.8
李功原 1937：10.10；1939：11.8；1940：1.17
李国钦 1937：10.6，10.24；1938：3.2，9.1；1939：11.1，12.2；1947：12.5
李璜 1938：9.3；1939：2.22
李济深 1949：6.13
李继侗 1939：3.22
李乐光 1950：4.26；1952：2.17，5.14，11.10；1953：8.10；1954：11.23；1955：3.21，3.23
李立三 1949：10.29，11.3；1950：2.27，8.9
李明兴 1940：2.7；1947：11.22
李平衡 1938：5.14，5.16
李儒勉 1952：3.11
李绍昌 1940：2.8
李书华 1948：12.12
李树青 1948：9.11
李四光 1951：1.22，3.18，3.20，5.6，10.19；1952：1.15；1953：2.15，7.19；1955：2.25，2.27，3.30，5.22，10.9
李泰华 1938：5.28
李惟果 1943：6
李维汉 1949：3.17；1951：1.18；1952：12.21；1953：6.7；1954：1.26，3.24，6.4，6.5，6.10，6.11，7.2，7.3，7.7，7.27；1955：7.9；1956：3.11
李相朝 1953：11.4
李秀卿 1954：8.25，9.12，10.3，10.10，11.17；1955：4.5，5.24，5.27

李雪夏 1939：12.24
李一氓 1951：4.1，4.3，4.4，4.10；1955：7.21
李滢 1947：12.7，12.11；1948：4.2，4.4，4.8，4.16，6.27，9.1，9.3；1952：8.24；1953：2.1，7.5；1954：2.5，7.4，10.10；1955：4.25，5.8，10.21；1956：1.15，2.29，3.22，4.23，5.6，5.12
李由义 1952：3.5
李云扬 1953：2.23；1954：8.14
李芝均 1940：2.16；1947：12.30
李直士 1948：11.20，11.28；1952：9.17；1955：5.30
李仲华 1949：1.24
李子富 1953：11.5-10
李宗仁 1938：8.27；1949：1.21，1.24
廉英祥 1953：2.22
梁实秋 1938：11.2
梁思成 1938：1.26，3.11，11.12，11.14，11.18，11.27，11.29，12.4；1939：1.15；1950：2.10，6.28；1952：7.26；1953：2.1；1954：3.14，12.4；1955：2.27，8.24，10.8，10.30，12.31；1956：6.17，7.29，7.30
梁思永 1951：1.23，9.17，11.10，12.11；1953：6.6，8.28，10.2；1954：1.21，4.1，4.2，4.4，4.5，4.18，9.12
梁思庄 1955：10.8
梁希 1951：3.30，4.2，4.5
梁友松 1937：10.13；1938：3.30；1939：11.17
梁鋆立 1938：4.15，4.17，5.6；1948：5.29
梁志宏 1956：1.31
梁卓生 1950：2.16，3.3
廖承志 1950：10.31；1954：8.13，11.30，12.11
廖鲁言 1953：3.5
林安娣 1954：6.19，6.22，7.10，7.14
林彪 1948：12.13
林崇德 1937：12.2
林叠 1937：9.26；1938：2.8
林枫 1954：11.19；1955：5.19
林汉达 1953：7.25；1955：4.18

林行规　1938：3.30，4.1，4.4，4.5
林徽因　1939：1.6；1955：4.1，4.3
林家翘　1948：3.13
林筠因　1953：7.31，8.2，9.20；1954：7.25，8.16，10.10，12.18；1955：3.26，4.17，5.15，8.7，9.3，9.18，10.23，11.12，12.31；1956：2.26，4.22，5.1，5.20，6.17，6.24，7.15，7.25
林康侯　1938：6.21，6.22，6.27，7.15
林良桐　1937：10.30；1938：2.1
林琼光　1938：8.9；1952：9.29
林如意　1938：1.23，1.24
林森　1938：10.28；1939：2.21
林同济　1938：11.14，11.22
林同曜　1940：2.19
林语堂　1937：10.6，11.7，11.26；1938：2.4，5.6；1939：12.24
刘皑风　1952：11.4；1953：4.1
刘昂　1952：9.3，9.12，9.27，10.30；1953：1.30，2.21，2.24，3.19，4.29，5.2，8.29，9.5，9.14；1954：11.6，11.9，12.14；1956：2.23
刘百闵　1938：9.2
刘季陶　1938：11.4；1939：2.16
刘鼎　1952：6.7
刘敦桢　1939：8.29
刘光华　1948：11.7，11.8
刘广京　1948：9.6
刘惠之　1955：10.8
刘豁轩　1948：6.28
刘季康　1955：12.21
刘进中　1956：8.25
刘景范　1952：12.16
刘镜西　1954：10.22，10.26，10.30；1955：10.3，11.17；1956：1.18，2.26，3.3，5.20，7.23
刘错　1938：5.17，6.21，6.27，7.7，7.9，7.10；1939：3.21；1948：7.9，9.9，9.10
刘林波　1951：10.20，10.31
刘南陔　1955：12.7
刘宁一　1950：11.22,；1951：10.8；1952：5.3
刘琴五　1938：9.16

刘仁　1949：4.23；1951：2.4，5.15，11.27；1952：12.14；1956：1.17
刘少奇　1949：5.19，9.21；1950：4.29；1951：2.28，11.4；1952：9.13；1954：1.20，5.27，9.12，9.14；1956：6.22
刘师舜　1938：9.20
刘士豪　1950：3.15
刘世传　1938：4.14
刘世衡　1948：10.26；1952：7.22
刘维炽　1938：4.21，5.6
刘一凡　1952：5.29
刘驭万　1939：9.21，10.7，10.19，12.2；1940：2.16
刘裕中　1954：2.14
刘长胜　1954：1.25
刘芝明　1953：11.2
刘子久　1950：5.5，6.10，8.11，8.12；1951：1.19，11.9，11.21；1952：1.2；1953：3.13
刘尊棋　1954：9.1，9.2
柳亚子　1949：3.30；1951：11.28；1954：10.9
龙云　1939：4.12，4.18
楼邦彦　1938：4.16，4.18，4.24，4.30，5.29；1939：6.25；1940：3.11，6.4；1943：6；1951：5.8，10.4，11.8，11.24；1952：2.28，2.29，3.6，3.19，11.8；1954：6.22，7.22；1955：2.24，4.13，12.26
卢佑先　1956：3.6
鲁明　1952：3.25，4.23，10.28，12.8，12.19；1953：5.28
陆定一　1949：10.21；1950：5.4；1954：3.23
陆志韦　1949：4.15；1951：9.27
罗常培　1949：10.21；1952：1.24
罗典荣　1952：3.1
罗衡　1939：8.29
罗家伦　1938：8.31，9.11，10.5，10.18，10.19
罗静宜　1956：5.24
罗隆基　1940：9.21；1951：1.15；1953：4.6，7.31；1954：4.21，11.17；1955：4.12，5.14，5.19
罗清生　1938：10.14，10.17，10.18

罗瑞卿 1955：5.27
罗盛教 1953：10.22
罗士韦 1952：3.2
罗文幹 1938：11.14，12.1，12.19；
1939：1.2，2.9，8.29；1940：4.12
罗孝超 1947：12.12
罗应荣 1948：9.15；1951：12.17；1954：11.14

M

马大猷 1951：5.11；1952：1.22，1.24，5.5
马坚 1951：11.27，12.10，12.13
马君武 1938：11.7
马连良 1953：10.19
马如荣 1937：9.27，9.28；1939：10.28；1940：1.30，2.1；1947：11.30，12.1；1948：10.17
马叙伦 1949：10.21；1951：1.22；1952：3.9，3.10，3.12，5.10；1953：3.3，7.15
马寅初 1951：1.22，1.24，1.30，2.12，2.16，2.19，2.20，2.21，3.22，3.26，4.23，9.5，9.7，9.8，9.19，10.3，11.14，12.14，12.19，12.22；1952：1.5，1.15，1.17，1.21，1.23，1.24，3.7，4.15，4.26，4.27，4.28，5.4，5.5
毛春金 1948：5.15，6.5，6.11，6.14
毛毅候 1938：7.8
毛泽东 1945；1949：3.25，6.15，7.5，7.7，8.13，9.21，10.1；1950：6.9；1951：4.29，9.8，10.23；1952：9.30；1953：4.25，5.4；1954：6.11，9.28，10.12；1955：10.29，11.28
茅以升 1951：3.30
梅兰芳 1951：11.1；1953：10.19；1954：1.1；1955：4.14
梅贻琦 1938：9.14，9.17，9.21，9.22，11.13，11.23，11.30，12.19；1939：1.22，1.27；1940：2.28；1948：12.21，12.23
孟秋江 1951：9.23
孟实初 1938：11.4
孟宪承 1955：12.29
孟治 1937：10.6；1938：2.20；1939：12.21，12.26；1947：12.31；1948：7.8

闵刚侯 1955：5.28
缪云台 1940：9.21

N

倪绍卿 1938：10.7
聂真 1954：2.21

O

欧阳本先 1952：3.20，3.22，3.25，4.11，4.25，5.19，7.4，8.11，8.18；1953：2.24，3.13；1954：2.26
欧阳采薇 1948：9.15
欧阳钦 1953：12.17

P

潘大逵 1953：3.8
潘光旦 1940：9.21
潘汉典 1952：3.8
潘静远 1951：12.3
潘学彰 1938：1.15，1.23，1.24，2.4，2.5，2.12，2.23，2.27，3.5，3.18，3.27，4.1，4.3，4.5，4.6；1939：12.25
潘震亚 1954：12.10
潘梓年 1956：6.9
彭克诚 1948：1.1
彭涛 1951：10.13，10.28
彭学沛 1938：9.11，9.17，11.5，11.9；1939：2.10
彭泽民 1954：2.22，2.23
彭真 1949：5.7，6.3，10.29；1950：5.5，7.23，10.29，10.30；1951：10.2，10.25，11.18，12.20；1952：6.6，9.25；1953：4.29，8.25；1954：3.23，6.25，8.19，8.25，10.23，10.26，11.21；1955：5.11，7.9，7.26，8.29，9.3，10.2，10.23，11.3，11.4；1956：3.2，5.29，6.15
浦薛凤 1938：11.29，12.10；1939：2.28；1940：6.4

Q

戚寿南 1938：10.12
齐燕铭 1949：3.17；1953：9.4；1954：5.5
祁建华 1952：4.23
钱昌照 1938：9.12，9.18，10.23；1939：1.19；1949：10.17；1951：3.11，9.18，11.4，12.2；1952：10.26；1953：2.15，

2.28, 4.12, 8.30；1954：9.6；1955：10.9
钱昌祚　1938：10.11, 10.19, 10.21
钱大都　1937：12.23；1938：1.24, 2.12, 2.14, 2.16, 7.12, 9.29；1939：5.1, 9.23；1949：4.3；1951：12.31；1954：1.31, 11.7；1956：6.10
钱迪明　1938：5.13
钱端壮　1938：7.14, 7.18, 7.20
钱菊仪　1954：8.29
钱书仪　1938：1.24；1954：8.29
钱俊瑞　1949：2.28, 3.8, 7.6, 9.13；1950：10.24, 10.30, 11.9, 11.10, 12.8, 12.10；1951：1.22, 1.26, 1.29, 1.30, 2.19, 2.20, 2.21, 3.19, 3.20, 3.26, 4.20, 5.11, 5.15, 9.6, 11.2；1952：4.26, 5.3, 6.22, 7.7, 8.15, 8.20, 8.22, 9.8, 9.22, 9.24, 10.23, 11.3；1953：3.5, 9.3, 9.22
钱三强　1950：12.19
钱桐　1938：8.16
钱伟长　1956：7.31
钱允仪　1937：12.19；1938：1.31, 2.14, 2.25, 3.11, 11.25；1947：9.7, 11.12；1952：7.27；1954：8.27, 8.28, 8.29；1955：6.1, 12.8, 12.11, 12.29
钱仲兴　1938：1.24, 2.14；8.13, 11.17, 11.25, 11.29, 12.7；1939：1.13, 5.1, 9.23；1940：2.29, 3.16－18, 3.21－22；1948：12.12；1949：4.3；1951：12.31；1953：4.4；1954：9.18, 10.10；1955：3.4
钱召南　1941：10.11；1943：11；1944：1-6；1947：7.19；1948：12.1；1949：2.12, 10.23；1950：4.30, 5.21, 10.30, 12.22；1951：11.11, 11.19, 12.31；1952：1.27, 8.22, 8.24, 8.26, 8.27；1953：2.17, 3.20, 4.6, 5.1, 7.2, 7.5, 7.12, 9.19, 12.27；1954：4.4, 4.6, 6.19, 7.3, 8.24, 9.4, 9.18, 10.1, 10.10, 11.20；1955：3.19, 4.17, 5.21, 8.7, 8.14, 8.15；1956：7.25
乔冠华　1949：12.15；1951：1.31；1953：11.21；1954：9.4, 10.18

秦瓒　1938：11.14
邱熙　1949：4.23
裘开明　1939：12.4；1948：2.7
裘盛戎　1953：10.9
裘祖源　1951：10.28；1952：7.27
屈武　1954：8.18
瞿菊农　1947：12.13, 12.14

R

饶斌　1950：12.20
饶毓泰　1951：1.16, 3.22；1956：7.23
任弼时　1950：10.27, 10.30
任鸿隽　1938：12.7, 12.31
任之恭　1947：12.7, 12.15；1948：1.7, 2.9, 3.28, 4.9, 5.9, 5.20, 6.19, 6.21, 7.24, 7.30, 8.19；1956：4.5
任志清　1938：12.19
荣毅仁　1955：12.2
荣植　1956：8.19
容揆　1937：10.12
容启兆　1938：10.14, 10.18
芮沐　1951：1.22；1952：6.30, 8.5, 10.28；1953：1.13, 3.11, 3.13, 3.19, 5.22；1954：7.24, 10.22

S

邵力子　1939：2.23；1949：2.21, 4.22
邵循正　1954：2.6
沈从文　1938：11.30, 12.8
沈钧儒　1938：11.1；1939：9.14；1951：2.7, 2.20, 3.29；1952：4.9；1953：3.13, 3.30；1954：6.27；1955：9.16, 9.19, 9.30, 10.10；1956：3.9, 6.17
沈履　1938：11.13
沈守泽　1938：2.26, 3.15
沈叔平　1949：4.23
沈性元　1949：10.17；1951：3.20, 10.14；1952：8.3；1954：1.4；1955：2.27
沈雁冰　1949：10.21
盛丕华　1950：10.31
施德潜　1938：7.18
施嘉炀　1938：11.13, 11.19；1947：12.31；1948：1.7；1956：7.28
施肇基　1939：11.6
石联星　1951：3.4, 4.28；1953：5.10
时昭强　1938：12.29
史良　1950：1.16；1951：1.15, 2.7；

1952：3.14，8.31；1953：3.22；1956：3.15

司徒美堂 1955：5.9，5.10

宋庆龄 1949：9.21；1951：11.2；1956：7.6

宋硕 1952：2.17

宋子文 1938：4.14，8.19，9.12；1943：7

孙碧奇 1940：1.31；1948：11.15

孙定国 1952：11.4，11.17，11.19，12.13，12.16，12.18，12.20

孙健 1949：7.6

孙静録 1938：6.18

孙科 1938：4.14，4.21，4.24，5.5，5.6，6.7，6.10，6.14，7.1，7.18，8.20，10.1，10.6，10.22，10.24，11.1

孙乐宜 1955：12.7

孙晓村 1951：12.30；1953：9.6

孙中山 1949：9.21

T

谭葆端 1938：7.11，7.12

谭葆慎 1938：4.12

谭伯羽 1938：7.11

谭平山 1949：9.22

谭绍华 1937：10.9，10.14，11.11，11.18，11.19；1947：12.28，12.29，12.30

谭希林 1951：4.4，4.5

谭元堃 1949：10.21

谭镇黄 1948：11.22，11.23

汤用彤 1947：11.28，11.30；1949：2.28，5.18；1950：2.15，12.25，12.26；1951：1.17，1.19，1.22，1.29，1.30，2.19，2.20，3.1，3.6，3.12，3.15，3.26，4.19，5.7，9.5，9.6，9.7，9.8，9.19，12.5，12.19；1952：1.15，1.22，1.24，2.2，3.7，4.27，7.13，10.15，11.2；1954：11.22；1955：4.17，8.7

唐敖庆 1952：3.2

唐继禹 1938：12.25

唐明照 1955：9.15；1956：5.2

陶葆楷 1956：5.1

陶大镛 1951：3.12

陶和谦 1954：10.4

陶廉 1955：8.6

陶孟和 1938：12.10；1939：2.9，8.29，8.30 - 9.1，9.5；1940：4.12；1950：5.5；1951：3.9，12.2；1952：11.16；1953：4.12，5.31；1954：1.31，12.12；1955：3.28；1956：1.2

陶维大 1948：1.1，5.17，7.10

陶希晋 1950：5.17，5.19；1951：3.6，5.15，12.5；1952：6.12，7.17，8.15，9.15；1953：3.30，4.21；1956：5.17

陶希圣 1937：9.28；1938：9.2，10.26，11.2，11.6，12.17，12.19；1953：1.20，1.22

陶逸钟 1938：8.16，12.25

滕代远 1952：6.21

田家英 1954：6.10，9.20

佟铮 1951：3.3

童大维 1937：10.18

童秀明 1938：5.28

涂长望 1951：4.28

W

汪德熙 1939：1.22

汪胡桢 1954：12.24

汪精卫 1937：10.2；1938：9.2，9.3，9.26，10.3，10.6，10.22，10.26，10.28，11.4，11.8，11.10，12.2，12.19，12.20，12.30；1939：1.2，10.28；1940：1.9，2.24

汪清沦 1940：1.24

汪荣庄 1951：10.27

汪瑄 1952：1.8，2.28

汪子嵩 1950：3.13；1951：1.22，1.29，1.30，3.26，5.10，5.14，11.20

王炳南 1949：9.30

王泊生 1938：10.12

王崇植 1948：11.26

王宠惠 1938：9.4，9.20，10.29，10.31，11.3；1939：2.17；1941：7

王德芳 1938：8.27，8.30

王蒂澂 1955：4.17

王斐然 1952：4.17；1953：3.24

王赣愚 1938：11.14；1946；1948：9.2

王公弢 1938：12.2

王恭行 1937：12.1，12.18；1940：1.22，1.23

王恭守 1938：2.20；1947：12.12，12.13；1948：4.17

王国澍 1938：10.8，10.9，10.10，10.12，10.13，10.14，10.18，10.21
王海涛 1955：12.23
王鸿桢 1951：1.22，3.6；1952：1.24，2.2
王化成 1938：11.13，11.29，12.10；1939：2.28，3.30；1940：6.4
王捷侠 1949：1.11
王景春 1938：4.19，4.29，6.21，6.22
王昆仑 1952：3.10
王礼锡 1938：4.17，4.19，6.12，12.28；1939：1.4
王利器 1952：3.2，9.16
王林 1954：10.23；1955：3.17，7.7
王孟甫 1938：10.19
王润 1956：3.1
王绍垓 1947：11.28，12.1；1948：9.19
王世杰 1937：10.30；1938：2.22，3.2，3.23，3.24，4.22，5.31，6.27，7.16，8.30，8.31，9.1，9.3，9.5，9.6，9.11，9.16，9.20，9.21，9.30，10.23，11.9，12.24；1939：2.9，2.19，2.19，2.24，2.25，3.12，3.17，3.18，9.5，9.21，10.4；1941：7；1943：6,7
王世熊 1939：12.2，12.9
王世英 1953：10.26
王树端 1953：9.23
王铁崖 1938：4.16，4.18，4.24，4.30，8.13；1949：1.21，4.26；1950：3.3，4.15；1951：2.13，3.30，4.9，4.13，5.8，5.10，5.14；1952：8.8；1955：8.2，9.21
王星拱 1938：8.31，10.23，10.24
王学文 1953：9.1
王雪华 1948：1.4
王毅候 1938：10.25
王元照 1938：4.15，7.18，7.22，8.12，8.16，10.3，10.23，11.7；1939：2.23
王云五 1948：10.7
王造时 1955：12.29
王长年 1952：12.1
王正廷 1937：10.8，10.10，10.12，10.14，10.24，11.15，11.18；1938：1.5，1.8，1.31，2.8，2.20，3.30，4.14，5.6，5.28，9.1

王之诚 1952：10.27；1953：3.26
王徵 1938：8.17，8.18，8.19，8.20；1939：10.7；1940：2.16，2.24
王志华 1938：6.30
王遵明 1938：3.23
韦卓民 1937：12.21；1938：3.10，3.24，6.27；1939：4.12
卫立煌 1955：4.19
魏宝善 1956：7.27
魏璧 1938：11.13；1939：1.4；1952：3.8，3.27，7.25
魏菊峯 1938：3.18
魏璞完 1956：2.26
魏文伯 1953：7.20；1954：10.23，10.26
温寒江 1951：3.18，11.7，12.16；1952：9.21
温源宁 1938：8.20；1939：12.2；1940：2.16，2.17
文重 1952：3.12，10.15，11.2
闻一多 1946
翁文灏 1938：3.10，3.18，4.4，5.9，9.1，9.2，9.14，9.21，9.23；1939：3.12，3.18
邬越 1938：8.16
巫宝三 1937：10.19；1938：3.23；1948：2.23，2.25，6.16，6.27，9.6
吴半农 1947：11.15
吴波 1953：1.10
吴承洛 1938：9.14
吴达元 1948：1.27，5.9
吴大猷 1956：8.17，8.18
吴德峰 1956：3.10，3.12
吴鼎昌 1939：1.14，8.30-9.1，9.5
吴恩裕 1952：6.1，7.4，7.22，9.26；1953：6.3；1956：7.19
吴国桢 1938：8.21，8.23，12.29，12.30；1939：2.17
吴晗 1949：2.9，2.19，3.18，3.24，4.17，5.4，7.17，7.25，9.11；1950：5.18，10.22；1951：1.22，1.25，2.19；1952：8.1，8.20；1953：3.1，5.14，6.28，9.20；1954：9.21；1955：2.27，7.21
吴鹄飞 1940：2.19
吴景超 1938：9.10，10.26，11.7，11.9

吴开勋　1953：11.5–11.10
吴冷西　1955：4.14
吴茂荪　1950：10.22；1951：9.23，9.24；1956：7.26
吴宓　1938：11.27
吴南如　1938：7.3，7.4，7.5，7.8，7.9，7.16
吴颂皋　1938：9.20
吴惟诚　1949：2.12，4.25；1950：2.16；1952：1.15，5.14；1954：3.7，10.27；1955：8.10
吴文焘　1951：4.3
吴文藻　1947：11.15
吴宪　1954：8.30
吴秀峯　1938：5.6，5.11
吴一飞　1938：5.6，5.17，6.29，7.19
吴贻芳　1938：11.18
吴有训　1938：11.13，11.16；1948：1.17，1.18，1.25，9.23，10.21，10.26，11.5
吴玉章　1950：5.5，6.10，8.12；1952：9.7；1955：3.15，10.25
吴之椿　1951：9.26；1952：2.28，2.29，5.6，6.1，6.8；1953：2.25；1954：2.1；1956：3.3，5.28
伍俶傥　1938：8.26
伍修权　1950：12.30；1951：1.31
伍智梅　1939：8.29
伍中亚　1937：12.10
武新宇　1954：10.25
武振声　1953：1.30，2.3，2.24，2.26，3.6，3.7，3.13，3.19，4.1，4.9，4.12，4.29，5.2，5.19，6.27，7.7，7.28，8.31，9.3，9.5，9.8，9.13，9.24，12.27；1954：1.31，7.26，8.11，10.26，11.9，11.11，11.15，12.14；1955：3.8

X

奚伦　1938：8.28；1939：2.24
习仲勋　1953：6.20，9.22；1954：3.24，9.17
夏坚白　1938：7.16
夏晋麟　1938：6.29，6.30
向达　1952：11.2
肖伍　1956：8.19
萧公权　1938：10.8，10.19，10.20
萧华　1952：7.31

萧蓬　1938：11.13，11.20，11.30；1947：12.5，12.31；1948：7.9
萧三　1950：11.10；1951：4.11
萧淑芳　1938：5.7，5.9
萧淑娴　1938：5.7，5.9，5.15，7.17
萧同兹　1938：8.26
萧一山　1938：9.15
谢保樵　1938：9.14
谢济生　1938：9.13，10.7，11.2，11.7；1939：2.18，2.22
谢嘉　1938：5.10
谢觉哉　1949：5.21；1952：11.18；1954：1.23；1955：5.23
谢黎　1956：2.19
新凤霞　1953：10.6
邢丕绪　1937：12.13
熊庆来　1938：11.13，12.7
熊式一　1938：4.17
徐柏图　1938：11.3；1939：3.9，8.29
徐冰　1952：11.1；1953：12.18，12.19，12.20；1954：8.13，9.10；1955：8.9
徐传保　1938：4.12
徐道邻太太　1938：7.11，7.12，7.15，7.17；1948：11.28
徐道邻　1938：8.18；1948：11.28
徐德骥　1951：11.11；1956：3.25
徐敦璋　1952：10.15；1953：9.27；1956：6.20
徐景微　1938：4.12，12.20
徐堪　1938：10.1，11.3，11.4
徐乃乾　1953：10.2，12.27；1954：1.12，10.9
徐盼秋　1955：8.6
徐平　1951：1.22
徐寿轩　1954：4.11
徐叔谟　1938：9.20
徐维明　1938：9.16，10.27
徐新六　1938：8.17，8.26
徐荫祥　1951：10.21
徐盈　1948：12.31；1949：1.1，1.3
徐永煐　1956：7.17，7.26
徐元奉　1938：10.12，10.19
徐枬楠　1938：5.24
许宝騄　1938：6.4
许伯州　1938：7.11，7.12，7.13，7.14，

7.15，7.17
许德珩　1949：1.16，1.21，1.26，2.20，3.24；1951：1.21，3.6；1952：9.16，9.21，9.24，9.25
许和美　1940：2.25-27
许惠东　1948：12.12，12.25
许建国　1955：11.30，12.17
许立群　1951：12.26
许仕廉　1937：12.24；1938：1.23，2.5，2.23，2.27，3.5，3.16，3.30，4.3；1939：12.25
许亚芬　1948：11.29
薛谋洪　1952：1.19，3.3
薛暮桥　1954：4.20
薛农山　1938：9.15
薛祀光　1951：1.19，1.22，1.24
薛永黍　1951：12.9
薛愚　1954：12.24；1955：8.21
薛子正　1951：1.25

Y

严济慈　1938：11.14；1950：10.22；1951：5.8
严继光　1938：9.26，9.29
严景耀　1952：12.19；1953：1.13
严仁赓　1952：3.29，4.25，4.26，4.27，5.25，5.27
言慧珠　1953：10.9
阎宝航　1956：3.2
阎世增　1956：6.6
颜惠庆　1939：9.21，10.29-30，10.31，11.5，11.6，12.2，12.20，12.21，12.23
颜雅清　1938：2.11；1939：12.2
燕树棠　1938：9.1，9.11，12.8；1955：12.7
杨超　1951：9.23
杨承武　1951：4.1，4.3，4.9，4.10，4.13
杨得志　1953：10.3
杨端六　1938：11.4；1955：12.7
杨刚　1949：12.15；1952：9.22
杨公达　1938：8.24，8.29，10.23；1939：2.24，8.22
杨光泩　1938：6.29；1940：2.15
杨化南　1954：2.11
杨晦　1951：11.8；1952：5.5
杨景任　1954：2.5

杨联陞　1948：1.4，2.26，6.8，6.13，7.2，7.17，8.1，8.9，9.5，9.6，9.8
杨庆堃　1937：11.27
杨全宇　1938：10.13，10.18
杨汝金　1937：10.10，11.17；1948：9.2
杨汝金太太　1947：12.29
杨若宪　1938：10.23
杨石先　1938：12.24；1952：8.30
杨世才　1955：3.4
杨述　1955：6.7；1956：1.17
杨西昆　1948：5.16
杨西孟　1948：9.11
杨献珍　1952：10.30
杨秀峰　1953：8.3，9.9；1954：4.17，7.13
杨荫溥　1938：5.12，5.16
杨育才　1953：11.28
杨振声　1938：10.23，10.26，11.7，12.17；1939：1.7，2.9，8.29，9.5；1940：4.12；1949：4.16；1951：1.16，3.22，3.26；1952：4.15，4.16；1954：11.19；1955：5.8；1956：3.9
杨之华　1950：3.16
姚锦新　1938：7.16
叶楚梅　1950：12.21
叶公超　1939：2.6
叶剑英　1949：4.16，5.25
叶企孙　1938：11.27，12.3；1939：1.22
叶石荪　1938：10.21
叶向忠　1951：1.19
阴法鲁　1952：9.16；1956：5.20
应尚德　1937：10.8，10.14，10.24，11.11
游建文　1938：9.23；1939：11.11
于斌　1938：2.11，2.22，4.12，11.1，11.21
于伯宸　1953：11.14
于焌吉　1937：10.6，10.7，10.8，10.28；1938：1.5，1.31，2.20，3.12，4.1，4.5，4.6；1939：10.29-30，12.20
于右任　1939：2.22
于振鹏　1953：1.13；1954：3.21；1955：9.19
余家菊　1938：11.1
余竞玄　1947：12.30
余叔通　1951：1.19，2.23，4.19；1952：1.13，3.22，5.8，5.9，5.19，5.20，

557

5. 27，8. 2

俞铭传 1950：7. 23；1951：10. 8，12. 6

俞沛文 1956：8. 25

俞珊 1939：4. 9

庾恩锡 1938：11. 14，12. 9

庾维仁 1954：9. 13；1956：4. 23，5. 14，5. 21，6. 4，6. 18，7. 2

袁丕佑 1939：1. 11

袁同礼 1938：11. 14，12. 19

袁永熙 1952：5. 25

袁仲贤 1954：12. 21

云燕铭 1954：5. 2

Z

曾炳钧 1937：10. 30；1938：1. 16

曾琦 1938：9. 3

曾思玉 1953：11. 19

曾毅 1951：11. 15

曾湧泉 1951：4. 2

曾昭抡 1938：12. 8；1949：5. 9；1950：7. 23，10. 24，12. 23，12. 25，12. 26；1951：1. 22，1. 30，3. 6，5. 7，5. 11；1952：1. 7，2. 17

查阜西 1948：11. 23，11. 25

张伯谨 1939：3. 9

张伯苓 1938：9. 26；1939：2. 9，2. 18，2. 19，2. 20，2. 21

张伯勉 1938：11. 17；1955：12. 18

张勃川 1951：12. 18；1952：7. 4，8. 19，9. 2，9. 18，9. 24；1953：7. 3

张昌绍 1951：3. 30

张大中 1951：1. 30

张道行 1939：2. 25

张东泉 1938：10. 9，10. 12，10. 16

张东苏 1948：12. 18；1949：2. 20

张发奎 1948：11. 25

张国华 1951：5. 10，5. 12；1952：9. 4

张鸿舜 1952：9. 15

张慧冲 1954：7. 3

张季鸾 1938：11. 1，11. 2

张稼夫 1955：2. 25

张景文 1940：2. 19

张君励 1948：3. 1，3. 2

张澜 1954：9. 10

张力克 1955：11. 18

张迺维 1948：5. 2，6. 6，7. 1，7. 16，8. 16，9. 12-13，9. 24

张彭春 1938：2. 9，2. 10，2. 11，2. 20，2. 22，2. 26，3. 30，10. 22，10. 23，11. 2；1939：12. 2；1947：12. 3；1948：7. 8

张企泰 1938：8. 18；1939：2. 23

张乔啬 1937：10. 27

张群 1938：9. 14，9. 20，10. 22，10. 29，10. 30；1948：12. 1

张群玉 1952：7. 13

张思候 1948：5. 3，5. 4

张苏 1952：8. 30，9. 27，10. 15，11. 11；1953：1. 9，1. 30，7. 11，7. 28；1954：10. 26，11. 25，12. 10；1955：7. 26，9. 9；1956：4. 23，5. 17

张天开 1938：5. 20

张听聪 1948：7. 10

张维翰 1938：10. 22

张维桢 1953：10. 10

张慰慈 1938：6. 18，8. 16，8. 18，10. 23；1940：2. 24；1955：12. 18，12. 29

张文岑 1952：3. 7

张闻天 1950：1. 22；1955：5. 15

张西林 1939：1. 14

张奚若 1938：10. 5，10. 27，11. 12，11. 15，12. 17；1939：2. 9；1940：4. 12，6. 4，1945：10；1947：8. 4；1949：2. 8，2. 21，3. 24，6. 15，7. 17，12. 15；1950：10. 22；1951：9. 5，11. 8；1952：3. 12，4. 15，8. 1，10. 6，12. 14；1953：2. 15，4. 26，6. 14，6. 24，7. 20，9. 27，12. 31；1954：2. 8，2. 10，2. 11，3. 14，3. 23，4. 6，4. 18，5. 25，7. 4，9. 20，10. 27；1955：2. 27，2. 28，4. 2，11. 2；1956：2. 29，4. 29

张锡彤 1952：10. 28

张鑫 1952：1. 19，3. 8，6. 30，7. 11

张一麐 1938：10. 30

张友渔 1950：4. 22；1951：4. 21；1952：4. 17；1954：3. 5

张玉清 1952：7. 22

张煜 1938：1. 24

张元济 1948：11. 25

张沅长 1937：11. 27；1947：12. 1

张昭 1949：2. 21

张志让　1948：11.26；1951：3.7；1956：5.15

张忠绂　1937：10.20,10.22,10.25,10.28,11.11,11.17,11.27,12.1,12.15,12.24；1938：1.3,1.23,1.24,1.31,6.2,9.1,9.6,9.14,9.20,9.21,10.6,10.26,11.2,11.10；1939：9.19；1948：7.9

张准　1954：1.21,2.2,2.6

张紫常　1940：1.27,1.28,1.29；1947：11.28,11.29,11.30；1948：9.12－13,9.20,9.23,10.17,10.21

张宗麟　1949：5.4,5.11；1951：1.22,1.30,9.6,10.5；1952：4.26

章伯钧　1949：6.13；1953：4.6

章汉夫　1952：6.17

章乃器　1951：9.23,9.24,10.9

章士钊　1949：2.21

章廷谦　1938：11.22

章文杨　1955：12.23

赵宝煦　1952：1.21,1.22,3.6,5.25,5.26,5.27,5.29

赵德源　1938：4.20

赵访熊　1952：9.8

赵凤喈　1938：11.14

赵迺抟　1949：7.3；1950：1.16；1952：3.29,3.30

赵汝其　1947：12.6,12.31；1948：1.1,5.15,5.16,7.11

赵守愚　1938：10.8,10.12,10.19,10.20,10.21,

赵锡礼　1948：7.25

赵毅敏　1949：4.30

赵元任　1939：12.8,12.26；1947：11.29,11.30；1948：6.15,6.16,6.18,6.21,6.25,6.30,7.31,8.3,8.27,8.31,9.1,9.16,9.21,9.25,10.19,10.21

赵诏熊　1949：9.11；1950：2.10,8.14；1951：3.8；1953：7.31,8.2,9.20；1954：2.6,4.6,7.5,7.25,8.16,12.4；1955：8.7；1956：2.26,5.1,5.13,6.2,6.24,6.30,7.8,7.15,7.19,7.21,7.25

郑宝南　1938：2.20,4.6

郑华炽　1952：3.10

郑森禹　1956：1.23,1.30,2.23

郑绍文　1956：7.2

郑天葆　1955：12.7

郑振铎　1952：9.7

钟昭华　1948：10.26

周炳琳　1938：9.1,9.11,9.14；1939：1.12,1.15,1.19,1.27,2.1,2.16,2.24,9.4,9.5；1940：4.12；1945：10；1947：8.4；1948：12.25；1949：3.3；1950：1.16；1952：1.30,2.11,2.24,2.25,2.27,3.7,3.8,3.10,3.11,3.12,3.27,3.31,4.6,4.8,4.10,4.11,4.12,4.14,4.15,4.16,4.18,4.21,4.22,4.23,6.1,6.6,6.20,7.25,7.27,7.30,10.28,11.2

周典礼　1938：7.8

周恩来　1949：4.17,4.21,5.5,5.9,6.5,6.14,7.5,7.14,7.16,8.13,9.22,12.15；1950：3.16,5.23,6.9,8.8,10.29,11.18,12.27；1951：3.18,3.29,4.4,4.6,9.29,10.23,11.1；1952：3.12,12.1,12.2；1953：1.12,3.5,5.10,6.4；1954：3.20,7.6,7.8,8.12,8.15,8.16,8.24,9.29,10.2,10.4,10.18,10.19,10.20,12.2；1955：3.10,4.6,5.7,5.13,5.18,5.19,5.27,6.7,7.25,8.8,9.27,9.29,10.2,10.8,10.22,10.27,11.14,11.15,11.25；1956：1.29,1.30,3.4,3.28,4.27,4.30,5.12,5.19,5.30,6.28,7.1,7.6,7.14,7.25

周而复　1955：12.21

周佛海　1938：12.7,12.17,12.19

周鲠生　1938：8.31,9.3,9.6,9.11,9.12,10.28,11.2,11.6,11.8；1939：2.9,9.4,9.5,9.21,10.4,10.7,10.19,10.29-30,11.1,11.6,11.10,11.11,11.15,11.21,11.22,12.2,12.4,12.13,12.17,12.21,12.26,12.27,12.31；1940：1.5,1.17；1954：6.9,6.10,6.24,9.20

周光召　1954：12.24

周慧泉　1937：12.10
周纪荣　1948：12.13，12.14
周南　1954：12.24；1955：8.21
周培源　1938：11.13，11.14，11.27，12.4，12.6；1939：3.22；1949：1.25，7.25；1950：9.3，12.8
周仁　1952：3.1，3.19，8.26，12.15
周如松　1938：4.16，4.18，4.23，5.29，6.24，6.26
周世逑　1937：10.16；1939：12.4；1940：6.4；1948：11.20
周世正　1938：7.22，8.16
周象贤　1938：8.19
周信芳　1951：11.1；1953：10.24；1955：4.14
周扬　1949：4.11，4.15，5.4，5.17，6.3，6.6
周诒春　1939：8.30-9.1；1951：1.22
周作仁　1938：11.14
朱德　1949：7.7，7.14，7.16，7.23，8.13；1954：1.1，2.20；1956：2.3-2.7

朱光　1955：12.5
朱光潜　1952：3.29，4.2，4.9，4.10，7.11
朱继荣　1948：8.6
朱继圣　1948：5.3
朱家骅　1938：3.23，4.4，4.22，7.16，8.21，8.22，8.26，10.25，11.8，11.11；1939：2.10，2.21，2.23，3.12；1943：6
朱懋澄　1938：1.3，1.4
朱其文　1955：6.8，9.20；1956：2.24
朱奇武　1953：4.4
朱驭欧　1955：7.19
竺可桢　1950：5.5；1951：3.25
祝钦琡　1951：5.5；1953：6.21；1954：3.14，11.14；1955：10.2
卓还来　1938：8.12，8.13
邹秉文　1938：11.3
邹谠　1948：9.11
邹德慈　1953：7.6
邹和　1948：9.9
左舜生　1938：9.3，11.1

外文人名索引

A

A. T. Steele［A. T. 斯蒂尔］　　1948：12.19

A. L. Polland Urpuhart［吴可读］　　1938：12.15

A. T. Steele［A. T. 斯蒂尔］　　1948：12.1

Abbott Lawrence Lowell［阿伯特·劳伦斯·洛厄尔］　　1937：10.19，11.20；1939：12.5

Adolph Berle［阿道夫·伯利］　　1938：2.12

Albert Bushnell Hart［阿尔伯特·布什内尔·哈特］　　1938：6.24

Albert Coady Wedemeyer［阿尔伯特·科蒂·魏德迈］　　1947：8.4，9.7

Albert Ravenholts［阿尔伯特·雷文霍特］　　1947：12.10；1948：2.6，2.28，3.2，3.6，3.12，3.15，3.30，4.6，4.15，5.25，5.30，6.2，6.7，11.28

Albert Victor Alexander［艾伯特·维克多·亚历山大］　　1938：6.1，6.2

Alexander Alexandrovich Fadeyev［亚历山大·亚历山大罗维奇·法捷耶夫］　　1950：11.17

Alexander Klemin［亚历山大·克莱明］　　1938：3.18

Alexander M. Samarin［亚历山大·M. 萨马凌］　　1956：8.2

Alfred E. Cohn［阿尔弗雷德·E. 科恩］　　1937：10.28

Alfred Fabre Luce［阿尔弗雷德·法布尔·卢斯］　　1939：4.5，4.9

Alfred Lunt［阿尔弗雷德·朗特］　　1937：12.27

Ali Sastroamidjojo［阿里·沙斯特罗阿米佐约］　　1955：5.26，5.27

Allen B. Crow［艾伦·B. 克劳］　　1937：11.29

Allen T. Klots［艾伦·T. 克劳茨］　　1937：11.6；1938：2.14

Ambrogio Donney［安布劳热·多尼尼］　　1954：10.27，11.3，11.4，11.5

André Léon Blum［安德烈·莱昂·布鲁姆］　　1938：6.30

André Touzet［安德烈·图泽特］　　1938：7.21

Andrew H. Woods［安德鲁·H. 伍兹］　　1937：12.13

Aneurin Bevan［安奈林·比万］　　1954：8.14，8.15，8.16，8.30

Anna May Wong［黄柳霜］　　1940：1.28

Anna William［安娜·威廉］　　1948：6.22

561

Anne D. E. Pratt［安妮·D. E. 普拉特（安德）］	1948：1. 24，3. 30，5. 24，6. 3，6. 12，6. 16，6. 22，6. 26，7. 2，7. 13，7. 21，7. 22，8. 23，8. 26，8. 28，8. 29，8. 30，8. 31，9. 3，9. 4，9. 5，9. 6，9. 7，9. 23，10. 20，10. 21；1949：1. 4，2. 24，9. 28，9. 30
Archibald Clark Kerr［阿奇博尔德·克拉克·卡尔］	1939：4. 18；1947：12. 30
Archibald MacLeish［阿奇博尔德·麦克利什］	1937：10. 27；1939：11. 15
Archibald Sinclair［阿奇博尔德·辛克莱］	1938：6. 16；1939：3. 6，12. 27
Arnold Joseph Toynbee［阿诺德·约瑟夫·汤因比］	1938：6. 16
Arthur Caffer［亚瑟·卡富尔］	1937：11. 18
Arthur Capper［亚瑟·卡珀］	1937：12. 15
Arthur Clegg［亚瑟·克莱格］	1938：4. 19
Arthur Doak Barnett［阿瑟·多克·巴乃特（鲍大可）］	1948：12. 21；1949：1. 26，2. 11
Arthur E. Wood［亚瑟·E. 伍德］	1937：11. 27
Arthur Menzies［明明德］	1948：9. 10
Arthur Neville Chamberlain［亚瑟·内维尔·张伯伦］	1938：4. 20，4. 21
Arthur N. Holcombe［亚瑟·N. 何尔康］	1937：10. 16，10. 18，11. 20，11. 21，11. 22，11. 25；1938：3. 1，3. 21，3. 23；1939：12. 4，12. 5，12. 30；1940：1. 5；1947：12. 7，12. 8，12. 9；1948：2. 25，3. 2，5. 12，7. 13，9. 4；1956：8. 11
Arthur S. Flemming［亚瑟·S. 弗莱明］	1937：10. 13；1940：1. 15
Arthur Salter［亚瑟·索尔特］	1938：3. 30，5. 4
Arthur Schlesinger, Jr.［小亚瑟·施莱辛格］	1948：1. 25，2. 8，11. 5
Arthur W. MacMahon［亚瑟·W. 麦克马洪］	1947：12. 30
Askarov［阿斯凯洛夫］	1950：6. 3，7. 21
Askarov［阿斯凯洛夫］	1950：6. 3，7. 21
Augustus Noble Hand［奥古斯都·诺布尔·汉德］	1937：10. 27

B

B. L. Kishore［B. L. 吉索尔］	1952：10. 3，10. 10；1955：9. 30
B. Preston Schoyer［B. 普勒斯顿·斯科耶］	1938：3. 17
Ben Tillett［本杰明·蒂利特］	1938：6. 10
Benjamin F. Shambaugh［本杰明·F. 香博］	1937：12. 13
Benjamin S. Welles［本杰明·S. 威尔斯］	1939：11. 7
Bernice Cannon［柏妮丝·坎农］	1948：1. 29，4. 28
Bernice Kammler［柏妮丝·卡姆勒］	1948：5. 15

Bill Dummond ［比尔·杜乐武］　　　　　1948：12.15；1949：1.2
Bill Holland ［比尔·霍兰德］　　　　　1947：12.3；1948：5.12，5.17
Bob Scalapino ［鲍勃·斯卡拉皮诺］　　　1948：1.10，2.29，3.30，4.1，6.29，7.29
Bob Shapley ［鲍勃·夏普利］　　　　　1948：4.30，5.13，6.10
Bolestaw Bierut ［波莱斯瓦夫·贝鲁特］　1950：11.22；1954：9.28
Bougniet ［波依耶］　　　　　　　　　1956：5.8，5.10，5.19，5.20
Bruce Bliven ［布鲁斯·卜理文］　　　　1937：10.28，11.10；1939：12.22

C

C. F. Remer ［C. F. 雷麦］　　　　　　1937：11.28
Camille Chautemps ［卡米耶·肖当］　　 1938：7.1
Camille Huysmans ［卡米勒·胡斯曼］　　1956：2.10
Carl Eichelberger ［卡尔·阿奇伯格］　　1938：7.7；1939：12.23
Carl J. Friedrich ［卡尔·J. 弗里德里希］ 1938：3.23
Carl Whiting Bishop ［毕安祺］　　　　1940：1.4
Carroll Binder ［卡罗尔·宾德］　　　　1937：12.18；1940：1.19
Carter Glass ［卡特·格拉斯］　　　　　1937：11.17
Charles B. Cheney ［查尔斯·B. 切尼］　 1937：12.7
Charles B. Lipman ［查尔斯·B. 李普曼］ 1937：9.30
Charles Burns ［查尔斯·伯恩斯］　　　 1937：12.11，12.12
Charles Culp Burlingham ［查尔斯·卡尔普·伯林厄姆］　　　　　　　　　　　　 1937：10.25；1939：12.26
Charles Easton Rothwell ［查尔斯·伊斯顿·罗思韦尔］　　　　　　　　　　　　 1948：9.22
Charles F. Edmundson ［查尔斯·F. 埃德蒙森］　　　　　　　　　　　　　　　1937：12.17
Charles H. Fahs ［查尔斯·H. 法斯］　　1939：12.2
Charles Howard McIlwain ［查尔斯·霍华德·麦基文］　　　　　　　　　　　　 1937：10.19
Charles Judd ［查尔斯·贾德］　　　　　1955：9.21
Charles Kingsley Webster ［查尔斯·金斯利·韦伯斯特］　　　　　　　　　　　 1938：4.26
Charles Merz ［查尔斯·梅兹］　　　　　1937：10.27，11.5；1939：12.21
Charles Ross ［查尔斯·罗斯］　　　　　1937：12.17；1939：11.17；1940：1.15
Charles Stillman ［查尔斯·斯蒂尔曼］　 1948：10.1
Charles Tower ［查尔斯·托沃］　　　　 1938：4.21，5.30
Charles Vernon Oldfield Bartlett ［查尔斯·弗农·欧菲尔德·巴特利特］　　　　 1938：6.21
Charles West ［查尔斯·韦斯特］　　　　1937：10.12，10.13
Charles William Elliot ［查尔斯·威廉·艾略特］　　　　　　　　　　　　　　1937：11.21

Chatur Narain Malaviya［查图尔·纳拉莫·马拉维亚］　1952：9.27，10.3，10.20

Chester H. Rowell［切斯特·H. 罗威尔］　1937：9.27，10.3；1939：10.27

Christopher Rand［克里斯多夫·兰德］　1948：7.29，7.30

Chukonov［楚贡诺夫］　1955：8.25，8.27，9.14

Clarence M. Dykstra［克拉伦斯·M. 戴师德］　1937：12.3

Clarence Stein［克拉伦斯·斯坦因］　1938：3.11，3.22

Claude Lévi-Strauss［克劳德·列维-施特劳斯］　1938：4.2

Clifford Odets［克利福德·奥德茨］　1937：12.25

Cordell Hull［科德尔·赫尔］　1937：10.14

Cyrus S. Eaton［赛勒斯·S. 伊顿］　1956：7.27，8.2，8.3，8.9，8.10

采猪俣浩三　1955：11.26，11.29

D

D. E. Cass［D. E. 卡斯］　1948：3.6

D. M. Register［D. M. 罗吉斯特］　1937：12.11

Daisy Margaret［黛西·玛格丽特］　1938：2.4，2.5，2.12，2.27

Daniel W. Hoan［丹尼尔·W. 霍安］　1937：12.2；1940：1.20

David J. Lewis［戴维·J. 刘易斯］　1937：11.15，11.19

David Solvash［戴维·索瓦石］　1947：12.8

Dekkers［迪凯］　1956：5.8，5.10，5.31

Del Vayo［德尔·瓦约］　1938：5.13

Denis Nowell Pritt［丹尼斯·诺·普里特］　1955：8.2，8.3，8.4，8.6，9.15，9.16，9.18，9.19，9.20，9.22，9.23，9.24，9.25，9.26，9.27，10.3，10.5，10.8，10.9，10.10，10.11，11.3

Denisov［杰尼索夫］　1950：11.29

Dick H. Black［迪克·H. 布莱克］　1947：11.22；1948：10.26

Dick Smith［迪克·史密斯］　1937：12.16

Dixon Ryan Fox［迪克森·瑞恩·福斯］　1938：3.10

Dolly Tyler［杜利·泰勒］　1937：12.27，12.29；1938：1.7，1.13，2.3，2.17，3.11，3.17，3.19，4.4

Donald C. McKay［唐纳德·C. 麦凯］　1938：3.30；1947：12.8；1948：1.15

Dorothy Borg［多萝西·博格］　1948：11.21，11.22

Dudley D. Braham［达德利·D. 布雷厄姆］　1938：4.20，6.8

Duncan［邓肯］　1937：12.16

大野【幸一】　1955：11.17

德古今　1955：11.16

E

E. M. House［E. M. 豪斯］	1937：11.8
E. T. Towne［E. T. 汤恩］	1937：12.8, 12.9
Edgar J. Tarr［埃德加・J. 塔尔］	1939：11.27, 12.2；1948：9.10
Edith Summerskill［埃迪斯・萨末斯基尔］	1954：8.29, 8.30
Edmund Clubb［埃德蒙・柯乐博］	1948：12.15, 12.20
Edward Baster［Bakster］［爱德华・巴克斯特］	1952：10.18
Edward Carter［爱德华・卡特］	1937：10.25；1939：11.7
Edward Manico Gull［爱德华・曼尼科・格尔］	1938：4.20, 4.21, 6.20, 6.23
Edwin O. Reischauer［埃德温・O. 赖肖尔］	1948：3.26, 7.24, 7.30
Eileen Power［艾琳・鲍尔］	1938：4.26, 6.24
Elbert Duncan Thomas［埃尔伯特・邓肯・托马斯］	1940：1.5
Emma Corstvet［艾玛・考斯特弗特］	1938：1.6, 2.20, 3.5, 4.28；1940：1.9；1948：1.1, 3.2, 5.14, 5.15, 5.16
Ernest Richar Hughes［修中诚］	1948：2.27
Ernest Schmitz［厄内斯特・施米茨］	1938：7.13, 7.15
Étienne Dennery［艾迪安・丹纳里］	1938：6.29, 7.1

F

Felix Frankfurter［菲利克斯・弗兰克福特］	1937：10.19, 10.26, 11.12, 11.20, 11.22；1938：1.28, 3.21, 3.22；1939：11.21
Felix Morley［菲利克斯・莫莱］	1937：10.13, 11.13, 11.15；1940：1.17
Ferdinand Diedrich Lessing［费迪南・迪德里奇・莱辛］	1937：9.30
Finlay Mcken Zie［芬雷・马肯辑］	1952：10.18, 10.28
Frances Farmer［弗朗西丝・法默］	1937：12.25
Frances Perkins［弗朗西斯・珀金斯］	1948：2.8
Francis B. Sayre［弗兰西斯・B. 赛尔］	1937：10.14；1940：2.15
Francis M. Dawson［弗朗西斯・M. 道森］	1937：12.13
Frank Cyrie James［弗兰克・西里尔・詹姆斯］	1956：8.16, 8.17
Frank E. Figgures［弗兰克・E. 菲格雷斯］	1938：5.25
Frank J. Hartley［弗兰克・J. 哈特里］	1956：5.2, 5.3
Frank M. Russell［弗兰克・M. 拉塞尔］	1948：10.20
Frank Murphy［弗兰克・墨菲］	1937：12.1；1939：11.22
Frank R. Scott［弗兰克・R. 斯考特］	1948：9.8
Frank Ross McCoy［弗兰克・罗斯・麦考伊］	1939：12.2
Franklin Roosevelt［富兰克林・罗斯福］	1937：9.28, 10.6, 10.12, 11.10, 12.1；1948：11.3
Fred Gaertner, Jr.［小弗雷德・盖特纳］	1937：11.29

Fred Garwin［弗雷德·高尔温］	1948：12.19
Frederic Austin Ogg［弗里德里克·奥斯汀·奥格］	1937：12.3
Frédéric Dahlmann［弗里德里克·达尔曼］	1956：2.12，2.15，2.18
Frederich Burkhardt［弗莱德里希·伯克哈特］	1948：4.20
Frederick Brown［弗里德里克·布朗］	1938：4.28，6.25
Frederick V. Field［弗雷德里克·V. 菲尔德］	1937：9.28；1938：2.26；1939：11.7，12.13
Friedrich Adam von Trott Zu Solz［弗里得里希·亚当·冯·特罗特·祖·索尔兹］	1939：12.2

G

G. M. Gillette［G. M. 杰莱特］	1937：12.8，12.9
Gail Smith［盖尔·史密斯］	1956：8.13
Gandi［甘地］	1940：1.13；1948：1.30
General Gilmore［吉尔默将军］	1937：10.1
George A. Morison［乔治·A. 莫里森］	1937：12.2；1940：1.19，1.20
George H. Danton［乔治·H. 丹唐］	1938：3.9，3.10；1948：7.24，7.30
George Hubbard Blakeslee［乔治·哈伯德·布莱克斯利］	1937：10.16；1939：11.23
George S. Messer-Smith［乔治·S. 梅塞尔-史密斯］	1939：11.7
George Soule，Jr.［小乔治·苏勒］	1938：2.5
George T. Cameron［乔治·T. 卡梅伦］	1937：10.4
George W. Norris［乔治·W. 诺里斯］	1937：11.17；1938：2.12
Gerald P. Nye［杰拉尔德·P. 奈伊］	1937：11.12，11.16，11.17
Gerald S. Nollen［杰拉尔德·S. 诺龙］	1937：12.12
Gilbert Murray［吉尔伯特·默里］	1938：4.22，6.16
Golete［戈莱特］	1956：2.10
Govind Sahai［高文德·萨海］	1952：10.12
Graham Stuart［格林厄姆·斯图尔特］	1948：9.22
Greta Garbo［葛丽泰·嘉宝］	1937：11.6
Gustavus D. Pope［古斯塔夫斯·D. 波普］	1937：11.29；1938：6.25

H

H. N. Fieldhouse［H. N. 菲尔德豪斯］	1956：8.2，8.3，8.15
Haile Selassie I［海尔·塞拉西一世］	1938：5.12
Hans Kelsen［汉斯·凯尔森］	1947：12.1
Harold E. Wood［哈罗德·E. 伍德］	1937：12.7
Harold George Nicolson［哈罗德·乔治·尼克尔森］	1938：6.15

Harold Glenn Moulton ［哈罗德·格伦·莫尔顿］　　1937：10.13；1938：3.30；1939：11.21
Harold Joseph Laski ［哈罗德·约瑟夫·拉斯基］　　1938：3.22，5.2，5.31，6.2；1948：11.5
Harold S. Quigley ［哈罗德·S. 魁格雷，又名　　1937：12.5，12.6，12.7
　桂克礼］
Harold Temperley ［哈罗德·坦珀利］　　1938：5.24，6.14，6.15
Harry Ervin Yarnell ［哈里·欧文·亚内尔］　　1939：12.2
Harry M. Robinson ［哈利·M. 罗宾逊］　　1937：11.29，11.30
Harry S. Truman ［哈里·S. 杜鲁门］　　1948：11.3；1950：6.29
Harvey Ingham ［哈维·英厄姆］　　1937：12.11
Heinrich Brandweiner ［海因里希·布兰德魏纳］　　1952：4.3，5.3，5.4，5.8，5.9
Heinrich Bruning ［海因里希·布鲁宁］　　1937：11.20
Helen Cannon ［海伦·卡农］　　1937：12.29
Helman B. Wells ［赫尔曼·B. 威尔斯］　　1940：1.19
Henri Philippe Pétain ［亨利·菲利普·贝当］　　1940：6.17
Henry A. Atkinson ［亨利·A. 阿特金森］　　1937：11.4
Henry A. Yeomans ［亨利·A. 约曼斯］　　1937：10.18；1938：3.22；1939：12.4
Henry Lews Stimson ［亨利·刘易斯·史汀生］　　1937：10.16，10.21，11.6；1938：2.14；
　　1940：1.13
Henry Steele Commager ［亨利·斯蒂尔·康马杰］　　1948：11.5
Henry W. Holmes ［亨利·W. 霍姆斯］　　1947：12.13
Herbert Clark Hoover ［赫伯特·克拉克·胡佛］　　1937：10.16
Herbert Feis ［赫伯特·菲斯］　　1937：11.12
Herbert George Wells ［赫伯特·乔治·威尔斯］　　1938：4.24
Herbert L. Lewis ［赫伯特·L. 刘易斯］　　1937：12.7
Herbert Stanley Morrison ［赫伯特·斯坦利·　　1938：6.3
　莫里森］
Hermann F. Frankel ［赫曼尔·F. 弗兰克尔］　　1948：10.10
Hermann Scherchen ［赫尔曼·舍尔兴］　　1938：6.20，6.21
Hiram Warren Johnson ［海勒姆·沃伦·约翰逊］　　1937：9.29
Hitler ［希特勒］　　1937：11.5；1938：6.1，7.13
Homer Harvey ［荷马·哈维］　　1937：11.30
Huger W. Jervey ［休格·W. 杰尔维］　　1938：3.25
Humphrey Trevelyan ［杜维廉］　　1954：8.24，11.23

I

Ida Pruitt ［艾达·普鲁伊特］　　1938：2.13，3.11
Iris ［赵如兰］　　1947：12.7，12.11，12.14；1948：1.11，
　　1.23，4.8，7.13；1956：8.11

ILya Grigoryevich Ehrenbury［伊利亚·格里戈　　1850：11.18
里耶维奇·爱伦堡］
Israel Epstein［伊斯雷尔·爱泼斯坦］　　　　1952：7.30
Ivison S. Macadam［艾维森·S.麦克亚当］　　1938：4.26
Ivor Montagu［艾弗·蒙塔古］　　　　　　　1951：4.11

J

Jacobo Arbenz Guzmán［哈科沃·阿本斯·古斯曼］　1956：7.11，7.12
James Basten［詹姆斯·巴斯特］　　　　　　1956：8.9
James Bryant Conant［詹姆斯·布莱恩特·柯　　1937：10.19；1948：5.2
南特］
James G. McDonald［詹姆士·G.麦克唐纳］　　1937：10.31
James G. Shotwell［詹姆斯·G.肖特维尔］　　1937：11.9
James Gareth Endicott［文幼章］　　　　　　1952：2.21
James Garfield Gardiner［詹姆斯·加菲尔德·　　1956：8.17
加迪纳］
James Griffiths［詹姆士·格里菲斯］　　　　　1938：6.1
James K. Pollock［詹姆斯·K.波洛克］　　　　1937：11.27
James M. Landis［詹姆斯·M.兰蒂斯］　　　　1937：10.18，11.20；1939：12.5
James P. Pope［詹姆斯·P.蒲柏］　　　　　　1937：11.17
Jane Lybland［简·利伯兰］　　　　　　　　1937：11.17
Jawaharlal Nehru［贾瓦哈拉尔·尼赫鲁］　　　1939：8.22；1954：10.18，10.19，10.20，
　　　　　　　　　　　　　　　　　　　　10.23，10.27
Jean Deguent［让·德刚］　　　　　　　　　1956：2.15，2.18，4.26，5.2
Jean Frédéric Joliot-Curie［让·弗雷德里克·　　1950：11.16，11.17
约里奥-居里］
Jean Lapierre［让·拉皮埃尔］　　　　　　　1956：8.2，8.8
Jean Lyon［琼·莱昂斯］　　　　　　　　　　1949.1.25，2.11
Jean Terfve［让·德孚］　　　　　　　　　　1956：2.17
Jean Rouvier［让·鲁维埃］　　　　　　　　1939：4.9
Jefferson Jones［杰弗逊·琼斯］　　　　　　　1937：12.6，12.7
Jerome Green［杰罗姆·格林］　　　　　　　1937：10.21；1939：12.2；1940：1.18
Jesse S. Reeves［杰西·S.里弗斯］　　　　　　1937：11.27
Jim Burke［吉姆·柏克］　　　　　　　　　　1948：12.19；1949.1.25
John Arthur Ransome Marriott［约翰·亚瑟·　　1938：6.24
兰塞姆·马里奥特］
John Bell Condliffe［约翰·贝尔·康德利弗］　　1939：12.2；1940：1.31
John Davison Rockefeller, Jr.［小约翰·戴维森·　　1939：11.26
洛克菲勒］

外文人名索引

John Duncan Spaeth ［约翰·邓肯·斯佩思］	1937：12.16
John Fais Lamles ［约翰·费斯·兰勒斯］	1937：10.17
John K. Fairbank ［费正清］	1937：10.19，11.20，12.23，12.24，12.25，12.27；1938：1.26，1.29，3.19，3.20；1947：12.6，12.7，12.11，12.12，12.14；1948：1.3，1.8，1.17，1.29，2.4，2.10，2.15，2.20，2.22，2.23，2.28，4.12，4.19，4.20，4.28，4.29，4.30，5.6，5.12，5.13，5.18，5.23，6.1，7.12，7.29，8.9，8.14，8.20，8.26，8.28，9.7，9.8，10.6；1956：8.13
John Lionberger Davis ［约翰·莱昂伯格·戴维斯］	1937：12.17
John Lossing Buck ［卜凯］	1938：10.25
John M. Gaus ［约翰·M. 高斯］	1937：12.3
John Marshall ［约翰·马歇尔］	1956：8.2
John M. Maki ［约翰·M. 真希］	1948：3.23
John Thomas Pratt ［约翰·托马斯·普拉特］	1938：4.20
John Wesley Dafoe ［约翰·卫斯理·达福］	1939：12.2
Jorge Amado ［若热·亚马多］	1952：2.7
Joseph M. James ［约瑟夫·M. 詹姆斯］	1937：10.14；1939：11.9
Joseph P. Chamberlain ［约瑟夫·P. 张伯伦］	1938：3.25
Joseph Ralston Hayden ［约瑟夫·罗尔斯顿·海登］	1937：11.27
Julean Herbert Arnold ［朱利安·赫伯特·阿诺德］	1938：4.1
Julius Goebel, Jr. ［小朱利叶斯·戈贝尔］	1938：2.12
吉利罗娃 ［克侬里洛娃］	1955：8.26，8.27
金日成	1953：10.25，11.3；1954：9.28
鸠山	1955：11.26
久原房之助	1955：8.21

K

Karl Bünger ［卡尔·宾格］	1938：7.15
Karl N. Llewellyn ［卡尔·N. 卢埃林］	1938：1.6，1.13，1.21，2.12，3.12，3.25，4.2；1939：11.1，12.22，12.23；1947：12.5；1948：1.1，1.16
Karl T. Compton ［卡尔·T. 康普顿］	1937：10.18
Katayama Tetsu ［片山哲］	1955：11.9，11.10，11.13，11.15，11.16，11.17，11.19，11.20，11.21，11.22，11.23，11.24，11.28，11.30，12.1，12.4，12.5，12.6
Katherine Cornell ［凯瑟琳·康奈尔］	1948：4.17
Kavalam Madhava Panikkar ［潘尼迦］	1952：6.16

569

Kenneth William Murray Pickthorn［肯尼斯·威廉·默里·皮克索恩］	1938：6.27
Key Pittman［基·皮特曼］	1937：11.12，11.17，11.19；1938：2.10，3.31；1940：1.11
Khalifah［哈里发］	1938：5.14
Kinsley Martin［金斯利·马丁］	1938：5.31
Knight Biggerstaff［毕乃德］	1948：7.20

L

Langdon Warner［兰登·沃纳尔］	1937：10.18
Laurence Olivier［劳伦斯·奥利弗］	1938：5.20；1948：8.30
Lauriston Sharp［劳斯顿·夏普］	1948：2.4
Lawrence Salisbury［劳伦斯·索尔兹伯利］	1937：10.2；1947：12.3
Lebedeva Holender［莱贝德娃·荷朗德］	1956：2.15，2.16，2.17
Leo Kohn［柯恩］	1956：8.2，8.6，8.10
Lilian Taylor［莉莲·泰勒］	1938：1.6，1.9，1.13，1.15，2.2，2.15，2.19，2.24，3.5，3.12，3.13，4.2；1948：1.1，3.15
Lindsay Rogers［琳赛·罗杰斯］	1937：10.29；1948：5.17
Lothian Small［洛锡安·斯莫尔］	1938：5.15，7.9
Louis D. Brandeis［路易斯·D.布兰代斯］	1937：11.16
Louis Douglas［路易斯·道格拉斯］	1937：12.28
Ludwik Witold Rajchman［路德维克·维托尔德·拉西曼］	1938：5.13，5.16
Luganets Orelsky［卢干兹·奥尔斯基］	1938：10.29
Lynn Fontanne［琳·芳丹］	1937：12.27
Lynn J. Frazier［利恩·J.弗雷泽］	1937：11.12；1940：1.11
赖嘉文	1954：12.22
鲁涅夫	1953：6.26

M

Merle Fainsod［梅尔·芬索德］	1947：12.8；1948：1.13
M. Heibor［M.埃贝尔］	1956：2.9
MacArthur［麦克阿瑟］	1951：4.11
Majid Khadduri［马吉德·克铎利］	1956：8.4，8.9
Manley O. Hudson［曼利·O.哈德森］	1937：11.20；1938：3.23
Marco Morrow［马尔科·莫罗］	1937：12.15
Marian Cannon［玛丽安·坎农］	1937：11.21；1938：1.7，1.29
Marius Moutet［马吕斯·穆特］	1938：7.1

外文人名索引

Marjorie［玛乔丽］	1948：3.12，3.15，11.27，12.1，12.2
Martha Henderson Coolidge［玛莎·亨德森·柯立芝］	1948：1.21，1.24
Mary C. Wright［玛丽·C. 莱特］	1948：9.19，9.20，10.10
Matsuoka［松冈洋右］	1937：11.17
Max Lerner［马科斯·伦纳尔］	1937：10.26；1939：12.9
Max Wellington Babb, Sr.［老马克斯·威灵顿·巴布］	1940：1.20
Maxim Maximovich Litvinov［马克西姆·马克西莫维奇·李维诺夫］	1938：5.10，5.11，5.12，5.14
Maxwell Anderson［马克斯韦尔·安德森］	1939：12.9
Maxwell M. Hamilton［麦克斯韦·M. 汉密尔顿］	1937：10.11，11.18；1938：3.30
Merle Fainsod［梅尔·芬索德］	1947：12.8；1948：1.13
Michael Lindsay［林迈可］	1954：8.10，8.12
Mildred Parten［米尔德里德·帕滕］	1940：1.9，1.16
Miss Charlotte Tyler［夏绿蒂·泰勒小姐］	1937：11.20，11.21
Miss Neilan［尼兰小姐］	1952：10.19
Mme. Emilienne Brunfaut［艾米莉安·勃朗福夫人］	1956：2.17，2.18
Mme. Eugénie Cotton［欧仁妮·戈登夫人］	1955：5.28
Mme. Isabelle Blume［伊莎贝丽·布伦姆夫人］	1955：9.19；1956：2.9，2.10，2.11，2.13
Mme. Marthe Huysmans Deguent［德刚夫人］	1956：2.13
Monroe E. Deutsch［门罗·E. 多伊奇］	1937：9.30
Morgan Philips［摩根·菲利普斯］	1954：8.14，8.15，8.23，8.25，8.26
Morris Sheppard［莫里森·谢泼德］	1937：11.18；1940：1.4
Mozart［莫扎特］	1938：6.6
Mrs. Douglas Bond［道格拉斯·邦德夫人］	1937：12.29
Mrs. Gardener［加德纳夫人］	1952：10.18，11.15
Mrs. George E. Black［乔治·E. 布莱克夫人］	1937：12.10
Mrs. Pritt［普里特夫人］	1955：9.21
Muffy［墨菲］	1948：3.30，4.25，5.30，6.12，9.6
Myron Gilmore［麦伦·吉尔摩］	1938：1.29
梅农	1955：5.19

N

Nan Green［南·格林］	1954：12.20
Napoleon［拿破仑］	1937：11.6
Narhar Raghnath Phatak［纳哈儿·拉古纳特·帕塔克］	1952：9.29，10.6

Nathaniel Peffer［纳撒尼尔·裴斐］	1937：12.29；1938：1.6；1939：12.14；1947：12.3；1948：1.8，5.17，7.8，8.20；1949：3.9，3.15
Needham［李约瑟］	1952：6.24
Nelson T. Johnson［纳尔逊·T.詹森］	1938：12.19，12.20
Nicholas Guillén［尼古拉斯·纪廉］	1952：2.7
Nivon Saba［尼冯·萨巴］	1956：6.12
Noel Coward［诺埃尔·科沃德］	1938：3.23

O

Orin G. Libby［奥林·G.利比］	1937：12.8
Oswald Garrison Villard［奥斯瓦尔德·加里森·韦拉德］	1937：11.26；1939：12.14；1940：1.13
Otto A. Friedrich［奥托·A.弗里德里希］	1938：7.13
Owen Latimore［欧文·拉铁摩尔］	1948：2.28，5.6

P

Paid Geren［季伦］	1956：8.7
Pardee Lowe［帕迪·洛维］	1939：10.26
Paul Antoine Montel［保罗·安特万·蒙泰尔］	1938：7.21
Paul Boyer［保罗·博耶］	1938：7.21
Paul Marlor Sweezy［保罗·马勒·斯威齐］	1948：3.25
Paul Meyer［保罗·迈耶］	1938：11.18；11.19；1939：1.6，4.3
Paul Muni［保罗·穆尼］	1939：12.9
Paul Pelliot［保罗·伯希和］	1938：7.21
Peffer Martin［裴斐·马丁］	1948：11.22
Pertinax（André Géraud）［佩蒂纳克斯（安德鲁·热罗）］	1938：7.1
Peter H. Odegard［彼得·H.厄德高］	1948：9.20
Peter I. Wold［彼得·I.沃尔德］	1938：3.10
Philip C. Jessup［菲利普·C.杰赛普］	1938：3.25；1939：11.23，12.2，12.15
Philip D. Sprouse［菲尔·D.斯普劳斯（中文名石博思）］	1947：8.4，12.29；1948：8.14，8.15
Philip F. La Follette［菲利普·F.拉·福莱特］	1937：12.3
Philip N. Lilienthal［菲利普·N.利林泰尔］	1948：7.8
Philip Noel Baker［菲力普·诺埃尔·贝克］	1938：6.16
Pierre Comert［皮埃尔·科默特］	1938：6.30
Pietro Sandro Nenni［彼得罗·桑德罗·南尼］	1950：11.17；1955：9.29，10.7，10.10
Prentiss Gilbert［普伦蒂斯·吉尔伯特］	1938：7.15

Pudjobuntlo［普佐邦多罗夫人］　　　　　1954：10.9，10.10

Q

Quentin Roosevelt Ⅱ［昆廷·罗斯福二世］　1939：4.3
Quincy Wright［昆西·莱特］　　　　　　1937：12.29；1939：12.2

R

R. H. Tawney［R. H. 托尼］　　　　　　1938：4.26
R. J. Walsh［R. J. 沃尔什］　　　　　　1939：12.21
Ralph W. Chaney［拉尔夫·W. 切尼］　　1937：10.3
Rama Panjvani［拉姆·潘志瓦尼］　　　　1952：10.3
Ray Lyman Wilbur［雷·莱曼·威尔伯］　1937：9.30
Raymond L. Buell［雷蒙德·L. 布尔］　　1937：10.6，11.3，11.10，11.29，12.11，
　　　　　　　　　　　　　　　　　　　　　　12.16，12.22；1938：2.18，3.29，5.5，
　　　　　　　　　　　　　　　　　　　　　　7.15；1939：4.5，11.3
Raymond G. Gettelle［雷蒙德·G. 季特尔］　1948：9.20
René Beelen［雷尼·贝伦］　　　　　　　1956：2.16
Richard E. Lauterbach［理查德·E. 劳特巴赫］1948：8.21
Robert Anthony Eden［罗伯特·安东尼·艾登］1938：4.21，6.22
Robert Cecil［罗伯特·塞西尔］　　　　　1938：4.22，4.27，5.30，6.15
Robert Gillon［罗伯特·纪隆］　　　　　　1956：2.17
Robert La Follette［罗伯特·拉·福莱特］　1938：1.13
Robert M. La Follette, Jr.［小罗伯特·M. 拉·
　福莱特］　　　　　　　　　　　　　　　　1937：11.16
Robert Winter［罗伯特·温德］　　　　　1949.1.25
Roderick D. McKenzie［罗德里克·D. 麦肯齐］1937：11.27
Roga Evans［罗加·伊万斯］　　　　　　1948：1.2，1.3
Roger D. Lapham［罗杰·D. 拉帕姆］　　1948：1.13
Roger Lévy［罗杰·利维］　　　　　　　1939：12.16
Roger S. Green［顾临］　　　　　　　　1937：10.6；1938：3.12，3.13；1939：12.2
Roscoe Pound［罗斯科·庞德］　　　　　1937：10.18，11.20；1939：12.5
Roy J. Dunlap［罗伊·J. 邓拉普］　　　　1937：12.7
Rupert Emerson［鲁帕特·爱默生］　　　1948：3.11，3.19
Russell Barnes［拉塞尔·巴尔内斯］　　　1937：11.29

S

S. C. May［S. C. 梅］　　　　　　　　　1940：1.31
Saifuddin Kitchlew［赛福丁·克其鲁］　　1952：10.20，10.24
Saito［斋藤博］　　　　　　　　　　　　1937：11.17，11.18

Salomon Grumbach [所罗门·格鲁姆巴赫]	1938: 6.30
Samuel Davis McReynolds [塞缪尔·戴维斯·麦克雷诺兹]	1937: 11.18
Sara Margery Fry [萨拉·玛杰里·弗莱]	1938: 6.7
Saul Mills [索尔·密尔斯]	1949: 6.14
Schumann [舒曼]	1948: 1.31
Serge Elisseeff [叶理绥]	1948: 1.5
Sergey Aleksandrovich Koussevitzky [谢尔盖·亚历山大洛维奇·库舍维茨基]	1948: 4.6
Sidney B. Fay [西德尼·B.费]	1938: 7.13
Soia Mentschikoff [索娅·门希科夫]	1948: 1.16
Solomon Bloom [所罗门·布罗姆]	1937: 11.18; 1940: 1.5
Spark [斯巴克]	1956: 2.18
Stafford Cripps [斯塔福德·克里普斯]	1938: 5.4; 1943: 7
Stalin [斯大林]	1949: 12.21; 1953: 3.5
Stan Tytgat [斯坦·泰特盖特]	1956: 2.16, 2.17
Stanley Baldwin [斯坦利·鲍德温]	1938: 5.4
Stanley K. Hornbeck [斯坦利·K.霍恩贝克]	1937: 10.11, 10.16, 10.17, 12.29; 1938: 3.30; 1939: 11.7, 11.14, 11.15
Stephen Dubrul [斯蒂芬·杜保罗]	1937: 11.29
Stephen Longrigg [斯蒂芬·朗格里格]	1956: 8.5, 8.7
Steven [史蒂文]	1948: 8.26, 8.29, 8.31, 9.3, 9.6
Subodh Banerjee [苏波德·班纳吉]	1952: 9.30
Sydney Robert Elliott [西尼·罗伯特·艾略特]	1938: 6.2; 1393: 12.4
Sylvie Thorndike [赛尔维·桑代克]	1938: 5.20
什维尼克	1954: 10.13
苏达里克夫	1952: 11.26
苏哈侬	1952: 12.17

T

T. Z. Koo [顾子仁]	1938: 3.10
Thomas Arthur Bisson [托马斯·亚瑟·比森]	1938: 2.5; 1939: 12.2; 1948: 9.21
Thomas Edmund Dewey [托马斯·埃德蒙·杜威]	1939: 12.20; 1948: 6.24, 11.3
Thomas J. Dillon [托马斯·J.狄龙]	1937: 12.6
Tikhonov [吉洪诺夫]	1952: 12.3
Toshiro Shimanouchi [俊郎岛之内]	1938: 2.9

V

Van de Meulebroecks [范·德·穆布鲁克]	1956: 2.13

外文人名索引

Van Schurer ［范·苏勒尔］	1956：2.15
Vera Micheles Dean ［维拉·米歇尔·迪恩］	1948：2.25，3.24
Vernon Pope ［弗农·波普］	1937：12.11
Victor Gollancz ［维克多·格兰茨］	1938：6.2
Victor Purcel ［维克多·珀塞尔］	1948：3.11
Vijaya Lakshmi Pandit ［潘迪特］	1952：5.12
Viktor Bruns ［维克多·布伦斯］	1938：7.13
Viscount Cranborne ［克兰伯恩子爵］	1938：6.22；1939：3.6

W

W. C. Frye ［W. C. 弗莱］	1940：1.20
W. E. Hocking ［W. E. 霍金］	1937：10.19
W. W. Waymack ［W. W. 威马克］	1937：12.11
W. W. Willoughby ［W. W. 韦罗壁］	1937：10.13，11.11；1939：11.6，11.10，11.18
Wakefield ［韦克菲尔德］	1937：12.7
Waldo Gifford Leland ［瓦尔多·吉福德·利兰］	1938：6.14
Waldo Holcombe ［沃尔多·何尔康］	1948：9.5
Walker ［华克］	1947：8.4
Wallace ［华莱士］	1947：12.30；1948：11.3
Waller W. Van Kirk ［沃勒·W. 范·柯克］	1937：11.10，11.26，12.5
Walter Bradford Cannon ［沃尔特·布拉德福德·坎农］	1937：11.21；1938：1.29；1948：4.19
Walter Lippmann ［沃尔特·李普曼］	1938：3.1；1940：1.9，1.13
Walter R. Sharp ［沃尔特·R. 夏普］	1937：12.3
Walter Rundle ［沃尔特·伦德尔］	1947：12.14；1948：5.13
Walter Thomas Layton ［沃尔特·托马斯·雷顿］	1938：6.16
Warren Pierson ［沃伦·皮尔森］	1938：3.2
Wijeyananda Dahanayaka ［维贾雅南达·达哈纳亚克］	1955：9.30
Wiley B. Rutledge, Jr. ［小威利·B. 拉特里奇］	1937：12.13
William Allen White ［威廉·艾伦·怀特］	1937：12.14
William Bennett Munro ［威廉·本尼特·芒罗］	1940：1.29
Willian C. Johnstone, Jr. ［小威廉·C. 约翰思通］	1940：1.15
William Chamberlain ［威廉·张伯伦］	1939：2.6
William E. Borah ［威廉·E. 波拉］	1937：11.17，11.19；1940：1.11
William Elliott ［威廉·艾略特］	1937：12.28
William Emmanuel Rappard ［威廉·艾曼纽·拉帕德］	1938：5.11，5.16

575

William George Stewart Adams［威廉·乔治·斯图尔特·亚当斯］	1938：5.5
William P. Davies［威廉·P. 戴维斯］	1937：12.9
William Philipp Simms［威廉·菲利普·西蒙斯］	1938：2.11
William Sterling Youngman, Jr.［小威廉·斯特林·杨曼］	1948：8.15
William W. Lockwood, Jr.［小威廉·W. 洛克伍德］	1937：10.7；1939：12.21
William Wheeler Coleman［威廉·惠勒·科尔曼］	1940：1.20
Willis G. Briggs［威利斯·布里格斯］	1937：10.18
Willson Coats［威尔逊·科茨］	1948：5.16
Willys R. Peck［威利斯·R. 裴克］	1938：10.28
Wilma Canon Fairbank［威尔玛·坎农·费尔班克（费慰梅）］	1937：12.29, 12.30；1938：1.26, 3.11, 3.23；1947：12.20；1948：1.25, 2.10, 2.25, 3.21, 4.7, 4.23, 5.21, 8.26, 10.9
Winifred Utley［弗雷达·厄特利］	1938：6.10, 8.29
Winston Churchill［温斯顿·丘吉尔］	1938：4.21, 5.30
Woodbridge Bingham［宾板桥］	1948：7.29, 9.30
王敬英	1956：6.1
吴努	1954：12.1, 12.2, 12.5, 12.10

X

谢米里亨	1953：2.25

Y

Yates Stirling, Jr.［小耶茨·斯特林］	1938：2.5
尤金	1954：10.12, 10.28, 11.7
远藤三郎	1955：12.1, 12.4

Z

泽登巴尔	1952：10.15
中村哲	1955：11.16, 11.17, 11.25